Beck'sches
Rechtsanwalts-Handbuch

Beck'sches Rechtsanwalts-Handbuch

Herausgegeben von

Hans-Ulrich Büchting
Rechtsanwalt in München

Dr. Benno Heussen
Rechtsanwalt in München

2., überarbeitete und ergänzte Auflage

C. H. BECK'SCHE VERLAGSBUCHHANDLUNG
MÜNCHEN 1991

CIP-Titelaufnahme der Deutschen Bibliothek

Beck'sches Rechtsanwalts-Handbuch / hrsg. von Hans-Ulrich Büchting ; Benno Heussen. – 2., überarb. und erg. Aufl. – München : Beck, 1991
ISBN 3 406 35020 8
NE: Büchting, Hans-Ulrich [Hrsg.]

ISBN 3 406 35020 8

Druck der C. H. Beck'schen Buchdruckerei, Nördlingen

Autorenverzeichnis

Dr. Ralf B. Abel
Rechtsanwalt und Notar, Schleswig

Helmward Alheit
Direktor des Amtsgerichts, Altötting

Dr. Jobst-Hubertus Bauer
Rechtsanwalt und Fachanwalt für Arbeitsrecht, Stuttgart

Dr. Brigitte Borgmann
Rechtsanwältin, München

Dr. Gunther Braun
Rechtsanwalt, München

Rembert Brieske
Rechtsanwalt und Notar, Bremen

Dr. Manfred Brüning
Rechtsanwalt, Köln

Hans Buschbell
Rechtsanwalt, Düren

Dr. Reinhard Dallmayr
Rechtsanwalt, München

Peter David
Richter am Oberlandesgericht, München

Dr. Wolf-Dietrich Deckert
Rechtsanwalt, München

Thomas Estel
Richter am Landgericht, Karlsruhe

Dr. Eberhard Fedtke
Rechtsanwalt und Notar, Essen

Dr. Joseph Füchsl
Rechtsanwalt, München

Beate Heiß
Rechtsanwältin, Traunreut

Dr. Hans Heiß
Richter am Amtsgericht, Altötting

Dr. Benno Heussen
Rechtsanwalt, München

Thomas von Keller
Rechtsanwalt, München

Dr. Justin von Kessel
Rechtsanwalt, Müchen

Dr. Michael Kleine-Cosack
Rechtsanwalt, Freiburg i. Br.

Dr. Winfried Klöpper
Rechtsanwalt und Wirtschaftsprüfer, München

Dr. Ulrich Koch
Rechtsanwalt, Stuttgart

Dr. Wolfgang Koeble
Rechtsanwalt, Reutlingen

Regina Kohn
Rechtsanwältin, Königswinter

Klaus Korn
Steuerberater, Köln

Justizrat Dipl.-Kfm. Dr. Adalbert Kunschert
Rechtsanwalt, Saarbrücken

Alexandra Mack
Rechtsanwältin und Fachanwältin für Steuerrecht, Köln

Sieghart Ott
Rechtsanwalt, München

Dr. Burghard Piltz
Rechtsanwalt und Notar, Gütersloh

Dr. Hermann Plagemann
Rechtsanwalt und Fachanwalt für Sozialrecht, Frankfurt a. M.

Dr. Reiner Ponschab
Rechtsanwalt und Fachanwalt für Steuerrecht, München

Dr. Imme Roxin
Rechtsanwältin, München

Dr. Christoph Rückel
Rechtsanwalt, München

Ulrike Sachenbacher
Richterin am Amtsgericht, München

Jochim Sedemund
Rechtsanwalt, Köln

Dr. Franz-Jörg Semler
Rechtsanwalt, Stuttgart

Dr. Herbert Sernetz
Rechtsanwalt, München

Autorenverzeichnis

Dr. Wolfgang Schiefer
Rechtsanwalt, Stuttgart

Dr. Bertold Schlünder
Rechtsanwalt am OLG und Notar, Hamm

Reiner Schmidt
Rechtsanwalt, Hamburg

Professor Dr. Rolf A. Schütze
Rechtsanwalt, Stuttgart

Dr. Michael Streck
Rechtsanwalt und Fachanwalt für Steuerrecht, Köln

Dipl.-Kfm. Helmut Ullrich
Bonn

Dr. Peter Waltl
Rechtsanwalt, München

Siegfried de Witt
Rechtsanwalt, Freiburg i. Br.

Dr. Christian Wolf
Rechtsanwalt, München

Professor Dr. Rüdiger Zuck
Rechtsanwalt, Stuttgart

Vorwort zur 2. Auflage

Nach zwei Jahren – ein Erscheinungsrhythmus, der nach Möglichkeit auch in Zukunft beibehalten werden soll – ist die Herausgabe einer zweiten, neu bearbeiteten und ergänzten Auflage notwendig. Die neueste Literatur und Rechtsprechung wurden eingearbeitet und Gesetzesänderungen – zu erwähnen sind hier insbesondere das Verbraucherkreditgesetz, die 4. VwGO-Novelle und das Rechtspflege-Vereinfachungsgesetz, die erst Ende Dezember 1990 verkündet wurden – in den einschlägigen Kapiteln berücksichtigt.

Neun Kapitel sind neu hinzugekommen, einige andere wurden erheblich erweitert.

So gliedert sich der **Abschnitt A** nunmehr unter der Überschrift „Grundlagen des Prozeß- und Vertragsrechts" in die Kapitel:

I. Zivilprozeß allgemein *(Koeble)*
II. Berufung *(Brüning)*
III. Auskunfts- und Rechenschaftslegungsprozeß *(v. Kessel/Sachenbacher)*
IV. Einstweiliger Rechtsschutz *(Sernetz)*
V. Allgemeine Geschäftsbedingungen *(Schlünder)*.

Die prozessualen Besonderheiten des Berufungsverfahrens gegenüber den Verfahren erster Instanz werden nunmehr in einem eigenen Kapitel dargestellt. Die Kapitel A III bis A V behandeln jeweils im Überblick Probleme, die sich in den unterschiedlichsten Rechtsgebieten auf ähnliche Weise stellen.

Auch der **Abschnitt B** „Zivilrechtliche Fallgestaltungen und Verfahrensarten" wurde teilweise geändert und ergänzt:

Unter B I behandelt nunmehr „Der Kaufrechtsfall" *(Piltz)* vor allem Fragen des internationalen Kaufrechts, die im Rahmen des EG-Binnenmarktes auch für die Tagespraxis immer bedeutungsvoller werden.

Neu aufgenommen wurde unter B III „Der Nachbarrechtsfall" *(Alheit)*. In der Allgemeinpraxis spielen Tatsachen-, Beweis- und Rechtsfragen dieser Materie offensichtlich eine so große Rolle, daß den Anregungen aus Bezieherkreisen entsprochen wurde.

Das Kapitel B IV, „Der Mietrechtsfall" *(v. Keller)*, wurde um ein ausführliches Prüfschema für Klauseln in gebräuchlichen Formularmietverträgen erweitert. „Der Haftpflichtfall" *(Kunschert)* – B VII – behandelt jetzt auch die Umwelthaftung; in Kapitel B XI, „Vormundschafts- und Pflegschaftssachen" *(Alheit)*, ist auch das am 1. 1. 1992 in Kraft tretende neue Betreuungsrecht bereits erläutert.

Dem Verbraucherrecht i. w. S. widmen sich die Kapitel B XVI bis B XVIII, „Der Leasingfall", „Der Verbraucherkreditfall" und „Haustür- und ähnliche Geschäfte" *(Ott)*. Dabei wird in Kapitel B XVII die Rechtslage nach der Ablösung des Abzahlungsgesetzes durch das Verbraucherkreditgesetz dargestellt.

Im **Abschnitt C** „Sonstige Verfahren" wird „Der Arbeitsgerichtsprozeß" *(Bauer)* nunmehr umfassend behandelt, neben dem gerichtlichen Urteils- und Beschlußverfahren ist auch das Einigungsstellenverfahren dargestellt (C I).

Der **Abschnitt D** „Außergerichtliche Beratung und Vertretung" wurde erweitert durch das Kapitel VIII, „Der Grundstücks- und Firmenenteignungsfall in der ehemaligen DDR" *(Tischendorf)*: In einer Übersicht über die Rechtslage im Gebiet der ehemaligen DDR werden die verschiedenen Enteignungsgrundlagen und die Möglichkeiten der Rückerstattung, soweit diese bisher schon erkennbar sind, aufgezeigt.

Beim anwaltlichen Berufsrecht **(Abschnitt H)** war unter anderem das neue Fachanwaltsrecht sowie das in den neuen Bundesländern geltende Rechtsanwaltsgesetz zu berücksichtigen (Kapitel H I, *Kleine-Cosack*).

Der **Abschnitt G** „Gebühren, Honorare, Erstattungsansprüche" *(Brieske)* wurde im Hinblick auf die Änderungen der BRAGO durch allein fünf Gesetze im Jahre 1990 sowie die Maßgaben des Einigungsvertrages für das Gebiet der chem. DDR grundlegend überarbeitet.

Im **Abschnitt K** „Büroorganisation" wurde das Kapitel K I um Ausführungen zum Datenschutz ergänzt *(Abel)* und das Kapitel K IV völlig neu bearbeitet *(Wolf)*; die Kapitel K IX „Anwaltliches Marketing" *(Schiefer)* und K X „Zeit- und Selbstmanagement für Rechtsanwälte" *(Buschbell)* kamen neu hinzu.

Nicht nur in Kapitel D VIII werden die durch den politischen Umbruch in der DDR aufgeworfenen Rechtsfragen behandelt. Auch alle anderen Autoren haben ihre Kapitel überprüft und erläutern kurz, wieweit in dem Gebiet der ehemaligen DDR bundesdeutsches Recht zur Anwendung kommt. Meist findet sich am Ende eines jeden Kapitels ein Abschnitt über Besonderheiten in den neuen Bundesländern.

Wie ersichtlich wurden viele Anregungen aufgegriffen. Verlag, Herausgeber und Autoren bitten weiterhin um Vorschläge und Anregungen aus dem Kreis der Benutzer und bedanken sich für die bisher schon erfolgten Hinweise.

München, im März 1991

Hans-Ulrich Büchting — *Dr. Benno Heussen*
Rechtsanwalt — Rechtsanwalt

Geleitwort zur ersten Auflage

Die bewegte – und in ihren Ergebnissen noch weitgehend offene – Diskussion über das künftige Berufsbild der Rechtsanwälte hat auch deutlich gemacht:

- Zu den Existenzfragen der Anwaltschaft gehört die Erweiterung ihrer Tätigkeitsbereiche.
- Besondere Bedeutung kommt der außergerichtlichen, beratenden, gestaltenden und prozeßverhütenden Tätigkeit zu.
- Nur die Qualität anwaltlicher Leistung kann – auch und gerade im Zeichen wachsender Konkurrenz durch andere Berufsgruppen, durch Verbände oder auch durch ausländische Berufskollegen – Grundlage des Erfolgs für jeden einzelnen Anwalt und die Anwaltschaft insgesamt sein.

Die aus der Praxis entwickelte Themenauswahl des Anwaltshandbuchs belegt die Vielfalt der Aufgaben, die von Anwälten täglich zu bewältigen sind. Auch zu Rechtsgebieten, mit denen sich der einzelne nicht so häufig beschäftigt, wird – in knapper Aufbereitung, aber unter vollständiger Darstellung aller wichtigen Probleme – ein rascher Zugang eröffnet. An vielen Stellen sind kommentierte Check-Listen eingearbeitet, die sowohl der Arbeitserleichterung wie der eigenen Kontrolle dienen. Umfassend behandelt sind sowohl die verschiedensten Beratungsgebiete, wie auch alle prozessualen Fallgruppen und Verfahrensarten. Dabei wird auch deutlich, welche Bedeutung das EG-Recht schon heute für die tägliche Praxis hat.

Der Anwalt ist auch Unternehmer. Ich begrüße es deshalb besonders, daß das Anwaltshandbuch auch Beiträge zur Büroorganisation, zur Personalwirtschaft, zu Steuern und Buchhaltung, zur Risikovorsorge, zu den Mandantenbeziehungen und zum anwaltlichen Berufsrecht enthält.

Erweiterung der anwaltlichen Tätigkeitsgebiete und Qualitätssteigerung und -kontrolle: Dazu leistet das Anwaltshandbuch einen hocherwünschten Beitrag. Den Verfassern – erfahrenen Anwältinnen und Anwälten mit einem Tätigkeitsschwerpunkt auf den von ihnen behandelten Gebieten – ist dafür zu danken, daß sie ihr „Know-how“ mit dem Anwaltshandbuch der gesamten Anwaltschaft zur Verfügung stellen.

Erhard Senninger
Rechtsanwalt
Präsident des Deutschen Anwaltvereins

Einführung

Das vorliegende Handbuch behandelt die wichtigsten Themenkreise anwaltlicher Arbeit, nämlich

- materiell-rechtliche und prozessuale Probleme, wie sie in typischen Fallgestaltungen und Verfahrensarten vorkommen;
- den Bereich der anwaltlichen Beratungstätigkeit, deren Bedeutung immer mehr zunimmt;
- Rechtsprobleme, die im Verhältnis zwischen Anwalt und Mandant auftauchen können, einschließlich der Honorarfragen;
- den berufsrechtlichen Hintergrund unter Einschluß des internationalen Berufsrechts;
- die Organisation der anwaltlichen Tätigkeit.

Die Darstellung ist an einem neuen Konzept orientiert, das es ermöglicht, ein Problem möglichst schnell zu analysieren und zu lösen. Dazu dienen in erster Linie kommentierte Checklisten oder – soweit ein Thema sich für diese Art der Darstellung nicht eignet – konzentrierte Zusammenfassungen der wesentlichen Fragen, die innerhalb eines jeden Teilgebiets auftauchen. Die einzelnen Rechtsgebiete werden nicht lehrbuchartig abgehandelt, sondern in einzelne typische Fallgestaltungen aufgegliedert. Die Darstellung verknüpft das materielle Recht mit seiner verfahrensrechtlichen Durchsetzung. Die vorangestellten Literaturübersichten sind so konzipiert, daß weiterführende Fragen und Probleme über sie leicht erschlossen werden können. Bei der Auswahl der Rechtsprechung ist besonders auf Aktualität geachtet worden.

Die immer bedeutender werdende anwaltliche Beratungstätigkeit wird in ihren wichtigsten Bereichen von der Firmen- bis zur Steuerberatung dargestellt. Hier unterstützt das Handbuch die anwaltliche Arbeit durch Hinweise auf die Vor- und Nachteile des Vorgehens und enthält taktische Empfehlungen, die in Lehrbüchern und Kommentaren nicht enthalten sein können.

Sodann werden die Fragen behandelt, die die Beziehung zwischen Anwalt und Mandant charakterisieren. Dazu gehört eine komprimierte Darstellung des anwaltlichen Haftungsrechts ebenso wie Hinweise auf strafrechtliche Risiken, denen der Anwalt weder in der Beratung noch bei der Prozeßführung ausweichen kann. Bei der Darstellung der anwaltlichen Gebühren bewährt sich das Konzept der Checklisten in besonderer Weise.

Anwälte üben einen standesrechtlich gebundenen Beruf aus. Wie weit diese Bindung geht und wie weit man sie lockern kann, wird auch von verfassungsrechtlichen Grundsätzen bestimmt. Da die bisherigen Standesrichtlinien derzeit jedenfalls nicht unmittelbar angewendet werden können, stellt das Handbuch im einzelnen übersichtlich dar, welche Regeln noch gelten und in welchen Bereichen das anwaltliche Standesrecht sich verändert hat. Dabei wird deutlich, wie tief schon heute das EG-Recht in diesen Bereich ausstrahlt. Zum Kreis des anwaltlichen Berufsrechts gehört auch die Art und Weise, wie Anwälte zusammenarbeiten. Das Handbuch enthält dazu Vorschläge, wie Bürogemeinschaften von Sozietäten unterschieden werden können und schlägt Vertragsmuster vor, die sonst nur schwer zugänglich sind.

Einführung

Den Schlußstein des Konzepts bildet die Darstellung von Einzelfragen, die den Anwalt als Unternehmer bewegen. Er kann nur dann unabhängig beraten, wenn er auch wirtschaftlich weder von seinen Mandanten noch von Dritten abhängig ist. Dazu müssen Ertrag und Kosten klar analysiert, das Personal richtig ausgewählt und motiviert und das anwaltliche Know-how in geeigneter Weise fortgeschrieben werden. Zu diesen und einer Reihe anderer Fragen enthält das Handbuch eine Vielzahl praxisnaher Ratschläge.

Innerhalb der von der Konzeption des Handbuchs vorgegebenen Leitlinien sind die einzelnen Themen von Spezialisten des jeweiligen Sachgebiets in eigener Verantwortung bearbeitet worden.

Das Rechtsanwalts-Handbuch soll dem jüngeren Anwalt helfen, Problemzonen zu entdecken, die er beachten muß; der erfahrene Anwalt hingegen soll schon erarbeitete Ergebnisse auf einfache und übersichtliche Weise nochmals überprüfen können. Sowohl die Themenauswahl wie die Art der Darstellung sind dabei stets von der anwaltlichen Perspektive geprägt, um so eine Konzentration auf das Wesentliche zu ermöglichen.

Inhaltsübersicht

Inhaltsübersicht

Abkürzungsverzeichnis

a. A.	anderer Ansicht
a. a. O.	am angegebenen Ort
AbfG	Abfallgesetz
AbgeordG	Abgeordnetengesetz
abl.	ablehnend
ABl.	Amtsblatt
Abs.	Absatz
Abschn.	Abschnitt
Abt.	Abteilung
AbzG	Gesetz betreffend die Abzahlungsgeschäfte
ADAC	Allgemeiner Deutscher Automobil-Club
AdoptG	Adoptionsgesetz
ADSp	Allgemeine Deutsche Spediteurbedingungen
a. E.	am Ende
AEB	Allgemeine Einbruchdiebstahlversicherungs-Bedingungen
AERB	Allgemeine Bedingungen für die Versicherung gegen Schäden durch Einbruchdiebstahl und Raub
a. F.	alte Fassung
AfA	Absetzung für Abnutzung
AFB	Allgemeine Feuerversicherungs-Bedingungen
AFG	Arbeitsförderungsgesetz
a. G.	außergewöhnliche Gehbehinderung
Ag.	Antragsgegner
AG	Amtsgericht
AG	Aktiengesellschaft
AG	Auftraggeber
AG	Ausführungsgesetz
AGB	Allgemeine Geschäftsbedingungen
AGB-DDR	Arbeitsgesetzbuch der DDR
AGBG	Gesetz zur Regelung des Rechts der Allgemeinen Geschäftsbedingungen (AGB-Gesetz)
AHB	Allgemeine Versicherungsbedingungen für die Haftpflichtversicherung
AIDS	Aquired Immune Deficiency Syndrome
AIZ	Allgemeine Immobilienzeitung
AKB	Allgemeine Bedingungen für die Kraftfahrtversicherung
AKR	Alliierter Kontrollrat
AktG	Aktiengesetz
ALB	Allgemeine Lebensversicherungs-Bedingungen
Alt.	Alternative
a. M.	anderer Meinung
AN	Auftragnehmer
AnfG	Gesetz betreffend die Anfechtung von Rechtshandlungen außerhalb des Konkursverfahrens
Anh.	Anhang
Anl.	Anlage
Anm.	Anmerkung
AnmeldeVO	Verordnung über die Anmeldung vermögensrechtlicher Ansprüche
AnVNG	Gesetz zur Neuregelung des Rechtes der Rentenversicherung der Angestellten (Angestelltenversicherungs-Neuregelungsgesetz)
AnwBl	Anwaltsblatt

Abkürzungsverzeichnis

AO	Abgabenordnung
AöR	Archiv des öffentlichen Rechts
AP	Nachschlagewerk des Bundesarbeitsgerichts (seit 1954, vorher: Arbeitsrechtliche Praxis)
ARB	Allgemeine Rechtsschutzbedingungen
ArbG	Arbeitsgericht
ArbGG	Arbeitsgerichtsgesetz
Art.	Artikel
ArVNG	Gesetz zur Neuregelung des Rechts der Rentenversicherung der Arbeiter (Arbeiterrentenversicherungs-Neuregelungsgesetz)
Ast.	Antragsteller
AStB	Allgemeine Bedingungen für die Versicherung gegen Sturmschäden
AtomG	Gesetz über die friedliche Verwendung der Kernenergie und den Schutz gegen ihre Gefahren (Atomgesetz)
AUB	Allgemeine Unfallversicherungsbedingungen
AÜG	Gesetz zur Regelung der gewerbsmäßigen Arbeitnehmerüberlassung (Arbeitnehmerüberlassungsgesetz)
Aufl.	Auflage
AuR	Arbeit und Recht
AVB	Allgemeine Versicherungsbedingungen
AVFE	Allg. Versicherungsbedingungen für Fernmelde- und sonstige elektrotechnische Anlagen
AVG	Angestelltenversicherungsgesetz
AVO	Ausführungsverordnung
AWB	Allgemeine Bedingungen für die Versicherung gegen Leitungswasserschäden
AWD	Außenwirtschaftsdienst
Az.	Aktenzeichen
BAföG	Bundesgesetz über individuelle Förderung der Ausbildung (Bundesausbildungsförderungsgesetz)
BAGE	Amtl. Sammlung der Entscheidungen des Bundesarbeitsgerichts
BAG	Bundesarbeitsgericht
BAK	Blutalkoholkonzentration
BAT	Bundesangestellten-Tarif
BauGB	Baugesetzbuch idF v. 8. 12. 1986
BauR	Baurecht
BAV	Bundesaufsichtsamt über das Versicherungswesen
BayObLG	Bayerisches Oberstes Landesgericht
BayObLGZ	Entscheidungen des Bayer. Obersten Landesgerichts in Zivilsachen
BayVBl	Bayerische Verwaltungsblätter
BB	Der Betriebs-Berater
BBergG	Bundesberggesetz
BBG	Bundesbeamtengesetz
BBR	Bes. Bedingungen u. Risikobeschreibungen z. Haftpflichtvers. f. Industrie, Handel und Gewerbe
Bd.	Band
BeamtVG	Gesetz über die Versorgung der Beamten und Richter in Bund und Ländern (Beamtenversorgungsgesetz)
BefBMö	Beförderungsbedingungen für den Möbelverkehr
begl.	beglaubigt
Beil.	Beilage
Bekl.	Beklagter

Abkürzungsverzeichnis

BerHG	Gesetz über Rechtsberatung und Vertretung für Bürger mit geringem Einkommen (Beratungshilfegesetz)
BErzGG	Bundeserziehungsgeldgesetz
betr.	betreffend
BetrAVG	Gesetz zur Verbesserung der betrieblichen Altersversorgung
BetrVG	Betriebsverfassungsgesetz
BeurkG	Beurkundungsgesetz
BewG	Bewertungsgesetz
Bf.	Beschwerdeführer
BfA	Bundesversicherungsanstalt für Angestellte
BFH	Bundesfinanzhof
BFHE	Amtliche Sammlung der Entscheidungen des Bundesfinanzhofes
BFHEntlG	Gesetz zur Entlastung des Bundesfinanzhofes
BGB	Bürgerliches Gesetzbuch
BGBl.	Bundesgesetzblatt
BGH	Bundesgerichtshof
BGHR	BGH-Rechtsprechung
BGHSt	Amtliche Sammlung der Entscheidungen des Bundesgerichtshofs in Strafsachen
BGHZ	Amtl. Sammlung der Entscheidungen des Bundesgerichtshofs in Zivilsachen
BGSG	Gesetz über den Bundesgrenzschutz (Bundesgrenzschutzgesetz)
BImSchG	Gesetz zum Schutz vor schädlichen Umwelteinwirkungen durch Luftverunreinigungen, Geräusche, Erschütterungen und ähnliche Vorgänge (Bundes-Immissionsschutzgesetz)
BImSchV	Bundesimmissionsschutzverordnung
BinnSchG	Gesetz betreffend die privatrechtlichen Verhältnisse der Binnenschiffahrt
BJagdG	Bundesjagdgesetz
BK	Bonner Kommentar
BKGG	Bundeskindergeldgesetz
BKK	Die Betriebskrankenkasse
BKVO	Berufskrankheiten-Verordnung
Bl.	Blatt
BMJ	Bundesminister der Justiz
BMF	Bundesminister der Finanzen
BNotO	Bundesnotarordnung
BO	Bauordnung
BPatG	Bundespatentgericht
BR	Bundesrat
BRAGO	Bundesgebührenordnung für Rechtsanwälte
BRAO	Bundesrechtsanwaltsordnung
BRAK	Bundesrechtsanwaltskammer
BRAK-Mitt	Bundesrechtsanwaltskammer-Mitteilungen
BR-Drucks.	Bundesrats-Drucksache
BRRG	Beamtenrechtsrahmengesetz
BSeuchG	Gesetz zur Verhütung und Bekämpfung übertragbarer Krankheiten beim Menschen (Bundesseuchengesetz)
BSHG	Bundessozialhilfegesetz
BSG	Bundessozialgericht
BSGE	Amtl. Sammlung der Entscheidungen des Bundessozialgerichts
BStBl	Bundessteuerblatt
BT	Bundestag
BtG	Betreuungsgesetz

Abkürzungsverzeichnis

BtMG . . . . Gesetz über den Verkehr mit Betäubungsmitteln (Betäubungsmittelgesetz)
Btx . . . . Bildschirmtext
Btx-StV . . . . Staatsvertrag über Bildschirmtext vom 18. 3. 1983
BUrlG . . . . Mindesturlaubsgesetz für Arbeitnehmer (Bundesurlaubsgesetz)
BVerfG . . . . Bundesverfassungsgericht
BVerfGE . . . . Amtl. Sammlung der Entscheidungen des Bundesverfassungsgerichts
BVerfGG . . . . Gesetz über das BVerfG (Bundesverfassungsgerichtsgesetz)
BVerwG . . . . Bundesverwaltungsgericht
BVerwGE . . . . Amtl. Sammlung der Entscheidungen des Bundesverwaltungsgerichts
BVG . . . . Gesetz über die Versorgung der Opfer des Krieges (Bundesversorgungsgesetz)
BWahlG . . . . Bundeswahlgesetz
bzw. . . . . beziehungsweise
BZRG . . . . Bundeszentralregistergesetz

ca. . . . . circa
CH . . . . Confoederatio Helvetica (Schweiz)
c.i.c. . . . . culpa in contrahendo
CMR . . . . Beförderungsvertrag im internationalen Straßenverkehr
CSSR . . . . Československá Socialisticka Republika (Tschechoslowakei)
CSU . . . . Christlich Soziale Union
CT . . . . Computertomographie

DATEV . . . . Datenverarbeitungsorganisation f. die Angeh. der steuerberatenden Berufe
DAV . . . . Deutscher Anwaltsverein
DAVorm . . . . Der Amtsvormund
DAR . . . . Deutsches Autorecht
dass. . . . . dasselbe
DB . . . . Der Betrieb
DBA . . . . Doppelbesteuerungsabkommen
DDR . . . . Deutsche Demokratische Republik
ders. . . . . derselbe
DGVZ . . . . Deutsche Gerichtsvollzieherzeitschrift
d. h. . . . . das heißt
DIN . . . . Deutsche Industrie-Norm
DNotZ . . . . Deutsche Notar-Zeitschrift
DÖV . . . . Die öffentliche Verwaltung
DR . . . . Deutsches Recht
DRiG . . . . Deutsches Richtergesetz
DRV . . . . Deutsche Rentenversicherung
DRiZ . . . . Deutsche Richterzeitung
DStB . . . . Der Steuerberater
DStZ . . . . Deutsche Steuer-Zeitung
DtZ . . . . Deutsch-Deutsche Rechtszeitschrift
DVBl . . . . Deutsches Verwaltungsblatt
DVO . . . . Durchführungsverordnung

e. A. . . . . einstweilige Anordnung
EAG . . . . Europäische Atomgemeinschaft
EAGV . . . . Vertrag über die Gründung der Europäischen Atomgemeinschaft
ebda. . . . . ebenda

Ecu	European Currency Unit (Europäische Währungseinheit)
ED–Versicherung	Einbruchs/Diebstahls-Versicherung
EDV	Elektronische Datenverarbeitung
EEG	Elektroenzephalogramm
EStG	Einkommensteuergesetz
EFG	Entscheidungen der Finanzgerichte
EG	Europäische Gemeinschaft
EG	Ehrengericht
EGBGB	Einführungsgesetz zum Bürgerlichen Gesetzbuch
EGGVG	Einführungsgesetz zum Gerichtsverfassungsgesetz
EGH	Ehrengerichtshof
EGKS	Europäische Gemeinschaft für Kohle und Stahl
EGKSV	Vertrag zur Gründung einer Europäischen Gemeinschaft für Kohle und Stahl
EGMR	Europäischer Gerichtshof für Menschenrechte
EheG	Ehegesetz
Einf.	Einführung
einschl.	einschließlich
EKG	Einheitliches Gesetz über den Abschluß von internationalen Kaufverträgen über bewegliche Sachen
EMRK	Europäische Menschenrechts-Konvention
entspr.	entsprechend(e)
EntlG	Entlastungsgesetz (Gesetz zur Entlastung der Gerichte in der Verwaltungs- und Finanzgerichtsbarkeit)
ErbaurechtsVO	Verordnung über das Erbbaurecht
ErbStG	Erbschaftsteuer- und Schenkungsteuergesetz
ERP	European Recovery Programe (Europäisches Wiederaufbauprogramm)
EStDV	Einkommensteuerdurchführungsverordnung
EStR	Einkommensteuerrichtlinien
etc.	et cetera
ETW	Eigentumswohnung
EuGH	Gerichtshof der Europäischen Gemeinschaften
e. V.	eingetragener Verein
EVertr	Einigungsvertrag
EVO	Eisenbahnverkehrsordnung
evtl.	eventuell
EVÜ	Übereinkommen über das auf vertragliche Schuldverhältnisse anzuwendende Recht
EWG	Europäische Wirtschaftsgemeinschaft
EWGV	Vertrag zur Gründung der Europäischen Wirtschaftsgemeinschaft
EWiR	Entscheidungen zum Wirtschaftsrecht
EzA	Entscheidungssammlung zum Arbeitsrecht
f.	folgende
Fa.	Firma
FamR	Familienrecht
FamRZ	Zeitschrift für das gesamte Familienrecht
FDGB	Freier Deutscher Gewerkschaftsbund
ff.	fortfolgende
fG	freiwillige Gerichtsbarkeit
FG	Finanzgericht
FGG	Gesetz über die Freiwillige Gerichtsbarkeit
FGO	Finanzgerichtsordnung
FinA	Finanzamt
Fin.Verw.	Finanzverwaltung
FLF	Finanzierung, Leasing, Factoring (Zeitschrift)

Abkürzungsverzeichnis

FlurbG . . . . Flurbereinigungsgesetz
FStrG . . . . Bundes-Fernstraßengesetz
FRG . . . . Fremdrentengesetz
Fußn. . . . . Fußnote

G . . . . Gesetz
GA . . . . Goltdammers Archiv für Strafrecht
GAL . . . . Gesetz über eine Altershilfe für Landwirte
GBl . . . . Gesetzblatt der DDR
GBO . . . . Grundbuchordnung
GbR . . . . Gesellschaft bürgerlichem Rechts
GdB . . . . Grad der Behinderung
GebrMG . . . . Gebrauchsmustergesetz
gem. . . . . gemäß
GemS . . . . Gemeinsamer Senat der obersten Gerichtshöfe des Bundes
Gen. . . . . Genossenschaft
GenG . . . . Gesetz betreffend die Erwerbs- und Wirtschaftsgenossenschaften
GerätesicherheitsG . . Gesetz über technische Arbeitsmittel
GeschmMG . . . . Geschmacksmustergesetz
GewO . . . . Gewerbeordnung
GewStG . . . . Gewerbesteuergesetz
GG . . . . Grundgesetz für die Bundesrepublik Deutschland
ggf. . . . . gegebenenfalls
GK . . . . Gerichtskosten
GKG . . . . Gerichtskostengesetz
GKV . . . . Gesetzl. Krankenversicherung
GmbH . . . . Gesellschaft mit beschränkter Haftung
GmbHG . . . . Gesetz betreffend die Gesellschaften mit beschränkter Haftung
GmbH i. L. . . . . GmbH in Liquidation
GO . . . . Gemeindeordnung
grds. . . . . grundsätzlich
GrEStG . . . . Grunderwerbesteuergesetz
GrundE . . . . Das Grundeigentum
GRUR . . . . Gewerblicher Rechtschutz und Urheberrecht
GRUR Int. . . . . Gewerblicher Rechtschutz und Urheberrecht, Internationaler Teil
GS . . . . Großer Senat
GüKG . . . . Güterkraftverkehrsgesetz
GVG . . . . Gerichtsverfassungsgesetz
GVGA . . . . Geschäftsanweisung für Gerichtsvollzieher
GVKostG . . . . Gerichtsvollzieher-Kostengesetz
GVO . . . . Gerichtsvollzieherordnung
GVVO . . . . Grundstücksverkehrsverordnung der DDR
GWB . . . . Gesetz gegen Wettbewerbsbeschränkungen
GWW . . . . Gemeinnütziges Wohnungswesen

h. A. . . . . herrschende Ansicht
HaftpflG . . . . Haftpflichtgesetz
Halbb. . . . . Halbband
Halbs. (Hs) . . . . Halbsatz
Handb. . . . . Handbuch
HandwerkerversG . . Handwerkerversicherungsgesetz
HansOLG . . . . Hanseatisches Oberlandesgericht
HausratsVO . . . . . . Hausratsverordnung
HGB . . . . Handelsgesetzbuch
h. L. . . . . herrschende Lehre

h. M.	herrschende Meinung
HOAI	Honorarordnung für Architekten und Ingenieure
Hrsg.	Herausgeber
hrsg.	herausgegeben
HUK	Haftpflicht-Unterstützungs-Kasse
HV	Hauptverhandlung
HV + HM	Der Handelsvertreter und Handelsmakler (Zeitschrift)
HWiG (HausTWG)	Gesetz über den Widerruf von Haustürgeschäften und ähnlichen Geschäften
HzA	Handbuch zum Arbeitsrecht
IBA	International Bar Association
i. d. F.	in der Fassung
i. d. R.	in der Regel
i. e.	im einzelnen
i. e. S.	im engeren Sinn
IG	Industriegewerkschaft
i. G.	im Gegensatz
IHK	Industrie- und Handelskammer
ImpfschädenG	Impfschädengesetz(e)
INF	Information über Steuer und Wirtschaft
inkl.	inklusive
insbes.	insbesondere
IPR	Internationales Privatrecht
IPRax	Praxis des Internationalen Privat- und Verfahrensrechts
i. S. (d.)	im Sinne (des)
i. S. v.	im Sinne von
i. ü.	im übrigen
IuR	Informatik und Recht
i. V. m.	in Verbindung mit
IWB	Internationale Wirtschaftsbriefe
i. w. S.	im weiteren Sinn
JFG	Jahrbuch für Entscheidungen in Angelegenheiten der Freiwilligen Gerichtsbarkeit und des Grundbuchrechts
JGG	Jugendgerichtsgesetz
JMBl NRW	Justizministerialblatt für Nordrhein-Westfalen
JR	Juristische Rundschau
Jura	Juristische Ausbildung
JurBüro	Das juristische Büro
Juris	Juristisches Informationssystem
JuS	Juristische Schulung
JVA	Justizvollzugsanstalt
JW	Juristische Wochenschrift
JWG	Gesetz für Jugendwohlfahrt (Jugendwohlfahrtsgesetz)
JZ	Juristenzeitung
Kap.	Kapitel
KapErhG	Kapitalerhöhungsgesetz
Kaug	Konkursausfallgeld
KB	Kilo Byte
KfH	Kammer für Handelssachen
Kfz	Kraftfahrzeug
KG	Kammergericht
KG	Kommanditgesellschaft
KGaA	Kommanditgesellschaft auf Aktien
KK	Karlsruher Kommentar zur StPO
Kl.	Kläger

Abkürzungsverzeichnis

km	Kilometer
KO	Konkursordnung
KonsularG........	Gesetz über die Konsularbeamten, ihre Aufgaben und Befugnisse (Konsulargesetz)
KostO	Gesetz über die Kosten in Angelegenheiten der freiwilligen Gerichtsbarkeit (Kostenordnung)
KostRspr.........	Kostenrechtsprechung (Nachschlagewerk)
KR	Gemeinschaftskommentar zum Kündigungsschutzgesetz und sonstigen kündigungsschutzrechtlichen Verordnungen
krit.............	kritisch
KSchG	Kündigungsschutzgesetz
KTS............	Konkurs-, Treuhand- und Schiedsgerichtswesen
KUG	Gesetz betreffend das Urheberrecht an Werken der bildenden Künste und der Photographie (Kunsturhebergesetz)
KV	Kostenverzeichnis
KVStG	Kapitalverkehrsteuergesetz
KVO	Kraftverkehrsordnung für den Güterfernverkehr mit Kraftfahrzeugen (Beförderungsbedingungen)
LAG	Landesarbeitsgericht
LAGE	Landesarbeitsgericht Entscheidungen
LandwVerfG	Gesetz über das gerichtliche Verfahren in Landwirtschaftssachen
LFGG...........	Landesgesetz über die freiwillige Gerichtsbarkeit (Baden-Württemberg)
LFZG...........	Gesetz über die Fortzahlung des Arbeitsentgelts im Krankheitsfalle (Lohnfortzahlungsgesetz)
LG.............	Landgericht
LG.............	Leasinggeber
lit..............	littera
LJV	Landesjustizverwaltung
LK.............	Leipziger Kommentar
LM	Das Nachschlagewerk des Bundesgerichtshofs in Zivilsachen, herausgegeb. von Lindenmaier und Möhring
LMedG..........	Landesmediengesetz
LN	Leasingnehmer
LPG............	Landespressegesetz
LPG............	Landwirtschaftliche Produktionsgenossenschaft
LRG	Landesrundfunkgesetz
LS	Leitsatz
LSG............	Landessozialgericht
LStDV	Lohnsteuer-Durchführungsverordnung
LStJA	Lohnsteuerjahresausgleich
LStR	Lohnsteuerrichtlinien
lt..............	laut
LuftVG..........	Luftverkehrsgesetz
LWVG	Gesetz über das gerichtl. Verfahren in Landwirtschaftssachen
max.	maximal
MaBV	Makler- und Bauträgerverordnung
MB	Mega Byte
MB/KK	Allgemeine Versicherungsbedingungen für die Krankheitskosten- und Krankenhaustagegeldversicherungen
MB/KT	Allgemeine Versicherungsbedingungen für die Krankenhaustagegeldversicherung
MdE	Minderung der Erwerbsfähigkeit
MDR...........	Monatsschrift für Deutsches Recht

m. E.	meines Erachtens
MedR	Medizinrecht
MHRG (MHG)	Gesetz zur Regelung der Miethöhe
MietRÄndG	Gesetz zur Änderung mietrechtlicher Vorschriften
MitbestG	Gesetz über die Mitbestimmung der Arbeitnehmer (Mitbestimmungsgesetz)
MRB	Menschenrechtsbeschwerde
mtl.	monatlich
MuSchG	Gesetz zum Schutz der erwerbstätigen Mutter (Mutterschutzgesetz)
MünchKomm	Münchener Kommentar zum BGB
m. (w.) Nachw.	mit (weiteren) Nachweisen
MwSt	Mehrwertsteuer
NATO	North Atlantic Treaty Organisation
NdsRpfl	Niedersächsische Rechtspflege
NJ	Neue Justiz
NJW	Neue Juristische Wochenschrift
NJW-RR	NJW-Rechtsprechungsreport
NPD	Nationaldemokratische Partei Deutschland
Nr. (n)	Nummer(n)
NStE	Neue Entscheidungssammlung für Strafrecht
NStZ	Neue Zeitschrift für Strafrecht
NTS-AG	Gesetz zum Nato-Truppenstatut und zu den Zusatzvereinbarungen
nvW	nachvertragliches Wettbewerbsverbot
NVwZ	Neue Zeitschrift für Verwaltungsrecht
NZA	Neue Zeitschrift für Arbeits- und Sozialrecht
NZB	Nichtzulassungsbeschwerde
NWB	Neue Wirtschaftsbriefe für Steuer- und Wirtschaftsrecht (Loseblattsammlung)
NZV	Neue Zeitschrift für Verkehrsrecht
o.	oben
o. ä.	oder ähnliches
OEG	Gesetz über die Entschädigung für Opfer von Gewalttaten (Opferentschädigungsgesetz)
OFD	Oberfinanzdirektion
öff.	öffentliche
o. g.	oben genannt(en)
OHG	Offene Handelsgesellschaft
OLG(e)	Oberlandesgericht(e)
OLGZ	Entscheidungen der Oberlandesgerichte in Zivilsachen
OmPi	Organisation Mondiale de la Propiété Intellectuelle
OV	Offenbarungsversicherung
OVG	Oberverwaltungsgericht
OWi	Ordnungswidrigkeit
OWiG	Gesetz über Ordnungswidrigkeiten
PAngV	Verordnung über Preisangaben
PatAnwO	Patentanwaltsordnung
PatG	Patentgesetz
PC	Personal Computer
PflVG	Gesetz über die Pflichtversicherung für Kraftfahrzeughalter (Pflichtversicherungsgesetz)
PKH	Prozeßkostenhilfe
PKV	Prozeßkostenvorschuß
PKV	Private Krankenversicherung

Abkürzungsverzeichnis

Pkw	Personenkraftwagen
PostG	Gesetz über das Postwesen (Postgesetz)
PsychKG	Gesetz für psychisch Kranke (Schleswig-Holstein)
PTV	Programmierte Textverarbeitung
p. V. V.	positive Vertragsverletzung
RA	Rechtsanwalt
RabattG	Gesetz über Preisnachlässe (Rabattgesetz)
RADG	Gesetz zur Durchführung der Richtlinien (77/249) des Rates der Europäischen Gemeinschaft vom 22. 3. 1977 zur Erleichterung der tatsächlichen Ausübung des freien Dienstleistungsverkehrs der Rechtsanwälte (RADG) vom 16. 8. 1980
RAK	Rechtsanwaltskammer
RAM	Random Access Memory
RBerG	Rechtsberatungsgesetz
RdA	Recht der Arbeit
RdL	Recht der Landwirtschaft
Rdnr. (n.)	Randnummer(n)
RegE	Regierungsentwurf
RES	Sammlung der Rechtsentscheide in Wohnraummietsachen
RHeimstG	Reichsheimstättengesetz
RG	Reichsgericht
RGZ	Amtl. Sammlung der Reichsgerichtsrechtsprechung in Zivilsachen
RGRK	Das Bürgerliche Gesetzbuch mit besonderer Berücksichtigung der Rechtsprechung des Reichsgerichts und des Bundesgerichtshofes (Kommentar)
RGSt	Amtliche Sammlung der Entscheidungen des Reichsgerichts in Strafsachen
Rili	Grundsätze des anwaltlichen Standesrechts
RiStBV	Richtlinien für das Straf- und Bußgeldverfahren
RIW/AWD	Recht der internationalen Wirtschaft
RKnG	Reichsknappschaftsgesetz
rkr.	rechtskräftig
ROM	Read Only Memory
ROW	Recht in Ost und West
RPfleger	Der Deutsche Rechtspfleger
RPflG	Rechtspflegergesetz
R + S	Recht und Schaden
RS	Rechtschutz
Rspr.	Rechtsprechung
RSV	Restschuldversicherung
RVO	Reichsversicherungsordnung
RVS	Rollfuhrversicherungsschein
RWS	Recht und Wirtschaft der Schule
s.	siehe
S.	Satz
S.	Seite
saarl.	saarländisch
Sachgeb.	Sachgebiet
SchiffsRegO	Schiffsregisterordnung
SchlHA	Schleswig-Holsteinische Anzeigen
SchO	Schiedsordnung
SchwbG	Schwerbehindertengesetz
SG	Sozialgericht
SGB	Sozialgesetzbuch
SGG	Sozialgerichtsgesetz

SK	Systematischer Kommentar
SMAD	Sowjetische Militäradministration
s. o.	siehe oben
sof.	sofortig
sog.	sogenannte(r)
SozR	Sozialrecht, Rspr. und Schrifttum, bearb. von den Richtern des BSG
spez.	speziell
StA	Staatsanwaltschaft
Statist. Jahrb.	Satistisches Jahrbuch
StEK	Steuererlasse in Karteiform
StBerG	Gesetz über die Rechtsverhältnisse der Steuerberater und Steuerbevollmächtigten (Steuerberatungsgesetz)
StB	Steuerberater
Stbg.	Die Steuerberatung
StBGebV	Steuerberatergebührenverordnung
StGB	Strafgesetzbuch
StPO	Strafprozeßordnung
str.	streitig
StrEG	Gesetz über die Entschädigung für Strafverfolgungsmaßnahmen
StRK	Steuerrechtsprechung in Karteiform (Mrozek-Kartei)
st. Rspr.	ständige Rechtsprechung
StV	Der Strafverteidiger
StVÄG	Strafverfahrensänderungsgesetz
StVG	Straßenverkehrsgesetz
StVO	Straßenverkehrs-Ordnung
StVollzG	Strafvollzugsgesetz
StVZO	Straßenverkehrs-Zulassungs-Ordnung
s. u.	siehe unten
SVG	Soldatenversorgungsgesetz
SV	Die Sozialversicherung
TA-Luft	Technische Anleitung zur Reinhaltung der Luft
TBC	Tuberkulose
TVG	Tarifvertragsgesetz
U.	Urteil
u. a.	unter anderem
u. ä.	und ähnliches
u. a. m.	und anderes mehr
UdSSR	Union der Sozialistischen Sowjet-Republiken
U-Haft	Untersuchungshaft
umstr.	umstritten
UmwStG	Umwandlungssteuergesetz
UN	United Nations
unstr.	unstreitig
UNÜ	UN-Übereinkommen
UrhG	Gesetz über Urheberrecht und verwandte Schutzrechte (Urheberrechtsgesetz)
US	United States
USA	United States of America
UStDV	Umsatzsteuerdurchführungsverordnung
UStG	Umsatzsteuergesetz
usw.	und so weiter
u. U.	unter Umständen
UWG	Gesetz gegen den unlauteren Wettbewerb
UVollzO	Untersuchungshaftvollzugsordnung

Abkürzungsverzeichnis

VA	Verwaltungsakt
VAHRG	Gesetz zur Regelung von Härten im Versorgungsausgleich
VBL	Versorgungsanstalt des Bundes und der Länder
VBlBW	Verwaltungsblätter für Baden-Württemberg
VEB	Volkseigener Betrieb
VEG	Volkseigenes Gut
Verf.	Verfahren
VerglO	Vergleichsordnung
VersR	Versicherungsrecht
Vfg	Verfügung
VGB	Allgemeine Bedingungen für die Neuwertversicherung von Wohngebäuden gegen Feuer-, Leitungswasser- und Sturmschäden
VGH	Verwaltungsgerichtshof
vgl.	vergleiche
VGT	Verkehrsgerichtstag
VHB	Allgemeine Bedingungen für die Neuwertversicherung des Hausrats gegen Feuer-, Einbruchdiebstahl-, Beraubungs-, Leitungswasser-, Sturm- und Glasbruchschäden
VN	Versicherungsnehmer
VO	Verordnung
VOB (B)	Verdingungsordnung für Bauleistungen (Teil B)
Vorbem.	Vorbemerkung
VormG	Vormundschaftsgericht
VR	Versicherer
VRS	Verkehrsrechts-Sammlung
VStG	Vermögensteuergesetz
VermStRiLi	Vermögensteuerrichtlinien
v. u. g.	vorgelesen und genehmigt
VU	Versäumnisurteil
VuVO	Versicherungsunterlagen-Verordnung
VVG	Gesetz über den Versicherungsvertrag
VwGO	Verwaltungsgerichtsordnung
VwVfG	Verwaltungsverfahrensgesetz
VwZG	Verwaltungszustellungsgesetz
WA	Warschauer Abkommen (z. Internationalen Luftverkehr)
WährungsG	Währungsgesetz
WE	Wohnungseigentum/-eigentümer
WE	Wohnungseigentum (Zeitschrift)
WEG	Gesetz über das Wohnungseigentum und das Dauerwohnrecht (Wohnungseigentumsgesetz)
WEZ	Zeitschrift für Wohnungseigentum
wg.	wegen
WG	Wechselgesetz
WHG	Gesetz zur Ordnung des Wasserhaushalts (Wasserhaushaltsgesetz)
wistra	Zeitschrift für Wirtschaft, Steuer, Strafrecht
WM	Wertpapiermitteilungen
WoBindG	Wohnungsbindungsgesetz
WPflG	Wehrpflichtgesetz
Wp	Wirtschaftsprüfer
WPO	Wirtschaftsprüferordnung
WuM	Wohnungswirtschaft und Mietrecht
WRP	Wettbewerb in Recht und Praxis
WRV	Verfassung des Deutschen Reiches
WuW	Wirtschaft und Wettbewerb
WZG	Warenzeichengesetz

z. B.	zum Beispiel
ZfA	Zeitschrift für Arbeitsrecht
ZfBR	Zeitschrift für deutsch-internationales Baurecht
ZfS	Zeitschrift für Schadensrecht
ZfSH/SGB	Zeitschrift für Sozialhilfe und Sozialgesetzbuch
ZGB	Zivilgesetzbuch der DDR
ZIP	Zeitschrift für Wirtschaftsrecht und Insolvenzpraxis
zit.	zitiert
ZMR	Zeitschrift für Miet- und Raumrecht
ZPO	Zivilprozeßordnung
ZRP	Zeitschrift für Rechtspolitik
ZSEG	Gesetz über die Entschädigung von Zeugen und Sachverständigen
ZStW	Zeitschrift für die gesamte Strafrechtswissenschaft
z. T.	zum Teil
ZugabeVO	Zugabeverordnung
ZV	Zwangsvollstreckung
ZVG	Gesetz über die Zwangsversteigerung und Zwangsverwaltung (Zwangsversteigerungsgesetz)
ZVOBl.	Zentralverordnungsblatt der Sowjetischen Besatzungszone
z. Z.	zur Zeit
zzgl.	zuzüglich

A. Grundlagen des Prozeß- und Vertragsrechts

A I. Zivilprozeß allgemein

Dr. Wolfgang Koeble

Übersicht

Literatur: *Baumbach/Lauterbach/Albers/Hartmann,* ZPO, 49. Aufl. 1991; Beck'sches Prozeßformularbuch, 5. Aufl. 1989; *Furtner,* Das Urteil im Zivilprozeß, 5. Aufl. 1985; *Sattelmacher/Sirp,* Bericht, Gutachten und Urteil, 30. Aufl. 1985; *Schellhammer,* Zivilprozeß, 4. Aufl. 1989; *Schrader/Steinert,* Zivilprozeß, 7. Aufl. 1990; *Thomas/Putzo,* ZPO, 16. Aufl. 1990; *Zöller,* ZPO, 16. Aufl. 1990.

I. Allgemeine Verfahrensfragen

1. Rechtswegzuständigkeit

Über die Zulässigkeit des ordentlichen Rechtswegs entscheiden die Gerichte **1**
von Amts wegen. Das Verfahren ist seit 1. 4. 1991 für alle Rechtswege gleich in §§ 17–17b GVG n. F. neu geregelt. Die **Verweisung** in einen anderen Rechtsweg (z. B. ArbG, VG, SozG) kann nur **vorab** durch bindenden **Beschluß** erfolgen und nicht in einem späteren Verfahrensstadium. Gegen den Beschluß ist die sofortige Beschwerde nach der jeweils anzuwendenden Verfahrensordnung gegeben (§ 17a IV GVG n. F.). Darüber, daß der beschrittene Rechtsweg **zulässig** ist, kann das Gericht vorab entscheiden und muß es, wenn eine der Parteien die Zulässigkeit des Rechtswegs rügt (§ 17a III GVG n. F.). Rechtsmittel: Sofortige Beschwerde (§ 17a IV n. F.)

2. Örtliche Zuständigkeit

Zuständigkeitsrügen muß der RA des Bekl. vor der Verhandlung zur Sache **2**
vorbringen, da sonst das angerufene Gericht zuständig wird (§ 39 S. 1 ZPO). Es

genügt, daß die Zuständigkeit hilfsweise gerügt wird. Die Rüge ist aber möglichst – falls nicht ausdrücklich Klagabweisung als unzulässig beantragt wird – vor Antragstellung vorzubringen, weil damit die Sacherörterung beginnt. Im schriftlichen Verfahren muß die Rüge innerhalb der Einlassungsfrist vorgebracht werden. Entsprechendes wie für die örtliche Zuständigkeit gilt auch für die internationale Zuständigkeit (*BGH* NJW 1979, 1104), nicht aber im Verfahren bei den Amtsgerichten, wenn die Belehrung nach § 504 ZPO unterblieben ist, für ausschließliche Gerichtsstände und für nichtvermögensrechtliche Ansprüche (§ 40 II ZPO). Im Rahmen der örtlichen Zuständigkeit wird zweckmäßigerweise folgendes geprüft:

a) Ausschließliche Gerichtsstände

3 Ein ausschließlicher Gerichtsstand liegt nur in den vom Gesetz genannten Fällen vor. Hier hat der Kläger kein Wahlrecht. Zu nennen sind insbesondere folgende:

4 – Der **dingliche** Gerichtsstand gilt nur für unbewegliche Sachen (§ 24 ZPO). Die wichtigsten Fälle sind die Klage auf Feststellung des Eigentums und auf Grundbuchberichtigung seitens des wahren Eigentümers (§ 894 BGB), die Herausgabeklage gegen den Besitzer, die Klage auf Beseitigung von Beeinträchtigungen nach § 1004 BGB (*OLG Celle* VersR 1978, 570) und aus Nachbarrecht (§§ 905, 906ff. BGB), die Hypothekenklage und die Klage des Eigentümers auf Löschung einer Vormerkung. Nicht hierher gehören die **Auflassungsklage** und die Schuldklage aus Darlehen, auch nicht bei Absicherung durch Hypothek oder Grundschuld. Wichtig ist die ausschließliche Zuständigkeit des Amtsgerichts, in dessen Bezirk das Grundstück liegt, bei **Wohnungseigentumssachen** (§ 43 WEG). Diese gilt auch für **Mahnbescheide** wegen Zahlungsansprüchen im Zusammenhang mit dem Wohnungseigentum (vgl. Rdnr. 120).

5 – Für Klagen aus **Haustürgeschäften** ist dasjenige Gericht ausschließlich zuständig, in dessen Bezirk der Kunde zur Zeit der Klageerhebung seinen Wohnsitz hat (§ 7 HWiG). – Für Abzahlungsgeschäfte ist seit dem 1. 1. 1991 kein ausschließlicher Gerichtsstand mehr gegeben (vgl. *Bülow,* NJW 1991, 129/134).

6 – Ausschließliche Gerichtsstände sind auch die beiden Gerichtsstände des **§ 24 UWG** (*Baumbach/Hefermehl,* 15. Aufl. § 24 Rdnr. 7) und die Zuständigkeitsvorschriften für **Urheberrechtsstreitigkeiten** (§ 105 UrhG i. V. m. landesgesetzlichen Regelungen) sowie für Patentstreitigkeiten (§ 143 PatG i. V. m. landesgesetzlichen Regelungen). **Ferner:** der Gerichtsstand für die Konkursfeststellungsklage (§ 146 II KO), der Gerichtsstand in Wohnraummietsachen (§ 29a ZPO) und der Gerichtsstand für Ehesachen (§ 606 ZPO). Neu hinzugekommen ist seit 1. 1. 1991 der ausschließliche Gerichtsstand für **Klagen** gegen eine **Anlage mit Umwelteinwirkungen** (§ 32a ZPO n. F.). Zuständig für Ansprüche nach dem UmwelthaftungsG ist das Gericht, in dessen Bezirk die Umwelteinwirkung von einer Anlage ausgegangen ist.

b) Wahlmöglichkeiten

7 Liegt keine wirksame Gerichtsstandsvereinbarung (§ 38 ZPO) vor, so hat der Kläger ggf. ein **Wahlrecht** unter mehreren Gerichtsständen. Dieses erlischt durch Klageerhebung bei einem zuständigen Gericht, nicht aber bei einem Mahnbescheidsantrag durch Angabe des Gerichts, an das abzugeben ist (h. M.;

BGH NJW 1984, 242/243; ab 1. 4. 1991 vgl. Rdnr. 123). Sind bei mehreren Beklagten verschiedene Gerichte örtlich zuständig, so ist die **Bestimmung** des zuständigen Gerichts herbeizuführen (§ 36 ZPO; vgl. *Bornkamm* NJW 1989, 2713). Die für die Praxis wichtigsten Wahlgerichtsstände sind folgende:

- Der Gerichtsstand des **Wohnsitzes** einer Person (§§ 13, 16 ZPO), der Gerichtsstand des Sitzes einer juristischen Person (§ 17 ZPO) und der gewerblichen Niederlassung (§ 21 ZPO) sowie des Behördensitzes (§§ 18f. ZPO). Von größerer Bedeutung ist auch der besondere Gerichtsstand der Erbschaft für Klagen auf Feststellung des Erbrechts, aus einem Vermächtnis, aus einem Testament, auf Teilung der Erbschaft oder wegen Pflichtteilsansprüchen (§ 27 ZPO). **8**
- Wichtig ist der Gerichtsstand des **Erfüllungsorts** für Streitigkeiten aus Vertragsverhältnissen (§ 29 ZPO). Wichtige Beispiele: Gebührenklage des Rechtsanwalts am Ort seiner Kanzlei (*BGH* NJW 1986, 1178); Vergütungs- und Mängelklage bei Bauvertrag am **Ort des Bauvorhabens** (*BGH* NJW 1986, 935; vgl. auch Rdnr. 13); entsprechendes dürfte auch für den Architektenvertrag gelten, wenn nach den Plänen gebaut wird (*Locher/Koeble/Frik,* HOAI, § 1 Rdnr. 16); Klage gegen den Bürgen oder Darlehensschuldner an ihrem Wohnsitz; ebenso Klage gegen den Käufer auf Kaufpreiszahlung; bei Anwendbarkeit des **EKG** ist der Sitz des Verkäufers sowohl für die Kaufpreisklage als auch für die Lieferklage Erfüllungsort (Art. 19 II, 59 I EKG). Die Wandelungsklage des Käufers kann an seinem Wohnsitz erhoben werden, wenn sich bei ihm die Sache befindet (vgl. *Zöller/Vollkommer,* § 29 Rdnr. 25); für Klagen aus Reiseverträgen kann der Kunde neben dem Zielort auch den Ort der Niederlassung des Reiseveranstalters (§ 21 ZPO) zur Verfügung haben. **9**
- Am Gerichtsstand der **unerlaubten Handlung** (§ 32 ZPO) muß sich das Gericht nicht mit anderen Anspruchsgrundlagen befassen (*BGH* NJW 1974, 411; *BGH* NJW 1986, 2437), dagegen können vertragliche Vorfragen hier zu klären sein (*BGH* v. 11. 2. 1988 – I ZR 201/86 für die Frage, ob eine Verletzungshandlung aufgrund vertraglicher Vereinbarungen rechtmäßig ist). **10**
- Auch der Gerichtsstand der **Widerklage** ist ein besonderer Gerichtsstand (§ 33 ZPO). In Ausnahmefällen ist auch die Drittwiderklage zulässig, so bei Kfz-Unfällen hinsichtlich eines bisher nicht beteiligten Fahrers bzw. der Haftpflichtversicherung. **11**
- Für Klagen aus dem **Versicherungsverhältnis** gegen den Versicherer (z. B. Deckungsklage) ist das Gericht des Ortes zuständig, wo der Agent zur Zeit der Vermittlung oder Schließung des Vertrags seine gewerbliche Niederlassung bzw. seinen Wohnsitz hatte (§ 48 I VVG). **12**
- Einen besonderen Fall der Gerichtsstandvereinbarung durch **Zugrundelegung der VOB (B)** enthält § 18 Nr. 1 VOB (B). Soweit die Vertragspartner Vollkaufleute sind oder der Auftraggeber eine Körperschaft oder Anstalt öffentlichen Rechts, ist sein Sitz als Gerichtsstand vereinbart (*Ingenstau/Korbion,* B § 18 Rdnr. 8). Einen neuen Besonderen Gerichtsstand für **Klagen Dritter gegen Wohnungseigentümer** in Angelegenheiten, die das Wohnungseigentum (Sonder- und Gemeinschaftseigentum) betreffen, enthält der seit 1. 4. 1991 geltende § 29b ZPO. Dabei ist unerheblich, mit welchem Baumodell das Wohnungseigentum geschaffen wurde. Die Vorschrift gilt für Ansprüche von Bauhandwerkern, Architekten, Ingenieuren und Lieferanten aus der Bau- und Nutzungsphase. **13**

3. Sachliche und funktionelle Zuständigkeit

a) Ausschließliche Gerichtsstände

14 Auch hinsichtlich der sachlichen Zuständigkeit gibt es ausschließliche Gerichtsstände (zur örtlichen Zuständigkeit vgl. Rdnr. 2). Beim AG sind zu erheben Klagen aus Wohnraummietverhältnissen (§ 29a ZPO), in Kindschaftssachen (§§ 651a ZPO, 23a GVG) in Wohnungseigentumssachen (§ 43 WEG) und in Ehesachen sowie anderen Familiensachen beim Familiengericht des AG (§§ 606, 621 ZPO, 23b GVG). Beim LG sind Klagen wegen Urheberrechtssachen zu erheben (§ 105 UrhRG i. V. m. Landesgesetzen).

b) Zuständigkeit des AG

15 Außer in den o. g. Fällen der ausschließlichen Gerichtsstände ist das AG zuständig: für bestimmte Mietstreitigkeiten, wobei zu betonen ist, daß eine **Räumungsklage** sowohl bei Wohnraum als auch beim gewerblichen Mietverhältnis an das AG gerichtet werden muß (§ 29 Nr. 2a GVG), während das AG für die **Mietzinsklage** nur bei Wohnräumen unabhängig vom Streitwert zuständig ist (§ 29a ZPO gilt nicht für die Zahlungsklage bei gewerblichen Mietverhältnissen). Des weiteren ist das AG zuständig für gesetzliche Unterhaltsansprüche infolge Ehe oder Verwandtschaft (§ 23a Nr. 2 GVG), für Ansprüche der nichtehelichen Mutter gegen den Kindsvater (§ 23a Nr. 3 GVG), für Ansprüche aus dem ehelichen Güterrecht (§ 23a Nr. 5 GVG).

16 Für vermögensrechtliche Streitigkeiten ist das AG seit 1. 4. 1991 bis einschließlich 6000 DM zuständig (§ 23 Nr. 1 GVG; vgl. aber § 71 II GVG). Für die Berechnung ist der **Zuständigkeitsstreitwert** maßgebend. **Prüfungsreihenfolge:** Zunächst §§ 4–9 ZPO, dann § 3 ZPO. Maßgebend ist nur die Hauptforderung. Bei Haupt- und Hilfsantrag ist der höhere Antrag maßgebend (*KG* OLGZ 79, 348). Bei Klage und Widerklage wird nur für den Kostenstreitwert (§ 19 I GKG) addiert, während für den Zuständigkeitsstreitwert der höhere Antrag maßgebend ist (§ 5 ZPO). Der etwa höhere Streitwert einer Hilfswiderklage ist nur maßgebend, wenn über diese entschieden wird (*BGH* NJW 1973, 98). In den letzten beiden Fällen wird das Amtsgericht unzuständig (§ 506 ZPO).

c) Zuständigkeit des LG

17 Das LG ist zuständig für alle nichtvermögensrechtlichen Streitigkeiten, außer Kindschafts- und Ehesachen (vgl. Rdnr. 15). Ferner sind wichtig die Fälle des § 71 II Nr. 2 GVG und vermögensrechtliche Streitigkeiten über 6000 DM (seit 1. 4. 1991, vorher 5000 DM).

d) Funktionelle Zuständigkeit

18 Unter diesem Stichwort ist hier nur die **Zuständigkeit der KfH** von Bedeutung: für Handelssachen (§ 95 GVG), wobei neben den Handelsgeschäften für beide Parteien Ansprüche aus Wechseln und Schecks hervorzuheben sind, da in beiden Fällen Kaufmannseigenschaft nicht erforderlich ist! Zuständig ist die KfH auch für Berufungen bei Handelssachen, die in erster Instanz beim AG anhängig waren.

19 Wird eine Handelssache bei der Zivilkammer eingeklagt, so kann der Beklagte vor der Verhandlung zur Sache Verweisung an die KfH beantragen (§§ 98 I, 101 I GVG). Für die Klageerwiderung gesetzte Fristen werden allerdings durch die Verweisung nicht berührt, so daß es auf die Frage der Verzögerung an-

kommt (vgl. Rdnr. 70). Rügt der Beklagte die Zuständigkeit der Zivilkammer nicht, so wird sie zuständig.

Soll bei der KfH geklagt werden, so muß dies in der Klagschrift („An das LG, KfH, ...“) angegeben sein. War zunächst sein Mahnbescheid beantragt, so kann der Antrag noch in der Anspruchsbegründung gestellt werden (*OLG Frankfurt* NJW 1980, 2202). Liegt keine Handelssache vor, so ist auf Antrag des Beklagten bzw. von Amts wegen (§ 97 I, II GVG) an die Zivilkammer zu verweisen. **20**

4. Die Partei des Klägers

a) Parteibezeichnung und Parteiänderung

Parteibezeichnung und Partei müssen sich decken. Ausnahme: Vollkaufleute, OHG und KG können „unter ihrer Fa.“ klagen und verklagt werden (§ 17 II HGB). Anzugeben sind die gesetzlichen Vertreter; § 130 ZPO ist zwar nur eine Sollvorschrift, die Angabe ist aber wegen Zustellung, vgl. § 171 ZPO, und wegen Zwangsvollstreckung erforderlich. Die Anschrift (nicht Postfach!) ist ebenfalls wegen der Zustellung und Zwangsvollstreckung nötig (Ermittlung: Auskünfte aus Handelsregister, Gewerberegister oder vom Einwohnermeldeamt). Zur ordnungsgemäßen Klagerhebung (hinsichtlich der Berufung vgl. A II Rdnr. 9) gehört grundsätzlich auch die Angabe der ladungsfähigen Anschrift des Kl. (*BGH* NJW 1988, 2114). Die Parteibezeichnung muß eindeutig sein. Zwar sind unklare und mißverständliche Angaben auszulegen und offensichtlich falsche auch ohne Antrag zu berichtigen (Beispiele: statt GmbH: GmbH i. L.; statt Kl.: Kl. als Konkursverwalter über das Vermögen der ...), sogar noch in der Berufungsinstanz (*BGH* NJW 1981, 1454). Kann jedoch nicht geklärt werden, wer Partei ist, ist die Klage unzulässig. Grenze für die Berichtigung ist die Identität der Partei, da sonst Parteiwechsel vorliegt (vgl. *BGH* NJW 1987, 1946). **21**

Der **Parteiwechsel** auf Klägerseite wird für die 1. und 2. Instanz von der Rechtsprechung als Klagänderung behandelt (*BGH* NJW 1978, 1529). Der alte und der neue Kl. müssen zustimmen. Die Zustimmung des Bekl. ist dagegen bei Sachdienlichkeit auch „nach Beginn der mündlichen Verhandlung des Bekl.“ nicht erforderlich (vgl. *BGHZ* 16, 317; *BGH* LM Nr. 8 zu § 264 ZPO; str., vgl. i.e. *Roth* NJW 1988, 2977). In Analogie zu § 269 III ZPO hat der ausscheidende Kl. die bis dahin dem Bekl. entstandenen Kosten auch dann zu tragen, wenn dieser dem Parteiwechsel nicht zugestimmt hat (str.; so *OLG Stuttgart* NJW 1973, 1756; *Baumbach/Lauterbach/Albers/Hartmann,* § 263 Anm. 2 C a, bb; *Thomas/Putzo,* Vorbem. IV 3a, aa vor § 50). Tritt während des Berufungsverfahrens nach § 265 ZPO Rechtsnachfolge ein, kann der übernahmebereite Rechtsnachfolger, den das Berufungsgericht aus dem Prozeß weist, weil die Zustimmung des Gegners fehle, gegen diese Entscheidung Rechtsmittel einlegen. Das Rechtsmittel ist jedoch unzulässig, wenn mit ihm nicht weiterhin die Befugnis durchgesetzt werden soll, den Prozeß an Stelle des Rechtsvorgängers zu übernehmen (*BGH* NJW 1988, 3209). Eine **Parteierweiterung** ist in 1. Instanz zulässig, in 2. Instanz nach h. M. ebenfalls (*BGH* NJW 1976, 239; *BGH* NJW 1985, 1241; a. A. *Thomas/Putzo,* Vorbem. IV 5b vor § 50). **22**

b) Parteifähigkeit

Durch den **Tod** einer Partei tritt eine **Unterbrechung** des Verfahrens ein, die von Amts wegen zu berücksichtigen ist (§ 239 I ZPO). Dies gilt allerdings nicht, **23** wenn die Partei durch einen Prozeßbevollmächtigten vertreten ist; dieser kann aber einen **Antrag auf Aussetzung** stellen (§ 246 I ZPO). Klägervertreter und Beklagtenvertreter können für bzw. gegen den Erben wiederaufnehmen.

24 **Juristische Personen** sowie die OHG und die KG sind parteifähig, die Wohnungseigentümergemeinschaft dagegen nicht (*BGH* NJW 1977, 1686; zu weiteren Problemen bei WEG vgl. B II Rdnrn. 79ff. sowie B V). Die Rechtsprechung läßt hier bei der Parteibezeichnung Erleichterungen zu: Es genügt in der Klage die Pauschalbezeichnung „WEG X.", wenn eine Eigentümerliste beigefügt ist (*BGH* NJW 1981, 283). Bei **Liquidation** verliert die Kl. nicht schon mit Auflösung, auch nicht mit Löschung im Handelsregister, die Parteifähigkeit, sondern erst mit „Vollbeendigung". Diese liegt erst bei Vermögenslosigkeit vor (*BGH* NJW 1979, 1592 für einen Verein; *BGH* NJW 1982, 238 für eine GmbH & Co. KG; *BGH* NJW-RR 1986, 394 für eine Genossenschaft). Die Löschung begründet zwar eine Vermutung für die Vermögenslosigkeit. Es genügt aber, wenn eine Partei behauptet, die Gesellschaft habe noch Vermögen. Diese Behauptung ergibt sich z. B. aus einer Zahlungsklage selbst. Der Prozeßgegner muß dann beantragen, daß ein neuer Liquidator bestellt wird.

25 Bei **Konkurs** des Kl. ist folgendes zu unterscheiden: Durch den Antrag selbst tritt noch keine Unterbrechung ein, ebensowenig bei Ablehnung mangels Masse, da hier liquidiert wird. Nur die Eröffnung des Verfahrens unterbricht (§ 240 ZPO) anders als beim Vergleich (§ 20 VerglO). Bei Konkurs des Kl. kann nur der Konkursverwalter wiederaufnehmen (§ 10 KO; bei Verzögerung gilt § 239 II ZPO). Lehnt der Konkursverwalter die Aufnahme ab, kann der Gemeinschuldner oder der Gegner aufnehmen (Form: § 250 ZPO).

c) Aktivlegitimation

26 Die Aktivlegitimation betrifft ausschließlich die Berechtigung nach **materiellem Recht.** Sie ist in der Klagebegründung substantiiert darzulegen und unter Beweis zu stellen. Sie kann sich aus allen Anspruchsgrundlagen ergeben. Fehlt sie, so ist die Klage als unbegründet, nicht als unzulässig abzuweisen. Bei mehreren Kl. ist darzulegen bzw. im Klagantrag zu spezifizieren, was für jeden verlangt wird: Bei Teilgläubigerschaft (§ 420 BGB) sind die einzelnen Teile für jeden Kl. geltend zu machen; bei Gesamtgläubigerschaft (§ 428 BGB) kann jeder auf Leistung an sich klagen, während bei Mitgläubigerschaft (§ 432 BGB) auf Leistung an alle geklagt werden muß.

d) Prozeßführungsbefugnis

27 Fallen Parteistellung und Aktivlegitimation auseinander, so stellt sich die Frage der Prozeßführungsbefugnis, wenn der Kläger nicht in fremdem Namen als Bevollmächtigter klagt. **Kraft Gesetzes** sind der Konkursverwalter, Zwangsverwalter, Nachlaßverwalter und Testamentsvollstrecker zur Prozeßführung befugt, nicht dagegen der WE-Verwalter zur Führung eines Rechtsstreits im eigenen Namen (vgl. B II Rdnrn. 79ff.). Dieser kann als Vertreter (§ 27 WEG) und nur kraft ausdrücklichen WE-Beschlusses als Prozeßstandschafter klagen. Einen Fall der gesetzlichen Prozeßstandschaft regelt § 267 ZPO: Bei Übertragung bzw. Abtretung nach Rechtshängigkeit bleibt der Kl. prozeßführungsbefugt, er muß aber seinen Antrag auf Leistung an den Erwerber umstellen, da sonst seine Klage als unbegründet abgewiesen wird (*BGH* NJW 1972, 1580).

28 Für die **gewillkürte Prozeßstandschaft** müssen zwei Voraussetzungen gegeben sein: (1) die ausdrückliche oder stillschweigende (vgl. *BGH* NJW 1979, 924/

925) **Ermächtigung** durch den Rechtsinhaber zur Geltendmachung im eigenen Namen, was substantiiert dargetan sein muß und (2) das schutzwürdige Eigeninteresse des Kl. Beispiele für Eigeninteresse: Verwalter bei WE *(BGH* NJW 1981, 1841); Klage des Verwalters wegen Mängeln (z.B. Schallmängel), durch die auch das Sondereigentum betroffen ist (*BGH* BauR 1986, 447 m. Anm. *Schilling* = NJW-RR 1986, 755); Pächter klagt mit Zustimmung des Eigentümers gemäß § 985 BGB gegen den nicht berechtigten Besitzer (*BGH* NJW-RR 1986, 158); Miteigentümer eines Grundstücks klagt mit Zustimmung des anderen nach § 1011 BGB (*BGH* NJW 1985, 2825); Ehegatte klagt mit Zustimmung des anderen wegen Mängeln (*BGH* NJW 1985, 1826). Ein schutzwürdiges Eigeninteresse wird dagegen zu verneinen sein, wenn eine klagende GmbH vor Rechtshängigkeit ihre Forderung abgetreten hat und wegen Konkurses (vor oder während des Prozesses) liquidiert wird (so *OLG Hamm* BauR 1989, 369; zur Fortdauer der Prozeßführungsbefugnis eines während des Prozesses zahlungsunfähig gewordenen Prozeßstandschafters vgl. *BGH* BauR 1989, 359). Die Klage auf **Leistung an den Rechtsinhaber** ist sicherlich möglich, aber nicht erforderlich (so für die Klage des Verwalters auf Leistung an sich: *BGH* BauR 1986, 447 m. Anm. *Schilling* = NJW-RR 1986, 755).

5. Die Partei des Beklagten

a) Parteiänderung

Hinsichtlich Partei und Parteibezeichnung gilt Entsprechendes wie beim Kl. 29
(vgl. Rdnrn. 21ff.). Auch den **Parteiwechsel** auf Beklagtenseite behandelt die Rechtsprechung als Klagänderung (vgl. Rdnr. 22; str., vgl. i.e. *Roth* NJW 1988, 2977). Ein **neuer Bekl.** kann deshalb in den Prozeß gezogen werden, wenn er zustimmt oder wenn Sachdienlichkeit gegeben ist. Letzteres wird in 1. Instanz regelmäßig bejaht, nicht aber beim Beklagtenwechsel in 2. Instanz, da dem neuen Bekl. sonst eine Instanz verlorenginge (*BGH* NJW 1987, 1946 m. Nachw.). Die Verweigerung der Zustimmung des neuen Bekl. kann aber auch in 2. Instanz rechtsmißbräuchlich sein, wenn er kein schutzwürdiges Interesse daran hat; sie ist dann entbehrlich (*BGH* aaO m. Nachw.). Das Ausscheiden des **alten Bekl.** bedarf dessen Zustimmung nach § 269 I ZPO (*BGH* NJW 1981, 989). Wird sie erteilt, so sind hinsichtlich des alten Bekl. die Kosten dem Kl. aufzuerlegen (entspr. § 269 III ZPO). Verweigert der alte Bekl. die Zustimmung, so muß gegen ihn streitig entschieden werden, wenn nicht der Kl. Verzicht erklärt und ein Verzichtsurteil ergehen kann. Die **Parteierweiterung** auf Beklagtenseite ist in 1. Instanz zulässig, in 2. Instanz ohne Zustimmung des neuen Bekl. unzulässig.

b) Parteifähigkeit

Beim Tod des Bekl. tritt keine Unterbrechung von Amts wegen ein, wenn 30
dieser durch einen Prozeßbevollmächtigten vertreten war (§§ 239 I, 246 I ZPO; vgl. zum Kl. Rdnrn. 23ff.). Der Beklagtenvertreter kann aber **Antrag auf Aussetzung** stellen. Der Klägervertreter kann dann gegen die Erben den Rechtsstreit **aufnehmen:** Dafür ist die substantiierte Darlegung der Rechtsnachfolge nötig, ferner muß der Schriftsatz volles Rubrum haben und den Nachfolger genau bezeichnen (ein Rügeverzicht ist allerdings möglich, § 295 ZPO). Die WE-Gemeinschaft ist nicht passiv parteifähig. Hier genügt auch eine pauschale Parteibezeichnung nicht (vgl. Rdnrn. 24, 27).

31 Wird die Bekl. **liquidiert,** so wird sie ebenfalls erst mit Vollbeendigung parteiunfähig (vgl. Rdnrn. 23ff.). Der Kl. muß hier zweierlei tun: Er muß substantiiert vortragen, daß die Bekl. noch Vermögen hat und er muß einen Antrag auf Bestellung eines neuen Liquidators stellen (vgl. *BGH* NJW 1968, 297; *Bokelmann* NJW 1977, 1130). Bei OHG und KG kann er im Wege des Parteiwechsels gegen die Gesellschafter vorgehen, wofür ein Schriftsatz mit vollem Rubrum erforderlich ist. Bei **Konkurs** des Bekl. (vgl. zunächst Rdnrn. 23ff.) muß bei Eröffnung des Verfahrens die Forderung des Kl. angemeldet werden (§§ 12, 139 KO). Bestreitet der Konkursverwalter die Forderung, kann der Kl. den Rechtsstreit aufnehmen (§ 144 II KO; Form: § 250 ZPO). Die Parteifähigkeit ist **von Amts wegen** zu prüfen. Die Darlegungs- und Beweislast hat auch hinsichtlich des Bekl. der Kl. (vgl. zur Prozeßfähigkeit Rdnrn. 33ff.).

c) Passivlegitimation

32 Passivlegitimiert ist, wer nach materiellem Recht den geltend gemachten Anspruch befriedigen muß. Bei mehreren Bekl. ist darzulegen, ob und woraus sie gesamtschuldnerisch haften sollen oder woraus der auf sie entfallende Anteil sich ergibt. Einzelne Bauherren haften z. B. nur mit ihrem Anteil (trotz § 427 BGB) und zwar sowohl bei Bauherrenmodellen (*BGH* NJW 1977, 294; *BGH* NJW 1979, 2101; *BGH* NJW 1980, 992) als auch bei gemeinsamer Vergabe im Rahmen von Einzelbauvorhaben (*OLG Stuttgart* v. 10. 9. 1985 – 10 U 274/84).

6. Prozeßfähigkeit

33 Den Mangel der Prozeßfähigkeit von Kl. oder Bekl. hat das Gericht von Amts wegen zu berücksichtigen (§ 56 I ZPO). Die Darlegungs- und Beweislast trifft auch hinsichtlich des Bekl. den Kl., so daß dieser Sachverständigen-Beweis antreten und den eventuellen Kostenvorschuß bezahlen muß (anders ist die Situation dann, wenn der Bekl. seine eigene Prozeßunfähigkeit behauptet). Verweigert der Bekl. die Untersuchung, so kann er dazu nicht gezwungen werden und der Kl. muß – damit seine Klage nicht als unzulässig abgewiesen wird – beantragen, daß dem Bekl. ein **Prozeßpfleger** bestellt wird (§ 57 ZPO; *BGH* NJW 1962, 1510). Die Weigerung gilt hier nicht als Beweisvereitelung.

34 Hat der Prozeßunfähige einen **Prozeßbevollmächtigten** beauftragt, als er noch nicht prozeßunfähig war, so ist die Prozeßunfähigkeit ohne Einfluß auf den Rechtsstreit (§§ 86, 246 ZPO). In den anderen Fällen ist das Verfahren unterschiedlich, je nachdem, wann die Prozeßunfähigkeit eintritt. Bei Auftreten **während des Rechtsstreits** tritt eine Unterbrechung ein. Bei **Vorliegen von Anfang an** ist den Parteien Gelegenheit – ggf. durch Vertagung – zur Einstellung auf die prozessuale Situation zu geben (*BGH* NJW-RR 1986, 1119). Stellt der Kl. dann keinen Antrag auf Prozeßpfleger, so ist die Klage als unzulässig abzuweisen.

35 Zweifel über die Prozeßfähigkeit gehen zu Lasten des Kl. (*BGH* NJW-RR 1986, 157/158). Der Kl. muß deshalb stets – mindestens hilfsweise – bei begründeten Anhaltspunkten für Prozeßunfähigkeit die **Bestellung eines Prozeßpflegers** beantragen, da die Voraussetzungen für eine Entmündigung und Bestellung eines Pflegers allgemein erheblich schwieriger sind und das Verfahren lange dauert. Die Bestellung des Prozeßpflegers setzt zwar „Gefahr im Verzug" voraus. Diese ist aber zu bejahen, wenn sich die Bestellung des gesetzlichen Vertreters verzögern würde und dem Kl. dadurch unverhältnismäßig hoher

Schaden entstünde (*Zöller/Vollkommer,* § 57 Rdnr. 1): Ausreichend ist z. B. drohender Verjährungseintritt. **Zustellungen** haben zwar an den gesetzlichen Vertreter zu erfolgen. Sie setzen aber auch dann Fristen in Lauf, wenn sie unter Verstoß gegen § 171 I ZPO an den Prozeßunfähigen vorgenommen werden (vgl. für die Einspruchsfrist gegen einen Vollstreckungsbescheid oder ein Versäumnisurteil und wohl auch für Rechtsmittel gegen streitige Urteile *BGH* NJW 1988, 2049, sogar für den Fall, daß der Gläubiger die Prozeßunfähigkeit und die Anordnung vorläufiger Vormundschaft kannte).

7. Streitverkündung

Streitverkündung hat **Nebeninterventionswirkung** (§§ 74, 68 ZPO) unabhängig davon, ob der Dritte beitritt oder nicht. Da über die Zulässigkeit und damit über die Folgen (z. B. auch Unterbrechung der Verjährung, wenn binnen sechs Monaten gegen den Dritten geklagt wird, § 212 II BGB) erst im nachfolgenden Prozeß entschieden wird, sind die **Voraussetzungen** sehr wichtig: **36**

- Zulässig ist die Streitverkündung bei Ansprüchen gegen Dritte auf **Gewährleistung** oder **Schadloshaltung.** Dies ist substantiiert darzulegen. Die Rechtsprechung stellt an den Vortrag zum Streitverkündungsgrund aber keine übertriebenen Anforderungen; es empfiehlt sich allerdings, den Regreßanspruch genau zu bezeichnen, weil hiervon die Unterbrechung der Verjährung abhängig ist. Praktische Bedeutung hat die Streitverkündung für Kl. und Bekl. in folgenden Fällen: Der wegen Mängeln in Anspruch genommene Handwerker will die etwaigen Folgen seinem Subunternehmer weitergeben; der Architekt will im Wege des Gesamtschuldsausgleichs gegen einen Handwerker vorgehen; der Bauherr will bei Abweisung seiner Klage gegen den Heizungsbauer Schadensersatzansprüche gegen den Estrichleger geltend machen; der verklagte Bürge will den Hauptschuldner in Anspruch nehmen. **Nicht** zulässig, wenn die Partei und der Dritte von vornherein als Gesamtschuldner in voller Höhe und in gleichem Umfang haften (vgl. *BGH* NJW 1978, 643). Da die Zulässigkeit der Streitverkündung im Beweissicherungsverfahren umstritten ist (hierzu *Koeble,* Gewährleistung und Beweissicherung bei Bausachen, S. 101), sollte sich der RA darauf nicht verlassen (Interventionswirkung; Unterbrechung der Verjährung!), sondern die anderen Möglichkeiten im Beweissicherungsverfahren ergreifen (vgl. Rdnrn. 109ff.). **37**
- Die Streitverkündung ist von der Anhängigkeit **bis zur Rechtskraft,** also z. B. gleichzeitig mit der Klage und noch in 2. Instanz, zulässig. Der Dritte muß allerdings noch die Möglichkeit haben, auf den Rechtsstreit Einfluß zu nehmen (*BGH* NJW 1982, 281/282); *Zöller/Vollkommer,* § 68 Rdnrn. 11f.). **38**
- Die Streitverkündung geschieht durch bestimmenden Schriftsatz (*BGHZ* 92, 253), der im Anwaltsprozeß den dafür geltenden **Formerfordernissen** genügen muß, auf die der Dritte im Regreßprozeß allerdings verzichten kann (§ 295 ZPO). Ebenso wie bei der Klagschrift wird man deshalb volles Rubrum verlangen müssen (vgl. die Bem. bei *Zöller/Stephan,* § 130 Rdnr. 1 und § 253 Rdnr. 8 hinsichtlich der zwingenden Formerfordernisse für bestimmende Schriftsätze). **39**
- Dem Dritten muß die **Lage des Rechtsstreits** mitgeteilt werden (ergangene Entscheidungen, anstehende Termine, etwaige Beweisergebnisse). **40**

8. Nebenintervention

41 Die Nebenintervention ist zulässig bei **rechtlichem Interesse** (§ 66 ZPO). Dies ist zu bejahen, wenn die Streitverkündung (Rdnrn. 36ff.) erfolgt ist oder ihre Voraussetzungen vorliegen (Anspruch auf Schadloshaltung oder Gewährleistung). Das Interesse muß substantiiert dargelegt werden.

42 Der Beitritt ist auch auf der **anderen Seite** möglich, wenn ein rechtliches Interesse zum Beitritt hier besteht, was bei Widerspruch des Verkünders substantiiert dargetan werden muß (*Zöller/Vollkommer,* § 74 Rdnr. 1). Im Verhältnis zum Verkünder liegt dann ein Nichtbeitritt vor (*BGH* NJW 1983, 820).

43 Der Beitritt muß folgenden **Inhalt** haben (§ 70 ZPO): Volles Rubrum, Angabe des Interesses und die Erklärung des Beitritts; die Mängel sind jedoch verzichtbar (§ 295 ZPO).

44 Die Parteien können auf den Beitritt **reagieren,** indem sie einen Antrag auf Zurückweisung der Nebenintervention stellen (§ 71 I ZPO). Der Verkünder kann diesen Antrag nur dann stellen, wenn der Beitritt auf seiten des Gegners erfolgt. Über einen Antrag auf Zurückweisung wird nach mündlicher Verhandlung unter den Parteien und dem Beitretenden entschieden. Der Nebenintervenient muß sein Interesse substantiiert darlegen und glaubhaft machen (§ 71 I ZPO).

9. Streitwert

45 Auseinanderzuhalten sind der **Zuständigkeitsstreitwert** (§§ 2–9 ZPO; vgl. hierzu Rdnrn. 2ff.), der Wert der Beschwer (Berufung-, Revisions- und Beschwerdesumme), die beide in gleicher Weise ermittelt werden und der **Gebührenstreitwert** (Kostenstreitwert). Letzterer ist maßgebend für die Höhe der Gerichts- und Rechtsanwaltsgebühren (§§ 12–25 GKG, 8 I 1 BRAGO). Soweit im GKG keine Regelung enthalten ist, gelten §§ 3–9 ZPO subsidiär (§ 12 I GKG).

10. Klaganträge, Klagarten, Rechtsschutzinteresse, Klagbegründung

46 Voraussetzung für die Zulässigkeit jeder Klage ist das **Rechtsschutzinteresse,** das aber nur ausnahmsweise fehlt. Für die **Leistungsklage** ist im Unterschied zur Feststellungsklage kein „besonderes" Rechtsschutzinteresse nötig. Das allgemeine Rechtsschutzinteresse für die Leistungsklage muß nicht einmal dann ausgeschlossen sein, wenn ein Vollstreckungstitel vorliegt (vgl. *OLG Koblenz* AnwBl. 1990, 40). Die Leistungsklage kann u. a. als Zahlungsklage, Räumungsklage, Herausgabeklage, Klage auf Duldung der Zwangsvollstreckung aber auch als Klage auf Abgabe einer Willenserklärung vorkommen (zu den Anträgen und zum Inhalt vgl. i. e. *Büchel* in Beck'sches Prozeßformularbuch, Kap. I D; *Schellhammer,* Zivilprozeß, Rdnrn. 216ff.). Das besondere Rechtsschutzinteresse für die **Feststellungsklage** ist nur gegeben, wenn nicht auf Leistung geklagt werden kann (z.B. *Thomas/Putzo,* § 256 Anm. 5d). Darüber hinaus muß es um die Feststellung des Bestehens oder Nichtbestehens eines Rechtsverhältnisses gehen. Die **Gestaltungsklage** kommt in Ehesachen, vor allem der Ehescheidungsantrag, insbesondere aber in Handels- und Gesellschaftssachen vor (vgl. hierzu unten B X und *Strohm* in Beck'sches Prozeßformularbuch, Kap. II H und *Anschütz* ebda. II J). Zu erwähnen sind auch die Abänderungs-, Vollstreckungsabwehr- und Drittwiderspruchsklage (*Goll* und *Mewing,* Beck'sches

Prozeßformularbuch Kap. I P bzw. III A). Die Klage kann auch auf Freistellung, auf Vorschuß, auf künftige Leistung, auf Geldrente, auf unbeziffertes Schmerzensgeld sowie auf sontige, unbezifferte Leistungen (vgl. hierzu *Gerstenberg* NJW 1988, 1352; *Husmann,* NJW 1989, 3126) gerichtet sein. Hinsichtlich der **Klagbegründung** ist das Erfordernis der **Schlüssigkeit** zu betonen. Der Kläger hat nicht nur Rechtsbehauptungen aufzustellen, sondern dafür Tatsachen vorzutragen. Die Schlüssigkeit ist vom Gericht von Amts wegen zu prüfen (vgl. auch unten Rdnr. 62). Häufig ist problematisch, ob für schriftsätzlichen Vortrag eine **Bezugnahme** auf andere Schriftstücke ausreichend ist (vgl. hierzu *Lange* NJW 1989, 438).

Neben den eigentlichen Klaganträgen können für den Kl. folgende **zusätzliche Anträge** von Bedeutung sein:

- Der **Kostenantrag** ist meist entbehrlich, da über die Kosten von Amts wegen zu entscheiden ist (Ausnahme: Antrag auf Beschluß nach § 269 III ZPO als Grundlage für die Kostenfestsetzung bei (teilweiser) Klagrücknahme und bei Rücknahme des Rechtsmittels, z. B. § 515 III ZPO). 47
- Auch Anträge hinsichtlich der **vorläufigen Vollstreckbarkeit** sind in der Regel nicht erforderlich, es sei denn, der Kl. will ohne Sicherheit vollstrecken (§§ 710, 711 S. 2 ZPO) oder die Zwangsvollstreckung bei Klagabweisung aus dem Kostentitel abwenden (§ 712 ZPO). Diese Anträge sind bis zum Schluß der mündlichen Verhandlung möglich (§ 714 ZPO). Die Voraussetzungen sind glaubhaft zu machen. Empfehlenswert ist allerdings ein Antrag des Kl. bei Obsiegen, die Sicherheitsleistung statt durch Hinterlegung durch Bankbürgschaft erbringen zu dürfen (§§ 709, 108 ZPO). 48
- Sinnvoll sind Anregungen zur Wahl des Verfahrens (früher erster Termin oder schriftliches Vorverfahren) und Anträge auf **Versäumnis-** oder **Anerkenntnisurteil,** falls der Bekl. der Klage nicht rechtzeitig entgegentritt oder anerkennt. Die Erklärung, ob der Übertragung des Rechtsstreits auf den **Einzelrichter** Gründe entgegenstehen, kann Zeit ersparen. 49
- Anträge betreffend die **Zustellung** bei öffentlicher Zustellung (§§ 203ff. ZPO) oder bei Auslandszustellung (§§ 199ff. ZPO) sind mit der Klage einzureichen. 50
- Wird die Klage in zeitlichem Zusammenhang mit den Gerichtsferien eingereicht, sollte vorsorglich beantragt werden, den Rechststreit zur **Feriensache** zu erklären und gleichzeitig begründet werden, weshalb die Sache besonderer Beschleunigung bedarf (§ 200 IV GVG). 51
- Die **Streitverkündung** kann bereits mit der Klage verbunden werden (Rdnrn. 36ff.) und das Prozeßkostenhilfe-Gesuch muß ebenfalls mit der Klage eingereicht werden (vgl. Kap. F). 52

11. Anträge des Beklagten

Der **Hauptantrag** des Bekl. ist meist Klagabweisung. Soweit er ein (teilweises) Anerkenntnis abgibt, muß er die Voraussetzungen für die Kostentragungspflicht des Kl. darlegen (§ 93 ZPO). Dafür genügt nicht, daß „unter Verwahrung gegen die Kostenlast" anerkannt wird. Zwar muß das Gericht von Amts wegen die Voraussetzungen des § 93 ZPO prüfen. Der Bekl. muß aber folgendes vortragen (die Kostenentscheidung des Anerkenntnisurteils ist mit sofortiger Beschwerde anfechtbar; § 99 II ZPO): daß er keine „Veranlassung zur Klagerhebung" gegeben hat und daß er „sofort anerkannt" hat (vgl. i. e. *Baumbach/* 53

Lauterbach/Albers/Hartmann, § 93 Anm. 2, 3). Wichtigster Fall: Bei fälligen Geldschulden genügt das Anerkenntnis alleine nicht, um dem Kl. die Kostenlast aufzuerlegen. Der nichtzahlende Schuldner gibt Veranlassung zur Klage (*Thomas/Putzo,* § 93 Anm. 3a; *Zöller/Schneider,* § 93 Rdnr. 6). Erklärt der Kl. den Rechtsstreit in der Hauptsache für erledigt, so kann der Bekl. entweder weiterhin (bei ursprünglich unbegründeter Klage bzw., wenn nicht erledigt sein soll) Klagabweisung oder ebenfalls Erledigung beantragen (vgl. i. e. Kommentare zu § 91a ZPO).

54 Anträge hinsichtlich der **Kosten** sind meist überflüssig (vgl. Rdnrn. 46ff.). Anträge betreffend Feriensache und Streitverkündung können nötig sein (Rdnrn. 46ff., 36). Gleiches gilt im Hinblick auf die Zuständigkeit oder im Hinblick auf die Aussetzung bzw. Unterbrechung des Verfahrens (vgl. Rdnrn. 23ff.). Bei geringem Streitwert können **Anträge zum Verfahren** nötig werden: Will der Kläger bei Streitwerten bis DM 1200 verhindern, daß im **schriftlichen Verfahren** ohne mündliche Verhandlung entschieden wird (§ 128 III ZPO seit 1. 4. 1991), so muß er dies beantragen bzw. den anderslautenden Beschluß aufheben lassen. Entsprechendes gilt für **Bagatellsachen** (Streitwerte bis DM 1000), bei denen das Gericht sein Verfahren „nach billigem Ermessen" bestimmen kann (§ 495a I ZPO seit 1. 4. 1991).

55 Aus der Sicht des Bekl. sind Anträge zur **vorläufigen Vollstreckung** zwar nicht erforderlich, in manchen Fällen aber sinnvoll: Will der Bekl. den **Ausschluß** der vorläufigen Vollstreckbarkeit erreichen, so muß er vortragen und glaubhaft machen, daß die Vollstreckung ihm einen nicht zu ersetzenden Nachteil zufügen würde, daß er nicht imstande ist, die Vollstreckung nach § 712 I 1 ZPO abzuwenden. Der Antrag muß vor Schluß der mündlichen Verhandlung gestellt sein (§ 714 I ZPO). Es darf auch kein überwiegendes Interesse des Gläubigers an der Vollstreckung entgegenstehen (§ 712 II ZPO). Hat der Kl. die **Vollstreckbarkeit ohne Sicherheitsleistung** erlangt, so kann der Bekl. einen Antrag auf Abwendung der Zwangsvollstreckung gegen Sicherheitsleistung stellen (§ 711 ZPO). Dagegen kann der Kl. wiederum seinerseits vor der Vollstreckung Sicherheit leisten. Gegen Urteile, die **gegen Sicherheitsleistung vollstreckbar** sind, kann der Bekl. einen Schutzantrag stellen (§ 712 ZPO). Dafür muß er allerdings behaupten und glaubhaft machen, daß die Vollstreckung ihm einen nicht zu ersetzenden Nachteil bringen würde und überwiegende Interessen des Gläubigers nicht entgegenstehen.

56 Der Bekl. kann **Widerklage** erheben (zum Gerichtsstand vgl. Rdnrn. 2ff.; zum Streitwert vgl. Rdnrn. 14ff.). Der Widerkl. muß keinen Gerichtskostenvorschuß bezahlen. Die Widerklage ist zulässig, solange die Klage rechtshängig ist. In Ausnahmefällen ist auch die Drittwiderklage möglich (vgl. *Baumbach/Lauterbach/Albers/Hartmann,* § 253 Anh. 1 A zu § 253; *Thomas/Putzo,* § 33 Anm. 3c; *Zöller/Vollkommer,* § 33 Rdnrn. 18ff.). Der Bekl. kann auch Hilfswiderklage erheben, wenn sein Hauptantrag auf Abweisung der Klage und sein Hilfsantrag auf Verurteilung des Kl. in einem wirklichen „Eventualverhältnis" stehen (wichtigstes Beispiel: Hilfswiderklage für den Fall, daß die Aufrechnung mit einer Gegenforderung unzulässig ist; vgl. *BGH* NJW 1961, 1862).

57 Möglich sind auch Anträge auf Fristverlängerung bzw. Terminsverlegung (vgl. Rdnrn. 66ff.).

12. Vorbringen und Einwendungen des Beklagten

Die Rüge der örtlichen oder sachlichen **Unzuständigkeit** des Gerichts ist vor der Verhandlung zur Sache im Termin zu erheben, da sonst Rügeverzicht eintritt (§ 39 ZPO; vgl. Rdnrn. 2ff., 14ff.). Entsprechendes gilt für die Rüge der funktionellen und internationalen (*BGH* NJW 1979, 1104) Zuständigkeit und für die Zuständigkeit des Arbeitsgerichts (wichtig: das ArbG ist auch bei Darlehen, unerlaubten Handlungen und Wettbewerbsverstößen nach Beendigung des Arbeitsverhältnisses zuständig, soweit Zusammenhang mit dem Arbeitsverhältnis besteht; § 2 ArbGG). **58**

Ebenfalls um **Zulässigkeitsrügen** handelt es sich bei der Schiedsgerichtseinrede (§ 1027a ZPO), bei der Rüge der fehlenden Ausländersicherheit (§ 110 ZPO) und bei der Rüge fehlender Vollmacht (§ 88 ZPO). Es handelt sich hier um verzichtbare Rügen, so daß sie nicht mehr geltend gemacht werden können, wenn die Verspätung nicht genügend entschuldigt ist (§§ 296 III, 282 III ZPO). **59**

Dagegen sind Rügen betreffend die **Partei** und deren Partei- bzw. Prozeßfähigkeit von Amts wegen zu berücksichtigen. Die Tatsachen sind jedoch auch hier vorzutragen; Entsprechendes gilt für die Prozeßführungsbefugnis (vgl. Rdnrn. 21ff., 29ff.). **60**

Das Bestreiten der **Aktiv- bzw. Passivlegitimation** erfolgt meist aus materiell-rechtlichen Gründen, aber auch aus prozessualen Gesichtspunkten (Veräußerung, Abtretung, Pfändung; vgl. Rdnrn. 21ff., 29ff.). Seltener sind die Einreden der **Rechtshängigkeit** und **Rechtskraft.** **61**

Die **Schlüssigkeit** der Klage prüft das Gericht von Amts wegen. Ein Hinweis des Bekl., daß anspruchsbegründende Tatsachen nicht oder nicht vollständig vorgetragen seien, ist aber zweckmäßig. Im Rahmen der Schlüssigkeitsprüfung untersucht das Gericht auch, ob die Klage nach dem abweichenden Vorbringen des Bekl. nicht ebenfalls begründet ist. **62**

Hinsichtlich der **Tatsachenbehauptungen** des Kl. kann sich der Bekl. unterschiedlich verhalten: er kann ein (bindendes) Geständnis abgeben oder nicht bestreiten (§§ 288, 290; 138 III ZPO). Er kann die Tatsachen auch bestreiten. Dabei genügt das schlichte Bestreiten oder das Bestreiten mit Nichtwissen dann nicht, wenn der Kl. eine detaillierte Sachverhaltsschilderung abgegeben hat und auch der Bekl. die Verhältnisse genau kennt (*Zöller/Stephan,* § 138 Rdnr. 10). Hier ist **„substantiiertes Bestreiten"** nötig. **63**

Der Bekl. kann materiell-rechtliche **Einwendungen** vorbringen. Hierher gehören z. B. Einwendungen und Einreden betreffend Erfüllung, Stundung, des nichterfüllten Vertrags, des Zurückbehaltungsrechts oder der beschränkten Erbenhaftung. **64**

Der Bekl. kann die **Aufrechnung** gegenüber der Klagforderung erklären (zur Widerklage vgl. Rdnrn. 11, 56). Sie ist auch mit verjährten Gegenforderungen möglich, soweit sich die Forderungen in nicht verjährter Zeit aufrechenbar gegenüberstanden (§ 390 S. 2 BGB). Die Aufrechnung verändert den Zuständigkeitsstreitwert (vgl. Rdnrn. 14ff.) nicht. Der Gebührenstreitwert (vgl. Rdnrn. 45ff.) erhöht sich bei der Primäraufrechnung dagegen. Die **Hilfsaufrechnung** kommt nur zum Zug, wenn der Kl. mit seiner Klage durchdringen würde. Soweit dann über eine bestrittene Gegenforderung mit Rechtskraftwirkung des § 322 Abs. 2 ZPO entschieden wird, wird der Gebührenstreitwert durch Addition ermittelt (§ 19 III GKG). **65**

13. Fristen und Verspätungsrügen

a) Fristen und Fristverlängerung

66 Das Gericht hat die Möglichkeit zur Wahl zwischen dem schriftlichen Vorverfahren und dem frühen ersten Termin (§ 272 II ZPO). Nach dieser Wahl richten sich die Maßnahmen und zu setzenden Fristen. Neben den speziellen Regeln für diese Verfahren können sich allgemeine Pflichten zu rechtzeitigem Vorbringen ergeben (zur Berufungsinstanz vgl. A II Rdnrn. 27ff.).

67 Anträge auf **Fristverlängerung** müssen vor Ablauf der Frist beim Gericht eingegangen sein. Dann kann die Frist auch nach ihrem Ablauf verlängert werden (*BGH* NJW 1982, 1651). Voraussetzung ist, daß „erhebliche Gründe" vorliegen, die auf Verlangen des Gerichts glaubhaft gemacht werden müssen (§§ 224f. ZPO). Eine wiederholte Verlängerung darf nur nach Anhörung des Gegners bewilligt werden (§ 225 II ZPO).

b) Fristversäumnis im schriftlichen Vorverfahren

68 Versäumt der Bekl. die **Notfrist zur Verteidigungsanzeige** (§ 276 I ZPO), so hat dies zur Folge, daß bei Zulässigkeit und Schlüssigkeit der Klage auf Antrag des Kl. das Versäumnisurteil im schriftlichen Verfahren ergeht (§ 331 III ZPO; zum Antrag vgl. Rdnrn. 49ff.). Diese Möglichkeit besteht seit 1. 4. 1991 auch bei vorausgegangenem Mahnverfahren.

69 Versäumt der Bekl. die **Klagerwiderungsfrist,** so bestimmt das Gericht Haupttermin. Verspätetes Vorbringen (Bestreiten, Beweisanträge, Verteidigungsmittel wie Einwendungen und Einreden) wird im Urteil zurückgewiesen (§§ 296 I, 276 I 2 ZPO) unter folgenden Voraussetzungen:

70 – **Wenn der Rechtsstreit verzögert würde ...**
Die Versäumung der Frist muß allerdings ursächlich sein. Keine Verzögerung liegt vor, wenn über verspätetes Vorbringen sofort abschließend verhandelt werden kann (z. B.: verspäteter Sachvortrag ist unstreitig und Gegner gibt keine weiteren Erklärungen dazu ab; oder: auf das verspätete Vorbringen kann das Gericht zeitlich noch Maßnahmen nach § 273 II ZPO treffen, was aber nicht möglich ist, wenn der Gegner noch Stellung nehmen muß, vgl. *BGH* NJW 1980, 945/946; oder: präsenter Beweis kann im Termin erhoben werden, ohne daß dem Gegner der Gegenbeweis abgeschnitten ist). Keine Verzögerung liegt auch dann vor, wenn das Verfahren aus anderen Gründen noch nicht zum Abschluß gebracht werden kann (z. B.: geladener Zeuge erscheint nicht und Vertagung wird nötig). Keine Verzögerung liegt auch dann vor, wenn Abhilfe nach § 283 ZPO möglich ist.

71 – **... und der Bekl. die Verzögerung nicht genügend entschuldigt.**
Hier ist kein grobes Verschulden der Partei bzw. ihres Vertreters nötig. Informationsschwierigkeiten schließen Verschulden nur aus, wenn keine vorsorgliche Information über den betreffenden Sachverhalt möglich war.

72 Die **Möglichkeiten** des RA des Bekl. **bei Verspätung** sind folgende: Er kann eine Entschuldigung für den verspäteten Vortrag vorbringen oder hoffen, daß der Rechtsstreit nicht verzögert würde. Es bleibt ihm darüber hinaus aber auch die „Flucht in das Versäumnisurteil": er kann ein Versäumnisurteil ergehen lassen und Einspruch einlegen. Das Vorbringen muß dann später berücksichtigt werden, wenn es so rechtzeitig vor dem Einspruchstermin vorgebracht wurde, daß es hier noch berücksichtigt werden kann (*BGH* NJW 1980, 1105).

Versäumung einer **Frist zur Replik** durch den Kl. tritt dann ein, wenn eine solche Frist überhaupt gesetzt wurde (§ 276 III ZPO) und der Rechtsstreit verzögert würde sowie eine genügende Entschuldigung fehlt (vgl. oben Rdnrn. 70f.). 73

c) Fristversäumnis im Verfahren mit frühem erstem Termin

Versäumt der Bekl. hier die **Frist zur Klagerwiderung,** so wird das Vorbringen zurückgewiesen, wenn der Rechtsstreit verzögert würde und eine genügende Entschuldigung fehlt (§§ 275 I, 277 III, 296 I ZPO, vgl. oben Rdnrn. 70f.). Neben dem Vortrag einer genügenden Entschuldigung bleibt dem Bekl. auch hier die „Flucht in das Versäumnisurteil" (vgl. oben Rdnr. 72). Nicht abschließend geklärt ist, ob Parteivorbringen auch in einem sog. **Durchlauftermin** als verspätet zurückgewiesen werden kann (verneinend *OLG Frankfurt* NJW 1989, 722; vgl. zum Ganzen *H. D. Lange* NJW 1988, 1644). 74

Soweit **im frühen ersten Termin Fristen** zur Einreichung von Schriftsätzen **gesetzt** werden, kann Zurückweisung unter den gleichen Voraussetzungen erfolgen, wenn diese nicht eingehalten werden (§§ 275 III, 277 III, 296 I ZPO). Entsprechendes gilt für das Versäumen von **Fristen zur Replik** (§§ 275 IV, 277 IV ZPO). 75

d) Sonstige Verspätung

Vorbringen kann auch dann noch als verspätet zurückgewiesen werden, wenn i. ü. die Fristen eingehalten waren: Wenn es in der mündlichen Verhandlung nicht zeitig vorgebracht wird (§§ 282 I, 296 II ZPO) oder wenn es sich um Vorbringen handelt, auf das der Gegner voraussichtlich ohne vorherige Erkundigung keine Erklärung abgeben kann (§§ 282 II, 296 II ZPO); dabei kommt es allerdings nicht darauf an, ob der Richter frühzeitig von dem Vortrag Kenntnis erlangt, um noch die Möglichkeit zu prozeßvorbereitenden Maßnahmen zu haben (*BGH* NJW 1989, 716/717). In diesen beiden Fällen erfolgt Zurückweisung unter folgenden Voraussetzungen: 76

- Wenn der Rechtsstreit verzögert würde (vgl. oben Rdnr. 70),
- und wenn grobe Nachlässigkeit vorliegt: bei Verletzung der im Prozeß erforderlichen Sorgfalt in ungewöhnlich großem Maße.

Bei Versäumung einer Frist zur Ergänzung oder Erläuterung von Schriftsätzen, Vorlegung von Urkunden, Niederlegung von Gegenständen oder Aufklärung von Lücken erfolgt Zurückweisung, wenn der Rechtsstreit verzögert würde und eine genügende Entschuldigung fehlt (§§ 273 II Nr. 1, 296 I ZPO; vgl. oben Rdnrn. 70f.). 77

Bei Sachvortrag nach **Schluß** der **mündlichen Verhandlung** erfolgt Zurückweisung, wenn die Verhandlung nicht wieder eröffnet wird (§ 156 ZPO) und der Vortrag nicht im Rahmen eines nachgelassenen Schriftsatzes erfolgt (§§ 283, 296a ZPO). 78

Die verspätete **Zahlung** eines **Vorschusses** für Zeugen oder Sachverständige führt zum Verlust des Beweismittels, wenn das Verfahren verzögert wird (§ 379 ZPO). 79

14. Versäumnisverfahren

Praktische Bedeutung hat nur das Versäumnisurteil gegen den Bekl. Dieses kann im schriftlichen Verfahren ergehen, wenn der Bekl. die Notfrist zur Verteidigungsanzeige (vgl. Rdnrn. 68ff.) versäumt oder wenn er trotz ordnungsge- 80

mäßer Ladung zum Termin nicht erscheint (früher erster Termin oder Haupttermin, § 331 ZPO). Bei Säumnis des Bekl. **kann** der **Kl.** folgendes **beantragen:**
- **Versäumnisurteil** (§§ 330, 331, 542 ZPO), das ein Sachurteil und ohne Sicherheitsleistung vorläufig vollstreckbar ist.
- Bei Fehlen einer Sachurteilsvoraussetzung oder bei Unschlüssigkeit der Klage, um eine Klagabweisung durch Prozeß- oder Sachurteil zu vermeiden: **Vertagung,** um die Klage zulässig oder schlüssig zu machen (§ 227 ZPO).
- **Entscheidung nach Lage der Akten,** aber nur dann, wenn bereits ein Verhandlungstermin stattgefunden hat; nicht also im ersten Verhandlungstermin (§§ 331 a S. 2, 251 a II 1 ZPO).
- **Verweisung** an das örtlich oder sachlich zuständige Gericht (§§ 281, 506 ZPO).

81 Gegen das Versäumnisurteil ist der Rechtsbehelf **Einspruch** gegeben. Er versetzt den Prozeß in die Prozeßlage vor der Säumnis zurück. Dies gilt auch bei „Flucht in das Versäumnisurteil" zur Vermeidung von Verspätungsrügen und Zurückweisung von Vortrag (vgl. Rdnrn. 68ff.). Die **Voraussetzungen** für den Einspruch sind folgende:

82 – Die ab der Zustellung des Versäumnisurteils laufende **Frist** von 2 Wochen (§ 339 I ZPO) muß eingehalten sein. Nach h. M. darf der Einspruch bei einem Versäumnisurteil aufgrund Säumnis im Termin (§ 310 I ZPO) nicht vor der Verkündung und bei einem Versäumnisurteil, ohne mündliche Verhandlung (§§ 310 III, 331 III ZPO) nicht vor Zustellung eingelegt werden (vgl. *Baumbach/Lauterbach/Albers/Hartmann* § 339 Anm. 1).

83 – Die Einspruchsschrift bedarf der **Form:** Das Versäumnisurteil mit Datum, Gericht und Aktenzeichen müssen angegeben sein und es muß deutlich werden, daß der Sache nach Einspruch eingelegt wird.

84 – Die **Einspruchsbegründung** ist zwar keine Zulässigkeitsvoraussetzung, so daß bei Fehlen der Einspruch nicht zurückgewiesen wird. Dagegen kann der Vortrag zurückgewiesen werden, wenn er so spät erfolgt, daß der Rechtsstreit verzögert wird und eine genügende Entschuldigung fehlt (§§ 340 III, 296 I ZPO; zur Frage, ob es sich hier um eine Notfrist handelt, was wegen der Gerichtsferien und im Hinblick auf die Wiedereinsetzung in den vorigen Stand von Bedeutung ist, vgl. *Hartmann,* NJW 1988, 2659). Probleme ergeben sich hier meist dann, wenn das Gericht sofort terminiert; es ist deshalb zu empfehlen, den Einspruch sofort zu begründen. Dabei genügt die Bezugnahme auf eine früher eingereichte Einspruchsbegründung (*BGH* NJW 1989, 530). Die gleichen Grundsätze hinsichtlich der Zurückweisung verspäteten Vortrags gelten auch bei einer vom Gericht verlängerten Frist zur Begründung des Einspruchs.

15. Berichtigung und Ergänzung des Urteils

85 Die Berichtigung eines Urteils – Tenor, Tatbestand und Entscheidungsgründe – wegen **offenbarer Unrichtigkeiten** (§ 319 ZPO) ist jederzeit von Amts wegen oder auf Antrag möglich (vgl. die Formulare bei *Büchel,* Beck'sches Prozeßformularbuch, I N 1–5) im Hinblick auf Schreib- und Rechenfehler sowie Erklärungsirrtümer. Bei anderen Unrichtigkeiten kann Berichtigung des Tatbestands (§ 320 ZPO) nur innerhalb von 2 Wochen ab Zustellung des vollständigen Urteils verlangt werden. Entsprechendes gilt für Ergänzungen des Urteils (§ 321 ZPO).

16. Beschwerde und sofortige Beschwerde

Die Beschwerde ist gegeben gegen Beschlüsse und Verfügungen aber auch gegen bestimmte Zwischenurteile (vgl. § 71 II ZPO). Es gibt zwei Arten von Beschwerden: die einfache und die sofortige. Die sofortige Beschwerde muß innerhalb einer Notfrist von 14 Tagen eingelegt sein (§ 577 II ZPO). Die einfache Beschwerde muß beim Erstrichter eingelegt werden (§ 569 I ZPO). Nur in dringenden Fällen darf sie beim Beschwerdegericht eingereicht werden. Grund: Der Erstrichter kann abhelfen. Anders ist dies bei der sofortigen Beschwerde: Hier gibt es keine Abhilfe durch das Erstgericht (§ 577 III ZPO); sie kann deshalb wahlweise beim Erstgericht bzw. Beschwerdegericht eingelegt werden (§ 577 II 2 ZPO). Folgende **Voraussetzungen** sind durchzuprüfen: **86**

- Die Beschwerde muß **statthaft** sein: wenn das Gesetz sie ausdrücklich zuläßt; oder wenn es sich um eine Entscheidung handelt, die ohne mündliche Verhandlung ergehen kann, soweit das Gesetz den Beschluß hier nicht für unanfechtbar erklärt (vgl. z. B. *Thomas/Putzo,* § 567 Anm. 5). Beschwerden gegen Entscheidungen des LG im Berufungs- oder Beschwerdeverfahren sind seit 1. 4. 1991 i. d. Regel ausgeschlossen (Ausnahmen: § 567 III ZPO n. F.). **87**
- Die sofortige Beschwerde muß innerhalb einer **Frist** von 2 Wochen eingelegt werden. Hinsichtlich der **Form** gilt folgendes: Es genügt, daß sich das Verlangen um Abänderung der Entscheidung ergibt; ein förmlicher Antrag oder eine Begründung ist nicht erforderlich. Bei Einlegung der Beschwerde beim LG oder OLG gilt Anwaltszwang. Befristet ist die Beschwerde dann (Ausnahmefall), wenn dies im Gesetz ausdrücklich so geregelt ist. Jede Beschwerde kann auch mit Telefax eingelegt werden (*BGHZ* 87, 63; vgl. auch unten A II Rdnrn. 7f.). **88**
- Neben der allgemeinen Beschwer muß seit 1. 4. 1991 der Beschwerdegegenstand DM 100 und bei der Kostenbeschwerde der Beschwerdewert von DM 200 überschritten sein (§ 567 II ZPO n. F.). Darüber hinaus muß ein Rechtsschutzbedürfnis vorliegen. **89**
- Eine **weitere Beschwerde** ist nur in Ausnahmefällen möglich (§ 568 II ZPO; wichtiger Ausnahmefall: Bewilligung von PKH, § 127 II 3 ZPO), nämlich seit 1. 4. 1991 nur noch dann, wenn sie das Gesetz ausdrücklich zuläßt und wenn in der Beschwerdeentscheidung ein neuer selbständiger Beschwerdegrund enthalten ist. Ebenfalls seit 1. 4. 1991 hat der Gegner das Recht zur **Anschlußbeschwerde** – und zwar sogar dann, wenn er darauf verzichtet hatte oder die Frist verstrichen ist (§ 577a ZPO n. F.). **90**

II. Besondere Verfahren

1. Urkundenprozeß

Außer bei Wechseln und Schecks wird die Möglichkeit des Urkundenprozesses (z. B. bei Darlehen, Mietzinsforderungen) nur selten genutzt. Für den Urkundenprozeß gelten allgemeine Bestimmungen (§§ 592ff. ZPO) und für den Wechselprozeß zusätzlich besondere Bestimmungen (§§ 602ff. ZPO). Hier ist auch eine spezielle Gerichtsstandregelung vorgesehen (§ 603 ZPO). Zu unterscheiden sind das Vorverfahren und das Nachverfahren. Im **Vorverfahren** stehen dem Bekl. neben den allgemeinen Einwendungen (zur örtlichen, sachlichen **91** und funktionalen Zuständigkeit vgl. Rdnrn. 1ff., 14ff.) folgende Einwendungen und Rechte zur Verfügung:

92 – Fehlt in der **Klage** die Erklärung, daß sie **im Urkundenprozeß** (§ 593 I ZPO) erhoben werde bzw. wird dies verspätet in anderen Schriftsätzen erklärt, so handelt es sich um einen Normalprozeß (Ausnahme: Sachdienlichkeit i. S. § 263 ZPO, die aber selten vorliegt; vgl. *Thomas/Putzo,* § 593 Anm. 1). Beim Mahnbescheid muß die Erklärung ebenfalls bereits im Antrag enthalten sein (§ 703a ZPO); kommt dann ein Widerspruch ohne die Beschränkung des § 703a II Nr. 4 ZPO, so wird automatisch ein Urkundenprozeß anhängig.

93 – Der Bekl. kann ferner vorbringen, der Kl. habe nicht alle anspruchsbegründenden Tatsachen **mit Urkunden** oder Parteivernehmung **bewiesen** (§ 597 II ZPO). Urkunden können im Original auch noch in der mündlichen Verhandlung vorgelegt werden. Nach der Rechtsprechung muß der Kl. mit Urkunden nur die bestrittenen Tatsachen beweisen (*BGH* NJW 1974, 1199; str.). Der Beklagte kann auch die **Echtheit der Urkunde** bestreiten (zu Beweisfragen bei Streit über die Echtheit des Urkundentextes vgl. *BGH* NJW 1988, 2741).

94 – Der Bekl. kann **sämtliche Einwendungen** wie im Normalprozeß erheben. Sie werden aber nur berücksichtigt, wenn sie unstreitig sind oder durch Urkunden bewiesen werden.

95 – Kann der Bekl. keine der vorstehenden Einwendungen im Urkundenprozeß erheben, so hat er zwei Möglichkeiten: er kann den **Vorbehalt der Rechte** im Nachverfahren beantragen oder ein eingeschränktes Anerkenntnis verbunden mit dem Vorbehalt abgeben (str., ob letzteres zulässig ist; vgl. *Thomas/Putzo,* § 599 Anm. 3). Die Ausführung der Rechte wird ihm dann in beiden Fällen vorbehalten (§ 599 I ZPO).

96 Die **Reaktion des Kl.,** wenn eine der obengenannten Voraussetzungen fehlt, ist folgende: Er erklärt die **Abstandnahme vom Urkundenprozeß,** die bis zum Schluß der mündlichen Verhandlung (§ 596 ZPO) möglich ist. Den Normalprozeß muß der Bekl. dann aber nur annehmen, wenn ihm die Abstandnahme rechtzeitig mitgeteilt war und die Möglichkeit zur Einlassung bestand (*OLG Hamm* NJW 1974, 1515). Erscheint der Bekl. bei verspäteter Abstandnahme im Termin nicht, darf kein Versäumnisurteil ergehen (§ 335 I Nr. 3 ZPO). Der Kl. muß hier Vertagung beantragen.

2. Selbständiges Beweisverfahren

Literatur zum bisherigen Beweissicherungsverfahren: *Koeble,* Gewährleistung und Beweissicherung bei Bausachen, 1988; *Kroppen/Heyers/Schmitz,* Beweissicherung im Bauwesen, 1982; *Motzke,* Die Vorteile des Beweissicherungsverfahrens in Baustreitigkeiten, 1981; *Locher,* Das Private Baurecht, 4. Aufl. 1988, Rdnrn. 506ff.; *Werner/Pastor,* Der Bauprozeß, 6. Aufl. 1990, Rdnrn. 1ff.

Literatur zum selbständigen Beweisverfahren: *Koeble,* BauR 1988, 302; *Lindemann,* ZRP 1988, 248; *Booz,* BauR 1989, 30.

97 Durch das am 1. 4. 1991 in Kraft getretene Rechtspflegevereinfachungsgesetz wurde das **bisherige Beweissicherungsverfahren** grundlegend umgestaltet und auch umbenannt in selbständiges Beweisverfahren (zum bisherigen Beweissicherungsverfahren vgl. die Vorauflage A Rdnrn. 103ff.). Das Gesetz kennt zwar nach wie vor die bisherigen **drei Verfahren:** Das Verfahren mit Zustimmung des Ag. (§ 485 I ZPO n. F.), das Verfahren bei Besorgnis, daß

das Beweismittel verlorengeht oder eine Benutzung erschwert wird (§ 485 I ZPO n. F.) und das Verfahren zur Feststellung (§ 485 II ZPO). Die Voraussetzungen und vor allem der Gegenstand für das zuletzt genannte Verfahren sind aber erheblich verändert worden. Dieses letztere Verfahren wird in Zukunft die Praxis beherrschen.

a) Feststellungsverfahren

Das Verfahren zur Feststellung ist zulässig (§ 485 II ZPO), wenn **98**
- ein Rechtsstreit noch nicht anhängig ist und
- eine Partei ein rechtliches Interesse an der Feststellung hat, wobei dieses anzunehmen ist, wenn die Feststellung der Vermeidung eines Rechtsstreites dienen kann.

Da kein Rechtsstreit anhängig sein darf, ist das **Gericht zuständig,** welches **99** nach dem Vortrag das Ast. zur **Entscheidung** in der Hauptsache berufen wäre (§ 486 II ZPO n. F.). Die örtliche Zuständigkeit bemißt sich damit nach §§ 13ff. ZPO (vgl. Rdnrn. 2ff.). Für die sachliche Zuständigkeit entscheidet der Streitwert, so daß ab 6000 DM das LG angerufen werden muß. Hinsichtlich der Zuständigkeit ist die Richtigkeit der Behauptungen des Ast. zu unterstellen. Auch beim LG besteht jedoch kein Anwaltszwang, da der Antrag „vor der Geschäftsstelle zu Protokoll erklärt" werden kann (§§ 486 IV n. F., 78 III a. F. ZPO). Für das spätere Hauptsacheverfahren ist der Ast. – nicht der Ag. – an seine Entscheidung gebunden (§ 486 II 2 ZPO n. F.).

Neben der fehlenden Anhängigkeit ist **Zulässigkeitsvoraussetzung** ein recht- **100** liches Interesse des Ast. Dieses **rechtliche Interesse** ist zu unterstellen, wenn die Feststellung der Vermeidung eines Rechtsstreites dienen kann (§ 485 II 2 ZPO n. F.). Weitere Fälle des rechtlichen Interesses sind möglich: Drohender Verjährungseintritt (bisher str.); allgemeines rechtliches „Betroffensein" (bisher ausreichend); Bedeutung der Begutachtung für die Entscheidungsbildung, ob und gegen wen Ansprüche geltend gemacht werden sollen (m. E. ausreichend).

Gegenstand der Beweisaufnahme und damit **des Antrages** kann folgendes **101** sein (§ 485 II ZPO n. F.):
- **102** Der Zustand einer Person oder der Zustand oder Wert einer Sache; zum **Zustand einer Sache** gehören: Feststellung von Mängeln; ausgeführte Arbeiten bzw. Restarbeiten bei Kündigung, Konkurs oder Beendigung der Arbeiten; entstandene Schäden und Mangelfolgeschäden; das Aufmaß z. B. einer Baugrube.
- **103** Die **Ursache** eines Personenschadens, Sachschadens oder Sachmangels; dabei muß weder im Antrag noch in der Begründung eine konkrete Mängelursache angegeben sein; es genügt, wenn „die Mängelursache in allgemeiner Form" benannt wird (z. B. nicht ausreichende Wärmedämmung).
- **104** Der Aufwand für die Beseitigung eines Personenschadens, Sachschadens oder Sachmangels; als **Aufwand** für die **Beseitigung eines Sachmangels** werden sowohl die **Mängelbeseitigungsmaßnahmen** (schon bisher h. M.) als auch der Aufwand an **Kosten** anzusehen sein (ebenso: Sowieso-Kosten und Vorteile).

Nicht zulässig ist die Frage nach dem Verschulden. Die Frage der (techni- **105** schen) **Verantwortlichkeit** für einen Mangel i. S. der Verursachung durch einen der Beteiligten dürfte dagegen zulässig sein (schon bisher h. M.).

Das Gesuch muß entweder die zu vernehmenden Zeugen benennen oder die **106** sonstigen nach § 485 ZPO zulässigen Beweismittel. Der Ast. hat dagegen **kein**

Benennungsrecht hinsichtlich des Sachverständigen mehr. Die Auswahl ist vielmehr dem Gericht überlassen. Anregungen hinsichtlich des Fachbereiches und die Angabe einzelner, qualifizierter Personen sind dennoch sinnvoll.

107 Der Antrag muß die **Glaubhaftmachung** der Tatsachen, die die Zulässigkeit des selbständigen Beweisverfahrens und die Zuständigkeit des Gerichtes begründen sollen, enthalten (§ 487 Nr. 4 ZPO n. F.). Der Beweis durch Urkunden ist möglich, im übrigen die eidesstattliche Versicherung.

108 Nach Vorliegen des Gutachtens besteht die Möglichkeit, den Sachverständigen zur **mündlichen Erläuterung seines Gutachtens** laden zu lassen. Das Gericht kann für Einwendungen gegen die Begutachtung, für Anträge, Ergänzungsfragen und sonstiges Vorbringen eine **Ausschlußfrist** setzen (§§ 492 I, 411 IV n. F. ZPO). Neu eingeführt wurde eine Art **Gütetermin** (§ 492 III ZPO n. F.). Das Gericht kann die Parteien zur mündlichen Erörterung laden, wenn eine Einigung zu erwarten ist. Dieser Termin ist zwar kein Verhandlungstermin. Dennoch kann nach der Neuregelung ein **Vergleich** zu Protokoll genommen werden (§ 492 III 2. Halbs. ZPO n. F.). Die Vollstreckung aus einem solchen Vergleich ist nun möglich (§ 794 I Nr. 1 ZPO n. F.). Die Möglichkeit zur **Verwertung des Gutachtens** wurde verbessert: Eine Neubegutachtung ist nur noch unter den Voraussetzungen des § 412 ZPO möglich (§ 493 I ZPO n. F.).

109 Die Möglichkeit zur **Ablehnung des Sachverständigen** wegen Befangenheit war stark umstritten. Während die h. M. den Antrag für unzulässig hielt, hatten in den letzten Jahren einzelne OLG im späteren Hauptsacheprozeß gegenteilig entschieden (*KG* BauR 1985, 722; *OLG München* BauR 1985, 241; *OLG Düsseldorf* BauR 1985, 725; *OLG Frankfurt* VersR 1987, 418). Der RA wird deshalb auf jeden Fall einen Ablehnungsantrag stellen müssen, wenn entsprechende Umstände bekannt werden!

110 Die **Beteiligung Dritter** durch den Ast. ist jederzeit, auch später, möglich. Die **Streitverkündung** durch den Ag. ist nach h. M. unzulässig (*LG Köln* BauR 1980, 97; *LG Kaiserslautern, Schäfer/Finnern/Hochstein,* Nr. 1 zu § 411 ZPO; a. A. *KG* BauR 1989, 241). Der RA des Ag. muß deshalb ein **eigenes Beweissicherungsverfahren** gegen den Dritten einleiten und Verbindung der beiden Verfahren beantragen sowie anregen, daß der gleiche Sachverständige vom Gericht beauftragt wird.

111 Der Ag. hat folgende **Gegenrechte:**

112 – Einwendungen gegen die Zulässigkeit; z. B. fehlende Glaubhaftmachung von Zulässigkeitsvoraussetzungen;

113 – Einwand der Ausforschung bzw. unzureichender Substantiierung

114 – Vortrag von Tatsachen zur Information des Sachverständigen; dies ist auch erforderlich, weil sonst die Gefahr der Beweislastumkehr im Hauptprozeß besteht (*OLG Düsseldorf* BB 1988, 721).

115 Dagegen hat der Ag. **kein Beschwerderecht** gegen den Beschluß, er kann aber Änderungen bzw. Ergänzungen anregen. Nach der Neufassung besteht **keine Möglichkeit,** einen **Gegenantrag** einzureichen. Auch ein selbständiges Beweissicherungsverfahren mit umgekehrtem Rubrum ist ausgeschlossen (§ 485 II 2 ZPO n. F.).

116 Im selbständigen Beweisverfahren erhält der **RA** jetzt die **vollen Gebühren** (§ 48 BRAGO n. F.). Allerdings werden die Gebühren im anschließenden Streitverfahren angerechnet (§ 37 Nr. 3 BRAGO n. F.). Die Möglichkeit zur **Kostenerstattung** soll der neue § 494a ZPO schaffen. Auf Antrag kann das Gericht ohne mündliche Verhandlung anordnen, daß der Ast. binnen einer zu bestim-

menden Frist Klage zu erheben hat. Kommt er dieser Aufforderung nicht nach, hat das Gericht auf Antrag durch Beschluß auszusprechen, daß er die dem Ag. entstandenen Kosten zu tragen hat.

b) Verfahren bei Zustimmung und drohendem Beweismittelverlust

Während oder außerhalb eines Rechtsstreites sind die beiden weiteren Beweisverfahren möglich. Ist ein Rechtsstreit anhängig, so ist dieses Gericht zuständig, sonst das gleiche wie beim Feststellungsverfahren (vgl. o. Rdnr. 99). Die Zustimmung des Ag. muß glaubhaft gemacht werden. Gegenstand des Verfahrens kann alles sein, worauf sich die Zustimmung erstreckt. **117**

Beim Verfahren wegen drohenden Beweismittelverlustes muß dieser drohende Beweismittelverlust glaubhaft gemacht werden. Der Gegenstand des Verfahrens wird hier genauso umstritten sein, wie bisher (vgl. 1. Aufl., A Rdnr. 106). Im übrigen gelten für beide Verfahren die Grundsätze für das Feststellungsverfahren. **118**

3. Mahnverfahren

Das Mahnverfahren führt zur Verzögerung, wenn Widerspruch eingelegt wird, so daß das Klageverfahren beschritten werden sollte, wenn dieser zu erwarten ist. Zuständig ist ausschließlich das AG, bei dem der Gläubiger seinen allgemeinen Gerichtsstand hat (zur Zuständigkeit und zum gesamten Inhalt vgl. *Büchel* in Beck'sches Prozeßformularbuch, Kap. I A 1ff.). Einzelne Länder haben zur Bearbeitung durch EDV-Anlagen zentrale Zuständigkeiten eingerichtet (vgl. § 689 III ZPO). **119**

Das **Mahnverfahren** ist **ausgeschlossen**

- bei **FG-Sachen** wegen des Amtsermittlungsgrundsatzes (h. M.)
- wenn der Anspruch von einer noch nicht erbrachten **Gegenleistung** abhängig ist oder die **Zustellung durch öffentliche Bekanntmachung** erfolgen müßte (§ 688 II ZPO)
- für Ansprüche in **fremder Währung,** wobei allerdings Umrechnung und Angabe in DM möglich ist
- bei notwendiger **Zustellung im Ausland,** wenn keine zwischenstaatlichen Übereinkünfte bestehen (§ 688 III ZPO)
- ab 1. 1. 1992 für Ansprüche eines Kreditgebers bei einem **Verbraucherkredit** (vgl. Gesetz über Verbraucherkredite, BGBl. I 1990 S. 2840; *Bülow* NJW 1991, 129), wenn der anfängliche effektive Jahreszins den bei Vertragsabschluß geltenden Diskontsatz um mehr als 12% übersteigt (§ 688 II ZPO n. F.).

Das Mahnverfahren ist seit 1. 4. 1991 eröffnet für **Zahlungsansprüche** in Zusammenhang mit dem **Wohnungseigentum,** über die nach § 43 WEG zu entscheiden ist (§ 46a WEG n. F.): Beiträge zu den Lasten des Gemeinschaftseigentums; Kosten der Verwaltung (§ 16 II WEG); Instandhaltungsrücklagen (§ 28 I Nr. 3 WEG); Vorschüsse nach dem Wirtschaftsplan (§ 28 II WEG); Ansprüche des Verwalters gegen Wohnungseigentümer und umgekehrt. **Wichtig: Ausschließlich zuständiges Mahngericht** ist das AG, in dessen Bezirk das Wohnungseigentum belegen ist. **120**

a) Rechte des Antragsgegners

Binnen 14 Tagen nach Zustellung kann der Ag. **Widerspruch** gegen den Mahnbescheid einlegen. Die **Versäumung der Frist** ist ohne Folgen, solange noch kein Vollstreckungsbescheid „verfügt" ist (§ 694 I ZPO), andernfalls er- **121** geht auf Antrag Vollstreckungsbescheid; der Widerspruch gilt dann als Einspruch. Der Widerspruch kann sich auf **Teile** des Mahnbescheids beziehen und er kann bei Urkunden-Mahnbescheid beschränkt sein auf das Nachverfahren (§ 703a ZPO). Auf Antrag des Gläubigers ergeht dann Vollstreckungsbescheid und das Nachverfahren wird in Gang gesetzt.

122 Gegen den Vollstreckungsbescheid ist **Einspruch** binnen 14 Tagen nach Zustellung möglich. Bei Versäumung dieser Frist tritt Rechtskraft des Vollstrekkungsbescheids ein. Möglich ist aber ein Antrag auf Wiedereinsetzung in den vorigen Stand bei unverschuldeter Säumnis binnen 2 Wochen, nachdem das Hindernis behoben ist (§ 234 ZPO), d.h. nicht immer Kenntnis, sondern die Frist beginnt, wenn die Unkenntnis nicht mehr unverschuldet ist. Gleichzeitig mit dem Einspruch ist ein Antrag auf **einstweilige Einstellung der Zwangsvollstreckung** zu empfehlen, wobei eine Einstellung ohne Sicherheitsleistung nur ausnahmsweise in Frage kommt (§§ 707 I 2 ZPO, 719 I 2 ZPO; Glaubhaftmachung erforderlich).

b) Verfahren bei Widerspruch und Einspruch

123 Nach Widerspruch und Einspruch wird der Rechtsstreit an das im Antrag bezeichnete Gericht abgegeben (bei Widerspruch nur, wenn der Abgabeantrag gestellt ist und die zweite Hälfte des Gerichtskostenvorschusses bezahlt ist). Die **Abgabe** erfolgt immer an dieses Gericht; ein abweichender Antrag des Gläubigers ist unbeachtlich, wird aber als Antrag auf **Weiterverweisung** an ein Gericht eines besonderen Gerichtsstandes anzusehen sein. Solche Anträge waren bis 31. 3. 1991 möglich, da mit der Angabe des Gerichts im Mahnbescheid das **Wahlrecht** des § 39 ZPO **nicht verbraucht** war. Anders ist dies aber wohl nach der seit 1. 4. 1991 geltenden Neuregelung des § 690 I Nr. 5 ZPO, da hiernach im Mahnbescheidsantrag „die Bezeichnung des Gerichts" erfolgen muß „das für ein streitiges Verfahren zuständig ist". Die Weiterverweisung ist ebenfalls seit 1. 4. 1991 erleichtert. Anders als bisher erfolgt sie nicht auf mündliche Verhandlung. Vielmehr können Anträge und Erklärungen zur Zuständigkeit „vor dem Urkundsbeamten der Geschäftsstelle abgegeben" werden (§ 281 II ZPO n. F.), so daß kein Anwaltszwang besteht. Das Mahngericht bleibt für den Erlaß des Vollstreckungsbescheids zuständig, wenn es das Verfahren an das Streitgericht angegeben hat, obwohl kein Widerspruch eingelegt ist (*OLG München* NJW 1989, 723).

124 Das Streitgericht setzt dem Ast. eine Frist, seine Klage binnen 2 Wochen zu begründen (§ 697 I ZPO). Bei **Versäumung der Frist zur Klagbegründung** bestimmt das Gericht Termin. Verspäteten Vortrag kann es dann nicht unter den Voraussetzungen des § 296 I ZPO, sondern nur dann zurückweisen, wenn die Erledigung des Rechtsstreits verzögert würde und die Verspätung auf grober Nachlässigkeit beruht (§ 296 II ZPO; *BGH* NJW 1982, 1533). Beantragt der Kl. Verweisung des Rechtsstreits an ein Gericht eines besonderen Gerichtsstands, so gilt die vom Gericht gesetzte Frist nur im Hinblick auf die Voraussetzungen für die Zuständigkeit, nicht für den sonstigen Sachvortrag.

4. Anwaltsvergleich

125 Durch das Rechtspflegevereinfachungsgesetz wurde die Möglichkeit eines **vollstreckbaren Anwaltsvergleiches** seit 1. 4. 1991 geschaffen (§ 1044b ZPO n. F.). Voraussetzungen sind,

- daß der Vergleich von den Parteien **und** ihren Anwälten **unterschrieben** ist und
- daß sich der Schuldner im Vergleich der sofortigen Zwangsvollstreckung **unterworfen** hat (§ 1044b I ZPO n. F.) und
- daß der Vergleich beim zuständigen Gericht (Geschäftsstelle) **niedergelegt** wurde und von diesem auf Antrag des Gläubigers für **vollstreckbar erklärt** wurde (§§ 1044b I 2, 1044a I 2 ZPO n. F.); mit Zustimmung der Parteien kann der Vergleich statt beim Gericht auch von einem Notar mit Amtssitz im Bezirk des zuständigen Gerichtes in Verwahrung genommen und für vollstreckbar erklärt werden (§ 1044b II ZPO n. F.).

III. Zivilprozesse in den neuen Bundesländern ab 3. 10. 1990

1. Geltung von ZPO und GVG

Am 3. 10. 1990 traten nach Anlage I zum Staatsvertrag zwischen der Bundes- **126**
republik Deutschland und der DDR (Einigungsvertrag – BGBl. II S. 889) das GVG und die ZPO mit bestimmten Maßgaben in Kraft (vgl. Anl. I Kap. III Abschn. III Nr. 1 und 5 EVertr.). Dadurch wurden bestimmte Übergangsregelungen im Bereich der Gerichtsverfassung und des Zivilprozesses nötig (vgl. zum Ganzen: *Thomas/Putzo,* Nachtrag zur 16. Aufl.; *Zöller/Vollkommer,* Beiheft zu *Zöller* ZPO, 16. Aufl. 1990 (Einigungsvertrag)).

2. Gerichtsverfassung

Bis zur Bildung von Amtsgerichten, Landgerichten und Oberlandesgerichten **127**
durch die neuen Länder („sobald hierfür unter Berücksichtigung der Bedürfnisse einer geordneten Rechtspflege jeweils die personellen und sachlichen Voraussetzungen gegeben sind") wird die ordentliche Gerichtsbarkeit durch die Kreisgerichte und durch die Bezirksgerichte ausgeübt. Dritte Instanz ist der BGH.

Die **Kreisgerichte** sind in bürgerlichen Rechtsstreitigkeiten einschließlich von **128**
Ehe- und Familiensachen und in Angelegenheiten der Freiwilligen Gerichtsbarkeit zuständig, soweit die Zuständigkeit der Amtsgerichte oder der Landgerichte im ersten Rechtszug besteht. Das Kreisgericht ist also **umfassend erstinstanzlich zuständig.** Bei denjenigen Kreisgerichten, in deren Bezirk das Bezirksgericht seinen Sitz hat, werden auch Kammern für Handelssachen gebildet. Diese sind Kollegialgerichte, während das Kreisgericht sonst durch Einzelrichter entscheidet.

Die **Bezirksgerichte** sind in bürgerlichen Rechtsstreitigkeiten einschließlich **129**
von Ehe- und Familiensachen und in Angelegenheiten der Freiwilligen Gerichtsbarkeit für **Berufungen** und **Beschwerden** gegen die Entscheidungen des Kreisgerichtes zuständig. Sie entscheiden über Berufungen und Beschwerden in den Fällen abschließend, in denen nach den Vorschriften des GVG und der ZPO im ersten Rechtszug das AG zuständig wäre. Die Revision zum BGH ist gegeben, wenn das Bezirksgericht anstelle des OLG entschieden hat.

3. Zivilprozeß

Die **Übergangsregelungen** betreffend die ZPO sind nicht sehr umfangreich. **130**
Sie betreffen die Ablehnung von Richtern wegen Befangenheit, die Anwendbar-

keit der Vorschriften der §§ 495ff. ZPO auf das Verfahren vor den Kreisgerichten, die Zulässigkeit der Beschwerde gegen Entscheidungen des Bezirksgerichtes, das vereinfachte Verfahren zur Abänderung von Unterhaltstiteln nach §§ 641ff. ZPO, die Überleitung der gerichtlichen Zahlungsaufforderungen in das Mahnbescheidsverfahren, die Übergangsprobleme von Entscheidungen, in deren Wirksamkeit der Beitritt fällt u. a. (vgl. i. e. *Thomas/Putzo,* Nachtrag zur 16. Aufl.; *Zöller/Vollkommer,* Beiheft zu *Zöller* ZPO, 16. Aufl. 1990 (Einigungsvertrag)).

131 Das **Verfahren** vor dem Kreisgericht unterliegt nicht dem Anwaltszwang – auch dann nicht, wenn das LG als erste Instanz zuständig wäre! Im übrigen gelten die Vorschriften für das Verfahren vor den Amtsgerichten. Für das Verfahren vor dem Bezirksgericht gilt dagegen Vertretungszwang durch einen Rechtsanwalt, der im Beitrittsgebiet seine Kanzlei unterhält; nicht erforderlich ist also, daß der RA seinen Kanzleisitz im Gebiet des speziellen Bezirksgerichtes hat (*Zöller/Vollkommer* a. a. O., Einl. 7).

132 Die noch **anhängigen Verfahren** werden nach neuem Recht fortgesetzt. Besonderheiten gibt es hier hinsichtlich der Rechtsmittelfristen, falls eine Entscheidung vor dem 3. 10. 1990 ergangen, aber noch nicht rechtskräftig war (vgl. Anl. I Kap. III Abschn. III Nr. 28 EVertr.). Nach altem Recht eingelegte Rechtsmittel können nach neuem Recht unzulässig geworden sein (*Zöller/Vollkommer* a. a. O., Einl. 10 und Anl. I Rdn. 42). Besondere Überleitungsvorschriften bestehen für Ehesachen und für vor dem 1. 7. 1990 zugestellten gerichtlichen Zahlungsaufforderungen in das Mahnverfahren.

133 Die **Vollstreckung** von vor dem 3. 10. 1990 rechtskräftig gewordenen Entscheidungen richtet sich nach der ZPO. Die Rechtskraft dieser Entscheidungen bleibt bestehen, allerdings gibt es – neben den in der ZPO vorgesehenen Rechtsbehelfen gegen rechtskräftige Entscheidungen (Anl. I Kap. III Abschn. III Nr. 5i EVertr.) – auch die Möglichkeit der Urteilsmißbrauchsklage gemäß § 826 BGB. Diese ist zwar in der Anlage I nicht ausdrücklich erwähnt, gilt aber kraft richterlicher Rechtsfortbildung (*Zöller/Vollkommer* a. a. O., Einl. 9; Anlage I Rdn. 30).

A II. Berufung in Zivilsachen

Dr. Manfred Brüning

Übersicht

Literatur: *Baumbach/Lauterbach/Albers/Hartmann,* ZPO, 48. Aufl. 1990; *Zöller,* ZPO 15. Aufl. 1987; *Thomas/Putzo* 16. Aufl. 1990.

I. Voraussetzungen

1. Zuständigkeit

In Zivilsachen ist das **Oberlandesgericht** (§ 119 GVG) zuständig 1
- für Berufungen gegen Endurteile des Landgerichts
- für Berufungen gegen Endurteile des Amtsgerichts in Kindschaftssachen und gegen andere Entscheidungen des Familiengerichts,

das **Landgericht** (§ 72 GVG) 2
- für Berufungen gegen Endurteile des Amtsgerichts.

Ein besonderes Prüfschema ist bei **Rechtsmitteln** in **Familiensachen** zu beachten, s. B X Rdnr. 337–342. 3

2. Endurteil

Endurteil oder gleich einem Endurteil und daher mit der Berufung anfechtbar sind 4
- Schlußurteil (§ 300 ZPO)
- Teilurteil (§ 301 ZPO)
- Zwischenurteil (§§ 303, 280 Abs. 2 ZPO)
- Zwischenurteil über den Grund (§ 304 ZPO)
- Vorbehaltsurteil (§§ 302 Abs. 3, 599 Abs. 3 ZPO).

3. Berufungssumme

Gem. § 511a I 1 ZPO ist seit dem 1. 4. 1991 die Berufung in Rechtsstreitigkeiten über vermögensrechtliche Ansprüche nur zulässig, wenn der **Wert des Beschwerdegegenstandes** 1200,– DM übersteigt. Die Beschwer ergibt sich aus dem Vergleich der in der letzten mündlichen Verhandlung I. Instanz gestellten Anträge mit dem Urteil. Beschwerdegegenstand ist der Betrag, um den der Berufungskläger das Urteil zu seinen Gunsten abgeändert wissen will – und der 5 muß 1200,– DM übersteigen. War der Beschwerdegegenstand ursprünglich höher als 1200,– DM und beschränkt der Berufungskläger die Berufung willkürlich auf eine Summe unter 1200,– DM, so wird die Berufung unzulässig; sinkt der Beschwerdegegenstand dagegen unter 1200,– DM, weil der Berufungsbeklagte z. B. alles bis auf weniger als 1200,– DM anerkannt oder bezahlt hat, dann bleibt die Berufung zulässig. (Ist die anzufechtende Entscheidung vor dem 1. 4. 1991 ergangen, gelten nach Art. 10 RechtspflegevereinfachungsG v. 17. 12. 1990 (BGBl. I S. 2847) die bisherigen Vorschriften, also die Wertgrenze von 700,– DM gem. § 511a ZPO a. F.)

6 Ganz **ohne Berufungssumme** ist die Berufung zulässig,
- wenn in Streitigkeiten über Ansprüche aus einem Mietverhältnis über Wohnraum oder das Bestehen eines solchen Mietverhältnisses das Amtsgericht in einer Rechtsfrage von der Entscheidung eines OLG oder des BGH abgewichen ist und die Entscheidung auf der Abweichung beruht (§ 511a II ZPO n. F.);
- wenn es sich um eine Berufung gegen ein zweites Versäumnisurteil handelt (§ 513 II 2 ZPO);
- wenn es sich um eine Anschlußberufung handelt (vgl. *Baumbach/Albers* § 521 Anm. 1 Bb aa).

4. Form der Berufung

§ 518 ZPO schreibt vor, was die Berufungsschrift im einzelnen enthalten muß.

7 **Berufungsschrift** ist
- der in herkömmlicher Weise gefertigte und von einem beim Berufungsgericht zugelassenen Rechtsanwalt **eigenhändig unterschriebene Schriftsatz**
- die per **Telegramm** eingelegte Berufung (vgl. *Zöller* 15. Aufl. § 518 Rdnr. 17)
- die per **Telex** eingelegte Berufung (*BGHZ* 97, 283)
- die per **Telefax** eingelegte Berufung, wenn sie ohne privaten Zwischenempfänger direkt dem zuständigen Gericht zugeht (*BGH* NJW 1989, 589) und das gesendete „Original" die Unterschrift eines beim Berufungsgericht zugelassenen Anwalts trägt.

8 Berufungsschrift ist **nicht**
- die **per Telefon** übermittelte Berufung
- die per **Telefax** eingelegte Berufung, wenn die Telefaxnummer für zwei Gerichte gilt und das zuständige Gericht in der Berufungsschrift falsch bezeichnet ist, etwa LG statt OLG bei einheitlicher Telefaxnummer (*BGH* NJW 1990, 990).

9 **Weitere formale Mängel** der Berufungsschrift
- falsche oder fehlende Bezeichnung der Partei, für die Berufung eingelegt werden soll. Zwar ist Auslegung der Berufungsschrift möglich, aber nur anhand der dem Berufungsgericht innerhalb der Berufungsfrist zugegangenen Unterlagen (*BGH* VersR 82, 769)
- falsche Bezeichnung des Berufungsbeklagten, etwa GmbH statt natürliche Person (*BGH* NJW 1985, 2651)
- falsche Bezeichnung des Gerichts, gegen dessen Endurteil Berufung eingelegt werden soll (*BGH* NJW 1989, 2396)
- ausnahmsweise unschädlich, wenn sich alle Umstände für eine falsche Be-

zeichnung des Gerichts aus den vorliegenden Unterlagen ergeben (*BGH* NJW 1989, 2395).

Gegen die Gefahr, daß die Berufungsschrift formelle Mängel aufweist, schützt sich der Anwalt des Berufungsklägers zuverlässig, indem er die Kann-Vorschrift des § 518 Abs. 3 ZPO beachtet und der Berufungsschrift eine beglaubigte Kopie des angefochtenen Urteils beifügt. **10**

5. Frist der Berufung

Die Berufungsfrist beträgt gem. § 516 ZPO einen Monat. Sie ist eine Notfrist, die mit der Zustellung des Urteils zu laufen beginnt; ohne Zustellung beträgt die Frist fünf Monate seit Verkündung. **11**

Maßgebend ist die **Amtszustellung des Urteils an die Partei,** die Berufung einlegen möchte. Das gilt auch für den Streitgenossen (§ 61 ZPO) und den notwendigen Streitgenossen (§ 62 ZPO), für die, je nach dem Datum der Amtszustellung, gesonderte Fristen beginnen und enden (vgl. *Thomas/Putzo,* § 61 u. 62 jeweils Anm. 11). **12**

Besonderheiten gelten jedoch für den **Streithelfer** (Nebenintervenienten): Für ihn gilt die Berufungsfrist ab Zustellung an die Hauptpartei, und zwar auch dann, wenn dem Streithelfer das Urteil I. Instanz selbst zugestellt worden ist. Es gibt keine gesonderte Rechtsmittelfrist für den Streithelfer. Das Urteil muß an ihn nicht von Amts wegen zugestellt werden (vgl. *BGH* NJW 1986, 257). Vorsicht ist auch im Falle einer **Urteilsberichtigung** des erstinstanzlichen Urteils geboten. Die berichtigte Fassung ist nämlich rückwirkend auf die Verkündung des ursprünglichen Urteils die allein maßgebende, d. h., daß der Berichtigungsbeschluß keine neue Rechtsmittelfrist eröffnet (vgl. *BGHZ* 67, 284/286). **13**

Für die **Berechnung** der Monatsfrist gelten die §§ 222 ZPO und 187–189 BGB. **14**

Da die Berufungsfrist eine **Notfrist** ist, wird ihr Lauf durch die Gerichtsferien nicht gehemmt (§ 223 II ZPO), so daß Berufung in allen Fällen während der Gerichtsferien eingelegt werden muß. Für die danach zu berechnende Berufungsbegründungsfrist s. Rdnr. 19. **15**

Der Lauf der Berufungsfrist wird auch nicht dadurch gehemmt, daß die Partei nicht in der Lage ist, die Kosten des Berufungsverfahrens zu tragen und deshalb auf **PKH** angewiesen ist. Gleichwohl braucht nicht Berufung in Erwartung der späteren Bewilligung der Prozeßkostenhilfe (und damit eventuell mit dem Gebührenrisiko für den Anwalt) eingelegt zu werden. Vielmehr **16**

- muß der PKH-Antrag innerhalb der Berufungsfrist gestellt werden
- und zwar beim zuständigen Berufungsgericht, jedoch nicht notwendig durch den beim Berufungsgericht zugelassenen Anwalt, da für den Antrag auf PKH-Bewilligung kein Anwaltszwang besteht; nicht einmal der Anwalt I. Instanz muß mitwirken, da die Partei den Antrag auf PKH-Bewilligung vor der Geschäftsstelle selbst zu Protokoll erklären kann (§ 117 I ZPO)
- müssen dem Antrag alle Unterlagen beigefügt werden, auf die § 117 II ZPO abstellt.

Nicht notwendig ist eine Begründung in der Sache selbst, etwa zum Nachweis, daß die beabsichtigte Berufung Aussicht auf Erfolg bietet, denn das muß das Gericht von Amts wegen prüfen; gleichwohl sollte dem von einem Anwalt gestellten PKH-Antrag zumindest eine solche Begründung beigefügt werden, die die wesentlichen Rügen des anzufechtenden Urteils enthält. **17**

18 Nach der PKH-Bewilligung (oder Versagung) muß innerhalb der zweiwöchigen Frist des § 234 ZPO der **Wiedereinsetzungsantrag** gestellt und mit diesem Antrag die versäumte Prozeßhandlung nachgeholt, d. h. Berufung eingelegt werden (§ 236 I ZPO). Zur Begründung des Wiedereinsetzungsantrags genügt der Hinweis auf das vorangegangene PKH-Verfahren.

II. Berufungsbegründung

1. Frist

19 Die Berufungsbegründung muß in einem gesonderten Schriftsatz enthalten sein, falls sie nicht – was selten vorkommen dürfte – sogleich mit der Berufungsschrift verbunden wird. Die Frist für die Berufungsbegründung beträgt einen Monat. Sie wird durch den Lauf der Gerichtsferien gehemmt, es sei denn, es handelt sich um eine Feriensache gem. § 200 II GVG. Die Berechnung der Berufungsbegründungsfrist bereitet erfahrungsgemäß Schwierigkeiten, wenn die **Gerichtsferien** mit hineinspielen. Die Beachtung der nachfolgenden Tabelle schließt das Risiko, die Berufungsbegründungsfrist falsch zu berechnen, aus.

Eingang	Ende	Eingang	Ende
15. 6.	16. 9.	1. 7.	3. 10.
16. 6.	17. 9.	2. 7.	4. 10.
17. 6.	18. 9.	3. 7.	5. 10.
18. 6.	19. 9.	4. 7.	6. 10.
19. 6.	20. 9.	5. 7.	7. 10.
20. 6.	21. 9.	6. 7.	8. 10.
21. 6.	22. 9.	7. 7.	9. 10.
22. 6.	23. 9.	8. 7.	10. 10.
23. 6.	24. 9.	9. 7.	11. 10.
24. 6.	25. 9.	10. 7.	12. 10.
25. 6.	26. 9.	11. 7.	13. 10.
26. 6.	27. 9.	12. 7.	14. 10.
27. 6.	28. 9.	13. 7.	15. 10.
28. 6.	29. 9.	14. 7.	15. 10.
29. 6.	30. 9.	15. 7.	15. 10.
30. 6.	1. 10.	16. 7.–15. 9.	15. 10.

Der 15. 10. ist für alle zwischen dem 13. 7. und 15. 9. eingelegten Berufungen der letzte Tag zur Einreichung der Begründung (es ist denn, der 15. 10. ist ein Samstag, Sonntag oder Feiertag, § 222 II ZPO).

20 Diese Frist, wie auch alle Berufungsbegründungsfristen, die zwischen dem 16. 9. und 15. 10. enden, können gem. § 519 Abs. 1 ZPO auf Antrag vom Gericht **verlängert** werden. Die Begründung für den Antrag und die Dauer der Verlängerung ist von Gericht zu Gericht verschieden. Der Antrag muß die Unterschrift eines beim Berufungsgericht zugelassenen Anwalts tragen und vor 24.00 Uhr des letzten Fristtages bei Gericht eingegangen sein. Es ist unschädlich, wenn die Verlängerung erst nach Ablauf der Berufungsbegründungsfrist verfügt wird. Die verlängerte Frist endet mit Ablauf des vom Gericht verfügten Datums oder falls nur ein Zeitraum verfügt ist, etwa 1 Monat – mit Ablauf dieses Zeitraums gerechnet vom Datum der Verfügung. Es kommt nicht auf das Zustellungsdatum der Verlängerungsverfügung an, da die Fristverlängerung

„keine Frist in Lauf setzt“ (Beschluß des *BGH* vom 14. 2. 1990 – AZ XII 2 B 126/89, der die gegenteilige Entscheidung des IV. Senats VersR 1989, 1063 mit dessen Zustimmung aufhebt). Die Praxis, einen Verlängerungsantrag erst in letzter Minute zu stellen, birgt das Risiko, daß dem Antrag nicht stattgegeben wird und die Berufung nicht mehr – und sei es notdürftig – innerhalb einer verbliebenen Zeit begründet werden kann; sie ist dann vielmehr wegen Fristversäumung unzulässig.

Von den Gerichtsferien nicht gehemmt werden die **Feriensachen** gem. § 200 **21** II Nr. 2–8 GVG. Wenn die Handakten nicht zugleich mit dem Auftrag, Berufung einzulegen, übersandt werden (was bei Berufungen zum OLG in Gebieten mit Singularzulassung häufig der Fall sein wird), dann muß der Berufungsanwalt dafür Sorge tragen, daß er die Akten vor Ablauf des ersten Monats nach Berufungseinlegung erhält. Nur so kann er zuverlässig prüfen, ob es sich um eine Feriensache handelt, und ob er die Berufung entweder vor Ablauf der Monatsfrist trotz Gerichtsferien begründen oder ob er vor Ablauf der Monatsfrist trotz Gerichtsferien einen Verlängerungsantrag stellen will. Es empfiehlt sich, jede Berufungssache anhand des Katalogs aus § 200 II Nr. 2–8 GVG zu überprüfen, wobei die Nummern 5a und 5b besondere Aufmerksamkeit verdienen.

Bei **familienrechtlichen Streitigkeiten** haben wir es mit Feriensachen näm- **22** lich nur zu tun, wenn Streitgegenstand ist:

- Unterhalt bei Getrenntleben (§ 1361 BGB)
- Unterhalt nach Scheidung, wenn er isoliert, also nicht im Scheidungsverbund, geltend gemacht wird (§§ 1569ff. BGB)
- Unterhalt zwischen Verwandten in gerader ab- und aufsteigender Linie, vornehmlich Kindesunterhalt (§§ 1601ff. BGB), sofern er isoliert, also nicht im Scheidungsverbund, geltend gemacht wird
- Anspruch auf Erstattung von Entbindungskosten, die der Mutter des nichtehelichen Kindes entstanden sind (§ 1615k BGB)
- Anspruch der Mutter des nichtehelich geborenen Kindes auf Unterhalt für 6 bzw. 8 Wochen vor und nach der Geburt (§ 1615 I BGB)
- Verfahren über das elterliche Sorgerecht (§§ 23b I Nr. 2 BGB, 1626ff. BGB), sofern es isoliert, also nicht im Scheidungsverbund, stattfindet
- Verfahren über das Umgangsrecht des nichtsorgeberechtigten Elternteils (§§ 23b I Nr. 3 GVG, 1634 BGB), sofern es isoliert, also nicht im Scheidungsverbund, stattfindet
- Verfahren über den Anspruch auf Herausgabe des Kindes (§§ 23b I Nr. 4 GVG, 1632 BGB), sofern es isoliert, also nicht im Scheidungsverbund, stattfindet
- Verfahren über die Aufteilung der Ehewohnung und des Hausrats nach der HausratsVO (§ 23b I Nr. 8 GVG), sofern es isoliert, also nicht im Scheidungsverbund, stattfindet.

Das Verfahren auf **Scheidung der Ehe** allein sowie alle damit im **Verbund** entschiedenen Folgesachen sind **keine Feriensache.**

2. Inhalt

Was die Berufungsbegründung auf jeden Fall enthalten muß, ergibt sich aus **23** § 519 III Nr. 1 u. 2. Der Berufungsantrag ist mit besonderer Sorgfalt zu formulieren. Das gilt insbesondere, wenn nicht das gesamte (Klage-) Begehren I. Instanz in der Berufungsinstanz weiter verfolgt werden, sondern die Berufung beschränkt oder erweitert werden soll. Der Berufungsantrag ist auslegungsfähig, und zwar durch den gesamten Inhalt der Berufungsbegründung. In diesem Punkt sind die Gerichte erfreulich „weitherzig". Gleichwohl sollte der Berufungsantrag nicht nur inhaltlich das Gewollte richtig zum Ausdruck bringen, sondern auch optisch deutlich abgesetzt vom laufenden Text der Berufungsbegründung hervorgehoben sein.

24 Der zunächst in der Berufungsbegründung angekündigte Antrag kann im Rahmen der Berufungsgründe bis zum Schluß der mündlichen Verhandlung **erweitert** (oder beschränkt) werden. Das ist herrschende Meinung (vgl. u. a. *Baumbach/Albers* § 519 Anm. 3 B). Dieses Recht eröffnet dem Berufungskläger die Möglichkeit zum taktischen Vorgehen: er kann es, wenn er die Berufungsaussichten nicht so günstig einschätzt, vom Verlauf der mündlichen Verhandlung abhängig machen, welchen Antrag er abschließend verlesen will.

25 Die Berufungsbegründung muß die einzeln anzuführenden **Anfechtungsgründe** sowie **neue Tatsachen, Beweismittel** und **Beweiseinreden** enthalten. Soweit der Berufungsführer sich auf Urkunden oder z. B. auf die Berufungsbegründung in einem parallel laufenden Verfahren beziehen will, reicht die Bezugnahme nicht aus. Vielmehr muß der Berufungsanwalt beglaubigte Abschriften als Anlage zur Berufungsbegründung mit überreichen. Ungenügend ist auch die allgemeine Bezugnahme auf das Vorbringen I. Instanz, da das Berufungsgericht nicht gezwungen ist, die Akten daraufhin durchzuforschen, ob sich darin für den Erfolg der Berufung erhebliches Vorbringen findet. Unzulässig ist der allgemeine Bezug auf die übergangenen Beweisangebote in I. Instanz. Vielmehr müssen die angeblich fehlerhaft übergangenen Beweisanträge einzeln und ausdrücklich wiederholt werden (vgl. *BGHZ* 35, 103, 106/107).

26 Besondere Beachtung muß der in einer Berufungssache vor dem Oberlandesgericht tätige Anwalt von Anfang an der Möglichkeit oder Notwendigkeit einer späteren **Revision** schenken. Sofern die Revision nicht von der Zulassung, sondern von einer Beschwer von mehr als 60000,– DM abhängt, sollte der Berufungsanwalt erwägen, einen 60000,– DM übersteigenden Antrag auch dann zu verfolgen, wenn er Teilen davon keine hinreichende Erfolgsaussicht einräumt (Voraussetzung ist die Aufklärung des Mandanten und dessen ausdrücklicher Auftrag, in diesem Sinne zu verfahren). Da man sich bei taktischem Vorgehen des Erfolges nicht sicher sein kann, ist es auch nicht sicher, daß man beim Unterliegen mit einer Beschwer von mehr als 60000,– DM eine Entscheidung des *BGH* bekommt, weil die Revision nicht angenommen wird (folglich muß der Mandant auch über dieses Risiko aufgeklärt werden).

Der Vorteil einer revisiblen Berufungssache liegt nach Einschätzung von Berufungsanwälten häufig darin, daß das Gericht den Prozeß sorgfältiger bearbeitet und angebotene Beweise erhebt. Die Revisionsinstanz ist keine Tatsachen-, sondern eine reine Rechtsinstanz. Der *BGH* geht nur von dem Sachverhalt aus, der dem Oberlandesgericht unterbreitet war. Infolgedessen sind der **Sachverhalt** und die **Beweisangebote** im Blick auf eine spätere Revision so **vollständig** wie möglich vorzutragen. Wenn das Berufungsgericht einen bestimmten Tatsachenvortrag mit Beweisangebot fehlerhaft übergangen hat, besteht die Möglichkeit, daß der *BGH* auf die Rüge der Revision das Urteil aufhebt und das Berufungsgericht anweist, den unterlassenen Beweis zu erheben. Das heißt aber nicht, daß die Berufungsbegründung vorsorglich mit jedem nur entfernt denkbaren Sachvortrag und Beweisangebot befrachtet werden sollte – das schadet ihrer Übersichlichkeit –, sondern heißt nur, daß kein erheblicher Sachvortrag mit Beweisangebot zurückgehalten werden darf, weil das nicht nachgeholt werden kann.

III. Verspätetes Vorbringen

Ein schwieriges Thema auch in der Berufungsinstanz ist die Zurückweisung von Angriffs- und Verteidigungsmitteln als verspätet. Die Berufungsinstanz ist eine Tatsacheninstanz. Der Rechtsstreit wird auf der Grundlage des angefochtenen Urteils und der mündlichen Verhandlung(en) in I. Instanz neu verhandelt und gewürdigt (§ 525 ZPO). Dabei ist neues Vorbringen bis zum Schluß der mündlichen Verhandlung statthaft, soweit nicht die §§ 527ff. ZPO entgegenstehen. 27

Dem Berufungsanwalt stellt sich das **Problem evtl. verspäteter Angriffs- und Verteidigungsmittel** (neues Vorbringen) in folgenden Fällen: 28

(1) Bei **Vorbringen, das schon in I. Instanz zu Recht als verspätet zurückgewiesen worden ist** (§ 528 III ZPO). Soll dieses Vorbringen in der Berufungsinstanz erneut gebracht werden, so muß der Berufungskläger nachweisen, daß entgegen der Auffassung des Gerichts I. Instanz das verspätete Vorbringen genügend entschuldigt war (vgl. § 296 ZPO). Das setzt natürlich voraus, daß in I. Instanz überhaupt Entschuldigungsgründe vorgetragen worden sind. Ergibt sich, daß das Vorbringen in I. Instanz zu Recht zurückgewiesen worden ist, gilt § 528 III ZPO ohne Ermessenspielraum für das Gericht, andernfalls ist das Vorbringen einschränkungslos zuzulassen. 29

(2) Bei **Vorbringen, das entgegen einer in I. Instanz gesetzten richterlichen Frist unterblieben ist** (§ 528 I ZPO). Soll dieses Vorbringen in der Berufungsinstanz erstmalig vorgebracht werden, sollte nach folgenden Regeln geprüft werden: 30

(a) Hat sich die in I. Instanz gesetzte Frist bezogen auf
- ergänzende oder erläuternde Ausführungen zum bisherigen Sachvortrag und Vorlage von Urkunden (§ 273 II Nr. 1 ZPO)
- die Klageerwiderung zur Vorbereitung des frühen ersten Termins (§ 275 I 1 ZPO)
- die Klageerwiderung zur Vorbereitung des Haupttermins (§ 275 III ZPO)
- die Replik des Klägers zur Klageerwiderung des Beklagten (§ 275 IV ZPO)
- die Klageerwiderung nach der Mitteilung der Verteidigungsbereitschaft des Beklagten (§ 276 I 2 = insgesamt 4 Wochen)
- die Replik des Klägers zur Klageerwiderung des Beklagten (§ 276 III ZPO)
- die Klageerwiderung und die Replik des Beklagten verbunden mit der Verpflichtung der Partei zur Prozeßförderung (§ 277 ZPO).

Nur wenn eine dieser Fristen in I. Instanz unbeachtet geblieben ist, stellt sich die Frage der Verspätung.

(b) Hat das Gericht I. Instanz eine der vorgenannten Fristen gesetzt, so ist deren Nichtbeachtung nur dann schädlich, wenn der **Berufungsrechtszug** durch Berücksichtigung des erstmalig in der Berufungsinstanz vorgebrachten Vorbringens **verzögert** würde. Das ist nicht der Fall, wenn die Verzögerung durch vorbereitende Maßnahmen des Gerichts im Rahmen des normalen Geschäftsganges aufgefangen werden kann, z. B., indem der erstmalig in der Berufungsinstanz genannte Zeuge zur ersten mündlichen Verhandlung geladen wird. Es empfiehlt sich für den Berufungskläger, bereits in der Berufungsbegründung anzukündigen, daß der Zeuge im Termin gestellt wird, weil dessen Vernehmung dann bei der Terminierung berücksichtigt werden kann.

(c) Würde der Berufungsrechtszug gleichwohl durch die Berücksichtigung des erstmalig in der Berufungsinstanz gebrachten Vorbringens verzögert, dann wäre das (nur) dann unschädlich, wenn die Versäumung der in I. Instanz gesetzten Frist genügend entschuldigt wird. Die Entschuldigungsgründe ergeben sich aus der Kommentierung zu § 296 ZPO.

31 (3) Bei **Vorbringen, das in I. Instanz ohne richterliche Frist** unter **Verletzung der allgemeinen Prozeßförderungspflicht** nicht rechtzeitig mitgeteilt worden ist (§ 528 II ZPO). Soll dieses Vorbringen erstmalig in der Berufungsinstanz gebracht werden, ist folgendes zu beachten:

(a) Das Vorbringen hätte in I. Instanz in vorbereitenden Schriftsätzen oder spätestens in der letzten mündlichen Verhandlung gebracht werden müssen.

(b) Die Berücksichtigung des Vorbringens erstmalig in der Berufungsinstanz müßte zu einer Verzögerung des Berufungsrechtszuges führen; wenn die Verzögerung durch vorbereitende Maßnahmen des Gerichts verhindert werden kann, muß das Vorbringen berücksichtigt werden.

(c) Träte durch die Berücksichtigung des neuen Vorbringens eine Verzögerung des Rechtsstreits im Berufungsrechtszug ein, hilft nur noch der Nachweis, daß das Unterlassen des Vorbringens in I. Instanz nicht auf grober Nachlässigkeit beruhte. Was dabei zu beachten ist, ergibt sich aus § 296 II ZPO. Die Tatsachen, aus denen das Gericht I. Instanz auf das Vorliegen grober Nachlässigkeit geschlossen hat, müssen im Urteil festgestellt sein (vgl. *Thomas/Putzo* § 528 Anm. 5c). Ist das nicht der Fall, ist das neue Vorbringen in der Berufungsinstanz zuzulassen.

32 (4) Bei Vorbringen, das in der **Berufungsinstanz** nicht in der Berufungsbegründung oder in der für die Berufungserwiderung oder Replik gesetzten Frist vorgebracht worden ist (§ 527 ZPO). Es muß zurückgewiesen werden, wenn die übrigen Voraussetzungen des § 296 ZPO vorliegen.

33 (5) Bei Vorbringen, das in der **Berufungsinstenz** ohne richterliche Fristen allein wegen **Verletzung der allgemeinen Prozeßförderungspflicht** verspätet vorgebracht worden ist (§§ 523, 282, 296 II ZPO).

34 (6) Bei Vorbringen, das entgegen einer vom Berufungsgericht gesetzten **Frist,** die sich nicht auf die Berufungserwiderung oder die Replik bezieht, **verspätet** vorgebracht worden ist (§§ 523, 223 II, 296 I ZPO).

35 § 528 ZPO gilt nicht für Verfahren in **Familiensachen** (§ 615 II ZPO) und nicht in **Kindschaftssachen** (§§ 640, 615 ZPO). § 615 I ZPO enthält lediglich eine Kannvorschrift zur Zurückweisung verspäteten Vorbringens auch in der Berufungsinstanz.

36 Keine Angriffs- und Verteidigungsmittel sind der **Angriff selbst,** also die Klageänderung und die Widerklage (*Baumbach/Hartmann* § 296 Anm. 9). Infolgedessen kann das sich darauf beziehende Vorbringen nicht als verspätet zurückgewiesen werden, und zwar auch dann nicht ganz oder teilweise, soweit es sich auf den ursprünglich verfolgten Antrag bezieht (*BGH* NJW 1986, 2257, 2258).

Diese Rechtsprechung des *BGH* sollte bedacht werden, wenn neues Vorbringen in der Berufungsinstanz an der Verspätung zu scheitern droht. Etwas anderes könnte nur gelten, wenn das Angriffsmittel nur den Sinn hätte, den Verspätungsfolgen zu entgehen, wie der *BGH* in der Entscheidung anmerkt.

IV. Anschlußberufung

1. Voraussetzungen

- Die Hauptberufung muß (noch) zulässig und nicht zurückgenommen sein (*Thomas/Putzo* § 521 Anm. 2a) **37**
- Anschlußberufungskläger kann nur der Berufungsbeklagte oder sein Streithelfer sein
- weitere Voraussetzungen bestehen nicht, insbesondere keine Beschwer des Berufungsbeklagten durch das Urteil I. Instanz und keine Beschwerdesumme.

2. Frist

- Wird Anschlußberufung innerhalb der Berufungsfrist für die Hauptberufung **38** eingelegt (maßgebend ist also die Zustellung des erstinstanzlichen Urteils an den Berufungskläger), dann handelt es sich um eine selbständige Anschlußberufung,
- diese muß innerhalb der Berufungsbegründungsfrist für die Hauptberufung (die durch Gerichtsferien gestreckt werden kann) und deren Verlängerung begründet werden (§§ 522a II, 519 II ZPO),
- eine eigenständige Verlängerung der Begründungsfrist für die Anschlußberufung gibt es nicht, weil § 522a III ZPO § 519 II ZPO nicht einbezieht,
- wird die Anschlußberufung nach Ablauf der Frist für die Hauptberufung und spätestens bis zum Schluß der letzten mündlichen Verhandlung eingelegt, dann handelt es sich um eine unselbständige Anschlußberufung,
- die vom Schicksal der Hauptberufung abhängt. Wird diese zurückgenommen oder ist sie unzulässig, dann verliert die Anschließung ihre Wirkung (§ 522 I ZPO).

3. Verspätung

Da die Anschlußberufung bis zum Schluß der letzten mündlichen Verhand- **39**
lung zulässigerweise eingelegt werden kann (vgl. *BGHZ* 83, 371/376), müßten die zu ihrer Begründung erforderlichen Tatsachen, wenn sie neu sind, grundsätzlich vorgebracht werden können. Gleichwohl trifft das in dieser Eindeutigkeit nicht zu, wie sich aus der wichtigen Entscheidung *BGHZ* 83, 371–381 ergibt.

- Erstrebt der Berufungsbeklagte und Anschlußberufungskläger mit der Anschlußberufung ein in I. Instanz nicht verfolgtes Prozeßziel, etwa durch Klageänderung, Widerklage oder Aufrechnung, so handelt es sich um einen selbständigen Angriff (vgl. *BGHZ* 83, 377). Die zur Begründung dieses Angriffs vorgebrachten neuen Tatsachen sind zuzulassen, jedoch sind Widerklage und Aufrechnung gem. § 530 ZPO davon abhängig, daß der Gegner einwilligt, oder das Gericht die Angriffsmittel für sachdienlich hält (vgl. *BGHZ* 83, 377)

– erstrebt der Berufungsbeklagte und Anschlußberufungskläger mit der Anschlußberufung lediglich eine Verstärkung seiner Rechtsverteidigung in I. Instanz, etwa durch neue Behauptungen, durch Bestreiten, Einreden und Beweismittel, so handelt es sich um unselbständige Angriffs- und Verteidigungsmittel. Die dazu neu vorgetragenen Tatsachen können in vollem Umfang als verspätet zurückgewiesen werden, wenn die Voraussetzungen (vgl. oben Rdnr. 29–34) erfüllt sind (vgl. *BGHZ* 83, 378/379).

40 Gleichwohl ist die Anschlußberufung ein hervorragendes taktisches Instrument, und sei es nur, daß sie den Berufungskläger aus Furcht vor deren Erfolg veranlaßt, die eigene Berufung zurückzunehmen (selbst wenn dadurch das mit der unselbständigen Anschlußberufung verfolgte Prozeßziel vereitelt wird).

A III. Der Auskunfts- und Rechenschaftslegungsprozeß

Dr. Justin von Kessel / Ulrike Sachenbacher

Übersicht

Literatur: *Brändel,* Die Problematik eines Anspruchs auf ergänzende Rechnungslegung bei Schutzrechtsverletzungen, GRUR 1985, 616; *Harder,* Der Auskunftsanspruch gegen den Treuhänder einer Bauherrengemeinschaft, GRUR 1985, 50; *Kort,* Das Informationsrecht des Gesellschafters der Konzernobergesellschaft, ZGR 1987, 46; *Lüke,* Der Informationsanspruch im Zivilrecht, JuS 1986, 2; *Reuter,* Das Auskunftsrecht des Aktionärs – neuere Rechtsprechung zu § 131 AktG, DB 1988, 2615; *Schmidt, Karsten,* Schiedsklausel und Informationsrecht des GmbH-Gesellschafters, ZIP 1987, 218; *Seetzen,* Die Kontrollrechte des Handelsvertreters nach § 87c HGB und ihre Durchsetzung, WM 1985, 213; *Tilmann,* Der Auskunftsanspruch, GRUR 1987, 251.

I. Vorbemerkung

1. Zweck der Ansprüche

Bei Herausgabe-, Zahlungs- und Schadensersatzansprüchen verlangt § 253 II **1**
Nr. 2 ZPO einen **bestimmten** Klageantrag bezüglich Bezifferung, Beschaffen-

heit von Klagegegenstand, Klagegrund und Benennung des Anspruchsgegners, um die Vollstreckungsfähigkeit des zukünftigen Titels zu sichern.

2 In Fällen, in denen es dem Gläubiger wegen Überschreitens der eigenen Erkenntnissphäre unmöglich ist, die Herausgabegegenstände exakt zu benennen oder die Forderung genau zu beziffern, bedarf es zur Geltendmachung des Hauptanspruchs eines Auskunfts- und Rechenschaftslegungsanspruchs, um die Abweisung der Hauptsacheklage als unzulässig zu vermeiden. Gleiches gilt, wenn der Anspruchsteller den Passivlegitimierten des Hauptleistungsanspruchs ohne Auskunft seitens eines Dritten nicht bestimmen kann.

3 Allerdings kann die Darlegungslast nicht über ein Auskunftsverlangen umgangen werden. Es gibt keinen allgemeinen Auskunftsanspruch des Klägers zur Gewinnung von Beweismitteln (*BGH* NJW 1983, 687). Es bedarf einer strikten Unterscheidung der prozessualen Substantiierungspflicht von der materiellen Abrechnungsverpflichtung (*BGH* NJW 1985, 2699).

4 Aktuell ist auf die bedeutende Ausweitung der Auskunftsansprüche im Bereich des gewerblichen Rechtsschutzes durch das „Gesetz zur Stärkung des Schutzes des geistigen Eigentums und zur Bekämpfung der Produktpiraterie" vom 7. März 1990 zu verweisen (BGBl. I S. 422): Es senkt die Schwelle für Auskünfte auch im Einstweiligen Verfügungsverfahren ganz erheblich für Verletzungen im Bereich des WZG, UrhG, PatG, GebrMG, GeschmMG, HalbleiterschutzG und SortenschutzG.

2. Prüfungsreihenfolge

5 **a)** Ist die Auskunft/Rechenschaftsablegung (Information) durch den Gläubiger selbst unter zumutbaren Bedingungen zu erlangen durch Information aus dem ihm zugänglichen Informationsmaterial, Urkunden etc. (*BGH* WM 1971, 1196)?

6 **b)** Wenn nein: In welchem Rechtsgebiet liegt der Hauptleistungs- bzw. Betragsanspruch selbst?

7 **c)** Gibt es in diesem Rechtsgebiet einen speziell gesetzlich geregelten Informationsanspruch?
Wenn ja:
– Ist dieser Anspruch klagbar oder gibt es ein anderes Verfahren?
– Liegen die Voraussetzungen vor?
– Führt der Auskunftsanspruch in der Rechtsfolge zu der begehrten Auskunft?
Wenn nein: Ist zusätzlich noch Rückgriff auf die allgemeine Anspruchsgrundlage des § 242 BGB nötig und möglich?

II. Der Auskunftsanspruch

1. Grundlagen

8 In der Regel gibt es keine allgemeine, auf § 242 BGB gestützte Auskunftspflicht, es bedarf einer rechtlichen Sonderverbindung zwischen Schuldner und Gläubiger (*BGHZ* 74, 379ff./380). Diese erfordert einen **dem Grunde nach** bereits bestehenden Leistungsanspruch (*BGH* NJW 1978, 1002; FamRZ 1989, 377), der nur bezüglich Inhalt und/oder Höhe noch nicht feststeht (*BGHZ* 1974, 379/380). – Nur ausnahmsweise dient § 242 BGB als Auffangtatbestand.

a) Grundlage für den **besonderen Rechtsgrund** können sein: 9
- spezieller Auskunftsvertrag, dessen Abschluß auch konkludent möglich ist (*Palandt/Thomas* § 676 BGB Anm. 3b; zur Voraussetzung und Annahme eines Auskunftsvertrags siehe auch *BGH* WM 1989, 1836; NJW 1987, 1615; NJW 1989, 1029);
- Vereinbarung der Auskunftspflicht als vertragliche Nebenpflicht im Rahmen eines anderen Vertrags (*BGH* NJW 1957, 669);
- besondere gesetzliche Normierung der Auskunftspflicht als Nebenpflicht im Rahmen einer vertraglichen oder gesetzlichen Rechtsbeziehung (siehe Übersicht Rdnrn. 13ff.);
- § 260 I BGB bei normierter Herausgabe- oder Auskunftspflicht bezüglich eines Inbegriffs von Gegenständen;
- § 242 BGB als gewohnheitsrechtlicher Auffangtatbestand, insbesondere beim Schadensersatzanspruch (z. B. im UWG: *BGH* GRUR 1965, 317 – Umsatzauskunft).

b) Der Auskunftsanspruch kann verschiedene **Zielrichtungen** haben, z. B. 10
Bestimmung des Schuldners des Hauptanspruchs, Bezifferung der Zahlungsforderung oder der Schadensersatzforderung, Einblick in die Angelegenheit der Gesellschaft, Ermöglichung der Beschreibung des Klagegrundes etc.

Davon abhängig ist die **Reichweite** des Auskunftsinhalts, also die Auskunftsbzw. Rechnungslegungstiefe. Diese ist im Rahmen der einzelnen Rechtsgrundlagen gesondert zu betrachten und ist nach den Grundsätzen der Zumutbarkeit (§ 242 BGB) zu bestimmen.

c) Unterschiedlich nach dem Inhalt und Umfang des Auskunftsanspruchs 11
bestimmen sich verschiedene **Rechtsfolgen:**
- Erteilung einer Auskunft (Wissenserklärung) nach vorangegangener Anfrage (Regelfall);
- Recht auf Einsicht in Bücher und Papiere, u. a. §§ 118 Abs. I, 166 Abs. I, 233 Abs. I HGB, 51a Abs. 1 Alt. 2 GmbHG;
- Einsicht in Krankenunterlagen (*BGHZ* 85, 327), es sei denn, es handelt sich um psychiatrische Behandlung;
- Mitteilung über rechtsgeschäftlichen Vorgang (§ 510 Abs. I BGB);
- Gestattung der Besichtigung (§ 810 BGB);
- Vorlage von Sachen und Urkunden (§§ 809, 810 BGB, 101 HGB, wobei auch Prüfungsberichte des Wirtschaftsprüfers unter § 810 BGB fallen, *BGH* NJW 1989, 225ff.).

d) Es besteht grundsätzlich kein Recht, die Vorlage von Belegen oder sonsti- 12
gen Unterlagen zu verlangen (*Palandt/Heinrichs* §§ 259–261 BGB Anm. 2d dd) und in der Regel besteht auch kein Anspruch auf Wertermittlung, es sei denn, dieser Anspruch ist normiert oder es geht der pflichtteilsberechtigte Erbe gegen den vom Erblasser Beschenkten (*Staudinger/Selb* : 259 BGB Rdnr. 12) vor.

2. Übersicht nach Rechtsgebieten

(Klammervermerke ohne weitere Anmerkungen bezeichnen jeweils den Passivlegitimierten.)

a) Schuldrecht

- § 249 S. 1 BGB (Verletzter; siehe *Palandt/Heinrichs* §§ 259–261 BGB Anm. 2b) 13
- § 402 BGB (Zedent)

- Kaufrecht § 444 BGB (Verkäufer)
- Vorkaufsrecht § 510 I BGB (Klagbarkeit ist streitig), analog für Vormiete und Vorpacht (*BGH* NJW 1973, 1365)
- Auftragsrecht § 666 Alt. 2 BGB (Beauftragter); auf diese Vorschrift, die Auskunftserteilung im Rahmen von Rechtsbeziehungen zur Wahrnehmung von fremden Interessen gewährt, wird vielfach verwiesen.
- Geschäftsbesorgungsvertrag § 665 i. V. m. § 666 Alt. 2 BGB (Geschäftsherr); diese Vorschrift gilt auch im Kontokorrentverhältnis über § 355 HGB (Kaufmann; die Bank bei Girovertrag siehe *BGH* NJW 1985, 2699).
- Geschäftsführung ohne Auftrag § 681 S. 2 i. V. m. § 666 Variante 2 BGB (Geschäftsführer)
- Unerlaubte Eigengeschäftsführung § 687 II i. V. m. § 681 S. 2 i. V. m. § 666 Alt. 2 BGB (Eigengeschäftsführer)
- § 799 II BGB (Aussteller)
- §§ 809, 810 BGB (Besitzer einer Sache bzw. Urkunde)

b) Arbeitsrecht

14 Besonders im Arbeitsrecht gewinnt die Generalklausel des § 242 BGB immer mehr an Relevanz.

- § 65 i. V. m. § 67c III, IV HGB (Handlungsgehilfe/kaufmännischer Angestellter)
- § 74c II HGB (Handlungsgehilfe/kaufmännischer Angestellter); diese Anspruchsgrundlage ist analog für alle Wettbewerbsvereinbarungen anderer Arbeitnehmer heranzuziehen (HzA Band 1 Gruppe 1 VII 3) sowie auch für den Anspruch des zur Lohnfortzahlung verpflichteten Arbeitgebers gegen den Arbeitnehmer auf Auskunft über anderweitigen Verdienst (*BAG* NJW 1974, 1348)
- § 86 II HGB (Handelsvertreter), § 87c III, IV HGB (Anspruch gegen den Unternehmer bei Provisionsansprüchen, nicht analog für Gewinnbeteiligungsvereinbarungen, aber dort Anspruch aus vertraglicher Nebenpflicht gemäß §§ 157, 242 BGB, siehe HzA Band 1 Gruppe 3 II 5a); zusammenfassend *Seetzen* WM 1985, 213ff.; *OLG Saarbrücken* OLGZ 88, 233)
- § 80 II 2 BetrVG (Einsichtsrecht des Betriebsrats gegen den Arbeitgeber in die Listen über Bruttolöhne und Bruttogehälter *BAG* NZA 1988, 627)
- § 83 Abs. 1 BetrVG (Einsichtsrecht des Arbeitnehmers gegen den Arbeitgeber in die Personalakten; vorrangig zu § 26 II BDSG wegen § 45 S. 2 Nr. 5 BDSG)
- § 99 I 1 BetrVG bei personellen Einzelmaßnahmen (Betriebsrat gegen den Arbeitgeber; der Arbeitsvertrag gehört hier in der Regel nicht zu den vorzulegenden Bewerbungsunterlagen *BAG* NZA 1989, 355)
- § 106 II BetrVG (Wirtschaftsausschuß gegen den Unternehmer)
- § 8 TVG (Auslegepflicht des Arbeitgebers bezüglich maßgeblicher Tarifverträge)
- § 25 HAG (gesetzliche Prozeßstandschaft des Landes gegenüber dem Arbeitgeber auch hinsichtlich des Auskunftsanspruchs des Heimarbeiters, der seinem Entgeltanspruch vorgelagert ist)
- § 68 II BPersVG (Personalvertretung gegen Dienststelle, *BVerwG* NJW 1985, 2845)
  § 144 Abs. 1 AFG (Einsichtsrecht der Bundesanstalt für Arbeit in Geschäftsunterlagen des Unternehmers, der Heimarbeiter beschäftigt)
- § 144 IV AFG (Bundesanstalt gegenüber Arbeitgeber des Unterhaltsverpflichteten oder dessen Partner)

c) Sachenrecht

15
- § 1004 BGB (Unterlassungsverpflichteter; *BGHZ* 91, 239; *OLG Frankfurt* NJW 1971, 245; *BGH* BB 1984, 2086)
- § 1035 BGB (Eigentümer/Nießbraucher)
- §§ 1068 i. V. m. 1035 BGB (Eigentümer/Nießbraucher)

d) Familienrecht

aa) Unterhaltsrecht

- § 1361 IV i. V. m. § 1605 BGB (getrennt lebende Ehegatten) **16**
- § 1580 BGB (geschiedene Ehegatten)
- § 1605 BGB (unterhaltsverpflichteter Verwandter)
- § 1605 BGB analog für unterhaltsverpflichtete Ehegatten untereinander (*LG Hamburg* NJW-RR 1987, 393, wenn anteilige Verpflichtung gemäß § 1606 III 1 BGB gegenüber volljährigem Kind besteht, *OLG Braunschweig* FamRZ 1981, 383; *OLG Frankfurt* NJW-RR 1987, 903; a. A. *BGH* NJW 1988, 1906: Anspruch aus § 242 BGB)
- § 1615a i. V. m. § 1605 BGB (Vater des nichtehelichen Kindes)
- § 1615l III 1 i. V. m. § 1605 BGB (nichteheliche Mutter)
- § 144 III AFG (Bundesanstalt für Arbeit gegen Unterhaltsverpflichteten, *OLG Bremen* FamRZ 1986, 931; *OLG Düsseldorf* NJW-RR 1986, 1453: Auskunftspflicht entfällt, wenn der Unterhaltsanspruch nicht in Betracht kommt)
- § 115 BSHG (Sozialhilfeträger gegen Unterhaltsverpflichteten; es existiert darüberhinaus kein zusätzliches Auskunftsrecht aus dem Familienrecht durch Überleitung des Unterhaltsanspruchs aus § 90 BSHG, *BGH* NJW 1986, 1688; *Baur* FamRZ 1986, 1175)

bb) Sonstige familienrechtliche Rechtsgrundlagen

- § 1379 BGB (jeder Ehegatte bezüglich des Bestands des jeweiligen Endvermögens; es gibt keinen Anspruch auf Auskunft über das Anfangsvermögen aus § 1377 II BGB, *BGH* FamRZ 1986, 1105) **17**
- § 1386 III BGB (Ehegatte)
- § 1435 S. 2 BGB (das Gesamtgut verwaltender Ehegatte)
- § 1493 II BGB (überlebender Ehegatte)
- § 1587e I i. V. m. § 1580 BGB (geschiedene Ehegatten): vgl. Auskunftspflichten nach § 11 II VAHRG und § 53b II 2 FGG
- § 1587k I i. V. m. § 1580 BGB (Ehegatten beim schuldrechtlichen Versorgungsausgleich)
- § 1 AuskVO
- § 1618a i. V. m. §§ 1934ff. BGB i. V. m. Art. 6 V GG (*BVerfG* NJW 1988, 3010; Vorinstanz *LG Passau* NJW 1988, 144: Auskunftspflicht der Mutter über Name etc. des leiblichen Vaters; vgl. aber auch *OLG Zweibrücken,* NJW 1980, 719)
- § 1634 III BGB (Personensorgeberechtigter)
- § 1698 I BGB (Kind gegen vermögenssorgeberechtigte Eltern)
- § 1799 II BGB (Gegenvormund gegen Vormund)
- § 1802 BGB (Erstellung Vermögensverzeichnis bei Beginn der Vormundschaft)
- § 1839 BGB (Vormund/Gegenvormund während der Vormundschaft, soweit keine Befreiung nach § 1854 BGB)
- § 1850 I 2 BGB (Jugendamt)
- § 1891 II BGB (Gegenvormund nach Beendigung der Vormundschaft)
- § 1897 BGB (Vormund des Volljährigen)
- § 59 JWG (Erziehungsbeistand gegen Personensorgeberechtigte, Arbeitgeber, Lehrer, Personen, bei denen nicht nur vorübergehender Aufenthalt des Minderjährigen)

e) Erbrecht

- § 1978 I 2 i. V. m. § 681 S. 2 u. i. V. m. § 666 Variante 2 BGB (Erbe) **18**
- §§ 2003 II, 2005 II BGB (Erbe bei Inventarerrichtung)
- § 2011 S. 2 BGB (Fiskus)
- § 2012 I 2 BGB (Nachlaßpfleger)
- § 2012 I 2, II (Nachlaßverwalter)
- § 2027 BGB (Erbschaftsbesitzer)
- § 2028 BGB (Hausgenosse)
- § 2057 BGB (Miterbe)
- § 2121 BGB (Vorerbe bezüglich Verzeichnis der Erbschaftsgegenstände)

- § 2122 S. 2 BGB (Vorerbe bezüglich Feststellung des Zustandes der Erbschaft)
- § 2127 BGB (Vorerbe über Bestand der Erbschaft)
- § 2130 II BGB (Vorerbe bei Eintritt des Nacherbfalls)
- § 2218 II BGB (Testamentsvollstrecker)
- § 2314 I 1 BGB (Auskunftsanspruch gegen Erben; in ständiger Rechtsprechung kommt es zu zahlreichen Analogien im Rahmen des § 2314 I 1 BGB)
- § 2314 I 2 BGB (Wertermittlung gegen Erben)
- § 2362 II BGB (Erbscheinserbe)

f) Handelsrecht

19 – § 101 HGB (Handelsmakler)
- § 384 II Halbsatz 1 HGB (Kommittent, wobei in §§ 18, 22 DepotG Sonderregelungen für die Einkaufskommission zu finden sind)
- § 406 I HGB i. V. m. § 384 II Halbs. 1 HGB (Gelegenheitskommittent)
- § 407 II HGB i. V. m. § 384 II Halbs. 1 HGB (Versender)
- Art. 11 I CMR (Frachtführer gegen Absender auf Auskunft und Aushändigung von Begleitpapieren)
- § 54 lit. a Nr. 3 Satz 3 ADSp (Auftraggeber gegen Spediteur, ob und bei welcher Versicherungsgesellschaft das Risiko abgedeckt ist)
- § 24 ADSp (Spediteur gegen Auftraggeber auf Angabe Frakturenwert einschließlich Zoll, Fracht und Verpackung)

g) Vereins- und Stiftungsrecht

20 – **Verein:** § 27 III BGB i. V. m. § 666 Alt. 2 BGB (Vorstand, soweit das Auskunftsrecht nicht von der Satzung ausgeschlossen wurde, § 40 BGB; grundsätzlich zum Thema Grunewald in ZIP 1989, 962)

21 – **Stiftung:** § 86 Satz 1 BGB i. V. m. § 27 III BGB (Vorstand)

h) Gesellschaftsrecht

aa) BGB-Gesellschaft

22 – § 713 BGB i. V. m. § 666 Alt. 2 BGB (Informationsrecht der Gesamthand gegen geschäftsführenden Gesellschafter)
- § 716 I BGB (die übrigen Gesellschafter)
- § 740 II BGB (ausgeschiedener Gesellschafter gegen die übrigen Gesellschafter auf Auskunft über den Stand der noch schwebenden Geschäfte)
- § 810 BGB (Besitzer der Urkunden, in der Regel die BGB-Gesellschafter in ihrer Gesamthand)

bb) OHG/KG

23 – § 166 HGB (Kommanditist gegen KG; nachgiebiges Recht, BGH NJW 1989, 225)
- §§ 118 (161 II) HGB (die übrigen Gesellschafter)
- §§ 105 II (161 II HGB) i. V. m. §§ 713, 666 Alt. 2 BGB (geschäftsführender Gesellschafter)
- § 105 II (161 II HGB) i. V. m. § 740 II BGB (ausgeschiedener Gesellschafter gegen die übrigen Gesellschafter)
- § 810 BGB (OHG/KG)

cc) Stille Gesellschaft

24 – § 233 I HGB (stiller Gesellschafter gegen den Inhaber während Bestehens der stillen Gesellschaft)
- § 235 III Alt. 3 HGB (stiller Gesellschafter gegen Inhaber bei Auseinandersetzung)

dd) GmbH

25 – § 51 a GmbHG (GmbH)
- § 810 BGB (GmbH)

Der Sonderfall des Prüfungsrechts des Kommanditisten in der GmbH & Co KG ist umfassend dargestellt in *BGH* NJW 1989, 225.

ee) AG
- § 71 III 1 AktG (Hauptversammlung gegen Vorstand) **26**
- § 90 III AktG (Vorstand)
- § 131 AktG (Aktionäre gegen Vorstand)
- § 314 I 3 AktG (Aufsichtsrat muß Bericht über Beziehungen zu verbundenen Unternehmen aushändigen)
- § 326 AktG (Recht des Aktionärs der Hauptgesellschaft bezüglich Angelegenheiten der eingegliederten Gesellschaft)

i) Zwangsvollstreckungsrecht

- § 840 ZPO gibt mangels Rechtsgrundlage kein klagbares Auskunftsrecht gegen den Drittschuldner (*BGHZ* 91, 128; denkbar ist aber Anspruch aus § 675 i. V. m. § 666 Alt. 2 BGB, weil mit Hauptanspruch gegen die Bank als Drittschuldnerin auch Anspruch auf Auskunfts- und Rechnungslegung gepfändet wurde, *Sühr* WM 1985, 741). **27**
- § 836 III ZPO (Zwangsvollstreckungsschuldner)
- § 154 S. 2 ZVG (Zwangsverwalter; es handelt sich dabei nur um ein Recht des betreibenden Gläubigers und des Schuldners, nicht der anderen Beteiligten; str. ist dabei, ob tatsächlich Klagerecht besteht, siehe *OLG Hamburg* NJW-RR 1986, 1166).

j) Insolvenzrecht
- § 86 KO Schlußrechnungslegung (Konkursverwalter) **28**
- § 100 KO (Gemeinschuldner)
- § 132 II KO (Verwalter während des Konkurses auf Berichtlegung; dies ist nach h. M. nicht einklagbar wegen eigener verfahrensrechtlicher Mittel des Konkursrechts gemäß §§ 101 Abs. 2, 84 KO, *Böhle/Stamschräder/Kilger,* § 100 KO Rdnr. 1)
- § 117 KO (aus dieser Bestimmung abgeleitetes Auskunfts- und Akteneinsichtsrecht des Konkursverwalters)
- § 40 III VerglO (Vergleichsverwalter im Vergleichstermin)
- § 69 VerglO (Vergleichsverwalter oder Vergleichsgläubiger gegen Schuldner mit der Folge der Einstellung bei Verweigerung der Auskunft gemäß § 100 I Nr. 4 VerglO).

k) Wohnungseigentumsrecht

§ 28 Abs. 3, Abs. 4 WEG (Verwalter oder Verwaltungsbeirat gemäß § 29 Abs. 2 WEG, *BayObLG* NJW 1972, 1377) **29**

l) Gewerblicher Rechtsschutz und Urheberrecht
- Schadensersatzansprüche nach UWG (§ 242 BGB; *BGH* GRUR 1965, 313 – Umsatzauskunft) **30**
- § 97 I 2, 101 a UrhG (Urheberrechtsverletzer, *BGH* NJW-RR 1987, 693)
- § 26 II UrhG (Kunsthändler, Versteigerer)
- § 24 VerlG (Verfasser gegen den Verleger)
- § 14 a I 2 GeschmMG (Verletzer)
- §§ 140 b, 146 PatG (Patentberühmer)
- §§ 24 b, 30 GebRMG (Gebrauchsmusterberühmer)
- § 25 b WZG
- § 9 HalbleiterschutzG

m) Versicherungsrecht

- § 34 VVG (Versicherungsnehmer, der die Auskunft als Obliegenheit zu leisten hat, *Prölss/Martin,* VVG, § 34 Rdnr. 1, wobei Auskunftsverweigerung nicht zur Leistungsfreiheit führt, sondern lediglich die Fälligkeit der Leistung hemmt, *LG Berlin* VersR 1986, 135; bezüglich der Folgen siehe insbesondere *BGH* VersR 1989, 395) **31**
- § 107 VVG (Hypothekengläubiger gegen Versicherer)
- § 158 d III VVG (Pflichtversicherer gegen anspruchserhebenden Unfallgeschädigten als Dritten)
- § 11 AVBR (Versicherungsnehmer)
- Regelungen in den einzelnen Versicherungsbedingungen

n) Sonstiges

32 – § 44 III KWG (Kreditinstitute und Mitglieder ihrer Organe)
– § 8 IV WoBindG bei Mieten mit Wohnberechtigungsschein (ZMR 1987, 379)
– § 31 a KostO (Notar in Angelegenheiten der freiwilligen Gerichtsbarkeit)
– § 125 a FGG (Registergericht gegen Steuerbehörden)

3. Auskunft durch Bestandsverzeichnis (§ 260 BGB)

33 § 260 BGB stellt eine **selbständige Anspruchsgrundlage** auf Vorlegung eines Bestandsverzeichnisses dar, wenn die Verpflichtung zur Herausgabe eines Inbegriffs von Gegenständen feststeht.

Besteht eine Verpflichtung, über den Bestand eines Inbegriffs von Gegenständen Auskunft zu erteilen, so regelt § 260 BGB die **Art und Weise,** wie diese Pflicht zu erfüllen ist.

4. Generalklausel des § 242 BGB

34 Bei Prüfung der Frage, unter welchen Voraussetzungen über die gesetzlichen Anspruchsgrundlagen hinaus überhaupt noch eine Auskunftspflicht anzuerkennen ist, ist ein äußerst strenger Maßstab anzulegen. Der BGH konkretisiert den Anspruch aus § 242 BGB mit einer erweiternden Auslegung der §§ 259, 260 BGB (st. Rspr.; siehe z. B. *BGH* GRUR 1980, 227/232; *BGHZ* 95, 279/288). Folgende **Voraussetzungen** müssen vorliegen:

35 **a)** Es besteht **dem Grunde nach** (*BGH* NJW 1978, 1002; *BGH* NJW-RR 1987, 1296: Abtretungsempfänger gegen Grundschuldgläubiger) eine **Sonderverbindung** aus
– vorvertraglichem Verhältnis (*BGH* LM § 242 (Be) Nr. 5/Nr. 23);
– abgeschlossenem Vertrag;
– gesetzlichem Schuldverhältnis;
– Arbeitsrecht (*BAG* NJW 1974, 1378);
– Sachenrecht (Eingetümer gegen den Besitzer wegen der vom Besitzer gezogenen Nutzungen, *BGH* JR 1954, 460; Anspruch des Sicherungsgebers wegen des Verbleibs des Sicherungsguts, *OLG Braunschweig* BB 1956, 903; gleicher Anspruch für den Vorbehaltseigentümer, *OLG Köln* NJW 1957, 1032);
– Familienrecht (*BGHZ* 82, 132/137);
– Erbrecht (*BGH* NJW 1971, 842 m. w. Nachw.);
– Konkursrecht (*BGH* NJW 1968, 300/NJW 1979, 1832);
– gewerblicher Rechtsschutz (*BGH* GRUR 1982, 723 – Dampf-Frisierstab I; *BGH* GRUR 1984, 728 – Dampf-Frisierstab II; *OLG München* GRUR 1985, 548 – 4-Streifen-Schuh);
– unlauterem Wettbewerb: sofern die Auskunft zur Begründung von Schadensersatzansprüchen notwendig ist (*BGHZ* 10, 385; *BGH* GRUR 1965, 313 – Umsatzauskunft).

36 **b)** Der **Gläubiger** ist ohne Mitwirkung des anderen Teils nicht in der Lage, sich ausreichend und zumutbar zu informieren (*Palandt/Heinrichts* §§ 259–261 Anm. 2d bb) und der Gläubiger ist in entschuldbarer Weise über Bestand und Umfang seiner Forderungen im Ungewissen (*BGH* NJW 1980, 2463/2464; diese Voraussetzung ist zu verneinen bei schuldhafter Versäumung eigener Informationsmöglichkeiten).

c) Der **Schuldner** ist unschwer in der Lage, Auskunft zu erteilen (*MünchKomm/Keller* § 260 BGB Rdnr. 13a; Frage der Zumutbarkeit). **37**

d) Der in Anspruch Genommene ist **passivlegitimiert;** das ist i. d. R. der Schuldner des Hauptanspruchs (*BGHZ* 56, 262), es sei denn, dieser war nur auf dem Weg über einen Dritten zu ermitteln. **38**

III. Der Rechenschaftslegungsanspruch

1. Grundlagen

a) **§ 259 BGB** ist **keine Anspruchsgrundlage,** sondern regelt nur Art und Weise der Rechenschaftsablegung (*Palandt/Heinrichs* §§ 259–261 BGB Anm. 1b). **39**

b) **Voraussetzung** ist ein **besonderer Rechtsgrund** (*BGH* NJW 1957, 669), der dem Grunde nach zu bestehen hat und der sich ergeben kann aus **40**
- Rechenschaftsablegungsvertrag gemäß §§ 305, 241 BGB bzw. Verwaltungs- oder Treuhandvertrag;
- Nebenpflicht eines Vertrags;
- ausdrücklicher gesetzlicher Anordnung;
- der Besorgung fremder Angelegenheiten. Jedermann ist zur Rechenschaftsablegung verpflichtet, der fremde oder zumindest auch fremde Angelegenheiten besorgt (*Staudinger/Selb* § 259 BGB Rdnr. 5 m. w. Nachw. aus der Rspr.);
- rechtswidrigem Verhalten (Arg. § 687 Abs. 2 BGB), wenn durch die schädigende Handlung objektiv ein Geschäft des Geschädigten besorgt worden ist und dieser ein schutzwürdiges Interesse an der Rechenschaftsablegung hat.

c) Den **Inhalt der Rechenschaftslegungspflicht** bestimmt § 259 BGB, wobei die Rechenschaftslegungstiefe sich letztlich aus dem einzelnen Rechtsgrund ergibt, begrenzt durch die Zumutbarkeit und durch Treu und Glauben (*Staudinger/Selb* § 259 BGB Rdnr. 13; *MünchKomm/Keller* § 259 BGB Rdnr. 31; *BGH* NJW 1982, 573/574), so daß in Einzelfällen aufgrund des bestehenden Rechtsverhältnisses der Umfang gelegentlich über § 259 BGB hinausgeht (*Staudinger/Selb* a. a. O. Rdnr. 11). **41**

Wesentlicher Pflichtinhalt ist die Vorlage einer verständlichen Zusammenstellung der Einnahmen und Ausgaben, d. h. einer Rechnungslegung im engeren Sinn (*BGH* a. a. O.; *BGH* DB 1989, 773; *OLG Köln* NJW-RR 1989, 528); soweit dies geschäftsüblich ist, sind Belege mit vorzulegen, wobei aber keine Pflicht zur Überlassung dieser Belege besteht (*Staudinger/Selb* a. a. O. Rdnr. 14), es sei denn, es besteht ein gesonderter Anspruch auf Herausgabe dieser Belege. Nicht erforderlich ist auf jeden Fall die Vorlage einer Bilanz oder Gewinn- und Verlustrechnung.

§ 259 BGB erstreckt sich dabei nur auf „Verwaltungen" im weiteren Sinn, nicht auf einzelne Geschäfte (*Staudinger/Selb* a. a. O. Rdnr. 11), d. h. auf die Führung einer erheblichen Anzahl aufgrund gesonderter Aufträge durchgeführter Geschäfte, die mit Einnahmen (nicht unbedingt Geld) und Auslagen (nicht zwingend aus eigenen Mitteln) verbunden sind (*Staudinger/Selb* a. a. O.).

2. Übersicht nach Rechtsgebieten

(Klammervermerke ohne weitere Anmerkungen bezeichnen jeweils den Passivlegitimierten.)

a) Schuldrecht

42 – Auftragsverhältnis, § 666 Alt. 3 BGB (Beauftragter)
– Geschäftsbesorgungsvertrag, §§ 675 i. V. m. § 666 Alt. 3 BGB (Geschäftsbesorger)
– Geschäftsführung ohne Auftrag, §§ 681 S. 2 i. V. m. 666 Alt. 3 BGB (Geschäftsführender ohne Auftrag)
– Unerlaubte Eigengeschäftsführung §§ 687 II, 681 S. 2 i. V. m. 666 Alt. 3 BGB (unerlaubter Eigengeschäftsführer, siehe *BGH* NJW 1960, 2339)

b) Sachenrecht

43 § 1214 I BGB (nutzungsberechtigter Pfandgläubiger)

c) Handelsrecht

44 – § 87c I HGB (Pflicht zur Abrechnung der Provision seitens des Unternehmers, *BGHZ* 32, 302)
– §§ 87c II, III HGB (eher der allgemeinen Auskunftspflicht zuzuordnen)
– § 384 II Halbs. 2 Alt. 1 HGB (Kommittent; siehe *BGH* NJW-RR 1988, 750) – Auf diese Vorschrift im Kommissionsrecht wird verwiesen durch § 400 II HGB (beschränkte Rechenschaftspflicht des Kommittenten bei Kommission im Sinne von § 400 I HGB) sowie durch § 406 I 2 HGB (Gelegenheitskommittent).
– §§ 407 II, 384 II Halbs. 2 Alt. 1 HGB i. V. m. §§ 675, 666 Alt. 3 BGB (Versender gegen Spediteur), aber nicht bei Vereinbarung fester Kosten gemäß § 413 Abs. 1 HGB

d) Vereins- und Stiftungsrecht

45 – **Verein:** § 27 Abs. 3 BGB i. V. m. § 666 Variante 3 BGB (Vorstand, soweit von der Satzung nichts anderes bestimmt wird, § 40 BGB)
46 – **Stiftung:** § 86 BGB i. V. m. §§ 27 Abs. 3, 666 Variante 3 BGB (Vorstand)

e) Gesellschaftsrecht

aa) BGB-Gesellschaft/OHG/KG

47 – § 713 BGB i. V. m. § 666 Alt. 3 BGB (geschäftsführender Gesellschafter, sofern nicht anderslautender Gesellschaftsvertrag)
– § 740 II BGB (ausscheidender Gesellschafter gegen übrige Gesellschafter, siehe *BGH* NJW 1959, 1963)

Gleiches gilt für die **OHG** über § 105 II HGB, für die **KG** über §§ 161 II, 105 II HGB.

bb) Stille Gesellschaft

48 – § 233 III HGB durch Anordnung des Gerichts (Grenzfall einer Rechenschaftspflicht, siehe *Staudinger/Selb* § 259 BGB Rdnr. 4)
– § 235 III Alt. 1 HGB (nach Ausscheiden des stillen Gesellschafters gegen den Inhaber)

cc) GmbH

49 Die Gesellschafter einer GmbH haben keinen Anspruch auf Rechenschaftsablegung gegen die GmbH (*BGHZ* 14, 53/59).

f) Familienrecht

50 – § 1667 II 1 BGB (Eltern im Rahmen der bestehenden Vermögenssorge bezüglich des Kindesvermögens nach Anordnung durch das Vormundschaftsgericht)
– § 1698 BGB (Eltern bei Beendigung der Vermögenssorge)
– § 1840 BGB (Vormund bei bestehender Vormundschaft, wobei die Rechnungslegungstiefe nach § 1841 BGB zu bestimmen ist, soweit keine Befreiung nach § 1854 BGB vorliegt)
– § 1890 BGB (Vormund nach Beendigung der Vormundschaft)
– § 1897 BGB i. V. m. §§ 1840, 1841 BGB oder § 1890 BGB (Vormund eines Volljährigen)

– § 1915 I BGB i. V. m. §§ 1897 S. 1 (falls volljähriger Pflegling), 1840 I, II BGB (Pfleger während des Bestehens der Pflegschaft; **nach Aufhebung** der Pflegschaft kann das Vormundschaftsgericht bzw. das Nachlaßgericht im Fall der Nachlaßpflegschaft, s. § 75 S. 1 FGG, den Pfleger nur noch zur Einreichung einer formell ordnungsgemäßen Schlußrechnung anhalten und die Befolgung dieser Anordnung durch Festsetzung von Zwangsgeld gemäß § 33 FGG erzwingen, während es zu weiterer Rechnungslegung auch bei nicht vollständiger Herausgabe des Vermögens an den Berechtigten, den Pfleger nicht mehr veranlassen kann (*Palandt/Edenhofer* § 1960 BGB Anm. 4g bb; wichtig ist, daß der volljährige, geschäftsfähige Pflegling den Pfleger nicht von seiner dem Vormundschaftsgericht gegenüber bestehenden Verpflichtung zur Rechnungslegung befreien kann, *OLG Hamm,* OLGZ 89, 18).

g) Erbrecht

– § 1960 BGB, § 75 S. 1 FGG, § 1840 BGB (Nachlaßpfleger zur Schlußrechnung nach Aufhebung der Nachlaßpflegschaft) **51**
– § 1978 I 1 BGB i. V. m. § 666 Alt. 3 BGB (Nachlaßgläubiger gegen Erben bezüglich bisheriger Verwaltung)
– § 1978 I 2 BGB i. V. m. §§ 681 Satz 2, 666 Alt. 3 BGB (Nachlaßgläubiger gegen Erben bezüglich vor der Annahme der Erbschaft von den Erben besorgten erbschaftlichen Geschäfte)
– §§ 1985 I, 1915 I i. V. m. § 1840 I, II BGB (Nachlaßpfleger wärhend des Bestehens der Nachlaßpflegschaft, wobei Verletzung der Auskunftspflicht Entlassungsgrund sein kann, *BayObLG* RPfleger 1988, 264)

h) Wohnungseigentumsrecht

§ 28 IV WEG (Verwalter und Verwaltungsbeirat gem. § 29 II WEG) **52**

i) Insolvenzrecht

– § 86 KO (Pflicht des Konkursverwalters zur Schlußrechnungslegung bei Beendigung der Verwalterschaft im Schlußtermin gem. § 162 KO; Schlußrechnung entspricht dabei der Rechenschaftslegung *RGZ* 147, 366/368 und ist nicht einklagbar, sondern nur mit Mitteln des § 84 I KO erzwingbar, *Böhle/Stamschräder/Kilger* § 26 KO Rdnr. 19;) **53**
– § 132 II KO (Konkursverwalter während des Konkursverfahrens auf Rechnungslegung)
– § 117 KO (Konkursverwalter gegenüber Rechtsanwalt des Gemeinschuldners etc.)

j) Sonstiges

– § 34c III Nr. 3 GewO in Verbindung mit § 8 MaBV (Anspruch des Auftraggebers gegen Makler/Bauträger/Baubetreuer) **54**
– § 154 S. 2 ZVG (Zwangsverwalter)

3. Generalklausel des § 242 BGB

Die Pflicht zur Rechenschaftsablegung besteht bei jedem Rechtsverhältnis **zur Besorgung fremder oder zumindest auch fremder** Angelegenheiten (insbesondere bei Bestehen dauernder Interessengemeinschaft, *MünchKomm/Keller* § 259 BGB Rdnr. 5), vorausgesetzt: **55**
– der Berechtigte ist in **entschuldbarer** Weise über Bestehen und Umfang seines Rechts im Ungewissen;
– der Berechtigte kann sich nicht leicht aus eigenen Unterlagen informieren (*BGH* WM 1971, 1196);
– der Verpflichtete besitzt die Kenntnis von Tatsachen, die für den Berechtigten erforderlich wären (BGHZ 10, 385/387);
– dem Verpflichteten ist die Rechenschaftsablegung in dem gewünschten Umfang gem. § 242 BGB zumutbar.

IV. Erfüllung des Auskunfts- und Rechenschaftslegungsanspruchs

1. Voraussetzungen

56 **a)** Sie bedarf im Rahmen der §§ 259–261 BGB grundsätzlich der **Schriftform** (*Palandt/Heinrichs* §§ 259–261 BGB Anm. 4a; *Staudinger/Selb* § 259 BGB Rdnr. 12: insbesondere bei mit Einnahmen und Ausgaben verbundener Verwaltung), um Nachprüfung ohne Beiziehung eines Sachverständigen zu ermöglichen (*BayObLGZ* 1975, 369ff.). Das Anerbieten der mündlichen Erörterung der vorgelegten Belege genügt nicht, da Nachprüfung möglich sein muß (*OLG Köln* NJW-RR 1989, 568/569). Aber Einzelfallprüfung erforderlich, da teilweise auch mündliche Auskunft ausreicht (z. B. *Baumbach/Hueck* § 51a GmbHG Rdnr. 13).

57 **b) Leistungsort** ist grundsätzlich der Ort des Hauptanspruchs. **Erfüllungsort** ist der Wohnsitz des Schuldners gem. § 269 I BGB (*LG Köln* NJW-RR 1988, 1200/1201).

58 **c)** Die Auskunft ist – abhängig vom Umfang und Schwierigkeitsgrad der Auskunftserlangung – **unverzüglich** im Sinne von § 121 I 1 BGB zu erteilen. Wenn die Erteilung der Auskunft innerhalb angemessener Frist unmöglich ist, so ist vorläufige Auskunft (*LG Stuttgart* NJW 1968, 2337) oder Teilauskunft (*BGH* NJW 1962, 245) denkbar.

59 **d)** Durch die Erfüllung verursachte **Kosten** entstehen in der Regel zu Lasten des Schuldners (*Palandt/Heinrichs* §§ 259–261 BGB Anm. 4a), im Erbrecht ausnahmsweise auf Kosten des Nachlasses im Falle der §§ 2314 II, 2121 IV BGB.

60 **e)** Grundsätzlich richten sich **Inhalt, Art und Umfang des Anspruchs,** wenn besondere Vereinbarungen fehlen, nach folgenden Kriterien, die zur Begrenzung oder Erweiterung des Anspruchsinhalts führen und die letztlich auf Treu und Glauben zurückzuführen sind (*BGH* LM § 242 BGB (Be) Nr. 25):
- Verbot der unzulässigen Rechtsausübung (§ 242 BGB, *BGH* MDR 1985, 31)
- Verkehrssitte und Zumutbarkeit (s. *BGH* NJW 1982, 574; *BGHZ* 10, 385/387)
- Umstände des Einzelfalls (so *BGH* NJW 1985, 2699 zur Auskunftspflicht einer Bank)
- Abwägung der Interessen beider Seiten, wobei bei dieser Abwägung im Rahmen der Vorbereitung eines Schadensersatzes Art und Schwere der Rechtsverletzung mit einzustellen sind (*Lüke* JuS 1986, 2ff./6).
- Schikaneverbot des § 226 BGB, wenn kein vernünftiges Interesse an der Auskunfts-/Rechenschaftserteilung vorliegt (*BGH* MDR 1985, 31).

2. Prüfschema zur Erfüllung

61
- Ist Auskunft überhaupt geeignet zur Erfüllung des Anspruchs?
- Ermöglicht Auskunft oder Rechenschaftsablegung die Nachprüfung ihrer Richtigkeit und Vollständigkeit? (Grenze: Unerlaubte Ausforschung, BGHZ 10, 385/388) Umfaßt Auskunfts- und Rechenschaftslegung alle Informationen, die zur Durchsetzung des Gläubigeranspruchs erforderlich sind (*BGH* NJW-RR 1987, 876)?
- Hat Schuldner alle ihm zur Verfügung stehenden Informationsquellen ausgeschöpft (*Palandt/Heinrichs* §§ 259–261 BGB Rdnr. 4a)?
- Liegt Informationsbedürfnis auf Seiten des Gläubigers noch vor (s. § 226 BGB)?

- Ist der Auskunftsumfang begrenzt durch private oder geschäftliche Geheimsphäre des Auskunftsverpflichteten (*Lüke* JuS 1986, 2ff.)?
- Ist der Schulder zur Auskunft befugt (*BGH* NJW 1979, 2351/2353)?
- Muß Auskunfts- und Rechenschaftslegung auf Verlangen des Schuldners nur an zur Verschwiegenheit verpflichtete Person erteilt werden? (Wirtschaftsprüfervorbehalt, der von Amts wegen zuerkannt ist bei bestehender Wettbewerbslage BGH GRUR 1981, 535); im Rahmen von gesellschaftsrechtlichen Auskunftspflichten, insbesondere wenn die Gesellschafter selbst Wettbewerber sind (s. *Baumbach/Duden/Hopt* § 166 HGB, Anm. 2 Bb; *BayObLG* NJW-RR 1989, 932/933 m. w. Nachw.) und im Rahmen des Arbeitsrechts: Arbeitgeber ist zur Vorlage einer Bilanz unter Umständen nur gegenüber dem Wirtschaftsprüfer verpflichtet analog § 87c IV HGB, s. HzA Einzelarbeitsvertragsrecht Gruppe 1 V. 4.)
- Ist zusätzlich Wertermittlung geschuldet (*BGH* NJW 1985, 384/385)? (Der Wertermittlungsanspruch ist durch die Auskunftserteilung nicht erfüllt, *OLG München* NJW-RR 1988, 390; er kann nie auf Kosten des Beklagten geltend gemacht werden, BGH NJW 1990, 180, ein Duldungsurteil auf Wertermittlung allein ist nicht ausreichend, *BGH* NJW 1975, 258)
- Die Auskunftspflicht wird auch erfüllt, wenn der Gegenstand der Auskunftspflicht, z. B. der Besitz eines herauszugebenden Inbegriffs verneint wird, wobei eine entsprechende mündliche Erklärung genügt (*Palandt/Heinrichs* §§ 259–261 BGB Anm. 4a bb).

V. Einwendungen

1. Zurückbehaltungsrecht

Die Einrede des nicht erfüllten Vertrags und das Zurückbehaltungsrecht nach § 273 BGB sind ausgeschlossen (*Palandt/Heinrichs* §§ 259–261 BGB Anm. 4c a. E.) aufgrund der Natur des Gläubigeranspruchs auf Auskunft und Rechenschaftsablegung (*BGH* NJW 1978, 1157), auch wenn der Gegenanspruch selbst ein Auskunfts-/Rechenschaftsablegungsanspruch sein sollte (so für das familienrechtliche Auskunftsverfahren *OLG Frankfurt* NJW 1985, 3083; *OLG Köln* FamRZ 1987, 714). **62**

Ausnahme: Bei Auskunftsverweigerung durch den Arbeitnehmer, der gem. § 74c II oder analog § 74c II HGB auskunftspflichtig ist, wird dem Arbeitgeber ein Leistungsverweigerungsrecht nach § 320 I 2 BGB zuerkannt (HzA Einzelarbeitsvertragsrecht Gruppe 12 VII. 3. unter Verweis auf BAG). Gleiches gilt für auf den Entgeltfortzahlungsanspruch anrechnungsfähigen anderweitigen Verdienst (*BAG* NJW 1979, 285). **63**

Die Durchsetzung des **titulierten Anspruchs** selbst kann aber durch ein Zurückbehaltungsrecht gehindert sein (*BGH* NJW 1972, 251 = BGHZ 57, 292/299).

2. Verjährung

a) Die Frist beträgt 30 Jahre gem. § 195 BGB. Ist der Hauptanspruch selbst verjährt, fehlt es an der Durchsetzbarkeit des Auskunftsbegehrens mangels Informationsinteresses (*BGHZ* 33, 373/379; *BGH* NJW 1985, 384). **64**

b) Die Stufenklage unterbricht (§ 209 I BGB) die Verjährung des Auskunftsbegehrens und die Verjährung des Hauptanspruchs selbst. Für die Unterbrechung der Verjährung des letzteren reicht aber die Erhebung der Auskunftsklage allein nicht (*Stein/Jonas* § 254 ZPO Rdnr. 18). **65**

In der Auskunftserteilung nach § 2314 BGB ist grundsätzlich auch das Anerkenntnis des Pflichtteilsanspruchs selbst i. S. d. § 208 BGB enthalten (*BGH* NJW-RR 1987, 1411).

Zur Verjährung eines im Rahmen einer Stufenklage wegen Irrtums nicht einbezogenen Zeitraums vgl. *BGH* NJW 1978, 1157, LS 1.

Die Verjährungsunterbrechung endet bei Erteilung der erforderlichen Auskunft und dementsprechender einstweiliger Versicherung gemäß § 211 II 1 BGB, da es Sache allein des Klägers ist, die Betragsstufe selbst zu beziffern; Mängel der Auskunft sind insoweit irrelevant (*BAG* NJW 1986, 2527 LS).

3. Verwirkung gem. § 242 BGB

66 **a)** Jahrelanges Zuwarten mit der Erhebung des Informationsanspruchs kann die Verwirkung wegen Verstoßes gegen § 242 BGB begründen (*BGHZ* 39, 7/92), wobei aber Nachholung der Auskunfts- und Rechenschaftsablegung verlangt werden kann, falls später Bedenken gegen die Zuverlässigkeit des Auskunftspflichtigen auftreten und nur wegen rückhaltlosen Vertrauens seitens des Berechtigten kein Wert auf Auskunfts- und Rechenschaftsablegung gelegt worden war (*BGHZ* a. a. O.).

67 **b)** Dem Auskunftsanspruch steht der Einwand der Verwirkung des Hauptanspruchs selbst (hier: Unterhaltsanspruch) regelmäßig nicht entgegen, da die Verwirkung wegen der Möglichkeit der Teilverwirkung nur nach Kenntnis der maßgeblichen Einkünfte beurteilt werden kann (*OLG München* NJW-RR 1988, 1285/1287).

4. Einwendungen gegen die Hauptsacheforderung selbst

68 Der Anspruch auf Auskunft ist ein selbständiger Hilfsanspruch, der seine Berechtigung verliert, wenn dem Hautpanspruch selbst nicht mehr stattgegeben werden kann.

69 Die Auskunfts- und Rechenschaftslegungspflicht besteht deshalb regelmäßig nicht, wenn feststeht, daß
- die begehrte Auskunft die Hauptsacheforderung unter keinen Umständen beeinflussen kann (*BGH* FamRZ 1983, 473 = NJW 1983, 1429; *BGH* FamRZ 1985, 791: Es steht fest oder ist von vorneherein anzunehmen, daß der Gläubiger aufgrund der Auskunfts- und Rechenschaftslegung vom Schuldner auf keinen Fall etwas fordern kann, z. B. bei Nichtigkeit des Vertrags; *BGHZ* 77, 208/213; MünchKomm/*Keller* § 259 BGB, Rdnr. 26).
- rechtsvernichtende Einwendungen oder peremptorische Einreden dem Leistungsanspruch entgegenstehen.

VI. Prozeßrecht

1. Klageart

70 Die **Prozessuale Geltendmachung** der Auskunfts- und Rechenschaftslegungsansprüche erfolgt durch selbständige Leistungsklage. Der zu bevorzugende **Regelfall** ist aber die **Stufenklage** gem. § 254 ZPO. Empfehlenswert ist es einen Mindestbetrag zu nennen, den der Beklagte sicher schuldet, und nur bzgl. des übersteigenden Betrags eine Stufenklage zu erheben. – PKH ist auf alle

Ansprüche einschließlich des noch nicht bezifferten Zahlungsbegehrens zu erstrecken (*OLG Köln* Anwaltsblatt 1986, 456).

Von der Stufenklage ist als unzulässig abzusehen, wenn der Auskunfts- und Rechenschaftsablegungsanspruch sich nicht gegen den Passivlegitimierten des Hauptanspruchs richtet, sondern gegen einen Dritten (z. B. Fall des § 26 Abs. 4 UrhG, § 2028 BGB), sowie bei bloßer Unklarheit, ob der Beklagte Unterlagen/Gegenstände noch besitzt: Herausgabeklage und evtl. § 838 II ZPO (*BGH* LM § 254 ZPO Nr. 7). **71**

Stufenklage ist denkbar als Stufenleistungsklage (Regelfall) und analog § 254 ZPO als Stufenfeststellungsklage (z. B. wenn künftiger Schaden noch zu erwarten ist) und als Stufengestaltungsklage (hier regelmäßig in der Sonderform der Stufenabänderungsklage nach § 323 ZPO).

Neben einer Stufenklage kann Feststellung des durch die Auskunft vorzubereitenden Schadensersatzanspruches mangels Feststellungsinteresse gem. § 256 ZPO nicht erhoben werden (*OLG Hamm* OLGZ 1988, 468 LS 1), aber auch nicht nach § 280 ZPO (MünchKomm/*Keller* § 260 BGB, Rdnr. 32). **72**

2. Antragstellung

Aus prozeßökonomischen Gründen können bereits in der Klageschrift selbst alle Anträge gleichzeitig angekündigt werden (*BGHZ* 10, 385). Wird der Anspruch allerdings schon in erster Stufe abgewiesen, so steigt das Kostenrisiko des Klägers erheblich, da der Streitwert sich nach allen drei Stufen zusammen bemißt (näher *E. Schneider,* Streitwertkommentar, 8. Aufl. 1988, Rdnr. 4277). Der sichere Weg besteht darin, nur die erste Stufe rechtshängig zu machen. – Wichtig: **Verjährung des Leistungsanspruchs** prüfen und vorsorglich Zwischenfeststellungsklage zum Grund beantragen! **73**

1. Stufe: Antrag auf Rechnungslegung, auf Vorlage eines Verzeichnisses sowie über den in § 254 ZPO zu eng gefaßten Wortlaut hinaus (*RGZ* 53, 252/254) Antrag auf Auskunft, auf Rechenschaftsablegung, auf Einsicht in die Bücher, auf Buchauszug etc. (genaue Angabe des Auskunftsgegenstands und Auskunftszeitraums). **74**

2. Stufe: Antrag auf Abgabe einer eidesstattlichen Versicherung (§§ 259 II, 260 II, 2006 BGB), soweit Anspruch auf Abgabe einer eidesstattlichen Versicherung besteht. (Dieser Antrag kann bereits mit der 1. Stufe zusammen gestellt werden, wird aber immer erst entschieden, wenn der Verdacht besteht, daß der Titel der 1. Stufe nicht ordnungsgemäß erfüllt worden ist.) **75**

3. Stufe: Antrag auf Zahlung (noch unbeziffert) oder auf Herausgabe (noch unspezifiziert) gem. der Auskunft nach Stufe 1 bzw. Antrag auf Feststellung, daß bzgl. eines sich erst künftig ergebenden Schadens Zahlungspflicht besteht. **76**

Gesonderte Verhandlung und Entscheidung über die Auskunfts- und Rechenschaftslegung und auch über die eidesstattliche Versicherung in Form des Teilurteils gem. § 301 ZPO.

Im Rahmen des Verbundes (§ 623 ZPO) kann über das Auskunfts- und Rechenschaftsablegungsbegehren schon **vor** Entscheidung über den Scheidungsantrag entschieden werden (*BGH* NJW 1979, 1603; *OLG München* FamRZ 1981, 482).

3. Sachliche Entscheidung über den Hauptantrag

77 Sie erfolgt, wenn
- der Kläger in den beiden ersten Stufen **obsiegt** hat,
- er **Befriedigung** des Hilfsanspruchs einschließlich der Abgabe e. V., falls erforderlich, freiwillig oder durch Zwangsvollstreckung erreicht hat,
- er **Antrag auf Terminsanberaumung** gestellt hat (*BGH* NJW 1985, 1350; für jede der 3 Stufen bedarf es eines gesonderten Fortsetzungsantrags) und er seinen Hauptanspruch nunmehr **bestimmt/beziffert** hat (dieser Sachantrag unterliegt den Bestimmungen der §§ 297, 335 I Nr. 3 ZPO).

78 Nach rechtskräftiger Verurteilung zur Auskunfts- und Rechenschaftslegungserteilung kann der Kläger, wenn die **Vollstreckung fruchtlos** war oder die Erfüllung des Hilfsanspruchs **tatsächlich unmöglich** geworden ist, nach §§ 264 Nr. 3, 893 ZPO anstelle der den Gegenstand seines Hauptanspruchs bildenden Leistung das Interesse fordern (*Stein/Jonas* § 254 ZPO Rdnr. 36).

Nach rechtskräftiger Verurteilung und nach Fristsetzung zur Auskunftserteilung oder Rechenschaftsablegung unter Ablehnungsandrohung kann der Kläger Schadensersatz wegen Nichterfüllung nach § 283 BGB anstelle des noch unbezifferten Hauptanspruchs verlangen (§ 264 Nr. 3 ZPO). In diesem Fall wird die **Unmöglichkeit der Erfüllung** der Auskunfts- und Rechenschaftslegung **fingiert** (*Palandt/Heinrichs* § 283 BGB Anm. 1b).

Bei Klage vor dem **Amtsgericht** ist denkbar auch Verurteilung zum Schadensersatz nach § 519b ZPO, da die Auskunftserteilung und Rechenschaftsablegung die Vornahme einer unvertretbaren Handlung nach § 888 ZPO darstellen. Bei Erhebung des Anspruchs nach § 519b ZPO ist allerdings dann die Vollstreckung gem. § 888a ZPO verboten (*Palandt/Heinrichs* a. a. O., Anm. 3d).

4. Fälle ohne Klagemöglichkeit

79 Nicht einklagbar ist der Anspruch gem. § 154 ZVG (Erinnerung gem. § 766 ZPO oder gem. § 11 RPflG zum Vollstreckungsgericht, *OLG Hamburg,* NJW-RR 1986, 1186/1187) sowie der Anspruch auf Erlangung einer Drittschuldnererklärung nach § 840 ZPO. Die konkursrechtlichen Auskunfts- und Rechenschaftslegungspflichten der §§ 86, 132 II, 100 KO sind mit den dem Konkursverfahren eigenen Mitteln, s. §§ 84, 101 II KO, zu erzwingen.

5. Besonderheiten im WEG-Verfahren

80 In einem WEG-Verfahren kann der Verwalter nur dann nicht Zustellungsvertreter der übrigen Wohnungseigentümer sein, wenn entweder ein dem § 185 ZPO vergleichbarer Fall oder sonst ein in der Sache begründeter Interessenkonflikt vorliegt, der befürchten läßt, der Verwalter werde die übrigen Wohnungseigentümer nicht sachgerecht informieren (*BayObLGZ* 1989, 3429). Von einem derartigen Interessenkonflikt ist im Verfahren nach §§ 28 III, IV WEG auszugehen.

81 Die Pflichten des Verwalters nach §§ 28 III, IV WEG werden durch Beschluß (§ 28 V WEG) der Eigentümerversammlung festgestellt. Gegen diesen Beschluß kann auch der Verwalter im Wege der Beschlußanfechtung im FGG-Verfahren nach § 23 IV in Verbindung mit § 43 Abs. 1 Nr. 4 WEG vorgehen. Die Klage ist an das Amtsgericht, Abt. der freiwilligen Gerichtsbarkeit für WEG-Angelegen-

heiten, zu richten (verfahrensrechtliche Sondervorschriften, §§ 43 III, 44–50 WEG).

6. Besonderheiten im Aktienrecht

Im Aktienrecht stehen dem Aktionär zwei prozessuale Möglichkeiten zur 82
Verfügung: Zum einen kann der Aktionär, wenn ihm das Auskunftsrecht des § 131 AktG per Hauptversammlungsbeschluß verweigert worden ist, den Beschluß wegen Gesetzesverletzung anfechten, § 243 AktG. Zum anderen kann der Aktionär die gerichtliche Entscheidung des ausschließlich zuständigen Landgerichts (Kammer für Handelssachen gemäß § 132 I 2 AktG) herbeiführen, wobei für dieses Verfahren das FGG und damit auch dessen Rechtszug (sofortige Beschwerde, falls zugelassen gemäß § 132 III 1 i. V. m. § 99 I AktG) anzuwenden ist mit den im AktG geregelten weiteren Spezifikationen. Bei gleichzeitiger Verfolgung beider Möglichkeiten ist der Anfechtungsprozeß nach § 148 ZPO auszusetzen (*Lüke* JuS 1986, 2ff., Fußn. 89).

7. Besonderheiten im GmbH-Recht

Im GmbH-Recht gilt für das Auskunftsrecht des § 51 a I GmbHG das Verfah- 83
ren nach §§ 132 I, III, V AktG, auf die § 51 b GmbHG verweist. Über die sofortige Beschwerde des § 51 b S. 2 GmbHG i. V. m. § 132 III 1 AktG gegen die Entscheidung des Landgerichts entscheidet dabei in Bayern das OLG; nicht das Bayerische Oberste Landesgericht, da § 3 der Bayerischen Zuständigkeitsverordnung (GVBl S. 118) keine Anwendung findet (*BGH* NJW-RR 1987, 1058).

Die Schiedsfähigkeit des Informationserzwingungsverfahrens nach §§ 51 a, b GmbHG verneint das *LG Mönchengladbach* (JZ 1987, 99). Mit beachtlichen Argumenten für Schiedsfähigkeit *Bock* JZ 89, 100 und *Schmidt* in ZIP 1987, 218.

Hat das Landgericht im Informationserzwingungsverfahren isoliert über die 84
Kosten entschieden (§ 20 a II FGG), so ist hiergegen – ebenso wie gegen eine Hauptsacheentscheidung – die sofortige Beschwerde nur statthaft, wenn sie das Landgericht in seiner Entscheidung zugelassen hat (*BayObLGZ* 1989, 340). Es gibt keinen umfassenderen Rechtszug als denjenigen, der gegen die Hauptsacheentscheidung eröffnet ist. Diese Zulassungsentscheidung unterliegt nicht der Nachprüfung durch das übergeordnete Gericht (*BayObLGZ* 1988, 119/121), es sei denn, sie ist greifbar gesetzeswidrig (*BayObLGZ* 1988, 119/122).

8. Antragsmuster/Bestimmtheit des Antrags

a) Einschlägige Antragsmuster

(In Klammern wird jeweils die Fundstelle der kommentierten Formulare im Beck'schen Prozeßformularbuch, 5. Aufl. 1989, angegeben.)

aa) Zur Auskunftserteilung:
- Muster einer Stufenklage (I D 10) 85
- Auskunft und Rechenschaft bei Auftrag und Geschäftsbesorgung (II E 1)
- Unterhaltsklage (II H 12)
- Klage des Pflichtteilsberechtigten auf Auskunft gemäß § 2314 I 1 BGB (II I 5)
- Stufenklage im Rahmen des § 2314 I 1 BGB (II I 6)
- Antrag auf Feststellung nach § 51 a GmbHG – wobei hier noch der Wirtschaftsprüfervorbehalt zugefügt werden kann – (II J 18)
- Aussonderungsklage nach § 43 KO gegen den Konkursverwalter (III F 26)

- Stufenklage wegen Abrechnung und Auszahlung Provision (IV A 6)
- Klage auf Auskunft bezüglich Dokumentation der Ruhegeldanwartschaft (IV A 12)

bb) Zur Rechnungslegung (in der Regel mit vorausgehender Abmahnung):

86 - Patentverletzungsklage (II M 3)
- Gebrauchsmusterverletzungsklage (II M 9)
- Geschmacksmusterverletzungsabmahnung (II M 13)
- Warenzeichenverletzung (II M 18)
- Urheberrechtsverletzung (II M 21)
- Namens- und Firmenrechtsverletzung (II L 11)
- Rechnungslegung des WEG-Verwalters (II G 5)

b) Bestimmtheit des Antrags

87 Der Auskunfts- und Rechenschaftsablegungsantrag selbst muß dem Bestimmtheitsfordernis des § 253 II Nr. 2 ZPO genügen, so daß so genau wie irgend möglich der **Auskunftsgegenstand** einzugrenzen ist; insbesondere bei der Auskunftspflicht im Unterhaltsrecht ist detaillierte Umschreibung der Auskunftspflicht erforderlich und der begehrte **Auskunftszeitraum** exakt zu benennen (*Baumbach/Lauterbach/Albers/Hartmann* § 254 ZPO Anm. 2a). Je präziser und detaillierter die Auskunftsverpflichtung im Titel beschrieben ist, desto genauer und ins einzelne gehender muß die Auskunft ausfallen; je allgemeiner die Auskunftsverpflichtung ist, desto kursorischer kann die Auskunft sein, die dem Titel noch gerecht wird (*BayObLG* NJW-RR 1989, 932/934 m. w. Nachw.).

88 Bei unbestimmtem Antrag fehlt es an der Vollstreckungsfähigkeit des Urteils. Dies ist besonders wichtig auch bei Aufnahme des Wirtschaftsprüfervorbehalts in den Antrag, da genau bezeichnet werden muß, welche Unterlagen etc. der Sachverständige weitergeben darf, weil sonst die Vollstreckungsfähigkeit verneint wird (*BayObLG* NJW – RR 1989, 932). Nur im Rahmen des § 2314 I 1 BGB bedarf es der allgemein gefaßten Antragstellung zur Auskunft über den Bestand des Nachlasses zum Zeitpunkt des Erbfalls (eine detaillierte Umschreibung ist hier nicht zwingend, aber ratsam). – Wird **zusätzlich** (*OLG Köln* NJW-RR 1989, 567) die Vorlage von Urkunden und Belegen begehrt, müssen diese wegen der Vollstreckbarkeit im Klageantrag genau bezeichnet sein (*BGH* NJW 1983, 1056, a. A. für das Erbrecht *OLG Hamm* FamRZ 1988, 1213).

9. Besonderheiten bei den Prozeßvoraussetzungen

a) Ordentlicher Rechtsweg

89 Die ausdrückliche Bestimmung des Rechtswegs ist angeordnet in § 104 UrhG.

b) Zuständigkeit

90 In vielen Fällen gibt es ausschließliche Zuständigkeiten, unabhängig vom Streitwert, insbesondere im gewerblichen Rechtsschutz (u. a. § 27 I GebrMG, § 142 I PatG, § 87 I GWB) und im Aktien- und Gesellschaftsrecht (§ 132 I AktG, § 51b GmbHG). Vielfach wird sogar die Zuständigkeit der Kammer für Handelssachen festgelegt (z. B. § 132 I 2 AktG).

c) Streitwert

91 Grundsätzlich ist wegen der verschiedenen Streitgegenstände nach § 5 ZPO der Wert aller Stufen **zusammenzurechnen.**

- Der **Auskunftsanspruch** beträgt dabei nach Schätzung gemäß § 3 ZPO $\frac{1}{10}$ bis $\frac{1}{4}$ des Hauptanspruchs. Bei Schätzung nach § 3 ZPO ist in erster Linie darauf

abzustellen, welche Aufwendungen, Arbeitszeit und allgemeine Kosten die Auskunftserteilung für den Beklagten bringen wird (*BGH* NJW 1986, 1493).
- Der Wert der **Rechnungslegung** beläuft sich auf den Wert der voraussichtlichen Arbeit für die Unterlagenbeschaffung. Wenn der Hauptantrag ohne Rechnungslegung nicht verfolgt werden kann, erreicht der Streitwert den Wert des Hauptantrags selbst (*BGH* MDR 1962, 564).
- Für den **Antrag auf eidesstattliche Versicherung** ist maßgeblich, welche zusätzliche Auskunft sich der Kläger daraus erwartet (*Zöller/Mühlbauer* § 3 ZPO Rdnr. 5 „Offenbarungsversicherung"; *BGH* FamRZ 1987, 39).
- Der **Hauptleistungsanspruch** wird festgesetzt nach der Erwartung des Klägers und seinen im Rahmen des § 3 ZPO zu würdigenden Angaben (*OLG Bamberg* JurBüro 1979, 251).

Keine Zusammenrechnung bei wirtschaftlicher Identität (bei Stufenklage wohl der Regelfall), so daß der höchste Wert der erhobenen Ansprüche maßgebend ist; i. d. R. ist dieser der Leistungsklage zu entnehmen; ein gesonderter Wert für die zunächst erhobene Auskunfts- und Rechenschaftslegungsklage ist dann nicht hinzuzurechnen (*OLG Hamm* JurBüro 1986, 745). Dies gilt auch, wenn über den Hauptleistungsanspruch nicht verhandelt wurde (*OLG Celle* AnwBl 1987, 286).
Sonderfall: Streitwert gemäß § 132 V 5, 6 AktG, § 51b S. 1 GmbHG

d) Parteifähigkeit

Der Konkursverwalter ist als Partei kraft Amtes auch für die Klage auf Auskunfts- und Rechenschaftslegung gemäß §§ 6, 23 II KO Partei (*Staudinger/Selb* § 259 ZPO Rdnr. 25). **92**

e) Einwand der entgegenstehenden Rechtskraft gemäß § 322 ZPO

Nach Entscheidung über das umfassendere Rechnungslegungsbegehren ist für das darin vollständig enthaltene Auskunftsverlangen kein Raum mehr (*BGH* NJW 1985, 1693/1694), es sei denn, es handelt sich um **unterschiedliche Informationsgegenstände** (*BGH* NJW 1973, 1837/1838). **93**

Die Rechtskraft der Verurteilung zur Rechnungslegung steht der Zulässigkeit einer weiteren Klage gegen den Rechenschaftspflichtigen auf Vorlage von Belegen nicht entgegen (*OLG Köln* NJW-RR 1989, 567 LS 2), da dieser zusätzliche Anspruch von der weiteren materiell-rechtlichen Voraussetzung abhängig ist, ob Belege tatsächlich erteilt werden (Geschäftsüblichkeit).

Ein Auskunftsanspruch kann nicht geltend gemacht werden, wenn die Rechtskraft der Feststellung (auch im Falle eines Anerkenntnisses), daß ein Unterhaltsanspruch nicht bestehe, nicht in prozessual zulässiger Weise (z. B. über § 323 ZPO) beseitigt worden ist (*OLG Köln* NJW-RR 1987, 834).

Wird eine auf Rechnungslegung und auf Zahlung des sich daraus ergebenden Betrags gerichtete Stufenklage insgesamt mit der Begründung abgewiesen, es bestehe kein Anspruch auf Rechnungslegung, so stehen weder die Rechtskraft dieses Urteils noch die Rechtshängigkeit des Zahlungsanspruchs einer erneuten Zahlungsklage entgegen (*OLG Oldenburg* MDR 1986, 62), es sei denn, es wurde in den Gründen ausdrücklich über die zweite Stufe mitentschieden oder das Urteil wurde auf Antrag des Klägers gemäß §§ 321 I, II ZPO diesbezüglich ergänzt. **94**

f) Rechtsschutzbedürfnis

- Das Rechtsschutzbedürfnis fehlt beim nicht vorliegenden Informationsbedürfnis seitens des Klägers z. B. wegen Verjährung des Hauptanspruchs (*OLG Düsseldorf* NJW 1988, 2389). **95**

- Das Rechtsschutzbedürfnis fehlt, wenn ein einfacherer Weg anstelle einer Klageerhebung zur Verfügung steht, z. B. wenn die Ergänzung bzw. Berichtigung der Offenbarungsversicherung des Schuldners gemäß § 807 ZPO die erforderliche Kenntnis ermöglicht (*OLG Düsseldorf* KTS 1985, 724).
- Das Rechtsschutzbedürfnis bei einer Klage nach § 131 I 1 AktG entfällt nicht, wenn in der Hauptverhandlung zwar nicht der nach § 131 I AktG zuständige Vorstand, sondern der Vorsitzende des Aufsichtsrats die Auskunft verweigert hat, der Vorstand sich diese Entscheidung des Aufsichtsratsvorsitzenden aber zu eigen gemacht hat (*OLG Düsseldorf* NJW 1988, 1033).
- Bei der Klage eines Volljährigen auf Unterhalt fehlt der Widerklage auf Auskunftserteilung über die Einkommensverhältnisse des anderen Elternteils das Rechtsschutzbedürfnis (*OLG Frankfurt* FamRZ 1987, 839 = NJW-RR 1987, 903).

10. Besonderheiten in der I. Instanz

96 **a)** Die Geltendmachung von Auskunftsansprüchen ist im Unterhaltsrecht keine Feriensache gemäß § 200 II Nr. 5a GVG (*BGH* NJW 1987, 2237; wichtig für die Hemmung von Fristen gemäß § 223 I ZPO).

97 **b)** Im Rahmen der Stufenklage kann der Kläger nur dann gemäß § 264 Nr. 2 ZPO vom Auskunfts- und Rechenschaftsablegungsanspruch zum bezifferten Leistungs- oder Feststellungsantrag übergehen, wenn beide Ansprüche in derselben Instanz anhängig sind (*BGH* NJW 1979, 925/926). So kann der Unterhaltsgläubiger im Laufe eines Auskunftsprozesses (egal ob isoliert oder im Rahmen einer Stufenklage) sein Auskunftsbegehren zeitlich erweitern, solange es noch nicht prozessual erledigt ist, ohne daß – sogar bei Erfüllung des zeitlich beschränkten Begehrens – die Sperrfrist des § 1605 II BGB entgegensteht (*OLG Karlsruhe* FamRZ 1987, 297).

98 **c) Zurückweisung verspäteten Vorbringens.** Nachgeschobenes Vorbringen im Betragsverfahren, welches im Verfahren über einen im Wege der Stufenklage geltend gemachten Auskunftsanspruch ausgeschlossen worden ist (§ 296 ZPO), kann im Betragsverfahren erneuert werden und kann dann nicht deshalb als verspätet zurückgewiesen werden, weil es nicht schon im Verfahren der ersten Stufe rechtzeitig und substantiiert vorgebracht worden ist (*OLG Karlsruhe* NJW 1985, 1349 LS).

99 **d) Erledigung.** Wenn die Auskunft oder Rechenschaftsablegung ergibt, daß **von Anfang an kein Leistungsanspruch** bestand, ist streitig, wer die Kosten zu tragen hat (zu Gunsten des Beklagten *OLG Zweibrücken* NJW 1986, 939; zu Gunsten des Klägers *KG* NJW 1970, 903).

Stimmt in diesem Fall der Beklagtenvertreter einer Erledigterklärung des Klägers zu, besteht die Gefahr, daß die Kostenentscheidung nach § 91a ZPO aufgrund der Ermessensentscheidung des Gerichts zu Lasten des Beklagten ausgeht. Es ist daher anzuraten, sich der Erledigterklärung zu widersetzen; dann wird nämlich der Hauptleistungsantrag wegen des fehlenden Leistungsanspruchs als unbegründet abgewiesen (*Thomas/Putzo* § 254 ZPO Anm. 2b; *OLG Düsseldorf* NJW-RR 1989, 446; a. A. *OLG Frankfurt* FamRZ 1987, 293: einseitige Erledigungserklärung möglich).

Da es an der Berechtigung des Klägers zur Abgabe einer einseitigen Erledigungserklärung fehlt, kommt für ihn als prozessuale Reaktionsmöglichkeit insoweit die Klagerücknahme in Betracht.

Kommt der Beklagte **nach Rechtshängigkeit** dem Auskunfts- und Rechen- 100 schaftsablegungsbegehren nach oder gibt er freiwillig die eidesstattliche Versicherung ab, so kann nach allgemeinen Grundsätzen übereinstimmend oder einseitig (mit der Folge eines Feststellungsurteils) für erledigt erklärt werden, weil der Hilfsanspruch prozessual ein **eigener Streitgegenstand** ist (*Stein/Jonas* § 254 ZPO Rdnr. 31; a. A.: *OLG München* FamRZ 1983, 629; *Baumbach/Lauterbach/Albers/Hartmann* § 254 ZPO Anm. 2 A: Ankündigung der nächsten Stufe erforderlich).

e) Säumnis

Bleibt der **Beklagte** aus, so hat eine Entscheidung in Form eines Teilversäum- 101 nisurteils bezüglich des Auskunfts- und Rechenschaftsablegungsbegehrens zu erfolgen (*Stein/Jonas* § 254 ZPO Rdnr. 34). Ist – obwohl die Betragsstufe noch gar nicht verhandelt wurde – trotzdem ein Versäumnisurteil auch darüber ergangen, so steht es in seinen Wirkungen einem Feststellungsurteil gleich (*RGZ* 84, 370).

Bei Säumnis des **Klägers** kann ein klageabweisendes Versäumnisurteil bezüglich aller Stufen ergehen (*Stein/Jonas* a. a. O.).

11. Prozessuale Einzelfragen in der II. Instanz

a) Rechtsmittel

In der Regel ist Berufung einzulegen, es sei denn, es liegt ein Sonderverfahren 102 vor, z. B. ein FGG-Verfahren (wie etwa in WEG-Sachen), ein besonderer Rechtszug in FGG-Familiensachen (siehe insoweit § 621e ZPO) oder im Aktien- und GmbH-Recht (sofortige Beschwerde gemäß §§ 132 III 1, 2 AktG, 51b S. 1 GmbHG).

b) Beschwerdewert des § 511a I ZPO

Für den Wert der Beschwerde ist nicht das Interesse der Klagepartei oder 103 sonst eine Bewertung nach Prozentsätzen des Zahlungsanspruchs maßgeblich, sondern es kommt allein auf das Interesse des Rechtsmittelführers/des Beklagten an, die Auskunft nicht erteilen zu müssen (**Abwehrinteresse**), das vor allem nach dem Aufwand an Zeit, Arbeit und Kosten für die sorgfältige Erteilung der geschuldeten Auskunfts- und Rechenschaftslegung zu bewerten ist (*BGH* FamRZ 1988, 156; *BGH* FamRZ 1989, 731); es kann dabei auch zu berücksichtigen sein, ob die Partei ein besonderes gerechtfertigtes Geheimhaltungsinteresse hat (*BGH* FamRZ 1987, 468; *BGH* NJW-RR 1989, 580).

Dabei ist die Festsetzung des Wertes des Beschwerdegegenstandes für die 104 Klage auf Auskunfts- und Rechenschaftslegung durch die Vorlage von Einkommensteuerbescheiden allein an der Beschaffung der Auskunfts- und Rechenschaftslegung anzuknüpfen, nicht an die Höhe des Unterhalts (*BGH* NJW-RR 1987, 198).

Diese Rechtsmittelstreitwertfestsetzung ist nach §§ 2, 3 ZPO (Wert des Be- 105 schwerdegegenstandes) eine reine Ermessensentscheidung (*BGH* NJW-RR 1988, 836) und unterliegt nur in begrenztem Rahmen der Überprüfung durch das Gericht der sofortigen Beschwerde (*BGH* a. a. O., 837).

Zur Festlegung des Beschwerdewerts im Rahmen eines Dauerschuldverhältnisses am Beispiel von § 87c HGB bei Verurteilung zur Vorlage einer Provisionsabrechnung vgl. *BGH* NJW-RR 1989, 738.

c) Einzelheiten des Prüfungsverfahrens

106 **aa)** Die Abhängigkeit des Leistungsantrags von dem Auskunfts- und Rechenschaftslegungsanspruch führt bei einer Stufenklage dazu, daß im Falle der Klageabweisung der **gesamten** Klage in I. Instanz das Stufenverhältnis in II. Instanz fortwirkt und hier zunächst nur über den Auskunfts- und Rechenschaftslegungsanspruch zu erkennen ist (*BGH* NJW-RR 1987, 1029). Das Berufungsgericht darf über den noch nicht entschiedenen Teil nicht von sich aus entscheiden, analog § 538 I Nr. 3 ZPO (*BGH* NJW 1982, 335).

107 **bb) Ausnahmsweise** ist eine Mitentscheidung über die Betragsstufe möglich, wenn

- für die Bejahung des in I. Instanz verbliebenen Restanspruches kein Platz mehr ist (*BGH* VersR 1977, 430),
- das Einverständnis der Parteien zur Entscheidung vorliegt (*BGHZ* 97, 280),
- Der Kläger in II. Instanz Antrag auf Verhandlung über den Zahlungsantrag stellt oder erst in II. Instanz Stufenklage erhebt (*Thomas/Putzo* § 537 ZPO Anm. 1a).

Ist etwa der Kläger im zweiten Rechtszug im Wege der Klageerweiterung von dem in I. Instanz ausschließlich geltend gemachten Auskunftsbegehren zur Leistungsklage übergegangen, darf der Rechtsstreit nicht ohne Entscheidung über den Grund des Anspruchs an das Landgericht zurückgewiesen werden (*BGH* NJW 1979, 925; a. A.: *OLG Hamm* OLGZ 1988, 468).

Andererseits kann der Kläger dem Rechtsmittelgericht die Befugnis zur Abweisung der gesamten Klage nicht dadurch entziehen, daß er bei dem Gericht der I. Instanz die Verhandlung über den Hauptanspruch beantragt (*BGH* NJW 1985, 2405).

108 Hat das Landgericht die Stufenklage mangels Bestehens des Zahlungsanspruchs insgesamt abgewiesen, so kann das Berufungsgericht, das den Auskunftsanspruch zuerkennt, zugleich die Klageabweisung im übrigen aufheben und die Sache zurückverweisen, auch wenn der Kläger – trotz uneingeschränkt eingelegter Berufung – nur beschränkt den Antrag zur Auskunftserteilung gestellt hat (*BGH* NJW 1985, 862). § 308 ZPO steht insoweit nicht entgegen, da es bei der Stufenklage dem Verfahren entspricht, die Ansprüche getrennt und nacheinander zu verhandeln (*BGH* a. a. O.).

109 **cc)** Hat das Gericht des ersten Rechtszugs **nur den Auskunfts- und Rechenschaftsablegungsanspruch** abgewiesen, so bleibt dieses Gericht trotz Rechtsmitteleinlegung gegen das Teilurteil weiterhin für die zweite Stufe zuständig, ohne daß es einer Zurückverweisung bedarf (*OLG Celle* NJW 1961, 786), es sei denn, das Rechtsmittelgericht kommt zur Abweisung der Auskunfts- und Rechenschaftsablegungsklage mit der Begründung, daß das Bestehen eines Hauptanspruches abzulehnen sei (*BGH* NJW 1985, 2405; a. A. *Stein/Jonas* § 254 ZPO Rdnr. 41).

12. Rechtskraftwirkung

110 Die in der ersten Stufe ergehende, zur Auskunft oder Rechenschaftsablegung verurteilende Entscheidung schafft keine Rechtskraft oder Bindungswirkung

nach § 318 ZPO bezüglich des Klagegrundes. Dies gilt sowohl für die I. als auch für die II. Instanz (*BGH* NJW 1969, 880).

Der Rechtsfolgenausspruch „Anspruch auf Auskunft oder Rechenschaftsablegung" erwächst aber in materieller Rechtskraft und ist z. B. in dem Verfahren auf Abgabe der eidesstattlichen Versicherung zugrundezulegen (*BGH* WM 1975, 1086).

13. Antrag auf Auskunftsergänzung

a) Bei Bedenken gegen die **Vollständigkeit** oder **Richtigkeit** der Auskunft oder Rechenschaftsablegung besteht i. d. R. **kein Anspruch auf Ergänzung,** sondern nur die Möglichkeit der Antragstellung auf Abgabe einer eidesstattlichen Versicherung nach § 259 II BGB i. V. m. § 889 I ZPO an das Vollstreckungsgericht (*BGH* NJW 1988, 2729/2730). **111**

Von Vorteil ist es, den Zwangsvollstreckungsschuldner vorab zur Ergänzung aufzufordern, um ihm die Möglichkeit zur Ergänzung zu geben, und dann erst die Zwangsvollstreckung gegen ihn zu betreiben. Räumt ein Verpflichteter (auch Erbe des Beauftragten) nämlich durch eigene Ergänzungen und Berichtigungen alle Mängel der Abrechnung (auch der des Erblassers) von sich aus vor der Verurteilung zur Abgabe der eidesstattlichen Versicherung aus, dann kann dadurch entsprechend dem Rechtsgedanken des § 259 III BGB der Anspruch auf eidesstattliche Versicherung nachträglich wieder entfallen mangels Informationsbedürfnisses (*BGH* NJW 1988, 2729 LS 2). **112**

b) Ausnahmsweise besteht ein **Ergänzungsanspruch** in folgenden Fällen:

- Die mitgeteilte Rechnung genügt den **formellen** Anforderungen einer Rechnung **nicht** (*Staudinger/Selb* § 259 BGB Rdnr. 16). Darauf ist insbesondere zu achten, wenn Rechnungslegungen auf Schätzungen beruhen (im Rahmen der Rechnungslegung bezüglich Verletzergewinn Schätzung der Unkosten des Verletzers, *BGH* NJW 1984, 2822-Dampf-Frisierstab II). **113**
- Es fehlt in der Rechnung die Angabe eines ganzen Vermögensteils oder einer Mehrheit von Gegenständen, weil der Verpflichtete aufgrund Irrtums den Umfang seiner Verpflichtung falsch angenommen hatte (z. B.: der Beklagte dachte, der Hausrat gehöre nicht zum Zugewinn, *BGH* NJW 1984, 484/487). **114**
- Die Rechnungslegung erfolgte komplett auf der Grundlage gefälschter Bücher (*Staudinger/Selb* a. a. O.). **115**
- Der Pflichtige gibt Teilauskunft/Teilrechenschaftslegung in Teilakten für abgrenzbare Gegenstände (*BGH* NJW 1962, 245). **116**

VII. Abgabe der eidesstattlichen Versicherung

1. Voraussetzungen

a) Gesetzliche Anordnung oder Verweis auf §§ 259, 260 BGB

- Rechnungslegung gemäß § 259 II BGB, wobei ein Fall der Rechnungslegung nur unter den Voraussetzungen des § 259 I BGB anzunehmen ist, wenn eine Rechenschaftspflicht über **„Verwaltung"** besteht (dies ist zu verneinen im Rahmen von § 74c II HGB, HzA Gruppe 1 VII 3; zu bejahen im Rahmen des gewerblichen Rechtsschutzes, *BGH* NJW 1984, 2822/2824). **117**

- Errichtung eines Bestandsverzeichnisses gemäß § 260 II BGB
- § 2028 II BGB
- § 2057 S. 2 BGB i. V. m. § 260 BGB

Beispiele außerhalb von BGB und ZPO siehe *Habscheid* NJW 1970, 1669ff.

118 b) **Begründeter Verdacht** aus dem Gesamtverhalten des Schuldners (*Palandt/Heinrichs* §§ 259–261 BGB Anm. 6a), daß **Verletzung der Sorgfaltspflicht** vorliegt bei

- Angaben über die Einnahmen gemäß § 259 II BGB (nicht über die Ausgaben, es sei denn bei Auskunftspflicht des Testamentsvollstreckers, MünchKomm/*Keller* § 259 BGB Rdnr. 29);
- Erstellen des Verzeichnisses gemäß § 260 II BGB;
- Angaben gemäß §§ 2028 II, 2057 S. 2 BGB.

Inhaltliche Mängel reichen für diesen begründeten Verdacht nicht, der im Wege einer Wahrscheinlichkeitsprognose festzustellen und vom Berechtigten zu beweisen ist (*Staudinger/Selb* § 259 BGB Rdnr. 19). Er ist zu bejahen im Falle unvollständiger, mehrfach berichtigter Angaben (*BGH* LM § 258 BGB Nr. 8; *BGH* DB 1960, 85).

119 c) Es liegt **kein Fall** der **§§ 259 III, 260 III, 2028 III, 2057 S. 2** BGB vor (der gesamte Gegenstand der Rechenschaftsablegung ist geringfügig oder bei Gegenstand von erheblichem Umfang Verdacht auf nur geringfügige Unvollständigkeit, *Staudinger/Selb* § 259 BGB Rdnr. 23) oder in Analogie zu §§ 259 III, 260 III, 2028 III, 2057 S. 2 BGB fehlt es an einem Informationsbedürfnis wegen freiwilliger Ergänzung (*BGH* NJW 1988, 2729).

120 d) **Rechtsschutzinteresse:** Der Gläubiger kann nicht auf einfachere Weise eine umfassende Klarstellung erreichen (*BGHZ* 55, 206). Dieser einfachere Weg wird z. B. bei Bucheinsicht gemäß § 87c IV HGB angenommen, der der eidesstattlichen Versicherung gegenüber vorrangig ist (*Palandt/Heinrichs* §§ 259 bis 261 Anm. 6b). Die Verurteilung zur eidesstattlichen Versicherung ist dort nur möglich, wenn Grund zur Annahme besteht, daß der Buchauszug nicht vollständig ist (*BGHZ* 32, 302/305) oder der Buchauszug keine Klarheit brachte (*OLG Saarbrücken* OLGZ 1988, 233), somit erst nach Erschöpfung **aller** Hilfsansprüche, auch § 87c III HGB (*Seetzen* WM 1985, 220). Hingegen ist der Anspruch auf Einsicht gemäß § 810 BGB der eidesstattlichen Versicherung gegenüber gleichrangig.

121 e) **Vorliegen einer aus sich heraus verständlichen Auskunft,** denn nur diese bildet auch eine hinreichende Grundlage für eine gegebenenfalls abzugebende eidesstattliche Versicherung des Schuldners über ihre inhaltliche Richtigkeit (*OLG Köln* NJW-RR 1989, 568/569).

2. Analoge Anwendung der Vorschriften über Eidesstattliche Versicherung?

122 Die **analoge** Anwendung der Vorschriften für die eidesstattliche Versicherung (§§ 899ff. ZPO) wurde von der höchstrichterlichen Rechtsprechung noch nicht entschieden. *Lüke* (JuS 1986, 2/7) bejaht dies für Fälle, in denen die Geltendmachung des Informationsanspruchs der Prozeßvorbereitung dient.

3. Haftung bei Verweigerung im Erbrecht

123 Ein **Sonderfall** ist die eidesstattliche Versicherung der Erben nach § 2006 BGB, bei deren Verweigerung es zur unbeschränkten Haftung kommt.

4. Zuständigkeit

124 Die freiwillige Abgabe der eidesstattlichen Versicherung ist möglich vor dem Amtsgericht, FGG-Abteilung, im Falle der §§ 163, 79 FGG, 261 BGB ansonsten

nur nach Titulierung vor dem Vollstreckungsgericht im Rahmen der Zwangsvollstreckung gemäß § 889 ZPO.

5. Kosten

Die **Kosten** hat nach § 261 Abs. 3 BGB derjenige zu tragen, der die Abgabe der eidesstattlichen Versicherung verlangt. **125**

6. Anspruchsgegner

Die eidesstattliche Versicherung ist eine persönliche Verpflichtung des Schuldners (*Staudinger/Selb* § 259 BGB Rdnr. 21). **126**

Sie geht im Rahmen eines Auftragsverhältnisses auf den Erben des Beauftragten über als Nachlaßschuld im Sinne des § 1967 BGB (*BGH* NJW 1988, 2729; *OLG München* NJW-RR 1987, 619). **127**

Hat der gesetzliche Vertreter des minderjährigen Auskunftspflichtigen das Bestandsverzeichnis aufgestellt und wird vom mittlerweile volljährigen Auskunftspflichtigen die eidesstattliche Versicherung verlangt, so muß ausnahmsweise eine vorherige ergänzende Erklärung des Auskunftspflichtigen zum Bestandsverzeichnis eingeholt werden (MünchKomm/*Keller* § 261 BGB Rdnr. 339). **128**

7. Einzelne Verfahrensfragen

a) Der Anspruch auf Abgabe der eidesstattlichen Versicherung kann erst dann erfolgreich (d. h. mit Möglichkeit der Verurteilung) gestellt werden, wenn das Verzeichnis/die Rechenschaftsablegung/die Auskunft nach Obsiegen in der ersten Stufe vorliegt und Grund zur Beanstandung gibt (*Staudinger/Selb* § 260 BGB Rdnr. 19). Dies hindert aber nicht die Geltendmachung in Form der Stufenklage (*BGHZ* 10, 385 LS 2; *Stein/Jonas* § 254 ZPO Rdnr. 2). **129**

b) Die Antragstellung ist nicht möglich, wenn der Hilfsanspruch als unbegründet mangels bestehenden materiellrechtlichen Hauptanspruches zurückgewiesen wurde (*Stein/Jonas* a. a. O. Rdnr. 27). **130**

c) Auch in folgenden Prozeßsituationen ist Antragstellung auf eidesstattliche Versicherung möglich: **131**

aa) Der Beklagte hat schon **vor** Klageerhebung Auskunft erteilt/Rechnung gelegt. **132**

bb) Der Beklagte hat schon vor Rechtshängigkeit Auskunft erteilt/Rechnung gelegt und der geltend gemachte Hilfsanspruch auf Auskunft und Rechenschaftslegung wurde durch Teilurteil als unbegründet abgewiesen (*BGH* LM Nr. 3 zu § 254 ZPO)

cc) Beklagter hat **nach** Rechtshängigkeit, aber **vor** Verurteilung Rechnung gelegt und die Hauptsache wurde übereinstimmend für erledigt erklärt. **133**

VIII. Zwangsvollstreckung

1. Vollstreckungsfähigkeit des Titels

134 Die Zwangsvollstreckung vollzieht sich nach den Vorschriften der ZPO, auch im Rahmen des Aktienrechts und des GmbH-Rechts wegen ausdrücklichen Verweises in §§ 132 IV AktG, 51b GmbHG.

135 Es müssen die allgemeinen Vollstreckungsvoraussetzungen vorliegen, wobei auf die Vollstreckungsfähigkeit des Titels, also auf seine Bestimmtheit, besonders zu achten ist. Der Umfang der Verpflichtung wird allein durch den im Erkenntnisverfahren geschaffenen Titel umrissen. Eine Erweiterung oder Änderung des Titels im Vollstreckungsverfahren durch deren Organe ist insoweit nicht möglich (bezüglich eines ungenauen Wirtschaftsprüfer-Vorbehaltes entschieden vom *BayObLG* NJW-RR 1989, 932 m. w. Nachw.).

2. Anzuwendende Vorschriften

136 **a)** Die Vollstreckung des Auskunftstitels vollzieht sich als unvertretbare Handlung nach § 888 ZPO, die Vollstreckung der eidesstattlichen Versicherung nach § 889 ZPO.

137 **b)** Erfolgt die Zwangsvollstreckung auf Erteilung einer Auskunft durch Vorlage einer Urkunde und durch Vorlage von Belegen, so ist sie wie die Vollstreckung der Herausgabe bestimmter beweglicher Sachen zu betreiben (§ 883 ZPO), da dann keine unvertretbare Handlung vollstreckt wird (*OLG Köln* NJW-RR 1988, 1210; *OLG Köln* NJW-RR 1989, 568/569 m. w. Nachw.).

138 **c)** Wird Abrechnung nach § 87c I HGB verlangt, so handelt es sich – wie § 87c IV HGB zeigt – um eine vertretbare Handlung, vollstreckbar nach § 887 ZPO durch Ermächtigung des Handelsvertreters, die Abrechnung auf Kosten des Unternehmers vornehmen zu lassen und zwar in Anlehnung an § 87c IV HGB durch den Wirtschaftsprüfer oder einen sonstigen Buchsachverständigen anhand der Bücher und Unterlagen des Unternehmers (*Seetzen* WM 1985, 213/214 m. w. Nachw.). Bei Unmöglichkeit der Abrechnung ist auch eine Vollstreckung nach § 888 ZPO denkbar.

Die Zwangsvollstreckung im Wege der Ersatzvornahme nach § 887 ZPO erfolgt auch bei Verurteilung zur Erteilung von Buchauszügen (*OLG Hamm* NJW 1965, 1387).

3. Sonderfälle

139 **a)** Wird die **Erteilung einer Auskunft nach § 888 ZPO** geschuldet, so kann der Vollstreckungsgläubiger den Schuldner zur Vornahme der Handlung in der Weise anhalten, daß er durch Beschluß des Vollstreckungsgerichts dem Schuldner das Zwangsmittel des § 888 ZPO zunächst nur androhen läßt. Eine solche – nach dem Gesetz nicht notwendige – vorherige Androhung ist zwar noch keine Vollziehung des Titels, wohl aber Einleitung der Zwangsvollstreckung, so daß die allgemeinen Vollstreckungsvoraussetzungen vorliegen müssen. Der Androhungsbeschluß unterliegt deshalb der sofortigen Beschwerde nach § 793 ZPO (*OLG Hamm* NJW-RR 1987, 765).

140 **b)** Umstritten ist, ob der **Erfüllungseinwand** im Verfahren nach § 888 II ZPO zu beachten ist oder nur im Wege der Vollstreckungsgegenklage (§ 767 I

ZPO) geltend zu machen ist (zum Diskussionsstand in Rechtsprechung und Literatur siehe Übersicht *OLG Köln* NJW-RR 1989, 568). Nach Ansicht des Bayerischen Obersten Landesgerichts ist zwar grundsätzlich der Erfüllungseinwand im Rahmen des § 767 ZPO geltend zu machen, dieser muß aber auch im Verfahren nach § 888 ZPO Beachtung finden, denn Voraussetzung für einen Zwangsmittelbeschluß ist stets, daß der Schuldner die unvertretbare Handlung bislang nicht vorgenommen hat, diese also noch notwendig ist (*BayObLG* NJW-RR 1989, 932/934). Dabei ist weiterhin offen, ob der Erfüllungseinwand nur zuzulassen ist, wenn die Erfüllungshandlung unstreitig oder präsent beweisbar ist (so *OLG Düsseldorf* NJW-RR 1988, 63) oder ob dieser Einwand stets zu prüfen ist.

IX. Einzelprobleme

1. Abtretbarkeit

Der Auskunftsanspruch ist in der Regel nicht isoliert ohne den Hauptanspruch abtretbar, da er als Neben- bzw. Hilfsrecht zu qualifizieren ist (*Palandt/Heinrichs* § 399 BGB Anm. 2b; *RGZ* 90, 19/20). So erstreckt sich die Abtretung des Hauptanspruches **im Zweifel** auch auf den Auskunfts- und Rechenschaftslegungsanspruch (*Palandt/Heinrichs* §§ 259 bis 261 BGB Anm. 4c). **141**

Die Abtretbarkeit des Nebenrechts allein an bestimmte Personen kann allerdings im Einzelfall zulässig sein (instruktive Beispiele in *BGH* NJW 1989, 1601/1602). Unter anderem kann der Auskunftsanspruch des Erben gegen das Kreditinstitut an den Pflichtteilsberechtigten, dem er selbst Auskunft über § 2314 I 1 BGB schuldet, abgetreten werden (*BGH* a. a. O. LS 3). Im Interesse der Vereinfachung der Rechtsverfolgung wird hier lediglich der Umweg über den vermittelnden Dritten als Inhaber des Anspruchs vermieden und demjenigen, dem im Ergebnis die Auskunft zu leisten ist, von vornherein die Gläubigerstellung verschafft. **142**

2. Vererbbarkeit

a) Auf der **Passivseite:** Trotz seines Charakters als Hilfsanspruch vererbt sich auf der **Schuldnerseite** grundsätzlich die Verpflichtung zur Auskunft und Rechenschaftsablegung im Rahmen der §§ 1922, 1967 BGB zusammen mit der zugehörigen Hauptverbindlichkeit (*OLG München* NJW-RR 1987, 649). Gleiches gilt für die Verpflichtung zur Abgabe der eidesstattlichen Versicherung, wobei nach Vererbung eine Veränderung der Eidesformel zu bedenken ist (*BGH* NJW 1988, 2729). Notfalls muß der Erbe dabei auch von einem **eigenen** Auskunftsrecht gegenüber dem Kreditinstitut des Erblassers Gebrauch machen (*BGH* NJW 1989, 1601). **143**

Anderes gilt im Versorgungsausgleichsverfahren: Das Auskunftsbegehren nach § 1587e BGB gegen den ausgleichsverpflichteten Ehegatten betrifft einen anderen Verfahrensgegenstand als gegen dessen Erben. Verstirbt der zur Auskunft verpflichtete Ehegatte während der Anhängigkeit des Verfahrens der weiteren Beschwerde, ist daher die Hauptsache erledigt (*BGH* NJW-RR 1986, 369). **144**

b) Auf der **Aktivseite:** Auch die Gläubigerstellung im Rahmen eines Auskunfts- und Rechenschaftslegungsanspruchs ist vererblich (*Palandt/Heinrichs* **145**

§§ 259–261 BGB Anm. 4c), es sei denn, die Gläubigerstellung erlischt mit dem Tod, weil der Erblasser in einer Generalvollmacht bestimmt hatte, daß der von ihm Beauftragte nur ihm **höchstpersönlich** Rechenschaft schulde (*BGH* NJW-RR 1990, 131).

3. Pfändbarkeit und Verpfändbarkeit:

146 **a)** Der Auskunfts- und Rechenschaftslegungsanspruch wird gepfändet und verpfändet nur mit dem Hauptanspruch selbst. Mit Pfändung und Überweisung der Hauptforderung nach § 829 ZPO, z. B. gegen die Bank als Drittschuldner, wird auch der Anspruch auf Auskunft und Rechnungslegung gepfändet, jedoch kann Erteilung von Kontoauszügen nicht angefordert werden (*LG Frankfurt* RPfleger 1986, 186 m. w. Nachw.; *AG Rendsburg* NJW-RR 1987, 819; *Sühr* WM 1985, 741).

147 **b)** Der Gläubiger eines Gesellschafters, der dessen Anteil gepfändet hat, hat damit auch den Anspruch auf Rechnungslegung erworben (*Staudinger/Selb* § 259 BGB Rdnr. 10; a. A.: *RGZ* 95, 231).

A IV. Einstweiliger Rechtsschutz

Dr. Herbert Sernetz

Übersicht

Literatur: *Baur,* Studien zum einstweiligen Rechtsschutz, 1967; *Dunkl/Moeller/Baur/Feldmeier/Wetekamp,* Handbuch des vorläufigen Rechtsschutzes, 1988; *Finkelnburg/Jank,* Vorläufiger Rechtsschutz im Verwaltungsstreitverfahren, 3. Aufl. 1986; *Gießler,* Vorläufiger Rechtsschutz in Ehe-, Familien- und Kindschaftssachen, 1987; *Leipold,* Grundlagen des einstweiligen Rechtsschutzes im zivil-, verfassungs- und verwaltungsgerichtlichen Verfahren, 1971.

I. Allgemeines

1. Zweck, Wesen und Geltungsbereich des einstweiligen Rechtsschutzes

Allen geltenden Verfahrensordnungen ist – ob geschrieben oder ungeschrieben – das Institut eines einstweiligen oder vorläufigen Rechtsschutzes immanent. Das Bundesverfassungsgericht hat mehrfach betont, daß Art. 19 IV GG nicht nur das formelle Recht und die theoretische Möglichkeit beinhalte, die Gerichte anzurufen, sondern auch die **Effektivität des Rechtsschutzes** garantiere (*BVerfGE* 35, 263, 274 = NJW 1973, 1491; *BVerfGE* 35, 382, 401 = NJW 1974, 227 m. w. Nachw.). Diese ist nur gewährleistet, wenn auch während der Dauer eines Hauptsacheprozesses, also vor einer endgültigen Entscheidung, vorläufige gerichtliche Maßnahmen erwirkt werden können, durch die unabänderliche tatsächliche Entwicklungen zeitweise unterbunden oder eingeschränkt werden, welche das Prozeßergebnis wertlos machen würden. Diese Grundgesetzgarantie ist allumfassend, so daß dort, wo die Verfahrensordnung unvollkommen oder unvollständig ist, im Wege der **Gesetzesanalogie** (evtl. unter Heranziehung anderer Prozeßordnungen) ein umfassender Schutz herzustellen ist (*BVerfGE* 46, 166 = NJW 1978, 693 f.). 1

Durch den Einigungsvertrag zwischen der Bundesrepublik Deutschland und der **DDR** vom 31. 8. 1990 (EinigungsvertragsG vom 23. 9. 1990, BGBl II S. 885) sind mit Wirkung ab 3. 10. 1990 das GG, die ZPO, das FGG, die VwGO, die FGO, das ArbGG, das SozGG und das GVG mit gewissen Überleitungsregeln auch auf dem Gebiet der ehemaligen DDR in Kraft getreten. Die bisherige **Gerichtsorganisation der DDR** wurde teilweise bis auf weiteres übernommen (Kreisgericht als AG; Bezirksgericht als LG). Die Aufgaben des Oberlandesgerichts wurden besonderen Senaten der Bezirksgerichte übertragen. Die Kreisgerichte fungieren darüberhinaus bis zur Errichtung entsprechender Spezialgerichte als Verwaltungs-, Arbeits- und Sozialgerichte, die Bezirksgerichte als Oberverwaltungs-, Landesarbeits- und Landessozialgerichte sowie als Finanzgerichte. Einstweiliger Rechtsschutz ist damit auf dem Gebiet der neuen Bundesländer im gleichen Umfang garantiert wie in der alten Bundesrepublik.

2. Gegenstand der Darstellung und Prüfschema

2 Im Bereich des Erkenntnisverfahrens der ordentlichen Gerichtsbarkeit, also mit Auswirkung für alle materiellen Rechtsgebiete, die der ordentlichen Gerichtsbarkeit unterworfen sind (Bürgerliches Recht, Handelsrecht, Gesellschaftsrecht, Wettbewerbsrecht), stellt die ZPO den Arrest und die einstweilige Verfügung als umfassenden vorläufigen Rechtsschutz und als ein **Grundmuster für andere Verfahrensordnungen** zur Verfügung (z. B. § 62 II ArbGG, § 123 III u. IV VwGO). Auf die Besonderheiten des einstweiligen Rechtsschutzes in den einzelnen Prozeßarten wird in diesem Handbuch bei deren spezieller Erörterung eingegangen. Die folgenden Ausführungen beschränken sich darum auf den Arrest und die einstweilige Verfügung nach den §§ 916ff. ZPO. Am Ende der Darstellung werden ergänzend kurze Hinweise auf den einstweiligen Rechtsschutz auf anderen Rechtsgebieten gegeben.

Prüfschema

3 **1. Allgemeine Fragen**

- Wegen welcher Ansprüche, bestehender oder drohender Rechtsverletzungen soll einstweiliger Rechtsschutz begehrt werden? (Rdnrn. 7f.)
- Ist eine einstweilige Regelung dringlich? Kann nicht die Entscheidung im Hauptsacheverfahren abgewartet werden? Bestehen nicht ausreichende andere Sicherheiten? (Rdnrn. 26f.)
- Würde ein Erfolg des Antrags auf einstweiligen Rechtsschutz nicht bereits die Erfüllung des Anspruchs darstellen? (unschändlich bei Leistungsverfügung: z. B. bei Unterhaltsanspruch, Verletzung absolut geschützter Rechtsgüter). (Rdnr. 21)
- Welches Verfahren kommt in Betracht (Arrest – einstweilige Verfügung)? (Rdnr. 9.)

4 **2. Fragen zum Arrestantrag**

- Ist die Vollstreckung wegen einer Geldforderung, auch einer zukünftigen oder bedingten Geldforderung (z. B. bei Gewährleistung) gefährdet? S. Rdnr. 7.
- Hat der Schuldner überhaupt Vermögen? Liegt es im Inland oder Ausland? S. Rdnr. 14.
- Sind bestimmte Vermögensgegenstände des Schuldners bekannt? Ggf. kann mit dem Arrestantrag auch ein Pfändungsbeschluß beantragt werden. S. Rdnr. 18.
- Müßte eine Vollstreckung im Ausland erfolgen? (Rdnr. 13)
- Besteht die Gefahr, daß der Schuldner Vermögensgegenstände ins Ausland schafft? In diesem Fall kommt der persönliche Arrest in Betracht, wenn nicht der dingliche Arrest genügt. (Rdnrn. 13f.)

5 **3. Fragen zum Antrag auf einstweilige Verfügung**

- Besteht die begründete Gefahr, daß durch bevorstehende tatsächliche oder rechtliche Veränderungen die Verwirklichung eines Rechts (Anspruchs, nicht Geldanspruchs) eines Gläubigers vereitelt oder erschwert wird? Muß mit dem Eingriff in ein Recht des Gläubigers gerechnet werden? (Sicherungsverfügung). (Rdnr. 15)

– Droht bei einem Dauerrechtsverhältnis (z. B. Gesellschaftsverhältnis) die Gefahr einer Veränderung durch den Partner (i. S. d. Schaffens vollendeter Tatsachen)? (Regelungsverfügung). (Rdnr. 16)
– Besteht eine existenzielle Gefährdung bei Nichterfüllung von Ansprüchen (Unterhaltsansprüchen, Ausschluß aus der Wohnung u. ä.)? Besteht die unmittelbare Gefahr von Rechtsverletzungen (Besitzentzug, Verletzung der Ehre u. ä.)? (Leistungsverfügung; Rdnr. 17)

4. Fragen zum Verfahren 6
– Wurde der Schuldner abgemahnt? Andernfalls kann ein Kostenrisiko entstehen. (Rdnr. 49)
– Welche Beweismittel zur Glaubhaftmachung sind gegeben? (Urkunden, eidesstattliche Versicherungen, auch des Gläubigers selbst, kein Zeugenbeweis). (Rdnrn. 22ff)
– Welche Gerichte können angegangen werden? Z. B. das Amtsgericht der belegenen Sache, das Gericht des Hauptsacheverfahrens, die besonderen Wahlgerichtsstände (§ 35 ZPO; insbesondere das Gericht der unerlaubten Handlung, das Gericht an jedem Erscheinungsort eines Presseorgans, das Gericht am Sitz des Unternehmens bei Eingriff in den eingerichteten und ausgeübten Gewerbebetrieb; Rdnrn. 11, 29)
– Ist die Zustellung der Entscheidung innerhalb einer Woche nach Vollziehung und spätestens einen Monat ab Verkündung oder ab Zustellung möglich? Aufenthalts-/Zustelladresse des Schuldners sind ausfindig zu machen; der Eilgerichtsvollzieher ist zu ermitteln (Rdnrn. 39ff., 46)
– Ist der Antragsteller darüber belehrt, daß die Aufhebung von Arrest und einstweiliger Verfügung eine Schadenersatzpflicht des Gläubigers ohne Verschulden auslösen kann? (Rdnr. 50)

3. Abgrenzung und Wahl des Verfahrens

7 Arrest und einstweilige Verfügung schließen einander grundsätzlich aus (*Thomas/Putzo* Vorbem. § 916 Anm. 3c). Es ist darum von vornherein sorgfältig das richtige Verfahren zu wählen.

a) Der Arrest sichert die **Zwangsvollstreckung** (§ 916 I ZPO)
– wegen einer Geldforderung oder
– wegen eines Anspruchs, der in eine Geldforderung übergehen kann (z. B. in Gewährleistungsfällen), auch soweit die Ansprüche betagt oder bedingt sind (§ 916 II ZPO).

Die einstweilige Verfügung 8
– sichert einen **Individualanspruch** (§ 935 ZPO, Sicherungsverfügung), der nicht auf eine Geldzahlung gerichtet ist (z. B. Anspruch auf Herausgabe, Leistung, Bearbeitung von Sachen, auf Abgabe von Willenserklärungen, auf Unterlassung etc.; *Thomas/Putzo* § 935 Anm. 2);
– regelt einstweilen ein **streitiges Rechtsverhältnis** (§ 940 ZPO, Regelungsverfügung); z. B. bei Streit über eine gesellschaftsrechtliche Geschäftsführungsbefugnis, über Nutzungsrechte u. ä. (*Thomas/Putzo* § 940 Anm. 2);
– regelt die **vorläufige Befriedigung** eines Anspruchs (§ 940 ZPO analog, Leistungsverfügung; von der Rechtsprechung in Anlehnung an die §§ 1615o BGB, 620 ZPO, 25 UWG entwickelt, sozusagen zur Sicherung der tatsächlichen Existenz), insbesondere bei Unterhaltsansprüchen, Verletzung absolut geschützter Rechtsgüter, verbotener Eigenmacht und in Wettbewerbssachen.

9 **b)** Der **Antrag im falschen Verfahren** ist als unzulässig zurückzuweisen (*OLG Düsseldorf* NJW 1977, 1828). Nur unter ganz besonderen Umständen kann ein Antrag umgedeutet werden (*OLG Köln* NJW 1970, 1883). Zum Teil

wird in Anlehnung an *KG* NJW 1961, 1978 die Auffassung vertreten, es sei ohne Klageänderung zulässig von einem Verfahren in das andere überzugehen (*Zöller/Vollkommer* Rdnr. 3 vor § 916). Man kann sich jedoch nicht darauf verlassen, daß die Gerichte dieser Auffassung folgen. Die Kosten des Antrags im falschen Verfahren treffen den Antragsteller auch bei Rücknahme vor Zustellung an den Gegner (§ 269 III 2 ZPO; *OLG Hamburg* NJW 1977, 813).

II. Arrestgesuch/Verfügungsantrag

1. Form und Zuständigkeit

10 Das Arrestgesuch und der Verfügungsantrag können **schriftlich** eingereicht oder zu Protokoll der Geschäftsstelle erklärt werden (§§ 920 III, 936 ZPO). Das bedeutet zugleich, daß für das Gesuch bzw. den Antrag **kein Anwaltszwang** besteht (§ 78 II ZPO). Der Anwalt kann Gesuch und Antrag bei Gerichten einreichen, bei denen er nicht zugelassen ist. Dennoch muß vor diesem Vorgehen gewarnt werden. Angesichts der besonderen Dringlichkeit der Eilverfahren kommt es regelmäßig auf die Kenntnis der Richter und des usus bei dem angegangenen Gericht an. Darum ist es immer empfehlenswert, Anwaltskollegen am Gerichtsort einzuschalten.

11 Zuständig in beiden Verfahren ist das **Gericht der Hauptsache** (§§ 919, 937 I ZPO). Gericht der Hauptsache ist auch das unzuständig angegangene Gericht, solange die Sache dort noch anhängig ist. Wahlweise ist daneben im Arrestverfahren das **Amtsgericht der belegenen Sache** bzw. am Aufenthalt der in ihrer Freiheit zu beschränkenden Person zuständig (§ 919 ZPO). Die einstweilige Verfügung kann dagegen vor dem Gericht der belegenen Sache nur in dringenden Fällen anhängig gemacht werden (§ 942 I ZPO). Diese Zuständigkeit ist im übrigen nur vorläufig. Das Widerspruchsverfahren ist dem Gericht der Hauptsache vorbehalten (§ 942 I ZPO).

2. Arrest- und Verfügungsanspruch

12 Von den allgemeinen Prozeßvoraussetzungen abgesehen müssen im Arrestverfahren ein Arrestanspruch (§ 916 ZPO) und im einstweiligen Verfügungsverfahren ein Verfügungsanspruch (§§ 935, 940 ZPO) schlüssig dargetan und glaubhaft gemacht werden. Bezüglich Arrestanspruch s. oben Rdnr. 7. Bezüglich Verfügungsanspruch s. oben Rdnr. 8.

3. Arrest- und Verfügungsgrund

13 Hinzukommen muß beim Arrestverfahren der Arrestgrund (§§ 917, 918 ZPO), bei der einstweiligen Verfügung der Verfügungsgrund (§§ 935, 940 ZPO).

a) Arrestgrund

aa) Der Arrestgrund als besondere Prozeßvoraussetzung ist gem. § 917 ZPO gegeben, wenn zu besorgen ist, daß ohne Verhängung des Arrests die **Vollstreckung** eines Urteils vereitelt oder wesentlich erschwert werden könnte. Nach § 917 II ZPO wird es als zureichender Arrestgrund angesehen, wenn das Urteil im **Ausland** vollstreckt werden müßte. Die Besorgnis der Vollstrekkungserschwerung wird angenommen, wenn sich die Vermögenslage des

Schuldners zu verschlechtern droht etwa durch auffällige Vermögensveräußerungen (*Thomas/Putzo* § 917 Anm. 1a), insbesondere aber auch bei Betrugsversuchen des Schuldners gegenüber dem Gläubiger (*BGH* WM 1983, 614; *OLG München* MDR 1970, 934). **Kein Arrestgrund** sind die schlechte Vermögenslage des Schuldners allein oder die Konkurrenz anderer Gläubiger (*RGZ* 67, 26; *LG Augsburg* NJW 1975, 2350). Die Notwendigkeit der Auslandsvollstreckung wird angenommen, wenn der Schuldner nur Auslandsvermögen hat oder wenn die Gefahr besteht, daß er die Vollstreckung ins Inlandsvermögen vereitelt (*OLG Düsseldorf* NJW 1977, 2034). Die Ausländereigenschaft des Schuldners allein ist kein Arrestgrund.

bb) Bei einem **persönlichen Arrest** liegt der Arrestgrund in der Notwendig- **14**
keit, die gefährdete Zwangsvollstreckung in das Vermögen des Schuldners durch seine **Haft** oder die sonstigen Maßnahmen nach § 933 ZPO zu sichern (§ 918 ZPO). Dieser Arrestgrund ist nur gegeben, wenn ein anderes Sicherungsmittel nicht zur Verfügung steht, insbesondere auch nicht der dingliche Arrest (*Thomas/Putzo* § 918). Er liegt nicht vor, wenn der Schuldner überhaupt kein Vermögen hat (*Zöller/Vollkommer* § 918 Rdnr. 1).

b) Verfügungsgrund

aa) Bei der **Sicherungsverfügung** liegt ein Verfügungsgrund vor, wenn die **15**
objektive Gefahr besteht, daß die Verwirklichung des Individualanspruchs (Rechts) durch bevorstehende Veränderungen des status quo bedroht ist (*Thomas/Putzo* § 935 Anm. 3). Dies ist etwa der Fall bei Gefahr der Veräußerung, Wegschaffung, Veränderung, Beschädigung und Zerstörung von Sachen bzw. bei bevorstehenden Eingriffen in Rechte.

bb) Bei der **Regelungsverfügung** liegt der Verfügungsgrund vor, wenn ins- **16**
besondere bei dauernden Rechtsverhältnissen (z. B. Gesellschaftsverhältnissen) eine Regelung zur Abwendung wesentlicher Nachteile, zur Verhinderung drohender Gewalt oder aus anderen Gründen nötig erscheint. Das kann etwa der Fall sein, wenn die Gefahr der Veruntreuung von Gesellschaftsvermögen durch den Geschäftsführer droht oder wenn ein Vermieter den Zugang zu einer Wohnung blockiert, sie nicht mehr beheizt u. ä.

cc) Bei der **Leistungsverfügung** liegt der Verfügungsgrund beispielsweise in **17**
der Existenzgefährdung durch Einstellung der Unterhaltszahlung, in der bereits erfolgten Verletzung absolut geschützter Rechtsgüter wie etwa bei Ehrverletzungen und in dem Besitzentzug durch verbotene Eigenmacht. In solchen Fällen ist der Gläubiger auf die sofortige Erfüllung so dringend angewiesen, daß ihm das Zuwarten auf einen Titel im ordentlichen Verfahren nicht zugemutet werden kann (*OLG Düsseldorf* FamRZ 1979, 75; *OLG Frankfurt* NJW 1975, 393).

4. Die Anträge

a) Arrestantrag

Das Arrestgesuch muß **bestimmt** angeben, was der Antragsteller begehrt. In **18**
der Regel wird dies die Anordnung des **dinglichen Arrests** in das gesamte Vermögen des Antragsgegners sein. Der Antrag muß daneben genau bezeichnen, wegen welcher Forderung des Antragstellers, in welcher Höhe und mit welchen Zinsen der Arrestbefehl ergehen soll. Zugleich kann der Arrest wegen der noch unbekannten Kosten des Verfahrens in Höhe eines geschätzten Pau-

schalbetrages beantragt werden. Das Gericht hat von Amts wegen eine sog. **Lösungssumme** in den Arrestbefehl aufzunehmen, durch deren Hinterlegung der Schuldner die Vollziehung des Arrests hemmen bzw. aufheben lassen kann (§ 923 ZPO). Sind dem Antragsteller Vermögensgegenstände des Antragsgegners bekannt, kann auch ein **Pfändungsbeschluß** im Wege der Arrestvollziehung gem. §§ 928, 930f. ZPO zusammen mit dem Arrestbefehl beantragt werden.

19 Im Falle des § 918 ZPO richtet sich der Antrag auf Anordnung des **persönlichen Sicherheitsarrests** gegen den Antragsgegner. Der Antrag unterliegt den gleichen Bestimmtheitsvoraussetzungen. Auch in diesem Fall kann im Rahmen der Vollziehung des Arrestbefehls Haft oder eine weniger einschneidende Maßnahme nach dem Ermessen des Gerichts angeordnet werden (§ 933 ZPO).

b) Antrag auf Erlaß einer einstweiligen Verfügung

20 Angesichts des weiten Rahmens, innerhalb dessen Sicherungs-, Regelungs- und Leistungsverfügungen möglich sind, und angesichts der sehr differierenden Zielsetzungen, die damit verbunden sein können, lassen sich die möglichen Anträge hier nicht darstellen. Beispiele dessen, was **Gegenstand eines Antrags** auf Erlaß einer einstweiligen Verfügung sein kann, enthält § 938 II ZPO, nämlich die Anordnung der Sequestration, der Erlaß von Geboten und Verboten, die Untersagung der Veräußerung, Belastung oder Verpfändung von Grundstücken und Schiffen. Wegen der Antragsinhalte auf den einzelnen Rechtsgebieten muß auf die umfassende Darstellung bei *Zöller/Vollkommer* § 940 Rdnr. 8 verwiesen werden. Im übrigen ist das Gericht nicht streng an die formulierten Anträge gebunden, sondern kann nach **freiem Ermessen** bestimmen, welche Anordnungen zur Erreichung des Zwecks erforderlich sind (§ 938 I ZPO).

21 Dem Ermessen des Gerichts sind allerdings folgende **Grenzen** gesetzt:

- die Maßnahme muß sich im Rahmen des gestellten Antrags halten in dem Sinne, daß nicht ein anderer Anspruch gesichert und nicht mehr zugesprochen werden darf, als beantragt war,
- die Maßnahme darf nicht zur Befriedigung des Gläubigers führen und keine endgültige Vollziehung enthalten,
- die Maßnahme darf nicht über den Hauptanspruch hinausgehen,
- sie darf nicht etwas anordnen, was nicht vollzogen werden kann (*Thomas/Putzo* § 938 Anm. 1 a–d).

5. Die Glaubhaftmachung

22 **a)** Sowohl im Arrest- wie auch im einstweiligen Verfügungsverfahren sind Anspruch und Arrestgrund bzw. Verfügungsgrund, soweit das Gesetz nicht Ausnahmen enthält (z. B. § 921 II ZPO) glaubhaft zu machen (§§ 920 II, 936 ZPO). Das bedeutet, daß außer allen anderen Beweismitteln **die eidesstattliche Versicherung** zur Beweisführung zugelassen ist (§ 294 I ZPO). Diese Art der Beweisführung genügt auch für den Nachweis der Prozeßvoraussetzungen in der mündlichen Verhandlung und für den Gegner zum Beweis seiner Darstellung (*Thomas/Putzo* § 920 Anm. 2).

23 **b)** Der Anwalt ist bei der **Ermittlung des relevanten Sachverhalts** (Anspruch und Arrest- bzw. Verfügungsgrund) sowie seiner Glaubhaftmachung besonders gefordert. Einerseits muß er den Mandanten veranlassen, alle auch nur irgendwie einschlägigen Schriftstücke beizubringen. Der Richter wird hier in die auch

für ihn nicht alltägliche Situation gebracht, aufgrund einseitigen Parteivortrags entscheiden zu müssen; er fühlt sich darum sicherer, je mehr Fakten dokumentiert sind. Zum anderen muß der Anwalt Beweislücken durch eidesstattliche Versicherungen zu schließen versuchen. Er wird deswegen durch persönliche Gespräche mit dem Mandanten, seinen Angehörigen, seinen Sachbearbeitern und sonst in Betracht kommenden Zeugen zu klären versuchen müssen, wer für eine Aussage und ihre eidesstattliche Versicherung in Betracht kommt. Bei alledem ist höchste Eile geboten (Eilverfahren).

Anwaltspflicht ist es, bei der **Aufnahme eidesstattlicher Versicherungen** besonders sorgfältig vorzugehen. Der Mandant oder Zeuge ist über die Strafbarkeit der Abgabe einer eidesstattlichen Versicherung zu belehren. Wird die eidesstattliche Versicherung in der Kanzlei des Anwalts aufgenommen, empfiehlt es sich, die **Belehrung** in den Text mit aufzunehmen. Diktiert der Anwalt die eidesstattliche Versicherung nach der Aussage der Partei oder des Zeugen, muß er ganz besonders darauf achten, daß seine Formulierung mit den Bekundungen übereinstimmt, sonst kann es nicht nur Probleme im Verfahren, sondern unter Umständen auch nachträgliche Vorwürfe gegen den Anwalt geben. Problematisch ist die Übersendung eines **schriftlichen Entwurfs** der eidesstattlichen Versicherung an den Aussagenden. Dies ist nur dann tragbar, wenn zuvor der Sachverhalt in einem persönlichen Gespräch ermittelt worden ist und der Aussagende bei Übersendung an seine Wahrheitspflicht erinnert und aufgefordert wird, notwendige Änderungen vorzunehmen oder sie vom Anwalt zu verlangen. Im Rahmen dieser Grundsätze ist es zulässig, eine eidesstattliche Versicherung so abzufassen, daß sie den im Antrag des Anwalts festgehaltenen Sachverhalt als richtig bestätigt. **24**

Bleiben am Ende Lücken der Glaubhaftmachung von Anspruch und/oder Grund, dann ist zu prüfen, ob das Gericht nicht durch das Angebot einer **Sicherheitsleistung** zum Erlaß der gewünschten Entscheidung bewegt werden kann (§ 921 II 1 ZPO). **25**

6. Rechtsschutzbedürfnis/Sicherungsbedürfnis/Dringlichkeit

a) Bei einem Arrestantrag muß, wenn man nicht riskieren will, daß ein Widerspruch Erfolg hat, von vornherein geklärt werden, ob der Antragsteller nicht **anderweitig** hinreichend **gesichert** ist. Das ist etwa dann der Fall, wenn er bereits im Besitz eines rechtskräftigen oder ohne Sicherheitsleistung vorläufig vollstreckbaren Titels ist oder wenn der Gläubiger über hinreichende dingliche Sicherungen verfügt (Eigentumsvorbehalt, Sicherungsübereignung, Pfandrecht; *Zöller/Vollkommer* § 917 Rdnrn. 10f.; *Baumbach/Lauterbach/Hartmann* § 917 Anm. 1 D). Ein lediglich dogmatischer Streit ist es, ob man das Sicherungsbedürfnis als Teil des **Rechtsschutzbedürfnisses** oder als Faktor des Arrestgrunds ansieht (*Zöller/Vollkommer* aaO; *Stein/Jonas/Grunsky* § 917 Rdnr. 20). **26**

b) Für die Sicherungsverfügung wegen eines Individualanspruchs nach § 935 BGB gilt hinsichtlich des Sicherungsbedürfnisses das gleiche wie beim Arrest (s. oben Rdnr. 26). Bei der Regelungsverfügung nach § 940 ZPO kann ein langes **Zuwarten nach Kenntnis** der für einen Antrag maßgeblichen Umstände die **Dringlichkeit** des Antrags entfallen lassen (*OLG München* WRP 1980, 715f.; *OLG Frankfurt* NJW 1985, 1295; *Thomas/Putzo* § 940 Anm. 3). Auch hier kann dahingestellt bleiben, ob die Dringlichkeit Teil des Verfügungsgrundes oder des **27**

Rechtsschutzbedürfnisses ist. Bei der Leistungsverfügung kann das **Unterlassen einer Hauptsacheklage** innerhalb der gesetzten zeitlichen Grenzen das Rechtsschutzbedürfnis für eine erneute Verfügung entfallen lassen (*AG Groß-Gerau* MDR 1985, 593).

28 **c)** Für die Erfolgsaussichten eines Eilverfahrens ist es von erheblicher Bedeutung, ob das Gericht durch Beschluß ohne mündliche Verhandlung entscheidet oder ob es Termin zur mündlichen Verhandlung anordnet. Die letztgenannte Alternative ist bereits ein Zeichen, daß das Gericht Bedenken hat. Diese werden im allgemeinen in der mündlichen Verhandlung, wenn der Gegner auftritt, nicht geringer werden. Der Antragsteller sollte daher ausdrücklich den Erlaß der **Entscheidung ohne mündliche Verhandlung** (beim Landgericht durch den Vorsitzenden allein) wegen besonderer Dringlichkeit beantragen (§§ 921 I, 937 II, 944 ZPO).

III. Das Verfahren

1. Einreichung des Antrags

29 Der Antragsteller hat bei Arrest und einstweiliger Verfügung regelmäßig die **Wahl unter mehreren Gerichten** und damit auch Richtern. So können etwa das Amtsgericht der belegenen Sache, das Landgericht als Hauptsachegericht, die Zivilkammer oder die Kammer für Handelssachen in Betracht kommen. Bei der Bestimmung des Hauptsachegerichts sind die **Wahlgerichtsstände** (§ 35 ZPO) zu beachten. In Pressesachen kann jedes Gericht im Verbreitungsgebiet des Presseorgans angegangen werden. Schließlich kann der Antrag auch bei dem Gericht eingereicht werden, bei dem die Hauptsache anhängig ist, auch wenn es dafür unzuständig ist. Der Anwalt kann demnach aufgrund seines besonderen know how der Richterpersönlichkeiten dasjenige Gericht aussuchen, welches am ehesten Erfolg verspricht.

30 Das ins Auge gefaßte Gericht bzw. die Kammer sollten wegen der besonderen Eile schon während der Arbeit am Antrag ermittelt werden. Nach Einreichung des Antrags ist es empfehlenswert, **Kontakt mit dem Richter,** soweit dieser dazu bereit ist, zu halten. Das kann schon dadurch geschehen, daß man ihn im Antrag, sofern er Bedenken haben sollte, um Rückruf bittet. Der Antragsteller hat dadurch die Möglichkeit, evtl. Beweismittel nachzuliefern oder den Antrag umzustellen oder zu präzisieren. Nachdem die Anordnung der mündlichen Verhandlung meist eine Vorentscheidung über die Aussichten des Antrags darstellt, kann der Antragsteller, wenn er auf die Absichten des Richters hingewiesen wird, überlegen, ob er den Antrag nicht zurücknimmt. Der Gegner erfährt dann von der Antragstellung nichts.

2. Beschluß ohne mündliche Verhandlung/Rechtsbehelf

31 **a)** Kommt das angegangene Gericht zu dem Ergebnis, daß die Voraussetzungen für den Erlaß des Arrests oder der einstweiligen Verfügung nicht vorliegen und nimmt der Antragsteller seinen Antrag nicht zurück, so **weist** es den Antrag **durch Beschluß zurück** (§§ 922 III, 936 ZPO). Der Beschluß wird dem Gegner nicht mitgeteilt. Der Antragsteller kann (einfache) **Beschwerde** gem. § 567 I ZPO einlegen.

b) Kommt das Gericht zu dem Ergebnis, daß der Antrag begründet ist, **erläßt es** den Arrest bzw. die einstweilige Verfügung durch Beschluß. Dieser wird nicht von Amts wegen zugestellt (§§ 922 II, 936 ZPO). Bezüglich Parteizustellung und Vollziehung s. Rdnr. 39. 32

c) Der Antragsgegner kann gegen den erlassenen Beschluß **unbefristet Widerspruch** einlegen (§§ 924 I, 936 ZPO; Ausnahme § 942 ZPO). Mit dem Widerspruch ist der Antrag verbunden, den Arrest oder die einstweilige Verfügung aufzuheben und den diesbezüglichen Antrag zurückzuweisen. Der Widerspruchsschriftsatz ist das Gegenstück zur Antragsschrift; er entspricht im Prinzip der Klageerwiderung mit der besonderen Beweismöglichkeit der Glaubhaftmachung nach § 920 II ZPO. 33

Die Frage, ob ein Widerspruch eingelegt werden soll oder nicht, ist sorgfältig 34
zu prüfen. Wenn die Beweismittel nicht reichen, stellt sich die Frage, ob nicht besser Antrag auf **Fristsetzung zur Erhebung der Hauptsacheklage** gestellt wird (§ 926 I ZPO). Schließlich ist auch zu überlegen, ob man nicht mit einer einstweiligen Verfügung, weil ihre Antragsvoraussetzungen nicht widerlegt werden können, leben kann. Sie muß von der Kostentragung abgesehen (z. B. bei einer Unterlassungsverfügung) nicht unbedingt weitere Folgen haben (ein Schaden kann z. B. nicht nachgewiesen werden).

Die Anwaltschaft hat eine Art vorsorglichen und vorweggenommenen Wi- 35
derspruch in Form der sog. **Schutzschrift** entwickelt. Diese wird bei den in Betracht kommenden Gerichten eingereicht, wenn ein Antrag auf Arrest oder einstweilige Verfügung droht. Mit ihr ist der Antrag verbunden, einen etwa begehrten Arrest oder eine einstweilige Verfügung nicht oder nicht ohne mündliche Verhandlung zu erlassen. Ihr besonderes Problem liegt darin, das richtige Gericht zu finden, bei welchem der erwartete Antrag eingereicht werden könnte. Unter Umständen muß die Schutzschrift bei mehreren Kammern und mehreren Gerichten eingelegt werden. Die Schutzschrift löst keine Gerichtskosten aus. Wegen der Kostenerstattung vgl. *Zöller/Vollkommer* § 937 Rdnr. 4.

3. Mündliche Verhandlung/Urteil/Rechtsmittel

a) Zu einer mündlichen Verhandlung kommt es, wenn über den eingereich- 36
ten Antrag nicht durch Beschluß entschieden wird oder wenn der Antragsgegner Widerspruch einlegt (§§ 921 I, 937 II, 924 II 2 ZPO). Sie wird regelmäßig sehr **kurzfristig** anberaumt, da eine Einlassungsfrist (§ 274 III ZPO) nicht gewahrt werden muß (*Zöller/Stephan* § 274 Rdnr. 5) und die Ladungsfrist auf Antrag abgekürzt werden kann (§§ 217, 226 I ZPO).

Der Anwalt muß demnach damit rechnen, daß er in der mündlichen Ver- 37
handlung mit **neuem gegnerischen Vortrag** und der Präsentation **unerwarteter Beweismittel** konfrontiert wird. Die Anwälte beider Seiten müssen sich darauf vorbereiten. Es müssen demnach möglichst sämtliche denkbaren Argumente der Gegenseite vorab erwogen und die Partei, soweit sie etwas zur Sache sagen kann, sowie alle in Betracht kommenden Zeugen und ggf. Sachverständigen mitgebracht werden. Ein Anspruch auf **Vertagung** besteht für den Gegner nicht (§ 294 II ZPO). Die mündliche Verhandlung ist schließlich die letzte Gelegenheit für den Anwalt Rechtsausführungen zu machen. Er sollte sich darum auch entsprechend sorgfältig auf ein etwa notwendig werdendes Plädoyer vorbereiten.

38 **b)** Die Entscheidung nach mündlicher Verhandlung ergeht durch **Urteil.** Es **ordnet** entweder, sofern noch nicht durch Beschluß geschehen, den Arrest oder die einstweilige Verfügung **an** (§§ 922 I, 936 ZPO) oder es **bestätigt** den Arrest oder die einstweilige Verfügung ganz oder teilweise (§§ 925 II, 936 ZPO) oder es hebt den bereits erlassenen Arrest bzw. die einstweilige Verfügung auf und weist den entsprechenden Antrag zurück (§§ 925 II, 936 ZPO). Gegen das Urteil kann **Berufung** gem. § 511 ZPO eingelegt werden; die Revision ist ausgeschlossen (§ 545 II ZPO). Daneben kommt ein Antrag gem. § 926 ZPO auf Fristsetzung zur Erhebung der Hauptsacheklage in Betracht (s. unten Rdnr. 45). Trotz Amtszustellung der Urteile (§ 317 I ZPO) spielt die **Parteizustellung** wegen § 929 III ZPO eine Rolle, dazu s. unten Rdnr. 39.

4. Zustellung/Vollziehung

39 **a)** Im Grundsatz entspricht das, was in den Eilverfahren Vollziehung genannt wird, der normalen Vollstreckung (§§ 928, 936 ZPO). Den **Titel** bildet dabei der Arrestbefehl bzw. die einstweilige Verfügung. Die **Vollstreckungsklausel** ist grundsätzlich entbehrlich (§ 929 I ZPO). Im Gegensatz zu den normalen Vollstreckungsvoraussetzungen kann die **Zustellung** nachträglich erfolgen (§ 929 III 1 ZPO). Die Zustellung ist aber wegen des Eilcharakters des Verfahrens befristet. Sie muß spätestens innerhalb einer Woche nach der Vollziehung und nicht später als einen Monat ab Verkündung bzw. ab Amtszustellung der Entscheidung (Arrestbefehl, einstweilige Verfügung) an den Antragsteller erfolgt sein (§§ 929 III 2 u. II, 936 ZPO). Nach h. M. sind sowohl Beschlüsse, die dem Gegner nicht von Amts wegen zugestellt werden (§ 922 II ZPO), als auch Urteile, die von Amts wegen zugestellt werden (§ 317 I ZPO), zur Wahrung der Fristen des § 929 II u. III ZPO **im Parteibetrieb zuzustellen** (§§ 166f. ZPO; *Zöller/Vollkommer* § 929 Rdnr. 12 m. w. Nachw.).

40 **b)** Auch die **Vollziehung** (= Vollstreckung) ist auf einen Monat ab Verkündung der Entscheidung bzw. ab Zustellung an den Antragsteller befristet (§ 929 II ZPO). Die Frist wird nach h. M. gewahrt, wenn mit den Vollstreckungsakten vor Fristablauf begonnen wurde (*Zöller/Vollkommer* § 929 Rdnr. 11 m. w. Nachw.).

41 **c)** Der Sache nach besteht die Vollziehung: **aa) beim Arrest** in der Pfändung gem. §§ 930ff. ZPO mit §§ 808ff., 829ff., 846, 857ff. ZPO, in der Eintragung einer Arresthypothek/Sicherungshypothek nach § 932 ZPO bzw. in der Durchführung der Haft gem. §§ 933, 904–913 ZPO; dies alles aber ohne Verwertung, d. h. ohne Versteigerung (Ausnahme § 930 III ZPO), Überweisung und Befriedigung des Gläubigers;

42 **bb) bei der einstweiligen Verfügung**

- mit **Unterlassungsanordnung, Gebot** oder **Verbot** allein in der **Parteizustellung.** Dies liegt daran, daß eine reguläre Zwangsvollstreckung in solchen Fällen gem. § 890 ZPO erst bei einem Verstoß gegen die Anordnung begonnen werden könnte. Die Amtszustellung reicht nach h. M. nicht aus (wegen der Begründung, der Gegenansichten und der Ausnahmen vgl. *Zöller/Vollkommer* § 929 Rdnr. 12);

43 – mit **Anordnung realer Handlungen** in der Wegnahme durch den Gerichtsvollzieher oder Übergabe an den Sequester (§§ 892, 887 I ZPO) oder in der

Eintragung in das Register bzw. das Grundbuch durch Antrag entsprechend § 932 III ZPO;

– mit **Anordnung einer Geldzahlung** (Leistungsverfügung) in der **Zwangsvollstreckung** wie bei Leistungsurteilen. Die Fristen nach § 929 I, III ZPO sollen nach h. M. jedoch unberührt bleiben. Dies ist bei einer einmaligen Zahlung relativ leicht zu verstehen; bei wiederholten Zahlungsfälligkeiten werden sehr verschiedene Ansichten vertreten. So soll hier die Zustellung im Parteibetrieb genügen (*OLG Hamm* FamRZ 1981, 583), es soll der Beginn der Vollstreckung bezüglich einer Teilforderung ausreichen (*OLG Hamm* FamRZ 1981, 1145; FamRZ 1983, 1256; *OLG Bamberg* FamRZ 1985, 510), es soll schließlich die Vollziehungsfrist mit der Fälligkeit jeder Teilleistung neu beginnen (*OLG Celle* FamRZ 1984, 1248; *OLG Köln* FamRZ 1985, 508 und 1063; zur Diskussion vgl. *Zöller/Vollkommer* § 929 Rdnr. 19). **44**

d) Gegen die **Versäumung der Vollziehungsfrist** gibt es keine Wiedereinsetzung in den vorigen Stand. Sie ist von Amts wegen zu beachten (*OLG Frankfurt* OLGZ 82, 103; *Thomas/Putzo* § 929 Anm. 2a). Danach ist eine Vollziehung der Rechtsschutzentscheidung unzulässig (§ 929 II ZPO). Der Antragsgegner kann deren Aufhebung durch Widerspruch bzw. Berufung bzw. gemäß § 927 ZPO bewirken. Vollstreckungsakte sind gemäß § 766 ZPO auf Erinnerung des Schuldners aufzuheben. Dem Gläubiger bleibt nur die Beantragung eines neuen Arrestes bzw. einer einstweiligen Verfügung auch mit der alten Begründung. Die Frage der **Heilung von Zustellungsmängeln** (§ 187 ZPO) ist sehr umstritten (vgl. *Zöller/Vollkommer* § 929 Rdnr. 14). **45**

Vollziehung und Zustellung sind aus den vorgenannten Gründen für den Anwalt eine **organisatorische Aufgabe.** Er sollte, sobald er weiß, daß seinen Anträgen stattgegeben wird, den zuständigen Gerichtsvollzieher (Eilgerichtsvollzieher) ermitteln, mit ihm Kontakt aufnehmen, für Kostenvorschüsse sorgen, aber auch Verbindung zu anderen Vollziehungsorganen (Grundbuchamt, Handelsregister) herstellen, um zu erreichen, daß die gesetzlichen Fristen in jedem Fall eingehalten werden. **46**

5. Aufhebung/Schadensersatz

a) Durch § 926 I ZPO wird dem Antragsgegner die Möglichkeit gegeben, insbesondere wenn er aus Beweisnot im Eilverfahren selbst keine Erfolgsaussichten hat, den Fortbestand der ergangenen Entscheidung von der Durchführung des Hauptsacheverfahrens abhängig zu machen. Vor allem die lediglich sichernden Maßnahmen im einstweiligen Rechtsschutz sind nicht auf Dauer angelegt. Der Antragsgegner kann daher bei dem Arrestgericht beantragen, daß dem Antragsteller eine **Frist zur Klageerhebung** gesetzt wird. Kommt dieser der Anordnung nicht rechtzeitig nach, sind Arrest und einstweilige Verfügung durch Endurteil aufzuheben (§ 926 II ZPO; Ausnahmen zum Teil in den Pressegesetzen). **47**

b) Wegen des vorläufigen Charakters des einstweiligen Rechtsschutzes kann die Aufhebung von Arrest und einstweiliger Verfügung auch wegen **veränderter Umstände** beantragt werden (§ 927 I ZPO). Als solche Umstände sind anzusehen der Wegfall des Arrestanspruchs, die Erledigung des Arrestgrunds, das Erbieten zur Sicherheitsleistung. **48**

49 **c)** Im Wettbewerbsrecht wurde wegen der dort dominierenden Unterlassungsansprüche insbesondere zur Vermeidung des Kostenrisikos aus § 93 ZPO das Institut der **Abmahnung** entwickelt (s. B XII Rdnr. 13ff.). Nach Erlaß einer einstweiligen Verfügung erfüllt den Zweck der Abmahnung für die Hauptsacheklage das sogenannte **Abschlußschreiben.** Durch dieses soll der Antragsgegner zu einem Verzicht auf jeden Rechtsbehelf bewegt werden, um den Rechtsstreit endgültig zu beenden (*Baumbach/Hefermehl* § 25 UWG Rdnr. 102; s. B XII Rdnrn. 107ff.).

50 **d)** Die im Einzelfall möglicherweise unkomplizierte Art, eine Rechtsschutzentscheidung zu erlangen, darf nicht übersehen lassen, daß mit ihr ein großes **Risiko** für den Antragsteller verbunden ist. Für den Fall, daß sich Arrest oder einstweilige Verfügung als von Anfang an unbegründet erweisen oder sie aufgrund von § 926 II ZPO oder § 942 III ZPO aufgehoben werden, hat der Antragsteller seinem Gegner auch ohne Verschulden den **Schaden** zu ersetzen, der ihm aus der Anordnung, ihrer Vollziehung oder zur Abwendung bzw. Aufhebung der Maßregel entstanden ist.

IV. Einstweiliger Rechtsschutz auf speziellen Rechtsgebieten

51 Es können hier nur Hinweise auf Schwerpunkte, ihre Behandlung in diesem Handbuch und auf Spezialliteratur gegeben werden. Zusammenstellungen finden sich in: *Dunkl* u.a., Handbuch des vorläufigen Rechtsschutzes Teil A Rdnrn. 121f. und bei *Zöller/Vollkommer* § 940 Rdnr. 8.

52 **Bürgerliches Recht:**

- **Familienrecht:** Anträge nach §§ 620ff. ZPO, vorläufige Regelung der rechtlichen Beziehungen zwischen Ehegatten während des Eheprozesses; Antrag nach § 1615o BGB gegen den unehelichen Vater auf Zahlung von Entbindungskosten und befristeten Unterhalt an Mutter und Kind, s. B X Rdnrn. 66, 101, 111, 130, 161, 194, 274, 296, 322; vgl. *Gießler,* Vorläufiger Rechtsschutz in Ehe-, Familien- und Kindschaftssachen, 1987.
- **Mietrecht:** s. *Dunkl* in: Handbuch des vorläufigen Rechtsschutzes Teil A Rdnr. 134.
- **Bürgschafts-/Bankgarantierecht:** Eine einstweilige Verfügung ist nach h. M. sowohl gegen den Begünstigten einer Bankgarantie mit dem Inhalt, diese nicht in Anspruch zu nehmen, wie auch gegen die Garantiebank, nicht zu zahlen, zulässig (*Zöller/Vollkommer* § 940 Rdnr. 8 „Bankgarantie").
- **Baurecht/Bauhandwerkersicherungshypothek:** Der Anspruch gem. § 648 I 1 BGB kann gem. §§ 883 I, 885 I BGB, 935 ZPO durch einstweilige Verfügung gesichert werden (*Zöller/Vollkommer* § 940 Rdnr. 8 „Bauhandwerkersicherunghypothek"; *Dunkl* in: Handbuch des vorläufigen Rechtsschutzes Teil A Rdnr. 124).
- **Grundbuch:** Die Eintragung eines Verfügungsverbots bezüglich einer Grundschuld sowie eines Rechtshängigkeitsvermerks kann durch einstweilige Verfügung erfolgen (*Zöller/Vollkommer* § 940 Rdnr. 8 „Grundbuch"; *Dunkl* in: Handbuch des vorläufigen Rechtsschutzes Teil A Rdnr. 130).

53 **Gesellschaftsrecht:** Die Geschäftsführungs- und Vertretungsbefugnis eines Geschäftsführers kann durch einstweilige Verfügung entzogen (*BGHZ* 33, 104; *OLG Frankfurt* BB 1979, 1630), die Abhaltung einer Gesellschafterversamm-

lung und die Vollziehung eines gefaßten Beschlusses können untersagt werden (*OLG Koblenz* NJW-RR 1986, 1039 m. w. N.; vgl. im übrigen *Zöller/Vollkommer* § 940 Rdnr. 8 „Gesellschaftsrecht"; *Baur* in: Handbuch des vorläufigen Rechtsschutzes Teil F).

Wettbewerbsrecht: s. B XII Rdnrn. 41–105.

Presserecht: s. B XIV Rdnrn. 21, 41ff., 45.

Recht der AGB: vgl. *Zöller/Vollkommer* § 940 Rdnr. 8 „Allgemeine Geschäftsbedingungen" und *Baur* in: Handbuch des vorläufigen Rechtsschutzes Teil G.

WEG-Recht: s. B V Rdnrn. 69f.

Arbeitsrecht: vgl. *Zöller/Vollkommer* § 940 Rdnr. 8 „Arbeitsrecht"; *Baur* in: Handbuch des vorläufigen Rechtsschutzes Teil B.

Zwangsvollstreckung und Konkurs: Einstweilige Einstellung/einstweilige Anordnung gem. §§ 707, 719, 769 ZPO, 106 KO (vgl. die einschlägige Kommentarliteratur und *Dunkl, Moeller, Baur* in: Handbuch des vorläufigen Rechtsschutzes Teile I u. J).

Verwaltungsgerichtsverfahren: §§ 80 V, 123 VwGO (vgl. *Feldmeier* in: Handbuch des vorläufigen Rechtsschutzes Teil K; *Finkelnburg/Jank,* Vorläufiger Rechtsschutz im Verwaltungsstreitverfahren, 1986; u. unten C III Rdnrn. 138–159).

Finanzgerichtsverfahren: §§ 361 AO, 69, 114 FGO (vgl. *Moeller* in: Handbuch des vorläufigen Rechtsschutzes Teil M).

Sozialgerichtsverfahren: vgl. *Moeller* in: Handbuch des vorläufigen Rechtsschutzes Teil L u. oben Kap. C II Rdnrn. 43f.).

Bundesverfassungsgericht: § 32 BVerfGG (dazu vgl. *Zuck,* Das Recht der Verfassungsbeschwerde, 2. Aufl. 1988, Rdnrn. 872ff.; *Feldmeier* in: Handbuch des vorläufigen Rechtsschutzes Teil O).

A V. Allgemeine Geschäftsbedingungen

Dr. Bertold Schlünder

Übersicht

Literatur: *Rieger/Friedrich,* Die Aufstellung von Allgemeinen Geschäftsbedingungen in der wirtschaftsrechtlichen Praxis, JuS 1986, 787, 976 u. 1987, 118; *Schlünder,* AGB-Gesetz in Leitsätzen, 1990; *Ulmer/Brandtner/Hensen,* AGB-Gesetz, 6. Aufl., 1990; *Wolf/Horn/Lindacher,* AGB-Gesetz, 2. Aufl., 1989.

Einleitung

1 Die Geschäfte des Massenverkehrs sind ohne AGB undenkbar. Ein Aushandeln sämtlicher Vertragseinzelheiten ließe sich mit den heutigen Bedürfnissen nach schneller Vertragsabwicklung nicht vereinbaren. AGB bewirken die gebotene Rationalisierung und Klärung solcher Zweifelsfragen, deren Regelung die Vertragsparteien beim Vertragsschluß möglicherweise übersehen hätten. Da das im Jahre 1900 in Kraft getretene BGB nicht mehr für alle Anforderungen des modernen Wirtschaftslebens befriedigende Lösungen bereithält, wurden durch AGB zugleich Lücken dispositiven Rechts bei der Anwendung neuer Vertragstypen (Leasing-, Bank-, Factoringverträge usw.) geschlossen. Das AGB-Gesetz wirkt dabei dem Mißbrauch der Vertragsgestaltungsfreiheit und der in vielen Fällen vorhandenen wirtschaftlichen Überlegenheit des AGB-Verwenders entgegen. Insbesondere soll eine unangemessene Risikoabwälzung zu Lasten des Vertragspartners verhindert werden.

2 Im folgenden werden die für den Rechtsanwalt wichtigsten Anwendungsfelder Allgemeiner Geschäftsbedingungen erörtert: Zunächst werden anhand eines kommentierten Prüfschemas die einzelnen Schritte zur **Wirksamkeitsüberprüfung** von AGB erläutert (Rdnr. 3ff.). Abschließend wird ein kurzer **Leitfaden für das Entwerfen** von AGB gegeben (Rdnr. 60ff.).

I. Überprüfung der Wirksamkeit von AGB

3 Die Überprüfung der Wirksamkeit von AGB erfolgt systematisch nach folgendem Prüfschema, das seinerseits bei jedem Prüfschritt auf die entsprechenden Randnummern des nachfolgenden Textes verweist, so daß sich evtl. ergebende Fragen sofort klären lassen:

Prüfschema

1. Anwendbarkeit des AGBG
(a) Unanwendbarkeit des AGBG nach § 23 Abs. 1, also **nicht** im Arbeits-, Erb-, Familien- und Gesellschaftsrecht (Rdnr. 4)
(b) Anwendbarkeit des AGBG nach § 1:
- Vertragsbedingung (Rdnr. 5)
- Vorformulierung (Rdnr. 6)
- für eine Vielzahl von Fällen (mind. drei) (Rdnr. 7)
- vom Verwender „gestellt" (Rdnr. 8)
- nicht ausgehandelt (Rdnr. 9)

(c) ausnahmsweise auch bei Umgehung, § 7 (Rdnr. 10)

2. Einbeziehung in den Vertrag
(a) gegenüber Nichtkaufleuten nach § 2
- Hinweis des Verwenders (Rdnr. 13f.)
- Möglichkeit der Kenntnisnahme (Rdnr. 15)
- Einverständnis des Kunden (Rdnr. 16)

(b) gegenüber Kaufleuten (u. jur. Pers. d. öffentl. Rechts od. öffentl. rechtl. Sondervermögens) nach § 24 (Rdnr. 17)
(c) Einbeziehungserleichterung nach § 23 Abs. 2 Nr. 1 und 1a insbes. Bahn, Post, Bauspar, Versicherung u. Kapitalbeteiligung)
(d) dennoch keine Geltung
- bei überraschender Klausel, § 3 (Rdnr. 18–20)
- bei Vorliegen von Unklarheiten, § 5 (Rdnr. 21f.)
- durch Vorrang der Individualabrede, § 4 (Rdnr. 23f.)

3. Inhaltskontrolle
(a) ausnahmsweise **keine** Inhaltskontrolle, wenn keine von Rechtsvorschriften abweichende oder diese ergänzende Regelungen vereinbart sind, § 8 (Rdnr. 27f.)
(b) **eingeschränkte** Inhaltskontrolle nach § 23 Abs. 2 (insbes. Energie, Personenbeförderung, Lotterie, VOB/B, Versicherung, Urheberrecht) (Rdnr. 29)
(c) gegenüber Kaufleuten nur nach § 9 (Rdnr. 26)
(d) Klauselverbote ohne Wertungsmöglichkeit nach § 11 (Rdnr. 30–38)
(e) Klauselverbote mit Wertungsmöglichkeit nach § 10 (Rdnr. 39–42)
(f) Unwirksamkeit nach der Generalklausel § 9 (Rdnr. 43–57)

4. Rechtsfolgen der Unwirksamkeit, § 6
- hinsichtlich des übrigen Vertrages (Rdnr. 58)
- hinsichtlich der unwirksamen Klausel(n) (Rdnr. 59)

1. Anwendbarkeit des AGB-Gesetzes

Die Anwendbarkeit des AGB-Gesetzes setzt voraus, daß die zu überprüfenden Klauseln **nicht** einem Vertrag aus dem Gebiet des **Arbeits-, Erb-, Familien-** oder **Gesellschaftsrechts** entstammen (§ 23 I AGBG). Greift dieser Ausschlußtatbestand nicht ein, ist nach § 1 AGBG die Eigenschaft der Klausel(n) als AGB zu prüfen. **4**

Die AGB muß **Vertragsbedingung** sein, d. h. eine Regelung, die den Inhalt eines Rechtsgeschäfts zwischen dem Verwender und dem anderen Teil gestalten soll. Nicht dazu gehören Regelungen mit Rechtsnormcharakter wie z. B. Satzungen öffentlicher Einrichtungen und sonstige Bestimmungen und Verträge des öffentlichen Rechts (z. B. Krankenhauspflegesätze; zur analogen Anwendung des AGBG vgl. *Ulmer/Brandner/Hensen* § 1 AGBG Rdnr. 14). Einseitige **5**

Rechtsgeschäfte und Erklärungen des Kunden gelten als Vertragsbedingungen, wenn sie auf einem vorformulierten Text des Verwenders beruhen. Bestellformulare, Bewerbungsbedingungen für Bauaufträge, Vollmachtserteilungen, Einziehungsermächtigungen fallen deshalb auch dann unter das AGB-Gesetz, wenn sie nicht Bestandteil eines zweiseitigen Vertrages werden.

6 **Vorformuliert** sind solche Klauseln, die nicht allein für den konkreten Vertrag, sondern für mehrere Rechtsgeschäfte bestimmt sind. Schriftliche Fixierung ist nicht erforderlich. Es genügt die Speicherung von Textbausteinen im Gedächtnis oder mittels eines Computers (*Schlünder* § 1 AGBG Rdnr. 27f. m. w. Nachw.).

7 Eine **Vielzahl** von Anwendungsfällen ist gegeben, wenn die Klausel inhaltlich gleichartig mindestens in drei Fällen verwendet worden ist (BGH WM 1984, 1610/1612). Die erstmalige Verwendung der Klausel reicht aus, wenn deren mehrfache Verwendung beabsichtigt ist. Die einmalige Verwendung genügt, wenn der Verwender auf ein von Dritten empfohlenes Vertragsmuster (Mustermietverträge, ADAC-Gebrauchtwagenkaufvertrag) zurückgreift (*Ulmer/Brandner/Hensen* § 1 AGBG Rdnr. 24).

8 Vom Verwender **gestellt** sind solche Klauseln, die einseitig von diesem in den Vertrag eingeführt werden. Dazu ist nicht erforderlich, daß der Verwender die AGB ohne jegliche Verhandlungsbereitschaft oder gar zwangsweise durchsetzt (*Ulmer/Brandner/Hensen* § 1 AGBG Rdnr. 26).

9 Ein wirkliches **individuelles Aushandeln** läßt nach § 1 II AGBG den AGB-Charakter der betreffenden Klausel entfallen. Dazu ist i. d. R. eine Änderung des vorformulierten Textes notwendig. Eine unveränderte Übernahme der Klausel reicht aus, wenn beide Vertragsparteien zuvor mehrere Textfassungen der Klausel erörtert und sich dann auf die ursprüngliche Fassung geeinigt haben (*BGH* NJW 1988, 410). Nicht ausreichend ist die bloße Belehrung des Notars, die Erläuterung der Klausel oder die bloße theoretische Abänderungsbereitschaft des Verwenders, ohne daß es zu konkreten Verhandlungen kommt (*Wolf/Horn/Lindacher* § 1 AGBG Rdnr. 36).

10 Ein **Umgehungsgeschäft** eröffnet nach § 7 AGBG ebenfalls die Anwendbarkeit des AGB-Gesetzes. Praktische Anwendungsfälle sind durch die Einkleidung von Bezugsverpflichtungen oder Dienstleistungen in gesellschaftsrechtliche Gestaltungsformen denkbar (Buchclubs, Partnerschaftsvermittlungsverein).

11 Die **Beweislast** für die AGB-Eigenschaft von Klauseln gem. § 1 I AGBG trägt derjenige, der sich auf den Schutz des AGB-Gesetzes beruft, also i. d. R. der Kunde. Beruft sich der Verwender auf das individuelle Aushandeln einer Klausel gem. § 1 II AGB-G, ist dafür nach h. M. der Verwender beweispflichtig (*Palandt/Heinrichs,* 49. Aufl., § 1 AGBG Anm. 5). Entgegen der h. M. muß der Verwender jedoch nur substantiiert darlegen, daß die Klausel individuell ausgehandelt ist (nur das sagt *BGH* NJW 1982, 1035). Die Beweislast verbleibt beim Kunden, weil die Behauptung des individuellen Aushandelns lediglich den AGB-Charakter einer Klausel verneint. Jedoch sind an die Substantiierungspflicht des Verwenders sehr strenge Anforderungen zu stellen (*BGH* NJW 1979, 367), um einem Mißbrauch in der Praxis vorzubeugen. Hier gelten die gleichen Grundsätze wie bei der behaupteten bestimmten Vergütung in Abweichung von der üblichen Vergütung gem. § 632 BGB (*BGH* NJW 1983, 1782). Beruft sich der Kunde auf eine vom Formulartext abweichende Individualvereinbarung (§ 4 AGBG), trägt der Kunde die Beweislast (*BGH* WM 1987, 646).

2. Einbeziehung in den Vertrag

a) Einhaltung der Einbeziehungsformalien, § 2 AGBG

12 Nur die wirksame Einbeziehung in den Vertrag verschafft den AGB Geltung. Dazu ist nach § 2 AGBG gegenüber **Nichtkaufleuten** erforderlich, daß der Vertragspartner bei Vertragsschluß auf die Geltung der AGB hingewiesen wird, die Möglichkeit zumutbarer Kenntnisnahme hat und mit der Geltung der AGB einverstanden ist.

13 Ein **ausdrücklicher Hinweis** auf die Geltung der AGB ist dazu notwendig. Der Einbeziehungswille des Verwenders muß zweifelsfrei und deutlich erkennbar sein. Deshalb muß ein schriftlicher Hinweis so gestaltet sein, daß der Durchschnittskunde auch bei flüchtiger Betrachtung und durchschnittlicher Aufmerksamkeit den Hinweis nicht übersehen kann (*BGH* NJW-RR 1987, 112/114). Kleingedruckte oder senkrecht zur Leserichtung angebrachte Hinweise reichen ebensowenig aus wie der bloße Abdruck auf der Formularrückseite, in Katalogen, Preislisten oder als Beilage. Regelmäßig ist ein **fettgedruckter Hinweis** auf dem Vertragstext notwendig (*Wolf/Horn/Lindacher* § 2 AGBG Rdnr. 12).

14 **Ausnahmsweise** genügt ein **deutlich sichtbarer Aushang** am Ort des Vertragsschlusses, wenn ein ausdrücklicher Hinweis nur unter unverhältnismäßigen Schwierigkeiten möglich ist. Dieses gilt, wenn der Vertragsschluß automatisiert ist oder wegen der Massenhaftigkeit der Vertragsschlüsse das Personal überfordert wird. Beispiele sind: Beförderungsverträge, Parkhausbenutzung, Autowaschanlage, Eintritt im Theater, Museen, Sportveranstaltung usw. In Kaufhäusern kann dem Personal i. d. R. ein ausdrücklicher Hinweis zugemutet werden (str.).

15 Dem Kunden muß nach § 2 I Nr. 2 AGBG die **Möglichkeit zumutbarer Kenntnisnahme** eingeräumt werden. Der Verwender genügt dieser Obliegenheit, wenn der vollständige AGB-Text am Ort des Vertragsschlusses ausgehängt ist, ein Abdruck der AGB ausgehändigt oder zur Einsichtnahme bereitgehalten wird. Bei fernmündlichen Vertragsschlüssen wird man die Abrufbarkeit des Textes im Interesse einer schnellen Vertragsabwicklung genügen lassen müssen (*Ulmer/Brandner/Hensen* § 2 Rdnr. 49f.). An einer zumutbaren Möglichkeit der Kenntnisnahme fehlt es, wenn die AGB nur mit Mühe lesbar, unübersichtlich gestaltet oder für die angesprochenen Kundenkreise schwer verständlich sind. Das gleiche gilt, wenn das Klauselwerk einen Umfang hat, der der Bedeutung des Rechtsgeschäfts nicht gerecht wird (vgl. Rdnr. 62).

16 Der Kunde muß zur Geltung der AGB sein **Einverständnis** erklärt haben. Es gelten die allgemeinen Regeln über die Annahmeerklärung nach den §§ 145ff. BGB. Es genügt deshalb auch eine konkludente Erklärung. Klauseln in AGB, die das Schweigen des Kunden als Einverständnis fingieren, sind schon deshalb unbeachtlich, weil die AGB erst nach wirksamer Einbeziehung gelten.

17 **Gegenüber Kaufleuten** gilt § 2 AGBG nicht. Auch hier ist jedoch eine rechtsgeschäftliche Einbeziehungsvereinbarung notwendig (*BGH* NJW 1988, 1210/1212). Dafür reicht ein konkludenter Hinweis wie etwa ein unübersehbares Beifügen der AGB zum Vertragstext aus. Ebenso genügt die Branchenüblichkeit der Verwendung von AGB oder eine laufende Geschäftsverbindung, in der in der Vergangenheit stets auf die Geltung der AGB hingewiesen wurde. Verwenden beide Vertragspartner AGB, in denen der Geltung anderer AGB widersprochen wird **(Abwehrklausel),** gelten nur die inhaltlich übereinstimmenden Klauseln (*Schlünder* § 2 AGBG Rdnr. 50ff. m. w. Nachw.). Die **Beweislast** für

die wirksame Einbeziehung (oder eine Einbeziehungsvereinbarung) trägt derjenige, der sich darauf beruft (i. d. R. Verwender).

b) Keine Einbeziehung überraschender Klauseln

18 Nach § 3 AGBG werden solche Klauseln nicht Vertragsbestandteil, die nach den Umständen so ungewöhnlich sind, daß ihnen ein **Überraschungs- oder Übertölpelungseffekt** innewohnt. Überraschend sind deshalb solche Klauseln, mit denen der typischerweise angesprochene Personenkreis vernünftigerweise nicht zu rechnen braucht (*BGH* WM 1988, 12/14). Unter Kaufleuten ist an den Überraschungseffekt ein strengerer Maßstab anzulegen. Individuelle Begleitumstände, die besondere Erwartungen beim Kunden geweckt haben, können im Einzelfall den Überraschungseffekt ausgelöst haben.

19 Überraschend sind insbesondere **atypische Erweiterungen der Vertragspflichten** wie die Verpflichtung zum Kauf zusätzlicher Ware, Ankaufsverpflichtung in Mietverträgen oder die Zahlung einer Bearbeitungsgebühr beim Scheitern des Vertragsschlusses, wenn die bei der Vertragsanbahnung anfallenden Kosten üblicherweise unentgeltlich sind. Das gleiche gilt für die **atypische Erweiterung vereinbarter Sicherheiten** wie z. B. die Grundschuldbestellung für „alle gegenwärtigen und künftigen Ansprüche", wenn Kreditnehmer und Sicherungsgeber nicht identisch sind (anders bei Bürgschaft!). In einem solchen Fall ist auch die zusätzliche Übernahme der persönlichen Haftung unwirksam. Gleiches gilt für die im Rahmen einer Eigentumsvorbehaltsvereinbarung aufgenommenen Konzernvorbehalts- oder Konzernverrechnungsklauseln. **Sonstige atypische Vertragsgestaltungen** wie Lohnabtretungsklauseln beim Kreditkauf, Abfindungserklärung einer Versicherung, in der der Geschädigte auch auf Ansprüche gegen Dritte verzichtet, sind ebenso überraschend wie die Verzinsungspflicht in einem Grundstückskaufvertrag vor Fälligkeit des Erwerbspreises (weitere Einzelfälle bei *Schlünder* § 3 AGBG Rdnr. 11 bis 111).

20 Der Klauselverwender kann den Überraschungseffekt beseitigen, indem er die Klausel durch **besondere drucktechnische Gestaltung** hervorhebt oder dem Kunden gesondert erläutert. Die Verlesung und Belehrung im Rahmen einer notariellen Beurkundung nimmt i. d. R. den Überraschungseffekt. Die **Beweislast** für das Bestehen eines Überraschungseffektes trägt der Kunde; der Verwender muß ggf. beweisen, daß er besondere Maßnahmen zur Beseitigung dieses Effektes ergriffen hat.

c) Keine Einbeziehung unklarer Klauselinhalte, Unklarheitenregel § 5 AGBG

21 Die Unklarheitenregel besagt nichts über die Wirksamkeit einer Klausel, sondern gibt nur eine **Auslegungshilfe.** Sie greift erst ein, wenn sich nach Ausschöpfung aller Auslegungsmethoden die Mehrdeutigkeit der Klausel herausstellt (*Wolf/Horn/Lindacher* § 5 AGBG Rdnr. 28). Dann kann sich der Kunde auf die günstigere Auslegung berufen. Im Einzelfall kann bei einem unauflösbaren Widerspruch allein die gesetzliche Regelung übrig bleiben.

22 **Beispiele:** Bei der Verknüpfung von Garantiebedingungen des Händlers mit davon abweichenden des Herstellers gelten die für den Käufer günstigeren. Steht in einem vom Bauherrn verwendeten Bauvertrag „Garantiehaftung entsprechend VOB bzw. BGB", gilt zugunsten des Bauunternehmers die kürzere Verjährungsfrist der VOB/B (*OLG Hamm* NJW-RR 1988, 467). Die Vereinbarung einer Nichtabnahmeentschädigung in einem Kreditvertrag erfaßt im Zwei-

fel nur die vom Kreditnehmer veranlaßte Nichtabnahme und nicht die berechtigte Nichtgewährung des Darlehens durch den Kreditgeber (weitere Einzelfälle bei *Schlünder* § 5 AGBG Rdnr. 39–76).

d) Vorrang der Individualabrede, § 4 AGB-Gesetz

Jede – auch konkludente – Individualabrede verdrängt abweichende AGB-Klauseln. Bei jedem auch indirekten Widerspruch mit einer Formularklausel geht die Individualabrede vor. Zur Feststellung des Widerspruchs bedarf es deshalb zunächst der Auslegung nach § 5 AGBG. 23

Der Vorrang der Individualabrede kann auch nicht mit der beliebten Klausel „Abweichungen von diesen Vertragsbedingungen bedürfen der Schriftform" ausgeschaltet werden. Zumindest in nachträglich getroffenen mündlichen Abreden ist zugleich die konkludente Abbedingung der Schriftformklausel zu sehen; in der Regel verstößt eine solche Klausel auch gegen § 9 AGBG (*BGH* NJW 1986, 1809/1810). Die **Beweislast** für eine abweichende Individualvereinbarung obliegt dem Kunden. 24

3. Inhaltskontrolle

a) Allgemeines

Erst nach Feststellung der wirksamen Einbeziehung sind die einzelnen Klauseln der Inhaltskontrolle zu unterziehen. Ggf. kann eine Überprüfung nach § 3 AGBG zunächst unterbleiben, wenn sich die Unwirksamkeit der Klausel sicherer innerhalb der Inhaltskontrolle feststellen läßt. Zunächst ist kurz zu prüfen, ob die betreffenden Klauseln überhaupt kontrollfähig sind (§ 8 AGBG). Danach ist anhand der Klauselkataloge in den §§ 11 und 10 AGBG (in dieser Reihenfolge!) die Wirksamkeit zu prüfen. Greift § 11 AGBG ein, ist die Klausel stets unwirksam, während bei § 10 AGBG die Feststellung der Unwirksamkeit aufgrund der dort enthaltenen unbestimmten Rechtsbegriffe („unangemessen lang", „nicht hinreichend") mit einer zusätzlichen Wertung verbunden ist. In einem letzten Schritt ist dann die Klausel anhand der Generalklausel (§ 9 AGBG) zu überprüfen. Zur Vereinfachung der Darstellung werden die vorgenannten Bestimmungen in Fallgruppen (ab Rdnr. 30) zusammengefaßt. Wegen der großen Zahl der von der Rechtsprechung entschiedenen Einzelfälle wird auf die systematische Zusammenstellung bei *Schlünder,* §§ 9, 10 und 11 verwiesen. 25

Für Kaufleute gelten die §§ 10 und 11 AGBG nicht (§ 24 AGB). AGB sind deshalb im kaufmännischen Verkehr nur nach § 9 AGBG zu überprüfen. Ein Verstoß gegen die §§ 10 und 11 AGBG hat jedoch Indizwirkung (*BGHZ* 103, 316/328). Umgekehrt kann eine Klausel, die im nichtkaufmännischen Verkehr gegen § 9 AGBG verstößt, unter Kaufleuten wirksam sein. Die besonderen Bedürfnisse des kaufmännischen Verkehrs sind zu beachten. 26

b) Ausschluß der Inhaltskontrolle, § 8 AGBG

Der Inhaltskontrolle unterliegen solche Klauseln nicht, die unmittelbar die **Hauptleistungen** wie Preise, Waren und sonstige Leistungen beschreiben **(Leistungsbeschreibung).** Dazu gehören die eigentlichen Preisabreden wie Tarife, Gebührenordnungen, Rabatt- und Skontovereinbarungen und die betragsmäßige Aufschlüsselung der einzelnen Kostenanteile (Transport-, Verpackungskosten usw.). Kontrollfähig sind aber solche Klauseln, die Entstehungsregeln gegenüber dem Vertragspartner für eine Preiserhöhung oder -verbilligung festset- 27 zen. Dazu gehören Regeln über vorzeitige Fälligkeit, Verzugszinsen, die Auferlegung von Bearbeitungs- Transport- oder Verpackungskosten und die Vereinbarung bestimmter Preiszuschläge oder -nachlässe zu Lasten des Vertragspartners (*Ulmer/Brandner/Hensen* § 8 AGBG Rdnr. 15f.).

28 **Deklaratorische Klauseln** sind ebenfalls von einer Inhaltskontrolle ausgenommen. Dazu gehören solche, die mit dem dispositiven Gesetzesrecht oder internationalen Abkommen (EKG, EAG) übereinstimmen. Prüffähig sind jedoch Klauseln, die gesetzliche Regeln für anwendbar erklären, die für den beabsichtigten Vertrag nicht ohne weiteres gelten würden (z. B. Kaufrecht beim Werkvertrag, Dienstvertragsrecht beim Maklervertrag usw.; vgl. *Wolf/Horn/Lindacher* § 8 AGBG Rdnr. 23).

c) Inhaltskontrolle bei Vereinbarung der VOB/B

29 Beim Abschluß von Bauverträgen wird oft die VOB/B vereinbart. Auch hierbei handelt es sich um AGB. Wird dabei die VOB/B **als Ganzes** vereinbart, scheidet eine Inhaltskontrolle nicht nur nach den §§ 10 Nr. 5, 11 Nr. 10f. AGBG (vgl. § 23 II Nr. 5 AGBG), sondern **insgesamt** aus, da die VOB/B eine ausgewogene Regelung darstellt, die nicht die Interessen des Verwenders einseitig begünstigt (*BGHZ* 86, 135/141f.). Werden jedoch einzelne Klauseln vom Verwender herausgenommen oder abgeändert, unterliegt jede einzelne Klausel der Inhaltskontrolle, wenn die VOB/B in ihrem Kernbereich abgeändert ist. Das ist stets der Fall, wenn nur einzelne Klauseln der VOB/B isoliert vereinbart werden (vgl. zur isolierten Vereinbarung der verkürzten VOB/B-Gewährleistungsfristen nachfolgend Rdnr. 33).

d) Klauselverbote ohne Wertungsmöglichkeiten, § 11 AGBG

30 **aa) Gewährleistungsbeschränkung, § 11 Nr. 10 AGBG.** Die Verbotsregelung betrifft nur **neu hergestellte Sachen.** Für gebrauchte Sachen ist ein Gewährleistungsausschluß regelmäßig zulässig (Gebrauchtwagenhandel, Auktion). Neue Sachen sind nur solche, die noch nicht – auch nicht kurzfristig – ihrem bestimmungsgemäßen Gebrauch zugeführt worden sind. § 11 Nr. 10 AGBG gilt für sämtliche Lieferungsverträge (insbesondere Kauf-, Werk-, Werklieferungsverträge).

31 Der generelle **Gewährleistungsausschluß** (Nr. 10a) ist unzulässig. Darunter fällt auch der Ausschluß für verdeckte oder unverschuldete oder nicht bei Übergabe festgestellter Mängel. Ebenso darf die Gewährleistung nicht auf die Geltendmachung gegenüber Dritten beschränkt oder von einer vorherigen gerichtlichen Inanspruchnahme abhängig gemacht werden (Nr. 10a). Zulässig ist es, im Rahmen eines Bauvertrages den Bauherrn zunächst auf die ausführenden Handwerker zu verweisen, wenn der Hauptunternehmer sämtliche Vertragsdaten mitteilt. Ist diese Nebenpflicht nicht erfüllt oder lehnt der ausführende Handwerker die mit Nachdruck vorgetragenen Gewährleistungsansprüche ab, lebt die direkte Haftung des Klauselverwenders wieder auf (*Ulmer/Brandner/Hensen* § 11 Nr. 10 AGBG Rdnr. 19).

32 Die **Beschränkung auf Nachbesserung** (Nr. 10b) ist nur dann wirksam, wenn nach Fehlschlagen derselben die anderen Gewährleistungsansprüche (Wandlung und Minderung) dem Kunden ausdrücklich vorbehalten werden. Der ausdrückliche Vorbehalt ist i. d. R. nur ordnungsgemäß, wenn die Textfassung des § 11 Nr. 10b AGBG wortgetreu übernommen wird. Die Nachbesserung ist i. d. R. bereits nach zweimaligem erfolglosen Nachbesserungsversuch

(*OLG Köln* NJW 1987, 2520) oder bei unzumutbarer Verzögerung der Nachbesserung fehlgeschlagen.

Unwirksam ist weiter jede **Verkürzung der gesetzlichen Gewährleistungsfristen** (Nr. 10f.). Im Rahmen eines VOB-Bauvertrages gelten die kürzeren Fristen der VOB/B, wenn diese als Ganzes vereinbart und nicht in wesentlichen Teilen zugunsten des Verwenders verändert wird (*BGHZ* 86, 135). Schließlich dürfen Gewährleistungsklauseln nicht (auch nicht teilweise) Nachbesserungskosten auf den Kunden abwälzen (Nr. 10c), die Mängelbeseitigung von der vorherigen vollständigen Zahlung des Kaufpreises oder eines unverhältnismäßig hohen Teilbetrages abhängig machen (Nr. 10d) oder die Gewährleistung bei nicht offensichtlichen Mängeln von einer Anzeige abhängig machen, die innerhalb einer kürzeren als der gesetzlichen Gewährleistungsfrist abgesendet werden muß (Nr. 10e). Offensichtlich sind dabei nur solche Mängel, die geradezu „ins Auge fallen". 33

Die Haftung für **zugesicherte Eigenschaften** kann weder ausgeschlossen noch eingeschränkt werden (Nr. 11). Das gilt für die volle Reichweite der abgegebenen Zusicherung (u. U. auch für Mangelfolgeschäden). Auch ein mittelbarer Haftungsausschluß durch Anknüpfung an bestimmte Formerfordernisse der Zusicherung ist unwirksam (*Ulmer/Brandner/Hensen* § 11 Nr. 11 AGBG Rdnr. 14). 34

bb) Schadenspauschalen und Haftungserweiterungen zu Lasten des Kunden (§ 11 Nr. 5, 6, 14 AGBG). Vertragsstrafen für den Fall der verspäteten Abnahme der Leistung, des Zahlungsverzuges oder der Lösung vom Vertrag sind unwirksam (Nr. 6). Nicht darunter fallen Vorfälligkeitsklauseln in Kredit- oder Leasingverträgen, da damit nur die Vertragsbeendigung geregelt wird. Die Vereinbarung einer Nichtabnahmeentschädigung stellt eine Abgeltung des entgangenen Gewinns und deshalb keine Vertragsstrafenregelung dar (*Schlünder* § 11 Nr. 6 AGBG Rdnr. 1ff. m. w. Nachw.). **Schadenspauschalen** sind nur dann wirksam, wenn sie den üblicherweise zu erwartenden Schaden nicht übersteigen und dem Kunden der Nachweis eines geringeren Schadens eröffnet bleibt (Nr. 5). Im Gegensatz zur Vertragsstrafe wird mit einer Schadenspauschale nur die Anspruchshöhe geregelt. Ein Abschneiden des Gegenbeweises und die Unwirksamkeit der Klausel ist bereits dann gegeben, wenn durch die Klauselformulierung (z. B. „unwiderlegbar", „mindestens", „auf jeden Fall") der Kunde vom Gegenbeweis abgehalten wird. Die Auferlegung einer **zusätzlichen Haftung des für den Kunden handelnden Vertreters** ist ausgeschlossen, wenn sie über die gesetzlich geregelte Vertreterhaftung (§§ 174, 179 BGB) hinausgeht und der Vertreter nicht in einer gesonderten Erklärung darauf hingewiesen worden ist (Nr. 14). 35

cc) Ausschluß oder Beschränkung der vertraglichen Haftung des Verwenders (§ 11 Nr. 7, Nr. 8, Nr. 9 AGBG). Einen Ausschluß oder eine Begrenzung der vertraglichen Haftung darf der Klauselverwender **nur für leichte Fahrlässigkeit,** nicht aber für Vorsatz oder grobe Fahrlässigkeit vornehmen (Nr. 7). Das gilt für jede Art der vertraglichen Haftung (auch c. i. c. und p. V. V.) und analog auch für die Haftung aus unerlaubter Handlung (*BGHZ* 100, 158/184). § 11 Nr. 7 AGBG greift auch dann ein, wenn die Haftung betragsmäßig begrenzt oder für bestimmte Schäden ausgeschlossen wird. Bei **Verzug oder Unmöglichkeit** darf das Recht des Vertragspartners, sich vom Vertrag zu lösen (Rücktritt, Kündigung, Widerruf), nicht eingeschränkt und das Recht, Scha- 36 densersatz zu verlangen, nicht ausgeschlossen werden (Nr. 8). Im Bereich leichter Fahrlässigkeit kann die Haftung betragsmäßig begrenzt oder für entferntere Schäden ausgeschlossen werden, ein genereller Haftungsausschluß ist aber auch hier unzulässig (*BGH* NJW-RR 1989, 625/626). Bei **teilweisem Verzug oder Teilunmöglichkeit** müssen Schadensersatzansprüche und das Rücktrittsrecht für den gesamten Vertrag erhalten bleiben, wenn eine Teilerfüllung für den Gläubiger ohne Interesse ist.

37 **dd) Einschränkungen in der Geltendmachung von Gegenrechten und Abgabe von Willenserklärungen (§ 11 Nr. 2, 3, 16 AGBG).** Die **Einrede des nicht erfüllten Vertrages** (§ 320 BGB) und das auf demselben Vertragsverhältnis beruhende Zurückbehaltungsrecht dürfen nicht eingeschränkt werden (Nr. 2). Deshalb sind solche Klauseln unwirksam, die eine Zurückhaltung des gesamten Kaufpreises auf einen bestimmten Prozentsatz beschränken oder bestimmen, daß der Preis stets „sofort ohne Abzug" zahlbar ist. Vorleistungsklauseln können vereinbart werden, sind dann aber an § 9 AGBG zu messen (*Wolf/Horn/Lindacher* § 11 Nr. 2 AGBG Rdnr. 7). Die **Aufrechnung** mit rechtskräftigen oder unbestrittenen Forderungen kann ebenfalls nicht eingeschränkt werden. Die Klausel muß dabei ausdrücklich zumindest die Aufrechnung mit unbestrittenen Forderungen zulassen (*BGH* NJW 1989, 3215), sonst ist sie insgesamt unwirksam. Die **Abgabe von Anzeigen und Erklärungen** darf für den Kunden nicht unnötig erschwert werden (Nr. 11). Deshalb darf keine strengere Form als die Schriftform und kein besonderes – über die gesetzliche Regelung hinausgehendes – Zugangserfordernis vereinbart werden.

38 **ee) Sonstige Klauselverbote (§ 11 Nr. 1, 4, 12, 13 und 15 AGBG). Preisanpassungsklauseln** sind generell unwirksam, wenn die Lieferung vertraglich binnen vier Monaten nach Vertragsschluß vorgesehen ist (Nr. 1). Sieht das Gesetz die Mahnung oder Nachfristsetzung für Ansprüche des Verwenders vor, darf dieser sich nicht davon freistellen (Nr. 4). Bei **Dauerschuldverhältnissen** (Nr. 12) über die Lieferung von Waren oder die Erbringung von Dienst- oder Werkleistungen darf der Kunde nicht länger als zwei Jahre an den Vertrag gebunden werden. Ebenso darf sich der Vertrag mangels einer Kündigungserklärung stillschweigend nicht länger als ein Jahr automatisch verlängern. Die Kündigungsfrist darf nicht über drei Monate hinausgehen. Dieses Klauselverbot betrifft insbesondere die regelmäßige Lieferung von Zeitungen und Energie, Buchmitgliedschaften und Wartungsverträge. Ein **Wechsel des Vertragspartners** auf seiten des Klauselverwenders ist stets nur zulässig, wenn der neue Vertragspartner namentlich bezeichnet oder für den Kunden in diesem Fall ein Lösungsrecht vom Vertrag vorgesehen ist (Nr. 13). Schließlich darf der Klauselverwender nicht die Beweislast zum Nachteil des Kunden ändern (Nr. 15). Das betrifft insbesondere solche Klauseln, in denen die Bestätigung des Kunden über rechtlich relevante Umstände („alle Klauseln sind ausgehandelt") oder schlicht tatsächliche Vorgänge („mündliche Nebenabreden sind nicht getroffen") fingiert wird.

e) Klauselverbote mit Wertungsmöglichkeit, § 10 AGBG

39 **aa) Fristregelungen (§ 10 Nr. 1 und 2 AGBG).** Für die **Annahme oder Ablehnung von Angeboten** des Kunden sowie für die Erbringung der Leistung selbst darf sich der Verwender keine unangemessen lange Fristen vorbehalten (Nr. 1). Die Bindungsdauer des Kunden an sein Angebot richtet sich nach

§ 147 II BGB. Eine **Lieferfrist** ist i. d. R. unangemessen lang, wenn nach dem vorgesehenen Liefertermin noch Nachfristen von drei Monaten (Möbelhandel) oder von sechs Wochen (Fertighausvertrag) eingeräumt werden. Im Kfz-Handel ist eine Nachfrist von 6 Wochen für Neuwagen noch angemessen (*Schlünder* § 10 Nr. 1 AGBG Rdnr. 23, 28, 30). Der **Vorbehalt** einer unangemessen langen **Nachfrist** i. S. v. § 326 BGB ist ebenfalls unwirksam (Nr. 2). I. d. R. hat die Nachfrist erheblich kürzer als die vereinbarte Lieferfrist zu sein. Bei üblichen Gebrauchsgütern darf die Nachfrist höchstens 14 Tage betragen (*Wolf/Horn/Lindacher* § 10 Nr. 2 Rdnr. 10). In allen vorgenannten Fällen sind nicht hinreichend bestimmte Fristen stets unwirksam.

bb) Rücktritts- und Änderungsvorbehalt des Verwenders (§ 10 Nr. 3 und Nr. 4 AGBG). Vertragslösungsrechte des Verwenders ohne sachlich gerechtfertigten Grund sind unwirksam (Nr. 3). Stets unwirksam sind solche Klauseln, bei denen ein Rücktrittsgrund nicht angegeben ist. Zulässige Rücktrittsgründe sind solche, die eher in der Sphäre des Kunden liegen, während Leistungshindernisse auf seiten des Schuldners auf jeden Fall dann keinen gerechtfertigten Grund darstellen, wenn sie von diesem zu vertreten oder nur vorübergehend sind. **Änderungsvorbehalte** hinsichtlich der Leistung (Nr. 4) sind grundsätzlich unwirksam. Etwas anderes gilt, wenn der Verwender die Zumutbarkeit der Änderung für den Kunden beweist. Zumutbar sind z. B. handelsübliche materialbedingte Struktur- und Farbänderungen im Möbelhandel, nicht aber jede (auch kleinere) Farb- oder Materialabweichung (*Schlünder* § 10 Nr. 4 AGBG Rdnr. 11 f.). 40

cc) Erklärungs- und Zugangsfiktionen (§ 10 Nr. 5 und 6 AGBG). Die **Fiktion der Abgabe einer Willenserklärung** bei einer bestimmten Handlung des Kunden ist unwirksam, wenn diesem nicht zuvor eine angemessene Erklärungsfrist (zur Zerstörung der Fiktion) eingeräumt und er nicht bei Fristbeginn auf die Bedeutung seines Verhaltens besonders hingewiesen wurde. Einräumung der Frist und Belehrung müssen **kumulativ** erfolgt sein. Die Frist und die Verpflichtung zur Belehrung muß in den AGB enthalten sein, während die Belehrung selbst gesondert erfolgen muß (*Wolf/Horn/Lindacher* § 10 Nr. 5 AGBG Rdnr. 24 ff.). Hauptbeispiel für eine wirksame Klausel ist die Genehmigung von Kontoauszügen bei nicht rechtzeitigem Widerruf nach Nr. 15 AGB-Banken. Die **Fiktion des Zugangs von Willenserklärungen** ist unwirksam, wenn es sich um **Erklärungen von besonderer Bedeutung** handelt (Nr. 6). Von besonderer Bedeutung ist jede Erklärung, die nachteilige Rechtsfolgen auslösen kann. Der Zugang von Kündigungen, Mahnungen, Fristsetzungen kann deshalb nicht durch den Nachweis der Absendung oder dergleichen fingiert werden. 41

dd) Nutzungs- oder Aufwandspauschale bei der Vertragsabwicklung (§ 10 Nr. 7 AGBG). Im Falle des Rücktritts oder der Kündigung einer Vertragspartei darf der Kunde nicht mit einem unangemessen hohen Entgelt für bereits erhaltene Nutzungen oder Leistungen oder für vom Verwender geleisteten Aufwand belegt werden. Bei Nutzungen oder erbrachten Leistungen darf die Vergütung das übliche Entgelt (z. B. Mietzins, Wertminderung) nicht übersteigen. Aufwendungsersatzansprüche sind ebenfalls nur wirksam, wenn sie den typischerweise erforderlichen Aufwand nicht übersteigen. Bei pauschalen Nutzungs- oder Aufwandsentschädigungen muß dem anderen Vertragspartner zugleich auch der Nachweis eingeräumt werden, daß im konkreten Fall geringere Kosten angefallen sind (*BGH* NJW 1985, 632 und 633). 42

f) Inhaltskontrolle nach der Generalklausel (§ 9 AGBG)

43 **aa) Allgemeine Grundsätze.** Die in den §§ 10 und 11 AGBG geregelten Fallgruppen können nicht in jedem Fall eine unangemessene Benachteiligung erfassen. Mit der Generalklausel hat der Gesetzgeber deshalb einen **Auffangtatbestand** geschaffen. Für Kaufleute ist § 9 AGBG ohnehin alleiniger Prüfungsmaßstab.

44 Nach § 9 I AGBG ist generell jede entgegen Treu und Glauben **unangemessene Benachteiligung** unwirksam. Das sind Fälle, in denen der Klauselverwender durch die Klauselgestaltung allein seine Interessen durchsetzen will, ohne diejenigen des Vertragspartners angemessen zu berücksichtigen (*BGH* NJW 1986, 424/426). Nur Nachteile von einigem Gewicht können die Unwirksamkeitsfolge auslösen. Werden den Nachteilen durch vorteilhafte andere Bestimmungen Kompensationen entgegengestellt, können diese die Ausgewogenheit der Regelung insgesamt wieder herstellen (*BGH* NJW 1982, 644).

45 § 9 II AGBG bietet eine nähere Konkretisierung. Damit sind insbesondere solche Klauseln unwirksam, die mit **wesentlichen Grundgedanken des** abbedungenen **dispositiven Rechts** nicht vereinbar sind (Nr. 1) oder die die **vertragswesentlichen Pflichten** (des Verwenders) so einschränken, daß die Erreichung des Vertragszwecks gefährdet ist (Nr. 2). Letztlich ist bei jeder Prüfung eine Interessenabwägung vorzunehmen, bei der anhand einer generalisierenden Betrachtung auf die typische Interessenlage der beteiligten Verkehrskreise (nicht auf den Einzelfall) abzustellen ist (*Ulmer/Brandner/Hensen* § 9 AGBG Rdnr. 72ff.). Anerkennenswerte Interessen sind u. a. auf Seiten des Verwenders die Vereinfachung der Vertragsabwicklung, der Schutz von Manipulationen, die Sicherung gegebener Darlehen und auf Seiten des Vertragspartners die Erhaltung der wirtschaftlichen Bewegungsfreiheit, ein angemessener Schutz vor Schäden aus der Vertragsdurchführung und die Erkennbarkeit des Umfangs der übernommenen vertraglichen Pflichten (Transparenzgebot).

46 **bb) Beispielsfälle:** Die folgenden Beispielsfälle sind nur eine grobe Auswahl aus der Fülle der Einzelfälle, die systematisch zusammengestellt sind bei *Schlünder,* § 9 AGBG Rdnr. 24–485.

47 **Autowaschanlage:** Der Betreiber darf seine Haftung für Lackschäden nur bei leichter Fahrlässigkeit ausschließen (str.). Ein genereller Haftungsausschluß ist unwirksam, auch wenn er nur auf Folgeschäden begrenzt ist (*Ulmer/Brandner/Hensen* Anh. §§ 9–11 AGBG Rdnr. 149).

48 **Bank-AGB:** Das Aufrechnungsverbot (Nr. 2 I Bank-AGB), die Bestimmung einer Überziehungsprovision (Nr. 17) gemäß § 315 BGB, die Pfandklausel für alle im Rahmen der bankmäßigen Geschäftsverbindung in die Verfügungsgewalt der Bank gelangten Sachen und Rechte (Nr. 19 II) und das auch bei inkonnexen Gegenansprüchen bestehende Zurückbehaltungsrecht (Nr. 19 IV) sind wirksam. Unwirksam sind dagegen Klauseln, die die Wertstellung von Bareinzahlungen erst an dem nach der Einzahlung folgenden Werktag vorsehen (BGHZ 106, 259, 264ff.).

49 **Bauverträge:** Wirksam sind die Vereinbarungen von Abschlagszahlungen nach Baufortschritt, Vertragsstrafeklauseln, die in einem angemessenen Verhältnis zu dem zu erwartenden Schaden stehen und die Verknüpfung der Verjährungsregeln der VOB/B mit der fünfjährigen BGB-Gewährleistungsfrist. Unwirksam sind dagegen Änderungsvorbehalte in Subunternehmerverträgen, die zu kostenlosen Mehrleistungen führen können, die Vereinbarung einer Ver-

gütung für Kostenvoranschläge, die Bestätigung, daß der Bauunternehmer alle Unterlagen geprüft und anerkannt hat, der Ausschluß der Bauhandwerkersicherungshypothek, die Vorverlegung des Abnahmezeitpunktes sowie die isolierte Vereinbarung der VOB/B-Gewährleistungsfristen und der vorbehaltlosen Annahme der Schlußzahlung (vgl. *Erman-Hefermehl,* § 9 AGBG Rdnr. 145–147).

Darlehensverträge: Die Vereinbarung von Bereitstellungszinsen in Höhe von **50** 0,25% p. M. und einer Nichtabnahmeentschädigung sind ebenso wirksam wie Zinsanpassungsklauseln, die auf § 315 BGB abstellen. Eine unangemessene Benachteiligung stellen aber solche Klauseln dar, die der Bank auch ein Kündigungsrecht einräumen, wenn der Kunde nicht mit mindestens zwei vollen aufeinanderfolgenden Raten in Verzug ist (*BGH* WM 1985, 1305). Ebenso dürfen auf den Kunden keine Mahn- oder Rechtsverfolgungskosten formularmäßig abgewälzt werden.

Eigentumsvorbehalt: Die Vereinbarung eines Eigentumsvorbehaltes ist auf- **51** grund des berechtigten Sicherungsinteresses des Warenlieferanten gerechtfertigt. Deshalb sind im kaufmännischen Verkehr auch der erweiterte (Bezahlung sämtlicher Forderungen) und der verlängerte (mit Abtretung der Forderungen aus dem Weiterverkauf) Eigentumsvorbehalt nicht zu beanstanden. Im letzteren Fall muß aber eine unangemessene Übersicherung durch eine Freigabeklausel (dazu Rdnr. 68) vereinbart werden (*BGHZ* 94, 105). Der Ausschluß des Eigentumsvorbehalts durch den Bezieher der Waren sollte aufgrund des berechtigten Sicherungsinteresses stets als unangemessen angesehen werden. Der BGH hält einen solchen jedoch bei auf schnellen Warenumschlag ausgerichteten Betrieben (Supermärkten u. ä.) für wirksam (*BGH* NJW 1981, 280).

Kaufvertrag: Die Klausel „Lieferung freibleibend" ist für Vertragserklärun- **52** gen nur im kaufmännischen Verkehr wirksam. Die Klausel „Bestellungen sind unwiderruflich" weicht von § 130 BGB in unzulässiger Weise ab. Die formularmäßige Bestätigung der Lieferung in ordnungsgemäßem und einwandfreiem Zustand ist im nichtkaufmännischen Verkehr unwirksam. Auch im kaufmännischen Verkehr ist eine wesentliche Beschränkung der Gewährleistungsrechte unzulässig. Das Recht des Kaufmanns auf Wandlung oder Minderung muß bei erfolgloser Nachbesserung erhalten bleiben.

Maklerverträge: Die Vereinbarung einer erfolgsunabhängigen Provision ist **53** stets, die einer erfolgsunabhängigen Aufwandsentschädigung in aller Regel unwirksam. Ausnahmen können allenfalls für Aufwandsentschädigungen gelten, die betragsmäßig begrenzt sind und 50,– DM bis 100,– DM nicht übersteigen. Die formularmäßige Verpflichtung, den Vertrag nur unter Zuziehung des Maklers zu schließen oder jeden Interessenten an diesen zu verweisen, ist ebenfalls unwirksam (*Wolf/Horn/Lindacher* § 9 AGBG Rdnr. M 5).

Mietverträge (Wohnraum): Die formularmäßige Abwälzung der sogenann- **54** ten „Schönheitsreparaturen" auf den Mieter verstößt nicht gegen § 9 AGBG. Die Überbürdung kleinerer Reparaturen bis 100,– DM ist jedenfalls dann unwirksam, wenn keine betragsmäßige oder zahlenmäßige Obergrenze bestimmt ist (*OLG Stuttgart* NJW 1988, 1150). Eine Abwälzung solcher Reparaturkosten auf den Mieter sollte stets unzulässig sein! Die Freizeichnung für Schäden an eingebrachten Sachen des Mieters bei Feuchtigkeitseinwirkung infolge leichter Fahrlässigkeit des Vermieters ist zulässig.

Reisevertrag: Bietet der Veranstalter die Leistungen als eigene an, darf er sich **55** nicht auf eine Klausel berufen, nach der er lediglich die Leistung vermittelt haben will. Die Verpflichtung, bereits bei Anmeldung eine Anzahlung zu leisten, ist ebenfalls unwirksam. Der Kunde darf auch nicht zur Zahlung des Restpreises verpflichtet werden, wenn sämtliche Reiseunterlagen noch nicht ausgehändigt worden sind, die den Kunden in die Lage versetzen, die gebuchten Leistungen in Anspruch zu nehmen. Ist dies nicht möglich, darf der Restpreis allenfalls kurz vor Reiseantritt verlangt werden. Der Reiseveranstalter darf seine Haftung für leichte Fahrlässigkeit oder Verschulden der Leistungsträger nur für vertragliche Ansprüche auf den Reisepreis (oder ein Vielfaches davon) beschränken. Pauschalierte Rücktrittsgebühren, die allein auf den Zeitraum zwischen Rücktritt und Reiseantritt abstellen, sind ebenfalls unzulässig (*Schlünder* § 9 Rdnr. 430ff. m. w. Nachw.).

56 **Reparaturen:** Die Verpflichtung zur Leistung von Voraus- oder Abschlagszahlungen ist unzulässig. Ebensowenig kann eine Zahlungsverpflichtung für erfolglose Fehlersuche begründet werden. Nicht zu beanstanden ist bei Kfz-Reparaturen die Haftungsbegrenzung auf den Wiederbeschaffungswert des reparierten Fahrzeuges bei nur leichter Fahrlässigkeit (*OLG Köln* NJW-RR 1987, 53).

57 **Vertragsstrafen:** Die Vereinbarung von Vertragsstrafen ist im kaufmännischen Verkehr üblich. Verschuldensunabhängige Vertragsstrafen sind nur in besonderen Ausnahmefällen wirksam. Der Verwirkungsgrund (Verzug, Schlechtleistung etc.) muß genau bezeichnet sein. Im Verzugsfall darf eine Fristsetzung pro Tag allenfalls mit 0,2% bis 0,3% der Auftragssumme sanktioniert werden. Zusätzlich muß in jedem Fall eine Höchstgrenze genau festgelegt werden. Sonst ist die gesamte Klausel unwirksam. Die wirksame Obergrenze ist i. d. R. bei 5% der Auftragssumme anzusetzen.

4. Rechtsfolgen der Unwirksamkeit einzelner Klauseln, § 6 AGBG

58 Die Unwirksamkeit einzelner Klauseln läßt regelmäßig die **Wirksamkeit des restlichen Vertrages** unberührt (§ 6 I AGBG). Der Klauselverwender bleibt an den Vertrag gebunden. Nur bei einer unzumutbaren Härte für eine der Parteien wird der gesamte Vertrag unwirksam. Auch hier ist eine Interessenabwägung aufgrund einer objektivierten Prüfung vorzunehmen (*Ulmer/Brandner/Hensen* § 6 AGBG Rdnr. 59). Die unzumutbare Härte kann allenfalls bei der Begründung unzumutbarer Einstandspflichten oder einer ansonsten einschneidenden Äquivalenzstörung der gegenseitigen Vertragspflichten gegeben sein.

59 Die **unwirksame Klausel** selbst entfällt ersatzlos. Insbesondere wird der Anwendungsbereich der Klausel nicht auf seinen wirksamen Restbestandteil (z. B. Haftungsfreizeichnung nur für leichte Fahrlässigkeit statt der vorgesehenen generellen Haftungsfreizeichnung) zurückgeführt = **Verbot der geltungserhaltenden Reduktion.** Entsteht durch den Wegfall der Klausel eine Vertragslücke, tritt an die Stelle dieser Klausel das abbedungene dispositive Recht (§ 6 II AGBG). Steht aufgrund der Besonderheiten des Vertrages eine gesetzliche Regelung nicht zur Verfügung, soll zum Ausgleich der Parteiinteressen im Einzelfall auch eine ergänzende Vertragsauslegung möglich sein (*BGHZ* 90, 69/75ff.). In Wirklichkeit ist damit jedoch die Grenze zur geltungserhaltenden Reduktion überschritten.

II. Die Gestaltung von AGB

1. Notwendige Vorüberlegungen

Der Verfasser muß sich zunächst darüber im klaren sein, welche Informationen der Mandant beibringen muß. Dazu gehören unbedingt Angaben über den Kundenkreis (Kaufleute oder Nichtkaufleute!), die typischerweise abgeschlossenen Verträge und die branchentypischen Besonderheiten. Es ist in aller Regel geboten, getrennte Geschäftsbedingungen zu erarbeiten, wenn üblicherweise unterschiedliche Verträge geschlossen werden, da die AGB unverständlich sind und nicht Vertragsinhalt werden, wenn sie für den konkreten Vertrag nicht passen (*Ulmer/Brandner/Hensen* § 2 AGBG Rdnr. 52). Die branchentypischen Besonderheiten sind eingehend zu untersuchen. Hier gilt es, die besonderen Gewährleistungs-, sonstigen Haftungs- und Zahlungsrisiken des Verwenders zu erkennen und so weit wie möglich durch AGB auszuschalten. Auch dabei kommt es auf den Vertragstyp an, da die Freizeichnung für wesentliche Vertragspflichten auch bei leichter Fahrlässigkeit i. d. R. ausgeschlossen ist. **60**

2. Anforderungen an die drucktechnische Gestaltung

Nichtkaufleute müssen auf die Geltung der AGB deutlich hingewiesen werden (vgl. Rdnr. 13f.). Dazu ist ein ausdrücklicher Hinweis auf dem Vertragsformular direkt oberhalb der Unterschriftszeile notwendig. Dieser **Hinweis** sollte **in Fettdruck** gehalten sein und sich deutlich vom Vertragstext abheben (*BGH* NJW 1986, 1608). **61**

Auch die drucktechnische Gestaltung der AGB selbst ist von entscheidender Bedeutung für deren Einbeziehung (Rdnr. 15). Die AGB müssen **deutlich lesbar** sein. Auch Kaufleute (für die § 2 AGBG nicht gilt) sind nicht verpflichtet, AGB mit der Lupe zu entziffern. Die AGB müssen deshalb deutlich gegliedert und die Buchstaben größer als 1 mm sein. Das gesamte Klauselwerk muß zu den beabsichtigten Verträgen in einem angemessenen Verhältnis stehen. Bei einem Auftragswert von 10000,– DM sind mehr als 2 Seiten AGB i. d. R. für den Kunden nicht zumutbar (*Thamm/Detzer* BB 1989, 1133ff.). **62**

3. Allgemeine Hinweise zur inhaltlichen Gestaltung

Die AGB müssen auch **inhaltlich systematisch gegliedert** sein. Ein unlogischer Aufbau kann dazu führen, daß einzelne, nicht zur Überschrift passende Klauseln irreführend sind (*Ulmer/Brandner/Hensen* § 3 AGBG Rdnr. 17). Bei der Formulierung ist darauf zu achten, daß die Regelungen inhaltlich voneinander scharf getrennt werden und klar aus sich heraus verständlich sind. Im Falle der Unwirksamkeit einer Regelung bleibt dann der davon abtrennbare Regelungsfall der Klausel wirksam (*BGH* NJW 1989, 3215/3216). Die ausformulierten Klauseln sind schließlich in einer „Endkontrolle“ anhand des Prüfschemas (Rdnr. 3) auf ihre Wirksamkeit hin zu überprüfen. **63**

4. Klauselbeispiele

Nachfolgend werden einige Klauseln erörtert, die üblicherweise in AGB verwendet werden. Branchentypische Besonderheiten sind dabei bewußt außer Acht gelassen. Neben Gewährleistungsregelungen (Rdnr. 30ff.), Schriftform- **64** klauseln (Rdnr. 24), Lieferfristklauseln (Rdnr. 39) und Vertragsstraferegelungen (Rdnr. 57) werden folgende Klauseln üblicherweise verwendet:

65 **Abtretungsverbot:** In Einkaufsbedingungen finden sich oft Klauseln, in denen dem Gläubiger die Abtretung untersagt oder von der Zustimmung des AGB-Verwenders abhängig gemacht wird. Eine entgegen dem Verbot vorgenommene Abtretung ist generell unwirksam (*BGHZ* 56, 173/176). Da dem Gläubiger durch ein solches Verbot die Möglichkeit der Kreditbeschaffung genommen wird, ist ein formularmäßiges Abgretungsverbot bei Geldforderungen nur wirksam, wenn dem Verwender ein besonderes berechtigtes Interesse zur Seite steht (*BGHZ* 77, 274/275). Bei Kaufhäusern mit vielfachen Geschäftsbeziehungen und zahlreichen Filialen ist dieses Interesse regelmäßig gegeben. Das gleiche gilt für das im Automobilhandel vereinbarte Verbot gegenüber dem Käufer, den Lieferanspruch an Dritte abzutreten (*BGH* NJW 1981, 117; weitere Nachweise bei Schlünder § 9 AGBG Rdnr. 28ff.).

66 **Abwehrklausel:** Eine solche Klausel ist im kaufmännischen Verkehr unverzichtbar. Zwar kann der Kaufmann im Kollisionsfall nicht seine eigenen AGB durchsetzen, er verhindert aber, daß eine wirksame Einbeziehungsvereinbarung zustandekommt und damit die AGB des Vertragspartners gelten (vgl. Rdnr. 17).

67 **Aufrechnungsverbot:** Durch ein Aufrechnungsverbot kann der AGB-Verwender seine eigene Forderung zügig durchsetzen und muß sich nicht auf eine rechtliche Auseinandersetzung über das Bestehen etwaiger Gegenforderungen einlassen. Die Aufrechnung mit unbestrittenen oder rechtskräftigen Forderungen darf aber auch unter Kaufleuten durch AGB nicht ausgeschlossen werden (*BGHZ* 92, 312/316).

68 **Eigentumsvorbehalt:** Die Vereinbarung eines Eigentumsvorbehaltes ist für den vorleistungspflichtigen Warenlieferanten notwendig (zur Zulässigkeit Rdnr. 51). Beim verlängerten Eigntumsvorbehalt bleibt dem Lieferanten auch dann die abgretretene Forderung aus dem Weiterverkauf seines Kunden erhalten, wenn dieser zeitlich vorher zur Kreditbeschaffung eine Globalzession vereinbart hat (*BGH* WM 87, 775f.; Ausnahme: „echtes" Factoring). Zur Wirksamkeit und zur Vermeidung einer Übersicherung muß der verlängerte Eigentumsvorbehalt eine **schuldrechtliche Freigabeklausel** enthalten, in der sich der Verwender verpflichtet, den Teil der abgetretenen Forderung freizugeben, der seine Forderung nachhaltig übersteigt. Dabei ist eine Sicherheitsmarge bis zu 20% zulässig (BGHZ 94, 105/113ff.). Haben der Kunde und dessen Abnehmer eine Kontokorrent-Vereinbarung getroffen, ist der verlängerte Eigentumsvorbehalt nur wirksam, wenn sich der Verwender zugleich die Saldoforderung (in Höhe des Rechnungsbetrages) hat abtreten lassen (*BGH* NJW 1978, 538). Eine Abwehrklausel des Vertragspartners läßt den einfachen Eigentumsvorbehalt bestehen, der erweiterte oder verlängerte Eigentumsvorbehalt wird jedoch nicht Vertragsbestandteil (*BGH* NJW-RR 1986, 984).

69 **Freizeichnungsklauseln:** Es ist zu unterscheiden zwischen Haftungsausschluß und Haftungsbegrenzung. Ein Ausschluß der **Haftung für grobe Fahrlässigkeit** und Vorsatz, für das Vorliegen zugesicherter Eigenschaften oder bei Verzug und Unmöglichkeit ist generell – auch gegenüber Kaufleuten – unwirksam. Die **Haftung für leichte Fahrlässigkeit** kann bei wesentlichen Vertragspflichten (Kardinalpflichten) oder bei der Inanspruchnahme besonderen Vertrauens (Rechtsanwälte!) ebenfalls nicht ausgeschlossen werden. Die Haftung für entferntere oder nicht vorhersehbare Schäden kann bei leichter Fahrlässigkeit aus-

geschlossen oder summenmäßig begrenzt werden. Darüber hinaus ist eine Haftungsbegrenzung i. d. R. unzulässig (*BGHZ* 89, 363). Bei der Formulierung ist äußerste Vorsicht geboten, da bei zu weitgehender Freizeichnung die gesamte Klausel unwirksam ist (*BGHZ* 86, 284/297).

Gerichtsstandsklauseln: Solche Klauseln sind im nichtkaufmännischen Verkehr unwirksam, dagegen unter Kaufleuten unbedenklich. Die Vereinbarung eines ausländischen Gerichtsstandes ist jedenfalls dann unzulässig, wenn keine der Parteien ihren Sitz in dem benannten Land hat (*OLG Karlsruhe* NJW 1982, 1950). Zweckmäßigerweise sollte die Formulierung aus § 38 I, 2. Halbs. ZPO in die Klausel übernommen werden. **70**

Preisanpassungsklauseln: Der Vorbehalt einseitiger Preiserhöhung ist nicht generell unzulässig (§ 11 Nr. 1 AGBG). Allgemein gilt, daß nur solche Gründe eine Preiserhöhung rechtfertigen, die auf Preis- und Kostensteigerungen beruhen und vom Verwender nicht verschuldet (rechtzeitige Deckungskäufe!) sind. Die Gründe für eine nachträgliche Preiserhöhung müssen in der Klausel konkret bezeichnet sein. Eine „Änderung der Marktverhältnisse" stellt keinen Rechtfertigungsgrund dar. Die Einräumung eines Rücktrittsrechtes rettet die Wirksamkeit einer zu weitgehenden Klausel nicht (*Schlünder* § 9 AGBG Rdnr. 407–426). **71**

Salvatorische Klauseln: Klauseln wie „soweit gesetzlich zulässig" oder „die Parteien sind verpflichtet, bei Unwirksamkeit einer Klausel eine dem wirtschaftlichen Erfolg der unwirksamen Klausel möglichst entsprechende Vereinbarung zu treffen" sind nur ein Placebo. Wegen des Verbotes der geltungserhaltenden Reduktion und Verstoßes gegen § 6 II AGBG sind solche Klauseln unwirksam. Insbesondere der Zusatz „soweit gesetzlich zulässig" führt wegen der für den Vertragspartner unklaren Rechtsklage zur Unwirksamkeit der gesamten Klausel (*BGH* NJW 1987, 1815/1818). Eine Ausnahme kann allenfalls gelten, wenn der Anwendungsbereich des AGB-Gesetzes rechtlich zweifelhaft ist. Der Anschein einer unbeschränkt gültigen Regelung führt aber auch hier i. d. R. zur Unwirksamkeit (*OLG Hamm* BB 1983, 1304/1307). **72**

Schiedsgutachtenklauseln: In Architekten- oder Bauverträgen wird zur Feststellung einzelner Tatsachen (Vorliegen von Mängeln, Wert einer Sache) oft eine Schiedsgutachtenvereinbarung getroffen. Das Schiedsgutachten ist dann für beide Teile verbindlich. Eine nachfolgende gerichtliche Überprüfung der gutachterlichen Feststellung ist nur bei offenbarer Unbilligkeit (§ 319 BGB) möglich. Eine Schiedsgutachtenklausel in AGB beschleunigt die oft langwierige gerichtliche Tatsachenfeststellung und ist nicht zu beanstanden, wenn in den AGB eine neutrale Person als Schiedsgutachter (z. B. Benennung durch die IHK) vorgesehen ist und in der Klausel der Rechtsweg ausdrücklich vorbehalten bleibt (*Ulmer/Brandner/Hensen* Anh. §§ 9–11 AGBG Rdnr. 620). Unwirksam ist die Klausel, wenn in den AGB ein Gutachter benannt ist, der dem Verwender interessenmäßig nahesteht (*BGH* NJW 1983, 1854). **73**

B. Zivilrechtliche Fallgestaltungen und Verfahrensarten

B I. Der Kaufrechtsfall

Dr. Burghard Piltz

Übersicht

Literatur: *von Caemmerer/Schlechtriem,* Kommentar zum Einheitlichen UN-Kaufrecht, 1990; *Czerwenka,* Rechtsanwendungsprobleme im Internationalen Kaufrecht, 1988; *Herber/Czerwenka,* Internationales Kaufrecht, 1991; *Loewe,* Internationales Kaufrecht, 1989; *W. Lorenz,* Neues Schuldvertragsrecht, IPRax 1987, S. 269ff.; *Quittnat,* Das Recht der Außenhandelskaufverträge, 1988; *Piltz,* Internationales Kaufrecht, NJW 1989, S. 615ff.; *Piltz,* UN-Kaufrecht, 1991; *Reinicke/Tiedtke,* Kaufrecht, 4. Aufl. 1989; *Reithmann/Martiny,* Internationales Vertragsrecht, 4. Aufl. 1988; *Schlechtriem,* Einheitliches UN-Kaufrecht, 1981; *Walter,* Kaufrecht (Handbuch des Schuldrechts, Band 6), 1987

I. Gegenstand und Prüfschema

1 Der Kauf steht als die wichtigste und häufigste Form des Umsatzgeschäftes im Zentrum rechtsanwaltlicher Tätigkeiten und erfährt in jüngerer Zeit zunehmende Beachtung infolge des sich intensivierenden internationalen Güteraustausches. Die nachfolgenden Ausführungen haben **typische Waren-Umsatz-Geschäfte des kaufmännischen Geschäftsverkehrs** zum Gegenstand. Kaufverträge über Grundstücke, Rechte, Sachgesamtheiten oder vermögenswerte Positionen sonstiger Art bleiben ausgespart. Auch wird nicht auf die spezifischen Bestimmungen zum Schutz des Endverbrauchers (insbes. VerbrKrG, HaustürwiderrufsG, AGBG) sowie die mit dem Eigentumsübergang verbundenen Rechtsfragen eingegangen. Statt dessen konzentriert sich die Darstellung auf für den Praktiker wichtige Aspekte zu den – insbesondere auch auf grenzüberschreitenden Warenumsatz ausgerichteten – schuldrechtlichen Beziehungen zwischen Verkäufer und Käufer.

2 Die Internationalität des heutigen Geschäftsverkehrs hat zur Folge, daß die §§ 433ff. BGB häufig nicht die maßgeblichen Normen vermitteln. Ausgenommen eindeutige Binnensachverhalte ist zur rechtlichen Erschließung eines Kaufrechtsfalles aus deutscher Sicht vielmehr nach folgendem **Prüfschema** vorzugehen:

1. Vorrangig maßgeblich sind in ihrem jeweiligen Anwendungsbereich die **Einheitlichen Kaufrechte** (Rdnr. 4ff.), nämlich
   - das Einheitliche Gesetz über den internationalen Kauf beweglicher Sachen vom 17. 7.

1973 (nachfolgend: **EKG**) und das Einheitliche Gesetz über den Abschluß von internationalen Kaufverträgen über bewegliche Sachen (nachfolgend: **EAG**) sowie
- das Wiener UN-Übereinkommen über Verträge über den internationalen Warenkauf vom 11. 4. 1980 (nachfolgend: **UN-Kaufrecht**).

2. Außerhalb des Anwendungsbereiches der Einheitskaufrechte erschließt sich die Rechtsordnung, nach der der Kaufrechtsfall zu beurteilen ist, über die Vorschriften des (deutschen) **Internationalen Privatrechts,** Art. 3ff. und insbesondere Art. 27ff. EGBGB (Rdnr. 38ff.).
3. Nur soweit die anstehenden Rechtsfragen von den Einheitlichen Kaufrechten nicht erfaßt werden und die Vorschriften des EGBGB zur Anwendung des deutschen Rechtes führen, gelten die **Bestimmungen des BGB/HGB,** namentlich die §§ 433ff. BGB und die §§ 343ff., 373ff. HGB (Rdnr. 65ff.).

Das New Yorker UN-Übereinkommen über die Verjährungsfrist beim internationalen Kauf beweglicher Sachen vom 13. 6. 1974 sowie das Haager Überkommen betreffend das auf internationale Kaufverträge über bewegliche Sachen anzuwendende Recht vom 15. 6. 1955 sind von der Bundesrepublik Deutschland nicht gezeichnet worden. 3

II. Grundzüge des UN-Kaufrechts

1. Abgrenzung zu den Einheitlichen Kaufgesetzen

Das Einheitliche Gesetz über den internationalen Kauf beweglicher Sachen 4 (EKG) (BGBl 1973 I, S. 856) und das Einheitliche Gesetz über den Abschluß von internationalen Kaufverträgen über bewegliche Sachen (EAG) (BGBl 1973 I, S. 868) sind mit **Ablauf des 31. 12. 1990** außer Kraft getreten (BGBl. 1990 II, 1482) und werden hier deshalb nicht weiter behandelt. Nach Art. 5 des Gesetzes zu dem Übereinkommen der Vereinten Nationen vom 11. 4. 1980 über Verträge über den Internationalen Warenkauf .... (BGBl 1989 II, S. 586) bleibt das EKG jedoch für alle bis zum 31. 12. 1990 abgeschlossenen Kaufverträge und das EAG für alle bis zum 31. 12. 1990 angebotenen Vertragsabschlüsse weiterhin maßgeblich. Voraussetzung für die Fortgeltung des EKG/EAG ist, daß Käufer und Verkäufer ihre Niederlassungen jeweils im Gebiet verschiedener Vertragsstaaten (Belgien, Bundesrepublik Deutschland, Gambia, Israel, Italien (bis zum 31. 12. 1987), Luxemburg, Niederlande, San Marino und Vereinigtes Königreich) hatten und zusätzlich die weiteren Anwendungsvoraussetzungen des EKG/EAG erfüllt waren (*Piltz,* NJW 1989, 615ff.).

2. Anwendungsbereich des UN-Kaufrechts

a) Anwenderstaaten

Seit dem 1. 1. 1991 gilt das UN-Kaufrecht – in geographischer Ordnung – in 5 den nachfolgend aufgeführten Staaten (BGBl. 1990 II, 1477). Das Datum des Inkrafttretens sowie etwaige von den Vertragsstaaten erklärte Vorbehalte sind unter Angabe des jeweiligen Artikels des UN-Kaufrechtes in Klammern hinzugefügt:
- **Argentinien** (1. 1. 1988, Art. 96), **Mexiko** (1. 2. 1989), **USA** (1. 1. 1988, Art. 95)
- **Finnland** (1. 1. 1989, Art. 92 I, 94), **Norwegen** (1. 8. 1989, Art. 92 I, 94), **Schweden** (1. 1. 1989, Art. 92 I, 94), **Dänemark** (1. 3. 1990, Art. 92 I, 94), **Frankreich** (1. 1. 1988), **Italien** (1. 1. 1988), **Österreich** (1. 1. 1989), **Ungarn**

(1. 1. 1988, Art. 96), **Jugoslawien** (1. 1. 1988), **Weißrußland** (1. 11. 1990, Art. 96), **DDR** (1. 3. 1990) (vgl. Rdnr. 11) und **BRD** (1. 1. 1991)
- **Ägypten** (1. 1. 1988), **Syrien** (1. 1. 1988), **Lesotho** (1. 1. 1988) und **Sambia** (1. 1. 1988)
- **Volksrepublik China** (1. 1. 1988, Art. 95, 96)
- **Australien** (1. 4. 1989)

6 Im Laufe des Jahres 1991 wird das UN-Kaufrecht für die folgenden weiteren Staaten in Kraft treten:
- **Chile** (1. 3. 1991, Art. 96)
- **Spanien** (1. 8. 1991), **Schweiz** (1. 3. 1991), **Tschechoslowakei** (1. 4. 1991, Art. 95), **Bulgarien** (1. 8. 1991), **Ukraine** (1. 2. 1991, Art. 96) und **Sowjetunion** (1. 9. 1991, Art. 96)
- **Irak** (1. 4. 1991)

b) Von dem UN-Kaufrecht erfaßte Sachverhalte

7 **aa)** In gegenständlich-sachlicher Hinsicht regelt das UN-Kaufrecht **Kaufverträge über Waren,** ohne daß es auf die handelsrechtliche oder bürgerlichrechtliche Natur des Geschäftes ankommt, Art. 1. Nicht erfaßt sind jedoch erkennbar zum persönlichen Gebrauch vorgenommene Käufe sowie die weiteren in Art. 2 zusammengestellten Ausnahmen. Das UN-Kaufrecht erfaßt gleichermaßen Werklieferungsverträge, es sei denn, der Käufer erbringt wesentliche Zulieferungen, Art. 3 I. Allerdings ist das UN-Kaufrecht nicht anwendbar, wenn in gemischten Vertragstypen kaufvertragliche Elemente nur von untergeordneter Bedeutung sind, Art. 3 II.

8 Das UN-Kaufrecht sieht für die ihm unterliegenden Kaufverträge Regelungen vor zum **äußeren Zustandekommen** einschließlich der Formerfordernisse und der Abänderung sowie zu den kaufrechtlichen **Rechten und Pflichten der Parteien.** Es beansprucht hingegen keine Kompetenz für Rechtsfragen, die die Gültigkeit des Vertrages oder von Gebräuchen betreffen, Art. 4 lit. a, für dingliche Rechtsfragen, Art. 4 lit. b, sowie für die Haftung des Verkäufers für Personenschäden, Art. 5. Gleichermaßen erfaßt das UN-Kaufrecht nicht allgemeine schuldrechtliche Institutionen wie die Abtretung, die Verjährung und die Aufrechnung. Problematisch hingegen ist die Abgrenzung zu den Rechtsinstituten der culpa in contrahendo, der positiven Vertragsverletzung und zu den deliktischen Anspruchsgrundlagen (*Herber,* in: *von Caemmerer/Schlechtriem,* Art. 4 Anm. 23, Art. 5 Anm. 5 und 10).

9 Für alle **von dem UN-Kaufrecht nicht erfaßten Rechtsfragen** ist die maßgebliche Rechtsordnung über die Normen des internationalen Privatrechts zu erschließen (Rdnr. 38ff.). Soweit danach deutsches materielles Recht berufen wird, ergibt sich aus Art. 3 des Zustimmungsgesetzes (Rdnr. 4) eine modifizierte Fassung des § 477 BGB. Im übrigen ist wegen des nicht alle Rechtsfragen abdeckenden Charakters des UN-Kaufrechtes empfehlenswert, auch bei in seinem Anwendungsbereich liegenden Sachverhaltsgestaltungen gleichwohl international-privatrechtliche Überlegungen (Rdnr. 38ff.) anzustellen und in ihren Konsequenzen zu berücksichtigen.

10 **bb)** Neben der gegenständlich-sachlichen Eingrenzung erfährt das UN-Übereinkommen auch **räumlich-persönliche Beschränkungen,** da es nur für grenzüberschreitende Sachverhalte gelten soll, die zudem einen bestimmten Bezug gerade zu den Vertragsstaaten aufweisen. Demzufolge wird der Anwen-

dungsbereich des UN-Kaufrechtes eröffnet, wenn die Parteien zur Zeit des Vertragsabschlusses erkennbar ihre **Niederlassungen in verschiedenen Staaten** haben und zusätzlich entweder beide Niederlassungsstaaten **Vertragsstaaten** des Übereinkommens sind, Art. 1 lit. a, oder aber die Normen des **Internationalen Privatrechtes** (Rdnr. 38ff.) in die Rechtsordnung eines Vertragsstaates führen, Art. 1 I lit. b. Nach Art. 2 des Zustimmungsgesetzes (Rdnr. 4) bleibt die letztere Variante jedoch verschlossen, wenn das deutsche internationale Privatrecht in die USA, in die Volksrepublik China oder in die Tschechoslowakei verweist.

Mit dem Beitritt der Länder der ehemaligen **DDR** zur Bundesrepublik **11** Deutschland ist ein einheitliches Staatsgebiet entstanden und der Vertragsstaat DDR untergegangen. Für den Geschäftsverkehr zwischen „BRD" und „DDR" sind die räumlich-persönlichen Anwendungsvoraussetzungen damit entfallen (Reinhart, IPRax 1990, S. 291). Im übrigen sieht Art. 12 des Einigungsvertrages (BGBl. 1990 II, S. 889, 893) Konsultationen mit den jeweiligen Vertragspartnern vor, um die Fortgeltung, Anpassung oder das Erlöschen völkerrechtlicher Verträge der „DDR" zu regeln. Ab 1. 1. 1991 gilt das UN-Kaufrecht aufgrund seines Inkrafttretens für die Bundesrepublik Deutschland auch für die fünf östlichen Bundesländer der bisherigen DDR. Die in Art. 3 des Zustimmungsgesetzes vorgesehene Verweisung auf die modifizierte Fassung des § 477 BGB (Rdnr. 9) findet allerdings keine Anwendung, soweit völkerrechtliche Verpflichtungen, die die DDR vor Inkrafttreten des Staatsvertrages eingegangen ist, entgegenstehen (BGBl. 1990 II, S. 889, 960).

cc) In **zeitlicher Hinsicht** schließt das UN-Kaufrecht nahtlos an die Einheitli- **12** chen Kaufgesetze (Rdnr. 4) an. Demzufolge sind die **Vertragsschlußregeln** der Art. 14ff. auf jeden Fall anwendbar, wenn der Vertragsabschluß nach dem 1. 1. 1991 angeboten wurde, Art. 100 I. Die **Bestimmungen über den Warenkauf,** Art. 25. ff., gelten unabhängig davon für alle nach dem 31. 12. 1990 abgeschlossenen Verträge, Art. 100 II. Bei Anwendung des Art. 1 I lit. b kann sich eine Vorverlagerung des zeitlichen Einsatzes ergeben (*Evans,* in: *Bianca/Bonell* Commentary on the International Sales Law, 1987, Art. 100 Anm. 2.3 und 2.4).

dd) In dem vorstehend aufgezeigten Rahmen kommt das UN-Kaufrecht zur **13** Anwendung, ohne daß es einer entsprechenden Willensbekundung oder eines sonstigen positiven Tuns der Parteien bedürfte. Andererseits ist es den Parteien freigestellt, das UN-Kaufrecht insgesamt oder teilweise **auszuschließen,** Art. 6 (dazu *Holthausen* RIW 1989, 513ff.). Gleichermaßen bestehen keine Bedenken, für internationale Kaufrechtsfälle das UN-Kaufrecht als die maßgebliche Rechtsordnung zu wählen, soweit der gesetzliche Anwendungsbereich nicht eröffnet ist (*Herber,* in: *von Caemmerer/Schlechtriem,* Art. 6 Anm. 31).

3. Ausgewählte Einzelfragen des UN-Kaufrechtes

a) Vertragsabschluß

Die Art. 14ff. zum **Abschluß des Vertrages** gelten gleichermaßen für die **14** **Abänderung** bereits abgeschlossener Verträge sowie insbesondere auch für die **Einbeziehung von AGB** (*Holthausen* RIW 1989, 517f.). Während das deutsche Recht für die Vereinbarung von AGB unter Kaufleuten den bloßen Hinweis auf ihre Maßgeblichkeit ausreichen läßt (Erkundigungsobliegenheit des Vertragspartners), geht das UN-Kaufrecht im Grundsatz davon aus, daß die Bedingungen dem anderen Vertragsteil inhaltlich zur Kenntnis gebracht werden müssen (Kenntnisverschaffungspflicht des Verwenders).

15 Die Art. 14ff. folgen im übrigen dem aus dem deutschen Recht bekannten Muster von Angebot und Annahme. Als bedeutsame **Abweichungen** sind insbesondere herauszustellen:

- Art. 16 läßt unter gewissen Voraussetzungen einen **Widerruf des Vertragsangebotes** zu, nachdem dieses dem Empfänger bereits zugegangen ist; die Annahmeerklärung hingegen kann nicht widerrufen werden.
- Die **inhaltlich abweichende Annahme** führt vorbehaltlich Widerspruchs des Empfängers zu einem Vertragsabschluß, wenn die Abweichung nicht wesentlich ist. Typische Beispiele für wesentliche Änderungen sieht Art. 19 III vor.
- Die **verspätet abgegebene Annahmeerklärung** ist anders als nach § 150 I BGB kein Gegenangebot, sondern bleibt vorbehaltlich anders lautender Äußerung des Anbietenden ohne Wirkung, vgl. Art. 21 II.
- Ungeklärt ist im Hinblick auf die **Preisbestimmung** das Verhältnis von Art. 14 zu Art. 55 (*Schlechtriem* S. 38f.).

b) Pflichten des Verkäufers

16 Die Aufgaben des Verkäufers sind in Art. 30ff. zusammengestellt und entsprechen dem aus dem deutschen Recht bekannten Pflichtenspektrum. Art. 34 regelt zudem die Übergabe von **Waren-Dokumenten.** Als Besonderheit ist die Verpflichtung des Verkäufers hervorzuheben, **leistungshindernde Umstände** bereits in angemessener Frist nach deren Erkennbarkeit dem Käufer mitzuteilen, Art. 79 IV.

c) Pflichten des Käufers

17 Die Pflichten des Käufers sind in den Art. 53ff. niedergelegt. Trotz seines ausschließlich internationalen Anwendungsbereiches trifft das UN-Kaufrecht keine Aussage zu der **Währung,** in der der Kaufpreis zu zahlen ist; im Zweifel ist jedoch in der Währung zu leisten, die am Sitz des Verkäufers gesetzliches Zahlungsmittel ist (*Magnus* RabelsZ 1989, 116ff.).

18 Als markante **Abweichungen** gegenüber dem deutschen Recht fallen auf:

- Die Kaufpreiszahlungspflicht ist am Sitz des Verkäufers **(Bringschuld)** zu erfüllen. Damit erschließt sich deutschen Exporteuren im Inland der Gerichtsstand des Erfüllungsortes, Art. 5 Nr. 1 EUGVÜ, § 29 ZPO (kritisch *Schack* IPRax 1986, 82ff.).
- Art. 54 sieht ausdrücklich die Verpflichtung des Käufers zur **Vorbereitung der Zahlung** vor. Die Nichterfüllung dieser Verpflichtung eröffnet dem Verkäufer ein Zurückbehaltungsrecht nach Art. 71 bzw. Anspruch auf Schadensersatz, Art. 61.

d) Preisgefahr

19 Im Falle des – in der Praxis vorherrschenden – Versendungskaufes geht die Gefahr in der Regel mit vertragsgemäßer Übergabe der Kaufsache an den ersten Beförderer über, Art. 67 I. Die bloße Aushändigung an den Spediteur genügt anders als im deutschen Recht hingegen nicht (*Loewe* zu Art. 67 und 31). Für andere Gestaltungen ist die Preisgefahr in Art. 66ff. geregelt.

e) Abweichende Vereinbarungen

20 Die Vorgaben des UN-Kaufrechtes sind im wesentlichen **dispositiv,** so daß es den Parteien freisteht, modifizierende Vereinbarungen zu treffen (*Herber,* in: *vom Caemmerer/Schlechtriem,* Art. 6 Anm. 24). Abweichungen können sich insbesondere auch aus **Gebräuchen** oder **Gepflogenheiten** ergeben, Art. 9.

4. Leistungsstörungen im UN-Kaufrecht

a) Überblick und Vergleich zum deutschen Recht

Anders als das deutsche Recht, das nach unterschiedlichen Leistungsstörungs-Figuren differenziert und damit die Abgrenzung verschiedenster Arten sowie die Beachtung unterschiedlichster Voraussetzungen bedingt, geht das UN-Kaufrecht von einem **einheitlichen Begriff der Leistungsstörung** aus (*Huber,* in: *von Caemmerer/Schlechtriem,* Art. 45 Anm. 8, 9a). Eine Vertragsverletzung liegt stets dann vor, wenn eine Leistungspflicht nicht ordnungsgemäß erfüllt wird. Die Rechtsfolgen sind jeweils geschlossen im Anschluß an die Pflichten des Verkäufers, Art. 45ff., bzw. des Käufers, Art. 61ff., geregelt. 21

Allerdings kann auch das UN-Kaufrecht nicht gänzlich auf die Bildung von **Leistungsstörungsgruppen** verzichten. So setzen die Ansprüche des Käufers wegen Lieferung vertragswidriger oder wegen mit Rechten/Ansprüchen Dritter belasteter Ware ein Tätigwerden des Käufers nach Maßgabe der Art. 38ff. (Rdnr. 34ff.) bzw. Art. 43 I voraus, andernfalls er seine Gewährleistungsrechte verliert. Ansprüche wegen sonstiger Leistungsstörungen, z.B. wegen Nicht- oder verspäteter Lieferung, erwachsen dem Gläubiger hingegen bereits aufgrund des bloßen Umstandes der nicht ordnungsgemäßen Erbringung. Mahnungen, Fristsetzungen, Ablehnungsandrohungen oder sonstige Aktivitäten des Gläubigers erwartet das UN-Kaufrecht insoweit nicht. 22

Eine weitere Differenzierung ergibt sich aus der Unterscheidung der wesentlichen und der nicht **wesentlichen Pflichtverletzung,** Art. 25 (*Holthausen* RIW 1990, 101ff.). Die wesentliche Pflichtverletzung ermöglicht dem Gläubiger in aller Regel, ohne weiteres die Aufhebung des Kaufvertrages zu erklären, wohingegen im Fall der nicht wesentlichen Leistungsstörung diese Möglichkeit noch nicht besteht (*Schlechtriem* JZ 1988, 1043). Anders als im deutschen Recht entscheidet damit nicht die Art der Leistungsstörung über die Konsequenzen. Ausgangspunkt für die Rechtsfolgen ist vielmehr die Gewichtigkeit der Abweichung von dem vereinbarten Vertragsprogramm. 23

b) Rechtsbehelfe bei Leistungsstörungen

Das UN-Kaufrecht sieht als Reaktion auf Leistungsstörungen der anderen Seite für den Verkäufer vier und für den Käufer fünf Rechtsbehelfe vor. 24

aa) Wesentlichen Pflichtverletzungen des Schuldners berechtigen den Gläubiger in aller Regel, ohne weitere Voraussetzungen die **Aufhebung des Vertrages** zu erklären. Diese Möglichkeit besteht auch dann, wenn das Leistungshindernis von dem Schuldner nicht zu verantworten ist, Art. 79 V. Bei nicht wesentlichen Pflichtverletzungen kann der Gläubiger die Vertragsaufhebung hingegen nur nach fruchtlosem Ablauf einer angemessenen Nachfrist erreichen, soweit diese Möglichkeit vorgesehen ist. Für den Fall, daß der Verkäufer vertragswidrige Ware liefert und dieser Umstand nicht bereits eine wesentliche Vertragsverletzung ausmacht, ist eine Möglichkeit zur Vertragsaufhebung nicht eröffnet (*Schlechtriem* JZ 1988, 1045). 25

Für die Erklärung der Vertragsaufhebung sieht das UN-Kaufrecht überwiegend die Einhaltung einer angemessenen Frist vor, Art. 49 II, 64 II. Die im EKG angeordnete automatische Vertragsaufhebung ist für das UN-Kaufrecht nicht übernommen worden. Die nähere Durchführung der Vertragsaufhebung regeln die Art. 81ff. 26

27 **bb)** Auf die Lieferung vertragswidriger Ware kann der Käufer nach Maßgabe des Art. 50 mit einer verhältnismäßigen **Preisherabsetzung,** wie sie aus § 472 BGB bekannt ist, reagieren.

28 **cc)** Anstelle des Anspruchs auf Vertragsaufhebung bzw. auf Kaufpreisherabsetzung hat der Gläubiger in aller Regel auch die Möglichkeit, weiterhin auf **Erfüllung** zu bestehen, Art. 46, 62. Ersatzlieferung bzw. Nachbesserung kann jedoch nur unter den engeren Voraussetzungen des Art. 46 geltend gemacht werden (*Schlechtriem* JZ 1988, 1045).

29 **dd)** Neben den vorstehend angesprochenen Rechtsbehelfen ist der Gläubiger einer nicht ordnungsgemäß erbrachten Leistung stets auch zum **Schadensersatz** berechtigt. Anders als nach der Systematik des deutschen Rechtes erwächst der Schadensersatzanspruch zusätzlich neben dem Anspruch auf Vertragsaufhebung, Kaufpreisherabsetzung und Erfüllung, Art. 45 II, 61 II.

30 Als Besonderheit gegenüber dem deutschen Recht ist herauszustellen, daß der Anspruch auf Schadensersatz in aller Regel **ohne weitere Tatbestandsvoraussetzungen** entsteht, wenn für die maßgebliche Leistungsstörung – wie etwa in Art. 45 I lit. b oder Art. 61 I lit. b – eine Schadensersatzverpflichtung vorgesehen ist. Namentlich ist nicht Voraussetzung, daß der Schuldner die Vertragsverletzung schuldhaft begangen hat. Die ihre Leistung nicht ordnunsgemäß erbringende Partei wird lediglich dann **nicht schadensersatzpflichtig,** wenn sie nach Maßgabe der Art. 79f. für die Nichterfüllung ihrer Pflicht nicht einzustehen hat (*Stoll,* in: *Schlechtriem,* Einheitliches Kaufrecht und nationales Obligationenrecht, 1987, S. 270ff.).

31 Die **Ermittlung des zu ersetzenden Schadens** vollzieht sich nach Art. 74ff. Ausgenommen die Gestaltungen in Art. 75 (Deckungsgeschäft) und Art. 76 (Ware hat einen Marktpreis) ist der Schaden im übrigen konkret zu berechnen und umfaßt alle entstandenen Verluste einschließlich entgangener Gewinne, Art. 74. Art. 74 Satz 2 begrenzt die Haftungsfolgen danach, daß dem Schuldner nur der bei Vertragsschluß als mögliche Konsequenz der Leistungsstörung voraussehbare Schaden zuzurechnen ist.

32 **ee)** Ungeachtet eines Anspruchs auf Schadensersatz sanktioniert Art. 78 die nicht rechtzeitige Erfüllung fälliger Zahlungsverpflichtungen damit, daß der anderen Partei ein **Anspruch auf Zinsen** zusteht. Zur Höhe der Zinsen trifft das UN-Kaufrecht keine Aussage.

c) Lieferung vertragswidriger Ware

33 Anders als das deutsche Recht enthebt das UN-Kaufrecht von der Notwendigkeit, im Hinblick auf unterschiedliche Rechtsfolgen die Mangel-Formen Qualitätsmangel, Fehlen zugesicherter Eigenschaft, Quantitätsmangel und aliud zu unterscheiden (*Schwenzer* NJW 1990, 605). **Vertragswidrigkeit** im Sinne des UN-Kaufrechtes ist vielmehr stets dann gegeben, wenn die Lieferung nicht den Abreden oder Gebräuchen der Parteien bzw. den Vorgaben des Art. 35 II entspricht. Diese Gleichbehandlung hat andererseits zur Folge, daß auch Quantitäts- bzw. aliud-Abweichungen nach Maßgabe des Art. 39 gerügt werden müssen.

34 Nach Art. 38 hat der Käufer die Ware innerhalb einer den Umständen entsprechenden kurzen Frist **zu untersuchen,** es sei denn, daß sich aufgrund der Absprachen, Gepflogenheiten oder Gebräuche andere Modalitäten entwickelt

haben, Art. 9. Zum Umfang der Untersuchung enthält das UN-Kaufrecht keine Anweisung (*Bianca,* in *Bianca/Bonell,* oben Rdnr. 12, Art. 38 Anm. 2.3). Ebenso fehlt eine Präzisierung des Begriffes „kurze Frist". Für die Praxis könnte als Mittelwert ein Zeitraum von 3 bis 4 Arbeitstagen vorgeschlagen werden (ähnlich *Asam* RIW 1989, 944).

Auf die Untersuchungsfrist folgt eine weitere, diesmal jedoch angemessene Zeitspanne, innerhalb der der Käufer die Vertragswidrigkeit dem Verkäufer **anzuzeigen** hat. Als grobes Richtmaß, das je nach Art der Ware, Umständen des Geschäftes sowie Konsequenzen der Vertragswidrigkeit zu modifizieren sein wird, könnte ein Zeitraum zwischen 4 bis 6 Arbeitstagen praktikable Anhaltswerte vermitteln (ähnlich *Asam* RIW 1989, 944). Diese Frist beginnt – anders als im deutschen Recht – mit Entdeckung bzw. Erkennbarkeit der Vertragswidrigkeit. Vorbehaltlich anderslautender Garantiezusagen verliert der Käufer das Rügerecht zwei Jahre nach Aushändigung der Ware. Inhaltlich hat die Anzeige die Art der Vertragswidrigkeit sowie den Umfang der von ihr betroffenen Ware genau zu bezeichnen. Zweckmäßigerweise wird die Anzeige verbunden mit einem etwaigen Verlangen nach Ersatzlieferung bzw. Nachbesserung, Art. 46 II, III. **35**

Die **nicht ordnungsgemäße Anzeige** bedeutet vorbehaltlich Art. 40, 44 den Verlust der Folgeansprüche wegen vertragswidriger Lieferung, verschließt dem Käufer jedoch nicht Rechtsbehelfe wegen anderer Leistungsstörungen. Die **ordnungsgemäße Anzeige** hingegen eröffnet alle Rechtsbehelfe. In Art. 3 des Zustimmungsgesetzes (Rdnr. 4) ist vorgesehen, daß für die Verjährung der Folgeansprüche § 477 BGB mit gewissen Modifikationen entsprechend gilt (Rdnr. 9). **36**

5. Zusammenfassende Bewertung

Gemessen an den Bestimmungen des deutschen Rechtes verbessert das UN-Kaufrecht in Teilbereichen die Rechtslage des Verkäufers (Recht der zweiten Andienung, Art. 48, Erschwerung der Vertragsaufhebung wegen vertragswidriger Lieferung, erweiterte Rügepflichten). Insgesamt gesehen dürfte es jedoch mehr Vorteile für den Käufer bringen (einfache Systematik des Leistungsstörungsrechtes, längere Gewährleistungsfristen und insbesondere weitreichende Schadensersatzmöglichkeiten). Als parteiunabhängige **Vorzüge des UN-Kaufrechtes** sind herauszustellen sein übersichtlicher Aufbau, die Verfügbarkeit des Textes in vielen Sprachen sowie seine Eignung, als neutrale Rechtsordnung in internationalen Transaktionen zugrunde gelegt zu werden. Aus der Sicht des international tätigen Rechtsberaters kommt hinzu, daß das UN-Kaufrecht deutsches Recht ist und damit – anders als aufgrund der IPR-Bestimmungen möglicherweise zur Anwendung kommendes außereuropäisches Kaufrecht – vom Versicherungsschutz der rechtsanwaltlichen Vermögensschadenhaftpflichtversicherung erfaßt wird. **37**

III. Deutsches internationales Privatrecht

1. Vorbemerkung

Soweit die zu beurteilenden Rechtsfragen von den Einheitskaufrechten nicht erfaßt werden, erschließt sich das jeweils maßgebliche Recht über die Vorschriften des deutschen internationalen Privatrechtes (IPR), Art. 3ff., insbesondere **38**

Art. 27ff. EGBGB (Rdnr. 2). Die **IPR-Normen** zeigen jeweils die nationale Rechtsordnung auf, aus der die Lösung des Kaufrechtsfalles zu ermitteln ist. Für Schuldverhältnisse, die vor dem Wirksamwerden des Beitritts der fünf Länder der DDR entstanden sind, bleibt das bislang dort geltende Recht weiterhin maßgeblich, Art. 232 § 1 EGBGB (BGBl. 1990 II, S. 885, 943). Soweit danach ungeachtet des Einigungsvertrages eine Vereinheitlichung der Zivilrechte nicht vollzogen ist, ist das anzuwendende Recht gleichermaßen über die jeweiligen IPR-Normen zu bestimmen (vgl. Palandt/Heldrich Anhang zu Art. 3 EGBGB).

39 Die durch das IPR-Neuregelungsgesetz von 1986 geschaffenen Art. 11, 12 und 27ff. EGBGB beruhen im wesentlichen auf dem **Römischen EWG-Übereinkommen** über das auf vertragliche Schuldverhältnisse anzuwendende Recht vom 19. 6. 1980 (BGBl. 1986 II, S. 810). Art. 36 EGBGB schreibt demzufolge eine für die Vertragsstaaten einheitliche Auslegung und Anwendung vor.

2. Die Anknüpfung von Kaufverträgen

a) Rechtswahl der Parteien

40 Art. 27 EGBGB statuiert den Grundsatz der **freien Rechtswahl.** Käufer und Verkäufer können danach für ihre Rechtsbeziehungen ohne Nachweis eines anerkennenswerten Interesses jede auf dieser Welt vorhandene Rechtsordnung wählen. Art. 27 I 3 EGBGB gestattet zudem, den Vertrag aufzuspalten und ihn nicht einheitlich einer einzigen Rechtsordnung zu unterstellen; aus Gründen der Rechtsanwendung ist jedoch dringend davon abzuraten, unterschiedliche Rechte für Teile des Vertrages zu berufen.

41 Die Vereinbarung des maßgeblichen Rechtes kann entweder **ausdrücklich** oder aufgrund von Vertragsbestimmungen oder anderer Umstände stillschweigend erfolgen, Art. 27 I 2 EGBGB. Stets ist jedoch ein realer Rechtswahlwille erforderlich. Die vereinbarte Währung oder die gewählte Vertragssprache sind nicht geeignet, als Ausdruck einer stillschweigenden Rechtswahl gewertet zu werden (*Koch/Magnus/Winkler v. Mohrenfels,* IPR und Rechtsvergleichung, 1989, S. 91). Typische **Indizien für eine stillschweigende Rechtswahl** können hingegen sein: Gerichtsstandsklauseln, Schiedsklauseln, Erfüllungsortvereinbarungen sowie Bezugnahmen auf ein bestimmtes Recht ausgenommen zwingende Vorschriften insbesondere des öffentlichen Rechts. Übereinstimmendes Prozeßverhalten, insbesondere die Argumentation ausschließlich mit Vorschriften des deutschen Rechtes kann nur dann als stillschweigende Rechtswahl gewertet werden, wenn ein dahingehender Wille der Beteiligten unzweifelhaft feststeht (*Schack* IPRax 1986, 272f.; großzügiger *OLG Koblenz* RIW 1989, 61). Im übrigen ist gerade auch aus haftungsrechtlicher Sicht davor zu warnen, vor deutschen Gerichten aus Bequemlichkeitsgründen die Maßgeblichkeit deutschen Kaufrechtes zu vereinbaren, bevor nicht sorgfältig geprüft ist, wie sich die Rechtslage ohne Berufung deutschen Rechtes darstellen würde.

42 Die – ausdrückliche oder stillschweigende – Rechtswahl als Ergebnis einer vertraglichen Absprache, der sogenannte **Verweisungsvertrag,** ist von dem eigentlichen Kaufvertrag zu unterscheiden. Der Verweisungsvertrag bleibt insbesondere auch dann verbindlich, wenn der eigentliche Kaufvertrag nach den Bestimmungen des gewählten Rechtes etwa wegen Verstoßes gegen ein gesetzliches Verbot nichtig ist. Das Zustandekommen des Verweisungsvertrages wird im übrigen gleichermaßen nach dem mit dem Verweisungsvertrag gewählten Recht beurteilt (*Meyer-Sparenberg* RIW 1989, 348f.). Eine **Rechtswahl aufgrund**

von AGB setzt demzufolge voraus, daß die AGB nach dem gewählten Recht wirksam zum Vertragsinhalt geworden sind und die Rechtswahl als solche der AGB-Inhaltskontrolle des jeweils maßgeblichen Rechtes standhält (Rdnr. 57). Für die Beurteilung, ob ein bloßes Verhalten, insbesondere Schweigen des Empfängers der AGB als Zustimmung zu ihrer Einbeziehung gewertet werden kann, ist ungeachtet des gewählten Rechtes zusätzlich die Rechtsordnung am gewöhnlichen Aufenthaltsort des Empfängers zu berücksichtigen, Art. 31 II EGBGB. Der Verweisungsvertrag und damit die Rechtswahl kann nach Maßgabe des Art. 27 II EGBGB auch später vereinbart oder geändert werden.

b) Objektive Anknüpfung

Soweit weder eine ausdrückliche noch eine stillschweigende Rechtswahl feststellbar oder wirksam getroffen ist, wird der Kaufvertrag nach **Art. 28 EGBGB** einer Rechtsordnung zugewiesen. Hierzu ist in drei Stufen zu prüfen: **43**

aa) Zunächst ist die für den Vertrag **charakteristische Leistung** herauszuarbeiten. Bei typischen Kaufverträgen ist dies die anstrengendere Naturalleistung des Verkäufers (*Palandt/Heldrich* Art. 28 EGBGB Anm. 4a bb). Soweit in gesondert gelagerten Gestaltungen eine charakteristische Leistung nicht feststellbar ist, muß die Anknüpfung nach den engsten Verbindungen vorgenommen werden, Art. 28 I, II 3 EGBGB. **44**

bb) Anschließend ist die die charakteristische Leistung erbringende Partei bezogen auf den Zeitpunkt des Vertragsabschlusses **nach Art. 28 II EGBGB zu lokalisieren.** Bei gewerblichen Verkäufern ist auf die Zweig- oder Hauptniederlassung abzustellen, die nach den vertraglichen Absprachen die charakteristische Leistung zu erbringen hat. Mit dieser Fixierung ist die Rechtsordnung gefunden, die die kaufrechtlichen Beziehungen bestimmt. Das Recht des Käufers bleibt unbeachtet. Nicht maßgeblich für die Lokalisierung ist der vorgesehene Erfüllungsort. **45**

cc) In einer dritten Arbeitsstufe ist zu überprüfen, ob der Vertrag möglicherweise **engere Verbindungen zu einer anderen Rechtsordnung** aufweist, Art. 28 V EGBGB. Die bloße Tatsache, daß nach dem Kaufvertrag die Ware auf Gefahr des Verkäufers reist (Bringschuld), erscheint nicht ausreichend, engere Verbindungen zu der Rechtsordnung des Käufers anzunehmen (a. A. *Kegel,* Internationales Privatrecht, 6. Aufl., 1987, S. 429). Die gemeinsame Staatsangehörigkeit der Parteien, die Vertragssprache sowie die vereinbarte Währung sind gleichermaßen nicht geeignet, ohne Unterstützung durch weitere Umstände die Vermutung des Art. 28 II EGBGB zu widerlegen. Engere Verbindungen zu einem anderen Recht können sich jedoch daraus ergeben, daß das Kaufgeschäft in Anlehnung an einen Rahmenvertrag oder einen Vertriebshändlervertrag abgeschlossen wird, für die in dem konkreten Fall das Recht am Sitz des Käufers (Vertriebshändlers) maßgeblich ist. **46**

3. Regelungsumfang des Vertragsstatuts

Das über die Art. 27, 28 EGBGB bestimmte Recht regelt nicht sämtliche Rechtsfragen, die bei der Erarbeitung des Kaufrechtsfalles bedeutsam sein können. Insbesondere werden mit einer üblichen Rechtswahlklausel nicht alle Rechtsaspekte erfaßt. Vielmehr gelten für eine Reihe von **Teilfragen des Fallaufbaus** besondere Anknüpfungen, die neben dem eigentlichen Vertragsstatut **47** der Art. 27, 28 EGBGB eigenständig zu erschließen sind (Rdnr. 48ff.). Alle nicht eigenständig anzuknüpfenden Rechtsfragen (Rdnr. 56ff.) unterliegen hingegen dem Vertragsstatut.

a) Typische Teilfragen

48 Typische Teilfragen, ohne daß die nachstehende Aufzählung jedoch vollständig ist, sind insbesondere:

49 **aa)** Die **Rechts- und Geschäftsfähigkeit** natürlicher Personen bestimmt sich nach Art. 7, 12 EGBGB. Die Rechtsfähigkeit von Personenvereinigungen und juristischen Personen wird nach der am Sitz ihrer effektiven Hauptverwaltung maßgeblichen Rechtsordnung beurteilt (*BayObLG* DB 1986, 1325ff.).

50 **bb)** Für die **Form** des Rechtsgeschäftes sieht Art. 11 EGBGB eine besondere Anknüpfungsregel vor.

51 **cc)** In der Praxis von besonderer Bedeutung ist, ob das bloße Verhalten insbesondere das **Schweigen einer Partei,** die sich nicht ausdrücklich erklärt hat, als Zustimmung zu einem Vertrag oder etwa auch der Einbeziehung von AGB gewertet werden kann. Nach Art. 31 II EGBGB muß insoweit das Recht ihres gewöhnlichen Aufenthaltortes berücksichtigt werden, wenn diese Partei einwendet, keine Zustimmung erklärt zu haben.

52 **dd) Die gesetzliche Vertretungsmacht** von Gesellschaftsorganen beurteilt sich nach der Rechtsordnung am Sitz ihrer effektiven Hauptverwaltung (Rdnr. 49). Für die Anknüpfung der rechtsgeschäftlichen Vertretungsmacht stellt die Rechtsprechung bei Einschaltung kaufmännischer Hilfspersonen, namentlich Handelsvertretern, auf das Recht deren Niederlassung ab und greift ansonsten auf das Recht des vorgesehenen Wirkungslandes bzw. des tatsächlichen Gebrauchsortes der Vollmacht zurück (*Kropholler,* Internationales Privatrecht, 1990, S. 267ff.).

53 **ee)** Auch für **währungsrechtliche Fragen** kann sich eine gesonderte Anknüpfung ergeben, wenn die Zahlung in einer bestimmten Währung zu leisten ist. Ob die in § 244 BGB vorgesehene Umrechnungsbefugnis dem Schuldner auch dann eröffnet ist, wenn der Kaufvertrag nicht deutschem Recht unterliegt, erscheint angesichts der abschließenden Regelung des EWG-Übereinkommens von 1980 (Rdnr. 39) und der nach Art. 36 EGBGB zu beachtenden Praxis in den anderen EG-Staaten zweifelhaft. Das ausländische Devisenrecht der Mitgliedstaaten des Internationalen Währungsfonds ist jedoch zu berücksichtigen und kann zur Nichtklagbarkeit eines Zahlungsanspruches führen, Art. VIII 2b IWF.

54 **ff)** Art. 32 II EGBGB sieht vor, daß das am Ort der Erfüllung maßgebliche Recht für die Modalitäten der Erfüllung, die **Untersuchungs- und Rügepflichten** des Käufers und die bei Zurückweisung mangelhafter Ware zu treffenden Maßnahmen neben den Bestimmungen des Vertragsstatutes mit zu berücksichtigen ist.

55 **gg)** Soweit aufgrund parteilicher Vereinbarung oder beachtlicher Handelsbräuche die **INCOTERMS** zur Anwendung berufen werden, gehen ihre Bedeutungsinhalte den nach den IPR-Verweisungen maßgeblichen Bestimmungen vor. Die INCOTERMS sind Regeln zur Interpretation von 13 international gebräuchlichen Lieferklauseln wie FOB, CIF usw. und gelten seit dem 1. Juli 1990 in einer revidierten Fassung (*Bredow/Seiffert,* INCOTERMS 1990). Die

Klauseln regeln u. a. die Gefahr- und Kostentragung, Fragen der Ausführung der Export- und Importabfertigung sowie der Transportdokumentationen.

b) Von dem Vertragstatut erfaßte Rechtsfragen

Typische, von dem Vertragsstatut erfaßte Rechtsfragen sind: 56

aa) Das Vertragsstatut bestimmt über Zustandekommen und Wirksamkeit 57 **des Vertrages,** Art. 31 I EGBGB, sowie über die Einbeziehung und Inhaltskontrolle von **AGB.** Generell ist für den internationalen Geschäftsverkehr zu empfehlen, die AGB in vollem Umfang der anderen Vertragspartei in der Verhandlungssprache zur Kenntnis zu bringen und eine ausdrückliche Vereinbarung über ihre Einbeziehung zu treffen, da die im deutschen Recht eröffnete Möglichkeit, AGB im kaufmännischen Geschäftsverkehr durch bloßen Hinweis auf ihre Geltung zum Vertragsinhalt zu machen, im Ausland überwiegend für nicht ausreichend erachtet wird (*Otto,* Allgemeine Geschäftsbedingungen und Internationales Privatrecht, 1984).

bb) Den **Inhalt des Kaufvertrages** unter Einschluß der Bestimmungen zum 58 Gefahrübergang sowie zur Verjährung, Art. 32 I Nr. 4 EGBGB, gibt das Vertragsstatut vor. Nach ihm beurteilen sich auch die maßgeblichen Gebräuche sowie die Regeln der Vertragsauslegung, Art. 32 I Nr. 1 EGBGB.

cc) Gleichermaßen bestimmt das Vertragsstatut über Voraussetzungen und 59 Folgen von **Leistungsstörungen,** Art. 32 I Nr. 3 EGBGB, unter Einschluß auch der culpa in contrahendo (*Koch/Magnus/Winkler v. Mohrenfels,* o. Rdnr. 41, S. 81). Nach dem Vertragsstatut beurteilt sich demzufolge auch die kaufrechtliche Gewährleistung, die Verpflichtung zur Zahlung von Prozeßzinsen sowie die Wirksamkeit der Vereinbarung eines Haftungsausschlusses.

dd) Über das Vertragsstatut erschließen sich ferner die Voraussetzungen und 60 Folgen der **Abtretung,** Art. 33 II EGBGB, namentlich also ob die Forderung abtretbar ist, welches das Verhältnis zwischen Schuldner und neuem Gläubiger sowie ob eine befreiende Leistung an den Altgläubiger möglich ist. Soweit ausländisches Recht zur Anwendung kommt, ist zu beachten, daß die europäischen Rechtsordnungen überwiegend deutlich schärfere Anforderungen für eine Abtretung vorsehen als § 398 BGB (vgl. etwa *Hadding/Schneider,* Die Forderungsabtretung, insbesondere zur Kreditsicherung, in der Bundesrepublik Deutschland und in ausländischen Rechtsordnungen, 1986). Nicht dem Vertragsstatut hingegen untersteht das Grundgeschäft zwischen Zedent und Zessionar, das eigenständig anzuknüpfen ist, Art. 33 I EGBGB.

ee) Schließlich bestimmt das Vertragsstatut über die **Erfüllung** Art. 32 I 2 61 EGBGB. Für Voraussetzungen und Folgen der Erfüllung durch **Aufrechnung** wird dann, wenn die gegenüberstehenden Ansprüche verschiedenen Rechtsordnungen unterliegen, auf das Recht der Hauptforderung abgestellt, gegen die aufgerechnet wird. Die Vereinbarung international ausschließlicher Gerichtsstände wertet die deutsche Rechtsprechung als Aufrechnungsausschluß (*BGH* RIW 1981, 703ff.). Auf verschiedene Währungen lautende Geldforderungen sind ungleichartig im Sinn des § 387 BGB (*KG* NJW 1988, 2181).

4. Rechtsfolgen der Anknüpfung

Die Anknüpfung des Kaufvertrages über Art. 27, 28 EGBGB (Rdnr. 40ff.) 62 führt unmittelbar in die **Sachvorschriften der maßgeblichen Rechtsordnung,**

Art. 35 I EGBGB. Die Bestimmungen dieser Rechtsordnungen gelten in ihrem jeweiligen Bestand, ausgenommen lediglich sogenannter Eingriffsnormen (*Kropholler,* o. Rdnr. 52, S. 423). Auf der anderen Seite werden die – auch die vertraglich nicht abdingbaren – Vorschriften aller anderen Rechtsordnungen ausgenommen jedoch wiederum deren Eingriffsnormen durch die IPR-Verweisung ausgeschaltet. Anderes gilt, wenn der Sachverhalt außer einer Rechtswahlbestimmung ansonsten praktisch keine grenzüberschreitenden Bezüge aufweist, Art. 27 III EGBGB.

63 Art. 34 EGBGB sieht vor, daß bestimmte deutsche Vorschriften **(Eingriffsnormen)** auch zu beachten sein können, wenn über die Anknüpfung ansonsten ausländisches Recht berufen wird. Art. 34 EGBGB erfaßt jedoch nicht jede nicht dispositive Norm. Vielmehr sind mit Art. 34 EGBGB Vorschriften insbesondere des öffentlichen, aber auch des privaten Rechtes angesprochen, die durch einen wirtschafts- oder sozialpolitischen Gehalt charakterisiert sind, nicht in erster Linie dem Individualschutz der Vertragsbeteiligten, sondern vielmehr ordnungspolitischen Interessen dienen und daher in gewissem Umfang umfassendere Geltung beanspruchen. Im Bereich des Handelskaufes zählen hierzu etwa die GewO, das AußenwirtschaftsG, das GerätesicherheitsG, das TextilkennzeichnungsG, das LebensmittelG, das FuttermittelG, das PflanzenschutzG sowie insbesondere alle Gesetze, die Regelungen für die Ein- bzw. Ausfuhr von Waren vorsehen (*Reithmann,* in: *Reithmann/Martiny,* Internationales Vertragsrecht, 4. Aufl. 1988, Rdnr. 276ff.).

64 Derzeit noch wenig geklärt ist, in welchem Umfang zwingende Eingriffsnormen der über die Verweisung maßgeblichen nicht-deutschen Rechtsordnung bzw. **eines dritten Staates** zu berücksichtigen sind. Überwiegend wird vertreten, daß diese Vorschriften von der Anknüpfung nach Maßgabe der Art. 27, 28 EGBGB nicht erfaßt werden (a. A. *Palandt/Heldrich* Art. 34 EGBGB Anm. 3b). An Stelle einer Berücksichtigung durch Bestimmungen von der Art der §§ 138, 242 BGB (*Piehl* RIW 1988, 841ff.) wird eine kollisionsrechtliche Lösung favorisiert, die anhand des eigenen Geltungswillens der Norm, ihrer Verbindung zu der maßgeblichen Rechtsordnung und unter Berücksichtigung ihres Inhaltes je nach dem Umständen des Einzelfalles vorzunehmen ist (*Kropholler,* o. Rdnr. 52, S. 419ff.).

IV. Strukturen des deutschen Kaufrechts

1. Vertragsabschluß und -inhalt

65 Der Vertragsabschluß vollzieht sich nach den allgemeinen Regeln. Für den kaufmännischen Geschäftsverkehr gelten über AGB-Fragen hinaus (s. dazu A V) weitere Besonderheiten:

66 Kraft Handelsbrauchs kann das von den mündlichen Vereinbarungen abweichende **kaufmännische Bestätigungsschreiben** konstitutive Wirkungen erzeugen, wenn der Empfänger nicht unverzüglich widerspricht. Dem Schreiben müssen Verhandlungen vorausgegangen sein, die bereits zu einem mündlichen Vertragsschluß geführt haben. Die bloße Auftragsbestätigung ist daher kein kaufmännisches Bestätigungsschreiben, da sie den Vertrag erst noch zustandebringen soll. Das Bestätigungsschreiben muß den mündlichen Verhandlungen zudem zeitlich unmittelbar nachfolgen und das wirkliche Verhandlungsergebnis im wesentlichen zutreffend wiedergeben bzw. darf nur solche Abweichungen aufweisen, zu denen ein Einverständnis des Empfängers anzunehmen ist (*BGH* NJW 1987, 1940ff.). Sind diese Voraussetzungen erfüllt, löst das Schweigen des Empfängers konstitutive Änderungswirkungen aus. Das Schweigen wirkt ferner konstitutiv, wenn – dem Absender unbewußt – bis dahin ein Vertrag tatsächlich nicht abgeschlossen war.

Außerhalb des kaufmännischen Bestätigungsschreibens kann dem **Schweigen** **67**
im Handelsverkehr nach Maßgabe der §§ 75h, 91a und 362 HGB Bedeutung zukommen. Darüber hinaus hat die Rechtsprechung in Einzelfällen Schweigen als Zustimmung gewertet, wenn mit einer Ablehnung nicht gerechnet werden mußte und bei Ablehnung eine ausdrückliche Willensäußerung zu erwarten gewesen wäre (*Walter* S. 350ff.).

Der **Inhalt des Kaufvertrages** ergibt sich aus den Absprachen der Parteien, **68**
den maßgeblichen Handelsbräuchen und hilfsweise dem Gesetz. Typisierte Inhalte sind mit der Vereinbarung von Klauseln des internationalen Handelsverkehrs, namentlich den INCOTERMS (Rdnr. 55) verbunden. Haben die Parteien Absprachen zum **Kaufpreis** nicht getroffen, gilt vorbehaltlich einer konkludenten Preisvereinbarung die Auslegungsregel des § 453 BGB. Ist der Preis auch danach nicht bestimmbar, gleichwohl jedoch der Vertrag von den Parteien nicht bewußt offen gehalten worden, § 154 BGB, führen die §§ 315, 316 BGB in aller Regel zu dem üblichen Preis.

2. Gewährleistungsrecht

Die Konsequenzen nicht ordnungsgemäßer Erfüllung des Verkäufers werden **69**
zum Teil von spezifisch kaufrechtlichen Vorschriften und zum Teil von Regelungen des allgemeinen Schuldrechts bestimmt. Die nachfolgende Darstellung konzentriert sich auf die **Sachmängelhaftung des Verkäufers** und unterstellt, daß die gelieferte Ware entweder Qualitätsmängel im Sinne der §§ 459, 463, 480 BGB oder Mengenabweichung aufweist oder ein aliud darstellt.

a) Untersuchungs- und Rügelast des Käufers

Bei Vorliegen eines Handelsgeschäftes gem. §§ 343, 344 HGB ist der Käufer **70**
nach §§ 377, 378 HGB verpflichtet, abgelieferte Ware **unverzüglich zu untersuchen.** Als grobes Richtmaß, das je nach Lage des Einzelfalles zu modifizieren ist, gilt eine Frist von einer Woche (*Heymann/Emmerich,* HGB-Kommentar, 1990, Anm. 22, 23 zu § 377). Art und Weise und Umfang der Untersuchung erschließen sich aus den Handelsbräuchen, § 346 HGB, und dem objektiven Maßstab der Sorgfalt eines ordentlichen Kaufmanns, § 347 HGB. Die Untersuchungs- und Rügepflicht besteht auch bei Lieferung eines genehmigungsfähigen aliud sowie bei Mengenabweichungen, § 378 HGB, obwohl für den BGB-Kauf insoweit im Prinzip nicht die besonderen Gewährleistungsregeln der §§ 459ff. BGB, sondern vielmehr das allgemeine Leistungsstörungsrecht der §§ 320ff. BGB gilt.

Offene Mängel hat der Käufer bei einem Handelskauf unverzüglich nach der **71**
Entdeckung, der Untersuchungspflicht unterliegende Abweichungen unverzüglich nach der Untersuchung dem Verkäufer **anzuzeigen.** Im Rahmen der gebotenen Untersuchung nicht aufdeckbare Abweichungen sind dem Verkäufer unverzüglich nach ihrer Entdeckung mitzuteilen (*Walter* S. 391). Auch hier gilt ein objektiver Maßstab, so daß persönliche Umstände den Käufer in aller Regel nicht zu entlasten vermögen. Mit der Rüge ist die Art des Mangels sowie der

Umfang der von ihr erfaßten Ware möglichst genau zu bezeichnen. Angaben zu den Ursachen des Mangels bedarf es hingegen nicht (*BGH* NJW 1986, 3136ff.), so daß eine verspätete Rüge nicht damit entschuldigt werden kann, daß zunächst der Grund der Abweichung aufgeklärt werden mußte.

72 Die **Nichtbeachtung der Untersuchungs- und Rügepflicht** hat zur Folge, daß der Käufer wegen aller untersuchungs- bzw. rügepflichtigen Mängel seine Gewährleistungsansprüche verliert. Dieser Verlust erfaßt daher nicht nur Rechte aus §§ 320ff., 459ff. BGB, sondern gilt gleichermaßen für Ansprüche aus positiver Vertragsverletzung wegen Mangelfolgeschäden (*BGH* NJW 1989, 2532ff.).

b) Rechtsbehelfe des Käufers

73 Das HGB enthält keine Regelungen zu den Rechtsbehelfen des Käufers im Falle fehlerhafter Lieferung. Diese beurteilen sich vielmehr nach dem BGB, insbesondere **§§ 459ff., 480 BGB.** Die Rechtsfolgen von Mehr- oder Minderlieferungen ergeben sich jedoch aus den **§§ 320ff. BGB** (*Walter* S. 394). Die §§ 459ff. BGB kommen zur Anwendung, wenn zugleich ein Sachmangel im Sinne dieser Vorschriften vorliegt. Bei aliud-Lieferungen hingegen ist zu differenzieren: Für den Stückkauf und das nicht genehmigungsfähige aliud des handelsrechtlichen Gattungskaufes gelten die §§ 320ff. BGB, wohingegen die genehmigungsfähige aliud-Lieferung §§ 459ff. BGB unterstellt wird (*Walter* S. 392ff.).

74 Die gesetzlichen Rechtsbehelfe des Käufers für den §§ 459ff. BGB unterstellte Abweichungen sind die **Wandlung** und die **Minderung,** §§ 462, 480 BGB, sowie beim Gattungskauf zusätzlich der **Nachlieferungsanspruch,** § 480 BGB. Der **Nachbesserungsanspruch** bedarf der Vereinbarung, § 476a BGB. **Schadensersatz** kann der Käufer in dem von den §§ 459ff., 480 BGB erfaßten Bereich nur geltend machen, soweit die Sache nicht nur einen Fehler hat, sondern ihr entweder eine zugesicherte Eigenschaft fehlt oder der Verkäufer einen Fehler arglistig verschwiegen hat, §§ 463, 480 II BGB. Zur Inanspruchnahme jeder der vorstehenden Rechtsbehelfe muß der Käufer nachweisen, daß die Kaufsache zum Zeitpunkt des Gefahrüberganges, im Falle des § 463 BGB jedoch bereits zur Zeit des Vertragsabschlusses mit dem Mangel behaftet war. Der Schadensersatzanspruch reicht so weit, als die Eigenschaftszusicherung abdecken sollte (*Reinicke/Tiedtke* S. 160f.). Darüber hinausgehende Mangelfolgeschäden sind nur ersatzfähig, wenn der Verkäufer eine positive Vertragsverletzung begangen hat. Während der Schadensersatz nach §§ 463, 480 II BGB ohne Rücksicht auf ein Verschulden des Verkäufers zu leisten ist, setzt die positive Vertragsverletzung Vertretenmüssen voraus (zur Beweislast *Palandt/Heinrichs* § 282 BGB Anm. 2).

c) Verjährung

75 Die Gewährleistungsansprüche der §§ 459ff., 480 BGB verjähren nach § 477 BGB bei Warenlieferungen 6 Monate nach der Ablieferung, es sei denn, daß der Mangel von dem Verkäufer arglistig verschwiegen wurde. Nach Versäumung dieser Frist verbleiben dem Käufer Gegenrechte nur unter den engen Voraussetzungen der §§ 478, 479 BGB. Die kurze Verjährungsfrist des § 477 BGB wird von der Rechtsprechung auch auf Ansprüche aus positiver Vertragsverletzung angewandt, soweit der zu ersetzende Schaden durch einen Mangel der Kaufsache verursacht wurde (*Walter* S. 242f.).

Diese Limitierung der Rechtsbehelfe wird von der Rechtsprechung teilweise dadurch relativiert, daß dem Verkäufer die Verletzung stillschweigend vereinbarter Informations- oder Beratungspflichten vorgehalten wird (*Palandt/Putzo* § 433 BGB Anm. 4a). Die Ersatzansprüche aus Pflichtverletzungen dieser Art können in 30 Jahren verjähren (*Palandt/Putzo* § 477 BGB Anm. 1d ee). **76**

B II. Der Bauprozeß

Dr. Wolfgang Koeble

Übersicht

Literatur: Allgemeines: *Korbion/Locher,* AGBG und Bauerrichtungsverträge 1987; *Locher,* Das Private Bauchrecht, 4. Aufl. 1988; *Werner/Pastor,* Der Bauprozeß, 6. Aufl. 1990; *Koeble,* u. a., Rechtshandbuch Immobilien (Loseblattsammlung), Stand 1990; – **Architektenrecht:** *Bindhardt/Jagenburg,* Die Haftung des Architekten, 8. Aufl. 1981; *Hartmann,* Die neue Honorarordnung für Architekten und Ingenieure (Loseblattausgabe), Stand 1990; *Hesse/Korbion/Mantscheff, Vygen,* HOAI, 3. Aufl. 1990; *Jochem,* HOAI-Kommentar, 2. Aufl. 1982; *Locher/Koeble/Frik,* HOAI, 5. Aufl. 1988; *Morlock,* Die HOAI in der Praxis, 1985; *Neuenfeld,* Handbuch des Architektenrechtes mit Honorarordnung (Loseblattausgabe), Stand 1990; *Pott/Dahlhoff,* HOAI, 5. Aufl. 1989; *Schmalzl,* Die Haftung des Archtikten und des Bauunternehmers, 4. Aufl. 1980; – **Bauvertragsrecht:** *Daub/Piel/Soergel/Steffani,* VOB-Kommentar 1976; *Heiermann/Riedl/Rusam/Schwaab,* VOB, 5. Aufl. 1989; *Ingenstau/Korbion,* Komm. zur VOB, 11. Aufl. 1988; *Koeble,* Gewährleistung und Beweissicherung bei Bausachen, 1988; *Korbion/Hochstein,* Der VOB-Vertrag, 5. Aufl. 1991; *Kiesel,* VOB-Kommentar, 1984; *Nicklisch/Weick,* VOB, 2. Aufl. 1991; *Siegburg,* Gewährleistung beim Bauvertrag, 2. Aufl. 1989; *Vygen,* Bauvertragsrecht nach VOB und BGB, 1984. – **Bauträgerrecht und Baumodelle:** *Koeble u. a.,* Rechtshandbuch Immobilien (Loseblattsammlung), Stand 1990; *Locher/Koeble,* Baubetreuungs- und Bauträgerrecht, 4. Aufl. 1985; *Reithmann/Brych/Manhart,* Kauf vom Bauträger und Bauherrenmodelle, 5. Aufl. 1983; *Brych/Pause,* Bauträgerkauf und Baumodelle, 1990.

I. Mängelrechte

1. Unterschiede zwischen BGB und VOB (B)

Die Gewährleistungsregelung von BGB und VOB (B) ist in vieler Hinsicht 1
gleich. Es gibt jedoch folgende **wesentliche Unterschiede:**

- Die VOB (B) unterscheidet in Rechte **vor** und **nach der Abnahme.** Vor der 2
Abnahme kennt die VOB nur den Erfüllungsanspruch nach § 4 Nr. 6, 7 VOB (B), neben dem ein Schadensersatzanspruch nach § 4 Nr. 7 S. 2 VOB (B) besteht, der nicht auf die Kosten der Mängelbeseitigung sondern auf weitergehende Schäden gerichtet ist. Nach der Abnahme bestehen die Mängelrechte des § 13 VOB (B), also auch das Minderungsrecht, das Recht zur Selbstbeseitigung mit Aufwendungsersatz- und Vorschußanspruch sowie der Anspruch auf Schadensersatz. Vor der Abnahme kann der AG zur Eigenbeseitigung nur kommen, wenn er eine angemessene Frist zur Beseitigung des Mangels gesetzt und gleichzeitig angekündigt hat, daß er nach Fristablauf den Auftrag entziehe (§§ 4 Nr. 7 S. 3; 8 Nr. 3 VOB (B)). Ein Anspruch auf vollen Schadensersatz einschließlich Mängelbeseitigungskosten besteht dann erst nach Entziehung des Auftrages gem. § 8 Nr. 3 VOB (B).
- Für das sowohl bei BGB als auch VOB (B) bestehende **Recht zur Selbstbeseitigung mit Aufwendungsersatz- und Vorschußanspruch** gibt es unter- 3
schiedliche Voraussetzungen. Während nach § 13 Nr. 5 II VOB (B) nur die Setzung einer angemessenen Frist zur Mängelbeseitigung erforderlich ist, bedarf es bei Zugrundeliegen des BGB des Verzuges (§ 633 III BGB); also: Aufforderung, Mahnung, Verschulden.
- Nach VOB (B) besteht ein **Minderungsanspruch** nur in 3 Fällen und er tritt 4
nicht anstelle des Mängelbeseitigungsanspruches! Er ist gegeben, wenn die Mängelbeiseitigung unmöglich ist, wenn die Mängelbeseitigung mit einem unverhältnismäßig hohen Aufwand verknüpft ist und der AN sie aus diesem Grund verweigert sowie dann, wenn die Mängelbeseitigung für den AG unzumutbar ist (§ 13 Nr. 6 VOB (B)). Auch nach BGB kann der AG unter diesen Voraussetzungen Minderung geltend machen, darüber hinaus steht ihm aber nach Fristsetzung mit Ablehnungsandrohung ein Minderungsrecht zu, was bei VOB (B) nicht so ist.
- Im Unterschied zum BGB kennt die VOB (B) die **Fristsetzung mit Ableh-** 5
nungsandrohung nicht. Der AG kann also durch sie nicht auf Gewährleistungsrechte (im wesentlichen Minderung oder Schadensersatz) übergehen. Vielmehr bleibt es dabei, daß der AG beim VOB-Bauvertrag Mängelbeseitigung nach § 13 Nr. 5 VOB (B) verlangen kann und daneben die Rechte aus § 13 Nr. 6, 7 VOB (B) geltend machen kann.
- Hinsichtlich des **Schadensersatzanspruches** gibt es nach der VOB-Regelung 6
zwei Unterschiede zum BGB. Der Schadensersatzanspruch nach § 635 BGB tritt anstelle der Ansprüche auf Nachbesserung, Minderung bzw. Wandelung. Dagegen bestehen die Ansprüche auf Schadensersatz nach § 13 Nr. 7 VOB (B) neben den Rechten auf Nachbesserung, Selbstbeseitigung und Minderung aus § 13 Nr. 5, 6 VOB (B). Die VOB (B) kennt darüber hinaus zwei verschiedene Schadensersatzansprüche, den sog. kleinen Schadensersatzanspruch (§ 13 Nr. 7 I) und den sog. großen Schadensersatzanspruch (§ 13 Nr. 7 II). Deren zusätzliche Voraussetzungen unterscheiden sich erheblich von denen des BGB.

7 – Die **Gewährleistungsfrist** nach § 638 BGB beträgt 5 Jahre bei Arbeiten für Bauwerke. Nach § 13 Nr. 4 VOB (B) beträgt sie für Bauwerke und Holzerkrankungen 2 Jahre und für die vom Feuer berührten Teile von Feuerungsanlagen 1 Jahr. Die Ansprüche wegen Arbeiten an einem Grundstück verjähren sowohl nach VOB (B) als auch nach BGB in 1 Jahr.

8 – Eine Besonderheit der VOB (B) ist die Unterbrechung der Verjährung durch die **erste schriftliche Mängelanzeige** (vgl. hierzu Rdnr. 92f.).

2. VOB (B) im Bauvertrag und Bauträgervertrag

9 Als Vertreter des Bauherrn bei Bauverträgen und auch bei Bauträgerverträgen kann es für den RA günstig sein, wenn die im Vertrag aufgeführte VOB (B) nicht zur Geltung kommt. Dies gilt z. B. im Hinblick auf die kurze Verjährungsfrist von 2 Jahren für Gewährleistungsansprüche (§ 13 Nr. 4 VOB (B)) oder im Hinblick auf die Abnahmefiktionen (§ 12 Nr. 5 VOB (B)). Auch für den Handwerker bzw. Unternehmer kann die VOB (B) Nachteile mit sich bringen, so z. B., wenn er auf eine Schlußzahlung nicht innerhalb der Frist des § 16 Nr. 3 II VOB (B) reagiert hat. Der RA muß dann folgendes prüfen:

10 – Wer ist **Verwender** des Vertrages bzw. der einbezogenen VOB (B)? Die Bestimmungen der VOB (B) enthalten Allgemeine Geschäftsbedingungen (unstr.; z. B. *BGH* NJW 1986, 816). Das AGBG greift aber nur **zu Gunsten des Vertragspartners des Verwenders** ein. Die Schutzrichtung des AGBG ist zweifelhaft, wenn **beide Parteien** die VOB (B) vorschlagen. Zum Teil wird hier angenommen, daß Verwender derjenige sei, der die VOB (B) zuerst vorgeschlagen hat (*OLG Stuttgart* BauR 1989, 751f.). Nach a. A. (MünchKomm-*Kötz* § 1 AGBG Rdnr. 9) ist der von einer Klausel jeweils Begünstigte der Verwender. Eine dritte Meinung (*Ulmer/Brandner/Hensen* § 1 Rdnr. 29f.) will hier das AGBG überhaupt nicht anwenden.

11 – Sodann ist zu prüfen, ob die **VOB (B)** nach den **Vertragsgrundlagen** überhaupt **wirksam vereinbart** ist. Enthält der Vertrag eine Regelung, wonach als Grundlagen in dieser Reihenfolge das BGB und erst danach die VOB (B) gelten sollen, so ist die VOB (B) nur nachrangig vereinbart, weshalb die Abnahme- und Gewährleistungsregelungen des BGB vorgehen (vgl. *BGH* BauR 1978, 139 (141); *BGH Schäfer/Finnern/Hochstein* Nr. 1 zu § 384 BGB; *Koeble,* Gwährleistung und Beweissicherung bei Bausachen, S. 19ff.).

12 – Untersucht werden muß weiter, ob die **VOB (B)** in den Vertrag **wirksam einbezogen** ist (§ 2 AGBG). In diesem Zusammenhang kann zunächst eingewandt werden, daß die VOB (B) lediglich mit dieser Abkürzung angegeben ist und nicht der **volle Name** des Klauselwerkes genannt wird, also „Verdingungsordnung für Bauleistungen“ (so die allerdings vereinzelt gebliebene Auffassung von *Ulmer/Brandner/Hensen,* AGBG, Anh. §§ 9–11 Rdnr. 903). Während es gegenüber Vertragspartnern, die im Baugewerbe tätig sind, ausreicht, wenn die VOB (B) im Vertrag aufgeführt ist (*BGH* NJW 1983, 816), genügt dies bei Privatleuten als Vertragspartner nicht (vgl. *BGH* BauR 1990 205 = NJW 1990 715; *Merz* BauR 1985, 47; *v. Westphalen* ZfBR 1985, 252). Ausreichend ist sicher, wenn ein VOB-Exemplar übergeben wird oder übersandt wird. Nicht ausreichend ist der bloße Hinweis, daß ein Text im Buchhandel besorgt werden könne (sog. **Buchhandelshinweis**). Hinzu kommen muß zum Buchhandelshinweis entweder das Angebot der Einsichtnahme (so *Merz* aaO) oder aber richtigerweise das kostenlose **Angebot zur Übergabe**

eines VOB-Textes (so *LG Köln* als Vorinstanz zu *OLG Köln* BauR 1986, 245; *Vygen* BauR 1986, 245).

– Festgestellt werden muß ferner, ob in den **sonstigen vertraglichen Regelungen** oder AGB **Widersprüche** zu den Bestimmungen der VOB enthalten sind. Das kann – zu Gunsten des AN – der Fall sein, wenn in einem vom AG vorgelegten Bauvertrag eine „Garantie nach § 638 BGB“ enthalten ist, während das Leistungsverzeichnis die Regelung „Gewährleistung nach § 13 VOB (B)“ enthält und keine Regelung über die Reihenfolge der Geltung der Vertragsgrundlagen aufgenommen ist (vgl. zu ähnlichen Problemen: *OLG Hamm* NJW-RR 1988, 467). Unklar sind AGB auch, wenn die VOB (B) nur „bruchstückhaft“ einbezogen wird. Hier liegt ein Verstoß gegen das Verständlichkeitsgebot (§ 2 I Nr. 2 AGBG) vor (*OLG Stuttgart* NJW-RR 1988, 786). 13

– Der RA kann schließlich für den im konkreten Fall von der VOB (B) Benachteiligten **einwenden,** daß die **VOB nicht Vertragsgrundlage** i. S. § 23 II Nr. 5 AGBG geworden sei. Dieses Argument kann nur der Vertragspartner des Verwenders vorbringen. Die einzelnen Bestimmungen der VOB (B) unterliegen nur dann nicht der Inhaltskontrolle nach dem AGB, wenn sie **„als Ganzes“** dem Vertrag zu Grunde liegt. Nach der Rechtsprechung des *BGH* (NJW 1983, 816; NJW 1986, 315; NJW 1988, 55; NJW 1990, 1365) dürfen keine ins Gewicht fallenden Einschränkungen gegenüber den Vorschriften der VOB (B) in dem Vertrag enthalten sein. Der RA muß hier also prüfen, ob die VOB (B) hinsichtlich Vergütung, Fälligkeit, Abnahme, Gewährleistung, Verzug, Kündigung, Schlußrechnung und Gefahrtragung im Vertrag abgeändert ist. Nach einer neueren Entscheidung des *BGH* (NJW 1990, 1365) kann die VOB (B) sogar dann nicht mehr wirksam Vertragsgrundlage sein, wenn der Entschädigungsanspruch nach § 642 BGB bei Kündigung vertraglich ausgeschlossen ist! 14

Für den **Bauträgervertrag** ist umstritten, ob die VOB (B) überhaupt **„Vertragsgrundlage“** i. S. § 23 Abs. 2 Nr. 5 AGBG sein kann. Fest steht, daß sie jedenfalls auf die in einem Bauträger- oder Totalunternehmervertrag mit enthaltenen Planungsleistungen nicht anwendbar ist (*BGH* BauR 1987, 702 für einen Totalunternehmervertrag; a. A. *OLG Hamm* NJW 1987, 2069). Die VOB (B) kann hier also wirksam ohnehin nur dann zugrunde gelegt sein, wenn sie auf reine Bauleistungen (§ 1 VOB [A]) beschränkt ist. Auch insoweit dürfte die VOB nicht wirksam unterlegt werden können, weil eine Aufspaltung des Bauträgervertrages in Einzelbestandteile dem Charakter dieses Vertrages widersprechen würde (so für das Kündigungsrecht nach §§ 649 S. 1, 8 Nr. 1 VOB [B]: *BGH* NJW 1986, 925). Darüber hinaus wäre mit der Unterlegung der VOB das Recht auf Wandelung ausgeschlossen. Dieses Recht hat für den Bauträgervertrag jedoch zentrale Bedeutung, so daß ein derartiger Ausschluß unzulässig ist (*OLG Köln* NJW 1986, 330 = BauR 1986, 219). 15

3. Erfüllungsanspruch

Vor der Abnahme steht dem Besteller (Auftraggeber) beim BGB- und VOB (B)-Bauvertrag vom Grundsatz her ein Erfüllungsanspruch zu, der auf **Neuherstellung** gerichtet ist. Hat der Besteller bereits Nachbesserung verlangt, so ist der Erfüllungsanspruch erloschen. Gegen den Erfüllungsanspruch, gerichtet auf 16

Neuherstellung, kann der Unternehmer (Auftragnehmer) außerdem drei **Einwendungen** erheben:

- Bestreiten, daß ein Mangel vorliegt bzw. eine zugesicherte Eigenschaft nicht eingehalten sei oder ein Verstoß gegen die Regeln der Technik vorliege.
- Neuherstellung kann nach der Rechtsprechung nur dann verlangt werden, wenn der Mangel erheblich ist und auch eine fachgerechte Nachbesserung keinen hinreichend sicheren Erfolg verspricht (MünchKomm-*Soergel,* § 633 Rdnr. 106; *Ingenstau/Korbion,* B § 4 Rdnr. 150).
- Neuherstellung, kann nicht verlangt werden, wenn der „Aufwand im Verhältnis zum Ergebnis unverhältnismäßig" wäre (entspr. Anwendung von § 633 II 2 BGB).

4. Nachbesserung

17 Der Nachbesserungsanspruch ist zwar ebenfalls Erfüllungsanspruch. Er ist jedoch nicht von vornherein auf Neuherstellung, sondern auf Ausbesserung bzw. Beseitigung vorhandener Mängel gerichtet. Nur im **Ausnahmefall,** wenn nämlich nur auf diese Weise Mängel nachhaltig zu beseitigen sind, kann **Neuherstellung** verlangt werden (*BGH* NJW 1986, 711).

a) Klage auf Nachbesserung

18 Die Klage auf Nachbesserung ist Verpflichtungsklage. Für eine Feststellungsklage fehlt das Rechtsschutzbedürfnis. Im Klagantrag ist das **äußere Erscheinungsbild des Mangels** zu beschreiben, die Angabe von Mängelursachen ist nicht erforderlich (zur Symptom-Rechtsprechung vgl. unten Rdnr. 83ff.). Eine bestimmte **Form der Nachbesserung** kann der AG vom Grundsatz her nicht verlangen. Vielmehr steht es dem AN frei, die Art und Weise der Nachbesserung zu wählen (*BGH* BauR 1973, 317). Eine konkrete Form der Nachbesserung kann ausnahmsweise verlangt werden, wenn nur so der Mangel „nachhaltig beseitigt" werden kann (vgl. *LG Aachen* NJW-RR 1988, 1176 hinsichtlich einer verlangten Außen- statt der angebotenen Innenisolierung gegen Feuchtigkeit). Fordert der AG eine Art der Mängelbeseitigung, die nicht geboten ist und nimmt er das Angobt einer anderen Art der Mängelbeseitigung nicht an, dann hat er kein Recht auf Eigennachbesserung. Zeigt er aber dann dennoch Bereitschaft zur anderen Mangelbeseitigungsmaßnahme und verweigert nun der AN diese, so verliert der AN sein Nachbesserungsrecht und der AG hat einen Vorschußanspruch (*OLG Frankfurt* NJW-RR 1989, 409). Im **Klagantrag** sollte der AG aus den genannten Gründen keine bestimmte Form der Nachbesserung verlangen, da sonst eine teilweise Klagabweisung droht (a.A. *Werner/Pastor,* Rdnr. 1362). Der AG kann die vom AN beabsichtigte Nachbesserung ablehnen, wenn sie von vornherein als ungenügend erkennbar ist (*OLG Köln* BauR 1977, 275).

b) Zurückbehaltungsrecht

19 Vor der Abnahme ist die Vergütungsforderung nicht fällig. Nach der Abnahme kann der Auftraggeber bei Mängeln wegen Nachbesserungsansprüchen ein Zurückbehaltungsrecht geltend machen. Es erfolgt dann bei der Vergütungsklage des Auftragnehmers keine Klagabweisung, sondern eine **Verurteilung** zur Zahlung **Zug um Zug** gegen Mängelbeseitigung und zwar auch dann, wenn der Kläger keinen Hilfsantrag auf Verurteilung Zug um Zug stellt (vgl. *BGH* BauR 1979, 159). Der Zug-um-Zug-Antrag ist aber zu empfehlen, weil sonst die

Kostenfolge einer teilweisen Klagabweisung gegeben ist (§ 92 ZPO). Das Zurückbehaltungsrecht erstreckt sich auf ein **Mehrfaches** der Mängelbeseitigungskosten, je nach den Umständen kann das Zweifache bis Fünffache angemessen sein (*Palandt/Heinrichs,* § 320 Anm. 2e). Beispiele aus der Rechtsprechung: Das Fünffache (*OLG Frankfurt* BauR 1982, 377); das Doppelte bei Vorliegen einer zusätzlichen Sicherheitsleistung (*OLG Düsseldorf* BauR 1975, 348); etwas mehr als das Dreifache (*BGH* NJW 1982, 2494 m. w. Nachw.). Der AG kann wegen konkreter Mängel nicht auf den Sicherheitseinbehalt verwiesen werden (*BGH* NJW 1982, 2494).

c) Nachbesserung und Schadensersatz

Auch ohne Fristsetzung mit Ablehnungsandrohung können direkte Schadens- **20**
ersatzansprüche gegeben sein: Bei Schäden, die durch Nachbesserung nicht verhindert werden und die der Nachbesserung nicht zugänglich sind, wie Verdienstausfall (*BGH* NJW 1985, 381), Gutachterkosten (*BGH* NJW 1971, 99), Rechtsanwaltskosten, Hotelkosten und sonstigen Mangelschäden (*BGH* aaO). Schadensersatzansprüche bestehen auch von vornherein hinsichtlich solcher Mängel, die an anderen Gewerken eintreten (*BGH* NJW 1986, 923). Entsprechendes gilt für Entschädigungsleistungen, die der AG einem Anlieger bezahlen mußte (*BGH* BauR 1989, 469).

d) Einwendungen gegen den Nachbesserungsanspruch

Gegen den Anspruch des Bestellers (Auftraggebers) auf Nachbesserung kann **21**
der Unternehmer (Auftragnehmer) folgendes einwenden:

- Behaupten, es liegen kein **Mangel** vor, es fehle an einer **zugesicherten Eigenschaft** und es liege auch kein **Verstoß gegen die Regeln der Technik** vor.
- Die Einrede **des nichterfüllten Vertrags** erheben, wenn nämlich fällige Abschlagszahlungen oder die Schlußzahlung noch nicht geleistet sind, es sei denn, daß sein Vergütungsanspruch „verhältnismäßig geringfügig" ist (§ 320 II BGB).
- Vortragen, daß der Besteller hinsichtlich der Mängelbeseitigung bereits eine **Frist mit Ablehnungsandrohnung** gesetzt hat, da dann nach Fristablauf nur noch die Gewährleistungsrechte (§§ 634f. BGB) geltend gemacht werden können.
- Der Unternehmer kann die Nachbesserung verweigern, wenn sie **unmöglich** oder mit **unverhältnismäßigem Aufwand** verknüpft ist.
- Die Nachbesserung ist ausgeschlossen, wenn der Besteller in **Kenntnis eines Mangels abgenommen** hat und diesen nicht gerügt hat (§ 640 II BGB). Schadensersatzansprüche bleiben hier allerdings möglich und zwar auch dann, wenn eine Fristsetzung mit Ablehnungsandrohung zuvor nicht erfolgt war (*BGH* NJW 1974, 143; *BGH* NJW 1980, 1952).
- Der Unternehmer kann ferner vorbringen, ihm stehe ein sog. Zuschußanspruch wegen **Sowieso-Kosten** zu. Insoweit kann der Unternehmer zwar nicht einen Vorschuß aber Sicherheitsleistung in angemessener Höhe verlangen (*BGH* NJW 1984, 1676). Im Vergütungsprozeß des Unternehmens führen die Einrede des Zurückbehaltungsrechts und die Einrede der Sicherheitsleistung zu einer doppelten Zug-um-Zug-Verurteilung (*BGH* NJW 1984, 1679).
- Weitere Einwendungen kommen bei **Mitverschulden** des Auftraggebers bzw. seines Architekten und in seltenen Fällen wegen Vorteilsausgleichung in Frage.

5. Aufwendungsersatz und Vorschuß

22 Das Selbstbeseitigungsrecht des Bestellers besteht bei Zugrundeliegen des BGB, wenn der Unternehmer mit der Mängelbeseitigung in Verzug ist (§ 633 III BGB). Dafür ist zunächst eine Aufforderung zur Mängelbeseitigung, sodann eine Mahnung und ferner Verschulden erforderlich. Auch zum Verschulden ist substantiiert vorzutragen. Liegt die VOB (B) zugrunde, so kann der Auftraggeber nach Ablauf einer von ihm gesetzten angemessenen Frist die Mängel auf Kosten des Auftragnehmers beseitigen lassen; Verzug ist also nicht erforderlich (§ 13 Nr. 5 II VOB (B)).

a) Vorschußanspruch

23 Auf den Aufwendungsersatzanspruch gewährt die Rechtsprechung sowohl nach BGB als auch nach VOB (B) einen Vorschußanspruch (vgl. *BGHZ* 47, 272 = NJW 1967, 1366; *BGH* NJW 1977, 1136; *BGH* BauR 1980, 69). Ebenso wie der Aufwendungsersatzanspruch ist der Vorschußanspruch auf Erstattung sämtlicher Aufwendungen für die Mängelbeseitigung gerichtet, auch auf die Kosten für die Beseitigung von Schäden an sonstigem Eigentum und auch auf die Kosten der Eigennachbesserung (*BGHZ* 59, 328 = NJW 1973, 46). Der AN hat ggf. auch die Kosten für eine wegen anderer Materialwahl teurere Nachbesserung zu tragen (*OLG Frankfurt* NJW-RR 1988, 918).

24 Bei der Vorschußklage sollte der Besteller entweder ein Angebot (Kostenvoranschlag) eines Handwerkers bzw. Unternehmers oder ein privates Sachverständigengutachten hinsichtlich des Mängelbeseitigungsaufwandes vorlegen. Das Gericht kann dann die **Höhe des Anspruchs kursorisch** nachprüfen. Die Vorschußklage unterbricht die **Verjährung** auch hinsichtlich weitergehender, nicht bezifferter Aufwendungen und Folgeschäden. Dennoch ist ein Feststellungsantrag hinsichtlich dieser weitergehenden Ansprüche zulässig (*BGH* NJW 1976, 956; *BGH* BauR 1986, 345; *OLG Celle* NJW-RR 1986, 99). Im Klagantrag muß nicht aufgenommen werden „als Vorschuß". Es genügt, wenn der Vorschußanspruch in der Klagbegründung substantiiert dargelegt wird. Die Unterbrechungswirkung erstreckt sich auf den Mangel in seiner gesamten Tragweite und nicht nur auf die geltend gemachten Mangelerscheinungen (*BGH* BauR 1989, 81 = NJW-RR 1989, 208; zur Symptom-Rechtsprechung vgl. ferner unten Rdnr. 83ff.).

b) Einwendungen gegen Vorschußanspruch

25 Gegen den Vorschußanspruch und auch gegen den Aufwendungsersatzanspruch bestehen zunächst die gleichen Einwendungen wie bei Nachbesserung (vgl. oben Rdnr. 21). Darüber hinaus kann folgendes eingewandt werden:

- Der Unternehmer kann vortragen, daß der Besteller die Mängel gar **nicht beseitigen wolle** (*BGH* BauR 1984, 406/408) oder daß er ausreichende Sicherheit bzw. einen **ausreichenden Einbehalt** zur Verfügung hat (vgl. *Werner/Pastor,* Rdnr. 1103). Eine Sicherheitsleistung muß der Besteller allerdings nicht in Anspruch nehmen (*BGH* NJW 1982, 2294).
- Im Vorschußprozeß kann ferner behauptet werden, daß die **falsche Mangelbeseitigungsmaßnahme** gewählt worden ist oder daß eine **billigere** Mängelbeseitigungsmaßnahme zum gleichen Ergebnis führe. Diesen Behauptungen muß das Gericht nachgehen.
- Der Vorschuß muß in jedem Fall abgerechnet werden, so daß der Besteller die Mängelbeseitigungsarbeiten in jedem Fall durchführen muß. Hierauf muß

der RA seinen Mandanten hinweisen. Unklar ist lediglich, ab **wann eine Abrechnung des Vorschusses** verlangt werden kann. Der *BGH* (BauR 1984, 406 (408)) hat es nicht ausreichen lassen, wenn zwar vier Jahre vergangen waren, zwischenzeitlich aber im Prozeß die Frage der Mängelbeseitigungsmaßnahmen streitig geworden war. In der Literatur wird eine Zeitspanne von einem Jahr noch als angemessen bezeichnet (vgl. *Erhardt-Renken,* Kostenvorschuß zur Mängelbeseitigung, Baurechtliche Schriften, Band 6, 1986; *Renkl* BauR 1984, 472; *H. Mantscheff* BauR 1985, 389; *Koeble,* Gewährleistung und Beweissicherung bei Bausachen, S. 57). Gegen Rückforderungsansprüche kann mit Schadensersatzansprüchen aufgerechnet werden, wenn deren Voraussetzungen (z. B. wegen endgültiger Erfüllungsverweigerung) vorliegen (*BGH* BB 1988, 1694 = BauR 1988, 592). Nach einer neueren Entscheidung des *BGH* ist noch nicht einmal die Aufrechnung mit Schadensersatzansprüchen nötig, wenn die Voraussetzungen dafür gegeben sind (*BGH* BauR 1989, 201 = NJW-RR 1989, 405; vgl. auch *BGH* BauR 1989, 199 = NJW-RR 1989, 406).

6. Allgemeine Voraussetzungen der Gewährleistungsansprüche bei Werkvertrag

Die Gewährleistungsrechte (Minderung, Wandelung und Schadensersatz) sind nach BGB in vier Fällen gegeben. Die VOB (B) hat eine andere Systematik der Gewährleistungsrechte. Bei BGB sind folgende Möglichkeiten gegeben: **26**

a) Fristsetzung mit Ablehnungsandrohung

Bei Fristsetzung mit Ablehnungsandrohung geht nach Ablauf der Frist der Erfüllungs- bzw. Nachbesserungsanspruch unter und es können die Gewährleistungsrechte (§§ 634f. BGB) geltend gemacht werden. Ausgeschlossen ist auch der Aufwendungsersatz- bzw. Vorschußanspruch. Die Fristsetzung mit Ablehnungsandrohung muß bestimmt sein, es muß unzweideutig zum Ausdruck kommen, daß nach Fristablauf die Nachbesserung abgelehnt werde (vgl. *BGH* BauR 1987, 209). Im Einzelfall kann auch eine Frist zum Beginn mit den Nachbesserungsarbeiten ausreichen (vgl. *BGH* ZfBR 1982, 211/212). **27**

b) Endgültige Erfüllungsverweigerung

Bei endgültiger Erfüllungsverweigerung des Unternehmers erlischt das Nachbesserungsrecht des Bestellers nicht, er hat jedoch die **Möglichkeit,** schon jetzt die Gewährleistungsrechte geltend zu machen. Eine endgültige Erfüllungsverweigerung liegt vor, wenn die Verpflichtung zur Mangelbeseitigung ernsthaft und unzweideutig bestritten wird und erkennbar wird, daß der Mangel nicht beseitigt werden wird (*BGH* BauR 1976, 285; *BGH* NJW-RR 1990, 786). Dies ist zu bejahen bei Bestreiten der Verantwortlichkeit für einen Mangel (*BGH* BauR 1985, 198) und bei Klagabweisungsantrag, wenn sich aus der Begründung ein Bestreiten des Mangels oder der Nachbesserungspflicht ergibt (*BGH* NJW 1984, 1460). **28**

c) Unmöglichkeit der Mängelbeseitigung

Die Nachbesserung muß zwar objektiv unmöglich sein; nach der Rechtsprechung genügt es aber, wenn die Mängelbeseitigung mit außergewöhnlichen Kosten verknüpft wäre (*OLG Düsseldorf* BauR 1984, 294 für eine zu niedere Wohnung). **29**

d) Unverhältnismäßiger Aufwand der Nachbesserung

30 Hier handelt es sich um absolute Ausnahmefälle. Der Unternehmer kann sich auf unverhältnismäßigen Aufwand auch dann nicht berufen, wenn er grob fahrlässig den Mangel verursacht hat (*OLG Düsseldorf* BauR 1987, 572 = NJW-RR 1987, 1167, für die Verlegung von PVC-Bodenbelag direkt auf dem Estrich ohne Spachtelung).

7. Wandelung und Minderung

31 Beim BGB-Werkvertrag sind Wandelung und Minderung nur unter bestimmten Voraussetzungen möglich (vgl. Rdnrn. 26ff.). Bei Fehlen dieser Voraussetzungen bestehen die Ansprüche nicht. Beim VOB-Bauvertrag ist die Wandelung nach absolut h. M. ausgeschlossen und die Minderung nicht von einer Fristsetzung mit Ablehnungsandrohung abhängig bzw. nur unter den drei Voraussetzungen des § 13 Nr. 6 VOB (B) möglich.

32 Die Wandelung kommt beim BGB-Bauvertrag vor allem in den Bauträgerfällen vor und zwar wegen bauphysikalischer Mängel (Wärme-, Schall- und Feuchtigkeitsisolierung; vgl. *LG Tübingen Schäfer/Finnern/Hochstein* Nr. 6 zu § 634 BGB bei mangelhaftem Schallschutz einer Wohnung). Ausgeschlossen ist die Wandelung, wenn der Mangel den Wert oder die Tauglichkeit des Werkes nur „unerheblich mindert".

33 Der Hauptanwendungsfall der Minderung sind sog. Schönheitsmängel. Hier sind die Mängelbeseitigungskosten zwar ein erster Anhaltspunkt für die Ermittlung der Minderung, in der Praxis haben die Sachverständigen aber andere Formeln für die Bemessung der Minderung entwickelt. Bei Grundstücken und Gebäuden (vor allem beim Bauträgervertrag) erfolgt die Geltendmachung der Minderung nicht nach der sog. relativen Methode (Wert des mangelfreien Gegenstandes im Verhältnis zum Wert des mangelbehafteten Gegenstandes), sondern nach der **Äquivalenzmethode** (vgl. MünchKomm-*Westermann,* § 472 Rdnr. 5; *Palandt/Putzo,* § 472 Anm. 3a).

Beispiel:

Wert eines mangelfreien Grundstückes	DM 100000,–
Kaufpreis (Werklohn beim Bauträgervertrag)	DM 85000,–
also 85%	
Wert des mangelhaften Grundstückes	DM 40000,–
Äquivalenzwert (85%)	DM 34000,–
Die Minderung besteht in der Differenz zwischen	
– Kaufpreis	DM 85000,–
– Äquivalenzwert	DM 34000,–
Minderung	DM 51000,–

8. Schadensersatz bei Werkvertrag

a) Arten von Schäden

34 Die Rechtsprechung unterscheidet drei Schadensarten; die Mangelschäden die Mangelfolgeschäden und sog. entferntere Mangelfolgeschäden. Wichtig ist nur die **Abgrenzung der entfernteren Mangelfolgeschäden,** da diese nicht nach § 635 BGB bzw. § 13 Nr. 7 VOB (B) zu erstatten sind. Rechtsgrundlage für die Geltendmachung solcher Schäden kann die positive Vertragsverletzung sein, deren Ansprüche in 30 Jahren verjähren, aber auch § 823 I BGB, dessen Ansprü-

che nach 3 Jahren verjähren. Zu den entfernteren Mangelfolgeschäden gehören vor allem diejenigen, die an anderen Rechtsgütern, nämlich fremden Eigentum, Leib und Leben von Personen, o. a. eintreten.

Dagegen gehören zu den Mangel- und Mangelfolgeschäden alle eng und unmittelbar mit dem Werk zusammenhängenden Schäden, wie z. B. folgendes: solche, die im Zuge der Nachbesserung an sonstigem Eigentum zwangsläufig eintreten (*BGH* BauR 1975, 130 (133)); entgangener Gewinn während der Nachbesserungszeit und auch sonst (*BGH* BauR 1976, 354); Verdienstausfall während der Nachbesserungszeit; (*BGH* BauR 1978, 402); Mietausfsälle während der Nachbesserungsarbeiten; Kosten für die Anmietung einer Ersatzwohnung (*BGHZ* 46, 238 (239)); Kosten für die Einholung von Privatgutachten über Mängel (*BGH* BauR 1971, 51); Schäden aus einem Einbruch sollen bei Planung eines einbruchsicheren Geschäfts ebenfalls noch nächste Mangelfolgeschäden sein (*OLG München* NJW-RR 1988, 85). 35

b) Schadensberechnung und -umfang

Regelmäßig scheidet Schadensersatz in Form der Naturalrestitution (Neuherstellung) aus. Dem Besteller stehen zwei Möglichkeiten zur Schadensberechnung zur Verfügung: Im Regelfall muß er das Werk behalten und kann nach der **Differenzmethode** abrechnen, wobei neben den Aufwendungen für die Mängelbeseitigung alle Schäden erstattungsfähig sind (vgl. oben 1). Diese Form des Schadensersatzes ist auch dann möglich, wenn der Besteller die Mängel nicht beseitigt und etwa das Grundstück mit Gebäude veräußert (*BGH* NJW 1987, 645, *VII. Zivilsenat* gegen *BGH* NJW 1982, 98, *V. Zivilsenat*). Der Besteller kann das **Werk auch zurückweisen,** wenn dies praktisch durchführbar ist und wenn wesentliche Mängel vorliegen (*BGH* NJW 1972, 526). Praktische Bedeutung hat dies vor allem beim Bauträgervertrag. 36

Erstattungsfähig sind auch **entgangene Gebrauchsvorteile** (abstrakte Nutzungsentschädigung). Der *BGH* (NJW 1980, 1386) hatte dies zwar zunächst im Hinblick auf ein privates Schwimmbad abgelehnt. Bejaht hatte jedoch ein anderer Senat des *BGH* (NJW 1986, 427) einen Anspruch auf Nutzungsausfallentschädigung hinsichtlich eines wegen Mängeln unbenutzbaren Kfz-Abstellplatzes in einer Tiefgarage. Auf einen Vorlagebeschluß des V. Zivilsenats (BauR 1986, 244) hat der *Große Senat* des *BGH* dann bei einem deliktischen Eingriff vom Nachbargrundstück aus auf das Gebäude bzw. die Wohnung die Erstattungsfähigkeit bejaht (*BGH* NJW 1987, 50). Diese Rechtsprechung wurde dann in zwei Fällen konkretisiert: Bei Verzug mit der Herausgabe einer Wohnung, wenn diese für die Lebenshaltung des Geschädigten von zentraler Bedeutung ist und von ihm selbst bewohnt werden soll (*BGH* BauR 1987, 318) und bei Vorenthaltung einer Ferienwohnung durch eine Ehefrau trotz einer Scheidungsvereinbarung (*BGH* NJW 1988, 251). 37

c) Einwendungen

Dem Unternehmer stehen zunächst die gleichen Einwendungen wie bei Nachbesserung zu (vgl. Rdnr. 21). Darüber hinaus kann er einwenden, daß die Voraussetzungen für Gewährleistungsansprüche nicht gegeben sind (vgl. Rdnrn. 26 ff.). Ferner kann er folgendes geltend machen: 38

- Soweit der Besteller einen Vorschußanspruch geltend macht, kann er einwenden, daß dies beim Schadensersatz im Unterschied zum Aufwendungsersatz nicht möglich ist (*BGH* NJW 1973, 1457).

- Des weiteren kann er vortragen, daß Sowieso-Kosten angefallen wären. Mit diesem Einwand wird der Unternehmer sogar dann nicht ausgeschlossen, wenn ein rechtskräftiges Feststellungsurteil vorliegt und hier eine Einschränkung hinsichtlich der Sowieso-Kosten nicht enthalten war (*BGH* BB 1988, 1560).
- Darüber hinaus kann er fehlende Ursächlichkeit, fehlendes Verschulden (Entlastung, vgl. § 282 BGB) und etwaiges Mitverschulden einwenden.
- Schließlich kann der AN in manchen Fällen Vorteilsausgleichung geltend machen, so z. B. wenn der AG ein Dach erhält, welches 17 Jahre hält und nach Leistungsverzeichnis eine Lebensdauer von nur 10 Jahren vorausgesetzt wäre (*OLG Frankfurt Schäfer/Finnern/Hochstein* Nr. 65 zu § 635 BGB; vgl. auch *BGH* BauR 1984, 510).

9. Haftung des Architekten wegen Bausummenüberschreitung

39 Der Architekt kann zunächst haften, wenn er eine Bausummengarantie abgegeben hat (vgl. hierzu *Locher,* Das private Baurecht, Rdnr. 274). Im übrigen kommt eine Haftung wegen Bausummenüberschreitung nur beim Vorliegen der folgenden Voraussetzungen in Frage:

a) Fehler des Architekten

40 Wichtigster Ansatzpunkt sind die **Kostenermittlungen nach DIN 276.** Sind hier bei der Kostenschätzung, der Kostenberechnung oder dem Kostenanschlag falsche Mengen angesetzt, ganze Kostengruppen nach DIN 276 oder ganze Gewerke bzw. Teilleistungen vergessen worden, so liegt ein Fehler vor. Sonderwünsche und Zusatzleistungen des Bauherren, die nach Aufstellung der Kostenermittlung verlangt wurden, müssen ebenso abgezogen werden wie nicht vorhersehbare Lohn- und Materialpreiserhöhungen. Weitere, selbständige Ansatzpunkte für die Haftung sind die Pflichten zur **Kostenkontrolle** und zur **Kostenfortschreibung.** Die Darlegungs- und Beweislast hinsichtlich des Fehlers trifft den AG (*BGH* BauR 1988, 734 = NJW-RR 1988, 1361).

b) Toleranzrahmen

41 Nicht jede Überschreitung der Kostenermittlungen löst Schadensersatzansprüche oder ein Kündigungsrecht aus. Im Rahmen der Kostenschätzung wird dem Architekten eine Toleranz von 30–40% einzuräumen sein, im Rahmen der Kostenberechnung von 20–25% und im Rahmen des Kostenanschlags von 10–15%. Die Darlegungs- und Beweislast hinsichtlich der Überschreitung des Toleranzrahmens trifft den AG (*BGH* BauR 1988, 734 = NJW-RR 1988, 1361).

c) Schaden

42 Für die Schadensberechnung stehen dem Bauherren drei Möglichkeiten zur Verfügung:

43 Kann er das Objekt nicht halten und muß es freihändig oder im Wege der Zwangsversteigerung veräußern, so kann der Schaden in der **Differenz** zwischen dem **Verkehrswert** und dem erzielten **Erlös** liegen.

44 Die wichtigste Form der Schadensberechnung ist die Ermittlung der Differenz zwischen dem **Verkehrswert** des Objekts und den **Baukosten.** Der Verkehrswert bei eigengenutzten Gebäuden ist in der Regel nach dem Sachwert anzunehmen (*BGH* NJW 1970, 2018 für ein überwiegend eigengenutztes Einfamilienhaus; *BGH* BauR 1979, 74 für ein eigengenutztes Betriebsgebäude). Für ein gewerblich genutztes oder vermietetes Objekt wird dagegen auf den Ertragswert abzustellen sein (*OLG Düsseldorf* BauR 1974, 354 (356); *KG Schäfer/Finnern/Hochstein* Nr. 20 zu § 635 BGB). Bei gemischt genutzten Objekten ist eine Mischung aus Sach- und Ertragswert maßgebend. Der Verkehrswert kann zu erhöhen sein, wenn der Bauherr ein wertvolles Gebäude in eine unerschlossene Gegend gebaut hat oder einen Gewerbebetrieb in einer abgelegenen Gegend errichtet hat.

Die dritte Möglichkeit der Schadensberechnung besteht darin, daß der erhöhte Zinsdienst für die **Mehrfinanzierung** geltend gemacht wird. 45

d) Verschulden

Hinsichtlich des Verschuldens muß sich der Architekt entlasten (Umkehr der Beweislast). Er kann ein Mitverschulden des Bauherren einwenden, wenn dieser keine Einschränkungen vornimmt oder zusätzliche Leistungen aufwendigerer Art in Auftrag gibt, obwohl er die Bausummenüberschreitung erkennt. 46

e) Sanktionen

Neben dem **Schadensersatzanspruch** steht dem Bauherren bei Bausummenüberschreitung auch ein wichtiger Grund zur **Kündigung** zu (*OLG Hamm* BauR 1987, 464). Ein Honoraranspruch besteht für den Architekten in diesem Fall nur hinsichtlich der vertragsgerecht erbrachten Leistungen. 47

f) Verjährung

Während früher überwiegend die Auffassung vertreten wurde, daß Anspruchsgrundlage die positive Vertragsverletzung ist und Ansprüche damit in 30 Jahren verjähren, geht die Tendenz in Rechtsprechung und Literatur heute dahin, daß auch hier die 5jährige Verjährungsfrist nach § 638 BGB gilt (vgl. *OLG Stuttgart* BauR 1987, 462 = NJW-RR 1987, 913). 48

10. Haftung des Bauunternehmers bei Hinweispflichtverletzung

Die Prüfungs- und Hinweispflicht des AN besteht bei drei Sachverhalten: 49
- Bedenken gegen die vorgesehene **Art der Ausführung** (auch wegen der Sicherung gegen Unfallgefahren)
- Bedenken gegen die **Güte der** vom AG gelieferten **Baustoffe** oder Bauteile
- Bedenken gegen die **Leistungen anderer Unternehmer.**

Die Prüfungs- und Hinweispflicht ist zwar in der VOB (B) geregelt. Sie gilt jedoch **auch** beim **BGB-Bauvertrag** (*BGH* NJW 1987, 643 = BauR 1987, 79). Nach h. M. (vgl. *Ingenstau/Korbion* B § 4 Rdn. 188) handelt es sich um vertragliche Hauptpflichten und keine Nebenpflichten. Der AG muß deshalb bei Zugrundeliegen des BGB die Mängelansprüche nach §§ 633ff. BGB und bei Zugrundeliegen der VOB (B) vor der Abnahme die Rechte nach § 4 Nr. 7 VOB (B) bzw. nach der Abnahme die Rechte des § 13 Nr. 5–7 VOB (B) geltend machen. Die Verjährungsfrist beträgt damit nicht 30 Jahre (*BGH* aaO). 50

a) Bedenken gegen die vorgesehene Art der Ausführung

Diese Prüfungspflicht betrifft die Planung und Ausschreibung (Leistungsverzeichnisse) des AG bzw. der von ihm hinzugezogenen Architekten und Sonderfachleute. Der Einsatz dieser Personen entlastet den AN nicht. Der AG hat sich jedoch ein **Mitverschulden** (§§ 254, 278 BGB) anrechnen zu lassen (z. B. *BGH* BauR 1978, 222; *BGH* BauR 1988, 338 = NJW-RR 1988, 785). Der AN haftet 51 auch dann, wenn der Architekt des AG eine fehlerhafte Planung z. B. mit statischen Notwendigkeiten begründet (*BGH* BauR 1989, 467). Das Mitverschulden führt zu einer **Quote** und wenn der AG Mängelbeseitigung geltend macht zu einem **Zuschußanspruch** (vgl. unten Rdnr. 62).

52 In Ausnahmefällen kann die **Prüfungs- und Hinweispflicht entfallen,** z. B. wenn Spezialarbeiten auszuführen sind und der AG oder sein Architekt bzw. Sonderfachmann dafür Spezialkenntnisse hat oder wenn der AG oder seine Erfüllungsgehilfen selbst Prüfungen oder Untersuchungen durchgeführt haben (vgl. *Ingenstau/Korbion* B § 4 Rdn. 214, 189ff.).

b) Bedenken gegen die Güte der vom AG gelieferten Baustoffe oder Bauteile

53 Die Prüfungspflicht geht nicht so weit, daß „besondere Prüfmaßnahmen" z. B. mit Prüfgeräten durchgeführt werden müssen. Es genügt eine äußere Prüfung durch Augenschein auf Mängel und Größe, durch Abmessen und auch durch Abklopfen. Bei Gütesiegeln oder Prüfzeichen ist die Prüfungspflicht eingeschränkt, jedoch nicht vollständig beseitigt (*Ingenstau/Korbion* B § 4 Rdn. 231).

c) Bedenken gegen die Leistungen anderer Unternehmer

54 Insoweit besteht die Prüfungspflicht nicht, wenn die andere Leistung die von dem AN geschuldete Leistung überhaupt nicht berührt und mit ihr nicht in Zusammenhang steht; eine Prüfungspflicht kommt hier nur in Frage, wenn die Vorleistung die **eigene Leistung des AN „nachteilig beeinflussen kann"** bzw. den Erfolg seiner Arbeiten in Frage stellen kann (z. B. *BGH* NJW 1974, 747; *BGH* NJW 1983, 875; *BGH* NJW 1987, 643). Sie gilt nicht für nachträglich ausgeführte Arbeiten anderer Unternehmer, jedoch für vorangegangene Eigenleistungen des AG (*OLG München* NJW-RR 1987, 854).

d) Die Mitteilungspflicht

55 Die VOB (B) verlangt **Schriftform.** Auch eine beweisbare mündliche Mitteilung ist jedoch von Bedeutung: Der AG muß sich hier ein Mitverschulden zurechnen lassen (*BGH* BauR 1973, 313 = NJW 1973, 1792).

56 Richtiger **Adressat der Mitteilung** ist in jedem Fall der AG, auf gar keinen Fall der Bauleiter des Architekten des AG. Bei Planungs- und Vergabefehlern ist auch der Architekt nicht der richtige Adressat (*Ingenstau/Korbion* B § 4 Rdn. 259). Auch sonst ist der Architekt nur der richtige Adressat, wenn er sich den Bedenken des AG nicht verschließt.

e) Einwendungen des AN gegen Ansprüche wegen Hinweispflichtverletzung

57 Die Ansprüche des AG sind normale Gewährleistungsansprüche und nicht von vornherein Schadensersatzansprüche. Verlangt der AG sofort Schadensersatz, so kann sich der AN sowohl bei Zugrundeliegen des BGB als auch bei Zugrundeliegen der VOB (B) auf sein Nachbesserungsrecht berufen. Im übrigen hat er folgende Einwendungen:

58 – Nichtvorliegen eines Mangels wie bei allen Gewährleistungsansprüchen (Beweislast vor der Abnahme: AN)
– Fehlende Ursächlichkeit der eigenen Leistung für den Mangel

- Nichterkennbarkeit der Fehler des Architekten, des Vorunternehmers oder der Baustoffe trotz Prüfung, wobei eine **besondere Prüfung** durch Hilfsmittel **nicht verlangt** werden könne. **59**
- Durchführung einer ordnungsgemäßen **Prüfung** und **schriftliche Mitteilung** hierüber. **60**
- Entfallen einer Prüfungspflicht (Ausnahme; vgl. oben Rdnr. 52). **61**
- **Mitverschulden** des AG wegen bewiesener mündlicher Mitteilung; hier steht nicht nur bei Minderung und Schadensersatz ein **Zuschußanspruch** zur Verfügung. Auch gegenüber einem Nachbesserungsverlangen des AG besteht ein Zurückbehaltungsrecht wegen dieses Zuschußanspruches. Der AN kann hier Sicherheitsleistung durch Bürgschaft oder Hinterlegung verlangen (*BGH* BauR 1984, 395 = NJW 1984, 1676). Im Prozeß führt dieses Zurückbehaltungsrecht zur Zug-um-Zug-Verurteilung. Im Werklohnprozeß des AN kommt es dann zur doppelten Zug-um-Zug-Verurteilung (*BGH* BauR 1984, 401 = NJW 1984, 1679). **62**
- **Mitverschulden** des AG wegen Planungs- oder Vergabefehlers eines Architekten oder Sonderfachmannes; auch darauf kann der AN ein Zurückbehaltungsrecht wegen eines Zuschußanspruches stützen (vgl. Rdnr. 62). **63**
- Anfall von **Sowieso-Kosten** bei der Mängelbeseitigung; auch darauf kann ein Zurückbehaltungsrecht bzw. ein Zuschußanspruch gestützt werden (vgl. oben Rdnr. 62). **64**

11. Mängelrechte beim Bauträgervertrag und bei Altbausanierung

Der Bauträgervertrag ist in den seltensten Fällen Kaufvertrag, obwohl er in notariellen Verträgen fast immer so bezeichnet wird. Die Gewährleistung richtet sich bei **„neuerrichteten Objekten"** nach **Werkvertragsrecht** (ständige Rspr. des *BGH*): Wenn zum Zeitpunkt des Abschlusses des Vertrages die Wohnanlage großenteils bezogen ist, aber noch kleine Restarbeiten auszuführen sind (*BGH* NJW 1976, 515); wenn im Vertrag eine Errichtungsverpflichtung enthalten ist (*BGH* NJW 1977, 1336); wenn das Objekt zwar vollständig fertiggestellt ist, aber im notariellen Vertrag eine gemeinsame Begehung und die Erstellung eines Protokolles über Mängel sowie die Verpflichtung zur Beseitigung dieser Mängel vorgesehen ist (*BGH* NJW 1981, 2344); wenn eine Eigentumswohnung vom Veräußerer selbst 5 Monate bereits bewohnt war und mit dem Erwerber verschiedene Änderungen vereinbart wurden (*BGH* BauR 1982, 58); auch bei Verwendung des Objektes ein halbes Jahr lang als Musterhaus (*BGH* NJW 1982, 2243); ebenso bei einem 2 Jahre lang leerstehenden Objekt (*BGH* NJW 1985, 1551); sogar dann, wenn der Erwerber selbst die Wohnung 8 Monate lang bewohnt und gemietet hatte (*BGH* BauR 1986, 345 = NJW-RR 1986, 1026). Die Rechtsprechung wurde durch weitere Entscheidungen bestätigt (u. a. *BGHZ* 101, 350 (352) = BauR 1987, 686; *BGH* BauR 1988, 461 für Häuser im Gartenhofstil; *KG* BauR 1988, 724). Sie ist verschiedentlich auf Widerspruch in der Literatur gestoßen (zuletzt *Sturmberg* NJW 1989, 1832 m. w. Nachw.). **65**

Auch bei **Umwandlung von Altbauten in Eigentumswohnungen** hat die Rechtsprechung angenommen, daß es sich um „Erwerb neuerrichteter Objekte" handelt. Damit gilt auch hier Werkvertragsrecht. Entschieden wurde dies für die Umwandlung von Garagen- und Werkstatträumen in Wohn- und Geschäftsräume (*BGH* BauR 1988, 464 = NJW 1988, 1972) und für die Umwandlung eines **66**

Bungalows in 2 Eigentumswohnungen bei umfangreichen Umbauarbeiten (*BGH* BauR 1989, 597 = NJW 1989, 2748). Entscheidendes Kriterium, ob es sich um ein neuerrichtetes Objekt handelt, ist nach Auffassung des BGH, daß **„Arbeiten bei Bauwerken“** i. S. § 638 BGB ausgeführt werden. Die bloße Umwandlung eines Altbaues in Eigentumswohnungen genügt nicht (*BGH* NJW 1989, 2534/2535).

67 Bei **Altbausanierung** ist meist problematisch, **wie weit Werkvertragsrecht** anzuwenden ist. Werden Zusicherungen in einem Exposé gegeben, wonach es sich um einen „Neubau hinter historischer Fassade“ handeln soll, so müssen auch die alten Teile des Gebäudes hinsichtlich der Regeln der Technik (Schallschutz, Wärmedämmung, Feuchtigkeitsisolierung) auf dem neuesten Stand sein (*BGHZ* 100, 391, 396f. = BauR 1987, 439/442f. = NJW 1988, 490). Soweit der Vertrag als einheitlicher Vertrag ausgestaltet ist, besteht in der Rechtsprechung des BGH wohl die Tendenz, auch die nicht veränderten Teile nach Werksvertragsrecht zu beurteilen (*BGH* BauR 1988, 464 = NJW 1988, 1972). Richtig dürfte die Auffassung des *OLG Frankfurt* (NJW 1984, 2586) sein, wonach zu differenzieren ist. Dagegen sprechen aber wieder Ausführungen in einer neueren Entscheidung des VII. Zivilsenates des *BGH* (NJW 1989, 2748).

68 Der Bauträgervertrag über neu errichtete oder noch zu errichtende Eigentumswohnungen und Häuser unterliegt nach der Rechtsprechung des BGH auch dann der **Inhaltskontrolle,** wenn es sich um einen **Individualvertrag** handelt. Nach Auffassung des BGH können „formelhafte Klauseln“ (vgl. *BGH* BauR 1987, 686 = NJW 1988, 135) nur dann wirksam werden, wenn sie mit dem Erwerber eingehend erörtert wurden (*BGH* aaO m. w. Nachw.; vgl. zum Ganzen: *Koeble,* Rechtshandbuch Immobilien, Kap. 15 Rdnr. 53ff., Kap. 16 Rdnr. 63ff., Kap. 26 Rdnr. 40ff.

12. Mängelansprüche bei Wohnungseigentum

69 Für den Prozeßbevollmächtigten einer Wohnungseigentümergemeinschaft, der Mängelansprüche gegenüber dem Bauträger oder dem Generalunternehmer geltend machen soll, sind erhebliche Hürden zu überspringen (zum WE-Verfahren vgl. Kap. B V). Er kann sich folgenden Einwendungen der Gegenseite ausgesetzt sehen:

a) Einwendungen bei Klage eines einzelnen Wohnungseigentümers

70 Hier kann zunächst geltend gemacht werden, daß der klagende Eigentümer nicht gleichzeitig auch Vertragspartner des Bauträgers war bzw. daß er sich als Erwerber von einem früheren Eigentümer dessen Ansprüche gegen den Bauträger nicht hat abtreten lassen. Die **Aktivlegitimation** hinsichtlich der Mängelansprüche kann sich nämlich ausschließlich aus dem Vertrag mit dem Bauträger ergeben (vgl. *OLG München* BauR 1979, 431; *BGH* NJW 1985, 1551).

71 Macht der Wohnungseigentümer Ansprüche auf **Minderung oder Schadensersatz** geltend, so kann ihm entgegengehalten werden, daß beide Rechte „gemeinschaftsbezogen“ sind und damit die Wohnungseigentümer über die Geltendmachung dieser Ansprüche überhaupt einen **Beschluß** gefaßt haben müssen (*BGH* NJW 1979, 2207; *BGH* NJW 1981, 1841). Dagegen ist jeder einzelne aktivlegitimiert hinsichtlich der Nachbesserung und im Hinblick auf die Einleitung eines Beweissicherungsverfahrens (*BGH* NJW 1977, 1336; *BGH* BauR 1980, 69). Auch die an sich gemeinschaftsbezogenen Ansprüche Minderung oder Schadensersatz kann ein einzelner Wohnungseigentümer im Ausnahmefall

geltend machen. So sind nach *BGH* BauR 1990, 221 = NJW 1989, 2534) Schadensersatzansprüche wegen arglistigen Verschweigens eines Mangels des Gemeinschaftseigentumes nicht gemeinschaftsbezogen; hier kann der einzelne WE aber Schadensersatzansprüche nur anteilig nach seiner Miteigentums-Quote geltend machen. Eine weitere Ausnahme von der Gemeinschaftsbezogenheit gilt dann, wenn ein Mangel des Gemeinschaftseigentumes sich beim Sondereigentum eines WE auswirkt und Nachbesserung unmöglich ist (*BGH* BauR 1990, 353 = NJW 1990, 1663 für Geruchsbelästigungen eines WE durch einen gemeinschaftlichen Kamin).

Notwendig ist ferner ein Beschluß der Gemeinschaft, **welches der beiden Rechte** geltend gemacht werden soll oder aber ein Beschluß, daß der einzelne Wohnungseigentümer berechtigt sein soll, zwischen Minderung und Schadensersatz zu wählen (*BGH* NJW 1983, 453). 72

Wichtig ist, daß die gesamten **Beschlüsse keine rückwirkende Kraft** haben. 73 Werden Beschlüsse während eines Rechtsstreites nachgeholt, so tritt die Unterbrechung der Verjährung erst ein, wenn der Beschluß formgültig gefaßt wurde (*BGH* NJW 1983, 453). Soweit die Versammlung beschlußfähig ist, genügt die einfache Mehrheit der anwesenden WE für die Beschlußfassung.

Für die **Fristsetzung mit Ablehnungsandrohung** bedarf es ebenfalls eines 74 Beschlusses der Wohnungseigentümergemeinschaft.

b) Klage der „Wohnungseigentümergemeinschaft"

Die „WEG" ist nicht **parteifähig,** so daß die einzelnen Wohnungseigentümer 75 klagen müssen. Dies gilt auch dann, wenn der Verwalter in Vollmacht handelt (zu Erleichterungen bei der Parteibezeichnung vgl. A Rdnrn. 21 ff.).

Die notwendige Aktivlegitimation haben nur die **Vertragspartner** des Bau- 76 trägers, nicht dagegen später eingetretene Eigentümer, es sei denn, die Vertragspartner des Bauträgers hätten ihre Ansprüche an sie abgetreten (*BGH* NJW 1985, 1551; *OLG München* BauR 1979, 431).

Vorliegen müssen verschiedene **Beschlüsse der „WEG"** über den Übergang 77 zu den Gewährleistungsansprüchen (Fristsetzung mit Ablehnungsandrohung) und die Entscheidung zwischen Minderung oder Schadensersatz. Die Beschlüsse haben keine rückwirkende Kraft, so daß Klagen erst ab Wirksamkeit der Beschlüsse die Verjährung unterbrechen (*BGH* NJW 1983, 453).

Zuständig für die Beschlußfassung ist die „WEG" (*BGH* NJW 1979, 2207), 78 obwohl es eigentlich auf die Vertragspartnerschaft ankommt (vgl. *BGH* NJW 1985, 1551). Die „WEG" ist zur Beschlußfassung auch insoweit zuständig, als es sich um Bauteile handelt, die gar nicht im Miteigentum aller WE stehen (vgl. *BGH* NJW 1979, 2207 im Hinblick auf ein Schwimmbad). Für die Beschlußfassung genügt einfache Mehrheit der anwesenden WE.

c) Klage des Verwalters

Hier bestehen die gleichen Möglichkeiten zu Einwendungen wie bei a) und b) 79 Darüber hinaus kann geltend gemacht werden, daß ein **Beschluß** fehlt, wonach der **Verwalter** die Ansprüche geltend machen soll.

Macht der **Verwalter** die Ansprüche **in eigenem Namen** geltend, so kann 80 eingewandt werden, daß auch hierfür ein gesonderter Beschluß notwendig ist (vgl. *BGH* NJW 1981, 1841).

Aufgrund einer speziellen Ermächtigung durch Beschluß der „WEG" kann 81 der Verwalter auch Ansprüche geltend machen, bei denen das **Sondereigentum**

betroffen ist (*BGH* BauR 1986, 447 = NJW-RR 1986, 755). Auch einzelne Wohnungseigentümer können dies, aber ebenfalls nur nach vorgängigem Beschluß der „WEG" (*BGH* BauR 1987, 439/440).

82 Sämtliche Beschlüsse der „WEG" haben keine rückwirkende Kraft, was im Hinblick auf die Verjährung sehr wichtig ist (vgl. oben Rdnrn. 73, 77 auch zu den Stimmenverhältnissen).

13. Die Symptomrechtsprechung bei Mängelansprüchen

a) Substantiierung der Mängel bei der Mängelanzeige

83 Jede Mängelanzeige, auch die schriftliche Mängelanzeige nach § 13 Nr. 4 VOB (B) muß bestimmt sein. Ungenügend ist z. B.: „Die Fliesenarbeiten sind mangelhaft ausgeführt" oder „An einigen Fensterrahmen blättert die Farbe ab" (*KG* BauR 1974, 345); bei einem umfangreichen Bauvorhaben mit etwa 200 Mängeln hat es der BGH aber ausreichen lassen, wenn die Mängel allgemein bezeichnet werden und an Ort und Stelle mit Hilfe von Zeugen und Sachverständigen konkrete Feststellungen möglich sind (*BGH* BauR 1980, 574).

84 Der AG muß **nicht** die **Mängelursachen** kennen oder bezeichnen. Es genügt vielmehr, daß ein Mangel **„in seinem äußeren Erscheinungsbild"** beschrieben wird. So hat der *BGH* (NJW 1987, 381) eine Mängelrüge, wonach ein Dach an zwei Stellen undicht sei, für das gesamte Dach ausreichen lassen. Entsprechendes entschied er in einem ähnlich gelagerten Fall eines über mehrere selbständige Gebäude gehenden Daches (*BGH* BauR 1987, 443). Es genügt auch eine Behauptung, Wärmemengenzähler seien defekt oder „die Heizleistung der aufgestellten Heizkessel ist nicht ausreichend" (*BGH* BauR 1988, 474 = NJW-RR 1988, 1047). Eine Rüge von Rissen im Außenputz erstreckt sich auch auf später auftretende Risse, wenn die gleiche Mangelursache zugrundeliegt (*BGH* NJW 1987, 376; *BGH* BauR 1989, 603 = NJW-RR 1989, 79). Eine Mängelrüge für bestimmte Balkone kann auch Mängel erfassen, die an anderen Balkonen infolge der gleichen Ursachen auftreten (*BGH* BauR 1989, 79 = NJW-RR 1989, 148). Entsprechendes gilt für die Rüge, einzelne Firstpfetten seien fehlerhaft verankert (*BGH* BauR 1989, 606).

b) Anwendungsbereich der Symptom-Rechtsprechung

85 Außer für das schriftliche Mängelbeseitigungsverlangen nach VOB (B) gilt diese Rechtsprechung auch für das Nachbesserungsverlangen nach BGB, für den Klagantrag auf Nachbesserung, für die Klage auf Vorschuß (*BGH* BauR 1989, 81 usw.), für die Hemmung der Verjährung bei Prüfung eines Mangels durch den AN nach § 639 II BGB durch Nachbesserungsversuch (*BGH* BauR 1989, 606 usw.; *BGH* BauR 1990, 356 = NJW 1990, 1472), für das Anerkenntnis des AN bzw. die Hemmung der Verjährung nach § 639 II durch Nachbesserungsversuch (*BGH* aaO), für die Verjährungsunterbrechung durch Beweissicherungsverfahren (*BGH* BauR 1989, 79 = NJW-RR 1989, 148) und für den Beginn der neuen Gewährleistungsfrist nach Abnahme der Mängelbeseitigungsleistung gem. § 13 Nr. 5 I S. 3 VOB (B) (*BGH* BauR 1989, 606 usw.). Dagegen soll es bei der Kenntnis nach § 640 II nicht auf das äußere Erscheinungsbild ankommen.

14. Verjährung der Mängelansprüche bei BGB-Werkvertrag

Zwar beträgt die regelmäßige **Verjährungsfrist** 6 Monate (§ 638 I BGB). Für „Arbeiten bei Bauwerken" wird jedoch 5 Jahre gehaftet. Das betrifft alle Bauleistungen die im Zuge der Errichtung eines Bauwerks erbracht werden und zum Teil auch Einzelbauleistungen bei bestehenden Gebäuden. Beispiele: Einbau einer Zentralheizung, nicht aber Einbau eines Heizöltanks, der lediglich ins Erdreich eingebettet wird und an die Ölzufuhr des Gebäudes angeschlossen wird (*BGH* NJW 1986, 1927 m. abl. Anm. *Motzke* NJW 1987, 363); Einbau einer Ballenpresse in einem Verwaltungsgebäude mit Papierentsorgungsanlage (*BGH* NJW 1987, 837); ein in die Erde eingelassenes Schwimmbecken aus Fertigteilen (*BGH* NJW 1983, 567). Für „Arbeiten an einem Grundstück" wird 1 Jahr gehaftet. Beispiele: Tiefbauarbeiten, Ausschachtung, Aufschüttung aber auch Umbau- und Modernisierungsarbeiten an bestehenden Gebäuden (*Palandt/Thomas,* § 638 Anm. 2b). 86

Die 30jährige Gewährleistungsfrist gilt bei **arglistigem Verschweigen** von Mängeln (vgl. allgemein *BGH* BauR 1970, 244). Wichtige Beispiele: unrichtige Angaben über die Mangelfreiheit „ins Blaue hinein" (*BGH* NJW 1981, 864/965); Bauunternehmer baut abweichend vom Vermerk oder der Auflage eines Bauamts (*BGH* NJW 1986, 980); unterlassener Hinweis auf Wassereinbrüche während der Bauzeit (*OLG Celle* MDR 1987, 407); der Nachweis der Arglist ist durch Sachverständigengutachten möglich, wenn ein „Kaschieren" von Mängeln vorliegt (*BGH* NJW-RR 1988, 524). Die Verjährungsfrist beginnt mit der Abnahme zu laufen (vgl. Rdnrn. 111ff.). 87

Hinsichtlich der **Unterbrechnung** der Verjährung (vgl. auch Rdnr. 104) gibt es folgende Besonderheiten: als **Anerkenntnis** gilt jedes tatsächliche Verhalten, wobei die Durchführung von Mängelbeseitigungsarbeiten der häufigste Fall sind. Die neue Verjährungsfrist beginnt hier erst mit Beendigung der Nachbesserung und der Abnahme dieser Leistungen zu laufen (*BGH* NJW-RR 1986, 98). Nicht jede Mängelbeseitigung ist aber Anerkenntnis (Einzelfälle: *BGH* WM 1987, 1200/1202; *BGH* BauR 1988, 465). Auch hier gilt jedoch die Symptom-Rechtsprechnung des *BGH* (vgl. oben Rdnr. 83ff.). 88

Eine Besonderheit besteht bei der **Hemmung der Verjährung** (§ 639 II BGB). Unterzieht sich der Unternehmer im Einverständnis mit dem Besteller der Prüfung des Vorhandenseins eines Mangels oder der Beseitigung des Mangels, so ist die Verjährung solange gehemmt, bis eine Reaktion des Unternehmers erfolgt. Die Hemmung erstreckt sich nach der Rechtsprechung des *BGH* auf sämtliche Mängelerscheinungen, die mit der gleichen Ursache verknüpft sind (zur Symptom-Rechtsprechung vgl. oben Rdnr. 83ff.). Für die Hemmung genügt es auch dann, wenn der Unternehmer die Prüfung ohne Anerkennung einer Rechtspflicht vornimmt (*BGH* NJW 1976, 1447). Entsprechendes gilt, wenn er eine Mängelrüge an seine Versicherungsgesellschaft weiterleitet und dem Besteller davon Mitteilung macht, während die bloße Weiterleitung ohne Benachrichtigung nicht genügt (*BGH* NJW 1983, 162). Ausreichend ist auch eine im Einverständnis mit dem Besteller erfolgte Prüfung und Begutachtung durch einen Sachverständigen der Haftpflichtversicherung des Unternehmers (*BGH* BauR 1985, 202). Der Besteller hat auch noch Rechte nach Eintritt der Verjährung (hierzu Rdnr. 108). 89

Ein **Verzicht auf die Einrede der Verjährung** ist nach § 225 S. 1 BGB unwirksam. Die Rechtsprechung läßt jedoch den Arglisteinwand gegen die den- 90 noch erhobene Einrede zu. Bei unbefristetem Verzicht ist allerdings für den RA des Gegners Vorsicht geboten: Scheitern Verhandlungen, so steht dem Kläger nur noch eine kurze Überlegungsfrist zu, sonst kann die Einrede der Verjährung wirksam erhoben werden (BGH NJW 1974, 1285; *BGH* NJW 1979, 876). Entsprechendes gilt bei befristetem Verzicht, wenn vor Ablauf der Frist Mahnbescheid beantragt wird und dagegen Widerspruch eingelegt wird: Hier muß das Verfahren innerhalb einer kurzen Überlegungsfrist weiterbetrieben werden, da sonst berechtigtermaßen wieder die Einrede der Verjährung erhoben werden kann (*BGH* BauR 1986, 351).

15. Verjährung der Mängelansprüche nach VOB (B)

91 Im Unterschied zum BGB (vgl. Rdnrn. 86ff.) beträgt die Gewährleistungsfrist für Bauwerke und Holzerkrankungen zwei Jahre, für Arbeiten an einem Grundstück und für die vom Feuer berührten Teile von Feuerungsanlagen ein Jahr (§ 13 Nr. 4 VOB (B)). Voraussetzung ist, daß die VOB (B) wirksam **Vertragsgrundlage** geworden ist (vgl. Rdnrn. 9ff.). Die Verjährung beginnt mit der Abnahme zu laufen (vgl. B II Rdnrn. 111ff.).

92 Gegenüber dem BGB besteht eine wichtige Besonderheit: Ein **schriftliches Mängelbeseitigungsverlangen** führt zur Unterbrechnung der Verjährung (§ 13 Nr. 5 I S. 2 VOB (B)). Maßgebend ist der **Zugang** des Verlangens. Wichtig ist auch, daß nur das **erste** Mängelbeseitigungsverlangen Unterbrechnungswirkung hat. Notwendig ist ferner **Bestimmtheit** der Mängelanzeige. Es genügt, wenn der Mangel „in seinem äußeren Erscheinungsbild" beschrieben wird; die Angabe von Mängelursachen ist nicht erforderlich (zur Symptom-Rechtsprechung vgl. außer den nachstehenden Beispielen auch oben Rdnr. 83ff.).

93 Beispiele: Nicht ausreichend ist die Feststellung „an einigen Fensterrahmen blättert die Farbe ab" (*KG* BauR 1974, 345); bei einem umfangreichen Bauvorhaben mit etwa 200 Baumängeln genügt es, wenn der Bauherr Listen vorlegt, in denen zwar Umfang und Art des jeweiligen Mangels nicht sehr ausführlich, jedoch so ausreichend bezeichnet sind, daß an Ort und Stelle mit Hilfe von Zeugen und Sachverständigen entsprechende Feststellungen möglich sind (*BGH* BauR 1989, 574); ausreichend ist auch der Hinweis auf einzelne Rißstellen im Außenputz, wenn später wieder Risse auftreten, die auf die gleiche Mängelursache zurückzuführen sind (*BGH* BauR 1987, 207 = NJW-RR 1987, 336); hinsichtlich der Undichtigkeit eines ganzen Daches genügt es, wenn angegeben wird, daß und wo das Dach undicht ist und an welchen Stellen Wasser in eine Wohnung bzw. in das Gebäude eindringt (*BGH* BB 1986, 2291); bei einem über mehrere Gebäude verlaufenden Dach genügt die Rüge der Undichtigkeit eines Daches, wenn die anderen Dächer aufgrund einheitlichen Vertrages errichtet wurden (*BGH* BauR 1987, 443).

16. Verjährung der Ansprüche gegen den Architekten

94 Sowohl der Rechtsanwalt des Bauherren als auch der des Architekten haben bei Fragen im Zusammenhang mit der Verjährung von Gewährleistungsansprüchen gegen den Architekten folgendes zu überlegen:

a) Frist

95 Die Gewährleistungsfrist beträgt regelmäßig fünf Jahre, da die Architektenleistungen Arbeiten bei Bauwerken sind (§ 638 I BGB). Die 30jährige Verjäh-

rungsfrist kommt nach der heutigen Literatur und zunehmend auch nach der Rechtsprechung nicht mehr in Betracht, da auch die früher als Nebenpflichten betrachteten Leistungspflichten in „das Werk" des Architekten mit einbezogen werden und als Hauptleistungspflichten angesehen werden (vgl. z. B. *Bindhardt/Jagenburg,* Die Haftung des Architekten, § 1 Rdnrn. 30ff.; *Locher/Koeble/Frik,* HOAI, § 15 Rdnr. 10 m. w. Nachw.). Nach einer wichtigen Entscheidung des *OLG Stuttgart* (BauR 1987, 462 = NJW-RR 1987, 913) gilt dies zu Recht auch für den Anspruch des Bauherren wegen Bausummenüberschreitung, so daß auch hier die Frist 5 Jahre beträgt.

Eine **Verkürzung der Gewährleistungsfrist** ist in AGB- oder Formularverträgen unwirksam (§ 11 Nr. 10f AGBG). Auch die Unterlegung der VOB (B) unter den Architektenvertrag scheidet aus, da der Architekt keine Bauleistungen i. S. § 1 VOB (A) erbringt. Verkürzt werden kann die Frist nur im Individualvertrag oder durch Aushandeln (§ 1 II AGBG). 96

Eintragen einer Ziff. 2 in § 12 des Einheitsarchitektenvertrages ist noch kein Aushandeln (*BGH* BauR 1987, 113 = BB 1987, 784; ebenso *OLG München* NJW-RR 1988, 86; *OLG Düsseldorf* BauR 1985, 341).

b) Beginn der Frist

aa) Abnahme und § 15 HOAI. Regelmäßig beginnt die Frist mit der **Abnahme.** Hier ist zu unterscheiden, ob der Architekt mit der Leistungsphase 9 des § 15 HOAI beauftragt ist oder nicht. Hat er nur die Leistungen bis zur Leistungsphase 8 zu erbringen, so kann die „Billigung" des Auftraggebers frühestens nach der letzten Handlung des Architekten geschehen, z. B. nach der Prüfung der letzten Rechnung oder nach dem Überwachen der Mängelbeseitigungsarbeiten durch am Bau Beteiligte und der Zahlung des Architektenhonorars. 97

Hat der Architekt dagegen die Leistungsphase 9 in Auftrag, so hat er eine „Objektbegehung zur Mängelfeststellung vor Ablauf der Verjährungsfristen der Gewährleistungsansprüche gegenüber den bauausführenden Unternehmen" durchzuführen. Erst danach kommt eine „Billigung" der Leistungen in Frage, so daß erst dann die 5jährige Gewährleistungsfrist anfangen kann (h. M.). 98

bb) Kündigung des Architektenvertrages. Bei Kündigung des Architektenvertrages beginnt die Frist mit der **Kündigung** zu laufen. Dies gilt auch dann, wenn die Kündigung unberechtigt ist: Hier kommt es auf den Zeitpunkt an, in dem der Architekt auf die Kündigung hin seine Leistungen einstellt (*BGH* NJW 1971, 1840 = BauR 1971, 270; *OLG Stuttgart* BauR 1987, 462 = NJW-RR 1987, 913). 99

cc) Fiktionen des Fristbeginns. Das **Vorschieben des Beginns** der Gewährleistungsfrist verstößt in AGB- oder Formularverträgen gegen §§ 11 Nr. 10f.; 9 II Nr. 1 AGBG und ist damit auch gegenüber Kaufleuten unwirksam (*BGH* BauR 1987, 113 = BB 1987, 784). Darüber hinaus handelt es sich bei Regelungen, wonach mit Bezug oder Inbenutzungsnahme des Gebäudes die Abnahme als erfolgt anzusehen sein soll, um Fiktionen, so daß die Voraussetzungen des § 10 Nr. 5 AGBG einzuhalten wären. Der regelmäßige Beginn der Frist ist also auf den Zeitpunkt der Abnahme oder Kündigung festzulegen (vgl. oben Rdnrn. 97ff.). 100

dd) Fristbeginn bei Subsidiaritätsklausel. Enthält der Architektenvertrag eine **Subsidiaritätsklausel** – die ohnehin nur in Grenzen des § 11 Nr. 10a AGBG 101 wirksam wäre – so beginnt die Gewährleistungsfrist zu laufen, wenn feststeht, daß Ansprüche gegen am Bau Beteiligte nicht realisiert werden können, also das Unvermögen der am Bau Beteiligten feststeht (*BGH* NJW 1987, 2743 = BauR 1987, 343).

c) Nichtablauf der Frist

102 Verlangt der Bauherr vom Architekten eine Stellungnahme, wer aufgetretene Mängel zu vertreten hat, so ist der Architekt verpflichtet, auch **über eigene Fehler aufzuklären.** Unterläßt er dies, so steht dem Bauherren ein Schadensersatzanspruch wegen Verletzung dieser Aufklärungspflicht zu. Dieser führt dazu, daß die „Verjährungsfrist als nicht abgelaufen gilt und sich der Architekt nicht auf den Eintritt der Verjährung berufen kann" (*BGH* BauR 1986, 112 = NJW-RR 1986, 182).

103 Der Architekt kann hier allerdings einwenden, daß eine Aufklärungspflicht nicht besteht, wenn entweder der Bauherr selbst sachkundig ist, oder wenn er erklärt, er werde einen sachkundigen Dritten hinzuziehen und mit der Wahrnehmung seiner Interessen wegen der Nachbesserung betrauen, oder wenn er einen Sachverständigen beauftragt oder wenn die Wohnungseigentümer z. B. einen sachkundigen Verwalter haben (*BGH* BauR 1987, 343 (344) = NJW 1987, 2743).

d) Unterbrechung der Verjährung

104 Eine Unterbrechung der Verjährung tritt ein durch Einreichung einer Klage oder eines Mahnbescheids – sofern die Zustellung „demnächst" erfolgt (§§ 270 III, 693 II ZPO) – und die Beantragung eines Beweissicherungsverfahrens. Im Hinblick auf das Beweissicherungsverfahren ist zu erwähnen, daß das zunächst unzulässige Beweissicherungsverfahren unterbricht, wenn innerhalb einer Frist von sechs Monaten ein zulässiger Antrag eingereicht wird (analoge Anwendung der § 212 II BGB). Eine Unterbrechung tritt auch durch ein Anerkenntnis ein. Für die Unterbrechung durch Streitverkündung ist wichtig, daß die Formalien der Streitverkündung eingehalten sind (vgl. hierzu A Rdnrn. 36ff.). Auch die Aufrechnung mit Gewährleistungsansprüchen im Prozeß unterbricht die Verjährung. Soweit der Bauherr mit einem Vorschußanspruch aufrechnet, gilt dies – im Unterschied zur Vorschußklage selbst (vgl. hierzu Rdnr. 24) – nur in Höhe des aufgerechneten Betrages (*BGH* BauR 1986, 576).

e) Hemmung der Verjährung

105 Ein praktisch sehr wichtiger Fall der Hemmung ist eine häufig auch zwischen den Parteien selbst getroffene **Schiedsgutachtensabrede** zur Feststellung, ob die behaupteten Mängel vorliegen und vom Architekten zu vertreten sind (*OLG Hamm* BauR 1983, 374).

106 Ein für jeden Bauprozeß wichtiger Fall der Hemmung ist in § 639 II BGB geregelt. Voraussetzung ist, daß sich der Architekt „der **Prüfung des Vorhandenseins eines Mangels** unterzieht". Dafür genügt die Besichtigung des Mangels, auch wenn eine Beseitigung unmöglich ist; die Hemmung tritt auch dann ein, wenn der Architekt erklärt, er besichtige ohne Anerkennung einer Rechtspflicht und nur aus Gefälligkeit (*BGH* NJW 1976, 1447). Gleiches gilt auch dann, wenn der Architekt die Mängelrüge des Bauherren an seine Haftpflichtversicherung weiterleitet und dies dem Auftraggeber mitteilt; nicht ausreichend ist allerdings die bloße Weiterleitung der Mängelrüge ohne Benachrichtigung des Bauherren (*BGH* NJW 1983, 162). Dagegen tritt eine Hemmung ein, wenn

der Architekt die Mängelrüge an die Versicherung zwar ohne Benachrichtigung des Bauherren weiterleitet, dann jedoch ein von der Versicherung beauftragter Sachverständiger zur Prüfung und Begutachtung der Mängel beim Bauherren erscheint (*BGH* BauR 1985, 202). Leitet der Architekt die Mängelrüge weiter und schreibt dann die Versicherung an den Bauherren, so dürfte dies nicht ausreichen, weil es sich dabei um keine tatsächliche Prüfung des Mangels handelt.

Im Fall des § 639 II BGB dauert die Hemmungswirkung an bis zu einer Reaktion des Architekten, in der Regel bis zur Mitteilung des Ergebnisses der Prüfung. Dafür dürfte wohl ausreichen, daß der Architekt ein Mängelbeseitigungsschreiben an den zuständigen Handwerker abschickt und dabei zum Ausdruck bringt, daß er nicht einzustehen habe. Die Hemmungswirkung endet ferner, wenn der Architekt erklärt, daß der Mangel beseitigt sei. **107**

f) Rechte nach Ablauf der Gewährleistungsfrist

aa) Aufrechnung. Nach Ablauf der Verjährungsfrist bleibt dem Bauherren die **Aufrechnungsmöglichkeit** erhalten, wenn sich die Forderungen in nicht verjährter Zeit aufrechenbar gegenüberstanden. Das gilt jedoch anders als bei § 390 S. 2 BGB nur bei vorheriger Anzeige des Mangels und nur für Ansprüche aus dem gleichen Vertrag (§§ 639 I, 479 BGB). **108**

bb) Verzicht auf Verjährungseinrede. Auf die Verjährung kann sich nicht berufen, wer auf die Einrede der Verjährung verzichtet hat. Ein derartiger Verzicht kann auch wirksam durch die Haftpflichtversicherung geleistet werden, da diese in Vollmacht des Architekten handelt. Wird ein unbefristeter **Verzicht auf die Einrede der Verjährung** geleistet, so muß der Rechtsanwalt des Auftraggebers aufpassen, wenn die Verhandlungen beendet sind, da ihm hier nur eine kurze Überlegungsfrist zur Klage eingeräumt wird (vgl. hierzu oben Rdnr. 90). **109**

cc) Anerkenntnis. Nach Ablauf der Frist unterbricht ein tatsächliches Anerkenntnis die Verjährung natürlich nicht mehr. Hier kommt als Grundlage nur noch ein schriftliches Anerkenntnis in Frage (§ 781 BGB). **110**

II. Abnahme

Die Abnahme ist für den Unternehmer im Ablauf des Bauvorhabens eine wichtige Schaltstelle: Zu den **Folgen** der Abnahme gehört u. a. der Beginn der Gewährleistungsfrist (§§ 638 BGB, 13 Nr. 4 VOB (B), der Übergang vom Erfüllungsanspruch (Neuherstellung) in die Gewährleistungs- und Nachbesserungsebene, das Entfallen der Vorleistungspflicht des Unternehmers (§§ 641 I 1 BGB, 16 Nr. 1 VOB (B)), der Verlust von Mängelrechten hinsichtlich bekannter Mängel, die nicht gerügt werden (mit Ausnahme des Schadensersatzanspruchs; vgl. BGHZ 77, 134), die Umkehr der Beweislast für Mängel, der Übergang der Leistungs- und Vergütungsgefahr sowie vor allem die Fälligkeit der Vergütung. Letzteres gilt nur für den BGB- und VOB-Bauvertrag (*BGH* NJW 1981, 822), nicht dagegen für die HOAI (vgl. Rdnrn. 151ff.). **111**

1. Abnahme nach BGB

Hier ist maßgebend die **Billigung** der Leistung als der Hauptsache nach vertragsgemäße Erfüllung (§ 640 I BGB; *BGH* NJW 1970, 421; *BGH* NJW 1974, **112**

95); bekannte Mängel und Vertragsstrafenansprüche müssen bei der Abnahme vorbehalten werden (§§ 640 II, 341 III BGB). Dies gilt vor allem für die Architekten- und Ingenieurverträge sowie für den Bauträgervertrag. Die Abnahme erfolgt meist **stillschweigend** z. B. nach Beendigung der Leistungen durch vorbehaltslose Zahlung (*BGH* NJW 1970, 421), u. U. auch durch Inbenutzungnahme (*BGH* BauR 1971, 128; *Werner/Pastor* Rdnrn. 1173). Für die Abnahme durch bloße Inbenutzungnahme ist jedoch erforderlich, daß eine gewisse Nutzungsdauer verstrichen ist, wofür einzelne Tage oder Wochen nicht genügen dürften, sondern mehrere Wochen oder Monate erforderlich sind (vgl. *OLG Köln Schäfer/Finnern/Hochstein* Nr. 13 zu § 640 BGB bei 2 Monaten; vgl. auch *BGH* BauR 1977, 344 bei vereinbarter, aber vergessener förmlicher Abnahme, wenn ein längerer Zeitraum als 3 Monate verstrichen ist). Beim Wohnungseigentum findet auch hinsichtlich des Gemeinschaftseigentums eine Abnahme durch jeden einzelnen Vertragspartner des Bauträgers statt und zwar auch bei späterem Erwerb (*BGH* NJW 1985, 1551; *Koeble,* Rechtshandbuch Immobilien, **18** 17ff.).

2. Abnahme nach VOB (B)

113 Ist die VOB (B) wirksam Vertragsgegenstand geworden (vgl. oben Rdnrn. 9f.), so kommen neben der Abnahme nach BGB als weitere Abnahmeformen die förmliche Abnahme und die fiktive Abnahme in Frage. Bei der **förmlichen Abnahme** müssen anläßlich der Begehung Vorbehalte wegen bekannter Mängel und wegen Vertragsstrafenansprüchen geltend gemacht werden und in die Abnahmeniederschrift (Protokoll) aufgenommen werden, da sonst Rechtsverluste eintreten. Die Unterschrift des AN unter ein Abnahmeprotokoll stellt hinsichtlich etwa vom AG vorbehaltener Mängel oder Vertragsstrafenansprüche noch kein Anerkenntnis dar (*BGH* NJW 1987, 380). Die **fiktive Abnahme** (§ 12 Nr. 5 VOB (B) kommt in zwei Formen vor: 12 Werktage nach Fertigstellungsmitteilung, wozu auch die Schlußrechnung gehört (*BGH* NJW 1977, 897) und 6 Werktage nach Inbenutzungnahme vor allem durch Bezug (*BGH* NJW 1975, 1701). Während dieser Fristen müssen die Vorbehalte geleistet werden (zur vereinbarten, aber vergessenen förmlichen Abnahme vgl. unten Rdnr. 115).

3. Prozessuales

114 Klagt der Unternehmer auf die Vergütung, so muß er zur **Abnahme substantiiert vortragen,** da diese Fälligkeitsvoraussetzung ist. Der Abnahme gleichzusetzen ist die unberechtigte **Verweigerung** der Abnahme, durch die die gleichen Wirkungen eintreten (vgl. *BGH* NJW 1970, 421 (422); *BGH* BauR 1974, 205). Nach § 12 Nr. 3 VOB (B) kann der AG die Abnahme wegen „wesentlicher Mängel" bis zu deren Beseitigung verweigern. Dagegen ist beim BGB-Bauvertrag die Abnahmeverweigerung auch bei nicht wesentlichen Mängeln möglich, soweit der AN diese zu vertreten hat und ihm die Beseitigung zugemutet werden kann (*OLG Hamm* NJW-RR 1988, 147). Mit der Vergütungsklage ist gleichzeitig das Abnahmeverlangen verbunden, so daß ein gesonderter Abnahmeantrag nicht erforderlich ist (h. M.; z. B. *Weidemann* BauR 1980, 124 m. Nachw.). Eine selbständige **Abnahmeklage** kann aber sinnvoll sein, um die Wirkungen der Abnahme zeitlich anzubinden. Der Klagantrag sollte nicht lauten: „. . . abzunehmen", sondern: „Es wird festgestellt, daß die Fliesenarbeiten im Gebäude . . . am . . . durch Bezug abgenommen wurden". Sonst tritt die Abnahmewirkung nämlich erst mit Rechtskraft (§ 894 I 2 ZPO) ein.

4. Vertragliche Regelungen

Die Vorschriften der VOB (B) über die Abnahme gelten, soweit die VOB wirksam Vertragsgrundlage geworden ist (vgl. oben Rdnrn. 9ff.). Haben die Parteien ausschließlich die förmliche Abnahme vereinbart, aber sie vergessen, so kann nach Ablauf einer Frist ab dem Bezug dennoch von einer stillschweigenden Abnahme ausgegangen werden (*BGH* BauR 1977, 344 für den Fall des Schweigens während dreier Monate ab Bezug; vgl. auch *BGH* NJW 1979, 212). **115**

Abnahmeregelungen finden sich vielfach in Verträgen mit Subunternehmern. Die Rechtsprechung hält das Hinausschieben der Abnahme auf die Gesamtabnahme der Leistung durch den Auftraggeber in Formularverträgen und AGB für unwirksam, wenn der Zeitpunkt der Abnahme für die SU nicht eindeutig erkennbar ist oder wenn die Abnahme auf einen nicht mehr angemessenen Zeitpunkt nach Fertigstellung der Leistung des SU hinausgeschoben wird (vgl. i. e. *BGH* BauR 1989, 322 = NJW 1989, 602). In AGB bzw. Formularverträgen des AG kann die fiktive Abnahme nach § 12 Nr. 5 VOB (B) nur wirksam werden, wenn die VOB (B) insgesamt „Vertragsgrundlage" geworden ist (vgl. hierzu Rdnr. 9ff.). **116**

III. Vergütung und Sonstiges

1. Vergütung bei BGB-Bauvertrag

Der BGB-Bauvertrag kann Pauschal-, Einheitspreis- oder auch Stundenlohnvertrag sein (vgl. Rdnrn. 127ff.). Ist keine Preisvereinbarung getroffen, dann gilt die übliche Vergütung und die übliche Berechnungsart (§ 632 II BGB). Behauptet der Auftraggeber Mängel, sollte der Auftragnehmer im Vergütungsprozeß hilfsweise Zahlung Zug um Zug gegen Mängelbeseitigung beantragen, da sonst Kostennachteile (§ 92 ZPO) drohen. Wird dieser Antrag allerdings nicht gestellt, so wird die Vergütungsklage dennoch nicht abgewiesen, sondern es erfolgt eine Zug-um-Zug-Verurteilung (vgl. *BGH* BauR 1979, 159 für eine Abschlagszahlung). **117**

Gegen den Vergütungsanspruch kann der Auftraggeber verschiedene **Einwendungen** geltend machen. Er kann: **118**

- die **Fälligkeit** bestreiten mit folgenden Argumenten: Fehlende Prüfbarkeit der Rechnung (vgl. Rdnrn. 141ff., 144ff.); fehlende Abnahme (vgl. Rdnrn. 111ff.); Nichtvorliegen der vertraglich vereinbarten Voraussetzungen (Bautenstand). **119**
- die **Richtigkeit der Abrechnungsform** bestreiten: Rechnet der Auftragnehmer nach Einheitspreisen ab, so kann eingewandt werden, daß ein Pauschalpreis vereinbart sei. Geschieht dies in substantiierter Form (wann, in wessen Beisein, wo und unter welchen Umständen die Vereinbarung getroffen wurde), so trifft den Auftragnehmer die Beweislast dafür, daß kein Pauschalpreis vereinbart wurde (*BGH* NJW 1980, 122; *BGH* NJW 1983, 1782). Dies gilt auch dann, wenn die VOB (B) zugrunde liegt (*BGH* NJW 1981, 1442). **120**
- die **Richtigkeit der Rechnung** selbst bestreiten: Das Aufmaß des Auftragnehmers, nicht aber bei gemeinsamem Aufmaß, da dieses bindend ist (*BGH* NJW 1974, 646); die Berechtigung zum Ansatz einzelner Positionen; die Richtigkeit der eingesetzten Einzelpreise oder Summen. **121**
- geltend machen, daß **vertraglich vereinbarte Abzüge** nicht berücksichtigt seien: Abgebote oder Nachlässe bzw. sonstige Vergünstigungen; Bauwesen- **122**

versicherung, Bauherrenhaftpflichtversicherung, Baustrom, Bauwasser, Container-Kosten, Kosten für die Schuttbeseitigung usw.; hinsichtlich eines Skonto ist zu prüfen, ob dieser vertraglich wirksam vereinbart ist (Bestimmtheit und Vereinbarung einer Skontofrist; vgl. *LG Aachen* BB 1986, 223 m. Anm. *Kornenbitter* = NJW-RR 1986, 645; *LG Berlin* BauR 1986, 700; *OLG Düsseldorf* BauR 1985, 333) und ob die Skontofrist eingehalten ist, was der Auftraggeber im Prozeß substantiiert darlegen muß.

123 – die Einrede der **Verjährung** erheben (vgl. Rdnrn. 143, 149).

124 – Im Hinblick auf **Nachforderungen** gegenüber der Schlußrechnung: die Bindung an die Schlußrechnung einwenden (für den VOB-Bauvertrag allerdings abgelehnt: *BGH* NJW 1988, 910).

125 – aufrechnen mit **Vertragsstrafenansprüchen** (vgl. Rdnr. 165) oder mit Ansprüchen wegen **Verzugsschaden** (vgl. Rdnr. 180), wobei der Verzögerungsschaden auch ohne Fristsetzung mit Ablehnungsandrohung geltend gemacht werden kann.

126 – **Mängelrechte** geltend machen und zwar die Einrede des nicht erfüllten Vertrags bzw. ein Zurückbehaltungsrecht hinsichtlich Erfüllung und Nachbesserung (vgl. Rdnrn. 16ff.), Minderung oder die Aufrechnung mit Schadensersatzansprüchen (vgl. Rdnrn. 31, 34ff.).

2. Vergütung bei VOB-Bauvertrag

127 Hier muß der Auftraggeber zunächst substantiiert vortragen, welche Vergütungsart vereinbart ist, ob Einheitspreis-, Pauschal- oder Stundenlohnvertrag. Darüber hinaus muß er substantiiert dartun, daß die VOB(B) wirksam Vertragsgrundlage geworden ist (vgl. B I Rdnrn. 41ff.). Für die drei Vertragsarten enthält die VOB (B) einige besondere Regelungen:

128 Beim **Einheitspreisvertrag** können Auftraggeber und Auftragnehmer bei Mengenänderungen von mehr als 10% gegenüber dem Leistungsverzeichnis eine Anpassung des Einzelpreises verlangen (§ 2 Nr. 3 VOB (B)). Hinsichtlich der Änderungen ist auf die einzelne Position und nicht auf die Gesamtmengen abzustellen. Bei Überschreitung um mehr als 10% kann der Auftraggeber eine Anpassung nach unten und bei Unterschreitung um mehr als 10% der Auftragnehmer eine Anpassung nach oben verlangen (vgl. die Einschränkung von *BGH* BauR 1987, 217). Ein Anspruch auf Vergütung für vertraglich nicht vorgesehene Leistungen, sog. **Mehrvergütungsanspruch,** steht dem Auftragnehmer nur zu, wenn sie im Leistungsumfang nicht enthalten waren, der Auftraggeber sie aber verlangt und sie zur Ausführung erforderlich sind. Eine Vergütung kann nur beansprucht werden, wenn der Anspruch vor der Ausführung der Leistung angekündigt war (Anspruchsvoraussetzung; vgl. *Ingenstau/Korbion* B § 2 Rdnr. 83).

129 Beim **Pauschalvertrag** ist eine Anpassung nur im Ausnahmefall möglich (§ 2 Nr. 7 VOB (B)). Für zusätzliche, nicht im Leistungsumfang enthaltene Leistungen bedarf es auch hier der Ankündigung eines Mehrvergütungsanspruchs (§ 2 Nr. 7 I 3 VOB (B)).

130 Ein Anspruch auf Vergütung von **Stundenlohnarbeiten** besteht nur, wenn sie als solche vor ihrem Beginn ausdrücklich vereinbart sind (§ 2 Nr. 10 VOB (B)). Gegen die Abrechnung kann der Auftraggeber ferner folgendes einwenden: Wenn ein Stundensatz nicht vereinbart ist, kann er bestreiten, daß die ortsübliche Vergütung angesetzt sei (§ 15 Nr. 1 II 1 VOB (B)). Er kann ferner geltend

machen, daß der Auftragnehmer vor Beginn der Ausführung nicht angezeigt hat, daß Stundenlohnarbeiten ausgeführt werden. Ob diese Anzeigepflicht Anspruchsvoraussetzung ist, ist nicht abschließend geklärt (bejahend: *Heiermann/Riedl/Rusam/Schwaab* B § 15 Rdnrn. 29f.; a. A. *Werner/Pastor* Rdnr. 1052; *Ingenstau/Korbion* B § 15 Rdnr. 19; *Locher,* Das private Baurecht, Rdnr. 199). Er kann ferner einwenden, daß die Stundenlohnzettel nicht werktäglich oder spätestens wöchentlich vorgelegt wurden. Bei Verletzung dieser Pflicht erlischt zwar nicht der Vergütungsanspruch, aber die Berechnung bereitet erhebliche Schwierigkeiten (§ 15 Nr. 5 VOB (B)). Gibt der Auftraggeber die Stundenlohnzettel nicht unverzüglich, spätestens innerhalb von 6 Werktagen nach Zugang zurück und erhebt dabei Einwendungen, so gelten die Stundenlohnzettel als anerkannt (§ 15 Nr. 3, S. 3, 5 VOB (B)). Es tritt dann eine Beweislastumkehr ein (*BGH* NJW 1970, 2295).

Dem Auftraggeber stehen die gleichen **Einwendungen** wie beim BGB-Bau- 131
vertrag zu (vgl. Rdnrn. 118ff.). Darüber hinaus kann er folgendes geltend machen:

- Auch bei Zugrundeliegen der VOB kann eingewandt werden, es sei nicht nach Einheitspreisen abzurechnen, weil ein Pauschalvertrag abgeschlossen sei.
- Ihm steht ferner der **Einwand der Schlußzahlung** (§ 16 Nr. 3 VOB (B)) zur Verfügung. In einem vom Auftraggeber vorgelegten Formular bzw. in seinen AGB gilt diese Vorschrift allerdings nur, wenn die VOB (B) „ohne ins Gewicht fallende Einschränkung Vertragsgrundlage" geworden ist (*BGH* BauR 1987, 694 = NJW 1988, 55; vgl. zur VOB (B) als Vertragsgrundlage Rdnrn. 9ff.).

3. Honorare der Architekten und Ingenieure

Für die Honorare aller mit Bauvorhaben jeder Art befaßten Architekten und 132
Ingenieure gilt die HOAI. Sie ist nach h. M. auch auf Nichtarchitekten und Nichtingenieure anwendbar, soweit diese in der HOAI aufgeführte Leistungen erbringen (*OLG Düsseldorf* NJW 1982, 541; *OLG Stuttgart* BauR 1981, 404; a. A. *Locher/Koeble/Frik,* HOAI, § 1 Rdnrn. 44ff.; *OLG Oldenburg* BauR 1984, 541; vgl. auch *Werner/Pastor,* Rdnrn. 542).

Die Bedeutung der HOAI als Preisrecht liegt darin, daß sie einen Mindest- 133
und Höchstsatz für das Honorar festlegt und die Voraussetzungen für die Berechnung des Honorars regelt (zum Abrechnungsschema, zur Fälligkeit und zur Bindung an die Honorarschlußrechnung vgl. Rdnrn. 150ff.). Von der HOAI abweichende **Honorarvereinbarungen** sind zulässig, auch z. B. die Vereinbarung eines Pauschalhonorars (hierzu *OLG Frankfurt* BauR 1985, 585; *OLG Düsseldorf* BauR 1986, 719; *BGH* BauR 1990, 379 = NJW-RR 1990, 601). Sie unterliegen jedoch folgenden **Voraussetzungen:**

- Mündliche Honorvereinbarungen sind unwirksam. Jede Honorarvereinba- 134
rung bedarf der **Schriftform.** Fehlt es daran, so gilt der Mindestsatz (§ 4 IV HOAI).
- Sicher ist, daß die Vereinbarung eines Honorars zwischen Mindest- und 135
Höchstsatz unwirksam ist, wenn sie nicht bereits **„bei Auftragserteilung"** getroffen wurde. Zum Teil wird die Auffassung vertreten, daß jede Honorarvereinbarung bereits in diesem Zeitpunkt getroffen sein muß (vgl. *BGH* BauR 1985, 582 = NJW-RR 1986, 18; *BGH* BauR 1987, 112 = NJW-RR

1987, 13; *Werner/Pastor* Rdnr. 669ff.). Nach *BGH* sollen sogar spätere Änderungen von Honorarvereinbarungen „bei unverändertem Leistungsziel" unwirksam und erst nach „Beendigung der Tätigkeit" möglich sein (*BGH* BauR 1988, 364; a. A. *Locher/Koeble/Frik,* HOAI, § 4 Rdnr. 10).

136 – In manchen Fällen sind zusätzliche Wirksamkeitsvoraussetzungen gegeben, z.B. nach den Gemeindeordnungen (hierzu *OLG Frankfurt* NJW-RR 1989, 1425 und NJW-RR 1989, 1505), die Schriftform des **Vertrages** selbst oder die **Genehmigung** der Bischöflichen Behörde der Katholischen Kirche nach dem Vermögensverwaltungsgesetz vom 24. 7. 1924 (*OLG Hamm* BauR 1988, 381 = NJW-RR 1988, 467).

137 – Grenze jeder Honorarvereinbarung ist der **Höchstsatz** der HOAI. Dieser Höchstsatz ist nach der richtigen Berechnung gemäß HOAI zu ermitteln. Das Gericht hat die Frage aber nicht von Amts wegen zu untersuchen, sondern nur auf substantiierte Einwendungen (Vortrag der anrechenbaren Kosten, der Honorarzone usw.) des Auftraggebers im Prozeß (*OLG Köln* Schäfer/Finnern/Hochstein Nr. 2 zu § 1 HOAI). Ausnahmen vom Höchstpreischarakter sind in der HOAI selbst geregelt (z. B. § 4 III HOAI, Honorar für Besondere Leistungen).

138 – Honorarvereinbarungen sind auch unwirksam, wenn sie den **Mindestsatz** unzulässig unterschreiten. Nur „in Ausnahmefällen" kann ein niedrigeres Honorar vereinbart werden (§ 4 II HOAI; zum Begriff Ausnahmefall vgl. *OLG Hamm* BauR 1988, 366 = NJW-RR 1988, 466; *Lehmann* BauR 1986, 512; *Meyke* BauR 1987, 513; *Schelle* BauR 1986, 144; *Moser* BauR 1986, 521; *Osenbrück* BauR 1987, 144). Bei unzulässiger Unterschreitung gilt der Mindestsatz (*OLG Stuttgart* ZfBR 1982, 172; *OLG Düsseldorf* BauR 1980, 488; *OLG Düsseldorf* NJW 1982, 1541).

139 – Wirksamkeitsvoraussetzung jeder Honorarvereinbarung ist ihre **Bestimmtheit** (vgl. *OLG Düsseldorf* BauR 1985, 234; *Locher/Koeble/Frik,* HOAI, § 4 Rdnr. 2). Das Honorar muß sich auf der Grundlage der Vereinbarung und eventuell der ergänzend heranzuziehenden HOAI zuverlässig ergeben.

140 – Honorarvereinbarungen in **AGB oder Formularverträgen** unterliegen der Inhaltskontrolle nach §§ 9–11 AGBG. Die HOAI hat insbesondere hinsichtlich der anrechenbaren Kosten Leitbildfunktion (*BGH* NJW 1981, 2351 = BauR 1981, 582 m. Anm. *Locher*).

4. Fälligkeit und Verjährung bei BGB-Bauvertrag

141 Für die Fälligkeit der Schlußzahlung ist zunächst eine **prüfbare Rechnung** erforderlich. Die Rechnung muß übersichtlich aufgestellt sein und aus ihr müssen sich die Leistungen sowie die hierfür angesetzte Vergütung zweifelsfrei ergeben.

142 Weitere Voraussetzung ist, daß die **Abnahme** erfolgt ist (§ 641 I BGB). Der Auftragnehmer muß also substantiiert zur Abnahme vortragen, da sonst seine Klage abgewiesen wird (zur Abnahme vgl. Rdnrn. 111ff.). Weitere Fälligkeitsvoraussetzungen können vertraglich vereinbart sein, so z. B. die als einzige vereinbarte förmliche Abnahme oder das zwingend vereinbarte gemeinsame Aufmaß (vgl. hierzu Rdnr. 115).

143 Die **Verjährung** beginnt am Ende des Jahres zu laufen, in dem die Abnahme stattgefunden hat. Auf die Erteilung einer Schlußrechnung kommt es nach BGB nicht an (anders bei VOB (B), vgl. Rdnr. 149). Hat der Unternehmer Leistungen für den Gewerbebetrieb seines Auftraggebers erbracht, so verjährt die Forderung in vier Jahren, sonst in zwei Jahren (§ 196 I Nr. 1, II BGB). Eine **Unterbrechnung der Verjährung** kommt praktisch nur bei Klage, Mahnbescheid, Anerkenntnis des Auftraggebers und bei Aufrechnung im Prozeß in Frage. Als Anerkenntnis sind Abschlagszahlungen anzusehen, wenn die Umstände nicht dagegen sprechen (Zahlung eines „Rests“ oder „ohne Anerkennung einer Rechtspflicht“). Ebenso kommt ein Gesuch um Ratenzahlung oder Stundung in Frage. Die **Hemmung der Verjährung** tritt ein bei einer Stundungsvereinbarung, Ratenzahlungsvereinbarung oder einem Stillhalteabkommen sowie bei Abschluß einer Schiedsgutachtervereinbarung (vgl. *OLG Hamm* BauR 1983, 374), nicht dagegen dann, wenn der Auftraggeber Mängel im Wege des Zurückbehaltungsrechts geltend macht (vgl. § 202 II BGB). In manchen Fällen kann nach Ablauf der Verjährungsfrist dem Auftragnahmer ein Verzicht auf die Einrede der Verjährung helfen (vgl. Rdnr. 90) oder das Aufrechnungsrecht §§ 639 I, 479 BGB).

5. Fälligkeit und Verjährung bei VOB-Bauvertrag

Auch bei Vorliegen eines VOB-Bauvertrages ist die **Abnahme** Fälligkeitsvor- 144
aussetzung (*BGH* NJW 1981, 822; vgl. zur Abnahme Rdnrn. 111 ff.). Darüber hinaus muß eine **prüfbare Rechnung** vorliegen (§ 14 Nr. 1 S. 2–4 VOB (B)):

- Die Reihenfolge der Positionen in der Rechnung muß derjenigen im Angebot 145
  bzw. Leistungsverzeichnis entsprechen, und es müssen auch die gleichen Bezeichnungen verwendet werden wie in diesen Vertragsgrundlagen.
- Der Rechnung müssen die zum Nachweis von Art und Umfang der Leistung 146
  erforderlichen Mengenberechnungen, Zeichnungen und andere Belege beigefügt werden. Es kann sich hier z. B. um Geländeschnitte für die Abrechnung von Aushubarbeiten, um Revisionspläne und Bestandszeichnungen, falls dies zur Prüfung notwendig ist oder nach DIN-Normen zum Leistungsumfang gehört, oder um Aufmaßblätter handeln.
- Änderungen und Ergänzungen, für die eine zusätzliche Vergütung bean- 147
  sprucht wird, müssen in der Rechnung besonders kenntlich gemacht sein (vgl. i. ü. § 14 Nr. 1 VOB (B)).

Fällig wird die Schlußzahlung nach Ablauf einer **Prüfungsfrist,** spätestens 148
innerhalb von zwei Monaten nach Zugang (§ 16 Nr. 3 I 1 VOB (B)) und nur in Ausnahmefällen später (vgl. *BGH* NJW 1969, 428).

Im Unterschied zum BGB beginnt die **Verjährung** bei Zugrundeliegen der 149
VOB (B) erst dann zu laufen, wenn die Schlußrechnung vorliegt (*BGH* BauR 1977, 354; *BGH* NJW 1982, 1815; *BGH* NJW 1984, 1757). Der Auftraggeber hat die Möglichkeit, diesen Zeitpunkt herbeizuführen, indem er dem Auftragnehmer eine angemessene Frist zur Erstellung der Rechnung setzt. Nach Fristablauf kann er selbst auf Kosten des Auftragnehmers eine Rechnung aufstellen (§ 14 Nr. 4 VOB (B)).

6. Fälligkeit und Verjährung des Architekten- und Ingenieurhonorars; Bindung an die Honorarschlußrechnung

Grundlage für die Fälligkeit der Schlußzahlung und für Abschlagszahlungen 150
ist nach der Rechtsprechung des *BGH* § 8 HOAI (*BGH* NJW 1981, 2351 (2354) = BauR 1981, 582 (588) m. Anm. *Locher;* a. A. *Locher/Koeble,* HOAI, § 8 Rdnr.

3). Dies gilt sowohl für den Honoraranspruch des Architekten als auch für sämtliche mit Bauvorhaben befaßten Ingenieure.

a) Fälligkeit

151 Im Hinblick auf die Fälligkeit der Rechnungen haben die Prozeßbevollmächtigten folgendes zu berücksichtigen bzw. folgende Einwendungsmöglichkeiten (zur Honorarvereinbarung vgl. Rdnrn. 132ff.):

152 – Architekten und Ingenieure müssen ihre Rechnung nach anrechenbaren Kosten, Honorarzone, Honorartafel und erbrachten Leistungen aufstellen. Nur **ausnahmsweise** kann **Zeithonorar** abgerechnet werden, wenn die HOAI das vorschreibt oder zuläßt (*BGH* BauR 1990, 236 = NJW-RR 1990, 277). Die wichtigsten Fälle des Zeithonorars sind anrechenbare Kosten unter 50000 DM beim Architekten (§ 16 II HOAI) und Honorare für Besondere Leistungen (§ 5 IV HOAI). Erbringt der Auftragnehmer nur Teilleistungen (z. B. Objektüberwachung), so hat er ebenfalls nach dem **Schema der HOAI** abzurechnen.

153 – Der Auftragnehmer muß zwei **Rechnungen** erstellen, **getrennt** in Leistungsphasen 1–4 einerseits und 5–9 andererseits (§ 10 II HOAI).

154 – Für diese zwei Rechnungen muß die **richtige Kostenermittlung** zugrunde gelegt sein und zwar für Leistungsphasen 1–4 die Kostenberechnung nach DIN 276 und für Leistungsphasen 5–9 die Kostenfeststellung (§ 10 II HOAI). Nur im Ausnahmefall kann eine andere Kostenermittlung zugrunde gelegt werden (vgl. *BGH* BauR 1990, 97 = NJW-RR 1990, 90 und *BGH* BauR 1990, 382).

155 – Die Kostenermittlungen müssen nach **Formular DIN 276** die **7 Kostengruppen** enthalten. Hierzu müssen auch dann Angaben gemacht werden, wenn der Architekt mit einzelnen davon (z. B. beim Grundstück) nichts zu tun hat (unstr.; vgl. z. B. *Locher/Koeble/Frik,* HOAI, § 10 Rdnr. 3). Zum Teil wird sogar verlangt, daß für bis zum 1. 4. 1988 abgeschlossene Verträge trotz Geltung einer neuen DIN vom April 1981 die im HOAI-Text aufgeführte DIN 276 i. d. F. vom September 1971 zugrunde gelegt wird (so *OLG Celle* BauR 1985, 591; a. A. *Locher/Koeble/Frik* aaO).

156 – Die Anforderungen an die **Kostenberechnung** können bis zur dritten Spalte der DIN 276 gehen. Zum Teil wird sogar verlangt, daß die Gewerke noch weiter aufgegliedert werden (so *OLG Stuttgart* BauR 1985, 587 m. abl. Anm. Beigel; a. A. h. M.).

157 – Die Rechnung muß **prüfbar** sein, d. h. eine übersichtliche Aufstellung enthalten und die Honorarbemessungsgrundlagen insgesamt aufführen. Dazu gehören die anrechenbaren Kosten, die Honorarzone und vor allem die erbrachten Leistungen. In diesem Zusammenhang genügt die Angabe der erbrachten Leistungsphasen mit genauer Benennung (z. B. Leistungsphase 3 Entwurfsplanung); die Angabe der erbrachten Teilleistungen ist nicht erforderlich (*OLG Frankfurt* BauR 1982, 600 (601)). Werden die Grundleistungen aber nur zum Teil erbracht, so ist der teilweise Ansatz zu begründen und es sind die einzelnen Teilleistungen zu bezeichnen (*OLG Stuttgart* BauR 1985, 587). Angegeben werden müssen ferner Zuschläge (z. B. Umbauzuschlag nach § 24 HOAI; *OLG Stuttgart* aaO), die Bewertungsmerkmale für die Einordnung in Honorarzonen, falls hier Probleme bestanden und sonstige zusätzliche Leistungen (z. B. Besondere Leistungen).

158 – Zum Teil wird verlangt, daß die **Paragraphen der HOAI** angegeben werden

(so *OLG Düsseldorf* BauR 1982, 294; a. A. *KG* NJW-RR 1988, 21; differenzierend *Locher/Koeble/Frik,* HOAI, § 8 Rdnr. 7).

– Fälligkeitsvoraussetzung ist schließlich die **„vertragsgemäße Erbringung der Leistung“.** Hat der Auftragnehmer Leistungsphase 9 in Auftrag, so ist die Fälligkeit weit hinausgeschoben (*OLG Frankfurt* BauR 1985, 469; *Werner/Pastor* Rdnr. 692). Bestehen Mängel, so treffen den Architekten noch Tätigkeitspflichten (vgl. *Locher/Koeble/Frik* aaO). **159**

Fehlt eine dieser **Fälligkeitsvoraussetzungen,** so ist die Klage abzuweisen. Es ist lediglich str., ob die Klage als derzeit unbegründet mangels Fälligkeit oder als endgültig unbegründet mangels Schlüssigkeit abgewiesen werden muß (vgl. i. e. *Locher/Koeble/Frik* § 10 Rdnr. 5). **160**

b) Verjährung

Die Ansprüche der Architekten und Ingenieure verjähren in jedem Fall in **zwei Jahren** ab Ende des Jahres, in dem die Fälligkeit eintritt. Die vierjährige Verjährung (§ 196 II BGB) kommt nicht in Frage, da die Ansprüche unter § 196 I Nr. 7 BGB fallen. **161**

Nach der Rechtsprechung des BGH **beginnt** die Verjährung erst am Ende des Jahres zu laufen, in dem die **Schlußrechnung** erteilt wird. Dies gilt sowohl bei ordnungsgemäßer Durchführung des Vertragsverhältnisses (*BGH* NJW 1981, 2351 = BauR 1981, 582 m. Anm. *Locher,* wonach § 8 HOAI automatisch gilt) als auch bei vorzeitiger Beendigung des Vertrags etwa durch Kündigung oder einvernehmliche Aufhebung (*BGH* BauR 1986, 596 = NJW-RR 1986, 1279). Erstellt der Auftragnehmer seine Rechnung nicht, so kann der Auftragnehmer Frist hierzu setzen. Der Auftragnehmer muß sich dann so behandeln lassen, als hätte er die Rechnung innerhalb einer angemessenen Frist erstellt (*BGH* aaO). Die Verjährung beginnt auch dann am Ende des Jahres zu laufen, in dem die Rechnung erteilt wurde, wenn die Rechnung nicht prüfbar war (so *Locher/Koeble/Frik,* HOAI, § 8 Rdnr. 8). **162**

c) Bindung an die Honorarschlußrechnung

Auch nach HOAI sind Architekten und Ingenieure an ihre Schlußrechnungen gebunden (*BGH* BauR 1985, 582 = NJW-RR 1986, 18 und für den Tragwerksplaner *OLG Düsseldorf* BauR 1983, 283 (284)). Voraussetzung ist, daß es sich um eine Schlußrechnung handelt (vgl. *Locher/Koeble/Frik,* HOAI, § 8 Rdnr. 9). Bindungswirkung tritt auch bei einer nicht prüfbaren Rechnung ein (*OLG Hamm* NJW-RR 1988, 727; *Locher/Koeble/Frik* aaO). **163**

Die Bindungswirkung erstreckt sich z. B. auf die anrechenbaren Kosten und auf vergessene Positionen. Bindungswirkung kann sogar dann bestehen, wenn der AN einen ausdrücklichen Vorbehalt leistet (*BGH* BauR 1990, 382 = NJW-RR 1990, 725). Bei offensichtlichen Fehlern, die aus der Rechnung hervorgehen, besteht jedoch kein Vertrauensschutz (vgl. *BGH* BauR 1986, 593 = NJW-RR 1986, 1214 hinsichtlich der Berechnung von Mehrwertsteuer aus dem offenstehenden Restbetrag). Die Aufrechnung mit einer wegen Bindungswirkung ausgeschlossenen Forderung dürfte möglich sein (*Locher/Koeble/Frik* aaO). **164**

7. Vertragsstrafe

Werden gegen einen Bauunternehmer bzw. Handwerker Vertragsstrafenansprüche geltend gemacht, so hat er nach der derzeitigen rechtlichen Situation umfangreiche Möglichkeiten für Einwendungen: **165**

a) Einwendungen gegen die Wirksamkeit der Vereinbarung

166 Vertragsstrafenregelungen sind in aller Regel in AGB oder in Formularverträgen enthalten. Sie sind in den seltensten Fällen ausgehandelt. Fest steht allerdings, daß **Vertragsstrafen** wegen Verzögerungen auch **in AGB wirksam vereinbart** werden können (*BGHZ* 85, 305 = NJW 1983, 385). § 11 Nr. 6 AGBG betrifft nur Vertragsstrafen wegen verspäteter Abnahme, Nicht-Abnahme der Leistung und verspäteter Zahlungen. Fest steht auch, daß Vertragsstrafenregelungen in AGB keine überraschenden Klauseln (§ 3 AGBG) sind, da sie üblich sind (vgl. zur Vertragsstrafe allgemein: *Knacke,* Die Vertragsstrafe im Baurecht, 1988). An die **Vereinbarung in AGB** werden jedoch strenge **Anforderungen** gestellt:

167 – Unwirksam sind Vertragsstrafenregelungen, die **verschuldensunabhängig** ausgestaltet sind. Sowohl nach § 339 BGB als auch nach § 11 VOB (B) ist Verzug Voraussetzung und damit Verschulden; abweichende AGB sind unangemessen (§ 9 II Nr. 1 AGBG; so *OLG Düsseldorf* BauR 1985, 327; *AG Bremerhaven* NJW-RR 1986, 276; vgl. auch *OLG Celle* NJW-RR 1988, 654; zu einem Seehandelsfall *BGH* NJW 1979, 105 (106)).

168 – Eine unangemessene Benachteiligung des Vertragspartners (§ 9 II Nr. 2 AGBG) kann auch in der **Höhe der Vertragsstrafe** liegen: 1,5% der Vertragssumme pro Tag (*BGH* NJW 1981, 1509); 1,0% der Bausumme pro Kalendertag (*OLG Nürnberg* BB 1983, 1307); 0,5% der Auftragssumme, wenn keine **zeitliche Begrenzung** bzw. Begrenzung **nach oben vorliegt** (*BGHZ* 85, 305 = NJW 1983, 385). Zweifelhaft war, ob immer eine Begrenzung nach oben erforderlich ist, zumal der *BGH* vor dem AGBG 0,2% pro Arbeitstag (*BGHZ* 76, 222) und 0,3% pro Arbeitstag (*BGH* BauR 1976, 279) für wirksam angesehen hatte. Die neue Rechtsprechung verlangt **generell** eine **Begrenzung nach oben** (*BGH* BauR 1988, 86 für 0,15% pro Werktag „bei einem größeren Bauvorhaben"; *OLG Köln* NJW-RR 1988, 654; *OLG Düsseldorf* BauR 1985, 327 für 200 DM pro Arbeitstag ohne Obergrenze). Das hat der *BGH* (BauR 1989, 327) für jede Art von Bauvorhaben klargestellt. Dies gilt auch für Verträge vor Beginn der BGH-Rechtsprechung (*BGH* BauR 1989, 459). Hinsichtlich der Obergrenze der Vertragsstrafe und der Höhe des Tagessatzes herrscht Unklarheit (evtl. bis 0,5% und höchstens 15 bis 20% der Bausumme: vgl. *Kapellmann/Langen,* BB 1987, 560; *Weyer,* BauR 1988, 28; *Korbion/Locher,* AGBG, Rdnr. 95).

169 – Vertragsstrafenregelungen können unwirksam sein, wenn dem Auftragnehmer das **Schlechtwetterrisiko** zugewiesen ist oder bei nachträglichen Sonderwünschen keine Bauzeitverlängerung vorgesehen ist (*OLG Köln* NJW-RR 1988, 654).

170 – Vertragsstrafenregelungen, die **nach Ablauf der Frist** getroffen werden, können ebenfalls unwirksam sein (*OLG Düsseldorf* BauR 1979, 153).

171 – Unwirksam sind auch Vereinbarungen, die eine **bestimmte Frist** nicht enthalten (*OLG Düsseldorf* BauR 1986, 457); ausreichend ist z. B. die Vereinbarung eines Kalendertags für den Beginn und eine Ausführungsfrist von einer bestimmten Anzahl von Werktagen.

b) Einwendungen betreffend den Verzug

172 Neben den Einwendungen zur Wirksamkeit der Vertragsstrafenvereinbarung kann der RA des Unternehmers bzw. Handwerkers gegen die sachliche Berechnung der Vertragsstrafe folgendes einwenden:

- Die **Verzugsvoraussetzungen** können bestritten werden. Verzug tritt nur ein, wenn eine bestimmte Ausführungsfrist vereinbart ist, deren Beginn bzw. Ablauf sich von vornherein feststellen läßt (§ 284 II BGB) oder wenn zwar keine feste Frist vereinbart ist aber der Auftragnehmer zum Beginn mit den Arbeiten aufgefordert wurde (vgl. § 5 Nr. 2 VOB (B)) und bei Nichtbeginn innerhalb von 12 Werktagen ab der Aufforderung nochmals gemahnt wurde. **173**
- Vorgetragen werden kann ferner, daß Umstände vorliegen, die eine **Fristverlängerung** mit sich bringen (vgl. § 6 Nr. 2 VOB (B) und § 285 BGB). Soweit es hier um Verschulden geht, muß sich allerdings der Auftragnehmer entlasten. **174**
- Der Auftragnehmer kann behaupten, er sei in der Ausführung behindert gewesen (§ 6 Nr. 1 VOB (B)). Die Behinderung wird auf Gegeneinwendung des Auftraggebers aber nur berücksichtigt, wenn eine **schriftliche Behinderungsanzeige** erfolgt ist oder der Behinderungsumstand offensichtlich war (§ 6 Nr. 1 VOB (B)). **175**

c) Einwendungen hinsichtlich des Vorbehalts

Sowohl nach § 11 VOB (B) als auch nach § 341 Abs. 3 BGB muß der Auftraggeber **bei der Abnahme** die Vertragsstrafe vorbehalten. Dieser **Vorbehalt der Vertragsstrafe** kann in AGB nicht vollständig abbedungen werden (z. B. *BGHZ* 85, 305 = NJW 1983, 385; *BGH* BauR 1984, 643). Er kann aber hinausgeschoben werden bis zur Schlußzahlung (*BGH* aaO). **176**

Wird der Vorbehalt bei der fiktiven Abnahme nicht innerhalb der Frist (§ 12 Nr. 5 VOB (B) oder bei der förmlichen Abnahme nicht in der Niederschrift (*BGH* BauR 1973, 192) erklärt, so ist der Vertragsstrafenanspruch ausgeschlossen. Ein Vorbehalt in einer formularmäßigen Abnahmeniederschrift ist möglich und wirksam (*BGH* NJW 1987, 380). **177**

d) Weitere Einwendungen

Eingewandt werden kann, daß die Vertragsstrafe herabzusetzen sei (§ 343 I BGB). Diese Regelung ist zwingendes Recht und kann durch Parteivereinbarung nicht abbedungen werden (*BGH* NJW 1968, 1625). Sie gilt aber nur, soweit der Auftragnehmer nicht Vollkaufmann ist. Bauunternehmer sind aber keine Vollkaufleute i. S. § 1 HGB, sondern nur dann, wenn sie im Handelsregister (§ 2 HGB) eingetragen sind oder Rechtsscheinvorschriften anwendbar sind (§§ 5, 6 HGB). **178**

Der AN kann vortragen, daß die Vertragsstrafe auf einen vom Auftraggeber geltend gemachten Verzugsschadensersatz anzurechnen sei (§ 340 II BGB). Diese Anrechnung kann in AGB m. E. nicht wirksam ausgeschlossen werden, da die Regelung Leitbildfunktion hat (§ 9 II Nr. 1 ABGB). **179**

e) Hinweise für den RA des Auftraggebers

Der RA des Auftraggebers hat sich auf die gesamten Einwendungen und Möglichkeiten des Auftragnehmers einzustellen. Dies sollte schon im Zeitpunkt der Vertragsgestaltung geschehen. Ist die Vertragsstrafenvereinbarung unwirksam, so müssen hilfsweise Schadensersatzansprüche wegen Verzugs substantiiert dargetan werden. Dies ist hinsichtlich der Verzugsvoraussetzungen kein Problem, weil auch für die Vertragsstrafe die Verzugsvoraussetzungen vorliegen müssen (vgl. oben b). Damit sind die Voraussetzungen zumindest für § 6 Nr. 6 VOB (B) mit eingeschränktem Schadensersatz gegeben. Dargelegt und unter Beweis gestellt werden müssen zusätzlich die Verzugsschäden. **180**

B III. Der Nachbarrechtsfall

Helmward Alheit

Übersicht

Literatur: *Alheit/Heiß,* Nachbarrecht von A–Z, 2. Aufl.; *Birkl,* Das Nachbarrecht des Bundes; *Jarass,* Bundes-Immissionsschutzgesetz; *Meisner,* Das Nachbarrecht des Bundes ohne Bayern, 6. Aufl.; Münchner Kommentar zum BGB, 2. Aufl.; *Sprau,* Justizgesetze in Bayern.

I. Vorbemerkung

1 Nachbarrechtliche Streitigkeiten beschäftigen die Gerichte in zunehmender Zahl und finden in der Presse großen Anklang. Aufgabe des Anwalts muß es zunächst sein, die meist emotional aufgeladene Atmosphäre zu entspannen, damit auf vernünftiger Basis verhandelt werden kann. Hinter dem aktuellen Streitfall verstecken sich oft frühere „unerledigte" Streitpunkte, auf die der Anwalt zum besseren Verständnis der Gesamtsituation eingehen sollte. In vielen Fällen wird eine vergleichsweise Lösung anzustreben sein, auch der Rat zur Inanspruchnahme außergerichtlicher Schlichtungsstellen der Justizverwaltung dürfte in einigen Fällen angebracht sein. Das klassische zivilrechtliche Nachbarrecht hat allerdings zugunsten des öffentlichen Nachbarrechts in seiner Bedeutung verloren. Nachbarliche Belange werden heute bereits im Vorfeld der Genehmigungs- und Planfeststellungsverfahren geltend gemacht, wenn Bauten oder Anlagen mit Belastungen für die Umgebung geplant werden. Fragen dieser Art sind – da etwaige Einwirkungen u. U. auf Dauer zu dulden sind – für die Lebensqualität der Anwohner und den Wert des betroffenen Eigentums von großer Bedeutung.

II. Der Abwehranspruch nach § 1004 BGB

1. Die Beeinträchtigung i. S. des § 1004 BGB

Das private Nachbarrecht stellt vorrangig auf die Beeinträchtigung des **Eigentums** und den Eigentümer eines **Grundstücks** ab (§§ 1004, 906 BGB). Bei der Prüfung der Frage, ob eine **Beeinträchtigung** i. S. des § 1004 BGB vorliegt, sind vorab auszuscheiden: 2

- Fälle der Entziehung oder Vorenthaltung des Besitzes (hier nur § 985 BGB).
- **Ästhetische Immissionen.** Die Rechtsprechung (*RGZ* 76, 130f., *BGH* NJW 1985, 2823) hat dies bislang verneint, weil sich die Einwirkungen nicht auf das **Eigentum** des Nachbarn auswirken, vielmehr auf dessen moralisch-ästhetisches Empfinden. Daß **mittelbar** der Wert des Nachbargrundstücks leidet (z. B. neben einem unaufgeräumten Lager- und Schrottplatz oder z. B. Bordell) genügt nicht. Wird ein häßlicher Anblick offenbar bewußt zur Störung des Nachbarn geschaffen, so können sich Ansprüche aus §§ 823 II i. V. mit 226, 826 BGB ergeben. So hat das *AG Münster* (NJW 1983, 2886, allerdings unter Heranziehung des § 1004 BGB) einen Anspruch für den Fall bejaht, daß ein Nachbar zerbrochene Steine, eine Tonne und Eimer an der Grenze ablagerte und sich selbst vor dem Anblick durch einen davor errichteten Zaun schützte.
- **Negative** Immissionen. Durch solche werden dem beeinträchtigten Grundstück Vorteile wie Licht, Luft, Aussicht, Fernsehempfang entzogen, sie sind aber mit dem Anspruch aus § 1004 BGB nicht abwehrbar (*BGH* NJW 1977, 1770; NJW 1984, 729). Weitergehende Ansprüche können sich aus dem landesrechtlichen Nachbarrecht und aus dem Gesichtspunkt des Schikaneverbotes (§ 226 BGB) ergeben. In den Abwehrbereich des § 1004 BGB fallen somit im wesentlichen:
- Die in § 906 BGB aufgeführten Einwirkungen.
- Die **ähnlichen** Einwirkungen i. S. von § 906 BGB. Hierunter fallen **Kleintiere** (Fliegen, Mäuse, Ratten, Tauben), nicht aber z. B. Hunde, Katzen und Hühner. Auch **herüberfliegende Bälle** von Spiel- und Sportplätzen sind keine ähnlichen Einwirkungen, so daß es auf die **Wesentlichkeit** der Beeinträchtigung nach § 906 BGB nicht ankommt. Dem Abwehranspruch aus § 1004 BGB kann hier nur der Gesichtspunkt des **nachbarlichen Gemeinschaftsverhältnisses** entgegengesetzt werden (vgl. zum Problemkreis *OLG Stuttgart* NVwZ 1985, 784). Dies gilt auch für sonstige **feste Körper** wie Steine und Wasser (*BGHZ* 28, 225f.). Häufiger Streitpunkt bei Grundstücken ist das **Betretungsrecht** durch Dritte.

2. Die Wesentlichkeit der Beeinträchtigung

Liegt eine im Rahmen des § 1004 BGB abwehrbare Beeinträchtigung vor, so muß festgestellt werden, ob sie das Grundstück mehr als unwesentlich beeinträchtigt. Die Entscheidung dieser Frage wird zum einen objektiv durch Feststellung des Ausmaßes (Sachverständigengutachten, Meßverfahren) ermittelt, maßgeblich ist aber wie die Immission von einem **Durchschnittsmenschen** empfunden wird (*BGH* NJW 1982, 440). Im wesentlichen ist die Beurteilung der Frage tatrichterlicher Natur. Vor allem bei der Beurteilung von **Lärm** kann allein ein Gutachten nicht weiterhelfen. Oft fehlt es an einem sog. Dauerschallpegel, entscheidend ist nicht allein die Lautstärke, vielmehr auch die **Lästigkeit** 3 des Lärms. So beim Tennisspielen der erzeugte Impulscharakter des Ballauftreffens (vgl. *VGH München* BauR 1982, 141f., *BGH* NJW 1983, 751) und bei Tierlärm die sog. Geräuscherwartung z. B. auf das nächste Bellen oder Schreien. Zum häufigen Streitpunkt „Hundegebell" hat das *OLG Hamm* (MDR 1990, 442) entschieden, daß eine wesentliche Beeinträchtigung vorliegt, wenn das Bellen länger als 30 Minuten täglich, 10 Minuten ununterbrochen und außerhalb der Zeit von 8–13 und 15–19 Uhr hörbar ist. Auch die **Häufigkeit** der Lärmbelastung ist entscheidend. Kommt es nur selten (Volksfeste) zu Lärmbelastungen, so müssen die Anwohner deutlich höhere Belastungen als die Grenzwerte der TA-Lärm hinnehmen (*BGH* Urteil vom 23. 3. 1990 – V ZR 58/89).

3. Ortsüblichkeit

4 Der Eigentümer eines Grundstücks muß auch mehr als unwesentliche Beeinträchtigungen dulden, wenn sie durch eine **ortsübliche** Benutzung des **anderen** Grundstücks entstehen und nicht durch wirtschaftlich zumutbare Maßnahmen verhindert werden können. Bei der Frage der **Ortsüblichkeit** ist das **störende** Grundstück mit den anderen Grundstücken des Bezirks zu vergleichen (Prägetheorie, vgl. *BGH* NJW 1976, 1205). Das Gepräge einer betroffenen Gegend ist nach der Art ihrer baulichen Nutzung auf Grund der Einteilung nach der BauNutzVO und anhand der Raumordnungs- und Bauleitpläne zu ermitteln. Wird die Mehrheit der Grundstücke so genutzt, daß sie in gleicher Weise wie das störende Grundstück ähnliche Immissionen hervorrufen, so ist die Ortsüblichkeit zu bejahen. Es genügt aber auch der auf das Gebiet dominierende Einfluß durch die Benutzung nur **eines** Grundstücks (*BGHZ* 69, 105 = Flugplatz).

4. Die Vermeidbarkeit der Beeinträchtigung

5 Auch **ortsübliche** Einwirkungen müssen dann nicht hingenommen werden, wenn sie durch **zumutbare** Maßnahmen verhindert werden können (§ 906 II 1 BGB). Bei der Frage der Zumutbarkeit ist der in den §§ 251 II, 633 II 2 BGB enthaltene Gedanke heranzuziehen (*BGHZ* 62, 388/391; NJW 1977, 908). Hierbei ist auch auf den Grad des Verschuldens des Störers abzustellen. Ob die Vergünstigung der Zumutbarkeit auch einem **vorsätzlichen** Störer zugute kommt, ist nicht abschließend entschieden (vgl. *BGH* NJW 1970, 1180f. und NJW 1974, 1552f.). Auf jeden Fall hat der Störer seinen Betrieb dem neuesten Stand der Technik anzupassen, wenn dadurch nicht die Rentabilität des Betriebes gefährdet wird (*BGH* NJW 1977, 146).

5. Sonstige Duldungspflichten

6 Ansprüche aus § 1004 BGB entfallen bei Vorliegen einer **Duldungspflicht** (§ 1004 II BGB). Diese beseitigt die **Rechtswidrigkeit** der Einwirkung auf das Eigentum und ist gegeben bei:
- Vorliegen der allgemeinen Rechtfertigungsgründe und Angriffsnotstand (§ 904 BGB).
- Ausschluß des Verbietungsinteresses nach § 905 S. 2 BGB. Einwirkungen in großer Höhe oder Tiefe können dann nicht abgewehrt werden, wenn ein schutzwürdiges (auch **ästhetisches**) Interesse geltend gemacht werden kann oder wenn die Einwirkung auch nur einer **künftigen** Nutzung des Grundstücks entgegensteht (*RGZ* 59, 116f., *BGH* NJW 1981, 573f.). Das Aus-

schwenken des Auslegers eines Krans in 4,95 m über dem Grundstück muß dessen Eigentümer nicht dulden (*OLG Düsseldorf* MDR 1989, 993f.). Die Rohrverlegung in einer Tiefe von 1,79 m – allerdings unter dem Bahnkörper einer Straßenbahn – muß hingenommen werden (*OLG Bremen* OLGZ 1971, 147f.). Zu beachten sind in diesem Zusammenhang auch die Sonderrechte nach § 1 Luftverkehrsgesetz, § 12 TWG (Leitungsnotweg für die Post) und die Pflicht des Gas- und Stromkunden zur Duldung von Rohrverlegungen gemäß § 8 der AVGBGas-AVBEltV (vgl. NJW 1983, 2785).

- Unwesentlichen oder ortsüblichen Immissionen (§ 906 BGB).
- Entschuldigtem Überbau (§ 912 I BGB). Hierbei muß es sich um ein errichtetes **Gebäude** handeln, andere Bauwerke sind uneingeschränkt beseitigungspflichtig. Das Gebäude darf nicht völlig auf fremden Grund stehen und muß vom **Eigentümer** errichtet oder nachträglich genehmigt worden sein (*BGHZ* 15, 215). § 912 BGB findet bei Vorsatz oder grober Fahrlässigkeit des Bauherrn (oder Architekten) keine Anwendung (*BGH* NJW 1977, 375). Schließlich muß der Nachbar (Eigentümer, Erbbau- oder Dienstbarkeitsberechtigte, **nicht** ausreichend Besitzer) keinen sofortigen Widerspruch gegen den Überbau erhoben haben.
- Notwegberechtigung nach § 917 I BGB. Die Notwegvorschriften sind bei Fehlen einer Verbindung zu einer öffentlichen Kanal- oder Versorgungsnetzleitung entsprechend anzuwenden (**Leitungsnotweg,** vgl. *BGH* NJW 1981, 1036). Umstritten ist meist die Berechtigung, ob ein Befahren mit Pkw geduldet werden muß. Hier ist zwischen gewerblicher und privater Nutzung zu differenzieren, im übrigen kommt es auf den Einzelfall an, so auf Alter und Gesundheit der Anspruchberechtigten und auf die Frage, in welcher Entfernung sonst eine Abstellmöglichkeit gegeben wäre (*OLG München* OLGZ 1966, 284; vgl. auch *OLG Hamm* NJW 1959, 2310). Über den Zeitpunkt der Zahlung der Notwegrente besteht Streit (Zeitpunkt der Rechtskraft des Urteils über die Notwegberechtigung nach *RGZ* 87, 425; Zeitpunkt der Inanspruchnahme des Grundstücks nach *Staudinger-Beutler* § 917 BGB Rdnr. 44). Bei fehlender Zahlung kann der Nachbar die Inanspruchnahme seines Grundstücks verweigern (*BGH* NJW 1976, 917).
- Eine Duldungspflicht kann sich weiter aus dem Gedanken des **nachbarschaftlichen Gemeinschaftsverhältnisses** (§ 242 BGB) ergeben. Hierdurch wird das **Eigentumsherrschaftsrecht** (§ 903 BGB) in Ausnahmefällen eingeschränkt (*BGH* NJW 1958, 1580). Die Rechtsprechung hat hierauf vor allem zurückgegriffen, wenn es um das zeitweilige Betreten von Nachbargrund geht und landesrechtliche Berechtigungen (Hammerschlags- und Leiterrecht) fehlen. Auch die Duldung fremder **Katzen** wurde hiermit begründet (*OLG Köln* NJW 1985, 2338, str.). Danach darf der Nachbar in seinem Haus zwar beliebig viele Katzen halten, aber nur **eine** frei herumlaufen lassen. Deren Eindringen auf Nachbargrund muß geduldet werden, wonach es sich immer um ein und dieselbe Katze handeln muß (*OLG Celle* NJW-RR 1986, 821). **Keine** Anwendung findet der Gedanke des nachbarschaftlichen Gemeinschaftsverhältnisses bei Zuführung unwägbarer Stoffe (*BGHZ* 38, 61). Das Rechtsinstitut des nachbarlichen Gemeinschaftsverhältnisses begründet aber nicht nur (in zwingenden Fällen – *BGH* NJW 1984, 729) gewisse Duldungspflichten, es kann auch Rechte ausschließen und dafür Ausgleichsansprüche geben sowie Ansprüche auf Handlungen oder Unterlassungen geben (*Palandt-Bassenge* § 903 BGB Anm. 3a bb).

- Eine Fülle von Duldungspflichten ergibt sich durch die **Genehmigung von Anlagen** nach den §§ 14 BImSchG, 7 AtomG, 11 LuftVG, 11 WHG (siehe Rdnr. 39ff.). Auch soweit früher die Genehmigung nach § 26 GewO erteilt wurde, gilt, daß eine **Einstellung** des Betriebs nicht mehr verlangt werden kann. Der Antragsteller wird auf Schutzvorkehrungen oder Schadenersatz im Zivilrechtsweg verwiesen. Dies gilt auch nach durchgeführten **Planfeststellungsverfahren** (§ 75 II VwVfg). Alle sonst erteilten **behördlichen Genehmigungen** – auch die Baugenehmigung – haben keine Duldungspflicht zur Folge (*BGH* DVBl 1971, 744). Hier tritt durch die (auch materiell-rechtswidrige) Genehmigung nur die sog. **Tatbestandswirkung** ein, wenn die öffentlich-rechtliche Zulässigkeit des Vorhabens als **Vorfrage** im Zivilprozeß erheblich ist. Eine Duldungspflicht wird jedoch nicht begründet (*Breuer* DVBl 1983, 431f.).
- Über das Bundes- und Landesrecht hinaus können auch **gemeindliche Satzungen** eine Duldungspflicht begründen, so z. B. wenn der Baumeigentümer herüberhängende Zweige wegen einer Satzung nicht beseitigen darf (*OLG Düsseldorf* NVwZ 1989, 1807).
- Schließlich kann die Berufung auf dingliche und obligatorische Rechte – aber auch auf bloße Gestattung – den Anspruch aus § 1004 BGB ausschließen.

6. Beeinträchtigungen in Ausübung hoheitlicher Gewalt oder in Erfüllung lebenswichtiger Aufgaben

7 Ist der Störer die Öffentliche Hand in Ausübung **hoheitlicher Tätigkeit,** so müssen auch wesentliche Beeinträchtigungen hingenommen werden. Der an sich gegebene Abwehranspruch ist darauf beschränkt, daß **Schutzvorkehrungen** verlangt werden können, die im **Verwaltungsrechtsweg** geltend zu machen sind. Allerdings müssen sich deren Kosten im zumutbaren Rahmen halten und es darf durch die Schutzvorkehrungen keine wesentliche Änderung der Tätigkeit eintreten (*OVG Koblenz* NJW 1986, 953). Sind diese Voraussetzungen nicht erfüllbar, so müssen die Einwirkungen hingenommen werden, anstelle des eingeschränkten Abwehranspruchs tritt ein solcher auf **Entschädigung** in Geld wegen enteignenden Eingriffs (*BGH* NJW 1986, 1980; 1986, 2421). Dasselbe gilt für nichthoheitliche Betriebe, die im öffentlichen Interesse eine lebens- oder gemeinwichtige Aufgabe (Energieversorgung, Straßenbahn- oder Busunternehmen von Gemeinden als Aktiengesellschaften) erfüllen mit der Ausnahme, daß hier der **Zivilrechtsweg** gegeben ist (*BGH* NJW 1984, 1242). So hat der BGH im zitierten Fall die Beklagte zur Verlegung einer den Anlieger störenden Bushaltestelle verurteilt, weil diese Maßnahme sich im Rahmen des eingeschränkten Anspruchs (es kann weder Stillegung des Betriebes noch eine erhebliche Änderung verlangt werden – *BGH* NJW 1960, 2335) hält.

7. Ausgleichsansprüche nach § 906 II 2 BGB

8 Ist der Eigentümer zur Duldung verpflichtet, so hat er Anspruch auf Ausgleichsansprüche, die vom Verschulden unabhängig sind (§ 906 II 2 BGB). Anspruchsgegner ist der **wirtschaftlich** Verantwortliche des störenden Grundstücks, in der Regel (aber nicht notwendig) dessen Eigentümer (*BGH* NJW 1966, 42). Der Ausgleich erfolgt der Höhe nach in Anlehnung an die Grundsätze der **Enteignungsentschädigung** (*BGH* NJW 1968, 549). Daß der Anspruchsteller sein Grundstück in Kenntnis der vorhandenen Immissionen erworben hat,

kann ihm anders als sonst entgegengehalten werden (*BGH* NJW 1977, 894f.). Dies gilt auch für bauliche Maßnahmen des Anspruchstellers, welche die zu duldenden Immissionen begünstigen (*BGH* NJW 1973, 326f.). Erfolgt die Störung durch **hoheitliche Gewalt,** so kann der Anspruchsteller Ersatz wegen Enteignung bzw. enteignungsgleichen Eingriffs geltend machen.

8. Inhalt und Grenzen der Ansprüche

Das Fehlen einer Duldungspflicht führt zur **Rechtswidrigkeit** der Einwirkung auf das Eigentum und gewährt die vom Verschulden nicht abhängigen Ansprüche aus § 1004 BGB auf Beseitigung und Unterlassen. Im Rahmen des Anspruchs kann Beseitigung analog den §§ 251 II, 633 II 2 BGB nicht verlangt werden, wenn die Kosten hierfür unverhältnismäßig hoch sind (*BGH* NJW 1974, 1552f.). Auch die Anwendung des **§ 254 BGB** wird bejaht (*BGH* WM 1964, 1102). Die **Selbstbeseitigung** durch den Gläubiger ist zulässig und führt zu Ersatzansprüchen aus Geschäftsführung ohne Auftrag und nach § 812 BGB (*BGH* NJW 1966, 1360; *BGH* NJW 1964, 1365). Inhalt des Beseitigungsanspruchs ist **nicht** die Beseitigung der durch die Störung hervorgerufenen **Folgen,** vielmehr ist nur die Einwirkung einzustellen oder z. B. die emittierende Anlage technisch so umzugestalten, daß es nicht zu weiteren Störungen kommt. 9

Über § 1004 BGB hinaus kann Beseitigung der störenden **Anlage** selbst nur verlangt werden, wenn es sich um eine sog. **gefahrdrohende Anlage** i. S. des § 907 BGB handelt. Dabei kann Beseitigung schon **vor** Eintritt evtl. Störungen verlangt werden, wenn nur die Benutzung solche Einwirkungen untrennbar hervorruft. So kann z. B. über § 907 BGB die Entfernung eines **Bienenhauses** verlangt werden. Bienenhaltung in reinen Wohngebieten ist unzulässig (*OLG Hamm* MDR 1989, 993), ebenso wenn der Nachbar an einer Bienengiftallergie leidet (*LG Ellwangen,* NJW 1985, 2339). Steht eine Störung hinreichend sicher bevor, so kann auf **Unterlassung** geklagt werden. Hat bereits eine Beeinträchtigung stattgefunden, so wird die Gefahr weiterer Störungen vermutet (**Wiederholungsgefahr**). Hierbei handelt es sich um eine Anspruchs- und nicht Zulässigkeitsvoraussetzung. 10

Nicht entscheidend kommt es entgegen häufiger Ansicht darauf an, daß z. B. der störende Betrieb bereits zeitlich früher als der Beeinträchtigte sein Grundstück genutzt hat (**Priorität**). Diese Tatsache kann dem Anspruchsteller nicht in der Form entgegengehalten werden, er habe mit den nun bekämpften Immissionen rechnen müssen und diese stillschweigend akzeptiert. Die Rechtsprechung hat aus dem zeitlichen Vorrang des Störers keine für diesen vorteilhaften Schlüsse gezogen (*BGH* NJW 1976, 1204). Dies jedenfalls für den Anspruch aus § 1004 BGB. Etwas anderes gilt für den Ausgleichsanspruch nach § 906 II 2 BGB. Hat hier der Nachbar die Nutzung seines Grundstücks bereits in Kenntnis der Immissionen aufgenommen, so steigt dadurch die Zumutbarkeitsgrenze (*BGH* NJW 1977, 894). 11

9. Klagebefugnis

Ansprüche aus § 1004 BGB können nicht nur vom Eigentümer, vielmehr auch vom Erbbauberechtigten (§ 1017 II BGB), Grunddienstbarkeitsberechtigten (§ 1027 BGB), Nießbraucher (§ 1065 BGB), Dienstbarkeitsberechtigten (§ 1090 Abs. 2 BGB), Pfandgläubiger (§ 1227 BGB) und Dauerwohnberechtigten (§ 34 II WEG) geltend gemacht werden. Bei Ansprüchen von Besitzern ist 12 zu beachten, worauf sich die abzuwehrende Beeinträchtigung bezieht, so daß außer § 862 BGB auch für den Besitzer § 1004 BGB zur Anwendung kommt, soweit z. B. der Mieter sich gegen Einwirkungen auf sein Eigentum (Tiere, Pflanzen) wendet (*RGZ* 105, 213/215). Im übrigen treffen den Besitzer dieselben Duldungspflichten aus § 906 BGB wie den Eigentümer und die sonst zur Klage aus § 1004 BGB befugten Personen (*BGH* NJW 1955, 19).

10. Passivlegitimation

13 Ansprüche nach § 1004 BGB (und § 862 BGB für den Besitzer) sind gegen den **Störer** zu richten. Da es sich bei den unmittelbaren Störern oft um wechselnde und namentlich nicht bekannte Personen handelt, ist für den Kläger der im Hintergrund stehende Veranlasser der Störungen (mittelbarer Störer) von besonderem Interesse. So haftet der Betriebsinhaber für **Kunden- und Lieferantenlärm** (*BGH* NJW 1982, 440 f.), wenn er zur Verhinderung der Störungen in der Lage ist. Bloße Abmahnschreiben an Lieferanten genügen hier nicht zur Entlastung. Für Sportlärm haftet der die Anlage betreibende **Verein** (*BGH* NJW 1983, 751), für Baulärm auch der **Bauherr** (*BGH* NJW 1962, 1342). Störer ist neben dem Mieter/Pächter auch der Vermieter/Verpächter (*OLG Oldenburg* MDR 1990, 352). Wer **Tauben** durch ständiges Füttern heranzieht und seßhaft macht, ist Störer (*LG Berlin* MDR 1966, 144), ebenso derjenige, der fremde **Katzen** füttert, die anschließend ein Nachbargrundstück betreten. Als Störer kann ihm das **Füttern** dieser Katzen verboten werden (*OLG Köln* MDR 1989, 355). Das **Eigentum** allein reicht zur Bejahung der Störereigenschaft **nicht** aus. Passiv legitimiert ist somit jeder, der den störenden Zustand beseitigen oder das störende Verhalten unterbinden kann. Zu Schwierigkeiten kann es dabei dann kommen, wenn sich der unmittelbare Störer auf Gestattungen des mittelbaren Störers beruft. Hier muß der mittelbare Störer **beweisen,** daß eine Abhilfemöglichkeit für ihn nicht gegeben ist (*BGH* JZ 1968, 384).

11. Verjährung

14 Ansprüche aus **eingetragenen** Rechten verjähren mit Ausnahme von Rückständen wiederkehrender Leistungen **nicht** (§ 902 Abs. 1 BGB). Der Beseitigungsanspruch aus § 1004 BGB ist **kein** Anspruch aus einem eingetragenen Recht, so daß er in 30 Jahren ab der letzten Einwirkung und fortlaufend ohne Rücksicht auf Eigentümerwechsel verjährt (*BGH* NJW 1973, 703 f.). **Nicht** der Verjährung unterliegen die in § 924 BGB einzeln aufgeführten nachbarrechtlichen Ansprüche. Bei Beeinträchtigung einer **Grunddienstbarkeit** durch eine **Anlage** kommt es gem. § 1028 I 2 BGB zum **Erlöschen** der Grunddienstbarkeit, wenn Ansprüche aus § 1004 BGB nicht geltend gemacht werden und es sich immer um dieselbe Anlage gehandelt hat (*BGH* NJW 1967, 1609). **Keine** Verjährung gibt es beim Selbsthilferecht nach § 910 BGB (Wurzeln, Zweige).

12. Rechtsweg

15 Bei Beeinträchtigungen des Eigentums durch einen **privaten** Störer – auch soweit sich dieser auf eine behördliche Betriebsgenehmigung stützt – ist der **Zivilrechtsweg** gegeben. Dies gilt auch für Störungen durch die Öffentliche Hand im Rahmen erwerbswirtschaftlicher oder fiskalischer Betätigung (*BGHZ* 34, 99). Soweit der Störung ein **Verwaltungsakt** zu Grunde liegt, verbleibt dem

Zivilgericht die Prüfungskompetenz nur für dessen **Nichtigkeit** (*BGHZ* 5, 70; 18, 253), im übrigen ist der Verwaltungsrechtsweg zu beschreiten. Der nachbarrechtliche Abwehranspruch gegen die Öffentliche Hand teilt die Rechtsnatur des „Eingriffs“ (*BVerwG* NJW 1974, 817). Bei Störungen in Ausübung **hoheitlicher Gewalt** ist der analog § 1004 BGB gegebene Abwehranspruch (*BVerwG* NJW 1981, 239f.) im Verwaltungsrechtsweg geltend zu machen. Die sich aus § 906 BGB ergebenden Duldungspflichten bestehen auch in diesem Falle (*OVG Münster* NJW 1984, 1984). Wird weder Abwehr der Beeinträchtigung noch Schadenersatz verlangt, will vielmehr der Kläger die Quelle der Störungen beseitigen, so ist der **Folgenbeseitigungsanspruch** im Verwaltungsrechtsweg geltend zu machen (*OVG Münster* a.a.O.). Überläßt die Öffentliche Hand ihr Eigentum (Sportplätze, Hallen etc.) an Dritte – z. B. Vereine – so ist bei dadurch bedingten Beeinträchtigungen der Zivilrechtsweg eröffnet, denn für die Überlassung des Eigentums fehlt eine **öffentlich**-rechtliche Grundlage (*LG Aachen* NJW 1988, 1098).

13. Klageantrag

a) Im Rahmen der Klage auf Beseitigung oder Unterlassung nach § 1004 BGB **16**
genügt es nach wie vor dem **Bestimmtheitserfordernis** des § 253 II Nr. 2 ZPO, wenn der Klageantrag wie folgt formuliert wird: Der Beklagte wird verurteilt, durch geeignete Maßnahmen zu verhindern, daß das Grundstück des Klägers durch (es folgt die Bezeichnung der konkreten Beeinträchtigung) mehr als unwesentlich beeinträchtigt wird (*BGH* NJW 1958, 1776; *BGH* WM 1964, 1102).

b) Bestehen für Beeinträchtigungen bestimmte technische Richtwerte – so bei **17**
Lärmbelästigungen die Geräuschentwicklung in der Maßeinheit Dezibel (A) – , so ist strittig, ob die höchstzulässige Lärmbeeinträchtigung bereits in den **Klageantrag** aufzunehmen ist (verneinend: *MünchKomm-Medicus* § 1004 BGB Rdnr. 87). In Fällen dieser Art sollte in der Klage vorsorglich ein Hinweis des Gerichts nach § 139 ZPO erbeten werden. Sind die Immissionen meßbar – so bei Lärm- und Staubentwicklung – wird im **Urteil** zur näheren Bestimmung des Unterlassungsgebots die Einwirkung näher bestimmt (*BGH* NJW 1966, 1858).

c) Durch den allgemein gehaltenen Klageantrag (a) kann der Beklagte eigen- **18**
verantwortlich entscheiden, **wie** er das vom Kläger verfolgte Begehren erreichen will. Der Beklagte hat unter mehreren technischen Möglichkeiten ein Wahlrecht, er kann aber auch – wenn ihm die erforderlichen Maßnahmen zu teuer sind – etwa seinen störenden Betrieb ganz aufgeben oder verlegen. Es sind jedoch auch Fälle denkbar, bei denen der Kläger im Klageantrag eine **bestimmte** Abhilfemaßnahme fordern kann. Dies ist der Fall, wenn nur noch **eine** Möglichkeit zur Abwehr der Beeinträchtigung besteht (*BGHZ* 29, 314f., *BGHZ* 67, 253f. = NJW 1977, 146). So hat der *BGH* (NJW 1983, 751) den Beklagten bei einer Lärmbelästigung durch Tennisspielen zur **völligen Unterlassung des gesamten Spielbetriebs** verurteilt. Auch der Betrieb einer Schweinemästerei ist so durch Urteil **eingestellt** worden (*BGH* NJW 1977, 146).

d) Besondere Anforderungen stellt die Rechtsprechung bei Abgrabungen/ **19**
Vertiefungen des Nachbargrundstücks (§§ 1004, 909 BGB). In Fällen dieser Art ist der vom Kläger angestrebte Erfolg – nämlich die zu erhaltende Festigkeit des Bodens – im Klageantrag aufzuführen (*BGH* NJW 1978, 1584).

20 **e)** Aus der Sicht des **Beklagten** ist im Rahmen der Anträge darauf zu achten, daß der Urteilstenor nicht über den Antrag i. S. des § 308 ZPO hinausgeht. Wird z. B. von einem Nachbar (Flugsportgemeinschaft) begehrt, Geräuschimmissionen über einen bestimmten Schallpegel hinaus zu unterlassen, so darf der Urteilstenor nicht dahin gehen, daß der Flugbetrieb zeitlich eingeschränkt oder die Flugdichte verringert wird (*BGH* NJW 1977, 1920). Hierdurch wird zwar auch inhaltlich dem Begehren des Klägers Rechnung getragen, dennoch liegt von der Art her ein unzulässiges Abweichen vom Antrag i. S. d. § 308 ZPO vor.

21 **f)** Ist eine wesentliche Beeinträchtigung festgestellt und ist sie ortsüblich (siehe Rdnr. 4), so muß der Störer beweisen, daß er alle zumutbaren Schutzvorkehrungen zur Verhinderung von Einwirkungen getroffen hat (*BGH* NJW 1978, 280). Kann er diesen Beweis führen, so muß der ursprüngliche Klageantrag im Hinblick auf § 906 Abs. 2 S. 1 BGB darauf umgestellt werden, daß nunmehr **Ausgleichsansprüche** in Geld verlangt werden (§ 906 II 2 BGB).

22 **g)** Wird mit dem Klageantrag aus § 1004 BGB Beseitigung eines **Bauwerks** verlangt und ist die Beseitigung von einer **behördlichen Genehmigung** abhängig, so ist diese Frage im Erkenntnisverfahren ohne Einfluß auf den Urteilsausspruch und wird erst im Rahmen der Zwangsvollstreckung geprüft (*BGHZ* 28, 159).

23 **h)** Kann der Kläger im Einzelfall Beseitigung/Unterlassung nicht verlangen und ist sein Anspruch auf **Schutzvorkehrungen** zur Verhinderung der Beeinträchtigungen beschränkt (so nach §§ 14 BImSchG, 7 AtomG, 11 LuftVG, 11 WHG und gemäß § 75 II VwVfG nach Planfeststellungsverfahren), so sind Schutzvorkehrungen im **Zivilrechtsweg** (mit Ausnahme von Beeinträchtigungen durch hoheitliche Gewalt) geltend zu machen. Mit Antragstellung nach § 1004 BGB ist sinnvollerweise die Androhung für den Fall der Zuwiderhandlung (§ 890 II ZPO) zu verbinden. Eventuelle Verzichtserklärungen der Parteien auf eine vorherige **Androhung** sind unwirksam, da sie nicht den Dispositionen der Parteien unterliegen. Dagegen kann der Gläubiger insgesamt auf die Möglichkeiten des § 890 ZPO verzichten, wenn er dies ausdrücklich erklärt, wobei sich dies noch nicht allein aus der Vereinbarung einer **Vertragsstrafe** ergibt (str., vgl. *OLG Köln* OLGZ 69, 58; *OLG Hamm* OLGZ 67, 189).

14. Sachliche Zuständigkeit

24 Bei den nachbarrechtlichen Ansprüchen im engeren Sinne handelt es sich um **vermögensrechtliche** Ansprüche i. S. von § 23 GVG, so daß die Zuständigkeit zwischen Amts- und Landgericht sich nach dem **Streitwert** bestimmt. Zu den vermögensrechtlichen Ansprüchen gehören auch Unterlassungsansprüche, die sich auf die ungestörte Nutzung eines Wirtschaftsguts beziehen wie z. B. Lärmbelästigung einer Wohnung durch Tierhaltung. Eine nicht vermögensrechtliche Streitigkeit mit der ausschließlichen Zuständigkeit des Landgerichts ist gegeben, wenn der störende Nachbar in die **Intimsphäre** (Persönlichkeitsrecht) des anderen eindringt, wie z. B. die ständige Beobachtung des Nachbarn mittels einer Videokamera (*OLG Köln* NJW 1989, 720f.).

15. Streitwert

25 Die Wertfestsetzung einer Klage wegen Eigentumsstörung nach § 1004 BGB erfolgt nach freiem Ermessen des Gerichts (§ 3 ZPO). Dies gilt auch für Ab-

wehrklagen des **Besitzers,** für die nicht etwa § 6 ZPO maßgeblich ist. Wertangaben des Klägers wird das Gericht, ohne daran gebunden zu sein, in der Regel folgen, wenn sie noch einigermaßen im Rahmen bleiben. Bei Immissionen auf ein **Grundstück** ist entscheidend, welche Wertminderung sich bei deren Zulassung auf unbestimmte Zeit ergeben würde (*OLG Frankfurt* RPfleger 1955, 210). Wird der Kläger im **Besitz** einer Wohnung gestört, so darf der Streitwert einer Klage über das Bestehen oder über die Dauer des Mietverhältnisses (§ 16 I GKG) nicht überschritten werden (*OLG Neustadt* RPfleger 1967, 2). Vor allem beim häufigen Fall der Lärmstörungen dürfte auch im Hinblick auf das gestiegene Umweltbewußtsein ein Streitwert von 6000,-- bis 10000,-- DM immer vertretbar sein.

16. Streitgenossenschaft

Der Kläger kann bei einer Mehrheit von Störern isoliert gegen jeden der 26
Störer vorgehen. Eine **notwendige** Streitgenossenschaft bei nachbarrechtlichen Ansprüchen liegt aber vor, wenn der Kläger einen Anspruch auf einen **Notweg** geltend macht oder die Feststellung des Bestehens einer Grunddienstbarkeit begehrt und sich hierbei auf der Beklagtenseite mehrere Miteigentümer befinden (*BGH* NJW 1984, 2210; NJW 1962, 633).

17. Beweislast

Im Rahmen des § 1004 BGB muß der Kläger sein Eigentum und dessen 27
erfolgte bzw. bevorstehende Beeinträchtigung beweisen. Dagegen hat der Beklagte die Voraussetzung für eine Duldungspflicht (§ 1004 II BGB) zu beweisen. Kommt es zu Einwirkungen i. S. des § 906 BGB, so hat der **Störer** deren Unwesentlichkeit, Ortsüblichkeit und Unvermeidbarkeit i. S. des § 906 Abs. 2 S. 1 BGB zu beweisen (*BGH* MDR 1971, 119; *BGH* WM 1971, 134/138; *BGHZ* 72, 289/296). Bestehen für die Einwirkungen immissionsschutzrechtliche Richtwerte (TA-Lärm, TA-Luft, VDI 2058), so hat deren Überschreitung nur **indizielle** Bedeutung und entbindet das Gericht nicht von einer Feststellung im Einzelfall (*BGHZ* 69, 105/117). Nach anderer Meinung soll beim Überschreiten der Richtwerte der **Anscheinsbeweis** für eine Unzulässigkeit der Immission, bei Unterschreiten für deren Unwesentlichkeit sprechen. Kommt es nur **selten** zu Lärmbelästigungen (so z. B. bei Volksfesten), so wird den Anwohnern eine deutlich höhere Belastung als die Grenzwerte der TA-Lärm zugemutet (*BGH* MDR 1990, 706f.). Bei Ortstermin des Gutachters ist darauf zu achten, daß den Parteien und ihren Bevollmächtigten der Termin mitgeteilt und ihnen die Anwesenheit gestattet wird. Eine „verdeckte" Messung ist unzulässig und führt auf Antrag zur Wiederholung der Beweisaufnahme (*Baumbach-Lauterbach-Albers-Hartmann,* Übersicht 4 vor 402 ZPO).

18. Zwangsvollstreckung

Dem obsiegenden Urteil folgt oft bei Unterlassungsurteilen mit dem Voll- 28
streckungsverfahren nach § 890f. ZPO ein weiteres aufwendiges Verfahren vor dem **Prozeßgericht,** in welchem die Zuwiderhandlung gegen das **Unterlassungsgebot** geprüft wird. Da die Urteilsformel meist nur generell den Beklagten dazu verpflichtet, **geeignete Maßnahmen** gegen bestimmte Störungen zu treffen (vgl. *OLG München* MDR 1990, 442f.), wird über den Umfang des

Urteilsspruchs erst im Vollstreckungsverfahren entschieden. Im übrigen können sich in Nachbarrechtsfällen Abgrenzungsschwierigkeiten zwischen Vollstreckung nach § 887 ZPO (vertretbare Handlung), § 888 ZPO (unvertretbare Handlung) und § 890 ZPO ergeben, wobei das Gericht bei Zweifeln hinweispflichtig nach § 139 ZPO ist. Die Verurteilung zur **Beseitigung eines Haustiers** ist nach § 887 ZPO zu vollstrecken (*OLG Hamm* NJW 1966, 2415). Hat der Schuldner eine Geruchsbelästigung zu verhindern, kann Vollstreckung nach § 888 ZPO (und nicht 890 ZPO) in Frage kommen, wenn die **Beseitigung** der Störung im Vordergrund steht (*OLG München* OLGZ 82, 101) und sich dies aus den Urteilsgründen ergibt. Im übrigen ist die Rechtsprechung uneinheitlich und bejaht teilweise das Vorliegen einer vertretbaren Handlung (*OLG Hamm* MDR 1983, 850), aber auch das einer unvertretbaren Handlung (*OLG Düsseldorf* MDR 1977, 931). Letzteres wird insbesondere dann gelten, wenn zur Herbeiführung des Urteilserfolges der Schuldner konzeptionelle Änderungen seines Betriebes durchführen muß.

19. Vorläufiger Rechtsschutz

29 **a)** Nachbarrechtliche Ansprüche rechtfertigen oft zur Abwehr störender Immissionen eine Regelung durch **einstweilige Verfügung** (§§ 935, 940 ZPO). Dabei darf das Ergebnis des späteren Hauptsacheprozesses nicht vorweggenommen werden. Zulässig ist z. B. der Antrag auf Einstellung störender Bauarbeiten, nicht aber auf Beseitigung des teilweise errichteten Bauwerks. Schwierigkeiten ergeben sich daraus, daß vom Störer konkrete Maßnahmen nicht verlangt werden dürfen, diesem vielmehr selbst die Wahl bleibt, wie er die störenden Beeinträchtigungen verhindern kann. Dagegen soll das Gericht nach § 938 I ZPO die Anordnungen treffen, die zur Erreichung des Zwecks erforderlich sind. Der nur allgemein auf Unterlassung gerichtete Antrag führt dazu, daß die eigentliche Verwirklichung der Rechte in das Vollstreckungsverfahren nach §§ 887, 888 ZPO verlagert wird und der Antragsteller damit nicht schnell zu seinem Recht kommt. Daher hat das *OLG Köln* (NJW 1953, 1592) ein Verbot der Nachtarbeit ausgesprochen und die Zulässigkeit des Verlangens **konkreter** Maßnahmen für den Fall bejaht, daß der Störer hiermit für den Fall des Unterliegens im Hauptsacheprozeß einverstanden ist oder ein Wahlrecht des Störers ernsthaft nicht bestehe oder es um nicht wiedergutzumachende Schäden gehe.

30 **b)** Liegt eine einstweilige Verfügung vor, so kann der Antragsgegner/Verfügungsbeklagte über § 926 ZPO den **Gläubiger** zur Erhebung der Hauptsacheklage zwingen. Der Schuldner kann aber auch selbst durch negative Feststellungsklage ein Hauptsacheverfahren einleiten und so über § 927 ZPO den Wegfall der einstweiligen Verfügung erreichen (*BGH* NJW 1986, 1815).

III. Ansprüche des Besitzers

31 Das „klassische“ Nachbarrecht geht von Ansprüchen des **Eigentümers** und von Duldungspflichten des Eigentümers eines **Grundstücks** aus (§§ 1004, 906 BGB). Diesen Ansprüchen entspricht für den Besitzer der Anspruch auf Beseitigung/Unterlassung bei **Besitzstörungen** (§ 862 BGB). Dabei ist der Mieter/Pächter als Besitzer denselben Duldungspflichten nach § 906 BGB unterworfen wie der Eigentümer eines Grundstücks (*BGH* NJW 1955, 19f.). Dem Besitzer stehen andererseits aber auch die sich aus § 906 II 2 BGB ergebenden verschul-

densunabhängigen **Ausgleichsansprüche** zu. Im Rahmen der Besitzstörungsklage hat daher der Kläger seinen Besitz und dessen Beeinträchtigung, der Beklagte als Störer eine etwaige Duldungspflicht des Besitzers zu beweisen, wobei insgesamt auf die unter Ziffer II 1 abgehandelten Ansprüche des Eigentümers verwiesen werden kann. Auch soweit es um Besitzstörungsansprüche von Mietern/Pächtern **untereinander** im selben Haus geht, ist § 906 BGB anwendbar (*BGH* LM § 906 Nr. 1).

IV. Ansprüche des Wohnungseigentümers

Eine nicht unerhebliche Anzahl von Streitigkeiten ergibt sich bei Beeinträchtigungen des **Wohnungseigentums.** Hier sind die verschiedenen Fallgestaltungen zu trennen:

a) Hinsichtlich des **Sondereigentums** genießt der Wohnungseigentümer den 32 vollen Eigentumsschutz aus § 1004 BGB. Er kann auch gegen Beeinträchtigungen, die von einem **Nachbargrundstück** zu erwarten sind, mit der **öffentlich-rechtlichen** Nachbarklage vorgehen (*OVG Berlin* BRS 29 Nr. 143). Dies gilt auch bei Beeinträchtigungen durch das **Sondereigentum** eines anderen Eigentümers **derselben** Wohnanlage, nicht jedoch bei Einwirkungen durch Gebäudeteile, die im **Gemeinschaftseigentum** stehen. In letzterem Falle ist der Sondereigentümer gleichzeitig als Miteigentümer des Gemeinschaftseigentums Störer und damit nicht „Nachbar" (*VGH Mannheim* NJW 1985, 990).

b) Auch hinsichtlich des **Gemeinschaftseigentums** kann jeder Wohnungsei- 33 gentümer nach § 1011 BGB mit Ansprüchen aus § 1004 BGB gegen den Störer vorgehen (*BayObLGZ* 1977, 177f.) und ist – im Gegensatz zur Geltendmachung von Forderungen – allein aktivlegitimiert.

c) Der Wohnungseigentümer ist **Alleinbesitzer** seines **Sondereigentums** 34 (Teilbesitzer nach § 865 BGB) und kann die Rechte aus den §§ 859f. BGB geltend machen. Im übrigen ist der einzelne Eigentümer Mitbesitzer des Gemeinschaftseigentums, so daß insoweit gem. § 866 BGB ein Besitzschutz **nicht** stattfindet. Bei Besitzstörungen durch andere Wohnungseigentümer muß der Wohnungseigentümer seine Rechte im WEG-Verfahren aus den §§ 13 bis 15 WEG geltend machen, soweit es um die **Grenzen** des dem einzelnen zustehenden Gebrauchs geht. Bei **völliger Vorenthaltung** findet dagegen ein Besitzschutz statt. Gegen außerhalb der Gemeinschaft stehende Störer gilt immer der Besitzschutz nach den §§ 859f. BGB.

d) Ansprüche bei Störung des Sondereigentums durch andere Wohnungsei- 35 gentümer oder die Gemeinschaft oder Störungen des Miteigentums durch andere Wohnungseigentümer sind gem. § 43 WEG im Verfahren der **freiwilligen Gerichtsbarkeit** geltend zu machen. Das gilt auch für Streitigkeiten um **Sondernutzungsrechte** am Gemeinschaftseigentum (*BGH* MDR 1990, 529). Bei den Pflichten des Wohnungseigentümers nach § 14 Nr. 1 WEG ist zu beachten, daß **Nachteil** i. S. der Vorschrift **nicht** nur eine **erhebliche** Beeinträchtigung oder Gefährdung umfaßt (*BayObLGZ* 1979, 267). Nachteil kann im Gegensatz zum Anwendungsbereich des § 1004 BGB auch eine **ästhetische** Beeinträchtigung sein, so das Aufstellen von Gartenzwergen im gemeinschaftlichen Gartenbereich (*OLG Hamburg* NJW 1988, 2052).

36 Den Streitfällen liegen regelmäßig folgende Themenkreise zugrunde:

- **Tierhaltung.** Ein völliger **Ausschluß** ist nur durch eine im Grundbuch eingetragene Vereinbarung (§ 10 II WEG) möglich, nicht durch Mehrheitsbeschluß oder Hausordnung. Zulässig sind **Beschränkungen** über die Anzahl gehaltener Tiere (*BayObLGZ* 1972, 90; *KG* NJW 1956, 1679).
- **Hausmusik.** Ein **völliger** Ausschluß ist unzulässig (*OLG Hamm* MDR 1981, 320). Zeitliche Beschränkungen auf 2–3 Stunden sind zulässig (*OLG Frankfurt* DWE 1985, 30), jedoch muß auch Berufstätigen nach dem Arbeitsende noch eine Spielmöglichkeit verbleiben (*BayObLG* WM 1986, 148).
- **Nutzung der Wohnungen für gewerbliche oder freiberufliche Zwecke.** Soweit den anderen Eigentümern ein Nachteil i. S. des § 14 WEG nicht entsteht, wird die Zulässigkeit (so z. B. die Arztpraxis im **Erdgeschoß,** vgl. *OLG Hamburg* MDR 1974, 123) bejaht.
  Ein weiterer Problemkreis beschäftigt sich mit der Frage, ob eine **Nutzungsänderung** vorliegt, wenn die gewerbliche Nutzung zwar schon vorgesehen war (Teilungserklärung), aber sich der Charakter des Geschäfts/Ladens ändert. So darf ein vorgesehener „Laden" nicht in eine Gaststätte umfunktioniert werden (*BayObLG* RPfleger 1980, 349).

V. Nachbarrecht der Länder

37 Das private Nachbarrecht ist in den §§ 903 bis 924 BGB nicht abschließend geregelt, vielmehr können sich weitere **Beschränkungen** des Eigentums (Miteigentums) aus den landesgesetzlichen Vorschriften ergeben (Art. 124 EGBGB). Landesrechtliche Vorschriften finden sich in den Nachbarrechtsgesetzen und den jeweiligen Ausführungsgesetzen zum BGB. Von der Regelungsmöglichkeit haben alle Länder mit Ausnahme von Hamburg – hier finden sich Regelungstatbestände in der Bauordnung vom 10. 12. 1969 – Gebrauch gemacht.

Derzeit besteht folgende Gesetzeslage:

- **Baden-Württemberg** (BWürtt.): Gesetz vom 14. 12. 1959 i. d. F. vom 6. 4. 1964 (GBl. S. 151) und AGBGB vom 16. 11. 1974 i. d. F. vom 30. 11. 1987 (GBl. S. 534)
- **Bayern** (Bay.): AGBGB vom 20. 9. 1982 (GVBl. S. 803)
- **Berlin** (Berl.): Gesetz vom 28. 9. 1973 (GVBl. S. 1654)
- **Bremen** (Bre.): AGBGB vom 18. 7. 1899 i. d. F. vom 16. 8. 1988 (GBl. S. 223)
- **Hessen** (Hes.): Gesetz vom 24. 9. 1962 (GVBl. I S. 417)
- **Niedersachsen** (Nds.): Gesetz vom 31. 3. 1967 (GVBl. S. 91)
- **Nordrhein-Westfalen** (NRW.): Gesetz vom 15. 4. 1969 (GVBl. S. 190)
- **Rheinland-Pfalz** (RPfalz.): Gesetz vom 15. 6. 1970 (GVBl. S. 198)
- **Saarland** (Saarl.): Gesetz vom 20. 2. 1973 (ABl. S. 210)
- **Schleswig-Holstein** (SchH).: Gesetz vom 24. 3. 1971 i. d. F. vom 19. 11. 1982 (GVBl. S. 256)

Bei der Frage der **Notwegeberechtigung** sind zusätzlich die Landeswald- und Forstgesetze zu beachten.

38 In den landesrechtlichen Vorschriften finden sich Regelungen zu folgenden Punkten:

Anwenderecht („Trepp-Schwengelrecht"): Dieses Recht (Nds. § 31, NRW. § 36, BWürtt. Art. 234f. AGBGB, Bay. Art. 53 AGBGB) umfaßt die Berechtigung zum Betreten des Nachbargrunds zum Zwecke der Bewirtschaftung des eigenen Grundstücks.

Antennenanlage (Befestigung, Benutzung, Unterhaltung): Berl. § 19, Hes. § 16, NRW. § 26, RPfalz. § 17, Saarl. § 21, SchH. § 20. Zum grundsätzlichen Problem der Störung von **Rundfunk- und Fernsehempfang** vergleiche in diesem Zusammenhang die Entscheidung des *BGH* in NJW 1984, 729f. Soweit ein Recht auf Anschluß an die Antenne des beeinträchtigenden Grundstücks besteht, hat der Beeinträchtigte diese auf **eigene Kosten** herzustellen (*BGH* aaO.).

Bodenerhöhungen: BWürtt. §§ 9, 10, Berl. § 20, Nds. § 26, NRW. § 30, RPfalz. § 40, Saarl. § 47, SchH. § 25. Die Vorschriften über Bodenerhöhungen sind **Schutzgesetze** i. S. des § 823 II BGB, weil der Nachbar gegen das Abstürzen oder Abschwemmen der Erhöhung geschützt werden soll (*BGH* NJW 1980, 2580). Im übrigen ist die Frage der **analogen** Anwendung der Vorschrift über die Vertiefung (§ 909 BGB) auf die Bodenerhöhung umstritten (bejahend: *BGH* NJW 1971, 935; verneinend: *BGH* NJW 1974, 53f., 1976, 1840f.).

Einfriedungen: BWürtt. §§ 11f., Berl. §§ 21f., Hes. §§ 14f., Nds. §§ 27f., NRW. §§ 32f., RPfalz. §§ 39f., Saarl. §§ 43f., SchH § 25. Ist bereits eine ortsübliche Einfriedung auf der Grenze vorhanden, so darf der Nachbar auf seinem Grund keine **zusätzliche** Einfriedung mehr errichten. Im Rahmen dieser Frage sind anders als sonst **optisch-ästhetische** Gesichtspunkte beachtlich (*BGH* NJW 1979, 1408, 1409).

Fensterrecht: BWürtt. §§ 3f., Hes. §§ 11f., Nds. §§ 23f., NRW. §§ 4f., RPfalz. §§ 34f., Saarl. §§ 35f., SchH §§ 22f., Bay. Art. 43, 45 AGBGB. Das Recht umfaßt die Berechtigung der Eigentümer zur Errichtung von Fenstern bzw. das Recht des Nachbarn auf besondere Ausgestaltung von Fenstern und Balkonen zum Schutze vor allem vor **Einsicht** in das Grundstück.

Grenzabstand von Gebäuden: BWürtt. §§ 7, 22, Nds. § 61, NRW. §§ 1f., SchH. §§ 42f.

Grenzabstand von Pflanzen: BWürtt. §§ 12f., Bay. Art. 43f. AGBGB, Berl. §§ 27f., Hes. §§ 38f., Nds. §§ 50f., NRW. §§ 40f., RPfalz. §§ 44f., Saarl. §§ 48f., SchH. §§ 37f. Streitigkeiten über den Grenzabstand von Bäumen und Sträuchern sind relativ häufig. Der Landesgesetzgeber (mit Ausnahme von Bremen und Hamburg) hat hierzu teilweise recht unübersichtliche Regelungen getroffen. Die Arbeit am Einzelfall erfordert oft botanische Vorkenntnisse. **Sträucher** sind Holzgewächse, deren Stamm sich schon von der Wurzel an in mehrere über der Erde als Einzelsträucher erscheinende Äste teilt (z. B. Flieder, Forsythie). Bei **Stauden** besteht das Besondere daran, daß alle über dem Boden befindlichen Teile im Herbst absterben. **Hecken** sind Reihenanpflanzungen von kleinen Bäumen oder Sträuchern, die als Einheit eine Höhen- und Seitenbegrenzung bilden (vgl. *LG Limburg* NJW 1986, 585). Die landesrechtlichen Vorschriften über den Grenzabstand ergänzen den ansonsten gegebenen Nachbarschutz aus § 910 BGB (Herüberhängen von Zweigen, Eindringen von Wurzeln) und aus § 906 BGB gegen Laub und Nadelfall. Letzterer wird nur selten als **wesentliche** Beeinträchtigung des Grundstücks anzusehen sein (vgl. *OLG Karlsruhe* NJW 1983, 2886, wonach bei wesentlicher aber ortsüblicher Beeinträchtigung Geldausgleich nach § 906 II BGB geschuldet wird; hierzu auch: *BGHZ* 85, 375). Der Nachbarschutz der Abstandsvorschriften geht auch insoweit über den Schutz der §§ 1004, 906 BGB hinaus, als er einen sonst nicht gegebenen Schutz gegen **negative Einwirkungen** (Entzug von Licht, Luft, Wasser) bietet.

Bei Fragen des Grenzabstandes von Pflanzen bietet sich regelmäßig die Prüfung folgender Fragen an:

(1) Um welche **Art** von Pflanzen geht es konkret?

(2) Sieht das Gesetz für die konkrete Pflanze einen **Grenzabstand** vor? (Nur die einzeln aufgeführten Pflanzen bedürfen eines Grenzabstands, nicht z. B. Blumen oder Stauden, die von Sträuchern abzugrenzen sind. Es ist auch nicht Buche gleich Buche, siehe hierzu § 13 Nr. 5, 6 der Regelung für BWürtt.)

(3) **Wie** wird der Abstand nach dem Gesetz ermittelt und welche **Abstände** sind einzuhalten? Zunächst sind die **Meßpunkte** für den Abstand zu beachten. Im einzelnen sind folgende Vorschriften maßgeblich:
BWürtt. §§ 13 bis 22, 26 bis 29 des Gesetzes über das Nachbarrecht
Bayern: Artikel 47–52 AGBGB
Berlin: §§ 27 bis 35 des Nachbarrechtsgesetzes
Hessen: §§ 38 bis 45 des Nachbarrechtsgesetzes
Nds.: §§ 50 bis 60 des Nachbarrechtsgesetzes
NRW.: §§ 40 bis 48 des Nachbarrechtsgesetzes
RPfalz.: §§ 44 bis 52 des Nachbarrechtsgesetzes
Saarl.: §§ 48 bis 56 des Nachbarrechtsgesetzes
SchH.: §§ 37 bis 41 des Nachbarrechtsgesetzes
Zu berücksichtigen ist, daß bestimmte Grundstücke durch Vergrößerung des Abstands besonders geschützt sind, so bei ihrer Nutzung für den Garten- und Weinbau. Auch Pflanzungen hinter **Einfriedungen** dürfen höher als sonst sein, wenn sie die Einfriedung nicht überragen.

(4) Geht der Anspruch **inhaltlich** auf Beseitigung der Pflanze oder Zurückschneiden auf die zulässige Höhe?

(5) Unterliegt der Anspruch der **Verjährung?** (Z. B. **keine** Verjährung beim Anspruch auf Zurückschneiden einer **Hecke** in BWürtt. – vgl. § 26 Abs. 3 des Gesetzes über Nachbarrecht.)

(6) Wie ist der **Beginn** der Verjährung und die Verjährungsfrist geregelt? (Beginnt die Frist mit dem **Anpflanzen,** einem Stichtag nach dem Anpflanzen (BWürtt.) oder dem Überschreiten der zulässigen Höhe, so nach h. M. in Bayern.)

(7) Beachte: Nicht alle Verjährungsfragen sind in den Landesgesetzen geregelt, für die Fragen der Hemmung und Unterbrechung gilt das BGB!

(8) Handelt es sich nach dem Gesetz um eine (echte) **Einrede** oder ist ein etwaiger Anspruch untergegangen und muß von Amts wegen beachtet werden?

(9) Kann ein gegebener Anspruch **jederzeit** durchgesetzt werden? (Z. B. kein Anspruch bei **Hecken** während der Wachstumsperiode in BWürtt., vgl. § 13 Abs. 3 des Gesetzes über das Nachbarrecht.)

(10) Steht dem Verlangen auf Beseitigung oder Rückschnitt eine **Baumschutzsatzung** entgegen? (Zu prüfen ist, ob die Satzung den gesamten Ort oder nur Teile des Ortes betrifft und ob der Baum nach Höhe und Umfang von der Satzung erfaßt wird und dadurch eine Duldungspflicht i. S. des § 1004 Abs. 2 BGB entstanden ist, vgl. *OLG Düsseldorf* NVwZ 1989, 1807).

(11) Steht dem Verlangen des Klägers der Grundsatz von **Treu und Glauben** entgegen? (Dies kann bejaht werden, wenn das vom zu geringen Abstand betroffene Grundstück völlig brach liegt und sich keinerlei Nutzung anbietet, so bei Ödland.)

(12) Können abweichende **Vereinbarungen** über den Grenzabstand getroffen werden? (Dies ist zu bejahen, jedoch reicht hierfür nicht das bloße **Schweigen** des Nachbars aus, selbst wenn er längere Zeit den Zustand hingenommen hat vgl. *BayObLGZ* 1982, 69/77; im übrigen hindert eine etwaige Zustimmung des Rechtsvorgängers den Rechtsnachfolger nicht.)

(13) Wie ist beim Fehlen einer gesetzlichen Regelung über den Grenzabstand (so in Bremen und Hamburg, die nur Regelungen über die Hecken getroffen haben) zu unterscheiden? Hier wird wohl eine Lösung nur über das **nachbarschaftliche Gemeinschaftsverhältnis** zu finden sein.

Grenzwand: BWürtt. § 7d, Bay. Art. 46 AGBGB, Berl. §§ 14f., Hes. §§ 8, Nds. §§ 16f., NRW. §§ 19f., RPfalz. §§ 13f., Saarl. §§ 15f., SchH §§ 11f. Die vorstehenden Vorschriften befassen sich mit der Frage der sog. **Kommunmauer,** die bei Doppel- und Reihenhäusern und bei **geschlossener** Bauweise (§ 9 I Nr. 2 BauGB, § 22 BauNVO) auftritt. Während die Frage des Eigentums, der Nutzung und des Unterhalts bundesrechtlich (§§ 93, 94, 946, 921, 922 BGB) geregelt ist, sind die weiteren Fragen landesrechtlich geregelt, so z. B. das Problem der **Erhöhung** der Mauer.

Grundwasser: Hes. § 20, Nds. § 38, SchH. § 27.

Hammerschlags- und Leiterrecht: BWürtt. § 7c, Berl. §§ 17f., Hes. §§ 28f., Nds. §§ 47f., NRW. §§ 24f., RPfalz. §§ 21f., Saarl. §§ 24f., SchH. §§ 17f. Das Hammerschlags- und Leiterrecht gewährt in den Bundesländern mit Ausnahme von Bayern und Bremen das Recht, das Nachbargrundstück zum Zwecke der Ausführung von Arbeiten am eigenen Grundstück zu betreten. Auf dem Nachbargrundstück können Geräte und Materialien gelagert und Leitern und Gerüste aufgestellt werden. Soweit ein Notfall (§ 904 BGB) nicht vorliegt, geben die vorgenannten Rechte keinen Anspruch auf **Selbsthilfe** auf Betreten des Nachbargrunds, vielmehr ist bei fehlender Gestattung des Betretens zunächst ein **Duldungstitel** zu erwirken. Soweit landesrechtliche Regelungen fehlen, können Ansprüche in Ausnahmefällen auf das **nachbarschaftliche Gemeinschaftsverhältnis** (§ 242 BGB) gestützt werden. Hierauf kann sich derjenige nicht berufen, der sich selbst nachbarunfreundlich verhält (OLG Hamm NJW 1966, 599).

Lichtrecht: BWürtt. §§ 3f., Hes. §§ 11f., Nds. §§ 23f., NRW. §§ 4f., RPfalz. §§ 34f., Saarl. §§ 35f., SchH. §§ 32f. Diese Rechte umfassen die sonst gem. § 1004 BGB nicht abwehrbaren **negativen Einwirkungen** wie der Entzug von Licht und Aussicht (vgl. *Hagen* WM 1984, 677 m. w. N.).

Lüftungsleitungen: Berl. § 19, Hes. § 36, Nds. § 49, NRW. § 26, RPfalz. § 17, Saarl. § 21, SchH §§ 20f.

Nachbarwand: BWürtt. § 7d, Berl. §§ 4f., Hes. §§ 1f., Nds. §§ 3f., NRW. §§ 7f., RPfalz. §§ 3f., Saarl. §§ 3f., SchH §§ 4f.

Traufrecht: BWürtt. § 2, Nds. §§ 45f., RPfalz. §§ 37f., Saarl. §§ 41f., SchH § 26. Das Traufrecht gewährt das Recht vom Dach Wasser über den Nachbargrund ablaufen zu lassen.

Schornsteinhöherführung: Berl. § 19, Hess. § 36, Nds. § 49, NRW. § 26, RPfalz. § 17, Saarl. § 21, SchH §§ 20f.

Wasserabfluß (ungeregelter): Hes. §§ 21f., Nds. §§ 39f., Saarl. § 38; weiterhin vgl. die Landeswassergesetze (BWürtt. § 81, Bay. Art. 63, NRW. § 115, SchH § 67). Zum Abfluß von Wasser über Nachbargrund siehe auch *BGH* NJW 1980, 2580.

Versorgungsleitungen: BWürtt. § 7e, Hes. §§ 30f., RPfalz. §§ 26f., Saarl. §§ 27f. Soweit Regelungen fehlen, können sich weitergehende Ansprüche aus einer analogen Anwendung der Notwegevorschriften der §§ 917, 918 BGB ergeben. Fehlt einem Grundstück die Verbindung zu einem **öffentlichen** Kanal- oder Versorgungsleitungsnetz, wird die analoge Anwendung überwiegend bejaht (vgl. *BGH* NJW 1981, 1036).

VI. Öffentlich-rechtliche Fragen des Nachbarrechts

1. Das Bundesimmissionsschutzgesetz

39 Das Bundesimmissionsschutzgesetz vom 15. 3. 1974 (BGBl. I S. 721, 1193) in der Neufassung vom 14. 5. 1990 (BGBl. I S. 881) regelt den **anlagenbezogenen** Immissionsschutz soweit es sich um den **bestimmungsgemäßen** Betrieb handelt. **Anlagen** nach dem BImSchG sind Gegenstände, die als technische Einrichtungen im technischen Sinne betrieben werden können (*Kutscheidt* NVwZ 1983, 65f.). Hierzu zählen auch Sportanlagen und Spielplätze. Die gewerbliche Nutzung ist nicht Voraussetzung zur Erfüllung des in § 3 V Nr. 3 BImSchG definierten Anlagenbegriffs. Die Anlage kann privatrechtlich oder hoheitlich betrieben werden. Das Gesetz unterscheidet genehmigungsbedürftige und nicht genehmigungsbedürftige Anlagen und regelt in den §§ 5, 22 BImSchG die entsprechenden Pflichten des Betreibers. Danach sind genehmigungsbedürftige Anlagen so zu errichten und zu betreiben, daß schädliche Umwelteinwirkungen und sonstige Gefahren, erhebliche Nachteile und erhebliche Belästigungen für die Allgemeinheit und die Nachbarschaft nicht hervorgerufen werden können. Bei **nicht** genehmigungsbedürftigen Anlagen müssen schädliche Umwelteinwirkungen verhindert werden, die nach dem Stand der Technik vermeidbar sind. Bei dem Begriff schädliche Umwelteinwirkungen handelt es sich um einen **unbestimmten Rechtsbegriff,** ein Beurteilungsspielraum der Behörde besteht nicht (*BVerwG* NJW 1978, 1450). § 3 I BImSchG enthält die gesetzliche Definition des Begriffs der schädlichen Umwelteinwirkungen. Zu den Immissionen zählen nicht die sog. ästhetischen und negativen Immissionen (siehe Rdnr. 2) und die wägbaren Stoffe. Ob eine **schädliche Umwelteinwirkung** vorliegt, ist nach den gleichen Maßstäben wie bei der Frage der **Wesentlichkeit** einer Beeinträchtigung i. S. des § 906 BGB (siehe Rdnr. 3) zu prüfen, denn beide Begriffe sind identisch (*BVerwG* NJW 1988, 2396/2397; NJW 1989, 1291; *BGH* MDR 1990, 706f.).

40 Wer sich im räumlichen Einwirkungsbereich einer Anlage befindet ist **Nachbar** und muß im Genehmigungsverfahren seine Einwendungen innerhalb von 2 Monaten ab Bekanntmachung vorbringen, ansonsten tritt die **Verwirkungspräklusion** des § 10 III 3 BImSchG ein. Dieser Ausschluß betrifft das Verwaltungs- und das gerichtliche Verfahren (*BVerwG* DVBl. 1980, 1001). Trotz der Verwirkungspräklusion kann der Nachbar aber die **Nichtigkeit** der erteilten Genehmigung wegen schwerer und offensichtlicher Fehler noch geltend machen (*BVerwG* a. a. O.). Die erteilte immissionsschutzrechtliche Genehmigung entfaltet nach § 13 BImSchG **Konzentrationswirkung** und schließt alle anderen öffentlich-rechtlichen Genehmigungen – vor allem die Baugenehmigung – ein. Gegen den immissionsschutzrechtlichen Bescheid kann der Nachbar mit Widerspruch und Anfechtungsklage auf dem Verwaltungsrechtsweg vorgehen. Dabei kann er nachbarschützende Vorschriften des öffentlichen und privaten Rechts vorbringen (*Jarass,* Der Rechtsschutz Dritter bei der Genehmigung von Anlagen, NJW 1983, 2844f.). Der öffentlich-rechtliche Nachbarschutz ergibt sich insbesondere aus den §§ 5 I 1, 20 II 2, 24 (str.) und 25 BImSchG.

41 Nachbar ist nur derjenige, der **im Zeitpunkt der Verwaltungsentscheidung** von dieser betroffen ist. Wer erst danach seinen Wohnsitz in den Einwirkungsbereich einer Anlage verlegt, kann Widerspruch und Nachbarklage nicht mehr erheben. Hier verbleibt es bei der Möglichkeit von **nachträglichen Anordnungen** und des **Widerrufs** nach den §§ 17, 21 BImSchG (*BVerwG* NVwZ 1987,

131 f.). Der zulässige Widerspruch führt zur Überprüfung darauf, ob nachbarschützende Vorschriften verletzt wurden, wobei allein abgestellt wird auf die Verhältnisse beim **Widerspruchsführer.** Eine allgemeine Überprüfung der Immissionen auf das gesamte durch die Anlage betroffene Gebiet findet **nicht** statt (*BVerwG* DVBl. 1986, 190/196). Ist die Genehmigung nach dem BImSchG **bestandskräftig,** so treten die Wirkungen des § 14 BImSchG ein, d. h. der Nachbar kann **Einstellung** des Betriebes der Anlage nicht mehr verlangen und wird auf **Schutzvorkehrungen** verwiesen. Durch diesen Anspruch wird der sonst gegebene Rechtsweg nicht verändert. Voraussetzung dieses weitreichenden Ausschlusses ist, daß die Anlage innerhalb des Rahmens der Genehmigung betrieben wird und daß die Verwirkungspräklusion des § 10 III 3 BImSchG nicht eingetreten ist. Sind Schutzvorkehrungen technisch nicht durchführbar oder sind sie wirtschaftlich unzumutbar, so verbleibt es bei Ansprüchen auf **Schadensersatz** (§ 14 S. 2 BImSchG). Diese sind verschuldensunabhängig. Auch bei der **nicht** genehmigungsbedürftigen Anlage kann der Nachbar seine behaupteten Rechte auf Grund der sich aus den §§ 17 I, 20 II, 24 und 25 II BImSchG ergebenden subjektiv-öffentlichen Rechte verfolgen. Nicht genehmigungsbedürftig sind alle Anlagen, die nicht im Katalog der **4. BImSchV** vom 14. 2. 1975 (BGBl. I 499, 727) i. d. F. vom 24. 7. 1985 (BGBl. I 1596) aufgeführt sind. Bei der Genehmigung von Anlagen ist von den Behörden die Technische Anleitung zum Schutz gegen Lärm (TA-Lärm) als allgemeine Verwaltungsvorschrift des Bundes zu beachten. Diese gibt auch dem **Zivilrichter** in Lärmprozessen wichtige Anhaltspunkte für die Beurteilung der **Wesentlichkeit** einer Beeinträchtigung (*BGH* NJW 1966, 1858; *BGH* NJW 1983, 751).

Die TA-Lärm setzt die Immissionsrichtwerte wie folgt fest: **42**

a) für Gebiete, in denen nur gewerbliche oder industrielle Anlagen und Wohnungen für Inhaber und Leiter der Betriebe sowie für Aufsichts- und Bereitschaftspersonal untergebracht sind, auf		70 dB (A)
b) für Gebiete, in denen vorwiegend gewerbliche Anlagen untergebracht sind, auf	tagsüber	65 dB (A)
	nachts	50 dB (A)
c) für Gebiete mit gewerblichen Anlagen und Wohnungen, in denen weder vorwiegend gewerbliche Anlagen noch vorwiegend Wohnungen untergebracht sind, auf	tagsüber	60 dB (A)
	nachts	45 dB (A)
d) Gebiete, in denen **vorwiegend** Wohnungen untergebracht sind, auf	tagsüber	55 dB (A)
	nachts	40 dB (A)
e) Gebiete, in denen **ausschließlich** Wohnungen untergebracht sind, auf	tagsüber	50 dB (A)
	nachts	35 dB (A)
f) Kurgebiete, Krankenhäuser und Pflegeanstalten auf	tagsüber	45 dB (A)
	nachts	35 dB (A)
g) Wohnungen, die mit der Anlage baulich verbunden sind, auf	tagsüber	40 dB (A)
	nachts	30 dB (A)

Die Nachtzeit dauert von 22 Uhr bis 6 Uhr, sie kann 1 Stunde hinausgeschoben oder vorverlegt werden, wenn dies wegen der besonderen örtlichen oder wegen zwingender betrieblicher Verhältnisse erforderlich und eine achtstündige Nachtruhe des Nachbarn sichergestellt ist.

43 Weiter zu verweisen ist auf die 8. Verordnung zur Durchführung des BImSchG vom 28. 7. 1976 (BGBl. I 2024), die sich mit den **Rasenmähern** befaßt. Diese Motorgeräte dürfen danach an Sonn- und Feiertagen nie und an den Werktagen von 19 Uhr bis 7 Uhr nicht betrieben werden, es sei denn, sie erzeugen weniger Lärm als 60 Dezibel. In letzterem Falle dürfen sie zwischen 22 Uhr und 7 Uhr nicht betrieben werden. Die erzeugten zulässigen Geräusche richten sich im übrigen nach der Kilowattleistung der Geräte. Geräte bis 3 kW dürfen 68 Dezibel, bis 7 kW 72 Dezibel und über 7 kW 77 Dezibel Lärm erzeugen.

2. Die Landesimmissionsschutzgesetze

44 Während das BImSchG den **anlagenbezogenen** Immissionsschutz regelt, befassen sich die Immissionsschutzgesetze der **Länder** mit Immissionen, die auf **menschliches** oder **tierisches Fehlverhalten** zurückzuführen sind. Regelungsgegenstand sind u. a.: Das Laufenlassen von Motoren, das Abspielen von Tonwiedergabegeräten in der Öffentlichkeit, das Halten von Tieren, das Verbrennen von Gartenabfällen und das Durchführen von evtl. störenden Arbeiten auf einem Grundstück. Die Landesimmissionsschutzgesetze enthalten weiterhin auch Ermächtigungen für die Gemeinden, selbst **Verordnungen** zur Abwehr störender Tätigkeiten der vorbeschriebenen Art zu erlassen.

3. Nachbar und Baurecht

45 Während sich das Private Nachbarrecht meist mit der Frage der Abwehr bereits eingetretener Beeinträchtigungen befaßt, kann der Nachbar seine Rechte auf dem Gebiet des Baurechts schon im Vorfeld der Genehmigungsverfahren geltend machen.

46 **a) Nachbar** ist zunächst jeder, dessen Grundstück an das vom Genehmigungsverfahren betroffene andere Grundstück **angrenzt.** Darüberhinaus aber auch jeder, der durch das **Bauvorhaben** oder die vorgesehene **Nutzung** in seinen öffentlich-rechtlichen Belangen betroffen ist. Eine allgemein verbindliche räumliche Abgrenzung auf einen bestimmten Abstandsradius ist nicht möglich, vielmehr hängt dies von der Größe und den Auswirkungen der Nutzung des Vorhabens auf die Umgebung ab (*OVG Münster* NJW 1965, 170f.). Nachbarrechte können auch Miteigentümer, Gesamthandseigentümer, Wohnungseigentümer, Erbbauberechtigte und dinglich Wohnberechtigte (§ 1093 BGB) geltend machen, also alle, die eine dem **Eigentum** angenäherte Rechtsposition innehaben. Nachbarrechte können somit von Mietern/Pächtern **nicht** geltend gemacht werden (*OVG Berlin* NVwZ 1986, 848). Den beteiligten Nachbarn legt die Verwaltungsbehörde die Lagepläne und Bauzeichnungen zur **Nachbarunterschrift** vor. Mit der erteilten Unterschrift verzichtet der Nachbar für sich und seine Rechtsnachfolger auf **öffentlich**-rechtliche Abwehransprüche (*OVG Münster* NJW 1985, 644). Einem danach eingelegten Widerspruch oder einer späteren Klage fehlt das **Rechtsschutzinteresse,** sie ist unzulässig (*Eyermann-Fröhler,* VwGO, § 42 Rdnr. 104). Dagegen wirkt sich die Nachbarunterschrift auf zivilrechtliche Abwehransprüche nicht aus, denn die Baugenehmigung stellt nur

fest, daß das Vorhaben mit den **öffentlich**-rechtlichen Vorschriften übereinstimmt (*BVerwGE* 50, 282f.). Grundsätzlich kann somit der Nachbar seine Rechte durch Widerspruch und Anfechtungsklage gegen die Behörde vor dem Verwaltungsgericht, aber auch durch Klage gegen den **Bauherrn** vor dem Zivilgericht geltend machen (*BGH* DVBl. 1971, 744). Anders als im Falle der Anlagengenehmigung nach dem BImSchG kommt der Baugenehmigung eine dem § 14 BImSchG ähnliche Ausschlußwirkung nicht bei. Die bestandskräftige Baugenehmigung entfaltet jedoch sog. **Tatbestandswirkung.** Dies bedeutet, daß die (auch materiell rechtswidrige) Genehmigung den Zivilrichter bindet, wenn die öffentlich-rechtliche Zulässigkeit eines Vorhabens von ihm als **Vorfrage** zu behandeln ist. Prüft daher der Zivilrichter, ob eine **nachbarschützende Vorschrift** verletzt ist und damit als Anspruchsgrundlage § 823 II BGB (Schutzgesetz) in Frage kommt, so liegt auch bei materiell-rechtswidriger Baugenehmigung ein Verstoß gegen ein Schutzgesetz nicht vor (*Breuer,* Baurechtlicher Nachbarschutz, DVBl. 1983, 431f.). Eine etwa weiterreichende **Duldungspflicht** wird durch die Baugenehmigung nicht begründet. Wird die Nachbarunterschrift nicht erteilt, so wird die Baugenehmigung dem Nachbarn zugestellt, der seine Rechte durch Widerspruch und Anfechtungsklage gegen die **Behörde** geltend machen kann. Der bauwillige Nachbar hat lediglich die Stellung eines **Beigeladenen** (§ 65 VwGO; *BVerwG* NJW 1975, 70). Der Nachbar hat grundsätzlich nur dann Erfolg, wenn er die Verletzung einer **nachbarschützenden Vorschrift** dartun kann, weil er nur dann in seinen Rechten i. S. des § 113 I VwGO verletzt ist. Die verletzte Norm ist darauf zu überprüfen, ob sie lediglich dem **öffentlichen** Interesse dient oder zumindest **auch** den Schutz des Nachbarn bezweckt (**Schutznormtheorie,** *BVerwG* NJW 1984, 2174). Nur wenn sich im Wege der **Auslegung** eine nachbarschützende Wirkung ergibt, kann der Nachbar wahlweise erfolgreich Schadenersatz (§ 823 II BGB), Beseitigung und Unterlassung (§ 1004 BGB) oder die Aufhebung der Baugenehmigung erreichen (*BGH* NJW 1964, 396). Wendet sich z. B. der Nachbar gegen die äußere Gestaltung eines Bauvorhabens, so werden seine Interessen als Nachbar im weiteren Sinne zwar dadurch berührt (Rechtsreflexe), die Verletzung einer nachbarschützenden Vorschrift liegt jedoch – anders als etwa bei Verletzung von Abstandsvorschriften für Gebäude – nicht vor.

b) Auch wenn eine Verletzung **nachbarschützender** Vorschriften nicht vorliegt, kommt ein Nachbarschutz wegen Verletzung des **Eigentumsgrundrechts** (Art. 14 I 1 GG) in Betracht. Voraussetzung ist, daß die erteilte Baugenehmigung objektiv **rechtswidrig** ist und ihre Ausnutzung die vorhandene Grundstückssituation nachhaltig verändert und daß dadurch der Nachbar schwer und unerträglich betroffen wird (*BVerwG* NJW 1969, 1787; 1974, 1811; 1976, 1987). Wird somit z. B. eine Baugenehmigung für ein Vorhaben erteilt, bei dem die Erschließung nicht gesichert wird, so wird bei deren Unanfechtbarkeit dem Nachbarn ein ansonsten nicht zulässiger **Notweg** nach § 917 BGB aufgezwungen (*BVerwG* NJW 1976, 1787). Der Einwand, die Grundstücksnutzung widerspreche dem öffentlichen Recht, wird ihm dabei durch die **Tatbestandswirkung** der Baugenehmigung im Zivilprozeß abgeschnitten. In diesem Falle kann sich der Nachbar gegen die Baugenehmigung wenden, auch wenn die Frage der gesicherten Erschließung keine nachbarschützende Funktion hat. **47**

c) Die Nachbarklage kann auch dann erfolgreich sein, wenn die erteilte Baugenehmigung gegen das **Rücksichtnahmegebot** (vgl. *BVerwG* NJW 1984, 138) **48**

verstößt. Hierbei handelt es sich grundsätzlich um ein **objektiv**-rechtliches Gebot, ohne daß es nachbarschützend auf alle Einzelfälle ausstrahlen würde. Bereits bestehende und detailliert geregelte Schutzvorschriften (z. B. Abstandsregelungen) werden dadurch nicht etwa erweitert (*BVerwG* NJW 1984, 250). Das Rücksichtnahmegebot wird dem § 15 Abs. 1 BauNVO entnommen, welcher dem Schutz der Nachbarschaft vor grundsätzlich **zulässigen** Vorhaben (§§ 2–14 BauNVO) dient, die aber wegen der besonderen Verhältnisse der Eigenart des Baugebiets widersprechen oder die Umgebung unzumutbar stören. Drittschützende Wirkung kommt dem Rücksichtnahmegebot dann zu, wenn auf Interesse Dritter in qualifizierter und individualisierter Weise (handgreiflich) Rücksicht zu nehmen ist und eine Abwägung der Interessen des Bauherrn mit denen der Nachbarn zu Gunsten der letzteren ausfällt (*BVerwG* NJW 1984, 138). Eine drittschützende Wirkung ergibt sich ferner aus den §§ 31 II, 34 I und 35 II, III BBauG bzw. dem BauGB infolge der **Überleitungsvorschrift** des § 236 BauGB. Steht ein Vorhaben in Übereinstimmung mit dem Bebauungsplan, so ist § 15 BauNVO unmittelbar anwendbar, weicht es davon ab, so ist es – falls eine **Befreiung** nicht erteilt wurde – nach § 30 BauGB unzulässig. Wird bei Abweichen vom Bebauungsplan **ohne** Befreiung ein Vorhaben genehmigt, so ist § 15 I BauNVO **analog** anwendbar (*BVerwG* NJW 1990, 1192f. m. w. N.).

49 **d)** Wegen des **vorläufigen Rechtsschutzes** im Baurecht wird auf das Kapitel C III (Rdnr. 138ff.) verwiesen.

B IV. Der Mietrechtsfall

Thomas von Keller

Übersicht

Literatur: *Bub/Treier,* Handbuch der Geschäfts- und Wohnraummiete, 1989; *Emmerich/Sonnenschein,* Handkommentar zu den §§ 535–580a BGB, 5. Auflage 1990; *Fischer-Dieskau/Pergande/Schwender,* Wohnungsbaurecht, (Loseblattausgabe) Stand Okt. 1990; *Köhler,* Handbuch der Wohnraummiete, 3. Auflage 1988; *Schmidt-Futterer/Blank,* Miete und Pacht, 7. Aufl. 1988; *dies.,* Mietrecht von A–Z, 12. Aufl. 1988; *dies.,* Wohnraumschutzgesetze, 6. Aufl. 1988; *Sternel,* Mietrecht, 3. Aufl. 1986; *Müller/Oske/Becker,* RiM – Rechtsentscheide im Mietrecht, (Loseblattausgabe) Stand 30. Juni 1990; – **Fachzeitschriften:** Wohnungswirtschaft und Mietrecht (WuM); Zeitschrift für Miet- und Raumrecht (ZMR).

I. Vorbemerkung

Mietrecht aus der Sicht des Rechtssuchenden ist überwiegend das Recht der **Wohnraummiete.** Ausgangspunkt im folgenden sollen daher Mietverhältnisse über Wohnraum sein. Der Gesetzgeber des Bürgerlichen Gesetzbuches hat allerdings unter Miete nicht nur die Wohnraummiete verstanden. Gegenstand eines Mietverhältnisses können alle Sachen im Sinn des § 90 BGB sein, also sämtliche beweglichen oder unbeweglichen Sachen. Rechte können nicht Gegenstand eines Mietvertrages sein (vgl. *Palandt/Putzo,* BGB, 49. Aufl., Einf. vor § 535 Anm. 1a, § 535 Anm. 1b). Von Bedeutung im Rechtsleben und vor allem im Anwaltsleben ist neben der Wohnraummiete vor allem die Geschäftsraummiete. Abweichungen zum Wohnraummietrecht werden im folgenden an den entsprechenden Stellen erläutert. 1

Bei den meisten Streitigkeiten im Rahmen von Mietverhältnissen spielt der Inhalt des im Einzelfall abgeschlossenen Mietvertrages eine große Rolle. Da es sich hierbei meist um Formularverträge handelt, ist die Wirksamkeit der einzel- 2 nen Klauseln am Gesetz zur Regelung der Allgemeinen Geschäftsbedingungen (AGBG) zu messen. In letzter Zeit haben Verbandsklagen (§ 13 AGBG) von Mietervereinen gegen Haus- und Grundbesitzervereine wegen der von Letzteren herausgegebenen Mietvertragsmuster zugenommen (vgl. insbesondere *OLG Celle* WuM 1990, 103; *OLG München* WuM 1989, 128). Der Behandlung der hauptsächlichen Klagearten beim Mietprozeß sei daher ein Prüfschema für die gebräuchlichsten Klauseln in Mietverträgen vorangestellt (Aufbau anhand des Mustermietvertrages des Bundesjustizministeriums, vgl. Beck'sches Formularbuch zum Bürgerlichen, Handels- und Wirtschaftsrecht, Kap. III.D.4).

Prüfschema

1. Anwendungsbereich des AGBG

3 – Dem AGBG unterliegt jede einzelne Vertragsbedingung, die für eine Vielzahl von Verträgen vorformuliert ist und die eine Vertragspartei der anderen Vertragspartei nach dem 1. 4. 77 stellt oder gestellt hat (§§ 1 I 1, 28 I, 30 AGBG; vgl. oben A V Rdnrn. 1 ff.).
– Bei sog. **Altmietverträgen** (vor dem 1. 4. 77 abgeschlossen) ist nur zu prüfen, ob eine Klausel eine Partei unangemessen benachteiligt. Zusätzlich ist die bis zum Inkrafttreten des AGBG entwickelte Rechtsprechung zur Inhaltskontrolle Allgemeiner Geschäftsbedingungen zu berücksichtigen (§§ 28 II, 9 AGBG; str., *Bub/Treier* Kap. II Rdnr. 388).
– **Vorformuliert für eine Vielzahl von Verträgen** sind Klauseln auch bei Kauf eines Formularvertrages im Schreibwarenhandel und Verwendung nur in einem einzigen Fall, ferner dann, wenn der Vermieter einen selbst ausgearbeiteten Formularvertrag erstmalig verwendet, falls der Vertrag für wenigstens drei Fälle vorgesehen ist (*Bub/Treier* Kap. II Rdnr. 368).
– Im einzelnen zwischen den Vertragsparteien ausgehandelte Vertragsbedingungen, sog. **Individualvereinbarungen,** unterliegen nicht der Kontrolle des AGBG (zu den Voraussetzungen des Aushandelns: *Bub/Treier* Kap. II Rdnrn. 373 ff.).

2. Zu den einzelnen Klauseln des Formularmietvertrages

Zum Vorspann: Parteien des Mietvertrages

4 Bestimmung, daß der Mieter schon vorweg unwiderruflich dem **Eintritt eines Dritten in den Mietvertrag** zustimmt: zulässig (§ 11 Nr. 13 AGBG ist nicht auf Mietverträge anzuwenden). Empfehlenswert ist insbes. bei sog. gewerblichen Zwischenmietverhältnissen die Klausel, daß der Eigentümer bei Beendigung des Hauptmietverhältnisses als Vermieter in das Untermietverhältnis anstelle des **gewerblichen Zwischenvermieters** eintritt oder durch einseitige Erklärung eintreten kann (*Bub/Treier* Kap. II Rdnr. 417).

Zu § 1 Mietsache

5 – Formularmäßige **Bestätigung** des Mieters **über den ordnungsgemäßen Zustand der Mietsache** (teilweise in Zusammenhang mit beigefügter Wohnungsbeschreibung und Übergabeverhandlung): unwirksam gem. § 11 Nr. 15b AGBG, da dadurch die Beweislast zu Lasten des Mieters verschoben wird (str., *Bub/Treier* Kap. II Rdnr. 450 m. w. Nachw.; *LG Mannheim* ZMR 1989, 338; a. A. *Wolf/Horn/Lindacher* AGBG, 2. Aufl. 1989, § 9 Rdnr. M 39 m. w. Nachw.).
– **Beschränkung der Haftung** des Vermieters **auf gerügte oder nicht erkennbare Mängel:** verstößt beim Wohnraummietvertrag gegen die Unabdingbarkeit des Minderungsrechtes gem. §§ 537 III, 539 BGB.

Zu § 2 Mietzins

6 – **Wertsicherungsklausel:** bei Wohnraummietverträgen unzulässig (§ 10 I MHRG), bei Mietverträgen über Geschäftsraum zulässig (§ 11 Nr. 1 AGBG gilt nicht für Mietverträge).

- Pauschale **Überwälzung der Nebenkosten** („Mieter trägt die Nebenkosten"): gem. § 5 AGBG zugunsten des Mieters dahin auszulegen, daß er nur die auf die Wohnung entfallenden Nebenkosten, nicht aber die anteiligen Betriebskosten für das ganze Anwesen zu tragen hat (str., *Bub/Treier* Kap. II Rdnr. 407 m. w. Nachw.).
- Umlegung der Betriebskosten gem. **Anl. 3 zu § 27 der II. BerechnungsVO** zulässig und ausreichend (§ 4 MHRG; *BayObLG* WuM 1984, 105).
- Bei **Betriebskostenmehrbelastungsklausel** in Wohnraummietverträgen sind die Grenzen der §§ 4 II und III, 10 I MHRG zu beachten (*OLG Celle* WuM 1990, 103).
- Bei der **Verteilung von Heizkosten** geht die nicht abdingbare HeizkostenVO anderen, selbst individuellen Abreden im Mietvertrag vor (§ 2 HeizkVO; *OLG Hamm* WuM 1986, 267).
- **Leerstandsklausel,** daß Mieter eines Gebäudes die auf unvermietete Räume entfallenden Betriebskosten zu tragen haben: unwirksam nach § 9 II 1 AGBG wegen teilweiser Überbürdung des Vermietungsrisikos auf Mieter (*Sternel* Kap. III Rdnr. 360).
- **Abrechnungsgenehmigungsfiktion** für den Fall, daß Mieter einer zugesandten Betriebskostenabrechnung innerhalb gewisser Zeit nicht widerspricht: nach § 10 Nr. 5 AGBG nur wirksam bei angemessener Prüfungszeit (3 bis 4 Wochen) und nochmaligem Hinweis auf Bedeutung des Schweigens mit Zusendung der Abrechnung (vgl. oben A V. Rdnr. 41; *Bub/Treier* Kap. II Rdnr. 440).
- **Abrechnung der Betriebskosten nach Wirtschaftseinheiten** im Sinne von § 2 II der II. BerechnungsVO statt nach Einzelgebäuden kann formularvertraglich vereinbart werden (vgl. *Bub/Treier* Kap. II Rdnr. 437; a. A. *LG Mainz* DWW 1987, 16). Empfiehlt sich besonders für den vermietenden Wohnungseigentümer einer aus mehreren Häusern bestehenden Wohnungseigentumsanlage.
- **Abrechnung der Betriebskosten nach tatsächlich geleisteten Zahlungen im Abrechnungszeitraum** statt nach tatsächlichem Verbrauch, abgegrenzt auf den jeweiligen Abrechnungszeitraum: formularvertraglich zulässig (vgl. *Schulz* ZfgWBay 1989, 174ff. m. w. Nachw.; a. A. *Sternel* Kap. III Rdnr. 365). Auch dies besonders wichtig für vermietende Wohnungseigentümer, falls – wie häufig – Wohnungseigentumsverwalter „Ist-Abrechnung" über tatsächlich vereinnahmte und bezahlte Beträge erstellt.

Zu § 3 Mietzahlungen

- Ist Zahlung einer Kaution vorgesehen, so ist der formularvertragliche Ausschluß der **Kautionsverzinsung** jedenfalls in Mietverträgen ab 1978 gem. § 9 AGBG unwirksam (*LG München I* WuM 1989, 236). **7**
- Erteilung einer **Einzugsermächtigung** für Mietzins und Nebenentgelte: zulässig; nicht jedoch Verpflichtung zur Erteilung eines Abbuchungsauftrages ohne Rückrufmöglichkeit oder Verzicht auf Rückrufmöglichkeit bei Einzugsermächtigung (§ 9 AGBG; *BGH* NJW 1984, 2816; *LG Köln* WuM 1990, 380).
- Vereinbarung der **Vorleistungspflicht des Mieters** abweichend von § 551 BGB: zulässig (*Palandt/Putzo* § 551 BGB Anm. 1b).
- **Rechtzeitigkeitsklausel** – für Rechtzeitigkeit der Mietzahlung kommt es nicht auf Absendung, sondern Ankunft des Geldes an: zulässig (*Bub/Treier* Kap. II Rdnr. 425).
- **Pauschalierte Mahnkosten** (maximal 3 Mahnungen zu je DM 5,– nach *AG München* vom 19. 4. 90; Az. 309 B 1405/90) und
- **pauschalierte Verzugszinsen** in einer dem tatsächlichen Aufwand entsprechenden Höhe: zulässig, soweit Gegenbeweis eines niedrigeren Schadens nicht abgeschnitten wird (*Bub/Treier* Kap. II Rdnrn. 426f.; *OLG Celle* WuM 1990, 103).
- Klausel über die **Anrechnung von Zahlungen** (auf Kosten, Zinsen usw.): gem. § 9 AGBG schon deswegen unwirksam, weil Mieter sein Recht zur Bestimmung der Verrechnung (§ 366 I BGB) abgeschnitten wird (*OLG Celle* WuM 1990, 103).

Zu § 4 Mietdauer

- Ist als **Mietbeginn** ein bestimmtes Datum eingesetzt und gleichzeitig formularmäßig vereinbart, daß Mietverhältnis erst mit dem auf die Fertigstellung bzw. Räumung durch **8**

den Vormieter folgenden Monatsersten beginnt, so gilt gem. § 4 AGBG das individuell vereinbarte Datum.
- Fehlt dagegen Datumsangabe, so ist Klausel nach § 10 I AGBG unwirksam; im Rahmen von § 10 I AGBG kann bei Wohnraum allenfalls Frist von 4 Wochen (Geschäftsraum 6 Wochen) vereinbart werden (*Bub/Treier* Kap. II Rdnr. 420 m. w. Nachw.).
- Klausel, nach der **Vermieter** außer bei vorsätzlicher oder grob fahrlässiger Vertragsverletzung **nicht für rechtzeitige Freistellung der Mieträume** durch Vormieter **haftet:** unwirksam gem. § 11 Nr. 8a AGBG (vgl. oben A V Rdnr. 36; *OLG München* WuM 1989, 128).

Zu § 5 Kündigung

9 – Strengere **Form** als gesetzlich festgelegte Schriftform bei Wohnraum (§ 564a I BGB), z. B. Einschreiben: unwirksam gem. § 11 Nr. 16 AGBG, aber nur für Vertragspartner des Verwenders; Verwender selbst ist daran gebunden (*Palandt/Heinrichs* § 11 AGBG Anm. 16a).
- **Belehrung über Widerspruchsrecht** nach § 556a BGB bei evtl. späterer Kündigung bereits im Mietvertrag: nicht wirksam (*Emmerich/Sonnenschein* § 564a Rdnr. 29).
- Formularvertragliche **Verlängerung der gesetzlichen Kündigungsfristen** nach § 565 BGB: auf 6 Monate jedenfalls zulässig (*OLG Zweibrücken* ZMR 1990, 106), darüber hinaus str. (vgl. *Bub/Treier* Kap. II Rdnr. 536).
- **Vereinbarung weiterer Kündigungsgründe im Mietvertrag:** bei Wohnraum zum Nachteil des Mieters unwirksam gem. §§ 554b, 554 II 3 BGB; bei Geschäftsraum zulässig, soweit dadurch die Kündigungsgründe der §§ 553 bis 554a BGB lediglich konkretisiert werden, bei Abweichungen von den wesentlichen Grundgedanken der §§ 553 bis 554a BGB aber Unwirksamkeit nach § 9 AGBG (Beispiele s. *Bub/Treier* Kap. II Rdnrn. 540f.).
- **Ausschluß der stillschweigenden Verlängerung** des beendeten Mietvertrages gem. § 568 BGB: zulässig (*OLG Celle* WuM 1990, 103).

Zu § 7 Schönheitsreparaturen

10 – **Formularmäßige Abwälzung** der Schönheitsreparaturen auf Mieter verstößt für sich allein nicht gegen § 9 AGBG, auch nicht bei Übergabe unrenovierter Wohnung bei Mietbeginn, vorausgesetzt, die mietvertraglich vereinbarten **Fristen** beginnen erst mit Mietbeginn zu laufen (*BGH* WuM 1987, 306).
- Bei Fälligkeit der Schönheitsreparaturen **„bei Bedarf"**, mindestens aber nach Fristenplan: wirksam, wenn Mieter nur für seine eigene Abnutzung aufkommen muß (so Vorlagebeschluß *OLG Frankfurt* WuM 1990, 136 gegen den Rechtsentscheid des *OLG Stuttgart* WuM 1989, 121); unwirksam, wenn an den objektiven, auch vom Vormieter verursachten Grad der Abnutzung angeknüpft wird (*OLG Stuttgart* WuM 1986, 210; 1989, 121).
- Formularvertragliche Verpflichtung des Mieters, **bei Beendigung des Mietverhältnisses** Schönheitsreparaturen auszuführen, ohne daß sie nach Renovierungsturnus fällig sind: unwirksam bei Wohnraummietvertrag, i. d. R. wirksam bei Geschäftsraummiete (*Bub/Treier* Kap. II Rdnrn. 482f. m. w. Nachw.).
- Vereinbarung einer **Abgeltungsklausel** = quotenmäßigen Beteiligung des Mieters an bei Mietende noch nicht fälligen Schönheitsreparaturen: zulässig auch bei Übergabe unrenovierter Wohnung, wenn Quote nach Maßgabe der Abnutzung seit Mietbeginn oder seit den letzten Schönheitsreparaturen während der Mietzeit berechnet wird und Mieter nicht untersagt ist, seiner anteiligen Zahlungsverpflichtung dadurch zuvorzukommen, daß er vor Mietende Schönheitsreparaturen ausführt (*BGH* NJW 1988, 2790).
- Formularvertragliche Vereinbarung über **Art und Weise der Durchführung:** „fachmännisch" oder „fachgerecht": zulässig, da dies Eigenleistungen des Mieters nicht ausschließt (*BGH* NJW 1988, 2790); durch „Fachbetrieb" oder „Fachhandwerker": nach § 9 AGBG unwirksam (*Bub/Treier* Kap. II Rdnr. 480).

- Klausel, die zur Zahlung von Schadensersatz wegen Nichterfüllung **ohne Nachfristsetzung** verpflichtet: unwirksam gem. §§ 9, 11 Nr. 4 AGBG (*BGH* NJW 1986, 242).
- Formularmäßige **Vereinbarung eines Aufwendungsersatzanspruches** für vom Vermieter nach erfolgloser Mahnung selbst vorgenommene Schönheitsreparaturen: wirksam (str.; zum Meinungsstand vgl. *Bub/Treier* Kap. II Rdnrn. 488f.).
- **Pauschalierung des Schadensersatzanspruches:** gem. § 11 Nr. 5 AGBG zulässig, wenn Pauschale den nach gewöhnlichem Verlauf entstehenden Schaden nicht übersteigt und Mieter evtl. niedrigeren Schaden nachweisen darf (vgl. oben A V Rdnr. 35; *Bub/Treier* Kap. II Rdnr. 490).

Zu § 8 Bagatellschäden

Überbürdung von **Kleinreparaturen** bis zu DM 100,– im Einzelfall sowie bis zu maximal insgesamt 8% der Jahresmiete pro Jahr, beschränkt auf solche Teile der Mietsache, die dem häufigen Zugriff des Mieters unterliegen: zulässig (*BGH* WuM 1989, 324), darüber hinausgehend oder ohne diese Begrenzungen: unwirksam gem. § 9 AGBG (vgl. auch *OLG Celle* WuM 1990, 103). 11

Zu § 9 Aufrechnung und Zurückbehaltung

Recht des Mieters zur **Aufrechnung** mit Gegenansprüchen sowie Geltendmachung eines **Zurückbehaltungsrechtes** kann formularmäßig wie individuell nur in engen Grenzen eingeschränkt werden (§ 11 Nr. 2 und 3 AGBG, bei Wohnraummietverträgen zusätzlich § 552a BGB; vgl. oben A V Rdnr. 37; *OLG Celle* WuM 1990, 103; *Wolf/Horn/Lindacher,* oben Rdnr. 5, § 9 AGBG Rdnr. M 62; *Bub/Treier* Kap. II Rdnrn. 429ff.). 12

Zu § 10 Benutzung der Mietsache

- Formularmäßige **Beschränkung des Gebrauchsrechtes auf Vertragszweck** (Wohnzweck oder Zweck eines bestimmten Geschäftsbetriebes): zulässig (*Sternel* Kap. II Rdnr. 142). 13
- Zulässig auch, **Zustimmung zu einer anderen Nutzung** in das **freie Ermessen** des Vermieters zu stellen; Entscheidung des Vermieters unterliegt dann nur Ausübungskontrolle gem. § 242 BGB zur Verhinderung von Rechtsmißbrauch (*OLG Hamm* WuM 1981, 53).
- Anders, wenn Zustimmung nach **billigem Ermessen** des Vermieters: gem. § 5 AGBG Versagung dann nur aus sachlichen Gründen von einigem Gewicht (*Bub/Treier* Kap. II Rdnr. 492).
- Entsprechendes gilt für **Tierhaltungsverbot** (Näheres s. *Bub/Treier* Kap. II Rdnr. 500); hier kann aber Auslegung der Vertragsklausel aufgrund angeführter Entscheidungsmaßstäbe (z. B. „mit Rücksicht auf die Gesamtheit der Mieter und im Interesse einer ordnungsgemäßen Bewirtschaftung des Hauses") Zustimmungspflicht im Einzelfall begründen.
- Verbot der **Kleintierhaltung** (Zierfische, Vögel): unzulässig nach § 9 AGBG (*LG Frankfurt* WuM 1990, 271).

Zu § 11 Überlassung der Mietsache an Dritte – Untervermietung

- Formularvertragliche Beschränkung, aber nur im Rahmen von § 549 I 1, II BGB: zulässig (z. B. Erfordernis der Schriftlichkeit für die Erlaubnis zur Gebrauchsüberlassung an Dritte, ausgenommen besuchsweise sich aufhaltende Personen; *OLG Celle* WuM 1990, 103). 14
- Den **Widerruf** einer einmal erteilten Erlaubnis kann sich Vermieter nicht uneingeschränkt, sondern nur aus wichtigem Grund vorbehalten (Einzelheiten s. *Bub/Treier* Kap. II Rdnrn. 503ff.).

Zu § 13 Instandhaltung der Mietsache

- **Abwälzung** von Instandhaltung und Instandsetzung generell auf Mieter: bei Wohnraum unwirksam nach § 9 AGBG; bei Geschäftsraum insoweit zulässig, als durch Mietgebrauch verursacht (*BGH* WuM 1987, 154). 15

- Formularvertragliche Erweiterung der Haftung des Mieters auf **verschuldensunabhängige Zufallshaftung:** unzulässig gem. § 9 AGBG (*LG Saarbrücken* NJW-RR 1987, 1496), auch bei Anlagen (z. B. Schildern, Blumenkästen), deren Anbringung gestattungspflichtig ist (*OLG Celle* WuM 1990, 103).
- **Kanalverstopfungsklausel** = anteilige Haftung aller Mieter in einem Gebäude, wenn Verursacher einer Kanal- oder Leitungsverstopfung nicht ermittelt werden kann: unwirksam gem. § 9 AGBG (*OLG Hamm* WuM 1982, 201).
- Formularklausel, die **Haftung des Mieters für** solche **Dritte** begründen kann, die weder auf Veranlassung, noch mit Willen des Mieters mit der Mietsache in Berührung kommen: unwirksam (*OLG München* WuM 1989, 128; *OLG Celle* WuM 1990, 103).
- Vereinbarung gesamtschuldnerischer Haftung von mehreren Mietern für Schadensersatzansprüche: formularmäßig zulässig (*BGHZ* 65, 226; a. A. *Wolf/Horn/Lindacher,* oben Rdnr. 5, § 9 AGBG Rdnr. M 42).
- Klausel, nach der dem **Mieter** der **Beweis dafür obliegt,** daß schuldhaftes Verhalten nicht vorgelegen hat: gem. § 11 Nr. 15 AGBG unwirksam (*OLG München* WuM 1989, 1928).

Zu § 14 Betreten der Mietsache durch den Vermieter

16 – Formularmäßiges **Zutritts- und Besichtigungsrecht** zu zumutbaren Zeiten nach Voranmeldung innerhalb angemessener Frist zur Erfüllung der Vermieterpflichten oder Ausübung der Vermieterrechte zulässig, aber nicht ohne Mitwirkung des Mieters, ausgenommen dringende Fälle während längerer Abwesenheit des Mieters (*OLG Köln* WuM 1977, 173).
- **Vorbehalt** des Vermieters, Mieträume **jederzeit betreten** zu dürfen, etwa zur Ausübung des Vermieterpfandrechts: unzulässig (*OLG München* WuM 1989, 128).

Zu § 15 Rückgabe der Mietsache

17 – Klausel, nach der Mietsache **„in vertragsgemäßem Zustand"** zurückzugeben ist: nach § 5 AGBG eng auszulegen; Mietsache ist in einem der vertragsmäßigen Abnutzung entsprechenden Zustand zurückzugeben (*Palandt/Putzo,* § 548 BGB Anm. 1b aa).
- Klausel, nach der die Mieträume **„bezugsfertig"** zurückgegeben werden: nach § 5 AGBG eng auszulegen, z. B. sind Dübellöcher zu verschließen, Staubränder zu entfernen und Schönheitsreparaturen durchzuführen, soweit turnusmäßig fällig (str.; *Bub/Treiber* Kap. II Rdnr. 551).
- Formularmäßige Verpflichtung, bei Mietende die Mietsache, insbesondere **Teppichböden zu reinigen:** zulässig, da Nachwirkung der Obhutspflicht des Mieters (*Bub/Treier* a. a. O).
- Formularmäßiger Ausschluß des Anspruchs des Mieters auf **Ersatz notwendiger Verwendungen** gem. § 547 I BGB: unwirksam gem. § 9 AGBG (str.; *Bub/Treier* Kap. II Rdnr. 553).
- Anspruch des Mieters auf **Ersatz nicht notwendiger Verwendungen** gem. § 547 II BGB: unbeschränkt abdingbar (*Bub/Treier* a. a. O.).
- Formularvertragliche Verpflichtung des Mieters, von ihm vorgenommene **bauliche Veränderungen** rückgängig zu machen und **eingebrachte Einrichtungen** wegzunehmen: wirksam und zulässig (*Sternel* Kap. IV Rdnr. 600).
- **Ausschluß des Wegnahmerechts** ohne oder gegen unangemessen niedrige Entschädigung: unwirksam bei Wohnraum nach § 547a III BGB, bei Geschäftsraum nach §§ 10 Nr. 7a, 11 Nr. 6 AGBG (*Sternel* Kap. IV Rdnr. 625).
- Zur Durchführung von **Schönheitsreparaturen bei Mietende** vgl. oben Rdnr. 10.

Zu § 16 Personenmehrheit als Mieter

18 – **Vollmachtsklausel,** in der sich mehrere Mieter gegenseitig **zum Empfang von Willenserklärungen** ermächtigen: grundsätzlich wirksam; dies gilt – mit unterschiedlichen Begründungen – nach h. M. jedoch nicht für den Empfang von Kündigungen (*Bub/Treier* Kap. II Rdnrn. 561f.; *Schmidt-Futterer/Blank,* Wohnraumschutzgesetze, Rdnrn. B 44ff.; *Sternel* Kap. I Rdnr. 103, je m. w. Nachw.).

- **Vollmachtsklausel,** in der sich mehrere Mieter gegenseitig **zur Abgabe von Willenserklärungen** ermächtigen: einschränkend dahin auszulegen, daß sie nicht Erklärungen deckt, die den Bestand des Mietverhältnisses betreffen oder die Hauptleistungspflichten der Vertragspartner ändern (str.; *Bub/Treier* Kap. II Rdnr. 563; nach *OLG Celle* WuM 1990, 193 unwirksam).
- Vollmachtsklausel ohne ausdrückliche Widerrufsmöglichkeit: unwirksam nach § 9 AGBG (*OLG Celle* WuM 1990, 103).
- Zur **Vereinbarung gesamtschuldnerischer Haftung** von mehreren Mietern vgl. oben Rdnr. 15.

Zu § 18 Zusätzliche Vereinbarungen

- Klausel, wonach „die **anliegende Hausordnung** Bestandteil dieses Vertrages" ist oder „die beigefügte Hausordnung nach genauer Durchsicht vorbehaltlos anerkannt wird": unzulässig gem. § 11 Nr. 15b AGBG, weil ohne die sog. Wissenserklärung bzw. Tatsachenbestätigung i. S. v. § 2 I AGBG (Mieter erhält Kenntnis von der „anliegenden" Hausordnung) der Vermieter beweisen müßte, daß Mieter vor oder bei Vertragsschluß Kenntnis von der Hausordnung erhalten hat (vgl. oben A V Rdnrn. 12ff.; *OLG Celle* WuM 1990, 103). 19
- Klausel, wonach **bisherige schriftliche oder mündliche Mietvereinbarungen** mit dem Wirksamwerden des vorliegenden Vertrages **außer Kraft treten:** unwirksam nach § 9 AGBG, weil es dem Grundsatz des Vorrangs der Individualabrede gem. § 4 AGBG widerspricht (*OLG Celle* WuM 1990, 103).
- Sog. **Schriftformklausel,** die sich auf Nebenabreden, Ergänzungen und Änderungen **vor, bei oder nach Vertragsabschluß** bezieht: entfaltet im Einzelfall wegen des Vorrangs der Individualabrede nach § 4 AGBG keine Wirkung (vgl. oben A V Rdnr. 24; *Sternel* Kap. I Rdnr. 210).
- **Vollständigkeitsklausel** – Vertragsurkunde gibt die Vereinbarung vollständig wieder, darüber hinaus bestehen keine weiteren Abreden und Zusagen: dahingehend auszulegen, daß dem Vertragspartner der Beweis weiterer, auch mündlicher Abreden und Zusagen offenbleibt, welche dann als Individualabreden gem. § 4 AGBG den Vorrang haben (*Bub/Treier* Kap. II Rdnrn. 564f., 403).
- **Salvatorische Klausel:** nach § 6 I, II AGBG wirksam, soweit nach ihr nur Wirksamkeit des Vertrages im übrigen statuiert wird sowie, daß anstelle unwirksamer Bestimmungen die gesetzliche Regelung tritt;
- unwirksam wegen Verstoßes gegen § 6 II AGBG, wenn mit salvatorischer Klausel bezweckt wird, daß unwirksame Klausel durch eine ersetzt werden soll, deren wirtschaftlicher Erfolg dem der unwirksamen so weit wie möglich entspricht (wegen des **Verbots der geltungserhaltenden Reduktion;** vgl. oben A V Rdnrn. 59, 72; *Palandt/Heinrichs* § 6 AGBG Anm. 3). Ein solches Ziel kann nur durch Individualvereinbarung, nicht aber durch formularmäßige Klausel erreicht werden.
- **Schiedsgerichtsklausel:** unwirksam gem. § 1025a ZPO bei Wohnraum, soweit Streit Bestand des Mietverhältnisses betrifft (vgl. im einzelnen *Thomas/Putzo,* ZPO, 15. Aufl., § 1025a Anm. 2b); im übrigen wirksam, falls Vertragspartner nicht unangemessen benachteiligt wird (*Bub/Treier* Kap. II Rdnr. 567).

II. Räumungs- und Feststellungsklagen nach Kündigung

1. Räumungsklagen nach ordentlicher Kündigung

Meldet sich ein Vermieter mit der Bitte, für ihn eine Räumungsklage nach ordentlicher Kündigung gegen seinen Mieter durchzuführen, so sollte er zur Erstberatung den Mietvertrag, das Kündigungsschreiben und etwa damit zusammenhängenden Schriftverkehr oder andere Unterlagen mitbringen. Als Allererstes sollte geprüft werden, welches Gericht zuständig ist. Ist nämlich nicht 20 das Gericht am Sitz des Anwalts zuständig, so ist dies in der Regel mit erheblichen Kostennachteilen für den klagenden Vermieter verbunden. Die meisten Gerichte neigen dazu, nur die **Kosten** eines Anwalts als erstattungsfähig anzusehen (*Thomas/Putzo,* § 91 ZPO Rdnr. 3c aa). Allenfalls werden noch die Kosten einer Informationsreise anerkannt, wenn es sich um einen schwierig zu führenden Prozeß handelt (*Gerold/Schmidt,* BRAGO, 9. Aufl., § 52 Rdnr. 45). Muß daher der Prozeß an einem anderen Ort als dem Sitz des Rechtsanwalts geführt werden, muß der Anwalt den Vermieter darauf aufmerksam machen, daß er die Kosten eines Korrespondenzanwalts, eines Unterbevollmächtigten oder Reisekosten des angesprochenen Anwalts nach § 28 BRAGO auch im Fall des Obsiegens evtl. nicht ersetzt erhält.

a) Zuständiges Gericht

21 Bei Wohnräumen oder anderen Räumen ist u. a. für Räumungsprozesse durch § 23 Nr. 2a GVG die **allgemeine Zuständigkeit** des Amtsgerichtes begründet. Für die örtliche Zuständigkeit bestimmt § 29a I ZPO bei Wohnraummietverhältnissen als ausschließlichen Gerichtsstand das Amtsgericht des Bezirkes, in dem sich die streitgegenständlichen Wohnräume befinden. Daß es sich hierbei um eine **ausschließliche örtliche Zuständigkeit** handelt, wird in der Praxis öfter übersehen und führt dann wegen notwendiger Verweisung an das nach § 29a ZPO zuständige Amtsgericht zu erhöhtem Zeitverlust und erhöhten Kosten für den klagenden Vermieter (vgl. § 281 III 2 ZPO). § 29a I ZPO gilt jedoch nur für Wohnraummietverträge, also auch für Werkmietwohnungen, welche mit Rücksicht auf das Bestehen eines Dienstverhältnisses vermietet werden, § 565b BGB; anders bei Werkdienstwohnungen, wo die Überlassung von Wohnraum unmittelbar Bestandteil des Arbeitsverhältnisses ist und kein selbständiger Mietvertrag vorliegt (vgl. *BAG* WuM 1990, 391; *Hans OLG* ZMR 1990, 377). § 29a I ZPO gilt nicht für Wohnraum, der nur zum vorübergehenden Gebrauch vermietet wurde (z. B. Ferienwohnung) und nicht für möblierten Wohnraum innerhalb der Vermieterwohnung, der nicht zum dauernden Gebrauch für eine Familie überlassen ist, z. B. „Studentenbude" (§§ 29a II ZPO, 556a VIII, 565 III BGB).

22 Unter den Begriff **Wohnraum** fallen Räume, die zum Wohnen, also insbes. Schlafen, Essen, dauernder privater Nutzung bestimmt und Innenteil eines Gebäudes sind (*Palandt/Thomas,* Einf. vor § 535 BGB Anm. 8a). Auch für Garagen können die Vorschriften über Wohnraummietverträge anwendbar sein, selbst dann, wenn ein eigener Garagenmietvertrag – u. U. auch erst nach einigen Jahren – abgeschlossen wird (vgl. *LG München II* WuM 1990, 514). Nicht unter den ausschließlichen örtl. Gerichtsstand des § 29a ZPO fallen **Mietverhältnisse über Geschäftsräume** sowie sog. **Mischmietverhältnisse,** bei denen der Geschäftsraumanteil überwiegt, sowie Mietverhältnisse über Grundstücke und bewegliche Sachen. Geschäftsräume sind alle Räume, die zu anderen als Wohnzwecken bestimmt sind, wobei es auf die tatsächliche Nutzungsart dieser Räume durch den Mieter nicht ankommt. Oft ergibt sich die Zweckbestimmung aus der Beschaffenheit der vermieteten Räume ohne weiteres, so z. B. Läden, Büros, Lagerhallen usw. Sind die Räume verschieden nutzbar, kommt es auf die Zweckbestimmung der Mietvertragsparteien an (*Schmidt-Futterer/Blank,* Wohnraumschutzgesetze, Rdnr. B 17). So hat der *BGH* für Werkförderungsverträge, für Mietverträge zwischen Eigentümer und gewerblichem Zwischenmieter, für Mietverträge über Räume zum Betrieb eines Studentenheims und Mietverträge

zwischen Eigentümer und Bundesrepublik Deutschland zur Deckung des Wohnraumbedarfs der US-Streitkräfte (Verpflichtung der Bundesrepublik Deutschland nach NATO-Truppenstatut) Geschäftsraummiete angenommen und somit die Vorschriften über Wohnraummietverhältnisse für nicht anwendbar erklärt (*BGH* NJW 1981, 1377; *BGH* NJW 1985, 1772). Schwierigkeiten wegen der Einordnung ergeben sich oft bei sog. Mischmietverhältnissen (z. B. Gastwirtschaft mit Wirtewohnung, Anwaltskanzlei mit Wohnung). Auch hier ist der erklärte Parteiwille grundsätzlich ausschlaggebend. Im übrigen kommt es darauf an, ob das Übergewicht im gewerblichen Bereich liegt. Ist dies der Fall (so *BGH* NJW-RR 1986, 877, bei den genannten Beispielen), finden die Vorschriften über Wohnraummiete keine Anwendung.

b) Formelle Voraussetzungen der Kündigung

aa) Schriftform. Bei Mietverhältnissen über Wohnraum muß die Kündigung schriftlich erfolgen (§ 564a I 1 BGB). Falls strengere Form, z. B. Einschreiben, in Formularmietvertrag vereinbart: vgl. oben Rdnr. 9. 23

bb) Kündigender. Bei Personenmehrheiten auf der Vermieterseite (Erbengemeinschaften, Grundstücksgemeinschaften) müssen alle Vermieter kündigen. Kündigt nur ein Vermieter zugleich in Vertretung der anderen, so benötigt er eine Originalvollmacht. Hat er diese nicht beigefügt, so kann der Mieter die Kündigung mangels Vorlage der Vollmachtsurkunde unverzüglich zurückweisen. Die Kündigung ist in diesem Fall gemäß § 174 S. 1 BGB unwirksam. 24

cc) Kündigungsadressat. Mieter sind grundsätzlich alle diejenigen, die den Mietvertrag unterschrieben haben (vgl. *Bub/Treier* Kap. II Rdnr. 265). Bei mehreren Mietern ist jedem Einzelnen gegenüber das Kündigungsschreiben zuzustellen, was in der Praxis, insbesondere bei Eheleuten als Mieter, oft übersehen wird. Im Mietvertrag enthaltene Formularklauseln, wonach ein Mieter zur Entgegennahme von Willenserklärungen mit Wirkung auch für die anderen Mieter berechtigt ist, gelten nicht für Kündigungen (vgl. oben Rdnr. 18). Sicherheitshalber ist – auch aus Gründen des Beweises des Zugangs der Kündigung – zu empfehlen, die Kündigungsschreiben getrennt jedem Mieter einzeln per Einschreiben/Rückschein zuzustellen. 25

dd) Begründungserfordernis. Bei Wohnraummietverhältnissen werden im späteren Räumungsprozeß nur die Gründe berücksichtigt, die im Kündigungsschreiben angegeben sind (§ 564b III BGB). Eine Ausnahme gilt nur für nachträglich entstandene weitere Kündigungsgründe. Nach den neueren Entscheidungen (insbesondere *BVerfG* NJW 1988, 2725) sind zwar die Anforderungen an den Begründungszwang nicht zu überspannen. Im Hinblick auf § 556 I 3 BGB sollten aber im Kündigungsschreiben alle Gründe angegeben werden, welche das Interesse des Vermieters an der Beendigung des Mietverhältnisses dokumentieren (*Palandt/Putzo,* § 564a BGB Anm. 3c). Ein Sachvortrag, der erst im Klageverfahren vorgebracht wird und sich lediglich als Ergänzung und Untermauerung des gesetzlichen Tatbestandes darstellt, ist jedoch von den Gerichten zu berücksichtigen (*BVerfG* GWW 1989, 564). Das Begründungserfordernis gilt nicht bei der Geschäftsraummiete oder anderen Mietverhältnissen (§ 564a I 2 BGB). 26

ee) Kündigungstermin. Das Fehlen oder die Angabe eines falschen Kündigungstermins schadet nicht. Die Kündigung ist dann gem. § 140 BGB in eine Kündigung für den nächstzulässigen Termin umzudeuten (str., ob dies ohne 27 zusätzliche Anhaltspunkte zulässig ist; vgl. *LG Osnabrück* WuM 1990, 81). Dies gilt auch bei verspätetem Zugang (MünchKomm-*Voelskow,* 2. Aufl., § 564 BGB Rdnr. 16).

c) Materielle Voraussetzungen der Kündigung

28 **aa) Verletzung vertraglicher Verpflichtungen, § 564b II Nr. 1 BGB.** Diese kann z. B. vorliegen bei schuldhaftem Zahlungsverzug, ständig unpünktlicher Zahlungsweise trotz entsprechender Abmahnung (*Palandt/Putzo,* § 564b BGB Anm. 6b bb), vertragswidrigem Gebrauch der Mietsache durch den Mieter (von einigem Gewicht, sonst nur Unterlassungsklage nach § 550 BGB). Die Vertragsverletzungen müssen schuldhaft, aber nicht so erheblich sein, wie dies für die fristlose Kündigung gemäß § 553 BGB erforderlich ist. Einzelbeispiele siehe bei *Palandt/Putzo,* § 564b BGB Anm. 6b.

29 **bb) Eigenbedarf, § 564b II Nr. 2 BGB.** Der sog. Eigenbedarf ist dann gegeben, wenn der Vermieter die Räume als Wohnung für sich, zu seinem Hausstand gehörende Personen oder seine Familienangehörigen benötigt. Nach der neuesten Rechtsprechung des *BVerfG* und des *BGH* ist dabei ausreichend, wenn der Vermieter **„vernünftige und nachvollziehbare Gründe"** für die Absicht anführen kann, die Räume selbst zu bewohnen oder durch den privilegierten Personenkreis bewohnen zu lassen. Dabei ist die Entscheidung des Eigentümers über seinen Wohnbedarf grundsätzlich zu achten. Unter Mißbrauchsgesichtspunkten kann das Gericht allerdings prüfen, ob der Vermieter einen weit überhöhten Wohnbedarf geltend macht (*BVerfG* NJW 1989, 971). Diese Prüfung unterliegt aber Grenzen (*BVerfG* NJW 1988, 1075). Die Gerichte überschreiten diese Grenzen z. B., wenn sie den Eigentümer auf ein gewerblich genutztes Alternativobjekt verweisen, da die Gerichte grundsätzlich die Entscheidung des Eigentümers hinzunehmen haben, wie er über die Nutzung seiner sonstigen Eigentumsgegenstände disponiert hat (*BVerfG* NJW 1990, 309). Andererseits reicht der bloße Wunsch zur Eigennutzung nicht aus (*BVerfG* ZMR 1989, 408). Auch willkürliche oder vorgeschobene Kündigungen verdienen keinen Schutz (*BVerfG* NJW 1988, 2233; *BGH* NJW 1988, 904). Im einzelnen haben die Instanzgerichte diese Grundsätze höchst unterschiedlich ausgelegt (vgl. z. B. *LG Gießen* WuM 1990, 300; *LG Hamburg* WuM 1990, 302; *LG Münster* WuM 1990, 304; *LG Hannover* WuM 1990, 305; *LG München I* WuM 1990, 211; *LG Hamburg* WuM 1990, 212; *LG Wiesbaden* WuM 1990, 213; *LG Frankenthal/Pfalz* WuM 1990, 79; *LG Kiel* WuM 1990, 22; *LG Hamburg* WuM 1990, 22; *LG Berlin* WuM 1990, 23 u. 25; *LG Mannheim* ZMR 1990, 19; *LG Lübeck* WuM 1989, 516; *LG Frankfurt* WuM 1989, 517).

Zu beachten ist beim Eigenbedarf, daß eine 3-jährige, gebietsweise jetzt 5-jährige Wartefrist einzuhalten ist, wenn an den vermieteten Wohnräumen nach der Überlassung an den Mieter Wohnungseigentum begründet und dann veräußert worden ist (§ 564b II Nr. 2 BGB). Diese beginnt mit der ersten Veräußerung des Wohnungseigentums (*BayObLG* NJW 1982, 451). Die Schutzfrist gilt nicht bei Umwandlung in Bruchteilseigentum (KG ZMR 1987, 216) und nicht bei Erwerb eines Hauses durch eine GbR mit anschließender Zuweisung von ausschließlichen Nutzungsrechten an je einer Wohneinheit für jeden Gesellschafter (*OLG Karlsruhe* 9 RE Miet 1/90).

30 **cc) Verhinderung angemessener wirtschaftlicher Verwertung, § 564b II Nr. 3 BGB.** Erforderlich ist, daß der Vermieter bei Fortsetzung des Mietverhält-

nisses erhebliche Nachteile erleiden würde (*Sternel* Teil IV Rdnr. 148; zu den Anforderungen, die hier von der Rechtsprechung an eine Kündigung gestellt werden vgl. *LG Berlin* WuM 1989, 254; *LG Köln* WuM 1989, 255; *LG Hamburg* WuM 1989, 256). Die Verwertung kann z. B. in einem Verkauf, einer Nutzungsänderung (falls kein Zweckentfremdungsverbot besteht), einer umfassenden Sanierung oder einem Abbruch mit Wiederaufbau bestehen. Sie muß angemessen, d. h. wirtschaftlich geboten und sinnvoll sein (*Schmidt-Futterer/Blank,* Wohnraumschutzgesetze, Rdnrn. B 652, 654). Besonders häufig ist der Fall, daß der Vermieter der Ansicht ist, beim Verkauf eines geräumten Hauses oder einer geräumten Eigentumswohnung einen höheren Kaufpreis erzielen zu können. Diese Möglichkeit allein reicht nicht aus (*Schmidt-Futterer/Blank,* Wohnraumschutzgesetze, Rdnr. B 654). Erforderlich ist, daß der Vermieter verkaufen muß, jedoch durch den Fortbestand des Mietverhältnisses daran entweder gehindert wird oder nur einen unzumutbar niedrigeren Erlös (13–15% weniger reicht jedenfalls aus) erzielen könnte (vgl. hierzu *BVerfG* NJW 1989, 972). Im Streitfall muß der Vermieter darlegen und beweisen, daß und welche Verkaufsbemühungen er mit welchem Ergebnis unternommen hat (*Palandt/Putzo,* § 564b BGB Anm. 8a aa u. bb; zur Darlegungslast vgl. auch *LG München II* ZMR 1987, 309). Bei Umwandlung von Eigentumswohnungen gilt u. U. auch hier eine 5-jährige Sperrfrist ab Erwerb (§ 564b II Nr. 3 S. 4 BGB). Bei Umbau oder Modernisierung ist erforderlich, daß die streitgegenständliche Wohnung durch die geplanten Maßnahmen in ihrem Bestand betroffen wird (z. B. Aufteilung in kleinere Wohnungen oder Zusammenfassung mit anderen Wohnungen zu einer größeren Wohnung; vgl. *BayObLG* NJW 1984, 372).

dd) Sonstige Gründe, § 564b II BGB. Aus der Formulierung dieser Vorschrift („insbesondere") folgt, daß es auch noch andere Gründe geben kann. Hierzu zählen insbesondere folgende Fälle: **Öffentliches Interesse,** z. B. Fehlbelegung von Sozialwohnungen, Ausscheiden aus dem Staatsdienst bei Staatsbedienstetenwohnungen oder Ausscheiden aus der Genossenschaft bei Genossenschaftswohnungen (*Schmidt-Futterer/Blank,* Wohnraumschutzgesetze, Rdnr. B 680). **Betriebsbedarf,** insbesondere die Verwendung der Wohnung als Werkmietwohnung für einen anderen Arbeitnehmer anstelle eines Arbeitnehmers, dessen Arbeitsverhältnis beendet ist (*Sternel* Teil IV Rdnrn. 164, 166); wird vom Arbeitgeber eine Bewerberliste der Wohnungssuchenden geführt, so reicht grundsätzlich der Hinweis auf diese Liste aus, namentliche Nennung des Bewerbers in der Kündigung ist nicht erforderlich (vgl. *LG München I* WuM 1990, 153). Zur Zuständigkeit des Gerichts vgl. oben Rdnr. 21; zur Einführung weiterer Kündigungsgründe durch Formularmietvertrag vgl. oben Rdnr. 5. 31

ee) Sonderfälle. In einer ganzen Anzahl von Sonderfällen ist es nicht erforderlich, daß ein berechtigtes Interesse des Vermieters im Sinn des § 564b II BGB vorliegt. In diesen Fällen ist meist auch die Kündigungsfrist anders geregelt als durch § 565 BGB. Hierzu einige Beispiele: 32

- Wohnung in einem vom **Vermieter selbst bewohnten Wohngebäude** mit nicht mehr als zwei Wohnungen sowie Wohnraum innerhalb der vom Vermieter selbst bewohnten Wohnung: Kündigungsgrund nicht erforderlich, jedoch Angabe im Kündigungsschreiben, daß nicht nach § 564b I BGB gekündigt wird; Kündigungsfrist verlängert sich um 3 Monate (§ 564b IV BGB).
- Wohnraum innerhalb der vom Vermieter selbst bewohnten Wohnung, ganz oder überwiegend möbliert und nicht zum dauernden Gebrauch für eine

Familie überlassen sowie **nur zu vorübergehendem Gebrauch** vermieteter Wohnraum: Fällt nicht unter Schutzbereich des § 564b BGB (§ 564b VII BGB; *Palandt/Putzo* § 564b BGB Anm. 3c).

- Sog. **funktionsgebundene Werkmietwohnungen** (z. B. für Hausmeister, Bereitschaftsdienst, Wachpersonen), können nach Beendigung des Dienstverhältnisses gemäß § 565c S. 1 Nr. 2 BGB spätestens am 3. Werktag eines Kalendermonats für den Ablauf dieses Monats gekündigt werden, wenn sie gerade wegen der gleichen Funktion für einen anderen Arbeitnehmer benötigt werden (*Palandt-Putzo* § 565c BGB Anm. 3).
- **Gewöhnliche Werkmietwohnungen** können nach Beendigung des Dienstverhältnisses mit der verkürzten Kündigungsfrist des § 565c S. 1 Nr. 1 BGB (am 3. Werktag für den Ablauf des nächsten Monats) gekündigt werden, wenn die Wohnung für einen anderen Arbeitnehmer dringend benötigt wird, falls der Wohnraum im Zeitpunkt des Zugangs der Kündigung noch nicht 10 Jahre lang überlassen war (*Palandt/Putzo* § 565c BGB Anm. 2b).
- Bei **Tod des Mieters** ist sowohl der Erbe als auch der Vermieter berechtigt, das Mietverhältnis unter Einhaltung der gesetzlichen Frist zu kündigen (§ 569 I 1 BGB). Die Kündigung kann jedoch nur für den ersten Termin nach Kenntnis vom Tod und der Erbfolge erfolgen. Dieses „Sonderkündigungsrecht“ hat also Bedeutung nur bei Mietverträgen mit längerer Laufzeit oder verlängerter Kündigungsfrist (gemäß § 565 V BGB gilt hier immer die 3-Monatsfrist des § 565 II 1 BGB), setzt jedoch immer ein berechtigtes Interesse an der Beendigung des Mietverhältnisses gem. § 564b BGB voraus (*OLG Karlsruhe* WuM 1990, 60). Häufig wird allerdings eine **Eintrittsmöglichkeit nach § 569a BGB** gegeben sein, dies auch schon beim Tod nur eines von mehreren Mietern (vgl. *OLG Karlsruhe* ZMR 1990, 6). Dann ist eine Kündigung nur bei wichtigem Grund in der Person des Eintretenden zulässig (*Palandt/Putzo* § 569a BGB Anm. 5).
- Weiter bringt noch das am 1. 6. 90 in Kraft getretene **Wohnungsbau-ErleichterungsG** (BGBl. I S. 926) zunächst auf 5 Jahre befristet unter gewissen Voraussetzungen folgende Ausnahmen vom strengen Kündigungsschutz: Einliegerwohnungen in **3-Familienhäusern,** § 564b IV 1 Nr. 2 BGB; von **Gemeinden** zur **Untervermietung** z. B. **an Aussiedler** angemieteter Wohnraum, § 564b VII Nr. 5 BGB; Teilkündigung von **Keller- und Dachgeschoßräumen,** wenn Ausbau zwecks eigenständiger Vermietung geplant ist, § 564 b II Nr. 4 BGB; u. a. (Näheres vgl. *Otto,* ZfgWBay 1990, 350; *Gramlich,* NJW 1990, 2611).

d) Widerspruch des Mieters gegen die Kündigung, § 556a BGB

33 **aa) Formelle Voraussetzungen.** Die Sozialklausel gilt nur bei Wohnraummietverhältnissen, jedoch nicht bei nur zu vorübergehendem Gebrauch vermietetem Wohnraum, Ferienhäusern und -wohnungen (§ 564b VII Nr. 4 BGB), möbliertem Wohnraum in der vom Vermieter selbst bewohnten Wohnung (§§ 556a VIII, 565 III BGB) und nicht bei funktionsgebundenen Werkmietwohnungen (§ 565 d III Nr. 1 BGB). Bei anderen Werkmietwohnungen ist dagegen eine Widerspruchsmöglichkeit gegeben (§ 565d III Nr. 2 BGB, vgl. im einzelnen *Palandt/Putzo* § 565d BGB Anm. 2 und 3). Der Widerspruch muß **schriftlich** (§ 556a V BGB) spätestens 2 Monate vor Beendigung des Mietverhältnisses dem Vermieter gegenüber erklärt werden (§ 556a VI 1 BGB). Hat allerdings der

Vermieter den Mieter nicht rechtzeitig vor Ablauf der **Widerspruchsfrist** auf die Widerspruchsmöglichkeit aufmerksam gemacht (zum Hinweis auf die Widerspruchsmöglichkeit im Formularmietvertrag vgl. oben Rdnr. 9), so kann der Widerspruch noch im ersten Termin des Räumungsrechtsstreits erklärt werden (§§ 556a VI 2, 564a II BGB).

Auf Verlangen des Vermieters „soll" ferner der Mieter über die **Gründe des Widerspruchs** unverzüglich Auskunft erteilen (§ 556a V 2 BGB). Ein Verstoß hiergegen hat jedoch für den Mieter allenfalls negative Kostenfolgen im Räumungsprozeß (§ 93b II ZPO). Der Mieter kann aber alle für ihn günstigen Umstände im Prozeß bis zum Schluß der mündlichen Verhandlung vorbringen (MünchKomm-*Voelskow* § 556a BGB Rdnr. 9).

bb) Materielle Erfordernisse. Die Härtegründe des Mieters müssen schwerwiegender sein als das **Freimachungsinteresse des Vermieters.** Häufigster Fall in der Praxis ist wohl die Schwierigkeit für den Mieter, angemessenen Wohnraum zu wirtschaftlich und persönlich zumutbaren Bedingungen zu beschaffen. Der Mieter muß aber nachweisen, daß er sich ab der Kündigung um derartigen Ersatzwohnraum bemüht hat. Weitere Einzelheiten zur Interessenabwägung vgl. MünchKomm-*Voelskow* § 556a BGB Rdnr. 15. 34

e) Zeitpunkt der Klageerhebung

aa) Klage auf künftige Räumung. Bei Mietverhältnissen, die **nicht Wohnraummietverhältnisse** sind, ist die Klage auf künftige Räumung gemäß § 257 ZPO zulässig. Eine Klage auf künftige Räumung bei **Wohnraum-** oder **Mischmietverhältnissen** ist nur zulässig, wenn den Umständen nach die Besorgnis gerechtfertigt ist, daß der Schuldner sich der rechtzeitigen Räumung entziehen werde (§ 259 ZPO). Als Nachweis hierfür genügt es, wenn der Mieter das Vorliegen eines Kündigungsgrundes bestreitet und dabei zum Ausdruck bringt, daß er nicht ausziehen werde (*Schmidt-Futterer/Blank,* Wohnraumschutzgesetze, Rdnr. B 751). 35

bb) Stillschweigende Verlängerung, § 568 BGB. Diese Vorschrift wird in der Praxis oft übersehen, ist allerdings in Formularmietverträgen häufig abbedungen (vgl. oben Rdnr. 9). Falls nicht, gilt folgendes: Räumt der Mieter nicht zum gekündigten Zeitpunkt und setzt er den Gebrauch der Sache fort, gilt nach dieser Vorschrift das Mietverhältnis als auf unbestimmte Zeit verlängert, sofern nicht der Vermieter oder der Mieter seinen entgegenstehenden Willen binnen einer Frist von 2 Wochen dem anderen Teil gegenüber erklärt. Fehlt es an einer solchen Erklärung, so müßte zur Vermeidung der Rechtsfolge des § 568 BGB die Klage dem Mieter vor Ablauf dieser 14-Tage-Frist zugegangen sein (*Palandt/Putzo,* § 568 BGB Anm. 2c). Die nach § 568 BGB erforderliche Erklärung des Vermieters soll deshalb – wichtig für den beratenden Anwalt – sicherheitshalber kurz vor Ende des Mietverhältnisses erklärt werden. Dies etwa mit den Worten: „Einer Verlängerung des Mietverhältnisses gemäß § 568 BGB widersprechen wir schon heute" oder „Sollten Sie nicht zum gekündigten Zeitpunkt räumen, werden wir unseren Anwalt beauftragen, Räumungsklage gegen Sie zu erheben". Eine solche vorweggenommene Erklärung des Vermieters ist nach herrschender Ansicht möglich, wenn ein nicht nur loser zeitlicher Zusammenhang zwischen der Erklärung und dem Ende der Kündigungsfrist besteht (*BayObLG* NJW 1981, 2759). Aus diesem Grund ist der bereits mit Ausspruch der Kündigung erklärte Widerspruch gemäß § 568 BGB in der Rechtsprechung zum Teil 36 bereits bei nur 3monatiger Kündigungsfrist für wirkungslos gehalten worden (vgl. *LG Kassel* WuM 1989, 518).

f) Mögliche Verfahrensarten

37 **aa) Räumung durch einstweilige Verfügung.** Gemäß § 940a ZPO kann der Anspruch auf Räumung einer Wohnung – außer im Fall der verbotenen Eigenmacht – nicht im Wege der einstweiligen Verfügung durchgesetzt werden. Somit ist bei Hausbesetzungen zwar eine einstweilige Verfügung möglich. In der Praxis scheitert dies aber in der Regel daran, daß die Antragsgegner nicht namentlich benannt werden können (*OLG Köln* NJW 1982, 1888).

38 **bb) Verbindung der Räumungsklage mit einer Zahlungsklage.** Bestehen außer dem Räumungsanspruch auch noch Zahlungsansprüche, so können diese Ansprüche grundsätzlich in einer Klage geltendgemacht werden; der Streitwert beider Ansprüche wird dann zusammengerechnet (*Hartmann,* Kostengesetze, 23. Aufl., § 16 GKG Anm. 3c; zum Streitwert der Räumungsklage vgl. Rdnr. 45). Dies gilt allerdings dann nicht, wenn bei Geschäftsräumen für den Zahlungsanspruch ein anderes Gericht zuständig ist (LG wegen der Streitwerthöhe) als für den Räumungsanspruch (immer AG, vgl. oben Rdnr. 21 und A I Rdnr. 15).

g) Parteien des Räumungsprozesses

39 **aa) Auf Vermieterseite.** Bei mehreren Vermietern muß die Klage im Namen aller Vermieter erhoben werden (vgl. oben Rdnr. 24). Dabei ist insbesondere auf die richtige Bezeichnung zu achten: Immer wieder werden nicht parteifähige Vereinigungen oder Vermögensmassen als Partei aufgeführt („Bauherrengemeinschaft XY", „Gesellschaft des bürgerlichen Rechts Z"). Besteht eine Partei aus einer Personenmehrheit, so sind alle Personen nach Namen und Anschrift aufzuführen (*Sternel* Teil V Rdnr. 13). Zur Problematik beim Verkauf der Wohnung nach Ausspruch der Kündigung vgl. *Sternel* Teil V Rdnr. 19, wenn der Erwerber bei Klageerhebung noch nicht ins Grundbuch eingetragen ist, bzw. *Schmidt-Futterer/Blank,* Wohnraumschutzgesetze, Rdnr. B 53, bei Eintragung des Erwerbers vor Klageerhebung.

40 **bb) Auf Mieterseite.** Die Räumungsklage ist hier gegen alle Personen zu richten, die ein selbständiges Besitzrecht an der Wohnung haben. Das sind zunächst **alle Mieter.** War die Wohnung oder ein Teil davon untervermietet, so können auch die **Untermieter** mitverklagt werden (§ 556 III BGB). Dies empfiehlt sich im Falle der Untervermietung auch, denn der Gerichtsvollzieher kann aufgrund eines Titels lediglich gegen den Hauptmieter die Untermieter nicht räumen, wenn diese die Räume nicht freiwillig herausgeben. Eine Schwierigkeit ergibt sich häufig, wenn Mieter-Ehegatten sich getrennt haben und einer aus der Wohnung ausgezogen ist. Nach hM hat der **ausziehende Mitmieter** damit den Anspruch des Vermieters aus § 556 I BGB noch nicht erfüllt, da er die Mietsache nicht zurückgegeben hat (*Palandt/Putzo* § 556 BGB Anm. 1f.), anders aber wenn er den Besitz endgültig aufgegeben und den Vermieter davon in Kenntnis gesetzt hat (*OLG Schleswig* NJW 1982, 2672).

h) Prozessuale Besonderheiten

41 **aa) Bezeichnung des Streitgegenstandes.** In der Räumungsklage müssen die herausverlangten Räume und Flächen so genau bezeichnet sein, daß der Ge-

richtsvollzieher anhand des Titels in der Lage ist, sie zu identifizieren (*Sternel* Teil V Rdnr. 30), z B.: „Der Beklagte wird verurteilt, die Wohnung in der Milchstraße 8, Milchstadt, IV. Stock rechts, bestehend aus 1 Wohnzimmer, 1 Schlafzimmer, Flur, 1 Küche, 1 Bad, 1 WC, 1 Balkon, nebst dazugehörigem Kellerraum Nr. 15 zu räumen und an den Kläger herauszugeben."

bb) Fortsetzungsverlangen des Mieters nach der Sozialklausel im Prozeß. 42
Zu den Voraussetzungen im einzelnen vgl. oben Rdnrn. 33 f. **Die Versäumung der Widerspruchsfrist** (§ 556a VI BGB, vgl. oben Rdnr. 33) muß der Vermieter im Prozeß ausdrücklich einredeweise gegenüber dem Fortsetzungsanspruch geltendmachen. Dagegen genügt beim Mieter gemäß § 308a ZPO auch ohne ausdrückliches Fortsetzungsverlangen allein der Vortrag von Tatsachen, aus denen sich ergibt, daß er die Fortsetzung des Mietverhältnisses verlangen kann (nicht gegeben z. B. bei fehlender Schriftform, Verspätungsrüge des Vermieters; *Schmidt-Futterer/Blank,* Wohnraumschutzgesetze, Rdnr. B 389).

Erweist sich das **Fortsetzungsverlangen** des Mieters nach der Sozialklausel als **gerechtfertigt,** so wird die Räumungsklage des Vermieters abgewiesen (*Schmidt-Futterer/Blank,* Wohnraumschutzgesetze, Rdnr. B 394). Gleichzeitig muß das Gericht gemäß § 308a ZPO (auch ohne Antrag) aussprechen, für welche Dauer und ggf. unter welchen Änderungen der Vertragsbedingungen das Mietverhältnis fortgesetzt wird.

i) Präklusion von Kündigungsgründen bei rechtskräftigem klagabweisendem Urteil

43 Wird die Klage wegen Unwirksamkeit der Kündigung abgewiesen, so kann der Vermieter eine erneute Kündigung nur dann auf dieselben Kündigungsgründe stützen, wenn die frühere Kündigung aus **formellen Gründen** für unwirksam erklärt wurde. Hat das Gericht die Kündigung rechtskräftig für **materiell** nicht gerechtfertigt erklärt, so können die gleichen Kündigungsgründe nicht dem nächsten Räumungsrechtsstreit zugrundegelegt werden (*Sternel* Teil V Rdnr. 30 m. w. Nachw.).

j) Kosten und Streitwert

44 **aa) Ausnahmen vom Grundsatz, daß die unterlegene Partei die Kosten des Rechtsstreits tragen muß.** Entgegen § 91 ZPO legt § 93b ZPO mehrere Fälle fest, bei denen die jeweils obsiegende Partei die Kosten zu tragen hat. Wegen der Einzelheiten vgl. die Kommentierung bei *Thomas/Putzo* § 93b ZPO.

45 **bb) Streitwert.** Gemäß § 16 GKG ist der Streitwert bei Räumungsklagen auf die Jahresmiete begrenzt. Diese Bestimmung gilt für sämtliche Mietverhältnisse. Umstritten ist, ob zu dem Mietzins die Nebenkosten hinzugerechnet werden dürfen. Die h. M. rechnet nur das Entgelt für Heizung und Warmwasser nicht zum Mietzins (*Hartmann* § 16 GKG Anm. 2 B); zum Teil wird aber ausschließlich die Grund- oder Kaltmiete zugrundegelegt, falls die Nebenkosten getrennt ausgewiesen sind (vgl. *LG Mönchengladbach* ZMR 1990, 147). Bei Verbindung mit Zahlungsklage vgl. oben Rdnr. 38.

k) Rechtsmittel

46 Die **Berufung**ssumme von 1200 DM (§ 511a ZPO) wird bei Räumungsprozessen in aller Regel erreicht. Eine **Revision** ist jedoch wegen der immer gegebenen erstinstantiellen Zuständigkeit des AG gemäß § 545 ZPO nicht zulässig.

Statt dessen hat der Gesetzgeber bei Wohnraummietverhältnissen das **Rechtsentscheidverfahren** eingeführt. Nach § 541 ZPO kommt ein Rechtsentscheid nur bei Mietstreitigkeiten über Wohnraum in Frage, die in letzter Instanz vor dem LG als Berufungsgericht anhängig sind. Entscheidungserheblich muß entweder eine Rechtsfrage von grundsätzlicher Bedeutung sein oder das LG will die Rechtsfrage abweichend von einer Entscheidung des *BGH* oder eines OLG lösen (nicht unbedingt Rechtsentscheid, kann auch in anderer Form oder Verfahrensart ergangen sein). Die Parteien können die Vorlage nur anregen und ggf. die Verletzung von Art. 101 I 2 GG im Rahmen einer Verfassungsbeschwerde rügen, falls das LG das Rechtsentscheidsverfahren ausspart und mietrechtliche Fragen von grundsätzlicher Bedeutung selbst entscheidet (vgl. *BVerfG* NJW 1990, 1593; 1988, 1015). Die Parteien sind auch vor Erlaß des Vorlagebeschlusses zu hören. Ferner ist ihre Stellungnahme dem Vorlageschluß beizufügen. Zum Verfahren im übrigen vgl. *Thomas/Putzo* § 511 ZPO Vorbem. VII 3. An die Rechtsentscheide sind zwar die Landgerichte, nicht aber die Amtsgerichte gebunden (vgl. *BVerfG* WuM 1989, 63).

2. Räumungsklagen nach Beendigung durch Zeitablauf

47 Das Mietverhältnis endigt mit dem Ablauf der Zeit, für die es eingegangen ist. So bestimmt es schlicht zunächst § 564 I BGB. Eine Räumungsklage mit Ablauf des Zeitmietvertrages wäre damit für den Anwalt auch unproblematisch, wenn es nicht wieder komplizierte **Ausnahmevorschriften für Wohnraummietverhältnisse** gäbe:

a) Zeitmietvertrag mit der Möglichkeit des Fortsetzungsverlangens, § 564 c I BGB:

48 **aa) Fortsetzungserklärung des Mieters.** Der Mieter muß spätestens 2 Monate vor Mietende dem Vermieter gegenüber schriftlich erklärt haben, daß er die Fortsetzung des Mietverhältnisses auf unbestimmte Zeit verlangt. Bei diesen 2 Monaten handelt es sich um eine Ausschlußfrist (*Palandt/Putzo* § 564 c BGB Anm. 2 b). Unterbleibt eine form- und fristgerechte Fortsetzungserklärung, so endet das Mietverhältnis zum vertraglich vereinbarten Zeitpunkt (*Schmidt-Futterer/Blank,* Mietrecht von A–Z, „Zeitmietvertrag" III 2). Andernfalls ist zur Beendigung die

49 **bb) Ablehnung der Fortsetzung durch den Vermieter** erforderlich, wenn er ein berechtigtes Interesse zur Beendigung des Mietverhältnisses in entspr. Anwendung des § 564 b BGB hat. Diese Ablehnungserklärung ist das Äquivalent zur ordentlichen Kündigung bei unbefristeten Mietverhältnissen. Sie muß deshalb schriftlich und begründet sein (§ 564 c I 2 BGB i. V. m. § 564 b III BGB; MünchKomm-*Voelskow* § 564 c BGB Rdnr. 14). Wegen der Einzelheiten hierzu vgl. oben Rdnrn. 23–32, wie bei der ordentlichen Kündigung behandelt. Fristgerecht dagegen ist die Erklärung des Vermieters noch, wenn sie dem Mieter spätestens am letzten Tag des Mietverhältnisses zugeht. Auch dann verbleibt dem Mieter ein

50 **cc) Widerspruchsrecht** nach §§ 556 b, 556 a BGB (vgl. hierzu Rdnrn. 33 ff.). Hat der Mieter die Umstände, welche das Interesse des Vermieters an der fristgemäßen Rückgabe des Wohnraums begründen, bei Abschluß des Mietvertrages gekannt, so sind zugunsten des Mieters nur Umstände zu berücksichtigen,

die nachträglich eingetreten sind (§ 556b II BGB). Für den Vermieter empfiehlt es sich deshalb, sein Beendigungsinteresse aus Nachweisgründen mit in den Mietvertrag aufzunehmen.

dd) Widerklage auf Fortsetzung. Diese ist vom Mieter gegen den Vermieter **51** zu erheben, will der Mieter seinen Anspruch auf Fortsetzung des Mietverhältnisses auf unbestimmte Zeit, wie es § 564c I BGB vorsieht, in der Räumungsklage des Vermieters durchsetzen (MünchKomm-*Voelskow* § 564c BGB Rdnr. 22). Wegen der Prozeßführung im übrigen vgl. die Ausführungen bei dem Kapitel Räumungsklagen nach ordentlicher Kündigung (oben Rdnrn. 35–46).

b) Zeitmietvertrag ohne Möglichkeit des Fortsetzungsverlangens, § 564c II BGB

Diese Vorschrift wurde mit dem Gesetz zur Erhöhung des Angebotes an **52** Mietwohnungen mit Wirkung zum 1. 1. 1983 ins BGB eingefügt, um auch einen Zeitmietvertrag ohne Fortsetzungsverlangen des Mieters zu ermöglichen. **Voraussetzungen** sind hierfür ausweislich des Gesetzestextes: Mietvertrag nicht länger als 5 Jahre (auch wenn vorher ein Mietvertrag auf unbestimmte Zeit bestand, kommt es nur auf die Dauer des Zeitmietvertrages an; vgl. *BayObLG* ZMR 1990, 179) – anschließender Wille zur Eigennutzung selbst, durch Familienangehörige oder Hausstandspersonen oder alternativ Abbruch-, Veränderungs- oder Instandsetzungswille des Vermieters, dessen Durchführung durch einen Verbleib des Mieters in den Räumen erheblich erschwert würde – schriftliche Mitteilung dieses Nutzungswillens bei Abschluß des Mietvertrages und schließlich schriftliche Mitteilung 3 Monate vor Ablauf des Mietvertrages, daß diese Absicht noch besteht. Die Klippen für den beratenden Anwalt liegen damit schon in der Abfassung des Mietvertrages, aber auch in der rechtzeitigen Zusendung der sog. Schlußmitteilung des Vermieters spätestens 3 Monate vor Mietende! Fehlt es nur an einer der in § 564c II BGB genannten Voraussetzungen, kann der Mieter sein Fortsetzungsverlangen stellen und es gilt die Systematik wie oben zu § 564c I BGB (Rdnrn. 48–51) dargestellt.

c) Nicht zu den sog. Zeitmietverträgen gehören

aa) Mietverträge mit Verlängerungsklausel. Ist ein Mietverhältnis auf be- **53** stimmte Zeit eingegangen und ist vereinbart, daß es sich mangels Kündigung verlängert, so gilt nicht § 564c BGB, sondern § 565a I BGB (MünchKomm-*Voelskow* § 564c BGB Rdnr. 7). Folge: Die Kündigung wird wie eine ordentliche bei unbefristetem Mietverhältnis behandelt (§§ 565a I, 565 BGB), vgl. im übrigen oben Rdnrn. 20ff.

bb) Mietverträge mit auflösender Bedingung. Hier gilt nicht § 564c BGB, **54** sondern § 565a II BGB (*Palandt/Putzo* § 564c BGB Anm. 2c). Mit Eintritt der Bedingung wandelt sich das Mietverhältnis in ein solches auf unbestimmte Zeit um. Folge wie oben Rdnrn. 20ff. Abweichung lediglich bei Sozialklausel nach § 556a BGB (vgl. im einzelnen § 565a II 2 BGB).

cc) Mietverträge mit Verlängerungsoption. Auch hier ist, allerdings um- **55** stritten, nicht § 564c BGB anwendbar, sondern Kündigungsrecht wie bei unbefristeten Mietverträgen (*Palandt/Putzo* § 564c BGB Anm. 1b, a. A. *Emmerich/Sonnenschein,* Handkommentar zu den §§ 535–580a BGB, 5. Aufl. 1990, § 564c Rdnr. 2).

3. Räumungsklagen nach fristloser Kündigung

Hier gelten zu den Ausführungen zu der Räumungsklage bei ordentlicher Kündigung (Rdnrn. 20ff.) folgende Besonderheiten:

a) Formelle Voraussetzungen der Kündigung

56 Nach allerdings bestrittener Ansicht ist die Angabe der **Kündigungsgründe** nicht Wirksamkeitsvoraussetzung für die fristlose Kündigung (*OLG Karlsruhe* NJW 1982, 2004). Der vorsichtige Anwalt wird jedoch seinem Vermietermandanten zur Angabe der Kündigungsgründe raten bzw. die Kündigung vorsorglich mit Kündigungsgründen wiederholen. Ist es zweifelhaft, ob die Gründe für eine fristlose Kündigung ausreichen, so sollte zusätzlich hilfsweise eine ordentliche Kündigung ausgesprochen werden. Die Umdeutung einer fristlosen in eine ordentliche Kündigung (§ 140 BGB) wird nur ausnahmsweise dann für zulässig gehalten, wenn sich aus Umständen außerhalb der Kündigungserklärung eindeutig ergibt, daß der Kündigende das Vertragsverhältnis auf alle Fälle zur Beendigung bringen will (*BGH* NJW 1981, 977). Bei Wiederholung der Kündigung in der Klage muß allerdings die für den Mieter bestimmte Abschrift vom Kläger bzw. dessen Prozeßbevollmächtigten unterzeichnet sein (*BayObLG* NJW 1981, 2197).

b) Materielle Voraussetzungen der Kündigung

57 **aa) Fortsetzung des vertragswidrigen Gebrauchs, § 553 BGB.** Nach § 553 BGB kann der Vermieter fristlos kündigen, wenn der Mieter ungeachtet einer **Abmahnung** einen vertragswidrigen Gebrauch der Sache fortsetzt, der die Rechte des Vermieters in erheblichem Maße verletzt. Hierzu folgende Beispiele:
- **unerlaubte Gebrauchsüberlassung** an Dritte (*BGH* NJW 1985, 2527);
- **erhebliche Gefährdung der Mietsache** durch Vernachlässigung der Sorgfaltspflicht des Mieters. So muß der Mieter z. B. Vorsichtsmaßregeln gegen Schäden durch Unwetter und Frost treffen und bei längeren Reisen einen Schlüssel so hinterlassen, daß im Falle eines Wasserrohrbruchs der Vermieter Zugang zur Wohnung erhalten kann (*Palandt/Putzo* § 545 BGB Anm. 1d); langjährige (auch 30 Jahre) Unterlassung von Schönheitsreparaturen allein ohne konkrete Umstände für Schadenseintritt am Mietobjekt reicht nicht aus (so *LG Itzehoe* WuM 1989, 76);
- **Überbelegung** der Mietwohnung. Bei erheblicher Überbelegung sogar gegeben bei Aufnahme des Ehegatten und der Kinder in eine zu kleine Wohnung (*OLG Karlsruhe* NJW 1987, 1957: 54 qm große Wohnung war an Ehepaar mit einem Kind vermietet; Familie war schließlich auf insgesamt acht Personen angewachsen).

Daß vor Kündigung eine **Abmahnung** des Vermieters erforderlich ist, wird in der Praxis oft übersehen. Anders als im Arbeitsrecht müssen aber die Folgen bei Nichtbeachtung der Abmahnung, z. B. fristlose Kündigung, nicht in der Abmahnung genannt sein (*Palandt/Putzo* § 550 BGB Anm. 2b).

Das auch für § 553 BGB erforderliche Verschulden des Mieters liegt in der Fortsetzung des vertragswidrigen Gebrauchs trotz erfolgter Abmahnung (*OLG Karlsruhe* NJW 1987, 1952).

58 **bb) Zahlungsverzug, § 554 BGB.** Der Vermieter kann nach § 554 BGB fristlos kündigen, wenn der Mieter mit der Entrichtung des Mietzinses nach näherer Maßgabe dieser Vorschrift in Verzug ist. Ist der Mieter mit 2 vollen Monatsmie-

ten in Verzug, so liegen die Kündigungsvoraussetzungen unzweifelhaft vor (*Schmidt-Futterer/Blank,* Wohnraumschutzgesetze, Rdnr. B 165). Zum Mietzins in diesem Sinn zählen neben der Grundmiete die laufend zu zahlenden Pauschalen, Nebenkosten und Vorauszahlungen, nicht aber die aus der jährlichen Nebenkostenabrechnung resultierende Nachzahlung (*OLG Koblenz* NJW 1984, 2369).

Bei Wohnraummietverhältnissen kann der Mieter ferner nach § 554 II Nr. 2 **59**
BGB die fristlose Kündigung dadurch unwirksam machen, daß er den Vermieter hinsichtlich sämtlicher Rückstände spätestens bis zum Ablauf eines Monats nach Eintritt der Rechtshängigkeit des Räumungsanspruchs befriedigt oder eine öffentliche Stelle sich zur Befriedigung verpflichtet. In diesem Fall ist die Hauptsache für erledigt zu erklären; der Mieter trägt aufgrund seines vorangegangenen Verzugs die Kosten des Rechtsstreits. Diese Möglichkeit besteht allerdings innerhalb eines Zweijahreszeitraumes nur einmal (§ 554 II Nr. 2 Satz 2 BGB).

cc) Unzumutbares Mietverhältnis, § 554a BGB. Diese Kündigungsmöglich- **60**
keit ist gegeben, wenn der Mieter schuldhaft in solchem Maße seine Verpflichtungen verletzt, daß dem Vermieter die Fortsetzung des Mietverhältnisses nicht zuzumuten ist. Es kann sich um die Verletzung vertraglicher Haupt- oder Nebenpflichten handeln.

Auch die ständig unpünktliche Zahlung des Mietzinses oder der Nebenkostennachforderungen kann einen Kündigungsgrund nach § 554a BGB abgeben (*OLG Koblenz* NJW 1984, 2369); bei widerspruchsloser Hinnahme verspäteter Mietzahlungen ist allerdings eine Abmahnung und erneuter Zahlungsverzug erforderlich, bevor gekündigt werden kann (*LG Bochum* WuM 1989, 179).

In § 554a BGB ist ferner als Beispiel die nachhaltige Störung des Hausfriedens genannt. Diese kann in der Beeinträchtigung des Vermieters oder der Mitbewohner in Form von Beleidigungen, Tätlichkeiten und Lärmverursachung bestehen (*Palandt/Putzo* § 554a BGB Anm. 3b).

dd) Allgemeines Kündigungsrecht aus wichtigem Grund. Zusätzlich greift **61**
die Rechtsprechung immer wieder auf ein allgemeines Kündigungsrecht aus wichtigem Grund zurück, das für alle Dauerschuldverhältnisse anerkannt ist (*BayObLG* WuM 1985, 140). Voraussetzung für ein solches Kündigungsrecht ist, daß dem Vermieter die Fortsetzung des Mietverhältnisses aus Gründen unzumutbar ist, die in der Person des Mieters liegen oder in dessen Risikobereich fallen (*Emmerich/Sonnenschein,* oben Rdnr. 55, § 553 Rdnr. 9). Im Gegensatz zu den gesetzlich ausdrücklich geregelten Tatbeständen ist hier ein Verschulden nicht erforderlich (*Palandt/Putzo* § 554a BGB Anm. 3). Die Möglichkeit, weitere Kündigungsgründe mit Formularmietvertrag festzulegen, ist weitgehend ausgeschlossen (vgl. oben Rdnr. 9).

ee) Kein Widerspruch des Mieters gegen die Kündigung (§ 556a IV Nr. 2 BGB). Bei den außerordentlichen Kündigungen nach §§ 553, 554, 554a BGB **62**
ist, auch wenn ausnahmsweise nicht fristlos gekündigt wird, § 556a BGB nicht anwendbar (*Palandt/Putzo* § 556a BGB Anm. 2c).

ff) Erklärung des Vermieters nach § 568 BGB. Zu Zeitpunkt und Inhalt **63**
dieser Erklärung vgl. oben Rdnr. 36.

c) Prozessuale Besonderheiten

Ist zweifelhaft, ob die Kündigung den gesetzlichen Erfordernissen genügt, **64**
empfiehlt es sich, mit der Klageerhebung vorsorglich die Kündigung zu wieder-

holen. Dies insbesondere bei gleichzeitiger Versendung von Kündigung und Klageschrift, weil dann noch nicht feststeht, ob der Zugang der Kündigung nachweisbar sein wird (häufig nehmen Mieter, die eine Kündigung erwarten, ankommende Einschreiben nicht an und holen sie auch nicht ab). Wird die Kündigung mit der Klage wiederholt, ist darauf zu achten, daß die für den Beklagten bestimmte beglaubigte Abschrift eigenhändig durch den zur Kündigung bevollmächtigten Anwalt unterzeichnet ist (§ 170 II ZPO).

4. Vollstreckung von Räumungstiteln

65 Die Zwangsvollstreckung von Räumungstiteln erfolgt durch den Gerichtsvollzieher nach entspr. Auftrag durch den Vermieter bzw. Räumungsgläubiger, § 753 ZPO. Dagegen hat der Mieter bzw. Räumungsschuldner folgende, in der Regel lediglich aufschiebende Abwehrmöglichkeiten:

a) Räumungsschutzverfahren nach §§ 721, 794a ZPO

66 Nach § 721 ZPO kann das Gericht des Erkenntnisverfahrens, nach § 794a ZPO bei Räumungsvergleichen das Gericht, in dessen Bezirk die Räume gelegen sind, Räumungsaufschub einmal oder mehrmals bis zu insgesamt 1 Jahr, gerechnet ab dem 1. Tag der im Titel festgehaltenen Räumungsverpflichtung, gewähren, §§ 721 V, 794a III ZPO. Geltung haben diese Vorschriften für Wohnraum; für Mischmietverhältnisse nur insoweit, als entweder der Wohnteil zumindest dem gewerblich genutzten Teil gleichwertig ist (vgl. oben Rdnr. 22) oder gewerblicher und Wohnteil wegen funktionaler Teilung getrennt herausgegeben werden können. In letzterem Fall kann für den Wohnteil Räumungsschutz gewährt werden (*Schmidt-Futterer/Blank,* Wohnraumschutzgesetze, Rdnr. B 420).

67 Voraussetzung für die Gewährung ist Zugang des Antrags des Räumungsschuldners beim zuständigen Amtsgericht (Landgericht, falls Räumungsprozeß in der Berufungsinstanz anhängig) vor dem Schluß der mündlichen Verhandlung, auf die das Urteil ergeht (§ 721 I ZPO); andernfalls 2 Wochen vor Ablauf der vom Gericht (einmal oder wiederholt) gewährten Räumungsfrist (§ 721 III ZPO) oder 2 Wochen vor dem im Räumungsvergleich festgehaltenen Termin zur Räumung (§ 794a I ZPO) oder nach dieser Vorschrift bereits gewährten Verlängerungstermin (§ 794a II ZPO). Ferner ist Voraussetzung, daß der Mieter darlegen und bei Bestreiten beweisen kann, daß er trotz ausreichender Bemühungen noch keinen Ersatzraum beschaffen konnte. Ob und wie lange Räumungsfrist gewährt wird, steht im Ermessen des Gerichts („kann") und erfolgt in Abwägung mit den Interessen des Räumungsgläubigers (Näheres *Schmidt-Futterer/Blank,* Wohnraumschutzgesetze, Rdnrn. B 427ff.). Kostenentscheidung: § 93b I, III ZPO; bei gesondertem Räumungsschutzverfahren (§ 721 II, III ZPO): Es wird nach den Grundsätzen der §§ 91–100 ZPO selbständig entschieden (vgl. *Thomas/Putzo,* § 721, Anm. 6); Streitwert: § 16 GKG. Gegen den Beschluß findet sofortige Beschwerde statt (§§ 721 VI, 794a IV ZPO).

b) Vollstreckungschutzverfahren nach § 765a ZPO

68 Auch nach dieser Vorschrift, die ganz allgemein für das Vollstreckungsverfahren, also nicht nur für Räumungsurteile gilt, kann das Gericht die Vollstreckung einstweilen einstellen, wenn die Maßnahme „unter voller Würdigung der

Schutzbedürfnisse des Gläubigers wegen ganz besonderer Umstände eine Härte bedeutet, die mit den guten Sitten nicht vereinbar ist" (§ 765a I ZPO). Trotz des Ausnahmecharakters dieser Vorschrift wird in der Praxis oft von ihr Gebrauch gemacht. Der hier zuständige Rechtspfleger des Vollstreckungsgerichts (§§ 802, 764 ZPO, § 20 Nr. 17 RPflG) wird oft am letzten Tag, manchmal wenige Stunden vor dem vom Gerichtvollzieher angesetzten Räumungstermin über nicht befristete Antragstellung des Mieters mit einem Sachverhalt konfrontiert, den sofort zu entscheiden er sich in einer Vielzahl von Fällen außer Stande sieht. Der Rechtspfleger kann dann zunächst in analoger Anwendung der §§ 766 I 2, 732 II ZPO per einstweiliger Anordnung die Zwangsvollstreckung einstweilen einstellen, was zulässig ist (*Thomas/Putzo* § 765a ZPO Anm. 4d). Erst danach wird er nach Anhörung des Vollstreckungsgläubigers eine Entscheidung nach § 765a ZPO per Beschluß erlassen.

Zusprechend kann dieser nur sein, wenn eine sittenwidrige Härte vorliegt, 69
z. B. wenn innerhalb kurzer Zeit ein passender Ersatzwohnraum bezogen und so Obdachlosigkeit vermieden werden kann, schwerwiegende Erkrankung. Diese darf aber dem Schutzbedürfnis des Gläubigers nicht entgegenstehen, so wenn dieser die Mietsache selbst dringend benötigt oder der Räumungsschuldner sein Nutzungsentgelt (§ 557 BGB) wohl zahlen könnte, aber schlichtweg nicht will (vgl. auch *Schmidt-Futterer/Blank,* Wohnraumschutzgesetze, Rdnrn. B 473f). Die Kosten dieses Verfahrens trägt grundsätzlich der Schuldner (§ 788 I ZPO), ausnahmsweise der Gläubiger (§ 788 III ZPO). Rechtsbehelf gegen den Beschluß nach § 765a ZPO ist die auf 2 Wochen befristete Erinnerung (§ 11 I RPflG, §§ 793, 577 ZPO), gegen einen evtl. Beschluß nach § 732 ZPO die unbefristete Erinnerung (vgl. *Thomas/Putzo* § 765a ZPO Anm. 7). Sofortige weitere Beschwerde ist nach § 568 II ZPO nur möglich, soweit in der Beschwerdeentscheidung auf die Erinnerung ein neuer selbstständiger Beschwerdegrund enthalten ist. Ansonsten Aufhebung der einstweiligen Einstellung grundsätzlich nur bei Änderung der Sachlage (vgl. § 765a III ZPO; *Thomas/Putzo* § 765a ZPO Anm. 5b). Eine Höchstdauer gibt es bei der einstweiligen Einstellung nach § 765a ZPO im Gegensatz zu § 721 ZPO nicht.

5. Leistungs- und Feststellungsklagen auf Fortbestand des Mietverhältnisses

a) Leistungsklagen auf Fortbestand des Mietverhältnisses

Diese Klage kommt dann in Betracht, wenn der Mieter bei einem Mietver- 70
hältnis auf bestimmte Zeit berechtigterweise seinen Fortsetzungsanspruch nach § 564c I BGB geltend gemacht hat (vgl. oben Rdnr. 48). Stimmt der Vermieter der Fortsetzung des Mietverhältnisses trotzdem nicht zu, weil er z. B. annimmt, ein berechtigtes Interesse an der Beendigung zu haben, so bleibt dem Mieter nichts anderes übrig, als seinen Anspruch auf Fortsetzung durch Leistungsklage auf Abgabe der Willenserklärung zur Fortsetzung des Mietverhältnisses geltend zu machen (*Palandt/Putzo* § 564c BGB Anm. 3b), ggf. auch als Widerklage gegenüber der Räumungsklage des Vermieters (vgl. oben Rdnr. 51). Die Erklärung gilt als abgegeben, sobald das Urteil rechtskräftig ist (§ 894 ZPO).

b) Feststellungsklagen auf Fortbestand des Mietverhältnisses

Diese Klage des Mieters kommt dann in Betracht, wenn der Vermieter ihm 71
ordentlich oder außerordentlich gekündigt, aber noch keine Räumungsklage

erhoben hat. Um die Unsicherheit – insbesondere bei längeren Kündigungsfristen – zu beenden, bleibt dem Mieter nichts anderes übrig, als Feststellungsklage gegen den Vermieter zu erheben mit dem Ziel der gerichtlichen Feststellung, daß das Mietverhältnis noch fortbesteht (positive Feststellungsklage) oder daß die Vermieterkündigung unwirksam ist (negative Feststellungsklage). Zur Vermeidung etwaiger Kostennachteile bei sofortigem Anerkenntnis des Vermieters empfiehlt sich in beiden Fällen eine vorherige Abmahnung durch den Mieter (vgl. *LG München I* WuM 1989, 258). Das erforderliche **Rechtsschutzinteresse** für die Feststellungsklage ist mit Ausspruch der Kündigung seitens des Vermieters gegeben, falls nicht der Vermieter bereits Räumungsklage erhoben hat (*Thomas/Putzo* § 256 ZPO Anm. 5b). Für den Erfolg der Klage des Mieters ist entscheidend, daß der Vermieter die Kündigung aus formellen oder materiellen Gründen nicht wirksam ausgesprochen hat (vgl. oben Rdnr. 23ff. für die ordentliche Kündigung bzw. Rdnrn. 56ff. für die außerordentliche Kündigung).

6. Feststellungsklagen auf Beendigung des Mietverhältnisses

72 Bei Mietverträgen mit längerer Laufzeit oder mit längerer Kündigungsfrist (§ 565 II 2 BGB) kann eine solche Feststellungsklage dann in Betracht kommen, wenn der Mieter das Mietverhältnis, sei es fristlos, sei es ordentlich befristet, gekündigt hat und befürchtet, daß der Vermieter später unter Berufung auf die Unwirksamkeit dieser Kündigung Weiterzahlung des Mietzinses verlangen wird. Da derartige Verfahren in der Praxis selten vorkommen, seien hier nur Anhaltspunkte gegeben, welche Gründe den Mieter zu einer vorzeitigen Kündigung berechtigen können:

73 – **Fristlose Kündigung wegen Nichtgewährung des Gebrauchs, § 542 BGB.** Zu den Voraussetzungen vgl. *Palandt/Putzo* § 542 BGB Anm. 2 und 3. Der Mieter kann nicht kündigen, wenn er den Mangel bei Vertragsabschluß gekannt hat (§§ 543, 539 BGB) oder ihn (mit-) verschuldet hat (*Palandt/Putzo* § 542 BGB Anm. 4).
– **Fristlose Kündigung wegen Gesundheitsgefährdung, § 544 BGB.** Maßstab ist die objektive allgemeine Wohnungshygiene (vgl. *Palandt/Putzo* § 544 BGB Anm. 3 mit Beispielen aus der Rechtsprechung). Kenntnis des Mieters schadet nicht. Das Kündigungsrecht entfällt lediglich, wenn der Mieter den gesundheitsgefährdenden Zustand selbst herbeigeführt hat (MünchKomm-*Voelskow* § 544 BGB Rdnrn. 2f.).
– **Fristlose Kündigung bei unzumutbarem Mietverhältnis, § 554a BGB, und allgemeines Kündigungsrecht aus wichtigem Grund.** Diese Kündigungsrechte stehen auch dem Mieter zu. Denkbar z. B. endgültige Zerstörung des Vertrauensverhältnisses durch erhebliche Beleidigungen seitens des Vermieters.
– **Außerordentliche befristete Kündigung wegen Modernisierungsmaßnahmen, § 541b II BGB.** Zu den Voraussetzungen vgl. *Palandt/Putzo* § 541b BGB Anm. 3b. Die Kündigung ist nicht zulässig bei nur unerheblicher Erhöhung des Mietzinses (höchstens 5 %; vgl. *Palandt/Putzo* § 541b BGB Anm. 2d).
– **Außerordentliche Kündigung wegen Verweigerung der Erlaubnis zur Gebrauchsüberlassung an Dritte, § 549 I 2 BGB.** Dieses Kündigungsrecht ist nicht gegeben, wenn in der Person des Dritten ein wichtiger Grund vorliegt,

der den Vermieter zur Verweigerung der Erlaubnis berechtigt (§ 549 II BGB; MünchKomm-*Voelskow* § 549 BGB Rdnr. 21).

- **Außerordentliche Kündigung aus Anlaß des Todes eines Mieters.** Dem Erben steht gem. § 569 I BGB, dem überlebenden mitmietenden Ehegatten gem. § 569b S. 3 BGB ein außerordentliches Kündigungsrecht für den ersten zulässigen Termin zu.
- **Außerordentliche Kündigung bei Versetzung des Mieters, § 570 BGB.** Gilt nur für den dort genannten Personenkreis (Beamte, Geistliche, Lehrer) und nur für den ersten zulässigen Termin.
- **Außerordentliche Kündigung wegen Mieterhöhung, § 9 I MHRG.** Zu den Voraussetzungen vgl., *Palandt/Putzo* § 9 MHRG Anm. 1.

7. Räumungsvergleiche

Bei allen vorerörterten Räumungs-, Leistungs- und Feststellungsklagen kann **74** und wird es in der Praxis häufig vorkommen, daß das Gericht den Abschluß eines Räumungsvergleichs empfiehlt. Hier muß der Anwalt – gleich ob Vermieter- oder Mieterseite – sorgfältig abwägen, ob er darauf eingehen und die meist mit vorgeschlagene Räumungsfrist und Kostenaufhebung akzeptieren soll oder nicht. Tut er es, so erhält der Vermieter mit Sicherheit einen Räumungstitel und kann seinen Mieter – ggf. nach Gewährung einer weiteren Räumungsfrist von maximal einem Jahr (§ 794a ZPO) – zu einem jedenfalls absehbaren Zeitpunkt räumen. In der Regel wird der Anwalt des Vermieters dann nicht auf den Vergleichsvorschlag des Gerichts eingehen, wenn er hofft, über ein Urteil zu einem früheren Zeitpunkt einen Räumungstitel zu erhalten. Je nach Fallgestaltung kann diese Rechnung aber auch nicht aufgehen, dann nämlich, wenn der Mieter gegen das vom Vermieteranwalt erhoffte Räumungsurteil Berufung einlegt. Auf der anderen Seite wird der Anwalt des Mieters dann nicht auf den Vergleichsvorschlag des Gerichts eingehen, wenn er hofft, mit einem klagabweisenden Urteil die Räumung vermeiden und ggf. die Fortsetzung des Mietverhältnisses nach §§ 556a, 556b BGB erreichen zu können. Die Möglichkeit, daß der Anwalt des Vermieters in die Berufung geht, wird den Anwalt des Mieters weniger berühren, da er durch eine weitere Instanz für seinen Mandanten jedenfalls Zeit gewinnt.

III. Weitere Leistungsklagen des Vermieters

1. Zahlungsklagen

a) Zuständiges Gericht

Bei Wohnraummietverträgen gilt auch hier die ausschließliche örtliche Zu- **75** ständigkeit nach § 29a I ZPO. Bei anderen Mietverhältnissen richtet sich die sachliche Zuständigkeit nach dem Streitwert (§ 23Z. 1 GVG, vgl. auch A I Rdnr. 15), die örtliche nach §§ 12ff. ZPO.

b) Prozessuale Besonderheiten

aa) Bezeichnung des Streitgegenstandes. Falls es nicht nur um einen einzel- **76** nen Betrag geht, ist die Spezifizierung des Klaganspruchs besonders wichtig. Die Geltendmachung eines Saldos oder der „bis zum ... aufgelaufenen Rückstände" ist nicht ausreichend (*Sternel* Teil V Rdnr. 21). Um den Umfang der

Rechtshängigkeit und späteren Rechtskraft genau bestimmen zu können, ist die exakte Aufschlüsselung der Rückstände erforderlich (*Thomas/Putzo* § 253 ZPO Anm. 2c), z. B.: „Rückständig sind die Restmiete Januar 1988 in Höhe von 100 DM, die Miete Februar 1988 mit 500 DM und die Restmiete April 1988 in Höhe von 50 DM = insgesamt 650 DM". Hat der Mieter einzelne Zahlungen auf die Rückstände geleistet, so müssen diese verrechnet werden (§ 366 BGB; *Sternel* Teil III Rdnr. 117ff.).

77 **bb) Wiederholung materiellrechlicher Erklärungen im Prozeß.** Ist zweifelhaft, ob z. B. die vom Vermieter erklärte Erhöhung der Betriebskosten (§ 4 II MHRG) oder die Abrechnung der Nebenkosten den gesetzlichen Erfordernissen genügt, empfiehlt es sich, die Erklärung im Prozeß zu wiederholen bzw. die Abrechnung neu zu erteilen (mit eigenhändiger Unterzeichnung der für den Beklagten bestimmten beglaubigten Abschrift durch den bevollmächtigten Rechtsanwalt; § 170 II ZPO).

c) Einwendungen des Beklagten

Die Einwendungen des beklagten Mieters richten sich nach dem geltend gemachten Anspruch. Im Nachfolgenden sollen die am häufigsten vorkommenden Einwendungen und die Möglichkeit, hierauf zu erwidern, kurz skizziert werden:

78 **aa) Zahlung der laufenden Miete, § 551 BGB.** Häufigster Einwand: Mietminderung wegen Mängeln (§ 537 I 1 BGB). Diese ist dann nicht zulässig, wenn der Mieter

- den Mangel bei Vertragsabschluß kannte oder in Folge grober Fahrlässigkeit nicht kannte (§ 539 BGB),
- in Kenntnis eines später entstandenen Mangels vorbehaltlos den Mietzins zahlt (*Palandt/Putzo* § 539 BGB Anm. 5),
- den Mangel verschuldet hat (z. B. durch falsches Heizungs- und Lüftungsverhalten; vgl. *LG Nürnberg-Fürth* ZMR 1989, 23), oder wenn
- die Tauglichkeit der Mietsache durch den Mangel nur unerheblich gemindert ist (§ 537 I 2 BGB; *Palandt/Putzo* § 537 BGB Anm. 1f).

79 **bb) Nebenkostenvorauszahlungen und -erhöhungen, § 4 MHRG.** Mögliche **Einwände** des Mieters hiergegen sind:

- Vorauszahlungen verlangt für Kosten, die nicht mietvertraglich vereinbart sind (vgl. oben Rdnr. 6) oder nicht unter § 4 MHRG fallen: Vorauszahlungen dürfen nur für Betriebskosten i. S. d. § 27 der **II. BerechungsVO** vereinbart werden (§§ 4 I, 10 I MHRG). Insbesondere der Vermieter einer Eigentumswohnung kann Erhöhungen des Wohngeldes nicht pauschal an den Mieter weitergeben (*OLG Koblenz* NJW 1986, 995).
- Hat der Vermieter trotz Fälligkeit über die Kosten der vorausgegangenen Abrechnungsperiode noch nicht abgerechnet, kann der Mieter ein **Zurückbehaltungsrecht** an den laufenden Vorauszahlungen geltend machen (*BGH* NJW 1984, 2466); bei Wechsel des Grundstückseigentümers = Vermieters gilt dies jedoch nicht für die Abrechnung von Vorauszahlungen, die der Mieter an den Voreigentümer geleistet hat (vgl. *LG Osnabrück* WuM 1990, 357).
- Erhöhung nicht möglich, weil keine Vorauszahlungen, sondern **Nebenkostenpauschale** ohne entspr. Erhöhungsvorbehalt vereinbart (vgl. *Bub/Treier* Kap. III A Rdnr. 42).

- **Erhöhung** der Vorauszahlungen **nicht angemessen:** Vorauszahlungen müssen nach den Kosten der vergangenen Abrechnungsperiode kalkuliert sein und den Preisanstieg sowie den voraussichtlichen Verbrauch für die künftige Periode berücksichtigen (*Sternel* Teil III Rdnrn. 323f.). Ggf. hat der Mieter nach § 242 BGB Auskunftsanspruch über Ermittlung und Zusammensetzung der Vorauszahlungen und ein Zurückbehaltungsrecht bis zur Erteilung der Auskunft (*Sternel* Teil III Rdnr. 325).
- **Erhöhung** nach § 4 II MHRG **nicht formgerecht** erfolgt: Bei Personenmehrheiten muß Anforderung von allen gegenüber allen erklärt werden. Zugang nur bei einem der Mieter ausreichend, wenn Vollmachtsklausel im Mietvertrag vereinbart (vgl. oben Rdnr. 18). Wirksamkeitserfordernis ist ferner, daß die Erhöhungserklärung schriftlich erfolgt (§ 8 MHRG) und daß der Grund der Umlage bezeichnet und erläutert wird (vgl. hierzu *Schmidt-Futterer/Blank,* Wohnraumschutzgesetze, Rdnrn. C 256ff.).

cc) Nachzahlungen von Betriebskosten. Hier kann der Mieter einwenden, 80
der Vermieter habe die Betriebskosten nicht ordnungsgemäß abgerechnet, womit ein weites Feld mit vielen Nebenkriegsschauplätzen eröffnet ist. Zu den verschiedenen Regelungen für Nebenkostenabrechnungen in Mietverträgen vgl. oben Rdnr. 6. Zu den Anforderungen an die Nebenkostenabrechnung – auch im Hinblick auf die HeizkostenVO – vgl. *Bub/Treier* Kap. III A Rdnr. 47ff. Eine nicht ordnungsgemäße Abrechnung kann aber im Prozeß nachgeholt werden (vgl. oben Rdnr. 77).

Der Mieter kann weiter **einzelne Posten** der Abrechnung substantiiert **bestreiten** (§ 138 II ZPO), soweit er dazu durch die vorherige Einsichtnahme in Belege in der Lage ist. Einfaches Bestreiten genügt nur dann, wenn der Mieter keine Einsicht nehmen konnte (*LG Berlin* ZMR 1987, 380). Bei zulässigem Bestreiten trifft den Vermieter für die Richtigkeit der Abrechnung im Prozeß die Darlegungs- und Beweislast (*Schmidt-Futterer/Blank,* Wohnraumschutzgesetze Rdnr. C 276 a. E.).

Für den Einwand der Verwirkung reicht es nicht aus, daß längere Zeit nicht abgerechnet wurde (*KG* ZMR 1982, 187); ausreichend aber 3-jähriges Schweigen nach Beendigung des Mietverhältnisses (vgl. *LG Mannheim* ZMR 1990, 378).

dd) Mieterhöhung bei Verbesserungen, § 3 MHRG. Häufige Einwände: 81
- Durchgeführte bauliche Änderungen fallen nicht unter § 3 I 1 MHRG (vgl. *Schmidt-Futterer/Blank,* Wohnraumschutzgesetze, Rdnr. C 168ff.),
- Kosten nicht korrekt ermittelt, insbesondere öffentliche Darlehen, Mieterdarlehen und dergl. nicht abgezogen (§§ 3 I 3 bis 7 MHRG),
- Höhe der Umlage nicht richtig berechnet (*Schmidt-Futterer/Blank,* Wohnraumschutzgesetze, Rdnrn. C 202ff.),
- Mieterhöhung nicht formgerecht (§ 3 III MHRG; vgl. *Schmidt-Futterer/Blank,* Wohnraumschutzgesetze, Rdnrn. C 216ff.).

ee) Mieterhöhung bei Staffelmietvertrag, § 10 II MHRG. Sind nur Anfangsmietzins und jeweilige Erhöhungsbeträge angegeben, so kann der Mieter einwenden, daß der Mietzins nicht i. S. v. § 10 II 4 MHRG jeweils betragsmäßig ausgewiesen, der erhöhte Mietzins damit also nicht geschuldet ist (vgl. *OLG Karlsruhe* DB 1990, 108).

ff) Nutzungsentschädigung bei Weitergebrauch nach Beendigung des Mietverhältnisses, § 557 I 1 BGB. Streitpunkt ist hier häufig die Frage der 82

Erfüllung der Rückgabepflicht (§ 556 I BGB): Nicht erfüllt z. B. bei Räumung ohne Rückgabe der Schlüssel, bei Zurücklassen von Möbeln oder wenn der Untermieter die Herausgabe verweigert. Hierzu und zu dem Fall, daß der Mieter von ihm zu beseitigende Einrichtungen in den Mieträumen zurückläßt, vgl. *BGH* NJW 1988, 2665 m. w. Nachw. Führt der Mieter nach Beendigung des Mietverhältnisses auf Aufforderung des Vermieters Schönheitsreparaturen durch, ist damit eine Vorenthaltung der Mietsache nicht verbunden (vgl. *OLG Hamburg* WuM 1990, 75); dasselbe gilt, wenn der Vermieter sein Vermieterpfandrecht ausübt und der Mieter die Mietsache deswegen nicht räumen kann (vgl. *OLG Hamburg* ZMR 1990, 8). Bei Rückgabe ohne Durchführung von Schönheitsreparaturen kommt allenfalls Schadensersatzanspruch nach § 557 I 2 BGB in Frage (*OLG Hamburg* ZMR 1977, 302).

Ist der Anspruch nach § 557 I 1 BGB gegeben, so kann bei Raummiete statt des vereinbarten auch der ortsübliche Mietzins verlangt werden (vgl. *Schmidt-Futterer/Blank,* Wohnraumschutzgesetze, Rdnrn. B 509f.); vereinbarter Mietzins ist allerdings bei Vorliegen von Mängeln lediglich der geminderte Mietzins (vgl. *BGH* WuM 1990, 246).

83 **gg) Schadensersatz bei verspäteter Rückgabe, § 557 I 2 BGB.** Kein Anspruch gegeben bei Gewährung einer Räumungsfrist nach §§ 721, 794a ZPO (§ 557 III BGB). Bei Wohnraum ferner dann nicht, wenn verspätete Rückgabe nicht verschuldet (z. B. schwere Erkrankung, Ersatzwohnung nicht rechtzeitig fertiggestellt) und/oder Schadloshaltung des Vermieters in diesem Umfang nach Billigkeit nicht erforderlich (§ 557 II BGB; vgl. *Schmidt-Futterer/Blank,* Wohnraumschutzgesetze, Rdnrn. B 552ff.). Vermieter muß nachweisen, daß er sich nach Rückerlangung im Rahmen des Zumutbaren um schnellstmögliche anderweitige Vermietung bemüht hat (vgl. *Schmidt-Futterer/Blank,* Wohnraumschutzgesetze, Rdnr. B 550). Andererseits kein Schadensersatzanspruch, wenn Vermieter weiß, daß Mieter nicht rechtzeitig räumen kann und trotzdem nahtlos auf den Zeitpunkt der Beendigung des Mietvertrages neu vermietet (*OLG München* ZMR 1989, 224).

84 **hh) Schadensersatz wegen bei Mietende nicht durchgeführter Schönheitsreparaturen.** Häufige Einwände des Mieters:

- Übergabe unrenovierter Wohnung bei Mietbeginn: Bei formularvertraglich vereinbarten Schöheitsreparaturen: vgl. oben Rdnr. 10.
- Fehlende Nachfristsetzung mit Ablehnungsandrohung: Diese ist formularvertraglich nicht abdingbar (§ 11 Nr. 4 AGBG; *BGH* NJW 1986, 242) und nur ausnahmsweise entbehrlich (*Schmidt-Futterer/Blank,* Wohnraumschutzgesetze, Rdnr. B 256); nach *LG Köln* WuM 1989, 71, kann in einem einzigen Schreiben durch Mahnung der Verzug begründet und gleichzeitig die Frist nach § 326 BGB gesetzt werden.
- Überhöhte Kosten: ggf. Nachweis der Angemessenheit durch Sachverständigengutachten (*Sternel* Teil II Rdnr. 450).
- Verjährung: Ersatzansprüche wegen Veränderungen oder Verschlechterungen der vermieteten Sache verjähren in 6 Monaten ab dem Zeitpunkt, in dem der Vermieter die Sache zurückerhält (§ 558 BGB; vgl. *Palandt/Putzo* § 558 BGB Anm. 2 und 3). Zu beachten ist, daß die Verjährung im Rahmen eines Mietrechtsverhältnisses durch einen Beweissicherungsantrag nicht unterbrochen wird (vgl. *OLG Düsseldorf* ZMR 1990, 340).

ii) Quotenmäßige Beteiligung an Renovierungskosten bei Mietende. Häufige Einwände des Mieters: 85
- Übergabe unrenovierter Wohnung oder freiwillige Renovierung durch Mieter bei Mietbeginn: Einwand auch bei Formularvertrag ausgeschlossen (Einzelheiten vgl. oben Rdnr. 10).
- Überhöhte Kosten (vgl. oben Rdnr. 84).

2. Klagen auf Zustimmung zur Mieterhöhung nach § 2 MHRG

Im Gegensatz zur Mieterhöhung nach den §§ 3 – 5 MHRG hat der Vermieter hier lediglich einen Anspruch gegen den Mieter auf Zustimmung zur Mieterhöhung (§ 894 ZPO, *Schmidt-Futterer/Blank,* Wohnraumschutzgesetze, Rdnr. C 128; vgl. C VI. Rdnr. 195). Es gelten folgende Besonderheiten: 86

a) Fristen

Die Überlegungsfrist des Mieters zwischen Zugang des Erhöhungsverlangens und Ablauf des 2. Kalendermonats nach Zugang muß grundsätzlich vor Klageerhebung gewahrt sein (*KG* WuM 1981, 54). Der Ablauf der Überlegungsfrist ist jedoch eine im Prozeß nachholbare Sachurteilsvoraussetzung (§ 2 III 2 MHRG); bei Nachholung der Erhöhungserklärung im Prozeß ist aber Unterzeichnung der beglaubigten Abschrift für den beklagten erforderlich (§ 170 II ZPO; *Schmidt-Futterer/Blank,* Wohnraumschutzgesetze, Rdnr. C 139d). Bis zur letzten mündlichen Verhandlung wird die Frist bei Einholung eines Sachverständigengutachtens zum Nachweis der Ortsüblichkeit der verlangten Mieterhöhung regelmäßig abgelaufen sein und die Klage damit zulässig werden; es besteht allerdings die Gefahr, daß die Klage ohne Beweiserhebung im ersten Termin als unzulässig abgewiesen wird. 87

Die Klagefrist des § 2 III 1 MHRG (2 Monate nach Ablauf der Überlegungsfrist des Mieters) darf bei Klageerhebung noch nicht abgelaufen sein. Sie ist eine Ausschlußfrist. Bei Versäumung keine Wiedereinsetzung in den vorigen Stand (*LG Lübeck* WuM 1985, 319), sondern Klageabweisung durch Prozeßurteil (*Sternel* Teil III Rdnr. 730). 88

b) Schlüssigkeit

Zur Schlüssigkeit muß dargelegt werden: 89
- Zugang einer wirksamen Erhöhungserklärung (schriftlich und entsprechend den Erfordernissen des § 2 II MHRG; vgl. *BVerfG* NJW 1989, 969; *Bub/Treier* Kap. III A Rdnrn. 386ff.). Gegenseitige Bevollmächtigung der Mieter für den Zugang zulässig (vgl. oben Rdnr. 18). Nachholung im Prozeß möglich (§ 2 III 2 MHRG); gilt auch bei teilweise unwirksamem Mieterhöhungsverlangen und Nachholung im Berufungsverfahren: die einjährige Wartefrist wird hier erst durch das rechtskräftige Urteil über den zunächst abgewiesenen Teil des Mieterhöhungsverlangens ausgelöst (*BayObLG* ZMR 1989, 412):
- Ablauf der einjährigen Sperrfrist (§ 2 I Nr. 1 MHRG; zur Berechnung vgl. *Bub/Treier* Kap. III A Rdnrn. 335ff.). Erhöhungsverlangen kann schon vorher gestellt werden; die Fristen nach § 2 III u. IV MHRG werden jedoch nicht früher in Lauf gesetzt, als bei einer unmittelbar nach Ablauf der Jahresfrist abgegebenen Erklärung (vgl. *Bub/Treier* Kap. III A Rdnr. 340; *OLG Frankfurt* ZMR 1988, 230).
- Ablauf der Überlegungsfrist für den Mieter (§ 2 III MHRG); im Prozeß nachholbar (vgl. oben Rdnr. 87).

- Fehlende Zustimmung zur Mieterhöhung (§ 2 III MHRG).
- Verlangte Mieterhöhung übersteigt ortsübliche Miete nicht (§ 2 I Nr. 2 MHRG; vgl. *Sternel* Teil III Rdnrn. 617ff.), bei Verwendung gleicher Mietbegriffe bei Bezugswohnung und Vergleichswohnungen, z. B. Netto-Kaltmiete; sind die Mietbegriffe verschieden (z. B. Netto-Kaltmiete zu Brutto-Kaltmiete), so sind zusätzliche Angaben erforderlich (vgl. *Bub/Treier* Kap. III A Rdnr. 435).
- Kappungsgrenze des § 2 I Nr. 3 MHRG ist eingehalten (zur Berechnung vgl. *Schmidt-Futterer/Blank,* Wohnraumschutzgesetze, Rdnrn. C 80aff.; *Sternel* Teil III Rdnrn. 625ff.; *BayObLG* ZMR 1988, 228).

c) Kosten und Streitwert

90 Bei der Kostenfestsetzung ist zu beachten, daß Kosten, die vom Vermieter aufgewendet wurden, um den Anspruch erst wirksam zur Entstehung zu bringen (insbesondere Kosten eines vorprozessualen Sachverständigengutachtens), nicht angesetzt werden dürfen (*LG München I* MDR 1984, 57; *LG Bonn* WuM 1985, 331). Der Streitwert berechnet sich nach § 16 V GKG aus dem Jahresdifferenzbetrag zwischen begehrter Miethöhe und zuletzt geltendem Mietzins.

d) Rechtsmittel

91 Hier ist umstritten, ob der für die Gebühren nach § 16 V GKG geltende Wert auch für die Berufung gilt, oder ob die Beschwer nach § 3 ZPO auf den 3-fachen Jahreszins des Erhöhungsbetrages zu schätzen ist. Im Einzelfall empfiehlt es sich, vor Berufungseinlegung im Kommentar nachzulesen, welche Meinung das zuständige LG vertritt (vgl. *Schmidt-Futterer/Blank,* Wohnraumschutzgesetze, Rdnr. C 134; *Sternel,* Teil III Rdnr. 729).

3. Sonstige Leistungsklagen

92 Hierunter fallen Unterlassungsklagen, Klagen auf Vornahme einer Handlung und Klagen auf Duldung. Diese sollen im folgenden kurz erörtert werden, wobei prozeßrechtlich von den unter Rdnrn. 20ff. erörterten Räumungsklagen des Vermieters ausgegangen wird und wieder nur Besonderheiten dargestellt werden.

a) Unterlassungsklagen bei vertragswidrigem Gebrauch § 550 BGB

93 Will der Vermieter bei vertragswidrigem Gebrauch nicht fristlos kündigen (§ 553 BGB, vgl. oben Rdnr. 57) oder ist dieser für eine fristlose Kündigung nicht erheblich genug, so kann der Vermieter nach fruchtloser Abmahnung auf Unterlassung klagen. Beispiele hierfür: Unerlaubte Haustierhaltung, ruhestörender Lärm, erhebl. Geruchsbelästigung (*Palandt/Thomas* § 550 BGB Anm. 2a). Der Streitwert richtet sich nach § 3 ZPO. Bei dringender Gefahr für die Mietsache kann sogar ein Antrag auf einstweilige Verfügung angebracht sein (§ 935 ZPO). Beim Klagantrag empfiehlt es sich, zugleich Antrag auf Festsetzung eines Ordnungsgeldes für den Fall (weiterer) Zuwiderhandlung zu stellen (§ 890 I ZPO; vgl. C VI. Rdnrn. 193f.).

b) Klagen auf Vornahme einer Handlung

94 Eine solche Klage kann gerichtet sein z. B.:
- auf **Entfernung eines Tieres,** das entgegen einem Tierhaltungsverbot gehalten wird. Hier kommt es entscheidend auf die Formulierung der Tierhal-

tungsklausel im Mietvertrag an (vgl. oben Rdnr. 13). Die Zwangsvollstreckung richtet sich nach § 887 ZPO (*LG Hamburg* NJW-RR 1986, 158; vgl. C VI. Rdnrn. 183f.).

- auf **Erteilung einer Einzugsermächtigung,** falls mietvertraglich in zulässiger Weise (vgl. oben Rdnr. 7) vereinbart.
- auf **ordnungsgemäße Beheizung der Wohnung.** Zur Vermeidung von Frostschäden kann hier je nach Dringlichkeit auch ein Antrag auf Erlaß einer einstweiligen Verfügung (§§ 935, 938 II ZPO) zulässig sein (*AG Köln* WuM 1986, 159). Daneben bestehen ggf. auch Schadensersatzansprüche aus positiver Vertragsverletzung.
- auf **Durchführung von Schönheitsreparaturen** während der Mietzeit, falls diese mietvertraglich dem Mieter auferlegt sind. Das Rechtsschutzinteresse für eine derartige Klage ist begründet wegen des Interesses des Vermieters an der Substanzerhaltung und an der Erhaltung des Verkehrswertes. Die Vollstreckung erfolgt hier nach § 887 ZPO (vgl. C VI. Rdnrn. 183f.).

c) Klagen auf Duldung

Hierunter fällt z. B. die Klage auf Duldung von Instandhaltungsmaßnahmen **95**
(§ 541a BGB) oder von Modernisierungsmaßnahmen (§ 541b BGB). Verlangt der Mieter gegenüber der Duldungsklage Vorschuß für Aufwendungsersatz nach § 541b III BGB, so kommt nur eine Verurteilung Zug um Zug in Betracht (*Sternel* Teil V Rdnr. 28). Bei unaufschiebbaren, insbesondere sich plötzlich ergebenden Reparaturen oder bei akuter Gefährdung der Mietsache ist eine einstweilige Verfügung möglich, bei Modernisierungsmaßnahmen mangels Eilbedürftigkeit in der Regel nicht (*Sternel* Teil V Rdnr. 57). Verlangt der Vermieter, daß der Mieter Maßnahmen nach §§ 541a, b BGB duldet, so muß er die Maßnahmen genau bezeichnen. Der Antrag, den Einbau eines Badezimmers oder die Installation einer Zentralheizung zu dulden, wäre zu unbestimmt. Soll z. B. eine Sammelheizung eingebaut werden, so muß angegeben werden, in welchen Räumen und in welchen Bereichen der Mieter Bohrungen für die Steigleitungen hinnehmen muß und an welchen Stellen die Heizkörper angebracht werden. Zulässig ist es aber, im Antrag auf eine beigefügte Bauzeichnung Bezug zu nehmen, die dann auch Teil eines der Klage stattgebenden Urteils wird (*Sternel* Teil V Rdnr. 28). Der Streitwert ist nach § 3 ZPO zu schätzen (Näheres vgl. *Schneider,* Streitwert, 8. Aufl. 1988, Mietstreitigkeiten/Duldung; bei Modernisierungen in der Regel der Jahreswert der Mieterhöhung nach § 3 MHRG). Die Vollstreckung richtet sich wiederum nach § 890 ZPO (vgl. oben Rdnr. 93, C VI. Rdnrn. 193f.).

IV. Weitere Leistungsklagen des Mieters

1. Klagen auf vertragsgemäße Überlassung der Mietsache

Die entsprechende Leistungsklage des Mieters kann gerichtet sein auf Besitz- **96**
verschaffung schlechthin oder auf Herstellung des vertragsgemäßen Zustandes der Mietsache. Im letzteren Fall ist besonders auf die Formulierung des Klagantrags zu achten: Verfolgt der Mieter das Ziel, daß der Vermieter zur Reparatur oder Wiederherstellung einer Anlage verurteilt wird, so braucht er nur den erstrebten Erfolg anzugeben (z. B. das Gebäude mit einem funktionsfähigen Fahrstuhl zu versehen, die Dachrinne abzudichten; *LG Hamburg* MDR 1976,

847). Anders wenn nicht bloß die Herbeiführung eines bestimmten Erfolges, sondern eine Summe von Teilergebnissen verlangt wird, um den vertragsmäßigen Zustand herzustellen. Zu unbestimmt wäre der Antrag, den Vermieter zu verurteilen, die Schäden in den Mieträumen auszubessern oder die Risse in der Wohnung zu beseitigen. Vielmehr muß der Mieter im Antrag angeben, welche Schäden im einzelnen er beseitigt wissen will (*Sternel* Teil V Rdnr. 27), z. B. Beseitigung der Feuchtigkeitsschäden an bestimmten Wänden der Mietwohnung (vgl. *OLG Frankfurt* WuM 1989, 284). **Einwände des Vermieters:** formularvertraglicher Haftungsausschluß (vgl. oben Rdnrn. 5, 8), ferner Kenntnis des Mieters bei Vertragsabschluß (§ 539 BGB). Dagegen kann der Vermieter nicht einwenden, zur Mängelbeseitigung seien Eingriffe in das gemeinschaftliche Eigentum der Wohnungseigentümergemeinschaft notwendig und ein entspr. zustimmender Beschluß der Wohnungseigentümerversammlung liege noch nicht vor (*KG* WuM 1990, 376).

97 Je nach Dringlichkeit der vom Vermieter begehrten Maßnahmen (z. B. Einbau eines neuen Heizkessels, weil die Heizung ausgefallen ist, oder Behebung schwerer gesundheitsgefährdender Mängel oder von Besitzstörungen) kann auch ein Antrag auf **einstweilige Verfügung** zulässig sein (vgl. *Sternel* Teil V Rdnr. 56 m. w. Nachw.).

98 Die **Zwangsvollstreckung** erfolgt nach § 887 ZPO mit der Möglichkeit der Ersatzvornahme und Kostenvorschußpflicht (vgl. C VI. Rdnrn. 183 ff.), dies auch für den Fall, daß der Vermieter die Mängel nicht dauerhaft abstellt (vgl. *OLG Frankfurt* WuM 1989, 284). Neben diesem Erfüllungsanspruch hat der Mieter unter Umständen das Recht auf fristlose Kündigung gemäß § 542 BGB (vgl. oben Rdnr. 73), ferner ggf. Schadensersatzansprüche nach § 538 I BGB, einen Anspruch auf Ersatzvornahme und Kostenerstattung nach § 538 II BGB und/oder auf Mietminderung (§ 537 I 1 BGB).

2. Klagen auf vertragsgemäße Erhaltung der Mietsache

99 Soweit nicht in zulässiger Weise auf den Mieter abgewälzt (vgl. oben Rdnrn. 11, 15), obliegt dem Vermieter die Verpflichtung, die Mietsache während der Dauer des Mietverhältnisses in einem vertragsgemäßen Zustand zu erhalten. Verstößt er hiergegen, so hat der Mieter dieselben Rechte wie oben unter Rdnrn. 96 f. im einzelnen erörtert.

3. Sonstige Leistungsklagen

a) Klagen auf Unterlassung

100 Der Mieter hat gegen den Vermieter einen vertraglichen Anspruch darauf, daß er im Besitz und vereinbarten Gebrauch der Sache nicht gestört wird, es sei denn, daß er die betreffende Störung nach dem Gesetz oder nach Mietvertrag hinnehmen muß. Dies kann zu Unterlassungsklagen des Mieters führen (Beispiele s. *Bub/Treier* Kap. III B Rdnrn. 1234 ff.), je nach Art der Störung u. U. auch zu Klagen auf Vornahme einer Handlung (vgl. Rdnr. 101).

Der Geschäftsraummieter hat ferner die Möglichkeit, seinen Vermieter auf Unterlassung eines Vertragsabschlusses mit einem Konkurrenzbetrieb zu verklagen. Dies aus dem Gesichtspunkt der **Konkurrenzschutzpflicht** (*Palandt/Putzo* §§ 535, 536 BGB Anm. 2a dd (7) Wettbewerbsschutz).

Die **Vollstreckung** der Unterlassungsklage erfolgt wie beim Vermieter nach § 890 ZPO (vgl. oben Rdnr. 93, C VI. Rdnrn. 193 f.).

b) Klagen auf Vornahme einer Handlung

Hierunter fällt z. B. die Klage auf Genehmigung einer Tierhaltung oder einer Untervermietung, in gewissen Grenzen auch die Klage auf Abhilfe bei Störungen des Mietgebrauchs durch Dritte, (z. B. Mitmieter, Nachbarn; Beispiele s. *Bub/Treier* Kap. III B. Rdnr. 1238). Ob der Mieter gegen den Vermieter einen Anspruch auf Herstellung eines Hausanschlusses hat, damit der Mieter sich dann auf eigene Kosten an das **Breitbandkabelnetz** anschließen lassen kann, wird derzeit noch verneint (*Sternel* Teil II Rdnr. 209). Hat jedoch der Vermieter bereits einen Hausanschluß, dann hat der Mieter auch einen Anspruch darauf, sich auf eigene Kosten an das Breitbandkabelnetz anzuschließen (*LG Heidelberg* WuM 1987, 17). **101**

Bei Beendigung des Mietverhältnisses hat der Mieter ferner einen **Anspruch auf Abrechnung** der Kaution, noch nicht abgerechneter Heiz-, Betriebs- und sonstiger Nebenkosten sowie sonstiger Mieterleistungen (vgl. hierzu *Sternel,* Teil III Rdnrn. 368ff.). Die Vollstreckung erfolgt nach § 887 ZPO (*Thomas/Putzo* § 887 ZPO Anm. 1; nach anderer Ansicht wird die Erstellung der Nebenkostenabrechnung als unvertretbare Handlung angesehen: vgl. *Baumbach/Lauterbach/Albers/Hartmann,* ZPO, 48. Aufl. 1990, § 887 Anm. 6 „Auskunft").

Bei Geschäftsraummiete fällt hierunter auch die Klage auf Unterbindung von Störungen durch Mitbewerber unter Kündigungsandrohung aus dem Gesichtspunkt der **Konkurrenzschutzpflicht (***LG Mannheim* BB 1972, 730).

c) Klagen auf Duldung

Hiermit kann der Mieter z. B. fogende Ansprüche durchsetzen: **102**

- auf **Anbringung von Schildern,** bei Geschäftsräumen auch auf Anbringung von Reklametafeln, Automaten oder Schaukästen (MünchKomm-*Voelskow* §§ 535, 536 BGB Rdnr. 44; *LG Hamburg* WuM 1974, 145),
- auf **Installation von Anlagen** und Geräten, die zur Lebensführung und insbesondere Haushaltsführung erforderlich sind (*LG Saarbrücken* NJW-RR 1987, 1496; *LG Berlin* ZMR 1975, 271). Dasselbe gilt für die Herstellung eines Telefonanschlusses und die Anbringung einer **Dachantenne** zum Zweck des Fernsehempfangs (*BayObLG* NJW 1981, 1274). Der Vermieter kann dem Anspruch des Mieters, eine Einzelantenne zu installieren, nur begegnen, indem er eine Gemeinschaftsantenne errichtet (*LG Hamburg* ZMR 1978, 140). Dagegen hat der Mieter einer Wohnung keinen Anspruch darauf, eine **Funkantenne** zu setzen (*BayObLG* NJW 1981, 1274).
- auf **Durchführung** gewisser **baulicher Veränderungen,** z. B. Hilfsmaßnahmen bei der Einrichtung und Ausstattung der Räume (Bildernägel, Dübel), Einrichtungsmaßnahmen (Raumteiler, Einbauküche) und notwendige Verwendungen nach § 547 BGB (Einzelheiten vgl. *Sternel* Teil II Rdnrn. 211 ff.),
- auf **Daueraufnahme von Personen,** mit denen er sein Leben teilen will (*BayObLG* WuM 1984, 13 m. w. Nachw.), von Hausangestellten und Pflegepersonen (*OLG Hamm* NJW 1982, 2876). Dies findet seine Grenze allerdings in einer Überlegung der Wohnung und ggf. auch bei Störungen des Hausfriedens (*Schmidt-Futterer/Blank,* Wohnraumschutzgesetze Rdnr. B 139). Zum Anspruch des Mieters auf Gebrauchsüberlassung an sonstige Dritte, insbesondere Untervermietung, vgl. oben Rdnr. 14

d) Zahlungsklagen

103 Hierunter fallen z. B. folgende Klagen:

- auf **Rückzahlung der Kaution** samt Zinsen, eines etwaigen Heiz-, Betriebs- oder sonstigen **Nebenkostenguthabens** sowie von restlichen Mieterleistungen bei Beendigung des Mietverhältnisses. Falls der Vermieter hier nicht abrechnet, muß der Zahlungsklage in aller Regel die Klage auf Vornahme der Abrechnung vorgeschaltet werden (vgl. oben Rdnr. 101);
- auf **Entschädigung nach § 547a II BGB** (zum formularvertraglichen Ausschluß des Wegnahmerechts vgl. oben Rdnr. 17). Zugrunde zu legen ist der Zeitwert der Einrichtung abzüglich Wertverlust durch Ausbau und Kosten der Wiederherstellung (MünchKomm-*Voelskow* § 547a BGB Rdnr. 16);
- auf **Schadensersatz wegen Nichterfüllung** bei Mängeln zu Beginn oder während eines Mietverhältnisses (§ 538 I BGB; vgl. oben Rdnrn. 96ff.);
- auf **Schadensersatz bei unberechtigter Kündigung** durch den Vermieter (Kosten für Wohnungssuche und Umzug; *BayObLG* NJW 1982, 2004);
- auf **Aufwendungsersatz** bei Modernisierung der Wohnung durch den Vermieter (§ 541b III BGB) oder bei Ersatzvornahme zur Beseitigung von Mängeln (§ 538 II BGB);
- auf Ersatz von Verwendungen nach § 547 BGB (zur Abdingbarkeit vgl. oben Rdnr. 17). Ansprüche des Mieters auf Ersatz von Verwendungen nach §§ 538 II, 547, 547a BGB verjähren bereits in 6 Monaten ab Beendigung des Mietverhältnisses (§ 558 BGB; vgl. *Palandt/Putzo* § 558 BGB Anm. 2, 3b).

V. Besonderheiten in den neuen Bundesländern

104 Nach dem Einigungsvertrag vom 31. 8. 1990 (BGBl. II S. 889ff.) richten sich Mietverhältnisse ab dem Beitritt nach den Vorschriften des BGB. Dies gilt auch für Verträge, die vor dem Wirksamwerden des Beitritts abgeschlossen wurden (Art. 232 § 2 EGBGB, Anl. I Kap. III Sachgeb. B Abschn. II Ziff. 1 des Einigungsvertrages, BGBl. II, S. 943). Dabei gibt es jedoch mit Rücksicht auf die Verhältnisse in den Ländern der ehemaligen DDR einige Ausnahmen:

1. Wohnraummietrecht

a) Erweiterter Kündigungsschutz

105 Für Mietverhältnisse, die **vor** dem Beitritt abgeschlossen wurden, gelten folgende zusätzliche Einschränkungen der nach dem BGB vorgesehenen Kündigungsmöglichkeiten (für Mietverhältnisse, die nach dem Beitritt abgeschlossen wurden bzw. werden, gelten diese Einschränkungen nicht):

106 **aa) Eigenbedarf, § 564b II 2 BGB.** Grundsätzlich kann sich der Vermieter auf Eigenbedarf erst nach dem 31. 12. 1992 berufen. Dies gilt nicht, wenn der Ausschluß des Kündigungsrechts für den Vermieter angesichts seines Wohnbedarfs und seiner sonstigen berechtigten Interessen eine Härte bedeuten würde, die auch unter Würdigung der Interessen des Mieters nicht zu rechtfertigen wäre (Art. 232 § 2 III EGBGB). Damit sollen überwiegend die Fälle abgedeckt sein, in denen der Vermieter schon nach bisherigem Recht des beigetretenen Teils aus Eigenbedarf eine Auflösung des Mietverhältnisses hätte verlangen können (§ 122 Zivilgesetzbuch der ehemaligen DDR – ZGB; vgl. *Kinne,* GrundE 1990, 951ff.). Diese Kündigungsmöglichkeit war allerdings in der Vergangenheit nur

bei besonderen Ausnahmesituationen gegeben, so z. B. in einem Fall, bei dem der Vermieter nach der Eheschließung nur 2 Räume von 8 bzw. 6 m^2 ohne Küche und ohne Sanitärbereich zur Verfügung hatte, wobei aber auch in diesem Fall noch eine alle Umstände und Tatsachen umfassende Interessenabwägung vorzunehmen war (vgl. *Oberstes Gericht der DDR,* Neue Justiz 1990, 315).

bb) Verhinderung angemessener wirtschaftlicher Verwertung, § 564b II 3 107 **BGB.** Auf diesen Kündigungsgrund kann sich der Vermieter bei vor dem Beitritt abgeschlossenen Mietverhältnissen überhaupt nicht berufen (Art. 232 § 2 II EGBGB).

cc) Wohnung in einem vom Vermieter selbst bewohnten Wohngebäude 108 **mit nicht mehr als 2 Wohnungen, § 564b IV 1 BGB.** Bei vor dem Beitritt abgeschlossenen Mietverträgen kann der Vermieter vor dem 1. 1. 1993 eine solche Wohnung unter den erleichterten Voraussetzungen des § 564b IV 1 BGB nur kündigen, wenn ihm die Fortsetzung des Mietverhältnisses wegen seines Wohn- oder Instandsetzungsbedarfs oder sonstiger Interessen nicht zugemutet werden kann (Art. 232 § 2 IV EGBGB).

b) Miethöhe

aa) Nach dem Beitritt ohne Mittel aus öffentlichen Haushalten neu ge- 109 **schaffener Wohnraum** (sei es, daß das Gebäude erst nach dem Beitritt fertig gestellt wurde, sei es, daß der neu geschaffene Wohnraum vorher auf Dauer zu Wohnzwecken nicht mehr benutzbar war oder nach seiner baulichen Anlage und Ausstattung anderen als Wohnzwecken diente; vgl. § 11 I MHRG, Anl. I Kap. XIV Abschn. II Ziff. 7 des Einigungsvertrages, BGBl. II, S. 1126). Bei Vermietung dieses Wohnraums sind die Preisvorschriften der ehemaligen DDR nicht anzuwenden. Er unterliegt der Vertragsfreiheit hinsichtlich der Miethöhe, soweit nach dem Miethöhegesetz und insbesondere nach § 5 Wirtschaftsstrafgesetz (= nicht mehr als 20% über der ortsüblichen Vergleichsmiete) zulässig.

bb) Jeglicher sonstiger Wohnraum, gleichgültig, wann der Mietvertrag ab- 110 geschlossen wurde. Hierfür gelten bis zum 31. 12. 1991 die bisherigen Preisvorschriften der ehemaligen DDR weiter (Anl. II Kap. V Abschn. III Ziff. 1a) dd) des Einigungsvertrages, BGBl. II S. 1201; Einzelheiten vgl. *Kinne,* GrundE 1990, 951 ff.). Bis zu diesem Zeitpunkt wird eine Mieterhöhung ohne Modernisierung erst dann möglich sein, wenn die Bundesregierung von der Ermächtigung zur Erhöhung des höchst zulässigen Mietzinses (unter Berücksichtigung der Einkommensentwicklung) Gebrauch gemacht haben wird (vgl. § 11 MHRG). Etwas anderes gilt lediglich für Mieterhöhungen wegen Modernisierung gem. § 3 MHRG und bis zum 1. 1. 1996 sogar über § 3 MHRG hinaus (vgl. § 11 II und VII MHRG).

2. Geschäftsraummietrecht

a) Kündigungsschutz

aa) Bis zum 31. 12. 1992. Ist der Mietvertrag vor dem Beitritt abgeschlossen 111 worden, so kann der Mieter einer bis zum 31. 12. 1992 erklärten Kündigung eines Mietverhältnisses über Geschäftsräume oder gewerblich genutzte unbebaute Grundstücke entsprechend der Sozialklausel des § 556a BGB widersprechen und vom Vermieter die Fortsetzung des Mietverhältnisses verlangen, wenn die Kündigung für ihn eine erhebliche Gefährdung seiner wirtschaftlichen

Lebensgrundlage mit sich bringt. Auf Vermieterseite werden nur die im Kündigungsschreiben angegebenen Gründe berücksichtigt, soweit nicht die Gründe nachträglich entstanden sind (Art. 232 § 2 V und VI EGBGB). Hiervon gibt es jedoch gewisse Ausnahmen (vgl. § 2 V Ziff. 1 bis 4 EGBGB), insbesondere, daß der Mieter sich weigert, in eine Umlegung der Betriebskosten einzuwilligen oder daß er sich weigert, in eine angemessene Mieterhöhung einzuwilligen, wenn der Vermieter bei anderweitiger Vermietung eine höhere Miete erzielen könnte. Hierdurch wird quasi bis zum 31. 12. 1992 eine Art ortsübliche Geschäftsraummiete eingeführt (Einzelheiten vgl. *Kinne,* GrundE 1990, 951 ff.).

112 **bb) Bis zum 1. 1. 94.** Für Kündigungen von Mietverhältnissen über Geschäftsraum, welche vor dem Beitritt abgeschlossen wurden, verlängert sich die Kündigungsfrist nach § 565 I 3 BGB für vor dem 1. 1. 1994 erklärte Kündigungen um 3 Monate, also praktisch um ein Quartal (Art. 232 § 2 VII EGBGB).

b) Miethöhe

113 Hier galten für Geschäftsräume bis zum 31. 12. 1990 die beim Beitritt bestehenden Preisvorschriften der ehemaligen DDR weiter (Anl. II Kap. V Abschn. III Ziff. 1 a dd des Einigungsvertrages; Einzelheiten vgl. *Kinne,* GrundE 1990, 951 ff.).

B V. Das Wohnungseigentums-Verfahren

Dr. Wolf-Dietrich Deckert

Übersicht

Literatur: *Augustin,* Sonderausgabe zu BGB-RGRK, 12. Aufl. 1983; *Bärmann/Pick/Merle,* WEG 6. Aufl. 1987; *Bärmann/Seuß,* Praxis des Wohnungseigentums, 3. Aufl. 1980; *Belz,* Das Wohnungseigentum, 1980; *Bielefeld,* Der Wohnungseigentümer, 4. Aufl. 1988; *ders.,* WEG-Recht, Rechtsprechung in Leitsätzen 1984–1986, 1987, Bd. 2, 1986–1988, 1990; *Bub,* Wohnungseigentum von A–Z, 5. Aufl. 1986; *Deckert,* Mein Wohnungseigentum, 1. Aufl. 1991; *ders.,* Die Eigentumswohnung vorteilhaft erwerben, nutzen und verwalten, 1982ff. (Loseblattausgabe) (zit.: ETW mit G. für Gruppe und A. für Abschnitt);

Deckert/Stein, Die Eigentumswohnung; Organisations- und Formularhandbuch für die Verwaltung von WE, 1988; *Ganten,* in: *Erman,* Komm. zum BGB, 8. Aufl. 1989; *Jennißen,* Die Verwalterabrechnung nach dem WEG, 1986; *Koeble,* Rechtshandbuch Immobilien, 1987ff. (Loseblattausgabe); *Merle,* Bestellung und Abberufung des Verwalters nach § 26 WEG, 1977; *Müller,* Praktische Fragen des Wohnungseigentums, 1986; *Bassenge,* in: *Palandt,* BGB, 50. Aufl. 1991; Partner im Gespräch (PiG), Schriftenreihe der ESW Deutschland e. V. derzeit Hefte 1, 1976 bis 31, 1989; *Peters,* Verwaltungsbeiräte im Wohnungseigentum, 3. Aufl. 1985; *ders.,* Instandhaltung und Instandsetzung von WE, 1984; *ders.,* Der Fachverwalter von Wohnungseigentum, 1989; *Röll,* Teilungserklärung und Entstehung des Wohnungseigentums, 1975; *ders.,* Handbuch für Wohnungseigentümer und Verwalter, 4. Aufl. 1986; *ders.,* in: MünchKomm zum BGB, Bd. 4, 2. Aufl. 1986; *Sauren,* Problematik der variablen Eigentumswohnungen, 1984; *ders.,* WEG, 1989; ders., Verwaltervertrag und Verwaltervollmacht im Wohnungseigentum, Beck'sche Musterverträge Bd. 3, 1990; *Schmid,* Die Vermietung von Eigentumswohnungen, 1984; *Schmidt,* in: Münchener Vertragshandbuch, Bd. 3 Wirtschaftsrecht, 2. Aufl. 1987; *Schönhofer/Reinisch,* Haus- und Grundbesitz in Recht und Praxis, 1978ff. (Loseblattausgabe) (zit.: H u G); *Seuß,* Die Eigentumswohnung, 9. Aufl. 1988; *Stürner,* in: *Soergel/Siebert,* Komm. zum BGB, 12. Aufl. 1990; *Tresper,* Wohnungseigentum in der Praxis, 5. Aufl. 1983; *Weitnauer,* WEG 7. Aufl. 1988). – **Fachzeitschriften:** Wohnungseigentum (WE), Der Wohnungseigentümer (DWE) u. a.

I. Einführung

1. Regelungsbild des WEG

1 Das WEG von 1951 (beachte hierzu auch die seit 1. 4. 1991 geltenden Änderungen – §§ 45 I, 46a (neu), § 48 I 4 WEG, § 29b ZPO (neu) – durch das Rechtspflege-VereinfachungsG vom 17. 12. 1990, BGBl. I S. 2847ff.) ist wie folgt gegliedert: **I. Teil** (Wohnungseigentum) mit Begriffsbestimmungen (§ 1) sowie den Abschnitten Begründung des Wohnungseigentums (§§ 2–9), Gemeinschaft der Wohnungseigentümer (§§ 10–19), Verwaltung (§§ 20–29), Wohnungserbbaurecht (§ 30); **II. Teil** Dauerwohnrecht (§§ 31–42); **III. Teil** Verfahrensvorschriften, unterteilt in die Abschnitte **Verfahren der freiwilligen Gerichtsbarkeit in Wohnungseigentumssachen (§§ 43–50),** Zuständigkeit für Rechtsstreitigkeiten (§§ 51–52) und Verfahren bei Versteigerung des Wohnungseigentums (§§ 53–58); **IV. Teil** Ergänzende Bestimmungen (§§ 59–64).

2 Hinsichtlich Wohnungs- bzw. Teilerbbaurechten gelten die Vorschriften über das Wohnungseigentum bzw. Teileigentum analog **(§ 30 III 2).**

3 In seiner **Dogmatik** ist das Institut des Wohnungseigentums der Bruchteilsgemeinschaft des BGB (§§ 741ff. BGB) angenähert, nach *Bärmann* als 3-gliedrige Einheit (Trinität) eine Rechtsform sui generis (untrennbare Verbindung der beiden sachenrechtlichen Elemente, nämlich des Miteigentums/Miteigentumsanteils am Gemeinschaftseigentum und des Sondereigentums in wechselseitiger Akzessorietät auch zum personenrechtlichen Element, dem kollektiven Gemeinschaftsverhältnis). *Weitnauer* hingegen betrachtet dieses Institut allein als besonders ausgestaltetes Miteigentum nach BGB (vgl. beide Standardkommentierungen, jeweils in den Einleitungen). M. E. ist neben den sachen- und personenrechtlichen Komponenten auch das gemeinschaftliche Verwaltungsvermögen als ein gemeinschaftgebundenes Sondervermögen anzuerkennen, auf das die gesetzlichen Regelungen der §§ 1 V und 5 II WEG über das sachenrechtlich umschriebene Gemeinschaftseigentum analog anzuwenden sind (Vermögen dieser Zweckgemeinschaft eigener Art; vgl. ETW, G. 3, A. 2.2.5).

2. Zwingende und dispositive Normen des WEG

Aus der gesetzlichen Diktion allein ist oftmals nicht zu erkennen, welche Bestimmungen des WEG zwingender und welche dispositiver (abdingbarer) Natur sind. Hier ist häufig allein auf die h. M. abzustellen; als **zwingend** anzusehen sind die §§ 1–4 sowie 8, § 5 (insbesondere § 5 II), § 6, § 10, § 11, § 12 (insbesondere II 1), § 13, § 18 I und IV (III strittig), § 19 (strittig), § 20 II, § 21 IV, V Nr. 4, § 23 III, IV, § 24 II, § 24 III (strittig), § 26, § 27 I und II (vgl. III), § 27 IV 1, § 28 (strittig), §§ 43ff., §§ 53ff. (vgl. auch ETW, G. 3, A. 1.2). 4

Die Klärung dieser Vorfragen ist oftmals deshalb wichtig, da zwingende Bestimmungen des WEG nicht durch Vereinbarung (d. h. also in erster Linie durch Teilungserklärung mit Gemeinschaftsordnung) und erst recht nicht durch einfachen Mehrheitsbeschluß abweichend geregelt werden können (Nichtigkeitsfolge!). Abdingbare gesetzliche Regelungen können hingegen mangels Vereinbarung auch Mehrheitsbeschlußfassungen zugeführt werden, so daß solche Beschlüsse nach Ablauf der 1-monatigen Beschlußanfechtungsfrist verbindlich und bestandskräftig werden (bis zu etwaiger neuer, aufhebender oder ändernder Beschlußfassung). Eine fristgemäße Anfechtung solcher Beschlüsse hätte allerdings rechtlich Erfolg und würde ebenfalls zur Ungültigkeit eines Beschlusses führen, da nach § 10 I 2 WEG grundsätzlich von Vorschriften des Gesetzes (also auch abdingbaren) nur über **„Vereinbarungen"** (d. h. Zustimmung aller Eigentümer) abgewichen werden kann. Die Rechtslage ist hier ähnlich wie bei Mehrheitsbeschlüssen, die ändernd in eine Teilungserklärungsvereinbarung eingreifen (ebenfalls grds. nur mit allstimmiger Zustimmung). 5

3. Die Teilungserklärung mit Gemeinschaftsordnung als Vereinbarung und „lex specialis" einer Gemeinschaft

Die beglaubigte oder beurkundete Teilungserklärung mit Gemeinschaftsordnung ist Bestandteil eines jeden Wohnungs- oder Teileigentums und besitzt kraft Grundbucheintrag sog. **dingliche Wirkung,** d. h. Wirkung gegenüber Sonderrechtsnachfolgern im Eigentum (§ 10 II WEG) (ebenso wie der Aufteilungsplan mit Abgeschlossenheitsbescheinigung als Bezugsunterlage der Eintragungsbewilligungen; öffentlicher Glaube des Grundbuchs). Aufteilungsplan und formeller Teil der Teilungserklärung identifizieren das jeweilige Sondereigentum und grenzen es vom Gemeinschaftseigentum ab. 6

Der zweite Teil der Teilungserklärung (die Gemeinschaftsordnung) regelt die Rechte und Pflichten unter den Eigentümern und die Verwaltung des Gemeinschaftseigentums, ggf. auch in Abweichung von abdingbaren Bestimmungen des WEG. Manche Vereinbarungen in der Gemeinschaftsordnung besitzen allerdings nicht (grds. nur allstimmig abänderbare) Vereinbarungs-, sondern allein Beschlußwirkung (so z. B. eine mitvereinbarte Hausordnung als „Scheinvereinbarung", die auch über einf. Mehrheitsbeschluß abgeändert werden kann). Diese Gesamtvereinbarung ist eine Art **Satzung der Gemeinschaft** und in allen anstehenden Streitfragen primär zu prüfen und zu beachten. 7

Nichtige Vereinbarungen entfalten keinerlei Rechtswirkungen; auf die Nichtigkeit kann sich jeder Beteiligte berufen; eines eigenen gerichtlichen Feststellungsantrags bedarf es nicht. Im Rahmen gerichtlicher Inhaltskontrolle nach § 242 BGB kann im Einzelfall auch gestalterisch durch den Richter in Teilungserklärungs-Vereinbarungen eingegriffen, d. h. eine grob unbillige Regelung für ungültig erklärt werden (nach h. M. allerdings keine Kontrolle nach AGB-Gesetz; Gemeinschaftsordnung regelt kein synallagmatisches Austauschverhältnis).

4. Die Bindungswirkung von Eigentümerbeschlüssen

8 Sind Beschlüsse nicht nichtig (Verstoß gegen zwingendes Gesetz oder gegen Anstand und gute Sitten, absolute Unzuständigkeit der Gemeinschaft zur Beschlußfassung), erlangen jegliche Beschlüsse nach Ablauf der 1-monatigen Beschlußanfechtungsfrist seit Beschlußfassung Bestandskraft und verbindliche **Wirkung gegenüber Sonderrechtsnachfolgern,** ohne daß Beschlüsse in das Grundbuch eingetragen werden (§ 10 III WEG, ebenso wie wohnungseigentumsgerichtliche Entscheidungen nach § 43 WEG, wohl nicht gerichtliche Vergleiche); somit haben Beschlüsse (und auch Gerichtsentscheidungen) verbindliche Wirkung auch gegenüber Wohnungskäufern, Erben, Beschenkten und Erstehern in der Zwangsversteigerung (Sondernachfolgen).

9 Des weiteren wirken Mehrheitsbeschlüsse auch für und gegen Wohnungseigentümer, die gegen einen Beschluß (besser Antrag) gestimmt oder an der Beschlußfassung (mangels persönlicher Teilnahme oder wirksamer Vertretung) nicht mitgewirkt haben (§ 10 IV WEG).

5. Das WE-Verfahren als echtes privatrechtliches Streitverfahren in Angelegenheiten der freiwilligen Gerichtsbarkeit

10 Im Gegensatz zum allgemeinen Zivilprozeß handelt es sich in Wohnungseigentumsstreitsachen um ein Verfahren der freiwilligen Gerichtsbarkeit (im folgenden: fG-Verfahren). Da sich aber auch hier i. d. R. Beteiligte als Streitparteien gegenüberstehen, spricht man auch von einem **„echten privatrechtlichen Streitverfahren in Angelegenheiten der freiwilligen Gerichtsbarkeit."**

11 Neben den Spezialvorschriften im WEG (§§ 43–52) gilt ergänzend das **FGG** (insbesondere die allgemeinen Vorschriften nach den §§ 1–34 FGG).

12 Die freiwillige Versteigerung von Wohnungseigentum ist den Notaren übertragen (§§ 53ff. WEG).

13 Aufgrund des Charakters eines echten privatrechtlichen Streitverfahrens werden im WEG-Verfahren häufig auch **Analogien zur ZPO** gezogen (z. B. zur Streitverkündung, zur Klageänderung, zur Rechtshängigkeit, zur Rechtskraft, zur Veräußerung der Streitsache usw.).

II. Verfahrensgang in WE-Sachen

14 § 43 WEG regelt die Zulässigkeit sowie die sachliche, örtliche und funktionelle Zuständigkeit der Verfahrensart in Wohnungseigentumssachen. Allgemeine Verfahrensgrundsätze finden sich dann in den §§ 44–50 WEG.

1. Zuständigkeit, Zulässigkeit und sachlicher Umfang des Verfahrens nach § 43 WEG

15 **a)** Die **sachliche** und funktionelle **Zuständigkeit** ist bei Streitigkeiten zwischen Eigentümern untereinander und zwischen Eigentümern und Verwalter im Zweifel nach h. M. weit auszulegen, da das fG-Verfahren flexibler und in diesen Streitfällen besser geeignet ist als der sehr speziell in der ZPO geregelte und

insbesondere einem strengen Form- und Fristzwang unterliegende Zivilprozeß; das WEG-Verfahren ist auch einfach und elastisch gestaltet und damit für eine meist große Anzahl von Beteiligten besonders prädestiniert (so *BGH* NJW 1972, 1318). Zum Amtsermittlungsgrundsatz des WE-Gerichts und zur Stoffbeibringungs- und Mitwirkungspflicht der Beteiligten vgl. unten Rdnr. 61 ff.

Örtlich ist in I. Instanz das Amtsgericht zuständig, in dessen Bezirk sich das Wohnungseigentumsgrundstück befindet **(Belegenheitsgericht).** 16

b) § 43 I WEG steckt in etwa den Rahmen dessen ab, was im Streitfall vor dem Amtsgericht – Abt. Wohnungseigentum – (nachfolgend mitunter auch Wohnungseigentumsgericht genannt) zu behandeln ist. Im Einzelfall kann jedoch die Zulässigkeit **dieses besonderen Rechtsweges in Frage stehen.** 17

Nicht unter diese fG-Verfahrensart fallen z. B. Herausgabeklagen von Wohnungen gegen unrechtmäßige Besitzer, Klagen aus allgemeinem Nachbarrecht, Klagen der Eigentümer gegen gemeinschaftsfremde Dritte, Streitigkeiten zur reinen Abgrenzung der sachenrechtlichen Bestandteile des Wohnungseigentums (einschließlich der dinglichen Sondernutzungsrechte, nicht jedoch, wenn es um den Umfang und Geltungsbereich eines solchen Rechts geht), soweit nur eine entsprechende abstrakte Feststellung eines Rechtsverhältnisses beantragt ist, Streitigkeiten über Konkurrenzverbote zwischen Teileigentümern, baumängel- und mietrechtliche Streitigkeiten (vgl. B II bzw. B IV), Schadenersatzklagen gegen die Haftpflichtversicherung eines Verwalters, i. d. R. auch Ehrverletzungs-Abwehrklagen usw. (vgl. Beispielsfälle aus der obergerichtlichen Rechtsprechung in ETW, G. 7, A. 2.1). – Beachte auch den neuen **§ 29a ZPO,** der die Belegenheitsgerichtszuständigkeit für **Klagen Dritter** gegen Eigentümer festschreibt, wenn der Streitgegenstand Gemeinschaftseigentum, Sondereigentum oder WE-Verwaltung betrifft. 18

c) Umstritten ist die **Anwendbarkeit** der §§ 43 ff. WEG auf sog. **werdende (faktische) Eigentümer.** Das Rechtsinstitut dieses sog. werdenden Eigentümers war bisher nach h. M. anerkannt, d. h. ein Wohnungserwerber wurde bereits dann wie ein Volleigentümer behandelt, wenn eine Teilungserklärung im Grundbuch mit Anlegung der Grundbuchblätter vollzogen, ein bindender, rechtswirksamer notarieller Erwerbsvertrag abgeschlossen, eine Auflassungsvormerkung zu Gunsten des Erwerbers im Grundbuch eingetragen ist und wenn sich der Erwerber bereits faktisch in die Gemeinschaft integriert, i. d. R. also eine Wohnung rechtlich oder tatsächlich in Besitz genommen hatte (Besitz-, Lasten-, Nutzungs- und Gefahrübergang). Dies galt dann gleichermaßen für Aktiv-, wie Passivprozesse. 19

Die gleiche Problematik stellte sich schon beim Stimmrecht, bei der richtigen Adressierung in Ladungen zu Eigentümerversammlungen und auch bei Wohngeld-(Hausgeld-) Zahlungsverpflichtungen. 20

Das *KG* hat in Vorlagen zum *BGH* dieses Institut in Frage gestellt mit der Begründung fehlender Notwendigkeit und unter Hinweis auf das WEG, das stets nur vom „Wohnungseigentümer" spricht und damit in formalistischer Betrachtungsweise allein den im Grundbuch schon oder noch eingetragenen Wohnungseigentümer als Beteiligten der Gemeinschaft ansieht (letzte Entscheidung zum verneinten Stimmrecht des werdenden Eigentümers *KG* WE 1988, 91 und zur verneinten Antragsberechtigung und Verfahrensführung nach § 43 WEG vom 1. 4. 1987 – 20 W 5239/84; zur Gesamtproblematik vgl. u. a. ETW, G. 4, A. 2.1 m. w. Nachweisen). 21

22 Der **BGH** hat zwischenzeitlich i. S. des vorlegenden *KG* die Rechtsfigur des werdenden Eigentümers in der Einzelrechtsnachfolge (vorerst zum Stimmrecht) **geleugnet** (vom 1. 12. 1988, NJW 1989, 1087) entschieden und konsequenterweise nachfolgend auch zur Passivlegitimation und Wohngeldschuldnerschaft auf den Eigentümereintrag im Grundbuch zum Zeitpunkt der Forderungsfälligkeit abgestellt (vgl. v. 18. 5. 1989, NJW 89, 2697).

Die werdende faktische Gemeinschaft **vor** rechtlicher Entstehung der WE-Gemeinschaft (Eintrag von mindestens 2 Eigentümern im Grundbuch) wurde vom *BayObLG* in neuerlicher Grundsatzentsch. vom 11. 4. 1990 – BReg. 2 Z 7/90, *BayObLGZ* 1990 Nr. 24 nach wie vor anerkannt bzw. bestätigt. Auch nach Invollzugsetzung der Gemeinschaft bleiben die bisherigen werdenden/faktischen Eigentümer (Ersterwerber vom Bauträger-Verkäufer) solchermaßen faktische Eigentümer mit allen Rechten und Pflichten wie Volleigentümer (soweit zu ihren Gunsten nach verbindlichem Kauf eine Auffassungsvormerkung im Grundbuch eingetragen ist und soweit auf sie Besitz, Lasten, Nutzungen und Gefahr übergegangen sind). Erstkäufer vom Bauträger **nach** Entstehung der Gemeinschaft erhalten Rechte und Pflichten allerdings erst mit Eigentumsumschreibung im Grundbuch (gelten also bereits als Sondernachfolger).

23 **d)** Nach h. M. sind die §§ 43ff. WEG auch anwendbar bei Anspruchslagen gegen einen aus der Gemeinschaft **ausgeschiedenen Verwalter,** soweit der geltend gemachte Anspruchsgrund mit der früheren Amtstätigkeit des Verwalters zu tun hatte; abgestellt wurde hier auf den inneren Zusammenhang mit der früheren Verwaltungstätigkeit (vgl. *BGH* NJW 1972, 1320; *BGH* NJW 1980, 2466; *BayObLG* vom 13. 2. 1981 – BReg. 2 Z 17/80; *KG* vom 14. 4. 1988 – 25 W 1174/88 und vom 15. 6. 1988 – 24 W 473 und 474/88; zur – die Klagebefugnis verneinenden – Schadenersatzklage eines einzelnen Eigentümers im Falle gemeinschaftsbezogener Ansprüche gegen einen Verwalter ohne Beschluß vgl. BGH NJW 89, 1091; ebenso *BayObLG* vom 3. 7. 1989, ETW, G. 2, 1010).

24 Diese Rechtsprechung wurde nach bisher h. M. – m. E. nicht konsequent – nicht auch auf **ausgeschiedene Eigentümer** ausgedehnt; hier wurde der Rechtsweg nach § 43 WEG verneint (*BGHZ* 44, 43 (45); *BayObLG* RPfl. 1975, 245 und 1979, 318; *BayObLGZ* 1986, 348 (350)). Insoweit gab es auch zwei weitere Vorlagen des *KG* an den *BGH* mit der Begründung, auch gegen ausgeschiedene Miteigentümer den Rechtsweg nach § 43 WEG zu eröffnen (*KG* vom 15. 2. 1988, DWE 1988, 74 und *KG* vom 20. 4. 1988 – 24 W 4878/87). Der *BGH* (NJW 1989, 714 = ETW, G. 2, S. 852) hat allerdings seine bisherige Meinung neuerlich bestätigt.

25 Zuständig ist jedoch auf jeden Fall das WE-Gericht für den Feststellungsantrag der Nichtigkeit bzw. Ungültigkeit eines Beschlusses, wenn der Antragsteller **vor** Antragseinreichung aus der Gemeinschaft ausgeschieden ist; ein Rechtsschutzbedürfnis ist hier zu bejahen, wenn seine Rechtstellung betroffen ist (*BayObLG* WE 1987, 55).

2. Wechselseitige gerichtliche Abgaben

26 Nach § 46 I WEG hat das angegangene **Prozeßgericht** eine Streitsache an das Wohnungseigentumsgericht abzugeben, wenn die Angelegenheit unter § 43 WEG fällt. Dieser Abgabebeschluß ist für das Wohnungseigentumsgericht bindend, selbst wenn das Prozeßgericht rechtsirrig seine Zuständigkeit verneint hat.

Gegen den Beschluß des Prozeßgerichtes gibt es wohl nicht die Möglichkeit der einfachen Beschwerde analog § 567 I ZPO (str., *BGH* NJW 1986, 1994; *KG* vom 25. 3. 1988 – 17 W 1271/88). 27

Der umgekehrte Fall, also eine Abgabe des Wohnungseigentumsgerichts (WE-Gericht) an ein Prozeßgericht ist nirgendwo ausdrücklich gesetzlich geregelt; die Zulässigkeit einer solchen Abgabe mit Bindungswirkung für das Prozeßgericht wird jedoch anerkannt (*BGHZ* 78, 57 und *BGH* ZfBR 1980, 292; „nach Anhörung der Parteien bzw. entsprechendem Hilfsantrag analog § 17 GVG"; neuerlich *BGH* vom 24. 11. 1988 – V ZB 11/88 sogar „von Amts wegen ohne mdl. Vdlg." analog § 46 I WEG). 28

Die Abgabeentscheidung des Wohnungseigentumsgerichts an das Zivilgericht ist wie eine Endentscheidung rechtsmittelfähig (*KG* OLGZ 1979, 150 sowie vom 20. 4. 1988 – 24 W 4878/87; *BayObLG* ZMR 1985, 308 und *KG* vom 15. 6. 1988 – 24 W 473 und 474/88). 29

Halten sich sowohl Prozeß- als auch Wohnungseigentumsgericht für unzuständig (sog. **negativer Kompetenzkonflikt**), wird das zuständige Gericht analog § 36 Nr. 6 ZPO durch das im Rechtszug zunächst höhere Gericht bestimmt (*OLG Hamm* MDR 1983, 940; *BGH* vom 13. 10. 1983 – I ARZ 386/83). 30

3. Das Antragsverfahren in WE-Sachen

Auch die Einleitung des WE-Verfahrens setzt **Anträge** voraus, aus denen das Begehren eines Antragstellers für Gericht und Gegner allgemein erkennbar wird. Aus einem solchen Antrag soll sich insbesondere ergeben, wer Verfahrensbeteiligter ist und welches Rechtschutzziel erstrebt wird (z. B. eindeutige Klarstellung, welche Beschlüsse angefochten sein sollen, *OLG Celle* vom 19. 1. 1989, ETW G. 2, S. 1044). 31

Im Gegensatz zur zivilprozessualen Partei- und Antragsmaxime (§ 308 ZPO) ist jedoch der Wohnungseigentumsrichter nicht in gleich strenger Weise an Parteianträge gebunden, die nur **Anregungen** an das WE-Gericht sind. Auch Anträge und Hilfsanträge können in WE-Sachen vom Richter **ausgelegt** werden (Amtsermittlung). Allerdings ist auch das WE-Gericht an den erklärten Inhalt eines Sachantrages gebunden, kann also nicht mehr oder etwas anderes entscheiden (vgl. *BayObLG* vom 30. 8. 1989 – BReg. 2 Z 40/89 und vom 15. 12. 1989 – BReg. 2 Z 128/89). 32

Mit Einreichung einer Antragsschrift beim AG wird eine WE-Rechtssache anhängig, nach Zustellung an die Gegenseite **rechtshängig;** Voraussetzung für diese Zustellung durch Vermittlung der Geschäftsstelle ist grundsätzlich die Einbezahlung eines Gerichtskostenvorschusses (nach der Kostenordnung – **KostO** –, nicht nach dem Gerichtskostengesetz – GKG – und damit mit erheblich niedrigeren Kostensätzen als im ZPO-Verfahren); die Höhe des Gerichtskostenvorschusses gibt das Gericht dem Antragsteller auf der Basis eines vorläufig festgestellten (u. U. auch antragstellerseits vorgeschlagenen) Geschäftswertes bekannt. 33

Im WE-Verfahren gibt es **keine Versäumnisentscheidung** ähnlich dem Versäumnisurteil nach ZPO und auch **keine vorläufige Vollstreckbarkeit;** möglich sind allein sofort vollstreckbare einstweilige Anordnungsentscheidungen nach § 44 III WEG im Rahmen eines rechtshängigen Hauptsacheverfahrens, die im Regelfall nicht selbständig angefochten werden können (vgl. auch unten Rdnr. 69). 34

35 Die Wirksamkeit der Zustellung eines Antrages wird nicht dadurch berührt, daß in ihm die übrigen Wohnungseigentümer nicht (alle) namentlich, sondern nur als „die Wohnungseigentümergemeinschaft ... x-Str." bezeichnet sind (*BGH* NJW 1977, 1686 und *BayObLG* vom 8. 7. 1981 – BReg. 2 Z 14/81).

36 In WE-Sachen sind aus verfahrensökonomischen Gründen grundsätzlich auch **Gegenanträge** – analog den für die Widerklage der ZPO geltenden Grundsätzen – zulässig; in der Beschwerdeinstanz sind solche erstmals gestellten Gegenanträge analog § 530 I ZPO allerdings nur zuzulassen, wenn der Gegner einwilligt oder das Gericht die Geltendmachung der Ansprüche in dem rechtshängigen Verfahren für sachdienlich hält (*BayObLG* vom 30. 10. 1979 – BReg. 2 Z 28/78, ebenso *KG* vom 7. 6. 1989 – 24 W 95/89 und *OLG Frankfurt* vom 9. 9. 1982 – 20 W 423/83, insoweit allerdings mit der Einschränkung, daß die Verfahrensbeteiligten identisch sein müßten und zwischen Antrag und Gegenantrag ein rechtlicher Zusammenhang bestehen müsse; eine solche Beteiligten- und Parteiidentität sei nicht gegeben, wenn Prozeßführungsbefugnis und Sachlegitimation auseinanderfallen würden).

37 Keine Antragsbefugnis der einzelnen Eigentümer ohne Beschlußermächtigung besteht bei gemeinschaftlichen Ansprüchen (vgl. *BayObLG* vom 3. 7. 1989, ETW G. 2, S. 1010; *BGH* NJW 1989, 1091; *OLG Düsseldorf* NJW-RR 89, 978).

4. Der Nachweis des Rechtsschutzinteresses

38 Auch in WE-Verfahren hat der Antragsteller sein Rechtschutzbedürfnis nachzuweisen. Fehlt dieses z. B. bei Feststellungsanträgen, wenn Leistungsanträge gestellt werden könnten, kann dies analog ZPO zur Antragszurückweisung führen. Hinsichtlich weiterer Beispiele zu umstrittenen Fragen eines Rechtschutzbedürfnisses darf auf ETW, G. 7, A. 2.6 verwiesen werden.

39 Grundsätzlich kann z. B. auch ein Miteigentümer einen Beschluß anfechten, wenn er in der Versammlung für den Beschlußantrag gestimmt hat und seine Anfechtung nicht als rechtsmißbräuchlich anzusehen ist (umstritten, so zuletzt *BayObLG* vom 7. 4. 1988 – BReg. 2 Z 156/87; *OLG Celle* MDR 1985, 145; *OLG Düsseldorf* DWE 1988, 74 und *OLG Oldenburg* v. 18. 1. 1989, ETW G. 2, S. 1083).

40 Werden Verwaltungsmaßnahmen gerichtlich angegriffen, verlangt die Rechtsprechung mitunter auch zur Bejahung eines prozessualen Rechtsschutzinteresses den Nachweis eines außergerichtlichen Abhilfeverlangens des Antragstellers.

41 Mehrheitlich abgelehnte Beschlußanträge (oftmals als „Negativbeschlüsse" bezeichnet) können und müssen nicht angefochten werden (fehlendes Rechtschutzinteresse mangels Vorliegen eines Mehrheitsbeschlusses); solche Anträge können allenfalls in entsprechende Verpflichtungsanträge durch das Gericht **umgedeutet** werden.

5. Die Beteiligten des WE-Verfahrens

42 Die Beteiligtenstellung in dieser Verfahrensart richtet sich nach § 43 IV WEG. In Ausnahmefällen können auch neben Wohnungseigentümern und Verwaltern Dritte Beteiligtenstellung erlangen (u. U. auch über zulässige Streitverkündung).

43 Die Beteiligten sind von Amts wegen festzustellen und können auch im Rah-

men richterlicher Aufklärungspflicht als „Zeugen" einvernommen werden. Materiell Beteiligte sind grds. von Amts wegen auch formell an Verfahren zu beteiligen (vgl. *BayObLG* vom 13. 10. 1988, ZMR 89, 103; v. 10. 5. 1989, ZMR 89, 347 und vom 11. 10. 1989 – BReg. 1b Z 26/89). Im Verfahren der Herausgabe eines Kellers gegen einen Miteigentümer sind z. B. grds. alle anderen Eigentümer zu beteiligen (*BayObLG* vom 6. 2. 1990, ETW G. 2, S. 1124).

Die WE-**Gemeinschaft** als solche ist **nicht parteifähig** und kann daher auch keine eigenständige Beteiligtenstellung inne haben; eine analoge Anwendung des § 50 II ZPO wird abgelehnt (mit Ausnahme von Rubrumsbezeichnungen gemäß *BGH* NJW 1977, 1686; vgl. oben Rdnr. 36). **44**

In sog. **Mehrhausanlagen** kann ein Gericht allerdings auch nur unmittelbar streitbetroffene Eigentümer eines Hauses am Verfahren beteiligen, wenn die restlichen Eigentümer in ihren Interessen durch das Verfahren nicht berührt werden (h. M.). **45**

Die umstrittene Frage der Beteiligtenstellung eines **ausgeschiedenen Wohnungseigentümers** wurde bereits oben unter Rdnr. 22 behandelt. **46**

Bei Eigentumswechsel nach Rechtshängigkeit sind auch in WE-Sachen die §§ 261 III Nr. 2, 265, 325 und 727 ZPO analog anzuwenden; ein Verfahren wird also von den bisherigen Verfahrensbeteiligten fortgesetzt; gerichtliche Entscheidungen wirken auch für und gegen Rechtsnachfolger. Antragsänderung und gewillkürte Parteierweiterung ist auch in WE-Verfahren zulässig (*BayObLG* vom 17. 11. 1989, ETW, G. 2, S. 1086). **47**

Im WE-Verfahren gibt es nicht Kläger und Beklagte, sondern nur **Antragsteller, Antragsgegner** und ggf. **weitere Verfahrensbeteiligte.** In Beschlußanfechtungsverfahren ist der anfechtende Eigentümer Antragsteller, die restlichen Eigentümer sind Antragsgegner; der Verwalter als weiterer Beteiligter ist im Regelfall Zustellungsvertreter für die in Antragsgegnerschaft stehenden Eigentümer (vgl. § 27 II Nr. 3 WEG und Rdnr. 76 unten), auch wenn dieser h. M. insoweit der derzeitige Wortlaut des Gesetzes entgegensteht (§ 27 II und II Nr. 3 WEG spricht von „allen" Wohnungseigentümern; vgl. ETW, G. 7, Abschn. 2.7c)). **48**

6. Handeln in Prozeßstandschaft

Auch das WE-Verfahren kennt das zivilprozessuale Institut der Verfahrens- oder Prozeßstandschaft, wonach ein Dritter ein fremdes Recht in eigenem Namen geltend machen kann, sofern er hierzu vom Rechtsträger ermächtigt ist und ein eigenes schutzwürdiges Interesse an der Geltendmachung des fremden Rechtes besteht. So kann wohl auch ein werdender/faktischer Eigentümer vom grundbuchrechtlich eingetragenen Noch-Eigentümer antragsermächtigt werden. Durch einfachen Mehrheitsbeschluß (vgl. § 27 II Nr. 5 WEG) können – wie häufig – auch einzelne Eigentümer, ein Verwaltungsbeirat oder auch ein Verwalter in Prozeßstandschaft zur Verfahrensführung ermächtigt werden (der Verwalter allerdings nach h. M. nur auf der Antragstellerseite). Solche Ermächtigungen finden sich auch häufig in Verwalterverträgen, insbesondere für Wohngeldinkassoverfahren gegen zahlungssäumige Miteigentümer (vgl. unten Rdnrn. 94ff.). **49**

Der Prozeßstandschafter wird i. d. R. auch als ermächtigt angesehen, einen RA zu bestellen, insbesondere dann, wenn auch die Gegenseite durch einen RA vertreten ist (vgl. z. B. *BayObLGZ* 1988, 287). **50**

51 Ohne eigene beschlußweise oder vereinbarte Prozeßstandschaft handelt ein **Verwalter** stets **in fremdem Namen** als Vertreter (auf der Aktiv-, wie auf der Passivseite).

52 Nach der Entscheidung des *BayObLG* vom 16. 6. 1988 – BReg. 2 Z 46/88 ist ein vertraglich ermächtigter Verwalter allerdings nicht verpflichtet, Ansprüche der Wohnungseigentümer als gewillkürter Prozeßstandschafter in eigenem Namen geltend zu machen; eine solche Vertragsbestimmung kann auch dahin ausgelegt werden, daß sie als „ein weniger" auch die Ermächtigung einschließt, Ansprüche der Eigentümer in deren Namen (also als Vertreter) gerichtlich geltend zu machen.

53 Grundsätzlich kann auch ein **Bruchteilsmiteigentümer** eines Sondereigentums selbständig einen Beschluß anfechten; ist dieses Recht durch Vereinbarung (Gemeinschaftsordnung) rechtswirksam eingeschränkt, ist die Beschlußanfechtungsfrist allerdings nur dann gewahrt, wenn sich der antragstellende Bruchteilseigentümer innerhalb der Frist auf seine Rechtstellung als Verfahrensstandschafter beruft, diese also offenlegt (andernfalls Antragszurückweisung als unzulässig; vgl. *BayObLG* vom 12. 7. 1982 – BReg. 2 Z 55/81).

7. Grundsatz der mündlichen Verhandlung (Sühneverhandlung) vor Gericht

54 Das Gericht 1. und 2. Instanz soll mit den Verfahrensbeteiligten grundsätzlich **mündlich verhandeln** und hierbei auf eine gütliche Einigung hinwirken (§ 44 I WEG). Auch in der Erstbeschwerdeinstanz soll von diesem Grundsatz nur in Ausnahmefällen Abstand genommen werden, die eigener Begründung in der Entscheidung bedürfen. Die mündliche Verhandlung in 2. Instanz hat grundsätzlich vor vollbesetzter Kammer zu erfolgen (so die jetzt absolut h. M.; weitere Nachweise in ETW, G 7, A. 2.9).

55 Der Grundsatz des rechtlichen Gehörs verpflichtet Gerichte, den Verfahrensbeteiligten angemessene **Äußerungsfristen** zu setzen, wenn auch solche Fristsetzungen weder nach verfassungs- noch gewöhnlichem Verfahrensrecht zwingend geboten sind.

56 Vom WE-Gericht kann auch das **persönliche Erscheinen** Beteiligter nach pflichtgemäßem Ermessen angeordnet werden.

57 **Richterablehnungen** wegen Besorgnis der Befangenheit sind gem. § 42 II ZPO möglich, aber nur dann statthaft, wenn ein Grund vorliegt, der geeignet ist, Mißtrauen gegen die Unparteilichkeit des Richters aus objektiver Sicht zu rechtfertigen.

58 Gerichtsverhandlungen sind auch in dieser Verfahrensart nach nunmehr h. M. grundsätzlich **öffentlich** (vgl. *BayObLGZ* 1988, Nr. 81 und *BayObLG* vom 27. 7. 89, NJW-RR 89, 1293).

8. Der Amtsermittlungsgrundsatz und die Mitwirkungspflicht der Streitbeteiligten

59 In 1. und 2. Instanz (vor AG und LG) besteht der richterliche **Amtsermittlungsgrundsatz** (§ 12 FGG). Das Gericht hat nach pflichtgemäßem Ermessen sämtliche für eine Entscheidung notwendigen prozessualen und materiellen Tatsachen zu ermitteln und festzustellen – anhand des begehrten Rechtsschutzzieles –. Der Streitgegenstand i. S. d. ZPO wird allerdings primär vom Antragsteller bestimmt (nach der wirklichen Natur des behaupteten Anspruchs).

Dieser Grundsatz bedeutet auch, daß das Gericht alle geeignet erscheinenden **Beweiserhebungen** eigenständig und spontan vornehmen kann. Das subjektive Recht auf Gehör der Beteiligten darf hierbei allerdings nicht verletzt werden. Eine Pflicht zur förmlichen Beweisaufnahme besteht grundsätzlich nur, wenn durch sonstige Ermittlungen eine genügend sichere Aufklärung nicht zu erreichen ist. Zu beachten ist auch hier der Unmittelbarkeitsgrundsatz einer Beweisaufnahme beim sog. Strengbeweis. 60

Neben dieser Amtsermittlungspflicht besteht jedoch auch eine sehr weitgehende **Stoffbeibringungs-** bzw. **Mitwirkungspflicht** der Streitbeteiligten (prozessuale Förderungspflicht). Beteiligte müssen zwar nicht alle erheblichen Tatsachen vortragen, aber doch gemeinsam an der Sachaufklärung mitwirken. So müssen die Beteiligten auch Beweismittel angeben (*BayObLG* vom 28. 12. 1989 – BReg. 2 Z 120/89). 61

In WE-Verfahren besteht zwar **keine** (subjektive) **Beweislast,** jedoch eine (objektive) Feststellungslast insoweit, als sich die Richtigkeit der Darstellung des Antragstellers nicht zur Überzeugung des Gerichts feststellen läßt. Hinsichtlich der Substantiierung eines Antrages besteht Annäherung an die Schlüssigkeitsforderung einer ZPO-Klage. 62

Umstritten ist derzeit, ob der richterliche Amtsermittlungsgrundsatz sogar soweit geht, z. B. Beschlußungültigkeiten aufgrund formeller oder inhaltlicher Fehler auszusprechen, die von keiner der beiden Streitbeteiligten gesehen oder vorgetragen wurden. Die neue obergerichtliche Rechtsprechung (hier des *BayObLG;* vgl. ETW, G. 7, A. 2.10 d) und v. 21. 9. 1989, ETW G. 2, S. 1044) scheint insoweit den Amtsermittlungsgrundsatz einzuschränken. 63

9. Die Beschlußentscheidung des WE-Gerichtes

Die Entscheidungen ergehen hier nicht als Urteile, sondern als **„Beschlüsse“**. Gegen die Endentscheidung des AG gibt es das Rechtsmittel der **sofortigen Beschwerde** (Erstbeschwerde) innerhalb der **2-wöchigen** Beschwerdefrist, grundsätzlich ab Zustellung der Erstentscheidung (vgl. unten Rdnrn. 106ff.). Nach Ablauf der Beschwerdefrist wird die Entscheidung des AG formell und materiell rechtskräftig und bindet alle Beteiligten (§ 45 II WEG). Die gerichtliche Entscheidung ist zu begründen. 64

Beschwerdefähig sind auch Verfügungen des Erstgerichts, wenn es sich um sachliche Entschließungen handelt (§ 19 I FGG). Darunter fallen auch Zwischenentscheidungen des Gerichtes, also **Zwischenverfügungen,** soweit Rechte der Beteiligten beeinträchtigt sind, so z. B. wenn von Beteiligten ein bestimmtes Verhalten verlangt wird (vgl. *BayObLG* vom 23. 9. 1988 – BReg. 2 Z 95/87 und vom 20. 4. 1989 – BReg. 3 Z 16/89). Nicht-Verfügungen allein für den innergerichtlichen Dienstbetrieb sind allerdings nicht rechtsmittelfähig (weitere Nachweise in ETW, G. 7, A. 2.11). Die Ablehnung der Anberaumung eines gerichtl. Verhandlungstermins ist z. B. keine beschwerdefähige Zwischenentscheidung (vgl. *BayObLG* vom 8. 3. 1990, ETW, G. 2, S. 1170). 65

Möglich sind auch Entscheidungen als **Zwischenbeschluß** oder **Teilbeschluß** analog ZPO. 66

Zur **Aussetzung** und zum **Ruhen** des Verfahrens vgl. ETW, G. 7, A. 2.11 e) und *KG* vom 20. 11. 1989 – 24 W 6700/89 und *BayObLG* vom 30. 11. 1989 – BReg. 2 Z 105/89. 67

68 Unter den Voraussetzungen des § 45 IV WEG ist auf Antrag die **Änderung** einer Gerichtsentscheidung möglich. Hiervon zu unterscheiden sind mögliche **Berichtigungen** einer Gerichtsentscheidung (analog der §§ 319, 320, 321 ZPO; vgl. z. B. BGH vom 9. 2. 1989 – V ZB 25/88 oder *BayObLG* NJW-RR 1989, 720) oder eines Gerichtsprotokolls (vgl. z. B. *KG* vom 6. 2. 1989 – 24 W 5451/88 analog § 164 ZPO).

Ein gerichtlicher **Vergleich** bindet grds. nur die an seinem Abschluß Beteiligten (*BayObLG* vom 29. 1. 1990, ETW G. 2, S. 1125).

10. Einstweilige Anordnungen nach § 44 III WEG

69 Das Gericht kann gemäß § 44 III WEG nach freiem Ermessen für die Dauer des Verfahrens von Amts wegen (also auch ohne Antrag bzw. Anregung) einstweilige Anordnungsentscheidungen treffen, welche grundsätzlich nicht isoliert rechtsmittelfähig sind; sie werden also sofort rechtskräftig und damit i. d. R. **sofort vollstreckbar** (vollziehbar). Diese Anordnung ist der einstweiligen Verfügung nach ZPO ähnlich. Beteiligtenseits empfehlen sich häufig auch Hilfsanträge (Anregungen) auf Erlaß solcher einstweiligen Anordnungen im Falle dringlich erachteter Schnellentscheidungen. Auch hier darf allerdings eine Hauptsachenentscheidung nicht vorweg genommen werden; ein Streitfall kann insoweit nur vorläufig und befristet geregelt werden, soweit ein dringendes Bedürfnis für ein sofortiges richterliches Einschreiten besteht. Keinesfalls dürfen Anordnungsentscheidungen über den Rahmen eines Hauptsachebegehrens hinausgehen. Zu beachten ist, daß eine Anordnungsentscheidung nach § 44 III WEG nur dann ergehen kann, wenn auch ein **Hauptsacheverfahren anhängig** ist (vgl. z. B. *BayObLG* vom 15. 6. 1990 – 2 Z 60/90); Glaubhaftmachung der Dringlichkeit ist empfehlenswert.

70 Eine Anfechtbarkeit einer einstweiligen Anordnung durch Rechtsmittel besteht grundsätzlich nur im seltenen Fall offensichtlicher Gesetzwidrigkeit, oder im Falle des isolierten Erlasses, d. h. wenn sie nicht im Zusammenhang mit einem Hauptsacheverfahren ergangen ist.

11. Anwaltliche Vertretung in WE-Sachen

71 In 1. und 2. Instanz besteht für keine der beteiligten Seiten Rechtsanwaltszwang. Wird ein Anwalt beauftragt, muß er nicht bei dem entsprechend zuständigen Gericht zugelassen sein. In 3. Instanz (Rechtsbeschwerdeinstanz) muß allerdings die sofortige weitere Beschwerde (Rechtsbeschwerde) von einem Rechtsanwalt eigenhändig unterzeichnet sein (§ 29 I FGG analog; vgl. auch unten Rdnrn. 113ff.). Auch diese Unterschrift kann ein jeder, bei einem deutschen Gericht zugelassener Rechtsanwalt leisten.

72 Die Rechtsbeschwerde kann allerdings auch durch den Rechtsmittelführer persönlich zu Protokoll der Geschäftsstelle des Gerichts einer der drei Instanzen eingelegt werden (§ 29 FGG).

73 Beteiligte können sich auch, soweit nicht das persönliche Erscheinen durch das Gericht angeordnet wurde, durch andere Bevollmächtigte/Beistände in Verfahren vertreten lassen; Vorlage einer entsprechenden Legitimation kann gefordert werden. Eine Vollmacht kann vom Vollmachtgeber auch noch in der Sühneverhandlung zu Gerichtsprotokoll erklärt werden.

12. Die Zustellung der gerichtlichen Entscheidung

Gerichtsentscheidungen sind grds. allen beschwerdeberechtigten Verfahrensbeteiligten durch förmliche Zustellung **bekannt zu machen** (§ 16 II 1, § 22 I FGG). Die förmliche Zustellung erfolgt von Amts wegen nach den analog anwendbaren Vorschriften der ZPO oder (selten) – gegenüber allen Beteiligten bei Anwesenheit – durch Eröffnung und Verkündung der vollständigen Entscheidung zu Protokoll (vgl. hierzu *BayObLG* vom 28. 6. 1990 – 2 Z 67/90). **74**

Mit Zustellung einer Entscheidung an betroffene Beteiligte ist sie diesen gegenüber wirksam (existent), formell rechtskräftig jedoch erst nach Ablauf der Rechtsmittelfrist (vgl. hierzu VIII. unten). An die Stelle der Verkündung tritt also im WE-Verfahren die Bekanntmachung (i. d. R. durch förmliche Zustellung). **75**

An Verwalter kann eine Zustellung gemäß § 27 II Nr. 3 WEG erfolgen, soweit eine Zustellung an alle vom Verwalter insoweit wirksam vertretenen Eigentümer in dieser Eigenschaft gerichtet ist, nicht jedoch, wenn eine Zustellungsbevollmächtigung des Verwalters aus Interessenkollisionsgründen entfällt (vgl. *KG* vom 20. 11. 1989, ETW G. 2, S. 1123). Ist die Zustellung eines Gerichtsbeschlusses an den Verwalter „für die Wohnungseigentümer" gerichtet, muß dies vom Gericht zum Ausdruck gebracht werden. **76**

Ist ein Beteiligter anwaltlich vertreten, so ist die Zustellung zwingend an den RA vorzunehmen (§ 16 II 1 FGG i. V. mit § 176 ZPO). **77**

III. Das Beschlußanfechtungsverfahren

1. Die einmonatige Ausschlußfrist

Ein Wohnungseigentümerbeschluß ist nach § 23 IV 1 WEG nur unwirksam, wenn er vom Gericht gemäß § 43 I Nr. 4 WEG (rechtskräftig) für ungültig erklärt ist. In Beschlußanfechtungsverfahren ist der Antrag des Antragstellers gegen alle restlichen Eigentümer als Antragsgegner gerichtet, diese nach h. M. vertreten (in der Zustellung) durch den Verwalter als weiteren Beteiligten. Die richterliche Entscheidung erwächst auch in Rechtskraft gegenüber allen Wohnungseigentümern (vgl. das Antragsmuster unten im Anhang, Rdnr. 145). **78**

Eine Beschlußanfechtung kann nur innerhalb der materiell-rechtlichen Ausschlußfrist **eines Monats** seit der Beschlußfassung erfolgen (vgl. *BayObLG* NJW-RR 1990, 210). In dieser Frist hat der Antrag beim zuständigen **Amtsgericht** einzugehen (§ 23 IV WEG). Der Antrag lautet auf Ungültigkeit eines gefaßten Beschlusses und ist – ggf. in einem Folgeschriftsatz – zu begründen. Von Anfechtenden wird erwartet, daß sie sich dem Gericht gegenüber äußern, warum sie einen Beschluß für ungültig erachten (formelle und/oder inhaltliche Mängel). In der Frist ist auch klarzustellen, welche Beschlüsse angefochten werden (*OLG Celle* vom 19. 1. 1989, WE 1989, 139). Zu Einzelheiten hinsichtl. Form, Inhalt und Frist vgl. ETW, G. 7, A 3.1. Nach Ablauf der Anfechtungsfrist kann kein weiterer Eigentümer in ein rechtshängiges Verfahren eintreten (*OLG Frankfurt* vom 19. 1. 1989, ETW G. 2, S. 923). Nur der Eigentümer, der selbst fristgerechten Antrag gestellt hat, kann das Beschlußanfechtungsverfahren fortführen (*OLG Zweibrücken* vom 8. 2. 1989, ETW G. 2, S. 917). **79**

Auf den Zeitpunkt des etwaigen Zugangs eines Versammlungsprotokolls kommt es für den Beginn der 1-monatigen Anfechtungsfrist nicht an. Entschei- **80** dend für die Fristberechnung (für den Beginn der 1-monatigen Ausschlußfrist) ist das Datum der Beschlußfassung (also z. B. Beschlußfassung 4. 4. 19. ./ 22 Uhr → Fristende 4. 5. 19. ./24 Uhr – ggf. Nachtbriefkasten –, soweit der 4. 5. nicht auf einen Sa, So oder gesetzl. Feiertag fällt; oder z. B. Beschlußfassung 25. 11. 19. ./23 Uhr 50 → Fristende 27. 12. 19. ./24 Uhr, sofern der 27. 12. kein Sa oder So ist, dann Fristende mit Ablauf des nächsten Werktages); zur korrekten Fristberechnung vgl. §§ 187 I, 188 II 1. Altern., III und ggf. § 193 BGB (zu weiteren Fristberechnungsbeispielen vgl. ETW, G. 7, A. 3.1).

81 Bei unverschuldet versäumter Frist kann ggf. auf entsprechenden Antrag hin **Wiedereinsetzung** in den vorigen Stand gewährt werden (§ 22 II FGG analog; § 234 ZPO: 2-Wochenfrist und 1-Jahresfrist beachten!). Vgl. zuletzt *BayObLGZ* 1989, Nr. 4 (vom 27. 1. 1989) sowie *OLG Oldenburg* DWE 1989, 182 und *OLG Braunschweig* WE 1989, 100 unter Hinweis auf *BGH* NJW 1970, 1316.

2. Kein Suspensiveffekt durch Anfechtung

82 Jeder gefaßte Eigentümerbeschluß ist – trotz Anfechtung – vorerst einmal **schwebend gültig,** muß oder kann (je nach Einzelfall) also auch trotz bekannter Anfechtung zur Ausführung gelangen (u. U. Rückabwicklungsprobleme im Falle späterer gerichtlicher Ungültigkeitsfeststellung). Ein Anfechtungsantrag hat also **keine aufschiebende Wirkung;** ein Gericht kann jedoch durch einstweilige Anordnung einen Vollzug eines angefochtenen Beschlusses aussetzen. Ist ein Antrag auf Ungültigkeiterklärung eines Beschlusses durch das Wohnungseigentumsgericht als unbegründet abgewiesen worden, so ist dieser – sowohl in Bezug auf Anfechtungs-, als auch auf Nichtigkeitsgründe – als rechtswirksam zu erachten (*BayObLG* DNotZ 1980, 751). Im Anfechtungserfolgsfalle ist der Beschluß ex tunc ungültig.

3. Das schriftliche Beschlußverfahren

83 Auch auf **schriftlichem** Wege (Umlaufverfahren) können Beschlüsse gefaßt werden; allerdings kommt hier ein Beschluß überhaupt nur zustande, wenn alle Wohnungseigentümer ihre Zustimmung zu diesem Beschluß (besser: Antrag) schriftlich erklären (§ 23 III WEG ist nach h. M. zwingender Natur). Erst mit dem Zugang der letzten positiven Einverständniserklärung zum Inhalt eines vorgeschlagenen Beschlußantrages ist ein solcher Beschluß wirksam. Eine hier (seltene) Anfechtungsfrist dürfte mit Bekanntgabe des Beschlußergebnisses an die Eigentümer beginnen (str.).

4. Anfechtungsgründe

84 Erfolgreich anfechtbar sind Beschlüsse zum einen aufgrund zu Recht behaupteter **formeller** Mängel (Formverstöße im Zuge der Einberufung und Versammlungs- bzw. Abstimmungsdurchführung in Mißachtung abdingbaren Gesetzes, der Vereinbarungen in einer Teilungserklärung mit Gemeinschaftsordnung usw.; Kausalitätprüfung!), zum anderen bei behaupteten und gerichtlich bestätigten **inhaltlichen** Fehlern (insbesondere Verstößen gegen abdingbares Gesetz, gegen Vereinbarungen in der Teilungserklärung, gegen Grundsätze ordnungsgemäßer Verwaltung und ordnungsgemäßen Gebrauchs – insbesondere im Falle zu unbestimmten Inhalts –, bei Widersprüchen gegen den Grundsatz von Treu und Glauben usw.).

Zu schwierigen Rechtsfragen bei etwaigen Formverstößen (Kausalität; Heilung von Formmängeln durch Folgebeschlüsse) vgl. ETW G. 4, A. 6.7.3.1.7 und G. 7, A. 3.2. Zur Bestätigung eines angefochtenen Beschlusses durch neuerlichen Beschluß vgl. *BGH* NJW 1989, 1087; vgl. auch *BayObLG* vom 28. 6. 1990 – 4 Z 59/90. **85**

5. Rechtskraft der gerichtlichen Entscheidung

Was den Umfang der Rechtskraft einer gerichtlichen Ungültigkeitserklärung eines Beschlusses betrifft, ist zu sagen, daß das Gericht grundsätzlich an die Anträge gebunden ist und in Rechtskraft nur der **Ausspruch über die Ungültigkeit** des angefochtenen Beschlusses erwächst, nicht dagegen die gerichtliche Begründung. **86**

6. Der Verwalter als Zustellungsvertreter und seine Informationspflicht.

In Beschlußanfechtungsantragsverfahren eines Eigentümers sind Antragsgegner die restlichen (nicht anfechtenden) Miteigentümer; diese werden bei bestehender Verwaltung nach h. M. grds. (soweit kein Interessenkonflikt vorliegt) vom Verwalter als weiterem Beteiligten und **Zustellungsvertreter** vertreten (§ 27 II Nr. 3 WEG). Dieser hat die restlichen Eigentümer von einem rechtshängigen Beschlußanfechtungsverfahren unverzüglich entsprechend zu informieren. **87**

IV. Das Beschlußnichtigkeits-Feststellungsverfahren

Es kann auch über gerichtlichen Feststellungsantrag die Ungültigkeit eines Beschlusses erstrebt werden unter Hinweis auf Beschlußnichtigkeitsgründe; liegt eine Beschlußnichtigkeit vor, besteht auch nicht die 1-monatige Ausschlußfrist wie im Anfechtungsverfahren. Nichtig ist ein Beschluß, wenn er gegen **zwingende Rechtsvorschriften** verstößt, auf deren Einhaltung rechtswirksam nicht verzichtet werden kann, wenn ein Beschluß **Anstand** und **guter Sitte widerspricht** oder wenn eine **Gemeinschaft** für eine Beschlußfassung absolut **inkompetent** ist. In diesen Fällen kommt es ebenfalls zum gerichtlichen Ausspruch der Ungültigkeit eines Beschlusses mit einer ex tunc-Nichtigkeitsfolge (ähnlich der Beschlußungültigkeit im Anfechtungsfalle). **88**

Nichtige und anfechtbare Beschlüsse sind zu unterscheiden von sog. „Negativ-Beschlüssen" (mehrheitlich **abgelehnten Anträgen**) und sog. Nicht- bzw. Scheinbeschlüssen (rechtliches Nullum/Nihil); insoweit darf auf ETW G. 5, A. 3.2.8 verwiesen werden. **89**

V. Weitere Verfahrensanträge

Neben vorgenannten häufigen Beschlußanfechtungs- und – seltener – Nichtigkeitsfeststellungsanträgen sind im WE-Verfahren denkbar auch Feststellungsanträge über ein streitiges Rechtsverhältnis (bei entsprechendem Rechtschutzbedürfnis analog § 256 ZPO), Anträge auf Herausgabe (aus Eigentum, §§ 985 ff. BGB), auf Beseitigung/Entfernung (z. B. widerrechtlich vorgenommener baulicher Veränderungen im Sinne des § 22 I WEG), auf Tun, Dulden und Unterlas- **90** sen (z. B. bei Hausordnungsverstößen gemäß § 1004 BGB) und Ansprüche auf Wiederherstellung des ursprünglichen Zustandes (Naturalrestitution bzw. hilfsweise Schadenersatz nach §§ 249ff. BGB).

91 Möglich sind auch Schadenersatzansprüche der Eigentümer untereinander, seitens einzelner oder aller Eigentümer (gemeinschaftsgebundene Ansprüche, *BGH* ETW, G. 2, S. 920 = NJW 1989, 1091 und *BayObLG* vom 3. 7. 1989, ETW, G. 2, S. 1010 und *OLG Düsseldorf* vom 28. 4. 1989, NJW-RR 1989, 978 sowie *KG* vom 20. 12. 1989, ETW G. 2, S. 1111) gegen einen Verwalter (z. B. aus Verzug, Unmöglichkeit, Nichterfüllung, unerlaubter Handlung, Nutzungsausfall usw.); auch Aufwendungsersatzansprüche aus Auftragsrecht bzw. Geschäftsführung ohne Auftrag sind denkbar. Ansprüche aller Eigentümer sind grds. auch von allen Eigentümern geltend zu machen; das Institut der actio pro socio soll hier im WE-Recht nach derzeit h. M. keine Anwendung finden.

92 Möglich sind auch Anträge auf Abgabe einer Willenserklärung/Zustimmungsverpflichtung und Anträge auf Protokollberichtigung (zu Einzelheiten vgl. ETW, G. 7, A. 3.4).

VI. Das Hausgeld-(Wohngeld-)Inkassoverfahren

93 Gemäß § 27 II Nr. 1, 2, 4 und 5 WEG ist grundsätzlich der Verwalter zwingend verpflichtet (vgl. § 27 III WEG), die notwendigen Wohngeldbeiträge bei den Eigentümern gemäß Vereinbarung oder wirksam beschlossener Wirtschaftspläne und Abrechnungen einzufordern, ggf. auch kraft vertraglicher Vereinbarung bzw. entsprechender Beschlüsse ermächtigt auf gerichtlichem Wege, grundsätzlich **in fremdem Namen,** im Falle entsprechender Ermächtigung auch **in eigenem Namen.** Insoweit wird der Verwalter dann auch von der h. M. als ermächtigt angesehen, einen RA mit der Verfahrensführung zu beauftragen (insbes. bei rechtl. etwas schwieriger gelagerten Fällen). Damit ist der Verwalter auch befugt, die Vollstreckung aus rechtskräftigen Zahlungstiteln zu erwirken (Pfändung, Pfändungs- und Überweisungsbeschluß, Zwangssicherungshypothek usw.).

94 Auch ein einzelner **Miteigentümer** besitzt das Recht (so m. E. zu Recht *KG* vom 24. 1. 1990, ETW, G. 2, S. 1110 = NJW-RR 7/1990, 395 – Vorlage zum *BGH* – aufgrund abweichender Rspr. des *BayObLG*), zahlungssäumige Wohngeldschuldner gerichtlich in Anspruch zu nehmen, soweit die Anspruchsgrundlagen für eine fällige Wohngeldschuld gegeben sind (vgl. *BGH* vom 12. 7. 1984 – VII ZB 1/84); das *KG* bejaht die Antragsbefugnis aus § 21 IV WEG und analoger Anwendung der im Gesellschaftsrecht anerkannten actio pro socio. Der *BGH* hat allerdings zwischenzeitlich gegen das *KG* i. S. der Meinung des *BayObLG* entschieden und den gerichtl. Zahlungsantrag eines einzelnen Eigentümers (selbst mit Leistungsantrag gemäß § 432 bzw. § 428 BGB) ohne ermächtigenden Eigentümerbeschluß für **unzulässig** erklärt (*BGH* NJW 1990, 2386).

95 Gegen Eigentümer sind Wohngeldrückstände i. ü. vor dem WE-Gericht einzuklagen, gegen etwa ausgeschiedene Eigentümer jedoch vor dem Prozeßgericht (vgl. oben II. 1. d)).

96 Ein einzelner Eigentümer hat auch das Recht, vom Verwalter **Einsicht** und Auskünfte darüber zu erhalten, welcher Miteigentümer sich in welcher Höhe in Zahlungsrückstand befindet.

Das **Mahn-** und **Vollstreckungsbescheidsverfahren** insbes. für Wohngeldansprüche ist durch das Rechtspflege-VereinfachungsG neu in das WEG aufgenommen worden **(§ 46a)**. 97

Antragsteller sollten Forderungen auch im WE-Verfahren schlüssig und substantiiert begründen. Werden Wohngeldvorauszahlungen geltend gemacht, ist die **Anspruchsgrundlage** darzustellen und zu belegen (durch Vorlage der entsprechenden Vereinbarung bzw. des Wirtschaftsplans mit beschlußgenehmigendem Protokoll und unter Dokumentation der zum Fälligkeitszeitpunkt nicht geleisteten Raten). 98

Handelt es sich um eine Einzelabrechnungs-Restschuld, ist als Anspruchsgrundlage die Jahresabrechnung mit entsprechender Einzelabrechnung (Protokollvorlage) zu belegen. 99

Entfällt eine Anspruchsgrundlage Wirtschaftsplan für Vorauszahlungsschulden durch „überholende" Abrechnungsgenehmigung, sind gerichtliche Zahlungsanträge im rechtshängigen Vorauszahlungsforderungsstreit auch ohne etwaigen Hinweis des Gerichts rechtzeitig **umzustellen** (nur in den Tatsacheninstanzen möglich)! 100

Bei Geltendmachung eines gesetzlichen oder höher vereinbarten **Verzugszinses** kann im Rahmen kontinuierlicher Monatsfälligkeiten von Wohngeldvorauszahlungen ein mittlerer Verzugszins (kalendermäßiges Mittel) geltend gemacht werden (vgl. *BayObLG* vom 30. 4. 1986 – BReg. 2 Z 72/85). 101

Um Wohngeldforderungen handelt es sich auch bei anteiligen Beitragsschulden kraft einer beschlossenen **Sonderumlage.** 102

Ein mit dem Inkasso beauftragter **Verwalter** hat einen ggf. eingeschalteten **Rechtsanwalt** entsprechend zu **informieren** (Übergabe der zur schlüssigen Forderungsbegründung notwendigen Vertrags-, Protokoll- und Abrechnungsunterlagen). Zum Muster eines gerichtlichen Inkassoantrages vgl. unten Anhang Rdnr. 146. 103

VII. Das Eigentums-Entziehungsverfahren

Dieses besondere, allerdings auch sehr seltene Verfahren regelt sich nach §§ 18, 19, 43 I Nr. 1 und den §§ 53 bis 58 WEG, hilfsweise nach rechtswirksam in einer Teilungserklärung mit Gemeinschaftsordnung getroffenen Vereinbarungen. Die Entziehung ist jedoch als ultima ratio anzusehen unter Berücksichtigung der Grundsätze der Verhältnismäßigkeit. 104

In Betracht zu ziehen ist dieses Verfahren allein bei schwersten Verstößen gegen Verhaltens- und Rücksichtnahmepflichten, d. h. insbesondere sehr schweren Hausordnungsverstößen, ggf. auch bei beharrlicher Weigerung der Zahlung fälliger Wohngeldbeiträge; im letztgenannten Fall wird allerdings i. d. R. an andere Vollstreckungsmöglichkeiten zu denken sein, da das umständliche und zeitaufwendige Entziehungsverfahren kaum zu Vollstreckungserfolgen führen dürfte. Zu Einzelheiten dieses Verfahrens und Beispielfällen aus der Rspr. darf auf ETW, G. 7. A. 9. verwiesen werden. 105

VIII. Das Beschwerdeverfahren (Rechtsmittel)

1. Die sofortige Beschwerde (Erstbeschwerde)

106 Gegen die erstinstanzliche Beschlußentscheidung des Wohnungseigentumsgerichts ist die sofortige Beschwerde zulässig, wenn der Wert des Beschwerdegegenstandes **1200 DM** übersteigt (§ 45 I WEG in der seit 1. 4. 1991 geltenden Fassung); zum Geschäftswert allgemein vgl. unten Rdnrn. 137ff. Beschwerdeberechtigt sind alle Verfahrensbeteiligten, die durch die Gerichtsentscheidung beeinträchtigt/betroffen sind.

107 Die Beschwerdeschrift muß vor Ablauf von **2 Wochen** ab Bekanntmachung, d.h. Zustellung der Vorentscheidung entweder beim Erstgericht oder beim Beschwerdegericht (dem übergeordneten Landgericht) eingegangen sein (vgl. § 16 II, 22 I FGG). Eine Rechtsmittelbelehrung des Erstgerichts ist gesetzlich nicht vorgeschrieben und auch unüblich. Zur Sicherstellung fristwahrender Maßnahmen bei längerer Urlaubsreise vgl. *BayObLG* vom 28. 3. 1990, ETW G. 2, S. 1168.

108 Eine Beschwerde kann auch vorsorglich zur Wahrung der Frist eingelegt und in späterem gesonderten Schriftsatz zurückgenommen bzw. begründet werden. Gerichte erkennen hier im Regelfall stillschweigende Begründungsfristen von 3–4 Wochen an; auf längere Fristen sollte ein Beschwerdeführer nicht vertrauen.

109 In der Beschwerdebegründung können auch neue Tatsachen und Beweisangebote vorgetragen werden, denen auch das Gericht der 2. Instanz im Rahmen der Amtsermittlung nachzugehen hat. Anwaltliche Vertretung ist auch in 2. Instanz nicht vorgeschrieben, jedoch empfehlenswert.

110 Auch hinsichtlich der zwei-wöchigen Beschwerdefrist ist **Wiedereinsetzung** in den vorigen Stand im Falle unverschuldeter Fristsäumnis möglich. Rechtsirrtum und Rechtsunkenntnis bilden allerdings einen Wiedereinsetzungsgrund nur bei Unverschulden, wenn also ein Beschwerdeführer oder dessen Vertreter nicht die den Umständen nach gebotene und nach seinen persönlichen Verhältnissen zumutbare Sorgfalt außer Acht gelassen hat (zum Anwaltskanzleiverschulden vgl. *BayObLG* vom 13. 12. 1983 – BReg. 2 Z 62/83 und vom 12. 1. 1984 – BReg. 2 Z 116/83 und zum Anwaltsverschulden bei fehlerhafter Beschwerde-Adressierung streng *BayObLG* vom 8. 2. 1990, ETW G. 2, S. 1126: verneinte Wiedereinsetzung, und vom 2. 6. 1982 – BReg. 2 Z 62/81: bejahte Wiedereinsetzung).

111 Eine **mündliche Verhandlung** hat grundsätzlich vor **vollbesetzter Kammer** des LG stattzufinden (vgl. u.a. *BayObLG* vom 4. 12. 1987 – BReg. 2 Z 35/87 sowie vom 10. 12. 1987 – BReg. 2 Z 140/87).

112 Das Beschwerdegericht kann bei lückenhafter Sachverhaltsfeststellung durch das Erstgericht eine Sache auch an das AG zurückverweisen, und zwar zum Zwecke weiterer Sachaufklärung (zur Bindungswirkung des Erstgerichts vgl. *BayObLG* vom 7. 5. 1987 – BReg. 2 Z 45/87).

2. Die sofortige weitere Beschwerde (Rechtsbeschwerde)

113 Die im WEG nicht erwähnte **sofortige weitere Beschwerde** (Rechtsbeschwerde) ergibt sich aus den §§ 27ff. FGG analog. Die früher umstrittene Frage der Abhängigkeit von einem Beschwerdewert wurde seinerzeit vom *BGH* NJW 1985, 913 klarstellend dahingehend entschieden, daß die Rechtsbeschwerde ohne Rücksicht auf den Beschwerdewert des § 45 I WEG zulässig sei.

Seit 1. 4. 1991 gilt jedoch auch hier der neue § 45 I WEG: Eine sofortige weitere Beschwerde ist ebenfalls nur zulässig, wenn der Wert des Gegenstandes dieser Rechtsbeschwerde **1200 DM** übersteigt.

Die Rechtsbeschwerde kann wahlweise beim Gericht der 1., der 2. oder auch der 3. Instanz (OLG bzw. BayObLG und KG) eingelegt werden. Die Rechtsbeschwerde ist entweder zwingend von einem Rechtsanwalt eigenhändig zu unterzeichnen (muß jedoch nicht von ihm abgefaßt worden sein) oder kann von einem Beschwerdeführer zu Protokoll der Geschäftsstelle eines der Instanzgerichte erklärt werden. Formelle Anträge und Begründungen sind an sich nicht gesetzlich vorgeschrieben, jedoch empfehlenswert. Die Beschwerdefrist der Rechtsbeschwerde beträgt ebenfalls **2 Wochen** ab Bekanntmachung der landgerichtlichen Entscheidung (§ 22 I WEG und § 16 II 1 FGG; zur Frist § 29 i. V. mit § 22 I FGG). **114**

Die Oberlandesgerichte (bzw. das BayObLG und das KG) sind in ihrer Entscheidung grundsätzlich an die Tatsachen- und Beweisfeststellungen der Vorgerichte gebunden. Begründet ist eine weitere Beschwerde nur dann, wenn eine Vorentscheidung auf einer Gesetzesverletzung **beruht** (§ 27 I FGG). Dies ist der Fall, wenn eine Rechtsnorm nicht oder nicht richtig angewendet wurde (z. B. auch schwerwiegender Verstoß gegen Verfahrensregeln und/oder allgemeine Denk- und Erfahrungssätze). Die Gesetzesverletzung muß für die „Falschentscheidung" des Vorgerichts kausal sein. Ermessensentscheidungen der Tatsacheninstanzen sind allein auf Ermessenfehler (Ermessensfehlgebrauch und Ermessensüberschreitung) zu überprüfen. Allerdings ist das Rechtsbeschwerdegericht u. U. zur eigenen Sachentscheidung mit selbständigen Tatsachenfeststellungen (auch neuer, ohne weitere Ermittlungen feststehender Tatsachen) nach erfolgtem Rechtsfehler der Vorinstanz befugt (h. M.). **115**

Neues Tatsachenvorbringen seitens der Beteiligten erstmals vor dem Rechtsbeschwerdegericht wird allerdings in dieser 3. und i. d. R. letzten Instanz grundsätzlich nicht mehr berücksichtigt. **116**

Die 3. Instanz kann auch eine angefochtene Entscheidung aufheben und die Streitsache unter Bekanntgabe eigener Rechtsmeinung zur anderweitigen Behandlung und Entscheidung entweder an das LG oder das AG zurückverweisen. Gelangt eine Sache dann wieder in die 3. Instanz, ist das Rechtsbeschwerdegericht an die frühere Rechtsansicht gebunden (vgl. *BGH* NJW 1973, 1273; *OLG Karlsruhe* MDR 85, 143; *BayObLG* vom 14. 9. 1988 – BReg. 2 Z 112/87 und v. 8. 3. 1989, BReg. 2 Z 13/88). Ansonsten lautet die Entscheidung der 3. Instanz auf Verwerfung der weiteren Beschwerde (bei Unzulässigkeit), auf Zurückverweisung (bei Unbegründetheit), auf sachliche Änderung (z. B. Aufhebung des landgerichtlichen Beschlusses und Wiederherstellung der Entscheidung des AG) oder im Erfolgsfall allein auf Aufhebung der anderslautenden Vorentscheidungen. Vor dem Rechtsbeschwerdegericht findet in WE-Sachen im Regelfall keine mündliche Verhandlung mehr statt. **117**

Will ein OLG (bzw. das BayObLG, das KG) bei der Auslegung einer für die Entscheidung einschlägigen Rechtsfrage oder bei der Auslegung einer bundesgesetzlichen Vorschrift von der Meinung/Entscheidung eines anderen OLG oder einer bereits vom BGH ergangenen Entscheidung abweichen, so hat es – bei Kausalitätsbejahung – unter Begründung seiner Rechtsauffassung den Streit dem **BGH** zur Grundsatzentscheidung **vorzulegen** (§ 28 II und III FGG); gerade in jüngster Zeit häufen sich hier die Vorlagen zum *BGH* (zuständig ist derzeit der V. Zivilsenat des BGH in Karlsruhe). **118**

119 Ergänzend darf auch auf § 45 IV WEG verwiesen werden, d. h. auf die Möglichkeit eines Antrags auf **Entscheidungsänderung** unter bestimmten rechtlichen Voraussetzungen (wesentliche Änderung der tatsächlichen Verhältnisse, bei Notwendigkeit zur Vermeidung einer unbilligen Härte).

120 Sog. unselbständige **Anschlußbeschwerden** werden von der h. M. sowohl in 2. als auch in 3. Instanz anerkannt (vgl. *BGH* NJW 1978, 1977 und *BGH* vom 27. 6. 85 – VII ZB 16/84).

121 **Gegenanträge** (analog der Widerklage nach ZPO) sind grundsätzlich auch im WE-Verfahren zulässig, in den Beschwerdeinstanzen jedoch nicht uneingeschränkt (§ 530 I ZPO!).

122 Ist eine Rechtsbeeinträchtigung im Laufe eines WE-Verfahrens weggefallen und damit auch das Rechtschutzbedürfnis für einen Beschwerdeführer, muß ein Streit – ggf. von Amts wegen – in der **Hauptsache** für **erledigt** werden, soll das Risiko einer Verwerfung wegen Unzulässigkeit vermieden werden. Hier ist dann im Streitfall allein noch gerichtlich über die Kosten eines Verfahrens zu entscheiden (vgl. *OLG Zweibrücken* vom 4. 12. 1987, ETW G. 2, S. 798 u. *BayObLG* vom 31. 10. 1989, BReg. 2 Z 97/89).

123 In diesem Zusammenhang ist zu beachten, daß eine wohnungseigentumsgerichtliche Hauptsacheentscheidung mit Kostenentscheidung nur insgesamt im Rechtsmittelverfahren angegriffen werden kann, eine Beschwerde also **nicht isoliert** allein auf die Kostenformel gestützt werden kann. Ist allerdings nach Zurücknahme eines Antrages, Hauptsachevergleich oder auch übereinstimmender Erledigterklärung allein eine richterliche Kostenentscheidung ergangen, kann diese mit Erstbeschwerde und auch Rechtsbeschwerde angegriffen werden, im Falle der Erstbeschwerde bei Erreichung eines Beschwerdewerts von über DM 200 (§ 20a II FGG in der seit 1. 4. 1991 geltenden Fassung); vgl. auch unten Rdnrn. 131ff.

IX. Die Vollstreckung wohnungseigentumsgerichtlicher Beschlußentscheidungen

124 Rechtskräftige wohnungseigentumsgerichtliche Entscheidungen, Vergleiche und einstweilige Anordnungen werden nach den Vorschriften der **ZPO** vollstreckt (vgl. § 45 III WEG). Der Amtsermittlungsgrundsatz des § 12 FGG gilt hier nicht; ebenso ist § 33 FGG unanwendbar. Bei geforderten vertretbaren und unvertretbaren Handlungen gelten also auch hier die §§ 887 und 888ff. ZPO (z. B. zur Vollstreckung einer untersagten Hobbyraumnutzung *BayObLG* vom 15. 2. 1989, ETW G. 2, S. 976 oder zur Vollstreckung der Verpflichtung zur Erstellung einer Jahresabrechnung als vertretbare Handlung *BayObLG* vom 15. 11. 1988, ETW G. 2, S. 889 oder zur Verpflichtung, einen Mauerdurchbruch wieder zu verschließen *BayObLG* NJW-RR 1989, 462).

125 Zu Grundsätzen der Vollstreckung, der Zuständigkeit des WE-Gerichts in Vollstreckungsverfahren, zur hier nicht bestehenden Amtsermittlungspflicht und zum Beschwerdeweg wohnungseigentumsgerichtlicher Vollstreckungsentscheidungen darf auf ETW, G. 7, A. 6 verwiesen werden. Auch im WE-Verfahren sind Voraussetzung einer wirksamen Vollstreckung ein Vollstreckungs**titel** in Ausfertigung mit Vollstreckungs**klausel** und **Zustellnachweis** an den Vollstreckungsschuldner. Ebenfalls ist die Vollstreckungsgegenklage (§ 767 ZPO) hinsichtlich „nachgeborener" Einwendungen möglich (vgl. zum Vollstreckungsabwehrantrag gegen einen Kostenfestsetzungsbeschluß *BayObLG* v. 8. 3.

1990, ETW G. 2, S. 1171); über Erinnerungen gegen die Art und Weise der Zwangsvollstreckung nach § 766 ZPO entscheidet i. G. zu § 767 ZPO das Vollstreckungsgericht (nicht das WE-Gericht).

Die Vollstreckung wohnungseigentumsgerichtlicher Zahlungsverpflichtungstitel richtet sich nach den Grundsätzen der ZPO. Vollstreckte Geldbeträge aus Wohngeldrückständen sind im Jahr des Eingangs zugunsten der WE-Gemeinschaft als außerordentliche Einnahmen zu buchen, d. h. denjenigen Eigentümern „gutzuschreiben" und abzurechnen, die im Zeitpunkt des Geldeingangs Eigentümerstellung besitzen und der Gemeinschaft angehören (Einnahmen-/Ausgaben-Überschuß-Abrechnung nach § 28 III WEG; vgl. ETW G. 4. A. 6.7.1). **126**

X. Die Kostenentscheidung des Gerichts nach billigem Ermessen

1. Gerichtskosten

Nach § 47 S. 1 WEG bestimmt das Gericht nach billigem Ermessen, welche Beteiligtenseite die Gerichtskosten nach Kostenordnung zu tragen hat. Grundsätzlich hat der im Verfahren „Unterlegene" die Gerichtskosten zu tragen. Für dann die interne Aufteilung der Kosten z. B. im erfolgreichen Beschlußanfechtungsfall auf Seiten der Antragsgegner ist § 16 V WEG zu beachten; auf Antragsgegnerseite sind diese Gerichtskosten nicht Kosten der Verwaltung im Sinne des § 16 II WEG, sondern nach kopfgleichen Quoten (so wohl die derzeit h. M.) auf die unterlegenen Antragsgegner aufzuteilen; der obsiegende Antragsteller darf hier nicht ebenfalls mit anteiligen Gerichtskosten „seines" geführten Verfahrens belastet werden, da dies in Widerspruch zur vorrangigen gerichtlichen Kostenentscheidung stehen würde. Zu den Gerichtskosten nach KostO vgl. § 48 I WEG (unter Einbeziehung des neuen § 46a WEG zum Mahnverfahren). **127**

2. Außergerichtliche Kosten (insbesondere Rechtsanwalts-Honorare)

Nach § 47 S. 2 WEG kann das Gericht auch eine Bestimmung darüber treffen, daß außergerichtliche Kosten ganz und teilweise zu erstatten sind. Auch hier handelt es sich um eine Ermessens- und Billigkeitsentscheidung des Gerichts, die üblicherweise vom Ausgang des Verfahrens, den wirtschaftlichen Verhältnissen der Beteiligten, der Art der Verfahrensführung und von sonstigen Umständen des Einzelfalls abhängt. Gerade bei mutwilliger oder offensichtlich erfolgloser Streitführung ergeht im Regelfall auch eine richterliche Ermessensentscheidung über die Erstattung außergerichtlicher Kosten zu Lasten des Unterlegenen (insbesondere bei Wohngeld- und Schadenersatzzahlungsschulden, analog der Grundsätze nach den §§ 91 ff. ZPO). **128**

Im Regelfall (z. B. bei den häufigen Beschlußanfechtungsverfahren – soweit nicht Anträge offenkundig schikanös gestellt sind –) verbleibt es jedoch in Wohnungseigentumssachen beim **Grundsatz,** daß jeder Beteiligte seine **eigenen außergerichtlichen Kosten selbst zu tragen** hat (also auch Anwaltshonorare). Auch hier ist § 16 V WEG zu beachten! **129**

Das Gericht kann auch einem nicht direkt streitbetroffenen, jedoch am Verfahren beteiligten Verwalter Kosten und Kostenerstattungen auferlegen, ja sogar einem rechtsfehlerhaft agierenden Rechtsanwalt, nicht zuletzt auch aussprechen, daß Kosten aus einem gemeinschaftlichen Verwaltungsvermögen zu tragen sind. Einzelfallentscheidungen hierzu finden sich in ETW, G. 7, A. 7.

130 Nach Erledigung einer Hauptsache, vergleichsweiser Beendigung eines Streits oder Zurücknahme eines Antrages, hat das Gericht im Einzelfall allein noch über streitig gebliebene Kosten zu entscheiden; gegen diese **alleinige** Kostenentscheidung sind dann Rechtsmittel möglich (Erstbeschwerde bei Übersteigen des Beschwerdewertes von **200 DM**, vgl. § 20a FGG in der seit 1. 4. 1991 geltenden Fassung). Umstritten ist derzeit, ob im Falle einer Antrags- bzw. Beschwerderücknahme stets eine Kostenerstattung außergerichtlicher Kosten zu Lasten der zurücknehmenden auszusprechen ist (grds. – Ausnahmen möglich – bejahend *BayObLG;* nicht generell *KG,* vgl. ETW, G. 7. A 7.4).

131 Ist eine Sachentscheidung zusammen mit einer Kostenentscheidung ergangen (so der Regelfall), so kann allein (isoliert) gegen die Kostenformel (mag sie auch noch so ermessensfehlerhaft erscheinen) **nicht** Rechtsmittel eingelegt werden, was oft verkannt wird.

132 Das **Kostenfestsetzungsverfahren** hinsichtlich außergerichtlicher Kosten richtet sich nach den §§ 103 bis 107 ZPO und § 13a II FGG; wird einer Erinnerung nicht abgeholfen, gilt die Erinnerung als sofortige Beschwerde, die vom LG zu entscheiden ist; gegen die Entscheidung des LG gibt es keine weitere Beschwerde (§ 568 III ZPO analog; vgl. *BayObLG* vom 11. 6. 1987 – BReg. 3 Z 87/87).

133 Was die Rechtsanwaltsgebühren betrifft, sind der gerichtlich festgestellte Geschäftswert (vgl. unten Rdnrn. 137ff.) und die Grundsätze der BRAGO maßgeblich. Werden – wie in WE-Sachen häufig – **mehrere Eigentümer** als Auftraggeber anwaltlich vertreten, kann die Gebühr nach **§ 6 BRAGO** geltend gemacht werden (vgl. *BGH* NJW 1984, 2296); diese Mehrauftragsgebühr bei mehreren vertretenen Eigentümern hängt weder vom tatsächlichen Eintritt einer Mehrbelastung eines Anwalts durch mehrere Auftraggeber ab noch einer dann jedenfalls im Regelfall eintretenden tatsächlichen Mehrbelastung. Die Gebühr des § 6 BRAGO entsteht auch dann, wenn dem Anwalt durch einen Verwalter ein Auftrag erteilt wurde, der in Vertretung der Auftraggeber (wie üblich) handelte (*BGH* WEZ 1987, 252).

134 Erteilt jedoch ein Verwalter als gewillkürter Prozeßstandschafter ein Anwaltsmandat, dürfte es sich im Regelfall um einen Mandanten handeln, so daß dann die Gebühr des § 6 BRAGO nicht gefordert werden kann.

135 Kann ein Verwalter sowohl in fremdem als auch eigenem Namen handeln, wird in Fällen einer Kostenerstattung der Gebühr des § 6 BRAGO im Falle einer Verfahrensführung in fremdem Namen auf Grundsätze der Notwendigkeit abgestellt; eine Erstattung der erhöhten Prozeßgebühr wird dann im gerichtlichen Kostenfestsetzungsverfahren im Regelfall nicht zugesprochen.

136 Ergänzend sei noch erwähnt, daß sich die Gebühren des Anwalts in den **Beschwerdeinstanzen** des WE-Verfahrens **nicht erhöhen** (§ 62 II BRAGO, also im Gegensatz zum zivilgerichtlichem Berufungs- und Revisionsverfahren). Die volle Verhandlungsgebühr nach § 31 BRAGO erhält der Anwalt allerdings in dieser Verfahrensart auch ohne Sachantragsstellung allein schon durch sein Erscheinen im gerichtlichen Sühneverhandlungstermin.

XI. Der Geschäftswert des WE-Verfahrens

137 Der Geschäftswert des Verfahrens wird gemäß § 48 II WEG vom Gericht nach dem Interesse der Beteiligten an der Entscheidung von Amts wegen festge-

setzt. Es besteht hier ein sehr weiter richterlicher **Ermessensspielraum** und eine umfangreiche Rechtsprechungs-Kasuistik. Das *LG Köln* (vom 4. 1. 1989, NJW-RR 1989, 202 und vom 13. 3. 1989, NJW-RR 1989, 778) hält sogar § 48 II für grundgesetzwidrig (Verstoß gegen Art. 19 Abs. 4 GG), hat ein WE-Anf.Verf. nach Art. 100 I 1 GG ausgesetzt und das BVerfG angerufen. Einzelfallentscheidungen zum Geschäftswert sind in ETW G. 7, A. 8 nachzulesen. Nur beispielhaft sei erwähnt, daß im Falle einer Anfechtung einer Kostenposition aus einer Gesamt- oder Einzelabrechnung im Regelfall nach bisheriger Rechtsprechung, ausgehend vom *BayObLG,* der Wert der angegriffenen Position und etwa 25% des gesamten Jahresausgabenvolumens angesetzt werden, was in großen Gemeinschaften hier zu sehr hohen Geschäftswertansätzen führen kann. Bei angefochtenen Sanierungsbeschlüssen bezüglich des Gemeinschaftseigentums ist auf eine neue Entscheidung des *KG* WE 1987, 198 hinzuweisen, in der der Wert – überraschend – auf das 5-fache des wirtschaftlichen Eigeninteresses des Anfechtenden begrenzt wurde (aus verfassungsrechtlichen Erwägungen heraus); diese Entscheidung entspricht derzeit nicht h. M., die grds. vom Wert der beschlossenen Sanierung ausgeht, bzw. nach neuester Rspr. des *BayObLG* in Entgegnung zu *KG* von einem Differenzwertinteresse (vgl. *BayObLG* v. 20. 10. 1988 – 3 Z 74/88 = NJW-RR 1989, 79).

Geschäftswertentscheidungen des Gerichtes sind durch unbefristete **Be-** 138
schwerde rechtsmittelfähig, sofern der Mehr- oder Minderbetrag der Kosten, gemessen am Geschäftswert, **200 DM** übersteigt (vgl. § 567 ZPO in der seit 1. 4. 1991 geltenden Fassung). Die Geschäftswertbeschwerde ist gebührenfrei. Setzt das LG als Beschwerdegericht den Geschäftswert für das Beschwerdeverfahren fest, ist hiergegen die unbefristete Erstbeschwerde statthaft, über die das Rechtsbeschwerdegericht endgültig zu entscheiden hat (h. M.). Der Geschäftswert unterliegt nicht dem Verschlechterungsgebot (reformatio in peius); er kann also auch zum Nachteil der Beteiligten verändert werden. Umstritten ist die Zulässigkeitsfrage einer isolierten Geschäftswertbeschwerde, ebenso eine Geschäftswertbeschwerde mit dem Ziel einer Erhöhung des Geschäftswerts (mangelnde Beschwer). Ein Rechtsanwalt hat jedoch aus eigenem Recht (§ 9 II 1 BRAGO) das Recht zur Geschäftswertbeschwerde.

Setzt das LG erstmals den Geschäftswert für die 1. Instanz fest (also nicht bei 139
Abänderung des Geschäftswerts 1. Instanz), dann ist die Beschwerde hiergegen zugleich eine weitere Beschwerde; sie ist jedoch unzulässig, wenn sie nicht vom LG ausdrücklich zugelassen wurde.

XII. Besonderheiten in den neuen Bundesländern

Seit 4. 10. 1990 gilt auch das Wohnungseigentumsgesetz in den neuen Bun- 140
desländern, zumindest hinsichtlich neu zu errichtenden Wohnungseigentums. Umwandlungsfragen von sanierungsfähiger Altbausubstanz werden voraussichtlich in Kürze gesondert gesetzlich geregelt; es bleibt hier m. E. zu hoffen, daß Abgeschlossenheitsbescheinigungen „großzügiger" baubehördlich erteilt werden als dies derzeit hier im bisherigen Bundesgebiet Behördenpraxis ist (aufgrund vielfach kritisierter Rspr. der Verwaltungsgerichte).

141 ## XII. Anhang: Antragsmuster

1. Beschlußanfechtungsantrag nach § 43 I Nr. 4 WEG

An das Amtsgericht
(Abt. f. WE-Sachen)
Anschrift

München, den ...

Beschlußanfechtung nach § 43 I Nr. 4 WEG

1. Wolf Becker
2. Claudia Becker

beide wohnhaft: ...

– Antragsteller –

./.

WEG Bahnhofstr. ... in München ..., bestehend aus den Eigentümern Anton Adam und 48 anderen (mit Ausnahme der Antragsteller) gemäß der in Anlage 1 beigefügten Namens- und Anschriftenliste

– Antragsgegner –

Weiterer Beteiligter und Zustellungsvertreter der Antragsgegner:
Verwaltung Fa. H. Immobilien GmbH, vertr. d. d. Geschäftsführer Herrn Max Huber, Hochstr. ... in ...

Vorläufiger Geschäftswertvorschlag: DM ...

In der, wenn möglich, bald anzuberaumenden Sühneverhandlung beantragen wir:

1. Folgende, in der Eigentümerversammlung v. ... gefaßten Mehrheitsbeschlüsse für ungültig zu erklären:
   a) zu TOP 1 „die Jahresabrechnung 19.. wird genehmigt" insoweit, als dort die Ausgabenposition zu Ziff. ... nach Quadratmeterwohnfläche aufgeteilt wurde.
   b) Zu TOP 8 „Genehmigung der Pergola-Überdachung auf der Terrasse der Dachterrassenwohnung Nr. 18 lt. Aufteilungsplan"
   d) Zu TOP 10 den „unter Sonstiges" gefaßten Beschluß: „. . ."; insoweit wird auch der Erlaß einer *einstweiligen Anordnung* angeregt, dem Verwalter aufzugeben, die Durchführung des Beschlusses einstweilen zurückzustellen.
2. Die Antragsgegner haben die Kosten des Verfahrens zu tragen und den Antragstellern ihre außergerichtlichen Kosten zu erstatten.

Gründe:
1. Bezeichnung der Beteiligten, der Wohnanlage mit Besonderheiten, der derzeitigen Verwaltung usw.

2. Hinweise zur behaupteten Beschlußungültigkeit bezüglich der einzelnen angefochtenen Beschlüsse unter Darstellung der formellen und/oder inhaltlichen Beanstandungen mit entsprechenden Beweisangeboten – trotz bestehender Amtsermittlungspflicht – (Vorlage von Beweisunterlagen, Zeugeneinvernahmen, Beiziehung der Grundakten, gerichtlicher Augenschein, gerichtlicher Sachverständigenbeweis, Fotos, Pläne usw).
3. Ausführungen zur beantragten Kostenentscheidung, um das Gericht zu einer erwünschten Ermessensentscheidung nach § 47 WEG zu bewegen.
4. Ausführungen zu dem antragstellerseits für sachgemäß erachteten Geschäftswert.
5. Bitte um Mitteilung des einzubezahlenden Gerichtskosten-Vorschusses nach Kostenordnung, sofortige Zahlungszusicherung, Bitte um Zustellung der Anfechtungsschrift an den Verwalter als Zustellungsvertreter der Antragsgegner mit Hinweis auf dessen Informationspflicht der restlichen Eigentümer und Bitte um baldige Sühneverhandlungsterminierung.

Unterschrift der Antragsteller

Anlagen: lt. Text (A 1–A . . .)

2. Zahlungsantrag gegen wohngeldsäumigen Miteigentümer 142

Hausverwaltung . . . München, den . . . .
WE . . .

An das AG München
Abt. 10
Postfach

8000 München 35

Antrag nach § 43 Abs. 1 Nr. 1 WEG wegen Zahlung rückständigen Wohngeldes (Hausgeldes)

WEG . . ., bestehend aus den Eigentümern . . . gemäß anliegender Eigentümerliste (mit Ausnahme des Antragsgegners)

– Antragsteller –

diese vertreten durch HV . . .

./.

Hans Müller (Anschrift)

– Antragsgegner –

wegen: Zahlung (1100 DM)

Namens und im Auftrag der Antragsteller werden folgende Anträge gestellt:

1. Der Antragsgegner ist verpflichtet, 200 DM aus Einzelabrechnungsrestschuld 1985 und 900 DM als Wohngeldvorauszahlung für die Monate Januar bis einschl. März 1986,

somit gesamt 1100 DM mit Leistung an die Antragsteller WE ... zu Händen der Verwaltung ... (auf Konto WEG ... Nr. ... bei der ....-Bank, BLZ ...) nebst 8% Zinsen aus 200 DM ab ... (Fälligkeits- bzw. Rechtshängigkeits-Datum) und aus 900 DM seit 14. 2. 86 (Mittelzins für Vorauszahlungsschuld) zu bezahlen.

2. Der Antragsgegner hat die Kosten des Verfahrens einschl. der außergerichtlichen Kosten der Antragsteller zu tragen.

Gründe:

1. Bezeichnung bzw. Beschrieb der Anlage, der an diesem Verfahren Beteiligten, der Verwaltung usw.
2. Hinweis auf die Verfahrensführung/Vollmacht der Verwaltung unter Vorlage entsprechender Beweisunterlagen.
3. Begründung der Jahresabrechnungsrestschuld unter Hinweis auf die entsprechende Jahresgesamtabrechnung und die Einzelabrechnung sowie das genehmigende Beschlußprotokoll.
4. Begründung der Vorauszahlungsschuld unter Hinweis auf Wirtschaftsplan, Genehmigungsbeschluß und Protokoll und ggf. das Kontenblatt des Schuldners (Vorlage der entsprechenden Beweisunterlagen).
5. Hinweise zum vereinbarten oder wirksam beschlossenen Verzugszins und zur Berechnung der Verzugszinsen (Mittelzinsberechnung bei laufenden Vorauszahlungsschulden möglich).
   Entsprechende Beweisführung.
   Vorlage etwaiger Abmahnungen.
6. Vorsorglicher Hinweis an das Gericht, daß der Vorauszahlungsantrag dann in einen endgültigen Zahlungsantrag geändert wird, falls der Wirtschaftsplan als Grundlage der Vorauszahlungen noch während des Verfahrens durch einen Abrechnungsgenehmigungsbeschluß „überholt" wird, der dann die endgültige Schuldsumme in saldierter Form belegt, was zu einer Antragsänderung (nach oben oder unten) hinsichtlich der Forderungshöhe unter neuem Anspruchsgrund führt.
7. Angaben zum Gerichtskostenvorschuß, zum Geschäftswert und zur beantragten Kostenentscheidung.

Unterschrift (Verwaltung)

Anlagen: lt. Text (A 1–A ...)

143 3. Antrag auf Veräußerungszustimmung nach § 12 WEG (i. V. mit entsprechender Vereinbarung in der Gemeinschaftsordnung)

1. Die Verwaltung (Antragsgegnerin) ... wird verpflichtet, dem Antragsteller (Wohnungsveräußerer) die vereinbarte Zustimmung nach § 12 WEG (Ziff. .. der Gemeinschaftsordnung) zur Veräußerung der Eigentumswohnung Nr. ... lt. Aufteilungsplan in der Wohnanlage .... in München an den Erwerber, Herrn ... (gemäß Kaufvertrag vom ..., Urkunden-Nr. ..., Notar ...) zu erteilen, und zwar bei Meidung einer in richterlichem Ermessen zu bestimmenden Beugestrafe (hilfsweise: Strafandrohung)
2. Weiterhin wird festgestellt, daß die Verwaltung (Antragsgegnerin) ... dem Antragsteller jeglichen nachweisbaren Schaden zu ersetzen hat, der diesem aus bisher zu Unrecht verweigerter Zustimmung und damit nicht möglichem Vollzug des Verkaufsgeschäftes bereits dem Grunde nach entstanden ist oder in Zukunft noch entsteht.
   Hilfsweise: ggf. bereits Schadenersatzleistungs-Antrag

3. Die Verwaltung (Antragsgegnerin) trägt die Gerichtskosten des Verfahrens und hat auch dem Antragsteller dessen außergerichtliche Kosten zu erstatten.

4. Der Geschäftswert des Verfahrens wird auf DM ... (1. 20% des Verkaufswerts der Wohnung; 2. Schadenfeststellungsantrag) festgesetzt.

4. Antrag auf Unterlagenherausgabe 144

1. Der Antragsgegner (bisherige Verwaltung Fa. ...) hat sämtliche in seinem Besitz befindlichen, für eine ordnungsgemäße Weiterführung einer Verwaltung notwendigen Unterlagen an den Antragsteller (neu bestellte Verwaltung Fa. ...) herauszugeben bzw. zur Abholung nach vorheriger Terminankündigung in geordneter Form bereitzuhalten; diese Verpflichtung ist unter Beugestrafe nach richterlichem Ermessen zu stellen.
Es handelt sich insbesondere um folgende Unterlagen:
– Versicherungspolicen der Gemeinschaft
– Wartungsverträge
– Kontenjournale
– (möglichst detaillierte Bezeichnung der (noch) geforderten Unterlagen)

2. Der Antragsgegner hat das Guthaben der WEG ... auf bisherigem Gemeinschaftskonto bei der ... Bank auf das neue Gemeinschafts-Girokonto der WEG mit der Nr. ... bei der ...-Bank unverzüglich zu überweisen, ebenso alle noch auf das bisherige Konto eingehenden Zahlungen. Das Sparbuch „Instandhaltungsrückstellung“ ist der neu bestellten Verwaltung zu übertragen; auch diese Verpflichtungen sind unter Beugestrafe bzw. Strafandrohung zu stellen.

3. Kosten

4. Anregung auf Erlaß einstweiliger Anordnungen wegen Eilbedürftigkeit.

B VI. Der Maklerprozeß

Dr. Gunther Braun

Übersicht

Literatur: *Dyckerhoff,* Das Recht des Immobilienmaklers, 9. Aufl. 1986; *Fuchs,* Das Recht des Zivilmaklers und seine Fortbildung in der höchst richterlichen Rechtsprechung (Dissertation), München 1975; *Glaser/Warncke,* Das Maklerrecht in der Praxis, 7. Aufl. 1982; *Schwerdtner,* Maklerrecht, 3. Aufl. 1987; *Wegener/Sailer,* Der Makler und sein Auftraggeber, 3. Aufl. 1981.

I. Rechtliche Grundlagen

1. Privates Maklerrecht

1 Der Maklerprozeß, bei dem im wesentlichen die Frage im Mittelpunkt steht, ob der Provisionsanspruch des Maklers entstanden ist, gründet sich auf die Vorschriften des privaten Maklerrechts. In diesem Bereich spielen die Vorschriften des **öffentlichen Maklerrechts,** also insbesondere die gewerberechtlichen Vorschriften, die die Rechtsbeziehungen des Maklers zum Staat betreffen, keine unmittelbare Rolle. Hingewiesen sei jedoch auf die Zulassungsregelung des § 34c GewO sowie auf die Berufsausübungsregelungen der Makler- und Bauträgerverordnung (MaBV). Das Fehlen einer Erlaubnis nach § 34c GewO läßt die zivilrechtliche Wirksamkeit des Maklervertrages unberührt (*BGHZ* 78, 269). Gleiches gilt bei einem Verstoß gegen die Ordnungsvorschriften MaBV.

a) §§ 652ff. BGB

2 Die Rechtsbeziehungen zwischen dem Makler und dem Auftraggeber – also insbesondere die Frage, wann ein Provisions- oder Aufwendungsersatzanspruch des Maklers entsteht – haben im Bürgerlichen Gesetzbuch lediglich ihren Niederschlag in den **§§ 652–656** gefunden. Diese Vorschriften gelten nicht nur für

den Immobilien- und Wohnungsmakler, sondern grundsätzlich auch für alle sonstigen Maklergeschäfte wie z. B. die Darlehensvermittlung.

b) Richterrecht

Nachdem sich der Gesetzgeber bei der Normierung des Maklerrechts weitgehende Zurückhaltung auferlegt hatte, blieb es Aufgabe von Rechtsprechung und Lehre, die maßgeblichen Kriterien des Maklervertragsrechts herauszubilden. So können die nachstehend behandelten Fragen der Nachweis/Vermittlungstätigkeit des Maklers, der Kausalität der Maklertätigkeit, des Ausschlusses des Provisionsanspruches usw. als mehr oder minder aus dem **Richterrecht** entstanden, angesehen werden. 3

Daran dürfte auch die bevorstehende Neuregelung des Maklervertragsrechts (Entwurf eines Gesetzes für Maklerverträge der Bundesregierung, BT-Drucksache 10/1014) nichts wesentliches ändern.

2. Abgrenzung zwischen Zivil- und Handelsmakler

Im Mittelpunkt des Maklerprozesses im Sinne dieser Abhandlung steht nur der Zivilmakler iSd §§ 652ff. BGB, nicht der Handelsmakler iSd §§ 93ff. HGB. Handelsmakler ist nach der Definition des § 93 I HGB derjenige, der es gewerbsmäßig übernimmt, für andere Personen Verträge über Anschaffung oder Veräußerung von Waren oder Wertpapieren, über Versicherungen, Güterbeförderungen, Schiffsmiete oder sonstige Gegenstände des Handelsverkehrs zu vermitteln. Für sie gelten die Bestimmungen der §§ 652ff. BGB subsidiär, soweit nicht in den §§ 93ff. HGB ein anderes geregelt ist. Demgegenüber gelten die §§ 93ff. HGB für den Zivilmakler – insbesondere den **Immobilienmakler** – nicht. Durch die Eintragung ins Handelsregister (§ 2 HGB) wird der Zivilmakler zwar Kaufmann, nicht jedoch Handelsmakler. 4

Für Kursmakler gelten die §§ 30ff. BörsenG.

II. Bestehen des Maklervertrages

1. Form

a) Grundsatz der Formfreiheit

Der Maklervertrag kann grundsätzlich ohne Einhaltung einer Form wirksam abgeschlossen werden. Zu beachten ist aber, daß der Makler gemäß § 11 MaBV verpflichtet ist, seinen Auftraggeber nach Abschluß des Maklervertrages über dessen Inhalt zu unterrichten. Ein Verstoß gegen § 11 MaBV führt aber nicht zur Nichtigkeit des Maklervertrages (*OLG Frankfurt* NJW 1979, 878). 5

b) Formgebundenheit bei Grundstücksgeschäften

Ausnahmsweise ist nach der Rechtsprechung die Form des § 313 BGB zu wahren, wenn sich der Makler für den Fall des Nichtzustandekommens eines Grundstückskaufvertrages eine Vergütung für seine erfolglosen Bemühungen versprechen läßt (*BGH* NJW 1980, 1622). 6

2. Vertragsabschluß

a) Normfall des schriftlichen Auftrages

aa) Allgemeiner Maklerauftrag. Beim allgemeinen oder gewöhnlichen Maklerauftrag schuldet der Makler regelmäßig nur **allgemeine Nachweis- oder** 7

Vermittlungsbemühungen. Im Gegensatz zum Dienstvertrag wird eine Pflicht zum Tätigwerden nicht begründet. Streng erfolgskausal verdient er den Maklerlohn nur dann, wenn aufgrund seiner Tätigkeiten der angestrebte Vertrag zustandekommt. Im Gegensatz zum Alleinauftrag ist es dem Makler-Auftraggeber aber unbenommen, während der Vertragslaufzeit weitere Makler einzuschalten oder den Vertragserfolg selbst herbeizuführen.

8 **bb) Alleinauftrag.** Insbesondere bei **Immobilienvermittlungen** hat der Typus des Alleinauftrages große Bedeutung gewonnen. Er hat deshalb auch im Regierungsentwurf zur Reform des Maklerrechts (§§ 653, 653a BGB neu) eine entsprechende Normierung gefunden.

9 Beim Alleinauftrag verspricht der Makler im allgemeinen intensivere und nachhaltigere Nachweis- oder Vermittlungstätigkeiten; als Gegenleistung verzichtet der Auftraggeber, für eine bestimmte Zeit einen Dritten (insbesondere einen Makler) einzuschalten oder den Vertragsabschluß selbst herbeizuführen (letzteres ist strittig, falls nicht individualvertraglich vereinbart: *BGH* NJW 1984, 360; MünchKomm-*Schwerdtner,* § 652 Rdnr. 289ff.).

10 Führt ein schuldhaft vertragswidriger Abschluß des Auftraggebers zur Nichtrealisierung des Courtageanspruchs des Maklers, so hat dieser Anspruch auf Erstattung des entgangenen Gewinns, u. U. in Höhe der Summe aus Verkäufer- und Käufercourtage, falls zulässige Doppelmaklertätigkeit vorliegt. Im übrigen sind häufig zu findende **Klauseln** in Maklerverträgen, wonach bei Verletzungshandlungen ohne Nachweis des Schadens die volle Provision geschuldet werde, wegen Verstoßes gegen § 11 Nr. 5, 6 AGBG in der Regel unwirksam.

b) Formloser/stillschweigender Maklerauftrag

11 **aa) Aufgrund schlüssigen Verhaltens.** Während die frühere Rechtsprechung es hat ausreichen lassen, wenn sich ein Interessent an einen Makler wendet und dessen Dienste faktisch in Anspruch nimmt, stellt die **neuere Rechtsprechung** höhere Anforderungen. Als Grundsatz gilt: Es ist Sache des Maklers, klare Verhältnisse zu schaffen; jede Unklarheit geht zu seinen Lasten. Der Makler muß also dem Interessenten klar und unmißverständlich zu verstehen geben, daß er von ihm im Erfolgsfall eine Courtage beansprucht (*BGH* NJW-RR 1987, 173).

12 **bb) Aufgrund Sich-Gefallen-Lassens von Maklerdiensten.** Gleiches gilt für den Fall, daß der Makler von sich aus an einen potentiellen Interessenten herantritt und ihm verschiedene Leistungen andiehnt. Dieses Sich-Gefallen-Lassen von Maklerdiensten führt nur dann zum Abschluß eines Maklervertrages, wenn der Vertragsgegner weiß oder wissen mußte, daß der Makler im Erfolgsfalle eine Vergütung verlangt. Von einem konkludenten Vertragsabschluß kann ausgegangen werden, wenn sich ein Interessent mit der Bitte um Nachweise an einen Makler wendet, dessen Beruf ihm bekannt ist und dessen Nachweise er im folgenden entgegennimmt (*OLG Köln* NJW-RR 1987, 1529).

13 Wenn jemand sich hingegen lediglich eine Nachweistätigkeit gefallen läßt, gleichwohl jedoch die Unterzeichnung eines Alleinauftrages ausdrücklich ablehnt, so kann auch kein stillschweigender Vertragsabschluß zustandekommen (vgl. *BGH* WM 1985, 1344f.).

14 Problem insbesondere bei **Doppelmakelei:** Ein Maklervertrag kommt regelmäßig auch dann nicht zustande, wenn der Interessent die Maklertätigkeit bloß

ausnützt, jedoch annehmen darf, der Makler erbringe sie für die andere Seite (*BGH* NJW-RR 1987, 173).

cc) Aufgrund aufgedrängter Maklerleistung. Es kommt vor, daß der Makler, ohne beauftragt zu sein, einem potentiellen Kunden den Vertragsnachweis übersendet und ihn gleichzeitig auf die Provisionspflichtigkeit hinweist. Kommt aufgrund dieses Nachweises ein Erfolg zustande, so kann sich der Makler in aller Regel nicht darauf berufen, daß mit dem bloßen Ausnützen des Nachweises ein Maklervertrag stillschweigend zustandegekommen ist. Ein Provisionsanspruch wird nur dann begründet sein, wenn der Interessent nach Zugang des Nachweises weitere Maklerleistungen in Anspruch genommen hat (MünchKomm-*Schwerdtner,* § 652 Rdnrn. 35ff.), oder sich mit der geforderten Provision einverstanden erklärt (*BGH,* NJW-RR 1989, 1071). 15

3. Beendigung des Maklervertrages

a) Kündigung

Ist der Maklervertrag auf unbestimmte Zeit abgeschlossen (dies ist häufig beim allgemeinen Maklervertrag der Fall, weniger beim Alleinauftrag) so ist er jederzeit von beiden Seiten ohne Einhaltung einer Frist kündbar. Dieser aus dem allgemeinen Auftragsrecht entnommene Grundsatz soll nach dem Entwurf eines Gesetzes über Maklerverträge nunmehr auch kodifiziert werden (§ 653a I E-BGB). Die **jederzeitige Kündigungsmöglichkeit** ist auch sachgerecht, da der allgemeine Maklervertrag regelmäßig zu keinen engen Vertragsbeziehungen führt. So ist der Auftraggeber ungehindert, andere Makler einzuschalten oder den Vertragsabschluß selbst herbeizuführen. 16

b) Fristablauf

Ist der Maklervertrag – so im Falle des Alleinauftrages nahezu immer – auf bestimmte Zeit abgeschlossen, wird er mit dem Fristablauf, ggfs. durch Aufhebungsvereinbarung oder aufgrund Kündigung aus wichtigem Grund beendet. 17

Der Auftraggeber kann sich nicht durch vorherige Kündigung seiner Provisionspflicht entledigen, wenn der Makler während der Vertragslaufzeit die konkrete Abschlußmöglichkeit nachgewiesen hat und das Geschäft nach der Vertragsbeendigung zustandekommt. 18

c) Anfechtung des Maklervertrages

Hierfür gelten die allgemeinen Vorschriften der §§ 119ff. BGB. Rechtsfolge ist die rückwirkende Vernichtung des Provisionsanspruchs auch dann, wenn der beabsichtigte Geschäftserfolg eingetreten ist. Ob daneben ein Anspruch aus ungerechtfertigter Bereicherung besteht, ist strittig. (*OLG Köln* NJW 1971, 1943f.). 19

d) Tod und Konkurs

Nach herrschender Auffassung stellt die Maklertätigkeit eine höchstpersönliche Leistung dar, so daß beim Tod des Maklers das Vertragsverhältnis endet. (§ 673 BGB). 20

Der Tod des Auftraggebers hingegen berührt die Wirksamkeit des Vertrages nicht. 21

Der Konkurs des Auftraggebers beendet den Maklervertrag (§ 23 II KO), nicht jedoch der Konkurs des Maklers. 22

III. Anspruchsbegründende Tätigkeit des Maklers

23 Die vom Makler geschuldete Leistung besteht entweder im Nachweis der Gelegenheit zum Abschluß eines Vertrages oder in der Vermittlung eines Vertrages. Beide Tätigkeiten werden vom Gesetz gleich behandelt, die Rechtsprechung hat indes eine Reihe von Unterscheidungskriterien entwickelt. Praktische Bedeutung hat die Unterscheidung im wesentlichen bei den Fragen der Vorkenntnis (vgl. unten Rdnrn. 48ff.) sowie der Interessenkollision (vgl. unten Rdnrn. 58f.).

1. Nachweistätigkeit

24 An den Inhalt der Nachweismaklertätigkeit stellt die Rechtsprechung keine übertriebenen Anforderungen. Für den Nachweis der Gelegenheit zum Abschluß eines Vertrages genügt nach der Rechtsprechung des BGH „.... eine Mitteilung des Maklers an seinen Kunden ..., durch die dieser in die Lage versetzt wird, in konkrete Verhandlungen über den von ihm angestrebten Vertrag einzutreten ....“ (*BGH* NJW 1987, 1628ff.).

25 Der Nachweis muß allerdings auf eine **konkrete und substantiierte Vertragsmöglichkeit** gerichtet sein. Eine ausreichende Wissensgrundlage wird also nicht verschafft, wenn sich der Auftraggeber noch selbst darum kümmern muß, ob ein möglicher Vertragspartner abschlußbereit ist (MünchKomm-*Schwerdtner,* § 652 Rdnr. 63).

26 Das bloße Verschaffen einer **Ermittlungsmöglichkeit** stellt noch keinen Nachweis dar. **Nicht ausreichend** daher:
- Übersendung einer Interessentenliste (*OLG München* BB 1973, 1551);
- indirekter Nachweis, falls der Makler seinen Auftraggeber lediglich an einen anderen Makler verweist;
- bloße Hinweise des Maklers, der Auftraggeber möge sich an Dritte wenden, um konkreteres selbst zu erfragen.

Ausreichend jedoch:

27 – Dem Auftraggeber ist es in zumutbarer Weise möglich, den Verkäufer selbst festzustellen (*BGH* WM 1984, 560);
- der vom Makler benannte Eigentümer ist nur Mitglied einer Erbengemeinschaft (vgl. *OLG Hamm* BB 1974, 202).

2. Vermittlungstätigkeit

28 Gegenstand der Vermittlungstätigkeit des Maklers ist das Herstellen der Abschlußbereitschaft beim Vertragsgegner des Makler-Auftraggebers. Nach h. M. setzt dies ein Verhandeln des Maklers mit beiden Seiten voraus. Die Beratung allein des eigenen Auftraggebers reicht nicht aus. In der Regel wird der Makler versuchen, die Vertragsvorstellungen seines Auftraggebers (z. B. eine Reduzierung des Kaufpreises) durchzusetzen. Vermittlungsfälle werden bejaht:
- wenn der Vertragsgegner von vornherein zu den Konditionen des Auftraggebers abzuschließen bereit ist, obwohl hier eigentlich nur eine **Zusammenführung der Parteien** stattfindet (vgl. MünchKomm-*Schwerdtner,* § 652 Rdnr. 58 m. w. N.);
- wenn dem Auftraggeber die Abschlußmöglichkeit bereits bekannt war, sofern das nachfolgende Einwirken des Maklers auf den Vertragsgegner erst zum Vertragsabschluß führt (dies auch dann, wenn vom Auftraggeber bereits vorher Makler eingeschaltet waren);

– wenn der Makler seinem Auftraggeber den Erwerb eines Objekts im Wege der **Zwangsversteigerung** nachweist und im Maklervertrag die sogenannte Gleichstellung in Form einer Individualvereinbarung vereinbart wurde (vgl. MünchKomm-*Schwerdtner,* § 652 Rdnr. 60); jetzt grundlegend entschieden durch Urteil des *BGH* vom 4. 7. 1990, IV ZR 174/89; der *BGH* läßt offen, ob die Gleichstellung auch in den AGB geregelt werden kann.

IV. Zustandekommen des Hauptvertrages

Der Maklerlohn ist erst mit dem wirksamen Zustandekommen des beabsichtigten Hauptvertrages verdient. Er kommt in Wegfall, wenn die Wirksamkeit des Vertrages zu einem späteren Zeitpunkt aus Gründen beseitigt wird, die im Vertragsschluß selbst liegen (vgl. *Palandt/Thomas,* § 652 Anm. 4 C). **29**

1. Wirksamkeit des Hauptvertrages

a) Formnichtigkeit des Hauptvertrages

Nach Verletzung einer gesetzlichen Formvorschrift (§ 313 BGB, Fälle der Unterverbriefung etc.) ist der Hauptvertrag von vornherein nichtig und läßt den Provisionsanspruch nicht entstehen. Nach h. M. steht dem Makler auch kein Schadensersatzanspruch gegen den Auftraggeber zu, obwohl er den rechtlichen Mangel nicht zu vertreten hat (vgl. *BGH* WM 1977, 1051). Bei nachträglicher Heilung des Formmangels (§ 313 S. 2 BGB) lebt jedoch auch der Provisionsanspruch wieder auf. Bei genehmigungsbedürftigen Verpflichtungsverträgen setzt der Provisionsanspruch die Erteilung der Genehmigung voraus. Abweichende Vereinbarungen sind wegen § 9 II Nr. 1 AGB nur durch Individualabreden möglich. **30**

b) Vorvertrag, Vorkaufsrecht

Der Vorvertrag enthält zwar regelmäßig alle Vertragsessentialia des beabsichtigten Hauptvertrages, stellt aber noch nicht die Herbeiführung des **Vertragserfolges** im Sinne des Maklerrechts dar. Zu überprüfen ist allerdings, ob im Einzelfall nicht bereits mehr als ein bloßer Vorvertrag vorliegt. So wird der Courtageanspruch des **Kreditmaklers** in der Regel schon dann begründet sein, wenn der nachgewiesene Kreditgeber das Darlehen bereits verbindlich zugesagt hat. **31**

Ähnliches gilt für das **Vorkaufsrecht.** Wird dem Auftraggeber lediglich ein Vorkaufsrecht eingeräumt, entsteht für den Makler noch kein Provisionsanspruch. Erwirbt der Käufer-Auftraggeber das nachgewiesene Objekt und wird sodann ein Vorkaufsrecht rechtswirksam ausgeübt, so entfällt nachträglich die Provisionspflicht des Erstkäufers. **32**

c) Anfechtung des Hauptvertrages

In allen Fällen wirksamer Anfechtung des Hauptvertrages – sei es aufgrund Irrtums oder arglistiger Täuschung – entfällt der Provisionsanspruch des Maklers. Hierbei kommt es nicht darauf an, ob der Makler-Auftraggeber durch sein eigenes Verhalten die Rechtsbeständigkeit des Vertrages gefährdet. Auch Schadensersatzansprüche des Maklers scheiden in einem solchen Falle aus. **33**

d) Ausübung von Rücktrittsrechten, Aufhebungsvereinbarungen

34 Die Ausübung von **gesetzlichen Rücktrittsrechten** sowie die vertraglich vereinbarte Wiederaufhebung des wirksam zustandegekommenen Hauptvertrages berühren den einmal entstandenen Provisionsanspruch nicht.

Ob dies auch bei der Ausübung eines **vertraglichen Rücktrittsrechts** gilt, ist strittig. Nach der Rechtsprechung wird der Lohnanspruch des Maklers jedenfalls dann nicht berührt, wenn das vertraglich ausbedungene Rücktrittsrecht dem gesetzlichen Rücktrittsrecht nachgebildet ist oder diesem gleichzustellen ist (*BGH* DB 1973, 226; MünchKomm-*Schwerdtner,* § 652 Anm. 125; *Palandt/Thomas,* § 652 Anm. 4 Cb).

e) Ausübung von Gewährleistungsrechten, Wegfall der Geschäftsgrundlage

35 Kommt der Hauptvertrag rechtswirksam zustande und macht der Käufer oder Mieter als Makler-Auftraggeber nachträglich Gewährleistungsrechte geltend, hat dies regelmäßig keine Auswirkung auf Grund und Höhe des Provisionsanspruches.

Gleiches gilt für den Fall, daß die Vertragspartner aufgrund Wegfalls der Geschäftsgrundlage die entsprechende Anpassung oder Aufhebung des Vertrages verlangen. Auch in diesem Fall bleibt der Provisionsanspruch des Maklers unberührt.

f) Bedingte Hauptverträge

36 Im Falle der **aufschiebenden Bedingung** entsteht der Provisionsanspruch erst mit Bedingungseintritt (§§ 158 I, 652 I 2 BGB).

Umgekehrt entsteht bei einem **auflösend bedingten** Hauptvertrag der Provisionsanspruch sofort. Fällt die Wirksamkeit des Hauptvertrages nachträglich weg (§ 158 II BGB: ex nunc) so beseitigt dies grundsätzlich nicht den Courtageanspruch des Maklers.

2. Identität des Hauptvertrages mit dem beabsichtigten Vertrag

a) Persönliche Identität

37 Der nach dem Maklerauftrag **beabsichtigte Erfolg** ist in der Regel nur dann eingetreten, wenn es zu einem Vertragsschluß zwischen den **Parteien** kommt, die im Maklervertrag aufgeführt sind. Der Courtageanspruch entfällt also, wenn der Vertragserfolg mit einer anderen Person zustandekommt, als der vom Makler nachgewiesenen. Gibt der Auftraggeber also den Nachweis an einen Bekannten weiter, so entsteht kein Provisionsanspruch (dann aber eventuell Schadensersatzpflicht wegen treuwidriger Weitergabe des Nachweises, vgl. unten Rdnrn. 69ff.). Der Makler erhält sich jedoch seinen Provisionsanspruch, wenn der Geschäftserfolg nicht mit seinem Auftraggeber sondern letztlich mit einer Person zustandekommt, die bereits zum Zeitpunkt seiner Nachweis- und/oder Vermittlungstätigkeiten mit ihm eine feste, auf Dauer angelegte Bindung, in der Regel familien- oder gesellschaftsrechtlicher Art, unterhielt (*BGH* NJW 1984, 385).

38 Dies trifft nach der Rechtsprechung jedenfalls auf **Ehepartner, Lebensgefährten und minderjährige Abkömmlinge** des Auftraggebers zu. Wie weit dieser Kreis der Angehörigen und Verwandten zu ziehen ist, ist strittig und beurteilt sich nach der Rechts- und Interessensphäre des Auftraggebers (vgl. Rdnr. 41f.).

b) Gesellschaftsrechtliche Bindung

Ein im Sinne des Maklerrechts gleichwertiges Geschäft kann auch dann vorliegen, wenn die gesellschaftsrechtliche Beziehung zwischen Auftraggeber und Vertragsschließenden besonders eng ist. So z. B., wenn der Makler den Nachweis gegenüber der Muttergesellschaft erbringt, letztlich aber die 100%ige Tochtergesellschaft den Vertrag abschließt. Das gleiche muß dann gelten, wenn nach vorgenommener Betriebsaufspaltung die Betriebsgesellschaft den Makler beauftragt und letztlich die Besitzgesellschaft das Objekt erwirbt (*BGH* WM 1984, 1191ff., für den Fall, daß die beherrschenden Gesellschafter in beiden Gesellschaften die gleichen sind; vgl. auch *Glaser/Warncke,* Das Maklerrecht in der Praxis, S. 120). 39

Nicht ausreichend:
- Der Maklernachweis wird einer GmbH gegenüber abgegeben, letztlich erwirbt jedoch deren Geschäftsführer (*OLG München* AIZ 6/84); 40
- das Objekt wird einer Aktiengesellschaft angeboten, es erwirbt aber deren Aufsichtsratsvorsitzender zusammen mit anderen Personen (kritisch hierzu: MünchKomm-*Schwerdtner,* § 652 Rdnr. 110a).

c) Im übrigen wirtschaftlich oder sozial nahestehende Personen

Hinsichtlich der oben behandelten engen familien- oder gesellschaftsrechtlichen Beziehungen vermutet die Rechtsprechung, daß der Auftraggeber an dem mit dem Dritten zustandegekommenen Geschäft ein **persönliches oder wirtschaftliches Interesse** hat (*BGH* NJW 1984, 358). 41

Fehlt dieses enge familien- oder gesellschaftsrechtliche Band, muß der Makler beweisen, daß das zustandegekommene Geschäft gleichwohl im Interesse des Auftraggebers lag. Dies bereitet der Praxis große Abgrenzungsschwierigkeiten. 42
- Bei nicht zusammenlebenden **Geschwistern** wird keine enge familienrechtliche Bindung vorliegen; anders dürfte es hingegen zu beurteilen sein, wenn die Geschwister gleichzeitig Mitglieder einer ungeteilten Erbengemeinschaft sind.
- Erwirbt der **Sohn des Auftraggebers** das nachgewiesene Objekt und ist dieser mit seinem Vater zerstritten, wird mangels Interesses des Auftraggebers kein Courtageanspruch entstehen.

d) Inhaltliche (wirtschaftliche) Identität

Im Maklerauftrag ist in der Regel der gewünschte Vertragserfolg näher definiert. Das letztlich zustandegekommene Geschäft darf in seinem wirtschaftlichen Gehalt nicht wesentlich vom beabsichtigten Vertrag abweichen. Bei der Beurteilung der Frage, ob der tatsächlich zustandegekommene Vertrag dem beabsichtigten Geschäft wirtschaftlich gleichwertig ist, soll nach der Rechtsprechung kein zu enger Maßstab angelegt werden. 43

Wirtschaftliche Identität ist vorhanden:
- Statt der im Maklervertrag definierten Wohnung in einer Eigentumsanlage wird letztlich eine andere gleichartige Eigentumswohnung in der selben Anlage erworben. 44
- Die letztlich vermittelte Darlehenssumme unterschreitet um 4% das beabsichtigte Darlehen.
- Im Falle der Nachweismakelei: Erwerb im Zuge der Zwangsversteigerung anstelle des Kaufes bei ausdrücklicher Vereinbarung der Gleichstellung (vgl. oben Rdnr. 28).

Wirtschaftliche Identität fehlt:

45 – Erwerb lediglich eines Miteigentumsanteils statt des Alleineigentums;
– Verpachtung statt Verkauf;
– Tausch statt Kauf.

V. Kausalität der Maklertätigkeit

1. Grundsatz: Kausalitätsvermutung

46 Der letztlich zustandegekommene Hauptvertrag muß **infolge** (= Kausalitätserfordernis gemäß § 652 I 1 BGB) der Nachweis- oder Vermittlungstätigkeit des Maklers zustandegekommen sein.

47 Die Ursächlichkeit der Maklerleistungen wird vermutet, wenn der Makler
– die Vertragsgelegenheit nachgewiesen oder vermittelt hat **und**
– der Vertragsschluß in angemessener Zeit nachfolgt.

Dies führt im praktischen Ergebnis zur **Beweislastumkehr** zu Lasten des Auftraggebers, wenn der Abschluß des Hauptvertrages alsbald nach der Maklerleistung erfolgt.

2. Vorkenntnis

48 Die **Nachweistätigkeit** des Maklers ist dann nicht ursächlich, wenn dem Auftraggeber die Abschlußmöglichkeit bereits bekannt war. Allgemeine Kenntnisse des Auftraggebers über das nachgewiesene Objekt schaden hierbei nicht. Unschädlich ist auch, wenn der Auftraggeber den vom Makler nachgewiesenen Interessenten schon vorher kannte. Ein provisionspflichtiger Maklernachweis setzt in solchen Fällen lediglich voraus, daß der Auftraggeber aufgrund des Nachweises des Maklers den Anstoß bekommen hat, sich konkret um das in Frage stehende Objekt zu bemühen (*BGH* NJW 1983, 1849; Begriff der „wesentlichen Maklerleistung").

49 **Unterschied bei Vermittlungsmaklertätigkeit:** Bei der Vermittlungsmaklertätigkeit schadet der Einwand der Vorkenntnis regelmäßig nicht, da die über den bloßen Nachweis hinausgehenden Vermittlungsleistungen in der Regel für sich selbst ursächlich sind.

50 Nach der Rechtsprechung des BGH ist der Auftraggeber nicht verpflichtet, den Makler über seine etwaige Vorkenntnis zu unterrichten (*BGH* WM 1964, 62). Unterläßt allerdings der Auftraggeber den Vorkenntniseinwand bei Unterzeichnung des Maklervertrages und läßt er sich sodann die üblichen Maklerleistungen gefallen, so wird davon auszugehen sein, daß er zumindest konkludent darauf verzichtet, sich auf die fehlende Kausalität zu berufen (*Palandt/Thomas,* § 652 Anm. 5; *OLG Hamburg* NJW-RR 1987, 175).

3. Mitursächlichkeit

51 Nach der h. M. müssen die Nachweis- oder Vermittlungsleistungen des Maklers nicht die alleinige oder hauptsächliche Ursache des nachfolgenden Vertragsabschlusses sein (*BGH* WM 1974, 257). Gleichwohl betont die neuere Rechtsprechung, daß der Provisionsanspruch eine für den Abschluß des Hauptvertrages **wesentliche** Maklerleistung voraussetzt. Der *BGH* scheint in seiner neueren Rechtsprechung insoweit auf den maklerischen **Arbeits**erfolg abzustellen, wo-

nach der Makler nicht für den Erfolg schlechthin entlohnt werden soll (*BGH* NJW-RR 1988, 942 u. 1397; kritisch hierzu: *Schwerdtner* NJW 1989, 2987ff.).

a) Einschaltung mehrerer Makler

Schaltet der Auftraggeber hintereinander mehrere Makler ein, können beide Maklerleistungen ursächlich (zumindest mitursächlich) zum Vertragserfolg beitragen. So kann es durchaus sein, daß der erste Makler eine Nachweistätigkeit entfaltet und der zweite Makler den Vertrag vermittelt hat. Wie der *BGH* (NJW 1977, 41f.) festgestellt hat, beseitigt die Vermittlungstätigkeit des zweiten Maklers nicht unbedingt den Kausalbeitrag des ersten Maklers. Umgekehrt entfällt die Mitursächlichkeit der Vermittlungstätigkeit des ersten Maklers nur dann, wenn seine Bemühungen endgültig gescheitert sind und der Vertragserfolg später ohne seine Mitwirkung durch neue Verhandlungen auf völlig anderer Grundlage zustandekommt (*BGH* WM 1974, 257). **52**

b) Eigene Tätigkeiten des Auftraggebers

Es kann vorkommen, daß der Auftraggeber die Verhandlungen mit dem Vertragsgegner abbricht oder parallel sowohl über den Makler wie auch direkt mit Dritten verhandelt. Werden die Verhandlungen wieder aufgenommen, oder führen diese selbst geführten Gespräche zum Erfolg, wird hierdurch die Mitursächlichkeit des früheren Maklernachweises grundsätzlich nicht beseitigt. Hat der Makler insoweit in seinen **AGB** sowohl eine Verweisungs- als auch eine Zuziehungsklausel aufgenommen, so sind beide Bestimmungen gem. § 9 II Nr. 1 AGBG unwirksam. Schaltet der Auftraggeber den Makler in Annahme der Wirksamkeit solcher Klauseln ein, schuldet er gleichwohl keine Provision, weil die Verwendung unwirksamer AGB-Klauseln eine vorvertragliche Pflichtverletzung darstellt, die in der Regel zur Freistellung von der Zahlungspflicht führt (*BGH* NJW-RR 1989, 761). **53**

4. Unterbrechung der Kausalität

Eine den Maklerlohn zu Fall bringende Unterbrechung der Kausalität kann nach der h. M. allenfalls dann angenommen werden, wenn der Vertragserfolg auf **völlig neuen Verhandlungen** beruht, die unabhängig von der Tätigkeit des Maklers aufgenommen wurden (vgl. *Palandt/Thomas,* § 652 Anm. 5; Münch-Komm-*Schwerdtner,* § 652 Rdnr. 158). **54**

Erfährt z. B. der Auftraggeber anläßlich der Besichtigung des nachgewiesenen Objekts von einem ganz anderen, dem Makler unbekannten Objekt, so ist insoweit die Ursächlichkeit ausgeschlossen (*LG Heidelberg* MDR 1965, 132). Das gleiche gilt, wenn der Hauptvertrag nicht mit dem vom Makler benannten Verkäufer, sondern mit einem Zwischenerwerber zustandekommt (*BGH* WM 1988, 725). **55**

Auch ein allzu **großer zeitlicher Abstand** zwischen Maklernachweis und Eintritt des Vertragserfolges kann die Kausalität beseitigen (Ursächlichkeit aber im Einzelfall bejaht bei einem Abstand von acht Monaten, *OLG München* AIZ-Rechtsprechung. A 110, Blatt 23; sogar bei zwei Jahren, *OLG Koblenz* WM 1984, 1191f.). **56**

VI. Ausschluß des Provisionsanspruches

57 Der Makler verwirkt seinen Lohnanspruch (§ 654 BGB) wenn ihm eine schwerwiegende Vertragsverletzung anzulasten ist.

1. Verbotene Doppeltätigkeit, Interessenkollision

58 Die Doppeltätigkeit ist dem Makler grundsätzlich gestattet, in Grundstücksgeschäften darüberhinaus geradezu üblich. Erlaubt ist insbesondere:
- Nachweismaklertätigkeit für beide Vertragsteile,
- Vermittlungstätigkeit für einen Vertragsteil und Nachweismaklertätigkeit für den anderen.

59 Will der Makler für beide Vertragsteile **vermittelnd** tätig werden, so kann dies zum Interessenkonflikt führen. Ein vertragswidriges Verhalten wird aber regelmäßig ausgeschlossen, wenn sich der Makler die Doppeltätigkeit vertraglich gestatten läßt (*Palandt/Thomas,* § 654 Anm. 4).

2. Selbsteintritt des Maklers

60 Führt der Makler seinem Auftraggeber sich selbst als Vertragspartner zu, so erbringt er keine dem § 652 BGB entsprechende Maklerleistung und erhält hierfür keinen Maklerlohn. Es fehlt in diesem Falle an dem Nachweis eines Dritten.

Eine Verwirkung des Maklerlohnes tritt auch dann ein, wenn der Makler ein Eigeninteresse an dem nachgewiesenen Geschäft entwickelt und sich offen oder heimlich in Konkurrenz zu seinem Auftraggeber stellt (*BGH* WM 1978, 245; BB 183, 926f.).

3. Wirtschaftliche Verflechtung zwischen Makler und Vertragsgegner

61 Da der Hauptvertrag **mit einem Dritten** zustandekommen muß, ist ein Provisionsanspruch auch dann ausgeschlossen, wenn Makler und Vertragsgegner dem Auftraggeber als wirtschaftliche Einheit gegenüberstehen. Dabei ist nicht auf die formelle, gesellschaftsrechtliche Stellung abzustellen, entscheidend ist vielmehr, ob der Makler und der Vertragsgegner die Fähigkeit zur selbständigen, unabhängigen Willensbildung haben (*BGH* NJW 1985, 2473).

Kennt der Auftraggeber die bestehende wirtschaftliche Verflechtung zwischen Makler und Vertragsgegner, kann die Vereinbarung einer von den Voraussetzungen der §§ 652ff. BGB unabhängige Vergütung wirksam sein (*BGH* NJW-RR 1987, 1075). Soweit provisionsschädliche Verpflichtungen erst nach Bezahlung der Courtage offensichtlich werden, stehen dem Auftraggeber bereicherungsrechtliche Ansprüche zu.

a) Gesellschaftsrechtliche Verflechtungen

62 Entscheidend für den von der Rechtsprechung inkriminierten Einfluß einerseits des Maklers auf den Vertragsdritten und andererseits des Vertragsdritten auf den Makler sind die gegenseitigen Beteiligungsverhältnisse und/oder die Frage der Geschäftsführung. Einzelfälle aus der Rechtsprechung:
- Identität der Geschäftsführung von Wohnungsbau- und Maklergesellschaft;
- Identität von Verkäufer und Geschäftsführer der Maklerfirma;
- Identität des persönlich haftenden Gesellschafters der Maklergesellschaft mit dem Gesellschafter der verkaufenden Firma; Maklerfirma ist maßgeblich am

Vertragspartner und umgekehrt der Vertragspartner maßgeblich an der Maklergesellschaft beteiligt;
- Maklerfirma und Vertragsgegner besitzen einen gemeinsamen Hauptgesellschafter; eine Dachgesellschaft hat beherrschenden Einfluß sowohl auf die Maklerfirma wie auch auf die verkaufende Gesellschaft.
- Identität des Maklers mit dem Verwalter einer Wohnungseigentümergemeinschaft, wenn dieser in seiner Funktion als Verwalter der Veräußerung zustimmen muß; (gilt nicht bei Veräußerung im Wege der Zwangsvollstreckung, *OLG Köln* WM 1989, 694).

b) Verflechtung aus persönlichen Gründen

Nach der Rechtsprechung des *BGH* schließen freundschaftliche Verhältnisse zwischen Makler und Vertragsgegner den Provisionsanspruch grundsätzlich nicht aus (*BGH* NJW 1981, 2293). **63**

Der Provisionsanspruch sollte nach Auffassung des *BGH* jedoch dann entfallen, wenn das beabsichtigte Geschäft mit dem **Ehegatten des Maklers** als Vertragspartner des Auftraggebers zustandekommt (*BGH* NJW 1987, 1008). Diese Entscheidung hat das Bundesverfassungsgericht als Verstoß gegen Artikel 3, 6 GG jedenfalls für den Fall verworfen, daß der Auftraggeber das Bestehen der Ehe kannte (*BVerfG* NJW 1988, 2693).

VII. Höhe des Provisionsanspruches

Ist der „tax-mäßige Lohn" im Sinne des § 653 II BGB nicht bestimmt, gilt mangels individual vereinbarter Vergütung der „übliche Lohn". **64**

In aller Regel wird im Maklervertrag ein bestimmter Prozentsatz des Werts des abzuschließenden Hauptvertrages, bei Immobiliargeschäften in der Regel des beurkundeten Preises, vereinbart. Entscheidend ist stets der Objektwert, den die Vertragsparteien bei Vertragsabschluß bestimmen. Eine Kaufpreisminderung infolge späterer Mängel- oder Gewährleistungsansprüche berührt die Courtagehöhe nicht.

Die Höhe der Provision ist frei vereinbart und findet ihre Schranke lediglich im Wucherverbot des § 138 BGB. Eine gemäß § 138 BGB sittenwidrige Provisionsvereinbarung führt zur Nichtigkeit des gesamten Maklervertrages. Der Makler kann in diesem Fall auch nicht eine aufgrund entsprechender Herabsetzung als üblich angesehene Provision verlangen, sondern geht leer aus (*Palandt/Thomas,* § 652 Anm. 7a, b).

Erwerben **Eheleute** das nachgewiesene Objekt oder veräußern sie an den nachgewiesenen Interessenten, so schulden sie nicht schon deshalb gemeinsam den Maklerlohn, weil ihnen die Maklertätigkeiten im gleichen Maße zugutekommen. Die Eheleute haften vielmehr nur dann **gesamtschuldnerisch,** wenn sie beide Vertragspartner des Maklervertrages geworden sind oder der eine Ehepartner den anderen bei Abschluß des Maklervertrages vertreten hat. **65**

Das Gesetz zur Regelung der **Wohnungsvermittlung** enthält Sondervorschriften sowohl für den Provisionsanspruch und die Provisionshöhe als auch für Nebenvergütungen.

VIII. Fälligkeit und Verjährung des Provisionsanspruches

66 Wie oben bereits unter Rdnr. 29ff. dargestellt, entsteht der Provisionsanspruch erst mit dem wirksamen Abschluß des nachgewiesenen Vertrages. Mangels anderslautender Vereinbarung wird die Maklervergütung auch in diesem Falle sofort fällig, ohne daß es einer Rechnungsstellung bedarf.

67 Legen die Parteien des Maklervertrages im Maklerauftrag fest, daß die Fälligkeit der Provision von zukünftigen Ereignissen abhängt (z. B. der Zahlung des Kaufpreises) so liegt in der Regel eine Vereinbarung lediglich über die **Fälligkeit** vor, nicht aber über das **Entstehen** des Anspruchs selbst. Der Provisionsanspruch ist dann zu einem Zeitpunkt als fällig anzusehen, in dem der Eintritt des Ereignisses üblicherweise erwartet werden durfte (*BGH* NJW 1966, 1404).

68 Bezüglich der **Verjährungsfristen** ist wie folgt zu unterscheiden:

- gemäß § 196 I Nr. 1 BGB in zwei Jahren, wenn der Makler Kaufmann ist;
- gemäß § 196 I Nr. 1, II BGB in vier Jahren, wenn die Maklerleistungen für den Gewerbebetrieb des Auftraggebers erbracht wurden;
- gemäß § 196 I Nr. 7 BGB in zwei Jahren, falls der Makler nicht im Handelsregister eingetragen ist.

IX. Hilfsansprüche des Maklers

1. Schadensersatzanspruch

69 Auch dem Auftraggeber obliegt eine Treuepflicht gegenüber dem Makler. So ist der Auftraggeber insbesondere verpflichtet, die vom Makler erhaltenen Informationen vertraulich zu behandeln. Verstößt er gegen diese vertragliche Nebenpflicht dadurch, daß er den erhaltenen Nachweis an einen Dritten weitergibt und dieser den Hauptvertrag abschließt, so macht er sich aus dem Gesichtspunkt der **positiven Forderungsverletzung** schadensersatzpflichtig.

70 Nach der Rechtsprechung des BGH ist es auch durchaus möglich, in einer AGB-Klausel die Verpflichtung des Maklerkunden zu regeln, auch in einem solchen Fall zur Zahlung der Provision verpflichtet zu sein (*BGH* WM 1987, 632ff.). Fehlt eine entsprechende Individualabsprache oder gemäß § 2 AGBG in zulässiger Weise zum Vertragsbestandteil gewordene Klausel, so gilt für die Berechnung des Schadens, der dem Makler durch die unbefugte Weitergabe des von ihm erbrachten Nachweises entstanden ist, folgendes:

71 Will er **Schadensersatz** in Höhe der vollen Provision verlangen, ist er darlegungs- und beweispflichtig dafür, daß es ohne der pflichtwidrigen Weitergabe des Nachweises gelungen wäre, aufgrund seiner eigenen Tätigkeit zu einem Vertragsabschluß über das nachgewiesene Objekt zu kommen.

72 Seiner Darlegungspflicht genügt der Makler nicht, wenn er vorträgt, sein Auftraggeber wäre verpflichtet gewesen, den Dritten an ihn zu verweisen, wäre dies geschehen, wäre ein die Provisionspflicht begründender Maklervertrag mit diesem zustandegekommen (*BGH* WM 1987, 634). Im übrigen ist ein derartiger Schadensersatzanspruch regelmäßig auf das negative Interesse beschränkt.

2. Aufwendungsersatzanspruch

73 Nach der gesetzlichen Regelung des § 652 II BGB sind dem Makler Aufwendungen nur zu ersetzen, wenn dies **vereinbart** ist.

Die Vereinbarung von Aufwendungsersatzansprüchen in AGB's und Formularverträgen ist nach der Rechtsprechung grundsätzlich zulässig. In diesem Sinne hat der BGH die lang umstrittene Frage, ob es das „gesetzliche Leitbild des Maklers" verbiete, Aufwendungsersatzansprüche in AGB zu vereinbaren, beantwortet (*BGH* NJW 1987, 1634ff.).

Allerdings führt eine derartige Vereinbarung nur zum Ersatz des **konkreten Aufwandes.** Dessen Höhe darf der Makler als einen „mäßigen Höchstbetrag", nicht jedoch als erfolgsunabhängige Provision mit einem Prozentanteil des Preises oder Gegenstandswerts pauschalieren.

B VII. Der Haftpflichtfall

Justizrat Dr. Adalbert Kunschert

Übersicht

Literatur: *Becker/Böhme/Dittrich,* Kraftverkehrs-Haftpflichtschäden, 17. Aufl. 1989; *Deutsch,* Haftungsrecht 1976; *Eckelmann/Nehls,* Schadensersatz bei Verletzung und Tötung (ADAC) 1987; *Geigel/Schlegelmilch,* Der Haftpflichtprozeß, 20. Aufl. 1990; *Hofmann,* Haftpflichtrecht für die Praxis, 1989; *Lange,* Schadensersatz, 2. Aufl. 1990; *Lepa,* Beweislast und Beweiswürdigung im Haftpflichtprozeß, 1988; *Sanden/Völtz,* Sachschadenrecht des Kraftverkehrs, 5. Aufl. 1986; *Wussow,* Unfallhaftpflichtrecht, 13. Aufl. 1985; *Wussow/Küppersbusch,* Ersatzansprüche bei Personenschaden, 5. Aufl. 1990.

I. Grundsätzliches

1. Haftungsgrundlagen, Beweislast, Prüfschema

1 Die Pflicht, den Schaden zu ersetzen, der einem anderen entstanden ist, nennt man **Haftpflicht.** Sie setzt voraus, daß der Anspruchsteller einen Schaden erlitten hat und daß dieser Schaden durch einen Sachverhalt verursacht wurde, für den der Haftpflichtige einzustehen hat. Die Haftung kann beruhen auf Gesetz, auf Vertrag oder auf Verschulden bei Vertragsanbahnung (culpa in contrahendo). Ein Sachverhalt kann gleichzeitig die Voraussetzungen für mehrere **Haftungsgrundlagen** erfüllen, **Beispiel:** Der Halter eines Taxis fährt sein Taxi persönlich und verursacht schuldhaft einen Verkehrsunfall, durch den sein Fahrgast verletzt wird. Dem Fahrgast stehen dann gegen den Taxihalter und -fahrer Schadensersatzansprüche zu, einmal aufgrund des zustande gekommenen Beförderungsvertrages und zum anderen aufgrund Gesetzes und zwar aufgrund der § 823 I BGB, § 823 II BGB i. V. mit § 230 StGB, §§ 7, 8a StVG und § 18 StVG. Wird der Anwalt mit einem Haftpflichtfall konfrontiert, so tut er gut

daran, sich als erstes darüber klar zu werden, welche Haftungsgrundlagen in Betracht kommen, in welchen Tatbestandsmerkmalen sie sich unterscheiden und ob und inwieweit die Rechtsfolgen bei ihnen differieren.

Bleiben wir bei unserem Beispiel: Die Haftung des Taxihalters aus dem zustandegekommenen Beförderungs**vertrag** setzt voraus, daß der Taxihalter den Schaden zu vertreten hat, also er oder sein Erfüllungsgehilfe den Schaden schuldhaft herbeigeführt hat (§§ 276, 278 BGB). Die Vertragshaftung ist, sofern keine Garantie übernommen wird, eine **Verschuldenshaftung.** Bei ihr obliegt jedoch dem Schuldner die **Beweislast** darfür, daß ihn keine Schuld trifft, wenn die Schadensursache aus seinem Gefahrenbereich hervorgegangen ist (Umkehr der Beweislast). Die §§ 282, 285 BGB sind dann auf den Fall der positiven Vertragsverletzung entsprechend anzuwenden (*Palandt/Heinrichs* § 282 BGB Anm. 2a). Da das Unfallgeschehen dem Gefahrenkreis des Taxis und damit des Taxiunternehmers zuzurechnen ist, hat dieser im Rahmen der vertraglichen Haftung zu beweisen, daß ihn oder seinen Fahrer an dem Verkehrsunfall keine Schuld trifft. Auch **§ 823 BGB** setzt voraus, daß der Schädiger schuldhaft gehandelt hat. Hier bleibt es jedoch bei der grundsätzlichen Beweisregel, daß der geschädigte Anspruchsteller den Beweis zu führen hat, daß der Tatbestand, aus dem er seine Ansprüche herleitet, auch gegeben ist. Der geschädigte Taxifahrgast muß also im Rahmen des § 823 BGB beweisen, daß der Taxifahrer den Verkehrsunfall schuldhaft verursacht hat. **§ 18 StVG** enthält wieder eine Umkehr der Beweislast: Der als Schädiger in Anspruch genommene Kraftfahrer muß den Negativbeweis erbringen, daß der Schaden nicht durch sein Verschulden verursacht ist. 2

§ 7 I StVG stellt dagegen nicht auf das Verschulden des Fahrzeughalters oder -fahrers ab. § 7 begründet eine Haftung ohne Schuld und damit die **Gefährdungshaftung** des Kraftfahrzeughalters für Schäden, die bei dem Betrieb seines Kraftfahrzeugs entstehen. Die Ersatzpflicht des Halters wird nur im Falle eines unabwendbaren Ereignisses gemäß § 7 II StVG ausgeschlossen. Dem Halter obliegt es, gegebenenfalls zu beweisen, daß der Unfall durch ein unabwendbares Ereignis verursacht worden ist und deshalb seine Haftung ausgeschlossen ist. 3

Die **Voraussetzungen für die Haftung** unterscheiden sich also bei den verschiedenen Haftungsgrundlagen. In unserem Beispiel wird der Anwalt bei der ersten Überprüfung zum Ergebnis kommen, daß § 7 StVG für die Schadensersatzansprüche des Fahrgastes die geringsten Anforderungen stellt (kein Verschulden), während alle übrigen Anspruchsgrundlagen Verschulden voraussetzen, jedoch in der Beweislastverteilung differieren. Die Beweislast, daß den Taxifahrer kein Verschulden trifft, obliegt im Falle des § 18 StVG dem Fahrer und im Falle der Vertragshaftung dem Taxiunternehmer. Nur im Falle des § 823 BGB hat der Geschädigte auch den vollen Beweis zu erbringen, daß der Schädiger schuldhaft gehandelt hat. Die Beweislast hat oft prozeßentscheidende Bedeutung. Es genügt nicht, daß der Mandant Recht hat. Das Recht muß auch durchgesetzt werden, d. h. der Mandant muß den Sachverhalt, aus dem er seine Ansprüche herleitet, beweisen, falls der Gegner bestreitet. Zulässige **Beweismittel** sind: Augenschein (Ortsbesichtigung, Unfallspuren), Zeugen, Sachverständige, Urkunden und Parteivernehmung. Auf die Kommentare zur ZPO sowie auf *Geigel/Rixecker,* Der Haftpflichtprozeß, 37. Kap. und *Geigel/Kunschert* 25. Kap. Rdnrn. 128–132 wird verwiesen. 4

Nicht nur in ihren Voraussetzungen, sondern auch in ihren **Auswirkungen** unterscheiden sich die verschiedenen Haftungsgrundlagen. Bleiben wir in unse- 5 rem Beispiel: Schmerzensgeld gewährt nur § 847 BGB. Der Geschädigte, der **Schmerzensgeld** begehrt, muß deshalb den Beweis führen, daß eine unerlaubte Handlung i. S. der §§ 823ff. BGB, im allgemeinen also der Tatbestand des § 823 I BGB oder der Tatbestand des § 823 II BGB (Verstoß gegen ein Schutzgesetz) vorliegt. Er muß beweisen, daß der in Anspruch genommene Schädiger schuldhaft den Verkehrsunfall herbeigeführt hat. Für den Anspruch auf Schmerzensgeld interessiert es nicht, ob aufgrund des StVG oder aufgrund des Beförderungsvertrages gehaftet wird. Auch insoweit nützt dem Geschädigten die Haftung aus dem StVG wenig, als sein Schaden die **Höchstbeträge** des § 12 StVG übersteigt. Will der Geschädigte über die Höchstbeträge des § 12 StVG hinaus Ansprüche geltend machen, so kommen als Anspruchsgrundlage nur § 823 BGB oder ein etwaiger Vertrag in Betracht.

6 Zu berücksichtigen ist schließlich, daß sowohl das StVG als auch § 823 I BGB nur die dort im einzelnen angeführten Lebensgüter, insbesondere Gesundheit und Eigentum, nicht jedoch das Vermögen schlechthin schützen. Wird in unserem Beispiel der Fahrgast durch den Unfall nicht verletzt und werden auch seine Sachen nicht beschädigt, so stehen dem Fahrgast mangels eines **Personenschadens** und mangels eines **Sachschadens** gegen den Taxiunternehmer keine Ansprüche aus dem StVG oder aus § 823 BGB zu. Will er den Taxiunternehmer mit der Begründung auf Schadensersatz in Anspruch nehmen, daß er durch den Verkehrsunfall sein Fahrtziel zu spät erreicht habe, er deshalb seinen Geschäftspartner nicht mehr angetroffen habe und ihm deswegen ein Geschäft entgangen sei mit der Folge, daß ihm ein Geschäftsverlust entstanden oder ein Geschäftsgewinn entgangen sei, dann bleibt als Anspruchsgrundlage nur der Beförderungsvertrag übrig. **Reiner Vermögensschaden,** der nicht durch eine Körperverletzung oder eine Sachbeschädigung bedingt ist, wird im Rahmen des StVG und im Rahmen des § 823 I BGB nicht erstattet. Im Rahmen des § 823 II BGB kommt es darauf an, ob das Vermögen durch das Schutzgesetz, das übertreten wurde, besonders geschützt ist. Erhält der Anwalt in einem Haftpflichtfall Mandat, so wird er **Art und Umfang des Schadens** klären, für den Ersatz begehrt wird. Von Art und Umfang des Schadens hängt es letztlich ab, welche Voraussetzungen konkret erfüllt sein müssen, damit im Falle eines Rechtsstreits der Anspruchsgegner verurteilt wird, den Schaden zu ersetzen.

7 Folgendes Prüfschema soll eine kleine Hilfe sein, wenn der Anwalt mit einem Haftpflichtfall konfrontiert wird:

Prüfschema

1. Welcher **Sachverhalt** hat einen Schaden verursacht (d. h. welche Ursachen haben zu einem Schaden geführt)? (Rdnr. 20)

2. Welche **Anspruchsgrundlagen** kommen in Betracht (summarische Prüfung)? (Rdnr. 1)
   2.1 Unerlaubte Handlung i. S. § 823ff BGB (Rdnrn. 43–50)
   2.2 Spezialgesetz (Gefährdungshaftung) (Rdnr. 19)
   2.3 Vertrag (Rdnrn. 2, 6, 27)

3. Für welchen **Schaden** wird Ersatz begehrt? (Rdnr. 6)
   3.1 Art des Schadens
      (1) Materieller Vermögensschaden (Substanzverlust – Nutzungsausfall – entgangener Gewinn)
         – Personenschaden (Rdnr. 13)
         – Sachschaden (Rdnr. 12)

- Reiner, nicht durch die Verletzung einer Person oder durch die Beschädigung einer Sache bedingter Vermögensschaden (Rdnr. 11)

(2) Immaterieller Schaden (Schmerzensgeld) (Rdnrn. 15, 16)

3.2 Art des Ersatzes: Naturalrestitution oder Geldersatz (Rdnr. 12)

3.3 Begrenzung der Ersatzleistung oder Beschränkung der Haftung (Rdnrn. 34–37)

4. Aktivlegitimation

4.1 Wem steht originär der Anspruch zu? (Rdnr. 41)

4.2 Ist der Anspruch kraft Gesetzes, kraft Verwaltungsakt (Überleitungsanzeige) oder aufgrund einer Abtretung auf einen Dritten übergegangen, evtl. auf einen Sozialversicherungsträger oder auf einen privaten Versicherer? (Rdnr. 41)

4.3 Kommt eine Drittschadensliquidation in Betracht? (Rdnr. 14)

5. Passivlegitimation

5.1 Welche Bedeutung hat die Haftpflichtversicherung? (Rdnrn. 8–10)

5.2 Kommt die Haftung von mehreren Personen als Gesamtschuldnern in Betracht? Ist es sinnvoll, durch Klage alle Gesamtschuldner in Anspruch zu nehmen, um evtl. unangenehme Zeugen auszuschalten? (Rdnrn. 25–28)

6. Subsumtion (Feinarbeit)

6.1 Erfüllt der Sachverhalt, aus dem der Ersatzanspruch hergeleitet wird, auch die Tatbestandsmerkmale der Norm, die als Anspruchsgrundlage in Betracht kommt? Zu prüfen sind auch:

(1) Rechtswidrigkeit und Verschulden (Rdnrn. 17, 18)

(2) Die Voraussetzungen einer etwaigen Gefährdungshaftung (Rdnrn. 17, 19)

(3) Die Voraussetzungen einer etwaigen Haftung bei rechtmäßigem Handeln oder bei rechtswidrigem aber schuldlosen Handeln (enteignender Eingriff, enteignungsgleicher Eingriff, §§ 228, 231, 904 BGB) (Rdnrn. 29, 55–57)

6.2 Die Zurechenbarkeit: Fällt der Schaden, für den Ersatz begehrt wird, in den Schutzbereich der Norm, aus der der Anspruch hergeleitet wird? (Rdnrn. 22–24)

7. Mithaftung (Rdnr. 31)

7.1 wegen Mitverschuldens?

7.2 aus Betriebsgefahr?

8. Beweis

8.1 Wen trifft für welche Tatsachen bei der in Betracht gezogenen Anspruchsgrundlage die Beweislast? (Rdnrn. 2–4, 17, 18)

8.2 Welche Beweismittel stehen zur Verfügung? (Rdnr. 4)

8.3 Ist ein selbständiges Beweisverfahren geboten? (A I Rdnrn. 97ff., B IX Rdnrn. 84–89)

9. Verjährung? (Rdnrn. 38–40)

10. Gerichtsstand? (Rdnr. 42)

2. Bedeutung der Haftpflichtversicherung

Ist der Sachverhalt bekannt und ist geklärt, aufgrund welcher Bestimmungen Ansprüche in Betracht kommen, dann ist zu prüfen, ob der Schädiger für den Sachverhalt, aus dem er auf Schadensersatz in Anspruch genommen wird, gegen Haftpflicht versichert ist (vgl. B IX Rdnrn. 192–198 u. XV Rdnrn. 87f.). Grundsätzlich wirkt sich zwar der Umstand, daß **Haftpflichtversicherungsschutz** besteht, nicht auf den Umfang der Haftung aus. Dennoch ist es für beide Parteien, Schädiger und Geschädigten, wichtig, ob der Schädiger im konkreten Fall gegen Haftpflicht versichert ist. 8

Für den Geschädigten ist dies von Bedeutung, weil er dann sicher sein kann, daß sein Schuldner im Rahmen der Deckungssumme der Haftpflichtversicherung solvent ist. Im Hinblick auf die Bestimmungen der §§ 156, 157 VVG und die Regelungen in den allgemeinen Versicherungsbedingungen, deren Verlet- 9 zung zur Leistungsfreiheit des Versicherers führen kann (§ 6 VVG), empfiehlt es sich, möglichst frühzeitig den Haftpflichtfall der **Versicherung des Schädigers anzuzeigen** und der Versicherung Gelegenheit zu geben, außergerichtlich zu regulieren, selbst wenn unmittelbar keine Ansprüche des Geschädigten gegen den Haftpflichtversicherer in Betracht kommen. Bei einem obsiegenden Urteil kann der Geschädigte den Anspruch des Schädigers gegen dessen **Haftpflichtversicherung pfänden** und sich zur Einziehung überweisen lassen. Darüberhinaus gewährt § 3 Nr. 1 Pflichtversicherungsgesetz für den Fall der Kraftfahrzeugpflichtversicherung dem Geschädigten einen unmittelbaren Anspruch – den **„Direktanspruch"** – gegen den Kfz-Haftpflichtversicherer, so daß in diesem Sonderfall der Geschädigte sogar den Haftpflichtversicherer unmittelbar auf Schadensersatz in Anspruch nehmen kann.

10 Für den in Anspruch genommenen **Schädiger** und dessen Anwalt ist die Frage, ob für den Schadensfall Haftpflichtversicherungsschutz besteht, von noch größerer Bedeutung. Soweit Versicherungsschutz besteht, ist der Schädiger in der Regel (Ausnahme: Verlust eines etwaigen Schadensfreiheitsrabattes) wirtschaftlich nicht daran interessiert, ob und gegebenenfalls mit welchem Aufwand der Schadensfall reguliert wird. Der Schädiger ist allein daran interessiert, daß sein **Haftpflichtversicherer** eintritt. Erhält ein Rechtsanwalt in einer Haftpflichtsache von dem in Anspruch genommenen Schädiger Mandat, so muß er klären, ob Haftpflichtversicherungsschutz besteht. Der versicherte Schädiger muß seine im VVG und in den allgemeinen Versicherungsbedingungen geregelten Obliegenheiten erfüllen (vgl. B IX Rdnrn. 194–198 u. XV Rdnrn. 57–60), andernfalls die Gefahr besteht, daß er den Versicherungsschutz ganz oder teilweise verliert (§ 6 VVG, § 6 AHB u. § 7 AKB). Er muß den Schadensfall unverzüglich seiner Haftpflichtversicherung anzeigen und die Behandlung der Sache dem Versicherer überlassen, der allein darüber befindet, ob für ihn ein Rechtsanwalt, gegebenenfalls welcher, beauftragt wird. Der Haftpflichtversicherer entscheidet auch allein, ob und in welchem Umfang er die geltend gemachten Ansprüche reguliert oder abwehrt (vgl. hierzu B IX Rdnr. 216). Er ist „dominus litis" des Haftpflichtprozesses und trägt das Kostenrisiko (§ 150 VVG).

3. Schadensersatz und Schmerzensgeld

11 Wer zum Schadensersatz verpflichtet ist, hat gemäß § 249 BGB den Zustand herzustellen, der ohne das die Haftung begründende Ereignis bestehen würde. Ob ein **Vermögensschaden** vorliegt, ist grundsätzlich aufgrund eines Vergleichs der Vermögenslage zu beurteilen, die infolge des die Haftung begründenden Ereignisses entstanden ist, mit derjenigen, die sich ohne jenes Ereignis ergeben hätte (*BGHZ* 75, 366 (371)). Die Vermögenseinbuße ist auszugleichen, hierzu: *Stüdemann,* Der bürgerlich-rechtliche Vermögensschaden in wirtschaftswissenschaftlicher Sicht, VersR 1990, 1048. Etwaige durch den Schadensfall bedingte Vorteile sind grundsätzlich anzurechnen. Zur Vorteilausgleichung vgl. B IX Rdnr. 151. Der Geschädigte ist finanziell so zu stellen, als ob das Ereignis, das den Schaden herbeigeführt hat, nicht eingetreten wäre. Zu unterscheiden ist zwischen dem durch die Beschädigung einer Sache (Sachschaden) und dem durch die Verletzung einer Person (Personenschaden) entstandenen Vermögensschaden einerseits und dem sog. „reinen" Vermögensschaden andererseits, das ist der nicht als Folge einer Sachbeschädigung oder Körperverletzung sondern auf andere Weise z. B. durch Betrug, Verleumdung oder Verzug entstandene Schaden.

Ist eine Sache beschädigt, so ist der entstandene **Sachschaden** zu ersetzen. **12**
Hierzu: *Sanden/Völtz,* Sachschadenrecht des Kraftverkehrs, oder *Geigel/Rixekker,* Der Haftpflichtprozeß, 4. Kap. Rdnrn. 1 ff. Ist die Sache völlig zerstört oder abhanden gekommen und eine Naturalrestitution unmöglich, also ein **Totalschaden** eingetreten, so ist der Wiederbeschaffungswert, d. h. im allgemeinen der Verkehrswert, den die zerstörte Sache vor dem Schadensereignis hatte, zu ersetzen. Das gilt grundsätzlich auch, wenn die Wiederherstellung nur mit unverhältnismäßig hohen Aufwendungen möglich ist (§ 251 II BGB, wegen der Ausnahmen: *BGH* NJW 1972, 1800). Das ist der Fall, wenn die für die Wiederherstellung (Naturalrestitution) erforderlichen Reparaturkosten 130% der Kosten überschreiten, die bei Wiederbeschaffung einer entsprechenden Sache entstehen. Der Geschädigte hat die Wahl, ob er sich auf die Differenz zwischen Wiederbeschaffungswert und Rest- oder Schrottwert – das ist der Wert, den die Sache nach dem Schadensereignis hatte – beschränkt oder ob er die beschädigte, nicht mehr reparaturwürdige aber dennoch nicht wertlose Sache dem Haftpflichtigen zur Verfügung stellt (*BGH* NJW 1983, 2694). Ist die Reparatur der Sache möglich und zumutbar, so sind die **Reparaturkosten** zu ersetzen. Hierzu *Lipp,* „fiktive" Herstellungskosten und Dispositionsfreiheit des Geschädigten, NJW 90, 104; *Krumbholz,* Zulässigkeit und Grenzen der Abrechnung auf Gutachtenbasis, NZV 1990, 218. Verbleibt nach erfolgter Reparatur noch ein Minderwert, so ist auch der **Minderwert** der Sache zu ersetzen. Außer dem Schaden an der Sachsubstanz kann weiterer Vermögensschaden in Form von unfallbedingten Aufwendungen oder in Form von **Nutzungsausfall** entstanden sein. Der Nutzungsausfall für die erforderliche Dauer der Reparatur oder für die erforderliche Zeit, bis ein Ersatzobjekt beschafft werden kann, ist ebenfalls im Rahmen des Sachschadens zu ersetzen. Hierbei kann zweifelhaft sein, ob eine Vermögenseinbuße und damit ein Vermögensschaden auch zu bejahen ist, wenn dem Geschädigten nur vorübergehend die Möglichkeit genommen wird, seine Sache zu nutzen oder zu gebrauchen, ohne daß dadurch ein Geldverlust eintritt. Entstehen dem Geschädigten zusätzliche Aufwendungen, z. B. Mietkosten für die Anmietung eines Ersatzobjektes, oder entgehen dem Geschädigten Einnahmen, z. B. Mieteinnahmen, weil der beschädigte Gegenstand während der Reparatur nicht vermietet werden kann, so ist das Vermögen des Geschädigten gemindert, ein ersatzfähiger Vermögensschaden ist dargetan. Durch *BGHZ* 98, 212 wurde klargestellt, daß auch dann ein ersatzfähiger Vermögensschaden vorliegen kann, wenn der Eigentümer die von ihm selbst genutzte Sache, z. B. ein von ihm bewohntes Haus, infolge eines deliktischen Eingriffs vorübergehend nicht benutzen kann, ohne daß ihm hierdurch zusätzliche Kosten entstehen oder Einnahmen entgehen. Zum Kraftfahrzeugschaden siehe B IX Rdnr. 118–122.

Als **Personenschaden** wird der durch eine Körperverletzung entstandene Ver- **13**
mögensschaden bezeichnet. Er umfaßt die Kosten für Heilung und Pflege, die Kosten, die durch Vermehrung der Bedürfnisse des Verletzten entstehen, und schließlich den entgangenen Gewinn und die Minderung des Erwerbseinkommens (vgl. B IX Rdnrn. 123–127, 131). Im Todesfall kommen Ansprüche auf Ersatz der Beerdigungskosten und auf Ersatz des Unterhaltsschadens der Hinterbliebenen in Betracht (vgl. B IX Rdnrn. 128–130). Hinsichtlich der Einzelheiten wird auf das einschlägige Schrifttum verwiesen, z. B. auf *Wussow/Küppers-*

busch, Ersatzansprüche bei Personenschaden, oder auf *Geigel/Rixecker,* Der Haftpflichtprozeß, 4. Kap. Rdnrn. 105ff.

14 Da ein Vertrag – vom Vertrag zu Gunsten Dritter (§§ 328ff. BGB) einmal abgesehen – nur zwischen den Vertragsparteien Wirkungen entfaltet und Deliktsschutz grundsätzlich nur für bestimmte Rechte und Rechtsgüter besteht, kann der Verletzte in der Regel nicht Ersatz eines Schadens verlangen, der nicht ihm sondern einem Dritten entstanden ist. Wegen der Ausnahmefälle, in denen eine **Drittschadensliquidation** möglich ist, wird verwiesen auf *Staudinger/Medicus,* 12. Aufl. § 249 BGB Rdnr. 191 und auf *Geigel/Rixecker,* Der Haftpflichtprozeß, 35. Kap. Rdnrn. 18ff. Von dem Grundsatz, daß ein Drittschaden nicht geltend gemacht werden kann, gibt es auch gesetzliche Ausnahmen, so insbesondere §§ 844, 845 BGB und § 10 StVG.

15 Wegen eines Schadens, der nicht Vermögensschaden ist, kann Entschädigung in Geld nur in den durch das Gesetz bestimmten Fällen – z. B. §§ 651f II, 847, 1300 BGB – gefordert werden, so § 253 BGB. Schmerz, Unlustgefühle oder ein Affektionsinteresse begründen grundsätzlich keinen Ersatzanspruch. Die wichtigste Ausnahme ist § 847 BGB: Hat der Schädiger den Tatbestand einer unerlaubten Handlung im Sinne der §§ 823ff. BGB erfüllt, dann besteht im Falle einer Körperverletzung oder einer Freiheitsberaubung Anspruch auf Ersatz des dadurch bedingten immateriellen Schadens, d. h. auf Zahlung von **Schmerzensgeld.** Auch bei einer schwerwiegenden Verletzung des allgemeinen Persönlichkeitsrechts, so bei einer unbegründeten oder gar böswilligen Bloßstellung oder Herabsetzung der Person in der Öffentlichkeit, wird Schmerzensgeld gewährt. Eines der schwierigsten Probleme ist die richtige Bemessung des vom Schädiger zu zahlenden Schmerzensgeldes (vgl. B IX Rdnr. 125). Das Schmerzensgeld soll dem Verletzten einmal Ausgleich für die entstandenen immateriellen Beeinträchtigungen und zum anderen Genugtuung verschaffen. Seine Höhe ist von vielen Komponenten abhängig, so von Ausmaß, Schwere und Dauer der physischen und psychischen Leiden, von Grad und Schwere des Verschuldens des Schädigers und eines etwaigen Mitverschuldens des Verletzten, von dem Verhalten der Parteien und ihrer Versicherungen nach dem Schadensfall im Rahmen der Schadensregulierung und schließlich von deren Einkommens- und Vermögensverhältnissen. Besonders schwere Gesundheitsschäden mit Dauerfolgen können eine **Schmerzensgeldrente** rechtfertigen, zu deren Bemessung: *OLG Hamm* VersR 1990, 909. Ein Schmerzensgeld von 500000,– DM wurde einem im Unfallzeitpunkt (1988) 4-jährigen Mädchen zugesprochen, das unter anderem eine Querschnittslähmung erlitten hatte (*LG Oldenburg* DAR 1990, 146); 350000,– DM Schmerzensgeld kommen bei Querschnittslähmung und Verlust der Zeugungsfähigkeit eines 33-jährigen Mannes in Betracht (*OLG Frankfurt* DAR 1990, 181); eine 66 Jahre alte Patientin, bei der ein ärztlicher Kunstfehler zu einer Lähmung der Becken- und Beinmuskulatur geführt hat, erhielt ein Schmerzensgeld von 200000,– DM (*LG Bayreuth,* VersR 1990, 391). Insoweit erscheint es unerläßlich, Rechtsprechungssammlungen einzusehen, so z. B. die Zusammenstellung der Rechtsprechung zum Schmerzensgeld von *Hacks/Ring/Böhm,* Schmerzensgeldbeträge, 15. Aufl. 1991 oder die von *Geigel/Kolb,* Der Haftpflichtprozeß, 7. Kap. Rdnr. 47. Zur Einschränkung des Kostenrisikos ist dem Kläger im Falle eines Rechtsstreits zu empfehlen, einen unbezifferten Leistungsantrag zu stellen, jedoch in der Klagebegründung die Bemessungsfaktoren im einzelnen darzulegen und seine Vorstellungen zur angemessenen Höhe des Schmerzensgeldes zu substantiieren.

Besondere Sorgfalt war früher geboten, sofern für einen lebensgefährlich Verletzten Ansprüche geltend zu machen waren. Bei schweren Verletzungen kommt gemäß § 847 BGB ein nicht unerhebliches Schmerzensgeld in Betracht. Bis 30. 6. 1990 bestimmte § 847 I S. 2 BGB, daß der Anspruch auf Schmerzensgeld nicht übertragbar ist und nicht auf die Erben übergeht, es sei denn, daß er durch Vertrag anerkannt oder daß er rechtshängig geworden ist. Diese Bestimmung und die entsprechenden Regelungen des LuftverkehrsG und anderer Gesetze wurden mit Wirkung ab 1. 7. 1990 durch G vom 14. 3. 1990 (BGBl. I 478) ersatzlos gestrichen. Zur bis 30. 6. 1990 geltenden Rechtslage wird auf die 1. Aufl. verwiesen sowie auf AnwBl 1988, 282; *BGH* NJW 1990, 441 und *Hammen* VersR 1989, 1121. Die früheren Probleme stellen sich für Schadensereignisse, die seit dem 1. 7. 1990 eingetreten sind, nicht mehr. Ein Federstrich des Gesetzgebers machte Judikatur und Literatur zu Makulatur. **16**

4. Verschuldens- und Gefährdungshaftung

Eine Haftung auf Schadensersatz setzt voraus, daß rechtswidrig durch Handeln oder, falls eine Rechtspflicht zum Handeln besteht, durch Unterlassen des gebotenen Handelns in ein geschütztes Rechtsgut eingegriffen wird. Ein rechtmäßiger, d. h. befugter Eingriff kann grundsätzlich – Ausnahmen: §§ 228, 904 BGB, Staatshaftung bei enteignenden Eingriffen – keine Haftung auslösen. Der erfolgsbezogene und nicht der verhaltensbezogene Unrechtsbegriff ist insoweit maßgebend. Danach ist jede durch menschliches Verhalten verursachte Rechtsgutverletzung rechtswidrig, wenn sie nicht ausnahmsweise durch einen Rechtfertigungsgrund gestattet ist, unabhängig davon, ob gegen Verhaltensnormen der Rechtsordnung verstoßen wurde (a. A. *BGHZ* 24, 21/26; ebenso im Ergebnis *BGHZ* 79, 259; vgl. *Olivet* NJW 89, 3187). In diesem Sinn setzt jede Haftung objektive **Rechtswidrigkeit** voraus. Andererseits indiziert bereits der Eingriff in das geschützte Rechtsgut eines anderen die Rechtswidrigkeit. Wer sich darauf beruft, daß er rechtmäßig in das Rechtsgut eines anderen eingegriffen habe, muß darlegen und gegebenenfalls beweisen, daß ausnahmsweise eine Befugnis für den Eingriff in das Rechtsgut in Form eines Rechtsfertigungsgrundes bestand. **17**

Eine allgemeine Bestimmung des Inhalts, daß generell derjenige haftet, der rechtswidrig in das Rechtsgut eines anderen eingreift, gibt es nicht. Grundsätzlich gilt § 276 BGB: Der Schuldner hat, sofern nicht ein anderes bestimmt ist, Vorsatz und Fahrlässigkeit zu vertreten. Die Haftung setzt grundsätzlich voraus, daß den Schädiger ein **Verschulden** trifft, sei es in Form des Vorsatzes oder in Form der Fahrlässigkeit, Beispiel § 823 BGB. Gemäß § 276 I 2 BGB handelt **fahrlässig,** wer die im Verkehr erforderliche Sorgfalt außer acht läßt. Das Gesetz verlangt, daß die „erforderliche" Sorgfalt eingehalten wird. Es stellt also auf einen objektiven Sorgfalts- oder Verhaltensmaßstab und damit auf Verhaltens- oder Verkehrspflichten ab, die nicht mißachtet werden dürfen (hierzu Rdnrn. 46 u. 50). Diese Verhaltens- oder Verkehrspflichten bilden den Maßstab, nach dem im konkreten Fall beurteilt wird, ob ein Schuldvorwurf begründet ist. Der Vorwurf der Fahrlässigkeit ist begründet, wenn objektiv gegen Pflichten verstoßen wird und subjektiv dieser Verstoß für den Schädiger voraussehbar und vermeidbar war. Da das Verschulden zum Tatbestand der anspruchsbegründenden Norm gehört, obliegt hierfür dem Anspruchsteller die Beweislast. Es gibt aber auch Ausnahmen, z. B. bei der Vertragshaftung (Rdnr. 2) oder im Fall des § 831 I 1 BGB: Wer einen anderen zu einer Verrichtung bestellt, ist zum Ersatz **18** des Schadens verpflichtet, den der andere in Ausführung der Verrichtung einem Dritten widerrechtlich zufügt. Es handelt sich hierbei um eine Haftung für **vermutetes Verschulden,** ebenso bei § 832 I, bei § 834 oder bei § 836 BGB. In diesen Fällen ist den in Anspruch genommenen gestattet, den **„Entlastungsbeweis"** zu führen, daß sie keine Schuld trifft oder der Schaden auch bei Anwendung der im Verkehr erforderlichen Sorgfalt eingetreten wäre.

19 Eine Haftung ohne Schuld begründen Bestimmungen wie z. B. § 7 StVG, §§ 1, 2 HaftpflG, § 1 ProdHaftG, § 32 GentechnikG, § 22 WasserhaushaltsG oder § 25 I AtomG in Verbindung mit dem Pariser Übereinkommen. Gesetze, die Spezialmaterien regeln, bestimmen oft, daß die Inhaber oder Betreiber von bestimmten Anlagen oder Unternehmen ohne Rücksicht auf ein Verschulden haften, wenn jemand durch die Anlage oder das Unternehmen geschädigt wird. Die Haftung wird nicht an ein Verschulden geknüpft, sondern an die Gefährdung, die von der Anlage, der Bahn, dem Produkt, dem Kraftfahrzeug, dem Flugzeug oder dem Unternehmen ausgeht. Die **Gefährdungshaftung** findet ihre innere Rechtfertigung in der erhöhten Gefahr, die der Betrieb der Anlage oder des Unternehmens für andere mit sich bringt. Sie verbindet mit dem Betrieb oder auch nur mit dem Vorhandensein eines gefährlichen Unternehmens oder einer gefährlichen Anlage bereits die Haftung. Der Betreiber oder Inhaber soll die Verantwortung und damit die Haftung als Ausgleich dafür übernehmen, daß die Rechtsordnung ihm erlaubt, das gefährliche Unternehmen zu betreiben oder die gefährliche Anlage zu gebrauchen.

5. Kausalität und Zurechenbarkeit

20 Aus § 249 S. 1 BGB folgt, daß zwischen dem die Haftung begründenden Geschehen einerseits und dem eingetretenen Schaden andererseits ein **ursächlicher Zusammenhang** bestehen muß. Eine Haftung kommt nicht in Betracht, wenn sich das Ereignis, das die Haftung begründen soll, nicht auf Gesundheit oder Vermögen des Anspruchstellers ausgewirkt hat. Es wird vorausgesetzt einmal ein Sachverhalt, der die Haftung begründet, zum anderen ein Schaden und schließlich die Ursächlichkeit des die Haftung begründenden Tatbestandes für den Schadenseintritt. Aber nicht jede Ursache im streng logischen, naturwissenschaftlichen Sinn **(conditio sine qua non)** ist als Ursache im Rechtssinn zu qualifizieren. Das würde zu einer unangemessenen Ausweitung der Schadensersatzpflicht führen, weshalb an die haftungsbegründende und die haftungsausfüllende Kausalität zusätzliche Anforderungen gestellt werden.

21 Im Rahmen der Verschuldenshaftung war die **Adäquanztheorie** maßgebend (*Palandt/Heinrichs,* 49. Aufl. Vorbem. 5 A, c, vor § 249 BGB; zum Stand der Meinungen: *Sieg,* Neuere Entwicklung der Kausalitätsproblematik im Recht der unerlaubten Handlungen, BB 1988, 1609): Danach ist als Ursache im Rechtssinn nur ein Ereignis anzusehen, das nach dem gewöhnlichen Lauf der Dinge geeignet ist, einen Erfolg der Art herbeizuführen, wie er tatsächlich eingetreten ist. Die Kausalität im Rechtssinne ist zu verneinen, wenn nach dem gewöhnlichen Lauf der Dinge der eingetretene schädliche Erfolg nicht voraussehbar oder völlig unwahrscheinlich war.

22 Die herkömmliche Adäquanztheorie hat ihre Bedeutung eingebüßt. Sie wird durch die Lehre vom **Schutzbereich der verletzten Norm** ersetzt und zwar sowohl für die Gefährdungshaftung als auch für die gesetzliche und vertragliche

Verschuldenshaftung (*BGH* NJW 1990, 2057). Danach ist nicht auf die Voraussehbarkeit oder Wahrscheinlichkeit abzustellen, sondern auf den Schutzzweck der Norm und zwar auf die **Zurechenbarkeit** zu dem Gefahrenkreis, von dem der Verkehr schadlos gehalten werden soll. Ein Schaden ist nur dann zu ersetzen, wenn der Schadensfall diesem Gefahrenbereich zuzurechnen ist, selbst wenn sich im konkreten Fall eine allgemein zu vermeidende Gefahr auf ungewöhnliche Weise verwirklicht, die nicht vorausgesehen werden konnte (*BGHZ* 79, 259 (261–263)). Zu prüfen bleibt, ob der Schaden zurechenbar kausal auf den Tatbestand der haftungsbegründenden Norm zurückzuführen ist und damit in den Schutzbereich der verletzten Vorschrift fällt (*BGH* NJW 1990, 2057). Es kommt darauf an, ob der Schutzzweck der verletzten Norm bei wertender Beurteilung das Schadensereignis und die konkrete Schadensfolge umfaßt oder ob – mit anderen Worten – die verletzte Norm den Schaden seiner Entstehung und Art nach verhindern sollte. Zwischen der vom Schädiger geschaffenen Gefahrenlage und dem Eintritt des Schadens muß ein innerer Zusammenhang bestehen, nicht nur eine bloße zufällige äußere Verbindung. Die **haftungsbegründende Kausalität** ist zu bejahen, wenn zwischen dem Gefährdungstatbestand, z. B. dem Fahren des Kraftfahrzeugs, und dem Schadensereignis, z. B. Unfall und Beinbruch, ein unmittelbarer örtlicher und zeitlicher Zusammenhang bestand oder wenn sich eine derjenigen Gefahren verwirklicht hat, die dem Gefährdungstatbestand eigentümlich sind (*BGH* NJW 1987, 2445). Entsprechendes gilt für die **haftungsausfüllende Kausalität,** also für den Kausalzusammenhang zwischen dem Haftungsgrund, d. h. dem ersten unmittelbaren Eingriff in das Rechtsgut, und dem geltend gemachten Schaden, z. B. zwischen dem erlittenen Beinbruch und dem geltend gemachten Verdienstausfall. Der Nachweis des Haftungsgrundes und damit der haftungsbegründenden Kausalität unterliegt den Anforderungen des § 286 ZPO, für die haftungsausfüllende Kausalität gilt dagegen § 287 ZPO (*BGH* VersR 1987, 310).

Der Zurechnungszusammenhang wird nicht dadurch unterbrochen, daß andere Gefahrenkreise weitere Ursachen setzen, deren Zusammenwirken erst den Schaden herbeiführt (*BGH* VersR 1988, 640). Läßt sich nicht ermitteln, wer von mehreren Beteiligten den Schaden durch seine Handlung verursacht hat, so haften die Beteiligten gemäß § 830 I 2 BGB, 840 I BGB dem Verletzten als Gesamtschuldner. Vorausgesetzt wird, daß derjenige, der in Anspruch genommen wird, an der Tat „beteiligt“ war, sich also deliktisch verhalten hat. Sämtliche haftungsbegründende Tatbestandsmerkmale – mit Ausnahme der Ursächlichkeit – müssen nachgewiesen sein (*BGH* NJW 1989, 2943). Das gilt auch bei **alternativer und kumulativer Kausalität.** Bei alternativer Kausalität steht fest, wenn ein Fußgänger nacheinander von zwei Kraftfahrzeugen angefahren wird, daß nur eins der beiden Kraftfahrzeuge die Verletzung herbeigeführt hat. Es kann jedoch nicht festgestellt werden, welches von beiden die Verletzung herbeigeführt hat. Bei kumulativer Kausalität steht fest, daß beide Fahrzeuge zusammen die Verletzung verursacht haben, aber jedes allein dazu auch in der Lage war oder daß die Verletzungsfolge, z. B. der Tod, nur auf das Zusammenwirken beider Kraftfahrzeuge zurückzuführen ist. **23**

Der **Zurechnungszusammenhang** wird **unterbrochen** oder **endet,** wenn bei wertender Betrachtung die weiteren Schadensfolgen nicht mehr dem ersten Schadensereignis sondern einem anderen Geschehen zuzurechnen sind (*BGH* DAR 1990, 381); Beispiel: Dem Betrieb des verunglückten Kraftfahrzeugs oder der Unachtsamkeit seines Fahrers ist es nicht zuzurechnen, daß durch Landen **24** des zum Unfallort herbeigerufenen Rettungshubschraubers weidende Kühe scheu werden und aus der nahegelegenen Wiese ausbrechen. Das ist einem anderen Gefahrenkreis zuzurechnen und zwar der von dem Hubschrauber ausgehenden Betriebsgefahr und der von den Kühen ausgehenden Tiergefahr (*LG Hannover* VersR 1986, 48). Ist jedoch bei wertender Betrachtung das weitere Geschehen dem ersten Schadensereignis zuzurechnen, dann wird der Zusammenhang nicht unterbrochen und der Erstschädiger haftet auch für die weiteren Schadensfolgen, Beispiel: Ein Kraftfahrzeug fährt einen Fußgänger an, der verletzt auf der Fahrbahn liegen bleibt, deshalb später von einem anderen Fahrzeug überfahren wird und an den Folgen des zweiten Unfalls stirbt. Der Tod des Fußgängers ist in diesem Fall auch dem ersten Unfall zuzurechnen (*BGHZ* 72, 355). Nach diesen Grundsätzen ist der Zurechnungszusammenhang zwischen dem Unfall und einem leichten Behandlungsfehler des Arztes, der den Verletzten versorgt, zu bejahen, so daß auch die durch den Behandlungsfehler bewirkten Folgen dem Unfallgeschehen zuzurechnen sind. Ein völlig unverständlicher, grob fehlerhafter, schwerwiegender Verstoß gegen die Regeln der ärztlichen Kunst unterbricht dagegen den Zurechnungszusammenhang mit dem Unfall (*OLG Köln* VersR 1990, 389).

6. Haftung für Dritte

25 Für Dritte kann gemäß §§ **31, 278, 831 BGB** gehaftet werden. § 31 BGB ist auf alle juristischen Personen des Privatrechts und des öffentlichen Rechts (§ 89 I BGB) anzuwenden. Letzteres gilt freilich nur, wenn der Staat oder die öffentlich-rechtliche Körperschaft auf privatrechtlicher Grundlage tätig ist. Wird ein Bediensteter des Staates oder einer Körperschaft des öffentlichen Rechts in Ausübung eines ihm anvertrauten öffentlichen Amtes hoheitlich tätig, so leitet die befreiende Schuldübernahme in **Art. 34 GG** die durch § 839 BGB begründete Haftung des Beamten grundsätzlich auf den öffentlichen Dienstherrn über (wegen der Ausnahmen: *Geigel/Kunschert,* Der Haftpflichtprozeß, 20. Kap. Rdnr. 9). § 839 BGB ist die haftungsbegründende und Art. 34 GG die haftungsverlagernde Norm (*BGHZ* 96, 50 (57)).

26 Im Rahmen des § 31 BGB haften **juristische Personen** im bürgerlich-rechtlichen Bereich für das Handeln oder Unterlassen ihres Vorstandes, dessen Mitglieder und ihrer anderen **verfassungsmäßig berufenen Vertreter,** sofern diese in Ausführung der ihnen zustehenden Verrichtungen eine zum Schadensersatz verpflichtende Handlung begehen. Vertreter im Sinne des § 31 BGB ist jeder, dem durch die allgemeine Betriebsregelung und Handhabung bedeutsame, wesensmäßige Funktionen der juristischen Person zur selbständigen, eigenverantwortlichen Erfüllung zugewiesen sind, so daß der Betreffende die juristische Person repräsentiert. Für die Haftung reicht es aus, daß die haftungsbegründende Handlung in innerem Zusammenhang mit dem Geschäftsbereich des „Vertreters" stand, selbst wenn dieser seine Befugnisse überschritten hat. Ist in der Person des verfassungsmäßig berufenen Vertreters der Tatbestand einer haftungsbegründenden Norm erfüllt, so haftet die juristische Person ohne Entlastungsmöglichkeit. Zur Haftung im einzelnen: *Geigel/Haag,* Der Haftpflichtprozeß, 33. Kap. Ohne Entlastungsmöglichkeit haftet gemäß § 3 HaftpflG auch der Inhaber eines Bergwerks oder eines Industriebetriebes für Personenschäden, die angestellte Aufsichtspersonen im Rahmen ihrer dienstlichen Tätigkeit schuldhaft herbeiführen.

Auch gemäß § 278 BGB haftet der „Geschäftsherr" ohne Entlastungsmöglichkeit für ein Verschulden seines gesetzlichen Vertreters und der Personen, deren er sich zur Erfüllung seiner Verbindlichkeiten bedient, also seiner **Erfüllungsgehilfen.** § 278 BGB setzt voraus, daß im Zeitpunkt des haftungsbegründenden Geschehens bereits ein Schuldverhältnis bestand, aus dem der eine Teil berechtigt und der andere Teil verpflichtet wurde. Es ist unerheblich, ob es sich hierbei um ein vertragliches, ein vertragsähnliches (culpa in contrahendo) oder um ein gesetzliches Schuldverhältnis handelt. Im Rahmen eines Schuldverhältnisses haftet der Schuldner ohne Entlastungsmöglichkeit für ein etwaiges Verschulden seines gesetzlichen Vertreters und seines Erfüllungsgehilfen. Als Erfüllungsgehilfe ist anzusehen, wer nach den tatsächlichen Gegebenheiten mit dem Willen des Schuldners bei der Erfüllung einer diesem obliegenden Verpflichtung als dessen Hilfsperson tätig wird. **27**

Während gemäß § 31 BGB und § 278 BGB für fremdes Verschulden gehaftet wird, handelt es sich bei der Haftung des Geschäftsherrn für den **Verrichtungsgehilfen** gemäß § 831 BGB nicht um eine Haftung für fremdes Verschulden, sondern um eine Haftung für eigenes Verschulden, das vom Gesetz bis zum Nachweis des Gegenteils vermutet wird. Wegen der Einzelheiten wird auf *Geigel/Schlegelmilch,* Der Haftpflichtprozeß, 17. Kap. verwiesen. § 831 BGB setzt voraus, daß der „Geschäftsherr" einem anderen, dem „Verrichtungsgehilfen", eine Tätigkeit überträgt und der Gehilfe bei Ausführung dieser Tätigkeit von den Weisungen des Geschäftsherrn abhängig ist. Der Geschäftsherr muß in der Lage sein, die Tätigkeit des Handelnden nach Zeit und Umfang zu bestimmen, jederzeit zu beschränken oder zu untersagen. Ist das der Fall und wird ein Dritter „in Ausführung der Verrichtung" widerrechtlich geschädigt, so ist der Geschäftsherr zum Schadensersatz verpflichtet, wobei es unerheblich ist, ob den Gehilfen eine Schuld trifft. Der Geschäftsherr hat jedoch die Möglichkeit, sich zu entlasten, indem er den Beweis führt, daß er sowohl bei der Auswahl des Verrichtungsgehilfen als auch bei dessen Beaufsichtigung die im Verkehr erforderliche Sorgfalt beobachtet hat oder daß der Schaden auch bei Anwendung dieser Sorgfalt entstanden wäre. Auch mit größter Sorgfalt bei Auswahl und Überwachung seines Gehilfen kann der Geschäftsherr nur erreichen, daß seinem Gehilfen kein Schuldvorwurf gemacht werden kann. Steht das fest, dann hat der Geschäftsherr damit zugleich den ihm obliegenden **Entlastungsbeweis** geführt. **28**

7. Zurechnungsfähigkeit und Haftung des Aufsichtspflichtigen

Wer bewußtlos ist oder sich in einem die freie Willensbestimmung ausschließenden Zustand krankhafter Störung der Geistestätigkeit befindet, haftet gemäß § 827 BGB nicht, sofern er sich nicht schuldhaft in diesen Zustand versetzt hat. Auch wer das 7. Lebensjahr noch nicht vollendet hat, haftet nicht. Diese Personen sind **unzurechnungsfähig** und damit schuldunfähig. Vom 7. bis zum 18. Lebensjahr ist der Mensch **bedingt verantwortlich** (§ 828 BGB). Das bedeutet, daß eine Verschuldenshaftung, insbesondere gemäß den §§ 823ff. BGB nicht oder nur unter den Voraussetzungen des § 828 II BGB in Betracht kommt. Der Schuldunfähige haftet aber aufgrund einer etwaigen ihn treffenden Gefährdungshaftung, z. B. gemäß § 7 StVG als Halter eines Kraftfahrzeugs. Zu prüfen bleibt auch, ob der Schuldunfähige evtl. im Rahmen der **Billigkeitshaftung** des § 829 BGB in Anspruch genommen werden kann. **29**

30 In den Fällen der §§ 827, 828 BGB stellt sich die weitere Frage, ob der Schuldunfähige, der widerrechtlich einen Schaden verursacht hat, nicht hätte beaufsichtigt werden müssen. Besteht eine Aufsichtspflicht, sei es aufgrund Gesetzes oder sei es aufgrund Vertrages, dann kommt bei deren Verletzung die **Haftung des Aufsichtspflichtigen** gemäß § 832 BGB in Betracht. § 832 BGB stellt nicht darauf ab, ob die aufsichtsbedürftige Person gemäß §§ 827, 828 BGB verantwortlich ist. Entscheidend ist allein, ob eine Aufsichtspflicht bestand, z. B. im Rahmen der §§ 1626, 1631 BGB oder im Rahmen eines Krankenhausaufnahmevertrages. Wird das bejaht und fügt die aufsichtsbedürftige Person einem Dritten widerrechtlich einen Schaden zu, so wird vermutet, daß die Aufsichtspflicht verletzt worden ist und daß die Pflichtverletzung den entstandenen Schaden verursacht hat. Der Aufsichtspflichtige haftet, sofern es ihm nicht gelingt, den Entlastungsbeweis zu führen (Rdnr. 18). Zu den Anforderungen an die Aufsichtspflicht von Eltern über ihre Kinder: *BGH* NJW 1990, 2553.

8. Mitverschulden und Ausgleichung unter mehreren Haftpflichtigen

31 **§ 254 BGB** schränkt die Ersatzpflicht in 2 Fällen ein: Hat bei der Entstehung des Schadens ein Verschulden des Geschädigten mitgewirkt, so kann die Haftung gemindert werden oder ganz entfallen. Gleiches gilt, wenn das Verschulden des Geschädigten sich darauf beschränkt, daß er es unterlassen hat, den Schaden abzuwenden oder dessen Umfang zu mindern (B IX Rdnr. 150). Beide Fälle des **Mitverschuldens** des Geschädigten oder Verletzten führen dazu, daß die Haftung als solche und deren Umfang von den „Umständen“, insbesondere davon abhängt, inwieweit der Schaden vorwiegend von dem einen oder anderen verursacht und verschuldet worden ist. Über den Wortlaut des § 254 I BGB hinaus muß sich der Geschädigte nicht nur eigenes bewiesenes Verschulden entgegenhalten lassen, sondern auch eine etwaige mitursächliche Gefährdungshaftung, sofern er für diese einzustehen hat. Das ist der Fall, wenn der Geschädigte selbst dem Schädiger haften würde, wäre diesem ein Schaden entstanden. § 254 BGB gilt daher auch, wenn der Geschädigte nur aufgrund einer von ihm zu vertretenden, unfallursächlichen **Sach- oder Betriebsgefahr** für den entstandenen Schaden miteinzustehen hat, ihn also keine Schuld trifft (*Palandt/Heinrichs* § 254 BGB, Anm. 1b). Entsprechende Bestimmungen oder Verweisungen auf § 254 BGB findet man in Sondergesetzen, die eine Gefährdungshaftung statuieren, z. B. § 9 StVG, § 34 LuftVG, § 4 HaftpflG, § 6 ProdHaftG.

32 Bestimmungen über eine **Ausgleichung unter mehreren Haftpflichtigen,** d. h. in Fällen, in denen mehrere Haftpflichtige in Betracht kommen, enthalten §§ 840, 426 BGB, § 17 StVG, § 41 LuftVG, § 13 HaftpflG, § 5 ProdHaftG. Aus diesen Regelungen kann man vereinfachend und zusammenfassend folgenden Grundsatz ableiten: Sind für einen Schaden mehrere Personen haftbar oder würde dem Schädiger auch der Geschädigte haften, wäre dem Schädiger ein Schaden entstanden, gleich ob es sich um Verschuldens- oder um Gefährdungshaftung handelt, so ist im Rahmen einer Abwägung der verschiedenen Verursachungs- und Verschuldensanteile darüber zu befinden, ob, in welchem Umfang (Haftungsquote) und gegebenenfalls von wem der entstandene Schaden zu ersetzen ist. Auf die Kommentare zu den zitierten Gesetzesbestimmungen und auf *Geigel/Schlegelmilch,* Der Haftpflichtprozeß, 10. Kap. wird verwiesen.

33 Wirken sich die Ursachenbeiträge verschiedener Schädiger nur in ein und demselben unfallbedingenden Umstand aus, so bilden diese Schädiger eine **Haf-**

tungs- oder Zurechnungseinheit, z. B. Kraftfahrzeughalter und -fahrer, Schuldner und Erfüllungsgehilfe, Geschäftsherr und Verrichtungsgehilfe (*BGHZ* 54, 283). Die Haftungseinheit wird als „eine" Person angesehen. Auf sie entfällt daher im Rahmen der Verschuldens- und Verursachungsabwägung nur eine einheitliche gemeinsame Haftungsquote.

9. Gesetzliche und vertragliche Haftungsbeschränkungen und -ausschlüsse

Gesetzliche Haftungsbeschränkungen findet man insbesondere in Gesetzen, 34
die eine Gefährdungshaftung begründen. Häufig wird die **Gefährdungshaftung** der Höhe nach **durch Höchstbeträge begrenzt,** z. B. § 12 StVG, § 37 LuftVG oder § 9 HaftpflG. Generelle **Haftungsausschlüsse** enthalten die §§ 636, 637 RVO. Bei einem **Arbeitsunfall** ist die **Haftung des Unternehmers** und **der Betriebsangehörigen** für Personenschäden gegenüber dem Arbeitskollegen ausgeschlossen (B IX Rdnr. 132). Dieser Haftungsausschluß gilt für alle Haftungsgründe des bürgerlichen und öffentlichen Rechts. Auch ein außerhalb des Betriebes stehender weiterer Zweitschädiger kann wegen des Arbeitsunfalls nicht auf Schadensersatz in Anspruch genommen werden, soweit ihm ohne die Sonderregelung der §§ 636, 637 RVO gegenüber dem mitverantwortlichen Arbeitskollegen oder Unternehmer ein Ausgleichsanspruch nach § 426 BGB zustände (*BGH* NJW 1987, 2445; 1990, 1361). Der Unternehmer und der Betriebsangehörige können aus einem Arbeitsunfall auf Ersatz des Personenschadens nur in Anspruch genommen werden, wenn sie den Arbeitsunfall vorsätzlich herbeigeführt haben oder wenn der Unfall bei der Teilnahme am allgemeinen Straßenverkehr eingetreten ist. Ähnliche Regelungen findet man in § 91 a I SVG für Soldaten und in § 46 II BeamtVG für Beamte. Wegen der Einzelheiten: *Geigel/Kolb,* Der Haftpflichtprozeß, 31. Kap.

Haftungsbeschränkungen enthalten ferner das **Gesellschafterprivileg** gemäß 35
§ 708 BGB, das **Elternprivileg** gemäß § 1664 BGB und das **Ehegattenprivileg** gemäß § 1359 BGB. Auch das **Arbeitsrecht** beschränkt die Haftung des Arbeitnehmers gegenüber dem Arbeitgeber für Schäden bei gefahrgeneigter Arbeit und teils darüberhinaus sogar bei normaler – nicht gefahrgeneigter – Arbeit: *BAG* DAR 1990, 103. Auf diese Haftungsausschlüsse kann man sich jedoch im allgemeinen nicht berufen bei Unfällen, die durch Teilnahme am allgemeinen Straßenverkehr entstehen. Da der Straßenverkehr keinen Spielraum für individuelle Sorglosigkeit gestattet, ist es grundsätzlich nicht gerechtfertigt, die Haftung von besonderen persönlichen Eigenschaften des Kraftfahrzeughalters oder Kraftfahrers abhängig zu machen. Entsprechendes gilt für den Flugzeugverkehr. Aber auch von dieser Ausnahme gibt es Ausnahmen: Im Arbeitsrecht gilt das Führen eines Kraftfahrzeugs als gefahrgeneigte Arbeit mit den sich daraus ergebenden Haftungsmilderungen (*BAG* NJW 1988, 2816 u. 2820; 1990, 468). Bei intakter Ehe ist es dem geschädigten Ehegatten versagt, gegen den anderen Gatten Schadensersatzansprüche geltend zu machen, da dies der Verpflichtung zur ehelichen Lebensgemeinschaft gemäß § 1353 BGB widerspräche. Anders ist die Rechtslage, soweit Haftpflichtversicherungsschutz besteht (*BGH* NJW 1983, 624; 1988, 1208).

Auch durch **Vertrag** kann die Haftung gemildert oder sogar völlig ausge- 36
schlossen werden. Ausnahme § 276 II BGB: Die Haftung wegen Vorsatzes kann dem Schuldner nicht im voraus erlassen werden, sofern es sich nicht um Vorsatz

des Erfüllungsgehilfen handelt (§ 278 S. 2 BGB). § 8a II StVG bestimmt, daß die Gefährdungshaftung des Halters gemäß § 7 StVG gegenüber entgeltlich und geschäftsmäßig beförderten Personen nicht im voraus ausgeschlossen werden kann. Auch andere Gesetze, z. B. § 7 HaftpflG, § 14 ProdHaftG oder das AGB-Gesetz, enthalten Regelungen, wonach die Haftung nicht oder nur unter bestimmten Voraussetzungen ausgeschlossen oder beschränkt werden darf. Arbeitsrechtliche Grundsätze führen nicht nur dazu, daß die Haftung des Arbeitnehmers gegenüber seinem Arbeitgeber oft gemildert ist (Rdn. 35). Aus ihnen kann sich umgekehrt ebenfalls ergeben, daß der Arbeitgeber seine Haftung gegenüber seinen Mitarbeitern nicht ausschließen darf: *BAG* VersR 1990, 545. Soweit dem jedoch keine besonderen Bestimmungen entgegenstehen, kann sowohl für die Verschuldenshaftung als auch für die Gefährdungshaftung **vertraglich** ein **Haftungsausschluß** vereinbart werden.

37 Fraglich kann sein, ob und gegebenenfalls unter welchen Voraussetzungen auch stillschweigend ein Haftungsausschluß oder wenigstens eine Haftungsmilderung vereinbart werden kann. Die neue Judikatur bejaht nur in Ausnahmefällen bei Gefälligkeiten einen **stillschweigenden Haftungsausschluß** oder einen Haftungsausschluß aufgrund **Handelns auf eigene Gefahr.** Wie das *LG Mainz* NJW 1988, 2116 betont, kann bei einem Gefälligkeitsverhältnis außerhalb des rechtsgeschäftlichen Bereichs nicht ohne weiteres angenommen werden, daß die Beteiligten zur Frage der Haftung eine rechtsgeschäftliche Vereinbarung treffen wollten. Soweit Haftpflichtversicherungsschutz besteht, also das Schadensrisiko versichert ist, sprechen die Interessen der unmittelbar Beteiligten gegen einen Haftungsverzicht, der sich allein zu Gunsten des Haftpflichtversicherers auswirkt. Näher liegt es, bei Gefälligkeiten einen teilweisen Haftungsverzicht für leichte Fahrlässigkeit analog §§ 521, 599 BGB oder analog §§ 690, 277 BGB insoweit zu bejahen, als der Schaden nicht durch den Haftpflichtversicherer gedeckt ist. Beispiel: Der Kraftfahrzeughalter läßt sich in seinem PKW von einem Freund aus Gefälligkeit fahren, wobei der PKW beschädigt wird (*OLG Frankfurt* VersR 1987, 912). Grundsätzlich gilt jedoch: „In der Regel ist nach § 254 BGB darüber zu entscheiden, welchen Einfluß es auf die Schadenshaftung hat, daß sich der Geschädigte ohne triftigen Grund einer erkannten Gefahrenlage aussetzte. Das widersprüchliche Verhalten des Geschädigten (venire contra factum proprium) kann dazu führen, ihm einen Schadensersatz zu versagen. Nach den Umständen des Einzelfalles kann aber auch eine Minderung des Ersatzanspruchs in Betracht kommen“ (*BGHZ* 34, 355). Hierzu: *Geigel/Schlegelmilch,* Der Haftpflichtprozeß, 12. Kap. und *Wussow/Schloen,* Unfallhaftpflichtrecht, Rdnrn. 1296ff.

10. Verjährung

38 Der Anspruch auf Ersatz des aus einer unerlaubten Handlung entstandenen Schadens verjährt in 3 Jahren von dem Zeitpunkt an, in welchem der Verletzte von dem Schaden und der Person des Ersatzpflichtigen Kenntnis erlangt, ohne Rücksicht auf diese Kenntnis in 30 Jahren von der Begehung der Handlung an, so § 852 I BGB. Diese Bestimmung ist auch in vielen Sondergesetzen, die eine Gefährdungshaftung begründen, für anwendbar erklärt (z. B. § 14 StVG, § 39 LuftVG oder § 11 HaftpflG), vgl. B IX Rdnrn. 158–160. Dennoch muß sich der Anwalt in jedem einzelnen Fall vergewissern, ob nicht für den Anspruch, den er geltend macht, Sonderregelungen bestehen (z. B. §§ 12, 13 ProdHaftG), evtl.

eine gesonderte kürzere **Verjährungsfrist** läuft oder ob die Pflicht besteht, den Schaden innerhalb einer bestimmten Frist anzuzeigen, andernfalls der Ersatzberechtigte seine Rechte verliert, so z. B. § 15 StVG und § 40 LuftVG oder § 651 g BGB. Kürzere Verjährungsfristen finden sich versteckt in den verschiedensten Gesetzen, z. B. in §§ 477, 558, 638, 651 g BGB oder § 12 VVG.

Die Verjährung ist für jeden einzelnen Anspruch gesondert zu überprüfen. Es 39
ist möglich, daß der Schadensersatzanspruch als vertraglicher Anspruch verjährt ist, während der Anspruch aus unerlaubter Handlung noch nicht verjährt ist oder umgekehrt. Die 30-jährige Verjährungsfrist gemäß § 195 BGB kommt für Ansprüche aus positiver Vertragsverletzung und für Ansprüche aus culpa in contrahendo in Betracht. Da **vertragliche** und **gesetzliche Ansprüche** nebeneinander bestehen und miteinander **konkurrieren,** kann grundsätzlich bei **Verjährung** des vertraglichen Anspruchs, z. B. aus Kauf- oder Werkvertrag, aus dem gleichen Sachverhalt ein nicht verjährter Anspruch aus unerlaubter Handlung hergeleitet werden (*BGHZ* 55, 392). Etwas anders gilt für die kurze Verjährungsfrist des § 558 BGB: Diese Verjährungsbestimmung aus dem Mietrecht ist auch auf Ansprüche anzuwenden, die nicht aus Vertrag sondern aus dem Gesetz, z. B. aus unerlaubter Handlung, hergeleitet werden. § 558 BGB geht als Sonderregelung dem § 852 BGB vor (*BGHZ* 71, 175).

Die Verjährung wird unterbrochen einmal durch Anerkenntnis (§ 208 BGB) 40
und zum anderen, wenn der Berechtigte auf Befriedigung oder auf Feststellung des Anspruchs Klage erhebt (§ 209 I BGB). Eine **Klage unterbricht die Verjährung** aber nur für die Ansprüche in der Gestalt und in dem Umfang, wie sie mit der Klage geltend gemacht wurden. Die Unterbrechung wirkt nur für den streitgegenständlichen prozessualen Anspruch (*BGH* NJW 1988, 1778). Trotz Klageerhebung droht Verjährung für diejenigen Ansprüche, die nicht Gegenstand der Klage sind. Vor einer Teilklage ist daher zu warnen. Kann der Gesamtschaden nicht durch Leistungsklage gerichtlich geltend gemacht werden, weil der Schadensumfang bei Klageerhebung noch nicht feststeht, so ist es geboten, falls Verjährung droht, **Klage auf Feststellung** zu erheben, daß der Beklagte dem Kläger den aus dem Schadensereignis entstandenen Schaden in vollem Umfang zu ersetzen hat, also auch insoweit, als der Schadensumfang zur Zeit der Klageerhebung noch nicht abschließend beziffert werden kann (vgl. B IX Rdnr. 211). Wegen der Einzelheiten, insbesondere hinsichtlich der Hemmung und der Unterbrechung der Verjährung wird auf die Kommentare zum BGB verwiesen, sowie auf *Geigel/Schlegelmilch,* Der Haftpflichtprozeß, 11. Kap. und *Wussow/Schloen,* Unfallhaftpflichtrecht, Rdnrn. 1308 ff.

11. Gesetzlicher Rechtsübergang

Vor Klageerhebung wird sich der Anwalt vergewissern, ob sein Mandant 41
auch **aktiv legitimiert** ist. Gerade weil oft öffentlich rechtliche Krankenkassen, Rentenversicherungsträger, Berufsgenossenschaften oder Träger der Sozialhilfe Leistungen erbringen, ist zu überprüfen, ob und gegebenenfalls in welchem Umfang (siehe B IX Rdnr. 157) Ansprüche des Verletzten gemäß **SGB X § 116** auf den öffentlich-rechtlichen Versicherungs- oder Sozialhilfeträger übergegangen sind. Hierzu: *Geigel/Plagemann,* Der Haftpflichtprozeß, 30. Kap. Auf die öffentlichen Versicherungsträger geht der Ersatzanspruch im Zeitpunkt des Schadensereignisses über, unabhängig davon, ob bereits Leistungen erbracht worden sind. Entscheidend ist allein, daß ein Sozialversicherungsverhältnis be-

steht, aufgrund dessen der Träger der Sozialversicherung verpflichtet ist, Leistungen zu erbringen. Anders ist die Rechtslage beim **Rechtsübergang** an den Arbeitgeber gemäß **§ 4 Lohn-Fortzahlungsgesetz** und im Privatversicherungsrecht. Besteht privater Versicherungsschutz, so gehen die Ansprüche erst mit der Leistung der privaten Versicherung auf diese über: **§ 67 VVG.** Im Falle des privaten Versicherungsschutzes hat der Verletzte die Wahl, ob er den Schädiger als Haftpflichtigen oder seine private Versicherung aufgrund des Versicherungsvertrages in Anspruch nimmt. Wegen der **Aktiv- und Passivlegitimation** vgl. im übrigen B IX Rdnrn. 204–208.

12. Gerichtsstand

42 Für Haftpflichtansprüche ist grundsätzlich der **Gerichtsstand der unerlaubten Handlung** begründet, vgl. A Rdnr. 10. Der Begriff der unerlaubten Handlung im Sinne des § 32 ZPO umfaßt jeden rechtswidrigen Eingriff in eine fremde Rechtssphäre. Dazu zählen auch Ansprüche aus Gefährdungshaftung. Für Haftpflichtansprüche kommt daher als Gerichtsstand in der Regel der Ort des die Haftung begründenden Ereignisses in Betracht. Der Gerichtsstand des § 32 ZPO gilt aber nicht für Klagen auf Schadensersatz wegen Verletzung vertraglicher Pflichten. Für Ansprüche aus positiver Vertragsverletzung ist der besondere Gerichtsstand des Erfüllungsortes (§ 29 ZPO) begründet. Werden die Haftpflichtansprüche sowohl aus unerlaubter Handlung als auch aus Vertrag hergeleitet und sind für die unerlaubte Handlung (§ 32 ZPO) und für die Vertragserfüllung (§ 29 ZPO) verschiedene Gerichte zuständig, so muß die Klage im allgemeinen Gerichtsstand des Beklagten (§§ 12–19 ZPO) erhoben werden. Wegen der Einzelheiten und der **internationalen Zuständigkeit** wird auf *Geigel/Haag,* Der Haftpflichtprozeß, 36. Kap. verwiesen.

II. Einzelne Haftpflichtfälle

1. § 823 I BGB

43 **§ 823 BGB** enthält die **Grundregel des Haftpflichtrechts:** Abs. 1 nennt **bestimmte Rechtsgüter** und zwar das Leben, den Körper, die Gesundheit, die Freiheit und das Eigentum. Wer diese Rechtsgüter widerrechtlich und schuldhaft verletzt, wird verpflichtet, den dadurch ursächlich bedingten Schaden zu ersetzen. Als weiteres Rechtsgut wird „ein **sonstiges Recht**" angeführt. Unter sonstigen Rechten, in die ein Dritter mit Schadensfolge eingreifen kann, sind zu verstehen dingliche Rechte, der Besitz, gewerbliche Schutzrechte, Aneignungsrechte, der eingerichtete und ausgeübte Gewerbebetrieb und schließlich Persönlichkeitsrechte, insbesondere das Namensrecht und die Ehre (hierzu: B XIV). Zu den sonstigen Rechten gehört jedoch nicht das Vermögen. Das Vermögen als solches wird nicht durch § 823 I BGB sondern durch Spezialregelungen wie § 824 u. § 826 BGB oder §§ 1, 13 VI, 19 UWG geschützt. Derjenige, der Ansprüche aus § 823 I BGB geltend macht, ist im Streitfall verpflichtet, den **Beweis** zu führen, daß der Tatbestand, aus dem er seine Ansprüche herleitet, auch tatsächlich gegeben ist. Oft wird es schwer sein, den Beweis zu führen, daß der Gegner die Verletzung schuldhaft verursacht hat. Zu prüfen ist dann, ob nicht andere zusätzliche Anspruchsgrundlagen aus gesetzlicher Gefährdungshaftung oder aus Vertrag mit der Möglichkeit der Beweislastumkehr gemäß § 282 BGB in Betracht kommen.

2. Verstoß gegen Schutzgesetze

Zu einer Haftungsausdehnung und damit auch zu einem weitergehenden **Schutz des Vermögens,** als er durch §§ 824, 826 BGB oder durch Sonderregelungen geboten wird, führt § 823 II BGB. Gemäß dieser Bestimmung ist jeglicher Schaden zu ersetzen, der durch eine schuldhafte Gesetzesverletzung entstanden ist, sofern und soweit das Gesetz den Schutz des Geschädigten bezweckt. § 823 II BGB knüpft die Schadensersatzpflicht an den schuldhaften Verstoß gegen ein **Schutzgesetz.** Das braucht kein Gesetz in formellem Sinn zu sein. Alle materiellen Rechtsnormen können ein Schutzgesetz darstellen, gleich, ob sie dem öffentlichen oder dem privaten Recht angehören. Vorausgesetzt wird nur, daß die Norm ein Gebot oder ein Verbot enthält und nach ihrem Inhalt und dem Willen des Normgebers – evtl. neben anderen Zwecken – auch bezweckt, denjenigen Individualinteressen zu dienen, die tatsächlich beeinträchtigt worden sind. Der Gesetzgeber muß erkennbar die Schaffung eines individuellen Schadensersatzanspruchs erstrebt haben (*BGH* NJW 1976, 2129). 44

Über § 823 II BGB führen schuldhafte Übertretungen der verschiedensten Normen zu Schadenersatzansprüchen. Wird gegen eine Rechtsnorm verstoßen und dadurch jemand geschädigt, dann ist jeweils zu prüfen, ob durch diese Norm auch die im konkreten Fall beeinträchtigten **Individualinteressen des Geschädigten geschützt** werden sollten. Wird das bejaht und hat der Schädiger schuldhaft das Gebot oder Verbot verletzt, dann ist er gemäß § 823 II BGB zum Schadensersatz verpflichtet. Schutzgesetze sind z. B. die meisten Verhaltensnormen der StVO und zwar soweit sie die übrigen Verkehrsteilnehmer schützen sollen. § 618 BGB dient dem Schutz der Arbeitnehmer und das Arzneimittelgesetz dient dem Schutz derjenigen, die die Arzneimittel anwenden. Die Bestimmungen der RVO über die Abführung der Sozialversicherungsbeiträge sind Schutzgesetz zu Gunsten des Versicherungsträgers, soweit es um die Arbeitnehmerbeiträge geht, sie sind jedoch kein Schutzgesetz zu Gunsten des Versicherungsträgers, soweit es um die Abführung der Arbeitgeberbeiträge geht. 45

3. Verkehrspflichten

Neben den durch Vertrag übernommenen Haftpflichten und den Haftpflichten, die aus dem öffentlichen Straßen- und Kraftfahrzeugverkehr resultieren, haben die Verhaltens- oder Verkehrspflichten große praktische Bedeutung. Aus dem Grundsatz, daß keiner einen anderen mehr als unvermeidbar gefährden darf, hat die Rechtsprechung **Warn-, Verbots-, Instruktions-, Überwachungs- und Fürsorgepflichten** abgeleitet. Wird hiergegen verstoßen, so begründet der Verstoß, falls er subjektiv voraussehbar und vermeidbar war, den Vorwurf der Fahrlässigkeit (Rdn. 18). Hat die schuldhafte Verletzung der Verkehrspflicht zur Folge, daß dadurch eines der in § 823 I. BGB genannten Rechtsgüter verletzt wird, so haftet der Verletzer auf Ersatz des Schadens, der durch seine Pflichtverletzung an dem geschützten Rechtsgut entstanden ist. 46

Als **Verkehrssicherungspflicht** bezeichnet man die allgemeine Rechtspflicht, im Verkehr auf die Gefährdung anderer Rücksicht zu nehmen. Sie beruht auf dem Grundsatz, daß jeder, der Gefahrenquellen schafft, alle Maßnahmen zu treffen hat, die zum Schutze Dritter notwendig sind (*Geigel/Schlegelmilch,* Der Haftpflichtprozeß, 14. Kap. Rdnr. 28ff). Verkehrssicherungspflichten obliegen allen, die am menschlichen Verkehr teilnehmen oder einen Verkehr eröffnen. 47

Wer eine eigene oder fremde, eine bewegliche oder unbewegliche Sache benutzt oder anderen zur Benutzung zur Verfügung stellt, den trifft die Rechtspflicht, dafür zu sorgen, daß von dieser Sache keine vermeidbaren Gefahren ausgehen. Diejenigen Vorkehrungen sind zu treffen, die nach den Sicherheitserwartungen des jeweiligen Verkehrs im Rahmen des wirtschaftlich Zumutbaren geeignet sind, Gefahren von Dritten abzuwenden, die bei bestimmungsgemäßer oder bei nicht ganz fernliegender bestimmungswidriger Benutzung der Sache drohen (*BGH* NJW 1978, 1629; 1985, 1076). Derjenige, dem eine Verkehrssicherungspflicht obliegt und der dagegen schuldhaft verstößt, haftet gem. § 823 I BGB, falls der Verstoß gegen die Verkehrssicherungspflicht zur Folge hat, daß eines der in § 823 I BGB geschützten Rechtsgüter eines anderen verletzt wird.

48 Die Verkehrssicherungspflicht knüpft an die Eröffnung des Verkehrs an. Sie trifft bei Gebäuden den **Eigentümer, Mieter** oder **Pächter,** bei öffentlichen Verkehrsflächen, insbesondere Straßen die verkehrssicherungspflichtige Körperschaft, das ist der **Träger der Straßenbaulast,** im allgemeinen also die Länder und die Gemeinden. Aus der Verletzung der Verkehrssicherungspflicht auf Bundesstraßen haftet jedoch nicht der Bund, sondern das Land (*BGH* VersR 1983, 639). Soweit dem die Eigenart der öffentlichen Aufgaben nicht entgegensteht, hat die öffentliche Hand die Wahl, ob sie ihre Verkehrssicherungspflicht mit Mitteln des Privatrechts oder hoheitsrechtlich erfüllt. Im ersteren Fall haftet die öffentliche Hand gemäß § 823 BGB i. V. m. §§ 89, 31 BGB, im zweiten Fall gemäß § 839 BGB i. V. m. Art. 34 GG. Die Verkehrssicherungspflicht der öffentlichen Hand ist in Baden-Württemberg, Bayern, Hamburg, Niedersachsen, Nordrhein-Westfalen, Rheinland-Pfalz und Schleswig-Holstein hoheitlich geregelt. Große praktische Bedeutung hat die Frage nicht, ob es sich bei der **Verkehrssicherungspflicht der Länder und Gemeinden** um eine Amtspflicht i. S. des § 839 BGB oder um eine privatrechtliche Pflicht handelt. Ein Anspruch auf Ersatz des reinen Vermögensschadens besteht bei Verletzung der Verkehrssicherungspflicht auch dann nicht, wenn die Verantwortlichkeit nach § 839 BGB, Art. 34 GG zu beurteilen ist (*BGH* VersR 1973, 275). Auch bei der Haftung nach § 839 BGB ist die Subsidiaritätsklausel des § 839 I 2 BGB nicht anwendbar, wenn der öffentlichen Hand ein Verstoß gegen Verkehrssicherungspflichten nachgewiesen wird, so der *BGH* bei Straßenunebenheiten (VersR 1980, 282), bei Verstoß gegen die Streupflicht (NJW 1981, 682; 1983, 2021) und bei mangelhafter Gehwegsicherung (NJW 1981, 1038). Zur Verkehrssicherungspflicht auf öffentlichen Wegen: *BGH* VersR 1983, 639; *Berr* DAR 1987, 256; zur Streupflicht: *Schlund,* DAR 1988, 6 und *Schmid* NJW 1988, 3177; zur Straßenbeleuchtung: *Berz* DAR 1988, 2.

49 Die §§ 836–838 BGB regeln einen speziellen Fall der Verkehrssicherungspflicht (*BGH* NJW 1985, 1076; VersR 1991, 72). Sie enthalten eine Sonderregelung für die Gebäudehaftpflicht, sofern jemand durch **Einstürzen eines Gebäudes** oder durch das Ablösen von Teilen des Gebäudes zu Schaden kommt. In diesen Fällen trifft die Haftung den Besitzer des Gebäudes und den für das Gebäude Unterhaltspflichtigen. Die Beweislage wird für den Geschädigten verbessert: Das Verschulden des Besitzers oder des Unterhaltspflichtigen und die Ursächlichkeit des Verschuldens für den Einsturz oder für das Ablösen der Teile wird vermutet. Der Besitzer (Unterhaltspflichtige) muß den Entlastungsbeweis führen, daß der Einsturz oder das Ablösen der Teile nicht die Folge fehlerhafter Errichtung oder mangelhafter Unterhaltung ist und daß er zum Zwecke der Abwendung der Gefahr die im Verkehr erforderliche Sorgfalt beobachtet hat.

Aus dem Grundsatz, daß jeder, der Gefahrenquellen schafft, alle Maßnahmen zu treffen hat, die zum Schutz Dritter erforderlich sind, ergeben sich jedoch über die bisher erörterten Verkehrssicherungspflichten hinaus **weitere Verkehrs- oder Verhaltenspflichten,** die im Verkehr mit den Mitmenschen zu beachten sind. Niemand darf einen anderen mehr als unvermeidbar gefährden. Ein objektiver Standard oder Sorgfaltsmaßstab muß eingehalten werden. Jeder Teilnehmer am Rechtsverkehr darf grundsätzlich darauf vertrauen, daß die anderen Teilnehmer die „Spielregeln" einhalten und damit ihre allgemeinen Verkehrspflichten beachten. Auch ohne gesetzliche Detailregelung hat die Rechtsprechung auf der Grundlage der Verkehrssitte einen Verhaltenskodex entwickelt. Aus diesem Verhaltenskodex ergeben sich für das menschliche Verhalten bestimmte Handlungsgebote und Unterlassungspflichten, die einzuhalten sind, z. B. bei der Arbeit, beim Sport, beim Spiel, bei geselligen Veranstaltungen, bei der Produktion oder beim Vertrieb von Waren etc. Diese Regeln sind mit gesetzlichen Regelungen, wie z. B. beim Straßenverkehr, vergleichbar. Zu nennen sind die DIN-Normen, die VDE-Vorschriften, sonstige technische Standards wie die Regeln der Technik oder des Berufs (lege artis), die Bestimmungen der Berufsgenossenschaft zur Unfallverhütung, die Sportregeln und andere. Auf diese Weise haben sich Spezialmaterialien mit der dazugehörigen Judikatur und Literatur gebildet, vgl. z. B. *Scheffen,* Zivilrechtliche Haftung im **Sport,** NJW 1990, 2658; *Scheuer,* Haftung bei **Skiunfällen,** DAR 1990, 121; *Hübner,* Haftungsprobleme der **technischen Kontrolle,** NJW 1988, 442. Wer eine Tätigkeit übernimmt oder ausübt, kann sich grundsätzlich nicht darauf berufen, daß er die hierfür erforderlichen Kenntnisse oder Fähigkeiten nicht besitzt. Fehlende Fachkenntnisse oder mangelnde Geschicklichkeit können einen Verstoß gegen Verkehrspflichten grundsätzlich nicht entschuldigen. Der Schuldvorwurf ist begründet, falls objektiv gegen Verkehrspflichten verstoßen wird und subjektiv der Verstoß voraussehbar und vermeidbar war (Rdn. 18). Beispiel: Ein Bauunternehmer errichtet vorwerfbar mangelhaft ein Haus. Dadurch kommt es zu Wassereinbrüchen in das fertiggestellte Gebäude und zu Wasserschäden an den Möbeln eines Mieters. Dem Mieter stehen gemäß § 823 I BGB gegen den Bauunternehmer Ansprüche auf Ersatz des an den Möbeln entstandenen Schadens zu (*BGH* VersR 1990, 540). **50**

4. Staatshaftung

Die Haftung des Beamten für **Amtspflichtverletzungen** ist in **§ 839 BGB** geregelt. Soweit ein Amtsträger seine Amtspflichten verletzt, haftet er nicht nach §§ 823, 826ff. BGB, sondern ausschließlich nach § 839 BGB. Die Anforderungen, die § 839 an die Haftung stellt, sind insofern geringer als die der §§ 823ff. BGB, als ein Beamter für jede schuldhafte Verletzung einer ihm einem Dritten gegenüber obliegenden Amtspflicht haftet, unabhängig davon, ob einer der in den §§ 823ff. BGB geregelten Tatbestände erfüllt ist. Andererseits wird die Haftung des Beamten durch das Verweisungsprivileg in § 839 I 2 BGB und durch die Regelung in § 839 III BGB (unterlassene Einlegung eines Rechtsmittels) eingeschränkt. **51**

Ein **Beamter im staatsrechtlichen Sinn** haftet immer und ausschließlich nach § 839 BGB, wenn er die ihm übertragenen Dienstpflichten verletzt, auch dann, wenn er nicht hoheitlich, sondern im privatrechtlichen Bereich seines Dienstherrn tätig geworden ist, wie z. B. der Direktor einer Universitätsklinik (*BGHZ* **52**

85, 393) oder der beamtete Fahrer eines Bundesbahnbusses. § 839 BGB gilt aber auch für Bedienstete eines öffentlichen Dienstherrn, die nicht Beamte im staatsrechtlichen Sinn sind, die jedoch durch die dazu befugte öffentliche Körperschaft mit öffentlicher Gewalt ausgestattet wurden. Wird ein solcher **Beamter im haftungsrechtlichen Sinn** mit hoheitlichen Aufgaben betraut und hoheitlich tätig, so richtet sich seine Haftung ebenfalls nach § 839 BGB. Anstelle eines hoheitlich tätigen Beamten haftet grundsätzlich gemäß Art. 34 GG ausschließlich dessen öffentlicher Dienstherr (vgl. Rdnr. 25).

53 Die Haftung aus § 839 BGB und damit auch die Haftung des Staates gemäß Art. 34 GG setzt voraus, daß der Beamte eine **Amtspflicht** verletzt hat, die ihm **gegenüber dem Geschädigten** oblag. Das ist zu bejahen, wenn sich die Amtshandlung gegen den Geschädigten richtet oder wenn sich die Fürsorge, bei welcher der Beamte seine Amtspflicht verletzt hat, auf den Geschädigten erstrecken sollte. Geschützt, d. h. **Dritte im Sinne des § 839 BGB** sind all diejenigen Personen, deren Belange nach dem Zweck und der rechtlichen Bestimmung des Amtsgeschäftes geschützt und gefördert werden sollen. Das ist der Fall, wenn eine besondere Beziehung zwischen dem Schutzzweck der verletzten Amtspflicht und dem im Einzelfall berührten Interesse des Geschädigten besteht. Zu prüfen ist jeweils, ob die Amtspflicht, wenn nicht notwendig allein, so doch auch den Zweck hat, das im Einzelfall berührte Individualinteresse des Geschädigten wahrzunehmen (*Geigel/Kunschert,* Der Haftpflichtprozeß, 20. Kap. Rdnr. 90).

54 Die **Staatshaftung des Art. 34 GG** erfordert, daß der Beamte in Ausübung seines ihm anvertrauten öffentlichen Amtes, d. h. in **Ausübung der ihm anvertrauten öffentlichen Gewalt,** seine Amtspflicht verletzt hat und nicht nur gelegentlich seines Dienstes eine Pflichtwidrigkeit begangen hat. Entscheidend ist, ob die eigentliche Zielsetzung, in deren Sinn der Beamte tätig geworden ist, dem Bereich hoheitlicher Tätigkeit zuzuordnen ist und ob zwischen dieser Zielsetzung und der schädigenden Handlung ein solcher Zusammenhang besteht, daß letztere ebenfalls dem Bereich hoheitlicher Tätigkeit angehört. Innerer Zusammenhang mit dem Dienst wird bejaht, wenn ein Soldat nach Dienstschluß seine Schußwaffe entlädt und dabei einen Dritten verletzt, verneint, wenn er mit der Dienstpistole aus persönlicher Rache auf einen Menschen schießt (*Geigel/Kunschert,* aaO 20. Kap. Rdnr. 82). Die Haftung gemäß § 839 BGB, Art. 34 GG setzt schließlich voraus, daß der Beamte schuldhaft seine Amtspflicht verletzt hat, den Beamten also ein **Verschulden** trifft. Eine allgemeine Gefährdungshaftung des Staates für rechtswidrige schuldlose Eingriffe in die durch § 823 I BGB geschützten Rechtsgüter kennt unser Recht nicht. Dennoch gibt es eine Reihe von Sonderregelungen, bei deren Voraussetzungen auch bei schuldlosen rechtswidrigen Eingriffen in Rechtsgüter oder vermögenswerte Rechtspositionen Ansprüche gewährt werden.

55 Gemäß Art. 14 GG ist eine **Enteignung** nur aufgrund eines Gesetzes zulässig, das zugleich Art und Ausmaß der Entschädigung regelt. Jeder nachteilige hoheitliche Eingriff auf eine als Eigentum geschützte Rechtsposition ist als Enteignung anzusehen, sofern er nicht als Ausprägung der Inhalts- und Schrankenbestimmung (Art. 14 I 2 GG) oder als sonstige Konkretisierung der Sozialpflichtigkeit (Art. 14 II GG) des Eigentums gerechtfertigt ist (*BGHZ* 80, 111/114). Zwar kennt unsere Rechtsordnung **keine** allgemeine zivilrechtliche **Haftung für legislatives Unrecht,** also für rechtswidrige Parlamentsgesetze (*BGHZ* 100, 136; *BGH* NJW 1989, 101); Einwirkungen auf das Eigentum als Folge von

Realakten – nicht als Folge von verfassungswidrigen formellen Gesetzen – sind dagegen grundsätzlich als **enteignungsgleicher Eingriff** entschädigungspflichtig. Von Enteignung wird gesprochen, wenn der hoheitliche Eingriff rechtmäßig ist, während unter enteignungsgleichem Eingriff eine rechtswidrige hoheitliche Maßnahme zu verstehen ist, für die keine formell gesetzliche Grundlage besteht, gleich ob die Behörde dabei schuldlos oder schuldhaft rechtswidrig gehandelt hat. Wird durch einen enteignungsgleichen Eingriff in eine vermögenswerte Rechtsposition unmittelbar eingegriffen und dadurch dem Betroffenen ein Sonderopfer gegenüber der Allgemeinheit auferlegt, dann billigt die Rechtsprechung dem Geschädigten einen Anspruch auf Entschädigung gegen denjenigen Hoheitsträger zu, der durch den Eingriff begünstigt ist. Entsprechendes gilt bei hoheitlichen Eingriffen in persönliche Rechtsgüter wie Leben, Gesundheit oder Freiheit. Wird dadurch den Betroffenen ein Sonderopfer auferlegt und ein Vermögensschaden zugefügt, so gewährt die Rechtsprechung den Betroffenen einen **Aufopferungsanspruch** auf angemessene Entschädigung.

Für Ansprüche aus enteignungsgleichem Eingriff und für Aufopferungsansprüche sind die Zivilgerichte zuständig. Ansprüche kommen aber grundsätzlich nur in Betracht, wenn der Verwaltungsrechtsweg erschöpft ist. Bei Zweifeln an der Rechtmäßigkeit eines hoheitlichen Eingriffs ist der Geschädigte gehalten, zunächst die zulässigen Rechtsmittel einzulegen, um den drohenden Schaden abzuwenden. Unterläßt er dies schuldhaft, so steht ihm für solche Nachteile keine Entschädigung zu, die er durch Gebrauch des Rechtsmittels vermieden hätte (*BGH* NJW 1990, 898). Weiter wird vorausgesetzt, daß die Rechtsmaterie nicht durch **Sondergesetz** geregelt ist. Die in Spezialgesetzen geregelten Ausgleichs-, Ersatz- oder Beseitigungsansprüche wegen rechtswidrigen Verhaltens von Behörden gehen als Konkretisierung den allgemeinen Grundsätzen über den enteignungsgleichen Eingriff oder über die Aufopferung vor, so z. B. die Entschädigungsregelungen in §§ 39ff. OrdnungsbehördenG NRW, in § 11 WasserhaushaltsG, § 14 Bundes-ImmissionsschutzG oder in §§ 34–41 BundesgrenzschutzG. Auch der verschuldensunabhängige, aus Art. 20 III GG hergeleitete öffentlich-rechtliche Anspruch auf Folgenbeseitigung hat Vorrang (*BVerwG* NJW 1989, 118 u. 2484). In diesem Zusammenhang ist weiter auf die gesetzliche Regelung über **Impfschäden** in § 51ff. BundesseuchenG und in den ImpfschädenG der Länder hinzuweisen. Bei rechtswidrigen Freiheitsbeschränkungen durch die öffentliche Hand gewährt Art. 5 V der **Menschenrechtskonvention** vom 4. 11. 1950 dem Betroffenen einen unmittelbaren Schadensersatzanspruch, der an rechtswidriges Verhalten anknüpft und von Verschulden unabhängig ist (*BGH* NJW 1966, 726). 56

In Ausnahmefällen haftet der Staat aufgrund von Sondergesetzen sogar, wenn ihm oder seinen Organen nicht einmal ein rechtswidriger Eingriff zur Last gelegt werden kann: Zu denken ist an die **Tumultschädenregelung** im Gesetz über die durch innere Unruhen verursachten Schäden vom 12. 5. 1920, das als Landesrecht fortgilt oder durch entsprechende neue Regelungen der einzelnen Länder ersetzt worden ist. Zu denken ist weiter an das Gesetz über die Entschädigung für **Opfer von Gewalttaten** vom 11. 5. 1976 i. d. F. v. 7. 1. 1985. Zur **Staatshaftung im einzelnen:** Die Kommentare zu § 839 BGB und zu Art. 14, 34 GG; *Engelhardt,* Neue Rechtsprechung des BGH zum Staatshaftungsrecht, NVwZ 1985, 621; 1989, 927; *ders.,* Neue Rechtsprechung des BGH zur öffentlich-rechtlichen Entschädigung, NVwZ 89, 1026; *Geigel/Kunschert,* Der Haftpflichtprozeß, 20. u. 21. Kap.; *Krohn/Löwisch,* Eigentumsgarantie, Enteignung, 57

Entschädigung 1984; *Krohn/Papier,* Aktuelle Fragen der Staatshaftung und der öffentlich-rechtlichen Entschädigung, RWS-Skript. 158; *Nüßgens/Boujong,* Eigentum, Sozialbindung, Enteignung; *Ossenbühl,* Staatshaftungsrecht, 1983; *Wussow/Treitz,* Unfallhaftpflichtrecht, Rdnrn. 443ff.;

5. Stationierungsschäden

58 **Stationierungsschäden** sind Schäden, die durch die Truppen oder das zivile Gefolge der Nato-Streitkräfte in der Bundesrepublik entstehen. Maßgebend ist das Nato-Truppenstatut vom 19. 6. 1951 mit den späteren Zusatzabkommen und dem Gesetz zum Nato-Truppenstatut vom 18. 8. 1961. Danach sind Schäden zu ersetzen, die einem Dritten, d.h. nicht der Bundesrepublik und nicht den Entsendestaaten, durch Handlungen oder Unterlassungen von Mitgliedern der Truppe oder des zivilen Gefolges in Ausübung des Dienstes entstehen. Hierzu: B IX Rdnr. 209 und im einzelnen *Geigel/Kolb,* Der Haftpflichtprozeß, 34. Kap.

6. Arzthaftung

59 Fälle, in denen Patienten Haftpflichtansprüche gegen Ärzte oder Krankenhäuser mit der Begründung geltend machen, sie seien fehlerhaft behandelt worden oder über die Behandlungsrisiken nicht ordnungsgemäß aufgeklärt worden, gewinnen an Bedeutung. Das Haftpflichtrecht der Ärzte und Krankenhäuser, d.h. die **Arzthaftung,** ist im wesentlichen den Regeln über die positive Vertragsverletzung und dem allgemeinen Deliktsrecht des BGB zu entnehmen. Zu den Einzelheiten: *Ankermann/Kullmann,* Arzthaftpflichtrechtsprechung, 1987; *Franzki/Hansen,* Der Belegarzt, Stellung und Haftung im Verhältnis zum Krankenhausträger, NJW 1990, 737; *Geigel/Schlegelmilch,* Der Haftpflichtprozeß, 14. Kap. Rdnrn. 211–269, 28. Kap. Rdnrn. 12–40 u. *Geigel-Rixecker* 37. Kap. Rdnrn. 68–81; *Geiß,* Arzthaftpflichtrecht, 1989; *Giesen,* Arzthaftungsrecht, 1990; *Hempfing,* Ärztliche Fehler-Schmerzensgeldtabellen, 1989; *Heilmann,* Der Stand der deliktischen Arzthaftung, NJW 1990, 1513; *Kuntz,* Arzthaftungsrecht, Entscheidungssammlung (Loseblattwerk); *Laufs,* Arztrecht, 4. Aufl. 1988; *ders.,* Die Entwicklung des Arztrechts 1989/90, NJW 1990, 1505; *Ratajczak/Stegers,* Medizin-Haftpflichtschäden, 1989; *Steffen,* Neue Entwicklungslinien der BGH-Rechtsprechung zum Arzthaftungsrecht, 4. Aufl. 1990; *Stegers,* Das arzthaftungsrechtliche Mandat in der anwaltlichen Praxis, RWS-Skript 193; *Weber/Steinhaus,* Ärztliche Berufshaftung als Sonderdeliktsrecht, 1990.

60 Grundsätzlich schuldet der Arzt keinen bestimmten Erfolg. Der Vertrag zwischen Arzt und Patient ist als **Dienstvertrag** zu qualifizieren. Vertragspartner des Patienten ist bei einer ambulanten Behandlung in der Regel der Arzt. Schwieriger gestaltet sich die Frage nach dem Vertragspartner und damit Anspruchsgegner bei einer stationären Krankenhausbehandlung. Zu unterscheiden ist zwischen dem totalen **Krankenhausvertrag,** bei dem vertragliche Beziehungen ausschließlich zum Krankenhaus bestehen, und dem gespaltenen Arzt-Krankenhausvertrag, bei dem vertragliche Beziehungen sowohl zum Krankenhaus als auch zum Chefarzt bestehen. Darüberhinaus existiert noch der totale Krankenhausvertrag mit ärztlichem Zusatzvertrag, bei dem ebenfalls Vertragsbeziehungen sowohl zum Arzt als auch zum Krankenhaus begründet werden (vgl. *Geigel/Schlegelmilch,* Der Haftpflichtprozeß, 28. Kap. Rdnr. 34–40). Bei **deliktischen Ansprüchen** kann jeder mit der Behandlung befaßte Arzt Anspruchsgegner sein. Ihn trifft auch gemäß § 831 BGB die deliktische Verant-

wortlichkeit für seine Hilfspersonen. Ebenso kommt § 831 BGB als Grundlage für eine deliktische Haftung des Krankenhauses sowohl für fehlerhaftes Handeln der Krankenhausärzte als auch des sonstigen Krankenhauspersonals in Betracht. Für leitende Ärzte greift die Organhaftung des § 31 BGB ein. Letztlich kommen Amtshaftungsansprüche gemäß § 839 BGB in Betracht, wenn ein beamteter Klinikarzt die ärztliche Behandlung ausgeführt hat. Der beamtete Arzt kann sich auf das Verweisungsprivileg des § 839 I 2 BGB berufen (*BGHZ* 85, 393 u. 89, 263). Er haftet also nicht, wenn der Träger der Klinik gemäß §§ 31, 89 BGB oder gemäß § 831 BGB haftet.

Ein Anspruch wegen eines **medizinischen Behandlungsfehlers** setzt – sowohl auf vertraglicher als auch auf deliktischer Grundlage – voraus, daß der Arzt **61**

(1) objektiv fehlerhaft gehandelt hat,
(2) dieser Behandlungsfehler adäquat kausal oder ihm zurechenbar Schäden verursacht hat (vgl. Rdnr. 22) und
(3) der ärztliche Fehler bei höchstmöglicher und zumutbarer Sorgfalt hätte vermieden werden können.

Behandlungsfehlern gleichgestellt sind **Diagnosefehler.** Eine schuldhafte Fehldiagnose liegt insbesondere dann vor, wenn Krankheitserscheinungen in völlig unvertretbarer Weise gedeutet werden, elementare Kontrollbefunde nicht erhoben werden oder eine Überprüfung der ersten Diagnose im weiteren Behandlungsverlauf unterbleibt, obwohl dieser keine Wirkung zeigt (*OLG Köln* VersR 1989, 631).

Die **Beweislast** für die Haftungsvoraussetzungen liegt grundsätzlich beim **62** Patienten (*BGH* NJW 1988, 2949). Eine Unaufklärbarkeit des Ursachenverlaufs geht zu seinen Lasten. Bei vertraglichen Arzthaftungsansprüchen findet § 282 BGB keine Anwendung (*BGH* NJW 1978, 584, 1681). Wegen der schwierigen Beweissituation ist es wichtig zu wissen, daß dem Patienten Beweiserleichterungen, die bis zu einer Beweislastumkehr gehen können, zugute kommen: Beweislastumkehr kann eintreten, wenn der Arzt einen **groben Behandlungsfehler,** das ist ein Verstoß gegen gesicherte und bewährte medizinische Erkenntnisse und Erfahrungen, begangen hat, der generell geeignet ist, einen Schaden von der Art herbeizuführen, wie er tatsächlich eingetreten ist (*BGH* NJW 1986, 1540; 1988, 2303). Beweiserleichterungen für den Nachweis eines Behandlungsfehlers – nicht jedoch für den Kausalzusammenhang zwischen Fehler und Schaden – kommen ferner in Betracht, wenn der Arzt seine **Dokumentationspflicht** verletzt hat und dadurch die Aufklärung des Behandlungs- und Schadensverlaufs erschwert wird (*BGH* NJW 1987, 1482; 1988, 2949). Auch der Anscheinsbeweis kann eingreifen. Da der Patient als Laie die schwierigen medizinischen Sachverhalte meist nicht detailliert darstellen kann, werden an die Substantiierung einer Arzthaftungsklage keine hohen Anforderungen gestellt. Gleichwohl ist zu erwägen, ob es sinnvoll ist, statt des Gerichts eine der in allen Bundesländern eingerichteten Gutachter- und Schlichtungsstellen anzurufen.

Neben dem Schadensersatzanspruch wegen eines Behandlungsfehlers kom- **63** men auch Ansprüche wegen **mangelnder Aufklärung** über die Notwendigkeit einer Therapie (*BGH* NJW 1989, 2318), über die Dringlichkeit einer Operation (BGH VersR 1990, 1238) oder über die mit der Behandlung verbundenen Risiken (*BGH* NJW 1989, 1533) in Betracht. Dieser Haftungstatbestand ist in vielen Fällen der „Rettungsanker“, wenn der Nachweis eines Behandlungsfehlers nicht möglich ist. Der Arzt ist verpflichtet, den Patienten über Eigenart und Risiken einer geplanten Therapie „im großen und ganzen" (*BGH* NJW 1984, 1397; 1988, 1515) aufzuklären. Über die Einzelheiten der Aufklärungspflicht ist vieles streitig (*Geigel/Schlegelmilch,* aaO 14. Kap. Rdnrn. 214ff.). Unterläßt der Arzt die gebotene Aufklärung ganz oder teilweise und verwirklicht sich eines der Risiken, über die hätte aufgeklärt werden müssen, so haftet der Arzt für den dadurch eingetretenen Schaden.

7. Produkthaftung

64 Am 1. 1. 1990 ist das Gesetz über die Haftung für fehlerhafte Produkte (**Produkthaftungsgesetz** – ProdHaftG) in Kraft getreten. Das Gesetz hat die Richtlinie des Rates der EG v. 25. 7. 1985 zur Angleichung der Rechts- und Verwaltungsvorschriften der Mitgliedsstaaten der EG über die Haftung für fehlerhafte Produkte (85/374/EG) in nationales Recht umgesetzt. § 1 ProdHaftG begründet eine verschuldensunabhängige Haftung des Herstellers für fehlerhafte Produkte: Wird durch den Fehler eines Produkts jemand getötet, sein Körper oder seine Gesundheit verletzt oder eine Sache beschädigt, so ist der Hersteller des Produkts verpflichtet, dem Geschädigten den daraus entstehenden Schaden zu ersetzen. Im Falle der Sachbeschädigung gilt dies nur, wenn eine andere Sache als das fehlerhafte Produkt beschädigt wird und diese andere Sache ihrer Art nach gewöhnlich für den privaten Ge- oder Verbrauch bestimmt und hierzu von dem Geschädigten hauptsächlich verwendet worden ist. Es handelt sich um eine Haftung ohne Schuld und damit um eine **Gefährdungshaftung,** die freilich durch eine Verhaltenskomponente in § 1 II ProdHaftG eingeschränkt wird. Gemäß § 1 II u. III ProdHaftG wird in bestimmten Fällen die Ersatzpflicht des Herstellers ausgeschlossen. Der Hersteller kann sich insbesondere entlasten und damit von seiner Haftung gemäß § 1 I ProdHaftG befreien, wenn er das Produkt nicht in Verkehr gebracht hat oder das Produkt den Fehler noch nicht hatte oder zumindest der Fehler nicht erkannt werden konnte, als der Hersteller das Produkt in Verkehr brachte. Für den Ausschluß der Haftung trägt der Hersteller die Beweislast. Der Geschädigte muß beweisen, daß der in Anspruch Genommene das Produkt i. S. des § 4 „hergestellt" hat, das Produkt mit einem Produktfehler behaftet war und dieser Fehler seinen Schaden verursacht hat. Die §§ 2–4 ProdHaftG enthalten genaue Begriffsbestimmungen für Produkt, Fehler und Hersteller. Ein Produkt ist fehlerhaft, wenn es nicht die Sicherheit bietet, die berechtigterweise erwartet werden kann. Hersteller im Sinne des Gesetzes ist nicht nur derjenige, der das Endprodukt, einen Grundstoff oder ein Teilprodukt hergestellt hat sondern auch der Importeur. Kann der Hersteller nicht ermittelt werden, so gilt der Lieferant als Hersteller, wenn er nicht innerhalb eines Monats den Hersteller oder wenigstens seinen eigenen Lieferanten benennt. §§ 10 u. 11 ProdHaftG beschränken die Haftung des Herstellers: Sind Personenschäden durch ein Produkt oder gleiche Produkte mit demselben Fehler verursacht worden, so haftet der Ersatzpflichtige nur bis zu einem Höchstbetrag von 160 Mio. DM, im Fall der Sachbeschädigung hat der Geschädigte einen Schaden bis zu einer Höhe von 1125,– DM selbst zu tragen. Ein Anspruch auf Schmerzensgeld besteht nach dem ProdHaftG nicht. Wegen dieser Haftungseinschränkungen ist es bedeutsam, daß gemäß § 15 II die Haftung aufgrund anderer Vorschriften unberührt bleibt.

65 Eine Sonderregelung enthalten § 15 I ProdHaftG und **§ 84 ArzneimittelG,** das die Gefährdungshaftung des Arzneimittelherstellers begründet. Wird infolge der Anwendung eines zum Gebrauch bei Menschen bestimmten Arzneimittels jemand getötet, sein Körper oder seine Gesundheit verletzt, so ist das ProdHaftG nicht anzuwenden. Maßgebend ist die Gefährdungshaftung des pharmazeutischen Unternehmers, der das Arzneimittel in Verkehr gebracht hat, gemäß § 84 ff ArzneimittelG. Hierzu: *Kloesel/Cyran,* Arzneimittelrecht, Kommentar 3. Aufl. 1990; *Reinelt* VersR 1990, 565.

Bei **Verschulden** haftet der Hersteller nicht nur gemäß dem ProdHaftG und gemäß seiner vertraglichen Gewährleistung sondern auch gemäß § 823 BGB für Folgeschäden aus der Benutzung seiner Produkte. Er ist verpflichtet, seine Erzeugnisse so zu konzipieren, zu konstruieren, zu produzieren und erforderlichenfalls zu beschreiben (Gebrauchsanweisung), daß Käufer und Dritte keinen Schaden erleiden. Anspruchsgrundlage sind **§ 823 I und II BGB,** wobei als Schutzgesetze vor allem das Gesetz über technische Arbeitsmittel (GerätesicherheitsG), das Arzneimittelgesetz, das Lebensmittel- und Bedarfsgegenständegesetz und die StVZO in Betracht kommen. Die Haftung trifft auch den Produzenten von Zulieferteilen und kann unter bestimmten Voraussetzungen sogar den Vertragshändler treffen (*BGH* VersR 1988, 635). **66**

Der Hersteller haftet für eine Verletzung seiner **Organisations- und Verkehrspflichten,** zu denen die Beachtung des aktuellen Standes von Wissenschaft und Technik ebenso gehören, wie Kontrollpflichten auf allen Konstruktions- und Produktionsebenen und die Verpflichtung, erforderlichenfalls klare Gebrauchs- und Bedienungsanweisungen, Belehrungen und Warnungen mitzuliefern. Der Hersteller ist weiter verpflichtet, seine auf dem Markt befindlichen Produkte auf die Verursachung schädlicher Folgen hin zu beobachten und gegebenenfalls zur Einziehung oder Reparatur zurückzurufen (Produktbeobachtungspflicht bei Kraftfahrzeugen: *Birkmann* DAR 1990, 124 und *Wegener* DAR 1990, 130; Erstattung von Rückrufkosten: *Herrmann/Fingerhut* BB 1990, 725). Für bei aller Sorgfalt nicht zu vermeidende „Ausreißer" trifft den Produzenten mangels Schuld keine Haftung gemäß § 823 BGB. Hervorzuheben ist die **Umkehr der Beweislast** hinsichtlich des Verschuldens. Der Geschädigte hat nur zu beweisen, daß ihm durch einen Fehler des Produkts bei dessen bestimmungsgemäßer Verwendung ein Schaden entstanden ist, während der Hersteller beweisen muß, daß ihn an dem Fehler kein Verschulden trifft. Im materiellen Gehalt brachte daher das ProdHaftG keine wesentliche Verschärfung der Produzentenhaftung gegenüber der bereits vor dem 1. 1. 1990 bestehenden und nach wie vor fortgeltenden Verschuldenshaftung des Produzenten gemäß § 823 BGB. **67**

Wegen der Einzelheiten wird verwiesen auf: *Anderle,* Der Haftungsumfang des harmonisierten Produkthaftungsrechts, 1990; *Bruzuska,* Das neue Produkthaftungsrecht und Leasing, BB 1990 Beilage 19; *Eberstein/Braunewell,* Einführung in die Grundlagen der Produkthaftung, 1991; *Frietsch,* Das Gesetz über die Haftung für fehlerhafte Produkte und seine Konsequenzen für den Hersteller, DB 1990, 29; *Geigel/Schlegelmilch,* Der Haftpflichtprozeß, 14. Kap. Rdnr. 270ff; *Hettich,* Produkthaftung, 1990; *Koch,* Ratgeber zur Produkthaftung, 1989; *Kullmann,* Gesetz über die Haftung fehlerhafter Produkte, 1990; *Landscheidt,* Das neue Produkthaftungsrecht, 1989; *Mayer,* Das neue Produkthaftungsrecht, VersR 1990, 691; *Rolland,* Produkthaftungsrecht, 1990; *Schmidt-Salzer,* Produkthaftung Bd. III Deliktsrecht/Vertragsrecht, 1990; *Schmidt-Salzer/Hollmann,* Kommentar EG-Produkthaftung, 1990; *Taschner/Frietsch,* Produkthaftungsgesetz, 2. Aufl. 1990; *Graf von Westphalen,* Produkthaftungshandbuch, Bd. 1 1989, Bd. 2 1990; *ders.,* Das neue Produkthaftungsgesetz, NJW 90, 83. **68**

8. Haftung des Frachtführers und Spediteurs

69 **Schadensersatzansprüche im Zusammenhang mit der Güterbeförderung,** meist wegen Verlust, Beschädigung oder Verspätung, stellen erhebliche Probleme, weil eine einheitliche Regelung fehlt. Dies gilt bereits für die **Aktiv- und Passivlegitimation** angesichts des Kreises der möglicherweise Beteiligten: Eigentümer, Versender, Spediteur, Zwischenspediteur, Hauptfrachtführer, weiterer Frachtführer, Unterfrachtführer, Lagerhalter, deren Hilfspersonen, der jeweilige Versicherer u. a. m. Die **Haftung des Spediteurs** – anders beim Frachtführer – ist in der Regel durch den Speditions-Rollfuhrversicherungsschein (SVS/RVS), die Speditionspolice (Sp-Police) oder eine gleichwertige Versicherung gedeckt. Der Versicherer ist dann allein passiv legitimiert: Versicherung statt Haftung. Gleich, ob der Schaden durch eine Versicherung gedeckt ist und der Versicherer haftet oder ob ausnahmsweise der Spediteur selbst haftet, die allgemeinen Spediteurbedingungen (ADSp) sind immer zu beachten; auf die Kommentierungen zu den §§ 407ff. HGB und die im Zusammenhang damit meist behandelten ADSp, SVS/RVS und Sp-Police wird hingewiesen.

70 Die vertragliche **Haftung des Frachtführers** ist unterschiedlich geregelt. Sie hängt im wesentlichen von dem verwendeten Beförderungsmittel und der Beförderungsstrecke ab. Für die innerdeutsche Landfracht wird auf die §§ 425ff. HGB i. V. m. dem Güterkraftverkehrsgesetz (GüKG) und der Kraftverkehrsordnung (KVO) verwiesen. Für grenzüberschreitende Kraftfahrzeug-Transporte ist das Übereinkommen über den Beförderungsvertrag im internationalen Straßengüterverkehr für Kraftfahrzeuge (CMR) maßgebend. Zu beachten ist auch das BinnenschiffahrtsG für die Binnenschiffahrt. Für den Güterverkehr auf der Bahn sind anzuwenden die §§ 453ff. HGB und die Eisenbahnverkehrsordnung (EVO) für den inländischen und das internationale Abkommen über den Eisenbahnfrachtverkehr (CIM) für den grenzüberschreitenden Eisenbahnverkehr. Für Lufttransporte gelten das Luftverkehrsgesetz (LuftVG) und das Warschauer Abkommen zum internationalen Luftverkehr (WA) mit Zusatzabkommen (Guadalajara-Abkommen). Zu beachten sind weiter zusätzliche Bedingungen wie die Allgemeinen Beförderungsbedingungen für den gewerblichen Güternahverkehr mit Kraftfahrzeugen (AGNB), die Beförderungsbedingungen für den Möbelverkehr (BefBMö) oder die Allgemeinen Beförderungsbedingungen für Fracht der Deutschen Lufthansa AG.

71 Größte Aufmerksamkeit ist den unterschiedlichen **Verjährungsfristen** zu widmen (nach § 64 ADSp beispielsweise 8 Monate, nach Art. 32 CMR 1 Jahr). Weiter ist zu beachten, daß die Haftung des Spediteurs und Frachtführers in der Regel der **Höhe nach begrenzt** ist. Bei zweifelhafter Rechtslage ist zu empfehlen, die Aktivlegitimation durch Abtretungen von allen anderen möglichen Forderungsprätendenten dem Streit zu entziehen, alle als Schuldner in Betracht kommende Beteiligte in Anspruch zu nehmen und die gesondert laufenden Verjährungsfristen durch Klageerhebung bzw. Streitverkündung zu unterbrechen. (Literatur: *Ebenroth, Fischer, Sorek,* Die Haftung im multimodalen Gütertransport bei unbekanntem Schadensort, DB 1990, 1073; *Koller,* Transportrecht, 1990; *ders.,* VersR 1990, 553.)

9. Halterhaftung

72 Wird durch ein Tier (§ 833 BGB), wird bei dem Betrieb eines Kraftfahrzeugs (§ 7 StVG) oder wird beim Betrieb eines Luftfahrzeugs durch Unfall (§ 33

LuftVG) ein Mensch getötet oder verletzt oder eine Sache beschädigt, so ist jeweils der **Halter** zum Schadensersatz verpflichtet. Den Halter eines Tieres, sofern es sich nicht um ein Haustier handelt, das dem Erwerb oder dem Unterhalt des Tierhalters zu dienen bestimmt ist, den Halter eines Kraftfahrzeugs und den Halter eines Flugzeugs treffen jeweils eine vom Verschulden unabhängige **Gefährdungshaftung.** Die Ausgestaltung der Halterhaftung differiert jedoch.

Die Gefährdungshaftung des Luxus-**Tierhalters** gemäß § 833 BGB ist unbegrenzt. Sogar § 847 BGB ist anwendbar. Vorausgesetzt wird nur, daß ein ursächlicher Zusammenhang zwischen dem Verhalten des Tieres und dem eingetretenen Schaden besteht. Die Unwägbarkeit, Unberechenbarkeit und Willkür des tierischen Verhaltens, die Tiergefahr, wird dem Tierhalter zugerechnet. Die Gefährdungshaftung des Tierhalters wird dann durch eine Haftung für vermutetes Verschulden mit der Entlastungsmöglichkeit des Halters ersetzt, wenn der Schaden durch ein **Haustier** verursacht wurde, das dem Beruf, der Erwerbstätigkeit oder dem **Unterhalt des Tierhalters** dienen sollte. Mit der Möglichkeit des Entlastungsbeweises haftet auch der Tierhüter, der vertraglich die Aufsicht über das Tier übernommen hat (§ 834 BGB). Wegen der Einzelheiten: *Geigel/Schlegelmilch,* Der Haftpflichtprozeß, 18. Kap. **73**

Bei der Haftung des **Kraftfahrzeughalters** gemäß § 7 StVG (hierzu B IX Rdnrn. 94–95) handelt es sich ebenfalls um eine Gefährdungshaftung. Diese ist jedoch der Höhe nach begrenzt (§ 12 StVG) und gewährt kein Schmerzensgeld. Die Ersatzpflicht ist ausgeschlossen, wenn der Halter den Beweis führt, daß der Unfall ein unabwendbares Ereignis ist. Die Gefährdungshaftung des Kraftfahrzeughalters erscheint daher weniger streng. Dennoch handelt es sich um eine Gefährdungshaftung, da der Haftung keine Verhaltenspflichten zugrunde liegen und der Entlastungsbeweis des § 7 II StVG mehr erfordert als den Beweis, daß den Halter oder seine Hilfspersonen keine Schuld trifft. Ein Kraftfahrzeugunfall ist nur dann ein unabwendbares Ereignis, wenn ein idealer Fahrer bei idealer Fahrweise mit einem idealen Kraftfahrzeug den Unfall nicht hätte vermeiden und dessen Schadensfolgen auch nicht hätte verringern können. Der Fahrzeugführer muß sich wie ein besonders sorgfältiger, praktisch erfahrener, umsichtiger, reaktionsschneller und geistesgegenwärtiger Fahrer verhalten haben. Der **Kraftfahrer** haftet gemäß § 18 StVG, ihn trifft also eine Verschuldenshaftung mit umgekehrter Beweislast (B IX Rdnr. 96). Wegen der Einzelheiten wird auf die Kommentare zum StVG und auf *Geigel/Kunschert,* Der Haftpflichtprozeß, 25. u. 26. Kap. sowie auf *Wussow/Schloen,* Unfallhaftpflichtrecht, Rdnrn. 672ff. verwiesen. **74**

Auch der **Halter eines Luftfahrzeugs,** das kann ein Flugzeug, Hubschrauber, Ballon oder auch nur ein Fallschirm sein (§ 1 II LuftVG), unterliegt einer Gefährdungshaftung. Er haftet gemäß § 33 LuftVG für Schäden, die durch einen Betriebsunfall seines Luftfahrzeugs entstehen, ohne die Möglichkeit eines Entlastungsbeweises. Der Luftfahrzeughalter haftet also auch bei Betriebsunfällen, die als ein unabwendbares Ereignis im Sinne des § 7 II StVG anzusehen sind, er haftet sogar im Falle höherer Gewalt. Seine Haftung ist jedoch der Höhe nach begrenzt (§ 37 LuftVG). Sie erstreckt sich nicht auf Personen und Sachen, die im Luftfahrzeug befördert werden. Für die aufgrund eines Luftbeförderungsvertrages mit dem Luftfahrzeug beförderten Personen sehen die §§ 44ff. LuftVG **eine Haftung des Luftfrachtführers** mit Exkulpationsmöglichkeit vor. Wegen der Einzelheiten vgl. *Geigel/Schönwerth,* Der Haftpflichtprozeß, 29. Kap.; *Giemulla/Schmid,* Frankfurter Kommentar zum Luftverkehrsrecht; *dieselben,* Der Luft- **75** fahrzeugführer, Neuwied 1990; zu den Sorgfaltspflichten des Ballonführers und zu seiner Haftung gegenüber seinem Fahrgast: *OLG Karlsruhe* NZV 1990, 270; *OLG Hamm* NZV 1990, 272.

10. Haftung des Betriebsunternehmers und des Inhabers von Anlagen gemäß dem Haftpflichtgesetz

76 Das **Haftpflichtgesetz** (HaftpflG) begründet eine Gefährdungshaftung des Betriebsunternehmers einer Schienen- oder Schwebebahn (§ 1 HaftpflG) und des Inhabers einer Anlage zur Fortleitung oder Abgabe von Elektrizität, Gasen, Dämpfen oder Flüssigkeiten (§ 2 HaftpflG) für Personen- und Sachschäden. Es handelt sich um verschiedene Tatbestände, die gesetzestechnisch in einem einheitlichen Gesetz zusammengefaßt sind.

77 **Betriebsunternehmer einer Bahn** ist, wer die Bahn für eigene Rechnung betreibt oder nutzt und über den Bahnbetrieb verfügen kann. Das braucht nicht der Eigentümer zu sein. Der Betriebsunternehmer haftet für einen Betriebsunfall, sofern er nicht beweist, daß der Unfall durch **höhere Gewalt** verursacht ist. Höhere Gewalt ist ein schädigendes Ereignis, das von außen her auf den Bahnbetrieb eingewirkt hat, außergewöhnlich ist und auch durch größte Sorgfalt mit wirtschaftlich erträglichen Mitteln nicht abwendbar ist. Der Unternehmer muß nicht für Risiken einstehen, die mit dem Bahnbetrieb nichts zu tun haben und allein einem von ihm nicht beherrschbaren Drittereignis zuzurechnen sind. Wird die Bahn als Straßenbahn innerhalb des Verkehrsraums einer öffentlichen Straße betrieben, so ist die Haftung bereits ausgeschlossen, wenn der Unfall durch ein unabwendbares Ereignis verursacht ist. Dann stimmt die Rechtslage gemäß dem HaftpflG mit der Regelung in § 7 II StVG überein.

78 § 2 HaftpflG statuiert die Gefährdungshaftung des **Inhabers einer Anlage** zur Fortleitung oder Abgabe von Elektrizität, Gasen, Dämpfen oder Flüssigkeiten. § 2 I HaftpflG unterscheidet zwei Tatbestände: Die **Wirkungshaftung** setzt voraus, daß die Auswirkungen der im Gesetz genannten Energien oder Stoffe den Schaden verursacht haben, wobei die Auswirkungen von einer Anlage ausgehen müssen, die der Leitung oder Abgabe der Energien oder Stoffe dient. Die **Zustandshaftung** greift demgegenüber ein, wenn der Schaden nicht auf die Auswirkungen der transportierten Stoffe oder Energien sondern auf das Vorhandensein der Anlage selbst, also auf deren mechanische Einwirkungen zurückzuführen ist. Im Gegensatz zur Wirkungshaftung entfällt die Zustandshaftung, wenn feststeht, daß sich die Anlage zur Zeit der Schadensverursachung in einem technisch einwandfreien Zustand befunden hat. In beiden Fällen ist die Ersatzpflicht ausgeschlossen, wenn der Schaden durch höhere Gewalt verursacht worden ist. Nur dann, wenn der Schaden auf das Herabfallen von Leitungsdrähten zurückzuführen ist, haftet der Inhaber der Anlage auch bei höherer Gewalt.

79 Gemäß § 1 HaftpflG haftet beispielsweise die Deutsche Bundesbahn. Gemäß § 2 HaftpflG haften alle Inhaber von elektrischen Leitungen, Wasserleitungen, Gasleitungen und Leitungen, die sonstige Energien oder Stoffe, z. B. Öl, transportieren. Die **praktische Bedeutung des HaftpflG** ist daher groß. Die Bundesbahn haftet, vorbehaltlich eines etwaigen Mitverschuldens, wenn ein Fahrgast beim Aussteigen in den Raum zwischen Gleis und Bahnsteigkante fällt und dort von dem anfahrenden Zug verletzt wird (*OLG Karlsruhe* VersR 1988, 583). Wird nach einem starken Regen ein in der Straße verlegter Kanaldeckel durch den Druck des Wassers abgehoben und verschoben und fährt ein Kraftfahrzeug

auf den außerhalb des Schachts liegenden Deckel auf, dann sind die Voraussetzungen für eine Haftung der Gemeinde als Inhaber der Kanalisation gemäß § 2 I HaftpflG erfüllt (*OLG Schleswig* VersR 1987, 365). Wegen der Einzelheiten wird auf die Kommentare zum HaftpflG verwiesen, insbesondere auf *Filthaut,* Haftpflichtgesetz, 2. Aufl. 1988; *Greger,* Zivilrechtliche Haftung im Straßenverkehr, Großkommentar 2. Aufl. 1989, sowie auf *Geigel/Kunschert,* Der Haftpflichtprozeß, 22. Kap.

11. Umwelthaftung

Für Umweltschäden wird gemäß dem Gesetz über die Umwelthaftung vom 11. 12. 1990, auf Grund von Sondergesetzen und nach § 823 BGB gehaftet. Die meisten Bestimmungen des öffentlichen Umweltrechts sind Schutzgesetze im Sinn des § 823 II 2 BGB. Wer schuldhaft öffentlich-rechtliche Bestimmungen des Umweltrechts verletzt und dadurch einen anderen schädigt, haftet daher in der Regel gemäß § 823 II BGB wegen Verstoßes gegen ein Schutzgesetz. Darüberhinaus kommen im Umweltrecht Verkehrspflichten in Betracht (Rdnrn. 46, 50). Wer sich schuldhaft über eine solche Verkehrspflicht hinwegsetzt und dadurch einen anderen schädigt, haftet nach § 823 I BGB. Im Rahmen der **Verschuldenshaftung** obliegt dem Geschädigten die Beweislast für das Verschulden desjenigen, den er in Anspruch nimmt. Anscheinsbeweis und Indizienbeweis sind zwar zulässig. Dennoch wird es häufig schwer sein, dem Betreiber einer umweltgefährdenden Anlage ein Verschulden nachzuweisen. Es ist daher bedeutsam, daß für bestimmte Sachverhalte der Umweltgefährdung auch eine verschuldensunabhängige Haftung in Betracht kommen kann. **80**

Zu denken ist zunächst an den Entschädigungsanspruch gemäß § 906 II 2 BGB: Wird ein Grundstück durch **Emissionen** eines anderen Grundstücks, die nicht untersagt werden können, über das zumutbare Maß hinaus beeinträchtigt, so steht dem betroffenen Grundstückseigentümer ein Entschädigungsanspruch zu. § 14 S. 2 **Bundes-ImmissionsschutzG** (BImSchG)gewährt einen Schadensersatzanspruch gegen den Betreiber einer genehmigten Anlage, wenn nachteilige Einwirkungen auf ein benachbartes Grundstück ausgehen, die durch zumutbare Schutzvorkehrungen nicht vermieden werden können. Analog § 906 II 2 BGB, § 14 BImSchG steht dem an seinem Eigentum Geschädigten der sogenannte allgemeine oder bürgerlich-rechtliche **Aufopferungsanspruch** (nachbarrechtlicher Ausgleichsanspruch) auf Zahlung einer angemessenen Entschädigung zu, wenn gegen rechtswidrige störende Eingriffe in das Eigentum eine sonst nach § 1004 BGB mögliche Abwehrklage ausnahmsweise versagt ist, weil es sich bei dem Störer um einen lebenswichtigen, privatrechtlich organisierten und unmittelbar öffentlichen Interessen dienenden Betrieb handelt. Der Entschädigungsanspruch wird verschuldensunabhängig analog § 906 II BGB für Einwirkungen gewährt, die das zumutbare Maß einer entschädigungslos hinzunehmenden Beeinträchtigung übersteigen (*BGHZ* 70, 212; 72, 289; 85, 375). Gleiches gilt, wenn der Geschädigte von den Beeinträchtigungen keine Kenntnis hatte, sich mangels Kenntnis nicht zur Wehr setzen konnte und deshalb die Einwirkungen auch nicht abgewehrt hat (*BGH* NJW 1990, 1910). In diesen Fällen wird freilich nur das Eigentum, nicht die körperliche Unversehrtheit des Menschen geschützt. **81**

Ein weitergehender Schutz wird durch die **Gefährdungshaftung** in § 22 I **WasserhaushaltsG** für Gewässerverunreinigungen erreicht. Gemäß § 22 I Was- **82** serhaushaltsG ist zum Ersatz des daraus entstehenden Schadens verpflichtet, wer in ein Gewässer Stoffe einbringt oder einleitet oder auf ein Gewässer derart einwirkt, daß die physikalische, chemische oder biologische Beschaffenheit des Wassers verändert wird. § 25 **AtomG** i. V. mit dem Pariser Übereinkommen begründet die Gefährdungshaftung des Inhabers einer Kernanlage. § 26 AtomG begründet eine Gefährdungshaftung mit der Möglichkeit des Entlastungsbeweises für den Besitzer eines radioaktiven Stoffes, wenn durch einen Kernspaltungsvorgang oder durch Strahlung ein Schaden entsteht. Zu nennen sind auch die verschuldensunabhängigen Schadensersatzansprüche gemäß §§ 114ff. **BundesbergG** gegen den Bergbauunternehmer und den Bergbauberechtigten sowie gem. § 29 **BundesjagdG** auf Ersatz des Wildschadens.

83 Am 1. 1. 1991 ist das **Umwelthaftungsgesetz – UmweltHG** vom 10. 12. 1990 (BGB. I S. 2634) in Kraft getreten. Das UmweltHG dehnt die Gefährdungshaftung für Gewässerschäden auf durch sonstige Umwelteinwirkungen entstehende Personen- oder Sachschäden aus, indem Betriebe mit den im Anhang 1 des UmweltHG im einzelnen genannten umweltgefährdenden Anlagen einer Gefährdungshaftung unterworfen werden (§ 1 UmweltHG). Ähnlich wie beim HaftpflG (Rdn. 76–79) handelt es sich um einen anlagenbezogenen Haftpflichttatbestand. Der Katalog der umweltgefährlichen Anlagen in Anhang 1 UmweltHG ist umfangreich. Dazu gehören z. B. Anlagen für die Wärme- und Energieerzeugung, Bergwerke, Stahlwerke, chemische Fabriken, Mühlen, Abfallbeseitigungsanlagen etc. Das UmweltHG wird daher große praktische Bedeutung erhalten. Der Inhaber der Anlage haftet für Personen- und Sachschäden, jedoch nicht für immaterielle Schäden (Schmerzensgeld). Die Gefährdungshaftung ist durch Höchstgrenzen auf 160 Millionen DM für Personenschäden und weitere 160 Millionen DM für Sachschäden beschränkt (§ 15 UmweltHG). Sie setzt nur voraus, daß eine Umwelteinwirkung i. S. d. § 3 II UmweltHG, die von einer der im Anhang 1 des UmweltHG genannten umweltgefährlichen Anlage ausgeht, den Schaden verursacht. Der Inhaber der Anlage haftet also auch, wenn der Normalbetrieb auf die Umwelt einwirkt und dadurch ein Mensch verletzt oder eine Sache beschädigt wird. Unter den Voraussetzungen des § 2 UmweltHG wird sogar für Umwelteinwirkungen gehaftet, die von einer noch nicht oder nicht mehr betriebenen Anlage ausgehen. Die Haftung ist nur bei höherer Gewalt ausgeschlossen (§ 4 UmweltHG). Ist die Anlage geeignet, den entstandenen Schaden zu verursachen und wurden die besonderen Betriebspflichten nicht eingehalten oder war es zu einem Störfall gekommen, dann wird vermutet, daß die Anlage für den Schaden ursächlich war. Der Betreiber der Anlage kann die Vermutung entkräften, indem er beweist, daß eine andere Ursache als der Betrieb der Anlage geeignet war, den Schaden zu bewirken (§§ 6, 7 UmweltHG). Die Durchsetzung der Schadensersatzansprüche wird dadurch erleichtert, daß dem Geschädigten gegen potentielle Schädiger und gegen die zuständigen Behörden Auskunftsansprüche zustehen (§§ 8, 9 UmweltHG).

84 Zu verweisen ist auf die **Literatur** zur Umwelthaftung, insbesondere auf die von *Burhenne* herausgegebene Gesetzessammlung Umweltrecht der Europäischen Gemeinschaft, die von *Kloepfer* herausgegebene Textsammlung Umweltschutz, ferner die Textausgabe *Storm,* Umweltrecht, 6. Aufl. 1990, sowie auf die von *Kuntz* besorgte Umweltrecht-Entscheidungssammlung,; desweiteren auf: Bitburger Gespräche Jahrbuch 1989, Umwelthaftung, 1989; *Feess-Dörr/Prätorius/Steger,* Umwelthaftungsrecht, 1990; *Feldhaus/Vallendar,* Bundesimmissionsschutzrecht Kommentar, 2. Aufl. 1989; *Prümm,* Umweltschutzrecht, 1989; *Raeschke-Kessler/Hamm/Grüter,* Aktuelle Rechtsfragen und Rechtsprechung zum Umwelthaftungsrecht der Unternehmen, 2. Aufl. 1990; *Schmidt-Salzer,* Umwelthaftungsrecht, Kommentar 1991; *Schmitt,* Haftungs- und Versicherungsfragen bei Umweltrisiken, 1990; *Ule/Laubinger,* Bundesimmissionsschutzgesetz Kommentar, Rechtsvorschriften, Rechtssprechung; *Diederichsen,* Umwelthaftung zwischen gestern und morgen, FS für R. Lukes, 1989; *Hager,* Das neue Umwelthaftungsgesetz, NJW 1991, 134; *ders.,* Umwelthaftung und Produkthaftung, JZ 1990, 379; *Küpper,* Das zukünftige Umwelthaftungsrecht, VP 1989, 161; *Merkisch,* Haftung für Umweltschäden, BB 1990, 223; *Reuter,* Das neue Gesetz über die Umwelthaftung, BB 1991, 145; *Schmidt-Salzer,* Umwelthaftpflicht und Umwelthaftpflichtversicherung, VersR 1990, 12, 124 u. 1991, 9; *Steffen,* Verschuldenshaftung und Gefährdungshaftung für Umweltschäden, NJW 1990, 1817; *Weber,* Der Gesetzentwurf der Bundesregierung zum Umwelthaftungsgesetz, VersR 1990, 688; *Wiebecke,* Umwelthaftung und Umwelthaftungsrecht, 1990.

12. Weitere Haftpflichtfälle

Am 1. 7. 1990 ist das Gesetz zur Regelung von Fragen der Gentechnik – **85**
Gentechnikgesetz (GenTG) – in Kraft getreten. Das Gentechnikgesetz wird, zusammen mit der Produkthaftung, der Arzneimittelhaftung und der Umwelthaftung zum Zentrum des Haftungsrechts der Risikogesellschaft zusammenwachsen (*Damm,* ZRP 1989, 463). Gemäß § 32 GenTG ist der „Betreiber" von gentechnischen Arbeiten verschuldensunabhängig zum Schadensersatz verpflichtet, wenn infolge von Eigenschaften eines Organismus, die auf seinen gentechnischen Arbeiten beruhen, jemand getötet, an Körper oder Gesundheit verletzt wird oder eine Sache beschädigt wird. Unter einem „Organismus" ist jede biologische Einheit zu verstehen, die fähig ist, sich zu vermehren oder genetisches Material zu übertragen (§ 3 GenTG). Das sind Viren, Viroide, Einzeller, Zellkulturen, Pflanzen oder Tiere. Die Gefährdungshaftung ist nur in den Fällen des § 37 I GenTG (Gebrauch eines zugelassenen Arzneimittels) nicht jedoch bei höherer Gewalt ausgeschlossen. Der Geschädigte hat den Beweis zu führen, daß der Schaden durch einen gentechnisch veränderten Organismus entstanden ist. Steht das fest, so gilt zu seinen Gunsten die Ursachenvermutung in § 34 GenTG: Ist der Schaden durch gentechnisch veränderte Organismen verursacht worden, so wird vermutet, daß er durch Eigenschaften dieser Organismen verursacht wurde, die auf gentechnischen Arbeiten beruhen. Die Vermutung ist aber entkräftet, wenn es „wahrscheinlich" ist, daß der Schaden auf anderen Eigenschaften dieser Organismen beruht. Die dem Geschädigten durch § 35 GenTG gewährten Auskunftsansprüche erleichtern die Durchsetzung der Ansprüche. Die Haftung ist auf 160 Millionen DM beschränkt (§ 33 GenTG). (Literatur: *Deutsch,* Haftung und Rechtsschutz im Gentechnikrecht, VersR 1990, 1041; *Fritsch/Haverkamp,* Das neue Gentechnikrecht, BB Beilage zu Heft 25/1990; *Hirsch/Schmidt-Didczuhn,* Die Haftung für das gentechnische Restrisiko, VersR 1990, 1193; *Witte,* Staatshaftung bei gentechnisch veränderten Mikroorganismen, 1989.)

Gesondert wird erörtert in B IX Rdnr. 81 ff. die Haftung im **Straßenverkehr,** **86**
in B XII Rdnr. 115 ff. die Haftung wegen **unlauteren Wettbewerbs,** in B XIV die Haftung wegen Verletzung des Persönlichkeitsrechts und der **Ehre,** in C VII die Verfassungsbeschwerde und die **Menschenrechts**beschwerde, in C VIII Rdnr. 15 ff. die Schadensersatzklage gegen die **Europäische Gemeinschaft** und in E II die **Haftung des Anwalts** gegenüber seinem Mandanten.

Ein Rechtsanwalts-Handbuch kann allenfalls knapp in einzelne ausgewählte „Haft- **87**
pflichtfälle" einführen und nur teilweise die Problematik andeuten. In ihm kann nicht etwa

das gesamte Haftpflichtrecht erörtert werden. Das bleibt der einschlägigen Fachliteratur vorbehalten. Haftpflichtfällen begegnen wir in allen Lebensbereichen, ob es sich um den Einsturz eines Gebäudes infolge fehlerhafter statischer Berechnung oder mangelhafter Baustoffe handelt, ob es um einen Verstoß gegen das Datenschutzgesetz (*Schmidt,* Wann haftet der Staat? Vorschriftswidrige Datenverarbeitung und Schadensersatz, 1989) oder um die Haftung des Kraftfahrzeughalters, des Maschinenproduzenten, des Notars, des Steuerberaters oder des achtlos die Hauptverkehrsstraße überquerenden Fußgängers geht. Das **Haftpflichtrecht** ist dementsprechend **differenziert** und sprengt den Rahmen des Rechts der unerlaubten Handlung i. S. der §§ 823ff. BGB. Es ist mit dem vertraglichen Schadensersatzrecht eng verknüpft. Das zeigt sich insbesonders bei der **Berufshaftung,** wie *Odersky* und *Hübner,* Die Berufshaftung – ein zumutbares Berufsrisiko NJW 1989, 1 und 5 unter Verarbeitung der Rechtsprechung zur Haftung der freien Berufe anschaulich darlegen. Dem Bearbeiter eines Haftpflichtfalles ist zu empfehlen, jeweils die **Spezialliteratur** für das betreffende Fachgebiet einzusehen. Es gibt nicht **den** Haftpflichtfall. In folgende Bereiche, die nicht scharf abzugrenzen sind, sondern ineinander übergehen, kann man die verschiedenen Haftpflichten aufteilen:

(1) Einmal in die Haftung für den verschuldeten Verstoß gegen Pflichten,
  (a) die allgemein jedermann treffen, so gemäß § 823 I BGB, 823 II BGB oder §§ 1 StVO etc., oder
  (b) die sich aus der Berufsausübung ergeben, so die Produkthaftung, die Arzthaftung, die Haftung des Frachtführers oder des Architekten, aber auch die Staatshaftung,

(2) zum anderen in die Haftung für das Verwirklichen von Gefahren, die
  (a) von bestimmten Anlagen oder Gegenständen ausgehen oder
  (b) von bestimmten Handlungen oder Unternehmungen drohen, z. B. § 833 BGB, § 7 StVG, § 33 LuftVG, §§ 1, 2 HaftpfG, § 1 UmwelthG, § 32 GenTG.

III. Besonderheiten in den neuen Bundesländern

88 Für Haftpflichtfälle, die sich seit dem 3. 10. 1990 in den neuen Bundesländern im Gebiet der ehemaligen DDR einschließlich Berlin Ost ereignet haben, gilt gemäß Art. 8 des Einigungsvertrages vom 31. 8. 1990 (BGBl. II, S. 885) grundsätzlich das deutsche Bundesrecht, soweit es nicht in seinem Geltungsbereich auf bestimmte Länder beschränkt ist und soweit der Einigungsvertrag nichts anderes bestimmt. Der Einigungsvertrag enthält erhebliche Ausnahmeregelungen, so daß in den neuen Bundesländern teilweise das frühere Recht fortgilt. Beispiel: Gemäß Art. 232, § 10 EGBGB sind die §§ 823–853 BGB auf Handlungen anzuwenden, die seit dem 3. 10. 1990 in den neuen Bundesländern begangen werden. Der Einigungsvertrag hat aber das Staatshaftungsrecht der ehemaligen DDR in der Fassung des DDR-Gesetzes vom 14. 12. 1988 (GBl. DDR I, 329) nach Maßgabe der Anl. II, Kap. III, Sachgeb. B, Abschn. III geändert und das auf diese Weise geänderte Gesetz als Landesrecht in Kraft gelassen. Soweit sich das Haftpflichtrecht in den neuen Bundesländern noch von dem in der Bundesrepublik unterscheidet, ist grundsätzlich das Recht des Tatorts maßgebend. Das entspricht dem deutschen IPR (*Palandt/Heldrich* Anm. 2a zu § 38 EGBGB) und entsprach auch § 17 des Rechtsanwendungsgesetzes der DDR vom 5. 12. 1975 (GBl. DDR I Nr. 46 S. 748) i. d. F. vom 11. 1. 1990 (GBl. DDR I S. 10). Hierzu: *Mansel,* Innerdeutsche Rechtsanwendung, 1990, 225; *Ann,* Produkthaftung in der DDR, Deutsch-Deutsche Rechtszeitschrift 1990, 232; *Schaub,* Die Haftung des Arbeitnehmers in den beigetretenen Ländern, BB Beilage 38 zu Heft 32/1990 S. 21; *Wasmuth,* Zur vertraglichen und deliktischen Haftung von Wirtschaftsunternehmen in den neuen Bundesländern, DtZ 1991, 46.

B VIII. Der Reiseprozeß

Thomas Estel

Übersicht

Literatur: *Eckert,* Die Risikoverteilung im Pauschalreiserecht, 1988; *Führich,* Reiserecht, 1990; *Isermann,* Reisevertragsrecht, 1988; *Ruhwedel,* Der Luftbeförderungsvertrag, 2. Aufl. 1987; *Tempel,* Voraussetzungen für die Ansprüche aus dem Reisevertrag, NJW 1986, 547; *ders.* Die Bemessung der Minderung der Vergütung in Reisevertragssachen, NJW 1985, 97; *Tonner,* Der Reisevertrag, 2. Aufl. 1986. – **DDR-Bezug:** *Espig,* Dienstleistungen auf dem Gebiet von Reise und Erholung, NJ 1974, 707; *Isermann,* Pauschalreiserecht für DDR-Bürger, VuR 1990, 147; *Schleider,* Das Reisevertragsrecht in beiden deutschen Staaten, ROW 1980, 62; *Thiel,* Die Regelung der Dienstleistungen auf dem Gebiet von Reise und Erholung, NJ 1976, 45; *ders.,* Die Ausgestaltung der Vertragsbeziehungen über Reise und Erholung in den Leistungsbedingungen des Reisebüros der DDR, NJ 1976, 644; *Tonner,* Bundesdeutsches oder DDR-Recht bei Pauschalreisen von DDR-Bürgern?, VuR 1990, 152.

I. Rechtsgrundlagen

1. Gesetzliche Grundlage des Reisevertragsrechts

Die §§ 651a–k BGB gelten auf Grund des Reisevertragsgesetzes vom 4. 5. 1979 (BGBl. I S. 509) für Pauschalreisen, d. h. für **mindestens zwei** von einem Reiseveranstalter geschuldete **(Haupt-) Reiseleistungen.** Selbst wenn eine Pau- 1 schalreise nur zum Schein vereinbart wird, um dem Kunden die Teilnahme an einem Charterflug zu ermöglichen, liegt ein Reisevertrag vor (*LG München I* NJW-RR 1990, 316). Wer **Reiseveranstalter** ist, richtet sich nach allgemeinen Auslegungsgrundsätzen, wobei die Sicht des Reisenden maßgeblich ist (zur Passivlegitimation Rdnr. 47).

2. Anwendungsbereich des Reisevertragsrechts

2 Der Anwendungsbereich des Reisevertragsrechts betrifft nicht nur die Pauschalreise bestehend aus den Leistungsteilen Unterkunft, Verpflegung (verschiedentlich werden beide als nur eine Leistung angesehen), Sonderleistungen und Transport. Leistungskombinationen, die auch dem Reisevertragsrecht unterliegen, sind z. B. Ferienfahrschulvertrag (*LG Frankfurt* NJW-RR 1989, 1399), Sprachreise (*LG Frankfurt* NJW-RR 1990, 760), Angelreise (*OLG Frankfurt* NJW-RR 1990, 1328).

3 **a)** Reisevertragsrecht ist entsprechend anwendbar auf **Ferienhausverträge** mit eigener Anreise und ohne Verpflegung, sofern sie mit einem Reiseveranstalter geschlossen worden sind (*BGH* NJW 1985, 906; *OLG Düsseldorf* NJW-RR 1990, 186); beim Vertrag mit dem Eigentümer ist Mietrecht anzuwenden, wobei in bezug auf Auslandsobjekte Fragen des internationalen Privatrechts (Art. 29 II EGBGB) und des internationalen Gerichtsstands zu beachten sind (*EuGH* NJW 1985, 905; *OLG Frankfurt* NJW 1985, 2045); je nach Sachlage wird Auftragsrecht angewendet (*LG Hamburg* NJW-RR 1987, 370). Auf Verträge über „rollende" oder „schwimmende" Ferienhäuser werden die Vorschriften des Reisevertragsrechts über die Minderung und den Schadensersatz für entsprechend anwendbar angesehen (*OLG Karlsruhe* NJW-RR 1988, 954: Wohnmobil; *OLG München* NJW-RR 1987, 366: Kabinenkreuzer).

4 **b) Keine Anwendung** finden die §§ 651 a–k BGB beim:

- (Luft-)Beförderungsvertrag (national: §§ 44 ff. LuftVG; international: Art. 17 ff. Warschauer Abkommen; zu Überschneidungen mit Reiserecht s. *LG Frankfurt* NJW-RR 1986, 216; *LG Hannover* NJW 1985, 2903); Haftungshöchstgrenzen bei Reisegepäckverlust beachten (*BGH* NJW 1987, 1939; *OLG Hamburg* NJW-RR 1986, 1440: unwirksame Haftungsbeschränkungen bei Flugreisen); keine analoge Anwendung von § 651 f II BGB (*LG Berlin* NJW-RR 1990, 636; *LG Frankfurt* NJW-RR 1990, 1211);
- Beherbergungsvertrag (§§ 701 ff. BGB – *LG Berlin* NJW 1985, 144; 1985, 2425; *LG Frankfurt* NJW 1983, 2263; NJW-RR 1987, 565: entsprechende Anwendung auf Reisevertrag – str.);
- Reisevermittlungsvertrag (§§ 675, 631 BGB – *LG Mönchengladbach* NJW-RR 1986, 56: Haftung des Reisebüros; zur Abgrenzung s. *LG Frankfurt* NJW-RR 1990, 957).

5 **c)** Die §§ 651 d–f BGB verdrängen als **Spezialnormen** das allgemeine Leistungsstörungsrecht (*BGHZ* 96, 255 = NJW 1986, 1748).

II. Ansprüche/Rechte des Reisenden vor Reiseantritt

1. Reiseunterlagen und Reisepreis

Der Reisende kann Zug um Zug gegen Zahlung des Reisepreises die Aushändigung derjenigen Reiseunterlagen verlangen, die ihm Leistungsansprüche gegen die Leistungsträger verbriefen (*BGH* NJW 1986, 1613; *BGHZ* 100, 157 = NJW 1987, 1931). Bei Preiserhöhungen nach Vertragsschluß empfiehlt sich die Zahlung nur unter Vorbehalt der Rückforderung. Zu nachträglichen Preiserhöhungen unter Berufung auf einen Kalkulationsirrtum ist der Reiseveranstalter nämlich nicht befugt, wenn dem Reisenden die Berechnungsgrundlage bei der Buchung nicht bekannt war (*LG Frankfurt* NJW-RR 1988, 1331). Stimmen die Preise in der Reisebestätigung und im Katalog überein, so liegt in der computerisierten Verwendung fehlerhaften Datenmaterials auf Seiten des Reiseveranstalters ein unbeachtlicher Motivirrtum (*AG Frankfurt* NJW-RR 1990, 116). Preisangleichungsklauseln in AGB sollten auf ihre Wirksamkeit geprüft werden (*OLG München* NJW-RR 1989, 46: 10% Preiserhöhung bei 4 Monaten vor Reisebeginn sind unwirksam). 6

2. Ersetzungsbefugnis

Bis zum Reisebeginn kann der Reisende verlangen, daß statt seiner ein Dritter an der Reise teilnimmt (§ 651b I BGB). Wirkung der Ersetzungsbefugnis ist, daß der Reisende Vertragspartner und damit Anspruchsinhaber von Minderungsansprüchen bleibt, während der Ersatzreisende auf Grund eines Vertrags zugunsten Dritter anspruchsberechtigt insbesondere für Schadensersatzansprüche ist. Diese Möglichkeit ist im allgemeinen kostengünstiger als der Rücktritt. 7

3. Rücktrittsrecht

Vor Reisebeginn kann der Reisende jederzeit vom Vertrag zurücktreten und die Rückzahlung des Reisepreises verlangen (§ 651i BGB). Der Rücktritt darf nicht durch unangemessene Erfordernisse in AGB erschwert werden (*OLG München* NJW-RR 1987, 493). Bei Rücktritt schuldet der Reisende allerdings je nach Rücktrittszeitpunkt gestaffelt Stornokosten. Die üblichen **Stornopauschalen** stellen eine angemessene Entschädigung dar (*LG Frankfurt* NJW-RR 1988, 638; zum Teil abweichend *LG Darmstadt* VuR 1990, 82; *LG Hannover* NJW-RR 1987, 1079; a. A. *LG Braunschweig* NJW-RR 1986, 144). Keine Stornopauschale ist zu entrichten bei Irrtumsanfechtung. In diesem Fall kann der Reiseveranstalter nur die mit dem nutzlosen Buchungsvorgang verbundenen Kosten als negatives Interesse ersetzt verlangen (*LG Frankfurt* NJW-RR 1989, 308). 8

4. Schadensersatz bei Rücktritt

Im Verschuldensfall hat der Reiseveranstalter die **Mehrkosten einer Ersatzreise** zu ersetzen (§ 651f I BGB), die der Reisende im Rahmen der zeitlichen Möglichkeiten und der herrschenden Marktlage unter Beachtung seiner Schadensgeringhaltungspflicht auszusuchen hat (*BGHZ* 82, 219 = NJW 1982, 377). Außerdem hat der Reiseveranstalter bei fehlender Möglichkeit einer Ersatzreise **Schadensersatz nach § 651f II BGB** (Rdnr. 28) zu leisten; es sei denn, der Reisende hat unter Verletzung von § 254 II BGB (Rdnr. 22) ein taugliches Ersatzangebot grundlos ausgeschlagen (*LG Frankfurt* NJW 1986, 1616; NJW-RR 9

1987, 178). Ist die anderweitig gebuchte Ersatzreise mangelhaft, ist der ursprüngliche Reiseveranstalter dafür aber nicht haftbar (*LG Frankfurt* NJW-RR 1987, 568).

5. Reiserücktrittskostenversicherung

10 Bei Abschluß einer Reiserücktrittskostenversicherung ist der Umfang des Versicherungsschutzes, insbesondere bei einer Reisegruppe zu prüfen (*LG Frankfurt* NJW-RR 1987, 156). Reiseteilnehmer, die keinen Versicherungsschutz genießen (Schutzbereich des Angehörigenstatus prüfen!), bleiben in der Vertragspflicht und sollten entweder die Reise antreten oder vom Recht nach § 651b I BGB Gebrauch machen (Rdnr. 7), um unliebsame Überraschungen zu vermeiden.

III. Ansprüche/Rechte des Reisenden bei vorzeitigem Reiseende

1. Kündigungsrecht nach § 651e BGB

11 Das Kündigungsrecht nach § 651e BGB setzt das **Vorliegen erheblicher Mängel** voraus (z.B. *LG Frankfurt* NJW-RR 1990, 699: Doppelzimmer ohne Kochnische in anderem Ort statt Ferienappartement). Die Grenze der Erheblichkeit wird bei einer Minderung von 20% des Reisepreises angenommen (*LG Frankfurt* NJW 1983, 2284); nach anderer Auffassung soll entsprechend § 651f II BGB eine Minderung von 50% maßgeblich sein (*LG Hannover* NJW-RR 1986, 213). Außerdem kann bei Fehlen zugesicherter Eigenschaften gekündigt werden (*LG Frankfurt* NJW-RR 1990, 761). Fraglich ist hier, wie hoch die Eigenschaft zu bewerten sein muß, damit ihr Fehlen zur Kündigung berechtigt. Bei berechtigter Kündigung hat der Reisende folgende Ansprüche.

12 **a)** Er kann **Rückzahlung des Reisepreises** verlangen. Bei der Anspruchshöhe ist allerdings für bereits erbrachte Leistungen des Reiseveranstalters eine Entschädigung zu berücksichtigen. Diese verringert sich wiederum durch Minderung, wenn die erbrachten Leistungen mangelhaft waren. Die Entschädigung entfällt, soweit die Leistungen infolge der Aufhebung des Vertrags für den Reisenden kein Interesse haben (s. insgesamt *LG Frankfurt* NJW-RR 1986, 55).

13 **b)** Ihm steht ein Anspruch auf **Schadensersatz** der kündigungsbedingten Folgekosten zu (§ 651f BGB). Hierzu zählen:

- nach § 651f I BGB: nutzlose Reisekosten im Fall sofortiger Rückreise, Visa-/Impfkosten, Aufwendungen für Urlaubsvertreter bei Selbständigen (im einzelnen Rdnr. 27); Mehrpreis für Ersatzquartier (str. s. Rdnr. 25);
- nach § 651f II BGB: nutzlos aufgewendete Urlaubszeit für den zu Hause verbrachten Urlaubsrest (Balkonurlaub) und eventuell für die beeinträchtigte Urlaubszeit bis zur Kündigung, sofern die zur Kündigung berechtigenden Mängel eine Minderung von mindestens 50% des Reisepreises ausgelöst hätten (Rdnr. 28).

2. Kündigungsrecht nach § 651j BGB

14 Die Kündigungsmöglichkeit nach § 651j BGB ist bislang nur selten praktisch geworden (s. Reaktorunfall *BGH* NJW 1990, 572 zur Kündigung vor Reisebeginn, wobei der Reisende die Hälfte der vom Reiseveranstalter aufgewendeten

Hotel-Stornokosten übernehmen soll; „Algenpest" *LG Frankfurt* NJW-RR 1990, 761). Führt höhere Gewalt (z.B. Wirbelsturm) zu einem Mangel, hat § 651e BGB Vorrang (*BGHZ* 85, 50 = NJW 1983, 33 – str.; *OLG Düsseldorf* NJW-RR 1990, 252 zum Wahlrecht des Reisenden). Streik ist keine höhere Gewalt (*LG Frankfurt* NJW 1980, 1696). Höhere Gewalt ist auch verneint worden für einen Schiffsbrand (*BGHZ* 100, 185 = NJW 1987, 1938) und für vorhersehbare Unruhen in einem Krisengebiet (*OLG Düsseldorf* NJW-RR 1990, 573: Sri Lanka).

3. Anspruch auf Rückbeförderung

Kommt der Reiseveranstalter **bei gerechtfertigter Kündigung** durch den 15
Reisenden dessen Rückbeförderungsanspruch (§§ 651e/651j BGB) mangels Flugmöglichkeit nicht nach und nimmt der Reisende die Leistungen notgedrungen weiterhin an, sind die §§ 651d, 651f BGB anzuwenden.

IV. Ansprüche des Reisenden nach vertraglichem Reiseende

1. Minderungsanspruch

Minderungsansprüche nach § 651d BGB sind verschuldensunabhängig für 16
die Zeit der jeweiligen Beeinträchtigung gegeben. Sie werden durch die Fehlerhaftigkeit einzelner Reiseleistungen (*LG Frankfurt* NJW 1983, 2264; *LG Hannover* NJW 1984, 2417; *LG Heidelberg* NJW 1984, 133) bzw. „der Reise" (*BGH* NJW 1985, 1165; *BGHZ* 96, 255 = NJW 1986, 1748) ausgelöst. Zum Teil wird die Auffassung vertreten, der Reisende müsse sich bei der Anspruchsentstehung mitwirkendes Verschulden nach § 254 I BGB entgegenhalten lassen (*LG Hannover* NJW-RR 1986, 1055). Mitverschulden wird jedoch im allgemeinen ausschließlich im Rahmen der Schadensgeringhaltungspflicht nach § 254 II BGB berücksichtigt (Rdnr. 22, 27 und 31).

a) Voraussetzung ist ein **Mangel,** der die Grenze der bloßen Unannehmlich- 17
keit überschreitet. Mangel ist jede Abweichung der tatsächlich vorgefundenen Verhältnisse vom Vertragsinhalt. Dieser ergibt sich aus den Vertragsunterlagen:

- Die bei Buchung gültige **Prospektbeschreibung** (*LG Frankfurt* NJW-RR 1988, 635; NJW-RR 1987, 747: Vorausbuchung) gibt – unter Umständen erst durch Auslegung – Aufschluß über die Einzelheiten der vom Reiseveranstalter geschuldeten Reiseleistungen. Maßgeblich ist dabei die Beschreibung des gebuchten Objekts und gegebenenfalls auch des Umfelds (*LG Frankfurt* NJW-RR 1987, 566: Klima; *AG München* NJW 1990, 190: Schnee; aber: *OLG Frankfurt* NJW-RR 1988, 1328: „vorübergehende Laune der Natur" bei Angelreise). Unklarheiten gehen zu Lasten des Reiseveranstalters (*LG Frankfurt* NJW-RR 1986, 1173; *LG Hannover* NJW-RR 1989, 1398 zur Mitnahme von Haustieren). Zur Freizeichnung s. Rdnr. 19.
- Die **Reiseanmeldung** enthält möglicherweise einen Vermerk über Zusicherungen seitens des Reisebüros (Rdnr. 18).
- Aus der **Reisebestätigung** können sich – abgesehen vom maßgeblichen Reisepreis (*LG Frankfurt* NJW-RR 1988, 1331) eventuelle Sonderwünsche ergeben (*LG Frankfurt* NJW-RR 1986, 143). Weicht die Reisebestätigung in Hauptpunkten von der Reiseanmeldung ab (z.B. anderes Hotel), liegt darin ein neues Angebot (§ 150 II BGB).

- Einzelheiten über die Durchführung des Vertrags, über das Verfahren im Falle von Leistungsstörungen und über den Leistungsumfang in solchen Fällen gehen aus den AGB hervor. Deren maßgeblicher Text muß im Prospekt abgedruckt sein (*LG Frankfurt* NJW 1985, 1626).

18 b) **Zusicherungen** durch das selbständige Reisebüro, die über die Prospektbeschreibung hinausgehen, sind für den Reiseveranstalter bindend, wenn sie an den Prospektinhalt anknüpfen oder auf besondere Anfrage gemacht werden (*LG Frankfurt* NJW 1989, 2397: behindertengerechte Unterkunft; *OLG Köln* VersR 1989, 52: Benutzbarkeit des Swimmingpools; *LG Frankfurt* NJW-RR 1990, 761: Bademöglichkeit ohne „Algenpest"). Keine Einstandspflicht des Reiseveranstalters besteht bei Aushändigung eines Privatprospekts des gebuchten Hotels (*LG Frankfurt* NJW 1985, 1166) sowie bei Zusicherungen, die in offenem Widerspruch zum Inhalt des Prospekts stehen (*LG Frankfurt* NJW-RR 1987, 495), und bei solchen Zusicherungen, die erkennbar nicht auf der Sachkompetenz des Erklärenden beruhen. Rechtliche Kompetenzbeschränkungen in ABG des Reiseveranstalters betreffend die Abgabe von Zusicherungen durch das Reisebüro, das als Handelsvertreter des Reiseveranstalters anzusehen ist (*BGHZ* 82, 219 = NJW 1982, 377), sind unter Umständen unwirksam.

19 c) Die **Freizeichnung** für bestimmte Beeinträchtigungen durch entsprechenden Prospekthinweis ist nur wirksam, wenn sie aus der maßgeblichen Sicht des Reisenden inhaltlich eindeutig ist (*LG Hannover* NJW-RR 1987, 496) und an solchen Stellen im Prospekt abgedruckt ist, an denen der Reisende nach Treu und Glauben eine entsprechende Information erwarten darf (*LG Frankfurt* NJW-RR 1986, 1173; 1988, 248). Der Hinweis auf die Landesüblichkeit kann bei aussagekräftigem Inhalt zur Leistungsfreiheit führen (*LG Stuttgart* NJW-RR 1989, 1400), jedoch konkrete Prospektangaben nicht außer Kraft setzen (*OLG Frankfurt* NJW 1986, 1618).

20 d) Bestreitet der Reiseveranstalter die Mangelhaftigkeit, muß der Reisende den **Mangel beweisen.** Dabei kommt ihm bei Vorliegen einer von der Reiseleitung vorbehaltlos unterzeichneten Mängelliste in bezug auf die darin konkret und für die Reiseleitung nachprüfbar aufgeführten Mängel die damit verbundene Anerkenntniswirkung zugute (*AG Berlin-Charlottenburg* VersR 1984, 373; *LG Frankfurt* NJW 1989, 309; a. A. *LG Hannover* NJW-RR 1988, 1454; *LG Berlin* NJW-RR 1989, 1213).

21 e) Wendet der Reiseveranstalter ein, die **Mängelrüge** sei nicht/unvollständig/verspätet/gegenüber der unzuständigen Stelle erhoben worden, hat der Reisende die Möglichkeit darzulegen,

- er habe die Mängelrüge ordnungsgemäß erhoben (zur Darlegungs- und Beweislast bei unterbliebener Mängelanzeige s. *BGHZ* 92, 177 = NJW 1985, 132; *LG Hannover NJW-RR 1990, 1018;* abweichend *LG Frankfurt* NJW-RR 1986, 540). Zur ordnungsgemäßen Erhebung der Mängelrüge genügt einerseits die direkte Kontaktaufnahme mit der Zentrale des Reiseveranstalters in Deutschland ohne Einschaltung des örtlichen Leistungsträgers; dabei braucht der Reisende bis zur Antwort nicht im mangelhaften Quartier zu warten, sondern kann eine Adresse hinterlassen (*LG Frankfurt* NJW-RR 1988, 1330). Andererseits ist eine Klausel in AGB unwirksam, die dem Reisenden die Mängelrüge gegenüber der Zentrale in Deutschland auferlegt (*BGHZ* 108, 52 = NJW 1989, 2750);

- die Mängelrüge sei insbesondere wegen Offenkundigkeit (*LG Frankfurt* NJW 1983, 233) oder wegen Kenntnis des Reiseveranstalters vom Mangel (*LG Frankfurt* NJW-RR 1986, 145) entbehrlich gewesen;
- die Verspätung der Mängelrüge sei unschädlich, da auch auf die nicht rechtzeitige Rüge keine Abhilfe erfolgt sei (*OLG Frankfurt* NJW 1983, 235);
- er habe die Mängelrüge schuldlos unterlassen (*LG Frankfurt* NJW-RR 1988, 634: Mängelanzeige aus dem nicht deutschsprachigen Ausland).

Wegen der unterschiedlichen Rechtsfolgen ist die Mängelrüge nicht mit der Anspruchsanmeldung (Rdnr. 34) zu verwechseln.

f) Behauptet der Reiseveranstalter, bei ordnungsgemäßer Mängelrüge sei er in der Lage gewesen, Abhilfe zu schaffen oder ein **Ersatzquartier** anzubieten, kann der Reisende dagegenhalten, 22
- ihm sei kein konkretes Umzugsangebot gemacht worden;
- das Ersatzquartier sei der gebuchten Unterkunft nicht vergleichbar gewesen (zur abweichenden Lage s. *LG Frankfurt* NJW 1983, 233);
- das vergleichbare Ersatzquartier sei seinerseits mangelhaft gewesen (*LG Frankfurt* NJW 1985, 1474; *OLG Düsseldorf* NJW-RR 1989, 1528);
- das Umzugsangebot sei unzumutbar spät erfolgt (*OLG Frankfurt* NJW-RR 1988, 632; *LG Frankfurt* NJW 1985, 1473).

Gleiches gilt gegenüber dem nach § 254 II BGB beachtlichen Vorbringen des Reiseveranstalters, der Reisende habe ein Umzugsangebot grundlos ausgeschlagen.

Hat der Reisende im Wege der Abhilfe ein Ersatzquartier bezogen, so ist eine nochmalige Umquartierung wegen anderweitiger Reservierung des Ersatzobjekts ausgeschlossen. Eine gleichwohl verfügte erneute Umquartierung berechtigt den Reisenden zur Kündigung des Vertrages (*LG Frankfurt* NJW-RR 1989, 312).

Wünscht der Reisende bei mangelfreier Unterkunft dennoch einen Umzug, braucht er auf den damit verbundenen Fortfall eines Preisvorteils vom Reiseveranstalter nicht hingewiesen zu werden (*LG Frankfurt* NJW-RR 1989, 566). Die Rückzahlung des an den Reiseveranstalter geleisteten Aufpreises kann der Reisende nicht verlangen.

g) Macht der Reiseveranstalter geltend, die nach § 651 c II BGB erforderliche **Fristsetzung** sei unterblieben, kann sich der Reisende darauf berufen, der Fristsetzung habe es nicht bedurft, 23
- weil Abhilfe ohnehin nicht möglich gewesen sei;
- weil der Reiseleiter die Abhilfe verweigert habe;
- weil er besonderes Interesse an sofortiger Abhilfe gehabt habe.

h) Zur **Bewertung der Minderung** kann als Anhaltspunkt die Frankfurter Tabelle zur Reisepreisminderung dienen (NJW 1985, 113 – wiedergegeben im Anhang Rdnr. 56). Der Gebrauch der Tabelle macht die Tatsachenfeststellung im konkreten Fall nicht entbehrlich. Bei richtiger Anwendung darf die Minderung nicht höher als der Reisepreis sein. 24

2. Aufwendungsersatzanspruch bei Selbstabhilfe

Bei ergebnislosem Fristablauf oder bei Entbehrlichkeit der Fristsetzung steht dem Reisenden das Recht zur Selbstabhilfe und für die daraus entstandenen Kosten (z. B. Eigenreinigung; Ersatzbeschaffung von Küchenutensilien) ein 25

Aufwendungsersatzanspruch zu (§ 651c III BGB). Auch die Kosten eines Ersatzquartiers werden verschiedentlich als Selbstabhilfekosten angesehen (*LG Mönchengladbach* NJW-RR 1986, 1175; a. A. *LG Frankfurt* NJW 1983, 2884: Folgekosten einer notwendigen Kündigung). Die Aufwendungen werden meist wegen Fehlens von Belegen zu schätzen sein (§ 287 ZPO). Für die in ausländischer Währung ausgedrückte Geldschuld gilt die Umrechnung nach § 244 BGB.

3. Schadensersatzansprüche

26 Neben der mängelfreien Leistungserbringung hat der Reiseveranstalter einzustehen für Verletzungen von:

- Informationspflichten (z. B. in bezug auf Einreisebestimmungen – *BGH* NJW 1985, 1165; *LG Frankfurt* NJW-RR 1987, 175 oder in bezug auf die geographische Lage der gebuchten Ferienwohnung bei eigener Anfahrt – *LG Frankfurt* NJW-RR 1989, 48);
- Organisationspflichten (z. B. bei fehlender Organisation nach Flugverspätung wegen Streiks des Flughafenpersonals – *LG Hannover* NJW-RR 1989, 820 oder bei vertragswidriger Änderung des Ablaufs einer kombinierten Reise: erst Erholung im Hotel, dann strapaziöse Rundreise – *LG Mönchengladbach* NJW-RR 1989, 317 oder bei Nichtberücksichtigung von zeitlichen Sicherheitszuschlägen im Flugverkehr – *LG Berlin* NJW-RR 1989, 1020);
- Schutzpflichten (z. B. in bezug auf die Funktionstüchtigkeit eines Gasherdes – *LG Frankfurt* NJW 1985, 2424 oder in bezug auf die Sicherung eines Ferienappartements gegen Diebstahl – *OLG Düsseldorf* NJW-RR 1990, 38 oder in bezug auf die sichere Befestigung eines Spiegels – *LG Frankfurt* NJW-RR 1989, 1213).

Bei Verschulden des Reiseveranstalters oder seiner Erfüllungsgehilfen (Buchungsstelle, Leistungsträger, Reiseleiter), für deren Verhalten der Reiseveranstalter nach § 278 BGB einzustehen hat, kommen **Schadensersatzansprüche** in Betracht für:

27 **a)** adäquat kausal verursachte **Folgeschäden** nach § 651f I BGB (z. B. nutzlos aufgewendeter Reisepreis infolge eines vom Reiseveranstalter zu vertretenden Körperschadens – *LG Frankfurt* NJW-RR 1989, 1213; Verlust von Urlaubszeit/Taxikosten beim Umzug oder Telefonkosten für die Organisation der Rückreise nach Kündigung – *OLG Düsseldorf* NJW-RR 1989, 1078), die bei Fehlen von Belegen der Höhe nach zu schätzen sind (§ 287 ZPO – s. Rdnr. 25). Hierzu gehören auch der Anspruch auf Rückzahlung der vom Hotelier zu Unrecht vereinnahmten „Leerbettengebühr" (*LG Frankfurt* NJW-RR 1987, 826) und der Aufpreis für ein Ersatzobjekt (*LG Frankfurt* NJW-RR 1987, 178; a. A. *LG Mönchengladbach* Rdnr. 25). Der Reiseveranstalter hat zu seiner Entlastung zu beweisen, daß weder ihn noch seine Erfüllungsgehilfen ein Verschulden trifft (*BGH* NJW 1987, 1938). Mitverschulden des Reisenden ist nach § 254 BGB zu berücksichtigen (z. B. bei der Verwahrung von Wertsachen – *OLG Düsseldorf* NJW-RR 1990, 38 oder bei der Information über Einreisebestimmungen – *LG Frankfurt* NJW-RR 1989, 312);

28 **b) nutzlos aufgewendete Urlaubszeit** nach § 651f II BGB. Die Voraussetzung der Vereitelung oder erheblichen Beeinträchtigung der Reise ergibt sich aus der Darlegung von Mängeln, die eine Minderung von mindestens 50% des anteiligen Reisepreises rechtfertigen (*OLG Düsseldorf* NJW-RR 1986, 280; *OLG*

Frankfurt NJW-RR 1988, 632; *LG Frankfurt* NJW 1985, 143; *LG Hannover* NJW-RR 1986, 123; 1989, 633), wobei ein Ersatzurlaub von mindestens zwei Tagen zum Ausgleich erforderlich sein soll (*LG Frankfurt* NJW-RR 1986, 1440 – zweifelhaft). Eine Entschädigung wegen vertaner Urlaubszeit kommt für einen Teil einer Gesamtreise in Betracht, wenn sich die Gesamtreise in selbständige Reiseteile (Rundreise und Hotelbadeaufenthalt) gliedern läßt (*LG Hannover*NJW-RR 1990, 1019). Wird die Reise durch Überbuchung der Unterkunft vereitelt, hängt der Schadensersatzanspruch nicht davon ab, daß bei Unterbringung in dem vom Reiseveranstalter angebotenen Ersatzquartier eine Minderung von mehr als 50% gerechtfertigt gewesen wäre (*OLG Düsseldorf* NJW-RR 1989, 1978). Der Anspruch kann auch dann bestehen, wenn die Reise überhaupt nicht angetreten oder vorzeitig beendet wird und der Reisende einen „Balkonurlaub" verbringt. Bei Verspätung des Rückfluges und dadurch bedingter Verlängerung der Reise soll dem Reisenden unter entsprechender Anwendung von § 651 f II BGB ein Schadensersatzanspruch zustehen für den ihm vom Arbeitgeber zugewiesenen Pflichturlaub unter Gehaltsfortzahlung (*LG Berlin* NJW-RR 1990, 1018). Wird der besondere Reisezweck eines „Aktivurlaubs" vereitelt, ist auch insoweit ein Schadensersatzanspruch möglich (*LG Frankfurt* NJW-RR 1990, 760: Sprachreise).

Im Prozeß sollte ein bezifferter Antrag gestellt werden (a. A. *LG Hannover* NJW 1989, 1936). Auch hier gilt, daß der Reiseveranstalter den Entlastungsbeweis zu führen hat und Mitverschulden des Reisenden zu berücksichtigen ist (Rdnr. 27). Haftungsbeschränkungen nach § 651 h I BGB sind auch in bezug auf Personenschäden zulässig (*BGHZ* 100, 157 = NJW 1987, 1931; *LG Frankfurt* NJW-RR 1986, 214). Zur unerlaubten Handlung s. Rdnr. 31.

Die **Berechnung** kann sich orientieren: 29

- bei materieller Betrachtung am Nettomonatsverdienst (*OLG Frankfurt* NJW-RR 1988, 632; *OLG München* NJW-RR 1987, 748; früher: *LG Frankfurt* NJW 1980, 1286; 1982, 2452; 1983, 1127 – Konsequenz: Nichterwerbstätige haben keinen Schaden), am Reisepreis (*OLG Frankfurt* NJW 1981, 827) oder an einer Mischung aus beidem (*BGHZ* 77, 116 = NJW 1980, 1947; *OLG Düsseldorf* NJW-RR 1989, 1978);
- bei immaterieller Betrachtung an den Umständen des Einzelfalls/Schmerzensgeldgesichtspunkten (*BGH* NJW 1983, 35; *LG Hannover* NJW-RR 1989, 633), an der Gesundheit des Reisenden (*OLG Celle* OLGZ 1982, 476) oder an der auf 100 DM pro Person und pro Tag pauschal zu veranschlagenden Nichterfüllung der Erwartung auf Erholung (nunmehr: *LG Frankfurt* NJW-RR 1988, 1451).

4. Schadensersatz wegen positiver Forderungsverletzung

Ansprüche aus positiver Forderungsverletzung kommen wegen der Speziali- 30
tät der §§ 651 d–f BGB erst in zweiter Linie – und damit praktisch selten – zum Zuge.

5. Schadensersatz aus unerlaubter Handlung/Schmerzensgeld

Ansprüche aus unerlaubter Handlung sind nur bei Verletzung eigener **Ver-** 31
kehrspflichten des Reiseveranstalters möglich (*LG Frankfurt* NJW 1985, 2424; *LG Hannover* NJW-RR 1986, 1055), denn der Leistungsträger ist nicht Verrichtungsgehilfe (*BGHZ* 103, 298 = NJW 1988, 1380). Im Rahmen seiner Kontroll-

pflichten ist der Reiseveranstalter nicht gehalten, Sicherungsmaßnahmen umfassendster Art vorzunehmen und allen erdenklichen Gefahrumständen vorsorglich entgegenwirken zu müssen (*OLG Frankfurt* NJW-RR 1990, 188; *OLG Düsseldorf* NJW-RR 1990, 187: keine Kontrolle einzelner Mahlzeiten). Bei Vorliegen der Voraussetzungen der §§ 823, 847 BGB besteht ein Anspruch auf Schmerzensgeld (*BGHZ* 103, 298 = NJW 1988, 1380), der neben einem Anspruch aus § 651f II BGB möglich ist (*LG Frankfurt* NJW-RR 1989, 310) und selbst auf der schon angetretenen Rückreise entstehen kann (*OLG Frankfurt* NJW-RR 1988, 153). Mitverschulden des Reisenden ist nach § 254 BGB zu berücksichtigen. Haftungsbeschränkungen nach § 651h I BGB sind, insbesondere in bezug auf Personenschäden unwirksam (*BGHZ* 100, 157 = NJW 1987, 1931). Für Deliktsansprüche des Reisenden wegen Personenschäden gilt die **Ausschlußfrist** des § 651g I BGB (*LG Frankfurt* NWJ 1990, 520 – str.). Diese Frist beginnt bei einem Anspruchsübergang nach § 116 SGB X erst dann zu laufen, wenn der Sozialversicherungsträger Kenntnis von dem anspruchsbegründenden Vorgang und von der Person des Reiseveranstalters erlangt hat (*LG Frankfurt* NJW 1990, 520). Die **Verjährung** richtet sich hingegen nicht nach § 651g II BGB, sondern nach § 852 BGB (*BGHZ* 103, 298 = NJW 1988, 1380).

6. Abfindungs-/Verzichtserklärungen

32 Unbeachtlich bleibt eine vom Reisenden am Urlaubsort abgegebene Abfindungs-/Verzichtserklärung, gleichgültig, ob sie gegenüber dem Reiseleiter, Leistungsträger oder einem Dritten mit einer den Reiseveranstalter begünstigenden Wirkung erfolgt ist (*LG Frankfurt* NJW 1984, 1762; NJW-RR 1986, 539).

V. Maßnahmen zur Anspruchssicherung

1. Anspruchsanmeldung

33 Als unaufschiebbare Sofortmaßnahme ist die **einmonatige Frist zur Anspruchsanmeldung** (§ 651g I BGB) durch ein qualifiziertes Anmeldeschreiben (zum Inhalt Rdnr. 34), was an den richtigen Empfänger gerichtet sein muß (Rdnr. 35), zu wahren, sofern nicht schon ein fristwahrendes Anmeldeschreiben des Reisenden selbst vorliegt (Rdnr. 37) oder der Lauf der Frist durch anderweitige Maßnahmen nicht in Gang gesetzt worden ist (Rdnr. 38). Das gilt ebenfalls für deliktische Ansprüche (s. Rdnr. 31). Die Anmeldung der Ansprüche ist auch dann erforderlich, wenn der Reiseveranstalter den Mangel arglistig verschwiegen hat (*LG Frankfurt* NJW 1987, 132).

34 **a)** Zum **notwendigen Inhalt** des Anmeldeschreibens gehören neben den Reisedaten, insbesondere bei Gruppenreisen die Bezeichnung der Person des Anspruchsstellers (*OLG Düsseldorf* NJW 1985, 146: Vereinsreise), eine detaillierte Aufstellung der Beanstandungen und – zur Klarstellung – die Geltendmachung der einzelnen Ansprüche, wobei eine Bezifferung nicht erforderlich ist (*LG Frankfurt* NJW-RR 1986, 1441: Übersendung einer Mängelliste mit konkreten Beanstandungen genügt; *LG Hannover* MDR 1987, 671). Fotografien sollten bereits mitübersandt werden. Ist die Bezeichnung der Beanstandungen nur so allgemein gehalten, daß dem Reiseveranstalter eine ordnungsgemäße Prüfung der Ansprüche nicht möglich ist, droht der Anspruchsverlust wegen unzulänglicher Anmeldung.

b) Richtiger Empfänger des Anmeldeschreibens ist neben dem Reiseveranstalter und seinen eigenen Buchungsstellen auch das selbständige Reisebüro, bei dem die Reise gebucht wurde, als dessen Handelsvertreter (*BGHZ* 102, 80 = NJW 1988, 488; *OLG München* NJW-RR 1990, 892: Generalvertreter). Entgegenstehende AGB sind unwirksam (*LG Frankfurt* NJW-RR 1987, 745). Ungeeigneter Adressat sind die Leistungsträger und der Reiseleiter (s. aber *BGHZ* 90, 363 = NJW 1984, 1752 zur sog. „nackten Anmeldung"). **35**

c) Die Frist ist – auch bei vorzeitiger Reiserückkehr (z. B. bei Kündigung) – ausgehend vom vertraglichen Reiseende zu berechnen; dabei zählt nach den §§ 187 I, 188 II BGB der Tag des Reiseendes nicht mit (*LG Frankfurt* NJW 1986, 594; *LG Hannover* NJW-RR 1990, 572; a. A. *AG Düsseldorf* NJW 1985, 980). **36**

d) Ein bereits vorhandenes **privatschriftliches Anspruchsschreiben** ist sowohl aus materiellrechtlicher als auch aus formeller Sicht auf die Wirksamkeit der Anmeldung zu prüfen. **37**

aa) Im Hinblick auf seine materiellrechtliche Wirkung (Bestimmung des zukünftigen Streitgegenstandes) ist die **Vollständigkeit und Tauglichkeit** der Anmeldung festzustellen (zum notwendigen Inhalt Rdnr. 34). „Rückzahlung" bedeutet keine endgültige Festlegung auf Minderung oder Schadensersatz. Fristgemäße inhaltliche Ergänzungen sind zulässig (*LG Frankfurt* NJW-RR 1987, 1078).

bb) Die **Rechtzeitigkeit der Anmeldung** braucht der Reisende erst dann näher darzulegen und unter Beweis zu stellen, wenn der beklagte Reiseveranstalter sich auf die fehlende oder nicht fristgerechte Anmeldung beruft (*LG Frankfurt* NJW-RR 1989, 1212). Für die Rechtzeitigkeit kommt es nicht auf den Poststempel des Absendedatums, sondern auf den Eingang beim richtigen Empfänger an (auch Reisebüro Rdnr. 35), und zwar zur üblichen Geschäftszeit, um nach § 130 I BGB wirksam zu sein (*LG Frankfurt* MDR 1985, 233). Im Zweifelsfall ist dort nachzufragen, bevor rechtliche Schritte unternommen werden. Zum Nachweis des Zugangs empfiehlt sich die Verwendung eines Einschreibens gegen Rückschein. Die Nichteinhaltung der Frist ist gemäß § 651 g I 2 BGB entschuldigt, wenn der Reisende die Anschrift des Reiseveranstalters erst mit besonderen Anstrengungen ermitteln kann, weil sie weder im Reiseprospekt noch in der Reisebestätigung genannt ist (*LG Hannover* NJW-RR 1990, 572). Zur Führung des Entlastungsbeweises nach § 651 g I 2 BGB genügt die Glaubhaftmachung, daß der Reisende das Anmeldeschreiben so rechtzeitig abgesandt hat, daß es unter normalen Umständen fristgemäß hätte zugehen müssen (*LG Frankfurt* NJW 1987, 132). Die Fristwahrung durch Klageeinreichung mit Rückwirkung nach § 270 III ZPO ist fraglich (verneinend: *AG Düsseldorf* NJW 1986, 593). Der Reisende kann Gewährleistungsansprüche sogar schon vor Reiseantritt geltend machen (*AG Köln* NJW-RR 1989, 1527), jedenfalls auch schon während der Reise (*BGHZ* 102, 80 = NJW 1988, 488: bei ordnungsgemäßer Anmeldung keine Wiederholung nach Reiseende erforderlich).

e) Ist die Frist bei Mandatserteilung bereits verstrichen, ohne daß der Reisende selbst Ansprüche angemeldet hat, kann eine am Urlaubsort gefertigte formularmäßige **Niederschrift** des Reiseleiters über konkrete Beanstandungen oder ein vom Urlaubsort an den Reiseveranstalter unmittelbar gesandtes **Beschwerdeschreiben** fristwahrend wirken (*BGHZ* 102, 80 = NJW 1988, 488). Voraussetzung ist die Weiterleitung der Niederschrift bzw. die Zusage der Weiterleitung **38**

an den Reiseveranstalter. *LG Hannover* MDR 1987, 670 läßt die Niederschrift nur dann als fristwahrend genügen, wenn der Reiseleiter bei Empfangnahme der Urkunde erklärt hat, er werde sich wegen einer etwaigen Entschädigung mit dem Reiseveranstalter in Verbindung setzen. Nicht fristwahrend wirkt die bloße Aufstellung einer Mängelliste, die der Reiseleiter abzeichnet und die der Reisende dann wieder an sich nimmt (*LG Hannover* NJW 1982, 343; NJW-RR 1987, 749).

2. Unterbrechung der Verjährung

39 Im Hinblick auf die ab sechs Monate nach Reiseende mögliche Einrede der Verjährung (§ 651 g II BGB) ist für die rechtzeitige Unterbrechung der Verjährung durch Klageerhebung zu sorgen, sofern nicht schon die Unterbrechung durch Anerkenntnis (§ 208 BGB) in Betracht kommt.

40 **a)** Die **Berechnung der Frist** richtet sich wie bei der Anmeldefrist (Rdnr. 36) nach den §§ 187 I, 188 II BGB mit der Folge, daß der Tag des Reiseendes nicht mitzählt (*LG Frankfurt* NJW 1986, 594 – str.). Bei Unterbrechung durch Klageerhebung (§ 209 II Nr. 1 BGB) ist unter den Voraussetzungen des § 270 III ZPO der Zeitpunkt der Einreichung der Klageschrift maßgeblich; die Vorschaltung eines Mahnverfahrens ist in Reisesachen unpraktikabel. Für den Unterbrechungszeitpunkt gilt § 693 II ZPO.

41 **b)** Nach § 651 g II 3 BGB kommt dem Reisenden die Dauer der Prüfung angemeldeter Ansprüche durch den Reiseveranstalter zugute, denn bis zur Zurückweisung ist die Verjährungsfrist **gehemmt.** Liegt bereits ein Antwortschreiben des Reiseveranstalters vor – sei es als Reaktion auf die Niederschrift (Rdnr. 38), sei es als Antwort auf das privatschriftliche Anmeldeschreiben (Rdnr. 37) –, kommt jenem Schreiben des Reiseveranstalters im allgemeinen entweder der Charakter eines Zwischenbescheids oder der einer Leistungsablehnung zu. Im ersteren Fall bewirkt dies den Beginn der Hemmung, im letzteren Fall ist damit das Ende der Hemmung verbunden. Die Beweislast für die Beendigung der Hemmung trägt der Reiseveranstalter (*LG Frankfurt* NJW-RR 1987, 568). Läßt sich der Reiseveranstalter auf ein folgendes anwaltliches Anspruchsschreiben erneut zur Sache ein, ist die Verjährung bis zur endgültigen Leistungsablehnung gehemmt (*OLG Düsseldorf* NJW-RR 1990, 825); hier ist Vorsicht geboten, denn die Auslegung, wann eine endgültige Zurückweisung vorliegt, kann – insbesondere im Zusammenhang mit Kulanzzahlungen – zur Streitfrage werden (*LG Frankfurt* NJW 1985, 147). Die Zurückweisung liegt z. B. in dem Widerspruch gegen einen vom Reisenden erwirkten Mahnbescheid (*BGHZ* 88, 174 = NJW 1983, 2699). Keine Zurückweisung liegt vor, wenn der Reiseveranstalter mitteilt, er habe die Sache zur Weiterbearbeitung an seinen Versicherer übergeben. Wird die Verjährung nach Eintritt der Hemmung zugleich unterbrochen, beginnt eine neue Verjährung bei Fortdauer der Hemmung nicht nach dem Ende der Unterbrechung, sondern erst nach Wegfall des Hemmungsgrundes (*BGH* NJW 1990, 826).

42 **c)** Nach Klageerhebung gilt es, auf die **Beendigung der Unterbrechung,** die durch Stillstand des Prozesses eintritt (§ 211 II BGB), zu achten und nötigenfalls erneute Unterbrechungshandlungen vorzunehmen. Das erfordert ein „aktives" Betreiben des Verfahrens (z. B. rechtzeitige Zahlung des Gerichtskostenvorschusses).

d) Die **personelle und inhaltliche Wirkung der Unterbrechung** erstreckt sich nur auf diejenige Person, welche die Klage erhoben hat, und nur auf diejenigen Beanstandungen, die in der Klagebegründung genannt sind. Im Zusammenhang mit der erst im Prozeß streitigen Aktivlegitimation (Rdnr. 46) kann die Erhebung der Verjährungseinrede gegen Treu und Glauben verstoßen (*LG Frankfurt* NJW-RR 1987, 567). **43**

VI. Prozessuale Hinweise

1. Rückgabe des Reisegutscheins

Vor Klageerhebung ist die Rückgabe eines etwa übersandten Reisegutscheins angezeigt. Der Reiseveranstalter könnte nämlich im Prozeß hilfsweise die Verurteilung Zug um Zug gegen Herausgabe des Reisegutscheins beantragen oder Widerklage auf Herausgabe erheben, was den Reisenden möglicherweise mit vermeidbaren Kosten belasten würde. **44**

2. Zuständigkeit des Gerichts

Sitz der Zentrale des Reiseveranstalters (§§ 269, 270 BGB; 17 ZPO); ausnahmsweise Niederlassungsgerichtsstand an Buchungsstelle (*LG Osnabrück* NJW-RR 1988, 1333). **45**

3. Person des Klägers

Um dem Einwand fehlender Aktivlegitimation zu begegnen, ist insbesondere bei einer Reisegruppe festzustellen, wer Vertragspartner ist (*OLG Düsseldorf* NJW 1985, 146 für Vereinsreise; *LG Frankfurt* NJW 1987, 784 für mehrere Familien; *LG Frankfurt* NJW-RR 1987, 1078, *OLG Düsseldorf* NJW-RR 1990, 186 für Ehegatten; *LG Frankfurt* NJW-RR 1988, 247, *AG Meldorf* NJW-RR 1988, 249 für Sammelbesteller). Die Buchung einer Pauschalreise ist nicht ohne weiteres ein Geschäft zur Deckung des Lebensbedarfs von Ehegatten gemäß § 1357 BGB (*OLG Frankfurt* FamRZ 1983, 913). Statt subjektiver Klagehäufung (§ 6 BRAGO) sind unter Berücksichtigung der Beweissituation Mitreisende als Zeugen zu benennen. Ist ein Schaden auch in der Person von Mitreisenden entstanden, ist rechtzeitig eine Abtretung herbeizuführen oder auf Leistung an die Berechtigten zu klagen (*OLG Düsseldorf* NJW-RR 1988, 636). Die Klausel in AGB, daß die Abtretung nur vom Anmelder geltend zu machender Ansprüche aus dem Reisevertrag ausgeschlossen ist, ist unwirksam (*BGHZ* 108, 52 = NJW 1989, 2750). **46**

4. Person des Beklagten

Vor Klageerhebung ist zur Feststellung der Passivlegitimation herauszufinden, wer vertraglicher Reiseveranstalter (Rdnr. 1) ist. Das muß nicht unbedingt dasjenige Touristikunternehmen sein, das letztlich die Reiseleistungen erbringt. Insofern können solche natürlichen oder juristischen Personen vertraglicher Reiseveranstalter sein, die aus der Sicht des Reisenden – maßgeblich sind für die Beurteilung insoweit vor allem die Reisebestätigung und die Prospektbeschreibung – bei Vertragsschluß als Reiseveranstalter aufgetreten sind. Das sind grundsätzlich nicht das Reisebüro und auch nicht der Leistungsträger. Eigen- **47** ständige Ansprüche gegen die beiden aus Geschäftsbesorgungsvertrag bzw. aus Beförderungs-/Beherbergungsvertrag (Rdnr. 4) bleiben unberührt. In Ausnahmefällen kann das Reisebüro als Anspruchsgegner in Betracht kommen (*AG Waldshut-Tiengen* NJW-RR 1988, 953). Bei dürftigen Angaben über den ausländischen Veranstalter kann das inländische Reisebüro Vertragspartner sein (*LG München I* VuR 1990, 84). Auch ein Kreditkartenunternehmen muß sich als Reiseveranstalter behandeln lassen, wenn nicht deutlich wird, daß die dem Karteninhaber angebotene Reise nur vermittelt werden soll (*OLG Celle* NJW-RR 1990, 445). Die „Vermittlerklausel" ist unwirksam, wenn ein eindeutiger Vermittlerhinweis sich lediglich im Vertragsantrag und in der Reisebestätigung befindet, nicht dagegen im Reiseprospekt (*OLG Frankfurt* NJW-RR 1988, 1328). Bei Unsicherheit über die Identität des Vertragspartners ist die Streitverkündung gegenüber einem anderen potentiellen Reiseveranstalter angebracht.

5. Antragstellung

48 Sowohl bei § 651 d BGB, bei § 651 c III BGB als auch bei § 651 f I und II BGB ist der Antrag zu beziffern, was bei § 651 f II BGB umstritten ist (*LG Hannover* NJW-RR 1989, 1936: keine Bezifferung erforderlich). Wird ein unbezifferter Antrag gestellt, dann ist die Größenordnung, und zwar nicht nur dort in realistischer (!) Höhe (Kostenrisiko! Rechtsschutzversicherung?) anzugeben, damit die Klage zulässig ist (andernfalls keine wirksame Unterbrechung der Verjährung!).

6. Aufbau der Klagebegründung

49 Zumeist wird sich eine chronologische Aufzählung der Ereignisse empfehlen; insbesondere bei Studien-/Rundreisen erscheint es zur Übersichtlichkeit angebracht, die Zahl des Reisetages, das Datum und den Wochentag nennen. Als inhaltliche Untergliederung kommt die Zusammenfassung der Beanstandungen nach einzelnen Leistungsgruppen in Betracht.

7. Inhaltliche Darstellung

50 Die einzelnen Beanstandungen sind so genau wie möglich zu beschreiben: Art, Häufigkeit, Dauer und Intensität der Störung; Zeitpunkt, Inhalt und Erklärungsempfänger der Mängelanzeige/Fristsetzung/Kündigungserklärung.

8. Anlagen und Beweismittel

51 Zur Verfahrensbeschleunigung ist es ratsam, die gesamte vorprozessuale Korrespondenz (Reisebestätigung, Prospektbeschreibung, Anspruchsschreiben, usw.) zeitlich geordnet bereits der Klageschrift beizufügen sowie die vollständigen Namen und Anschriften von Zeugen anzugeben. Vom Reisenden gefertigte Fotografien von den beanstandeten Gegebenheiten sind auf ihre Beweiskraft hin auszuwerten. Sollte der Reiseveranstalter im Prozeß bestreiten, daß die Aufnahmen das betreffende Objekt wiedergeben, steht dann die Person, welche die Fotografien gefertigt hat, als Zeuge zur Verfügung.

9. Beweisverfahren

52 Im Fall der Deckungszusage durch den Rechtsschutzversicherer dürfte ein Verzicht auf Auslagenersatz des als Zeuge benannten Ehegatten untunlich sein, wenn nämlich das persönliche Erscheinen des Reisenden nach § 141 ZPO angeordnet ist. Bei Vernehmung im Ausland befindlicher Zeugen ist im allgemeinen an Stelle der Durchführung eines förmlichen Rechtshilfeverfahrens die Einholung einer schriftlichen Auskunft (§ 377 IV ZPO) effektiver; bei Bedarf kann das Verfahren nach § 364 II ZPO in Betracht kommen. Auf die Möglichkeiten des Haager Übereinkommens über die Beweisaufnahme im Ausland in Zivilsachen (BGBl. 1977 II 1472 – hier: Antrag auf richterliche Vernehmung) ist zu achten.

10. Rechtsmittelverfahren

Bei teilweiser Klagestattgabe ist der Berufungsantrag der geänderten Prozeßlage anzupassen. Außerdem sollte die Möglichkeit einer Anschlußberufung nicht außer Betracht gelassen werden. Bei drohender Aufhebung und Zurückverweisung muß der nicht rechtsschutzversicherte Reisende auf die mögliche Belastung mit außergerichtlichen Kosten der Berufung hingewiesen werden, und in Anbetracht der weiteren Verfahrenskosten sollte ein Vergleichsschluß geprüft werden. **53**

11. Kosten der Rechtsverfolgung

Kosten für Fotografien zur Beweissicherung, für Telefonate/Fernschreiben zur Mängelanzeige/Kündigung/Rechtsberatung und für außergerichtlichen (Teil-)Vergleich werden als erstattungsfähige Folgekosten im Sinne von § 651 f I BGB angesehen (s. Rdnr. 27). **54**

12. Rechtsfragen bei Fällen mit DDR-Bezug

Für die Zeit seit dem 3. 10. 1990 bestehen für Reiseprozesse mit DDR-Bezug keine Besonderheiten mehr, da die §§ 651 a–k BGB auch im Gebiet der ehemaligen DDR ohne Einschränkungen gelten, vgl. Art. 230 II EGBGB (eingeführt durch Anl. I Kap. III Sachgeb. B Abschn. II Nr. 1 des Einigungsvertrages vom 31. 8. 1990, BGBl. II S. 889/941). – Was Rechtsfragen bei Fällen mit DDR-Bezug vor diesem Zeitpunkt anbelangt, ist der Literatur vor Rdnr. 1 zu entnehmen. **55**

VII. Anhang: Frankfurter Tabelle zur Reisepreisminderung

Die Anwendung des § 651 d I bereitet aufgrund der dürftigen gesetzlichen Regelung in der Praxis Schwierigkeiten, weshalb ein Bedürfnis nach Grundregeln für die Bemessung der Minderung besteht. Um zur Konsolidierung der Rechtsprechung in Form von Einheitlichkeit, Transparenz und Arbeitsentlastung beizutragen, hat die 24. Zivilkammer des LG Frankfurt eine Tabelle entwickelt, die im folgenden – als Nachdruck aus NJW 1985, 113 – wiedergegeben wird. Zur Erläuterung s. *Tempel* NJW 1985, 97. **56**

Art der Leistung/Mängelposition	*Prozentsatz*	*Bemerkungen*
I. Unterkunft		
1. Abweichung von dem gebuchten Objekt	10–25	je nach Entfernung
2. Abweichende örtliche Lage (Strandentfernung)	5–15	

Art der Leistung/Mängelposition	*Prozentsatz*	*Bemerkungen*
3. Abweichende Art der Unterbringung im gebuchten Hotel (Hotel statt Bungalow, abweichendes Stockwerk)	5–10	
4. Abweichende Art der Zimmer		
a) DZ statt EZ	20	
b) DreibettZ statt EZ	25	
c) DreibettZ statt DZ	20–25	Entscheidend, ob Personen der gleichen Buchung oder unbekannte Reisende zusammengelegt werden
d) VierbettZ statt DZ	20–30	
5. Mängel in der Ausstattung des Zimmers		
a) zu kleine Fläche	5–10	
b) fehlender Balkon	5–10	bei Zusage/je nach Jahreszeit
c) fehlender Meerblick	5–10	bei Zusage
d) fehlendes (eigenes) Bad/WC	15–25	bei Buchung
e) fehlendes (eigenes) WC	15	
f) fehlende (eigene) Dusche	10	bei Buchung
g) fehlende Klimaanlage	10–20	bei Zusage/je nach Jahreszeit
h) fehlendes Radio/TV	5	bei Zusage
i) zu geringes Mobiliar	5–15	
k) Schäden (Risse, Feuchtigkeit etc.)	10–50	
l) Ungeziefer	10–50	
6. Ausfall von Versorgungseinrichtungen		
a) Toilette	15	
b) Bad/Warmwasserboiler	15	
c) Stromausfall/Gasausfall	10–20	
d) Wasser	10	
e) Klimaanlage	10–20	je nach Jahreszeit
f) Fahrstuhl	5–10	je nach Stockwerk
7. Service		
a) vollkommener Ausfall	25	
b) schlechte Reinigung	10–20	
c) ungenügender Wäschewechsel (Bettwäsche, Handtücher)	5–10	
8. Beeinträchtigungen		
a) Lärm am Tage	5–25	
b) Lärm in der Nacht	10–40	
c) Gerüche	5–15	
9. Fehlen der (zugesagten) Kureinrichtungen (Thermalbad, Massagen)	20–40	je nach Art der Projektzusage (z. B. „Kururlaub“)
II. Verpflegung		
1. Vollkommener Ausfall	50	
2. Inhaltliche Mängel		
a) Eintöniger Speisenzettel	5	
b) Nicht genügend warme Speisen	10	
c) Verdorbene (ungenießbare) Speisen	20–30	
3. Service		
a) Selbstbedienung (statt Kellner)	10–15	
b) lange Wartezeiten	5–15	
c) Essen in Schichten	10	

Art der Leistung/Mängelposition	*Prozentsatz*	*Bemerkungen*
d) Verschmutzte Tische	5–10	
e) Verschmutztes Geschirr, Besteck	10–15	
4. Fehlende Klimaanlage im Speisesaal	5–10	bei Zusage
III. Sonstiges		
1. Fehlender oder verschmutzter Swimmingpool	10–20	bei Zusage
2. Fehlendes Hallenbad		bei Zusage
a) bei vorhandenem Swimmingpool	10	soweit nach Jahreszeit benutzbar
b) bei nicht vorhandenem Swimmingpool	20	
3. Fehlende Sauna	5	bei Zusage
4. Fehlender Tennisplatz	5–10	bei Zusage
5. Fehlendes Mini-Golf	3–5	bei Zusage
6. Fehlende Segelschule, Surfschule, Tauchschule	5–10	bei Zusage
7. Fehlende Möglichkeit zum Reiten	5–10	bei Zusage
8. Fehlende Kinderbetreuung	5–10	bei Zusage
9. Unmöglichkeit des Badens im Meer	10–20	je nach Prospektbeschreibung und zumutbarer Ausweichmöglichkeit
10. Verschmutzter Strand	10–20	
11. Fehlende Strandliegen, Sonnenschirme	5–10	bei Zusage
12. Fehlende Snack- oder Strandbar	0–5	Je nach Ersatzmöglichkeit
13. Fehlender FKK-Strand	10–20	bei Zusage
14. Fehlendes Restaurant oder Supermarkt		bei Zusage/je nach Ausweichmöglichkeit
a) bei Hotelverpflegung	0–5	
b) bei Selbstverpflegung	10–20	
15. Fehlende Vergnügungseinrichtungen (Disco, Nightclub, Kino, Animateure)	5–15	bei Zusage
16. Fehlende Boutique oder Ladenstraße	0–5	je nach Ausweichmöglichkeit
17. Ausfall von Landausflügen bei Kreuzfahrten	20–30	des anteiligen Reisepreises je Tag des Landausfluges
18. Fehlende Reiseleitung		
a) bloße Organisation	0–5	
b) bei Besichtigungsreisen	10–20	
c) bei Studienreisen mit wissenschaftlicher Führung	20–30	bei Zusage
19. Zeitverlust durch notwendigen Umzug		anteiliger Reisepreis für
a) im gleichen Hotel		½ Tag
b) in anderes Hotel		1 Tag
IV. Transport		
1. Zeitlich verschobener Abflug über 4 Stunden hinaus	5	des anteiligen Reisepreises für einen Tag für jede weitere Stunde
2. Ausstattungsmängel		
a) Niedrigere Klasse	10–15	

Art der Leistung/Mängelposition	*Prozentsatz*	*Bemerkungen*
b) Erhebliche Abweichung vom normalen Standard	5–10	
3. Service		
a) Verpflegung	5	
b) Fehlen der in der Flugklasse üblichen Unterhaltung (Radio, Film, etc.)	5	
4. Auswechslung des Transportmittels		der auf die Transportverzögerung entfallende anteilige Reisepreis
5. Fehlender Transfer vom Flugplatz (Bahnhof) zum Hotel		Kosten des Ersatztransportmittels

Erläuterungen zur Tabelle

1. Geringfügige Beeinträchtigungen bleiben außer Betracht.

2. Die Höhe des Prozentsatzes richtet sich bei Rahmensätzen nach der Intensität der Beeinträchtigung. Diese ist in der Regel unabhängig von den Eigenschaften des einzelnen Reisenden (Alter, Geschlecht, besondere Empfindlichkeit, besondere Unempfindlichkeit). Ausnahmen:

a) Bei besonderen Eigenschaften oder Gebrechen eines Reisenden, die dem Reiseveranstalter bei Buchung bekannt waren, kann bei besonders erheblicher Beeinträchtigung der einzelne Tabellensatz und der Höchstprozentsatz um 50% erhöht werden.

b) Bei Mängeln der Gruppe III unterbleibt eine Minderung, wenn eine Beeinträchtigung für den Reisenden offenkundig oder nachweisbar nicht gegeben war.

3. Der Prozentsatz wird grundsätzlich vom Gesamtreisepreis (also einschließlich Transportkosten) erhoben.

a) Soweit Beeinträchtigungen während der Reisedauer nur zeitweilig auftreten, wird für die Minderung der auf die entsprechende Zeit umgelegte Gesamtreisepreis der Minderung zugrundegelegt. Gleiches gilt, wenn die Gewährleistung des Reiseveranstalters wegen schuldhaft unterlassener Anzeige des Mangels (§ 651 d II BGB) oder wegen Nichtannahme eines zumutbaren Ersatzangebots entfällt.

b) In Ausnahmefällen (kleinere Mängel bis höchstens 10%) kann der Prozentsatz dem (anteiligen) Aufenthaltspreis entnommen werden, wenn durch die Mängel der Gesamtzuschnitt der Reise nicht wesentlich verändert worden ist.

c) Bei zusammengesetzten Reisen (z. B. Rundreise mit anschließendem Erholungsaufenthalt), von denen mindestens ein Reiseteil getrennt gebucht werden kann, ist die Minderung in der Regel aus dem Preis für den Reiseteil zu berechnen, auf den die Mängel entfallen. Ziff. 3, b und Ziff. 5 bleiben unberührt.

4. Bei Vorliegen mehrerer Mängelpositionen werden die Prozentsätze addiert.

a) Ist Gegenstand des Vertrages die Leistung von Unterkunft und Vollpension, so dürfen folgende Gesamtprozentsätze innerhalb einer Leistungsgruppe nicht überschritten werden:

Gruppe I (Unterkunft)	50%
Gruppe II (Verpflegung)	50%
Gruppe III (Sonstiges)	30%
Gruppe IV (Transport)	20%

b) Ist Gegenstand des Vertrages die Leistung von Unterkunft und Halbpension, so erhöhen sich die Tabellensätze der Gruppe I (mit Ausnahme von Position I/1) um ¼ = 25% und vermindern sich die Tabellensätze der Gruppe II um ¼ = 25%. Dabei dürfen folgende Gesamtprozentsätze innerhalb einer Leistungsgruppe nicht überschritten werden:

Gruppe I (Unterkunft)	62,5%

Gruppe II (Verpflegung)	37,5%
Gruppe III (Sonstiges)	30%
Gruppe IV (Transport)	20%

c) Ist Gegenstand des Vertrages die Leistung von Unterkunft mit Frühstück, so erhöhen sich die Tabellensätze der Gruppe I (mit Ausnahme der Position I/1) um ⅔ = 66,6% und vermindern sich die Tabellensätze der Gruppe II um ⅔ = 66,6%. Dabei dürfen folgende Gesamtprozentsätze innerhalb einer Leistungsgruppe nicht überschritten werden:

Gruppe I (Unterkunft)	83,3%
Gruppe II (Verpflegung)	16,7%
Gruppe III (Sonstiges)	30%
Gruppe IV (Transport)	20%

d) Ist Gegenstand des Vertrages nur die Leistung von Unterkunft (ohne Verpflegung) so erhöhen sich die Tabellensätze der Gruppe I (mit Ausnahme von Position I/1) um 100%; im Einzelfall kann der Gesamtprozentsatz der Gruppe I bis 100% gehen. Für die Gruppe III verbleibt es beim Gesamtprozentsatz von 30%, für die Gruppe IV beim Gesamtprozentsatz von 20%.

5. Ist die Reise in ihrer Gesamtheit durch Mängel einzelner Reiseleistungen oder durch Pflichtverletzungen des Reiseveranstalters schuldhaft erheblich beeinträchtigt worden, so kann dem Reisenden über die Minderungssätze der Tabelle nach Ziff. 2 und über die in Ziff. 3, a vorgesehene Begrenzung auf den betroffenen Zeitraum hinaus der Reisepreis ganz oder teilweise als nutzlose Aufwendung gemäß § 651 f II BGB erstattet werden.

6. a) Eine Kündigung nach § 651 e I BGB kommt in der Regel nur in Betracht, wenn Mängel mit einem Gesamtgewicht von mindestens 20% vorliegen. Hierbei ist bei einer Kündigung nach Fristsetzung (§ 651 e II S. 1 BGB) auf die nicht fristgerecht behobenen Mängel, bei einer sofortigen Kündigung (§ 651 e II S. 2 BGB) auf die bei Abgabe der Kündigungserklärung vorliegenden Mängel abzustellen.

b) Ein Schadensersatzanspruch nach § 651 f II BGB in Form der Kosten für einen Ersatzurlaub kommt in der Regel nur in Betracht, wenn – nicht fristgerecht behobene – Mängel mit einem Gesamtgewicht von mindestens 50% vorliegen.

c) Eine Reiseleistung ist ohne Interesse für den Reisenden i. S. des § 651 e III S. 3 BGB, wenn – nicht fristgerecht behobene – Mängel im Gesamtgewicht von mindestens 50% vorgelegen haben.

d) Im Rahmen dieser Ziff. 6 a–c bleiben die in Ziff. 4 b–d vorgesehene Erhöhung und Verminderung der Prozentsätze außer Betracht.

B IX. Der Straßenverkehrsfall

Hans Buschbell

Übersicht

Literatur: *Bauer,* Die Kraftfahrtversicherung, 2. Aufl. 1983; *Beck,* OWi-Sachen im Straßenverkehrsrecht, 1987; *Becker/Böhme,* Kraftverkehrs-Haftpflicht-Schäden, 16. Aufl. 1986; *Brieske,* Erstattung von Anwaltsgebühren durch Gegner und Dritte, 3. Aufl. 1987; *Brussow/Gebhardt/Greißinger/Haag,* Reform des Bußgeldverfahrens, 1987; *Buschbell,* Der Straßenverkehrsfall in der praktischen Abwicklung, 1991; *Dahs/Dahs,* Die Revision im Strafprozeß, 4. Aufl. 1987; *Dornwald,* Schadensersatz bei Beteiligung von Kindern und Jugendlichen an Verkehrsunfällen, 1986; *Dreher/Tröndle,* StGB, 44. Aufl. 1988; *Fleischmann/Schulze,* Verkehrshaftpflicht- und Verkehrsversicherungsrecht, 1982; *Geigel,* Der Haftpflichtprozeß, 19. Aufl. 1986; *Göhler,* OWiG, 8. Aufl. 1987; *Gerold/Schmidt/v. Eicken/Madert,* BRAGO, 10. Aufl. 1989; *Göttlich/Mümmler,* BRAGO, 16. Aufl. 1987; *Graf v. Westphalen,* Gewährleistungshaftung und ordentliche Vertragsbeendigung beim Pkw-Leasing, 1987; *ders.,* Der Leasingvertrag, 3. Aufl.; *Grimm,* Allgemeine Unfallversicherung, 1987; *Hacks,* Schmerzensgeldansprüche, 13. Aufl. 1987; *Harbauer,* Rechtsschutzversicherung, 3. Aufl. 1987; *Hellwig,* Der Schaden (Stand 1. 8. 1988); *Himmelreich/Bücken/Abel/Rasch,* Text- und Diktathandbuch Verkehrsrecht, 1985; *Himmelreich/Hentschel,* Fahrverbot, Führerscheinentzug, 5. Aufl. 1986; *Himmelreich/Klimke,* Kfz-Schadenregulierung, 1980; *Jagusch/Hentschel,* Straßenverkehrsrecht, 29. Aufl. 1988; *Kahlert,* Verteidigung in Jugendstrafsachen, 2. Aufl. 1986; *Kleinknecht/Meyer,* StPO, 38. Aufl. 1987; *Kramer,* Unfall Ratgeber, ADAC-Handbuch, 1987; *Krasney,* Der Verkehrsunfall als Arbeitsunfall, 1984; *Lepa,* Beweislast und Beweiswürdigung im Haftpflichtprozeß, 1988; *Madert,* Gebühren des Strafverteidigers, 1987; *Müller,* Verteidigung in Straßenverkehrssachen, 3. Aufl. 1986; *Peter,* Verkehrsunfallrecht, Diktat- und Arbeitsbuch für Rechtsanwälte (Stand 1987); *Plambeck,* Möglichkeiten und Risiken einer effizienten Strafverteidigung, 1984; *Prölss/ Martin,* VVG, 24. Aufl. 1988; *Rebmann/Uhlig,* Bundeszentralregistergesetz, 1985; *Reinking,* Auto Leasing, 1988; *Sanden/Völtz,* Sachschadenrecht des Kraftverkehrs, 5. Aufl. 1986; *Sarstett/Hamm,* Die Revision in Strafsachen, 1988; *Scheffen/Pardey,* Die Rechtsprechung des BGH zum Schadensersatz beim Tod einer Hausfrau und Mutter, 2. Aufl. 1986; *Stegmann,* Formularbuch Verkehrsunfall, 1988; *Stiefel/Hofmann,* Kraftfahrtversicherung, 13. Aufl. 1986; *Wussow/Küppersbusch,* Ersatzansprüche bei Personenschaden, 4. Aufl. 1986; *Zipf,* Die Strafmaßrevision, 1969. – **Fachzeitschriften:** Deutsches Autorecht (DAR); Neue Zeitschrift für Verkehrsrecht (NZV); Versicherungsrecht (VersR); Zeitschrift für Schadensrecht (ZfS).

1. Teil. Straf- und Ordnungswidrigkeitenverfahren in Verkehrssachen

I. Tätigkeit im außergerichtlichen und gerichtlichen Vorverfahren

Auch bei einer Verteidigung im Straf- und OWi-Verfahren sind die **Grundsätze über** die **Stellung** des **Verteidigers** im Strafverfahren zu beachten (vgl. hierzu im einzelnen C IV Rdnrn. 1ff. und E III Rdnrn. 2ff.).

1. Bestellung und Einlassung sowie Verteidigungstrategie

1 Beim Straßenverkehrsfall kommt die anwaltliche Vertretung in Betracht als **Verteidiger** des Beschuldigten bzw. Betroffenen im Straf- und OWi-Verfahren sowie als **Vertreter des Geschädigten** (vgl. Rdnrn. 47ff.), im Nebenklageverfahren gem. §§ 385ff., im Adhäsionsverfahren gem. §§ 403ff. sowie als Vertreter des Verletzten nach dem Opferschutzgesetz gem. §§ 406d ff. StPO.

Für die Verteidigertätigkeit im Ermittlungsverfahren ist es stets ratsam, sich für den Beschuldigten oder Betroffenen so früh wie möglich zu bestellen. Erst nach der Bestellung als Verteidiger ist es möglich, auf den Gang des Ermittlungsverfahrens Einfluß zu nehmen.

Neben oder nach der Verteidigerbestellung ist zu entscheiden, ob und ggf. zu welchem Zeitpunkt es nützlich oder notwendig ist, eine **Einlasssung** vorzulegen. Es ist dies die Frage der richtigen Verteidigungsstrategie (vgl. *Plambeck,* Möglichkeiten und Risiken einer effizienten Strafverteidigung, in: Schriftenreihe der Arbeitsgemeinschaften des DAV, Mainzer Tagung 1984, S. 33ff.). Regelmäßig dürfte die Vorlage einer Einlassung oder das Formulieren von Beweisanträgen erst in Betracht kommen nach Einsicht in die Ermittlungsakte. Etwas anderes gilt, wenn ein schnelles Reagieren oder die Vorlage von Erklärungen notwendig ist. Dies gilt speziell bei – drohenden – Führerscheinmaßnahmen (vgl. Rdnrn. 31ff.).

2. Überlegungen im Ermittlungsverfahren

2 Die Tätigkeit des Verteidigers muß stets, also auch schon im Ermittlungsverfahren, bestimmt sein durch die Überlegung, für den Mandanten auf kürzestem und sicherstem Weg die Erledigung des Verfahrens zu erreichen. Eine wichtige Möglichkeit hierzu ist es, schon im Ermittlungsverfahren Beweisanregungen gegenüber den Ermittlungsbehörden zu formulieren.

a) Möglichkeiten der eigenen Ermittlungen des Verteidigers

Eine häufig nicht bekannte und nicht beachtete Möglichkeit für den Verteidiger ist es, eigene Ermittlungen anzustellen oder Beweise zu sichern. Ein eigenes Ermittlungsrecht des Verteidigers ist gesetzlich zwar nicht ausdrücklich normiert, es ist aber rechtlich zulässig. Die Vorschrift des § 6 I der Richtlinien bestätigt die grundsätzliche Zulässigkeit: „Der Rechtsanwalt darf Personen, die als Zeugen in Betracht kommen, außergerichtlich über ihr Wissen befragen ..." (*Weihrauch,* Verteidigung im Ermittlungsverfahren, 2. Aufl., Rdnr. 103; vgl. auch C IV Rdnrn. 4f.). 3

Es ist allgemein anerkannt, daß der Verteidiger berechtigt ist, **eigene Ermittlungen** zu führen (*Weihrauch* aaO, Anm. 93 mit weiteren Nachweisen; *Rückel,* Strafverteidigung und Zeugenbeweis, Rdnr. 8). Möglichkeiten der eigenen Ermittlungen des Verteidigers sind:

- Einholung von Auskünften,
- Befragung von Zeugen. Die Aussage des Beifahrers als Zeuge ist nicht allein deshalb wertlos, weil es sich um den Beifahrer handelt, vielmehr unterliegt auch diese Sache der freien Beweiswürdigung (*BGH* NJW 1988, 566, m. Anm. *Walter;* vgl. auch *Greger,* Zum Beweiswert des Beifahrers, NZV 1988, 13).
- sowie die Einholung von Sachverständigengutachten, speziell zur Beweissicherung.

Die Einholung von Sachverständigengutachten ist gerade in Verkehrsunfallsachen häufig nützlich und notwendig, um auf schnellstem Weg Spuren zu sichern. Für den Mandanten, zu dessen Gunsten eine Rechtsschutzversicherung besteht, hat diese gem. § 2e ARB die Kosten eines Privatgutachters, auch wenn er nicht vom Gericht herangezogen wird, zu erstatten (Rdnr. 55). 4

b) Beweisanregungen im Ermittlungsverfahren

Für die Verteidigung kommt insbesondere in Betracht, gegenüber den Ermittlungsbehörden Ermittlungen zu beantragen bzw. anzuregen. Beantragte Ermittlungen sind durch die Behörden zu erheben. Hierauf hat der Beschuldigte bzw. Betroffene einen Rechtsanspruch, der sich aus § 163a II StPO ergibt. Beweisanregungen im Ermittlungsverfahren dürften regelmäßig bei dieser Verteidigung erst in Betracht kommen nach Akteneinsicht, weil zuvor Beweisanregungen verständlicherweise „in der Luft" hängen und ein konkreter Bezug des Beweisthemas zum Tatgeschehen nicht sicher zu bezeichnen ist. Zum anderen ist zu bedenken, daß bei Beweiserhebungen durch die Polizei oder Staatsanwaltschaft ein Anwesenheitsrecht des Verteidigers noch nicht gegeben ist (*Weihrauch* aaO, Rdnr. 172; vgl. C IV Rdnrn. 35f.). Letztlich muß der Verteidiger aber darauf bedacht sein, daß Zeugen, die zu einer ggf. durchzuführenden Hauptverhandlung geladen werden sollen, benannt werden. 5

Die Vorschrift des § 202 StPO gibt die Möglichkeit, noch einzelne Beweiserhebungen von Amts wegen oder auf Antrag der Verteidigung vor oder nach Mitteilung der Anklageschrift, jedenfalls vor Eröffnung des Hauptverfahrens, durchzuführen (*Kleinknecht/Meyer,* StPO, § 202 Rdnr. 1; vgl. auch C IV Rdnrn. 86ff.). 6

Ein förmlicher Beweisantrag muß jedoch in der Hauptverhandlung gestellt werden (*Alsberg/Nüse,* Der Beweisantrag im Strafprozeß, 4. Aufl., S. 179). Im OWi-Verfahren ist die Vorschrift des § 109a II OWiG zu beachten. Nach dieser Vorschrift kann davon abgesehen werden, dem Betroffenen die Auslagen zu 7 erstatten, die er durch ein rechtzeitiges Vorbringen entlastender Umstände hätte vermeiden können (*Brüssow/Gebhardt/Greißinger/Haag,* Reform des Bußgeldverfahrens, S. 124ff.).

8 Bei der Verteidigung in Straßenverkehrsachen muß der Verteidiger, um sachgerechte Beweisanträge formulieren zu können, mit den **wichtigsten Tatbeständen des Straf- und OWi-Rechtes** vertraut sein (*Müller,* Die Verteidigung in Straßenverkehrssachen, S. 18ff.; *Beck,* OWi-Sachen im Straßenverkehrsrecht, S. 109ff.; *Himmelreich/Bücken/Abel/Rasch,* Text- und Diktathandbuch, Problemschriftsätze Straßenverkehrsrecht, Rdnr. 160000 sowie Problemschriftsätze Verkehrsordnungswidrigkeitenrecht, Rdnr. 170000).

c) Verteidigungsziel

9 Die **Einstellung des Verfahrens** ist Ziel der Verteidigung im Ermittlungsverfahren. Bei der in Betracht kommenden Einstellung des Verfahrens ist seitens der Verteidigung jedoch zu beachten, daß die verschiedenen Arten der Einstellung **unterschiedliche Konsequenzen** haben können für die Rechtsposition des Mandanten, nicht zuletzt auch wegen der evtl. notwendigen Verfolgung von zivilrechtlichen Ansprüchen.

Wenn nicht eine bestimmte Art der Einstellung des Verfahrens beantragt oder angeregt worden ist, wird der Beschuldigte bzw. der Betroffene und sein Verteidiger regelmäßig zu der beabsichtigten Art der Einstellung zu hören sein. In Betracht kommt die Einstellung des Verfahrens gem. § 170 II, § 153, § 153a, § 153b, § 154 StPO sowie im OWi-Verfahren gem. § 47 OWiG. Der in der Bearbeitung von Verkehrsunfallsachen erfahrene Anwalt wird stets bemüht sein und darauf achten, eine Einstellung des Verfahrens, soweit irgendwie möglich, zu erreichen, die am wenigsten ein negatives Präjudiz ist für die Rechtsposition des Mandanten, nicht zuletzt im Hinblick auf die evtl. notwendige Verfolgung von Schadensersatzansprüchen aus Anlaß des Unfalls (wegen der Einzelheiten der Einstellung vgl. *Müller* aaO, Rdnrn. 49ff.; vgl. auch C IV Rdnrn. 72ff., 132).

3. Besondere im OWi-Verfahren zu beachtende Aspekte

a) Zwischenverfahren gem. § 69 OWiG

10 In § 69 OWiG ist das **Zwischenverfahren** und die Abgabe an die Staatsanwaltschaft besonders geregelt. Hiernach entscheidet die Verwaltungsbehörde über die Zulässigkeit des Einspruchs bzw. seiner Verwerfung, über ein evtl. Wiedereinsetzungsgesuch sowie über die Stichhaltigkeit der Beschuldigung und die Frage, ob nach dem Opportunitätsprinzip die Verfolgung geboten erscheint (vgl. im einzelnen *Brüssow/Gebhardt/Greißinger/Haag* aaO, S. 40f.).

b) Entscheidung ohne Hauptverhandlung gem. § 72 OWiG

11 Das Gericht kann gem. § 72 OWiG durch Beschluß, also außerhalb der Hauptverhandlung **im schriftlichen Verfahren,** entscheiden. Widerspruch hiergegen ist innerhalb von 2 Wochen zu erheben. Der Betroffene und sein Verteidiger können, brauchen aber nicht auf die Widerspruchsmöglichkeit hingewiesen zu werden. Ein verspäteter Widerspruch ist in jedem Fall unbeachtlich (*Beck* aaO, Rdnr. 46).

II. Wichtige Apsekte der Verteidigertätigkeit in der Hauptverhandlung

1. Der Beweisantrag

Die Befugnis der Verteidigung, in der Hauptverhandlung **Beweisanträge** zu stellen, ist die wirksamste Möglichkeit, die den Mandanten entlastenden Umstände – auch gegen den Willen des Gerichtes – in die Hauptverhandlung einzuführen und so den Gang des Verfahrens im Sinne des Mandanten zu bestimmen (wegen der Vorbereitung der Hauptverhandlung vgl. C IV Rdnrn. 108ff.). 12

a) Die richtige Handhabung des Beweisantrages

Wichtig ist die richtige Handhabung des Beweisantrages. Dieser ist in der **Hauptverhandlung** anzubringen, kann auch zu Protokoll erklärt werden, sollte jedoch regelmäßig **schriftlich** formuliert dem Gericht übergeben werden (*Müller,* Verteidigung in Straßenverkehrssachen, Rdnr. 84). Hilfsbeweisanträge sind im Plädoyer zu stellen (*Alsberg/Nüse* aaO, S. 39; vgl. C IV Rdnrn. 37f.). 13

Lehnt das Gericht einen Antrag auf **Ladung von Zeugen,** Sachverständigen oder die Herbeischaffung anderer Beweismittel ab, so kann gem. § 220 StPO der Angeklagte bzw. sein Verteidiger die als Zeuge genannte Person oder auch den Sachverständigen **unmittelbar** laden lassen, z. B. den Obergutachter in einer Trunkenheitssache (wegen der Einzelheiten der Form und Rechtsfolgen der unmittelbaren Ladung von Zeugen und Sachverständigen vgl. *Kleinknecht/Meyer,* StPO, § 220 Rdnr. 1ff.).

Ein wichtiges Mittel effektiver Verteidigung ist die richtige Handhabung des Zeugenbeweises, speziell der Zeugenbefragung. Wichtig ist hierbei zunächst die Kenntnis der maßgebenden Rechtsvorschriften und „die Kunst der Zeugenbefragung". Hierbei ist es wichtig, Klarheit darüber zu haben, welche Fragen an den Zeugen zu richten sind, in welcher Reihenfolge, die Fragetaktik und schließlich die Möglichkeit der Vorhalte (vgl. hierzu im einzelnen *Rückel,* Strafverteidigung und Zeugenbeweis, Rdnrn. 156ff.; bezügl. der Beweisaufnahme vgl. C IV Rdnrn. 107ff.).

b) Möglichkeiten der Beiziehung der Unfallschadenakte

Eine zu beachtende Besonderheit in Straßenverkehrssachen ist die Möglichkeit oder auch die Gefahr, daß **Unfallschadenakten** der beteiligten Versicherungen beigezogen werden. Die Herausgabe von Schadenakten vom Haftpflichtversicherer oder auch von der Rechtsschutzversicherung kann durch die Strafverfolgungsbehörde – auch ohne einen förmlichen Beschlagnahmebeschluß gem. §§ 94ff. StPO – verlangt werden, da die Versicherung nicht zu dem Personenkreis gehört, dem ein Zeugnisverweigerungsrecht zusteht (*Becker/Böhme,* Kraftverkehrs-Haftpflicht-Schäden, Rdnr. 992). 14

c) Möglichkeit der Verwarnung mit Strafvorbehalt gem. § 59 StGB

Das – in der Praxis bisher wenig beachtete und angewandte – Institut der **Verwarnung mit Strafvorbehalt gem. §§ 59ff. StGB** kann gerade im Bereich des Verkehrsstrafrechtes eine Möglichkeit bieten, ein Verfahren ohne Verurteilung des Mandanten zu beenden. Voraussetzung der Verwarnung mit Strafvorbehalt ist, daß der Täter eine Geldstrafe bis zu 180 Tagessätzen verwirkt hat, daß die Täterprognose günstig zu beurteilen ist und besondere Umstände aus der Gewamtwürdigung der Tat und der Persönlichkeit des Täters es angezeigt er- 14a scheinen lassen, den Täter von der Verurteilung zur Strafe zu verschonen (vgl. im einzelnen *Schönke/Schröder/Streb,* § 59 Rdnrn. 5ff.; *Legat* DAR 1985, S. 105ff.; *Horn* NJW 1980, S. 106ff.). Die Verwarnung mit Strafvorbehalt kann gem. § 407 II StPO auch durch Strafbefehl erfolgen.

Der **Schuldspruch** und die **verwirkte Geldstrafe** werden in das Urteil aufgenommen. Daneben wird der Täter **verwarnt.** Wird der Täter innerhalb der Bewährungszeit nicht erneut straffällig, entfällt – die ansonsten gegebene – Verurteilung. Hier liegt der Vorteil für den Mandanten in dieser Art der Verfahrenserledigung, wenn eine Einstellung gem. § 153 StPO nicht zu erreichen ist.

Zunächst wird die Verwarnung mit Strafvorbehalt gem. § 4 Nr. 3, § 5 I Nr. 6 BZRG in das Zentralregister eingetragen. Sie wird gelöscht, wenn nach Ablauf der **Bewährungszeit** die Verurteilung mit Strafvorbehalt in **Fortfall** kommt.

Im Verfahren gegen Jugendliche gilt die Verwarnung mit Strafvorbehalt gem. § 45 JGG.

2. Gefahr der Freiheitsstrafe

15 Zu beachten ist auch in Verkehrsstrafsachen die Gefahr einer Verurteilung des Mandanten zu einer **Freiheitsstrafe** mit oder ohne Bewährung. Dies gilt insbesondere bei fahrlässiger Tötung oder bei Trunkenheitsdelikten sowie bei Vorwurf des Fahrens ohne Fahrerlaubnis, insbesondere im Wiederholungsfall. Die für ein Absehen von Freiheitsstrafe oder für die Bewilligung von Bewährung maßgebenden Umstände sind bei der Aufklärung des Sachverhaltes zugunsten des Mandanten von Anfang an herauszuarbeiten und deutlich zu machen. Wichtige Aspekte sind hier besondere Umstände des Falles, eine Ausnahmesituation, der Zeitablauf, die Schadenhöhe oder das Verhalten des Täters nach der Tat (wegen der einzelnen Problempunkte und der rechtlichen Problematik vgl. *Himmelreich/Bücken/Abel/Rasch,* Text- und Diktathandbuch mit Zusammenstellung von Musterschriftsätzen und Rechtsprechungsübersicht, Rdnrn. 160345ff.). **Kurze Freiheitsstrafen** – unter 6 Monaten – sollen gem. § 47 StGB nur im Ausnahmefall verhängt werden. Auch sind die **Besonderheiten des Jugendstrafrechtes** zu beachten (wegen der Einzelheiten vgl. *Kahlert,* Verteidigung in Jugendstrafsachen, S. 27ff.).

3. Besonderheiten der Hauptverhandlung

Im **OWi-Verfahren** sind prozessuale **Besonderheiten** nach dem Ordnungswidrigkeitengesetz zu beachten:

a) Verfahren bei Abwesenheit des Betroffenen § 74 OWiG

16 Nach § 74 OWiG braucht der Betroffene grundsätzlich nicht zur Hauptverhandlung zu erscheinen. Dies ist nur erforderlich bei Anordnung des persönlichen Erscheinens durch das Gericht.

Die **Anordnung des persönlichen Erscheinens,** zu denen Gerichte häufig neigen, liegt im pflichtgemäßen Ermessen des Gerichtes. Hierüber hat das Gericht nach pflichtgemäßem Ermessen zu entscheiden (*BGHSt* 30, 172ff.). Der für den Betroffenen weniger belastende Weg, z. B. die kommissarische Vernehmung, ist zu wählen, wenn das persönliche Erscheinen des Betroffenen zur Sachaufklärung nicht erforderlich ist. Bei Abgabe einer Einlassung für den Betroffenen erübrigt sich im allgemeinen die Anordnung des persönlichen Erscheinens (*Göhler* OWiG, § 73 Rdnr. 18). Ist für den Betroffenen ein Verteidiger tätig, so ist davon auszugehen, daß der Verteidiger in der Regel genügend informiert ist. In diesem Fall sollte das persönliche Erscheinen nicht angeordnet werden (*Beck,* OWi-Sachen im Straßenverkehrsrecht, Rdnr. 19). Im übrigen ist zu prüfen, ob nach dem Grundsatz der Verhältnismäßigkeit das Erscheinen zumutbar ist. Maßgebend hierfür ist die Bedeutung der Sache und die Entfernung zwischen Wohnort und Gerichtsort (vgl. *Göhler* aaO, § 73 Rdnr. 21; *OLG Hamm,* DAR 1988, 245; *OLG Celle* DAR 1987, 1687). Die Anordnung des persönlichen Erscheinens ist eine prozeßleitende Verfügung und kann nicht isoliert angefochten werden.

Hebt das Gericht die Anordnung auf Antrag hin nicht auf und erscheint der Betroffene tatsächlich in der Hauptverhandlung nicht, so kann gegen das Verwerfungsurteil gem. § 74 II OWiG die Rechtsbeschwerde bzw. Antrag auf Zulassung der Rechtsbeschwerde erhoben werden. In diesem Verfahren ist dann zu klären, ob das persönliche Erscheinen rechtsfehlerfrei angeordnet war oder nicht.

b) Einschränkung der Beweisaufnahme

Nach der – neuen – Regelung des § 77 OWiG bestimmt das Gericht den 17
Umfang der Beweisaufnahme, unbeschadet der Geltung der Vorschrift des § 244 II StVO. Grundsätzlich sind vom Gericht die Beweise zu erheben, deren Einholung sich aufdrängt (vgl. *Göhler,* OWiG § 77 m. w. Nachw.).Die Ablehnung eines Beweisantrages ohne jegliche Begründung ist ein Verfahrensfehler. Ein bloßes Paragraphenzitat ist nicht ausreichend. Es muß erkennbar sein, worauf der Tatrichter die Ablehnung abstellt. Geringfügige Ordnungswidrigkeiten im Sinne von § 77 II 2 OWiG sind nur solche im Bereich von 5 DM bis 75 DM Geldbuße (*OLG Köln* ZfS 1988, 332).

Die Einschränkung der Amtsaufklärung etwa wegen „Bedeutungslosigkeit" der Sache darf nicht dazu führen, daß von der Durchführung der Beweisaufnahme wegen des geringfügigen Vorwurfes abgesehen wird. Wenn das Gericht wegen Geringfügigkeit eine Beweisaufnahme wegen des Grundsatzes des beschleunigten Verfahrens nicht für erforderlich hält, ist der Betroffene freizusprechen oder die Sache einzustellen (*Brüssow/Gebhardt/Greißinger/Haag,* Reform des Bußgeldverfahrens, S. 17).

Nach der gesetzlichen Neuregelung der antizipierten Beweiswürdigung gem. 18
§ 77 II 1 OWiG kann das Gericht einen **Beweisantrag** nach pflichtgemäßem Ermessen **ablehnen,** wenn es den Sachverhalt nach dem bisherigen Ergebnis der Beweisaufnahme für geklärt hält. Voraussetzung ist für die Ablehnung eines Beweisantrages zunächst, daß über die erhebliche Tatsache eine Beweisaufnahme bereits stattgefunden hat. Ferner muß das Gericht aufgrund dieser Beweisaufnahme bereits zu einer Überzeugungsbildung gekommen sein. Jedenfalls aber ist die Möglichkeit, einen Beweisantrag unter Vorwegnahme der Beweiswürdigung abzulehnen, zu messen an der Rechtsweggarantie des Art. 19 IV GG (*Bender* DAR 1986, 367, 373).

c) Verwerfung von Beweisanträgen wegen Verspätung

Die Möglichkeit gem. § 77 II 2 OWiG, einen **Beweisantrag** wegen verspäte- 19
ten Vorbringens zurückzuweisen, erfordert für die Verteidigung die Notwendigkeit, gewollte Beweiserhebungen rechtzeitig anzuregen, um die Gefahr der Zurückweisung wegen **verspäteten Vorbringens** auszuschließen.

d) Gefahr des Übergangs in das Strafverfahren

20 Die Möglichkeit und Gefahr des **Übergangs in das Strafverfahren** gem. § 81 OWiG ist ein von der Verteidigung stets zu beachtender Aspekt. Andererseits ist jedoch der Betroffene auf die Veränderung des rechtlichen Gesichtspunktes hinzuweisen, und ihm ist Gelegenheit zur Verteidigung zu geben (*Beck* aaO, S. 38).

III. Rechtsmittelverfahren

1. Die in Betracht kommenden Rechtsmittel

a) Im Ermittlungsverfahren

21 Im Ermittlungsverfahren kommen Rechtsbehelfe **nicht** in Betracht. Hier gilt nur der zugunsten des Beschuldigten bzw. des Betroffenen sprechende Grundsatz der Unschuldsvermutung (*Hamm,* Rechtsbehelfe im Ermittlungsverfahren, AnwBl 1986, S. 66ff.). Allenfalls ist zu denken an die jedoch nur selten Abhilfe bringende Dienstaufsichtsbeschwerde.

b) Im Strafverfahren

Im Strafverfahren (vgl. auch C IV Rdnrn. 126ff.) sind folgende Rechtsmittel gegeben:

22 **aa)** Gegen einen **Strafbefehl** ist innerhalb von 2 Wochen **Einspruch** einzulegen, der nicht begründet werden muß. Der Angeklagte kann sich im Strafbefehlsverfahren durch einen mit Vollmacht versehenen Verteidiger vertreten lassen. Es ist darauf zu achten, daß die erteilte Vertretungsvollmacht ausdrücklich die Vertretung im Strafbefehlsverfahren beinhalten muß. Der Einspruch kann bis zum Beginn der Hauptverhandlung zurückgenommen werden ohne Zustimmung der Staatsanwaltschaft und gem. § 411 III StPO längstens bis zur Verkündung des Urteils. Die Einschränkung der Möglichkeit der Rücknahme des Einspruchs ist von der Verteidigung stets zu beachten, weil im Strafbefehlsverfahren das Verbot der reformatio in peius nicht gilt (vgl. C IV Rdnr. 131).

23 **bb)** Gegen ein im **Strafverfahren** ergehendes Urteil ist es möglich, ein eingelegtes **Rechtsmittel** nur als solches zu bezeichnen mit der Möglichkeit, innerhalb der Revisionsbegründungsfrist zu erklären, ob das „Rechtsmittel" als Revision angesehen werden soll (§ 335 StPO; vgl. C IV Rdnrn. 127ff.).

24 **cc)** Gegen Urteile des Amtsgerichts als Einzelrichter oder des Schöffengerichtes ist die **Berufung** statthaft (§ 312 StPO). Diese ist innerhalb einer Woche nach Verkündung des Urteils beim erstinstanzlichen Gericht einzulegen. Eine **Beschränkung** des Rechtsmittels auf Teile des Urteils, speziell auf den Straf- und Maßregelausspruch ist **möglich** (§ 318 StPO). Es empfiehlt sich jedoch, die Berufungsbeschränkung erst zu erklären, wenn die schriftlichen Urteilsgründe vorliegen, da erst hieraus Erkenntnisse gewonnen werden können über die Erfolgsaussicht des verfolgten Rechtsmittels. Bei Erklärung über die Beschränkung der Berufung ist jedoch darauf zu achten, daß es nicht zu ungewollter **Teilrechtskraft** des angefochtenen Urteils kommt (*Müller,* Verteidigung in Straßenverkehrssachen, Rdnr. 99). Die für den Angeklagten eingelegte Berufung bedarf keiner Begründung. Es ist jedoch empfehlenswert, gegenüber dem Berufungsgericht das Ziel der Berufung darzulegen. Zu beachten ist, daß gem.

§ 55 JGG in **Jugendstrafsachen** die Möglichkeit der Berufung **eingeschränkt** ist. Wenn nur auf Erziehungsmaßregeln oder Zuchtmittel erkannt ist, kann das Urteil nur mit der Behauptung angefochten werden, daß der Angeklagte unschuldig ist. Jedoch ist bei einer Maßregel der Sicherung und Besserung, d. h. also auch bei Entzug der Fahrerlaubnis, das Rechtsmittel der Berufung zulässig. Besonderheiten sind zu beachten, wenn in erster Instanz die **Fahrerlaubnis entzogen** ist. Wenn der Termin zur Hauptverhandlung in der Rechtsmittelinstanz später liegt als der Ablauf der in in erster Instanz verhängten Sperrfrist, so ist unbedingt zu beachten, rechtzeitig vor Ablauf der Sperrfrist beim Berufungsgericht den Antrag zu stellen, den Beschluß über die vorläufige Entziehung der Fahrerlaubnis aufzuheben und den Führerschein zurückzugeben (vgl. Rdnr. 37).

dd) Urteile des Landgerichts, die in erster Instanz oder in der Berufungsinstanz ergangen sind, können mit dem Rechtsmittel der **Revision** angefochten werden. Die Revision ist innerhalb einer Frist von einer Woche nach Verkündung des Urteils einzulegen und innerhalb eines Monats ab Zustellung zu begründen. Wegen der Besonderheiten der **Revisionsbegründung** wird verwiesen auf die hierzu ergangene umfangreiche Spezialliteratur (vgl. *Sarstett/Hamm,* Die Revision in Strafsachen; *Dahs,* Die Revision im Strafprozeß; und speziell: *Zipf,* Die Strafmaßrevision; vgl. auch im übrigen speziell für den Bereich der Straßenverkehrssachen *Müller* aaO, Rdnrn. 105 ff.). 25

c) Im OWi-Verfahren

aa) Das zulässige Rechtsmittel im OWi-Verfahren ist die **Rechtsbeschwerde.** 26
Diese ist gegeben gegen das Urteil und gegen einen Beschluß nach § 72 OWiG, und zwar ohne weitere Zulassung nur, wenn gegen den Betroffenen auf eine Geldbuße von mehr als 200 DM erkannt worden ist, wenn eine Nebenfolge (z. B. Fahrverbot) angeordnet worden ist, wenn der Betroffene wegen einer Ordnungswidrigkeit freigesprochen oder das Verfahren eingestellt worden ist und wegen der Tat im Bußgeldbescheid oder Strafbefehl eine Geldbuße von mehr als 500 DM festgesetzt oder eine solche von der Staatsanwaltschaft beantragt worden war sowie wenn der Einspruch durch Urteil als unzulässig verworfen worden ist und wenn der Beschluß nach § 72 OWiG trotz rechtzeitigen Widerspruches des Betroffenen ergangen ist.

Die Rechtsbeschwerde ist binnen einer Woche bei dem Gericht, dessen Entscheidung angefochten wird, und zwar schriftlich oder zu Protokoll der Geschäftsstelle einzulegen. Für die Anbringung der **Beschwerdeanträge** sowie für deren **Begründung** gilt eine Frist von einem Monat. Die Rechtsbeschwerde ist in jedem Fall zu begründen, und zwar mit der Verfahrens- oder Sachrüge.

bb) Eine gem. § 79 OWiG nicht ohne weiteres zulässige Rechtsbeschwerde ist 27
nur zulässig, wenn sie ausdrücklich auf entsprechenden Antrag gem. § 80 OWiG hin **zugelassen** wird (wegen der Einzelheiten, speziell nach neuem OWi-Recht vgl. *Beck,* OWi-Sachen im Straßenverkehrsrecht, Rdnrn. 30 ff.).

2. Fristen und Wiedereinsetzung

Die **Wiedereinsetzung** kommt in Betracht gegen die Versäumung gegen alle 28
gesetzlichen und richterlich gesetzten **Fristen,** einschließlich der Versäumung der Frist für den Wiedereinsetzungsantrag (*OLG Düsseldorf* NJW 1982, 60). Der Antrag auf Wiedereinsetzung ist innerhalb einer Woche nach Wegfall des Hin-

dernisses bei dem Gericht zu stellen, bei dem die Frist wahrzunehmen gewesen wäre. Auch ist das versäumte Rechtsmittel innerhalb einer Wochenfrist für den Antrag auf Wiedereinsetzung nachzuholen (§ 45 II StPO). Der Antrag muß die Angaben über die versäumte Frist sowie die Hinderungsgründe enthalten.

Bei Verwerfung des Einspruches im **Strafbefehlsverfahren,** weil der Angeklagte trotz ordnungsgemäßer Ladung nicht erschienen war, ist grundsätzlich **zweispurig** zu verfahren, nämlich Wiedereinsetzung in den vorherigen Stand zu beantragen und Berufung einzulegen.

Im OWi-Verfahren entscheidet über den Antrag auf Wiedereinsetzung die Verwaltungsbehörde (§ 52 II OWiG).

IV. Anwaltliche Tätigkeit nach rechtskräftiger Entscheidung

1. Ratenzahlungsgesuch

29 Neben der von Amts wegen durch den Richter im Strafzumessungsakt zu prüfenden Notwendigkeit und Möglichkeit von **Zahlungserleichterungen** (*Dreher/Tröndle,* StGB, § 42 Rdnr. 2) ist der Mandant, der mit einer Geldstrafe oder Verfahrenskosten belastet ist, darüber zu belehren, daß unter Umständen auch die Zahlung der Geldstrafe und Kosten in Raten auf Antrag in Betracht kommt. Das Ratenzahlungsgesuch ist ggf. durch den Anwalt an das Gericht bzw. die Vollstreckungsbehörde zu richten unter Darlegung der wirtschaftlichen Verhältnisse des Mandanten (unter Nutzung von hierzu ausgegebenen behördlichen Vordrucken). Die Möglichkeiten der Ratenzahlung im Strafverfahren richtet sich nach § 42 StGB, im OWi-Verfahren nach § 18 OWiG.

2. Gnadengesuch

30 Bei Verurteilung zu einer **Freiheitsstrafe** – insbesondere ohne Bewährung – ist der Mandant darüber zu belehren, daß ein **Gnadengesuch** in Betracht kommt, mit dem Ziel, die erkannte Freiheitsstrafe zur Bewährung auszusetzen oder dem Verurteilten Vollstreckungsaufschub zu gewähren. Das Verfahren der Strafvollstreckung bzw. das Gnadenverfahren richten sich nach den Bestimmungen der §§ 449ff. StPO sowie der Strafvollstreckungsordnung (wegen der Einzelheiten vgl. *Kleinknecht/Meyer,* StPO, § 449 Vorbemerkungen Rdnrn. 1ff.). (Wegen der in Betracht kommenden Anträge bei Entziehung der Fahrerlaubnis vgl. Rdnrn. 31ff.) Die Gebühren des Anwaltes für Anträge auf Zahlungserleichterung bzw. das Gnadengesuch richten sich nach § 91 bzw. § 93 BRAGO (vgl. Rdnr. 67; zur möglichen Kostentragungspflicht der Rechtsschutzversicherung vgl. Rdnr. 57).

V. Besonderheiten bei – drohender – Führerscheinmaßnahme

1. Verteidigungsstrategie

Die Verteidigungsstrategie bei – drohender – vorläufiger Entziehung der Fahrerlaubnis ist es, so schnell wie möglich den Sachverhalt im Sinne des Beschuldigten zwecks Abwendung einer Führerscheinmaßnahme darzulegen und hierzu Beweisanregungen beizubringen und notfalls für den Mandanten wichtige Ausnahmen von der Führerscheinsperre zu erreichen.

a) Die vorläufige Entziehung der Fahrerlaubnis gem. § 111a StPO

Bei Vorliegen eines **Antrages** seitens der Staatsanwaltschaft **auf vorläufige Entziehung der Fahrerlaubnis** und damit bei drohender Führerscheinmaßnahme muß die Verteidigungsstrategie darauf gerichtet sein, möglichst bald alle entlastenden Umstände und Beweisanregungen vorzutragen oder beizubringen, welche die Voraussetzung für die vorläufige Entziehung der Fahrerlaubnis ausräumen (vgl. C IV Rdnrn. 70ff.). 31

Der Beschuldigte hat, worauf zu achten ist, in jedem Fall gem. § 33 III StPO Anspruch auf **rechtliches Gehör** vor der Beschlußfassung über die vorläufige Entziehung der Fahrerlaubnis (*Himmelreich/Hentschel,* Fahrverbot, Führerscheinentzug, Rdnr. 225). 32

Im übrigen sind bei der Verteidigungsstrategie die **Voraussetzungen** der vorläufigen Entziehung der Fahrerlaubnis stets zu beachten und deutlich zu machen. Hiernach kommt eine vorläufige Entziehung der Fahrerlaubnis nur in Betracht, wenn **„dringende Gründe"** für die endgültige Entzieung der Fahrerlaubnis vorhanden sind und der „Grundsatz der **Verhältnismäßigkeit**" gewahrt ist (*Himmelreich/Hentschel,* aaO, Rdnr. 223). 33

Beim Vorwurf der **relativen Fahruntüchtigkeit** gem. § 315c oder § 316 StGB muß die Verteidigungsstrategie darauf gerichtet sein, das Gericht davon zu überzeugen, daß das beanstandete Fehlverhalten nicht auf Alkoholgenuß zurückzuführen ist, sondern auch einem absolut nüchternen Kraftfahrer unterlaufen wäre (wegen der Einzelheiten der Voraussetzungen der relativen Fahruntüchtigkeit vgl. *Dreher/Tröndle,* StGB, § 316 Rdnr. 7). Dies kann z. B. durch die Benennung von Zeugen dafür erfolgen, daß das angebliche Fehlverhalten auf andere Umstände, z. B. ein notwendiges Ausweichen wegen eines Gegenstandes auf der Straße zurückzuführen ist. Auch im Verfahren über die vorläufige Entziehung der Fahrerlaubnis kommt das Gericht nicht umhin, hierfür benannte Zeugen zu hören. Dies gilt insbesondere auch häufig beim Vorwurf des unerlaubten Entfernens vom Unfallort. In einem solchen Verfahren können Beifahrer oder sonstige Zeugen außerhalb des Fahrzeuges dafür benannt werden, daß der Unfall nicht wahrzunehmen war oder auch die sonstigen Voraussetzungen des Tatbestandes nicht gegeben sind, z. B. wegen längeren Wartens an der Unfallstelle. 34

Bei Vorliegen eines **Beschlusses gem. § 111a StPO** muß der Verteidiger sorgfältig prüfen, ob es für den Mandanten günstiger ist, ein Rechtsmittel einzulegen oder die alsbaldige Durchführung der Hauptverhandlung anzustreben. Bei Beschwerde gegen den Beschluß besteht die Gefahr, daß das Verfahren sich zum einen verzögert oder zum anderen durch die Beschwerdekammer beim Landgericht die Entscheidungsgründe gegen den Beschuldigten sich verfestigen und das später mit der Sache zu befassende erstinstanzliche Gericht sich hieran orientiert. Regelmäßig wird es sich also nur empfehlen, ein Rechtsmittel gegen einen Beschluß gem. § 111a StPO einzulegen, wenn eine berechtigte Erwartung auf eine abändernde Entscheidung gegeben ist.

b) Ausnahmen von der vorläufigen Entziehung der Fahrerlaubnis

Gem. § 111a I 2 StPO können **bestimmte Fahrzeugarten** von der vorläufigen Entziehung **ausgenommen** werden. Dies ist ggf. von vornherein oder auch nachträglich bei Vorliegen eines Beschlusses zu beantragen (vgl. im einzelnen Rdnr. 42). Eine Aufhebung der vorläufigen Entziehung der Fahrerlaubnis gem. § 111a II StPO kommt in Betracht, wenn der Grund weggefallen ist, also z. B. 35

nach weiterer Aufklärung des Sachverhaltes im Sinne des Beschuldigten, oder wenn die Entziehung der Fahrerlaubnis unverhältnismäßig und ungewöhnlich lange dauert oder auch nach inzwischen erfolgter Teilnahme an einem Kursus zur Behandlung alkoholauffälliger Kraftfahrer, also nach sogenannter Nachschulung sowie auch bei langer Dauer des Berufungsverfahrens (vgl. im einzelnen *Himmelreich/Hentschel,* aaO, Rdnrn. 233ff.).

c) Vorläufige Fahrerlaubnisentziehung und Rechtsmittelinstanz

36 Gem. § 69 StGB kann ein **Rechtsmittel** auf die Entscheidung nach § 69 StGB **beschränkt** werden (*Himmelreich/Hentschel,* aaO, Rdnrn. 77ff.). Die Entscheidung über die Entziehung der Fahrerlaubnis ist in erster Linie Sache der Tatsacheninstanz. Das **Revisionsgericht** kann nur dann über die Verhängung der Maßregel selbst entscheiden, wenn erkennbar ist, wie der Tatrichter bei gerechter Abwägung erkannt haben würde (*Himmelreich/Hentschel,* aaO, Rdnr. 87).

Nachteile für den Mandanten können sich ergeben bei zulässiger Beschränkung der Revision auf die Dauer der Sperrfrist. Die Vorschrift des § 69a IV StGB ist nicht anwendbar, weil diese Vorschrift sich lediglich bezieht auf die vorläufige Entziehung der Fahrerlaubnis und nicht auf die endgültige (vgl. im einzelnen *Himmelreich/Hentschel,* aaO, Rdnr. 194). Im übrigen ist von der Verteidigung stets zu beachten, daß aus dem Wesen der Einziehung des Führerscheins als bloßer Vollzugsmaßnahme folgt, daß das Verschlechterungsverbot der §§ 331, 358 II StPO für die Einziehung nicht gilt (*Himmelreich/Hentschel,* aaO, Rdnr. 93). Etwas anderes gilt lediglich für die Verhängung der isolierten Sperrfrist. Dies unterliegt dem Verschlechterungsverbot (*Himmelreich/Hentschel,* aaO, Rdnr. 193).

d) Beginn und Berechnung der Sperrfrist

37 Die **Sperre beginnt,** worüber der Mandant zu beraten und zu belehren ist, **mit der Rechtskraft** des Urteils (§ 69a V 1 StGB). Nach dieser Vorschrift wird in die Sperrfrist die Zeit der **vorläufigen Führerscheinmaßnahme eingerechnet** und ebenso die Zeit einer Beschlagnahme des Führerscheins, soweit sie nach Verkündung desjenigen Urteils verstrichen ist, in dem die der Maßregel zugrunde liegenden **tatsächlichen Feststellungen** letztmals geprüft werden konnten. Die Vorschrift ist von besonderer Bedeutung bei Eintritt der Rechtskraft des Ausspruches über die Entziehung der Fahrerlaubnis aufgrund einer revisionsgerichtlichen Entscheidung. Dies gilt auch bei Rücknahme eines Rechtsmittels oder bei Rücknahme des Einspruchs gegen einen Strafbefehl. Im letzteren Fall beginnt, wenn die Fahrerlaubnis durch Strafbefehl entzogen worden ist, die gem. § 69a V 2 StGB einzurechnende Zeit am Tag des Erlasses des Strafbefehls, jedenfalls nach herrschender Rechtsprechung und Meinung (*Himmelreich/Hentschel,* aaO, Rdnrn. 134, 135; Hinweise auf gegenteilige Rechtsprechung und Literatur, Fußn. 160).

2. Aspekte der Verteidigung bei Fahrverbot

a) Verhältnis von Entziehung der Fahrerlaubnis und Fahrverbot

38 Bei der Verteidigung gegenüber Führerscheinmaßnahmen müssen stets die **Rechtsnatur** der jeweiligen Maßnahmen und ihre Voraussetzungen bedacht werden. Die – auch vorläufige – **Entziehung der Fahrerlaubnis** ist eine **Maßregel** im Sinne von § 111a StGB bzw. § 69 StGB.

Das **Fahrverbot gem. § 44 StGB** ist eine **Nebenstrafe.** Die **Entziehung** der Fahrerlaubnis dient ausschließlich dem **Schutz der Allgemeinheit** (*Himmelreich/ Hentschel,* aaO, Rdnr. 3 m. w. Nachw.). Das Fahrverbot hat **Strafcharakter.** Bei seiner Verhängung sind stets zuvor die Voraussetzungen für die Anwendbarkeit des § 69 StGB zu prüfen und müssen zuvor verneint worden sein (*Himmelreich/ Hentschel* aaO, Rdnrn. 317, 318). Häufig ergibt sich die Frage der **Austauschbarkeit** von Führerscheinentzug und Fahrerlaubnis in der Rechtsmittelinstanz. Während bei einem zugunsten des Angeklagten eingelegten Rechtsmittel nicht anstelle eines Fahrverbotes eine Maßregel nach § 69 StGB treten darf, ist umgekehrt der Übergang von einer Maßregel nach § 69 StGB zum Fahrverbot grundsätzlich möglich und fällt nicht unter das Verschlechterungsverbot der §§ 331, 358 II StPO. Dies gilt auch nicht, wenn gleichzeitig die Geldstrafe angemessen erhöht wird. Demgegenüber ist das **Fahrverbot nach § 25 StVG** eine **Nebenfolge** (*Himmelreich/Hentschel,* aaO, Rdnr. 326 m. w. Nachw.).

b) Das Fahrverbot nach § 44 StGB

Voraussetzung für die Anordnung eines **Fahrverbotes** gem. § 44 StGB ist die Verurteilung zu Freiheits- oder Geldstrafe im Zusammenhang mit dem Führen eines Kraftfahrzeuges und die Verletzung der Pflichten als Kraftfahrzeugführer. Die Verhängung des Fahrverbotes muß neben der Strafe erforderlich sein, um den Strafzweck zu erreichen. Vorrangig hat das Fahrverbot spezialpräventive Zwecke. Weitere Voraussetzungen für die Verhängung eines Fahrverbotes sind Verurteilung zu Freiheits- oder Geldstrafe im Zusammenhang mit dem Führen eines Kraftfahrzeuges, die Verletzung der Pflichten als Kraftfahrzeugführer sowie die Notwendigkeit der Anordnung zur Erreichung des Strafzweckes (vgl. im einzelnen *Himmelreich/Hentschel* aaO, Rdnrn. 270, 281). Es ist Aufgabe der Verteidigung, einzelne Umstände darzulegen, die diese Voraussetzungen ausräumen oder zweifelhaft erscheinen lassen. Ausdrücklich im Gesetz sind geregelt die **Regelfälle** für die Anwendung des § 44 I 2 StGB. Hiernach ist ein Fahrverbot in der Regel anzuordnen, wenn in den Fällen einer Verurteilung nach § 315 I 1a, III oder § 316 StGB die Entziehung der Fahrerlaubnis nach § 69 StGB unterbleibt. **39**

c) Fahrverbot nach § 25 StVG

Die Verhängung eines Fahrverbotes nach § 25 StVG als Nebenfolge ist, wenn nicht bereits im Bußgeldbescheid verhängt, nur nach Hinweis gem. § 265 II StPO möglich. Voraussetzung für die Anordnung eines Fahrverbotes ist die Verurteilung zu einer Geldbuße wegen Ordnungswidrigkeit nach § 24 StVG. Weitere Voraussetzungen sind grobe oder beharrliche Pflichtverletzungen. Hierbei sind die in der Praxis häufigen Fälle erhebliche Überschreitungen der zugelassenen Höchstgeschwindigkeit (wegen der Rechtsprechung hierzu im einzelnen vgl. *Himmelreich/Hentschel,* aaO, Rdnrn. 334, 334a und 335). Weiter ist zu prüfen, ob die Verhängung der Geldbuße allein nicht ausreicht (vgl. hierzu auch *BVerfG* NJW 1969, 1623). Auch bei zweiter Geschwindigkeitsüberschreitung ist in der Regel ein Fahrverbot nicht geboten (*BayObLG* DAR 1988, 350 [351]). Im übrigen muß der Grundsatz der Verhältnismäßigkeit beachtet werden. **40**

Aufgabe und Ziel der Verteidigung ist es, im Einzelfall Umstände darzulegen, aus denen sich Zweifel gegen die Notwendigkeit und die Voraussetzungen für die Anordnungen des Fahrverbotes ergeben. Nach § 25 I 2 StVG ist bei einer Ordnungswidrigkeit nach § 24a StVG das **Regelfahrverbot** zu verhängen.

In der Praxis spielt eine große Rolle die Möglichkeit der Erhöhung der Geldbuße unter gleichzeitigem Wegfall des Fahrverbotes. Dies verstößt nicht gegen das Verschlechterungsverbot des § 72 II 2 OWiG (*Himmelreich/Hentschel,* aaO, Rdnr. 328).

3. Möglichkeiten des Absehens von der Entziehung der Fahrerlaubnis und vom Fahrverbot und die Möglichkeit der Ausnahme von der Sperre und vom Fahrverbot

41 Für die Verteidigung ist es im Interesse des von einer Führerscheinmaßnahme betroffenen Mandanten wichtig, alle Aspekte der Verteidigungsmöglichkeiten zu denken, um eine vorläufige oder endgültige Entziehung der Fahrerlaubnis oder ein Fahrverbot zu vermeiden oder für den Mandanten wichtige **Einschränkungen der Führerscheinmaßnahme** bezüglich bestimmter Kraftfahrzeuge zu erreichen.

a) Bei der **vorläufigen Entziehung der Fahrerlaubnis** nach § 111a I 2 StPO können von der vorläufigen Entziehung der Fahrerlaubnis bestimmte Arten von Kraftfahrzeugen ausgenommen werden. Bei einer **Ausnahme** gem. § 111a I 2 StPO ist jedoch (im Gegensatz zu § 69a II StGB) zu bedenken, daß die Fahrerlaubnis in dem Umfang bestehen bleibt, in dem bestimmte Arten von Kraftfahrzeugen von der vorläufigen Entziehung ausgenommen werden (*Kleinknecht/Meyer* § 111a Rdnr. 4). Hinsichtlich der Arten von Kraftfahrzeugen, die von der vorläufigen Entziehung der Fahrerlaubnis ausgenommen werden können, ist auf die Regelung des § 69a II StGB und auf die nachstehenden Ausführungen zu verweisen.

b) Nach § 69a II StGB können alle Fahrzeuge einer Führerscheinklasse **von der Sperre ausgenommen werden.** Bei der Frage, welche Fahrzeuge einer Kraftfahrzeugart im Sinne des § 69a II StGB eine Ausnahme bilden, ist allein der Verwendungszweck maßgebend (*Himmelreich/Hentschel* aaO, Rdnrn. 169–161 m. w. Nachw.). Demgegenüber ist eine **Ausnahme** von der Sperre **nicht möglich** für Fahrzeuge, differenziert nach Fabrikat, konstruktiven Besonderheiten und auch nicht für bestimmt genutzte Fahrzeuge (z. B. nicht für Taxi, *OLG Stuttgart* DAR 1975, 305). Ebensowenig können von der Sperre Fahrzeuge eines bestimmten Halters oder Eigentümers ausgenommen werden. Weiter ist auch eine Ausnahme von der Sperre nicht möglich nach Benutzungszeit, Benutzungsort oder differenziert nach Berufs- und Privatsphäre und auch nicht nach bestimmten, besonders gekennzeichneten Fahrzeugen (*Himmelreich/Hentschel* aaO, Rdnrn. 162ff.).

c) Bei einem **Fahrverbot gem. § 44 I 1 StGB** können in gleicher Weise entsprechend § 69a II StGB bestimmte Arten von Fahrzeugen vom Fahrverbot ausgenommen werden (*Himmelreich/Hentschel* aaO, Rdnr. 287). Gleiches gilt bei einem Fahrverbot nach § 25 II 1 StVG.

4. Vorzeitige Aufhebung der Sperre gem. § 69a VII StGB

42 Die Vorschrift des § 69a VII StGB eröffnet die Möglichkeit, eine vorzeitige Aufhebung der Sperre zu beantragen. Formelle Voraussetzung für die vorzeitige Aufhebung der Sperre ist der Ablauf einer Mindestsperre von 6 Monaten. Sachlich ist geltend zu machen, daß der Verurteilte nicht mehr ungeeignet ist zum

Führen von Fahrzeugen (*Dreher/Tröndle* aaO, § 69a Rdnr. 15a). Die Teilnahme an einer Nachschulung ist bei der Entscheidung zu berücksichtigen (*Dreher/Tröndle* aaO, § 69a Rdnr. 15b m. w. Nachw.).

5. Entschädigung für vorläufige Führerscheinmaßnahme

Nach dem Gesetz über die Entschädigung für Strafverfolgungsmaßnahmen (StrEG) ist auch eine zu Unrecht erlittene Maßnahme der vorläufigen Entziehung der Fahrerlaubnis oder einer Sicherstellung des Führerscheins eine entschädigungspflichtige Maßnahme nach § 2 StrEG (vgl. im einzelnen *Himmelreich/Hentschel* aaO, Rdnrn. 365ff.). **43**

6. Führerschein auf Probe

Derjenige, der erstmals ab 1. 11. 1986 eine Fahrerlaubnis der Klassen 1, 1a, 1b, 2 und 3 erhält, unterliegt gem. § 2a StVG einer Probezeit von zwei Jahren. Die **Probezeit** beträgt zwei Jahre und wird im Führerschein eingetragen. Der Vermerk über die Probezeit braucht nicht im Führerschein **gelöscht** zu werden, da er **nach Ablauf** der eingetragenen Probezeit entfällt. Zu beachten sind gem. § 15 StVZO Besonderheiten bei ausländischen Führerscheinen. **44**

Der Inhaber einer Fahrerlaubnis auf Probe unterliegt einer **Bewährungskontrolle** und bestimmten Sanktionen. Die Sanktionen bestimmen sich nach der Art des Verkehrsverstoßes. Die möglichen **Verkehrsverstöße** sind in **zwei Abschnitten** aufgeführt, und zwar die schweren Verkehrsverstöße in Abschnitt **A** und die leichteren Verkehrsverstöße in Abschnitt **B** (vgl. im einzelnen Beck, OWi-Sachen im Straßenverkehrsrecht, Rdnrn. 64ff.).

Der Inhaber einer Fahrerlaubnis, der innerhalb der Probezeit eine oder mehrere der in den Abschnitten A und B aufgeführten Straftaten und Ordnungswidrigkeiten begangen hat und deswegen **rechtskräftig verurteilt** worden ist und wenn die Verurteilung im Verkehrszentralregister eingetragen ist, hat nach entsprechender Anordnung an einer **Nachschulung teilzunehmen;** in Betracht kommt auch erneute Fahrerlaubnisprüfung sowie Führerscheinentzug (vgl. im einzelnen Beck aaO, Rdnr. 66 insbesondere mit ausführlicher Darstellung der in Betracht kommenden Maßnahmen innerhalb der zweijährigen Probezeit).

Gegen die **Anordnung der Nachschulung** und der erneuten Befähigungsprüfung sind **Widerspruch** und **Anfechtungsklage** zulässig. Die Rechtsmittel haben jedoch gem. § 2a VI StVG keine aufschiebende Wirkung (vgl. im einzelnen Beck aaO, Rdnr. 67). In Betracht kommt auch der Sofortvollzug der Nachschulungsverfügung bei Fahrerlaubnis auf Probe (*VG Darmstadt,* NZV 1990, 327f.).

7. Die Möglichkeit der Nachschulung

Zum Begriff der Nachschulung müssen verschiedene **Bereiche** oder **Arten** der **Nachschulung** unterschieden werden, nämlich Nachschulung beim Führerschein auf Probe (vgl. vorstehend Rdnr. 46a), Nachschulung aufgrund von Eintragungen beim Kraftfahrtbundesamt sowie Nachschulung bei alkoholauffälligen Kraftfahrern (vgl. *Buschbell,* Der Straßenverkehrsfall in der praktischen Abwicklung, S. 138ff.). **45**

Zum **Abbau des „Punktekontos“** beim Kraftfahrtbundesamt werden Kraftfahrerseminare zur freiwilligen Fortbildung angeboten. Zu beachten ist, daß der so erreichte „Rabatt“ nur intern bei der zuständigen Straßenverkehrsbehörde und nicht beim Kraftfahrtbundesamt vermerkt wird (vgl. hierzu im einzelnen und ausführlich *Himmelreich/Hentschel,* Rdnrn. 483, 483a ff.).

Wenn zu Lasten des Betroffenen beim Kraftfahrtbundesamt eine bestimmte Anzahl von Punkten eingetragen ist, verwarnt zunächst bei **9 Punkten** das Straßenverkehrsamt den Führerscheininhaber, und ab **14 Punkte** wird als weitere Maßnahme eine neue – theoretische – Befähigungsprüfung verlangt (vgl. im einzelnen *Himmelreich/Hentschel,* Rdnrn. 486/491). Wenn **18 Punkte** in mehr als zwei Jahren erreicht wurden, kann die Verwaltungsbehörde die Beibringung eines Gutachtens einer medizinisch-psychologischen Untersuchungsstelle **(MPU)** gem. § 3 Nr. 4 Satz 1 der AV zu § 15b StVZO anordnen.

Zu beachten ist, daß **nach** schon erfolgter **Fahrerlaubnisentziehung,** und zwar wenn die Fahrerlaubnis bereits einmal entzogen worden ist, die **Punktebewertung** für die vor der Entziehung begangenen Zuwiderhandlungen innerhalb des Punktesystems gem. § 2 II 1 der AV zu § 15b StVZO **unberücksichtigt** bleibt. Sie sinkt jedoch durch die Entziehung der Fahrerlaubnis im übrigen auf null (vgl. im einzelnen *Himmelreich/Hentschel* aaO, Rdnr. 505). Dies ist im übrigen ein für die Verteidigung und die Verteidigungsstrategie bei einer in Rede stehenden Führerscheinmaßnahme wichtiger zu beachtender Aspekt.

8. Das verwaltungsrechtliche Verfahren bei Führerscheinmaßnahmen

46 Sachlich zuständig für Führerscheinmaßnahmen ist die **Verwaltungsbehörde** im Sinne von § 4 StVG und die nach § 68 I StVZO durch die Landesregierung ausdrücklich für die Entziehung der Fahrerlaubnis bestimmten Behörden (*Himmelreich/Hentschel* aaO, Rdnrn. 412/413). Nach **§ 4 StVG, der Rechtsgrundlage** für die Entziehung der Fahrerlaubnis ist, muß die Verwaltungsbehörde die Fahrerlaubnis entziehen, wenn sich jemand als ungeeignet zum Führen von Kraftfahrzeugen erweist. Die Fahrerlaubnis erlischt mit der Entziehung. **Schutzzweck** dieser Vorschrift ist, die Allgemeinheit vor Gefährdungen im Straßenverkehr durch ungeeignete Kraftfahrzeugführer zu schützen. Der Begriff der „Ungeeignetheit" in § 4 I StVG ist nicht definiert. Als ungeeignet ist derjenige anzusehen, bei dem wegen körperlicher, geistiger oder charakterlich/sittlicher Mängel oder wegen Nichtvorhandenseins der in einer Befähigungsprüfung nachzuweisenden „Kenntnis von Fähigkeiten" befürchtet werden muß, daß er ungeeignet zum Führen von Kraftfahrzeugen ist (vgl. im einzelnen *Himmelreich/Hentschel* aaO, Rdnr. 419 und zu den Mängeln im einzelnen *Himmelreich/Hentschel* aaO, Rdnrn. 426/463. Die Beweislast für das Vorliegen eines Eignungsmangels trifft die Verwaltungsbehörde (*Himmelreich/Hentschel* aaO, Rdnr. 415).

Gem. § 4 III und II ist zur Vermeidung von widersprüchlichen Entscheidungen zwischen Gericht und Verwaltungsbehörde der **Vorrang des strafrechtlichen Verfahrens** (*BVG* NZV 88, 37) gegeben.

Im übrigen ist der Mandant über die **Möglichkeiten** und **Voraussetzungen** eines **MPU-Gutachtens** zu beraten und zu informieren. Die Straßenverkehrsbehörde kann die Beibringung eines Gutachtens einer amtlich anerkannten medizinisch-psychologischen Untersuchungsstelle (MPU) bzw. eines solchen Institutes (MPI) anordnen. In Betracht kommt auch die Beschränkung der Begutachtung auf einen Teilbereich der Eignung. Weigert der Betroffene sich, der Anordnung zur Beibringung des Gutachtens Folge zu leisten, so kann die Verwaltungsbehörde aus der Unterlassung des Mitwirkens oder der Nichtbeibringung des Gutachtens Schlüsse auf die Nichteignung ziehen (vgl. im einzelnen *Himmelreich/Hentschel* aaO, Rdnrn. 532, 537ff.).

Mit der **Unanfechtbarkeit** der ggf. erlassenen **Entziehungsverfügung** erlischt die Fahrerlaubnis gem. § 4 I Hs 2 StVG. Hiernach kommt nur die **Neuerteilung** einer Fahrerlaubnis in Betracht.

Widerspruch und **Anfechtungsklage** gegen die sich als Verwaltungsakt darstellende Entziehungsverfügung haben **aufschiebende Wirkung** mit der Folge, daß das Erlöschen der Fahrerlaubnis erst mit Rechtskraft der Entziehungsverfügung eintritt. Etwas anderes gilt, wenn die sofortige Vollziehung der Entziehungsverfügung angeordnet ist und hiernach nicht wiederum erfolgreich Antrag auf aufschiebende Wirkung gestellt wird (vgl. im einzelnen *Himmelreich/Hentschel* aaO, Rdnrn. 554/561).

VI. Besondere Aspekte der anwaltlichen Tätigkeit in Verkehrsstraf- und OWi-Verfahren

1. Gefahren der Interessenkollision

Die **Gefahr der Interessenkollision** ist für den in Straßenverkehrsangelegen- 47
heiten tätigen Anwalt häufig gegeben und stets zu beachten, weil in diesen Angelegenheiten regelmäßig auf einer Unfallseite mehrere Personen beteiligt sind als Halter, Fahrer oder Insasse. Bei Vertretung eines Insassen in zivilrechtlicher Hinsicht kann z. B. die Verteidigung des Fahrzeugführers problematisch sein im Hinblick auf die gesamtschuldnerische Haftung.

2. Nebenklage, Adhäsionsverfahren und Vertretung nach Opferschutzgesetz

a) Nebenklage

Nach der Änderung der Bestimmungen über die **Nebenklage** kann sich gem. 48
§ 395 III StPO der nach § 230 StGB Verletzte nur der erhobenen öffentlichen Klage als Nebenkläger anzuschließen, wenn dies aus besonderen Gründen diese unterstreicht, namentlich wegen der schweren Folgen der Tat zur Wahrnehmung seiner Interessen geboten erscheint. In der Praxis wird hiernach, jedenfalls im Straßenverkehrsrecht, die Nebenklage nur noch in geringem Umfang zugelassen. Es muß Aufgabe der Rechtsprechung sein, **Grundsätze** dazu zu entwikkeln, wann diese Voraussetzungen für die Zulassung der Nebenklage und der „besonderen Gründe" gegeben sind. Die Entscheidung des Gerichtes über die Berechtigung zum Anschluß des Nebenklägers ist unanfechtbar. Bei berechtigter Anschlußerklärung des Nebenklägers kommt die Bewilligung von **Prozeßkostenhilfe** gem. § 397a StPO in Betracht. Gegen einen **Jugendlichen** ist gem. § 80 III JGG die Nebenklage unzulässig.

b) Adhäsionsverfahren

Gem. § 404 StPO kann der Verletzte durch einen Antrag das **Adhäsionsver-** 49
fahren einleiten, mit dem – nur – vermögensrechtliche Ansprüche, insbesondere solche auf Schadensersatz einschließlich Schmerzensgeld geltend gemacht werden können. Der Antrag, der auch als **Feststellungsantrag** angebracht werden kann, ist auch schon während des Ermittlungsverfahrens zu stellen. (*Klein-*

knecht/Meyer, StPO, § 404 Rdnr. 4). Die Kostenregelung im Adhäsionsverfahren bestimmt sich nach § 472a StPO.

Gem. § 404 V StPO kommt **Prozeßkostenhilfe** für den Verletzten und Angeklagten in Betracht. Die Vergütung des Anwaltes bestimmt sich nicht nach § 31, sondern nach § 89 III in Verbindung mit § 1 BRAGO, ggf. zuzüglich einer Vergleichsgebühr (§§ 89 IV, 23 BRAGO). Der zugleich als Verteidiger tätige Anwalt erhält ggf. auch die durch die Tätigkeit zur Abwehr der Ansprüche anfallenden Gebühren, die ggf. durch die Haftpflichtversicherung gem. § 50 I 1 VVG zu ersetzen sind (vgl. *Schirmer,* 26. Dt. VGT 1988, S. 299ff.). Der Haftpflichtversicherer ist nach AKB zu informieren.

Für die Durchsetzung der Schadensersatzansprüche im Adhäsionsverfahren kommt Eintrittspflicht der **Rechtsschutzversicherung** in Betracht (vgl. Rdnr. 62).

c) Vertretung nach Opferschutzgesetz

50 Aufgrund des **Opferschutzgesetzes** ist der Verletzte selbständiger Prozeßbeteiligter, dessen Befugnisse sich nach den Vorschriften der §§ 406d/407h StPO bestimmen. Im Falle der **fahrlässigen Körperverletzung** gem. § 230 StGB, also auch infolge eines Straßenverkehrsunfalles, kommt die Bestellung als Beistand allerdings nur in Betracht, wenn dies aus besonderen Gründen (§ 406g IV 1 StPO) geboten ist, also namentlich bei schweren Folgen der Tat.

Prozeßkostenhilfe kommt in entsprechender Anwendung des § 397a StPO in Betracht (vgl. im einzelnen *Kleinknecht/Meyer,* StPO, § 406g Rdnrn. 4, 5).

Die **Kosten** für die Heranziehung des **Beistandes** sind entsprechend der Nebenklagekostenregelung vom verurteilten Angeklagten gem. §§ 472 III 1, 473 I 2 StPO zu erstatten.

3. Überprüfungen der Eintragungen und Tilgung

51 Wichtig für die Verteidigung speziell im Straßenverkehrsstraf- und OWi-Verfahren ist es, sich über etwaige **Eintragungen** über den Mandanten im **BZRG** oder in der **Verkehrszentralkartei** zu informieren. Dem Verteidiger ist bei Vorlage einer Vollmacht **Auskunft** zu erteilen.

a) Bundeszentralregister

52 Die Voraussetzungen der Eintragung über Straftaten, also auch im Zusammenhang mit dem Straßenverkehr, richten sich nach dem BZRG, die Eintragungen der Sperre für Fahrerlaubnis ist im § 8 BZRG geregelt (wegen der Einzelheiten vgl. *Rebmann/Uhlig,* Bundeszentralregistergesetz, § 8 Rdnrn. 1ff.).

b) Verkehrszentralkartei

53 Für Eintragungen im **Verkehrszentralregister** gelten die §§ 28ff. StVG (vgl. im einzelnen *Himmelreich/Hentschel,* Fahrverbot, Führerscheinentzug, Rdnrn. 509ff.). Die Einzelheiten der Tilgung sowie Fristen sind in § 13a StVZO geregelt. Beachtlich ist, daß eine **Einstellung nach § 153a StPO** – anders als nach früherer Rechtslage – nicht mehr im Zentralverkehrsregister vermerkt wird (nachdem die Vorschrift des § 13 I 3a StVZO sowie die entsprechenden ergänzenden Vorschriften aufgehoben wurden; Gesetz zur Änderung des StVG vom 28. 12. 1982, BGBl I, 209). Zur Eintragung der Verwarnung mit Strafvorbehalt gem. §§ 59ff. StGB vgl. Rdnr. 14a.

VII. Beteiligung von Rechtsschutz in Verkehrsstraf- und OWi-Sachen

1. Die Leistungsansprüche des Mandanten (VN) im Verkehrsstraf- und OWi-Recht

Der Verteidiger hat häufig für den Mandanten die Frage zu klären, ob und in welchem Umfang Leistungspflicht einer bestehenden Rechtsschutzversicherung gegeben ist. Der **Leistungsumfang ist in § 2 ARB geregelt.** In dieser Vorschrift sind positiv die Rechtskosten aufgezählt, die ihrer Art nach unter die Versicherungsdeckung fallen (vgl. *Harbauer,* Rechtsschutzversicherung, § 2 Rdnr. 2), während im zweiten Teil, also in den §§ 21–29 ARB, die „besonderen Bestimmungen" zu den einzelnen Vertragsarten enthalten sind. (Zu den vom Anwalt zu beachtenden Besonderheiten bei Beteiligung der Rechtsschutzversicherung vgl. im einzelnen Rdnrn. 227ff.). Nach § 2 Ia ARB hat die Rechtsschutzversicherung zunächst die **gesetzliche Vergütung** eines für den Versicherungsnehmer tätigen Anwaltes zu tragen. Darüber hinaus sind von der Rechtsschutzversicherung folgende **Kosten** zu erstatten: 54

a) Kosten technischer Gutachten

In § 2 Ie ARB ist geregelt, daß die Rechtsschutzversicherung die Kosten des für die Verteidigung erforderlichen Gutachtens eines öffentlich bestellten technischen Sachverständigen im Verfahren wegen der Verletzung einer verkehrsrechtlichen Vorschrift des Straf- oder OWi-Rechtes zu tragen hat, also z. B. die Kosten für ein Unfallrekonstruktionsgutachten, die Beurteilung von Ampelphasenschaltungen oder Gutachten über Defekte an der Brems- oder Lenkanlage, Reifenmängel o. ä. Die Erstattungsfähigkeit ist unter drei **Voraussetzungen** gegeben: 55

Es muß sich um ein Straf- oder OWi-Verfahren gegen den VN oder eine versicherte Person handeln, das Privatgutachten muß für die Verteidigung erforderlich sein, was jedoch in erster Linie der Verteidiger selbst entscheidet, und das Gutachten muß von einem öffentlich bestellten technischen Sachverständigen erstellt werden (vgl. *Harbauer,* aaO, § 2 Rdnr. 125ff.).

b) Bei Unfall im Ausland Erstattung Reisekosten und Zahlung Strafkaution

Ebenso hat die Rechtsschutzversicherung gem. § 2 If ARB die Kosten zu tragen, die außerhalb der Bundesrepublik einschließlich des Landes Berlin vom Versicherungsnehmer aufgewendet werden müssen, um einstweilen von **Strafverfolgungsmaßnahmen verschont** zu bleiben (vgl. im einzelnen *Harbauer,* aaO, § 2 Rdnr. 131). Im übrigen hat die Mehrzahl der Rechtsschutzversicherer in einer Klausel zu § 2 I ARB die **Erstattung** von **Reisekosten** geregelt. Hiernach trägt die Rechtsschutzversicherung die Reisenkosten der versicherten Person an den Ort des zuständigen ausländischen Gerichtes, wenn dieses das persönliche Erscheinen angeordnet hat (vgl. im einzelnen *Harbauer,* aaO, § 2 Rdnr. 7a). 56

c) Gebühren bei Gnadengesuch und Antrag auf Zahlungserleichterung

In den Fällen, in denen für den straf- oder bußgeldrechtlichen Vorwurf Versicherungsschutz besteht, umfaßt dieser auch bei Freiheitsstrafen (§§ 38, 39 StGB, §§ 17ff. JGG) und evtl. auch bei Strafarrest (nach § 9 Wehr-Strafgesetz) sowie bei Geldstrafe (§ 40 StGB) und Geldbuße (§ 17 OWiG), soweit diese jeweils 57 mehr als 500 DM beträgt, auch den Anspruch auf Erstattung der Anwaltskosten gem. § 93 BRAGO, die anfallen für ein **Gnaden-, Strafaussetzungs- sowie Strafaufschubgesuch.** Ebenso sind zu erstatten die Anwaltsgebühren, die sich bei einem Antrag auf Zahlungserleichterung ergeben. Die Gebühren für ein Gnadengesuch bestimmen sich nach § 93 BRAGO, während die Gebühren für einen Antrag auf Zahlungserleichterung sich aus § 91 BRAGO ergeben (vgl. *Gerold/Schmidt/v. Eicken/Madert,* BRAGO § 93 Rdnr. 4).

2. Zu beachtende Ausschlußklausel

58 Der mit Verkehrssachen befaßte Anwalt hat bei Beteiligung einer Rechtsschutzversicherung in Betracht kommende Risikoausschlüsse zu beachten und hierüber den Mandanten zu belehren. Hierbei sind folgende **Ausschlußtatbestände** zu berücksichtigen:

a) Vorsatztat, § 4 IIIb ARB

59 Für den Bereich der **verkehrsrechtlichen Strafvorschriften** sind die Voraussetzungen des Ausschlusses des Versicherungsschutzes in § 4 IIIb 1 ARB geregelt (vgl. G Rdnr. 102). Nach dieser Vorschrift ist bei in Betracht kommenden Vorsatztaten der Versicherungsschutz – gegenüber Absatz IIIa – erweitert. Nach dieser Vorschrift besteht bei einem Verstoß gegen verkehrsrechtliche Strafvorschriften nur dann **kein Versicherungsschutz,** wenn rechtskräftig festgestellt wird, daß der Versicherungsnehmer die Straftat vorsätzlich begangen hat. Solange eine Verurteilung wegen einer Vorsatztat nicht gegeben ist, besteht also Versicherungsschutz.

Verkehrsrechtliche Vorschriften im Sinne der genannten Vorschrift sind Fahren ohne Fahrerlaubnis, unerlaubtes Entfernen vom Unfallort usw. (vgl. im einzelnen *Harbauer* aaO, § 4 Rdnr. 201ff.). Diese Erweiterung des Versicherungsschutzes im Vergleich zu Straftaten des allgemeinen Strafrechtes bedeutet, daß auch **bei Vorsatztat** und einer **Einstellung** des Verfahrens die Rechtsschutzversicherung Versicherungsschutz zu gewähren hat und der Ausschluß des Versicherungsschutzes bei Vorsatztaten nicht zum Tragen kommt, also bei Einstellung eines Verfahrens z. B. wegen Fahren ohne Fahrerlaubnis oder Unfallflucht ist durch die Rechtsschutzversicherung Versicherungsschutz zu gewähren. In den Fällen, in denen eine Vorsatztat in Rede steht, ist es für den Verteidiger empfehlenswert, von der Rechtsschutzversicherung angemessene **Vorschüsse** zu fordern. Sollte bei der Verurteilung wegen Vorsatztat der Versicherungsschutz nachträglich entfallen, kann die Rechtsschutzversicherung den gezahlten Vorschuß nicht vom Verteidiger, sondern lediglich vom VN zurückfordern, da nur diesem gegenüber ein vertraglicher Rückzahlungsanspruch besteht.

In § 4 III 3b, 1 ARB ist der Sonderfall der **Rauschtat** geregelt. Für Rauschtaten (§ 323a StGB) besteht generell kein Versicherungsschutz.

Bei der Verteidigung in **Ordnungswidrigkeitenverfahren** spielt die Vorsatzfrage gem. § 4 IIa ARB keine Rolle (*Harbauer* aaO, § 4 Rdnr. 176).

b) Halterhaftung nach § 25a StVG

60 Für die – ab dem 1. 4. 1987 geltende – Vorschrift des § 25a StVG, also der **Halterhaftung** bei Kennzeichenanzeigen, gilt ein besonderer Ausschlußtatbestand der Rechtsschutzversicherung. Wenn dem VN nämlich (nur) ein Halt- oder Parkverstoß vorgeworfen wird, besteht Versicherungsschutz nur, wenn

das Verfahren nicht mit einer Entscheidung nach § 25a StVG endet. Nach § 25a StVG hat der Halter des Kraftfahrzeuges bei einem Halt- oder Parkverstoß auch seine Auslagen zu tragen, wenn nicht vor Eintritt der Verfolgungsverjährung der Führer des Fahrzeuges ermittelt werden kann. Wenn der Führer des Kraftfahrzeuges feststeht oder vor Eintritt der Verfolgungsverjährung benannt wird, entfällt der Ausschluß des Versicherungsschutzes (vgl. *Harbauer* aaO, § 2 Rdnr. 122a). Um den Versicherungsschutz zu erreichen, ist also vor Eintritt der Verfolgungsverjährung der verantwortliche Fahrzeugführer zu benennen.

3. Beteiligung von Rechtsschutz bei Vertretung des Verletzten

a) Im Nebenklageverfahren

Bei Vertretung des Nebenklägers hat die Rechtsschutzversicherung die Kosten einer vom Mandanten bzw. VN selbst erhobenen „aktiven" Nebenklage nicht zu übernehmen im Gegensatz zu den Kosten einer „passiven" Nebenklage. Im Falle der passiven Nebenklage ist der VN entsprechend der gerichtlichen Kostenentscheidung von den Nebenklagekosten freizustellen (vgl. *Harbauer* aaO, vor § 21 Rdnr. 79 u. § 2 Rdnrn. 141ff.). 61

b) Im Adhäsionsverfahren

Bei der **Geltendmachung von Schadensersatzansprüchen** ist es unerheblich, in welchem Verfahren die Schadensersatzansprüche geltend gemacht werden. Also sind beim Adhäsionsverfahren im Sinne der §§ 403ff. StPO – auch wenn es im Ausland durchgeführt wird – von der Rechtsschutzversicherung die Kosten zu übernehmen (vgl. *Harbauer* aaO, vor § 21 Rdnr. 33). 62

c) Im Verfahren nach Opferschutzgesetz

Die Grundsätze, die (vorstehend zu Buchstabe a) bezüglich der Nebenklage ausgeführt sind, müssen auch gelten bei Vertretungen des Verletzten nach dem Opferschutzgesetz. In diesem Fall ist der Mandant bzw. der Versicherungsnehmer, gegen den sich eine Vertretung nach dem Opferschutzgesetz seitens des Verletzten richtet, von den insoweit anfallenden Kosten entsprechend der gerichtlichen Kostenentscheidung (vgl. Rdnr. 74) freizustellen. 63

d) Übersicht

Häufig ergeben sich in der Praxis Unklarheiten über die Möglichkeiten der Beteiligung von Rechtsschutz bzw. über den Kostenfreistellungsanspruch gegenüber der Rechtsschutzversicherung. Die nachstehende Übersicht möge bei aktiver oder passiver Vertretung des Mandanten bzw. VN als **Überblick** dienen: 64

Versicherungsschutz durch Rechtsschutz-Versicherung für Vertretung:

	aktiv	passiv
Nebenklage	nein	ja[1]
Adhäsionsverfahren	ja	ja[2]
Opferschutzgesetz	nein	ja[1]

[1] Freistellungsanspruch gemäß gerichtlicher Kostenentscheidung.
[2] Kostenhaftungspflicht der Haftpflichtversicherung.

VIII. Besondere gebührenrechtliche Aspekte in Straf- und OWi-Sachen

1. Allgemeine Grundsätze

65 Die Vergütung des als Verteidiger tätigen Anwaltes richtet sich nach den Vorschriften des 6. Abschnittes der BRAGO, also den Vorschriften der §§ 83ff. BRAGO, im Nebenklageverfahren nach § 95 BRAGO sowie für das Adhäsionsverfahren nach § 89 BRAGO, speziell für die Verteidigung im Bußgeldverfahren nach § 105 BRAGO (Zu den in Betracht kommenden Anwaltsgebühren im Strafverfahren, differenziert nach Verfahrensabschnitten, Gegenstand und Umfang der Tätigkeit vgl. im einzelnen Übersicht bei G Rdnr. 83).

In der Praxis stellt sich häufig die Frage, ob die **Voraussetzungen für eine Verteidigungstätigkeit** gegeben sind. Diese Voraussetzungen sind gegeben, sofern und sobald sich gegen den Beschuldigten bzw. Betroffenen Ermittlungen richten im Zusammenhang mit einem Verhalten im Straßenverkehr. Speziell das Bußgeldverfahren vor der Verwaltungsbehörde beginnt regelmäßig mit der Aufnahme der Ermittlungen wegen des Verdachtes einer Ordnungswidrigkeit durch Beamte des Polizeidienstes gem. § 53 OWiG (vgl. *Chemnitz* AnwBl 1987, 515). Dies ist gegeben, wenn im OWi-Verfahren nach Belehrung gem. § 55 OWiG der Beteiligte als Betroffener angehört wird. Im Ermittlungsverfahren der Polizei wird dies dokumentiert. Der Rechtsanwalt, der ab diesem Zeitpunkt mit der Verteidigung beauftragt wird, verdient mit der Annahme des Mandates die Verteidigergebühren, speziell im OWi-Verfahren die Gebühr gem. **§ 105 I BRAGO** (vgl. *Chemnitz* AnwBl 1987, 515 und AnwBl 1985, 118 [124]; *Peperkorn* AnwBl 1985, 140; vgl. im übrigen *Bücken/Baldus,* Anwaltsgebühren in Verkehrsstraf- und Bußgeldsachen, DAR 1988, S. 47ff.).

2. Verhältnis der gesetzlichen Gebührentatbestände in Verkehrsstraf- und OWi-Sachen

66 Das **Verhältnis der gesetzlichen Gebührentatbestände** in Straßenverkehrsangelegenheiten bei Tätigkeit im Straf- und OWi-Verfahren und speziell beim Übergang von einer Verfahrensart in die andere ist problematisch und hat häufig in der Vergangenheit zu gegensätzlichen Standpunkten und Handhabungen geführt. Zum Verhältnis der ges. Gebühren in Verkehrsstraf- und Verkehrsordnungswidrigkeiten-Sachen gilt, daß die **jeweiligen Gebührentatbestände unabhängig zueinander** stehen, es sei denn, daß sich ihre Tatbestände gegenseitig ausschließen. Einmal entstandene Gebühren kommen grundsätzlich nachträglich nicht in Fortfall, es sei denn, daß es durch das Gesetz ausdrücklich bestimmt wird, oder daß durch ausdrückliche gesetzliche Regelung festgelegt ist, daß eine entstandene Gebühr auf eine andere anzurechnen ist (vgl. im einzelnen *Chemnitz* AnwBl 1987, 524).

a) Allgemeine Grundsätze

67 Es ist von dem Grundsatz auszugehen, daß im Verlauf einer Angelegenheit die **Gebühren erneut entstehen,** so oft der Anwalt den Gebührentatbestand verwirklicht (*Schmidt* AnwBl 1959, 382, *Gerold/Schmidt/v. Eicken/Madert* § 13 Rdnr. 2). Wird ein bei der Staatsanwaltschaft geführtes Ermittlungsverfahren, in dem der Anwalt als Verteidiger tätig ist, eingestellt und die Akte an die Verwaltungsbehörde zur Verfolgung als Ordnungswidrigkeit abgegeben, so ist dem Verteidiger für seine Tätigkeit im Ermittlungsverfahren der Staatsanwalt-

schaft eine Gebühr nach § 84 I 3 BRAGO entstanden (*Beck,* OWi-Sachen im Straßenverkehrsrecht, S. 159, 160; *Madert,* Gebühren des Strafverteidigers, S. 54 Rdnr. 44).

b) Gebührentatbestände bei Übergang vom Straf- zum OWi-Verfahren und umgekehrt

Wird in diesem Fall durch die Behörde ein Bußgeldbescheid gegen den Beteiligten erlassen, gegen den der Beteiligte durch seinen Anwalt Einspruch einlegen läßt, erhält der Verteidiger für das Bußgeldverfahren vor der Verwaltungsbehörde einschließlich der evtl. Ermittlungen der Staatsanwaltschaft eine Gebühr nach § 105 I BRAGO und ggf. für das Bußgeldverfahren ohne HV vor dem Amtsrichter eine Gebühr nach § 105 II, § 84 I 3 BRAGO (wegen der Einzelheiten hierzu und der Darstellung an einem praktischen Beispiel vgl. *Chemnitz* AnwBl 1987, 524 (252)). **68**

Im Ergebnis ist von dem Grundsatz auszugehen, daß das Ermittlungs**verfahren** der **Staatsanwaltschaft** wegen einer Verkehrsstrafsache und die Tätigkeit der Verfolgungsbehörde im **Bußgeldverfahren** zwei verschiedene Angelegenheiten sind, für die dem Verteidiger, der in beiden Verfahren tätig geworden ist, eine selbständige Gebühr entsteht (*Chemnitz* AnwBl 1987, 514; *Gerold/Schmidt/ v. Eicken/Madert* § 105 Rdnr. 18 m. w. Nachw.; *AG Meschede* AnwBl 1983, 467; so auch *Bücken/Baldus* AnwBl 1988, 47 [48]).

Andererseits ist bei **Überleitung** des Bußgeldverfahrens in ein **Strafverfahren,** z. B. bei dem Hinweis auf Änderung des rechtlichen Gesichtspunktes in der HV, daß wegen des Tatgeschehens auch eine Verurteilung wegen einer Straftat in Betracht kommt, das Verfahren als ein von vornherein als Strafverfahren geführtes Verfahren zu bewerten (vgl. *Lappe* NJW 1976, 1250 [1251]; zustimmend *Gerold/Schmidt/v. Eicken/Madert* § 105 Rdnr. 18).

3. Besondere Tatbestände

a) Rats- und Auskunftsgebühr

Für die Erteilung eines schriftlichen oder mündlichen **Rates** oder einer **Auskunft** in einem Straf- und OWi-Verfahren bestimmt sich die Gebühr nach § 20 BRAGO (*Göttlich/Mümmler,* BRAGO, Stichw. Strafsachen, Rdnr. 8.4; *Madert* aaO, S. 91, 92 Rdnr. 71). Dient die Beauftragung des Anwaltes lediglich zur Prüfung der Aussichten eines Rechtsmittels und wenn hiervon abgeraten und ein Rechtsmittel nicht eingelegt wird, so ist § 20 II nicht anwendbar. In diesem Fall erwächst eine Gebühr nach § 91 1 BRAGO (*Göttlich/Mümmler,* BRAGO, Stichw. Strafsachen, Rdnr. 8.4). **69**

b) Gnadenantrag und Antrag auf Zahlungserleichterung

Für die Vertretung in einer Gnadensache bestimmt sich die anwaltliche Gebühr nach § 93 BRAGO. Für einen Antrag auf Zahlungserleichterung für Geldstrafe und Verfahrenskosten erhält der Anwalt die Gebühr gem. § 91 BRAGO (vgl. *Gerold/Schmidt/v. Eicken/Madert* § 91 Rdnr. 4). **70**

c) Bei Vertretung des Verletzten und Geschädigten

Bei Vertretung eines Verletzten bzw. Geschädigten ergeben sich folgende Anwaltsgebühren: **71**

aa) Für die Tätigkeit als Vertreter eines Nebenklägers erhält der Anwalt die Vergütung gem. § 95 BRAGO in entsprechender Anwendung der Vorschriften **72**

der §§ 83, 93 BRAGO. Dem Nebenkläger kann **Prozeßkostenhilfe** bewilligt und ein Rechtsanwalt beigeordnet werden, wenn dies wegen der Schwere und Rechtslage geboten erscheint (vgl. *Göttlich/Mümmler,* BRAGO, Stichw. Nebenklage, Rdnr. 3.11, *OLG Nürnberg* AnwBl 1983, 466).

73 **bb)** Im **Adhäsionsverfahren** erhält der Rechtsanwalt neben den Gebühren eines Verteidigers gem. §§ 89, 94 I, 95 BRAGO im ersten Rechtszug 15/10, im Berufungs- und Revisionsverfahren 20/10-Gebühren gem. § 31 RAGO.

74 **cc)** Der – neuen – rechtlichen Vertretungsmöglichkeit des Verletzten nach dem **Opferschutzgesetz** entspricht die Erweiterung des Tatbestandes des § 95 BRAGO, wonach unter anderem auch für die Tätigkeit des Rechtsanwaltes als Beistand oder Vertreter eines Verletzten die Vorschriften der §§ 83, 96 BRAGO sinngemäß gelten mit der Maßgabe, daß der Rechtsanwalt die Hälfte der Gebühren erhält (vgl. *Göttlich/Mümmler,* BRAGO, Stichw. Opferschutzgesetz; *Burmann,* Reform des Strafverfahrens, S. 104).

75 Die **Kosten** für die Heranziehung des **Beistandes** werden wie Nebenklagekosten behandelt, sind also von dem verurteilten Angeklagten in entsprechender Anwendung der §§ 472 III 1, 473 I 2 StPO zu erstatten. Ebenso kann dem Verletzten, der zur Nebenklage berechtigt ist, **Prozeßkostenhilfe** bewilligt werden gem. § 406g III StPO (vgl. *Kleinknecht/Meyer* StPO § 406g Rdnrn. 4, 5; vgl. auch *Brieske,* Erstattung von Anwaltsgebühren durch Gegner und Dritte, S. 177 ff.; vgl. G Rdnr. 89).

4. Die Gebühren-Höhe

a) In Verkehrsstrafsachen

76 Bei Tätigkeit des Verteidigers in einer Verkehrsstrafsache im **vorbereitenden Verfahren,** ohne daß es zu einer Hauptverhandlung kommt, bestimmt sich der Gebührenrahmen nach § 84 BRAGO. Wenn der Verteidiger tätig ist sowohl im vorbereitenden Verfahren als auch – ohne daß es zu einer **Hauptverhandlung** kommt – im gerichtlich anhängigen Strafverfahren, erhält der Anwalt die Gebühr des § 84 BRAGO doppelt. Bei Tätigkeit auch in der Hauptverhandlung ist § 84 BRAGO nicht anwendbar. Im Falle der Tätigkeit des Verteidigers in der Hauptverhandlung richtet sich die Gebühr nach § 83 BRAGO. Nach dieser Vorschrift richtet sich der Gebührenrahmen in erster Instanz danach, vor welchem Gericht des ersten Rechtszuges die Tat angeklagt wird.

77 Die **Bestimmung** der Gebühren bei Rahmengebühren richtet sich nach § 12 BRAGO. Hiernach bestimmt der Rechtsanwalt die Gebühr im Einzelfall unter Berücksichtigung aller Umstände, insbesondere der Bedeutung der Angelegenheit, des Umfanges und der Schwierigkeit der anwaltlichen Tätigkeit sowie der Vermögens- und Einkommensverhältnisse des Auftraggebers nach billigem Ermessen die Gebührenhöhe (vgl. zu den Voraussetzungen und Umständen des § 12 BRAGO im einzelnen *Schmid/Baldus,* S. 31 ff.).

78 In **Verkehrsstrafsachen** dürfte regelmäßig **zumindest** die **Mittelgebühr** gerechtfertigt sein. Es gilt nämlich der Grundsatz, daß von der Mittelgebühr auszugehen ist, wenn keine Umstände erkennbar sind, die eine Erhöhung oder eine Ermäßigung rechtfertigen (vgl. im einzelnen *Gerold/Schmidt/v. Eicken/Madert* § 12 Rdnr. 10 m. w. Nachw. und Einzelbeispielen für die Erhöhung der Verteidigergebühren über den Mittelwert in Verkehrsstrafsachen).

Ein besonderer gesetzlicher Gebührenrahmen gem. § 88 BRAGO kommt in Betracht bei Entziehung der Fahrerlaubnis oder bei Fahrverbot. In diesem Fall ist eine Überschreitung der anwaltlichen Gebühren gem. § 88 Satz 3 BRAGO des Gebührenrahmens um 25 von 100 möglich, allerdings erst wenn der gesetzliche Gebührenrahmen der §§ 83, 84, 105 I BRAGO nicht ausreichend ist.

b) In Verkehrs-OWi-Sachen

Im **Bußgeldverfahren** vor der Verwaltungsbehörde und dem sich anschlie- 79
ßenden Verfahren bis zum Eingang der Akten bei Gericht richtet sich die **Anwaltsgebühr nach § 105 I BRAGO.** Bei dieser Gebühr handelt es sich um eine Betragsrahmengebühr im Sinne von § 12 I BRAGO. Auch im Bußgeldverfahren sind die zu **§ 12 BRAGO** entwickelten **Grundsätze** zu beachten und anzuwenden. Nach dieser Begründung im Regierungsentwurf (BT-Drucks 7/3243 unter Nr. 52) soll durch die Verselbständigung der Gebühr für die Tätigkeit im gerichtlichen Verfahren der Auffassung entgegengewirkt werden, daß im Bußgeldverfahren in der Regel geringere Gebühren als im amtsgerichtlichen Verfahren, dem ein staatsanwaltliches Ermittlungsverfahren vorangegangen ist, angebracht sind (vgl. im einzelnen *Schmid/Baldus* aaO, S. 57).

In durchschnittlichen **Verkehrsordnungswidrigkeitssachen** ist der Ansatz der **Mittelgebühr** gerechtfertigt (vgl. hierzu ausf. mit Darstellung des Meinungsstandes *Gerold/Schmidt/v. Eicken/Madert* § 105 Rdnr. 17; *Chemnitz* AnwBl 1987, 515 m. w. N. zur Rechtfertigung der Mittelgebühr, insbesondere auch *Chemnitz* AnwBl 1985, 140 [141]). Es ist gerechtfertigt, bei den Verkehrsordnungswidrigkeiten auch zu differenzieren nach dem zugrunde liegenden Sachverhalt. Von der Mittelgebühr ist in den Fällen auszugehen, in denen die Ordnungswidrigkeiten einen Verkehrsunfall zur Folge hatten oder eine Geldbuße verhängt ist, die gleichzeitig zu einer Eintragung in der Verkehrszentralkartei führt (vgl. auch *Schmid/Baldus* aaO, S. 58). Im übrigen ist hinzuweisen auf die von *Baumgärtel* (VersR 1978, 581) entwickelte und von einigen Gerichten übernommene Tabelle. Die Ermittlung des Gebührenrahmens bzw. der Gebühr erfolgt nach verschiedenen Bemessungskriterien (vgl. hierzu im einzelnen *Schmid/Baldus* aaO, S. 47, speziell Fußnote 17).

Es kann von dem Grundsatz ausgegangen werden, daß dem Anwalt in einem Fall, der in jeder Hinsicht dem Durchschnitt entspricht, grundsätzlich die Mittelgebühr zusteht (vgl. *Beck,* OWi-Sachen im Straßenverkehrsrecht, Rdnr. 104 m. w. Nachw. aus Literatur und Rechtsprechung; vgl. auch *Bücken/Baldus* AnwBl 1988, 47 ff.).

IX. Beratungs- und Prozeßkostenhilfe im Verkehrsstraf- und OWi-Recht

In Straf- und Bußgeldsachen wird gem. § 2 I und II BerHG **Beratungshilfe** 80
gewährt, jedoch nur für die Beratung und nicht für eine weitere Vertretung. Voraussetzung ist, daß der Anwalt nach § 1 I BerHG zur Wahrnehmung von Rechten außerhalb eines gerichtlichen Verfahrens in Anspruch genommen wird. Das Ermittlungsverfahren bei der Staatsanwaltschaft ist kein gerichtliches Verfahren, so daß für die Vertretung im Ermittlungsverfahren Beratungshilfe in Betracht kommt (vgl. hierzu im einzelnen und hinsichtlich der Vergütung *Schmid/Baldus,* S. 79). Ebenso kommt Beratungshilfe in Betracht für die Stel-

lung eines Gnadenantrages und bei Straßerlaß im Gnadenwege, da es sich hierbei um ein verwaltungsrechtliches Verfahren handelt (*Schmid/Baldus,* S. 79).

Prozeßkostenhilfe kommt für den Beschuldigten, Angeklagten oder Betroffenen nicht in Betracht. Hier gelten ausschließlich die Vorschriften der §§ 140ff. mit Ausnahme des Adhäsionsverfahrens, für das gem. § 404 V StPO Prozeßkostenhilfe in Betracht kommt (*Schmid/Baldus,* S. 79ff.).

2. Teil. Straßenverkehrszivilrecht

I. Außergerichtliche Geltendmachung und Durchsetzung von Haftpflichtansprüchen

81 **Sicherheit** und **Schnelligkeit** sind bei der Abwicklung von Verkehrsschadenfällen für den Anwalt das wichtigste Erfolgsrezept. Besonders bei der Abwicklung von materiellen Schäden, und hierbei insbesondere beim Fahrzeugschaden ergeben sich wirtschaftliche Nachteile für den Mandanten und Geschädigten, wenn nicht schnellstens die finanziellen Mittel als Schadenausgleich, also insbesondere die Reparaturkosten oder Kosten für die Neuanschaffung eines Fahrzeuges zur Verfügung stehen. Verkehrsschadenangelegenheiten sind andererseits Mandate, die für eine schnelle Abwicklung geeignet sind, wenn die Korrespondenz und Abwicklung optimal organisiert sind (vgl. 3. Teil: Nutzung moderner Techniken bei der Unfallabwicklung, Rdnrn. 240ff.).

1. Feststellung des Schädigers, seiner Versicherung und sonstiger Beteiligter

82 Die **Feststellung des Schädigers,** seiner Versicherung und sonstiger Beteiligter ist die erste Voraussetzung für eine schnelle und rationelle Abwicklung von Unfallschadenangelegenheiten. Bei polizeilich aufgenommenen Schadenfällen können der Name des Halters, des Fahrers, sowie das Kennzeichnen und evtl. auch die Versicherungen über die Polizei erfragt werden. Bei der zuständigen Polizeibehörde sind Unfallvorgänge registriert nach Ort und Unfallzeitpunkt. Wenn lediglich das Kennzeichen und nicht die Versicherung oder Name des Halters bekannt sind, können beim Straßenverkehrsamt, das das Kennzeichen des beteiligten gegnerischen Fahrzeuges ausgegeben hat, der Name des Halters sowie die Versicherungsgesellschaft und Versicherungsscheinnummer erfragt werden. Auskunft über Versicherer und Versicherungsscheinnummer sowie über die für die Regulierung zuständige Stelle (Direktion oder Filiale der beteiligten Versicherungsgesellschaft) können erfragt werden über den **Zentralruf der Autoversicherer** (wegen der wichtigen Erstinformationen und Sofortmaßnahmen vgl. *Fleischmann/Schulze,* Verkehrshaftpflicht- und Verkehrsversicherungsrecht, 1. Kapitel, S. 1).

83 Ein besonderes Regulierungssystem gilt für **Massenunfälle.** Dieses Regulierungssystem wird angewandt bei Massenunfällen, und zwar bei einer Mindestzahl von 50 verunfallten Fahrzeugen – bei 20–49 bei Vorliegen besonderer Verhältnisse –. Hierzu hat der HUK-Verband eine Sonderregelung getroffen (vgl. Sonderrundschreiben K 31/76 und K 99/77; siehe hierzu *Becker/Böhme,* Kraftverkehrs-Haftpflicht-Schäden, Rdnr. 275). Hiernach werden dem Geschädigten schwierige Feststellungen darüber, wer für den Schaden verantwortlich ist, ab-

genommen. Bei Massenunfällen wird durch eine Lenkungskommission in Zusammenarbeit mit der zuständigen Landespolizeistelle festgelegt und einem Versicherer wird die Abwicklung der Schadenersatzansprüche übertragen. Hierbei erfolgt die **Regulierung nach Sach- und Rechtslage,** also entsprechend der gegebenen Betriebsgefahr und einem möglichen Mitverschulden. Wenn eine vergleichsweise Regelung nicht möglich ist, erfolgt Klaglosstellung. Jedoch kann die Klage nicht gegen den Versicherer gerichtet werden, der den Schaden abwickelt, sondern sie kann nur gegen den/die für den Schaden haftpflichtigen Fahrer/Halter bzw. dessen Haftpflichtversicherung erhoben werden (vgl. im einzelnen *Becker/Böhme* aaO, Rdnr. 75).

2. Möglichkeiten der vorprozessualen Beweissicherung

Eine wichtige aber selten genutzte Möglichkeit und häufige Notwendigkeit **84**
für die sachgerechte Abwicklung von Unfallschadenangelegenheiten ist die – vorprozessuale – Beweissicherung. In eventuell späteren Prozessen können meistens Spuren nicht mehr gesichert und ausgewertet werden. Deshalb ist es bei nicht eindeutigen Unfallsachverhalten empfehlenswert, **Spuren zu sichern.** Dies gilt vornehmlich bei Unfallgeschehen, die nicht polizeilich aufgenommen worden sind. Aber auch bei erfolgter polizeilicher Unfallaufnahme kann eine private Beweissicherung erforderlich sein, weil nicht immer mit Sicherheit angenommen werden kann, daß die aufnehmenden Polizeibeamten alle in Betracht kommenden, für den Mandanten wichtigen Spuren gesichert haben.

a) Vor- und außerprozessuale Beweissicherung

Als Möglichkeit der außergerichtlichen Beweissicherung kommt in Betracht, **85**
einen vereidigten **Sachverständigen** zu beauftragen, Unfallspuren zu sichern und hierüber ein Unfallursachengutachten zu erstellen. Ein solches Gutachten ist nicht nur wichtig für die Durchsetzung der eigenen Ansprüche gegenüber der gegnerischen Versicherung, sondern evtl. von Bedeutung für die Abwehr von Ansprüchen und schließlich evtl. auch bei der Verteidigung in einem möglichen Straf- und OWi-Verfahren.

Auch kann es für den Anwalt wichtig sein, die **Unfallstelle** selbst zu **besichti- 86**
gen. Dies sollte nur grundsätzlich nicht geschehen im Hinblick auf eine etwaige Zeugenstellung des Anwaltes, sondern für eine bessere Information zur Darstellung des Unfallgeschehens. Der engagierte Anwalt wird die hiermit verbundenen Mühen zur besseren Interessenvertretung seines Mandanten nicht scheuen.

Schließlich ist auch daran zu denken, daß der Anwalt sich um die alsbaldige **87**
Aufnahme von Zeugenaussagen zur Vorlage bei der Versicherung bemüht (wegen der standesrechtlichen Zulässigkeit und Problematik der Aufnahme von Zeugenaussagen vgl. Rdnr. 3).

Als Kostenträger für die **Kosten** der außerprozessualen Beweissicherung, **88**
z. B. der Sachverständigenkosten (s. dazu näher unten Rdnr. 120), kommt Eintrittspflicht der Rechtsschutzversicherung nicht in Betracht. Es ist daran zu denken, diese Kosten bei außerprozessualer Schadenregulierung der gegnerischen Versicherung zu überbürden oder im Falle eines nachfolgenden Prozesses als notwendige Kosten gem. § 91 ZPO geltend zu machen.

b) Selbständiges Beweisverfahren nach §§ 485ff. BGB

Ein gerichtliches **selbständiges Beweisverfahren** (vgl. hierzu A I Rdnr. 97ff.) **89**
kommt ebenso zur Beweissicherung von Unfallspuren bzw. zur Unfallrekon-

struktion in Betracht. Wichtig ist hierbei die klare Formulierung des Beweisthemas.

Als **Kostenträger** für die Kosten des selbständigen Beweisverfahrens kommt die ggf. zugunsten des Mandanten bestehende **Rechtsschutzversicherung** gem. § 2 Ie ARB in Betracht.

3. Materiellrechtliche Haftungsgrundlagen

a) Der richtige Anspruchsberechtigte und Stellvertreter

90 Bei der Geltendmachung von Haftpflichtansprüchen aus Anlaß eines Straßenverkehrsunfalles ist zunächst zu prüfen, wer als Anspruchsberechtigter für entstandene Schäden in Betracht kommt. In der Praxis wendet sich regelmäßig der geschädigte **Fahrzeughalter** zwecks Mandatserteilung an den Anwalt. Im Gespräch ist dann zu klären, ob auch **weitere Personen** aus Anlaß des Unfalles Schäden erlitten haben und vertreten werden sollen, z. B. der Fahrer, wenn dieser nicht identisch ist mit dem Halter oder Beifahrer. Dies gilt auch für Familienangehörige, z. B. die Ehefrau oder Kinder als Beifahrer. Hierbei muß stets die Problematik und Gefahr einer möglichen **Interessenkollision** beachtet werden. Für jedes angenommene Mandat empfiehlt es sich, eine **separate Akte oder Teilakte** anzulegen; sowohl wegen der notwendigen klaren Trennung der Darlegungen zu den Anspruchsvoraussetzungen, den in Betracht kommenden Ansprüchen sowie auch wegen der Übersicht der finanziellen Abwicklung.

Von jedem Mandanten ist separat eine Vollmacht zur Interessenvertretung entgegenzunehmen. Soweit **Minderjährige** als Anspruchsberechtigte vertreten werden ist darauf zu achten, daß eine ordnungsgemäße Vollmacht von dem oder den gesetzlichen Vertretern unterzeichnet wird. Bei Schwerverletzten, die aufgrund der erlittenen Verletzungen nicht imstande sind, Vollmacht zu erteilen, muß die Anordnung einer **Pflegschaft** beantragt werden (vgl. Rdnr. 147ff.).

91 **aa)** Wegen der für **Halter** und/oder **Fahrer** in Betracht kommenden Ansprüche vgl. Rdnr. 117ff.

92 **bb)** Gegenüber **Insassen** kommt eine Haftung des Halters bzw. seiner Haftpflichtversicherung in Betracht, und zwar bei unentgeltlicher Beförderung. Verwandtschaftsverhältnisse, also zwischen Ehegatten und Eltern und Kindern sind nicht haftungsausschließend oder haftungsbeschränkend (vgl. *Becker/Böhme,* Kraftverkehrs-Haftpflicht-Schäden, Rdnr. 164). Auch der **als Beifahrer beteiligte Halter** kann gegenüber dem Fahrzeugführer, der schuldhaft einen Unfall verursacht hat, bzw. gegenüber der – eigenen – Haftpflichtversicherung Ansprüche geltend machen (wegen der Besonderheiten bei geschäftsmäßiger und entgeltlicher Personenbeförderung etc. vgl. *Becker/Böhme* aaO, Rdnr. 164).

93 **cc)** Als sonstige Berechtigte kommen auch **mittelbar Geschädigte** in Betracht, abweichend von dem Grundsatz, daß nur der unmittelbar Geschädigte Schadenersatzansprüche geltend machen kann. Zu den in Betracht kommenden Anspruchsberechtigten mittelbar Geschädigten gehören die **Erben,** die **Unterhaltsberechtigten** und diejenigen Personen, denen gegenüber der Geschädigten zu **Dienstleistungen verpflichtet** war. Ein Anspruch besteht nur wenn auch der Schadensersatzanspruch des unmittelbar Geschädigten bestanden hätte (vgl. *Becker/Böhme* aaO, Rdnr. 496; wegen der in Betracht kommenden Ansprüche

vgl. Rdnr. 132). Bei der Tötung des Vaters eines noch nicht geborenen Kindes oder der Verletzung der Mutter eines noch nicht geborenen Kindes kommen Unterhaltsansprüche oder Ansprüche aus gesundheitlichen Schäden in Betracht. Zur Geltendmachung bzw. Sicherung dieser Ansprüche ist die Anordnung einer Pflegschaft für Leibesfrucht gem. § 1912 BGB erforderlich (vgl. *Himmelreich/Klimke,* Kfz-Schadenregulierung, Rdnr. 159).

b) Haftungstatbestände

aa) Gefährdungshaftung gem. § 7 StVG. Die Haftung des Halters entfällt nur dann, wenn und soweit für diesen ein unabwendbares Ereignis im Sinne von § 7 II StVG vorliegt. Es ist für die Ansprüche des Geschädigten von besonderer Bedeutung, ob lediglich Gefährdungshaftung gem. § 7 StVG oder auch Verschuldenshaftung durchsetzbar ist. Bei lediglich gegebener Gefährdungshaftung gem. § 7 StVG kommen nämlich lediglich Ansprüche auf Ersatz materieller Schäden in Betracht und nicht der Anspruch auf Schmerzensgeld. Für den mit der Durchsetzung von Schadensersatzansprüchen befaßten Anwalt ist es daher stets von besonderer Wichtigkeit, daß bei streitiger Haftungslage die Ansprüche auch aus Verschulden durchgesetzt werden. In den Bereich der Verschuldenshaftung fällt auch die Haftung des Trägers der Straßenbaulast wegen Verletzung der Verkehrssicherungspflicht, z. B. Verletzung der Streupflicht (vgl. hierzu *Fleischmann/Schulze,* Verkehrshaftpflicht- und Verkehrsversicherungsrecht, 4. Kapitel, S. 18; vgl. B VII Rdnrn. 1ff., 66). 94

Aus **Gefährdungshaftung gem. § 8a StVG** haftet auch der Kraftfahrzeughalter gegenüber den Insassen, wenn es sich um eine entgeltliche geschäftsmäßige Personenbeförderung handelt (*Becker/Böhme* aaO, Rdnr. 152). 95

bb) Der **Fahrzeugführer** haftet aus Verschulden gem. **§ 18 StVG,** und zwar mit umgekehrter Beweislast. Er haftet nach § 18 I 2 StVG nicht, wenn er nachweist, daß der Unfall nicht durch sein Verschulden verursacht ist (*BGH* DAR 1983, 227, ZfS 1984, 293; vgl. im einzelnen *Becker/Böhme* aaO, Rdnr. 114). 96

Bei nicht geschäftsmäßiger Beförderung ist also Voraussetzung für die Haftung gegenüber dem Beförderten immer, daß den Kraftfahrzeughalter bzw. seinen Erfüllungsgehilfen, den Fahrer (§ 287 BGB) ein Verschulden trifft. 97

Als **weitere Tatbestände der Verschuldenshaftung** kommt in Betracht die Vorschrift des § 823 II BGB – im Rahmen des Schutzbereichs dieser Norm – die Haftung des Geschäftsherrn gem. Im § 831 BGB, die Ersatzpflicht der Eltern, der Verletzung der Aufsichtspflicht gem. § 832 BGB, die Tierhalterhaftung nach § 833 BGB sowie Amtshaftung nach § 839 BGB, Art. 34 GG, letzterer Tatbestand jedoch mit der Besonderheit der haftungseinschränkenden Substidiavitätsklausel. Ebenso kommt Verschuldenshaftung bei Billighaftung nach § 829 BGB in Betracht sowie die Haftung Minderjähriger gem. § 828 BGB. 98

cc) Als sonstige Haftungstatbestände für die Ansprüche des Geschädigten kommen in Betracht die Haftung 99

- aus **Beförderungsvertrag,** also des Fahrgastes (vgl. *BGH* VersR 1954, 303-Hans Albers-Fall),
- speziell die **Haftung bei Fahrgemeinschaften** (vgl. hierzu *Becker/Böhme* aaO, Rdnr. 161),
- aus **Kaufvertrag,** z. B. die Haftung des Kfz-Händlers gegenüber dem Käufer bei Probefahrt,
- aus **Auftrag,** z. B. bei Überführungsfahrten (vgl. *BGH* VersR 1969, 49),

– sowie aus **Geschäftsführung ohne Auftrag,** z. B. bei Hilfeleistung (vgl. Zusammenstellung der Rechtsprechung bei *Fleischmann/Schulze* aaO, 4. Kapitel).

Besonderheiten gelten für die **Haftung öffentlichrechtlicher Körperschaften,** z. B. bei Fahrten in Ausübung des Hoheitsrechtes und sonstigen Fahrten sowie für die Haftung für Schäden, die durch Angehörige der NATO-Truppen und ihres zivilen Gefolges herbeigeführt werden (vgl. *Becker/Döhmer* aaO, Rdnr. 276) sowie für Schäden infolge von Fehlern im Zulassungsverfahren und bei Pflichtverletzungen zur Sicherung des Verkehrs (vgl. *Becker/Böhme* aaO, Rdnrn. 290, 291 ff.).

c) Ausschluß der Haftung

100 Der mögliche Ausschluß der Haftung spielt bei der Durchsetzung von Haftpflichtansprüchen häufig eine wichtige Rolle. Haftungseinwendungen muß der mit der Durchsetzung der Ansprüche befaßte Anwalt wirksam begegnen. Andererseits muß dem mit der Abwicklung von Verkehrsschadenfällen befaßten Anwalt stets bewußt sein, welche Tatbestände von vornherein eine Haftung ausschließen, damit nicht bei dem Mandanten falsche Erwartungen auf eine Entschädigung oder unnötige Kosten und damit die Gefahr von Haftpflichtansprüchen erwachsen.

101 **aa)** Ein **Haftungsverzicht** kann in Betracht kommen bei Gefälligkeitsfahrten aufgrund stillschweigendem Haftungsverzicht. Nach der Rechtsprechung kommt dies jedoch nur in Ausnahmefällen und dann nur bei leichter Fahrlässigkeit in Betracht (vgl. *BGH* VersR 1965, 387, VersR 1978, 625). Etwas anderes gilt lediglich bei vertraglichem Haftungsausschluß, z. B. zwischen Fahrer und Insassen und im Familienkreis (vgl. *Becker/Böhme* aaO, Rdnr. 166).

102 **bb)** Ein Ausschluß der Haftung ist von vornherein gegeben gem. § 8 StVG für Personen, die beim **Betrieb des Kraftwagens tätig** sind. Beim Betrieb tätig sein können der Fahrer, Beifahrer und z. B. der Schaffner eines Omnibusses. Eine Haftung ist nur bei nachgewiesenem Verschulden gegeben (*Becker/Böhme* aaO, Rdnrn. 173, 174).

103 Weiter ist ein Ausschluß der Haftung gegeben bei **Arbeitsunfällen** gem. §§ 636, 637 RVO und **bei Soldaten gem. § 91a SVG.** (Wegen der Problematik im einzelnen vgl. *Becker/Böhme* aaO, Rdnr. 176 ff.).

4. Anspruchsschreiben

a) Fahrer – Halter und Versicherung

104 Es ist zu empfehlen, das Anspruchsschreiben direkt an die **Versicherungsgesellschaft** des Schädigers zu richten. Nach § 3 PflVG besteht ein **Direktanspruch** des Geschädigten gegen die Haftpflichtversicherung des Schädigers. Durch Anschreiben an den Schädiger oder dessen Vertreter ergeben sich häufig Verzögerungen oder sogar unnötige und unsachliche Korrespondenz. **Bei Beteiligung** eines **ausländischen Schädigers** ist der HUK-Verband anzuschreiben, evtl. gleichzeitig unter Beifügung des Anspruchsschreibens zur Weiterleitung an die zu beauftragende Versicherungsgesellschaft.

105 Das Anspruchsschreiben muß zur Vermeidung von Verzögerungen die für die Bearbeitung auf seiten der Versicherungsgesellschaft erforderlichen Angaben enthalten. Die **erforderlichen Angaben** sind: Versicherung, Versicherungsscheinnummer, Kennzeichen des beteiligten Fahrzeuges, Unfallort und Zeitpunkt des Unfalles sowie Angaben darüber, ob der Unfall polizeilich aufgenommen worden ist oder nicht. Unbedingt sollte dem Anspruchsschreiben bereits beigefügt werden der Fragebogen für Anspruchsteller gem. Muster des HUK-Verbandes.

b) Beteiligung des HUK-Verbandes

Bei Beteiligung eines ausländischen Fahrzeuges beauftragt der HUK-Verband ein Deutsches Versicherungsunternehmen oder Regulierungsbüro mit der Regulierung des Schadens. Es ist deshalb der HUK-Verband, 2000 Hamburg 1, Glockengießerwall 1, anzuschreiben und um die Beauftragung eines Deutschen Versicherungsunternehmens oder eines Regulierungsbüros zu bitten. Der **HUK-Verband** selbst **haftet nicht** für Aufwendungen anläßlich von Unfällen ausländischer Kraftfahrzeuge (vgl. *LG Hamburg* ZfS 1981/5 = VersR 1980, 1031; vgl. Bearbeitung von Kraftverkehrsschäden – Mitwirkung des HUK-Verbandes – Stand 1. 1. 1987, abgedruckt AnwBl 1987, 593 [594]). **106**

Bei Beteiligung von Mitgliedern der Stationierungsstreitkräfte sind die Ansprüche geltend zu machen gegenüber dem zuständigen Amt für Verteidigungslasten (vgl. *Hellwig,* Der Schaden, S 16 – Stationierungsschäden). Hinsichtlich der Klage vgl. Rdnrn. 204ff. **107**

c) Verkehrsopferhilfe

Eintrittspflicht der Verkehrsopferhilfe kommt in Betracht: **108**

- bei **Unfallflucht** wird Sachschaden mit Ausnahme des Kfz-Schadens ersetzt, der einen Betrag von 1000 DM übersteigt, sowie Schmerzensgeld in besonders schweren Fällen.
- bei **nicht versicherten Kraftfahrzeugen** erfolgt die Regulierung im Rahmen des § 158c VVG bei Krankenversicherungsverhältnis sowie
- bei **Vorsatztat** im Bereich des Verkehrsrechts (vgl. im einzelnen *Weber,* Der Entschädigungsanspruch gegen den Verein „Verkehrsopferhilfe", DAR 1987, 333ff.; vgl. auch B VIII, Rdnr. 55).

d) Solidarhilfe

Eintrittspflicht der **Solidarhilfe-Einrichtung** der Kraftfahrzeughaftpflichtversicherer in der Bundesrepublik Deutschland kommt in Betracht bei Zahlungsunfähigkeit eines in der Bundesrepublik Deutschland (einschließlich Berlin-West) zugelassenen und der Einrichtung beigetretenen Kraftfahrzeugversicherungsunternehmens (vgl. wegen der Einzelheiten *Becker/Böhme* aaO, Rdnrn. 1059ff.). **109**

5. Bestimmung der Haftungsquote

a) Allgemeines

Schon bei der – auch außerprozessualen – Festlegung der Quote der geltend zu machenden Ansprüche muß der mit der Durchsetzung von Haftpflichtansprüchen aus Verkehrsunfällen befaßte Anwalt sich ein klares Bild machen über die **Durchsetzbarkeit der** geltend zu machenden **Ansprüche.** **110**

Zum einen ist es sicherlich wichtig, eine günstige Position zu begründen für evtl. notwendige außergerichtliche Vergleichsverhandlungen, zum anderen darf hierbei nicht die Gefahr übersehen werden, daß bei einer zu weit gehenden und nicht realistischen Position bei dem Mandanten über die Höhe seiner Ansprüche **111** eine zu hohe Erwartungshaltung geweckt wird mit der Folge, daß der Anwalt es bei einem wesentlich niedrigeren Vergleichsergebnis schwer hat, den Mandanten von der Angemessenheit eines Vergleiches zu überzeugen. In einem solchen Fall besteht oft die Gefahr, daß der Mandant selbst dann, wenn schließlich ein angemessenes Vergleichsergebnis erzielt ist, mit diesem unzufrieden ist, weil ihm ursprünglich ein unrealistisches Bild für die Durchsetzbarkeit der Ansprüche dargestellt worden ist. Der Mandant sollte in Angelegenheiten, in denen die Festlegung der Quote streitig ist, in Informationsschreiben darüber belehrt werden, daß die zunächst gegenüber der Gegenseite geltend gemachte Haftungsquote höher in Ansatz gebracht wurde, um eine günstige Verhandlungsposition für notwendige Verhandlungen zu erreichen. Jedenfalls aber sollte der Anwalt bei unklarer Haftungslage von vornherein bei der Festlegung der geltend zu machenden Quote sachlich fundiert argumentieren unter Berücksichtigung der einschlägigen Rechtsprechung und der wechselseitigen Beweismöglichkeiten.

b) Unabwendbarkeit im Sinne von § 7 II StVG und Haftungserteilung gem. § 17 StVG

112 Für die **Bestimmung der Haftungsquote** gegenüber dem Halter und Fahrer des gegnerischen Fahrzeuges ist von vornherein entscheidend die Frage, ob und inwieweit der Nachweis der Unabwendbarkeit möglich ist. Nach § 7 II StVG ist die Haftung des Halters für den bei dem Betrieb des Kfz entstandenen Schaden ausgeschlossen, wenn der Unfall auf seiten des Schädigers unabwendbar war. Für den sorgfältig arbeitenden Anwalt ist es unumgänglich, im Einzelfall die hierzu ergangene differenzierte Rechtsprechung im einzelnen zu überprüfen (vgl. hierzu z. B. *Jagusch/Hentschel,* Straßenverkehrsrecht, § 17 StVG Rdnrn. 11ff.).

113 Zur **Typisierung der Haftungsverteilung** sind sogenannte „Quotentabellen" entwickelt worden (vgl. *Jagusch/Hentschel* aaO, § 17 StVG Rdnr. 20 unter Hinweis auf Dt. VGT 1985, 253; *Bursch/Jordan* VersR 1985, 512ff.).

Für den **Kraftfahrzeugführer** gilt nicht die Gefährdungshaftung, sondern Verschuldenshaftung mit umgekehrter Beweislast (vgl. *Becker/Böhme,* Kraftverkehrs-Haftpflicht-Schäden, Rdnr. 140).

Für den Anwalt ist es wichtig, die Regeln der **Beweislastverteilung** zu kennen und zu beachten (vgl. hierzu im einzelnen *Lepa,* Beweislast und Beweiswürdigung im Haftpflichtprozeß, S. 10ff.).

c) Die gesamtschuldnerische Haftung

114 Bei der Geltendmachung von Haftpflichtansprüchen **für einen verletzten Dritten,** also z. B. einen Insassen, ist bei der Durchsetzung der Ansprüche zu beachten, daß gegenüber dem verletzten Dritten die gesamtschuldnerische Haftung gem. §§ 840 I, 421–426 BGB bestehen bleibt. Dies bedeutet in der Praxis, daß für einen Insassen bei auch nur quotenmäßiger Haftung des Unfallgegners Schadenersatz stets in voller Höhe geltend zu machen und durchzusetzen ist gegenüber dem Unfallgegner aus dem Gesichtspunkt der gesamtschuldnerischen Haftung.

6. Die in Betracht kommenden Ansprüche

a) Allgemeine Überlegungen

115 Bei der Prüfung der in Betracht kommenden Ansprüche sollte der Anwalt differenzieren zwischen den in Betracht kommenden **Anspruchsberechtigten**

und den **Anspruchsarten.** Es ist empfehlenswert, für jeden in Betracht kommenden Anspruchsberechtigten, so z. B. für die Ansprüche des Halters, des Fahrers z. B. wegen seiner Schmerzensgeldansprüche oder sonstiger Beifahrer oder wegen des Lohnfortzahlungsanspruches des Arbeitgebers jeweils getrennte Aktenvorgänge oder Teilakten anzulegen. Dies empfiehlt sich, um Übersicht in der Korrespondenz und in der finanziellen Abwicklung zu behalten und nicht zuletzt auch im Hinblick auf die Abrechnung der Gebühren. Die Geltendmachung von Schadensersatzansprüchen für jeden separaten Berechtigten ist jeweils nämlich eine **selbständige Angelegenheit** im Sinne des Gebührenrechts (vgl. *Chemnitz* AnwBl 1987, 119ff.). Im Rahmen dieser Abhandlung ist es nicht möglich, zu allen in Betracht kommenden Anspruchspositionen alle tatsächlichen und rechtlichen Problempunkte aufzuzeigen. Vielmehr können und sollen lediglich – gleichsam als Überblick – die einzelnen Anspruchspositionen angeführt werden unter Hinweis auf weiterführende Literatur. Die nachfolgende Darstellung der in Betracht kommenden Anspruchspositionen unterscheidet zwischen den Ansprüchen des **unmittelbar** Geschädigten – und – Ansprüchen des **mittelbar Geschädigten.**

b) Die Ansprüche der unmittelbar Geschädigten

aa) Sachschaden (vgl. auch B VII Rdnr. 11). Beim **Kraftfahrzeugschaden** **116**
sind die wichtigsten Schadenpositionen:
- Reparaturschaden
- Totalschaden und
- „unechter" Totalschaden.

Beim **Reparaturschaden** sind grundsätzlich die Kosten gemäß Reparaturrechnung zu erstatten. Auch kann der Geschädigte Ersatz der Reparaturkosten auf der Grundlage eines Schätzgutachtens beanspruchen, auch wenn er die Reparatur tatsächlich durchführen läßt (*BGH* NZV 1989, 465 = NJW 1989, 3009f. = ZfS 1989, 299f.; *LG Köln* NZV 1990, 119 a. A. *LG Berlin* NZV 1990, 119f.; zur Berechnung des Kraftfahrzeugschadens vgl. auch *LG Köln* VersR 1988, 599 mit Anmerkung *Dannert* VersR 1988, 980). Im übrigen ist von dem Grundsatz auszugehen, daß bei Instandsetzung eines beschädigten Kraftfahrzeuges der Schädiger als Herstellungsaufwand nach § 249 II BGB grundsätzlich auch die Mehrkosten zu erstatten hat, die ohne eigene Schuld des Geschädigten die von ihm beauftragte Werkstatt infolge unwirtschaftlicher oder unsachgemäßer Maßnahmen verursacht. Die Werkstatt ist nicht Erfüllungsgehilfe des Geschädigten (*BGH* VersR 75, 184 = NJW 75, 160 = DAR 75, 109).

Bei einem – **echten** – **Totalschaden** des Fahrzeuges ist der Wiederbeschaf- **117**
fungswert zu ersetzen. Ein echter Totalschaden liegt auch vor, wenn das Fahrzeug zwar reparaturfähig, aber nicht reparaturwürdig ist. In diesem Fall liegt ein „wirtschaftlicher" Totalschaden vor, bei dem die Wiederherstellungskosten erheblich höher sind als eine Ersatzbeschaffung und die Reparaturkosten unverhältnismäßig hoch sind im Vergleich zur Ersatzbeschaffung. Jedoch kann der Geschädigte die Reparatur durchführen lassen und Ersatz der Reparaturkosten beanspruchen, wenn die Reparaturkosten den Wiederbeschaffungswert des Fahrzeuges um bis zu 30% übersteigen (*OLG Düsseldorf* NJW 1989, 1041; *LG Essen* R+S 1989, 259f.). Hiernach ist bei der Berechnung des möglichen 30%igen Zuschlages wie folgt zu verfahren: Wiederbeschaffungswert, abzüglich Restwert zuzüglich Sachverständigenkosten, Nutzungsausfall, Kostenpauschale sowie Um- und Abmeldekosten.

Problematisch ist häufig die **Verwertung** und Berechnung der Restwerte, weil der Geschädigte häufig die Chance hat, für die Restwerte einen höheren Betrag zu erzielen, als der Sachverständige als Restwert geschätzt hat. Nach *LG Münster* (NZV 1990, S. 194) kommt, wenn der Geschädigte durch eigenes Zutun einen höheren als den vom Sachverständigen festgestellten Restwert erhält, dieser Vorteil nicht dem Schädiger zugute.

Zu beachten ist jedoch, daß der Geschädigte aus dem Gesichtspunkt der **Schadensminderungspflicht** gem. § 254 BGB verpflichtet sein kann, bei der Verwertung der Restwerte oder der Verfügung hierüber mehrere Angebote einzuholen oder ein Angebot der Versicherung abzuwarten oder zu akzeptieren. Hier ist einerseits zu unterscheiden die Verpflichtung zur Einholung von Angeboten oder das Abwarten eines Angebotes seitens der Versicherung sowie andererseits die zeitliche Grenze der Zumutbarkeit des Wartens mit der Verwertung. Jedoch ist der Geschädigte nicht verpflichtet, durch eigene Bemühungen zu versuchen für den Unfallwagen einen vergleichsweise höheren Preis herauszuschlagen (*BGH* DAR 85, 218; vgl. im übrigen Fleischmann, Der Restwert in der Schadenregulierung, ZfS 89, 1 ff. und *Menle* DAR 89, 317 ff.; *Klimke,* Fiktive Schadenabrechnung, ZfS 1989, S. 253 f. und *Gebhard,* Die fiktive Abrechnung von Fahrzeugschäden, eine unendliche Geschichte, ZfS 90, S. 145 ff.).

118 **Unechter Totalschaden** ist gegeben, wenn die **Reparatur unzumutbar** ist (*Hellwig,* Der Schaden „Reparatur", R 9). Hiernach kann Entschädigung auf Neuwagenbasis nur dann beansprucht werden, wenn trotz eines reparaturfähigen Schadens die Weiterbenutzung des reparierten Fahrzeuges nicht zugemutet werden kann. Bei einer Fahrleistung des beschädigten Fahrzeuges von 1000–3000 km ist auf Neuwagenbasis nur dann abzurechnen, wenn bei objektiver Beurteilung der frühere Zustand des beschädigten Fahrzeuges auch nicht annähernd wieder hergestellt werden kann. Dies gilt insbesondere, wenn Teile beschädigt sind, die für die Betriebssicherheit wesentlich oder verborgene Mängel zu befürchten sind (*Hellwig* aaO m. w. N.). Den Anspruch auf Abrechnung auf Totalschadenbasis hat anerkannt OLG Zweibrücken (ZfS 1989, 328 = NZV 1989, 355) bei einem Fahrzeug zu einem Neupreis von 35 185,– DM und gefahrenen 386 km und einem geschätzten Reparaturkostenaufwand von 2 183,– DM. Ausnahmsweise kann auch Abrechnung auf Totalschadenbasis in Betracht kommen bei einer Kilometerleistung bis 3000 km (*BGH* NJW 1982, 433 = VersR 1982, 163, *BGH* VersR 1983, 658), jedenfalls bei erheblicher Beschädigung des Fahrzeuges. Bei Abrechnung auf Neuwagenbasis muß evtl. ein Abschlag für die gefahrenen Kilometer hingenommen werden, jedoch nur für den Fall, daß das beschädigte Fahrzeug eine Kilometerleistung von mehr als 1000 km zurückgelegt hatte (*BGH* ZfS 1983, 296 = DAR 1988, 289).

119 Als weitere Schadenposition kommt in Betracht **Wertminderung** aufgrund technischen oder merkantilen Minderwertes, der ggf. durch einen Sachverständigen festzustellen ist.

120 Die **Sachverständigenkosten** sind zu erstatten. Der Geschädigte hat Anspruch auf Einschaltung eines Sachverständigen bzw. Ersatz der hierdurch veranlaßten Kosten, wenn diese angemessen sind, regelmäßig bei einem Reparaturaufwand von mehr als 1000 DM.

121 Wegen entgangener Nutzung des Fahrzeuges sind die Kosten für ein **Mietfahrzeug,** oder wenn ein solches nicht in Anspruch genommen wird, **Nutzungsausfall** zu ersetzen, und zwar für die angemessene Dauer der Reparatur oder der Beschaffung eines Ersatzfahrzeuges (vgl. *Sanden/Völtz,* Sachschadens-

recht des Kraftverkehrs; die neuen Tabellen zur Nutzungsentschädigung für Pkw in VersR 1987, 852 bzw. NJW 1987, 3167). In Betracht kommt auch Nutzungsausfall für ein Fahrrad (*AG Frankfurt* NZV 1990, 237).

Die in den Schadenpositionen enthaltenen **Mehrwertsteuerbeträge** sind zu **122** erstatten, soweit der Geschädigte nicht zum Vorsteuerabzug berechtigt ist. Dies gilt auch, wenn der Geschädigte sein Fahrzeug selbst repariert oder auf Reparatur verzichtet (*BGH* VersR 1973, 964 = NJW 1973, 1647).

bb) Personenschaden. Ersatz der **Heilungskosten** kann beansprucht werden. **123** Jedoch ist der Berechtigte aus dem Gesichtspunkt der Schadensminderungspflicht zunächst verpflichtet, seine ggf. bestehende Krankenversicherung in Anspruch zu nehmen (*BGH* VersR 1970, 129; *KG* MDR 1973, 495). Bei Krankenhausaufenthalt kommen zusätzlich hinzu Besuchskosten der nächsten Angehörigen, kleine Trinkgelder und Geschenke für das Pflegepersonal und evtl. Kosten für besondere Stärkungsmittel (*Becker/Böhme* aaO, Rdnr. 386). Als Heilungskosten können auch in Betracht kommen die Kosten für einen **Kuraufenthalt,** evtl. besondere Heilmittel sowie notwendige Schönheitsoperationen (*Becker/Böhme* aaO, Rdnr. 386 mit weiteren Nachweisen).

Vermehrte Bedürfnisse, auch evtl. fortlaufend notwendige Kosten für Hei- **124** lung und Pflege, sind zu ersetzen, z. B. Kosten für eine Krankenschwester oder sonstige notwendige Hilfskräfte. Zu denken ist auch daran, daß z. B. bei einer Querschnittlähmung die Kosten für die Schaffung behindertengerechten Wohnraums geltend zu machen bzw. zu erstatten sind (wegen der in Betracht kommenden Schadensersatzansprüche wegen vermehrter Bedürfnisse vgl. *Drees* VersR 1988, 784ff.). Leistungen der Sozialhilfe hierauf sind nicht anzurechnen (*KG* VersR 1979, 260).

Schmerzensgeld kann der Verletzte gem. § 847 BGB verlangen, sofern der **125** Unfall schuldhaft herbeigeführt wurde und hierbei der Körper oder die Gesundheit verletzt oder beinträchtigt wurde (*LG Köln* VersR 1964, 444 mit Rechtsprechung, vgl. auch *OLG Köln* VersR 1966, 374; *LG Krefeld* VersR 1969, 166). Über die Höhe der in Betracht kommenden Schmerzensgeldansprüche wird verwiesen auf die hierzu vorliegenden bekannten Entscheidungssammlungen (vgl. im einzelnen *Hacks,* Schmerzensgeldansprüche). Eine **Schmerzensgeldrente** kommt nach der Rechtsprechung nur in besonders gelagerten Fällen in Betracht, z. B. bei notwendigen Nachoperationen oder schmerzhafter weiterer Behandlung (*BGH* VersR 1955, 615). Auch bei rechtskräftig zuerkanntem Schmerzensgeld kommt ein weiteres zusätzliches Schmerzensgeld in Betracht für Verletzungsfolgen, mit denen nicht oder nicht ernstlich zu rechnen war (*BGH* VersR 1974, 44 = NJW 1976, 1149; *BGH* VersR 1980, 975). Seit dem 1. 7. 1990 ist aufgrund des Gesetzes zur Änderung des Bürgerlichen Gesetzbuches und anderer Gesetze vom 14. 3. 1990 (BGBl I 478) die Vorschrift des § 847 I Satz 2 BGB gestrichen mit der Folge, daß nunmehr **Schmerzensgeldansprüche übertragbar und vererblich** sind, ohne daß es eines Anerkenntnisses oder einer Rechtshängigkeit bedarf. Dies gilt auch für Ansprüche, die vor dem Inkrafttreten der Gesetzesänderung entstanden sind; eine vor dem 1. 7. 1990 erfolgte Abtretung bleibt jedoch wirkungslos. Ebenso darf ein Erbfall nicht vor dem genannten Datum eingetreten sein.

cc) Der **Erwerbsschaden** – Verdienstausfall – ist gem. konkreter Schadenbe- **126** rechnung zu ersetzen, bezogen auf den Zeitpunkt des Einkommens zur Unfallzeit. Bei der Berechnung des Verdienstausfalles ist bei Lohnfortzahlung von den

Bruttobezügen auszugehen (*BGHZ* 42, 76 = DAR 1965, 18 = NJW 1964, 2207). Soweit eine Gehaltsfortzahlung nicht stattfindet, sind die Nettobezüge maßgebend. Zusätzlich sind Beiträge zur Sozialversicherung zu erstatten, ggf. zur Vermeidung nachweisbaren Schadens in der Rentenversicherung (wegen der Einzelheiten vgl. *Becker/Böhme* aaO, Rdnr. 416ff.). Ein für die Zukunft zu erwartender Verdienstausfall ist durch Zahlung einer Geldrente gem. § 13 StVG, § 843 BGB auszugleichen, evtl. durch Kapitalabfindung. (Zum Schadensersatz bei Verletzung eines Gewerbetreibenden oder Freiberuflers vgl. *Grunsky* DAR 1988, S. 400ff.)

127 Besonderheiten ergeben sich bei der Abrechnung des Personenschadens eines Kindes oder Jugendlichen und hierbei insbesondere zu der Frage des Eintritts oder der Verzögerung des Eintritts in das Erwerbsleben (vgl. *Dornwald,* Schadensersatz bei Beteiligung von Kindern und Jugendlichen an Verkehrsunfällen, S. 41ff.). An die **Darlegungs- und Beweislast** der hypothetischen Berufsausbildung und -ausübung sind erleichterte Anforderungen zu stellen, und Schwierigkeiten bei der Schätzung eines Erwerbsschadens als Folge eines im Leben des geschädigten Kindes früh eintretenden Unfallereignisses dürfen nicht zu Lasten des Kindes gehen (*OLG Karlsruhe* DAR 1988, 104ff.).

c) Die Ansprüche der mittelbar Geschädigten

128 **aa)** Die **Erben** haben Anspruch auf Ersatz der Kosten einer standesgemäßen Beerdigung (§ 1968 BGB), evtl. zuzüglich der Kosten der Überführung in das Heimatland. Zu den Beerdigungskosten gehören auch die Auslagen für eine Grabstelle, einen Grabstein, Trauermahlzeiten sowie Trauerkleidung. Gem. §§ 201ff. RVO gezahltes Sterbegeld ist auf die Beerdigungskosten anzurechnen. Nicht anzurechnen ist jedoch die gem. § 591 RVO an die Witwe gezahlte Überbrückungshilfe (*OLG Hamm* VersR 1980, 39).

129 **bb) Ansprüche** wegen **entgangener Unterhaltsleistung.** War der Getötete unterhaltspflichtig, so hat der Ersatzpflichtige dem Unterhaltsberechtigten Schadensersatz insoweit zu leisten, als der Getötete zur Unterhaltsgewährung verpflichtet gewesen wäre. Voraussetzung hierfür ist, daß dem Unterhaltsberechtigten das Recht auf Unterhalt infolge der Tötung entzogen worden ist. Der Anspruch ist nur gegeben bei einem kraft Gesetzes gegebenen Unterhaltsanspruch, nicht bei vertraglichen Unterhaltsansprüchen. Das Maß des zu ersetzenden Unterhaltes ergibt sich aus den Vorschriften der §§ 1602, 1361, 1569 BGB.

130 **cc) Anspruch wegen entgangener Dienstleistungen** des Kindes und des Ehepartners. Ein Anspruch wegen entgangener Dienstleistungen **des Kindes** kommt in Betracht, soweit eine Dienstleistungspflicht des Kindes nach § 1619 BGB gegeben ist.

131 Besondere Bedeutung hat jedoch der Anspruch auf Entschädigung bei Ausfall **des Ehepartners** bei Tätigkeit im Haushalt und Gewerbe. Hierbei ist auf den Grad der Arbeitsunfähigkeit nach den konkreten Umständen des Einzelfalles und der ärztlichen Beurteilung abzustimmen (vgl. *BGH* VersR 1973, 939, *BGH* VersR 1985, 357 = ZfS 1983, 141 = DAR 1985, 119, vgl. auch *BGH* NZV 1990, 21f.). Zu Unterhaltsansprüchen gem. § 844 II BGB vgl. *Weber,* Rechtsprechung des BGH zur Verkehrshaftpflicht, DAR 1988, 181 (191). Für die Höhe des Anspruchs aus § 844 II BGB kommt es allein auf den gesetzlich geschuldeten und nicht auf den tatsächlich gewährten Unterhalt des Getöteten an (*BGH* FamRZ 1988, 1030; vgl. im übrigen *Wussow/Küppersbusch,* Ersatzansprüche bei Personenschäden; *Scheffen/Pardey,* Die Rechtsprechung des BGH zum Schadensersatz beim Tod einer Hausfrau und Mutter, *ders.,* Schadensersatz bei Beteiligung von Kindern und Jugendlichen an Verkehrsunfällen. (Zur Berechnung des Ersatzanspruches bei Beeinträchtigung der Haushaltsführung vgl. *Hofmann* NZV 1990, 8ff. sowie Fragebogen zur EDV-gestützten Bewertung der Haushaltstätigkeit nach dem Hohenheimer Verfahren, DAR 1990, 194ff.)

d) Speziell: Der Arbeits- und Wegeunfall

Ein Verkehrsunfall, der sich während der im Sinne der RVO versicherten **132** Tätigkeit z. B. auf einer Baustelle ereignet, ist Arbeitsunfall im Sinne des § 548 RVO. Ebenso kann sich ein Verkehrsunfall als sogenannter Wegeunfall im Sinne des § 550 RVO ereignen (wegen der Einzelheiten der Unterscheidungen und Abgrenzungen vgl. *Krasney,* Der Verkehrsunfall als Arbeitsunfall, Homburger Tagung 1984). Bei Arbeitsunfällen ist gem. §§ 636, 637 RVO die Haftung ausgeschlossen und ebenso speziell für Soldaten gem. § 91a SVG. An die Stelle der zivilrechtlichen Ansprüche treten die Ansprüche gegen den Träger der Unfallversicherung (vgl. Rdnr. 184).

e) Lohnfortzahlungsanspruch

Der Lohnfortzahlungsanspruch nach LFZG geht gem. § 4 LFZG auf den **133** Arbeitgeber über, soweit er das **Arbeitsentgelt** fortbezahlt hat, darauf entfallende, von den Arbeitgebern zu tragende Beiträge zur Bundesanstalt für Arbeit, Arbeitgeberanteile an Beiträgen zur Sozialversicherung sowie zu Einrichtungen der zusätzlichen Alters- und Hinterbliebenenversorgung abgeführt hat. Der Anspruchsübergang nach LFZG gilt nicht für Angestellte. Der Anspruchsübergang für **Beamte** regelt sich nach den Bestimmungen des § 87a Bundesbeamtengesetzes und § 81a des Bundesversorgungsgesetzes.

f) Abtretung von Ansprüchen

Eine Abtretung von Ansprüchen ist grundsätzlich möglich und kommt in der **134** Praxis häufig vor. Der für den Geschädigten tätige Anwalt wird im Einzelfall zu prüfen haben, ob eine vorliegende Abtretung wirksam ist. Ist die Abtretung von Schadensersatzansprüchen des Unfallgeschädigten wegen Verstoßes gegen Art. 1 § 1 I RBerG unwirksam, so ist auch das Darlehensgeschäft gem. § 139 BGB nichtig, wenn die Vertragsparteien das Darlehensgeschäft nicht ohne die Forderungsabtretung abgeschlossen hätten (*OLG München* NJW 1974, 1659, vgl. im einzelnen *Hellwig,* Der Schaden, A 4 – Abtretung).

g) Abrechnung gem. Differenztheorie

Nach der sogenannten Differenztheorie ist eine Besonderheit gegeben, wenn **135** eine Kaskoversicherung in Anspruch genommen wurde und auf diese gem. § 67 VVG Ansprüche übergegangen sind. In einem solchen Fall erfolgt die Abrechnung nach der sogenannten Differenztheorie. Der **Forderungsübergang** bzw. das Quotenvorrecht bezieht sich nur auf den **unmittelbaren Sachschaden,** nicht jedoch auf Sachfolgeschäden. Zu den unmittelbaren Schäden gehören die Kosten der Fahrzeugreparatur sowie die Beschaffung eines Ersatzwagens, der technische und merkantile Minderwert, sowie die Abschlepp- und Sachverständigenkosten (wegen eines Abrechnungsbeispiels nach der Differenztheorie vgl. *Becker/Böhme* aaO, Rdnr. 255).

Es ergibt sich folgendes Abrechnungsbeispiel (entnommen *Bauer,* Die Kraft- **136** fahrtversicherung, Rdnrn. 763–769): Das Beispiel, ausgehend von der Rechtsprechung des BGH, zeigt eine Schadenabrechnung zwischen einem kaskoversicherten Geschädigten und dem Haftpflichtversicherer des Schädigers.

1. Von der Fahrzeugversicherung umfaßter unmittelbarer Sachschaden:

Reparaturkosten	ab ggf. 3700 DM
Abschleppkosten	30 DM
merkantile Wertminderung	400 DM
Sachverständigenkosten	250 DM
Gesamtschaden	4380 DM
abzüglich Zahlung des Kaskoversicherers	3150 DM
noch offen	1230 DM

Der Anspruch des Geschädigten gegen den Schädiger unter Berücksichtigung einer Mithaftung von 50% beträgt 4380 DM : 2 = 2190 DM. Aufgrund des Quotenvorrechtes stehen dem Geschädigten hiervon noch 1230 DM zu, der Restbetrag von 960 DM geht auf den Kaskoversicherer über.

2. Sachfolgeschaden:

Mietwagenkosten	1200 DM
Nutzungsentschädigung	400 DM
Unkostenpauschale	30 DM
	1630 DM

Hiervon hat der Haftpflichtversicherer des Schädigers entsprechend der Mithaftungsquote 815 DM zu zahlen. Auf den Kaskoversicherer gehen im Rahmen des Sachfolgeschadens keine Ersatzansprüche über. Insgesamt schuldet der Haftpflichtversicherer des Schädigers dem kaskoversicherten Geschädigten 1230 DM + 815 DM = 2045 DM.

7. Haftpflichtansprüche bei Unfall mit Leasingfahrzeugen

a) Die wachsende Bedeutung von Leasing

137 Das Leasen von Fahrzeugen hat sehr zugenommen und eine stets größere wirtschaftliche Bedeutung erlangt (beim Marktführer im Bereich Kfz-Leasing, der VAG Leasing GmbH Braunschweig, hat sich der Fahrzeugbestand der geleasten Fahrzeuge wie folgt entwickelt:
1985: 163000 Verträge
1986: 189000 Verträge
1987: 235000 Verträge

Nach den statistischen vom vorgenannten Unternehmen mitgeteilten Zahlen wurden für ca. 14% der Verträge p. a. Schäden gemeldet. Ca. 45% der gemeldeten Schäden waren auf Fremdverschulden zurückzuführen und der Rest war durch Eigenverschulden verursacht und mußte im Rahmen der Kaskoversicherung reguliert werden). Hieraus ergibt sich für den mit der Regulierung von Fahrzeugunfällen befaßten Anwalt die Notwendigkeit, sich vertraut zu machen mit den Besonderheiten der Unfallregulierung bei geleasten Fahrzeugen. In der Praxis ist es jedoch häufig so, daß nicht der Leasingnehmer den Anwalt mit der Regulierung des Unfalles beauftragt, sondern vielmehr der Leasinggeber, also das Leasingunternehmen. Dies ist in den Geschäftsbedingungen des Leasingvertrages regelmäßig geregelt. Gleichwohl ergibt sich hieraus für den Anwalt die Notwendigkeit und Erkenntnis, mit den Besonderheiten der Anspruchsregelung bei Leasingfahrzeugen nach einem Unfall vertraut zu sein (wegen der Abwicklung von Haftpflicht- und Kaskoschäden vgl. *Betthäuser* DAR 1987, 107ff. sowie *Reinking*, Auto Leasing, S. 141ff.).

Bei der Geltendmachung von Haftpflichtansprüchen aus Anlaß eines Unfalles mit einem geleasten Fahrzeug muß der mit der Abwicklung des Schadenfalles befaßte Anwalt unterscheiden zwischen den Ansprüchen des Leasinggebers bzw. Leasingnehmers. Hierbei ergeben sich nämlich unterschiedliche Anspruchspositionen.

b) Ansprüche des Leasinggebers

Für den Leasinggeber kommen zunächst gegenüber dem Leasingnehmer Ansprüche in Betracht, und zwar aus Vertrag und/oder aus unerlaubter Handlung. Zwischen diesen Ansprüchen kann der Leasinggeber wählen (*Graf v. Westphalen,* Der Leasingvertrag, Rdnr. 355). Dem Leasinggeber als **Eigentümer** stehen gegenüber einem schädigenden Dritten Ansprüche aus unerlaubter Handlung bez. StVG zu. Nachstehend werden nur diese Ansprüche behandelt. Der Leasinggeber braucht sich als Eigentümer im übrigen nicht die mitwirkende **Betriebsgefahr,** das **Mitverschulden** des Halters bzw. Fahrers entgegenhalten zu lassen (*BGH* VersR 1983, 656 = NJW 1983, 1492; *BGH* NJW 1986, 1044, vgl. im übrigen *Kunschert* VersR 1988, 13ff.). **138**

aa) Substanzschaden. Bei Beschädigung des Fahrzeuges stehen dem Leasinggeber Ansprüche zu auf Erstattung der Reparaturkosten sowie eines Minderwertes. Im Falle des Totalschadens kann der Leasinggeber den Wiederbeschaffungswert beanspruchen, ebenso Sachverständigengebühren und die Auslagenpauschale (wegen der Einzelheiten vgl. *Dittrich,* in: Leasing: Haftpflicht- und Kaskoschaden, Kfz-Leasing, Homburger Tage 1987; vgl. insbesondere hier Literaturverzeichnis, Kommentare, Monographien, Aufsätze zum Leasingrecht, spez. zur Regulierung von Kfz-Schäden an Leasingfahrzeugen). **139**

bb) Der Leasinggeber, der vorsteuerabzugsberechtigt ist, hat keinen Anspruch auf Erstattung der **Mehrwertsteuer.** **140**

cc) Probleme können sich ergeben beim Ersatz der **Rechtsanwaltskosten,** wenn der Leasinggeber über eine eingerichtete Rechtsabteilung verfügt und Grund und Höhe der Schadensersatzansprüche nicht problematisch sind (*LG Hannover* ZfS 1986, 218 = VersR 1986, 864, *AG Wiesbaden* ZfS 1986, 176). Die Beauftragung eines Anwaltes und damit die Übernahme der Anwaltskosten durch den Schädiger ist als angemessen zu betrachten, da nicht nur der Leasinggeber, sondern auch der Leasingnehmer als Anspruchsberechtigter beteiligt ist und die Schadenabwicklung als einheitlicher Vorgang zu bewerten ist. **141**

c) Ansprüche des Leasingnehmers

Der **Nutzungsschaden** steht dem Leasingnehmer, dem Besitzer bzw. Halter zu. Im übrigen ist es in jedem Fall empfehlenswert, sich anhand des Leasingvertrages zu orientieren, welche Rechte und Pflichten dem Leasingnehmer bezüglich der Unterhaltung bzw. im Falle des Unfalles den Leasingnehmer treffen. **142**

aa) Für die Position hinsichtlich des **Substanz-** bzw. **Reparaturschadens** ist entscheidend die vertragliche Gestaltung des Leasingvertrages. Problematisch ist die Position der Mehrwertsteuer, wenn der Leasingnehmer nicht zum Vorsteuerabzug berechtigt ist. Die Mehrwertsteuer ist vom Schädiger bzw. seiner Versicherung zu übernehmen (*AG Fürstenfeldbruck* DAR 1987, 59; *LG Stade* DAR 1987, 123; *AG Schorndorf* DAR 1987, 123; *AG Freiburg* NJW-RR 1987, 345; *AG München* ZfS 1987, 264). **143**

144 **bb) Nutzungsschaden.** Der Nutzungsschaden steht dem Leasingnehmer zu. Er kann demnach Ersatz des Nutzungsausfalles oder der Mietwagenkosten verlangen.

145 **cc)** Wegen der Besonderheiten des Anspruches auf Erstattung der **Mehrwertsteuer** vgl. *Dittrich,* Leasing: Haftpflicht- und Kaskoschaden, Ziff. 2.4ff.

146 **dd)** Der Leasingnehmer hat Anspruch aus Ersatz der ihm entstehenden **Rechtsanwaltsgebühren**. (Wegen der **Kaskoschadenabwicklung** vgl. Rdnrn. 175ff.).

8. Sicherung des Schmerzensgeldanspruches

147 Die Notwendigkeit zur Sicherung des Schmerzensgeldanspruches beim bewußtlosen Verletzten entfällt aufgrund der ab 1. 7. 1990 eingetretenen Gesetzesänderung zu § 847 II BGB (vgl. hierzu im einzelnen die Ausführungen zu Rdnr. 125).

148 Die **Pflegerbestellung,** die zur Sicherung der Schmerzensgeldansprüche nicht mehr erforderlich ist, kann jedoch bei dem bewußtlosen Verletzten gem. § 1910 BGB erforderlich sein zur Herbeiführung einer Vollmachtserteilung durch den Pfleger.

9. Zu beachtende mögliche Einwendungen

a) Schadensminderungspflicht

149 Dem Geschädigten obliegen, nach den insoweit von der Rechtsprechung sehr differenziert entwickelten Grundsätzen umfassende Schadensminderungspflichten. Dies hat besondere praktische Bedeutungen bei der Feststellung des Schadens, der Beauftragung eines Sachverständigen, der Inanspruchnahme eines Mietwagens bzw. der Beschaffung eines Ersatzfahrzeuges und auch hinsichtlich der Finanzierungskosten (vgl. im einzelnen *Fleischmann/Schulze,* aaO, 7. Kapitel, S. 127ff.; *Becker/Böhme,* Kraftverkehrs-Haftpflicht-Schäden, Rdnr. 572; vgl. B VII Rdnr. 33).

150 Der Geschädigte muß baldigst den **Reparaturauftrag** erteilen. Nur bei Schäden, die nicht Bagatellschäden sind, also bei Schäden über 1000 DM Sachschaden, kann ein **Sachverständiger** beauftragt werden. Sonst liegt ein Verstoß gegen die Schadensminderungspflicht vor. Beim Anfall von **Mietwagenkosten** ist darauf zu achten, daß die angemessene Reparaturzeit bzw. Zeit für die Wiederbeschaffung eines Ersatzfahrzeuges bei Totalschaden eingehalten wird. Zur Begrenzung von Mietwagenkosten ist evtl. die Durchführung einer Notreparatur zu empfehlen (*OLG Köln* VersR 1987, 65, *OLG Stuttgart* VersR 1981, 1061 = ZfS 1982, 11). Besonders differenziert ist die Schadensminderungspflicht bei der evtl. notwendigen Inanspruchnahme der Kaskoversicherung (*Fleischmann/Schulze* aaO, S. 133). Dem Geschädigten ist der durch eine notwendige Inanspruchnahme der Kaskoversicherung entstehende Schaden aus Verlust der Rückvergütung oder des Schadenfreiheitsrabattes zu ersetzen (*Becker/Böhme* aaO, Rdnr. 567 unter Hinweis auf *OLG Köln* VersR 1976, 554, *BGH* VersR 1966, 256).

Die Schadensminderungspflicht gilt nicht nur bei materiellem Schaden, sondern auch bei **Personenschäden,** So kann auch z. B. die Verletzung der Schadensminderungspflicht gegeben sein bei Weigerung, eine Hüftgelenkoperation vornehmen zu lassen. (*OLG Oldenburg* VersR 1982 175 = ZfS 1982, 107; vgl. weiter *Fleischmann/Schulze* aaO, S. 135). Auf die Gesichtspunkte der Schadensminderungspflicht muß der mit der Regulierung des Schadensfalles beauftragte Anwalt den Geschädigten hinweisen.

Grundsätzlich kann der Geschädigte einen **Anwalt** mit der außergerichtlichen Schadenregulierung **beauftragen,** Hierdurch verstößt er nicht gegen seine Schadensminderungspflicht (*BGH* AnwBl 1969, 15).

b) Vorteilsausgleichung

Auf Seiten des Geschädigten wird häufig übersehen, daß mit der Schadenab- **151** wicklung verbundene Vorteile auszugleichen sind. Hieran ist auf Seiten des Anwaltes stets zu denken, um auf Seiten des Geschädigten nicht falsche Vorstellungen aufkommen zu lassen über die ihm zustehenden Ansprüche. So sind z. B. bei Krankenhausaufenthalt auf Seiten des Geschädigten **ersparte** eigene **Verpflegungskosten** abzuziehen. (*Himmelreich/Klimke,* Kfz-Schadenregulierung, Rdnrn. 888ff. mit ausführlicher Darstellung und Nachweisen zu den einzelnen Fällen der Vorteilsausgleichung, z. B. Abzüge „Neu" für „Alt", Rabatte, Skonti etc.).

Angerechnet werden **alle Bezüge,** die den Geschädigten oder ihren Hinter- **152** bliebenen aufgrund gesetzlicher Vorschriften zufließen, also insbesondere Beamtenpensionen, Witwen-, Waisenrente, Zahlungen nach dem Bundesversorgungsgesetz. Demgegenüber werden nicht angerechnet Beträge, die aufgrund einer **privaten Versicherung,** Unfall- und Lebensversicherung ausbezahlt werden. Ebenso mindern Erträgnisse, die sich ergeben aus ausgezahlten **Lebensversicherungssummen** nicht den Unterhaltsanspruch aus § 844 II BGB. Weiter sind nicht anzurechnen freiwillige oder arbeitsvertraglich bedingte **Leistungen Dritter** und auch nicht Leistungen von Arbeitgebern aufgrund einer kollektiven Sterbegeld- oder betrieblichen Rentenversicherung (*Becker/Böhme* aaO, Rdnr. 545).

10. Besondere Fallgestaltungen

a) Anwaltliche Hilfe bei Unfall im Ausland

Bei der notwendigen Geltendmachung von Schadensersatzansprüchen aus **153** Anlaß eines **Unfallereignisses im Ausland** gilt das Recht des jeweiligen Schadensortes. In einem solchen Fall erscheint es für den deutschen Anwalt empfehlenswert, dem Mandanten zu empfehlen, für die Durchsetzung seiner Ansprüche einen ausländischen Anwalt zu beauftragen. Es kommt auch in Betracht, daß der deutsche Anwalt – im Einvernehmen mit dem Mandanten und in dessen Auftrag – einen ausländischen Anwalt beauftragt und mit diesem die Korrespondenz führt. Zur Information des Mandanten über die in Betracht kommenden Ansprüche können als Orientierungshilfe die hierzu veröffentlichten Übersichten (vgl. Rdnr. 154) und spezielle für das jeweilige Land von den Automobilclubs herausgegebene Informationsbroschüren dienen.

154 b) Übersicht über Versicherungsleistungen im Ausland

Land / Ansprüche	Heilungskosten	Schmerzensgeld	Verdienstausfall	Reparaturkosten	Abschleppkosten	Wertminderung	Gutachterkosten	Nutzungsausfall	Mietwagen	Kreditkosten	Anwaltskosten
Belgien	+	+↓	+	+	+	–	–	+↓	+↓	+↑	–
Bulgarien	+	+↓	+	+↓	+	–	+↓	–	–	–	+
Dänemark	+	+↓	+	+↓	+	+↓	+	–	–	–	+↓
Finnland	+	+↓	+	+	–	–	+	+↓	–	–	+↓
Frankreich	+	+↑	+	+	+	+↓	–	+↓	–	–	–
Griechenland	+	+↓△	+	+↓	+	+△	–	–	–	–	+↓
Großbritannien	+	+	+	+	+	–	+	–	+↓	–	+↓
Irland	+	+	+	+↓	+	–	+	–	+△	–	+↓
Italien	+	+↓	+	+	+	+↓	+↓	+↓	–	–	+↓
Jugoslawien	+	+↓	+	+	+	+↓	+	–	–	–	+↓
Luxemburg	+	+↓	+	+	+	–	+	+↓	–	–	–
Niederlande	+	+↓	+	+	+	+↓	+	–	–	+	–
Norwegen	+	+↓△	+	+	+	+↓	+	–	–	–	+↓
Österreich	+	+↓	+	+	+	+↓	+	–	+	+	+
Polen	+	+↓	+	+	+	–	+↓	–	–	–	+
Portugal	+	+↓	+↓	+↓	+	–	–	–	–	–	–
Rumänien	+	–	–	+	+	–	+	+△	+△	+	+
Schweden	+	+↓	+	+	+	+↓	+	+↓	–	–	+
Schweiz	+	+↓	+	+	+	+↓	+	+↓	–	+	–
Sowjet-Union	+↓	+↓	–	+↓	+↓	–	+↓	–	+↓	–	–
Spanien	+	+↓	+↓	+↓	+	–	–	–	–	–	–
Tschechoslowakei	+↓	+↓	+	+	+	–	+↓	–	–	–	+
Ungarn	+	+↓	+	+	+	+↓	+	–	–	+	+

Zeichenerklärung: + wird bezahlt, – wird nicht bezahlt, ↑ bessere, ↓ schlechtere Leistung als in Deutschland, △ muß eingeklagt werden:
Erstattung von Mietwagenkosten vereinzelt möglich, wenn Pkw zur Berufsausübung gebraucht wird. (Mit freundlicher Gestattung des Autors und Verlages entnommen *Kramer,* ADAC Ratgeber.)

11. Besonders zu beachtende Punkte

a) Beschaffung Aktenauszug für Versicherung

155 Im Interesse des Geschädigten liegt es, die für die Regulierung des Schadens notwendige Aufklärung des Sachverhaltes zu fordern. Neben der Vorlage von Zeugenaussagen kommt in Betracht, daß der Anwalt des Geschädigten der Haftpflichtversicherung, auch der des Gegners einen Aktenauszug der amtlichen Ermittlungsakten vorlegt. Häufig genügt zur Klärung des Sachverhaltes die Vorlage von Kopien der Unfallaufnahme. In der Praxis ist es jedoch so, daß häufig Wochen und manchmal Monate vergehen, bis nach Weiterleitung des Ermittlungsvorganges an die Staatsanwaltschaft diese dem Anwalt als Verteidiger oder Bevollmächtiger einer Versicherung Akteneinsicht gewährt. Für die

Praxis wäre anzuregen, daß die unfallaufnehmenden Polizeibehörden zusätzliche Kopien der Unfallaufnahme neben der Weiterleitung der Akten an die Staatsanwaltschaft behalten und diese Kopien den Verteidigern oder Bevollmächtigten zur Verfügung stellen. Die Staatsanwaltschaft sollte generell die Polizeibehörden ermächtigen, in Unfallsachen den Anwälten alsbald Kopien oder Durchschriften der Unfallaufnahme zur Fertigung von Aktenauszügen zur Verfügung zu stellen. Der mit der Abwicklung von Unfallschäden befaßte Anwalt sollte also darum bemüht sein, den schnellsten Weg zur Akteneinsicht zu finden und der Versicherungsgesellschaft einen Aktenauszug zur Verfügung stellen, um so die für die Regulierung des Schadens notwendige Aufklärung des Sachverhaltes zu fördern.

b) Regulierungsfristen und -verzug

Dem Kfz-Versicherer ist eine **angemessene Prüfungsfrist** für die geltend gemachten Ansprüche vor Klageerhebung zuzubilligen. Diese beträgt in der Regel 2–4 Wochen. Die Länge des zur Prüfung der Ansprüche benötigten Zeitraumes kann nicht schematisch bestimmt werden, sondern muß nach den **Umständen des Einzelfalles** bemessen werden (*OLG Nürnberg* VersR 1976, 1052). **156**

Es ist also nach Darlegung der Anspruchsvoraussetzung und Bezifferung des Anspruches mit Belegen Sache des Anwaltes zu entscheiden, wie lang der zur Regulierung zu setzende Zeitpunkt zu bemessen ist. Zur Orientierung können die vorgenannten, in der Rechtsprechung genannten Fristen dienen. Nach Ablauf einer angemessenen Prüfungsfrist ist **Verzug** gegeben mit der Folge, daß Klageerhebung in Betracht kommt und das Prozeßkostenrisiko die Versicherung trifft. Ebenso ergeben sich die weiteren Verzugsfolgen, nämlich Ersatz des Verzugsschadens, z. B. Anspruch auf Zinserstattung.

c) Quoten-Befriedigungsvorrecht

Durch das Quotenvorrecht wird bestimmt, wem der Ersatzanspruch zusteht, und zwar dem Sozialversicherungsträger (SVT) oder dem Verletzten, wenn der Schädiger aus Rechtsgründen nur einen Teil des entstandenen Schadens zu ersetzen hat und folglich der zu leistende Ersatzbetrag nicht ausreicht, um sowohl den beim Verletzten nach Abzug der SVT-Leistungen verbliebenen Restschaden als auch den Teil des Schadens zu ersetzen, für den der SVT Leistungen zu gewähren hat. Das Quotenvorrecht ist durch den Gesetzgeber im Rahmen der Kodifizierung des SGB X abgeschafft und durch verschiedene jeweils auf eine bestimmte Fallgruppe bezogene Lösungen ersetzt worden (vgl. im einzelnen *Eckelmann/Nehls,* Schadensersatz bei Verletzung und Tötung, S. 192ff.). **157**

Unter Befriedigungsvorrecht ist zu verstehen das Vorrecht des Verletzten bzw. seiner Hinterbliebenen, gegenüber dem eintrittspflichtigen SVT bei der Durchsetzung von Ersatzansprüchen in den Fällen, in denen der Schädiger aus Gründen tatsächlicher Art, z. B. mangels finanzieller Leistungsfähigkeit nicht in der Lage ist, sowohl die Ansprüche des Verletzten als auch die des SVT voll zu befriedigen (*BGH* VersR 1975, 558; *BGH* VersR 1979, 30).

12. Verjährungsfragen

a) Fristen

Für den mit der Regulierung von Unfallschäden befaßten Anwalt ist die Kenntnis von Verjährungsfristen zu den verschiedensten in Betracht kommenden Ansprüchen, die Fristberechnung, Hemmung und Unterbrechung von be- **158** sonderer Bedeutung, um sich nicht den Gefahren von Regressen auszusetzen. Für allgemeine Ansprüche nach dem Straßenverkehrsgesetz gilt gem. § 14 StVG ebenso wie für Ansprüche aus unerlaubter Handlung gem. § 852 BGB eine dreijährige Verjährungsfrist (vgl. im einzelnen *Becker/Böhme* aaO, Rdnrn. 839ff.). Eine einjährige Verjährungsfrist gilt gem. § 640 RVO bezüglich des Rückgriffs des SVT (*BGH* VersR 1969, 451 und *Fleischmann/Schulze,* 6. Kapitel, S. 1ff.; vgl. auch B VII Rdnrn. 37ff.).

b) Beginn, Hemmung und Unterbrechung der Verjährung

159 Der Verlauf der Verjährungsfrist beginnt, wenn der Geschädigte aufgrund der ihm bekannten Tatsachen gegen eine bestimmte Person Schadensersatzklage erheben kann, insbesondere wenn er die Tatsachen kennt, die auf ein schuldhaftes Verhalten des Schädigers hinweisen (*BGH* VersR 1973, 232 = NJW 1973, 316). Der Kenntnis des Anspruchsberechtigten für den Beginn der Verjährung steht es gleich, wenn der Verletzte ohne besondere Mühe und Aufwendungen auf entsprechende Erkundigungen hin die notwendigen Tatsachen hätte erfahren können (*BGH* VersR 1976, 147).

c) Unzulässige Rechtsausübung

160 Eine besondere zu beachtende Problematik ist die Frage des **Beginns der Verjährung bei Spätschäden** (*OLG Hamburg* VersR 1978, 546). Bei Regulierungsverhandlungen ist die Verjährungsfrist gehemmt (*BGH* ZfS 1982, 358). Die Verjährung kann unterbrochen werden durch Anerkenntnis (*BGH* VersR 1965, 1149). Mit weiteren Nachweisen zur Problematik der Hemmung und Verjährung sowie zum Einwand der unzulässigen Rechtsausübung (*Fleischmann/Schulze* aaO, 6. Kapitel, S. 6ff.).

13. Steuerliche Aspekte der Unfallregulierung

161 Der mit der Unfallschadenabwicklung befaßte Anwalt muß stets, insbesondere bei Abfindungsvereinbarungen die steuerlichen Auswirkungen berücksichtigen. Für entgangene oder entgehende Einnahmen gewährte Entschädigungen sind als **Einkünfte zu versteuern** (vgl. § 24 I a, EStG in Verbindung mit § 2 I EStG). Geldrenten, die als wiederkehrende Bezüge zu zahlen sind, müssen versteuert werden. Dies gilt auch für Schadensersatzrente, die gem. § 844 II BGB für den Verlust von Unterhaltsansprüchen gewährt wird (vgl. *Becker/Böhme* aaO, Rdnrn. 745ff. m. Hinw. auf die Rspr. des BFH).

162 **Steuerfreie Leistungen** gem. § 3 EStG sind z. B. Leistungen aus gesetzlicher Krankenversicherung und Unfallversicherung sowie Sachleistungen und Kinderzuschüsse aus den gesetzlichen Rentenversicherungen (vgl. *Becker/Böhme* aaO, Rdnr. 746).

Steuererleichterungen und **Steuervergünstigungen** kommen nicht dem Schädiger zugute, so z. B. nicht der Pauschalbetrag für Körperbehinderte gem. § 33b EStG (*Becker/Böhme* aaO, Rdnr. 747).

Umgekehrt muß der **Schädiger** die **Steuern ersetzen,** die auf den Geschädigten persönlich entfallen, also nicht bei Berechnung nach Splitting-Tarif (*BGH* VersR 70, 640). Der Verlust des Splitting-Tarifs und der hierdurch für den Hinterbliebenen eintretende Schaden ist nicht zu erstatten (*BGH* VersR NJW 79, 1501; vgl. im einzelnen auch *Becker/Böhme* aaO, Rdnrn. 748, 749).

163 Ebenso sind zu beachten mögliche steuerliche Belastungen durch zu zahlende **Gewerbesteuer** oder **Mehrwertsteuer.** In jedem Fall erscheint es empfehlens-

wert, bei Abfindungsvereinbarung mit dem Schädiger bzw. seiner Haftpflichtversicherung vorzubehalten, daß evtl. sich ergebende steuerliche Belastungen zusätzlich auszugleichen sind, sofern nicht feststeht, ob sich eine steuerliche Belastung ergibt oder nicht.

Eine andere Frage ist, ob und wieweit Unfallkosten steuerlich **absetzbar** sind oder nicht. Entscheidend ist, ob der Unfall sich ereignet hat auf einer durch das Arbeitsverhältnis des Steuerpflichtigen veranlaßten Fahrt (*Becker/Böhme* aaO, Rdnrn. 762ff.). So sind z. B. Unfallkosten als Werbungskosten abzugsfähig, wenn sich ein Steuerpflichtiger von seinem Ehegatten im Rahmen einer wöchentlichen Familienheimfahrt mit dem Pkw zum Bahnhof fahren läßt und sich auf der – beruflich veranlaßten – Rückfahrt ein Unfall ereignet. Abzugsfähig sind der Reparaturaufwand, die Wertminderung, Krankheitskosten, Prozeßkosten. Bei eingetretenem Totalschaden ist abzugsfähig der Kaufpreis, gemindert um die anteilige AfA und den Restwert (*Becker/Böhme* aaO, Rdnr. 766). **164**

14. Durchsetzung von Ansprüchen im Verhandlungswege

Mehr als 90% aller Unfallschadenregulierungen erfolgen außergerichtlich, also ohne Durchführung eines Zivilprozesses.

a) Notwendigkeit von Verhandlungen und Verhandlungstaktiken

In der Regel ist es empfehlenswert, vor Einleitung eines gerichtlichen Verfahrens mit der beteiligten Versicherung über Streitpunkte zu verhandeln. Hierdurch kann in der Regel ein langwieriger und unwirtschaftlicher Prozeß vermieden werden. Voraussetzung für erfolgreiche Verhandlungen ist jedoch, daß der beteiligte Anwalt den Sachverhalt genauestens kennt. Verhandlungen müssen hinsichtlich der streitigen Positionen bestens vorbeteitet werden, also z. B. der Schaden detailiert spezifiziert und, soweit möglich, belegt sein. Mit der rechtlichen Problematik von möglichen Streitfragen muß der Anwalt bestens vertraut sein. Es muß eine feste eigene Verhandlungsposition aufgebaut werden, andererseits aber vermieden werden, zu weitgehende und sachlich nicht gerechtfertigte Ansprüche geltend zu machen, weil hierdurch die eigene Position beim Verhandlungspartner unsachlich und unrealistisch erscheint und möglicherweise bei der Mandantschaft falsche und unrealistische Erwartungen geweckt werden. Im übrigen sollte der Anwalt immer in Vergleichsverhandlungen Überlegungen einbringen, die, wenn ein **endgültiges Ergebnis** nicht zu erzielen ist, einen Fortgang evtl. über **Teilbereiche** z. B. Verdienstausfallzahlungen für bestimmte Zeitabschnitte etc. möglich machen. **165**

b) Abfindungsvereinbarungen

Nach der Erfahrung streben Haftpflichtversicherungen und Sozialversicherungsträger als Ersatzpflichtige regelmäßig eine **Kapitalisierung** von Schadensersatzleistungen und Schadensersatzrenten an, damit der mit der fortlaufenden Bearbeitung einer Schadenakte verbundene verwaltungs- und personalintensive Aufwand in Fortfall kommt. Auf Seiten des Geschädigten, also durch anwaltliche Beratung ist zu entscheiden, welche Form des Schadenausgleiches verlangt wird, ob Schadenausgleich nach konkreter Schadenberechnung geltend gemacht wird oder ob die Form einer Kapitalabfindung bevorzugt wird. Selbstverständlich sind auch Mischformen denkbar, also z. B. fortlaufende Zahlung des Unterhaltsanspruches und die Kapitalisierung eines Verdienstausfalles. Der unmittelbar oder mittelbar Geschädigte kann statt einer Rente eine Kapitalabfindung **166** verlangen bei Vorliegen eines wichtigen Grundes (vgl. § 843 III BGB, 844 II BGB, § 13 II StVG, § 8 II Haftpflichtgesetz, § 38 LuftVG und ebenso noch § 1585 II BGB).

aa) Die Problematik, statt einer Entschädigung nach konkreter Schadenberechnung oder statt einer Rente eine Kapitalabfindung zu verlangen, liegt in der Unsicherheit einer **Prognose** über die **künftige Entwicklung** in den persönlichen und wirtschaftlichen Verhältnissen des Anspruchsberechtigten. Es muß im Einzelfall nach sorgfältiger Wägung aller Umstände, insbesondere auch des erreichbaren Kapitalbetrages entschieden werden, ob zur Vereinbarung einer Kapitalabfindung oder zur Vereinbarung einer Rentenverfplichtung geraten wird oder nicht.

167 **bb)** Bei der **Berechnung von Abfindungssummen** für entgangene Unterhaltsansprüche sind grundsätzlich zu beachten das mutmaßliche Lebensende des Unterhaltsverpflichteten, der Wegfall der Unterhaltsverpflichtung sowie das tatsächliche Lebensende des Berechtigten. Die mutmaßliche Lebensdauer eines Unterhaltsverpflichteten bestimmt sich nach der „Allgemeinen Sterbetafel für die Bundesrepublik Deutschland" (abgedr. in *Becker/Böhme* aaO, S. 571 ff.). Regelmäßig ist auf die in Betracht kommenden individuellen Gesichtspunkte zu achten.

168 **cc)** Bei Kindern endet der Unterhaltsanspruch regelmäßig mit dem 16–18 Lebensjahr, sofern nicht eine längere Ausbildung in Betracht kommt. Bei der Abfindung einer Witwe ist neben der Wiederverheiratungsmöglichkeit zu prüfen die Lebenserwartung der Witwe sowie des Unterhaltsberechtigten verstorbenen Ehemannes. Zwischenzeitlich liegen statistische Erhebungen über die Dauer des Witwenstandes vor (vgl. die sogenannten Heiratsstaffel Verwitweter und Geschiedener, Wirtschaft und Statistik 1979, 652 ff.).

169 Beim Ausgleich für Schadensersatz wegen **Erwerbsschaden** ist bei der Berechnung zu beachten, daß dieser längstens bis zu dem Zeitpunkt zu bezahlen ist, in dem der Verletzte ohnehin aus dem Erwerbsleben ausgeschieden wäre (wegen der Einzelheiten vgl. *Becker/Böhme* aaO, Rdnrn. 429 ff.).

170 (Wegen der maßgebenden **Kapitalisierungstabellen** einschließlich der Kapitalisierungs**faktoren** vgl. *Becker/Böhme* aaO, S. 571 ff. sowie Kapitalisierungstabellen, -übersicht, Rdnrn. 604 ff.) Für das Schmerzensgeld kommt regelmäßig die Vereinbarung eines Kapitalbetrages in Betracht. Der Schmerzensgeldausgleich in **Rentenform** kommt nur in besonders gelagerten Fällen in Betracht (*Becker/Böhme* aaO, Rdnr. 449).

171 **dd)** Bei der Vereinbarung von Kapitalabfindungen oder der Festlegung von Renten ist stets daran zu denken, ob nicht für bestimmte mögliche Entwicklungen, die nicht endgültig zu übersehen sind, **Vorbehalte** zu vereinbaren sind, so z. B. für den Verlust des Arbeitsplatzes oder bei Eintritt vermehrter Bedürfnisse. In jedem Fall sind jedoch die Voraussetzungen so genau wie irgend möglich zu beschreiben, damit ggf. über das Vorliegen oder Nichtvorliegen der Voraussetzungen für weitergehende Ansprüche Streit nicht entstehen kann. Auch ist daran zu denken, z. B. für den Fall des Vorbehaltes von weitergehenden Ansprüchen. Bei vermehrten Bedürfnissen ist bzw. kann ein ärztliches Gutachten, evtl. ein amtsärztliches Gutachten maßgebend sein (vgl. im übrigen wegen der Einzelheiten, die bei Abfindungsvergleichen zu beachten sind, *Hellwig,* Der Schaden, A 1 – Abfindungsvergleich).

II. Geltendmachung von Ansprüchen gegen eigene Versicherung und sonstige Leistungsträger

In der Praxis ist es noch nicht selbstverständlich ünd die Regel, daß der mit der Abwicklung eines Unfallschadens befaßte Anwalt den Mandanten berät und vertritt auch hinsichtlich seiner Ansprüche gegenüber der eigenen Versicherung. Dieser Gesichtspunkt sollte nicht außer Betracht gelassen werden, insbesondere in den Fällen, in denen aufgrund einer nur teilweise gegebenen Haftung nach Haftpflichtrecht der Gegenseite der Mandant Ansprüche gegen seine eigenen Versicherungen haben könnte, und zwar sowohl bei Sachschäden, z. B. Glasbruch, als auch bei Körperverletzung. In Betracht kommen Ansprüche im einzelnen wie folgt: **172**

1. Ansprüche aus Fahrzeugversicherung

a) Die Teilversicherung – Teilkasko

Die Teilversicherung umfaßt Fahrzeugschäden infolge **173**
- des Brandes und der Explosion (§ 12 I AKB),
- Der Entwendung, insbesondere des Diebstahls des unbefugten Gebrauches durch betriebsfremde Personen, des Raubes und der Unterschlagung (§ 12 I 1b, Satz 1 AKB),
- der unmittelbaren Einwirkungen von Sturm, Hagel, Blitzschlag oder Überschwemmung auf das Fahrzeug (§ 12 I, I c I AKB),
- des Zusammenstoßes des in Bewegung befindlichen Fahrzeuges mit Haarwild im Sinne des § 2 I 1 des Bundesjagdgesetzes (§ 12 I, I d AKB),
- Glasbruch- und Kabelschaden,
- Reifenschäden (wegen der Einzelheiten vgl. *Bauer,* Die Kraftfahrtversicherung, Rdnrn. 660ff.).

Die Berücksichtigung dieser möglichen Ansprüche für den Mandanten und den Geschädigten ist bei bestehender Teilversicherung immer dann wichtig, wenn bei einem Unfallereignis im Straßenverkehr Schadensersatz vom Unfallgegner nicht zu erlangen ist, sei es wegen nicht gegebener Haftung oder etwa wegen Fahrerflucht etc. In diesem Fall sollte der den Mandanten in Unfallschadenangelegenheiten beratende Anwalt den Mandanten darüber beraten, daß ihm z. B. Ansprüche wegen Glasbruchs und Kabelschaden sowie wegen Reifenschäden im Zusammenhang mit einem Unfallereignis gegenüber der eigenen Teilversicherung zustehen.

Die Fahrzeug- und Zubehörteile, die prämienfrei mitversichert sind, ergeben sich aus der Teile-Liste (vgl. *Stiefel/Hofmann,* Kraftfahrtversicherung, § 12 Rdnr. 11). Hinzu kommmen die Rettungs- bzw. Bergungskosten (vgl. *Stiefel/Hofmann,* aaO, § 13 Rdnrn. 82f.).

b) Vollversicherung – Vollkaskoversicherung

Die Fahrzeugvollversicherung umfaßt neben dem in der Fahrzeugteilversicherung gewährten Versicherungsschutz zusätzlich auch Versicherungsschutz gem. § 12 I, II AKB für die Beschädigung, Zerstörung und den Verlust des Fahrzeuges und seiner Teile, und zwar **174**
- die bei einem Unfall entstehen (§ 12 I, II e AKB),
- durch mut- oder böswillige Handlungen betriebsfremder Personen (§ 12 I, II f AKB),

– der Umfang der Leistungen des Versicherers für Teil- und Vollkaskoversicherung ergibt sich aus § 13 AKB (wegen der Einzelheiten, speziell auch bezüglich der Neupreisentschädigung vgl. *Bauer* aaO, Rdnrn. 685/751).

c) Speziell: Bei Leasingfahrzeugen

175 Bei Leasingfahrzeugen ist die Geltendmachung des Schadens aus der Vollkaskoversicherung beim Fahrzeugversicherer zu empfehlen, falls entweder der Leasingnehmer den Unfall allein oder mitverschuldet hat, oder falls die Voraussetzungen für eine Neuwertentschädigung im Sinne von § 13 II AKB vorliegen. Bei Totalschaden und Verlust eines Personenwagens erhöht sich die Leistungsgrenze des Versicherers auf den Neupreis, wenn sich der Versicherungsfall in den ersten beiden Jahren nach der Erstzulassung des Fahrzeuges ereignet hat und sich das Fahrzeug bei Eintritt des Versicherungsfalls im Eigentum dessen befindet, der es als Neufahrzeug unmittelbar vom Kraftfahrzeughändler oder Hersteller erworben hat (vgl. *BGH* DAR 1988, 341). Bei den Ansprüchen aus der Vollkaskoversicherung beim Leasingfahrzeug ist zu unterscheiden zwischen den Ansprüchen, die dem Leasinggeber und dem Leasingnehmer zustehen. Ein spezielles Problem und umstritten ist die Frage, ob die Versicherung die **Mehrwertsteuer** auf die Wiederbeschaffungskosten zahlen muß, wenn der Leasingnehmer Privatmann und somit nicht zum Vorsteuerabzug berechtigt ist (wegen der Einzelheiten vgl. *Reinking,* Auto Leasing, S. 153ff.).

d) Inanspruchnahme der Vollkaskoversicherung und Differenztheorie

176 Bei unklarer Haftungslage und sich verzögernder Regulierung des Fahrzeugschadens durch die gegnerische Haftpflichtversicherung ist bei bestehender Fahrzeugvollversicherung durch den mit der Abwicklung des Schadens befaßten Anwalt der Mandant darüber zu beraten, ob und mit welcher Konsequenz die Inanspruchnahme der eigenen Fahrzeugversicherung zu empfehlen ist. Die Inanspruchnahme der eigenen Fahrzeugvesicherung dürfte regelmäßig empfehlenswert sein, um einen alsbaldigen Schadensausgleich, also Ausgleich der Reparaturkosten oder Kosten für die Beschaffung eines Neu- oder Ersatzfahrzeuges sicherstellen.

177 Wichtig ist hierbei die Frage, ob – bei nichtprivilegierten Fahrzeugen – auf **Reparaturkostenbasis** abzurechnen ist oder ob **Neupreisentschädigung** beansprucht werden kann. Bei nichtprivilegierten Fahrzeugen im Sinne von § 13 I AKB – das sind Droschken, Mietwagen, Selbstfahrervermietwagen, Campingfahrzeuge bzw. Wohnmobile – sind Reparaturkosten und Zeitwerte zu vergleichen. Liegen die Reparaturkosten unter dem Zeitwert, so sind diese gem. § 13 V 1 AKB zu entschädigen, auch wenn eine Reparatur nicht durchgeführt wird (*LG München* VersR 1981, 183). Die Entschädigung ist zu zahlen unabhängig davon, ob ein Ersatzfahrzeug erworben wird oder nicht.

178 Bei sogenannten **privilegierten Fahrzeugen** ist zu prüfen, ob eine über den Zeitwert hinausgehende Entschädigung in Betracht kommt, orientiert an der Wiederbeschaffungs- bzw. Wiederherstellungsklausel des § 13 X a AKB. Für die Höhe der Entschädigung ist maßgebend, ob der Versicherungsnehmer ein Ersatzfahrzeug erwirbt oder nicht. Wenn der Versicherungsnehmer kein Ersatzfahrzeug erwirbt bzw. nicht reparieren läßt, ist die Versicherungsleistung beschränkt auf den Zeitwert, abzüglich Selbstbeteiligung und Restwert. Für den Fall des Erwerbes eines Ersatzfahrzeuges kann erhöhte Versicherungsleistung beansprucht werden und bei Durchführung der Reparatur trotz Totalschaden besteht Anspruch auf erhöhte Versicherungsleistung, wenn die Verwendung der Versicherungsleistung auch zur Reparatur sichergestellt ist (wegen der Einzelheiten vgl. *Bauer* aaO, Rdnrn. 710, 715ff.). Im Falle der Inanspruchnahme der Fahrzeugversicherung geht der Schadensersatzanspruch gegen den schädigenden Dritten auf den Versicherer über gem. § 67 I 1 VVG.

Die **Abrechnung** etwaiger Ansprüche gegen den schädigenden Dritten erfolgt 179 dann nach der **Differenztheorie** (vgl. Rdnrn. 117ff.; wegen der Einzelheiten der Berechnungen nach der Differenztheorie und Beispiele hierfür vgl. *Bauer* aaO, Rdnrn. 762ff.). Bei Inanspruchnahme der Kaskoversicherung ist die vertragliche Selbstbeteiligung zu beachten.

Der sich ergebende Verlust des Schadensfreiheitsrabattes kommt als Scha- 180 densposition gegenüber dem haftpflichtigen Dritten in Betracht (*Hellwig,* Der Schaden, S 5 – Schadensfreiheitsrabatt mit weiteren Nachweisen der Rechtsprechung; *Becker/Böhme,* aaO, Rdnr. 314). Der **Rückstufungsschaden** in der Kaskoversicherung ist vom Schädiger auch dann zu ersetzen, wenn Verzug nicht vorliegt und die Kaskoversicherung nur wegen des größeren Leistungsumfangs in Anspruch genommen wird (*LG Freiburg* DAR 1990, S. 26f.).

e) Verkehrs-Service-Versicherung

Beim Bestehen einer Verkehrs-Service-Versicherung **(Schutzbrief)** kommen 181 entsprechend den Bedingungen dieser Versicherung Ansprüche in Betracht auf Erstattung der Abschleppkosten, Übernachtungskosten etc. Kongruente Schadensersatzansprüche des Geschädigten gehen gem. § 67 VVG auf den Versicherer über (vgl. *Becker/Böhme* aaO, Rdnr. 257).

2. Ansprüche aus sonstigen Versicherungen

Der Straßenverkehrsunfall ist auch – was häufig nicht bedacht wird und nicht 182 beachtet wird – ein **Unfall** im Sinne von § 2 Nr. 1 AUB. Somit kommen auch im Fallle des Straßenverkehrsunfalles bei bestehenden Unfallversicherungen und sonstigen bestehenden Versicherungen in Betracht, soweit Leistungen nicht ausgeschlossen sind, für Versicherungsfälle im Zusammenhang mit dem Straßenverkehr. Besondere praktische Bedeutungen können sowohl für Fahrer als auch Beifahrer Ansprüche aus Unfallversicherungen haben, wenn eine Verantwortung des Unfallgegners nicht feststellbar ist und damit nicht in Anspruch genommen werden kann. **Zusätzliche Ansprüche,** die gegenüber dem haftpflichtigen Schädiger nicht gegeben sind, kommen in Betracht z. B. aus **Insassen**unfallversicherung oder als Krankenversicherung z. B. auf Krankenhaustagegeld etc. All diese Aspekte müssen bei umfassender Beratung und Vertretung bei der Abwicklung von Ansprüchen aus Anlaß eines Straßenverkehrsfalles durch den beratenden Anwalt bedacht werden. Ggf. sollte der Anwalt sich die Policen in Betracht kommender Versicherungen vorlegen lassen, soweit der Mandant hierzu Beratung und Vertretung wünscht. Nachstehend können die in Betracht kommenden Versicherungen lediglich angesprochen, nicht aber vertieft behandelt werden. Hierzu muß auf die weiterführende Literatur verwiesen werden. In Betracht kommen **Ansprüche aus folgenden Versicherungen:**

a) Ansprüche aus Kraftfahrtunfallversicherung (§ 16 AKB)

Als Versicherungsarten und -leistungen dieser Versicherung jedoch ergeben 183 sich Ansprüche aus Insassenunfallversicherung – nach dem **Pauschalsystem** – oder für eine bestimmte Zahl von Personen oder Plätzen, Berufsfahrerversicherung sowie namentliche Versicherung sonstiger Personen (§ 16 I AKB). In Betracht kommen Leistungen des Versicherers für den Fall des Todes, der dauernden Beeinträchtigung der Arbeitsunfähigkeit (Invalidität), Tagegeld sowie Heilkosten (wegen der evtl. Ausrechnung dieser Ansprüche auf Leistungen aus Haftpflichtansprüchen vgl. *Prölss/Martin,* Versicherungsvertragsgesetz, § 16 AKB Anm. 2). Der Umfang der Leistungen ergibt sich aus § 8 AUB (speziell vgl. **Gliedertaxe** § 8 II AUB).

b) Unfallversicherung § 8 AUB

184 Ansprüche kommen in Betracht aus Unfallversicherungen, auf die Person des Versicherungsnehmers oder eines anderen gem. § 179 VVG und die Voraussetzungen der Leistungen ergeben sich aus § 8 AUB. Die Versicherung kann also gerichtet sein auf Todesfallentschädigung, Invaliditätsentschädigung, Krankenhaustagegeld, Genesungsgeld, Heilkosten sowie Übergangsentschädigung (Verfasser hat Ansprüche aus **Unfallversicherung** abgewickelt für einen Mandanten wegen einer erlittenen AIDS-Infektion, verursacht durch eine Bluttransfusion nach einem Verkehrsunfall). Besonders hinzuweisen ist auf die besonderen **Voraussetzungen** des Versicherungsschutzes für Invaliditätsentschädigung. Die Invalidität muß gem. § 8 Nr. II 1 S. 1 Halbs. 1 AUB binnen Jahresfrist „eingetreten sein" und nach Abs. 2 der vorgenannten Vorschrift muß die Invalidität innerhalb 3 Monate „nach dem Unfalljahr" ... „ärztlich festgestellt sein" (vgl. hierzu im einzelnen *Grimm,* Unfallversicherung 1987 § 8 Rdnrn. 18, 19). Dies ist Anspruchsvoraussetzung. Hierauf muß der beratende Anwalt den Mandanten hinweisen und die Fristen beachten. Im übrigen ist hinzuweisen auf die **Fristen** für die **Geltendmachung.** Zur Einhaltung der Frist für die Geltendmachung der Invalidität gem. § 8 II 1 AUB (= § 9 VI AUB 88) genügt es für die Geltendmachung der Invalidität, daß fristgerecht gegenüber dem Versicherer behauptet wird, es sei Invalidität eingetreten (*BGH,* Urteil vom 25. 4. 1990 VersR 1990, S. 732f.; vgl. hierzu im übrigen *Wussow/Pürkhauer* AUB, § 9 I Rdnr. 7).

c) Gruppenunfallversicherung

185 Neben der Unfallversicherung für die Person des Versicherungsnehmers kommen auch in Betracht Gruppenunfallversicherungen oder betriebliche Unfallversicherungen oder sonstige spezielle Unfallversicherungen. Hierzu zählt auch z. B. die Unfallversucherung durch das Studentenwerk. Es ist Aufgabe und Pflicht des beratenden Anwaltes, durch Aufklärung und im Gespräch mit dem Mandanten zu klären, ob und ggf. aus welcher Unfallversicherung Ansprüche in Betracht kommen.

d) Lebensversicherung

186 Im Falle des Todes einer Person kommen für die mittelbar Geschädigten, also den oder die Erben und ggf. die Begünstigten Ansprüche aus der Lebensversicherung in Betracht.

e) Krankenversicherung

187 Weiter kommen nach einem Unfall Ansprüche auf Leistungen aus Krankheitskosten und Krankenhaustagegeldversicherung in Betracht. Gegenstand, Umfang und Geltungsbereich des Versicherungsschutzes für die Krankheitskosten- und Krankenhaustagegeldversicherung ergeben sich aus § 1 MBKK (abgedruckt in *Prölss/Martin,* Versicherungsvertragsgesetz, S. 1222ff.).

f) Rechtsschutzversicherung

Wegen der Beteiligung der Rechtsschutzversicherung als spezielle Sachversicherung vgl. Rdnrn. 227ff. **188**

3. Ansprüche auf Unfallrente gem. RVO

Soweit Eintrittspflicht der ges. Angestellten-, Arbeiter-, Renten- und Knappschaftsrentenversicherung – also bei Arbeitsunfällen – in Betracht kommt, können sich für den Geschädigten Rentenansprüche ergeben. Wenn begründete Aussicht darauf besteht, daß die Berufsunfähigkeit oder die **Erwerbsunfähigkeit nur für absehbare Zeit** besteht, so ist die Rente wegen Berufsunfähigkeit oder wegen Erwerbsunfähigkeit oder evtl. die Hinterbliebenenrente zu gewähren, und zwar von Beginn der 27. Woche an jedoch nur auf Zeit und längstens für die Dauer von 2 Jahren von der Bewilligung an gerechnet (wegen der Einzelheiten vgl. *Hellwig,* Der Schaden R 7). **189**

In der gesetzlichen Unfallversicherung erhält der **Verletzte** die **Rente** mit dem Tag nach dem Wegfall der Arbeitsunfähigkeit im Sinne der Krankenversicherung oder mit dem Beginn der durch den Arbeitsunfall verursachten Erwerbsunfähigkeit im Sinne der Rentenversicherung, wenn die zu entschädigende Minderung der Erwerbsunfähigkeit über die 13. Woche nach dem Arbeitsunfall hinaus andauert, spätestens jedoch mit dem beginn der 79. Woche nach dem Arbeitsunfall mit Ausnahme des Falles, daß der Verletzte sich dann noch in Heilanstaltspflege befindet. Der Verletzte erhält die Rente mit dem Tag nach dem Arbeitsunfall, wenn die zu entschädigende Minderung der Erwerbsunfähigkeit über die 13. Woche nach dem Arbeitsunfall hinaus andauert, Arbeitsunfähigkeit im Sinne der Krankenversicherung jedoch nicht vorgelegen hat (§ 580 RVO). Die Verletztenrente wird als Vollrente oder Teilrente gewährt (wegen der Einzelheiten vgl. *Hellwig* aaO, R 7). **190**

Der Anspruch auf Rente ist gegenüber dem Versicherungsträger geltend zu machen. Sofern dem Anspruch nach Entscheidung im Widerspruchsverfahren nicht entsprochen wird, kommt **Klage zum Sozialgericht** in Betracht. **191**

III. Besondere bei der Abwicklung von Straßenverkehrsunfällen zu beachtende Aspekte der Rechtsbeziehung zur eigenen Versicherung

1. Verhältnis der einzelnen bei der Abwicklung eines Straßenverkehrsunfalles beteiligten Versicherungsarten

a) Die Kraftfahrzeughaftpflichtversicherung

Die eigene Kraftfahrzeughaftpflichtversicherung des Mandanten ist regelmäßig dann an der Abwicklung eines Unfalles beteiligt, wenn nicht nur gegenüber dem Unfallgegner Ersatzansprüche geltend zu machen und durchzusetzen sind, sondern wenn auch andere beim Unfall zu Schaden gekommene Personen, sei es der Unfallgegner oder seien es die Fahrzeuginsassen ihrerseits gegen den Mandanten aus Anlaß des Unfalles Ansprüche erheben. Die obligatorische Kraftfahrzeughaftpflichtversicherung beinhaltet für den Versicherungsnehmer bzw. Mandanten eine **Befreiungs- und Rechtsschutzfunktion** für gegen ihn erhobene Ansprüche (*Bauer,* Die Kraftfahrtversicherung, Rdnrn. 83ff.). Die Kraftfahrzeughaftpflichtversicherung hat also die Funktion, den Versicherungsnehmer **192** von Ansprüchen Dritter freizustellen. Hinzuweisen ist auch darauf, daß die nach § 11, Nr. 4 AKB aF geltende Verwandtenklausel seit dem 1. 1. 1977 entfallen ist, so daß auch die Kraftfahrzeughaftpflichtversicherung die Ansprüche geschädigter Verwandter des Versicherungsnehmers, also auch etwa der als Beifahrerin beteiligten Ehefrau zu regulieren haben. Gesetzliche Grundlagen für die Rechtsbeziehungen zur Kraftfahrzeughaftpflichtversicherung sind das Versicherungsvertragsgesetz (VVG) sowie die allgemeinen Bedingungen für die Kraftfahrtversicherung (AKB vgl. Anhang II. zu §§ 149–158 VVG) sowie das Pflichtversicherungsgesetz (PflVG).

b) Sonstige beteiligte Versicherungen

193 Bei der Abwicklung von Ansprüchen aus Anlaß eines Straßenverkehrsunfalles **beteiligte Versicherungen** des Mandanten sind:
- Fahrzeugteil- und Fahrzeugvollversicherung,
- Insassen- und sonstige Unfallversicherungen,
- die Krankenversicherung sowie die Rechtsschutzversicherung.

Die **Rechtsbeziehungen** zu diesen Versicherungen regeln sich nach VVG und den hierzu festgelegten besonderen Bedingungen, nämlich für die Kraftfahrtversicherung **(AKB),** nach den allgemeinen Unfallversicherungsbedingungen **(AUB),** Anhang zu §§ 179–185 VVG sowie allgemeine Versicherungsbedingungen für die Krankheitskosten- und Krankenhaustagegeldversicherung (**MBKK;** Zusatz zu §§ 159–178 VVG) sowie allgemeine Rechtsschutzbedingungen (**ARB;** Anhang III zu §§ 149–158k).

2. Die Rechtsbeziehungen zur eigenen Versicherung

a) Allgemeines

194 Die Beachtung der Rechtsbeziehungen zur eigenen Versicherung und die ggf. notwendige richtige Beratung des Mandanten ist erforderlich, um Pflichtverletzungen gegenüber der Versicherung zu vermeiden und notfalls bei Streit über den Versicherungsschutz und über Regressen diese abzuwehren oder zu begrenzen. Die sich für den Mandanten bzw. Versicherungsnehmer ergebenden Verpflichtungen – Obliegenheiten – gegenüber der eigenen Versicherung ergeben sich aus den Bestimmungen des Versicherungsvertragsgesetzes. Man unterscheidet hier **gesetzliche** Obliegenheiten sowie **vertragliche** Obliegenheiten, bei denen zu unterscheiden sind Obliegenheiten vor und nach Eintritt des **Versicherungsfalles.** Zu den **gesetzlichen Obliegenheiten** gehört die vorvertragliche Anzeigepflicht, etwa über den technischen Zustand des Fahrzeuges und die Verpflichtung zur Unterlassung von Gefahrerhöhungen. Der häufigste Fall der Gefahrerhöhung ist das Benutzen des Fahrzeuges mit abgefahrenen Reifen.

Zu den **vertraglichen,** vor Eintritt des Versicherungsfalles beachtlichen **Obliegenheiten** gehören die Verwendungsklausel (§ 2 IIa AKB), z. B. die Verwendung des Fahrzeuges eines „zur Eigenverwendung“ benutzten Fahrzeuges als Selbstfahrmietwagen, die Schwarzfahrtklausel (§ 2 IIb AKB), also Benutzung durch einen unberechtigten Fahrer, die Führerscheinklausel (§ 2 IIc AKB), also der notwendige Besitz der vorgeschriebenen Fahrerlaubnis sowie sonstige Obliegenheiten, deren Verletzung den Versicherungsschutz aussschließen (§ 2 IId AKB), etwa die Teilnahme an Rennveranstaltungen (z. B. Motocross-Rennen, soweit diese nicht behördlich genehmigt sind (*Becker/Böhme* aaO, Rdnr. 1028). Zu den **nach** Eintritt des **Versicherungsfalles** zu beachtenden Obliegenheiten gehören die Anzeigepflicht (§ 7 I 2 AKB), die Aufklärungs- u. Schadensminderungspflicht (§ 7 I, II AKB). Der häufigste Problemfall ist hier die Fahrerflucht oder sonstige Obliegenheiten nach Eintritt des Versicherungsfalles (vgl. B XV Rdnrn. 48ff.).

b) Praktische besondere Probleme bei der Abwicklung von Haftpflichtschäden

Der mit der Abwicklung von Unfallschäden befaßte Anwalt ist auch durch den Mandanten häufig gebeten, sich um die **Meldung des Schadenfalles** gegenüber der eigenen Versicherung zu kümmern. 195

aa) Häufig kommt es vor, daß der Mandant, für den Schadensersatzansprüche abzuwickeln sind, seinen insoweit tätigen Anwalt auch die ihm von seiner eigenen Haftpflichtversicherung zugegangene Schadenanzeige zuleitet. Der Anwalt ist gehalten, die Schadenanzeige zu bearbeiten oder diese dem Mandanten zurückzugeben mit der entsprechenden Belehrung über die Notwendigkeit der Vorlage der Schadenanzeige und der Rechtsfolge bei Verstoß gegen die Anzeigepflicht. Grundsätzlich muß der VN, wie auch der Mitversicherte der Versicherung jeden Versicherungsfall innerhalb einer Woche anzeigen (§ 7 I 2 AKB). Nicht rechtzeitige, unwahre oder unvollständige Angaben bringen die Gefahr mit sich, den Versicherungsschutz zu verlieren (*Becker/Böhme* aaO, Rdnr. 1042).

bb) Lediglich bei **Schäden bis zu 500 DM** ist der Versicherungsnehmer gem. § 7 I, II 2 AKB berechtigt, den Schaden selbst zu regulieren, etwa um den Schadenfreiheitsrabatt nicht zu verlieren. Ein **Regulierungsverbot** gegenüber der Versicherungsgesellschaft ist im übrigen unbeachtlich und bringt die Gefahr mit sich, für Mehraufwendungen infolge des Regulierungsverbotes von der Versicherungsgesellschaft auf Ersatz in Anspruch genommen zu werden. Vielmehr erscheint es in der Praxis sachdienlich und ratsam, bei notwendiger Abwehr von Ansprüchen des Unfallgegners sich mit der eigenen Haftpflichtversicherung im Hinblick auf die Durchsetzung der eigenen Ansprüche des VN abzustimmen und die Versicherungsgesellschaft zu bitten, sich vor Eintritt in die Regulierung, insbesondere über die Haftungsquote abzustimmen. 196

cc) Gemäß § 3 II 2 AHB trägt der Versicherer die **Kosten des Verteidigers,** wenn gegen den VN wegen eines Schadenereignisses, das unter den Versicherungsschutz fällt, die Bestellung eines Verteidigers vom VN gewünscht oder genehmigt wird. Der Versicherungsnehmer kann also in einem Haftpflichtfall, der einen unter den Versicherungsschutz fallenden Haftpflichtanspruch zur Folge hat, also etwa bei einem Unfall als Radfahrer, von der Versicherung verlangen, daß diese die Kosten der Verteidigung trägt. In die Leistungspflicht des Versicherers fällt also die Gewährung von Rechtsschutz (*Prölss/Martin* aaO, § 3 AHB, Anm. 2). 197

dd) Bei **Obliegenheitsverletzung** in der Kraftfahrzeughaftpflichtversicherung etwa wegen Gefahr, Erhöhung oder bei Verletzung der Aufklärungs- und Schadensminderungspflicht (Fahrerflucht) oder bei Verstößen gegen die Anzeigepflicht etc. ist Leistungsfreiheit der Versicherung grundsätzlich gem. § 6 III VVG gegeben. Jedoch haben die Versicherungen im Wege einer geschäftsplanmäßigen Erklärung bei Obliegenheitsverletzung darauf verzichtet, einen über 5000 DM hinausgehenden **Regreß** beim Versicherungsnehmer oder Mitversicherten geltend zu machen (*Prölss/Martin* aaO, § 7 AKB Anm. 6). In solchen 198

Fällen wird es Aufgabe des Anwaltes sein, die **Begrenzung des Regresses** geltend zu machen und in der Praxis ist es empfehlenswert, mit der regreßnehmenden Versicherung über eine Ermäßigung der Regreßforderung auch unter den Betrag von 5000 DM zu verhandeln. Zu beachten ist jedoch, daß von dem Regreßverzicht ausgenommen ist der **Rückgriff des Sozialversicherungsträgers.** Diesem bleibt der Versicherungsnehmer, dem der Versicherungsschutz entzogen ist, **voll** ausgesetzt (*BGH* 1980, 332, VersR 1977, 272; VersR 1976, 358; *OLG Oldenburg* NJW 1979, 2133 mit kritischen Anmerkungen, *Ebel* NJW 1975, 1765; vgl. B XV Rdnrn. 73f.).

c) Rechtsbeziehung zur eigenen Versicherung bei Ansprüchen gegen die eigene Versicherung

199 **aa)** In der Praxis ist der häufigste Fall der Probleme im Rahmen des Versicherungsverhältnisses bei Geltendmachung von Ansprüchen gegen die eigene Versicherung, z. B. bei der Geltendmachung von Kaskoansprüchen, der Einwand der **schuldhaften Herbeiführung des Versicherungsfalles** gem. § 61 VVG. Nach dieser Vorschrift ist bei schuldhafter, d. h. vorsätzlicher oder grob fahrlässiger Herbeiführung des Versicherungsfalles der Versicherer von der Verpflichtung zur Leistung frei.

200 **bb)** Die hierzu in der Praxis häufigsten Fälle beziehen sich auf den **Verlust** des **Versicherungsschutzes** aus der Fahrzeugteil- und Vollkaskoversicherung z. B. bei Fahrern mit einer BAK, die über dem Grenzwert der absoluten Fahruntüchtigkeit liegt (früher 1,3 Promille, jetzt 1,1 Promille). Es bleibt abzuwarten, ob entsprechend der Herabsetzung der Grenze der absoluten Fahruntüchtigkeit auf 1,1 Promille die Voraussetzungen der grob fahrlässigen Herbeiführung des Versicherungsfalles angenommen werden, wenn die BAK höher liegt als der neue Grenzwert. Insbesondere ist auch häufig problematisch die Verursachung des Versicherungsfalles bei dem Vorwurf der Mißachtung einer Rot-Ampel oder beim Bedienen der Armatur eines Fahrzeuges sowie etwa beim Aufheben eines Gegenstandes während der Fahrt (vgl. *Bauer,* Die Kraftfahrtversicherung, Rdnr. 423 mit Einzelbeispielen).

3. Verjährung und Klagefrist nach § 12 VVG

201 Ein wichtiger, bei der Geltendmachung von Ansprüchen aus Anlaß von Kraftfahrunfällen zu beachtender Punkt ist die Beachtung der Verjährungsfristen sowie die Beachtung der Klagefrist bei Versagung des Versicherungsschutzes. Maßgebende Vorschrift ist § 12 VVG. Hiernach beträgt die **allgemeine Verjährung** zwei Jahre. Im übrigen ändert diese Vorschrift die bürgerlich rechtlichen Vorschriften über den Beginn und die Dauer der Verjährung aber nicht jedoch die Vorschriften über die Berechnung, über die Hemmung und Unterbrechung der Frist (vgl. im einzelnen *Prölss/Martin* aaO, § 12 Anm. 1; vgl. B XV Rdnr. 44).

202 Von wichtiger praktischer Bedeutung ist die Regelung über die **Leistungsfreiheit des Versicherers.** Bei Entzug des Versicherungsschutzes ist der Versicherer von der Verpflichtung zur Leistung gem. § 12 III VVG frei, wenn der Anspruch auf die Leistung nicht innerhalb von 6 Monaten gerichtlich geltend gemacht wird. Hier schlummert eine besondere Gefahr von Regressen für den in Unfallangelegenheiten tätigen Anwalt. Wenn der Anwalt über den Entzug des Versicherungsschutzes durch die Versicherungsgesellschaft unmittelbar

oder durch den Mandanten informiert wird, muß der Mandant durch den Anwalt über die Frist und die Rechtsfolgen der Nichtbeachtung informiert werden, wobei es sich empfiehlt, dies schriftlich zu veranlassen.

In der Praxis kommt auch häufig bei schwierig gelagerten und nicht endgültig geklärten Sachverhalten die Vereinbarung einer **Verlängerung der Klagefrist** mit der Versicherungsgesellschaft in Betracht (*Prölss/Martin* aaO, § 12 Anm. 5). **203**

IV. Der Kraftschadenprozeß

1. Der richtige Kläger und Beklagte

Bei notwendiger Klageerhebung hat der Anwalt besonders darauf zu achten und zu prüfen, die Klage für den richtigen Kläger zu erheben, also für denjenigen, der für die geltend gemachten Ansprüche **aktivlegitimiert** ist. Hierbei ist gerade beim Kraftschadenprozeß wegen der besonderen und **differenzierten Anspruchsart** auf den Anspruchsgrund abzustellen. So sind z. B. für den Sachschaden im Fall des Todes des unmittelbar Geschädigten die Erben anspruchsberechtigt, während z. B. für einen Unterhaltsschaden das Kind, das nicht notwendigerweise und nicht immer Erbe ist, anspruchsberechtigt und damit klageberechtigt ist (wegen der Besonderheiten der Klageberechtigung vgl. im einzelnen *Geigel,* Der Haftpflichtprozeß, S. 1225ff.). Wenn der Anspruchsberechtigte selbst z. B. infolge der erlittenen Verletzungen nicht imstande ist, seine Angelegenheiten selbst zu besorgen, ist auf Antrag **Prozeßpflegschaft** anzuordnen. Der Prozeßpfleger ist der ges. Vertreter des Anspruchsberechtigten. **204**

Auf seiten des/der **Beklagten** ist seitens des Anwalts darauf zu achten, wer – auch aus prozeßtaktischen Gründen – als Beklagter in Anspruch zu nehmen ist. Regelmäßig ist dies der **Halter.** Ebenso empfiehlt es sich – bei gegebener Verschuldungshaftung und wenn Halter und Fahrer nicht identisch sind – auch den Fahrer des Beklagten mit in Anspruch zu nehmen. Hierbei ist zu beachten, daß der als Beklagter in Anspruch genommene Fahrer nicht mehr als Zeuge in Betracht kommt. Ebenso besteht gegenüber dem Versicherer gem. § 3 Pflichtversicherungsgesetz ein Direktanspruch, so daß auch der Versicherer als Beklagter in Anspruch zu nehmen ist. Der Versicherer und der Versicherungsnehmer bzw. Versicherte sind **Gesamtschuldner.** **205**

Wird lediglich der Halter oder Fahrer in Anspruch genommen, so ist die Einleitung des gerichtlichen Verfahrens gegenüber dem Versicherer gem. § 158 VVG anzuzeigen. **206**

Bei notwendiger **Klage** nach einem Verkehrsunfall mit einem ausländischen Fahrzeug im Gebiet der Bundesrepublik Deutschland ist der **HUK-Verband** und nicht das von diesem beauftragte Versicherungsunternehmen zu verklagen. (Zu den Besonderheiten der Schäden mit Ausländern vgl. im einzelnen *Becker/Böhme* aaO, Rdnrn. 896ff. sowie speziell zum Verfahren vgl. Rundschreiben des HUK-Verbandes vom 1. 1. 1983, abgedruckt bei *Becker/Böhme* aaO, Rdnr. 904 und ebenso die Hinweise auf die Anwendung ausländischen Rechtes zu den einzelnen Ländern *Becker/Böhme* aaO, Rdnrn. 907, 908). **207**

Bei notwendiger Klage aufgrund von **Stationierungsschäden** (vgl. im einzelnen *Geigel* aaO, S. 1211ff.) ist Klage – vor dem ordentlichen Gericht – gegen die Bundesrepublik Deutschland gem. Art. 12 I NTS-AG zu erheben, wobei die Bundesrepublik Deutschland für den Entsendestaat den Rechtsstreit führt. Der **208**

Klageantrag ist auf Leistung durch die Bundesrepublik Deutschland „für den Entsendestaat" zu formulieren. Die **Vertretung** der deutschen Behörden ergibt sich aus einem hierzu abgeschlossenen Verwaltungsabkommen. Die Klage – und auch ein evtl. möglicher Mahnbescheid – sind zu richten gegen die Bundesrepublik Deutschland, vertr. durch den Bundesminister der Finanzen, dieser vertreten durch den Landesminister der Finanzen, dieser vertreten durch den Präsidenten der Oberfinanzdirektion (*Becker/Böhme* aaO, Rdnr. 280).

209 Die Klage ist innerhalb einer **Ausschlußfrist** von 2 Monaten nach Erlaß der Ablehnungsentscheidung der Behörde zu erheben. Zuständig sind – ohne Rücksicht auf die Höhe des Streitwertes – die Landgerichte bei Ansprüchen aus Amtspflichtverletzung (*LG Wiesbaden* NJW 1958, 1499). Der Ersatzpflichtige hat dem Geschädigten **auch** die ihm im vorgeschriebenen **Verwaltungsverfahren entstandenen notwendigen Kosten zu ersetzen** (vgl. *Geigel* aaO, S. 1223; vgl. auch B VII Rdnr. 55).

2. Besonderheiten des Feststellungsantrages

210 Schwierigkeiten in der Praxis ergeben sich häufig bei in Betracht kommenden Feststellungsanträgen. Die Höhe des Schmerzensgeldes kann – und dies ist regelmäßig zu empfehlen – in das Ermessen des Gerichts gestellt werden. Ein **unbezifferter Klageantrag** für Schmerzensgeld ist ausreichend, wenn die **Klagebegründung** im übrigen die für die Ausübung des notwendigen gerichtlichen Ermessens und damit für die Festlegung der Höhe des Schmerzensgeldes notwendigen tatsächlichen Angaben enthält (*Becker/Böhme* aaO, Rdnr. 451, wegen der prozessualen Probleme der Schmerzensgeldklage im einzelnen vgl. *Prütting/Giehle* NZV 1989, S. 329ff.).

211 Auch kann hinsichtlich **anderer Schäden,** z. B. für einen Erwerbsschaden, ein Feststellungsanspruch gem. § 256 ZPO gegeben sein, wenn die Entstehung künftigen Schadens wahrscheinlich und nicht nur eine abstrakte Möglichkeit gegeben ist (*Becker/Böhme* aaO, Rdnr. 419). Ebenso kommt ein Feststellungsanspruch in Betracht bezüglich des Ersatzes von **Rentenversicherungsbeiträgen** (*BGH* VersR 1977, 1156), z. B. wenn nicht endgültig feststeht, aber die Möglichkeit konkret gegeben ist, daß wegen einer Beitragsdifferenz in der Rentenversicherung der Geschädigte Nachteile in der Höhe hinsichtlich der zu erwartenden Rente hat.

3. Besondere Beweisfragen und Anscheinsbeweis

212 Für den Anwalt, der einen Haftpflichtprozeß, also auch einen Kraftschadenprozeß aktiv oder passiv zu führen hat, ist von vornherein auf die Beweislastverteilung und die sich ergebende Substantiierungspflicht und ihre mögliche Änderung auch während des Prozesses zu achten (*Lepa,* Beweislast und Beweiswürdigung im Haftpflichtprozeß, 1988, S. 10, 13). Nach der in der Praxis herrschenden Beweislastverteilungsregel hat jede Partei die Anwendungsvoraussetzungen der für sie günstigen Norm zu beweisen. Dies gilt für rechtsbegründende, -hindernde, -hemmende und -vernichtende Normen.

213 Bei der Haftung nach Straßenverkehrsgesetz gilt die verschuldensunabhängige **Gefährdungshaftung.** Gem. § 7 II StVG ist die Haftung für Unfallschäden ausgeschlossen, wenn der Unfall durch ein **unabwendbares Ereignis** herbeigeführt wird. Wer sich gem. § 7 II StVG entlasten will, muß die Unabwendbarkeit des Unfalles beweisen (*Jagusch/Hentschel* § 7 StVG Rdnr. 31). Der Kläger dringt also mit dem Klagebegehren durch, sofern und soweit der Beklagte nicht nachweist, daß der Unfall für ihn unabwendbar war im Sinne von § 7 II StVG. Zu der Frage der Unabwendbarkeit hat sich zwischenzeitlich eine sehr **differenzierte Rechtsprechung** entwickelt (vgl. im einzelnen *Jagusch/Hentschel* aaO, § 7 StVG Rdnrn. 32ff. sowie *Geigel* aaO, Kapitel 25, Rdnr. 53ff. unter Hinweis auf die **„Hamburger Quotentabelle"**, abgedruckt in VersR 1985, 512, sowie Empfehlung des Verkehrsgerichtstages 1985; vgl. auch Rdnrn. 111ff.).

Nach **den Regeln des Anscheinsbeweises ist** bei einem Auffahrunfall davon auszugehen, daß der Auffahrende den Unfall verursacht hat, wobei der Beweis des ersten Anscheines nur dadurch entkräftet werden kann, wenn der Hintermann nur deswegen auffährt, weil der Anhalteweg des Vordermannes durch eine Kollision erheblich verkürzt war. Der Beweis hierfür obliegt dem Hintermann (wegen der Einzelheiten des Anscheinsbeweises im Bereich des Kraftfahrzeugverkehrs vgl. *Geigel* aaO, Kapitel 37, Rdnr. 42; bezüglich Massenunfall vgl. *Geigel* aaO, Kapitel 25, Rdnr. 126). **214**

4. Widerklage

Eine besondere Bedeutung kommt gerade im Kraftschadenprozeß der **Widerklage** zu. Soweit die Ansprüche der/des Beklagten noch nicht ausgeglichen sind, kommt die Erhebung einer Widerklage in Betracht. Auf diesem Weg kann ein Unfallbeteiligter in den Prozeß einbezogen und so als **Zeuge ausgeschaltet** werden. Die Erhebung der Widerklage ist nicht rechtsmißbräuchlich (*LG Köln* VersR 1983, 403 = ZfS 1983, 165). Es ist auch möglich, daß **negative** und **positive Feststellungsklage** im Schadenersatzprozeß aufeinander treffen (vgl. hierzu *Macke* NJW 1990, S. 1651f.). **215**

5. Das Prozeßführungsrecht der Versicherung bei Passivprozeß

Bei einem Kraftschadenprozeß muß der Versicherungsnehmer dem Versicherer die Entscheidung überlassen, den Schaden zu regulieren und evtl. Prozesse zu führen. Erteilte Weisungen sind durch Versicherungsnehmer zu befolgen. Eine Ausnahme von der Anzeigepflicht und dem Verbot der Selbstregulierung gilt nur für Sachschäden bis zu einer Höhe von 500 DM. **216**

Der **Versicherer** erteilt dem zu beauftragenden Anwalt auch für den Versicherungsnehmer und sonstige Mitversicherte **Vollmacht** gem. § 158c VVG (*BGH* DAR 1959, 17, VersR 1970, 549, 1972, 398; vgl. auch *Fleischmann* VersR 1959, 60).

V. Besondere gebührenrechtliche Fragen bei der Unfallschadenregulierung

1. Außergerichtliche Regulierung

a) Pauschalgebühr

Bei der außergerichtlichen Unfallschadenregulierung werden die Anwaltsgebühren häufig als **Pauschalgebühren** vergütet, entsprechend dem Abkommen zwischen dem DAV und der HUK-Versicherung (abgedruckt in AnwBl 1988, 159f.; wegen der Einzelheiten im übrigen vgl. *Chemnitz* AnwBl 1987, 474f.; vgl. G Rdnrn. 103, 104). **217**

b) Gesetzliche Gebühren

218 Die **Gebühren** bei außergerichtlicher Unfallschadenregulierung bestimmen sich nach § 118 BRAGO. Hiernach fällt an die Geschäftsgebühr gem. § 118 I 1 und ggf. die Besprechungsgebühr gem. § 118 I 2 sowie bei Vergleichsabschluß die Vergleichsgebühr gem. § 23 BRAGO.

219 **aa)** Der **Gegenstandswert** richtet sich nach dem Wert der Ansprüche, mit deren Geltendmachung der Anwalt beauftragt wird (*BGH* AnwBl 1969, 50), und zwar die Schadensersatzforderungen, die nach dem zugrunde liegenden Sachverhalt bei pflichtgemäßer Beratung als durchsetzbar erscheinen. Der Geschäftswert ergibt sich aus sämtlichen Schadenspositionen, einschließlich etwa abgetretener Forderungen (*AG Biberach* DAR 1988, 27).

220 **bb)** Die **Höhe** der nach § 12 I BRAGO zu bestimmenden Gebühren ist nach billigem Ermessen zu bestimmen. Regelmäßig kommt die 7,5/10-Mittelgebühr bei der Geschäfts- und Besprechungsgebühr in Betracht. Dies dürfte gelten für eine Unfallschadenregulierung mittlerer Art. Bei umfangreicher und länger dauernder Korrespondenz oder bei besonderen Umständen, etwa notwendiger Übersetzungen kommt eine 10/10-Gebühr in Betracht, speziell wenn ein Teil der Korrespondenz in fremder Sprache zu führen ist (*AG Köln* AnwBl 1988, 76).

221 **cc)** Häufig ist der Anfall der **Besprechungsgebühr** streitig. Die Besprechungsgebühr gem. § 118 I 2 BRAGO fällt grundsätzlich an bei Besprechungen mit Dritten, so z. B. in Schadenangelegenheiten bei Besprechung mit der gegnerischen Versicherung, etwa wegen Vorschußzahlung (*AG Ludwigshafen* AnwBl 1988, 76). Dritter im Sinne der Vorschrift des § 118 I 2 BRAGO ist nicht nur die Versicherungsgesellschaft des Schädigers. Auch das Gespräch zur Kreditbeschaffung begründet die Besprechungsgebühr (AG Dortmund ZfS 1990, S. 196) und ebenso das Gespräch mit dem Kfz-Sachverständigen (*LG Essen* ZfS 1990, S. 196; vgl. im übrigen *Chemnitz* AnwBl 1987, 474 m. w. Nachw.; ebenso *Madert,* Anwaltsgebühren in Zivilsachen, 1990, S. 273ff.).

222 **dd)** Nicht realisiert wird häufig in der Praxis die **Gebührendifferenz,** die sich ergibt, wenn die Versicherungsgesellschaft lediglich einen geringeren Teil des Schadens reguliert als ursprünglich geltend gemacht. Dies ist der Fall, wenn die Versicherungsgesellschaft dem Geschädigten nur einen Teil seines geltend gemachten Schadens ersetzt und damit auch nur einen Teil der Anwaltskosten erstattet. In diesem Fall hat der Anwalt Anspruch auf Erstattung der insgesamt angefallenen Gebühren, jedenfalls dann, wenn der ursprünglich geltend gemachte Anspruch zum Zeitpunkt der Geltendmachung sachlich gerechtfertigt war. Die ggf. hinter dem Mandanten stehende Rechtsschutzversicherung hat den Mandanten bzw. VN von dem Betrag der Gebührendifferenz freizustellen.

Die **Berechnung** erfolgt in der Weise, daß gegenüber dem Mandanten bzw. der Versicherungsgesellschaft die insgesamt anfallenden Gebühren berechnet werden und der vom Schädiger bzw. dessen Haftpflichtversicherung anteilig gezahlte Betrag in Abzug gebracht wird (vgl. im einzelnen *Chemnitz* AnwBl 1987, 474ff.).

223 **ee)** Bei Vertretung **mehrerer Auftraggeber** entstehen dem Anwalt gegen jeden Mandanten Gebühren nach § 118 BRAGO, und zwar entsprechend dem Gegenstandswert des für jeden Mandanten geltend gemachetn Anspruches. Damit hat die Versicherungsgesellschaft auch die entsprechenden Gebühren zu

erstatten. Dies gilt jedenfalls dann, wenn der Anwalt für jeden Auftraggeber die Ansprüche getrennt geltend macht. Werden die Ansprüche dagegen für mehrere Auftraggeber als eine Angelegenheit zusammengefaßt geltend gemacht, entstehen dem Anwalt lediglich einmal Gebühren gem. § 118 BRAGO, jedoch mit der Maßgabe, daß die Geschäftsgebühr sich für jeden Auftraggeber um 3/10-Gebühren gem. § 6 I 2 BRAGO **erhöht,** und zwar berechnet aus dem Wert der insgesamt geltend gemachten Ansprüche.

ff) In der Praxis kommt es häufig vor, daß bei einem Verkehrsunfall, der **224**
überwiegend oder ausschließlich durch den Mandanten verursacht oder zu verantworten ist, der Mandant sich erkundigt, ob und in welchem Umfang Schadensersatzansprüche gegeben und durchsetzbar sind. Wenn der so konsultierte Anwalt Auskunft erteilt, daß Schadenersatzansprüche mit Erfolg nicht geltend zu machen oder durchzusetzen sind, so verdient er hierdurch die sogenannte **Abrategebühr** (die in der Praxis häufig nicht erhoben wird). Die Gebühr ergibt sich aus **§ 20 BRAGO.** Soweit für den in Rede stehenden Versicherungsfall Eintrittspflicht der Rechtsschutzversicherung gegeben ist, muß diese dem Versicherungsnehmer bzw. Mandanten von den insoweit entstandenen Gebühren freistellen (*Harbauer* § 17 Rdnr. 3; vgl. hierzu auch Rdnr. 232).

2. Die Gebühren bei gerichtlicher Unfallschadenregulierung

Sie bestimmen sich, wenn der Anwalt zum Prozeßbevollmächtigten bestellt **225**
ist, nach den Bestimmungen des 1. bis 3. Abschnittes der BRAGO. Besonderheiten ergeben sich bei teils außergerichtlicher und teils gerichtlicher Unfallschadenregulierung (wegen der Einzelheiten der Gebührenberechnung in diesem Fall vgl. *Chemnitz* AnwBl 1987, 474). Hat der Rechtsanwalt des Unfallgeschädigten dessen Schaden zunächst außergerichtlich gegenüber der Haftpflichtversicherung des Schädigers geltend gemacht, später jedoch die **Klage allein gegen den Schädiger** erhoben, so ist die außergerichtlich entstandene Geschäftsgebühr auf die **Prozeßgebühr** des Rechtsstreites gem. § 118 II BRAGO **nicht anzurechnen** (*OLG München* AnwBl 1990, S. 325).

3. Gebühren bei Regulierung von Kaskoansprüchen

Bei Geltendmachung eines restlichen Haftpflichtschadens gegen den Haft- **226**
pflichtversicherer des Schädigers bei vorangegangener Abwicklung der Kaskoansprüche ist zu beachten, daß es sich um gebührenrechtlich verschiedene Angelegenheiten handelt. Es handelt sich nämlich um **verschiedene Anspruchsgegner** und **Anspruchsgrundlagen.** Die Kaskoansprüche gründen sich auf den Versicherungsvertrag, während die Haftpflichtansprüche sich aus unerlaubter Handlung bzw. der StVG-Haftung ergeben. Dies bedeutet, daß die **Anwaltsgebühr** für die **Geltendmachung des Kaskoschadens** und die Geltendmachung der **Restentschädigung getrennt** zu berechnen und zu vergüten sind. Der Kaskoversicherer hat regelmäßig, soweit Verzug nicht gegeben ist, die Anwaltskosten nicht zu ersetzen. Hieraus folgt, daß die Gebühren für die Geltendmachung der Kaskoentschädigung von der Haftpflichtversicherung des Schädigers als Unfallfolgeschaden zu ersetzen sind (vgl. im einzelnen *Chemnitz* AnwBl 1987, 472f. m. w. Nachw., vgl. im übrigen *Madert,* Anwaltsgebühren in Zivilsachen, 1990, S. 280).

4. Gebühren für Einholung Deckungszusage bei Rechtsschutz

226a Ein Mandatsverhältnis beinhaltet nicht die Verpflichtung des Rechtsanwaltes, mit der Rechtsschutzversicherung zu korrespondieren (*Brieske,* S. 115). Die Einholung der Deckungszusage fällt auch nicht unter den von der Rechtsschutzversicherung zu gewährenden Versicherungsschutz. In Betracht kommt jedoch, daß der Schädiger bzw. dessen Haftpflichtversicherung für diese anwaltliche Tätigkeit die hierdurch anfallenden Gebühren als adäquate Schadenfolge zu übernehmen hat (vgl. im übrigen zum Rechtsverhältnis zur Rechtsschutzversicherung Rdnr. 235).

VI. Besondere Fragen der Beteiligung von Rechtsschutz

227 Bei der Abwicklung von Ansprüchen aus Straßenverkehrsunfällen ist es für den Mandanten eine wichtige Hilfe, wenn für die Geltendmachung und Durchsetzung der Schadenersatzansprüche **Kostenschutz** durch eine Rechtsschutzversicherung gewährt wird. Ebenso wichtig ist es aber auch, daß der mit der Abwicklung der Ansprüche beauftragte Anwalt alle Möglichkeiten und Aspekte der Gewährung des Kostenschutzes durch die Rechtsschutzversicherung kennt und beachtet.

1. Kosten und Gebühren der Beweissicherung

228 Der Versicherungsschutz in verkehrsrechtlichen Angelegenheiten erstreckt sich auch auf **notwendige Nebenverfahren,** also auch auf ein evtl. notwendiges **Beweissicherungsverfahren** (*Harbauer,* Rechtsschutzversicherung, § 2 Rdnr. 20). Die Einleitung eines gerichtlichen Beweissicherungsverfahrens ist regelmäßig dann in Erwägung zu ziehen, wenn dies zur Sicherung der Beweismöglichkeit des Mandanten bei unklarer Haftungslage geboten erscheint. Die Kosten eines außergerichtlichen Sachverständigengutachtens sind bei zivilrechtlichem Vorgehen durch die Rechtsschutzversicherungen nicht zu tragen, anders als in Straf- und OWi-Verfahren, wo gem. § 2 Ib ARB die Kosten des für die Verteidigung erforderlichen Gutachtens eines öffentlich bestellten technischen Sachverständigen zu tragen sind (vgl. Rdnr. 55, vgl. im übrigen *Kern,* Die Sachverständigenkosten in der Rechtsschutzversicherung, DAR 1990, 37f.).

2. Kosten und Gebühren für Gebrechlichkeitspflegschaft

229 Die **Kosten** und **Gebühren** für eine **Gebrechlichkeitspflegschaft** nach § 1910 BGB für einen geschäftsunfähigen Schwerverletzten sind vom **Kostenschutz** umfaßt (*Harbauer* aaO, § 4 Rdnr. 130a; *BGH* NJW 1986, 1039), obwohl grundsätzlich Angelegenheiten der freiwilligen Gerichtsbarkeit gem. § 4 II 1b ARB vom Versicherungsschutz der Rechtsschutzversicherung ausgenommen sind.

3. Gutachten über die Erfolgsaussicht

230 Die dem Rechtschutzversicherer gegebene Möglichkeit, die **Erfolgsaussicht** der Wahrnehmung der rechtlichen Interessen zu prüfen, ist in Verkehrshaftpflichtfällen, in denen es um die Abwägung der Haftungsbeteiligung gem. § 17 StVG oder um die Beurteilung des Mitverschuldens gem. § 254 BGB geht, häufig nicht gerechtfertigt bzw. nicht möglich. In Verkehrshaftpflichtfällen

dürfte eine solche Ablehnung der Erfolgsaussicht nur dann angenommen werden, wenn der „vom Anwalt als hinreichend aussichtsreich angenommene Erfolg der Interessenwahrnehmung des VN mit Sicherheit nicht eintreten kann" (*Harbauer* aaO, § 17 Rdnr. 16). Im **Falle einer Ablehnung** der Erfolgsaussicht ist für den Anwalt daran zu denken, daß der VN den für ihn tätigen oder noch zu beauftragenden Anwalt auf Kosten der Versicherung veranlassen kann, ein Gutachten über die Erfolgsaussicht abzugeben. Eine solche **gutachterliche Entscheidung** des Rechtsanwaltes ist für beide Teile bindend, es sei denn, daß sie offenbar von der wirklichen Sach- oder Rechtslage erheblich abweicht (§ 17 II ARB). Die **Kosten** dieses Gutachtens sind von der **Rechtsschutzversicherung** zu tragen. Beim sog. **„Stichentscheid"** gem. § 17 II ARB hat der Rechtsanwalt gem. Urteil des *BGH* vom 17. 1. 1990 (VersR 1990, S. 414ff.) die Funktion eines Schiedsgutachters, der zu prüfen hat – vergleichbar dem Prozeßkostenhilfeverfahren – ob die Rechtsverfolgung hinreichende Aussicht auf Erfolg bietet und nicht mutwillig erscheint, wobei in der begründeten Stellungnahme der entscheidungserhebliche Streitstoff darzustellen und anzugeben ist, inwieweit für bestrittenes Vorbringen Beweis oder Gegenbeweis angetreten werden kann, und es sind die sich ergebenden rechtlichen Probleme unter Berücksichtigung von Rechtsprechung und Rechtslehre herauszuarbeiten, und es ist das hiernach bestehende (Prozeß-)Risiko aufzuzeigen.

4. Gebühren bei nur teilweiser Regulierung

Wenn der Versicherer dem Geschädigten den Schaden, der ihm entstanden **231**
sind, und damit auch dessen Anwaltskosten nur zum Teil zu ersetzen hat, muß der Mandant dem Anwalt die **Quote** bzw. die Differenz der vollen Vergütung zahlen, die der Versicherer nicht zu übernehmen brauchte. Insoweit besteht ein **Freistellungsanspruch** der Rechtsschutzversicherung gegenüber dem Mandanten bzw. VN (wegen der Einzelheiten und wegen der Berechnungsbeispiele vgl. *Chemnitz* AnwBl 1987, 474; siehe auch Rdnr. 222).

5. Abrategebühr

Von den Kosten einer Abrategebühr bezüglich der Verfolgung von zivilrecht- **232**
lichen Ansprüchen hat die Rechtsschutzversicherung den Mandanten bzw. VN freizustellen, und zwar aus dem Gegenstandswert des geltend zu machenden Anspruches (*Harbauer* aaO, § 17 Rdnr. 3 und 3a).

6. Interessenwahrnehmung aus Versicherungsverträgen

Soweit in den Versicherungsschutz auch die Wahrnehmung **rechtlicher In- 233**
teressen aus Versicherungsverträgen in die Deckung einbezogen ist, kommt die Gewährung von Versicherungsschutz in Betracht auch bei Streitigkeiten aus Versicherungsverträgen, also speziell **Ansprüchen** des Mandanten bzw. VN **gegenüber der eigenen Versicherung.** Dies gilt sowohl für die Geltendmachung von Ansprüchen aus Versicherungsverträgen gegenüber der eigenen Versicherung, als auch hinsichtlich der Rechtsbeziehungen zur eigenen Versicherung (vgl. Rdnrn. 192ff.), speziell also auch bei Streitigkeiten über die Leistungsvoraussetzungen und den Leistungsumfang der eigenen Versicherung und bei notwendiger Abwehr von Regressen (vgl. hierzu im einzelnen *Harbauer* aaO, § 14 Rdnr. 55).

234 Der Versicherungsschutz seitens der Rechtsschutzversicherung gilt in diesen Fällen auch speziell für die Geltendmachung von **Ansprüchen aus der Fahrzeugversicherung** (Teil- und Vollkaskoversicherung). Problematisch ist in diesem Bereich jedoch häufig die Frage, ob und wann der **Versicherungsfall** eingetreten ist. Zu beachten ist, daß die jeweilige Entschädigungsleistung in der Regel erst zwei Wochen nach ihrer Feststellung (§§ 15, 21 AKB, § 11 AUB) fällig wird. Vor diesem Zeitpunkt ist die Leistung nicht fällig. Ein **Versicherungsfall** ist regelmäßig dann gegeben, wenn der Versicherer trotz Vorliegens der in den jeweiligen AVB festgelegten Voraussetzungen die vom VN geforderte Leistung oder geforderten Vorschüsse nicht oder nicht fristgerecht zahlt (*Harbauer* aaO, § 14 Rdnr. 55a).

235 Soweit in den einzelnen Versicherungsbedingungen vorgesehen wird, daß bei Meinungsverschiedenheiten zwischen VN und Versicherer ein **besonderes Sachverständigenverfahren** durchzuführen ist, z. B. § 14 AKB in der Kraftfahrzeugkaskoversicherung oder § 20 Nr. 2 AKB in der Kraftfahrtunfallversicherung bzw. § 12 AUB in den allgemeinen Unfallversicherungsbedingungen hat der Rechtsschutzversicherer für dieses Verfahren, sobald der Versicherungsfall eingetreten ist, **Versicherungsschutz zu gewähren** (vgl. hierzu im einzelnen *Harbauer* aaO, § 14 Rdnr. 55a). Im Verhältnis zur eigenen Rechtsschutzversicherung gilt, daß die **Einholung der Deckungszusage** nicht vom Leistungsumfang der Rechtsschutzversicherung umfaßt wird. Zu beachten ist jedoch, daß der Anspruch auf Versicherungsleistung, also auf Deckungszusage, fällig ist nach wahrheitsgemäßer Meldung des Versicherungsfalles und Vorlage der zur Prüfung erforderlichen Unterlagen (*Harbauer,* § 2 Anm. 145). Bestätigt die Rechtsschutzversicherung nicht nach ordnungsgemäßer Meldung des Schadenfalles und einer danach erfolgten Mahnung seitens des VN die Übernahme des Versicherungsschutzes und erteilt nicht fristgerecht Deckungszusage, so gerät sie mit ihrer Leistung in **Schuldnerverzug** und hat dem VN den hierdurch eingetretenen Schaden, d. h. die Kosten für die Geltendmachung des Versicherungsschutzes, als Verzugsschaden zu erstatten.

Im übrigen kommt in Betracht, daß die Kosten für die Einholung der Deckungszusage vom Schädiger bzw. dessen Haftpflichtversicherung als **adäquate Schadenfolge** zu erstatten sind (vgl. Rdnr. 226a).

VII. Rechte des Anwaltes nach dem Rechtsberatungsgesetz (RBerG) bei Unfallschadenregulierung durch Nichtanwälte

1. Die Rechtslage

236 Nach Art. 1 § 1 RBerG ist allen Personen, die dazu von der zuständigen Behörde keine Erlaubnis nach dem Gesetz erhalten haben, verboten, geschäftsmäßig fremde Rechtsangelegenheiten zu besorgen, einschließlich der Rechtsberatung und der Einziehung fremder oder zu Einziehungszwecken abgetretener Forderungen. Dies gilt ohne Unterschied zwischen haupt- und nebenberuflicher oder entgeltlicher und unentgeltlicher Tätigkeit. Hiernach ist es **Nichtanwälten,** z. B. Kfz-Werkstattunternehmern oder Mietwagenunternehmern untersagt, aus Anlaß von Unfällen Schadensersatzansprüche für Kunden geltend zu machen. Dies gilt auch bei Abtretung der Ansprüche des Geschädigten an den Dritten, da die Geltendmachung der Schadensersatzforderung, obwohl sie nach Abtretung

eine eigene Forderung des Abtretungsempfängers wird, rechtlich und wirtschaftlich in erster Linie im Interesse des Abtretenden, d.h. des Geschädigten erfolgt (wegen der rechtlichen Problematik, auch zur Unfallschadenregulierung durch Kasko- und Kfz-Haftpflichtversicherer, vgl. im einzelnen *Chemnitz,* Unfallschadenregulierung durch Nichtanwälte – Praxis und Gegenmaßnahmen –, AnwBl 1986, 483ff.).

2. Praktische Gegenmaßnahmen

Als **praktische Gegenmaßnahmen** gegen Verstöße gegen das Rechtsberatungsgesetz (RBerG) durch geschäftsmäßige Unfallschadenregulierungen kann die Anwaltschaft **Unterlassungsklage** aus § 1 UWG oder aus § 823 BGB in analoger Anwendung erheben. Die unzulässige Regulierung von Unfallschäden durch Nichtanwälte ist ein unlauterer Wettbewerb zu den im Gerichtsbezirk niedergelassenen Rechtsanwälten. Die Geschäftsmäßigkeit oder Gewerbsmäßigkeit der Handlung begründet die Wiederholungsgefahr. Im übrigen ist Art. 1, § 1 RBerG ein Schutzgesetz für die Anwaltschaft gem. § 823 II BGB (*Chemnitz* AnwBl 1986, 488; für die Bereiche Steuerberater, Architekten etc. und mögliche Maßnahmen vgl. *Gross,* Das Rechtsberatungsgesetz und die örtlichen Anwaltsvereine, AnwBl 1987, 565ff.). **237**

Im übrigen kommt die **Anzeige bei der Staatsanwaltschaft** als Verfolgungsbehörde wegen des Verdachtes einer Ordnungswidrigkeit gem. Art. I, § 8 RBerG in Betracht. **238**

VIII. Das Bundesaufsichtsamt und sonstige Beschwerdemöglichkeiten

Mit dem **„Bundesaufsichtsamt"** (BAV) (vgl. Versicherungsaufsichtsgesetz und Gesetz über die Errichtung des Bundesaufsichtsamtes) wird vom Geschädigten häufig, aber auch von Anwälten gedroht. Von einer solchen Drohung bzw. einer Beschwerde an das BAV sollte man absehen, soweit nicht eine Beschwerde nach der Sach- und Rechtslage erfolgversprechend erscheint. **239**

Zur **Beschwerdehäufigkeit** und zu den Beschwerdeergebnissen im Bereich Kfz und Rechtsschutz seien folgende Zahlen genannt:
- Kfz-Beschwerde (1987) 2958, davon erfolgreich 31,3%
- Rechtsschutz 1676, davon erfolgreich 33,1%

(Entnommen: Auswertungsbericht der BAV-Beschwerdestatistik 1987.)

Die vorstehenden Zahlen, nach denen ⅔ der Beschwerden nicht erfolgreich sind zeigt, daß ein Anwalt bzw. für den anwaltlich vertretenen Versicherungsnehmer Beschwerde zum BAV nur eingelegt werden sollte, wenn sich nach der **Sach-** und **Rechtslage** tatsächlich **Beschwerdegründe** ergeben, und zwar sowohl hinsichtlich der Bearbeitungszeit, speziell des Bearbeitungsverzuges sowie der evtl. mangelhaften formalen Behandlung der Schadenangelegenheit. Nach der Erfahrung ist eine Kontaktaufnahme oder Eingabe an den jeweiligen **Abteilungsleiter** bzw. Sachbearbeiter in der Regel erfolgreicher.

3. Teil. Nutzung moderner Techniken bei der Bearbeitung von Straßenverkehrsfällen

In kaum einem anderen Rechtsgebiet ist es möglich und notwendig, moderne Techniken, also **Datenverarbeitung** und speziell **programmierte Textverarbeitung** zu nutzen wie im Bereich des Straßenverkehrsfalles. In diesem Bereich handelt sich in einem hohen Maß um sich wiederholende vergleichbare Fallgestaltungen. Dies erleichtert die Nutzungsmöglichkeit moderner Techniken, speziell der Daten- und Textverarbeitung.

I. Nutzung und Möglichkeiten der Stammdatenverwaltung

240 Es ist inzwischen allgemeine Praxis, die für eine Mandatsabwicklung notwendigen Informationen über den Mandanten **(Mandantenstammdaten)** sowie die fallbezogenen Daten, z. B. Sachgebiet etc. **(Aktenstammdaten)** durch EDV zu erfassen und anzuwenden (vgl. hierzu *Heussen,* Überlegungen zum Computereinsatz in der Anwaltskanzlei, in Materialien zur Büroorganisation und Bürotechnik – Nr. 1 –, Text- und Datenverarbeitung in der Anwaltskanzlei). Neben diesen allgemeinen Nutzungsmöglichkeiten bieten sich bei der Abwicklung von **Straßenverkehrsfällen** spezielle Möglichkeiten, und zwar insbesondere im Bereich der Abwicklung der zivilrechtlichen Ansprüche an. Neben der Möglichkeit der allgemeinen **Kollisionskontrolle** bei der Annahme des Mandates können durch Datenverarbeitung beteiligte Versicherungen und sonstige **Drittbeteiligte** erfaßt werden. Die Erfassung der beteiligten Versicherungen gibt einen besseren Überblick über die mit einer einzelnen Versicherung abzuwickelnden Mandate. Sind die mit einer Versicherung abzuwickelnden Mandate erfaßt, so kann z. B. eine vorgesehene Regulierungsverhandlung mit einer Versicherung so vorbereitet werden, daß diese hinsichtlich der übrigen abzuwickelnden Mandate als Sammelbesprechung organisiert wird. Dies dient sicherlich im allgemeinen Interesse der Beschleunigung und Rationalisierung der Unfallschadenabwicklung.

II. Telex, Teletex und Telefax

241 Im Bereich der Unfallschadenabwicklung ist die Schnelligkeit in der Abwicklung ein Erfordernis und Qualitätsmerkmal und zudem wichtig für die Wirtschaftlichkeit der Mandatsabwicklung. Die Nutzung moderner **Kommunikationsmöglichkeiten** durch Telex, Teletex und insbesondere Telefax ermöglichen eine besondere Beschleunigung, weil unter Vermeidung des oft verzögerten Postweges eine **direkte Kommunikationsmöglichkeit** besteht. Diese modernen Kommunikationsmittel sollten in der Unfallabwicklung unbedingt genutzt werden (vgl. zur technischen Seite der EDV und zur Kommunikationstechnik im einzelnen Kap. K III und K IV). Insbesondere durch die Nutzung von **Telefax** ist es möglich, in der Korrespondenz nicht nur Inhalte, also Schriftstücke zu übermitteln. Vielmehr eröffnet Telefax auch die Möglichkeit, in der Unfallabwicklung wichtig und häufig vorkommende Dokumente, nämlich Vollmachten, Skizzen, Zeugenaussagen etc. zu übermitteln.

III. Programmierte Textverarbeitung

Bei der Abwicklung von Straßenverkehrsfällen kommen bei der Korrespondenzabwicklung sich häufig wiederholende Texte vor. Dies gilt sowohl für die anwaltliche Tätigkeit als Verteidiger als auch in der Schadensabwicklung. (Vgl. auch Kap. K V.) **242**

1. Im Bereich der Verkehrsstraf- und OWi-Sachen

Im Bereich des **Straf- und OWi-Rechtes** ist daran zu denken, die Verteidigerbestellung gegenüber der Polizei, Staatsanwaltschaft oder gegenüber dem Gericht oder Aktenanforderung sowie Erinnerungen an Aktenanforderung durch programmierte Texte zu erledigen. In der **Sachbearbeitung** können darüber hinaus bestimmte Schriftsätze bei bestimmten typischen Fallgestaltungen ebenfalls durch programmierte Textverarbeitung erledigt werden, so z. B. bei in Betracht kommenden Fehlern bei der Geschwindigkeitsmessung, bei Unfallflucht etc. **243**

Darüber hinaus können die in Betracht kommenden **Rechtsmittel** durch programmierte Texte bearbeitet werden. Insbesondere ist die Kostenkorrespondenz geeignet für programmierte Textverarbeitung. Hierbei kann man davon ausgehen, daß im wesentlichen Ermittlungs- und Strafverfahren sich erledigen entweder vor Durchführung einer Hauptverhandlung oder bei Durchführung oder nach Durchführung einer Hauptverhandlung. An dieser grundsätzlichen Unterscheidung kann das Gliederungsschema der programmierten Textverarbeitung orientiert und aufgebaut werden.

In gleicher Weise kann die **Parteikorrespondenz** aufgebaut werden. Der Mandant ist entsprechend den einzelnen Schritten in der Sachbearbeitung über den Verfahrensstand und über den Fortgang des Verfahrens zu informieren. Besondere Möglichkeiten ergeben sich hier bei den notwendigen Belehrungen des Mandanten bei Trunkenheitsdelikten, speziell bei den notwendigen Belehrungen über Rechtsfolgen des Führerscheinentzuges sowie des Fahrverbotes und der Abwicklung dieser Angelegenheiten.

Schließlich sollte die hierzu notwendige **Korrespondenz** mit der **Rechtsschutzversicherung** systematisch in das Aufbauschema des Textsystems eingegliedert sein, so daß sie vereinfacht abgewickelt werden kann.

2. Bei der Abwicklung zivilrechtlicher Schadensangelegenheiten

Bei der **Abwicklung von zivilrechtlichen Ansprüchen** ist es ebenfalls weitestgehend möglich, die notwendige Korrespondenz durch programmierte Texte zu erledigen. Hierbei scheint es empfehlenswert, daß das **Textschema** bei der Geltendmachung von Haftpflichtansprüchen in der **Korrespondenz mit der gegnerischen Haftpflichtversicherung** einen Bereich darstellt, beginnend mit dem ersten Anspruchsschreiben und Vorschußanforderung sowie differenziert nach den wichtigsten typischen Unfallabläufen, also Auffahrunfall – ruhenden und fließenden Verkehrs –, Vorfahrtsverletzungen – bei Vorfahrtregelung, Verkehrsregelung „rechts vor links" oder im Abbiegeverkehr –. Ein weiterer Korrespondenzblock wäre die Korrespondenz mit der eigenen Versicherung zur ergänzenden und endgültigen Spezifikation. Ebenfalls kann die Korrespondenz mit evtl. beteiligten **Dritten,** z. B. Ärzten wegen Attestanforderung, dem Ar- **244** beitgeber wegen Lohnfortzahlung, beteiligten Werkstätten oder zur Finanzierung eingeschalteten Kreditinstituten programmiert werden. Abgestimmt auf die vorangeführten Korrespondenzblöcke sollte die Parteikorrespondenz programmiert werden.

Auch ist daran zu denken wegen der typischen Fallgestaltungen und der hierdurch möglichen typisierten Textmöglichkeit, evtl. notwendige Klagen im Wege programmierter Textverarbeitung zu bearbeiten. Im Wege programmierter Textverarbeitung kann auch die Korrespondenz mit der eigenen Versicherung, speziell zur Abwicklung von Kaskoschadenangelegenheiten gestaltet werden.

Ebenso sollte die Korrespondenz mit der eigenen Rechtsschutzversicherung speziell bei der Abwicklung von Haftpflichtschäden durch programmierte Textverarbeitung erledigt werden. Wegen der Einzelheiten für den Aufbau einer Textgliederung, speziell auch zum Verkehrsstraf- und OWi-Recht sowie Verkehrszivilrecht vgl. K V (vgl. im übrigen Textverarbeitung in der Anwaltskanzlei – Ein Praxisbericht, in: *Wolf,* Textverarbeitung für die Anwaltskanzlei, S. 70ff. mit ausführlicher Darstellung der Korrespondenz bei Unfallschadenabwicklung).

B X. Die familienrechtlichen Verfahren

Beate und Dr. Hans Heiß

Übersicht

Literatur: Beck'sches Prozeßformularbuch, hrsg. v. *Horst Locher* und *Peter Mes,* 4. Aufl. 1986; *Beitzke* Familienrecht, 24. Aufl. 1985; *Bergerfurth,* Das Eherecht – Eingehen und Auflösen der Ehe, Güterstand, Schlüsselgewalt, 6. Aufl. 1981 (zit.: Eherecht); *ders.* Zur geplanten Änderung des Eherechts: Anwaltszwang – Prozeßkostenhilfe – Zuweisung der Ehewohnung, FamRZ 1985, 545ff. (zit.: Änderung); *Gießler,* Vorläufiger Rechtsschutz in Ehe-, Familien- und Kindschaftssachen, 1987; *Göppinger* u. a., Unterhaltsrecht, 5. Aufl. 1987; *ders.,* Vereinbarungen anläßlich der Ehescheidung, 6. Aufl. 1988 (zit.: Vereinbarungen); *Günther/Hein,* Familienrechtssachen in der Anwaltspraxis, 1988; *Heiß, Beate/Heiß, Hans,* Die Höhe des Unterhalts von A–Z, 4. Aufl. 1991 (zit.: Unterhalt von A–Z); *Johannsen/Henrich,* Eherecht, 1987 (Kommentar) (zit.: *Johannsen/Henrich/Bearbeiter*); *Kalthoener/Büttner,* Die Rechtsprechung zur Höhe des Unterhalts, 4. Aufl. 1989; *Langenfeld,* Handbuch der Eheverträge und Scheidungsvereinbarungen, 1984 (zit.: Handbuch); *Luthin,* Gemeinsames Sorgerecht nach der Scheidung, 1987; *Schwab/Borth,* Handbuch des Scheidungsrechts, 2. Aufl. 1989; *Thalmann,* Praktikum des Familienrechts, 2. Aufl. 1987;

Unterhaltsrecht. Ein Handbuch für die Praxis (Gesamtredaktion: *Beate Heiß*), 2. Aufl. 1988 (Loseblatt) (zit.: Unterhaltsrecht – *Bearbeiter*); *Vespermann,* Familiensachen, 7. Erg.-lieferung, Stand Jan. 1989; *Walter,* Der Prozeß in Familiensachen – Das Familiengericht und sein Verfahren 1985; *Wendl/Staudigel,* Das Unterhaltsrecht in der familienrechtlichen Praxis, 1990. – **Fachzeitschrift:** Zeitschrift für das gesamte Familienrecht (FamRZ).

I. Die Vorbereitung des familiengerichtlichen Verfahrens

Wie in keinem anderen juristischen Bereich hat in Familiensachen die vorbereitende Korrespondenz auf das gesamte spätere Verfahren maßgeblichen Einfluß. Das Schreiben sollte in der Regel so abgefaßt sein, daß es dem Gegner möglich ist, den **Anwalt** als gerechten, ausgleichenden, **quasi-neutralen Gesprächspartner** zu akzeptieren (vorbildliche Schriftsatz-Muster s. *Günther/Hein,* S. 50ff.). 1

Dringend abzuraten ist von der Übernahme eines **Doppelmandats.** In einverständlichen Fällen liegt es oft nahe, daß nur ein Anwalt beteiligt ist, weil das Verfahren für die Parteien billiger ist und keine Gefahr besteht, daß ein anderer Kollege aus dem einfachen Fall eine streitige Scheidung mit mehrjähriger Verfahrensdauer macht. Auch die Gerichte neigen dazu, die Bearbeitung einer Scheidungssache durch einen Anwalt zu akzeptieren, um zu verhindern, daß aus einer einverständlichen Scheidung eine streitige wird. Diese praktischen Überlegungen rechtfertigen es aber nicht, die §§ 356 StGB, § 45 Nr. 2 BRAO und § 46 der Standesrichtlinien außer Acht zu lassen, wonach der Anwalt schon den **Anschein der Vertretung widerstreitender Interessen** zu vermeiden hat. Die hierdurch gesetzten Grenzen und Voraussetzungen sind so eng, daß das **Risiko für den Anwalt** bei der Übernahme eines Doppelmandats in jedem Fall unabsehbar ist; wenn er nicht rechtzeitig erkennt, daß die „Einverständlichkeit" in irgendeinem Punkt zu Ende ist, beginnt bereits der **Parteiverrat** (vgl. hier *BayObLG* FamRZ 1981, 608ff.). Sobald die „Einverständlichkeit" in auch nur einem Nebenpunkt beendet ist, auch wenn dies unmittelbar vor Beendigung des Verfahrens eintritt, muß das Mandat gegenüber beiden Parteien in allen Bereichen sofort niedergelegt werden, mit der Folge, daß auch eine interne Beratung einer der Parteien ausscheidet (so zutreffend *Günther/Hein* S. 45ff.). 2

Obwohl es zur Herbeiführung einer angestrebten einverständlichen Scheidung sehr naheliegend ist, daß ein Anwalt beide Ehepartner zu sich kommen läßt und im **Gespräch zu dritt** eine Vereinbarung nach § 630 ZPO oder § 1587o BGB entwirft, sollte davon mit Blick auf den späteren – meist nicht mehr zu entkräftenden – Vorwurf des Parteiverrats abgesehen werden. 3

1. Sachliche, örtliche und internationale Zuständigkeit

Bereits beim ersten Beratungsgespräch ist als erste unmittelbare Prozeßvorbereitung die Zuständigkeit zu prüfen. § 78 ZPO schreibt für Ehesachen, Güterrechtssachen und Scheidungsfolgesachen im Verbund den Anwaltszwang vor. In diesen Fällen darf der Anwalt nur beim Familiengericht des Amtsgerichts, bei dem er **zugelassen** ist und bei den Familiengerichten der Amtsgerichte, bei deren übergeordnetem Landgericht er zugelassen ist, auftreten. 4

Die **sachliche Zuständigkeit** der Familiengerichte ist in § 23b I GVG umfassend und in Verbindung mit §§ 606 I, 621 I und 12ff. ZPO, §§ 36, 45 FGG abschließend geregelt (Probleme in Einzelfällen lassen sich mit *Johannsen/Hen-* 5 *rich/Sedemund-Treiber,* Kommentierung zu § 23b GVG lösen). Die sachliche Zuständigkeit ist gem. §§ 606 I, 621 I ZPO ausschließlich mit der Folge, daß abweichende Parteivereinbarungen hierzu nicht möglich sind, § 40 II ZPO.

6 Die **örtliche Zuständigkeit** (die mit Ausnahme der isolierten ZPO-Sachen ebenfalls ausschließlich ist) läßt sich anhand der §§ 606, 621 und 12ff. ZPO sowie §§ 36, 45 FGG feststellen. Während der Anhängigkeit einer Ehesache ist unter den deutschen Gerichten das Gericht ausschließlich zuständig, bei dem die Ehesache im ersten Rechtszug anhängig ist oder war, § 621 II ZPO. Ist eine Ehesache nicht anhängig, so richtet sich die örtliche Zuständigkeit nach den allgemeinen Vorschriften, § 621 II i.V.m. §§ 12ff. ZPO. Wird eine Ehesache rechtshängig, während eine Familiensache bei einem anderen Gericht im ersten Rechtszug anhängig ist, so ist diese von Amts wegen an das Gericht der Ehesache zu verweisen oder abzugeben, § 621 III ZPO.

7 Die **internationale Zuständigkeit** richtet sich nach § 606a ZPO. Deutsche Gerichte sind in Ehesachen immer dann zuständig, wenn **ein Ehegatte Deutscher** ist oder bei der Eheschließung war. Ist keiner der Ehegatten Deutscher, und war auch kein Ehegatte bei der Eheschließung Deutscher, so sind die deutschen Gerichte gleichwohl international zuständig, wenn beide Ehegatten ihren gewöhnlichen Aufenthalt im Inland haben, § 606a I 1 Nr. 2 ZPO. Der Begriff des gewöhnlichen Aufenthalts ist dabei faktisch, nicht rechtlich geprägt. Maßgebend ist der gewöhnliche Aufenthalt zum Zeitpunkt der Scheidung. Der letzte gemeinsame gewöhnliche Aufenthalt spielt für die internationale Zuständigkeit keine Rolle (*OLG Düsseldorf* IPRax 1983, 129). Ist ein **Ehegatte staatenlos** und mit gewöhnlichem Aufenthalt im Inland, so ist die internationale Zuständigkeit ebenso gegeben, wie wenn er Deutscher wäre, § 606a I 1 Nr. 3 ZPO. **Flüchtlinge** im Sinne der Genfer Flüchtlingskonvention und Asylberechtigte stehen, was die internationale Zuständigkeit betrifft, im Ergebnis einem Staatenlosen gleich.

Grundsätzlich ist die internationale Zuständigkeit der deutschen Gerichte auch dann gegeben, wenn nur ein Ehegatte seinen gewöhnlichen Aufenthalt im Inland hat; **die deutschen Gerichte** sind in einem solchen Fall aber **nicht zuständig,** wenn „die zu fällende Entscheidung offensichtlich nach dem Recht keines der Staaten anerkannt würde, denen einer der Ehegatten angehört". (Eine Übersicht der Staaten, die deutsche Scheidungsurteile nicht anerkennen, findet sich bei *Johannsen/Henrich/Henrich,* Rdnr. 36 zu § 606a ZPO).

2. Prozeßfähigkeit

8 Sinnvollerweise stellt der Anwalt schon beim ersten Beratungsgespräch Überlegungen zur Prozeßfähigkeit an, denn die **Wirksamkeit** der Erteilung **der Prozeßvollmacht** und des abgeschlossenen Anwaltsvertrages ist davon abhängig. Nach § 52 ZPO wäre ein in der Geschäftsfähigkeit beschränkter Ehegatte nicht prozeßfähig. Jedoch ist gem. § 607 wegen des höchstpersönlichen Charakters der **Ehesachen** in diesen (Legaldefinition in § 606 I 1 ZPO) ein **in der Geschäftsfähigkeit beschränkter** Ehegatte prozeßfähig. § 607 gilt aber nur für Ehesachen, nicht auch für Folgesachen; die Prozeß- und Verfahrensfähigkeit hierfür richtet sich nach den allgemeinen Vorschriften. Für Ehesachen besteht trotz beschränkter Geschäftsfähigkeit grundsätzlich volle aktive und passive Prozeßfähigkeit, und zwar auch für Ausländer (§ 55 ZPO). Im einzelnen Verfahren erfaßt die Prozeßfähigkeit alle Verfahrenshandlungen und -abschnitte, die damit zusammenhängen; sie umfaßt insbesondere die Erteilung der Pro-

zeßvollmacht an einen Rechtsanwalt und den **Abschluß eines Anwaltsvertrages** (*OLG Hamburg* MDR 1963, 761; *BayObLGZ* 1963, 209, 213), die Einzahlung der Prozeßgebühr, die Richterablehnung und die Kostenfestsetzung, nicht dagegen die Zwangsvollstreckung (*OLG Hamm* FamRZ 1960, 162).

Bei **Geschäftsunfähigkeit** besteht auch in Ehesachen keine Prozeßfähigkeit, 9
§ 607 II 1 ZPO. Soll eine nicht prozeßfähige Partei verklagt werden, die ohne gesetzlichen Vertreter ist, so hat ihr der Vorsitzende des Prozeßgerichts, falls mit dem Verzuge Gefahr verbunden ist, auf Antrag bis zu dem Eintritt des gesetzlichen Vertreters einen besonderen Vertreter zu bestellen, § 57 ZPO. Bei Eintritt der Geschäftsunfähigkeit während des Verfahrens ist nach §§ 241, 246 ZPO vorzugehen. Bei nichterkannter Geschäftsunfähigkeit wird das Urteil nach §§ 516, 552 rechtskräftig; Rechtsschutz kann nach § 579 I 4 ZPO erreicht werden.

3. Besondere Prozeßvollmacht

Gemäß § 609 ZPO bedarf der Bevollmächtigte einer besonderen, auf das 10
Verfahren gerichteten Vollmacht. Erforderlich ist die besondere Vollmacht in allen Ehesachen. Eine **Generalvollmacht** oder die Vollmacht eines Bevollmächtigten reicht nicht aus. Um dem Schutzzweck des § 609 zu genügen, muß das **Verfahrensziel,** insbesondere eine angestrebte Erhaltung oder Auflösung der Ehe angegeben werden. Die Vollmacht für die Ehesache umfaßt nach § 82 ZPO alle Anordnungsverfahren nach §§ 620ff. und nach § 624 I auch alle Folgesachen. Eine Erklärung, daß einem Rechtsanwalt Prozeßvollmacht erteilt wird, ohne daß der Gegenstand der Vollmacht näher bezeichnet wird, reicht nicht aus. § 609 gilt auch für den Antragsgegner der Scheidungssache und den Beklagten in anderen Ehesachen. Es ist also Vollmacht für einen Abweisungsantrag oder für einen Gegenantrag auf Scheidung, Aufhebung der Ehe usw. zu erteilen.

Der **Umfang der Vollmacht** richtet sich nach § 81 ZPO; auszunehmen sind 11
nach dem Zweck des § 609 Klageänderungen, Widerklage und Wiederaufnahmeverfahren.

Im Anwaltsprozeß besteht kein Bedürfnis dafür, die Vollmacht von Amts 12
wegen **nachzuprüfen,** wenn ein Rechtsanwalt als Bevollmächtigter auftritt, § 88 II ZPO. Gemäß § 80 ZPO ist bei entsprechender Rüge die Vollmacht nachzuweisen.

4. Anwaltszwang

§ 78 II ZPO regelt den Anwaltszwang für **Familiensachen;** wird das Fami- 13
liengericht mit einer Nicht-Familiensache befaßt, so richtet sich der Anwaltszwang nach den für das Verfahren sonst maßgebenden Vorschriften, in Zivilprozeßsachen also nach § 78 I, in FGG-Verfahren nach § 29 FGG. In **Ehesachen (§ 606 ZPO)** besteht Anwaltszwang in allen Rechtszügen für die Ehegatten. In **Folgesachen (§ 623 I 1 ZPO)** besteht ebenfalls Anwaltszwang in allen Rechtszügen, und zwar ohne Rücksicht darauf, ob sie Zivilprozeßsachen oder FFG-Verfahren sind. Dies gilt auch nach einer Abtrennung gem. § 628 I ZPO, weil das Verfahren dadurch nicht seinen Charakter als Folgesache verliert.

Selbständige Unterhaltsprozesse unterliegen nur im zweiten und dritten 14
Rechtszug dem Anwaltszwang, **Güterrechtsprozesse** dagegen schon in der ersten Instanz. Selbständige FGG-Familiensachen über das Sorge- und Umgangsrecht, die Kindesherausgabe und der Versorgungsausgleich, ferner Verfahren

nach der Hausratsverordnung sowie nach §§ 1382, 1383 BGB unterliegen im ersten und zweiten Rechtszug nicht dem Anwaltszwang. Anwaltszwang besteht dagegen für die **weitere Beschwerde.** Vom Anwaltszwang **ausgenommen** sind generell Prozeßhandlungen, die vor dem Urkundsbeamten vorgenommen werden können, sowie das Verfahren vor dem beauftragten und ersuchten Richter, ferner das Prozeßkostenhilfeverfahren einschließlich der Beschwerde, das Kostenfestsetzungsverfahren mit Erinnerung und Durchgriffserinnerung.

15 Maßnahmen des **vorläufigen Rechtsschutzes** unterliegen als Teil des Hauptsacheverfahrens dem Anwaltszwang, wenn dieser für das Hauptsacheverfahren gilt. Das trifft insbesondere zu für einstweilige Anordnungen nach den §§ 620ff. ZPO als Teil des Eheverfahrens, mit Ausnahme der Verfahrenseinleitung und der schriftlichen Verfahrensführung, ferner im gleichen Umfang für Verfahren nach den §§ 127a, 621f. ZPO. **Arreste und einstweilige Verfügungen** unterliegen dem Anwaltszwang nach Maßgabe der Vorschriften für das Hauptsacheverfahren unter Beachtung der für sie geltenden Erleichterungen (§§ 920 III, 921 I, 936 ZPO). Ein **Vergleich** untersteht dem Anwaltszwang, wenn er in einem Verfahren oder Verfahrensabschnitt mit Anwaltszwang geschlossen wird. Insbesondere gilt Anzwaltszwang für einen Vergleich im Scheidungsverfahren über Scheidungsfolgen oder andere Gegenstände, ebenso wie für einen Vergleich im einstweiligen Anordnungsverfahren nach §§ 620ff. Kein Anwaltszwang besteht für einen Vergleich im Verfahren nach §§ 127a, 621f. ZPO, wenn dieses ohne Rechtsanwalt durchgeführt werden kann, ferner im PKH-Verfahren nach § 118 I 3 ZPO, weil dieses selbst nicht dem Anwaltszwang unterfällt.

16 Soweit Anwaltszwang besteht, fehlt den Ehegatten die Postulationsfähigkeit als Fähigkeit, prozessual wirksam zu handeln. Eine dennoch vorgenommene Prozeßhandlung ist prozessual **unwirksam.** Eine **Heilung des Fehlens der Postulationsfähigkeit** als Prozeßhandlungsvoraussetzung nach § 295 ZPO oder durch Nachholung der Prozeßhandlung seitens eines später eingeschalteten postulationsfähigen Rechtsanwalts ist nicht möglich. Im zivilprozessualen Verfahren kann gegen die anwaltlich nicht vertretene Partei ein **Versäumnisurteil** ergehen (§§ 330, 331 ZPO), allerdings nicht in Ehesachen gegen den Antragsgegner oder Beklagten (§ 612 IV ZPO); bei Nichterscheinen des Antragsgegners ergeht in Ehesachen ein **streitiges Endurteil.** In FGG-Familiensachen ist ein Versäumnisurteil wegen des dort geltenden Untersuchungsgrundsatzes ausgeschlossen, § 12 FGG.

5. Regelungsvorschläge und Vereinbarungen nach §§ 630 ZPO und 1587o BGB

17 Gemäß § 630 ZPO ist eine **einverständliche Scheidung** nach § 1565 i.V.m. § 1566 I BGB nur möglich, wenn die Antragsschrift folgende Erklärungen, Regelungsvorschläge und Vereinbarungen enthält:

- Die Mitteilung, daß der andere Ehegatte der Scheidung zustimmen oder in gleicher Weise die Scheidung beantragen wird;
- Den übereinstimmenden Vorschlag der Ehegatten zur Regelung der elterlichen Sorge für ein gemeinschaftliches Kind und über die Regelung des Umgangs des nicht sorgeberechtigten Elternteils mit dem Kinde;
- Die Einigung der Ehegatten über die Regelung der Unterhaltspflicht gegenüber einem Kinde, die durch die Ehe begründete gesetzliche Unterhaltspflicht sowie die Rechtsverhältnisse an der Ehewohnung und am Hausrat.

Es ist daher empfehlenswert, daß dem Gericht zusammen mit der Antragsschrift die entsprechenden Erklärungen und Vorschläge in von den Parteien selbst unterzeichneten Textentwürfen vorgelegt werden (s. die Muster bei *Vespermann,* Familiensachen, und *Günther/Hein,* S. 62ff.; Antwort auf alle denkbaren Einzelfragen gibt *Göppinger,* Vereinbarungen, S. 7ff.).

Nach **§ 1587o BGB** können die Ehegatten im Zusammenhang mit der Scheidung neben der Regelung der sonstigen Scheidungsfolgen auch eine Vereinbarung über den **Ausgleich ihrer Versorgungsanrechte** schließen. Anders als bei der Regelung der übrigen Scheidungsfolgen besteht im Bereich des Versorgungsausgleichs nur eine **beschränkte Vertragsfreiheit** nach Maßgabe der §§ 1408 II und 1587o BGB. Neben den Formerfordernissen besteht eine Genehmigungspflicht nach § 1587o BGB, die den Gerichten die inhaltliche Prüfung aufgibt, ob der vereinbarte anderweitige Ausgleich angemessen und zur Sicherung des Berechtigten geeignet ist. Nach § 1408 II BGB kann durch Ehevertrag der Versorgungsausgleich ganz oder teilweise ausgeschlossen werden (*BGH* FamRZ 1986, 890ff.). Zugleich hat dies den Eintritt der Gütertrennung zur Folge (§ 1414 BGB). Eine Abfindung oder anderweitige Sicherstellung des Berechtigten ist nicht erforderlich, ebensowenig eine gerichtliche Genehmigung. Dem Schutz der Ehegatten dient lediglich die Formvorschrift des § 1410 BGB; die eine Belehrung über die Rechtsfolgen durch den Notar sichert. Bei einer **Vereinbarung nach § 1587o BGB** ist ein entschädigungsloser Verzicht auf den Versorgungsausgleich nicht grundsätzlich ausgeschlossen. Voraussetzung ist aber entweder, daß der an sich ausgleichsberechtigte Ehegatte schon anderweitig für den Fall des Alters oder der Invalidität gesichert ist oder sonstige Gründe für einen Ausschluß nach § 1587c BGB vorliegen. Andernfalls ist eine angemessene Abgeltung des Ausgleichsanspruchs notwendig. 18

Ein **vertraglicher Ausschluß nach § 1408 II BGB** ist nur wirksam, wenn zwischen ihm und der Zustellung des Scheidungsantrags an den Antragsgegner mindestens ein Jahr liegt. Wird der Scheidungsantrag innerhalb dieses Jahres gestellt oder ist die Scheidung bei Vertragsschluß bereits anhängig, kann ein Ausschluß nur noch unter den strengen Voraussetzungen des § 1587o BGB erfolgen (*BGH* FamRZ 1986, 788ff.; 1987, 467). Wird nach Ausschluß des Versorgungsausgleichs durch Ehevertrag gem. § 1408 II binnen Jahresfrist Scheidungsantrag gestellt, kommt eine Umdeutung des gem. § 1408 II 2 unwirksamen Vertrages in eine Vereinbarung nach § 1587o BGB gegen den Willen eines Ehegatten nicht in Betracht; die Parteien können jedoch eine Vereinbarung nach § 1587o BGB abschließen. 19

Ausdrücklich sei darauf hingewiesen, daß solche Beratungen und Vereinbarungsvorschläge für den Anwalt ganz erhebliche **Haftungsrisiken** mit sich bringen. Um das Haftungsrisiko möglichst gering zu halten, muß der Anwalt in aller Regel sich zunächst durch Auskünfte der Versicherungsträger über die Anwartschaften informieren lassen. Die Auskünfte über die Anwartschaften erhält der Anwalt von den Versicherungsträgern nach den Grundsätzen der **Auskunftsverordnung.** § 1 AuskunftsVO lautet: „Versicherten ist auf Antrag, der durch einen Rechtsanwalt zu stellen ist, den sie schriftlich zur Vertretung ihrer Interessen in einer Ehescheidungsangelegenheit bevollmächtigt haben, Auskunft über die Höhe ... für die bisherige Ehezeit zu berechnenden Anwartschaft auf Altersruhegeld zu erteilen; dem Antrag ist die Vollmacht des Rechtsanwalts beizufügen ..." „Versicherten ist auf Antrag auch dann Auskunft zu erteilen, wenn der Antrag durch einen Notar gestellt wird, den sie ersucht 20 haben, eine Vereinbarung über den Versorgungsausgleich entsprechend § 1587o des Bürgerlichen Gesetzbuches zu beurkunden. Dem Antrag ist eine Vollmacht zur Einholung der Auskunft beizufügen." Die **Berechnung der Versorgungswerte** sollten einem Rentensachverständigen oder Rentenberater überlassen werden.

21 Von der **Einholung der Auskunft** und der Berechnung der Versorgungswerte kann nur in den Fällen abgesehen werden, in denen beide Eheleute gleich lange versicherungspflichtige Tätigkeiten ausgeübt haben, bei gleichen Einkünften und bei kurzer Ehedauer, wenn die Parteien noch jung sind und ausgeschlossen ist, daß eine der Parteien im Grenzbereich einer Wartezeiterfüllung liegt. Nur in diesen Fällen läßt sich ohne eine weitergehende Berechnung ein wechselseitiger Verzicht vertreten (Muster für Vereinbarungen gem. § 1587o BGB s. bei *Günther/Hein,* S. 68f.).

6. Prozeßkostenvorschuß

22 Die Gewährung von **Prozeßkostenhilfe** ist grundsätzlich **subsidiär** zum Prozeßkostenvorschuß (PKV); da Prozeßkostenhilfe nur dann und insoweit gewährt werden kann, als ein PKV nicht durchsetzbar ist, muß der Anwalt sich rechtzeitig Informationen zur Einkommens- und Vermögenssituation des eigenen Mandanten aber auch über die des Ehepartners beschaffen. Wenn vom anderen Ehegatten PKV erlangt werden soll, ist eine entsprechende Darlegung der Einkommens- und Vermögenssituation des Gegners erforderlich. Besteht eine Prozeßkostenvorschußpflicht des anderen Ehegatten nicht und soll Prozeßkostenhilfe beantragt werden, muß zusammen mit der Beantragung der Prozeßkostenhilfe dargelegt werden, daß ein PKV nicht erlangt werden kann. Ohne diesbezügliche Darlegung ist der Antrag auf Bewilligung von Prozeßkostenhilfe ohne sachliche Prüfung abzuweisen, da möglicherweise ein durchsetzbarer Anspruch auf Prozeßkostenvorschuß besteht.

a) Voraussetzung einer Prozeßkostenvorschußpflicht

23 Die in § 1360a IV BGB geregelte Prozeßkostenvorschußpflicht ist Ausfluß der Unterhaltspflicht. In Unterhaltssachen kann das Prozeßgericht durch **einstweilige Anordnung** die Verpflichtung zur Leistung eines Prozeßkostenvorschusses regeln. Zwischen **geschiedenen** Ehegatten besteht kein Anspruch auf PKV. Die Vorschußpflicht besteht nur unter den in **§ 1360a IV BGB** aufgeführten Voraussetzungen:
- bestehende Ehe;
- Berechtigter muß außerstande sein, die **Kosten** des Rechtsstreits **selbst zu tragen.** Ein Ehegatte ist dann außerstande, die Kosten des Rechtsstreits selbst zu tragen, wenn sonst die zu einem angemessenen Lebensunterhalt erforderlichen Mittel nicht unerheblich in Anspruch genommen werden müßten. Die Frage, ob vor der Geltendmachung des PKV der eigene Vermögensstamm angegriffen werden muß, ist eine Frage der Zumutbarkeit, also unter Billigkeitsgesichtspunkten zu prüfen.
- **Leistungsfähigkeit des Verpflichteten.** Die Leistungsfähigkeit des in Anspruch genommenen Ehegatten wird ebenso wie die Bedürftigkeit des Berechtigten nach den allgemeinen unterhaltsrechtlichen Grundsätzen ermittelt. Würde durch den Prozeßkostenvorschuß der eigene angemessene Unterhalt gefährdet, entfällt die Prozeßkostenvorschußpflicht; insbesondere braucht

sich der Ehegatte nicht auf den notwendigen Unterhalt beschränken zu lassen und auf Güter des gehobenen Bedarfs zu verzichten. Eine Verpflichtung zur Prozeßkostenvorschußzahlung kommt daher nicht in Betracht, wenn der Unterhaltsschuldner selbst (wenn auch unter Anordnung von Ratenzahlungen) Prozeßkostenhilfe bekäme.

- **Persönliche Angelegenheit.** Eine allgemeine Definition der persönlichen Angelegenheit enthält weder das Gesetz noch ist sie in der bisherigen Rechtsprechung gefunden worden. Jedenfalls fallen darunter alle Angelegenheiten, die ihre Wurzel im persönlichen Lebensbereich oder in der Lebensgemeinschaft der Ehegatten haben, so daß alle mit der Trennung und Scheidung zusammenhängenden Verfahren vor dem Familiengericht dazugehören.
- Grundsätzliches **Bestehen einer Unterhaltspflicht.** Als Anspruchsvoraussetzung ist weiterhin zu beachten, daß eine Prozeßkostenvorschußpflicht nur dann besteht, wenn der Unterhaltstatbestand des § 1361 BGB erfüllt ist, so daß den Inanspruchgenommenen grundsätzlich die eheliche Unterhaltspflicht trifft. Das ist insbesondere dann nicht der Fall, wenn der andere Ehegatte darauf verwiesen werden kann, seinen Unterhalt durch Erwerbstätigkeit selbst zu verdienen (§ 1361 II BGB) oder wenn er nach der Vorschrift des § 1361 III iVm. § 1579 BGB den Unterhaltsanspruch verwirkt hat.
- Mindestaussicht auf **Erfolg des Rechtsstreits.** Da das Prozeßkostenvorschuß-Verlangen der Billigkeit entsprechen muß, darf die beabsichtigte Rechtsverfolgung nicht mutwillig oder offensichtlich aussichtslos sein; es ist Sache des Bedürftigen, die Erfolgsaussicht glaubhaft zu machen. Eine Verurteilung zum PKV kann insbesondere dann nicht in Betracht kommen, wenn die Prozeßkostenhilfe bereits wegen Aussichtslosigkeit abgelehnt worden ist.
- **Umfang der Kostenvorschußpflicht.** Die Vorschußpflicht umfaßt alle zur **24** sachdienlichen Prozeßführung erforderlichen Geldmittel, so daß außer den gerichtlichen auch die vom Berechtigten selbst aufzuwendenden Kosten für den eigenen Anwalt erfaßt werden. Die Vorschußpflicht für Anwaltskosten in einem Verfahren ohne Anwaltszwang, desgleichen für einen Verkehrsanwalt, richtet sich nach Erforderlichkeit und Billigkeit, d. h. nach der Verhältnismäßigkeit zwischen Schwierigkeit, wirtschaftlicher Bedeutung der Sache und Leistungsfähigkeit des Verpflichteten. Die wichtigsten außergerichtlichen Kosten sind die Gebühren des Rechtsanwalts: Nach § 17 BRAGO kann der Rechtsanwalt gewöhnlich die in der Instanz erwachsenden Gebühren als Vorschuß verlangen, also regelmäßig die Prozeß- und Verhandlungsgebühr. Für den Scheidungsprozeß stehen dem Antragsteller bei Einreichung des Antrags in der Regel drei Anwaltsgebühren und die Gerichtsgebühren zu. Die Vorschußpflicht erstreckt sich weiter auf die Reisekosten der bedürftigen Partei. Von den gerichtlichen Auslagen fallen vor allem die Vorschüsse für Zeugen und Sachverständige ins Gewicht. Zu den vorschußpflichtigen Kosten im Sinne des § 127a ZPO gehören auch die Kosten des einstweiligen Anordnungsverfahrens nach § 127a ZPO selbst.

b) Geltendmachung des Prozeßkostenvorschußanspruchs

Der Anspruch auf Prozeßkostenvorschuß kann in allen Familiensachen im **25** Wege des Antrags auf Erlaß einer **einstweiligen Anordnung** gem. § 620 1 Nr. 9 ZPO geltend gemacht werden. In isolierten Unterhaltssachen ergibt sich die Möglichkeit des Erlasses einer einstweiligen Anordnung aus § 127a ZPO und für sonstige isolierte Familiensachen aus § 621f. ZPO. Die Zulässigkeit einer einstweiligen Anordnung schließt ein Rechtsschutzinteresse für eine **Klage** auf PKV nicht aus. Es entspricht aber in allen Fällen der Zweckmäßigkeit, daß ausschließlich von der Möglichkeit des Antrags auf **Erlaß einer einstweiligen Anordnung** Gebrauch gemacht wird. Von einer Klage auf PKV (oder einer einstweiligen Verfügung vor Anhängigkeit einer Ehesache) ist schon wegen der Rechtsmittelgefahr abzuraten. Hinzu kommt, daß in Unterhaltssachen hinsichtlich der Ausführungen zur Anspruchsgrundlage und zur Bedürftigkeit und Leistungsfähigkeit auf die Ausführungen in der Hauptsache verwiesen werden kann mit der Folge, daß eine erhebliche Arbeitserleichterung sowohl für den Anwalt, als auch für den Richter eintritt. Zu beachten ist, daß jede einstweilige Anordnung eine **Hauptsache voraussetzt,** § 620a II ZPO, so daß außer dem Antrag auf Erlaß einer einstweiligen Anordnung zugleich ein Hauptsache-Schriftsatz mit Antrag und Begründung zu fertigen ist.

26 **Wichtig:** Es empfiehlt sich in jedem Fall (jedenfalls bei einfachen und mittleren Einkommensverhältnissen) den Prozeßkostenvorschußantrag **hilfsweise** mit dem Antrag auf Bewilligung von Prozeßkostenhilfe für die Hauptsache und die einstweilige Anordnung zu kombinieren. Im Hinblick auf den Hilfsantrag ist gleichzeitig die Erklärung der Partei über die persönlichen und wirtschaftlichen Verhältnisse vorzulegen.

c) Negative Feststellungsklage.

27 Die Entscheidung über den Antrag auf Erlaß einer einstweiligen Anordnung Prozeßkostenvorschuß ist **unanfechtbar,** § 620c S. 2 ZPO. Ist ein Ehegatte durch eine unanfechtbare einstweilige Anordnung (§ 620 ZPO) zur Zahlung eines PKV verpflichtet worden, so kann er nur noch im ordentlichen Verfahren eine die Vorschußpflicht leugnende negative Feststellungsklage erheben.

d) Rückzahlungsanspruch

28 Ist der Vorschußberechtigte in dem Rechtsstreit unterlegen und verurteilt worden, die Kosten ganz oder teilweise zu tragen, folgt daraus noch keine Verpflichtung zur Rückzahlung des erhaltenen Vorschusses. Die Frage, ob der Vorschuß zurückzuzahlen ist, richtet sich danach, ob sich die wirtschaftlichen Verhältnisse des Vorschußempfängers wesentlich gebessert haben, oder die Rückforderung aus anderen Gründen der Billigkeit entspricht. Wer also die Rückzahlung eines PKV begehrt oder die Durchsetzung des Anspruchs verbieten lassen will, muß darlegen und gegebenenfalls nachweisen, daß bei dem Berechtigten eine **Besserung der wirtschaftlichen Verhältnisse** eingetreten ist. Allein der Umstand, daß der Vorschußempfänger in dem Verfahren, für das der Vorschuß zu leisten war, unterlegen ist und hieraus dem zur Zahlung des Vorschusses Verpflichteten ein Kostenerstattungsanspruch entstanden ist, begründet für sich allein keinen Billigkeitsgrund, welcher die Rückforderung rechtfertigen und die weitere Durchsetzung des Vorschußanspruchs verbieten könnte. Als **Beispiele für die Billigkeit** werden die Verbesserung der wirtschaftlichen Verhältnisse des Empfängers oder das Vorliegen eines Anspruchs auf Zugewinnausgleich angesehen. Für den letzteren Fall hat der BGH ausdrücklich die Aufrechnung des Zugewinnschuldners zugelassen, ohne jedoch auf die Billigkeitsprüfung zu verzichten (vgl. *BGH* FamRZ 1971, 360–362). Mit einem Kostenerstattungsanspruch aus dem nämlichen Verfahren, für das Vorschuß zu leisten ist, kann nicht aufgerechnet werden.

7. Prozeßkostenhilfe

a) Antrag

Die Bewilligung von Prozeßkostenhilfe (PKH) und die Beiordnung des Rechtsanwalts (ausführl. s. u. F.) ist immer nur ab dem Zeitpunkt möglich, ab dem ein entsprechender Antrag bei Gericht vorliegt. Es ist daher für jedes einzelne Verfahren in jedem Rechtszug **gesondert** rechtzeitig **Antrag** auf PKH und Beiordnung eines Rechtsanwalts zu beantragen. Empfehlenswert ist, daß dieser Antrag gleichzeitig mit dem Antragsschriftsatz gestellt wird, denn nach Abschluß der Instanz muß der Antrag auf Bewilligung von PKH und Beiordnung eines Anwalts zurückgewiesen werden. Gemäß § 117 ZPO ist in dem Antrag das Streitverhältnis unter Angabe der Beweismittel darzustellen. Ein Antrag auf PKH für ein möglicherweise in der Zukunft anhängig werdendes Verfahren ist unzulässig. Dem Antrag ist eine Erklärung über die persönlichen und wirtschaftlichen Verhältnisse beizufügen (§ 117 II ZPO). Dabei ist der amtliche Vordruck zu verwenden. Werden keine Belege zu den im Vordruck genannten Angaben vorgelegt oder begehrte Auskünfte verweigert, so ist der Antrag nach § 118 II 4 ZPO insoweit zurückzuweisen. 29

Der Antrag auf PKH und Beiordnung muß wie folgt **begründet** sein: 30
- Die antragstellende Partei muß prozeßkostenhilfebedürftig, das heißt nicht in der Lage sein, die Kosten zur Prozeßführung selbst oder jedenfalls nur zum Teil oder nur in Raten aufzubringen,
- Die beabsichtigte Rechtsverfolgung oder Rechtsverteidigung muß hinreichende Aussicht auf Erfolg bieten, und
- die beabsichtigte Rechtsverfolgung oder Rechtsverteidigung darf nicht mutwillig erscheinen.

b) Bedürftigkeit

Die Prozeßkostenhilfebedürftigkeit ist unter Beachtung von § 115 ZPO darzulegen. Insbesondere muß der amtliche Vordruck richtig und vollständig ausgefüllt und unterzeichnet sein. Dem Anwalt droht eine **Haftungsgefahr** dann, wenn er den Mandanten nicht darauf hinweist, daß der Vordruck vollständig ausgefüllt sein muß und demzufolge der Mandant abzugsfähige Verbindlichkeiten nicht angibt oder nicht belegt. Die Beratungsverpflichtung des Anwalts erstreckt sich auch auf den Hinweis, daß der Vordruck sehr sorgfältig ausgefüllt und die dazugehörigen Belege vorgelegt werden müssen. Die sorgfältige Beratung hierzu liegt schon im Gebühreninteresse des Anwalts: Wird der Partei nämlich wegen unvollständiger Angaben ratenfreie PKH bewilligt, entfällt der Anspruch des Anwalts aus § 124 BRAGO. 31

Die subjektiven **Voraussetzungen für die Gewährung von PKH** richten sich nach dem monatlichen Nettoeinkommen. Da sämtliche Einkünfte zu berücksichtigen sind, gehören auch Unterhaltszahlungen Dritter dazu. Als besondere Belastung, die vom Einkommen abzusetzen ist, wird regelmäßig die **Kaltmiete** mit dem Betrag anerkannt, der 18% des jeweiligen Nettoeinkommens übersteigt. Nicht zum relevanten Einkommen gehören das **Kindergeld** und die vermögenswirksamen Leistungen. Die Frage, ob und ggf. in welcher Höhe eine Ratenzahlungsverpflichtung besteht, richtet sich nach der **Tabelle** (Anlage 1 zu § 114 ZPO). 32

Im Zusammenhang mit der Prozeßkostenhilfebedürftigkeit muß auch das **Vermögen** angegeben werden. Gemäß § 115 II ZPO hat die Partei ihr Vermö- 33 gen einzusetzen, soweit dies zumutbar ist. Als nicht zumutbar wird der Einsatz des Familienheims oder kleinerer Barbeträge bis zu 4000 DM angesehen. **Keinen Anspruch** auf PKH hat eine Partei dann, wenn sie in Kenntnis der Tatsache, daß sie Mittel zur Prozeßführung benötigt, Einkünfte oder Vermögen vermindert oder Beträge als Darlehen weggibt oder wenn sie ihr zugeflossene bedeutende Beträge aus dem Zugewinnausgleich unentgeltlich weitergibt, obwohl sie davon ausgeht, daß sie weitere Ansprüche im Prozeßweg wird durchsetzen müssen oder wenn sie nach Rechtshängigkeit Vermögenswerte hergibt oder Verbindlichkeiten eingeht, ohne daß hierfür ein unabweisbares Bedürfnis besteht oder wenn sie die Vermögensminderung grob fahrlässig herbeiführt. Außerdem erhält eine Partei dann keine PKH, wenn die Prozeßkosten vier Monatsraten und die aus dem Vermögen aufzubringenden Teilbeträge voraussichtlich nicht übersteigen, § 115 VI ZPO (*Thomas/Putzo* Anm. 4 zu § 114 ZPO).

c) Hinreichende Erfolgsaussicht

34 Die Rechtsverfolgung bietet hinreichende Aussicht auf Erfolg, wenn der Sachvortrag zusammen mit den angegebenen Beweismitteln den Antrag rechtfertigt; die Rechtsverteidigung ist hinreichend aussichtsreich, wenn der Sachvortrag der sich verteidigenden Partei neben den angebotenen Beweisen ihren Antrag rechtfertigt. Eine hinreichende Aussicht auf Erfolg kann auch für **entgegengesetzt Beteiligte,** also für beide Parteien bestehen.

d) Fehlende Mutwilligkeit

35 Mutwillig ist eine Rechtsverfolgung oder Rechtsverteidigung, wenn sie eine verständige, nicht prozeßkostenhilfebedürftige Partei unterlassen würde. Dies ist in der Regel dann der Fall, wenn eine Partei ihr Ziel auf einem **billigeren Weg** als dem beschrittenen Klageweg erreichen könnte. Wird ein Unterhaltsanspruch vom Berechtigten eingeklagt, obwohl der Verpflichtete die Unterhaltsleistungen in der Vergangenheit **freiwillig und regelmäßig erfüllt** hat, so ist die Klage in aller Regel mutwillig, obwohl das Rechtsschutzbedürfnis für eine solche Klage nicht verneint werden kann. Gleiches gilt, wenn eine Partei bereits im Wege der **einstweiligen Anordnung** einen Unterhaltstitel erwirkt hat und dennoch ohne besonderen Grund wegen dieses bereits titulierten Anspruchs Klage erheben will. Die prozeßkostenhilfebedürftige Partei muß den Gegner stets vor dem Antrag auf Bewilligung von Prozeßkostenhilfe zur Erstellung eines **billigeren Vollstreckungstitels** (z. B. Urkunde des Jugendamts oder notarielles Schuldanerkenntnis) vergeblich aufgefordert haben. Schließlich ist eine Rechtsverfolgung in den Fällen des § 93 ZPO mutwillig, denn eine Partei, die den Rechtsstreit auf eigene Kosten führt, vermeidet es, daß ihr der Beklagte wegen fehlender Veranlassung zur Klageerhebung durch sofortiges Anerkenntnis die Kostenlast aufbürden kann.

Teilleistungen: Ein Unterhaltsschuldner, der freiwillig und regelmäßig einen Teil des geschuldeten Unterhalts erbringt, hat dann keine Veranlassung zur Klageerhebung im Sinne von § 93 ZPO über den vollen Unterhaltsbetrag gegeben, wenn der fehlende Spitzenbetrag relativ geringfügig ist (15% des vollen Unterhaltsbetrages) und der Unterhaltsschuldner zuvor weder zur Beibringung eines außergerichtlichen Titels aufgefordert worden ist, noch diese verweigert hat (so *OLG Bremen* FamRZ 1989, 876f.). Nach überwiegender Meinung hat der Unterhaltsschuldner allenfalls dann Anlaß zur Klageerhebung gegeben, wenn er die Errichtung eines außergerichtlichen Titels – insbesondere eines gebührenfreien nach §§ 49, 50 JWG – verweigert hat. Demgegenüber wird in der Rechtsprechung überwiegend die Meinung vertreten, daß der Unterhaltspflichtige, der lediglich eine Teilleistung des vollen Unterhaltsbetrages freiwillig und regelmäßig erbringt und die darüber hinausgehende Unterhaltsforderung bestreitet, Veranlassung zur Klageerhebung über den **vollen Unterhaltsbetrag** selbst dann gibt, wenn er zur Errichtung eines außergerichtlichen Titels nicht aufgefordert wurde und diesen auch nicht verweigert hat, mit der Folge, daß er auch bezüglich des anerkannten Teils die Kosten des Rechtsstreits zu tragen hat. Die h. M. stützt sich im wesentlichen auf § 266 BGB, wonach der Schuldner zu Teilleistungen nicht berechtigt ist. Hiergegen wird aber eingewandt, daß diese Vorschrift zwar das Recht des Gläubigers zur Ablehnung von Teilleistungen betreffe, daß aber in der Regel die Annahme der Teilleistung im Interesse sowohl des Schuldners, als auch des Unterhaltsgläubigers liege und § 266 BGB daher nicht anzuwenden sei, und zwar jedenfalls dann nicht, wenn die Unterhaltszahlung nicht ganz offensichtlich erheblich unter dem vollen Betrag des Anspruchs zurückbleibe. Dem ist grundsätzlich beizupflichten; denn bei der Anwendbarkeit des § 266 BGB sind Treu und Glauben zu beachten. Sie verbieten es jedenfalls, die Annahme bei Fehlen eines relativ geringfügigen Teilbetrages zu verweigern, den man, soweit es um Unterhalt geht, in Anbetracht des ersichtlichen Interesses sowohl des Gläubigers als auch des Schuldners an der Annahme der Teilleistung nicht zu gering ansetzen darf (so wörtlich *OLG Bremen* FamRZ 1989, 876f.).

e) Erstreckung der Prozeßkostenhilfe

Gemäß § 624 II ZPO erstreckt sich im Verbundverfahren die Bewilligung der **36**
PKH für die Scheidungssache automatisch nur noch auf die von Amts wegen einzuleitenden Folgesachen (Sorgerecht und Versorgungsausgleich). Für die übrigen Folgesachen ist ein **besonderer Antrag** und eine besondere ausdrückliche Bewilligung erforderlich. Für **Vergleiche** in Folgesachen ist weiterhin die Einholung einer Einzelbewilligung zu empfehlen bzw. notwendig (vgl. § 122 III 1 BRAGO).

f) Nachträgliche Änderung

Die Aufhebung oder Herabsetzung der Ratenzahlungsanordnung, d. h. die **37**
Abänderung des Beschlusses zugunsten der hilfsbedürftigen Partei ist grundsätzlich ohne weiteres zulässig. Zum Nachteil der Partei kann der Beschluß über die Bewilligung der PKH nur in den in §§ 120 IV, 124 ZPO ausdrücklich genannten Fällen aufgehoben oder abgeändert werden.

g) Beschwerde

Ist einem Beteiligten PKH bewilligt worden, aber eine Ratenzahlungsanord- **38**
nung unterblieben und auch keine Zahlung aus dem Vermögen festgesetzt, dann ist gemäß § 127 III ZPO eine Beschwerde der Staatskasse (Bezirksrevisor) zulässig. Die übrigen Entscheidungen im Verfahren über die Prozeßkostenhilfe unterliegen der Beschwerde, § 127 II 1 ZPO.

(Zu Einzelheiten des PKH-Verfahrens vgl. im übrigen Kap. F Rdnrn. 21ff.).

II. Die Ehescheidung

1. Vorbereitende Maßnahmen

39 Da zusammen mit dem Scheidungsantrag das Original der Heiratsurkunde vorzulegen ist, soll der Mandant angehalten werden, dem Anwalt unverzüglich eine **Original-Heiratsurkunde** oder das Stammbuch beizubringen. In der Regel empfiehlt es sich, zusammen mit dem Scheidungsantrag auch die **Geburtsurkunden** der ehegemeinschaftlichen Kinder vorzulegen; zur Beibringung dieser Urkunden sollte der Mandant rechtzeitig angehalten werden. Bei Ausländern wird häufig ein **Staatsangehörigkeitsnachweis** verlangt. Damit das gerichtliche Verfahren später nicht verzögert wird, sollte sich der Anwalt diesen Nachweis möglichst frühzeitig beschaffen. Häufig vergessen die Parteien, zum Gerichtstermin den **Personalausweis oder Reisepaß** mitzubringen. Für diesen Fall sollte der Anwalt eine beglaubigte Ablichtung des Reisepasses oder Personalausweises zum Nachweis der Staatsangehörigkeit in seiner Akte haben.

2. Scheidungsgrund

40 Gemäß § 1565 BGB kann eine Ehe geschieden werden, wenn sie gescheitert ist. Es gibt nur einen **einzigen Scheidungsgrund:** Das **Scheitern der Ehe.** § 1565 II definiert, was unter dem Begriff „Scheitern" zu verstehen ist: „Die Ehe ist gescheitert, wenn
- die Lebensgemeinschaft der Ehegatten nicht mehr besteht und
- nicht erwartet werden kann, daß die Ehegatten sie wiederherstellen.

41 In der Antragsschrift muß also **dargelegt** sein, daß eine eheliche Lebensgemeinschaft mit dem Ehepartner nicht mehr besteht, und daß auch nicht erwartet werden kann, sie werde in Zukunft wiederhergestellt werden.

a) Bei **Trennung von weniger als einem Jahr** kann die Ehe nur geschieden werden, wenn ihre Fortsetzung für den Antragsteller aus Gründen, die ausschließlich in der Person des Antragsgegners liegen, eine unzumutbare Härte darstellen würde, § 1565 II BGB (s. a. Rdnrn. 46f.).

b) Bei **Trennungsdauer zwischen ein und drei Jahren** besteht eine unwiderlegbare Vermutung für das Scheitern der Ehe, wenn beide Ehegatten die Scheidung beantragen oder der Antragsgegner der Scheidung zustimmt, § 1566 I BGB. Wehrt sich der Antragsgegner gegen die Scheidung, muß dem Gericht im einzelnen das Scheitern der Ehe nachgewiesen werden (s. a. Rdnr. 49).

c) Bei **Trennungsdauer von mehr als drei Jahren** kann die Ehe auch auf einseitigen Antrag hin geschieden werden. Es besteht eine unwiderlegbare Vermutung dahingehend, daß die Ehe gescheitert ist, § 1566 II (s. a. Rdnr. 50).

In allen Fällen ist die Vorschrift des **§ 1568 BGB** (Härteklausel) zu beachten.

3. Getrenntleben

42 Entscheidendes **Kriterium für das Scheitern einer Ehe** ist das Getrenntleben der Ehepartner. Leben die Ehepartner nicht getrennt, besteht die Lebensgemeinschaft fort, mit der Folge, daß die Ehe nicht als gescheitert beurteilt werden kann. Gemäß § 1567 BGB leben die Ehegatten dann getrennt, wenn zwischen ihnen keine häusliche Gemeinschaft besteht und einer der Ehegatten sie erkenn-

bar nicht herstellen will, weil er die eheliche Lebensgemeinschaft ablehnt. Voraussetzung für die Annahme eines Getrenntlebens ist somit einerseits **objektiv** das Nichtbestehen der häuslichen Gemeinschaft und andererseits **subjektiv** der Wille mindestens eines der Ehegatten, die häusliche Gemeinschaft nicht herzustellen und zwar deshalb, weil er die eheliche Lebensgemeinschaft ablehnt.

Es gilt der **Grundsatz der totalen Trennung,** der in der Regel immer dann erfüllt ist, wenn ein Ehepartner aus der Ehewohnung ausgezogen ist und die neue Wohnung zum alleinigen räumlichen Mittelpunkt seiner Lebensführung gemacht hat. Nach § 1567 I 2 BGB besteht die häusliche Gemeinschaft jedoch auch dann nicht mehr, wenn die Ehegatten **innerhalb der ehelichen Wohnung** getrennt leben. Die Anforderungen an das Getrenntleben innerhalb der gemeinsamen Wohnung sind streng. Es muß dargelegt und ggf. nachgewiesen werden, daß ein Höchstmaß an Trennung in allen Lebensbereichen herbeigeführt wurde, das nach den realen Möglichkeiten des Einzelfalles erreichbar ist. Ein Getrenntleben innerhalb der ehelichen Wohnung liegt nicht bereits dann vor, wenn die Eheleute getrennte Schlafzimmer beziehen, im übrigen aber eine gegenseitige Versorgung stattfindet. Es wird die tatsächliche vollkommene Trennung aller Lebensbereiche verlangt, mit der Ausnahme der gemeinsamen Benutzung von Küche und Bad. Kocht und wäscht die Ehefrau weiterhin für den Mann, so liegt ein Getrenntleben innerhalb der Wohnung nicht vor. Es kann nicht als ein „Nichtbestehen" der häuslichen Gemeinschaft gewertet werden, wenn die Ehefrau dem Ehemann abends das Frühstück für den nächsten Morgen richtet, die Eheleute abends zumeist mit dem gemeinsamen Kind das von der Ehefrau zubereitete Abendessen einnehmen und die Eheleute wiederholt einen Teil des Fernsehprogramms zusammen anschauen, auch wenn sonst keine Gemeinsamkeiten mehr bestehen (*Johannsen/Henrich/Jaeger,* Rdnr. 24 zu § 1567 BGB). 43

Gemäß § 1567 II BGB unterbricht oder hemmt ein Zusammenleben über kürzere Zeit, das der **Versöhnung** der Ehegatten dienen soll, die Trennungsfristen nicht. In der Rechtsprechung hat sich zwischenzeitlich die Meinung herausgebildet, daß drei Monate die obere Grenze sind; dies gilt auch bei wiederholten Versöhnungsversuchen. 44

Den **Beweis** dafür, daß ein erneutes Zusammenleben zu einer **echten Versöhnung** geführt hat, muß derjenige Ehegatte führen, der die Scheidung ablehnt. Dies ergibt sich aus dem Zweck des § 1567 II, nämlich die Ehegatten zu motivieren, sich nicht mit Blick auf den Fristenablauf von Versöhnungsversuchen abhalten zu lassen. 45

4. Scheidung bei Trennung unter einem Jahr

Leben die Ehegatten noch nicht ein Jahr getrennt, so kann die Ehe nur geschieden werden, wenn die Fortsetzung der Ehe für den Antragsteller aus Gründen, die in der Person des **anderen** Ehegatten liegen, eine unzumutbare Härte darstellen würde, § 1565 II BGB. Diese Vorschrift soll voreiligen Scheidungsentschlüssen und Scheidungsanträgen entgegenwirken. Außerdem soll der Rechtsmißbrauch eines solchen Ehegatten verhindert werden, der durch sein Verhalten die Ehe einseitig zerstört und daraus sogleich, indem er auf den von ihm selbst geschaffenen Zerrüttungstatbestand einen Scheidungsantrag stützt, für sich günstige Rechtsfolgen abzuleiten versucht. 46

Eine **unzumutbare Härte** wird in der Rechtsprechung in der Regel bejaht, wenn ein länger anhaltendes (über drei Monate) ehebrecherisches Verhalten des 47

Antragsgegners vorliegt; nicht jede Verletzung der ehelichen Treue, insbesondere nicht ein einzelner Ehebruch, stellen jedoch einen ausreichenden Härtegrund dar. Die vorzeitige Scheidbarkeit einer Ehe wird bejaht, wenn der Antragsgegner mit einem anderen Partner eine eheähnliche Lebensgemeinschaft aufgenommen hat und diese schon einige Monate dauert. Die Art und Weise, die Begleitumstände der Verletzung der ehelichen Treuepflicht können aber so gravierend sein, daß es dem Antragsteller wegen der besonders tiefgreifenden oder gar entwürdigenden Persönlichkeitsverletzung nicht angesonnen werden kann, das Eheband noch bis zum Ende der Jahresfrist aufrechtzuerhalten. Dazu gehören insbesondere ehebrecherische Beziehungen mit Angehörigen der Familie oder mit Arbeitskollegen (z. B. Vorgesetzten oder Untergebenen) des Antragstellers; die demütigenden, ansehensschädigenden Auswirkungen der bekannt gewordenen ehebrecherischen Beziehungen mit Blick auf eine besonders herausgehobene berufliche Stellung des Antragstellers; Aufnahme des neuen Partners in die eheliche Wohnung; eine extrem lange Dauer eines ehebrecherischen Verhältnisses. Weitere Anwendungsfälle für § 1565 II BGB sind:

- Schwere Beleidigungen, grobe Ehrverletzungen, demütigende Beschimpfungen in Verbindung mit Tätlichkeiten;
- Gravierende Bedrohungen;
- Homosexualität, wenn der eigene Partner wegen gleichgeschlechtlicher Beziehungen zu einem anderen Partner verlassen wird;
- Häufige Mißhandlungen des Ehepartners;
- Häufige Alkoholexzesse.

5. Einverständliche Scheidung

48 Nach § 1566 I BGB wird unwiderlegbar vermutet, daß die Ehe gescheitert ist, wenn die Ehegatten seit einem Jahr getrennt leben und beide Ehegatten die Scheidung beantragen oder der Antragsgegner der Scheidung zustimmt. Da es sich um eine **unwiderlegbare Zerrüttungsvermutung** handelt, ist vom Gericht lediglich zu prüfen, ob das Trennungsjahr abgelaufen ist. Die Prüfung, ob die Ehe tatsächlich gescheitert ist, ist dem Richter in diesem Fall verwehrt. Allerdings ist eine einverständliche Scheidung nach § 630 ZPO nur möglich, wenn die Ehegatten sich außer über die Frage, daß sie geschieden werden wollen, auch über

- die Regelung der elterlichen Sorge für ein gemeinschaftliches Kind,
- die Regelung des Umgangs des nichtsorgeberechtigten Elternteils mit dem Kinde,
- die Regelung der Unterhaltspflicht gegenüber einem Kinde,
- den Unterhalt nach der Scheidung,
- die Ehewohnung, und
- den Hausrat

geeinigt haben. Die übrigen Scheidungsfolgen, insbesondere der Zugewinnausgleich und der Versorgungsausgleich, sind von dieser Einigungspflicht nicht erfaßt und können unabhängig von der Scheidung gerichtlich geregelt werden.

Es ist empfehlenswert, daß dem Gericht zusammen mit der Antragsschrift die Vorschläge und **Vereinbarungen** und die Zustimmungserklärung des Gegners vorgelegt werden. Sind sich die Eheleute zwar über die Ehescheidung einig, nicht aber über die genannten **Folgesachen,** so greift die Zerrüttungsvermutung nicht ein. In diesem Falle muß sich der Richter vom Scheitern der Ehe im Rahmen der streitigen Scheidung überzeugen.

6. Streitige Scheidung

Leben die Ehegatten weniger als drei Jahre getrennt oder läßt sich der Ablauf der Dreijahresfrist nicht zweifelsfrei feststellen, so gilt bei einer streitigen Scheidung die gesetzliche Vermutung des § 1566 I BGB nicht. Dies hat zur Folge, daß eine Ehe nur dann gegen den Willen des anderen Ehegatten geschieden werden kann, wenn ihr Scheitern auf andere Weise als durch den Ablauf der Trennungsfrist dargelegt und ggf. bewiesen wird. Der Richter muß davon überzeugt werden, daß die Ehe so tief zerrüttet ist, daß ihre Wiederherstellung nicht erwartet werden kann. Dazu müssen **Tatsachen vorgetragen** werden, die dem Richter eine Würdigung ermöglichen, wobei die bloße Erklärung, der Antragsteller wolle nicht zu seiner Familie zurückkehren, zum Beweis des Scheiterns allein nicht ausreicht. **49**

Da die Ehepartner nach einem individuellen Lebensplan ihre Ehe gestalten, ist es häufig schwierig, das Scheitern der Ehe festzustellen und eine negative Zukunftsprognose abzugeben, denn was bei einer Ehe zur Zerrüttung führt, mag in einer anderen Ehe gänzlich normaler Alltag sein. Nach Ablauf des ersten Trennungsjahres kommt es jedoch auf die Gründe des Scheiterns nicht mehr an, ebensowenig wie auf die Frage, wer das Scheitern der Ehe verursacht oder verschuldet hat. Es kann also auch derjenige Ehegatte die Scheidung beantragen, der selbst den anderen verlassen oder betrogen hat. Da für das Scheitern der Ehe auch erforderlich ist, daß die Wiederherstellung der ehelichen Gemeinschaft nicht erwartet werden kann, muß in diesen Fällen zur Schlüssigkeit des Antrages dargelegt und ggf. nachgewiesen werden, daß zumindest bei einem Ehepartner subjektiv die **endgültige Ablehnung** der ehelichen Gemeinschaft vorliegt. Entscheidend ist, ob die Abneigung eines Ehegatten gegen den anderen einen solchen Grad erreicht hat, daß eine **Versöhnung nicht zu erwarten** ist.

7. Scheidung nach dreijähriger Trennung

Leben die Eheleute drei Jahre getrennt, greift die Vermutung des § 1566 II BGB ein. In diesem Falle wird das Scheitern der Ehe unwiderlegbar vermutet, auch wenn nur einer der Ehepartner den Scheidungsantrag stellt. **50**

8. Die Härteklausel

Gemäß § 1568 BGB soll eine gescheiterte Ehe nicht geschieden werden, wenn ausnahmsweise aus besonderen Gründen eine Aufrechterhaltung der gescheiterten Ehe notwendig erscheint. Diese Vorschrift beinhaltet eine **Kinderschutzklausel** und eine **Ehegattenschutzklausel.** Die Vorschrift hat einen ganz deutlich betonten **Ausnahmecharakter.** Da eine Scheidung, die gegen den Willen eines Ehegatten ausgesprochen wird, für diesen regelmäßg mit Härten verbunden ist, kann der Vergleichsmaßstab für das Außergewöhnliche der Umstände nicht die Ehe schlechthin, sondern nur die gescheiterte Ehe sein. Außergewöhnlich im Sinne der Vorschrift sind nur diejenigen Umstände, die sich von den noch als normal anzusehenden Gegebenheiten einer gescheiterten Ehe deutlich abheben (s. hierzu *Johannsen/Henrich/Jaeger,* Rdnrn. 24ff. zu § 1568). **51**

9. Prozeßrechtliche Besonderheiten

a) Ehesachen (§ 606 ZPO) fallen nicht unter die **Feriensachen** des § 200 II GVG. **52**

b) Gemäß § 612 IV ZPO ist ein **Versäumnisurteil** gegen den Antragsgegner nicht zulässig; zulässig ist jedoch ein Versäumnisurteil gegen den zum Termin nicht erschienenen Antragsteller.

c) Gemäß § 613 ZPO soll das Gericht in Ehesachen das **persönliche Erscheinen der Ehegatten** anordnen und sie dabei anhören; auch ein Prozeßunfähiger ist anzuhören.

53 **d)** Ausführlich geregelt ist die Aussetzung des Verfahrens, § 614 ZPO; damit soll eine gütliche Beilegung des Verfahrens gefördert werden.

e) Den Ehegatten sollen die **Auswirkungen einer Scheidung** frühzeitig vor Augen geführt werden; das Gesetz will es daher ermöglichen und zum Teil sogar erzwingen, daß über die Scheidung und die weiteren Folgesachen gleichzeitig in ein und demselben Verfahren verhandelt und entschieden wird. Ist für den Fall der Scheidung die elterliche Sorge über ein gemeinschaftliches Kind zu regeln oder der öffentlich-rechtliche Versorgungsausgleich durchzuführen, so leitet das Gericht das Verfahren über diese Gegenstände von Amts wegen ein und stellt den **Verbund mit dem Scheidungsverfahren** her, § 623 III ZPO. Bei anderen Scheidungsfolgen hängt der Eintritt des Verbundes grundsätzlich vom Verhalten der Parteien ab. Eine Familiensache, die mit dem Scheidungsverfahren im Verbund steht, wird Folgesache genannt. Über den erfolgreichen Scheidungsantrag und die Folgesachen wird einheitlich durch Urteil entschieden, § 629 I ZPO. Ist der Scheidungsantrag abgewiesen, so sind die Folgesachen gegenstandslos, § 629 III ZPO.

54 **f)** Das Scheidungsverfahren wird durch Einreichung eines Scheidungsantrages eingeleitet, der dem Anwaltszwang unterliegt. Die **Antragsschrift** ist formalisiert und muß in jedem Fall nach § 622 ZPO Angaben darüber enthalten, ob
- gemeinschaftliche minderjährige Kinder vorhanden sind,
- ein Vorschlag zur elterlichen Sorge unterbreitet wird,
- Familiensachen der in § 621 I ZPO bezeichneten Art anderweitig anhängig sind.

Des weiteren gelten die Vorschriften des § 253 ZPO über die Erfordernisse einer Klageschrift entsprechend.

g) An die Stelle der Bezeichnung Kläger-Beklagter treten die Worte **Antragsteller-Antragsgegner.**

h) Ein schriftliches Vorverfahren ist nach § 611 ZPO ausgeschlossen.

55 **i)** Eine **öffentliche Zustellung** der Antragsschrift ist in Ehesachen nach allgemeinen Grundsätzen möglich, §§ 203ff. ZPO. Sie wird in Bezug auf **Ostblockstaaten** trotz bekannten Aufenthalts des Antragsgegners auch dann als zulässig angesehen, wenn der Rechtshilfeverkehr eingestellt worden ist (*OLG Köln* FamRZ 1985, 1278f.).

56 **j)** Die **Zurücknahme** des Scheidungsantrags hat auch für die Folgesachen zur Wirkung, daß sie als nicht anhängig geworden anzusehen sind (§§ 626, 269 ZPO). Auf Antrag einer Partei ist ihr durch Beschluß, der keiner mündlichen Verhandlung bedarf, vorzubehalten, eine Folgesache als selbständige Familiensache fortzuführen.

k) Mit der Rechtskraft des Scheidungsurteils ist die Ehe aufgelöst (§ 1564 II BGB).

l) Die Zustellung des Scheidungsurteils erfolgt gem. §§ 317, 618, 621c ZPO; eine Rechtsmittelbelehrung ist nicht vorgeschrieben.

m) Bezüglich der **Verfahrenskosten** geht § 93a ZPO von dem Grundsatz aus, daß bei der Beendigung einer Ehe grundsätzlich beide Partner gleichmäßig mit den Kosten zu belasten sind. Der Verbund ist im übrigen kostenmäßig begünstigt. Schon die Zusammenrechnung der Werte für die Scheidungssache und alle Folgesachen im Verbund ergibt geringere Gebühren, als diese bei einer isolierten Durchführung der einzelnen Verfahren anfielen. Zusätzlich werden im Verbund für Urteile und vergleichbare Beschlüsse niedrigere Gebühren als sonst erhoben. § 93a I 1, II ZPO regelt die Kostenverteilung nur für den Fall der Scheidung eigenständig. Bei **Abweisung** des Scheidungsantrags verbleibt es bei der allgemeinen Regelung des § 91 ZPO; im Rechtsmittelverfahren bleibt darüber hinaus § 97 I ZPO anwendbar. Zu den Kosten des Scheidungsverfahren gehören auch die eines einstweiligen Anordnungsverfahrens nach §§ 620 ZPO. Bei einem Rechtsmittelverfahren sind die Kosten des Rechtsmittelverfahrens grundsätzlich ebenfalls nach § 93a I 1 ZPO zu verteilen. **57**

III. Nichtigkeit und Aufhebung der Ehe

Das Eheaufhebungsverfahren ist in §§ 28ff. des Ehegesetzes und das Verfahren auf Nichtigerklärung und auf Feststellung des Bestehens oder Nichtbestehens einer Ehe in §§ 16ff. Ehegesetz und 631ff. ZPO geregelt. **58**

1. Nichtigkeitsgründe

- Bigamie, § 20 **59**
- Nahe Verwandtschaft, § 21
- Schwägerschaft, § 21
- Formmangel, § 17
- Fehlende Geschäftsfähigkeit, § 18
- Fehlende Urteilsfähigkeit, § 18

2. Aufhebungsgründe

- Fehlende Einwilligung des gesetzlichen Vertreters, § 30 **60**
- Irrtum über die Wirkung der Eheschließung, § 31
- Irrtum über die Person des Partners, § 31
- Drohung, § 34
- Arglistige Täuschung, § 33
- Irrtum über persönliche Eigenschaften des Partners, § 32

(Bezüglich der Einzelheiten wird Bezug genommen auf die Kommentierung des Ehegesetzes in *Johannsen/Henrich,* Kommentierung der §§ 16–37 EheG, S. 917–976, sowie der dazugehörigen Verfahrensfragen S. 1225ff.)

IV. Regelung der elterlichen Sorge über ein eheliches Kind

1. Vorbereitende Maßnahmen

Vor allem, wenn die elterliche Sorge für ein Kind, das älter als neun oder zehn Jahre ist, geregelt werden muß, sollte der Anwalt seinen Mandanten möglichst **61** bald anhalten, frühzeitig die Einstellung des Kindes zur Sorgerechtsfrage zu erforschen, mit ihm zu besprechen und bei dem eigenen Willensbildungsprozeß vor einem gemeinsamen Vorschlag der Eltern zu berücksichtigen. Da im gerichtlichen Verfahren die Stellungnahme des **Jugendamts** einzuholen ist, ist demjenigen Mandanten, der beabsichtigt, die Übertragung des Rechts der elterlichen Sorge auf sich zu beantragen, dringend nahezulegen, sich möglichst frühzeitig mit dem zuständigen Sachbearbeiter des Jugendamts in Verbindung zu setzen, die häusliche Situation und eventuelle Probleme mit dem Kind ausführlich zu schildern und zu besprechen. Der Sachbearbeiter, der nicht erst auf gerichtliche Anordnung hin die häuslichen Verhältnisse überprüft, sondern bereits vorher über längere Zeit hinweg mit der Familie und mit der Trennungssituation und den dabei entstandenen Problemen vertraut ist, wird eine wesentlich fundiertere Stellungnahme bei Gericht abgeben können. Der Stellenwert der Stellungnahme des Jugendamtes bei Gericht darf nicht unterschätzt werden! Haben sich bei der Erziehung des Kindes bereits Schwierigkeiten ergeben, sollte dem Mandanten nahegelegt werden, möglichst bald eine **Erziehungsberatungsstelle** aufzusuchen und deren Hilfe in Anspruch zu nehmen; auch dadurch wird die Erziehungsgeeignetheit dokumentiert.

62 Überhaupt sollten bei **auftretenden Störungen im Verhalten des Kindes** Beratungsstellen und Ärzte aufgesucht werden, denn im Zweifelsfalle wird derjenige Elternteil das Sorgerecht bekommen, der sich am meisten für das Kind einsetzt und das Kind auf allen Gebieten am besten fördert. Die Förderung des Kindes erscheint in der Regel aber nur dann glaubwürdig, wenn sie nicht erst im Zusammenhang mit einem gerichtlichen Verfahren beginnt.

63 Von großer Bedeutung ist häufig auch, wenn sich die **Kindergärtnerin** oder die **Lehrerin** des Kindes für die Übertragung des Sorgerechts auf den Mandanten durch eine schriftliche, begründete Erklärung einsetzen; auch zu diesen Personen sollte deshalb frühzeitig intensiver Kontakt aufgenommen und ihnen die häusliche Situation geschildert werden. Da in einem späteren streitigen Verfahren die **Bindungen des Kindes** dargestellt werden müssen, empfiehlt es sich, den Mandanten zu veranlassen, schriftlich niederzulegen, in welcher Weise und mit welcher Intensität er sich bisher an der Betreuung und Versorgung des Kindes seit der Geburt beteiligt hat (Stillen, Wickeln, Füttern, Einschlafen, Spielen, Arztbesuche, Hinbringen und Abholen vom Kindergarten, Schulgespräche, Spielen, Förderungsmaßnahmen jeglicher Art etc.). **Neutrale Zeugen,** die bestätigen können, daß der andere Elternteil sich nicht oder nur wenig um das Kind gekümmert hat, oder nicht erziehungsgeeignet ist, können veranlaßt werden, entsprechende eidesstattliche Versicherungen zur Vorlage bei Gericht abzugeben.

2. Vereinbarungsmöglichkeiten

64 Die Eltern können nicht selbst eine Regelung der elterlichen Sorge treffen, weil die elterliche Sorge nicht zur Disposition der Parteien steht, sondern die Ehegatten können nur einen **übereinstimmenden Vorschlag** an das Familiengericht machen. An diesen Vorschlag der Eltern ist das Familiengericht dann gebunden, wenn der gemeinsame Vorschlag einen zulässigen Inhalt hat und das Wohl des Kindes keine abweichende Regelung erfordert, und wenn auch das über vierzehn Jahre alte Kind keinen abweichenden Vorschlag unterbreitet. Für einen übereinstimmenden Vorschlag reicht es aus, wenn die Eltern unabhänig

voneinander je einen inhaltsgleichen Vorschlag dem Familiengericht machen. Die Frage, inwieweit die Eltern selbst an ihren übereinstimmenden Vorschlag **gebunden** sind, ist umstritten. Überwiegend wird der gemeinsame Vorschlag als **bindender Vertrag** angesehen. Die Bindungswirkung kann danach nur aufgehoben werden, wenn der gemeinsame Vorschlag übereinstimmend widerrufen wird, oder durch Anfechtung gem. §§ 119, 123 BGB oder nach den Grundsätzen über das Fehlen oder den Wegfall der Geschäftsgrundlage. Zunehmend wird aber die Auffassung vertreten, daß sich der Vertragscharakter des übereinstimmenden Vorschlags und die Bindung der Eltern nicht rechtfertigen läßt (vgl. *Johannsen/Henrich/Jaeger,* Rdnrn. 55ff. zu § 1671 BGB m.w.Nachw.). Nach dieser Meinung ist eine Bindung der Eltern an einen früheren übereinstimmenden Vorschlag abzulehnen mit der Folge, daß der **einseitige Widerruf** bis zur Entscheidung in der letzten Tatsacheninstanz als stets zulässig angesehen wird. Bei einem einseitigen Widerruf hat danach das Familiengericht die volle Kindeswohlprüfung gemäß § 1671 II BGB durchzuführen.

Zulässiger Inhalt des übereinstimmenden Vorschlags: Der Vorschlag der El- **65**
tern muß klar und eindeutig erkennen lassen, für welches Kind die elterliche Sorge dem einen oder anderen Elternteil übertragen werden soll oder ob die Eltern die Sorge gemeinsam wahrnehmen wollen. Voraussetzung für die Zulässigkeit des Vorschlags ist stets, daß er eine **zulässige gerichtliche Regelung** betrifft. Als unzulässig wird in der Rechtsprechung insbesondere der Fall angesehen, daß die Personensorge auf einen Elternteil übertragen wurde, das Kind aber ohne zeitliche Begrenzung bei dem anderen Elternteil verbleiben oder sich ganz überwiegend, z.B. in der Woche von Montag bis Freitag, bei dem anderen Elternteil aufhalten soll; denn eine solche Regelung würde bedeuten, daß der letztere zwar nur die tatsächliche Personensorge ausüben, in Wahrheit aber die Erziehung und Versorgung des Kindes maßgebend beeinflussen würde (unzulässige Vorschläge sind dargestellt bei *Johannsen/Henrich/Jaeger,* Rdnrn. 61ff. zu § 1671 BGB; s. auch *Göppinger,* Vereinbarungen, Rdnrn. 600ff.; zum gemeinsamen Sorgerecht nach der Scheidung s. *Luthin,* Gemeinsames Sorgerecht nach der Scheidung, S. 63ff.).

3. Vorläufiger Rechtsschutz und Eilmaßnahmen

Einstweilige Anordnungen sind sowohl innerhalb eines Verfahrens in Ehesa- **66**
chen als auch außerhalb eines solchen Verfahrens möglich. Das Verfahren wird durch die Vorschriften der §§ 620–620g ZPO bestimmt. Im einstweiligen Anordnungsverfahren muß nicht die elterliche Sorge insgesamt geregelt werden, sondern der Antrag kann sich auch auf **Teilregelungen** beschränken. Der Maßstab für die Entscheidung ist wie im Fall des § 1672 BGB auch bei der einstweiligen Anordnung das **Wohl des Kindes.** Das Kind, die Eltern und das Jugendamt sind, soweit wie möglich, vorher anzuhören, §§ 50a, b FGG, 48a JWG; auf jeden Fall ist eine unverzügliche Nachholung der Anhörung geboten. Anders als bei der Endentscheidung ist es möglich, daß durch die einstweilige Anordnung lediglich das **Aufenhaltsbestimmungsrecht** einem Elternteil oder Vormund übertragen wird. Ebenso kann das Gericht gegenüber den Eltern Gebote und Verbote aussprechen oder einem Elternteil ein bestimmtes Verhalten aufgeben.

4. Sorgerechtsregelung bei Getrenntleben der Eltern, § 1672 BGB

Voraussetzung ist, daß die Eltern getrennt leben im Sinne von § 1567 I BGB. **67**
Das Gesetz verlangt neben dem Antrag **kein besonderes Rechtsschutzbedürf-**

nis für eine schon vor der Ehescheidung zu treffende Sorgerechtsregelung. Bei einer Entscheidung nach § 1672 BGB ist es unzulässig, die Entscheidung auf das Aufenthaltsbestimmungsrecht zu beschränken (anders als bei der einstweiligen Anordnung). Zur **Geltungsdauer** einer Entscheidung nach § 1672 ist zu beachten, daß die Sorgerechtsentscheidung aufgehoben werden muß, wenn die Eltern die eheliche Lebensgemeinschaft wieder herstellen; die Sorgerechtsentscheidung tritt nicht von selbst außer Kraft. Die Entscheidung nach § 1672 BGB verliert jedoch ihre **Wirksamkeit,** ohne daß es einer ausdrücklichen Aufhebung bedarf, sobald anläßlich der Scheidung der Ehe eine Sorgerechtsentscheidung nach § 1671 BGB in Kraft tritt. Solange die Personensorge für ein gemeinsames Kind nach der Trennung der Eltern voneinander noch nicht geregelt worden ist, ermächtigt § 1629 II 2 BGB denjenigen Elternteil, in dessen Obhut sich das Kind befindet, dessen **Unterhaltsansprüche** gegen den anderen Elternteil geltend zu machen; dieser ist von der Vertretung des Kindes insoweit ausgeschlossen.

5. Sorgerechtsentscheidung bei Scheidung der Elternehe, § 1671 BGB

68 Das Verfahren folgt im Rahmen des § 621a ZPO dem **FGG.** Nach § 1671 II BGB trifft das Gericht die Regelung, die dem **Wohle des Kindes** am besten entspricht; hierbei sind die **Bindungen** des Kindes, insbesondere an seine Eltern und Geschwister zu berücksichtigen.

Ein **gemeinschaftliches** Kind i. S. v. § 1671 BGB ist auch das durch Elternheirat legitimierte Kind i. S. v. § 1719 BGB sowie das von beiden Ehegatten gemeinsam adoptierte und das von einem Ehegatten adoptierte Kind des anderen Ehegatten; nicht jedoch das einbenannte nichteheliche Kind der Ehefrau.

6. Entscheidungskriterien

69 **a) Übereinstimmender Vorschlag der Eltern.** Machen die Eltern einen übereinstimmenden und inhaltlich zulässigen Vorschlag über die Zuteilung des Sorgerechts, dann darf das Gericht nur abweichen, wenn dies zum Wohl des Kindes erforderlich ist, § 1671 III BGB. Die Bindung an den Vorschlag der Eltern wird dann aufgehoben, wenn ein Kind, welches das vierzehnte Lebensjahr vollendet hat, einen abweichenden Vorschlag macht, § 1671 III 2 BGB.

70 **b) Das Kindeswohl.** Liegt kein gemeinsamer Vorschlag der Eltern vor oder ist das Gericht nicht an ihn gebunden (weil der Wille des Kindes entgegensteht oder er einen unzulässigen Inhalt hat), so ist die Regelung zu treffen, die dem **Wohl des Kindes** am besten entspricht, § 1671 II BGB. Hierbei sind die Bindungen des Kindes, insbesondere an seine Eltern und Geschwister, zu berücksichtigen. Die Entscheidung nach dem Kindeswohl bedeutet oft eine unlösbare Aufgabe. **Orientierungsmaßstab** für diejenigen Lebensaspekte, die das Kindeswohl beeinflussen, sollen das Recht eines jeden Kindes auf Erziehung zur leiblichen, seelischen und gesellschaftlichen Tüchtigkeit sein. Weiter muß gewährleistet sein, daß das Kind nicht nur später einmal ein tüchtiger Erwachsener wird, sondern daß das Kind sich auch in der Gegenwart wohlfühlen soll. Außer dem Erziehungsmoment müssen daher die stetige Liebe und Fürsorge der sorgeberechtigten Person gewährleistet sein, so daß sichergestellt ist, daß sich das Kind geborgen fühlt und angstfreie Beziehungen aufbauen kann. Die **Prognose** des Richters über das künftige Eltern- und Kindesverhalten, über die Entwicklung der äußeren und inneren Bindungen der Erziehung steht auf schwankendem

Boden, so daß, wenn beide Elternteile das Kind wollen und beide mit dem Kind ein normal-intaktes Verhältnis verbindet, die Erholung eines fachpsychologischen **Sachverständigengutachtens** beantragt werden soll.

c) Weiterhin soll ein Sachvortrag zur **Erziehungsgeeignetheit** des Elternteils, der das Sorgerecht beansprucht, erfolgen; wer nämlich schlechthin erziehungsungeeignet ist, kann das Sorgerecht nicht erhalten. Im übrigen kann ein stärkeres Defizit in der Erziehungseignung durch entsprechende stärkere Bindungen des Kindes aufgewogen werden. **71**

d) Nach dem **Förderungsprinzip** soll das Sorgerecht auf denjenigen Elternteil übertragen werden, der nach seiner Persönlichkeit, seiner Beziehung zum Kind und nach den äußeren Verhältnissen eher in der Lage erscheint, das Kind zu betreuen und seine seelische und geistige Entfaltung zu begünstigen. Um dies beurteilen zu können, müssen die Lebensverhältnisse beider Elternteile umfassend dargelegt und gegeneinander abgewogen werden, wobei insbesondere die Persönlichkeit der Eltern einschließlich ihres Charakters, ihre erzieherische Eignung und ihre Einstellung zum Kind und der Grad ihrer inneren Bereitschaft, das Kind – auch unter Aufopferung eigener Interessen – zu versorgen von besonderer Bedeutung sind. Ferner ist auf die wirtschaftliche Situation einschließlich der **Wohnverhältnisse** sowie die objektive Möglichkeit der Unterbringung und Betreuung des Kindes abzustellen. **72**

e) Ein nur biologisch, „von der Natur her" oder aus der allgemeinen Lebenserfahrung abgeleiteter **Muttervorrang,** der früher als ungeschriebene Regel, zumindest für Kleinkinder, gegolten hat, wird inzwischen fast allgemein abgelehnt. **73**

f) Negative Persönlichkeitsmerkmale wie überdurchschnittliche Aggressivität, Unduldsamkeit oder seelische Labilität, charakterlich bedingte Unzuverlässigkeit oder ausgeprägte Unselbständigkeit in Denken und Handeln sind ebenso zu beachten, wie wenn ein Elternteil zu Gewalttätigkeiten neigt oder gar in die Kriminalität abgeglitten ist.

g) Lebt der potentiell sorgeberechtigte Elternteil in eheähnlicher Gemeinschaft mit einem anderen Partner, ist auch die Beziehung des **neuen Lebensgefährten** des Elternteils zum Kind sorgsam in jeder Hinsicht darauf zu überprüfen, ob sie dem Kindeswohl zu- oder abträglich ist.

h) Eheverfehlungen sind insofern beachtlich, als diese zugleich eine Verletzung der Elternpflicht darstellen, wobei zu überprüfen ist, ob die Pflichtverletzung ihren wesentlichen Grund in der ehelichen Situation hatte, so daß sie für die Ausübung der elterlichen Sorge nach der Ehescheidung bedeutungslos ist.

i) Als weiteres besonders wichtiges Kriterium für das Kindeswohl ist das **Kontinuitätsprinzip** anerkannt. Es soll möglichst diejenige Regelung getroffen werden, die weniger tief in die gewachsenen personalen Bindungen des Kindes zu einer hauptsächlichen Bezugsperson und seiner sozialen Umwelt eingreift. Nach dem **Kontinuitätsinteresse** ist diejenige Sorgerechtsregelung zu treffen, die die **Einheitlichkeit, Gleichmäßigkeit und Stabilität der Erziehungsverhältnisse** gewährleistet oder am wenigsten stört. Entscheidend ist dabei darauf abzustellen, ob der betreuende Elternteil dem Kind eine gleichmäßige Entwicklung, Geborgenheit und konsequente Erziehung vermittelt hat und enge gefühlsmäßige Bindungen im Kind hat entstehen lassen. **74**

75 **j)** Die **Bindungen** des Kindes sind in besonderem Maße zu berücksichtigen, weil der Übergang zur unvollständigen Familie nur mit einem Elternteil für das Kind dann am wenigsten schädlich ist, wenn seine Bindungen möglichst wenig beeinträchtigt werden. Nach den derzeit vorhandenen kinderpsychologischen und kinderpsychiatrischen Erkenntnissen ist es für die gedeihliche Entwicklung eines Kindes, gerade auch eines Kleinkindes, aber nicht erforderlich, daß es eine einzelne Hauptbezugsperson gibt, zu der dann die engsten emotionalen Beziehungen erwachsen; gleichwertig sind das Entstehen und der Bestand gleich starker gefühlsmäßiger Bindungen zu mehreren Betreuungspersonen. Als gesicherte Erkenntnis muß angesehen werden, daß der Lebensabschnitt zwischen dem vollendeten sechsten Lebensmonat und dem vollendeten dritten Lebensjahr als **besonders trennungsempfindlich** gilt und um diese Zeit ein Wechsel der primären Betreuungsperson ein ganz erhebliches Risiko für die weitere geistig-seelische Entwicklung des Kindes darstellt (vgl. *Johannsen/Henrich/Jaeger,* Rdnr. 39 zu § 1671 BGB m. w. Nachw.). Die Bindung des Kindes richtet sich nicht danach, welcher Elternteil insgesamt die längere Zeitdauer an Betreuung gewährleistet hat; wichtiger ist die **emotionale Intensität** (Qualität) der Bindung, die dem Zeitmoment nicht unbedingt entsprechen muß.

76 **k)** Auch die Bindungen des Kindes zu anderen Personen, insbesondere den **Großeltern,** müssen beachtet werden, insbesondere dann, was nicht selten der Fall ist, wenn die Großmutter faktisch und psychologisch die Rolle der „Mutter" eingenommen hat. In diesem Fall kann es für die gedeihliche seelische und geistige Entwicklung, insbesondere im Kleinkindalter, wichtiger sein, daß die großmütterliche Bindungs- und Erziehungskontinuität fortdauert; dieses Fortdauern kann für das Kind wichtiger sein als die Chance, in Zukunft von der biologischen Mutter voll betreut zu werden.

7. Regelungsmöglichkeiten

77 Aufgrund der §§ 1671, 1672 BGB bestehen folgende Möglichkeiten zur Regelung der elterlichen Sorge:

a) Der Regelfall ist, daß die gesamte elterliche Sorge auf **einen Elternteil** übertragen wird, § 1671 I BGB.

78 **b)** In seltenen Fällen wird die elterliche Sorge nach der Scheidung **beiden Elternteilen gemeinsam** zur Ausübung überlassen. Das gemeinsame Sorgerecht muß eine Ausnahmeerscheinung bleiben. Anlaß, es zum Regelfall hochzustilisieren, besteht nicht. Es ist nämlich nach dem gegenwärtigen Erkenntnisstand für die Masse der Sorgerechtsfälle ungeeignet, weil es ein erhebliches Maß an Kooperationsbereitschaft und Kooperationsfähigkeit der Eltern erfordert. Dies liegt in der Regel nur bei einem gehobenen intelektuellen Niveau der Eltern vor. Nach der Rechtsprechung ist das Belassen der gemeinsamen elterlichen Sorge nach der Scheidung an vier **Voraussetzungen** geknüpft (so *Luthin,* Gemeinsames Sorgerecht nach der Scheidung, S. 63ff. m. w. Nachw.):

79 – Die Eltern sind gewillt, die gemeinschaftliche Verantwortung für ihr Kind nach der Scheidung weiterhin zu tragen. Für die Feststellung dieses gemeinsamen Willens ist es unbedingt erforderlich, daß die Eltern einen **übereinstimmenden Vorschlag** auf die Übertragung der gemeinsamen elterlichen Sorge machen.

- **Beide Eltern** sind nach der Scheidung **voll erziehungsfähig.** Das bedeutet, daß jeder Elternteil unter Berücksichtigung der eigenen Lebensverhältnisse, insbesondere Beruf, Wohnort und einer eventuellen neuen Familie nach der Scheidung eine hinreichende tatsächliche Möglichkeit haben muß, selbst seinen **erzieherischen Einfluß** auf das Kind auszuüben, also über längere Zeiträume hinweg oder für kurze, aber häufig wiederkehrende Zeiträume mit dem Kind zusammen zu sein; in der Regel kann also die gemeinsame elterliche Sorge nicht angeordnet werden, wenn die räumliche Entfernung zwischen dem vorgesehenen Hauptwohnsitz des Kindes und dem anderen Elternteil zu groß ist, als daß ein regelmäßiger unmittelbarer persönlicher Kontakt zwischen beiden stattfinden könnte. **80**
- Es dürfen **keine Gründe** vorliegen, die im Interesse des Kindeswohls die Übertragung des Sorgerechts auf **einen** Elternteil angezeigt erscheinen lassen. Nach der Rechtsprechung des *BVerfG* (FamRZ 1982, 1179ff.) ist es bei der richterlichen Entscheidungsfindung für das Belassen gemeinsamer elterlicher Sorge nach der Scheidung notwendig, daß der Richter die Überzeugung gewinnt, daß die Ehegatten die Pflege und Erziehung ihres Kindes weiterhin, wenn auch in einer durch die Scheidung modifizierten Form, gemeinschaftlich zum Wohl des Kindes wahrnehmen können. **81**
- Es muß ausgeschlossen werden können, daß der Vorschlag auf Übertragung des gemeinsamen Sorgerechts lediglich als Weg des geringeren Widerstands beschritten wird. Eine **Mißbrauchsgefahr** muß auch insoweit ausgeschlossen sein, daß nicht der wirtschaftlich überlegene, an der Übernahme der Alleinsorge aber gehinderte Elternteil den anderen unter Druck setzt. Das Familiengericht hat hier die Aufgabe, eine manipulierte Sorgerechtsentscheidung zu vermeiden. Die **anwaltliche Beratung** muß bei einem Vorschlag auf Übertragung des gemeinsamen Sorgerechts besonders gründlich sein. Bei Zweifeln an der inneren Bereitschaft der Eltern zur gemeinsamen Sorge sollte in der Regel ein kinderpsychologisches **Sachverständigengutachten** beantragt werden. Gleichzeitig sollte dem Gericht dargelegt werden, daß die Eltern einen **realistischen Plan** über die künftige tatsächliche Ausübung der gemeinsamen Sorge haben, wobei auch die Gemeinsamkeiten in den Erziehungsvorstellungen und Erziehungszielen der Eltern zum Ausdruck gebracht werden müssen. **82**

Das Gericht kann die elterliche Sorge ganz oder teilweise beiden Elternteilen **gemeinsam belassen,** wenn die Eltern dies **übereinstimmend vorschlagen.** Der Vorschlag **muß** Angaben darüber enthalten, **in welcher Weise** die Eltern die elterliche Sorge gemeinsam ausüben und mit dem Kind persönlich verkehren sollen. Der Vorschlag **soll** eine Einigung der Eltern über die **Regelung der Unterhaltspflicht** gegenüber dem Kind sowie die durch die Ehe begründete gesetzliche Unterhaltspflicht (Ehegattenunterhalt) sowie die Rechtsverhältnisse an der Ehewohnung (und am Hausrat) enthalten.

Mit dem Vorschlag, das Sorgerecht den Eltern gemeinsam zu belassen, sollen die Eltern dem Gericht möglichst eine **Vereinbarung** über die weiteren Folgen des gemeinsamen Sorgerechts vorlegen. Die mit der **Gesamtvertretung** gemäß § 1629 I 2 BGB verbundenen Schwierigkeiten und Unbequemlichkeiten lassen sich – wie bei Bestehen der Ehe – in Grenzen halten: Jeder Elternteil kann den anderen für Einzelbereiche ermächtigen, allein zu handeln. Wenn ein Elternteil die tatsächliche Sorge für das Kind überwiegend allein ausüben soll, empfiehlt sich, daß ihm der andere von vorneherein **Vollmachten** für wichtigere Geschäf- **83** te (ärztliche Behandlung, Bankverkehr u. ä.) erteilt. Die **wechselseitige Alleinvertretungsvollmacht** ist insbesondere für Eilfälle sowie für alltägliche Angelegenheiten notwendig.

Der Anwalt muß also darauf hinwirken, daß, wenn dem Gericht ein übereinstimmender Vorschlag zur gemeinsamen elterlichen Sorge unterbreitet werden soll, gleichzeitig Vereinbarungen über den **ständigen Aufenthaltsort,** die Besuche und den Unterhalt des Kindes getroffen werden und daß Regeln und Vollmachten für Notfälle und Nichterreichbarkeit des anderen Elternteils schriftlich fixiert werden. Schließlich ist eine Regelung für den Fall zu treffen, daß sich die Eltern in einem wichtigen Punkt nicht einigen können. Beim **Tod eines Elternteils** fällt die sorgerechtliche Alleinzuständigkeit in entsprechender Anwendung von § 1681 I 1 BGB dem überlebenden Elternteil von selbst zu; eines Übertragungsaktes durch das Vormundschaftsgericht bedarf es nicht.

84 **c) Übertragung von Personen- und Vermögenssorge auf einen Vormund oder Pfleger.** Gemäß § 1671 V BGB kann die Personensorge und die Vermögenssorge auch auf einen Vormund oder Pfleger übertragen werden. Die Trennung eines Kindes von seiner Familie kommt nur in Betracht, wenn sie erforderlich ist, um eine **Gefahr** für das Wohl oder für das Vermögen des Kindes abzuwenden; es müssen die strengen Anforderungen wie in §§ 1666, 1666a und 1667 BGB vorliegen. Der Grundsatz der **Verhältnismäßigkeit** muß strikt gewahrt werden, zumal es sich hierbei um den stärksten Eingriff in das Elternrecht handelt.

85 Die Anwendung des Abs. 5 kommt in Betracht, wenn festgestellt werden muß, daß beide Eltern objektiv bei der Erfüllung der Aufgabe, die Interessen des Kindes zu wahren und zu fördern, versagen und demzufolge eine erhebliche Schädigung des körperlichen, geistigen oder seelischen Wohls des Kindes oder seiner Vermögensinteressen mit ziemlicher Sicherheit vorauszusehen ist oder wenn das Kind bei einer ausschließlichen **Drittbetreuung** (z. B. durch Großeltern, Pflegeeltern) eine so starke innere Bindung zur Pflegeperson hat, daß es infolge eines abrupten Herausreißens aus dieser Bindung und Pflege voraussichtlich in seiner Erziehung und psychischen Entwicklung nachhaltig, zumindest aber für einen längeren Zeitraum, geschädigt werden würde.

86 **d)** Gemäß § 1671 IV 2 BGB kann die **Personensorge** auf einen Elternteil und die **Vermögenssorge** auf den anderen Elternteil ganz oder teilweise übertragen werden. Anders als die Personensorge, die zwischen den Eltern unteilbar ist, ist die Vermögenssorge teilbar.

87 Eine **Alternative** zur Anordnung der Vormundschaft ist auch die Belassung der elterlichen Sorge bei einem Elternteil, verbunden mit einer **Erziehungsbeistandschaft** gemäß §§ 55, 57 JWG. Die Anordnung einer **Aufsichtspflegschaft** durch das Familiengericht kommt in Betracht, wenn sich die Verhältnisse bei einem alkoholgefährdeten Elternteil zu stabilisieren beginnen; Aufsichtspflegschaft bedeutet, daß die tatsächliche Pflege und Erziehung des Kindes einem Elternteil belassen wird und daß dem Pfleger die Befugnis zur Überwachung und zum jederzeitigen Eingreifen, wenn die Kindesinteressen es erfordern, übertragen wird. **Zuständig für die Anordnung** der Vormundschaft oder Pflegschaft ist das Familiengericht; die Auswahl und Bestellung des Vormunds oder Pflegers obliegen jedoch dem Vormundschaftsgericht.

8. Anhörungspflichten

Die erforderliche persönliche Anhörung der **Eltern** in Sorgerechtsverfahren ist in § 50a, die Verpflichtung zur persönlichen Anhörung des **Kindes** in Sorgerechtsverfahren in § 50b und die Anhörung der Pflegeperson in Personensorgerechtsverfahren in § 50c FGG geregelt. Die Verpflichtung zur Anhörung des Jugendamtes ergibt sich aus § 48a JWG. **88**

9. Sachverständigengutachten

Beantragen beide Elternteile die Übertragung des Sorgerechts jeweils auf sich **89**
und läßt sich auch nach der Anhörung des Kindes durch den Richter eine Einigung nicht erzielen, empfiehlt es sich meist, daß der Anwalt die Erholung eines **familienpsychologischen Gutachtens** beantragt. Die Einschaltung eines qualifizierten Sachverständigen stellt für die Eltern in der Regel eine Chance dar, daß ihnen bei der Bewältigung der schwierigen Situation eine Hilfe gegeben wird und daß ihnen durch das Gutachten Wege zur Lösung und Verarbeitung des Konfliktes aufgezeigt werden, die sie ohne Gesichtsverlust beschreiten können. Die **Verwertbarkeit des Gutachtens** setzt folgendes voraus (so zutreffend *Günther/Hein,* S. 155): „Das Gutachten des Sachverständigen ist nur verwertbar, wenn es **verständlich, objektiv** und **nachvollziehbar** ist. Objektivität zählt zu den Grundpflichten des Sachverständigen wie des Richters. Probantenbezogene Abwehrhaltungen (z. B. Vorwürfe, Verdächtigungen, abwertende Bemerkungen) und die unzulässige Übernahme von Prozeßrollen können die Besorgnis der Befangenheit begründen und damit zur Ablehnung führen (§§ 15 I FGG, 406 I, 42 II ZPO). Nachvollziehbarkeit bedeutet **Nachprüfbarkeit.** Aus dem Gutachten müssen sich die Anworten auf folgende Fragen ablesen lassen: Auf welchen Untersuchungsmethoden beruhen welche Schlußfolgerungen? Welche Gesprächsinhalte und Einzelbeobachtungen haben welchen Einfluß auf das Untersuchungsergebnis gehabt? Welche eigenen Tatsachenermittlungen hat der Sachverständige durchgeführt? Ein qualifiziertes Gutachten setzt auf seiten des Sachverständigen umfassende Sach- und Methodenkenntnisse, die Fähigkeit zu gründlicher wissenschaftlicher Arbeit und eine hinreichende Erfahrung voraus. Das Kennzeichen eines guten Sachverständigengutachtens ist seine Stimmigkeit ..."

10. Prozeßrechtliche Besonderheiten

a) Ist eine Scheidungssache **nicht anhängig** und leben die Eltern nicht nur **90**
vorübergehend getrennt und stellt ein Elternteil Antrag auf Regelung der elterlichen Sorge (Fall des § 1672 BGB), besteht **kein Anwaltszwang.** Die sachliche **Zuständigkeit** des Familiengerichts ergibt sich aus §§ 1672 BGB, 23b I 2 GVG, 621 I 1 ZPO und 64a I FGG; die örtliche Zuständigkeit ergibt sich aus § 621 II ZPO. In diesem Zusammenhang kommt der Rechtsprechung zum etwaigen **Doppelwohnsitz** ehelicher Kinder eine erhöhte Bedeutung zu. Nach § 11 S. 1 BGB teilt ein minderjähriges eheliches Kind den Wohnsitz der Eltern. Haben gesamtvertretungsberechtigte (§ 1626 BGB) Eltern getrennte Wohnsitze, so erhalten die Kinder einen von beiden Eltern abgeleiteten Doppelwohnsitz. Damit kommt nach §§ 43 I, 36 I FGG die Zuständigkeit beider Wohnsitzgerichte in Betracht. Unter mehreren zuständigen Gerichten gebührt nach § 4 FGG demje-

nigen der Vorzug, das **zeitlich zuerst** in der Sache tätig geworden ist. Notfalls ergeht Entscheidung nach § 5 FGG.

91 **b)** Ist eine Scheidungssache **anhängig** (Fall des § 1671 BGB), ist die Sorgerechtsregelung von Amts wegen zu treffen. Es besteht **Anwaltszwang.** Die Verhandlung ist **nicht öffentlich,** § 170 GVG. Die Entscheidung ist in der Regel im Verbund nach §§ 623, 629, 629d ZPO zu treffen. Die Entscheidung über die Sorgerechtsregelung ergeht im Scheidungsurteil; sie wird erst mit Rechtskraft des Scheidungsurteils wirksam. Wird der Scheidungsantrag abgewiesen, so wird die Sorgerechtsregelung gegenstandslos.

11. Abänderung von Sorgerechtsentscheidungen

92 Das Familiengericht kann während der Dauer der elterlichen Sorge seine Anordnungen jederzeit ändern, wenn es dies im Interesse des Kindes für angezeigt hält, § 1696 I BGB. Die Abänderung setzt voraus, daß entweder die tatsächlichen Verhältnisse sich geändert haben oder daß Umstände zutage getreten sind, die zu einer anderen Beurteilung des der früheren Regelung zugrundegelegten Sachverhalts nötigen. **Zuständig** ist gem. §§ 621, 621a ZPO, 64a FGG, 43 I 2 FGG das Wohnsitzgericht (Familiengericht) des Kindes zur Zeit der Stellung des Abänderungsantrages. Das Abänderungsverfahren ist ein selbständiges Verfahren, nicht die Fortsetzung des bisherigen Verfahrens. Die **Anhörungsvorschriften** der §§ 50a–50c FGG und 48a JWG sind zu beachten. Maßgebend für eine Abänderung ist ausschließlich das **Kindeswohl,** so daß die Änderung weder mit dem Interesse eines beteiligten Elternteils noch mit einem entsprechenden Wunsch des Kindes begründet werden kann.

93 Es muß sich um triftige, das **Kindeswohl nachhaltig berührende Gründe** handeln. Das Interesse einer ruhigen, stetigen Entwicklung des Kindes gebietet zurückhaltende Anwendung der Vorschrift des § 1696 BGB; die Gründe, die für eine Abänderung sprechen, müssen mindestens so erheblich sein, daß ihnen gegenüber der Erziehungskontinuität größeres Gewicht zukommt. Das Interesse des Kindes spricht regelmäßig gegen eine Änderung. Sie kommt nur in Betracht, wenn sie zum Wohl des Kindes **erforderlich** ist. Der Hauptanwendungsfall des § 1696 ist der Fall, daß die Abänderung dem Wunsch beider Eltern und dem Wunsch des Kindes entspricht und die gewünschte Abänderung bereits seit **längerer Zeit** praktiziert worden ist.

V. Regelung des Umgangs eines Elternteils mit dem ehelichen Kind

1. Vorbereitende Maßnahmen

94 Der Mandant, der ein Umgangsrecht mit dem ehelichen Kind wünscht, sollte sich rechtzeitig mit dem zuständigen Sachbearbeiter des **Jugendamtes** in Verbindung setzen (s. hierzu Rdnr. 61). Der Mandant ist dahin zu beraten, daß er in seinem **häuslichen Bereich** die optimalen äußeren Voraussetzungen für die Ausübung des Umgangsrechts zu schaffen hat, insbesondere, daß bei einer geplanten Übernachtung des Kindes ein eigenes Bett für das Kind zur Verfügung stehen muß. Den Interessen und Neigungen des Kindes entsprechendes Spielzeug (oder auch ein Tier) sollte rechtzeitig angeschafft werden, damit für das Kind genügend Anreize bestehen, sich auf die Besuchstage zu freuen. Hat der

umgangswillige Mandant nur beschränkte Zeiten zur Ausübung des Umgangsrechts zur Verfügung, muß er dem Anwalt rechtzeitig eine **Aufstellung** zur Verfügung stellen, an welchen Tagen und zu welchen Zeiten er uneingeschränkt für das Kind zur Verfügung stehen kann.

2. Vereinbarungsmöglichkeiten, gerichtliche Verbindlicherklärung

In der Regel empfiehlt es sich, zusammen mit dem übereinstimmenden Vor- **95**
schlag über die Regelung der elterlichen Sorge (§ 1671 III BGB) eine Vereinbarung über die Regelung des Umgangs, des Kontakts des nichtsorgeberechtigten Elternteils mit dem Kinde zu treffen. Diese Vereinbarung ist ohne gerichtliches Verfahren wirksam; die Eltern können also eine verbindliche Vereinbarung treffen. Treffen die Eltern keine Vereinbarung über die Umgangsregelung, so soll das Familiengericht eine Regelung des persönlichen Umgangs mit dem Kinde im allgemeinen nur anordnen, wenn ein Elternteil dies anregt.

Wird eine Vereinbarung getroffen, so kann ein Elternteil anregen, das Fami- **96**
liengericht möge eine der getroffenen Vereinbarung entsprechende Anordnung treffen. Ist die von den Eltern getroffene Regelung mit dem Wohl des Kindes vereinbar, so kann das Familiengericht diese Vereinbarung **als gerichtliche Entscheidung übernehmen,** also die Vereinbarung zwischen den Eltern gerichtlich für verbindlich erklären.

Die Eltern sollen bei einer Vereinbarung über die Umgangsregelung stets **97**
beachten, daß die Regelung dem Wohl des Kindes entsprechen muß, insbesondere muß das Alter und die Konstitution des Kindes berücksichtigt werden; ein **Kleinkind** wird in der Regel nur wenige Stunden an dem betreffenden Besuchstag mit dem nichtsorgeberechtigten Elternteil zusammen sein können, ein Kind in der Altersstufe, in der es den **Kindergarten** besucht, etwa einen ganzen Nachmittag bis zum frühen Abend, ein Kind im **schulpflichtigen Alter** von morgens bis abends, ab dem Alter von **8 Jahren** regelmäßig von Samstag vormittag bis Sonntag abend. In der Regel wird ein Besuchstag im Monat in Betracht kommen; doch können auch gegen zwei Besuchstermine im Monat nicht ohne weiteres Bedenken erhoben werden. Ab dem Alter von etwa 9 Jahren kommt dem **Willen des Kindes** bezüglich des Umfangs der Umgangsregelung ganz erhebliche Bedeutung zu. Schließlich entspricht es der Übung, daß an den hohen **Feiertagen** Ostern, Weihnachten und Pfingsten, jeweils am zweiten Feiertag das Kind beim nichtsorgeberechtigten Elternteil sich besuchsweise aufhält.

Sind aus der Ehe **mehrere Kinder** hervorgegangen und hat jeder Elternteil die elterliche Sorge über ein Kind oder mehrere Kinder inne, so wird es sich bei der Regelung des Umgangs zumeist empfehlen, daß die Geschwister während der Umgangszeit zusammen sein können, also nicht etwa in der gleichen Zeit „ausgetauscht" werden, es sei denn, daß die Geschwister sich nicht miteinander vertragen.

In der Vereinbarung sollen die **Einzelheiten** der Umgangsregelung genau festgelegt werden, insbesondere, an welchen Tagen das Umgangsrecht stattfinden soll und zu welcher Uhrzeit die Abholung und die Rückgabe des Kindes erfolgt. Zwecklos ist eine Regelung dahingehend, das Umgangsrecht soll **großzügig gehandhabt werden,** da sie zu unbestimmt und daher geeignet ist, zu Schwierigkeiten und Streitigkeiten zu führen.

Unzulässig und somit **unwirksam** ist eine Vereinbarung, die eine Regelung **98**
durch das Familiengericht ausschließt oder in welcher der umgangsberechtigte

Elternteil auf das Umgangsrecht **verzichtet,** da auf dieses Recht als solches nicht wirksam verzichtet werden kann. Allerdings besteht auch **keine Pflicht** zur Ausübung des Umgangsrechts. Als Verstoß gegen § 138 I BGB **unwirksam** ist eine Vereinbarung des Inhalts, daß der eine Elternteil auf die Ausübung des Umgangsrechts verzichtet und der andere ihn als Gegenleistung von Unterhaltsansprüchen des Kindes freistellt (*Göppinger,* Vereinbarungen, Rdnr. 626ff. im Anschluß an *BGH* FamRZ 1984, 778). In der Vereinbarung zur Umgangsregelung können die Eltern nicht die **Androhung eines Zwangsgeldes** für den Fall der Zuwiderhandlung festlegen; eine solche Androhung kann nämlich nur das Gericht aussprechen.

99 Die Vereinbarung einer **Vertragsstrafe** (§ 339 BGB) ist hier unzulässig, da es sich nicht um ein schuldrechtliches Rechtsverhältnis handelt und die Regelungen des § 33 FGG zwingendes Recht darstellen, das durch Vereinbarungen nicht ausgeschaltet werden kann. Die Vereinbarung über eine **Umgangsregelung** kann nur in der Weise **durchgesetzt werden,** daß ein Elternteil eine Entscheidung des Familiengerichts anregt und dieses ein Umgangsrecht anordnet, zugleich mit der Androhung von Zwangsgeld für den Fall der Zuwiderhandlung (§ 33 I 3 FGG), insbesondere gegen den sorgeberechtigten Elternteil, z. B. bezüglich der Anordnung, daß er das Kind an einem bestimmten Tag zu einem bestimmten Zeitpunkt abholbereit bereitzustellen hat.

100 Erweist sich die Vereinbarung über die Umgangsregelung als **undurchführbar** oder unwirksam und entsteht später zwischen den Eltern Streit über die Auslegung oder den Inhalt der Vereinbarung, so kann zur Entscheidung hierüber das Familiengericht angerufen werden, § 621 I 2 ZPO. Das gleiche gilt, wenn ein Elternteil der Auffassung ist, daß sich die Verhältnisse, welche die Grundlage der Vereinbarung dargestellt haben, geändert haben.

3. Vorläufiger Rechtsschutz und Eilmaßnahmen

101 Bei Anhängigkeit einer Ehesache oder eines Prozeßkostenhilfeverfahrens für eine solche Sache zwischen den Kindeseltern ist die **einstweilige Anordnung** Umgangsrecht gemäß § 620 S. 1 Nr. 2 ZPO zulässig. Bei Anhängigkeit eines **isolierten** Umgangsregelungsverfahrens gemäß § 1634 BGB ist die sog. **vorläufige Anordnung Umgangsregelung** das richtige Mittel zur vorläufigen Umgangsregelung. Der Umgang eines Elternteils mit dem Kind kann aus einem bestimmten Einzelanlaß durch **Einzelanordnungen** (z. B. Ferienbesuch), in einzelnen Teilbereichen (z. B. Briefkontakte, Besuche) oder in vollem Umfang (z. B. durch Bestimmung sämtlicher Besuchsmodalitäten) im Wege der einstweiligen Anordnung geregelt werden. Es kommen auch Einzelanordnungen in Form von Geboten und Verboten in der Weise in Betracht, daß z. B. einem Elternteil verboten wird, das Kind in das Ausland zu verbringen oder einem Elternteil auferlegt wird, Briefe oder Telefongespräche des Kindes mit dem Umgangsberechtigten zu ermöglichen.

Ein **gänzlicher Ausschluß des Umgangsrechts** ist im einstweiligen Anordnungsverfahren nicht zulässig. Möglich ist nur eine **Aussetzung** des Umgangs, wenn durch eine Einschränkung des Umgangs und dessen sachgerechte Ausgestaltung eine Gefährdung des Kindeswohls nicht verhindert werden kann (*BGH* FamRZ 1980, 131ff.; 1984, 1084; *Gießler,* Vorläufiger Rechtsschutz, Rdnrn. 1018ff.).

4. Inhalt der Umgangsregelung

Die **Einzelheiten** des persönlichen Umgangs mit dem Kinde sollen zur Vermeidung von Streitigkeiten und im Hinblick auf die Vollstreckung mit **größtmöglicher Genauigkeit** geregelt werden; neben der Dauer, dem Zeitpunkt und dem Ort des Umgangsrechts sollen insbesondere die Modalitäten der Hinführung des Kindes bei Beginn und der Rückführung beim Ende des jeweiligen Umgangs, aber auch die Frage des Ersatzes für einen ausgefallenen Umgangstag und zu den diesbezüglichen beiderseitigen Benachrichtigungspflichten möglichst in allen relevanten Einzelheiten festgelegt werden. 102

Bezüglich der Häufigkeit und Zeitdauer des Umgangsrechts ist bei **Kleinkindern** zu beachten, daß diese der psychischen Belastung einer längeren Trennung von ihrer Hauptbezugsperson und ihrer gewohnten Umgebung oft nicht gewachsen sind. Bei ihnen sollte der Abstand zwischen den Besuchen in der Regel nicht länger als zwei Wochen betragen, während die einzelnen Besuche selbst mit vier Stunden ausreichend bemessen sind. Sobald das **Kind** dem Kleinkindalter entwachsen ist, sollte zusätzlich ein **Sommerferien-Umgangsrecht** von ein bis höchstens drei Wochen gestattet werden; durch diesen Ferienbesuch wird erfahrungsgemäß das Verhältnis des Kindes zum Umgangsberechtigten entkrampft und normalisiert. Das Gesetz sieht **keine aktive Verpflichtung des Sorgeberechtigten** vor, an der Verwirklichung des Umgangsrechts mitzuwirken; bei einem besonders sensiblen Kind kann es jedoch aus psychischen Gründen zum Wohl des Kindes erforderlich sein, daß angeordnet wird, daß der sorgeberechtigte Elternteil das Kind zum Umgangsberechtigten hinbringt und der umgangsberechtigte Elternteil das Kind bei Beendigung des Umgangs zum sorgeberechtigten Elternteil zurückbringt. Soweit aber das Wohl des Kindes nicht ausnahmsweise eine derartige Regelung erfordert, ist es grundsätzlich **Aufgabe des Umgangsberechtigten,** das Kind abzuholen und zurückzubringen.

Der **Ort des persönlichen Zusammenseins** ist normalerweise die Wohnung des besuchsberechtigten Elternteils, auch wenn dieser inzwischen mit einem anderen Partner zusammenlebt oder eine neue Familie gegründet hat. Der sorgeberechtigte Elternteil kann nicht verlangen, daß der umgangsberechtigte Elternteil in der Wohnung des Sorgeberechtigten bleibt und mehr oder weniger unter Aufsicht einige freundliche Worte mit dem Kind wechselt und dann wieder geht. Das Kind soll den umgangsberechtigten Elternteil bei sich zu Hause erleben dürfen, um so die verwandtschaftlichen Beziehungen mit allen ihren individuellen Einzelheiten möglichst unbefangen erleben zu können. 103

Das Bestimmungsrecht hinsichtlich der **Anwesenheit dritter Personen** während der Ausübung des Umgangsrechts liegt grundsätzlich beim umgangsberechtigten Elternteil; grundsätzlich soll das Kind beim Umgang mit dem umgangsberechtigten Elternteil auch dessen soziales Umfeld kennenlernen; eine andere Anordnung kann das Gericht dann treffen, wenn die Anwesenheit einer dritten Person zu einer unzumutbaren psychischen Belastung für das Kind wird. Die Anwesenheit dritter Personen darf das Familiengericht nur in seltenen Ausnahmefällen anordnen, nämlich dann, wenn und soweit das Kindeswohl dies erfordert, was z. B. bei Säuglingen nach längerer Entfremdung vom Umgangsberechtigten in Betracht kommt, insbesondere aber bei **Entführungsgefahr.** Die Aufsichtsperson hat die Rechtsstellung eines Pflegers mit dem sich aus dem Anordnungszweck ergebenden Aufgabenkreis, man spricht hier vom **Überwa-** 104

chungspfleger. Nach §§ 48c, 52a JWG kann das Familiengericht auch das Jugendamt mit der Aufsicht betrauen.

5. Einschränkung und Ausschluß der Umgangsbefugnis

105 Gemäß § 1634 I BGB kann das Familiengericht das elterliche Umgangsrecht zeitweise oder dauernd ausschließen, wenn dies zum Wohl des Kindes erforderlich ist. Als Gründe für eine Einschränkung oder einen Ausschluß kommen in Betracht:
- Verfehlungen des Umgangsberechtigten gegenüber einem Kind, wie gravierende Mißhandlungen, sexueller Mißbrauch oder kriminelle Beeinflussung;
- Ausschweifender Lebenswandel;
- Trunksucht, Drogenabhängigkeit;
- Ansteckende Krankheit des Umgangsberechtigten;
- Fortgesetzte negative Beeinflussung des Kindes gegen den Sorgeberechtigten oder dessen nahe Angehörige;
- Ausnutzung des Umgangs zur erzieherischen oder sonstigen Beeinflussung des Kindes mit dem Ziel, das Sorgerecht übertragen zu bekommen;
- Fortgesetzter Mißbrauch der umgangsbedingten Begegnungen zu Beschimpfungen und Auseinandersetzungen mit dem sorgeberechtigten Elternteil vor dem Kind.

Dem **Willen des Kindes** kommt bei der Einschränkung oder beim Ausschluß des Umgangsrechts eine besonders wichtige Bedeutung zu.

6. Zwangsgeldandrohung

106 Das Familiengericht kann die von ihm angeordnete Umgangsregelung nach § 33 FGG zwangsweise durchsetzen mittels Verhängung von Zwangsgeld oder Anordnung unmittelbaren Zwanges (keine Verhängung von Haft oder Ersatzhaft!). Das Zwangsgeldfestsetzungsverfahren setzt eine **vollzugsfähige gerichtliche Verfügung** voraus, die eine alle Zweifel ausschließende Bestimmtheit haben muß. Diese muß genaue und erschöpfende Angaben über Art, Zeit und Ort des Umgangs enthalten. Zwangsgeld darf nur dann verhängt werden, wenn es zuvor **angedroht** worden war und der Elternteil gegen ein eindeutiges Verbot oder Gebot verstoßen hat. Ferner setzt die Verhängung des Zwangsgeldes **Verschulden** voraus. Das einzelne Zwangsgeld darf den Betrag von 1000 DM nicht übersteigen. Zulässig ist es, in dem Umgangsregelungsbeschluß zugleich die Androhung von Zwangsgeld oder von unmittelbarem Zwang nach § 33 FGG aufzunehmen. Das Zwangsgeld nach § 33 FGG stellt keine Sühne oder Buße für begangene Pflichtwidrigkeiten, sondern ausschließlich ein **Beugemittel** dar. Da das Zwangsgeld ein Beugemittel darstellt, kann es nicht mehr verhängt oder vollstreckt werden, wenn die Anordnung befolgt ist; wohl aber, falls weitere Zuwiderhandlungen gegen die zur Regelung des Umgangs getroffenen gerichtlichen Anordnungen zu befürchten sind.

7. Auskunftsrecht

107 Gemäß § 1634 III BGB kann ein Elternteil, dem das Personensorgerecht nicht zusteht, vom Sorgeberechtigten Auskunft über die persönlichen Verhältnisse des Kindes verlangen. Über Streitigkeiten, die das Auskunftsrecht betreffen, entscheidet das **Vormundschaftsgericht.** Der nichtsorgeberechtigte Elternteil

kann die Auskunftserteilung nur vom Personensorgeberechtigten beanspruchen. Er kann nicht die Zustimmung verlangen, daß er selbst Auskünfte von den das Kind behandelnden Ärzte, von der Schule oder vom Lehrherrn einholen kann. Allgemein anerkannt ist das Recht auf Übersendung von **Zeugnisabschriften** und – in größeren Zeitabständen von etwa einem halben Jahr – von **Fotographien** des Kindes.

8. Kosten der Ausübung des Umgangsrechts

Die Kosten des Umgangs sind allein vom **Umgangsberechtigten** zu tragen **108**
und berechtigen ihn in der Regel auch nicht, die Aufwendungen bei der Berechnung des Unterhaltsanspruchs des geschiedenen Ehegatten zu berücksichtigen, weil es sich insoweit um allgemeine Lebenshaltungskosten handelt. Bleibt das Kind allerdings längere Zeit außerhalb des Besuchsrechts beim nichtsorgeberechtigten Elternteil, kommt eine entsprechende Kürzung des Kindesunterhalts in Betracht, wobei dem sorgeberechtigten Elternteil auch dann zur Tragung der fixen Kosten mindestens ⅓ des Kindesunterhalts zusteht (vgl. *OLG Karlsruhe* FamRZ 1979, 327).

9. Prozeßrechtliche Besonderheiten

Zuständig für die Regelung des elterlichen Umgangsrechts ist das Familiengericht, § 1634 II BGB, 23b I Nr. 3 GVG; §§ 621 I 2, 621a I ZPO; § 64k III 2 FGG; die **örtliche Zuständigkeit** richtet sich nach § 621 II ZPO i. V. m. §§ 43 I, 36 I FGG, wonach außerhalb des Verbundverfahrens entscheidend der **Wohnsitz des Kindes** ist. **Zuständigkeitsvereinbarungen** sind im Bereich dieser Verfahren ausgeschlossen. Die Verhandlung über das Umgangsrecht ist **nichtöffentlich,** § 170 GVG. Die Entscheidung des Familiengerichts ergeht nur auf **Antrag** eines Ehegatten. Eine einmal getroffene Umgangsregelung kann nur unter den Voraussetzungen des § 1696 BGB **geändert werden.** **109**

VI. Herausgabe des Kindes an den anderen Elternteil

1. Vorbereitende Maßnahmen

Es gelten die Ausführungen zu den vorbereitenden Maßnahmen zur Regelung **110**
der elterlichen Sorge und zum Umgangsrecht (s. Rdnr. 64). Insbesondere müssen rechtzeitig die äußeren Voraussetzungen für die Aufnahme, Betreuung und Versorgung des Kindes geschaffen werden (eingerichtetes Kinderzimmer, Bett, Spielzeug etc.).

2. Vorläufiger Rechtsschutz und Eilmaßnahmen

Der sorgeberechtigte Elternteil kann die Herausgabe des Kindes von jedem, **111**
also auch vom anderen Elternteil, verlangen, der es ihm widerrechtlich vorenthält, § 1632 I BGB. **Herausgabeberechtigt** ist derjenige Elternteil, der aufgrund einer wirksamen, im Hauptsache- oder im einstweiligen Anordnungsverfahren ergangenen Sorgerechtsentscheidung das Sorgerecht oder zumindest das Aufenthaltsbestimmungsrecht hat. Bei **Anhängigkeit einer Ehesache** oder eines darauf gerichteten Prozeßkostenhilfeverfahrens kann vorläufiger Rechtsschutz durch den Antrag auf Erlaß einer **einstweiligen Anordnung Kindesherausgabe** gemäß § 620 S. 1 Nr. 3 ZPO erreicht werden; **ohne Anhängigkeit** einer Ehesa-

che kann vorläufiger Rechtsschutz dadurch erreicht werden, daß ein isoliertes familiengerichtliches Herausgabeverfahren eingeleitet wird gemäß § 23b I 4 GVG, § 621 I 3 ZPO mit dem Ziel, daß eine **vorläufige Anordnung** Kindesherausgabe beantragt wird. Gegen die aufgrund mündlicher Verhandlung ergangene einstweilige Anordnung Kindesherausgabe ist die **sofortige Beschwerde** gemäß § 620c S. 1 ZPO gegeben. Diese wird nicht dadurch unzulässig, daß das Kind (zur Abwendung einer Zwangsvollstreckung) zwischenzeitlich herausgegeben oder daß die Herausgabeanordnung vollstreckt worden ist, weil es alsdann um die Rückgabe des Kindes geht (*Gießler,* Vorläufiger Rechtsschutz, Rdnrn. 1034f.).

3. Vollstreckung

112 Die Anordnung des Familiengerichts zur Herausgabe des Kindes kann nach § 33 FGG vollzogen werden. Möglich ist also die Erzwingung der Herausgabe durch **Zwangsgeld** oder **Gewalt,** die gemäß § 33 II FGG jedoch eine besondere Verfügung des Gerichtes voraussetzt. Die Verhängung einer Ordnungsstrafe setzt Verschulden voraus; der vom Kind gegen die Herausgabe gerichtete Widerstand kann nicht im Wege der Zwangsvollstreckung gebrochen werden.

VII. Versorgungsausgleich

1. Vorbereitende Maßnahmen

113 Der Mandant ist über den **Grundgedanken** des Versorgungsausgleichs (s. Rdnr. 119) sowie über den **Endstichtag** (Zustellung des Scheidungsantrages) aufzuklären; verdient nämlich ein Partner sehr gut und der andere nichts, ist in Erwägung zu ziehen, ob im Hinblick auf den Versorgungsausgleich mit der Einreichung des Scheidungsantrages noch zugewartet werden soll. Zur Vorbereitung einer **Vereinbarung zum Versorgungsausgleich,** aber auch, um den Mandanten bezüglich des weiteren Verlaufs des Versorgungsausgleichsverfahrens besser beraten zu können, sollte von den Versicherungsträgern Auskunft über den bisherigen Versicherungsverlauf und über die Höhe für die bisherige Ehezeit zu berechnende Anwartschaft auf Altersruhegeld eingeholt werden (Vollmacht beifügen!). Liegt ein solcher Versicherungsverlauf bereits vor, kann dadurch die Dauer des Scheidungsverfahrens erheblich abgekürzt werden. Zusammen mit dem Scheidungsantrag oder mit der Erwiderung auf den Scheidungsantrag sind die **Bereiterklärungen** gemäß §§ 1304b I 3 RVO/83b I 3 AVG und §§ 1304a VI RVO/83a VI AVG abzugeben – andernfalls Haftungsrisiko! (s. Rdnr. 120).

114 Sobald vom Gericht nach Zustellung des Scheidungsantrages die Versorgungsausgleichsunterlagen dem Anwalt oder Mandanten zugegangen sind, empfiehlt es sich, folgendes **Anschreiben** zu übersenden:

In Ihrer Angelegenheit wegen Ehescheidung wurden mir zwischenzeitlich die Formulare zum Versorgungsausgleich zugesandt, die von uns innerhalb von drei Wochen ausgefüllt und unterzeichnet wieder an das Gericht zurückzuleiten sind.

Zur Bearbeitung der Versorgungsausgleichsformulare benötige ich folgende Unterlagen bzw. Angaben:

1) Rentenmäßiger Lebenslauf, in dem sämtliche Arbeitgeber, bei denen Sie nach Ihrer Schulzeit gearbeitet haben, mit genauen Anschriften und den genauen Zeiten, in denen Sie dort gearbeitet haben, enthalten sind.

2) Abschlußzeugnis der Schule, sofern Sie nach dem 16. Lebensjahr noch die Schule besucht haben.
3) Angabe der Zeiten der Arbeitslosigkeit unter Mitteilung, ob Sie in diesen Zeiten Arbeitslosengeld bezogen haben; ggf. Vorlage der Arbeitslosengeldbewilligungsbescheide.
4) Mitteilung, ob zu Ihren Gunsten bei einem früheren bzw. beim derzeitigen Arbeitgeber eine Betriebsrente besteht. Falls ja, ersuche ich um Bekanntgabe der Personalnummer.
5) Ich benötige sämtliche Versicherungskarten bzw. -nachweise.
6) Mitteilung, wo Sie geboren sind.
7) Haben Sie eine Lebensversicherung abgeschlossen, deren Auszahlung in Form einer Rente erfolgt, also bei der kein Wahlrecht zwischen Kapitalzahlung und Rentenzahlung besteht? Falls ja, ersuche ich um Angabe der Versicherung sowie der Versicherungsnummer.

Frau

8) Angaben darüber, ob und wann Sie in Mutterschutz waren. Hier ersuche ich ggf. um Übersendung einer Bescheinigung.
9) Haben Sie sich bei ihrer Heirat Rentenversicherungsbeiträge auszahlen lassen?

Mann

8) Angaben darüber, wann Sie ggf. Wehrdienst geleistet haben. Hier ersuche ich um Übersendung des Wehrpasses oder einer Wehrdienstbescheinigung.

In der Anlage übergebe ich eine Entgeltsbescheinigung, die von Ihrem derzeitigen Arbeitgeber auszufüllen und zu unterzeichnen und sodann so bald als möglich an mich zurückzuleiten ist.

Nach Eingang der vom Mandanten angeforderten Unterlagen und Auskünfte sollten für den Mandanten die vom Gericht übersandten Fragebögen ausgefüllt und diesem dann zur Prüfung der Vollständigkeit und Richtigkeit und Unterschrift zugeleitet werden. Die gute Scheidungskanzlei zeichnet sich nicht zuletzt dadurch aus, daß sie den Mandanten mit den **unübersichtlichen Fragebögen** zum Versorgungsausgleich nicht alleine läßt. Der **Anwalt,** der von Anfang an dafür Sorge trägt, daß rechtzeitig alle für den Versicherungsträger zur Auskunftserteilung notwendigen Unterlagen beigebracht werden, erspart sich überflüssige Schreibarbeiten und unzufriedene Mandanten. Denn häufig dauert ein Scheidungsverfahren nur deswegen so lange, weil die Versicherungsträger nicht von Anfang an mit den erforderlichen Unterlagen bedient werden, mit der Folge, daß häufige Rückfragen notwendig sind. Sobald die ausgefüllten **Fragebögen des Gegners** und die Auskünfte der Versorgungsträger vorliegen, sind diese an den Mandanten weiterzuleiten mit dem ausdrücklichen Hinweis, daß diese auf **Vollständigkeit und Richtigkeit** genau geprüft werden müssen. Es kommt immer wieder vor, daß vor allem Betriebsrenten oder Lebensversicherungen auf Rentenbasis von einer Partei nicht angegeben werden. 115

2. Vereinbarungsmöglichkeiten

Im Regelfall besteht kein Anlaß, statt des Renten- oder Quasi-Splitting die Begründung von Anwartschaften zugunsten des Berechtigten durch Beitragszahlung zu vereinbaren. Bezieht der Ausgleichspflichtige jedoch **bereits Altersruhegeld,** so ist die Wiederauffüllung seines Rentenkontos ausgeschlossen und die Ersetzung des Splitting durch die Entrichtung von Beiträgen sinnvoll, wenn beim Berechtigten noch kein Versicherungsfall eingetreten und auch nicht zu erwarten und die möglichst baldige Zahlung des Verpflichteten gesichert ist. Haben beide Ehegatten Anwartschaften auf eine künftige Versorgung erlangt, 116 die ungefähr gleichwertig sind, so können sie beiderseits auf einen **Versorgungsausgleich verzichten.** Bei Gleichwertigkeit i. S. von § 1587o II 4 BGB kann ein Ehegatte auf Versorgungs-, der andere auf Zugewinnausgleich verzichten. Ebenso kann ein gewisser Ausgleichsbetrag vereinbart werden. Eine Vereinbarung der Ehegatten ist oft sehr sinnvoll, wenn **tatsächliche oder rechtliche Zweifel** über Bestand, Umfang oder Bewertung einer Anwartschaft nicht vollständig zu beheben sind, z. B. ausländische gesetzliche Anwartschaften, vor allem aus kurzen Ehezeiten.

117 Nach **§ 1408 II BGB** können die Ehegatten in einem **Ehevertrag** durch eine ausdrückliche Vereinbarung den Versorgungsausgleich ausschließen. Der Ausschluß ist unwirksam, wenn innerhalb eines Jahres nach Vertragsschluß Antrag auf Scheidung der Ehe gestellt wird. Diese Sperrfrist dient zunächst im Verhältnis der Ehegatten zueinander dem Schutz desjenigen, der sich ahnungslos auf den Ausschluß des Versorgungsausgleichs zugunsten seines insgeheim scheidungswilligen Partners einläßt. Sie soll den Mißbrauch der eingeräumten Dispositionsfreiheit mit Rücksicht auf eine nahe Scheidung verhindern.

118 Ein Jahr vor dem Scheidungsantrag beginnt der Bereich der Scheidungsvereinbarung nach **§ 1587o BGB,** die über die richterliche **Genehmigungspflicht** der Inhaltskontrolle des Familiengerichts unterliegt. (Bezüglich der Einzelheiten wird verwiesen auf *Langenfeld,* Handbuch S. 131 ff. sowie auf *Göppinger,* Vereinbarungen S. 204 ff.)

3. Grundgedanke

119 Der Grundgedanke des Versorgungsausgleichs ist es, demjenigen Ehegatten, der während der Ehe die geringeren Aussichten und Anwartschaften auf eine zukünftige Versorgung erworben hat, bei Scheidung der Ehe den Anspruch auf die Hälfte der von beiden Ehepartnern während der Ehe erworbenen Versorgungsanwartschaften zu geben. Der wirtschaftlich schwächere Partner soll zur Absicherung seiner sozialen Situation eine eigenständige und ausbaufähige Absicherung für die Fälle des Alters, der Berufs- und der Erwerbsunfähigkeit erhalten. Die Arbeitsleistungen von Mann und Frau in der Ehe (Erwerbstätigkeit oder Haushaltsführung) sind gleichwertige Beiträge zum Familienunterhalt. Deshalb ist es auch gerechtfertigt, die in der Ehezeit erworbenen Versorgungswerte als Ergebnis einer partnerschaftlichen Versorgungsgemeinschaft beider Ehegatten anzusehen und im Falle der Scheidung gleichmäßig zwischen den Ehegatten aufzuteilen (*BVerfG* FamRZ 1986, 543, 547). **Ausgleichspflichtig** sind gemäß § 1587a BGB vor allem Renten aus der gesetzlichen Rentenversicherung, Beamtenpensionen, Ansprüche aus betrieblichen Altersversorgungen, anderer Versorgungsrenten, z. B. berufsständische Versorgungseinrichtungen und Ansprüche aus privaten Lebensversicherungen auf Rentenbasis. **Nicht auszugleichen** sind Anwartschaften oder Aussichten, die weder mit Hilfe des Vermögens noch durch Arbeit der Ehegatten begründet oder aufrechterhalten worden sind. Dies gilt insbesondere für Unfallrenten, Kriegsopferrenten und Schadensersatzansprüche. Diese Ansprüche verbleiben im Falle der Scheidung dem berechtigten Ehegatten alleine.

4. Abgabe der Bereiterklärung

120 Zur Vermeidung des sonst bestehenden **Haftungsrisikos** wird dem Rechtsanwalt dringend empfohlen, für den möglicherweise Ausgleichsverpflichteten

zum frühestmöglichen Zeitpunkt eine sog. **Bereiterklärung** abzugeben. Ist der möglicherweise Ausgleichsverpflichtete Antragsteller im Scheidungsverfahren, ist die Bereiterklärung bereits zusammen mit dem Scheidungsantrag abzugeben; ist er Antragsgegner, empfiehlt es sich, zusammen mit der Erwiderung auf den Scheidungsantrag die Bereiterklärung vorzulegen. Die Bereiterklärung kann sowohl gegenüber dem Rentenversicherungsträger, als auch gegenüber dem Familiengericht abgegeben werden. In der gerichtlichen Praxis hat es sich so eingespielt, daß die Bereiterklärung **gegenüber dem Familiengericht** abgegeben wird, da bei Einreichung des Scheidungsantrages oder kurze Zeit nach Eintritt der Rechtshängigkeit häufig noch garnicht feststeht, welcher Rentenversicherungsträger zuständig ist. Liegt eine Bereiterklärung vor, übersendet das Familiengericht diese dem Versorgungsträger zusammen mit der Entscheidung zum Versorgungsausgleich. Die Bereiterklärung stellt **keinerlei Verpflichtung** dar, sondern behält nur das Recht vor, Beiträge zu dem niedrigeren Stand zum Zeitpunkt der Abgabe der Bereiterklärung zu entrichten.

Die Abgabe der Bereiterklärung führt dazu, daß der Betrag, der für die Begründung von Rentenanwartschaften durch Beitragsentrichtung aufzuwenden ist, sich nach dem Zeitpunkt der Abgabe der Bereiterklärung richtet. Der Versorgungsausgleich durch Beitragsentrichtung kann vor allem in den Fällen des § 3b I 2 des Härteregelungsgesetzes eintreten. Von praktisch großer Bedeutung ist die Bereiterklärung in den Fällen, in denen der Verpflichtete die Minderung seiner Rentenanwartschaften ganz oder teilweise durch eine Entrichtung von Beiträgen ausgleichen kann (§§ 1304a VI RVO, 83a VI AVG).

Es empfiehlt sich also, es sich zur festen Gewohnheit zu machen, dem ersten Schreiben an das Gericht in einem Scheidungsverfahren folgenden **besonderen Schriftsatz** beizugeben: „Der Versicherte (Name, Anschrift, Geburtstag, Geburtsort und Sozialversicherungsnummer des möglicherweise Ausgleichspflichtigen) gibt hiermit durch mich als bevollmächtigten Rechtsanwalt Bereiterklärungen gemäß §§ 1304b I 3 RVO/83b I 3 AVG und §§ 1304a VI RVO/83a VI AVG ab."

5. Ehezeitberechnung

Auszugleichen sind nur solche Anwartschaften, die von den Ehepartnern „in der Ehezeit" begründet oder aufrechterhalten worden sind. Als Ehezeit gilt gemäß § 1587 II BGB die Zeit vom Beginn des Monats, in dem die Ehe geschlossen worden ist, bis zum Ende des Monats, der dem Eintritt der Rechtshängigkeit des Scheidungsantrages vorausgeht. Haben die Ehegatten z. B. am 15. 2. 1983 die Ehe geschlossen und wird der Scheidungsantrag am 30. 8. 1990 zugestellt, so gilt als Ehezeit die Zeit vom 1. 2. 1983–31. 7. 1990. **121**

6. Auskunftsverpflichtung

Das Gericht kann Auskünfte nach Maßgabe des § 11 II VAHRG einholen. **122** Diese Vorschrift begründet eine Auskunftspflicht auch der Ehegatten gegenüber dem Gericht. Anders als Auskunftsrechte der Ehegatten gegeneinander wird ein Auskunftsverlangen nach § 11 II VAHRG nach § 33 FGG vollstreckt, soweit dies mit Zwangsmitteln durchgesetzt werden kann. Die §§ 1587e I, 1587k I i. V. m. § 1580 BGB gewähren den Ehegatten **gegeneinander Auskunftsrechte.** Zusätzliche Auskunftsrechte sind durch § 3a VIII und § 10a XI VAHRG begründet worden. Das Verfahren auf Auskunft wird durch **Antrag** eingeleitet.

Eine als Klage bezeichnete Verfahrensinitiative kann umgedeutet werden. Die **Entscheidung über das Auskunftsverlangen** ist Endentscheidung und unterliegt deshalb der Beschwerde und weiteren Beschwerde des § 621e ZPO. Die Durchführung der **Vollstreckung** obliegt dem Gläubiger, findet also nicht von Amts wegen statt. Die **Art der Vollstreckung** richtet sich nach dem Inhalt des Titels. Die Entscheidung über den Auskunftsanspruch wird nach § 888 ZPO vollstreckt. Die Vollstreckung eines Zwangsgeldes nach § 888 I ZPO obliegt dem Gläubiger. Eine Entscheidung auf Abgabe einer eidesstattlichen Versicherung entsprechend § 254 ZPO wird nach § 889 ZPO vollstreckt. Wenn ein Scheidungsverfahren nicht anhängig ist, kann der Auskunftsanspruch nach § 1587e I BGB nur **isoliert** verfolgt werden. Bei Anhängigkeit eines Scheidungsverfahrens kommt eine Rechtsverfolgung als **Nebenverfahren im Verbund** oder außerhalb des Verbundes in Betracht.

Unterläßt es der Rechtsanwalt, den Mandanten dahingehend zu beraten, daß er den vom Gericht zur Kenntnisnahme übermittelten Fragebogen des Gegners auf Richtigkeit und Vollständigkeit hin überprüft und entdeckte Fehler oder Lücken dem Gericht mitteilt, besteht ein **Haftungsrisiko.**

7. Härteklausel

123 Liegen die Auskünfte der Versorgungsträger vor und ist an ihnen nichts zu beanstanden (Prüfungsschema für den Anwalt s. *Günther/Hein,* S. 120f.) hat der Anwalt in jedem Fall zu prüfen, ob ein Sachverhalt nach § 1587c BGB vorgetragen und bewiesen werden kann, ob also die Voraussetzungen für einen Antrag auf Herabsetzung oder Ausschluß des Versorgungsausgleichs vorliegen (s. hierzu *Johannsen/Henrich/Hahne,* Kommentierung zu § 1587c BGB).

8. Bagatellregelung

124 § 3c VAHRG sieht vor, daß bei geringfügigen Beträgen das Gericht den Ausgleich eines Anrechts von Amts wegen ausschließen kann (Bagatellklausel). Dies gilt jedoch nicht, wenn der Ausschluß den Berechtigten bei der Erfüllung von Wartezeiten benachteiligen kann. Ist vom Gericht ein Ausschluß des Ausgleichs nach § 3c VAHRG beabsichtigt, muß der Anwalt prüfen, ob sein Mandant dadurch bei der Erfüllung von Wartezeiten benachteiligt werden kann. Eine Benachteiligung liegt nur dann vor, wenn infolge des Ausschlusses im Einzelfall eine **konkrete Wartezeit** nicht erreicht wird. Andernfalls würde der Anwendungsbereich der Vorschrift zu sehr eingeengt, da jeder Ausschluß zu geringeren Wartezeiten führt, wenn noch keine 420 Monate (= 35 Versicherungsjahre) für ein flexibles Altersruhegeld zurückgelegt sind. Der **Ausschluß ist aber unzulässig,** wenn der Berechtigte noch nicht die Mindestwartezeit von 60 Monaten erreicht hat, da ihn hier jeder Monat einer Grundsicherung näher bringt. (Zum Erwerb von Wartezeitmonaten und Werteinheiten vgl. Tabelle *Glockner* FamRZ 1987, 328, 330).

9. Abänderung von Versorgungsausgleichsentscheidungen

125 § 10a VAHRG läßt die nachträgliche Änderung von Entscheidungen im Rahmen des Versorgungsausgleichs zu. Die Abänderbarkeit solcher Entscheidungen ist nicht nur aufgrund geänderter Umstände möglich, sondern auch aufgrund einer geänderten Sicht der bei der Erstentscheidung maßgebenden Umstände. Die in § 10a VAHRG ermöglichte weitgehende Durchbrechung der Rechtskraft ist vergleichbaren Rechtsinstituten wie der Abänderung nach § 323 ZPO und der Wiederaufnahmeklage nach § 580 ZPO fremd. Die Vorschrift schreibt eine **Totalrevision** der Erstentscheidung vor, in die alle dem Versorgungsausgleich unterliegenden Versorgungsanrechte einzubeziehen sind, auch solche, bei denen keine Veränderungen oder Fehlberechnungen vorliegen. Eine Abänderung findet jedoch nur statt, wenn die Abweichung von der früheren Entscheidung die in § 10a II aufgestellte **Wesentlichkeitsgrenze** von 10% übersteigt. In allen anderen Fällen bleibt die Bestandskraft erhalten (im einzelnen hierzu s. *Johannsen/Henrich/Hahne,* Kommentierung zu § 10a VAHRG, S. 704ff.).

VIII. Kindesunterhalt

1. Vorbereitende Maßnahmen

Jeder Anwalt sollte die jeweils **aktuelle Düsseldorfer Tabelle** (unten **126**
Rdnr. 347) sowie die in seinem Bezirk geltenden Richt-/Leitlinien des zuständigen Oberlandesgerichts kennen und mit ihnen arbeiten können (vgl. die Gesamtübersicht unten Rdnr. 346). Da aber nur derjenige, der die exakten Zahlen zum unterhaltsrechtlich **relevanten Einkommen** kennt, richtig mit den Tabellen und Leitlinien arbeiten kann, muß als vorbereitende Maßnahme das anrechenbare Einkommen des eigenen Mandanten und das des Gegners ermittelt werden. Es gelten hierzu die Ausführungen zum Getrenntlebens- und nachehelichen Ehegattenunterhalt (Rdnrn. 175–182). Neben den Mitteln, die der eigenen Partei oder dem Gegner tatsächlich zur Verfügung stehen, ist zu ermitteln, ob evtl. **fiktive Einkünfte** (insbesondere bei eheähnlichem Zusammenleben mit einem Dritten) anzurechnen sind; als Einkünfte beim Kindesunterhalt kommen insbesondere die **Ausbildungsvergütungen** in Betracht. Es ist auch festzustellen, ob das Kind einen eigenen Haushalt unterhält und ob der sorgeberechtigte Elternteil in sehr guten wirtschaftlichen Verhältnissen lebt. Schließlich sind die **öffentlichen Leistungen,** z. B. Kindergeld, Ausbildungsförderung, Sozialhilfe, Wohngeld, nach Empfänger, Monatsbetrag sowie etwaiger Überleitung genau festzustellen.

Ein Elternteil, der von einem volljährigen gemeinschaftlichen Kind auf Unterhalt in Anspruch genommen wird, kann zur Berechnung seines Haftungsanteils von dem **anderen Elternteil Auskunft** über dessen Einkünfte verlangen (so *BGH* FamRZ 1988, 268ff. m. w. Nachw.).

2. Vereinbarungsmöglichkeiten

Vereinbarungsschranke ist § 1614 BGB, wonach **für die Zukunft** auf den **127**
gesetzlichen Unterhalt nicht verzichtet werden kann. Die Unterhaltsvereinbarung kann also lediglich den gesetzlich geschuldeten Unterhalt konkretisieren oder erhöhen, bei **Unterschreitung des gesetzlichen Unterhalts** ist sie nichtig. Auszugehen ist damit von den unterhaltsrechtlichen Leitlinien der Oberlandesgerichte, wie z. B. der Düsseldorfer Tabelle. Hinsichtlich der Anpassung kann vereinbart werden, daß sich die Unterhaltsrente zu dem Vomhundertsatz und zu den Zeitpunkten erhöht oder ermäßigt, wie das für den Unterhalt von Minderjährigen in § 1612a BGB i. V. m. den Anpassungsverordnungen der Bundesregierung vorgesehen ist. Eine derartige Klausel bedarf, da Unterhaltsschulden als

Geldwertsschulden nicht unter § 3 WährungsG fallen, nicht der Genehmigung der Landeszentralbank. Ein **Regelungsschwerpunkt** der Vereinbarung kann auf der Konkretisierung des Studienziels, der Höchststudiendauer und der Verpflichtung zur Vorlage von Leistungsnachweisen liegen. Auch die noch nicht geklärte Frage, ob eine Promotion zur Berufsausbildung gehört, kann im Wege der Vereinbarung geregelt werden (vgl. Unterhaltsrecht – *Langenfeld,* S. 15.25).

128 Ein **vollstreckbarer Unterhaltstitel** für das Kind, der nach § 630 ZPO Voraussetzung der einverständlichen Scheidung ist, kann nach der Ausnahmeregelung des § 1629 II, III durch unmittelbar für das Kind wirksame Vereinbarung der Ehegatten nur im gerichtlichen Verfahren hergestellt werden. Im Rahmen notarieller Vereinbarungen ist dies nur bei Mitwirkung eines Pflegers möglich, §§ 1629 II, 1995 Nr. 1 BGB. Beim **volljährigen Kind** scheidet § 1629 BGB aus. Das Kind kann an der außergerichtlichen Vereinbarung beteiligt werden.

129 Bei **mehreren** unterhaltsberechtigten **Kindern** sind die Beträge für jedes Kind einzeln anzugeben und vollstreckbar zu machen, damit einer späteren separaten Abänderung und Vollstreckung nichts im Wege steht. Die **Bemessungsfaktoren** und rechnerischen Grundlagen sollen in der Vereinbarung möglichst genau festgehalten werden.

3. Vorläufiger Rechtsschutz und Eilmaßnahmen

130 Zur Durchsetzung der Unterhaltsansprüche ehelicher Kinder im Wege des vorläufigen Rechtsschutzes stehen folgende Mittel zur Verfügung:

- Wenn zwischen den Eltern eine Ehesache oder ein Prozeßkostenhilfeverfahren für eine solche anhängig ist: Antrag auf Erlaß einer **einstweiligen Anordnung** Kindesunterhalt gemäß § 620 I 4 ZPO.
- Wenn zwischen den Eltern weder eine Ehesache noch ein Prozeßkostenhilfeverfahren für eine solche anhängig ist: Antrag auf Erlaß einer **einstweiligen Verfügung** in Form der Leistungsverfügung gemäß § 940 ZPO.
- Für **volljährige Kinder:** Antrag auf Erlaß einer einstweiligen Verfügung in der Form der Leistungsverfügung gemäß § 940 ZPO.
- Zur **Sicherung** des Anspruchs auf Geldunterhalt: **Der Arrest**

(Die Besonderheiten dieser Verfahren sind übersichtlich zusammengestellt bei *Gießler,* Vorläufiger Rechtsschutz, S. 183ff.). Besonders hingewiesen sei auf die **Vollziehungsfrist** des § 929 II ZPO!

4. Minderjährige Kinder

131 Die **Anspruchsvoraussetzungen** für den Kindesunterhalt ergeben sich aus den Vorschriften der §§ 1601ff., wobei § 1601 das Anspruchsgrundverhältnis beschreibt, § 1602 BGB die Bedürftigkeit des Kindes und § 1603 BGB die Leistungsfähigkeit der Eltern als Anspruchsvoraussetzung nennt. Die Höhe des angemessenen Unterhalts ergibt sich aus § 1610 und die Art der Unterhaltsgewährung ist in § 1612 BGB geregelt.

132 **§ 1606 III 2 BGB** gestattet der Mutter, ihre Unterhaltspflicht gegenüber einem minderjährigen unverheirateten Kind in der Regel durch dessen Pflege und Erziehung zu erfüllen. Die Zahlungspflicht liegt daher normalerweise allein beim Vater. In verfassungskonformer Auslegung der Vorschrift ist sie auch auf den die Kinder betreuenden Mann anzuwenden. Aus § 1606 III 2 BGB ergibt sich die **Gleichwertigkeit des Naturalunterhalts** mit dem Barunterhalt. Dies hat zur Folge, daß keine Barunterhaltspflicht des betreuenden Elternteils bei

Leistungsfähigkeit des anderen Elternteils besteht. Dies gilt auch dann, wenn der sorgeberechtigte Elternteil sich wegen eigener Erwerbstätigkeit bei der Betreuung des Kindes zeitweilig der Hilfe Dritter bedient. Betreuungsleistungen Dritter sind dem Sorgeberechtigten zuzurechnen (*BGH* FamRZ 1981, 543).

Ein **Elternteil** der ein eheliches Kind allein unterhalten hat, kann von dem ebenfalls unterhaltspflichtigen anderen Elternteil **Ausgleich für die Vergangenheit** außer ab Verzug oder Rechtshängigkeit auch von dem Zeitpunkt ab verlangen, zu dem er gesetzlicher Vertreter des Kindes gegen den anderen Klage auf Kindesunterhalt erhoben hat (so *BGH* FamRZ 1989, 850ff.); sog. **familienrechtlicher Ausgleichsanspruch.**

a) Bedürftigkeit des Kindes

Die Bedürftigkeit ist **zwingende Voraussetzung** eines jeden Unterhaltsan- **133**
spruchs. Nur wer außerstande ist, sich selbst zu unterhalten, ist anspruchsberechtigt. Die minderjährigen Kinder sind in der Regel aufgrund ihres Lebensalters, ihrer körperlichen Konstitution und ihres Ausbildungsstandes nicht in der Lage, eigenes Arbeitseinkommen zu erzielen. Die einzige wesentliche Ausnahme zu diesem Grundsatz ist die Erzielung der Ausbildungsvergütung durch den Lehrling. Soweit Einkünfte aus **Vermögen** vorhanden sind, müssen diese eingesetzt werden. Den unterhaltsberechtigten Minderjährigen trifft eine Erwerbsobliegenheit nicht, wenn er sich noch in einer angemessenen Ausbildung befindet. Eine **Ausbildungsvergütung** ist auf den Unterhaltsanspruch in voller Höhe bedarfsmindernd anzurechnen, nachdem zuvor berufsbedingte Aufwendungen und notwendiger Mehrbedarf abgezogen worden sind. Das Einkommen des Kindes muß beiden Eltern im Verhältnis ihrer Haftungsanteile zugute kommen. Leistet also z. B. der Vater Barunterhalt und die Mutter Naturalunterhalt, so entlastet nach der Regel des § 1606 III 2 BGB das bereinigte Kindeseinkommen die Eltern zu gleichen Teilen und ist damit nur zur Hälfte auf den Barunterhaltsanspruch anzurechnen (so *Günther/Hein,* S. 264f. im Anschluß an *BGH* FamRZ 1988, 159ff.; die Rechtsprechung zu allen in diesem Zusammenhang auftretenden Problemen ist übersichtlich dargestellt bei Unterhaltsrecht – *Deisenhofer,* S. 12.9ff.).

b) Leistungsfähigkeit und Selbstbehalt

Minderjährigen unverheirateten Kindern gegenüber können sich die Eltern **134**
nicht darauf berufen, daß sie ohne Gefährdung des eigenen angemessenen Unterhalts nicht leistungsfähig sind. Vielmehr sind alle verfügbaren Mittel zum Eltern- und Kindesunterhalt gleichmäßig, d. h. in gleicher Weise nach der Dringlichkeit der jeweiligen Bedürfnisse zu verwenden, § 1603 II BGB. Die Familie ist also eine Solidargemeinschaft auch in der Not. Andererseits beläßt die Praxis dem unterhaltspflichtigen Elternteil auch gegenüber minderjährigen Kindern von seinem Einkommen stets einen sog. **Mindestselbstbehalt,** um zu vermeiden, daß er selbst sozialhilfebedürftig wird. Grundsätzlich müssen aber Eltern mit ihren minderjährigen unverheirateten Kindern alles teilen. Diejenigen Mittel, die auch in **einfachsten Lebensverhältnissen einer Person** für den eigenen Lebensunterhalt verbleiben müssen, werden aber als nicht verfügbar i. S. d. § 1603 II BGB angesehen. Diese **Opfergrenze** wird als notwendiger oder kleiner Selbstbehalt bezeichnet und kann aus den in der Praxis verwendeten Unterhaltstabellen und -leitlinien abgelesen werden.

135 Die Leistungsfähigkeit wird von **sämtlichen Mitteln,** die der Verpflichtete zur Verfügung hat und/oder beschaffen könnte, sowie von den **Abzugsposten,** um die die Einkünfte zu bereinigen sind, geprägt. Die Eltern haben eine erhöhte Pflicht zur Erwerbstätigkeit unter gesteigerter Ausnutzung ihrer Arbeitskraft gegenüber minderjährigen unverheirateten Kindern. (Bezüglich der Ermittlung des anrechenbaren Einkommens der Eltern, besonders des barunterhaltspflichtigen Elternteils, wird auf die Ausführungen in Unterhaltsrecht – *Heiß/Heiß,* S. 3.1ff. verwiesen. Sowohl das anrechenbare Einkommen wie auch die Abzugsposten sind dort in alphabetischer Reihenfolge umfassend dargestellt.)

Da minderjährige Kinder ihren notwendigen Lebensunterhalt nicht durch eigene Anstrengung decken können, muß bei der gebotenen Abwägung, ob **Kreditverbindlichkeiten** einkommensmindernd berücksichtigt werden können, in besonderem Maße das Angewiesensein der minderjährigen Kinder auf die Unterhaltsleistungen der Eltern berücksichtigt werden (vgl. *BGH* FamRZ 1990, 266ff.; FamRZ 1986, 254/257; FamRZ 1984, 657/659). Dennoch kann es aber Fälle geben, in denen es dem unterhaltsverpflichteten Elternteil nach den Grundsätzen nach Treu und Glauben nicht versagt werden kann, seine anderweitigen Verbindlichkeiten auch minderjährigen Kindern gegenüber zur Geltung zu bringen (§ 1603 I u. II BGB). Dies kann insbesondere dann der Fall sein, wenn die Kreditbelastung mehrere Jahre lang die Verhältnisse der Parteien während der intakten Ehe geprägt hat und die von dem Kredit getätigten Anschaffungen der **gesamten Familie** zugute gekommen sind und bei Nichtberücksichtigung der Kreditbelastung die Verschuldung des Unterhaltspflichtigen unausweichlich zunimmt (so *BGH* FamRZ 1990, 266/268).

c) Maß und Art des Unterhalts

136 Nach § 1610 BGB bemißt sich das Maß des zu gewährenden Unterhalts nach der Lebensstellung des Berechtigten. Die Lebensstellung eines unterhaltsberechtigten Kindes wird von den Eltern geprägt und kann je nach deren Einkommens- und Vermögensverhältnissen unterschiedlich hoch sein. Zum Unterhalt gehört der gesamte Lebensbedarf, auch die Kosten der Erziehung und die Kosten der Berufsausbildung. Die Pflicht zur Ausbildungsfinanzierung besteht über das Erreichen des Volljährigkeitsalters hinaus, wenn der berufsqualifizierende Abschluß nach Art der Ausbildung (z. B. Studium) oder nach Art der Umstände (z. B. Krankheit, Verzögerung in der Reifeentwicklung) erst später erreicht wird. Die Gerichtspraxis wird vom **Tabellenunterhalt** beherrscht. Unterhaltstabellen sind inzwischen durch Rechtsprechung und Erläuterungswerke derart verfeinert, daß deren Anwendung in hohem Maße geeignet ist, Rechtsgleichheit und Rechtseinheit zu fördern und die Höhe von Unterhaltsansprüchen berechenbar zu machen. Für die Berechnung des Kindesunterhalts wird ganz überwiegend die **Düsseldorfer Tabelle** (vgl. Rdnr. 347) angewandt. In den Unterhaltssätzen der Düsseldorfer Tabelle sind bei minderjährigen Kindern, die mit wenigstens einem Elternteil noch in familiärer Gemeinschaft leben, die Kosten für Nahrung, Wohnung, Krankenvorsorge, Ferien, Pflege musischer und sportlicher Interessen sowie Taschengeld enthalten. Solange sich Unterhaltsforderungen an diese Tabellensätze halten, ist der Bedarf im Rechtsstreit nicht näher zu konkretisieren.

d) Rang des Anspruchs

137 In allen Fällen, in denen das unterhaltsrechtlich relevante Einkommen des Unterhaltspflichtigen nicht ausreicht, den angemessenen Lebensbedarf aller Be-

rechtigten sicherzustellen, entscheidet der Rang des Anspruchs des jeweiligen Unterhaltsberechtigten darüber, ob dieser und ggf. in welcher Höhe er aus der Verteilungsmasse des Verpflichteten Unterhaltsbeträge beanspruchen kann. Die Unterhaltsberechtigten rangieren in folgender **Reihenfolge:**
- Minderjährige unverheiratete Kinder und Ehegatte
- Andere Kinder (Volljährige oder Verheiratete) und neuer Ehegatte
- Andere Abkömmlinge (Enkel, Urenkel)
- Verwandte aufsteigender Linie (Großeltern usw.)

Solange noch ein **Bedürftiger des vorgehenden Ranges** vorhanden ist, kommen in jedem Mangelfall Verwandte der nachfolgenden Ränge überhaupt nicht zum Zuge. Innerhalb desselben Ranges müssen die zur Verfügung stehenden Mittel gleichmäßig aufgeteilt werden. § 1609 I, II 1 BGB stellt die minderjährigen unverheirateten Kinder und den Ehegatten in die erste Reihe der Berechtigten. Keine Rolle spielt dabei der Umstand, ob die Kinder adoptiert oder leibliche, eheliche oder nichteheliche Kinder sind und aus welcher Ehe sie stammen. § 1603 II 1 BGB legt aber eine **verschärfte Leistungspflicht** gegenüber minderjährigen unverheirateten Kindern fest. Dies bedeutet, daß innerhalb der ersten Gruppe der Gleichrang zwischen Kindern und Ehegatten in **Mangelfällen** vom Gesetz nicht durchgehalten ist. § 1603 II 1 BGB ist in diesen Fällen Spezialvorschrift zu § 1609 BGB (Unterhaltsrecht – *Deisenhofer,* S. 12.41 f.). **138**

e) Freistellungsvereinbarung

Die Vorschriften der §§ 1614 I, 1610 III BGB stehen einer Vereinbarung der Eltern des Inhalts nicht entgegen, daß ein Elternteil sich verpflichtet, den anderen von Unterhaltsansprüchen eines Kindes freizustellen. Der Unterhaltsanspruch des Kindes wird durch eine solche Vereinbarung nicht betroffen, denn es handelt sich dabei um eine sog. Erfüllungsübernahme (vgl. *BGH* NJW 1986, 1167 = FamRZ 1986, 444). Eine derartige Vereinbarung wird dann als gegen die guten Sitten verstoßend und damit als nichtig gemäß § 138 BGB beurteilt, wenn sie sich zum **Nachteil des Kindes** auswirkt. Soweit in der Vereinbarung ein **Verzicht des Unterhaltsanspruchs des Kindes** enthalten ist, liegt Unwirksamkeit nach § 1614 I BGB vor. Nach der Rechtsprechung des Bundesgerichtshofs (*BGH* FamRZ 1983, 474) sind solche Vereinbarungen gemäß § 138 I BGB nichtig, die die Freistellung eines Elternteils vom Kindesunterhalt ohne Rücksicht auf das Wohl des Kindes oder in anstößiger Weise zur Erlangung wirtschaftlicher Vorteile mit Vereinbarungen über das Sorgerecht oder das Umgangsrecht koppeln, in denen das Kind also in einem Sorgerechtsvorschlag der Eltern zum Gegenstand eines Handelns gemacht oder das Umgangsrecht als Tauschobjekt benutzt wird. Grundsätzlich zulässig ist es aber, daß der **künftige Partner** des Ehegatten erklärt, er stelle den früheren Ehegatten von der Unterhaltspflicht frei, solange das Kind in seinem Haushalt lebt (vgl. hierzu *BGH* FamRZ 1986, 254). Bedenklich wird eine solche Vereinbarung dann, wenn sie dazu dienen soll, die Bindungen des Kindes zum nichtsorgeberechtigten Elternteil zu beeinträchtigen und dem Kind diesen Elternteil wegzunehmen. Die Vereinbarung ist weder als eine Schenkung noch als eine Bürgschaft zu beurteilen, sondern regelmäßig als **Erfüllungsübernahme** i. S. v. § 329 BGB, also auch nicht als ein Vertrag zugunsten eines Dritten i. S. v. § 328 BGB (so *Göppinger,* S. 410 im Anschluß an *BGH* FamRZ 1986, 254). **139**

5. Volljährige Kinder

a) Bedürftigkeit

140 Je älter ein Kind wird, desto mehr steigen seine Möglichkeiten, durch eigene Erwerbstätigkeit seinen Lebensbedarf ganz oder zumindest teilweise zu decken. An die Unterhaltsbedürftigkeit eines volljährigen Kindes, das sich nicht in der Ausbildung befindet, sind **strenge Anforderungen** zu stellen. Ein Volljähriger ist zunächst ausschließlich für sich selbst verantwortlich. Nach Abschluß seiner Ausbildung ist er verpflichtet, jede Arbeit – auch berufsfremde Tätigkeiten und Arbeiten unterhalb seiner gewohnten Lebensstellung – anzunehmen. Der volljährige Unterhaltsgläubiger muß daher **intensive Bemühungen** um eine Beschäftigung jedweder Art darlegen und im Bestreitensfalle Beweis dafür anbieten. Das Kind hat aber gemäß § 1610 II BGB einen Anspruch auf Finanzierung einer angemessenen Ausbildung, bevor es auf eigene Erwerbstätigkeit verwiesen werden kann. Andererseits muß das volljährige Kind mit hinreichender **Zielstrebigkeit** das selbst gewählte Ausbildungsziel angehen.

141 Der Bedarf eines **Wehrpflichtigen** oder Zivildienstleistenden ist normalerweise durch staatliche Leistungen gedeckt (differenzierend *BGH* NJW 1990, 713ff.; vgl. auch die Zusammenstellung der Rechtsprechung in: Unterhaltsrecht – *Heiß/Heiß,* S. 3.110ff.).

b) Leistungsfähigkeit und Selbstbehalt

142 Der Selbstbehalt nach § 1603 I BGB richtet sich auch gegenüber volljährigen Kindern nach den Lebensverhältnissen des Verpflichteten, der Art seiner Tätigkeit und sich daraus eventuell ergebenden zusätzlichen Belastungen und Aufwendungen. Er ist wesentlich höher als der notwendige Selbstbehalt gegenüber minderjährigen Kindern und Ehegatten. Die Leistungsfähigkeit des Unterhaltsverpflichteten wird auch beim Unterhaltsanspruch des volljährigen Kindes in der Weise ermittelt, daß sämtlichen Mitteln, die der Verpflichtete zur Verfügung hat und/oder sich beschaffen könnte, die Abzugsposten, um die die Einkünfte zu bereinigen sind, gegenübergestellt werden (ausführlich hierzu Unterhaltsrecht – *Heiß/Heiß,* S. 3.1ff.).

143 Häufig scheitern Unterhaltsansprüche volljähriger Kinder an der **Rangordnung** gemäß § 1609 BGB. Es steht nach dieser Vorschrift innerhalb der Kleinfamilie an letzter Stelle, weil die Unterhaltsansprüche der Ehefrau(en) und des minderjährigen Kindes des Verpflichteten (manchmal aus mehreren Ehen) Vorrang genießen (vgl. Unterhaltsrecht – *Deisenhofer,* S. 12.58).

c) Art und Maß des Anspruchs

144 Auch der Unterhaltsanspruch des volljährigen Kindes bestimmt sich nach seiner Lebensstellung, § 1610 I BGB. In der Regel ist die wirtschaftliche Lage, insbesondere das Einkommen der unterhaltspflichtigen Eltern, maßgebend für die Lebensstellung und den Umfang des Anspruchs des volljährigen Kindes. Auch während des Studiums richtet sich die Lebensstellung des volljährigen Kindes nach der der Eltern (*BGH* FamRZ 1987, 58, in der einer 26-jährigen Studentin monatlich 1700 DM Unterhalt zugesprochen wurden – bei weit überdurchschnittlichem Einkommen und Vermögen des unterhaltspflichtigen Vaters). Lebt ein volljähriges Kind weiterhin **im Haushalt eines Elternteils,** kann die Aufteilung in Natural- und Barunterhalt andauern. Die auf minderjährige Kinder zugeschnittene Regelung des § 1606 III 2 BGB schließt nicht aus, daß im

Einzelfall in den ersten Jahren nach Eintritt der Volljährigkeit noch von der Gleichwertigkeit von Bar- und Naturalunterhalt auszugehen ist. Die Mutter, bei der das volljährige Kind wohnt, ist dann, wenn sie nicht wesentlich höheres Einkommen als der Vater erzielt, nicht barunterhaltspflichtig (vgl. auch *OLG Köln* FamRZ 1984, 1139f.).

Die schwierigste Frage beim Barunterhaltsanspruch des volljährigen Kindes **145** gegen beide Elternteile ist das Problem der jeweiligen **Haftungsanteile.** Wohnt der Volljährige bei einem Elternteil und ist **nur der andere barunterhaltspflichtig,** so ist der Unterhaltsbedarfsbetrag nach dem bereinigten Nettoeinkommen des Pflichtigen unter Berücksichtigung der Anzahl der Unterhaltsberechtigten aus der Düsseldorfer Tabelle abzulesen und ein Zuschlag in Höhe der Differenz zwischen der zweiten und dritten Altersstufe der jeweiligen Gruppe vorzunehmen. Lebt das volljährige Kind im Haushalt der Eltern oder eines Elternteils und sind **beide barunterhaltspflichtig,** so ist sein Unterhaltsbedarf nach der Düsseldorfer Tabelle aus dem zusammengerechneten bereinigten Nettoeinkommen der Eltern zu bestimmen. Die Haftungsanteile sind erst nach dem Abzug der für den angemessenen eigenen Unterhalt erforderlichen Beträge (sog. Sockelabzug) – in der Regel für jeden Elternteil 1400 DM – nach dem Verhältnis der verbleibenden Mittel zu berechnen (vgl. *Günther/Hein,* S. 279 m. zahlr. w. Nachw. und Unterhaltsrecht – *Deisenhofer,* S. 12.59ff.).

d) Bestimmungsrecht der Eltern und des Vormundschaftsgerichts

Einem unverheirateten Kinde gegenüber können die Eltern bestimmen, in **146** welcher Art und für welche Zeit im voraus Unterhalt gewährt werden soll, § 1612 II 1 BGB. Streitig ist vor allem, wem das Bestimmungsrecht nach § 1612 II 1 BGB gegenüber einem volljährigen Kind zusteht, wenn die Eltern getrennt leben oder geschieden sind. Das **Vormundschaftsgericht** kann die elterliche Bestimmung, den Unterhalt anders als durch monatliche Geldrente zu gewähren, auf Antrag des Kindes aus besonderen Gründen ändern, § 1612 II 2 BGB (ausführlich hierzu Unterhaltsrecht – *Deisenhofer,* S. 12.63ff. m. w. Nachw.).

6. Gesetzliche Prozeßstandschaft

Die Vertretung des Kindes ist in § 1629 BGB geregelt. Solange die Personen- **147** sorge für das Kind nach der Trennung der Eltern voneinander noch nicht neu (in Abänderung des nach § 1626 I BGB bestehenden gemeinsamen Sorgerechts) gerichtlich geregelt worden ist, ermächtigt § 1629 II 2 denjenigen Elternteil, in dessen Obhut sich das Kind befindet, dessen Unterhaltsansprüche gegen den anderen Elternteil geltend zu machen; dieser ist von der Vertretung des Kindes insoweit ausgeschlossen. Nach § 1629 III 1 BGB kann und muß der gemäß § 1629 II 2 ermächtigte Elternteil ab dem Beginn des Getrenntlebens Unterhaltsansprüche des Kindes gegen den anderen Elternteil **im eigenen Namen,** im gerichtlichen Verfahren also als Partei in gesetzlicher Prozeßstandschaft, geltend machen. Die in solchen Aktiv- und Passivprozessen erwirkten gerichtlichen Entscheidungen und zwischen den Eltern geschlossenen gerichtlichen Vergleiche wirken unmittelbar auch für und gegen das Kind, § 1629 III 2 BGB. Gemäß § 1629 III 1 muß der Sorgerechtsinhaber den Kindesunterhaltsprozeß gegen den anderen Elternteil ab dem Zeitpunkt der Elterntrennung im eigenen Namen führen (*Johannsen/Henrich/Jaeger,* Rdnr. 4 zu § 1672 BGB).

7. Richtige Klageart, prozeßrechtliche Besonderheiten

148 Die sog. Erstklage, mit der erstmals ein Unterhaltstitel im ordentlichen Verfahren erwirkt werden soll, ist in der Regel die **Leistungsklage.** Die Leistungsklage kann auch in die Form der **Stufenklage** gemäß § 254 ZPO gebracht werden. Liegt bereits ein Unterhaltstitel vor und ist eine wesentliche Veränderung derjenigen Verhältnisse eingetreten, die für die Verurteilung zur Entrichtung der Leistungen, für die Bestimmung der Höhe der Leistungen oder der Dauer ihrer Entrichtung maßgebend war, besteht gemäß § 323 ZPO die Möglichkeit einer **Abänderungsklage.** Eine Leistungsklage (sog. **Zusatzklage**) ist in den Fällen zu erheben, in denen im Vorprozeß nur ein Teilunterhaltsanspruch geltend gemacht worden ist. Da Unterhalt regelmäßig in voller Höhe eingeklagt wird, spricht die Vermutung gegen eine Teilklage. Eine neue Leistungsklage muß auch erhoben werden, wenn eine **frühere Leistungsklage** wegen fehlender Bedürftigkeit des Unterhaltsbegehrenden abgewiesen worden ist, der nunmehr bedürftig ist. Die Voraussetzungen für eine Abänderungsklage liegen hier nicht vor, weil es an der in § 323 I ZPO vorausgesetzten „Verurteilung" fehlt.

149 Während die Abänderungsklage bei wesentlichen Änderungen der dem ursprünglichen Titel zugrundeliegenden Verhältnisse dessen Anpassung an die veränderten Umstände zum Ziel hat, soll die **Vollstreckungsabwehrklage** gemäß § 767 ZPO dem Schuldner die Möglichkeit geben, mit Hilfe von Einwendungen ungeachtet der fortbestehenden Rechtskraft des Titels die **Vollstreckungsmöglichkeit** ganz oder teilweise zu beseitigen (zu den einzelnen Klagearten ausführlich *Luthin,* Unterhaltsrecht, S. 23.1 ff.).

150 Prozeßrechtliche Fragen:

- Die **sachliche Zuständigkeit** für ein Verfahren, das die gesetzliche Unterhaltspflicht gegenüber einem ehelichen Kinde betrifft, ist in § 23a Nr. 2 GVG geregelt; gemäß § 621 I 4 ZPO handelt es sich dabei um eine **ausschließliche** sachliche Zuständigkeit.
- Die **örtliche Zuständigkeit** ist in § 621 II ZPO unterschiedlich ausgestaltet, je nachdem, ob eine Ehesache anhängig ist oder nicht. Ist eine Ehesache nicht anhängig, so richtet sich die Zuständigkeit nach den allgemeinen Vorschriften. In diesem Fall kann die Zuständigkeit eines Gerichts nach §§ 38 II, III, 39, 40 ZPO durch Prorogation und rügelose Einlassung begründet werden. Unberührt von den Regelungen des § 621 II, III ZPO bleiben **Vollstreckungsgegenklagen** Familiensachen. Für sie ist das Prozeßgericht des ersten Rechtszuges ausschließlich zuständig **(!),** §§ 767 I, 802 ZPO, wenn keine Regelung für den Fall der Scheidung begehrt wird.
- Das Verfahren wird nach den allgemeinen **zivilprozessualen Grundsätzen** abgewickelt. Insbesondere sind die Beschleunigungsvorschriften der §§ 272 ff. einschließlich des § 296 ZPO anwendbar.

151 – Auch bei freiwilliger und pünktlicher Zahlung besteht grundsätzlich für einen Unterhaltsprozeß ein **Rechtsschutzbedürfnis,** weil eine Titulierung schutzwürdig ist. Wenn jedoch der Unterhaltsgläubiger dem Schuldner keine Gelegenheit gibt, den einfacheren und billigeren Weg zur Errichtung eines Titels nach § 794 I 5 ZPO zu gehen, können die Folgen des § 93 ZPO eintreten. Bei **Teilleistungen** s. o. Rdnr. 35.

- Das volljährige Kind führt seinen Unterhaltsprozeß selbst; dieser kann nicht in den Verbund einbezogen werden.

– Nicht als Familiensache gilt das **vereinfachte Verfahren** zur Abänderung von Unterhaltstiteln Minderjähriger nach §§ 641 ff. ZPO.
– Unterhaltsansprüche von Kindern in Fällen mit **Auslandsberührung:** Das anwendbare Recht ergibt sich aus dem Haager Übereinkommen über das auf Unterhaltspflichten anzuwendende Recht vom 2. 10. 1973 (Bundesgesetzblatt 1986 II, S. 837 ff.). Danach gilt: In welchem Staat auch immer ein Kind seinen gewöhnlichen Aufenthalt hat, ist auf seinen Unterhaltsanspruch grundsätzlich das innerstaatliche Recht dieses Staates anzuwenden. Die Staatsangehörigkeit des Kindes und die seiner Eltern spielt grundsätzlich keine Rolle. Eine Ausnahme gilt, wenn der Unterhaltsanspruch vor einem deutschen Gericht geltend gemacht wird, der Unterhaltsbeklagte und das Kind deutsche Staatsangehörige sind und der Unterhaltsbeklagte seinen gewöhnlichen Aufenthalt in der Bundesrepublik Deutschland hat. Hier tritt an die Stelle des Rechts des Staates, in dem das Kind seinen gewöhnlichen Aufenthalt hat, das deutsche Recht. Entsprechende Vorbehalte haben auch Italien, Luxemburg, die Niederlande, die Schweiz und die Türkei erklärt (ausführlich zu den Fällen mit Auslandsberührung s. Unterhaltsrecht – *Henrich,* S. 34.1 ff.). 152

IX. Familienunterhalt

1. Unterhaltstatbestand

Gemäß § 1360 Satz 1 BGB sind die Ehegatten einander verpflichtet, durch ihre Arbeit und mit ihrem Vermögen die Familie angemessen zu unterhalten. Der **angemessene Unterhalt** der Familie umfaßt nach § 1360 a I BGB alles, was nach den Verhältnissen der Ehegatten erforderlich ist, um die Kosten des Haushalts zu bestreiten und die persönlichen Bedürfnisse der Ehegatten und den Lebensbedarf der gemeinsamen unterhaltsberechtigten Kinder zu befriedigen. 153

Voraussetzungen des Anspruchs nach § 1360 BGB sind ausschließlich der Bestand der Ehe und die häusliche Gemeinschaft der Eheleute. Die Vorschriften über den Familienunterhalt werden unanwendbar, wenn die Ehegatten getrennt leben, d. h., wenn ihre häusliche Gemeinschaft aufgehoben oder von vornehereín nicht begründet worden ist. § 1360 BGB setzt eine **intakte Familieneinheit** voraus, während im Fall der Trennung § 1361 BGB zur Anwendung kommt und im Falle der Scheidung §§ 1569 ff. BGB.

2. Maß des Unterhalts

Der Familienunterhalt umfaßt alles, was zur angemessenen Versorgung der aus Eltern und Kindern bestehenden Familie erforderlich ist. Er besteht aus dem **Wirtschaftsgeld** für den haushaltsführenden Ehegatten und dem **Taschengeld** für nicht selbst verdienende Familienmitglieder sowie aus einmaligen Geldleistungen bei Sonderbedarf und aus Naturalunterhalt in Form von Sachzuwendungen und Dienstleistungen. Das Taschengeld des haushaltsführenden Ehegatten, also im Falle der Hausfrauenehe, der Ehefrau, ist regelmäßig ohne nähere Bezifferung im Wirtschaftsgeld enthalten, so wie der verdienende Ehegatte sein Taschengeld einbehält. 154

Die **Höhe des Hauswirtschaftsgeldes** bestimmt sich nach dem, was nach den Verhältnissen beider Ehegatten für die Bedürfnisse der Familie erforderlich ist, wobei ein objektiver Maßstab, z. B. der Lebensstil gleicher Berufskreise, anzule- 155 gen ist und das Einkommen beider Ehegatten die Grundlage bildet und die Leistungspflicht nach oben begrenzt. Der notwendige Bedarf an Wirtschaftsgeld liegt höher, als der notwendige Unterhaltsbedarf eines getrennt lebenden Ehegatten.

156 Die **Höhe des Taschengeldes** richtet sich nach den Einkünften, dem Vermögen, dem Lebensstil und der Zukunftsplanung der Eheleute und hängt damit im wesentlichen vom Einzelfall ab. In der Regel werden 5% des Nettoeinkommens als angemessen angesehen. Eine allgemein gültige Antwort auf die Frage, wieviel Taschengeld **Kinder** in den verschiedenen Altersstufen bekommen sollen, kann nicht gegeben werden. Auch hier kommt es auf den Einzelfall an. Anhaltspunkte können folgende Richtlinien geben:

6– 7jährige wöchentlich	4,– DM
8– 9jährige wöchentlich	5,– DM
10–11jährige monatlich	25,– DM
12–13jährige monatlich	28,– DM
14–15jährige monatlich	32,– DM
16–17jährige monatlich	40,– DM bis 90,– DM

Die Sätze ab 16 Jahre gelten für Jugendliche, die wirtschaftlich noch ganz von den Eltern abhängig sind, in der Regel also Schüler und arbeitslose Jugendliche.

X. Getrenntlebensunterhalt

1. Vorbereitende Maßnahmen

157 Die Ermittlung des unterhaltsrechtlich revelanten Einkommens beider Parteien ist die Hauptaufgabe des Rechtsanwalts bei der Vorbereitung eines Unterhaltsrechtsstreites, denn nur wer die vollständigen Zahlen kennt, kann den Unterhalt richtig berechnen. Es gelten die gleichen Grundsätze wie für den nachehelichen Ehegattenunterhalt, die unter Rdnrn. 175ff. dargestellt sind. Soweit eine **Erwerbsobliegenheit** eines arbeitslosen Mandanten besteht, ist es unbedingt erforderlich, daß der Mandant nachdrücklich darauf hingewiesen wird, welch hohe Anforderungen an das ernsthafte Bemühen um Arbeit im gerichtlichen Verfahren gestellt werden und daß im Prozeß die Bemühungen um Arbeit nachgewiesen werden müssen. Damit die erfolglosen Bemühungen um Arbeit nachgewiesen werden können, sollte der Mandant sämtliche Bewerbungsschreiben und die Ablehnungen der Bewerbungen dem Anwalt rechtzeitig zur Verfügung stellen. Für Bewerbungen in Form der persönlichen Vorsprache bei potentiellen Arbeitgebern empfiehlt es sich, dem Mandanten Bestätigungsschreiben mitzugeben, die die Arbeitgeber, bei denen sich der Mandant vorgestellt hat, nur unterschreiben zu brauchen. Aus diesem Schreiben sollte erkennbar sein, wann die Bewerbung für welche Tätigkeit erfolgte und aus welchem Grund die Bewerbung erfolglos geblieben ist. Soweit **Zeitungsannoncen** aufgegeben werden, sind entsprechende Belege zu sammeln; bei Bewerbungen auf Zeitungsannoncen hin sind Bewerbungsschreiben und die Absagen vorzulegen.

158 Schließlich ist der Mandant darauf hinzuweisen, daß beim Arbeitsamt das **Arbeitsgesuch dringlich gestellt** werden muß und daß in der Folgezeit die Zusammenarbeit mit dem Sachbearbeiter beim Arbeitsamt ständig gesucht werden muß. Im Prozeß empfiehlt es sich häufig, den Sachbearbeiter des zuständi-

gen Arbeitsamtes als Zeugen dafür anzubieten, daß der Mandant sich besonders intensiv um Arbeit bemüht hat. Insbesondere, wenn der Mandant **auf dem Arbeitsmarkt nicht vermittelbar** und seine Chance, Arbeit zu finden, gleich Null ist, muß hierzu der Sachbearbeiter des Arbeitsamtes als Zeuge angeboten werden. Das aber setzt voraus, daß sich zuvor der Mandant mit dem notwendigen Engagement um Arbeit bemüht hat.

2. Vereinbarungsmöglichkeiten

Die Eheleute können für die Zeit des Getrenntlebens grundsätzlich Unter- **159**
haltsvereinbarungen wirksam treffen, jedenfalls soweit sie nicht Sittenwidriges enthalten wie z. B. die Verpflichtung, sofort Scheidungsklage zu erheben. Möglich und zulässig sind insbesondere Vereinbarungen über die Überlassung der Wohnung sowie die Abmachung, daß der Unterhalt erbracht wird, z. B. indem kostenlose Benutzung des PKWs bewilligt wird. Die Ehegatten können **nicht auf Unterhalt für die Zukunft verzichten.** Die Unterhaltsansprüche ergeben sich zwingend aus § 1361 BGB und können wegen der ausdrücklichen Bestimmung des **§ 1614 BGB,** wonach für die Zukunft auf Unterhalt nicht verzichtet werden kann, für die Zeit des Bestehens der Ehe nicht abbedungen werden. Während ein Unterhaltsverzicht **für die Vergangenheit** nach dieser Vorschrift ausdrücklich unter Stillschweigen zulässig ist, ist ein Verzicht für die Zukunft, gleichgültig, ob vollständig oder teilweise, entgeltlich oder unentgeltlich, nicht zulässig. Auch ein **Unterhaltsabfindungsvertrag** ist unzulässig, soweit damit der Verzicht für zukünftigen **Getrenntlebens**unterhalt verbunden ist. Vereinbarungen über die Höhe des gesetzlichen Unterhaltsanspruchs sind also nur insoweit wirksam, als sie sich im Rahmen des gesetzlichen Spielraums halten.

§ 1614 I BGB ist **zwingendes Recht,** das schon deshalb nicht abbedungen **160**
werden kann, weil die Vorschrift auch das öffentliche Interesse in der Weise schützen soll, daß eine vermeidbare Inanspruchnahme der Sozialhilfe verhindert wird. Wenn die Parteien mit ihrer Vereinbarung bewußt eine Situation herbeiführen, in der dem Sozialamt eine Inanspruchnahme des unterhaltspflichtigen Ehegatten wegen der an den anderen Ehegatten gezahlten **Sozialhilfeleistungen** unmöglich gemacht wird und auf diese Weise die öffentliche Hand mit den Kosten belastet werden soll, verstößt eine solche Vereinbarung, auch ohne daß ihr eine **Schädigungsabsicht** der Parteien gegenüber dem Träger der Sozialhilfe zugrundeliegen müßte, nach ihrem aus der Zusammenfassung von Inhalt, Beweggrund und Zweck zu entnehmenden Gesamtcharakter gegen die guten Sitten und ist damit nach § 138 I BGB nichtig (so *BGH* FamRZ 1987, 40/43). (Eine ausführliche Darstellung der Möglichkeit von Unterhaltsvereinbarungen zwischen Ehegatten bei Getrenntleben findet sich in Unterhaltsrecht – *Langenfeld,* S. 15.7ff.)

3. Vorläufiger Rechtsschutz und Eilmaßnahmen

Als Mittel des vorläufigen Rechtsschutzes zur Erlangung von Getrenntlebens- **161**
unterhalt stehen zur Verfügung:

– Wenn zwischen den Ehegatten eine Ehesache oder ein Prozeßkostenhilfeverfahren für eine solche Sache anhängig ist: die **einstweilige Anordnung** Ehegattenunterhalt gemäß § 620 S. 1 Nr. 6 ZPO;

- In sonstigen Fällen: Die **einstweilige Verfügung** in der Form der Leistungsverfügung gemäß § 940 ZPO;
- Zur Sicherung des Anspruchs auf Unterhalt: **Arrest** gem. § 916 ZPO.

(Voraussetzungen und Inhalt der Verfahren zur Erlangung vorläufigen Rechtsschutzes sind übersichtlich dargestellt bei *Gießler,* Vorläufiger Rechtsschutz, Rdnr. 671 ff.)

4. Anspruchsgrundlage

162 Gemäß § 1361 BGB kann ein Ehegatte von dem anderen Ehegatten Unterhalt verlangen,
- wenn die Ehegatten getrennt leben,
- soweit und solange er außerstande ist, sich durch eine für ihn zumutbare Erwerbstätigkeit selbst zu unterhalten, und
- soweit und solange er sich aus seinem Vermögen und seinen sonstigen Einkünften nicht unterhalten kann, und
- soweit dem anderen Ehegatten im Hinblick auf seine Leistungsfähigkeit die Unterhaltszahlung zumutbar ist, und
- soweit nicht die Inanspruchnahme des anderen Teils nach § 1579 Nr. 2–7 grob unbillig wäre.

163 Soweit der Ehegatte **keiner Erwerbstätigkeit nachgeht,** obwohl er dazu in der Lage wäre, kann ihm die **Schutzvorschrift** des § 1361 II BGB zugutekommen, wonach er nur dann darauf verwiesen werden kann, seinen Unterhalt durch eine Ewerbstätigkeit selbst zu verdienen, wenn dies nach seinen persönlichen Verhältnissen und den wirtschaftlichen Verhältnissen beider Ehegatten von ihm erwartet werden kann. Dabei ist von besonderer Bedeutung, wie weit die frühere Erwerbstätigkeit zurückliegt. In der Regel kann vor Ablauf **eines Trennungsjahres** die Aufnahme einer Erwerbstätigkeit nicht erwartet werden.

164 Im Hinblick auf die **Unterschiedlichkeit zwischen Getrenntlebens- und nachehelichem Ehegattenunterhalt** hat der *BGH* (FamRZ 1980, 1099 ff.) entschieden, daß ein Urteil über des Unterhaltsanspruch des getrenntlebenden Ehegatten nicht den Unterhaltsanspruch nach Scheidung der Ehe umfaßt. Das Urteil kann auch nicht nach § 323 ZPO in ein solches über den nachehelichen Unterhaltsanspruch abgeändert werden. Der unterhaltsbedürftige Ehegatte ist für den nachehelichen Unterhalt vielmehr auf den Weg einer neuen Klage verwiesen. Demgegenüber wirkt eine **einstweilige Anordnung** auch nach Rechtskraft des Scheidungsurteils fort. Der Unterhaltsschuldner kann eine anderweitige Regelung i. S. d. § 620 f. ZPO in der Regel nur mit der **negativen Feststellungsklage** herbeiführen.

5. Anspruchsvoraussetzungen

165 Die Ehegatten müssen getrennt leben i. S. v. § 1567 BGB. Danach müssen zwei Voraussetzungen erfüllt sein, nämlich das Nichtbestehen der häuslichen Gemeinschaft und die gleichzeitige Trennungsabsicht zumindest eines der beiden Ehegatten. Der Anspruch auf Trennungsunterhalt setzt nicht voraus, daß die Ehegatten jemals zusammengelebt haben.

6. Maß des Unterhalts

166 Ein unterhaltsbedürftiger Ehegatte kann den „nach den Lebensverhältnissen und den Erwerbs- und Vermögensverhältnissen der Ehegatten angemessenen

Unterhalt" verlangen, § 1361 BGB. Die Kriterien für die Beurteilung der ehelichen Lebensverhältnisse und der Erwerbs- und Vermögensverhältnisse sind identisch mit den das Maß des nachehelichen Ehegattenunterhalts bestimmenden ehelichen Lebensverhältnissen. Es wird daher auf die ausführliche Erörterung zum „Maß des Unterhalts" beim nachehelichen Ehegattenunterhalt (s. unten Rdnrn. 205ff.) verwiesen. Abweichungen ergeben sich nur insofern, als **maßgebender Zeitpunkt** für die Beurteilung der ehelichen Lebensverhältnisse nicht der Zeitpunkt der Scheidung ist, sondern notwendigerweise die Zeit des Bestehens der ehelichen Lebensgemeinschaft, wobei maßgebend der **Zeitpunkt der Trennung** der Eheleute ist.

Nutzung eines Eigenheims nach Trennung: Sind beide Ehegatten Miteigentümer eines Eigenheims so steht demjenigen Ehegatten, der zur Trennung vom anderen Ehegatten den gemeinsamen Wohnsitz aufgibt, entweder nach §§ 741, 745 II BGB oder nach § 1361b II BGB im Grundsatz ein **Nutzungsentgelt** zu. Ein Anspruch auf Nutzungsentgelt entsteht aber nicht in jedem Fall unmittelbar mit der Trennung der Ehegatten. Zwar sieht der *BGH* (FamRZ 1983, 795ff.) in der endgültigen Trennung der Ehegatten eine so grundlegende Veränderung der Verhältnisse, daß jeder Ehegatte nach § 745 II BGB eine Neuregelung der Verwaltung und Nutzung verlangen kann. Dies schließt es aber nicht aus, einen Ehegatten jedenfalls bis zur Scheidung an der bisherigen Regelung festzuhalten (vgl. *BGH* FamRZ 1986, 343; 436f.), etwa wenn der im gemeinsamen Haus verbleibende Ehegatte wirtschaftlich zur Übernahme von Gegenleistungen für eine ihm aufgedrängte Alleinnutzung nicht in der Lage ist und deshalb gezwungen würde, zur Vermeidung solcher Lasten die eheliche Wohnung aufzugeben.

Dem in der ehelichen Wohnung verbleibenden Ehegatten kann regelmäßig **nicht der volle Nutzungswert** zugerechnet werden, sondern lediglich ein Betrag in Höhe des unterhaltsrechtlich angemessenen Wohnbedarfs. Einem **Kind,** das bei dem in der Wohnung verbleibenden Ehegatten lebt, wird regelmäßig ein Nutzungswert nicht angerechnet, weil die Düsseldorfer Tabelle bereits berücksichtigt, daß ein minderjähriges Kind wohnkostenfrei im Haushalt eines Elternteils lebe und deshalb der Unterhaltsbedarf bereits entsprechend gemindert ist (s. *Barth,* S. 786f.).

7. Herabsetzung oder Verwirkung des Unterhaltsanspruchs

§ 1361 II BGB verweist auf § 1579 BGB. Es gelten daher die Ausführungen zu **167** den Einwendungen gegen die nacheheliche Unterhaltspflicht auch für den Getrenntlebensunterhalt (s. Rdnrn. 219ff.). Ausgenommen ist der Härtegrund nach § 1579 Nr. 1, so daß der Unterhaltsanspruch nicht allein unter dem Gesichtspunkt gemindert oder versagt werden kann, daß die Ehe bisher von **kurzer Dauer** war.

8. Darlegungs- und Beweislast

Wie im gesamten Unterhaltsrecht richtet sich die Darlegungs- und Beweislast **168** nach den gegebenen Beweismöglichkeiten. Dies bedeutet, daß der Unterhaltsberechtigte die tatbestandlichen Voraussetzungen des Anspruchs einschließlich seiner Bedürftigkeit darlegen und notfalls beweisen muß, während der Unterhaltsverpflichtete seine Leistungsunfähigkeit nachweisen muß.

9. Richtige Klageart, Prozeßrechtliche Besonderheiten

169 Die in Unterhaltssachen praktisch wichtigste Klage ist die **Leistungsklage,** die auf die Erlangung eines Vollstreckungstitels in Form eines Urteils oder Vergleichs zielt; bei **Teilleistungen** s. o. Rdnr. 35.

Eine Klage ist auch in Unterhaltssachen nur dann das geeignete Mittel zur Durchsetzung von Ansprüchen, wenn zuvor der Versuch einer außergerichtlichen Regelung ernsthaft unternommen worden ist. Wenn vorschnell Klage erhoben wird, hat dies für die Beteiligten nicht nur die Konsequenz einer nicht selten jahrelangen prozessualen Auseinandersetzung mit den sich hieraus ergebenden finanziellen und – gerade in Familiensachen – psychischen Belastungen, sondern darüber hinaus auch unmittelbar prozessuale Folgen. So besteht insbesondere die Gefahr, falls der Beklagte keine Veranlassung zur Klageerhebung gegeben hat und nach § 93 ZPO den **Anspruch nach Klageerhebung** „sofort" anerkennt, daß dem Kläger die Kosten des Rechtsstreits auferlegt werden. Die Unsicherheiten über die Leistungsfähigkeit des Unterhaltspflichtigen können zudem in vielen Fällen dadurch verringert werden, daß er aufgefordert wird, seine Einkommensverhältnisse in einer den Anforderungen der Rechtsprechung entsprechenden Weise darzulegen und nach § 261 BGB die Richtigkeit seiner Angaben an Eides Statt zu versichern. Falls eine solche Auskunft vorprozessual nicht erteilt wird, besteht die Möglichkeit der **Stufenklage,** die für den Kläger den Vorteil hat, daß das Kostenrisiko erheblich verringert wird. Vor Einreichung einer Klage bzw. Beantragung der Prozeßkostenhilfe für eine Klage sollte sich der Kläger in gleicher Weise Klarheit über seine eigenen Einkommensverhältnisse verschaffen.

170 Ein Unterhaltsanspruch muß bei einer Leistungsklage **beziffert** werden; ein Antrag auf Verurteilung zum angemessenen Unterhalt ist nicht ausreichend. In dem Klageantrag ist auch genau anzugeben, für welchen **Zeitraum** Unterhalt begehrt wird. Es empfiehlt sich im übrigen auch schon bei der Antragstellung, rückständigen Unterhalt vom laufenden Unterhalt zu unterscheiden, weil dieser auch kostenrechtlich bei der Festsetzung des Streitwertes von Bedeutung ist. **Unterhaltsrückstände** (bis zur Einreichung der Klage) werden nach § 17 IV GKG dem für die kostenmäßige Streitwertberechnung in der Regel maßgeblichen Jahresbetrag der wiederkehrenden Leistungen hinzugerechnet. Vor Klageeinreichung **gezahlt Beträge** sind ebenso zu berücksichtigen wie später im Laufe des Prozesses erbrachte Leistungen, die insoweit zu einer **Erledigung der Hauptsache** führen. Wird bis zur letzten mündlichen Verhandlung der (teilweisen) Erledigung der Hauptsache nicht Rechnung getragen, so besteht die Gefahr einer Klageabweisung als unbegründet, weil zu diesem Zeitpunkt ein Unterhaltsanspruch in der beantragten Höhe nicht mehr gegeben ist. Auch der Möglichkeit der **zeitlichen Begrenzung** des Anspruchs nach §§ 1573 V, 1578 I 2, 1579 BGB muß durch die Fassung des Antrages Rechnung getragen werden.

171 Eine weitere Besonderheit bei der Fassung der Klageanträge kann sich ergeben, wenn neben Elementarunterhalt auch **Vorsorgeunterhalt** geltend gemacht wird. Der Vorsorgeunterhalt ist Teilelement des gesamten Lebensbedarfs, gleichwohl ist er im Urteil selbstständig zu tenorieren (*BGH* FamRZ 1981, 442/445).

172 Von großer praktischer Bedeutung in Unterhaltsprozessen ist die Verfahrensbeendigung durch **Prozeßvergleich.** Ein erheblicher Teil aller Unterhaltsverfahren wird in erster, aber auch in zweiter Instanz durch Vergleich erledigt. Der

Prozeßvergleich ist ein **Vollstreckungstitel,** der aus sich heraus für die Vollstreckung verständlich sein muß. In dem Vergleich sollten – schon für den Fall der notwendig werdenden späteren Abänderung die **Vergleichsgrundlagen** sehr sorgfältig angegeben werden. Andernfalls besteht in einem späteren Abänderungsprozeß eine erhöhte Gefahr von Beweisschwierigkeiten, die dann zu Lasten der beweispflichtigen Partei geht. Wenn der Vergleich eine **Kostenregelung** nicht vorsieht, so sind die Kosten des Rechtsstreits und derjenigen des Vergleichs nach § 98 ZPO gegeneinander aufzuheben.

Der **Auskunftsklage** kommt in Unterhaltssachen eine beträchtliche Bedeutung zu, da sehr häufig der Unterhaltsgläubiger über Einkommens- und ggf. auch über die Vermögensverhältnisse des Unterhaltsschuldners nicht oder nur unzureichend unterrichtet ist und sich nur durch eine Auskunft Kenntnis der wirklichen Verhältnisse verschaffen kann. Die materiell-rechtliche Auskunftsverpflichtung ergibt sich für den Ehegatten-Trennungsunterhalt aus § 1361 IV 3. i. V. m. § 1605 BGB. **173**

Dem gesetzlichen **Mahnverfahren** gemäß §§ 688ff. ZPO kommt in Unterhaltssachen kaum eine praktische Bedeutung zu. Allerdings ist auf die Geltendmachung von bereits fälligen Unterhaltsansprüchen, die auf die Zahlung einer bestimmten Geldsumme gerichtet ist (§ 688 I ZPO), grundsätzlich zulässig. Zukünftig, nach Ablauf der Widerspruchsfrist fällig werdende Unterhaltsansprüche können jedoch im Mahnverfahren nicht geltend gemacht werden (vgl. Unterhaltsrecht – *Schlüter,* S. 23.28 im Anschluß an Kommentierung der §§ 688ff. in *Thomas/Putzo*). **174**

XI. Nachehelicher Ehegattenunterhalt

1. Vorbereitung des Unterhaltsrechtsstreits

a) Auskunfts- und Belegverfahren

Ist das vollständige Einkommen des Unterhaltsverpflichteten nicht bekannt, muß er so früh wie möglich mit einem **Aufforderungsschreiben** angehalten werden, über seine Einkünfte Auskunft zu erteilen. Aus der vorgerichtlichen Auskunftsaufforderung muß eindeutig zu entnehmen sein, **175**

- für welchen Zeitraum der Schuldner Auskunft erteilen soll,
- auf welchen Zeitpunkt er die Aufstellung seines Vermögens abstellen, und
- welche Belege er vorlegen soll.

Ohne die konkrete Bezeichnung des Auskunfts- und Belegverlangens ist das Aufforderungsschreiben wirkungslos. Der Auskunftsberechtigte hat Anspruch auf eine **systematische Zusammenstellung** der erforderlichen Angaben, die ihm ohne übermäßigen Arbeitsaufwand eine Berechnung seines Unterhaltsanspruchs oder seiner Unterhaltsverpflichtung ermöglicht. Die Auskunftspflicht ist durch Vorlage einer systematischen (geordneten, übersichtlichen und in sich geschlossenen und verständlichen) **Aufstellung** zu erfüllen.

Die **Anspruchsgrundlagen** für die wechselseitigen Auskunfts- und Belegpflicht finden sich in §§ 1605, 1361 IV 4, 1580 BGB, wobei § 1605 BGB die Grundnorm darstellt, deren entsprechende Anwendung die §§ 1361 IV 4 und 1580 BGB vorschreiben. Bei **unselbständig Erwerbstätigen** sind i. d. R. die Einkünfte eines Jahres maßgebend, wobei es sich regelmäßig empfiehlt, den zwölfmonatigen Zeitraum vor dem Auskunftsverlangen oder der Klageerhe- **176** bung als Beurteilungszeitraum zu wählen, um auch die Lohn- bzw. Gehaltserhöhung des laufenden Jahres berücksichtigen zu können.

177 Bei **selbständig Gewerbetreibenden** oder freiberuflichen Erwerbstätigen ist i. d. R. auf das Durchschnittseinkommen in den letzten drei Jahren abzustellen, um im Hinblick auf das regelmäßig schwankende Einkommen eine sichere Beurteilung der Verhältnisse zu ermöglichen (zu Umfang, Art und Weise der Auskunft s. Unterhaltsrecht – *Heiß/Heiß,* S. 6. 4ff. m. w. Nachw.) Wer mit der Erfüllung seiner Auskunftspflicht in **Verzug** kommt, ist dem anderen zum Ersatz des daraus entstehenden Schadens verpflichtet (*BGH* FamRZ 1985, 155, 158). Das Familiengericht kann im Unterhaltsrechtsstreit ggf. von dem vom Gegner behaupteten Einkommen oder Vermögen des anderen ausgehen.

b) Verpflichtung zur ungefragten Information

178 Der mit einem Unterhaltsrechtsstreit befaßte Anwalt sollte stets bedenken, daß aufgrund im Unterhaltsrecht herrschenden **Gegenseitigkeitsprinzips** eine Verpflichtung seines Mandanten zur ungefragten Information bestehen kann. In Literatur und Rechtssprechung ist die Meinung im Vordringen, daß bei allen Veränderungen, die sich erkennbar jenseits der für § 323 ZPO maßgebenden Schwelle auf den Unterhaltsanspruch auswirken können, eine ungefragte gegenseitige Informationspflicht besteht (vgl. *Brüne* FamRZ 1983, 657f). Danach sind insbesondere die Aufnahme oder Erweiterung einer Erwerbstätigkeit, der Wegfall oder die Einschränkung der Betreuungsbedürftigkeit eines Kindes zu einem früheren als dem erwarteten Zeitpunkt, die Entwicklung einer Krankheit, der Abschluß oder die Aufgabe einer finanzierten Ausbildung, insbesondere aber die **Wiederverheiratung** ungefragt mitzuteilen (s. hierzu Unterhaltsrecht – *Heiß/Heiß,* S. 6. 10ff. und *Johannsen/Henrich/Voelskow,* Rdnr. 14 zu § 1580 BGB).

c) Ermittlung des unterhaltrechtlich revelanten Einkommens

179 Sämtliche Einkommen, die beide Parteien zur Verfügung haben und/oder sich beschaffen könnten sowie sämtliche Abzugsposten, um die die Einkünfte zu bereinigen sind, sind sorgfältig zu erforschen. Nur auf der Grundlage des exakten, unterhaltsrechtlich revelanten Einkommens kann der Unterhaltsprozeß ordnungsgemäß geführt werden. Nur der Anwalt, der alle Gesichtspunkte, die bei der Ermittlung des unterhaltsrechtlich revelanten Einkommens von Bedeutung sind, berücksichtigt und im Streitfalle einen entsprechenden Sachverhalt darlegt und ggf. nachweist, kann erwarten, daß der Unterhaltsrechtsstreit zu einem richtigen Ergebnis führt (zur Ermittlung des Einkommens s. *Heiß/Heiß,* Unterhalt von A–Z, S. 52ff. und Unterhaltsrecht – *Heiß/Heiß,* S. 3. 1ff., *Friederici,* Aktuelles Unterhaltsrecht, Seminarschriften der Deutschen Anwaltsakademie, Band 14, S. 13ff.). **Sachverständige:** Bei der Ermittlung des unterhaltsrechtlich relevanten Einkommens von Selbständigen kann häufig die Auswertung die Bilanzen, Gewinn- und Verlustrechnungen, Buchführungsunterlagen u. dergl. ohne Einbeziehung eines Gutachters nicht sachgerecht vorgenommen werden. Im Hinblick darauf, daß Gutachter regelmäßig nach betriebswirtschaftlichen und steuerrechtlichen Grundsätzen bei der Erstellung des Gutachtens vorgehen, empfiehlt es sich einen **Beweisantrag** auf Einholung eines Sachverständigengutachtens nicht nur allgemein zur Höhe eines bestimmten Einkommens zu stellen, sondern diesen so konkret zu formulieren, daß eine sachgerechte Ermittlung des Einkommens vorgenommen werden kann. Im Anschluß an

Borth (Handbuch des Scheidungsrechts, S. 750) empfiehlt es sich regelmäßig folgende Fragen an den Gutachter zu richten:

- Sind die vorgelegten Unterlagen entsprechend den handels- bzw. steuerrechtlichen Grundsätzen erstellt worden?
- Wurde nach diesen Unterlagen der Betriebsgewinn korrekt ermittelt?
- In welcher Weise haben sich die Betriebsergebnisse über den Zeitraum von ... bis ... entwickelt (regelmäßig 3 Jahre)?
- Entspricht die vorgenommene Abschreibungspraxis den herkömmlichen betriebswirtschaftlichen Grundsätzen?
- Wie würde sich das jeweilige Betriebsergebnis darstellen, wenn entsprechend der Rechtsprechung des BGH die jeweilige AfA nicht aufgrund der steuerlich zulässigen Regelungen, sondern der tatsächlichen Nutzungsdauer der Wirtschaftsgüter vorgenommen würde (es empfiehlt sich, dem Gutachter diese Rechtsprechung zu benennen)?
- Sind Rückstellungen vorgenommen worden, die sowohl aus der Sicht im Zeitpunkt ihrer Vornahme als auch aus heutiger Sicht betriebswirtschaftlich nicht geboten waren?
- Wie sind die im Betrieb ruhenden stillen Reserven zu bewerten?
- Wird sich angesichts der Betriebsstruktur die bisherige positive (negative) Entwicklung des Betriebsergebnisses fortsetzen?

d) Aufforderungsschreiben, Inverzugsetzung

Gemäß §§ 1585b, 1613 BGB kann der Unterhaltsberechtigte mit Ausnahme **180** von Sonderbedarf (§ 1613 II BGB) Unterhaltserfüllung für die Vergangenheit oder Schadenersatz wegen Nichterfüllung erst von der Zeit an fordern, in der der Unterhaltspflichtige **in Verzug** gekommen oder der Unterhaltsanspruch rechtshängig geworden ist. Gemäß § 1585b III BGB kann bezüglich des nachehelichen Ehegattenunterhalts für eine **mehr als ein Jahr** vor der Rechtshängigkeit liegende Zeit Erfüllung oder Schadenersatz wegen Nichterfüllung nur verlangt werden, wenn anzunehmen ist, daß der Verpflichtete sich der Leistung **absichtlich entzogen** hat.

Der Unterhaltspflichtige muß daher so früh wie möglich mit einem **Auffor- 181 derungsschreiben** in Verzug gesetzt werden. Gleichzeitig wird durch dieses Aufforderungsschreiben die Kostenfolge des § 93 ZPO vermieden. Bei diesem Schreiben muß berücksichtigt werden, daß der Verzug des Verpflichteten Fälligkeit der Forderung und Mahnung voraussetzt; Mahnung ist die Aufforderung, die geschuldete, nach Grund und Höhe genau bezeichnete Leistung zu erbringen. Die Mahnung muß eine der Höhe nach **bestimmte und eindeutige Leistungsaufforderung** enthalten. Die Wirksamkeit der Mahnung wird nicht dadurch berührt, daß ein **überhöhter Unterhalt** gefordert wird. Wegen der Schwierigkeiten der Berechnung einer Unterhaltsforderung kann eine Mahnung i. d. R. nicht deswegen als unwirksam angesehen werden, weil sie eine Zuvielforderung enthält (*BGH* FamRZ 1983, 352ff.). Dies gilt jedoch nicht, wenn der bezifferte Unterhalt **außer Verhältnis** zum wirklich geschuldeten Unterhalt steht und der Unterhaltsschuldner aufgrund des Mahnschreibens nicht in der Lage ist, den wirklich geschuldeten Unterhalt zu errechnen (*OLG Frankfurt* FamRZ 1987, 1144f). Ein Betrag, der „ins Blaue hinein" verlangt wird, weist keinen genügenden Bezug auf den wirklich geschuldeten Unterhalt auf und vermag die Zwecke einer Mahnung, den Schuldner zur Erbringung der Leistung anzuhalten, nicht zu erfüllen. In derartigen Fällen ist eine Mahnung **rechtsunwirksam,** dies gilt jedenfalls dann, wenn eine Berechnung des aufgrund des Mahnschreibens geschuldeten Unterhalts schlechterdings unmöglich ist.

182 Das an den Verpflichteten gerichtete Verlangen, **Auskunft** über seine Einkommensverhältnisse zu erteilen, stellt keine konkrete Leistungsaufforderung dar (*BGH* FamRZ 1985, 155/157). Die Mahnung ist entbehrlich, wenn der Verpflichtete Unterhaltsleistungen eindeutig und endgültig **verweigert** hat. (Schriftsatz-Muster für Aufforderungsschreiben s. *Günther/Hein,* S. 189ff. sowie bei *Vespermann,* Scheidungs- und Scheidungsverbundverfahren).

2. Vereinbarungsmöglichkeiten

183 Bei der Scheidungsvereinbarung über den nachehelichen Unterhalt gewährt § 1585c BGB einen **weiten Vereinbarungsspielraum.** Den Ehegatten steht bis zur Grenze des § 138 BGB volle Vereinbarungsfreiheit zu. Wenn sich die Eheleute nach entsprechender Aufklärung und Belehrung auf eine rechtlich zulässige, vom gesetzlichen Modell abweichende Lösung der Unterhaltsfrage einigen können, so ist dies als letzter Akt ehelicher Autonomie und Solidarität zu begrüßen und zu fördern. Der Rechtsanwalt sollte sich ebenso wie der Familienrichter hüten, den Vormund der Beteiligten spielen zu wollen. Die Scheidungsvereinbarung über den nachehelichen Unterhalt bedarf nach § 1585c BGB grundsätzlich **keiner Form.** Allerdings kann sich der Zwang zur notariellen Form aus dem Titulierungszwang des § 630 I 3, III ZPO i. V. m. § 794 I 5, II ZPO ergeben. Der **minderjährige Ehegatte** bedarf zu einer Vereinbarung über den nachehelichen Ehegattenunterhalt der Zustimmung des gesetzlichen Vertreters, §§ 1633, 108 BGB.

184 Die häufigste Form der Vereinbarung über den nachehelichen Unterhalt ist der völlige **Unterhaltsverzicht.** Der Unterhaltsverzicht verwirklicht die Grundvorstellung des Gesetzgebers, daß jeder Ehegatte nach der Scheidung für seinen Unterhalt selbst verantwortlich ist. Der Unterhaltsverzicht umfaßt mangels abweichender Vereinbarung auch den Verzicht auf den sog. **Notbedarf.** Die in der Praxis häufige ausdrückliche Einbeziehung des Notbedarfs in den Verzicht dient nur der Klarstellung. Der Fall der Not kann jedoch auch vom Verzicht ausdrücklich ausgenommen werden. Möglich ist auch ein **Unterhaltsverzicht gegen Abfindung,** etwa eine Kapitalabfindung als „Startgeld" im Sinne des weitgehend leerlaufenden § 1585 II BGB. Im **Verhältnis zur Sozialhilfe** sind zwei sich aus der Rechtsordnung des BGH ergebende Anwendungsfälle des § 138 BGB zu beachten. Hat ein Ehegatte bereits Sozialhilfe in Anspruch genommen und hat das **Sozialamt** vor Abschluß der Vereinbarung die Unterhaltsansprüche gemäß §§ 90, 91 BSHG auf sich **übergeleitet,** so hat der verzichtende Ehegatte kein Verfügungsrecht über diese Unterhaltsansprüche mehr. Der Verzicht ist unwirksam. Sittenwidrig und nichtig ist auch ein Unterhaltsverzicht, der in Anbetracht der wirtschaftlichen Situation der Eheleute zwingend dazu führen würde, daß der verzichtende Ehegatte der **Sozialhilfe anheim fällt** (ausführlich hierzu Unterhaltsrecht – *Langenfeld,* S. 15.14ff.).

185 Die **modifizierende Unterhaltsvereinbarung** dient der Verfahrensbeschleunigung, Kostenersparnis und vor allem der Vermeidung oder Beilegung von Streit über Höhe und Modalitäten der Unterhaltspflicht. Die Vereinbarungsmöglichkeiten sind so vielgestaltig wie das Recht des nachehelichen Unterhalts (s. hierzu Unterhaltsrecht – *Langenfeld,* S. 15.17ff. m. w. Nachw.).

a) Elementarunterhalt

186 Eine besondere Rolle spielen hier Vereinbarungen über den **Unterhaltsmaßstab.** Regelmäßig wird von den Lebensverhältnissen der Ehegatten ausgegan-

gen, die zum Zeitpunkt der Scheidung dauerhaften Bestand gewonnen haben. Wird ein geringerer Unterhalt vereinbart, empfiehlt es sich den nach den ehelichen Lebensverhältnissen an sich angemessenen Bedarf als künftige Bemessungsgrundlage – auch für die Anrechnung eigenen Einkommens des Berechtigten – festzuhalten. Von erheblicher praktischer Bedeutung sind Vereinbarungen, die die Auswirkungen einer eigenen Erwerbstätigkeit des Unterhaltsberechtigten regeln oder berücksichtigen.

Die Bereitschaft des während der Ehe nicht berufstätigen Ehegatten zur Auf- **187**
nahme einer Erwerbstätigkeit kann dadurch gesteigert oder erst hergestellt werden, daß im Gegensatz zur einschlägigen Rechtsprechung des *BGH* (vgl. FamRZ 1983, 144/146) für die Berechnung des zu quotierenden Einkommens die **Differenzmethode** an Stelle der Substraktionsmethode vereinbart wird. Abweichend von der gesetzlichen Gestaltung des Unterhaltsanspruchs kann vereinbart werden, daß der Unterhalt teilweise nicht durch Zahlung einer Geldrente (§ 1585 BGB), sondern in **Sachleistungen** wie etwa unentgeltliche Gebrauchsüberlassung einer Wohnung oder eines Kfz erbracht werden soll. In der Vereinbarung können Regelungen aufgenommen werden, die **künftige Änderungen** betreffen, z. B. wenn die geschiedene Ehefrau das aus der Ehe hervorgegangene Kind nicht mehr in einem solchen Umfange zu betreuen und zu erziehen braucht, daß sie nicht erwerbstätig sein kann, überhaupt Regelungen, die eine spätere Änderung erleichtern oder erschweren.

b) Krankenversicherung

Bezüglich des Krankenversicherungsunterhalts kann im Falle der **Privatversi-** **188**
cherung vereinbart werden, daß der geschiedene Ehegatte weiterhin mit dem Versicherungsnehmer versichert bleiben soll. Der Versicherungsnehmer hat sich dann zu verpflichten, weiterhin die Beiträge zu leisten und den Vertrag nicht zu kündigen. In der **gesetzlichen Krankenversicherung** erlischt die Krankenhilfe für den Ehegatten des in der Krankenversicherung nach §§ 165 ff. RVO Versicherten mit Rechtskraft des Scheidungsurteils. Der geschiedene Ehegatte hat aber die Möglichkeit, der Krankenversicherung nach § 176b I 1 RVO freiwillig beizutreten, und zwar ohne Rücksicht auf sein Alter, ohne Wartezeit, ohne ärztliche Untersuchung und ohne Ausschluß bereits bestehender Krankheiten von der Kassenleistung. Der Aufnahmeantrag oder die Beitragszahlung hat **binnen eines Monats** nach Rechtskraft des Scheidungsurteils zu erfolgen. Dieses Verfahren und die Weiterzahlung des Beitrages durch den Unterhaltspflichtigen kann ausdrücklich vereinbart werden. Kinder bleiben regelmäßig versichert, wobei in dem Ausnahmefall, daß der gut verdienende geschiedene Ehegatte nicht gesetzlich versichert ist und ein höheres Einkommem als der pflichtversicherte Elternteil hat, die §§ 205, 176b RVO zu beachten sind. Auf die Bedeutung der rechtzeitigen Antragstellung, die immer wieder versäumt wird, sollten beide Ehegatten nachdrücklich hingewiesen werden (sonst **Haftungsgefahr!).**

c) Altervorsorgeunterhalt

Altersvorsorgeunterhalt kann ab Beginn des Monats verlangt werden, indem **189**
das Scheidungsverfahren rechtshängig geworden ist, § 1361 I 2 BGB. Der Unterhaltsberechtigte kann frei wählen, in welcher Form er sich versichern will, insbesondere, ob er in einer privaten Versicherung oder in der Rentenversicherung für sein Alter vorsorgen will. Die Bemessung des Altersvorsorgeunterhalts

erfolgt nach der Bremer Tabelle; anschließend ist eine Kürzung des Elementarunterhalts vorzunehmen (zur Berechnung s. Unterhaltsrecht – *Heiß/Heiß,* S. 2. 44a ff.).

Der *BGH* (FamRZ 1988, 1145/1147) hat erneut die zweistufige Bemessung des Elementar- und Vorsorgeunterhalts nach der Bremer Tabelle gebilligt. Die von *Jacob* vorgeschlagene integrierte Berechnung des Vorsorge- und Grundunterhalts (FamRZ 1988, 997ff.; 1989, 924ff.) hat aber den Vorteil, daß Elementarunterhalt und Vorsorgeunterhalt besser aufeinander abgestimmt werden können. Wird ein zu geringer Krankheits- und Altersvorsorgeunterhalt gefordert, ist das Gericht nicht durch § 308 ZPO daran gehindert, einen höheren Betrag zuzusprechen. Es gilt die Regel, daß bei der Bemessung des Vorsorgeunterhalts im Verhältnis zum Elementarunterhalt weitgehend unabhängig von Parteierklärungen zu verfahren ist. Eine Bindung an den Antrag des Unterhaltsberechtigten ist nur insoweit anzunehmen, als kein höherer Gesamtunterhalt, als geltend gemacht, zugesprochen werden darf (so *BGH* FamRZ 1989, 483/485).

d) Zeitliche Begrenzung

190 Soll der Unterhaltsanspruch zeitlich begrenzt werden, gleichgültig, für welche Zwecke der Unterhalt gedacht ist und aus welchen Gründen die zeitliche Begrenzung festgelegt wird, so ist daraus häufig zu schließen, daß der Ehegatte für die folgende Zeit auf Unterhalt verzichtet (zu den Folgen des Unterhaltsverzichts s. *Göppinger,* Vereinbarungen, Rdnr. 308ff.). Eine ausdrückliche Klarstellung empfiehlt sich jedoch dringend.

e) Unterhaltsabänderung, § 323 ZPO

191 Wurde der Unterhalt durch **vertragliche Vereinbarung** geregelt, so unterliegt der Anspruch auf Anpassung an **veränderte Verhältnisse** nur den Grundsätzen der Änderung bzw. des Wegfalls der Geschäftsgrundlage (keine entsprechende Anwendung des § 323 ZPO!; vgl. *BGH* NJW 1986, 2054 = FamRZ 1986, 790). Unterhaltsverträge, in denen die Parteien Leistung einer festen Rente vereinbart haben, unterliegen grundsätzlich der Anpassung unter dem Gesichtspunkt der §§ 157, 242 BGB; die Anpassungsmöglichkeit entfällt im allgemeinen nur dann, wenn sie durch ausdrückliche Erklärung der Parteien ausgeschlossen ist, denn regelmäßig werden Unterhaltsverträge unter der Voraussetzung gleichbleibender Verhältnisse geschlossen (*Göppinger,* Rdnr. 253ff. m.w. Nachw.).

Verteidigt der im Abänderungsprozeß beklagte Unterhalts**gläubiger** das Urteil mit dem Einwand, die titulierte Unterhaltsforderung sei inzwischen aufgrund eines **anderen Unterhaltsanspruchs** gerechtfertigt, so trifft ihn die Darlegungs- und Beweislast für die tatsächlichen Voraussetzungen der ausgewechselten Anspruchsgrundlage auch dann, wenn der Unterhaltsschuldner die Abänderungsklage erst geraume Zeit nach dem Einsatzzeitpunkt des neuen Anspruchs erhoben hat (so *OLG Zweibrücken,* FamRZ 1989, 1192 m.w. Nachw.). Der Unterhaltsgläubiger ist in diesem Fall den Schwierigkeiten nicht hilflos ausgesetzt, welche dadurch entstehen, daß der Unterhaltsschuldner erst geraume Zeit nach Eintritt der abänderungserheblichen tatsächlichen Veränderungen die Abänderungsklage erhebt. Es ist ihm nämlich möglich, durch rechtzeitige Sicherung des Beweises in einem Verfahren nach den §§ 485ff. ZPO seine Rechtsverteidigung in einem späteren Abänderungsprozeß sicherzustellen. Eine derartige, in gewisser Weise vorbeugende Maßnahme zur Erhaltung des titulierten Unterhaltsanspruchs erscheint für den Unterhaltsgläubiger schon wegen seiner stärkeren Nähe zum abänderungserheblichen Sachverhalt zumutbar.

f) Abfindung

Eine Abfindungsvereinbarung ist in der Regel nur dann sinnvoll, wenn auch **192**
der Verpflichtete auf Unterhalt verzichtet. Die Vereinbarung einer Abfindung hat zur Folge, daß mit der Bezahlung der Abfindungssumme der gesetzliche **Unterhaltsanspruch erlischt,** sofern nicht eine Klausel aufgenommen wird, daß im Falle einer Notlage ein bestimmter Betrag laufend zu leisten sei. Erlischt der Unterhaltsanspruch, so wird der Erbe des unterhaltspflichtig gewesenen geschiedenen Ehegatten von Unterhaltspflichten frei (s. § 1586b BGB).

g) Sicherstellung der Ansprüche

Ist der unterhaltspflichtige Ehegatte Eigentümer oder Miteigentümer eines **193**
Grundstücks, so kann die Verpflichtung zur Zahlung einer Unterhaltsrente durch Bestellung einer **Reallast** dinglich gesichert werden, §§ 1105 I, 1106, 1107, 1108, 1111 BGB. Möglich ist auch, daß zur Sicherstellung des Unterhalts ein **Nießbrauch** an einem Grundstück bestellt wird, § 1030 BGB (s. hierzu *Göppinger,* Vereinbarungen, Rdnr. 274ff.).

3. Vorläufiger Rechtsschutz und Eilmaßnahmen

a) Arrest

Geht es dem Unterhaltsberechtigten darum, die **künftige Durchsetzung** seiner **194**
Ansprüche zu sichern, so kann das durch Arrest geschehen. In dem Arrestgesuch (§ 920 ZPO) sind der Anspruch und der Arrestgrund (§§ 917, 918 ZPO) anzugeben und glaubhaft zu machen, §§ 920 II, 294 ZPO (die Voraussetzungen für den Erlaß eines Arrestes sind übersichtlich zusammengestellt in Unterhaltsrecht – *Luthin,* S. 5. 1aff.).

b) Einstweilige Verfügung

Hat der Unterhaltsberechtigte ein dringendes Bedürfnis nach rascher, gegen- **195**
wärtiger Regelung seiner Unterhaltsansprüche, so kann das durch einstweilige Verfügung bewirkt werden, die als sog. **Leistungsverfügung** statthaft ist. In dem Gesuch sind der Verfügungsanspruch und der Verfügungsgrund zu bezeichnen und glaubhaft zu machen, §§ 936, 920 II, 294 ZPO. An die **Glaubhaftmachung** von Verfügungsanspruch und Verfügungsgrund sind strenge Maßstäbe anzulegen. Es muß eine **Notlage** des Unterhaltsberechtigten vorliegen; nur das **Notwendige** darf zuerkannt werden und nur für einen **begrenzten Zeitraum.** Ein Verfügungsgrund liegt insbesondere dann nicht vor, wenn der Unterhaltsberechtigte sich nur nachlässig um eine Klärung seiner Unterhaltsansprüche bemüht hat, insbesondere wenn er nachehelichen Ehegattenunterhalt **nicht im Verbund** mit der Scheidungssache geltend gemacht hat, obwohl der Unterhaltspflichtige eindeutig zu erkennen gegeben hat daß er nicht freiwillig leisten werde (Unterhaltsrecht – *Luthin,* S. 25.4ff. m. zahlr. w. Nachw. aus der Rechtsprechung).

c) Einstweilige Anordnung

Solange eine Ehesache oder ein darauf gerichtetes Prozeßkostenhilfeverfahren **196**
anhängig ist, kann der nacheheliche Ehegattenunterhalt auch durch einstweilige Anordnung nach §§ 620–620f ZPO geregelt werden (s. hierzu Unterhaltsrecht – *Luthin,* S. 25.12. ff.).

4. Anspruchsgrundlagen

197 Auszugehen ist von dem **Grundsatz,** daß nach der Scheidung jeder Ehegatte verpflichtet ist, selbst für seinen Unterhalt zu sorgen, § 1569 BGB. Ein Unterhaltsanspruch für die Zeit nach Rechtskraft der Scheidung besteht deshalb nur, wenn die Voraussetzungen einer der in §§ 1570ff. BGB genannten Anspruchsgrundlagen dargelegt und ggf. bewiesen sind. Als Anspruchsgrundlagen kommen in Betracht:

198 **a) Unterhalt wegen Kindesbetreuung,** § 1570 BGB. Derjenige Elternteil, dem die elterliche Sorge für die ehegemeinschaftlichen Kinder übertragen wird, hat regelmäßig gegen den geschiedenen Ehegatten auch einen Unterhaltsanspruch für sich selbst. Bis zu welchem Zeitpunkt bei der Betreuung eines Kleinkindes eine Erwerbsobliegenheit nicht besteht, wird auch in den Leitlinien und Rechtsprechungshinweisen der Oberlandesgerichte, die im Anhang (Rdnrn. 350ff.) abgedruckt sind, nicht einheitlich beurteilt.

Im Regelfall ist davon auszugehen, daß eine Obliegenheit des Sorgeberechtigten zur Erwerbstätigkeit nicht besteht, bis bei 1 oder 2 Kindern das jüngste Kind in die 3. Grundschulklasse kommt. **Ab Beginn der 3. Grundschulklasse** bis zum Beginn des 15. Lebensjahres des jüngsten Kindes besteht für den Sorgeberechtigten in der Regel eine Obliegenheit zur **Halbtagsbeschäftigung.** Ist das Kind älter als 15 Jahre, wird seine Betreuung einer Erwerbsobliegenheit des Elternteils regelmäßig nicht mehr entgegenstehen. Wer eine Ausnahme von der aus der Erfahrung abgeleiteten Regel in Anspruch nimmt, hat im Prozeß die hierfür erforderlichen Voraussetzungen darzulegen und zu beweisen.

199 **b) Unterhalt wegen Alters,** § 1571 BGB. Entscheidend für den Unterhaltsanspruch wegen Alters ist, daß die Anspruchsvoraussetzungen im sogenannten **Einsatzzeitpunkt** vorliegen. Ein geschiedener Ehegatte kann nicht allgemein, wenn er alt wird, Unterhalt verlangen. Die Unzumutbarkeit der Aufnahme einer Erwerbstätigkeit muß vielmehr am Ende der Ehe (d. h. bei Rechtskraft des Scheidungsurteils) oder in deren Nachwirkungsbereich (insbesondere bei Beendigung der Pflege oder Erziehung eines gemeinschaftlichen Kindes) bestehen. Im Gesetz wird **keine feste Altersgrenze** genannt, von der ab Unterhalt wegen Alters verlangt werden könnte. Der geschiedene Ehegatte muß nachweisen, daß er aufgrund seines Alters keine angemessene Erwerbstätigkeit finden konnte oder seinen Beruf nicht voll decken kann. Der Nachweis entsprechender, aber fehlgeschlagener Bemühungen (durch Zeitungsanzeigen, Arbeitsamt) reicht aus. In der Praxis ist davon auszugehen, daß einer Frau, die das **55. Lebensjahr** vollendet hat und längere Zeit nicht erwerbstätig war, es meist unmöglich ist, in das Erwerbsleben zurückzukehren. Auch bei Frauen, die im Zeitpunkt der Scheidung zwischen 50 und 55 Jahre alt sind, werden Versuche, ihnen eine angemessene Erwerbstätigkeit zu vermitteln, vielfach scheitern. Andererseits wird es auch Frauen geben, denen auch nach Vollendung des 55. Lebensjahres die Aufnahme einer Erwerbstätigkeit zugemutet werden kann, weil der Alterungsprozeß nicht so fortgeschritten ist, daß die Aufnahme einer entsprechenden Tätigkeit nicht erwartet werden könnte.

200 **c) Unterhalt wegen Krankheit oder Gebrechen,** § 1572 BGB. Erforderlich ist, daß die Krankheit entweder zum Zeitpunkt der Scheidung, nach Beendigung der Kindererziehung, nach einer Ausbildung oder nach einer Zeit der

Arbeitslosigkeit besteht. Entscheidend von dem Grad der Freistellung ist, ob die Krankheit völlige oder teilweise Erwerbsunfähigkeit zur Folge hat. Nach den Einsatzzeitpunkten eintretende Erkrankungen werden nicht mehr dem Risikobereich des geschiedenen Ehegatten zugerechnet. Etwas anderes gilt nur dann, wenn die im Einsatzzeitpunkt vorhandene Krankheit noch nicht zu einer völligen Erwerbsunfähigkeit führt, sich in der Folgezeit aber derart verschlechtert, daß der erkrankte Ehegatte keiner Erwerbstätigkeit mehr nachgehen kann (*BGH* FamRZ 1987, 684/685). In den Fällen, in denen zum Einsatzzeitpunkt (z. B. Zeitpunkt der Scheidung) eine teilweise Erwerbsunfähigkeit vorlag, die wegen der beschränkten Erwerbsfähigkeit zu einem Teilunterhalt führte, und in denen später eine völlige Erwerbsunfähigkeit eingetreten ist, weil sich der Gesundheitszustand verschlechtert hat, kann der Anspruch gemäß § 1572 BGB ab dem Zeitpunkt der völligen Erwerbsunfähigkeit auch den vollen angemessenen Unterhalt erfassen (*Schwab,* Teil IV, Rdnr. 134).

Den Unterhaltsberechtigten trifft die Obliegenheit, alles zur **Wiederherstellung der Arbeitskraft** erforderliche zu tun, um seine Unterhaltsbedürftigkeit zu mindern. Wer leichtfertig die Möglichkeit ärztlicher Behandlung und Behebung der Aufnahme der Erwerbstätigkeit entgegenstehender Schwierigkeiten nicht nutzt, kann seine Bedürftigkeit mutwillig herbeiführen und seinen Unterhaltsanspruch verwirken, § 1579 BGB.

d) Unterhalt wegen Arbeitslosigkeit, §§ 1573, 1574 BGB. Ein Ehegatte **201**
kann wegen unzureichender Wiedereingliederung ins Arbeitsleben Unterhalt verlangen, wenn er nach der Scheidung oder nach Beendigung der Kindererziehung oder nachdem er wieder gesund geworden ist, keine angemessene Erwerbstätigkeit zu finden vermag. Voraussetzung des Anspruchs ist, daß der Ehegatte sich um eine **Erwerbstätigkeit ausreichend bemüht.** Bemüht er sich nicht ausreichend, so ist ein Unterhaltsanspruch nicht gegeben. Die Tatsache allein, daß er nicht erwerbstätig ist, soll somit den Anspruch noch nicht auslösen; es muß vielmehr hinzu kommen, daß seine Bemühungen, eine angemessene Erwerbstätigkeit aufzunehmen, ausreichend waren und erfolglos geblieben sind. Die Bedürftigkeit des Unterhaltsgläubigers entfällt im Umfang **erzielbarer Einkünfte** aus zumutbarer Erwerbstätigkeit. Vorstellungen beim Arbeitsamt, Zeitungsannoncen, Bewerbungen auf Anzeigen, Vorstellungsbesuche, probeweiser Arbeitsbeginn, Wiederherstellung der Gesundheit und was sonst üblicherweise unternommen wird, um eine Beschäftigung zu finden, muß auch von dem geschiedenen Ehegatten erwartet werden. Eine erlangte Erwerbstätigkeit darf er nicht durch eigenes verantwortbares Versagen gefährden.

Im Hinblick darauf, daß die Erfüllung von Erwerbsobliegenheiten schwierig zu kontrollieren ist, sind neben objektiven Kriterien auch die **subjektive Arbeitsbereitschaft** zu berücksichtigen, wobei häufig die Arbeitsbiographie sehr aufschlußreich sein kann (*BGH* FamRZ 1986, 244/246; *van Els* FamRZ 1989, 397).

e) Ergänzungs- oder Aufstockungsunterhalt, § 1573 II BGB. Wenn beide **202**
Ehegatten erwerbstätig, aber ihre Einkünfte unterschiedlich hoch sind, kann derjenige geschiedene Ehegatte, der eine angemessene Erwerbstätigkeit ausübt, dessen Einkünfte aber nicht ausreichen, ihm seinen vollen Unterhalt zu sichern, die **Differenz zwischen** seinen Einkünften und dem vollen Lebensbedarf von dem anderen Ehegatten als Geldrente verlangen. Der geschiedene Ehegatte, der aufgrund seiner Erwerbstätigkeit weniger verdient als 3/7 der Summe der Net-

toeinkünfte der beiden Ehegatten, hat somit einen sogenannten Aufstockungsunterhaltsanspruch.

203 **f) Unterhalt wegen Ausbildung,** Fortbildung oder Umschulung, § 1575 BGB. Wer in Erwartung der Ehe oder während der Ehe eine Schul- oder Berufsausbildung nicht aufgenommen oder abgebrochen hat, kann von dem anderen Ehegatten Unterhalt verlangen. Entscheidend für die Ausbildungsfinanzierung ist, daß die Ausbildung sobald wie möglich, d. h. unverzüglich nach der Scheidung aufgenommen wird und ein erfolgreicher Abschluß zu erwarten ist.

204 **g) Unterhalt aus Billigkeitsgründen,** § 1576 BGB. Wer nach den bisher dargestellten unterhaltsbegründeten Tatbeständen (Kindeserziehung, Alter, Krankheit, Arbeitslosigkeit, Ausbildung) keinen Anspruch hat, kann dennoch in Ausnahmefällen Unterhalt verlangen, wenn dies **Gerechtigkeitserwägungen** erfordern. Entscheidend für einen solchen Unterhaltsanspruch ist, daß seine Ablehnung dem Gerechtigkeitsempfinden in unerträglicher Weise widerspräche, z. B. in Fällen in denen der in Anspruch genommene Ehegatte einen **Vertrauenstatbestand** des Inhalts gesetzt hat, der Unterhalt des bedürftigen Ehegatten werde auch in Zukunft trotz Unmöglichkeit einer Erwerbstätigkeit gesichert sein. Dabei ist jedoch zu beachten, daß das Gesetz generell nicht das Vertrauen eines Ehegatten, daß er – wenn er nur einmal einen leistungsfähigen Partner geheiratet und diesem die Rolle des Geldverdieners überlassen hat – dann ein für allemal bis an sein Lebensende für seinen Unterhalt ausgesorgt hat. Grundprinzip des nachehelichen Unterhaltsrechts ist vielmehr die Eigenverantwortung.

5. Maß des Unterhalts

205 Liegen die Anspruchsvoraussetzungen für einen oder mehrere der Unterhaltstatbestände vor, ist das Maß des zu leistenden Unterhalts zu bestimmen. Das Maß des Unterhalts bestimmt sich nach den **ehelichen Lebensverhältnissen** (§ 1578 I BGB). Die ehelichen Lebensverhältnisse hängen im wesentlichen von den Einkommens- und Vermögensverhältnissen ab, sie werden insbes. durch das Einkommen der Eheleute geprägt. In einer sogenannten **Doppelverdienerehe** werden die ehelichen Lebensverhältnisse durch die addierten Einkünfte beider Ehegatten bestimmt, wobei eine Pauschalsumme, ausgehend von dem Nettoeinkommen, das die Ehegatten zum Zeitpunkt der Scheidung hatten, festgesetzt wird. Zum Typus der Doppelverdienerehe gehört dabei auch eine Ehe, in der ein Ehegatte vor der Trennung vom anderen Ehegatten in dessen Unternehmen jahrelang regelmäßig und nicht in unerheblichem Umfang mitgearbeitet hatte, ohne daß er einen eigenen Lohn förmlich ausbezahlt erhielt.

206 Einkünfte aus einer **überobligationsmäßigen Tätigkeit** sind ohne Einfluß auf die ehelichen Lebensverhältnisse, weil sie jederzeit ohne unterhaltsrechtliche Nachteile eingestellt werden können (so *BGH* FamRZ 1988, 256).

Das gleiche gilt für Einkünfte aus unzumutbarem Vermögenseinsatz, etwa nicht gebotener Untermietung (so zutr. *Graba* FamRZ 1989, 562/569).

Die Tätigkeit als Hausfrau oder die **Betreuung von Kindern** ist zwar der Erwerbstätigkeit und der durch diese ermöglichte Barunterhaltsleistung wirtschaftlich grundsätzlich gleichwertig, § 1606 III 2 BGB. Sie bleibt aber für die Unterhaltsbemessung nach den ehelichen Lebensverhältnissen **außer Betracht,** weil diese durch die Einkünfte und nicht durch den Wert der Leistungen der Ehegatten bestimmt werden (*BGH* FamRZ 1988, 1145 f.).

Bei Ermittlung des Lebensstandards einer **„Beamten-Ehe"** ist auch der beamtenrechtliche Anspruch auf Beihilfen im Krankheitsfall sowie auf eine beitragsfreie Invaliditäts- und Altersvorsorge zu berücksichtigen (so *BGH* FamRZ 1989, 483 ff.).

Wenn der tatsächliche Lebensunterhalt im **Einvernehmen** der beteiligten Ehegatten auf Dauer in der Weise angelegt war, daß Teile des Einkommens zur **Vermögensbildung** verwendet wurden, muß dieser Umstand bei der Bestimmung der ehelichen Lebensverhältnisse berücksichtigt werden. Abzustellen ist dann auf den Betrag, der zur Lebensführung tatsächlich zur Verfügung stand. Dabei sollen jedoch weder übertriebener Konsumverzicht zugunsten der Vermögensbildung, noch eine verschwenderische Lebensführung maßgeblich sein. **207**

Bei der Feststellung der ehelichen Lebensverhältnisse sind **Schulden** dann nicht zu berücksichtigen, wenn die den Schulden zugrunde liegende Kreditaufnahme zu **Konsumzwecken** (Anschaffung von Hausrat, Finanzierung der Lebenshaltungskosten etc.) erfolgte. Denn in diesem Fall stand den Eheleuten infolge der Abzahlung des Kredits letztlich nicht weniger Geld zur Verfügung, als wenn sie die Aufwendungen jeweils dann getätigt hätten, wenn sie zur Zahlung ohne Kreditaufnahme in der Lage gewesen wären. Entscheidend ist darauf abzustellen, welcher Betrag zur Verfügung stand, um den allgemeinen Lebensbedarf abzudecken, so daß es ohne Bedeutung ist, ob der Lebensbedarf durch Kreditaufnahme, die sodann in monatlichen Raten getilgt wurde, finanziert worden ist, oder ob die Deckung des Lebensbedarfs mit den jeweils vorhandenen Mitteln erfolgte. Anders ist es mit Schulden, deren **Abzahlung die Auswirkung hatte, daß im Ergebnis** den Eheleuten ein geringerer Geldbetrag zur Lebensführung zur Verfügung stand, als ihren Einkommensverhältnissen entsprach; dies ist insbesondere dann der Fall, wenn z. B. Schulden aus früherer Ehe oder aus geschäftlichem Mißgeschick mit in die Ehe gebracht wurden und die Abzahlung während der Ehe erfolgte. Hier werden die ehelichen Lebensverhältnisse dadurch geprägt, daß ein geringeres als das tatsächlich erzielte Einkommen zur Verfügung stand. Das gleiche gilt, wenn die Schulden zwar erst während der Ehe entstanden sind, aber nicht auf Lebenshaltungskosten im weitesten Sinne beruhen, sondern einverständlich aufgenommen wurden, um einen Geschäftsbetrieb zu führen. Schulden im Zusammenhang mit dem **Erwerb eines Grundstücks,** Hauses oder einer Eigentumswohnung dienen der **Vermögensbildung,** so daß sie, jedenfalls wenn sie einverständlich aufgenommen worden sind, grundsätzlich im Rahmen eines vernünftigen Tilgungsplans berücksichtigt werden können. Dabei ist jedoch dem Umstand Rechnung zu tragen, daß durch die Abtragung solcher Lasten gleichzeitig **Wohnbedarf** gedeckt worden ist, wenn die Ehepartner das Haus oder die Wohnung bewohnt haben. Soweit die Lasten nicht höher sind, als die nach den Verhältnissen übliche Miete, sind sie daher nicht als Schulden zu berücksichtigen, denn damit wird nicht anders als mit der Miete ein Teil des allgemeinen Lebensbedarfes abgedeckt. **208**

Schließlich werden die ehelichen Lebensverhältnisse durch das Vorhandensein unterhaltsbedürftiger **Kinder** geprägt; vom Nettoeinkommen ist daher vorweg der Betrag abzuziehen, der vom verfügbaren Gesamtnettoeinkommen der Eheleute zum angemessenen Unterhalt der Kinder verbraucht wurde, denn dieser Betrag stand den Eheleuten zur Lebensführung nicht zur Verfügung. Bezogenes Kindergeld ist demgegenüber als Einkommenserhöhung zu berücksichtigen.

Maßgebender Zeitpunkt für die Bestimmung der ehelichen Lebensverhältnisse ist der **Zeitpunkt der Scheidung** und nicht, auch nicht bei langjährigem **209**

Getrenntleben, der Zeitpunkt der Trennung (*BGH* NJW 1982, 1871 m. w. Nachw.).

Bei der Bemessung des Unterhaltsbedarfs nach den ehelichen Lebensverhältnissen muß dem erwerbstätigen Unterhaltspflichtigen ein die Hälfte des verteilungsfähigen Einkommens maßvoll übersteigender Betrag verbleiben (so *BGH* FamRZ 1989, 842 m. w. Nachw.). Der *BGH* hat wiederholt entschieden und eingehend begründet, daß es dem **Halbteilungsgrundsatz** nicht widerspricht, sondern mit dem Grundsatz gleichmäßiger Teilhabe am ehelichen Lebensstandard in Einklang steht, wenn dem erwerbstätigen Unterhaltsverpflichteten eine höhere Quote als dem nicht erwerbstätigen bedürftigen Ehegatten zugebilligt wird (*BGH* FamRZ 1988, 265; 1989, 842f.).

6. Bedürftigkeit des Berechtigten, § 1577 BGB

210 Unterhalt kann nur verlangen, wer bedürftig ist. Das Unvermögen, sich aus eigenen Einkünften und eigenem Vermögen selbst zu unterhalten, ist **Anspruchsvoraussetzung;** für die diesbezüglichen Tatsachen trägt der Unterhaltskläger die Darlegungs- und Beweislast. Dabei ist nach dem Gesetz zu unterscheiden: Uneingeschränkt anzurechnen sind nur Einkünfte aus einer sowohl angemessenen als auch von dem geschiedenen Ehegatten zu erwartenden Erwerbstätigkeit. Einkünfte aus einer Erwerbstätigkeit, zu welcher der Ehegatte nicht verpflichtet ist, sind nur in den Grenzen der Billigkeit anzurechnen. Die Unterhaltsbedürftigkeit des Ehegatten wird nicht nur durch Einnahmen aus einer tatsächlich ausgeübten oder ihm obliegenden Erwerbstätigkeit oder aus Vermögen gemindert, sondern auch durch **alle sonstigen Einkünfte.** Auch insoweit gilt, daß als Einkünfte auch solche Beträge anzurechnen sind, die der Ehegatte zwar nicht erzielt, aber zumutbarer Weise erzielen könnte (fiktive Einkünfte).

Obwohl trennungsbedingter Mehraufwand regelmäßig anfällt, wird er in der Praxis selten geltend gemacht. Dies ist vor allem darauf zurückzuführen, daß meist kein verteilbares Einkommen übrigbleibt, wenn der Quotenunterhalt bestimmt ist. Der *BGH* (FamRZ 1982, 892/894) hat auch ausgesprochen, daß die Differenzmethode bei durchschnittlichen Einkommensverhältnissen regelmäßig geeignet ist, auch dem beiderseitigen trennungsbedingten Mehrbedarf Rechnung zu tragen.

Trennungsbedingter Mehrbedarf kann **nicht nach einem prozentualen Anteil** des Bedarfs nach den ehelichen Lebensverhältnissen generell bestimmt werden, sondern ist vom Unterhaltsberechtigten **konkret** darzulegen (so *BGH* FamRZ 1990, 258ff.).

7. Leistungsfähigkeit des Verpflichteten, Selbstbehalt

211 Die Leistungsfähigkeit wird von sämtlichen Mitteln, die der Verpflichtete zur Verfügung hat und/oder beschaffen könnte, sowie von den Abzugsposten, um die die Einkünfte zu bereinigen sind, geprägt.

Nach einer Entscheidung des *OLG Frankfurt* (FamRZ 1989, 1300f.) ist einem **Selbständigen** in der Regel eine Quote von etwa **20% seines Nettoeinkommens** für seine Krankheits- und Altersvorsorge gutzubringen.

In jedem Fall muß dem Unterhaltsverpflichteten ein gewisser Mindestbetrag, der sogenannte **Selbstbehalt** verbleiben. Wer durch seine Berufstätigkeit einen geschiedenen Ehegatten und evtl. Kinder unterhält, darf soviel für sich behalten, wie er notwendigerweise zum Leben braucht (die Rechtsprechung zur Ermittlung des unterhaltsrechtlich relevanten Einkommens ist dargestellt in: Unterhaltsrecht – *Heiß/Heiß,* S. 3.1 ff., sowie in *Heiß/Heiß* Unterhalt von A–Z). Sind von dem anrechnungsfähigen Einkommen die berücksichtigungsfähigen Posten abgesetzt, so ist das **bereinigte Nettoeinkommen** ermittelt. – Gemäß den **neu** eingefügten §§ 1610a, 1578a, 1361 Abs. 1 Satz 1, 2. HS BGB gilt folgende **gesetzliche Vermutung:** „Werden für Aufwendungen infolge eines Körper- oder Gesundheitsschadens Sozialleistungen in Anspruch genommen, wird bei der Feststellung eines Unterhaltsanspruchs vermutet, daß die Kosten der Aufwendungen nicht geringer sind als die Höhe dieser Sozialleistungen" (z. B. bei Blindengeld).

8. Rangfolge bei mehreren Unterhaltsberechtigten

Sofern das unterhaltsrechtlich anrechenbare Einkommen zur Deckung zumindest des notwendigen Bedarfs ausreicht, bekommt jeder Unterhaltsberechtigte diesen Mindestunterhalt. Nur wenn der Mindestunterhalt nicht gedeckt ist, entsteht die Frage der Rangfolge. Die Rangverhältnisse sind in §§ 1582, 1583, 1609 II, 1582 II BGB geregelt. Vorrangige Unterhaltspflichten mindern die Leistungsfähigkeit stets um den gesamten, an den ranggünstigeren Unterhaltsgläubiger zu zahlenden Betrag. Gleichrangige Unterhaltspflichten sind bei Würdigung der Leistungsfähigkeit anteilig anzusetzen (sogenannte Mangelfälle). Nach § 1609 II BGB steht der Unterhaltsanspruch des Ehegatten dem der minderjährigen unverheirateten Kinder gleich. Ist die Ehe geschieden oder aufgehoben, so geht der unterhaltsberechtigte Ehegatte den volljährigen oder verheirateten Kindern vor (zu Einzelheiten s. Unterhaltsrecht – *Heiß/Heiß,* S. 4.1 ff.). **212**

9. Berechnungsmethoden

Die Wahl der Berechnungsmethode hat erheblichen Einfluß auf die Höhe des Unterhaltsanspruchs. Die Anwendung der Berechnungsmethode bestimmt sich danach, ob die eigene Erwerbstätigkeit des unterhaltsberechtigten Ehegatten die für den Unterhalt maßgebenden ehelichen Verhältnisse prägte oder nicht. **213**

aa) Im Falle einer sog. **Doppelverdienerehe,** bei der die ehelichen Lebensverhältnisse durch die Einkünfte beider Ehegatten bestimmt worden sind, kann der dem weniger verdienenden Ehegatten zuzubilligende Unterhalt nach der sog. **Differenzmethode** mit einer Quote des Unterschiedes zwischen dem eigenen Einkommen und dem Einkommen des anderen Ehegatten ermittelt werden (*BGH* FamRZ 1984, 358, 359 = NJW 1984, 1237). **214**

bb) Die Differenzmethode kann jedoch nicht angewendet werden, wenn während der Ehe nur **ein Ehegatte eine Erwerbstätigkeit** ausgeübt hat, denn in diesem Fall werden die ehelichen Lebensverhältnisse allein durch das Einkommen des verdienenden Ehegatten bestimmt. Bei der sog. **Hausfrauenehe,** bei der der nicht erwerbstätige Partner ggf. nach der Trennung, jedenfalls aber nach der Scheidung eine Erwerbstätigkeit aufnimmt, ist die sog. **Substraktions- oder Anrechnungsmethode** anzuwenden. Die Ergebnisse müssen jedoch im Einzelfall auf ihre Angemessenheit überprüft werden. Das ist insbesondere im Hinblick auf etwaige Mehrkosten der Fall, die den Ehegatten als Folge ihrer Trennung erwachsen und dazu führen können, daß der Berechtigte mit den Mitteln, die sich aus der Anwendung der Anrechnungsmethode als Quote ergeben, den ehelichen Lebensstandard nicht mehr aufrechtzuerhalten vermag. Die sog. Anrechnungsmethode ist auch anzuwenden, wenn dem unterhaltsberechtigten **215**

Ehegatten **fiktive Einkünfte** deshalb zugerechnet werden, weil er einem **neuen Partner den Haushalt führt** (*BGH* FamRZ 1984, 356f.).

Die strikt durchgeführte Anrechnungsmethode kann den anspruchsberechtigten Ehegatten benachteiligen. Das oft als ungerecht empfundene Ergebnis kann auf zwei Wegen abgemildert werden:

Zum einen können sich die ehelichen Lebensverhältnisse als eine **Doppelverdienerehe** bereits dann darstellen, wenn nach dem **Lebensplan** der Ehegatten die Ehefrau später wieder eine Arbeit aufnehmen sollte oder wollte; in diesem Fall kann nach der Trennung erzieltes Arbeitseinkommen nach der **Differenzmethode** berücksichtigt werden. Die Frau trägt aber die Darlegungs- und Beweislast dafür, daß „die Tätigkeit auch ohne Trennung der Parteien aufgenommen worden wäre". Kann sie das nicht beweisen, so ist davon auszugehen, daß die nach der Trennung aufgenommene Arbeit auf einem erst jetzt gefaßten Entschluß beruht, das heißt, das insoweit erzielte Einkommen ist nach der Anrechnungsmethode zu behandeln (*Weychardt,* Zur Bemessung des Ehegattenunterhalts, NJW 1984, 2328/2329 im Anschluß an *BGH*).

216 Zum anderen kann ein als ungerecht empfundenes Ergebnis durch die Berücksichtigung von **trennungsbedingtem Mehrbedarf** abgemildert werden. Die infolge der Trennung erforderlich gewordenen Mehrkosten können, soweit sie der Unterhaltsberechtigte konkret darlegt, bei der Feststellung des abzuziehenden Einkommens berücksichtigt werden. Die Mehrkosten sind vom Tatrichter unter Berücksichtigung der Umstände des Einzelfalles zu ermitteln, wobei diesem nicht verwehrt ist, unter Zuhilfenahme allgemeiner Erfahrungssätze nach § 287 ZPO die Höhe der Mehrkosten zu schätzen (so *BGH* FamRZ 1983, 886). Beispielsweise könnte man die reine Substraktionsmethode also wie folgt modifizieren (im Anschluß an *Weychardt* NJW 1984, 2328/2329)

Monatseinkommen Ehemann:	3000,— DM
davon (z. B. nach Düsseldorfer Tabelle) 3/7	1285,71 DM
zuzüglich trennungsbedingter Mehrbedarf	+ 257,14 DM
	1542,85 DM
abzüglich Eigeneinkommen der Ehefrau	1000,— DM
Unterhaltsanspruch der Ehefrau gegen den Ehemann	542,85 DM

217 **cc) Mischmethode bei Ausweitung einer bisherigen Halbtagstätigkeit.** Wird eine seitherige zumutbare Halbtagstätigkeit **nach der Trennung** in eine zumutbare Ganztagstätigkeit ausgeweitet, so ist eine gemischte Berechnungsmethode vorzunehmen (vgl. *Weychardt* NJW 1984, 2328/2329):

Ehemann Monatseinkommen	3000,— DM
Ehefrau Monatseinkommen vor der Trennung	./. 500,— DM
	2500,— DM
davon (z. B. nach der Düsseldorfer Tabelle) 3/7	= 1071,43 DM
abzüglich zusätzliches Monatseinkommen der Ehefrau nach der Trennung	./. 500,— DM
Unterhaltsanspruch der Ehefrau gegen den Ehemann	571,43 DM

Ebenso ist zu verfahren, wenn die ehelichen Lebensverhältnisse z. B. durch Einkünfte aus **Vermögen** des Unterhaltsberechtigten mitgeprägt waren oder wenn bei der Bestimmung der ehelichen Lebensverhältnisse eine Wohnwertanrechnung erfolgt und nach der Scheidung zusätzliches Arbeitseinkommen erzielt wird.

dd) Berechnungsmethode bei Arbeitsaufnahme nach Trennung, aber vor Scheidung. Hat die Ehefrau schon während der Trennung eine Erwerbstätigkeit aufgenommen oder wäre eine Erwerbstätigkeit von ihr gemäß § 1361 II BGB zu erwarten gewesen, so werden die ehelichen Lebensverhältnisse durch dieses Einkommen bzw. das fiktive Einkommen der Frau mitgeprägt. Es ist daher gerechtfertigt, in einem solchen Fall die Einkünfte der Ehefrau bei der Ermittlung der ehelichen Lebensverhältnisse in vollem Umfang heranzuziehen, mit der Folge, daß insoweit die Differenzmethode anzuwenden ist, wobei aber zu beachten ist, daß der **Unterhaltskläger die Beweislast** für die Gestaltung der ehelichen Lebensverhältnisse trägt, nach denen sich sein Unterhalt bemißt (vgl. *BGH* FamRZ 1982, 892; FamRZ 1984, 150). Für die Frage, ob und inwieweit die Erwerbstätigkeit das Maß des Unterhalts mitbestimmt, kommt es entscheidend darauf an, ob die Aufnahme oder Ausweitung der Erwerbstätigkeit **in der Ehe angelegt** war und damit auch **ohne die Trennung** erfolgt wäre. Die Entscheidung hierüber ist vom Tatrichter unter Würdigung aller Umstände des Einzelfalles zu treffen (so *BGH* FamRZ 1984, 149/150). Der Unterhaltsanspruch wird auf jeden Fall nach oben durch den **Bedarf nach den ehelichen Lebensverhältnissen** begrenzt und es besteht dann kein Anspruch mehr, wenn das eigene Einkommen des Unterhaltsberechtigten diesen Bedarf deckt. 218

10. Einwendungen gegen die Unterhaltspflicht

a) Verteidigung des Unterhaltsverpflichteten

Schwere Fehler werden in Unterhaltsstreitigkeiten vor allem dadurch gemacht, daß als Verteidigungsmöglichkeiten nur diejenigen Möglichkeiten erkannt werden, die § 1579 BGB gibt. Dabei werden die Auswirkungen des § 1579 BGB häufig überschätzt, gleichzeitig wird übersehen, daß anderes Verteidigungsvorbringen wesentlich wirksamer sein kann. Aus der Schwierigkeit der Rechtsmaterie des Unterhaltsrechts ergibt sich eine Vielzahl von Verteidigungsmöglichkeiten, von denen hier nur ein geringer Teil (die in jedem Fall geprüft werden sollten) kurz angesprochen werden (im Anschluß an *Günther/Hein,* S. 250ff.): 219

- **Anspruchsgrundlage:** Das Vorbringen zu den Voraussetzungen der geltend gemachten Anspruchsgrundlage ist gründlich auf Schlüssigkeit, Substantiierung und Beweisangebote zu untersuchen. Der Aussageinhalt und die Beweiskraft der beigefügten Unterlagen (z. B. ärztliche Atteste, Verdienstbescheinigungen) sind sorgfältig zu prüfen und zu würdigen. Insbesondere, wenn den unterhaltbegehrenden Ehegatten eine Erwerbsobliegenheit trifft und er eine Erwerbstätigkeit auch ausübt, aber das Einkommen gering erscheint, liegt es nahe, zu überprüfen, ob die geleisteten Wochenarbeitsstunden die Obliegenheit erfüllen oder nicht. Wird Unterhalt wegen Krankheit begehrt, bestehen häufig Zweifel hinsichtlich Art, Umfang, Dauer und Folgen der Erkrankung; in diesen Fällen muß mindestens die Einholung eines amtsärztlichen Gutachtens zu den offenen Fragen verlangt werden. Beruft sich der Unterhalt begehrende Ehegatte auf die Anspruchsgrundlage aus § 1573 BGB, ist streng zu prüfen, ob die Bemühungen um Arbeit ausreichend und ernsthaft waren, wobei in der Regel im Monat mindestens 7 erfolglose ernsthafte Bewerbungen als notwendig angesehen werden. Bestehen **Zweifel an der Ernsthaftigkeit der Bemühungen um Arbeit,** muß mindestens darauf bestanden werden, daß einige Arbeitgeber, bei denen die Bemühungen um 220

Arbeit erfolglos waren, als Zeugen vernommen werden. Dabei ist zunächst jedoch zu prüfen, ob die mangelhaften Bemühungen für die Arbeitslosigkeit **ursächlich** sind. Nach der Rechtssprechung des BGH (vgl. *BGH* FamRZ 1986, 885f.) besteht eine Verpflichtung zu intensiven Bemühungen um Arbeit dann nicht, wenn die Beschäftigungschance „gleich Null" ist, wenn also eine Beschäftigung aufgrund der Arbeitsmarktlage oder infolge der persönlichen Voraussetzungen des Bewerbers praktisch ausscheidet. Behauptet der Unterhalt begehrende Ehegatte, daß seine Beschäftigungschance „gleich Null" sei, empfiehlt es sich, gegenbeweislich die Einholung einer Auskunft des zuständigen Arbeitsamtes, besser die Vernehmung des Sachbearbeiters des zuständigen Arbeitsamtes als sachverständigen Zeugen zu beantragen. In vielen Fällen erweist es sich als die beste Verteidigung des auf Unterhalt in Anspruch genommenen Ehegatten, dem Anspruchsteller eine angemessene und für ihn geeignete Beschäftigung konkret nachzuweisen. Dabei sind in der Regel aus Zeitungen ausgeschnittene Stellenangebote keine konkreten Nachweise. Geht der Unterhaltskläger auf den Nachweis nicht ein oder schlägt er die nicht von der Hand zu weisende Beschäftigungschance ohne vernünftigen Grund aus, so riskiert er die Abweisung seiner Unterhaltsklage. Hilfen bei der Arbeitsplatzsuche liegen daher im eigenen Interesse des Verpflichteten und verschaffen ihm zudem wichtige Erkenntnisse über die Verhältnisse auf dem Arbeitsmarkt. Zum Teil wirken diese Erkenntnisse sehr ernüchternd und fördern auch die Vergleichsbereitschaft. Häufig wird übersehen, Ausführungen zur **zeitlichen Begrenzung** des Anspruchs nach § 1573 V BGB zu machen (*Günther/Hein,* S. 251f. m.w. Nachw.).

221 – **Bedürftigkeit des Anspruchstellers:** Es ist genau zu ermitteln, ob der Unterhalt begehrende Ehegatte nicht aus seinen eigenen Einkünften und seinem Vermögen sich selbst unterhalten kann. Dabei sind nicht nur die **tatsächlichen Einkünfte,** sondern auch eventuell **fiktive Einkünfte** zu berücksichtigen, insbesondere bei Bestehen einer eheähnlichen Gemeinschaft oder bei mietfreiem Wohnen im eigenen Haus oder in der eigenen Wohnung oder bei unzureichender Vermögensnutzung.

222 – **Leistungsfähigkeit des Verpflichteten:** Häufig wird übersehen, sämtliche Abzugsmöglichkeiten zu berücksichtigen oder die möglichen Abzugsposten so ausführlich **darzulegen,** daß sie vom Gericht als abzugsfähig anerkannt werden können (s. hierzu die alphabetisch geordnete Zusammenstellung der Rechtsprechung in: Unterhaltsrecht – *Heiß/Heiß,* S. 3.1ff.).

223 – Die Erläuterungen zu bestehenden **Verbindlichkeiten,** insbesondere die Darlegung eines vernünftigen **Tilgungsplanes,** sollten so ausführlich erfolgen, daß das Gericht in die Lage versetzt wird, ernsthaft zu prüfen, ob Zins- und Tilgungsleistungen sich unterhaltsmindernd auswirken können.

– Ausführungen zum **Selbstbehalt** sollten nicht übersehen werden.

224 – Die Bedeutung der **ehelichen Lebensverhältnisse,** die ja den Maßstab für den zu zahlenden Unterhalt setzen, werden häufig übersehen. Entscheidend ist nämlich, welcher Geldbetrag von dem Einkommen der Eheleute während des Zusammenlebens bzw. zum Zeitpunkt der Scheidung tatsächlich zur Verfügung stand. Insbesondere sollte dargelegt und nachgewiesen werden, welche Teile des Vermögens für andere Zwecke (z.B. Vermögensbildung) als für die Lebensführung der beiden Ehepartner verwendet wurden.

225 – Fehlende Ausführungen zur richtigen **Berechnungsmethode** können das Ergebnis des Unterhaltsrechtsstreits völlig verfälschen.

- In Fällen, in denen eine **zeitliche Begrenzung** des Unterhaltsanspruchs in Betracht kommt, können kaum mehr reparable Schäden verursacht werden, wenn die Voraussetzungen für eine zeitliche Begrenzung nicht dargelegt und ggf. nachgewiesen werden. **226**

Erst nachdem der Anwalt diese allgemeinen Verteidigungsmöglichkeiten geprüft hat, sollte er sich der unterhaltsrechtlichen Härteklausel des § 1579 BGB zuwenden.

b) Härteklausel des § 1579 Nrn. 1–7 BGB

Nr. 1: Kurze Ehedauer

Unter der Ehedauer ist die Zeit von der Eheschließung bis zur Rechtshängigkeit, also dem **227** Zeitpunkt der Zustellung des Scheidungsantrages, zu verstehen. Nach der Rechtsprechung liegt eine kurze Ehedauer in der Regel vor, wenn die Ehe **nicht mehr als zwei Jahre** gedauert hat. Eine nicht mehr kurze Ehedauer liegt in der Regel vor, wenn die Ehe **drei Jahre** oder länger gedauert hat. Bei Ehen mit einer **Dauer zwischen zwei und drei Jahren** kommt es entscheidend darauf an, inwieweit die Ehegatten ihre Lebensführung in der Ehe bereits aufeinander eingestellt und in wechselseitiger Abhängigkeit auf ein gemeinsames Lebensziel ausgerichtet haben.

Zur **Vermeidung verfassungswidriger Ergebnisse** ist bei der Auslegung und Anwendung des § 1579 Nr. 1 BGB zunächst von der **tatsächlichen Ehezeit auszugehen** und anschließend die zur Wahrung der Belange des Kindes gesetzlich vorgesehene Abwägung vorzunehmen (so *BVerfG* FamRZ 1989, 941 ff.). Eine Auslegung und Anwendung der Norm des § 1579 Nr. 1 BGB in der Weise, daß der Härtetatbestand der Kurzzeitehe bei einer Ehe mit einem Kind überhaupt nicht mehr erfüllt sein kann, führt zu verfassungswidrigen Ergebnissen.

Nr. 2: Straftaten gegen den Verpflichteten oder dessen nahe Angehörige

Die Verwirklichung des Ausschluß-, Herabsetzungs- bzw. Begrenzungstatbestandes **228** nach Nr. 2 setzt ein **schuldhaftes** Fehlverhalten und damit die Schuldfähigkeit des unterhaltsbedürftigen Ehegatten voraus. Im einzelnen kommen folgende Straftaten in Betracht:

- **Beleidigung, Verleumdung, falsche Anschuldigung:** Fälle wiederholter, schwer- **229** wiegender Beleidigungen und Verleumdungen und falscher Anschuldigungen sind dann als schwere vorsätzliche Vergehen zu behandeln, wenn derartige Verletzungen mit nachteiligen Auswirkungen auf die persönliche und berufliche Entfaltung sowie Stellung des Unterhaltsverpflichteten in der Öffentlichkeit verbunden sind.
- **Täuschung über das Ausmaß der eigenen Bedürftigkeit** (Prozeßbetrug): Wenn der **230** Unterhaltsgläubiger sein eigenes Einkommen zu niedrig angibt, um höhere Unterhaltsleistungen zugesprochen zu erhalten, so kann darin eine schwere Verfehlung liegen, sofern daraus dem in Anspruch Genommenen ein empfindlicher Schaden droht. Wer durch eine Täuschung über das Ausmaß der eigenen Bedürftigkeit, insbesondere durch Verschweigen eigener Einkünfte, einen Prozeßbetrug zum Nachteil des Unterhaltspflichtigen begeht, macht sich eines schweren vorsätzlichen Vergehens schuldig, falls die Höhe der verschwiegenen Einkünfte nicht nur geringfügig ist. Wer eine nicht vorhandene Bedürftigkeit vorspiegelt, um überhöhte Unterhaltszahlungen zu erwirken, verdient es in aller Regel als gerechte Folge, daß er seinen Unterhaltsanspruch völlig verliert, auch wenn er später wieder (vermehrt) bedürftig werden sollte. Denn dem Unterhaltspflichtigen, der einmal in erheblicher Weise über die Einkommensverhältnisse des geschiedenen Partners getäuscht worden ist, ist es nicht zumutbar, dem täuschenden Unterhaltsberechtigten weiterhin Unterhalt zu gewähren, schon deshalb nicht, weil er nunmehr Anlaß genug hat, zu befürchten, auch in Zukunft immer wieder getäuscht und betrügerisch geschädigt zu werden.
- **Falsche Aussage in Ehelichkeitsanfechtungsverfahren:** Der Anspruch auf Tren- **231** nungsunterhalt ist verwirkt, wenn die Ehefrau in dem vom unterhaltspflichtigen Ehemann angestrengten Ehelichkeitsanfechtungsverfahren eine falsche Aussage gemacht

hat dahin, in der gesetzlichen Empfängniszeit Geschlechtsverkehr nur mit dem Ehemann gehabt zu haben, obgleich ein späteres Sachverständigengutachten den Ausschluß der Vaterschaft des Ehemannes in den inzwischen abgeschlossenen Verfahren ergeben hat. Das gleiche gilt für den nachehelichen Ehegattenunterhalt.

232 – **Diebstahl, Unterschlagung:** Ein Vermögensdelikt wird vor allem dann als schweres vorsätzliches Vergehen anzusehen sein, wenn es das Einkommen oder Vermögen des Verpflichteten und damit die wirtschaftliche Grundlage seiner Unterhaltspflicht erheblich und nachhaltig beeinträchtigt (z. B. wenn der unterhaltsberechtigte Ehegatte im Rahmen der Trennung ein gemeinsames Konto „abräumt"). Während des Bestehens der ehelichen Lebensgemeinschaft geschlossene Vereinbarungen – betreffend die **Verfügungsbefugnis** des einen Ehegatten über ein Konto des anderen verlieren mit der Trennung ihre Wirkung (*BGH* FamRZ 1988, 476ff.). Dem liegt zugrunde, daß derartige Vereinbarungen im Regelfall der Verwirklichung der ehelichen Lebensgemeinschaft dienen und in dem Zusammenleben der Ehegatten ihre Geschäftsgrundlage haben. Findet die Lebensgemeinschaft durch Trennung der Partner ihr Ende, so liegt darin ein **Wegfall der Geschäftsgrundlage.** Dieser führt nicht in jedem Fall zum völligen Erlöschen der Vereinbarung. Denkbar ist vielmehr auch ihre Modifizierung und ein Fortbestehen der Verfügungsbefugnis in eingeschränktem Umfang. Im allgemeinen wird sich die Befugnis mit der Trennung dahingehend **einschränken,** daß der Ehegatte nur noch solche Verfügungen über das Konto treffen darf, die nicht nur mit den früheren gemeinsamen Vorstellungen im Einklang stehen, sondern auch nach der Trennung weiterhin dem mutmaßlichen Willen des Ehepartners entsprechen (so *BGH* FamRZ 1989, 834f.).

233 – **Körperverletzungen:** Körperliche Mißhandlungen, die die körperliche Unversehrtheit erheblich beeinträchtigen, können zum Ausschluß oder zur Herabsetzung des Unterhaltsanspruchs führen.

234 – **Verschweigen eigener ehebrecherischer Beziehungen:** Das Verschweigen eigener ehebrecherischer Beziehungen bei Abschluß eines Scheidungsvergleichs stellt keinen Ausschlußtatbestand dar (vgl. *BGH* FamRZ 1973, 182).

235 Bei § 1579 Nr. 2 BGB ergibt sich das Problem, ob der Verpflichtete ein gegen ihn oder einen Angehörigen gerichtetes Verbrechen oder Vergehen **verzeihen** kann. Dies ist zu bejahen. Ein während des ehelichen Zusammenlebens begangenes Verbrechen oder Vergehen ist infolgedessen nicht mehr relevant, wenn die Ehegatten danach ihr eheliches Leben fortgesetzt haben. Verbrechen oder Vergehen, die nach der Trennung oder nach der Scheidung begangen wurden, sind grundsätzlich zu berücksichtigen, wenn nicht der Verpflichtete durch eindeutiges Verhalten zu erkennen gegeben hat, daß er sich darauf nicht berufen wollte.

Nr. 3: Mutwillig herbeigeführte Bedürftigkeit

236 Bei der mutwilligen Herbeiführung der Bedürftigkeit braucht es sich nicht um ein vorsätzliches oder gar absichtliches Verhalten zu handeln, sondern es genügt eine **leichtfertige** Handlungsweise. Denn der Bereich der ehelichen Solidarität würde verlassen, wenn der Unterhaltspflichtige die Folgen einer leichtfertigen Herbeiführung der Bedürftigkeit durch den anderen Ehegatten unterhaltsrechtlich mittragen müßte. Allerdings muß das Verhalten zu der Unterhaltsbedürftigkeit in einer Beziehung stehen, die sich nicht in bloßer Ursächlichkeit erschöpft; erforderlich ist eine **„unterhaltsbezogene" Leichtfertigkeit.** Im einzelnen kommen folgende Fälle in Betracht:

237 – **Vermögensverschwendung, Spielleidenschaft:** Ein typischer Fall der mutwillig herbeigeführten Bedürftigkeit liegt vor, wenn ein Ehegatte infolge von Spielleidenschaft sein Vermögen einbüßt. Gibt ein Ehegatte den ihm ausbezahlten Zugewinnausgleich für luxuriöse Zwecke aus, führt er seine Bedürftigkeit mutwillig herbei, wenn er mit der Möglichkeit gerechnet hat, daß er dadurch seine Bedürftigkeit herbeiführt. Nicht erforderlich ist, daß der Handelnde die Bedürftigkeit herbeiführen wollte.

238 – **Alkohol-, Tabletten- und Drogenmißbrauch:** Eine mutwillige Herbeiführung im Sinne dieser Vorschrift liegt vor, wenn der Ehegatte seine Arbeitskraft auf sinnlose Art, die ein Verantwortungsgefühl gegen den potentiell Unterhaltspflichtigen nicht erken-

nen läßt, riskiert und einbüßt; die Härteklausel richtet sich auch gegen denjenigen, der seine Arbeitskraft ruiniert, oder durch Trunk- oder Drogensucht zerstört oder seine Beschäftigung infolge Trunksucht oder Arbeitsscheu verliert oder nicht nachhaltig zu sichern vermag (*BGH* FamRZ 1981, 1042/1044 m. w. Nachw.). Entscheidungserheblich im Fall der **Alkoholabhängigkeit** ist, ob der Ehegatte zu einer Zeit, als seine Einsicht und die Fähigkeit, danach zu handeln, dies noch zuließen, eine ihm angeratene **Erziehungskur** unterlassen hatte und sich der Möglichkeit bewußt gewesen war, er werde infolgedessen im Falle einer Trennung außerstande sein, eine Berufstätigkeit aufzunehmen und seinen Unterhalt selbst zu verdienen. Es kann aber nicht allgemein angenommen werden, daß durch krankhafte Alkohol- und Drogensucht bedingte Bedürftigkeit mutwillig herbeigeführt worden ist. Mutwilligkeit in diesem Sinne kann zwar bei Alkoholkranken vorliegen, muß aber nicht in jedem Fall gegeben sein. Die Krankheit kann vielmehr schicksalhaft und von der betroffenen Person von Anfang an nicht steuerbar sein. Sie ist dann mangels Verantwortungsfähigkeit des Betroffenen nicht als mutwilliges Abgleiten in die Sucht zu kennzeichnen. Es muß daher geklärt werden, ob der zur Sucht führende übermäßige Alkoholgenuß **Ursache oder Folge** einer anderweitigen Störung ist.

- **Unterlassene Heilbehandlung:** Das Unterlassen einer Heilbehandlung mit der Folge, 239
  daß der Unterhaltsbedürftige arbeitsunfähig ist, wird nur in Ausnahmefällen als mutwillig angesehen werden können. Solange jedoch eine Heilbehandlung kein unverhältnismäßiges Risiko mit sich bringt und erfolgversprechend ist, wird aber eine Obliegenheit zur Durchführung der Heilbehandlung bestehen.
- **Gefährliche Aktivitäten:** Mutwilligkeit kann auch gegeben sein, wenn der Ehegatte 240
  ohne triftige Gründe besonders gefährliche Aktivitäten entfaltet und dabei seine Erwerbsfähigkeit einbüßt. Bloße Unvorsichtigkeit beim Sport oder im Straßenverkehr wird in der Regel hierfür nicht ausreichen.
- **Aufgabe der Berufstätigkeit:** Der typische Fall mutwillig herbeigeführter Bedürftig- 241
  keit liegt vor, wenn ein Ehegatte angesichts der sich bereits abzeichnenden Trennung oder Scheidung eine bis dahin ausgeübte Berufstätigkeit aufgibt, um so nach der Scheidung einen Unterhaltsanspruch zu erlangen. Die Mutwilligkeit muß hier aber gerade darauf gerichtet sein, die eigene Unterhaltsbedürftigkeit herbeizuführen, um auf Kosten des anderen leben zu können.

Nr. 4: Mutwillige Mißachtung schwerwiegender Vermögensinteressen

Zu beachten ist, daß die Vorschrift nur anwendbar ist, wenn der Berechtigte mutwillig 242
gehandelt hat; eine Pflichtwidrigkeit des Berechtigten ist nur dann beachtlich, wenn diese den Verpflichteten ebenso hart trifft, wie der Verlust des Unterhaltsanspruchs den Berechtigten. Für die Bejahung der Mutwilligkeit reicht ein einfaches Verschulden nicht aus, es braucht sich aber nicht um ein vorsätzliches oder gar absichtliches Verhalten zu handeln, sondern es genügt eine **leichtfertige** Handlungsweise. Nicht erforderlich ist, daß das mutwillige Verhalten unterhaltsbezogen ist. Der Tatbestand der Nr. 4 kann bereits durch eine bloße **Vermögensgefährdung** erfüllt sein. Der Eintritt eines Vermögensschadens ist schon deshalb zur Erfüllung der Härteklausel nicht erforderlich, weil ein Vermögensschaden den Berechtigten vielfach schon durch eine Verminderung der Leistungsfähigkeit des Verpflichteten trifft. Würde man für den Härtegrund der Nr. 4 den **Eintritt** eines Schadens verlangen, so wäre die Vorschrift vielfach überflüssig. Nicht unter Nr. 4 fällt ein für die Vermögensinteressen des Verpflichteten nachteiliges Verhalten des Berechtigten, das **typisch mit der Trennung oder Scheidung verbunden ist.** Denn Trennung und Scheidung als solche dürfen noch nicht zur Versagung von Unterhalt führen. Etwas anderes kann dann gelten, wenn eine Trennung „zur Unzeit" erfolgt, wenn z. B. der Berechtigte grundlos seine dringend erforderliche **Mitarbeit im Erwerbsgeschäft** des Verpflichteten einstellt. Im einzelnen kommen folgende Fälle in Betracht:

- **Anschwärzen beim Arbeitgeber:** Die Inanspruchnahme des anderen Ehegatten auf 243
  Unterhalt ist ungerechtfertigt, wenn die frühere Ehefrau den geschiedenen Ehemann bei dessen Behörde „anschwärzt". Darauf, daß dem Unterhaltspflichtigen ein meßbarer

beruflicher oder wirtschaftlicher Nachteil durch die Denunziation entstanden ist, kommt es nicht entscheidend an, ausreichend ist, daß solche Nachteile jedenfalls nicht auszuschließen sind.

244 – **Geschäftliche Schädigung:** Versucht ein Ehegatte, den anderen Ehegatten während des Scheidungsverfahrens geschäftlich zu schädigen, so sind die Voraussetzungen für eine Herabsetzung des Unterhalts der Ehefrau erfüllt. Das Betreiben eines Verfahrens wegen Abgabe einer eidesstattlichen Versicherung ist kein Ausschlußgrund i. S. d. § 1579.

245 – **Strafanzeigen:** Wenn ein Ehegatte den anderen **ohne berechtigte Interessen** anzeigt, liegen die Voraussetzungen des § 1579 Nr. 4 vor. **Strafrechtliche Ermittlungen** tangieren regelmäßig Vermögensinteressen des Betroffenen, weil sie zu Ansehensminderung, mangelnder Kreditwürdigkeit oder zu Strafe führen können (*OLG Zweibrücken* FamRZ 1989, 63). Es ist ohne Bedeutung, ob durch die Anzeige ein meßbarer beruflicher oder wirtschaftlicher Nachteil eintritt. Entscheidend ist, daß solche Nachteile nicht ausgeschlossen werden können und daß der Anzeigeerstatter weiß, daß neben den üblichen polizeilichen Maßnahmen bei Anzeigen zusätzlich die beruflichen und möglicherweise wirtschaftlichen Belange des anderen Ehegatten berührt werden. Die Erstattung einer Strafanzeige wegen Unterhaltspflichtverletzung ist im Gegensatz zu anderen Anzeigen regelmäßig nicht als schwere Eheverfehlung zu werten, sondern als Wahrnehmung berechtigter Interessen. Ein zur Herabsetzung des Unterhaltsanspruchs führendes schwerwiegendes Fehlverhalten kann allenfalls dann in Betracht kommen, wenn die Strafanzeige aus Mutwillen erstattet wird, was insbesondere dann der Fall ist, wenn Zahlungsbereitschaft besteht.

Nr. 5: Gröbliche Verletzungen der Pflicht, zum Familienunterhalt beizutragen

246 In den nicht seltenen Fällen, daß der Mann einen großen Teil seines Lohnes vertrinkt, während die Frau neben der Kindererziehung arbeitet, um sich und die Kinder durchzubringen, ist die Frau vor Unterhaltsansprüchen des Mannes geschützt, wenn der Mann wegen seiner Trunksucht arbeitslos wird. Es werden nicht nur Unterhaltspflichtverletzungen gegenüber dem Verpflichteten, sondern auch gegenüber gemeinschaftlichen **Kindern** erfaßt. Der Tatbestand kann auch dann erfüllt sein, wenn ein Ehegatte seine Pflicht, in Beruf oder Geschäft des anderen Ehegatten mitzuarbeiten, nicht erfüllt hat. Zu beachten ist, daß einerseits eine **schwerwiegende Unterhaltspflichtverletzung** vorliegen muß und daß diese andererseits über **längere Zeit hindurch** erfolgt sein muß. Eine gelegentliche oder hin und wieder erfolgte Unterhaltspflichtverletzung reicht somit nicht aus. Eine „gröbliche" Unterhaltspflichtverletzung setzt subjektiv mindestens grob fahrlässiges Verhalten voraus. Eine gröbliche Unterhaltspflichtverletzung wird erst dann angenommen werden können, wenn die Familie durch das Verhalten des Unterhalt begehrenden Ehegatten in eine **Notlage** geraten ist.

Nr. 6: Schwerwiegendes einseitiges Fehlverhalten

247 Ein Fehlverhalten ist dann offensichtlich schwerwiegend, wenn sich ein Ehepartner ganz bewußt von jeglichen Bindungen gelöst hat, oder wenn er sich von den ehelichen Bindungen zwar nur teilweise, aber schwerwiegend abkehrt. Es muß sich um Verfehlungen handeln, die sich deutlich von den beim Auseinanderleben der Ehegatten häufig auftretenden Bosheiten abheben. Ein **einseitiges** Fehlverhalten i. S. d. Nr. 6 liegt vor, wenn sich die Hinwendung zu einem Dritten als **evidente Abkehr aus einer intakten Ehe** darstellt, nicht jedoch, wenn die Abkehr Folge eines Fehlverhaltens des anderen Ehegatten ist bzw. wenn es sich um eine reaktive Flucht aus einer bereits gescheiterten Ehe handelt. Ein Ausschlußgrund liegt auch dann vor, wenn ein Ehepartner an Stelle eines auf Dauer angelegten intimen Verhältnisses ehebrecherische Beziehungen zu **wechselnden Partnern** aufgenommen hat. Als schwerwiegendes Fehlverhalten kommt ferner in Betracht, wenn eine Ehefrau den Ehemann von der rechtzeitigen **Anfechtung** der Ehelichkeit eines Kindes **abgehalten** hat, mit der Folge, daß er auf Jahre mit den Unterhaltspflichten gegenüber diesem Kind belastet ist (*BGH* FamRZ 1985, 51 f.). Unter besonderen Voraus-

setzungen, z. B. in ländlichen und kleinstädtischen Verhältnissen, kann eine gegenüber dem Verpflichteten **provozierend zur Schau getragene neue Beziehung** auch nach Trennung und Scheidung als schwerwiegendes Fehlverhalten zu werten sein. Nach *Johannsen/Henrich/Voelskow* Rdnr. 31 zu § 1579 BGB ist im Zusammenhang mit der Nr. 6 ist stets zu beachten, daß die Anwendung der Nr. 6 eine subtile Verschuldensabwägung erfordert, so daß ein entsprechender **Sachvortrag** notwendig ist. Im Hinblick darauf wird es in den meisten Fällen naheliegend sein, das Verhalten des Berechtigten mehr unter dem Gesichtspunkt der **objektiven Unzumutbarkeit nach Nr. 7** zu prüfen; dabei braucht nämlich die Mitursächlichkeit für das Scheitern der Ehe, die Frage, „wer angefangen hat", in der Regel keine Rolle mehr zu spielen. Dies gilt insbesondere für die nach der Scheidung fortgesetzte eheähnliche Gemeinschaft, deren Subsumtion unter die Härteklausel zunächst Schwierigkeiten bereitet hat, bis der BGH den Grundsatz entwickelt hat, daß sich auch aus objektiven Gegebenheiten und Veränderungen der Lebensverhältnisse eine Überschreitung der **Grenzen des Zumutbaren** für den Verpflichteten ergeben kann.

Eine fortgesetzte schuldhafte **Vereitelung des Umgangsrechts** gemäß § 1634 BGB kann **248**
zu einer Herabsetzung des Unterhaltsanspruchs des personensorgeberechtigten Elternteils gemäß § 1579 Nr. 6 BGB führen. Als schwerwiegendes Fehlverhalten kommt nicht nur eine Verletzung der ehelichen Treuepflicht in Betracht, sondern auch eine sonstige Verletzung des sich aus der ehelichen Lebensgemeinschaft ergebenden Pflichtenkataloges, wie etwa die massive und absichtliche Behinderung des Umgangsrechts des Unterhaltsverpflichteten und die darin liegende fortgesetzte Verletzung der Pflicht des personensorgeberechtigten Ehegatten, alles zu unterlassen, was das Verhältnis des Kindes zum anderen Elternteil beeinträchtigt (so *OLG Celle* FamRZ 1989, 1194/1195 m. zahlr. w. Nachw.). Der nichtsorgeberechtigte Elternteil hat einen durch Art. 6 II GG geschützten Anspruch auf Umgang mit seinem ehelichen Kind.

Nr. 7: Andere Gründe von gleichem Gewicht

§ 1579 Nr. 7 erfaßt insbesondere die Fälle der „objektiven Unzumutbarkeit". Es kommt **249**
dabei entscheidend darauf an, ob die aus der Unterhaltspflicht erwachsenden Belastungen für den Verpflichteten die **Grenze des Zumutbaren** überschreiten. Es ist eine Abwägung erforderlich, ob und inwieweit die Inanspruchnahme von der Situation des Verpflichteten aus grob unbillig wäre. Eine grobe Unbilligkeit der Inanspruchnahme eines geschiedenen Ehegatten kann sich nicht nur aus einem vorwerfbaren Verhalten des bedürftigen geschiedenen Ehegatten ergeben, sondern auch aus Umständen, die ihm nicht als Fehlverhalten zur Last gelegt werden können, wenn die aus der Unterhaltspflicht erwachsenen Belastungen für den in Anspruch genommenen geschiedenen Ehegatten die Grenze des Zumutbaren überschreiten.

Einer der Schwerpunkte ist dabei das **Zusammenleben mit einem anderen Partner,** **250**
das nicht als schwerwiegendes Fehlverhalten gewertet werden kann. Die Tatsache des Zusammenlebens mit einem Dritten nach der Scheidung stellt kein Fehlverhalten dar, weil die eheliche Treuepflicht mit der Ehescheidung ihr Ende gefunden hat. Maßgeblicher Gesichtspunkt ist dabei, daß, wer mit einem anderen Partner eine neue Verbindung eingeht, sich damit **von allen ehelichen Bindungen lossagt.** Nach der Scheidung endet damit eine bisher noch fortbestehende nacheheliche Verantwortung des anderen Ehegatten. Der geschiedene Ehegatte kann ab Begründung einer neuen Partnerschaft, sei es in Form der Ehe (§ 1568 I BGB), sei es in Form der eheähnlichen Gemeinschaft, den anderen geschiedenen Ehegatten grundsätzlich nicht mehr unter Berufung auf dessen wirtschaftliche Mitverantwortung für sein wirtschaftliches Auskommen in Anspruch nehmen. Tut er es, dann handelt er widersprüchlich und begeht **Rechtsmißbrauch** (so zutreffend *Johannsen/Henrich/Voelskow* Rdnr. 41 zu § 1579 BGB m. w. Nachw.). Als **Beweis** für das Bestehen einer eheähnlichen Gemeinschaft genügt es (so *Johannsen/Henrich/Voelskow* Rdnr. 42 zu § 1579 BGB), wenn der Ehegatte mit dem neuen Partner oft in der Freizeit zusammen ist, dieser ab und zu bei jenem schläft und sich z. B. aus versicherungstechnischen Gründen als Halter des Kfz des Partners eintragen läßt. Auf die **Leistungsfähigkeit des neuen Partners** kann es grundsätzlich nicht ankommen. Das Risiko der Partnerwahl

liegt nicht bei dem auf Unterhalt in Anspruch genommenen anderen Ehegatten (so zutreffend *Johannsen/Henrich/Voelskow* Rdnr. 43 zu § 1579 BGB m. w. Nachw.). Eine **Ausnahme** ist zu machen, wenn der bedürftige Ehegatte Betreuungsunterhalt nach § 1570 BGB oder Unterhalt wegen Krankheit oder Behinderung nach § 1571 BGB verlangen kann. Dieser Auslegung der Nr. 7 als **Konkubinatsklausel** wird man sich schon deswegen auf Dauer nicht verschließen können, weil sie die Rechtsprechung nicht unerheblich entlasten und besonders die nicht unproblematischen Schuldfeststellungen in weitem Umfang wieder entbehrlich machen wird, auch beim Trennungsunterhalt. Es kommt dann in der Regel nicht mehr darauf an, ob das Zusammenleben mit einem neuen Partner als schwerwiegendes Fehlverhalten zu werten ist, ob es für das Scheitern der Ehe ursächlich war, ob auch dem anderen Ehegatten Fehlverhalten von einem gewissen Gewicht zur Last zu legen ist. Weitgehend entbehrlich werden auch die Feststellungen, ob und inwieweit sich der bedürftige Ehegatte Vergütungen für Versorgungsleistungen und andere Vorteile des Zusammenlebens anrechnen lassen muß (*Johannsen/Henrich/Voelskow* Rdnr. 43 zu § 1579 BGB).

251 Als **weiterer Fall,** der unter den Auffangtatbestand der Nr. 7 wegen objektiver Unzumutbarkeit zu subsumieren ist, ist von der Rechtsprechung die begrenzte Berücksichtigung des **Splitting-Vorteils** nach Wiederheirat in Mangelfällen anerkannt (*BGH* FamRZ 1985, 911f.). Die **Geschlechtsumwandlung** wird ebenfalls als endgültige Abkehr von allen ehelichen Bindungen angesehen, auch wenn sie nicht mit einer Zuwendung zu einem neuen Partner verbunden ist (a. A. *OLG München* FamRZ 1986, 171f.).

c) Wahrung der Belange des Kindes

252 Liegt einer der in § 1579 genannten Härtegründe vor, ist **zusätzlich eine Billigkeitsabwägung** vorzunehmen, insbesondere ob und inwieweit die Inanspruchnahme des Verpflichteten auch unter Wahrung der Belange eines dem Berechtigten zur Pflege und/oder Erziehung anvertrauten gemeinschaftlichen Kindes grob unbillig wäre. Den Belangen eines anvertrauten gemeinschaftlichen Kindes kommt bei der gebotenen Interessenabwägung eine ganz besondere Bedeutung zu, insbesondere sind sie **vorrangig** von den Interessen des unterhaltspflichtigen Elternteils. Eine zeitliche Begrenzung des Unterhaltsanspruchs gem. § 1570 BGB oder gar eine Versagung des Unterhaltsanspruchs wird darum nur in krassen Ausnahmefällen in Betracht kommen.

253 In jedem Fall ist **darzulegen,** in welcher Weise die Belange des Kindes noch gewahrt werden. Die Belange des Kindes können bei einer gänzlichen Versagung des Unterhaltsanspruchs nur dann gewahrt werden, wenn entweder der unterhaltsbedürftige Ehegatte von anderer Seite die Mittel bekommen kann, die er zu seinem Lebensbedarf benötigt, oder wenn Pflege und Erziehung des Kindes in anderer Weise sichergestellt werden können, etwa wenn die Ehefrau, die ein Kind aus der Ehe betreut, vermögende Eltern hat oder wenn der Ehefrau bei Versagung des Unterhaltsanspruchs ein Anspruch auf Arbeitslosen- oder Sozialhilfe zusteht oder wenn das Kind schon vor der Scheidung in einem Ganztagskindergarten untergebracht war und dort auch weiterhin bleiben kann. In diesen Fällen werden auch bei einer gänzlichen Versagung des Unterhaltsanspruchs die Belange des Kindes nur in einer solchen Weise beeinträchtigt, die – nach dem Grundsatz der Verhältnismäßigkeit – noch hingenommen werden kann.

254 Zur Frage, wann die Belange eines dem Unterhaltsberechtigten zur Pflege oder Erziehung anvertrauten gemeinschaftlichen Kindes gewahrt sind, hat der *BGH* (FamRZ 1989, 1279ff.) betont, daß dies nur dann der Fall ist, wenn der Unterhalt das Maß dessen übersteigt, was der betreuende Ehegatte zur **Dekkung eines Mindestbedarfs** benötigt; ferner, soweit dieser die dazu erforderlichen Mittel von **anderer Seite** erhalten kann und daher auf den Unterhalt nicht angewiesen ist. Schließlich können die Belange des Kindes gewahrt sein, wenn seine Pflege und Erziehung in anderer Weise als durch elterliche Betreuung sichergestellt werden kann. Angesichts des Wortlautes und der Zielsetzung des Gesetzes könne es nur ganz seltene Ausnahmefälle (besonders schwerwiegende Härtefälle) geben, in denen diese Grenzen zur Vermeidung untragbarer Ergebnisse überschritten werden, in denen also die Belange des Kindes denen des Unterhaltspflichtigen in weiterem Umfang weichen müssen. Die Belange des Kindes können nicht deshalb gewahrt sein, weil der das Kind betreuende Elternteil **Sozialhilfe** beanspruchen könne, wenn ihm Unterhalt versagt werde. Diese Auffassung sei mit dem Grundsatz der Subsidiarität der Sozialhilfe nicht zu vereinbaren (ausführlich hierzu sh. *BGH* FamRZ 1989, 1279ff.).

11. Auskunftspflicht und eidesstattliche Versicherung

Die geschiedenen Ehegatten sind einander verpflichtet, auf Verlangen über **255** ihre Einkünfte und ihr Vermögen Auskunft zu erteilen, soweit dies zur Feststellung eines Unterhaltsanspruchs oder einer Unterhaltsverpflichtung erforderlich ist. Über die Höhe der Einkünfte sind auf Verlangen Belege, insbesondere Bescheinigungen des Arbeitgebers vorzulegen. Vor Ablauf von zwei Jahren kann Auskunft erneut nur verlangt werden, wenn glaubhaft gemacht wird, daß der zur Auskunft Verpflichtete später wesentlich höhere Einkünfte oder weiteres Vermögen erworben hat, §§ 1580, 1605, 260, 261 BGB.

Die **Kosten** der Auskunftserteilung hat grundsätzlich der zur Auskunft Verpflichtete zu tragen (vgl. *BGH* FamRZ 1975, 405 und FamRZ 1982, 682). Wird für Vermögensgegenstände oder die Feststellung des Gewinns eines Selbständigen die Wertermittlung durch einen **Sachverständigen** erforderlich, hat der **Auskunftsgläubiger** diese Kosten zu tragen (so zutr. *Borth,* Handbuch des Scheidungsrechts, S. 726).

Die Zwangsvollstreckung setzt eine konkrete Fassung des Auskunftsurteils **256** voraus, so daß das Urteil nur einen **vollstreckungsfähigen Inhalt** hat, wenn die Frage für welchen Zeitraum der Schuldner Auskunft erteilen soll, auf welchen Zeitpunkt er die Aufstellung seines Vermögens abstellen und welche Belege er vorlegen soll, beantwortet ist. Demzufolge ist ein **Klageantrag** als **unzulässig** anzusehen, der diese Fragen offen läßt. Die Unzulässigkeit der Klage ergibt sich bei einem nicht genügend konkretisierten Klageantrag, insbesondere bei mangelnder Bezeichnung der Belege, die der Auskunftspflichtige vorlegen soll, aus § 253 II 2 ZPO.

Die unterhaltsrechtliche Auskunftspflicht ist durch Vorlage einer **systematischen Aufstellung** der erforderlichen Angaben zu erfüllen, die dem Berechtigten oder übermäßigen Arbeitsaufwand die Berechnung des Unterhaltsanspruchs ermöglichen (*BGH* FamRZ 1983, 996). Der Auskunftsanspruch ist so lange nicht erfüllt – auch nicht teilweise –, als der Auskunftsverpflichtete nicht eine systematische Zusammenstellung der erforderlichen Angaben vorgelegt hat. Insbesondere wird der Anspruch nicht schon durch Übergabe der Lohn- und Einkommensteuererklärung erfüllt, weil diese keinen hinreichenden Aufschluß über die Einkommensentwicklung geben. **257**

Der **unselbständig** tätige Auskunftspflichtige hat in der Regel über seine Ein- **258** kommensverhältnisse für die Zeit des abgelaufenen Kalenderjahres **(12 Monate)** Auskunft zu erteilen, wenn sich das laufende Einkommen nicht mit Sicherheit wesentlich und nachhaltig geändert hat. – Der **selbständig** Tätige muß seine

Einnahmen und Aufwendungen im einzelnen so darstellen, daß die allein steuerlich beachtlichen Aufwendungen von solchen, die unterhaltsrechtlich von Bedeutung sind, abgegrenzt werden können (vgl. *BGH* FamRZ 1985, 357ff.). Die Vorlage der Gewinnermittlung sowie der Steuerbescheide einschließlich der Einkommensteuererklärung stellen keine ausreichende Auskunft dar. Regelmäßig reicht die Angabe der Einkünfte über einen Zeitraum von **3 Jahren** als Beurteilungsgrundlage aus. In Einzelfällen – insbesondere bei stark schwankenden Einkünften – kann es jedoch auch gerechtfertigt sein, daß Angaben über die Einkünfte über einen Zeitraum bis zu 6 Jahren verlangt werden (vgl. *BGH* FamRZ 1985, 357f.).

259 Die **eidesstattliche Versicherung** kann erst **nach Erfüllung** des Auskunftsanspruchs verlangt werden (*BGH* FamRZ 1983, 996/998; 1984, 144f.).

Gibt der Auskunftsverpflichtete an, er verfüge über **keine Einkünfte,** besteht aber aufgrund des Vortrages des Unterhaltsberechtigten Grund zur Annahme, daß die Angaben unrichtig sind, so liegt in dieser Erklärung die vollständige Auskunftserteilung: es kann dann nach §§ 259ff. BGB vorgegangen werden.

Der Anspruch auf Abgabe der eidesstattlichen Versicherung kann **freiwillig** vor dem Gericht der freiwilligen Gerichtsbarkeit nach §§ 163, 79 FGG erfüllt werden. Eine rechtskräftige **Verurteilung** wird nach § 889 ZPO vollstreckt.

12. Unterhalt für die Vergangenheit

260 Gemäß § 1585b I und II BGB kann der Unterhaltsberechtigte mit Ausnahme von Sonderbedarf i. S. v. § 1613 II BGB Unterhaltserfüllung für die Vergangenheit oder Schadensersatz wegen Nichterfüllung erst von der Zeit an fordern, in der der Unterhaltspflichtige **in Verzug** gekommen oder der Unterhaltsanspruch **rechtshängig** geworden ist. Gemäß § 1585b III BGB kann für eine **mehr als ein Jahr** vor der Rechtshängigkeit liegende Zeit Erfüllung oder Schadenersatz wegen Nichterfüllung nur verlangt werden, wenn anzunehmen ist, daß der Verpflichtete sich der Leistung absichtlich entzogen hat. Der Unterhaltsanspruch ist vom Unterhaltsschuldner von Verzugsbeginn an gemäß § 288 I BGB zu **verzinsen.** § 1585b III BGB gilt auch für den Fall, daß der Unterhaltsanspruch auf einen **Träger der Sozialhilfe** übergegangen ist (*BGH* FamRZ 1987, 1014f.). Die Überleitung wirkt wie eine Abtretung. Die Rechtsnatur des Anspruchs bleibt unverändert.

Nach allgemeinen Grundsätzen ist eine Mahnung vor der Entstehung des Anspruchs wirkungslos und bleibt es auch, wenn dessen Voraussetzungen eintreten (*BGH* FamRZ 1988, 370ff.). Der Schuldner von Trennungsunterhalt kann daher durch die den Trennungsunterhalt betreffende Mahnung nicht auch wegen der künftigen Ansprüche auf nachehelichen Unterhalt in Verzug gesetzt werden; es handelt sich um verschiedene Ansprüche (*BGH* FamRZ 1981, 242).

Anders als für den laufenden Unterhalt, für den eine allgemeine Verwirkung gemäß § 242 BGB durch die Spezialregelung der §§ 1579, 1611 BGB, 66 EheG ausgeschlossen ist, ist die Anwendung der **Verwirkungsregeln** gemäß § 242 BGB für den rückständigen Unterhalt möglich. Rückständiger Unterhalt kann nicht mehr verlangt werden, wenn ein derartiger Anspruch nach § 242 BGB verwirkt ist. Die allgemeine Verwirkung ist, ohne daß sich eine Partei darauf berufen müßte, von Amts wegen zu beachten (*OLG Celle* FamRZ 1989, 1194 im Anschluß an *BGH* NJW 1966, 343, 345).

Der Unterhaltsgläubiger kann nach einer einmal ausgesprochenen Mahnung unter dem Gesichtspunkt von Treu und Glauben nicht beliebig lange Zeit verstreichen lassen, bevor er den angemahnten Betrag gerichtlich geltend macht oder sonst auf die Mahnung zurückgreift (so *Kalthoener/Büttner,* Die Rechtsprechung zur Höhe des Unterhalts, Rdnr. 951 im Anschluß an *BGH* FamRZ 1988, 478/480).

Bei der Frage der Verwirkung von rückständigem Unterhalt müssen sowohl das „Umstandsmoment", als auch das „Zeitmoment" erfüllt sein (so *BGH* FamRZ 1988, 370/372; 1988, 478/480). Dabei sind an das Zeitmoment keine strengen Anforderungen zu stellen, denn von einem Unterhaltsgläubiger, der lebensnotwendig auf Unterhaltsleistungen angewiesen ist, ist zu erwarten, daß er sich zeitnah um die Durchsetzung des Anspruchs bemüht. Tut er das nicht, so erweckt er in der Regel den Eindruck, in dem fraglichen Zeitraum nicht oder zumindest nicht weitergehend bedürftig zu sein (so *OLG Celle* FamRZ 1989, 1194f. m.w.Nachw.). Ein Unterhaltsgläubiger, der sich nahezu zwei Jahre zwischen der ersten und zweiten Zahlungsaufforderung Zeit läßt, ohne den vermeintlichen (höheren) Zahlungsanspruch geltend zu machen, läßt unter Berücksichtigung der in §§ 1587b III, 1615i II 1 BGB enthaltenen Rechtsgedanken einen Zeitraum verstreichen, der die Voraussetzungen des sogenannten „Zeitmomentes" der Verwirkung erfüllt (so *OLG Celle* FamRZ 1989, 1194 im Anschluß an *BGH* FamRZ 1988, 370).

13. Rückforderung überzahlten Unterhalts

Geht eine einstweilige Anordnung Unterhalt über Bestand oder Höhe des **261**
materiell-rechtlichen Unterhaltsanspruchs hinaus, leistet der Schuldner insoweit „ohne rechtlichen Grund" i.S.d. § 812 I 1 BGB, weil § 620 S. 1 Nr. 6 ZPO rein prozessualer Natur ist und nur eine einstweilige Vollstreckungsmöglichkeit wegen eines vorläufig als bestehend **angenommenen** Anspruch schafft (*BGH* FamRZ 1984, 767ff. m.w. Nachw.). Der Schuldner kann in diesen Fällen die Bereicherungsklage erheben, ohne daß es auf eine förmliche **Aufhebung** der einstweiligen Anordnung ankäme. Das zusprechende Urteil auf diese Klage ist zugleich eine „anderweitige Regelung" i.S.v. § 620f. S. 1 ZPO.

Die gegen eine einstweilige Anordnung über Ehegattenunterhalt gerichtete negative Feststellungsklage unterliegt keiner Einschränkung dahin, daß die Feststellung erst ab Rechtshängigkeit der Klage oder **Verzug** des Gläubigers mit einem Verzicht auf seine Rechte aus der einstweiligen Anordnung verlangt werden kann. Eine Einschränkung dahin, daß die Feststellung erst ab Rechtshängigkeit der Klage oder ab Verzug des Gläubigers mit einem Verzicht auf seine Rechte aus der einstweiligen Anordnung verlangt werden kann, findet im Gesetz keine Stütze. Der **Vertrauensschutz** für den Titelgläubiger wird hinreichend dadurch gewährleistet, daß er gegenüber einem Anspruch auf Rückzahlung überzahlten Unterhalt ggf. auf die Einrede des Wegfalls der Bereicherung gemäß § 818 III BGB erheben kann und nicht befürchten muß, wegen objektiv unberechtigter Vollstreckungsmaßnahmen analog § 945 ZPO ohne Rücksicht auf ein Verschulden Schadensersatz leisten zu müssen. Der durch die einstweilige Anordnung Verpflichtete kann auch sogleich die Bereicherungsklage erheben, die hinsichtlich des in der Vergangenheit rechtsgrundlos geleisteten Unterhalts ebenfalls keinen Einschränkungen unterliegt (so BGH FamRZ 1989, 850 m.w. Nachw.).

Die **verschärfte Haftung** des Bereicherungsschuldners für den Empfänger von Unterhaltsleistungen, die aufgrund einer nicht dem materiellen Recht entsprechenden einstweiligen Anordnungen geleistet worden sind, tritt nicht schon mit der Rechtshängigkeit der Klage auf Feststellung, daß die Unterhaltspflicht nicht besteht, ein. Die verschärfte Haftung gemäß § 818 IV BGB knüpft konkret an die Rechtshängigkeit der Klage auf Herausgabe des Erlangten (§ 812 BGB) oder auf Leistung von Wertersatz (§ 818 II BGB) an. (Es sei an dieser Stelle ausdrücklich auf die Entscheidungen des *BGH* FamRZ 1985, 368ff. und FamRZ 1986, 793f. hingewiesen!)

14. Altehen

262 Wurde eine Ehe nach dem bis zum 30. 6. 1977 geltenden Recht geschieden, aufgehoben oder für nichtig erklärt, richtet sich der Unterhaltsanspruch eines Ehegatten nach dem bis dahin geltenden Unterhaltsrecht, somit nach den §§ 58 bis 70 EheG. Die Vorschrift des § 58 EheG macht das Entstehen eines Anspruchs davon abhängig, ob die Ehe gemäß dem Scheidungsurteil aus dem alleinigen oder überwiegenden Verschulden des anderen Ehegatten geschieden wurde. Im Gegensatz zu dem jetzt geltenden Unterhaltsrecht können Unterhaltsansprüche nach § 58 EheG auch noch **viele Jahre nach der Scheidung** entstehen, etwa wenn ein geschiedener Ehegatte erst zu einem wesentlich späteren Zeitpunkt unterhaltsbedürftig wird. Dies ergibt sich daraus, daß eine Regelung, die den §§ 1573 IV, 1577 IV BGB entsprechen, das Unterhaltsrecht nach §§ 58ff. EheG nicht kennt (*BGH* FamRZ 1987, 257/259).

Verfügt der Unterhaltsberechtigte über **Vermögen,** so ist dieses vorab zur Deckung des Bedarfs einzusetzen, § 59 II EheG. Für den Fall, daß der eigene angemessene Unterhalt des Verpflichteten gefährdet wird, wenn er den eheangemessenen Unterhalt leistet, ist dieser aufgrund der mangelnden Leistungsfähigkeit nach Billigkeitsgesichtspunkten zu beschränken, § 59 I 1 EheG.

Nach dem für Scheidungen vor dem 1. 7. 1977 geltenden Unterhaltsrecht bestehen keine der Bestimmung des § 1571 BGB entsprechenden **Einsatzzeitpunkte;** es ist daher unschädlich, wenn Bedürftigkeit erst lange nach Rechtskraft der Scheidung eintritt. § 1582 BGB gilt nicht im Falle von sog. Altscheidungen (so *OLG München* FamRZ 1989, 1309ff.).

15. Richtige Klageart; prozeßrechtliche Besonderheiten

263 – **Sachlich zuständig** (auch für Abänderungsklagen nach § 323 ZPO) ist das Familiengericht, §§ 620, 621 I 5 ZPO, 23a, b GVG; die **örtliche Zuständigkeit** richtet sich nach §§ 606ff., 620, 621 ZPO.
– Es gelten die **Verfahrensvorschriften** der ZPO; nötig ist immer ein Antrag, ggf. eine Klage.
– Die **Entscheidung** kann während der Anhängigkeit einer Ehesache auf Antrag durch einstweilige Anordnung nach § 620 ZPO, während der Anhängigkeit eines Scheidungsverfahrens durch Urteil im Verbund, § 623 ZPO, im übrigen im isolierten streitigen Verfahren durch Urteil ergehen.

264 – **Muster für Antrag:** „Der Beklagte wird verurteilt, an die Klägerin ab dem ... einen monatlichen Unterhalt in Höhe von ... DM, wobei auf den Elementarunterhalt ... DM und auf den Vorsorgeunterhalt ... DM entfallen, zu bezahlen."
– In der Regel empfiehlt es sich, den nachehelichen Ehegattenunterhalt **innerhalb des Verbundes** geltend zu machen, im Wege der Leistungsklage; nur auf

ausdrücklichen Wunsch des Mandanten sollte von dieser Regel abgewichen und der nacheheliche Ehegattenunterhalt erst nach Abschluß des Scheidungsverfahrens im isolierten Rechtsstreit durchgesetzt werden.

- Der Unterhaltsschuldner kann im Hinblick auf durch einstweilige Anordnung titulierten Unterhalt nur mit der **negativen Feststellungsklage** eine anderweitige Regelung i. S. d. § 620f. ZPO herbeiführen; die **Vollstreckungsabwehrklage** gem. § 767 ZPO ist daneben in der Regel ausgeschlossen. 265
- Eine der wichtigsten Möglichkeiten, gegen einen Unterhaltstitel vorzugehen, ist die **Abänderungsklage** nach § 323 ZPO. Das Verhältnis der Abänderungsklage zu anderen Rechtsbehelfen ist umstritten. (Praktikable Antworten auf die wichtigsten Fragen gibt *Luthin* – Unterhaltsrecht S. 23.2ff.). Während die Abänderungsklage bei wesentlichen Änderungen der dem ursprünglichen Titel zugrundeliegenden Verhältnisse dessen Anpassung an die veränderten Umstände zum Ziel hat, soll die **Vollstreckungsabwehrklage** gemäß § 767 ZPO dem Schuldner die Möglichkeit geben, mit Hilfe von **Einwendungen** ungeachtet der fortbestehenden Rechtskraft des Titels die Vollstreckungsmöglichkeit ganz oder teilweise zu beseitigen. Besonders darauf hingewiesen sei, daß für die **Vollstreckungsabwehrklage** örtlich und sachlich **ausschließlich zuständig** (§ 802 ZPO) das Gericht des Vorprozesses erster Instanz (§ 767 I ZPO), bei Prozeßvergleichen das Gericht, bei dem der durch den Vergleich erledigte Rechtsstreit in erster Instanz anhängig war, ist. – (Zur Abgrenzung Abänderungsklage/Zusatz-, Nachforderungsklage s. Unterhaltsrecht – *Luthin,* S. 23.5ff.) 266

XII. Hausratsauseinandersetzung

1. Vorbereitende Maßnahmen

Der in der Praxis offensichtlich gängige Rat des Rechtsanwalts an den Mandanten, alles mitzunehmen, was er brauche, ist nicht nur rechtlich nicht zulässig, sondern birgt auch eine erhebliche **Haftungsgefahr** des Anwalts in sich. Verleitet dieser Rat nämlich den Mandanten dazu, nahezu alles mitzunehmen, müssen die Reaktionsmöglichkeiten des den mit einer leeren Wohnung zurückgelassenen Ehegatten beratenden Anwalts bedacht werden: 267

- Er kann den Mandanten dahin beraten, sich neu einzurichten; für die zwangsläufig notwendig gewordenen Hausratsanschaffungen kann der Mandant dann bei der Unterhaltsberechnung monatlich angemessene Beträge absetzen, bzw. trennungsbedingten Mehrbedarf geltend machen.
- Der Mandant kann zumindest einen Teil der Hausratsgegenstände zurückverlangen und seinen Anspruch durch Antrag auf Erlaß einer einstweiligen Anordnung, gerichtet auf Herausgabe oder Rückschaffung der Hausratsgegenstände, durchsetzen (außerhalb des Scheidungsverfahrens ist dieser Antrag mit dem Antrag auf Einleitung eines selbständigen Hausratsverfahrens zu verbinden).
- Die Herausgabe der zum persönlichen Gebrauch eines Ehegatten bestimmten Sachen kann im Hausratsverfahren nicht verlangt werden, denn für ein Verfahren auf Herausgabe der zum persönlichen Gebrauch bestimmten Sachen ist das allgemeine Zivilgericht zuständig, es sei denn, daß die Voraussetzungen der §§ 620 Nr. 8, 620a II 1 ZPO vorliegen.

– Er kann Schadensersatzansprüche wegen verschwundenen Hausrats sowie wegen unrechtmäßiger Verfügung, wegen Beschädigung oder Zerstörung von Hausratsgegenständen vor dem allgemeinen Zivilgericht geltend machen. – (S. hierzu *Walter,* Die eigenmächtige Hausratsteilung, JZ 1983, 54f.)

268 Auch im Hinblick auf diese zahlreichen Reaktionsmöglichkeiten, aber nicht zuletzt auch deswegen, weil sich durch einen derartigen Rat das Verhältnis der Parteien noch wesentlich verschlechtert, kann vom Anwalt verantwortlich der Rat zur **eigenmächtigen Hausratsteilung** nicht gegeben werden. Vielmehr sollte der Anwalt darauf achten, daß ein gerichtliches Verfahren zur Hausratsauseinandersetzung rechtzeitig und sorgfältig vorbereitet wird.

269 Die Hauptarbeit muß dabei der Mandant bei sich zu Hause selbst leisten, indem er eine **Aufstellung** eines vollständigen und genauen **Hausratsverzeichnisses** fertigt.

270 Zur Aufklärung über das Hausratsverfahren empfiehlt es sich, dem Mandanten ein **Merkblatt** auszuhändigen. (Es wird auf das von *Günther/Hein* entworfene „Merkblatt für Hausratsauseinandersetzung" (S. 314ff.) hingewiesen.) Die Verwendung eines derartigen Merkblattes erspart viel Besprechungszeit und führt häufig dazu, daß im Hinblick auf die deutlich werdenden Schwierigkeiten bei der Durchführung eines Hausratsverfahrens die Parteien sich veranlaßt fühlen, sich gütlich mit dem Ehepartner zu einigen. Andererseits können vom Anwalt verantwortlich Vergleichsverhandlungen nur geführt werden oder ein Antrag auf Zuweisung von Hausrat nur schlüssig begründet werden, wenn eine genaue Bezeichnung der Hausratsgegenstände vorliegt und wenn geklärt ist, von wem die Gegenstände in die Ehe eingebracht wurden, ob sie während der Ehe angeschafft, geerbt oder geschenkt worden sind, in wessen Besitz sie sich befinden und wie hoch der Anschaffungspreis zum Anschaffungszeitpunkt war und wie hoch der Verkehrswert heute ist.

271 Es empfiehlt sich, dem Mandanten Bögen auszuhändigen (im Anschluß an *Günther/Hein,* S. 316), auf denen folgende Rubriken stehen:
- Genaue Bezeichnung des Hausratsgegenstandes;
- In die Ehe eingebracht von wem?
- Während der Ehe angeschafft von wem für den gemeinsamen Haushalt oder für sich allein?
- Während der Ehe geerbt von wem?
- Während der Ehe geschenkt von wem an wen?
- Im Besitz von wem?
- Anschaffungspreis und Anschaffungsjahr;
- Geschätzter Verkehrswert heute;
- Zuteilung wird beantragt von wem?

2. Vereinbarungsmöglichkeiten

272 Ein streitiges Verfahren auf Hausratszuteilung kann für den Anwalt sehr zeitaufwendig sein und für die Parteien hohe Kosten verursachen (Sachverständigengutachten). Die Parteien können sich insbesondere darüber streiten, wer welche Gegenstände in die Ehe eingebracht hat, wer welche Gegenstände während der Ehe angeschafft, geerbt oder als Geschenk erhalten hat, in wessen Besitz die Gegenstände sind, wann und zu welchem Preis sie angeschafft worden sind und wie ihr heutiger Verkehrswert eingeschätzt wird. Der Anwalt muß daher von Mandatsübernahme an darauf achten, daß die Hauptarbeit, die in der

Aufstellung eines genauen **Hausratsverzeichnisses** besteht, vom Mandanten zu Hause schriftlich geleistet wird. Eine Regelung der Rechtsverhältnisse der Ehegatten am Hausrat findet gemäß § 1 HausratsVO auf Antrag dann statt, wenn sich die Eheleute anläßlich der Scheidung nicht darüber einigen können, wer den Hausrat erhalten soll. Die **Vereinbarung geht vor** und ist immer anzustreben. Sie muß vollständig und vollzogen sein, um eine richterliche Regelung auszuschließen. Für das Aushandeln der Einigung ist von Bedeutung, welche Befugnisse der Richter im Verfahren der Hausratsverordnung hat. Gemäß § 2 HausratsVO entscheidet der Richter nach billigem Ermessen. Er hat dabei alle Umstände des Einzelfalles, insbesondere das **Wohl der Kinder** und die Erfordernisse des Gemeinschaftslebens zu berücksichtigen. Das bedeutet zunächst, daß der Ehegatte, dem die Kinder zugeteilt werden, eine Präferenz auf den Haushalt hat. Bei der Beratung zu einer Hausratsauseinandersetzungsvereinbarung sollte der Anwalt immer die gesetzliche Regelung der §§ 8, 9 HausratsVO beachten. § 9 HausratsVO wird jedoch mit guten Gründen in der Literatur als **verfassungswidrig** angesehen (so *Johannsen/Henrich/Voelskow* Rdnr. 2 zu § 9 HausratsVO).

Soll aufgrund der Vereinbarung die Herausgabe einzelner Gegenstände oder eine Ausgleichszahlung festgelegt werden, so empfiehlt es sich, die **Gegenstände genau zu bezeichnen** und die Verpflichtung zur Herausgabe sowie ggf. zu der Ausgleichszahlung aufzunehmen, damit eine später notwendig werdende **Vollstreckung** (§ 883 ZPO bezüglich der Herausgabe von Gegenständen, § 803f., 807ff., 828ff. ZPO hinsichtlich der Zahlungsansprüche) durchführbar ist. Sind Hausratsgegenstände auf **Kredit** gekauft worden, können auch Vereinbarungen des Inhalts geschlossen werden, daß, wenn beide Ehegatten in dem betreffenden Kaufvertrag als Käufer, d. h. Schuldner des Kaufpreises, aufgeführt sind, im Innenverhältnis der eine Ehegatte den anderen von der Zahlung der weiteren Raten freistellt (zu den Einzelheiten einer Hausratsvereinbarung s. *Göppinger,* Vereinbarungen Rdnrn. 660ff. und *Langenfeld,* Handbuch S. 238). **273**

3. Vorläufiger Rechtsschutz und Eilmaßnahmen

Die Möglichkeiten des vorläufigen Rechtsschutzes im Zusammenhang mit dem Hausrat sind vielfältig (bezüglich der Einzelheiten wird auf die vorbildliche Beschreibung der einzelnen Verfahren in *Gießler,* Vorläufiger Rechtsschutz, Rdnrn. 771ff. verwiesen). Um die Möglichkeiten des vorläufigen Rechtsschutzes richtig anwenden zu können, muß man sich zunächst dessen bewußt sein, daß das Gesetz zwei verschiedene **Regelungsbereiche** unterscheidet, nämlich: **274**
- **§ 1361a** (Hausratsverteilung bei **Getrenntleben**);
- **§§ 1, 8 HausratsVO** (Auseinandersetzung des Hausrats bei **Scheidung**):

Bezüglich der Hausratsverteilung bei Getrenntleben nach § 1361a BGB kann das Familiengericht **einstweilige Anordnungen** nach § 13 IV HausratsVO erlassen. Diese einstweilige Anordnung verliert mit der Rechtskraft der Scheidung ihre Kraft. Nach **Anhängigkeit des Scheidungsverfahrens** können einstweilige Anordnungen nach § 620 Nr. 7 ZPO vorgehen. Das Familiengericht kann erst entscheiden, wenn die Ehegatten **getrennt leben.** Hausrat wird jedoch meist sofort mit der Trennung in dem neuen oder im bisherigen Haushalt benötigt. Nach der bestehenden Gesetzeslage ist es möglich, daß über die Zuweisung oder Aufteilung der Ehewohnung und die Verteilung des Hausrats nach § 1361a BGB in **einer Anordnung** beschlossen wird. Mit der Entscheidung über die **275**

Ehewohnung ist die häusliche Gemeinschaft als aufgelöst anzusehen, so daß im unmittelbaren Anschluß der Hausrat verteilt werden kann.

276 Wird bei **bestehender häuslicher Gemeinschaft** die Überlassung von Hausrat begehrt, kommt nur eine einstweilige Verfügung in Betracht und zwar in den Fällen verbotener **Eigenmacht;** im Fall verbotener Eigenmacht besteht ein Verfügungsgrund gegen jeden fehlerhaft Besitzenden (§§ 861, 858 II BGB). In anderen Fällen liegt ein Verfügungsgrund nur vor, wenn der Herausgabegläubiger auf den Hausrat zu seinem Lebensbedarf **dringend angewiesen** ist. Herausgabeansprüche wegen Besitzentziehung (§ 862 BGB), unerlaubter Handlung (§ 823 BGB), aufgrund Eigentums oder Miteigentums (§§ 985, 1011 BGB) sind je nach Streitwert beim Amtsgericht (allgemeine Zivilabteilung) oder beim Landgericht geltend zu machen.

277 **Leben** die Ehegatten **getrennt,** kommt vor Anhängigkeit einer Ehesache oder eines darauf gerichteten Prozeßkostenhilfeverfahrens die einstweilige Anordnung zur Regelung der Hausratsbenutzung nach §§ 13 IV, 18a HausratsVO in Betracht, ab Anhängigkeit einer Ehesache oder eines PKH-Verfahrens für eine solche Sache die einstweilige Anordnung gemäß § 620 S. 1 Nr. 7 ZPO. Nach Rechtskraft der Scheidung der Ehe kann vorläufiger Rechtsschutz wiederum nur im Wege der einstweiligen Anordnung des Hausratsauseinandersetzungsverfahrens gemäß § 13 IV HausratsVO erreicht werden.

278 Zur **Verhinderung von Verfügungen** über Hausrat kann der von einer Rechtsverletzung bedrohte Ehegatte gegen den anderen ein **Verfügungs-**(Veräußerungs-)**verbot** erwirken. Vorläufiges Rechtsschutzmittel hierfür ist in Fällen, in denen es lediglich um den Schutz des Eigentums, des Miteigentums oder güterrechtlicher Mitwirkungsrechte geht, die **einstweilige Verfügung,** in Fällen, in denen auch oder allein der Hausratsüberlassungsanspruch zu schützen ist, die einstweilige Anordnung nach §§ 13 IV, 18a HausratsVO oder – bei Anhängigkeit einer Ehesache – die einstweilige Anordnung nach § 620 S. 1 Nr. 7 ZPO.

279 Beim Vorliegen eines Arrestgrundes i. S. v. §§ 917, 918 ZPO kann der gegen den anderen Ehegatten oder einen Dritten gerichtete Anspruch auf Überlassung oder Rückgewähr von Hausrat, der – bei verschuldeter Unmöglichkeit – in eine Geldforderung übergehen kann, durch **Arrest** gesichert werden, § 916 ZPO.

280 Als vorläufiger Rechtsschutz **gegenüber Dritten** kommen insbesondere die einstweilige Anordnung des Hausratsverfahrens nach §§ 13 IV, 18a HausratsVO, sowie die einstweilige Verfügung, wenn eine einstweilige Anordnung nicht zu erlangen ist, in Betracht (s. hierzu auch *Gießler,* Vorläufiger Rechtsschutz, Rdnrn. 782ff.).

4. Materiell-rechtliche Regelung der HausratsVO

281 **Begriff des Hausrats:** Als Hausratsgegenstände sind alle Gegenstände anzusehen, die nach den ehelichen Lebensverhältnissen üblicherweise in der Familie und im Haushalt verwendet werden, gleichgültig, wem sie gehören und welchen Wert sie haben, also z. B. die Wohnungsausstattung (ausgenommen fest eingebaute Sachen, z. B. Einbauküche), Küchengeräte, Möbel, Einrichtungsgegenstände, Teppiche, Vorräte, Bilder (außer Kunstsammlungen), Bücher (außer beruflicher Fachliteratur, die nur ein Ehegatte benötigt), Rundfunk-, Fernseh-, Video-, Phonogeräte einschließlich Platten, andere Tonträger und Filme, Haustiere, gemeinsam benutzte Musikinstrumente, Sportgeräte, Wohnwagen, Wohnmobil, soweit sie der Freizeitgestaltung und nicht – wie bei Schaustellern

– zum Wohnen dienen. Auch wertvolle Gegenstände einschließlich kostbarer Kunstgegenstände gehören dazu, wenn sie nicht ausschließlich der Kapitalanlage dienen oder als Objektsammlung anzusehen, vielmehr als Hausratsgegenstände geeignet sind und nach dem Lebenszuschnitt der Ehegatten als solche dienen (*BGH* FamRZ 1984, 575). Sinngemäß stellen auch Nahrungsmittel oder Heizmaterial Hausrat im weiteren Sinne dar; ebenso ein PKW, der von der ganzen Familie benutzt wird. Auszugehen ist von dem zum **Zeitpunkt** der Rechtskraft des Scheidungsurteils bzw. einer vorangegangenen Trennung vorhandenen Hausrat. Jedoch fallen auch die an die Stelle der nicht mehr vorhandenen Gegenstände getretenen Surrogate, also Ersatzstücke oder Rechte wie Schadensersatz- und Versicherungsforderungen unter den Begriff.

Kein Gegenstand des Hausratsverfahrens sind dagegen Forderungen wie Ge- **282** schäftseinlagen und Darlehnsforderungen, auch nicht Sparkassenbücher. Sofern eine Hausratssache den Ehegatten zum **Miteigentum** gehört, ist ein Ehegatte gegen **eigenmächtige Verfügungen** des anderen Ehegatten aufgrund seines Miteigentums geschützt. Über die Sache können – abgesehen vom Gutglaubenserwerb (§ 932ff. BGB) – rechtswirksam nur beide Ehegatten gemeinschaftlich verfügen, § 747 S. 2 BGB. Die sich aus einer unwirksamen Verfügung ergebenden Rechte, vor allem den Herausgabeanspruch gemäß § 985 BGB, kann jeder Miteigentümer gegen Dritte geltend machen, § 1011 BGB.

In der **Zugewinngemeinschaft** besteht eine – auch den gutgläubigen Erwerb **283** Dritter ausschließende – **Verfügungsbeschränkung** der Ehegatten über Hausrat. Gemäß § 1369 I BGB kann ein Ehegatte „über ihm gehörende Gegenstände des ehelichen Hausrats" nur mit Einwilligung des anderen Ehegatten verfügen und sich zu einer Verfügung verpflichten. Ein Dritter kann trotz guten Glaubens kein Eigentum an Hausratsgegenständen erwerben. Die Rechte des Hausratseigentümers aus einer unwirksamen Verfügung kann auch der übergangene andere Ehegatte gegen den Dritten geltend machen (sog. **Revokationsanspruch** gemäß §§ 1368, 1269 III BGB).

Nach der HausratsVO gelten für die Verteilung des Hausrats folgende Vor- **284** schriften: Was einem Ehegatten **nachweislich allein gehört,** soll er normalerweise behalten können. Gemeinsames Eigentum beider Ehegatten wird vom Richter **„gerecht und zweckmäßig"** verteilt, also einem Ehegatten zugewiesen. Alles, was im Laufe der Ehezeit für den gemeinsamen Haushalt angeschafft wurde, gilt im Zweifel als gemeinsames Eigentum und kann deshalb vom Richter einem allein zugewiesen werden. Wenn allerdings bei einem während der Ehe angeschafften Hausratsgegenstand das Alleineigentum eines Ehegatten feststeht, also bewiesen werden kann, daß kein gemeinsames Eigentum besteht, so gilt die allgemeine Regel, daß dieser Gegenstand dem Ehegatten verbleiben soll, dem er gehört.

Verteilungsmaßstab ist § 2 HausratsVO, also billiges Ermessen. Das **Wohl** **285** **der Kinder** gebietet es in der Regel, daß der sorgeberechtigte Elternteil vom Hausrat diejenigen Gegenstände erhält, die er für die Kinder benötigt. Auch die wirtschaftlichen Verhältnisse der Ehegatten spielen eine Rolle, insbesondere, welcher von ihnen auf die Gegenstände in stärkerem Maße angewiesen ist und welcher eher in der Lage erscheint, sich **Ersatzhausratsgegenstände** zu beschaffen. Bei **Hochzeitsgeschenken** besteht die allgemeine Vermutung, daß sie beiden Ehegatten gehören.

§ 9 HausratsVO ist ohne praktische Bedeutung. Das Familiengericht kann zur **286** Behebung aktueller **Notstände** Haushaltsgegenstände im Alleineigentum eines

Ehegatten dem anderen für vorübergehende Zeit durch eine vorläufige Benutzungsregelung überlassen, bis der bedürftige Ehegatte in der Lage ist, sich die benötigten Gegenstände zu beschaffen. Es ist in diesen Fällen naheliegend, den Ehegatten an das Sozialamt zu verweisen, das Hilfe auch durch einmalige Leistungen zur Beschaffung dringend benötigter Haushaltsgegenstände gewähren kann, § 21 II BSHG.

5. Prozessuale Besonderheiten

287 **a)** Die Entscheidung ergeht im Zusammenhang mit dem Scheidungsverfahren durch **Verbundurteil** und im isolierten Verfahren durch **Beschluß.** Da nach § 15 HausratsVO der Richter in seiner Entscheidung die Anordnungen treffen soll, die zu ihrer Durchführung nötig sind, ist es erforderlich, daß bereits im Antrag die Herausgabe der zugeteilten Hausratsgegenstände in vollstreckbarer Form beantragt wird.

288 **b)** Die **Rechtsmittel** im Hausratsverfahren ergeben sich aus den Vorschriften der ZPO und des FGG über streitige Verfahren der freiwilligen Gerichtsbarkeit in Familiensachen, insbesondere aus § 621e ZPO. Hat das Familiengericht **nur über Hausrat** entschieden, ist die Beschwerde gegen die Endentscheidung nur zulässig, wenn der Beschwerdewert 1000 DM übersteigt. Der Wert ist entsprechend § 511a II ZPO glaubhaft zu machen.

c) Gegen einstweilige Anordnungen, die nur den Hausrat betreffen, ist **kein Rechtsmittel** gegeben.

d) Entscheidungen des Familiengerichts im Verfahren nach der Hausratsverordnung werden erst **vollstreckbar,** wenn sie formell rechtskräftig sind; es gibt keine vorläufige Vollstreckbarkeit. Die Erteilung des Rechtskrafterzeugnisses erfolgt nach § 31 FGG durch die Geschäftsstelle des Familiengerichts. Da die Zwangsvollstreckung nach den Vorschriften der ZPO erfolgt (§ 16 III HausratsVO), ist die Erteilung einer Vollstreckungsklausel notwendig. Vollstreckungsgegenklagen nach § 767 ZPO sind zulässig. Es fehlt aber an einem Rechtsschutzbedürfnis, soweit eine Abänderung nach § 17 HausratsVO erreicht werden kann.

289 **e)** Sind die zugeteilten Gegenstände zur Zeit der Vollstreckung **nicht mehr vorhanden,** so bleibt nur Klage auf Geldersatz.

f) Der **Geschäftswert** richtet sich nach dem Wert des ganzen Hausrats. Bei einer Teileinigung ermäßigt er sich entsprechend.

g) Die **Rechtsanwaltsgebühren** sind nach § 63 I 1 BRAGO zu berechnen.

290 **h)** Das Verfahren in Hausratssachen ist ein Verfahren der streitigen freiwilligen Gerichtsbarkeit. Im FGG-Verfahren gibt es keine Beweisführungslast im formellen Sinn, da der Grundsatz der Amtsermittlung gilt, § 12 FGG. Die Beteiligten haben aber diejenigen Tatsachen und Beweismittel **beizubringen,** die für die Entscheidung des Familiengerichts erheblich sein können.

i) Hausrat, der nach §§ 8 oder 9 HausratsVO verteilt werden kann (also nicht aller Hausrat), **unterliegt nicht dem Zugewinnausgleich** (*BGH* NJW 1984, 484). In der Literatur wird jedoch die Auffassung vertreten, daß die Auseinandersetzung des Hausrats unter Berücksichtigung der Grundprinzipien des

Zugewinnausgleichs zu erfolgen hat (vgl. statt vieler *Johannsen/Henrich/Voelskow* Rdnr. 1 Vorbemerkung von § 8 HausratsVO).

XIII. Ehewohnung

1. Vorbereitende Maßnahmen

Es ist von vorneherein zu berücksichtigen, daß gemäß § 7 HausratsVO im gerichtlichen Verfahren auch der **Vermieter** der Ehewohnung, der **Grundstückseigentümer,** der Dienstherr (§ 4) und Personen, mit denen die Ehegatten oder einer von ihnen hinsichtlich der Ehewohnung in Rechtsgemeinschaft stehen, **Beteiligte** sind. Auch der Untervermieter, wenn die Ehegatten zur Untermiete wohnen, was bei Wohnungen im **„Bauherrenmodell"** nicht selten der Fall ist, ist Beteiligter. Auch die Genossenschaft oder der Bauverein bei entsprechenden Wohnungen, der Verpächter gehören zum Kreis der Beteiligten ebenso wie der **Untermieter** eines oder beider Ehegatten, der neue Ehegatte eines geschiedenen Ehegatten, der in die Wohnung gezogen ist, nahe Angehörige, die in Wohngemeinschaft mit einem Ehegatten leben, jedoch nicht minderjährige Kinder. Jeder dieser Beteiligten hat Anspruch auf **rechtliches Gehör;** in der Regel ist mit ihnen mündlich zu verhandeln (§ 13 II HausratsVO). Jeder Beteiligte hat ein selbständiges Beschwerderecht, soweit er beschwert ist. Die Entscheidung wird erst wirksam, wenn sie allen Beteiligten gegenüber rechtskräftig geworden ist. Es ist für den Anwalt daher sehr wichtig, daß er den Kreis der möglicherweise Beteiligten rechtzeitig erfährt. Der Mandant, der die Zuweisung der Ehewohnung an sich begehrt, sollte sich mit den Beteiligten in Verbindung setzen und schriftliche **Erklärungen einholen,** aus denen hervorgeht, daß die Beteiligten die Zuweisung der Ehewohnung an den Mandanten befürworten und sich damit schriftlich einverstanden erklären. 291

In jedem Fall sollte sich der Anwalt einen **maßstabsgetreuen Plan** der Ehewohnung vom Mandanten vorlegen lassen, damit er später im gerichtlichen Verfahren sachgerecht argumentieren kann, wenn es um eine Teilung der Wohnung nach § 6 HausratsVO durch bauliche Maßnahmen oder um die Frage der Zuweisung von Teilen der Wohnung zur selbständigen Benutzung ohne räumliche Teilung geht. 292

Soll eine **Wohnungsteilung** beantragt werden, muß rechtzeitig die **Zustimmung des Vermieters** oder des Eigentümers eingeholt werden. Eine Teilung gegen den Willen des Vermieters bzw. Eigentümers wäre eine nicht mehr vertretbare Eigentumsbeschränkung. Hilfreich kann häufig auch eine Stellungnahme des **Jugendamtes** dahingehend sein, daß es aus der Sicht des Jugendamtes zwingend erforderlich ist, daß dem Elternteil, bei dem sich die ehegemeinsamen Kinder befinden, die Ehewohnung allein zugewiesen wird. 293

Die Einräumung längerer **Räumungsfristen** kann schließlich dadurch häufig verhindert werden, daß dem Antragsgegner eine bezugsfertige, angemessene und preislich zumutbare **Ersatzwohnung** nachgewiesen wird. 294

2. Vereinbarungsmöglichkeiten

Bei Vereinbarungen über die Weiterführung des Mietverhältnisses über die Ehewohnung durch einen Ehegatten empfiehlt es sich dringend, sich mit dem **Vermieter** in Verbindung zu setzen und diesen möglichst zu einer entsprechenden schriftlichen Erklärung zu veranlassen, um zu verhindern, daß eine Verein- 295 barung nicht durchführbar ist. Häufig scheitern Vereinbarungen über die Ehewohnung daran, daß keine **eindeutigen Regelungen** bezüglich der Räumung und des Räumungszeitpunktes getroffen werden. Bei Abschluß einer Vereinbarung sollte stets darauf geachtet werden, daß die Vereinbarung einen so erschöpfenden Inhalt hat, daß ein weiteres späteres Verfahren vor dem Familiengericht entbehrlich wird und daß auch eine Vollstreckung möglich ist (§ 885 ZPO). (Bezüglich der Einzelheiten wird verwiesen auf *Göppinger,* Vereinbarungen Rdnrn. 650ff.).

3. Vorläufiger Rechtsschutz und Eilmaßnahmen

296 **a)** Ist ein isoliertes Hauptsacheverfahren auf Zuteilung der Ehewohnung eingeleitet, kann gemäß § 1361b BGB i. V. m. §§ 18a, 13 IV HausratsVO der Erlaß einer **einstweiligen Anordnung** mit dem Inhalt, daß einem Ehegatten die Ehewohnung oder ein Teil davon zur **alleinigen Benutzung** überlassen wird, beantragt werden, soweit dies notwendig ist, um eine **schwere Härte** zu vermeiden. Diese Möglichkeit ist insbesondere von Bedeutung, wenn der andere Ehegatte das Recht auf Getrenntleben nicht respektiert und wiederholt Bedrohungen, Beleidigungen, Gewalttätigkeiten und/oder Mißhandlungen vorkommen, so daß es für den friedfertigen Ehepartner **unzumutbar** und **unerträglich** ist, wenn der andere weiterhin in der Ehewohnung verbleibt.

b) Einstweilige Verfügungen durch das allgemeine Zivilgericht in Hausrats- und Ehewohnungssachen sind **unzulässig,** da es sich dabei ausschließlich um Angelegenheiten der freiwilligen Gerichtsbarkeit handelt.

c) Zulässigkeitsvoraussetzung für eine einstweilige Anordnung ist jedoch, daß nicht nur ein Antrag auf Erlaß einer einstweiligen Anordnung eingereicht wird, sondern daß gleichzeitig ein **Hauptsacheverfahren** auf Zuteilung der Ehewohnung anhängig gemacht wird. Der Antrag auf Erlaß einer einstweiligen Anordnung ist immer mit dem Antrag auf Einleitung eines entsprechenden isolierten Wohnungsregelungsverfahrens zu verbinden, weil einstweilige Anordnungen in Angelegenheiten der freiwilligen Gerichtsbarkeit nur im Rahmen eines anhängigen Hauptsacheverfahrens erlassen werden können. Bei dem einstweiligen Anordnungsverfahren handelt es sich nicht um ein selbständiges Verfahren, sondern lediglich um ein **Zwischenverfahren,** für das keine gesonderten Gebühren anfallen. So kann auch für das einstweilige Anordnungsverfahren (anders als für die einstweiligen Anordnungsverfahren im Verbund) **kein gesonderter Streitwert** festgesetzt werden und es kann für das einstweilige Anordnungsverfahren **nicht gesondert Prozeßkostenhilfe** beantragt und zugesprochen werden – obwohl dies in der täglichen Praxis fälschlicherweise häufig geschieht.

297 **d)** Bei Anhängigkeit einer Ehesache oder eines darauf gerichteten Prozeßkostenhilfeverfahrens kann gemäß § 620 S. 1 Nr. 7 ZPO der **Erlaß einer einstweiligen Anordnung** beantragt werden, soweit die materiellrechtlichen Voraussetzungen des § 1361b BGB vorliegen. Auch wenn eine einstweilige Anordnung nach §§ 620 Nr. 7, 620a II 1 ZPO erwirkt werden kann, besteht weiterhin die Möglichkeit, ein isoliertes Hauptsacheverfahren auf Zuteilung der Ehewohnung einzuleiten und innerhalb dieses Verfahrens eine einstweilige Anordnung nach § 1361b BGB i. V. m. §§ 18a, 13 IV HausratsVO zu erwirken. Nach überwiegender Auffassung hat der Antragsteller die Wahl zwischen einer Entscheidung

im summarischen Verfahren der einstweiligen Anordnung oder einer Entscheidung, die im selbständigen Verfahren nach eingehenden Ermittlungen ihrer sachlichen Voraussetzungen getroffen wird. Begründet wird dies damit, daß die Ergebnisse der beiden Verfahren nicht gleichwertig sind, weil für das Hauptsacheverfahren die größere Richtigkeitsgewähr spricht und im übrigen der Antragsteller die Zurückweisung seines Antrags auf eine einstweilige Anordnung gemäß § 620c ZPO nicht anfechten kann (so zutreffend *Günther/Hein* S. 310 m. zahlr. w. Nachw; ebenso *Gießler,* Vorläufiger Rechtsschutz Rdnr. 888 m. w. Nachw.).

Gegen ein einstweiliges Anordnungsverfahren nach § 13 IV HausratsVO innerhalb eines isolierten Wohnungsregelungsverfahrens in den Fällen, in denen wegen der Anhängigkeit einer Ehesache oder eines darauf gerichteten Prozeßkostenhilfeantrags eine einstweilige Anordnung nach § 620 Nr. 7 ZPO möglich ist, spricht jedoch, daß nach überwiegender Auffassung in der Rechtsprechung die einstweilige Anordnung nach § 13 IV HausratsVO als nicht mit der einfachen Bescherde anfechtbar angesehen wird (vgl. *Weychardt* FamRZ 1987, 241 gegen *OLG Stuttgart* FamRZ 1986, 1235). Insofern besteht eine Schlechterstellung des Beschwerten gegenüber der Regelung in § 620c ZPO, die jedoch in der Literatur als nicht gerechtfertigt angesehen wird (vgl. z. B. *Günther/Hein* S. 310f. m. w. Nachw.).

4. Materiell-rechtliche Schwerpunkte

a) Wohnungsregelung bei Getrenntleben. Leben die Ehegatten getrennt 298
oder will einer von ihnen getrennt leben, so kann ein Ehegatte verlangen, daß ihm der andere die Ehewohnung oder einen Teil zur alleinigen Benutzung überläßt, soweit dies notwendig ist, um eine **schwere Härte** zu vermeiden, § 1361b BGB. Da es nicht Aufgabe des Familiengerichts ist, die Scheidung der Ehe zu fördern, kommt eine Wohnungsregelung nach § 1361b BGB nur in Betracht, wenn die **Wohnungssituation unerträglich** geworden ist. Möglich ist nach dieser Vorschrift auch nur eine **vorläufige Benutzungsregelung.** Diese Benutzungsregelung muß notwendig sein, um eine schwere Härte zu vermeiden. Da die Wohnung den Schwerpunkt des räumlich-gegenständlichen Lebensbereichs der Ehepartner bildet, sind schon aus verfassungsrechtlichen Gesichtspunkten an Eingriffe sehr strenge Voraussetzungen zu stellen. Die Überlassung der ganzen Ehewohnung zur alleinigen Benutzung kann nur statthaft sein, wenn eine Aufteilung nicht möglich ist. Nach dem Grundsatz der Verhältnismäßigkeit ist in jedem Fall die Möglichkeit der Aufteilung der Wohnung unter den Ehegatten vor der Alleinzuweisung an einen von ihnen streng zu prüfen. Eine **schwere Härte** liegt zwar nicht nur dann vor, wenn eine unmittelbare Gefahr für Leib oder Leben besteht, aber die Verhältnisse müssen untragbar sein, z. B. wegen fortdauernder Gewalttätigkeiten, ständigen Randalierens, Mißhandlungen, schwerwiegenden Beleidigungen, insbesondere bei Alkohol- oder Drogenmißbrauch. Der Ehegatte der überwiegend selbst die Ursache für die unerträglichen Zustände liefert, wird in der Regel eine Wohnungszuweisung zu seinen Gunsten nicht verlangen können, insbesondere dann nicht, wenn er sich einseitig aus der Ehe lösen will, ohne daß der andere dazu Veranlassung gegeben hat (*Johannsen/Henrich/Voelskow* Rdnr. 4ff. zu § 1361b BGB m. w. Nachw.).

b) Regelung der **Rechtsverhältnisse an der Ehewohnung** für die Zeit **nach** 299
der Scheidung. Es gelten die Grundsätze der §§ 1, 2 HausratsVO sowie die

besonderen Vorschriften für die Wohnung, §§ 3–7 HausratsVO. Zur Anwendung der richtigen Vorschrift sind zunächst die **Eigentumsverhältnisse** oder die **dinglichen Berechtigungen** zu ermitteln, § 3 HausratsVO. Es ist zu prüfen, ob es sich um eine Werkmiet- oder Werkdienstwohnung handelt, § 4 HausratsVO, oder ob es sich um eine Mietwohnung handelt, § 5 HausratsVO.

5. Prozeßrechtliche Besonderheiten

300 – Die **Verfahrensvorschriften** der §§ 11ff. HausratsVO sind zu beachten.

– Die **Kostenentscheidung** für ein isoliertes Wohnungsregelungsverfahren ergeht nach § 20 HausratsVO, die eine Sondervorschrift i. S. v. § 13a III FGG ist. Die Kosten des isolierten Wohnungsregelungsverfahrens richten sich nach § 21 HausratsVO. Nach § 21 II 1 HausratsVO richtet sich der Geschäftswert nach dem einjährigen Mietwert, soweit der Streit die Wohnung betrifft und nach dem Wert des Hausrats, soweit der Streit den Hausrat betrifft.

– Das Ehewohnungsregelungsverfahren nach § 1361b BGB ist **stets isolierte Familiensache.** Nach § 18a HausratsVO richtet sich das Verfahren nach §§ 11ff. HausratsVO. Die **örtliche Zuständigkeit** richtet sich nach § 11 II HausratsVO, wenn eine Ehesache noch nicht anhängig ist. Eine **Beteiligung Dritter** ist in diesen Verfahren ausgeschlossen.

301 – Im Zusammenhang mit der vorläufigen Wohnungszuweisung ist von vorneherein zu beachten, daß im einstweiligen Anordnungsverfahren der Sachvortrag (insbesondere für das Vorliegen einer schweren Härte) glaubhaft zu machen ist und daß erfahrungsgemäß der Gegner den Sachvortrag bestreitet. In der zur **Glaubhaftmachung** vorzulegenden eidesstattlichen Versicherung der Parteien sollten die wesentlichen Vorfälle substantiiert wiedergegeben werden, insbesondere sollte nicht bloß auf den Schriftsatz Bezug genommen werden. Außerdem ist darauf zu achten, daß die Beweise für Gewalttätigkeiten einerseits durch **ärztliche Atteste,** aber auch – meist eindrucksvoller – durch **Farblichtbilder** der verletzten Körperteile gesichert werden.

XIV. Vermögensauseinandersetzung

1. Vorbereitung des Güterrechtsstreits

302 **a) Ermittlung des Endvermögens beider Ehegatten.** Gemäß § 1379 I BGB ist jeder Ehegatte verpflichtet, dem anderen Ehegatten über den Bestand seines Endvermögens **Auskunft** zu erteilen. Die Auskunft besteht in der Vorlage eines schriftlichen Bestandsverzeichnisses (§ 260 I BGB), in dem die **Aktiva** und **Passiva** des auf den maßgeblichen Stichtag (§§ 1384, 1387 BGB) bezogenen Endvermögens geordnet und übersichtlich zusammengestellt sind; dabei müssen die zum Endvermögen gehörenden Gegenstände grundsätzlich nach Anzahl, Art und Wertbildungsmerkmal einzeln aufgeführt sein (*BGH* FamRZ 1982, 682f.). Dem Erfordernis der übersichtlichen Zusammenstellung genügt es nicht, wenn in mehreren Schriftsätzen verstreut **Einzelangaben** zur Erfüllung der Auskunftspflicht gemacht werden.

303 Als **wertbildende Faktoren** sind im einzelnen anzugeben:
– Bei Grundstücken: Lage, Größe, Nutzung;
– Bei Kraftfahrzeugen: Hersteller, Typ, Baujahr, Kilometerstand;

– Bei Sachgesamtheiten und Inbegriffen von Gegenständen (z. B. Unternehmen, Bibliotheken, Münz- und Briefmarkensammlungen): Die wesentlichen wertbildenden Faktoren, so genau wie möglich; das Unterlassen einer ins einzelne gehenden Spezifizierung ist jedoch verkehrsüblich, jedenfalls wenn die notwendige Individualisierung gewahrt ist (vgl. *BGH* FamRZ 1984, 144f.). Das Verlangen nach einer detaillierten Aufschlüsselung würde hier die Anforderungen an die Auskunft überspannen.

Nach § 1379 II BGB kann Auskunftserteilung ab **Eintritt der Rechtshängigkeit des Scheidungsverfahrens** verlangt werden. Der Anwalt sollte daher zunächst möglichst frühzeitig damit beginnen, das End- und Anfangsvermögen des eigenen Mandanten zu ermitteln. Dazu sollte der Mandant gebeten werden, eine vollständige Aufstellung über sein Endvermögen zu erstellen (mit dem Hinweis, daß er im gerichtlichen Verfahren damit rechnen muß, die Vollständigkeit und Richtigkeit seiner Angaben möglicherweise eidesstattlich versichern zu müssen) und dabei exakte Angaben, insbesondere zu folgenden Positionen zu machen:

– **Alle Aktiva,** wozu alle dem Ehegatten am Stichtag schon zustehenden recht- 304
lich geschützten Positionen mit wirtschaftlichem Wert gehören, mit Ausnahme derjenigen Gegenstände, die nach der HausratsVO verteilt werden können, insbesondere also Bargeld, Darlehensforderungen, Girokonten, bebaute und unbebaute Grundstücke, Kostbarkeiten (Gold, Silber, Schmuck), Kraftfahrzeuge, Lebensversicherungen auf Kapitalbasis, Sparguthaben (insbesondere Bausparverträge und vermögenswirksame Leistungen), Wertpapiere aller Art, Betriebe, Unternehmen, Beteiligungen an Praxen, Steuererstattungsforderungen für am Endstichtag abgeschlossene Veranlagungszeiträume.

– **Alle Passiva,** wobei vom Aktivvermögen alle bis zum Stichtag **entstandenen** 305
Verbindlichkeiten aller Art abzuziehen sind, wozu insbesondere auch die bis zum Stichtag entstandenen **Steuerschulden** gehören, selbst wenn sie noch nicht fällig sind; **gesamtschuldnerische Verbindlichkeiten** sind entsprechend dem internen Ausgleichsverhältnis nach § 426 BGB abzusetzen; auch alle bis zum Stichtag aufgelaufenen **Unterhaltsrückstände** gehören zu den abzusetzenden Verbindlichkeiten.

b) Ermittlung des Anfangsvermögens beider Ehegatten. Besonders wichtig 306
ist es, daß der Anwalt den Mandanten dazu motiviert, das eigene Anfangsvermögen vollständig darzulegen und die vorhandenen Beweismöglichkeiten mitzuteilen. Soweit das Anfangsvermögen nicht dargelegt und ggf. bewiesen wird, gilt nämlich die Regel des § 1377 III BGB, wonach **vermutet** wird, daß das Endvermögen eines Ehegatten seinen Zugewinn darstellt, daß also kein Anfangsvermögen vorhanden war. Der Mandant sollte möglichst frühzeitig eine **Aufstellung seines Anfangsvermögens** fertigen und alle Belege und Beweismittel für dieses Anfangsvermögen beibringen. Ist ein Verzeichnis i. S. v. § 1377 aufgenommen, muß natürlich dieses **Verzeichnis** beigebracht werden.

Der andere Ehegatte kann nicht verpflichtet werden, das eigene Anfangsver- 307
mögen bekanntzugeben; die gesetzliche Auskunftspflicht ist auf das Endvermögen des anderen Ehegatten beschränkt. Bezüglich des Anfangsvermögens dienen dem Interesse an einer schnellen und richtigen Berechnung des Zugewinnausgleichs nur die beiden Vermutungen des § 1377 I und III BGB. Ein Anspruch auf Auskunft über das Anfangsvermögens des Ehepartners kann aus §1379 BGB nicht hergeleitet werden. Gibt eine Partei sein Anfangsvermögen trotz entspre-

chender Aufforderung nicht bekannt, macht sie aber im späteren gerichtlichen Verfahren Anfangsvermögen geltend, sind ihr insoweit die Kosten aufzuerlegen, als der Zugewinn bei Klageerhebung falsch berechnet wurde, weil das Anfangsvermögen nicht bekannt war.

308 **c) Auskunftsanspruch bei Vermögensminderungen.** Für den Auskunftsanspruch über dem Endvermögen hinzuzurechnende Vermögensminderungen ist § 1379 BGB nicht anwendbar. Es besteht aber die Möglichkeit einer **Auskunftspflicht nach § 242 BGB.** Diese Auskunft ist aber nicht auf einen Inbegriff von Gegenständen i. S. d. § 260 I BGB gerichtet, sondern umfaßt nur eine bestimmte Handlung i. S. d. § 1375 II BGB, für die der Auskunftsberechtigte **konkrete Anhaltspunkte vortragen** muß, wobei an diesen Vortrag keine übertriebenen Anforderungen gestellt werden (*BGH* FamRZ 1982, 27f.).

309 Der in einer Vermögensauseinandersetzungssache tätige Anwalt muß stets die Vorschrift des § 1378 II BGB im Auge behalten, der die Höhe der Zugewinnausgleichsforderung auf jeden Fall auf den **Wert des Nettovermögens** des Ausgleichspflichtigen begrenzt, das bei **Beendigung des Güterstandes** noch vorhanden ist. Danach braucht der Ausgleichsschuldner zur Erfüllung des Zugewinnausgleichsanspruchs nach Beendigung des Güterstandes keine Kredite aufnehmen und kein künftiges Einkommen verwenden. Das gilt auch für **Vermögensschmälerungen,** die nach dem Stichtag der §§ 1384, 1387 erfolgt sind und für **illoyale Handlungen** des Ausgleichspflichtigen (Verschwendung, Schenkungen usw.). Der einzige Schutz, den das Gesetz dem Ausgleichsberechtigten gewährt, besteht in den §§ 1389, 1390. Sobald und soweit **Sicherheit gemäß § 1389 BGB** geleistet worden ist, wird § 1378 II BGB verdrängt. Der Hauptanwendungsbereich des § 1378 II BGB liegt bei den Fällen, in denen wegen illoyaler Handlungen des Ausgleichspflichtigen vor dem Stichtag seinem Endvermögen fiktiv Vermögenswerte nach § 1375 II BGB hinzugerechnet werden müssen, über die er real nicht mehr verfügt (*OLG Hamm* FamRZ 1986, 1106; *Johannsen/Henrich/Jaeger* Rdnr. 5 zu § 1378 BGB).

2. Vereinbarungsmöglichkeiten

310 In der Anwaltspraxis spielen eine Vielzahl von Fallgruppen eine bedeutende Rolle. Hier können nur einige wenige Fallgruppen exemplarisch dargestellt werden. Im übrigen wird auf die spezielle Fachliteratur verwiesen (insbesondere *Göppinger,* Vereinbarungen anläßlich S. 309ff. und *Langenfeld,* Handbuch S. 87ff.).

a) Bei gesetzlichem Güterstand, Zugewinnausgleich

311 Vor Anhängigkeit des Scheidungsverfahrens können die Ehegatten im Wege des Ehevertrages gemäß § 1408 I oder während des Scheidungsverfahrens nach § 1378 III 2 eine Vereinbarung über den Ausgleich des Zugewinns treffen; die Vereinbarung bedarf der **notariellen Beurkundung.** Die Vereinbarung kann aber gemäß § 127a BGB auch dadurch wirksam geschlossen werden, daß die Erklärungen bei Abschluß eines **gerichtlichen Vergleichs** im Eheprozeß in ein nach den Vorschriften der ZPO errichtetes **Protokoll** aufgenommen werden; dieses Protokoll ersetzt dann die notarielle Beurkundung. In diesem Fall kann sich der Ehegatte vor der Beendigung des Güterstandes zu einer Verfügung über die Ausgleichsforderung verpflichten; in allen übrigen Fällen ist dagegen eine solche Verfügung unzulässig, § 1378 III 3 BGB, es sei denn, daß ein **Ehevertrag**

über die Regelung des Zugewinnausgleichs zustande gekommen war, §§ 1408 I, 1410 BGB. **Nicht der notariellen Beurkundung** bedarf lediglich eine Vereinbarung über die Regelung der Tragung von Verbindlichkeiten als **Gesamtschuldner** im Innenverhältnis nach § 426 BGB, z. B. der Freistellung eines Ehegatten. Denn solche Regelungen betreffen nicht güterrechtliche Verhältnisse der Ehegatten und stellen damit auch keine Verfügung über einen Zugewinnausgleich i. S. d. § 1378 III BGB dar. (Zu den **steuerlichen Auswirkungen** des Zugewinnausgleichs s. *Göppinger,* Vereinbarungen Rdnrn. 503ff.).

b) Bei Gütergemeinschaft

Vor Rechtskraft der Scheidung kann die Gütergemeinschaft durch **notarielle Scheidungsvereinbarung** dadurch beendet werden, daß der Güterstand der Gütertrennung vereinbart wird, bei gleichzeitigem Vollzug der Auseinandersetzung. Möglich ist auch lediglich eine **Verpflichtung** der Ehegatten, nach rechtskräftiger Scheidung eine bestimmte Auseinandersetzung vorzunehmen. Der **Inhalt** jeder Parteivereinbarung wird durch die gesetzlichen Auseinandersetzungsregeln der §§ 1474–1481 BGB bestimmt. Nach § 1475 BGB sind zunächst die **Gesamtgutsverbindlichkeiten** zu begleichen. Das danach noch verbleibende Gesamtgut wird nach §§ 1476 I, 1477 I BGB zwischen den Ehegatten **hälftig geteilt,** wobei zunächst nach § 772 BGB **Teilung in Natur,** hilfsweise Teilung durch Pfandverkauf bzw. Versteigerung und anschließende **Erlösteilung** nach § 753 BGB erfolgt. 312

Aber: Gemäß § 1478 I BGB hat jeder Ehegatte ein Wahlrecht, ob er nach § 1476 den hälftigen Überschuß beanspruchen oder die **Auseinandersetzung nach § 1478 BGB** verlangen will. Derjenige Ehegatte, der mehr in die Ehe eingebracht hat als der andere, stellt sich wesentlich günstiger, wenn er die Auseinandersetzung nach § 1478 BGB verlangt. In der Praxis am bedeutsamsten ist das **Übernahmerecht** hinsichtlich der eingebrachten Gegenstände nach § 1477 II BGB i. V. m. dem Anspruch auf **Werterstattung** für eingebrachte Gegenstände nach § 1478 BGB. 313

Nach § 1477 II BGB kann jeder Ehegatte neben den Gegenständen des persönlichen Gebrauchs auch die Gegenstände gegen Wertersatz aus dem Gesamtgut übernehmen, die er in die Gütergemeinschaft eingebracht hat oder die er während der Gütergemeinschaft durch Erbfolge, durch Vermächtnis oder mit Rücksicht auf ein künftiges Erbrecht durch Schenkung oder als Ausstattung zum Gesamtgut erworben hat. Das **Übernahmerecht besteht, soweit** die Versilberung des betreffenden Gegenstandes nach § 1475 III zur Befriedigung der Gesamtgutsverbindlichkeiten nicht erforderlich ist, soweit also nach Begleichung der Gesamtgutsverbindlichkeiten ein Überschuß vorhanden ist. Das Übernahmerecht wird durch einseitige, empfangsbedürftige Willenserklärung ausgeübt, als deren Folge der dingliche Vollzug der Übernahme durchzuführen ist und durch Übereignung der einzelnen Gegenstände zu erfolgen hat. **Maßgeblicher Zeitpunkt für den Wertersatz** ist der Zeitpunkt der rechtsgestaltenden Erklärung, unabhängig davon, ob zu diesem Zeitpunkt der Güterstand schon beendet ist oder nicht. Der die Übernahme erklärende Ehegatte hat nämlich ein Interesse daran, auf den Zeitpunkt des Zugangs der Übernahmeerklärung ermitteln zu können, welcher Wertersatz auf ihn zukommt (so *Langenfeld,* Handbuch Rdnrn. 354f.). 314

Losgelöst von diesem Übernahmerecht hat gemäß § 1478 BGB jeder Ehegatte das Recht, den Wert dessen zurückzuverlangen, was er in die Gütergemeinschaft 315 eingebracht hat. Der **Wert des Eingebrachten** bestimmt sich nach § 1478 III BGB nach dem **Zeitpunkt der Einbringung.** Die Rechte aus §§ 1477 II und 1478 BGB können **nebeneinander** ausgeübt werden. Bei der Ermittlung des Wertes des Eingebrachten ist der Kaufkraftschwund des Geldes außer Betracht zu lassen, so daß – entsprechend der Rechtssprechung des BGH zu § 1376 BGB – der Wert des Eingebrachten zum Zeitpunkt der Einbringung hochzurechnen ist auf den Gesamtpreis für die allgemeine Lebenshaltung zum Zeitpunkt der Übernahmeerklärung, nach der **BGH-Formel:** Wert zum Zeitpunkt der Übernahmeerklärung abzüglich Wert zum Zeitpunkt der Einbringung mal Indexzahl Übernahmeerklärung geteilt durch Indexzahl Einbringung = Ausgleichspflichtiger Überschuß (*Langenfeld,* Handbuch Rdnr. 358). Nicht übersehen werden sollte, daß für den Fall der Teilung **vor Berichtigung** einer Gesamtgutsverbindlichkeit beide Ehegatten nach Maßgabe des § 1480 BGB weiterhin haften.

c) Ehegatten als Eigentümer eines Grundstücks

316 Bei Übertragung eines Anteils an einem Grundstück auf den anderen Ehegatten durch gerichtlich protokollierten Vergleich ist zu beachten, daß in einem **widerruflich geschlossenen Vergleich** oder in einem Vergleich **für den Fall der Scheidung keine Auflassungserklärungen** aufgenommen werden können, da diese bedingungsfeindlich sind, § 925 II BGB. Möglich ist aber die Erklärung, daß die Parteien sich verpflichten, die Auflassung nach der Rechtskraft des Scheidungsurteils zu erklären (im späteren Weigerungsfalle: Klage gemäß § 894 ZPO vor dem Streitgericht). Es kann auch eine **Vormerkung** vereinbart werden in der Weise, daß „der Ehegatte ... dem anderen Ehegatten ... an dem veräußerten Grundstück eine Vormerkung zur Sicherung seines Anspruchs auf Übereignung des Grundstücks bestellt; gleichzeitig bewilligt er und beantragt der andere die Eintragung der Vormerkung im Grundbuch".

d) Lebensversicherung

317 Bei Bestehen von Lebensversicherungsverträgen in Form einer Kapitalversicherung sollte geklärt werden, ob der andere Ehegatte als Bezugsberechtigter angegeben ist und ob evtl. die Bezugsberechtigung unwiderruflich ist. Hat der Versicherungsnehmer seinen Ehegatten als Bezugsberechtigten in dem Versicherungsvertag benannt, dann ist dessen Bezugsrecht durch die Scheidung der Ehe nicht ohne weiteres auflösend bedingt. Es kommt dabei darauf an, welcher Wille gegenüber dem Versicherer zum Ausdruck gekommen ist. Ein **Widerruf** der Bezugsberechtigung ist gegenüber **dem Versicherer** nur wirksam, wenn er diesem vor dem Versicherungsfall schriftlich mitgeteilt worden ist.

e) Bausparverträge

318 Häufig werden bei Vereinbarungen zu Bausparverträgen die einkommensteuer- und wohnungsbauprämienrechtlichen Vorschriften nicht beachtet (Haftungsrisiko!). Die Verwendung des Bausparvertrages für die Abfindung bei güter- oder unterhaltsrechtlichen Auseinandersetzungen ist i. d. R. steuer- und prämienschädlich. Es empfiehlt sich, vor Abtretungen zwischen Ehegatten eine verbindliche **Auskunft des Finanzamtes** einzuholen. Wurde ein gemeinsamer Bausparvertrag auf den Namen **beider Ehegatten** geführt, so stellt die Teilung keine Abtretung dar. Übernimmt jedoch ein Ehegatte den gemeinsamen Bausparvertrag allein, so ist es zumindest bürgerlich-rechtlich insoweit eine Abtretung, daß sie wiederum steuer- und prämienschädliche Folgen auslösen kann (zu den Einzelheiten s. Göppinger, Vereinbarungen, Rdnrn. 537ff. m. zahlr. w. Nachw.).

f) Rückgabe von Geschenken

Will ein Ehegatte diejenigen Geschenke, die er dem anderen Ehegatten gemacht hat, wieder zurück haben, so kann dies einerseits durch den **Schenkungswiderruf** nach § 530 BGB erfolgen und soweit es sich um Sachverhalte handelt, die außerhalb des Anwendungsbereichs der §§ 527, 528, 530 BGB liegen, nach den Regeln über den **Wegfall der Geschäftsgrundlage.** Die Regeln über den Wegfall der Geschäftsgrundlage können insbesondere dann zur Anwendung kommen, wenn es nach der Scheidung unzumutbar ist, daß der Beschenkte das Geschenk weiterhin behält. 319

g) Erbvertrag

Der Anwalt sollte stets bedenken, daß bei Abschluß eines gerichtlich protokollierten Vergleichs die Ehegatten auch erbvertragliche Abmachungen gem. § 2274 BGB treffen können (Persönliche Anwesenheit beider Ehegatten erforderlich!). In einer derartigen Vereinbarung können sowohl Erbeinsetzungen als auch Vermächtnisse und Auflagen getroffen werden, § 2278 II BGB. So ist eine vergleichsweise Regelung hinsichtlich strittiger Punkte oft möglich, wenn gleichzeitig festgelegt wird, daß die Ehegatten ihre gemeinschaftlichen Kinder zu gesetzlichen Erben einsetzen und zwar in dem Sinne, daß diese gesetzliche Erben sein und bleiben sollen, auch wenn die Ehegatten wieder heiraten und aus der neuen Ehe Kinder hervorgehen. Bei einer derartigen Regelung kann später ein Ehegatte nicht durch Testament den neuen Ehegatten zum Alleinerben oder auch nicht den neuen Ehegatten und die aus der neuen Ehe hervorgegangenen Kinder zu testamentarischen Erben einsetzen, mit der Folge, daß die Kinder aus der ersten Ehe nur noch pflichtteilsberechtigt wären. Wird eine solche Regelung nur in einem gemeinschaftlichen Testament festgelegt, dann kann ein solches Testament widerrufen werden, wenn die Erklärung des Widerrufs notariell beurkundet und dem anderen geschiedenen Ehegatten gegenüber abgegeben wird, d. h., wenn dem anderen Ehegatten die Ausfertigung des notariell beurkundeten Widerrufs zugeht. 320

h) Steuerrechtliche Erklärungen

Zu den vertraglichen Pflichten des Anwalts gehört auch eine Beratung zu den Regelungsmöglichkeiten steuerrechtlicher Fragen zwischen den Ehegatten. Das gilt insbesondere für das Zusammenwirken bei der Zusammenveranlagung zur Einkommens- und Vermögenssteuer sowie für die Vereinbarungsmöglichkeiten, daß Eheleute für den betreffenden Veranlagungszeitraum die **Zusammenveranlagung wählen,** wenn die diesbezüglichen Voraussetzungen vorliegen (Splitting-Verfahren). Weiterhin kann vereinbart werden, daß bei getrennter Veranlagung die abzuziehenden Sonderausgaben und außergewöhnlichen Belastungen aufgeteilt werden (bezüglich der Einzelheiten s. *Göppinger,* Vereinbarungen, Rdnrn. 543a ff.). 321

3. Vorläufiger Rechtsschutz und Eilmaßnahmen

Aufgrund der gesetzlichen Verfügungsbeschränkung der §§ 1365, 1366 BGB kann ein Ehegatte nur mit Zustimmung des anderen Ehegatten über das Vermögen im Ganzen oder über einzelne Vermögensgegenstände rechtswirksam ver- 322 fügen. Der **gute Glaube** eines Dritten an ein rechtswirksames Geschäft wird nicht geschützt. Sowohl der unwirksam veräußernde Ehegatte als auch der übergangene andere Ehegatte haben nach § 1368 BGB ein sog. **Revokationsrecht.** Liegen hinreichende Anhaltspunkte dafür vor, daß ein Ehegatte beabsichtigt, über das Vermögen im Ganzen oder über einzelne Vermögensgegenstände, die nahezu das gesamte Vermögen ausmachen, ohne Zustimmung des anderen Ehegatten zu verfügen, besteht die Möglichkeit, zur Verhinderung dieses Geschäfts eine **einstweilige Verfügung** auf Erlaß eines Verbotes zur Veräußerung zu erwirken. Betreibt der Dritterwerber die Zwangsvollstreckung, kann Antrag auf **einstweilige Einstellung der Zwangsversteigerung** gemäß §§ 769, 771 III ZPO beantragt werden. Solange nicht ein Scheidungsverfahren oder ein Verfahren auf vorzeitigen Zugewinnausgleich eingeleitet ist, kann die künftige Ausgleichsforderung nur durch die Verfügungsbeschränkungen über das Gesamtvermögen und über die fiktive Zurechnung weggegebener Vermögensgegenstände zum Endvermögen gemäß § 1375 II BGB erreicht werden. Eine weitergehende Sicherung der künftigen Ausgleichsforderung durch Arrest oder einstweilige Verfügung gibt es nicht.

323 **Nach Rechtshängigkeit einer Ehesache** kommt als Mittel des vorläufigen Rechtsschutzes der **Arrest** in Betracht, der die Zwangsvollstreckung „wegen einer Geldforderung" sichert, § 916 I ZPO. Denn bei dem Anspruch auf Zugewinnausgleich handelt es sich um einen auf Geldzahlung gerichteten Anspruch, der eine durch Arrest sicherbare Forderung darstellt. Schließlich kann auf dem Umweg über den materiell-rechtlichen **Kautionsanspruch** aus § 1389 BGB vorläufiger Rechtsschutz für die künftige Ausgleichsforderung erreicht werden. Dieser Kautionsanspruch kann durch Arrest geschützt werden. Der Arrest ist zur Sicherung der künftigen Ausgleichsforderung der zweckmäßigere vorläufige Rechtsschutz, weil er eine sofortige Sicherstellung nach §§ 928ff. ZPO ermöglicht. **Voraussetzung** über den Erlaß eines Arrestes ist, daß die Durchsetzung des künftigen Zugewinnausgleichsanspruchs gefährdet erscheint, § 917 ZPO, was insbesondere dann der Fall ist, wenn die Voraussetzungen des § 1386 II BGB erfüllt sind, oder wenn ein Ehegatte konkrete Handlungen vorgenommen hat, die auf eine alsbaldige Auswanderung schließen lassen.

4. Sicherung der bereits entstandenen Zugewinnausgleichsforderung

324 Nach der Beendigung des Güterstandes der Zugewinngemeinschaft kann die Zugewinnausgleichsforderung, die ja Geldforderung ist, durch **Arrest** nach §§ 916ff. ZPO vorläufig geschützt werden. Der Arrest ist jedoch **unzulässig,** wenn ein Verfahren auf Stundung der Ausgleichsforderung nach § 1382 BGB anhängig ist. Wenn nämlich in diesem Verfahren der Erlaß einer vorläufigen Anordnung nach § 53a III FGG statthaft ist, dann ist die Möglichkeit des Arrestes **subsidiär** gegenüber der vorläufigen Anordnung nach § 53a III FGG (s. hierzu *Gießler,* Vorläufiger Rechtsschutz, Rdnrn. 941ff.).

5. Schwerpunkte des Zugewinnausgleichsverfahrens

325 **a) Zugewinn** ist der Betrag, um den das Endvermögen eines Ehegatten das Anfangsvermögen übersteigt. Es ist also zunächst bei jedem Ehegatten getrennt das **Anfangsvermögen** i. S. v. § 1374 BGB und das **Endvermögen** i. S. v. § 1375 BGB zu ermitteln. Dabei ist stets zu berücksichtigen, daß letztlich lediglich

festgestellt werden soll, ob bei einem Ehegatten ein **real vorhandener Vermögenszuwachs** eingetreten ist. Dies kann dadurch geschehen, daß Vermögen hinzuerworben wurde, daß das vorhandene Vermögen wertvoller geworden ist oder daß wegen des Geldwertverfalles eine Werterhöhung eingetreten ist. Im letzteren Fall liegt nur ein scheinbarer, unechter Zugewinn vor, der nicht auszugleichen ist.

b) Um den Kaufkraftschwund des Geldes, also den unechten Zugewinn, auszuscheiden, muß eine **Umrechnung des Anfangsvermögens** vorgenommen werden. Diese Umrechnung erfolgt nach der **Formel des BGH** wie folgt: **326**

$$\text{Ermitteltes Anfangsvermögen} \times \frac{\text{Index bei Güterstandsbeendigung}}{\text{Index bei Güterstandsbeginn}}$$

Preisindex für die Lebenshaltung in langjähriger Übersicht (Basisjahr 1985 = 100)

1958	**1959**	**1960**	**1961**	**1962**	**1963**	**1964**	**1965**	**1966**	**1967**	**1968**
38,8	39,1	39,7	40,7	41,8	43,1	44,1	45,6	47,2	47,9	48,5
1969	**1970**	**1971**	**1972**	**1973**	**1974**	**1975**	**1976**	**1977**	**1978**	**1979**
49,5	51,1	53,7	56,6	60,4	64,5	68,4	71,5	73,9	75,8	78,7
1980	**1981**	**1982**	**1983**	**1984**	**1985**	**1986**	**1987**	**1988**	**1989**	**1990**
82,8	88,1	92,7	95,8	98,0	100	99,8	99,9	101,0	103,9	106,7

(Quelle: Statist. Jahrb. 1990 S. 548; zit. nach *Palandt/Diederichsen* § 1376 Rdnr. 13

Es ist immer das **gesamte Anfangsvermögen** (als Summe) umzurechnen und zwar einschließlich des im Anfangsvermögen enthaltenen Bestandes an Geld und der auf Geld lautenden Forderungen.

Der Teil des Anfangsvermögens, der bezüglich des Bewertungszeitpunktes **327**
gemäß § 1376 I vom ursprünglichen Anfangsvermögen abweicht, nämlich der **privilegierte Hinzuerwerb gemäß § 1374 II BGB,** muß **gesondert umgerechnet werden,** wobei der Lebenshaltungsindex des Erwerbsjahres an Statt desjenigen zu Beginn des Güterstandes heranzuziehen ist (*BGH* FamRZ 1978, 332f.). Übersteigen bezüglich des Anfangsvermögens die Verbindlichkeiten das Aktivvermögen, ist also das Anfangsvermögen im Ergebnis **mit Null** anzusetzen, dann scheidet eine Umrechnung aus, insbesondere kann nicht etwa das Aktivvermögen isoliert umgerechnet werden.

c) Gemäß § 1374 II BGB wird dem **Anfangsvermögen** Vermögen, das ein **328**
Ehegatte nach Eintritt des Güterstandes von Todes wegen oder mit Rücksicht auf ein künftiges Erbrecht, durch Schenkung oder als Ausstattung erwirbt, nach Abzug der Verbindlichkeiten **hinzugerechnet, soweit** es nicht den Umständen nach zu den Einkünften zu rechnen ist. Dem **Endvermögen** wird gemäß § 1375 II der Betrag hinzugerechnet, um den dieses Vermögen dadurch vermindert ist, das ein Ehegatte nach Eintritt des Güterstandes durch Übermaßschenkung, Verschwendung oder Handlungen in Benachteiligungsabsicht sein Vermögen vermindert hat. Eine Hinzurechnung erfolgt nur dann nicht, wenn die Vermögensminderung mindestens 10 Jahre vor Beendigung des Güterstandes eingetreten oder wenn der andere Ehegatte mit der unentgeltlichen Zuwendung oder der Verschwendung einverstanden gewesen ist, § 1375 III BGB. Trägt der Berechtigte Tatsachen vor, die ein Verhalten i. S. d. § 1375 II BGB nahelegen,

dann erstreckt sich der **Auskunftsanspruch** auch auf diese dem Endvermögen hinzuzurechnenden Beträge (so jedenfalls *OLG Düsseldorf* FamRZ 1982, 805).

329 **d)** Die **Verbindlichkeiten,** die vom **Anfangsvermögen** nach § 1374 abzuziehen sind, erfassen alle Verbindlichkeiten, die mit dem Erwerbsvorgang verkünpft sind (z. B. auch Beerdigungskosten, Erfüllung der Vermächtnisse, Auflagen und Pflichtteilsansprüche, Erbschaftsteuer); nicht jedoch Verbindlichkeiten, die erst durch weiteres Handeln des Ehegatten entstehen. Die **Verbindlichkeiten,** die gemäß § 1375 vom **Endvermögen** abzuziehen sind, erfassen alle bis zum Stichtag entstandenen Verbindlichkeiten aller Art, insbesondere auch die entstandenen **Steuerschulden,** auch wenn sie noch nicht fällig sind (bei Steuerhinterziehung s. *OLG München* FamRZ 1984, 1096f.). **Gesamtschuldnerische** Verbindlichkeiten sind nicht bei beiden Ehegatten in voller Höhe im Endvermögen abzusetzen. Maßgebend ist das interne Ausgleichsverhältnis nach § 426 BGB (*OLG Frankfurt* FamRZ 1985, 482). Bei **Einkommensteuerschulden** ist eine interne Ausgleichsquote in Analogie zu § 748 BGB zu bestimmen. Bei sämtlichen gesamtschuldnerischen Verbindlichkeiten muß jeweils berücksichtigt werden, daß beide Ehegatten im Außenverhältnis voll haften, so daß ein Nicht-Abzug der Verbindlichkeiten wegen des internen Ausgleichsverhältnisses nur in Betracht kommt, wenn der interne Ausgleichsanspruch realisierbar ist. Ist dies nicht der Fall, kann die Verbindlichkeit nur vom Endvermögen des solventen Ehegatten abgesetzt werden. Auch **Unterhaltsrückstände,** die ein Ehegatte dem anderen schuldet, gehören zu den abzusetzenden Verbindlichkeiten, ebenso alle anderen Verbindlichkeiten der Ehegatten untereinander.

330 **e)** Die **Wertermittlung** des Anfangs- und Endvermögens erfolgt nach § 1376 BGB; eine Vorschrift, die Gewinnung und Auswahl der sachlichen Wertmaßstäbe der Rechtspraxis überläßt und lediglich die Bewertungsstichtage festlegt. (Die Rechtspraxis ist übersichtlich in der meisterlichen Kommentierung zu § 1376 in *Johannsen/Henrich/Jaeger* dargestellt). Zu beachten ist, daß das *BVerfG* § 1376 IV für mit Art. 3 I i. V. m. Art. 6 I GG **unvereinbar** erklärt hat, „soweit danach **ausnahmslos der Ertragswert** als Bewertungsmaßstab anzuwenden ist" (FamRZ 1985, 256).

331 **f) Zuwendungen unter Ehegatten** können entweder **echte Schenkungen** i. S. d. § 516 BGB sein oder sog. **unbenannte** (ehebedingte) **Zuwendungen,** die ein Ehegatte seinem Partner im Rahmen der Verwirklichung der ehelichen Lebensgemeinschaft, etwa in Form der Einräumung von Miteigentum am Familienheim macht und die deshalb nicht als Schenkung qualifiziert werden können, weil es an der der Schenkung eigentümlichen Einigung über die **Unentgeltlichkeit** der Zuwendung fehlt (*BGH* FamRZ 1982, 246ff.). Der in der Praxis häufigste Fall ist der, daß Ehegatten als Miteigentümer je zur Hälfte ein Hausgrundstück erwerben und es dann als Familienheim benutzen, wobei der Kaufpreis durch ein von beiden Eheleuten aufgenommenes Darlehen aufgebracht wurde und die laufenden Raten für Verzinsung und Tilgung des Darlehens der Mann aus seinem Einkommen allein zahlte (s. hierzu *BGH* FamRZ 1982, 246 und FamRZ 1982, 778). Als Zuwendung i. S. v. § 1380 BGB kommen sowohl die echte Schenkung als auch die sog. unbenannte Zuwendung in Betracht, soweit die Zuwendung nicht bereits vor Beginn des Güterstandes erfolgte.

332 Im Zusammenhang mit Zuwendungen unter Ehegatten stellt sich stets die Frage, ob die Zuwendungen dem Anfangsvermögen des Empfängers gemäß

§ 1374 II BGB hinzuzurechnen sind. Die Meinungen hierzu sind unterschiedlich. Richtigerweise ist die **Hinzurechnung beim Anfangsvermögen zu unterlassen.** Gleichzeitig ist die Zuwendung mit ihrem auf den Zuwendungszeitpunkt bezogenen Wert **aus dem Endvermögen des Empfängers herauszurechnen.**

Weiter ist zu prüfen, ob eine **Anrechnung nach § 1380** BGB in Betracht **333**
kommt. Da in der Praxis eine Bestimmung, daß das Zugewendete auf die Ausgleichsforderung angerechnet werden soll, kaum getroffen wird, ist die Frage i. d. R. durch Anwendung von § 1380 I 2 BGB zu beantworten: Wenn der Wert der Zuwendung den Wert der nach den Lebensverhältnissen der Ehegatten üblichen Gelegenheitsgeschenke übersteigt, wird das Zugewendete auf die Ausgleichsforderung angerechnet. Mit der Anrechnung soll das Ergebnis erreicht werden, daß sich der Zuwendungsempfänger im Fall des Zugewinnausgleichs wirtschaftlich nicht besser stellt, als er stehen würde, wenn die Zuwendung unterblieben wäre und der Wert im Endvermögen des Zuwendenden verblieben wäre, so daß der Empfänger hieran über den Zugewinnausgleich partizipiert hätte. Durch § 1380 BGB sollen freiwillige Zuwendungen bei der Festsetzung der Ausgleichsforderung neutralisiert werden. **Voraussetzung** für eine Anrechnung der Zuwendung ist jedoch, daß eine Ausgleichsforderung des Zuwendungsempfängers besteht.

g) Hat ein Ehegatte dem anderen eine Zuwendung aus seinem Anfangsver- **334**
mögen gemacht, aber selbst **keinen Zugewinn erzielt,** so kann er nach § 1378 I BGB die Hälfte des Wertes der Zuwendung zurückverlangen (*BGH* FamRZ 1982, 778f.). Hat der Zuwendungsempfänger unter Berücksichtigung des Zuwendungswertes real einen höheren Zugewinn erzielt als der Zuwendende, dann gilt das normale Berechnungssystem des Zugewinnausgleichs nach §§ 1373–1378 BGB, mit der Folge, daß der Empfänger dem Zuwendenden Zugewinnausgleich in Höhe der Hälfte seines realen Zugewinnüberschusses leisten und auf diesem Wege den Zuwendungswert ganz oder teilweise erstatten muß (*Johannsen/Henrich/Jaeger* Rdnrn. 16ff. zu § 1380 BGB m. w. Nachw.).

h) Der Anwalt der auf Ausgleich in Anspruch genommenen Partei muß fol- **335**
gende weitere Gesichtspunkte prüfen:

- Liegt grobe Unbilligkeit vor, § 1381 BGB?
- Ist ein Leistungsverweigerungsrecht nach § 273 BGB gegeben?
- Besteht Leistungsverweigerungsrecht wegen Verjährung, §§ 1378 IV, 222 BGB?
- Ist Antrag auf Stundung der Ausgleichsforderung gemäß § 1382 BGB notwendig? Mit § 1382 BGB gibt das Gesetz neben dem § 1381 BGB ein weiteres **Billigkeitskorrektiv** zugunsten des Schuldners. Durch diese Vorschrift soll der Schuldner vor vermeidbaren Härten bezüglich des **Zeitpunkts** der Erfüllung der Ausgleichsforderung bewahrt werden. Insbesondere wenn die Durchsetzung der sofortigen Zahlung die Wohn- oder sonstigen Lebensverhältnisse gemeinschaftlicher Kinder nachhaltig verschlechtern würde, sollte der Antrag nach § 1382 BGB in Erwägung gezogen werden. Denn damit soll insbesondere das Ziel erreicht werden, zu verhindern, daß der Schuldner das **Familienheim,** in dem er mit den gemeinschaftlichen Kindern wohnt, zwecks Erfüllung der Ausgleichsforderung sofort veräußern muß. Die Belange der Kinder haben vor dem Interesse des Gläubigers der Ausgleichsforderung an sofortiger Zahlung Vorrang, so daß eine Interessenabwägung hier nicht mehr stattfindet.

6. Prozeßrechtliche Besonderheiten

336 – Streitigkeiten über Ansprüche aus dem ehelichen Güterrecht (§ 23b I Nr. 9 GVG) unterliegen allein der ZPO, § 621b ZPO, und können – wie Unterhaltssachen – als isolierte oder als Folgesachen geltend gemacht werden.
– Ausnahmslos besteht Anwaltszwang, § 78 II 2 ZPO.
– Zugewinnausgleichsansprüche, die nach rechtskräftiger Scheidung anhängig gemacht werden (binnen drei Jahren ab Kenntnis der rechtskräftigen Scheidung!) oder vorzeitige Zugewinnausgleichsverfahren sind **isolierte** Güterrechtssachen.
– Auch Ansprüche aus der Gütergemeinschaft können als Folgesache geltend gemacht werden, § 1477 II BGB; § 1478 BGB.

XV. Die Rechtsmittelverfahren

337 Berufungs- und Beschwerdegericht ist ausschließlich das **Oberlandesgericht.** Auch Ablehnungsgesuche gegen einen Familienrichter werden vom Oberlandesgericht entschieden, § 45 II ZPO. Bei den Rechtsmitteln in Familiensachen ist die unterschiedliche verfahrensrechtliche Ausgestaltung von großer Bedeutung. Abhängig von der verfahrensrechtlichen Ausgestaltung der Familiensachen sind die jeweils zulässigen Rechtsmittel getrennt zu bestimmen. Es ist zu **unterscheiden,** ob gegen eine isoliert geführte Familiensache i. S. d. § 621 ZPO, gegen eine im Verbund geführte Folgesache oder aber gegen das stattgebende oder abweichende Scheidungsurteil selbst ein Rechtsmittel eingelegt wird.

1. Rechtsmittel im Scheidungsverbund

338 Da im Verbundverfahren sowohl ZPO- als auch FGG-Verfahren verbunden sein können, sind die Rechtsmittelmöglichkeiten vielfältig, zumal der Scheidungsausspruch selbst wie auch alle oder einzelne Foglesachen oder insgesamt die Scheidung mit den Folgesachen angefochten werden können. Hier werden nur exemplarisch einzelne Beispiele angeführt:
– Wird in dem Verbundurteil dem Scheidungsantrag stattgegeben, so ist gemäß § 511 ZPO gegen den Scheidungsausspruch sowie auch gegen sämtliche Folgesachen die **Berufung** möglich, unabhängig davon, ob es sich um Folgesachen, die der ZPO oder dem FGG unterliegen, handelt. Unter den Voraussetzungen des § 545 I ZPO ist neben der Berufung auch die **Revision** möglich.
– Soll nicht der Scheidungsausspruch selbst, sondern nur eine bestimmte Folgesache im Rahmen der Verbundentscheidung angefochten werden, gilt folgendes: Gegen **zivilprozessuale** Folgesachen gem. § 621 I 4, 5 und 8 ZPO ist Berufung und Revision möglich. Gegen Folgesachen, die dem FGG unterliegen (§ 621 I 1–3, 6, 7 und 9 ZPO, ist die **befristete Beschwerde** gemäß § 621e, 629a II 1 ZPO möglich. Außerdem ist gemäß § 629a I, 621e II ZPO die **weitere Beschwerde** zulässig, soweit Fälle des § 621 I 1–3 und 6 ZPO betroffen sind.

339 **Wichtig:** Gemäß § 629a III ZPO kann eine Änderung von Teilen einer Verbundentscheidung, hinsichtlich derer zunächst kein Rechtsmittel eingelegt worden ist, nur noch bis zum Ablauf eines Monats nach Zustellung der Rechtsmittelbegründung in der **anderen,** angefochtenen Familiensache beantragt werden. Wird in dieser Frist eine Abänderung beantragt, so verlängert sich die Frist,

weitere, andere Verbundentscheidungen in den Rechtsmittelzug einzubeziehen, um einen weiteren Monat.

- Gegen **einstweilige Anordnungen** im Rahmen des Verbundverfahrens gibt es grundsätzlich kein Rechtsmittel; nach § 620c ZPO ist eine **sofortige Beschwerde** nur in den Fällen möglich, daß nach mündlicher Verhandlung die elterliche Sorge, die Herausgabe eines Kindes oder die völlige Zuweisung der Ehewohnung an einen der beiden Ehegatten geregelt worden ist. In einem Verfahren nach § 621 I 9 ZPO (Stundungs- oder Austauschverfahren nach §§ 1382, 1383 BGB) darf eine einstweilige Anordnung gemäß § 53a III 2 FGG nur zusammen mit der Endentscheidung angefochten werden.
- Gegen die **Androhung eines Zwangsgeldes** nach § 33 FGG ist die unbefristete Beschwerde gemäß § 19 FGG zulässig, da bereits die Androhung eine Rechtsbeeinträchtigung darstellt; gleiches gilt bezüglich der **Festsetzung** des Zwangsgeldes.

2. Rechtsmittel in den isolierten Verfahren gemäß § 621 I 1–3, 6, 7, 9 ZPO

Hier sind Berufung und Revision nicht möglich, weil es sich um Familiensachen handelt, die zur freiwilligen Gerichtsbarkeit gehören. Die Rechtsmittel sind jedoch über § 621a ZPO auch für diese Verfahren in der Zivilprozeßordnung geregelt. Die befristete Beschwerde des § 621e ZPO ist nur gegen die im ersten Rechtszug ergangenen **Endentscheidungen** über Familiensachen gegeben. Alle anderen Entscheidungen, nämlich Anordnungen und richterliche Beschlüsse, die keine abschließende Wirkung für die Instanz haben, sind mit den Rechtsmitteln nach dem FGG bzw. der HausratsVO anfechtbar. Die **befristete Beschwerde** nach § 621e ZPO muß **binnen eines Monats** eingelegt werden. Hierbei sind grundsätzlich die Vorschriften des FGG anwendbar. Die befristete Beschwerde muß eine Begründung enthalten. Wird die Beschwerdefrist von einem Monat versäumt, so hat dies die Unzulässigkeit des Rechtsmittels zur Folge. Wiedereinsetzung ist gem. § 621a i. V. m. § 233 ZPO zulässig. Einlegung und Begründung der befristeten Beschwerde unterliegen **keinem Anwaltszwang.** Die Zulässigkeit der **weiteren Beschwerde** richtet sich nach § 621e II ZPO. **340**

3. Rechtsmittel in den selbständigen Familiensachen gemäß § 621 I Nrn. 4, 5 und 8 ZPO

Bei den Verfahren Kindesunterhalt, Ehegattenunterhalt und Ansprüche aus dem ehelichen Güterrecht handelt es sich gem. § 621a ZPO um **rein zivilprozessuale** Verfahren. Gegen Urteile in diesen Verfahren ist gemäß § 511 ZPO bei Erreichen der Berufungssumme von 700,– DM Beschwer (§ 511a ZPO) die **Berufung** zulässig. **Versäumnisurteile** und Kostenentscheidungen in Endurteilen, sofern diese allein und nicht die Hauptsache selbst angefochten werden soll, sind nicht berufungsfähig, §§ 513, 99 ZPO. Die Zulässigkeit der **Revision** richtet sich nach §§ 545 II ZPO i. V. m. § 621d ZPO. Grundsätzlich ist in den eigenständigen, zivilprozessualen Familiensachen die **Beschwerde gemäß § 567 ZPO** zulässig, und zwar in den vom Gesetz besonders hervorgehobenen Fällen und gegen solche Entscheidungen, die eine mündliche Verhandlung nicht erfordern. **341**

Die Beschwerde ist auch statthaft, wenn dem erkennenden Gericht bei seiner Entscheidung **greifbare Gesetzwidrigkeit** vorgeworfen werden muß; nicht **342** aber bereits bei einer Verletzung des rechtlichen Gehörs. Die **sofortige Beschwerde** gemäß § 577 ZPO ist vor allem in folgenden isolierten zivilprozessualen Familiensachen möglich: Sofortige Beschwerde gegen Beschlüsse nach § 91a ZPO; Gegen Beschlüsse in Zwangsvollstreckungsverfahren, § 793 ZPO; Gegen die Berichtigung eines Urteils nach § 319 ZPO; Gegen die Entscheidung über den Kostenfestsetzungsbeschluß gemäß § 104 III 5 ZPO.

4. Rechtsmittelverzicht

343 Gelegentlich wird einem Anwalt angetragen, nur für eine Rechtsmittelverzichtserklärung aufzutreten. In diesem Fall sollte sich der Anwalt kurz über die Sachlage unterrichten lassen und sodann die Partei über die Rechtslage beraten, wozu insbesondere der Hinweis gehört, daß ein Rechtsmittelverzicht, wenn er als Prozeßhandlung gegenüber dem Gericht durch einen postulationsfähigen Rechtsanwalt abgegeben worden ist, grundsätzlich unwiderruflich ist und nicht nach bürgerlichem Recht wegen Willensmängeln anfechtbar ist (vgl. *BGH* FamRZ 1986, 1089). Zur Vermeidung einer Regreßgefahr empfiehlt es sich, den Hinweis in die zu **Protokoll** zu erklärende Vollmacht mit aufzunehmen. Formulierungsvorschlag (nach *Günther/Hein* S. 371): „Hiermit erteile ich dem Rechtsanwalt ... Prozeßvollmacht zur Abgabe einer Rechtsmittelverzichtserklärung ohne jede Einschränkung hinsichtlich des soeben verkündeten Verbundurteils. Über die Risiken des Rechtsmittelverzichts bin ich hinreichend beraten worden."

XVI. Die Beiordnung nach § 625 ZPO

344 Um ein Minimum an anwaltlicher Beratung des Antragsgegners der Scheidung sicherzustellen, kann das Gericht gemäß § 625 ZPO ihm einen Rechtsanwalt beiordnen. Die Beiordnung erfaßt automatisch die Scheidungssache und ein Sorgerechtsverfahren. Der Rechtsanwalt ist zur Annahme verpflichtet, § 48 I Nr. 3 BRAO. Einen **Vorschuß** mit der Folge, daß im Fall der Nichtzahlung die Beiordnung abgelehnt werden kann, darf er nicht verlangen. Der beigeordnete Rechtsanwalt ist mangels Vollmacht **nicht Prozeßbevollmächtigter.** Er hat die Stellung eines Beistandes und damit dessen Befugnisse nach § 90 ZPO. **Zustellungen** sind wegen der fehlenden Vollmacht an den Antragsgegner, nicht an den beigeordneten Rechtsanwalt auszuführen, § 176 ZPO. Abschriften der zuzustellenden Schriftsätze sollten dem beigeordneten Rechtsanwalt aber zugeleitet werden, damit er seine Beratungsfunktion erfüllen kann.

Der beigeordnete Rechtsanwalt hat **gegen den Antragsgegner** den Anspruch eines zum Prozeß bevollmächtigten Rechtsanwalts auf Vergütung, § 36a I BRAGO. Bei **Zahlungsverzug** des Antragsgegners kommt eine **Vergütung aus der Staatskasse** entsprechend §§ 121ff. BRAGO in Betracht, § 36a II BRAGO. Liegen jedoch die Voraussetzungen der Prozeßkostenhilfe vor, kann der Anwalt Prozeßkostenhilfe beantragen und gleichzeitig seine Beiordnung.

Der beigeordnete Rechtsanwalt kann sich gegen seine Auswahl wehren, § 625 I 1 i. V. m. § 78c III ZPO. Im übrigen kann er gegen eine Entscheidung, mit der eine Aufhebung seiner Beiordnung nach § 48 II BRAO abgelehnt worden ist, nach § 78c III S. 2 ZPO mit der Beschwerde vorgehen.

XVII. Besonderheiten in den neuen Bundesländern

Literatur: *Brudermüller/Wagenitz,* Das Ehe- und Ehegüterrecht in den neuen Bundesländern, FamRZ 1990, 1294ff.; *Adlerstein/Wagenitz,* Nachehelicher Unterhalt und Versorgungsausgleich in den neuen Bundesländern, FamRZ 1990, 1300ff.; *Kalthoener/Büttner,* Die Entwicklung des Unterhaltsrechts, NJW 1991, 398ff.; *Palandt/Diederichsen,* Kommentierung des Art. 234 zum EGBGB.

45 **a)** Nach der grundsätzlichen Regelung in Art. 8 des Einigungsvertrages vom 31. 8. 1990 (BGBl. II S. 889) trat am 3. 10. 1990 im Gebiet der ehemaligen DDR **Bundesrecht in Kraft,** soweit der Vertrag bzw. insbesondere seine Anlagen I und II nichts anderes bestimmten. Für das BGB – und damit das Familienrecht – enthält der durch Anl. I Kap. III Sachgeb. B Abschn. II EVertr (BGBl. S. 941ff.) eingeführte 6. Teil des EGBGB umfangreiche Übergangsvorschriften.

b) Ausgenommen vom Inkrafttreten gem. Art. 8 EVertr. ist die **Regelunterhalt-Verordnung** (Anl. I Kap. III Sachgeb. B Abschn. I Nr. 2 EVertr.); ferner gelten die §§ 616 I u. III, 622 sowie 1706–1710 BGB im Gebiet der ehemaligen DDR nicht (Art. 230 I EGBGB).

c) Nach **Art. 234 EGBGB** gelten familienrechtlich u. a. folgende Übergangsregelungen:

§ 1 Grundsatz Das Vierte Buch des Bürgerlichen Gesetzbuchs gilt für alle familienrechtlichen Verhältnisse, die am Tag des Wirksamwerdens des Beitritts bestehen, soweit im folgenden nichts anderes bestimmt ist.

§ 5 Unterhalt des geschiedenen Ehegatten. Für den Unterhaltsanspruch eines Ehegatten, dessen Ehe vor dem Wirksamwerden des Beitritts geschieden worden ist, bleibt das bisherige Recht maßgebend. Unterhaltsvereinbarungen bleiben unberührt.

§ 8 Anpassung von Unterhaltsrenten für Minderjährige. (1) Der Vomhundertsatz nach § 1612a Abs. 2 Satz 1 des Bürgerlichen Gesetzbuchs kann für das in Artikel 3 des Einigungsvertrages genannte Gebiet von der Landesregierung durch Rechtsverordnung (Anpassungsverordnung) bestimmt werden. Vor einer Bestimmung soll die Landesregierung die übrigen Landesregierungen in den in Satz 1 genannten Gebieten und die Bundesregierung unterrichten.

(2) Die Landesregierung kann die Ermächtigung weiter übertragen.

(3) Die Absätze 1 und 2 gelten nicht, wenn die Bundesregierung den Vomhundertsatz gemäß § 1612a Abs. 2 Satz 1 des Bürgerlichen Gesetzbuchs in diesen Gebieten bestimmt.

(4) Eine Anpassung nach § 1612a Abs. 1 Satz 1 des Bürgerlichen Gesetzbuchs kann nicht für einen früheren Zeitpunkt als den Beginn des zweiten auf das Inkrafttreten der Anpassungsverordnung folgenden Kalendermonats verlangt werden.

§ 9 Regelbedarf des nichtehelichen Kindes. (1) Der Regelbedarf nach § 1615f Abs. 1 Satz 2 des Bürgerlichen Gesetzbuchs kann in dem in Artikel 3 des Einigungsvertrages genannten Gebiet von der jeweiligen Landesregierung durch Rechtsverordnung festgesetzt werden. Vor einer Festsetzung soll die Landesregierung die übrigen Landesregierungen in dem in Satz 1 genannten Gebiet und die Bundesregierung unterrichten. Der Regelbedarf ist in gleicher Weise nach dem Alter abzustufen wie der von der Bundesregierung mit Zustimmung des Bundesrates festgesetzte Regelbedarf. Eine Abstufung nach den örtlichen Unterschieden in den Lebenshaltungskosten findet nicht statt.

(2) Die Landesregierung kann die Ermächtigung weiter übertragen.

(3) Die Absätze 1 und 2 gelten nicht, wenn die Bundesregierung den Regelbedarf gemäß § 1615f des Bürgerlichen Gesetzbuchs in diesem Gebiet festsetzt.

XVIII. Anhang

346 **1. Unterhaltsrechtliche Leitlinien der Oberlandesgerichte – Gesamtüberblick (Stand 1. 1. 1989)**

Die Bemessung des Unterhalts der ehelichen Kinder und des Ehegattenunterhalts erfolgt aufgrund unbestimmter Rechtsbegriffe. Der Gedanke der Vereinheitlichung der Rechtsprechung sowie der Rechtssicherheit hat die Rechtsprechung dazu bewogen, Tabellen und Leitlinien zur Bestimmung des angemessenen Unterhalts für das eheliche Kind und den Ehegatten zu entwickeln. Am verbreitetsten ist die Düsseldorfer Tabelle (s. unten Rdnr. 347), die von den meisten Oberlandesgerichten als Richtschnur genommen wird. Die folgende nach Bundesländern gegliederte Gesamtübersicht über die maßgebenden unterhaltsrechtlichen Leitlinien der Familiensenate erfolgt als Nachdruck aus NJW 1989, 504.

a) Baden-Württemberg

Das *OLG Stuttgart* wendet die Düsseldorfer Tabelle mit Modifikationen an. Die Unterhaltsberechnung im einzelnen ist in den unterhaltsrechtlichen Hinweisen des *OLG Stuttgart* (Stand 1. 1. 1989, NJW 1989, 508) zusammengestellt. Innerhalb der Familiensenate des *OLG Karlsruhe* ist über die künftige Handhabung noch kein abschließender Konsens erzielt worden.

Die beiden Familiensenate des *OLG Karlsruhe* in Freiburg orientieren sich weiterhin an der Düsseldorfer Tabelle und den Hammer Leitlinien (NJW 1988, 2354; s. unten Rdnr. 349). Nachem der *18. Senat* bereits 1987 seine Handhabung geändert hat und beim Ehegattenunterhalt seither von der $^3/_7$-Quote anstatt von der $^2/_5$-Quote ausgeht, haben sich nunmehr auch die Mitglieder des *5. Senats* auf die Anwendung der $^3/_7$-Quote verständigt. In Übereinstimmung mit der Düsseldorfer Praxis wird ein Vorwegabzug in Höhe von 5% bzw. der konkret nachgewiesenen berufsbedingten Aufwendungen vorgenommen.

b) Bayern

Auch die Familiensenate des *OLG Bamberg* richten sich grundsätzlich nach der Düsseldorfer Tabelle und den Hammer Richtlinien. Stand jeweils 1. 1. 1989. Die Münchener und Augsburger Familiensenate des *OLG München* haben mittlerweile eigene Leitlinien (NJW 1988, 2354; siehe auch unten Rdnr. 350) entwikkelt. Die Düsseldorfer Tabelle wird der Berechnung des Barunterhalts minderjähriger unverheirateter Kinder zugrundegelegt. Die Familiensenate des *OLG Nürnberg* ziehen, wie schon bisher, für die Unterhaltsbemessung die Nürnberger Tabelle (*Mager,* Nürnberger Tabelle, Stand 1988, BBZ-Verlags-GmbH Nürnberg) heran. Ab 1. 1. 1989 beträgt der notwendige Eigenbedarf des Erwerbstätigen Unterhaltsverpflichteten monatlich 1100 DM, der notwendige Bedarf des Nichterwerbstätigen (getrennt lebenden oder geschiedenen) Ehegatten monatlich 1000 DM.

c) Berlin

Das *KG* wendet die Düsseldorfer Leitlinien (vgl. unten Rdnr. 348) mit zahlreichen Abweichungen an (NJW 1988, 505). Im übrigen folgen die Senate grds. der Düsseldorfer Tabelle als Orientierungsrahmen.

d) Bremen

Die Familiensenate des *OLG Bremen* haben mit Wirkung zum 1. 1. 1989 ihre unterhaltsrechtlichen Leitlinien (NJW 1989, 81) erneut der fortentwickelten Rechtsprechung des *BGH* angepaßt. Die Änderungen betreffen im wesentlichen die Sätze des Kindesunterhalts und Selbstbehalts sowie die Quotierung des Ehegattenunterhalts, die den Siebentelquoten der Düsseldorfer Tabelle angeglichen wurde. Allerdings wendet das *OLG Bremen* die Düsseldorfer Tabelle nur mit Modifikationen an (NJW 1989, 81).

e) Hamburg

Auch die Familiensenate des *OLG Hamburg* haben ihre unterhaltsrechtlichen Grundsätze mit Wirkung vom 1. 1. 1989 geändert (NJW 1989, 86). Die Unterhaltsrichtsätze für eheliche Kinder werden der Düsseldorfer Tabelle (Stand 1. 1. 1989) entnommen.

f) Hessen

Die Senate für Familiensachen des *OLG Frankfurt* haben eigene Unterhaltsgrundsätze entwickelt (NJW 1990, 2736ff.; s.u. Rdnr. 351), die an dem Gemeinschaftsaufsatz von *Weychardt u.a.,* DAVorm. 1984, 81 (241ff.) anknüpfen. Zu beachten sind einige Besonderheiten der Rspr. des Senats Kassel.

g) Niedersachsen

Die Familiensenate des *OLG Oldenburg* orientieren sich im Interesse einer einheitlichen Unterhaltsrechtsprechung nach wie vor an der Düsseldorfer Tabelle und teilweise ergänzend an den Hammer Leitlinien (s. unten Rdnr. 349). Abweichend davon werden allerdings die Bedarfskontrollbeträge nicht angewandt. Außerdem unterscheiden die Senate nicht zwischen angemessenem und notwendigem Selbstbehalt, sondern legen nur den notwendigen Selbstbehalt zugrunde. Dieser beträgt ab Januar 1989 gegenüber minderjährigen unterhaltsberechtigten Kindern 1000 DM, gegenüber allen anderen Unterhaltsberechtigten 1200 DM. Diese Werte gelten unabhängig davon, ob der Unterhaltspflichtige erwerbstätig ist oder nicht. Abweichungen bestehen schließlich auch bei der Behandlung sog. Mangelfälle, in denen die über dem großen Selbstbehalt (ab 1. 1. 1989: 1200 DM) liegende Verteilungsmasse auf die Unterhaltsberechtigten im Verhältnis ihrer Mindestbedarfssätze gleichmäßig verteilt wird. Dabei wird beim unterhaltsberechtigten Ehegatten ein Wert von 900 DM (Einsatzbetrag), bei den Kindern werden die Mindestsätze (Gruppe 1) der Düsseldorfer Tabelle angesetzt. Im Falle der Wiederheirat wird für den in häuslicher Gemeinschaft mit dem unterhaltspflichtigen Ehegatten lebenden weiteren Ehegatten, soweit er zu berücksichtigen ist, bei der Mangelfallberechnung ein Wert von 650 DM (Einsatzbetrag) zugrunde gelegt. Eigene Einkünfte des unterhaltsberechtigten Ehegatten werden bei der Mangelfallberechnung in der Regel vom Einsatzbetrag abgezogen. Die Berufspauschale wird auch bei der Berechnung des Ehegattenunterhalts vorweg vom Nettoeinkommen des Unterhaltspflichtigen abgezogen. Die Senate des *OLG Celle* haben eigene Leitlinien entwickelt (NJW 1989, 85).

h) Nordrhein-Westfalen

Im Bereich des *OLG Düsseldorf* dienen die Düsseldorfer Leitlinien (s. unten Rdnr. 348) sowie die Düsseldorfer Tabelle als Orientierungshilfen. Auch das *OLG Hamm* wendet selbstentwickelte Leitlinien und eine eigene Unterhaltstabelle (NJW 1988, 2354f.; siehe auch u. Rdnr. 349) an. Die Familiensenate des *OLG Köln* übernehmen gemäß ihren seit dem 1. 1. 1989 geltenden Leitlinien (NJW 1989, 87) die Sätze der aktuellen Düsseldorfer Tabelle.

i) Rheinland-Pfalz

Alle vier Familensenate des *OLG Koblenz* legen ihren unterhaltsrechtlichen Entscheidungen ab 1. 1. 1989 uneingeschränkt die aktuellen Richtlinien (s. unten Rdnr. 348) und die Unterhaltstabelle des *OLG Düsseldorf* zugrunde. Auch der *11. Zivilsenat* wendet seine abweichenden Unterhaltsrichtlinien nicht mehr an. Die Familiensenate des *OLG Zweibrücken* beabsichtigen, sich weitgehend an die Düsseldorfer Tabelle und die Düsseldorfer Richtlinien (s. unten Rdnr. 348) anzulehnen.

j) Saarland

Das *OLG Saarbrücken* wendet auch ab 1. 1. 1989 – wie schon bisher – die jeweils gültige Düsseldorfer Tabelle als Orientierungshilfe an. Das OLG nimmt gegenüber minderjährigen Kindern und zusammen mit diesen unterhaltsberechtigten Ehegatten einen Selbstbehalt des nicht berufstätigen Unterhaltspflichtigen in Höhe von monatlich 1000 DM, bei Berufstätigkeit in Höhe von 1100 DM an. Unabhängig von einer Berufstätigkeit des Verpflichteten setzt das OLG dessen Selbstbehalt gegenüber volljährigen Kindern mit 1400 DM, gegenüber dem alleinberechtigten Ehegatten mit 1200 DM an. Im Verfahren der einstweiligen Verfügung (Regelungsdauer normalerweise 6 Monate) gehen die Familiensenate seit dem 1. 1. 1989 bei mittlerer Einkommenslage von einem Notbedarf des Ehegatten in Höhe von 950 DM aus.

k) Schleswig-Holstein

Die Familiensenate des *OLG Schleswig* wenden seit dem 1. 1. 1989 geänderte unterhaltsrechtliche Leitlinien sowie eine neue Unterhaltstabelle an (NJW 1989, 82).

2. Düsseldorfer Tabelle (Stand 1. 1. 1989) 347

Die Tabelle nebst Anmerkungen beruht auf Koordinierungsgesprächen, die zwischen Richtern der Familiensenate der *OLGe Köln, Hamm* und *Düsseldorf* sowie Mitgliedern der Unterhaltskommission des Deutschen Familiengerichtstages e. V. stattgefunden haben. Die Zahlenwerte der neuen Tabelle gelten ab 1. 1. 1989. Bis zum 31. 12. 1988 sind die Zahlenwerte der bisherigen Tabelle (Stand 1. 1. 1985 – NJW 1984, 2330) anzuwenden.

A. Kindesunterhalt

Altersstufe		bis Volldg. 6. Lbj.	v. 7. bis Volldg. 12. Lbj.	v. 13. bis Volldg. 18. Lbj. (vgl. Anm. 8)	ab Volldg. 18. Lbj. (vgl. Anm. 7, 8)
	Nichteheliche Kinder nach VO 1988	251	304	360	
Gruppe	Eheliche Kinder nach Netteoeinkommen des Unterhaltspflichtigen in DM				Bedarfskontrollbetrag in DM gem. Anmerkung 6
1	bis 2100	251	304	360	1000/1100
2	2100–2400	270	325	385	1160
3	2400–2800	295	360	425	1230
4	2800–3400	330	400	475	1320
5	3400–4000	365	440	525	1455
6	4000–4800	420	510	605	1685
7	4800–5800	480	580	685	1910
8	5800–7000	545	660	785	2185
	über 7000	nach den Umständen des Falles.			

Anmerkungen:

1. Monatliche **Unterhaltsbedarfsbeträge** nach BGB, bezogen auf einen gegenüber einem Ehegatten und zwei Kindern Unterhaltspflichtigen. Bei einer größeren/geringeren Anzahl Unterhaltsberechtigter sind **Ab- oder Zuschläge** in Höhe eines Zwischenbetrages oder durch Einstufung in niedrigere/höhere Gruppen angemessen. Bei überdurchschnittlicher Unterhaltslast ist Anmerkung 6 zu beachten. Zur Deckung des notwendigen Mindestbedarfs aller Beteiligten – einschließlich des Ehegatten – ist gegebenenfalls eine Herabstufung bis in die unterste Tabellengruppe vorzunehmen. Reicht das verfügbare Einkommen auch dann nicht aus, erfolgt eine Mangelberechnung nach Abschnitt C.

2. Den Bedarfsbeträgen der Gruppen 2–8 entsprechen folgende auf- und abgerundete Zuschläge auf den Basisbetrag der 1. Gruppe in %: 7, 18, 30, 45, 65, 90, 120.

3. Berufsbedingte Aufwendungen sind vom Einkommen abzuziehen, wobei ohne Nachweis eine Pauschale von 5% – mindestens 90 DM, bei geringfügiger Teilzeitarbeit auch weniger, und höchstens 260 DM monatlich – des Nettoeinkommens geschätzt werden kann. Über die Pauschale hinausgehende berufsbedingte Aufwendungen sind auf konkreten Nachweis abzuziehen, soweit sie von den privaten Lebenshaltungskosten nach objektiven Merkmalen eindeutig abgrenzbar sind.

4. Berücksichtigungsfähige **Schulden** sind in der Regel vom Einkommen abzuziehen.

5. Der **notwendige Eigenbedarf (Selbstbehalt)** des nicht erwerbstätigen Unterhaltspflichtigen beträgt monatlich 1000 DM, des erwerbstätigen Unterhalspflichtigen mindestens monatlich 1100 DM. Der **angemessene Eigenbedarf** beträgt gegenüber volljährigen Kindern in der Regel mindestens monatlich 1400 DM, er kann auch höher liegen.

6. Der **Bedarfskontrollbetrag** des Unterhaltspflichtigen ab Gruppe 2 ist nicht identisch mit dem Eigenbedarf. Er soll eine ausgewogene Verteilung des Einkommens zwischen dem Unterhaltpflichtigen und den unterhaltsberechtigten Kindern gewährleisten. Wird er unter Berücksichtigung des Ehegattenunterhalts (vgl. auch B V) unterschritten, ist der Tabellenbetrag der nächst niedrigeren Gruppe, deren Bedarfskontrollbetrag nicht unterschritten wird, oder ein Zwischenbetrag anzusetzen.

7. Bei **volljährigen Kindern,** die noch im Haushalt der Eltern oder eines Elternteils wohnen, ist in der Regel ein Zuschlag in Höhe der Differenz der 2. und 3. Altersstufe der jeweiligen Gruppe vorzunehmen. Der angemessene Gesamtunterhaltsbedarf eines **Studierenden,** der nicht bei seinen Eltern oder einem Elternteil wohnt, beträgt in der Regel monatlich 850 DM. Dieser Bedarfssatz kann auch für ein Kind mit eigenem Haushalt angesetzt werden.

8. Die **Ausbildungsvergütung** eines in der Berufsausbildung stehenden Kindes, das im Haushalt der Eltern oder eines Elternteils wohnt, ist vor ihrer Anrechnung in der Regel um einen ausbildungsbedingten Mehrbedarf von monatlich 150 DM zu kürzen.

B. Ehegattenunterhalt

I. Monatliche Unterhaltsrichtsätze des nach neuem Recht berechtigten Ehegatten ohne gemeinsame unterhaltsberechtigte Kinder:

Aus §§ 1361, 1569, 1578, 1581 BGB:

1. gegen einen erwerbstätigen Unterhaltspflichtigen: a) wenn der Berechtigte kein Einkommen hat:	3/7 des anrechenbaren Nettoeinkommens des Pflichtigen, nach oben begrenzt durch den vollen Unterhalt, gemessen an den zu berücksichtigenden ehelichen Verhältnissen.
b) wenn der Berechtigte ebenfalls Einkommen (z. B. Rente, Arbeitslohn, Zinsen) hat:	
aa) Doppelverdienerehe:	3/7 der Differenz zwischen den anrechenbaren Nettoeinkommen der Ehegatten, insgesamt begrenzt durch den vollen ehelichen Bedarf.
bb) Alleinverdienerehe:	Unterschiedsbetrag zwischen dem vollen ehelichen Bedarf und dem anrechenbaren Einkommen des Berechtigten, gegebenenfalls nach oben begrenzt durch 3/7 der Differenz zwischen den anrechenbaren Nettoeinkommen der Ehegatten.
c) wenn der Berechtigte erwerbstätig ist, obwohl ihn keine Erwerbsobliegenheit trifft:	gem. 1577 II BGB

2. gegen einen nicht erwerbstätigen Unterhaltspflichtigen (z. B. Rentner):
wie zu 1a, b oder c, jedoch 50%.

II. Monatliche Unterhaltsrichtsätze des nach bisherigem Recht berechtigten Ehegatten ohne gemeinsame unterhaltsberechtigte Kinder:

1. Aus §§ 58, 59 EheG:	in der Regel wie I
2. Aus § 60 EheG:	in der Regel ½ des Unterhalts zu I
3. Aus § 61 EheG:	nach Billigkeit bis zu den Sätzen I

III. Monatliche Unterhaltsrichtsätze des berechtigten Ehegatten mit von ihm versorgten gemeinsamen unterhaltsberechtigten minderjährigen Kindern:

Wie zu I bzw. II, jedoch wird vorab der Kindesunterhalt (Tabellenbetrag ohne Abzug von Kindergeld) vom Nettoeinkommen des Pflichtigen abgezogen.

IV. Monatlicher notwendiger Eigenbedarf (Selbstbehalt) gegenüber dem getrennt lebenden und dem geschiedenen Berechtigten:

1. Wenn der Unterhaltspflichtige erwerbstätig ist:	1100 DM
2. Wenn der Unterhaltspflichtige nicht erwerbstätig ist:	1000 DM

V. Monatlicher notwendiger Eigenbedarf (Mindestbedarf) des unterhaltsberechtigten Ehegatten einschließlich des trennungsbedingten Mehrbedarfs in der Regel:

1. als Haushaltungsvorstand:	
a) falls erwerbstätig:	1100 DM
b) falls nicht erwerbstätig:	1000 DM
2. Bei gemeinsamem Haushalt mit dem Unterhaltspflichtigen:	
a) falls erwerbstätig:	820 DM
b) falls nicht erwerbstätig:	730 DM

Anmerkung zu I–III:

Hinsichtlich berufsbedingter Aufwendungen und berücksichtigungsfähiger Schulden gelten Anmerkungen A 3 und 4 – auch für den erwerbstätigen Unterhaltsberechtigten – entsprechend. Jedoch sind diejenigen berufsbedingten Aufwendungen, die sich nicht nach objektiven Merkmalen eindeutig von den privaten Lebenshaltungskosten abgrenzen lassen, pauschal in der Differenzquote von ⅐ enthalten.

C. Mangelfälle

Reicht das Einkommen zur Deckung des notwendigen Bedarfs des Unterhaltspflichtigen und der gleichrangigen Unterhaltsberechtigten nicht aus (sog. Mangelfälle), ist die nach Abzug des notwendigen Eigenbedarfs (Selbstbehalt) des Unterhaltspflichtigen verbleibende Verteilungsmasse auf die Unterhaltsberechtigten im Verhältnis ihrer jeweiligen Bedarfssätze gleichmäßig zu verteilen. Das Kindergeld ist bis zur Deckung des Mindestbedarfs in die Verteilungsmasse einzubeziehen.

Beispiel (monatlich; aus Vereinfachungsgründen ohne Kindergeld):

Bereinigtes Nettoeinkommen des Unterhaltspflichtigen (V): 2200 DM.

Unterhaltsberechtigte: eine nicht erwerbstätige Ehefrau (F) und zwei minderjährige Kinder K 1 und K 2 (1. und 2. Altersstufe).

Notwendiger Eigenbedarf des V: 1100 DM.
Verteilungsmasse: 2200 DM − 1100 DM = 1100 DM.

Notwendiger Gesamtbedarf der Unterhaltsberechtigten: 1000 DM (F) + 251 DM (K 1) + 304 DM (K 2) = 1555 DM.
Unterhaltsansprüche: F = 1000 DM × 1100/1555 = 707 DM; K 1 = 251 DM × 1100/1555 = 178 DM; K 2 = 304 DM × 1100/1555 = 215 DM (Summe: 1100 DM = Verteilungsmasse).

348 3. Unterhaltsrechtliche Leitlinien des OLG Düsseldorf

Die nachstehenden (aus NJW 1988, 120 nachgedruckten) Leitlinien zum Unterhaltsrecht sind von den Familiensenaten des *OLG Düsseldorf* erarbeitet worden. Sie bauen auf der Düsseldorfer Tabelle auf, ergänzen diese und lassen die dort gemachten Aussagen insbesondere zur Höhe des Unterhalts unberührt weitergelten.

A. Kindesunterhalt

I. Ermittlung des anrechenbaren Einkommens des Barunterhaltspflichtigen

1. Vom Bruttoeinkommen sind die Steuern und die Vorsorgeaufwendungen abzuziehen. Zu diesen zählen die Aufwendungen für die gesetzliche Krankenversicherung, Rentenversicherung und Arbeitslosenversicherung oder die angemessene private Kranken- und Altersvorsorge.

2. Urlaubs- und Weihnachtsgeld sowie sonstige Zuwendungen des Arbeitgebers, auch Tantiemen, sind Einkommen. Sie werden auf das Jahr umgelegt und voll mit den Nettobeträgen angerechnet.

Höhere einmalige Zuwendungen (etwa Abfindungen und Jubiläumszuwendungen) können auf einen längeren Zeitraum umgelegt werden (vgl. *BGH* NJW 1982, 822 = FamRZ 1982, 250; *BGH* NJW 1987, 1554 = FamRZ 1987, 359).

3. Überstundenvergütungen werden in der Regel in vollem Umfang dem Einkommen zugerechnet, soweit sie in geringem Umfang anfallen oder berufsüblich sind (*BGH* NJW 1980, 2251 = FamRZ 1980, 984) oder wenn der Mindestbedarf minderjähriger Kinder nicht gedeckt ist. Sonst ist die Anrechnung unter Berücksichtigung des Einzelfalles nach Treu und Glauben zu beurteilen.

4. Auslösungen und Spesen sind nach den Umständen des Einzelfalles anzurechnen. Soweit solche Zuwendungen geeignet sind, laufende Lebenshaltungskosten zu ersparen, ist diese Ersparnis in der Regel mit ⅓ des Nettobetrages zu bewerten und dem anrechenbaren Einkommen zuzurechnen.

5. Vermögenswirksame Leistungen vermindern das Einkommen nicht. Jedoch sind dem Pflichtigen etwaige Zusatzleistungen des Arbeitgebers für die vermögenswirksame Anlage voll zu belassen.

6. Berufsbedingte Aufwendungen sind vom Einkommen abzuziehen, wobei ohne Nachweis eine Pauschale von 5% des Nettoeinkommens – jedoch mindestens 80 DM, bei geringfügiger Teilzeitarbeit mindestens 40 DM, und höchstens 240 DM monatlich – geschätzt werden kann. Über die Pauschale hinausgehende berufsbedingte Aufwendungen sind auf konkreten Nachweis abzuziehen, soweit sie von den privaten Lebenshaltungskosten nach objektiven Merkmalen eindeutig abgrenzbar sind. (Der *4. Senat für Familiensachen* wendet nur die Pauschale von 5% des Nettoeinkommens, nicht jedoch die Mindest- bzw. Höchstpauschale an.)

7. Krankengeld ist Einkommen. Das gilt auch für Unfall- und Versorgungsrenten (*BGH* NJW 1981, 1313 = FamRZ 1981, 338; *BGH* NJW 1982, 1593 = FamRZ 1982, 252) sowie für Grundrenten. Besteht infolge der Krankheit oder des Unfalls ein erhöhter Bedarf, ist ein entsprechender Betrag abzusetzen, der gegebenenfalls geschätzt werden kann.

8. Blindengeld ist grundsätzlich dem Einkommen zuzurechnen, soweit es nicht durch den tatsächlichen Mehrbedarf aufgezehrt wird.

Auch Renten nach dem Bundesentschädigungsgesetz wegen Schadens an Körper oder Gesundheit und wegen Schadens im beruflichen Fortkommen rechnen zum unterhaltsrechtlich relevanten Einkommen (vgl. *BGH* NJW 1983, 1783 = FamRZ 1983, 674).

9. Vom Pflegegeld für Pflegekinder ist der Anteil, durch den die Bemühungen der Pflegepersonen anerkannt werden sollen, deren Einkommen (vgl. *BGH* NJW 1984, 2355 = FamRZ 1984, 769; *BGH* NJW 1987, 1201 = FamRZ 1987, 259).

10. Wohngeld ist nur insoweit als Einkommen zu berücksichtigen, als es nicht erhöhten Wohnkostenbedarf deckt (vgl. *BGH* NJW 1983, 684 = FamRZ 1982, 587).

11. Arbeitslosengeld und -hilfe sind Einkommen des Unterhaltspflichtigen. Sozialhilfe bleibt unberücksichtigt.

12. Freiwillige Zuwendungen Dritter sind nicht als Einkommen anzusehen, wenn dies nach ihrem Zweck nicht angemessen ist.

13. Schulden können je nach den Umständen des Einzelfalles (Art, Grund und Zeitpunkt des Entstehens) das anrechenbare Einkommen vermindern. Dabei sind die Belange von Unterhaltsgläubiger, Unterhaltsschuldner und Drittgläubiger gegeneinander abzuwägen (vgl. *BGH* NJW 1982, 232 = FamRZ 1982, 23; *BGH* NJW 1982, 380 = FamRZ 1982, 157; *BGH* NJW 1984, 2351 = FamRZ 1984, 657; FamRZ 1986, 254 = NJW-RR 1986, 428).

14. Leben im Haushalt des Unterhaltspflichtigen eigene minderjährige Kinder, so kann sich sein anrechenbares Einkommen um Betreuungskosten mindern, die auch geschätzt werden können (vgl. *BGH* NJW 1982, 2664 = FamRZ 1982, 779).

15. Kindergeld gehört nicht zum anrechenbaren Einkommen des Unterhaltspflichtigen (s. im übrigen unten Nrn. 28 bis 31, in Mangelfällen Nr. 46).

Kinderzulagen und Kinderzuschüsse zur Rente sind, wenn die Gewährung des Kindergeldes entfällt (§ 8 BKGG), in dessen Höhe wie Kindergeld zu behandeln (*BGH* NJW 1981, 173 = FamRZ 1981, 28). Im übrigen sind Zuschüsse und Zulagen zur Rente in der Regel Teil des Einkommens.

II. Unterhaltsbedarf des unterhaltsberechtigten Kindes

a) Bedarf nach der Düsseldorfer Tabelle

16. Die Tabellensätze sind auf den Fall zugeschnitten, daß der Unterhaltspflichtige einem Ehegatten und zwei Kindern Unterhalt zu gewähren hat. Bei einer größeren/geringeren Anzahl Unterhaltsberechtigter sind Ab- oder Zuschläge in Höhe eines Zwischenbetrages oder durch Einstufung in eine niedrigere/höhere Gruppe angemessen. Die Zu- und Abschläge sind in der Regel durch die nächst niedrigere/höhere Gruppe begrenzt. Die Regelbegrenzung gilt nicht, wenn eine Unterhaltsverpflichtung nur gegenüber einem Kind besteht.

Bei der Eingruppierung ist der Bedarfskontrollbetrag zu beachten. Dieser ist nicht identisch mit dem Eigenbedarf, sondern soll nur helfen, das Einkommen ausgewogen zu verteilen. Bleibt dem Unterhaltspflichtigen nach Abzug des Ehegattenunterhalts und der Tabellenbeträge für die Kinder weniger als der Bedarfskontrollbetrag, so stehen die Tabellenbeträge, die sich nach dem Einkommen ergeben, in einem Mißverhältnis zu dem, was dem Schuldner für seinen eigenen Bedarf verbleibt. Deshalb sind in einem solchen Fall die Bedarfsbeträge der Kinder der – niedrigeren – Tabellengruppe zu entnehmen, in welcher der Bedarfskontrollbetrag gewahrt ist. Unter Umständen können Zwischenbeträge angesetzt werden.

17. Der sorgeberechtigte Elternteil, der in seinem Haushalt ein minderjähriges Kind versorgt, braucht für dieses neben dem anderen Elternteil in der Regel keinen Barunterhalt zu leisten. Etwas anderes kann sich ergeben, wenn sein Einkommen bedeutend höher als das des anderen Elternteils ist. In diesem Fall kann der Barunterhalt des anderen Elternteils angemessen gekürzt werden (vgl. *BGH* NJW 1984, 303 = FamRZ 1984, 39).

18. Bei volljährigen Kindern, die noch im Haushalt der Eltern oder eines Elternteils wohnen, ist in der Regel ein Zuschlag in Höhe der Differenz der 2. und 3. Altersstufe der jeweiligen Gruppe der Düsseldorfer Tabelle angemessen.

19. Der angemessene Gesamtbedarf eines Studenten, der nicht bei seinen Eltern oder einem Elternteil wohnt, beträgt in der Regel monatlich 800 DM. Dieser Bedarf kann auch für ein Kind mit eigenem Haushalt angesetzt werden.

20. Die Haftungsquote von Eltern, die beide für ein volljähriges Kind barunterhaltspflichtig sind, bemißt sich nach dem Verhältnis ihrer anrechenbaren Einkommen abzüglich ihres angemessenen Eigenbedarfs (in der Regel mindestens 1300 DM) und abzüglich der Unterhaltsleistungen an vorrangig Berechtigte.

21. Sind beide Elternteile für ein volljähriges Kind barunterhaltspflichtig, das im Haushalt eines Elternteils lebt, so wird der Bedarf des Kindes in der Regel nach dem zusammengerechneten Einkommen der Eltern aus der Düsseldorfer Tabelle abgelesen, und zwar ohne Abzug wegen doppelter Haushaltsführung. Für die Haftungsquote gilt Nr. 20. Ein Elternteil hat jedoch höchstens den Unterhalt zu leisten, der sich allein nach seinem Einkommen aus der Düsseldorfer Tabelle ergibt, hierbei ist Nr. 16 (s. auch Anmerkung 1 der Düsseldorfer Tabelle, NJW 1984, 2330) zu bachten.

b) Was dient der Bedarfsdeckung?

22. Eigenes Einkommen des Kindes mindert grundsätzlich einen Bedarf; es ist wie das anrechenbare Einkommen des Verpflichteten zu berechnen, wobei nachfolgende Besonderheiten gelten.

23. BAföG-Leistungen sind als Einkommen anzusehen, auch soweit sie als Darlehen gewährt werden (vgl. *BGH* NJW 1985, 2331 = FamRZ 1985, 916), soweit nicht ihretwegen der Unterhaltsanspruch übergeleitet ist oder noch übergeleitet werden kann.

24. Arbeitslosenhilfe ist nicht als Einkommen des Unterhaltsberechtigten zurechenbar, soweit der Unterhaltsanspruch wegen ihrer Gewährung übergeleitet ist oder noch übergeleitet werden kann (vgl. hierzu auch *BGH* NJW 1987, 1551 = FamRZ 1987, 456).

25. Die Ausbildungsvergütung eines in der Berufsausbildung stehenden Kindes, das im Haushalt der Eltern oder eines Elternteils wohnt, ist vor ihrer Anrechnung in der Regel um einen ausbildungsbedingten Mehrbedarf von monatlich 145 DM zu kürzen.

26. Das Einkommen eines minderjährigen Kindes, das von einem Elternteil betreut und erzogen wird, ist nicht nur auf den Barbedarf anzurechnen, sondern kommt auch dem betreuenden Elternteil zugute, und zwar in der Regel zur Hälfte (vgl. *BGH* NJW 1981, 168 = FamRZ 1980, 1109; *BGH* NJW 1981, 2462 = FamRZ 1981, 541; NJW-RR 1986, 748). Bei einem volljährigen Kind, das im Haushalt eines nicht barunterhaltspflichtigen Elternteils lebt (und dadurch einen geringeren Barbedarf hat), ist das Einkommen des Kindes ebenfalls nur teilweise auf den Barbedarf anzurechnen (vgl. insb. *BGH* NJW 1981, 2462 = FamRZ 1981, 541 [543]). Die Höhe dieser Anrechnung bleibt der Entscheidung im Einzelfall vorbehalten.

III. Leistungsfähigkeit

27. Der notwendige Eigenbedarf (Selbstbehalt) des nicht erwerbstätigen Unterhaltspflichtigen beträgt gegenüber Minderjährigen im Falle des § 1603 II BGB mindestens 910 DM, bei Erwerbstätigkeit des Pflichtigen mindestens 990 DM, dies in der Regel auch bei geringfügiger Tätigkeit. Der angemessene Eigenbedarf gegenüber Volljährigen (§ 1603 I BGB) beträgt im Regelfall mindestens 1300 DM.

IV. Behandlung des Kindergeldes

28. Das Kindergeld ist grundsätzlich zwischen den Eltern im Verhältnis ihrer Unterhaltsleistungen zu verteilen. Dabei steht die Pflege und Erziehung eines minderjährigen Kindes dem Barunterhalt gleich.

29. Der Einfachheit halber wird der Ausgleich bei der Berechnung des Kindesunterhalts wie folgt vorgenommen:

Wird das Kindergeld an den Elternteil ausgezahlt, der das minderjährige Kind pflegt und erzieht, so vermindert sich der Barunterhaltsanspruch des Kindes um die Hälfte des Kindergeldes.

Bezieht der Barunterhaltspflichtige das Kindergeld für das minderjährige Kind, das der andere Elternteil pflegt und erzieht, so erhöht sich der Barunterhaltsanspruch um die Hälfte des Kindergeldes.

30. Bei volljährigen Kindern ist das Kindergeld bedarfsdeckend anzurechnen, soweit es dem Kind zugewendet wird (vgl. *BGH* NJW-RR 1986, 426 = FamRZ 1986, 151 [152]). Letzteres ist in der Regel anzunehmen, wenn das volljährige Kind mit dem Kindergeldempfänger in einem Haushalt lebt.

Nr. 26 ist auf das Kindergeld entsprechend anzuwenden.

31. Kindergeld, das für mehrere gemeinschaftliche Kinder gezahlt wird, ist jedem der Kinder mit gleichem Anteil zuzurechnen. Ist das Kindergeld für ein gemeinschaftliches Kind deshalb höher, weil ein nicht gemeinschaftliches Kind berücksichtigt wird (Zählkind), so ist von dem Betrag auszugehen, der ohne Berücksichtigung des Zählkindes gezahlt würde.

Auch bleibt der Vorteil außer Betracht, der einem Elternteil dadurch entsteht, daß bei ihm ein gemeinschaftliches Kind als Zählkind das Kindergeld für ein nicht gemeinschaftliches Kind erhöht (vgl. *BGH* NJW 1981, 170 = FamRZ 1981, 26; 1981, 650; *BGH* NJW 1987, 647 = FamRZ 1987, 270).

Ein Kind hat keinen von der Leistungsfähigkeit des barunterhaltspflichtigen Elternteils unabhängigen Anspruch auf Auskehrung des Zählkindvorteils, den der barunterhaltspflichtige Elternteil seinetwegen durch Erhöhung des Kindergeldes für andere Kinder erhält (vgl. *BGH* NJW 1986, 186 = FamRZ 1985, 1243).

B. Ehegattenunterhalt

32. Die Höhe des Elementarunterhalts wird wie folgt festgestellt:

(a) Bedarf (grundsätzlich Hälfte des Einkommens nach den ehelichen Lebensverhältnissen zuzüglich trennungsbedingten Mehrbedarfs).

(b) Ungedeckter Bedarf oder Bedürftigkeit (Bedarf abzüglich des anrechenbaren Einkommens des berechtigten Ehegatten).

(c) Leistungsfähigkeit des pflichtigen Ehegatten, eventuell Unterhalt nach Billigkeit.

Einkommen ist entsprechend den Nrn. 1 bis 15, 23, 24 zu berechnen.

zu a)

33. Der Bedarf der Ehegatten richtet sich nach den Einkommens- und Vermögensverhältnissen, die die ehelichen Lebensverhältnisse nachhaltig geprägt haben.

Maßgebend ist hiernach der Lebensstandard, den die Ehegatten bei diesem Einkommen und Vermögen hätten, wenn sie zusammenlebten.

34. Die ehelichen Lebensverhältnisse werden grundsätzlich durch die Einkünfte und geldwerten Vorteile geprägt, die den Ehegatten vor ihrer Trennung unter Berücksichtigung des Bedarfs unterhaltsberechtigter Kinder für ihren eigenen Unterhalt zur Verfügung standen.

Sie entwickeln sich jedoch bis zur Scheidung mit den beiderseitigen Einkommens- und Vermögensverhältnissen weiter, sofern diese Entwicklung nicht nur auf der Trennung beruht.

Veränderungen während der Trennung beeinflussen die ehelichen Lebensverhältnisse dann nicht mehr, wenn sie auf einer unerwarteten, vom Normalverlauf erheblich abweichenden Entwicklung beruhen (vgl. *BGH* NJW 1982, 1870 = FamRZ 1982, 576; *BGH* NJW 1983, 683 = FamRZ 1983, 150).

Entwicklungen nach der Scheidung sind nur dann zu berücksichtigen, wenn ihr Grund vor der Scheidung gelegt worden ist und mit ihnen im Zeitpunkt der Scheidung zu rechnen war (vgl. im einzelnen *BGH* NJW 1987, 1555 = FamRZ 1987, 459 [460] m. w. Nachw. 461).

35. Trennungsbedingte Nachteile mindern den Bedarf nicht.

Deshalb ist eine trennungsbedingte Verminderung des Nettoeinkommens, z. B. durch die Änderung der Steuerklassen, außer Betracht zu lassen.

So ist auch ein trennungsbedingtes Absinken des Lebensstandards, z. B. durch doppelte Wohnung und Haushaltsführung, durch entsprechenden Zuschlag (trennungsbedingter Mehrbedarf) auszugleichen.

(Absatz 2 wird vom *10. Senat für Familiensachen* nicht angewandt).

36. Trennungsbedingte Vorteile erhöhten den Bedarf nicht.

So ist ein Einkommen, das nur der Trennung wegen erzielt wird, z. B. wegen einer Erwerbsobliegenheit, nicht in die Bedarfsberechnung einzubeziehen.

Dagegen können Einkommen aus Tätigkeiten, die aufgrund eines schon vor der Trennung gefaßten Lebensplanes von einem Ehegatten zumutbarerweise aufgenommen werden, zu den ehelichen Lebensverhältnissen gehören (vgl. im einzelnen *BGH* NJW 1984, 282 = FamRZ 1984, 149; *BGH* NJW 1986, 720 = FamRZ 1986, 148; *BGH* NJW 1987, 58 = FamRZ 1986, 783).

37. Für den Bedarf ist maßgebend, daß Ehegatten während des Zusammenlebens an dem Lebensstandard gleichen Anteil haben (vgl. *Lohmann,* Neue Rechtsprechung des BGH zum FamR, 5. Aufl., S. 62bb).

38. Der Bedarf wird hiernach so berechnet:

Die den ehelichen Lebensverhältnissen gem. Nrn. 33, 34 zuzurechnenden Einkünfte und geldwerten Vorteile, berechnet nach der steuerlichen Lage während des Zusammenlebens (vgl. Nr. 35 Abs. 2) sind hälftig zu teilen.

Trennungsbedingter Mehrbedarf ist hinzuzurechnen (vgl. Nr. 35, Abs. 3).

Sofern die Berechnung nach Abs. 2 weniger als den Mindestbedarfssatz nach der Düsseldorfer Tabelle (910/990 DM) ergibt, dürfte der trennungsbedingte Mehrbedarf in der Regel mindestens die Differenz ausmachen (§ 287 ZPO).

zu b)

39. Auf den Bedarf sind grundsätzlich alle Einkünfte und geldwerten Vorteile des berechtigten Ehegatten anzurechnen.

Für die Anrechnung unzumutbarer Einkünfte gelten die vom *BGH* FamRZ 1983, 143 aufgestellten Grundsätze (vgl. im einzelnen auch *OLG Düsseldorf* FamRZ 1984, 800).

Ob auch der Vermögensstamm zur Deckung des laufenden Unterhalts verwendet werden muß, hängt von den Umständen des Einzelfalles ab.

In Höhe der Differenz zwischen dem Bedarf und den anzurechnenden Beträgen ist der berechtigte Ehegatte bedürftig (ungedeckter Bedarf).

40. Betreut ein Ehegatte ein minderjähriges Kind, so bestimmt sich seine Obliegenheit zur Erwerbstätigkeit nach den Umständen des Einzelfalles (vgl. *BGH* NJW 1981, 448 = FamRZ 1981, 17). Besucht das Kind noch die Grundschule, besteht in der Regel keine Erwerbsobliegenheit des betreuenden Ehegatten. Ist das Kind 16 Jahre, kommt eine Vollzeitbeschäftigung in Betracht.

zu c)

41. Der unterhaltspflichtige Ehegatte muß für den ungedeckten Bedarf des anderen Ehegatten nur insoweit aufkommen, als dies mit Rücksicht auf seine Leistungsfähigkeit angemssen oder i. S. von § 1581 BGB billig ist. Bei einem erwerbstätigen Pflichtigen ist darauf zu achten, daß seine Arbeitsfreude erhalten bleibt und er in der Regel aufgrund der Trennung erwerbsbedingte Mehraufwendungen hat, die nicht zu den berufsbedingten Aufwendungen im Sinne von Nr. 6 (s. auch Anmerkung 3 der Düsseldorfer Tabelle) gehören (vgl. *BGH* NJW 1982, 41 = FamRZ 1981, 1165 [1166]).

42. Hiernach schuldet der erwerbstätige Pflichtige in der Regel höchstens $3/7$ seines anrechenbaren Einkommens, wenn der Berechtigte kein Einkommen hat, und höchstens $3/7$ der Differenz beider anrechenbarer Einkommen, wenn der Berechtigte selbst Einkommen hat. Ist der Pflichtige nicht erwerbstätig, kommt statt $3/7$ die Hälfte in Betracht, falls nicht Alter oder Krankheit eine andere Beurteilung rechtfertigen.

Die $3/7$- bzw. 50%-Grenze gilt nicht für Mangelfälle, für diese wird auf C. verwiesen.

In jedem Fall ist der notwendige Selbstbehalt (Nr. 27) zu beachten.

43. Für den Unterhaltsanspruch sind hiernach zwei Obergrenzen zu beachten: zum einen der ungedeckte Bedarf (Nr. 39), zum anderen die Maßstäbe nach Nr. 42 (Differenzkontrolle und Selbstbehalt).

44. Erzielen beide Ehegatten Einkommen, die schon voll die ehelichen Lebensverhältnisse geprägt haben, so steht in der Regel von vornherein fest, daß der Pflichtige den ungedeckten Bedarf des berechtigten Ehegatten im Rahmen seiner Leistungsfähigkeit nicht voll aufbringen kann, und erübrigt sich deshalb die nähere Prüfung zu a) und b). In solchen Fällen kann der Unterhalt in der Regel sogleich nach Nr. 42 berechnet werden (sogenannte Differenzmethode).

Ebenso erübrigt sich in der Regel eine nähere Bedarfsprüfung, wenn nur der Pflichtige Einkommen hat, das schon die ehelichen Lebensverhältnisse geprägt hat (vgl. Nr. 42).

45. Berechnungsbeispiele

In allen Berechnungsbeispielen beträgt das derzeitige bereinigte Einkommen des unterhaltspflichtigen Ehemannes 2000 DM (Steuerklasse I); den ehelichen Lebensverhältnissen entspricht ein bereinigtes Einkommen des Ehemannes von 2260 DM (Steuerklasse III). Die Ehefrau verdient weniger und ist deshalb unterhaltsbedürftig. Der trennungsbedingte Mehrbedarf beträgt 300 DM.

1. Die Ehefrau hat ihr Einkommen erst nach der Trennung nur aufgrund der Erwerbsobliegenheit, nicht eines gemeinsamen Lebensplanes, erzielt.

a. Das bereinigte Einkommen der Ehefrau beträgt 1300 DM. Der Bedarf berechnet sich mit 2260 DM : 2 = 1130 DM + 300 DM = 1430 DM. Hierauf sind 1300 DM anzurechnen, so daß der Restbedarf mit 130 DM bleibt. Die Differenzkontrolle zeigt mit 2000 DM − 1300 DM = 700 DM × $3/7$ = 300 DM, daß der vorgenannte Betrag nicht zu hoch ist. Der Unterhaltsanspruch beträgt 130 DM.

b. Das bereinigte Einkommen der Ehefrau beträgt 800 DM. Der Bedarf berechnet sich wie unter a) mit 1430 DM. Hierauf sind 800 DM anzurechnen, so daß sich ein Restbedarf von 630 DM ergibt. Die Differenzkontrolle ergibt mit 2000 DM − 800 DM = 1200 DM × $3/7$ = 514 DM, daß der Ehemann diesen Restbedarf nicht voll decken muß. Der Unterhaltsanspruch beträgt 514 DM.

2. Die Ehefrau hat während des Zusammenlebens bereits ein Einkommen von 250 DM erzielt, den Rest ihres Einkommens jedoch erst nach der Trennung nur aufgrund der Erwerbsobliegenheit.

a. Das bereinigte Einkommen der Ehefrau beträgt 1300 DM. Der Bedarf berechnet sich mit 2260 DM + 250 DM = 2510 DM (Einkommen der Ehegatten nach den ehelichen Lebensverhältnissen) : 2 = 1255 DM + 300 DM (trennungsbedingter Mehrbedarf) = 1555 DM. Hierauf sind 1300 DM anzurechnen, so daß sich der Restbedarf mit 255 DM ergibt. Die Differenzkontrolle zeigt mit 2000 DM − 1300 DM = 700 DM × $3/7$ = 300 DM, daß der genannte Betrag nicht zu hoch ist. Der Unterhalt beträgt 255 DM.

b. Das anrechenbare Einkommen der Ehefrau beträgt 800 DM. Der Bedarf berechnet sich wie oben unter 2. a) mit 1555 DM. Auf diesen Betrag sind 800 DM anzurechnen, so daß ein Restbedarf von 755 DM verbleibt. Die Differenzkontrolle zeigt mit 2000 DM − 800 DM = 1200 DM × $3/7$ = 514 DM, daß der Ehemann diesen Bedarf nicht voll decken muß.
Der Unterhalt beträgt 514 DM.

3. Die Ehefrau hat ihr Einkommen schon voll während des Zusammenlebens erzielt.

a. Das bereinigte Einkommen der Ehefrau beträgt 1300 DM. Der Bedarf errechnet sich mit 2260 DM + 1300 DM = 3560 DM : 2 = 1780 DM + 300 DM = 2080 DM. Auf diesen Betrag sind 1300 DM anzurechnen, so daß ein Restbedarf von 780 DM verbleibt. Die Differenzkontrolle ergibt mit 2000 DM − 1300 DM = 700 DM × $3/7$ = 300 DM, daß der Ehemann diesen Restbedarf nicht voll decken muß. Der Unterhalt beträgt 300 DM.

b. Das bereinigte Einkommen der Ehefrau beträgt 800 DM. Der Bedarf berechnet sich mit 2260 DM + 800 DM = 3060 DM : 2 = 1530 DM + 300 DM = 1830 DM. Hierauf sind 800 DM anzurechnen, so daß ein Restbedarf von 1030 DM verbleibt.

Die Differenzkontrolle ergibt mit 2000 DM − 800 DM = 1200 DM × $3/7$ = 514 DM, daß der Ehemann diesen Restbedarf nicht voll decken muß. Der Unterhalt beträgt 514 DM.

Die Berechnung zu 3. zeigt auch, daß der Unterhalt in der Regel vereinfachend sofort mit der Differenzmethode errechnet werden kann, wenn beide Einkommen der Ehegatten zu den ehelichen Lebensverhältnissen rechnen.

C. Mangelfälle

46. Reicht das Einkommen zur Deckung des notwendigen Bedarfs des Unterhaltspflichtigen und der gleichrangigen Unterhaltsberechtigten nicht aus (sogenannte Mangelfälle), ist die nach Abzug des notwendigen Eigenbedarfs (Selbstbehalt) des Unterhaltspflichtigen verbleibende Teilungsmasse auf die Unterhaltsberechtigten im Verhältnis ihrer Mindestbedarfssätze (Kindesunterhalt: Gruppe 1; Ehegattenunterhalt vgl. Nr. 38 Abs. 4) gleichmäßig zu verteilen.

Das Kindergeld ist bis zur Deckung des Mindestbedarfs in die Verteilungsmasse einzubeziehen.

349 4. Leitlinien zum Unterhaltsrecht der Familiensenate des OLG Hamm (Stand Januar 1989)

Vorbemerkung

Die Leitlinien sind von Mitgliedern aller Familiensenate des *OLG Hamm* erarbeitet worden, um eine möglichst einheitliche Rechtsprechung im gesamten *OLG*-Bezirk zu erzielen. Sie stellen keine verbindlichen Regeln dar – das verbietet sich schon mit Rücksicht auf die richterliche Unabhängigkeit – und sollen dazu beitragen, angemessene Lösungen zu finden, ohne aber den Spielraum einzuengen, der erforderlich ist, um den jeweiligen Besonderheiten des Einzelfalles gerecht zu werden.

Die Zahlenwerte der vorliegenden Fassung, insbesondere die Werte der Unterhaltstabelle und die Eigenbedarfswerte, gelten ab 1. 1. 1989. Sie tragen dem Umstand Rechnung, daß von diesem Zeitpunkt ab auch der Regelbedarf nichtehelicher Kinder neu festgesezt worden ist (3. Verordnung über die Anpassung und Erhöhung von Unterhaltsrenten für Minderjährige v. 21. 7. 1988, BGBl I, 1082). Für Unterhaltsansprüche bis zum 31. 12. 1988 sind noch die Werte der bisherigen Leitlinien anzuwenden (zuletzt Stand Januar 1985, NJW 1984, 2331 = FamRZ 1984, 963).

I. Ermittlung des anrechenbaren Einkommens

1. Auszugehen ist von dem Nettoeinkommen, d. h. vom Bruttoeinkommen abzüglich Steuern und Vorsorgeaufwendungen. Hierzu zählen Aufwendungen für die notwendige Krankenversicherung, Rentenversicherung und Arbeitslosenversicherung. Kapitalversicherungen sind in der Regel nicht notwendig.

2. Urlaubs- und Weihnachtsgeld sowie sonstige Zuwendungen, auch Tantiemen und Gewinnbeteiligungen sind als Einkommen anzusehen. Sie werden auf das Jahr umgelegt und voll mit den Nettobeträgen angerechnet. Höhere einmalige Zuwendungen (etwa Abfindungen und Jubiläumszuwendungen) können auf einen längeren Zeitraum umgelegt werden.

3. Überstundenvergütungen werden in der Regel im vollen Umfang dem Einkommen zugerechnet (vgl. *BGH* NJW 1980, 2251 = FamRZ 1980, 984).

4. Über die Anrechenbarkeit von Auslösungen und Spesen ist nach Maßgabe des Einzelfalles zu entscheiden. Im Zweifel kann davon ausgegangen werden, daß eine Ersparnis eintritt, die mit einem Drittel der Nettobeträge zu bewerten und insoweit dem anrechenbaren Einkommen zuzurechnen ist.

5. Vermögenswirksame Leistungen vermindern das Einkommen nicht. Jedoch sind dem Pflichtigen etwaige Zusatzleistungen des Arbeitgebers für die vermögenswirksame Anlage (mit dem Nettobetrag) sowie die staatliche Sparzulage voll zu belassen.

6. Notwendige berufsbedingte Aufwendungen von Gewicht sind voll abzuziehen. Zu den berufsbedingten Aufwendungen zählen in der Regel auch Gewerkschaftsbeiträge.

7. Ausbildungsbeihilfen (Lehrlingsvergütungen) sind Einkommen und nach Kürzung um den ausbildungsbedingten Mehrbedarf (Nr. 18 III) auf den von den Eltern zu leistenden Unterhalt anzurechnen, bei Berücksichtigung der Rechtsprechung des *BGH* (vgl. *BGH* NJW 1981, 2462 = FamRZ 1981, 541), im Falle der Minderjährigkeit des Kindes in der Regel je zur Hälfte auf den Bar- und den Naturalunterhalt (vgl. § 1606 III 2 BGB), bei Volljährigkeit nach Lage des Einzelfalles.

8. Krankengeld ist wie Einkommen zu behandeln. Das gleiche gilt für Unfall- und Versorgungsrenten (vgl. *BGH* NJW 1981, 1313 = FamRZ 1981, 338; NJW 1982, 1593 = FamRZ 1982, 252). Besteht infolge der Krankheit oder des Unfalls ein erhöhter Bedarf, ist ein angemessener Betrag abzusetzen.

9. Blindengeld ist grundsätzlich dem Einkommen zuzurechnen, soweit es nicht durch den tatsächlichen Mehrbedarf aufgezehrt wird (zur Schwerstbeschädigten- und Pflegezulage vgl. *BGH* NJW 1982, 41 = FamRZ 1981, 1165; NJW 1983, 1783 = FamRZ 1983, 674).

10. Wohngeld ist unter Beachtung des Wohnkostenbedarfs als Einkommen zu berücksichtigen (vgl. *BGH* NJW 1983, 684 = FamRZ 1982, 587).

11. Arbeitslosengeld ist wie Einkommen zu behandeln, ebenso Arbeitslosenhilfe auf seiten des Unterhaltspflichtigen. Auf seiten des Unterhaltsberechtigten ist Arbeitslosenhilfe in der Regel nicht als Einkommen zurechenbar (vgl. *BGH* NJW 1987, 1551 = FamRZ 1987, 456).

12. Sozialhilfe bleibt unberücksichtigt.

13. BAföG-Leistungen sind als Einkommen anzusehen. Das gilt auch dann, wenn sie als Darlehen gewährt werden (*BGH* NJW 1985, 2331 = FamRZ 1985, 916).

14. Kinderzulagen und Kinderzuschüsse zur Rente sind, wenn die Gewährung des staatlichen Kindergeldes entfällt (§ 8 BKGG), in Höhe des fiktiven Kindergeldes wie Kindergeld zu behandeln (Nr. 15) (vgl. *BGH* NJW 1981, 173 = FamRZ 1981, 28).

Im übrigen sind Zuschüsse und Zulagen zur Rente, die an den Pflichtigen gezahlt werden, in der Regel als Teil seines Einkommens anzusehen. Wenn und soweit sie höher sind als der nach Ziff. 18ff. errechnete Unterhalt, erhöht sich der Unterhalt entsprechend. Das gilt nicht, wenn und soweit dem Pflichtigen dadurch weniger verbleibt als der notwendige Eigenbedarf (Nr. 20) (vgl. *BGH* FamRZ 1988, 604).

15. Das staatliche Kindergeld bleibt bei der Berechnung des anrechenbaren Einkommens unberücksichtigt.

Wird das Kindergeld an den Pflichtigen ausgezahlt, ist der den Kindern zu gewährende Barunterhalt (Nrn. 18ff.) um die Hälfte des Kindergeldes (nämlich um den Anteil, der dem anderen Elternteil zuzurechnen ist) zu erhöhen (vgl. *BGH* NJW 1982, 1983 [1984] = FamRZ 1982, 887 [889]). Bei volljährigen Kindern unterbleibt die Erhöhung, sofern nicht auch der andere Elternteil noch Unterhalt (Barunterhalt oder Naturalunterhalt) leistet. Das Kind hat auf jeden Fall einen Unterhaltsanspruch in Höhe des auf es entfallenden Kindergeldes; Nr. 14 II Satz 3 ist jedoch entsprechend zu berücksichtigen.

Wird das Kindergeld nicht an den Pflichtigen ausgezahlt, sondern an den Elternteil, der das Kind betreut, wird das Kindergeld zur Hälfte (nämlich der Anteil, der dem pflichtigen Elternteil zuzurechnen ist) auf den Unterhaltsanspruch des Kindes angerechnet. Bei volljährigen Kindern wird es voll angerechnet, sofern nicht auch der Elternteil, bei dem es lebt, noch Unterhalt (Barunterhalt oder Naturalunterhalt) leistet.

Reicht das Einkommen des Pflichtigen zur Gewährung des Tabellenunterhalts nach der untersten Einkommensgruppe nicht aus, ist der Fehlbetrag (d.h. die Differenz zwischen dem ohne Berücksichtigung des Kindergeldes zu gewährenden Unterhalt und dem Tabellenunterhalt) mit dem Anteil des Kindergeldes, der an sich dem Pflichtigen zuzurechnen ist, wie folgt aufzufüllen: Wird dem Pflichtigen das Kindergeld ausgezahlt, tritt eine entsprechende zusätzliche Erhöhung des dem Kinde zu gewährenden Unterhalts ein. Wird das Kindergeld dem anderen Ehegatten ausgezahlt, entfällt insoweit die Anrechnung. Kindergeld, das für mehrere gemeinschaftliche Kinder gezahlt wird, ist gleichmäßig auf die Kinder aufzuteilen. Ist das Kindergeld für ein gemeinschaftliches Kind deshalb höher, weil ein weiteres (nicht gemeinschaftliches) Kind als Zählkind berücksichtigt wird, ist von dem fiktiven Kindergeldbetrag auszugehen, der ohne Berücksichtigung dieses Zählkindes zu zahlen wäre. Umgekehrt bleibt der Zählkindervorteil unberücksichtigt, der einem Elternteil dadurch entsteht, daß ein gemeinschaftliches Kind als Zählkind für ein weiteres (nicht gemeinschaftliches Kind) berücksichtigt wird (vgl. *BGH* NJW 1981, 170 = FamRZ 1981, 26; FamRZ 1981, 650 = LM § 1615g BGB Nr. 3; NJW 1986, 186 = FamRZ 1985, 1243).

16. Waisenrente, die ein Kind nach einem Elternteil erhält (Halbwaisenrente), wird auf den Unterhaltsanspruch gegen den anderen Elternteil voll angerechnet (vgl. *BGH* NJW 1981, 168 [170] = FamRZ 1980, 1109 [1111]).

17. Schulden können das anrechenbare Einkommen vermindern, das des geschiedenen Ehegatten und Elternteils insbesondere dann, wenn die Verbindlichkeiten noch bei intakter Ehe eingegangen sind oder ihre Begründung als Folge der Trennung unumgänglich war (z. B. Kredit für die notwendige Neueinrichtung). Die Tilgung der Schulden hat in angemessenen Raten zu erfolgen (vgl. *BGH* NJW 1982, 232 = FamRZ 1982, 23; NJW 1982, 380 = FamRZ 1982, 157).

II. Kindesunterhalt

18. Der Barunterhalt minderjähriger unverheirateter Kinder bestimmt sich nach der anliegenden Tabelle.

Volljährige Kinder, die noch im **Haushalt eines Elternteils** leben, erhalten, wenn keine besonderen Umstände vorliegen, in der Regel den Tabellenbetrag der dritten Altersstufe zuzüglich der Differenz zur zweiten Altersstufe (beachte Nrn. 24 und 25).

Der Mehrbedarf für berufsbedingte (ausbildungsbedingte) Aufwendungen eines in der Berufsausbildung oder im Erwerbsleben stehenden Kindes, das im Haushalt eines Elternteils lebt, bestimmt sich nach den Verhältnissen des Einzelfalles. Er kann, wenn hinreichende Anhaltspunkte für eine Pauschalierung bestehen, mit 150 DM angenommen werden (vgl. *BGH* NJW 1981, 2462 [2463] = FamRZ 1981, 541 [543]; zur Anrechnung der Ausbildungsbeihilfe s. Nr. 7).

19. Die Tabellensätze sind auf den Fall zugeschnitten, daß der Unterhaltspflichtige einem Ehegatten und zwei Kindern Unterhalt zu gewähren hat. Bei einer größeren Anzahl von Unterhaltsberechtigten können Abschläge, bei einer geringeren Anzahl Zuschläge angemessen sein. Eine Eingruppierung in eine höhere Einkommensgruppe setzt jedoch voraus, daß dem Pflichtigen nach Abzug des Kinder- und des Ehegattenunterhalts der für die höhere Einkommensgruppe maßgebende Bedarfskontrollbetrag (Absatz 2 dieser Nr.) verbleibt (nicht nur der notwendige Eigenbedarf nach Nr. 20). Besteht eine Unterhaltspflicht lediglich gegenüber einem Kind (also nicht auch gegenüber einem Ehegatten und einem weiteren Kind), kann eine Höhergruppierung um mehr als nur eine Einkommensgruppe in Betracht kommen.

Der Kindesunterhalt muß in einem angemessenen Verhältnis zu dem Betrag stehen, der dem Pflichtigen nach Abzug des Kinder- und des Ehegattenunterhalts für den eigenen Bedarf verbleibt. Dieser Betrag soll den in der Tabelle bestimmten Bedarfskontrollbetrag derjenigen Gruppe nicht unterschreiten, die für den jeweiligen Kinderunterhalt maßgebend ist. Erforderlichenfalls ist der Kinderunterhalt nach einer niedrigeren Einkommensgruppe zu bestimmen. In den unteren Einkommensgruppen kommt deshalb bei einer unterhaltsberechtigten Ehefrau und zwei Kindern in aller Regel eine Herabstufung, vielfach auch eine Mangelverteilung (Nrn. 37, 39) in Betracht.

20. Der Eigenbedarf des Pflichtigen (Selbstbehalt) einschließlich der Kosten für die Wohnung beträgt ab 1. 1. 1989 gegenüber Minderjährigen im Falle des § 1603 II BGB mindestens 1000 DM, bei Erwerbstätigkeit des Pflichtigen mindestens 1100 DM (notwendiger Eigenbedarf); gegenüber Volljährigen (§ 1603 I BGB) im Regelfall mindestens 1400 DM, kann aber auch höher sein (angemessener Eigenbedarf).

21. Reicht das Einkommen des Pflichtigen nach Abzug des Eigenbedarfs (Selbstbehalts) (Nr. 20) zur Gewährung des Tabellenunterhalts nach der untersten Einkommensgruppe nicht aus, ist der Rest auf die Kinder im Verhältnis des ihnen zustehenden Tabellenunterhalts (der untersten Einkommensgruppe) aufzuteilen. Die volljährigen Kinder gehen jedoch den minderjährigen im Range nach (§ 1609 I BGB).

22. Der Naturalunterhalt i. S. des § 1606 III 2 BGB entspricht wertmäßig in der Regel dem vollen Barunterhalt.

23. Der sorgeberechtigte Elternteil, der in seinem Haushalt ein minderjähriges unverheiratetes Kind versorgt, braucht neben dem anderen Elternteil in der Regel keinen Barunterhalt zu leisten. Etwas anderes kann sich ergeben, wenn sein Einkommen bedeutend höher als das des anderen Elternteils ist (vgl. *BGH* NJW 1981, 1559 = FamRZ 1981, 543; NJW 1984, 303 = FamRZ 1984, 39).

24. Der Bedarf eines volljährigen Kindes, das im Haushalt eines Elternteils lebt, bestimmt sich nach dem zusammengerechneten Einkommen der Eltern aus der Unterhaltstabelle zu Nr. 18, und zwar ohne Abzug wegen doppelter Haushaltsführung (vgl. *BGH* NJW-RR 1986, 426 = FamRZ 1986, 153). Für die Haftungsquote gilt Nr. 25. Ein Elternteil hat jedoch in der Regel höchstens den Unterhalt zu leisten, der sich allein nach seinem Einkommen aus der Unterhaltstabelle ergibt.

25. Die Haftungsquote der Eltern (§ 1606 III 1 BGB), die für ein volljähriges Kind unterhaltspflichtig sind, bestimmt sich nach dem Verhältnis ihrer anrechenbaren Einkommen abzüglich ihres angemessenen Eigenbedarfs (in der Regel 1400 DM) und abzüglich der Unterhaltsleistungen an vorrangige Berechtigte (vgl. *BGH* NJW-RR 1986, 293 = FamRZ 1986, 153).

26. Der Bedarf eines Studenten beträgt bei **auswärtiger Unterbringung** in der Regel 850 DM. Dieser Bedarfssatz kann auch für ein Kind mit eigenem Hausstand angesetzt werden.

III. Ehegattenunterhalt

27. Besteht Anspruch auf angemessenen Unterhalt (§§ 58 EheG, 1361, 1569ff. BGB), sind in der Regel 3/7 des anrechenbaren Einkommens zu zahlen; die Hälfte dann, wenn der Pflichtige nicht mehr erwerbstätig ist (Rentner, Pensionär, Arbeitsloser).

Die Kosten für die notwendige Krankenversicherung des berechtigten Ehegatten, die nicht von dritter Seite (insbesondere vom Arbeitgeber) zu tragen sind und auch nicht vom eigenen Einkommen des Berechtigten bestritten werden, sind zusätzlich zu zahlen. Bei der Berechnung des 3/7-bzw. 1/2-Anteils des Berechtigten sind die Kosten dieser Versicherung von dem anrechenbaren Einkommen des Pflichtigen vorweg abzuziehen (vgl. *BGH* NJW 1983, 1552 = FamRZ 1983, 676).

28. Zur Frage, in welcher Weise die Kosten einer Versicherung für den Fall des Alters sowie der Berufs- und Erwerbsunfähigkeit zu berücksichtigen sind (§§ 1361 I 2, 1578 III BGB), wird auf die Rechtsprechung des *BGH* verwiesen (NJW 1981, 1556 = FamRZ 1981, 442; NJW 1981, 2192 = FamRZ 1981, 864; NJW 1983, 2937 = FamRZ 1983, 888).

29. Der Anspruch des geschiedenen Ehegatten wird nach oben begrenzt durch den Bedarf nach den ehelichen Lebensverhältnissen.

30. Hat der Berechtigte eigenes Einkommen, kann er 3/7 des Unterschiedsbetrages der anrechenbaren Einkommen beider Ehegatten beanspruchen; die Hälfte dann, wenn der Pflichtige nicht erwerbstätig ist (Differenzmethode).

Für den Fall, daß der Berechtigte eine Erwerbstätigkeit erst nach der Trennung aufgenommen hat, wird das Einkommen aus dieser Tätigkeit mit 6/7 auf den Bedarf (3/7-Quote bei Erwerbstätigkeit, sonst hälftige Quote) angerechnet (Anrechnungsmethode) (vgl. *BGH* NJW-RR 1986, 68 = FamRZ 1985, 908 [910]; NJW-RR 1988, 519 = FamRZ 1988, 256 [258]). Die Differenzmethode ist jedoch anzuwenden, wenn die Tätigkeit entsprechend einer Planung während des Zusammenlebens auch ohne die Trennung aufgenommen worden wäre und bereits vor der Scheidung zumindest teilweise aufgenommen worden ist (*BGH* NJW 1984, 292 = FamRZ 1984, 149; NJW 1984, 294 = FamRZ 1984,

151; NJW 1987, 58 = FamRZ 1986, 783). (n. b. Dieser Regelung haben nicht alle Senate zugestimmt.)

31. Betreut ein Ehegatte ein minderjähriges Kind, so bestimmt sich seine Verpflichtung zur Erwerbstätigkeit nach den Umständen des Einzelfalles (vgl. hierzu *BGH* NJW 1981, 448 = FamRZ 1981, 17 m. w. Hinw.).

Geht ein Ehegatte, der ein minderjähriges Kind betreut, einer Erwerbstätigkeit nach, so kann ihm für die Leistung des Naturalunterhalts des Kindes ein angemessener Betrag anrechnungsfrei gelassen werden, dessen Höhe sich nach den Umständen des Einzelfalles bestimmt (vgl. auch Nr. 22; vgl. *BGH* NJW 1982, 2664 = FamRZ 1982, 779).

32. Im Fall des § 1577 II BGB kommt eine Anrechnung nicht zu erwartender Einkünfte erst in Betracht, wenn diese Einkünfte zusammen mit den sonstigen Einkünften und dem Unterhalt, der ohne die nicht zu erwartenden Einkünfte zu ermitteln ist, den vollen Unterhalt übersteigen. Der Betrag, der über die Grenze des vollen Unterhalts hinausgeht, ist nach Billigkeitsgesichtspunkten auf den Unterhalt anzurechnen, in der Regel zur Hälfte (zu § 1577 II BGB vgl. *BGH* NJW 1983, 933 = FamRZ 1983, 146).

33. Der **Eigenbedarf (Selbstbehalt) des Pflichtigen** gegenüber dem Anspruch des Ehegatten entspricht dem notwendigen Eigenbedarf (Ziff. 20), wenn bei dem berechtigten Ehegatten Kinder leben, die ebenfalls Unterhaltsansprüche gegen den Pflichtigen haben. In anderen Fällen kann ein höherer Eigenbedarf anerkannt werden, der sich nach Billigkeitsgesichtspunkten bestimmt; ab 1. 1. 1989 wird vielfach ein Betrag von 1250 DM in Betracht kommen (billiger Eigenbedarf). Als Mindestbedarf des unterhaltsberechtigten Ehegatten kommt – wenn trennungsbedingter Mehrbedarf vorliegt (vgl. *BGH* NJW 1987, 897 = FamRZ 1987, 266) – in der Regel ein Betrag von 1000 DM in Betracht, bei Erwerbstätigkeit von 1100 DM; für den Fall, daß der Ehegatte mit dem Pflichtigen zusammenlebt, von 730 DM, bei Erwerbstätigkeit von 820 DM.

34. Der Anspruch auf einen Unterhaltsbeitrag nach § 60 EheG ist in der Regel halb so hoch wie der Anspruch auf den angemessenen Unterhalt. Der Eigenbedarf des Pflichtigen entspricht in diesem Fall dem angemessenen Eigenbedarf (Nr. 20).

35. Der Anspruch aus § 61 II EheG (Billigkeitsunterhalt) kann die Höhe des angemessenen Unterhalts erreichen, ist aber in der Regel etwas niedriger.

IV. Konkurrenz von Unterhaltsansprüchen

1. Minderjährige Kinder und getrenntlebender Ehegatte (§ 1609 II 1 BGB)

36. Die Kinder erhalten den Tabellenunterhalt wie zu II (Nr. 18ff.), der Ehegatte die Sätze zu III (Nr. 27ff.). Bei der Berechnung des Ehegattenunterhalts ist jedoch vom anrechenbaren Einkommen des Pflichtigen vorab der volle Tabellenunterhalt der Kinder abzusetzen, und zwar ohne Berücksichtigung der erst später vorzunehmenden Erhöhung oder Anrechnung des Kindergeldes entsprechend Nr. 15. Auf die Rechtsprechung des *BGH* (NJW 1987, 1551 = FamRZ 1987, 456) wird hingewiesen.

Hat der Pflichtige Kosten für die Krankenversicherung des Ehegatten zu zahlen (Nr. 27 II), vermindert sich auch für die Berechnung des Kinderunterhalts das anrechenbare Einkommen des Pflichtigen um diese Kosten.

37. Für den Fall, daß das restliche Einkommen auch bei Eingruppierung der Kinder in der untersten Einkommensgruppe unter den notwendigen Mindesteigenbedarf (Nr. 20) sinkt, ist das nach Abzug des Eigenbedarfs verbleibende Einkommen des Pflichtigen im Verhältnis der Bedarfsbeträge auf den Ehegatten und die Kinder zu verteilen. Der Einsatzbetrag des Ehegatten wird häufig dem Mindestbedarf (Nr. 33 II) entsprechen; die Einsatzbeträge der Kinder entsprechen in der Regel den Tabellensätzen der untersten Einkommensgruppe der jeweils in Betracht kommenden Altersstufe. (n. b. Dieser Regelung haben nicht alle Senate zugestimmt.).

2. Minderjährige Kinder und geschiedener Ehegatte

38. Beim Anspruch des Ehegatten nach § 58 EheG empfiehlt sich – jedenfalls im Grundsatz – die gleiche Handhabung wie zu Nrn. 36 und 37, wenngleich sich das Rangverhältnis nicht nach § 1609 II 1 BGB, sondern nach § 59 EheG bestimmt und weniger starr ist.

39. Beim Unterhaltsanspruch des geschiedenen Ehegatten nach neuem Recht (§§ 1569ff. BGB) wird man Gleichrangigkeit anzunehmen haben, so daß ebenfalls die Leitlinien wie zu Nrn. 36 und 37 angewandt werden können.

3. Mehrere gleichrangige Ehegatten

40. Die Ehegatten (etwa die geschiedene Ehefrau und die zweite Ehefrau) erhalten grundsätzlich den gleichen Anteil. Die Verteilung erfolgt also im Verhältnis 4:3:3; ist der Pflichtige nicht erwerbstätig, im Verhältnis 1:1:1 (vgl. oben zu Nr. 27).

41. Lebt ein Ehegatte mit dem Pflichtigen zusammen, ist mit Rücksicht auf die Ersparnis durch gemeinsame Haushaltsführung in der Regel ein Ausgleich zugunsten des anderen Ehegatten in der Weise vorzunehmen, daß sich ein Verhältnis von 4:3,3:2,7 ergibt; wenn der Pflichtige nicht erwerbstätig ist, von 3,3:3,3:2,7.

42. Hat der geschiedene Ehegatte eigenes Einkommen, kann folgende Lösung erwogen werden:

Zunächst ist der Unterhalt des zweiten Ehegatten (ohne Einkommen) nach dem anrechenbaren Einkommen des Pflichtigen unter Berücksichtigung beider Ehegatten (Ehefrauen), aber ohne Berücksichtigung des Einkommens des geschiedenen Ehegatten zu berechnen. Sodann ist in einem zweiten Gang der Anspruch des geschiedenen Ehegatten nach den Leitlinien zu III (Nrn. 28ff.) zu errechnen, wobei jedoch zuvor von dem Einkommen des Pflichtigen der im ersten Gang ermittelte Unterhalt des zweiten Ehegatten vorab als Verbindlichkeit abzuziehen ist.

Wird bei dieser Berechnung der notwendige Eigenbedarf des Pflichtigen unterschritten, ist in einem dritten Gang der nach Abzug des Eigenbedarfs verbleibende Rest des Einkommens auf die beiden Ehegatten im Verhältnis der Werte aufzuteilen, die sich bei der Berechnung im zweiten Gang ergeben haben.

43. Für den Fall, daß der zweite Ehegatte Einkommen hat, wird von einem Lösungsvorschlag abgesehen.

4. Mehrere gleichrangige Ehegatten und minderjährige Kinder

44. Die Kinder erhalten den Tabellenunterhalt wie zu II (Nrn. 18ff.), die Ehegatten die Anteile wie zu Nr. 40 nach Vorwegabzug des Kinderunterhalts entsprechend Nr. 36.

45. Für den Fall, daß bei dieser Berechnung das Einkommen des Pflichtigen nicht ausreicht (vgl. oben Nr. 37), ist das nach Abzug des Eigenbedarfs verbleibende Einkommen im Verhältnis der Einsatzbeträge (Nr. 37) auf die Ehegatten und Kinder zu verteilen.

5. Mehrere Ehegatten bei Vorrang des geschiedenen Ehegatten (§ 1582 BGB)

46. Es wird auf die Rechtsprechung des *BGH* verwiesen (vgl. *BGH* NJW 1986, 2054 = FamRZ 1986, 790; FamRZ 1987, 916; NJW 1988, 1722 = FamRZ 1988, 705).

6. Berücksichtigung titulierter Ansprüche

47. Hat ein Teil der Unterhaltsberechtigten bereits einen rechtskräftigen Titel gegen den Pflichtigen erlangt, ist bei der Ermittlung der übrigen Ansprüche in der Regel der bereits titulierte Unterhalt zu berücksichtigen, auch wenn sich dadurch andere Werte als nach diesen Leitsätzen ergeben. Nur in Ausnahmefällen wird es gerechtfertigt sein, den Unterhaltspflichtigen insoweit auf eine Abänderungsklage nach § 323 ZPO zu verweisen.

V. Einstweilige Verfügung

48. Durch einstweilige Verfügung ist im Zweifel nur der Notunterhalt bis zu sechs Monaten zuzuerkennen. In klaren Fällen kann bis zur Höhe des angemessenen Unterhalts zuerkannt werden.

Unterhaltstabelle zu Nr. 18 (Kindesunterhalt ab 1. 1. 1989)

Einkommensgruppen Anrechenbares Einkommen des Unterhalts-pflichtigen in DM	Altersstufen bis Volldg. des 6. Lbj.	v. 7. bis Volldg. des 12. Lbj.	v. 13. bis Volldg. des 18. Lbj.	Bedarfskontroll-betrag in DM (Nr. 19 II)
	Unterhalt in DM			
1. bis 2100	251	304	360	1000/1100
2. 2100–2400	270	325	385	1160
3. 2400–2800	295	360	425	1230
4. 2800–3400	330	400	475	1320
5. 3400–4000	365	440	525	1455
6. 4000–4800	420	510	605	1685
7. 4800–5800	480	580	685	1910
8. 5800–7000	545	660	785	2185
über 7000	nach den Umständen des Falles			

350 **5. Unterhaltsrechtliche Leitlinien der Familiensenate des OLG München – Münchner und Augsburger Senate (Stand 1. 7. 1988)**

Die Familiensenate des *OLG München* wenden diese Leitlinien als Orientierungshilfe für den Regelfall an unter Beachtung der Rechtsprechung des *BGH*. In dem vorliegenden Text sind die Teile der Düsseldorfer Tabelle und der Hammer Leitlinien eingearbeitet, die bisher ergänzend zu den Münchner Rechtsprechungshinweisen herangezogen worden sind.

I. Ermittlung des anrechenbaren Einkommens

1. Auszugehen ist vom Bruttoeinkommen abzüglich Steuern und angemessenen Vorsorgeaufwendungen für Krankenversicherung, Rentenversicherung und Arbeitslosenversicherung. Das unterhaltspflichtige Einkommen ist nicht identisch mit steuerrechtlichem Einkommen (NJW 1980, 2086 = FamRZ 1980, 770).

2. Urlaubs- und Weihnachtsgeld sowie sonstige geldwerte Zuwendungen aller Art sind Einkommen. Sie werden auf das Kalenderjahr umgelegt und voll mit den Nettobeträgen angerechnet. Höhere einmalige Zuwendungen (etwa Abfindungen und Jubiläumszuwendungen) sind auf einen angemessenen Zeitraum (in der Regel einige Jahre) zu verteilen (NJW 1987, 1554 = FamRZ 1987, 359).

3. Überstundenvergütungen werden in der Regel dem Einkommen voll zugerechnet, soweit sie berufstypisch sind und das im Beruf des Pflichtigen übliche Maß nicht überschreiten (NJW 1980, 2251 = FamRZ 1980, 984).

4. Spesen, Reisekosten und Auslösungen, die zu versteuern sind, gelten in der Regel als Einkommen; steuerfreie gelten nicht als Einkommen, wenn sie angefallene Aufwendungen decken (NJW 1983, 2318 = FamRZ 1983, 352).

5. Vermögenswirksame Leistungen vermindern das Einkommen nicht. Jedoch ist dem Pflichtigen die Sparzulage anrechnungsfrei zu belassen (NJW 1980, 2251 = FamRZ 1980, 984).

6. Berufs- und ausbildungsbedingte Aufwendungen. Soweit berufsbedingte Aufwendungen vorliegen, sind sie vom Arbeitseinkommen abzuziehen, wobei ohne Nachweis ihrer Höhe eine Pauschale von 5% des Nettoeinkommens ohne betragsmäßige Begrenzung in Ansatz gebracht werden kann. Über die Pauschale hinausgehende notwendige berufsbedingte Aufwendungen sind auf konkreten Nachweis abzuziehen, soweit sie von den privaten Lebenshaltungskosten nach objektiven Merkmalen eindeutig abgrenzbar sind. Entsprechendes gilt für Aufwendungen eines Auszubildenden. Berufsbedingte Aufwendungen sind auch Kinderbetreuungskosten, wenn die Betreuung durch Dritte infolge der Berufstätigkeit erforderlich wird.

7. Arbeitslosengeld und Arbeitslosenhilfe ist Einkommen des Verpflichteten. Beim Berechtigten ist Arbeitslosengeld als Einkommen anzurechnen, Arbeitslosenhilfe nur, wenn und soweit der Unterhaltsanspruch nicht mehr übergeleitet werden kann oder feststeht, daß er nicht übergeleitet werden wird (NJW 1987, 1551 = FamRZ 1987, 456).

8. Wohngeld ist Einkommen, soweit es nicht einen erhöhten Wohnkostenbedarf deckt (NJW 1983, 684 = FamRZ 1982, 587).

9. Wohnwertanrechnung. Beim Wohnen im eigenen Heim ist der angemessene Wohnwert als Einkommen wie folgt anzurechnen:
- beim Berechtigten bis höchstens ⅓ seiner Unterhaltsquote, bzw. der Summe aus Eigeneinkommen und seiner Unterhaltsquote,
- beim Verpflichteten bis höchstens ⅓ des diesem nach Abzug seiner Unterhaltsverpflichtungen verbleibenden Einkommens.

Von diesem Wohnwertbetrag kann der Wohnende etwaige von ihm gezahlte Zins- und Tilgungsleistungen sowie verbrauchsunabhängige Hauslasten, wie Grundsteuer, Brandversicherung, Haushaftpflicht u. ä. abziehen, nicht jedoch verbrauchsabhängige Hausnebenkosten wie Heizung, Strom, Gas, Kaminkehrer, Müllabfuhr, Wasser, Abwasser u. dgl. In der Regel erfolgt beim nachehelichen Unterhalt kein Abzug von Tilgungsleistungen.

Wenn der Unterhaltsberechtigte oder -verpflichtete mietkostenfrei in einem Haus wohnt, das ihm nicht oder nur zum Teil gehört, kommt es in der Regel auf die Willensrichtung des Zuwendenden an.

10. BAföG-Leistungen sind mit Ausnahme von Vorausleistungen nach §§ 36, 37 BAföG als Einkommen anzurechnen, auch soweit sie als Darlehen gewährt werden (NJW 1985, 2831 = FamRZ 1985, 916).

11. Krankengeld, Blindengeld sowie Unfall- und Versorgungsrenten, Schwerstbeschädigten- und Pflegezulagen u. ä. sind dem Einkommen nach Abzug eines Betrages für tatsächliche Mehraufwendungen zuzurechnen (NJW 1981, 1313 = FamRZ 1981, 338).

12. Vom Pflegegeld ist der Anteil, durch den die Bemühungen der Pflegeperson anerkannt werden sollen, als deren Einkommen anzurechnen, im Zweifel ca. ⅓ (NJW 1984, 2355 = FamRZ 1984, 769).

13. Erziehungsgeld ist in der Regel wegen § 9 S. 1 BErzGG nicht als Einkommen anzurechnen. Nach § 9 S. 2 BErzGG zählt das Erziehungsgeld als Einkommen bei gesteigerter Unterhaltspflicht gegenüber einem minderjährigen Kind (§ 1603 II BGB) und im Rahmen einer Billigkeitsabwägung nach §§ 1361, 1579 und 1611 BGB.

14. Sozialhilfe zum Lebensunterhalt (§ 11 BSHG) bleibt unberücksichtigt (FamRZ 1984, 364).

15. Kinderzulagen und Kinderzuschüsse zur Rente sind, wenn die Gewährung des Kindergeldes entfällt (§ 8 BKGG), in Höhe des fiktiven Kindergeldes wie Kindergeld zu behandeln. Im übrigen sind Zuschüsse und Zulagen zur Rente in der Regel Teil des Einkommens (FamRZ 1981, 173).

16. Eine Waisenrente, die ein Kind nach einem Elternteil erhält (Halbwaisenrente), wird auf den Unterhaltsanspruch gegen den anderen Elternteil voll angerechnet (NJW 1981, 51 = FamRZ 1980, 1109).

17. Steuerzahlungen oder Erstattungen sind im Kalenderjahr der tatsächlichen Leistungen anzurechnen (NJW 1980, 2251 = FamRZ 1980, 984).

18. Das Kindergeld zählt in der Regel nicht als Einkommen. Es ist zwischen den Eltern im Verhältnis ihrer Unterhaltsleistungen zu verteilen, bei minderjährigen Kindern in der Regel je zur Hälfte. In der Praxis erfolgt die Kindergeldausgleichung unter den Eltern durch eine direkte Kindergeldverrechnung mit dem Unterhaltsanspruch des Kindes (NJW 1983, 933 = FamRZ 1983, 49).

Erhält der barunterhaltspflichtige Elternteil das Kindergeld, erhöht sich der Barunterhaltsanspruch um den Kindergeldanteil; erhält das Kindergeld der betreuende Elternteil, so vermindert sich der Barunterhaltsanspruch um den Kindergeldanteil.

19. Kindergeld, das für mehrere gemeinschaftliche Kinder gezahlt wird, ist jedem Kind mit gleichem Anteil zuzurechnen.

Ist das Kindergeld für ein gemeinschaftliches Kind deshalb höher, weil ein nicht gemeinschaftliches Kind als Zählkind berücksichtigt wird, ist von dem fiktiven Kindergeldbetrag auszugehen, der ohne Berücksichtigung dieses Zählkindes zu zahlen wäre. Der Zählkindervorteil steht in der Regel nur dem Elternteil des Zählkindes zu (NJW 1984, 2694 = FamRZ 1984, 1000).

20. Bei volljährigen Kindern ist das Kindergeld bedarfsdeckend anzurechnen, wenn es dem Kind zugewendet wird. Letzteres ist in der Regel anzunehmen, wenn das Kind mit dem Kindergeldempfänger in einem Haushalt lebt (NJW-RR 1986, 426 = 1986, 151).

21. Schulden können je nach den Umständen des Einzelfalls (wann begründet?, zu welchem Zweck verwendet?, vom gemeinsamen Willen getragen?) das anrechenbare Einkommen vermindern. Bei berücksichtigungswürdigen Schulden hat die Schuldentilgung im Rahmen eines vernünftigen Tilgungsplanes in angemessenen Raten zu erfolgen. Bei der Zumutbarkeitsabwägung sind Interessen des Unterhaltsschuldners, des Drittgläubigers und des Unterhaltsgläubigers, vor allem auch minderjähriger Kinder mit zu berücksichtigen.

Tilgungsleistungen, die der Vermögensbildung dienen, können ab Rechtshängigkeit des Scheidungsverfahrens nur abgezogen werden, wenn dies der Billigkeit entspricht.

II. Kindesunterhalt

1. Der Barunterhalt minderjähriger unverheirateter Kinder bestimmt sich nach den Sätzen der Düsseldorfer Tabelle (siehe o. Rdnr. 347).

Die Familiensenate des *OLG München* wenden in der Regel die Bedarfskontrollbeträge der Düsseldorfer Tabelle nicht an.

Die Tabellensätze der Düsseldorfer Tabelle enthalten keine Krankenversicherungsbeiträge für das Kind, wenn dies nicht in einer gesetzlichen Familienversicherung mitversichert ist. Das Nettoeinkommen des Verpflichteten ist um solche zusätzlich zu zahlenden Krankenversicherungskosten zu bereinigen.

2. Die Tabellensätze sind auf den Fall zugeschnitten, daß der Unterhaltspflichtige einem Ehegatten und zwei Kindern Unterhalt zu gewähren hat. Bei einer größeren oder geringeren Anzahl Unterhaltsberechtigter sind Ab- oder Zuschläge in Höhe eines Zwischenbetrages oder durch Einstufung in eine niedrigere oder höhere Gruppe angemessen. Die Höhe der Zu- bzw. Abschläge bei einer größeren oder geringeren Anzahl von Unterhaltsberechtigten entspricht beim Ehegatten dem Differenzbetrag zur nächsthöheren bzw. nächstniedrigeren Gruppe, bei Kindern dem halben Differenzbetrag pro Kind. Durch Abschläge soll der Mindestbedarf nach der untersten Einkommensgruppe nicht unterschritten werden.

3. Der Betreuungsunterhalt i. S. des § 1606 III 2 BGB entspricht wertmäßig in der Regel dem vollen Barunterhalt. Deshalb in der Regel hälftige Anrechnung von Einkünften des Kindes und hälftige Kindergeldverrechnung bei beiden Eltern (NJW 1983, 933 = FamRZ 1983, 49).

4. Der sorgeberechtigte Elternteil, der in seinem Haushalt ein minderjähriges unverheiratetes Kind versorgt, braucht neben dem anderen Elternteil in der Regel keinen Barunterhalt zu leisten (NJW 1982, 1590 = FamRZ 1982, 590). Etwas anderes kann sich ergeben, wenn sein Einkommen bedeutend höher ist als das des anderen Elternteils. Der besser verdienende sorgeberechtigte Elternteil haftet jedoch primär nach § 1603 II 2 BGB für den gesamten Unterhalt, wenn der eigene angemessene Unterhalt des barunterhaltspflichtigen Elternteils gefährdet ist. Eine Mithaftung des letzteren kann sich jedoch nach § 1609 BGB aus der Gleichrangigkeit von Unterhaltsansprüchen der Kinder ergeben.

5. Sind ausnahmsweise beide Eltern zum Barunterhalt verpflichtet, haften beide Eltern anteilig nach § 1606 III 1 BGB für den Gesamtbedarf des minderjährigen Kindes. Der Verteilungsschlüssel kann unter Berücksichtigung des Betreuungsaufwandes wertend verändert werden (NJW 1983, 2082 = FamRZ 1983, 689).

6. Bei berechtigter oder einvernehmlicher Internatsunterbringung des Kindes ist jeder Elternteil barunterhaltspflichtig. Dem Elternteil, der die elterliche Sorge für dieses Kind hat und bei dem das Kind sich an den Ausgangswochenenden und in den Ferien aufhält, verbleibt aber ein gewisser Anteil an Naturalunterhalt und die sogenannte Restbetreuung. Beim Barunterhalt ist der Bedarf des Kindes entsprechend dem unterschiedlichen Einkommen der Eltern unter Berücksichtigung des Wertes des Naturalunterhalts und der Restbetreuung aufzuteilen. In anderen Fällen trägt der Sorgeberechtigte allein die Kosten der Internatsunterbringung.

7. Unterhalt volljähriger Studenten, Schüler und Auszubildender:

a) Regelbedarfssätze, wenn der Volljährige einen eigenen Hausstand hat oder zwar bei einem Elternteil wohnt, aber beide Eltern barunterhaltspflichtig sind:
- bei Studenten seit dem 1. 1. 1988 DM 850 vorher 800 DM, bei
- Schülern und Auszubildenden seit dem 1. 1. 1988 700 DM, vorher 650 DM.

b) Regelbedarfssätze, wenn der Volljährige bei einem nicht barunterhaltspflichtigen Elternteil wohnt:
- bei Studenten seit dem 1. 1. 1988 725 DM, vorher 675 DM,
- bei Schülern und Auszubildenden seit dem 1. 1. 1988 575 DM, vorher 525 DM.

In den niedrigeren Bedarfssätzen ist ein Wohnvorteil berücksichtigt, der für den Regelfall mit 125 DM bewertet wird.

c) In den Bedarfssätzen zu a) und b) sind bei Schülern und Studenten anfallende Ausbildungskosten und Krankenversicherungskosten bereits enthalten. Außergewöhnlich hohe ausbildungsbedingte Unkosten sind im Einzelfall gegen Nachweis zu berücksichtigen. Bei Auszubildenden ist Nr. I 6 anzuwenden.

d) Auf den Unterhaltsbedarf wird Einkommen des Kindes, auch BAföG-Darlehen, Ausbildungsbeihilfen und Kindergeld, das dem Kind zugewendet wird, angerechnet.

e) Eine anteilige Barunterhaltspflicht der Eltern besteht, wenn deren jeweiliges Einkommen allein oder zusammen mit Aufstockungsunterhalt höher ist als der angemessene Mindestbedarf von derzeit 1300 DM, ab 1. 1. 1989 1400 DM.

Bei anteiliger Barunterhaltspflicht ist vor Berechnung des Haftungsanteils nach § 1606 III 1 BGB das Nettoeinkommen jedes Elternteils um Unterhaltsverbindlichkeiten zu bereinigen. Außerdem ist vom Restbetrag ein Sockelbetrag von 1300 DM abzuziehen (NJW-RR 1986, 293 = FamRZ 1986, 153), ab 1. 1. 1989 1400 DM.

Der jeweilige Haftungsanteil nach § 1606 III 1 BGB errechnet sich nach der Formel:

Nettoeinkommen eines Elternteils (N_1 oder N_2) abzüglich 1300 (1400) mal Restbedarf (R), geteilt durch die Summe der Nettoeinkünfte beider Eltern ($N_1 + N_2$) abzüglich 2600 (2800).

Haftungsanteil 1 = $(N_1 - 1300) \times R : (N_1 + N_2 - 2600)$.

[ab 1. 1. 1989 = $(N_1 - 1400) \times R : (N_1 + N_2 - 2800)$]

Der so ermittelte Haftungsanteil ist auf seine Angemessenheit zu überprüfen und kann bei Vorliegen besonderer Umstände (z. B. behindertes Kind) wertend verändert werden.

f) Nach Eintritt der Volljährigkeit kann ein Schüler oder Auszubildender unterhaltsrechtlich ausnahmsweise weiter wie ein Minderjähriger behandelt werden, wenn die noch laufende Schul- oder Lehrlingsausbildung bald nach Eintritt der Volljährigkeit (in ca. 1 bis höchstens 2 Jahren) abgeschlossen wird und sich außer dem Eintritt der Volljährigkeit an den bisherigen wirtschaftlichen und persönlichen Verhältnissen nichts geändert hat (NJW-RR 1986, 416 = FamRZ 1986, 151).

III. Ehegattenunterhalt

1. Zur Ehegattenquote. Bei Erwerbstätigen wird das anrechenbare Nettoeinkommen im Verhältnis 4/7 zu 3/7 aufgeteilt. Mit der 4/7-Quote wird ein Arbeitsanreiz für den Erwerbstätigen berücksichtigt. Bei Nichterwerbstätigen beträgt die Ehegattenquote 50:50.

2. Leistet der Verpflichtete auch Unterhalt für ein gemeinschaftliches Kind, wird sein Nettoeinkommen vorab um den Tabellenunterhalt (Nr. II 1) ohne Abzug von Kindergeld bereinigt.

Erbringt der Verpflichtete sowohl Bar- als auch Betreuungsunterhalt, kann von seinem Einkommen ein Betrag bis zum eineinhalbfachen Tabellensatz abgezogen werden als Ausgleich für den von ihm zu erbringenden Barunterhalt und den zusätzlichen Betreuungsaufwand.

3. Werden Krankenversicherungskosten vom Berechtigten gesondert geltend gemacht oder vom Verpflichteten bezahlt, sind diese vom anrechenbaren Einkommen des Pflichtigen vorweg abzuziehen.

4. Der Anspruch des geschiedenen Ehegatten wird nach oben begrenzt durch den Bedarf nach den ehelichen Lebensverhältnissen. Bei der Bedarfsbemessung dürfen nur Einkünfte berücksichtigt werden, die den Lebensstandard nachhaltig geprägt haben. Bei prägenden Einkünften des Berechtigten ist die Differenzmethode anzuwenden, bei nicht prägenden Einkünften die Anrechnungsmethode.

Bei Anwendung der Anrechnungsmethode ist vom Nettoarbeitseinkommen des Berechtigten 1/7 als Arbeitsanreiz abzuziehen.

5. Unterhalt wegen Betreuung eines Kindes: Eine Erwerbsobliegenheit des Sorgeberechtigten besteht nicht, bis bei ein oder zwei Kindern das jüngste Kind in die dritte Grundschulklasse kommt. Ab Beginn der dritten Grundschulklasse bis zur Vollendung des 14. Lebensjahres des jüngsten Kindes besteht für den Sorgeberechtigten in der Regel eine Obliegenheit zur Halbtagsbeschäftigung. Danach besteht für den Sorgeberechtigten in der Regel eine Obliegenheit zur Ganztagstätigkeit. Von diesen Regelzeiten kann im Einzelfall bei Vorliegen besonderer Umstände abgewichen werden, vor allem bei mehreren Kindern.

6. Anrechnung von unzumutbarem Arbeitseinkommen des Unterhaltsberechtigten bei Kindesbetreuung:

Der Betrag, der nach § 1577 II 1 BGB über die Grenze des vollen Unterhalts hinausgeht, ist gem. § 1577 II 2 BGB nach Billigkeitsgesichtspunkten auf den Unterhalt anzurechnen (Anrechnungsmethode), in der Regel je zur Hälfte.

7. Bewertung der Haushaltsführung: Die Haushaltsführung einer Ehefrau und Nur-Hausfrau für ihren neuen Lebensgefährten ist im Durchschnittsfall im Rahmen des Unterhaltsanspruchs gegen den getrennt lebenden oder geschiedenen Ehemann mit 400 DM bis 800 DM zu bewerten, soweit der Lebensgefährte leistungsfähig ist. In diesem Betrag ist in der Regel der entsprechende Mietwert, der durch die Aufnahme in die Wohnung des Lebensgefährten tatsächlich geboten wird, mitenthalten.

8. In der Regel besteht keine Erwerbsobliegenheit des Berechtigten im ersten Jahr nach der Trennung.

9. Der Anspruch auf einen Unterhaltsbeitrag nach § 60 EheG kann halb so hoch bemessen werden wie der Anspruch auf den angemessenen Unterhalt. Der Eigenbedarf des Pflichtigen entspricht in diesem Fall dem angemessenen Eigenbedarf.

10. Der Anspruch aus § 61 II EheG (Billigkeitsunterhalt) kann die Höhe des angemessenen Unterhalts erreichen, ist aber in der Regel etwas niedriger.

IV. Sonstiges

1. Selbstbehalt des Verpflichteten seit dem 1. 1. 1985: Der notwendige Selbstbehalt gegenüber minderjährigen Kindern und Ehegatten mit minderjährigen Kindern beträgt in der Regel

- beim Erwerbstätigen 990 DM, ab 1. 1. 1989 1100 DM
- beim Nichterwerbstätigen 910 DM, ab 1. 1. 1989 1000 DM.

Der angemessene Selbstbehalt gegenüber getrennt lebenden oder geschiedenen Ehegatten (ohne minderjährige Kinder) sowie gegenüber volljährigen Kindern beträgt in der Regel

- beim Erwerbstätigen 1300 DM, ab 1. 1. 1989 1400 DM
- beim Nichterwerbstätigen 1200 DM, ab 1. 1. 1989 1300 DM.

2. Absolute Mangelfälle: Reicht das Einkommen des Verpflichteten zur Deckung seines notwendigen Selbstbehalts und des Bedarfs der gleichrangigen Unterhaltsberechtigten (Ehegatte und minderjährige Kinder) nicht aus (= absoluter Mangelfall), ist die nach Abzug des notwendigen Selbstbehalts des Unterhaltspflichtigen verbleibende Verteilungsmasse anteilsmäßig auf alle gleichrangigen Unterhaltsberechtigten im Verhältnis ihrer Unterhaltsbedarfsbeträge zu verteilen (FamRZ 1988, 705).

Der Bedarf minderjähriger Kinder bemißt sich nach den Sätzen der Düsseldorfer Tabelle (II 1 mit II 6).

Der Bedarf des Ehegatten entspricht der Ehegattenquote aus dem um den Tabellenunterhalt der Kinder bereinigten Nettoeinkommen des Verpflichteten (III 2).

Ergibt sich bei dieser Berechnung ein im Vergleich zum Bedarf der Kinder unangemessen niedriger Betrag für den Ehegatten, so kann dieser angemessen erhöht werden, in der Regel bis zu $\frac{3}{4}$ des notwendigen Selbstbehalts des Verpflichteten von derzeit 990 DM (= bis zu 742 DM), ab 1. 1. 1989 1100 DM (= bis zu 825 DM).

In absoluten Mangelfällen gilt das Kindergeld als Einkommen des Empfängers. Eine Kindergeldverrechnung mit dem Unterhalt entfällt.

Der proportional gekürzte Unterhalt berechnet sich nach der Formel

$U = B \times V : G$

U = gekürzter Unterhalt
B = Bedarf
G = Gesamtbedarf aller gleichrangig Berechtigten
V = Verteilungsmasse (Nettoeinkommen des Verpflichteten abzüglich Selbstbehalt).

Rechenbeispiel für die Zeit bis 1. 1. 1989:

Bereinigtes Nettoeinkommen des Verpflichteten (V) = 2000 DM
Notwendiger Selbstbedarf des Verpflichteten = 990 DM
Unterhaltsberechtigt sind eine nicht erwerbstätige Frau (F) und 3 minderjährige Kinder der 1., 2. und 3. Altersstufe (K 1, K 2 und K 3).
Bedarf K 1: nach DT $\frac{2}{1}$ = 240 DM − $\frac{1}{2}$ Differenz (6) = 234 DM
Bedarf K 2: nach DT $\frac{2}{2}$ = 290 DM − $\frac{1}{2}$ Differenz (7) = 283 DM
Bedarf K 3: nach DT $\frac{2}{3}$ = 345 DM − $\frac{1}{2}$ Differenz (9) = 336 DM
Bedarf F:
2000 DM − 234 DM − 283 DM − 336 DM = 147 DM × $\frac{3}{7}$ = 491 DM

Da dieser Bedarfsbetrag der Frau (491 DM) im Verhältnis zum Kindesunterhalt (K 3 = 336 DM) unangemessen niedrig ist, wird er (Regelfall) auf 742 DM erhöht. Dies entspricht einer $\frac{3}{7}$ Quote bei 990 DM als $\frac{4}{7}$ Quote.

Gesamtbedarf aller:
234 DM + 283 DM + 336 DM + 742 DM = 1595 DM.
Verteilungsmasse: 2000 DM − 990 DM = 1010 DM.

Berechnung der proportional gekürzten Unterhaltsansprüche:
F : 742 DM × 1010 DM : 1595 DM = 470 DM
K 1: 234 DM × 1010 DM : 1595 DM = 148 DM
K 2: 283 DM × 1010 DM : 1595 DM = 179 DM
K 3: 336 DM × 1010 DM : 1595 DM = 213 DM.

---

3. Konkurrenzen bei mehreren gleichrangigen Ehegatten:

a) Die Verteilung des Einkommens erfolgt im Verhältnis 4:3:3, ist der Pflichtige nicht erwerbstätig, im Verhältnis 1:1:1.

b) Lebt ein Ehegatte mit dem Pflichtigen zusammen, ist mit Rücksicht auf die Ersparnis durch gemeinsame Haushaltsführung in der Regel ein Ausgleich zugunsten des anderen Ehegatten in der Weise vorzunehmen, daß sich ein Verhältnis von 4:3,3:2,7 ergibt; wenn der Pflichtige nicht erwerbstätig ist, von 3,3:3,3:2,7.

c) Hat der geschiedene Ehegatte eigenes Einkommen, so ist zunächst der Unterhalt des zweiten Ehegatten (ohne Einkommen) nach dem anrechenbaren Einkommen des Pflichtigen unter Berücksichtigung beider Ehegatten (Ehefrauen), aber ohne Berücksichtigung des Einkommens des geschiedenen Ehegatten zu berechnen.

Sodann ist in einem zweiten Gang der Anspruch des geschiedenen Ehegatten zu errechnen, wobei jedoch zuvor von dem Einkommen des Pflichtigen der im ersten Gang ermittelte Unterhalt des zweiten Ehegatten vorab als Verbindlichkeit abzuziehen ist.

Wird bei dieser Berechnung der notwendige Selbstbedarf des Pflichtigen unterschritten, ist in einem dritten Gang der nach Abzug des Selbstbedarfs verbleibende Rest des Einkommens auf beide Ehegatten im Verhältnis der Werte aufzuteilen, die sich bei der Berechnung im zweiten Gang ergeben haben.

4. Unterhaltsvereinbarungen: Bei Unterhaltsvereinbarungen beinhaltet der vereinbarte Betrag im Zweifel lediglich eine Konkretisierung und betragsmäßige Festlegung des gesetzlich geschuldeten Unterhalts.

5. Der Unterhaltsbetrag ist auf volle DM-Beträge zu runden.

6. Durch einstweilige Verfügung ist im Zweifel nur der Notunterhalt bis zu 910 DM für die Zeit von sechs Monaten zuzuerkennen.

351 6. Unterhaltsgrundsätze des OLG Frankfurt (Stand: Oktober 1990)

I. Die von den Richtern der Familiensenate des *LG Frankfurt* erarbeiteten Grundsätze sollen Orientierungslinien für die Praxis geben, um Einheitlichkeit und Überschaubarkeit der Rechtsprechung zu fördern. Die Grundsätze knüpfen an den Gemeinschaftsaufsatz von *Weychardt* u. a., DAVorm 1984, 81 (241 ff.) an. Sie binden den Richter nicht; dieser wird in eigener Verantwortung die angemessenen Lösungen des Einzelfalls finden müssen.

II. Ermittlung des Einkommens

1. Ausgangspunkt ist das Bruttoeinkommen, einschließlich Sachzuwendungen, von dem Steuern und Aufwendungen für Altersvorsorge, Krankenversicherung und Arbeitslosigkeit abzusetzen sind. Soweit die Abzüge nicht in gesetzlich/tariflich vorgegebener Höhe zu berücksichtigen sind, kann eine Angemessenheitskontrolle stattfinden.

2. Sonderzuwendungen (Urlaubsgeld, Weihnachtsgeld, Tantiemen etc.) sind mit dem Jahresnettobetrag anteilig auf den Monat zu verteilen. Nicht jährlich wiederkehrende Zuwendungen (z. B. Jubiläumsgaben, Abfindungen) sind auf längere Zeiträume umzulegen.

3. Leistungen nach den Vermögensbildungsgesetzen beeinflussen das Einkommen nicht, d. h. der vermögenswirksame Anlagebetrag mindert das Einkommen nicht, andererseits erhöhen vermögenswirksame Beiträge des Arbeitgebers und die Sparzulage nicht das Einkommen.

4. Über die Anrechenbarkeit von Spesen und Auslösungen ist nach Maßgabe des Einzelfalls zu entscheiden. Als Anhaltspunkt wird man von einer anzurechnenden häuslichen Ersparnis von einem Drittel ausgehen können.

5. Einkommen sind auch Arbeitslosengeld, Krankengeld sowie staatliche Transferleistungen wie z. B. Blindengeld, Wohngeld, Pflegegeld, BAföG (für Erziehungsgeld ist § 9 BErzGG zu beachten). Soweit mit der Leistung ein Mehr- oder Sonderbedarf wegen der Lebenssituation des Empfängers gedeckt werden soll, ist dieser Bedarf konkret darzulegen – gegebenenfalls zu schätzen – und in erster Linie von diesen Leistungen, sonst vom Einkommen abzusetzen.

6. Überstundenvergütungen werden voll angerechnet, soweit sie berufstypisch oder in geringem Umfang anfallen (*BGH,* NJW 1980, 2251 = FamRZ 1980, 984) oder der Mindestbedarf der Kinder nicht gedeckt ist. Im übrigen ist der Anrechnungsteil nach Zumutbarkeit zu ermitteln. Die Weiterführung überobligationsmäßiger Überstundenleistungen kann regelmäßig nicht verlangt werden.

7. Arbeitslosenhilfe ist auf seiten des Unterhaltspflichtigen stets anrechenbares Einkommen; Sozialhilfe ist bei dem Unterhaltsberechtigten subsidiär.

8. Soweit Steuervorteile auf nichtabzugsfähigen Leistungen beruhen (z. B. Zinszahlungen für Eigenheim und Steuerersparnis nach § 10e EStG), sind sie nicht einkommenserhöhend zu berücksichtigen. Die anzusetzende Steuerlast ist dann fiktiv zu ermitteln.

9. Kindergeld ist grundsätzlich kein unterhaltsrechtliches Einkommen für die Bedarfsermittlung (vgl. aber für einen Ausnahmefall *BGH,* NJW-RR 1990, 578). Es wird bei der Ermittlung des Kindesunterhalts anderweit ausgeglichen (s. V.). Kinderzuschüsse zur Rente oder Kinderzulagen sind in Höhe des verdrängten Kindergelds wie solches zu behandeln; im übrigen sind sie Einkommen. Der Zählkindervorteil kann im Ausnahmefall anrechnungsfähiges Einkommen darstellen (*BGH,* NJW 1987, 647 = FamRZ 1987, 270).

10. Bei freiwilligen Zuwendungen Dritter ist die Zweckrichtung zu beachten. Regelmäßig sollen sie nicht über den Empfänger einem anderen Unterhaltsberechtigten/Unterhaltspflichtigen zugute kommen.

11. Ein Einkommen des Unterhaltsberechtigten ist auch bei unentgeltlicher Haushaltsführung für einen in häuslicher Gemeinschaft lebenden Partner anzusetzen. Voraussetzung ist jedoch, daß der Partner hinreichend leistungsfähig ist (*BGH,* NJW-RR 1987, 1282 = FamRZ 1987, 1011; *BGH,* NJW 1989, 1083 = FamRZ 1989, 487).

12. Einkommen ist auch die Vermögensnutzung – etwa das Wohnen im eigenen Haus. Dabei ist grundsätzlich vom Verkehrswert der Nutzung auszugehen. In der Trennungszeit können für einen begrenzten Zeitraum auch einkommensangemessene geringere Nutzungswerte zum Ansatz kommen. Werden nur die Selbstbehaltssätze erreicht, wird der Betrag nicht höher als der in den Selbstbehalten enthaltene jeweilige Wohnungsbedarfsanteil (Kaltmiete) angesetzt. Bei höheren Einkommen ist dieser Anteil angemessen zu erhöhen (vgl. *Weychardt,* DAVorm 1987, 163). Für die Zeit nach der Scheidung kann eine vom Verkehrswert abweichende Bemessung des Wohnwerts nur in Ausnahmefällen erfolgen, wenn die marktmäßige Verwertung des Wohnraums nicht möglich oder nicht zumutbar ist.

Senat Kassel; Eine dem Verkehrswert entsprechende Bemessung des Wohnwerts kommt nur bei guten wirtschaftlichen Verhältnissen in Betracht oder wenn die marktmäßige Verwertung erforderlich und zumutbar ist.

13. Berufsbedingte Aufwendungen sind nur aufgrund konkreten Einzelnachweises absetzbar, wobei eine Schätzung nach § 287 ZPO erfolgen kann.

14. Ein Abzug für Fahrtkosten zur Arbeitsstätte mit dem eigenen Pkw erfolgt grundsätzlich nur in Höhe der Fahrtkosten öffentlicher Verkehrsmittel, wenn deren Benutzung zumutbar ist. Ist wegen schwieriger öffentlicher Verkehrsverbindungen oder aus sonstigen Gründen die Benutzung eines Pkw als angemessen anzuerkennen, so wird eine Kilometerpauschale von 0,40 DM für den gefahrenen Kilometer berücksichtigt. Anhaltspunkte für die Bestimmung der Angemessenheit können einerseits die ehelichen Lebensverhältnisse und andererseits das Verhältnis der Fahrtkosten zu dem Einkommen sein.

15. Schulden sind im Rahmen eines vernünftigen Tilgungsplans absetzbar, wenn nach einer umfassenden Gesamtabwägung ihre Berücksichtigung der Billigkeit entspricht. Dabei sind Art, Grund und Zeitpunkt ihres Entstehens zu würdigen. Regelmäßig werden voreheliche und eheliche Schulden die Lebensverhältnisse geprägt haben und sind dann leistungsmindernd anzuerkennen. Ein strenger Maßstab gilt, wenn bei der Ermittlung des Unterhalts minderjähriger Kinder deren Mindestbedarf nicht gesichert ist. Außer bei der Unterhaltsbemessung nach einem fiktiven Einkommen ist nur der tatsächlich geleistete Schuldendienst berücksichtigungsfähig.

III. Ehegattenunterhalt

1. Die Ehegatten nehmen an den ehelichen Lebensverhältnissen gleichmäßig teil. Einem berufstätigen Ehegatten ist jedoch eine maßvolle Mehrbeteiligung am Erwerbseinkommen zur Deckung unbezifferbaren Mehrbedarfs und als Arbeitsanreiz zu belassen. Die *Senate* bemessen daher den Unterhaltsanspruch gegenüber einem erwerbstätigen Ehegatten auf ⅗ (der *2. Familiensenat* in Kassel auf 3/7) des verteilungsfähigen Nettoeinkommens; gegenüber nichterwerbstätigen Ehegatten (z. B. Rentner, Pensionär oder dem aus Vermögenseinkünften Unterhaltspflichtigen) auf ½.

Senat Kassel: Der *Senat Kassel* sieht in diesem Quotenunterhalt nur eine Hilfsmethode, die vor allem dann Anwendung findet, wenn die an sich von § 1578 BGB geforderte konkrete Bedarfsermittlung nicht zum Ziel führt oder ohnehin Abwägungen nach § 1581 BGB erforderlich sind (vgl. insoweit auch *BGH,* NJW 1984, 1237 = FamRZ 1984, 358).

2. Die Vorsorgeaufwendungen des berechtigten Ehegatten sind in der Unterhaltsquote nicht enthalten. Sie sind vorweg vom Einkommen des Verpflichteten abzusetzen. Bei der Bemessung des Altersvorsorgebetrags kann nach den Grundsätzen der Bremer Tabelle (vgl. *BGH,* NJW 1981, 1556 = FamRZ 1981, 442) verfahren werden. Altersvorsorgeunterhalt kann nur dann verlangt werden, wenn der Elementarbedarf gedeckt ist. Der Krankenversicherungsbeitrag ist in jeweils nachzuweisender konkreter Höhe zu berücksichtigen.

3. Bei der Bemessung des dem unterhaltsberechtigten Ehegatten zustehenden Unterhalts ist zu unterscheiden, ob der unterhaltsberechtigte Ehegatte während des Zusammenlebens Einkünfte erzielt hat, die die ehelichen Lebensverhältnisse geprägt haben. In diesem Fall kann der unterhaltsberechtigte Ehegatte ⅗ (Kassel: 3/7) des Unterschiedsbetrages der jeweils anrechenbaren Einkommen beider Ehegatten beanspruchen (sog. Differenzmethode). Entsprechendes gilt auch, wenn die Berufstätigkeit schon während des Zusammenlebens geplant war, sie auch ohne die Trennung aufgenommen worden wäre und der Plan im Zeitpunkt der Scheidung zumindest schon teilweise verwirklicht worden ist (*BGH,* NJW 1987, 58 = FamRZ 1986, 783). In den übrigen Fällen gilt nach der Rechtsprechung des *BGH* die sog. Anrechnungsmethode. Dabei ist das Einkommen des Unterhaltsberechtigten unter Vorabzug von ⅕ auf den Unterhaltsanspruch anzurechnen. Die konkrete Geltendmachung eines trennungsbedingten Mehrbedarfs ist darüber hinaus möglich (*BGH,* NJW-RR 1989, 1154 = FamRZ 1990, 258). Obergrenze ist das Ergebnis der Differenzmethode.

4. Einkünfte aus unzumutbarer Tätigkeit sind gem. § 1577 II BGB zu berücksichtigen (vgl. zur Berechnungsmethode *BGH,* NJW 1983, 933 = FamRZ 1983, 146).

5. Geht ein Ehegatte einer Vollzeittätigkeit nach, obwohl er wegen der Betreuung eines oder mehrerer minderjähriger Kinder hierzu nicht gehalten ist, so kann ihm wegen der Mehrbelastung ein Betrag in einer Größenordnung bis zu 300 DM anrechnungsfrei belassen werden. Der Nachweis konkreten Mehraufwands ist zulässig.

6. Der Anspruch des Berechtigten richtet sich nach den Einkommensverhältnissen der Ehegatten, nicht nach einem objektivierten Mindestbedarf (etwa notwendigem Selbstbehalt). Im Rahmen der Anrechnungsmethode gewinnt jedoch der Gesichtspunkt des trennungsbedingten Mehrbedarfs ein besonderes Gewicht (vgl. *BGH,* NJW 1987, 897 = FamRZ 1987, 266), wenn der Berechtigte mit seinem Eigeneinkommen und dem Unterhaltsanspruch nicht den notwendigen Selbstbehalt erreicht. In diesen Fällen wird an die Darlegung eines trennungsbedingten Mehrbedarfs kein strenger Maßstab anzulegen sein.

Senat Kassel: Unter Berücksichtigung des trennungsbedingten Mehrbedarfs stellt der notwendige Mindestbedarf regelmäßig die unterste Bedarfsgrenze dar (s. auch VI 3).

7. Der Unterhaltsbedarf (Elementarunterhalt) kann bis zu einem Betrag von 3000 DM als Quotenunterhalt ohne Nachweis des tatsächlichen Bedarfs geltend gemacht werden.

IV. Kindesunterhalt

A. Minderjährigenunterhalt

1. Maßgeblich sind die Sätze der Düsseldorfer Tabelle. Hierin ist ein Krankenversicherungsbeitrag nicht enthalten. Den Tabellensätzen liegt die Unterhaltspflicht gegenüber einem Ehegatten und zwei Kindern zugrunde. Bei einer größeren/geringeren Anzahl von Unterhaltsberechtigten sind Ab- und Zuschläge angemessen. Besteht die Unterhaltspflicht nur gegenüber einem Kind, so kommt auch eine Aufstufung um zwei Einkommensgruppen in Betracht.

2. Der sorgeberechtigte Elternteil, bei dem das Kind lebt, leistet seinen Beitrag zum Kindesunterhalt durch Betreuung (§ 1606 III 2 BGB). Nur bei wesentlich höherem Einkommen als dem des barunterhaltspflichtigen Elternteils kommt eine Beteiligung des Sorgeberechtigten am Barbedarf des Kindes in Betracht (etwa bei dreifach höherem Einkommen und guten Vermögensverhältnissen – vgl. *BGH,* NJW 1984, 303 = FamRZ 1984, 39). Die Einstandspflicht des § 1603 II 2 BGB bleibt hiervon unberührt.

3. Erzielt das minderjährige Kind eigenes Erwerbseinkommen, so ist dieses nach Abzug konkret zu beziffernder Aufwendungen hälftig auf den Barunterhaltsanspruch anzurechnen.

B. Volljährigenunterhalt

1. Der Bedarf eines Volljährigen mit eigenem Hausstand (Student, Schüler, Auszubildender) ist mit 850 DM monatlich anzusetzen, soweit sich nicht aus dem zusammengerechneten Einkommen der Eltern ein höherer Satz unter Anwendung der Düsseldorfer Tabelle ergibt.

2. Für den im Haushalt eines Elternteils lebenden Volljährigen ohne eigenes Erwerbseinkommen ist der Tabellenbetrag der 3. Altersstufe der Düsseldorfer Tabelle zuzüglich der Differenz zur 2. Altersstufe anzusetzen. Dabei ist von dem zusammengerechneten Nettoeinkommen beider Eltern auszugehen.

3. Erzielt der bei einem Elternteil lebende Volljährige eigenes Erwerbseinkommen, so ist wegen der sich anbahnenden Gewinnung einer eigenen Lebensstellung von einem festen Bedarfsbetrag auszugehen, der wegen der wirtschaftlichen Vorteile des Zusammenlebens mit dem Elternteil auf 700 DM zu bemessen ist, sofern sich nicht nach Nr. 2 ein höherer Bedarf ergibt. Hierauf ist das eigene Einkommen des Volljährigen nach Abzug der konkret zu belegenden Aufwendungen voll anzurechnen.

4. Die Eltern haften anteilig nach ihren Einkommensverhältnissen für den Bedarf des Volljährigen. Vor Bildung der Haftungsquote ist der angemessene Selbstbehalt (1400 DM) und der Unterhalt vorrangig Berechtigter vom Einkommen jedes Elternteils abzusetzen (vgl. zur Berechnungsmethode *BGH,* NJW-RR 1986, 426 = FamRZ 1986, 151; NJW-RR 1986, 293 = FamRZ 1986, 153). Die Haftung ist auf den Tabellenbetrag nach Maßgabe des eigenen Einkommens des jeweils Verpflichteten begrenzt.

V. Kindergeld

1. Das auf das minderjährige Kind entfallende Kindergeld (bzw. der entsprechende Teil des Kinderzuschusses zur Rente) wird zur Hälfte auf die Unterhaltssätze der Düsseldorfer Tabelle angerechnet. Bezieht der Sorgeberechtigte das Kindergeld, mindert sich der Zahlungsanspruch gegenüber dem Unterhaltspflichtigen um das hälftige Kindergeld; bezieht es der Verpflichtete, so erhöht sich der Tabellenbetrag um das hälftige Kindergeld.

2. Das Kindergeld für mehrere gemeinschaftliche Kinder wird nach Kopfteilen gleichmäßig aufgeteilt. Der Zählkindervorteil für nicht gemeinschaftliche Kinder bleibt unberücksichtigt. Im Falle der eingeschränkten Leistungsfähigkeit besteht kein Anspruch auf Auszahlung des Kindergelds (*BGH,* NJW 1988, 2799 = FamRZ 1988, 604) oder eines Zählkindervorteils (*BGH,* NJW 1986, 186 = FamRZ 1985, 1243).

3. Kindergeld ist auf den Bedarf des volljährigen Kindes voll anzurechnen, soweit es diesem zugute kommt. Hiervon ist beim Zusammenleben mit dem kindergeldbezugsberechtigten Elternteil regelmäßig auszugehen.

VI. Selbstbehalt und Mangelbedarfsberechnung

1. Der notwendige Selbstbehalt gegenüber minderjährigen Kindern und dem getrenntlebenden Ehegatten beträgt ab 1. 1. 1989 1050 DM, davon 450 DM Wohnanteil (hierin Kaltmiete 330 DM).

2. Der angemessene Selbstbehalt gegenüber volljährigen Kindern beträgt ab 1. 1. 1989 in der Regel 1400 DM, davon 550 DM Wohnanteil (hierin Kaltmiete 400 DM).

Im Geschiedenenunterhalt und der dabei nach § 1581 BGB zu treffenden Billigkeitsabwägung ist sicherzustellen, daß dem Unterhaltspflichtigen gegenüber dem unterhaltsberechtigten Ehegatten ein angemessener Betrag zur Sicherung seiner Existenz verbleibt. Den *Familiensenaten* des *OLG Frankfurt* dient ein Betrag von 1400 DM als Anhaltspunkt; Abweichungen sind im Einzelfall möglich.

3. Reicht das Einkommen des Verpflichteten zur Deckung des Bedarfs mehrerer gleichrangiger Unterhaltsberechtigter unter Beachtung der jeweiligen Selbstbehalte nicht aus, so ist eine Mangelbedarfsberechnung vorzunehmen, in der die Ansprüche anteilmäßig gekürzt werden.

Beispiel 1:

Einkommen Verpflichteter	1600 DM
Kind 3 Jahre – Bedarf	251 DM
Kind 5 Jahre – Bedarf	251 DM
Kind 8 Jahre – Bedarf	304 DM
Unterhaltsbedarf insgesamt	806 DM

Zur Verfügung stehen 550 DM (1600 DM ./. 1050 DM).

Der anteilige Unterhaltsanspruch errechnet sich wie folgt:

$$\frac{\text{Tabellensatz} \times \text{Verfügungsbetrag}}{\text{Gesamtbedarf der Unterhaltsberechtigten}}$$

also:

$$\frac{251 \times 550}{806} = 171 \text{ DM für die beiden Kinder unter 6 Jahren}$$

$$\frac{304 \times 550}{806} = 208 \text{ DM für das Kind von 8 Jahren}$$

Beispiel 2:

Da die geschiedene Ehefrau mit minderjährigen Kindern gleichrangig ist und hierbei unterschiedliche Selbstbehalte gelten, ist in diesen Fällen eine zweistufige Mangelbedarfsberechnung vorzunehmen. In der ersten Stufe ist das Einkommen über dem dem verpflichteten Ehegatten verbleibenden Betrag (vgl. VI 2) zu verteilen. Die Einsatzbeträge für die Unterhaltsberechtigten sind nach den tatsächlich zu ermittelnden ungekürzten Unterhaltsansprüchen zu berücksichtigen; bei den Kinderbedarfsbeträgen ist das anteilige Kindergeld nicht abzusetzen. In der zweiten Stufe der Mangelbedarfsberechnung ist ein weiterer Unterhaltsbedarf der Kinder aus der Differenz zwischen dem Geschiedenenselbstbehalt und dem Selbstbehalt gegenüber minderjährigen Kindern zu decken.

Einkommen Verpflichteter	2500 DM
Kind 4 Jahre – Bedarf	295 DM
Kind 8 Jahre – Bedarf	360 DM
Unterhaltsbedarf Ehegatte (2500 DM ./. 295 DM ./. 360 DM = 1845 DM) ⅖ von 1845 DM	738 DM

Insgesamt besteht damit ein Unterhaltsbedarf von 1393 DM.

In der ersten Stufe stehen bei einem angenommenen Selbstbehalt von 1400 DM zur Verfügung 1100 DM; somit gilt:

Ehegatte $\frac{738 \times 1100}{1393} = 583$ DM

Kind 1 $\frac{295 = 1100}{1393} = 233$ DM

Kind 2 $\frac{360 \times 1100}{1393} = 284$ DM

Der geschiedene Ehegatte erhält danach 583 DM.

In der zweiten Stufe der Mangelbedarfsberechnung stehen 350 DM zur Verfügung (1400 DM ./. 1050 DM), so daß die restlichen Kindesunterhaltsansprüche voll gedeckt werden können. Die Kinder erhalten somit 360 DM und 295 DM.

Verbleibt dem Verpflichteten nur der notwendige Selbstbehalt, so findet eine Kindergeldanrechnung so lange nicht statt, bis ein Zahlbetrag in Höhe des jeweiligen Tabellenmindestsatzes – bereinigt um den jeweiligen Kindergeldanteil – nicht erreicht ist.

Senat Kassel: Bei der zweistufigen Mangelbedarfsberechnung wird nach Auffassung des *Senats Kassel* eine gleichmäßige Beteiligung von Ehegatten und Kindern (§ 1609 BGB) an der Verfügungsmasse besser gewährleistet, wenn die Beteiligungsquote aus den Mindestbedarfssätzen abzüglich des (vollen) Kindergeldanteils gebildet wird.

Beispiel 2a:

Einkommen Verpflichteter	2500 DM
	./. 1400 DM
in erster Stufe verfügbar:	1100 DM

Bedarfssätze zur Ermittlung der Beteiligungsquote:

Kind 4 Jahre (251 DM ./. 75 DM)	176 DM
Kind 8 Jahre (304 DM ./. 75 DM)	229 DM
Ehegatte	1050 DM
	1455 DM

Dieser Bedarf kann nur mit einer Quote von

$\frac{100 \times 1100}{1455} = 75{,}6\%$ befriedigt werden.

Es erhalten in der ersten Stufe:

Kind 4 Jahre (75,6% von 176 DM)	133 DM
Kind 8 Jahre (75,6% von 229 DM)	173 DM
Ehegatte (75,6% von 1050 DM)	794 DM

Von den ihm in der ersten Stufe vorbehaltenen 1400 DM hat der Unterhaltsverpflichtete die vorläufig ermittelten Unterhaltsbeträge für die Kinder auf (251 DM und 304 DM jeweils abzüglich hälftiger Kindergeldanteil)

Kind 4 Jahre	213,50 DM
Kind 8 Jahre	266,50 DM

aufzufüllen.

Ihm verbleiben danach	2500 DM
	./. 794 DM
	./. 213,50 DM
	./. 266,50 DM
	1226 DM

Der *Senat Kassel* hält es für geboten, auch diesen Betrag noch einer Kontrolle nach § 1581 BGB zu unterwerfen.

352 7. Bremer Tabelle zur Berechnung des Altersvorsorgeunterhalts (Stand: 1. 1. 1990)

Nach Absprache mit dem *5. Zivilsenat* des *OLG Bremen* fortgeführt von Werner Gutdeutsch, Richter am OLG München.
Berechnet unter Berücksichtigung von Beitragssätzen von 18,70% für die Rentenversicherung und 4,30% für die Arbeitslosenversicherung, einer Beitragsbemessungsgrenze von 6300 DM und Lohnsteuer der Klasse I ohne Kinderfreibeträge; zur Anwendung vgl. *BGH,* FamRZ 1981, 1556 (1558f.) = FamRZ 1981, 442 (444f.); NJW 1983, 2937 (2938f.) = FamRZ 1983, 888 (889); s. auch *BGH,* NJW 1985, 1347 L = FamRZ 1985, 471 (472f.).

Nettobemessungsgrundlage in DM	Zuschlag in Prozent zur Berechnung der Bruttobemessungsgrundlage	Nettobemessungsgrundlage in DM	Zuschlag in Prozent zur Berechnung der Bruttobemessungsgrundlage
1– 710	13%	2121–2220	36%
711– 745	14%	2221–2315	37%
746– 780	15%	2316–2415	38%
781– 810	16%	2416–2515	39%
811– 855	17%	2516–2615	40%
856– 900	18%	2616–2720	41%
901– 950	19%	2721–2825	42%
951–1005	20%	2826–2930	43%
1006–1065	21%	2931–3035	44%
1066–1130	22%	3036–3140	45%
1131–1205	23%	3141–3245	46%
1206–1290	24%	3246–3350	47%
1291–1370	25%	3351–3455	48%
1371–1445	26%	3456–3555	49%
1446–1520	27%	3556–3655	50%
1521–1595	28%	3656–3760	51%
1596–1675	29%	3761–3860	52%
1576–1750	30%	3861–3955	53%
1751–1840	31%	3956–4055	54%
1841–1900	32%	4056–4073	55%
1901–1965	33%		
1966–2035	34%	4073,17	54,67
2036–2120	35%		

Mit dem zuletzt genannten Betrag der Nettobemessungsgrundlage ist der höchstmögliche Einzahlungsbetrag in die gesetzliche Rentenversicherung von 1178 DM erreicht.

B XI. Vormundschafts- und Pflegschaftssachen

Helmward Alheit

Übersicht

Literatur: *Keidel/Kuntze/Winkler,* FGG, 12. Aufl.; Münchener Kommentar, Familienrecht, 2. Halbband, 2. Aufl. 1987; *Oberloskamp,* Vormundschaft, Pflegschaft und Vermögenssorge bei Minderjährigen, 1990; *Schwab,* Das neue Betreuungsgesetz, FamRZ 1990, 681f.

I. Vorbemerkung

Die Bedeutung der Vormundschafts- und Pflegschaftssachen für die derzeitige anwaltschaftliche Praxis ist gering. Dies ist schon im Hinblick auf die vorliegenden Zahlen erstaunlich. Danach beträgt allein die Zahl der laufenden Vormundschaftssachen für Volljährige und Gebrechlichkeitspflegschaften über 250000, nach medizinischen Untersuchungen sollen potentiell ca. 700000 Personen betroffen sein. Da es sich meist nicht um Einzelschicksale handelt, vielmehr die Familie insgesamt betroffen ist, kommt dem Problemkreis eine bisher wohl unterschätzte Bedeutung zu. 1

Die ab 1. 1. 1992 geltende Neuordnung des Entmündigungs-, Vormundschafts- und Pflegschaftsrechts wird eine große Anzahl materieller und verfahrensmäßiger Änderungen bringen (siehe Rdnrn. 44ff.). Dabei ist mit einer wesentlich stärkeren anwaltschaftlichen Mitwirkung in den Betreuungsverfahren als Bevollmächtigte, beigeordnete Verfahrenspfleger oder Betreuer zu rechnen.

II. Vormundschaftsrecht

1. Vormundschaft für Volljährige

Ein Volljähriger erhält einen Vormund, wenn er **entmündigt** ist (§ 1896 BGB). Soweit die §§ 1898 bis 1908 BGB nichts Abweichendes regeln, gelten die 2

Vorschriften für die Vormundschaft über einen **Minderjährigen** auch für den Volljährigen (§ 1897 BGB).

3 **a)** Das Vormundschaftsgericht kann bereits nach Stellung des Entmündigungsantrages **vorläufige Vormundschaft** anordnen, wenn eine erhebliche Gefährdung der Person oder des Vermögens des Volljährigen gegeben ist (§ 1906 BGB). Zuständig ist der Richter (§ 14 Nr. 4 RPflG). Dieser prüft die **formellen Voraussetzungen** der Entmündigung, eine Prüfung der Begründetheit mit Ausnahme offensichtlich unbegründeter Anträge nimmt er nicht vor (*OLG Hamm* FamRZ 1973, 326). Im Verfahren ist der zu Entmündigende unabhängig von der Frage der Geschäftsfähigkeit **verfahrensfähig,** er kann einem Anwalt wirksam Vollmacht erteilen, ihm selbst ist rechtliches Gehör zu gewähren (*BGH* NJW 1961, 1397). Dennoch wird aus Fürsorgegründen die Beiordnung eines **Verfahrenspflegers** bejaht (*KG* OLGZ 1971, 77; str.). Die Anordnung der vorläufigen Vormundschaft führt zum Eintritt beschränkter Geschäftsfähigkeit (§ 114, 106 BGB), und zwar bezogen auf den Zeitpunkt der Wirksamkeit der Anordnung (§ 52 FGG).

4 **b)** Ist das **Entmündigungsverfahren** (§ 645 ff. ZPO) abgeschlossen, so erhält der Volljährige einen **Vormund.** Im Entmündigungsverfahren ist der zu Entmündigende **prozeßfähig** (Arg. § 664 II ZPO). Die Beiordnung eines RA ohne Rücksicht auf die sonstigen Voraussetzungen der Prozeßkostenhilfe wird bejaht (*KG* FamRZ 1981, 397). Der Entmündigungsbeschluß ist dem gesetzlichen Vertreter und – außer bei Entmündigung wegen Geisteskrankheit – auch dem Entmündigten selbst zuzustellen (§§ 660 S. 2, 661 II, 683 I ZPO), wobei Zustellung an den Verfahrensbevollmächtigten (§ 176 ZPO) ausreicht. Gegen den Entmündigungsbeschluß ist binnen eines Monats **(Notfrist) Anfechtungsklage** möglich (§§ 664 I–684 I ZPO). Die erfolgreiche Klage beseitigt **rückwirkend** die Wirkungen der Entmündigung, Handlungen des Vormunds bleiben aber wirksam (§ 115 I 2 BGB), bei Kollision mit Handlungen des Entmündigten gilt die frühere. Ist der Entmündigungsbeschluß rechtskräftig, so kann bei Vorliegen neuer Tatsachen die **Wiederaufhebung** der Entmündigung betrieben werden (§§ 675, 685 ZPO). Bei Erfolg dieses Verfahrens nur ex-nunc-Wirkung.

Wirkung der Entmündigung: bei Geisteskrankheit Geschäftsunfähigkeit ohne Möglichkeit des Nachweises lichter Augenblicke (§ 104 Z. 3 BGB), und bei den sonstigen Fällen Eintritt beschränkter Geschäftsfähigkeit (§ 114 BGB).

2. Vormundschaft für Minderjährige

5 **a)** Ein **ehelicher Minderjähriger** erhält einen Vormund unter den in § 1773 BGB aufgeführten drei Voraussetzungen. Die Anordnung erfolgt von Amts wegen durch das Vormundschaftsgericht – Rechtspfleger (§ 1774 BGB). Davon zu trennen ist die Übertragung der Personen- und Vermögenssorge auf einen Vormund/Pfleger durch das **Familiengericht** im Rahmen des § 1671 V BGB zur Abwendung von Gefahren für das Kind. Ist nur ein Elternteil sorgeberechtigt, so wird nach dem Tod oder nach Entzug des Sorgerechts Vormundschaft angeordnet, wenn die Übertragung des Sorgerechts auf den anderen Elternteil dem Kindeswohl widerspricht (§§ 1680 I 2, 1681 II 1 BGB). Zuständig für diese Entscheidung ist das **VormG** – Richter. Weiter zu beachten ist der Eintritt der Amtsvormundschaft mit der **Einwilligung in die Adoption** (§ 1751 I BGB).

b) Nichteheliche Kinder stehen unter der Elternsorge der Mutter (§ 1705 BGB). Kann diese im Einzelfall das Sorgerecht nicht ausüben (Tod, Entzug der elterlichen Sorge, Minderjährigkeit – §§ 1705 S. 2, 1673 II BGB) so tritt gemäß § 1791 c BGB **Amtsvormundschaft** ein. 6

3. Der Vormund

a) Mit der **Bestellung** des Vormunds (§ 1789 BGB) beginnen dessen Rechte und Pflichten. Er hat für die Person und das Vermögen des Mündels zu sorgen und ist dessen **gesetzlicher Vertreter** (§ 1793 BGB). Auf Antrag hat ihn das VormG im Bereich der Personensorge zu unterstützen (§§ 1631 III, 1800 BGB). Der Vormund hat das Mündelvermögen in Besitz zu nehmen, es möglichst zu erhalten und zu vermehren (§§ 1802 bis 1832 BGB). Der Vormund steht unter der **Aufsicht** des VormG (§ 1837 BGB). Zu beachten sind die in den §§ 1810–1831 BGB enthaltenen **Genehmigungsvorbehalte** des VormG und dessen Verfahren sowie weitere Einschränkungen der Vertretungsmacht außerhalb des Vormundschaftsrechts (vgl. § 1595 II 1 BGB (Anfechtung der Ehelichkeit), § 2347 I, II BGB (Erbverzichtsvertrag). 7

b) Der Vormund **haftet** dem Mündel für Vorsatz und Fahrlässigkeit (§§ 1915, 1833 BGB), wobei sich das Maß der Sorgfalt nach dem Lebenskreis, den Lebensumständen und der Rechts- und Geschäftserfahrung des Vormunds bestimmt (*BGH* FamRZ 1964, 199). Der Anspruch verjährt in 30 Jahren unter zusätzlicher Beachtung der Hemmungsgründe in den §§ 204, 206 BGB. Ansprüche können im Gerichtsstand der Vermögensverwaltung (§ 31 ZPO) geltend gemacht werden. 8

c) Honorar, Aufwendungsersatz, Vergütung. aa) Ist der Rechtsanwalt vom Mündel/Vormund im Verfahren **bevollmächtigt** worden, so richtet sich sein Honorar nach § 118 BRAGO, wobei sich der **Gegenstandswert** nach den Vorschriften der KostO für den Gerichtsgebührenwert bestimmt (§ 8 Abs. 1 S. 1 BRAGO) oder dem Wert des § 8 Abs. 2 BRAGO (§ 8 Abs. 1 S. 3 BRAGO). 9

bb) Ersatz von **Aufwendungen** (Kilometergeld, Fotokopierkosten, erhöhte Versicherungsprämie etc.) kann in der Form verfolgt werden, daß dem Mündelvermögen die entsprechenden Beträge gegen Beleg **entnommen** werden (§ 1835 Abs. 1 BGB). Einer Mitwirkung des VormG bedarf es nicht, ein gleichwohl erlassener Beschluß ist unwirksam (*BayObLG* RPfleger 1988, 529). Aufwendungsersatz kann auch für die Dienste als **Rechtsanwalt** für das Mündel verlangt werden (§ 1835 Abs. 2 BGB). Ist Mündelvermögen nicht vorhanden, so haftet hierfür die **Staatskasse** (§ 1835 Abs. 3 BGB).

cc) Der **Zeitaufwand** des RA und dessen (anteilige) **Bürokosten** sind **keine** Aufwendungen. Werden allerdings einem Anwalt in großer Zahl Vormundschaften und Pflegschaften für mittellose Bürger übertragen, so haftet auch hierfür die Staatskasse (*BVerfG* NJW 1980, 2179). Als sog. **Berufsvormund** kommt der RA in Frage, bei dem die Führung von Vormundschaften/Pflegschaften nicht mehr als bloße Nebentätigkeit anzusehen ist. Dies kann bei etwa 8 Fällen für mittellose Bürger angenommen werden (*BayObLG* RPfleger 1988, 529). Die dem RA als Pfleger übertragenen Aufgaben müssen von einem derartigen Gewicht sein, daß sie nur im Rahmen seiner Berufstätigkeit (mit Büroorganisation) wahrgenommen werden können, die Bestellung als Pfleger muß zumindest teilweise auf Grund der beruflichen Qualifikation erfolgt sein. Der Zeitaufwand ist entsprechend den Sätzen für die Vergütung der **Sachverständigen** nach dem Gesetz über die Entschädigung von Zeugen und Sachverständigen zu erstatten (*BVerfG* a. a. O.).

dd) Zu trennen hiervon ist ein evtl. Anspruch auf **Vergütung.** Die Vormundschaft wird grundsätzlich **unentgeltlich** geführt (§ 1836 BGB). Das VormG **kann** gemäß § 1836 I 2, 3 BGB eine Vergütung bei Aktivvermögen des Mündels festsetzen. Dabei soll der Betrag für den Zeitaufwand und anteilige Bürokosten die Untergrenze der ins Ermessen gestellten Vergütung darstellen (*BayObLG* RPfleger 1988, 529; a. A. *KG* RPfleger 1990, 164). Bei der *Höhe* der Vergütung wird von der Rechtsprechung teils auf Umfang und Schwierigkeit der Aufgabe (so *BayObLG* RPfleger 1987, 67f.) abgestellt, teils wird ein bestimmter Prozentsatz des Mündelvermögens als Bewertungsgrundlage herangezogen (so *OLG Düsseldorf* RPfleger 1987, 20, wonach als Jahresgebühr für ein Vermögen bis 150000,– DM 2% und ab 300000,– DM 1% als im Rahmen der Gerichtspraxis angesehen wird).

ee) Im Verfahren auf Genehmigung der **Unterbringung** des Mündels/Kindes (§§ 64a–64i FGG) bestimmt sich die Vergütung nach den Absätzen 1 bis 4 des § 112 BRAGO (§ 112 Abs. 5 BRAGO). Ist der RA in einem solchen Verfahren vom Gericht **beigeordnet,** so erhält er das Vierfache der Mindestsätze aus der Staatskasse (§ 112 Abs. 4 BRAGO).

ff) Bei den Ansprüchen auf Aufwendungsersatz/Vergütung ist auf die unterschiedliche **Verjährungsregelung** zu achten. So verjährt der Anspruch aus § 1835 Abs. 1 BGB in 30 Jahren, der gemäß Abs. 2 in 2 Jahren und der Anspruch des Berufsvormunds gegen die Staatskasse nach Abs. 3 wegen der Verweisung auf das Verfahren bei der Entschädigung von Zeugen in **3 Monaten** (§ 15 Abs. 2 ZSEG).

gg) Ist eine Vergütung vom Rechtspfleger bewilligt worden, so wird dadurch deren Grund und Höhe für ein späteres streitiges Verfahren bindend festgestellt. Einen selbständigen Vollstreckungstitel stellt diese Bewilligung (mit Ausnahme von landesrechtlichen Ausnahmen für Hessen und Niedersachsen) nicht dar (*OLG Hamm* RPfleger 1984, 234f.). Der Anspruch muß vielmehr vor dem **Prozeßgericht** geltend gemacht werden, wobei die Vergütungshöhe feststeht und nur noch andere Einwendungen/Einreden zugelassen sind (*RGZ* 127, 103/107).

10 **d)** Maßgebend für das anwendbare Recht bei Vormundschaften und Pflegschaften ist das **Heimatrecht** des Betroffenen (Art. 24 EGBGB). Beachte aber die staatsvertraglichen Sonderregelungen (abgedruckt bei *Palandt* im Anhang zu Art. 24 EGBGB).

III. Pflegschaftsrecht

1. Abgrenzung Vormundschaft/Pflegschaft

11 Während Vormundschaft die **umfassende Fürsorge** für Person und Vermögen darstellt, erschöpft sich die Bedeutung der Pflegschaft regelmäßig in der Erfüllung **einzelner** Aufgaben. Im Gegensatz zur Vormundschaft ist die Frage

der **Geschäftsfähigkeit** für die Anordnung der Pflegschaft nicht immer von Bedeutung, die angeordnete Pflegschaft wirkt sich auf die Geschäftsfähigkeit auch nicht aus. Während sich der Wirkungskreis des Vormundes aus dem Gesetz ergibt (§§ 1793ff. BGB), geht dieser für den Pfleger aus der Bestallung hervor. Das Pflegschaftsrecht ist gesetzlich nur in wenigen Paragraphen geregelt. Es gelten – soweit nicht das Pflegschaftsrecht Abweichendes enthält – die Vorschriften über die Vormundschaft für Voll- und Minderjährige und über die elterliche Sorge (§§ 1915, 1901, 1897, 1800, 1631–1633 BGB) entsprechend.

2. Arten der Pflegschaft

Die Pflegschaften werden als unselbständige bezeichnet, wenn sie **neben der elterlichen Sorge**/Vormundschaft angeordnet werden, im übrigen sind sie selbständige Pflegschaften. 12

a) Unselbständige Pflegschaften

aa) Ergänzungspflegschaft (§ 1909 BGB). Bei **tatsächlicher** oder **rechtlicher** Verhinderung der Eltern oder des Vormunds wird von Amts wegen Ergänzungspflegschaft angeordnet. Als tatsächliche Verhinderung kommt in Betracht Abwesenheit, Krankheit, Strafhaft, aber auch das **Fehlen der Sachkunde** oder Geschäftsgewandtheit bei Maßnahmen der Vermögensverwaltung. Weigern sich die Eltern oder der Vormund, für das Kind tätig zu werden, so kommt Entziehung der Vertretungsbefugnis in Betracht (§§ 1796, 1629 II BGB), geht aus der Weigerung der Eltern ein **allgemeines** Unvermögen hervor, für das Kind zu sorgen, so können Maßnahmen nach §§ 1666ff. BGB in Frage kommen. Eine **rechtliche** Verhinderung liegt u. a. vor: 13

- bei gesetzlichen Vertretungsverboten (§§ 181, 1629 II 1 i. V. m. 1795 I Nr. 1–3 BGB;
- bei Entziehung der Vertretungsbefugnis wegen Interessenkollission (§§ 1796, 1629 II 3 BGB);
- bei Konkurseröffnung über das Vermögen eines Elternteils (§ 1670 BGB) endet Recht zur Vermögensverwaltung;
- bei Entzug der elterlichen Sorge gem. §§ 1666, 1666a II, 1640 IV, 1667 IV BGB. Beachte hier §§ 1683 IV und 1680 II 1 BGB;
- bei Schenkung von **Wohnungseigentum** (*BGHZ* 78, 28f.) wegen Eintritts in die Gemeinschaftsordnung und Unterwerfung unter Pflichten des WEG, anders bei Schenkung unbelasteter **Grundstücke** oder Gegenstände (*BGH* NJW 1975, 1885; 1985, 2407), die nur mit einem **rechtlichen Vorteil** verbunden sind.

bb) Unterhaltspflegschaft (§ 1690 BGB). Beachte die Abgrenzung des **Beistands** (§§ 1685, 1690 BGB) zum **Pfleger** (§ 1690 II BGB). Nur letzterer ist gesetzlicher Vertreter des Kindes.

cc) Ehelichkeitsanfechtungspflegschaft (*KG* NJW 1966, 1320).

dd) Pflegschaft zur Geltendmachung des Pflichtteils. Einleitung der Pflegschaft setzt mehr als nur das **Bestehen** von Ansprüchen gegen den überlebenden Elternteil voraus. Überlebender Elternteil **entscheidet selbst,** ob Pflichtteilsansprüche geltend gemacht werden, solange die Vermögenssorge nicht entzogen ist (*BayObLGZ* 1963, 132f.). Geltendmachung entspricht nicht immer dem Kindesinteresse. Kein Verjährungsdruck wegen § 204 BGB.

ee) Pflegschaft zur Geltendmachung von Rechten der Kinder gegen überlebenden Elternteil, der als Testamentsvollstrecker eingesetzt ist. Verwaltet der überlebende Elternteil als Testamentsvollstrecker das Vermögen des Kindes, so genügt diese **rechtliche Doppelstellung** für die Anordnung einer Ergänzungspflegschaft allein nicht, solange nicht eine Gefährdung des Kindesvermögens zu besorgen ist. Auch ohne Gefährdung ist bei großem Vermögen Pflegschaft (auf Dauer) ratsam.

ff) Nacherbenpflegschaft. Die Einleitung einer Pflegschaft setzt hier **konkrete Gefährdung** der Nacherbenrechte der Kinder bzw. ein Geschäft voraus, das der Zustimmung der Nacherben bedarf.

gg) Auseinandersetzungspflegschaft. Besteht zwischen dem überlebenden Elternteil und den Kindern eine Erbengemeinschaft, so ist **jedem** Kind bei der Auseinandersetzung ein eigener Vertreter zu bestellen, soweit es nicht um die Erfüllung einer Verbindlichkeit geht oder sich Eltern und Kinder mit einem **Dritten** auseinandersetzen (*RGZ* 71, 162).

b) Selbständige Pflegschaften

14 **aa) Abwesenheitspflegschaft** (§ 1911 BGB). Ob Abwesenheitspflegschaft auch im Interesse eines **Dritten** angeordnet werden kann, der Ansprüche gegen den Abwesenden geltend machen will, ist strittig (*BGHZ* 93, 1 f.). Beachte den in §§ 88, 89 FGG behandelten Unterfall der Abwesenheitspflegschaft zum Zwecke der Auseinandersetzung: Pflegschaft für die **Leibesfrucht** (§ 1912 BGB). Beachte im Unterschied dazu Pflegerbestellung vor Geburt eines nichtehelichen Kindes nach § 1708 BGB zur Vermeidung der Amtspflegschaft.

bb) Pflegschaft für **unbekannte Beteiligte** (§ 1913 BGB). Liegen die Voraussetzungen einer Nachlaßpflegschaft (§ 1960 BGB) vor, so kommt § 1913 BGB nicht zur Anwendung;

cc) Pflegschaft für **Sammelvermögen** (§ 1914 BGB). Fallen die zur Verwaltung von Sammelvermögen berufenen Personen weg, ist Pflegerbestellung für öffentlich gesammeltes Vermögen möglich.

3. Der Verlauf des Verfahrens einer Gebrechlichkeitspflegschaft

15 Der Pflegling kann ohne Rücksicht auf seine Geschäftsfähigkeit einem RA wirksam **Vollmacht** erteilen (*BGHZ* 35, 1). Der RA kann so oder als vom Gericht bestellter **Verfahrenspfleger** (*BayObLG* RPfleger 1990, 162/163) die Rechte des Pfleglings wahrnehmen und den nachfolgend aufgezeigten Ablauf des Verfahrens überwachen.

16 **a)** Die Gebrechlichkeitspflegschaft (§ 1910 BGB) ist eine Vormundschaftssache im engeren Sinne. **Sachlich** zuständig hierfür ist gem. § 35 FGG das Amtsgericht, auf Grund des Vorbehalts in Art. 147 EGBGB im Bundesland Württemberg-Baden auch das Notariat.

17 **b)** Für die **örtliche** Zuständigkeit maßgebend ist das Gericht, in dessen Bezirk der Pflegling seinen Wohnsitz oder gewöhnlichen Aufenthalt hat, und zwar bezogen auf den Zeitpunkt der Anordnung der Pflegschaft (§§ 38, 36 FGG). Bei späterem Aufenthaltswechsel der am Verfahren beteiligten Personen ist unter den Voraussetzungen des § 46 FGG eine **Abgabe** an ein anderes Vormundschaftsgericht möglich.

c) Die deutschen Gerichte sind **international** zuständig, wenn der Pflegling Deutscher ist oder seinen gewöhnlichen Aufenthalt im Inland hat oder hier der Fürsorge bedarf (§ 35a FGG). 18

d) Für die **Anordnung** der Gebrechlichkeitspflegschaft ist funktionell der Richter zuständig (§ 14 Nr. 4 RPflG). Im übrigen ist für das Verfahren (Auswahl, Bestellung und Entlassung des Pflegers, Festsetzung der Vergütung des Pflegers, Aufsicht über die Tätigkeit des Pflegers i. S. von § 1837 BGB) der **Rechtspfleger** zuständig. 19

e) Die Anordnung einer Pflegschaft setzt das Vorliegen eines **körperlichen** oder **geistigen Gebrechens** voraus (§ 1910 I und II BGB). Der häufige Fall des **Alkoholismus** allein ist noch kein geistiges Gebrechen. Die Sucht muß Folge einer Geisteskrankheit (Geistesschwäche) sein oder dazu geführt haben (*BayObLG* RPfleger 1990, 199). Die erforderlichen medizinischen Voraussetzungen sind durch Erholung eines **Sachverständigengutachtens** zu klären (*BGHZ* 70, 252 (261)). An die Sachkunde und Erfahrung des Gutachters sind erhöhte Anforderungen zu stellen. In der Regel soll ein Nervenarzt beauftragt werden, auch Amtsärzte mit psychiatrischer Vorbildung und Landgerichtsärzte kommen in Betracht (*BayObLG* RPfleger 1987, 21). 20

Eine **zwangsweise Vorführung** des Betroffenen zur ärztlichen Untersuchung sieht das Gesetz für Pflegeschaftsverfahren nicht vor. Der Pflegling ist jedoch wegen der Pflicht zur Anhörung auch zum Erscheinen vor **Gericht** verpflichtet (§ 50 I, IV FGG) und kann hierzu gem. § 33 FGG vorgeführt werden. In diesem Termin können durch Zuladung eines medizinischen Sachverständigen auch Ergebnisse für die Erstellung eines Gutachtens gewonnen werden. Dieses Verfahren sollte auf Ausnahmefälle beschränkt werden (vgl. MünchKomm.-*Goerke,* 2. Aufl., § 1910 BGB, Fn. 37a). Dem Pflegling ist das erholte Gutachten mit einer angemessenen Frist zur Stellungnahme zuzuleiten, wobei dies auch für den geschäftsunfähigen Pflegling gilt (*BayObLG* RPfleger 1990, 162/163). Hiervon kann nur abgesehen werden, wenn durch Übermittlung des Gutachtens die Gesundheit des Pfleglings geschädigt oder gefährdet würde oder wenn dieser aus anderen Gründen nicht in der Lage ist, sein Recht auf Gehör auszuüben. Dann ist allerdings in analoger Anwendung der §§ 64b FGG, 57 ZPO die Bestellung eines **Verfahrenspflegers** angezeigt (*BayObLG* a. a. O.). Die Bestellung eines Verfahrenspflegers kann auch erforderlich sein, wenn das Gutachten ohne Gefahr für die Gesundheit an den Pflegling übermittelt werden könnte.

f) Die Anordnung einer Gebrechlichkeitspflegschaft setzt weiter das Vorliegen eines **Fürsorgebedürfnisses** voraus. Dabei müssen die festgestellten Gebrechen kausal dafür sein, daß der Gebrechliche seine Angelegenheiten nicht zu besorgen vermag. Das Fürsorgebedürfnis muß nicht nur für den Gebrechlichen bestehen, vielmehr kann eine Gebrechlichkeitspflegschaft auch in reinem **Drittinteresse** angeordnet werden, wenn der Dritte sonst Rechte gegen den Gebrechlichen nicht geltend machen könnte (*BGH* NJW 1985, 433). 21

g) Die Pflegschaft setzt die **Einwilligung des Gebrechlichen** voraus, es sei denn, daß mit diesem eine Verständigung nicht möglich ist (§ 1910 III BGB). Die Einwilligung ist **rechtsgeschäftliche Willenserklärung** (so schon *RGZ* 65, 199/203). Ob eine Verständigung noch möglich ist, hat der Richter zu entscheiden, wobei das erholte Sachverständigengutachten im einzelnen darauf zu überprüfen ist, ob ihm gefolgt werden kann (*BGH* NJW 1982, 2874). **Geschäftsun-** 22

fähigkeit, auch wenn sie nur für Teilbereiche besteht (partielle Geschäftsunfähigkeit), begründet stets eine fehlende Verständigungsmöglichkeit i. S. des § 1910 III BGB (*BGH* NJW 1961, 1397). In der Praxis weit überwiegend sind die ohne Einwilligung des Gebrechlichen angeordneten Pflegschaften (sog. Zwangspflegschaften). Bei der Frage der **Geschäftsunfähigkeit** ist neben den intellektuellen Fähigkeiten auf die Fähigkeit des Willensentschlusses abzustellen. Es kommt dabei darauf an, ob eine freie Entscheidung auf Grund einer Abwägung des Für und Wider, eine sachliche Prüfung der in Betracht kommenden Gesichtspunkte möglich ist oder ob der Betroffene von unkontrollierten Trieben und Vorstellungen bestimmt wird (*BGH* FamRZ 1984, 1003; BayObLGZ 1986, 338/339).

23 **h)** Eine ebenfalls geringe Rolle in der Praxis spielen die sog. **Totalpflegschaften** nach § 1910 I BGB, die bei körperlichen Gebrechen von gewisser Dauer angeordnet werden können und sämtliche die Person oder das Vermögen betreffenden Angelegenheiten erfassen. Im Vordergrund stehen die Fälle, bei denen ein geistiges oder körperliches Gebrechen sich nur auf einzelne Angelegenheiten bezieht (§ 1910 II BGB).

24 **i)** Nach Klärung der medizinischen Fragen hat der Richter den Gebrechlichen anzuhören (§ 50 I, IV FGG). Die **Anhörung** kann auch im Wege der Rechtshilfe erfolgen. Die Pflicht zur Anhörung gilt grundsätzlich auch im Beschwerdeverfahren, eine Anhörung durch den beauftragten Richter ist aber zulässig, wenn für die Entscheidung nicht der persönliche Eindruck ausschlaggebend ist (*BGH* FamRZ 1985, 169f.). Die Pflicht zur Anhörung dient in erster Linie der Sachaufklärung (§ 12 FGG), aber auch dazu, damit sich das Gericht einen persönlichen Eindruck vom Betroffenen verschafft. Aus der Pflicht zur Anhörung ergibt sich andererseits die Pflicht des Betroffenen zum Erscheinen vor Gericht, das über **§ 33 FGG** erzwungen werden kann (*OLG Frankfurt* OLGZ 1981, 135/136). Die Pflicht zur Anhörung von Verwandten (§ 1847 BGB) ist lediglich eine Ordnungsvorschrift.

25 **j)** Der Anordnung der Pflegschaft durch richterlichen Beschluß folgt die Auswahl und **Bestellung des Pflegers** durch den Rechtspfleger. Für die Auswahl des Pflegers gelten die allgemeinen Grundsätze (§§ 1915, 1897, 1779 BGB), auf Wünsche des Gebrechlichen sollte aber Rücksicht genommen werden. Die nicht ausreichende Anzahl geeigneter Einzelpfleger und die begrenzte Kapazität von Jugendämtern oder Vereinen als Pfleger wird die verstärkte Mitwirkung von auch wirtschaftlich erfahrenen Rechtsanwälten nötig machen.

4. Die Aufgabe des Rechtsanwalts als Pfleger

26 **a)** Die Gebrechlichkeitspflegschaft nach § 1910 II BGB erfaßt immer nur **einzelne Angelegenheiten** des Betroffenen, die dieser nicht mehr zu besorgen vermag. Als solche kommen in der Regel die Bestimmung des Aufenthalts des Pfleglings, dessen Zuführung/Zustimmung zur ärztlichen Behandlung und die Besorgung seiner Vermögensangelegenheiten in Betracht. Ein Pfleger kann aber auch nur zur Führung eines bestimmten Rechtsstreits oder für alle seine gerichtlichen Angelegenheiten bestellt werden (vgl. *BGHZ* 41, 303/308; OLG Stuttgart FamRZ 1975, 355). Die Ausdehnung der Wirkungsweise auf **alle** Teilgebiete wie Aufenthalt, Vermögen und Zuführung zur ärztlichen Heilbehandlung

wird trotz des dem Pflegling kaum noch zur Verfügung stehenden eigenverantwortlichen Spielraums für zulässig erachtet.

b) Ist der Pfleger für die **Zuführung zur ärztlichen Behandlung** bestellt, so 27
muß für die dann aufzunehmende Behandlung eine **besondere Rechtsgrundlage** vorhanden sein. Ist der Pflegling mit der Heilbehandlung nach **Aufklärung** (vgl. *BGHZ* 90, 103/106) nicht einverstanden, so muß der Pfleger als **gesetzlicher Vertreter** die Einwilligung erklären. Voraussetzung ist jedoch, daß der Pflegling für den Wirkungskreis der ärztlichen Heilbehandlung zumindest **partiell geschäftsunfähig** ist und daß der Pfleger zuvor vom Arzt über Inhalt und mögliche Folgen im großen und ganzen aufgeklärt worden ist. Die Einwilligung kann sich sowohl auf eine konkrete Maßnahme beziehen als auch allgemein eine kunstgerechte Behandlung erfassen (*BGHZ* 29, 46/54).

c) Ist der Pfleger zur Regelung der **vermögensrechtlichen Angelegenheiten** 28
bestellt, so hat er die Grundsätze einer wirtschaftlichen Vermögensverwaltung und der Sicherung des Mündelvermögens zu beachten. Die Erfahrung der Praxis zeigt, daß vorhandenes Mündelvermögen oft in wenig ertragreichen Sparguthaben angelegt ist.

aa) Der Pfleger hat zunächst vorhandenes Vermögen in einem Verzeichnis zu erfassen (§ 1802 BGB; vgl. im einzelnen *Oberloskamp-Pollak,* Vormundschaft, Pflegschaft und Vermögenssorge bei Minderjährigen, 1990). Mündelvermögen ist zwar gemäß §§ 1807, 1808 BGB anzulegen, jedoch kann mit Gestattung des VormG eine andere Anlegung zugelassen werden, wenn damit bei genügender Sicherheit höhere Zinsen erzielt werden können (§ 1811 BGB). Verfährt der Pfleger so, kommt eine eigene Haftung (§ 1833 BGB) wohl kaum noch in Betracht.

bb) Zu den Pflichten des Vermögenspflegers – auch soweit der Pflegling geschäftsfähig ist – zählt auch die **Abgabe der eidesstaatlichen Offenbarungsversicherung** nach § 807 ZPO (*KG* NJW 1968, 2235; *LG Frankfurt* RPfleger 1988, 528).

cc) Soweit sich aus dem körperlichen oder geistigen Gebrechen **Steuervorteile** oder Hilfsansprüche ergeben, hat der Pfleger auch diese geltend zu machen.

dd) Schließlich hat der Pfleger des **Geschäftsunfähigen** auch das Recht, **Schmerzensgeldansprüche** des Verletzten als dessen gesetzlichen Vertreter geltend zu machen (*BGH* NJW 1986, 1039; *NJW* 1981, 1613; NJW 1984, 2348). Allerdings ist das früher bestehende Zeitproblem durch die Neufassung des § 847 BGB ab 1. 7. 1990 weggefallen, da Schmerzensgeldansprüche nun auch dann **vererblich** sind, wenn sie nicht anerkannt waren oder rechtshängig gemacht wurden (Gesetz zur Änderung des BGB und anderer Gesetze vom 14. 3. 1990, BGBl. I 478).

ee) Ist Pflegschaft mit dem Wirkungskreis **Aufenthaltsbestimmung** angeordnet, so ergeben sich hieraus weitreichende Einschnitte in die bisherige Lebensführung. Ob der Pflegling zur selbständigen Führung eines Haushalts – auch unter Einsatz ambulanter Hilfskräfte – nicht mehr in der Lage ist, muß sorgfältig geprüft werden. Oft werden allerdings schon im Vorfeld der Pflegerbestellung durch Angehörige/Krankenhäuser Heimverlegungen vorgenommen, ohne daß hierfür eine Rechtsgrundlage besteht. Vom Wirkungskreis „Aufenthaltsbestimmung“ wird die Aufhebung und Begründung eines neuen **Wohnsitzes** nicht gedeckt (*BayObLGZ* 1985, 158). Hierfür bedarf es, da die Aufenthaltsbestimmung nur den tatsächlichen Aufenthalt betrifft, einer Erweiterung der Wirkungskreise.

ff) Keine eigenen Rechte hat der Pfleger bezüglich **Brief- und Telefonverkehrs** des Pfleglings. Post darf an ihn nur mit besonderer Ermächtigung des VormG ausgeliefert werden (§ 45 Abs. 6 PostO), wobei Voraussetzung ist, daß dies im Interesse der Gesundheit oder Sicherheit des Pfleglings oder zum Schutz Dritter zwingend geboten scheint.

29 **f)** Bei der Erfüllung seiner Aufgaben ist der Pfleger selbständig und Weisungen des VormG nicht unterworfen. Bei auftretenden Schwierigkeiten im Vollzug der Aufgaben hat ihn das VormG **auf Antrag** zu unterstützen (§§ 1915, 1901, 1897, 1800, 1631 III BGB). Hierdurch sind auch **Zwangsmaßnahmen** gegen den Pflegling unter Mitwirkung des Gerichtsvollziehers möglich, so z. B. im Rahmen der geschlossenen Unterbringung. Zur Problematik der Verbringung eines geschäftsunfähigen Pfleglings in ein **offenes** Altenheim wird auf die Entscheidung des *AG Frankfurt,* FamRZ 1989, 1113 verwiesen.

30 **g)** Das Recht zur Aufenthaltsbestimmung umfaßt auch die **geschlossene Unterbringung,** die wegen Art. 104 II 1 GG jedoch der Mitwirkung des Gerichts bedarf. Die materiellen Voraussetzungen der Unterbringung ergeben sich aus den §§ 1800, 1631b BGB. Ist mit dem Aufschub der Unterbringung **Gefahr** verbunden, so ist die Unterbringung zunächst ohne Genehmigung des VormG zulässig, muß aber unverzüglich nachgeholt werden (§ 1631b BGB). Gefahr i. S. des § 1631b BGB umfaßt die erhebliche Selbstgefährdung des Betroffenen, die dringende Notwendigkeit einer Heilbehandlung und den Schutz Dritter vor dem Betroffenen. Eine **geschlossene** Unterbringung setzt voraus, daß der zu erreichende Zweck wegen des Grundsatzes der **Verhältnismäßigkeit** nicht mit milderen Mitteln (Pflegeheim, Betreuung durch Angehörige etc.) erreicht werden kann. – Ist der Pflegling geschäftsfähig, so kann ihn der Pfleger gegen seinen Willen nicht in eine geschlossene Anstalt verbringen (*BGHZ* 48, 147).

31 Beachte zum Unterbringungsverfahren:

- Bei vorläufiger Unterbringung genügt als Entscheidungsgrundlage ein ärztliches **Zeugnis,** die Anhörung des Betroffenen im Rechtshilfeweg ist zulässig (§§ 64f, 64g FGG) und kann bei Gefahr im Verzug auch **nachgeholt werden** (§ 64g II FGG).
- Bei der **Unterbringung** muß das **Gutachten** eines Arztes vorliegen, an dessen Qualifikation besondere Anforderungen (*BayObLG* RPfleger 1987, 20/21) gestellt werden, die Anhörung des Betroffenen im Rechtshilfeweg ist ausgeschlossen (§ 64a Abs. 1 S. 3 FGG).
- Ist der Pflegling mit seiner Unterbringung **einverstanden** und erfaßt er auf Grund **natürlichen Willens** die damit verbundenen Folgen, so liegt begriffsmäßig eine Freiheitsentziehung mit der damit erforderlichen Genehmigung der Unterbringung durch das VormG nicht vor (str.). Wegen des oft wechselnden Willens während der Dauer eines Anstaltsaufenthaltes und wegen der schwierigen Frage, ob der natürliche Wille ausreicht, sollte das VormG aber informiert werden, das der Sache durch Erholung ärztlicher Stellungnahmen/Anhörung nachgeht und Hinweise auf einen evtl. nötigen Antrag auf Genehmigung der Unterbringung gibt.

- Ist eine vorläufige Unterbringung durch das Gericht nach **§ 1846 BGB** ohne Mitwirkung des verhinderten oder noch nicht bestellten Pflegers angeordnet worden, so hat dieser den Antrag auf Unterbringung sofort nachzuholen.
- Auch soweit ein Pflegling untergebracht ist, erfordert die ärztliche Zwangsbehandlung eine **besondere Rechtsgrundlage** und ist nicht etwa bereits in der Unterbringungsanordnung enthalten (*BayObLG* RPfleger 1990, 198).

Ist der Pflegling **einwilligungsfähig** gibt er die Zustimmung zur ärztlichen Behandlung, ansonsten muß die Zustimmung vom Vormund/Pfleger erklärt werden. Ist ein solcher noch nicht bestellt oder verhindert, so wird in **unaufschiebbaren** Fällen die Erklärung durch das Gericht abgegeben (§ 1846 BGB).

5. Wirkungen der angeordneten Pflegschaft

a) Anders als bei der Entmündigung wirkt sich die Anordnung der Pflegschaft auf die **Geschäftsfähigkeit** des Pfleglings nicht aus (*RGZ* 52, 224). Ob der Pflegling geschäftsunfähig ist, richtet sich allein nach § 104 Nr. 2 BGB. Der Vormundschaftsrichter prüft im Pflegschaftsverfahren zwar im Zusammenhang mit der Frage, ob eine Verständigung mit dem Pflegling möglich ist, dessen Geschäftsfähigkeit. Diese Feststellung betrifft aber nur die Frage, ob die Pflegschaft auch gegen den Willen des Betroffenen errichtet werden kann. Eine allgemeine Feststellung über die Frage der Geschäftsfähigkeit ist damit nicht verbunden. Steht die Frage in Streit, so muß die Geschäftsunfähigkeit von dem bewiesen werden, der sich auf Geschäftsunfähigkeit beruft (*Palandt/Heinrichs,* § 104 Anm. 6). 32

b) Wird in einem Prozeß eine an sich prozeßfähige Person durch einen Pfleger vertreten, so wird gem. § 53 ZPO dennoch deren **Prozeßunfähigkeit** unterstellt. Der Pflegling kann in diesem Falle zwar materiellrechtlich über die dem Prozeß zugrundeliegende Forderung verfügen, die **Prozeßführung** verbleibt aber dennoch allein in den Händen des Pflegers, obwohl der Pflegling geschäfts- und damit nach § 52 ZPO auch prozeßfähig ist (*BGHZ* 41, 303 [306]). 33

c) Ist die **Testierfähigkeit** einer unter Pflegschaft stehenden Person fraglich, so kommt der Anordnung der Gebrechlichkeitspflegschaft keine beweisrechtliche Wirkung zu (*BayObLG* NJW 1983, 634). Wer sich auf die Testierunfähigkeit beruft, trägt im Erbscheinsverfahren und im Zivilprozeß die Feststellungslast bzw. die Beweispflicht. 34

d) Ist die Gebrechlichkeitspflegschaft wegen **körperlicher** Gebrechen nach § 1910 I BGB angeordnet worden, so ruht die elterliche Sorge (§ 1673 II BGB). 35

e) Die Anordnung der Gebrechlichkeitspflegschaft führt zum **Verlust des aktiven und passiven Wahlrechts,** es sei denn, die Pflegschaft ist mit Einwilligung des Betroffenen errichtet worden (§§ 13, 15 BWahlG). Ähnliche Bestimmungen gelten für die Länderwahlgesetze. 36

f) Die Ernennung eines **Testamentsvollstreckers** ist unwirksam bzw. dessen Amt erlischt, wenn der Testamentsvollstrecker unter **Vermögenspflegschaft** steht bzw. diese nachträglich angeordnet wird (§§ 2201, 2225 BGB). Unter den gleichen Voraussetzungen ist der Betroffene untauglich das Amt des Vormunds zu führen (§ 1781 Nr. 2 BGB). Ist der Betroffene nicht voll geschäftsfähig, so kann er auch nicht Geschäftsführer einer GmbH (§ 6 II 1 GmbHG) oder Vorstand einer AG (§ 76 III AktG) sein. 37

38 **g)** Im Verfahren auf Abgabe einer **eidesstattlichen Versicherung** (§ 807 ZPO) ist zu beachten, daß diese vom Pfleger abzugeben ist, wenn ihm der Wirkungskreis „Vermögensangelegenheiten" übertragen wurde (*KG* NJW 1968, 2245). Ist lediglich ein **Prozeßpfleger** (§ 57 ZPO) bestellt worden, so fällt die Abgabe der eidesstattlichen Versicherung nicht unter dessen Aufgaben.

6. Die Stellung des Pflegers

39 Anders als der Vormund (§ 1793 BGB) hat der Gebrechlichkeitspfleger nicht generell die Stellung eines gesetzlichen Vertreters. Es ist vielmehr danach zu differenzieren, ob der Pflegling geschäftsunfähig ist oder nicht. Nur der Pfleger des (auch nur partiell) geschäftsunfähigen Pfleglings ist im Rahmen des Wirkungskreises dessen **gesetzlicher Vertreter.** Im übrigen hat der Pfleger die Stellung eines staatlich bestellten Bevollmächtigten (*Palandt/Diederichsen,* BGB, 47. Aufl. § 1910 Anm. 4). Der Pfleger des Geschäftsfähigen ist Helfer des Pfleglings, nicht Gewalthaber, der sich über dessen entgegenstehenden Willen hinwegsetzen könnte (*BGHZ* 48, 160). Er ist Bevollmächtigter i. S. der §§ 166ff. BGB, dessen Vollmacht auf Hoheitsakt beruht. Handeln Pflegling und Pfleger **gleichzeitig** im entgegengesetzten Sinne, so gilt der Wille des Pfleglings. Handeln sie nacheinander, so kann der Pfleger den Pflegling zwar nach außen vertreten, dieser kann aber evtl. das Rechtsgeschäft widerrufen, wenn er es bei eigenem Handeln hätte widerrufen können (*BGHZ* 48, 160).

7. Haftung und Vergütung des Pflegers

40 Die Haftung und Vergütung des Pflegers richtet sich nach den Vorschriften über die des Vormunds (§ 1915 BGB – siehe Rdnr. 8).

8. Aufhebung der Gebrechlichkeitspflegschaft

41 Der Pflegling kann unabhängig von der Frage seiner Geschäftsfähigkeit die Aufhebung der Pflegschaft immer selbst verfolgen, er ist **verfahrensfähig** (*BGH* NJW 1978, 992). Der Antrag nach § 1920 BGB kann aber nur von einem **geschäftsfähigen** Pflegling gestellt werden (*BGH* aaO). Im übrigen Aufhebung der Pflegschaft nach § 1919 BGB wegen **Wegfall des Grundes,** etwa weil die Gebrechlichkeit nicht mehr besteht, nach §§ 1918, 1921 III BGB auch Beendigung kraft Gesetzes.

9. Rechtsmittel gegen Pflegschaftsanordnungen

42 Gegen die Anordnung der Pflegschaft (bzw. Ablehnung der Aufhebung) steht dem Pflegling (auch dem geschäftsunfähigen) und dem Pfleger das Recht der **einfachen Beschwerde** nach § 20 FGG zu.

Als wichtigste **Angriffspunkte** kommen in Betracht:
- Verstoß gegen Anhörungspflichten (vgl. Rdnr. 24);
- Verwendung von Gutachten, bei denen die nötige **psychiatrische** Vorbildung der Ärzte fehlt (vgl. Rdnr. 20);
- Verwendung von Gutachten, die sich auf die Wiedergabe einer **Diagnose** beschränken, ohne die Ausfallerscheinungen als Folge der Erkrankung zu beschreiben (*KG* FamRZ 1988, 981);
- unkritische Übernahme des Gutachtens ohne Einzelprüfung durch das Gericht (*BGH* NJW 1982, 2874);

- Verwertung von Beweisergebnissen ohne deren Übermittlung an den Betroffenen oder ohne Abwarten einer Stellungnahme durch den Betroffenen (*Keidel/Kuntze/Winkler* FGG 12. Aufl. § 12 Rdnrn. 114f., *OLG Zweibrücken* FamRZ 1989, 544f.; *BayObLG* RPfleger 1990, 162);
- unterlassene Bestellung eines Verfahrenspflegers (*BayObLG* RPfleger 1990, 162/163).

10. Internationales Privatrecht

Maßgebend für das anwendbare Recht bei Vormundschaften und Pflegschaften ist das **Heimatrecht** des Betroffenen (Art. 24 EGBGB). Beachte aber die staatsvertraglichen Sonderregelungen (abgedruckt bei *Palandt* im Anhang zu Art. 24 EGBGB). **43**

IV. Vormundschaftsrechtliche Genehmigungen

Eine Fülle praktisch bedeutsamer Genehmigungspflichten sehen die §§ 1821, 1822, 1902 BGB vor. Fehlt die Genehmigung bei Verträgen, so sind diese schwebend unwirksam (§ 1829 BGB), geht es um ein einseitiges Rechtsgeschäft, so ist dieses ohne Genehmigung unwirksam (§ 1831 BGB). Die **Genehmigung ist wirksam** mit Bekanntgabe an den Vormund/Pfleger (§§ 1829 BGB, 16 I FGG). Dieser hat es dann in der Hand, ein beabsichtigtes oder schon ohne Genehmigung abgeschlossenes Geschäft durch **Mitteilung an den Geschäftspartner** gültig zu machen (§ 1829 I 2 BGB). Bei fristgebundenen Geschäften muß die Mitteilung nach § 1829 I 2 BGB auch innerhalb der Frist erfolgen. Zur (fehlenden) Abänderungsmöglichkeit nach Wirksamwerden beachte die §§ 55, 62 FGG. Zulässig und üblich ist Bevollmächtigung zur Entgegennahme z. B. durch den Notar. Zum Verfahren bei der Erteilung der vormundschaftsgerichtlichen Genehmigung, der Frage der Wirksamkeit einer Doppelbevollmächtigung und der ausnahmsweisen Möglichkeit der Beschwerde bei gravierenden Verfahrensfehlern wird auf die Entscheidung *BayObLG* FamRZ 1989, 1113f. verwiesen. **44**

Ist der Pflegling **geschäftsfähig,** so kann er eine an sich gegebene Genehmigungspflicht dadurch vermeiden, daß er den Pfleger zum Abschluß des Geschäfts bevollmächtigt (*OLG Karlsruhe* FamRZ 1957, 57).

V. Das neue Betreuungsrecht

1. Überleitung der bestehenden Vormundschaften und Pflegschaften

Mit Wirkung vom **1. 1. 1992** tritt das Gesetz zur Reform des Rechts der Vormundschaft und Pflegschaft für **Volljährige** (Betreuungsgesetz – BtG) vom 12. 9. 1990 (BGBl. I S. 2002) in Kraft. Das Rechtsinstitut wird in den § 1896 bis 1908h BGB geregelt, § 1908i BGB verweist auf entsprechend anwendbare Vorschriften des Vormundschaftsrechts. Mit diesem Gesetz entfällt das bisherige Entmündigungsverfahren und die sich daran als Folge (§ 1896 BGB) anschließende Vormundschaft für Volljährige, sowie das Institut der Gebrechlichkeitspflegschaft, auf das die Praxis weitgehend als Ersatzform der Entmündigung ausgewichen war. **45**

Die bislang bestehenden Vormundschaften/Pflegschaften werden **automatisch** als Betreuungen weitergeführt (Art. 9 § 1 Abs. 1 BtG). Bei übergeleiteten Pflegschaften bleibt es bei den früheren Wirkungskreisen (jetzt Aufgabenkreisen – Art. 9 § 1 IV BtG) mit Ausnahme der Sterilisationsfrage.

Für frühere Vormundschaften gilt generell ein **Einwilligungsvorbehalt** (siehe Rdnr. 54) als angeordnet, der Aufgabenkreis des Betreuers umfaßt mit Ausnahme der Sterilisationsfrage **alle** Angelegenheiten (Art. 9 § 1 III BtG).

Alle übergeleiteten Verfahren sind von Amts wegen durch Gutachten/richterliche Anhörung dahingehend zu überprüfen, ob eine Betreuung überhaupt oder mit den bestehenden Aufgabenkreisen noch erforderlich ist. Hierfür ist eine Frist von 5 Jahren ab 1. 1. 1992 für dann mehr als 10 Jahre bestehende Betreuungen bestimmt worden, in den übrigen Fällen beträgt die Frist 10 Jahre.

2. Voraussetzungen der Betreuerbestellung

46 Einen Betreuer erhält nach **§ 1896 BGB** nun, wer seine Angelegenheiten auf Grund einer psychischen Krankheit oder einer körperlichen, geistigen oder seelischen Behinderung nicht mehr besorgen kann. Vom Krankheitsbild fallen hierunter vor allem endogene und exogene Psychosen, Abhängigkeitskrankheiten, Neurosen und Psychopathien, angeborene oder frühzeitig erworbene Intelligenzdefekte. Der Kreis der Betroffenen wird im Vergleich mit der jetzigen Rechtslage durch die neugewählten sprachlichen Definitionen nicht verändert. Ein Betreuer kann auf Antrag (so nur im Falle der **körperlichen** Behinderung, es sei denn, der Behinderte kann seinen Willen nicht kundtun) oder von Amts wegen bestellt werden. Die Frage der **Geschäftsfähigkeit** spielt für die Anordnung der Betreuung keine Rolle, die später angeordnete Betreuung wirkt sich auch auf die Frage der Geschäftsfähigkeit nicht aus. Die Frage der Geschäftsfähigkeit ist nicht mehr relevant, vielmehr werden die Anordnung der Betreuung und die zugewiesenen Aufgabenkreise vom Grundsatz der **Erforderlichkeit** bestimmt. Ob und in welchem Rahmen eine Betreuung erforderlich ist, hat das Gericht unter Mitwirkung des Sachverständigen genau zu prüfen. Eine Betreuerbestellung kommt daher dann nicht (oder nicht mit allen Aufgabenkreisen) in Betracht, wenn andere Hilfen durch Verwandte, Bekannte, Nachbarn oder soziale Dienste ausreichen. Soweit der Betroffene geschäftsfähig ist, kann auch die Erteilung von Vollmachten die Betreuerbestellung entbehrlich machen, kann er später den Bevollmächtigten krankheitsbedingt nicht mehr überwachen, kann gem. § 1896 III BGB ein Betreuer zur Überwachung des Handelns des Bevollmächtigten bestellt werden.

3. Wichtige Änderungen durch das Betreuungsgesetz

47 **a)** Die Entscheidung, ob Betreuung anzuordnen ist und die Person des Betreuers wird in einer sog. **Einheitsentscheidung** durch den **Richter** zusammengefaßt. Durch die in den Vordergrund gestellte Person des Betreuers wird der bisherige Eingriffscharakter der Entscheidung vermieden.

48 **b)** Der Richter hat den Betroffenen in dessen üblicher Umgebung **anzuhören,** Verfahrenshandlungen durch einen **ersuchten** Richter sind bei Sterilisationsfragen ausgeschlossen (§ 69d III 2 FGG), im übrigen zugelassen, wenn eine Würdigung des Sachverhalts auch ohne persönlichen Eindruck des erkennenden Gerichts möglich ist (§ 68 FGG). Bei erheblichen Gesundheitsnachteilen für den

Betroffenen oder Unmöglichkeit der Willenskundgabe kann die Anhörung **zunächst** unterbleiben. Der Betroffene soll auch im Verfahren auf Erteilung vormundschaftsgerichtlicher Genehmigungen und vor Bewilligung einer Vergütung aus seinem Vermögen angehört werden (§ 69d I FGG).

c) Im Rahmen der Betreuungsverfahren kann der Betroffene nun zum **Sachverständigen vorgeführt** werden (§ 68 III FGG). Die Vorführung erfolgt durch eine nach Landesrecht neu einzurichtende **zuständige Behörde.** Deren weitere Aufgaben ergeben sich aus dem **Betreuungsbehördengesetz.** In der Praxis wichtig ist die Zuführung zur geschlossenen Unterbringung durch die zuständige Behörde (§ 70g V FGG) anstelle des derzeit zuständigen Gerichtsvollziehers. **49**

d) Der Betroffene ist zwar gemäß § 66 FGG **verfahrensfähig,** § 67 FGG sieht jedoch für eine Reihe nicht abschließend aufgezählter Fälle (Absehen von der Anhörung, Besorgung aller Angelegenheiten durch den Betreuer, Einwilligung in die Sterilisation) die Bestellung eines **Verfahrenspflegers** vor. Hierbei wird es sich wegen der vorauszusetzenden Rechtskenntnisse regelmäßig um einen **Rechtsanwalt** handeln müssen. Dieser hat die objektiven Interessen des Betroffenen wahrzunehmen, er nimmt bei der Anhörung oder an einem selbständigen **Schlußgespräch** (§ 68 V FGG) teil und ist selbständig zur Beschwerdeeinlegung berechtigt. Der Verfahrenspfleger kann auch (im Gegensatz zur Absicht im Regierungsentwurf zum BtG) als **Betreuer** bestellt werden. **50**

e) Zur Person des Betreuers setzt § 1897 BGB voraus, daß die auszuwählende natürliche Person nicht nur geeignet ist, vielmehr auch zur **persönlichen Betreuung** in der Lage ist. Vorschlägen der Betreuten sollte hierbei entsprochen werden. Ebenfalls Wünschen des Betreuten zur Lebensgestaltung, wenn sie seinem Wohl entsprechen (§ 1901 BGB), wobei wichtige Angelegenheiten mit dem Betreuer zu besprechen sind. Der vom Gesetzgeber erwartete persönliche Arbeitsaufwand ist groß, er wird auch vom Vormundschaftsgericht durch eine neue Berichtspflicht zu den persönlichen Verhältnissen (§ 1840 BGB) überwacht werden. Im übrigen bleibt es bei der hilfsweisen Möglichkeit der Vereins- und Behördenbetreuung. Weiterhin statthaft ist auch die Bestellung eines **Gegenbetreuers** zur Überwachung des Betreuers (§§ 1908i, 1792, 1799 BGB). **51**

f) Eine Entscheidung über die Betreuung kann wegen des Umfangs der Ermittlungen und der Eilbedürftigkeit auch im Wege der **einstweiligen Anordnung** ergehen (§ 69f FGG). Deren Höchstdauer beträgt 1 Jahr, die Höchstdauer der Betreuerbestellung ist auf 5 Jahre begrenzt (§ 69h Nr. 5 FGG). **52**

g) Das Gesetz sieht bei einigen besonders einschneidenden Entscheidungen neue **vormundschaftsgerichtliche Genehmigungen** vor. Dies betrifft einmal **Heilbehandlungsmaßnahmen,** wenn die begründete Gefahr des Todes oder eines schweren Gesundheitsschadens besteht (§ 1904 BGB), wobei das Gericht gem. § 69d II FGG ein ärztliches Gutachten (aber nicht des ausführenden Arztes!) erholen muß. Auch die Genehmigung der Einwilligung des Betreuers in eine **Sterilisation** ist abhängig von einer umfassenden gutachterlichen Beratung des Gerichts. Schließlich bedürfen alle Erklärungen/Maßnahmen im Bereich der **Aufgabe gemieteten Wohnraums** der Genehmigung des Gerichts (§ 1907 BGB). **53**

h) Die Betreuerbestellung kann auch die Anordnung eines **Einwilligungsvorbehaltes** (§ 1903 BGB) umfassen. Hierdurch bedarf der Betreute zu einer Wil- **54**

lenserklärung in den Aufgabenkreisen der **Zustimmung** des Betreuers, damit diese wirksam ist. Der Betreuer hat es damit aber **nicht** in der Hand, eine wegen natürlicher Geschäftsunfähigkeit (§ 104 Nr. 2 BGB) nichtige Willenserklärung des Betreuten wirksam zu machen. Der Sinn der Vorschrift liegt somit im wesentlichen darin, bei nicht klar auf der Hand liegender Geschäftsunfähigkeit Beweisschwierigkeiten zu vermeiden, weil die Willenserklärung an das weitere Erfordernis der Zustimmung des Betreuers gekoppelt ist. Die §§ 108 bis 113, 131 II und 206 BGB gelten entsprechend. Willenserklärungen auf Eingehung einer Ehe, Verfügungen von Todes wegen und sonstige, bei denen ein beschränkt Geschäftsfähiger nach den Vorschriften des 4. und 5. Buches BGB keiner Zustimmung bedarf, bleiben vom Einwilligungsvorbehalt unberührt. Dies gilt ebenso für rechtlich lediglich vorteilhafte Erklärungen und geringfügige Angelegenheiten des täglichen Lebens, falls das Gericht Abweichendes nicht beschließt.

55 **i)** Ein Betreuer kann auch lediglich mit dem Aufgabenkreis betreut werden, das Handeln eines vom Betreuten Bevollmächtigten zu überwachen (§ 1896 III BGB).

4. Unterbringungsrecht

56 Im Bereich der Unterbringung sind die **materiellen** Voraussetzungen erstmals präzisiert worden (§ 1906 BGB). Weiterhin zulässig entgegen der zunächst vorgesehenen Regelung bleibt die **Anordnung** der vorläufigen Unterbringung (nunmehr auf 6 Wochen befristet mit einmaliger Verlängerung um weitere 6 Wochen) durch das **Gericht** nach § 1846 BGB. Da Herr des Verfahrens jedoch von der Gesamtkonzeption der Betreuer ist, sollte eine Anordnung durch das Gericht die Ausnahme bleiben und der Antrag auf vorläufige Unterbringung einem **vorläufigen Betreuer** (§ 69f FGG) überlassen werden. Soweit es zur Interessenwahrnehmung **erforderlich** ist, muß gemäß § 70b FGG ein **Verfahrenspfleger** bestellt werden. Zu den Unterbringungssachen (§ 70 FGG) zählen nun auch die sog. **unterbringungsähnlichen** Maßnahmen i. S. des § 1906 IV BGB, auch wenn die nunmehrige Gesetzesfassung im Gegensatz zum Regierungsentwurf den Begriff nicht mehr wörtlich verwendet. Betroffen hiervon sind alle Heimbewohner, die zwar **nicht untergebracht** im Rechtssinne sind, die aber dennoch regelmäßig oder über einen längeren Zeitraum mit einem Verlust ihrer Bewegungsfreiheit rechnen müssen. Als Maßnahme kommen hier in Betracht das Verschließen der Eingangstür des Heimes oder das Abhalten vom Verlassen nach einer bestimmten Zeit durch das Personal, aber auch das Anbringen komplizierter Öffnungsvorrichtungen, die von den meist älteren Leuten nicht durchschaut werden können. Auf andere Weise am Verlassen gehindert werden Heimbewohner z. B. durch Schlafmittel und Fixierungen/Bettgitter. Alle aufgeführten Maßnahmen bedürfen – soweit der Betroffene nicht auf Grund natürlichen Willens einwilligt – der **Genehmigung des Vormundschaftsgerichts** (§ 1906 IV BGB). Dieser bedarf es nach dem Gesetzeswortlaut nicht für Personen, für die kein Betreuer bestellt ist oder die bereits geschlossen untergebracht sind (str., vgl. *Schwab* FamRZ 1990, 687f.).

5. Vergütung und Aufwendungsersatz

Im Bereich der **Vergütung** des Betreuers gleicht sich das Gesetz der derzeitigen Rechtsprechung an.

a) Der Grundsatz der Unentgeltlichkeit (§ 1836 Abs. 1 S. 1 BGB) wird beibehalten. Vergütung kann bei Aktivvermögen dann bewilligt werden, wenn Umfang und Bedeutung der Tätigkeit dies rechtfertigen (§ 1836 I 2, 3 BGB). **57**

b) Darüberhinaus erhält ohne Vorliegen dieser Voraussetzungen der sog. **Berufsvormund** eine Vergütung aus der **Staatskasse** (§ 1836 Abs. 2 BGB). Der Stundensatz hierfür beträgt auf Grund der Verweisung auf den Verdienstausfall eines Zeugen (§ 2 II 1 ZSEG) derzeit **20,– DM,** er kann bei besonderen Fachkenntnissen/Schwierigkeiten auf das Dreifache und bei außergewöhnlichen Schwierigkeiten auf das Fünffache erhöht werden, wobei hierin auch die allgemeinen Bürounkosten enthalten sind. Damit ist die vom *BVerfG* bestätigte Lücke in der Entschädigung, die bislang über § 1835 III BGB reguliert wurde, geschlossen. Ein Wahlrecht für den Berufsvormund, anstelle der Vergütung wie vor dem BtG Aufwendungsersatz zu verlangen, besteht nicht. Die Vergütung setzt **nicht** voraus, daß die Aufgaben der Betreuer umfangreich und schwierig sind. **58**

c) Für Betreuer, die nicht das Berufsbild des Berufsvormunds erfüllen und die auch Vergütung nicht nach § 1836 I 2, 3 BGB geltend machen können, sieht § 1836a BGB eine jährliche **Aufwendungsersatzpauschale** von 300,– DM ohne Einzelnachweis vor. **59**

6. Auswirkungen der Betreuerbestellung

a) Die Bestellung eines Betreuers wirkt sich im Gegensatz zum Entmündigungsverfahren auf die **Geschäftsfähigkeit** nicht aus. Bei Anordnung eines **Einwilligungsvorbehalts** kommt es allerdings indirekt zu einer Beschränkung der Willensmacht. Eine **beschränkte** Geschäftsfähigkeit für Volljährige gibt es nicht mehr. **60**

b) Gemäß § 13 Nr. 2 des Bundeswahlgesetzes sind diejenigen Betreuten vom Wahlrecht ausgeschlossen, für die ein Betreuer zur Besorgung **aller** Angelegenheiten (aber nicht nur durch einstweilige Anordnung) bestellt wurde. Dies gilt auch, wenn die Aufgabenkreise des § 1896 IV BGB (Fernmeldeverkehr, Überwachung der Post) und des § 1905 BGB (Sterilisation) nicht betroffen sind. **61**

c) Der Betreute bleibt im Gegensatz zur früheren Regelung in § 2229 III BGB **testierfähig.** Die Testierfähigkeit entscheidet sich somit unabhängig von der Frage der Betreuerbestellung. Auch ein unter Betreuung stehender Erblasser ist bis zum Beweis des Gegenteils als testierfähig anzusehen (vgl. zur Lage bei der Gebrechlichkeitspflegschaft die Entscheidung *BayObLGZ* 82, 309). **62**

d) Die **Ehefähigkeit** richtet sich lediglich nach der natürlichen Geschäftsfähigkeit und wird von der Bestellung eines Betreuers nicht berührt. **63**

B XII. Der Wettbewerbsprozeß

Reiner Schmidt

Übersicht

Literatur: *Ahrens,* Wettbewerbsverfahrensrecht 1983; *Baumbach/Hefermehl,* Wettbewerbsrecht, 16. Aufl. 1990; *Emmerich,* Das Recht des unlauteren Wettbewerbs, 2. Aufl. 1987; *v. Gamm,* Wettbewerbsrecht, 5. Aufl., 1987; *Gloy,* Handbuch des Wettbewerbsrechts, 1986; *Hubmann,* Gewerblicher Rechtsschutz, 5. Aufl. 1988; *Locher/Mes,* Beck'sches Prozeßformularbuch, 5. Aufl. 1989; *Mellulis,* Wettbewerbsrechtliche Prozeßpraxis 1985; *Nirk/Kurtze,* Wettbewerbsstreitigkeiten, 1980; *Nordemann,* Wettbewerbsrecht, 6. Aufl. 1990; *Pastor,* Der Wettbewerbsprozeß, 3. Aufl. 1980; *Teplitzky,* Wettbewerbsrechtliche Ansprüche, 5. Aufl. 1986; *Traub,* Wettbewerbsrechtliche Verfahrenspraxis, Örtliche Besonderheiten in der Rechtsprechung der Oberlandesgerichte, 1984. – **Fachzeitschriften:** Gewerblicher Rechtsschutz und Urheberrecht (GRUR); Wettbewerb in Recht und Praxis (WRP).

I. Gegenstand des Wettbewerbsprozesses

1. Wettbewerbsrechtliche Ansprüche

Es handelt sich um bürgerliche Rechtsstreitigkeiten aufgrund des Gesetzes 1
gegen den unlauteren Wettbewerb (§ 95 I Nr. 5 GVG; § 27 I UWG). Dies betrifft im wesentlichen die **Unterlassungs- und Schadensersatzansprüche** wegen

- **Wettbewerbshandlungen,** die gegen die **guten Sitten** verstoßen (§ 1 UWG),
- **irreführender Angaben** (§§ 3, 13 VI UWG),
- besonderer in den §§ 6–6e UWG verbotener Werbe- und Vertriebsmethoden (in Verbindung mit § 13 VI UWG),
- Verstöße gegen die Vorschriften über **Verkaufsveranstaltungen** (§§ 7, 8, 13 VI UWG),
- **Bestechung** von Angestellten (§ 1 UWG in Verbindung mit § 12 UWG),
- **Geschäftsehrverletzung** (§§ 14, 15 UWG),
- **Verletzung geschäftlicher Bezeichnungen** wie Name, Firma, besondere Bezeichnung eines gewerblichen Unternehmens, eines Erwerbsgeschäftes oder einer Druckschrift (§ 16 UWG),
- **Verrats** von Geschäfts- und Betriebs**geheimnissen** (§ 1 UWG in Verbindung mit §§ 17, 18 UWG),
- Verstöße gegen die **Zugabeverordnung** (§§ 1, 2 ZugabeVO),
- Verstöße gegen das **Rabattgesetz** (§ 2 RabattG).

2. Gewerbliche Schutzrechte

Im weiteren Sinn zählen zu den Wettbewerbsprozessen auch solche, in denen 2
Ansprüche aufgrund **gewerblicher Schutzrechte** geltend gemacht werden (§ 95 I Nr. 4c GVG), nämlich Ansprüche u. a. aus dem Warenzeichen-, Geschmacksmuster-, Gebrauchsmuster- und Patentgesetz. Insbesondere die Patent- und Gebrauchsmusterstreitsachen unterliegen wiederum eigenen Besonderheiten, so daß die folgenden Ausführungen darauf nicht (ohne weiteres) übertragbar sind.

II. Einige Besonderheiten des Wettbewerbsprozesses

Der Wettbewerbsprozeß besitzt ein wesentlich anderes Gepräge als der nor- 3
male Zivilrechtsstreit. Seine Besonderheiten sind teils prozeßrechtlichen, teils materiell-rechtlichen Ursprungs.

1. Schnelligkeit

In aller Regel ist der Wettbewerbsprozeß außerordentlich **schnell,** so daß 4
zügiges Agieren und schnelles Reagieren erforderlich sind. Im vorprozessualen Stadium wie auch im Rechtsstreit selbst sind kurze Fristen an der Tagesordnung. Diesen kann man häufig nur durch Einsatz moderner Kommunikationsmittel, wie Fernschreiber, Telefax oder Teletex, gerecht werden.

2. Dominanz des einstweiligen Verfügungsverfahrens

5 Der besonderen Schnelligkeit entspricht die **dominierende Rolle** des einstweiligen Verfügungsverfahrens. Diese ermöglicht § 25 UWG. Danach sind zur Sicherung der im UWG bezeichneten Unterlassungsansprüche einstweilige Verfügungen auch dann zulässig, wenn die in den §§ 935, 940 ZPO im einzelnen bezeichneten Voraussetzungen nicht vorliegen. Die **Dringlichkeit** für den Erlaß von einstweiligen Verfügungen wird **vermutet** (vgl. Rdnr. 60).

3. Rechtszersplitterung betreffend das einstweilige Verfügungsverfahren

6 Der hohe Stellenwert des einstweiligen Verfügungsverfahrens wird wegen des **Fehlens der Revisionsinstanz** – Revisionen sind gegen Urteile der Oberlandesgerichte im einstweiligen Verfügungsverfahren nicht zulässig (§ 545 II ZPO) – insoweit beeinträchtigt, als sich hinsichtlich des prozeßrechtlichen Teils eine gewisse **Rechtszersplitterung** zwischen den verschiedenen Oberlandesgerichtsbezirken entwickelt hat. Ehe also ein einstweiliges Verfügungsverfahren eingeleitet wird, muß man sich eingehend über die jeweiligen **örtlichen Gepflogenheiten** unterrichten (vergl. deren Sammlung in *Traub,* Wettbewerbsrechtliche Verfahrenspraxis, 1984; Nachweise bei *Baumbach-Hefermehl* S. XXXVI).

4. Weitgezogene Klagbefugnis

7 Eine weitere Besonderheit ist, abgesehen von den reinen Individualansprüchen bei der Geschäftsehrverletzung (§ 14, 15 UWG) und der Verletzung geschäftlicher Bezeichnungen (§ 16 UWG), in der sehr **weit gezogenen Klagbefugnis** zu sehen. Die Klagbefugnis haben

- der unmittelbar verletzte Wettbewerber (*BGH* GRUR 1966, 445, 446 = MDR 1966, 577 „Glutamal"),
- die Gewerbetreibenden gleicher oder verwandter Branchen (§ 13 II 1 UWG),
- rechtsfähige Verbände zur Förderung gewerblicher Interessen (§ 13 II 2 UWG),
- Verbraucherverbände (§ 13 II 3 UWG),
- die Industrie- und Handelskammern sowie die Handwerkskammern (§ 13 II 4 UWG),
- die Kammern freier Berufe (*BGH* GRUR 1987, 444 = NJW 1987, 2087 „Laufende Buchführung").

(Vgl. *Baumbach/Hefermehl,* § 13 UWG; *Gloy,* Handbuch § 19.)

5. Weitgezogene Passivlegitimation

8 **a)** Der Kreis der **Passivlegitimierten** ist ebenfalls weit gespannt.

Verantwortlich ist jeder, der selbst handelt, andere anstiftet oder unterstützt. Darüber hinaus haftet jeder als **Störer,** der für das unlautere Verhalten eines Dritten unmittelbar oder mittelbar eine adäquate Ursache gesetzt hat und die rechtliche Möglichkeit hat, das unlautere Verhalten des Dritten zu unterbinden.

Demnach können also nicht nur die Unternehmen selbst passivlegitimiert sein, sondern auch deren Organe und Angestellte sowie darüber hinaus Außenstehende, zum Beispiel Werbeagenturen (zur Passivlegitimation vgl. *Baumbach/Hefermehl,* Einleitung UWG, Rdnrn. 325ff., *Teplitzky,* Kapitel 14).

b) Daneben sind die Inhaber der Betriebe für die meisten wettbewerbsrechtlichen Unterlassungsansprüche auch hinsichtlich des Verhaltens ihrer Angestellten oder Beauftragten, zum Beispiel Handelsvertreter, Werbeagenturen, Kommissionäre etc. passivlegitimiert (§ 13 IV UWG). Diese Haftungserleichterung gilt nur für Unterlassungsansprüche, nicht für Schadensersatzansprüche. Hier bleibt es bei den allgemeinen Vorschriften (insbesondere § 831 BGB). **9**

6. Einbeziehung anderer Rechtsgebiete in den Wettbewerbsprozeß

Eine weitere, hervorzuhebende Bedeutung des Wettbewerbsprozesses ist darin zu sehen, daß in ihm nicht nur rein wettbewerbsrechtliche Fragen, sondern Probleme aus anderen **Rechtsgebieten** geklärt werden können, und zwar mit Hilfe des § 1 UWG, der insoweit als „Transmissionsriemen" in die anderen Rechtsgebiete dient. Unlauter ist es nämlich, **10**

- gegen **sittlich fundierte Normen** zu verstoßen, wie zum Beispiel solche, die dem Schutz der Volksgesundheit dienen, oder
- sich mit Hilfe der Nichtbeachtung von sogenannten **wertneutralen Vorschriften,** die lediglich ordnenden Charakter haben, einen unlauteren Vorsprung vor gesetzestreuen Wettbewerbern zu verschaffen.

So lassen sich Rechtsfragen aus den verschiedensten Rechtsgebieten im Wettbewerbsprozeß klären; zum Beispiel aus dem Arzneimittelrecht, dem Lebensmittelrecht, der Preisangabenverordnung, dem Ladenschlußgesetz, dem Gesetz gegen Wettbewerbsbeschränkungen und den Berufsstandesordnungen (vgl. *Baumbach/Hefermehl,* § 1 UWG Rdnr. 609ff.; *von Gamm,* Wettbewerbsrecht, Kap. 4 Rdnr. 3).

7. Bedeutung der Rechtsprechung und deren Fundstellen

Die Rechtsprechung der Gerichte, insbesondere des BGH für das materielle Wettbewerbsrecht und der Oberlandesgerichte hauptsächlich für das Prozeßrecht des einstweiligen Verfügungsverfahrens (vgl. Rdnr. 5), besitzt deshalb eine besondere Bedeutung, weil erst durch sie die das Wettbewerbsrecht beherrschenden Generalklauseln der §§ 1 und 3 UWG sowie das Prozeßrecht mit konkreten Rechtssätzen ausgefüllt worden sind. Wegen ihrer Bedeutung erhalten höchstrichterliche Entscheidungen ein **„Stichwort";** zum Beispiel „Glutamal" (vgl. Rdnr. 7) und werden üblicherweise mit Stichwort zitiert. Auch wenn derartige Gerichtsentscheidungen in allgemeinen juristischen Zeitschriften veröffentlicht werden, ist es ratsam, sie in den beiden Fachzeitschriften auf dem Gebiet des Wettbewerbsrechts „Gewerblicher Rechtsschutz und Urheberrecht" (GRUR) und „Wettbewerb in Recht und Praxis" (WRP) nachzuschlagen, weil sie häufig nur dort vollständig abgedruckt sind. **11**

III. Das Vorstadium zum Wettbewerbsprozeß

1. Vorbereitungen

Angesichts dessen, daß im Wettbewerbsprozeß alles sehr schnell gehen kann, ist er sorgfältig und gründlich vorzubereiten. Es sind sämtliche erforderlichen Informationen zu sammeln. Beweis- und Glaubhaftmachungsmittel sind so zusammenzustellen, daß sie jederzeit verfügbar sind. **12**

2. Abmahnung

13 Bevor ein Wettbewerbsprozeß eingeleitet wird, ist sehr sorgfältig zu prüfen, ob der Gegner nicht vorher abgemahnt werden sollte.

14 **a)** Die Abmahnung ist zwar keine Prozeßvoraussetzung. Jedoch hat derjenige, der einen Wettbewerbsprozeß ohne vorherige Abmahnung einleitet, grundsätzlich die gesamten Kosten des Verfahrens gemäß § 93 ZPO zu tragen, wenn der Gegner im Wettbewerbsprozeß unverzüglich anerkennt oder eine vertragsstrafenbewehrte Unterlassungserklärung abgibt. Die ständige Rechtsprechung geht nämlich davon aus, daß der Gegner dann keine **Veranlassung** zur Einleitung des Prozesses gegeben hat (§ 93 ZPO).

15 **b)** In der Praxis kommt man in den meisten Fällen nicht um eine Abmahnung herum, es sei denn, daß man bereit ist, das Kostenrisiko zu tragen. Selbst in besonders dringlichen und schwerwiegenden Fällen geht die Rechtsprechung vermehrt dazu über, **eine Abmahnung zu verlangen,** so zum Beispiel in Messesachen (*OLG Köln* GRUR 1986, 626) und bei Vorsatz (*OLG Köln* GRUR 1988, 487 unter Aufgabe seiner früher entgegenstehenden Rechtsprechung; *KG* WRP 1988, 167 – andere Oberlandesgerichte halten demgegenüber eine Abmahnung bei Vorsatz für entbehrlich, zum Beispiel *OLG Düsseldorf* GRUR 1979, 191; *OLG Karlsruhe* WRP 1986, 165).

Die **Abmahnung** ist in letzter Zeit insbesondere dann für **entbehrlich** gehalten worden, wenn mit dem Antrag auf Erlaß einer einstweiligen Verfügung ein **Sequestrationsantrag** verbunden war, weil die Abmahnung wegen des in ihr enthaltenen Warneffekts die Sequestration gefährden würde (*OLG Nürnberg* WRP 1981, 342; *OLG Hamburg* WPR 1985, 40). Wenn es dagegen keine Anhaltspunkte dafür gibt, daß der Gegner die zu sequestrierenden Gegenstände beiseite bringen könnte, muß vor Einleitung des Verfahrens abgemahnt werden, wenn man nicht die Kosten des Verfahrens tragen will (*OLG Hamburg* WRP 1988, 47).

Die Rechtsprechung zum Erfordernis der Abmahnung ist außerordentlich umfangreich und unübersichtlich. Die Einzelheiten sind sehr umstritten und werden je nach Oberlandesgerichtsbezirk unterschiedlich gehandhabt.

16 **c)** Die Abmahnung muß die wettbewerbswidrige Handlung in der **konkreten Verletzungsform** angeben und den daraus hergeleiteten Verstoß so klar und eindeutig bezeichnen, daß der Verletzer die gebotenen Folgerungen ziehen kann (*OLG Hamburg* WRP 1989, 32). Sie muß erkennen lassen, welche Ansprüche geltend gemacht werden, zum Beispiel Unterlassung, Auskunftserteilung oder Schadensersatz. Im Fall des Unterlassungsverlangens ist zweckmäßigerweise die vertragsstrafenbewehrte Unterlassungserklärung vorzuformulieren. Ebenso ist es zweckmäßig, die Inanspruchnahme gerichtlicher Hilfe für den Fall anzudrohen, daß der Abmahnung keine Folge geleistet wird.

17 **d)** In der Abmahnung muß eine bestimmte **Frist** gesetzt werden. Sie muß so bemessen sein, daß sie dem Verletzer Zeit zur Überlegung und gegebenenfalls Einholung anwaltlichen Rats läßt. Die Frist kann umso kürzer sein, je eiliger die Angelegenheit ist. Notfalls kann sie nach Stunden bemessen werden (*OLG München* WRP 1988, 62). Das Fristenthema ist heikel. Eine Rechtsprechung, wonach eine bestimmte Frist in jedem Fall ausreicht, gibt es nicht. Es kommt auf den Einzelfall an. – Eine unangemessen kurze Frist macht die Abmahnung nicht unwirksam, vielmehr läuft dann eine angemessene Frist.

e) Eine bestimmte **Form** ist für die Abmahnung **nicht** vorgeschrieben. Jedoch ist schon aus Beweisgründen vorzugsweise schriftlich, fernschriftlich oder per Telefax abzumahnen. Nach Auffassung mancher Oberlandesgerichte kann auch eine telefonische Abmahnung gelten (z. B. *OLG München* WRP 1988, 62). Dann trägt allerdings der Abmahnende das volle Beweisrisiko. Wenn die Abmahnung von einem Vertreter ausgesprochen wird, braucht eine Vollmacht nicht beigefügt zu werden (*OLG Köln* WRP 1985, 360). 18

f) Der Abmahnende braucht lediglich die ordnungsgemäße Absendung der Abmahnung nachzuweisen. Der Abgemahnte trägt das **Zugangsrisiko.** Dennoch ist es zweckmäßig, die Abmahnung als Einschreiben mit Rückschein zu versenden, wenn nicht ohnehin per Telex oder Telefax abgemahnt wird. (Vgl. zur Abmahnung: *Baumbach/Hefermehl,* Einleitung UWG, Rdnrn. 529ff.; *Teplitzky,* Kapitel 41; *Gloy,* Handbuch § 63; *Traub,* Wettbewerbsrechtliche Verfahrenspraxis, unter 1 „Abmahnung"; Muster: *Mes,* in: Beck'sches Prozeßformularbuch, II L 1.). Eine nochmalige Abmahnung kann erforderlich sein, wenn die Abmahnung zurückkommt, weil sie vom Empfänger bei der Post nicht abgeholt wurde (*OLG Köln* WRP 1989, 47). 19

3. Pflichten des Abgemahnten

a) Durch die Abmahnung wird zwischen den Beteiligten eine durch die wettbewerbsrechtliche Verletzungshandlung begründete **Rechtsbeziehung** konkretisiert, deren Inhalt vom Zweck der Abmahnung, überflüssige Prozesse zu vermeiden, und von den Grundsätzen von Treu und Glauben bestimmt wird (*BGH* GRUR 1987, 54 „Aufklärungspflicht des Abgemahnten"). 20

b) Aus diesem Grunde hat der Abgemahnte die Abmahnung klar und umfassend zu beantworten. Er hat sämtliche erforderlichen Informationen zu erteilen (*Baumbach/Hefermehl,* Einleitung UWG, Rdnr. 548). 21

Insbesondere muß der auf Unterlassung Abgemahnte binnen der gesetzten Frist oder jedenfalls binnen einer angemessenen Frist (vgl. Rdnr. 17 a. E.) ablehnend reagieren oder eine ausreichend vertragsstrafenbewehrte **Unterlassungserklärung** abgeben (*BGH* WRP 1990, 276 „Antwortungspflicht des Abgemahnten), wenn die Abmahnung ganz oder teilweise begründet ist und der Abgemahnte nicht mit einem Verfahren überzogen werden will. Nur eine solche Verpflichtungserklärung vermag nämlich die Erstbegehungs- bzw. die Wiederholungsgefahr auszuschließen mit der Folge, daß der Unterlassungsanspruch erloschen ist.

c) Wenn eine Abmahnung nur teilweise begründet ist, weil sie z. B. zu weit geht, ist es Sache des Abgemahnten, von sich aus eine vertragsstrafenbewehrte Unterlassungserklärung in dem Umfang abzugeben, in dem die Abmahnung berechtigt ist (vgl. *OLG Köln* WRP 1988, 56). 22

d) Angesichts der weitgezogenen Klagebefugnis kann durchaus mit **mehreren Abmahnungen** gerechnet werden. In einem solchen Fall kann die Abgabe einer einwandfreien vertragsstrafenbewehrten Unterlassungserklärung gegenüber dem ersten Abmahner die Erstbegehungs- bzw. die Wiederholungsgefahr beseitigen. Da aber jede Abmahnung, auch die zweite und spätere, zum Abgemahnten erneut eine vorprozessuale Rechtsbeziehung begründet, ist dieser verpflichtet, die später Abmahnenden über die Abgabe der Erklärung an den Erst- 23 abmahnenden vollständig und rückhaltlos zu informieren. Wenn er dieser Verpflichtung nicht nachkommt, kann er sich dem später Abmahnenden nach den Grundsätzen der positiven Forderungsverletzung schadensersatzpflichtig machen (*BGH* GRUR 1988, 54 „Aufklärungspflicht des Abgemahnten"; WRP 1989, 90 „Aufklärungspflicht gegenüber Verbänden").

4. Unterlassungserklärung

24 **a)** Die **Unterlassungserklärung** hat den Zweck, die **Wiederholungsgefahr** als materiell-rechtliche Voraussetzung des Unterlassungsanspruchs zu beseitigen und diesen durch Abgabe der Erklärung zum Erlöschen zu bringen (*BGH* GRUR 1983, 127f. „Vertragsstrafeversprechen" = NJW 1983, 941).

25 **b)** Da die Rechtsprechung an die Beseitigung der Wiederholungsgefahr **strenge Anforderungen** stellt, muß die Unterlassungserklärung grundsätzlich bedingungs- und einschränkungslos abgegeben werden sowie mit einem angemessenen Vertragsstrafeversprechen versehen sein (*BGH* GRUR 1987, 748f. „Getarnte Werbung II"). Die Unterlassungsverpflichtungserklärung muß grundsätzlich dem **konkreten Verletzungsfall** entsprechen (*OLG Frankfurt* WRP 1988, 460). Sie muß – mit Ausnahme der Strafandrohung gemäß den §§ 890, 891 ZPO – denselben Inhalt haben wie ein gerichtlicher Unterlassungstenor (*Teplitzky,* Kapitel 8, Rdnr. 10).

26 **c)** Der Verletzte muß ein angemessenes **Vertragsstrafeversprechen** abgeben, wobei die Vertragsstrafe (nicht zu verwechseln mit den Ordnungsmitteln des § 890 ZPO) geeignet sein muß, den Verletzer ernsthaft von Wiederholungen der Verletzungshandlungen abzuhalten (*BGH* GRUR 1985, 155f. „Vertragsstrafe bis zu ..." = NJW 1985, 191).

aa) Es gibt zwei Arten des **Vertragsstrafeversprechens,** und zwar zum einen **mit einem festen Betrag,** wobei dessen Höhe von den Umständen des Einzelfalles abhängig ist. Zum anderen kann die Bestimmung gemäß Vereinbarung dem Abmahnenden **nach billigem Ermessen** (§§ 315, 317 BGB) überlassen werden (zu den Vor- und Nachteilen beider Varianten: vgl. *BGH* aaO). Im letzteren Fall obliegt die Festsetzung der Vertragsstrafe dem Gläubiger der Unterlassungsverpflichtung nach einem Verstoß gegen diese.

bb) Der Verletzer haftet nur für **schuldhafte** Verstöße. Ein entsprechender Hinweis im Vertragsstrafeversprechen hat nur deklaratorische Bedeutung (vgl. *BGH* aaO). Der Erklärende braucht nicht auf die Einrede des **Fortsetzungszusammenhanges** zu verzichten.

27 **d)** Die Vertragsstrafe ist grundsätzlich dem Abmahnenden zu versprechen. Ob ein **Vertragsstrafeversprechen zugunsten Dritter ausreicht,** hängt von den Umständen des Einzelfalles ab (*BGH* GRUR 1987, 748 „Getarnte Werbung II").

28 **e)** Eine bestimmte **Form** ist für die vertragsstrafenbewehrte Unterlassungserklärung **nicht vorgeschrieben.** Schon aus Beweisgründen ist es jedoch zweckmäßig, die Erklärung in Schriftform abzugeben. Ob die Telex- bzw. Telefax-Form ausreicht, ist offen. Das Kammergericht verlangt eine schriftliche Bestätigung der fernschriftlichen Verpflichtungserklärung (*KG* GRUR 1988, 568).

29 **f)** Der Abgemahnte trägt die Verantwortung für den **Zugang** seiner Erkärung beim Abmahnenden binnen angemessener Frist. (*KG* WRP 1990, 415; vgl.

allgemein zur Unterlassungserklärung *Teplitzky,* Kap. 8; *Baumbach/Hefermehl,* Einleitung UWG, Rdnrn. 269ff.)

5. Kosten der Abmahnung

a) Der Abmahnende kann die **Abmahnkosten als Schadensersatz** im Rahmen der materiellrechtlichen Schadensersatzansprüche (§§ 1, 13 VI, 14, 16 II, 19 UWG, 823 II, 826 BGB) erstattet verlangen. Er muß dann allerdings dem Abgemahnten ein Verschulden nachweisen. Für Verbände kommt diese Anspruchsgrundlage nicht in Betracht, da sie auf die Verfolgung von Unterlassungsansprüchen beschränkt sind (§ 13 II Nr. 2, 3 UWG). **30**

b) Die Abmahnkosten können ferner aus dem Gesichtspunkt der **Geschäftsführung ohne Auftrag** gemäß den §§ 683, 670 BGB erstattet verlangt werden. Die Rechtsprechung geht davon aus, daß die Abmahntätigkeit auch dem Interesse und dem mutmaßlichen Willen des Abgemahnten entspricht (*BGH* GRUR 1970, 189 „Fotowettbewerb" = NJW 1970, 243). **31**

aa) Abmahnkosten sind möglichst niedrig zu halten. Die Kosten für die Einschaltung eines Rechtsanwalts sind nur erstattungsfähig, wenn sie zur zweckentsprechenden Rechtsverfolgung notwendig sind (vgl. *BGH* GRUR 1984, 691f. „Anwaltsabmahnung" = NJW 1984, 2525).

bb) Bislang hat die Rechtsprechung im wesentlichen den **Verbänden,** auch den Fachverbänden, die Erstattung von Anwaltskosten versagt, wenn es zu den Aufgaben des Verbandes gehört, Wettbewerbsverstöße zu verfolgen (vgl. *BGH* aaO). Reagiert der Abgemahnte in diesen Fällen auf die erste Abmahnung jedoch nicht, so darf dann ein Anwalt in Anspruch genommen werden mit der Folge, daß dessen Kosten dem Verband zu erstatten sind (*BGH* GRUR 1970, 189 „Fotowettbewerb").

c) Die **Höhe** der erstattungsfähigen Abmahnkosten hängt davon ab, ob ein Rechtsanwalt eingeschaltet werden durfte. Dann darf in aller Regel eine 7,5/10 Mittelgebühr nach § 118 I 1 BRAGO berechnet werden. Besaß der Anwalt dagegen schon einen Auftrag, gerichtlich vorzugehen, so reduziert sich die Gebühr auf 5/10 nach § 32 BRAGO, wenn die Abmahnung zum Erfolg führt (vgl. *Baumbach/Hefermehl,* Einleitung UWG, Rdnr. 557; *Gloy,* Handbuch, § 63, Rdnr. 37f.). Verbänden wird eine **Abmahnkostenpauschale** in der Größenordnung von derzeit etwa 120 DM bis 200 DM zugesprochen (*BGH* GRUR 1984, 129 „shop-in-the-shop" = MDR 1984, 376; *OLG Hamburg* vom 5. 4. 1990 – 3 U 72/89). **32**

d) Auch im Fall einer Mehrfachabmahnung können die **Abmahnkosten des Zweitabmahnenden** erstattungsfähig sein (*LG Köln* GRUR 1987, 741). **33**

e) Im Fall einer **unberechtigten** wettbewerbsrechtlichen Abmahnung hat der Abgemahnte grundsätzlich **keinen Kostenerstattungsanspruch,** es sei denn, die Abmahnung war ihrerseits wettbewerbswidrig oder der Abmahnende ist zu Unrecht aus einem Schutzrecht vorgegangen, zum Beispiel aus § 16 UWG (*BGH* GRUR 1984, 571, 573 „Feststellungsinteresse" = NJW 1986, 1815). **34**

6. Schutzschrift

a) Die **Schutzschrift** ist ein in der Zivilprozeßordnung nicht vorgesehener Schriftsatz. Sie hat den Zweck, das Gericht davon zu überzeugen, den Antrag **35**

auf Erlaß einer einstweiligen Verfügung von vornherein, also ohne mündliche Verhandlung, zurückzuweisen, zumindest jedoch nicht ohne mündliche Verhandlung über den Antrag zu entscheiden.

36 **b)** Eine Schutzschrift ist zweckmäßigerweise einzureichen, wenn man befürchtet, mit einem einstweiligen Verfügungsverfahren überzogen zu werden, oder, nachdem man abgemahnt worden ist und keine Unterwerfungserklärung abgeben will.

37 **c)** Die Schutzschrift ist gegebenenfalls bei mehreren Gerichten und dort auch jeweils bei den für Wettbewerbssachen zuständigen Zivilkammern und Kammern für Handelssachen zu hinterlegen. Es ist nämlich zu berücksichtigen, daß dem Antragsteller angesichts der Zuständigkeitsbesonderheiten des Wettbewerbsprozesses zahlreiche Wahlmöglichkeiten offenstehen (vgl. Rdnrn. 43ff.).

38 **d)** Die Schutzschrift ist wie ein **vorbereitender Schriftsatz** zu gestalten (§ 130 ZPO). Sie enthält also insbesondere den Antrag, den Antrag auf Erlaß einer einstweiligen Verfügung zurückzuweisen, hilfsweise nicht ohne mündliche Verhandlung darüber zu entscheiden. Zweckmäßig ist es, diesen Antrag unter Vortrag des Sachverhalts und der rechtlichen Überlegungen zu begründen; gegebenenfalls sind Beweis- und Glaubhaftmachungsmittel beizufügen.

39 **e)** Das Gericht hat die Schutzschrift nach den Grundsätzen des **rechtlichen Gehörs** zu beachten (Art. 103 I GG; *Teplitzky* GRUR 1988, 405ff.). Dies kann für den Abgemahnten von Nachteil sein, wenn sich der Schutzschrift entnehmen läßt, daß der Antrag auf Erlaß einer einstweiligen Verfügung berechtigt ist. Diese kann dann vom Gericht trotz der Schutzschrift erlassen werden.

40 **f)** Nach Auffassung fast aller Oberlandesgerichte sind die **Kosten der Schutzschrift** im einstweiligen Verfügungsverfahren mit einer 5/10 Gebühr nach den §§ 32, 31 I 1 BRAGO erstattungsfähig, wenn die Schutzschrift vor der Rücknahme oder der Zurückweisung des Antrages auf Erlaß einer einstweiligen Verfügung dem Gericht vorlag. Dem Kostenerstattungsanspruch können jedoch praktische Gründe entgegenstehen, da das Gericht den Zurückweisungsbeschluß dem Einreicher der Schutzschrift grundsätzlich nicht mitteilen darf (§§ 936, 922 III ZPO). (Vgl. zur Schutzschrift: *Teplitzky,* Kap. 55, Rdnr. 51; *Spätgens,* in: Handbuch des Wettbewerbsrechts, § 80 Rdnr. 90ff.; Muster einer Schutzschrift: *Mes,* in: Beck'sches Prozeßformularbuch, 4. Aufl. II L 2.)

IV. Einstweiliges Verfügungsverfahren

41 Im Vordergrund des Wettbewerbsprozesses steht das einstweilige Verfügungsverfahren, das im Verhältnis zum Hauptklageverfahren mit zahlreichen Besonderheiten behaftet ist, die unbedingt beachtet werden müssen.

1. Zuständigkeit des Gerichts der Hauptsache

42 Für den Erlaß einstweiliger Verfügungen ist das **Gericht der Hauptsache** örtlich, sachlich und funktionell zuständig, unabhängig davon, ob die Hauptsache schon anhängig ist oder nicht (§ 937 I ZPO).

2. Örtliche Zuständigkeit

a) Für Prozesse aufgrund des UWG ist das Gericht örtlich zuständig, in dessen Bezirk der Antragsgegner seine gewerbliche Niederlassung oder – in Ermangelung einer solchen – seinen Wohnsitz hat. Für Personen, die im Inland weder eine gewerbliche Niederlassung noch einen Wohnsitz haben, ist das Gericht des inländischen Aufenthaltsortes zuständig (§ 24 I UWG). **43**

b) Darüber hinaus ist nach § 24 II UWG das Gericht ausschließlich örtlich zuständig, in dessen Bezirk die Handlung begangen ist oder ernsthaft droht (hM, z. B. *OLG Stuttgart* WRP 1988, 331 f.). Die Handlung ist dort begangen, wo irgendein Tatbestandsmerkmal verwirklicht wird. In Betracht kommt also auch der **Ort des Verletzungserfolges** (*Baumbach/Hefermehl,* § 24 UWG Rdnr. 6). Die besondere Bedeutung dieser Zuständigkeitsvorschrift liegt darin, daß sie dem Antragsteller häufig die Wahl zwischen mehreren Gerichten ermöglicht, wenn die unlautere Werbemaßnahme durch überregionale Werbemedien verbreitet wird. Die Zuständigkeit ist dann überall dort gegeben, wo das Werbemedium, zum Beispiel die Zeitung, verbreitet, d. h. dritten Personen bestimmungsgemäß und nicht nur zufällig zur Kenntnis gebracht wird, sofern die Werbung geeignet ist, den Wettbewerb im Bereich des angerufenen Gerichts zu beeinflussen (so zuletzt *OLG Köln* GRUR 1988, 148 f.). Die Einzelheiten sind jedoch umstritten (vgl. *Baumbach/Hefermehl,* § 24 UWG Rdnr. 6, sowie *Seibt,* in: Handbuch des Wettbewerbsrechts, § 65 Rdnrn. 10 ff.). **44**

c) Schließlich kann das **Amtsgericht,** in dessen Bezirk sich der Streitgegenstand befindet, zuständig sein (§ 942 I ZPO). Diese Zuständigkeit spielt jedoch im wettbewerbsrechtlichen einstweiligen Verfügungsverfahren keine Rolle. **45**

d) Ein beim **örtlich unzuständigen** Gericht eingereichter Antrag auf Erlaß einer einstweiligen Verfügung ist unzulässig. Das Gericht muß auf eventuelle Bedenken gegen die örtliche Zuständigkeit – gegebenenfalls telefonisch – hinweisen. Der Antragsteller kann dann einen **Verweisungsantrag** einreichen, so daß das Verfahren ohne mündliche Verhandlung durch Beschluß an das zuständige Gericht verwiesen werden kann (§ 281 ZPO; vgl. *Teplitzky,* Kap. 55, Rdnr. 19), wenn die Voraussetzungen des § 937 II ZPO gegeben sind (vgl. Rdnr. 91). **46**

3. Sachliche Zuständigkeit

Im Rahmen der sachlichen Zuständigkeit sind meistens die Landgerichte in erster Instanz zuständig, da der Wert der geltend gemachten Ansprüche den Betrag von 5000 DM in aller Regel übersteigt (§ 23 Nr. 1 GVG). **47**

4. Funktionelle Zuständigkeit

Die funktionelle Zuständigkeit liegt grundsätzlich bei den Kammern für Handelssachen (§ 95 I Nr. 5 GVG, § 27 I UWG). Dennoch ist es bei einigen Landgerichten üblich, sich an die nach der Geschäftsverteilung für Wettbewerbsprozesse zuständigen Zivilkammern zu wenden. Vielfach machen die Gegner von ihrem Recht, die Verweisung an die Kammern für Handelssachen zu erzwingen (§ 98 I 1 GVG), keinen Gebrauch. Insoweit kommt es sehr auf die örtlichen Verhältnisse an. **48**

5. Inhalt und Form

49 **a)** Der Antrag auf Erlaß einer einstweiligen Verfügung muß sich nach den allgemeinen Regeln richten und dementsprechend das Gericht und die Parteien bezeichnen (§§ 253 II 1, 130 S. 1 ZPO). Für die Partei- und Prozeßfähigkeit gelten die allgemeinen Vorschriften der §§ 50ff. ZPO.

50 **b)** Zweckmäßigerweise wird schon auf der ersten Seite des Antrags angegeben, daß es sich um einen Wettbewerbsprozeß handelt, damit der Schriftsatz von der Gerichtseingangsstelle unmittelbar den dafür zuständigen Kammern zugeleitet werden kann. Im einstweiligen Verfügungsverfahren ist es um der schnellen Bearbeitung willen ohnehin besser, den Antrag direkt auf der Geschäftsstelle der zuständigen Kammer abzugeben.

51 **c)** Des weiteren soll der Antrag den Verfügungsgrund und den Verfügungsanspruch unter Angabe des Geldwertes bezeichnen (§ 936 in Verb. mit § 910 S. 1 ZPO). (In § 936 ZPO befindet sich die Generalverweisung, nach der für das einstweilige Verfügungsverfahren die Vorschriften über das Arrestverfahren grundsätzlich anwendbar sind. Im Folgenden wird daher § 936 ZPO nicht mehr gesondert erwähnt).

52 **d)** Für den an das Landgericht gerichteten Antrag auf Erlaß einer einstweiligen Verfügung besteht **kein Anwaltszwang.** Der Antrag ist nämlich eine Prozeßhandlung, die vor dem Urkundsbeamten der Geschäftsstelle zu Protokoll erklärt werden kann (§ 920 III ZPO). Für derartige Prozeßhandlungen gilt der in § 78 III ZPO verordnete Anwaltszwang nicht. Daraus folgt, daß jedermann eine einstweilige Verfügung beantragen kann; der Rechtsanwalt also auch dort, wo er nicht zugelassen ist.

53 **e)** Im Anwaltsprozeß braucht wegen § 88 II ZPO an und für sich eine **Vollmacht** nicht vorgelegt zu werden. Dennoch ist es besser, eine solche vorzubereiten, weil der Mangel der Vollmacht vom Gegner in jeder Lage des Verfahrens gerügt werden kann (§ 88 I ZPO).

54 **f)** Der Antrag kann auch nach Erlaß der einstweiligen Verfügung entsprechend § 269 ZPO bis zur formellen Rechtskraft **zurückgenommen** werden, ohne daß es einer Einwilligung des Antragsgegners bedarf (*OLG Düsseldorf* WRP 1982, 654). (Muster eines Antrages auf Erlaß einer einstweiligen Verfügung: *Mes,* in: Beck'sches Prozeßformularbuch, II L 3.)

6. Antrag

55 **a)** Im Wettbewerbsprozeß steht die **Durchsetzung von Unterlassungsansprüchen** im Vordergrund. Insoweit muß ein **genau bestimmter Antrag** formuliert werden, der sich an der konkreten Verletzungshandlung orientiert, so daß der Antragsgegner ohne weiteres erkennen kann, was ihm verboten wird. Dem Antrag ist besondere Sorgfalt zu widmen. Das Gericht ist an die Formulierung des Antrages nicht gebunden. Es darf gewisse Änderungen vornehmen, aber nur im Rahmen des Antrages (*Baumbach/Hefermehl,* § 25 UWG Rdnr. 30).

56 **b) Ordnungsmittelandrohung. aa)** Es ist zweckmäßig, mit dem Verbotsantrag die **Ordnungsmittelandrohung** gemäß den §§ 928, 890 I ZPO zu verbinden. Danach wird dem Antragsgegner die vom Gericht vorzunehmende Festsetzung eines Ordnungsgeldes für jeden Fall der Zuwiderhandlung und für den

Fall, daß dieses nicht beigetrieben werden kann, einer Ordnungshaft oder einer Ordnungshaft bis zu 6 Monaten (Ordnungsgeld im Einzelfall höchstens 500000 DM, Ordnungshaft insgesamt höchstens 2 Jahre) angedroht.

bb) Die Erzwingung von Unterlassungsgeboten wird nämlich durch die Verhängung von Ordnungsmitteln nach § 890 I ZPO durchgesetzt. Sie ist nur zulässig, wenn eine entsprechende Androhung vorausgegangen ist (§ 890 II ZPO). Die Androhung kann auch aufgrund eines späteren Antrages durch Beschluß vom Prozeßgericht des ersten Rechtszuges, getrennt von der einstweiligen Verfügung, erlassen werden (§ 890 II ZPO).

cc) Richtet sich das Unterlassungsgebot jedoch gegen einen im **Ausland** ansässigen Gegner, darf die einstweilige Verfügung keine Ordnungsmittelandrohung enthalten, denn die ausländischen Stellen weigern sich wegen Verletzung ihrer Hoheitsrechte einen Titel mit Ordnungsmittelandrohung dem Gegner zuzustellen (Art. 13 I Haager Zustellungsübereinkommen vom 15. 11. 1965, BGBl. 1977 II 1453; *Schütze* WM 1980, 1438).

c) Wenn die einstweilige Verfügung im Beschlußwege erlassen werden soll, 57
ist es ferner zweckmäßig, einen Antrag „der Dringlichkeit wegen ohne mündliche Verhandlung" zu stellen (§ 937 II ZPO).

d) Neben dem Unterlassungsantrag sind im einstweiligen Verfügungsverfah- 58
rens **Herausgabeanträge** denkbar, wenn es darum geht, Gegenstände sicherzustellen (§ 938 II ZPO).

e) Sonstige Anträge, wie der Antrag auf Urteilsveröffentlichung gemäß 59
§ 23 II UWG, auf Löschung eines Rechts, auf Vernichtung von Gegenständen, auf Widerruf, auf Richtigstellung, auf Auskunft oder Rechnungslegung, sind grundsätzlich unzulässig, es sei denn, daß der Antragsteller auf derartige Verfügungen wegen ihrer für ihn existentiellen Bedeutung angewiesen ist (vgl. zum Beispiel *KG* GRUR 1988, 403 f.; *Spätgens,* in: Handbuch des Wettbewerbsrechts, § 81).

7. Verfügungsgrund

a) Die Darstellung des Verfügungsgrundes – genannt die **Dringlichkeit** oder 60
Eilbedürftigkeit – ist in einem auf eine Unterlassungsverfügung gerichteten Antrag grundsätzlich entbehrlich, da gemäß § 25 UWG Unterlassungsverfügungen erlassen werden können, auch wenn die in den §§ 935, 940 ZPO bezeichneten Voraussetzungen nicht vorliegen. Der Antragsteller braucht also nicht darzulegen, daß seine Rechte durch eine Veränderung des bestehenden Zustandes vereitelt oder wesentlich erschwert werden oder daß das Unterlassungsgebot zur Abwendung wesentlicher Nachteile oder aus anderen Gründen nötig erscheint. Kurzum: **Die Dringlichkeit wird vermutet.**

b) Aber die Dringlichkeitsvermutung ist **widerlegbar.** Wann dies der Fall ist, 61
ist in der Rechtsprechung der Oberlandesgerichte höchst umstritten. Deswegen ist es zwingend erforderlich, die örtlichen Gepflogenheiten zu ermitteln und zu berücksichtigen (vgl. *Traub,* Wettbewerbsrechtliche Verfahrenspraxis unter 3.3.).

Die Dringlichkeit kann entfallen: 62

– durch **bloßes Zuwarten** nach Kenntniserlangung des Verletzungstatbestandes, zum Beispiel nach 4 Wochen (*OLG München* WRP 1983, 643), nach

6 Wochen (*OLG Köln* WRP 1978, 557), nach 3 Monaten (*Baumbach/Hefermehl,* § 25 UWG Rdnr. 15).

- im Fall der **Unkenntnis** eines schon länger andauernden Verletzungstatbestandes, wenn man ihn bei pflichtgemäßer Marktbeobachtung hätte wahrnehmen können (*OLG Köln* WRP 1983, 355; ablehnend *OLG Frankfurt* WRP 1978, 467),
- wenn die gesetzlichen **Berufungs- und Berufungsbegründungsfristen** voll ausgeschöpft werden, wenn eine Verlängerung der Berufungsbegründungsfrist um einen Monat beantragt wird (*OLG München* WRP 1972, 398), oder wenn die verlängerte Berufungsbegründungsfrist voll ausgeschöpft wird (*OLG Köln* GRUR 1979, 172; *KG* WRP 1978, 49).

8. Besondere Dringlichkeit gemäß § 937 II ZPO

63 Von dieser im Unterlassungsverfügungsverfahren vermuteten Dringlichkeit ist die **besondere Dringlichkeit des § 937 II ZPO** zu unterscheiden, die es dem Gericht erlaubt, in dringenden Fällen ohne mündliche Verhandlung, also durch Beschluß, zu entscheiden. Insoweit gewährt § 25 UWG keine Erleichterung. Der Antragsteller muß also vortragen und glaubhaft machen, warum die Angelegenheit so dringlich ist, daß ohne mündliche Verhandlung entschieden werden soll (*OLG Karlsruhe* WRP 1989, 265). Trotzdem ist das Beschlußverfahren ohne mündliche Verhandlung die Regel (*Spätgens,* in: Handbuch des Wettbewerbsrechts, § 84, Rdnr. 83). Ein Teil der OLG-Rechtsprechung steht allerdings auf dem Standpunkt, daß unzulässige oder unbegründete Anträge nur nach mündlicher Verhandlung beschieden werden können (z. B. *KG* WRP 1978, 449). Teilweise wird auch angenommen, daß die besondere Dringlichkeit nur nach vorheriger Abmahnung vorliegen kann, so daß ohne eine solche die mündliche Verhandlung anzuberaumen ist (*Baumbach/Hefermehl,* § 25 UWG Rdnr. 27).

9. Darstellung des Verfügungsanspruchs

64 Der Verfügungsanspruch ist entsprechend den allgemeinen Vorschriften vollständig und der Wahrheit gemäß darzustellen (§§ 920 II, 138 I ZPO) und glaubhaft zu machen (§ 294 I ZPO). Nach einem Teil der Rechtsprechung hat sich die Glaubhaftmachung im Beschlußverfahren auch auf mögliche Einwendungen oder Einreden zu erstrecken, wenn diese sich aus dem Vortrag des Antragstellers ergeben (*Baumbach/Hefermehl,* § 25 UWG Rdnr. 8). Im Urteilsverfahren gelten dagegen die allgemeinen Lastverteilungsregeln.

10. Glaubhaftmachung

65 **a)** Im Rahmen der **Glaubhaftmachung** reicht zur Feststellung der Tatsachen ein geringerer Grad der Wahrscheinlichkeit im Verhältnis zur Beweisführung im Hauptprozeß aus. Die Glaubhaftmachung kann mit den Beweismitteln der ZPO und darüber hinaus zusätzlich mit der eidesstattlichen Erklärung erfolgen (§ 294 I ZPO). Die eidesstattliche Erklärung kann von jedermann, auch von der Partei selbst stammen. Sie darf vom Rechtsanwalt aufgenommen werden. Dieser hat den Erklärer auf die Wahrheitspflicht und die Folgen der Abgabe einer falschen eidesstattlichen Erklärung hinzuweisen (§ 6 IV der Grundsätze des anwaltlichen Standesrechts in der Fassung vom 1. 2. 1987). Die Abgabe einer eidesstattlichen Erklärung ist freiwillig; sie darf nicht erzwungen werden.

b) Im einstweiligen Verfügungsverfahren gilt nur eine **präsente** Glaubhaftmachung (§§ 920 II, 294 II ZPO). Beweisanträge oder das Anerbieten einer Glaubhaftmachung reichen nicht aus. 66

aa) Im **einseitigen Antragsverfahren** kommen aus praktischen Gründen natürlich nur Urkunden, Sachverständigengutachten und eidesstattliche Erklärungen in Betracht. Sollte das Gericht der Auffassung sein, daß eine bestimmte Tatsache nicht ausreichend glaubhaft gemacht ist, kann es dem Antragsteller Gelegenheit zur Nachbesserung geben.

bb) Wenn dagegen im Urteilsverfahren während der **mündlichen** Verhandlung Beweis- und Glaubhaftmachungsmittel fehlen, ist eine **Nachbesserung nicht möglich.** Eine Beweisaufnahme, die nicht sofort erfolgen kann, ist unstatthaft (§ 294 II ZPO). In keinem Fall, jedenfalls nicht ohne Zustimmung der anderen Partei, darf das Gericht die mündliche Verhandlung vertagen, um einer Partei Gelegenheit zur Herbeischaffung von Beweis- bzw. Glaubhaftmachungsmitteln zu geben (*Spätgens,* in: Handbuch des Wettbewerbsrechts, § 84, 109f.).

11. Beschluß- oder Urteilsverfahren

Nach Eingang des Antrages auf Erlaß einer einstweiligen Verfügung hat das Gericht, nachdem es dem Antragsgegner eventuell Gelegenheit zur Stellungnahme gegeben hat, die Weiche zwischen dem Beschlußverfahren (vgl. Rdnr. 68ff.), wenn es sich um einen besonders dringlichen Fall handelt (§ 937 II ZPO), und dem Verfahren mit mündlicher Verhandlung (vgl. Rdnr. 86ff.) zu stellen. 67

12. Beschlußverfahren

a) Im **Beschlußverfahren** weist das Gericht einen unzulässigen oder unbegründeten Antrag durch Beschluß zurück (§ 922 I ZPO). Der **zurückweisende Beschluß** ist zu begründen. Er darf dem Antragsgegner nicht mitgeteilt werden (§ 922 III ZPO), es sei denn, daß dieser vorher gehört worden war. Dem Antragsteller sind die Kosten des Verfahrens aufzuerlegen, so daß der Antragsgegner gegebenenfalls einen Kostenerstattungsanspruch, insbesondere hinsichtlich einer etwa hinterlegten Schutzschrift, hat (vgl. Rdnrn. 35ff.). 68

b) Gegen den zurückweisenden Beschluß kann der Antragsteller **Beschwerde** einlegen. 69

aa) Die Beschwerde wird grundsätzlich bei dem Gericht eingelegt, das den Zurückweisungsbeschluß erlassen hat (§ 569 I ZPO). Beim Landgericht gilt **Anwaltszwang** (§ 569 II ZPO). Erachtet das Gericht die Beschwerde für begründet, so hat es ihr abzuhelfen. Anderenfalls ist die Beschwerde vor Ablauf einer Woche dem Beschwerdegericht vorzulegen (§ 571 ZPO).

bb) In dringenden Fällen kann die Beschwerde unmittelbar beim **Beschwerdegericht** eingereicht werden (§ 569 II 1 ZPO), und zwar auch von dem beim Landgericht zugelassenen Rechtsanwalt (§ 569 II, *OLG Frankfurt* MDR 1983, 233).

cc) Wenn das Beschwerdegericht die Beschwerde als unbegründet ansieht, wird es sie durch Beschluß zurückweisen. Eine **weitere Beschwerde** dagegen ist **nicht zulässig** (§ 567 III 1 ZPO). Im übrigen hat das Beschwerdegericht dieselben Möglichkeiten wie das erstinstanzliche Gericht. Wenn es die Beschwerde als begründet und die Voraussetzungen des § 937 II ZPO als gegeben ansieht, wird es die einstweilige Verfügung durch Beschluß erlassen, allerdings nur, wenn der betreffende Anspruch in erster Instanz geltend gemacht war (*OLG Hamm* WRP 1990, 122). Beim Fehlen der Voraussetzungen des § 937 II ZPO muß es mündliche Verhandlung anberaumen oder unter Aufhebung des Zurückweisungsbeschlusses das Landgericht anweisen, über den Antrag nicht ohne mündliche Verhandlung zu entscheiden (*Pastor,* Der Wettbewerbsprozeß, 3. Aufl. S. 319).

dd) Die **Beschwerdeschrift** ist ein bestimmender Schriftsatz (§ 130 ZPO). Zweckmäßigerweise enthält sie einen bestimmten Antrag sowie eine Begründung. Die Beschwerde kann auf neue Tatsachen und Beweise, d. h. auch neue Glaubhaftmachungsmittel, gestützt werden (§ 570 ZPO).

ee) Für die Einlegung der Beschwerde besteht **keine Frist.** Wegen der Dringlichkeitsproblematik ist sie jedoch so schnell wie möglich einzureichen.

13. Beschlußverfügung

70 Wenn das Gericht den Antrag als begründet und als dringlich gemäß § 937 II ZPO ansieht, wird es die einstweilige Verfügung durch Beschluß erlassen (§ 922 I ZPO). Eine Begründung ist nicht erforderlich (*Teplitzky,* Kap. 55, Rdnr. 5).

71 **a)** Das Gericht hat nur dem Antragsteller eine vollständige **Ausfertigung der Beschlußverfügung** von Amts wegen zuzustellen (§§ 929 II, 329 II 2, 270 I, 170 I ZPO). Die Ausfertigung muß die formellen Voraussetzungen erfüllen, also vom Urkundsbeamten der Gechäftsstelle unterschrieben und mit dem Gerichtssiegel versehen sein (§§ 329 I, 317 III ZPO).

72 **b)** Dem Antragsgegner gegenüber wird die Beschlußverfügung nur dadurch **wirksam,** daß der Antragsteller ihm eine beglaubigte Abschrift der vollständigen Ausfertigung, also einschließlich der Unterschrift des Urkundsbeamten der Geschäftsstelle und des Gerichtssiegels, im Parteibetrieb vom Gerichtsvollzieher zustellen läßt (§§ 166ff. ZPO; *OLG Düsseldorf* WRP 1990, 43). Manche Gerichte schreiben in der einstweiligen Verfügung vor, daß mit der Beschlußverfügung auch eine beglaubigte Abschrift der Antragsschrift zuzustellen ist.

War für den Antragsgegner schon ein Rechtsanwalt aufgetreten, so ist die Zustellung vorsorglich an diesen zu bewirken (§§ 176, 198 ZPO). In Zweifelsfällen ist sowohl dem Rechtsanwalt als auch dem Antragsgegner zuzustellen.

73 **c)** Die Zustellung der Beschlußverfügung im Parteibetrieb bewirkt auch deren **Vollziehung,** die binnen der **Frist eines Monats** zu erfolgen hat (§ 929 II ZPO). Da die Vollziehung nach Ablauf eines Monats unstatthaft ist, kann die einstweilige Verfügung infolge nicht rechtzeitiger oder fehlerhafter Zustellung wirkungslos werden. Dies ist in jedem Stadium des Verfahrens von Amts wegen zu beachten und kann vom Antragsgegner in jeder ihm zur Verfügung stehenden Verfahrensart, nämlich im Widerspruchsverfahren (§ 924 ZPO), in den Aufhebungsverfahren der §§ 926, 927 ZPO sowie in der Berufung geltend gemacht werden.

Bei einstweiligen Verfügungen, die auf ein aktives Tun, zum Beispiel eine Sequestration, hinauslaufen, hat diese Maßnahme vor Ablauf der Vollziehungsfrist zu beginnen (zur Vollziehung vgl. *Baumbach/Hefermehl,* § 25 Rdnrn. 55ff.; *Spätgens,* in: Handbuch des Wettbewerbsrechts, § 86).

14. Widerspruch

a) Gegen die Beschlußverfügung findet der **Widerspruch** statt (§ 924 I ZPO), und zwar zum erstinstanzlichen Gericht, auch wenn die einstweilige Verfügung vom Beschwerdegericht durch Beschluß erlassen worden ist. **74**

b) Für die Einlegung des Widerspruchs besteht **keine Frist.** Der Antragsgegner kann den Zeitpunkt des Widerspruchs grundsätzlich frei bestimmen. **75**

c) Der Widerspruch kann nur schriftlich eingelegt werden, verbunden mit dem Antrag, die einstweilige Verfügung ganz oder teilweise oder beschränkt auf den Kostenausspruch (vgl. zum Kostenwiderspruch Rdnrn. 81ff.), aufzuheben (§ 924 I, II ZPO). Beim Landgericht gilt **Anwaltszwang.** Im übrigen gelten dieselben Grundsätze wie für die Antragsschrift. Insbesondere kann sich auch die widersprechende Partei der Glaubhaftmachungsmittel bedienen (Muster eines Widerspruchs: *Mes,* in: Beck'sches Prozeßformularbuch, II L 5, L 6). **76**

d) Der Widerspruch ist jederzeit **rücknehmbar** und schließt einen erneuten Widerspruch nicht aus (*Baumbach/Hefermehl,* § 25 Rdnr. 67). **77**

e) Der Widerspruch hat **keine aufschiebende Wirkung** (§ 924 I, III ZPO). Grundsätzlich kommt auch **keine Einstellung der Zwangsvollstreckung** in Betracht (*Klette* GRUR 1982, 471ff.; vgl. auch *OLG Koblenz* WRP 1990, 366). **78**

f) Das Gericht hat aufgrund des Widerspruchs **Termin zur mündlichen Verhandlung** von Amts wegen zu bestimmen (§ 924 II 2 ZPO), und zwar unter Beachtung der gegebenenfalls abzukürzenden Ladungsfrist (§ 217 ZPO). Für die mündliche Verhandlung gilt dasselbe wie im Urteilsverfahren (vgl. Rdnr. 87). **79**

g) Das Gericht kann je nach Sach- und Rechtslage die einstweilige Verfügung ganz oder teilweise bestätigen, abändern oder aufheben. Es entscheidet durch **Endurteil** (§ 925 ZPO). Die bestätigte einstweilige Verfügung braucht nicht noch einmal zugestellt zu werden. **80**

Wird die einstweilige Verfügung aufgehoben, so wird die Aufhebung nach herrschender Meinung sofort mit der Verkündung des Urteils wirksam mit der Konsequenz, daß in der Berufungsinstanz gegebenenfalls eine neue einstweilige Verfügung zu erlassen ist (*Baumbach/Hefermehl,* § 25 UWG Rdnr. 69; *Teplitzky,* Kap. 55, Rdnr. 13).

15. Kostenwiderspruch

a) Eine Besonderheit ist der Kostenwiderspruch, mit dem der Widerspruch ausschließlich auf die Nachprüfung der Kostenentscheidung beschränkt und aufgrund dessen lediglich geprüft wird, ob der Antragsgegner Veranlassung zum Verfahren gegeben hat (§ 93 ZPO). Mit Einwendungen gegen die einstweilige Verfügung im übrigen ist der Antragsgegner ausgeschlossen. **81**

b) Die Beschränkung des Widerspruchs auf die Kosten impliziert zugleich die Erklärung, daß im übrigen die einstweilige Verfügung anerkannt wird. Ob in einer solchen Erklärung auch der Verzicht, dem Antragsteller eine Frist zur Erhebung der Hauptklage nach § 926 ZPO setzen zu lassen, liegt, ist umstritten. **82**

Ein Teil der Oberlandesgerichte verneint dies. Dagegen sieht jedoch das *Kammergericht* (WRP 1982, 465) im Kostenwiderspruch einen solchen Verzicht mit der Folge, daß man sich gegebenenfalls das Recht zur Fristsetzung nach § 926 I ZPO im Kostenwiderspruch ausdrücklich vorbehalten muß.

83 **c)** Das Gericht entscheidet über den Kostenwiderspruch durch **Urteil,** das nur mit **der sofortigen Beschwerde** bei Einhaltung der **zweiwöchigen Beschwerdefrist** (§ 577 II 1 ZPO) angefochten werden kann (analog § 99 II ZPO).

84 **d)** Da es nur um die Kosten geht, wird der Streitwert nach den bis zum Erlaß der einstweiligen Verfügung entstandenen Kosten bemessen. (Vgl. zum Kostenwiderspruch *Baumbach/Hefermehl,* § 25 UWG Rdnr. 73ff.; *Spätgens,* in: Handbuch des Wettbewerbsrechts, § 88, Rdnrn. 8ff.; Muster eines Kostenwiderspruchs bei *Mes,* in: Beck'sches Prozeßformularbuch, II L 7.)

85 **e)** Wer im Rahmen einer Kostenentscheidung auch den Verfügungsgrund und den Verfügungsanspruch überprüft haben möchte, muß gegen die einstweilige Verfügung **Widerspruch insgesamt** erheben und eine strafbewehrte Unterlassungserklärung abgeben, wobei nach überwiegender Meinung deren Abgabe im Termin vor Beginn der mündlichen Verhandlung ausreicht. Nachdem die Parteien dann die Hauptsache übereinstimmend für erledigt erklärt haben, muß das Gericht im Rahmen seiner Kostenentscheidung nach § 91a ZPO unter Berücksichtigung des gesamten bisherigen Sach- und Streitstandes einschließlich der Frage, ob der Antragsgegner zur Einleitung des Verfahrens Veranlassung gegeben hat (§ 93 ZPO), über die Kosten durch Beschluß entscheiden. Gegen diesen Beschluß ist das Rechtsmittel der sofortigen Beschwerde mit der Notfrist von 2 Wochen gegeben (§§ 91a II, 577 II 1 ZPO); *Spätgens,* in: Handbuch des Wettbewerbsrechts, § 88, Rdnr. 13).

16. Urteilsverfügung

86 **a)** Wenn das Gericht nach Eingang des Antrages auf Erlaß einer einstweiligen Verfügung von vornherein mündliche Verhandlung, und zwar unter Beachtung der gegebenenfalls abzukürzenden Ladungsfrist (§ 217 ZPO), angeordnet hat, wird damit das **Urteilsverfahren** eingeleitet (§ 922 I ZPO). Es besteht nunmehr **Anwaltszwang.**

87 **b)** Beide Parteien können bis zum Schluß der mündlichen Verhandlung neu vortragen. Beweis- und Glaubhaftmachungsmittel müssen von den Parteien gestellt werden. Das Gericht kann keine Zeugen oder Sachverständigen laden (§ 294 II ZPO). Die mündliche Verhandlung ist in einem Zuge durchzuführen. **Eine Vertagung oder Aussetzung ist nicht zulässig** (vgl. Rdnr. 66 a. E.).

88 **c)** Wenn das Gericht die einstweilige Verfügung durch Urteil ganz oder teilweise erläßt, spricht man insoweit im Gegensatz zur Beschlußverfügung von einer **Urteilsverfügung.**

aa) Die Urteilsverfügung wird mit der Verkündung **wirksam.** Insoweit bedarf es deren Zustellung nicht. Sie ist also vom Antragsgegner sofort nach deren Verkündung auch ohne Zustellung zu beachten.

bb) Es ist jedoch darauf zu achten, daß nach der weit überwiegenden Meinung der Oberlandesgerichte auch die Urteilsverfügung zur **Vollziehung** der Zustellung im Parteibetrieb binnen Monatsfrist bedarf (vgl. *Baumbach/Hefer-*

mehl, § 25 UWG Rdnr. 56; *Spätgens,* in: Handbuch des Wettbewerbsrechts, § 82 Rdnr. 7; a. A. *BGH* WRP 1989, 514, 517). Es kann daher erforderlich sein, sich vom Gericht eine abgekürzte Ausfertigung geben zu lasen, um die Zustellung innerhalb der Monatsfrist des § 929 II ZPO bewirken zu können. Die nicht ordnungsgemäße oder nicht rechtzeitige Zustellung hat dann dieselben Folgen wie bei der nicht rechtzeitig zugestellten Beschlußverfügung (vgl. Rdnr. 73).

17. Berufung

Für die **Berufung** gegen erstinstanzliche Urteile im einstweiligen Verfügungsverfahren gelten die allgemeinen Grundsätze. Es ist jedoch auf folgende Besonderheiten zu verweisen: **89**

a) Gegen ein Urteil über den **Kostenwiderspruch** gibt es keine Berufung, sondern nur die **sofortige Beschwerde,** für deren Einlegung die 2-Wochen-Frist gilt (§ 577 II 1 ZPO; vgl. Rdnr. 83). **90**

b) Wenn es sich um eine Berufung des Antragstellers handelt, weil ihm eine einstweilige Verfügung nicht gegeben wurde, ist es bei manchen Oberlandesgerichten ratsam, die **Fristen,** insbesondere die Berufungsbegründungsfrist, **nicht voll auszuschöpfen.** Anderenfalls besteht nämlich die Gefahr, daß aus dem Verhalten des Antragstellers auf eine eventuell fehlende Dringlichkeit geschlossen wird (vgl. Rdnr. 62). **91**

c) Bis zum Schluß der mündlichen Verhandlung darf umfassend vorgetragen werden. Sämtliche Beweis- und Glaubhaftmachungsmittel dürfen vorgelegt werden. Die Anwendung der §§ 527, 529 ZPO ist im einstweiligen Verfügungsverfahren ausgeschlossen. **Eine Vertagung findet nicht statt** (*Spätgens,* in: Handbuch des Wettbewerbsrechts, § 88, Rdnr. 29ff.). **92**

d) Eine **Revision** gegen Berufungsurteile im einstweiligen Verfügungsverfahren ist **nicht zulässig** (§ 545 II 1 ZPO). **93**

18. Geltungsdauer der einstweiligen Verfügung

Jede durch Beschluß oder Urteil erlassene Verfügung gilt **ohne zeitliche Beschränkung,** jedoch nur einstweilen. Die Beschlußverfügung ist im jederzeitigen Widerspruchsverfahren aufhebbar. Ferner sind die einstweiligen Verfügungen in den Verfahren der §§ 926, 927 ZPO aufhebbar, auch wenn sie schon formell rechtskräftig festgestellt oder bestätigt sind. **94**

19. Fristsetzung nach § 926 I ZPO

a) Solange eine einstweilige Verfügung existiert und die Hauptklage vom Antragsteller nicht anhängig gemacht worden ist, kann der Antragsgegner durch Antrag an das erstinstanzliche Gericht (kein Anwaltszwang) dem Antragsteller durch Beschluß eine **Frist zur Erhebung der Hauptklage** setzen lassen (§ 926 I ZPO). Dieser Antrag ist jedoch unzulässig, wenn die einstweilige Verfügung vom Antragsgegner als endgültige Regelung anerkannt worden ist oder wenn der Antragsteller auf die Rechte aus der einstweiligen Verfügung verzichtet und die Ausfertigung dem Antragsgegner herausgegeben hat. **95**

b) Die Einreichung der Klage zum Zeitpunkt des Fristablaufs reicht aus, wenn die Zustellung demnächst erfolgt (§ 270 III ZPO). Die Frist wird auch **96**

noch gewahrt, wenn die Klage bis zum Schluß der mündlichen Verhandlung im Aufhebungsverfahren der Antragsgegnerin zugestellt worden ist (§ 231 II ZPO).

97 **c)** Die Klage muß im Streitgegenstand mindestens dem im einstweiligen Verfügungsverfahren geltend gemachten Anspruch entsprechen und wird zweckmäßigerweise als Unterlassungsklage erhoben.

98 **d)** Wird der Fristanordnung keine Folge geleistet, so ist auf Antrag des Antragsgegners (nunmehr Anwaltszwang) die einstweilige Verfügung nach mündlicher Verhandlung durch Endurteil des erstinstanzlichen Gerichts aufzuheben mit der Folge, daß der Antragsteller die Kosten des gesamten Verfahrens einschließlich des Erlaßverfahrens zu tragen hat, auch wenn die Verfügung ursprünglich berechtigt war. (Vgl. zum Aufhebungsverfahren nach § 926 ZPO *Baumbach/Hefermehl,* § 25 UWG Rdnrn. 77ff.; *Spätgens,* in: Handbuch des Wettbewerbsrechts, § 90.)

20. Aufhebungsverfahren nach § 927 ZPO

99 **a)** Jede einstweilige Verfügung kann aufgrund eines Antrages des Antragsgegners **wegen veränderter Umstände aufgehoben** werden. Zu diesen Umständen gehören das nachträgliche Erlöschen des Verfügungsanspruchs, zum Beispiel durch die Abgabe einer vertragsstrafebewehrten Unterlassungserklärung, die Nichteinhaltung der Vollziehungsfrist (§ 929 II ZPO), ein abweisendes oder bestätigendes, rechtskräftiges Urteil im Hauptsacheprozeß.

100 **b)** Für den Antrag ist das **Gericht der Hauptsache zuständig,** wenn die Hauptsache dort anhängig ist, gegebenenfalls also das Berufungsgericht, sonst das Gericht erster Instanz. Es wird nach mündlicher Verhandlung durch Endurteil entschieden. Für das Verfahren gilt Anwaltszwang. Der Aufhebungsantrag ist nicht zulässig, solange ein Widerspruchs- oder Berufungsverfahren anhängig ist (*OLG Koblenz* WRP 1988, 389).

101 **c)** Da das Aufhebungsverfahren grundsätzlich nicht den Zweck hat, die Rechtmäßigkeit des Erlaßverfahrens nachzuprüfen, wird neben der Aufhebung der einstweiligen Verfügung lediglich über **die Kosten des Aufhebungsverfahrens** entschieden. Wenn der Antragsgegner nicht das Risiko eingehen will, die Kosten im Fall eines sofortigen Verzichts des Antragstellers auf die Rechte aus der einstweiligen Verfügung gemäß § 93 ZPO auferlegt zu bekommen, muß er diesen vorher auffordern, auf die Rechte zu verzichten und den Titel herauszugeben. Wenn der Aufhebungsantrag allerdings auf die rechtskräftige Abweisung der Hauptsacheklage oder auf die Versäumung der Vollziehungsfrist (§ 929 II ZPO) gestützt wird, werden auch die Kosten des Erlaßverfahrens dem Antragsteller auferlegt. (Vgl. zum Aufhebungsverfahren nach § 927 ZPO *Baumbach/Hefermehl,* § 25 UWG Rdnrn. 89ff.; *Spätgens,* in: Handbuch des Wettbewerbsrechts, § 91.)

21. Die Bedeutung der Verjährungsfrist des § 21 UWG

102 Der Bestand einer einstweiligen Verfügung ist insbesondere durch die sehr **kurze Verjährungsfrist** des § 21 UWG von nur **sechs Monaten** bedroht, weil der Antrag, der Erlaß, die Zustellung, die Androhung von Ordnungsmitteln,

wenn sie in der Verfügung erfolgt, und die Vollstreckung der Kosten die Verjährung nicht unterbrechen.

a) Die Verjährung kann nur durch die rechtzeitige Erhebung der Hauptklage (§ 209 I BGB) oder die Vornahme einer Vollstreckungshandlung (§ 209 II Nr. 5 BGB) **unterbrochen** werden. **103**

b) Der Antragsgegner kann die Einrede der Verjährung in jedem Verfahrensstadium erheben. Wenn die Verjährung schon vor Rechtshängigkeit des einstweiligen Verfügungsverfahrens eingetreten war, ist der Antrag von Anfang an unbegründet. **104**

Höchst umstritten ist die Rechtslage, wenn die Verjährung nach der Einreichung des Antrages eingetreten ist. Nach einem Teil der Rechtsprechung erledigt sich das Verfügungsverfahren. Verzichtet der Antragsteller sofort auf die Rechte aus der einstweiligen Verfügung, so sind dem Antragsgegner die Kosten des Verfahrens analog § 93 ZPO aufzuerlegen.

Nach einem anderen Teil der Rechtsprechung wird der Verfügungsantrag zurückgewiesen oder die einstweilige Verfügung aufgehoben, weil der Antragsteller durch Erhebung der Hauptklage die Verjährung hätte unterbrechen können (vgl. *Baumbach/Hefermehl,* § 25 UWG Rdnr. 95; *Spätgens,* in: Handbuch des Wettbewerbsrechts § 90, Rdnr. 17).

c) Der Antragsgegner kann dem Antragsteller auch nach Eintritt der Verjährung die Frist zur Erhebung der Hauptklage nach § 926 ZPO setzen lassen (*BGH* GRUR 1981, 447 „Abschlußschreiben" = NJW 1981, 1955) bzw. das Aufhebungsverfahren nach § 927 ZPO einleiten. **105**

V. Vorstadium zur Hauptklage und Hauptklage

1. Rechtzeitige Erhebung der Hauptklage

Da die einstweilige Verfügung nur eine vorläufige Regelung darstellt, deren Bestand durch verschiedene Umstände, nicht zuletzt durch die kurze Verjährungsfrist im Wettbewerbsrecht (§ 21 UWG) gefährdet ist, muß der Antragsteller bestrebt sein, **rechtzeitig Hauptklage zu erheben.** Dies erübrigt sich nur, wenn die einstweilige Verfügung vom Antragsgegner als endgültige Regelung akzeptiert wird, d. h. wenn dieser darauf verzichtet, Widerspruch einzulegen (§ 924 ZPO), dem Antragsteller eine Frist zur Erhebung der Hauptklage setzen zu lassen (§ 926 ZPO) und die einstweilige Verfügung wegen veränderter Umstände gemäß § 927 ZPO aufheben zu lassen (*BGH* WRP 1989, 480), oder wenn der Antragsgegner eine vertragsstrafebewehrte Unterlassungserklärung abgibt (Muster einer Hauptklage: *Mes,* in: Beck'sches Prozeßformularbuch II L 9). **106**

2. Abschlußschreiben

a) Vor der Erhebung der Hauptklage ist es grundsätzlich zweckmäßig, den Antragsgegner entweder **abzumahnen,** wenn kein einstweiliges Verfügungsverfahren vorausgegangen ist, oder in einem sog. **Abschlußschreiben** aufzufordern, die einstweilige Verfügung anzuerkennen und auf die Rechte aus den §§ 924, 926, 927 ZPO zu verzichten. Das Abschlußschreiben hat dieselbe Funktion wie die Abmahnung. Sie ist keine Prozeßvoraussetzung. Jedoch vermeidet **107**

der Kläger das Kostenrisiko gemäß § 93 ZPO für den Fall des sofortigen Anerkenntnisses oder der unverzüglichen Abgabe einer vertragsstrafebewehrten Unterlassungserklärung durch den Antragsgegner.

108 **b)** Das Abschlußschreiben soll nicht sofort nach dem Erlaß der einstweiligen Verfügung abgesandt werden, sondern erst nach einer gewissen Zeitspanne von etwa 14 Tagen (*Spätgens,* in: Handbuch des Wettbewerbsrechts, § 94, Rdnr. 4). Die **Frist** im Abschlußschreiben soll so bemessen sein, daß der Antragsgegner nach Zustellung der einstweiligen Verfügung einen Monat Bedenkzeit hat. Mindestens soll sie jedoch zwei Wochen betragen. Eine kürzere Fristbemessung ist zulässig, wenn Verjährung droht (§ 21 UWG; *Baumbach/Hefermehl,* § 25 UWG Rdnr. 104).

109 **c)** Eine bestimmte **Form** ist für das Abschlußschreiben **nicht** vorgeschrieben. Jedoch ist schon aus Beweisgründen vorzugsweise schriftlich, fernschriftlich oder per Telefax vorzugehen. Wie bei der Abmahnung braucht lediglich die ordnungsgemäße Absendung des Abschlußschreibens nachgewiesen zu werden.

110 **d)** In der **Abschlußerklärung** muß der Antragsgegner entweder die einstweilige Verfügung anerkennen und darauf verzichten, die Rechte aus den §§ 924, 926, 927 ZPO geltend zu machen oder eine vertragsstrafebewehrte Unterlassungserklärung abgeben.

111 **e)** Das Abschlußschreiben dient der Vermeidung eines Hauptsacheprozesses. Die dem Antragsteller dadurch entstandenen **Kosten** sind nach denselben Grundsätzen wie bei der Abmahnung zu **erstatten** (vgl. Rdnr. 30); allerdings mit der Einschränkung, daß im Fall der Einschaltung eines Rechtsanwalts häufig nur eine $\frac{5}{10}$-Gebühr nach § 118 I Nr. 1 BRAGO angemessen sein wird. (Muster eines Abschlußschreibens: *Mes,* in: Beck'sches Prozeßformularbuch II L 4.)

3. Zuständigkeit für die Hauptklage und Inhalt des Unterlassungsantrags

112 Hinsichtlich der örtlichen, sachlichen und funktionellen Zuständigkeit für die Hauptklage gelten im wesentlichen dieselben Grundsätze wie beim einstweiligen Verfügungsverfahren (vgl. Rdnrn. 43ff.). Im übrigen richtet sich der Aufbau der Klage nach den allgemeinen Regeln des Zivilprozeßrechts. Der Unterlassungsantrag hat sich grundsätzlich an der konkreten Verletzungshandlung zu orientieren, so daß der Beklagte ohne weiteres erkennen kann, was er zu unterlassen hat. Es gelten dieselben Grundsätze wie im einstweiligen Verfügungsverfahren (vgl. Rdnr. 55).

4. Verbraucherbefragung

113 Unter den Beweismitteln spielt die **Verbraucherbefragung** bzw. die Marktforschung eine gewisse Rolle. Dadurch läßt sich die Auffassung der von einer Werbemaßnahme angesprochenen Verkehrskreise ermitteln. Denn diese ist häufig ausschlaggebend dafür, ob eine Wettbewerbshandlung unlauter bzw. irreführend ist. Derartige Gutachten könenn erhebliche Kosten von etwa DM 5000 aufwärts verursachen. Überwiegend bedarf es dieses Beweismittels jedoch nicht, da die Richter in aller Regel den angesprochenen Verkehrskreisen angehören und somit selbst in der Lage sind, die Auffassung der angesprochenen Verkehrskreise zu ermitteln (*Baumbach/Hefermehl,* § 3 UWG Rdnr. 112ff.).

5. Mögliche Ansprüche des Hauptprozesses

Der Hauptprozeß dient neben der Verfolgung von Unterlassungsansprüchen der **Durchsetzung** von 114
- Beseitigungsansprüchen, zum Beispiel:
  - Löschung einer Firma,
  - Vernichtung von Gegenständen,
  - Widerrufsansprüche,
  - öffentliche Bekanntmachung der Verurteilung (§ 23 UWG),
- Schadensersatzansprüchen,
- Auskunfts- und Rechnungslegungsansprüchen,
- Vertragsstrafenansprüchen,
- Kostenerstattungsansprüchen

und der **Abwehr von Ansprüchen** in Form der negativen Feststellungsklage.

Wegen der kurzen sechsmonatigen **Verjährungsfrist** des § 21 UWG, die für alle aufgezählten Ansprüche mit Ausnahme für firmenrechtliche und Vertragsstrafenansprüche gilt, ist es zweckmäßig, neben den Unterlassungsansprüchen auch alle anderen in Betracht kommenden Ansprüche rechtzeitig anhängig zu machen.

6. Schadensersatzklage

a) Da es nur selten möglich sein wird, die Schadensersatzansprüche innerhalb der sechsmonatigen Verjährungsfrist zu beziffern, ist es zulässig und ratsam, zunächst eine **Schadensersatzfeststellungsklage,** normalerweise **verbunden mit einer Auskunfts-** oder Rechnungslegungsklage, zu erheben. An die Begründetheit der Schadenersatzfeststellungsklage stellt die Rechtsprechung keine hohen Anforderungen. Sie ist schon dann begründet, wenn mit hoher Wahrscheinlichkeit dem jeweiligen Kläger durch das wettbewerbswidrige Verhalten des Beklagten ein Schaden entstanden ist bzw. noch entstehen wird (*Baumbach/Hefermehl,* Einleitung UWG, Rdnr. 500). 115

b) Wenn der Kläger über den Schadensersatzfeststellungsanspruch hinaus **Zahlungsansprüche** geltend machen will, muß er den Schaden der Höhe nach genau spezifiziert vortragen und belegen. Allerdings hat die Rechtsprechung in Teilbereichen des gewerblichen Rechtsschutzes gewisse Erleichterungen geschaffen angesichts der Tatsache, daß es dem Verletzten häufig aus tatsächlichen Gründen unmöglich sein wird, den Schaden genau zu beziffern. 116

Unter bestimmten Voraussetzungen kann der Geschädigte vom Verletzer statt des konkreten Schadens eine sog. **hypothetische Lizenz** verlangen. Das ist die Lizenz, die üblicherweise für die Nutzung eines Rechts oder einer Nachahmung zu zahlen gewesen wäre. Schließlich kann der Verletzte statt dessen auch die **Herausgabe des** vom Schädiger erzielten **Gewinns** beanspruchen. In allen Fällen ist das Gericht befugt, den Schaden in den Grenzen des § 287 ZPO unter Würdigung aller Umstände nach freier Überzeugung zu schätzen (vgl. *Teplitzky* GRUR 87, 215; *Baumbach/Hefermehl,* Einleitung UWG, Rdnr. 377).

7. Ansprüche auf Auskunfts- oder Rechnungslegung

Die Ansprüche auf **Auskunfts- oder Rechnungslegung** sind Hilfsansprüche, die insbesondere der Vorbereitung des Schadensersatzanspruches dienen. Sie 117 sind nur dann begründet, wenn sie unbedingt zur Ermittlung des Schadens erforderlich sind.

118 **a)** Bei unlauteren und irreführenden Werbemaßnahmen ist in aller Regel nur Auskunft über Art, Zeitpunkt und Umfang der Werbung zu erteilen. Eine Auskunft bzw. eine Rechnungslegung über den Umsatz kommt dagegen nicht in Betracht.

119 **b)** Eine Auskunft über die Personen, die von der Werbemaßnahme angesprochen sind, ist normalerweise nicht erforderlich. Im übrigen kann eine solche Auskunftspflicht über die Adressaten ehrverletzender Behauptungen oder hinsichtlich der Lieferquellen, die die Lückenlosigkeit eines Vertriebssystems bedrohen, bestehen.

120 **c)** Auskünfte über die Umsatzentwicklung und Rechnungslegung sind insbesondere bei Eingriffen in gewerbliche Schutzrechte und bei unlauterer Nachahmung denkbar, insbesondere, wenn der Geschädigte die Herausgabe des Gewinns oder die hypothetische Lizenz beanspruchen will. (Vgl. *Baumbach/Hefermehl,* Einleitung UWG, Rdnrn. 373ff.; zur Formulierung eines solchen Antrages vgl. *BGH* WRP 1986, 377 „Beschlagprogramm".)

VI. Streitwert und Gerichtskosten

1. Bedeutung

121 Grundlage für die Kostenbemessung und damit für das Kostenrisiko ist der **Streitwert.** Dieser richtet sich nach dem Interesse des Angreifers und ist vom Gericht aufgrund objektiver Kriterien nach freiem Ermessen festzusetzen (vgl. § 3 ZPO). Auf das Interesse des Verletzers kommt es grundsätzlich nicht an.

Im Wettbewerbsprozeß kommt der Streitwertfestsetzung angesichts der meist überdurchschnittlichen Höhe der Streitwerte erhebliche Bedeutung zu. Dennoch gibt es, abgesehen von gewissen Faustregeln, keine von den Gerichten einheitlich praktizierten Richtlinien.

2. Bemessung

122 Bei Unterlassungsansprüchen soll vom **Jahresumsatz** des Anspruchstellers ausgegangen werden, soweit dieser beeinträchtigt ist. Wird der Auskunfts- und der Schadensersatzfeststellungsanspruch zusammen mit dem Unterlassungsanspruch anhängig gemacht, beträgt dessen Wert etwa ⅕ bzw. ¼ des Wertes für den Unterlassungsanspruch.

Bei der einseitigen und der übereinstimmenden **Erledigungserklärung** ergibt sich der Streitwert aus dem Wert der Kosten, die bis zu der Erklärung entstanden sind. (Vgl. zum Streitwert *Baumbach/Hefermehl,* Einleitung UWG, Rdnrn. 509ff.)

3. Bei einstweiligen Verfügungsverfahren und Hauptverfahren

123 Vielfach bewerten die Oberlandesgerichte die Unterlassungsanträge im einstweiligen Verfügungsverfahren und im Hauptklageverfahren gleich. Das *Kammergericht* (WRP 1982, 157) bemißt den Unterlassungsanspruch im einstweiligen Verfügungsverfahren jedoch nur mit einem Drittel des Wertes der Hauptsache (vgl. *Baumbach/Hefermehl,* § 25 Rdnr. 45).

4. Streitwertminderung gemäß § 23a UWG

Bei der Bemessung für bestimmte wettbewerbsrechtliche Unterlassungsansprüche ist es **wertmindernd** zu berücksichtigen, wenn die Sache nach Art und Umfang einfach gelagert ist oder eine Belastung einer der Parteien mit den Prozeßkosten nach dem vollen Streitwert angesichts ihrer Vermögens- und Einkommensverhältnisse nicht tragbar erscheint (§ 23a UWG). Auch im letzteren Fall gilt die Streitwertfestsetzung für beide Parteien, so daß die Kostenerstattungspflicht der vermögenden Partei sich nur nach dem niedrigeren Streitwert bemißt, der selbstverständlich auch für die Gebührenabrechnung des Rechtsanwalts der vermögenden Partei gilt. **124**

5. Streitwertbegünstigung gemäß § 23b UWG

Eine weitere Besonderheit ist die **Streitwertbegünstigung** gem. § 23b UWG, die jedoch in Zukunft nur noch ganz ausnahmsweise zur Anwendung kommen wird (*OLG Köln* GRUR 1988, 716). **125**

6. Gerichtskosten

a) Im einstweiligen Verfügungsverfahren sind die Gerichtskostensätze nur **halb so hoch** wie im Hauptklageverfahren (vgl. das Gerichtskostenverzeichnis zu § 11 II GKG, Ziff. 1050ff. und 1005ff.). **126**

b) Ein wesentlicher Unterschied zwischen dem einstweiligen Verfügungsverfahren und dem Hauptklageverfahren besteht bei der **Rücknahme der verfahrenseinleitenden Schritte.** Bei der Rücknahme des Antrages auf Erlaß einer einstweiligen Verfügung fällt in jedem Fall eine halbe Prozeßgebühr als Gerichtsgebühr an. Dagegen ist die Einreichung der Hauptklage gebührenfrei, wenn diese spätestens vor Beginn des Tages zurückgenommen wird, der für die mündliche Verhandlung vorgesehen war, sofern das Gericht nicht vorher eine Anordnung nach § 273 ZPO unterschrieben hat (Nr. 1012 Gerichtskostenverzeichnis). **127**

VII. Besonderheiten in den neuen Bundesländern

1. Gemäß Artikel 8 des Einigungsvertrages vom 31. 8. 1990 (BGBl. II S. 889) gilt grundsätzlich das Bundesrecht auch in den neuen Bundesländern einschließlich Ost-Berlin, d. h. also auch das Gesetz gegen den unlauteren Wettbewerb, die weiteren wettbewerbsrechtlichen Nebengesetze und die Zivilprozeßordnung, so daß die obigen Ausführungen grundsätzlich auch für die neuen Bundesländer gelten. **128**

2. Zuständigkeit

Für wettbewerbsrechtliche Streitigkeiten sind erstinstanzlich die Kammern für Handelssachen bei den Kreisgerichten (sie werden nur bei solchen Kreisgerichten gebildet, in deren Bezirk das Bezirksgericht seinen Sitz hat) bzw. die Kreisgerichte zuständig, wenn die Kammern für Handelssachen noch nicht gebildet sind (vgl. Einigungsvertrag Anl. I Kap. III, Sachgeb. A, Abschn. III, 1e). In Berlin ergibt sich keine Besonderheit, da gemäß Einigungsvertrag Anl. I **129**

Kap. III, Sachgeb. A, Abschn. IV das bisherige Bundesrecht auch in Ost-Berlin gilt und mithin das Landgericht und das Kammergericht auch für Ost-Berlin zuständig sind.

3. Anwaltszwang

130 Bei den Kreisgerichten besteht kein Anwaltszwang. Vor dem Bezirksgericht ist die Vertretung durch einen Rechtsanwalt erforderlich, der seine Kanzlei in dem neuen Bundesgebiet unterhält (Einigungsvertrag Anl. I, Kap. III, Sachgeb. A, Abschn. III, 5b).

4. Gerichtskosten

131 Die Gerichtskosten nach dem Gerichtskostengesetz ermäßigen sich um 20%, wenn der Kostenschuldner seinen allgemeinen Gerichtsstand in dem neuen Bundesgebiet hat (Einigungsvertrag Anl. I Kap. III, Sachgeb. A, Abschnitt III, 19a).

5. Anwaltsgebühren

132 Die Rechtsanwaltsgebühren ermäßigen sich bei der Tätigkeit von Rechtsanwälten, die ihre Kanzlei in dem neuen Bundesgebiet (vgl. Art. 3 des Einigungsvertrages) eingerichtet haben, um 20%. Die Gebühren ermäßigen sich in gleicher Weise, wenn ein Rechtsanwalt vor Gerichten oder Behörden, die ihren Sitz in den neuen Bundesländern mit Ausnahme von Ost-Berlin haben, im Auftrag eines Beteiligten tätig wird, der seinen Wohnsitz oder Sitz in dem neuen Bundesgebiet hat (Einigungsvertrag Anl. I Kap. III, Sachgeb. A, Abschn. III, 26a).

B XIII. Der Handelsvertreter- und Vertragshändlerprozeß

Dr. Franz-Jörg Semler

Übersicht

Literatur: *Alff,* Handelsvertreterrecht, 2. Aufl. 1983; *Bunte/Sauter,* EG-Gruppenfreistellungsverordnungen, 1988; *Detzer,* Verträge mit ausländischen Handelsvertretern und Vertragshändlern, 1982; *Ebenroth,* Absatzmittlungsverträge im Spannungsverhältnis von Kartell- und Zivilrecht, 1980; *Ebenroth/Parche,* Die kartell- und zivilrechtlichen Schranken bei der Umstrukturierung von Absatzmittlungsverhältnissen, BB 1988, Beil. 10; *Eberstein,* Der Handelsvertretervertrag, 6. Aufl. 1986; *Kindler,* Neues deutsches Handelsvertreterrecht aufgrund der EG-Richtlinie, RIW 1990, 358; *Küstner,* Handbuch des gesamten Außendienstrechtes Bd. 1. Das Recht des Handelsvertreters, 1979; *Küstner/v. Manteuffel,* Handbuch des gesamten Außendienstrechtes Bd. 2. Der Ausgleichsanspruch des Handelsvertreters, 5. Aufl. 1988; *Küstner,* Die neuere Rechtsprechung zum Außendienstrecht, BB 1985, Beil. 12/1985; *ders.,* Verträge mit Handelsvertretern, 6. Aufl. 1987; *Küstner/v. Manteuffel,* Die Änderungen des Handelsvertreterrechts aufgrund der EG-Harmonisierungsrichtlinie vom 18. 12. 1986, BB 1990, 291; *Kuther,* Die neuen Handelsvertretervorschriften im HGB, NJW 1990, 304; *Martinek,* Aktuelle Rechtsfragen der vertriebsvertraglichen Praxis, RWS-Skript 189, 1988; *Piper,* Höchstrichterliche Rechtsprechung zum Handelsvertreterrecht, RWS-Skript 183, 1987; *Reithmann/Martiny,* Internationales Vertragsrecht, 4. Aufl. 1988; *Semler,* Aktuelle Fragen im Recht der Vertragshändler, DB 1985, 2493; *ders.,* in Münchener Vertragshandbuch, Bd. 2, 2. Aufl. 1986 „Vertriebsverträge"; *ders.,* Handelsvertreter- und Vertragshändlerrecht, Bd. 10 der Seminarschriften der Deutschen Anwaltsakademie, 1988; *Stötter,* Das Recht der Handelsvertreter, 3. Aufl. 1985; *Stumpf,* Internationales Handelsvertreterrecht, Teil 1, 6. Aufl. 1987; Teil 2; 4. Aufl. 1986; *ders.,* Der Vertragshändlervertrag unter Einschluß des EG-Kartellrechts, 2. Aufl. 1979 (teilweise überholt); *Wiedemann,* Kommentar zu den Gruppenfreistellungsverordnungen des EWG-Kartellrechts, Bd. I Allgemeiner Teil, 1988; Bd. II Besonderer Teil, 1990; *Wolf,* Die neuere Rechtsprechung des Bundesgerichtshofes zum Handelsvertreterrecht WM 1986, Sonderbeilage 5.

I. Systematische Übersicht

1. Allgemeines

1 Das Recht der Handelsvertreter und Vertragshändler ist ein wichtiges Teilgebiet aus dem Gesamtbereich des **Rechts der Vertriebsmittler.** Andere, hier nicht behandelte Vertriebsmittler sind namentlich Handelsmakler (§§ 93–104 HGB), Kommissionäre (§§ 383–406 HGB) und Franchise-Nehmer, für die eine besondere gesetzliche Regelung bislang fehlt. Mit Wirkung vom 1. 1. 1990 sind verschiedene Änderungen des Handelsvertreterrechts in Kraft getreten, durch die die **Harmonisierungsrichtlinie der EWG** (ABlEG Nr. L 382/17 vom 31. 12. 1986) in das deutsche Recht umgesetzt wurde. Für Handelsvertreterverträge, die vor dem 1. 1. 1990 in Kraft getreten sind, gilt das alte Recht bis zum 31. 12. 1993 weiter (Art. 29 EGHGB).

Im kaufmännischen Leben werden die Grenzen zwischen den einzelnen Vertragstypen häufig verwischt. Die sich daraus ergebenden Abgrenzungsprobleme haben erhebliche praktische Auswirkungen: Je nach der rechtlichen Qualifikation können sich sehr unterschiedliche Rechtsfolgen ergeben, z. B. hinsichtlich der Vergütung und des Ausgleichsanspruchs.

2. Rechtliche Qualifikation

a) Handelsvertreter

2 **aa) Legaldefinition.** § 84 I HGB definiert den Begriff des Handelsvertreters. Wesentliche Merkmale sind danach:

- Der Handelsvertreter ist **selbständig;** darin unterscheidet er sich insbesondere vom angestellten Handlungsreisenden, der als Arbeitnehmer dem Weisungsrecht seines Prinzipals unterworfen ist.
- Der Handelsvertreter ist damit betraut, Geschäfte **für einen anderen** Unternehmer zu vermitteln **oder in dessen Namen** abzuschließen; darin liegt der wesentliche Unterschied zum Vertragshändler, der im eigenen Namen im Geschäftsverkehr auftritt.
- Der Handelsvertreter ist **ständig** mit den genannten Tätigkeiten betraut; darin unterscheidet er sich vom Handelsmakler gemäß §§ 93–104 HGB.

3 Für die Qualifikation als Handelsvertreter kommt es auf das Gesamtbild an. Unerheblich ist, welche Bezeichnung die Parteien wählen. So finden sich Benennungen wie „Repräsentant", „Freiberuflicher Mitarbeiter", „Agent", „Einzelhandelspartner", „Propagandist" (*BGH* NJW 1982, 1757) oder „Pharma-Berater" (*BGH* NJW 1984, 2695).

4 **„Selbständig"** ist nach § 84 I 2 HGB, wer im wesentlichen frei seine Tätigkeit gestalten und seine Arbeitszeit bestimmen kann. Ungeachtet seiner Selbständigkeit unterliegt aber der Handelsvertreter dem allgemeinen Weisungsrecht des Unternehmens gemäß § 665 BGB (*BGH* NJW 1966, 882). Instruktiv ist die Erörterung in *BGH* NJW 1982, 1757, ob eine „Propagandistin" als selbständig anzusehen war, die in den Räumen eines großen Kaufhauses in einem extra dafür eingerichteten Verkaufsstand Klebefolien im Namen des Herstellers derselben verkaufte. Zur Annahme **„ständiger Betrauung"** reicht es nach *BGH* WM 1984, 556 noch nicht aus, daß jemand die Aufgabe hat, immer wieder bei sich bietender geeigneter Gelegenheit für einen anderen Geschäfte zu vermitteln. Das sei die Tätigkeit eines Handelsmaklers, der naturgemäß auch immer wieder

für dieselben Auftraggeber tätig werde. Vgl. auch *BGH* BB 1987, 220 zur Qualifikation einer Rechtsbeziehung, innerhalb derer der Vertriebsmittler im Laufe von vier Jahren ein Auftragsvolumen von ca. 3 Mio. DM vermittelt und Provisionen in Höhe von ca. 150000 DM verdient hatte.

bb) Besondere Ausprägungen. Innerhalb des Vertragstypus „Handelsvertreter" gibt es verschiedene Unterfälle: 5

- **„Bezirksvertreter"** ist ein Handelsvertreter, dem ein bestimmter Bezirk zugewiesen worden ist; **„Kundenschutz"** bezeichnet die Zuweisung eines bestimmten Kundenkreises. Solche Handelsvertreter haben gemäß § 87 II HGB Anspruch auf Provision für alle Geschäfte, die der Unternehmer mit Personen ihres Bezirkes oder ihres Kundenkreises abschließt, gleichgültig, ob sie die Kunden geworben haben oder nicht.
- **„Alleinvertreter"** ist ein Handelsvertreter, dem ein bestimmter Bezirk oder Kundenkreis mit der Maßgabe zugewiesen ist, daß das vertretene Unternehmen insoweit nur über den Handelsvertreter tätig werden darf (*BGH* DB 1961, 601). Solche Vertreter werden zuweilen auch als „Generalvertreter" bezeichnet, doch ergibt sich aus dieser Bezeichnung im Gegensatz zu der Bezeichnung als „Alleinvertreter" noch nicht zwingend, daß das Unternehmen in dem betreffenden Gebiet unmittelbar keine Geschäfte abschließen darf (*BGH* NJW 1970, 1040). Es ist streitig, ob ein Alleinvertretervertrag eine **Ausschließlichkeitsbindung** im Sinne von § 18 I Nr. 2 GWB enthält. (Dafür: *Langen/Niederleithinger/Schmidt* § 18 Rdnrn. 67ff. mit umfangreichen Nachweisen; *Immenga/Mestmäcker/Emmerich* § 18 Rdnrn. 48ff.; dagegen die wohl noch überwiegende Meinung: vgl. *v. Gamm,* Kartellrecht § 18 Rdnr. 8; *Müller/Gries/Gießler/Scholz* § 18 Rdnr. 20; differenzierend *Fikentscher/Straub* im Gemeinschaftskommentar, 4. Aufl., § 18 Rdnr. 212ff.). Auf der Grundlage der ersteren Auffassung würde ein Alleinvertretervertrag der modifizierten Schriftform des § 34 GWB bedürfen. Er wäre also einschließlich aller Nebenabreden schriftlich niederzulegen und zu unterzeichnen, soweit es sich nicht um Nebenabreden handelt, die schlechterdings keinen Einfluß auf die Entscheidung der Kartellbehörden oder der Gerichte über ein Eingreifen aufgrund des GWB haben können oder sich ohnehin aus Treu und Glauben ergeben (*Immenga/Mestmäcker/Emmerich* GWB § 34 Rdnr. 26; *BGH* WuW/E 1773 ‚Pockinger Hof'). Zur Formwahrung ausreichend ist ein Briefwechsel, in welchem der gesamte Vertragsinhalt niedergelegt ist, wenn jedes Schreiben von dem jeweils Erklärenden eigenhändig unterzeichnet ist (vgl. *Immenga/Mestmäcker/Emmerich* GWB § 34 Rdnrn. 42ff.). Hinsichtlich der im Vertrag in Bezug genommenen Anlagen ist das Schriftformerfordernis erfüllt, wenn sie mit dem unterzeichneten Text körperlich verbunden sind, z.B. durch Verwendung einer Heftmaschine (*BGHZ* 40, 255; *BAG* WM 1985, 584 = NJW 1986, 152 [Leitsatz]). Die Nichteinhaltung der erforderlichen Schriftform führt zur Nichtigkeit jedenfalls der Ausschließlichkeitsabrede. Die Fortgeltung des Vertrages im übrigen beurteilt sich nach § 139 BGB. 6
- **„Untervertreter"** ist ein Handelsvertreter, der aufgrund eines Handelsvertretervertrages mit einem anderen Handelsvertreter (dem Hauptvertreter) tätig ist (§ 84 III HGB). Von diesem „echten" Untervertreter ist der „unechte" Untervertreter zu unterscheiden, der in einem Vertragsverhältnis nicht zum Hauptvertreter, sondern nur zum Unternehmen steht. Er ist dem Hauptvertreter organisatorisch oder hierarchisch untergeordnet. Letzterer trägt dann 7

häufig Titel wie „Generalvertreter", „Verkaufsleiter" oder „Subdirektor". Beziehungen zwischen einem Hauptvertreter und einem „echten" Untervertreter haben zuweilen auch Ähnlichkeit mit einer BGB-Gesellschaft (vgl. *BGH* WM 1984, 556).

b) Vertragshändler

8 **aa) Begriff.** Das Gesetz gibt keine Definition des „Vertragshändlers". Die Rechtsprechung charakterisiert das Vertragshändlerverhältnis als ein **Rechtsverhältnis eigener Art,** durch das sich der eine Teil („Eigenhändler" oder „Vertragshändler") verpflichtet, Waren des anderen Teils (des Herstellers oder Lieferanten) im eigenen Namen und auf eigene Rechnung zu vertreiben (*BGHZ* 54, 338; 68, 340). Die Vertragshändlerbeziehung ist eine agenturvertragsähnliche Interessenbindung und von den in Ausführung des Vertragshändlervertrages geschlossenen einzelnen Kaufverträgen zu unterscheiden (*BGH* NJW 1979, 1782). Der Vertragshändlervertrag ist ferner von einem bloßen Sukzessivlieferungsvertrag zu unterscheiden (vgl. *BGH* NJW 1986, 124), aus dem die besonderen Rechte und Pflichten nicht erwachsen, die sich im Rahmen eines Vertragshändlerverhältnisses ergeben.

9 In gewisser Weise ist der Vertragshändler immer in die **Absatzorganisation des Herstellers** eingegliedert. Je nach der Intensität der Eingliederung bestimmt sich, inwieweit auf das Vertragshändlerverhältnis die Vorschriften des Handelsvertreterrechtes analog anzuwenden sind. Auch für die Qualifikation einer Vertragsbeziehung als Vertragshändlervertrag kommt es nicht auf die von den Parteien verwandte Bezeichnung an, sondern auf das Gesamtbild (*BGH* BB 1976, 6).

10 **bb) Besondere Ausprägungen. Alleinvertriebsverträge** sind gekennzeichnet durch die ausschießliche Zuweisung eines Vertriebsgebietes an den Vertragshändler. Wie bei der Bestellung eines Alleinvertreters darf der Unternehmer in dem einem alleinvertriebsberechtigten Vertragshändler zugewiesenen Gebiet keine eigenen Geschäfte machen (*BGH* DB 1970, 44 – ‚Autoentfroster' = LM Nr. 33 zu § 433 BGB). Solche zum Alleinvertrieb berechtigten Vertragshändler werden in der Praxis zuweilen auch etwas irreführend als „Generalvertreter" bezeichnet. Alleinvertriebsverträge unterliegen nach einhelliger Auffassung der Mißbrauchsaufsicht gemäß § 18 GWB und bedürfen der Schriftform gemäß § 34 GWB (Rdnr. 6).

11 Auch Vertragshändlerverhältnisse können mehrstufig aufgebaut sein, indem z.B. ein Generalimporteur und unter ihm Bezirkshändler eingesetzt werden (*BGH* NJW 1967, 825 – ‚Peugeot-Händler').

c) Mischformen

12 Vertriebsmittler werden nicht selten sowohl als **Handelsvertreter** als auch als **Eigenhändler** eingesetzt (vgl. *BGH* NJW 1986, 2954 [2955] – ‚Telefunken'). Es mag z.B. sein, daß der Vertriebsmittler Maschinen als Handelsvertreter vertreibt und die dazu gehörenden Ersatzteile als Eigenhändler. Bei der Durchführung solcher Vertriebsverhältnisse treten zuweilen erhebliche Verwirrungen auf, wenn die Beteiligten die Art der Geschäfte nicht auch buchhalterisch klar kennzeichnen. Namentlich kommt es vor, daß bei der Auslieferung oder der Rücklieferung von Waren diese dem anderen Teil „belastet" werden, ohne daß klar ist, ob die Waren verkauft, zur Ansicht, zur Auslieferung oder in Kommission überlassen bzw. zurückgesandt werden. Ebenso wird zuweilen der Begriff

„Provision" sowohl für die Provision im Sinne des HGB verwandt als auch für den Abschlag, den der Unternehmer dem Vertragshändler von seinen allgemeinen Listenpreisen einräumt.

3. Internationales und ausländisches Recht

a) Handelsvertreter

Handelsvertreterverträge können als schuldrechtliche Verträge nach deutschem IPR grundsätzlich einer beliebigen Rechtsordnung unterworfen werden (Art. 27 EGBGB). Wenn keine besondere Vereinbarung getroffen wurde, ist nach einer Auffassung das Recht des Staates anwendbar, in dem der Handelsvertreter den Schwerpunkt seiner Tätigkeit hat, nach anderer Auffassung das am Sitz des Handelsvertreters geltende Recht (vgl. *Palandt/Heldrich,* Art. 28 EGBGB Anm. 4h). Praktisch kommen beide Auffassungen häufig zum selben Ergebnis, weil der Handelsvertreter überwiegend den Schwerpunkt seiner Tätigkeit im Staat des Sitzes seiner Niederlassung hat. Für diesen Fall kann die Rechtslage im erwähnten Sinn als geklärt angesehen werden (vgl. *BGH* NJW 1981, 1899). Mit der Umsetzung der **Harmonisierungsrichtlinie der EWG für das Handelsvertreterrecht** vom 18. 12. 1986 (ABlEG Nr. L 382/17 vom 31. 12. 1986) gilt für die Mitgliedsstaaten der EWG ein im wesentlichen vereinheitlichtes Handelsvertreterrecht mit weitgehend zwingenden Vorschriften einschließlich eines Ausgleichs- oder Entschädigungsanspruchs zu Gunsten des Handelsvertreters bei Vertragsbeendigung, und zwar in den meisten Staaten ab 1990, in Irland, im Vereinigten Königreich und in Italien ab 1993 bzw. 1994. Die Abweichung von zwingenden Vorschriften gegenüber ausländischen Handelsvertretern insbesondere der Ausschluß des Ausgleichsanspruchs bei Vertragsbeendigung ist nur noch möglich, wenn der Handelsvertreter seine Tätigkeit außerhalb der EWG ausübt (§ 92c HGB n. F.). 13

Bibliographie zum **ausländischen** Handelsvertreterrecht bei *Reithmann/Martiny* Rdnr. 759.

b) Vertragshändler

Das **anwendbare Recht** für den Vertragshändlervertrag bestimmt sich ebenfalls in erster Linie nach der von den Parteien getroffenen Rechtswahl und in Ermangelung einer solchen nach dem Schwerpunkt des Vertragsverhältnisses. Wenn Tätigkeitsgebiet und gewerbliche Niederlassung des Vertragshändlers im selben Staat liegen, ist nach einhelliger Auffassung das Recht dieses Staates auf das Vertriebsverhältnis anwendbar (*OLG Hamm* NJW 1983, 523 [524]; *Palandt/Heldrich,* Art. 28 EGBGB Anm. 4h). Für die in Ausführung des Vertragshändlerverhältnisses abgeschlossenen einzelnen Kaufverträge können die Parteien das anwendbare Recht frei, auch abweichend von dem Recht des Grundvertrages, bestimmen. Wenn **deutsches Recht** auf die Einzelgeschäfte anwendbar ist, führt dies im Anwendungsbereich des einheitlichen Gesetzes über den Kauf beweglicher Sachen (EKG) im Zweifel zur Verdrängung der §§ 459ff. BGB, 373ff. HGB durch das Einheitskaufrecht (*BGHZ* 74, 193 [197]). Das EKG ist am 31. 12. 1990 außer Kraft getreten und für die ab 1. 1. 1991 geschlossenen Verträge durch die Vorschriften des UN-Abkommens zum internationalen Warenkauf ersetzt worden (*Schwenzer* NJW 1990, 602). Hinsichtlich des Verhältnisses zum BGB und zum HGB gilt das für das EKG Ausgeführte entsprechend (*Holthausen* RIW 1989, 513). 14

15 Alleinvertriebsvereinbarungen haben im Wettbewerbsrecht der **europäischen Gemeinschaften** von Anfang an eine hervorragende Rolle gespielt (vgl. dazu *Bechtold* RIW 1987, 809). Als problematisch hat sich bei **Alleinvertriebsabreden,** die einem Händler bestimmte Teilgebiete der EWG zuweisen, das Spannungsverhältnis erwiesen zwischen der verstärkten Markterschließung einerseits und der Gefahr der Abschottung nationaler Teilmärkte andererseits. In drei **Freistellungsverordnungen** aus den Jahren 1983 und 1984 betreffend Alleinvertriebsvereinbarungen (VO [EWG] Nr. 1983/83), Alleinbezugsvereinbarungen (VO [EWG] Nr. 1984/83) und Gruppen von Vertriebs- und Kundendienstvereinbarungen über Kraftfahrzeuge (VO [EWG] Nr. 123/85) hat die Kommission festgelegt, welche Regelungen über Alleinvertrieb und Alleinbezug von ihr als nicht gegen Art. 85 I EWGV verstoßend angesehen oder gem. Art. 85 III EWGV freigestellt werden. Zum Ganzen vgl. *Bunte/Sauter* und *Wiedemann.*

Bibliographie zum **ausländischen** Vertragshändlerrecht bei *Reithmann/Kleinschmidt* Rdnr. 777.

II. Typische Streitfragen im Handelsvertreterrecht

1. Vorfragen

a) Liegt ein Handelsvertreterverhältnis vor?

16 Ansprüche aus den §§ 84 bis 92c HGB setzen voraus, daß ein Handelsvertreterverhältnis und kein sonstiges Vertriebsmittlungsverhältnis gegeben ist. Zur Abgrenzung siehe oben Rdnrn. 1 und 2ff.

b) Ist der Handelsvertretervertrag AGB-mäßig geschlossen?

17 AGB-mäßig geschlossene Handelsvertreterverträge unterliegen der **Inhaltskontrolle gemäß §§ 9, 24 AGBG.** Sie sind unwirksam, soweit sie den Handelsvertreter unangemessen benachteiligen, z. B. wenn der Handelsvertreter wegen der Vertragsgestaltung auch bei gewissenhafter Geschäftsführung keinen ausreichenden Gewinn erwirtschaften kann (*BGH* DB 1981, 2274; *Ulmer/Brandner/Hensen* Anh. zu §§ 9 bis 11 Anm. 410ff.; *Löwe/Graf Westphalen/Trinkner,* AGB-Gesetz Bd. III Stichwort „Handelsvertreter"). An sich zulässige Abweichungen von dispositiven Normen des Handelsvertreterrechtes können daher unzulässig sein, wenn sie AGB-mäßig getroffen worden sind.

c) Wer sind die Vertragspartner?

18 Handelsvertreterverträge laufen oft über lange Zeiträume, während derer sich die Firma, die Rechtsform aber auch die **rechtliche Identität der Vertragspartner** ändern kann. Im Falle einer Klage gegen die falsche Partei kann in der Regel nicht mit einer Berichtigung des Klagerubrums geholfen werden. Es ist vielmehr die Klage mit den entsprechenden Folgen hinsichtlich der Kosten und möglicherweise der Verjährung zurückzunehmen und gegen die richtige Partei zu erheben.

d) Welches nationale Recht ist anwendbar?

19 Zu diesem Problem siehe oben Rdnr. 13.

e) Welches Gericht ist anzurufen?

20 Rechtsstreitigkeiten zwischen Handelsvertreter und Unternehmer sind **in der Regel Handelssachen** gemäß § 95 I Nr. 1 GVG. Einfirmenvertreter gemäß

§ 92a HGB gelten allerdings als Arbeitnehmer im Sinne des ArbGG, wenn sie monatlich eine Vergütung von weniger als 2000 DM beziehen (§ 5 III ArbGG). Gerichtsstandsvereinbarungen sind unwirksam, wenn der Handelsvertreter Minderkaufmann im Sinne von § 4 HGB ist (§ 38 I ZPO).

Ist für eine Auseinandersetzung mit einem ausländischen Vertragspartner **21** auch ein deutscher **Gerichtsstand** gegeben, so kann es trotzdem zweckmäßig sein, Klage im Ausland zu erheben, wenn nämlich ein deutsches Urteil nicht oder nicht ohne Schwierigkeiten im Ausland vollstreckbar ist. Insbesondere sind in verschiedenen Staaten deutsche Versäumnisurteile nicht vollstreckbar, so daß eine an sich mögliche Klage vor einem inländischen Gericht nur Sinn hat, wenn der Beklagte sich auf den Rechtsstreit einläßt oder wenn er über Inlandsvermögen verfügt. § 23 ZPO, der einen Gerichtsstand für Klagen gegen Ausländer bei demjenigen inländischen Gericht begründet, in dessen Bezirk sich Vermögen des Ausländers befindet, gilt nicht im Anwendungsbereich des EuGÜbk (Art. 3; *Baumbach/Lauterbach/Hartmann* § 23 Anm. 1 A; *EuGH* NJW 1985, 905). Eine Gerichtsstandsvereinbarung im Geltungsbereich des EuGÜbk bedarf der modifizierten Schriftform gemäß Art. 17 EuGÜbk.

2. Provision und Provisionsvorschuß

a) Für welchen Zeitraum kann Provision beansprucht werden?

Provisionsansprüche verjähren wie alle sonstigen Ansprüche aus dem Han- **22** delsvertretervertrag **in vier Jahren,** beginnend mit dem Schluß des Jahres, in dem sie fällig geworden sind (§ 88 HGB). Eine Verkürzung der Verjährungsfrist kann vereinbart werden (§ 225 BGB), aber nicht einseitig zu Lasten des Handelsvertreters (*BGHZ* 75, 218; *BGH* WM 1982, 635). Die Geltendmachung von Provisionsansprüchen ist ausgeschlossen, wenn die Abrechnung anerkannt worden ist, wozu aber die widerspruchslose Hinnahme von Abrechnungen für sich allein in der Regel noch nicht ausreicht (*BGH* DB 1982, 376).

b) Welche Geschäfte sind provisionspflichtig?

- Vom Handelsvertreter vermittelte oder von ihm abgeschlossene Geschäfte **23** (§ 87 I 1. Alternative HGB);
- **Folgegeschäfte,** die der Unternehmer mit Kunden abschließt, welche der **24** Handelsvertreter für Geschäfte der gleichen Art geworben hat (§ 87 I 1 2. Alternative HGB);
- Im Falle der Zuweisung eines bestimmten Bezirkes oder eines bestimmten **25** Kundenkreises (vgl. oben Rdnr. 10): Alle Geschäfte, die der Unternehmer mit Personen dieses Bezirks oder Kundenkreises abschließt, soweit die Provision nicht dem früheren Vertreter zusteht (§ 87 II HGB). Probleme können entstehen, wenn der Kunde **Hauptniederlassung und Zweigniederlassungen** in verschiedenen Vertreterbezirken unterhält. Nach *BGH* BB 1976, 1530 hat der Bezirksvertreter keinen Anspruch auf Provision für Geschäfte, die von der außerhalb seines Vertretungsbezirks liegenden Hauptniederlassung abgeschlossen und mit einer innerhalb des Vertretungsbezirks liegenden Zweigniederlassung ausgeführt werden. Ebensowenig besteht ein Provisionsanspruch, wenn der Kunde seine Hauptniederlassung im Vertreterbezirk hat, wenn aber eine Zweigniederlassung in einem anderen Vertreterbezirk das Geschäft selbständig, also ohne Mitwirkung der Hauptniederlassung und ohne Mitwirkung des Handelsvertreters abschließt (*BGH* LM Nr. 1 zu § 87 HGB);

26 – Geschäfte, die erst **nach Beendigung des Vertragsverhältnisses** abgeschlossen worden sind, nach näherer Maßgabe des § 87 III HGB; der Anspruch ist abdingbar (*Baumbach/Duden/Hopt* § 87 Anm. 4 A; *OLG Nürnberg* BB 1963, 203). Abweichende vertragliche Regelungen sind häufig. § 87 III 2 HGB (n. F.) sieht unter bestimmten Voraussetzungen die Teilung der Gesamtprovision zwischen dem ausgeschiedenen Handelsvertreter und seinem Nachfolger vor.

c) Ist bei provisionspflichtigen Geschäften die Pflicht zur Provisionszahlung entstanden?

27 Nach § 87a I HGB entsteht die Provisionszahlungspflicht, sobald und soweit der Unternehmer das Geschäft ausgeführt hat. Auch wenn die Ausführung unterbleibt, hat der Handelsvertreter Anspruch auf Provision, es sei denn die Nichtausführung beruhe auf Umständen, die der Unternehmer nicht zu vertreten hat (§ 87a III HGB). Bei teilweiser Ausführung entsteht ein Anspruch auf Teilprovision.

28 – **Abweichende vertragliche Regelungen** sind in gewissem Umfange zulässig, insbesondere kann die Provisionszahlungspflicht an die Ausführung des Geschäftes durch den Gegner geknüpft werden, zumeist also an die Zahlung des Kunden. Jedoch hat der Handelsvertreter dann Anspruch auf angemessenen Provisionsvorschuß (§ 87a I 2 HGB).

d) Ist der Anspruch auf Provisionszahlung wieder weggefallen?

29 Der Anspruch auf Provisionszahlung entfällt nach § 87a II HGB, wenn feststeht, daß **der Dritte nicht leistet** obwohl der Unternehmer die ihm obliegende Leistung vertragsmäßig erbracht hat. (Zum Begriff des „Feststehens" vgl. *Baumbach/Duden/Hopt* § 87a Anm. 3 C; *BGH* NJW 1984, 1455.) Dem steht der Fall gleich, daß dem Unternehmer die Realisierung einer Forderung gegen einen nicht zahlungswilligen Kunden nicht zumutbar ist (vgl. *BGH* DB 1983, 2136). Die Kündigung des Werk- oder Werklieferungsvertrages durch den Kunden, bei welcher der Vergütungsanspruch des Unternehmers im Rahmen des § 649 BGB erhalten bleibt, führt nicht zu einem Wegfall des Provisionsanspruches sondern nur zu einer Reduzierung entsprechend dem vom Auftraggeber geschuldeten Betrag (*BGH* NJW 1984, 1455).

3. Buchauszug

30 Der Handelsvertreter hat einen unabdingbaren Anspruch auf Erteilung eines Buchauszuges über alle Geschäfte, für die ihm eine Provision gebührt (§ 87c II HGB). Ein „Buchauszug" ist eine aus den Geschäftsunterlagen des Unternehmers abgeleitete Zusammenstellung, die in geordneter Form die zur Berechnung der Provision des Handelsvertreters nach Höhe und Fälligkeit maßgeblichen Verhältnisse des Unternehmers wiedergibt (*BGH* DB 1982, 376). (Vgl. zu den Kontrollrechten des Handelsvertreters umfassend *Seetzen* WM 1985, 213.)

a) Kommen Provisionsansprüche in Betracht?

31 Da der **Buchauszug ein Hilfsanspruch** zur Bezifferung des Provisionsanspruchs ist, kann er nur insoweit geltend gemacht werden, wie Provisionsansprüche des Handelsvertreters in Betracht kommen. Kein Anspruch auf Buchauszug besteht daher, soweit sich der Unternehmer gegenüber einem etwa aus dem Buchauszug ableitbaren Provisionsanspruch auf Verjährung beruft (vgl.

BGH NJW 1981, 457). Ebenso entfällt der Anspruch auf Buchauszug, wenn bereits Einigung über den Provisionsanspruch erzielt ist, wozu es allerdings in der Regel noch nicht ausreicht, daß der Handelsvertreter Provisionsabrechnungen widerspruchslos hingenommen hat (*BGH* DB 1982, 376). Im Einzelfall kann allerdings der Anspruch auf Buchauszug durch widerspruchslose Hinnahme von Provisionsabrechnungen verwirkt werden (*BGH* BB 1965, 434/435 für den Fall eines vollkaufmännischen Vertreters mit hohen Umsätzen).

b) Entfällt der Anspruch auf Buchauszug, weil der Unternehmer bereits erfüllt hat?

Wenn der Unternehmer die Provisionsabrechnungen so ausführlich gestaltet, **32** daß sich daraus bereits alle für die Überprüfung des Provisionsanspruches maßgeblichen Gesichtspunkte ohne weiteres entnehmen lassen, bedarf der Handelsvertreter keiner weiteren Informationen mehr, um seinen Provisionsanspruch überprüfen zu können. Ein zusätzlicher Anspruch auf Buchauszug entfällt daher (vgl. *BGH* DB 1982, 376; *Baumbach/Duden/Hopt* § 87c Anm. 3 A).

c) Bestehen vertragliche Vereinbarungen zum Buchauszug?

Vertragliche Regelungen, die das Recht des Handelsvertreters auf Buchaus- **33** zug beeinträchtigen, sind gemäß § 87c V HGB unwirksam. Das schließt aber nicht aus, daß Vereinbarungen über die Art und Weise getroffen werden, in der der Buchauszug zu erteilen ist.

4. Kündigung

a) Liegt eine wirksame ordentliche Kündigung vor?

Die gesetzliche Kündigungsfrist ist nach der Laufzeit des Vertrages gestaffelt **34** und ergibt sich im einzelnen aus § 89 I HGB. Längere Kündigungsfristen können vereinbart werden, dürfen aber für den Unternehmer nicht kürzer sein als für den Handelsvertreter (§ 89 II HGB).

b) Sind Teilkündigungen möglich?

Teilkündigungen, z. B. für den Postleitbezirk „7“ oder hinsichtlich eines be- **35** stimmten Kundenkreises sind grundsätzlich unzulässig (vgl. *Füssel* DB 1972, 378). Es kann nur im Wege einer **Änderungskündigung** das Vertragsverhältnis im ganzen gekündigt und zugleich das Angebot zum Abschluß eines neuen Handelsvertretervertrages gemacht werden. Anderes gilt nur bei entsprechender **vertraglicher Vereinbarung.** Behält sich der Unternehmer in einem AGB-mäßig abgeschlossenen Handelsvertretervertrag das Recht vor, das dem Handelsvertreter zugewiesene Gebiet einseitig zu verändern, so ist dies nur Rechtens, wenn der Vertrag auch eine Regelung der Voraussetzungen enthält, unter denen das Änderungsrecht ausgeübt werden kann, sowie eine Entschädigung zugunsten des Handelsvertreters. Ferner muß dem Handelsvertreter eine angemessene Frist zugebilligt werden, damit er sich auf die veränderte Situation einstellen kann (*BGH* NJW 1984, 1182; DB 1988, 1591). Beide Entscheidungen betreffen zwar Vertragshändlerverhältnisse, gelten aber für Handelsvertreterverträge in gleicher Weise.

c) Liegt eine wirksame außerordentliche Kündigung vor (§ 89a HGB)?

Aus wichtigem Grund kann auch fristlos gekündigt werden, wenn dem Kün- **36** digenden eine Fortsetzung des Vertragsverhältnisses bis zum Ablauf der ordentlichen Kündigungsfrist nicht zugemutet werden kann (*BGH* BB 1983, 1629; zahlreiche Beispiele bei *Baumbach/Duden/Hopt* § 89a Anm. 2D und E). Die fristlose Kündigung braucht zwar nicht innerhalb der 2-Wochen-Frist gemäß § 626 II BGB zu erfolgen (*BGH* NJW 1986, 1931); jedoch muß sie alsbald erklärt werden, wobei dem zur Kündigung Berechtigten eine gewisse Überlegungsfrist zugebilligt wird. Im Hinblick auf *BGH* BB 1983, 1629 wird man als Faustregel annehmen können, daß das Recht zur fristlosen Kündigung irgendwann zwischen zwei Wochen und zwei Monaten nach Bekanntwerden des Kündigungsgrundes erlischt. Kündigt der Handelsvertreter aus wichtigem im Verhalten des Unternehmers liegendem Grund gemäß § 89a HGB, so bleibt ihm der Ausgleichsanspruch erhalten (§ 89b III 1 HGB).

5. Ausgleichsanspruch (§ 89b HGB)

a) Ist ein Ausgleichsanspruch dem Grunde nach ausgeschlossen (§ 89b III HGB)?

37 Der Ausgleichsanspruch entsteht typischerweise, wenn der Unternehmer das Handelsvertreterverhältnis **kündigt.** Er kann aber auch entstehen, obwohl die Kündigung vom Handelsvertreter erklärt wird, und zwar dann, wenn der Unternehmer zu der Kündigung begründeten Anlaß gegeben hat. Jüngere Beispiele für ein Verhalten, des Unternehmers, das dem Handelsvertreter begründeten Anlaß zur Kündigung gegeben hat, in *BGH* BB 1985, 226; *BGH* BB 1987, 221. Jahrelange Hinnahme eines bestimmten Verhaltens des Unternehmens kann dazu führen, daß sich der Handelsvertreter hierauf nicht mehr berufen kann (*BGH* NJW-RR 1989, 862).

Der Ausgleichsanspruch entfällt, obwohl der Unternehmer kündigt, wenn ein wichtiger Grund zur Kündigung wegen **schuldhaften Verhaltens des Handelsvertreters** vorliegt. Dabei kommt es nur darauf an, ob ein wichtiger Grund bestand, nicht aber, ob die Kündigung auf diesen Grund gestützt wurde oder ob der Grund gar das Motiv für die Kündigung war (*BGHZ* 40, 13/15f.). Zur Frage, was ein wichtiger vom Handelsvertreter zu vertretender Grund ist, vgl. *Baumbach/Duden/Hopt* § 89a Anm. 2.

Im Falle **einvernehmlicher Vertragsbeendigung** kann der Ausgleichsanspruch ebenfalls entstehen. Er entfällt jedoch, wenn auf Grund einer Vereinbarung zwischen dem Handelsvertreter und dem Unternehmer an Stelle des Handelsvertreters ein Nachfolger in das Vertragsverhältnis eintritt. Diese Vereinbarung kann aber erst bei oder nach Beendigung des Handelsvertreterverhältnisses getroffen werden (§ 89b III Nr. 3 HGB). Ein Unternehmen, das im Rahmen einer Unternehmensgruppe als Vertriebsunternehmen tätig ist, hat keinen Ausgleichsanspruch, wenn es dem Produktionsunternehmen gegenüber nicht hinreichend selbständig ist (*FG Rheinland-Pfalz* DB 1990, 1370).

38 Der Ausgleichsanspruch ist nach neuem Recht innerhalb einer **Ausschlußfrist** von einem Jahr nach Vertragsende geltend zu machen (§ 89b IV HGB). Nach altem Recht, das bis zum 31. 12. 1993 für Verträge fortgilt, die vor dem 1. 1. 1990 in Kraft getreten sind (vgl. Rdnr. 1), betrug die Anschlußfrist drei Monate (§ 89b IV a.F. HGB). Die Geltendmachung bedarf keiner besonderen Form, insbesondere ist nicht etwa Klageerhebung erforderlich.

b) Sind die Voraussetzungen des § 89b I HGB erfüllt?

39 § 89b I HGB stellt für das Entstehen des Ausgleichsanspruches neben der Beendigung des Vertragsverhältnisses drei kumulativ zu erfüllende Vorausset-

zungen auf, nämlich fortdauernde Unternehmervorteile aus der Geschäftsverbindung mit Kunden, die der Handelsvertreter geworben hat; Provisionsverluste des Handelsvertreters durch die Beendigung des Handelsvertreterverhältnisses; Billigkeit der Zuerkennung eines Ausgleichsanspruchs.

- **Fortdauernde Unternehmervorteile** aus der Geschäftsbeziehung mit vom Handelsvertreter neu geworbenen Kunden oder mit solchen Kunden, hinsichtlich derer eine einer Neuwerbung gleichkommende Umsatzausweitung erzielt wurde (letzteres bejaht für eine Umsatzverdoppelung von *BGH* NJW 1971, 1611). Den Handelsvertreter trifft die Darlegungs- und Beweislast. Die Darlegung erfolgt zweckmäßigerweise in Form einer Tabelle, in der für jeden vom Handelsvertreter geworbenen Kunden das Beweismittel für die Werbung, das Jahr des ersten Geschäftsabschlusses und die Geschäftsentwicklung der Folgejahre übersichtlich präsentiert werden können. Wenn eine große Zahl von Kunden in Betracht kommt, kann die Beweisführung durch stichprobenartig eingeholte schriftliche Auskünfte dieser Kunden erfolgen, vgl. BGH NJW 1985, 860 betreffend 198 Stellungnahmen von 1148 als geworben behaupteten Kunden. Es genügt, daß die Tätigkeit des Handelsvertreters für die Werbung des Kunden und für den Fortbestand der Kundenbeziehung über die Beendigung des Handelsvertreterverhältnisses hinaus mitursächlich war (*BGH* NJW 1985, 859/860; DB 1986, 1069). Eine etwaige „Sogwirkung der Marke" würde das Entstehen des Ausgleichsanspruches nur dann ausschließen, wenn die Tätigkeit des Handelsvertreters ohne jeden Einfluß auf den Fortbestand der Kundenbeziehung wäre. Sie kann aber im Rahmen der Billigkeitsprüfung von Bedeutung sein (s. unten Rdnr. 43). Zum Fortbestand von Unternehmervorteilen beim Vertrieb langlebiger Wirtschaftsgüter, für die ein Ersatzbedarf etwa alle fünf Jahre eintritt, vgl. *BGH* NJW 1985, 859. Wenn ein Handelsvertreter einen Kunden geworben hat, spricht eine – widerlegliche – Vermutung dafür, daß die Geschäftsbeziehung fortbesteht (*BGH* NJW 1985, 859). 40

  Fortdauernde Unternehmervorteile können zu verneinen sein, wenn der Unternehmer seinen Geschäftsbetrieb aufgibt, ohne z. B. beim Verkauf seines Unternehmens ein Entgelt für die Überlassung der Kunden erhalten zu haben (vgl. *BGH* NJW 1976, 2022; 1986, 1931). Häufig wird angenommen, daß sich der Unternehmervorteil in den Jahren nach der Vertragsbeendigung abschwäche, weil Kunden abwandern. Zur Höhe der in Betracht kommenden **Abwanderungsquote** vgl. *BGH* NJW 1985, 860; *OLG Karlsruhe* BB 1982, 275. 41

- **Provisionsverluste des Handelsvertreters** durch die Beendigung des Handelsvertretervertrages (§ 89b I Nr. 2 HGB). Solche Verluste entstehen, wenn entweder der Anspruch auf Überhangprovisionen (§ 87a I 1 HGB) oder der auf Provision aus nachvertraglichen Geschäften (vgl. § 87 III HGB) vertraglich ausgeschlossen worden ist. Sie treten im übrigen dadurch ein, daß der Handelsvertreter bei Fortbestand des Handelsvertretervertrages für Folgegeschäfte des Unternehmers mit den vom Handelsvertreter geworbenen Kunden Provisionen verdient hätte (§ 87 I 1 2. Alternative HGB). Dabei kommt es nicht darauf an, ob solche Geschäfte weitere Bemühungen des Handelsvertreters erfordert hätten (*BGHZ* 30, 98/103). Nicht auszugleichen ist dagegen der eben auf der Vertragsbeendigung beruhende Verlust der Möglichkeit, neue Kunden zu werben (*BGHZ* 34, 314). Berücksichtigungsfähig sind nur Provisionen für die werbende Tätigkeit, nicht für Verwaltungstätigkeiten, Lager- 42 haltung u. ä., BGH NJW 1985, 860/861. Ist der Handelsvertretervertrag so gestaltet, daß der Handelsvertreter für Folgegeschäfte ohnehin keine Provision erhalten hätte, erleidet er keine Provisionsverluste durch die Beendigung des Handelsvertretervertrages und kann deshalb auch keinen Ausgleich beanspruchen. Etwas anderes kann gelten, wenn der Unternehmer durch eine ungewöhnliche Gestaltung der Geschäftsabwicklung mit seinen Kunden das Entstehen von Provisionsverlusten vermeidet (dahingestellt in *BGH* NJW 1985, 859/860 für ein System häufiger Bezirkswechsel). Darin könnte eine gemäß § 89b IV HGB unzulässige Beeinträchtigung des Ausgleichsanspruchs liegen.

43 – **Billigkeit.** Zu berücksichtigen sind **alle Umstände des Einzelfalles,** wie: die Frage, ob der Handelsvertreter besonders günstige Vertragsbedingungen hatte (*BGHZ* 43, 154/159); Rückgang oder Steigerung des Umsatzes während der Vertragsdauer (*BGHZ* 42, 244/247); Gründe für die Kündigung (*BGH* WM 1975, 856); „Sogwirkung der Marke" (*BGH* DB 1986, 1069); ersparte Betriebskosten, wenn Ersparnis 50% überschreitet (*BGH* NJW 1979, 651/653); die lange Dauer des Vertragsverhältnisses wird nur selten anspruchsmindernd zu berücksichtigen sein (*BGHZ* 55, 45); die kurze Dauer kann hingegen anspruchserhöhend wirken. Weitere Beispiele bei *Küstner/v. Manteuffel* Rdnrn. 399–456; zu den Auswirkungen der Einbeziehung des Handelsvertreters in die Alters- und Hinterbliebenenversorgung des Unternehmers: *Küstner/v. Manteuffel* Rdnrn. 457–497.

c) Wie bestimmt sich die Obergrenze gemäß § 89b II HGB?

44 Anders als für die Ermittlung der Provisionsverluste sind für die Bestimmung der Obergrenze des Ausgleichsanspruches alle Vergütungen des Handelsvertreters zu berücksichtigen, die er vom Unternehmer erhält, also auch z. B. solche für Verwaltungstätigkeiten, Lagerhaltung, Auslieferung, Inkasso, Betreuung von Untervertretern (*BGH* NJW 1985, 860/861).

d) Beispiel zur Errechnung des Ausgleichsanspruchs im einzelnen

45 **aa) Ermittlung des Ausgangsbetrages („Rohausgleich") gem. § 89b I HGB:**

– vom Handelsvertreter geworbene Neukunden:	50
– Altkunden, mit denen der Handelsvertreter die Umsätze mindestens verdoppelt hat:	20
– Gesamtumsatz mit den vorgenannten Kunden im letzten Vertragsjahr:	700 000 DM
– Vergütung des Handelsvertreters: Provision: 4% zuzüglich Mehrwertsteuer, also für das letzte Vertragsjahr:	28 000 DM zzgl. MwSt.
Verwaltungskostenerstattung: 1% zuzüglich Mehrwertsteuer, also für das letzte Vertragsjahr:	7000 DM zzgl. MwSt.

– Abwanderungsquote, hier unterstellt mit jährlich 20%.
– Provisionsverluste in % aus 28 000 DM (= Provision des letzten Vertragsjahres für Geschäfte mit Neukunden und solchen Altkunden, mit denen die Umsätze mindestens verdoppelt werden konnten) mit 7% abgezinst auf den Zeitpunkt der Vertragsbeendigung:

Jahr nach Vertragsbeendigung	Provisionsverlust in %	Provisionsverlust in DM	abgezinst
1	80	22400	20944,—
2	60	16800	14666,40
3	40	11200	9139,20
4	20	5600	4272,80
		50960 zzgl. MwSt.	49022,40 zzgl. MwSt.

– Billigkeitsgründe (§ 89b I Nr. 3 HGB) rechtfertigen weder einen Zuschlag noch einen Abschlag (unterstellt).

bb) Ermittlung des Höchstbetrages gemäß § 89b II HGB: 46

– durchschnittliche Gesamtprovision, die der Handelsvertreter während der letzten fünf Vertragsjahre insgesamt (sämtliche Altkunden und Neukunden) erhalten hat (unterstellt): 40000 DM

– durchschnittliche sonstige Vergütungen der letzten fünf Vertragsjahre (hier: 1% Verwaltungskostenerstattung): 4000 DM

44000 DM zzgl. MwSt.

Der dem Handelsvertreter zukommende Ausgleichsanspruch beträgt also 44000 DM zuzüglich Mehrwertsteuer und liegt somit unter dem sich aus § 89b I HGB ergebenden Rohausgleich. Weitere instruktive Berechnungsbeispiele mit Differenzierungen bei *Küstner/von Manteuffel* II Rdnrn. 492ff.

6. Nachvertragliches Wettbewerbsverbot

a) Kann der Unternehmer das Wettbewerbsverbot durchsetzen?

Ein nachvertragliches Wettbewerbsverbot ist für den Handelsvertreter nur bei Beachtung der Formvorschriften und im Rahmen der **inhaltlichen Schranken des § 90a HGB** verbindlich. Die Schranken sind durch die seit 1. 1. 1990 geltende Fassung von § 90a I 2 HGB enger gezogen worden. Dem Handelsvertreter ist eine **angemessene Entschädigung** zu zahlen. Vom Gesetz abweichende, für den Handelsvertreter nachteilige Vereinbarungen können nur nach Beendigung des Vertragsverhältnisses oder in einer Vereinbarung über die Beendigung des Vertrages getroffen werden, wenn die Vereinbarung den Vertrag sofort beendet (*BGHZ* 51, 184; 53, 89; BB 1970, 101). Unverbindlich ist insbesondere eine Regelung, durch die sich der Unternehmer vorbehält, das Wettbewerbsverbot bei Vertragsende in Geltung zu setzen (*Baumbach/Duden/Hopt* § 90a Anm. 6 unter Berufung auf *LG Tübingen* BB 1977, 671). Eine Beschränkung des Wettbewerbsverbotes auf den Fall einer Vertragsbeendigung infolge vertragswidrigen Verhaltens des Handelsvertreters ist zulässig (*BGH* DB 1984, 289). 47

b) Kann der Handelsvertreter Karenzentschädigung verlangen?

Der Unternehmer kann sich bis zum Ende des Vertragsverhältnisses von dem Wettbewerbsverbot lossagen und wird dann mit Ablauf von 6 Monaten nach dieser Erklärung von der Verpflichtung zur Zahlung weiterer Karenzentschädigungen frei (§ 90a II HGB). Im Falle einer **unverbindlichen Wettbewerbsabrede** kann **der Handelsvertreter** bis Vertragsende wählen, ob er sich 48 auf die Unverbindlichkeit berufen oder aber die Wettbewerbsabrede einhalten und Karenzentschädigung verlangen will (*Baumbach/Duden/Hopt* § 90a Anm. 8). **§ 90a II 2 HGB,** der den unbedingten Wegfall des Entschädigungsanspruches im Falle einer Kündigung aus wichtigem Grund wegen schuldhaften Verhaltens des Handelsvertreters vorsah, ist durch *BVerfG* NJW 1990, 1462 für **verfassungswidrig** erklärt worden. Obwohl sich die Entscheidung nur mit der bis zum 31. 12. 1989 geltenden Fassung des § 90a HGB befaßt, ist anzunehmen, daß der unverändert gebliebene § 90a II 2 HGB auch nach der Neufassung von § 90a I 2 HGB verfassungswidrig ist. Die laufenden Reformbestrebungen tendieren überwiegend dahin, eine Regelung zu schaffen, wie sie vom *BAG* BB 1977, 847 für die Kündigung von Dienstverhältnissen der Handlungsgehilfen im Rahmen des als verfassungswidrig angesehenen § 75 III HGB entwickelt wurde: Der Unternehmer soll die Wahl bekommen, ob er am Wettbewertsverbot festhalten oder ob er sich lossagen will. Im ersteren Fall würde die Entschädigungspflicht eintreten, im letzteren nicht.

7. Klage auf Buchauszug, eidesstattliche Versicherung, Zahlung rückständiger Provisionen und Ausgleich – Antragsfassung, Vollstreckung

49 „Die Beklagte wird verurteilt,

(1) dem Kläger einen Buchauszug über sämtliche Geschäfte zu erteilen, die sie zwischen dem . . . und dem . . . mit Kunden im Bezirk . . . abgeschlossen hat;
(2) die Richtigkeit und Vollständigkeit des Buchauszuges an Eides Statt zu versichern;
(3) dem Kläger die sich aus dem Buchauszug ergebende rückständige Provision zu zahlen nebst 5% Zinsen
   a) aus dem am . . . fällig gewordenen Betrag ab diesem Zeitpunkt abzüglich darauf geleisteter . . . DM;
   b) aus dem am . . . fällig gewordenen Betrag ab diesem Zeitpunkt abzüglich darauf geleisteter . . . DM;
   c) . . .
(4) an den Kläger einen auf der Grundlage des zu erteilenden Buchauszuges noch zu ermittelnden Ausgleichsanspruch zu bezahlen, mindestens aber . . . DM nebst 5% Zinsen seit dem . . ."

50 Der Handelsvertreter kann nach den allgemeinen Grundsätzen eine **Stufenklage** erheben. Zur Frage, inwieweit mit der Klage auf Buchauszug auch der Antrag auf Abgabe der eidesstattlichen Versicherung verbunden werden kann, vgl. *Baumbach/Lauterbach/Hartmann* § 254 Anm. 2 B; 3 Ab). *Schneider* BB 1976, 1298 läßt einen unbezifferten Antrag auf Zahlung eines in das Ermessen des Gerichtes gestellten Betrages zu. **Die Vollstreckung** erfolgt grundsätzlich nach den Regeln über die Vollstreckung vertretbarer Handlungen gemäß § 887 ZPO durch Ersatzvornahme (*BGH* LM Nr. 4a zu § 87c HGB); anders, wenn Ersatzvornahme unmöglich ist, z. B. weil Geschäftsbücher Dritten nicht zugänglich sind (vgl. *Baumbach/Duden/Hopt* § 87c Anm. 1 D).

8. Streitwert; Rechtsschutzversicherung

51 Vgl. zum Ganzen *Schneider* BB 1976, 1298. Der Streitwert für eine Klage auf Feststellung der Unwirksamkeit einer außerordentlichen Kündigung bestimmt sich nach § 3 ZPO. *OLG München* DB 1985, 645 = JurBüro 1985, 574 hat den

Betrag der **Provisionen,** die bis zur nächsten ordentlichen Kündigungsmöglichkeit angefallen wären, zugrunde gelegt und davon einen Abschlag von 20% vorgenommen. Berücksichtigungsfähig erscheint auch der Betrag des Ausgleichsanspruchs, der auf dem Spiel steht, wenn über die Berechtigung einer vom Unternehmer aus wichtigem Grund wegen schuldhaften Verhaltens des Handelsvertreters erklärten Kündigung gestritten wird (§ 89b III Nr. 2 HGB). Der Anspruch auf Bucheinsicht ist nach denselben Grundsätzen zu berechnen wie der Wert eines Auskunftsanspruches (*OLG Frankfurt* 16. 7. 1984 5 U 82/84), vgl. zu letzterem *Baumbach/Hartmann* Anh. § 3 „Auskunft". Der Streitwert einer **unbezifferten Klage** auf Ausgleich bemißt sich nach dem Betrag, der sich ergeben würde, wenn sämtliche tatsächlichen Behauptungen (und wohl auch rechtlichen Würdigungen) der Klageschrift zutreffen würden (vgl. *Schneider* BB 1976, 1298/1299, dort auch zum Streitwert einer Stufenklage). Die Wahrnehmung rechtlicher Interessen aus dem Bereich des Handelsvertreterrechts ist gemäß § 4 Abs. 1 Buchst. f ARB vom Versicherungsschutz ausgenommen, soweit nicht eine Sondervereinbarung gemäß § 24 Abs. 3 Nr. 2 ARB getroffen wurde.

III. Typische Streitfragen im Vertragshändlerrecht

1. Ausgleichsanspruch

a) Unter welchen Voraussetzungen kommt die analoge Anwendung von § 89b HGB auf Vertragshändler in Betracht?

- Der Hersteller muß aufgrund einer vertraglichen Verpflichtung des Vertrags- 52 händlers berechtigt und in der Lage sein, die Vorteile des von dem Vertragshändler geworbenen **Kundenstammes** sofort und ohne weiteres auf sich überzuleiten. Dazu bedarf er im wesentlichen der Übermittlung der Kundenadressen und sonstiger zur Pflege der Geschäftsverbindung erforderlicher Daten. Gleichgültig ist, ob die Verpflichtung zur Überlassung des Kundenstamms ausdrücklich im Vertrag niedergelegt ist oder ob der Hersteller aus der vertragsmäßigen Durchführung des Vertriebsvertrages notwendigerweise die ausreichenden Kenntnisse über die Kundschaft erlangt (*BGH* NJW 1981, 1961; NJW 1983, 1789), beispielsweise auch, indem der Hersteller die Kunden direkt beliefert (vgl. *BGH* WM 1988, 1642). Eine **freiwillige,** also nicht aufgrund vertraglicher Verpflichtung erfolgende **Mitteilung von Kundenanschriften** rechtfertigt die analoge Anwendbarkeit von § 89b HGB nicht. Andererseits schließt der Verzicht des Herstellers auf die Ausübung der ihm vertraglich eingeräumten Befugnis, die Bekanntgabe der Kundenanschriften zu verlangen, den Ausgleichsanspruch nicht aus (*BGH* DB 1980, 344).
- Der Vertragshändler muß in einer dem Handelsvertreter vergleichbaren Wei- 53 se in die **Vertriebs- und Absatzorganisation des Herstellers** eingegliedert sein. Die Eingliederung muß über die ständige Wahrnehmung der Interessen des Herstellers durch den Händler hinausgehen, die letzteren erst zum Vertragshändler macht. Wie die Eingliederung im einzelnen auszusehen hat, läßt sich nicht abschließend sagen. Eine Zusammenstellung der nach der Rechtsprechung in Betracht kommenden Voraussetzungen enthalten *BGH* NJW 1984, 2101; 2102/2103; *BGH* DB 1987, 1730/1731. **Indizien** für die Eingliederung in die Vertriebs- und Absatzorganisation können danach sein das Recht

des Herstellers, dem Vertragshändler Weisungen, Richtlinien oder Empfehlungen hinsichtlich der Verkaufsorganisation, der Lager- und Vorratshaltung zu geben, hinsichtlich der Einrichtung der Geschäftsräume, der Art und des Umfangs der Werbung oder der Buchführung und des Berichtswesens. Von Bedeutung kann sein, ob der Hersteller das Recht hat, Abrechnungsunterlagen zu prüfen und den Vertragshändler bei Investitionen oder Änderungen der Betriebsstruktur zu beraten. Keine Voraussetzung, wohl aber ein Indiz für die Analogiemöglichkeit ist es, daß dem Vertragshändler ein Alleinvertriebsrecht oder Gebietsschutz zugebilligt worden ist (*BGH* NJW 1982, 2819).

b) Wie berechnet sich der Ausgleichsanspruch im einzelnen?

54 – Hinsichtlich der Kundenwerbung und der Billigkeit der Ausgleichszahlung (§ 89b I HGB) gilt das für Handelsvertreter Gesagte in gleicher Weise (siehe oben Rdnr. 39ff.).

– Der dem Vertragshändler auszugleichende Verlust berechnet sich nach dem Betrag, den der Hersteller an einen Handelsvertreter zu zahlen gehabt hätte, falls er den Vertrieb über einen solchen geleitet hätte. Es ist also nicht etwa die regelmäßig sehr viel höhere Handelsspanne des Händlers maßgeblich (vgl. schon *BGHZ* 29, 3). Einen groben Anhaltspunkt kann die in der Branche üblicherweise gezahlte Provision bilden. Eine den Umständen des Einzelfalls angepaßte verfeinerte Berechnungsmethode wird von *Küstner/von Manteuffel,* vorgestellt in BB 1988, 1972.

– Auch die Obergrenze gemäß § 89b II HGB berechnet sich nach der Vergütung, die ein Handelsvertreter erhalten hätte. Dabei muß berücksichtigt werden, daß ein Händler regelmäßig das Kredit-, Absatz- und Lagerrisiko zu tragen hat und dafür als Handelsvertreter üblicherweise einen entsprechenden Zuschlag zur „normalen“ Provision erhalten hätte.

c) Kann der Ausgleichsanspruch des Vertragshändlers abbedungen werden?

55 Durch *BGH* BB 1985, 1084 ist entschieden, daß bei Vorliegen der Analogievoraussetzungen für die Anwendung von § 89b I bis III HGB auch IV analog anzuwenden ist. Auch der Ausgleichsanspruch des inländischen Vertragshändlers kann also im voraus nicht ausgeschlossen werden, wenn das Vertragsverhältnis deutschem Recht unterliegt. Ob dies auch für den ausländischen Vertragshändler mit Tätigkeit in einem anderen EWG-Staat gilt, ist zweifelhaft aber wohl zu bejahen. Das HGB gibt keinen Ansatzpunkt für eine Differenzierungsmöglichkeit. Die Schlechterstellung von Händlern aus dem EWG-Ausland gegenüber deutschen Händlern würde das Diskriminierungsverbot gemäß Art. 6 EWGV tangieren.

2. Weitere Fälle analoger Anwendbarkeit von Handelsvertreterrecht

56 Ein Wettbewerbsverbot analog zu § 86 I HGB kann sich auch ohne ausdrückliche Vereinbarung aus der Pflicht des Vertragshändlers zur **Wahrung der Interessen des Herstellers** jedenfalls bei Alleinvertriebsverträgen ergeben (*BGH* DB 1984, 555). Die 4jährige Verjährungsfrist gemäß § 88 HGB gilt auch für den Ausgleichsanspruch des Vertragshändlers (*BGH* NJW 1984, 2102/2103).

3. Kündigung

a) Kündigungsfristen, Teilkündigung, außerordentliche Kündigung

Im Rahmen analoger Anwendbarkeit des Handelsvertreterrechtes gelten auch für Vertragshändlerverträge die Kündigungsfristen gemäß § 89 HGB (*BGH* NJW 1962, 1107). Für außerordentliche Kündigungen gilt § 89a HGB analog (*BGH* NJW 1982, 2432). Vgl. im übrigen und zur Teilkündigung Rdnrn. 34ff. Als wichtigen Grund für die **fristlose Kündigung** eines Vertragshändlervertrages sah es *BGH* BB 1978, 982 an, daß der Händler sein zuvor einzelkaufmännisch betriebenes Unternehmen in eine GmbH & Co. KG umgewandelt hatte, ohne den Hersteller von der einschneidenden Veränderung der Haftungsverhältnisse zu unterrichten. **57**

b) Gelten Kündigungsbeschränkungen?

Vertragshändler müssen ihren Vertrieb häufig so stark auf die Produkte ihres Herstellers ausrichten, daß sie nur unter erheblichen **Wettbewerbsnachteilen** auf einen anderen Hersteller überwechseln können. In solchen Fällen kann eine unternehmensbedingte Abhängigkeit des Händlers von seinem Hersteller im Sinne von § 26 II GWB vorliegen, die die Ausübung der nach Vertrag oder Gesetz gegebenen ordentlichen Kündigungsmöglichkeit rechtsmißbräuchlich machen kann (WuW/E *BGH* 2491). Das gilt insbesondere, wenn der Händler im Einvernehmen mit dem Hersteller **Investitionen** vorgenommen hat, die im Zeitpunkt der Kündigung noch nicht amortisiert sind (*OLG Stuttgart* WuW/E 3415). Eingehend zum ganzen *Ebenroth/Parche* BB 1988, Beil. 10. Es kommt auch in Betracht, dem Händler einen Anspruch auf Ersatz für die von ihm getätigten Investitionen zuzubilligen (*Foth* BB 1987, 1270). Eine Verlängerung der Kündigungsfrist auf zwölf Monate hat das *OLG Stuttgart* zu Gunsten eines unternehmensbedingt abhängigen Kfz-Händlers für erforderlich erklärt (NJW-RR 1990, 491; ebenso *OLG Düsseldorf* WuW/E OLG, 4458). Zur Verpflichtung des Herstellers, das Ersatzteillager des Händlers zurückzunehmen vgl. WuW/E BGH 2515. **58**

4. Verletzung eines Alleinvertriebsvertrages durch Lieferungen des Herstellers in das geschützte Gebiet

a) Welche Rechtsbehelfe kommen in Betracht?

Hat der Hersteller einem Händler ein bestimmtes Gebiet zum Alleinvertrieb übertragen, darf er selbst in diesem Bezirk keine Geschäfte machen (*BGH* DB 1970, 44 – Autoentfroster). Verletzt er diese Verpflichtung, erwächst dem Händler ein **Schadenersatzanspruch,** nicht hingegen ein Anspruch auf eine Art Bezirksvertreterprovision oder gemäß § 687 II BGB auf Herausgabe des vom Hersteller Erlangten wegen unberechtigter Fremdgeschäftsführung (*BGH* BB 1984, 1313). Der Vertragshändler wird auch häufig das Recht zur **außerordentlichen Kündigung** haben (§ 89a HGB). Darüber hinaus steht ihm bei Aufrechterhaltung des Vertrages der **Erfüllungsanspruch** (auf Unterlassung) zu. **59**

b) Ist die Alleinvertriebsabrede wirksam?

Alleinvertriebsverträge bedürfen der Schriftform gemäß § 34 GWB, vgl. Rdnr. 10. Dies wird in der Praxis häufig übersehen. **60**

5. Rechtsschutzversicherung

61 Der Risikoausschluß gemäß § 4 Abs. 1 Buchst. f ARB für Rechtsstreitigkeiten aus dem Bereich des Handelsvertreterrechts (vgl. Rdnr. 51) erfaßt nicht die Geltendmachung von Ansprüchen aus Eigenhändlerverträgen (*BGH* NJW-RR 1989, 1251).

IV. Besonderheiten in den neuen Bundesländern

62 Nach dem Beitritt der DDR zur Bundesrepublik Deutschland gemäß Art. 23 GG stellt sich die Frage, ob Abreden über Alleinvertrieb oder Gebietsschutz, die sich auf die BRD bezogen, auch für die neuen Bundesländer gelten. Die Entscheidung muß von der Vertragsauslegung im Einzelfall abhängig gemacht werden. In der Regel wird es dem Parteiwillen bei Vertragsschluß entsprochen haben, daß ein Vertriebsrecht für die Bundesrepublik und Berlin (West) nur die alten Bundesländer abdecken soll. Einen wichtigen Anhaltspunkt für die Vertragsauslegung wird das tatsächliche Verhalten der Parteien in der Zeit seit dem 3. 10. 1990 bilden.

B XIV. Der Äußerungsrechts- und Medienprozeß

Sieghart Ott

Übersicht

Literatur: *v. Gamm,* Persönlichkeits- und Ehrverletzungen durch Massenmedien, 1969; *Götz v. Olenhusen,* Handbuch des Medienrechts, Rundfunkrecht, 1988; *Helle,* Der Schutz der Persönlichkeit, der Ehre und des wirtschaftlichen Rufes im Privatrecht, 2. Aufl. 1969; *ders.,* Besondere Persönlichkeitsrechte im Privatrecht, 1990 (angekündigt); *Hubmann,* Das Persönlichkeitsrecht, 2. Aufl. 1967; *König,* Die Teletexte, 1980; *Löffler,* Presserecht, 3. Aufl., Band I. Landespressegesetze, 1983; *Löffler/Golsong/Frank,* Das Gegendarstellungsrecht in Europa, 1974; *Löffler/Ricker,* Handbuch des Presserechts, 2. Aufl. 1986; *Ring,* Medienrecht (Loseblattausgabe), Stand 1. 2. 1990; *Seitz/Schmidt/Schoener,* Der Gegendarstellungsanspruch in Presse, Film, Funk und Fernsehen, 2. Aufl. 1989; *Ulmer,* Urheber- und Verlagsrecht, 3. Aufl. 1980; *Wenzel,* Das Recht der Wort- und Bildberichterstattung. Handbuch des Äußerungsrechts, 3. Aufl. 1986. – **Fachzeitschriften:** Archiv für Presserecht (AfP), Archiv für Urheber- Film- Funk- und Theaterrecht (UFITA); Gewerblicher Rechtsschutz und Urheberrecht (GRUR), Zeitschrift für Urheber und Medienrecht/Film und Recht (ZUM, früher: FuR). Wie im Wettbewerbsrecht (B XII Rdnr. 16) werden Entscheidungen i. d. R. mit einem Stichwort versehen und zitiert.

Vorbemerkung

Das Äußerungsrecht umfaßt das gesamte Rechtsgebiet verbaler und nichtverbaler menschlicher Gedankenäußerung und -verbreitung: in Wort, Schrift, Bild und sonstigen Zeichen. Als Freiheitsrecht ist es verbürgt in Art. 5 GG. Die für die Anwaltspraxis wichtigsten Konflikte ergeben sich aus mündlichen Äußerungen, vor allem aber aus Veröffentlichungen in Massenmedien (Presse, Rundfunk, sonstige Massenkommunikationsmittel). Auf letzteren liegt der Schwerpunkt der Darstellung, insbesondere auf den Rechtsproblemen des **Ehren- und sonstigen Persönlichkeitsrechtsschutzes.** Sondergebiete können hier nicht berücksichtigt werden, auf einige wichtige wird jedoch hingewiesen. **1**

I. Rechtsschutz gegen Ehrverletzungen

Am Beginn jeder Prüfung, ob eine als beeinträchtigend empfundene Äußerung erlaubt ist oder untersagt werden kann, steht die Frage, ob es sich um eine **2**

Meinungsäußerung oder eine **Tatsachenbehauptung** handelt. Diese Qualifizierung kann im Einzelfall schwierig sein, ist jedoch wichtig, weil Meinungsäußerungen den Grundrechtsschutz des Art. 5 I GG genießen (grundlegend: *BVerfGE* 7, 198 [208 ff.] – Lüth), zwar in den Schranken der allgemeinen Gesetze, der gesetzlichen Bestimmungen zum Schutze der Jugend und des Rechts der persönlichen Ehre (Art. 5 II GG), jedoch müssen diese Schranken ihrerseits „im Lichte der besonderen Bedeutung des Grundrechts der freien Meinungsäußerung für den freiheitlichen demokratischen Staat ausgelegt werden" (*BVerfGE* 7, 198 [208] – Lüth; ähnlich: *BVerfGE* 30, 336 [347 f.] zum Jugendschutz: Güterabwägung erforderlich).

3 Äußerungen bestimmter Art können weiteren Privilegien unterliegen:

- **parlamentarische Äußerungen** nach Art. 46 I GG (Indemnität), für Abgeordnete in Landesparlamenten gilt (evtl. abweichendes) Landesverfassungsrecht; die Freistellung von der Rechtsverfolgung (ausgenommen wegen verleumderischer Beleidigungen) bezieht sich auch auf zivilrechtliche Klagen (*Wenzel* Rdnr. 2.25), für Strafverfolgungsmaßnahmen gilt zusätzlich § 36 StGB.
- **Kunst und Wissenschaft,** Forschung und Lehre sind nach Art. 5 III 1 GG frei, Äußerungen auf diesem Gebiet unterliegen nicht den Schranken des Art. 5 II und Art. 2 I Halbsatz 2 GG (*BVerfGE* 30, 173 [191 ff.] – Mephisto), doch sind auch diese Freiheitsrechte nicht schrankenlos gewährt.
- gegen anwaltliche Äußerungen im formalisierten Verfahren gibt es keinen Anspruch auf Unterlassung oder Widerruf (*BGH* NJW 1962, 243; *Arndt* NJW 1967, 1331; *Wenzel* Rdnr. 2.36 m. w. N.): aus Art. 103 I GG und § 1 BRAO folgt ein besonderes **Anwaltsrederecht.**
- **Presse- und Rundfunkfreiheit** sowie das Zensurverbot sind garantiert in Art. 5 I 2 und 3 GG.
- für Äußerungen in **Wahrnehmung berechtigter Interessen** kann nach § 193 StGB ein **Rechtfertigungsgrund** vorliegen (*Wenzel* Rdnr. 6.27 ff.; MünchKomm – *Schwerdtner,* 2. Aufl., Anh. zu § 12 BGB Rdnr. 259), der auch im Zivilprozeß beachtlich ist.
- auch Äußerungen im engsten **Familien- und Freundeskreis,** in welchem ein offener Austausch möglich sein muß, können privilegiert sein (*BGH* NJW 1984, 1104 f. – Kleiner Kreis).

1. Abgrenzung Meinungsäußerung/Tatsachenbehauptung

4 Zu den **„Meinungen"** im Sinn des Art. 5 I 1 GG gehören insbesondere die **„Werturteile"** (*BVerfGE* 33, 1 [14 f.] – Gefangenenpost). Beide Begriffe werden gleichgesetzt und synonym gebraucht und den „Tatsachenbehauptungen" gegenübergestellt.

a) Kriterien der Meinungsäußerung

5 Ein **Werturteil** ist notwendig subjektiv. Äußerungen, die durch Elemente der Stellungnahme, des Dafürhaltens oder **Meinens** geprägt sind, fallen hierunter, und zwar auch dann, wenn sich diese Elemente mit denen einer Tatsachenmitteilung oder -behauptung verbinden oder vermischen (unten Rdnr. 10; *BVerfGE* 61, 1 [9] – Wahlkampfäußerung). Unerheblich ist, ob ein Werturteil „richtig"

oder „falsch", emotional oder rational begründet ist (*BVerfGE* 33, 1 [14] – Gefangenenpost).

6 Steht die **subjektive Wertung** so im Vorderung, daß der substanzarme tatsächliche Gehalt einer einzelnen Äußerung in den Hintergrund tritt, liegt eine Meinungsäußerung vor (*BGHZ* 45, 296 [304] – Höllenfeuer; vgl. auch *BGH* GRUR 1975, 89 [91] – Brüning I). Unter diesem Gesichtspunkt hat *BVerfGE* 61, 1 [9] auch eine Wahlkampfäußerung, die CSU sei „die NPD von Europa" noch als zulässiges Werturteil angesehen. Auch wenn tatsächliche Vorgänge geschildert aber mit übergreifenden Schlußfolgerungen versehen werden, kann dadurch ebenfalls der Wertungscharakter so überwiegen, daß die Tatsachenmitteilung in den Hintergrund tritt (*BGH* NJW 1981, 1089 [1095] – Wallraff).

7 Durch geschickte **Formulierung** läßt sich daher eine Äußerung, die als Tatsachenbehauptung anfechtbar wäre, durchaus als zulässiges Werturteil ausdrükken, wozu allerdings rein formale Floskeln nicht ausreichen. Im übrigen kann eine Meinungsäußerung ebenso wie eine Tatsachenbehauptung in beliebigen Medien ausgedrückt werden, auch durch Bilder (*BVerfGE* 30, 336 [352]; 75, 369 [377] – Hachfeld).

b) Kriterien der Tatsachenbehauptung

8 Nach ständiger Rechtsprechung liegt eine **Tatsachenbehauptung** vor, wenn die Richtigkeit einer Äußerung objektiv dem Wahrheits- oder Unwahrheitsbeweis zugänglich ist (*BGHZ* 3, 270 [273] – Constanze I, insoweit bestätigt durch *BGHZ* 45, 296 [304] – Höllenfeuer). Maßgeblich ist, ob nach dem Verständnis des Durchschnittsadressaten der Äußerung sich diese als beweisbar darstellt. Instruktiv hierzu: *BGH* NJW 1982, 2246 [2247] und *BGH* NJW 1982, 2248 [2249]. Danach ist die Bezeichnung eines näher beschriebenen Verhaltens als „illegal" zulässige Meinungsäußerung, wenn damit eine Rechtsauffassung kenntlich gemacht, eine rechtliche Bewertung vorgenommen wird (so schon *BGH* NJW 1965, 294 [295] – Volkacher Madonna); ruft die Äußerung hingegen beim Adressaten zugleich die Vorstellung von konkreten, in die Wertung eingekleideten Vorgängen hervor, handelt es sich um eine rechtlich angreifbare Tatsachenbehauptung, wie beim Vorwurf des Betrugs in Verbindung mit einem konkreten Sachverhalt.

9 **Tatsachen** sind nicht nur äußere sondern auch innere Vorgänge, die der Wahrnehmung Dritter und damit des Beweises zugänglich sind, wie Willensrichtungen, Einstellungen einer Person, ihr Vorsatz oder ihre Absicht, soweit sie sich aus äußeren Hilfstatsachen erschließen lassen (*KG* NJW 1970, 2029 [2031], zustimmend *Wenzel* Rdnr. 4.31). Stets aber betrifft die (äußere oder innere) Tatsache einen objektiven, von der subjektiven Einstellung des Äußernden unabhängigen Vorgang.

c) Meinungsäußerungen mit Tatsachenkern

10 Aus den genannten Abgrenzungskriterien folgt, daß die **Form der Äußerung** nicht entscheidend für ihre rechtliche Einordnung als Meinungsäußerung oder Tatsachenbehauptung ist. Auch eine in die Form des subjektiven Werturteils gekleidete Äußerung kann einen Tatsachenkern vermitteln und wird als Tatsachenbehauptung gewertet, wenn der Durchschnittsadressat sie als objektiv beweisbaren Sachverhalt ansehen wird. Instruktiv: *BGH* GRUR 1975, 89ff. – Brüning-Memoiren I.

d) Meinungsäußerungen in der Form der Tatsachenbehauptung

11 Dementsprechend werden in die äußere Form einer Tatsachenbehauptung gekleidete subjektive Meinungsäußerungen als solche gewertet, wie oft bei Redensarten („Er ärgerte sich grün und blau“).

e) Formalbeleidigungen

12 Äußerungen können bereits ihrer Form nach beleidigend sein. Auch wenn damit eine Meinungsäußerung oder eine künstlerische Äußerung verbunden ist, kann den Grundrechten aus Art. 5 GG die Schranke des Art. 1 I GG (Eingriff in die Menschenwürde des Betroffenen) entgegenstehen (*BVerfGE* 30, 173 [195] – Mephisto; 75, 369 [380] – Hachfeld). Presserechtlich wird in der Regel eine stets unzulässige Schmähkritik vorliegen (hierzu: *BGH* NJW 1974, 1762 [1763] – Deutschland-Stiftung).

2. Gegendarstellung

13 Anspruch besteht nur gegen **Tatsachenbehauptungen** in Periodika. Vorteile: Möglichkeit rascher Reaktion des Betroffenen, Veröffentlichung seiner eigenen Sachdarstellung, Erreichung des gleichen Empfängerkreises wie Erstnachricht. Nachteile: Starke Formalisierung, meist Widerstand durch die Medien, deren Möglichkeit der Anfügung eines „Redaktionsschwanzes“ (unten Rdnr. 22).

a) Anspruchsgrundlagen

14 Medienrecht ist weitgehend **Landesrecht.** Die Anspruchsgrundlagen mit teils unterschiedlichen Regelungen über Fristen, Form, Aktiv- und Passivlegitimation finden sich in den Landespressegesetzen (in manchen Bundesländern auch für den Rundfunk), in den Landesrundfunkgesetzen, in den Rundfunk-Staatsverträgen, für privaten Rundfunk in den Landesmediengesetzen, wobei der Begriff „Rundfunk“ stets Hörfunk wie auch Fernsehen umfaßt, für Bildschirmtext gilt Art. 7 des Staatsvertrags über Bildschirmtext vom 18. 3. 1983. Einzig das hamburgische Pressegesetz vom 29. 1. 1965 sieht in § 7 II 2 auch eine Gegendarstellung für „Wochenschauen“ vor.

15 Wegen der Vielfalt der Regelungen muß im Einzelfall stets die anzuwendende gesetzliche (staatsvertragliche) Regelung herangezogen werden, vollständigstes und aktuellstes Nachschlagewerk: *Ring,* Medienrecht (Loseblattausgabe). Wegen Uneinheitlichkeit der Rechtslage können die nachstehenden Stichworte nur als Anhaltspunkte und Faustregeln dienen.

16 Anzuwenden ist bei **Printmedien** stets das Recht des Verlagsorts (auch wenn Druck- und Auslieferungsort in einem anderen Bundesland liegen); er muß im Impressum genannt sein. Bei **Rundfunksendungen** gilt die Regelung im jeweiligen Rundfunkgesetz bzw. Rundfunk-Staatsvertrag.

b) Aktiv- und Passivlegitimation

17 Aktiv legitimiert ist in der Regel jede von der Veröffentlichung betroffene „Person oder Stelle“ (nach § 10 I 1 BayPresseG: unmittelbar betroffene Person oder Behörde), die nicht notwendig namentlich genannt sein muß, wenn sie identifizierbar ist. Anspruchsgegner ist nach den Landespressegesetzen der Verleger und der verantwortliche Redakteur, bei Rundfunksendungen in der Regel die ausstrahlende Anstalt, beim Privatrundfunk die Landeszentrale (Bayern), der Veranstalter (Baden-Württemberg) oder der Anbieter (Hamburg), nach Art. 7 I 1 Btx-StV der Anbieter. Die Aufzählung ist nicht vollständig, nur beispielhaft.

c) Fristen

Das Gegendarstellungsverlangen ist – je nach Rechtsgrundlage – unverzüglich (§ 121 I 1 BGB) oder innerhalb bestimmter (Ausschluß-)Fristen zu stellen. Rechtsschutzbedürfnis ist stets zu prüfen, gelegentlich ausdrücklich geregelt. 18

d) Form

Die Gegendarstellung bedarf der **Schriftform** und der eigenhändigen Unterzeichnung durch den Betroffenen; Übermittlung mittels Telefax wahrt die Schriftform nicht (*OLG Hamburg* NJW 1990, 1613; a. M. OLG München NJW 1990, 2895, sofern Übermittlung vom Gerät des Berechtigten unmittelbar zum Empfängergerät des Verpflichteten erfolgt, doch trägt dann jedenfalls der Anspruchsberechtigte die Übermittlungsgefahr). Dagegen ist gewillkürte Vertretung beim Anspruchsverlangen zulässig, Vollmacht sollte wegen § 174 BGB beigefügt werden. 19

e) Inhalt und Umfang

Gegendarstellung ist nur gegen unzutreffende Tatsachenbehauptungen zulässig. Sie muß die beanstandeten Stellen bezeichnen und darf nicht wesentlich umfangreicher sein als diese, wenngleich nicht exakte Entsprechung im Umfang verlangt werden kann, weil die Negation oft mehr Raum beansprucht als die beanstandete Meldung, insbesondere, wenn diese wiederholt werden muß. (Muster: Beck'sches Prozeßhandbuch II N sowie *Seitz/Schmidt/Schoener.*) 20

f) Gerichtliche Durchsetzung

Sie erfolgt im **Zivilrechtsweg** (LG, da nicht vermögensrechtliche Streitigkeit), auch gegenüber öffentlich-rechtlichen Rundfunkanstalten, und zwar im Verfahren der einstweiligen Verfügung oder in einem Anordnungsverfahren nach § 11 LPG, auf das das Recht der einstweiligen Verfügung anzuwenden ist. Es gilt der allgemeine Gerichtsstand, nicht anwendbar: §§ 29, 32 ZPO. Da die Veröffentlichung nur unverändert erfolgen darf (u. Rdnr. 22), muß auch der Verfügungsantrag die begehrte Gegendarstellung wörtlich wiederholen. 21

g) Veröffentlichung und Redaktionsschwanz

Die Veröffentlichung der Gegendarstellung ist grundsätzlich nur **unverändert** zulässig, lediglich offensichtliche Schreibversehen dürfen berichtigt werden. Ist eine Gegendarstellung nur teilweise zulässig, kann sie ganz zurückgewiesen werden. Der Anspruchsverpflichtete ist weder zur Redaktion berechtigt noch zur Hilfestellung verpflichtet. Die Gegendarstellung muß in der nächsterreichbaren Ausgabe (Sendung), die noch nicht für die Veröffentlichung abgeschlossen ist, erfolgen. Sie darf nicht in redaktionellen Text eingebettet werden. In der Regel ist jedoch ein „Redaktionsschwanz" zulässig, der grafisch oder sonst entsprechend dem Medium von der Gegendarstellung abgesetzt sein und sich auf tatsächliche Mitteilungen beschränken muß. Auch ein Vorspann mit dem Hinweis auf die gesetzliche Pflicht zur Veröffentlichung wird als zulässig erachtet. 22

h) Prozeßverhindernde Maßnahmen

Massenmedien lieben die Veröffentlichung von Gegendarstellungen selten. Es kann sich daher empfehlen, zur Vermeidung eines Rechtsstreits, dessen Dauer die Veröffentlichung der Gegendarstellung wegen Zeitablaufs nicht mehr sinnvoll erscheinen läßt, dem Anspruchsgegner anzubieten, der Betroffene werde 23 auf die Durchsetzung seines Anspruchs verzichten, wenn eine Berichtigung im redaktionellen Teil erfolgt, ein Leserbrief abgedruckt wird (die Gegendarstellung darf andernfalls nicht als Leserbrief veröffentlicht werden) oder eine sonstige zu vereinbarende Äußerung veröffentlicht wird, mit der die Interessen des Betroffenen gewahrt werden.

3. Unterlassungsanspruch

24 Der von einer sein Persönlichkeitsrecht beeinträchtigenden Äußerung Betroffene kann im Falle der Wiederholungsgefahr (die bei Presseveröffentlichungen stets unterstellt wird) deren Unterlassung verlangen. In Betracht kommen unrichtige Tatsachenbehauptungen, in einigen Fällen auch ehrenrührige Werturteile. Der Unterlassungsanspruch kann neben einem eventuell gegebenen Gegendarstellungsanspruch geltend gemacht werden.

a) Rechtsgrundlagen

25 Der quasi-negatorische Unterlassungsanspruch wurde in Analogie zu §§ 1004 I 2, 826 I 2 und 12 S. 2 BGB von der Rechtsprechung entwickelt. Als Verletzungstatbestände kommen infrage:
- § 823 I BGB, als „sonstiges Recht" insbesondere das **Recht am eingerichteten und ausgeübten Gewerbebetrieb** sowie das **allgemeine Persönlichkeitsrecht.** § 823 I BGB ist insoweit Auffangtatbestand, soweit andere Tatbestände nicht greifen (aus dem UWG, §§ 824, 823 II BGB). Eingriffe können durch Tatsachenbehauptungen (unabhängig von ihrer Richtigkeit) und Werturteile erfolgen. Zum Recht am Gewerbebetrieb vgl. insbesondere *BGHZ* 45, 296 (306 ff.) – Höllenfeuer; 65, 325 (328 ff.) – Warentest II; 80, 25 (27) – Wallraff. Verletzungen des allgemeinen Persönlichkeitsrechts, die hierher gehören, sind insbesondere: Verletzung der Intimsphäre, der Geheimsphäre, der persönlichen Entfaltung und der verfälschenden Darstellung des Persönlichkeitsbildes.
- § 823 II BGB i. V. m. §§ 185–187 StGB, wobei vor allem § 186 StGB (üble Nachrede) in der Praxis erhebliche Bedeutung zukommt. Dieser Tatbestand wie der des § 187 StGB setzt falsche Tatsachenbehauptungen voraus.
- § 824 BGB: Kreditgefährdung.
- § 826 BGB: Sittenwidrigkeit.

b) Beeinträchtigung

26 Der Unterlassungsanspruch setzt eine **Beeinträchtigung** des Betroffenen in seinen Persönlichkeitsrechten voraus. Auch die Veröffentlichung und Verbreitung wahrer Tatsachenbehauptungen kann eine Beeinträchtigung darstellen, wenn dadurch die Individualsphäre des Betroffenen oder sein Recht auf informationelle Selbstbestimmung (*BVerfGE* 65, 1 ff. – Volkszählung) verletzt wird. Andererseits muß nicht jede wahrheitswidrige Behauptung eine Beeinträchtigung darstellen: kein Unterlassungsanspruch gegen irrelevante Äußerungen.

27 Die Beeinträchtigung muß nicht notwendig bereits erfolgt sein. Unterlassungsanspruch kann auch bestehen, wenn die Beeinträchtigung kurz bevorsteht: angekündigte Auslieferung eines Buches, Veröffentlichung eines Beitrags, Ausstrahlung einer Sendung. Gerade dem vorbeugenden Unterlassungsanspruch kommt praktisch große Bedeutung zu.

c) Wiederholungsgefahr

Jede Äußerung trägt indiziell die Gefahr ihrer Wiederholung in sich, es sei denn, sie sei innerhalb eines abgeschlossenen historischen Prozesses gefallen, für dessen Wiederholung kein Anlaß besteht. Bei Äußerungen in Massenmedien wird die Wiederholungsgefahr unterstellt. 28

d) Aktiv- und Passivlegitimation

Anspruchsberechtigt ist, wer von der Äußerung betroffen ist, Erkennbarkeit genügt. Sind durch eine Äußerung mehrere betroffen, steht jedem ein selbständiger Unterlassungsanspruch zu. 29

Passivlegitimiert ist insbesondere der Autor, der die Äußerung aufgestellt und verbreitet hat: der Informant (*BGH* NJW 1964, 1181 – Weizenkeimöl; NJW 1966, 1213 [1214] – Luxemburger Wort; NJW 1967, 675 [676] – Spezialsalz, insoweit nicht in *BGHZ* 46, 305), ferner: der Journalist oder sonstige Autor, der den Beitrag verfaßt oder sich die Äußerung zu eigen gemacht hat, ohne sich von ihr zu distanzieren, der verantwortliche Redakteur, wohl auch der Chefredakteur, der Verleger, der Herausgeber, wenn er der „maßgebliche Mann" und der „Herr des Unternehmens" ist, die Rundfunkanstalt, die die Sendung ausstrahlt (gleich, ob privat oder öffentlich-rechtlich). Wegen Äußerungen in der Pressemitteilung einer Landtagsfraktion kann jedes Fraktionsmitglied (auch einzeln) auf Unterlassung in Anspruch genommen werden (*OLG München* NJW 1989, 910). Beamte haften für dienstliche Äußerungen jedoch nicht persönlich (*BGHZ* 34, 99), bei Amtspflichtverletzung gilt Art. 34 GG, § 839 BGB. 30

e) Inhalt und Umfang

Der Unterlassungsanspruch ist grundsätzlich beschränkt auf die **konkrete Verletzungsform.** Die **Verbotsfassung** (bereits in der Abmahnung) muß sich ihr möglichst eng anpassen. Schwierigkeiten können sich ergeben, wenn die zu beanstandende Äußerung in einer längeren Satzperiode enthalten ist oder die ehrkränkenden Beschuldigungen **verdeckt,** „zwischen den Zeilen" der offenen Darstellung enthalten sind. Im erstgenannten Fall wird sich in der Regel empfehlen, die Unterlassung der gesamten Satzperiode, die die unzulässige Äußerung enthält, zu fordern (soweit für das Verständnis erforderlich), statt einen (tatsächlichen oder vermeintlichen) Kern aus der Gesamtäußerung herauszuschälen, zumal dann oft notwendig werdende formale Einschränkungen („ohne hinzuzufügen, daß ..."; „in Zusammenhang mit ...") tatsächlich zu einem weitergehenden Eingriff in die Äußerungsfreiheit führen können; sie sind unzulässig (so richtig: *v. Gamm* Rdnr. 68 gegen *BGH* NJW 1968, 1773 [1777] – Mephisto, insoweit nicht in *BGHZ* 50, 133). Im Fall der **„verdeckten" Behauptungen** kann ein Rechtsschutzbedürfnis des Betroffenen dafür bestehen, zu verlangen, nicht nur auf die Bezugspunkte des Textes, die die „verdeckten" Behauptungen tragen, zu verzichten, sondern darüber hinaus einen klarstellenden Zusatz zu machen, soweit das erforderlich ist (*BGHZ* 78, 9 [18] – Medizin-Syndikat III). Doch kann gegen ein Kunstwerk (z. B.: Roman) keine distanzierende Erklärung durchgesetzt werden (*BGH* NJW 1968, 1773 [1778] – Mephisto, insoweit nicht in *BGHZ* 50, 133). Dagegen kann im Einzelfall ausnahmsweise ein das ganze Werk umfassendes Veröffentlichungsverbot als weniger einschneidende Maßnahme (Verhältnismäßigkeitsprinzip) zulässig sein, wenn der beanstandete Text für die Gesamtkonzeption des Werks einen prinzipiellen 31

Stellenwert hat und dem Autor dadurch eine nicht zu beanstandende Neufassung ermöglicht wird (*BGH* GRUR 1976, 210 [212] – Der Geist von Oberzell).

32 Problematisch ist die aus dem Wettbewerbsrecht übernommene (nur dort sinnvolle) Übung, die Unterlassung einer Äußerung **„wörtlich oder sinngemäß"** zu fordern. Verfassungsrechtlich unzulässig ist das zumindest bei herabsetzenden Meinungsäußerungen, die lediglich ihrer Form wegen zu beanstanden sind (*BVerfGE* 42, 143 [149f., 152f.] – Deutschland-Magazin). Auch sonst ist im außerwettbewerbsrechtlichen Bereich vor dem Verbot „sinngemäßer" Äußerungen zu warnen (a. M.: *Wenzel* Rdnr. 12.70): ein solches Verbot bringt zwar dem Anspruchsteller (Titelgläubiger) die Möglichkeit weitergehenden Vorgehens, beschränkt den Anspruchsgegner (Titelschuldner) jedoch oft gravierend in seinem Äußerungsrecht nach Art. 5 GG, weil die Entscheidung, ob eine spätere Äußerung „sinngemäß" die frühere (untersagte) wiederholt, in das dafür nicht geeignete Zwangsvollstreckungsverfahren (Ordnungsmittelverfahren) verweist. Auch das bloße Unterlassungsverbot umfaßt nach der in der Rechtsprechung herrschenden **Kerntheorie** (*BGHZ* 5, 189 [193f.] – Fischermännchen, st. Rspr.) nur geringfügig abweichende, in ihrem Kern aber mit der untersagten Äußerung übereinstimmende Erklärungen.

f) Beweislast

33 Die Darlegungs- und Beweislast für die Äußerung und ihre Verbreitung richtet sich nach den allgemeinen Regeln: für die anspruchsbegründenden Tatsachen liegt sie bei dem, der sich betroffen fühlt, für die anspruchsvernichtenden bei dem, der auf Unterlassung in Anspruch genommen wird. Ein Auskunftsanspruch besteht grundsätzlich nicht (*BGH* NJW 1980, 2801 [2807] – Medizinsyndikat III, insoweit nicht in *BGHZ* 78, 9). *Wenzel* Rdnrn. 12.101 und 15.3ff. bejaht einen Auskunftsanspruch für durch Rundfunk verbreitete Äußerungen, sofern eine verkörperte Fassung (Aufzeichnung) vorhanden ist. In einigen Bundesländern gibt es gesetzliche Regelungen (mit unterschiedlichen Normadressaten und zum Teil beschränkt auf bestimmte Sendearten) über zeitlich befristete Aufzeichnungs- und Aufbewahrungspflichten für ausgestrahlte Sendungen und ein entsprechendes Auskunfts- oder Einsichtsrecht des Betroffenen (§ 54 BaWüLMedG, § 17 LRG NRW, § 17 LRG RhPf., § 6 Saarl. LRG, § 18 LRG Schl-H.).

34 Zu beachten ist jedoch, daß der **Wahrheitsbeweis** für Tatsachenbehauptungen, die eine üble Nachrede darstellen, dem Anspruchsgegener (Beklagten) obliegt, und zwar wegen der über § 823 II BGB in das Deliktsrecht transformierten Beweisregel des § 186 StGB (*BGH* NJW 1985, 1621 [1622] – Türkol). Danach kommt es darauf an, daß die behauptete Tatsache nicht erweislich wahr ist. Näheres s. *Wenzel* Rdnrn. 5.171ff. und 12.105ff. Somit sind vom Anspruchsteller (Kläger) insbesondere zu beweisen:

- bei Anspruch aus § 823 I BGB: Äußerung einer Tatsachenbehauptung oder eines Werturteils, erkennbares Betroffensein, Eingriff in das Persönlichkeitsrecht oder den eingerichteten und ausgeübten Gewerbebetrieb, Rechtswidrigkeit mit notwendiger Interessenabwägung, Haftung des Anspruchsgegners, Verschulden (Vorsatz oder Fahrlässigkeit).
- bei Anspruch aus § 823 II BGB i. V. m. § 186 StGB: Tatsachenbehauptung, erkennbares Betroffensein, objektive Eignung verächtlich zu machen oder in der öffentlichen Meinung herabzuwürdigen, Vorsatz; **nicht:** Unwahrheit (Wahrheitsbeweis obliegt dem Gegner).

- bei Anspruch aus § 824 BGB: Tatsachenbehauptung, ihre Unwahrheit, objektive Eignung zur Kreditgefährdung oder Herbeiführung sonstiger Nachteile für Erwerb oder Fortkommen, fahrlässige Unkenntnis der Unwahrheit (bei Kenntnis: § 187 StGB i. V. m. § 823 II oder § 826 BGB).

g) Rechtfertigung

Eine Äußerung kann, auch wenn sie den äußeren Tatbestand eines Unterlassungsanspruchs erfüllt, gerechtfertigt sein. Als Rechtfertigungsgründe kommen insbesondere in Betracht: **35**
- Einwilligung des Betroffenen,
- Privilegien (oben Rdnr. 3),
- Wahrnehmung berechtigter Interessen (§ 193 StGB). Hierbei kann es sich um die Wahrnehmung eigener oder fremder rechtlich relevanter Interessen handeln. Die Wahrnehmung fremder Interessen bedarf jedoch einer ausdrücklichen Legitimation (nahe Verwandtschaft, langjähriges Arbeitsverhältnis, Mandatsverhältnis eines Anwalts), im Einzelfall ist sorgfältige Prüfung erforderlich.

Eine besondere Legitimation zur Wahrnehmung fremder Interessen begründet das Grundrecht der **Pressefreiheit** (Art. 5 I 2 GG, vgl. *BGHZ* 31, 308 [312] – Alte Herren). Auch Äußerungen im Bereich der politischen Meinungs- und Willensbildung, insbesondere im Wahlkampf, können ein höheres Maß an Polemik rechtfertigen (*BVerfGE* 42, 163 [170f.] – Deutschland-Magazin; *BVerfGE* 61, 1 [9f.] – Wahlkampfäußerung).

Die Wahrnehmung berechtigter Interessen erfordert eine **Interessenabwägung.** (Einzelheiten hierzu s. *Wenzel* Rdnrn. 6.59ff.) Einige Kriterien: **36**
- Informationsinteresse der Öffentlichkeit (*BGHZ* 80, 25 – Wallraff),
- Einhaltung presseüblicher Sorgfalt (evtl. Rückfrage beim Betroffenen),
- Recht zum Gegenschlag (*BVerfGE* 12, 113 – Schmid),
- Intensität der Beeinträchtigung (*BVerfGE* 35, 202 – Lebach),
- unwahre Tatsachenbehauptungen, Klatsch und Sensationsgier geben keinen Rechtfertigungsgrund (*BVerfGE* 12, 113 [130] – Schmid),
- gleiches gilt bei Beeinträchtigung zum Zweck der Föderung des eigenen Wettbewerbs (*BGHZ* 35, 363 – Ginseng),
- oder für das unrichtige Zitat (*BVerfGE* 54, 208 – Böll).

Die genannten Kriterien sind lediglich eine Auswahl von Beispielen. Jeder Einzelfall muß anhand der umfangreichen Rechtsprechung individuell geprüft werden, eine Schematisierung ist nicht möglich.

h) Abmahnung

Jedem gerichtlichen Vorgehen muß (wegen § 93 ZPO) eine Abmahnung vorausgehen, soweit möglich. Mit ihr sollte dem Anspruchsgegner eine vorformulierte Unterlassungserklärung übersandt werden, die folglich einem zu erwirkenden Tenor einer einstweiligen Verfügung oder Klage inhaltlich entsprechen muß und ein Vertragsstrafeversprechen für den Fall der Zuwiderhandlung enthalten sollte. Muster: Beck'sches Prozeßhandbuch II N 7. Die Höhe der Vertragsstrafe entspricht der Bedeutung des Falles (Durchschnitt: 2000 DM bis 5000 DM); bei unverhältnismäßiger Höhe: § 343 BGB. Ob die Verpflichtung zur Kostenübernahme in die Unterwerfungserklärung augenommen werden soll, ist eine taktische Frage; oft verhindert diese Klausel die Abgabe der Unterwerfungserklärung. **37**

38 Das Abmahnschreiben sollte eine Kurzbegründung enthalten. Der Anspruchsgegner kann Text und Inhalt der Unterwerfungserklärung abweichend formulieren.

i) Gerichtliche Durchsetzung

39 **Rechtsweg:** Grundsätzlich Zivilrechtsweg, auch wenn die Äußerung durch eine öffentlich-rechtliche Rundfunkanstalt verbreitet wurde und sich der Anspruch (auch) gegen sie richtet (*BGHZ* 66, 182 [185] – Panorama/Bittenbinder). Handelt es sich um eine nichtvermögensrechtliche Streitigkeit, ist ohne Rücksicht auf die Höhe des Streitwerts erstinstanzlich das Landgericht zuständig. In einem Fall des § 2 I Nr. 2 ArbGG sind die Arbeitsgerichte ausschließlich zuständig. Der Verwaltungsrechtsweg ist gegeben bei Äußerungen von Beamten im Rahmen ihrer hoheitlichen Tätigkeit sowie bei Streitigkeiten wegen Justiz-Presseerklärungen (str., vgl. *Wenzel* Rdnr. 12.85).

40 Die **örtliche Zuständigkeit** richtet sich nach dem allgemeinen Gerichtsstand des Beklagten (§§ 12–18 ZPO). Wird der Anspruch auf unerlaubte Handlung gestützt, ist jedes Gericht zuständig, in dessen Bezirk die Handlung begangen ist (§ 32 ZPO). Bei Presseerzeugnissen ist Begehungsort jeder Ort, wo das Presseerzeugnis erscheint und wo es regelmäßig vertrieben wird, nicht jedoch unabhängig davon der Wohn- oder Aufenthaltsort des Betroffenen (*BGH* NJW 1977, 1590). Ein einziges Exemplar genügt; keine reguläre Verbreitung liegt vor, wenn eine Druckschrift nur zufällig (etwa durch einen Reisenden) oder provoziert (auf eigenes Anfordern durch den Betroffenen) an einen Ort gelangt. Bei Rundfunksendungen kommt es auf die regelmäßige Empfangsmöglichkeit an. Der Gerichtsstand des § 32 ZPO gilt auch für vorbeugende Unterlassungsklagen, wenn also die unerlaubte Handlung noch nicht begangen wurde; maßgebend ist dann, wo die Verbreitung normaler- und üblicherweise erfolgt (h. M., vgl. *Wenzel* Rdnr. 12.94).

41 Ist eine Hauptsacheklage noch nicht anhängig, kann eine einstweilige Verfügung bei jedem Gericht erwirkt werden, das für die Hauptsache zuständig ist (§§ 936, 919 ZPO). Die **Gerichtsstandswahl** für die einstweilige Verfügung bindet nicht für die Hauptsache (§ 35 ZPO).

42 Neben dem Unterlassungsanspruch können Nebenansprüche bestehen auf Urteilsveröffentlichung (nur im Hauptsacheverfahren), wenn eine Interessenabwägung ihre Erforderlichkeit ergibt, sowie (auch im einstweiligen Verfügungsverfahren) ein Rückrufanspruch bei Presseerzeugnissen, der sich jedoch nur auf die Exemplare bezieht, die sich noch in der Verfügungsgewalt des Verlegers befinden.

k) Gegenmaßnahmen

43 Wer davon Kenntnis erlangt oder vermutet, daß gegen ihn mit einem Antrag auf Erlaß einer einstweiligen Verfügung zu rechnen ist, kann **Schutzschriften** bei den Gerichten hinterlegen, die voraussichtlich vom Anspruchsteller angerufen werden. Sinn der Schutzschrift ist, den Erlaß einer einstweiligen Verfügung ohne mündliche Verhandlung (§ 937 II ZPO) zu verhindern. Muster: Beck'sches Prozeßformularbuch I R 12. Die Gerichte tragen Schutzschriften in ein Schutzschriftenregister ein, das beim Eingang jedes Verfügungsantrags konsultiert wird. Bei größeren Landgerichten werden für Pressesachen Spezialkammern gebildet. Da der potentielle Antragsgegner den Geschäftsverteilungsplan und die Usancen der Schutzschriftregisterführung eines auswärtigen Gerichts

nicht kennen wird, muß im Betreff der Schutzschrift sichergestellt werden, daß sie bei allen in Betracht kommenden allgemeinen und speziellen Kammern registriert wird (bei Urheberrechtsverletzung auch bei der Spezialkammer dafür).

l) Streitwert

Er ist nach § 3 ZPO zu schätzen. In Durchschnittsfällen: zwischen 20000 DM und 50000 DM, regional unterschiedlich. **44**

m) Prozeßverhindernde Maßnahmen

Flexibilität kann beiden Parteien nützen, um Interessen durchzusetzen, die auf gerichtlichem Weg nicht oder nicht so schnell erreichbar sind. Vor allem bei Druckwerken ist der Betroffene im Vorteil, der seine Ansprüche durch einstweilige Verfügung vorläufig sichern kann, denn die Beanstandung nur einer einzigen Äußerung kann die (weitere) Verbreitung des gesamten Druckwerks blockieren. Der Verfügungskläger kann den Verzicht auf seine Rechte unter Bedingungen anbieten. Andererseits kann der Verleger die Erwirkung einer einstweiligen Verfügung verhindern, wenn er zunächst von sich aus einen Auslieferungsstop zusagt, bis Sachaufklärung möglich und vielleicht ein Kompromiß gefunden ist (fehlendes Rechtsschutzbedürfnis). **45**

Als Bedingungen kommen – je nach Fallgestaltung – in Betracht: Zahlung von Schadensersatz, Zusage der Änderung in der nächsten Auflage gegen Einräumung einer Aufbrauchsfrist, Beifügung einer Gegendarstellung des Betroffenen in einer Buchveröffentlichung (die das Presserecht nicht vorsieht), Klarstellung durch einen Aufkleber, Vereinbarung neuer Konditionen, wenn zwischen den Anspruchsgegnern ein Vertragsverhältnis besteht. **46**

4. Widerrufsanspruch

Er ist ein Beseitigungsanspruch wegen einer Rechtsstörung. **Rechtsgrundlage:** § 1004 BGB analog i. V. m. einem Deliktstatbestand (oben Rdnr. 25). **47**

a) Beeinträchtigung

Nur hinsichtlich unrichtiger **Tatsachenbehauptungen** (oben Rdnrn. 8, 9) ist ein Widerrufsverlangen zulässig. Sie können sich auch aus dem Sinnzusammenhang der Äußerung als solche erweisen (*BGH* NJW 1982, 1805 – Schwarzer Filz). **48**

b) Beweislast

Der Anspruchsteller trägt die volle Last des **Nachweises der Unwahrheit** der Behauptung, deren Widerruf er begehrt, Zweifel gehen zu seinen Lasten. **49**

c) Notwendigkeit

Auch wenn der Anspruchsteller die Unwahrheit der ihn betreffenden Äußerung nachweist, hat er Anspruch auf Widerruf nur, wenn dieser **notwendig** ist, um die erfolgte Rufbeeinträchtigung zu beseitigen. Weder verletztes Ehrgefühl noch Genugtuungsinteresse reicht aus. Durch Zeitablauf oder freiwillige Richtigstellung durch den Äußernden kann ein Widerrufsbedürfnis entfallen sein (*BGH* NJW 1982, 1805 [1806] – Schwarzer Filz). Voraussetzung ist ferner, daß der Widerruf ein geeignetes Mittel ist, die Rufbeeinträchtigung zu beseitigen. **50**

d) Aktiv- und Passivlegitimation

51 **Anspruchsberechtigt** ist nur der unmittelbar Betroffene. Mehrere Betroffene können nur **einen** Widerruf fordern, weil es sich um eine Erklärung des Störers handelt.

Passiv legitimiert ist nur, wer die zu widerrufende Behauptung **als eigene aufgestellt** hat; wer sie zitiert oder sonst verbreitet, kann auf Widerruf nur in Anspruch genommen werden, wenn er sich die Äußerung zu eigen gemacht hat. In diesem Fall kommt eventuell eine bloße Distanzierung infrage (unten Rdnr. 52).

e) Inhalt, Umfang und Form

52 Die Widerrufserklärung muß auf das für die Beseitigung eines Zustands fortdauernder Beeinträchtigung Erforderliche beschränkt werden (*BGHZ* 31, 308 [320] – Alte Herren). Unter Abwägung der Interessen ist auch sonst die schonendste Maßnahme zu wählen, die zur Beseitigung des Störungszustandes geeignet ist (*BGH* NJW 1972, 431 [433] – Freispruch). Keinesfalls darf die Widerrufserklärung demütigend sein (*BVerfGE* 28, 1). Je nach der Intensität der Beeinträchtigung und der Notwendigkeit ihrer Beseitigung kann der Berichtigungsanspruch abgestuft werden. Die Spannweite reicht vom qualifizierten Widerruf über den einfachen Widerruf, die Rücknahme, die Richtigstellung, die Klarstellung, das Nichtaufrechterhalten zur Ergänzung. Einzelheiten bei *Wenzel* Rdnrn. 13.53ff.

53 Im Widerrufsverlangen und folglich auch im Klageantrag sind auch die Empfänger der Erklärung (niemals der Verletzte: *v. Gamm* Rdnr. 71; anders: *BGH* NJW 1966, 647 [649] – Reichstagsbrand), bei Veröffentlichung ihre räumliche und zeitliche Ausdehnung sowie das Veröffentlichungsorgan zu bezeichnen.

f) Gerichtliche Durchsetzung

54 Nur im Wege der Hauptsacheklage. Im übrigen gelten die Grundsätze oben Rdnrn. 39, 40. Vollstreckung: § 888 ZPO.

g) Gegenmaßnahmen

55 Durch eine freiwillige Richtigstellung kann der Widerrufsanspruch erlöschen (*BGH* NJW 1982, 1805 [1806] – Schwarzer Filz).

5. Zahlungsansprüche

56 In Betracht kommen, je nach Fallgestaltung alternativ oder kumulativ, Schmerzensgeldansprüche, Ersatz materiellen Schadens und Bereicherungsansprüche.

a) Immaterieller Schaden

57 **Rechtsgrundlage** ist § 823 I BGB i. V. m. der Verletzung eines „sonstigen Rechts" im Sinn dieser Vorschrift, ferner § 823 II BGB i. V. m. der verletzten Strafnorm. Schmerzensgeldansprüche **können neben** Ansprüchen auf Gegendarstellung, Unterlassung, Widerruf wie auch neben materiellem Schadensersatz oder Bereicherungsansprüchen bestehen. Voraussetzungen sind:
- schwerwiegender Eingriff in das Persönlichkeitsrecht des Betroffenen,
- der nicht in anderer Weise befriedigend ausgeglichen werden kann,
- sowie Verschulden des Verletzers:

(aus der zahlreichen Rechtsprechung: *BVerfGE* 54, 120 [135] – Kunstkritik; *BGH* NJW 1982, 635 [636] – Böll II; 1985, 1617 [1619] – Nacktfoto).

Geringfügige Eingriffe geben keinen Schadensersatzanspruch. Ob eine schwerwiegende Verletzung des Persönlichkeitsrechts vorliegt, die Zahlung einer Entschädigung fordert, hängt insbesondere ab: 58
- von der Bedeutung und Tragweite des Eingriffs, also dem Ausmaß der Verbreitung und der Nachhaltigkeit und Fortdauer der Interessen- oder Rufschädigung des Verletzten,
- von Anlaß und Beweggrund des Handelnden,
- vom Grad seines Verschuldens,

(*BGH* NJW 1985, 1617 [1619] – Nacktfoto).

Der **Schmerzensgeldanspruch** soll dem Verletzten in erster Linie Genugtuung verschaffen. Deshalb sind **anspruchsberechtigt** nur natürliche Personen (*BGHZ* 78, 24 [28] – Medizin-Syndikat I), und zwar nur unmittelbar Betroffene. Hierzu kann auch – anstelle des Filmherstellers – der Inhaber eines Alleinvertriebsrechts gehören, der für den Hersteller den Zugang zu einem bestimmten Markt übernommen hat und dem das Produkt zugeordnet wird (*BGH* GRUR 1989, 222 – Filmbesprechung). **Passiv legitimiert** ist der Verletzer sowie, wer als Organ oder für Erfüllungs- oder Verrichtungshilfen haftet. Mehrere unabhängig voneinander handelnde Verletzer sind nicht Gesamtschuldner (*BGH* NJW 1985, 1617 [1619] – Nacktfoto). Wer zur Inhaltskontrolle einen Rechtsanwalt hinzuzieht, kann sich dadurch nicht von dessen Verschulden freizeichnen („Fiktionshaftung" für mangelnde Organisation: *BGH* NJW 1980, 2810 – Medizin-Syndikat II). 59

Zur **Höhe des Schmerzensgeldes** vgl. die Zusammenstellung bei *Wenzel* Rdnr. 14.128 (tabellarisch). Die Höhe kann bei Klage in das Ermessen des Gerichts gestellt werden, doch muß der Kläger die tatsächlichen Grundlagen und die ungefähre Höhe des Anspruchs darlegen. 60

Schadensminderung ist möglich durch rechtzeitige Richtigstellung, auch durch kostenlosen Abdruck einer Werbeanzeige bei schadensbegründendem Angriff auf das Produkt eines Warenherstellers (*BGH* NJW 1978, 210 [211] – Alkoholtest). 61

b) Materieller Schaden

Er ist i. d. R. nur bei Eingriffen in den Gewerbebetrieb, Kreditschädigung (hier Haftungsausschluß nach § 824 II BGB beachten!) und Wettbewerbsverletzungen (oben Kap. B XII) gegeben. Bei Verletzungen von Bildrechten (KUG) kann die entgangene Vergütung Ersatzansprüche begründen. Bei sonstigen Persönlichkeitsverletzungen wird nur in Ausnahmefällen ein materieller Ersatzanspruch entstehen (*BGHZ* 66, 182 [191 ff.] – Panorama/Bittenbinder). 62

Der adäquat ursächliche Schaden umfaßt insbesondere auch den **Zukunftsschaden** (*BGH* GRUR 1981, 80 [89] – Medizin-Syndikat IV). Im übrigen gelten die allgemeinen Grundsätze des Schadensersatzrechts. 63

c) Bereicherung

Aufgrund **Eingriffskondiktion** wurden vor allem in Fällen der widerrechtlichen Verwendung des Bildnisses oder Namens zu Werbezwecken Ansprüche nach § 812 BGB zugebilligt (*BGH* NJW 1956, 1554 – Paul Dahlke; 1979, 2205; 1981, 2402): wenn zu unterstellen ist, daß der Betroffene, wäre er gefragt worden, gegen Entgelt Bildnis oder Namen zur Verfügung gestellt hätte. 64

6. Exkurs: Strafrechtliches Vorgehen

65 Soweit eine Persönlichkeitsrechtsverletzung strafbare Handlung nach §§ 185ff. StGB oder einem Spezialgesetz (§ 33 KUG, §§ 106ff. UrhG u.a.) darstellt, kann auch strafrechtlich gegen den Störer vorgegangen werden. Handelt es sich um Antragsdelikte (nicht alle: § 22 I UWG), ist die Strafantragsfrist einzuhalten.

a) Sinn und Zweck

66 Bei Antragsdelikten ist ein strafrechtliches Vorgehen für den Verletzten i.d.R. nur sinnvoll, wenn zu erwarten steht, daß das öffentliche Interesse bejaht und das Delikt von Amts wegen verfolgt wird. Bei Privatklagedelikten (§ 374 StPO) kann er sich als **Nebenkläger** dem Verfahren anschließen. Wird der Verletzte auf den Privatklageweg verwiesen (RiStBV 87, 89 II), hat er meist nur zusätzliche Kosten.

b) Beschlagnahme

67 Bei strafrechtlichem Vorgehen ist für den **Verletzten** von besonderem Interesse die Möglichkeit der Sicherstellung von Beweismitteln und ihrer Beschlagnahme (§§ 94, 98 StPO) sowie die der **allgemeinen Sicherstellung und Beschlagnahme** von Schriften, Ton- und Bildträgern, Abbildungen und anderen Darstellungen (§§ 111b, 111m, 111n StPO, §§ 74d, 11 III StGB). Letztere ist für den **Beschuldigten** oder späteren **Einziehungsbeteiligten** (§§ 431, 440 StPO) besonders gravierend, weil sie die weitere Verbreitung bis zum Abschluß des Verfahrens hindert. Er muß daher versuchen, sofort auf das Verfahren Einfluß zu nehmen. Grundsätze: Beschlagnahme von Schriften (§ 11 III StGB) als **Beweismittel** ist grundsätzlich auf **ein** Exemplar zu beschränken, sie darf nicht zur Umgehung der strengeren Beschlagnahmevorschriften der §§ 111m, n StPO mißbraucht werden (*Löwe/Rosenberg,* 24. Aufl., Rdnr 54; KK – *Laufhütte,* 2. Aufl., Rdnr. 13 je zu § 94 StPO). Bei der allgemeinen Beschlagnahme ist der Grundsatz der Verhältnismäßigkeit zu wahren, sie kann nach § 111m IV StPO abgewendet werden.

II. Sonstige Verletzungen von Persönlichkeits- und Immaterialgüterrechten

68 Neben Ehrverletzungen kommen zahlreiche andere Äußerungen (auch in Medien) in Betracht, die Unterlassungs- und Schadensersatzansprüche, im Einzelfall auch einen Gegendarstellungs- oder Widerrufsanspruch auslösen können. Insoweit gelten die Ausführungen Rdnrn. 1ff. entsprechend.

1. Wettbewerbstatbestände

69 Hierfür wird auf Kap. B XII Rdnr. 1 verwiesen. Wegen des besonderen Bezugs zum Äußerungsrecht wird im folgenden jedoch kurz hingewiesen auf:

2. Titelschutzansprüche

a) Rechtsgrundlage

70 § 16 I, II UWG: Wer im geschäftlichen Verkehr die besondere Bezeichnung einer Druckschrift so benutzt, daß Verwechslungsgefahr mit derjenigen eines

anderen besteht, der sich ihrer rechtmäßig bedient, kann auf Unterlassung und Schadensersatz in Anspruch genommen werden. Unter Druckschrift sind alle Erzeugnisse der Buchdruckerpresse zu verstehen und alle anderen durch mechanische oder chemische Mittel bewirkten, zur Verbreitung bestimmten Vervielfältigungen von Schriften und bildlichen Darstellungen mit oder ohne Schrift und von Musikalien mit Text oder Erläuterungen, analog auch Titel anderer Werke (Bühnen- oder Filmwerke, Fernseh-Serien, Hörfunksendung), Einzelheiten: *Baumbach/Hefermehl,* Wettbewerbsrecht, 16. Aufl., Rdnrn. 116ff. zu § 16 UWG.

b) Voraussetzungen

- Unterscheidungskraft, **71**
- Priorität,
- Verwechslungsgefahr.

Nicht: Urheberrechtsschutz, der an Werktiteln mangels einer persönlichen geistigen Schöpfung i. d. R. nicht entstehen kann (*Fromm/Nordemann,* 7. Aufl., Rdnr. 41; *Schricker/Loewenheim* Rdnr. 35, je zu § 2 UrhG).

3. Namensrechtliche Ansprüche

Der Name einer Person zählt zum reinen Persönlichkeitsrecht, im Geschäfts- **72**
verkehr kann er Immaterialgüterrecht sein. Unbefugter Gebrauch kann Unterlassungs- und Schadensersatzansprüche auslösen, im Einzelfall auch Gegendarstellungs- und Widerrufsansprüche.

a) Rechtsgrundlage

§ 12 BGB gibt bei Verletzung des Namensrechts einen Unterlassungsan- **73**
spruch, aus §§ 823 I, 812 I 1 BGB können Schadensersatz- und Bereicherungsansprüche folgen. Im geschäftlichen Verkehr begründet § 16 I, II UWG Unterlassungs- und Schadensersatzansprüche (oben Rdnr. 70).

b) Schutzbereich

Schutzfähig sind der bürgerliche Name, Pseudonyme, Künstlernamen, Be- **74**
zeichnungen juristischer Personen, auch: nichtrechtsfähiger Vereine, politischer Parteien, Gewerkschaften, möglicherweise auch Abkürzungen, Etablissementsbezeichnungen (wenn sie unterscheidungskräftig sind und Verkehrsgeltung besitzen).

c) Verletzungstatbestände

- Namensleugnung: wenn das Recht zum Namensgebrauch bestritten wird; **75**
- Namensanmaßung: wenn unbefugt ein fremder Name gebraucht wird und dadurch ein schutzwürdiges Interesse des wahren Namensträgers verletzt wird.

4. Ansprüche gegen Abbildungen

Zu unterscheiden ist zwischen **Bildern** (auf denen Gegenstände abgebildet **76**
sind) und **Bildnissen** (Darstellung von Personen in ihrer wirklichen, dem Leben entsprechenden Erscheinung).

a) Bildnisse dürfen nach § 22 KUG nur mit Einwilligung des Abgebildeten **77**
verbreitet oder öffentlich zur Schau gestellt werden („Recht am eigenen Bild"). Die Einwilligung gilt im Zweifel als erteilt, wenn der Abgebildete dafür, daß er

sich (gerade für diesen Zweck: *BGH* NJW 1985, 1617, [1618] – Nacktfoto) abbilden ließ, ein Entgelt erhielt. Erkennbarkeit der Person ist erforderlich, nicht jedoch bei Nacktfotos, da die Anonymität gelüftet werden kann (*BGH* NJW 1974, 1947 – Nacktaufnahme). Einwilligung ist nicht erforderlich (§§ 23, 24 KUG) bei

- Bildnissen aus dem Bereich der Zeitgeschichte,
- Bildern, auf denen die Personen nur Beiwerk sind,
- Bildern von Versammlungen, Aufzügen und ähnlichen Vorgängen,
- Bildnissen, die zwar nicht auf Bestellung angefertigt wurden, jedoch der Kunst dienen,
- Bildnisse für Zwecke der Rechtspflege und öffentlichen Sicherheit.

78 b) **Bilder** unterliegen nicht dem KUG. Die Zulässigkeit ihrer Herstellung und Verbreitung richtet sich danach, ob eine Persönlichkeitsverletzung erfolgt ist, insbesondere die Privat- und Intimsphäre verletzt oder ein Fotografierverbot mißachtet wurde. Daher zulässig: Fotografieren eines fremden Hauses von einer allgemein zugänglichen Stelle ohne Betreten des Grundstücks (*BGH* GRUR 1990, 390 – Friesenhaus). Einzelheiten: *Wenzel* Rdnrn. 7.43ff.

5. Urheberrechtsansprüche

79 Aus dem dem Schöpfer eines Werks der Literatur, Wissenschaft und Kunst zukommenden Urheberpersönlichkeitsrecht folgt, daß der Urheber das ausschließliche Recht der Verwertung seines Werkes hat (§§ 15ff. UrhG). Für Leistungsschutz- und sonstige verwandte Schutzrechte gilt Teil 2 des UrhG. In §§ 97ff. UrhG sind Ansprüche auf Unterlassung, Schadensersatz und Vernichtung rechtswidrig hergestellter Vervielfältigungsstücke geregelt, §§ 106ff. UrhG enthalten Strafvorschriften. Im übrigen kann hier nur auf die Urheberrechts-Literatur verwiesen werden.

6. Sonstige Ansprüche

80 Sonstige Ansprüche können sich ergeben aus dem PatG, dem GebrMG, dem GeschmMG und verwandten Gesetzen.

III. Neue Medien

81 Es handelt sich um neue **Telekommunikationstechniken** (vgl. auch Kap. K III). Äußerungsrechtlich gelten die gleichen Grundsätze wie vorstehend dargestellt. Der Massenkommunikation dienen insbesondere die materialisierbaren **Teletexte:** Bildschirmtext (Btx), Kabeltext und Videotext. Sie bieten die Möglichkeit, die kodierten Textinformationen nicht nur am Bildschirm abzulesen, sondern auch auszudrucken. Ob sie eher der Presse oder dem Rundfunk zuzuordnen sind, ist umstritten. In Art. 7 des Staatsvertrags über Bildschirmtext vom 18. 3. 1983 wurde das Gegendarstellungsrecht für dieses Medium eigenständig geregelt. Die übrigen hier behandelten Ansprüche sind nicht medienabhängig.

Die Faksimile-Zeitung ist technisch ein Sonderfall des Fernkopierens (Telefax), sie wird der „Presse" zugeordnet (*König,* S. 200).

B XV. Der Versicherungsvertragsfall

Dr. Reinhard Dallmayr

Übersicht

Literatur: *Bach,* Aktuelle Fragen der Versicherungsvertragspraxis, 2. Aufl.; *Bach/Moser,* Private Krankenversicherung; *Bruck/Möller/Sieg,* VVG, 8. Aufl.; *van Bühren/Spielbrink,* Reisegepäckversicherung; *Grimm,* AUB; *Martin,* Sachversicherungsrecht, 2. Aufl.; *Prölss/Martin,* Versicherungsvertraggesetz, 24. Aufl. 1988; *Stiefel/Hofmann,* Kraftfahrtversicherung, 13. Aufl. 1986; *Wussow/Pürckhauer,* AUB. – **Fachzeitschriften:** Recht und Schaden (R + S); Versicherungsrecht (VersR), NJW-RR.

I. Vorbemerkung und Prüfschema

Fälle aus dem Versicherungsvertragsrecht (sog. Deckungsprozesse) sind häufig und kommen fast in jeder Kanzlei vor. Sie bereiten dem hierauf nicht spezialisierten Anwalt formelle und materielle Probleme, da regelmäßig eine Vielzahl von Einzelfragen zu beachten ist. Die Gegner des Anspruchstellers, d. h. die Versicherungsunternehmen, sind rechtskundig und hoch spezialisiert, was von den Versicherungsnehmern und den meisten ihrer Anwälte nicht gesagt werden kann. Das Prüfschema richtet sich daher in erster Linie an die **Anwälte der Versicherungsnehmer,** in zweiter Linie aber auch an Anwälte der Versicherungsunternehmen, die nicht spezialisiert sind (z. B. in kleineren Gerichtsorten). Für sie kann das Prüfschema deshalb eine Hilfe sein, weil Auftragsschreiben von Versicherungsunternehmen zwar meist umfangreich und detailliert sind, gleichwohl aber gelegentlich einzelne Einwendungen übersehen werden. 1

Im folgenden schließt sich einem Prüfschema zum Aufbau der Anspruchsprüfung eine Erläuterung des allgemeinen Teils des Versicherungsvertrages an. 2

Schließlich werden stichpunktartig die häufigsten Probleme bei den einzelnen Versicherungsarten aufgezählt.

Prüfschema:

3 1. Welche Schäden bzw. sonstige einen **Versicherungsanspruch auslösende** Ereignisse liegen vor (z. B. Wohnungseinbruch, Diebstahl der Wertgegenstände)?
2. Welche möglicherweise einschlägigen **Versicherungen** sind abgeschlossen (z. B. Hausratversicherung)?
3. Welche **Bedingungswerke** liegen diesen Verträgen zugrunde (z. B. VHB 74 oder 84)?
4. Welche **Gefahren,** Schäden und Sachen sind danach versichert (Einbruchdiebstahl, Gebäudebeschädigungen)?
5. Greifen **Risikoausschlüsse** oder -begrenzungen ein (z. B. § 9 VHB 84, Täter ist Wohnungsgenosse des VN)?
6. Insbesondere: **Versicherungsort** und **Versicherungszeitraum**
7. Wurde **Erst-** oder **Folgeprämie** vom VR korrekt angefordert, aber vom VN nicht fristgerecht bezahlt, §§ 38, 39 VVG?
8. Kann VN Versicherungsfall **beweisen?** Kommen ihm **Beweiserleichterungen** zugute, oder kann VR beweisen, daß Versicherungsfall vorgetäuscht wurde?
9. Kann VR beweisen, daß VN **selbst** i. S. v. §§ 61, 152 VVG den **Versicherungsfall herbeigeführt** hat?
10. Ist der Anspruch **fällig,** d. h. müßten die Ermittlungen des VR abgeschlossen sein, 11 I VVG? Falls nein, kommt Abschlagszahlung in Frage, § 11 II VVG?
11. Ist Forderung **verjährt,** 12 I VVG?
12. Hat VR **Frist** des § 12 III VVG in Gang gesetzt? Wenn ja, wurde Frist rechtzeitig unterbrochen?
13. Wurde die vorvertragliche **Anzeigepflicht** erfüllt §§ 16f. VVG? Wenn ja, ist der Versicherer vom Vertrag fristgerecht **zurückgetreten,** § 20 VVG? Falls ja, hatte der nicht oder falsch angezeigte Umstand **Einfluß** auf den **Eintritt** des **Versicherungsfalls** oder die Schadenhöhe, § 21 VVG? Hat VR gem. §§ 123 BGB, 22 VVG fristgerecht **angefochten?**
14. a) Wurden **vor** dem Versicherungsfall zu erfüllende **Obliegenheiten,** insbesondere sog. Sicherheitsvorschriften, verletzt (z. B. § 14 VHB 84)?
    b) Falls ja, mit dem zur Leistungsfreiheit des VR nötigen **Verschuldengrad,** § 6 I VVG?
    c) Falls ja, kann VN **Entschuldigungsbeweis** führen?
    d) Hat VR rechtzeitig **gekündigt,** § 6 I 3 VVG?
    e) Hatte Verletzung Einfluß auf den Eintritt des Versicherungsfalls oder die Schadenshöhe, § 6 II? Falls nein, kann VN den **Kausalitätsbeweis** führen?
15. a) Liegt eine **Gefahrerhöhung** vor (23ff. VVG und Regelungen in AVB)?
    b) Ist diese **erheblich,** § 29 VVG?
    c) Trat sie mit **Willen** des VN (dann § 23ff.) oder ohne seinen Willen (dann § 27f.) ein?
    d) wenn gewollt, hat VN sie **verschuldet,** § 25 II 1 VVG?
       aa) Falls ja: Kann VN **Kausalitätsgegenbeweis** führen, § 25 III VVG?
       bb) Falls nein: Hatte VN **Anzeige** gem. § 23 II VVG unterlassen und ist der Versicherungsfall mindestens 1 Monat nach gesetzlichem Anzeigezeitpunkt eingetreten, § 25 II VVG?
    e) Falls **ungewollt,** § 28 VVG (siehe d. bb.)
16. Wurden **nach** dem Versicherungsfall zu erfüllende **Obliegenheiten** verletzt (z. B. § 21 VHB 84; Anzeige bei Versicherer, Polizei, Beförderungsunternehmen, Schadensminderungsmaßnahmen, Mitwirkung bei Aufklärung des Sachverhalts)?
    a) Falls ja, mit dem zur Leistungsfreiheit geforderten **Verschuldensgrad** (grob fahrlässig oder vorsätzlich), § 6 III 1 VVG?

b) Falls nein, kann VN **Entschuldigungsbeweis** führen?
c) Hatte Verletzung **Einfluß** auf die **Feststellung** des Versicherungsfalls oder den Leistungsumfang, § 6 III 2 VVG?
d) Falls nein, kann VN **Kausalitätsgegenbeweis** führen?

17. Hat VN VR bei Ermittlungen über Eintrittspflicht arglistig **getäuscht** (vgl. § 22 Nr. 1 VHB 84, z. B. falsche Bestätigungen vorgelegt)?
18. Hat VN selbst gehandelt, z. B. gegen Obliegenheiten verstoßen? Falls nein, war Handelnder **Repräsentant, Wissensvertreter** od. evtl. (bei Anzeigeobliegenheiten nach dem Versicherungsfall) **Erfüllungsgehilfe** des VN?
19. Ist VN oder Versicherter **anspruchsberechtigt** (Versicherung für fremde Rechnung, (74ff. VVG)?
20. Entschädigungshöhe
    a) Welche **Versicherungssumme** oder Entschädigung ist vereinbart?
    b) Wie hoch ist versicherter **Schaden** einschließlich versicherter Nebenkosten bzw. Summenversicherungsanspruch?
       aa) Liegen Voraussetzungen der Neuwertentschädigung vor?
       bb) Sonstige Leistungsvoraussetzungen?
       cc) Greifen **Entschädigungsgrenzen** ein?
    c) Soll zur Höhe **Sachverständigenverfahren** i. S. v. 64 VVG durchgeführt werden?
    d) Liegt **Unterversicherung** vor, § 56?
    e) **Zinsanspruch** (vgl. z. B. § 19 I VHB 84)

II. Allgemeiner Teil

1. Rechtsgrundlagen des Versicherungsvertrages und Vertragsschluß

Wichtigste **Rechtsgrundlagen** des Versicherungsvertrages sind VVG, BGB und HGB (soweit auch der VN Kaufmann ist), Allgemeine (AVB) und Besondere Versicherungsbedingungen. **4**

a) Das Versicherungsvertragsgesetz

Das **VVG** regelt im wesentlichen den allgemeinen Teil des Versicherungsrechts und behandelt im besonderen Teil nur einige der heute gebräuchlichen Versicherungszweige, nämlich Feuer-, Hagel-, Tier-, Transport-, Haftpflicht-, Lebens- und Unfallversicherung, nicht aber z. B. die Hausrat-, ED- oder Krankenversicherung. Es gilt im Prinzip für alle Versicherungszweige, auch soweit sie im Gesetz nicht erwähnt sind, nicht jedoch für die See- und die Rückversicherung, § 186 VVG. Die halbzwingenden und manche zwingenden Vorschriften gelten nicht für die Gütertransport-, die Kredit- und die laufende Versicherung, § 187 VVG. Die im besonderen Teil behandelten Versicherungszweige sind selbst nur bruchstückhaft geregelt. *Prölss/Martin* (Anm. 3b, c vor § 81) will sogar die zwingenden (§§ 81, 87, 92) und nach dem AGBG unabänderlichen Vorschriften der Feuerversicherung sowie die Vorschriften über den Realgläubigerschutz nach §§ 99ff. auf kombinierte Versicherungsverträge anwenden, bei denen Feuer eine von mehreren versicherten Gefahren ist (z. B. Wohngebäudeversicherung), und zwar dann für sämtliche Gefahren, also z. B. auch die Leitungswasser- oder Sturmversicherung. Diese Ansicht hat der *BGH* (VersR 1989, 912) nicht bestätigt; er hat vielmehr die Anwendung des § 102 VVG auf Gebäudeversicherungen außerhalb der Gebäudefeuerversicherung abgelehnt. Man wird aus dieser Entscheidung den Schluß ziehen können, daß in den sog. verbundenen Versicherungen (Hausrat, Wohngebäude) nur das Feuerrisiko unter die §§ 99ff. VVG fällt. **5**

b) Die Allgemeinen Versicherungsbedingungen

6 **aa) Einbeziehung.** Die **AVB** („AGBG der Versicherer“) unterliegen dem AGBG und bedürfen zwar wie alle AGB der Einbeziehung in den Versicherungsvertrag. Behördlich genehmigte AVB (in den Massenversicherungszweigen somit so gut wie alle) unterliegen wegen **§ 23 III AGBG** aber nicht den Erfordernissen des §§ 2 Nr. 1, 2 AGBG. Unabhängig davon gilt der **widerspruchslose Vertragsschluß** durch den VN als dessen Einverständnis mit den AVB, auch wenn er sie nicht gelesen oder gekannt hat (vgl. die Nachweise bei *Prölss/Martin* Vorbem. 6 B).

7 **bb) Festlegung der anzuwendenden AVB.** Es stellt einen häufig begangenen Kunstfehler dar, nicht genau zu klären, welche AVB dem Vertrag konkret zugrunde liegen, da sie wesentliche Teile des Vertragsinhaltes regeln, häufig sogar erst die Anspruchsgrundlage für den VN und Mandanten geben.

8 **cc) Inhaltskontrolle und Auslegung der AVB.** Bislang wurden erstaunlich wenig Bestimmungen als AGBG-widrig angesehen (vgl. im einzelnen die Darstellung bei *Prölss/Martin* Vorbem. 8), soeben allerdings § 14 Nr. 1c VHB 84 (*BGH* VersR 1990, 896). Bei der Inhaltskontrolle wie auch bei der Auslegung werden die Besonderheiten der AVB gegenüber anderen AGB insoweit berücksichtigt, als auf **versicherungstechnische Gegebenheiten** Rücksicht genommen wird, solange dadurch der Versicherungsschutz der Mehrheit der VN nicht entwertet wird. Sie sind nach dem **Sprachgebrauch des täglichen Lebens** (*BGH* NJW 1988, 1050), nicht nach einer fachwissenschaftlichen Terminologie auszulegen, soweit ersterer den verwendeten Begriff einigermaßen bestimmt, andererseits ist ihr versicherungswirtschaftlicher Zweck zugunsten des Versicherers zu berücksichtigen, wenn er irgendwie zum Ausdruck gekommen ist; bei Beschränkung der übernommenen Gefahr allerdings nur insoweit, als es ihr Zweck erfordert. Die wohl herrschende Rechtsprechung legt AVB „gesetzesähnlich“ aus, läßt also Verständnismöglichkeit und Interessenlage des durchschnittlichen VN ohne versicherungsrechtliche Spezialkenntnisse entscheiden und berücksichtigt Vorstellungen der Versicherer nur, wenn sie in den AVB zumindest unvollkommen Ausdruck gefunden haben und nicht überwiegende sachliche Gründe gegen eine entsprechende Auslegung sprechen (*BGH* VersR 1986, 177; VersR 1978, 362; VersR 1981, 173). Die Unklarheitenregel, § 5 AGBG, findet erst Anwendung, wenn die objektive Auslegung zu keinem Ergebnis führt.

c) Vertragsschluß – Annahme unter Abweichungen

9 Der Vertragsschluß ist **formlos** möglich, Schriftform ist gesetzlich nicht vorgeschrieben. Gemäß § 3 VVG hat der Versicherer dem VN einen Versicherungsschein auszuhändigen.

10 **aa) Bindungsfrist.** Viele AVB und die meisten Antragsvordrucke enthalten eine Bindungsfrist i. S. v. § 145 BGB für den Antragsteller, die gleichzeitig **Annahmefrist** i. S. v. § 148 BGB für den Versicherer ist. Gesetzliche Annahmefristen enthalten § 81 VVG und § 5 Pflichtversicherungsgesetz.

11 **bb) Annahme.** Häufig nimmt der Versicherer den Antrag unter **Änderungen** an, so z. B. unter Ausschluß bestimmter Risiken oder unter der Auflage, bestimmte Sicherungsmaßnahmen durchzuführen. § 5 VVG gibt hierfür ein vereinfachtes Verfahren. Weicht der Versicherer im Versicherungsschein vom An-

trag oder den getroffenen Vereinbarungen ab, gilt die Abweichung als genehmigt, wenn der VN nicht innerhalb eines Monats nach Empfang des Versicherungsscheins schriftlich widerspricht. Voraussetzung ist aber, daß die Abweichung durch eine besondere schriftliche Mitteilung oder durch einen auffälligen Vermerk **(„Rötung")** im Versicherungsschein deutlich gemacht wird und der Versicherer den VN über die Monatsfrist für den Widerspruch belehrt (vgl. im einzelnen *Prölss/Martin* § 5 Anm. 3f.).

Da Versicherer einerseits realtiv häufig vom Antrag abweichen und gar nicht **12** so selten den deutlichen Hinweis (Rötung) vergessen, sollte in jedem Fall die Kongruenz zwischen Antrag und Versicherungsschein sowie die Einhaltung von § 5 VVG geprüft werden.

d) Versicherungsbeginn – vorläufige Deckung – Rückwärtsversicherung

aa) Versicherungsbeginn. Zu unterscheiden ist zwischen **formellem** Versi- **13** cherungsbeginn (Zeitpunkt des Vertragsschlusses durch Angebot und Annahme), **technischem** Versicherungsbeginn (Zeitpunkt, ab dem Prämien geschuldet werden – Bedeutung u. a. für Berechnung des Eintrittsalters, der Wartezeiten, des Versicherungsjahrs) und **materiellen** Versicherungsbeginn (Beginn des Versicherungsschutzes).

Seit der Entscheidung *BGH* NJW 1982, 2776 stellt ein vor den eigentlichen **14** Vertragsschluß einvernehmlich zurückverlegter Vertragsbeginn in der Regel auch den **Beginn des materiellen Versicherungsschutzes** dar, da die Verwendung der Begriffe Vertragsbeginn oder Versicherungsbeginn im Antrag als individuelle Willenserklärung dahin auszulegen ist, daß der VN damit zugleich den Beginn des Versicherungsschutzes meint. Anders aber, wenn im konkreten Fall mit der Vorverlegung des Versicherungsbeginns nur **technische Vorteile** (z. B. günstigeres Eintrittsalter) bezweckt waren (*BGH* a. a. O.; *OLG Hamm* VersR 1984, 152). Insbesondere in der Kranken- und Lebensversicherung ist regelmäßig aus den Anträgen ersichtlich, daß Versicherungsschutz vor einer eingehenden Risikoprüfung nicht bestehen soll. Man wird daher einen zurückverlegten Vertragsbeginn als ausschließlich technisch auslegen müssen. In der Lebensversicherung gilt daneben die Besonderheit, daß eine Rückwärtsversicherung für den Zeitraum vor Antragstellung deshalb ausgeschlossen ist, weil der Versicherungsfall zumindest bei der Eigenversicherung begrifflich nicht eingetreten sein kann.

bb) Grenzen der Zulässigkeit der Rückwärtsversicherung, § 2 Abs. 2 VVG. **15**
Es gibt vier Fallgruppen:

(1) Der **Versicherer** weiß, daß der Versicherungsfall eingetreten ist. Der Vertrag ist voll wirksam, was aus einem Umkehrschluß aus § 2 II 2 folgt; Weiß der Versicherer, daß der Versicherungsfall nicht mehr eintreten kann, ist der Vertrag zwar gültig, er hat aber keinen Anspruch auf Prämie, § 2 II 1.

(2) Der **VN** weiß, daß der Versicherungsfall eingetreten ist: Der Versicherer ist leistungsfrei, bleibt aber für spätere Versicherungsfälle zur Leistung verpflichtet, gleichwohl ist die Prämie verfallen, § 2 II 2; Weiß demgegenüber der VN, daß der Versicherungsfall nicht mehr eintreten kann, ist der Vertrag zwar wirksam, erlischt aber entsprechend § 68 VVG.

(3) **Beide** wissen, daß der Versicherungsfall ganz oder teilweise eingetreten ist: Der Versicherer kann keine Prämie, der VN keine Entschädigung fordern (vgl. aber noch unten Rdnr. 17); Wissen beide, daß der Versicherungsfall nicht mehr eintreten kann, ist der Vertrag unwirksam.

(4) **Beide** wissen **nicht,** daß der Versicherungsfall eingetreten ist oder nicht mehr eintreten kann: der Vertrag ist wirksam.

16 **cc) Abänderbarkeit des § 2 II VVG.** Vorstehende Fallgruppen (3) und (4) sind abänderbar. Im Prinzip ist die Vorschrift auch abbedungen, wenn bei Vertragsschluß beide Parteien vom Eintritt des Versicherungsfalles wissen. Allerdings ist eine solche **Rückwärtsversicherung** gemäß § 138 BGB **nichtig,** soweit ein beiden Parteien bekannter Versicherungsfall der Versichertengemeinschaft aufgebürdet werden soll.

17 Ein Verstoß gegen die guten Sitten soll nur dann nicht vorliegen, wenn zumindest die nicht fern liegende Möglichkeit besteht, daß der Versicherer – etwa aufgrund einer vorläufigen Deckungszusage oder einer Schadensersatzpflicht aus c.i.c. – ohnehin zur Leistung verpflichtet wäre (vgl. *BGH* NJW 1982, 2776).

e) Vorläufige Deckungszusage

18 **aa) Zustandekommen** Die vorläufige Deckungszusage ist neben dem möglichen späteren Versicherungsvertrag ein selbständiges Rechtsverhältnis, das formlos zustande kommt. Der Versicherungsschutz **beginnt** mit dem Zugang der Zusage beim VN, die Prämie ist gestundet. Der Agent hat eine **Rechtsscheinvollmacht** zur Erteilung einer vorläufigen Deckungszusage jedenfalls dann, wenn der Versicherer ihm eine mit faksimilierten Unterschriften versehene Bestätigung (z. B. die sog. Doppelkarte in der Kraftfahrzeughaftpflichtversicherung) an die Hand gibt (*BGH* VersR 1986, 131). Zu beachten ist aber im Einzelfall, daß viele Versicherungsanträge den ausdrücklichen Hinweis enthalten, daß der Agent zur Erteilung einer Deckungszusage nicht befugt ist. Erteilt der Agent ohne Vertretungsmacht eine Deckungszusage, kommt eine Erfüllungshaftung des Versicherers nur kraft Anscheinsvollmacht in Betracht (*BGH* VersR 1987, 1142). Nach *LG Hannover* (VersR 1980, 130) liegt eine Deckungszusage vor, wenn in dem Versicherungsvertrag nach Absprache mit einer Hilfsperson des Versicherers das Antragsdatum als Versicherungsbeginn angegeben wird, soweit es sich um eine Massenversicherungssparte handelt, in der die Versicherer üblicherweise die Verträge annehmen (heftig umstritten, anderer Meinung *Prölss/Martin* Zusatz zu § 1 Anm. 3).

19 **bb) Verhältnis zum Hauptvertrag** Durch die Deckungszusage sind weder Versicherer noch Versicherungsnehmer gehindert, den **Abschluß des Hauptvertrags abzulehnen.** Ein Verstoß gegen Anzeigepflichten bei Abschluß des endgültigen Vertrages berechtigt nicht zum Rücktritt von der vorläufigen Deckung und zu ihrer Anfechtung. Kommt es nicht zum Abschluß des endgültigen Vertrages, kann gleichwohl aus der Deckungszusage gehaftet werden (vgl. im einzelnen *Prölss/Martin* Zusatz zu § 1).

20 **cc) Inhalt.** Der **Inhalt der vorläufigen Deckung** bestimmt sich nach den AVB, die für das endgültige Vertragsverhältnis gelten würden, jedenfalls, sofern die AVB gemäß § 23 Abs. 3 AGBG Vertragsbestandteil würden (vgl. *Bach,* Aktuelle Rechtsfragen der Versicherungsvertragspraxis, S. 33; *Prölss/Martin* aaO). Anderenfalls müssen die AVB entsprechend § 2 AGBG zum Gegenstand der Deckungszusage gemacht werden (*BGH* VersR 1982, 381).

21 **dd) Ende der vorläufigen Deckung.** Die verläufige Deckung **endet,** wenn der Versicherungsschutz aus dem **Hauptvertrag** beginnt oder wenn sich die

Verhandlungen über den Hauptvertrag endgültig zerschlagen. Insoweit reicht allerdings der Ablauf der Annahmefrist alleine nicht aus, weil auch dann die Möglichkeit eines Vertragsschlusses gemäß § 149 BGB besteht (vgl. *OLG Hamm* VersR 1984, 173). Wird die Prämie nicht rechtzeitig eingelöst (§ 38 VVG), entfällt die vorläufige Deckung rückwirkend (vgl. z. B. § 1 II 4 AKB).

f) Verspätete Annahme des Vertragsangebots durch den Versicherer

Fast alle Versicherungsanträge bzw. AVB enthalten eine **Bindungsfrist** für den Antragsteller, die gleichzeitig Annahmefrist gemäß § 148 BGB für den Versicherer ist. Gesetzliche Annahme- und Bindungsfristen sind in § 81 VVG und § 5 Pflichtversicherungsgesetz enthalten. Die Frist beginnt mit dem Eingang des Antrages beim Versicherer, bzw. in der Praxis weit bedeutungsvoller, beim Agenten, vgl. § 43 Nr. 1 VVG. 22

aa) Überschreitung der Annahmefrist. Viele Versicherer sind aufgrund ihrer Organisation nicht in der Lage, die Annahmefrist einzuhalten. Jede Überschreitung dieser Frist ist eine **Ablehnung** des Antrages verbunden mit einem neuen Antrag des Versicherers, § 150 I BGB. Die Annahme des Antrages durch den Versicherer kann formlos erfolgen, geschieht aber meist durch Übersendung des Versicherungsscheines. Die versehentliche Übersendung einer Prämienrechnung oder die Entgegennahme der Erstprämie ist grundsätzlich keine Annahme des Antrages (*OLG Hamm* VersR 1982, 844). 23

Zahlt der VN die Prämie, obwohl der Versicherer die Annahme verspätet erklärt hat, ist der Vertrag zustande gekommen, da die Zahlung die **Annahme des neuen Angebotes** darstellt (*OLG Hamm* NJW RR 1987, 153). Anders, wenn die Prämie aufgrund eines bei Antragstellung erteilten Dauerauftrages bezahlt wurde und der VN sogleich nach Erhalt des Versicherungsscheines dem Vertrag widerspricht (*OLG Hamm* VersR 1978, 1039). 24

bb) Haftung, obwohl Angebot nicht angenommen wurde. Erleidet ein Versicherungsinteressent zwischen Antrag und Annahme einen Schaden, für den keine vorläufige Deckung zugesagt ist, und kommt auch keine den Schaden deckende Rückwärtsversicherung zustande, haftet der Versicherer gleichwohl aus **c. i. c.** in folgenden Hauptfällen: 25

- Der Agent vertröstet den VN und erklärt, die **Verzögerung** der Übermittlung des Versicherungsscheines habe auf den Bestand des Versicherungsverhältnisses keinen Einfluß (*BGH* VersR 1986, 329).
- Der Versicherer hat über den Antrag des potentiellen VN nicht innerhalb einer den Umständen nach gebotenen oder erkennbar erwarteten Frist **entschieden** (*BGH* NJW 1983, 631; VersR 1975, 1090).
- Der Agent hat den Antrag **nicht rechtzeitig** an den Versicherer **weitergeleitet** (*BGH* NJW 1983, 631) oder die ihm ausgehändigte Annahmeerklärung dem Versicherungsnehmer nicht rechtzeitig übermittelt (*RGZ* 147, 103).
- Oder der Versicherer hat den VN, der erkennbar den Beginn des Versicherungsschutzes zu einem Zeitpunkt begehrt, zu dem der Versicherer den Antrag noch nicht annehmen kann, **nicht** über die Möglichkeit vorläufigen Dekkungsschutzes **aufgeklärt** (*Prölss/Martin* § 3 Anm. 5 B, umstritten).

g) Haftung für Agenten – Haftung der Agenten

Die folgenden Ausführungen gelten für Versicherungsagenten im Sinne von § 43f. VVG, nicht für Versicherungsmakler, die in erster Linie Interessensver- 26 treter des VN sind (*BGHZ* 94, 356), so daß deren Verschulden dem VN gemäß § 278 BGB zugerechnet wird (vgl. *LG Köln* ZfS 1983, 79).

27 Bei der Haftung für Agenten ist zu unterscheiden zwischen der Haftung für **falsche Erklärungen** des Agenten über das Bestehen und den Umfang der Versicherung einerseits und für die **Nichtweitergabe von Erklärungen** des VN bzw. von sonstigen Kenntnissen über das versicherte Risiko durch den Agenten an den Versicherer andererseits.

28 **aa) Haftung für falsche Erklärungen.** Im ersten Fall gilt der Gewohnheitsrechtsatz, daß der Versicherer abweichend von den Regeln des BGB über Stellvertretung und § 278 für alle Erklärungen des Agenten über das Bestehen und den Umfang der Versicherung so einzustehen hat, als sei ein Vertrag im Sinne der dem Antragsteller günstigen Aufklärung durch den Agenten zustande gekommen. Eine **Irrtumsanfechtung** ist nicht möglich. Dogmatisch handelt es sich um eine Ausdehnung der Vertragserfüllung, nicht um einen Schadensersatzanspruch. Der Anspruch geht auf das **positive Interesse** (vgl. *BGH* VersR 1986, 329; *OLG Köln* VersR 1983, 1045). Die Vertrauenshaftung des Versicherers steht neben der allgemeinen Haftung aus c. i. c. und p. V. V. (vgl. *Prölss/Martin* § 43 Anm. 7; *BGH* VersR 1987, 147). Voraussetzung für das Eingreifen der Haftung ist ein **schutzwürdiges Vertrauen** des VN, den kein erhebliches Eigenverschulden treffen darf. Ein solches wird dann angenommen, wenn der VN naheliegende Erkenntnismöglichkeiten, die ihm die Unrichtigkeit der Äußerungen des Agenten aufgezeigt hätten, nicht nutzt. Dies gilt insbesondere dann, wenn die Angaben des Agenten klaren und eindeutigen Versicherungsbedingungen oder den Erläuterungen im Versicherungsantrag widersprechen, so daß der VN bei Beachtung auch nur geringer Sorgfalt erkennen konnte, daß die entgegengesetzte Angabe des Agenten unrichtig ist (vgl. *OLG Schleswig* VersR 1985, 756 und *BGH* VersR 1986, 329; besonders illustrativ: *LG Köln* ZfS 1985, 346).

29 Ob vorstehende Haftung auch für **Angestellte des Versicherers** gilt, ist umstritten (dafür: *OLG Karlsruhe* VersR 1983, 74; *Brück/Möller/Sieg* § 44 Anm. 63; dagegen: *Prölss/Martin* § 43 Anm. 7 A).

30 **bb) Wissenzurechnung.** § 44 VVG, wonach die Kenntnis des Agenten der Kenntnis des Versicherers nicht gleichsteht, schließt die **Wissenzurechnung** gemäß § 166 BGB aus. Die Vorschrift gilt für alle Tatsachen, die nach dem VVG rechtserheblich sind (z. B. §§ 2, 20, 24, 25, 27, 38, 33, 34). § 44 ist aber nicht zugunsten des Versicherers anzuwenden, soweit es um Kenntnisse des Vermittlungsagenten geht, die dieser bei Antragstellung des betroffenen Vertrages aufgrund einer Erklärung des VN erlangt (*BGH* R + S 1988, 123). *OLG Köln* (R + S 1988, 240) dehnt die Wissenzurechnung auf **jede dienstliche Kenntnis** des Versicherers, seiner Angestellten und Agenten aus, die diese erlangen, während sie mit dem Abschluß oder der Bearbeitung des betreffenden Vertrages betraut sind. § 44 soll nur insoweit angewandt werden, als es um Tatsachen geht, über die der Vermittlungsagent außerhalb seiner Agententätigkeit und ohne Zusammenhang mit dem betreffenden Versicherungsvertrag Kenntnis erlangt. Die Wissenszurechnung scheidet allerdings aus, wenn der Agent nach den entspr. AVB, zB den MBKK, nicht bevollmächtigt ist, Anzeigen und Willenserklärungen entgegenzunehmen (vgl. *OLG Köln* VersR 1988, 904). Wirken Agent und VN kollusiv zum Nachteil des Versicherers zusammen, haftet dieser nicht. Hat der Agent das Antragsformular aufgrund von Angaben des VN ausgefüllt, und

behauptet der VN substantiiert, er habe den Agent mündlich zutreffend unterrichtet, trifft den Versicherer die Beweislast, daß der VN eine Obliegenheitsverletzung durch Falschbeantwortung begangen hat (*BGH* VersR 1989, 833).

cc) Haftung der Agenten. Eine an sich denkbare **Eigenhaftung des Agenten** nach § 179 BGB scheidet immer dann aus, wenn der Versicherer dem VN nach vorstehenden Grundsätzen haftet (*OLG Karlsruhe* VersR 1986, 33 m. w. N.). Eine **c.i.c.-Haftung** des Agenten kommt nur in Betracht, wenn er entweder besonderes Vertrauen in Anspruch genommen oder ein besonderes, die Provision übersteigendes, wirtschaftliches Interesse hat (*BGH* WM 1984, 127; *OLG Karlsruhe* VersR 1986, 33). 31

2. Prämienzahlungspflicht

a) Erstprämie, § 38 VVG

Nach dieser Vorschrift kann der Versicherer nicht nur vom Vertrag zurücktreten, solange die erste oder einmalige Prämie nicht rechtzeitig gezahlt wird, sondern er ist auch von der Verpflichtung zur Leistung frei, wenn die Prämie zur Zeit des Eintrittes des Versicherungsfalles noch aussteht. 32

aa) Definition. Erstprämie ist die **zeitlich erste Prämie** und setzt den Abschluß eines **neuen Vertrages** voraus. Bei Vertragsverlängerungen oder -fortsetzungen aufgrund einer Verlängerungsklausel handelt es sich um keine Erstprämie. Die erste Prämie eines Vertrages, der einen bereits bestehenden ersetzt, ist nur dann Erstprämie, wenn nach dem Willen der Parteien ein neuer Vertrag geschlossen, nicht aber der frühere unter Wahrung der Vertragsidentität abgeändert werden soll. Erstens liegt z. B. vor bei Erhöhung des versicherten Risikos oder Auswechslung des versicherten KFZ (*OLG München* R+S 1986, 57), letzteres bei bloßer Erhöhung der Versicherungssumme (*OLG Hamm* VersR 1979, 413); zu Recht bestritten von *Prölss/Martin,* § 38 Anm. 1c). Erstprämie ist auch die Prämie für den Hauptvertrag nach vorläufiger Deckungszusage. 33

bb) Berechnung. Der Versicherer kann sich nur auf § 38 VVG berufen, wenn die **Erstprämienanforderung** auf den Pfennig richtig ist (*BGH* VersR 1985, 553). Fordert er in einer Rechnung mehrere Prämien an, muß er kenntlich machen, auf welchen Vertrag sich die Erstprämie bezieht. 34

cc) Zahlung. Als Zahlung genügt bereits der Zugang eines **Schecks** beim Versicherer, sofern die bezogene Bank ihn einlöst (*BGH* VersR 1965, 1141); anderer Meinung: *LG Köln* R+S 1987, 3). Bei einer **Überweisung** gilt die Prämie in dem Moment gezahlt, in dem der Betrag beim VN abgebucht wird. Im **Lastschriftverfahren** treten eine Reihe von Problemen auf. So werden getrennte Lastschriften für jeden vom VN unterhaltenen Vertrag verlangt, weil Lastschriften nur vollständig oder aber gar nicht ausgeführt werden, so daß dem VN ein teilweiser Widerspruch gegen eine von mehreren erhobenen Prämien nicht möglich ist (*BGH* VersR 1985, 447; *OLG Hamm* VersR 1984, 231 und 377). Die Leistungsfreiheit tritt auch dann ein, wenn nur ein kleiner Teil der Prämie nicht bezahlt ist (derzeitiger Stand der Rechtsprechung: ab ca. 5%, vgl. *BGH* VersR 1985, 982; VersR 1986, 54). 35

dd) Belehrung des VN. Beginnt der Versicherungsschutz vor Einzahlung der Erstprämie, besteht wegen des dann möglichen rückwirkenden Wegfalls des 36

Versicherungsschutzes eine **Hinweis- und Belehrungspflicht** gegenüber dem Versicherten über die Folgen der verspäteten Zahlung. Im Falle der sogenannten erweiterten Einlösungsklausel (§ 8 II VHB 74, § 3 I 3 AHB, § 5 S. 2 ARB, § 7 I AUB, § 15 III VHB 84, § 7 II AWB, § 10 II VGB) hat der VN nach der Rechtsprechung 14 Tage zur Zahlung zur Verfügung (vgl. *OLG Köln* R+S 1987, 22).

b) Folgeprämie, § 39 VVG

37 Bei nicht rechtzeitiger Zahlung der Folgeprämie muß der Versicherer den VN qualifiziert mahnen, um das Versicherungsverhältnis kündigen zu können oder leistungsfrei zu werden, falls der Versicherungsfall vor Prämienzahlung eintritt. An die **Belehrung des Versicherers** stellt die Rechtsprechung strenge Anforderungen. Sie muß umfassend sein, der VN ist also über sämtliche Rechtsfolgen einer Nichtbeachtung der gesetzten Zahlungsfrist zu belehren. Er darf dabei nicht in den Glauben versetzt werden, eine Zahlung nach Fristablauf könne ihm nichts mehr nützen, und vor allem reicht es nicht aus, den Wortlaut des § 39 VVG auf der Rückseite des Schreibens, verbunden mit dem Hinweis hierauf auf der Vorderseite der Mahnung, abzudrucken (*BGH* VersR 1988, 484).

38 Im übrigen gelten obige Ausführungen (Rdnrn. 33–35), insbesondere zu Zahlung, Rechtzeitigkeit, Vollständigkeit der Zahlung, Richtigkeit der Zahlung etc., entsprechend.

3. Fälligkeit des Deckungsanspruches – Vorschußanspruch

a) Voraussetzungen

39 Die Versicherungsleistung ist erst mit Beendigung der zur Feststellung des Versicherungsfalles und des Umfanges der Leistung des Versicherers nötigen Erhebungen **fällig,** § 11 Abs. 1 VVG. Zu den **nötigen Erhebungen** gehört die Beschaffung aller Unterlagen, die ein durchschnittlich sorgfältiger Versicherer braucht, um den Versicherungsfall und seine Eintrittspflicht festzustellen und abschließend zu prüfen. Hierzu gehört insbesondere die Möglichkeit der Einsichtnahme in behördliche Ermittlungsakten. Dabei soll das Ersuchen um Aktenübersendung an den Versicherer unter Umständen nicht ausreichen, wenn die Akten dem Versicherer erkennbar nicht in absehbarer Zeit zur Verfügung stehen werden. Vielmehr müsse er an Ort und Stelle Einsicht nehmen (*OLG Frankfurt* VersR 1986, 1009).

40 Lehnt der Versicherer die Leistung (unbegründet) ab, bevor er die nötigen Erhebungen durchgeführt hat, wird seine Leistung bereits mit dem Zugang der Ablehnung fällig (*BGH* VersR 1984, 1161; *OLG Hamm* VersR 1982, 1091).

b) Abschlagszahlungen

41 Gemäß § 11 Abs. 2 VVG kann der Versicherungsnehmer eine Abschlagszahlung verlangen, wenn die Erhebungen nicht innerhalb eines Monats seit der Anzeige des Versicherungsfalles beendet sind. Voraussetzung ist allerdings, daß der Anspruchsgrund unstreitig ist (ständige Rechtsprechung, vgl. *BGH* VersR 1986, 77 [79]).

4. Verzug des Versicherers

42 Eine unbegründete Leistungsverweigerung des Versicherers kann weitergehende Schäden beim VN (z. B. Konkurs) verursachen. Ob der Versicherer nach Verzugsgrundsätzen haftet, hängt davon ab, ob ihn ein **Verschulden** trifft. Un-

terlag der Versicherer bei seiner Ablehnung einem **Rechtsirrtum,** ist er dann entschuldigt, wenn sich in einer schwierigen Rechtsfrage noch keine herrschende Meinung gebildet und er sich seine Auffassung mit genügender Sorgfalt erarbeitet hat. Der Rechtsirrtum ist von dem Moment an schuldhaft, in dem der Versicherer mit seinem Unterliegen im Rechtsstreit rechnen muß, d.h. das normale Prozeßrisiko falsch einschätzt (*BGH* VersR 1990, 153, r + s 1991, 37).

Bei Ablehnung wegen **zweifelhafter Tatfragen** liegt Verschulden nur vor, 43 wenn sie nicht durch ausreichende Tatsachen begründet wurden. Vor Abschluß der Beweisaufnahme, in der er mit der Beweisbarkeit der von ihm zu beweisenden Tatsachen rechnen konnte, gerät der Versicherer nicht in Verzug (*BGH* r + s 1991, 37). Er darf regelmäßig den Ausgang eines Strafverfahrens abwarten, selbst wenn es nicht gegen den VN, sondern gegen einen Dritten gerichtet ist, und kommt möglicherweise selbst nach einem Freispruch nicht in Verzug, da er die im Zivilprozeß andersartige Beweislage berücksichtigen darf (vgl. *Prölss/Martin* § 11 Anm. 5B).

5. Verjährung – Klagefrist

a) Voraussetzungen der Verjährung

Gemäß § 12 I VVG verjähren die Ansprüche aus dem Versicherungsvertrag in 44 **zwei Jahren,** beginnend mit dem Schluß des Jahres, in dem die Leistung verlangt werden kann. Ist der Anspruch des VN beim Versicherer angemeldet, ist die Verjährung bis zum Eingang der schriftlichen Entscheidung des Versicherers **gehemmt,** § 12 II VVG. Für die Berechnung gelten im übrigen die Vorschriften des BGB. Die Vorschrift betrifft alle Ansprüche, die ihre rechtliche Grundlage in dem Versicherungsvertrag haben, also auf dem Vertrag beruhen. Daher verjährt der auf **§ 812 BGB** gestützte Anspruch des Versicherers auf Rückforderung gezahlter, aber nicht geschuldeter Entschädigungen nicht nach § 12 VVG, sondern gemäß § 195 BGB in 30 Jahren (*BGHZ* 32, 13; a.M. *Prölss/Martin* § 12 Anm. 2). Die Leistung kann naturgemäß erst verlangt werden, wenn sie gemäß § 11 VVG fällig ist. Der VN kann durch Unterlassen der Schadensanzeige oder seiner Mitwirkung bei den Erhebungen den Beginn der Verjährung nicht hinausschieben. Beantwortet er z. B. Fragen des Versicherers nicht, soll die Verjährung in dem Zeitpunkt enden, in dem bei korrektem Vorgehen des gemahntenVN mit der Entscheidung des Versicherers zu rechnen gewesen wäre (*OLG Hamm* VersR 1977, 1155; bestritten). Ergibt der Versicherer nach Ablehnung zu erkennen, die Entscheidung nochmals überprüfen zu wollen, ist der Ablauf der Verjährung wiederum gehemmt (vgl. *OLG Hamm* VersR 1987, 250).

b) Einhaltung der Klagefrist

Die Klagefrist nach § 12 III VVG soll die Rechtmäßigkeit der Deckungsableh- 45 nung des Versicherers möglichst rasch klären. Leistungsfreiheit tritt in diesem Fall für alle noch nicht erbrachten Leistungen ein, egal, ob diese geschuldet waren oder nicht. Voraussetzung ist die ordnungsgemäße **Belehrung** des VN, daß der Versicherer durch bloßen Zeitablauf von der Verpflichtung zur Leistung frei wird, wenn der Anspruch nicht vorher gerichtlich geltend gemacht wird. Die Rechtsprechung stellt an die Belehrung strenge Anforderungen (vgl. *Prölss/Martin* § 12 Anm. 6).

Es handelt sich um **keine Verjährungsfrist,** daher sind §§ 202f. BGB nicht 46 anwendbar (ständige Rechtsprechung, vgl. die Nachweise bei *Prölss/Martin* § 12

Anm. 7). Verjährungs- und Klagefrist laufen selbständig nebeneinander. Trifft allerdings den VN bei Versäumung der Frist kein Verschulden, soll sich der Versicherer nicht auf Fristversäumnis berufen können (*BGH* VersR 1977, 442). Das gleiche gilt, wenn der Versicherer durch die Berufung auf den Fristablauf gegen Treu und Glauben verstoßen würde. Die Klagefrist kann i. ü. verlängert werden.

47 **Gerichtliche Geltendmachung** im Sinne dieser Vorschrift ist neben Erhebung einer Leistungsklage auch die einer Feststellungsklage oder eines Antrages auf Erlaß eines Mahnbescheides. Es gilt § 270 III ZPO (Rückwirkung der alsbaldigen Zustellung auf den Antragszeitpunkt, vgl. *BGH* VersR 1987, 39). Der **Prozeßkostenhilfeantrag** genügt ebenfalls für die Fristwahrung, wenn der VN alsdann alles zumutbare tut, damit die Klage demnächst im Sinne von § 270 III ZPO zugestellt werden kann. Abzustellen ist darauf, wieviel Zeit ein Anwalt für eine ordnungsgemäße Prozeßführung benötigt. Bei Verweigerung der Prozeßkostenhilfe sind für die Einreichung einer mit Begründung versehenen Beschwerdeschrift höchstens zwei Wochen zu veranschlagen (*BGH* aaO). **Nicht ausreichend** sind Streitverkündung, Einleitung des Sachverständigenverfahrens, Beschwerde beim Bundesaufsichtsamt für das Versicherungswesen, Antrag auf Erlaß eines Arrests oder einer einstweiligen Verfügung oder ein Beweissicherungsantrag.

6. Obliegenheiten

48 Den Versicherungsnehmer treffen in jedem Versicherungsvertrag eine Reihe von Obliegenheiten, deren Verletzung den Versicherer nicht nur zur Lösung des Vertrages berechtigt, sondern unter bestimmten Voraussetzungen auch zur Leistungsfreiheit im Versicherungsfalle führt.

a) Vorvertragliche Anzeigepflicht gemäß § 16f. VVG

49 Der VN hat bei Schließung des Vertrages alle ihm bekannten Umstände, die für die Übernahme der Gefahr **erheblich** sind, dem Versicherer anzuzeigen. Erheblich sind die Umstände, die auf den Entschluß des Versicherers, den Vertrag überhaupt oder zu dem vereinbarten Inhalt abzuschließen, Einfluß ausüben. Jeder Umstand, nach dem der Versicherer ausdrücklich und schriftlich gefragt hat, gilt im Zweifel als erheblich.

50 **Unterbleibt** die danach nötige Anzeige des VN, auch weil er sich z. B. der Kenntnis des Umstandes arglistig entzogen hat, oder macht der VN eine unrichtige Anzeige, kann der Versicherer vom Vertrag **zurücktreten,** es sei denn, er kannte den angezeigten Umstand oder die Anzeige ist ohne Verschulden des VN unterblieben, §§ 16, 17 VVG. Den schriftlichen Antragsfragen des Versicherers kommt insbesondere deshalb Bedeutung zu, da nach § 18 VVG der Rücktritt wegen unterbliebener Anzeige eines Umstandes, nach dem nicht ausdrücklich gefragt worden ist, nur im Falle **arglistiger Verschweigung** zulässig ist.

51 Klassische Umstände, bei deren Verschweigung die Versicherer zurücktreten, sind z. B. falsche Angaben zu Art und Beschaffenheit des Gebäudes in der Gebäude- und Feuerversicherung, zu Vorschäden und Vorversicherungen in fast allen Versicherungszweigen und zu Gesundheitsfragen in der Kranken- und Lebensversicherung.

52 Der **Rücktritt** kann nur innerhalb eines Monats ab dem Moment erfolgen, in dem der Versicherer von der Verletzung der Anzeigepflicht Kenntnis erlangt,

§ 20 I VVG. An den Inhalt der Rücktrittserklärung werden strenge Anforderungen gestellt; Berufung auf Leistungsfreiheit, Ablehnung der Entschädigung, Kündigung oder ähnliches genügen nicht, wohl aber im Wege der Umdeutung eine Anfechtung.

Nach Eintritt des Versicherungsfalles kann der Versicherer zwar noch zurück- 53
treten, bleibt aber leistungspflichtig für diesen Versicherungsfall, wenn der nicht angezeigte oder verschwiegene Umstand keinen **Einfluß auf** den **Eintritt** des Versicherungsfalles oder den Umfang der Leistung gehabt hat. In der Sachversicherung gilt dies z. B. im Gegensatz zur Krankenversicherung regelmäßig für verschwiegene Vorschäden oder Vorversicherungen.

Unberührt bleibt allerdings das Recht des Versicherers, aus einem solchen 54
Grund den Vertrag wegen arglistiger Täuschung gemäß §§ **123 BGB, 22 VVG** anzufechten. Gegenüber einer Irrtumsanfechtung nach § 119 BGB sind dagegen § 16ff. VVG Spezialregeln.

b) Obliegenheiten, die vor dem Versicherungsfall zu erfüllen sind, § 6 I VVG

aa) Verhältnis zu Risikobegrenzungen. Die Abgrenzung dieser Obliegen- 55
heit zu den Risikobegrenzungen ist schwierig. Bis heute scheint noch keine gesicherte, allgemein gültige, über den Einzelfall hinausgehende Lösung gefunden zu sein (vgl. die Zusammenstellung bei *Schirmer* R + S 1990, 217). Wegen § 15a VVG steht nach der bisherigen h. M. fest, daß sogenannte **verhüllte Obliegenheiten,** d. h. Obliegenheiten, die in den AVB in die Form eines Risikoausschlusses gehüllt sind, nicht nichtig sind, sondern den Regeln des § 6 I und II VVG unterliegen (vgl. im einzelnen *Prölss/Martin* § 6 Anm. 3).

bb) Voraussetzungen. Werden solche Obliegenheiten vom VN **schuldhaft** 56
(leichte Fahrlässigkeit genügt idR) verletzt und hat bei sogenannten gefahrmindernden Obliegenheiten die Verletzung Einfluß auf den Versicherungsfall und den Umfang der dem Versicherer obliegenden Leistungen, ist der Versicherer **leistungsfrei,** wenn er darüberhinaus den Versicherungsvertrag binnen eines Monats nach Kenntniserlangung ohne Einhaltung einer Kündigungsfrist **kündigt,** § 6 I, II VVG. Die Rechtsprechung wendet gerade dieses sog. Klarstellungserfordernis des § 6 I 3 VVG restriktiv an (vgl. *BGH* VersR 1982, 395 und VersR 1988, 1014) und macht nur dann eine Ausnahme, wenn der Vertrag vor Ablauf der Monatsfrist zur Kündigung schon aus anderen Gründen (z. B. vereinbarter Vertragsablauf) beendet wird.

c) Obliegenheiten, die nach dem Versicherungsfall zu erfüllen sind

In der Regel geben diese Obliegenheiten, die in allen Bedingungswerken 57
enthalten sind, dem VN die unverzügliche Schadensmeldung beim Versicherer (vgl. auch § 33 VVG) sowie z. B. bei der Polizei und Beförderungsunternehmen auf, verpflichten ihn zur Abwendung oder Minderung des Schadens nach Weisung des Versicherers und zur Erteilung jeglicher Auskunft über Ursache und Höhe des Schadens (vgl. insoweit auch § 34 VVG).

Leistungsfreiheit des Versicherers im Falle ihrer Verletzung tritt nur bei aus- 58
drücklicher Vereinbarung ein, welche aber regelmäßig in den AVB enthalten ist (vgl. etwa §§ 15 VGB, 13 AFB 87).

Gemäß § 6 III VVG führt die Verletzung solcher Obliegenheiten nur dann zur 59
Leistungsfreiheit des Versicherers, wenn sie mindestens grob fahrlässig oder vorsätzlich erfolgt ist und Einfluß entweder auf die Feststellung des Versiche-

rungsfalles oder den Umfang der dem Versicherer obliegenden Leistung gehabt hat. Gerade diese Relevanz wird von der Rechtsprechung immer mehr hervorgehoben. Trotz des an sich klaren Wortlautes des § 6 III VVG zu vorsätzlichen Verstößen läßt die Rechtsprechung bei **folgenloser Verletzung dieser Aufklärungspflicht** die Berufung auf die Leistungsfreiheit des Versicherers nur zu, wenn der Verstoß generell geeignet war, die Interessen des Versicherers ernsthaft zu gefährden und den VN der Vorwurf groben Verschuldens trifft (vgl. *BGH* VersR 1983, 674, VersR 1978, 74, *OLG Hamm* VersR 1981, 330).

d) Beweislast

60 Der Versicherer muß bei allen vorstehenden Obliegenheiten den **objektiven** Tatbestand der Verletzung nachweisen, während sich der VN exculpieren und ferner beweisen muß, daß die Verletzung nicht kausal war.

Anders ist die Sachlage bei den Risikobeschränkungen: Bei den sogenannten primären Risikobeschränkungen muß der VN deren Nichtvorliegen beweisen, während bei den sekundären Risikobeschränkungen die Beweislast den Versicherer für das Eingreifen des Ausschlußtatbestandes trifft.

7. Gefahrerhöhung

61 Der VN darf nach Vertragsabschluß ohne Einwilligung des Versicherers keine Erhöhung der Gefahr vornehmen oder deren Vornahme durch einen Dritten dulden, §§ 23ff. VVG. Unter Gefahrerhöhung versteht man eine nachträgliche Änderung der bei Vertragsschluß tatsächlich vorhandenen gefahrerheblichen Umstände (vgl. Rdnr. 49), die den Eintritt des Versicherungsfalles, eine Vergrößerung des Schadens oder die ungerechtfertigte Inanspruchnahme des Versicherers wahrscheinlich macht. Die Umstände müssen ihrer Natur nach geeignet sein, einen neuen Gefahrenzustand von so langer Dauer zu schaffen, daß er die Grundlage eines neuen natürlichen Schadensverlaufes bilden kann und damit den Eintritt des Versicherungsfalles generell zu fördern geeignet ist (grundlegend: *BGHZ* 7, 311). Der VN ist verpflichtet, dem Versicherer unverzüglich **Anzeige** über die Gefahrerhöhung zu erstatten, §§ 23 II, 27 II VVG. Der Versicherer hat das Recht, bei gewillkürter Gefahrerhöhung des VN, § 23 VVG, das Versicherungsverhältnis ohne Einhaltung einer Frist zu **kündigen.** Beruht die Gefahrerhöhung nicht auf einem Verschulden des VN, wirkt die Kündigung erst mit Ablauf eines Monates, §§ 24, 27 I VVG. Das Kündigungsrecht erlischt binnen eines Monats. Tritt der **Versicherungsfall nach der Gefahrerhöhung** ein, ist der Versicherer im Falle der Verletzung des § 23 I VVG oder des § 27 II VVG leistungsfrei, wenn die Verletzung nicht unverschuldet war. Selbst dann ist der Versicherer aber leistungsfrei, wenn die Anzeige der Gefahrerhöhung vom VN nicht unverzüglich gemacht wurde und der Versicherungsfall später als einen Monat nach dem Zeitpunkt eintrat, in dem die Anzeige dem Versicherer hätte zugehen müssen, es sei denn, ihm war in diesem Moment die Erhöhung der Gefahr bekannt. Der Versicherer bleibt ferner leistungspflichtig, wenn die Frist zur Kündigung bei Eintritt des Versicherungsfalles abgelaufen und eine Kündigung nicht erfolgt oder wenn die Erhöhung der Gefahr nicht kausal für den Eintritt des Versicherungsfalles und den Umfang der Leistung des Versicherers war.

8. Arglistige Täuschung des Versicherers durch den VN bei der Schadensermittlung

So gut wie alle Bedingungswerke sanktionieren eine arglistige Täuschung des VN bei den Verhandlungen über die Ermittlung der Entschädigungsleistung mit der Leistungsfreiheit des Versicherers, vgl. z. B. §§ 16 AFB, AEB, 16 Nr. 2 VHB 74, 22 Nr. 1 VHB 84. Die Täuschung muß sich zwar an den Versicherer richten, kann aber mittelbar auch auf dem Umweg z. B. über Angaben bei Polizei (*BGH* VersR 1982, 689) oder Sachverständigen (*OLG Hamm* VersR 1978, 811) erfolgen. **Bereicherungsabsicht des VN** hierbei ist nicht nötig. Es reicht aus, wenn durch die Täuschung ein berechtigter Anspruch durchgesetzt, z. B. mit Hilfe eines gefälschten Beleges ein tatsächlich erfolgter Kauf nachgewiesen werden soll (*BGH* VersR 1985, 77). Die Rechtsprechung mutet allerdings dem Versicherer zur **Vermeidung unbilliger Härten** die Regulierung eines Teils des Schadens ausnahmsweise dann zu, wenn das Verschulden des VN verhältnismäßig gering wiegt und bei völligem Verlust des Versicherungsschutzes die Existenz des VN gefährdert wäre (*OLG Hamm* VersR 1976, 1177; *BGH* VersR 1987, 149). 62

Manche Bedingungswerke fingieren den **Beweis der Arglist,** wenn der VN insoweit rechtskräftig verurteilt wurde, vgl. §§ 22 Nr. 1 VHB 84, 16 Nr. 2 VHB 74, 18 Nr. 3 VGB, 14 Nr. 2 AFB 87, AERB 87. Hiergegen bestehen keine Einwände, insbesondere auch nicht nach § 9 AGBG (*Martin,* Sachversicherungsrecht, X III 14). Die Leistungsfreiheit wegen arglistiger Täuschung steht in Anspruchskonkurrenz zur Leistungsfreiheit wegen Obliegenheitsverletzung, kann also kumulativ eingewandt werden (*Martin* VersR 1986, 137). 63

9. Herbeiführung des Versicherungsfalles durch Vorsatz oder grobe Fahrlässigkeit des VN

Der Versicherer ist in der **Schadensversicherung** leistungsfrei, wenn der VN den Versicherungsfall vorsätzlich oder grob fahrlässig herbeiführt, § 61 VVG sowie korrespondierende Bestimmungen in allen Bedingungswerken. In der **Haftpflichtversicherung** tritt Leistungsfreiheit demgegenüber nur bei vorsätzlicher Herbeiführung durch den VN ein, § 152 VVG. Für die Definition der groben Fahrlässigkeit gelten die allgemeinen Regeln. Die Außerachtlassung allgemein gültiger Sicherheitsregeln ist dann grob fahrlässig, wenn ihre Kenntnis nach dem Grad ihrer Verbreitung allgemein vorausgesetzt werden muß (*BGH* VersR 1977, 465). Ein Verstoß gegen Unfallverhütungsvorschriften von Berufsgenossenschaften erfüllt daher nicht ohne weiteres diesen Tatbestand (*BGH* VersR 1981, 73). Allerdings wird grobe Fahrlässigkeit häufig dann vorliegen, wenn der VN gegen im Versicherungsvertrag vereinbarte Sicherheitsvorschriften verstößt (vgl. im übrigen die ausführliche Kommentierung bei *Prölss/Martin* zu § 61 VVG). Bei sog. Augenblicksversagen wird grobe Fahrlässigkeit verneint (*BGH* NJW 1989, 1354 und NJW-RR 1989, 1187). 64

10. Haftung des VN für Dritte – Repräsentanten

Häufig ist mit der Gefahrverwaltung eine Hilfsperson des VN beauftragt, die gegen eine Vertragsverpflichtung, die zur Leistungsfreiheit des Versicherers führen kann, verstößt. Das VVG enthält keine Regeln über die Zurechnung des Verhaltens Dritter. **§ 278 BGB** betrifft zwar Schuldverhältnisse, zu denen Versicherungsverträge gehören, soll aber nicht für die Gefahrenverwaltung im Rah- 65 men der Versicherungsverträge passen, da der Versicherungsschutz zu stark eingeengt würde. Die Rechtsprechung hat deshalb Fehlverhalten Dritter im Rahmen der §§ 6, 23, 25, 61 und 152 VVG auf den Kreis der Repräsentanten begrenzt.

a) Repräsentanten

66 Repräsentant ist, wer in einem Geschäftsbereich, zu dem das versicherte Risiko gehört, aufgrund eines Vertretungs- oder eines ähnlichen Verhältnisses an die **Stelle des VN** getreten ist. Klassische Repräsentanten sind vor allem Betriebsleiter eines Unternehmens, vergleichbare Angestellte oder Arbeiter und Sicherheitsbeauftragte. Der Ehegatte ist in der Hausratsversicherung nicht Repräsentant (*BGH* R + S 1990, 242). Ebensowenig soll der Mieter Repräsentant des versicherten Vermieters sein (*BGH* VersR 1989, 909). Im übrigen ist die Kasuistik unübersichtlich (vgl. im einzelnen *Prölss/Martin* § 6 Anm. 7 mit Aufzählung der Einzelfälle).

b) Mehrere VN

67 Demgegenüber wirkt das Verhalten eines Versicherungsnehmers bei einem gemeinsamen von mehreren Personen unterhaltenen Versicherungsvertrag jeweils gegen alle VN (*OLG Hamm* R+S 1987, 167).

c) Haftung für Verhalten nach dem Versicherungsfall

68 Bei **Verhalten nach dem Versicherungsfall** ist streitig, ob § 278 BGB nicht doch anwendbar ist (vgl. *LG Traunstein* VersR 1984, 549). Anderer Ansicht ist wohl das *OLG Karlsruhe* (R+S 1987, 291), wonach der Prozeßbevollmächtigte des VN nicht ohne weiteres dessen Repräsentant bei der Schadensabwicklung ist.

d) Wissensvertreter

69 Der VN haftet nicht nur für seinen Repräsentanten, sondern auch für seinen Wissensvertreter (§ 166 I BGB analog). Dieser ist damit betraut, Tatsachen, deren Kenntnis von Rechtserheblichkeit ist, anstelle des VN entgegenzunehmen (gesetzliche Fälle: §§ 79 I, 161, 179 II, IV VVG). Das gleiche gilt für **Wissenserklärungsvertreter** (vgl. z. B. *BGH* VersR 1981, 948).

11. Unterversicherung – Doppelversicherung – versichertes Interesse

70 Eine Unterversicherung liegt vor, wenn die Versicherungssumme niedriger als der Versicherungswert (= Wert aller versicherten Sachen) im Schadenszeitpunkt ist, § 56 VVG. In diesem Fall wird die Entschädigung anteilig gekürzt (vgl. im einzelnen, insbes. zur Berechnung *Prölss/Martin* § 56). Eine Doppelversicherung liegt vor, wenn ein Interesse gegen dieselbe Gefahr bei mehreren Versicherern versichert ist und die Versicherungssumme zusammen den Versicherungswert oder die Summe der Entschädigung den Gesamtschaden übersteigt, §§ 59 VVG. Beispiel in der Sachversicherung sind die Versicherung des Hauseigentümers und die Sachfremdversicherung des Mieters (vgl. *BGH* R+S 1988, 86). So besteht andererseits aber nur auf den ersten Blick Doppelversicherung bei Zusammentreffen einer Wohngebäude- und Hausratversicherung bei einem Leitungswasserschaden an Mietwohnungen. Denn zwar wird das Interesse des Eigentümers durch beide Verträge gedeckt, aber in der zweiten Stufe der Schadensregulierung hat der Schädiger, bzw. sein Versicherer, den Schaden

wegen § 67 VVG allein zu tragen (vgl, *Prölss/Martin* § 56 Anm. 2). Ferner besteht keine Doppelversicherung zwischen der Sachversicherung des Eigentümers und der Haftpflichtversicherung des Schädigers, z. B. Mieters. Gemäß § 59 I sind die Versicherer in der Weise dem VN als Gesamtschuldner verpflichtet, daß diesem jeder Versicherer für den Betrag haftet, dessen Zahlung ihm nach seinem Vertrag obliegt, der VN aber im ganzen nicht mehr als den Betrag des Schadens verlangen kann. Hat der VN eine Doppelversicherung in der Absicht genommen, sich dadurch einen **rechtswidrigen Vermögensvorteil** zu verschaffen, ist der Vertrag nichtig, § 59 III VVG.

12. Mitversicherung – Prozeßführungsklausel

Größere Risiken werden von den Versicherern häufig nicht rückversichert, 71
sondern im Wege einer sogenannten **offenen Mitversicherung** gezeichnet. Darunter ist die einverständliche Beteiligung mehrerer Versicherer an einem Risiko in der Weise zu verstehen, daß jeder eine Quote übernimmt. Rechtlich liegen dabei so viele Verträge vor, wie Versicherer beteiligt sind. Die Mitversicherung muß sich aus dem Versicherungsvertrag ergeben. Zur Vereinfachung wird meist die sogenannte **Führungsklausel** vereinbart, wonach der führende Versicherer bevollmächtigt ist, Anzeigen und Willenserklärungen des VN für alle beteiligten Versicherer entgegenzunehmen. Wichtiger für das vorliegende Buch ist die sogenannte **Prozeßführungsklausel,** wonach nur die führende Gesellschaft auf ihren Anteil verklagt werden kann, während die mitbeteiligten Versicherer die gegen die führende Versicherung rechtskräftige Entscheidung ebenso anerkennen, wie die von der führenden Versicherung mit dem VN nach Rechtshängigkeit geschlossenen Vergleiche. Diese Prozeßführungsklauseln sind in der Rechtsprechung als gültig anerkannt und werden auch dann Vertragsbestandteil, wenn sich der VN hierüber keine Gedanken gemacht haben sollte, sofern sie klar aus dem Versicherungsschein zu ersehen sind. Ist dies der Fall, kann daher nur der führende Versicherer auf dessen Anteil verklagt werden. Dies ist wegen des im Verhältnis zum Gesamtbetrag niedrigeren Streitwertes für den VN von Vorteil.

13. Regreß des Versicherers

Gemäß § 67 VVG geht der Anspruch des VN auf Schadensersatz gegen einen 72
Dritten auf den Versicherer über, soweit dieser dem VN den Schaden ersetzt hat. Die Vorschrift gilt für die Schadensversicherung, also nicht nur für die Sachversicherungszweige, sondern auch die Haftpflichtversicherung, die Rechtsschutzversicherung und die Personenversicherung, soweit sie Schadensleistungen erbringt (z. B. Krankheitskosten in der Krankenversicherung). Sie gilt nicht in der als Summenversicherung betriebenen Personenversicherung (z. B. Krankenhaustagegeld, vgl. *BGH* VersR 1984, 690).

Der Übergang erstreckt sich aber nur auf die Schadensersatzansprüche, die 73
sich auf den Schaden beziehen, der in den Schutzbereich der in Frage stehenden Versicherung fällt **(Grundsatz der Kongruenz).** Nicht kongruent sind z. B. Sachfolgeschäden, d. h. Ansprüche wegen Nutzungs- und Verdienstausfall, wegen Prämiennachteilen, auf Ersatz von Mietwagenkosten oder der allgemeinen Unkosten (vgl. im einzelnen *Prölss/Martin* § 67 Anm. 4 B). Der **Umfang des Übergangs** richtet sich nach der Höhe des Ersatzanspruches und der Versicherungsleistung. Ersetzt der Versicherer dem VN nur einen Teil des Schadens,

z. B. aufgrund eines Selbstbehaltens oder einer Unterversicherung, und bleibt der Anspruch gegen den Dritten ebenfalls hinter dem Schaden zurück, § 254 BGB, geht weder der Anspruch in Höhe der Zahlung auf den Versicherer über, noch ist er zwischen VN und Versicherer im Verhältnis ihrer Beteiligung am Schaden zu Teil. Vielmehr bleibt der VN Gläubiger des Ersatzanspruches mit der Folge des Befriedigungsrechts insoweit, als er vom Versicherer nicht entschädigt worden ist. Erst nach Deckung des Schadens durch Versicherungsleistung und Ersatzanspruch kommt der Versicherer zum Zuge (**Quotenvorrecht** des VN).

14. Veräußerung der versicherten Sache

74 Veräußert der VN die versicherte Sache, tritt an die Stelle des Veräußerers der Erwerber in das Versicherungsverhältnis ein, § 69 I VVG. Veräußerung ist **jeder Eigentumsübergang durch** rechtsgeschäftliche **Einzelrechtsnachfolge,** so z. B. Personenwechsel in einer BGB-Gesellschaft oder Umwandlung von Gesamtteilseigentum in Bruchteilseigentum oder wenn ein Einzelkaufmann oder eine GmbH die in ihrem Eigentum stehenden versicherten Sachen in eine oHG einbringt. Sie ist zu verneinen bei Wechsel einiger oder aller Gesellschafter einer oHG oder der Anteilsinhaber einer AG oder GmbH. Bei **Gesamtrechtsnachfolge** gelten zwar nicht die §§ 69f. VVG, das Versicherungsverhältnis geht aber nach allgemeinen Grundsätzen über. Für die laufende Prämie haften Veräußerer und Erwerber als Gesamtschuldner, § 69 II VVG. Versicherer und Erwerber sind berechtigt, das Versicherungsverhältnis zu kündigen, ersterer unter Einhaltung einer Frist von einem Monat, letzterer mit sofortiger Wirkung oder auf den Schluß der laufenden Versicherungsperiode, § 70 VVG.

75 Wichtig ist vor allem § 71 VVG, wonach die Veräußerung dem Versicherer unverzüglich anzuzeigen ist. Unterbleibt diese Anzeige, ist der Versicherer von der Leistungspflicht frei, wenn der Versicherungsfall später als einen Monat nach dem Zeitpunkt eintritt, in welchem die Anzeige ihm hätte zugehen müssen. Die Schärfe dieser Vorschrift mildert die Rechtsprechung aber dadurch, daß sie nur dann Leistungsfreiheit des Versicherers eintreten läßt, wenn diese nicht außer Verhältnis zur Schwere des Verstoßes steht. Dabei ist auf seiten des Versicherers abzuwägen, wie weit seine Interessen in ernster Weise beeinträchtigt sind, auf seiten des VN, in welchem Umfang ihn ein Verschulden trifft und welches Gewicht die Entziehung der Versicherungsleistung hat (*BGH* VersR 1987, 477).

15. Versicherung für fremde Rechnung, §§ 74ff. VVG

76 Versichert der VN Gegenstände (z. B. Waren, die unter Vorbehaltseigentum erworben wurden) oder Gebäude, die nicht in seinem Eigentum stehen (z. B. der Mieter versichert das Gebäude gegen Feuer, vgl. *BGH* R+S 1988, 86), liegt eine Versicherung für fremde Rechnung vor. Die gesetzliche Definition des § 74 I VVG lautet, daß die Versicherung von demjenigen, welcher den Vertrag mit dem Versicherer schließt, im eigenen Namen für einen anderen, mit oder ohne Benennung der Person des Versicherten, genommen werden kann. § 74 II VVG vermutet, daß der Vertragsschließende nicht als Vertreter, sondern im eigenen Namen für fremde Rechnung (hinsichtlich der Prämie allerdings auf eigene Kosten) handelt. Nach § 75 VVG stehen die Rechte aus dem Vertrag dem Versicherten zu, die Aushändigung des Versicherungsscheines kann aber nur der VN verlangen. Letzteres ist deshalb von Bedeutung, da der Versicherte ohne Zustimmung des VN über seine Rechte nur verfügen und diese Rechte nur gerichtlich geltend machen kann, wenn er im Besitz des Versicherungsscheines ist. Ist ein solcher ausgestellt, kann der VN ohne Zustimmung des Versicherten die Zahlung nur annehmen und die Rechte des Versicherten nur übertragen, wenn er im Besitz des Scheines ist. Der Versicherer ist zur Zahlung an den VN nur verpflichtet, wenn dieser ihm nachweist, daß der Versicherte seine Zustimmung zur Versicherung erteilt hat, § 76 VVG. Die Vorschrift ist allerdings abdingbar, wovon manche Bedingungen Gebrauch machen. So sehen z. B. §§ 12 I 3 AFB, 10 I 3 AFB 87, vor, daß der Versicherer vor Auszahlung der Entschädigung vom VN den Nachweis verlangen kann, daß der Versicherte seine Zustimmung zur Versicherung und zur Empfangnahme der Entschädigung erteilt hat.

Im Innenverhältnis ist der VN nicht verpflichtet, dem Versicherten den Versi- **77** cherungsschein auszuhändigen, bevor er wegen der ihm gegen den Versicherten zustehenden Ansprüche befriedigt ist, § 77 VVG. Nach § 79 VVG werden Versicherer und VN in Bezug auf Kenntnis und Verhalten gleichgestellt. Nach § 80 VVG wird in Ermangelung sonstiger Umstände vermutet, daß die Versicherung für fremde Rechnung abgeschlossen wurde.

III. Besonderer Teil

1. Diebstahls- und Raubversicherung (z. B. Hausrat-, Einbruchdiebstahl-, Reisegepäckversicherung VHB 66, VHB74, VHB 84, AEB, AEB 87, AERB, AERB 87, AVBR 80).

a) Beweislast und -führung

Da sich Versicherungsfälle in der Diebstahlversicherung regelmäßig im Ver- **78** borgenen abspielen, der VN also Schwierigkeiten hätte, den ihm obliegenden Beweis des Versicherungsfalles zu führen, räumt ihm die ständige Rechtsprechung erhebliche **Beweiserleichterungen** ein: Für den Beweis eines (Einbruch-) diebstahls brauchen nach der ständigen Rechtsprechung des *BGH* (z. B. R+S 1987, 261, R+S 1990, 242) nicht einmal die Voraussetzungen eines Anscheinsbeweis vorzuliegen. Es braucht sich deshalb weder um einen typischen Geschehensablauf zu handeln noch muß eine hohe Wahrscheinlichkeit für den Eintritt eines Versicherungsfalles sprechen. Vielmehr reicht es aus, daß Anzeichen feststehen, die mit **hinreichender Wahrscheinlichkeit** das äußere Bild eines versicherten Diebstahles ergeben (Stufe 1).

Dem Versicherer steht selbstverständlich der Gegenbeweis offen, der aller- **79** dings nicht schon dann geführt ist, wenn die ernsthafte Möglichkeit eines anderen Geschehensablaufes besteht. Vielmehr ist der Nachweis von konkreten Tatsachen erforderlich, die die Annahme einer Vortäuschung des Versicherungsfalles mit **erheblicher Wahrscheinlichkeit** nahelegen (Stufe 2).

Die **Judikatur** in diesem Zusammenhang ist unübersehbar. In Stufe 1 reicht **80** jedenfalls die bloße Behauptung eines Diebstahls im allgemeinen nicht aus, ebensowenig die Anzeige bei der Polizei. In der Einbruchdiebstahlversicherung müssen sich in der Regel objektive Spuren am Tatort finden, die nach der Lebenserfahrung von einem erschwerten Diebstahl versicherter Sachen herrühren würden. In der Kfz-Kasko-Versicherung fehlt es an einem ausreichenden äußeren Sachverhalt für ein Kfz-Diebstahl, wenn das Lenkradschloß nicht aufgebrochen und die Zündung nicht kurzgeschlossen war (vgl. im einzelnen *Prölss/Martin* § 49 Anm. 2 A a; *Martin,* Sachversicherungsrecht D XVI. 12).

81 In Stufe 2 (Rdnr. 79) können die Verdachtsgründe sich schon aus dem geschilderten Sachverhalt ergeben. Dies gilt insbesondere, wenn die Angaben des VN's auch technischen Gründen nicht schlüssig sind, was gar nicht so selten vorkommt (vgl. *OLG München* VersR 1984, 126; *LG Frankfurt* R+S 1985, 93; *OLG Frankfurt* VersR 1982, 966 und *OLG Köln* VersR 1983, 921). Ähnliches gilt, wenn die Finanzierung der angeblich gestohlenen Sachen durch den VN unwahrscheinlich ist, Teile der gestohlenen Sachen beim VN aufgefunden werden, oder Spuren, die nach der Sachverhaltsschilderung eigentlich vorhanden sein müßten, tatsächlich nicht zu finden sind (vgl. *Martin* aaO, 17f.)

82 Ob allerdings aus einem **Verhalten des VN,** das nicht die äußeren objektiven Umstände des behaupteten Diebstahls betrifft, der Schluß auf eine Vortäuschung zu ziehen ist, ist einzelfallabhängig. Dabei muß beachtet werden, daß nicht jede bewußt falsche Angabe den Schluß rechtfertigt, es bestehe eine Wahrscheinlichkeit für eine Vortäuschung (*BGH* R+S 1987, 261). Selbst wenn der VN im Rahmen von Regulierungsverhandlungen zur Schadenshöhe falsche Angaben macht, soll dies unter Umständen nicht ausreichen, eine Vortäuschung anzunehmen, weil die kriminelle Energie bei der Vortäuschung des Versicherungsfalles regelmäßig sehr viel intensiver sei als eine eventuell nur gelegentlich eines echten Versicherungsfalls erfolgte Täuschungshandlung über die Höhe des Schadens (*BGH* VersR 1987, 61). Zusätzliche Indizien, die für sich meist nicht zur Annahme einer Vortäuschung ausreichen, sind schlechte Vermögensverhältnisse und einschlägige Vorstrafen (vgl. *OLG Hamm* VersR 1980, 1060).

b) Versicherungsfall

83 Es ist zu unterscheiden zwischen versicherten Gefahren, Schäden, Sachen und Kosten. Insbesondere die versicherten Gefahren bereiten Probleme (vgl. die Definition des Einbruchdiebstahls in §§ 5 VHB 84, 3 E, Ziff. 1 VHB 74, 1 Nr. 1 AERB 87). Die versicherten Schäden (z. B. Abhandenkommen, Zerstörung oder Beschädigung) sind demgegenüber meist unproblematisch. Ob ein Gegenstand aber unter die Versicherung fällt, wird unter den versicherten Sachen definiert, was in der Diebstahlversicherung ebenfalls meist keine großen Probleme aufwirft (vgl. § 1 VHB 84).

c) Versicherungsort, vgl. § 10 VHB 84

84 Meist im Versicherungsschein definiert. Umzug des VN kann Probleme aufwerfen, vgl. § 11 VHB 84.

d) Schadenhöhe

85 – Diebstahlsversicherungen ersetzen meist den **Neuwert.** Dieser wird aber nur bei Wiederherstellung bzw. Wiederanschaffung der versicherten Sachen binnen einer bestimmten Frist geschuldet, ansonsten wird nur der Zeitwert gezahlt, vgl. z. B. § 11 Nr. 5 AERB 87.
– **Entschädigungsgrenzen,** vgl. z. B. § 2 Nr. 3ff. VHB 74, § 19 VHB 84.

2. Feuerversicherung (AFB, AFB 87, VHB 66, 74, 84, VGB und diverse Klauseln und Besondere Bedingungen)

86 **a)** Tatbestandsmerkmale eines **versicherten Brandes** bzw. eines Blitzschlages, insbesondere Ausschlüsse (vgl. § 1 AFB 87).

b) Gefahrerhöhung. Z. B. Leerstehen des versicherten Gebäudes, Änderung des Verwendungszwecks des Gebäudes (z. B. Umwandlung einer Speisegaststätte in eine Diskothek).

c) Grobe Fahrlässigkeit, (z. B. Brennenlassen einer Kerze, Leeren eines Aschenbechers in einen Plastikeimer).

d) Vorsätzliche Herbeiführung des Versicherungsfalls durch den VN – **Eigenbrandstiftung.** Hier ist der Versicherer beweispflichtig. Der BGH verlangt vom Versicherer den Vollbeweis, der allerdings durch Indizien geführt werden kann, versagt demgegenüber den Anscheinsbeweis (*BGH* VersR 1988, 683; Beispiele für Indizienbeweis: *OLG Hamm* VersR 1981, 1145; *OLG Oldenburg* R+S 1984, 196).

e) Schadenhöhe. Neuwert – Zeitwert; Änderung des Zwecks des wieder aufgebauten Gebäudes gegenüber alten Gebäuden, Aufbau an anderer Stelle, vgl. § 7 Nr. 1c VGB.

f) Aktivlegitimation des VN bei belasteten Grundstücken (vgl. §§ 1127ff. BGB und 102ff. VVG): Eventuell Anspruchsübergang auf Realgläubiger. Die sogenannten Realgläubiger (Hypothekare und Grundschuldgläubiger) sind versicherungsrechtlich besonders geschützt, können den Versicherer regelmäßig auch dann in Anspruch nehmen, wenn dieser gegenüber seinem VN leistungsfrei ist. Ausgangspunkt sind §§ 1127ff. BGB, wonach sich die Forderung des Hypothekars auf die Versicherungsforderung erstreckt, wenn der Hypothek unterliegende Gegenstände unter Versicherung gebracht sind. Der Realgläubiger erhält also an Stelle von untergegangenen und beschädigten Gegenständen die Versicherungsforderung. Bei der Gebäudeversicherung erlangt er Kraft Gesetzes ein Pfandrecht an dieser, erhält also die Stellung eines Forderungspfandgläubigers, § 1128 BGB. Voraussetzung ist, daß die Versicherungsforderung besteht. Weiter geht der Schutz nach §§ 102ff. VVG. Danach erhält der Realgläubiger einen direkten Anspruch gegen den Versicherer, auch wenn dieser gegenüber seinem VN leistungsfrei ist. §§ 99ff. gelten in verbundenen Versicherungsverträgen (zB. Hausrat, Wohngebäude) nur für das Feuerrisiko (*BGH* 1989, 912).

3. Haftpflichtversicherung (AHB und spezielle Bedingungen.)

Sie deckt das Risiko, daß der VN von einem Dritten auf Schadenersatz in **87**
Anspruch genommen wird. Es besteht gegen den Versicherer sowohl ein Befreiungsanspruch, der sich nach Befriedigung des Geschädigten durch den VN in einen Zahlungsanspruch umwandelt, als auch ein Rechtsschutzanspruch.

a) Ausschlüsse, vgl. insbesondere § 4 AHB.

b) Anerkenntnisverbot, vgl. §§ 154 II VVG, 5 Nr. 5 AHB, § 7 II Nr. 1 AKB.

c) Bindungswirkung des Haftpflichtprozesses für den anschließenden Dekkungsprozeß und umgekehrt (vgl. *Prölss/Martin* § 149 Anm. 5).

4. Kraftfahrtversicherung (AKB vgl. auch B IX Rdnrn. 204ff.)

88 **a) Haftpflichtversicherung** (Deckungsverhältnis VN – Versicherer).
- Risikoausschluß des § 1 Nr. 2 AKB (Ansprüche gegen mitversicherte Personen).
- § 3 Nr. 1 Pflichtversicherungsgesetz.
- Regreß (Begrenzung), § 7 V 2 AKB.

89 **b) Kaskoversicherung**
- Beweislast bei Kfz-Entwendung, insbesondere bei Zusammentreffen von Entwendung und Brand, § 12 I 1 A b AKB (s. oben Rdnrn. 78–82).
- Beweisführung bei Verdacht des fingierten Unfalles (vgl. *Prölss/Martin* § 12 AKB Anm. 3).
- Grobe Fahrlässigkeit, § 61 VVG (insbesondere Trunkenheit, Abkommen von der Strecke ohne ersichtlichen Grund, Überfahren von Rotlicht).
- Ersatzleistung, § 13 AKB, Ersterwerber, Wiederherstellung.

5. Unfallversicherung (AUB, AUB 88, § 16ff. AKB)

90 **a) Unfallbegriff** – Plötzliches Ereignis – Unfreiwilligkeit – von außen einwirkend (Stich oder Biß eines Tieres), § 2 I AUB, § 1 III AUB 88.

b) Bewußtseinstörung – Trunkenheit – Unfall bei Ausübung einer Straftat, § 3 Nr. 2, Nr. 3 AUB, § 2 I 1 AUB 88.

c) Frist zur Geltendmachung § 8 II 1 AUB, § 7 I 1 AUB 88, § 19 II 1 AKB. Danach muß die Invalidität als Unfallfolge innerhalb eines Jahres vom Unfalltag an gerechnet eingetreten und spätestens vor Ablauf einer Frist von weiteren drei Monaten nach dem Unfalljahr ärztlich festgestellt und geltend gemacht worden sein. Fristablauf führt zur Leistungsfreiheit des Versicherers. Die ärztliche Feststellung der Invalidität innerhalb der Frist muß nicht richtig oder dem Versicherer innerhalb der 15-Monatsfrist zugegangen sein. Ausreichend ist vielmehr, daß innerhalb dieser Frist die Invalidität (wenn auch möglicherweise unzutreffend) festgestellt wird (*BGH* NJW-RR 1988, 601). Obwohl es sich nicht um eine Obliegenheit handelt, wird in Ausnahmefällen der Entschuldigungsbeweis zugelassen (vgl. *BGH* NJW 1982, 2779).

d) Bemessung des Invaliditätsgrades, § 8 II, 3 AUB.

6. Krankenversicherung (MB/KK und MB/KT)

91 **a) Krankheitskosten**
- Medizinisch notwendige Heilbehandlung, § 1 II MB/KK.
- „Gemischte" Anstalt, § 4 V MB/KK.
- Ausschluß bestimmter Ärzte aus wichtigem Grund, § 5 I c MB/KK.
- Kur- und Sanatoriumsbehandlung, § 5 I d MB/KK.
- Heilbehandlung im Heilbad oder Kurort, § 5 I e MB/KK.
- Wissenschaftlich nicht allgemein anerkannte Methoden, § 5 I f MB/KK.

b) Krankentagegeld
- Versicherungsfall – Arbeitsunfähigkeit – Nichtausübung einer Berufstätigkeit, § 5 I MB/KT.
- Nachweis der Arbeitsunfähigkeit, § 9 MB/KT.
- Wegfall der Leistungspflicht bei Eintritt der Berufsunfähigkeit, § 15b MB/KT.

7. Lebensversicherung und Berufsunfähigkeitsversicherung

a) Widerruf des Bezugsrechts, § 15 ALB. 92

b) Selbstmord, § 10 ALB.

c) Berufsunfähigkeitsversicherung – Begriff der Berufsunfähigkeit: Unfähigkeit zu gleichwertiger Tätigkeit, die nach der bisherigen Ausbildungs- und Berufserfahrung wahrscheinlich bewältigt werden könnte (vgl. *OLG München* VersR 1986, 669) und sozial gleichwertig wäre (vgl. im einzelnen *Prölss/Martin* Vorbemerkung 1 D vor § 159).

IV. Prozessuale Fragen

1. Prozeßart

93 In aller Regel wird die **Leistungsklage** geboten sein, wenn der Anspruch vom VN beziffert werden kann. Gelegentlich ist die Schadenhöhe für den VN nicht feststellbar, andererseits droht Verjährung. Die Rechtsprechung läßt daher positive **Feststellungsklage** gegen Versicherer auch dann zu, wenn Leistungsklage möglich wäre, der Streit aber nur den Anspruchsgrund betrifft und zu erwarten ist, daß die Versicherung bei Feststellung ihrer Leistungspflicht zur Leistung fähig und bereit ist (vgl. *OLG Köln* VersR 1970, 759). Voraussetzung ist aber, daß zu erwarten ist, daß die Schadenhöhe unstreitig ist! Eine Feststellungsklage empfiehlt sich in solchen Fällen gegenüber einer Teilleistungsklage, da bei dieser hinsichtlich des nicht eingeklagten Teils die Verjährung nicht unterbrochen wird.

2. Gerichtsstand

94 Neben dem allgemeinen Gerichtsstand des Versicherers gem. § 17 ZPO kommt der Gerichtsstand der **Agentur** gem. § 48 VVG in Frage. Voraussetzung ist, daß ein Versicherungsagent, nicht ein Versicherungsmakler den Vertrag vermittelt oder abgeschlossen hat. In diesem Fall ist das Gericht des Ortes zuständig, bei dem der Agent zur Zeit der Vermittlung oder Schließung des Vertrages seine gewerbliche Niederlassung bzw. seinen Wohnsitz hatte.

95 Versicherer haben häufig **Zweigniederlassungen,** die Versicherungsverträge ausfertigen und – zumindest bei kleineren Schäden – die Schadensregulierung durchführen. In diesen Fällen kommt auch der Gerichtsstand nach § 21 ZPO in Betracht.

V. Rechtslage in den neuen Bundesländern

96 Die nachfolgende Kurzdarstellung betrifft die Frage, welches Recht für Versicherungsverträge in den neuen Bundesländern künftig anwendbar ist, schildert also nicht die materielle Rechtslage des in der ehemaligen DDR gültigen Versicherungsrechts. Eine solche Darstellung würde den Rahmen des Beitrages sprengen.

97 Seit 1. 7. 1990 gibt es das **staatliche Versicherungsmonopol** auf dem Gebiet der DDR nicht mehr. Die Versicherungsaufsicht obliegt seit diesem Zeitpunkt

dem Bundesaufsichtsamt für das Versicherungswesen auf der Rechtsgrundlage des VAG.

98 Zwischen 1. 7. 1990 und 2. 10. 1990 konnte für **Neuabschlüsse** im Gebiet der DDR zwischen DDR-Recht und dem Recht der BRD gewählt werden. Bei Vereinbarung von Bundesrecht galten für DDR-Versicherungsnehmer die Besonderheiten, daß für Versicherungsanträge ein Widerrufsrecht von 10 Tagen, die Verkürzung der Kündigungsfrist auf einen Monat vor der nächsten Beitragsfälligkeit (statt 3 Monaten nach dem VVG), und ein Kündigungsrecht des VN von 14 Tagen bei Beitragserhöhung galten. Aufgrund einer Vereinbarung zwischen dem BAV und dem Gesamtverband der deutschen Versicherungswirtschaft sollen diese Bedingungen auch noch im Jahre 1991 weiter vereinbart werden.

99 Nach dem Einigungsvertrag gilt ab 3. 10. 1990 für alle ab diesem Zeitpunkt abgeschlossenen Versicherungsverträge das **bundesdeutsche Recht,** für alle vor diesem Zeitpunkt zustande gekommenen Verträge weiterhin das bisherige DDR-Recht. **Haftpflichtansprüche,** die vor dem 3. 10. 1990 entstanden sind, werden nach ehemaligem DDR-Recht behandelt, danach entstandene nach BRD-Recht. Alle **vor dem 30. 6. 1990** mit der staatlichen Versicherung der DDR **bestehenden Versicherungsverträge** einschließlich der Pflichtversicherungsverträge, für die vor dem 30. 6. 1990 Beiträge gezahlt wurden, laufen auf der Grundlage des bisherigen DDR-Rechts zunächst weiter, soweit sie nicht zwischenzeitlich gekündigt wurden. Versicherungsleistungen sind von der mit dem Einigungsvertrag gesetzlich neu gebildeten staatlichen Versicherung der DDR in Abwicklung zu zahlen. Die **Regulierung** erfolgt über die Dienststellen der Deutschen Versicherungs-AG. Lebensversicherungsverträge werden direkt durch die Deutsche Lebensversicherungs-AG weitergeführt.

100 **Am 31. 12. 1990 enden** automatisch alle früheren Pflicht- und freiwilligen Versicherungen der volkseigenen und sozialistischen landwirtschaftlichen Betriebe, der staatlichen Organe und Einrichtungen, ferner alle Kraftfahrthaftpflichtversicherungen für die vor dem 10. 8. 1990 zugelassenen Kraftfahrzeuge. Deren Halter müssen ab 1. 1. 1991 neue Kraftfahrthaftpflichtversicherungen abschließen. Alle anderen Versicherungen sind freiwillig. Alle nach dem 1. 7. 1990 abgeschlossenen Versicherungsverträge sowie die nach dem 10. 8. 1990 abgeschlossenen Kraftfahrthaftpflichtversicherungsverträge, alle Feuerpflichtversicherungen (künftig als freiwillige Versicherungen), sowie alle vor dem 30. 6. 1990 abgeschlossenen freiwilligen Versicherungen der Bürger, der privaten Betriebe und Handwerker-Produktionsgenossenschaften **laufen weiter.** Diese, sowie die Feuerversicherungsverträge, können zur nächsten Beitragsfälligkeit gekündigt werden, und zwar bis 31. 12. 1990 ohne Einhaltung einer Kündigungsfrist, danach mit einer Frist von 3 Monaten vor der nächsten Fälligkeit.

B XVI. Der Leasingfall

Sieghart Ott

Übersicht

Literatur: *Braxmaier,* Die Rechtsprechung des BGH zu Miete und Pacht einschließlich Leasing, WM 1990, 573ff., 580ff.; *Gitter,* Gebrauchsüberlassungsverträge, 1988; *Grunsky* u. a. (Hg), Grundfragen des Finanzierungsleasing, 1990 (Sonderausgabe aus AcP Bd. 190); *Hagenmüller/Stoppok,* Leasing-Handbuch für die betriebliche Praxis, 5. Aufl. 1988; *Wolf/Eckert,* Handbuch des gewerblichen Miet-, Pacht- und Leasingrechts, 5. Aufl. 1987; in den BGB-Kommentaren: meist vor § 535 BGB.– **Fachzeitschriften:** Finanzierung Leasing Factoring (FLF); Wertpapier-Mitteilungen (WM).

I. Vorbemerkung

Für **Finanzierungsleasingverträge** (s. unten Rdnr. 6) mit **Verbrauchern** (Begriff: Kap. B XVII Rdnr. 4) gilt seit 1. 1. 1991 das VerbrKrG mit einigen Formerleichterungen (Kap. XVII Rdnr. 15). 1

Der Leasingvertrag ist im übrigen spezialgesetzlich nicht geregelt. Daher liegt nur auf den Einzelfall bezogene Rspr. vor, es wird nur die des *BGH* zitiert. In der Praxis wichtig sind vor allem 3 Bereiche: Mängel beim Vertragsschluß und ihre Rechtsfolgen (unten Rdnrn. 12ff.), Rechtsprobleme bei Beendigung des Vertrages (unten Rdnrn. 32ff.) sowie die Rechtswirksamkeit von AGB-Klauseln. 2

II. Begriff und rechtliche Einordnung der Leasingverträge

Leasingverträge sind Gebrauchsüberlassungsverträge. 3

Typisch ist i. d. R. ein Dreiecksverhältnis zwischen Hersteller/Lieferant – Käufer/Leasinggeber (LG) – Leasingnehmer (LN). Ein Leasingvertrag liegt vor, wenn ein LG eine zu diesem Zweck beschaffte und vorfinanzierte Sache dem LN gegen Zahlung eines nach Zeitabschnitten (in Raten) bemessenes Entgelt überläßt und die Sach- und Preisgefahr auf den LN abwälzt, ihm seine Ansprüche gegen Dritte, insbesondere die auf Gewährleistung gegen den Lieferanten, abtritt und für die Rechtsfolgen einer ordentlichen und außerordentlichen Kündigung vom Mietrecht abweichende Regelungen vereinbart werden (Gedanke der Vollamortisation; vgl. *BGH* NJW 1990, 1785, 1788 li. Sp. m. w. Nachw.). Man unterscheidet:

4 1. **Das Operating Leasing** ist die entgeltliche Überlassung von Objekten, die zur wiederholten Überlassung geeignet und bestimmt sind, weshalb sie der LG in eigener Initiative anschafft (ein Dreiecksverhältnis allenfalls über einen Wartungsvertrag hergestellt wird), mit kurzer oder unbestimmter Laufzeit, meist – ggf. nach fester Grundmietzeit – beiderseits kündbar. Rechtlich handelt es sich um **Miete,** §§ 535ff. BGB haben Leitbildfunktion. Klauseln, die ohne Not davon abweichen, sind nach §§ 9ff. AGBG unwirksam: daher keine rechtswirksame Abwälzung der Sach- und Preisgefahr, keine Freizeichnung für rechtzeitige Lieferung des Leasinggutes und zumindest im nichtkaufmännischen Geschäftsverkehr kein völliger Ausschluß der Haftung für Sach- und Rechtsmängel (§ 11 Nr. 10 AGBG) beim Operating Leasing.

5 2. **Das Hersteller- oder Händlerleasing,** bei dem der Lieferant oder ein mit ihm rechtlich und/oder wirtschaftlich verbundenes Unternehmen LG ist, steht dem Operating Leasing nahe. Das Absatzinteresse überwiegt. Es gelten die gleichen Grundsätze wie oben Rdnr. 4.

6 3. Das **Finanzierungsleasing** (langfristig, während einer Grundlaufzeit nicht ordentlich kündbar, Finanzierungsfunktion des LG überwiegt) wird vom *BGH* grundsätzlich dem Mietrecht zugeordnet (*Wolf/Eckert* Rdnr. 456 mit *BGH*-RsprNachw.), doch wird unter Ausschluß der mietrechtlichen Gewährleistung die Sach- und Preisgefahr nach kaufrechtlichem Vorbild auf den LN abgewälzt, unter Abtretung aller Gewährleistungsansprüche gegenüber dem Lieferanten bzw. Ermächtigung des LN, diese Ansprüche gegen den Lieferanten geltend zu machen („Mietvertrag in der Sonderform des Leasingvertrages", *BGH* NJW 1982, 870). Es kann als **Vollamortisations-** oder **Teilamortisationsvertrag** ausgestaltet werden, der durch Absicherung des Restwerts wirtschaftlich ebenfalls zur Vollamortisation führen soll. Zur Sicherung der steuerrechtlichen Vorteile müssen bei der Vertragsgestaltung die Erlasse des BMF beachtet werden (ausführlich: MünchKomm/*Voelskow,* 2. Aufl., Rdnr. 48 vor § 535 BGB).

7 Ist LN ein **Verbraucher,** ist für nach dem 31. 12. 1990 abgeschlossene und vermittelte Finanzierungsleasingverträge das VerbrKrG zu beachten (o. Rdnr. 1 und Kap. B XVII Rdnrn. 1ff., 15). Für die Rechtslage davor wird auf die 1. Auflage dieses Handbuchs verwiesen.

8 Beim **Immobilienleasing** ist § 566 BGB zu beachten. Man unterscheidet zwischen (seltenem) Netto- und (üblichem) Brutto-Leasing mit „full-service"-Leistung zugunsten des LN. Beim Brutto-Leasing übernimmt der LG neben der Finanzierung alle Aufgaben eines Bauherrn, er hat die rechtliche und wirtschaftliche Stellung eines solchen, kann aber auch seinerseits wieder den LN mit der Herstellung des Gebäudes beauftragen.

9 Auch beim Immobilienleasing gibt es Voll- und Teilamortisationsverträge. Für die Gefahrtragung und Gewährleistung gilt das gleiche wie beim Finanzierungsleasingvertrag. Hat sich allerdings der LN verpflichtet, das zu überlassende Gebäude selbst zu errichten und für Herstellungsmängel zu haften, ist das als

Freizeichnung des LG von seiner mietrechtlichen Haftung für Herstellungsmängel auszulegen. Eine derartige Haftungsfreizeichnung benachteiligt den LN nicht unangemessen, sie ist nach § 9 AGBG nicht zu beanstanden (*BGH* BB 1989, 578).

5. Beim **Null-Leasing** (beim Handel mit Kfz und Fernsehgeräten üblich) **10**
überläßt der LG die Leasingsache dem LN für einen bestimmten Zeitraum gegen periodisch fällige Raten, jedoch ohne Zinsberechnung, zum Gebrauch und räumt ihm für die Zeit nach Vertragsende ein Erwerbsrecht gegen Zahlung des Restkaufpreises ein. Ist der LN Verbraucher (Begriff: B XVII Rdnr. 4) ist das VerbrKrG zu beachten.

6. Unter **„sale-and-lease-back"** werden Leasinggeschäfte verstanden, bei de- **11**
nen sich der LG das Leasinggut nicht von einem Dritten sondern vom LN beschafft. Rechtlich gleichgestellt werden Fälle, in denen der LN zunächst der finanzierenden Bank das Sicherungseigentum am Leasinggut übertragen hat, das diese mit Zustimmung des LN an den LG überträgt, weil auch insoweit der LN als wirtschaftlicher Eigentümer angesehen wird (*BGH* NJW 1990, 829, 831). Ist LN ein Verbraucher, kann ein dem VerbrKrG (Kap. B XVII) unterliegendes Geschäft vorliegen.

III. Mängel beim Vertragsschluß

Häufig hält der Lieferant Formulare des Leasinggebers vorrätig und vermittelt **12**
den Leasingvertrag. Ist LN ein Verbraucher, unterliegt auch die Vermittlung eines Finanzierungsleasingvertrags dem VerbrKrG.

1. Verschulden beim Vertragsschluß

Soweit in Vorverhandlungen zwischen dem LN und dem **Lieferanten** Auf- **13**
klärungs- oder Hinweispflichten gegenüber LN schuldhaft verletzt werden, handelt der Lieferant als **Erfüllungsgehilfe** des LG, der die Verhandlungen kannte (*BGH* NJW 1985, 2258), jedoch nur soweit, als über den Inhalt des Leasingvertrags gesprochen wurde (*BGH* WM 1988, 84). Hat der Lieferant die Leasingsache im Auftrag des LG dem LN zu übergeben, ist er auch insoweit Erfüllungsgehilfe des LG (*BGH* NJW 1988, 198). Das gilt auch für die Entgegennahme und Weiterleitung einer unrichtigen Übernahmebestätigung des LG (*BGH* NJW 1988, 204). Seine Rechtsstellung als Erfüllungsgehilfe endet regelmäßig mit dem Abschluß des Leasingvertrages. Sie lebt nicht wieder auf, wenn der Lieferant ohne Auftrag des LG gegenüber einem am Vertragseintritt als LN Interessierten Auskünfte über den Vertragsinhalt erteilt (*BGH* BB 1989, 1501).

Der Lieferant hat grundsätzlich **keine Empfangsvollmacht** für Willenserklä- **14**
rungen, die gegenüber dem LG abzugeben sind (*BGH* NJW 1988, 2465).

2. Arglistige Täuschung

Der Lieferant, von dem sich der LN getäuscht glaubt, ist Dritter i. S. d. § 123 **15**
II BGB, es sei denn, daß er als Vertreter des LG aufgetreten ist (*BGH* NJW 1989, 287). Eine mehrseitige Vertragsübernahme mit der Folge, daß der LG anstelle des LN alle Rechte und Pflichten aus dem von diesem mit dem Lieferanten abgeschlossenen Kaufvertrag über das Leasingobjekt übernimmt, kann, wegen

arglistiger Täuschung vom LG nur durch Erklärung sowohl gegenüber dem LN wie auch gegenüber dem Lieferanten angefochten werden (*BGH* NJW 1986, 918).

3. Vertragsabschluß im Reisegewerbe

16 Ein Finanzierungsleasingvertrag, der mit einem Verbraucher abgeschlossen wird, unterliegt zwar dem VerbrKrG (Kap. B XVII Rdnr. 15), er ist im übrigen jedoch nach Mietrecht zu beurteilen. Für seine Vermittlung gelten zwar §§ 15–17 VerbrKrG, nicht jedoch das Verbot des § 56 I Nr. 6 GewO, das allgemein auf Leasingverträge nicht (auch nicht analog) anwendbar ist (*BGH* NJW 1989, 460).

4. Nichtlieferung der Leasingsache

17 Die Haftung für die Lieferung trägt grundsätzlich der LG. Daher hat er gegen den LN auch keinen Anspruch auf **Erstattung der Refinanzierungskosten,** wenn ein Leasingvertrag ohne Verschulden des LN scheitert, weil der Lieferant nicht liefert. Eine AGB-Klausel, die einen solchen Erstattungsanspruch zubilligt, ist unwirksam (*BGH* NJW 1986, 179).

5. Aufklärungspflichten

18 Der LG hat grundsätzlich keine Aufklärungspflicht über die allgemeinen wirtschaftlichen Risiken von Leasingverträgen, auch nicht gegenüber einem Nichtkaufmann (*BGH* NJW 1987, 2082).

IV. Pflichtenverteilung

1. Abnahme-/Übernahmeerklärung

19 Diese vom LN bei Abnahme des Leasinggegenstandes abzugebende Erklärung kann maßgebend sein für die Fälligkeit der Kaufpreiszahlung des LG an den Lieferanten; sie löst i. d. R. auch die Fälligkeit der vom LN zu zahlenden Leasingraten aus. Sie stellt kein Schuldanerkenntnis (§ 781 BGB) dar, ist jedoch **Quittung;** ist sie falsch, trägt der LN die **Darlegungs- und Beweislast** für die Unrichtigkeit (*BGH* NJW 1988, 204; 1989, 3222). Die unrichtige Quittung kann zu Schadensersatzansprüchen des LG (der den Kaufpreis ausgezahlt hat) führen (oben Rdnr. 13). Sie kann auch die Rügefrist des LG nach § 377 HGB in Lauf setzen (*BGH* NJW 1990, 1290; s. auch unten Rdnr. 26).

20 Wurde die Leasingsache tatsächlich nicht geliefert, kann der LN nach § 542 BGB den Leasingvertrag fristlos kündigen (Einzelheiten: *BGH* NJW 1985, 2258; 1988, 204). Dieses **Kündigungsrecht** kann jedenfalls durch Individualabrede ausgeschlossen werden; nach h. M. auch durch AGB, da Ausschluß leasingtypisch (MünchKomm-*Voelskow,* 2. Aufl., Rdnr. 55 vor § 535 BGB).

2. Erhaltung und Unterhaltung der Leasingsache

21 In den AGB wird regelmäßig dem LN das Risiko der Beschädigung, des Untergangs, des Verlustes oder des sonstigen Gebrauchsverlustes aufgebürdet, ferner die Pflicht zur Pflege und Erhaltung der Sache. Diese **Abwälzung** ist leasingtypisch und rechtlich nicht zu beanstanden (*BGH* NJW 1977, 1058; 1985, 1537; 1986, 1335). Lediglich für das Kfz-Leasing gilt einschränkend, daß dem

LN in den Fällen des Untergangs oder der nicht unerheblichen Beschädigung des Kfz ein kurzfristiges Kündigungsrecht einzuräumen ist, das mit einer Verpflichtung zur Ausgleichszahlung verbunden sein kann (*BGH* NJW 1987, 377).

3. Leasingraten

a) Bei einem auf bestimmte Zeit abgeschlossenen Leasingvertrag entsteht der Anspruch auf Zahlung sämtlicher Leasingraten bereits mit Vertragsabschluß als **betagte Forderung** (nicht als nach § 163 BGB befristete, wie künftige Mietzinsraten), *BGH* NJW 1990, 1113 und 1785 (1787 re. Sp.). Das gilt auch beim Operating Leasing. Daher braucht eine Refinanzierungsbank, an die der LG seinen Anspruch auf die künftig fälligen Leasingraten im Wege der Forfaitierung abgetreten hat, eine nach der Abtretung zwischen LG und LN vereinbarte Abkürzung der Vertragslaufzeit oder eine Aufhebung des Leasingvertrags nicht gegen sich gelten zu lassen (§§ 398, 407 BGB), wenn der LN bei Abschluß der Vereinbarung die Abtretung kennt. 22

b) Wird ein Finanzierungsleasingvertrag nach seiner Beendigung nicht vereinbarungsgemäß **abgewickelt,** weil sich die Vertragsparteien weder über einen Ankauf noch über eine Verlängerung des Leasingvertrags einigen können, hat der LN die Leasingsachen zurückzugeben (*BGHZ* 107, 123, 128). Gibt er sie nicht zurück, gilt § 557 I BGB, wonach der Mieter bei **Vorenthaltung der Mietsache** als Entschädigung die Zahlung des vereinbarten Mietzinses schuldet (*BGHZ* 71, 196, 205; 95, 39, 53f.; 97, 65, 72; 107, 123, 127). Denn Finanzierungsleasingverträge sind dadurch gekennzeichnet, daß der Anschaffungs- und Finanzierungsaufwand des LG einschließlich seines Gewinns durch die Zahlung der entsprechend kalkulierten Leasingraten während der Grundvertragsdauer, ggf. in Verbindung mit der vereinbarten Abschlußzahlung oder dem Erlös aus der Verwertung des zurückgegebenen Leasinggutes nebst einer etwaigen Zusatzzahlung an den LG zurückfließt. 23

4. Gewährleistung für Sachmängel

„Der in einem als Mietvertrag zu wertenden Leasingvertrag formularmäßig vereinbarte vollständige Gewährleistungsausschluß ist wirksam, wenn der Leasinggeber dem Leasingnehmer sämtliche ihm gegenüber dem Lieferanten zustehenden kaufrechtlichen Gewährleistungsansprüche einschließlich der Wandelungsbefugnis überträgt" (*BGH* NJW 1977, 848; bestätigt in *BGH* NJW 1982, 105; 1985, 1547; 1986, 1744; 1987, 1072; 1988, 2465; st.Rspr.). Behält sich der LG aber vor, die abgetretenen Rechte selbst wahrzunehmen, ist die Freizeichnung unangemessen und nach § 9 I AGBG unwirksam (*BGH* NJW 1988, 2465, 2467, II 1a; insoweit in *BGHZ* 104, nicht abgedruckt). Das gilt auch im nichtkaufmännischen Verkehr; § 11 Nr. 10 AGBG ist auf Finanzierungsleasingverträge nicht anwendbar (*BGH* NJW 1985, 1547). Der LN kann die ihm zur Ausübung übertragenen Gewährleistungsansprüche im Wege **gewillkürter Prozeßstandschaft** verfolgen (*BGH* NJW 1977, 848 und WM 1977, 390). 24

Beispiel einer unwirksamen Freizeichnungsklausel (Ausübung des Wandelungsrechts nur Zug um Zug gegen Zahlung sämtlicher ausstehender Raten, des Restwerts und von Kosten der Lieferung): *BGH* NJW 1984, 2687. 25

Ist der Kaufvertrag zwischen Lieferant und LG – wie wohl regelmäßig – **Handelskauf,** gelten die Vorschriften der §§ 377, 378 HGB mindestens entspre- 26 chend, und zwar auch, wenn der LG dem LN die Gewährleistungsansprüche abgetreten hat, denn der abgetretene Anspruch bleibt in seinem bisherigen Umfang und mit dem bisherigen Inhalt unverändert bestehen. Der LG muß also dafür sorgen, daß das Leasinggut unverzüglich untersucht und erforderlichenfalls unverzüglich Mängelanzeige erhoben wird. Er darf sich hierzu auch des nichtkaufmännischen LNs bedienen. Doch trifft diesen ohne besondere Abrede keine **Rügeobliegenheit.** Hat der LN aber die Untersuchungs- und Rügepflicht wirksam übernommen, muß er die Rechtsfolgen einer Verletzung dieser Pflichten gegen sich gelten lassen (*BGH* NJW 1990, 1290, 1292, 1293).

27 Der LG muß die **rechtlichen Folgen** aus der Geltendmachung der Gewährleistungsansprüche gegen sich gelten lassen (*BGH* NJW 1982, 105; 1985, 1535). Hat der LN mit seinem **Wandelungsbegehren** Erfolg, ist die Rückabwicklung des Kaufvertrags Sache von LG und Lieferant (*BGH* NJW 1985, 129): der LG hat das Leasingobjekt, der Lieferant den Kaufpreis zurückzugewähren. Nach § 242 BGB ist wegen Wegfalls der Geschäftsgrundlage eine Anpassung des Leasingvertrags vorzunehmen: der LG verliert von Anfang an, auch wenn das Leasingobjekt bereits in Gebrauch genommen wurde (*BGH* NJW 1985, 796) den Anspruch auf die Leasingraten, die der LN zurückfordern kann (*BGH* NJW 1985, 1535; 1990, 314). Entgegenstehende AGB-Klauseln sind nach § 9 I AGBG unwirksam. In den Bereicherungsausgleich sind die vom LN gezogenen Nutzungen einzubeziehen, für die LG Darlegungs- und Beweislast trägt (BGH NJW 1990, 314)! Scheitert die Durchsetzung der Wandelung wegen Vermögenslosigkeit des Lieferanten, muß der LN im Verhältnis zum LG so gestellt werden, wie er stünde, wenn die Wandelung vollzogen worden wäre (*BGH* NJW 1985, 129).

28 Nach *BGHZ* 97, 135 (= NJW 1986, 1744) ist der Ausschluß der mietrechtlichen Gewährleistung unter Abtretung der kaufrechtlichen Sachmängelansprüche gegenüber dem Lieferanten an den LN in AGB dahin auszulegen, daß der LG auch nicht vorläufig Zahlung von Leasingraten fordern kann, wenn der LN **Wandelungsklage** gegen den Lieferanten erhoben hat; eine Klage auf Zahlung der Leasingraten ist nach § 148 ZPO auszusetzen. Andererseits kann sich der LN mit Erfolg nur wehren, wenn er nicht nur den Mangel behauptet, sondern ggf. auch Wandelungsklage erhebt. Unterläßt er dies, ist sein Einwand nicht schlüssig, der LG kann seinen Zahlungsanspruch in diesem Fall im Prozeßweg durchsetzen. Hat der LN es zu vertreten, daß das Leasingobjekt an den Lieferanten zurückgegeben wird, ohne daß Zug um Zug der Kaufpreis zurückgezahlt wird, ist er dem LG **schadensersatzpflichtig** (*BGH* NJW 1985, 1535).

5. Gebrauchsgewährung

29 **a)** Sie ist Hauptpflicht des LG. Der Lieferant ist insoweit Erfüllungsgehilfe des LG. Ist ein Leasingvertrag über Hard- und Software abgeschlossen und wird dem LN die Software nicht überlassen, richten sich die Rechtsfolgen nicht nach Sachmängelgewährleistungsrecht, sondern nach den Vorschriften über die (Teil-)Nichterfüllung einer Hauptpflicht des LG (*BGH* NJW 1988, 204 und 2465 II 2b). Wird in einem solchen Fall ein nicht unerheblicher Teil der Software nicht geliefert, kann dem LN ein Kündigungsrecht nach § 542 BGB zustehen (*BGH* NJW 1988, 204 A I 3 und 2465 II 2c). Die Kündigung muß dem LG gegenüber ausgesprochen werden (s. oben Rdnr. 20).

30 **b)** Ist **Computer-Hardware** Gegenstand des Leasingvertrags, so gehört dazu auch ohne Erwähnung im Vertragstext grundsätzlich das Benutzerhandbuch als

wesentlicher Bestandteil der geschuldeten Leistung. Ob die Nichtlieferung des Handbuchs einen Mangel darstellt oder ob es sich um eine Teil-Nichterfüllung handelt, hat der BGH offengelassen. Hat der LN den vollständigen Empfang der Leistung bestätigt, kann er sich nicht auf mangelnden Beginn seiner Mietzahlungspflicht berufen, sondern allenfalls die Einrede des nicht erfüllten Vertrags (§ 320 BGB) erheben. Die direkte Anwendung von § 539 BGB ist in diesem Fall ausgeschlossen, doch können im Rahmen des § 320 II BGB die Rechtsgedanken des § 539 BGB herangezogen werden. Greifen Gewährleistungsansprüche durch, steht dem LN diese Einrede neben den Ansprüchen aus §§ 537ff. BGB zu, doch kann der Einrede möglicherweise die vorbehaltlose Annahme des Leasingguts entgegenstehen (*BGH* NJW 1989, 3222).

6. Schadensabwicklung beim Kfz-Leasing

Zu den damit zusammenhängenden Rechtsfragen: *Klimke* NJW 1988, 1830. **31**
Ergänzend hierzu: *BGH* NJW 1988, 2803 (zur Berechnung der Ersatzleistung in einer **Fahrzeugkaskoversicherung** wegen des Totalschadens eines geleasten Pkw). Die Ersatzleistung aus der Vollkaskoversicherung eines geleasten Pkw richtet sich nach den Aufwendungen des LG für eine Neubeschaffung, und zwar auch dann, wenn dem LN ein uneingeschränktes Erwerbsrecht zugesichert war (*BGH* NJW 1988, 2803; 1989, 2031). *LG Bielefeld* hat in einem Berufungsurteil (NJW-RR 1989, 1431) entschieden, daß der durch einen Verkehrsunfall Geschädigte grundsätzlich vom gegnerischen Haftpflichtversicherer Ersatz der Anwaltskosten verlangen kann, die ihm infolge einer Kasko-Regulierung entstanden sind. Das gilt auch dann, wenn diese Kosten bei dem LN entstanden sind, der mit Ermächtigung des LG die Kasko-Regulierung mit Hilfe eines Anwalts durchgeführt hat.

IV. Beendigung des Leasingvertrags

Die Beendigung durch Zeitablauf wirft besondere Probleme nicht auf. In **32**
erster Linie gelten vereinbarte AGB, im Falle ihres Fehlens oder ihrer Unwirksamkeit: §§ 556, 557 BGB. Nach *BGH* NJW 1990, 247 ist ein formularmäßiger, auf unbestimmte Dauer abgeschlossener Finanzierungsleasingvertrag, der vom LN halbjährlich gekündigt werden kann, nicht deshalb als auf eine bestimmte Höchstdauer (Zeitpunkt der Vollamortisation) geschlossen auszulegen, weil bei Vertragsbeendigung eine Ausgleichszahlung des LN nur bis zu diesem Zeitpunkt der Vollamortisation aller Kosten entrichtet werden soll.

1. Fristlose Kündigung wegen Zahlungsverzugs

Der Leasingvertrag wird auch in diesem Fall nach Mietrecht beurteilt; ist LN **33**
ein Verbraucher, ist das VerbrKrG beim Finanzierungsleasingvertrag zu beachten (o. Rdnr. 1). Kündigt der LG einen auf unbestimmte Dauer geschlossenen Teilamortisationsvertrag wegen Zahlungsverzugs des LN (§ 554 BGB), wird sein Anspruch auf **Schadensersatz** wegen Nichterfüllung (Anspruch eigener Art, keine Nachfristsetzung erforderlich: *BGH* NJW 1984, 2687) der Höhe nach durch das Erfüllungsinteresse bei vertragsgemäßer Beendigung bestimmt. Er ist, falls eine rechtswirksame vertragliche Regelung fehlt, konkret zu berechnen (*BGH* NJW 1985, 2253). Der Schadensersatzanspruch wegen Nichterfüllung

umfaßt grundsätzlich den vollständigen Gewinn, den der Gläubiger bei ordnungsgemäßer Vertragserfüllung erzielt hätte, § 252 BGB (*BGH* BB 1990, 2359; vgl. a. *OLG Düsseldorf* BB 1989, 380). Ferner kann Herausgabe des Leasingobjekts gefordert werden. Anzurechnen sind der Restwert des Objekts bzw. ein etwaiger Erlös aus vorzeitiger Verwertung (*BGH* ZIP 1983, 1084; vgl. a. *BGH* ZIP 1984, 1114 und NJW 1985, 1539; 1985, 2253 – Abweichung von *BGH* NJW 1982, 1747). Mangels eines steuerbaren Umsatzes ist Mehrwertsteuer nicht in Ansatz zu bringen (*BGH* WM 1987, 562).

Der LN kann nicht einwenden, der LG hätte das Objekt anderweit verleasen können (*BGH* NJW 1981, 43).

2. Ordentliche Kündigung

34 **a)** Kündigt der LN den Leasingvertrag ordentlich vor Ablauf der Vertragsdauer aufgrund eines ihm eingeräumten Kündigungsrechts, hat der LG Anspruch auf volle Amortisation einschließlich des kalkulierten Gewinns (*BGH* NJW 1985, 2253). Er hat daher Anspruch auf eine **Abschlußzahlung.** Eine AGB-Klausel über deren Berechnung muß mit §§ 9, 10 Nr. 7a AGBG vereinbar sein (umfangreiche BGH-Rspr. bei: *Wolf/Eckert* S. 358 Fn. 179). Mangels einer wirksamen Klausel ist das Erfüllungsinteresse konkret zu berechnen.

Verjährung: 2 Jahre nach § 196 I Nr. 6 BGB (*BGH* NJW 1986, 1335).

35 **b)** Die Verpflichtung eines Dritten gegenüber dem LG zur käuflichen Übernahme einer Leasingsache für den Fall, daß der Leasingvertrag notleidend werde, ist dahin auszulegen, daß es zum Eintritt der vereinbarten Bedingung einer wirksamen Kündigung des Leasingvertrags bedarf. Soll sich der Kaufpreis in einem solchen Fall nach dem „jeweils valutierenden Finanzierungsstand" richten, ist der Betrag zu zahlen, den der LN im Zeitpunkt der Kündigung als Rückstand und Schadensersatz schuldet. Seine Höhe bestimmt sich nach dem Barzahlungspreis, wenn dem LN ein Erwerbsrecht eingeräumt war und im Leasingvertrag die Förmlichkeiten des § 1a AbzG nicht erfüllt sind (*BGH* NJW 1990, 1902).

B XVII. Der Verbraucherkreditfall

Sieghart Ott

Übersicht

Literatur: Zu Kap. I: BT-Drucks. 11/5462 vom 25. 10. 1989 und 11/8274 vom 25. 10. 1990; *Emmerich/Münstermann/Wagner-Wieduwilt,* Praktische Umsetzung des Verbraucherkreditgesetzes, WM-Skript 1991; *Münstermann/Hannes,* Kommentar zum VerbrKrG, 1991 (angekündigt); *Palandt/Putzo,* 50. Aufl. 1991, Nachtrag; Zur PAngV 1985: *Gimbel/Boest,* Die neue Preisangabenverordnung, 1985. – **Zu Kap. II:** *Halstenberg,* Die neuere Rspr. des BGH zum Darlehensrecht WM 1988 Sonderbeilage Nr. 4; *Schmelz,* Der Verbraucherkredit, 1989 (behandelt nicht das VerbrKrG); *Schönle,* Bank- und Börsenrecht, 2. Aufl. 1976; *Scholz,* Ratenkreditverträge, 1983; AGB der Banken sind kommentiert bei *Baumbach/Duden/Hopt,* HGB, 28. Aufl. 1989, 2. Teil IV (8). – *Fachzeitschriften:* Finanzierung Leasing Factoring (FLF); Wertpapier-Mitteilungen (WM), Verbraucher und Recht (VuR).

Vorbemerkung

Am **1. Janaur 1991** ist das Gesetz über Verbraucherkredite, zur Änderung der ZPO und anderer Gesetze vom 17. 12. 1990 (BGBl. 1990, S. 2840) in Kraft getreten mit Ausnahme der Bestimmungen über die Änderung der §§ 688 II, 690 I Nr. 3, 691 ZPO (diese Bestimmungen treten erst am 1. 1. 1992 in Kraft, damit die Programme für die maschinelle Bearbeitung der Mahnverfahren und die Vordrucke angepaßt werden können). Das VerbrKrG löst das AbzG ab, das gleichzeitig außer Kraft trat. Auf Kreditverträge, die vor dem 1. 1. 1991 abgeschlossen wurden, ist jedoch weiterhin das bisherige Recht anzuwenden (also auch das AbzG, mit Ausnahme der Gerichtsstandsbestimmungen der §§ 6a, 6b AbzG). Für die Erläuterung der bisherigen Rechtslage wird auf die erste Auflage verwiesen. Das VerbrKrG dient in erster Linie der Umsetzung der EG-Richtlinie vom 22. 12. 1986 zur Rechtsangleichung über den Verbraucherkredit (87/102/EWG = NJW 1988, 1959), geändert durch EG-Richtlinie vom 22. 2. 1990 (90/88/EWG). Mit ihm wurde ein Sonderrecht geschaffen, das in manchen Bereichen (so bei den Existenzgründungsdarlehen) über den Verbraucherschutz hinausgeht, für Verbraucher vom allgemeinen Recht abweichende Bestimmun- 1 gen trifft, andere Verbraucherschutzgesetze (wie das HausTWG und § 13a UWG) unberührt läßt und auch nicht alle Rechtsprobleme des Verbraucherkredits abschließend regelt: so gelten die von der Rechtsprechung entwickelten Kriterien zum Kreditwucher und zu wucherähnlichen Verbraucherkreditverträgen weiter; ob sich die Rechtsprechung zur Sittenwidrigkeitsgrenze nach § 138 I BGB aufgrund des VerbrKrG ändern wird, kann nicht vorhergesehen werden.

I. Verbraucherkreditgesetz

2 Im folgenden sind Art. ohne besonderen Zusatz Bestimmungen des Gesetzes über Verbraucherkredite, zur Änderung der ZPO und anderer Gesetze vom 17. 12. 1990, §§ ohne besonderen Zusatz Bestimmungen des Art. 1 dieses Gesetzes, das ist das VerbrKrG.

1. Anwendungsbereich

3 Der persönliche Anwendungsbereich wird durch Legaldefinitionen für „Kreditgeber“, „Kreditvermittler“ und „Verbraucher“ bestimmt (§ 1 I), der sachliche Anwendungsbereich durch eine Umschreibung der Begriffe „Kreditvertrag“ und „Kreditvermittlungsvertrag“ (§ 1 II, III, Ausnahmen: § 3). Teilweise gleichgestellt werden die Leistungen nach § 2 (s. u. Rdnr. 11).

a) Persönlicher Anwendungsbereich

4 Gegenüber dem AbzG wird der geschützte Personenkreis erheblich eingeschränkt. Auf die Eintragung in das Handelsregister als Kaufmann kommt es nicht mehr an. **Verbraucher** ist (nur) **eine natürliche Person,** es sei denn, daß der Kredit nach dem Inhalt des Vertrages für ihre bereits ausgeübte, also laufende gewerbliche oder selbständige berufliche Tätigkeit bestimmt ist (§ 1 I). Das VerbrKrG gilt also **nicht** für Kredite an Kaufleute, Handwerker, Landwirte und Angehörige der freien Berufe wie Ärzte, Rechtsanwälte, Steuerberater, Wirtschaftsprüfer, die ganz oder überwiegend für Zwecke ihrer Gewerbs- oder Berufstätigkeit bestimmt sind (BT-Drucks. 11/5462 S. 17), es sei denn, es handle sich um ein Existenzgründungsdarlehen, dessen Nettokreditbetrag oder Barzahlungspreis 100000 DM nicht übersteigt (§ 3 I 2). **Beweislast:** Kreditgeber dafür, daß kein Existenzgründungsdarlehen vorliegt.

5 **Privatkredite** fallen nicht unter das VerbrKrG. Dieses gilt nur für Kreditverträge und Kreditvermittlungsverträge zwischen einer Person, die in Ausübung ihrer gewerblichen oder beruflichen Tätigkeit einen Kredit gewährt (Kreditgeber) oder vermittelt oder nachweist (Kreditvermittler), und einem Verbraucher.

b) Sachlicher Anwendungsbereich

6 Dieser wird weit gezogen. **Kreditvertrag** ist danach jeder Vertrag, durch den ein Kreditgeber (Rdnr. 5) einem Verbraucher (Rdnr. 4) einen entgeltlichen Kredit in Form eines **Darlehens,** eines **Zahlungsaufschubs** oder einer **sonstigen Finanzierungshilfe** gewährt oder zu gewähren verspricht.

7 Das VerbrKrG findet nur, jedoch auf **alle entgeltlichen Kreditverträge** (soweit sie in § 3 nicht ausdrücklich ausgenommen sind) Anwendung, gleichgültig, ob Kapital und Zins in einem Betrag oder in Raten zu zahlen sind, insbesondere auch auf **Finanzierungsleasingverträge** (Formerleichterungen: u. Rdnr.

15), auf **Überziehungskredite** (Formerleichterungen nach § 5, u. Rdnr. 37) und **andere kontokorrentähnliche Kredite** (wie Scheck-, Vario-, Dispositions-, Ideal-, Dauerkredite, sog. Selbstbedienungskredite) auch auf **Raten- und sonstige Stundungsvereinbarungen** (u. Rdnr. 9), auf Kreditierung mittels Kreditkarten (soweit nicht die Ausnahme des § 3 I Nr. 3 eingreift: Zahlungsaufschub von nicht mehr als 3 Monaten). Eine Limitierung der Kreditsumme nach oben besteht (außer bei den freigestellten Existenzgründungsdarlehen) nicht.

Zahlungsaufschub ist vor allem vertraglich vereinbarte Stundung (Münch-Komm/*Keller,* 2. Aufl., § 271 BGB Rdnr. 15), auch einseitiges Zuwarten des Kreditgebers nach Verzugseintritt (§ 284 II BGB). Wird hierfür ein Entgelt berechnet, liegt (ggf. zusätzlicher) Kreditvertrag vor. Nach BT-Drucks. 11/5462 S. 17 soll die Stundung eines bestehenden Kreditvertrags nicht als entgeltlicher Zahlungsaufschub anzusehen sein, wenn die Sätze der laufzeitabhängigen Kreditkosten nicht erhöht werden, weil für diese Stundung kein eigenes Entgelt anfalle. Das ist nur richtig, wenn die Stundung zinslos erfolgt, nicht auch, wenn sie mit einer Laufzeitverlängerung verbunden ist, für die Zinsen berechnet werden. 8

Raten- und sonstige Stundungsvereinbarungen gewähren einen Zahlungsaufschub. Ist der Schuldner Verbraucher (o. Rdnr. 4) und muß er hierfür ein Entgelt zahlen (weitere Zinsen, Anwaltskosten), liegt ein Verbraucherkredit vor (o. Rdnr. 6). Nur die gerichtlich und notariell beurkundeten, also vor allem die im Rahmen eines **Prozeßvergleichs** abgeschlossenen Vereinbarungen dieser Art sind von den Formvorschriften und dem Widerrufsrecht freigestellt: § 3 III Nr. 2 (nur hiervon, nicht auch von den übrigen Bestimmungen des VerbrKrG, wie die über den Einwendungsverzicht und die Verzugsfolgen, §§ 10–12). **Außergerichtliche** und nicht notariell beurkundete Raten- und Stundungsvereinbarungen fallen voll unter das VerbrKrG, sie müssen daher auch die Formvorschriften des § 4 einhalten. Hierzu näher u. Rdnr. 62. 9

Als **sonstige Finanzierungshilfen** kommen auch andere der Kreditierung dienenden Verträge in Betracht, insbesondere die **Finanzierungsleasingverträge.** Der Begriff eignet sich in Verbindung mit dem Umgehungsverbot (§ 18) als Auffangtatbestand. Bankbürgschaften („Avalkredite") fallen jedoch nicht hierunter, weil sie lediglich der Garantie für die Zahlungsfähigkeit des Avalnehmers dienen (BT-Drucks. 11/5462 S. 18). 10

Teilweise gleichgestellte Leistungen: Die Vorschriften über die Schriftform (§ 4 I 1), die Pflicht zur Aushändigung der Abschrift der Urkunde (§ 4 III), das Widerrufsrecht (§ 7 I, II, IV) und das Versandhandelsprivileg (§ 8) gelten auch für **Verträge über die Lieferung in Teilleistungen oder wiederkehrende Leistungen,** auch wenn es sich nicht um Kreditverträge (§ 1 II) handelt. Diese in § 2 umschriebenen Leistungen sind wörtlich aus § 1c AbzG übernommen, die dafür entwickelten Kriterien und die Rechtsprechung hierzu sind auf § 2 anwendbar. 11

Die eben genannten Vorschriften gelten also entsprechend (§ 2), wenn die **Willenserklärung des Verbrauchers** auf den Abschluß folgender Verträge gerichtet ist: 12

– Lieferung mehrerer als zusammengehörend verkaufter Sachen in Teilleistungen, wenn das Entgelt für die Gesamtheit der Sachen in Teilleistungen zu entrichten ist (z. B. Kaufvertrag über ein mehrbändiges Lexikon, Fälligkeit des Kaufpreises je Band vor oder nach Lieferung; Bestellung eines Sprachkurses in 12 einzeln berechneten Teillieferungen, auch wenn der Besteller nach jeder Lieferung kündigen kann: *BGH* BB 1990, 1158 – „Sprachkurs"; Vertrag

über die Lieferung eines Bausatzes für den Bau eines Wohnhauses unter Vereinbarung von Teilzahlungen, etwa nach Baufortschritt,
- regelmäßige Lieferung von Sachen gleicher Art, **unabhängig davon,** ob das Entgelt in einer Summe oder in Teilbeträgen fällig ist (Sukzessivlieferungsverträge; nicht: Probeabo einer Zeitung zum Sonderpreis in einer Summe, wenn Fortsetzung nicht vorgesehen ist: *BGH* NJW 1990, 1046),
- Verpflichtung zum wiederkehrenden Erwerb oder Bezug beweglicher Sachen, unabhängig von ihrer Zusammengehörigkeit, Gleichartigkeit oder ihrer regelmäßigen Lieferung (z. B. Rahmenverträge vor allem mit Buchgemeinschaften, Schallplattenringen usw., Vertrag über langfristigen Bezug von Flüssiggas: *BGH* NJW-RR 1988, 1322; Schuldbeitritt zu Getränkebezugsverpflichtung eines Gastwirts: *BGH* NJW 1990, 567; nicht: Wiederkehrschuldverhältnisse).

13 **Keine Anwendung** findet das Gesetz auf Kreditverträge und ihre Vermittlung (§ 3 I),
- in **Bagatellfällen,** in denen der auszuzahlende Kreditbetrag oder Barzahlungspreis 400 DM nicht übersteigt oder der dem Verbraucher eingeräumte Zahlungsaufschub nicht mehr als 3 Monate beträgt (§ 3 I Nrn. 1 und 3);
- wenn der Kredit für die Aufnahme einer gewerblichen oder selbständigen beruflichen Tätigkeit bestimmt ist **(Existenzgründungsdarlehen),** der Nettokreditbetrag oder Barzahlungspreis jedoch 100000 DM übersteigt (§ 3 I Nr. 2);
- **für Arbeitgeberdarlehen** zu marktüblichen Zinssätzen; **Beweislast** hierfür: Arbeitgeber!

14 **Nur teilweise anwendbar** ist das VerbrKrG auf folgende Kreditverträge:

15 **Finanzierungsleasingverträge** mit Verbrauchern und ihre Vermittlung unterliegen grundsätzlich dem VerbrKrG (§ 3 II Nr. 1). **Begriff:** B XVI Rdnr. 6. Der Verbraucher-Leasingnehmer hat für die Amortisation der vom Leasinggeber für die Anschaffung der Leasingsache gemachten Aufwendungen und Kosten einzustehen. Jedoch **gelten nicht:** § 4 I 2, 3 (Informationspflichten), § 6 (Sanktionen gegen Verstoß dagegen), § 13 III (Rücktrittsfiktion) und § 14 (Zinsnachlaß bei vorzeitiger Zahlung).

16 **Realkredite** an Verbraucher, also Kredite, deren Sicherung durch ein Grundpfandrecht erfolgen soll (Hypothek, Grundschuld, Rentenschuld; gleichgestellt: Sicherung gem. § 7 III bis V des Gesetzes über Bausparkassen), unterliegen ebenfalls dem VerbrKrG. Werden sie zu für grundpfandrechtlich abgesicherte Kredite üblichen Bedingungen (vor allem: hinsichtlich der Zinshöhe) gewährt, sind jedoch **unanwendbar** §§ 7 (Widerrufsrecht), 9 (Einwendungsdurchgriff bei verbundenen Geschäften), 11–13 (Verzugsfolgen, Rücktritt des Kreditgebers), die für Realkredite nicht passen. Die übrigen Vorschriften des VerbrKrG gelten jedoch, insbesondere die Informationspflichten (§§ 4, 5). **Zwischenfinanzierungen** in Form von Kontokorrentkrediten dürften nicht unter die Ausnahmen des § 3 II Nr. 2 fallen, da § 3 als Ausnahmevorschrift eng auszulegen ist.

17 **Prozeßvergleiche** und **notarielle Urkunden** mit einem Verbraucher, die einen Kreditvertrag (Raten- und Stundungsvereinbarung) enthalten, unterliegen ebenfalls dem VerbrKrG (§ 3 II Nr. 3). Sie sind **nur freigestellt** von den §§ 4–7, 9 II (Formvorschriften, Widerrufsrecht). Doch muß die Urkunde enthalten:
- den Jahreszins (Zinssatz pro Jahr, nicht effektiver Jahreszins),
- die bei Abschluß des Vertrages in Rechnung gestellten Kosten des Kredits (nicht: beim Vergleichsabschluß anfallende Gerichts- und Anwaltskosten, sie

sind „nicht Gegenstand dieses Gesetzes", BT-Drucks. 11/5462 S. 18, dann wohl auch nicht Notarkosten),
- die Voraussetzungen, unter denen der Jahreszins oder die Kosten geändert werden können (wenn also variable Zinsen/Kosten vereinbart werden oder die Stundung/Ratenvereinbarung zeitlich limitiert ist).

Wichtig: Die Ausnahme gilt **nicht für außergerichtliche** Raten- und Stundungsvereinbarungen, diese unterliegen voll dem Gesetz (o. Rdnr. 9, u. Rdnr. 62).

2. Formvorschriften

a) Schriftform

Alle Verbraucherkreditverträge außer den Überziehungskrediten bedürfen 18 der Schriftform (§ 4 I 1, § 5), auch die Verträge über die teilweise gleichgestellten Geschäfte des § 2. Es gilt § 126 BGB; auf den Zugang der Annahmeerklärung des Kreditgebers kann im Fall des § 151 S. 1 BGB verzichtet werden (BT-Drucks. 11/5462 S. 19). Für den notwendigen Inhalt der Urkunde wird unterschieden zwischen Kreditverträgen im allgemeinen (§ 4 I 2 Nr. 1) und Abzahlungsgeschäften (§ 4 I 2 Nr. 2). Die Abgrenzung zwischen beiden ist jedoch teilweise abweichend vom bisherigen Recht geregelt. Die Rechtsfolgen von Formmängeln sind für beide Gruppen teilweise unterschiedlich.

aa) Kreditverträge im allgemeinen. Begriff: Alle Kreditverträge im Sinn des 19 Gesetzes, die nicht zu den „klassischen Abzahlungsgeschäften" über die Lieferung einer bestimmten Sache oder die Erbringung einer bestimmten Leistung (§ 4 I 2 Nr. 2) zählen. Zu den Kreditverträgen im allgemeinen gehören auch: **Kontokorrentkredite** (außer den Überziehungskrediten), **Rahmenkreditverträge** des Handels zum fortlaufenden Erwerb von Waren sowie **finanzierte Abzahlungskäufe** (wie sich aus § 9 I ergibt), die das Gesetz nun „verbundene Geschäfte" nennt, Begriff: u. Rdnr. 45. Bei Kreditverträgen im allgemeinen **muß** die Urkunde angeben:

— den **Nettokreditbetrag,** das ist der (an den Verbraucher oder einen Dritten, 20 etwa den Verkäufer) auszuzahlende Kreditbetrag (Legaldefinition in § 3 I Nr. 1), jedoch ohne Restschuldversicherungskosten, die nach § 4 I 2 Nr. 1 f) (u. Rdnr. 25) gesondert auszuweisen sind, ggf. die Höchstgrenze des Kredits (das kann bei Kontokorrent- und sonstigen revolvierenden Krediten nur das obere Limit sein);

- wenn möglich: den **Gesamtbetrag** aller vom Verbraucher zu entrichtenden 21 Teilzahlungen einschließlich Zinsen und sonstiger (auch einmaliger) Kosten wie: Bearbeitungsgebühren, Spesen, Provisionen, Vermittlungs- und Restschuldversicherungskosten. Möglich heißt: objektiv (aufgrund finanzmathematischer Berechnung) möglich, nicht: subjektiv dazu in der Lage. Die Angabe ist von erheblicher Bedeutung, weil § 12 I Nr. 1 die Voraussetzungen der Kündigung wegen Zahlungsverzugs von Prozentsätzen eines „Nennbetrages" abhängig macht, ein Begriff, der infolge eines Redaktionsversehens aus einer älteren Fassung des Gesetzentwurfs übernommen wurde und mit dem „Gesamtbetrag" des § 4 I 2 Nr. 1 b) identisch ist. Objektiv unmöglich ist die Angabe des Gesamtbetrags bei den Selbstbedienungskrediten (Begriff o. Rdnr. 7) wie Rahmenkrediten und Kreditkartenkrediten; bei Krediten mit festen Konditionen aber taggenauer Verzinsung muß es genügen, den Gesamtbetrag für den Fall der pünktlichen Zahlung durch den Verbraucher anzugeben;

22 – die Art und Weise der **Rückzahlung** des Kredits, beim Ratenkredit also Anzahl, Betrag und Fälligkeit der Teilzahlungen, ggf. auch der Mindestraten (bei variabler Ratenhöhe); ist eine Vereinbarung hierüber nicht vorgesehen (Beispiel: Kontokorrentkredit), muß die Urkunde Angaben über die Regelung der Vertragsbeendigung enthalten: Befristung (nach Datum oder bestimmbar), Kündigung (Frist), Rücktritt (*Palandt/Putzo* Rdnr. 6 zu § 4);

23 – den **Zinssatz** und **alle sonstigen Kosten** des Kredits, die im einzelnen zu bezeichnen sind (o. Rdnr. 21), insbesondere also vom Verbraucher zu tragende Vermittlungskosten, Bearbeitungsgebühren, Spesen, Provisionen u. ä. sowie die Kosten einer Restschuld- oder sonstigen Versicherung, die in § 4 I 2 Nr. 1f) gesondert aufgeführt werden;

24 – den **effektiven Jahreszins,** das ist die in einem Vomhundertsatz des Kredits, nicht: Nettokreditbetrags) anzugebende Gesamtbelastung pro Jahr gem. § 4 PAngV (§ 4 II 2), er ist nach einer finanzmathematischen, der „360-Tage-Methode" zu errechnen (*Gimbel/Boest* S. 45; *Boest* NJW 1985, 1440), Restschuldversicherungskosten dürfen nicht eingerechnet werden (BT-Drucks. 11/5462 S. 19). Die Bezugnahme auf den „Nettokreditbetrag" in § 4 II dürfte ein Redaktionsversehen sein. Das Gesetz verweist für die Berechnung ausdrücklich auf § 4 PAngV. Ist eine **Änderung** des Zinssatzes oder anderer preisbestimmender Faktoren vorbehalten (bei Krediten mit variablen Konditionen), muß der anfängliche effektive Jahreszins angegeben werden und zusätzlich, unter welchen Voraussetzungen preisbestimmende Faktoren geändert werden können und auf welchen Zeitraum Belastungen, die sich aus einer nicht vollständigen Auszahlung oder aus einem Zuschlag zu dem Kreditbetrag ergeben (Disagio oder Agio, vor allem beim Realkredit), bei der Berechnung des effektiven Jahreszinses verrechnet werden;

25 – die Kosten einer **Restschuldversicherung** oder einer sonstigen Versicherung, die im Zusammenhang mit dem Kreditvertrag abgeschlossen wird (z. B. einer Kapitallebensversicherung, auch wenn sie der Rückzahlung des Kredits dient). Steht die Höhe der Kosten einer Restschuldversicherung bei Vertragsschluß noch nicht fest (z. B. wenn sie bei Rahmenkrediten je nach der Höhe der in Anspruchnahme des Kredits berechnet werden, sog. Außenstands- oder Saldenversicherung), genügt nach BT-Drucks. 11/5462 S. 19 die Angabe der Bedingungen der Berechnung der Restschuldversicherungskosten, beispielsweise: Angabe des Versicherungsbeitrags pro DM 1000 zum Zeitpunkt des Vertragsabschlusses je nach Inanspruchnahme. Offen ist, ob unter „Kosten einer Restschuldversicherung" nur die Versicherungsprämie fällt oder ob dazu auch die Finanzierungskosten hierfür gehören;

26 – zu bestellende **Sicherheiten;** die Bestellung selbst muß nicht in der Vertragsurkunde erfolgen, wohl aber die schuldrechtliche Verpflichtung hierzu; sind bereits Sicherheiten bestellt, genügt der pauschale Hinweis, daß sie bestehen bleiben.

27 **Formmängel: Nichtigkeit** des Kreditvertrags, wenn die Schriftform insgesamt nicht eingehalten ist oder eine der vorgenannten Angaben (Rdnrn. 20–26) fehlt. Lediglich die Nichtangabe zu bestellender Sicherheiten ist für den Rechtsbestand des Kreditvertrags unschädlich (§ 6 I).

28 **Heilung von Formmängeln:** Der Kreditvertrag **wird gültig,** wenn der Verbraucher das Darlehen empfängt oder den Kredit in Anspruch nimmt, **jedoch**

zu anderen Bedingungen: der dem Kreditvertrag zugrundegelegte Zinssatz ermäßigt sich auf den gesetzlichen (4%), wenn seine Angabe oder die Angabe des effektiven oder anfänglichen effektiven Jahreszinses oder die Angabe des Gesamtbetrages fehlt. Nicht angegebene Kosten werden vom Verbraucher nicht geschuldet. Vereinbarte Teilzahlungen sind unter Berücksichtigung der verminderten Zinsen oder Kosten neu zu berechnen. Fehlt die Angabe, unter welchen Voraussetzungen preisbestimmende Faktoren geändert werden können, entfällt die Möglichkeit, diese zum Nachteil des Verbrauchers zu ändern. Sicherheiten können bei fehlenden Angaben hierüber nicht gefordert werden, es sei denn, daß der Nettokreditbetrag 100000 DM übersteigt (§ 6 II). Ist der effektive oder der anfängliche effektive Jahreszins zu niedrig angegeben, so vermindert sich der dem Kreditvertrag zugrundegelegte Zinssatz um den Vomhundertsatz, um den der effektive oder anfängliche effektive Jahreszins zu niedrig angegeben wurde (§ 6 IV); nach der amtlichen Begründung (BT-Drucks. 11/5462 S. 21) wollte der Gesetzgeber zum Ausdruck bringen, der Kreditgeber müsse an einem von ihm zu niedrig angegebenen Effektivzins festgehalten werden.

bb) Abzahlungsgeschäfte: Begriff: Kreditverträge, die die Lieferung einer bestimmten Sache oder die Erbringung einer bestimmten anderen Leistung gegen Teilzahlung zum Gegenstand haben. Auch sie bedürfen der **Schriftform** (§ 4 I 1; o. Rdnr. 18). Die Urkunde muß angeben: 29

- den **Barzahlungspreis,** das ist der Preis, den der Verbraucher zu entrichten hätte, wenn spätestens bei Übergabe der Sache oder Erbringung der Leistung der Preis in voller Höhe fällig wäre (nach der Legaldefinition in § 1a I 3 des außer Kraft getretenen AbzG, auf das BT-Drucks. 11/5462 S. 20 ausdrücklich Bezug nimmt); 30
- den **Teilzahlungspreis,** das ist der Gesamtbetrag von Anzahlung und allen vom Verbraucher zu entrichtenden Teilzahlungen einschließlich Zinsen und sonstigen Kosten (Legaldefinition in § 4 I 2 Nr. 2b); 31
- **Betrag, Zahl** und **Fälligkeit** der einzelnen Teilzahlungen; 32
- den **effektiven Jahreszins,** der nach § 4 PAngV zu errechnen ist (§ 4 II; vgl. o. Rdnr. 24); 33
- die Vereinbarung eines **Eigentumsvorbehalts** oder einer anderen zu bestellenden **Sicherheit,** wobei die Bestellung selbst außerhalb der Urkunde erfolgen kann. 34

Formmängel: Nichtigkeit des Kreditvertrags, wenn die Schriftform insgesamt nicht eingehalten ist oder wenn eine der in Rdnrn. 30–33 vorgeschriebenen Angaben fehlt; lediglich das Fehlen der Angaben über Eigentumsvorbehalt und Sicherheiten ist unschädlich. Der Kreditvertrag **wird jedoch gültig,** wenn dem Verbraucher die Sache übergeben oder die Leistung erbracht wird. Fehlt die Angabe des Teilzahlungspreises oder des effektiven Jahreszinses, ist der Barzahlungspreis höchstens mit dem gesetzlichen Zinssatz (4%) zu verzinsen. Fehlt die Angabe des Barzahlungspreises, gilt im Zweifel der Marktpreis als Barzahlungspreis. Fehlt die Angabe über die Bestellung von Sicherheiten, können sie nicht gefordert werden. Ist der effektive Jahreszins zu niedrig angegeben, vermindert sich der Teilzahlungspreis um den Vomhundertsatz, um den der effektive Jahreszins zu niedrig angegeben wurde (§ 6 I, III, IV), eine Bestimmung, die nach der amtlichen Begründung (BT-Drucks. 11/5462 S. 21) wiederum so auszulegen sein soll, daß der Kreditgeber an dem von ihm zu niedrig angegebenen Effektivzins festgehalten wird (vgl. o. Rdnr. 28 am Ende). 35

b) Urkundenaushändigung

36 Der Kreditgeber hat sowohl im Fall eines Abzahlungsgeschäfts wie auch beim Abschluß eines Kreditvertrags im allgemeinen dem Verbraucher eine Abschrift der Urkunde (§ 4 I) auszuhändigen (§ 4 III). Die **Beweislast** für die Aushändigung trägt der Kreditgeber (Verkäufer, Dienstleister). Es handelt sich um eine **Nebenpflicht,** deren Verletzung nicht zur Nichtigkeit des Kreditvertrags führt, doch ist der Anspruch auf Aushändigung einklagbar.

3. Überziehungskredite

37 **Eingeräumte Dispositionskredite:** Die **Formvorschriften** des § 4 (o. Rdnrn. 18–36) **gelten nicht** für Kreditverträge, mit denen ein Kreditinstitut einem Verbraucher das Recht einräumt, sein laufendes Konto in bestimmter Höhe zu überziehen, **wenn** für den in Anspruch genommenen Kredit
– außer den Zinsen keine weiteren Kosten in Rechnung gestellt werden, **und**
– die Zinsen nicht in kürzeren Perioden als drei Monaten belastet werden.

Das Kreditinstitut hat vor Inanspruchnahme eines solchen Kredits den Verbraucher jedoch zu **unterrichten** über:
– die Höchstgrenze des Kredits,
– den zum Zeitpunkt der Unterrichtung geltenden Jahreszins,
– die Bedingungen, unter denen der Zinssatz geändert werden kann, sowie
– die Regelung der Vertragsbeendigung.

Diese Unterrichtung kann in AGB des Kreditgebers und deren Aushang in den Geschäftsräumen erfolgen (BT-Drucks. 11/5462 S. 20). Dem Gesetzeswortlaut läßt sich nicht entnehmen, ob der verwendete Begriff „laufendes Konto" inhaltsgleich ist mit der „laufenden Rechnung" des § 355 I HGB. Die amtliche Begründung schränkt den „Überziehungskredit" auf „Gehalts- und ähnliche Konten" ein, bei denen der Kredit „auf einem Kontokorrentkonto in der Regel ohne Sicherheiten mit einem Kreditrahmen eingeräumt (wird), der das Zwei- bis Dreifache der monatlichen regelmäßigen Einkünfte des Kreditnehmers umfaßt" und für die charakteristisch sei, daß sie grundsätzlich als „Habenkonten" mit mehr oder weniger regelmäßigen Zahlungseingängen geführt werden. Ihnen gegenübergestellt werden die Formen der Selbstbedienungskredite (Begriff: o. Rdnr. 7), die ebenfalls im Kontokorrent geführt werden können; für sie gilt § 5 nicht.

38 Nimmt der Verbraucher den **Überziehungskredit in Anspruch,** muß das Kreditinstitut ihm allerdings spätestens nach der ersten Inanspruchnahme die Vertragsbedingungen schriftlich (individuell) **bestätigen.** Während der Inanspruchnahme des Kredits muß er über jede Änderung des Jahreszinses unterrichtet werden (§ 5 I 3, 4). Die Informationen nach Inanspruchnahme des Überziehungskredits können auch durch einen Ausdruck auf Kontoauszügen erfolgen (BT-Drucks. 11/5462 S. 21).

39 **Geduldete Kontoüberziehung:** Auch in diesem Fall gelten die Formvorschriften des § 4 nicht. Duldet das Kreditinstitut die (einseitige, nicht vereinbarte) Überziehung eines laufenden Kontos länger als 3 Monate, muß es jedoch den Verbraucher unterrichten (Mitteilung auf einem Kontoauszug genügt)
– über den Jahreszins,
– die Kosten des Kredits sowie
– über die jeweilige Änderung von Jahreszins und Kosten (§ 5 II).

4. Widerrufsrecht

a) Die **auf den Abschluß eines Kreditvertrags gerichtete Willenserklärung des Verbrauchers** wird erst wirksam, wenn er sie nicht binnen einer Frist von einer Woche **schriftlich** widerruft (§ 7 I). Die Frist beginnt erst zu laufen, wenn dem Verbraucher eine drucktechnisch deutlich gestaltete und vom Verbraucher gesondert zu unterschreibende **Belehrung** über sein Recht zum Widerruf, dessen Wegfall sowie Namen und Anschrift des Widerrufsempfängers ausgehändigt wurde. Bei **verbundenen Geschäften** (u. Rdnrn. 45 ff.) muß die Belehrung zusätzlich auch den Hinweis enthalten, daß mit dem Widerruf des Kreditvertrags auch der verbundene Kauf- oder sonstige Vertrag nicht zustandekommt (§ 9 II 2). Bei **Gelddarlehen** im allgemeinen (§ 4 I 2 Nr. 1) muß die Belehrung zusätzlich den Hinweis enthalten, daß der Widerruf als nicht erfolgt gilt, wenn der Verbraucher das Darlehen nicht binnen zweier Wochen entweder nach Erklärung des Widerrufs oder nach Auszahlung des Darlehens zurückzahlt (§ 7 III; u. Rdnr. 43). **40**

b) **Unterbliebene Belehrung.** Erfolgt die Belehrung nicht oder nicht ausreichend, erlischt das Widerrufsrecht des Verbrauchers erst nach beiderseits vollständiger Erbringung der Leistungen, spätestens jedoch **ein Jahr** nach Abgabe der auf den Abschluß des Kreditvertrags gerichteten Willenserklärung des Verbrauchers **(Ausschlußfrist).** **41**

c) **Frist und Folgen des Widerrufs.** Zur Fristwahrung genügt die rechtzeitige Absendung des Widerrufs (§ 7 II 1), doch ist der Verbraucher für den Zugang **beweispflichtig.** Für die Folgen des Widerrufs gilt § 3 HausTWG: **42**

- der bis zum Fristablauf schwebend unwirksame Kreditvertrag kommt nicht zustande;
- es entsteht ein Rückgewährschuldverhältnis, das zur Rückgewähr der jeweils empfangenen Leistungen verpflichtet, und zwar muß der Verbraucher
  - beim Gelddarlehen im allgemeinen (§ 4 I 2 Nr. 1) das Darlehen **binnen zweier Wochen** entweder nach Erklärung des Widerrufs oder nach Auszahlung des Darlehens zurückzahlen, weil andernfalls der Widerruf als nicht erfolgt gilt (§ 7 III, „qualifizierte Schickschuld"); der Verbraucher muß den Kreditbetrag auch dann zurückzahlen, wenn der Kreditgeber ihn vereinbarungsgemäß an einen Dritten gezahlt hat (§§ 362 II, 185 BGB; BT-Drucks. 11/5462 S. 22),
  - bei verbundenen Geschäften (§ 9, u. Rdnr. 45) entfällt allerdings die Darlehensrückzahlungsverpflichtung durch den Verbraucher (§ 9 II 3);
- für alle Kreditarten gilt, daß eine Überlassungsvergütung zu zahlen ist, für Sachen nach § 3 III HausTWG, für sonstige Leistungen, wie Gelddarlehen, nach § 818 II BGB (*Palandt/Putzo* Rdnr. 9 zu § 3 HausTWG), also eine Verzinsung wohl in Höhe des Marktzinses.

d) Für **Überziehungskredite** (§ 5) gilt das Widerrufsrecht nicht, wenn der Verbraucher nach dem Kreditvertrag den Kredit jederzeit ohne Einhaltung einer Kündigungsfrist und ohne zusätzliche Kosten zurückzahlen kann (§ 7 V). **43**

5. Versandhandelsprivileg

In § 8 wird der Versandhandel unter bestimmten Voraussetzungen vom Schriftformerfordernis und von den übrigen Formvorschriften des § 4 I 2 Nr. 2 freigestellt und das Widerrufsrecht durch ein Rückgaberecht ersetzt. **44**

6. Verbundene Geschäfte

45 **a) Begriff:** § 9 I, bisher als finanzierter Abzahlungskauf bekannt. Die hierzu ergangene Rechtsprechung ist daher anwendbar: *BGHZ* 3, 257; 47, 253; 83, 301; 91, 9; *BGH* NJW 1954, 185; 1970, 701; 1971, 2303 (grundlegend); 1983, 2250; 1984, 2291 und WM 1988, 1328. Nach § 9 I 1 bildet ein Kaufvertrag ein mit dem Kreditvertrag verbundenes Geschäft, wenn der Kredit der Finanzierung des Kaufpreises dient und beide Verträge als wirtschaftliche Einheit anzusehen sind; nach § 9 IV gilt gleiches für Kredite zur Finanzierung des Entgelts anderer Leistungen. Eine wirtschaftliche Einheit ist insbesondere anzunehmen, wenn der Kreditgeber sich bei der Vorbereitung und dem Abschluß des Kreditvertrages der Mitwirkung des Verkäufers oder des Erbringers anderer Leistungen bedient (§ 9 I 2). Auf die Rückführung des Kredits in Raten kommt es nicht mehr an.

46 **b) Widerrufsrecht.** Die auf den Abschluß des Kauf- oder sonstigen Vertrags gerichtete Willenserklärung des Verbrauchers wird **erst wirksam,** wenn der Verbraucher seine auf den Abschluß des **Kreditvertrags** gerichtete Willenserklärung nicht gem. § 7 I widerruft (o. Rdnr. 40). Das finanzierte Geschäft bleibt folglich schwebend unwirksam, solange der Verbraucher den Kreditvertrag noch widerrufen kann (etwa: wegen fehlerhafter Widerrufsbelehrung). Diese (§ 7 II 2) muß daher auch darauf hinweisen, daß im Fall des Widerrufs auch der Kauf- oder sonstige Vertrag nicht wirksam wird. § 7 III (Unwirksamkeit des Widerrufs mangels Rückzahlung, o. Rdnr. 43) gilt hier **nicht.**

47 **c) Vertragseintritt:** Ist der Nettokreditbetrag (§ 3 I Nr. 1) dem Verkäufer, Werk- oder Dienstleister vor dem Rücktritt des Verbrauchers bereits zugeflossen (ihm ausgezahlt, verrechnet oder gutgeschrieben), tritt an dessen Stelle der Kreditgeber im Verhältnis zum Verbraucher hinsichtlich der Rechtsfolgen des Widerrufs (§ 7 IV). Das Rückgewährschuldverhältnis ist also zwischen Kreditgeber und Verbraucher abzuwickeln mit der Folge, daß ersterer auch zur Rückzahlung einer etwaigen Anzahlung des Verbrauchers an den Verkäufer oder sonstigen Leistungserbringer verpflichtet ist, weil der Kreditgeber sich gegen diese Risiken intern gegenüber dem Verkäufer oder sonstigem Leistungserbringer im Einreichervertrag absichern könne (BT-Drucks. 11/5462 S. 24).

48 **d) Einwendungsdurchgriff:** Er ist nun in § 9 III gesetzlich geregelt: Hat der Verbraucher beim verbundenen Geschäft gegen den Käufer (§ 9 III) oder den Erbringer sonstiger Leistungen (§ 9 IV) Einwendungen aus dem Kauf- oder sonstigen Vertrag, die ihm ein Leistungsverweigerungsrecht geben, kann er dieses direkt (im Durchgriff) gegen den Kreditgeber geltend machen und die Rückzahlung des Kredits verweigern. Dieses Recht ist jedoch eingeschränkt **subsidiär.** Verlangt der Verbraucher aufgrund vertraglicher Vereinbarung oder gesetzlicher Bestimmung wegen des Mangels einer gelieferten Sache (Kauf-, Werklieferungsvertrag) zunächst Nachbesserung oder Ersatzlieferung, muß er deren Ergebnis abwarten und kann erst nach deren Fehlschlagen (Begriff: § 11 Nr. 10 Buchst. b AGBG) das Leistungsverweigerungsrecht gegenüber dem Kreditnehmer geltend machen. Bis dahin muß er den Kreditvertrag erfüllen. Macht der Verbraucher hingegen von sonstigen gesetzlichen Mängelrechten Gebrauch (Wandelung, Minderung, Schadensersatz, §§ 462ff., 480 BGB), kann er darauf gestützte Einwendungen dem Kreditgeber sofort entgegenhalten mit der Folge einer Rückgängigmachung des Kreditvertrags bei Wandelung, einer verhältnismäßigen Herabsetzung der Raten bei Minderung und der Aufrech-

nung mit Schadensersatzansprüchen. Das Leistungsverweigerungsrecht bezieht sich auf Kapital und Zinsen. Es **entfällt** generell (§ 9 III 2)
- in Bagatellfällen (Preis übersteigt 400 DM nicht; bei einer Vielzahl kleinerer Geschäfte unter Ausnutzung eines Kreditrahmens gilt die Bagatellgrenze von 400 DM für jedes finanzierte Geschäft, BT-Drucks. 11/5462 S. 24),
- bei Einwendungen, die auf einer nachträglichen Vertragsänderung zwischen Verkäufer/Leistungserbringer und Verbraucher beruhen, weil Kreditgeber damit nicht zu rechnen braucht (*BGH* MDR 1956, 597).

7. Einwendungsverzicht

Vereinbarungen, durch die der Verbraucher auf Einwendungen und Aufrech- 49
nungsmöglichkeiten für den Fall der Abtretung verzichtet, sind unwirksam (§ 10 I). Damit werden §§ 404, 406 BGB für Verbraucherkreditverträge unabdingbar.

8. Wechsel- und Scheckverbot

Dem Kreditgeber ist es untersagt, den Verbraucher zur Eingehung einer 50
Wechselverbindlichkeit aus dem Kreditvertrag zu verpflichten oder einen Scheck sicherungshalber entgegenzunehmen (§ 10 II). Zweck: Dem Verbraucher sollen die Einwendungen aus dem Verbraucherkreditgesetz erhalten bleiben, er soll vor Umkehr der Beweislast im Wechsel- und Scheckprozeß geschützt werden.

9. Verzugsfolgen

Das VerbKrG regelt die Verzugsfolgen zum Teil **abweichend vom BGB.** Da 51
alle seine Vorschriften zwingend sind (§ 18), können auch AGB nicht Abweichendes bestimmen.

a) Kreditverträge im allgemeinen

Für Verbraucherkreditverträge **aller Art** gilt: 52

aa) Verzugsschaden. Kommt der Verbraucher mit Zahlungen in Verzug 53
(§ 284 BGB), kann der Kreditgeber seinen Verzugsschaden abstrakt oder konkret berechnen. Abstrakt: mit 5% über dem jeweiligen Bundesbankdiskontsatz (§ 11 I), soweit nicht der Verbraucher im Einzelfall einen niedrigeren, konkret: der Kreditgeber einen höheren Schaden nachweist. Da die Abhängigkeit des Verzugszinssatzes vom Bundesbankdiskontsatz dazu führen kann, daß der Verzugszinssatz unter dem Vertragszinssatz liegt, wurde mit Inkrafttreten des VerbrKrG § 609a BGB, der dem Darlehensnehmer ein vorzeitiges Kündigungsrecht einräumt, dahingehend ergänzt, daß eine Kündigung des Schuldners als nicht erfolgt gilt, wenn er den geschuldeten Betrag nicht binnen 2 Wochen nach Wirksamwerden der Kündigung zurückzahlt (§ 609a III BGB n. F.).

bb) Tilgungsbestimmung. Teilzahlungen des Verbrauchers, die der Kredit- 54
geber (abw. von § 266 BGB) nicht zurückweisen darf (§ 11 III 2), sind **abweichend** von § 367 I BGB wie folgt zu verrechnen (§ 11 III 1):
- zunächst auf die Kosten der Rechtsverfolgung,
- dann auf die Hauptsache und
- zuletzt auf die Zinsen. Auf die Zinsansprüche finden §§ 197, 218 II BGB in

diesem Fall keine Anwendung (§ 11 III 2); sie **verjähren** folglich erst in 30 Jahren (§ 195 BGB).

Ausnahme: Diese Tilgungsbestimmungen gelten nicht für Zahlungen auf Vollstreckungstitel, deren Hauptforderung auf Zinsen lautet (§ 11 III 3).

55 Diese von § 367 I abweichende Tilgungsbestimmung setzt voraus, daß nach Verzugseintritt anfallende Zinsen auf einem **gesonderten Konto** verbucht werden müssen und nicht in ein Kontokorrent mit dem geschuldeten Betrag (Hauptsache) oder anderen Forderungen des Kreditgebers eingestellt werden (§ 11 II 1). Als Äquivalent für den entfallenden Kontokorrentvorteil (Zinsen aus dem Saldo, § 355 I HGB, der auch Zinsen enthält), kann der Kreditgeber zusätzlich Schadensersatz nach § 289 S. 2 BGB fordern mit der Maßgabe, daß nunmehr **Zinsen auf Zinsen,** jedoch nur bis zur Höhe des gesetzlichen Zinssatzes (4%) verlangt werden dürfen (§ 11 II 2).

b) Ratenkredite

56 Ein Verbraucherkredit, der in Teilzahlungen zu tilgen ist (Geldkredite und Abzahlungsgeschäfte), kann vom Kreditgeber wegen Zahlungsverzugs des Verbrauchers **nur gekündigt** werden, wenn

- der Verbraucher mit mindestens 2 aufeinanderfolgenden Teilzahlungen ganz oder teilweise (!) im Verzug ist, und **(kumulativ)**
- der Rückstand mindestens 10% (bei einer Laufzeit von mehr als 3 Jahren: 5%) des Nennbetrages des Kredits (da ist – wie sich aus einer früheren Entwurfsfassung ergibt – der mit dem Gesamtbetrag (o. Rdnr. 21) identische ursprüngliche Kreditbetrag einschl. mitkreditierter Einmalkosten) oder des Teilzahlungspreises beträgt und **(kumulativ)**
- der Kreditgeber dem Verbraucher erfolglos eine Frist von 2 Wochen zur Zahlung des rückständigen Betrags mit der Erklärung gesetzt hat, daß er bei Nichtzahlung innerhalb der Frist die gesamte Schuld verlange. Spätestens mit dieser Fristsetzung **soll** der Kreditgeber ein Gespräch über die Möglichkeiten einer einverständlichen Regelung anbieten. Die 2-Wochen-Frist berührt den Verzugseintritt ohne Mahnung nach § 284 II BGB nicht, setzt ihn vielmehr voraus (§ 12 I).

57 Kündigt der Kreditgeber den Kreditvertrag, sind die nicht verbrauchten laufzeitabhängigen Kosten des Kredits, die bei staffelmäßiger Berechnung auf die Zeit nach der Kündigung entfallen, **gutzuschreiben** (§ 12 II).

c) Rücktritt beim finanzierten Abzahlungsgeschäft

58 Dem Kreditgeber steht wie bisher neben dem Kündigungsrecht der Rücktritt zu, auch ohne vertraglich ausbedungen zu sein. Er ist nur unter den in § 12 I bezeichneten Voraussetzungen (Rdnr. 56) zulässig.

d) Rücktrittsfolgen

59 Es gelten §§ 346–354, 356 BGB analog. Der Verbraucher hat dem Kreditgeber auch die infolge des Vertrags gemachten Aufwendungen zu ersetzen; bei der Bemessung der Nutzungsvergütung einer zurückzugewährenden Sache (§ 346 S. 2 BGB) ist auf die inzwischen eingetretene Wertminderung Rücksicht zu nehmen. Man wird auf die zu § 2 AbzG entwickelten Grundsätze zurückgreifen, sie jedoch wohl nicht schematisch übernehmen können.

60 Nimmt der Kreditgeber die aufgrund des Kreditvertrags gelieferte Sache (aufgrund Eigentumsvorbehalts, Sicherungseigentums oder Verwertung in der Zwangsvollstreckung) wieder an sich, gilt das als Rücktritt, nicht jedoch, wenn er sich mit dem Verbraucher einigt, diesem den gewöhnlichen Verkaufswert (Marktwert) der Sache im Zeitpunkt der Wegnahme zu vergüten (§ 13 III).

Liegt ein verbundenes Geschäft vor und nimmt der Kreditgeber die Sache in **61** diesem Fall an sich, gilt ebenfalls § 13 II, nicht § 3 HausTWG (wie beim Widerruf: § 9 II 4, § 7 IV).

10. Stundungs- und Teilzahlungsvergleiche

Nachträglich vereinbarte Teilzahlung ist Stundung, diese ist Zahlungsauf- **62** schub. Die Stundungs- und Teilzahlungsvergleiche mit Verbrauchern sind daher Verbraucherkredite, § 1 II (o. Rdnr. 9) **wenn sie entgeltlich** sind. Unentgeltlich ist ein Stundungs- und Ratenzahlungsvergleich jedenfalls, wenn der gestundete Betrag nicht verzinst werden muß und in ihn auch keine Zinsen für die Zukunft eingerechnet sind. **Zweifelhaft** wird die Unentgeltlichkeit, wenn der Schuldner die Kosten des Anwalts des Kreditgebers übernimmt. Die Bemerkung „Gerichtskosten und Anwaltsgebühren, die beim Vergleichsabschluß anfallen, sind nicht Gegenstand dieses Gesetzes." (BT-Drucks. 11/5462 S. 18) bezieht sich nur auf gerichtlich und notariell beurkundete Vergleiche. Auch hat der Gesetzgeber nur sie ausdrücklich von den Formvorschriften und dem Widerrufsrecht ausgenommen, nicht auch privatschriftliche Vergleiche unter Mitwirkung eines Rechsanwalts. In den Fällen, in denen bereits ein Vollstreckungstitel vorliegt, könnte § 788 ZPO dafür sprechen, daß der Schuldner kraft Gesetzes auch für die Kosten eines im Rahmen der Zwangsvollstreckung abgeschlossenen Stundungs- und Ratenvergleichs haftet. Liegt noch kein Vollstreckungstitel vor, könnte sich seine Haftung aus §§ 286 I, 288 II BGB ergeben. Ob die Rechtsprechung dem folgen wird, läßt sich jedoch nicht vorhersagen. Ist der gestundete Betrag zu verzinsen, muß damit gerechnet werden, daß in den zusätzlich anfallenden Zinsen ein Entgelt gesehen wird (o. Rdnr. 8). Auch die ausdrückliche Ausnahme der gerichtlich und notariell beurkundeten Verbraucherkreditgeschäfte von einigen Bestimmungen des Gesetzes in § 3 II Nr. 3 zeigt, daß der Gesetzgeber diese Problematik erkannt aber nicht ausdrücklich geregelt hat; sie wurde in den Gesetzesberatungen ausdrücklich angesprochen (Stellungnahme Sandkühler gegneüber BT-Rechtsausschuß, Protokoll Nr. 86 vom 1. 6. 1990 S. 265). Es ist daher zur Vermeidung von **Haftungsfällen** davon auszugehen, daß unter Mitwirkung eines Rechtsanwalts nicht gerichtlich oder notariell beurkundete Stundungs- und Teilzahlungsvergleiche, wonach der gestundete Betrag verzinst werden muß und/oder der Schuldner Anwaltskosten der Gegenseite übernimmt, **dem VerbrKrG unterliegen können.** Dann ist folgendes zu beachten:

a) Gerichtlich und notariell beurkundete Vergleiche

Für sie gelten nicht die §§ 4–7, 9 II (Formvorschriften, Widerrufsrecht). Doch **63** müssen sie die in § 3 II Nr. 3 aufgeführten Angaben enthalten (o. Rdnr. 17). Für die gerichtlich und notariell beurkundeten Verbraucherkreditgeschäfte gelten jedoch auch: § 10 I (kein Einwendungsverzicht), §§ 11, 12 (Verzugsfolgenregelungen), § 13 (Rücktritt des Kreditgebers bei verbundenen Geschäften) und § 14 (vorzeitige Zahlung durch den Schuldner, u. Rdnr. 66). Zu den **Verzugsfolgen:** zwar beseitigt der Abschluß des Stundungs- und Teilzahlungsvergleichs zunächst den Verzug, so daß auch höhere Zinsen als 5% über dem Bundesbankdiskontsatz vereinbart werden können, ein gesondertes Zinskonto nicht geführt werden muß und § 367 I BGB gilt. Das gilt jedoch **nur solange,** wie der Schuldner nicht (erneut) in Verzug gerät (§ 284 II BGB!). Für die übliche Verfallklausel ist § 12 I (o. Rdnr. 56) zu beachten, Gesamtfälligstellung darf folglich nur vereinbart werden bei Verzug mit mindestens 2 aufeinanderfolgenden Raten ganz oder teilweise **und** mindestens 10% (bei einer Laufzeit des Vergleichs über 3 Jahre: 5%) **und** nach erfolgloser Fristsetzung von 2 Wochen. **Nach Verzugseintritt** (also vor der Gesamtfälligstellung!) gilt wieder § 11 (o. Rdnr. 52–55): ggf. Zinssenkung auf 5% über dem Bundesbankdiskontsatz (offen ist: ob hierauf im Vergleichstext hinzuweisen ist), gesondertes Zinskonto, von § 367 I BGB abweichende Tilgungsfolge.

b) Nicht beurkundete Stundungs- und Teilzahlungsvergleiche

64 Für sie gelten die Ausführungen in Rdnr. 63 entsprechend **mit der Ausnahme,** daß – wenn es sich um Verbraucherkreditgeschäfte handelt – sie auch den Formvorschriften der §§ 4–6, dem Widerrufsrecht der §§ 7 und 9 II (mit den Belehrungspflichten!) unterliegen. Es bedarf somit **sorgfältiger Formulierung.** Größere Schwierigkeiten bereitet lediglich § 4 I Nr. 1 Buchst. b, also die Verplichtung, „wenn möglich den Gesamtbetrag aller vom Verbraucher zu entrichtenden Teilzahlungen einschließlich Zinsen und sonstiger Kosten" anzugeben (o. Rdnr. 21). Objektiv möglich ist das unter der Bedingung, daß der Schuldner die Teilzahlungen entsprechend der Vereinbarung taggenau leistet. Hiergegen läßt sich einwenden, daß erfahrungsgemäß immer ein Fälligkeitstermin auf einen Sonntag, staatlich anerkannten allgemeinen Feiertag (1. 1., 1. 5., 1. 11.) oder einen Sonnabend fallen wird, so daß an dessen Stelle der nächste Werktag tritt (§ 193 BGB) mit der Folge, daß eine taggenaue Verzinsung und somit die geforderte Angabe nicht möglich ist. Offen ist, ob die Rechtsprechung diesen Einwand akzeptieren wird (für vom Monatsersten abweichende Zahlungstermine gilt er ohnehin nicht). Folglich muß empfohlen werden, den Gesamtbetrag nach § 4 I Nr. 1 Buchst. b auszuweisen. Das ist objektiv möglich unter der Einschränkung pünktlicher Zahlung durch Aufstellung einer Zinsstaffel, Verwendung einer finanzmathematischen Formel oder eines entsprechend programmierten Rechners.

65 Rechtsanwälte, die gleichzeitig Notare sind, können den Formerfordernissen und dem Widerrufsrecht durch notarielle Beurkundung des Stundungs- und Teilzahlungsvergleichs entgehen (was ebenfalls dafür spricht, die Rechtsanwälte allgemein auszunehmen). Ist auf Gläubiger- **und** Schuldnerseite ein Rechtsanwalt tätig und unterwirft sich der Schuldner der sofortigen Zwangsvollstrekkung, kann der Vergleich, wenn er von den Parteien und deren Rechsanwälten unterschrieben ist, nach den Vorschriften über den schiedsrichterlichen Vergleich für vollstreckbar erklärt werden, ferner durch einen Notar: § 1044b ZPO i. d. F. des Rechtspflege-Vereinfachungsgesetzes.

11. Vorzeitige Zahlung

66 **a) Gelddarlehen** können nach § 609a I Nr. 2 vorzeitig gekündigt werden, jedoch gilt die Kündigung als nicht erfolgt, wenn der geschuldete Betrag nicht binnen 2 Wochen zurückgezahlt wird.

67 **b) Finanzierter Abzahlungskauf:** Bei verbundenen Geschäften ist die vorzeitige Rückzahlung jederzeit möglich. In diesem Fall sind die nichtverbrauchten Kreditkosten gutzubringen (§ 14).

12. Kreditvermittlung

Der Kreditvermittlungsvertrag bedarf der **Schriftform.** Die **Vergütung** des Kreditvermittlers ist in einem Prozentsatz des Darlehensbetrags anzugeben. Erhält der Vermittler auch vom Kreditgeber eine Vergütung, ist auch diese anzugeben. Die Vertragsurkunde darf nicht mit dem Kreditvertrag verbunden werden, dem Verbraucher ist eine **Abschrift** der Urkunde auszuhändigen. Ein Verstoß gegen diese Bestimmungen hat **Nichtigkeit** des Vermittlungsvertrags zur Folge (§ 15). 68

Der Kreditvermittler hat nur Anspruch auf eine **Vergütung,** wenn infolge seiner Vermittlung oder seines Nachweises das Darlehen an den Verbraucher geleistet und ein Widerruf des Verbrauchers nicht mehr möglich ist. Im Fall der Umschuldung entsteht ein Vergütungsanspruch des Vermittlers nur, wenn sich der effektive oder anfängliche effektive Jahreszins nicht erhöht, für die Vergleichsberechnung bleiben Vermittlungskosten des abzulösenden Kredits außer Betracht (§ 16). Nebenentgelte dürfen nicht vereinbart werden, ausgenommen Ersatz tatsächlich erfolgter Auslagen (§ 17). 69

13. Unabdingbarkeit, zeitliche Geltung

Alle Vorschriften des Gesetzes sind **zwingend** (§ 18). Auf Kreditverträge, die vor dem Inkrafttreten des Gesetzes abgeschlossen wurden, ist (mit Ausnahme der Verfahrensvorschriften) bisheriges Recht anzuwenden. 70

14. Gerichtliche Durchsetzung

Durch Änderung der §§ 688 II, 690 I Nr. 3, 691 ZPO wird das gerichtliche Mahnverfahren ausgeschlossen für Ansprüche des Kreditgebers, wenn der effektive oder anfängliche effektive Jahreszins den bei Vertragsabschluß geltenden Diskontsatz der Deutschen Bundesbank zuzüglich 12% übersteigt. Haupt- und Nebenforderungen sind daher im Mahnantrag gesondert und einzeln zu bezeichnen, Ansprüche aus Verträgen, für die das VerbrKrG gilt, auch unter Angabe des Datums des Vertragsabschlusses und des nach dem Gesetz anzugebenden effektiven oder anfänglichen effektiven Jahreszinses (Art. 6). Diese Vorschriften treten erst am 1. 1. 1992 in Kraft (Art. 10 II). 71

II. Nichtige Verbraucherkreditverträge

1. Vorbemerkung

Das VerbrKrG hat weder den Kreditwucher noch die Fälle wucherähnlicher Verbraucherkeditverträge geregelt. Die hierzu von der Rechtsprechung entwikkelten Grundsätze gelten daher fort. Sie werden nachstehend erläutert. 72

2. Formmängel nach VerbrKrG

Ist die Schriftform nicht eingehalten oder fehlt eine der in § 4 I 2 Nr. 1a)–f) und Nr. 2a)–e) vorgeschriebenen Angaben, ist der Kreditvertrag nichtig, jedoch nach § 6 II–IV heilbar (o. Rdnrn. 27–28, 35). 73

3. Sonstige Abschlußmängel

74 Neben den allgemeinen Tatbeständen der §§ 119, 123, 154, 155 BGB u. a. sind in der Praxis vor allem folgende Sachverhalte von Relevanz:

a) Kreditvermittlung im Reisegewerbe

75 Seit 1. Januar 1991 ist das bis dahin geltende Verbot für den Abschluß von Darlehensgeschäften im Reisegewerbe aufgehoben; die Vermittlung derartiger Darlehensgeschäfte ist nur noch untersagt, wenn der Darlehensnehmer hierfür ein Entgelt zu entrichten hat (§ 56 I Nr. 6 GewO n. F.). Hat der Darlehensnehmer (ob Verbraucher oder nicht) für die Vermittlung ein Entgelt zu entrichten, ist die Frage, ob Vermittlung im Reisegewerbe vorliegt, und deren Rechsfolgen nach den Vorschriften des HausTWG zu beurteilen (s. u. B XVIII).

b) Vollmachtsmängel

76 Ermächtigt der Text eines Bankvollmachtsformulars auch zur Kreditaufnahme, ist dieser Teil unwirksam, soweit mündlich der gegenteilige Wille des Vollmachtgebers zum Ausdruck kam (*BGH* NJW 1987, 2011).

c) Unterschriftsfälschung

77 Die **Beweislast** für die Echtheit der Unterschrift trägt die klagende Bank. Beweismittel: Sachverständigengutachten, Zeuge (behaupteter Fälscher).

4. Kreditwucher

78 Ein Kreditvertrag ist nach § 138 II BGB nichtig, wenn Leistung und Gegenleistung in einem auffälligen Mißverhältnis stehen und der Vertrag unter Ausbeutung der Zwangslage, der Unerfahrenheit, des Mangels an Urteilsvermögen oder der erheblichen Willensschwäche des anderen zustandekam. Die **Beweislast** trägt, wer sich auf die Nichtigkeit beruft. Strafrechtliche Sanktion: § 302a StGB. In der Praxis wichtiger sind:

5. Wucherähnliche Verbraucherkreditverträge

79 Ratenkreditverträge sind nach § 138 I BGB nichtig, wenn
- der **objektive Tatbestand** (Zinshöhe, AGB) ein auffälliges Mißverhältnis zwischen Leistung und Gegenleistung ergibt, und zusätzlich
- auch die persönlichen **subjektiven Voraussetzungen** zur Sittenwidrigkeit führen: der Kreditnehmer sich auf den ihn objektiv übermäßig belastenden Vertrag nur wegen seiner wirtschaftlich schwächeren Lage, Rechtsunkundigkeit und Geschäftsungewandtheit eingelassen hat; der Kreditgeber das bei Aufstellung seiner Kreditbedingungen und beim Vertragsabschluß erkannt hat oder sich zumindest leichtfertig dieser Einsicht verschloß, wobei im Fall der Aufnahme eines Teilzahlungskredits durch einen Verbraucher bei einer Bank die Erfüllung des objektiven Tatbestands zur **widerlegbaren Vermutung** führt, auch die subjektiven Voraussetzungen seien gegeben, *BGHZ* 98, 174, 178 = NJW 1986, 2565. Zu den Kriterien s. a. *Schäfer* BB 1990, 1139.

80 **Darlegungs- und Beweislast:** für die Voraussetzungen der Sittenwidrigkeit: Kreditnehmer (*BGH* NJW 1979, 2089; doch beachtet sie das Gericht bei der Schlüssigkeitsprüfung von Amts wegen), für das Fehlen der subjektiven Voraussetzungen bei Vorliegen des objektiven Tatbestands: das Kreditinstitut (*BGHZ* 98, 174, 178).

a) Effektiver Jahreszins

Ob ein auffälliges Mißverhältnis zwischen Leistung und Gegenleistung (Äquivalenzstörung) vorliegt, ergibt in erster Linie der Zinsvergleich. Dem effektiven Jahreszins des konkreten Vertrags (Vertragszins) ist ein auf gleiche Weise ermittelter Vergleichszins gegenüberzustellen, den die Rspr. dem in den Monatsberichten der Deutschen Bundesbank ausgewiesenen durchschnittlichen Zinssatz (Sollzinsen für Ratenkredite) entnimmt (auch Schwerpunktzins oder falsch „Marktzins" genannt): *BGHZ* 80, 153 = NJW 1981, 1206; 98, 174 = NJW 1986, 2564. **81**

Die **Berechnung** des effektiven Jahreszinses erfolgte früher mit Hilfe einer Annäherungsformel nach der Uniformmethode (*Palandt/Heinrichs* Rdnr. 6 zu § 246 BGB). Seit 1. 1. 1981 sind die Kreditinstitute verpflichtet, ihn nach einer finanzmathematischen, der „360-Tage-Methode" zu errechnen, die durch § 4 II 1 PAngV 1985 auch festgeschrieben wurde. Bei Kreditlaufzeiten über 48 Monate hat auch der BGH die finanzmathematische Berechnung gefordert (*BGH* NJW 1987, 2220; 1988, 818 und 1661). Berechnungsbeispiel: *Palandt/Heinrichs* Rdnr. 7 zu § 246 BGB. Benötigt wird hierfür lediglich eine Tabelle, wie die von *Sievi/Gillardon/Sievi,* Effektivzinssätze für Ratenkredite mit monatlichen Raten, Bankenausgabe für Finanzierungen bis 120 Monatsraten. **82**

Berechnungsfaktoren, die bei den Kreditkosten zu berücksichtigen sind: die (vorschüssigen) Zinsen (Kreditgebühren), die einmalige Bearbeitungsgebühr (2–3%), beim Vertragszins sämtliche sonstige Auslagen, **jedoch ohne Restschuldversicherungskosten** (weder Prämien noch darauf entfallende Kreditkosten: *BGH* NJW 1988, 1661, abw. von *BGHZ* 80, 153). **Vermittlerkosten** sind nach *BGH* NJW 1987, 181; 1988, 1661 (grundsätzlich) nur beim Vertragszins, nicht auch beim Vergleichszins zu berücksichtigen, weil die Bank sich durch die Tätigkeit eines Maklers eigenen organisatorischen und finanziellen Aufwand erspart (*BGHZ* 80, 153, 167). Das *OLG Nürnberg* (FLF 1988, 217) sieht keine solche Ersparnis, wenn die Bank am Wohnort des Verbrauchers eigene Geschäftsstellen unterhält (str.; BGH-Rspr. hierzu liegt nicht vor). **83**

Ein **auffälliges Mißverhältnis** zwischen Leistung und Gegenleistung wird angenommen, wenn der Vertragszins den Vergleichszins um mehr als 100% übersteigt, doch ist diese **100%-Grenze** nicht starr (*BGHZ* 80, 153; *BGH* NJW 1988, 1661). Liegt der relative Zinsunterschied zwischen Vertrags- und Vergleichszins unter 90%, liegt i. d. R. kein auffälliges Mißverhältnis vor, *BGH* NJW 1988, 818 und 1661, doch kann im Einzelfall eine geringere relative Zinsdifferenz zur Sittenwidrigkeit führen, wenn der Vertragszins den Vergleichszinssatz absolut um mehr als 12% überschreitet (*BGH* NJW 1988, 1659: Überschreitung relativ 83,72%, absolut 13,5%; vgl. dagegen *BGH* NJW 1988, 818: kein auffälliges Mißverhältnis bei Überschreitung des Vergleichszinses durch den Vertragszins um 7,18%-Punkte absolut oder 66,6% relativ). **84**

b) Kreditbedingungen

Im Rahmen der anzustellenden **Gesamtwürdigung** hat der BGH in allen Fällen, in denen er ein auffälliges Mißverhältnis aufgrund der Zinsdifferenz zwischen Vertrags- und Vergleichszins angenommen hat, auch untersucht, ob die von der Bank festgelegten sonstigen Kreditbedingungen die Belastung des Kreditnehmers ins Untragbare steigern (*BGH* NJW 1982, 2433; 1987, 183 und 3256; 1988, 1659), während belastende AGB-Klauseln allein, auch wenn sie einer Inhaltskontrolle nach dem AGB-Gesetz nicht standhielten, ohne zu miß- **85** billigende Zinsdifferenz nicht als so schwerwiegend angesehen wurden, daß sie zur Sittenwidrigkeit eines Kreditvertrags führten (*BGH* NJW 1988, 1661; NJW-RR 1989, 1320). Keine Analogie zu § 310 BGB (*BGH* NJW 1989, 1665). Das VerbrKrG wird wohl zu einer Modifizierung dieser Kriterien führen.

c) Sonstige Umstände

86 Auch sonstige Umstände sind bei der Gesamtwürdigung zu berücksichtigen und können zur Annahme eines auffälligen Mißverhältnisses führen, so wenn ein Kredit überwiegend der Ablösung zinsgünstigerer Vorkredite dient (*BGH* NJW 1988, 1659). Das kann anders zu beurteilen sein, wenn der Verbraucher trotz uneingeschränkter Aufklärung durch die Bank auf der Umschuldung besteht, obwohl er auf den neuen Kredit nicht zwingend angewiesen ist (*BGH* NJW 1988, 818). Die Bank oder der Vermittler müssen bei externer Umschuldung die Nichtigkeit eines Vorkredits berücksichtigen, wenn sie sie positiv kennen und sich die Nichtigkeit aufdrängt (*BGH* NJW 1990, 1597).

6. Nichtigkeitsfolgen

a) Rückabwicklung nach Bereicherungsrecht

87 Ist ein Ratenkreditvertrag nach § 138 I BGB nichtig, steht der Bank nur ein Bereicherungsanspruch auf Rückzahlung des Darlehenskapitals und der halben Restschuldversicherungsprämie (ohne Finanzierungskosten) zu, und zwar anteilig zu den im Vertrag festgelegten Fälligkeitsterminen (*BGHZ* 98, 174 = NJW 1986, 2564; *BGH* NJW 1987, 830; NJW-RR 1988, 757). Ein Zinsanspruch besteht nicht.

88 Nach *BGHZ* 91, 55 = NJW 1984, 2161 ist ein Ratenkreditvertrag, in dem das Nettokapital und sämtliche Kosten zu einer Gesamtrückzahlungssumme zusammengefaßt werden, die in Einzelraten zu tilgen ist, dahin auszulegen, daß jede Einzelzahlung einen dem Verhältnis der Gesamtbeträge entsprechenden Anteil an Kapital und Kreditkosten enthalte. Bei widerspruchsloser Zahlung treffe der Kreditnehmer stillschweigend die Bestimmung, daß jeweils der sich aus dem Vertrag ergebende Anteil auf Kapital und Kreditkosten entfalle, die objektiv bestehende Unwirksamkeit des Vertrages lasse diese Bestimmung unberührt (*BGH* NJW 1986, 2568). Das gelte auch, wenn nicht vertragsgemäße sondern unregelmäßige bzw. verspätete Raten geleistet werden (*BGH* NJW 1987, 830; NJW-RR 1988, 757). Diese **Leistungszweckbestimmung** muß der Kreditnehmer beachten, wenn er zu viel bezahlte Kreditkosten zurückfordert, ferner die **Verjährungsfrist von 4 Jahren** nach § 197 BGB (*BGHZ* 98, 174 = NJW 1986, 2564), die jedoch nicht die Aufrechnung seitens des Kreditnehmers hindert (*BGH* NJW 1987, 101).

b) Sonderfall: Kettenkreditverträge

89 Diente ein Ratenkreditvertrag ganz oder teilweise der Ablösung eines (von den Parteien für wirksam gehaltenen, jedoch tatsächlich nichtigen) früheren Kreditvertrags, so führt die Sittenwidrigkeit des früheren Vertrags allein nicht zur Nichtigkeit des neuen Vertrags nach § 138 I BGB (*BGHZ* 99, 333 = NJW 1987, 944). Die Folgeverträge sind jedoch nach § 242 BGB anzupassen. Die Grundsätze hierfür finden sich – einander ergänzend – in: BGH NJW 1987, 944; NJW-RR 1987, 679 und 1988, 363. Bei Verlängerung des bisherigen und Gewährung eines Zusatzkredits, die zu einem einheitlichen Kreditgeschäft zusammengefaßt werden: *BGH* NJW 1990, 1509.

c) Sonderfall: Rechtskräftig titulierte Forderungen

Während der Kreditnehmer die Vollstreckung aus einem **notariellen Schuldanerkenntnis,** dem ein nichtiger Ratenkreditvertrag zugrundeliegt, nach § 767 ZPO abwehren kann (*BGH* NJW 1988, 1659), kann er gegen **rechtskräftige Urteile** und **Vollstreckungsbescheide** (sie sind der materiellen Rechtskraft fähig: *BGHZ* 101, 380 = NJW 1987, 3256) nur mit einer **Klage nach § 826 BGB** vorgehen. **Klageantrag:** Unterlassung der Zwangsvollstreckung aus dem Titel und dessen Herausgabe (*BGHZ* 13, 71; 26, 391; 101, 380). **90**

Anspruchsvoraussetzungen, für die der klagende Kreditnehmer die Darlegungs- und Beweislast trägt: **91**

- materielle **Unrichtigkeit** des Titels,
- **Kenntnis** des Titelgläubigers von der Unrichtigkeit,
- zusätzlich: Hinzutreten **besonderer Umstände,** aufgrund deren es dem Gläubiger zugemutet werden muß, die ihm unverdient zugefallene Rechtsposition aufzugeben (*BGHZ* 101, 380). Die Tatsache allein, daß der Gläubiger aus einem nicht erschlichenen materiell falschen Vollstreckungstitel mehr erhält, als ihm bei richtig beurteilter Rechtslage zusteht, begründet keine hier relevanten besonderen Umstände (*BGH* NJW 1991, 330 m. Anm. *Vollkommer*). Diese sind auch zu verneinen, wenn der Kreditnehmer trotz rechtzeitiger anwaltlicher Beratung den Titel gegen sich ergehen ließ (*BGH* NJW 1987, 3259) oder wenn der Titelgläubiger wegen solcher Beträge Befriedigung verlangt, die ihm auch bei Nichtigkeit des Darlehensvertrags zustehen (*BGH* NJW-RR 1989, 622). Für nach dem 1. 7. 1977 erwirkte Vollstreckungsbescheide kommt es darauf an, ob der Titelgläubiger **nach dem damaligen Stand der höchstrichterlichen Rspr.** erkennen konnte, daß sein Anspruch im Fall der Durchsetzung im Klageweg an der gerichtlichen Schlüssigkeitsprüfung hätte scheitern müssen (*BGH* NJW-RR 1988, 757; 1990, 179, 303 und 434). Auch diese Voraussetzungen muß der klagende Kreditnehmer im einzelnen darlegen bzw. widerlegen.

Gerichtsstand: Jeder Vollstreckungsort (§ 32 ZPO); bei Klage auf Rückzahlung aber nur, soweit die Beträge durch Zwangsvollstreckung beigetrieben wurden (*OLG Karlsruhe* NJW-RR 1988, 1389). **Einstweiliger Rechtsschutz:** einstweilige Verfügung des Hauptsachegerichts (§§ 940, 937 ZPO), **nicht:** §§ 767, 769 ZPO analog (*OLG München* NJW 1976, 1748); Abwendung i. d. R. möglich durch Versicherung des Titelgläubigers, vorerst nicht weiter zu vollstrecken. **92**

B XVIII. Haustür- und ähnliche Geschäfte

Sieghart Ott

Übersicht

Literatur: *Klauss/Ose,* Verbraucherkreditgeschäfte, Kommentar zu § 13a UWG, zum HausTWG und zum AbzG, 2. Aufl. 1988; *Werner/Machunsky,* HausTWG (Kommentar mit zahlreichen Rspr.-Hinweisen, auch der Instanzgerichte).

Vorbemerkung

1 Das Gesetz über den Widerruf von Haustürgeschäften und ähnlichen Geschäften vom 16. 1. 1986 (HausTWG) gilt für alle Verträge über eine entgeltliche Leistung (§ 1 I; Ausnahmen: § 1 II und § 6), die in einer Verhandlungssituation abgeschlossen werden, die dadurch gekennzeichnet ist, daß die Vertragsanbahnung **außerhalb eines ständigen Geschäftsbetriebs** erfolgt und so die rechtsgeschäftliche Entscheidungsfreiheit des Kunden besonders gefährdet ist (Direktmarketing). Das HausTWG gilt grundsätzlich nicht für Geschäfte zwischen **Privaten** (solange der Anbieter nicht gewerblich handelt): § 6 Nr. 1, 2. Alternative. Erfüllt ein Geschäft im Sinn des § 1 I HausTWG zugleich die Voraussetzungen eines Geschäfts nach dem VerbrKrG, nach § 11 des Gesetzes über den Vertrieb ausländischer Investmentanteile oder über die Besteuerung der Erträge aus ausländischen Investmentanteilen, nach § 23 des Gesetzes über Kapitalanlagegesellschaften oder nach § 4 des Fernunterrichtsgesetzes, **gehen die Bestimmungen dieser Gesetze vor** (§ 5 II).

I. Begriff des „Haustürgeschäfts“

2 Der **sachliche Anwendungsbereich** des Gesetzes (§ 1 I) setzt voraus:

3 **1.** einen Vertrag über eine entgeltliche Leistung, also einen gegenseitigen oder **Austauschvertrag** im Sinn von § 320 BGB. Entgeltlich ist eine Leistung, wenn mit ihr rechtlich eine Gegenleistung verknüpft ist, ohne daß diese geldwert zu sein braucht. Es kommen alle Arten von Leistungen als Vertragsgegenstand in Betracht, das HausTWG findet also Anwendung auf Kaufverträge, Werk- und Werklieferungsverträge, Partnervermittlungsverträge, Dienstleistungs- und Geschäftsbesorgungsverträge, Kredit- und sonstige Bankverträge, auch Tauschverträge, Leasing- und Mietverträge (bei letzteren wird jedoch in der Regel der Ausnahmetatbestand des § 1 II Nr. 1 HausTWG vorliegen), Verträge mit dem Ziel einmaligen Leistungsaustauschs ebenso wie Dauerschuld-, Wiederkehrschuld- und Sukzessivlieferungsverträge.

Entscheidend ist die **Gegenseitigkeit** des Vertrags, daher erfaßt das Gesetz keine einseitig verpflichtenden Verträge wie Schenkung, Bürgschaft, Verwahrung, Leihe. Umstritten ist der **Vereinsbeitritt.** Es wird zu differenzieren sein, ob der Vereinsbeitritt zu entgeltlichen Leistungen verpflichtet und ob er auf einen Leistungsaustausch gerichtet ist (wie bei Buch- und Freizeitclubs). Nur in diesen Fällen wird der Erwerb der Vereinsmitgliedschaft vom HausTWG erfaßt; ggf. als **Umgehungsgeschäft** (u. Rdnr. 35). 4

2. eine auf den Vertragsabschluß gerichtete **Willenserklärung** des Kunden, wobei auf seiten des Kunden eine Willensbeeinflussung eines rechtsgeschäftlich für ihn handelnden Vertreters genügt. Bei Rechtsgeschäften im Sinn von § 1357 I BGB (Schlüsselgewalt), durch die beide Eheleute verpflichtet werden, kommt es auf die Willensbeeinflussung des Handelnden an, das Widerrufsrecht steht dann beiden zu. 5

3. die **Bestimmung des Kunden,** eine auf den Vertragsschluß gerichtete Willenserklärung abzugeben (**Kausalität).** Die **Darlegungs-** und **Beweislast** hierfür trägt der Kunde. 6

4. eine **relevante Verhandlungssituation,** wie sie in § 1 I Nr. 1–3 HausTWG umschrieben ist. Gemeinsam ist diesen Tatbeständen, daß **entscheidender Ort** nicht der des Vertragsschlusses oder der der Abgabe der Willenserklärung des Kunden ist, sondern der der Willensbeeinflussung durch die andere Vertragspartei, also der Ort des Ansprechens des Kunden. Dessen tatsächliche Überrumpelung ist nicht Voraussetzung, sie wird zum Gesetz unterstellt, Beweiserhebung hierüber ist unzulässig. Das Gesetz nennt enumerativ folgende relevante Verhandlungssituationen, die das Widerrufsrecht des Kunden begründen können: 7

- mündliche Verhandlungen am **Arbeitsplatz** des Kunden oder im Bereich einer **Privatwohnung,** also nicht notwendig: seiner Privatwohnung, wozu auch Hausflur, Garten und sonstige der Privatsphäre zuzurechnende Nebenräume und -flächen gerechnet werden. Erfaßt wird die gesamte private und berufliche Sphäre des Kunden, auch in Seniorenheimen, Hotelzimmern usw.; 8
- von der anderen Vertragspartei oder einem Dritten zumindest auch in deren Interesse durchgeführte **Freizeitveranstaltungen.** Erfaßt werden vor allem die verkaufsorientierten „Kaffeefahrten". Voraussetzung ist, daß der Veranstaltung ein gewisser eigenständiger Freizeitwert zukommt. Nicht hierunter fallen daher Veranstaltungen, die für den Kunden eindeutig erkennbar dem Anbieten oder der Veräußerung von Ware dienen wie reine Verkaufsveranstaltungen (Basare, Flohmärkte), das mitunter übliche Angebot eines kostenlosen Getränks, kostenlose Beförderung zu außerhalb liegenden Einkaufszentren. Erfolgt der Vertragsabschluß im **Ausland,** findet nach Art. 29 I, II EGBGB deutsches Recht und folglich das HausTWG Anwendung. 9
- Es genügt, wenn die Willenserklärung auf Abschluß eines Vertrags **anläßlich** einer Freizeitveranstaltung erfolgt, sie muß also nicht während der Freizeitveranstaltung abgegeben werden. Auch wer in unmittelbarem Anschluß an die Freizeitveranstaltung von einem Mitarbeiter des Veranstalters in der Wohnung aufgesucht und zur Abgabe der Erklärung veranlaßt wird, ist widerrufsberechtigt (*OLG Stuttgart* NJW-RR 1989, 1144); 10
- ein überraschendes Ansprechen in **Verkehrsmitteln** oder im Bereich öffentlich zugänglicher **Verkehrswege.** Hierunter fallen auch die der Benutzung öffentlicher Verkehrsmittel dienenden Orte und Verkehrsflächen wie: Haltestellen, Bahnhöfe, Flughäfen, Autobahnraststätten, Einkaufspassagen, wenn 11

sie dem Verkehr gewidmet sind. Auch Erholungsflächen wie Kurparks, Sportanlagen, Schwimmbäder, Campingplätze zählen hierzu, wenn sie dem Besuch der Öffentlichkeit offenstehen.

12 – **Nicht** erfaßt werden jedoch für den Ort typische Waren- und Leistungsangebote, weil sie nicht überraschend sind: das Angebot von Speisen und Getränken in öffentlichen Verkehrsmitteln und auf öffentlichen Verkehrsflächen; die Warenabgabe in Duty-free-Shops, das Angebot von Verköstigung und Andenken auf Festplätzen. Entscheidend ist das **Überraschungsmoment.**

II. Ausnahmen

13 Umschreibt § 1 I HausTWG den sachlichen Anwendungsbereich des Gesetzes, die „Haustür"-Situation, so bestimmt § 1 II HausTWG, in welchen Fällen ein Recht auf Widerruf nicht besteht, obwohl einer der in § 1 I umschriebenen Tatbestände objektiv vorliegt. Grund: ein Schutzbedürfnis wird in diesen Fällen verneint.

1. Vorhergehende Bestellung

14 Als für die Praxis wichtigste Ausnahme bestimmt § 1 II Nr. 1, daß eine auf den Abschluß eines Vertrags über eine entgeltliche Leistung gerichtete Willenserklärung, zu der der Kunde durch mündliche Verhandlungen an seinem Arbeitsplatz oder im Bereich einer Privatwohnung bestimmt wurde, dann nicht widerrufen werden kann, wenn die mündlichen Verhandlungen, auf denen der Vertragsabschluß beruht, auf vorhergehende Bestellung des Kunden geführt wurden (§ 1 II Nr. 1 HausTWG). Die Ausnahme betrifft folglich ausschließlich den in § 1 I Nr. 1 normierten Tatbestand.

15 **a)** Zum Begriff der „vorhergehenden Bestellung" kann auf die bisherige Rechtsprechung zur Nichtigkeit eines im **Reisegewerbe** abgeschlossenen oder vermittelten Darlehensvertrags (§§ 55, 56 I Nr. 6 GewO in der bis 31. 12. 1990 geltenden Fassung i. V. m. § 134 BGB – s. Vorauflage) Bezug genommen werden (*BGH* NJW 1990, 181/183 re. Sp. lit. c), denn der Begriff ist wörtlich § 55 I GewO entnommen. Gleichwohl ist vor schematischer Übernahme zu warnen: Rechtsfolgen und Beweislast haben sich geändert!

16 Nach *BGH* NJW 1989, 584 kann eine vorhergehende Bestellung zu bejahen sein, wenn eine Bank sich auf Veranlassung eines – vom Kreditsuchenden eingeschalteten – Kreditvermittlers telefonisch bei dem Kreditsuchenden meldet und ihn veranlaßt, sich mit einem Hausbesuch einverstanden zu erklären; nach *BGH* NJW 1989, 3217 kann eine „vorhergehende Bestellung" jedoch dann zu verneinen sein, wenn der Anruf des Kreditvermittlers **nach den Umständen** als Beginn einer verbotenen Überrumpelung zu werten ist. In *BGH* NJW 1990, 181 (II 2 lit. a) wurde die bisherige Rechtsprechung des BGH bekräftigt, daß eine durch den Anbieter **„provozierte Bestellung"** für die Anwendung des § 1 II Nr. 1 HausTWG nicht ausreicht. Zwar muß danach die Initiative zur Bestellung nicht stets vom Kunden ausgehen, doch kann eine im Rechtssinn beachtliche Einladung nie im Rahmen eines vom Anbieter ausgehenden Telefongesprächs erklärt werden. Entscheidend muß es sein, wie es zu der Absprache des Hausbesuchs gekommen ist (*BGH* NJW 1990, 181, 183 li. Sp., II 2b). Das Abstellen auf den Einzelfall bekräftigt auch *BGH* NJW 1990, 1732 (vorhergehende Bestellung verneint, wenn im Rahmen des Abschlusses von Bauverträgen Hausbesuche der

Bauhandwerker zum Zweck der Besichtigung oder Bestandsaufnahme vereinbart werden).

b) Die Bestellung bedarf keiner bestimmten **Form** (jedoch evtl. Dokumentationspflicht des Maklers nach § 10 MaBV, für die Darlehensvermittlung: § 10 III Nr. 4); Schweigen des Kunden ist keinesfalls als konkludenter Besuchswunsch anzusehen. Stellvertretung in der Person des Kunden ist zulässig. 17

c) Beweislast: die Voraussetzungen des Widerrufsrechts („Haustürgeschäft") sind vom Kunden zu beweisen, die Voraussetzungen einer Ausnahme nach § 1 II Nr. 1–3 von der anderen Vertragspartei (Anbieter). 18

d) Rechtsfolgen: Mangelnde vorhergehende Bestellung führt nicht zur Nichtigkeit sondern zur Widerruflichkeit. Solange der Widerruf noch zulässig, aber nicht erklärt ist, ist der Vertrag schwebend unwirksam. 19

2. Bagatellfälle

Das Widerrufsrecht ist ausgeschlossen, wenn der Anbieter bei Abschluß der Vertragsverhandlungen seine Leistung sofort erbracht und der Kunde sofort bezahlt hat, sofern das Entgelt DM 80 nicht übersteigt (§ 1 II Nr. 2 HausTWG). **Darlegungs- und Beweislast:** o. Rdnr. 18. 20

3. Notariell beurkundete Willenserklärungen

Diese können nicht widerrufen werden (§ 1 II Nr. 3 HausTWG). 21

4. Das HausTWG findet keine Anwendung (§ 6) 22

- wenn der Kunde den Vertrag in Ausübung einer **selbständigen Erwerbstätigkeit** abschließt, z. B. als Kaufmann oder sonst Gewerbetreibender, Handwerker, Landwirt, Freiberufler, freischaffender Künstler bzw. Wissenschaftler (umstr.), 23
- wenn die andere Vertragspartei (Anbieter) nicht **geschäftsmäßig** handelt, z. B. bei Austauschverträgen zwischen **Privaten,** 24
- beim Abschluß von **Versicherungsverträgen.** Bei gemischten Verträgen beschränkt sich die Ausnahme auf den versicherungsrechtlichen Teil. 25

III. Widerrufsrecht

Die auf den Abschluß eines „Haustürgeschäfts" (Rdnrn. 2–12) gerichtete Willenserklärung kann der Kunde, sofern kein Ausnahmetatbestand gegeben ist (Rdnrn. 13–25), innerhalb einer **Frist von einer Woche** schriftlich widerrufen (§ 1 I HausTWG). 26

1. Voraussetzungen des Widerrufs

Die Wochenfrist muß eingehalten sein, doch genügt zur Fristwahrung die rechtzeitige Absendung des Widerrufs (§ 2 I 1). Sie ersetzt jedoch nicht das Erfordernis des **Zugangs** des Widerrufs, der empfangsbedürftige Willerserklärung ist. **Beweislast:** für das Vorliegen der Widerrufsvoraussetzungen, die Absendung und den Zugang des Widerrufs trägt der Kunde die Darlegungs- und Beweislast. 27

Die Widerrufsfrist beginnt jedoch erst, wenn die andere Vertragspartei (Anbieter) dem Kunden eine drucktechnisch deutlich gestaltete schriftliche **Beleh-** 28

rung über sein Recht zum Widerruf ausgehändigt hat, die den Namen und die Anschrift des Widerrufsempfängers enthalten muß sowie die Belehrung, daß zur Fristwahrung die rechtzeitige Absendung des Widerrufs genügt. Die Belehrung darf keine anderen Erklärungen enthalten und ist vom Kunden zu unterschreiben. Unterbleibt die Belehrung, erlischt das Widerrufsrecht des Kunden erst einen Monat nach beiderseits vollständiger Erbringung der Leistung (§ 2 I 2–4). **Beweislast:** der Anbieter für die Belehrung und ihren Zeitpunkt (§ 2 II).

29 Das Rechtsgeschäft selbst ist nicht **formbedürftig,** nur die Belehrung, es sei denn, daß nach anderen gesetzlichen Vorschriften eine bestimmte Form vorgeschrieben ist (z. B. Mietvertrag: § 566 BGB).

2. Folgen des Widerrufs

30 Bei wirksamem Widerruf kommt der bis zum Fristablauf schwebend unwirksame Vertrag (§ 1 I HausTWG) nicht zustande. Es entsteht ein Rückgewährschuldverhältnis nach § 3 HausTWG, das nicht nur zur Rückgewähr der jeweils empfangenen Leistungen verpflichtet (§ 3 I 1), sondern auch zur Zahlung einer Gebrauchs- oder Benutzungsvergütung durch den Käufer, wenn ihm die Sache bereits überlassen war oder er sonstige Leistungen bereits empfangen hat, jedoch ohne Berücksichtigung einer Wertminderung durch bestimmungsgemäße Ingebrauchnahme einer Sache oder Inanspruchnahme einer sonstigen Leistung (§ 3 III). **Aufwendungsersatz** kann der Kunde nach § 3 IV fordern.

31 Der Widerruf wird durch eine Verschlechterung, den Untergang oder die anderweitige Unmöglichkeit der Herausgabe des erhaltenen Gegenstands nicht ausgeschlossen. Hat der Kunde die Verschlechterung, den Untergang oder die anderweitige Unmöglichkeit zu vertreten, hat er dem Anbieter die Wertminderung oder den Wert zu ersetzen (§ 1 I 2, 3). Ist der Kunde jedoch nicht nach § 2 belehrt worden und hat er auch nicht anderweitig Kenntnis von seinem Widerrufsrecht erhalten, hat er eine Verschlechterung, den Untergang oder die anderweitige Unmöglichkeit nur dann zu vertreten, wenn er diejenige Sorgfalt nicht beachtet hat, die er in eigenen Angelegenheiten anzuwenden pflegt (§ 3 II).

32 **Beweislast:** Für Rückgabe der Sache: Kunde. Fordert die andere Vertragspartei (Anbieter) Wertersatz, muß sie dessen Voraussetzungen beweisen; beruft der Kunde sich auf die Unmöglichkeit der Herausgabe wegen Untergangs oder Abhandenkommens, hat er sein Nichtverschulden entspr. § 282 BGB zu beweisen.

33 **Verjährung:** Ansprüche des privaten Kunden auf Rückgewähr und Ersatz notwendiger Aufwendungen: 30 Jahre (§ 195 BGB), soweit nicht § 197 BGB eingreift. Ansprüche der anderen Vertragspartei (Anbieter): grundsätzlich zwei Jahre gegen Privatkunden, § 196 BGB analog; dinglicher Herausgabeanspruch: 30 Jahre, § 195 BGB.

34 **Erfüllung der Rückgewähransprüche:** Zug um Zug, § 4 HausTWG.

IV. Umgehungsverbot

35 Die Vorschriften des HausTWG sind **zwingend,** zum Nachteil des Kunden abweichende Vereinbarungen sind unwirksam (§ 5 III 1). Das Gesetz findet auch auf Umgehungsgeschäfte Anwendung (§ 5 I). Hauptanwendungsfall: **Vereinsbeitritt,** wenn er aus der Sicht des Kunden dem Abschluß eines entgeltlichen Vertrages gleichkommt, weil die Mitgliedschaft geprägt wird von durch den

Mitgliedsbeitrag finanzierten Leistungen (o. Rdnr. 4). Umstr.; anders: OLG Karlsruhe NJW 1991, 433.

Versandhandelsprivileg: § 5 III 2 (Widerrufsrecht wird durch Rückgaberecht ersetzt). **36**

V. Gerichtliche Durchsetzung

Für Klagen aus „Haustürgeschäften" im Sinn des § 1 einschließlich Umgehungsgeschäften (§ 5 I) ist ausschließlich das Gericht zuständig, in dessen Bezirk der Kunde zur Zeit der Klageerhebung seinen Wohnsitz oder in Ermangelung eines solchen seinen gewöhnlichen Aufenthaltsort hat (§ 7 I). Eine abweichende Vereinbarung, für deren Form § 40 I ZPO gilt, ist nur nach § 7 II HausTWG zulässig. Dieser Gerichtsstand gilt grundsätzlich auch für Klagen aus Wechseln und Schecks, wenn die Begebung aufgrund eines Haustürgeschäfts erfolgt ist, es sei denn, daß der Erwerber gutgläubig war. **37**

Für das **Mahnverfahren** geht die ausschließliche Zuständigkeit des Mahngerichts (§ 689 II 3 ZPO) vor; § 7 HausTWG gilt erst für das streitige Verfahren. **38**

VI. Zeitlicher Geltungsbereich

Das HausTWG ist am 1. Mai 1986 in Kraft getreten. **39**

Es findet keine Anwendung auf Verträge, die vor diesem Zeitpunkt geschlossen wurden; § 7 gilt jedoch auch für Klagen aus Haustürgeschäften, die vor dem 1. Mai 1986 abgeschlossen wurden. Bei Mahnbescheiden kommt es auf den Zeitpunkt des Übergangs zum streitigen Verfahren an.

C. Sonstige Verfahren

C I. Der Arbeitsgerichtsprozeß

Dr. Jobst-Hubertus Bauer

Übersicht

Literatur: *Ascheid,* Beweislastfragen im Kündigungsschutzprozeß, 1989; *Auffarth/Schönherr,* ArbGG (Loseblatt) Stand Oktober 1987; *Bauer,* Arbeitsrechtliche Aufhebungsverträge, 2. Aufl. 1991; *Bauer/Röder,* Kündigungsfibel, 2. Aufl., 1991; *Berkowsky,* Die betriebsbedingte Kündigung, 2. Aufl. 1985; *ders.,* Die personenbedingte Kündigung, 1986; *Bulla/Buchner,* MutterschutzG, 5. Aufl. 1981; *Fitting/Auffarth/Kaiser/Heither,* BetrVerfG, 16. Aufl. 1990 (zitiert FAKH); *Gagel,* Sozialrechtliche Konsequenzen von Vergleichen in Kündigungsschutzprozessen, 2. Aufl. 1987; *Germelmann/Matthes/Prütting,* ArbGG 1990; *Gröninger/Thomas,* MutterschutzG (Loseblatt), Stand März 1988; *Grunsky,* ArbGG, 6. Aufl. 1990; *Herschel/Löwisch,* KSchG, 6. Aufl. 1984; *Hueck,* KSchG, 10. Aufl. 1980; *Knorr/Bichlmeier/Kremhelmer,* Die Kündigung. Ein Handbuch des Kündigungsrechts, 2. Aufl. 1986; (KR-*Bearbeiter*), Gemeinschaftskommentar zum Kündigungsschutzgesetz und sonstigen kündigungsschutzrechtlichen Vorschriften, 3. Aufl. 1988; *Langer,* Die anwaltliche Praxis in Arbeitssachen, 1989; *Lepke,* Kündigung bei Krankheit, 6. Aufl. 1984; *Meisel/Sowka,* MutterschutzG, 3. Aufl. 1989; *Müller/Bauer,* Der Anwalt vor den Arbeitsgerichten, 3. Aufl. 1991; *Rohlfing/Rewolle/Bader,* ArbGG (Loseblatt), Stand Juli 1987; *dies.,* KSchG (Loseblatt), Stand Januar 1988; *Schaub,* Arbeitsrechts-Handbuch, 6. Aufl. 1987; *ders.,* Arbeitsgerichtliche Formularsammlung und Arbeitsgerichtsverfahren, 5. Aufl. 1990; *Stahlhacke,* Kündigung und Kündigungsschutz im Arbeitsverhältnis, 4. Aufl. 1982; *Wilrodt/Neumann,* SchwerbehindertenG, 7. Aufl. 1988; *Zirnbauer,* Anwaltliche Kunstfehler im Arbeitsrecht, NZA Beil 3/1989 S. 34; *Zmarzlik/Zipperer/Viethen,* Mutterschutzgesetz, Mutterschaftshilfe, 5. Aufl. 1986. – **Zum Beschlußverfahren:** *Auffarth,* Neuerungen im arbeitsgerichtlichen Beschlußverfahren nach dem Arbeitsgerichtsgesetz 1979, in: Festschrift G. Müller, 1981 S. 3; *Bauer,* Sprecherausschußgesetz, 2. Aufl. 1990; *Bulla,* Die Konkurrenz von arbeitsgerichtlichen Urteils- und Beschlußverfahren,

RdA 1978, 205; *Däubler,* Gewerkschaftliches Klagerecht gegen tarifwidrige Betriebsvereinbarungen?, BB 1990, 2256; *Dütz,* Verfahrensrecht der Betriebsverfassung, AuR 1973, 353; *Dunkl,* Der Begriff und die Arten der Beteiligten im arbeitsgerichtlichen Beschlußverfahren, 1979; *Fabricius/Kraft/Thiele/Wiese/Kreutz,* Gemeinschaftskommentar zum BetrVG (zitiert GK-*Bearbeiter*), 4. Aufl. 1987; *Grunsky,* Antragsbefugnis der Gewerkschaft zur Feststellung der Tarifvertragswidrigkeit einer Betriebsvereinbarung, DB 1990, 526; *Laux,* Die Antrags- und Beteiligungsbefugnis im arbeitsgerichtlichen Beschlußverfahren, 1985; *Matthes,* Zur Antragstellung im Beschlußverfahren, DB 1984, 453; *ders.,* Verfahrensrechtliche Fragen im Zusammenhang mit Beteiligungsrechten des Betriebsrats bei personellen Einzelmaßnahmen, DB 1989, 1285. – **Zum Einigungsstellenverfahren:** *Bauer,* Der Anwalt im Einigungsstellenverfahren, AnwBl. 1985, 225; *Bauer/Röder,* Problemlose Einigungsstellenkosten?, DB 1989, 224; *Bengelsdorf,* Die Vergütung der Einigungsstellenmitglieder, NZA 1989, 489; *Bischoff,* Die Einigungsstelle im Betriebsverfassungsrecht, 1975; *Gaul,* Die betriebliche Einigungsstelle, 2. Aufl. 1980; *Heinze,* Verfahren und Entscheidung der Einigungsstelle, RdA 1990, 262; *Löwisch,* Die gesetzliche Regelung der Einigungsstellenkosten, DB 1989, 223; *Lunk/Nebendahl,* Die Vergütung der außerbetrieblichen Einigungsstellenbeisitzer, NZA 1990, 921; *Pünnel,* Die Einigungsstelle des BetrVG 1972, 3. Aufl. 1990; *Schönfeld,* Die Person des Einigungsstellenvorsitzenden, DB 1988, 1996; *ders.,* Grundsätze der Verfahrenshandhabung der Einigungsstelle, NZA Beil. 4/1988 S. 3; *Sowka,* Die Tätigkeit von Rechtsanwälten als Parteivertreter vor der Einigungsstelle, NZA 1990, 91; *Ziege,* Der Rechtsanwalt im Einigungsstellenverfahren gem. § 76a BetrVG, NZA 1990, 926. – **Zur Rechtslage in der ehemaligen DDR:** Einigungsvertrag vom 31. 8. 1990 (BGBl. II S. 889) und Einigungsvertragsgesetz vom 23. 9. 1990 (BGBl. II S. 885). – **Fachzeitschriften:** Arbeit und Recht (AuR); Neue Zeitschrift für Arbeits- und Sozialrecht (NZA); Recht der Arbeit (RdA); Zeitschrift für Arbeitsrecht (ZfA).

I. Urteilsverfahren

1. Einleitung

Die Mehrzahl arbeitsgerichtlicher Urteilsverfahren besteht aus Kündigungs- 1
schutzprozessen. Diese bestimmen deshalb weitgehend die Tätigkeit von „Vertretern“ von Arbeitgeberverbänden und Gewerkschaften, Mitarbeitern von Personal- und Rechtsabteilungen, zunehmend aber auch von Anwälten. Im Unterschied zu den Verbandsvertretern ist der freiberufliche **Anwalt,** nicht zuletzt wegen seiner Unabhängigkeit, der **geborene Interessenvertreter** (*Bauer* AnwBl 1987, 383). Voraussetzung ist, daß er sich auf dem Gebiet des Arbeitsrechts auskennt. Nötig sind materielle und prozessuale Rechtskenntnisse.

Im folgenden sollen die wichtigsten Fragen von der Annahme des Mandats 2
bis zum Abschluß des Urteilsverfahrens, insbesondere des Kündigungsschutzverfahrens, erörtert werden. Dabei ist es allerdings nicht möglich, näher auf materielle Probleme des Kündigungsrechts (z. B. Fristen, Zugang, Kündigungsgründe) einzugehen. Im Vordergrund stehen vielmehr **rechtliche und taktische Verfahrensfragen,** die sich aus KSchG und ArbGG ergeben.

2. Annahme von Mandaten in Kündigungsschutzsachen

Dem Anwalt ist dringend zu empfehlen, schon frühzeitig und gründlich die 3
Sach- und Rechtslage aufzuklären, um die Weichen im Interesse des Mandanten richtig stellen zu können.

An die **Sorgfaltspflicht** des Anwalts wird gerade bei arbeitsrechtlicher Bera- 4
tung – und hier vor allem im Bereich des Kündigungsschutzes und der Lohnsi-

cherung der Arbeitnehmer – ein scharfer Maßstab angelegt. Unruhe hat das Urteil des *BGH* vom 29. 3. 1983 (DB 1983, 1606; vgl. dazu *Weisemann* AnwBl 1984, 1974) ausgelöst. Danach beachtet der Anwalt, der die Vertretung eines Arbeitnehmers in einem Arbeitsgerichtsprozeß übernimmt, nur dann die im Verkehr erforderliche Sorgfalt, wenn er die veröffentlichte höchstrichterliche Rechtsprechung, vornehmlich die in der amtlichen Sammlung des BAG abgedruckten Entscheidungen, berücksichtigt.

5 Das Mandat in einem Kündigungsrechtsstreit verpflichtet den Anwalt zunächst selbstverständlich, die Erfolgsaussichten einer Klage und/oder eines Rechtsmittelverfahrens mit dem Arbeitnehmer umfassend zu erörtern (vgl. *BGH* NJW 1986, 2043; *BGH* NJW 1984, 791; vgl. weiter LG Dortmund vom 8. 6. 1988 – 6 O 76/88 und in diesem Zusammenhang *Schlee* AnwBl. 1990, 459 zur Frage, inwieweit bei einem aussichtslosen Mandat eine Pflicht des Anwalts zur Mandatsniederlegung besteht). Dabei darf der Anwalt aber nicht stehenbleiben; er muß vielmehr auf sonstige finanzielle Interessen des Mandanten, die im Zusammenhang mit der Kündigung stehen „erkennen oder durch Befragung ermitteln" (*BGH* a. a. O.). Dazu gehört es, für eine **Sicherung der Gehaltsansprüche** zu sorgen. Der Anwalt muß deshalb daran denken, das solche Ansprüche möglicherweise innerhalb bestimmter Verfallfristen schriftlich (genügend ist aber in diesem Fall eine Kündigungsschutzklage; *BAG* EzA Nrn. 27, 28, 30 zu § 4 TVG – Ausschlußfristen) oder gerichtlich (hier genügt die Erhebung einer „reinen" Kündigungsschutzklage nicht, *BAG* AP 31 zu § 4 TVG „Ausschlußfristen" mit Anm. von *Zöllner*) geltend gemacht werden müssen. Dem Anwalt obliegt dabei die Pflicht, den Sachverhalt aufzudecken, d. h. auch zu ermitteln, ob der Arbeitnehmer individualvertraglich eine Ausschlußfrist (auch die Verweisung auf einen Tarifvertrag!) vereinbart hat, oder ob ein (auch nur allgemeinverbindlicher oder kraft betrieblicher Übung zum Zuge kommender) Tarifvertrag auf das Arbeitsverhältnis des Arbeitnehmers Anwendung findet (*BGH* a. a. O.).

6 Diese Rechtsprechung zwingt den Anwalt nicht nur dazu, gründlich zu arbeiten, sondern auch schnell. So muß er nicht nur unverzüglich prüfen, ab wann die 3-Wochen-Frist des § 4 KSchG zu laufen beginnt, sondern z. B. auch, ob eine Zurückweisung einer Kündigung nach § 174 BGB in Betracht kommt. Zur raschen und frühzeitigen **Aufklärung der Sach- und Rechtslage** gehört es, folgende Feststellungen zu treffen und mit dem Mandanten zu besprechen, ohne daß die Aufzählung Anspruch auf Vollständigkeit erhebt:

7
- Feststellung der Parteiverhältnisse (Name, Anschrift, Familienstand, Unterhaltspflichten, Alter, Betriebszugehörigkeit, Status, Organisation des Arbeitgebers, Belegschaftsstärke des Betriebs usw.);
- Zugang der Kündigung (vgl. *BAG* NZA 1988, 875) und Ablauf der Klagefrist;
- Ist die Kündigung formell in Ordnung? (Schriftform, schriftliche Begründung, Zurückweisung nach § 174 BGB, Kündigungsfrist);
- Greift der Kündigungsschutz nach dem KSchG ein? (Betriebsgröße, Wartezeit – vgl. *BAG* NZA 1990, 221 zur Frage, ob die Zeiten früherer Arbeitsverhältnisse anzurechnen sind und *BAG* NZA 1989, 884 zur Beweislast für eine rechtliche Unterbrechung eines Arbeitsverhältnisses –, Arbeitnehmerbegriff);
- Kündigungsart und Gründe prüfen; kommt ein Wiedereinstellungsanspruch in Betracht (vgl. dazu *Brahm/Rühl* NZA 1990, 753)?

- Ist der Betriebsrat/Sprecherausschuß ordnungsgemäß angehört worden?;
- Kann sich der Arbeitnehmer auf besonderen Kündigungsschutz berufen (vgl. Rdnr. 120ff.)?;
- Ist ein nachvertragliches Wettbewerbsverbot vereinbart? (Falls ja, an §§ 75, 75a HGB denken; vgl. Rdnr. 109ff.);
- Besteht Anspruch auf betriebliche Altersversorgung? (Falls ja: Wann wurde Zusage erteilt? Ist die Zusage schon unverfallbar?, Abfindungsverbot des § 3 BetrAVG beachten; vgl. Rdnr. 102ff.);
- Auflistung aller sonstigen offenen gegenseitigen Ansprüche der Parteien vornehmen, z. B.: (Rückständige) Vergütung (Gratifikation, 13. oder 14. Monatsgehalt, Urlaub und Urlaubsgeld, Provision, Tantieme, Spesenvorschuß), Darlehen, Firmen-PKW, Umzugs-/Ausbildungskosten, Werkwohnung (bei Streitigkeiten über die Miethöhe für Werk**miet**wohnungen sind die Amtsgerichte nach § 29a ZPO zuständig – *BAG* vom 24. 1. 1990 – 5 AZR 749/87; bei Werk**dienst**wohnungen nach § 565e BGB handelt es sich bei der bloßen Kündigung der Wohnungsverpflichtung um eine unzulässige Teilkündigung – *BAG* DB 1990, 740), (Zwischen-)Zeugnis, Schadensersatz, Arbeitnehmererfindungsansprüche, Herausgabe von Arbeitsmitteln (Preis- und Kundenlisten, Muster, Werkzeuge, Angebotsunterlagen, Literatur usw.), Arbeitspapiere (Lohnsteuerkarte, Versicherungsunterlagen, Urlaubsbescheinigung, Bescheinigung nach § 133 AFG);
- Werden die Ansprüche tangiert durch Ausschlußfristen, Bindungsklauseln und/oder Rückzahlungsvorbehalte?;
- Muß die Arbeit angeboten werden – §§ 615 BGB, 11 KSchG beachten!? – Vgl. BAG/ZIP 1990, 1292 und *Bauer/Hahn* NZA 1991, 217.
- Klarheit über (Prozeß-)Ziel gewinnen:
  Arbeitnehmer: Will er sich den Arbeitsplatz erhalten oder strebt er eine Abfindung an? Sollen oder müssen weitere Ansprüche mit Geld gemacht werden? Weiterbeschäftigungsanspruch ggfs. nicht vergessen!
  Arbeitgeber: Ist er bereit, notfalls eine Abfindung (in welcher Höhe?) zu bezahlen? Kommt eine Widerklage (z. B. wegen Schadensersatz) in Betracht?
- Welches Gericht ist sachlich und örtlich zuständig?
- Soweit eine Rechtsschutzversicherung besteht, muß diese unverzüglich eingeschaltet werden;
- Besteht keine Rechtsschutzversicherung, ist zu prüfen ob ein PKH-Antrag oder ein Antrag nach § 11a ArbGG in Betracht kommt (vgl. Rdnr. 34ff.);
- Wenn eine Honorarvereinbarung getroffen werden soll, muß sie schriftlich (§ 3 BRAGO) erfolgen;
- Belehrung des Mandanten gem. § 12a ArbGG (vgl. Rdnr. 153);
- Vollmacht.

3. Grundzüge des Urteilsverfahrens

a) Verweisung auf die ZPO

Beim arbeitsgerichtlichen Urteilsverfahren handelt es sich um einen **echten Zivilprozeß.** Für das Urteilsverfahren des ersten Rechtszugs schreibt § 46 I 1 ArbGG die Geltung der §§ 495ff. ZPO zwingend vor, soweit das ArbGG nichts Abweichendes bestimmt. Da § 495 I 1 ZPO auf die Vorschriften über das Verfahren vor dem Landgerichten verweist, sind die Verfahrensvorschriften für das Urteilsverfahren des ersten Rechtszugs dreistufig angeordnet: Zunächst muß 8 geprüft werden, ob das ArbGG eine unmittelbare Regelung enthält; ist dies nicht der Fall, sind die §§ 495ff. ZPO heranzuziehen; schweigen auch diese, muß auf die Vorschriften über das Verfahren vor den Landgerichten (§§ 23 und 50ff. ZPO) zurückgegriffen werden. Da aber das ArbGG und die §§ 495ff. ZPO nur einzelne Fragen beantworten, ist die Anwendung der Vorschriften über das landgerichtliche Verfahren die Regel.

9 Die Anwendbarkeit der ZPO hat zur Folge, daß im arbeitsgeichtlichen Urteilsverfahren der **Dispositionsgrundsatz** gilt. Der Kläger muß also einen bestimmten Antrag stellen, an den das Gericht gebunden ist (§§ 253 I Nr. 2, 308 ZPO). Der Dispositionsgrundsatz ermöglichst es den Parteien auch, die Rechtshängigkeit des Verfahrens zu beenden bzw. dessen Gegenstand zu verändern. Damit gelten die Vorschriften über die Klagerücknahme (§ 269 ZPO), die Klageänderung (§ 263f ZPO), den Verzicht (§ 306 ZPO) und das Anerkenntnis (§ 307 ZPO) sowie die Erledigung der Hauptsache (§ 91a ZPO, vgl. dazu *Künzl,* DB 1990, 2370).

10 Eng verwandt mit dem Dispositionsgrundsatz ist die **Verhandlungsmaxime.** Danach können die Gerichte für Arbeitssachen in der Regel nur solche Tatsachen berücksichtigen, die von den Parteien vorgetragen und soweit sie bestritten werden – bewiesen worden sind (*BAG* AP Nr. 3 zu § 9 KSchG).

11 Neben dem Urteilsverfahren kennt das ArbGG mit dem **Beschlußverfahren** (§§ 80ff. ArbGG) eine zweite völlig eigenständige Verfahrensart für betriebsverfassungsrechtliche Streitigkeiten sowie Angelegenheiten aus dem MitbestG und dem BetrVG 1952, soweit über die Wahl von Vertretern der Arbeitnehmer in den Aufsichtsrat und über ihre Abberufung mit Ausnahme der Abberufung nach § 103 Abs. 3 AktG zu entscheiden ist (§ 2a I Nrn. 1 und 2 ArbGG). Statt von „Parteien“ spricht § 83 I 2 ArbGG von „Beteiligten“. Während im Urteilsverfahren eine Klage erhoben wird, ist im Beschlußverfahren nur von Anträgen die Rede; deshalb gibt es dort auch nur „Antragsteller“ und „Antragsgegner“. Im Unterschied zum Urteilsverfahren erforscht das Gericht den Sachverhalt „im Rahmen der gestellten Anträge von Amts wegen“ (§ 83 I 1 ArbGG).

b) Besonderheiten

12 Im arbeitsgerichtlichen Urteilsverfahren gelten gegenüber der ZPO vor allem folgende Besonderheiten:

- Im Mahnverfahren gilt nach § 46a III ArbGG im Unterschied zu § 692 I 3 ZPO nur eine Widerspruchsfrist von einer statt zwei Wochen;
- Nach § 46 II 2 ArbGG gelten die §§ 592ff. ZPO über den Urkunden- und Wechselprozeß nicht. Umstritten ist allerdings, ob die Zuständigkeit der Arbeitsgerichte einem Urkundenprozeß vor dem ordentlichen Gerichten entgegensteht (vgl. *Grunsky* § 2 Rdnr. 6; *Schaub,* Formularsammlung, § 82 II 6);
- Das arbeitsgerichtliche Verfahren beginnt zwingend mit der Güteverhandlung (§ 54 ArbGG; vgl. Rdnrn. 48ff.);
- Es gibt kein schriftliches Vorverfahren (§ 46 II 2 ArbGG);
- Nach § 59 I 1 ArbGG kann gegen ein Versäumnisurteil nur binnen einer Notfrist von einer Woche nach seiner Zustellung Einspruch eingelegt werden, und zwar schriftlich oder zu Protokoll der Geschäftsstelle (anwendbar bleibt § 340 III ZPO);
- Da im arbeitsgerichtlichen Verfahren kein schriftliches Vorverfahren stattfindet (§ 46 II 2 ArbGG) kann ein Versäumnisurteil nur aufgrund mündlicher Verhandlung ergehen; § 331 III ZPO ist deshalb nicht anwendbar;

- Die §§ 101 bis 110 ArbGG enthalten für die Arbeitsgerichtsbarkeit eine abschließende Sonderregelung der Schiedsgerichtsbarkeit;
- Gerichtsferien gibt es nicht in der Arbeitsgerichtsbarkeit. Also: In Arbeitsgerichtsverfahren läuft eine normale nicht durch Gerichtferien verlängerte Berufungsbegründungsfrist;
- § 9 I 1 ArbGG ordnet allgemein die Beschleunigung des arbeitsgerichtlichen Verfahrens an. Die **Beschleunigungstendenz des ArbGG** drückt sich darüber hinaus in zahlreichen Einzelbestimmungen aus, die von den für das Verfahren vor den ordentlichen Gerichten geltenden Regelungen nicht unerheblich abweichen (verkürzte Einlassungsfrist auf eine Woche, § 47 I ArbGG; verkürzte Einspruchsfrist gegen Versäumnisurteil, § 59 S. 1 ArbGG; besondere Beschleunigung für das Kündigungsschutzverfahren, § 61a ArbGG; Zustellung der Urteile von Amts wegen, wobei die Zustellung innerhalb von 3 Wochen seit Übergabe an die Geschäftsstelle erfolgen muß, § 50 I 1 ArbGG; Zurückweisung verspätetes Vorbringen in der Berufungsinstanz schon bei einfachem Verschulden der Partei, § 67 II ArbGG);
- Wer die **Gerichtskosten** letztlich zu tragen hat, ergibt sich aus der Kostenentscheidung. Verfahren vor den Gerichten für Arbeitssachen sind im Vergleich zum Zivilprozeß relativ billig; in erster Instanz wird nur eine einmalige Gebühr erhoben, deren Höhe sich nach dem Streitwert richtet. Der Mindestbetrag ist 3 DM, der Höchstbetrag 500 DM. Im übrigen kann die Gebührenhöhe der Gebührentabelle (= Anlage 2 zu § 12 II ArbGG) entnommen werden. Endet das erstinstanzliche Verfahren durch Prozeßvergleich, fallen keine Gebühren an, und zwar auch dann nicht, wenn streitig verhandelt worden ist (Gebührenverzeichnis Nr. 2112). Kostenvorschüsse werden nicht erhoben (§ 12 IV 2 ArbGG). Völlig kostenfrei sind Beschlußverfahren (§ 12 V ArbGG). In der Berufungs- und/oder Revisionsinstanz können zwei Gebühren (Verfahrens- und Urteilsgebühr) anfallen;
- Nach § 12a I 1 ArbGG besteht im Urteilsverfahren des ersten Rechtszugs kein Anspruch der obsiegenden Partei auf Entschädigung wegen Zeitversäumnis und auf Erstattung von Anwaltskosten;
- § 11a ArbGG sieht die Beiordnung eines Rechtsanwaltes vor (vgl. Rdnrn. 33ff.).

4. Erste Instanz

In erster Instanz besteht **kein Anwaltszwang** (§ 11 I ArbGG). Damit kommt § 79 ZPO zum Zuge, wonach sich eine Partei durch jede prozeßfähige Person und damit auch von jedem bei einem deutschen Gericht zugelassenen Anwalt vertreten lassen kann mit Ausnahme der beim BGH zugelassenen Anwälte (§ 172 BRAO; vgl. *Müller/Bauer* A.II.1.a). Eine Partei ist nach § 11 ArbGG vor dem Arbeitsgericht ordnungsgemäß vertreten auch durch einen Rechtsreferendar, der bei einem von der Partei bevollmächtigten Rechtsanwalt besschäftigt ist, und dem von diesem Rechtsanwalt Untervollmacht zum Auftreten vor dem Arbeitsgericht erteilt ist (*BAG* NZA 1990, 665). **13**

Nach § 11 I 2 ArbGG ist auch eine Vertretung durch **Verbandsvertreter** oder durch Vertreter von selbständigen Vereinigungen von Arbeitnehmern mit sozial- oder berufspolitischer Zwecksetzung zulässig (vgl. *BAG* NZA 1990, 666). Der „Vertreter" im Sinne des § 11 I ArbGG ist kein Stellvertreter, da er nicht für seinen Verband, sondern allein für die Partei rechtsgeschäftliche Erklärungen **14** abzugeben hat (*Grunsky* § 11 Rdnr. 10). Eine nicht im Verband organisierte Prozeßpartei kann sich nicht durch einen Verbandsvertreter vertreten lassen (*BAG* AP Nr. 35 zu § 11 ArbGG). Entsprechendes gilt für den Arbeitgeber.

15 Der Prozeßbevollmächtigte hat seine Bevollmächtigung durch schriftliche Vollmacht nachzuweisen und zu den Gerichtsakten zu geben (§ 46 II ArbGG i. V. m. § 80 I ZPO). Der Mangel der Vollmacht kann vom Gegner in jeder Lage des Rechtsstreits gerügt werden (§ 88 I ZPO). Tritt vor dem Arbeitsgericht allerdings ein **Anwalt** auf, so erfolgt die Prüfung nur auf Rüge des Gegners (§ 88 II ZPO).

5. Zweite Instanz

16 Nach § 64 I ArbGG findet gegen die erstinstanzlichen Urteile grds. die Berufung an die Landesarbeitsgerichte statt. Bei vermögensrechtlichen Streitigkeiten ist Voraussetzung, daß der **Wert des Beschwerdegegenstandes** 800 DM übersteigt oder die Berufung im Urteil zugelassen worden ist (§ 64 II ArbGG). Um vermögensrechtliche Streitigkeiten handelt es sich immer in Kündigungsschutzverfahren (*BAG* AP Nr. 1 zu § 64 ArbGG 1969; *LAG Berlin* DB 1980, 2044), aber auch beim Anspruch auf Zeugnis (*LAG Baden-Württemberg* BB 1977, 400) und dem Streit um die Zulässikgeit einer zur Personalakte genommenen Abmahnung (*LAG Rheinland-Pfalz* EzA Nr. 9 zu § 64 ArbGG).

17 Zu beachten ist, daß **Streitwert und Beschwer** nicht immer identisch sein müssen. Hat der Arbeitnehmer eine Bruttovergütung von 1000 DM eingeklagt und sind ihm durch Urteil des Arbeitsgerichts nur 700 DM zugesprochen worden, so beträgt der Streitwert 1000 DM, die Beschwer dagegen nur 300 DM, so daß eine Berufung nicht statthaft ist, es sei denn, sie ist im Urteil zugelassen worden. Legt die beim Arbeitsgericht in vollem Umfang unterlegene Partei uneingeschränkt Berufung ein, so stimmt der Wert der Beschwer mit dem im Urteil des Arbeitsgerichtes festgesetzten Streitwerts überein. Eine gesonderte Ermittlung des Beschwerdewertes kommt dann nicht in Betracht (*BAG* NZA 1988, 705).

18 Vor den Landesarbeitsgerichten müssen sich die Parteien nach § 11 II 1 ArbGG durch Anwälte als Prozeßbevollmächtigte vertreten lassen. Allerdings können gem. § 11 II 2 ArbGG anstelle der Anwälte auch Verbandsvertreter auftreten (vgl. *BAG* NZA 1990, 666 zur Postulationsfähigkeit eines Verbandsvertreters). § 11 II 1 2. Halbs. ArbGG bestimmt ausdrücklich, daß jeder bei einem deutschen Gericht zugelassene Anwalt auftreten kann, mit Ausnahme der beim BGH zugelassenen Anwälte (§ 172 BRAO). Ein **Lokalisationsprinzip** und/oder ein Prinzip der besonderen Zulassung gilt also nicht. Da nur Anwälte und die ihnen insoweit gleichgestellten Personen des § 11 II ArbGG vor den Landesarbeitsgerichten auftreten dürfen, kann eine Untervollmacht nur an eine solche Person erteilt werden, die in ihrer Person ebenfalls die Voraussetzungen jener Bestimmung erfüllt (*BAGE* 3, 55). Der Anwalt kann also auch einem Koalitionsvertreter und umgekehrt der Koalitionsvertreter einem Anwalt Untervollmacht erteilen.

19 Im **Versäumnisverfahren** beim Landesarbeitsgericht muß der Einspruch nicht unbedingt durch einen Anwalt – oder einen Verbandsvertreter – eingelegt werden. Dieser Rechtsbehelf kann durch die Partei selbst schriftlich oder durch Angabe einer Erklärung zur Niederschrift der Geschäftsstelle des LAG eingelegt werden (§ 64 VII i. V. m. § 59 ArbGG; *BAGE* 4, 207).

Die **Berufungsschrift** muß von einem bei einem deutschen Gericht zugelassenen Anwalt oder von einem vertretungsberechtigten Verbandsvertreter unterzeichnet sein (§ 11 II ArbGG). Es reicht nicht aus, daß die Unterschrift „im Auftrag" eines anderen Anwalts erfolgt; zulässig soll aber eine Unterzeichnung „in Vertretung" eines anderen Anwalts sein (*BAG* AP Nr. 11 zu § 518 ZPO; *BGH* NJW 1988, 210). Nicht genügend ist eine nur paraphierte Berufungsschrift (*BAG* AP Nr. 1 zu § 130 ZPO). Weiter ist zu beachten, daß die Unterschrift zwar nicht leserlich sein muß, der Schriftzug aber charakteristische, ihn von andern Unterschriften abhebende Merkmale aufweisen muß (*BAG* AP Nr. 1 zu § 140 ZPO; AP Nr. 38 zu § 518 ZPO). Nach Auffassung des *BGH* (NJW 1987, 1333) genügt es für die Lesbarkeit einer Unterschrift unter einer Rechtsmittelschrift, wenn dem Schriftbild Andeutungen von Buchstaben noch entnommen werden können. Bei Anwälten mit Doppelnamen genügt es, wenn der zweite Teil des Doppelnamens mit den beiden Anfangsbuchstaben abgekürzt wird (*BAG* DB 1988, 920). 20

Hat ein zum Kreis der Prozeßbevollmächtigten gehörender Anwalt in seiner Eigenschaft als Mitglied der bevollmächtigten **Kanzlei** eine von einem anderen Prozeßbevollmächtigten abgefaßte Rechtsmittel- oder Rechtsmittelbegründungschrift mit einem auf den sachbearbeitenden Anwalt hinweisenden Zusatz unterzeichnet, so ist in der Regel davon auszugehen, daß er auch die Verantwortung für den Inhalt dieser fristwahrenden bestimmenden Schriftsätze übernimmt (*BAG* NJW 1987, 3279). Ob dies auch gilt, wenn ein nicht im Briefkopf erwähnter oder in der Prozeßvollmacht nicht als Prozeßbevollmächtigter ausgewiesener Anwalt gehandelt hat, hat das *BAG* (a. a. O.) unentschieden gelassen. 21

Nach früherer Rechtsprechung des *BAG* (vgl. AP Nrn. 22, 27, 28, 30, 37 zu § 518 ZPO) mußte eine Rechtsmittelschrift nicht nur die in § 518 II ZPO genannten Angaben, sondern auch die volle ladungsfähige **Anschrift des Berufungsbeklagten** oder seines Prozeßbevollmächtigten zum Zweck der alsbaldigen Zustellung enthalten. Diese Rechtsprechung ist vom *Großen Senat* des *BAG* (NZA 1987, 136) aufgegeben worden. 22

Das Erfordernis der **eigenhändigen Unterschrift** hindert nicht eine telegraphische Rechtsmitteleinlegung (*BAGE* 23, 361). Eine telegraphische Berufungsschrift muß aber wenigstens aus dem Zusammenhang erkennen lassen, welcher Anwalt (wichtig für Sozietäten!) für den Text verantwortlich ist **und** die Aufgabe des Telegramms veranlaßt hat (*BAG* AP Nr. 48 zu § 518 ZPO). Die Berufung kann im arbeitsgerichtlichen Verfahren auch durch Telekopie (Telebrief, Telefax) eingelegt werden, wenn sie auf postalischem Wege dem Rechtsmittelgericht zugeleitet wird (*BAG* BB 1983, 1987); soweit die Telekopie unmittelbar beim Rechtsmittelgericht eingeht, bedarf es natürlich keiner Übermittlung durch die Deutsche Bundespost (*BAG* NZA 1987, 106; *BAG* NZA 1990, 985). Allerdings ist darauf zu achten, daß der Sendebericht zu den Akten genommen wird (*BGH* DB 1990, 40). Berufungsschrift und Berufungsbegründung können grundsätzlich auch von einem postulationsfähigen **unterbevollmächtigten Rechtsanwalt** unterzeichnet werden (*BAG* NZA 1990, 828). 23

Die **Berufungsfrist** beträgt einen Monat (§ 66 I 1 ArbGG). Sie ist eine Notfrist und beginnt mit Zustellung des in vollständiger Form abgefaßten Urteils, wobei das Urteil von Amts wegen zugestellt werden muß; eine Zustellung von Anwalt zu Anwalt setzt die Frist nicht in Lauf. Die Rechtsmittelbelehrung des erstinstanzlichen Gerichts ist Bestandteil des Urteils und vom erkennenden Gericht zu unterschreiben; eine nicht vom Gericht unterschriebene Rechtsmittelbe- 24 lehrung setzt die Berufungsfrist deshalb nicht in Lauf (*BAG* NZA 1984, 98). Bei fehlender Rechtsmittelbelehrung wird mit Ablauf der 5-Monats-Frist die Jahresfrist des § 9 V 4 ArbGG in Lauf gesetzt, so daß nach Ablauf von 17 Monaten die Berufung unzulässig wird (*BAG* NZA 1985, 195).

25 Die **Berufungsbegründungsfrist** beträgt ebenfalls einen Monat (§ 66 I 1 ArbGG) und beginnt mit der Einlegung der Berufung zu laufen (§ 519 I 2 ZPO), und zwar auch dann, wenn die Brufung ausnahmsweise vor Zustellung des Urteils eingelegt wird (*BAG* AP Nr. 16 zu § 519 ZPO). Zu beachten ist, daß sich die Begründung mit den Gründen des angefochtenen erstinstanzlichen Urteils **auseinandersetzen** muß (*BAG* NZA 1984, 268 und *BAG* NZA 1990, 73). Die zwingende Frist für die **Berufungsbeantwortung** beträgt nach § 66 I 2 ArbGG einen Monat. Der Berufungsbeklagte ist über die Frist zu belehren (§ 66 I 3 ArbGG). § 66 ArbGG enthält keine Aussage darüber, welche Rechtsfolgen sich an die Versäumung der Frist knüpfen (*Grunsky* § 66 Rdnr. 7 schlägt eine analoge Anwendung der §§ 527, 296 I ZPO vor). Die Fristen zur Begründung der Berufung und zur Berufungsbeantwortung können vom Vorsitzenden des LAG einmal auf Antrag verlängert werden, wenn nach seiner freien Überzeugung der Rechtsstreit durch die Verlängerung nicht verzögert wird oder wenn die Partei erhebliche Gründe darlegt. Die Fristen dürfen auch nach Fristablauf verlängert werden, sofern dies bis zum Ablauf des letzten Tages der Frist beantragt worden ist (*BAG* GS AP Nr. 1 zu § 66 ArbGG 1979; *BAG* NZA 1986, 107). Wird die Berufungs- oder Berufungsbegründungsfrist versäumt, kann eine **Wiedereinsetzung in den vorigen Stand** nach §§ 233 ff. ZPO in Betracht kommen (vgl. *BAG* NZA 1989, 818 zur Wiedereinsetzung von Amts wegen, *BAG* vom 9. 1. 1990 – 3 AZR 528/89 zum schuldhaften Handeln eines Anwalts und *BGH* BB 1990, 1085 zur Fristenkontrolle durch den Anwalt).

26 Für die Zulässigkeit einer selbständigen oder unselbständigen **Anschlußberufung** gelten über § 64 II ArbGG die Vorschriften der §§ 521 ff. ZPO entsprechend. Bei der unselbständigen („gewöhnlichen") Anschlußberufung handelt es sich um kein Rechtsmittel; sie räumt dem Rechtsmittelbeklagten vielmehr nur die Möglichkeit ein, innerhalb der Berufung des Prozeßgegners angriffsweise Anträge zu stellen und die Grenzen der neuen Verhandlung mitzubestimmen (*BAG* NJW 1976, 2134). Der Ablauf der Berufungsfrist steht der unselbständigen Anschließung nicht entgegen; eine Beschwer ist nicht nötig. Um eine selbständige Anschlußberufung handelt es sich dann, wenn sie in der Berufungsfrist eingelegt wird. Allerdings wird sie erst dann wirklich selbständig, wenn die Berufung der Gegenseite zurückgenommen oder als unzulässig verworfen wird (§ 522 II ZPO). Nach § 522a III ZPO muß die Anschließungsschrift im wesentlichen den Anforderungen an eine Berufungsschrift genügen (vgl. insgesamt zur Anschlußberufung *Müller/Bauer* A.II.2.h).

Ob das Berufungsgericht die im erstinstanzlichen Rechtszug gehörten **Zeugen** nochmals nach § 298 ZPO vernimmt oder sich mit der Verwertung der protokollierten und gem. § 526 ZPO vorgetragenen Aussagen begnügt, liegt im Ermessen des Berufungsgerichts. Allerdings kann das Berufungsgericht die Glaubwürdigkeit eines erstinstanzlich gehörten Zeugen nicht anders als die Richter erster Instanz beurteilen, ohne den Zeugen nochmals zu vernehmen. Die Glaubwürdigkeit eines Zeugen kann nur **der** Richter beurteilen, der den Zeugen vor sich sieht und ihm Fragen über solche Umstände vorlegen kann, die seine Glaubwürdigkeit in der zu entscheidenden Sache betreffen (*BAG* NZA 1990, 74).

6. Dritte Instanz

a) Anwaltszwang

Vor dem BAG müssen die Parteien nach § 11 II 1 ArbGG durch **Rechtsanwälte** vertreten sein. Eine Vertretung durch die in § 11 II 2 ArbGG sonst noch genannten Personen ist nicht statthaft. Zur Form der Revisionsschrift kann auf die Ausführungen zur Berufungsschrift verwiesen werden. 27

b) Revisionsfrist und Revisionsbegründungsfrist

Beide Fristen betragen je einen Monat (§ 74 I 1 ArbGG). Nach § 72 V ArbGG i. V. m. § 552 ZPO beginnt der Lauf der Revisionsfrist mit der Zustellung des in vollständiger Form abgefaßten Urteils, wobei nach § 9 V 1 ArbGG die **Rechtsmittelbelehrung** Bestandteil des Berufungsurteils ist und von den erkennenden Richtern unterschrieben werden muß. Fehlt es daran, wird die Revisionsfrist nicht in Lauf gesetzt (*BAG* NZA 1984, 98). Die Revisionsbegründungsfrist kann einmal bis zu einem weiteren Monat verlängert werden (§ 74 I 2 ArbGG). Im Unterschied zu § 66 ArbGG kann also hier die Frist höchstens um einen Monat verlängert werden. Eine zweite Verlängerung kommt auch dann nicht in Betracht, wenn der zulässige Monat bei der ersten Verlängerung nicht ausgeschöpft worden ist (*Grunsky* § 74 Rdnr. 3). Das Revisionsverfahren kennt **keine Revisionsbeantwortungsfrist.** 28

c) Sprungrevision

§ 76 ArbGG enthält für die sog. Sprungrevision (unmittelbare Revision unter Übergehung der Berufungsinstanz) eine **abschließende Sonderregelung,** die auch Anwälte immer wieder Schwierigkeiten bereitet. § 566a ZPO gilt nur hinsichtlich seiner Abs. 5–7 (§ 76 VI ArbGG; vgl. weiter *Müller/Bauer* A.II.3.c; *Grunsky* § 76 Rdnrn. 1ff.). 29

d) Revisionszulassung und Nichtzulassungsbeschwerde

Nach § 72 I ArbGG findet die Revision an das BAG statt, wenn sie im Urteil des LAG oder im Beschluß des BAG (§ 72a ArbGG) zugelassen worden ist. Die Revision ist vom LAG zuzulassen, wenn die Sache grundsätzlich Bedeutung hat (§ 72 II 1 ArbGG; vgl. dazu *BAGE* 2, 26; 21, 80) oder das Urteil von einer Entscheidung des Gemeinsamen Senats der Obersten Gerichtshöfe des Bundes, von einer Entscheidung des BAG oder solange eine Entscheidung des BAG in der Rechtsfrage nicht ergangen ist, von einer Entscheidung einer anderen Kammer des selben LAG oder eines anderen LAG abweicht **und** die Entscheidung auf dieser Abweichung beruht (§ 72 II Nr. 2 ArbGG; sog. **Divergenzrevision**). Das BAG ist an die Zulassung der Revision durch das LAG gebunden (vgl. aber *BAG* NJW 1984, 254 zur gesetzeswidrigen Zulassung bei fehlerhafter Entscheidung des LAG über den Antrag nach § 5 KSchG). Die Entscheidung eines LAG über die Zulassung der Revision ist nur wirksam, wenn sie **verkündet** wird; es reicht nicht aus, wenn die Zulassung der Revision nur in den Entscheidungsgründen erwähnt wird (*BAG* AP Nr. 9 zu § 72 ArbGG 1979; vgl. auch **BVerfG** NZA 1990, 579). 30

Mit der Nichtzulassungsbeschwerde wird eine Überprüfung der Nichtzulassung der Revision durch das LAG ermöglicht (vgl. *Grunsky* § 72a Rdnrn. 1ff. zu den materiellen Voraussetzungen für eine solchen Beschwerde). Die Beschwerde muß bei BAG eingelegt werden (§ 72a II 1 ArbGG); eine Einlegung beim LAG wirkt nicht fristwahrend (*BAG* AP Nr. 7 zu § 72a ArbGG 1979). Für 31 die Einlegung gilt eine **Notfrist** von einem Monat; innerhalb einer Notfrist von zwei Monaten nach Zustellung des in vollständiger Form abgefaßten Urteils ist die Nichtzulassungsbeschwerde zu begründen.

e) Anschlußrevision

32 Durch die Verweisung von § 72 V ArbGG auf die Vorschriften der ZPO über die Revision kommt auch § 556 ZPO hinsichtlich der Anschlußrevision zum Zuge, einem Rechtsinstitut, bei dem schnell Fehler gemacht werden. § 556 ZPO entspricht weitgehend den Vorschriften über das Berufungsverfahren (§§ 521, 522a ZPO; vgl. im übrigen *Grunsky* § 72 Rdnrn. 1ff.; *Müller/Bauer* A.II.3.g).

7. Die Beiordnung eines Rechtsanwaltes

33 Nach § 11a ArbGG hat der Vorsitzende des Arbeitsgerichts einer Partei, die außerstande ist, ohne Beeinträchtigung des für sie und ihre Familie notwendigen Unterhalts die Kosten des Prozesses zu bestreiten, und die nicht durch ein Mitglied oder einen Angestellten einer Gewerkschaft oder einer Vereinigung von Arbeitgebern vertreten werden kann, auf ihren **Antrag** einen Anwalt dann beizuordnen, wenn die Gegenpartei durch einen Anwalt vertreten ist. Eine Beiordnung von Amts wegen gibt es demnach nicht (vgl. zu den materiellen Voraussetzungen *Müller/Bauer* A.III.).

34 Außer der Beiordnung eines Anwalts nach § 11a ArbGG ist auch die Beiordnung eines Anwaltes nach §§ 114ff. ZPO möglich (vgl. zur Prozeßkostenhilfe im arbeitsgerichtlichen Verfahren z.B. *Dänzer-Vanotti* NZA 1985, 619). Zweifellos kommt der **Prozeßkostenhilfe** im arbeitsgerichtlichen Verfahren aber nicht die Bedeutung zu, die sie in Verfahren vor dem Zivilgericht hat, weil eben § 11a ArbGG vieles abdeckt und im Gegensatz zur ZPO keine Kostenvorschüsse zu zahlen sind (§ 12 III 2 ArbGG). Praktische Bedeutung hat die Prozeßkostenhilfe aber dann, wenn der Gegner nicht durch einen Anwalt vertreten ist. Ob die Partei Prozeßkostenhilfe oder nur die Beiordnung eines Anwaltes nach § 11a ArbGG beantragt, steht ihr frei (*Grunsky* § 11a Rdnr. 2).

8. Kündigungsschutzklage

35 **Feststellungsklagen** bilden das hauptsächliche Handwerkszeug des Anwalts im Arbeitsgerichtsprozeß. Sie kommen vor als „normale“ Klagen nach § 256 ZPO und als „besondere“ nach § 4 I 1 KSchG oder nach § 2 KSchG (Änderungsschutzklage). Folgendes muß der Anwalt beachten:

a) Streitgegenstand

36 Von wesentlicher Bedeutung ist, was Streitgegenstand des Kündigungsschutzprozesses ist. Die h.M. (*BAG* AP Nrn. 17, 18, 40 zu § 3 KSchG; *Hueck* § 4 KSchG Rdnr. 48 m.w.N.) sieht, wenn der Arbeitnehmer nur entsprechend dem Wortlaut des § 4 S. 1 KSchG auf Feststellung klagt, daß das Arbeitsverhältnis durch die Kündigung nicht aufgelöst sei, als Streitgegenstand die Wirksamkeit dieser **konkreten Kündigung** an (punktueller Streitgegenstand). Wegen des punktuellen Streitgegenstandes sollte die Kündigungsschutzklage mit einer allgemeinen Feststellungsklage nach § 256 ZPO verbunden werden. Folgender Antrag empfiehlt sich:

„Es wird festgestellt, daß das Arbeitsverhältnis der Parteien nicht durch die ordentliche Kündigung der Beklagten vom ... mit Ablauf des ... beendet worden ist/enden wird, sondern darüber hinaus zu unveränderten Bedingungen fortbesteht".

Von einer **solchen Klage** werden nach *BAG* NZA 1988, 651 (vgl. auch *Weidemann* NZA 1989, 246 und *Schaub* NZA 1990, 85) weitere Kündigungen erfaßt, die der Arbeitgeber im streitbefangenen Zeitraum ausspricht, und zwar unabhängig davon, wann sie in den Prozeß eingeführt werden. **37**

b) Versäumung der Klagefrist und nachträgliche Klagezulassung

Bei der 3-Wochen-Frist des § 4 KSchG handelt es sich um eine **Ausschluß-** und nicht um eine Verjährungsfrist. Ihre Nichteinhaltung hat das Arbeitsgericht deshalb von Amts wegen zu berücksichtigen. Die Klagefrist des § 4 KSchG gilt auch für außerordentliche Kündigungen (§ 13 I 2 KSchG), es sei denn, es handelt sich um ein Berufsausbildungsverhältnis, für das ein Schlichtungsausschuß nach § 111 II 5 besteht (*BAG* NZA 1990, 395). **38**

Wird die 3-Wochen-Frist des § 4 KSchG versäumt, so kann die Klage auf Antrag nachträglich nur zugelassen werden, wenn der Arbeitnehmer trotz Anwendung aller ihm nach Lage der Umstände zuzumutenden Sorgfalt die Klage nicht fristgerecht erheben konnte (§ 5 I KSchG; vgl. *LAG Berlin* DB 1984, 835). Damit wird ein **hohes Maß an individueller Sorgfalt** vom Arbeitnehmer verlangt. Kennt er die 3-Wochen-Frist nicht, so entschuldigt ihn dies grundsätzlich nicht. Es wird von ihm erwartet, daß er sich mit den grundlegenden Voraussetzungen des Kündigungsschutzes vertraut macht oder sich aber **Auskunft bei einer geeigneten Stelle,** z. B. einem Anwalt holt (vgl. *LAG Düsseldorf* DB 1968, 764; *LAG München* DB 1976, 732). Um eine solche geeignete Stelle handelt es sich grds. nicht bei einem Betriebsratsmitglied, auch nicht dem Betriebsratsvorsitzenden (*LAG Hamburg* DB 1987, 1744). Wird der Arbeitnehmer vom Anwalt nicht auf die notwendige Fristwahrung hingewiesen, kann die nachträgliche Klagezulassung gerechtfertigt sein (*Hueck* § 5 Rdnr. 3; KR-*Rost* § 5 KSchG Anm. 30ff. m. w. N.). Abzulehnen ist eine nachträgliche Klagezulassung wegen Unmöglichkeit rechtzeitiger Einholung von fachkundigem Rechtsrat (*LAG Frankfurt* DB 1990, 2612; a. A. *LAG Köln* EzA § 5 KSchG Nr. 14). **39**

Umstritten ist, ob das **Verschulden eines Prozeßbevollmächtigten** hinsichtlich der Nichtwahrung der Klagefrist des § 4 KSchG in entsprechender Anwendung von § 85 II ZPO (= § 232 II ZPO a. F.) im Verfahren der nachträglichen Klagezulassung dem Arbeitnehmer zuzurechnen ist (bejahend: *LAG Berlin* AP 2 zu § 5 KSchG 1969; *LAG Düsseldorf* DB 1972, 1975; *LAG Frankfurt* BB 1971, 745 und BB 1976, 139; *LAG Hamm* DB 1967, 912; *LAG München* BB 1981, 915; *LAG Rheinland-Pfalz* NJW 1982, 2461; *LAG Frankfurt* NZA 1984, 40; *LAG Köln* DB 1987, 1796). Richtiger dürfte es aber sein, das Anwaltsverschulden im Rahmen des § 4 KSchG dem Arbeitnehmer nicht zuzurechnen. Gegen die erste Auffassung muß nämlich vor allem eingewendet werden, daß sie den Fall der unrichtigen Beratung des gekündigten Arbeitnehmers vor der Klageerhebung und den Fall fehlerhafter prozeßrechtlicher Vertretung im Rahmen eines Kündigungsschutzprozesses ohne sachlichen Grund unterschiedlich behandelt (*Müller/Bauer* S. 90f.). Weiter ist zu berücksichtigen, daß es sich bei § 85 II ZPO um eine prozeßrechtliche Bestimmung handelt, während die Ausschlußfrist des § 4 KSchG dem materiellen Recht zuzuordnen ist. Damit käme allenfalls eine analoge Anwendung von § 85 II ZPO in Betracht. Durchschlagende Gründe liegen dafür aber nicht vor (im Ergebnis ebenso: *LAG Hamm* AnwBl 1984, 158; *LAG Hamburg* AnwBl 1981, 37; *LAG Baden-Württemberg* NJW 1965, 2366). **40**

41 Folgt man der Auffassung, die ein Verschulden des Anwalts dem Arbeitnehmer zurechnet, so ist aber zu prüfen, ob es sich überhaupt um Anwaltsverschulden handelt, oder ob nicht das **Büropersonal** schuldhaft gehandelt hat. Die Klage ist nachträglich zuzulassen, wenn der Anwalt sein Personal sorgfältig ausgewählt, unterwiesen und überwacht hat (*Hueck* § 5 Rdnr. 9a); andernfalls trifft ihn selbst ein Organisationsverschulden, das der vertretenen Partei zuzurechnen wäre (vgl. *LAG Frankfurt* NZA 1984, 40).

42 Der binnen zwei Wochen nach Behebung des Hindernisses (§ 5 III KSchG) zu stellende Antrag auf nachträgliche Klagezulassung muß im einzelnen enthalten:

- **Verbindung des Antrags mit der Klageerhebung** (ist die Klage schon eingereicht, so ist auf sie im Antrag Bezug zu nehmen; § 5 II 1 KSchG);
- die Angabe der die nachträgliche Zulassung begründenden Tatsachen (§ 5 II S. 2 1. Halbs.). Die **Schuldlosigkeit** an der Versäumung der Frist muß „nach allen Richtungen hin" schlüssig dargetan sein (*Rohlfing/Rewolle/Bader,* KSchG, § 5 Rdnr. 4 m. w. Nachw.). Eine Nachholung soll nicht möglich sein, sondern allenfalls eine Ergänzung (KR-*Friedrich,* § 5 KSchG Anm. 86, 88);
- die Angabe der Mittel für die **Glaubhaftmachung** der die nachträgliche Zulassung begründenden Tatsachen (§ 5 II 2 KSchG).

Nach Ablauf von sechs Monaten, vom Ende der versäumten Frist an gerechnet, kann der Antrag nicht mehr gestellt werden (§ 5 III 2 KSchG).

c) Anspruchshäufung

43 Im Urteilsverfahren können selbstverständlich auch mehrere Ansprüche anhängig gemacht werden, und zwar sowohl in der Form der Klagenhäufung (§ 60 ZPO) als auch als Haupt- und Widerklage. Zulässig ist ferner, mehrere Anträge in Form von Haupt- und Hilfsantrag zu stellen (vgl. Rdnr. 141ff. zur Streitwertbemessung). Häufig wird eine Kündigungschutzklage mit einer **Vergütungsklage** verbunden. Dabei sind grds. Brutto-Klagen nötig (*BAG* AP Nr. 20 zu § 611 BGB „Dienstordnungs-Angestellte" und AP Nr. 12 zu § 611 BGB „Lohnanspruch"). Sowohl Brutto- als auch Nettoforderungen kommen aber dann vor, wenn auf die einzuklagende Brutto-Vergütung ein Teilbetrag bezahlt ist. Hier wäre folgender Antrag richtig:

> „Die Beklagte wird verurteilt, an den Kläger ... DM brutto abzüglich bezahlter ... DM netto zu bezahlen."

44 Soweit der Arbeitnehmer **Arbeitslosengeld** erhalten, darf nicht allgemein auf den Rechtsübergang auf die Bundesanstalt für Arbeit verwiesen werden. Es ist vielmehr folgender bestimmter Antrag zu stellen (*BAG* DB 1979, 702):

> „Die Beklagte wird verurteilt, an den Kläger ... DM brutto abzüglich an die Bundesanstalt für Arbeit übergegangene ... DM zu bezahlen."

45 Nach §§ 257, 258 ZPO können auch künftig fällig werdende Geldforderungen, die nicht von Gegenleistungen abhängig sind, geltend gemacht werden.

Ein weiterer wichtiger Fall der Klagenhäufung ist die Verbindung eines **Weiterbeschäftigungsanspruchs** (nach *BAG* NZA 1988, 741 auch zulässig als „uneigentlicher Hilfsantrag"; vgl. auch *LAG Düsseldorf* NZA 1989, 862) mit einer Kündigungsschutzklage (vgl. *BAG GS* NZA 1985, 702 zu den Voraussetzungen des allgemeinen Weiterbeschäftigungsanspruchs; diese Grundsätze gelten auch für die Weiterbeschäftigung bei Streit über eine **Befristung,** *BAG* NZA

1986, 562; vgl. dazu auch *LAG Hamm* NZA 1989, 823). In der Praxis wird häufig folgender Antrag gestellt:

„Die Beklagte wird verpflichtet, den Kläger/die Klägerin zu unveränderten Arbeitsbedingungen weiter zu beschäftigen."

Fraglich ist, ob ein solcher Antrag **vollstreckungsfähig** ist (vgl. *LAG Schleswig-Holstein* NZA 1987, 322: Der Titel ist hinreichend bestimmt und damit vollstreckungsfähig, wenn sich aus ihm, d. h. einschließlich Tatbestand und Entscheidungsgründe, die wesentlichen Bedingungen des Arbeitsverhältnisses ergeben; vgl. auch *LAG Rheinland-Pfalz* vom 7. 1. 1986 – 1 Ta 302/85). Es sollte deshalb darauf geachtet werden, die Beschäftigung näher zu konkretisieren. Wird ein gekündigter Arbeitnehmer während des Kündigungsschutzprozesses aufgrund eines Urteils (also nicht einvernehmlich) weiterbeschäftigt, so hat er bei Wirksamkeit der Kündigung gegen den Arbeitgeber Anspruch auf Ersatz des Werts der geleisteten Arbeit nach §§ 812 I 1, 818 II BGB (*BAG* NZA 1987, 373; vgl. auch *BAG* BB 1986, 1157 und *BAG* NZA 1987, 376 zum Anspruch des Arbeitnehmers auf Lohnfortzahlung bzw. anteilige Jahressonderzahlung bei **einvernehmlicher Weiterbeschäftigung** nach einer Kündigung). **46**

Hat bei einer **Änderungskündigung** der Arbeitnehmer die geänderten Bedingungen unter Vorbehalt nach § 2 KSchG angenommen, so ist er nach Ablauf der Kündigungsfrist verpflichtet, zu den geänderten Bedingungen weiterzuarbeiten. Eine Verurteilung zur vorläufigen Weiterbeschäftigung zu den bisherigen Bedingungen ist nicht möglich (*LAG München* DB 1987, 1099; vgl. auch *BAG* BB 1986, 1435 zum Weiterbeschäftigungsanspruch bei wiederholten Kündigungen; vgl. insgesamt *Löwisch* NZA 1988, 633 zu Problemen der Änderungskündigung). **47**

d) Güteverhandlung und weiterer Verfahrensablauf

Im Urteilsverfahren ist grundsätzlich die Durchführung einer Güteverhandlung nach §§ 54 I ArbGG vorgeschrieben (vgl. insgesamt *van Venrooy* ZfA 1984, 337). Die Verhandlung findet nicht vor der vollbesetzten Kammer statt, sondern vor dem Vorsitzenden allein. Trotz des an und für sich zwingenden Charakters der Güteverhandlung ist doch eine Absprache der Parteien – und damit auch ihrer Anwälte – möglich, nicht zur Verhandlung zu erscheinen. Nach § 54 V ArbGG hat dann der Vorsitzende das **Ruhen des Verfahrens** anzuordnen. Anschließend kann das Verfahren von einer oder beiden Seiten wieder angerufen werden; daraufhin ist Kammertermin (nicht Gütetermin, vgl. *Grunsky* § 54 Rdnr. 24) zu bestimmen. Dieser Weg bietet sich an, wenn die Chancen für eine gütliche Einigung offenkundig aussichtslos sind; Zeit und Kosten können dann gespart werden. Natürlich sollte das Gericht vorher informiert werden, daß niemand zum Termin erscheint (*Müller/Bauer* B. I. 1.). **48**

Auch eine Partei allein kann durch ihr **Nichterscheinen** die Güteverhandlung torpedieren. Allerdings darf nicht übersehen werden, daß sich die weitere Verhandlung unmittelbar anschließen kann. Das kann vor allem deshalb nachteilig sein, weil nach § 55 I 4 ArbGG der Vorsitzende bei Säumnis einer Partei allein entscheidet (*Müller/Bauer* a. a. O.). **49**

Zur Vorbereitung der Güteverhandlung können von den Parteien keine **Schriftsätze** verlangt werden. Das ergibt sich vor allem aus §§ 47 II, 61 a II ArbGG. Die Parteien sollen in der Güteverhandlung völlig unbelastet Einigungsverhandlungen führen können. Diese Auffassung wird weiter dadurch bestätigt, daß § 56 ArbGG nur die Vorbereitung der streitigen Verhandlung **50** betrifft und eine analoge Anwendung dieser Vorschrift ausscheidet (*Germelmann/Matthes/Prütting* § 54 Rdnr. 13ff.; a. A. *Grunsky* § 54 Rdnr. 8). Der Anwalt sollte dennoch in jedem Einzelfall sorgfältig prüfen, ob und in welchem Umfang schriftsätzlicher Vortrag nützlich (vgl. *Müller/Bauer* B. I. 2.). Die Anberaumung der Güteverhandlung verlangt allerdings einen Schriftsatz, der die konkrete Kündigung und ihren Zugang bezeichnet und den Klageantrag (vollständiges Rubrum) enthält. Die die Kündigung bedingenden Tatsachen hat der Arbeitgeber zu beweisen (§ 1 II 4 KSchG).

51 Häufig wird das **persönliche Erscheinen** einer oder beider Parteien angeordnet (§ 51 I ArbGG i. V. m. § 141 II, III ZPO). Die Anordnung ergeht durch den Vorsitzenden; sie steht in seinem freien Ermessen („kann"), während es bei § 141 I ZPO „soll" heißt. Bleibt die von Amts wegen geladene Partei bzw. der gesetzliche Vertreter aus, kann ein Ordnungsgeld (aber keine Ordnungshaft) festgesetzt werden, und zwar auch wiederholt (§ 380 II ZPO). Außerdem kann der Vorsitzende die Zulassung eines Prozeßbevollmächtigten ablehnen, wenn die Partei unbegründet ausgeblieben ist und hierdurch der Zweck der Anordnung vereitelt wird. Gefährlich und vor allem peinlich ist, daß durch diese Ablehnung die Partei säumig wird, so daß ein **Versäumnisurteil** möglich ist. Eine Ablehnung des Prozeßbevollmächtigten scheidet aus, wenn dieser entweder selbst oder eine andere Person (z. B. der Vorgesetzte des gekündigten Arbeitnehmers) zur Aufklärung des Sachverhalts **und** zur Abgabe der gebotenen Erklärungen, insbesondere zu einem Vergleichsabschluß ermächtigt ist (§ 141 III 2 ZPO). Ob der Vertreter hinreichend informiert ist, richtet sich danach, mit was die Partei bei Beauftragung des Vertreters rechnen mußte (*Grunsky* § 51 Rdnr. 12; *Müller/Bauer* B.I.3.). Der Arbeitgeber wird z. B. damit rechnen müssen, daß der Vorsitzende schon in der Güteverhandlung danach fragt, wann, wo, wie und durch wen ein aus behaupteten verhaltensbedingten Gründen gekündigter Arbeitnehmer abgemahnt worden ist. Erscheint der Anwalt allein zum Termin, ist er oft nicht in der Lage, solche Fragen konkret zu beantworten. deshalb wird es i. d. R. nötig sein, die von Amts wegen geladene Partei bzw. ihren gesetzlichen Vertreter rechtzeitig vor dem Termin zu entschuldigen und/oder um Terminverlegung zu bitten.

52 Ist die Güteverhandlung erfolglos, schließt sich die weitere Verhandlung unmittelbar an, oder es ist, falls der weiteren Verhandlung Hinderungsgründe entgegenstehen, Termin zur streitigen Verhandlung zu bestimmen. Diese hat alsbald stattzufinden (§ 54 IV ArbGG). Ein sich unmittelbar an die Güteverhandlung **anschließender Kammertermin** ist die Ausnahme, weil die ehrenamtlichen Richter mitwirken müssen. Ob sich ausnahmsweie doch der Kammertermin unmittelbar an die Güteverhandlung anschließen soll, kann im übrigen schon der Ladung entnommen werden.

53 Nach § 54 IV 2. Halbs. ArbGG hat die streitige Verhandlung „alsbald" nach der gescheiterten Güteverhandlung stattzufinden. Das entspricht aber nicht der Realität. Erfahrungsgemäß liegen zwischen den beiden Terminen zwei Wochen (vgl. § 61 a III ArbGG) bis zu zwölf Monaten(!), obwohl gerade Kündigungsschutzverfahren aus verständlichen Gründen besondere Prozeßförderung genießen sollten. Zur Vorbereitung der streitigen Verhandlung hat der Vorsitzende den Parteien **Schriftsatzfristen** gem. § 61 a III, IV ArbGG zu setzen. Verspätetes Vorbringen kann zurückgewiesen werden (§ 61 a IV ArbGG; vgl. dazu § 296 I ZPO und die einschlägige Kommentarliteratur). Liegen sachliche Gründe vor, können die Schriftsatzfristen verlängert werden. Es darf deshalb ggfs. nicht vergessen werden, das Gericht rechtzeitig vor Ablauf der Frist um Verlängerung zu bitten. Vgl. Rdnrn. 16ff. zum weiteren Verfahren vor dem LAG und BAG.

e) Auflösung des Arbeitsverhältnisses trotz unwirksamer Kündigung

54 **aa) Allgemeines.** Das KSchG enthält in § 9 eine gesetzliche Durchbrechung des Bestandsschutzprinzips. Der Gesetzgeber konnte nämlich nicht übersehen, daß es im Arbeitsleben Fälle gibt, in denen zwar die Kündigung sozialwidrig und deshalb unwirksam ist, ein weiteres Zusammenarbeiten aber weder der einen noch der anderen Partei „zugemutet" werden kann. Eine gerichtliche Auflösung des Arbeitsverhältnisses gegen Zahlung einer Abfindung kommt nur bei einer **sozialwidrigen Kündigung** in Betracht. Dies setzt den Antrag einer der Parteien des Kündigungsschutzprozesses bis spätestens zum Schluß der mündlichen Verhandlung in der Berufungsinstanz voraus (§ 9 I 3 KSchG; vgl. *Bauer/Hahn* DB 1990, 2471 zum Auflösungsantrag in zweiter Instanz).

bb) Der Auflösungsantrag des Arbeitnehmers

55 Der Antrag des Arbeitnehmers setzt voraus, daß diesem die **Fortsetzung des Arbeitsverhältnisses nicht** mehr **zuzumuten** ist. Dafür genügt es nicht, daß der Arbeitnehmer schon eine andere Stelle gefunden hat, da die Folgen der Annahme einer neuen Stelle abschließend in § 12 KSchG geregelt sind. Wichtig ist, daß die Gründe für die Unzumutbarkeit nicht schon zur Zeit der Kündigung vorliegen müssen, sie können sich auch während des Prozesses ergeben. Sie müssen aber im Zusammenhang mit der Kündigung oder dem Kündigungsprozeß stehen (vgl. *BAG* DB 1962, 706 und DB 1977, 358).

56 Der Begriff der Unzumutbarkeit in § 9 I 1 KSchG ist nicht so anzuwenden wie bei der arbeitnehmerseitigen außergerichtlichen Kündigung nach § 626 I BGB. Der **unterschiedliche Normzweck** beider Vorschriften führt zur Anwendung unterschiedlicher Beurteilungsmaßstäbe für den Begriff der Unzumutbarkeit. Diese machen zwar stets auch die Fortsetzung des Arbeitsverhältnisses nach § 9 I 1 KSchG unzumutbar. Es können aber schon solche Tatsachen genügen, die für eine außerordentliche Kündigung nicht ausreichen (*BAG* BB 1982, 1113).

57 Wenn der Arbeitgeber einen wirksamen Auflösungsantrag des Arbeitnehmers mit der Folge einer Abfindung vermeiden will, ist dringend zu **sachlicher Argumentation** im Prozeß zu raten: Beleidigungen und herabsetzende Äußerungen liefern nicht selten Auflösungsgründe. Ein Auflösungsgrund kann sich auch dann ergeben, wenn die Kündigung besonders leichtfertig ausgesprochen worden ist oder der Arbeitnehmer bei Rückkehr in den Betrieb mit Benachteiligungen und weiteren Kündigungen rechnen muß (vgl. *Denck* Anm. zu BAG AP Nr. 8 zu § 9 KSchG 1969). Die – wenn auch konkrete – Befürchtung, die wirtschaftliche Situation des Betriebes könnte zu einer weiteren betriebsbedingten Kündigung führen, kann nicht ausreichen (vgl. aber auch *LAG Hamm* DB 1975, 1513 zur unzumutbaren Rückkehr des Arbeitnehmers nach der Rüge fehlerhafter Sozialauswahl).

58 Führt der Arbeitnehmer den Kündigungsschutzprozeß „nur", um eine Abfindung zu erhalten, ist ihm dringend zu raten, den **Auflösungsantrag** schon **in erster Instanz** zu stellen. Vergißt er den Antrag und wird der Kündigungsschutzklage stattgegeben, kann er nicht Berufung einlegen, um in zweiter Instanz Auflösung seines Arbeitsverhältnisses gegen Festsetzung einer Abfindung zu begehren, weil er nicht beschwert ist.

59 Bei einer **Änderungsschutzklage** kommt eine Auflösung des Arbeitsverhältnisses nach §§ 9, 10 KSchG nicht in Betracht, weil sich der Rechtsstreit auf die Berechtigung der Änderung der Arbeitsbedingungen beschränkt. Anders ist die Rechtslage, wenn der Arbeitnehmer die Änderung nicht unter Vorbehalt annimmt (*Herschel/Löwisch* § 9 Rdnr. 4; *Bauer* DB 1985, 1180).

60 **cc) Der Auflösungsantrag des Arbeitgebers.** Der Arbeitgeber kann die Auflösung nur beantragen, wenn er Gründe vorträgt, die eine den **Betriebszwecken dienliche weitere Zusammenarbeit** mit dem Arbeitnehmer oder das Verhalten des Arbeitnehmers betreffen, insbesondere sein Verhältnis zum Arbeitgeber, sonstigen Vorgesetzten oder Mitarbeitern oder seine Eignung für die ihm gestellten Aufgaben, nicht dagegen wirtschaftliche oder betriebliche Gründe; diese können grundsätzlich nur Anlaß für eine betriebliche Kündigung bieten (*BAG* AP Nr. 6 zu § 9 KSchG 1969). Ein Verschulden des Arbeitnehmers ist nicht nötig, entscheidend ist allein die objektive Lage. Zur Schlüssigkeit des Auflösungsantrags des Arbeitgebers gehört der Vortrag greifbarer Tatsachen; allgemeine Redewendungen etwa des Inhalts, die Vertrauensgrundlage sei weggefallen oder ein unüberbrückbares Zerwürfnis sei eingetreten, genügen nicht (*BAG* DB 1988, 295). Wie beim Antrag des Arbeitnehmers können die Gründe vor oder nach der Kündigung liegen. Nicht selten ergeben sich die Gründe erst im Laufe des Kündigungsschutzprozesses, vor allem dann, wenn polemisch argumentiert wird (vgl. *LAG Köln* DB 1985, 2107: Der Arbeitnehmer hatte im Prozeß den Arbeitgeber unter Überschreitung der Wahrnehmung berechtigter Interessen verunglimpft, indem er ihm u.a. pauschalierend unterstellte, Nakkenschläge von Vorgesetzten als Personalführungsmittel zu billigen). Auch das **Verhalten des Anwalts** des Arbeitnehemrs kann die Auflösung bedingen (*BAG* DB 1988, 295).

61 Der Arbeitgeber kann den Auflösungsantrag bis zum Schluß der mündlichen Verhandlung in der Berufungsinstanz stellen (§ 9 I 3 KSchG). Dabei darf eine ausdrückliche **Bezugnahme auf konkrete Fakten** zur Begründung des Antrags nicht vergessen werden. Will er versuchen, eine – auch nur vorläufige – Weiterbeschäftigung des Arbeitnehmers zu vermeiden, ist er nach der Entscheidung des Großen Senats (a.a.O.) allerdings faktisch gezwungen, den Auflösungsantrag schon in erster Instanz zu stellen.

62 Bei **leitenden Angestellten** i.S. des § 14 II 1 KSchG bedarf der Auflösungsantrag des Arbeitgebers keiner Begründung (§ 14 II 2 KSchG).

63 **dd) Beiderseitiger Auflösungsantrag.** Stellen beide Parteien einen Auflösungsantrag nach § 9 KSchG oder stimmt eine Partei dem Auflösungsantrag der Gegenpartei zu, so steht fest, daß ein **Auflösungsgrund** besteht. Das Gericht braucht in diesen Fällen nur noch zu prüfen, ob die Kündigung sozial gerechtfertigt ist (dann Klagabweisung) oder ungerechtfertigt war und in welcher Höhe die Abfindung gerechtfertigt ist (*BAG* DB 1960, 984; *Schaub* § 141 III 4; *Herschel/Löwisch* § 9 Rdnr. 45; *Bauer* a.a.O.; a.A. KR-*Becker* § 9 KSchG Rdnr. 66; *Neumann,* AR-Blattei, Kündigungsschutz VI D I).

64 **ee) Rücknahme des Auflösungsantrags.** Der Auflösungsantrag kann bis zum Schluß der mündlichen Verhandlung in der Berufungsinstanz zurückgenommen werden (*BAG* DB 1961, 476). Zur Nichtweiterverfolgung eines zunächst gestellten Auflösungsantrags i.S. von § 9 KSchG bedarf es **keiner Einwilligung des Prozeßgegners** (*BAG* AP Nr. 5 zu § 9 KSchG 1969). Bei einem

Auflösungsantrag i. S. von § 9 I KSchG handelt es sich um ein eigenständiges prozessuales Institut des Kündigungsschutzrechts, auf das die zivilprozessualen Institute der teilweisen Klagerücknahme (§ 269 ZPO) oder des teilweisen Klageverzichts (§ 306 ZPO) nicht passen.

Auch wenn beide Parteien die Auflösung des Arbeitsverhältnisses beantragt **65** haben, können sie unabhängig voneinander ihre Anträge zurücknehmen; dies folgt aus der **prozessualen Selbständigkeit beider Anträge** (*Hueck* § 9 Rdnr. 15; KR-*Becker* § 9 KSchG Rdnr. 22). Die Antragsrücknahme darf aber nicht leichtfertig erfolgen, weil sich durch Auslegung ergeben kann, daß die Rücknahme zugleich einen Verzicht i. S. des § 306 ZPO enthält mit der Folge, daß ein neuer Antrag unzulässig wäre (vgl. *BAG* AP Nr. 11 zu § 13 KSchG; *LAG Baden-Württemberg* DB 1975, 2528).

ff) Auflösungsantrag bei unbegründeter außerordentlicher Arbeitgeberkündigung. **66** § 13 I 3 KSchG bestimmt, daß nach einer unbegründeten außerordentlichen Kündigung der Arbeitnehmer, nicht aber der Arbeitgeber, den Auflösungsantrag stellen kann. Hat der Arbeitgeber nicht nur außerordentlich, sondern **vorsorglich** auch **ordentlich gekündigt** oder sich auf die Umdeutung einer außerordentlichen Kündigung in eine ordentliche Kündigung berufen (§ 140 BGB), so kann er für den Fall einer sich ergebenden Sozialwidrigkeit der ordentlichen Kündigung die Auflösung des Arbeitsverhältnisses zum Ablauf der Kündigungsfrist begehren (*BAG* AP Nr. 5 zu § 9 KSchG 1969).

gg) Auflösungsantrag bei sittenwidriger und nichtiger Arbeitgeberkündigung. **67** Verstößt eine Kündigung gegen die guten Sitten, so kann der Arbeitnehmer ihre Nichtigkeit unabhängig von den Vorschriften des KSChG geltend machen. Die Auflösung des Arbeitsverhältnisses gem. §§ 9, 10 KSchG kann er allerdings nur begehren, wenn er **Feststellungsklage** innerhalb von drei Wochen erhoben hat (§ 13 II KSchG). Dagegen steht dem Arbeitgeber bei Sittenwidrigkeit der eigenen Kündigung wie bei der Unwirksamkeit der außerordentlichen Kündigung kein Recht zu, die Auflösung zu beantragen.

Eine Kündigung kann schließlich aus zahlreichen sonstigen Gründen unwirk- **68** sam sein. Dann wird das KSchG nicht berührt (§ 13 III KSchG). Das hat zur Folge, daß im Gegensatz zur unbegründeten außerordentlichen und zur sittenwidrigen Kündigung dem Arbeitnehemr auch dann nicht das Recht zusteht, einen Antrag auf Auflösung des Arbeitsverhältnisses und Zahlung einer Abfindung zu stellen, wenn er binnen drei Wochen Klage erhebt. Er kann nur, wenn ihm infolge der nichtigen Kündigung die Fortsetzung des Arbeitsverhältnisses nicht mehr zuzumuten ist, nach § 626 BGB seinerseits fristlos kündigen und, falls der Arbeitgeber schuldhaft gehandelt hat, nach § 628 II BGB **Schadensersatz** verlangen.

Allerdings schließt § 13 III KSchG die **gleichzeitige Geltendmachung der** **69** **Sozialwidrigkeit** nicht aus. Mit anderen Worten: Die Möglichkeit des Arbeitnehmers, einen Auflösungsantrag nach § 9 KSchG zu stellen, scheidet nur dann aus, wenn die Kündigung des Arbeitgebers ausschließlich aus sonstigen Gründen nichtig, aber nicht gleichzeitig sozialwidrig ist (*Hueck* § 13 Rdnr. 52; *Herschel/Löwisch* § 13 Rdnr. 55; KR-*Becker* § 9 KSchG Rdnr. 27; KR-*Friedrich* § 13 KSchG Rdnr. 326; *Bauer* a. a. O.).

Umstritten ist, ob das Arbeitsverhältnis nur auf Antrag des Arbeitnehmers, **70** nicht aber auf Antrag des Arbeitgebers aufgelöst werden darf, wenn die Kündigung nicht nur sozialwidrig, sondern auch aus anderen Rechtsgründen unwirksam ist. Die wohl überwiegende Meinung sieht die Lösungsmöglichkeiten des § 9 KSchG für den Arbeitgeber als Vergünstigung an, die nur bei **bloßer Sozialwidrigkeit der Kündigung,** nicht aber bei einer auf sonstigen Gründen beruhenden Nichtigkeit der Kündigung Platz greifen soll (vgl. KR-*Friedrich* § 13 KSchG Rdnr. 329 m. w. Nachweisen). Demgegenüber weisen andere zu Recht darauf hin, daß sich weder aus dem Wortlaut noch aus Sinn und Zweck des § 9 I KSchG herleiten lasse, daß eine Auflösung des Arbeitsverhältnisses auf Antrag des Arbeitgebers dann unzulässig sein soll, wenn die Kündigung nicht nur sozialwidrig, sondern auch aus anderen Rechtsgründen unwirksam ist (*Auffarth* DB 1969, 528 Fn. 5; *Brill* AuR 1966, 272; KR-*Becker* § 9 KSchG Rdnr. 27; *Bauer/Röder,* Kündigungsfibel, 7.6g).

71 **hh) Auflösungsantrag und Kündigungsrücknahme.** Nicht selten ergibt sich die Situation, daß ein Arbeitgeber eine Kündigung gerne zurücknehmen möchte, weil seine Aussichten im Kündigungsschutzprozeß schlecht sind. Aber auch wenn er erfährt, daß der Arbeitnehmer eine neue Stelle gefunden hat, bietet es sich an, an eine **„Rücknahme" der Kündigung** zu denken. In beiden Fällen stellen sich folgende Fragen:

- Kann oder muß der Arbeitnehmer die Absicht der Kündigungsrücknahme durch den Arbeitgeber durch sofortige Formulierung eines Auflösungsantrags blockieren?
- Kann die unterlassene Formulierung des Auflösungsantrags nach der Kündigungsrücknahmeerklärung nachgeholt werden?

72 Das *BAG* (DB 1983, 663) meint, in der Erhebung der Kündigungsschutzklage liege keine antizipierte Zustimmung zur Kündigungsrücknahme; die „Rücknahme" der Kündgiung durch den Arbeitgeber enthalte vielmehr ein **Vertragsangebot,** wonach das Arbeitsverhältnis durch die Kündigung nicht als beendet anzusehen sei, also unter Beseitigung der Kündigungswirkungen das Arbeitsverhältnis unverändert fortgesetzt werden solle. Die Rechtsfolgen der „Rücknahme" hängen deshalb davon ab, wie sich der Arbeitnehmer einläßt: Nimmt er das Angebot gem. §§ 145ff. BGB an, wird das Arbeitsverhältnis fortgesetzt. Er kann es aber auch ablehnen, insbesondere dadurch, daß er einen Auflösungsantrag stellt (*Bauer* a. a. O.).

73 **ii) Auflösungszeitpunkt.** Gibt das Gericht einem Auflösungsantrag statt, hat es den Zeitpunkt für die Auflösung des Arbeitsverhältnisses festzusetzen. § 9 II KSchG schreibt dabei vor, daß es sich um den Zeitpunkt handeln soll, an dem das Arbeitsverhältnis bei sozial gerechtfertigter Kündigung geendet hätte. § 9 II KSchG ist **verfassungsmäßig** (*BVerfG* NZA 1990, 535; *BAG* NZA 1985, 60; a. A. *Bleckmann/Coen* DB 1961, 640 und *Belling* DB 1985, 1890).

74 Problematisch ist der Auflösungszeitpunkt, wenn es um eine unbegründete **außerordentliche Kündigung** geht und der Arbeitnehmer Auflösung seines Arbeitsverhältnisses gegen Zahlung einer Abfindung beantragt. Nach § 13 I 3 KSchG gilt für die Festlegung des Auflösungszeitpunkts § 9 II KSchG entsprechend. Daraus schließt die herrschende Meinung (*BAG* BB 1983, 1859; *LAG Baden-Württemberg* BB 1976, 512; *Hueck* § 13 Rdnr. 12; *Herschel/Löwisch* § 13 Anm. 21; KR-*Friedrich* § 13 KSchG Anm. 64ff.), daß der Zeitpunkt maßgebend ist, zu dem die außerordentliche Kündigung wirken würde, wenn sie gerechtfertigt wäre. Eine Mindermeinung (*Rohlfing/Rewolle/Bader,* KSchG, § 13 Anm. 5; *Güntner* AuR 1974, 105; *Schaub* § 141 V 2) will dagegen auf den Zeitpunkt abstellen, zu dem das Arbeitsverhältnis enden würde, wenn man die außeror-

dentliche in eine ordentliche Kündigung umdeuten würde; der Arbeitnehmer verliere andernfalls seinen Zwischenverdienst, ohne durch die Abfindung hinreichend entschädigt zu werden. Da der Arbeitnehmer und sein Anwalt davon ausgehen müssen, daß die Arbeitsgerichte der h. M. folgen, müssen sie die Vor- und Nachteile eines Auflösungsantrags sorgfältig abwägen. Dies gilt erst recht, wenn es sich um ein ordentlich unkündbares Arbeitsverhältnis handelt.

jj) Abfindungshöhe. Die Auflösung des Arbeitsverhältnisses durch das Gericht nach § 9 KSchG erfolgt nur bei gleichzeitiger Festsetzung einer angemessenen Abfindung. Ihre Höhe steht deshalb nicht im freien Belieben des Gerichts; sie ist vielmehr nach **pflichtgemäßem Ermessen** zu bestimmen. Dabei ist das Gericht an die Grenzen des § 10 KSchG gebunden (12, 15 oder 18 Monatsverdienste je nach Alter und Betriebszugehörigkeit; vgl. Rdnr. 95). 75

Die **Höchstgrenzen** des § 10 KSchG knüpfen an den Begriff des Monatsverdienstes an. Als Monatsverdienst gilt, was dem Arbeitnehmer bei der für ihn maßgebenden regelmäßigen Arbeitszeit in dem Monat, in dem das Arbeitsverhältnis endet, an Geld und Sachbezügen zusteht (§ 10 I KSchG), also der volle Betrag ohne Abzüge für Lohnsteuer und Sozialversicherung. Bezüge, die für die Arbeit eines längeren Zeitraums, insbesondere für das ganze Jahr gewährt werden (z. B. Tantiemen, 13. oder 14. Monatsgehälter, Jahresabschlußvergütungen und auch Gratifikationen) müssen auf die einzelnen Monate gleichmäßig verteilt werden. Dagegen sind Beträge, die nur bei besonderer Gelegenheit gezahlt werden (z. B. Jubiläumsgeschenke) nicht mitzurechnen. Bei der Umrechnung der Sachbezüge ist der wahre Wert anzusetzen; die Sätze der Finanzbehörde und Sozialversicherungsträger sind dabei für die Gerichte nicht bindend. 76

Bei der Frage, was „angemessen" ist, hat das Gericht alle Umstände in Betracht zu ziehen, die eine Erhöhung oder Ermäßigung der Abfindung als billig erscheinen lassen. Dabei spielen die **Dauer des Arbeitsverhältnisses** und das **Alter** des Arbeitnehmers die größte Rolle, was der Wortlaut der Vorschrift schon ergibt. Dem Lebensalter kommt allerdings eine ambivalente Funktion zu: Wenn die Auflösung kurze Zeit vor Vollendung des 65. Lebensjahres liegt, kann dies durchaus zu einer relativ geringen Abfindung führen. Weitere Bemessungsfaktoren sind im übrigen: Familienstand, Unterhaltspflichten, Entlassungsfolgen, Maß der Sozialwidrigkeiten, der Kündigung, Verlust verfallbarer Versorgungsanwartschaften, ideelle Nachteile für den Arbeitnehmer, wirtschaftliche Lage des Arbeitgebers usw. Maßgebend für die Bemessung sind die Verhältnisse zur Zeit der letzten mündlichen Verhandlung der Tatsacheninstanz (*BAG* AP 20 zu § 66 BetrVG). 77

Da das Gericht von Amts wegen über die Höhe der Abfindung zu befinden hat, ist es an Anträge nicht gebunden; § 9 I KSchG schließt eine Anwendung von § 308 I 1 ZPO aus (*BAG* NZA 1987, 139). Selbstverständlich bleibt es der Partei unbenommen, einen **bezifferten Antrag** (z. B. „mindestens aber . . ") zu stellen; dann sind ihr aber nach § 92 ZPO auch anteilige Kosten aufzuerlegen, wenn das Gericht dem Antrag nicht in voller Höhe entspricht (*BAG* a. a. O.). Eine „Anregung" außerhalb der Antragstellung ist deshalb vorzuziehen. 78

kk) Verzinsung der Abfindung. Ein Anspruch auf Verzinsung der Abfindung kommt erst ab Eintritt der **Rechtskraft** in Betracht (*LAG Hamburg* DB 1983, 74; *Schaub* § 141 VII 1; *Bauer/Röder,* Kündigungsfibel, 7.8; vgl. auch *BAG* AP Nr. 2 zu § 8 KSchG). 79

f) Wahlrecht des Arbeitnehmers nach gewonnenem Kündigungsschutzprozeß

80 In der Regel wird der Arbeitnehmer, der eine gleichwertige neue Stellung gefunden hat, die Klage zurücknehmen oder versuchen, über §§ 9, 10 KSchG eine Abfindung zu erhalten. Er kann aber auch das Verfahren bis zum rechtskräftigen Abschluß fortführen, um dann nach § 12 KSchG zu entscheiden, ob er das alte oder das neue Arbeitsverhältnis fortsetzt. Folgende **Voraussetzungen** müssen erfüllt sein:

- Der Arbeitnehmer muß ein neues Arbeitsverhältnis eingegangen sein. Der Begriff „Eingehung" entspricht dem Begriff des „Abschlusses eines Arbeitsvertrages". Wenn jedoch der Antritt der neuen Stellung solange hinausgezögert war, daß der Arbeitnehmer noch die Kündigungsfrist einhalten konnte, wird er in der Regel das neue Arbeitsverhältnis kündigen und das alte Arbeitsverhältnis mit dem früheren Arbeitgeber fortsetzen.
- Der Abschluß des neuen Arbeitsvertrages muß vor der Rechtskraft der Entscheidung des Arbeitsgerichts liegen. Es muß sich bei dem neuen Arbeitsvertrag grundsätzlich um ein echtes Arbeitsverhältnis handeln, also nicht etwa um einen Werkvertrag oder gesellschaftsrechtliche Verhältnisse (vgl. *Hueck* § 12 Rdnr. 2). Dem Zweck des Gesetzes entsprechend stehen jedoch Dienstverträge von vertretungsberechtigten Organmitgliedern gleich (*Hueck* a. a. O.).
- Der Arbeitnehmer muß die Ablehnung innerhalb einer Woche seit Rechtskraft des Urteils aussprechen.

81 Die **Rechtskraft** des Urteils tritt ein, wenn ein Rechtsmittel nicht mehr eingelegt werden kann (vgl. § 705 ZPO und *Hueck* § 12 Rdnr. 8). Wird gegen ein Urteil des LAG die Revision nicht zugelassen, so tritt die Rechtskraft mit Ablauf der einmonatigen Frist für die Nichtzulassungsbeschwerde ein (§ 72a ArbGG).

82 Erklärt sich der Arbeitnehmer innerhalb der Frist nicht, erlischt sein Recht zur Auflösung des alten Arbeitsverhältnisses (*LAG Düsseldorf* DB 1970, 545 und DB 1979, 1516). Viele Arbeitnehmer geben **keine** dem Gesetz entsprechende **Erklärung** ab und setzen dennoch das Arbeitsverhältnis mit dem neuen Arbeitgeber fort. Für den alten Arbeitgeber stellt sich in einem solchen Fall die Frage, ob er den Arbeitnehmer unter Androhung erneuter (fristloser) Kündigung für den Fall der Nichtaufnahme der Arbeit zur Arbeitsaufnahme auffordern oder ob er schweigend die Fortsetzung des Arbeitsverhältnisses durch den Arbeitnehmer mit dem neuen Arbeitgeber zur Kenntnis nehmen soll (vgl. *Bauer/Röder,* Kündigungsfibel, 7.7c).

83 Die Ablehnungserklärung gegenüber dem alten Arbeitgeber kann mündlich oder schriftlich erfolgen. Die **Beweislast** für eine rechtzeitige Ablehnung trägt der Arbeitnehmer. Die einwöchige Frist „wird durch eine vor ihrem Ablauf zur Post gegebene schriftliche Erklärung gewahrt" (§ 12 S. 2 KSchG). Die Frist berechnet sich nach §§ 187, 188 II, 193 BGB. Als „Nichtfortsetzungserklärung" i. S. des § 12 KSchG soll auch eine **Kündigung** des alten Arbeitsverhältnisses durch den Arbeitnehmer anzusehen sein, die innerhalb der Wochenfrist erklärt wird, und zwar auch dann, wenn diese Kündigung die ordentliche Kündigungsfrist einhält (*LAG Düsseldorf* DB 1979, 1516).

Beispiel: Das Urteil wird am Donnerstag, 8. 12. 1988 rechtskräftig. Am Montag, 12. 12. 1988 kündigt der Arbeitnehmer das alte Arbeitsverhältnis ordentlich zum 31. 3. 1989. Auch hier „erlischt" das Arbeitsverhältnis am 12. 12. 1988 (§ 12 S. 3 KSchG).

Nach h. M. (*BAG* AP Nr. 1 zu § 12 KSchG 1969; *Hueck* § 12 Rdnr. 8; KR-*Becker* § 12 Rdnr. 26; a. A. *Rohlfing/Rewolle/Bader,* KSchG, § 12 Rdnr. 2) kann die „Nichtfortsetzungserklärung" auch schon vor Eintritt der Rechtskraft erklärt werden. Dabei ist zu beachten, daß eine solche vorzeitige Erklärung zum Verlust von Ansprüchen aus dem Annahmeverzug des Arbeitgebers führen kann. **84**

Achtung: Das Gesagte gilt auch dann, wenn der Arbeitnehmer im Prozeß nach §§ 9, 10 KSchG vergeblich die Auflösung des Arbeitsverhältnisses beantragt. Das Arbeitsgericht hat es dem Arbeitnehmer zu überlassen, ob er vom Wahlrecht des § 12 KSchG Gebrauch macht. Ist dagegen nach §§ 9, 10 KSchG die Auflösung des Arbeitsverhältnisses rechtskräftig ausgesprochen worden, ist für § 12 KSchG kein Raum mehr. Der Arbeitnehmer kann die Erklärung „vorsorglich" schon vor Rechtskraft des Urteils im Kündigungsschutzprozeß abgeben, aber gleichwohl den Antrag nach §§ 9, 10 KSchG weiter verfolgen (*BAG* a. a. O.). Gibt das Gericht dem Antrag statt, wird die Erklärung nach § 12 KSchG gegenstandslos. **85**

Da das alte Arbeitsverhältnis bis zum Zugang der „Nichtfortsetzungserklärung" bestanden hat, würde dem Arbeitnehmer die **Vergütung** nach § 615 Satz 1 BGB an und für sich bis dahin zustehen, wobei er sich auch das im neuen Arbeitsverhältnis Verdiente anrechnen lassen müßte (§ 615 Satz 2 BGB). § 12 Satz 4 KSchG vereinfacht dies folgendermaßen: Der Vergütungsanspruch wird von vornherein auf die Zeit zwischen der tatsächlichen „Entlassung und dem Tag des Eintritts in das neue Arbeitsverhältnis" beschränkt. Ob der Arbeitnehmer im alten Arbeitsverhältnis mehr verdient hatte, spielt keine Rolle (*BAG* AP 16 zu § 242 BGB „Auskunftspflicht"; *Hueck* § 12 Rdnr. 6). Auf den Vergütungsanspruch finden die Kürzungsmöglichkeiten nach § 11 KSchG entsprechende Anwendung (§ 12 Satz 5 KSchG). **86**

Achtung: Für den Arbeitnehmer kann es deshalb in einem Ausnahmefall finanziell attraktiv sein, das alte Arbeitsverhältnis zunächst fortzusetzen und dann nach Ablauf der Wochenfrist ordentlich zu kündigen und schließlich wieder beim neuen Arbeitgeber zu arbeiten. Bei solcher Vorgehensweise kommt § 12 S. 4 KSchG nicht zum Zuge; es gelten vielmehr §§ 615 S. 1 BGB, 11 KSchG. **87**

9. Beendigung des Arbeitsverhältnisses durch Prozeßvergleich oder außergerichtlichen Aufhebungsvertrag

Hauptziel der Güteverhandlung ist die Herbeiführung einer **gütlichen Einigung.** Ein ausgewogener Prozeßvergleich ist ein probates Mittel, den Rechtsstreit gütlich, schnell und vor allem endgültig beizulegen. Beide Seiten müssen die Risiken beachten, die sich bei einer Fortsetzung des Prozesses ergeben. Notwendig ist es, die Güteverhandlung, aber auch jeden sonstigen Termin in Kündigungsschutzverfahren in tatsächlicher und rechtlicher Hinsicht sorgfältig vorzubereiten. Welche Probleme beim Abschluß von Prozeßvergleichen und außergerichtlichen Aufhebungsverträgen regelmäßig zu beachten sind, soll im folgenden ohne Anspruch auf Vollständigkeit checklistenartig dargestellt werden (vgl. insgesamt *Bauer,* Arbeitsrechtliche Aufhebungsverträge, 2. Aufl. 1991; *ders.* NZA 1985, 20). Soweit nur von Aufhebungsverträgen die Rede ist, sind damit sowohl außergerichtliche Aufhebungsverträge als auch Prozeßvergleiche gemeint. **88**

a) Form

- Der außergerichtliche Aufhebungsvertrag kann grds. formlos abgeschlossen werden. Aus Beweisgründen empfiehlt sich jedoch i. d. R. **Schriftform;** **89**

- Soweit ausnahmsweise in einem Kollektiv- oder Individualvertrag Schriftform für den außergerichtlichen Aufhebungsvertrag (!) vorgesehen ist, handelt es sich um eine **konstitutive Bedingung;**
- Der Prozeßvergleich muß vom Gericht **protokolliert** werden. Er endet mit der Formel „v. u. g." (vorgelesen und genehmigt);

b) „Art" der Beendigung

90 **aa)** Vor allem folgende **Möglichkeiten** kommen in Betracht:
- „Die Parteien sind sich einig, daß das Arbeitsverhältnis einvernehmlich mit Ablauf des ... beendet worden ist/enden wird";
- „Die Parteien sind sich einig, daß das Arbeitsverhältnis wegen dringender betrieblicher Gründe/personenbedingter Gründe (ggfs.: nähere Beschreibung der Gründe) mit Ablauf des ... beendet worden ist/enden wird";
- „Die Parteien sind sich einig, daß das Arbeitsverhältnis aufgrund ordentlicher personen(krankheits-)bedingter/verhaltensbedingter/betriebsbedingter Kündigung vom ... mit Ablauf des ... beendet worden ist/enden wird";
- „Es wird festgestellt, ... (im übrigen Wortlaut wie letzter Fall) ...".

91 **bb)** Je nachdem welche der unter a genannten Variante gewählt wird, kann dies z. B. folgende **Auswirkungen** haben:
- Im Fall d. ersten Formulierung: Sperrfrist nach §§ 119, 119a AFG. **Achtung:** Nach *BAG* BB 1988, 1962 (vgl. aber auch *BAG* DB 1990, 2431, wonach grundsätzlich keine Verpflichtung des Arbeitgebers besteht, beim Abschluß eines Aufhebungsvertrages den Arbeitnehmer auf mögliche nachteilige Folgen für die betriebliche Altersversorgung hinzuweisen) muß der Arbeitgeber u. U. beim außergerichtlichen Aufhebungsvertrag den Arbeitnehmer auf die möglichen nachteiligen sozialversicherungsrechtlichen Folgen hinweisen (vgl. insgesamt zu §§ 117, 119 AFG: *Gagel,* Sozialrechtliche Konsequenzen von Vergleichen in Kündigungsschutzsachen, 2. Aufl. 1987; *Albrecht* BB 1984, 919; *Bauer* NZA 1985, 275 und C. II. Rdnr. 76, 82). Die Hinweispflicht des Arbeitgebers entfällt m. E., wenn der Arbeitnehmer von einem Anwalt oder einem Gewerkschaftsfunktionär vertreten oder ein Prozeßvergleich abgeschlossen wird;
- Im Fall der zweiten und dritten Formulierung: Nach vereinzelter falscher Praxis der Arbeitsämter soll es sich auch bei Vorliegen dringender betriebsbedingter Gründe um eine einvernehmliche Beendigung handeln, die grds. eine Sperrfrist nach §§ 119, 119a AFG auslöst;
- Erstattung von Arbeitslosengeld und Rentenversicherungsleistungen durch den Arbeitgeber nach §§ 128 AFG, 1395b RVO, 117b AVG, 140b RKnG (vgl. dazu Rdnr. 125);
- Bei einvernehmlicher betriebsbedingter Beendigung oder Beendigung aufgrund betriebsbedingter Kündigung muß der Arbeitgeber beachten, daß er möglicherweise Ansprüche aufgrund von Rückzahlungsvorbehalten (Gratifikationen, Darlehen, Umzugs-/Ausbildungskosten) verliert.

c) Zeitpunkt des rechtlichen Endes des Arbeitsverhältnisses

92 Dieser Zeitpunkt kann, muß aber nicht, von folgenden Kriterien bestimmt werden:
- Welche kollektiv-/individualvertragliche/gesetzliche **Kündigungsfrist** gilt?

- Bei Beendigung vor Ablauf der ordentlichen Kündigungsfrist **und** Vereinbarung einer Abfindung müssen beide Parteien § 117 AFG (vgl. Rdnr. 91) beachten;
- Die vorzeitige Beendigung des Arbeitsverhältnisses kann zu Nachteilen bei der **betrieblichen Altersversorgung** führen (vgl. Rdnrn. 102ff.).

d) Freistellung

Bei der Frage, ob der Arbeitnehmer bis zum rechtlichen Ende des Arbeitsverhältnisses arbeiten oder freigestellt werden soll, ist zu bedenken: **93**

- Für die Zeit des unstreitigen Arbeitsverhältnisses steht dem Arbeitnehmer der **allgemeine Beschäftigungsanspruch** zu (BAG, AP Nrn. 4, 5 zu § 611 BGB „Beschäftigungspflicht");
- Der Beschäftigungsanspruch ist grds. **abdingbar** (vgl. *Leßmann* RdA 1988, 149). Der Arbeitnehmer kann deshalb im Rahmen des Aufhebungsvertrags widerruflich oder unwiderruflich bis zum rechtlichen Ende des Arbeitsverhältnisses freigestellt werden;
- Auch bei unwiderruflicher Freistellung sollte der Arbeitgeber darauf achten, daß restliche **Urlaubsansprüche** des Arbeitnehmers miterledigt werden (vgl. *LAG Baden-Württemberg* LAGE § 794 ZPO Nr. 5);
- Häufig empfiehlt es sich, die bis zum rechtlichen Ende des Arbeitsverhältnisses fortzuzahlenden **Bezüge** exakt festzulegen;
- **Achtung:** Nach der Rechtsprechung des BAG ist bisher nicht geklärt, ob bei vertraglich vereinbarter Freistellung § 615 S. 2 BGB (Anrechnung anderweitigen Erwerbs) – unmittelbar oder analog – eingreift. Eine unmittelbare Anwendung dieser Vorschrift scheint ausgeschlossen, da § 615 S. 2 BGB **Annahmeverzug** des Arbeitgebers voraussetzt (vgl. *Bauer/Baeck* NZA 1989, 784);
- Wegen dieser Unsicherheit kann es sich empfehlen, die Geltung des § 615 S. 2 BGB entweder ausdrücklich festzulegen oder auszuschließen;
- Der Arbeitnehmer muß beachten, daß das gesetzliche **Wettbewerbsverbot** nach § 60 HGB grds. trotz Freistellung bis zum rechtlichen Ende des Arbeitsverhältnisses gilt (*BAG* BB 1979, 324). Da § 60 HGB dispositiv ist, können die Parteien selbstverständlich vertraglich auf die Einhaltung des Verbots verzichten.

e) Abfindung

aa) Höhe. Bei der Höhe von Abfindungen orientieren sich die Parteien und/oder Gerichte häufig an den **Maßstäben der §§ 9, 10 KSchG.** Diese Bestimmungen gelten aber zwingend nur bei der gerichtlichen Auflösung von Arbeitsverhältnissen durch Urteil. Vereinbarte Abfindungen können deshalb die Höchstgrenzen der §§ 9, 10 KSchG ohne weiteres überschreiten oder auch deutlich unter dem liegen, was nach „üblichen Formeln" (½ bis 1 Monatsgehalt pro Jahr Betriebszugehörigkeit) ermittelt wird. **94**

bb) Steuer **95**

- Die Beendigung des Arbeitsverhältnisses muß auf Veranlassung des Arbeitgebers erfolgen, damit der **steuerfreie Betrag** nach § 3 Nr. 9 EStG zum Zuge kommt. Läuft ein **wirksam befristetes Arbeitsverhältnis** aus und zahlt der Arbeitgeber eine „Abfindung", ist diese nicht steuerfrei, weil es an einer vom Arbeitgeber veranlaßten Auflösung fehlt (*BFH* BStBl. II 1980, 793; *Offerhaus* StBp. 1987, 71);

- Der steuerfreie Betrag nach § 3 Nr. 9 EStG beträgt 24000 DM. Hat der Arbeitnehmer das 50. Lebensjahr vollendet und hat das Arbeitsverhältnis mind. 15 Jahre bestanden (**Achtung:** Für das Vorliegen dieser Kriterien ist der Zeitpunkt des rechtlichen Endes des Arbeitsverhältnisses maßgebend), beträgt der steuerfreie Höchtbetrag 30000 DM; hat der Arbeitnehmer das 55. Lebensjahr vollendet und hat das Arbeitsverhältnis mind. 20 Jahre bestanden, beträgt der steuerfreie Höchstbetrag 36000 DM;
- Abfindungen, die die maßgebliche Höchstgrenze des § 3 Nr. 9 EStG übersteigen, sind nach §§ 24, 34 EStG **steuerbegünstigt** (halber Steuersatz). Der Arbeitgeber kann die Hälfte des Lohnsteuerbetrages des Arbeitnehmers aus dem steuerbegünstigten Abfindungsbetrag einbehalten und den Restbetrag gleich an den Arbeitnehmer ausbezahlen (§ 39b III S. 11 EStG);
- Für die Steuerfreiheit nach § 3 Nr. 9 EStG und die Steuerbegünstigung nach §§ 24, 34 EStG ist allein der von den **Parteien gewählte Beendigungszeitpunkt des Arbeitsverhältnisses maßgeblich** (*BFH* BB 1979, 304 und *BFH* StBp. 1987, 71). Damit greift die Steuerfreiheit auch bei einer vorzeitigen Auflösung des Arbeitsverhältnisses ein, soweit sie vom Arbeitgeber veranlaßt ist (also z. B. auch bei der vorzeitigen Beendigung befristeter Dienstverhältnisse von Vorstandsmitgliedern und Geschäftsführern!). Die Höhe der steuerfreien Abfindung kann nach der Vergütung bemessen werden, die der Arbeitnehmer erhalten hätte, wenn das Arbeitsverhältnis nicht vorzeitig beendet worden wäre (*BFH* a. a. O.);
- § 3 Nr. 9 und §§ 24, 34 EStG finden auch Anwendung, wenn der Arbeitnehmer aufgrund eines **nach Beendigung des Arbeitsverhältnisses** abgeschlossenen neuen Arbeitsverhältnisses bei demselben Arbeitgeber zu anderen Bedingungen weiterbeschäftigt wird (*BFH* a. a. O.). Anders ist die Rechtslage aber, wenn das Arbeitsverhältnis aufgrund einer Änderungskündigung zu geänderten Bedingungen fortgesetzt wird (*BFH* a. a. O.; *Offerhaus* a. a. O.);
- Vereinbarte Abfindungen sind regelmäßig als **Bruttobeträge** zu verstehen. Möglich ist aber auch eine „Netto-Abfindung", bei der der volle Abfindungsbetrag ungeschmälert an den Arbeitnehmer auszuzahlen ist. Widersprüchlich sind deshalb „Brutto = Netto"-Klauseln (vgl. *LAG Hamm* DB 1980, 2396; *LAG Niedersachsen* BB 1985, 272; *LAG Bremen* NZA 1988, 433);
- Um steuerliche Nachteile zu vermeiden, kann es für eine oder beide Parteien im Einzelfall sinnvoll sein, vor oder nach Abschluß eines Aufhebungsvertrages eine **Lohnsteueranrufungsauskunft** beim zuständigen Betriebsstätten-Finanzamt nach § 42e EStG einzuholen.

96 **cc) Fälligkeit.** Nach richtiger Auffassung (*LAG Köln* DB 1984, 568; *Müller/Bauer* B. II. 6g); vgl. auch *BAG* NJW 1984, 1650 zur Abfindung nach § 113 III BetrVG) wird der Abfindungsanspruch des Arbeitnehmers erst mit dem **rechtlichen Ende des Arbeitsverhältnisses** fällig. Der Fälligkeitszeitpunkt sollte dennoch grds. klargestellt werden.

97 **dd) Vererbbarkeit.** Nach *BAG* BB 1988, 1392 ist das **Erleben des vereinbarten Auflösungszeitpunkts** für den Arbeitnehmer nicht ohne weiteres Voraussetzung für den Anspruch der Erben. Bei erheblicher Diskrepanz zwischen dem Zeitpunkt des Abschlusses des Aufhebungsvertrages und dem rechtlichen Ende des Arbeitsverhältnisses kann sich deshalb eine entsprechende Regelung im Aufhebungsvertrag empfehlen.

ee) Ruhen des Arbeitslosengeldanspruchs. Eine **Abfindung** kann vor allem ein Ruhen des Arbeitslosengeldanspruchs nach § 117 AFG bewirken (vgl. Rdnr. 91 zur Hinweispflicht des Arbeitgebers; vgl. Rdnr. 126 bei besonders geschützten Arbeitnehmern; vgl. auch (C.II. Rdnr. 82). 98

ff) Familienrechtliche Konsequenzen. Kann der Arbeitnehmer aufgrund einer arbeitsrechtlichen Auseinandersetzung mit einer (größeren) Abfindung rechnen, kann dies Überlegungen hinsichtlich des günstigsten Zeitpunkts zur Einreichung des **Scheidungsantrags** beim Familiengericht führen (vgl. *Müller/Bauer* B. II. 6. d); *Bauer,* Aufhebungsverträge, Rdnr. 605). 99

gg) Sozialversicherung. Eine Abfindung, die als Entschädigung für den Verlust des Arbeitsplatzes gezahlt wird, ist zeitlich nicht der früheren – inzwischen weggefallenen versicherungspflichtigen – Beschäftigung zuzuordnen, und zwar auch dann nicht, wenn es um eine Beendigung des Arbeitsverhältnisses ohne Einhaltung der ordentlichen Kündigungsfristen geht. Solche Abfindungen sind nicht beitragspflichtig (*BSG,* BB 1990, 1350; vgl. auch *BSG* SozR 2200 § 18 Nr. 36 und *BAG* BB 1989, 428). 100

f) Zeugnis

Unangenehme nachträgliche Streitigkeiten über Art und Inhalt eines Zeugnisses können vermieden werden, wenn schon im Aufhebungsvertrag eine **Festlegung** (konkretes Zeugnis oder aber konkrete Vorgaben für das Zeugnis) erfolgt (vgl. *Becker-Schaffner* BB 1989, 2105 zur Rspr. zum Zeugnisrecht und Schleßmann, Das Arbeitszeugnis, 1986 sowie *ders.,* BB 1988, 1320 zur **Zeugnissprache**). 101

g) Betriebliche Altersversorgung

aa) Unverfallbare Anwartschaft? Hat der Arbeitnehmer zum Zeitpunkt des rechtlichen Endes des Arbeitsverhältnisses noch keine unverfallbare Anwartschaft nach § 1 BetrAVG, geht er an und für sich „leer" aus. Abweichend von § 1 BetrAVG können die Parteien aber einen Anspruch auf betriebliche Altersversorgung vereinbaren. 102

bb) „Pro rata temporis"-Regelung des § 2 BetrAVG. Hat der Arbeitnehmer zum Zeitpunkt des rechtlichen Endes des Arbeitsverhältnisses eine unverfallbare Anwartschaft erworben, muß er beachten, daß § 2 BetrAVG eine **Kürzung der Rente** für den Fall vorsieht, daß das Arbeitsverhältnis vor dem eigentlichen Pensionierungszeitpunkt endet. Auch insoweit ist eine abweichende vertragliche Regelung zugunsten des Arbeitnehmers möglich. 103

cc) Abfindungsverbot. §§ 3, 17 III BetrAVG enthalten ein Abfindungsverbot für 10jährige und ältere unverfallbare Versorgungsanwartschaften. Bei Verstoß (auch auf Veranlassung des Arbeitnehmers!) gegen diese Vorschriften läuft der Arbeitgeber Gefahr, bei Eintritt des Versorgungsfalles betriebliche Altersversorgung leisten zu müssen. **Achtung:** Da es sich um einen Verstoß gegen ein gesetzliches Verbot handelt, kann der Arbeitgeber nicht mit einem Anspruch auf Rückzahlung der früher geleisteten Abfindung aufrechnen (§ 817 BGB), vgl. *Bauer,* Aufhebungsverträge, Rdnrn. 575 ff.). 104

dd) Sittenwidriger Abfindungsvergleich. Nach Ansicht des *BAG* (DB 1986, 548) kann ein Vergleich, der die Abfindung einer Versorgungsanwartschaft durch einen Kapitalbetrag vorsieht, gegen die guten Sitten verstoßen und des- 105 halb nichtig sein (§ 138 BGB), wenn ein **grobes Mißverhältnis** des beiderseitigen Nachgebens besteht (vgl. dazu *Blomeyer* RdA 1988, 88).

106 **ee) Tatsachenvergleich.** Eine Vereinbarung im Rahmen eines Aufhebungsvertrags über tatsächliche Voraussetzungen eines Versorgungsanspruchs verstößt nicht gegen zwingende Grundsätze des BetrAVG. Auch eine Einigung, wonach keine Versorgungsrechte bestehen, wird durch die §§ 3, 17 III BetrAVG nicht verboten (*BAG* DB 1985, 1949).

107 **ff) Zustimmung des Betriebsrats/Sprecherausschusses.** Beruht der Anspruch auf betriebliche Altersversorgung auf einer Kollektivvereinbarung, so ist ein Verzicht des Arbeitnehmers nur mit Zustimmung des Betriebsrats bzw. des Sprecherausschusses zulässig (§ 77 IV 1 BetrVG; vgl. § 28 II 3 SprAuG bei leitenden Angestellten). Dies gilt auch für den Verzicht im Rahmen eines Aufhebungsvertrags.

108 **gg) Unverfallbarkeitsbescheinigung.** Liegen die Voraussetzungen einer unverfallbaren Anwartschaft nach § 1 BetrAVG vor, hat der Arbeitnehmer Anspruch auf Aushändigung einer Unverfallbarkeitsbescheinigung nach § 2 VI BetrAVG.

h) Nachvertragliches Wettbewerbsverbot

109 Haben die Parteien ein nachvertragliches Wettbewerbsverbot vereinbart, liegt es nahe, sich im Rahmen eines Aufhebungsvertrages Gedanken über das Schicksal der Wettbewerbsabrede zu machen, wobei beide Parteien zunächst prüfen sollten, ob das nachvertragliche Wettbewerbsverbot wirksam oder unverbindlich nach §§ 74ff. HGB vereinbart worden ist (vgl. insgesamt *Bauer* DB 1979, 500; *ders.,* Aufhebungsverträge, Rdnrn. 452ff.). Darüber hinaus ist vor allem folgendes zu beachten:

110 **a) Verzicht des Arbeitgebers.** Vor, beim oder nach Abschluß des Aufhebungsvertrags kann es sich für den Arbeitgeber empfehlen, nach § 75a HGB schriftlich auf das nachvertragliche Wettbewerbsverbot zu verzichten. Diese Erklärung hat zur Folge, daß der Arbeitgeber mit Ablauf eines Jahres von der Verpflichtung zur Zahlung der Entschädigung frei wird. Die Erklärung muß dem Arbeitnehmer vor dem rechtlichen Ende des Arbeitsverhältnisses **zugehen.**

Achtung: Sinn und Zweck des § 75a HGB ist es nicht, dem Arbeitgeber einen Weg zu bieten, sich von der Klausel zu lösen, wenn er erfahren hat, daß der ausscheidende Arbeitnehmer eine konkurrenzfreie Tätigkeit übernehmen wird. In diesem Fall kann der Verzicht unwirksam nach § 242 BGB sein (*BAG* BB 1979, 1557).

111 **bb) Lösungserklärung nach § 75 I HGB.** Ist vor Abschluß des Aufhebungsvertrags eine außerordentliche Kündigung nach § 626 BGB vom Arbeitnehmer oder Arbeitgeber ausgesprochen worden, ist zu prüfen, ob außerdem eine Lösungserklärung von nachvertraglichem Wettbewerbsverbot nach § 75 I HGB vorliegt (§ 75 I HGB ist nach *BAG* AP Nr. 6 zu § 75 HGB für den Fall der außerordentlichen Kündigung durch den Arbeitgeber analog anzuwenden). **Achtung:** Die Lösungserklärung nach § 75 I HGB wirkt nur, wenn wirksam außerordentlich gekündigt worden ist und die Erklärung vor Ablauf eines Monats nach Zugang der Kündigung erfolgt. Im Aufhebungsvertrag sollte deshalb klargestellt werden, ob das nachvertragliche Wettbewerbsverbot durch die Lösungserklärung erledigt ist oder nicht.

cc) Erhöhte Karenzentschädigung. Vor allem bei ordentlicher betriebsbedingter Kündigung muß der Arbeitgeber beachten, daß er gezwungen ist, eine erhöhte Karenzentschädigung nach § 75 II HGB anzubieten, wenn er das nachvertragliche Wettbewerbsverbot aufrechterhalten will. Vergißt er dies, kann sich der Arbeitnehmer binnen Monatsfrist vom nachvertraglichen Wettbewerbsverbot lossagen (vgl. *Bauer/Röder,* Kündigungsfibel, 10.1 b). Verhängnisvoll ist es, wenn nicht beachtet wird, daß die **Monatsfrist** des § 75 HGB **ab Zugang der Kündigung** zu laufen beginnt. Dies gilt auch, wenn später ein Aufhebungsvertrag geschlossen wird (*BAG* AP Nr. 4 zu § 75 HGB). **112**

dd) Zu geringe Entschädigung. Nach bisheriger Rechtsprechung des *BAG* (AP Nr. 19 zu § 74 HGB) kann ein Arbeitnehmer, dem eine Entschädigung von weniger als der Hälfte der zuletzt bezogenen vertragsmäßigen Leistungen zugesagt worden war und dessen Wettbewerbsverbot deshalb unverbindlich ist, nur die vertraglich vereinbarte Entschädigung verlangen, nicht die gesetzliche Mindestentschädigung nach § 74 II HGB. In der Entscheidung vom 9. 1. 1990 hat der *Zweite Senat* des *BAG* (NJW 1990, 1870) allerdings ausdrücklich offengelassen, ob er an dieser Rechtsprechung festhält. **112a**

ee) Einvernehmliche Aufhebung oder Änderung **113**

- Ein nachvertragliches Wettbewerbsverbot kann jederzeit einvernehmlich aufgehoben werden, also auch im Rahmen eines Aufhebungsvertrags. Die **Aufhebung** muß allerdings **ausdrücklich** erfolgen (*BAG* BB 1982, 861);
- Nach dem rechtlichen Ende des Arbeitsverhältnisses können die Parteien in einem Aufhebungsvertrag von den **zwingenden gesetzlichen Vorschriften** der §§ 74ff. HGB **abweichen.** Möglich ist es deshalb, eine Wettbewerbsklausel ohne Karenzentschädigung oder eine Karenzentschädigung unter der gesetzlichen Mindesthöhe zu vereinbaren (*BAG* AP Nrn. 23, 24 zu § 74 HGB);
- Vorsicht ist bei von §§ 74ff. HGB abweichenden Regelungen geboten, wenn sie im Rahmen eines Aufhebungsvertrages erfolgen, der vor dem rechtlichen Ende des Arbeitsverhältnisses abgeschlossen wird (vgl. *Müller/Bauer* B. II. 3. d); *LAG Düsseldorf* DB 1974, 1915).

ff) Erstattungspflicht nach § 128a AFG. Bei der Frage, ob ein nachvertragliches Wettbewerbsverbot aufrechterhalten werden soll, muß der Arbeitgeber auch die zusätzlichen finanziellen Lasten nach § 128a AFG berücksichtigen (vgl. *Bauer,* Aufhebungsverträge, Rdnrn. 846ff.). **114**

gg) Geschäfts- und Betriebsgeheimnisse. Unabhängig vom Vorliegen eines nvW ist der Arbeitnehmer nach Beendigung des Arbeitsverhältnisses verpflichtet, **Verschwiegenheit** über Geschäfts- und Betriebsgeheimnisse seines Arbeitgebers zu bewahren (*BAG* NZA 1988, 502; vgl. auch *Molkenbur* BB 1990, 1196). Ggf. kann dies auch im Aufhebungsvertrag ausdrücklich betont werden. Vgl. auch *BAG* NZA 1989, 860 zur nötigen Bestimmtheit des Klageantrages bei Betriebsgeheimnissen. **115**

i) Sonstige Ansprüche, bestimmte Erledigungsklauseln

Im Aufhebungsvertrag sollte grundsätzlich auch geregelt werden, was mit sonstigen Ansprüchen wird, und zwar vor allem hinsichtlich Darlehen, (rückständige) Vergütung (auch Tantieme, Provision, Gewinnbeteiligung usw.), Dienstwagen, Werkwohnung, Spesenvorschuß, Diensterfindung, Firmenunterlagen, Schadensersatz. **116**

j) Allgemeine Erledigungsklausel

117 Solche Klauseln erfassen im Zweifel nicht Ansprüche auf/aus
- schon entstandene **Fortzahlungsansprüche** (*BAG* BB 1982, 1302 und BB 1981, 119);
- **betriebliche Altersversorgung** (*LAG Hamm* DB 1980, 113 und DB 1980, 643; vgl. auch *BAG* BB 1984, 280 zur Ausgleichsquittung);
- **nachvertragliches Wettbewerbsverbot** (*BAG* BB 1982, 861);
- **Zeugnis,** sofern darauf überhaupt verzichtet werden kann (*BAG* AP Nr. 9 zu § 630 BGB);
- **Arbeitnehmererfindung.**

k) Unverzichtbare Rechte und Ansprüche

118 Dazu gehören
- schon entstandene **tarifliche Rechte.** Ein Verzicht ist nur in einem von den Tarifvertragsparteien gebilligten Vergleich zulässig (§ 4 IV 1 TVG);
- Rechte aus einer **Betriebsvereinbarung** oder einer Vereinbarung mit dem Sprecherausschuß (vgl. *Bauer,* SprAuG, § 28 III.). Ein Verzicht ist nur mit Zustimmung des Betriebsrats/Sprecherausschusses möglich (§ 77 IV 1 BetrVG; vgl. Rdnr. 107);
- gesetzliche Urlaubs- und Urlaubsabgeltungsansprüche (*BAG* AP Nr. 2 zu § 7 BUrlG „Abgeltung"; *BAG* AP Nr. 5 zu § 13 BUrlG „Unabdingbarkeit"); *BAG* NZA 1990, 935).

In den genannten Fällen ist jedoch ein **Tatsachenvergleich** möglich.

l) Zurückbehaltungsrecht und Aufrechnungsverbot

119
- An **Arbeitspapieren** besteht grundsätzlich kein Zurückbehaltungsrecht nach § 273 BGB;
- Im übrigen wird das Zurückbehaltungsrecht des Arbeitgebers durch eine **analoge Anwendung von § 394 BGB** eingeschränkt, wenn der Arbeitnehmer einen Lohnanspruch geltend macht;
- Ein bestehendes **Zurückbehaltungsrecht** kann grds. im Aufhebungsvertrag **ausgeschlossen** werden;
- Der Arbeitgeber kann auch gegenüber einer Gehaltsforderung oder einem Abfindungsanspruch des Arbeitnehmers **aufrechnen,** allerdings nicht, soweit es sich um eine unpfändbare Forderung handelt (§ 394 BGB). Ein Aufrechnungsverbot kann im **Aufhebungsvertrag** aber vereinbart werden.

m) Aufhebungsverträge mit besonders geschützten Arbeitnehmern und sonstige Sonderfälle

120 **aa) Betriebsratsmitglieder.** Der Zustimmung des Betriebsrats bedarf es nicht. **Achtung:** Mit Rücksicht auf § 117 II AFG empfiehlt es sich, daß das Betriebsratsmitglied vor Abschluß des Aufhebungsvertrages sein **Betriebsratsamt niederlegt.** Nach der Niederlegung des Amtes ist das Betriebsratsmitglied nach § 15 I KSchG für die Dauer eines Jahres (also nicht mehr zeitlich unbegrenzt) ordentlich nicht kündbar. Ein Ruhen des Arbeitslosengeldanspruchs kommt deshalb nach § 117 AFG dann nur noch in Betracht, wenn zwischen Abschluß des Aufhebungsvertrages und rechtlichem Ende des Arbeitsverhältnisses nicht die Frist eingehalten wird, die ohne § 15 I KSchG gelten würde. Die Niederlegung des Betriebsratsamtes und der nachfolgende Abschluß des Aufhebungsvertrages können aber zu einer Sperrzeit nach §§ 119, 119a AFG führen.

bb) Schwerbehinderte. Der Schwerbehinderte kann nach Ausspruch der Kündigung oder auch ohne vorangegangene Kündigung auf den besonderen Schutz nach §§ 15ff. SchwbG **verzichten.** Im Aufhebungsvertrag liegt ein solcher Verzicht, der den **Kündigungsschutz** nimmt (*Wilrodt/Neumann* § 1 Rdnr. 57). Um Nachteile nach §§ 117, 119 AFG zu vermeiden, kann es zweckmäßig sein, die **Hauptfürsorgestelle** einzuschalten. Wird darauf verzichtet, kommt m. E. nicht die fiktive Kündigungsfrist von 18 Monaten nach § 117 II 3 AFG zum Zuge, da die ordentliche Kündigung durch den Arbeitgeber nicht ausgeschlossen, sondern nur unter das Erfordernis der Zustimmung der Hauptfürsorgestelle gestellt ist. **121**

cc) (Werdende) Mütter und Erziehungsurlaub. Hier gilt ein zeitlich befristeter Ausschluß der Kündigung nach § 9 MuSchG, § 18 BErzGG. Im Rahmen des § 117 AFG ist deshalb auf die Kündigungsfrist zurückzugreifen, die ohne den Ausschluß der ordentlichen Kündigung maßgeblich wäre. Das hindert aber grundsätzlich nicht, Aufhebungsverträge abzuschließen, die zu einer vorzeitigen Beendigung der Arbeitsverhältnisse führen. **122**

dd) Auszubildende. Achtung: Bei minderjährigen Auszubildenden bedarf der Aufhebungsvertrag der Zustimmung des gesetzlichen Vertreters nach § 111 BGB. **123**

ee) Ausländer. Problematisch sind die sog. „Heimkehrklauseln". Nach *BAG* vom 7. 5. 1987 (NZA 1988, 15) kann eine solche Klausel wegen funktionswidriger Umgehung der §§ 111, 112 BetrVG unwirksam sein, wenn der Aufhebungsvertrag in Ausführung einer Betriebsvereinbarung geschlossen wird, die Personalabbau durch Abschluß von Aufhebungsverträgen zum Ziel hat und der deshalb eine Art Sozialplanersatzcharakter zukommt. **124**

ff) Ältere Arbeitnehmer. (Vgl. insgesamt *Bauer* NZA Beil. 1/87 zu Heft 9/87.) **125**

- Für den Arbeitgeber können die negativen Folgen der §§ 128 AFG, 1395b RVO, 117b AVG, 140b RKnG ausgelöst werden. Nach dem Urteil des *BVerfG* vom 23. 1. 1990 (NZA 1990, 161) gebietet es der im Rahmen des Art. 12 I GG zu beachtende Grundsatz der Verhältnismäßigkeit, die Erstattungspflicht nur dann eingreifen zu lassen, wenn den Arbeitgeber eine besondere Verantwortung für den Eintritt der Arbeitslosigkeit und damit für die Gewährung der zu erstattenden Leistungen trifft. Eine solche liegt nicht vor, wenn der Arbeitnehmer, um dessen Ausscheiden aus dem Arbeitsverhältnis es geht, eine andere Sozialleistung beanspruchen kann, die einen Anspruch auf Arbeitslosengeld oder Arbeitslosenhilfe ruhen oder entfallen ließe. Im Hinblick auf die zu fordernde besondere Verantwortung des Arbeitgebers sind die Ausnahmeregelungen des § 128 AFG verfassungskonform auszulegen. Ob eine solche Ausnahmeregelung des § 128 I AFG eingreift, muß in jedem Einzelfall vor Abschluß des Aufhebungsvertrages geprüft werden (vgl. auch Dienstblatt-Runderlaß 35/90 vom 12. 3. 1990 der *Bundesanstalt für Arbeit* zur Anwendung des § 128 AFG, abgedruckt in ZIP 1990, 61; *Buchner* ZIP 1990, 205; vgl. auch C. II. Rdnr. 172).
- Nach Auffassung des *BSG* (BB 1988, 1964; ebenso *BAG* vom 22. 6. 1989 – 8 AZR 761/87) ist eine sog. **„128er-Vereinbarung"** nichtig, wonach sich der Arbeitnehmer in einem Aufhebungsvertrag verpflichtet, das Arbeitslosengeld bzw. vorgezogene Rentenleistungen nicht zu beantragen (vgl. dazu *Gagel* BB

1988, 1957). Diese Nichtigkeit eröffnet die Möglichkeit, rückwirkend Arbeitslosengeld zu beantragen, wenn der Arbeitslose bei der Arbeitslosenmeldung vom Arbeitsamt nicht ausreichend beraten wurde. Die Nichtigkeit des das Arbeitslosengeld betreffenden Teils der „128er-Vereinbarung" erfaßt jedoch nicht ohne weiteres den gesamten Aufhebungsvertrag.

- Seit 1. 1. 1989 gilt das Altersteilzeitgesetz (ATZG; BT-Drucks. 11/2990). Die BA fördert den gleitenden Übergang älterer Arbeitnehmer vom Erwerbsleben in den Ruhestand, die ihre Arbeitszeit verkürzen und damit die Einstellung eines Arbeitslosen ermöglichen, durch Leistungen gegenüber dem Arbeitgeber.

126 **gg) Altersgesicherte Arbeitnehmer.** Bei tariflich (aber auch einzelvertraglich) altersgesicherten Arbeitnehmern, denen nicht mehr ordentlich gekündigt werden kann, ist die **fiktive Kündigungsfrist** des § 117 AFG von 18 Monaten zu beachten. Andernfalls kommt es zum Ruhen des Arbeitslosengeldes (vgl. dazu *Gagel,* Sozialrechtliche Konsequenzen arbeitsgerichtlicher Prozeßvergleiche, 2. Aufl. 1987).

127 **hh) Bedingte Aufhebungsverträge.** Unwirksam sind Aufhebungsverträge, wenn durch ihre Ausgestaltung zwingende Bestimmungen des Kündigungsrechts umgangen werden. Dazu zählen Aufhebungsverträge mit **bedingten Wiedereinstellungszusagen** (BAG NZA 1988, 391 und BAG NZA 1985, 324).

128 **ii) Aufhebungsverträge im Rahmen von Betriebsveräußerungen nach § 613a BGB.** Eine **Umgehung** des § 613a IV 1 BGB liegt vor, wenn ein Aufhebungsvertrag mit einem vom Betriebsübergang betroffenen Arbeitnehmer abgeschlossen wird, um dann mit dem Erwerber einen neuen (für den Erwerber günstigeren) Arbeitsvertrag abzuschließen (*BAG* NZA 1988, 198). Keine Umgehung des § 613a IV 1 BGB liegt dagegen m. E. vor, wenn der Arbeitnehmer den Aufhebungsvertrag mit dem Veräußerer abschließt und er nicht vom Erwerber übernommen wird. **Achtung:** In einem solchen Fall kommt aber eine Anfechtung nach § 123 BGB in Betracht, wenn der Arbeitnehmer nicht hinsichtlich des Betriebsübergangs aufgeklärt wird.

129 **jj) Massenentlassungen, Betriebsänderungen.** Betriebsbedingte Aufhebungsverträge zählen im Rahmen des § 17 KSchG und der §§ 111ff. BetrVG mit (vgl. § 112a I BetrVG und *Bauer/Röder* NZA 1985, 201).

130 **kk) Vorruhestand.** Vgl. dazu *Söllner* DB 1986, 2431 und *BAG* NZA 1988, 587 zu den betrieblichen Weigerungsgründen des Arbeitgebers. Das VRG ist zum 31. 12 1988 ausgelaufen. Für die Zeit ab 1. 1. 1989 gilt es nur noch, wenn die Voraussetzungen für den Anspruch auf den Zuschuß durch die BA erstmals vor diesem Zeitpunkt vorgelegen haben (§ 14 VRG).

n) Kostenregelung

131 Im erstinstanzlichen Arbeitsgerichtsverfahren hat die obsiegende Partei keinen Anspruch auf Erstattung von **Anwaltskosten** gegenüber der unterlegenen Partei (§ 12a I ArbGG). Nach der Rechtsprechung des *BAG* (AP Nr. 14 zu § 61 ArbGG „Kosten") sind auch vorprozessuale Anwaltskosten nicht erstattungspflichtig. **Freiwillig** kann jedoch eine Partei jederzeit Kosten der anderen übernehmen. **Achtung:** Vorsicht ist vor allem bei einer Kostenregelung im Prozeßvergleich geboten, wenn der Arbeitnehmer erstattungsfähige Reisekosten (auch hypothetische) geltend machen kann.

o) Widerrufsvorbehalt

- Ein solcher Vorbehalt kann z. B. zweckmäßig sein, um die nötige Zustimmung des Mandanten einzuholen oder um steuerliche und/oder sozialversicherungsrechtliche Fragen mit den zuständigen Behörden abzuklären. 132
- Der Widerrufsvorbehalt eines Prozeßvergleichs unterliegt keiner gerichtlichen Verfügung, da es sich „nur" um eine vom Gericht protokollierte Parteivereinbarung handelt. Eine Verlängerung der Widerrufsfrist durch Gerichtsbeschluß ist daher nicht möglich. Die Parteien können aber einen neuen Vergleich gleichen Wortlauts mit längerem Widerrufsvorbehalt schließen. Die Protokollierung kann ggf. durch Bedienstete des Gerichts in Untervollmacht erfolgen.
- Exakten Wortlaut des Vergleichs (inkl. etwaigen Widerrufsvorbehalt) notieren.
- Widerrufsschriftsatz unterschreiben; ein schriftsätzlicher Widerruf ohne Unterschrift ist unwirksam (*BAG* NZA 1989, 860).
- Bei Versäumung der Widerrufsfrist gibt es **keine Wiedereinsetzung in den vorigen Stand** nach §§ 233ff. ZPO, weil es sich um eine vertraglich vereinbarte Frist handelt (*BAG* AP Nr. 24 zu § 794 ZPO).
- Bei Ablauf der Frist für den Widerruf eines Prozeßvergleichs an einem Samstag, Sonn- oder Feiertag endet die Frist im Zweifel erst am nächsten Werktag (vgl. §§ 222 II ZPO; 193 BGB).

p) Streitwertfestsetzung beantragen. Achtung: Bei Kündigungsschutzstreitigkeiten im Rahmen des § 12 VII 1 ArbGG liegt der Streitwert in der Regel bei ¼ Jahresbezug (nicht bei drei Monatseinkommen!). Auch anteilige Leistungen (z. B. 13. Monatsgehalt, private Nutzung des Firmen-PKW, Deputate usw.) sind zu berücksichtigen. 133

10. Vollstreckungsprobleme

Gemäß § 62 I ArbGG sind die Urteile, gegen die Einspruch oder Berufung zulässig ist, **vorläufig vollstreckbar.** Macht der Beklagte glaubhaft, daß die Vollstreckung ihm einen nicht zu ersetzenden Nachteil bringen würde, so hat das ArbG auf seinen Antrag die vorläufige Vollstreckbarkeit im Urteil auszuschließen (§ 62 I 2 ArbGG). Daraus ergibt sich, daß der aktive Antrag auf vorläufige Vollstreckbarkeit überflüssig und der nur passive Antrag auf Vollstreckungsschutz ungenügend ist. Der Anwalt des Beklagten darf den möglichen Ausschluß der Vollstreckbarkeit nicht übersehen oder vergessen, vor allen dann nicht, wenn wegen schlechter Vermögenslage des Klägers nicht damit zu rechnen ist, daß die beigetriebene Leistung zurückerstattet werden kann (vgl. dazu *Grunsky* § 62 Rdnr. 4; *Dütz* DB 1980, 1069). Daß die Vollstreckung einen nicht zu ersetzenden Nachteil bringen würde, ist nach § 294 ZPO glaubhaft zu machen. 134

Die Zwangsvollstreckung eines **Beschäftigungsanspruchs** erfolgt nach § 888 ZPO. Eine für jeden Tag der Nichterfüllung des Beschäftigungsanspruchs bestimmte Zwangsgeldfestsetzung widerspricht nicht nur Eigenart und Zielrichtung von § 888 ZPO, sondern auch dem Gebot der Eindeutigkeit und Bestimmtheit vollstreckbarer gerichtlicher Entscheidungen. Es ist daher in der Regel ein einheitlicher Betrag anzudrohen und festzusetzen (*LAG Berlin* NZA 1986, 36). Wird im Zusammenhang mit einem Kündigungsrechtstreit oder einem sonstigen Beendigungsrechtstreit über die Weiterbeschäftigung gestritten, 135 ist die entsprechende Verurteilung in der Regel beschränkt auf die Dauer des Rechtsstreits, auch wenn dies nicht ausdrücklich ausgesprochen wird. Der Titel erlischt also mit Rechtskraft der Entscheidung (*LAG Köln* NZA 1988, 39; *LAG Frankfurt* NZA 1988, 743). Für die Zeit ab Rechtskraft steht dem Arbeitnehmer wieder der allgemeine Beschäftigungsanspruch zu (*LAG Frankfurt* a. a. O.). Bestehen Bedenken, daß der Arbeitgeber nach Beendigung des Rechtsstreits zu vertragsgemäßer Beschäftigung zurückkehrt, kann der allgemeine Beschäftigungsanspruch im Wege des § 259 ZPO schon während des Beendigungsrechtsstreits geltend gemacht werden (*BAG* NZA 1986, 562; *LAG Frankfurt* a. a. O.). Problematisch kann sein, ob ein Titel auf Beschäftigung überhaupt vollstreckungsfähig ist (vgl. dazu Rdnr. 46).

136 Nach Auffassung des *BAG* (NZA 1988, 329; a. A. *LAG Hamburg* DB 1983, 724; *LAG Berlin* DB 1986, 753; KR-*Becker* § 10 KSchG Rdnr. 19) sind auch **Abfindungsurteile** nach §§ 9, 10 KSchG vorläufig vollstreckbar nach § 62 ArbGG. Abweichend von der ZPO gibt es im Rahmen des § 62 ArbGG **keine** vorläufige Vollstreckbarkeit gegen **Sicherheitsleistung** (*BAG* AP 1 zu § 719 ZPO; a. A. *LAG Rheinland-Pfalz* AuR 1980, 252). Ebenso gibt es keine Abwendung durch Hinterlegung nach § 711 ZPO. Im übrigen gelten die §§ 708ff. ZPO entsprechend.

Liegen die Voraussetzungen des § 62 ArbGG vor, könnte beantragt werden,
- die Klage abzuweisen,
- hilfsweise: die vorläufige Vollstreckbarkeit aus dem Urteil des Arbeitsgerichts auszuschließen.

137 Die Zwangsvollstreckung darf grundsätzlich erst beginnen, wenn das Urteil zuvor oder gleichzeitig zugestellt worden ist. Die Zustellung erfolgt entweder von Amts wegen (§ 317 I ZPO, § 50 I 1 ArbGG) oder durch den Gläubiger (§ 750 I 2 ZPO). Die Zustellung eines abgekürzten Urteils (§ 317 II 2 ZPO) durch den Gläubiger genügt, um die Zwangsvollstreckung zu betreiben (§ 750 I 2 ZPO).

138 Wird **Vollstreckungsgegenklage** (§ 767 ZPO) oder **Drittwiderspruchsklage** (§ 771 ZPO) erhoben, so kann nach §§ 769, 771 III ZPO die Zwangsvollstreckung gegen oder ohne Sicherheitsleistung eingestellt werden. § 62 ArbGG ändert insoweit die Vorschriften der ZPO nicht. Dasselbe gilt für §§ 732, 766 I 2, 768 ZPO.

11. Arrest und einstweilige Verfügung

139 Die Vorschriften der **ZPO** über Arrest und einstweilige Verfügung sind im arbeitsgerichtlichen Urteilsverfahren unmittelbar anwendbar (§ 62 II ArbGG). Revision gibt es nicht (§ 72 IV ArbGG). Zu den Voraussetzungen des Arrestes und der einstweiligen Verfügung muß im übrigen auf die einschlägige Kommentarliteratur verwiesen werden (vgl. auch *Faecks* NZA Beil. 3/1985, 6ff.).

12. Streitwert- und Honorarprobleme

140 Die Streitwert- und Kostenjudikatur ist kaum noch zu übersehen. An dieser Stelle können nur einige **grundsätzliche Hinweise** gegeben werden:

a) Streitwert und Statthaftigkeit der Berufung

141 Nach § 64 II ArbGG ist die Berufung statthaft, wenn sie im Urteil des Arbeitsgerichts zugelassen worden ist oder der Wert des Beschwerdegegenstandes

800 DM übersteigt. Der **Streitwert** ist nach § 61 I ArbGG **im Urteil festzusetzen.** Die Festsetzung ist nach § 318 ZPO grds. bindend. Deshalb ist eine Änderung des Streitwertes von Amts wegen oder im Wege der Abhilfe, wie sie § 25 I 3 GKG zuläßt, nicht möglich, es sei denn, das ArbG hätte den Streitwert offensichtlich unrichtig festgesetzt (*BAG* AP Nr. 3 zu § 61 ArbGG). Ebensowenig kann der Streitwert aufgrund einer Beschwerde nach § 25 II GKG abgeändert werden. Er kann als Nebenentscheidung des Urteils nur in Verbindung mit einer Anfechtung der Entscheidung in der Hauptsache überprüft werden (§§ 511, 537 ZPO; *BAG* AP Nr. 6 zu § 64 ArbGG 1979). Da der Beschwerdewert nie höher liegen kann als der Streitwert zum Schluß der letzten mündlichen Verhandlung vor dem ArbG, begrenzt der festgesetzte Streitwert die Höhe der Beschwer. Aus Streitwert, Urteil und Anträgen kann die Höhe der Beschwer ermittelt werden. In allen Rechtsstreitigkeiten, in denen eine Partei in vollem Umfang unterliegt, ergibt sich ihre Beschwer unmittelbar aus dem Streitwert. § 69 II ArbGG 1979 stellt klar, daß dann, wenn der Wert des Streitgegenstandes sich nach der Verkündung des Urteils des ArbG nicht geändert hat, das LAG die erstinstanzliche Streitwertfestsetzung nicht ändern darf. Damit schützt diese Vorschrift das Vertrauen der Parteien darauf, daß eine nach dem vom ArbG festgesetzten Streitwert zunächst zulässige Berufung durch spätere Abänderung des Streitwerts nicht unzulässig wird.

b) Streitwertfestsetzung auf Antrag des Anwalts

Der Anwalt hat ein eigenes Recht, die Wertfestsetzung zu beantragen (§ 9 II **142**
BRAGO). Dieser Antrag ist auch dann nicht wegen fehlenden **Rechtschutzbedürfnisses** unzulässig, wenn Streitwertfestsetzungen nach §§ 61 I, 64 II ArbGG vorliegen oder der Gegenstandswert der anwaltlichen Tätigkeit für das Berufungsverfahren schon nach § 10 I BRAGO festgesetzt worden ist (*BAG* NZA 1985, 369).

c) Streitwert in Kündigungsschutzstreitigkeiten

§ 12 VII 1 ArbGG bestimmt, daß für die Wertberechnung bei Streitigkeiten **143**
über das Bestehen, das Nichtbestehen oder die Kündigung eines Arbeitsverhältnisses „höchstens der Betrag des für die Dauer eines Vierteljahres zu leistenden Arbeitsentgelts maßgebend" ist; eine **Abfindung** wird nicht hinzugerechnet. § 12 VII 3 ArbGG ergänzt, das § 24 S. 1 GKG nicht anwendbar ist, dieser Wert also nicht für die Berechnung der Gerichts- und über § 9 I BRAGO der Rechtsanwaltsgebühren maßgeblich ist. Das hindert zwar nicht, auch ohne gesonderte Festsetzung gem. § 25 I 1 GKG den im Urteil festgesetzten Wert den Gebühren des Gerichtes und des Anwaltes zugrunde zu legen, führt aber jedenfalls dann nicht zur Unzulässigkeit eines Antrags des Anwalts auf Wertfestsetzung nach § 9 II BRAGO, § 25 I 1 GKG mangels Rechtschutzbedürfnisses, wenn die Parteien den Wert des Streitgegenstandes unterschiedlich beurteilen.

Der in § 12 VII 1 ArbGG genannte Vierteljahresverdienst ist **nicht** der **Regel-** **144**
streitwert, der nur dann niedriger anzusetzen ist, wenn es um den Fortbestand des Arbeitsverhältnisses für weniger als drei Monate geht (*BAG* a. a. O.). Der Vierteljahresverdienst ist vielmehr nur die **Obergrenze** für den vom Gericht nach freiem (pflichtgemäßem) Ermessen festzusetzenden Streitwert. Dieser ist vor allem von der bisherigen Dauer des Arbeitsverhältnisses abhängig. Bei einem typisierenden, regelgebundenen Maßstab sind dann, wenn nicht besondere

Umstände eine Erhöhung oder Herabsetzung rechtfertigen, bei einem Bestand des Arbeitsverhältnisses

bis zu sechs Monaten	= ein Monatsverdienst
von sechs bis zwölf Monaten	= zwei Monatsverdienste
von mehr als einem Jahr	= drei Monatsverdienste

als Streitwerte anzusetzen. Umstände, die ein Auschöpfen der Obergrenze rechtfertigen, sind z. B. der Ausschluß der ordentlichen Kündbarkeit oder lange Kündigungsfristen (*BAG* a. a. O.). Die Instanzgerichte weichen teilweise von der Auffassung des *BAG* ab (vgl. *LAG Rheinland-Pfalz* NZA 1986, 496; *LAG München* NZA 1986, 496; *LAG Frankfurt* NZA 1986, 171; *LAG Köln* LAGE § 12 ArbGG Nr. 42; *LAG Niedersachsen* JurBüro 1987, 110; *LAG Hamm* vom 27. 6. 1985 – 8 Ta 184/85; *LAG Düsseldorf* JurBüro 1985, 1885; *LAG Bremen* vom 28. 2. 1986 – 4 Ta 8/86; Rechtsprechungsübersicht bei *Philippsen/Dörner* NZA 1987, 113).

145 Nach *BAG* (NZA 1985, 296) soll die Höchstgrenze des § 12 VII ArbGG für die Streitwertfestsetzung auch dann gelten, wenn ein Arbeitnehmer in einem Prozeß die Klage auf Feststellung des Fortbestehens eines Arbeitsverhältnisses (§ 256 ZPO) mit einer Kündigungsschutzklage nach § 1 KSchG verbunden hat (vgl. auch zum Streitwert bei **mehreren Kündigungen:** *LAG Berlin* NZA 1985, 297 und BB 1987, 479; *LAG Nürnberg* NZA 1985, 298).

146 Handelt es sich um eine **Änderungskündigung,** ist für die Streitwertfestsetzung zunächst zu prüfen, ob der Arbeitnehmer das Änderungsangebot unter Vorbehalt angenommen hat. Liegt dieser Vorbehalt nicht vor, handelt es sich um eine Vollkündigung, für die der Streitwert unstreitig nach § 12 VII 1 ArbGG zu bestimmen ist. Ist der Vorbehalt erklärt worden, geht es im Änderungsschutzverfahren nicht mehr um die Beendigung des Arbeitsverhältnisses, sondern nur noch um die Berechtigung der Änderung. Wie hier der Streitwert zu ermitteln ist, ist umstritten:

LAG Rheinland-Pfalz (NZA 1986, 34): Analoge Anwendung von § 12 VII 1 ArbGG; *LAG Frankfurt* (NZA 1986, 35): Analoge Anwendung von § 12 VII 1 ArbGG mit der Maßgabe, daß ein Regelwert von einem Monatsbezug angemessen ist; *LAG Baden-Württemberg* (AnwBl 1985, 588): Dreimonatiger Wert der beabsichtigten Einkommensminderung. Weitere mit der Änderungskündigung verbundene vermögensrechtliche Einbußen sind hinzuzurechnen; *LAG Hamm* (BB 1986, 136): Anwendung von § 12 VII 1 ArbGG, wobei sich das wirtschaftliche Interesse des Klägers auch nach Gesichtspunkten des Prestiges und der Rehabilitation bestimmen kann. Soweit die Änderungskündigung eine Verdienstminderung zum Gegenstand hat, können die genannten Gesichtspunkte eine angemessene Erhöhung der vierteljährlichen Verdienstdifferenz rechtfertigen; dabei muß die Obergrenze des § 12 VII 1 ArbGG regelmäßig unterschritten werden; *LAG Köln* und *LAG München* (EzA, § 12 ArbGG 1979 Nrn. 13 u. 28): Anwendung von § 12 VII 2 ArbGG.

Das *BAG* (DB 1989, 1880) geht grundsätzlich vom dreifachen Jahresbetrag des Wertes der Änderung aus; als Höchstgrenze sollen die Regelungen in § 12 VII 1 u. 2 ArbGG in der Weise herangezogen werden, daß der Gebührenstreitwert keine der beiden dort genannten Grenzen überschreiten darf, sondern die niedrigere von beiden maßgeblich ist.

147 Problematisch ist auch, inwieweit ein **Weiterbeschäftigungsantrag** neben der Kündigungsschutzklage streitwertmäßig zu berücksichtigen ist: Es wird die

Auffassung vertreten, der Weiterbeschäftigungsanspruch habe neben der Kündigungsschutzklage keinen selbständigen Streitwert (*Grunsky* § 12 Rdnr. 5c; *ArbG Münster* BB 1983, 503). Die h. M. nimmt demgegenüber eine Erhöhung des Streitwerts an, wobei unterschiedliche Ansichten über die Höhe bestehen:

1 Monatsgehalt:	*LAG Bremen* AuR 1981, 285; *LAG Frankfurt* AuR 1985, 62.
1½ Monatsgehälter:	*LAG Hamm* EzA, § 12 ArbGG 1979 Nr. 1.
2 Monatsgehälter:	*LAG Düsseldorf* AuR 1981, 156; *LAG Köln* BB 1982, 1427.

Geht es um eine mit der Kündigungsschutzklage verbundene **Vergütungsklage,** so vergleicht das *BAG* (AP Nr. 17 zu § 12 ArbGG 1953; ebenso *LAG Saarbrücken* AnwBl 1977, 252; *LAG Bremen* AnwBl 1983, 38) den Vierteljahresbezug mit der Summe der geltendgemachten Gehaltsansprüche; maßgebend für die Streitwertfestsetzung soll der höhere Wert sein (diese Auffassung wird abgelehnt von *LAG Berlin* AnwBl 1984, 151; *LAG Hamburg* AnwBl 1984, 150; zugestimmt hat dagegen das *LAG Baden-Württemberg* vom 5. 6. 1990 – 8 Ta 57/90, jedenfalls soweit es um Vergütungsansprüche geht, die in der Vergangenheit liegen). 148

d) Kostenerstattung?

Nach § 12a I 1 ArbGG besteht im Urteilsverfahren des ersten Rechtszugs kein Anspruch der obsiegenden Partei auf Entschädigung wegen Zeitversäumnis und auf Erstattung der Kosten für die Zuziehung eines Prozeßbevollmächtigten oder Beistandes. Dies gilt auch bei **offensichtlich unbegründeten Klagen** (*LAG Frankfurt* AR-Blattei, Arbeitsgerichtsbarkeit XIII Entsch. 25). Auch wenn der Arbeitgeber eine Kündigung ausgesprochen hat, ohne die nötige vorherige behördliche Zustimmung einzuholen und es dann zum Kündigungsschutzverfahren kommt, greift § 12a ArbGG ein. §§ 15 SchwbG, 9 III MuSchG sind keine Schutzgesetze zugunsten der Arbeitnehmer i. S. des § 823 II BGB (*LAG Köln* NZA 1988, 548 zu § 15 SchwbG; a. A. *ArbG Hamburg* NZA 1985, 100). Nur wenn eine **mißbräuchliche Rechtsausübung** den Tatbestand des § 826 BGB erfüllt, besteht kein Ausschluß der Kostenerstattung nach § 12a ArbGG (*LAG Frankfurt* a. a. O., Entsch. 46). 149

§ 12a I 1 ArbGG bezieht sich ausdrücklich nur auf die anwaltliche Prozeßtätigkeit. Aber auch **vorprozessuale Anwaltskosten** sind nicht erstattungsfähig, unabhängig davon, ob es zu einem Prozeß kommt oder nicht (*BAG* AP Nr. 14 zu § 61 ArbGG 1953 „Kosten" mit Anm. von *Mes*). 150

Verweist das Landgericht an das Arbeitsgericht, sind die beim Zivilgericht angefallenen Kosten erstattungsfähig (*LAG Baden-Württemberg* NJW 1984, 86). Belanglos ist, ob der Anwalt des Beklagten die Prozeßvertretung vor dem Arbeitsgericht fortsetzt oder nicht (*LAG Frankfurt* BB 1969, 583). Entgegen § 12a I 1 ArbGG kann die Partei die Erstattung der Anwaltskosten im Arbeitsgerichtsprozeß beanspruchen, wenn bei eigener Prozeßführung mindestens gleich hohe Kosten entstanden wären. Vermeidet also eine Partei durch die Zuziehung eines Anwalts die Entstehung eigener **Reisekosten,** so sind die Anwaltsgebühren in Höhe der erstattungsfähigen Reisekosten von der unterlegenen Partei zu tragen (*Müller/Bauer* G. V. 1. c). Beauftragt die Partei für das Berufungs- und/oder Revisionsverfahren einen nicht am Sitz des Gerichts domizilierenden Anwalt, sondern einen an ihrem Wohnsitz oder im Bereich des erstinstanzlichen oder zweit- 151 instanzlichen Gerichtes ansässigen Anwalt, so hängt die Erstattungsfähigkeit der Reisekosten allein davon ab, ob diese für die Partei „zur zweckentsprechenden Rechtsverfolgung oder Rechtsverteidigung notwendig waren" (§ 91 I 1 ZPO). Diese Frage ist grds. dann zu bejahen, wenn sich die Partei zuvor schon vom gleichen Anwalt im vorherigen Rechtszug hat vertreten lassen (*LAG Baden-Württemberg* Beschl. vom 8. 10. 1987 – 1 Ta 43/87; vgl. auch *BAG* AP 27 zu § 91 ZPO). Das **Vertrauensargument** gilt verstärkt, wenn der von der Partei beauftragte und nicht am Sitz des LAG oder BAG domizilierende Anwalt über besondere Erfahrungen mit der Spezialmaterie „Arbeitsrecht" verfügt (*LAG Baden-Württemberg* a. a. O.).

152 Nicht ausgeschlossen ist eine Erstattung der Anwaltskosten im **Zwangsvollstreckungsverfahren,** da diese Kosten nicht unter § 12a ArbGG fallen (*LAG Frankfurt* BB 1968, 630). Hat ein Arbeitgeber als Drittschuldner die Verpflichtung zur Abgabe der Drittschuldnererklärung nach § 840 I ZPO nicht erfüllt, so umfaßt der Anspruch des Gläubigers auf Ersatz des ihm entstandenen Schadens nach § 840 II 2 ZPO wegen § 12a I 1 ArbGG nicht die Kosten für die Zuziehung eines Anwalts im Drittschuldnerprozeß (*BAG* AP Nrn. 3, 10, 13, 14 zu § 61 ArbGG 1953 „Kosten").

e) Belehrung über den Ausschluß der Kostenerstattung

153 Die Hinweispflicht des Anwalts nach § 12a I 2 ArbGG auf den Ausschluß der Kostenerstattung nach § 12a I 1 ArbGG ist nur klarstellender Natur; sie ergibt sich schon aus dem **anwaltlichen Standesrecht** (*Rewolle* BB 1979, 1353; *Müller/Bauer* G. VI. 1.). Ausnahmen von der Belehrungspflicht bestehen dann, wenn der Mandant rechtsschutzversichert ist und deshalb kein Kostenrisiko trägt (*Ziege* AnwBl 1980, 179) oder wenn dem Mandanten der Ausschluß der Kostenerstattung schon bekannt ist, was bei größeren Arbeitgebern mit Rechts- und/oder Personalabteilung und ständigen arbeitsgerichtlichen Auseinandersetzungen unterstellt werden kann (*Müller/Bauer* a. a. O.). Umstritten sind die **Rechtsfolgen einer unterlassenen Belehrung.** Im Regelfall wird eine Verletzung des § 12 I 2 ArbGG dazu führen, daß der Anwalt kein Honorar für seine Tätigkeit beanspruchen kann (*Ziege* a. a. O.). Die Darlegungs- und Beweislast für die ordnungsgemäße Belehrung nach § 12a I 2 ArbGG trägt der Anwalt (vgl. *Müller/Bauer* G. VI. 4.).

f) Honorarvereinbarung

154 Nach § 3 I BRAGO können höhere als die gesetzlichen Gebühren schriftlich vereinbart werden. **Erfolgshonorare** sind unzulässig (§ 52 I, II der Grundsätze des anwaltlichen Standesrechts). Soweit eine Gebührenvereinbarung standeswidrig ist, wird sie regelmäßig als zivilrechtlich unwirksam behandelt (vgl. *BGH* NJW 1963, 313 und NJW 1963, 1147).

II. Beschlußverfahren

1. Grundzüge des Beschlußverfahrens

a) Allgemeines

155 Neben dem Urteilsverfahren kennt das ArbGG mit dem Beschlußverfahren (§ 2a i. V. m. §§ 80ff ArbGG) eine zweite, völlig **eigenständige Verfahrensart** für betriebsverfassungs- und sprecherausschußrechtliche Streitigkeiten sowie

für Angelegenheiten aus dem MitbestG und dem BetrVG 1952, soweit über die Wahl von Vertretern der Arbeitnehmer in den Aufsichtsrat und ihre Abberufung mit Ausnahme der Abberufung nach § 103 III AktG zu entscheiden ist. Zum Beschlußverfahren kommt es auch bei der Entscheidung über die Tariffähigkeit und die Tarifzuständigkeit einer Vereinigung (§ 2a I 3 ArbGG). Urteils- und Beschlußverfahren schließen sich gegenseitig aus (*FAKH* nach § 1 Rdnr. 6). Eine Abgabe in die richtige Verfahrensart ist möglich und geboten (*BAG* AP Nrn. 1, 2 zu § 8 ArbGG; *BAG* AP Nrn. 1, 2 zu § 78a BetrVG 1972), allerdings nur aufgrund eines **Abgabeantrags** (*BAG* AP Nr. 13 zu § 78a BetrVG 1972). Wird dieser nicht gestellt, sind der Antrag im Beschlußverfahren oder die Klage im Urteilsverfahren als unzulässig abzuweisen.

b) Verfahrensgrundsätze

Für das Beschlußverfahren des ersten Rechtszugs gelten zahlreiche Vorschrif- **156**
ten des Urteilsverfahrens entsprechend (§ 80 II ArbGG). Ebenso wie im Urteilsverfahren können Anträge auf Leistung, auf Feststellung oder Gestaltung gestellt werden. Es gilt der **Dispositionsgrundsatz;** der Antragsteller bestimmt durch seinen Antrag den Streitgegenstand des Verfahrens. Allerdings erforscht das Gericht im Unterschied zum Urteilsverfahren den Sachverhalt „im Rahmen der gestellten Anträge von Amts wegen“. Die am Verfahren Beteiligten haben aber an der Aufklärung des Sachverhalts mitzuwirken (§ 83 I 1 ArbGG). Der Antrag kann vom Antragsteller in erster Instanz jederzeit (§ 81 II 1 ArbGG), in zweiter und dritter Instanz nur mit Zustimmung des Antragsgegners zurückgenommen werden.

In erster und zweiter Instanz ist eine **Antragsänderung** zulässig, wenn die **157**
übrigen Beteiligten zustimmen oder das Gericht sie für sachdienlich hält (§ 81 IIIa ArbGG). Darüber hinaus wird die Dispositionsbefugnis der Beteiligten durch § 83a ArbGG erweitert (Vergleich, Erledigung des Verfahrens).

Für Ladungen, Zustellungen, Termine und Fristen gilt nichts anderes als im **158**
Urteilsverfahren. Eine Güterverhandlung von dem Vorsitzenden allein findet nicht statt; es wird sofort eine **streitige Verhandlung vor der Kammer** durchgeführt. Rechtliches Gehör muß den Beteiligten gewährt werden. Eine Entscheidung im schriftlichen Verfahren, also ohne mündliche Verhandlung kann nur ergehen, wenn alle Beteiligten einverstanden sind (§ 83 IV 3 ArbGG). Die vereinfachte Zustellung nach § 212a ZPO ist auch im Beschlußverfahren gegenüber den nach § 11 ArbGG zur Prozeßvertretung zugelassenen Vertretern von Gewerkschaften möglich (*BAG* AP Nr. 6 zu § 212a ZPO).

Die Dispositionsbefugnis der Beteiligten läßt es auch zu, das Verfahren durch **159**
Vergleich- oder Erledigungserklärung zu beenden (§ 83a ArbGG). Für die Zulässigkeit eines Vergleichs ist allerdings Voraussetzung, daß die Beteiligten über den Verfahrensgegenstand verfügen können (§ 83a I ArbGG; vgl. *Lepke* DB 1977, 629). Umstritten ist, ob dabei **alle Beteiligten** mitzuwirken haben oder – was richtig sein dürfte – nur die unmittelbar Beteiligten, also Antragsteller und Antragsgegner (so *Grunsky* § 83a Rdnr. 3; *Schaub,* Formularsammlung, § 114 10a: *Müller/Bauer* C.I.2.; a. A. *Dütz* RdA 1980, 99). Nicht gesetzlich geregelt ist der Fall der einseitigen Erledigungserklärung. § 83a ArbGG erfaßt nur die beiderseitige Erledigungserklärung. Nach richtiger Auffassung (*BAG* NZA 1990, 822 unter Aufgabe von *BAG* NZA 1988, 101; *Müller/Bauer* C.I.2.; a. A. *Grunsky* § 83a Rdnr. 9; *Schaub,* Formularsammlung, § 113 11d; *FAKH* nach § 1 Rdnr. 33; *Germelmann/Matthes/Prütting* § 83a Rdnr. 21) ist bei einseitiger Erledi-

gungserklärung von den Gerichten für Arbeitssachen nur zu prüfen, ob das Verfahren tatsächlich erledigt ist. Ist das der Fall, so ist das Verfahren ebenso einzustellen, wie wenn die Beteiligten es übereinstimmend für erklärt haben.

c) Antrags- und Beteiligungsbefugnis

160 Fehlt die **Antragsbefungis,** ist ein Beschlußverfahren unzulässig. Dabei ist zwischen Antrags- und **Beteiligungsbefugnis** zu unterscheiden; beide Begriffe sind nicht identisch. Dem beteiligungsbefugten Antragsteller kann die Antragsbefugnis fehlen. Die Antragsbefugnis ist nach den Regeln über die Einleitung eines gerichtlichen Verfahrens zu bestimmen. Dazu ist derjenige befugt, der eigene Rechte geltend macht. Sie entspricht der Prozeßführungsbefugnis im Zivilprozeß und ist Voraussetzung für eine Sachentscheidung (*BAG* AP Nr. 1 zu § 23 BetrVG 1972; *FAKH* nach § 1 Rdnr. 22; *Laux* S. 22, 26, 43; a. A. *Grunsky* § 80 Rdnr. 29: Begründetheitsvoraussetzung).

161 Bei Streitfragen betriebsverfassungsrechtlicher Art ist zu untersuchen, ob die den Streitgegenstand betreffenden Normen des Betriebsverfassungsgesetzes eine eigene schutzwerte Rechtsposition zuordnen. Weder die Bestimmungen des § 42 II, V BetrVG noch allgemeine betriebsverfassungsrechtliche Grundsätze, wie die Tarifvorbehalte nach §§ 77 III 1, 87 I 1 BetrVG, vermitteln den im Betrieb vertretenen **Gewerkschaften** das Recht, Mängel bei der Konstituierung des Gesamtbetriebsrats und beim Abschluß von Betriebsvereinbarungen zu rügen noch deren Inhalt gerichtlich überprüfen zu lassen (*BAG* DB 1987, 1642; *BAG* NZA 1988, 26; *BAG* NZA 1989, 229; a. A. *Grunsky* DB 1990, 526; *Däubler,* BB 1990, 2256).

162 Den Parteien des Urteilsverfahrens entsprechen die **Beteiligten** im Beschlußverfahren (§ 83 I und II ArbGG). Beteiligte sind zunächst der Antragsteller und/oder Antragsgegner **(Beteiligte im engeren Sinne),** aber auch die Arbeitnehmer und Stellen, die nach dem BetrVG 1952 und 1972, dem SprAuG, dem MitbestG und den zu diesen Gesetzen ergangenen Rechtsverordnungen im einzelnen Fall beteiligt sind **(Beteiligte im weiteren Sinne).** Maßgeblich ist die materiellrechtliche Betroffenheit. In Betracht kommen vor allem:

- **Betriebsrat** bei Verfahren zwischen Betriebsratsmitglied und Arbeitgeber auf Kostenersatz wegen Teilnahme an einer Schulungsveranstaltung (*BAG* AP Nr. 8 zu § 82 ArbGG; *BAG* AP Nr. 16 zu § 40 BetrVG 1972; *BAG* AP Nr. 1 zu § 13 BetrVG 1972);
- **Betriebsrat** bei Ausschlußverfahren gegen eines seiner Mitglieder (*BAG* AP Nr. 1 zu § 83 ArbGG);
- **Betriebsrat** bei Anfechtung der Wahl eines einzelnen Betriebsratsmitglieds (*Grunsky* § 83 Rdnr. 17);
- **Angestellter,** wenn sein Status als leitender Angestellter i. S. des § 5 III und IV BetrVG in einem Verfahren zwischen Betriebsrat und Arbeitgeber oder einem Verfahren zwischen Sprecherausschuß und Arbeitgeber streitig ist (vgl. *BAG* AP Nr. 30 zu § 5 BetrVG 1972);
- **Betriebsratsmitglied,** wenn es in einem Beschlußverfahren zwischen Arbeitgeber und Betriebsrat um die Ersetzung der Zustimmung der außerordentlichen Kündigung nach § 103 BetrVG geht (*LAG Hamm* DB 1975, 939; *FAKH* § 103 Rdnr. 27b).

163 Dagegen ist der **Gesamtbetriebsrat** nicht Beteiligter in einem Verfahren, in dem Arbeitgeber und Betriebsrat über ein Mitbestimmungsrecht streiten (*BAG* AP Nr. 1 zu § 85 BetrVG). Auch sind die Tarifvertragsparteien nicht zu beteiligen, wenn es um die Wirksamkeit einer Betriebsvereinbarung im Hinblick auf den Tarifvorrang des § 77 BetrVG geht (*BAG* AP Nr. 9 zu § 77 BetrVG 1972). Weiter sind die von personellen Einzelmaßnahmen betroffenen Arbeitnehmer

nicht zu beteiligen in einem Verfahren, in dem es um die Zustimmung des Betriebsrats nach §§ 99ff BetrVG geht. Der Ausgang dieser Verfahren berührt nämlich die Arbeitnehmer weder in ihren individual- noch in ihren betriebsverfassungsrechtlichen Rechten (*BAG* AP Nr. 1 zu § 1 TVG „Tarifverträge: Druckindustrie").

Ein Beteiligter im weiteren Sinne ist nach h. M. **beschwerdebefugt** nach § 87 I ArbGG (*BAG* AP Nrn. 10, 18 zu § 78 BetrVG; *Laux* S. 29ff; *Rolfing/Rewolle/Bader,* ArbGG, § 83 Rdnr. 3; *FAKH* (o. Rdnr. 162); a. A. *Grunsky* § 83 Rdnr. 20 und § 87 Rdnr. 6), auch wenn er ordnungsgemäß von den Instanzgerichten angehört worden ist. Unter den Voraussetzungen der §§ 92, 92a ArbGG kann er Rechtsbeschwerde einlegen, wenn er beschwert ist. Das ist z. B. hinsichtlich des beteiligten Betriebsratsmitglieds der Fall, wenn in einem Verfahren nach § 103 BetrVG die Zustimmung des Betriebsrats durch Beschluß des Arbeitsgerichts oder des LAG ersetzt wird (*FAKH* a. a. O.; vgl. *LAG Hamm* DB 1989, 1244 zur Kostentragung durch den Arbeitgeber). **164**

d) Rechtsschutzbedürfnis

Der Antragsteller muß auch im Beschlußverfahren ein Rechtsschutzinteresse an der Durchführung des Verfahrens haben, das allerdings bei **Anträgen auf Leistung** oder Rechtsgestaltung nicht besonders geprüft wird (*FAKH* nach § 1 Rdnr. 25ff). Auch bei **Feststellungsanträgen** wird eine „gewisse Großzügigkeit" an den Tag gelegt mit der Begründung, es seien betriebsverfassungsrechtliche Fragen kollektivrechtlicher Art zu klären und weniger persönliche Rechtspositionen (*Herschel* DB 1977, 1161). Der bloße abstrakte Streit der Betriebspartner darüber, ob eine Angelegenheit mitbestimmungspflichtig ist oder nicht, begründet allerdings noch kein Rechtsschutzinteresse (*Matthes* DB 1984, 453/457). Bejaht wird das Rechtsschutzinteresse regelmäßig auch dann noch, wenn das konkrete Ereignis zwar schon der Vergangenheit angehört, aber die Wiederherstellung des Betriebsfriedens noch eine gerichtliche Entscheidung erfordert, vor allem weil die Möglichkeit nicht auszuschließen ist, daß sich ein ähnlicher Vorgang in Zukunft wiederholen wird. **165**

e) Richtige Antragstellung

Auch im Beschlußverfahren kommt es vor, daß Anträge als unzulässig abgewiesen werden müssen oder daß zumindest erhebliche Anstrengungen nötig sind, um dem Antrag im Wege der Auslegung ein Begehren entnehmen zu können, über das eine Entscheidung in der Sache überhaupt möglich ist (vgl. insgesamt zur richtigen Antragstellung *Matthes* DB 1984, 453). **166**

aa) Anträge zur Zulässigkeit des Beschlußverfahrens. Der Verfahrensvertreter sollte es unterlassen, die Zulässigkeit eines Beschlußverfahrens über das Bestehen oder den Inhalt eines Mitbestimmungsrechts mit der Begründung zu verneinen, über diese Frage habe vorab die **Einigungsstelle** zu entscheiden. Das Arbeitsgericht hat nämlich nach ständiger Rechtsprechung des BAG (*BAG* AP Nrn. 5, 9 zu § 111 BetrVG 1972; *BAG* AP Nr. 3 zu § 87 BetrVG 1972 „Arbeitssicherheit"; *BAG* AP Nr. 7 zu § 87 BetrVG 1972 „Überwachung") für die Frage der Zuständigkeit der Einigungsstelle die sog. **Kompetenz-Kompetenz.** **167**

bb) Anträge zur Zuständigkeit der Einigungsstelle. Wenn es in einem Verfahren nach § 98 ArbGG um die **umstrittene Zuständigkeit** der Einigungsstelle geht, beantragen die Arbeitgeber häufig festzustellen, **168**

„daß die angerufene Einigungsstelle zur Beschlußfassung über ... nicht zuständig ist.

Ein solcher Antrag ist nicht korrekt. Letztlich geht es nämlich nicht um die Zuständigkeit der Einigungsstelle, sondern vielmehr um die Frage, ob der Betriebsrat in einer bestimmten Angelegenheit ein Mitbestimmungsrecht hat oder nicht. Hinter dem Antrag verbirgt sich deshalb die Auffassung, daß die Einigungsstelle keinen verbindlichen Spruch fällen kann, weil es an einem erzwingbaren Mitbestimmungsrecht des Betriebsrats in der Angelegenheit fehlt (*BAG* AP Nr. 11 zu § 76 BetrVG 1972). Anträge auf Feststellung der Zuständigkeit oder Unzuständigkeit einer Einigungsstelle werden deshalb vom BAG dahingehend ausgelegt, daß über das Bestehen oder Nichtbestehen eines Mitbestimmungsrechts entschieden werden soll.

169 **cc) Unbestimmte Anträge.** Häufig sind Anträge unzulässig, weil es ihnen an der nötigen **Bestimmtheit** fehlt, z. B. wenn beantragt wird, festzustellen,

„daß der Betriebsrat bei der Anordnung von Überstunden überhaupt ein Mitbestimmungsrecht hat".

Ein so weit gefaßter Antrag bezeichnet keine bestimmte Angelegenheit, für die über Mitbestimmungsrechte des Betriebsrats entschieden werden kann; er wiederholt letztlich nur mit anderen Worten eine Gesetzesvorschrift. Die umstrittene Angelegenheit muß vielmehr ausreichend umrissen wrden. Soweit es um die Mitbestimmung des Betriebsrats bei der Anordnung von Überstunden geht, könnte z. B. beantragt werden, daß der Betriebsrat mitzubestimmen hat:

„bei der Anordnung von Überstunden für das Verkaufspersonal anläßlich der Inventur",

„bei der Anordnung von Überstunden nach Ausfall von Arbeitszeit durch Wochenfeiertage",

„bei der Anordnung von Überstunden für Betriebshandwerker zur Beseitigung von (näher anzugebenden) Störungsfällen".

170 *Matthes* (o. Rdnr. 166) bemerkt zu Recht, daß es sicher nicht immter leicht, aber doch nicht unmöglich ist, die jeweilige Angelegenheit, aus der sich ein Mitbestimmungsrecht des Betriebsrats ergeben soll, genau zu bezeichnen. Er zeigt **beispielhaft,** wie man Vorgänge prägnant umreißen kann:

„... bei der Regelung der Arbeitszeit zwischen Weihnachten und Neujahr",

„anläßlich der Installation von Datensichtgeräten in der Abteilung Auftragsabwicklung",

„... bei der Veranstaltung des Verkäuferwettbewerbs XY für die Außendienstmitarbeiter",

„... bei der Regelung des Zutrittsrechts zu den Forschungsbereichen A und B".

171 **dd) Zu weit gefaßte Anträge.** Vorsicht ist geboten, wenn der Arbeitgeber das vom Betriebsrat in einer bestimmten Angelegenheit in Anspruch genommene Mitbestimmungsrecht überhaupt bestreitet, etwa mit folgendem Antrag:

„... beim Erlaß einer von ihm (dem Arbeitgeber) geplanten Dienstreiseordnung für die Mitarbeiter A, B, C usw. nicht mitzubestimmen hat".

Ein solcher Antrag ist sicherlich zulässig und auch bestimmt genug, denn die Worte „nicht mitzubestimmen hat" drücken unmißverständlich aus, daß jedes einschlägige Beteiligungsrecht des Betriebsrats vom Arbeitgeber bestritten wird. Zu beachten ist, daß einem solchen weit gefaßten und zugleich unbedingten Antrag entweder stattzugeben oder daß er abzuweisen ist. Mit anderen

Worten: Besteht ein Mitbestimmungsrecht des Betriebsrats auch nur hinsichtlich einer Teilregelung, so ist ein **zu weit gefaßter Antrag** insgesamt abzuweisen. Allerdings wird auf diese Gefahr das Arbeitsgericht die Beteiligten und ihre Prozeßbevollmächtigten hinweisen.

In vielen Beschlußverfahren geht es nicht darum, ob der Betriebsrat in einer bestimmten Angelegenheit überhaupt ein Mitbestimmungsrecht hat, sondern vielmehr darum, ob er ein etwaiges Mitbestimmungsrecht zur Durchsetzung einer bestimmten Regelung in dem Sinn verlangen kann, daß er zur Durchsetzung seines Begehrens auch die Einigungsstelle anrufen kann. **172**

Wird das Beschlußverfahren vom Arbeitgeber eingeleitet, kann dieser selbstverständlich in erster Linie beantragen festzustellen, daß für eine bestimmte Angelegenheit dem Betriebsrat überhaupt kein Mitbestimmungsrecht zusteht; **hilfsweise** können bestimmte Regelungsverlangen des Betriebsrats bestritten werden (vgl. dazu *BAG* BB 1984, 850 zur Einführung von Datensichtgeräten). **173**

ee) Angabe des Gesetzestextes im Antrag? In der Praxis stößt man immer wieder auf Anträge, mit denen ein Mitbestimmungsrecht aus einer bestimmten Vorschrift des BetrVG verlangt oder bestritten wird. Dabei wird die Angabe der Gesetzesvorschrift bei einem vom Betriebsrat gestellten positiven Feststellungsantrag regelmäßig nur als Begründung des Antrags zu werten sein. Selbstverständlich bedarf es auch im Beschlußverfahren einer substantiierten Sachverhaltsdarstellung. An die mit der Angabe der Gesetzesvorschrift gegebene Begründung des Antrags ist deshalb das Gericht nicht gebunden; es kann vielmehr das in Anspruch genommene Mitbestimmungsrecht aus einer anderen gesetzlichen Vorschrift herleiten. Dies zeigt, daß die Angabe einer betriebsverfassungsrechtlichen Vorschrift zumindest überflüssig ist. Auch wenn es um einen vom Arbeitgeber gestellten **negativen Feststellungsantrag** geht, ist die Angabe einer betriebsverfassungsrechtlichen Vorschrift im Antrag entweder schädlich oder aber überflüssig. **174**

f) Besondere Fristen bei der Einleitung des Verfahrens

Bei der Einleitung eines Beschlußverfahrens muß der Anwalt als Verfahrensvertreter beachten, daß unter Umständen rasches Handeln geboten ist: Vor allem in folgenden Fällen gelten kurze Fristen: **175**

aa) Anfechtung von Betriebsratswahlen. Betriebsratswahlen können nach § 19 BetrVG innerhalb einer **Ausschlußfrist** von zwei Wochen nach Bekanntgabe des Wahlergebnisses beim Arbeitsgericht angefochten werden. Innerhalb der Frist muß ein betriebsverfassungsrechtlich erheblicher Anfechtungsgrund vorgetragen werden (*BAG* AP Nr. 14 zu § 18 BetrVG). Ist die Wahl frist- und ordnungsgemäß angefochten worden, so hat das Gericht allerdings während des Verfahrens weiteren Anfechtungsgründen von Amts wegen nachzugehen, soweit es auf solche stößt (*BAG* AP Nr. 17 zu § 18 BetrVG). **176**

Die Geltendmachung der **Nichtigkeit** einer Betriebsrats- oder Sprecherausschußwahl ist dagegen nicht an die Anfechtungsfrist des § 19 BetrVG, § 8 SprAuG gebunden. Vertritt der Anwalt den Arbeitgeber, sollte er allerdings bedenken, daß sich dieser unter Umständen nicht auf die Nichtigkeit der Wahl für die Vergangenheit berufen kann, wenn zu lange mit der Geltendmachung der Nichtigkeit zugewartet wird (vgl. *FAKH* § 19 Rdnr. 7).

bb) Vorläufige personelle Maßnahmen. Bestreitet der Betriebsrat, daß eine personelle Maßnahme aus sachlichen Gründen dringend erforderlich ist, so hat **177**

er dies nach § 100 BetrVG dem Arbeitgeber unverzüglich mitzuteilen. In diesem Fall muß der Anwalt des Arbeitgebers sehen, daß sein Mandant die vorläufige personelle Maßnahme nur aufrechterhalten darf, wenn innerhalb von **drei Kalendertagen** das Arbeitsgericht zur Entscheidung im Beschlußverfahren angerufen wird. Nach überwiegender Meinung (*FAKH* § 100 Rdnr. 8) sollen die Verfahren nach § 99 IV und § 100 II BetrVG miteinander verbunden werden, was häufig zweckmäßig, nach dem Wortlaut des Gesetzes aber nicht unbedingt erforderlich ist (vgl. auch *BAG* NJW 1978, 848; vgl. vor allem auch *Matthes* DB 1989, 1285 zu verfahrensrechtlichen Problemen). Es könnte beantragt werden:

„(1) die vom Antragsgegner verweigerte Zustimmung zur Versetzung/Einstellung des Arbeitnehmers ... zu ersetzen,

(2) festzustellen, daß die am ... vorgenommene vorläufige Versetzung/Einstellung des Arbeitnehmers ... aus sachlichen Gründen dringend erforderlich war".

178 Neben dem besonderen Verfahren nach § 100 II BetrVG ist eine einstweilige Verfügung auf Antrag des Arbeitgebers nach §§ 85 II ArbGG, 935 ff ZPO unzulässig (*FAKH* § 100 Rdnr. 1). Für den Betriebsrat wiederum ist § 101 BetrVG eine Sondervorschrift gegenüber § 85 I ArbGG und § 23 III 3 BetrVG, soweit es um die Aufhebung der konkreten personellen Maßnahme, um die Beseitigung eines bereits eingetretenen mitbestimmungswidrigen Zustandes im Einzelfall ohne Rücksicht auf die Schwere des Verstoßes geht (*BAG* AP Nr. 7 zu § 23 BetrVG 1972; *FAKH* § 101 Rdnr. 5). Anders ist es dagegen, wenn es um einen **vorbeugenden,** in die Zukunft gerichteten **Unterlassungsanspruch** nach wiederholten groben Verstößen des Arbeitgebers, insbesondere durch Einstellung von Arbeitnehmern für jeweils kurze Zeit geht; dann läuft das Verfahren nach § 101 BetrVG ins Leere (*BAG* a. a. O.; *FAKH* a. a. O.).

179 **cc) Zustimmungsersetzungsverfahren nach § 103 II BetrVG.** Will der Arbeitgeber einem Betriebsratsmitglied oder einem anderen nach §§ 15 KSchG, 103 BetrVG besonders geschützten Arbeitnehmer außerordentlich nach § 626 BGB kündigen, muß die Zustimmung des Betriebsratsgremiums so rechtzeitig eingeholt werden, daß notfalls (bei Nichterteilung der Zustimmung) die Ersetzung der Zustimmung innerhalb der **Zweiwochenfrist** des § 626 BGB beim Arbeitsgericht beantragt werden kann (*BAG* AP Nrn. 1, 2, 10 zu § 103 BetrVG 1972). Dabei ist zu beachten, daß sich der Betriebsrat in entsprechender Anwendung von § 102 II 3 BetrVG mit seiner Reaktion grundsätzlich 3 Tage Zeit lassen kann.

180 **dd) Feststellung der Unwirksamkeit eines Einigungsstellenspruchs.** Überschreitet der Spruch der Einigungsstelle die Ermessensgrenze, können der Arbeitgeber oder der Betriebsrat binnen einer Ausschlußfrist von **zwei Wochen** nach Zugang des Spruchs (§ 187 I BGB) das Arbeitsgericht anrufen (§ 76 V 4 BetrVG). Wie bei der Anfechtung nach § 19 I BetrVG, § 8 SprAuG) muß auch hier innerhalb der Zweiwochenfrist **konkret vorgetragen** werden, warum die Einigungsstelle die Ermessensgrenze überschritten haben soll (*BAG* AP Nr. 6 zu § 76 BetrVG 1972). Es genügt also nicht, innerhalb der Frist einen fristwahrenden Schriftsatz beim Arbeitsgericht einzureichen, der sich darauf beschränkt, den Antrag anzukündigen (*Müller/Bauer* C.I.6.d).

2. Verfahrensvertretung im Beschlußverfahren

a) Erste Instanz

aa) Vertretung durch Anwälte. § 80 I ArbGG sieht die entsprechende Anwendung der für das erstinstanzliche Urteilsverfahren maßgebenden Bestimmungen vor. Damit können Anwälte auch im Beschlußverfahren unbeschränkt auftreten. 181

bb) Vertretung des Betriebsrats durch Gewerkschaftsvertreter. Der Betriebsrat kann als Organ der Betriebsverfassung nicht Mitglied einer Gewerkschaft sein. Bei wörtlicher Anwendung von § 80 II i. V. m. § 11 II 2 ArbGG müßte man deshalb zu dem Ergebnis kommen, daß im Beschlußverfahren Vertreter von Gewerkschaften nicht als Verfahrensbevollmächtigte des Betriebsrats auftreten können (so tatsächlich *LAG Hamm* BB 1954, 165). Nach Auffassung des *BAG* (AP Nr. 7 zu § 11 ArbGG 1953 mit zust. Anm. von *Dietz*) ist das Auftreten eines Koalitionsvertreters jedenfalls dann möglich, wenn sich unter den **Mitgliedern des Betriebsrats** wenigstens ein Mitglied der betreffenden Gewerkschaft befindet. Die vom BAG (a. a. O.) offengelassene Frage, ob eine Vertretung über die Koalition auch dann möglich ist, wenn sich nur unter den sonstigen Arbeitnehmern des Betriebs ein Gewerkschaftsangehöriger befindet, ist zu verneinen, da die Belegschaft als solche nach der Struktur des Betriebsverfassungsrechts nicht beteiligungsfähig ist. 182

b) Zweite Instanz

aa) Kein Anwaltszwang für die mündliche Verhandlung. Gegen jeden das Verfahren vor der ersten Instanz beendenden Beschluß ist nach § 87 I ArbGG die Beschwerde an das LAG gegeben. Nach § 87 II 2 i. V. m. § 11 I ArbGG ergibt sich, daß Anwälte als Verfahrensbevollmächtigte auftreten können. Der Anwalt des Betriebsrats muß allerdings darauf achten, daß ein ordnungsgemäßer **Beschluß des Gremiums** vorliegt. 183

Ein Vertretungszwang besteht dagegen nicht, da § 87 ArbGG ausdrücklich nur auf § 11 I (nicht auf II) Bezug nimmt. Alle Beteiligten können sich deshalb im Beschwerde- und Rechtsbeschwerdeverfahren ebenso vertreten lassen wie beim Urteilsverfahren in erster Instanz. Bei dem eindeutigen Wortlaut des Gesetzes ist es nicht möglich, von einem Redaktionsversehen des Gesetzgebers zu reden (*Grunsky* § 87 Rdnr. 17; a. A. *Dietz/Nikisch* § 87 Rdnr. 43ff). 184

bb) Unterzeichnung der Beschwerdeschrift. Wie wenig sachgerecht die unter Rdnr. 183f. beschriebene Regelung ist, ergibt sich daraus, daß die Beschwerdeschrift nach § 89 I ArbGG **zwingend** die Unterschrift eines **Anwalts- oder Verbandsvertreters** nach § 11 I 2 ArbGG aufweisen muß. 185

cc) Unterzeichnung der Beschwerdebegründung. § 89 I ArbGG bestimmt nicht, daß die Beschwerdebegründung von einem Anwalt oder einem Verbandsvertreter unterzeichnet sein muß. Auch diese **Differenzierung zwischen Beschwerdeschrift und Beschwerdebegründung** ist mindestens rechtspolitisch verfehlt, wenn sie nicht sogar de lege lata unhaltbar ist (vgl. *Wlotzke/Schwedes/Lorenz,* ArbGG 1979 § 89 Rdnr. 1, die § 89 I ArbGG „in sinnvoller Auslegung des Sinns der Regelung" auf die Beschwerdebegründung anwenden wollen). Eine gesetzliche „Beschwerdebeantwortungsfrist" sieht § 90 ArbGG für das Beschlußverfahren nicht vor (*Lepke* NZA 1986, 186). 186

c) Dritte Instanz

187 **aa) Rechtsbeschwerde.** Gegen den das Verfahren beendenden Beschluß eines LAG findet die Rechtsbeschwerde an das BAG statt, wenn sie im Beschluß des LAG **zugelassen** worden ist (§ 92 I 1 ArbGG) oder im Beschluß des BAG aufgrund einer Nichtzulassungsbeschwerde im Rahmen des § 92a 2 ArbGG zugelassen wird (§ 92 I 1 ArbGG). Auf jeden Fall müssen sowohl die Rechtsbeschwerdeschrift als auch die Rechtsbeschwerdebegründung wirksam von einem **Anwalt** unterzeichnet werden (§ 94 I ArbGG).

188 **bb) Rechtsbeschwerdebegründung.** Die Rechtsbeschwerdebegründung muß angeben, inwieweit die Abänderung des angefochtenen Beschlusses beantragt wird, welche Bestimmungen verletzt sein sollen und worin die Verletzung bestehen soll (§ 94 II 2 ArbGG). Der Anwalt muß sich deshalb mit den Gründen der angefochtenen Entscheidung **auseinandersetzen** und darlegen, was der Rechtsbeschwerdeführer daran zu beanstanden hat und warum er die Erwägungen des LAG für unrichtig hält. Die bloße Bezeichnung der verletzten Norm mit der Bemerkung, das LAG habe einen darin enthaltenen Rechtsbegriff verkannt, genügt jedenfalls nicht (*BAG* NZA 1984, 268).

189 **cc) Vertretung.** Da § 92 II 2 ArbGG für die Vertretung ausdrücklich auf § 11 I ArbGG insgesamt (!) verweist, muß der Rechtsbeschwerdeführer **nicht** im gesamten Rechtsbeschwerdeverfahren von einem Anwalt vertreten sein; er kann sich vielmehr in der mündlichen Verhandlung von einem **Koalitionsvertreter** oder sogar von einem Vertreter von selbständigen Vereinigungen von Arbeitnehmern mit sozial- oder berufspolitischer Zwecksetzung vertreten lassen (*Grunsky* § 92 Rdnr. 12). Auch diese Regelung ist rechtspolitisch verfehlt.

190 **dd) Anhörung der Beteiligten.** Nach § 95 ArbGG sind die Rechtsbeschwerdeschrift und die Rechtsbeschwerdebegründung den Beteiligten **zur Äußerung** zuzustellen. Die Äußerung erfolgt durch die Einreichung eines Schriftsatzes beim BAG oder durch Erklärung zur Niederschrift der Geschäftsstelle des LAG, das den angefochtenen Beschluß erlassen hat. Anders als § 90 II ArbGG verweist § 95 ArbGG nicht auf § 83 VI ArbGG, wonach die Anhörung der Beteiligten vor der Kammer erfolgen muß. Die Entscheidung über die Rechtsbeschwerde **ohne mündliche Anhörung** der Beteiligten ist daher der gesetzliche Regelfall (*BAG* NZA 1986, 366). Es bedarf dazu weder eines besonderen Beschlusses des Senats noch eines Einverständnisses der Beteiligten (*BAG* NZA 1986, 366; *BAG* AP Nr. 2 zu § 95 ArbGG 1953; *Grunsky* § 95 Rdnr. 7).

Ebenso wie im Beschwerdeverfahren gibt es auch im Rechtsbeschwerdeverfahren **keine gesetzliche Beantwortungsfrist.**

191 **ee) Nichtzulassungsbeschwerde.** Bei der Nichtzulassungsbeschwerde wird leicht übersehen, daß die Nichtzulassung der Rechtsbeschwerde wegen grundsätzlicher Bedeutung der Rechtssache nach § 92a ArbGG nur gerügt werden kann, wenn es sich um eine **Streitigkeit über die Tariffähigkeit** oder (nicht „und“, wie es in Satz 1 mißverständlich heißt) **Tarifzuständigkeit** einer Vereinigung handelt (*Grunsky* § 92a Rdnr. 2). In diesem Verfahren kann § 72a I ArbGG weder unmittelbar noch analog angewendet werden, so daß weder eine fehlerhafte Tarifauslegung noch eine fehlerhafte Anwendung des BetrVG gerügt werden kann (*BAG* AP Nr. 4 zu § 92a ArbGG 1979).

d) Beiordnung eines Anwalts nach § 11a ArbGG

Über § 86II ArbGG kommt im Beschlußverfahren auch eine Beiordnung nach § 11a ArbGG in Betracht (*Grunsky* § 11a Rdnr. 15; *Lepke* DB 1981, 1927). Mit Rücksicht auf § 40 BetrVG ist bei einem **zahlungsfähigen Arbeitgeber** allerdings im konkreten Fall streng zu prüfen, ob die Voraussetzungen des § 11a I ArbGG tatsächlich bejaht werden können. **192**

e) Prozeßkostenhilfe

Auch Prozeßkostenhilfe kommt im Beschlußverfahren in Betracht (*Grunsky* § 11a Rdnr. 3; *Schaub,* Formularsammlung, § 88 XI 2). Dem steht nicht die mangelnde Rechtsfähigkeit des Betriebsrats entgegen (*Grunsky* a. a. O.). Die Voraussetzungen für die Gewährung von Prozeßkostenhilfe liegen allerdings nicht vor, wenn der Anspruch des Betriebsrats gegen den Arbeitgeber auf Bezahlung der Prozeßkosten über **§ 40 BetrVG** realisierbar ist (*Grunsky* a. a. O.). **193**

f) Einstweilige Verfügung

Nach § 85 II 1 ArbGG ist im Beschlußverfahren auch der Erlaß einer einstweiligen Verfügung **zulässig.** Zuständig ist nach § 937 I ZPO das Gericht der Hauptsache. Das kann dazu führen, daß der Antrag auf Erlaß einer einstweiligen Verfügung parallel zum „normalen" Beschlußverfahren in der Beschwerdeinstanz, also beim LAG, gestellt wird, ohne daß damit zuvor das Arbeitsgericht befaßt war. **194**

Für das Verfahren gelten die Vorschriften des **8. Buches der ZPO** mit der Maßgabe, daß die Kammer, nicht der Vorsitzende allein, zu entscheiden hat (§ 85 II 2 ArbGG). In dringenden Fällen kann der Vorsitzende auch allein entscheiden (*Dütz* ZfA 1972, 256; *Schaub,* Formularsammlung, § 118b; a. A. *Kehrmann/Schmahl* AuR 1977, 15). Die erforderlichen Zustellungen erfolgen von Amts wegen; ein Anspruch auf Schadensersatz nach § 945 ZPO gibt es in betriebsverfassungsrechtlichen Angelegenheiten nicht (§ 85 II 2 ArbGG). **195**

Die einstweilige Verfügung setzt einen Verfügungsanspruch und einen Verfügungsgrund voraus. **Verfügungsanspruch** kann jeder betriebsverfassungsrechtliche Anspruch sein, wobei jeweils geprüft werden muß, ob nicht nach dem BetrVG Sonderregeln bestehen (z. B. §§ 100, 101 BetrVG). Umstritten ist, ob § 23 III BetrVG als Sondervorschrift anzusehen ist, die die Zwangsvollstreckung aus Unterlassungsansprüchen ausschließt (so *BAG* AP Nr. 2 zu § 23 BetrVG; a. A. *FAKH* § 87 Rdnr. 162), so daß insoweit der Erlaß einer einstweiligen Verfügung mangels eines Verfügungsanspruchs nicht möglich ist. **196**

Ungeachtet der Systematisierung der einstweiligen Verfügung („Sicherungsverfügung" und „Regelungsverfügung") ist für die einstweilige Verfügung ihr einstweiliger vorläufiger Charakter wesentlich (*Stein/Jonas/Grunsky,* ZPO, 20. Aufl., vor § 935 Rdnr. 29f m. w. N.; *Heinze* RdA 1986, 2073). Die einstweilige Verfügung darf deshalb grundsätzlich nicht zur Befriedigung eines Rechts, sondern nur zu dessen Sicherung führen und in einem Rechtsverhältnis keine endgültige, sondern nur eine einstweilige Regelung treffen. Deshalb ist die zu einer vorläufigen Befriedigung des Anspruchs führende Leistungsverfügung – und hierzu gehört regelmäßig auch die dem Antragsgegner ein bestimmtes Verhalten untersagende Unterlassungsverfügung (*LAG Baden-Württemberg* NZA 1990, 286; *Stein/Jonas/Grunsky,* ZPO, 20. Aufl., vor § 935 Rdnr. 46) – auch im Bereich des allgemeinen Zivilrechts sowie im arbeitsgerichtlichen Urteilsverfahren nur ausnahmsweise dann zulässig, wenn besondere Gründe eine **197** solche dringend erforderlich erscheinen lassen. Im Beschlußverfahren ist darüber hinaus zu beachten, daß die Zwangsvollstreckung in **nichtvermögensrechtlichen Streitigkeiten** nur aus rechtskräftigen Beschlüssen stattfindet und der Antragsgegner des einstweiligen Verfügungsverfahrens nach § 85 II 2 ArbGG gegen den Antragsteller **keinen Schadensersatzanspruch** hat. Deshalb darf eine Befriedigungsverfügung im arbeitsgerichtlichen Beschlußverfahren in Angelegenheiten des BetrVG „nur mit größter Vorsicht und Zurückhaltung gewährt werden" (*Olderog* NZA 1985, 753; *LAG Baden-Württemberg,* a. a. O.).

198 Über den Antrag auf Erlaß einer einstweiligen Verfügung wird durch **Beschluß** entschieden. Ergeht die Verfügung ohne mündliche Verhandlung, so ist der Widerspruch nach § 85 II ArbGG i. V. mit §§ 936, 924 ZPO gegeben. Gegen die Zurückweisung ist dagegen die nicht fristgebundene Beschwerde gegeben. Auf den Widerspruch hin muß Kammertermin bestimmt (§ 85 II ArbGG i. V. m. §§ 936, 924 II ZPO) und durch Beschluß entschieden werden (Argument aus § 84 ArbGG). Gegen diesen ist die sofortige Beschwerde statthaft (§§ 87 ff ArbGG). Die Beschwerdefrist beträgt einen Monat; die Begründungsfrist beträgt ebenfalls einen Monat, gerechnet ab Einlegung der Beschwerde. Gegen die **Entscheidung des LAG** im einstweiligen Verfügungsverfahren findet **kein Rechtsmittel** statt (§ 92 I 3 ArbGG), was sich in bedeutsamen Angelegenheiten als durchaus problematisch erwiesen hat (vgl. *Wenzel* NZA 1984, 112).

g) Zwangsvollstreckung nach § 85 ArbGG

199 Nach § 85 I 2 ArbGG kommt im Beschlußverfahren eine Vollstreckung in folgenden Fällen in Betracht:
- rechtskräftige Beschlüsse,
- vorläufig vollstreckbare Beschlüsse in vermögensrechtlichen Streitigkeiten,
- Vergleiche,
- Beschlüsse des Vorsitzenden nach § 83 V ArbGG, gegen die die Beschwerde stattfindet (§ 794 I 3 ZPO),
- einstweilige Verfügungen.

200 Ist der **Betriebsrat Vollstreckungsgläubiger,** so kann der Anwalt zu dessen Gunsten vollstrecken (*Grunsky* § 85 Rdnr. 4; *Schaub,* Formularsammlung, § 120, 3), obwohl der Betriebsrat allgemein als nicht rechtsfähig und damit auch als nicht vermögensfähig angesehen wird (*FAKH* § 1 Rdnr. 105).

201 Ist der **Betriebsrat** dagegen **Vollstreckungsschuldner,** dürfte eine Pfändung nach §§ 808, 835 ZPO nicht in Betracht kommen, da er nicht Eigentümer oder Träger von Rechten sein kann. Denkbar ist aber unter Beachtung des Sinngehaltes von § 40 II BetrVG die Wegnahme von Sachen (§ 885 ZPO) und die Ersatzvornahme (§ 887 ZPO).

3. Anwaltskosten im Beschlußverfahren

a) Kostentragung durch den Arbeitgeber

202 **aa) Erforderliche Einschaltung des Anwalts.** Nach § 40 I BetrVG trägt der Arbeitgeber die durch die Tätigkeit des Betriebsrats entstehenden Kosten. Dazu können auch die Kosten einer Prozeßvertretung des Betriebsrats durch einen Anwalt gehören, wenn der Betriebsrat bei pflichtgemäßer und verständiger Abwägung der zu berücksichtigenden Umstände die Zuziehung eines Anwalts für notwendig erachten konnte (vgl. vor allem *BAG* AP Nr. 14 zu § 40 BetrVG 1972). Die Hinzuziehung eines Anwalts erscheint dann nötig, wenn der Betriebsrat sie z. B. wegen der (wahrscheinlich) bestehenden Schwierigkeit der Sach- und Rechtslage für erforderlich hält (*FAKH* § 40 Rdnr. 10). Liegen diese Voraussetzungen vor, so ist der Betriebsrat nach h. M. berechtigt, einen Anwalt sowohl in der ersten als auch in der zweiten Instanz auf Kosten des Arbeitgebers einzuschalten, auch wenn nach § 11 ArbGG eine Vertretung durch einen Gewerkschaftsvertreter möglich wäre (*BAG* a. a. O.). Das BAG räumt zwar ein, daß nach § 40 I BetrVG das Merkmal der Erforderlichkeit zu beachten und nach § 2 I BetrVG die angemessene Berücksichtigung der finanziellen Belange des Arbeitgebers geboten sei, hält aber nur eine mutwillige oder mißbräuchliche Durchsetzung oder Feststellung seiner Rechte für unzulässig (*BAG* a. a. O.; kritisch GK-*Wiese* § 40 Rdnr. 39). Nicht zu tragen sind dagegen die Kosten, die einer **Gewerkschaft** aus der Beteiligung an einem Beschlußverfahren entstehen.

bb) Betriebsratsbeschluß. Die Hinzuziehung eines Anwalts erfordert einen **203**
ordnungsgemäßen **Beschluß des Betriebsrats,** und zwar gesondert für jede Instanz (*LAG Schleswig-Holstein* BB 1984, 533; *LAG Berlin* AP Nr. 25 zu § 40 BetrVG 1972; *FAKH* § 40 Rdnr. 10). Eine Haftung einzelner oder mehrerer Betriebsratsmitglieder als Vertreter ohne Vertretungsmacht nach § 179 BGB wird nur in Ausnahmefällen in Betracht kommen, da man den Anwalt für verpflichtet halten muß, auf einen wirksamen Beschluß des Betriebsrats hinzuwirken.

cc) Kostentragung nur bei betriebsverfassungsrechtlichen Streitigkeiten. **204**
Nach § 40 I BetrVG kann ein Betriebsrat nur solche Kosten gegenüber dem Arbeitgeber geltend machen, die aus gerichtlichen Verfahren entstanden sind, in denen betriebsverfassungsgerichtliche Rechte oder Rechtsverhältnisse zu klären waren. Dies trifft weder für Gerichtskosten noch für Anwaltskosten zu, die aus einem Rechtsstreit im Urteilsverfahren mit dem Ziel der Durchsetzung eines Lohnanspruchs eines Betriebsratsmitglied entstanden sind (*BAG* BB 1983, 12/15) noch für Kosten, die einem Betriebsratsmitglied dadurch entstehen, das es im Urteilsverfahren gegen den Arbeitgeber vorgeht, obwohl der maßgebliche Streitpunkt im Beschlußverfahren geklärt werden kann. Das ist z. B. der Fall, wenn ein Betriebsratsmitglied für die Teilnahme an einer Schulung nach § 37 VI BetrVG die Zahlung des Arbeitsentgelts einklagt, obwohl es ausschließlich darum geht, ob die Schulung notwendig ist, so daß zur Klärung dieser Streitfrage ein Beschlußverfahren eingeleitet werden könnte. Der Anwalt muß deshalb sorgfältig prüfen, welche Verfahrensart angebracht ist, ein durchaus nicht immer leichtes Unterfangen (vgl. nur *BAG* AuR 1984, 186 und *BAG* NZA 1988, 439 zu § 78a BetrVG, wonach der Antrag des Auszubildenden auf Feststellung des Bestehens eines Arbeitsverhältnisses im Urteilsverfahren zu verfolgen ist, weil es sich bei dem auf **§ 78a II BetrVG** gestützten Anspruch um eine **individualrechtliche Streitigkeit** handelt; dagegen muß der Arbeitgeber im **Beschlußverfahren** nach **§ 78a IV BetrVG** geltend machen, daß ihm unter Berücksichtigung aller Umstände die Weiterbeschäftigung im Rahmen eines unbefristeten Vollzeitarbeitsverhältnisses nicht zumutbar ist).

Anwaltskosten, die einem beteiligten Betriebsratsmitglied in einem Verfahren **205**
nach § 103 II BetrVG entstehen, sind nicht nach § 40 I BetrVG erstattungsfähig. Die **Beteiligung des Betriebsratsmitglieds** am Beschlußverfahren ist nämlich **keine Betriebsratstätigkeit** (*BAG* AP Nr. 16 zu § 40 BetrVG 1972).

Durch die Betriebsratstätigkeit bedingt sind auch die Kosten, die einem Be- **206**
triebsratsmitglied durch die Führung von Rechtsstreitigkeiten entstehen, die

ausschließlich das **Verhältnis des einzelnen Mitglieds zum Betriebsrat** betreffen (*FAKH* § 40 Rdnr. 23; *BAG* AuR 1982, 258). Ob dies im Falle eines rechtskräftigen Ausschlusses aus dem Betriebsrat wegen grober Pflichtverletzung des Betriebsratsmitglieds auch gilt, kann allerdings zweifelhaft sein (verneinend GK-*Wiese* § 40 Rdnr. 23; *FAKH* a. a. O. wollen die Geltendmachung eines Erstattungsanspruchs gegen den Arbeitgeber je nach Art und Schwere der groben Pflichtverletzung u. U. als rechtsmißbräuchlich ansehen; vgl. auch *BAG* DB 1990, 740).

207 **dd) Außergerichtliche Anwaltskosten.** Zu den vom Arbeitgeber zu tragenden Kosten der Betriebsratstätigkeit gehören auch solche Kosten, die durch eine Hinzuziehung von **Sachverständigen** nach § 80 III BetrVG entstehen (*FAKH* § 40 Rdnr. 14; *Hess/Schlochauer/Glaubitz,* BetrVG 3. Aufl., § 40 Rdnr. 11). Auch ein Anwalt, der von einem Betriebsrat nur zur Beratung über eine vom Arbeitgeber vorgeschlagene Betriebsvereinbarung hinzugezogen wird, ist Sachverständiger i. S. von § 80 III BetrVG. Sachverständige Personen, die dem Betriebsrat fehlende sachliche oder rechtliche Kenntnisse vermitteln, damit dieser zur sachgemäßen Zusammenarbeit mit dem Arbeitgeber in der Lage ist (*FAKH* § 80 Rdnr. 60). Selbstverständlich können dies gerade dann, wenn rechtliche Probleme im Vordergrund stehen, Rechtsanwälte sein (*BAG* AP Nr. 11 zu § 80 BetrVG). Für die Tätigkeit als Sachverständiger ist nicht erforderlich, daß ein schriftliches Gutachten erstattet wird. Die Erstattungspflicht tritt nur ein, wenn zuvor über die Hinzuziehung eine **Vereinbarung zwischen Betriebsrat und Arbeitgeber** zustande gekommen ist oder im Beschlußverfahren ersetzt ist (*BAG* a. a. O.).

208 Der Anwalt, der für den Betriebsrat einen **Prozeß** nur **vorbereitet,** ist kein Sachverständiger nach § 80 III BetrVG. Fraglich ist hier aber, ob sich nicht unmittelbar ein Anspruch aus § 40 BetrVG ergeben kann (vgl. – etwas unklar – *FAKH* § 40 Rdnr. 14). Holt der Betriebsrat ohne Vereinbarung mit dem Arbeitgeber ein **anwaltliches Gutachten** ein und kommt es wegen dieses Gutachtens nicht zum Rechtsstreit, so dürften jedenfalls die Kosten eines solchen Gutachtens in Höhe der sonst entstandenen Prozeßvertretungskosten erstattungsfähig sein (*FAKH* § 40 Rdnr. 14; a. A. *Dietz/Richardi,* BetrVG, 6. Aufl., § 40 Rdnr. 22).

209 **ee) Kostenvorschuß.** Wird ein Anwalt beauftragt, dann hat er nach § 17 BRAGO Anspruch auf Zahlung eines **angemessenen Vorschusses.** Diesen kann der Betriebsrat aber nur bezahlen, wenn der Arbeitgeber eintritt. Man muß deshalb dem Betriebsrat einen Anspruch auf Zahlung dieses Vorschusses gegen den Arbeitgeber einräumen (*FAKH* § 40 Rdnr. 13; *Müller/Bauer* H. I 5; *Chemnitz* Anm. zu *LAG Kiel* AnwBl. 1984, 166; a. A. *LAG Kiel* a. a. O.).

210 **ff) Anwaltskosten im Konkurs des Arbeitgebers.** Die dem Anwalt des Betriebsrats aus früheren Verfahren zustehenden Gebühren sind **nicht** aus der **Konkursmasse** zu zahlen und können auch **nicht als bevorrechtigte Forderungen** anerkannt werden (*BAG* BB 1979, 522).

211 **gg) Streitigkeiten über die Anwaltskosten.** Weigert sich der Arbeitgeber, die Anwaltskosten zu erstatten, so ist darüber im Beschlußverfahren zu entscheiden (*BAG* AP Nrn. 1, 7 zu § 39 BetrVG). Da der Betriebsrat selbst nicht vermögensfähig ist, geht der Anspruch gegen den Arbeitgeber auf Übernahme der Kosten oder auf Freistellung von dieser Verbindlichkeit. Demgemäß hat in

den bisher entschiedenen Fällen jeweils der Betriebsrat die Erstattung der Anwaltskosten vom Arbeitgeber verlangt (*BAG* AP Nr. 14 zu § 40 1972). Noch nicht entschieden ist, ob sich der **Anwalt** die **Kostenerstattungsforderung abtreten** lassen kann, um dann selbst als Antragsteller im Beschlußverfahren gegen den Arbeitgeber aufzutreten (so wohl *Schaub,* Beck'sches Prozeßformularbuch S. 977; a. A. *Müller/Bauer* H.I.7.). Mangels Rechtsfähigkeit kann der Betriebsrat nicht als Kollegialorgan auf Zahlung von Anwaltskosten in Anspruch genommen werden (*LAG Hamm* BB 1989, 2479).

Der als Verfahrensbevollmächtigter vom Betriebsrat hinzugezogene **Anwalt** 212
ist **nicht Beteiligter** in einem Beschlußverfahren, das vom Betriebsrat wegen der Freistellung von seinen Honoraransprüchen bzw. deren Erstattung eingeleitet wird (*BAG* AP Nr. 14 zu § 40 BetrVG 1972).

Führen Auseinandersetzungen über die Tragung der Anwaltskosten zu einer 213
wesentlichen Erschwerung der Betriebsratsarbeit, kann der Betriebsrat unter Umständen im Beschlußverfahren eine **einstweilige Verfügung** beantragen, § 85 II ArbGG i. V. m. § 940 ZPO (*FAKH* § 40 Rdnr. 57). Auch ein Verfahren nach § 23 III BetrVG ist in gravierenden Fällen denkbar; schließlich kommt sogar eine strafbare Handlung nach § 119 I 2 BetrVG in Betracht (*Müller/Bauer* o. Rdnr. 211).

b) Gebühren

Im Beschlußverfahren gelten für den Anwalt grundsätzlich die **gleichen Ge-** 214
bührenvorschriften wie im **Urteilsverfahren** (§ 62 I BRAGO). Für den zweiten und dritten Rechtszug stellt § 62 II BRAGO klar, daß nicht die Beschwerdegebühr nach § 61 I Nr. 1 BRAGO (5/10), sondern die um 3/10 erhöhten Gebühren nach § 11 I 4. BRAGO zu berechnen sind. Eine Verhandlungsgebühr entsteht nur, wenn eine mündliche Verhandlung stattgefunden hat und der Anwalt auch tatsächlich aufgetreten ist, nicht aber, wenn mit Einverständnis der Beteiligten ohne mündliche Verhandlung nach § 83 IV 3 ArbGG entschieden wird (*LAG Hamm* MDR 1987, 963; *Hartmann,* Kostengesetze, 22. Aufl., § 62 BRAGO 2 B; *Gerold/Schmidt/van Eicken,* BRAGO, 10. Aufl., § 62 Rdnr. 7). § 35 BRAGO ist also im Beschlußverfahren nicht anwendbar. Eine Kostenentscheidung hat nicht zu ergehen, da keine Kostenerstattung im prozessualen Sinn stattfindet. Normalerweise hat aber der Arbeitgeber die Anwaltskosten des Betriebsrats über § 40 I BetrVG zu tragen.

c) Wertfestsetzung

aa) Festsetzung durch das Arbeitsgericht. Da das Beschlußverfahren ge- 215
richtsgebührenfrei ist (§ 12 V ArbGG), setzt das Gericht den Wert der anwaltlichen Tätigkeit nicht von Amts wegen fest, sondern nur auf Antrag nach § 10 BRAGO. Als **Antragsberechtigte** kommen vor allem zugezogene Anwälte und ihre Auftraggeber in Betracht. Auftraggeber des verfahrensbeteiligten Betriebsrats sind dessen handelnde Mitglieder. Auch der nach § 40 I BetrVG zur Übernahme der Anwaltskosten verpflichtete Arbeitgeber hat ein eigenes Antragsrecht (*LAG Baden-Württemberg* BB 1980, 1695; *Müller/Bauer* H. III. 2.).

bb) Bemessungsgrundsätze. Die Wertfestsetzung richtet sich ausschließlich 216
nach § 8 II BRAGO. Danach ist der Gegenstandswert nach **billigem Ermessen** zu bestimmen, wenn sich nicht aus den in § 8 II BRAGO genannten Vorschriften der Kostenordnung etwas anderes ergibt. Handelt es sich um eine **bestimmbare Summe,** steht der Gegenstandswert fest und es greifen die Vorschriften

über vermögensrechtliche Streitigkeiten und deren Wertberechnung ein (*Wenzel* DB 1977, 723; *BGH* LM § 7 BRAGO Nr. 2). Wird deshalb im Beschlußverfahren ein Anspruch geltend gemacht, der Geldansprüche von Arbeitnehmern betrifft, dann bestimmt sich dessen Wert nach den Vorschriften über vermögensrechtliche Streitigkeiten. Handelt es sich um Lohnansprüche aus einer Betriebsvereinbarung, dann ist in Anlehnung an § 12 VII 2 ArbGG der dreifache Jahreswert der mehr zu zahlenden Beträge zugrundezulegen, wobei bei Feststellungsklagen ein Abschlag von 20% vorzunehmen ist (*LAG Bremen* AnwBl. 1984, 164).

217 In Ermangelung genügender tatsächlicher Anhaltspunkte für eine Schätzung (denkbar auch bei vermögensrechtlichen Gegenständen) und bei **nichtvermögensrechtlichen Gegenständen** ist der Gegenstandswert nach § 8 II BRAGO auf DM 6000,–, nach Lage des Falles niedriger oder höher, jedoch nicht unter DM 300,– und nicht über eine Million Deutsche Mark anzunehmen. Bei den DM 6000,– handelt es sich um keinen Regelwert, sondern nur um einen **Hilfswert** (vgl. auch *Vetter* NZA 1986, 182; *Wenzel* o. Rdnr. 216; *LAG Hamburg* DB 1988, 1404; *Langer* Rdnr. 574). Der Hilfswert ist heranzuziehen, wenn eine individuelle Bewertung nicht möglich ist (vgl. im übrigen G Rdnr. 7 und *Müller/Bauer* H. 3. zur kostenrechtlichen Judikatur).

III. Einigungsstellenverfahren

1. Sinn und Zweck der Einigungsstelle

218 Nach § 76 I 1 BetrVG ist zur Beilegung von Meinungsverschiedenheiten zwischen Arbeitgeber und Betriebsrat bei Bedarf eine Einigungsstelle zu bilden. Die Einigungsstelle hat über die sog. Regelungsstreitigkeiten hinaus in bestimmten Fällen auch über Rechtsfragen zu befinden (z. B. im Rahmen der Vorschriften des § 38 II und des § 87 I Nrn. 3, 10, 11 BetrVG). Es handelt sich weder um ein (Betriebs-)Gericht noch um ein Schiedsgericht im zivilprozessualen Sinne noch um eine öffentlich-rechtliche Behörde. Als **betriebliche Schlichtungsstelle** ist sie vielmehr ein eigenständiges Organ der Betriebsverfassung, das ersatzweise Funktionen der Betriebspartner wahrnimmt (*BAG* AP Nr. 7 zu § 111 BetrVG 1972; *FAKH* § 76 Rdnr. 3) oder wahrnehmen soll und sich immer wieder als Ärgernis erweist (vgl. *Bauer* DB 1988 Heft 14 I „Gastkommentar" und *ders.* AnwBl. 1985, 255).

2. Errichtung der Einigungsstelle

a) Einigung zwischen den Betriebspartnern

219 Die Einigungsstelle ist keine zwingend vorgeschriebene Dauereinrichtung. Sie wird vielmehr in der Regel von Fall zu Fall gebildet. Vor allem in Großbetrieben wird aber auch von der Möglichkeit Gebrauch gemacht, **ständige Einigungsstellen** zu errichten (§ 76 I 2 BetrVG); dazu ist eine Betriebsvereinbarung nötig, die aber von keinem Betriebspartner erzwungen werden kann (*FAKH* § 76 Rdnr. 5). Die Einigungsstelle besteht aus einer gleichen Zahl von Beisitzern, die von den Betriebspartnern bestellt werden, und einem unparteiischen Vorsitzenden. Grundsätzlich „müssen" (vgl. § 76 II 1 BetrVG; besser „sollen") sich beide Seiten einigen.

b) Gerichtliche Entscheidung

aa) Erstinstanzliches Beschlußverfahren. Wird zwischen den Betriebspartnern über die Person des Vorsitzenden und/oder über die Zahl der Beisitzer keine Einigung erzielt, so entscheidet das Arbeitsgericht im Beschlußverfahren (§ 76 II 2, 3 BetrVG). Der Beschluß ergeht nicht durch die Kammer, sondern durch **den Vorsitzenden allein** (§ 98 I 1 ArbGG). Auch hier ist eine mündliche Verhandlung nur dann zwingend vorgeschrieben, wenn die Beteiligten mit einem schriftlichen Verfahren nicht einverstanden sind (§ 83 IV 3 ArbGG; *LAG Hamm* DB 1972, 684; *Grunsky* § 98 Rdnr. 1; vgl. auch *LAG Frankfurt* AuR 1978, 216). Der **Antrag** hat sich auf die Bestellung des unparteiischen Vorsitzenden und/oder die Bestimmung der Zahl der Beisitzer zu beschränken. Es könnte also beantragt werden: 220

„(1) Herrn Richter am Arbeitsgericht ... zum Vorsitzenden einer Einigungsstelle für die Regelung von ... zu bestellen;
(2) die Zahl der von jeder Seite zu benennenden Beisitzer auf je zwei festzusetzen."

Denkbar ist auch, in einem „Hilfsantrag" eine weitere Person als Vorsitzenden der Einigungsstelle vorzuschlagen. Auf die Benennung einer bestimmten Person kann aber auch verzichtet werden, zumal das Arbeitsgericht nicht auf die von den beteiligten genannten Personen festgelegt ist (*LAG Hamm* DB 1976, 2069; *LAG Frankfurt* AuR 1977, 62; *LAG Frankfurt* DB 1986, 756; a. A. *LAG Bremen* AiB 1988, 315: Im Regelfall soll der vom Antragsteller vorgeschlagene Vorsitzende eingesetzt werden). Es dürfte aber gegen den Grundsatz des **rechtlichen Gehörs** verstoßen, wenn das Arbeitsgericht abweichend von den Vorschlägen der Beteiligten einen Vorsitzenden bestellt, ohne sie dazu vorher zu hören (*LAG München* BB 1989, 916). Der zu bestellende Vorsitzende einer Einigungsstelle sollte tunlichst das Vertrauen beider Seiten haben. Deshalb sind auch subjektive Vorbehalte beachtlich, sofern sie nachvollziehbar sind (*LAG Frankfurt* DB 1988, 2520). Wenn ohne Schwierigkeiten ein anderer Vorsitzender bestellt werden kann, gegen den von keiner Seite Einwendungen erhoben werden, sollte nach Möglichkeit keine Person zum Vorsitzenden bestellt werden, die von einer Seite abgelehnt wird (*LAG Frankfurt* DB 1986, 756). Ob (eine) bestimmte Person(en) schon im „Antrag" oder im „Gegenantrag" bezeichnet werden soll(en) ist in erster Linie eine taktische Frage und muß in jedem Einzelfall gesondert geprüft werden. 221

Einigen sich die Beteiligten während des Verfahrens über die Besetzung der Einigungsstelle, so hat der Antragsteller das Verfahren für **erledigt** zu erklären (§ 83a III ArbGG). Ob die umstrittene Frage in die Zuständigkeit der Einigungsstelle gehört, ist grundsätzlich vom Vorsitzenden nicht zu prüfen. Die Bestimmung des Vorsitzenden der Einigungsstelle und/oder der Zahl der Beisitzer darf deshalb nur unterbleiben, wenn die Einigungsstelle **offensichtlich unzuständig** ist (§ 98 I 2 ArbGG; vgl. *LAG Düsseldorf* DB 1981, 3/9 und NZA 1989, 146; *LAG Berlin* AP Nr. 1 zu § 98 ArbGG 1979; *LAG München* NZA 1989, 577; *LAG München* DB 1987, 479). 222

Die rechtskräftige Abweisung des Antrags des Betriebsrats auf Bestellung eines Einigungsstellenvorsitzenden mit der Begründung, die Einigungsstelle sei offensichtlich unzuständig, läßt nicht das **Rechtsschutzinteresse des Betriebsrats** an der Feststellung des umstrittenen Mitbestimmungsrechts entfallen. Der Betriebsrat kann erneut die Bestellung des Einigungsstellenvorsitzenden bean- 223 tragen, wenn das geltend gemachte Mitbestimmungsrecht unter den Beteiligten rechtskräftig festgestellt worden ist (*BAG* BB 1989, 1624).

Für das Beschlußverfahren nach § 76 Abs. 1 Satz 2 BetrVG iVm § 98 ArbGG gelten die §§ 80 bis 84 ArbGG entsprechend (§ 98 Abs. 1 Satz 3 ArbGG).

224 **bb) Rechtsmittelverfahren.** Gegen die Entscheidungen des Vorsitzenden findet die **Beschwerde** an das LAG statt (§ 98 II 1 ArbGG). Abweichend vom „allgemeinen" Beschlußverfahren (Beschwerdefrist: 1 Monat) beträgt die Beschwerdefrist nur **zwei Wochen.** Innerhalb der Frist ist die Beschwerde auch zu begründen (§ 98 II 3 ArbGG). Über die Beschwerde entscheidet nicht die Kammer des LAG, sondern der Vorsitzende allein (§ 98 II 3 ArbGG). Im übrigen gelten für das zweitinstanzliche Verfahren § 87 II 3 und §§ 88 bis 90 II sowie § 91 I 2 ArbGG (§ 98 II 3 ArbGG).

Gegen die Entscheidung des Vorsitzenden findet **kein Rechtsmittel** statt (§ 98 II 4 ArbGG). Damit ist auch der die zweite Instanz abschließende Beschluß unanfechtbar; die Rechtsbeschwerde kann nicht zugelassen werden.

3. Rechtsstellung der Mitglieder der Einigungsstelle

225 Nach § 76 II 1 BetrVG ist die Befugnis zur Bestellung von Beisitzern nicht auf einen bestimmten Personenkreis beschränkt. Beide Seiten können danach Mitglieder in die Einigungsstelle berufen, die nicht dem Betrieb angehören, also auch **freiberufliche Anwälte.** Nach § 76 II 3 BetrVG sind beide Seiten dabei nur an die zuvor vereinbarte Zahl der Beisitzer oder bei Fehlen einer Einigung an die Entscheidung hierüber durch das Arbeitsgericht gebunden. Die Bestellung von mehr als je drei Beisitzern einer Einigungsstelle ist in aller Regel weder unter Kostengesichtspunkten noch im Hinblick auf die Arbeitsfähigkeit der Einigungsstelle vertretbar (*LAG München* BB 1989, 916).

226 Der Betriebsrat ist befugt, auch Personen als Beisitzer zu bestellen, die nur bereit sind, gegen ein **Honorar** tätig zu werden, wenn er andere Personen, die sein Vertrauen genießen, nicht findet (*BAG* AP Nr. 6 zu § 76 BetrVG; *BAG* AuR 1984, 48; *BAG* AP Nr. 15 zu § 76 BetrVG 1972). Der Beschluß des Betriebsrats, mit dem er über die Bestellung des Beisitzers entscheidet, ist nicht fehlerhaft, weil der Betriebsrat andere objektiv geeignete Personen als Beisitzer hätte benennen können (*BAG* BB 1984, 1746). Regelmäßig dürfte es aber nicht angemessen sein, wenn der Betriebsrat **mehrere betriebsfremde Beisitzer** bestellt, die nur gegen Honorar tätig werden, es sei denn, dies sei aus Paritätsgründen notwendig.

227 Selbstverständlich können Anwälte nicht nur Beisitzer, sondern auch **Vorsitzende** von Einigungsstellen sein, was allerdings in der Praxis kaum vorkommt. Das liegt zum einen daran, daß sie – häufig vorschnell und zu Unrecht – als Arbeitgeber- oder Arbeitnehmeranwälte abgestempelt werden, zum anderen auch daran, daß in den streitigen Fällen Richter entscheiden und diese wie selbstverständlich auf Richter zurückgreifen (*Müller/Bauer* D. III.).

228 Nicht nur der Vorsitzende, sondern auch die Beisitzer haben nach bestem Wissen und Gewissen zu entscheiden, ohne an **Weisungen der Betriebspartner** gebunden zu sein (*FAKH* § 76 Rdnr. 15). Die Beisitzer, zumal wenn es sich um Anwälte handelt, sind aber nicht gehindert, die Interessen zur Geltung zu bringen, denen sie sich verbunden fühlen (*FAKH* a. a. O.); sie können deshalb i. d. R. nicht als befangen abgelehnt werden (*Heinze* RdA 1990, 262/272; *FAKH* § 76 Rdnr. 7; *Dütz* AuR 1973, 353/359; vgl. auch *Schmitt* NZA 1987, 78).

Umstr. ist dagegen, ob der Vorsitzende entsprechend §§ 42, 1032 ZPO, 49 ArbGG wegen Befangenheit abgelehnt werden kann (grds. bejahend: *Heinze* RdA 1990, 262/272; grds. ablehnend: *Pünnel* Rdnr. 101ff. unter Hinweis auf die sonst möglichen Verzögerungstaktiken).

4. Das Verfahren der Einigungsstelle

Es liegt weitgehend im **pflichtgemäßen Ermessen** der Einigungsstelle, ihr **229** Verfahren selbst zu regeln (vgl. *Schönfeld* NZA Beil. 4/1988 S. 3; *Heinze* RdA 1990, 262). Nach § 76 III 1 BetrVG ist allerdings **mündliche Beratung,** aber nicht mündliche Verhandlung vorgeschrieben. Damit hat die Einigungsstelle beiden Betriebspartnern auf jeden Fall rechtliches Gehör zu gewähren (*Dietz/Richardi,* BetrVG, 6. Aufl., 74 Rdnr. 74). Auch die mündliche Anhörung der Betriebspartner kann angemessen sein. Für sie besteht die Möglichkeit, sich bei den Verhandlungen vor der Einigungsstelle durch **Bevollmächtigte** vertreten zu lassen und/oder schriftsätzlich vorzutragen. Dazu bedarf es keiner Zulassung durch die Einigungsstelle. Vielmehr ist aus dem Fehlen einer einschränkenden Regelung in § 76 BetrVG zu schließen, daß keine Einschränkung besteht. Damit sind auch Anwälte zur Vertretung der Betriebspartner zuzulassen, was vor allem dann zweckdienlich ist, wenn ihre einschlägigen Sach- und Rechtskenntnisse zu einer zügigen, sach- und betriebsgerechten Erledigung des Einigungsstellenverfahrens beitragen (*BAG* BB 1990, 138; *Pünnel* Rdnr. 70; *Galperin/Löwisch* § 76 Rdnr. 26; *Dietz/Richardi* § 76 Rdnr. 74; *Müller/Bauer* D.IV.). Dabei ist es rechtlich unbeachtlich, ob der Vorsitzende der Einigungsstelle die schriftliche Vorbereitung und Darlegung der Standpunkte der Beteiligten vor der Einigungsstelle verlangt hat (*BAG* DB 1989, 2436, insoweit unter Aufgabe von *BAG* DB 1982, 609). Auch die **Nichtöffentlichkeit** der Verhandlung vor der Einigungsstelle schließt die Vertretung nicht aus.

5. Gerichtliche Überprüfung des Spruchs der Einigungsstelle

Die Einigungsstelle faßt ihre Beschlüsse unter angemessener Berücksichtigung der Belange des Betriebs und der betroffenen Arbeitnehmer nach **billigem Ermessen** (§ 76 V 3 BetrVG). Der Spruch der Einigungsstelle muß in seiner Gesamtheit von der Mehrheit der Einigungsstellenmitglieder getragen sein (*BAG* DB 1989, 1926). Zur Durchsetzung des Spruchs ist eine einstweilige Verfügung denkbar (vgl. *LAG Berlin* BB 1991, 206). Überschreitet der Spruch der Einigungsstelle die Ermessensgrenze, so kann jeder der Betriebsparter binnen einer **Ausschlußfrist von zwei Wochen** nach Zugang des Spruchs das Arbeitsgericht anrufen (§ 76 V 4 BetrVG). Wird die Frist versäumt, sollte in analoger Anwendung der §§ 233ff ZPO die **Wiedereinsetzung in den vorigen Stand** gewährt werden (*Müller/Bauer* D. V.; a. A. *FAKH* § 76 Rdnr. 33). Nicht übersehen werden darf, daß ein Fehlen der Begründung innerhalb der Zweiwochenfrist zum Erlöschen des Anfechtungsrechts wegen Ermessensüberschreitung führt. Das Arbeitsgericht kann dann nur noch prüfen, ob der Einigungsstellenspruch wegen fehlender Zuständigkeit unwirksam ist (*BAG* DB 1988, 2154). **230**

Das Arbeitsgericht darf nicht sein eigenes Ermessen an die Stelle des Ermessens der Einigungsstelle setzen (*FAKH* § 76 Rdnr. 33a; *Herschel* AuR 1974, 265). Andere rechtliche Mängel des Spruchs oder des Verfahrens der Einigungsstelle können jederzeit gerügt werden, es sei denn, **Verwirkung** sei inzwischen eingetreten (*FAKH* § 76 Rdnr. 33c). Werden nur Ermessensfehler gerügt, ist das Gericht dennoch von Amts wegen zur Prüfung solcher zusätzlicher Rechtsfehler **231** verpflichtet, soweit der Sachverhalt dafür Veranlassung gibt (*Grunsky* § 2a Rdnr. 24). Soweit die Einigungsstelle über Rechtsfragen entscheidet, unterliegt ihr Spruch unbeschränkter gerichtlicher Kontrolle.

6. Kosten der Einigungsstelle

a) Honoraranspruch

232 Seit 1. 1. 1989 gilt der neue § 76a BetrVG, der die Kosten der Einigungsstelle regelt (vgl. dazu *Löwisch* DB 1989, 223; *Bauer/Röder* DB 1989, 224; *Engels/Natter* BB Beil. 8/1989 S. 27; *Bengelsdorf* NZA 1989, 495; *Sowka* NZA 1990, 92). § 76a Abs. 3 BetrVG bestimmt ausdrücklich, daß nur der Vorsitzende und die nichtbetriebsangehörigen Beisitzer einen **gesetzlichen Vergütungsanspruch** haben. Die betriebsangehörigen Beisitzer sind auf den Anspruch auf Freistellung von ihrer Arbeitstätigkeit und Fortzahlung des Entgelts entsprechend § 37 II, III BetrVG verwiesen.

b) Vergütungshöhe

233 Kernstücke der Neuregelung sind die Regelungen über die **Bemessung der Vergütung** nach § 76a IV, V BetrVG. Entscheidend wird sein, welche **Vergütungsordnung** der Bundesminister für Arbeit und Sozialordnung aufgrund der ihm im Absatz 4 eingeräumten Ermächtigung erlassen wird. Ob und wann die Vergütungsordnung kommen wird, steht allerdings zur Zeit noch nicht fest.

234 Aus der Formulierung „insbesondere" in § 76a IV 2 BetrVG ergibt sich, daß es sich bei den für die Bestimmung der Höhe für die Vergütung genannten Kriterien um **keine abschließende Regelung** handelt. Maßgebliche Kriterien für die Vergütung sind nun vor allem der erforderliche Zeitaufwand und die Schwierigkeit der Streitigkeit. Dagegen wird die wirtschaftliche Bedeutung der mitbestimmungspflichtigen Angelegenheit nicht erwähnt. Bei der Bemessung der Vergütung ist regelmäßig von Stundensätzen auszugehen, wobei nicht nur der Zeitaufwand für die Sitzung, sondern auch für eine notwendige Vor- und Nachbearbeitung zu berücksichtigen ist. Die von *Löwisch* (o. Rdnr. 232) vorgeschlagene Orientierung an den Sätzen des § 3 ZSEG erscheint aber nicht angebracht (*Bauer/Röder* o. Rdnr. 232; *FAKH* § 76a Rdnr. 7). Im Gegensatz zur bisherigen Rechtsprechung wird man auch nicht auf die BRAGO abstellen können, deren pauschale Gebührensätze nicht auf Zeitaufwand abstellen (*FAKH* a. a. O.).

235 Nach § 76a IV 3 BetrVG ist die Vergütung der Beisitzer niedriger zu bemessen als die des Vorsitzenden. Da die für die Vergütung nun maßgeblichen Kriterien bei den jeweiligen Mitgliedern der Einigungsstelle in durchaus unterschiedlichem Maße vorliegen können, unterstellt das Gesetz auch die Möglichkeit unterschiedlicher Vergütungsansprüche der einzelnen Mitglieder. Die in Anlehnung an das *BAG* (AP Nr. 8 zu § 76 BetrVG 1972) geübte Praxis, den Beisitzern pauschal ein Honorar von **7/10** der dem Vorsitzenden der Einigungsstelle zustehenden Vergütung zu gewähren, ist an und für sich aufgrund der gesetzlichen Neuregelung überholt (vgl. aber *FAKH* § 76a Rdnr. 8).

236 § 76a V BetrVG sieht vor, daß von den neuen Vergütungsgrundsätzen und einer eventuell erlassenen Vergütungsordnung durch Tarifvertrag oder Betriebsvereinbarung abgewichen werden kann. Möglich müssen aber auch **individualvertragliche Vereinbarungen** zwischen dem Vorsitzenden und einzelnen Mitgliedern der Einigungsstelle einerseits und dem Arbeitgeber andererseits sein

(*FAKH* § 76a Rdnr. 9; *Löwisch* o. Rdnr. 232; *Bengelsdorf* o. Rdnr. 232; a. A. *Engels/Natter* o. Rdnr. 232). Damit kann es aber auch keine Pflicht zur gleichen Vergütung beider Beisitzerseiten geben (*Bauer/Röder* o. Rdnr. 232; a. A. *Löwisch* o. Rdnr. 232; *FAKH* o. Rdnr. 232). Auch kann einem Beisitzer durchaus ein höheres Honorar als dem Vorsitzenden der Einigungsstelle zugesagt werden. Aus dem Paritätsgrundsatz kann nicht abgeleitet werden, daß die Zusage einer höheren Vergütung an den Beisitzer der Arbeitgeberseite zwangsläufig denselben Vergütungsanspruch beim Beisitzer der Betriebsratsseite auslöst.

Der Gesetzgeber hat nicht die Gebühren eines beauftragten Rechtsanwalts **237** geregelt, der als **Vertreter vor der Einigungsstelle** auftritt. Der Anwalt erhält dann Gebühren nach § 65 I Nr. 4 und II BRAGO (a. A. *Sowka* o. Rdnr. 232). Danach erhält der Anwalt maximal zwei 10/10-Gebühren. Dabei kann die 10/10-Einigungsgebühr allerdings nicht zum Zuge kommen, wenn die Einigungsstelle durch Spruch entscheidet. Diese Gebühren bemessen sich grundsätzlich nach dem Gegenstandswert des Verfahrens, der durch die Regelung über die Vergütungshöhe nach § 76a BetrVG nicht berührt wird.

Bei der Frage, **welcher Gegenstandswert** zugrunde zu legen ist, muß nach § 8 **238** Abs. 2 BRAGO zwischen vermögens- und nichtvermögensrechtlichen Angelegenheiten unzerschieden werden (vgl o. Rdnr. 216f.). Um eine vermögensrechtliche Angelegenheit handelt es sich z. B. bei der Aufstellung eines Sozialplans. Hier kann es angemessen sein, den Gegenstandswert nach dem zwischen den Betriebspartnern strittigen Sozialplanvolumen zu bestimmen (*LAG Hamm* DB 1989, 52) es sei denn, der Betriebsrat hätte eine von vornherein unrealistische Forderung gerstellt (*Müller/Bauer* J. II. 3.).

Das *BAG* (DB 1989, 2436) gibt dem Betriebsrat aber auch das Recht, einem **239** Anwalt für die Wahrnehmung seiner Interessen vor der Einigungsstelle ein Honorar in Höhe der Vergütung eines betriebsfremden Beisitzers zuzusagen, wenn der von ihm ausgewählte Anwalt seines Vertrauens nur gegen eine solche Honorarzahlung zur Mandatsübernahme bereit ist, und sich das Erfordernis der Honorarvereinbarung daraus ergibt, daß der Gegenstandswert der anwaltlichen Tätigkeit nach billigem Ermessen zu bestimmen wäre. Das ist der Fall bei einem **nicht bezifferbaren Gegenstandswert.** Der in § 8 II 2 BRAGO enthaltene Hilfsstreitwert von DM 6000,– wird regelmäßig nicht dem Arbeitsaufwand gerecht, den ein Anwalt als Verfahrensbevollmächtigter des Betriebsrats vor der Einigungsstelle erbringen muß. Da Maßstäbe zu wertmäßigen Konkretisierung des Gegenstandswerts der anwaltlichen Tätigkeit vor einer Einigungsstelle weder in der BRAGO noch in § 76a BetrVG enthalten sind, führt dies in der Praxis oft zu unterschiedlichen Wertfestsetzungen (vgl. *BAG* a. a. O.).

IV. Besonderheiten in den neuen Bundesländern

1. Allgemeines

Mit dem Wirksamwerden des Beitritts am 3. 10. 1990 (Einigungsvertrag vom **240** 31. 8. 1990, BGBl. II S. 889 und Einigungsvertragsgesetz vom 23. 9. 1990, BGBl. II S. 885) ist das **Grundgesetz** der Bundesrepublik Deutschland in den Ländern Brandenburg, Mecklenburg-Vorpommern, Sachsen, Sachsen-Anhalt und Thüringen sowie in Ost-Berlin in Kraft getreten. Des weiteren findet seit dem Wirksamwerden des Beitritts **das gesamte bundesdeutsche Recht** auch für das Gebiet der ehemaligen DDR Anwendung, soweit durch den Einigungsvertrag, insbesondere dessen Anlage I, nichts anderes bestimmt wird (Art. 8 des Einigungsvertrages). Sofern also der Einigungsvertrag oder dessen Anlage I nichts Gegenteiliges aussagt, gilt seit dem 3. 10. 1990 bundesdeutsches Arbeitsrecht auch im Gebiet der ehemaligen DDR. Das Arbeitsgesetzbuch (AGB-DDR) und die anderen arbeitsrechtlichen Vorschriften der ehemaligen DDR sind außer Kraft getreten, soweit nicht die vorübergehende Weitergeltung einzelner Bestimmungen ausdrücklich angeordnet ist. Diese Bestimmungen sind in der Anlage II des Einigungsvertrages enthalten. In den meisten Fällen sind die Übergangsregelungen zeitlich befristet. Der Einigungsvertrag enthält aber auch unbefristete Übergangsregelungen. Die Vertragsparteien haben den gesamtdeutschen Gesetzgeber beauftragt, das Arbeitsvertragsrecht sowie das öffentlich-rechtliche Arbeitszeitgesetz möglichst bald neu zu kodifizieren.

241 Seit dem 3. 10. 1990 gelten für alle neuen, aber auch die bereits bestehenden Arbeitsverhältnisse die Vorschriften des **Bürgerlichen Gesetzbuches,** insbesondere die §§ 611–630 BGB (vgl. Anl. I Kap. VIII Sachgeb. A Abschn. II EVertr.).

242 Damit findet ab dem 3. 10. 1990 vor allem § 613a BGB Anwendung, der den seit dem 1. 7. 1990 geltenden inhaltsgleichen § 59a AGB abgelöst hat. § 613a BGB ordnet bei einem Betriebs- oder Betriebsteilübergang die Überleitung der bestehenden Arbeitsverhältnisse auf den neuen Betriebsinhaber an (vgl. dazu *Bauer* in *Hölters,* Handbuch des Unternehmens- und Beteiligungskaufs, 3. Aufl. 1991, Teil V.). Da die Einführung von Kurzarbeit, auch bei einer sog. 100%-igen Kurzarbeit, nicht zur Auflösung der Arbeitsverhältnisse führt, gehen auch die Arbeitsverhältnisse der von Kurzarbeit betroffenen Arbeitnehmer auf den neuen Betriebsinhaber über. Die sofortige Einführung des § 613a BGB im Gebiet der ehemaligen DDR war und ist Gegenstand kontroverser Diskussionen, weil die zwingende Überleitung aller Arbeitsverhältnisse viele Interessenten von der Übernahme sanierungsbedürftiger Betriebe abhält.

243 Seit dem 3. 10. 1990 findet das **BeschFG** auch für das Gebiet der früheren DDR Anwendung (vgl. Art. 8 des Einigungsvertrages). Danach können Arbeitsverträge einmalig bis zur Dauer von 18 Monaten (bzw. 24 Monaten, wenn die Voraussetzungen des § 1 II Nr. 1 BeschFG vorliegen) befristet abgeschlossen werden, wenn entweder der Arbeitnehmer neu eingestellt wird oder der Arbeitnehmer in unmittelbarem Anschluß an die Berufsausbildung nur vorübergehend weiterbeschäftigt werden kann, weil kein Arbeitsplatz für einen unbefristet einzustellenden Arbeitnehmer zur Verfügung steht.

244 Die **einheitlichen Kündigungsfristen** für alle Arbeitnehmer nach § 55 AGB-DDR sind auch nach dem 3. 10. 1990 in Kraft geblieben (Anl. II Kap. VIII Sachgeb. A, Abschn. III Nr. 1a EVertr.). Danach beträgt die gesetzliche Mindestkündigungsfrist sowohl für Arbeiter als auch für Angestellte lediglich zwei Wochen. Sie erhöht sich in Abhängigkeit von der Beschäftigungsdauer im Betrieb oder Unternehmen bis auf drei Monate zum Ende eines Kalendervierteljahres.

245 Für den **allgemeinen Kündigungsschutz** gilt weiterhin das bereits am 1. 7. 1990 in Kraft getretene KSchG der Bundesrepublik (vgl. Anl. I Kap. VIII Sachgeb. A Abschn. III Nr. 6 EVertr.). Die Zuständigkeit des Landesarbeitsamtes gemäß §§ 18–20 KSchG wird bis zur Bildung der Landesarbeitsämter durch die zentrale Arbeitsverwaltung wahrgenommen (Anl. I Kap. VIII Sachgeb. A Abschn. III Nr. 6b EVertr.). Hinsichtlich des **besonderen Kündigungsschutzes** ist vor allem zu beachten, daß für Schwerbehinderte grundsätzlich das SchwbG und damit auch dessen § 15 gilt. Bis zur Errichtung der Hauptfürsorgestellen nehmen allerdings die Arbeitsämter die den Hauptfürsorgestellen zugewiesenen Aufgaben und Befugnisse war. Für (werdende) Mütter gilt im Gebiet der ehemaligen DDR ab 1. 1. 1991 das MuSchG.

Das **BetrVG** gilt auch für das Gebiet der ehemaligen DDR. Bei Massenentlas- **246** sungen sind daher vor allem die Vorschriften der §§ 111–113 BetrVG zu beachten und Sozialpläne aufzustellen. Dabei ist aber von Bedeutung, daß § 128 AFG keine Anwendung findet bei Arbeitnehmern, die bis zum 31. 12. 1992 aus einem Betrieb, der in dem Gebiet der ehemaligen DDR liegt, entlassen werden (vgl. Anl. I Kap. VIII Sachgeb. E, Abschn. II Nr. 10 EVertr.).

2. Verfahrensrecht

a) Gesetz über die Errichtung und das Verfahren der Schiedsstellen für Arbeitsrecht

Das wenig durchdachte DDR-Gesetz vom 29. 6. 1990 (GBl. I Nr. 38 S. 505) **247** über die Errichtung und das Verfahren der Schiedsstellen für Arbeitsrecht ist in den neuen Bundesländern, aber nicht in Ost-Berlin, in Kraft geblieben (Anl. II Kap. VIII Sachgeb. A Abschn. III Nr. 3 EVertr.). Danach sind zur Beilegung von Rechtsstreitigkeiten zwischen Arbeitnehmern und Arbeitgebern aus dem Arbeitsverhältnis Schiedsstellen für Arbeitsrecht zuständig (§ 1). Schiedsstellen werden in Betrieben mit mehr als 50 Arbeitnehmern gebildet. In kleineren Betrieben sind sie fakultativ (§ 5 I). Die Schiedsstelle wird in der Besetzung mit einem **Vorsitzenden** und **zwei Beisitzern** tätig (§ 6 I). Die Beisitzer und ihre Vertreter, die zwingend Angehörige des Betriebes sein müssen, werden paritätisch vom Arbeitgeber und vom Betriebsrat bestellt (§ 6 II). In Betrieben, in denen kein Betriebsrat besteht, wird der Beisitzer und sein Vertreter in einer Betriebsversammlung gewählt (§ 6 III). Auf den Vorsitzenden und seinen Vertreter sollen sich die Beisitzer innerhalb von zwei Wochen nach ihrer Bestellung bzw. Wahl einigen. Kommt eine Einigung über die Person des Vorsitzenden oder seines Vertreters nicht zustande, so werden sie vom Kreisgericht bestellt (§ 6 V). Die Amtszeit der Mitglieder der Schiedsstelle beträgt grundsätzlich vier Jahre. Eine erneute Amtszeit ist zulässig (§ 7 I).

Die Mitglieder der Schiedsstelle sind für die erforderliche Zeit einschließlich **248** der Zeit der Vor- und Nachbereitung der Verhandlung ohne Minderung des Arbeitsentgelts von der Arbeit freizustellen. Müssen die Mitglieder der Einigungsstelle aus zwingenden Gründen außerhalb der Arbeitszeit tätig werden, so haben sie Anspruch auf entsprechende **Arbeitsbefreiung** unter **Fortzahlung des Arbeitsentgelts** (§ 9 I 2). Sofern der Vorsitzende nicht Angehöriger des Betriebes ist, erhält er pro Verhandlungstag eine Aufwandsentschädigung in Höhe von DM 50,–. Diese Entschädigung ist vom Arbeitgeber auszuzahlen (§ 9 II 2). Der Arbeitgeber hat insoweit einen Erstattungsanspruch gegenüber dem zuständigen Arbeitsamt (§ 9 III).

Antragsteller und Antragsgegner können das Verfahren selbst führen oder **249** sich **vertreten** lassen (§ 4 I). Insoweit gilt § 11 I 2 u. 3 ArbGG entsprechend (Anl. II Kap. VIII Sachgeb. A Abschn. III Nr. 3b EVertr.). Auch Anwälte können vor den Schiedsstellen auftreten. Die Verhandlung vor der Schiedsstelle ist grundsätzlich öffentlich (§ 12 II). Die Schiedsstelle hat in jeder Lage des Verfahrens auf eine gütliche Einigung hinzuwirken (§ 12 III). Kommt es nicht zu einer gütlichen Einigung, so entscheidet die Schiedsstelle aufgrund mündlicher Verhandlung nach geheimer Beratung mit Stimmenmehrheit (§ 16 I). Allerdings kann die Schiedsstelle in tatsächlich und rechtlich schwierigen Fällen das Verfahren auch durch Beschluß an das Kreisgericht abgeben, das an diese Entscheidung gebunden ist (§ 17 S. 1 u. 2). Gegen Beschlüsse der Schiedsstelle kann innerhalb von zwei Wochen nach Zustellung schriftlich Einspruch beim Kreisgericht eingelegt werden (§ 19). Beschlüsse der Schiedsstelle und Einigungen können auf Antrag des Anspruchsberechtigten vom Kreisgericht für vollstreckbar erklärt werden (§ 20).

250 Bei einer sozial ungerechtfertigten Kündigung muß innerhalb der **Dreiwochenfrist** des § 4 KSchG das Kreisgericht oder die Schiedsstelle angerufen werden (§ 2 II).

b) Arbeitsgerichtsgesetz

251 Im übrigen gilt auch im Gebiet der ehemaligen DDR das Arbeitsgerichtsgesetz (ArbGG) mit folgenden Maßgaben (vgl. Anl. I Kap. VIII Sachgeb. A Abschn. III Nr. 15): In Arbeitsrechtssachen ist bis zur Errichtung einer selbständigen Arbeitsgerichtsbarkeit das **Kreisgericht** zuständig, in dessen Bereich sich der Sitz der Schiedsstelle für Arbeitsrecht befindet, die in der Sache entschieden hat. Wurde die Schiedsstelle nicht angerufen, ist die Sache an diese abzugeben. Das Kreisgericht ist auch zuständig, wenn die Schiedsstelle für Arbeitsrecht nicht innerhalb von zwei Monaten nach der Antragstellung entschieden hat. Schließlich ist das Kreisgericht ohne vorherige Anrufung der Schiedsstelle zuständig, wenn sich eine Prozeßpartei in Untersuchungshaft oder im Strafvollzug befindet und Ansprüche aus einem vor der Verhaftung oder vor der Aufnahme in den Strafvollzug begründeten Arbeitsverhältnis geltend gemacht werden oder der Arbeitnehmer nicht mehr im Betrieb arbeitet, weil er ein neues Arbeitsverhältnis mit einem Betrieb oder an einem anderen Ort begründet hat. Besteht in einem Betrieb keine Schiedsstelle oder braucht diese nicht angerufen zu werden, ist das Kreisgericht zuständig, in dessen Bereich sich der Sitz des Betriebes befindet. Dort werden **Kammern für Arbeitsrecht** eingerichtet.

252 In zweiter Instanz sind die **Bezirksgerichte** zuständig. Für Sachen, für die nach dem Recht der BRD die Landesarbeitsgerichte zuständig sind, werden bei den Bezirksgerichten Senate für Arbeitsrecht eingerichtet. Gegen die Entscheidungen der Bezirksgerichte können Rechtsmittel nach den Bestimmungen des ArbGG beim Bundesarbeitsgericht eingelegt werden.

c) Vertretung durch Anwälte

253 Ein Rechtsanwalt, der im Geltungsbereich der Bundesrechtsanwaltsordnung oder im ehemaligen Gebiet der DDR zugelassen ist, steht in dem jeweils anderen Gebiet einem dort zugelassenen Rechtsanwalt gleich (Anl. I Kap. III Sachgeb. A Abschn. II Nr. 2 EVertr.). Da § 11 ArbGG im gesamten Gebiet Deutschlands gilt, ergibt sich zwingend, daß jeder im ehemaligen Gebiet der DDR zugelassene Anwalt vor jedem Gericht für Arbeitssachen in Westdeutschland (einschließlich des Bundesarbeitsgerichts) auftreten kann. Umgekehrt muß sich aus der Geltung des § 11 ArbGG für das Gebiet der ehemaligen DDR zwingend ergeben, daß auch jeder westdeutsche Anwalt nicht nur vor jeder Schiedsstelle und vor jedem Kreisgericht (kein Anwaltszwang!) auftreten kann, sondern auch vor jedem Senat in Arbeitssachen der Bezirksgerichte. Dem kann auch nicht die Regelung des Einigungsvertrages (Anl. I Kap. VIII Sachgeb. A Abschn. III Nr. 5b) entgegengehalten werden, wonach vor dem Bezirksgericht die Vertretung durch einen Rechtsanwalt erforderlich ist, der im Gebiet der ehemaligen DDR seine Kanzlei unterhält.

d) Kosten und Gebühren

aa) Gerichtsgebühren. Für die Tätigkeit der Schiedsstelle werden keine Gebühren erhoben (§ 18 I des Gesetzes über die Errichtung und das Verfahren der Schiedsstellen für Arbeitsrecht). Hinsichtlich der Verfahren vor den Kreis- und Bezirksgerichten gilt das GKG mit folgender Maßgabe: Die Gebühren ermäßigen sich um 20%, wenn der Kostenschuldner seinen allgemeinen Gerichtsstand im Gebiet der ehemaligen DDR hat. Das Gericht kann ferner unter Berücksichtigung aller Umstände des Einzelfalls, insbesondere des Umfangs und der Bedeutung der Sache und der Vermögens- und Einkommensverhältnisse der Beteiligten, einen um bis zu einem Drittel geringeren Wert festsetzen, wenn nach den gesetzlichen Vorschriften ein Mindestwert oder ein fiktiver Wert festgelegt ist, weil genügende tatsächliche Anhaltspunkte für die Bestimmungen des Wertes nicht bestehen (Anl. I Kap. III Sachgeb. A Abschn. III Nr. 19 EVertr.). **254**

bb) Anwaltsgebühren. Tritt ein Anwalt vor der Schiedsstelle auf, kommt nicht § 31 BRAGO, sondern § 65 I Nr. 4 BRAGO zum Zuge. Danach erhält der Rechtsanwalt eine volle Gebühr, die auf die Prozeßgebühr des nachfolgenden Rechtsstreits nicht angerechnet wird. Außerdem erhält der Anwalt eine weitere volle Gebühr, wenn es vor der Schiedsstelle zu einer Einigung kommt. Nach § 65 II 2 BRAGO gilt § 23 BRAGO dagegen nicht. Daraus ergibt sich, daß die weitere volle Gebühr nach § 65 II 1 BRAGO auch dann entsteht, wenn kein gegenseitiges Nachgeben vorliegt und auch sonst die Voraussetzungen des § 779 BGB nicht erfüllt sind. Es genügt daher auch ein Anerkenntnis oder ein Verzicht (*Gerold/Schmidt,* BRAGO, 10. Aufl. 1989, § 65 Anm. 11). Eine Verhandlungs- und/oder Beweisgebühr kann im Verfahren vor der Schiedsstelle nicht entstehen. **255**

Im übrigen sind folgende Gebührenreduzierungen zu beachten: Der Einigungsvertrag bestimmt (Anl. I Kap. III Sachgeb. A Abschn. III Nr. 26a S. 1), daß sich die Gebühren der BRAGO bei der Tätigkeit von Rechtsanwälten um 20% ermäßigen, die ihre Kanzlei im Gebiet der ehemaligen DDR eingerichtet haben. Dies bewirkt, daß z. B. ein in Leipzig zugelassener Anwalt, der einen westdeutschen Verfahrensbeteiligten vor einem westdeutschen Gericht für Arbeitssachen vertritt, nur ermäßigte Gebühren erhält. Die Gebühren ermäßigen sich in gleicher Weise, wenn ein westdeutscher Rechtsanwalt vor Gerichten oder Behörden im Gebiet der ehemaligen DDR im Auftrag eines Beteiligten tätig wird, der seinen Wohnsitz oder Sitz im Gebiet der ehemaligen DDR hat (Anl. I Kap. III Sachgeb. A Abschn. III Nr. 26a S. 2 EVertr.). Da in diesem Zusammenhang nur von „Gerichten oder Behörden" die Rede ist, kommt die Gebührenermäßigung nicht zum Zuge, wenn der westdeutsche Anwalt vor Schiedsstellen tätig wird. Bei der Schiedsstelle handelt es sich weder um ein Gericht noch um eine Behörde. Die Gebührenermäßigung greift allerdings ein, wenn vor dieser Schiedsstelle ein ostdeutscher Anwalt tätig wird. Diese Differenzierungen sind kaum nachvollziehbar (vgl. auch *Enckes,* BRAGO, 6. Aufl. 1990, RdNrn. 1156ff.). **256**

C II. Das sozialrechtliche Mandat

Dr. Hermann Plagemann

Übersicht

Literatur: Anhaltspunkte für die ärztliche Gutachtertätigkeit im sozialen Entschädigungsrecht und nach dem Schwerbehindertengesetz, hrsg. *Bundesminister für Arbeit und Sozialordnung,* 1983; Beck'sches Personalhandbuch II. Lohnsteuer und Sozialversicherung (Loseblattausgabe); *Bley/Gitter/u. a.,* Kommentar zum gesamten Recht der Sozialversicherung einschl. zwischenstaatlicher Abkommen und internationaler Übereinkommen (Loseblattausgabe); *Figge,* Sozialversicherungs-Handbuch (Loseblatt); *Gagel,* AFG (Loseblattausgabe); *Günther/Hymmen/Izbicki,* Unfallbegutachtung, 8. Aufl. 1987; Kasseler Kommentar, Sozialversicherungsrecht (Loseblatt); *Krasney/Udsching,* Handbuch des sozialgerichtlichen Verfahrens, 1991; *v. Maydell/Ruland* (Hrsg.), Sozialrechts-Handbuch 1988; *Meyer-Ladewig,* SGG, 3. Aufl. 1987; *Niesel,* Der Sozialgerichtsprozeß, 1987; *Plagemann,* Medizinische Begutachtung im Sozialgerichtsverfahren, 1991; *Schlageter/Fibich/Wenninger,* KB-Helfer 1990/91. Ein Wegweiser durch das soziale Entschädigungs- und Behindertenrecht für Kriegs-, Wehrdienst- und Zivilbeschädigte, 1990; *Schönberger/Mehrtens/Valentin,* Arbeitsunfall und Berufskrankheit, 4. Aufl. 1988; *VDR/Ruland* (Hrsg.), Handbuch der gesetzlichen Rentenversicherung, 1990; *Verband deutscher Rentenversicherungsträger* (Hrsg.), Leitfaden für die sozialmedizinische Begutachtung in der gesetzlichen Rentenversicherung, 4. Aufl. 1986; *Wannagat* (Hrsg.), Jahrbuch des Sozialrechts (erscheint jährlich und enthält Berichte über alle Bereiche des materiellen Sozialrechts einschl. internationales Sozialrecht und SGB, ferner Adressen der Sozialleistungsträger und -behörden); *B. Wiegand,* SchwbG (Loseblattausgabe); *D. Wiegand,* Das europäische Gemeinschaftsrecht in der Sozialversicherung, 1983. – **Fachzeitschriften:** *Breithaupt* (Entscheidungssammlung); Deutsche Rentenversicherung (DRV); Neue Zeitschrift für Arbeits- und Sozialrecht (NZA); Die Sozialgerichtsbarkeit (SGb); Die Sozialversicherung (SV); Zeitschrift für Sozialhilfe und Sozialgesetzbuch (ZfSH/SGB).

Ob Fachanwalt oder nicht – **alle** Anwälte werden tagtäglich mit sozialrechtlichen „Fragen" oder „Nebeneffekten" konfrontiert; auch wenn sie sich insoweit für inkompetent halten, so müssen sie doch ein Gespür dafür entwickeln, daß originär zivilrechtliche, bisweilen auch verwaltungsrechtliche Gestaltungen sozialrechtliche Folgen haben können (z. B. Antrag auf freiwillige Weiterversicherung nach Ehescheidung, § 9 I Nr. 2 SGB V – Haftungsgefahr für Anwalt: *OLG Hamm* NJW 1988, 2383). Daneben gewinnt aber auch die gezielte Beratung über sozialrechtliche Probleme eine immer größere Bedeutung,

- z. B. über die Abgrenzung der (versicherungsfreien) selbständigen Tätigkeit von dem (die Versicherungspflicht auslösenden) abhängigen Beschäftigungsverhältnis (vgl. Rdnr. 57), sowie über die zweckmäßigste Gestaltung der Altersvorsorge insbesondere bei Selbständigen;
- über die Gestaltungsmöglichkeiten nach dem neuen ab 1992 geltenden SGB VI (Überblick dazu Rdnr. 83ff.);
- über den Regreß der Sozialhilfeträger nach §§ 90, 91 BSHG in Pflegefällen (Rdnr. 10);
- über die Ansprüche des Arbeitnehmers im Konkurs (dazu D IV Rdnr. 38ff.).

Auch hier gilt, was *Streck* über die Steuerberatung sagt (D VI Rdnr. 2ff.): die Anwaltschaft hat in den vergangenen Jahren hier Terrain verloren (besonders deutlich: *BVerfGE* 75, 284, 294ff., zur zulässigen Rechtsberatung durch Versicherungsvertreter). Effektive Beratung des Mandanten setzt die Bereitschaft des Anwalts zur **Kooperation** mit anderen Beratern z. B. Renten-, Steuerberatern, Wirtschaftsprüfern und insbesondere den Leistungsträgern selbst voraus. Im Folgenden geht es deshalb nicht nur um den SG-Prozeß, sondern es sollen auch einige ausgewählte besonders häufig auftretende typische Beratungsfelder kurz angesprochen werden.

I. Sozialrechtsweg

Der Rechtsweg zu dem SG (§ 51 SGG) ist vor allem in Streitigkeiten gegeben, **1**
in denen es um Ansprüche oder Pflichten im Bereich der

- gesetzlichen Rentenversicherung
  (d. h. Angestellten-, Arbeiterrentenversicherung, Knappschaft, Altershilfe für Landwirte), dagegen Klagen gegen berufsständische Versorgungswerke: Verwaltungsrechtsweg; gegen private Lebensversicherung: Zivilrechtsweg; gegen den Pensionssicherungsverein: Arbeitsgericht, § 2 I Nr. 5 ArbGG n. F.; gegen VBL: Zivil- oder Schiedsgericht,
- gesetzlichen Krankenversicherung
  (einschließlich Kassenarztrecht), dagegen Klage gegen private Krankenversicherung: Zivilrechtsweg,

- gesetzlichen Unfallversicherung
  (einschließlich unechte Unfallversicherung wie etwa Schüler-, Kindergärten-, Krankenhausunfälle und Nothelfer), dagegen Klage gegen private Unfallversicherung: Zivilrechtsweg,
- Arbeitslosenversicherung,
- des sozialen Entschädigungsrechtes
  (Kriegsopferversorgung, Impfschadenausgleich, Schwerbehindertenrecht, Opferentschädigung),

geht. Abgrenzungsprobleme ergeben sich in der Praxis vor allem in folgenden Bereichen:

1. Versorgungsausgleich

2 Den Versorgungsausgleich führt das **Familiengericht** durch. Soweit allerdings von den Parteien die Vollständigkeit oder Richtigkeit der Rentenauskunft beanstandet wird, entscheiden darüber die Sozialgerichte. Da deren Entscheidung vorgreiflich ist, muß das Familiengericht das Versorgungsausgleichsverfahren so lange aussetzen. Diese Aussetzung kann u. U. im Interesse des Ausgleichsverpflichteten liegen, wenn z. B. damit die Entscheidung des Familiengerichtes auf einen Zeitpunkt verlegt wird, in dem die Besitzstandswahrung nach § 101 III SGB VI zum Tragen kommt. Über die Folgen des Versorgungsausgleichs, z. B. Bedeutung der zugesplitteten Zeiten beim Berechtigten in Bezug auf die Vorversicherungszeiten im Sinne der §§ 43, 44 SGB VI oder den Schutz des Rentenversicherers gem. § 1587p BGB oder über die Rückübertragung von Anwartschaften gem. § 4 VAHRG (*BSGE* 59, 132; SGb 1990, 155) entscheiden die Versicherungsträger und eröffnen damit den Rechtsweg zum SG. Lediglich über Anträge auf Änderung der Versorgungsausgleichsentscheidung gem. §§ 3, 10a VAHRG befinden die Familiengerichte.

2. Pfändung, Verrechnung, Abzweigung

3 **Pfändet** ein Gläubiger Leistungsansprüche des Berechtigten, kann dieser Einwände, die sich z. B. aus §§ 850c, 850e, 850f, 850i ZPO i. V. m. §§ 54, 55 SGB I ergeben, im Wege der Erinnerung oder Beschwerde beim **Vollstreckungsgericht** gem. §§ 766, 793 ZPO vortragen (*BGHZ* 92, 336, 339; *OLG Köln* NJW 1990, 2696, insbes. zur Billigkeitsprüfung; *LSG Niedersachsen* NJW 1988, 2695; im einzelnen: C VI Rdnr. 109ff.). Dieses hat auch über Anträge auf einstweiligen Rechtsschutz zu entscheiden. Das gilt auch dann, wenn ein Sozialleistungsträger den Weg der Pfändung wählt, z. B. das Arbeitsamt aus nach § 115 SGB X übergegangenem Recht. Im Streit über die Durchführung der Pfändung, z. B. inwieweit auch Nachzahlungen betroffen sind (bejahend: *LSG Saarland* Breithaupt 1989, 924) oder inwieweit Abtretungen vorrangig sind (*BSG* SGb 1989, 470; BB 1990, 2049: Pfändung und Verrechnung) entscheiden die SGe. Soweit der Leistungsempfänger nun aber Erlaß, Stundung oder Niederschlagung der Forderung nach § 76 SGB IV begehrt, ist der Rechtsweg zum SG gegeben (*BSG* NJW 1990, 342; *Ahrens,* AcP 189 (1989), 526ff.: Vorliegen einer „besonderen Härte" auch dann schon, wenn der Regreßschuldner seinen Lebensplan „nachhaltig ändern" muß; *SG Frankfurt* NZA 1987, 328). Hat der Leistungsträger wegen seiner Ansprüche nicht gepfändet, sondern von der Möglichkeit der **Verrechnung** (§§ 52 SGB I, 28 SGB IV) Gebrauch gemacht, ist der Sozialrechtsweg gegeben, soweit dieser für den Träger gilt, der die Erstattungsan-

sprüche geltendmacht. Geht es um die Erstattung von **Sozialhilfeleistungen** gem. § 102 SGB X, weil z. B. während des Rentenrechtsstreites das Sozialamt eingetreten ist, muß die Klage gegen das Sozialamt vor dem Verwaltungsgericht anhängig gemacht werden. Hat der Leistungsträger in Form der sogenannten **„Abzweigung"** gem. § 48 SGB I an unterhaltsberechtigte Personen einen Teil der Leistung ausgekehrt, kann der Leistungsberechtigte gegen diese Abzweigung das SG anrufen (*BSGE* 57, 59). In einem solchen Streit kann aber die Berechtigung des Unterhaltsanspruchs, soweit er tituliert ist, nicht bestritten werden, so daß u. U. gleichzeitig Abänderungsklage zum Zivilgericht gem. § 323 ZPO erhoben werden muß (*BSGE* 55, 245).

3. Dienstunfähigkeit – Berufsunfähigkeit

Hat der Dienstherr bei einem **Beamten** „Dienstunfähigkeit" festgestellt, bedeutet dies nicht, daß bei diesem Beamten auch Berufs- oder Erwerbsunfähigkeit im Sinne des SGB VI vorliegt. Eine Bindungswirkung besteht nicht, zumal die gesetzliche Rentenversicherung bei der Prüfung des „bisherigen Berufs" nicht von der Beamtentätigkeit, sondern von der letzten versicherungspflichtigen Beschäftigung ausgeht. Hat der Rentenversicherungsträger Berufs- oder Erwerbsunfähigkeit bejaht, bindet dies wiederum **nicht** die **private Lebensversicherung,** sofern es um die Berufsunfähigkeit im Sinne der Versicherungsbedingungen geht (*OLG Hamm* VersR 1987, 899; *Richter,* VersR 1988, 1207). 4

4. Ärztliche Leistungen

Streitigkeiten, die sich aus dem **Kassenarztrecht** ergeben, etwa zwischen Kassenarzt und Kassenärztlicher Vereinigung und/oder Krankenkassen, sind vor dem SG auszutragen. Ausgenommen sind lediglich allgemeine berufsrechtliche Streitigkeiten, die vor die Verwaltungsgerichte gehören (problematisch die Verpflichtung zum Notdienst). Vor die Sozialgerichte gehören nun nach § 51 II SGG n. F. auch Streitigkeiten zwischen nichtärztlichen Leistungserbringern und den Kassen. Für Klagen eines **Arzneimittelherstellers** gegen eine Arzneimittelrichtlinie im Sinne des § 92 I Nr. 6 SGB V ist der Sozialrechtsweg gegeben (*BVerwG* NJW 1987, 725). Bei einem „Kunstfehler" des Kassenarztes und dem Streit über dadurch entstandene zusätzliche Kosten der Kasse kann nach *BSG* (NJW 1984, 1422) der Ausgleich im Kassenarztsystem selbst erfolgen, wofür die Sozialgerichte zuständig sind. 5

5. Versicherungs- und Beitragspflicht

Über die Versicherungs- und Beitragspflicht wird vor dem SG gestritten (z. B. *LAG Nordrhein-Westfalen* BB 1988, 1964), ebenso über die Vollstreckung aus Beitragsbescheiden. Behauptet der Arbeitnehmer, er sei versicherungspflichtig beschäftigt gewesen, sind für den Streit darüber die Arbeitsgerichte nicht zuständig, sondern darüber ist mit der zuständigen Einzugsstelle vor dem **SG** zu streiten (*LSG Niedersachsen* SV 1990, 140; zum Rechtsstreit ist der Arbeitgeber gem. § 75 SGG beizuladen). Ebenso ist für die Klage des Arbeitnehmers gegen den Arbeitgeber auf Zuschuß nach § 257 SGB V das SG zuständig (*GemS* NJW 1974, 2087) oder für die Klage des Arbeitnehmers auf Beitragszuschuß zur befreienden Lebensversicherung (*BSGE* 58, 110; *LSG Berlin* SGb 1990, 158: kein gesetzlicher Anspruch auf Zuschuß zu den Beiträgen zum Versorgungs- 6 werk). Über die Inanspruchnahme eines Alleingesellschafters im Wege des sogenannten „Durchgriffs" befindet das SG (*BGH* NJW 1972, 1237). Die **Zivilgerichte** sind zuständig, soweit es um einen Anspruch aus § 823 BGB i. V. m. § 266a StGB (*OLG Oldenburg* BB 1986, 1299; *LG Nürnberg* NJW 1988, 1856) oder aus einer Bürgschaft für Sozialversicherungsbeiträge geht (*BGH* NJW 1984, 1622). Bei Streit darüber, ob und inwieweit der Arbeitgeber berechtigt ist, die Arbeitnehmeranteile am Sozialversicherungsbeitrag im Nachhinein gem. § 28g SGB IV abzuziehen, entscheiden die **Arbeitsgerichte** (*BAG* BB 1984, 200; NJW 1978, 1766; demgegenüber entscheiden die SGe, wenn Arbeitgeber und Arbeitnehmer um die Beitragspflicht einer Abfindung streiten (Arbg Hannover BB 1990, 928; *BSG* NZA 1990, 751).

6. Arbeitspapiere

7 Soweit der Arbeitnehmer vom Arbeitgeber die Ausfüllung und Herausgabe der **Arbeitspapiere** verlangt, sind die Arbeitsgerichte zuständig (§ 2 I Nr. 3e ArbGG). Auch Klagen auf Erteilung der **Arbeitsbescheinigung** nach § 133 AFG gehören vor die Arbeitsgerichte, ebenso die Klage auf Erteilung der für die Berechnung des Krankengeldes notwendigen Lohnbescheinigung zur Vorlage bei der Krankenkasse. Das SG ist zuständig, soweit es um die **Berichtigung** der Eintragungen in die Arbeitspapiere geht. Denn der Anspruch darauf, daß die Arbeitspapiere ordnungsgemäß und vollständig ausgefüllt werden, ist öffentlich-rechtlich (*LAG Schleswig-Holstein* MDR 1987, 168; *Wenzel,* DB 1971, 572). Schadensersatz nach § 145 AFG klagt die Bundesanstalt für Arbeit vor dem SG ein (*BSGE* 64, 233). Hat der Arbeitgeber pflichtwidrig die **Entrichtung von Sozialversicherungsbeiträgen** unterlassen und kommt eine Nachentrichtung z. B. nach § 197 Abs. 3 SGB VI nicht mehr in Betracht, haftet er dem Arbeitnehmer auf den dadurch entstandenen Rentenschaden. Diese Ansprüche sind vor dem Arbeitsgericht geltendzumachen. Über Klagen wegen **Vorruhestands**leistungen und Altersteilzeit gegen den Arbeitgeber entscheiden die Arbeitsgerichte.

7. Rückerstattung von Leistungen und Beiträgen

8 Für die Klage auf **Rückzahlung** von nach dem Tode des Berechtigten gezahlte Rente sind die Zivilgerichte zuständig (*BGHZ* 71, 180; *OLG Karlsruhe* NJW 1988, 1920). § 50 II SGB X ermächtigt den Leistungsträger nicht, versehentlich einem Dritten überwiesene Leistungen, die für diesen nicht bestimmt waren, durch Verwaltungsakt zurückzufordern (*BSGE* 61, 11). Über eine Klage der Bundesanstalt für Arbeit gegen den Empfänger von Unterhaltsgeld auf Erstattung **zuvielgezahlter Krankenversicherungsbeiträge** hat dagegen auch dann das SG zu entscheiden, wenn das Klagebegehren auf die zivilrechtlichen Vorschriften über ungerechtfertigte Bereicherung und unerlaubte Handlung gestützt ist (*BGH* NJW 1988, 1731). Für Rückerstattungsstreitigkeiten mit dem Versicherten selbst ist das SG, für Rückforderungsansprüche gegen Dritte das Zivilgericht zuständig (z. B. *OLG Koblenz* NVwZ 1989, 93: Zivilrechtsweg bei Rückforderung des irrtümlich an einen nicht bevollmächtigten Dritten gezahlten Pflegegeldes).

8. Krankenkassen und Leistungserbringer

9 Ab 1. 1. 1989 entscheiden die SGe über Streitigkeiten, die in Angelegenheiten nach dem SGB V entstehen, aufgrund von Entscheidungen oder Verträgen der

Krankenkassen oder ihrer Verbände, auch soweit durch diese Angelegenheiten Dritter betroffen werden (§ 51 Abs. 2 Satz 1 Nr. 3 SGG). Dies gilt etwa für den Streit zwischen einer Krankenkasse und den Lieferanten über die Zulässigkeit der leihweisen Weitergabe von Hilfsmitteln nach Beendigung des Erstgebrauchs an andere Versicherte (*BSGE* 64, 260) oder für Streitigkeiten zwischen Krankenkassen bzw. ihren Verbänden und Lieferanten nach § 26 Abs. 2 GWB (*Hennig/Danckwerts,* SGG § 51 Anm. 7.5; anders *Bechthold,* SGb 1990, 62ff.).

9. Rückgriffsansprüche der Sozialämter (§§ 90, 91 BSHG)

Nach §§ 90, 91 BSGH kann der Sozialhilfeträger bürgerlich-rechtliche An- 10
sprüche gegen Dritte auf sich überleiten, soweit bei rechtzeitiger Erfüllung der Ansprüche keine Hilfebedürftigkeit eingetreten wäre (allg.: *Schulte,* NJW 1989, 1241). Voraussetzung für den Übergang ist eine **Überleitungsanzeige.** Ab dem Zugang der Anzeige bei dem Verpflichteten kommt dessen Inanspruchnahme in Betracht (*BGH* NJW 1988, 1147). Gegen die Anzeige kann Widerspruch und dann **Klage** zum Verwaltungsgericht erhoben werden (keine aufschiebende Wirkung: § 90 Abs. 3 BSHG). Da die Überleitungsanzeige nur einen Gläubigerwechsel bewirkt, ist sie nur dann rechtswidrig, wenn das Bestehen des übergeleiteten Anspruches offensichtlich ausgeschlossen ist („Negativ-Evidenz“: *BVerwGE* 34, 219). Ob z. B. ein Unterhaltsanspruch oder ein Anspruch auf Erstattung nach § 528 BGB (dazu *BGHZ* 94, 141ff.; NJW 1989, 1478) besteht, ist ausschließlich von den **Zivilgerichten** zu klären. In Zweifelsfällen empfiehlt sich der Widerspruch gegen die Überleitungsanzeige, um schon im folgenden Anhörungsverfahren eine – u. U. auch kostengünstigere – Klärung des Rückgriffsanspruches zu erreichen, zumal neben dem bürgerlichen Unterhaltsrecht auch sozialhilferechtliche Einschränkungen wie z. B. gem. § 91 Abs. 3 BSHG (dazu *BVerwGE* 58, 211; *Wahrendorf,* ZAP F. 19, S. 44) und § 91 BVFG in Betracht kommen können. Nach § 91 Abs. 1 Satz 2 BSHG sind Unterhaltspflichtige insbesondere in Pflegefällen insoweit geschützt, als ihr Einkommen und Vermögen nach den §§ 76ff., BSHG nicht angetastet werden darf. Wird das als Vermögenswert einzusetzende Haus von einem Angehörigen bewohnt, gewährt das Sozialamt gem. § 89 BSHG seine Leistungen darlehensweise – oftmals gegen Eintragung einer Grundschuld. Im übrigen wenden die Sozialhilfeträger in der Praxis häufig die vom Deutschen Verein für öffentliche und private Fürsorge aufgestellten „Empfehlungen für die Heranziehung Unterhaltspflichtiger“ an (Auszug mit Beispielen bei *Wahrendorf,* ZAP F. 19, S. 46; ferner *Schellhorn,* FuR 1990, 21ff.; *Münder,* NJW 1990, 2031ff.).

Unterhaltsvereinbarungen, durch die schlußendlich das Sozialamt belastet wird (z. B. Verzicht des wirtschaftlich schwächeren Partners), können gem. § 138 BGB nichtig sein (vgl. *OLG Köln* FamRZ 1990, 634; oben B X Rdnr. 160). Dagegen verneint der BGH die Sittenwidrigkeit eines **Behinderten-Testaments,** mit dem – zum Nachteil des Pflegeleistungen gewährenden Sozialamtes – die behinderte Tochter als befreite Vorerbin eingesetzt wird und ein Dritter als Testamentsvollstrecker und Nacherbe (*BGH* NJW 1990, 2055). In derartigen Fällen kommt auch die Anordnung eines Vermächtnisses in Betracht, z. B. ein Altenteilsrecht, auf welches das Sozialamt nicht nach § 90 BSHG zurückgreifen kann (zu den Gestaltungsmöglichkeiten *van de Loo,* NJW 1990, 2852; *Dittmann* u. a., Testament und Erbvertrag, Rdnr. D 272ff.).

II. SG-Verfahren

1. Widerspruch

11 Rechtmäßigkeit und Zweckmäßigkeit eines Verwaltungsaktes sind in einem Vorverfahren zu überprüfen (§ 78 SGG). Wegen der mit dem Einigungsvertrag vorgenommenen Streichung des § 78 II SGG a. F. gilt die zwingende Vorverfahrenspflicht nun auch in Angelegenheiten der Unfall- und Rentenversicherung sowie der Kriegsopferversorgung. Bis zum 31. 12. 1990 war hier fakultativ die sofortige Klage zulässig, soweit es um Leistungen ging, auf die ein Rechtsanspruch bestand. Maßgeblich für das Übergangsrecht ist der Zeitpunkt des Bescheiderlasses.

12 Im Widerspruchsverfahren sind Recht- und Zweckmäßigkeit des Bescheides zu überprüfen. Es erfolgt also auch eine Ermessenskontrolle, z. B. soweit es um Rehabilitationsmaßnahmen geht oder um die Rücknahme eines Leistungsbescheides nach § 45 SGB X (dazu unten Rdnr. 66). Der Widerspruchsführer hat Anspruch auf **Akteneinsicht** (§ 25 SGB X); dem Anwalt werden in aller Regel auf entsprechenden Antrag hin die Verwaltungsakten auf seine Büroräume übersandt (vgl. § 84a SGG i. d. F. Einigungsvertrag; *BVerfG* NJW 1991, 415; *OLG Hamm* ZIP 1990, 1369 zur Aktenüberlassung nach § 299 I ZPO). Diese Akteneinsicht ist schon wegen der Auswertung der medizinischen Gutachten in aller Regel unumgänglich.

13 Auf die Begründung des Widerspruchs sollte nicht nur wegen der Ermessensüberprüfung, sondern auch wegen der dadurch möglichen Beschleunigung große Sorgfalt verwandt werden. Auch im Widerspruchsverfahren können **Beweisanträge** gestellt werden, § 20 SGB X. Vor allem aber kann durch Vorlage ärztlicher Befundberichte, etwa in Verfahren nach dem SchwbG eine zeitaufwendige Begutachtung eingespart werden (dazu unten Rdnr. 85ff.). U. U. kommt auch eine Begutachtung durch die versorgungsärztliche Dienststelle in Betracht. Geht es um die Herstellung von Versicherungsunterlagen, genügt in bestimmten Fällen die Glaubhaftmachung, etwa nach der VuVO, i. V. m. § 23 SGB X. Hat der Träger die nach § 24 SGB X gebotene **Anhörung** unterlassen (dazu unten Rdn. 45), kann er diese im Widerspruchsverfahren noch nachholen (§§ 42 II, 41 I Nr. 3 SGB X).

14 Der Widerspruch gegen Entziehungsbescheide hat gem. § 86 II SGG aufschiebende Wirkung, ohne daß es etwa – wie u. U. nach § 97 II SGG – einer Sicherheitsleistung bedarf. Keine aufschiebende Wirkung hat allerdings der Widerspruch gegen Beitragsbescheide. Hier muß eine Stundungs- oder Ratenzahlungsvereinbarung geschlossen werden, in Extremfällen bleibt nur die Möglichkeit einer einstweiligen Anordnung (dazu unten Rdnr. 43). Soweit der Widerspruch erfolgreich ist, kommt nach § 63 SGB X eine Kostenerstattung in Betracht. Nach den ARB übernehmen die Rechtsschutzversicherer jedoch keine Kosten im Widerspruchsverfahren. Möglich ist allenfalls eine Beratungshilfe, die nach dem Einigungsvertrag in der ehemaligen DDR nun auch in Angelegenheiten des Sozialrechts gewährt wird, ansonsten nur in einigen Bundesländern. Auch vor Erlaß eines Widerspruchsbescheides werden häufig mündliche Verhandlungen durchgeführt, an denen teilzunehmen sich dann lohnt, wenn der Sachverhalt noch aufklärungsbedürftig ist oder es um die Anwendung unbestimmter Rechtsbegriffe geht, die den Selbstverwaltungsgremien einen gewissen Entscheidungsspielraum eröffnen. Die Teilnahme an mündlichen Verhand-

lungen ist z. B. bei den in verschiedenen Städten tragenden Ausschüssen der BfA auf Antrag möglich.

2. Klageerhebung

a) Klageschrift, Klageantrag

Notwendiger Bestandteil der Klage sind lediglich Name und Anschrift des Klägers sowie eine Angabe über den Beklagten (und den angefochtenen Bescheid). Ergibt sich aus dem in der Klage bezeichneten „Streitgegenstand", welcher Bescheid angefochten ist, bedarf es einer genauen Angabe mit Datum und Az. des Bescheides bzw. Widerspruchsbescheides nicht. Nicht unbedingt erforderlich ist die eigenhändige Unterschrift, die Klage kann auch telegrafisch oder fernschriftlich eingereicht werden. Zur **Fristwahrung** kann die Klage auch bei einem unzuständigen Gericht sowie bei jeder anderen inländischen Behörde oder einem Versicherungsträger eingelegt werden (§ 91 SGG), ferner bei entsprechenden Trägern oder Gerichten anderer EG-Staaten (Art. 86 EWG-VO 1408/71). Hat der Kläger in der Klage einen anderen Streitgegenstand angegeben, kommt eine **Klageänderung** gem. § 99 SGG in Betracht, die aber voraussetzt, daß entweder die übrigen Beteiligten einwilligen oder das Gericht die Änderung für sachdienlich hält. In aller Regel bedarf es eines bezifferten **Klageantrages** nicht, sondern es reicht aus, die Beklagte zur Gewährung von Verletztenrente, Krankengeld, Arbeitslosengeld usw. „im gesetzlichen Umfang" zu verurteilen. Auf ein entsprechendes **Grundurteil** hin ist der Träger verpflichtet, die Leistungen der Höhe nach festzusetzen (§ 130 SGG). Hinsichtlich der Höhe ist der Ausführungsbescheid dann erneut anfechtbar. 15

b) Örtliche Zuständigkeit

Örtlich zuständig ist nach § 57 SGG das SG, in dessen Bezirk der Kläger seinen Wohnsitz (§ 30 I SGB I) bzw. Aufenthaltsort (§ 30 III SGB I) hat. Der Kläger kann aber auch an dem für seinen **Beschäftigungsort** zuständigen SG klagen, sofern er in einem Beschäftigungsverhältnis steht. Hat er an einem der beiden Gerichtsorte Klage eingereicht, ist eine nachträgliche Änderung nicht mehr möglich; das Wahlrecht ist verbraucht. Hat der Kläger im **Ausland** seinen Wohnsitz, richtet die örtliche Zuständigkeit sich nach dem Sitz des Beklagten. Bei Klagen juristischer Personen kommt es auf den Sitz der Zentralverwaltung an. Bei der erstmaligen Gewährung einer Hinterbliebenenrente kommt es auf den Wohnsitz der Witwe bzw. des Witwers an (nicht auf den Wohnsitz der „geschiedenen Witwe", § 57 II 1 SGG). Besonderheiten können sich in Kassenarztsachen ergeben (§ 57a SGG). **Zuständigkeitsvereinbarungen** sind gem. § 59 SGG unbeachtlich. 16

c) Klagefrist

Die Klagefrist beträgt gem. § 87 SGG einen Monat nach Zustellung bzw. Bekanntgabe des Verwaltungsaktes. Fehlt es an der Rechtsmittelbelehrung, beträgt die Klagefrist ein Jahr (§ 66 II SGG). Ist die Klagefrist versäumt, kommt gem. § 67 SGG die Wiedereinsetzung in den vorigen Stand in Betracht. In Zweifelsfällen sollte gleichzeitig ein **Antrag** gem. § 44 SGB X (Rdnr. 65) an den Sozialleistungsträger gestellt werden, schon um sicherzustellen, daß die **Vier-Jahres-Frist** gem. § 44 IV SGB X gewahrt wird. Das SG kann seinerseits nicht die Klage in einen Antrag gem. § 44 SGB X umdeuten oder selbst nach § 44 17

SGB X verfahren, da Voraussetzung für eine solche Neufeststellung immer ein vorangegangenes Verwaltungsverfahren ist.

d) Vollmacht

18 Ein Anwalt muß sich zur Wirksamkeit der Klageerhebung durch eine schriftliche **Vollmacht,** die er zu den Akten reicht, legitimieren (§ 73 II SGG). Die Vollmacht kann nach Klageerhebung nachgereicht werden. Reicht er eine solche auch nach Fristsetzung durch das SG nicht ein, ist die Klage unzulässig. Tritt im Termin ein Anwalt ohne Vollmacht auf, muß das SG vertagen oder einen Verkündungstermin anberaumen, verbunden mit der Auflage, die Vollmacht nachzureichen (*LSG Berlin* Breithaupt 1989, 703). Dem vollmachtslosen Vertreter können auch Mutwillenskosten gem. § 192 SGG auferlegt werden. Ist die Klage – mangels Vollmacht – als unzulässig abgewiesen worden, kann der Vertretene die Klageerhebung nachträglich noch genehmigen (*GemS* NJW 1984, 2140). Dazu daß auch **EWG-Anwälte** vor deutschen Sozialgerichten auftreten dürfen: *EuGH* NJW 1988, 887; *Behn,* NZA 1988, 495. Die Einzahlung eines **Kostenvorschusses** ist wegen der Gerichtskostenfreiheit nicht notwendig (§ 183 SGG). Da Prozeßkostenhilfe frühestens ab **Antragstellung** gewährt wird und sich die Rahmengebühr gem. § 116 BRAGO auch nach dem Umfang der anwaltlichen Mühewaltung richtet, muß der Antrag auf PKH möglichst frühzeitig gestellt werden. Gegen die Ablehnung der PKH kann Beschwerde innerhalb einer Frist von 1 Monat eingelegt werden (§ 173 SGG). Die Anwaltsbeiordnung kommt auch in Verfahren nach dem SchwbG in Betracht, etwa wenn umfangreiche medizinische Unterlagen auszuwerten sind (*LSG Nordrhein-Westfalen* FamRZ 1989, 1315; im übrigen vgl. F Rdnr. 21ff.).

e) Akteneinsicht

19 Unbedingt erforderlich ist alsbald die **Einsicht** in die **Verwaltungsakten** (§ 120 SGG). In aller Regel werden die Akten dem Anwalt, nachdem er seine Vollmacht vorgelegt hat, auf seine Büroräume übersandt. Es kann auch beantragt werden, die Akten an ein nahegelegenes Gericht oder eine Behörde am Sitz des Bevollmächtigten zu übersenden. Die Akteneinsicht ist insbesondere notwendig, um zu den vom Träger angeforderten medizinischen Unterlagen Stellung zu nehmen.

f) Beiladung anderer Leistungsträger

20 Neben der Klageerhebung kann es zweckmäßig sein, zugleich beim **Sozialamt** oder dem überörtlichen Sozialhilfeträger die Übernahme der Kosten zu beantragen, z. B. für eine Drogenbehandlung gem. § 44 BSHG. Kommt ein anderer Träger als leistungspflichtig in Betracht, z. B. Krankenkasse statt Rentenversicherung, ist diese nach § 75 SGG **beizuladen.** Der Beigeladene kann, auch ohne daß er zuvor über den Streitgegenstand durch Bescheid entschieden hat (*BSGE* 57, 1), anstelle des Beklagten verurteilt werden. Zu beachten ist auch § 28 SGB X über die **nachgeholte Antragstellung.** Notwendig beizuladen sind z. B. die Arbeitnehmer im Beitragsprozeß und die Partner des Bundesmantelvertrages, wenn es um die Gültigkeit einer von ihnen getroffenen Regelung geht (*BSGE* 62, 124).

g) Untätigkeitsklage

21 Hat ein Träger einen Antrag nicht innerhalb einer Frist von sechs Monaten beschieden oder in Angelegenheiten der Krankenversicherung oder der Bundes-

anstalt für Arbeit nicht innerhalb eines Monats, im übrigen nicht innerhalb von drei Monaten über einen Widerspruch entschieden, kann der Betroffene nach § 88 SGG **Untätigkeitsklage** erheben. Liegt für die Verzögerung der Sache kein „zureichender Grund" (z. B. Einholung von Gutachten oder Klärung von Versicherungszeiten) vor, verurteilt das Gericht den Träger dazu, den Antrag bzw. den Widerspruch unter Beachtung der Rechtsauffassung des Gerichts zu verbescheiden (§ 131 III SGG). Steht fest, daß der Kläger einen Rechtsanspruch auf die begehrte Leistung hat, kann das Gericht auch zur Leistung verurteilen. Angesichts der meist jahrelangen Dauer sozialgerichtlicher Verfahren hat die Untätigkeitsklage in der Praxis nur geringe Bedeutung. Effektiver ist oftmals die **Dienstaufsichtsbeschwerde** oder die Einschaltung der **Aufsichtsgremien.** Unter Umständen kommt auch ein Antrag auf Vorschuß nach § 42 SGB I in Betracht, wenn die Leistungspflicht dem Grunde nach feststeht.

h) Mitwirkungsobliegenheiten

Zwar hat der Kläger an der Aufklärung des Sachverhaltes mitzuwirken (vgl. 22
§§ 60ff. SGB I), jedoch kann das Gericht nach dem derzeitigen Recht **keine Ausschlußfristen** zur Antragstellung oder Begründung setzen. Eine Zurückweisung verspäteten Vorbringens gibt es **nicht** – abgesehen von den Möglichkeiten des § 109 II SGG (dazu Rdnr. 28) und den Mitwirkungspflichten des Kassenarztes im Honorarprüfungsverfahren (Rdnr. 37). Beweisanträge können also noch in der letzten mündlichen Verhandlung gestellt werden. Gerade wegen der langen Verfahrensdauer sollte der Bevollmächtigte aber das Verfahren durch schriftsätzliche Angaben zur Rechtslage bzw. zum Sachverhalt fördern, um dadurch u. U. die Gegenseite zur Abgabe eines Anerkenntnisses oder Vergleichsangebotes zu veranlassen.

i) Aufschiebende Wirkung der Klage

Die Klageerhebung gegen **Rückforderungsbescheide** hat aufschiebende Wir- 23
kung (gilt auch für die Rückforderung vertragszahnärztlichen Honorars: *LSG Nordrhein-Westfalen* NJW 1989, 798; anders beim ärztlichen Honorar: *BSGE* 60, 122). **Keine** aufschiebende Wirkung hat die Klage gegen einen Bescheid, mit dem eine Leistung entzogen oder herabgesetzt wird. Dies kann nur auf Antrag durch gesonderte Anordnung des Gerichtes gem. § 97 II SGG erreicht werden (ferner in AÜG-Erlaubnissachen sowie bei Zulassungssachen, Amtsenthebungen sowie Aufsichtsanordnungen, soweit die sofortige Vollziehung angeordnet worden ist). Nach *SG Mannheim* (Informationen zum Arbeitslosenrecht und Sozialhilferecht 1986, 133) kann das SG die Kürzung der Arbeitslosenhilfe auch dann nach § 97 II SGG aussetzen, wenn diese schon im ersten Bewilligungsbescheid enthalten ist. Bei der Entscheidung über den **Aussetzungsantrag** berücksichtigt das Gericht vor allem die Erfolgsaussichten der Klage und das für den Sofortvollzug notwendige öffentliche Interesse (*BVerfG* NJW 1985, 2877; *LSG Niedersachsen* MedR 1984, 154). Das *SG Hannover* (Breithaupt 1990, 87) wendet § 97 I Nr. 4 SGG entsprechend in den Fällen an, in denen der Disziplinarausschuß das Ruhen der Kassenarzt-Zulassung angeordnet hat (§ 81 V SGB V). Hat das Gericht nach § 97 II SGG den Vollzug ausgesetzt, erweist sich der Entziehungsbescheid später aber doch als rechtsmäßig, muß der Kläger die erhaltenen Leistungen nach Bereicherungsgrundsätzen zurückerstatten, es sei denn, es tritt rückwirkend Sozialhilfebedürftigkeit ein. Insoweit entfällt – da ja eine rückwir-

kende Sozialhilfegewährung nicht möglich ist – ein Erstattungsanspruch (*BSG* ZfSH/SGB 1988, 475).

j) Einbeziehung weiterer Bescheide gemäß § 96 SGG

24 Ändert ein neuer Verwaltungsakt den angefochtenen Bescheid ab oder ersetzt er den angefochtenen, wird er gem. § 96 SGG Gegenstand des anhängigen Verfahrens, und zwar auch dann, wenn die ursprüngliche Klage, z. B. wegen Fristversäumnis unzulässig war. Eine weitere Klage gegen den neuen Bescheid ist unzulässig; der Durchführung eines Widerspruchsverfahrens bedarf es nicht. Gegenstand des Klageverfahrens wird z. B. ein Bescheid, mit dem eine der Höhe nach streitige Rente wegen Erwerbsunfähigkeit in ein Altersruhegeld umgewandelt wird oder ein Rentenbescheid während eines Streites um die Vormerkung von Versicherungszeiten oder ein Bescheid, mit dem das Versorgungsamt den Gesamt-GdB neu festsetzt oder einen Nachteilsausgleich anerkennt. § 96 SGG gilt auch im Berufungsverfahren, nicht aber in der Revision (§ 171 II SGG). Hat das SG § 96 SGG verletzt, in dem es einen abändernden Bescheid nicht in das Verfahren einbezogen hat, entscheidet das LSG über den gem. § 96 SGG erweiterten Streitgegenstand, wenn dies dem Willen der Beteiligten entspricht (*BSGE* 61, 45).

3. Aufklärung des Sachverhaltes

a) Sachverständigenbeweis (*Plagemann,* Medizinische Begutachtung, 1991).

25 Das Amtsermittlungsprinzip verpflichtet das Gericht dazu, den Sachverhalt von Amts wegen zu ermitteln, insbesondere Zeugen zu vernehmen, Ärzte zu befragen und Gutachten einzuholen, ohne daß es dazu besonderer Anträge der Parteien bedarf (§§ 103, 106 SGG). **Beweisanordnungen** ergehen in aller Regel im schriftlichen Verfahren, ohne daß dem eine mündliche Verhandlung vorangegangen sein muß. Trotzdem kommt es auf die aktive **Mitwirkung** der Beteiligten an: oft bilden die von den behandelnden Ärzten (nach Entbindung von der ärztlichen Schweigepflicht) eingeholten **Befundberichte** die Grundlage medizinischer Gutachten. Daraus kann insbesondere die Entwicklung der Behinderung abgelesen werden. Außerdem ergibt sich daraus, auf welchem medizinischen Fachgebiet (z. B. internistisch, orthopädisch, neurologisch-psychiatrisch) der Schwerpunkt der Behinderungen liegt. Der Kläger sollte die vom Gericht eingeholten Befundberichte sehr sorgfältig auf ihre Vollständigkeit und Richtigkeit hin überprüfen, u. U. ergänzende Bescheinigungen beibringen.

26 Da das Gericht – mangels eigener Sachkunde – von den medizinischen Schlußfolgerungen im Gutachten kaum abweichen kann, kommt den gezielten **Beweisanträgen** des Klägers besondere Bedeutung zu. Dazu ist es auch nötig, die Kritik an dem eingeholten Gutachten im einzelnen zu formulieren, u. U. unter Heranziehung der sozialmedizinischen Literatur (z. B. Anhaltspunkte, Lehrbücher der Unfallbegutachtung, Leitfaden für die sozialmedizinische Begutachtung). Dem Antrag auf **mündliche Anhörung des Sachverständigen** (§§ 118 SGG, 411 III ZPO) ist vor dem Termin schriftlich anzubringen (*BSG* SozR 1750 § 411 Nr. 2; *Schur,* SGb 1985, 529 ff.). Das Fragerecht nach §§ 118 SGG, 397 II ZPO kann i. d. R noch in der Verhandlung nach dem Gutachten geltend gemacht werden. Zumeist fordert das Gericht dann den Sachverständigen zu einer ergänzenden schriftlichen Stellungnahme auf. Zu beachten ist, daß das Gericht die im **Verwaltungsverfahren** eingeholten Gutachten nicht als blo-

ße „Privatgutachten" behandelt, sondern sie wie Gerichtsgutachten bei der Entscheidungsfindung gem. § 128 SGG berücksichtigt. Auch hierzu muß der Kläger also Stellung nehmen, z. B. herausarbeiten, welche Untersuchungsergebnisse, wie etwa EKG, Röntgenaufnahmen, CT, EEG usw., noch heranzuziehen sind, welche Bewegungen und Verrichtungen ihm nicht mehr möglich sind (zur Funktionsbegutachtung siehe Rdnr. 85). Unter Umständen erweist sich die Hinzuziehung anderer Fachdisziplinen, z. B. Chemiker, wenn es um Berufskrankheiten geht, Verkehrssachverständige bei Wegeunfällen, Waffenexperten in Kriegsopfersachen, Sozialwissenschaftler im Streit um Berufsschadensausgleich (*BSG* SGb 1983, 201), als notwendig.

b) Antrag nach § 109 SGG

Nimmt das Gericht – trotz entsprechender Anträge – keine weiteren Ermittlungen nach §§ 103, 106 SGG vor, kann der Kläger gem. § **109 SGG** beantragen, daß ein **bestimmter Arzt** gutachtlich gehört wird: **27**

- es muß sich um einen **Arzt** handeln. Die Begutachtung durch einen Psychologen kann nicht beantragt werden, obwohl auch dieser an der Aufklärung des beim Versicherten noch vorhandenen Rest-Leistungsvermögens durchaus zu beteiligen ist, insbesondere sofern es um die Anpassungs- und Umstellungsfähigkeit geht (*BSG* SGb 1979, 522)
- zwar kann der **behandelnde Arzt** benannt werden (zur Befangenheit siehe Rdnr. 29), die Benennung des Hausarztes ist jedoch nicht empfehlenswert, da Allgemeinärzte nur in seltenen Fällen über die erforderlichen Erfahrungen als Sachverständige verfügen und auch bereits in den Befundberichten sich geäußert haben. Es empfiehlt sich in aller Regel, **Fachärzte** zu benennen. Diese können niedergelassene Ärzte oder Krankenhausärzte sein. Man kann nicht sagen, daß etwa die Ärzte von Universitätskliniken im Rahmen von Sozialgerichtsverfahren grundsätzlich eine „höhere Autorität" genießen als andere Ärzte. Äußert der beauftragte Arzt auf Anfrage des Gerichtes, er sei überlastet, kann der Antragsteller einen anderen Arzt benennen.
- auf die vom Kläger bzw. seinem Bevollmächtigten vorzunehmende **Auswahl** des Gutachters haben weder Gericht noch Beklagte Einflußmöglichkeiten. Das Gericht kann den Antrag nach § 109 SGG **nicht** mit dem Hinweis ablehnen, der benannte Sachverständige sei ungeeignet oder er könne seine Überzeugung nicht mehr beeinflussen. Die Benennung eines **ausländischen** Arztes sieht § 109 SGG im Prinzip nicht vor. Ein im Ausland lebender Arzt kann nicht zur Erstattung eines Gutachtens verpflichtet werden. In besonderen Fällen, z. B. Auslandswohnsitz eines deutschen Arztes, kann das Gericht jedoch trotzdem verpflichtet sein, die Einholung des beantragten Gutachtens zu versuchen.
- liegt bereits ein Gutachten gem. § 109 SGG vor, besteht unter Umständen das Recht, einen **weiteren Arzt** als Gutachter zu benennen, etwa wenn auf anderen medizinischen Fachgebieten weitere Leiden hinzugekommen sind oder wenn nach der Begutachtung neue Leiden auftreten bzw. das Gutachten vom Prozeßgegner angegriffen wurde oder sonstige neue Gesichtspunkte eine zweite oder weitere Stellungnahme durch den bereits angehörten oder einen anderen Arzt erforderlich macht (*BSG* SozR 1500 § 109 Nr. 1). Der Antragsteller muß also begründen, weshalb seiner Auffassung nach die Einholung eines weiteren Gutachtens gem. § 109 SGG geboten ist. Dies kann u. U. auch dann der Fall sein, wenn der erste Sachverständige in dem Gutachten gem.

§ 109 SGG eine widersprüchliche, nicht nachvollziehbare Beurteilung abgegeben hat oder gar das Gutachten nicht selbst erstellt hat, sondern von anderen Ärzten hat erstellen lassen, so daß ein Verstoß gegen §§ 118 SGG, 401 I ZPO vorliegt (dazu Rdnr. 28).

- das Gericht muß dem Antrag stattgeben, es sei denn, es liegt ein Fall des § 109 II SGG vor. Der Antrag nach § 109 SGG kann auch noch in der **mündlichen Verhandlung** gestellt werden (*BSGE* 7, 218), es sei denn, daß das Gericht zuvor ausdrücklich auf das Recht gem. § 109 SGG hingewiesen hat und eine entsprechende Frist gesetzt hatte. Eine Ablehnung des Antrages gem. § 109 II SGG kommt nur dann in Betracht, wenn die Erledigung des Rechtsstreites durch die Zulassung des Antrages **verzögert** würde **und** die verspätete Antragstellung entweder auf **Verschleppungsabsicht** oder **grober Nachlässigkeit** beruht. Letzteres verlangt nach der Rechtsprechung des *BSG* entweder einen „bösen Willen" im Sinne eines Verstoßes gegen den Grundsatz von Treu und Glauben, oder aber das Außerachtlassen jeder in der Prozeßführung erforderlichen Sorgfalt (*BSGE* 7, 218, 221). Wenn ein Gericht einem Beteiligten zu verstehen gibt, daß es nicht von Amts wegen weitere Beweise erheben wird, muß der Antrag nach § 109 SGG in angemessener Zeit gestellt werden, wobei in der Zwischenzeit den Beteiligten eine medizinische und juristische Beratung möglich sein muß.
- das Gericht macht die Einholung eines Gutachtens gem. § 109 SGG regelmäßig von der Zahlung eines **Kostenvorschusses** abhängig. Dieser Vorschuß muß sich an den zu erwartenden Kosten des Gutachtens orientieren, er darf die geschätzten Kosten nicht wesentlich übersteigen, da andernfalls das Recht nach § 109 SGG unverhältnismäßig erschwert würde. Unter Umständen kann von dem Gutachter ein Kostenvoranschlag eingeholt werden. Verfügt der Antragsteller nicht über die entsprechenden Mittel, kann beantragt werden, ihn von der Kostenvorschußpflicht **zu befreien.** Aus Gründen der Chancengleichheit sollte das Gericht gegebenenfalls von der Anforderung eines Kostenvorschusses Abstand nehmen. Die Gewährung von Prozeßkostenhilfe für solche Gutachterkosten ist nicht möglich. Auch wenn dem Kläger also Prozeßkostenhilfe bewilligt wurde, hat dies nicht zwingend die Befreiung von der Kostenvorschußzahlungspflicht gem. § 109 SGG zur Folge (anders: *LSG Rheinland-Pfalz* Breithaupt 1980, 171). Nach Vorlage des Gutachtens kann das Gericht die entsprechenden Kosten auf die Staatskasse übernehmen und sie dem Kläger erstatten, wenn das Gutachten zur weiteren Sachaufklärung beigetragen hat (unabhängig davon, ob der Kläger nun obsiegt oder nicht). Auch wenn er z. B. auf Grund dieses Gutachtens die Klage zurücknimmt, kann das Gericht die Kosten auf die Staatskasse übernehmen, etwa wenn das Gutachten weitere Fragen definitiv geklärt hat, die bislang noch nicht von den anderen Gutachtern diskutiert wurden.
- das Gutachten nach § 109 SGG hat das Gericht in gleicher Weise zu würdigen wie von Amts wegen eingeholte Gutachten. Das Gutachten nach § 109 SGG ist also **nicht** „minderen Wertes".

c) Persönliche Gutachterpflicht

28 Die Gutachterpflicht ist eine persönliche (§§ 118 SGG, 407a ZPO), d. h. der vom Gericht benannte Arzt trägt allein die Verantwortung für die Untersuchung und Beurteilung des Probanden. Zulässig ist aber die Delegation einzelner Aufgaben auf andere Ärzte, sofern der Sachverständige ausdrücklich die

Verantwortung dafür übernimmt und dies durch einen entsprechenden Vermerk auch zum Ausdruck bringt, z. B. „einverstanden auf Grund persönlicher und eigener Urteilsbildung" (*BSG* NJW 1985, 1422; *LSG Nordrhein-Westfalen* NJW 1983 360–LS). Diese persönliche Gutachterpflicht gilt auch bei der Beweiserhebung nach § 109 SGG. Wird sie verletzt, unterliegt das Gutachten einem Verwertungsverbot. Hat der beauftragte Chefarzt den Kläger nur ganz kurz gesehen, liegt allein darin eine Verletzung der persönlichen Gutachterpflicht noch nicht (ausführlich: *Plagemann,* Med. Begutachtung, Rdn. 45ff.).

d) Befangenheit eines Sachverständigen

Befangenheit eines Sachverständigen (§§ 118 SGG, 406, 42, 41 ZPO) **liegt** 29
vor (dazu *Schimanski,* SGb 1986, 404), wenn
- der Sachverständige sich im Rechtsstreit bereits im Auftrag einer Partei gutachterlich geäußert hat (*BSG* SozR § 42 ZPO Nr. 1);
- der Sachverständige Krankenpapiere verwertet, bezüglich deren keine Entbindung von der ärztlichen Schweigepflicht vorliegt (*LSG Bremen* Breithaupt 1957, 854);
- der Sachverständige den Patienten grob beleidigt (*BGH* NJW 1981, 2010),
- der Sachverständige behandelnder Arzt des Klägers ist und sich in Bescheinigungen schon zur Streitfrage derart eindeutig geäußert hat, daß Zweifel an einer unvoreingenommenen Beurteilung begründet erscheinen (*LSG Berlin* Breithaupt 1980, 71; *Hess. LSG* vom 24. 3. 1983 – L 2/B 3/83; einschränkend *LSG Rheinland-Pfalz* Breithaupt 1982, 169);
- der Sachverständige seit langem schon für einen Versicherungsträger tätig ist, so daß man von einer „wohl beiderseits zufriedenstellenden Zusammenarbeit" ausgehen kann (*LSG Bremen* NJW 1972, 2247; anders: *LSG Rheinland-Pfalz* Meso B 20a/214 = Breithaupt 1986, 638).

Befangenheit liegt nicht vor, wenn
- der Sachverständige in einem früheren Rechtsstreit eine für den Kläger ungünstige Stellungnahme abgegeben hatte, auch dann nicht, wenn die jetzt zu beantwortende Frage die gleiche wie die frühere ist (*LSG Schleswig-Holstein* SGb 1978, 450);
- der Sachverständige für kurze prompte Verneinung von beruflichen Zusammenhängen zugunsten der Versicherungsträger bekannt ist und häufig für die Beklagte tätig ist (*LSG Rheinland-Pfalz* Meso B 20a/214 = Breith. 1986, 638);
- der Sachverständige sich unzureichender Untersuchungsmethoden bediente (*LSG Nordrhein-Westfalen* Meso B 20a/219);
- der Sachverständige einer Klinik angehört, die bereits einmal den Kläger untersucht hatte (*LSG Schleswig-Holstein* Breithaupt 1988, 522).

Der **Befangenheitsantrag** ist **vor** Einreichung des Gutachtens zu stellen. Er- 30
gibt sich die behauptete Befangenheit aus der Untersuchung selbst, ist dies unverzüglich geltendzumachen. Der Kläger darf nicht erst den Eingang des schriftlichen Gutachtens abwarten (§ 406 II ZPO).

e) Beweislast

Auch im Sozialrecht gilt der **allgemeine Grundsatz,** daß derjenige die 31
Folgen einer Beweislosigkeit tragen muß, der aus der nicht erwiesenen Behauptung für ihn günstige Ansprüche herleiten möchte (*BSGE* 6, 70; 19, 52; 35, 216). Da im SG-Prozeß aber die **Amtsermittlungsmaxime** (§§ 103, 106 SGG) gilt, wird die Frage der Beweislosigkeit erst dann relevant, wenn trotz aller Bemü-

hungen um Aufklärung berechtigte Zweifel an der Richtigkeit der Sachverhaltsdarstellung bleiben (z. B. *BSGE* 61, 114; ernsthafte Möglichkeit der Selbsttötung geht zu Lasten der Hinterbliebenen, anders: § 180a VVG). Die Tatsache allein, daß der Verletzte keinen Zeugenbeweis für das Unfallereignis führen kann, hat also nicht eo ipso die Ablehnung des Entschädigungsanspruchs zur Folge, sondern nur dann, wenn die **ernsthaften Zweifel** an der Unfalldarstellung nicht auszuräumen sind und die „gute Möglichkeit" besteht, daß z. B. ein Unfall garnicht vorliegt (*BSG* SGb 1987, 425).

32 **Gesetzliche Beweislastregelungen** finden sich z. B. in § 589 II RVO (Tod nach Berufskrankheit und anerkannter MdE von 50%) oder in § 554 I RVO, soweit es die strafgerichtliche Verurteilung eines Verbrechens oder vorsätzlichen Vergehens verlangt. Die für Kriegsopfer (§ 15 KOVVfG) geschaffene Beweiserleichterung gilt auch für Gewaltopfer im Verfahren nach dem OEG (*BSGE* 65, 123). Danach sind die Angaben des Antragstellers, die sich auf die mit der Schädigung zusammenhängenden Tatsachen beziehen, der Entscheidung zugrunde zu legen, wenn andere Unterlagen oder Beweismittel nicht vorhanden sind und die Angaben glaubhaft erscheinen.

33 **Beweiserleichterungen** (Glaubhaftmachung) sieht das Rentenversicherungsrecht in den Fällen vor, in denen Versicherungsunterlagen, die von einem Versicherungsträger aufzubewahren gewesen sind, dessen Karten- oder Kontenarchiv vernichtet oder nicht erreichbar ist, fehlen (§§ 1 VuVO; 23 I SGB X). Auch nach § 4 FRG genügt für die Feststellung der nach diesem Gesetz erheblichen Tatsachen die Glaubhaftmachung, allerdings mit der Folge der Kürzung auf 5/6 (§ 19 II FRG). Machen Versicherte glaubhaft, daß sie eine versicherungspflichtige Beschäftigung ausgeübt haben und dafür entsprechende Beiträge gezahlt wurden, ist diese Zeit als Beitragszeit anzuerkennen (§ 203 SGB VI). Eine Übersicht über Versicherungsträger und andere Stellen, bei denen noch Unterlagen über Versicherungszeiten vorhanden sind, gibt *Pietsch,* Mitteilungen LVA Rheinprovinz, Sonderheft 11/1989. § 49 Nr. 5 SGB V, wonach der Anspruch auf **Krankengeld** ruht, solange die Arbeitsunfähigkeit der Kasse nicht gemeldet wird, erleichtert ebenfalls die Beweisführung. Besonders strenge Maßstäbe legt die Rechtsprechung dann an, wenn es um den Nachweis der Arbeitsunfähigkeit im Ausland geht (*Marburger,* BB 1988, 557; anders bei EWG-Angehörigen: *BSG* NJW 1988, 2199).

34 Während das Unfall- bzw. schädigende Ereignis im Sinne der RVO, des BVG, OEG oder SVG mit einer an Sicherheit grenzenden Wahrscheinlichkeit vorliegen muß (ebenso der für die MdE-Bewertung relevante Vorschaden), genügt für den Zusammenhang zwischen Unfall und betrieblicher Sphäre bzw. Unfall/„schädigendem Ereignis" und Körperschaden das Vorliegen einer **überwiegenden Wahrscheinlichkeit** (*BSGE* 61, 127ff.). Macht der Unfallversicherungsträger geltend, der Verletzte sei auf Grund innerer Ursache gestürzt, sei sozusagen geschädigt zu Boden gefallen, muß diese **innere Ursache** feststehen (*BSG* SGb 1984, 201).

35 Läßt sich im Nachhinein nicht mehr eindeutig feststellen, welche **Blutalkoholkonzentration** im Unfallzeitpunkt vorgelegen hat, geht diese Ungewißheit zu Lasten des Versicherungsträgers (*BSGE* 48, 228), mit der Folge, daß allenfalls aus anderen Indizien, vor allem dem Fehlverhalten vor dem Unfall, alkoholbedingte Fahruntüchtigkeit entnommen werden kann. Läßt sich dagegen eine Blutalkoholkonzentration von 1,1 Promille oder mehr im Unfallzeitpunkt mit Gewißheit feststellen (*BSGE* 45, 285), tragen der Verletzte oder die Hinterblie-

benen die Beweislast für das Vorliegen betriebsbezogener Umstände (z. B. betriebsbezogene Eilbedürftigkeit, ungünstiger Straßenverlauf, Verschmutzung der Fahrbahn). Hat ein Versicherter mit einem Meniskusschaden mindestens drei Jahre Untertage gearbeitet, spricht zumindest der **Beweis des ersten Anscheins** dafür, daß hier eine Berufskrankheit im Sinne der Nr. 2102 der Anlage 1 zur BKVO vorliegt (*BSG* SozR 5670 Anl. 1 Nr. 2102 Nr. 2). Bei **Impfschäden** kann weder aus den Grundsätzen über die Arzthaftpflicht noch aus den §§ 2 II, 17 I SGB I eine „Beweislastumkehr" zu Lasten des Trägers hergeleitet werden (*BSG* SozR 3850 § 52 Nr. 1).

Hat der Leistungsträger zum Verlust eines **Beweismittels** beigetragen (z. B. 36
Röntgenaufnahme: *SG Mainz* Sozialversicherung 1984, 166; Obduktion: *BSGE* 24, 25), ist dies zumindest bei der Beweiswürdigung zu seinen Lasten zu berücksichtigen. Hat der Arbeitgeber seine **Aufzeichnungspflichten** verletzt und läßt sich später nicht mehr feststellen, an welche Personen bestimmte Löhne gezahlt wurden, die als geringfügig deklariert worden sind, hat dies eine Beweislastumkehr in der Weise zur Folge, daß der Arbeitgeber nur aus der vollen Lohnsumme den gesamten Sozialversicherungsbeitrag schuldet, unabhängig davon, ob dieser bestimmten Versicherungskonten zugeordnet werden kann oder nicht („Summenbescheid": § 28f II SGB V; vgl. auch *BSGE* 41, 301; 59, 235).

Eine besonders weitgehende Beweis- und Mitwirkungslast legt das BSG dem 37
Kassenarzt auf, der zur Rechtfertigung einer aus der Sicht des Fachgruppendurchschnitts unwirtschaftlichen Behandlungsweise auf sogenannte Praxisbesonderheiten – etwa hoher Rentneranteil, besondere Praxisausrichtung, überdurchschnittlich viele ambulante Operationen, Arzneimitteleinsparungen, Einsparungen bei Arbeitsunfähigkeitszeiten oder bei Krankenhausbehandlungen – verweist. Der Kassenarzt kann nicht durch verspätetes Vorbringen das Prüfungsverfahren unterlaufen und die den Prüfgremien vorbehaltene Prüfung in das gerichtliche Verfahren verlagern. Soweit dem Kassenarzt Besonderheiten seiner Praxis bekannt sind, hat er diese bereits im Verwaltungsverfahren vorzutragen (*BSG* MedR 1990, 101). Stehen die Behandlungskosten des Arztes in einem offensichtlichen Mißverhältnis zu den Durchschnittswerten seiner Fachgruppe, trägt der Arzt die Darlegungs- und Beweislast dafür, daß der Mehraufwand durch einen Minderaufwand in anderen Leistungsbereichen ausgeglichen wird (*BSG* SozR 2200 § 368n Nr. 43). Bei der Ermittlung der Durchschnittswerte ist auf die Homogenität der Vergleichsgruppe zu achten, *Maaß,* MedR 1990, 62.

4. Schluß des Verfahrens

a) Rücknahme der Klage

Nach § 102 SGG ist die Rücknahme der Klage auch ohne Einwilligung des 38
Gegners und auch noch im Berufungs- oder Revisionsverfahren möglich. Klagerücknahme im Berufungsverfahren beseitigt auch das Urteil der ersten Instanz, einschließlich einer evtl. Entscheidung über **Mutwillenskosten.** Ausdrückliche Erklärung nötig, auf die Protokollierung kommt es nicht an. Die Klagerücknahme enthält keinen Verzicht auf den Anspruch selbst, so daß jederzeit ein Antrag nach § 44 SGB X möglich ist, aber keine Wiedererweiterung des Klageantrags, wenn die Klage teilweise zurückgenommen wurde (*BSG* NJW 1969, 1135). Auf Antrag entscheidet das Gericht über die außergerichtlichen **Kosten** (§ 102 III SGG). Sie können dem Beklagten insbesondere dann auferlegt

werden, wenn die Begründung des angefochtenen Bescheides unzureichend war.

b) Anerkenntnis

39 Erkennt die Beklagte den klageweise geltendgemachten Anspruch ganz oder teilweise an und nimmt der Kläger das Anerkenntnis durch schriftliche Erklärung oder zu Protokoll des Gerichtes an, erledigt dies den Rechtsstreit in der Hauptsache (§ 101 II SGG). Diese Erklärungen werden in der Praxis zumeist schriftsätzlich abgegeben. Dem Anerkenntnis-Urteil kommt keine praktische Bedeutung zu. Der Zustimmung des Beigeladenen, auch wenn ein Fall der notwendigen **Beiladung** vorliegt, bedarf es nicht. Über die **Kosten** entscheidet das Gericht gem. § 193 SGG auf Antrag der Beteiligten. Hat der Rentenversicherungsträger entsprechend einem vom Gericht eingeholten Gutachten den Rentenanspruch ab einem Zeitpunkt **nach Klageerhebung** anerkannt, wird eine Kostenpflicht des Trägers häufig verneint (z. B. *LSG Nordrhein-Westfalen* Breithaupt 1990, 173), was aber deshalb bedenklich ist, weil der Träger durch den Ablehnungsbescheid ja gerade zu erkennen gab, daß er weitere Ermittlungen nicht für tunlich erachtet, weshalb eine Kostenquotelung sachgerechter ist (*LSG München* Breithaupt 1986, 365; vgl. auch *LSG Nordrhein-Westfalen* v. 27. 6. 1988 – L 7 S 7/87 – zum Schwerbehindertenprozeß). Hat die Versorgungsverwaltung dagegen dem Vorliegen bestimmter Behinderungen im Zeitpunkt der Klageerhebung nicht Rechnung getragen, sondern den Kläger erst im Klageverfahren klaglos gestellt, so ist sie mit der Kostenpflicht zu belasten.

c) Vergleich

40 Auch der Vergleich beendet das Verfahren. Nach allgemeiner Auffassung sind die Träger trotz des Gesetzmäßigkeitsprinzips befugt, über den Streitgegenstand im Wege des Vergleichs zu verfügen. Der Beigeladene kann einen Vergleich zwischen den Klageparteien zwar nicht verhindern, er kann aber dann seinerseits klagen, etwa bei einem Vergleich über die Versicherungspflicht des beigeladenen Arbeitnehmers. Ist dieser damit nicht einverstanden, kann er seinerseits gegen einen Ausführungsbescheid Klage erheben. Der außergerichtliche Vergleich wird als übereinstimmende Erledigung behandelt und beendet das Verfahren. Enthält der Vergleich keine Kostenregelung, trägt gem. § 195 SGG jeder Beteiligte seine Kosten selbst. Diese Wirkung kann nur vermieden werden, wenn der Kläger sich bei der Annahme des Vergleichsangebotes seinen **Kostenantrag** nach § 193 SGG vorbehält.

d) Vorbescheid

41 Durch Vorbescheid kann der Vorsitzende ohne mündliche Verhandlung die Klage abweisen, sofern sie offensichtlich unbegründet oder unzulässig ist (gem. § 158 II SGG in Berufungsverfahren nur bei offensichtlicher Unzulässigkeit). Der Kläger kann dagegen innerhalb eines Monats nach Zustellung die **mündliche Verhandlung** beantragen. Tut er dies nicht, steht der Vorbescheid einem rechtskräftigen Urteil gleich (§ 105 II SGG).

e) Urteile

42 Urteile ergehen auf Grund mündlicher Verhandlung, die durch einen Sachbericht des Vorsitzenden eingeleitet wird. In aller Regel entscheidet daraufhin das Gericht – zumeist durch abschließendes Urteil (Beweisaufnahme erfolgt regelmäßig ohne vorangegangene Verhandlung im schriftlichen Verfahren). Ein

Versäumnis-Urteil gibt es nicht. Erscheint eine Partei nicht, kann auf Antrag der erschienenen Partei nach Lage der Akten entschieden werden (§ 126 SGG) oder zur Sache verhandelt werden. Mit Einverständnis beider Parteien kann auch **ohne** mündliche Verhandlung entschieden werden (§ 124 II SGG). Die Einverständniserklärung ist, wenn die Gegenseite auch zugestimmt hat, unwiderruflich. Im allgemeinen empfiehlt sich die Wahrnehmung der mündlichen Verhandlung, um mit dem Gericht und der Gegenseite die Sach- und Rechtslage zu erörtern. Ordnet das Gericht das **persönliche Erscheinen** des Klägers an, werden ihm die dadurch entstandenen Auslagen erstattet.

5. Einstweilige Anordnung (vgl. auch B XVI)

Das SGG enthält – anders als die VwGO – keine Bestimmung über die einstweilige Anordnung. Aus dem Gesichtspunkt effektiven Rechtsschutzes gem. Art. 19 IV GG kommt sie gleichwohl etwa in folgenden Fällen in Betracht: **43**
- **Arbeitserlaubnissachen,** da ohne eine entsprechende Anordnung dem Antragsteller häufig ein nicht mehr wiedergutzumachender Schaden entsteht (*BVerfGE* 46, 166; *LSG Baden-Württemberg* NJW 1978, 81);
- **Beitragssachen,** wenn nach der Sach- und Rechtslage mehr für ein Obsiegen des Antragstellers in der Hauptsache spricht als dagegen (vgl. z. B. *LSG Berlin* Breithaupt 1990, 78: Gewährung von Aufschub gegen Sicherheitsleistung);
- Mitgliedschaft in der studentischen Krankenversicherung gem. § 5 I Nr. 9 *SGB* V (*LSG Baden-Württemberg* v. 24. 1. 1990 – L 4 KR 2252/89 e. A.);
- Honorarkürzungen und Arzneimittelregress im Kassenarztrecht, zumindest insoweit, als es um die notwendigen Kosten der Weiterführung der Praxis geht (*BSG* MedR 1987, 51; *LSG Rheinland-Pfalz* Breithaupt 1979, 89);
- Fortführung oder Gewährung von **Rehabilitationsmaßnahmen,** wenn durch ein längeres Hauptsacheverfahren das Ziel der Umschulung gar nicht mehr erreichbar ist (vgl. *Unger,* SGb 1985, 226);
- **Schließung einer Betriebskrankenkasse** (*LSG Bremen* NZA 1985, 718);
- Verlängerung einer befristet erteilten Genehmigung, einen Ausbildungsassistenten zu beschäftigen (*LSG Berlin* Breithaupt 1988, 614);
- **Vollstreckungssachen,** z. B. Pfändung laufenden Krankengeldes auf Grund eines Beitragsbescheides oder eines zivilrechtlichen Titels der Berufsgenossenschaft;
- **Erstattungsansprüche** nach § 128 AFG, soweit nicht Aufschub auf Grund einer entsprechenden Anwendung des § 80 V VwGO gewährt wird (vgl. *LSG Nordrhein-Westfalen* NZA 1988, 72; zu § 128b AFG: *LSG Baden-Württemberg* Breithaupt 1988, 605);
- **Stundung von Darlehen** nach dem AFG, wenn in der Hauptsache die Umwandlung in einen Zuschuß begehrt wird.

Im **Leistungsbereich** (z. B. Krankengeld, Rente, Heilkostenübernahme) muß sich der Antragsteller in aller Regel auf die Sozialhilfe verweisen lassen bzw. selbst in Vorlage treten (Ausnahme: Streit um Ansprüche nach dem AFG während Streiks – § 116 AFG –, *Hess. LSG* NZA 1984, 100; *LSG Bremen* NZA 1984, 132). Die Gerichte stellen insbesondere an den Nachweis der **Eilbedürftigkeit** hohe Anforderungen. Gegen die Ablehnung des Antrages ist die **Beschwerde** zulässig, über die das LSG letztinstanzlich entscheidet. Nach zutreffender Auffassung hat bei einstweiligen Anordnungen eine gesonderte Kosten- **44** entscheidung zu ergehen. Anders als bei Beschlüssen nach § 97 II SGG (dazu Rdnr. 23) sind die **Kosten** im einstweiligen Anordnungsverfahren nicht solche der Hauptsache.

III. Sozialrechtspraxis – typische Problemfelder

1. Unterlassene Anhörung/Ermessensausübung

45 Nach § 24 SGB X ist vor dem Erlaß eines Verwaltungsaktes, der in Rechte eines Beteiligten eingreift, diesem Gelegenheit zur **Anhörung** zu geben. Diese Anhörungspflicht gilt nicht nur dann, wenn es um die Rückforderung erbrachter Leistungen geht, sondern auch wenn es um eine Herabsetzung, eine Renteneinstellung oder eine Herabbemessung der Arbeitslosenhilfe geht. Anhörungspflicht besteht auch dann, wenn eine **Sperrzeit** nach § 119 AFG angeordnet werden soll oder wenn der Arbeitgeber zur Beitragszahlung oder zur Erstattung nach § 128 AFG herangezogen werden soll. Die Anhörung kann auch mündlich erfolgen (*LSG Nordrhein-Westfalen* Breithaupt 1989, 268).

46 Beruht die den Beteiligten betreffende Entscheidung auf **medizinischen** Unterlagen, so ist dem Betroffenen die Möglichkeit der Einsicht in die Gutachten zu geben. Es ist ihm eine angemessene **Frist** zur Durchsicht der Gutachten einzuräumen.

47 Anhörungspflichtig ist auch der Erlaß eines **Abzweigungsbescheides** gem. § 48 SGB I (*BSG* SozR 1200 § 48 Nr. 13). Ist die Anhörung im Verwaltungsverfahren unterblieben, kann sie im Klageverfahren **nicht** nachgeholt werden. Der angefochtene Verwaltungsakt ist also schon allein wegen der unterlassenen Anhörung aufzuheben. Hat der Träger nun aber die Anhörung nachgeholt, ist er berechtigt, den neuen belastenden Verwaltungsakt mit Wirkung auf den früheren Zeitpunkt zu erlassen (*BSG* SozR 1300 § 48 Nr. 39).

48 Hat der Träger im Verwaltungsverfahren die gesetzlichen Grenzen seines **Ermessens** überschritten oder von dem Ermessen auf eine dem Zweck der Ermächtigung nicht entsprechende Weise Gebrauch gemacht (§ 54 II SGG), ist der angefochtene Bescheid aufzuheben und der Träger zur **Neubescheidung** zu verpflichten. Die Ermessensausübung kann während des Gerichtsverfahrens nicht nachgeholt werden. Dies gilt auch für Rücknahmebescheide nach § 45 SGB X.

2. Berufs-/Erwerbsunfähigkeit (Prüfschema)

49 (Vgl. Grundsätze zur Berufs- und Erwerbsunfähigkeit DRV 1990, 210ff.; *Plagemann,* ZAP F. 18 S. 29ff.)

a) Versicherungsrechtliche Voraussetzungen:
- **Wartezeit:** 60 Monate „Versicherungszeit“, d. h. Beitragszeiten, Ersatzzeiten, Zeiten der Kindererziehung (sofern nicht deckungsgleich mit Beitragszeiten), Zeiten aus dem Versorgungsausgleich, **nicht** Anrechnungszeiten im Sinne von § 58 SGB VI;
- oder: **Wartezeitfiktion.** § 53 SGB VI, d. h. Berufsunfähigkeit nach Arbeitsunfall, Berufskrankheit oder Wehrdienstbeschädigung;
- oder: **Erwerbsunfähigkeit** (auch ohne Unfall) innerhalb von sechs Jahren nach Beendigung der Ausbildung, sofern in den dem Versicherungsfall vor-

ausgegangenen 24 Kalendermonaten mindestens 12 Pflichtbeiträge entrichtet wurden (§ 53 SGB VI);
- **Vorversicherungszeit:** 36 Pflichtbeiträge innerhalb der letzten 60 Monate vor dem Versicherungsfall (§ 43 I Nr. 2 SGB VI). Nicht mitgezählt werden bei den 60 Monaten u. a. Ersatzzeiten, Anrechnungszeiten, Rentenbezugszeiten und Berücksichtigungszeiten wegen Kindererziehung und nicht erwerbsmäßiger Pflege (§ 57 SGB VI);
- oder: Übergangsregelung nach § 240 II SGB VI, d. h. Erfüllung der Wartezeit von 60 Monaten vor dem 1. 1. 1984 (dazu zählen auch Versorgungsausgleichszeiten; *BSGE* 61, 271). Außerdem muß jeder Kalendermonat in der Zeit ab 1. 1. 1984 bis zum Ende des Kalenderjahres vor dem Eintritt des Versicherungsfalles mit Beiträgen (zweimonatige Beitragszahlung nach dem HandwerkerversG reicht aus: *BSG* DRV 1988, 503) oder mit Zeiten, die bei der Ermittlung des Zeitraumes von 60 Kalendermonaten nicht mitgezählt werden, belegt sein (z. B. Ersatzzeiten, Anrechnungszeiten, Rentenbezugszeiten und Berücksichtigungszeiten, § 57 SGB VI). Gem. § 198 SGB VI kommt die nachträgliche Beitragszahlung in Betracht, wenn der Versicherungsfall erst während des Rentenprozesses eintritt;
- **Keine** Übergangsregelung für jüngere Versicherte, die am 1. 1. 1984 noch keine 60 Monate Wartezeit erfüllt hatten.

b) Versicherungsfall **Erwerbsunfähigkeit,** § 44 SGB VI: **50**
- Keinerlei Leistungsvermögen, d. h. weniger als zwei Stunden täglich leistungsfähig;
- oder: nur noch in der Lage, **Teilzeit-**Arbeiten zu verrichten (d. h. weniger als vollschichtig) und erreichbarer Arbeitsmarkt **verschlossen** (*BSGE* 43, 75), d. h. der Versicherte hat keinen seinem gesundheitlichen Leistungsvermögen entsprechenden Arbeitsplatz und das Arbeitsamt kann ihn auch nicht vermitteln;
- Bei **vollschichtiger** Leistungsfähigkeit besteht dann Erwerbsunfähigkeit, wenn zusätzliche Einschränkungen hinzu kommen, etwa der Versicherte nur noch einen kurzen (d. h. unter 500 m) **Anmarschweg** zurücklegen kann, der Versicherte einen solchen Arbeitsplatz nicht innehat, ihn auch nicht mit Hilfe eines KFZ erreichen kann und der Träger auch diesbezüglich keine Maßnahmen zur beruflichen Rehabilitation anbietet (*BSG* SozR 2200 § 1247 Nr. 56), der Versicherte **betriebsunübliche Pausen** einhalten muß (*BSG* SozR 2200 § 1247 Nr. 43), die Greiffähigkeit seiner Hände erheblich eingeschränkt ist oder **Blindheit** vorliegt, so daß er den Arbeitsplatz nicht mehr allein erreichen kann;
- **Keine Erwerbsunfähigkeit,** wenn der Versicherte noch einer **selbständigen** Tätigkeit, sei sie auch geringfügig, nachgeht (*BSGE* 51, 190). Selbständige Tätigkeit auch dann, wenn der Unternehmer das Geschäft durch andere betreiben läßt (*BSGE* 55, 174) oder wenn die Tätigkeit auf Kosten der Restgesundheit des Versicherten geschieht (*BSGE* 55, 254). **Keine selbständige Tätigkeit,** wenn die in Gütergemeinschaft mit dem Versicherten lebende Ehefrau den Betrieb allein führt (*BSGE* 55, 174) oder der Versicherte lediglich Alleingesellschafter einer GmbH ohne Geschäftsführerposition ist (*BSG* NZA 1988, 486). Hat der Versicherte eine nutzbare **landwirtschaftliche Fläche,** u. U. auch im Ausland, liegt eine selbständige Tätigkeit vor, es sei denn, die landwirtschaftliche Fläche ist weniger als drei Hektar groß (*LSG Baden-*

Württemberg Breithaupt 1986, 506; *LSG Hessen* SV 1990, 25; *Behn,* NZA 1990, 175).

51 **c)** Versicherungsfall **Berufsunfähigkeit,** § 43 SGB VI. „Bisheriger Beruf"? Maßgeblich ist die **letzte Tätigkeit,** es sei denn, daß der Versicherte zuvor eine höher qualifizierte ausgeübt hat und aus gesundheitlichen Gründen nun eine niedriger qualifizierte ausübt. Entscheidend ist der **„qualitative Wert"** des bisherigen Berufs (der mindestens 60 Monate ausgeübt wurde). Die Qualität des bisherigen Berufs (Hauptberuf) ergibt sich aus der beruflichen Qualifikation (die auch in einem anderen EG-Land erworben sein kann, *BSGE* 64, 85), der Bedeutung der Tätigkeit im Betrieb und vor allem aus der tariflichen Einstufung. Der bisherige **Arbeiterberuf** ist einer der folgenden vier Gruppen zuzuordnen:

52 – **Vorarbeiter** mit Leitungsfunktionen. Leitberuf ist der Vorarbeiter mit Leitungs- bzw. Vorgesetztenfunktion. D.h. Meister und Hilfsmeister im Arbeitsverhältnis, Disponierer und Vorarbeiter. Gleichzustellen sind die hochqualifizierten Facharbeiter (*BSG* SozR 2200 § 1246 Nr. 145: Bäckermeister; *BSGE* 62, 74: Lokomotivführer).
– **Facharbeiter.** Leitberuf ist der staatlich anerkannte Ausbildungsberuf mit einer Ausbildungsdauer von **mehr** als zwei Jahren.
– **Anlernberufe.** Leitberuf ist der staatlich anerkannte Ausbildungsberuf mit einer Regelausbildungszeit von bis zu zwei Jahren (z. B. *BSG* SozR 2200 § 1246 Nr. 143: Berufskraftfahrer; ferner *BSGE* 64, 85, 88 zu den „oberen Angelernten", die nicht auf angelernte Tätigkeiten von ganz geringem Wert verwiesen werden können) oder mit einer echten betrieblichen Ausbildung von wenigstens drei Monaten. Eine betriebliche Ausbildung in diesem Sinne setzt voraus, daß sie über eine bloße Einweisung und Einarbeitung hinausgeht, was in der Regel eine längere Anlernzeit als drei Monate, zumindest aber eine solche von drei Monaten erfordert (*BSGE* 43, 243). Es kommt dabei **nicht** auf die tarifliche Bezeichnung „angelernter Arbeitnehmer" an.
– **Ungelernte.** Hierunter fallen praktisch alle Hilfsarbeiter und kurzfristig Angelernte, wobei das BSG hier bisweilen zwischen ungelernten Tätigkeiten, die sich durch die Qualitätsmerkmale der Einweisung und Einarbeitung auszeichnen, und reinen Hilfsarbeitertätigkeiten unterscheidet.

53 Ähnliches Stufenschema in der **Angestelltenversicherung:**
– Angestellte in leitender Stellung mit Einkünften oberhalb der Beitragsbemessungsgrenze (V).
– Angestellte, deren Tätigkeiten typischerweise über eine abgeschlossene Berufsausbildung hinausgehend erhebliche Berufserfahrung und (durch Berufsaufstieg bewiesene) besondere Kenntnisse und Fähigkeiten erfordern (IV).
– Angestellte mit einer längeren (durchschnittlich dreijährigen) Ausbildung (III).
– Angelernte Angestellte mit einer Ausbildung bis zu zwei Jahren.
– Ungelernte Angestellte.

In den Gruppen III und IV sind weitere Aufteilungen denkbar (*BSG* Die Angestelltenversicherung 1988, 426; Grundsätze, DRV 1990, 249).

54 **Berufsunfähigkeit** liegt dann vor, wenn der Versicherte im bisherigen Beruf und in der nächstniedrigeren Stufe aus gesundheitlichen Gründen nicht mehr einsatzfähig ist, wenn also andere Tätigkeiten der nächsten Stufe dem Versicherten, sei es aus gesundheitlichen oder aus anderen Gründen (z. B. mangelnde Ausbildung) nicht zugemutet werden können. Die **Verweisungstätigkeit** muß

konkret benannt werden. Zumutbar ist stets eine Tätigkeit, für die der Versicherte durch Rehabilitationsmaßnahmen erfolgreich umgeschult oder ausgebildet worden ist. Der neue Beruf braucht dann nicht den Zumutbarkeitskriterien zu entsprechen. In diesem Rahmen können Selbständige auch auf Angestelltentätigkeiten und Angestellte auch auf Arbeiterberufe verwiesen werden. Die Anerkennung der Schwerbehinderteneigenschaft (GdB 50 gem. §§ 1, 3 SchwbG) entspricht nicht dem Tatbestand der Berufsunfähigkeit.

d) Rente auf Zeit (§ 102 Abs. 2 SGB VI) erhält der Versicherte, bei dem **55**
begründete Aussicht besteht, daß die Berufs- oder Erwerbsunfähigkeit in absehbarer Zeit behoben sein wird. Beruht die Rentengewährung darauf, daß der Teilzeit-Arbeitsmarkt verschlossen ist, ist immer Rente auf Zeit zu gewähren, es sei denn der Berechtigte vollendet innerhalb von zwei Jahren nach Rentenbeginn das 60. Lebensjahr. Zeitrenten werden erst **26 Wochen nach** dem Versicherungsfall gewährt (§ 102 II SGB VI). Nach dem Zeitablauf entfällt die Rente, ohne daß es eines Aufhebungsbescheides bedarf. Zeitrenten können (auf Antrag) wiederholt gewährt werden. Hat der Versicherte einen Teilzeit-Arbeitsplatz (mindestens halbschichtig) inne, besteht kein Rentenanspruch (*BSG* SozR 2200 § 1247 Nr. 22). Arbeitet er vollschichtig u. U. auch auf Kosten seiner Restgesundheit, besteht aber nur unterhalbschichtiges Leistungsvermögen, ist Berufsunfähigkeit möglich.

e) Während des Rentenverfahrens ist zu beachten: **56**

- Erreicht der Versicherte das 60. Lebensjahr, sollte – wenn die Wartezeit erfüllt ist – auf jeden Fall **vorgezogenes Altersruhegeld** beantragt werden (§§ 37–39 SGB VI).
- Nach Ablauf der **Blockfrist** hat die Krankenkasse bei unterbrochener Arbeitsunfähigkeit erneut **Krankengeld** zu zahlen (und zwar für die Dauer von max. 78 Wochen innerhalb eines Zeitraumes von 3 Jahren, § 48 II SGB V). Voraussetzung dafür ist, daß zwischen dem Ablauf des Krankengeldes und dem erneuten Eintritt von Arbeitsunfähigkeit ein Zeitraum von mindestens 6 Monaten Arbeitsfähigkeit liegt. Nach der **„Aussteuerung"** durch die Krankenkasse sollte der Rentenbewerber sich arbeitslos melden. Dies setzt nicht die Beendigung des Arbeitsverhältnisses voraus. Es genügt der Verzicht des Arbeitgebers auf seine Direktionsrechte (*Gagel,* AFG, § 101 Rdnr. 8). Wer **Krankentagegeld** von einer privaten Versicherung bezieht, muß innerhalb von **3 Monaten** Antrag auf Pflichtversicherung stellen, um die Anrechnung dieser Zeiten als Beitragszeiten (§ 4 IV Nr. 2 SGB VI sicherzustellen.
- Die lückenlose Arbeitslosmeldung (mindestens alle 3 Monate auch ohne Aufforderung des Arbeitsamtes, § 15 II AFG) ist Voraussetzung dafür, daß diese Anrechnungszeiten nach § 58 SGB VI rentensteigernd bzw. als Vorversicherungszeit (§§ 43 I Nr. 2, 44 I Nr. 2 SGB VI) berücksichtigt werden.
- Unter den Voraussetzungen des § 105a AFG kann an Arbeitslose auch dann Arbeitslosengeld oder Arbeitslosenhilfe gezahlt werden, wenn sie aus gesundheitlichen Gründen keine mehr als kurzzeitigen (§ 102 AFG) Arbeiten verrichten können, Erwerbs- oder Berufsunfähigkeit von der Rentenversicherung aber noch nicht anerkannt worden ist. Das Votum des Arbeitsamtsarztes, wonach eine Vermittlungsfähigkeit aus gesundheitlichen Gründen nicht mehr besteht, bindet die Rentenversicherung nicht.
- Es gilt der Grundsatz **„Rehabilitation vor Rente".** Bietet der Rentenversicherungsträger eine Heilmaßnahme während des Rentenprozesses an, sollte der

Versicherte diese annehmen. Kommt der Entlassungsbericht dann zu dem Ergebnis, daß der Versicherte vollschichtig leistungsfähig ist, kann der Rentenprozeß gleichwohl fortgeführt und beantragt werden, daß ein neues Gutachten eingeholt wird.

- Im Hinblick darauf, daß Erwerbsunfähigkeit auf Grund eines neuen Gutachtens im Rentenverfahren möglicherweise erst ex nunc, also nicht ab Antragstellung gewährt wird, müssen Versicherte, wenn sie das Arbeitsverhältnis beenden, auf evtl. Auswirkungen hinsichtlich der **Betriebs-** oder **Zusatzrentenansprüche** (VBL oder ZVK) achten.
- Gilt der Antrag auf Rehabilitation als Rentenantrag (§ 116 Abs. 2 SGB VI), kann der Versicherte von seinem **Dispositionsrecht** Gebrauch machen und den Rentenbeginn auf einen späteren Zeitpunkt festlegen, sofern der Krankenkasse keine Erstattungsansprüche (§ 103 SGB X) zustehen, um so z. B. die Anrechnung weiterer rentenrechtlicher Zeiten zu erreichen (vgl. dazu die *„Grundsätze zum Dispositionsrecht"* DRV 1990, 291; *BSG* SozR 1300 § 103 Nr. 3; ferner § 51 SGB V zum Reha-Antrag nach Aufforderung durch die Kasse).

3. Versicherungs- und Beitragspflicht

57 Soweit Versicherungs- und damit auch Beitragspflicht an das Vorliegen eines abhängigen Beschäftigungsverhältnisses anknüpft (§§ 1 SGB VI, 5 SGB V, 539 RVO, 168 AFG), kommt es auf das die Tätigkeit prägende **Gesamtbild** an. Entscheidend ist, ob eine **Eingliederung** in den Betrieb des Arbeitgebers vorliegt, der Beschäftigte also einem **Zeit, Dauer, Ort und Art der Ausführung** umfassenden Weisungs- und Kontrollrecht unterliegt. Diese Direktionsrechte können sich vor allem bei sogenannten „Diensten höherer Art" zu einer „funktionsgerecht dienenden Teilhabe am Arbeitsprozeß" (*BSGE* 38, 53) entwickeln, bei denen die arbeitsrechtlichen Weisungen durch „Sachzwänge" ersetzt werden (*BSG* SozR 2200 § 1227 Nr. 17: Filialleiterin). Indizien für die Versicherungspflicht sind:

- fehlendes Unternehmerrisiko (wobei als Unternehmerrisiko auch das bloße Einkommensrisiko angesehen wird);
- laufende Berichtspflicht an den Auftraggeber, Bindung an einen Prinzipal (*BSGE* 13, 130: Versicherungsvertreter; BB 1981, 2074);
- die Lohnfortzahlung im Krankheitsfall, feste Arbeitszeiten, Urlaubsanspruch, die höchstpersönliche Dienstleistungspflicht ohne das Recht, sich vertreten zu lassen, die Abhängigkeit von den persönlichen und sächlichen Mitteln des Arbeitgebers (z. B. *BSGE* 36, 262: Rundfunksprecher);
- als **Rechtsanwalt** tätiger Mitarbeiter (vgl. K VII Rdnr. 36) kann sich die zu bearbeitenden Fälle nicht selbst aussuchen, ist an Bürozeiten gebunden, ist verpflichtet, auch in anderen Angelegenheiten Termine wahrzunehmen, muß die Schriftsätze einem Sozius zur Kontrolle vorlegen und trägt schließlich kein eigenes „Unternehmerrisiko", da er nicht unmittelbar am Gewinn und Verlust der Praxis beteiligt ist (vgl. *LAG Baden-Württemberg* AnwBl 1987, 142; *Wettlaufer,* AnwBl 1989, 195 ff.; *LAG Hamm* MDR 1990, 186);
- bei **Ehegattenarbeitsverhältnissen:** maßgeblich, ob der Arbeitgeber ohne diese Mitarbeit eine fremde Kraft benötigt hätte und ob die Bezüge ortsüblich sind oder den tariflichen Löhnen entsprechen (*LSG Niedersachsen* SV 1989, 81).

Hat der **Geschäftsführer** einer GmbH, z. B. wegen seiner speziellen Branchenkenntnisse wesentlichen Einfluß auf die Gesellschaft, liegt Versicherungsfreiheit auch dann vor, wenn für ihn laufend Pflichtbeiträge entrichtet wurden, so daß z. B. Ansprüche auf Arbeitslosen- oder Konkursausfallgeld nicht begründet werden konnten (*BSG* BB 1987, 406; ZIP 1988, 1592). Das gilt nach *BSG* BB 1990, 783, auch für Alleingesellschafter, der nur untergeordnete Tätigkeiten nach Weisung verrichtet. **58**

Wer Arbeitnehmer von einem Verleiher entleiht, der nicht über die erforderliche Erlaubnis nach dem AÜG verfügt, hat nach §§ 9, 10 AÜG die Sozialversicherungsbeiträge abzuführen, ohne daß er diese vom Verleiher zurückfordern kann. Ein solches **Leih-Arbeitsverhältnis** liegt nicht vor, wenn ein Werkunternehmervertrag besteht und die Arbeitnehmer des Werkunternehmers – z. B. als Arbeitsgruppe – nicht in den Betrieb des Auftraggebers eingegliedert sind (*BSGE* 61, 209; BB 1988, 1184; *BAG* NZA 1990, 364: Wachpersonal). Bei nicht gewerbsmäßigen Bauarbeiten (dazu zählen auch Handwerker, die nicht in die Handwerksrolle eingetragen sind; *BSGE* 30, 235) haftet der Bauherr für die **Unfallversicherungsbeiträge** zahlungsunfähiger Unternehmer während eines Jahres, nach dem die Verbindlichkeit festgestellt wurde, § 729 II RVO (*BSG* NZA 1987, 286). **59**

Handelt es sich um ein **geringfügiges Beschäftigungsverhältnis** im Sinne des § 8 SGB IV (Entgelt bis 480.– DM monatl. 1991), besteht (bis auf die Unfallversicherung) keine Beitragspflicht. (Die Richtlinien über geringfügige Beschäftigungen sind z. B. abgedruckt in: *Aichberger,* Sozialgesetzbuch Loseblatt, Nr. 115.) Ist der Arbeitnehmer aber bei mehreren Arbeitgebern geringfügig beschäftigt und überschreiten alle Beschäftigungsverhältnisse zusammen die Geringfügigkeitsgrenze, besteht Versicherungs- und Beitragspflicht auch dann, wenn der Arbeitnehmer dem Arbeitgeber das weitere Beschäftigungsverhältnis verschwiegen hat (*BSG* NZA 1988, 629; ZIP 1988, 593). Die Arbeitgeber müssen Beginn und Ende jeder geringfügigen Beschäftigung der Krankenkasse melden (§ 104 SGB IV i. V. m. DEVO; dazu *Plagemann,* AnwBl 1990, 14). **60**

Der Arbeitgeber kann vom Arbeitnehmer dessen Beitragsanteil nach Ende des Beschäftigungsverhältnisses nur unter den Voraussetzungen des § 826 BGB zurückfordern (*BAG* NJW 1978, 1766; EWiR § 395 RVO 1/88, 817 = DB 1988, 1550). Nach §§ 823 II BGB, 266 a StGB haftet auch der Geschäftsführer auf die nicht abgeführten Arbeitnehmeranteile (vgl. auch zur Verjährung *BGH* NZA 1990, 311). Hat der Arbeitgeber seine **Aufzeichnungspflichten** verletzt, so daß bei einer Betriebsprüfung nicht mehr geklärt werden kann, an welche Arbeitnehmer geringfügige Löhne für welche Zeiträume gezahlt wurden, hat dies eine Beweislastumkehr zur Folge. Die Einzugsstelle kann dann einen sogenannten „Summenbescheid" erlassen, der die Beiträge nicht mehr bestimmten Versicherten zuordnet (*BSGE* 41, 301; 59, 235 ff.; § 28 f II SGB IV). Im Einzelfall kann die Beitragsnachforderung für die Vergangenheit gegen Treu und Glauben verstoßen (*LSG Niedersachsen* Breithaupt 1990, 362). **61**

Die **Beiträge** zur Renten-, Kranken- und Arbeitslosenversicherung errechnen sich anhand des **Bruttoeinkommens.** Was im einzelnen zum Arbeitseinkommen zählt, ergibt sich aus der Arbeitsentgeltverordnung (§ 17 SGB IV). Beitragspflichtig kann auch eine anläßlich der Beendigung eines Arbeitsverhältnisses gezahlte **Abfindung** sein, soweit sie als „verdeckte Vergütung" für Zeiten des noch bestehenden Arbeitsverhältnisses gewährt wird (*BSG* NZA 1990, 751; *LSG Hessen* EWiR § 14 SGB IV 1/90, 405). Der Beitrag zur Krankenversiche- **62** rung für freiwillige Mitglieder wird anhand der „wirtschaftlichen Leistungsfähigkeit" des Mitglieds aufgrund der Satzung errechnet, § 240 SGB V (dazu *Töns,* SV 1990, 123) und berücksichtigt u. U. auch eine vom letzten Arbeitgeber gezahlte Abfindung, da diese – nach dem Arbeitsverhältnis – ebenfalls dem laufenden Unterhalt dient (*BSG* BB 1988, 1966). Ein Unternehmer kann zwar seine Unkosten, einschließlich Investitionskosten absetzen, nicht aber Abschreibungen aus Vermietung und Verpachtung (*BSGE* 62, 90). Beitragsansprüche **verjähren** nach vier Jahren (§ 25 SGB IV). Der Tatbestand der **Verwirkung** ist nur dann erfüllt, wenn die Einzugstelle zu erkennen gegeben hat, daß sie auf die Beiträge verzichten will. Das bloße Nichtstun der Kasse reicht dazu nicht. Bei der Festsetzung von **Säumniszuschlägen** steht den Versicherungsträgern ein Ermessen zu. Dabei muß der Träger die gesamten Umstände des Einzelfalles, insbesondere die Dauer der Säumnis, die dadurch den Trägern entstandenen Nachteile und die vom Schuldner geltend gemachten Gründe für seine Säumnis berücksichtigen (*LSG Niedersachsen* Breithaupt 1990, 265; *SG Berlin* ZIP 1990, 1358).

4. Geschiedenenwitwenrente (§ 243 SGB VI)

63 Hinterbliebenenrente können auch Personen erhalten, die von einem Versicherten nach altem Recht, also vor dem 1. 7. 1977, geschieden wurden. Tatsächlich bezog die „geschiedene Witwe" von dem Versicherten vor dessen Tod nur dann „Unterhalt" i. S. von § 243 I Nr. 3 oder II Nr. 3 SGB VI, wenn die Zahlung mehr als 25% des jeweils geltenden Regelsatzes (§ 22 BSHG) der Sozialhilfe betrug. Unabhängig von den tatsächlich erbrachten Unterhaltszahlungen kann sich der Unterhaltsanspruch auch aus einem gerichtlichen Titel bzw. einem Vergleich sowie aus dem Ehegesetz ergeben, wobei für die Leistungsfähigkeit und den Bedarf auf den sogenannten „letzten wirtschaftlichen Dauerzustand" (dazu *BSG* SozR 2200 § 1265 Nr. 64), d. h. etwa 1 Jahr vor dem Tod, abzustellen ist. Hat die geschiedene Frau auf Unterhalt verzichtet, kommt ein Rentenanspruch allenfalls nach § 243 III SGB VI in Betracht (der Versicherte hatte keine Witwe hinterlassen). Voraussetzung dafür ist:

64
- Keine Leistungsfähigkeit des Versicherten oder kein Bedarf der geschiedenen Frau wegen eigener Einkünfte und **deshalb** keine Unterhaltsansprüche im Zeitpunkt der Vereinbarung (so daß sie nur eine „leere Hülse" war) und
- kein Unterhaltsanspruch im Zeitpunkt des Todes des Versicherten ausschließlich aus den gleichen Gründen wie vorstehend und
- die späteren Hinterbliebenen durften es bei Abschluß des Erlaßvertrages vernünftigerweise als ausgeschlossen ansehen, daß die in § 243 III Nr. 1 SGB VI genannten, den Unterhaltsanspruch hindernden Gründe bis zum Tode des Versicherten infolge einer in Rechnung zu stellenden Änderung der Verhältnisse wieder entfallen (*BSGE* 64, 167; NJW 1989, 2012). Die frühere Ehefrau kann sich auch nach dem Tode des Versicherten auf die Unwirksamkeit eines vergleichsweise vereinbarten Unterhaltsverzichts berufen (*BSG* NJW 1990, 1135).

Wurde die Ehe nach dem 1. 7. 1977 geschieden, kommt ein Anspruch auf Hinterbliebenenrente auch dann nicht in Betracht, wenn – aus welchen Gründen auch immer – ein Versorgungsausgleich nicht durchgeführt wurde.

5. Neufeststellung

§ 44 SGB X gibt dem Bürger einen Anspruch auf die Überprüfung bestandskräftiger, belastender Bescheide (z. B. Leistungsablehnungen), auch wenn sie von SG, LSG und BSG als Rechtens bestätigt wurden. Der Träger hat hinsichtlich der Frage, ob er das Verfahren wiederaufgreift, **kein** Ermessen. Er muß in die Überprüfung eintreten, und zwar sowohl bezüglich des der Entscheidung zugrundeliegenden Sachverhaltes als auch der rechtlichen Beurteilung. Soweit die Rücknahme eines rechtswidrigen Bescheides auch für die **Vergangenheit** gelten soll, steht dem Träger nach § 44 II SGB X ein Ermessen zu (*BSGE* 62, 143, 146). Allerdings werden Leistungen nur für vier Jahre rückwirkend ab Antragstellung erbracht (§ 44 IV SGB X). Im Klageverfahren kann nicht auf ein Verfahren nach § 44 SGB X umgestellt werden. Dazu bedarf es immer erst eines besonderen Verwaltungsverfahrens. 65

§ 45 SGB X regelt die Voraussetzungen, unter denen die Träger rechtswidrige **begünstigende Bescheide** (nach Anhörung gem. § 24 SGB X) zurücknehmen können. Voraussetzung ist zunächst der **Nachweis** der Rechtswidrigkeit, es reicht also nicht aus, daß dem Träger nach der Anerkennung von Unfallleistungen Zweifel an der Richtigkeit früherer Gutachten entstehen. Sofern der Leistungsempfänger nicht „bösgläubig" i. S. des § 45 II 3 SGB X war, kann er sich auf **Vertrauensschutz** berufen. Die dazu erforderliche Abwägung zwischen den öffentlichen (insbesondere fiskalischen) und privaten Interessen kann, wenn der Träger schon längere Zeit die Leistung erbracht hat und wiederholt zu erkennen gab, daß dies gerechtfertigt sei, u. U. sogar dazu führen, daß dem Betroffenen die (rechtswidrige) Leistung auch zukünftig weiter zu gewähren ist, insbesondere wenn die Leistungsentziehung (z. B. Kindergeld) Sozialhilfebedürftigkeit zur Folge hat (*BSG* SozR 1300 § 45 Nr. 9). Allein schuldhaftes Verhalten des Trägers beim Erlaß des rechtswidrigen Bescheides rechtfertigt ein schutzwürdiges Vertrauen des Bürgers in den Fortbestand der Entscheidung nicht (*BSGE* 59, 157). Als „Vermögensdisposition" i. S. des § 45 II 2 SGB X kommt nur eine nach Erlaß des begünstigenden Verwaltungsaktes vorgenommene Disposition in Betracht (*BSG* SozR 1300 § 45 Nr. 20). **Keinen Vertrauensschutz** genießt, wer die Voraussetzungen des § 45 II 3 SGB X erfüllt. Dazu genügt es schon, daß der Leistungsempfänger seinen **Mitteilungspflichten** (§§ 60 ff. SGB I), auf die ordnungsgemäß hingewiesen wurde, nicht nachgekommen ist (*BSG* SozR 1300 § 45 Nr. 29). In jedem Fall – also auch wenn die Voraussetzungen des § 45 II 3 SGB X vorliegen – erfordert die Rücknahme eines Bescheides nach § 45 SGB X die Ausübung pflichtgemäßen **Ermessens.** Zu dessen Darlegung genügen Ausführungen über das Fehlen des Vertrauensschutzes nicht (*BSGE* 59, 157, 169; SGb 1988, 120), es sei denn, es liegt eine „Ermessensschrumpfung auf Null" vor (*BSGE* 60, 147). 66

§ 45 IV 2 SGB X enthält zu Lasten des Trägers eine **Ausschlußfrist** von 1 Jahr, innerhalb derer nach Bekanntwerden der maßgeblichen Tatsachen der Rücknahmebescheid erlassen sein muß. Diese Frist hat nicht vor dem 1. 1. 1981 (Inkrafttreten des SGB X) zu laufen begonnen. Nach § 45 III SGB X kann ein begünstigender Verwaltungsakt mit Dauerwirkung nur bis zum Ablauf von 2 Jahren nach seiner Bekanntgabe zurückgenommen werden, es sei denn, es liegen die Voraussetzungen des § 45 II 3 Nr. 1 oder 3 SGB X vor. Die Zweijahresfrist wird durch Erlaß eines später als rechtswidrig aufgehobenen Bescheides nicht gewahrt. 67

68 „Soweit" sich **nach Erlaß** eines Bescheides die **„wesentlichen"** tatsächlichen oder rechtlichen Verhältnisse **geändert** haben, ist nach § 48 SGB X der Bescheid aufzuheben. Eine Änderung der wesentlichen Verhältnisse kann z. B. in den gesundheitlichen Situationen („Heilungsbewährung", Anpassung, Gewöhnung, Ablauf einer Schonfrist: *BSG* SGb 1990, 157, Besserung oder Verschlimmerung) eingetreten sein oder auch in der Erzielung anrechenbaren Einkommens bestehen oder schließlich in der Änderung gesetzlicher Normen. War anrechenbares Einkommen aber von Anfang an vorhanden, regelt sich die Korrektur nach § 45 SGB X (mit entsprechendem Vertrauensschutz: *BSGE* 57, 274). Vor Erlaß eines Bescheides nach § 48 SGB X ist jedenfalls bei einer „atypischen Fallgestaltung" eine Ermessensausübung vorzunehmen. Wann ein Ausnahmefall in diesem Sinne vorliegt, richtet sich nach Sinn und Zweck der Aufhebungsnorm. Die Frage, ob ein atypischer Fall vorliegt, ist nicht Teil der Ermessensausübung, sondern unterliegt der gerichtlichen Kontrolle in vollem Umfang (*BSG* SozR 1300 § 48 Nr. 21). Liegt die Änderung der wesentlichen Verhältnisse schon längere Zeit zurück, ist der Träger wegen der nachträglichen Erbringung von Sozialleistungen berechtigt, die Einrede der Verjährung nach § 45 SGB I zu erheben. Dies gilt auch dann, wenn die verspätete Feststellung der Änderung in den Verantwortungsbereich des Versicherungsträgers fällt (*BSGE* 61, 154).

6. Der sozialrechtliche Herstellungsanspruch (*Bieback,* SGb 1990, 517)

69 Hat der Bürger auf Grund unrichtiger oder unvollständiger **Auskunft** es versäumt, rechtzeitig einen bestimmten Antrag zu stellen (z. B. auf Rente, Beitragsnachentrichtung, Befreiung von der Krankenversicherungspflicht) oder sonst sein Verhalten einzurichten (z. B. Inanspruchnahme eines Arztes anstelle eines Psychologen), ist der Träger verpflichtet, diejenigen Rechtsfolgen herbeizuführen, die eingetreten wären, wenn er die ihm obliegenden Pflichten ordnungsgemäß wahrgenommen hätte, z. B. durch Wiedereinsetzung in den vorigen Stand (*BSGE* 49, 76), Erstattung zuviel gezahlter Beiträge nach unvollständiger Unterrichtung über die Folgen der Beitragsnachentrichtung (*BSGE* 61, 175) oder die Fiktion der rechtzeitigen Ausübung des Wahlrechts hinsichtlich des Hinterbliebenenrechtes gem. § 314 SGB VI.

70 Der Nachweis schuldhaften Verhaltens auf seiten des Trägers ist nicht erforderlich (*BSGE* 51, 89). Der Träger muß sich u. U. auch das rechtswidrige Verhalten einer anderen Behörde zurechnen lassen (*BSGE* 51, 89). Die vom Versicherten im Wege des Herstellungsanspruchs begehrte Amtshandlung muß jedoch „ihrer Art nach zulässig" sein, d. h. vom Gesetz zur Regelung ähnlicher Verpflichtungen anerkannt sein (*BSGE* 61, 175; 53, 144: zur Erstattung von Kosten für eine nichtärztliche Behandlung). Problematisch ist die Anwendung dieser Grundsätze im Beitragsrecht, da nach bisheriger Rechtsprechung die von dem Betriebsprüfer geäußerte Auffassung **keinen Vertrauensschutz** begründet (*BSGE* 47, 194; vgl. aber auch § 26 I SGB IV n. F.).

71 Das *BSG* wendet auch auf den Herstellungsanspruch die Vier-Jahres-Frist des § 44 IV SGB X an (*BSGE* 60, 245). Die Geltendmachung des sozialrechtlichen Herstellungsanspruchs durch Klage vor dem SG unterbricht die **Verjährung** des Amtshaftungsanspruchs, der auf dasselbe Fehlverhalten gestützt wird (*BGH* VersR 1988, 741). Die Frist des § 44 IV SGB X ist auf Amtshaftungsansprüche nicht anwendbar; die Haftung des Trägers kann also gem. § 839 BGB Art. 34

GG weiter zurückreichen als der Anspruch nach § 44 SGB X (*BGH* BB 1990, 637).

7. Erstattungspflichten der Arbeitgeber (§§ 128ff. AFG, 224 SGB VI)

Das an ältere Arbeitnehmer (ab dem 59. Lebensjahr) gezahlte Arbeitslosengeld haben die Arbeitgeber gem. § 128 AFG dem Arbeitsamt zu erstatten (ebenso: Arbeitslosenhilfe, § 134 IV AFG). Voraussetzung ist eine längere Betriebszugehörigkeit (10 Jahre beitragspflichtig beschäftigt innerhalb der 12jährigen Rahmenfrist). Die Erstattungspflicht entfällt unter den Voraussetzungen des § 128 I Satz 2 Nr. 1–9 AFG u. a.: **72**

- Beendigung des Arbeitsverhältnisses vor Vollendung des 57. Lebensjahres und weniger als 15 Jahre Beschäftigung bei dem gleichen Arbeitgeber (auch Konzern, § 128 IV AFG). **73**
- Kleinbetriebe mit weniger als 5 Arbeitnehmern (§ 128 I Satz 2 Nr. 2 AFG).
- Nachhaltige und erhebliche finanzielle Schwierigkeiten des Unternehmens und Verminderung der Belegschaft des Betriebes um mehr als 5% innerhalb von 3 Jahren (*SG Reutlingen* NZA 1990, 631). Dies ist nicht nur bei Insolvenz der Fall, sondern auch dann, wenn die Mittel für notwendige Veränderungen, die erforderlich sind, um den Betrieb ertragsfähig zu erhalten und damit in seiner Existenz zu sichern, nicht aufgebracht werden können (*Gagel,* AFG, § 128, Rdnr. 171).
- Gewährung öffentlicher Zuschüsse, Kredite oder Bürgschaft zur Wiederherstellung der Ertragsfähigkeit des Betriebes. Ohne Bedeutung ist, welcher Art die Aufgaben und Ziele des Betriebes sind, ob es sich um öffentliche oder private Unternehmen handelt, ob die öffentliche Stelle, die die Zuschüsse gewährt, Träger des Unternehmens ist oder ob die Mittel nur zur Beseitigung vorübergehender Liquidationsschwierigkeiten oder als dauernd notwendige Stützung gewährt werden (*BSG* SozR 4100 § 128 Nr. 3).
- Dem Betrieb, dem Arbeitslosen oder einem anderen Arbeitnehmer des Betriebes werden öffentliche Anpassungshilfen gewährt, z. B. nach Art. 56 § 2 des Montanunion-Vertrages.
- Eigenkündigung des Arbeitnehmers ohne Abfindung oder ähnliche Leistung des Arbeitgebers. Diese hat der Arbeitgeber ebensowenig zu verantworten wie eine Befristung des Arbeitsverhältnisses aus „sachlichem Grunde“. Auch hier fehlt es an der besonderen die Erstattungspflicht rechtfertigenden Verantwortung des Arbeitgebers (*BVerfG* NZA 1990, 161, 166).
- Der Arbeitgeber konnte das Arbeitsverhältnis „aus wichtigem Grunde“ kündigen, entweder wegen vertragswidrigem Verhalten des Arbeitnehmers oder weil dieser wegen gesundheitlicher Einschränkungen die von ihm vertraglich übernommene Arbeit auf Dauer nicht mehr verrichten kann (*BVerfG* NZA 1990, 161, 167), wobei es nicht darauf ankommt, ob dem Arbeitnehmer aus Billigkeitsgründen eine Auslauffrist („Sozialfrist“) einzuräumen ist. In den Fällen des § 105a AFG wird generell der Befreiungstatbestand des § 128 Abs. 1 Satz 2 Nr. 9 AFG anerkannt.
- „Besondere Härte“ i. S. d. § 59 I BHO. Wirtschaftliche Schwierigkeiten des Arbeitgebers lassen die Erstattungspflicht nicht erst dann entfallen, wenn sie den Grad der Existenzgefährdung erreichen (vgl. *LSG Hessen* Breithaupt 1990, 592). Zu berücksichtigen sind auch andere Umstände als solche rein

finanzieller Art (*BVerfG* a. a. O., 168). **Betriebsstillegungen** können eine „besondere Härte" darstellen. Wer seinen Betrieb stillegt, ist nicht mehr Arbeitgeber i. S. des § 128 AFG (*LSG Nordrhein Westfalen* NZA 1986, 407; *LSG Rheinland Pfalz* EWiR § 128 AFG 3/86, 841). Maßgeblich ist der Betriebsbegriff i. S. des § 111 BetrVG.

– Dem Arbeitnehmer stehen **andere Sozialleistungen** zu, z. B. vorgezogenes Altersruhegeld, Rente wegen Erwerbs-/oder Berufsunfähigkeit, Krankengeld usw., unabhängig davon, ob er sie tatsächlich in Anspruch genommen hat (vgl. Runderlaß der Bundesanstalt, ZIP 1990, 616). Die von der Bundesanstalt vertretene Auffassung, der Arbeitgeber trage die Feststellungslast, wenn sich die Voraussetzungen für das Vorliegen einer anderen Sozialleistung trotz Ausschöpfung der Ermittlungsmöglichkeiten nicht aufklären lassen (Runderlaß ZIP 1990, 617), läßt sich weder aus der Entstehungsgeschichte noch aus dem Wortlaut des § 128 AFG herleiten. Im Gegenteil entfällt die Erstattungspflicht wegen Verstoßes gegen Art. 12 GG, wenn eine anderweitige Sozialleistung in Betracht kommt (*BVerfG* NZA 1990, 161, 166). Dem Arbeitgeber die Feststellungslast für solche Tatumstände aufzubürden, die völlig außerhalb seines Einflußbereiches liegen, wäre auch unverhältnismäßig (*Buchner,* BB-Beilage 17/1990, S. 11).

74 Nach § 32 SGB I **nichtig sind Vereinbarungen,** worin der Arbeitnehmer sich verpflichtet, kein Arbeitslosengeld in Anspruch zu nehmen oder dem ehemaligen Arbeitgeber das zu erstatten, was dieser nach § 128 AFG an das Arbeitsamt zu zahlen hat (*BSG* BB 1988, 1964; *BAG* v. 22. 6. 1989 – 8 AzR 761/87; zur Anrechnung des Erstattungsbetrages auf die vereinbarte Abfindung: *BAG* ZIP 1990, 1360; kein Abzug des Erstattungsbetrages nach § 128a AFG von der Karenzentschädigung: *BAG* v. 22. 5. 1990 – 1 AzR 373/88).

75 Der Arbeitgeber hat das Arbeitslosengeld auch dann zu erstatten, wenn der Arbeitslose durch eine Wettbewerbsabrede in seiner beruflichen Tätigkeit als Arbeitnehmer beschränkt ist (§ 128a AFG). Diese Erstattungspflicht greift nicht ein, wenn die Wettbewerbsabrede erst nach dem Ende des Arbeitsverhältnisses getroffen wurde und Teil einer Vereinbarung zur Regulierung der Folgen eines unredlichen Verhaltens des Arbeitnehmers ist (*BSG* NZA 1989, 774) oder die wegen fehlender Karenzentschädigung nichtig ist (*BSG* NZA 1989, 981). § 128a AFG findet auch dann keine Anwendung, wenn der Arbeitgeber die Unklarheit über das Fortbestehen eines Wettbewerbsverbotes nach einem Vergleich im Kündigungsschutzverfahren nicht durch eine eindeutige Erklärung über die Nichtausübung der daraus folgenden Rechte beseitigt hat (*BSG* v. 9. 11. 1989 – 11 RAr 75/88). Die bloße rechtliche Möglichkeit, für die Beschäftigung eines (ehemaligen) Lizenzspielers von einem Lizenzverein eine Ablösung **zu verlangen,** löst noch nicht den Erstattungsanspruch des § 128b AFG aus. Hinzukommen muß das konkrete Verlangen einer Ablösung des den Spieler abgebenden Vereins gegenüber dem den Spieler beschäftigenden Verein (*BSG* NZA 1990, 246).

Unter den gleichen Voraussetzungen wie denen des § 128 AFG ist der Arbeitgeber auch verpflichtet, das **Arbeitslosen-Altersruhegeld** zu erstatten (§ 224 SGB VI), und zwar für die Dauer von max. 48 Monaten. Soweit dem Rentner anderweitige Sozialleistungen zustehen, entfällt der Erstattungsanspruch gegen den früheren Arbeitgeber.

8. Sperrzeit/Ruhen von Arbeitslosengeld/-hilfe (§§ 119, 117 AFG)

(Dazu: Arbeitslosenprojekt, Leitfaden für Arbeitslose. 1991, 156ff.; *Kiss,* AnwBl. 1990, 426). 76

Hat der Arbeitslose selbst die Beendigung des Arbeitsverhältnisses verursacht und fehlt es dafür an einem „wichtigen Grund", **„sperrt"** das Arbeitsamt die Gewährung von Arbeitslosengeld/Arbeitslosenhilfe für 12 Wochen (§§ 119, 119a AFG). Die Dauer des Arbeitslosengeldbezuges (§ 110 AFG) kürzt sich um die Sperrzeit. In Härtefällen kann die Sperre auf 6 Wochen reduziert werden. Während der Sperrzeit entfällt auch der Anspruch auf Krankengeld (§ 49 I Nr. 3 SGB V), es sei denn, die Arbeitsunfähigkeit trat bereits vor Beendigung des Arbeitsverhältnisses ein. Der Anspruch auf Sachleistungen gegenüber der Kasse bleibt dagegen erhalten (§§ 156, 155 II, 155a AFG), allerdings nur für die Dauer eines Monats (§ 19 II SGB V). Dann muß der Arbeitslose die freiwillige Weiterversicherung gem. § 9 I Nr. 1 SGB V beantragen (**Antragsfrist: 3 Monate** nach Beendigung des letzten Arbeitsverhältnisses). Die Arbeitslosigkeit während einer Sperrzeit wird nicht als Anrechnungszeit gem. § 58 SGB VI bei der Rente berücksichtigt, so daß Personen, die am 1. 1. 1984 die 60monatige Wartezeit erfüllt hatten, zum Erhalt der Anwartschaft auf Erwerbs-/Berufsunfähigkeitsrente unter Umständen freiwillige Beiträge entrichten müssen (§ 241 SGB VI).

Sperrzeittatbestände sind:

- Arbeitgeberseitige Kündigung, wenn der Arbeitnehmer durch sein **vertragswidriges Verhalten** Anlaß für die Kündigung gegeben hat, dieses Verhalten für die entstandene Arbeitslosigkeit **ursächlich** war und der Arbeitslose durch sein vertragswidriges Verhalten den Eintritt der Arbeitslosigkeit vorsätzlich oder grob fahrlässig herbeigeführt hat (*BSG* NZA 1990, 791). Betriebs- und personenbedingte Kündigungen führen in der Regel also nicht zur Sperrfrist (z. B. Krankheit, Leistungsminderung, Rationalisierung). Vertragswidriges Verhalten ist nur dann ursächlich für die Arbeitslosigkeit, wenn die Kündigung nicht aus anderen Gründen unwirksam war, z. B. fehlende Abmahnung, Nichtbeteiligung des Betriebsrates (§ 102 BetrVG), fehlende Zustimmung der Hauptfürsorgestelle gem. § 15 SchwbG (oder des Regierungspräsidenten nach § 9 MuSchG). Keine Ursächlichkeit, wenn neben vertragswidrigem Verhalten andere Gründe sowieso zur Kündigung geführt hätten (z. B. Auftragsmangel oder Befristung). An der groben Fahrlässigkeit fehlt es, wenn der Arbeitslose konkrete Aussicht auf einen Anschlußarbeitsplatz hatte (*BSGE* 64, 202). Schließen die Parteien im Kündigungsschutzprozeß einen **Abfindungsvergleich,** kommt es darauf an, ob Einverständnis darüber besteht, daß das Arbeitsverhältnis aus betrieblichen Gründen endete oder zumindest auch betriebliche oder personenbedingte Gründe für die Beendigung maßgeblich sind. Bedeutung kann auch eine Bemerkung im Vergleichstext erhalten, wonach der Arbeitgeber die zunächst erhobenen Vorwürfe nicht aufrechterhält bzw. zurücknimmt. 77
- **Eigenkündigung** des Arbeitnehmers (soweit sie wirksam erklärt wurde). 78
  Keine Ursächlichkeit, wenn die Eigenkündigung einer bevorstehenden personen- bzw. betriebsbedingten Kündigung zuvorkommt. Keine grobe Fahrlässigkeit, wenn der Arbeitslose konkrete Aussichten hatte, einen Anschlußarbeitsplatz zu erhalten oder wenn er einen **wichtigen Grund** für die Kündigung hatte, z. B. unzumutbare Arbeitsverhältnisse (Überstunden, gesund-

heitsschädlicher Arbeitsplatz, erheblicher Rückstand der Lohnzahlungen, Konflikte am Arbeitsplatz, die nicht mehr behoben werden können) oder Wohnortwechsel wegen Heirat oder gemeinsamer Versorgung eines Kindes mit dem Lebensgefährten (dazu *BSGE* 64, 202).

79 – **Aufhebungsvertrag** mit dem Arbeitgeber (nicht Abfindungsvergleich im Kündigungsschutzprozeß). Keine Ursächlichkeit, wenn der Arbeitgeber zur gleichen Zeit gekündigt hätte, etwa aus betriebsbedingten Gründen. Kein wichtiger Grund für einen Aufhebungsvertrag z. B. dann, wenn der langjährige Chef in den Ruhestand geht und die Sekretärin nun einen anderen Arbeitsplatz einnehmen müßte. Löst ein älterer Arbeitnehmer das Arbeitsverhältnis gegen Abfindung, kann dafür ein **wichtiger Grund** vorliegen, etwa wenn der Personalabbau – in einer krisenhaften Situation eines größeren Betriebes – von erheblichem Ausmaß ist und kurzfristig durchgeführt werden muß, um den Betrieb und die verbleibenden Arbeitsplätze zu erhalten. Dies setzt im allgemeinen voraus, daß innerhalb eines Jahres mehr als ein Viertel der Belegschaft freigesetzt werden muß (*BSG* SozR 4100 § 119 Nr. 28; NZA 1990, 628).

80 – **Arbeitsablehnung** oder Nichtantritt einer Arbeit. Voraussetzung: Ablehnung eines Arbeitsangebotes, welches das Arbeitsamt unterbreitet hat und das zumutbar (§ 103 AFG) war (*LSG München* NJW 1988, 3230). Auf die Rechtsfolgen einer unberechtigten Ablehnung muß der Arbeitslose vorher hingewiesen worden sein. Außerdem muß die Ablehnung die Arbeitslosigkeit verlängert haben.

81 – Weigerung, an einer Fortbildungs-, Ausbildungs- oder Umschulungsmaßnahme teilzunehmen, bzw. Abbruch oder Ausschluß von einer solchen Maßnahme wegen maßnahmewidrigen Verhaltens.

82 **Das Arbeitslosengeld ruht,** wenn

- der Arbeitslose Arbeitsentgelt erhält oder für die Zeit, für die er Arbeitsentgelt zu beanspruchen hat (§ 117 I AFG).
- der Arbeitslose Urlaubsabgeltung erhalten oder zu beanspruchen hat, und zwar für die Zeit des abgegoltenen Urlaubs. Der Ruhenszeitraum beginnt mit dem Ende des Arbeitsverhältnisses (§ 117 II AFG).
- Erhalt einer Abfindung, Entschädigung oder ähnlichen Leistung zum Ausgleich dafür, daß die ordentliche Kündigungsfrist nicht eingehalten wurde. Bei Arbeitnehmern, die an sich unkündbar sind, die aber aufgrund eines Sozialplanes oder Rationalisierungsschutzabkommens ihren Arbeitsplatz gegen Zahlung einer Abfindung verlieren, geht § 117 II AFG von einer Kündigungsfrist von 12 Monaten aus, und zwar auch dann, wenn der Sozialplan eine kürzere Frist vorsieht (dazu Vorlage nach Art. 100 GG durch *BSG* SGb 1990, 323). Das Arbeitslosengeld ruht längstens für die Dauer von 1 Jahr und nicht über den Tag hinaus, bis zu dem der Arbeitslose bei Weiterzahlung des während der letzten Beschäftigung verdienten Arbeitsentgelts 70% der Abfindung als Arbeitsentgelt verdient hätte. Dieser Anteil verringert sich bei längerer Betriebszugehörigkeit und höherem Lebensalter:

Betriebs-zugehörigkeit in Jahren	Lebensalter zum Zeitpunkt der Beendigung des Arbeitsverhältnisses in Jahren bis 40	ab 40	ab 45	ab 50	ab 55	ab 60
weniger als 5	70%	65%	60%	55%	50%	45%
5 und mehr	65%	60%	55%	50%	45%	40%
10 und mehr	60%	55%	50%	45%	40%	35%
15 und mehr	55%	50%	45%	40%	35%	30%
20 und mehr	50%	45%	40%	35%	30%	30%
25 und mehr	45%	40%	35%	30%	30%	30%
30 und mehr	–	35%	30%	30%	30%	30%
35 und mehr	–	–	30%	30%	30%	30%
	der Abfindung werden angerechnet					

9. Gestaltungsmöglichkeiten nach dem RRG 92

a) Das neue Rentenrecht tritt nach Art. 85 RRG 92 am 1. 1. 1992 in Kraft. Anders als frühere Gesetze stellt das SGB VI entscheidend auf den **Rentenbeginn** ab (§ 300 SGB VI). Lag dieser vor dem 1. 1. 1992 gilt altes Recht, unabhängig vom Zeitpunkt des Versicherungsfalles. Beginnt die Rente erst nach dem 1. 1. 1992 erfolgt die Berechnung nach neuem Recht. Da es also nicht auf den Versicherungsfall ankommt, ist im Einzelfall zu prüfen, ob es zweckmäßiger ist, noch im Jahre 1991 oder erst im Jahre 1992 den erforderlichen Rentenantrag zu stellen (z. B. wegen der ab 1992 wegfallenden Halbbelegung als Voraussetzung für die Anrechnung von Ausbildungs- Ausfallzeiten; wegen der erhöhten Zurechnungszeit, § 59 III SGB VI; wegen der u. U. höheren Pflichtbeiträge während der Berufsausbildung, § 70 III SGB VI; wegen des Lückenausgleichs nach § 72 III SGB VI). U. U. hängt sogar der Rentenanspruch wegen verminderter Erwerbsfähigkeit (§§ 43, 44 SGB VI) von der Anerkennung einer Berücksichtigungszeit wegen Kindererziehung ab, § 57 SGB VI. Am 31. 12. 1991 laufende Renten werden bei Eintritt eines neuen Versicherungsfalles nach dem 1. 1. 1992 (auch bei Umwandlung in Altersruhegeld) dann nach dem neuen Recht umgerechnet. 83

b) Darüber hinaus enthält das SGB VI verschiedene Gestaltungsmöglichkeiten (vgl. *Bank u. a.*, Rentenreform 1992, Rdnr. 650): 84
- Zahlung von Beiträgen bei nichterwerbsmäßiger Pflege eines Pflegebedürftigen, § 177 SGB VI. Umwandlung der freiwilligen Beiträge oder Aufstokkung von Pflichtbeiträgen innerhalb von **3 Monaten** ab Pflegebeginn.
- **Nachversicherung** für Ausbildungszeiten, die nicht als Anrechnungszeiten angerechnet werden können, § 207 SGB VI, bis zum 31. 12. 2004; ab 1. 1. 2005 nur noch vor Vollendung des 45. Lebensjahres.
- Nachversicherung wegen Beitragserstattung anläßlich der Eheschließung (diese Erstattung war bis 1967 möglich). Frist: 31. 12. 1995, es sei denn, die

Versicherte bezieht schon vorher Altersruhegeld oder vollendet das 65. Lebensjahr, § 262 SGB VI.
- Nachversicherung für frühere Beamtinnen, die anstelle der Nachversicherung eine Abfindung erhalten haben, § 283 SGB VI; für Strafgefangene bei unschuldig erlittener Haft, § 205 SGB VI.
- Zuordnung der **Kindererziehungszeiten** für Geburten vor 1992 beim Vater durch gemeinsame Erklärung bis 31. 12. 1993, § 249 VI SGB VI; die Erklärung kann auch von der Mutter allein abgegeben werden, wenn der Vater verstorben ist, Frist: 31. 3. 1994 (§ 249 VI SGB VI).
- Befreiung von der Versicherungspflicht auf **Antrag** für Vorstände einer AG, selbständige Lehrer, Erzieher, Pflegepersonen, Frist: 31. 3. 1992, § 229 I SGB VI; für Bezieher von Versorgungs- und Altersrenten, §§ 230 III, 5 IV SGB VI, Frist: 31. 3. 1992. Für Handwerker, nachdem sie 216 Beiträge entrichtet haben, § 6 I Nr. 4 SGB VI.
- **Höherversicherung** nur noch für Geburtsjahrgänge vor 1941, es sei denn der Versicherte hat vor dem 1. 1. 1992 schon Höherversicherungsbeiträge entrichtet, § 234 SGB VI (zur Rentabilität der Höherversicherung vgl. *Schwarz,* Kompaß 1989, 544).
- Versicherungspflicht auf Antrag für Empfänger von Sozialleistungen, § 4 III SGB VI, Frist: 3 Monate nach Beginn der Arbeitsunfähigkeit.

10. Minderung der Erwerbsfähigkeit, Grad der Behinderung, Nachteilsausgleich, Arbeitsunfähigkeit, Pflegefall

85 **a) Die Minderung der Erwerbsfähigkeit** (MdE) im Sinne der §§ 581 RVO, 30 I BVG meint ebenso wie der **Grad der Behinderung** (GdB) im Sinne der §§ 1 und 3 SchwbG die **Auswirkungen** einer Behinderung oder Schädigungsfolge. Während das SchwbG auf die Auswirkungen in allen Lebensbereichen abstellt, geht es bei der MdE um die Frage, welche **Funktionen,** die für die Leistungsfähigkeit im **Erwerbsleben** bedeutsam sein können, durch die anerkannten Unfallfolgen beeinträchtigt werden. Zu ermitteln ist ferner, inwieweit die festgestellten Funktionseinbußen den gängigen Anforderungen des allgemeinen Erwerbslebens nicht gerecht werden und welchen Anteil die Tätigkeiten, mit denen die nicht mehr erfüllbaren Anforderungen verbunden sind, am gesamten Erwerbsleben haben (*BSG* SozR 2200 § 581 Nr. 22; zum SchwbG: *BSGE* 62, 209). Die Begutachtung in diesem Bereich erfolgt unter medizinischen, juristischen, sozialen und wirtschaftlichen Gesichtspunkten und berücksichtigt weniger die Schwere der Verletzung als die Auswirkungen einer Behinderung oder einer Schädigungsfolge **(„Funktionsbegutachtung“).** Die individuellen Verhältnisse finden insoweit Berücksichtigung, als z. B. ein „Vorschaden“ eine Höherbewertung der MdE zur Folge haben kann. In der Praxis greifen sowohl die Unfallversicherungsträger als auch die Versorgungsämter auf medizinische **Erfahrungswerte** zurück (z. B. Anhaltspunkte; Rentensätze bei *Günther/Hymmen/Izbicki,* Unfallbegutachtung S. 105 ff.). Nach *SG Frankfurt/M* (Breithaupt 1990, 151) ist für einen Zustand nach Brustoperation ein GdB von 50 auch nach Heilungsbewährung angemessen; bei „schwerster Arthrose beider Kniegelenke mit O-Beinverformung“ und Lockerung der Bänder: GdB 60 (Breithaupt 1990, 206).

86 Mit dem Mandanten zu klären ist also im einzelnen, inwieweit eine bestimmte Behinderung bzw. eine Schädigungs- oder Unfallfolge ihn etwa in der Beweg-

lichkeit seiner Extremitäten behindert, vorzeitige Ermüdung herbeiführt, Kopfschmerzen verursacht, Bewegungsbeschränkungen im Bereich der Wirbelsäule zur Folge hat usw. Bei der Bildung einer **„Gesamt-MdE“** bzw. eines **„Gesamt-GdB“** sind die Einzelwerte nicht zu addieren, sondern zu **integrieren** (§ 4 III SchwbG; *BSGE* 48, 82). Die Rehabilitationsfunktion des SchwbG steht beim Personenkreis älterer Arbeitnehmer mit typischen Verschleiß-Erkrankungen einer Praxis der Versorgungsverwaltung entgegen, wonach leichtgradige Behinderungen bei der Bildung des Gesamt-GdB weitgehend außer acht bleiben (*SG Frankfurt/M* Breithaupt 1990, 322). Diese „Gesamtschau“ aller Behinderungsmomente setzt u. U. ein Zusammenwirken verschiedener medizinischer Fachbereiche voraus. Zwar sind die Gerichte an die Einschätzungen von MdE/GdB durch die Gutachter nicht absolut gebunden, jedoch werden sie von der gerichtlichen Praxis als wichtige und vielfach unentbehrliche Grundlage angesehen.

b) Individuelle Gesichtspunkte werden berücksichtigt, soweit es um das **besondere berufliche Betroffensein** gem. § 581 II RVO und § 30 II BVG geht. Voraussetzung für eine Erhöhung der MdE nach diesen Bestimmungen ist, daß der Betroffene seine individuellen Kenntnisse und Fähigkeiten wegen der Unfall- bzw. Schädigungsfolgen nicht mehr oder nur noch ganz eingeschränkt auf dem Arbeitsmarkt verwerten kann. **87**

c) Das Schwerbehindertenrecht kennt noch verschiedene **Nachteilsausgleichstatbestände,** u. a. den der erheblichen Beeinträchtigung der Bewegungsfähigkeit im Straßenverkehr. Diese bemißt sich nach einer Wegstrecke von 2 km bei einer Gehdauer von etwa einer halben Stunde (*BSG* SGb 1988, 238). Außergewöhnlich gehbehindert (aG) sind solche Schwerbehinderte, die sich wegen der Schwere ihres Leidens dauernd nur mit fremder Hilfe oder nur mit großer Anstrengung außerhalb ihres Kraftfahrzeuges bewegen können. Hierzu zählen Querschnittsgelähmte, Doppeloberschenkelamputierte, Doppelunterschenkelamputierte, aber auch einseitig Oberschenkelamputierte, die dauernd außerstande sind, ein Kunstbein zu tragen oder die nur eine Beckenkorbprothese tragen können; ferner solche, die auf Grund von Erkrankungen dem vorstehend aufgeführten Personenkreis gleichzustellen sind. Die Voraussetzungen für das Merkzeichen *aG* sind nur gegeben, wenn der Leidenszustand das Gehen als solches auf das Schwerste einschränkt. Dazu reichen Orientierungsstörungen (*BSG* SozR 3870 § 3 Nr. 18) oder die Infektanfälligkeit eines Herztransplantierten (*LSG Berlin* SGb 1990, 193) nicht aus. Die gesundheitlichen Voraussetzungen für die Befreiung von der Rundfunkgebührenpflicht liegen vor, wenn der Schwerbehinderte mit einem GdB von mindestens 80 wegen seiner Behinderungen „an öffentlichen Veranstaltungen ständig nicht teilnehmen“ kann. Der Schwerbehinderte muß allgemein und umfassend von fast allen öffentlichen Veranstaltungen behinderungsbedingt ausgeschlossen sein (*BSGE* 53, 175 ff.). Allerdings ist ein Schwerbehinderter, der mit Krücken gehen und stehen kann, nicht allein deshalb von öffentlichen Veranstaltungen ständig ausgeschlossen, weil er für längere Wege Rollstuhl und Begleitperson benötigt. Auch auf das Fehlen einer Begleitperson kann der Behinderte sich in diesem Fall nicht berufen (*BSG* SozR 3870 § 3 Nr. 25). **88**

d) Gem. § 12 SchwbG bedarf die Kündigung des Arbeitsverhältnisses eines Schwerbehinderten durch den Arbeitgeber der vorherigen Zustimmung der Hauptfürsorgestelle. Dieser **Kündigungsschutz** gilt auch für die „Gleichgestell- **89**

ten" (§ 2 SchwbG). Kündigungen ohne diese Zustimmung sind unwirksam. Dies gilt auch dann, wenn der Arbeitnehmer vor der Kündigung beim Versorgungsamt Antrag auf Anerkennung als Schwerbehinderter gestellt hat und dieser Antrag dem Arbeitgeber zur Zeit der Kündigung bekannt ist oder vom Arbeitnehmer spätestens innerhalb einer Regelfrist von **einem Monat** nach Zugang der Kündigung dem Arbeitgeber mitgeteilt wurde. Diese Voraussetzungen gelten auch für eine außerordentliche Kündigung (*BAG* NZA 1988, 429). Ein Arbeitgeber kann die versorgungsamtliche Feststellung des Schwerbehindertenstatus seines Arbeitnehmers nicht anfechten (*BSGE* 60, 284). Zum Aufhebungsvertrag mit Schwerbehinderten: C I Rdnr. 121.

90 **e)** MdE und GdB sind nicht gleichbedeutend mit **Arbeitsunfähigkeit.** Diese liegt vor, wenn ein Versicherter wegen einer Erkrankung seine bisherige Erwerbstätigkeit nicht mehr ausüben kann. Dies ist auch dann der Fall, wenn die Gefahr der Verschlimmerung besteht. Kann der Versicherte noch zeitweise Arbeiten verrichten, z. B. halbtags, liegt ebenfalls Arbeitsunfähigkeit vor. Nach § 74 SGB VI ist aber eine stufenweise Wiedereingliederung möglich (dazu *Brokke* SGb 1990, 45). Ist das Arbeitsverhältnis schon beendet, kommt es darauf an, ob der Versicherte die Tätigkeiten verrichten kann, die seiner bisherigen Erwerbsfähigkeit nach Art und Entgelt entsprechen, sofern solche Tätigkeiten auf dem Arbeitsmarkt in nennenswerter Zahl vorhanden sind. Eine **Einkommenseinbuße** von mehr als 10% muß der Versicherte nicht hinnehmen (*BSGE* 61, 66). **Schwerpflegebedürftigkeit** i. S. von § 53 I SGB V liegt vor, wenn der Versicherte so hilflos ist, daß er im Bereich der Motorik und Mobilität, der Hygiene, Ernährung und Kommunikation „in sehr hohem Maße" auf fremde Hilfe angewiesen ist (dazu *Eicher,* SGb 1990, 129). Dagegen spricht man von einem **„Pflegefall",** der trotz Klinikaufenthaltes keine Leistungspflicht der Kasse nach § 39 SGB V auslöst, wenn der Versicherte nicht (mehr) auf die „besonderen Mittel des Krankenhauses" (apparative Mindestausstattung, besonders geschultes Personal, jederzeit rufbereiter Arzt) angewiesen ist, um eine Verschlimmerung zu vermeiden, Schmerzen zu lindern oder das Leben zu verlängern. Reine Pflege, die nicht mehr Teil einer medizinischen Behandlung ist, liegt vor, wenn sie lediglich dem Zweck dient, einem Zustand der Hilflosigkeit zu begegnen (*BSG* SozR 2200 § 184 Nr. 22); *Plagemann,* Med. Begutachtung, Rdnr. 276 ff.).

IV. Berufung

1. Form und Fristen

91 – Berufung ist innerhalb **eines Monats** nach Zustellung beim LSG einzulegen. Einlegung beim SG wahrt die Frist. Bei Zustellung im Ausland drei Monate (gilt nicht, wenn das Urteil einem Bevollmächtigten im Inland zugestellt wurde).
– Berufungsfrist von einem Monat beginnt erneut, wenn SG Antrag auf Zulassung der Sprungrevision zurückgewiesen hat (§ 161 II 3 SGG).
– Berufungseinlegung bei Sozialleistungsträgern anderer EG-Staaten ist u. U. fristwahrend (vgl. Art. 86 EWG-VO 1408/71).
– **Berufungsschrift** muß Namen der Parteien sowie angefochtenes Urteil mit Aktenzeichen enthalten. Berufungsschrift muß eigenhändige **Unterschrift** enthalten; Paraphe reicht nicht aus (anders bei Behörden, bei denen Name des

Verfassers und Beglaubigungsvermerk ausreicht, *GemS* NJW 1980, 172; Wiedereinsetzung bei fehlender Unterschrift: *LSG Niedersachen* Breithaupt 1989, 702). **Telefonische Einlegung** nicht fristwahrend.
- **Kein Vertretungszwang** durch Bevollmächtigte; EG-Anwälte können nur mit inländischen Kollegen zusammen auftreten (*LSG Baden-Württemberg* SGb 1985, 575; anders aber *EuGH* NJW 1988, 887).
- Berufung kann auch vom Beigeladenen eingelegt werden, soweit dieser durch das SG-Urteil beschwert ist.

2. Zulässigkeit der Berufung, §§ 144ff. SGG

In der ehemaligen DDR finden nach dem Einigungsvertrag die §§ 144 bis 149 **92**
SGG keine Anwendung. Bei Klagen mit einem Streitwert bis 500,– DM bedarf dort die Berufung generell der Zulassung. Für die Beschwerde gegen die Nichtzulassung gilt § 131 III u. VI VwGO sowie § 150 Nr. 2 u. 3 SGG. In den übrigen Gebieten ist die Berufung gemäß § 143 SGG regelmäßig zulässig, sofern nicht der Ausschluß nach §§ 144 bis 149 SGG, 27 II BKGG eingreift. LSG ist **Tatsacheninstanz.** Das LSG holt häufig neue Gutachten ein, z. B. dann, wenn seit der letzten Beweisaufnahme längere Zeit vergangen ist. Auch in den Fällen der §§ 144 bis 149 SGG ist die Zulassung der Berufung durch das SG gem. § 150 Nr. 1 SGG möglich, wenn der Rechtsstreit „grundsätzliche Bedeutung" hat oder das SG von der Rechtsprechung des BSG oder eines LSG abweicht. Soweit im übrigen die §§ 144 bis 149 SGG anwendbar sind, gilt:
- Unzulässig bei Ansprüchen auf **einmalige Leistungen** und **wiederkehrende** Leistungen für einen Zeitraum bis **13 Wochen,** § 144 I SGG. „Leistungen" sind auch Honorare eines Kassenarztes, Beitragserstattungen nach §§ 82 AVG, 1303 RVO, Auskünfte, Sachleistungen, Kostenerstattung, z. B. für Kuren oder gem. § 63 SGB X, Verzinsung. „einmalige Leistungen", z. B. Kapitalabfindung, Sterbegeld, Auskunft, Hilfsmittel, Verzinsungsanspruch. Dagegen sind Arbeitserlaubnis und Kur „wiederkehrende Leistungen";
- Unzulässig Berufung bei Streitigkeiten auf Grund LohnfortzahlungsG, wenn Streitwert 500 DM nicht übersteigt oder wegen **Kosten** des SG-Verfahrens, einschließlich Mutwillenskosten im Sinne von § 192 SGG. In der Berufungsinstanz kann die Klage allerdings zurückgenommen werden, so daß die Entscheidung über die Mutwillenskosten, sofern sie im Urteil getroffen wurde, wegfällt;
- Unzulässig in der **Unfallversicherung** und der **Altershilfe für Landwirte,** soweit es um Beginn und Ende der Rente geht (einschl. Rententeile, z. B. Kinderzuschuß oder nach § 587 RVO), §§ 145 SGG, 30 GAL. Gilt nicht für Rentenentziehung, weil hier Rente dem Grunde nach streitig ist, es sei denn, es geht nur um die Rente für bereits abgelaufene Zeiträume;
- Unzulässig jedoch die Berufung, soweit der Streit um das **Ruhen der Rente** oder um eine Neufeststellung nach § 44 SGB X für einen abgelaufenen Zeitraum geht;
- Unzulässig, soweit die Berufung **vorläufige Rente** in der Unfallversicherung (§ 1585 I RVO) betrifft, § 145 Nr. 3 SGG. Gilt nicht, wenn der Rentenanspruch dem Grunde nach streitig ist;
- Unzulässig ferner die Berufung in reinen **„Grad-Streitigkeiten",** bzw. bei Neufeststellung von Dauerrenten wegen **„Änderung der Verhältnisse",** § 145 Nr. 4 SGG. Gilt nicht, wenn daneben weitere Punkte streitig sind, z. B.

Jahresarbeitsverdienst oder Erhöhung nach § 587 RVO oder wenn der ursächliche Zusammenhang einer Gesundheitsstörung oder des Todes mit Arbeitsunfall oder Berufskrankheit streitig ist, § 150 Nr. 3 SGG. Begründet der Kläger die Erhöhung der MdE also mit dem Hinweis auf weitere unfallbedingte Leiden, ist Berufung zulässig. Voraussetzung ist, daß darüber bereits vor dem SG gestritten wurde. Zulässig ist nach § 145 Nr. 4 SGG die Berufung, wenn vom Grad der MdE die **Schwerbehinderteneigenschaft** abhängt (d.h. MdE 50%) oder die Rentengewährung davon abhängt (d.h. MdE 20% nach § 581 I RVO oder 10% nach § 581 III RVO, sofern eine Stützrente gewährt wird);

- Unzulässig in **Rentensachen** gem. § 146 SGG, soweit die Berufung Beginn und Ende der Rente oder bereits abgelaufene Zeiträume betrifft. Gilt nicht für Übergangsgelder, Beitragszuschüsse oder Zuzahlungen;
- Unzulässig in **AFG-Sachen,** soweit die Berufung Beginn oder Höhe der Leistung betrifft, § 147 SGG. Gilt nicht, wenn Leistung dem Grunde nach streitig ist. Gilt auch für die individuelle Förderung der beruflichen Bildung nach dem AFG;
- Unzulässig in **Kindergeldsachen,** soweit die Berufung nur Beginn und Ende des Anspruchs auf Kindergeld betrifft, § 27 II BKGG;
- Unzulässig in **Versorgungssachen,** d.h. Kriegsopferversorgung (BVG), Impfschaden (§ 61 II BSeuchG), Opferentschädigung (§ 7 I OEG), Soldatenversorgung, bei Streit um Beginn oder Ende der Versorgung, § 148 Nr. 2 SGG. Gilt nicht für Streit um Anspruch dem Grunde nach, es sei denn die Versorgung betrifft lediglich Zeiträume, die im Moment der Berufungseinlegung bereits abgelaufen sind;
- Unzulässig ferner bei Streit um Grad der MdE oder um Neufeststellung, es sei denn, es hängt die Schwerbehinderteneigenschaft (d.h. 50% der MdE) oder die Gewährung der Grundrente (gem. § 31 BVG: 25% MdE) davon ab, § 148 Nr. 3 SGG;
- Unzulässig ferner, wenn die Berufung nur die Höhe der Ausgleichsrente betrifft, gilt nicht für andere Leistungen, z.B. Berufsschadensausgleich;
- Unzulässig in **Ersatz- und Erstattungsstreitigkeiten** wegen Rückerstattung von Leistungen der Behörde gegen Bürger, wenn die Beschwer 1000 DM nicht übersteigt und wegen Beitragsrückerstattung, wenn die Beschwer 150 DM nicht übersteigt, § 149 SGG. Rückerstattung von Leistungen ist in § 50 SGB X geregelt. Davon zu unterscheiden ist der Streit um die Aufhebung des Leistungsbescheides nach § 45 SGB X. Geht es bezüglich der Aufhebung um einen abgelaufenen Zeitraum, ist die Berufung gem. §§ 145, 146, 148 SGG unzulässig, hinsichtlich der Rückforderung aber, soweit sie mehr als 1000 DM umfaßt, zulässig, BSG SozR 1500 § 146 Nr. 19;
- Unzulässig nach § 149 SGG auch die Berufung in **Kassenarztstreitigkeiten,** sofern es um einen Arzneimittelregreß von weniger als 1000 DM geht (*BSGE* 57, 195);
- Zur **„Rückerstattung von Beiträgen“** im Sinne von § 149 SGG gehören nicht die Beitragserstattungen nach §§ 82 AVG, 1303 RVO, sondern nur die Erstattung von zu Unrecht entrichteten Beiträgen;
- **Zulässig** auch in den Fällen der §§ 144 bis 149 SGG, wenn Berufungskläger einen **Verfahrensfehler** gem. § 150 Nr. 2 SGG rügt, z.B. unvollständige Sachverhaltsaufklärung (Verstoß gegen §§ 103, 106 SGG), Entscheidung über medizinischen Sachverhalt ohne ausreichende medizinische Fachkompe-

tenz, Beweisanträge übergangen, Befundberichte nicht eingeholt. Ferner: Verletzung **rechtlichen Gehörs,** § 62 SGG, durch Nichtberücksichtigung neuen Vorbringens; Entscheidung ohne mündliche Verhandlung ohne Einverständnis aller Parteien; Ablehnung eines begründeten Vertagungsantrages (§ 227 I ZPO); Verstoß gegen § 109 SGG (vgl. Rdnr. 27); Verstoß gegen § 128 SGG: vorweggenommene Beweiswürdigung, Verstoß gegen allgemeine Denkgesetze bei der Würdigung von Gutachten; Verletzung des Rechts auf freie Beweiswürdigung; Unterlassen einer notwendigen Beiladung gem. § 75 SGG; (*Kummer,* NJW 1989, 1569; Checkliste: Bley, SGb 1988, 522). Verstoß gegen § 96 SGG; verspätete Ablehnung eines Prozeßkostenhilfsantrages (*BSG* SV 1988, 108). **Nicht rügefähig:** eine Verletzung des § 150 Nr. 1 SGG. Selbst wenn also das SG z. B. eine Divergenz übersehen hat oder zu Unrecht von der Zulässigkeit der Berufung ausging und deshalb von einer ausdrücklichen Zulassung absah, führt das nicht zur Zulässigkeit der Berufung gem. § 150 Nr. 2 SGG (*BSG* NJW 1964, 421). Fehlerhafte Rechtsmittelbelehrung bewirkt Zulässigkeit der Berufung nicht.

3. Berufungsbegründung

- **keine Begründungsfrist** und kein Begründungszwang. Zurückweisung als „verspätetes Vorbringen" unzulässig. Berufung eröffnet aber nicht ohne weiteres erneut das Recht nach § 109 SGG. Eine erneute Begutachtung nach § 109 SGG ist nur dann zulässig, wenn neue Gesichtspunkte (z. B. Verschlimmerung oder andere medizinische Argumente) dies rechtfertigen (vgl. Rdnr. 27); **93**
- Zur Begründung kann auf Vortrag der ersten Instanz verwiesen werden, aber: Rüge eines **Verfahrensfehlers** gem. § 150 Nr. 2 SGG muß ausdrücklich vorgetragen werden. Das LSG überprüft das Urteil des SG insoweit nicht von Amts wegen (*BSG* SozR 1500 § 150 Nr. 11);
- **Beweisanträge** im Hinblick auf § 160 II Nr. 2 SGG nötig, da andernfalls keine Begründung für eine Nichtzulassungsbeschwerde möglich (vgl. Rdnr. 99). Beweisantrag muß in der letzten mündlichen Verhandlung zu Protokoll erklärt werden.

4. Aufschiebende Wirkung der Berufung

Die Berufung hat gem. § 154 I SGG in den Fällen des § 97 I SGG aufschiebende Wirkung, ferner dann, wenn es um die Rückforderung von Beiträgen geht. Bei Berufungen von Versicherungsträgern und in Angelegenheiten der Kriegsopferversorgung müssen diese ab Erlaß des Urteils Leistungen erbringen, also die sogenannte Urteilsrente zahlen. Diese „Vollstreckung" des erstinstanzlichen Urteils kann nach § 199 II SGG auf Antrag des Trägers durch Beschluß des LSG ausgesetzt werden. Die Entscheidung des LSG ist unanfechtbar, kann aber jederzeit abgeändert werden. Zu dem Antrag des Trägers auf Aussetzung der Vollstreckung ist dem Kläger rechtliches Gehör zu gewähren. Ihm obliegt es nun, darzutun, daß die gegnerische Berufung aussichtslos ist, so daß es einer Aussetzung nach § 199 II SGG nicht bedarf. **94**

Hat der Träger in der Berufung obsiegt, ist der Kläger verpflichtet, die **Urteilsrente** zurückzuzahlen. Die Rückzahlungspflicht entfällt insoweit, als – bei rückwirkender Betrachtung – andernfalls die Lebensführung des Klägers unter das Sozialhilfeniveau fallen würde (*BSG* SozR 1500 § 154 Nr. 8; *BSGE* 57, 138). **95**

Der Kläger muß durch Vorlage entsprechender Bescheinigungen des Sozialamtes also nachweisen, in welchem Umfang er Sozialhilfe erhalten hätte, wäre ihm die Urteilsrente nicht gewährt worden.

V. Nichtzulassungsbeschwerde (vgl. *Kummer,* Nichtzulassungsbeschwerde, 1990)

1. Form und Fristen

96 – Nichtzulassungsbeschwerde ist beim BSG innerhalb **eines Monats** nach Zustellung des LSG-Urteils einzulegen; Einlegung beim LSG oder anderen Behörden ist nicht fristwahrend. Das LSG kann der Beschwerde nicht abhelfen;
- Die Nichtzulassungsbeschwerde muß **schriftlich** eingelegt werden und vom Bevollmächtigten eigenhändig unterzeichnet sein. Telegrafische und fernschriftliche Einlegung auch ohne Unterschrift ist zulässig, sofern der Name des Bevollmächtigten im Telegramm oder Fernschreiben erscheint. Fehlt auf dem durch **Telebrief** übermittelten Schriftsatz die Wiedergabe der Unterschrift des Bevollmächtigten, ist die Beschwerde nicht formgerecht eingelegt worden (*BSG* SozR 1500 § 160a Nr. 53);
- **Beschwerdeschrift** muß das angefochtene Urteil bezeichnen, d.h. das Gericht, Aktenzeichen sowie Datum der Urteilsverkündung, ferner Name des Klägers und des Beklagten. **Umdeutung** einer Revision in eine Nichtzulassungsbeschwerde ist nicht möglich (*BSG* SozR 1500 § 160a Nr. 6);
- **Vertretungszwang** durch Prozeßbevollmächtigte, § 166 SGG (Ausnahme: Antrag auf Prozeßkostenhilfe und auf Beiordnung eines Anwalts);
- **Begründung** innerhalb einer Frist von zwei Monaten nach Zustellung des LSG-Urteils, § 160a II SGG. Begründungsfrist kann nur einmal bis zu einem Monat verlängert werden.

2. Begründung

a) Rechtsfrage von grundsätzlicher Bedeutung, § 160 II Nr. 1 SGG

97 Es muß sich um eine **Rechtsfrage** handeln, also um Fragen der Auslegung revisiblen Rechts (und nicht nur Landesrechts: § 162 SGG). Es darf sich nicht um eine Tatfrage handeln (auch nicht um die Beurteilung „besonderer Erfahrungssätze"). Die Rechtsfrage muß **„klärungsbedürftig"** sein. Das ist nicht der Fall, wenn die Beantwortung der Rechtsfrage unmittelbar dem Gesetz zu entnehmen ist (*BSG* SozR 1300 § 14 Nr. 1), oder so gut wie unbestritten ist oder vom BSG bereits entschieden wurde. Klärungsbedürftigkeit kann auch dann vorliegen, wenn erhebliche Einwände gegen die bisherige Rechtsprechung erhoben wurden, die noch nicht Gegenstand einer BSG-Entscheidung waren. Notwendig ist der Nachweis, daß es für die Beurteilung des konkreten Falles auf die Klärung der als grundsätzlich bezeichneten Rechtsfrage ankommt. Aufgabe des BSG ist es nicht, „aus einer Vielzahl vom Beschwerdeführer aufgeworfener und als rechtsgrundsätzlich bezeichneter Rechtsfragen diejenige herauszufinden, über die im Revisionsverfahren notwendigerweise zu entscheiden wäre" (*BSG* SozR 1500 § 160a Nr. 31). Die **grundsätzliche Bedeutung** muß im einzelnen dargetan werden. Dazu sind Ausführungen des Beschwerdeführers erforderlich, aus denen sich ergibt, daß die angestrebte Entscheidung über den Einzelfall hinaus allgemeine Bedeutung besitzt, daß also von der Entscheidung des BSG

erwartet werden kann, daß sie in einer bisher nicht geschehenen, jedoch die Interessen der Allgemeinheit berührenden Weise das Recht oder die Rechtsanwendung fortentwickeln oder vereinheitlichen wird (*BSG* SozR 1500 § 160a Nr. 39).

b) Divergenz, § 160 II Nr. 2 SGG

Der Zulassungsgrund der Divergenz, § 160 II Nr. 2 SGG, greift nur bei einem **98** Abweichen von einer Entscheidung des BSG oder des gemeinsamen Senats der obersten Gerichtshöfe des Bundes ein, nicht bei einem Abweichen von einem Urteil des LSG (dann unter Umständen grundsätzliche Bedeutung nach § 160 II Nr. 1 SGG). Die Entscheidung, von der das LSG abgewichen sein soll, muß genau bezeichnet werden, entweder Datum und Aktenzeichen oder genaue Fundstelle. Es muß ferner der **Rechtssatz,** den das BSG aufgestellt hat, genau bezeichnet werden (obiter dictum reicht nicht!). Kein Abweichen, wenn das BSG selbst seine Rechtsprechung geändert hat. Es kommt auf die entscheidungserhebliche Rechtsfrage an und nicht darauf, ob in den Gründen des LSG Erwägungen angestellt wurden, die darauf schließen lassen, daß das LSG an sich anderer Meinung als das BSG ist, es im konkreten Fall darauf aber nicht ankommt. Keine rügefähige Divergenz liegt vor, wenn lediglich die Möglichkeit des Abweichens besteht, das LSG dazu aber erst weitere Tatsachen feststellen müßte.

c) Verfahrensfehler (Übersicht: *Kummer,* NJW 1989, 1569)

Es muß eine Verletzung des Verfahrensrechts, also des SGG vorliegen, und **99** zwar im Verfahren vor dem LSG (§ 160 II Nr. 3 SGG). Unbeachtlich also Verstöße z. B. gegen das SGB X im Verwaltungsverfahren oder Verfahrensfehler in der ersten Instanz, auch wenn sie von der zweiten Instanz übersehen wurden. Unbeachtlich auch Verstoß gegen sachliche und örtliche Zuständigkeit (§§ 202 SGG, 549 II ZPO). Der geltendgemachte Verfahrensmangel muß tatsächlich vorliegen. Es reicht nicht die bloße Möglichkeit. Das Urteil des LSG muß darauf beruhen, z. B.:

– **Verletzung rechtlichen Gehörs,** § 62 SGG z. B. durch Nichtberücksichtigung neuen Vorbringens; Einführung neuer, als gerichtskundig bezeichneter Tatsachen, zu denen die Parteien sich nicht äußern konnten; Änderung der Auffassung des Gerichtes über den Schädigungsvorgang selbst erst nach Einholung eines medizinischen Gutachtens und ohne Hinweis an die Parteien (*BSG* Breithaupt 1990, 261). Nichtverlegung eines Termines, obwohl Beteiligte oder Prozeßbevollmächtigte erhebliche Gründe dafür vortragen; Übergabe schriftlicher Auskünfte oder Gutachten in der mündlichen Verhandlung, ohne daß die Parteien diese ihrerseits auswerten konnten (der anwaltlich vertretene Kläger muß aber nachweisen, daß er alles unternommen hat, um seine Rechte zu wahren, z. B. erfolglos Vertagung beantragt hat). Die Rüge der Verletzung des rechtlichen Gehörs greift nur dann durch, wenn dargetan wird, welcher Vertrag übergangen wurde, der **Beweisantrag** (vollständig!) bezeichnet wird und daraus deutlich wird, inwieweit davon der Ausgang des Verfahrens zugunsten des Beschwerdeführers beeinflußt worden wäre (*BSG* Breithaupt 1990, 261). Urteil des LSG, ohne daß zuvor über den Prozeßkostenhilfeantrag des Klägers entschieden wurde (*BSG* SV 1988, 108); Aufruf einer Sache nur im Sitzungssaal, nicht im Wartezimmer, mit der Folge, daß Beteiligter den Termin nicht wahrnehmen kann (*BSG* SGb 1971, 147);

- **Entscheidung ohne mündliche Verhandlung,** ohne Einverständnis aller Parteien, § 124 II SGG. In diesem Fall bedarf es nicht des Nachweises, daß mit mündlicher Verhandlung eine andere Entscheidung ergangen wäre (*BSG* SozR 1500 § 124 Nr. 7);
- Verstoß gegen § 75 II SGG: notwendige Beiladung unterlassen (*BSGE* 43, 255);
- **Vorschriftswidrige Besetzung des Gerichtes,** etwa Verstoß gegen Geschäftsverteilung oder Verletzung der Vorschriften über Mitwirkung ehrenamtlicher Richter (*BSGE* 7, 230);
- Verstoß gegen §§ 118 SGG, 404 ZPO **(persönliche Gutachterpflicht).** Dazu muß Kläger darlegen, daß in der nächsten mündlichen Verhandlung der Mangel gerügt wurde. Wegen §§ 295, 558 ZPO muß Kläger aufzeigen, wann und wo er den von ihm angenommenen Mangel des Berufungsverfahrens gerügt hat oder weshalb Vorschriften im Sinne des § 295 II ZPO verletzt worden seien, auf deren Befolgung nicht wirksam verzichtet werden kann (*BSG* SozR 1500 § 160a Nr. 61);
- Verstoß gegen §§ 144 ff. SGG, etwa wenn das LSG entgegen diesen Bestimmungen die Berufung für zulässig bzw. für unzulässig erachtet;
- **Nichtbeachtung neuer Verwaltungsakte,** die nach § 96 SGG Gegenstand des Verfahrens geworden sind, bzw. Einbeziehung neuer Verwaltungsakte, die nach §§ 96, 153 SGG nicht Gegenstand des Berufungsverfahrens werden konnten;
- Verstoß gegen § 103 SGG wenn das LSG einem **Beweisantrag nicht gefolgt** ist, obwohl es sich zur Beweiserhebung aus der Sicht der eigenen Rechtsauffassung hätte gedrängt sehen müssen (*BSG* SGb 1978, 158). Beweisantrag muß noch in der letzten mündlichen Verhandlung aufrechterhalten worden sein (*BSG* SozR 1500 § 160a Nr. 12). Es muß im einzelnen dargelegt werden, welchen Beweisantrag das Gericht übergangen hat, welcher Sachverständige bzw. Zeuge zu welchem Thema aus welchem Grunde hätte gehört werden müssen. Dazu muß substantiiert dargelegt werden, auf Grund welcher Rechtsauffassung des LSG bei dem von ihm festgestellten Gesamtergebnis des Verfahrens noch Tatsachenfragen klärungsbedürftig erscheinen und das LSG sich zu einer weiteren Sachaufklärung hätte gedrängt sehen müssen (*BSG* SozR 1500 § 160a Nr. 14). Mit dem Argument, das Gericht hätte auf einen entsprechenden Beweisantrag hinwirken müssen, kann die Beschwerde nicht begründet werden;
- Verstoß gegen § 128 II SGG, wenn das LSG das Urteil auf Beweisergebnisse oder Tatsachen stützt, zu denen sich der Beteiligte nicht äußern konnte (gleichzeitig **Verletzung rechtlichen** Gehörs, § 62 SGG).

100 **Nicht rügefähig** ist eine Verletzung der §§ 109 und 128 I SGG. Auch wenn das LSG offensichtlich rechtswidrig einen Antrag nach § 109 SGG übergangen hat, führt dies nicht zur Zulassung der Revision, es sei denn, daß die Ablehnung des Beweisantrages zugleich einen Verstoß gegen § 103 SGG darstellt.

VI. Revision

1. Form und Fristen

101 – Zulassung durch LSG oder auf Beschwerde durch BSG (vgl. Rdnr. 96). Eine zulassungsfreie Revision wie in § 133 VwGO kennt das SGG nicht;

- **„Sprungrevision"**, § 161 SGG setzt ausdrückliche Zustimmung des Gegners (des Beigeladenen nur dann, wenn er verurteilt wurde) voraus, etwa zu Protokoll des SG oder in schriftlicher Form. Zustimmung muß innerhalb der Revisionsfrist beim BSG vorliegen. Nicht ausreichend Vorlage der Zustimmung zusammen mit der Revisionsbegründung. Zulassung der Sprungrevision durch SG kann auch nach Zustellung des SG-Urteils innerhalb eines Monats beantragt werden. Gleichzeitig kann – zur Fristwahrung – Berufung eingelegt werden;
- Einlegung der Revision beim **BSG** innerhalb eines Monats nach Zustellung des Urteils (Angabe der Parteien mit Name und Anschrift sowie des angefochtenen Urteils mit Datum der Verkündung und Aktenzeichen nötig). Einlegung durch Telegramm, Telekopie oder Fernkopie zulässig, bei Telebrief ist Wiedergabe der Unterschrift nötig;
- Begründung durch unterzeichneten Schriftsatz innerhalb einer Frist von zwei Monaten nach Zustellung des Urteils; nach **Wiedereinsetzung:** einen Monat ab Zustellung des Beschlusses über die Wiedereinsetzung (*BSG* SozR 1500 § 164 Nr. 9);
- Frist kann auf begründeten Antrag (eingehend vor Fristablauf) auch mehrfach verlängert werden. Konkreter Antrag notwendig. Begründung muß sich mit dem angefochtenen Urteil auseinandersetzen. Bezugnahme auf frühere Schriftsätze oder solche in Parallelverfahren nicht ausreichend. Bezugnahme auf die Nichtzulassungsbeschwerde reicht nur dann und insoweit aus, als eindeutig ist, auf welche Zulassungsrüge die Revisionsbegründung nun tatsächlich gestützt wird (*BSG* SozR 1500 § 164 Nr. 27);
- Unzulässig ist die **Klageänderung** im Revisionsverfahren, § 168 SGG, einschließlich Erweiterung, etwa indem der Anspruch auf eine völlig neue Rechtsgrundlage gestützt wird (*BSGE* 60, 38);
- Zulässig ist jedoch der Wechsel von **Haupt- auf Hilfsantrag,** Beschränkung des Anspruchs auf Übergang zur Fortsetzungsfeststellungsklage. Keine Einbeziehung neuer Bescheide, § 171 II SGG. Neue Bescheide gelten danach als vor dem SG angefochten;
- **Vertretungszwang** nach § 166 SGG für die Beteiligten, soweit es sich nicht um Behörden handelt, die sich auch vor dem BSG selbst vertreten können. Kein Vertretungszwang für einzelne Prozeßhandlungen, z. B. Antrag auf Prozeßkostenhilfe, Klagerücknahme, Zustimmung zur Entscheidung ohne mündliche Verhandlung, zum Ruhen des Verfahrens.

2. Begründung

- Verletzung **materiellen Bundesrechts** durch das LSG. Das Urteil muß auf **102**
der verletzten Norm beruhen, d. h. es muß für die Entscheidung auf die vom Kläger als fehlerhaft gerügte Auslegung durch das LSG ankommen. Die Verletzung von **Landesrecht** kann nach § 162 SGG nur dann gerügt werden, wenn es entweder auf Bundesrecht Bezug nimmt oder über den Bereich eines Bundeslandes hinaus Gültigkeit hat oder inhaltlich gleiche Vorschriften in Bezirken verschiedener LSGe gelten und dies bewußt und gewollt um der Rechtseinheit willen geschehen ist oder das Landesrecht dieselben Begriffe verwendet wie das Bundesrecht. Der Revisionskläger muß, um die verletzte Rechtsnorm ordnungsgemäß zu „bezeichnen" (§ 162 SGG), konkret eine

gleichlautende Norm in einem anderen LSG-Bezirk bezeichnen und darlegen, daß und aus welchem Grunde sie zum Zwecke der Vereinheitlichung erlassen wurde (*BSGE* 58, 45, 51). An eine Änderung irrevisiblen Landesrechts, die gegen das Willkürverbot verstößt, ist das BSG nicht gebunden (*BSGE* 62, 131, 135). Zum **Bundesrecht** gehören auch Normen des GG, völkerrechtliche Verträge (einschl. EWG-VO), nicht dagegen Normen ausländischen Rechts. Die Revisionsbegründung muß alle Streitteile betreffen (*BSGE* 65, 8, 11).

103 – **Nicht rügefähig** ist die Würdigung des Sachverhaltes durch das LSG, etwa soweit es einem bestimmten Gutachter folgt, bei der Beurteilung einer beruflichen Tätigkeit einen bestimmten Tarifvertrag angewandt hat, grobe Fahrlässigkeit im Sinne des § 45 II 2 SGB X angenommen hat (dazu: *BSGE* 47, 180) oder bei der Vertragsauslegung einzelne Erklärungen der Parteien in bestimmter Weise gewürdigt hat (*BSGE* 52, 47). Derartige Tatsachenfeststellungen binden das BSG nur dann gem. § 163 SGG nicht, wenn sie ordnungsgemäß als verfahrensfehlerhaft gerügt wurden (dazu Rdnr. 99);

104 – Verletzung von Verfahrensvorschriften durch das LSG (nicht des SGB X während des Verwaltungsverfahrens oder des SGG im Verfahren der ersten Instanz). Als rügefähig kommen sämtliche Vorschriften des SGG in Betracht, sofern sie sich auf die angefochtene Entscheidung ausgewirkt haben und der Revisionskläger nicht auf seine Rechte verzichtet hat (§ 295 ZPO), z. B. Verletzung rechtlichen Gehörs (§ 62 SGG), Einbeziehung neuer Verwaltungsakte (§ 96 SGG), der Vorschriften über die Zulässigkeit der Berufung gem. §§ 144ff. SGG, der §§ 103, 109, 128 SGG. Zwar gilt hier die Beschränkung des § 160 II Nr. 3 SGG (Rdnr. 99) nicht, jedoch muß genau angegeben werden, welchem **Beweisantrag** das LSG aus der Sicht seiner Rechtsauffassung hätte folgen müssen, in welchem Punkt der benannte Zeuge nähere Aufklärung hätte geben können, in welchem Schriftsatz bzw. in welchem Termin der Antrag nach § 109 SGG gestellt wurde und warum dies nicht verspätet im Sinne des § 109 II SGG war, gegen welche **„Denkgesetze“** das LSG bei der Sachverhaltsfeststellung bzw. der Gutachtensauswertung verstoßen hat (*BSG* SozR 1500 § 128 Nr. 21) oder welche allgemeinen Erfahrungssätze das LSG außer acht ließ (z. B. *BSGE* 61, 113) und inwieweit die weitere Beweisaufnahme das Ergebnis des Rechtsstreites zugunsten des Revisionsklägers beeinflußt hätte. Kommen zwei Sachverständige zu entgegengesetzten Ergebnissen, müssen vor einer abschließenden Beweiswürdigung alle weiteren Aufklärungsmöglichkeiten, z. B. nach den wissenschaftlichen Lehrmeinungen, ausgeschöpft werden, um die Widersprüche zu verringern (*BSG* SozR 1500 § 128 Nr. 31). Gegen § 103 SGG verstößt das LSG, wenn es sein Urteil allein auf ein medizinisches Gutachten stützt, das der Beklagte eingeholt hat und gegen das der Kläger nicht unerhebliche Einwände erhoben hat (*BSG* SV 1988, 53). Es muß nicht nur der **Verfahrensfehler** bezeichnet werden, sondern es muß auch dargelegt werden, daß das LSG – bei verfahrensfehlerfreiem Vorgehen – zu einem anderen Urteil gelangt wäre, das Urteil also auf dem bezeichneten Mangel beruhen kann. Ohne formgerechte Rüge prüft das BSG die Verletzung von Verfahrensvorschriften nicht (Ausnahme: § 75 II SGG; *BSGE* 43, 255). Verfahrensrügen bei **Sprungrevision** ausgeschlossen (§ 161 IV SGG).

3. Achtung: Bindungswirkung, § 163 SGG!

Das BSG ist an die in dem angefochtenen Urteil getroffenen Feststellungen (auch soweit sie nur in den Entscheidungsgründen aufgeführt wurden) gebunden. Ausnahme: widersprüchliche Tatsachenfeststellungen (*BSG* SozR 2200 § 1246 Nr. 139). Sowohl der Revisionskläger als auch sein Gegner, der das Urteil der Vorinstanz verteidigt, müssen also sorgfältig prüfen, ob das LSG den Sachverhalt vollständig und zutreffend ermittelt hat oder ob, etwa aus der Sicht der von der Gegenseite vertretenen Rechtsauffassung, der Tatsachenstoff ergänzungs- bzw. korrekturbedürftig ist. Dies kann nur durch die Rüge erfolgen, der vom LSG festgestellte Sachverhalt sei verfahrensfehlerhaft (z. B. Verstoß gegen §§ 62, 103, 128 SGG) zustande gekommen. Der Revisionsbeklagte kann seine „Gegenrügen" bis zum Schluß der mündlichen Verhandlung erheben, sie sind auch dann zulässig, wenn sie zuvor im Verfahren vor dem LSG nicht vorgetragen wurden. Wegen § 161 IV SGG ist bei der **Sprungsrevision** die Rüge, der Sachverhalt sei verfahrensfehlerhaft festgestellt, ausgeschlossen. Schon deshalb sollte von diesem Rechtsmittel nur mit großer Vorsicht Gebrauch gemacht werden. **105**

VII. Kosten und Gebühren

1. Gerichtskosten

Nach § 183 SGG besteht grundsätzlich **Gerichtskostenfreiheit.** Ein Referentenentwurf des BMJ sieht die Auferlegung von Gerichtskosten im Falle des Unterliegens auch zulasten der Bürger vor, sofern die Voraussetzungen des § 116 II BRAGO gegeben sind. Kosten der vom Gericht gem. §§ 103, 106 SGG eingeholten Gutachten trägt die Staatskasse – gleichgültig ob der Kläger obsiegt oder nicht. Für Gutachten nach § 109 SGG verlangt das Gericht regelmäßig einen Kostenvorschuß (dazu Rdnr. 27). **106**

Beim Nachweis der Verschleppungs- oder Irreführungsabsicht oder von Mutwillen kann das Gericht **Mutwillenskosten** gem. § 192 SGG auferlegen. Mutwillig ist die Prozeßführung, wenn der Beteiligte die Erfolglosigkeit der weiteren Prozeßführung kennt und entgegen besserer Einsicht von der weiteren Rechtsverfolgung nicht Abstand nimmt. Der bloße Verdacht reicht nicht. Im Einzelfall stellt sich dann die Frage, ob hier nicht ein Fall der Querulanz vorliegt, der Zweifel an der Prozeßfähigkeit begründet. Zwar muß sich jeder Beteiligte das Verhalten seines **Bevollmächtigten** zurechnen lassen. Mutwillenskosten können aber nur dem Beteiligten, nicht seinem Bevollmächtigten auferlegt werden. Über die Mutwillenskosten entscheidet das Gericht im Urteil oder durch Beschluß. Gegen die Entscheidungen des SG kann Berufung (soweit es nur um die Mutwillenskosten geht, ist sie gem. § 144 Nr. 3 SGG unzulässig) oder Beschwerde eingelegt werden. Wird die Klage im Berufungsverfahren zurückgenommen, wird die Auferlegung von Mutwillenskosten, soweit sie im Urteil erfolgt ist, hinfällig. **107**

2. Kosten öffentlich-rechtlicher Organisationen

Behörden, Körperschaften und Anstalten des öffentlichen Rechts können die Erstattung ihrer Kosten nicht verlangen, uanbhängig davon, ob sie obsiegt **108**

haben oder nicht (§ 193 IV SGG). Als Beklagte schulden sie – ebenfalls unabhängig vom Ausgang des Verfahrens – eine Pauschgebühr (§ 184 SGG).

3. Außergerichtliche Kosten

109 Ob und in welchem Umfang der Beklagte dem Kläger dessen außergerichtliche Kosten zu erstatten hat, entscheidet das Gericht, entweder im Urteil oder durch Beschluß auf Antrag (z. B. bei Anerkenntnis oder Vergleich; dazu Rdnr. 39). Auch Beschlüsse über Anträge auf Erlaß einer einstweiligen Anordnung müssen eine Kostenentscheidung enthalten, ebenso ablehende Beschlüsse im Nichtzulassungsbeschwerdeverfahren. Soweit das BSG die Revision zuläßt, folgen die Kosten der Revisionsentscheidung. Das Gericht kann die Kosten quoteln, und zwar entsprechend dem Erfolg des Rechtsmittels. Dies gilt auch, wenn der Träger auf Grund eines vom Gericht eingeholten Gutachtens ein Anerkenntnis über Leistungen nach Klageerhebung abgibt (*LSG München* Breithaupt 1986, 365 [Rdnr. 39]).

4. Gegenstand der Kostenentscheidung

110 **Erstattungsfähig** sind die gesetzlichen Gebühren und Auslagen eines Rechtsanwalts (§ 193 III SGG), ferner Aufwendungen, die zur Aufklärung des Sachverhaltes notwendig waren und weitere Beweiserhebungen erspart haben. Von der Kostenentscheidung umfaßt werden auch die Kosten des vorangegangenen **Widerspruchsverfahrens** (*SG Berlin* Breithaupt 1990, 438) sofern die Zuziehung eines Bevollmächtigten gem. § 63 II SGB X notwendig war (dazu *BSG* SozR 1300 § 63 Nr. 12). Über die Notwendigkeit der Zuziehung eines Anwaltes ist im sozialgerichtlichen Urteil und nicht im Kostenfestsetzungsverfahren zu entscheiden (*LSG Nordrhein-Westfalen* AnwBl 1988, 488). Erstattungsfähig sind auch die Kosten für Fotokopien der Gutachten, die das Gericht eingeholt hat und die der Anwalt nur dem Mandanten zuschickt (*SG Reutlingen* AnwBl 1986, 110).

5. Angemessenheit der Anwaltsgebühren

111 Über die Angemessenheit der Anwaltsgebühren entscheidet der Urkundsbeamte (§ 197 I SGG). Gegen seine Entscheidung kann innerhalb eines Monats **Erinnerung** eingelegt werden, über die – sofern der Urkundsbeamte nicht abhilft – der Kammervorsitzende ohne mündliche Verhandlung entscheidet. Überschreitet die vom Anwalt in Rechnung gestellte Gebühr den Rahmen des § 12 BRAGO um mehr als 20%, ist er zur Abänderung befugt (*BSG* AnwBl 1984, 565).

6. Höhe der Anwaltsgebühren

112 Die Höhe der Anwaltsgebühren richtet sich nach § 116 I i. V. m. § 12 BRAGO, sofern nicht nach Streitwert abzurechnen ist (§ 116 II BRAGO). Die Rahmengebühr nach § 116 BRAGO fällt auch im Widerspruchsverfahren an. Sie beträgt dann etwa ⅔ der im Verfahren vor dem SG nach § 116 I 1 BRAGO anfallenden Rahmengebühr (*BSG* SozR 1300 § 63 Nr. 2, vgl. auch: *LSG Nordrhein-Westfalen* AnwBl 1986, 44). Diese Gebühren sind nicht zu verzinsen (*BSG* SozR 1300 § 63 Nr. 9).

Im übrigen ist bei der Ermessensprüfung gem. § 12 BRAGO insbesondere auf die Bedeutung der Angelegenheit für den Kläger, den Umfang sowie die Schwierigkeit der anwaltlichen Tätigkeit abzustellen (Auswertung medizinischer Unterlagen, schwierige Rechtsfragen, ergänzende Sachverhaltsaufklärung) sowie die Vermögens- und Einkommensverhältnisse des Mandanten. Wirkt der Anwalt bei einem Vergleich mit oder kommt es zur Erledigung nach § 24 BRAGO, erhöhen sich die Gebühren gem. § 116 III BRAGO. Vgl. im einzelnen *Plagemann,* NJW 1990, 2717ff; G Rdnr. 138ff, 142. **113**

7. Prozeßkostenhilfe

Dem Prozeßkostenhilfeanwalt steht ein Anspruch auf Vorschuß (§ 127 BRAGO) gegen die Staatskasse nicht zu (*LSG Niedersachsen* SV 1988, 223). Dies gilt auch dann, wenn der Mandant bereits im Rahmen der Prozeßkostenhilfe Raten gezahlt hat, die den verlangten Kostenvorschuß voll abdecken. Etwas anderes gilt in den Fällen des § 116 II BRAGO. **114**

VIII. Besonderheiten in den neuen Bundesländern

Ab dem 1. 1. 1991 wird nach dem Einigungsvertrag das gegliederte System der Krankenversicherung auch auf dem Gebiet der ehemaligen DDR eingeführt. Es werden Ortskrankenkassen eingerichtet; die weiteren Kassenarten können sich dort etablieren bzw. dorthin ausdehnen. Auf dem Gebiet der ehemaligen DDR gilt für 1991 ein einheitlicher **Beitragssatz** von 12,8% (Geringfügigkeitsgrenze: 220,– DM/Monat; Beitragsbemessungsgrenze: 2250,– DM/Monat). Es gilt im Prinzip das Leistungsrecht des SGB V mit folgenden Besonderheiten: **115**

DDR-Sozialversicherung-Leistungen/Zuzahlungsregelungen (*Baum,* BKK 1990, 606, 607)

116

Leistung	SGB V (Zuzahlung)	Übergangsregelung für ehemalige DDR
Kuren stat. Vorbeugekur/ MGW-Kur (§§ 23 Abs. 4, 24 SGB V) stat. Reha-Kur/MGW-Kur (§§ 40 Abs. 2, 41 SGB V)	ab 18. Lebensjahr 10 DM je Kalendertag an Einrichtung	**bis 30. Juni 1991:** keine **1. Juli 1991–30. Juni 1992:** 5 DM je Kalendertag
Arznei- und Verbandmittel (§ 31 SGB V)	Festbetrag: keine Ab 18. Lebensjahr: 3 DM je Mittel ab 1. Januar 1992: 15 v. H., höchstens 15 DM	**bis 30. Juni 1991:** keine **1. Juli 1991–31. Dez. 1991:** 1,50 DM **Ab 1. Januar 1992:** wie Bundesrepublik

Leistung	SGB V (Zuzahlung)	Übergangsregelung für ehemalige DDR
Krankenhausbehandlung § 39 SGB V	Ab 18. Lebensjahr: 14 Tage à 10 DM	**bis 30. Juni 1991:** keine **1. Juli 1991–31. Dez. 1991:** 14 Tage à 2,50 DM **1. Januar 1992:** 14 Tage à 5 DM **ab 1. Juli 1992:** wie Bundesrepublik
Hilfsmittel § 33 SGB V	keine, es gelten Festbeträge; Eigenanteil bei orthopädischen Schuhen	Festbetragsregelung ab 1. Januar 1994 verpflichtend, bis dahin alternativ Vertragspreise **Orthopädische Schuhe:** bis 30. Juni 1991 kein Eigenanteil **1. Juli 1991–30. Juni 1992:** 50 v. H. des Eigenanteils Bundesrepublik
Heilmittel § 32 SGB V	Ab 18. Lebensjahr: 10 v. H. Zuzahlung	**bis 30. Juni 1991:** keine Zuzahlung **1. Juli 1991–30. Juni 1992:** 5 v. H. **ab 1. Juli 1992:** wie Bundesrepublik
Zahnersatz § 30 SGB V	60 v. H. Kostenerstattung (./. 10 v. H. bei unzureichender Zahnpflege, + 5% bei regelmäßiger Pflege)	(Beginn der Behandlung) **1. Jan. 1991–30. Juni 1992:** 80 v. H. **ab 1. Juli 1992:** wie Bundesrepublik Forderung des Zahnarztes erst nach Erhalt des Zuschusses fällig
Fahrtkosten §§ 60 ff SGB V	oberhalb 20 DM erfolgt Kostenübernahme – stationäre Behandlung – Rettungsfahrten zum Krankenhaus – Krankentransport – Härtefall	**bis 30. Juni 1991:** volle Kostenübernahme **1. Juli 1991–30. Juni 1992:** über 10 DM wie Bundesrepublik **ab 1. Juli 1992:** wie Bundesrepublik

Leistung	SGB V (Zuzahlung)	Übergangsregelung für ehemalige DDR
KfO-Behandlung § 29 SGB V	80 v. H. Kostenerstattung ab 2. Kind: 90 v. H. Rest nach erfolgreichem Abschluß	**bis 30. Juni 1991:** 100 v. H. **1. Juli 1991–30. Juni 1992:** 90 v. H. ab 2. Kind 95 v. H. Rest nach erfolgreichem Abschluß
Sterbegeld §§ 58, 59 SGB V	Mitglied: 2100 DM Familienversicherter: 1050 DM	70 v.H. der Bezugsgröße (1991 = 1540 DM) höchstens 2100 DM 1991: 980 DM Familienversicherte 50 v. H. des Mitglieder-Sterbegeldes

Einkommensgrenzen bei Härtefällen

Bundesrepublik				DDR	
1.	1344 DM	1.	40 v.H. der monatl. Bezugsgröße (1991: 3360 DM/ 1540 DM)	1.	616 DM
2.	504 DM	2.	1. Angeh. 15 v. H.	2.	231 DM
3.	336 DM	3.	2. (ff) Angeh. 10 v. H.	3.	154 DM

Bis zum 30. 6. 1991 können zum Zwecke der Pflege erkrankter Kinder alleinstehende berufstätige Frauen sowie verheiratete berufstätige Mütter mit mindestens zwei Kindern freigestellt werden. Die Freistellung erfolgt nach Kinderzahl gestaffelt und für Kinder bis zu 14 Jahren und beträgt bei 1 Kind 4 Wochen (nur bei alleinstehenden Berufstätigen), bei 2 Kindern 6 Wochen, bei 3 Kindern 8 Wochen, bei 4 Kindern 10 Wochen. Bis zu 2 Tage werden 90% des Nettoverdienstes gezahlt, ab dem 3. Tag Krankengeld, nach Kinderzahl gestaffelt. Ab 1. 7. 1991 gilt das Recht der Bundesrepublik, d. h. Krankengeld bis zu 5 Tagen pro Jahr wegen Pflege eines erkrankten Kindes unter 8 Jahren. **118**

Ab 1. 1. 1991 erstrecken sich die Zuständigkeiten der BfA, der Bundesknappschaft, der Bundesbahn-Versicherungsanstalt und der Seekasse auch auf das Gebiet der ehemaligen DDR. Für die Arbeiter-Rentenversicherung werden in jedem Land der ehemaligen DDR eine LVA errichtet. Die leistungsrechtlichen Bestimmungen des SGB VI **(Rentenversicherung)** gelten auf dem Gebiet der ehemaligen DDR ab 1. Januar 1992. Die Einzelheiten der Überleitung werden **119** durch ein besonderes Bundesgesetz in der ersten Hälfte des Jahres 1991 geregelt (betr. insbesondere Rentenberechnung und Hinterbliebenenrentenrecht). Im Jahre 1991 bleibt das Rentenrecht in der ehemaligen DDR weitgehend bestehen, insbesondere das Gesetz über die Sozialversicherung, das Rentenangleichungsgesetz und die Rentenverordnungen. Die Regelungen über die medizinischen und berufsfördernden Leistungen (Rehabilitation) treten bereits zum 1. 1. 1991 auf dem Gebiet der ehemaligen DDR in Kraft, ab diesem Zeitpunkt werden also auch dort Reha-Leistungen durch die Rentenversicherung erbracht.

120 Personen, deren Rente im Gebiet der ehemaligen DDR in der Zeit vom 1. 1. 1992 bis 30. 6. 1995 beginnt, erhalten die Rente grundsätzlich mindestens in der Höhe des Betrages, der sich am 30. Juni 1990 nach dem bis dahin geltenden Rentenrecht der ehemaligen DDR ohne Berücksichtigung von Leistungen aus Zusatz- oder Sonderversorgungssystemen ergeben hätte. Diese Personen erhalten eine Rente auch dann bewilligt, wenn am 30. Juni 1990 nach dem bis dahin geltenden Rentenrecht ein Rentenanspruch bestanden hätte, nicht aber nach dem neuen Recht des SGB VI.

121 Das FRG ist außer Kraft getreten mit der Folge, daß Personen, die Rentenanwartschaften in der ehemaligen DDR erworben haben, auch dann wenn sie in das Gebiet der alten Bundesländer übersiedeln, nach dem bisher für sie geltenden Recht bzw. dem SGB VI Rentenansprüche erwerben. Beamte und Personen, die Mitglied einer berufsständischen Versorgungseinrichtung sind (z. B. Ärzte, Architekten und Rechtsanwälte, soweit ein Versorgungswerk auch in den neuen Bundesländern gegründet worden ist), können sich von der Versicherungspflicht befreien lassen. Der in der ehemaligen DDR eingeführte „Sozialzuschlag“ wird auf Neuzugänge bis zum 31. 12. 1991 begrenzt. Diese Leistung wird längstens bis zum 30. Juni 1995 gezahlt. Es handelt sich dabei nicht um eine Rente, sondern um eine Art „pauschalierte Sozialhilfe“, so daß an die Stelle des 1995 wegfallenden Sozialzuschlages gegebenenfalls Leistungen der Sozialhilfe treten.

122 Im Bereich der **Arbeitsförderung** gilt das AFG, mit zeitlich befristeten Ausnahmeregelungen, vor allem betreffend das Kurzarbeitergeld und Arbeitsbeschaffungsmaßnahmen. Hier bleibt es bis zum 30. Juni 1991 bei den im Staatsvertrag festgeschriebenen Regelungen, wonach das **Kurzarbeitergeld** zur Vermeidung von Entlassungen auch dann gezahlt werden kann, wenn die Arbeitsplätze der betroffenen Arbeitnehmer erhalten bleiben. Die Arbeitsverwaltung übernimmt für die Bezieher dieses Kurzarbeitergeldes die vollen Beiträge zur Kranken- und Rentenversicherung. Die Arbeitgeber sollen den verkürzt arbeitenden Arbeitnehmern insbesondere bei völligem Arbeitsausfall eine berufliche Qualifizierung im Betrieb oder außerhalb des Betriebes ermöglichen. Der Arbeitnehmer seinerseits muß jedoch der Arbeitsvermittlung zur Verfügung stehen. Bei Arbeitsbeschaffungsmaßnahmen von besonderer arbeitsmarkt- oder sozialpolitischer Bedeutung, deren Förderung vor dem 30. 6. 1991 bewilligt wird, übernimmt das Arbeitsamt die vollen Bruttolohnkosten. Außerdem können die Arbeitnehmer in der ehemaligen DDR ein **Altersübergangsgeld** nach Vollendung des 57. Lebensjahres für die Dauer von 3 Jahren, längstens bis zum frühestmöglichen Bezug einer Altersrente erhalten. Die Höhe des Altersübergangsgeldes beträgt 65% des letzten durchschnittlichen Nettoarbeitsentgelts. Für Arbeitnehmer, deren Anspruch bis zum 1. 4. 1991 entsteht, wird das Altersübergangsgeld für die ersten 312 Tage um einen Zuschlag von 5%-Punkten erhöht. Das Altersübergangsgeld gewährt die BA für Arbeit in Anlehnung an die Regelungen des Arbeitslosengeldes, insbesondere § 105c AFG. Besteht in der Region für die bisherige berufliche Tätigkeit des Antragstellers allerdings ein deutlicher Mangel an Arbeitskräften, kann die BA für Arbeit einen Antrag auf Altersübergangsgeld zurückweisen.

Diese Regelung findet für neu entstehende Ansprüche bis zum 31. 12. 1991 Anwendung, kann aber durch Rechtsverordnung des Bundesarbeitsministers auf Zugänge im Jahre 1992 erweitert werden.

Ab 1. 1. 1991 sind die bisher vorhandenen bundesrepublikanischen Berufsge- **123** nossenschaften auch im Gebiet der ehemaligen DDR zuständig. Für Arbeitnehmer von Ländern und Gemeinden werden neue Unfallversicherungsträger auf Landesebene gebildet. Auf dem Gebiet der ehemaligen DDR wird es eine Landwirtschaftliche BG geben. Das Leistungsrecht der **Unfallversicherung** wird ab 1. 1. 1992 auf das Gebiet der ehemaligen DDR übertragen. Bis dahin gilt das bisherige Recht der ehemaligen DDR weiter, das allerdings in seiner Leistungsstruktur seit dem Inkrafttreten der Sozialunion am 1. 7. 1990 weitgehend dem Recht in der Bundesrepublik entspricht. Maßnahmen zur Unfallverhütung sowie der Heilbehandlung und Rehabilitation und der Berufshilfe sowie der Haftungsausschluß der Arbeitgeber (§§ 636ff. RVO) gelten bereits ab 1. 1. 1991. Nach Art. 30 VI des Einigungsvertrages ist bei der Fortentwicklung der Berufskrankheitenverordnung zu prüfen, inwieweit die in der ehemaligen DDR geltenden Regelungen berücksichtigt werden können. Diese Regelung könnte auch Auswirkungen auf Anträge haben, die auf § 551 II RVO gestützt werden.

Das **Schwerbehindertengesetz** gilt auch in der ehemaligen DDR, allerdings **124** mit einigen Besonderheiten, u. a. einer angemessenen geringeren Eigenbeteiligung des Schwerbehinderten mit dem Nachteilsausgleich G bei der unentgeltlichen Beförderung im öffentlichen Nahverkehr. Die Ausgleichsabgabe wird einheitlich auf 200,– DM festgesetzt. Ab 1. 1. 1991 gilt auch das **Bundessozialhilfegesetz** in der ehemaligen DDR. Ansprüche sind von den Trägern der Sozialhilfe allerdings nur insoweit zu erfüllen, als die im Einzelfall dafür erforderlichen sozialen Dienste und Einrichtung auf dem Gebiet der ehemaligen DDR vorhanden oder sonst mit den zur Verfügung stehenden Mitteln erreichbar sind. Allerdings sind die Träger der Sozialhilfe verpflichtet auf die Schaffung ausreichender Dienste und Einrichtungen gem. § 17 I Nr. 2 SGB I hinzuwirken. Der monatliche Regelsatz für den Haushaltsvorstand gem. § 22 I BSHG beträgt im Gebiet der ehemaligen DDR 400,– DM. Wegen der Neufestsetzungen findet § 22 III BSHG i. V. m. der RegelsatzVO Anwendung. Die Mehrbedarfszuschläge nach § 23 I Nr. 1 + 2 BSHG sind im Gebiet der ehemaligen DDR nicht anzuwenden. Mit Wirkung ab 1. 1. 1991 wird auch das pauschale **Wohngeld** für Sozialhilfeempfänger eingeführt.

Wegen der unterschiedlichen Beitragsbemessungsgrenzen in Ost und West **125** gelten bei der Entsendung in das jeweils andere Gebiet die Regelungen über Aus- und Einstrahlung gem. §§ 4 und 5 SGB IV.

C III. Das verwaltungsrechtliche Mandat

Siegfried de Witt

Übersicht

Literatur: *Battis/Krautzberger/Löhr,* BauGB, 3. Aufl. 1991; *Bosch/Schmidt,* Praktische Einführung in das verwaltungsgerichtliche Verfahren, 4. Aufl. 1988; *Busse/Linke,* Die anwaltliche Praxis in Verwaltungssachen I, 1987; *Erbguth,* Bauplanungsrecht, 1989; *Erichsen/Martens,* Allgemeines Verwaltungsrecht, 8. Aufl. 1988; *Eyermann/Fröhler,* VwGO, 9. Aufl. 1988; *Finkelnburg/Jank,* Vorläufiger Rechtsschutz im Verwaltungsstreitverfahren, 3. Aufl. 1986; *Finkelnburg/Ortloff,* Öffentliches Baurecht, 2. Aufl., Bd. I und II, 1990; *Hoppe/Schlarmann,* Rechtsschutz bei der Planung von Straßen und anderen Verkehrsanlagen, 2. Aufl. 1981; *Maurer,* Allgemeines Verwaltungsrecht, 6. Aufl. 1989; *v. Münch* (Hrsg.), Besonderes Verwaltungsrecht, 8. Aufl. 1988; *Kopp,* VwGO, 8. Aufl. 1989; *ders.,* VwVfG, 4. Aufl. 1986; *Redeker/von Oertzen,* VwGO, 9. Aufl. 1988; *Ronellenfitsch,* Einführung in das Planungsrecht 1986 (Wissenschaftliche Buchgesellschaft). – **Fachzeitschriften:** Deutsches Verwaltungsblatt (DVBl); Die öffentliche Verwaltung (DÖV); Neue Zeitschrift für Verwaltungsrecht (NVwZ).

I. Besonderheiten des verwaltungsrechtlichen Mandats

1 Dargestellt wird das verwaltungsrechtliche Mandat aus der Sicht des Anwalts, der den **Bürger** gegen die Verwaltung vertritt. Behörden vertreten sich vor Gericht meist selbst. Einige Besonderheiten des verwaltungsgerichtlichen Mandats sollen vorweg dargestellt werden.

Auf der Gegenseite steht eine **Behörde** oder Selbstverwaltungskörperschaft, deren Rechte wie Pflichten sich von einem privaten Gegner grundsätzlich unterscheiden. Behörden können hoheitlich anordnen, den Bürger mit Pflichten belasten, ihm die Ausübung von Rechten versagen oder beschränken und die eigenen Anordnungen mit hoheitlichem Zwang durchsetzen. In ihrem Verhalten und ihren Entscheidungen sind sie determiniert von den Verfahrensgesetzen, den jeweils einschlägigen Fachgesetzen, Verwaltungsvorschriften und Erlassen – und nicht zuletzt von den Mechanismen bürokratischer Organisation. Oft kann dieser Gegner die Rechtslage selbst gestalten, z. B. bei der Aufstellung von Bebauungsplänen. Aber auch bei einzelnen Verwaltungsentscheidungen ist der Behörde häufig ein Ermessen eingeräumt, das in einem späteren verwaltungsgerichtlichen Verfahren nur beschränkt auf Fehler überprüft werden kann. Es muß deshalb das vorrangige Ziel anwaltlicher Tätigkeit sein, eine dem Mandanten ungünstige Entscheidung von vornherein zu vermeiden.

Der Gegner ist also in den meisten Fällen weitaus mächtiger als der eigene Mandant, jedoch durch die Gesetze materiell und verfahrensmäßig gebunden. Es ist Aufgabe des Anwalts, das **Verwaltungshandeln** so zu **beeinflussen,** daß eine dem Mandanten günstige Entscheidung gefällt wird. Dazu kann es zweckmäßig sein, tatsächliche Voraussetzungen z. B. für eine Genehmigung zu schaffen, Versagungsgründe durch Nachweis zu beseitigen, die dem Mandanten günstigen Ermessensgesichtspunkte herauszuarbeiten usw. Stets ist Voraussetzung eine solide Kenntnis der einschlägigen Rechtsvorschriften und der verwaltungsgerichtlichen Kasuistik.

Häufig wendet sich ein Bürger gegen die einem Nachbarn erteilte Genehmigung oder der Bauherr wehrt solche Angriffe ab. In der Sache streiten die Nachbarn, doch richten sich Anträge und Widerspruch gegen die Behörde. Dem Dreiecksverhältnis von Behörde, Bauherr und Nachbar liegt regelmäßig ein Verwaltungsakt mit Doppelwirkung zugrunde (unten Rdnr. 42).

Wer ein verwaltungsrechtliches Mandat übernimmt, muß – nicht zuletzt aus **2**
Haftungsgründen – sich mit der nötigen **Fachliteratur** vertraut machen. Die Anschaffung auch teurer Literatur zahlt sich in der Regel rasch aus, wenn der ersparte Zeitaufwand betriebswirtschaftlich bewertet wird.

Aus betriebswirtschaftlicher Sicht weist das verwaltungsrechtliche Mandat **3**
schließlich eine weitere Besonderheit auf: Die von den Gerichten und dementsprechend auch den Verwaltungsbehörden festgesetzten Gegenstandswerte lassen regelmäßig eine kostendeckende Bearbeitung nicht zu. Es ist deshalb fast immer der Abschluß einer **Honorarvereinbarung** erforderlich.

II. Beratung des Mandanten

1. Gesprächsvorbereitung

Das erste Gespräch mit dem Mandanten sollte gut vorbereitet werden, um Ziele des Mandanten, Sachverhalt und rechtliche Möglichkeiten bereits hier grundsätzlich zu erörtern.

a) Vorarbeiten

Nahezu in jedem Verwaltungsstreitfall liegt bereits ein **Schriftwechsel** vor, **4**
bevor sich der Mandant beim Anwalt meldet. Zur Vorbereitung des Gesprächs sollte der Mandant deshalb aufgefordert werden, den Sachverhalt und seine eigenen Ziele schriftlich zu formulieren. Der Schriftwechsel sollte möglichst vollständig vorliegen. Insbesondere sind bereits ergangene Bescheide, öffentli-

che Bekanntmachungen (Zeitungsausschnitte), Pläne und Gutachten beizufügen.

5 Anhand dieser Unterlagen kann eine erste rechtliche Einordnung erfolgen. Zur eigenen Orientierung empfiehlt sich zunächst ein Blick in das einschlägige Gesetz. Gesetze und Verordnungen ändern sich rasch. Es ist deshalb die Fassung im Zeitpunkt des Bescheides zu ermitteln. Die Rechtslage erschließt sich oft erst aus der Kenntnis der Rechtsverordnungen und Verwaltungsvorschriften. Stehen dem Anwalt die einschlägigen Vorschriften nicht unmittelbar zur Verfügung, können sie bei den zuständigen Behörden oder dem Verwaltungsgericht eingesehen werden.

Technische Regelwerke können als antizipierte Sachverständigengutachten bewertet werden (*BVerwGE* 55, 250 zur TA-Luft; vgl. *Kopp* VwGO, § 86 Rdnr. 5a). Es ist deshalb oft nötig, die einschlägigen Technischen Regelwerke (DIN, VDI usw.) zu beschaffen.

Meist macht die Abgrenzung des Verwaltungs- zum Privatrecht keine Schwierigkeiten. Im Einzelfall muß anhand der einschlägigen Rechtsnormen untersucht werden:

- Kann aus der Norm nur ein Träger der öffentlichen Gewalt berechtigt oder verpflichtet werden?
- Steht die Norm im Sachzusammenhang mit Vorschriften die dem Allgemeininteresse dienen?
- Hat die Behörde durch Verwaltungsakt, Satzung, Rechtsverordnung gehandelt?
- Welche Organisation besteht im Bereich der Leistungsverwaltung?

Bei Leistungen (Zulassungen, Benutzungen) wird oft öffentlich-rechtlich über den Anspruch entschieden, die Leistung selbst privatrechtlich abgewickelt (vgl. *Salzwedel,* in *Erichsen/Martens,* Allgemeines Verwaltungsrecht, S. 461 ff.).

6 Sind bereits Verwaltungsakte ergangen, ist zu prüfen, ob die Rechtsmittelfristen entweder vom Mandanten selbst eingehalten sind oder ob ein **Fristablauf** droht. Wenn das Mandat noch nicht erteilt ist, muß der Anwalt auf den drohenden Fristablauf hinweisen. Fristen können in der Regel vom Mandanten selbst gewahrt werden. Das Muster eines fristwahrenden Schriftsatzes (Widerspruch, Klage usw.) sollte beigefügt werden mit dem Hinweis, daß es zur Fristwahrung auf den Eingang des Schriftsatzes bei der Behörde oder dem Verwaltungsgericht ankommt. Erteilt der Mandant telefonisch Auftrag zur Fristwahrung, kann die schriftliche Vollmacht nachgereicht werden. Erweist sich das Rechtsmittel als aussichtslos, kann es zurückgenommen werden, ohne daß Kosten entstehen.

b) Arbeitsaufwand

7 Die rechtzeitige Kenntnis der Unterlagen des Mandanten erlaubt auch eine Schätzung des notwendigen Aufwands. Die Gegenstandswerte sind oft sehr niedrig, vielfach wird nur der Regelstreitwert von 6000 DM festgesetzt (§ 13 GKG; vgl. *Redeker/v. Oertzen* § 165 Rdnrn. 4 ff.; *Eyermann/Fröhler* § 162 Rdnrn. 17 ff., unten Rdnr. 160). Es ist deshalb häufig erforderlich, eine Honorarvereinbarung abzuschließen. Die Höhe des **Honorars** muß sich an der Bedeutung der Sache für den Mandanten wie am voraussichtlichen Aufwand orientieren.

8 Schließlich sollte vor der Annahme des Mandates auch geprüft werden, ob eine **Delegation** an einen Kollegen mit entsprechender Spezialkenntnis sinnvoll ist. Die Angst, deshalb einen Mandanten auch mit seinen anderen Rechtssachen

zu verlieren, erweist sich meist als unbegründet. Es ist nicht zweckmäßig, das Verwaltungsverfahren oder die erste Instanz zu übernehmen und das Mandat dann abzugeben.

2. Besprechung mit dem Mandanten

a) Ziel des Mandanten

Zunächst ist zu ermitteln, welches Ziel der Mandant erreichen will, nicht das **9** vordergründige Begehren, sondern das tatsächliche wirtschaftliche oder persönliche Ziel. Verwaltungs- wie Verwaltungsgerichtsverfahren dienen der **Durchsetzung subjektiver Rechte,** nicht einem öffentlichen Interesse. Mag der Wunsch des Mandanten noch so verständlich und ehrenwert sein, spätestens bei Klageerhebung muß er die Klagebefugnis haben (vgl. *Kopp* VwGO, § 42 Rdnrn. 37ff.). Vereinfacht sind meistens drei Fallkonstellationen zu unterscheiden:

- Der Mandant begehrt eine Genehmigung oder Leistung.
- Der Mandant wehrt sich gegen einen belastenden Verwaltungsakt oder den Angriff eines Dritten auf eine dem Mandanten erteilte Genehmigung.
- Der Mandant wehrt sich gegen eine Genehmigung, die einem Dritten erteilt ist.

Danach wird sich die Strategie des Vorgehens – unter Berücksichtigung des Zeitfaktors – richten.

b) Die Verfahrenslage

Die aktuelle Verfahrenslage ist anhand der Unterlagen mit dem Mandanten zu **10** besprechen. Soweit es sich nicht aus dem Schriftverkehr ergibt, sind Anträge, Anhörungen, Zustellungen zu erfragen. Wurde eine **Frist versäumt,** ist zu prüfen, ob Wiedereinsetzung (§ 32 VwVfG, § 60 VwGO) möglich ist. Oft wird der Mandant den Anwalt aufsuchen, wenn er einen Verwaltungsakt mit Rechtsmittelbelehrung erhalten hat. In der verbleibenden Zeit bis zum Fristablauf läßt sich die Sach- und Rechtslage oft nicht hinreichend klären. Es genügt und ist fast immer zu empfehlen, zur Fristwahrung Widerspruch, Klage oder das Rechtsmittel einzureichen und die Begründung nachzureichen (Ausnahme: Nichtzulassungsbeschwerde, unten Rdnr. 135).

Will der Mandant **Einwendungen** in einem Planfeststellungsverfahren erhe- **11** ben, sichert nur die rechtzeitige Einwendung das Recht auf Teilnahme am Erörterungstermin und bei bundesrechtlichen Planfeststellungen die Klage (materielle Präklusion). Es sind deshalb fristgerecht sachliche Einwendungen zu erheben und die persönliche Betroffenheit des Mandanten darzustellen. Die sachlichen Gründe gegen das Vorhaben können später detailliert nachgereicht werden. Gleiches gilt bei der Aufstellung eines Bebauungsplans (§ 3 II BauGB) für Anregungen und Bedenken.

Besonderheiten ergeben sich in den Verfahren, die eine **materielle Präklusion** **12** vorsehen (z. B. § 10 III BImSchG und jetzt § 17 IV FStrG): Im Verwaltungs- wie im Verwaltungsgerichtsverfahren kann der Mandant nur noch mit den Einwendungen gehört werden, die er fristgerecht vorgetragen hat. Hier sind größte Eile und Sorgfalt geboten.

Hat die Behörde mit dem **Vollzug** bereits begonnen oder steht der Vollzug **13** unmittelbar bevor, können Sofortmaßnahmen notwendig werden. Anträge auf

Erlaß einer einstweiligen Anordnung oder auf Wiederherstellung der aufschiebenden Wirkung können schon vor Klageerhebung bei Gericht eingereicht werden.

c) Sachverhaltserörterung

14 Im Gespräch mit dem Mandanten sollte der Sachverhalt umfassend aufgeklärt werden (anhand der schriftlichen Unterlagen Fragen vorbereiten). Der Mandant muß insbesondere die ihm zur Verfügung stehenden Unterlagen, wie Anträge und Bescheide, zur Verfügung stellen. Ist der Sachverhalt zwischen Mandant und Behörde streitig, müssen **Beweismittel** angegeben werden. Zwar ist das Verwaltungsverfahren vom Untersuchungsgrundsatz (§ 24 VwVfG) und der Verwaltungsgerichtsprozeß von der Amtsermittlung (§ 86 I VwGO) geprägt, doch bleibt es auch hier bei der materiellen Beweislast, nach der die Unerweislichkeit von solchen Tatsachen zu ihren Lasten geht, aus denen eine Partei für sich günstige Rechtsfolgen herleitet, es sei denn, daß der Rechtssatz selbst eine besondere Regelung trifft (*BVerwGE* 47, 332, 338). Wer eine Genehmigung oder Leistung begehrt, muß deshalb die tatbestandlichen Voraussetzungen des Anspruchs **beweisen,** während die Behörde die Voraussetzungen für einen Eingriffstatbestand zu belegen hat. Ebenso gelten die Grundsätze der Beweislastumkehr und die Folgen einer Beweisvereitelung (vgl. *Kopp* VwGO, § 86 Rdnrn. 11ff.; zu beachten die neuen §§ 82, 87, 87b VwGO).

15 Kommt es auf die örtlichen Verhältnisse an, ist eine **Ortsbesichtigung** notwendig. Fotos oder Pläne können niemals den unmittelbaren Eindruck der Ortsbesichtigung ersetzen. Häufig sind schwierige technische, wissenschaftliche oder wirtschaftliche Sachverhalte zu beurteilen. Mit dem Mandanten ist deshalb zu erörtern, ob Sachverständige mit Untersuchungen oder Gutachten beauftragt werden können. Es ist in aller Regel nicht sinnvoll, damit bis zum Prozeß zu warten.

d) Vollmacht

16 Im Verwaltungs- wie im Verwaltungsgerichtsverfahren ist eine schriftliche Vollmacht vorzulegen (§ 14 VwVfG, § 67 III VwGO). Ist mit mehreren Behörden zu verhandeln, sollte jeweils die Legitimation durch eine schriftliche Vollmacht nachgewiesen werden. Lediglich im Prozeß ist eine Prozeßvollmacht erforderlich, ansonsten muß eine außergerichtliche Vollmacht verwendet werden, wie sie in den gebräuchlichen Formularsammlungen angeboten wird. Der Schriftverkehr erfolgt dann ausschließlich mit dem Anwalt, dem auch alle Bescheide zuzustellen sind (§ 41 VwVfG). Nur durch die Zustellung an den Anwalt wird eine Frist wirksam in Lauf gesetzt, es sei denn, die Bekanntgabe erfolgt öffentlich.

17 Die Vollmacht gilt immer nur für das jeweilige Verfahren, so daß in anderen (z. B. parallelen) Verfahren, die Zustellungen weiterhin an den Mandanten erfolgen. Um Mißverständnisse hinsichtlich des Fristablaufs zu vermeiden, sollte der Mandant stets alle Schriftstücke, die er von Behörden erhält, dem Anwalt zusenden. Bei **parallelen Genehmigungen** ist es sinnvoll, daß der Anwalt in allen Verfahren seine Vertretung anzeigt. So umfaßt z. B. die Vertretung im Planfeststellungsverfahren in der Regel nicht das Enteignungsverfahren. Die Behörde versucht häufig, am Anwalt vorbei mit dem Mandanten über den Grunderwerb zu verhandeln. Es ist deshalb eine gesonderte Vertretungsanzeige erforderlich.

Bei **mehreren Auftraggebern,** z. B. Klägergemeinschaften, ist sorgfältig zu prüfen, ob zwischen den Auftraggebern keine Interessenkollision besteht. Soweit alle ein gemeinsames Hauptziel verfolgen, sollte dieses Ziel als Auftrag in der Auftragsbestätigung durch den Anwalt schriftlich bestätigt werden. 18

e) Gebühren

Die Gebühren richten sich im Verwaltungsverfahren nach § 118 BRAGO. Das Verfahren vor Erlaß eines Bescheides und ein anschließendes Widerspruchsverfahren bilden gebührenrechtlich eine Einheit (§ 119 BRAGO). Andererseits werden die Gebühren des Verwaltungsverfahrens auf das Klageverfahren nicht angerechnet. Für den Verwaltungsgerichtsprozeß gelten die allgemeinen Prozeßgebühren, für Beschwerden deshalb auch nur halbe Gebühren (§ 114 BRAGO). Bei mehreren Auftraggebern (auch Eheleuten) ist auf § 6 BRAGO zu achten. 19

Im Verwaltungsverfahren entsteht eine **Beweisgebühr** nach § 118 I 3 BRAGO dann, wenn die Behörde eine Beweiserhebung anordnet, wie z. B. einen Augenschein oder die Anhörung des Mandanten, nicht jedoch dadurch, daß der Anwalt Beweismittel vorlegt. Die **Erledigungsgebühr** des § 24 BRAGO setzt eine Tätigkeit voraus, die über das Betreiben der Sache hinausgeht. Wird die vom Mandanten begehrte Genehmigung erteilt, ist regelmäßig ein Vergleich i. S. d. § 55 VwVfG mangels öffentlich-rechtlichen Vertrages nicht zustandegekommen.

Da im übrigen die Gegenstandswerte (unten Rdnr. 160) in der Regel so niedrig sind, daß eine verantwortliche Bearbeitung wirtschaftlich unmöglich ist, empfiehlt sich der Abschluß einer **Honorarvereinbarung.** Der Mandant ist darauf hinzuweisen, daß eine Erstattung nur in Höhe der gesetzlichen Gebühren in Frage kommt. Es kann ein festes Honorar für eine bestimmte Tätigkeit, ein Gegenstandswert oder auch Stundenhonorar vereinbart werden. Wird ein Gegenstandswert bestimmt, sollten auch 13/10 Gebühren für Beschwerden vereinbart werden. 20

Die Vorschriften über die **Prozeßkostenhilfe** der ZPO gelten entsprechend, § 166 VwGO. Zu diesen Bedingungen können allenfalls sozial-rechtliche Ansprüche wie BAföG, BSHG vertreten werden. 21

Kopien aus den Verwaltungsakten werden in der Regel nicht als erstattungsfähig angesehen, obwohl sie für die Bearbeitung des Falles notwendig sind. Die Rechtsprechung sieht diese Kosten als mit den Gebühren abgegolten. Hierauf ist der Mandant hinzuweisen. Bei umfangreicheren Kopien aus Verwaltungsakten sollte dem Mandanten der Selbstkostenpreis berechnet werden. 22

Dem Mandanten ist zu empfehlen, die eigenen **Kosten,** wie z. B. Fahrt zum Anwalt, zur Besprechung mit der Behörde, mit entsprechenden Belegen in seiner eigenen Akte zu erfassen, um später eine Abrechnung zu erleichtern. Gleiches gilt für die Reisekosten und sonstigen Auslagen des Anwalts (vgl. *Kopp,* VwGO, Anm. zu § 162). Reisekosten eines auswärtigen Anwalts sind nur erstattungsfähig, wenn der Anwalt über besondere Fachkenntnisse verfügt und der Streitfall schwierig ist (*VGH Mannheim* VBlBW 1990, 15). 23

f) Rechtsschutzversicherung

Die Hoffnung des Mandanten, seine Rechtsschutzversicherung werde die Verfahrenskosten übernehmen, trifft nur selten zu. Der Grundstücksrechtsschutz gem. § 29 ARB gilt nicht für den Bauherrn, der eine Baugenehmigung 24 erstreiten will, jedoch für den Nachbarn, der sich in seinem Eigentum durch eine Baugenehmigung beeinträchtigt fühlt. Kein Versicherungsschutz wird gewährt in Planfeststellungs-, Flurbereinigungs-, Umlegungs- und Enteignungsverfahren. Es bleibt der **Rechtsschutz** beim Führerscheinentzug, beim Disziplinarverfahren und in den öffentlich-rechtlichen Anstellungsverhältnissen. Die Rechtsschutzversicherung erstattet nur die gesetzlichen Gebühren, so daß eine darüber hinausgehende Honorarvereinbarung oftmals notwendig ist.

3. Maßnahmen

a) Drohender Fristablauf

25 Bei drohendem Fristablauf kann die Einlegung des Widerspruchs oder die Erhebung der Klage geboten sein, auch wenn die Rechtslage noch nicht vollständig geprüft werden kann. Das kann per Telex oder Telefax geschehen. Stets ist die sofortige Anzeige der Vertretung unter Vorlage der Vollmacht zu empfehlen, damit die künftige Korrespondenz ausschließlich mit dem Anwalt geführt wird, ihm insbesondere alle Entscheidungen zugestellt werden.

b) Akteneinsicht

26 Mit der Vertretungsanzeige sollte der Antrag auf Akteneinsicht verbunden werden. Die Verwaltungsakten sind bei der zuständigen Behörde **einzusehen** (§ 29 II 1 VwVfG); ein Anspruch auf Übersendung der Akten in das Büro besteht nicht. Der Anwalt kann nicht einmal verlangen, daß ihm Kopien aus den Akten angefertigt werden. Aus diesen Verfahrensvorschriften des VwVfG spricht noch der Geist einer vordemokratischen Verwaltung. In der Praxis jedoch wird der Anwalt in den meisten Fällen gegen Kostenerstattung Kopien aus den Akten erhalten. Vorsorglich sollte er jedoch ein Diktiergerät mitnehmen, um wesentliche Akteninhalte festzuhalten. Es müssen die **vollständigen Verfahrensakten** vorgelegt werden, bis auf die Entwürfe zu beabsichtigten Entscheidungen. Das Einsichtsrecht umfaßt also auch alle tatsächlichen und rechtlichen Voraussetzungen der künftigen Entscheidung, z. B. die Stellungnahmen anderer Behörden. Gehören **Pläne** zu den Akten, sollte man sich diese Pläne erläutern lassen. Bei Planänderungen ist es erforderlich, sich auch die alten Pläne zeigen und erläutern zu lassen.

27 Soweit es auf **Vorschriften** ankommt, die nicht veröffentlicht sind, besteht ebenfalls ein Anspruch gegen die Behörde, den vollständigen Text der Vorschriften zu erfahren. Verwaltungsvorschriften, die insbesondere Ermessensentscheidungen verwaltungsintern steuern, sind zwar keine Akten, der Anwalt hat aber Anspruch auf Auskunft nach § 25 VwVfG über den vollen Wortlaut des Textes. In den förmlichen Verfahren, wie z. B. den Planfeststellungsverfahren, ist die Akteneinsicht in das **Ermessen der Behörde** gestellt. Die Akteneinsicht wird häufig mit dem falschen Argument abgelehnt, die Behörde müsse allen Einwendern Akteneinsicht gewähren, wenn sie nur einem dieses Recht zugestehe. Das führe dazu, daß die Behörde nicht mehr funktionsfähig bleibe. Es ist deshalb unklug, solche Anträge im Erörterungstermin zu stellen. Wenn man bei der Behörde noch nicht bekannt ist, sollte man mit dem zuständigen Beamten einen Termin vereinbaren, um den Wunsch nach Akteneinsicht mündlich zu erläutern. Ein solcher Wunsch wird praktisch nie abgeschlagen.

28 Gerade in Verfahren mit umfangreichen Verwaltungsakten ist es zweckmäßig, die einzelnen Verwaltungsakten, Gutachten usw in den eigenen Akten gesondert zu führen, durchzunumerieren und in einem gesonderten Aktenplan zu erfassen. Nur so ist auch bei einem mehrjährigen Verfahren der direkte Zugriff ohne langwieriges Suchen möglich.

c) Kontakte zur Behörde

Das Gespräch mit der Behörde ist in nahezu allen Verfahrenslagen sinnvoll. 29
Über die Akteneinsicht hinaus läßt sich durch das Gespräch mit dem zuständigen **Sachbearbeiter** erfahren, wie die Behörde Sachverhalt und Rechtslage einschätzt. Hier kann der Anwalt unmittelbar seine Auffassungen einbringen sowie weitere Sachverhaltsermittlungen anregen oder eigene Ausführungen zu bestimmten Sach- und Rechtsfragen ankündigen. Deshalb ist zu empfehlen, frühzeitig mit dem Sachbearbeiter zu telefonieren. **Der Verwaltungsstil** wandelt sich zunehmend von der obrigkeitlichen Anordnung hin zum Verhandlungsstil (instruktiv: *Bulling* DöV 1989, 277). Nur in Verhandlungen läßt sich ausloten, ob durch Auflagen oder durch Beschränkung auf eine Teilgenehmigung das Interesse des Mandanten, wenn auch nicht ganz, so doch in wesentlichen Teilen, durchsetzbar ist. Allerdings ist nicht jede Erklärung eines Beamten im Rahmen einer solchen Verhandlung bereits eine behördliche **Zusage** (§ 38 VwVfG). Ein Verhandlungsergebnis sollte auf jeden Fall schriftlich formuliert und von der Behörde bestätigt werden, ein Vergleich bedarf der Schriftform (§ 57 VwVfG).

d) Zeitfaktor

Erhebliche Bedeutung für die eigene Strategie hat der Zeitfaktor. Hier sind 30
die Interessenlagen je nach dem verfolgten Ziel des Mandanten höchst unterschiedlich. Der Bauherr will möglichst bald mit dem Bau beginnen. Widersprüche des Nachbarn lassen sich durch Verhandlungen oft am schnellsten ausräumen. Der Nachbar hingegen möchte Zeit gewinnen, ist in den meisten Fällen aber auch gut beraten, einen Kompromiß zu suchen.

Begehrt der Mandant eine Genehmigung, kann das Verfahren oft beschleunigt werden, wenn nur eine **Teilgenehmigung** oder ein Vorbescheid beantragt wird (beispielsweise Bauvorbescheid). Auch eine inhaltliche Beschränkung kann zweckmäßig sein, damit möglichst zügig mit dem Vorhaben begonnen und parallel dazu eine Änderungsgenehmigung beantragt werden kann. Widerspruch und Anfechtungsklage haben gegen belastende Verwaltungsakte aufschiebende Wirkung, die jedoch durch Anordnung des **Sofortvollzugs** durchbrochen werden können. Der Sofortvollzug soll zwar nach der Prozeßordnung nur die Ausnahme sein, ist aber bei allen größeren öffentlichen Vorhaben die Regel. Effektiver Rechtsschutz und die Chance einer Aufhebung der Verwaltungsentscheidung im Klageverfahren bestehen meist nur dann, wenn verhindert wird, daß vollendete Tatsachen geschaffen werden. Entsprechend hoch sind die Anforderungen an das Verfahren des vorläufigen Rechtsschutzes. Auch hier sollte der Anwalt nichts unversucht lassen, durch Verhandlungen mit der Behörde einen Aufschub oder eine Beschränkung des Vollzugs zu erreichen.

III. Verwaltungsverfahren

1. Rechte des Mandanten

Jede rechtliche Prüfung hat damit zu beginnen, aufgrund welcher materieller 31
Rechte der Mandant eine Leistung begehren oder einen Eingriff abwehren kann. Auszugehen ist stets von der spezialgesetzlichen Regelung; auf Grundrechte ist nur abzustellen, wenn eine gesetzliche Regelung fehlt.

Sodann ist zu prüfen, in welchem Verfahren (unten Rdnr. 50ff.) diese Rechte geltend zu machen sind. Aus dem jeweils einschlägigen Gesetz und den dazu ergangenen Verordnungen und Verwaltungsvorschriften können sich besondere Formerfordernisse ergeben.

Prüfung:
- Welches Gesetz ist einschlägig? In welcher Fassung?
- Sind ergänzend Verordnungen und/oder Verwaltungsvorschriften ergangen?
- Gibt das Gesetz dem Mandanten subjektive Rechte?
- Ist – zusätzlich – auf Grundrechte abzustellen?
- Ist das Verfahren geregelt? Gilt das VwVfG?
- Wer ist zuständig?
- Sind besondere Formen und Fristen zu beachten?

a) Begehren einer Leistung oder eines begünstigenden Verwaltungsaktes

32 Begehrt der Mandant eine Leistung oder einen begünstigenden Verwaltungsakt, ist zunächst die **spezialgesetzliche Anspruchsgrundlage** zu ermitteln. Regelmäßig ist ein Antrag bei der zuständigen Behörde erforderlich, dem je nach Sachgebiet Nachweise (z. B. über die Befähigung), Pläne und Unterlagen beizufügen sind. Unter Umständen ist die Tätigkeit nur anzuzeigen (z. B. § 88 HessBO). Aus dem jeweiligen Spezialgesetz ergibt sich, ob bei Vorliegen der Voraussetzungen ein Anspruch auf Genehmigung besteht oder die Behörde ein **Ermessen** ausüben kann. Der Bürger hat ein Recht auf fehlerfreie Ermessensausübung. Das Ermessen ist oft verwaltungsintern durch Verwaltungsvorschriften gebunden. Auch durch ständige Praxis kann sich eine Bindung (Art. 3 GG) ergeben. Das Ermessen ist seltener „auf Null reduziert" als üblicherweise angenommen wird. Bei Ermessensentscheidungen ist herauszuarbeiten, daß die vom Mandanten begehrte Regelung gerade dem gesetzlichen Zweck entspricht (vgl. im einzelnen *Kopp,* Anm. zu § 40 VwVfG; *Maurer* S. 92ff.; *Erichsen,* in: *Erichsen/Martens,* Allgemeines Verwaltungsrecht, 8. Aufl., S. 201ff.). Im Prozeß kann in der Regel nur die fehlerhafte Ermessensausübung gerügt und beantragt werden, die Behörde zu einer Neubescheidung zu verpflichten (Bescheidungsantrag).

33 Beim **unbestimmten Rechtsbegriff** hingegen findet eine volle gerichtliche Überprüfung statt, so daß im Prozeß auf Erlaß des begehrten Verwaltungsaktes geklagt werden kann. Ein **Beurteilungsspielraum** (zur planerischen Abwägung vgl. unten Rdnr. 70) besteht bei Wertungen, wie sie typischerweise mit Prüfungen verbunden sind.

Beispiel: Antrag auf Zurückstellung vom Wehrdienst

Kreiswehrersatzamt . . .

Aktenzeichen und Personenkennzeichen
Wehrpflichtiger:

Sehr geehrte Damen und Herren,

unter Vorlage auf uns lautender Vollmacht zeigen wir an, daß wir Herrn . . . vertreten. In seinem Namen und Auftrag beantragen wir,

Herrn . . . bis zum . . . vom Wehrdienst zurückzustellen.

Begründung

1. Der Wehrpflichtige ist nach § 12 Abs. 4 Ziff. 2 WPflG vom Wehrdienst zurückzustellen. Die Heranziehung zum Wehrdienst würde für ihn wegen wirtschaftlicher Gründe eine

besondere Härte bedeuten, da er für die Erhaltung und Fortführung eines eigenen Gewerbebetriebes unentbehrlich ist.

Der Wehrpflichtige ist Mitinhaber des Restaurants ... (Es folgt eine exakte Beschreibung der Mitarbeit des Wehrpflichtigen im Restaurant und der tatsächlichen Unentbehrlichkeit.)

2. Der Wehrpflichtige ist nach § 12 Abs. 4 S. 2 Nr. 2 WPflG vom Wehrdienst zurückzustellen, da der Betrieb durch die wehrpflichtbedingte Abwesenheit des Wehrpflichtigen in seiner Existenz gefährdet wäre. Das Restaurant ... ist ein eigener Betrieb des Wehrpflichtigen (vgl. dazu *Johlen,* Wehrpflichtrecht in der Praxis, 1984, Rdnrn. 120ff.). Der Wehrpflichtige ist für seinen eigenen Betrieb unentbehrlich. (Es folgt die rechtliche Begründung unter Auswertung des dargelegten Sachverhaltes nach Maßgabe der Rechtsprechung des Bundesverwaltungsgerichts, insbesondere der fehlenden Möglichkeit, eine Ersatzkraft zu stellen.)

Prüfung:
- Wie lautet die spezialgesetzliche Anspruchsgrundlage oder ist auf allgemeine Vorschriften abzustellen?
- Bestehen mehrere Anspruchsgrundlagen?
- Ist – zusätzlich – auf Grundrechte abzustellen?
- Welche Tatsachen verlangt die Anspruchsgrundlage; sind diese Anspruchsvoraussetzungen erfüllt?
- Wie werden diese tatsächlichen Umstände in der Rechtsprechung und Literatur ausgelegt?
- Wie können sie im konkreten Fall nachgewiesen werden?
- Bei Ermessen: Welche Gründe sprechen für eine Bescheidung im Sinne des Antrags?
- Welche formellen Voraussetzungen sind einzuhalten, insbesondere: Wer ist zuständig?
- Ist der Antrag fristgebunden und die Frist gewahrt?

b) Angriff eines belastenden Verwaltungsaktes

Der Angriff gegen einen belastenden Verwaltungsakt setzt ein subjektiv-öf- 34
fentliches Recht des Mandanten voraus. Ob eine Norm dem einzelnen Bürger ein subjektives öffentliches Recht oder nur einen Rechtsreflex vermittelt, kann letztlich nur aufgrund der Kasuistik beurteilt werden, die sich in den Kommentierungen zu §§ 42, 113 VwGO (vgl. auch *Maurer* S. 117ff. sowie *Erichsen,* in: *Erichsen/Martens,* Allgemeines Verwaltungsrecht, 8. Aufl., S. 155ff.) findet. Zu überprüfen ist stets, ob der Eingriff von der **Ermächtigungsgrundlage** gedeckt ist (oder diese gegen höherrangiges Recht verstößt) und die örtliche, sachliche und instantielle Zuständigkeit der Behörde einschließlich der Formvorschriften gewahrt ist (vgl. zum Vorbehalt des Gesetzes: *Maurer* S. 79ff.).

Wer durch die einem Dritten erteilte Genehmigung in eigenen Rechten ver- 35
letzt wird **(Verwaltungsakt mit Doppelwirkung),** kann unmittelbar diese Genehmigung angreifen. Dies ist die typische Konstellation des Nachbarwiderspruchs aber auch der Konkurrentenklage (vgl. *Erichsen/Martens,* Allgemeines Verwaltungsrecht, 8. Aufl., S. 270ff.; beachte §§ 80, 80a VwGO).

Gegen alle belastenden Verwaltungsakte einschließlich der Verwaltungsakte mit Doppelwirkung ist **Widerspruch** (unten Rdnrn. 53ff.) einzulegen. Die Frist beträgt regelmäßig einen Monat, in einigen Rechtsgebieten wie z. B. im Wehrpflichtrecht oder dem Flurbereinigungsrecht nur zwei Wochen. Zur Fristwahrung reicht es regelmäßig aus, den Widerspruch einzulegen, die Begründung kann nachgereicht werden. Soll die belastende Verfügung insgesamt angegriffen werden, reicht es aus, Widerspruch einzulegen und diesen zu begründen. Soll die **belastende Verfügung** nur **teilweise angegriffen** werden, ist der Widerspruch mit einem entsprechenden Antrag zu verbinden. Eine solche inhaltliche

Beschränkung des Widerspruchs muß sorgfältig bedacht werden, da der Verwaltungsakt dann im übrigen bestandskräftig werden kann. Es empfiehlt sich, eine Beschränkung im Hilfsantrag aufzunehmen.

Beispiel aus dem Beamtenrecht:

Regierungspräsidium ...

Entlassung aus dem Polizeivollzugsdienst des Landes Baden-Württemberg

Sehr geehrte Damen und Herren,

Unter Vorlage auf uns lautender Vollmacht zeigen wir an, daß wir Herrn ... vertreten. In seinem Namen und Auftrag legen wir gegen Ihren Bescheid vom ... – zugegangen am ...

Widerspruch

ein und beantragen:

Die Entlassungsverfügung des Regierungspräsidiums ... vom ... wird aufgehoben.

Hilfsweise:

Unter Aufhebung der Entlassungsverfügung vom ... wird der Widerspruchsführer in den Ruhestand versetzt.

Begründung

1. Die Entlassungsverfügung ist rechtswidrig und verletzt den Widerspruchsführer in seinen Rechten. Die angegriffene Verfügung stützt sich auf § 41 Nr. 2 LBG, die die Dienstunfähigkeit des Beamten voraussetzt. Nach der Legaldefinition des § 145 LBG ist die Dienstunfähigkeit eines Polizeibeamten anzunehmen, wenn ... (Es folgt dann die Auseinandersetzung mit der Frage, ob der Beamte tatsächlich dienstunfähig ist.)

2. Selbst wenn eine Dienstunfähigkeit bestünde, wäre allenfalls eine Versetzung in den Ruhestand rechtmäßig. Rechtsgrundlage ist § 57 Abs. 2 LBG. Das dem Dienstherren eingeräumte Ermessen reduziert sich hier dahin, den Beamten in den Ruhestand zu versetzen. Nach dem Urteil des VGH Mannheim vom 9. 12. 1986 – 4 S 572/85 – ist Voraussetzung einer solchen Ermessensbeschränkung, daß der Widerspruchsführer mit Erfüllung der beamtenrechtlichen Voraussetzungen einen Rechtsanspruch auf Ernennung zum Beamten auf Lebenszeit erlangt hätte. Rechtsgrundlage hiefür ist § 8 Abs. 1 und 2 LBG. (Es wird nun ausgeführt, daß diese Voraussetzungen gegeben sind.)

Beispiel aus dem Baurecht:

Landratsamt ...

Baugenehmigung vom ... für Herrn ... zum Neubau eines landwirtschaftlichen Gebäudes in ...,

Lgb. Nr. ...

Sehr geehrte Damen und Herren,

unter Vorlage auf uns lautender Vollmacht zeigen wir an, daß wir die Eheleute ... vertreten. Im Namen und Auftrag unserer Mandanten legen wir gegen die Herrn ... erteilte Baugenehmigung

Widerspruch

ein.

Begründung

Die erteilte Baugenehmigung ist rechtswidrig und verletzt die Rechte unserer Mandanten. Für das Baugrundstück besteht kein rechtsgültiger Bebauungsplan. Die Annahme, das Gebiet entspreche gemäß § 5 BauNVO einem Dorfgebiet, ist nicht zutreffend. (Dies ist im einzelnen nun zu begründen.)

Planungsrechtlich ist das Vorhaben deshalb nach § 34 Abs. 1 BauGB zu beurteilen. Es ist deshalb nur zulässig, wenn es sich nach Art und Maß der baulichen Nutzung, der Bauweise und Grundstücksfläche, die bebaut werden soll, in die Eigenart der näheren Umgebung einfügt und die Erschließung gesichert ist. Entscheidend ist, daß sich das

Vorhaben in jeder Hinsicht innerhalb des Rahmens hält, der sich aus der das Grundstück prägenden Umgebung ergibt. Es fügt sich dann nicht im Sinne des § 34 Abs. 1 BauGB in die Eigenart der näheren Umgebung ein, wenn es die gebotene Rücksichtnahme insbesondere auf die in seiner unmittelbaren Nähe vorhandene Bebauung fehlen läßt. (Sodann ist im einzelnen zu begründen, warum das Gebot der Rücksichtnahme hier verletzt wird.)

Prüfung:

- Wie lautet die Ermächtigungsgrundlage für das Verwaltungshandeln?
- Werden durch die Ermächtigungsgrundlage subjektive Rechte des Mandanten begründet?
- Werden durch andere öffentlich-rechtliche Vorschriften, die nicht nur der Allgemeinheit, sondern auch dem Interesse des Einzelnen zu dienen bestimmt sind, subjektive Rechte begründet?
- Sind Grundrechte verletzt?
- Ist der Verwaltungsakt formell rechtmäßig, insbesondere:
  Hat die zuständige Behörde gehandelt?
  Ist das Verfahren eingehalten worden?
  Ist der Verwaltungsakt begründet?
  Ist der Verwaltungsakt an den richtigen Adressaten bekannt gegeben?
- Wann läuft die Frist für die Einlegung des Widerspruchs ab? Kann unter Umständen Wiedereinsetzung in den vorherigen Stand beantragt werden?
- Ist das Verwaltungshandeln von der Ermächtigungsgrundlage gedeckt?
- Sind die von der Behörde angenommenen Tatsachen zutreffend?
- Hat die Behörde die Rechtvorschriften richtig ausgelegt?
- Ist das Ermessen richtig ausgeübt? Insbesondere:
  Wurde überhaupt das Ermessen ausgeübt?
  Sind sachfremde Erwägungen angestellt?
  Wurde die Selbstbindung der Verwaltung z. B. durch gleichförmiges Verhalten oder Bindung an Verwaltungsvorschriften beachtet?

Häufig ist der Mandant mit der erteilten Genehmigung zufrieden, will sich aber gegen **Nebenbestimmungen** wie z. B. Auflagen wehren. Es ist dann zu prüfen, ob diese Nebenbestimmungen selbständig anfechtbar sind (vgl. *Erichsen,* in: *Erichsen/Martens,* Allgemeines Verwaltungsrecht, 8. Auflage, S. 221 ff.; *Martens* DÖV 1988, 949; *Fehn* DÖV 1988, 202).

Prüfung:

- Ist die Wirksamkeit des Verwaltungsaktes von der Nebenbestimmung abhängig (Bedingung, Befristung)?
- Ist die Nebenbestimmung eine zusätzliche Verpflichtung (Auflage)?
- Läßt die Ermächtigungsgrundlage Nebenbestimmungen zu?
- Besteht ein sachlicher Zusammenhang mit der Genehmigung? (vgl. unten Rdnr. 40).

c) Zusage der Behörde

Eine verbindliche Zusage der Behörde liegt sehr viel seltener vor, als die **36**
Mandanten annehmen. Meist fehlt es bereits an der Schriftform (§ 38 VwVfG). Insbesondere ist die Behörde bei einer Änderung der Sach- oder Rechtslage nicht an die Zusage gebunden.

Prüfung:

- Wurde zugesagt, einen bestimmten Verwaltungsakt zu erlassen oder zu unterlassen?
- Hat die zuständige Behörde die Zusage schriftlich gegeben?
- Sind die Verfahrensanforderungen eingehalten?
- Ist das zugesagte Verhalten rechtmäßig?
- Ist die Bindungswirkung nachträglich entfallen?

d) Klagebefugnis

37 Im Verwaltungsverfahren können die **Rechte** der Mandanten weiter reichen als die Klagebefugnis für den Prozeß, z. B. die Einwendungsrechte bei der Planfeststellung oder dem BImSchG. Werden mehrere Mandanten mit gleichlautenden Interessen vertreten, ist frühzeitig zu differenzieren, wer in einem späteren Prozeß klagebefugt wäre.

2. Verwaltungsakt

a) Definition

38 Ziel oder Gegenstand des Angriffs ist meist ein Verwaltungsakt, zu dessen Erläuterung und Abgrenzung vom sonstigen Verwaltungshandeln auf die Kommentierung zu § 35 VwVfG (vgl. *Maurer* S. 140ff.; *Erichsen,* in: *Erichsen/Martens,* Allgemeines Verwaltungsrecht, 8. Aufl., S. 171ff.) verwiesen wird.

Ob das Verwaltungshandeln die Voraussetzungen des Verwaltungsaktes erfüllt, ist in den meisten Fällen unproblematisch. Ist die getroffene Regelung abstrakt-generell und nicht auf einen **konkreten Einzelfall** bezogen, liegt kein Verwaltungsakt, sondern eine Rechtsverordnung oder eine Satzung vor. Verwaltungsakt jedoch ist die Allgemeinverfügung (§ 35 S. 2 VwVfG), die auf den Einzelfall bezogen bleibt, auch wenn sie sich an eine unbestimmte Zahl von Personen richtet (Verkehrszeichen) und sich in der Form bereits vom Rechtssatz unterscheidet. Der Verwaltungsakt ist immer hoheitliche und damit verbindliche Regelung. **Am Regelungscharakter** fehlt es beim nur tatsächlichen Verwaltungshandeln (dienstliche Beurteilung durch den Vorgesetzten, *BVerwGE* 49, 351). Der Verwaltungsakt ist die Form, mit der die Verwaltung typischerweise handelnd den Einzelfall regelt. Es werden anordnende, gestaltende, feststellende, begünstigende und belastende Verwaltungsakte, Erlaubnisse, dingliche Verwaltungsakte, Zusagen usw. unterschieden (vgl. *Maurer* S. 165ff.). Mit dem Verwaltungsakt ist eine besondere Förmlichkeit des **Verwaltungshandelns** verbunden. Wird ein beantragter Verwaltungsakt abgelehnt, ist vor der Verpflichtungsklage ein Widerspruchsverfahren zwingend vorgeschrieben (§ 68 II VwGO); wird der Mandant durch einen belastenden Verwaltungsakt oder durch den einem Dritten erteilten Verwaltungsakt belastet, ist vor Erhebung der Anfechtungsklage ebenfalls das Widerspruchsverfahren durchzuführen (§ 68 I VwGO), es sei denn, daß ein Widerspruchsverfahren aufgrund besonderer gesetzlicher Regelung entfällt. Diese Verfahren sind zwingend an Fristen gebunden.

b) Vorbescheid und Teilgenehmigung

39 Vorbescheid (typisch die Bebauungsgenehmigung, *BVerwGE* 68, 241) und die Teilgenehmigung (§ 8 BImSchG) sind ebenfalls Verwaltungsakte, die einen besonderen strategischen Wert erhalten, wenn das Vorhaben des Mandanten umstritten ist oder aber eine Prüfung des Gesamtvorhabens zu lange dauern würde und der Mandant zumindest mit Teilen beginnen will. Der Vorbescheid beschränkt sich regelmäßig auf die Prüfung und Entscheidung, ob das Vorhaben mit einem Teil der rechtlichen Voraussetzungen in Einklang steht, z. B. der Bauvorbescheid auf die bauplanungsrechtliche Zulässigkeit des Vorhabens. Die Teilgenehmigung ist für einen Teil des Vorhabens eine abschließende und umfassende Genehmigung. Wer eine Teilgenehmigung erhält, kann mit dem Vorhaben beginnen und Tatsachen schaffen. Ein Vorbescheid gibt einen rechtlich

gesicherten Bestand. In beiden Fällen bindet sich die Verwaltung und begründet dadurch die Erwartung weiterer Genehmigungsschritte. Davon zu unterscheiden ist die **taktische Beschränkung eines Antrags,** um später mit einem Erweiterungs- und Änderungsantrag das ursprüngliche Ziel des Mandanten zu verwirklichen.

c) Nebenbestimmungen

Besondere Bedeutung für die Anwaltspraxis haben Nebenbestimmungen 40
(§ 36 VwVfG; vgl. *Erichsen,* in: *Erichsen/Martens,* Allgemeines Verwaltungsrecht, 8. Aufl., S. 221 ff.) oder die Beschränkungen des Verwaltungsakts. Durch Nebenbestimmungen lassen sich oft Versagungsgründe ausräumen. Viele Genehmigungen sind **befristet,** z. B. die Baugenehmigung oder die Teilungsgenehmigung, oder unter einer Bedingung erteilt. Besondere Bedeutung hat die Auflage. Sie ist abzugrenzen von der modifizierenden Auflage, die nicht selbständig zum Verwaltungsakt hinzutritt, sondern den Inhalt der Regelung selbst verändert. Während die Nebenbestimmungen selbständig anfechtbar sind, kann bei einer modifizierenden Auflage nur Verpflichtungsklage auf Erteilung des uneingeschränkten Verwaltungsaktes erhoben werden. Auch bei der Klage gegen eine Auflage ist Voraussetzung, daß ein Rechtsanspruch auf den Verwaltungsakt ohne Nebenbestimmungen besteht. Auf die Anordnung einer Nebenbestimmung können auch **Dritte** klagen, z. B. Angrenzer einer Straße auf aktive oder passive Schallschutzmaßnahmen.

d) Begünstigender Verwaltungsakt – Widerruf und Rücknahme

Ein rechtmäßiger begünstigender Verwaltungsakt darf unter den Voraussetzungen 41
des § 49 II VwVfG **widerrufen,** ein rechtswidriger Verwaltungsakt gem. § 48 VwVfG **zurückgenommen** werden. Allerdings ist der Vertrauensschaden zu ersetzen. Dem Empfänger eines begünstigenden Verwaltungsaktes ist deshalb regelmäßig zu raten, unverzüglich von der Genehmigung Gebrauch zu machen (im einzelnen: *Kopp* Anm. zu §§ 48, 49 VwVfG; *Maurer* S. 117 ff.; *Erichsen,* in: *Erichsen/Martens,* Allg. Verwaltungsrecht, 8. Aufl., S. 245 ff.).

Widerruf und Rücknahme sind von der Berichtigung (§ 42 VwVfG) zu unterscheiden. Bevor auf die Vorschriften des VwVfG zurückgegriffen wird, sind die spezialgesetzlichen Regelungen wie z. B. § 15 GaststättenG anzuwenden.

Prüfung Rücknahme (§ 48 VwVfG):
- Ist der begünstigende Verwaltungsakt rechtswidrig (Abgrenzung zum Widerruf des rechtmäßigen VA, § 49 VwVfG)?
- Wird eine Geldleistung oder Sachleistung gewährt?
  wenn ja: Sind die Voraussetzungen des § 48 Abs. 2 VwVfG erfüllt, Vertrauensschutz des Mandanten?
- Wird eine sonstiger begünstigender Verwaltungsakt (z. B. Baugenehmigung) zurückgenommen?
  wenn ja: Ist der Vermögensnachteil des Mandanten auszugleichen (§ 48 Abs. 3 VwVfG)?
- Ist das Ermessen über das Ob, den Zeitraum und die sachliche Reichweite der Rücknahme sachgerecht ausgeübt?
- Ist die Jahresfrist des § 48 Abs. 4 VwVfG gewahrt?

Prüfung Widerruf (§ 49 VwVfG):
- Liegt ein rechtmäßig begünstigender Verwaltungsakt vor (Abgrenzung zum rechtswidrigen VA)?
- Ist ein Widerrufsgrund gemäß § 49 Abs. 2 VwVfG gegeben?

- Ist das Ermessen sachgerecht ausgeübt?
- Ist der Widerruf ausgeschlossen (§ 49 Abs. 1 VwVfG)?
- Ist dem Mandanten ein Vertrauensschaden entstanden (§ 49 Abs. 5 VwVfG)?

e) Verwaltungsakt mit Doppelwirkung

42 Der **Verwaltungsakt mit Doppelwirkung** enthält für den Antragsteller (Bauherrn, Gewerbebetrieb) eine Rechtsbegünstigung und kann Dritte (Nachbarn, Konkurrenten bei Konzessionen) belasten. Greift der Dritte den Verwaltungsakt mit Widerspruch und Klage an, ist der Genehmigungsempfänger notwendig beizuladen. Aus der Interessenrichtung des Dritten **(Nachbarn)** ist ein Widerspruch wegen der Zeitverzögerung auch bei unsicherer Rechtslage zu empfehlen, wenn die Verfahrenslage für Vergleichsgespräche genutzt wird. Oft läßt sich eine Lösung finden, die rechtlich so nicht durchsetzbar wäre. Keine aufschiebende Wirkung bei Wohnbauten, § 10 II BauGB-MaßnahmenG.

Aus der Interessenrichtung des Begünstigten **(Bauherrn)** kommt es darauf an, möglichst schon im Vorfeld die Zustimmung derjenigen zu finden, die Rechtsmittel ergreifen können. Auf jeden Fall ist dafür zu sorgen, daß die Behörde den Verwaltungsakt den Dritten zustellt, die klagebefugt wären, um die Frist für den Widerspruch in Lauf zu setzen. Gegen offensichtlich unbegründete Widersprüche hilft ein Antrag auf Sofortvollzug, um die aufschiebende Wirkung des Widerspruchs zu beseitigen. Der Antrag kann bei der Behörde und beim Verwaltungsgericht gestellt werden (§ 80a VwGO). Widerruf und Rücknahme sind unter erweiterten Voraussetzungen möglich (§ 50 VwVfG).

f) Belastender Verwaltungsakt – Rücknahme

Ein rechtswidrig belastender Verwaltungsakt kann unter den Voraussetzungen des § 48 VwVfG zurückgenommen werden. Enthält ein Verwaltungsakt sowohl begünstigende wie belastende Elemente, kommt es darauf an, was überwiegt. Der Verwaltungsakt mit Doppelwirkung (z. B. Baugenehmigung) hat für den Nachbarn häufig eine belastende Wirkung, kann jedoch gegenüber dem Bauherrn nur unter den Voraussetzungen des begünstigenden Verwaltungsaktes, jedoch im Rechtsmittelverfahren erweitert um § 50 VwVfG, zurückgenommen oder widerrufen werden.

3. Parallele Genehmigungen

Oft kann das wirtschaftliche Ziel des Mandanten nur erreicht werden, wenn mehrere Behörden mitwirken.

43 **a)** Soweit die Genehmigungsbehörde die **Stellungnahme anderer Behörden** einholt, sind diese zwar nur verwaltungsintern und nicht selbständig einklagbar, doch ist stets zu empfehlen, rechtzeitig mit den Behörden Kontakt aufzunehmen und den Antrag zu erörtern, von denen eine ablehnende Stellungnahme erwartet werden kann (beispielsweise das Einvernehmen der Gemeinde im Baugenehmigungsverfahren nach § 36 BauGB).

44 **b)** Davon zu unterscheiden ist der Fall, daß **mehrere Genehmigungen** (parallel) erteilt werden müssen, damit z. B. die beantragte Anlage in Betrieb gehen kann (z. B. § 13 BImSchG; Baugenehmigung und Gaststättenerlaubnis). In der Regel werden die verschiedenen Verfahren gleichzeitig betrieben, im Einzelfall kann es taktisch klüger sein, zunächst nur das Haupthindernis in einem isolierten Verfahren vorab zu beseitigen.

c) Bei allen **komplexen Verfahren** ist sorgfältig zu ermitteln, welche Genehmigungen insgesamt für die Inbetriebnahme vorliegen müssen. Anhaltspunkte bieten die Auswirkungen des Vorhabens auf die Umgebung, Besonderheiten der Betriebsweise bis hin zur Entsorgung, Anforderungen an die Infrastruktur. Der Anwalt ist gut beraten, sich bei solchen Vorhaben im Gespräch mit Architekten und Ingenieuren rechtzeitig sachkundig zu machen. **45**

4. Öffentlich-rechtlicher Vertrag

a) Die **Zulässigkeitsvoraussetzungen** des öffentlich-rechtlichen Vertrags sind allgemein in den §§ 54ff. VwVfG geregelt. Es werden Vergleichs- und Austauschvertrag unterschieden (vgl. *Erichsen,* in: *Erichsen/Martens,* Allgemeines Verwaltungsrecht, 8. Aufl., S. 311ff.). Für den Abschluß eines öffentlich-rechtlichen Vertrags sprechen dieselben Gründe wie für Verträge im Zivilrecht: Die Interessenlagen der Parteien können optimal gestaltet werden, selbst wenn sie divergieren. Dem öffentlich-rechtlichen Vertrag sind jedoch engere Grenzen gesetzt, deren Einhaltung vor Abschluß des Vertrags zu prüfen sind. **46**

b) Insbesondere ist zu prüfen, ob durch den öffentlich-rechtlichen Vertrag in **Rechte Dritter** eingegriffen wird oder die Mitwirkung einer anderen am Vertragsabschluß noch nicht beteiligten Behörde notwendig ist (§ 58 VwVfG). Schließt z. B. der Mandant mit dem Regierungspräsidium als Planfeststellungsbehörde einen Vergleich über eine Straße, die in der Baulast der Gemeinde steht, muß auch die Gemeinde am Vergleich beteiligt werden. Würde er ohne Beteiligung der Gemeinde aufgrund des Vergleichs die Klage zurücknehmen, könnte die Gemeinde ihre Zustimmung verweigern, die Klagerücknahme wäre dennoch wirksam. **47**

c) Praktisch bedeutsam sind Erschließungsverträge (§ 124 BauGB), Folgekostenverträge (*BGH* NJW 1975, 1019), Ablösungsverträge für Stellplätze und Garagen (*BVerwGE* 23, 213). Im Bereich der städtebaulichen Sanierung werden besonders häufig Verträge geschlossen. **48**

Öffentlich-rechtliche Verträge lassen sich in jedem **Verfahrensstadium** abschließen, auch der Prozeß kann durch einen Vergleichsvertrag beendet werden. Soweit für das Verwaltungshandeln die Form des Verwaltungsakts zwingend vorgeschrieben ist, kann sich die Behörde in einem Vertrag allenfalls zum Erlaß eines Verwaltungsaktes verpflichten, der gesondert auszusprechen ist. Es kann auch im Zusammenhang mit einem Verwaltungsakt eine Vereinbarung geschlossen werden. Die Behörde darf allerdings den öffentlich-rechtlichen Vertrag nicht dazu mißbrauchen, sich Gegenleistungen versprechen zu lassen, auf die sie keinen Anspruch hat. Hat der Mandant einen Anspruch auf eine unbeschränkte Genehmigung, ist es oft zweckmäßiger, diesen Anspruch durchzusetzen, als sich in einem Vertrag übermäßig zu binden. **49**

5. Verfahrensrecht

a) Das Verwaltungsverfahren ist im Verwaltungsverfahrensgesetz des Bundes und gleichlautend in den **Verwaltungsverfahrensgesetzen** der Länder geregelt. Der jeweilige Anwendungsbereich ergibt sich aus den §§ 1 und 2. Darüber hinaus ist das Verfahren spezialgesetzlich unterschiedlich geregelt. Eine umfassende Vereinheitlichung der Verfahrensvorschriften steht noch aus. Soweit spezielle Regelungen nicht vorgehen, enthält das VwVfG die allgemein gültige **50**

Regelung des Verfahrens. Als besondere Verfahrensarten werden noch förmliches Verfahren, Planfeststellung und Aufstellung des Bebauungsplans behandelt (unten Rdnrn. 63ff.).

51 **b)** Mandanten überschätzen meist die Bedeutung von **Verfahrensfehlern.** Verfahrens- und Formfehler können unter der Voraussetzung des § 45 VwVfG geheilt werden. Von besonderer Bedeutung ist § 46 VwVfG, wonach allein wegen eines Verfahrensfehlers die Aufhebung eines Verwaltungsaktes nicht verlangt werden kann, wenn keine andere Entscheidung in der Sache hätte getroffen werden können. Bei Ermessensentscheidungen läßt sich in der Regel nicht ausschließen, daß eine andere Entscheidung zustandegekommen wäre, es sei denn, der Fehler hat sich nachweislich auf die Entscheidung nicht ausgewirkt. Die Rechtsprechung tut sich sehr schwer, Verfahrensrechte als subjektiv-öffentliche Rechte anzuerkennen, so daß bei Verfahrensfehlern ungeachtet der Vorschriften des § 46 VwVfG und des § 44a VwGO eine Aufhebung der Entscheidung nur selten in Betracht kommt.

52 **c)** Bevor ein belastender Verwaltungsakt erlassen wird, ist der **Betroffene zu hören.** Davon kann nur unter den Voraussetzungen des § 28 II und III VwVfG abgesehen werden. Wegen einer unterbliebenen Anhörung kann nicht geklagt werden, § 44a VwGO.

6. Widerspruchsverfahren

53 **a)** Vor Erhebung einer Anfechtungs- oder Verpflichtungsklage ist nach § 68 VwGO ein Widerspruchsverfahren durchzuführen. Für alle Klagen der Beamten aus dem Beamtenverhältnis (§ 126 III BRRG) ist ein Vorverfahren Sachurteilsvoraussetzung. Das Widerspruchsverfahren richtet sich nach den Vorschriften der **VwGO,** das VwVfG gilt nur ergänzend (vgl. oben Rdnr. 34ff.).

54 Die Widerspruchsbehörde überprüft den angegriffenen Verwaltungsakt auf seine Rechtmäßigkeit und Zweckmäßigkeit; sie ist an die ergangene Entscheidung nicht gebunden. Insbesondere besteht nicht das Verbot der reformatio in peius (*BVerwGE* 51, 310). Die Widerspruchsbehörde trifft eine eigene Ermessensentscheidung. Beschränkungen der Überprüfung ergeben sich in Selbstverwaltungsangelegenheiten (nur Rechtsmäßigkeitskontrolle) und bei pädagogisch-wissenschaftlichen Beurteilungen.

55 Grundsätzlich ist eine Änderung der Sach- und Rechtslage beachtlich. (Ausnahme: Verwaltungsakt mit Doppelwirkung, Rdnr. 60). Das Verfahren vor der Ausgangsbehörde bildet mit dem Widerspruchsverfahren eine Einheit. Deshalb können Form- und Verfahrensfehler geheilt werden.

56 **b)** Ein **Widerspruchsverfahren ist entbehrlich,** wenn
- dies durch Gesetz bestimmt ist (z. B. §§ 70, 74 i. V. m. VwVfG),
- der VA von einer obersten Bundes- oder Landesbehörde erlassen worden ist,
- wenn ein Dritter durch den Widerspruchsbescheid erstmalig beschwert wird,
- wenn nicht in angemessener Frist über einen Antrag oder Widerspruch entschieden ist (§ 75 VwGO),
- wenn ein bereits gerichtlich angefochtener Verwaltungsakt von der Behörde geändert wird (dann nur Klageänderung).

57 **c)** Der Widerspruch ist innerhalb der **Monatsfrist** nach Bekanntgabe einzulegen, sofern nicht kürzere Fristen vorgeschrieben sind, wie z. B. im Flurbereini-

gungsrecht oder im Wehrrecht (vgl. §§ 190, 191, 192 VwGO). Da häufig die Baugenehmigung den Nachbarn nicht förmlich zugestellt wird, beginnt ihnen gegenüber auch die Monatsfrist nicht zu laufen. Sobald der Nachbar sichere Kenntnis von der Baugenehmigung erlangt hat, kann er sich ein Jahr (§ 58 II VwGO) mit der Einlegung des Widerspruchs Zeit lassen.

Haben die Nachbarn nicht bereits im Anhörungsverfahren dem Bauantrag **58**
zugestimmt, sollte der Bauherr darauf drängen, daß ihnen die Baugenehmigung zugestellt wird, um die Monatsfrist des § 70 VwGO in Gang zu setzen.

d) Die **Widerspruchsbehörde** trifft eine eigene neue Entscheidung in der Sa- **59**
che. Bei neuen oder veränderten Umständen ist der Betroffene zu hören. Nach Sachlage findet eine mündliche Verhandlung statt, in Bausachen meist ein Ortstermin. Das Widerspruchsverfahren bietet noch einmal Gelegenheit, durch Verhandlungen rasch zum Ziel zu gelangen, sei es durch Modifizierung des Antrags, die Übernahme von Nebenbestimmungen oder Ausgleichsmaßnahmen, um Widersprüche Dritter auszuräumen. Es entsteht damit eine Verhandlungs- und mit dem Augenschein eine Beweisaufnahmegebühr (§ 118 Abs. 1 Nr. 2 u. 3 BRAGO).

e) Maßgeblicher Zeitpunkt ist grundsätzlich die Entscheidung über den Wi- **60**
derspruch. Das gilt uneingeschränkt für den Antrag des Bauherrn, der bei einer nachteiligen Änderung der Rechtslage (z. B. Änderung des Bebauungsplans) beantragen kann, festzustellen, daß das Vorhaben nach alter Rechtslage zulässig war (*BVerwG* NJW 1981, 2426; zum Vertrauensschaden bei Planänderungen vgl. §§ 39ff. BauGB). Ist die Baugenehmigung erteilt und erhebt der Nachbar Widerspruch, so ist der Zeitpunkt der Baugenehmigung maßgeblich, wenn danach die Rechtslage sich zu Ungunsten des Bauherrn geändert hat (*BVerwG* NJW 1979, 995). Eine dem Bauherrn günstige Änderung ist beachtlich (für den Verwaltungsprozeß vgl. die Übersicht von *Klein* NVwZ 1990, 633).

f) Ist über einen Widerspruch oder einen Antrag auf Erlaß eines Verwaltungs- **61**
aktes nicht in angemessener Frist entschieden, kann frühestens nach drei Monaten **Untätigkeitsklage** (§ 75 VwGO) erhoben werden. Dies ist eine normale Klageschrift, in der lediglich darauf zu verweisen ist, daß die Voraussetzungen des § 75 VwGO vorliegen. Es ist zweckmäßig, der Behörde zuvor eine Frist zu setzen (vgl. unten Rdnr. 107).

g) Der Widerspruchsbescheid entscheidet auch über die **Kosten.** Es sollte **62**
beantragt werden, die Zuziehung des Bevollmächtigten für notwendig zu erklären (§ 162 II 2 VwGO). Der Antrag kann lauten: Es wird beantragt, dem Widerspruchsführer die Kosten des Verfahrens zu erstatten und die Zuziehung des Bevollmächtigten für notwendig zu erklären. Dies gilt nicht für Planfeststellungsverfahren (*BVerwG* NVwZ 1990, 59). Der Widerspruchsbescheid wird dem Bevollmächtigten förmlich **zugestellt** (§ 8 I 2 VwZG). Damit beginnt der Lauf der Frist zur Klageerhebung.

7. Förmliche Verfahren

a) Die Vorschriften über förmliche Verfahren (vgl. §§ 63ff. VwVfG) finden **63**
nur insoweit Anwendung, als sie durch Rechtsvorschrift angeordnet sind. In Fachgesetzen finden sich oft Verfahrensvorschriften, die denen der §§ 63ff. VwVfG ähnlich sind. Als Beispiel sei das Verfahren für genehmigungsbedürfti-

ge Anlagen (§§ 4ff. BImSchG) erwähnt. Einzelheiten des Verfahrens sind in der 9. BImSchV geregelt. Da genehmigungsbedürftige Anlagen Auswirkungen über die unmittelbare Nachbarschaft hinaus haben können, ist eine Öffentlichkeitsbeteiligung vorgesehen. Das Vorhaben wird öffentlich bekannt gemacht und die Unterlagen werden zwei Monate zur Einsicht ausgelegt (§ 10 III BImSchG, §§ 8ff. der 9. BImSchV).

64 **b)** Innerhalb der Frist der Offenlage können **Einwendungen** erhoben werden. Einwendung ist ein sachliches Gegen-Vorbringen. Es sind die befürchteten Auswirkungen des Vorhabens auf die eigene Rechtssphäre darzulegen, insbesondere individuelle Umstände, die eine besondere Betroffenheit begründen. Soweit erkennbar, sind die befürchteten Betriebsgefahren der Anlage zu benennen. Daran dürfen jedoch keine übertriebenen Anforderungen gestellt werden. Wer nicht oder nicht umfassend Einwendungen erhoben hat, ist materiell **präkludiert** (§ 10 III BImSchG). Er kann diese Einwendungen später weder im Verwaltungs- noch im Gerichtsverfahren dem Vorhaben entgegensetzen. Es ist notwendig, sich durch Sachverständige beraten zu lassen, da weder Mandant noch Anwalt idR die nötige Sachkenntnis haben, Einwendungen zu begründen.

65 **c)** Die rechtzeitig erhobenen Einwendungen sind in einem **nicht-öffentlichen Erörterungstermin** mit Antragsteller und Sachverständigen zu verhandeln. Die Ladung kann wiederum durch öffentliche Bekanntmachung erfolgen. Bei mehr als 300 Zustellungen kann die Zustellung des Genehmigungsbescheides durch öffentliche Bekanntmachung ersetzt werden (§ 10 VIII BImSchG). Die immissionsschutzrechtliche Genehmigung hat eine begrenzte **Konzentrationswirkung** (§ 13 BImSchG).

66 **d)** Die Genehmigung nach dem **BImSchG** hat privatrechtsgestaltende Wirkung (§ 14 BImSchG). Privatrechtliche Abwehransprüche werden beschränkt auf Schutzmaßnahmen und, soweit diese nach dem Stand der Technik nicht durchführbar oder wirtschaftlich nicht vertretbar sind, Schadensersatz (vgl. im einzelnen: *Sellner,* Immissionsschutzrecht und Industrieanlagen; *Jarass* BImSchG). Bei den Anlagen des § 9 I Entlastungsgesetz ist die Klage sogleich beim OVG bzw. VGH zu erheben. Allerdings bereitet schon die Frage der verletzten subjektiven Rechte große Probleme, wenn Grenzwerte durch die Anlage eingehalten werden. Eine Klage ist ohne Zuarbeit von Sachverständigen i. d. R. nicht zu begründen.

8. Planfeststellungsverfahren

67 **a)** Die Vorschriften über das Planfeststellungsverfahren in den §§ 72ff. VwVfG gelten ergänzend zu den spezialgesetzlich vorgesehenen Regelungen (vgl. *Ronellenfitsch,* Einführung in das Planungsrecht, S. 101ff.). Das Planfeststellungsverfahren ist durch seine formelle und materielle Konzentrationswirkung gekennzeichnet (§ 75 I VwVfG). Der Planfeststellungsbeschluß hat privatrechtsgestaltende Wirkung (§ 75 II VwVfG). Schutzauflagen können nur durchgesetzt werden, wenn fristgerecht Verpflichtungsklage erhoben wird (Ausnahme: die Nachteile waren nicht vorhersehbar und treten erst später hervor, vgl. § 75 III VwVfG.

68 **b)** Das Planfeststellungsverfahren ist auf **umfassende Genehmigung** eines konkreten Vorhabens bezogen, dessen Verwirklichung nach dem Planfeststel-

lungsbeschluß keiner weiteren Genehmigung mehr bedarf. In den jeweiligen Fachgesetzen hat der Gesetzgeber entschieden, daß mit der Planfeststellung zugleich über die Zulässigkeit der **Enteignung** entschieden ist (vgl. § 19 FStrG). Im Enteignungsverfahren ist deshalb nur noch über die Höhe der Entschädigung zu verhandeln. Will ein enteignungsbetroffener Eigentümer die Inanspruchnahme seines Grundeigentums abwehren, muß er deshalb den Planfeststellungsbeschluß anfechten.

c) Das Vorhaben wird ortsüblich öffentlich bekannt gemacht. Die Pläne werden einen Monat zur Einsicht ausgelegt. Innerhalb der Offenlage und zwei weiterer Wochen können **Einwendungen** erhoben werden (inzwischen gilt für die meisten Fachplanungen des Bundes eine materielle Präklusion). Dabei müssen alle Umstände offenbart werden, die sich nicht aus den Akten ergeben oder offenkundig sind. Ein in seiner Existenz bedrohter Betrieb muß dies geltend machen und die Umstände offenbaren, die zur Existenzgefährdung führen. Die Einwendungen werden in einem Erörterungstermin mit Antragstellern und beteiligten Behörden verhandelt. Bei mehr als 300 Zustellungen kann die Zustellung des Planfeststellungsbeschlusses durch öffentliche Bekanntmachung ersetzt werden. **69**

d) Die gerichtliche Überprüfung eines Planfeststellungsbeschlusses ist beschränkt. Der enteignungsbetroffene Grundeigentümer hat die stärkste Rechtsstellung, da ihm gegenüber der Planfeststellungsbeschluß an Art. 14 Abs. 3 GG zu messen ist. Die Rechtsprechung hat ein Kontrollmodell entwickelt und prüft die Erforderlichkeit des Vorhabens, die Einhaltung von Planungsleitsätzen und des Abwägungsgebotes (vgl. im einzelnen *Hoppe/Schlarmann,* Rechtsschutz bei der Planung von Straßen und anderen Verkehrsanlagen, 1981; *Kühling,* Fachplanungsrecht). **70**

Die Beurteilung der Rechtmäßigkeit eines Planfeststellungsbeschlusses ist oft nur mit Hilfe von Sachverständigen möglich. Es sind zahlreiche technische Regelwerke, z. B. zur Lärmberechnung, heranzuziehen. Es ist auch frühzeitig zu prüfen, ob Hilfsanträge, z. B. auf verbesserten Lärmschutz, gestellt werden. Klagt ein Anlieger einer geplanten Straße, können i. d. R. nur Schutzmaßnahmen verlangt werden.

9. Bebauungsplan

a) Die Gemeinden stellen in eigener Verantwortung Bebauungspläne auf, die als Satzung beschlossen die Qualität einer kommunalen Rechtsnorm haben (vgl. *Ronellenfitsch* S. 32ff.). Das Verfahren beginnt mit dem Beschluß, einen Bebauungsplan aufzustellen, der ortsüblich bekanntzumachen ist (§ 2 II BauGB). Häufig findet eine vorgezogene Bürgerbeteiligung (§ 3 I BauGB) statt, bei der Varianten mit den Bürgern diskutiert werden. Besteht bereits ein Mandat, sollte diese Erörterung wahrgenommen werden, um die Interessen des Mandanten in den Planungsprozeß einzubringen. Der Entwurf des Bebauungsplans ist mit Erläuterung und Begründung einen Monat öffentlich auszulegen. Die Offenlage wird ortsüblich bekanntgemacht. Nun können Anregungen und Bedenken schriftlich vorgetragen werden. **71**

Der **Gemeinderat** hat diese Bedenken und Anregungen sowie die Stellungnahmen der Träger öffentlicher Belange zu behandeln. Er beschließt durch Satzung den Bebauungsplan (§ 10 BauGB). Der Bebauungsplan ist der Höheren

Verwaltungsbehörde anzuzeigen bzw. von ihr zu genehmigen (§ 11 BauGB). Anzeige oder Genehmigung ist öffentlich bekanntzumachen. Damit tritt der Bebauungsplan in Kraft (§ 12 BauGB). Der Bebauungsplan ist mit der **Normenkontrolle** anzugreifen, die Verletzung von Verfahrens- und Formvorschriften ist nur innerhalb eines Jahres seit Bekanntmachung geltend zu machen (§ 215 BauGB; vgl. *Erbguth,* Bauplanungsrecht und Finkelnburg/Ortloff, Öffentliches Baurecht, Bd. I. Zum notwendigen Handwerkszeug zählt: *Battis/Krautzberger/Löhr,* BauGB).

72 **b)** Die **Einflußnahme** auf die Aufstellung eines Bebauungsplanes ist nicht beschränkt auf die Erörterung bei der vorgezogenen Bürgerbeteiligung und schriftliche Anregungen und Bedenken. Es kann sinnvoll sein, noch vor öffentlicher Bekanntgabe des Planentwurfs mit dem zuständigen Planer oder Dezernenten zu sprechen. Vor der Behandlung des Bebauungsplans im Gemeinderat können Gespräche mit Ratsmitgliedern sinnvoll sein. Je nach Interessenrichtung des Mandanten wird man weitere Verbündete suchen. Bei den Bedenken und Anregungen wäre es falsch, wichtige Argumente zurückzuhalten, sie für ein späteres Normenkontrollverfahren aufzusparen. Es werden allerdings nicht die rechtlichen, sondern die tatsächlichen Argumente im Vordergrund stehen. Dazu zählt auch die Rüge mangelnder Sachaufklärung.

73 Um einen Bebauungsplan lesen zu können, ist die Kenntnis der **Baunutzungsverordnung** und insbesondere der **Planzeichenverordnung** nötig. Die Behörde ist i. d. R. bereit, den Planentwurf zu erläutern. Bei dieser Gelegenheit kann überprüft werden, ob der Entwurf mit dem Flächennutzungsplan übereinstimmt, ob und wie das betreffende Gebiet früher überplant war, welche Vorhaben sonstiger Planungsträger bekannt sind usw. Das Gespräch mit dem Sachbearbeiter des Planungsamts sollte gesucht werden.

74 **c)** Die Wahrnehmung der Interessen des Mandanten bei der Aufstellung des Bebauungsplans erfordert eine besonders sorgfältige **Ermittlung der Ziele des Mandanten:**

- Das Grundstück ist derzeit nicht bebaubar und soll durch den Bebauungsplan Bauland werden.
- Das Grundstück ist zwar baulich nutzbar aufgrund § 34 BauGB oder Bebauungsplan, soll aber in anderer, derzeit nicht zulässiger Weise genutzt werden.
- Der Bebauungsplan nimmt oder beschränkt eine derzeit zulässige, aber noch nicht ausgenutzte bauliche Nutzung.
- Der Bebauungsplan verändert zu Lasten des Mandanten die bauliche Nutzungsmöglichkeit in der Nachbarschaft.

Je nach Zielrichtung des Mandanten und Inhalt des Planentwurfes wird die Aufgabe lauten, die Planaufstellung zu fördern, zu beeinflussen oder zu verhindern (vgl. die instruktive Darstellung von *Busse/Linke,* Die anwaltliche Praxis in Verwaltungssachen I, Rdnrn. 314ff.).

10. Einzelne Rechtsgebiete:

75 Wer einen Fall in einem ihm unbekannten Rechtsgebiet übernimmt, sollte sich zunächst einen Überblick verschaffen. Als **Einstieg** bietet sich an: *von Münch,* Bes. VerwR. Beispielhaft sei für einzelne Rechtsgebiete empfohlen:

- zum **Baurecht:** *Finkelnburg/Ortloff,* Öffentliches Baurecht Band I und II; *Driehaus,* Erschließungs- und Ausbaubeiträge

- zum **Gewerberecht:** *Sieg/Leifermann/Tettinger,* GewO
- zum **Wehrpflichtrecht:** *Johlen,* Wehrpflichtrecht in der Praxis und *Wurster/Schäf,* Ratgeber für Wehrpflichtige
- zum **Ausländerrecht:** *Kanein,* Ausländergesetz
- zum **Beamtenrecht:** *Battis,* BBG; *Niehues,* Schul- und Prüfungsrecht
- zum **Entschädigungsrecht:** *Krohn/Löwisch,* Eigentumsgarantie, Enteignung, Entschädigung sowie *Nüßgens/Boujong,* Eigentum, Sozialbindung, Enteignung.

IV. Verwaltungsgerichtsverfahren

1. Das Verfahren vor den Verwaltungsgerichten

a) Das Verfahren vor den Verwaltungsgerichten weist erhebliche **Abweichungen vom Zivilprozeß** auf (gem. § 173 VwGO sind die Vorschriften der ZPO ergänzend anzuwenden). Im Verwaltungsprozeß gilt Amtsermittlung (§ 86 I VwGO). Der Streitstoff steht also nicht in der Disposition der Parteien; das Gericht ist zwar an das Klagebegehren gebunden, nicht aber an die Fassung der Anträge (§ 88 VwGO). Der **Untersuchungsgrundsatz** darf nun nicht dahin mißverstanden werden, daß nach erhobener Klage das Verwaltungsgericht von selbst aufklären wird, ob der angefochtene Verwaltungsakt rechtswidrig ist. Das Gericht ist nicht verpflichtet, über den Sachvortrag der Parteien und sich aufdrängende Probleme hinaus den Sachverhalt zu erforschen. 76

In der Regel findet nur eine einzige **mündliche Verhandlung** statt, in der von den Parteien erwartet wird, daß sie ihre Anträge in einem Plädoyer begründen (§ 103 III VwGO). Der Anwalt trägt die Robe. Die in der mündlichen Verhandlung unbedingt gestellten Beweisanträge sind im Termin durch Beschluß zu bescheiden. Auf eine mündliche Verhandlung kann mit Einverständnis der Beteiligten verzichtet werden (§ 101 I VwGO). Das Gericht wird ferner keine mündliche Verhandlung anberaumen, wenn es durch Gerichtsbescheid entscheiden will (§ 84 I VwGO). 77

b) Schriftsätze haben zur Vorbereitung der mündlichen Verhandlung besondere Bedeutung. Hier liegt der Schwerpunkt der anwaltlichen Arbeit im Verwaltungsgerichtsprozeß. Voraussetzung einer ordnungsgemäßen Klagebegründung ist die Kenntnis der Verwaltungsakten. Behörden sind zur Vorlage der Akten verpflichtet (§ 99 VwGO), die Beteiligten können Akteneinsicht nehmen (§ 100 VwGO). Es ist empfehlenswert, mit der Klagebegründung zunächst nur den Kern des Streitstoffes kurz darzulegen und zu beantragen, die Verwaltungsakten (und ggf. auch die Akten der mittelbar beteiligten Behörden) beizuziehen und Akteneinsicht zu gewähren. Die Aktenkenntnis ist unabdingbar für eine ordnungsgemäße Prozeßführung. Die Kosten für Kopien aus den Verwaltungsakten werden i. d. R. nicht erstattet. Eine Vereinbarung mit dem Mandanten ist deshalb nötig. 78

c) Eine verwaltungsgerichtliche **Klagebegründung** kann sich regelmäßig nicht auf die Darstellung des Sachverhaltes beschränken. Sie muß in viel stärkerem Maße als im Zivilprozeß zu Rechtsfragen Stellung nehmen. Die Lösung für den konkreten Fall kann oft dem Gesetz oder präjudiziellen Entscheidungen nicht entnommen werden, so daß die rechtliche Lösung des Falles erst zu ent- 79 wickeln ist. Dies setzt die Kenntnis und Auseinandersetzung mit Rechtsprechung und Literatur voraus.

Eine genaue Kenntnis der Rechtsprechung und Literatur ist auch erforderlich, um die erheblichen Sachverhaltsfragen zu erkennen. Eine Grundausstattung mit Literatur ist deshalb unabdingbare Voraussetzung für die verantwortliche Bearbeitung.

80 Der **richtige Beklagte** ergibt sich aus § 78 VwGO mit dem jeweiligen Landesrecht (im einzelnen: *Kopp,* Anm. zu § 78 VwGO). Häufig sind Dritte am Rechtsstreit beteiligt; sie sind unter der Voraussetzung des § 65 VwGO beizuladen. Hat beispielsweise ein Nachbar die Baugenehmigung angefochten, ist der Bauherr notwendig beizuladen (vgl. § 65 VwGO).

81 **d)** Die örtliche **Zuständigkeit** des Verwaltungsgerichts gem. § 52 VwGO zu finden, macht in der Regel keine Probleme (Rechtsmittelbelehrung). Bei der erstinstanzlichen Zuständigkeit ist § 48 I VwGO zu beachten.

82 **e)** Das **erstinstanzliche Verfahren** endet durch Gerichtsbescheid oder Urteil. Auch der Verwaltungsgerichtsprozeß kennt die Klagerücknahme, den Vergleich und die Erledigung der Hauptsache.

83 **f)** Vor Verwaltungsgericht und OVG/VGH ist eine anwaltliche Vertretung nicht notwendig. Der Anwalt muß seine Vertretungsmacht durch schriftliche Vollmacht nachweisen (§ 67 III VwGO). Im übrigen besteht kein Unterschied im Umgang mit den Gerichten. Terminabstimmungen oder Verfahrensfragen lassen sich mit dem Berichterstatter telefonisch erörtern.

2. Verfahrensablauf

84 **a)** Das Verfahren wird mit **Einreichen der Klageschrift,** in den Eilverfahren mit der Antragsschrift beim zuständigen Verwaltungsgericht (§ 81 I 1 VwGO) eingeleitet. Bei Anfechtungs- und Verpflichtungsklagen muß die Klage innerhalb der Monatsfrist des § 74 VwGO beim Gericht eingegangen sein, sofern nicht kürzere Fristen (z. B. § 142 I FlurbG) gelten. Wiedereinsetzung ist gem. § 60 VwGO möglich.

85 Die **Klage** ist **schriftlich** (§ 81 I VwGO) zu erheben und muß den Kläger, den Beklagten und den Streitgegenstand bezeichnen. Es sind die Abschriften für den Beklagten und ggf. beteiligter Dritter beizufügen. Ist ein Vorverfahren durchgeführt worden, ergibt sich der richtige Beklagte in der Regel aus der Rechtsmittelbelehrung. Die Regelung des § 78 VwGO für die Anfechtungs- und Verpflichtungsklage gilt generell. Die Klage richtet sich stets gegen den Rechtsträger, soweit das Land nicht von der Regelungsbefugnis des § 78 I 2 VwGO Gebrauch gemacht hat (z. B. § 5 AGVwGO NRW). Zur Bezeichnung des Streitgegenstandes ist mindestens in groben Zügen der Sachverhalt darzulegen, über den das Gericht entscheiden soll. Die weiteren Anforderungen des § 82 I VwGO sind keine zwingenden Voraussetzungen für eine wirksame Klageerhebung. Entspricht die Klage diesen Anforderungen nicht, können Vorsitzender oder Berichterstatter Frist mit ausschließender Wirkung setzen (§ 82 II VwGO). Kennt der Anwalt die Behördenakten noch nicht vollständig, ist zu empfehlen, zunächst noch keinen Antrag zu stellen, sondern sich darauf zu beschränken, die Vorlage der Behördenakten zu fordern und um Akteneinsicht zu bitten. Soweit Bescheide vorliegen, sollten diese stets beigefügt werden, so daß das Gericht sich orientieren kann.

Beispiel für Klage:

Verwaltungsgericht Karlsruhe

In Sachen

Mandant mit voller Anschrift
– Kläger –

Prozeßbevollmächtigte: ...

gegen

Land Baden-Württemberg, vertreten durch das Regierungspräsidium Karlsruhe, 7500 Karlsruhe
– Beklagter –

wegen Planfeststellung B 35-Bruchsal

zeigen wir unter Vorlage der Vollmacht an, daß wir den Kläger vertreten. In seinem Namen und Auftrag erheben wir gegen den Planfeststellungsbeschluß des Regierungspräsidium Karlsruhe vom ..., Aktenzeichen ...,

Klage

Die Anträge bleiben einem gesonderten Schriftsatz vorbehalten. Der Kläger wird durch den angefochtenen Planfeststellungsbeschluß in seinem Eigentum betroffen. Wir beantragen,

die Akten des Regierungspräsidiums beizuziehen und uns Akteneinsicht zu gewähren.

Wir werden sodann die Klage begründen. Der angefochtene Planfeststellungsbeschluß ist in Abschrift beigefügt.

b) Spätestens mit der **Klagebegründung** sollen die Anträge (einschließlich Hilfsanträge) formuliert werden (vgl. unten Rdnrn. 97ff.). War der Anwalt im Vorverfahren tätig, ist zu beantragen, daß die Zuziehung im Vorverfahren für notwendig erklärt wird (oben Rdnr. 62). In einem ersten Teil ist der Sachverhalt zu schildern. Nach Möglichkeit sollte zum Nachweis auf die Behördenakten und die Bescheide Bezug genommen werden. Nur soweit der Sachverhalt entscheidungserheblich streitig ist, sind die Tatsachen aus der Sicht des Klägers so zu schildern, daß das Gericht diese Schilderung in den Beweisbeschluß übernehmen kann. Die geeigneten Beweismittel sind anzugeben. Bei Sachverständigengutachten sollten auch geeignete Sachverständige benannt werden. **86**

Im zweiten Teil der Klagebegründung erfolgt die rechtliche Begründung. Zum Verwaltungsrechtsweg oder zur Zulässigkeit der Klage ist nur Stellung zu nehmen, wenn diese problematisch sind. Die Begründung setzt in der Regel eine Auseinandersetzung mit Rechtsprechung und Literatur voraus, die in üblicher Form zu zitieren sind. Man sollte sich zur Aufgabe machen, die Klage so umfassend und vollständig zu begründen, daß eine Replik entbehrlich ist (vgl. die Beispiele von *Johlen,* in: *Locher/Mes,* Beck'sches Prozeßformularbuch V. A. 3ff.).

Die Befugnisse des Vorsitzenden und Berichterstatters sind nun erheblich erweitert worden, um das Verfahren zu beschleunigen. Dem Kläger kann gem. § 87b VwGO Frist gesetzt werden

- zur Angabe der Tatsachen, durch deren Berücksichtigung oder Nichtberücksichtigung im Verwaltungsverfahren er sich beschwert fühlt,
- zur Angabe von Tatsachen zu bestimmten, vom Gericht bezeichneten Vorgängen und der Bezeichnung von Beweismitteln,
- zur Vorlage von Urkunden oder anderen beweglichen Sachen.

Unter den Voraussetzungen des § 87b III VwGO kann verspätetes Vorbringen zurückgewiesen werden (Präklusion). Die Fristsetzung kann auch mit § 82 II VwGO verbunden werden. Die Vorschriften gelten auch für das Berufungsverfahren und schränken die Amtsermittlungspflicht erheblich ein. Angesichts der oft überlegenen Fachkenntnisse der Behörden sind diese Vorschriften zurückhaltend anzuwenden.

87 **c)** In der Regel findet eine einzige **mündliche Verhandlung** statt. Zur Vorbereitung der mündlichen Verhandlung sind die Befugnisse des Vorsitzenden oder Berichterstatters über §§ 82, 87b VwGO erweitert worden mit § 87 VwGO. Er kann die Beteiligten insbesondere zu einem Erörterungstermin (§ 87 I Nr. 1 VwGO) laden und Beweis erheben (§ 87 III VwGO). Ohne mündliche Verhandlung kann das Gericht nach § 84 VwGO (vgl. die Rechtsmittel Rdnr. 132a) entscheiden oder wenn alle Parteien auf mündliche Verhandlung verzichten (dennoch entsteht für den Anwalt die Verhandlungsgebühr). Im Einverständnis der Beteiligten kann der Vorsitzende oder Berichterstatter als Einzelrichter entscheiden (§ 87a II, III VwGO). Die Ladung zur mündlichen Verhandlung muß gem. § 102 VwGO eine Frist von zwei Wochen einhalten. Es wird mit Robe verhandelt. Der Termintafel läßt sich die Zusammensetzung des Spruchkörpers, bei den ehrenamtlichen Richtern der Beruf entnehmen. Die mündliche Verhandlung beginnt mit dem Sachbericht. Darauf sollte in der Regel nicht verzichtet werden, weil aus der Sachverhaltsdarstellung Rückschlüsse darauf gezogen werden können, welche Umstände das Gericht für erheblich hält. Nur so kann der Anwalt erkennen, ob das Gericht auch alle für das Klagevorbringen bedeutsamen Umstände kennt.

88 Danach sind die **Anträge** zu stellen (§ 103 III VwGO). Das Gericht ist an die Fassung der Anträge nicht gebunden (§ 88 VwGO). Es wird in der Regel eine bestimmte Fassung des Antrags vorschlagen. Es ist darauf zu achten, ob die vom Gericht vorgeschlagene Fassung dem Klagebegehren des Mandanten vollständig entspricht. Empfiehlt das Gericht eine Einschränkung des Antrags, kann dieser Antrag ggf. als Hilfsantrag gestellt werden.

89 Die Anträge sind gem. § 103 III VwGO zu begründen. Dies geschieht üblicherweise in der Form eines Plädoyers. Meist geht jedoch die Erörterung der Streitsache (§ 104 I VwGO) voraus. In einem Rechtsgespräch macht das Gericht meist seine eigene Rechtsauffassung deutlich. Das ist kein Grund zur Ablehnung wegen Befangenheit, sondern wünschenswert, um darauf die eigene Prozeßstrategie einzustellen. So kann es notwendig werden, einen unbedingten Beweisantrag zu stellen oder z. B. einen Vergleich anzubieten.

90 Eine **Beweisaufnahme** erfolgt grundsätzlich in der mündlichen Verhandlung (§ 96 I 1 VwGO). Die Beweisaufnahme vor dem Spruchkörper ist in der Regel der Beweiserhebung durch einen beauftragten Richter (§ 96 II VwGO) oder nach § 87 III VwGO vorzuziehen. An Zeugen und Sachverständige können sachdienliche Fragen gerichtet werden (§ 97 VwGO). Im übrigen gelten die entsprechenden Vorschriften der ZPO. Grundlage der Beweiserhebung ist ein Beweisbeschluß, der in der mündlichen Verhandlung verkündet oder bereits vorher gefaßt wird. Häufig ist ein Augenschein zweckmäßig. Ob sich z. B. ein Bauvorhaben nach § 34 BauGB einfügt, kann i. d. R. nur vor Ort beurteilt werden.

91 **d)** Im Verwaltungsprozeß wird regelmäßig ein **Plädoyer** zum Schluß der Verhandlung erwartet. Darin ist der Sachverhalt und ggf. die Beweisaufnahme

zu würdigen. Im Kern steht die rechtliche Auseinandersetzung mit den Rechtsfragen. Insbesondere sollte man sich mit der Rechtsauffassung des Gerichts auseinandersetzen. Es ist dringend zu empfehlen, das Plädoyer in Stichworten vor der mündlichen Verhandlung vorzubereiten. Für den Fall einschlägige Entscheidungen von Obergerichten oder Nachweise aus der Literatur sollten in der mündlichen Verhandlung dann so parat sein, daß man sie zitieren kann.

e) Danach wird die mündliche Verhandlung geschlossen. **Nachgereichte Schriftsätze** werden nicht mehr berücksichtigt, es sei denn, das Gericht beschließt die Wiedereröffnung der mündlichen Verhandlung (§ 104 III 2 VwGO). **92**

f) Abweichend von § 116 I VwGO wird das Urteil meist nicht im Termin verkündet (Ausnahme: BVerwG). Das Gericht kann einen besonderen **Verkündungstermin** ansetzen oder das Urteil zustellen. Dann ist der Urteilstenor innerhalb von zwei Wochen der Geschäftsstelle zu übergeben (§ 116 II VwGO). Der Urteilstenor kann dann von der Geschäftsstelle erfragt werden. Zur Beschleunigung soll auch die Zurückverweisung an die Verwaltung gem. § 113 II oder III VwGO dienen. **93**

g) Erst mit Zustellung des vollständigen Urteils beginnt die Rechtsmittelfrist. Das Urteil entscheidet zugleich über die Kosten. Es enthält zwingend eine Rechtsmittelbelehrung. Meist wird zugleich durch Beschluß der Gegenstandswert bestimmt. Von einer Begründung kann gem. § 113 V VwGO abgesehen werden. **94**

3. Klagearten

Für die jeweiligen Klageziele stellt die VwGO ähnlich wie die ZPO verschiedene Klagearten zur Verfügung: **95**

a) Will der Mandant einen belastenden Verwaltungsakt oder im Dreiecksverhältnis die belastende Wirkung einer dem Nachbarn erteilten Genehmigung abwehren, ist **Anfechtungsklage** zu erheben (Rdnrn. 97ff.).

b) Will der Mandant den Erlaß eines begünstigenden Verwaltungsakts erreichen (z. B. Genehmigung, Erlaubnis), erhebt er **Verpflichtungsklage** (Rdnrn. 102ff.).

c) Begehrt der Mandant eine Leistung, die nicht im Erlaß eines Verwaltungsakts besteht, ist die allgemeine **Leistungsklage** zu erheben (Rdnrn. 115ff.).

d) Ist ein Rechtsverhältnis des Mandanten streitig oder ein belastender Verwaltungsakt nichtig, kommt die **Feststellungsklage** in Betracht, sofern der Mandant seine Ziele nicht durch Anfechtungs- oder Verpflichtungsklage verfolgen kann (Rdnrn. 110ff.).

e) Wendet sich der Mandant gegen eine Norm (wie z. B. Verordnung, Satzung, Bebauungsplan), die im Rang unter dem Gesetz steht, wird er ein **Normenkontrollverfahren** einleiten (Rdnrn. 123ff.).

f) Ergänzend ist der **vorläufige Rechtsschutz** (Rdnrn. 138ff.) zu sehen: Da die Verwaltungsgerichtsverfahren oft erhebliche Zeit in Anspruch nehmen, kann die Behörde die aufschiebende Wirkung der Anfechtungsklage durch Anordnung des sofortigen Vollzugs beseitigen. Dagegen kann sich der Mandant mit einem Antrag auf Wiederherstellung der aufschiebenden Wirkung wehren. **96**

Würde im Fall einer Verpflichtungs- oder Leistungsklage das Urteil zu spät kommen, kann der Mandant Antrag auf **Erlaß einer einstweiligen Anordnung** stellen. Im Baurecht war die Art des vorläufigen Rechtsschutzes abhängig von der jeweiligen Rechtsprechung des OVG (VGH), vgl. unten Rdnrn. 155 ff. Hier gelten nun bundeseinheitlich §§ 80, 80 a VwGO.

4. Anfechtungsklage

97 **a)** Ziel der Anfechtungsklage ist die Aufhebung eines Verwaltungsakts, der den Mandanten in seiner eigenen Rechtssphäre belastet. Sie hat Erfolg, wenn der angefochtene Verwaltungsakt rechtswidrig ist und der Kläger dadurch in seinen Rechten verletzt wird (§ 113 I 1 VwGO). Das Gericht hebt mit seinem Urteil den belastenden Verwaltungsakt – ganz oder teilweise – auf. Die Anfechtungsklage hat **aufschiebende Wirkung;** der Verwaltungsakt darf bis zur rechtskräftigen Entscheidung nicht vollzogen werden. Diesen Suspensiveffekt kann die Behörde nur durch Anordnung des Sofortvollzugs beseitigen (vgl. im übrigen die Sonderfälle § 80 II VwGO sowie z. B. § 3 WPflG).

98 **b) Gegenstand der Anfechtungsklage** ist der ursprüngliche Verwaltungsakt in der Gestalt, die er durch den Widerspruchsbescheid gefunden hat (§ 79 I 1 VwGO). Zur Abgrenzung des Verwaltungsakts von sonstigen Verwaltungsmaßnahmen, innerdienstlichen Anordnungen und Maßnahmen im besonderen Pflichtenverhältnis (Beamte, Wehrdienst, Schule) oder Normen muß auf die ausführliche Kommentierung von *Kopp* zu § 35 VwVfG verwiesen werden. Ist der Verwaltungsakt teilbar, ist eine Teil-Anfechtung möglich. Allein der Widerspruchsbescheid ist Gegenstand der Anfechtungsklage, wenn ein Dritter erstmalig dadurch beschwert ist, oder wenn er eine zusätzliche selbständige Beschwerde enthält (Verböserung des Verwaltungsakts), vgl. § 79 I Nr. 2 und II VwGO (z. B. wenn die Widerspruchsbehörde auf den Widerspruch des Nachbarn die Baugenehmigung aufhebt; vgl. die Beispiele bei *Johlen,* in: *Locher/Mes,* Beck'sches Prozeßformularbuch V. A. 3 und 4).

99 **c)** Die Klage ist nur zulässig, wenn geltend gemacht wird, daß der Mandant durch den Verwaltungsakt in seinen Rechten verletzt wird (§ 42 II VwGO). Mit dieser Vorschrift sollen Popularklagen ausgeschlossen werden. Geschützt sind nicht nur **subjektive Rechte,** sondern auch rechtlich geschützte Interessen des Klägers. Schwierigkeiten bei der Abgrenzung bestehen meist beim Verwaltungsakt mit Doppelwirkung: Der einem Dritten erteilte begünstigende Verwaltungsakt belastet den Mandanten. Der Mandant ist dann klagebefugt, wenn eine Vorschrift verletzt ist, die nicht nur den Schutz der Allgemeinheit verfolgt, sondern auch das Interesse und den Schutz Dritter. Hier ist auf die umfangreiche Kasuistik zu verweisen (vgl. *Kopp* § 42 VwGO, Rdnrn. 43 ff.; ausführlich für das Baurecht: *Finkelnburg/Ortloff,* Öffentliches Baurecht).

100 **d)** Die Durchführung des Widerspruchsverfahrens ist gem. § 68 I VwGO Sachurteilsvoraussetzung. Im Regelfall ist also erst nach durchgeführtem Widerspruchsverfahren der Weg zum Verwaltungsgericht frei. Davon gibt es jedoch Ausnahmen gem. § 68 I 2 VwGO.

Die Klage muß innerhalb eines Monats nach Zustellung des Widerspruchsbescheids erhoben werden, § 74 I VwGO.

101 **e)** Regelmäßig wird der **Antrag** lauten, „den Bescheid der Behörde (mit Aktenzeichen) und den Widerspruchsbescheid der Widerspruchsbehörde vom ...

(Aktenzeichen) aufzuheben". Ist im Widerspruchsverfahren dem Widerspruch teilweise stattgegeben worden, „wird beantragt, den Bescheid der Behörde vom ... (Aktenzeichen) in der Gestalt des Widerspruchsbescheids der Behörde vom ... (Aktenzeichen) aufzuheben". Wird die Anfechtungsklage beschränkt, kann dies beispielsweise ergänzt werden: „Der Bescheid ... wird aufgehoben, soweit ein Erschließungsbeitrag von mehr als x DM festgesetzt ist". Beschränkt sich die Anfechtungsklage auf den Widerspruchsbescheid, wird lediglich beantragt, „den Widerspruchsbescheid der Behörde vom ... (Aktenzeichen) aufzuheben". Die jeweilige Behörde ist exakt zu bezeichnen. War der Anwalt auch im Vorverfahren tätig, ist ferner zu beantragen, die Zuziehung des Bevollmächtigten für notwendig zu erklären (§ 162 II 2 VwGO).

Zum Prüfungskatalog vgl. oben Rdnr. 35. Hat der Mandant Anspruch auf Entschädigung, ist ein entsprechender Antrag zu stellen. Soll ein Amtshaftungsprozeß geführt werden, ist ein Feststellungsantrag entbehrlich, da mit der Aufhebung des Verwaltungsaktes dessen Rechtswidrigkeit festgestellt wird.

Ist eine weitere Sachverhaltsaufklärung erforderlich, kann der Verwaltungsakt aufgehoben und eine vorläufige Regelung getroffen werden unter den Voraussetzungen des § 113 III VwGO. Diese Möglichkeit scheidet aus bei allen Planungsentscheidungen.

5. Verpflichtungsklage

a) Ziel der Verpflichtungsklage ist der Erlaß eines vom Mandanten begehrten **102** Verwaltungsakts. Soweit die Ablehnung des Verwaltungsaktes rechtswidrig ist und der Mandant dadurch in seinen Rechten verletzt ist, wird die Behörde durch Urteil verpflichtet, **den begehrten Verwaltungsakt** zu **erlassen.** Ist die Sache noch nicht spruchreif, wird die Behörde verpflichtet, den Antrag unter Beachtung der Rechtsauffassung des Gerichtes erneut zu **bescheiden** (§ 113 IV VwGO).

b) Im Unterschied zur allgemeinen Leistungsklage muß ein Verwaltungsakt **103** begehrt werden. Das ist meistens der Fall bei einer Genehmigung, Erlaubnis oder Bewilligung; aber auch im Bereich der Leistungsverwaltung wird häufig über die Leistung zunächst durch Verwaltungsakt entschieden. Hat die Behörde den Erlaß des begehrten Verwaltungsaktes abgelehnt, muß diese Ablehnung nicht gesondert angefochten werden. Zur Klarstellung ist jedoch zu empfehlen, auch die Aufhebung des ablehnenden Verwaltungsakts und Widerspruchsbescheids zu beantragen (vgl. das Beispiel von *Johlen,* in: *Locher/Mes,* Beck'sches Prozeßformularbuch V. A. 5 und oben Rdnr. 33).

c) Das Gericht ist gehalten, alle Voraussetzungen des Anspruchs aufzuklären, **104** so daß die Sache spruchreif wird. Steht der Behörde jedoch ein **Ermessen** oder ein Beurteilungsspielraum zu, ist grundsätzlich nur ein Bescheidungsantrag zulässig, da das Gericht nicht berechtigt ist, sein Ermessen an die Stelle der Behörde zu setzen, § 114 VwGO. Die Ausnahme ist der Fall, daß nur der begehrte Verwaltungsakt rechtmäßig ist (Ermessensreduzierung auf Null). Es ist dann zu empfehlen, den Bescheidungsantrag hilfsweise zu stellen.

Erfordert die Ermittlung eines Betrages erheblichen Aufwand, kann das Gericht die Behörde zur Neuberechnung gem. § 113 II VwGO veranlassen.

d) Wendet sich der Mandant gegen **Nebenbestimmungen** eines begünstigen- **105** den Verwaltungsaktes, ist Anfechtungsklage zu erheben, wenn die Nebenbestimmung selbständig abtrennbar ist, Verpflichtungsklage, wenn die Nebenbestimmung mit dem Verwaltungsakt eine Einheit bildet. Die Auflage ist in der Regel eine selbständige zusätzliche Leistungsverpflichtung und deshalb mit der Anfechtungsklage isoliert angreifbar. Eine Bedingung, Befristung oder ein Widerrufsvorbehalt sind jedoch mit dem Verwaltungsakt untrennbar verbunden, so daß Verpflichtungsklage auf Erlaß eines Verwaltungsaktes ohne diese lästige Nebenbestimmung zu erheben ist. Ebenfalls Verpflichtungsklage ist bei einer modifizierenden Auflage zu erheben, weil die Auflage den Inhalt des Verwaltungsaktes verändert (vgl. oben Rdnr. 40).

e) Auch die Verpflichtungsklage setzt die Durchführung eines Vorverfahrens nach § 68 VwGO voraus.

106 **f)** Es wird mit der Verpflichtungsklage **„beantragt,** die Behörde unter Aufhebung des Bescheids vom ... (Aktenzeichen) und des Widerspruchsbescheids der Behörde vom ... (Aktenzeichen) zu verpflichten, dem Kläger Leistungen nach dem BAföG in Höhe von monatlich x DM für den Bewilligungszeitraum vom ... bis ... zu gewähren". Ist die Sache noch nicht spruchreif oder steht die Entscheidung im Ermessen der Behörde, „wird beantragt, die Behörde unter Aufhebung des Bescheids ... zu verpflichten, den Antrag des Klägers vom ... auf (Erteilung der Baugenehmigung für das Grundstück Lgb.Nr. ... in ...) unter Beachtung der Rechtsauffassung des Gerichts erneut zu bescheiden". Dieser Bescheidungsantrag kann auch als Hilfsantrag gestellt werden , wenn streitig ist, ob bereits Spruchreife eingetreten ist oder der Behörde ein Ermessen zusteht.

War der Anwalt schon im Vorverfahren tätig, ist auch hier gem. § 162 II 2 VwGO zu beantragen, die Zuziehung des Bevollmächtigten für das Vorverfahren für notwendig zu erklären.

Bei einer zwischenzeitlichen Änderung der Sach- oder Rechtslage kann der Anspruch entfallen, auch wenn die ursprüngliche Ablehnung rechtswidrig war. Dann ist hilfsweise zur Vorbereitung der Klage auf Amtshaftung die Feststellung zu beantragen, daß „die Ablehnung des Antrags durch die Behörde mit Bescheid vom ... rechtswidrig war" (§ 113 I 4 VwGO).

6. Untätigkeitsklage

107 **a)** Die Anfechtungs- oder Verpflichtungsklage ist ohne Vorverfahren zulässig, wenn über Widerspruch oder Antrag auf Erlaß eines Verwaltungsaktes nicht in angemessener Frist entschieden wurde, § 75 VwGO. Auch wenn die Jahresfrist des § 76 VwGO entfallen ist, wird eine Untätigkeitsklage in der Regel nur innerhalb eines Jahres zulässig sein. Danach stellt sich die Frage der Verwirkung.

108 **b)** Wird nach Klageerhebung dem Begehren des Mandanten entsprochen, ist die Hauptsache für erledigt zu erklären. Ergeht eine **behördliche Entscheidung** zu Lasten des Mandanten, ist diese unmittelbar Gegenstand des Prozesses. Hat allerdings das Gericht das Verfahren ausgesetzt und wird in dieser Zeit der begehrte Verwaltungsakt abgelehnt, muß zunächst das Widerspruchsverfahren durchgeführt werden (vgl. das Beispiel von *Johlen,* in: *Locher/Mes,* Beck'sches Prozeßformularbuch V. A. 6).

109 **c)** Die Anträge entsprechen hier der Anfechtungs- oder Verpflichtungsklage. Die Untätigkeitsklage ist keine besondere Klageart. Sie unterscheidet sich von der Anfechtungs- und Verpflichtungsklage nur dadurch, daß ein Vorverfahren noch nicht abschließend durchgeführt ist.

7. Feststellungsklage

a) Die Feststellungsklage (§ 43 VwGO) hat nur geringe Bedeutung, da Gestaltungs- und Leistungsklage Vorrang haben. Hätte der Mandant sich z. B. durch eine Anfechtungsklage gegen einen belastenden Verwaltungsakt wehren können, jedoch die Klagefrist versäumt, kann er wegen des drohenden Vollzugs nun keine Feststellungsklage erheben (vgl. im einzelnen die Kommentierung bei *Kopp* § 43 VwGO und das Beispiel von *Johlen,* in: *Locher/Mes.* Beck'sches Prozeßformularbuch V. A. 10). **110**

b) Unter **Rechtsverhältnis** ist die rechtliche Beziehung zwischen zwei Personen oder einer Person zu einer Sache zu verstehen, die sich aufgrund einer Rechtsnorm aus einem konkreten Sachverhalt ergibt. Gegenstand der Feststellungsklage können auch einzelne Rechte und Pflichten eines Rechtsverhältnisses sein, nicht jedoch abstrakte Rechtsfragen. Über das Bestehen eines Rechtsverhältnisses muß zwischen Mandant und übrigen Beteiligten Streit bestehen. Die Nichtigkeit eines Verwaltungsaktes kann mit der Feststellungs-, aber auch mit der Anfechtungsklage geltend gemacht werden. **111**

c) Voraussetzung ist ein berechtigtes Interesse als **besonderes** zusätzliches **Rechtsschutzbedürfnis** (das ist jedes schutzwürdige Interesse).

d) Die Feststellungsklage ist aber nur **subsidiär** (§ 43 II VwGO) zulässig. Es ist deshalb stets zu prüfen, ob der Mandant nicht die Abwehr eines belastenden Verwaltungsaktes oder eine bestimmte Leistung der Verwaltung begehrt. Über die Rechtsfragen, die Gegenstand einer Feststellungsklage sein können, wird dann im Rahmen der Gestaltungs- oder Leistungsklage entschieden. **112**

e) Die Feststellungsklage ist **nicht fristgebunden.** Ein Vorverfahren ist nicht erforderlich (Ausnahme: Beamtenverhältnis, § 126 III BRRG). Mit einer **vorbeugenden Feststellungsklage** kann ein Mandant künftige drohende Maßnahmen abwehren. Ein darauf gerichtetes Rechtsschutzbedürfnis besteht, wenn die Wiederholung rechtswidriger Eingriffe in Rechte des Mandanten zu besorgen ist. Das ist nur selten der Fall, da der Mandant auf den nachträglichen Rechtsschutz verwiesen wird. **113**

f) Der **Antrag** der Feststellungsklage lautet, daß z. B. festgestellt wird, daß der Kläger die Rechtsstellung als anerkannter Kriegsdienstverweigerer hat oder daß die Wohnung des Klägers in der X-Straße Nr. X die Eigenschaft „öffentlich gefördert" hat. **114**

8. Leistungsklage

a) Ziel der Leistungsklage ist eine **Leistung** der Verwaltung, die nicht im Erlaß eines Verwaltungsaktes besteht oder davon abhängig ist. Mit ihr kann auch ein Anspruch auf Unterlassung verfolgt werden (vgl. das Beispiel von *Johlen,* in: *Locher/Mes,* Beck'sches Prozeßformularbuch V. A. 11). **115**

b) Die **Zulässigkeitsvoraussetzungen** des § 42 II VwGO sind entsprechend anzuwenden. Ein Vorverfahren muß nicht durchgeführt werden, die Erhebung der Leistungsklage ist auch nicht an eine Frist gebunden (Ausnahme: § 126 III BRRG).

116 **c)** Mit der Leistungsklage kann unmittelbar auf Zahlung geklagt werden, wenn die Zahlung nicht von einem Verwaltungsakt abhängt. Es kann eine Leistung der Verwaltung, z. B. die Gewährung von Akteneinsicht, begehrt werden oder der Widerruf ehrverletzender amtlicher Äußerungen sowie der Anspruch auf Folgenbeseitigung.

d) Die **Anträge** der Leistungsklage sind vielfältig. Bei Zahlungsansprüchen „wird beantragt, die Behörde zu verpflichten, dem Kläger . . . DM für das Jahr . . . zu zahlen". Es empfiehlt sich jedoch, auch den Zahlungsgrund in den Tenor aufzunehmen und den Leistungszeitraum anzugeben. Wird eine schlicht-hoheitliche Verwaltungshandlung begehrt, so wird z. B. beantragt, die erkennungsdienstlichen Unterlagen der Behörde über den Kläger zu vernichten.

9. Unterbrechungen und sonstige Verfahrensbeendigungen

117 **a)** Auch der Verwaltungsgerichtsprozeß kann durch übereinstimmende Erklärung der Parteien gem. § 173 VwGO i. V. m. § 251 ZPO zum **Ruhen** gebracht werden. Darüber entscheidet der Vorsitzende oder Berichterstatter (§ 87a VwGO) im vorbereitenden Verfahren. Das Verfahren kann jederzeit wieder angerufen werden. Ruht das Verfahren mindestens sechs Monate, hat der Kläger nach Nr. 1200 KV die gerichtliche Verfahrensgebühr zu tragen.

118 **b)** Das Verfahren kann bei Vorgreiflichkeit (§ 94 VwGO) **ausgesetzt** werden. Es muß ausgesetzt werden, wenn das Verwaltungsgericht zur Auffassung gelangt, daß die anzuwendende nachkonstitutionelle Norm gegen das Grundgesetz verstößt (Vorlage nach Art. 100 GG). Gleiches gilt, wenn es auf die Auslegung des EG-Vertrages ankommt (Vorlage an den Europäischen Gerichtshof gem. Art. 177 des Vertrages über die Europäische Gemeinschaft). Darüber entscheidet der Vorsitzende oder Berichterstatter (§ 87a VwGO) im vorbereitenden Verfahren.

119 **c)** Die **Klage** kann jederzeit **zurückgenommen** werden, nach Stellung der Anträge in der mündlichen Verhandlung jedoch nur mit Einwilligung des Beklagten (§ 92 VwGO). Der Kläger hat dann die Kosten zu tragen. Darüber entscheidet der Vorsitzende oder Berichterstatter (§ 87a VwGO) im vorbereitenden Verfahren. Mit Rücknahme der Klage wird der angegriffene Bescheid bestandskräftig und steht dann einer erneuten Klage entgegen. Einigen sich die Parteien in einem Vergleich, verpflichtet sich der Kläger häufig zur Rücknahme der Klage. Die Klagerücknahme ist bedingungsfeindlich und bleibt auch dann gültig, wenn die im Vergleich zugesagte Leistung oder Regelung der Behörde nicht erbracht wird, weil eine mitwirkungsberechtigte weitere Behörde ihre Zustimmung zum Vergleich verweigert. Die Klage sollte deshalb immer erst zurückgenommen werden, wenn die Gegenleistung des Vergleichs gesichert ist.

120 **d)** Die **Hauptsache** kann sich **erledigen.** Der häufigste Fall ist die Aufhebung des angegriffenen Verwaltungsaktes durch die Behörde. Ein befristeter Verwaltungsakt kann sich durch Zeitablauf erledigen. Soweit der Kläger ein berechtigtes Interesse daran hat festzustellen, daß der Verwaltungsakt rechtswidrig war (§ 113 I 4 VwGO), wird das Verfahren trotz Erledigung fortgesetzt (Fortsetzungsfeststellungsklage). Im anderen Fall wird das Verfahren durch überein-

stimmende Erledigungserklärung beendet. Das Gericht bzw. der Vorsitzende oder Berichterstatter im vorbereitenden Verfahren entscheidet nach billigem Ermessen über die Kosten gem. § 161 II VwGO.

e) Der Verwaltungsgerichtsprozeß kann insbesondere durch **Vergleich** beendet werden, der außergerichtlich (§ 55 VwVfG) und gerichtlich (§ 106 VwGO) geschlossen werden kann. Beim gerichtlichen Vergleich gelten alle Einschränkungen wie für den öffentlich-rechtlichen Vertrag (oben Rdnr. 46). Bietet sich in einem Verfahren der Abschluß eines Vergleichs an, sollte vor der mündlichen Verhandlung mit dem Mandanten der Spielraum geklärt werden. Es ist vorher sorgfältig zu prüfen, ob der Prozeßgegner allein berechtigt ist oder ob es der Zustimmung weiterer Behörden oder Körperschaften bedarf. In diesem Fall muß der Anwalt vor der mündlichen Verhandlung klären, ob diese Behörden zustimmen. Ein Vergleich kann auch dadurch geschlossen werden, daß einem Vorschlag des Gerichts in der Form eines Beschlusses schriftlich zugestimmt wird (§ 106 S. 2 VwGO). **121**

10. Massenverfahren

Nun sind auch in die VwGO Vorschriften über sog. Massenverfahren eingeführt worden, die jedoch nur eine begrenzte Wirkung haben. Von vernünftigen Beteiligten ist die Zahl der Klagen gegen Großvorhaben ohnehin begrenzt worden. Hinzuweisen ist auf die Regelung für mehr als fünfzig Personen im gleichen Interesse: **122**

- die öffentliche Bekanntmachung gerichtlicher Entscheidungen (§ 56a VwGO),
- die Aufforderung zur Anmeldung einer Beiladung (§ 65 III VwGO),
- die Bestellung eines Prozeßbevollmächtigten (§ 67a VwGO, Gebühren: § 115 BRAGO),
- die Auswahl von Musterverfahren (§ 93a VwGO).

Gerade die Auswahl der Musterverfahren sollte aber durch den Anwalt erfolgen, der bei einer Vielzahl von Klagen durch entsprechende Erklärung gegenüber dem Gericht die anderen Klagen nur fristwahrend erhebt.

11 Normenkontrolle

a) Die verwaltungsgerichtliche Normenkontrolle dient der **Überprüfung von Rechtsnormen:** **123**

- Satzungen und Rechtsverordnungen nach dem Baugesetzbuch (insbesondere Bebauungspläne, dazu: *Quaas/Müller,* Normenkontrolle und Bebauungsplan, 1986),
- andere Rechtsvorschriften unter dem Rang eines Landesgesetzes, sofern das jeweilige Landesrecht (Ausführungsgesetz zur VwGO) dies bestimmt (so Baden-Württemberg, Bremen, Hessen, Niedersachsen, Schleswig-Holstein, eingeschränkt Rheinland-Pfalz).

Die Normenkontrolle dient dem subjektiven Rechtsschutz und zugleich der objektiven Rechtskontrolle.

b) Unter dem Landesgesetz stehende Rechtsvorschriften sind solche, die ein Organ des Landes erlassen hat: z. B. Rechtsverordnungen der Landesregierungen, der Ministerien, der allgemeinen Verwaltungsbehörden, Satzungen von Gemeinden, öffentlich-rechtlichen Körperschaften. Entscheidend ist, ob die **124**

Vorschrift in einem förmlichen Rechtsetzungsverfahren als Verordnung oder Satzung erlassen wurde. Im übrigen kommt es auf den materiellen Gehalt der Regelung an, insbesondere die Außenwirkung (vgl. *Kopp* § 47 VwGO Rdnrn. 13ff.).

125 **c) Antragsbefugt** ist jede natürliche oder juristische Person, die durch die Rechtsvorschrift oder deren Anwendung einen Nachteil erlitten oder zu erwarten hat. Die Zulässigkeit reicht also weiter als § 42 II VwGO. Der Antragsteller muß durch die Rechtsvorschrift oder deren Anwendung in einem Interesse verletzt werden, das bei Erlaß der Vorschrift berücksichtigt werden mußte (z. B. privater Belang im Rahmen der Abwägung, vgl. *BVerwGE* 59, 87).

Der **Antrag** ist gegen die Körperschaft, Anstalt oder Stiftung zu richten, die die Rechtsvorschrift erlassen hat. Er kann lauten: „Der Bebauungsplan ... vom ... der Gemeinde ... ist nichtig." Ist die Rechtsvorschrift ungültig, wird sie ganz oder teilweise für nichtig erklärt. Diese Entscheidung ist allgemein verbindlich, § 47 VI 2 VwGO. Obwohl die Rechtsvorschrift damit von Anfang an ungültig ist, bleiben unanfechtbare Verwaltungsakte oder verwaltungsgerichtliche Entscheidungen davon unberührt. Allerdings ist eine Vollstreckung nicht mehr zulässig. Auch wenn also ein Bebauungsplan für nichtig erklärt wird, bleiben darauf gestützte Baugenehmigungen wirksam, wenn sie nicht ebenfalls mit Rechtsmitteln angegriffen werden. Die Baugenehmigungen sind dann nach §§ 34 oder 35 BauGB zu beurteilen.

Wird der Normenkontrollantrag abgelehnt, entfaltet er nur Bindungswirkung zwischen den Verfahrensbeteiligten, § 121 VwGO.

126 **Prüfungsmaßstab** ist das gesamte Bundesrecht einschließlich des Grundgesetzes sowie die Landesverfassung und sonstiges Landesrecht, sofern nicht nach Landesrecht ausschließlich ein Verfassungsgericht des Landes zuständig ist (so Art. 132 Hessische Verfassung, Art. 98 S. 4 Bayerische Verfassung für Teilbereiche).

Prüfung:

- Ist die gesetzliche Ermächtigung verfassungsmäßig?
- Ist die angegriffene Rechtsnorm von der Ermächtigungsgrundlage gedeckt?
- Ist die angegriffene Rechtsnorm formell ordnungsgemäß zustandegekommen?
- Verstößt die Rechtsnorm gegen höherrangiges Recht?

(Für die Überprüfung von Bebauungsplänen vgl. den Leitfaden von *Kohl* VBlBW 1988, S. 351ff.; vgl. auch das Beispiel von *Zuck* in: *Locher/Mes,* Beck'sches Prozeßformularbuch V. F. 1ff.).

127 **d) Vorläufiger Rechtsschutz** im Normenkontrollverfahren ist durch Antrag auf Erlaß einer einstweiligen Anordnung, § 47 VIII VwGO, möglich. Die Abwägung erfolgt wie bei § 32 BVerfGG (vgl. *Grooterhorst* DVBl 1989, 1176, auch zur Nichtvorlagebeschwerde sowie die Beispiele von *Zuck* aaO).

128 **e)** Die Nichtvorlage der Sache an das BVerwG kann durch Beschwerde gem. § 47 VII VwGO angefochten werden, für die nun § 133 VwGO entsprechend gilt (vgl. bisher *BVerwG* NVwZ 1988, 727, 728.

12. Berufung

129 **a)** Gegen das Urteil des Verwaltungsgerichts kann innerhalb eines Monats Berufung eingelegt werden, § 124 II 1 VwGO. Sie ist beim Verwaltungsgericht einzulegen, dessen Entscheidung angefochten wird. Die Berufung hat das ange-

fochtene Urteil zu bezeichnen und einen bestimmten **Antrag** zu enthalten. Die weitere Begründung kann nachgereicht werden.

Die Berufung hemmt den Eintritt der **Rechtskraft.** Sie setzt bei Kläger und Beklagten eine formelle Beschwer voraus (einem Antrag wurde nicht voll entsprochen), beim Beigeladenen eine materielle Beschwer. Durch den Antrag kann der Berufungsführer den Gegenstand des Berufungsverfahrens bestimmen, den Streitgegenstand also auch einschränken.

„Es wird **beantragt,** das Urteil des Verwaltungsgerichts vom ... (Aktenzeichen) zu ändern". Danach folgt der Antrag der I. Instanz. Ist einem Verpflichtungs- oder Leistungsbegehren teilweise stattgegeben worden, ist der Antrag entsprechend einzuschränken.

Bis auf den Gerichtsbescheid (§ 84 VwGO) gelten die Vorschriften des erstinstanzlichen Verfahrens (§ 125 I VwGO). Neue Erklärungen und Beweismittel sind nur unter den Voraussetzungen des § 128a VwGO zugelassen.

b) Die Berufung bedarf der **Zulassung** unter den Voraussetzungen von § 131 **130**
II, III VwGO. Gegen die Nichtzulassung der Berufung ist Beschwerde gem. § 131 V VwGO zulässig. Die Abweisung bedarf keiner Begründung. Wird die Berufung zugelassen, ist das Beschwerdeverfahren als Berufung fortzusetzen (§ 131 VIII VwGO). Eine Berufung kann spezialgesetzlich ausgeschlossen sein, wie z. B. im Wehrpflichtrecht.

c) Die Berufung führt zu einer vollständigen **Überprüfung in tatsächlicher** **131**
und rechtlicher Hinsicht mit der Einschränkung des § 128a VwGO. Hat es sich aufgrund des erstinstanzlichen Verfahrens als zweckmäßig erwiesen, die Fortführung einem Kollegen anzuvertrauen, der über besondere Sachkenntnis verfügt, ist nach Einlegung der (fristwahrenden) Berufung der richtige Zeitpunkt zum Wechsel gekommen. Für den Mandanten gibt es noch eine volle Tatsacheninstanz. Ein Wechsel nach einem negativen Berufungsurteil ist kaum möglich, denn in der Regel wird die Revision nicht zugelassen. Meist wird sich kein Kollege finden, der dann innerhalb der verbleibenden zwei bis drei Wochen die Beschwerde gegen die Nichtzulassung der Revision einlegt und begründet. Die Berufung kann gemäß § 130a VwGO durch Beschluß zurückgewiesen werden, wenn das Gericht sie einstimmig für unbegründet und eine mündliche Verhandlung nicht für erforderlich hält.

d) Gegen den **Gerichtsbescheid** (§ 84 I VwGO) kann die statthafte Berufung **132**
oder Revision eingelegt werden. Ist die Berufung oder Revision nicht zugelassen, kann entweder Nichtzulassungsbeschwerde eingelegt oder mündliche Verhandlung beantragt werden (§ 84 II Nr. 2 VwGO).

13. Revision

a) Gegen das Urteil des Berufungsgerichts findet die Revision statt, wenn sie **133**
zugelassen ist. Eine besondere Form der Revision ist die vom Verwaltungsgericht zugelassene Sprungrevision (§ 134 VwGO).

b) Die Revision dient vor allem der **Wahrung der Rechtseinheit** und der **134**
Fortbildung des Rechts. Das BVerwG überprüft nur Rechtsfragen. Voraussetzung ist eine Verletzung von Bundesrecht, ausnahmsweise kann auch eine Verletzung der Beamtengesetze der Länder (§ 127 BRRG) und der Vorschriften des VwVfG der Länder (§ 137 I 2 VwGO) gerügt werden. Die Revision bedarf der

Zulassung (§ 132 VwGO). Im Revisionsverfahren ist das BVerwG an die Zulassungsgründe des Berufungsgerichts nicht gebunden, wohl an die Zulassung.

135 **c)** Gegen die **Nichtzulassung der Revision** kann Beschwerde erhoben werden. Die Beschwerde muß innerhalb eines Monats eingelegt und innerhalb von zwei Monaten nach Zustellung des Urteils begründet werden. In der Beschwerde sind die Zulassungsgründe (§ 132 II VwGO) darzulegen:
- die grundsätzliche Bedeutung der Sache,
- das Beruhen des Berufungsurteils auf einer Abweichung von einer Entscheidung des BVerwG oder des Gemeinsamen Senats der obersten Gerichtshöfe,
- das Beruhen auf einem Verfahrensmangel des Berufungsverfahrens, sofern der Verfahrensmangel tatsächlich vorliegt.

An die Begründung der Nichtzulassungsbeschwerde werden hohe Anforderungen gestellt.

136 **d)** Revision und Nichtzulassungsbeschwerde können nur von einem Rechtsanwalt oder einem Rechtslehrer an einer deutschen Hochschule eingelegt werden (§ 67 I VwGO).

137 **e)** Läßt das VG oder OVG/der VGH die Revision zu, ist sie innerhalb eines Monats gem. § 139 I VwGO einzulegen. Läßt das BVerwG die Revision zu, wird das Beschwerde- als Revisionsverfahren fortgesetzt. Die Revision ist dann innerhalb eines Monats ab Zustellung des Beschlusses zu begründen. Die Revision ist im übrigen innerhalb von zwei Monaten nach Zustellung des Urteils oder des Beschlusses über die Zulassung der Revision nach § 134 III Nr. 2 VwGO zu begründen. Die Begründungsfrist kann auf Antrag vor Ablauf der Begründungsfrist verlängert werden. Eine notwendige Beiladung ist auch im Revisionsverfahren zulässig mit der Möglichkeit der Zurückverweisung (§ 144 III VwGO).

V. Vorläufiger Rechtsschutz

1. Überblick

138 Die Entscheidung des Verwaltungsgerichts in der Hauptsache kann zu spät kommen, wenn die Schaffung vollendeter Tatsachen droht oder der Mandant auf öffentliche Leistungen zur Existenzsicherung angewiesen ist. Der Bauherr will von seiner Baugenehmigung Gebrauch machen, der Nachbar ihn daran hindern. In all diesen Fällen ist vorläufiger Rechtsschutz notwendig. Die VwGO bietet dafür zwei Verfahren:
- das Verfahren nach § 80 VwGO
- die einstweilige Anordnung nach § 123 VwGO.

Grundsätzlich richtet sich das Verfahren nach der Hauptsache: Wird in der Hauptsache eine Anfechtungsklage erhoben, ist regelmäßig gegen den Sofortvollzug Antrag auf Wiederherstellung der aufschiebenden Wirkung nach § 80 V VwGO zu stellen. In allen anderen Fällen (Verpflichtungs-, Leistungs- und Feststellungsklage) ist eine einstweilige Anordnung nach § 123 VwGO zu beantragen (zum einstweiligen Rechtsschutz vgl. B XVI). Die Vorschriften des § 123 VwGO gelten jedoch nicht für die Fälle des Verwaltungsakts mit Doppelwirkung (§ 123 V VwGO).

2. Das Verfahren nach § 80 VwGO

a) Widerspruch und Anfechtungsklage haben aufschiebende Wirkung bei rechtsgestaltenden, feststellenden und Verwaltungsakten mit Doppelwirkung, § 80 I VwGO. Dieser **Suspensiveffekt** entfällt unter den Voraussetzungen des § 80 II 1–3 VwGO (vgl. die Übersicht bei *Finkelnburg/Jank* Rdnrn. 554ff.; beachte § 10 II BauGB-MaßnahmenG). Wird der Sofortvollzug von der Behörde angeordnet (§ 80 II 4 VwGO), muß die Behörde das besondere öffentliche Interesse oder Interesse eines Privaten am Sofortvollzug gesondert begründen. Fehlt eine solche Begründung überhaupt, ist die Anordnung aufzuheben. Die Behörde kann allerdings nunmehr mit ordentlicher Begründung den Sofortvollzug erneut anordnen. Der Sofortvollzug kann mit dem Verwaltungsakt angeordnet werden, jedoch auch später durch gesonderten Bescheid. Auch gegen die gesonderte Anordnung des Sofortvollzugs gibt es nur die Rechtschutzmöglichkeiten des § 80 V VwGO. **139**

b) Der **Antrag** ist beim **Gericht der Hauptsache** oder der **Behörde** zu stellen. Er lautet: „Es wird beantragt, die aufschiebende Wirkung des Widerspruchs/der Klage gegen den Bescheid des ... vom ... wiederherzustellen." Ist eine Klage noch nicht anhängig (z. B. während des Widerspruchsverfahrens), ist der Antrag beim für die künftige Anfechtungsklage zuständigen erstinstanzlichen Gericht einzureichen. Bei öffentlichen Abgaben oder Kosten ist zuerst ein Antrag bei der Behörde zu stellen (§ 86 VI VwGO). Es ist günstig, wenn die Klage gleichzeitig ausführlich begründet wird oder eine Klagebegründung schon vorliegt, denn bei der Entscheidung des Gerichts kommt es in erheblichem Maße auf die Rechtmäßigkeit des angegriffenen Verwaltungsakts an. Kann die Klage noch nicht umfassend begründet werden, weil die Akten z. B. noch nicht eingesehen wurden, muß die Antragsbegründung eingehend darlegen, warum aus der Sicht des Mandanten der angegriffene Verwaltungsakt rechtswidrig ist und den Mandanten in eigenen Rechten verletzt. Die persönliche Betroffenheit des Mandanten ist deshalb besonders sorgfältig herauszuarbeiten. In diesem Verfahren heißen die Beteiligten Antragsteller und Antragsgegner. **140**

Das Gericht trifft eine eigene **Ermessensentscheidung.** Es nimmt eine Interessenabwägung vor. Ist der Verwaltungsakt offensichtlich rechtmäßig, besteht auch ein überwiegendes öffentliches Interesse am Vollzug. Ist der Verwaltungsakt offensichtlich rechtswidrig, kann ein öffentliches Interesse am Sofortvollzug nicht bestehen. Voraussetzung ist jedoch, daß Rechtmäßigkeit oder Rechtswidrigkeit offensichtlich sind. **141**

Wenn durch den Sofortvollzug **vollendete Tatsachen** geschaffen werden, darf nicht auf die voraussichtliche Rechtmäßigkeit des Verwaltungsaktes abgestellt werden, vielmehr hat eine Interessenabwägung wie bei § 32 BVerfGG stattzufinden. Es ist Aufgabe der Antragsbegründung, diese Gesichtspunkte sorgfältig herauszuarbeiten. Es müssen also die von der Behörde angeführten Gründe für den Sofortvollzug widerlegt werden. Es ist darzustellen, welche Folgen der Sofortvollzug für den Rechtsschutz des Mandanten haben würde, insbesondere wenn sich später in der Hauptsache die Rechtswidrigkeit des Verwaltungsakts herausstellen würde. Dem ist der Nachteil gegenüberzustellen, der durch ein Zuwarten entsteht, wenn sich später in der Hauptsache die Rechtmäßigkeit des Verwaltungsaktes erweist. Zusätzlich zu den ordentlichen Beweismitteln kann der Antragsteller erhebliche Tatsachen durch **eidesstattliche Versicherung** glaubhaft machen. **142**

143 **c)** Der Antrag hat **keine aufschiebende Wirkung.** In dringenden Fällen kann eine Entscheidung nach § 80 VIII VwGO durch den Vorsitzenden beantragt werden. Meist wird es jedoch ausreichen, mit dem Vorsitzenden über eine Zwischenregelung zu verhandeln. Auf die Bitte des Gerichts stellen die Behörden meist die Vollzugsmaßnahmen zurück, bis das Gericht über den Antrag auf vorläufigen Rechtsschutz entschieden hat.

144 **d)** Die Entscheidung kann von **Auflagen** abhängig gemacht werden (§ 80 V 4 VwGO). Es ist deshalb zu prüfen, ob der Antragsteller selbst die Erfüllung bestimmter Auflagen oder eine Beschränkung der aufschiebenden Wirkung anbietet. Gerade in schwierigen Fällen kann dadurch eine positive Entscheidung für den Mandanten erzielt werden.

145 **e)** Wird der Antrag vom Verwaltungsgericht abgelehnt, kann innerhalb von zwei Wochen beim Verwaltungsgericht **Beschwerde** eingelegt werden, §§ 146ff. VwGO. Gegen Entscheidungen der Oberverwaltungsgerichte ist eine Beschwerde nicht zulässig, § 152 I VwGO.

146 **f)** Bei einer **Änderung der Sach- und Rechtslage** kann die Entscheidung auf Antrag nach § 80 VII VwGO geändert werden. Zuständig ist das Gericht der Hauptsache. Es handelt sich um ein selbständiges Verfahren. Auch wenn die aufschiebende Wirkung vom OVG/VGH angeordnet wurde, die Hauptsache beim Verwaltungsgericht anhängig ist, entscheidet das Verwaltungsgericht über die Abänderung.

147 **g)** Wird die aufschiebende Wirkung angeordnet, die Klage später in der Hauptsache aber abgewiesen, können dem Beklagten erhebliche Kosten z. B. durch eine Bauverzögerung entstanden sein. Für diese Schäden **haftet** der Antragsteller jedoch nicht. Im Unterschied zu § 123 III VwGO erfolgt bei § 80 VwGO kein Verweis auf § 945 ZPO (vgl. im einzelnen *Finkelnburg/Jank* Rdnrn. 845ff.).

3. Einstweilige Anordnung

148 **a)** Mit der einstweiligen Anordnung kann die Sicherung eines bestehenden Zustandes **(Sicherungsanordnung)** oder eine Regelung, z. B. eine Leistung, **(Regelungsanordnung)** beantragt werden. Die einstweilige Anordnung ist das richtige Verfahren, wenn in der Hauptsache eine Verpflichtungs-, Leistungs- oder Feststellungsklage erhoben wird. Der Antrag ist schon vor Erhebung der Klage zulässig. Auch in diesem Verfahren heißen die Parteien Antragsteller und Antragsgegner. Das Verfahren ist gegenüber § 80 VwGO nachrangig (§ 123 V VwGO).

149 **b)** Der Antrag setzt stets einen **Anordnungsanspruch** und einen **Anordnungsgrund** voraus. Bei der Sicherungsanordnung ist Anordnungsanspruch das Recht, das der Mandant im Hauptsacheverfahren verfolgt. Das gefährdete Recht muß gerade ihm zustehen (Beispiele siehe *Finkelnburg/Jank* Rdnrn. 144ff.). Auch die Regelungsanordnung setzt einen Regelungsanspruch voraus, der aus dem streitigen Rechtsverhältnis erwächst. Er ist wie bei der Sicherungsanordnung das Recht, welches der Mandant mit der Hauptsacheklage verfolgt. Ein Anordnungsgrund besteht, wenn die begehrte Sicherung oder Regelung für den Antragsteller dringlich ist (vgl. die Beispiele von *Johlen,* in: *Locher/Mes,* Beck'sches Prozeßformularbuch V. C. 6 und 7).

c) Anordnungsanspruch und Anordnungsgrund müssen **glaubhaft** gemacht werden. Es sind also die überwiegenden Erfolgsaussichten für das Hauptsacheverfahren darzulegen. Daran schließt sich die Begründung der Dringlichkeit für den Mandanten an. Auch hier empfiehlt sich eine Interessenabwägung analog § 32 BVerfGG. Zusätzlich zu den allgemeinen Beweismitteln können Anordnungsanspruch und Anordnungsgrund durch eidesstattliche Versicherung glaubhaft gemacht werden. **150**

d) Das Verbot der **Vorwegnahme der Hauptsache** ist zu differenzieren: Bei der Sicherungsanordnung soll der Status quo erhalten bleiben, es sollen keine vollendeten Tatsachen geschaffen werden. Das Begehren kann sich insoweit mit der Hauptsache decken, wird jedoch nur vorläufig gesichert. Bei der Regelungsanordnung tritt durch die gerichtliche Anordnung und deren Vollzug eine Veränderung ein. Hier gilt das Verbot der Vorwegnahme der Hauptsache, das wiederum durchbrochen wird **151**
- wegen Zeitablaufs (z. B. Sendezeit im Wahlkampf),
- bei Geldleistungen zur Sicherung des Existenzminimums,
- bei besonders schwerwiegenden Nachteilen (z. B. Zulassung zum Studium).

e) Der **Antrag** ist beim **Gericht der Hauptsache** anhängig zu machen. Ist die Hauptsache in der Revisionsinstanz, ist der Antrag beim Verwaltungsgericht zu stellen (*BVerwG* BayVBl 1966, 279). Die Entscheidung ergeht durch Beschluß. Für alle Beteiligten gibt es nur das Rechtsmittel der fristgebundenen Beschwerde (§ 123 IV VwGO). **152**

f) Aufgrund **veränderter Umstände** kann eine erlassene einstweilige Anordnung aufgehoben oder verändert werden (entsprechende Anwendung von § 927 ZPO). Zuständig ist das Gericht der Hauptsache, gleich welches Gericht zuvor die einstweilige Anordnung erlassen hat. **153**

g) § 123 III VwGO verweist auf die **Schadensersatzregelung** des § 945 ZPO. Danach ist der dem Antragsgegner entstandene Schaden zu ersetzen, wenn sich die einstweilige Anordnung als von Anfang an ungerechtfertigt erweist. Der Beigeladene ist nicht anspruchsberechtigt (vgl. im einzelnen *Finkelnburg/Jank* Rdnrn. 423ff.). **154**

4. Baurecht, Verwaltungsakte mit Doppelwirkung

a) Will der Nachbar sich gegen eine **Baugenehmigung** wehren (Verwaltungsakt mit Doppelwirkung), muß er sein Begehren durch Widerspruch und Anfechtungsklage verfolgen. Hinsichtlich des vorläufigen Rechtsschutzes von Nachbarn und Bauherrn bestand keine Einigkeit, so daß die Verfahrensart vom jeweils zuständigen OVG/VGH abhing (vgl. *Finkelnburg/Ortloff*, Öffentliches Baurecht, Bd. II, S. 219ff.). **155**

b) *VGH Baden-Württemberg, BayVGH, OVG Bremen, OVG Hamburg, OVG Koblenz* und *OVG Saar* waren mit dem *BVerwG* der Auffassung, daß Widerspruch und Anfechtungsklage des Nachbarn **aufschiebende Wirkung** haben. **156**

c) *OVG Münster, VGH Kassel* und *OVG Berlin* lehnten **die aufschiebende Wirkung** von Widerspruch und Anfechtungsklage des Nachbarn ab. Hier konnte der Bauherr also weiter von der Baugenehmigung Gebrauch machen. **157**

Der Nachbar mußte vielmehr eine einstweilige Anordnung gem. § 123 VwGO beantragen mit dem Ziel, der Baugenehmigungsbehörde aufzugeben, die Fortführung der Bauarbeiten zu unterbinden.

158 **d)** Das *OVG Lüneburg* sah in der Aushändigung des Bauscheins die **Anordnung der sofortigen Vollziehung,** so daß Widerspruch und Anfechtungsklage des Nachbarn keine aufschiebende Wirkung hatten. Der Nachbar mußte deshalb Antrag nach § 80 V VwGO stellen.

159 **e)** Dieser Meinungsstreit ist nun **bundeseinheitlich** durch §§ 80, 80a VwGO entschieden. Der Widerspruch des Nachbarn oder des sonst von einem Verwaltungsakt mit Doppelwirkung negativ Betroffenen hat aufschiebende Wirkung (§ 80 I 2 VwGO). Der Bauherr oder der Begünstigte kann bei der Behörde die Anordnung des Sofortvollzugs beantragen (§ 80a I Nr. 1 VwGO). Der Nachbar (= Dritte) kann bei der Behörde die Aussetzung der Vollziehung in den Fällen des § 80 IV VwGO beantragen. Diese Befugnisse hat ebenfalls das Gericht der Hauptsache (§ 80a III i. V. m. § 80 V VwGO). Damit ist die unterschiedliche Praxis des Nachbarwiderspruchs Geschichte.

VI. Kosten und Vollstreckung

1. Streitwert

160 **a)** Der Streitwert ist gem. § 13 GKG zu bestimmen, bei Ansprüchen der Beamten auf wiederkehrende Leistungen gem. § 17 III GKG. Maßgeblich ist die Bedeutung der Sache für den Kläger. Läßt sich der wirtschaftliche Wert nicht bestimmen, ist gem. § 13 I 2 GKG der **Auffangstreitwert** von 6000 DM anzunehmen. Wird um eine **bezifferbare Leistung** gestritten, bereitet die Bestimmung des Streitwertes keine Schwierigkeiten. Ansonsten ist die Rechtsprechung uneinheitlich. Im Planfeststellungsrecht nimmt der VGH BW die Hälfte des Verkehrswertes der enteignend betroffenen Fläche als Streitwert an. Bei der Zulassung zu einem freien Beruf ist das wirtschaftliche Interesse durch den Nettoertrag, bei der Zulassung zum öffentlichen Dienst ein Jahresgehalt zugrunde zu legen (vgl. im einzelnen den Entwurf eines Streitwertkataloges des BVerwG mit Einführung *Sendler* NVwZ 1989, 1041 sowie *Bräutigam* NVwZ 1989, 1022.

Werden mehrere Kläger in einer Klage vertreten, werden die Streitwerte zusammengerechnet, so daß für die Anwendung des § 6 BRAGO kein Raum ist.

b) Mit der Klagebegründung soll auch der Streitwert angegeben werden. Das Gericht entscheidet durch Beschluß.

2. Kosten des Verwaltungsverfahrens

161 **a)** Es sind die Kosten und Gebühren der Behörde, die Anwaltskosten und die sonstigen Kosten zu unterscheiden. Die Verfahrenskosten werden nach dem jeweiligen Landesgebührengesetz i. V. m. dem Gebührenverzeichnis festgelegt.

162 **b)** Die Gebühren und Auslagen des Rechtsanwalts werden im **Verwaltungsverfahren,** das mit dem Bescheid endet, nicht erstattet (Ausnahme: Enteig-

nungsverfahren). Wird also dem Antrag des Mandanten entsprochen oder sieht die Behörde nach Anhörung des Mandanten vom Erlaß eines belastenden Verwaltungsaktes ab, werden die Gebühren des Anwalts nicht erstattet.

c) Im **Widerspruchsverfahren** ist auch über die Kosten zu entscheiden (§§ 72, 73 III 2 VwGO). War der Widerspruch ganz oder teilweise erfolgreich, ist über die Kosten der Partei, mithin auch die Gebühren und Auslagen des Rechtsanwalts gem. § 80 VwVfG zu entscheiden. Die Zuziehung eines Bevollmächtigten ist regelmäßig notwendig. Die Gebühren im Widerspruchsverfahren werden nach dem Streitwert ermittelt. Die Gebührentatbestände sind § 118 BRAGO zu entnehmen. Hat die Widerspruchsbehörde einen Augenschein angeordnet, entsteht damit auch die Beweisgebühr. Wird die Behörde telefonisch um eine Auskunft gebeten, fällt die Besprechungsgebühr nicht an. **163**

3. Kosten des Gerichtsverfahrens

a) Mit dem **Urteil** wird auch über die Kosten entschieden. Die Kostenpflicht ist in den §§ 154ff. VwGO geregelt. Sie entspricht im wesentlichen den Regelungen der ZPO. Die Kosten des Beigeladenen werden nur erstattet, wenn dieser Anträge gestellt oder ein Rechtsmittel eingelegt hat (§ 154 III VwGO). Der Beigeladene kann auch mit Kosten beschwert werden. **164**

b) Die **Gerichtskosten** ergeben sich gem. § 11 GKG aus dem Kostenverzeichnis i. V. m. der Gebührentabelle zum GKG. Im Unterschied zum Zivilprozeß ist ein Gerichtskostenvorschuß nicht erforderlich. Mit Einreichung der Klage entsteht die Verfahrensgebühr (Nr. 1200 KV). Ist die Klage nur fristwahrend eingelegt und wird sie frühzeitig zurückgenommen, entfällt die Gebühr rückwirkend (Nr. 1201 KV). **165**

Wird durch Urteil entschieden, entsteht die Urteilsgebühr (Nr. 1205 KV: zweifacher Satz). In den Eilverfahren entsteht die halbe Verfahrensgebühr. Hinzu kommen die Auslagen des Gerichts gem. Nr. 1900ff. KV.

c) Zu den **erstattungsfähigen Kosten** gehören die Gebühren und Auslagen des Rechtsanwalts (§ 162 II 1 VwGO). Ist der Anwalt weder am Wohnsitz des Mandanten noch des Gerichts ansässig, ist seine Beauftragung gesondert zu begründen, z. B. wegen seiner besonderen fachlichen Kenntnisse. Es sind dann auch die Reisekosten zum Gericht wie zum Wohnsitz des Mandanten, z. B. zur Ortsbesichtigung, erstattungsfähig. Es ist empfehlenswert, Datum, Zweck und Auslagen der Reise sorgfältig zu dokumentieren, da die Abrechnung oft erst sehr viel später erfolgt. Die meisten Verwaltungsgerichte lehnen eine Erstattung der Kosten für **Kopien** der Verwaltungsakten ab. Sie sind der mE falschen Auffassung, diese Kosten seien mit der Prozeßgebühr abgegolten. Es ist deshalb eine besondere Vereinbarung mit dem Mandanten zu schließen. **166**

d) Die **Auslagen des Mandanten** für Reisen zum Kanzleisitz des Anwalts und zum Gerichtstermin sind ebenfalls erstattungsfähig. Auch hier sind Datum, Zweck und Auslagen zu erfassen. **167**

e) Der **Antrag auf Kostenfestsetzung** ist stets beim Gericht I. Instanz einzureichen. Hat das Berufungs- oder Revisionsgericht unterlassen, den Streitwert festzusetzen, kann nachträglich Antrag auf Festsetzung des Streitwerts gestellt werden. **168**

4. Vollstreckung des Verwaltungsaktes

169 **a)** Die Vollstreckung eines Verwaltungsakts richtet sich ausschließlich nach den Verwaltungsvollstreckungsgesetzen des Bundes und der Länder. Gegen Vollstreckungsmaßnahmen stehen die **Rechtsbehelfe** nach den allgemeinen Vorschriften der VwGO zur Verfügung.

170 **b)** Als **anfechtbare Verwaltungsakte** werden z. B. angesehen die Androhung der Vollstreckung eines Verwaltungsaktes, die Androhung und Festsetzung von Zwangsgeld, die Anordnung der Vollstreckung und der Vollstreckungsauftrag.

171 **c)** Werden **Einwendungen** gegen den der Vollstreckung zugrundeliegenden Verwaltungsakt erhoben, die **nach Unanfechtbarkeit** oder Bestandskraft entstanden sind, können diese mit Widerspruch und Anfechtungsklage gegen die einzelne Vollstreckungsmaßnahme vorgetragen werden. Möglich ist auch eine vorbeugende Unterlassungs- oder Feststellungsklage. Allerdings können nur Mängel der Vollstreckung gerügt werden. Mit der **Vollstreckungsgegenklage** können nachträglich eingetretene materielle Einwendungen gegen den zu vollstreckenden Verwaltungsakt vorgetragen werden.

5. Vollstreckung von Urteilen

172 **a)** Die Vollstreckung von Urteilen, Beschlüssen, insbesondere einstweilige Anordnungen erfolgt nach den §§ 167ff. VwGO i. V. m. der ZPO.

173 **b)** Auch wenn die Entscheidung noch nicht rechtskräftig ist, erhebt das Gericht die **Gerichtskosten** direkt beim Mandanten. Es ist dafür Sorge zu tragen, daß beim Kostenfestsetzungsantrag bei Obsiegen in der nächsten Instanz die Erstattung dieser Kosten nicht vergessen wird.

174 **c)** Die **Vollstreckung gegen die öffentliche Hand** wegen einer Geldforderung ist in § 170 VwGO geregelt. In allen anderen Fällen erfolgt die Vollstreckung gegen die öffentliche Hand gem. § 172 VwGO. Vollstreckungsmaßnahmen gegen Behörden sind selten, da die Behörden regelmäßig den gerichtlichen Entscheidungen Folge leisten.

C IV. Der Strafprozeß

Dr. Christoph Rückel

Übersicht

Literatur: *Alsberg/Nüse/Meyer,* Der Beweisantrag im Strafprozeß, 5. Aufl. 1983; Beck'sches Formularbuch für den Strafverteidiger, hrsg. von *Hamm/Lohberger,* 1988; *Beulke,* Der Verteidiger im Strafverfahren, Funktionen und Rechtsstellung, 1980, Die Strafbarkeit des Verteidigers, 1989; *Blumers/Göggerle,* Handbuch des Verteidigers und Beraters im Strafverfahren, 1984; *Dahs,* Taschenbuch des Strafverteidigers, 4. Aufl. 1990; *Dahs/Dahs,* Die Revision im Strafprozeß, 4. Aufl. 1987; *Eberth/Müller,* Verteidigung in Betäubungsmittelsachen, 1985; *Kahlert,* Verteidigung in Jugendstrafsachen, 2. Aufl. 1986; Karlsruher Kommentar zur Strafprozeßordnung und zum Gerichtsverfassungsgesetz, hrsg. von *Pfeiffer,* 2. Aufl. 1987 (zit.: KK-*Bearbeiter*) *Kleinknecht/Meyer,* Strafprozeßordnung, 39. Aufl. 1989; *Madert,* Gebühren des Strafverteidigers, 1987; *Müller,* Verteidigung in Straßenverkehrssachen, 4. Aufl. 1990; *Rückel,* Strafverteidigung und Zeugenbeweis, 1988; *Schlothauer,* Vorbereitung der Hauptverhandlung, 1988; *Schmidt-Hieber,* Verständigung im Strafverfahren, 1986; *Ulsenheimer,* Arztstrafrecht, 1988; *Volckart,* Verteidigung in der Strafvollstreckung und dem Vollzug, 1988; *Weihrauch,* Verteidigung im Ermittlungsverfahren, 2. Aufl. 1985. – **Fachzeitschriften:** Neue Zeitschrift für Strafrecht (NStZ); Der Strafverteidiger (StV); Zeitschrift für Wirtschaft, Steuer, Strafrecht (wistra).

Vorbemerkung

Checklisten und Übersichten können alleine keine ausreichenden Hilfsmittel für die Strafverteidigung sein. Bestenfalls ermöglicht eine Darstellung in dieser

Kürze die Aufmerksamkeit auf Problembereiche, um sie dann in Rechtsprechung und Literatur zu vertiefen. Zudem ist die sicher erlernbare Strafverteidigung auf informelle Programme angewiesen, das Erfahrungswissen der Strafverteidiger untereinander. Gemessen an den Problemen, die sich dem Strafverteidiger stellen, ist die folgende Checkliste unvollständig und lückenhaft.

I. Ermittlungsverfahren

1. Der Verteidiger

1 **a) Stellung im Verfahren:** Der Verteidiger ist neben Gericht und Staatsanwaltschaft **gleichberechtigtes** Organ der Rechtspflege (*BGH* AnwBl 1980, 430; *BVerfGE* 63, 266 = NJW 1983, 1535, *Müller* AnwBl 1981, 311, 312; *Rückel,* Strafverteidigung und Zeugenbeweis, Rdnrn. 3ff. m. w. N. a. A. z. Bspl. *Lüderssen,* der die „Vertragstheorie" vertritt; siehe auch *Löwe/Rosenberg/Lüderssen* Rdnrn. 33ff. vor § 137 StPO). Er hat als selbständiger Interessenvertreter des Beschuldigten auf das prozeßordnungsgemäße Verfahren zu achten. Als **unabhängiges** Organ der Rechtspflege steht der Verteidiger nicht unter der Kontrolle des Gerichts (*BVerfGE* 34, 293, 302; 63, 266). Er ist dabei ausschließlich im Rahmen der Gesetze einseitig den Interessen seines Mandanten verpflichtet und muß für diesen alles Günstige vorbringen und ist berechtigt, an anderen Verfahrensbeteiligten, Zeugen oder Sachverständigen durchaus scharfe, nicht aber unsachliche Kritik zu üben (siehe hierzu KK-*Laufhütte* Rdnr. 4 vor § 137 StPO m. w. N.). Erlaubt ist dem Verteidiger, alle rechtlich zulässigen Mittel einzusetzen (*BGH* NJW 1983, 2712 mit Anmerkung *Beulke* NStZ 1983, 503; Gegenwert die tabellarische Übersicht bei *Beulke,* Die Strafbarkeit des Verteidigers, 1989; s. auch *Krekeler,* Strafrechtliche Grenzen der Verteidigung, NStZ 1989, 146ff.). Siehe auch Rdn. 4 letzter Satz.

2 **b) Wahrheitspflicht** (*BGH* NJW 72, 214; *Dahs,* Taschenbuch, Rdnr. 32): Der Verteidiger darf nicht wissentlich etwas falsches vortragen. Belastende Umstände darf der Verteidiger ohne hierzu ausdrücklich vom Mandanten autorisiert zu sein, nicht nennen. Hierzu kann ihn auch nicht die Wahrheitspflicht verpflichten. Er darf mit zulässigen Mitteln den Freispruch anstreben, selbst wenn er die Schuld des Mandanten kennt. Hier ist dann mehr auf die Stilistik im Vortrag, insbesondere beim Plädoyer zu achten.

3 **c) Verschwiegenheitspflicht** (§ 203 StGB): Danach darf der Verteidiger nichts mitteilen, was ihm im Mandatsverhältnis anvertraut ist, es sei denn, er ist vom Mandanten hierzu autorisiert. Wegen der Verschwiegenheitspflicht darf der Verteidiger grundsätzlich nicht zur Überführung des Beschuldigten beitragen (KK-*Laufhütte* Rdnr. 5 vor § 137 StPO m. w. N.). Der Verteidiger hat keine Verpflichtung, nur das vorzutragen, von dessen Richtigkeit er überzeugt ist. Der Verteidiger darf auf die Richtigkeit von Informationen tatsächlicher Art des Mandanten vertrauen (*BGH* NJW 1985, 1154). Es empfiehlt sich aber für den Verteidiger im Interesse des Mandanten jegliche Weitergabe von Informationen so gut wie möglich zu überprüfen. Im Interesse des Mandanten liegt es auch, daß der Verteidiger nur das weitergibt, was solide und tragfähig ist. Damit festigt der Verteidiger sein Ansehen, welches wiederum den Mandanten nutzt. Aufgabe des Verteidiger ist es auch, im Rahmen des Vertrauensverhältnisses, dem Beschuldigten eine unsinnige Verteidigung auszureden.

d) Informationsrechte (siehe auch: § 6 der Grundsätze des anwaltlichen Standesrechts [RiLi] die in ihrer bisherigen Form nach der Entscheidung des *BVerfG* NJW 1988, 194 und des *EuGH* NJW 1988, 887 allerdings verfassungswidrig sind; *Zuck* AnwBl 1988, 19ff.; 351ff. sowie H II Rdnrn. 167ff.): Die Standesrichtlinien die daher zur Zeit keinen größeren Stellenwert als eine marginale Orientierung beinhalten, regeln besonders umfangreich das Recht zur Befragung von Zeugen (siehe hierzu *Rückel,* aaO Rdnrn. 16ff.). Dort wird bekräftigt, daß der Anwalt in Betracht kommende Zeugen außergerichtlich über ihr Wissen befragen darf, wenn dies zur pflichtgemäßen Sachaufklärung, Beratung oder Vertretung notwendig ist (§ 6 I RiLi). Jeder RA sollte in Zweifelsfragen über die Zulässigkeit seines beabsichtigten Vorgehens eine Auskunft des zuständigen Kammervorstandes einholen, einen erfahrenen Berufskollegen konsultieren und sich über die berufsrechtliche Diskussion in den Fachzeitschriften (BRAK-Mitteilungen, Anwaltsblatt, NJW, StV, NStZ) auch zur eigenen Absicherung informieren. 4

Der Verteidiger darf nicht: 5
- den Zeugen unzulässig beeinflussen (§ 6 V RiLi, § 258 StGB)
- über das Gespräch eine eidesstattliche Versicherung (§ 4 RiLi) anfertigen (diese ist nur erlaubt, wenn sie für ein Verfahren benötigt wird, in welchem nach dem Gesetz die Glaubhaftmachung zulässig ist – § 6 IV RiLi – zum Beispiel Wiedereinsetzungsantrag gemäß § 45 StPO) den Zeugen auf eine spätere Aussage vorbereiten oder auch nur eine Tendenz seiner Aussage bestimmen (Strafvereitelung: § 258 StGB).

Der Verteidiger darf: 6
- den Zeugen – wie ein Richter – nach seinem Wissen befragen, sogenannte **informatorische Zeugenbefragung,**
- (und sollte) den Zeugen über seine Rechte und Pflichten als Zeuge belehren (§§ 52ff., 55 StPO),
- über dieses Wissen eine einfache Aufzeichnung erstellen (siehe *Rückel,* aaO Rdnrn. 25ff.),
- diese Aufzeichnung einer informatorischen Zeugenbefragung im Wege des Vorhalts oder in einem behördlichen Verfahren gebrauchen (§ 6 III 2 RiLi).

Der Verteidiger muß im Rahmen der informatorischen Tätigkeit: 7
- einen Zeugen/Sachverständigen informatorisch befragen, wenn er nicht sicher sein kann, daß dessen Aussage dem Mandanten nur nutzen wird (Prüfungspflicht),
- Stillschweigen über ein solches informatorisches Gespräch bewahren, wenn die Weitergabe dem Mandanten nicht nur nützen würde,
- den Mandanten möglichst früh über die Konsequenzen von belastendem Beweismaterial (Zeugen, Sachverständige, Urkunden, Augenschein) aufklären.

e) Wahlverteidigung: Nach § 137 I StPO hat der Beschuldigte das Recht auf 8
Verteidigung in jeder Lage des Verfahrens. Anzahl der Verteidiger: **drei** (Ausdruck der Sozien auf Vollmachtsurkunde ist bedeutungslos, *BVerfG* NJW 1977, 99), der unterbevollmächtigte Rechtsanwalt ist kein weiterer Verteidiger im Sinne von § 137 I StPO (KK-*Laufhütte* Rdnr. 9 vor § 137 StPO). Nach § 138 I StPO können als Wahlverteidiger auftreten: Rechtsanwälte, Hochschullehrer und gem. § 138 II StPO sonstige Personen in Ausnahmefällen (so der Assessor, der nicht unter § 139 StPO fällt). Gem. § 139 StPO darf der Wahlverteidiger einen **Rechtsreferendar** als Unterbevollmächtigten einschalten, wenn der

Rechtsreferendar mindestens 15 Monate im Justizdienst ist und das Einverständnis des Mandanten vorliegt. Nach der Neufassung dieser Vorschrift (StVÄG 1987) gilt diese Befugnis des Rechtsreferendars nicht erst ab Vorliegen einer Anklageschrift, sondern auch für die Verteidigung **vor** Eröffnung des Hauptverfahrens bei Zustimmung des Beschuldigten (siehe hierzu: KK-*Laufhütte* Rdnr. 5 vor § 139 StPO; *Kleinknecht/Meyer* Rdnr. 5 zu § 139 StPO). Eine besondere Form ist für die Beauftragung des Wahlverteidigers nicht zwingend (*Kleinknecht/Meyer,* 39. Aufl. Rdn. 9 vor § 137 StPO). Wenn auch die Anzeige der Beschuldigten oder des Verteidigers genügt, empfiehlt sich zur Klarstellung die Übergabe einer schriftlichen vom Beschuldigten unterschriebenen Vollmachtsurkunde. Im Gegensatz zum Pflichtverteidiger kann der Wahlverteidiger einen unterbevollmächtigten Verteidiger auswählen und bevollmächtigen. Die §§ 138a ff. StPO regeln die Voraussetzungen und das Verfahren der **Ausschließung** des Verteidigers.

9 **f) Pflichtverteidigung:** In den §§ 140, 141 StPO sind die Voraussetzungen der notwendigen Verteidigung geregelt. Dies sind die gesetzlich normierten Fälle der Pflichtverteidigerbestellung. § 142 StPO regelt die Auswahl des Pflichtverteidigers, insbesondere § 142 I 2 StPO: Auswahlrecht des Beschuldigten, zwar kein Rechtsanspruch auf Beiordnung des gewünschten Rechtsanwalts, doch Vorrang des Vertrauensverhältnisses Rechtsanwalt – Mandant (*Kleinknecht/Meyer* Rdnrn. 9–13 zu § 142 StPO Vertrauensgrundsatz gilt auch bei zweiten Pflichtverteidiger, so *OLG Hamm* StV 1989, 242, 243). Wenn auch § 142 I 1 StPO bestimmt, daß der Pflichtverteidiger möglichst aus der Zahl der bei einem Gericht zugelassenen Rechtsanwälte auszusuchen ist, setzt sich mehr und mehr durch, daß hierbei dem Wunsch des Beschuldigten zu folgen ist. So gilt dies bei Bestehen eines besonderen Vertrauensverhältnisses zu einem nicht ortsansässigen Verteidiger (so auch *OLG Stuttgart* StV 1989, 521; s. auch *Müller,* aus der Rechtsprechung zum Recht der Strafverteidigung NStZ 1990, 376; *OLG Düsseldorf* StV 1990, 255 mit Anm. *Decker*). **Bestellung des Rechtsreferendars** zum Verteidiger: § 142 II StPO. Für erstinstanzliche Verhandlungen vor dem LG können Referendare nicht zum Pflichtverteidiger bestellt werden (§ 140 I Nr. 1 i. V. mit § 142 I und II StPO, *BGH* bei Miebach NStZ 1990, 226). § 143 StPO: Rücknahme der Pflichtverteidigerbestellung bei Übernahme der Wahlverteidigung.

10 **g) Verbot der Mehrfachverteidigung** (§ 146 StPO): Mehrere derselben Tat im Sinne des § 264 StPO Beschuldigte darf der Verteidiger nicht gleichzeitig verteidigen. Durch das StVÄG 1987 ist die **sukzessive Mehrfachverteidigung** zulässig. Danach ist die Übernahme oder Fortführung eines Mandats zulässig, wenn das Mandat des Mitbeschuldigten rechtlich beendet ist (siehe hierzu: *Kleinknecht/Meyer* Rdnr. 18 zu § 146 StPO). Es ist allein auf den Umstand der Gleichzeitigkeit mehrer Verteidigungsverhältnisse abzustellen. (*OLG Celle* StV 1989, 471). **Anbahnung des Mandats** ist Verteidigung im Sinne des § 146 StPO (*BGHSt* 28, 67). **Anwaltssozietät:** Haben sich alle Sozien als Verteidiger eines Beschuldigten bestellt, gilt § 146 StPO. Möglich ist aber Einzelvollmacht jedes Sozietätsmitglieds für jeweils einen Beschuldigten, wenn keine Interessenkollision (zum Beispiel alle Beschuldigten legen ein Geständnis ab) besteht.

11 **h) Akteneinsicht** (§ 147 StPO): Der Verteidiger ist im gesamten Verfahren (immer) befugt, in ausreichender und zumutbarer Weise Akten (Grundsatz der

Aktenvollständigkeit) einzusehen (in seiner Kanzlei) und alle Beweismittel (in der Regel beim Staatsanwalt oder dem Gericht) zu besichtigen. **Grenzen** (§ 147 II StPO): Akteneinsicht und Besichtigung der Beweismittel können ganz oder teilweise versagt werden, wenn die Gewährung den **Untersuchungszweck gefährden** würde. Eine **konkrete** Gefahr ist zwar nicht vorausgesetzt, es genügt für die Beschränkung nicht eine bloß vage oder pauschal formulierte entfernte Möglichkeit der Gefährdung. Der Verteidiger sollte sich der Ablehnung der Akteneinsicht mit solcher Argumentation entgegensetzen und hervorheben, daß ja **Akteneinsicht** auch **teilweise** gewährt werden kann, und Akteneinsicht Kooperation fördert. Akteneinsicht ist in der Regel die Voraussetzung für Stellungnahmen des Beschuldigten zum Tatvorwurf. **Ausgenommen** sind die Aktenstücke des § 147 Abs. 3 wie Niederschriften über Beschuldigtenvernehmungen und richterliche Untersuchungshandlungen bei Anwesenheitsrecht des Verteidigers sowie Sachverständigengutachten – z. B. Blutalkoholbestimmung, zu §§ 20, 21 StGB (Schuldfähigkeit), Schriftsachverständige, Rechtsmedizin u. a. –. Diese Aktenteile sollte der Verteidiger ausdrücklich mit der Verteidigerbestellung anfordern. Die Akteneinsicht erfolgt in der Kanzlei (Abs. 4). Zuständig ist im Ermittlungsverfahren die Staatsanwaltschaft, der Vorsitzende ab Anklageerhebung (Abs. 5). Beendigung der möglichen Beschränkung der Akteneinsicht bei Abschluß der Ermittlungen (im Sinne des § 169a StPO) und Mitteilungspflicht (Abs. 6) über Entstehen der unbeschränkten Akteneinsicht. (Akteneinsicht des Verletzten durch seinen RA gem. § 406e StPO siehe Rdn. 166).

Weitergabe des Akteninhalts: Der Verteidiger ist berechtigt und verpflichtet **12**
(*BGHSt* 29, 99, 102) dem Beschuldigten mündlich **und** durch Übergabe von Kopien (siehe auch § 15 II RiLi) über den Akteninhalt zu informieren (*Krekeler* wistra 1983, 47). Ausnahme: Verschlußsachen (*BGHSt* 18, 369, 371 ff.). Hat der Verteidiger Grund zur Annahme, sein Mandant werde den Akteninhalt zu verfahrensfremden Zwecken verwenden (z. B. Zeugenbeeinflussung), so ist wegen dieser Gefährdung des Untersuchungszweckes die Weitergabe zu unterlassen (siehe auch § 14 RiLi). Der Mandant sollte – präventiv – ermahnt werden, auch aus eigenem Interesse, die Aktenstücke Dritten nicht zu zeigen (siehe auch *Dahs,* Taschenbuch, Rdnrn. 1946, 196), ggf. empfiehlt sich die Unterzeichnung einer entsprechenden Erklärung vor Aushändigung der Aktenstücke an Mandanten („Ich bestätigte, von Rechtsanwalt ... die Fotokopien aus der Gerichtsakte (Az...) zur eigenen Vorbereitung erhalten zu haben. Ich weiß, daß ich diese Akte weder ganz noch teilweise Zeugen in diesem Verfahren zur Verfügung stellen darf, noch sonst zu verfahrensfremden Zwecken verwenden darf".)

Rechtsmittel gegen die Versagung der Akteneinsicht: Bei Staatsanwalt- **13**
schaft: Dienstaufsichtsbeschwerde, nicht §§ 23 ff. EGGVG; a. A. *OLG Frankfurt/M.* welches die Verweigerung der Akteneinsicht zwar als Justizverwaltungsakt einstuft aber dennoch den Antrag auf gerichtliche Entscheidung nach § 23 III EGGVG als unzulässig ansieht (subsidiärer Rechtsweg) weil nach Abschluß der Ermittlungen die Strafsache in die Verfahrensherrschaft des Richters übergehe (krit. hierzu *Müller* NStZ 1989, 563, 564), bei Akteneinsicht Dritter (z. B. Geschädigte): §§ 23 ff. EGGVG (siehe *Kleinknecht/Meyer* Rdnr. 39 § 147 StPO). Bei Akteneinsichtsanträgen des RA des Verletzten siehe Rdn. 166. **Gericht:** Auch OLG im ersten Rechtszug, Beschwerde (§ 304 I, IV 2, 4 StPO) auch als erkennendes Gericht Nichtverfahrensbeteiligte: § 304 II StPO Beschwerde, Ausnahme der Anfechtbarkeit: siehe § 147 IV 2 StPO.

14 **i) Grundsatz der freien Verteidigung** (§ 148 I StPO): Hierzu gehört ein ungehinderter Verkehr zwischen Verteidiger und Beschuldigten (NStZ 1986, 295), unüberwachter mündlicher und schriftlicher Verkehr, egal ob Beschuldigter frei oder in Haft ist (*BGHSt* 83, 347). Bei **Haft:** Gespräche und Briefe („Verteidigerpost") ohne Überwachung (Ausnahme: § 148 II StPO). Briefkontrolle umfaßt daher nur, ob Empfänger Rechtsanwalt und Verteidiger ist und ob der Absender im Mandatsverhältnis zu diesem Rechtsanwalt steht. **Besuche:** zu anstaltsüblichen Zeiten, dann aber ohne Begrenzung, Voraussetzung ist der Sprechschein oder Nachweis des Verteidigerverhältnisses (KK-*Laufhütte* Rdnr. 3 zu § 148 StPO; siehe hierzu im einzelnen die Vorschriften der Untersuchungshaftvollzugsordnung). §§ 148 II, 148a StPO: Grenzen der freien Verteidigung bei Verdacht bzw. Straftaten gemäß § 129a StPO und Überwachung dieser bedenklichen Beschränkung der freien Verteidigung.

2. Der Beschuldigte – ohne Verhaftung –

a) Begriff

15 Wichtig ist die Abgrenzung zum Tatverdächtigen. Die Beschuldigteneigenschaft wird durch die förmliche Einleitung eines Ermittlungsverfahrens begründet, die dem Beschuldigten aber nicht bekannt sein muß. Beschuldigter ist derjenige, gegen den die Strafverfolgungsorgane das Verfahren als den für eine Straftat Verantwortlichen betreiben (KK-*Boujong* Rdnr. 4 zu § 136 StPO). Für den Verteidiger ist es entscheidend zu wissen, ob sein Mandant bereits Beschuldigter ist, wie er belehrt wurde und welche Rechte in Anspruch zu nehmen sind. Die Beratung des Mandanten erfordert daher zunächst diese Informationen ebenso wie die abwägende Vorausschau, wie ein Schweigen oder eine Aussage sich auswirken werden (siehe zu diesem Problemkreis auch: *Beulke,* Die Vernehmung des Beschuldigten – Eine Anmerkung aus der Sicht der Prozeßrechtswissenschaft, StV 1990, 180ff.).

b) Rechte und Pflichten

16 Bei der ersten Vernehmung, die in der Regel durch die **Polizei** erfolgt (§ 163a IV StPO), muß eröffnet werden, welche Tat der betreffenden Person zur Last gelegt wird. Im übrigen sind die §§ 136 I 2–4, II, III und 136a StPO (verbotene Vernehmungsmethoden) zu beachten. Entscheidend ist nach § 136 StPO, daß die Polizei **vor** Beginn der ersten Vernehmung auf folgendes hinweist:

17 – **Belehrung über die Aussagefreiheit** und damit über das Recht, zur Sache zu schweigen. Es genügt die Angabe der Personalien im Sinne des § 111 OWiG, also Vor-, Familien- und Geburtsname, Ort und Tag der Geburt, Familienstand, Beruf, Wohnort, Wohnung und Staatsangehörigkeit. Weitere Angaben, insbesondere zum Lebenslauf, sind nicht notwendig.

18 – **Hinweis auf das Recht der Verteidigerkonsultation,** da die Entscheidung über eine sofortige Aussage von der Beratung mit dem Anwalt abhängt. Es ist dem Beschuldigten Gelegenheit zu geben, sich mit dem bereits bekannten Verteidiger oder einem noch zu wählenden telefonisch in Verbindung zu setzen (siehe hierzu: *Strate/Fentzke* StV 1986, 30). Der Beschuldigte sollte ein Telefonbuch oder ein Anwaltsverzeichnis verlangen, kommt der Anwalt, sollte zunächst ein vertrauliches unüberwachtes Gespräch mit dem Anwalt erfolgen. § 137 I StPO: Der Beschuldigte kann sich in jeder Lage des Verfahrens des Beistands eines Verteidigers bedienen. Er sollte zuerst die Vollmacht

unterschreiben, sie der Polizei aushändigen und dann unter Hinweis auf § 148 I StPO um die Einräumung eines unüberwachten Gespräches bitten.

- **Hinweis auf das Beweisantragsrecht** (§ 136 I 3 StPO): Zu selten werden wirklich entlastende Zeugen (Alibi) sofort formlos oder als schriftliche Beweisanregung oder als formgültiger Beweisantrag bereits in diesem frühen Verfahrensstadium gestellt. Gleiches gilt für die Vorlage entlastender Urkunden (zum Beispiel Verträge) oder das Verlangen nach Augenscheinseinnahme (Unfall- oder Tatort). Auch sollte eine **Gegenüberstellung** so früh wie möglich beantragt werden. Dabei sollen die klar definierten Voraussetzungen der Wahlgegenüberstellung (Nr. 18 RiStBV: Eine Reihe anderer Personen gleichen Geschlechts, ähnlichen Alters, ähnlicher Erscheinung in einer Form, die nicht erkennen läßt, wer der Beschuldigte ist. Gleiches gilt bei der Vorlage von Lichtbildern.) beachtet werden (siehe auch *Odenthal,* Die Gegenüberstellung im Strafverfahren, 1986). Ebenso sollte ein Sachverständiger sofort hinzugezogen werden, insbesondere wenn es gilt, Verletzungen, psychische oder psychiatrische oder medizinische Befunde zu erheben. Ebenso sind sämtliche sonstigen sachverständigen Beweiserhebungen schon jetzt möglich, aber es sollte vorab eine **Prüfung** erfolgen, ob die gewünschte Beweiserhebung wirklich **nur** nützt. 19
- **Belehrung** über die Möglichkeit, sich **schriftlich** zu äußern. Unter Umständen empfiehlt sich, zunächst eine Akteneinsicht gemäß § 147 StPO durchzuführen, wobei bestimmte Aktenteile wie vorliegende Sachverständigengutachten, richterliche Zeugenvernehmungen u. a. gemäß § 147 III StPO dem Verteidiger bereits im frühesten Stadium nicht vorenthalten werden dürfen. In dieser Verfahrensweise liegt ein Formulierungsvorteil und Zeitgewinn für eine gründliche Beratung. 20
- Erforderlich ist die **Mitteilung der Verdachtsgründe,** auch wenn der Beschuldigte zunächst erklärt, er wolle nicht aussagen. Der Grund liegt darin, daß er sich vielleicht dann zur Aussage entschließt (KK-*Boujong* Rdnr. 18 zu § 136 StPO).

Durch die **Vernehmung zur Sache** wird dem Beschuldigten rechtliches Gehör gewährt (*BGHSt* 25, 332). Die Vernehmung sollte auf die Ermittlung der Wahrheit und die Beweissicherung ausgerichtet sein. Bei der ersten Vernehmung sollen die persönlichen Verhältnisse ermittelt werden. So z. B.: Vorleben, Werdegang, berufliche Ausbildung und Tätigkeit, familiäre, wirtschaftliche und sonstige Umstände, die für die Beurteilung der Tat und einer etwaigen Rechtsfolgefrage von Bedeutung sind. 21

Die **Art der Vernehmung** regelt das Gesetz nicht. Die für den Zeugen geltende Vorschrift, daß ihm Gelegenheit für einen zusammenhängenden Bericht zu geben ist (so § 69 I StPO) gilt hier nicht. Frage und Antwort im Wechselspiel sind möglich. Der anwesende Verteidiger sollte auf folgendes achten: Der Beschuldigte soll konkret zum Vorwurf gehörende Antworten in seiner Sprache geben, ungenaue Erinnerungen auch als solche bezeichnen, Fragen, die er nicht beantworten kann erst nach Rücksprache beantworten und formulieren und die genaue Aufzeichnung der Formulierung im Vernehmungsprotokoll genauestens überwachen. Dabei muß der Verteidiger projektiv denken. Er muß sich darüber im klaren sein, wie diese jetzige schriftliche Aussage auf den später mit der Sache befaßten Staatsanwalt oder Richter unter Berücksichtigung von Tatverdacht, Tatschwere und etwaiger später stattfindender Strafzumessung wirken wird. Der Mandant ist deswegen darauf hinzuweisen, daß eine einmal erfolgte Ver- 22 nehmung fast nicht „widerrufen“ werden kann. Ihm muß verdeutlicht werden, daß der **Vernehmungsbeamte als Zeuge vom Hörensagen** in einer späteren Hauptverhandlung gegen ihn aussagen kann. Dieser wird die Vernehmungssituation schildern können (Art und Umfang der Verteidigermitwirkung, langsames oder schnelles Antworten; Sicherheit und Unsicherheit im Aussageverhalten können bereits in einem Aktenvermerk der Polizei oder in einer späteren Aussage des Vernehmungsbeamten wieder auftauchen).

Zur Beschuldigtenvernehmung durch Staatsanwaltschaft und Richter siehe unten Rdnrn. 35 und 36.

3. Der Beschuldigte – mit Verhaftung –

a) Kontaktaufnahme

23 Vorausgegangen ist die vorläufige Festnahme des Beschuldigten (§ 127 StPO) und es steht die Entscheidung über Verhaftung und Freilassung an. Der Beschuldigte muß über die Möglichkeit der Verteidigerkonsultation (siehe oben Rdnr. 18) belehrt worden sein.

- **Polizei:** Befindet sich der Beschuldigte bei der Polizeidienststelle, sollte der Verteidiger dort erscheinen, möglichst sein Kommen vorher telefonisch ankündigen (aus taktischen Gründen kann aber auch ein rasches unangekündigtes Erscheinen geboten sein, um den Beginn bestimmter Ermittlungsschritte vor dem ersten beratenden Gespräch noch zu vermeiden). Der Verteidiger läßt sich die Vollmacht des Mandanten im Beisein der Beamten erteilen, wenn diese darauf bestehen. Nach Unterzeichnung übergibt er ein Exemplar der Vollmacht den Beamten. Jetzt ist er gewählter Verteidiger mit dem Recht auf unüberwachte Gespräche entsprechend § 148 I StPO.
- **Ermittlungsrichter:** Liegt ein Haftbefehlsantrag vor, über den der Ermittlungsrichter zu entscheiden hat oder ein Haftbefehl (zum Beispiel § 115 StPO), der zu eröffnen ist, so soll der Verteidiger sich eine Sprecherlaubnis (mündlich oder schriftlich) beim zuständigen Ermittlungsrichter besorgen, und dann den Beschuldigten zum unüberwachten Gespräch (§ 148 I StPO) in der Haftanstalt der Polizei oder des Gerichts aufzusuchen. Auf jeden Fall ist durch rasche Kontaktaufnahme mit dem Ermittlungsrichter sicherzustellen, daß die Vorführung vor diesen nur in Anwesenheit des Verteidigers erfolgen soll, also dieser vorher verständigt wird.

24 Die Kontaktaufnahme mit einem **flüchtigen Beschuldigten** ist in der Kanzlei ebenso wie im Ausland zulässig, sie dient der Vollmachtserteilung und der Beratung im vertraulichen Gespräch. Der Verteidiger ist ohne Zustimmung des Mandanten nicht befugt, den Aufenthaltsort mitzuteilen (§ 203 StGB). Die Flucht in irgendeiner Weise zu fördern, könnte Strafvereitelung (§ 258 StGB) sein.

b) Rechte und Pflichten des Beschuldigten

25 Eröffnung des Haftbefehls: (§ 114a StPO; Zuständigkeit: § 126 StPO); Konsultation und Anwesenheitsrecht des Verteidiger (§§ 137 I, 136 I, 168c I StPO; siehe oben Rdnrn. 16ff.); Benachrichtigung von Angehörigen oder Vertrauenspersonen (§ 114b I, II StPO); Vernehmung spätestens am nächsten Tag, Benennung der den Beschuldigten belastenden Umstände (§ 115 III StPO); Recht, sich zu äußern oder zu schweigen (§ 115 III StPO); Vorbringen von entlastenden Punkten (§ 115 III StPO); Aushändigung einer Abschrift des Haftbefehls (§ 114a

II StPO); Belehrung über das Recht der Beschwerde und die anderen Rechtsbehelfe (§ 115 IV StPO); Form der Vernehmung: §§ 118, 168a StPO.

c) Mehrere Haftbefehle

Zu den Rechten und Pflichten siehe oben Rdnrn. 16ff.; 26. Wenn Überhaft **26**
besteht (= Haft in anderer Sache) bedarf es der Vorführung und Vernehmung (§§ 115, 115a StPO) erst, wenn der weitere Haftbefehl vollzogen wird. Vollstreckt (U-Haft) werden kann nur **ein** Haftbefehl.

d) Rechtsbehelfe/Rechtsmittel

Der Verteidiger sollte nicht starr auf Haftbeschwerde (§§ 304 I, IV S. 2 Nr. 1, **27**
V StPO – weitere Beschwerde: § 310 I StPO –), Haftprüfung (§ 117 I StPO) und mündliche Haftprüfung (§ 118 I, II StPO) ausgerichtet sein (Lohnenswert ist die Übersicht über die obergerichtliche Rechtsprechung in Haftsachen im letzten Jahrfünft von *Paeffgen* NStZ 1989, 417ff.; 514ff.).

aa) Informelle Verfahrensweise: Der Verteidiger sollte zunächst keinen **28**
Rechtsbehelf einlegen. Er sollte Akteneinsicht erwirken (siehe oben Rdnr. 11), ganz oder teilweise Akteneinsicht durchführen, er sollte die Verständigung mit der Staatsanwaltschaft über Vernehmungen (durch Polizei, oder Staatsanwaltschaft oder Gericht suchen, insbesondere hinsichtlich der Zeugen oder Beschuldigten oder Mitbeschuldigten), evtl. im Anschluß eine neue Sachbeurteilung des Vorwurfs vornehmen, Einverständnis der Staatsanwaltschaft mit einer Außervollzugsetzung des Haftbefehls gemäß § 116 StPO oder § 120 III StPO erzielen, oder die Zusage einer schnellen Erhebung der Anklage mit der dann neuen Zuständigkeit des erkennenden Gerichts für die Haftfrage einholen.

bb) Haftprüfung/Mündliche Haftprüfung: Mit der Haftprüfung kann der **29**
Beschuldigte **jederzeit** verlangen, daß die Voraussetzungen des Haftbefehls gerichtlich geprüft werden. Für diesen Antrag ist keine besondere Form vorgeschrieben. Er kann auch mündlich oder zu Protokoll des Urkundsbeamten der Geschäftsstelle oder (am sinnvollsten) durch RA-Schriftsatz mit Begründung eingebracht werden. Ein besonderer Antrag auf **mündliche Verhandlung** ist sinnvoll bei Personenverschiedenheit der Ermittlungsrichter, die bei der Eröffnung des Haftbehelfs und der Durchführung der mündlichen Haftprüfung zuständig sind (Zuständigkeiten prüfen). Auch bei einem Antrag auf Haftprüfung kann ohne entsprechenden Antrag eine mündliche Verhandlung stattfinden, wenn der zuständige Richter nach seinem Ermessen eine solche für geboten hält (§ 118 I StPO). Der Sinn der mündlichen Haftprüfung liegt darin, durch den persönlichen Eindruck vom Beschuldigten den Richter zu veranlassen, wegen eines nunmehrigen Vertrauens in den Beschuldigten den Haftbefehl außer Vollzug zu setzen. Die mündliche Haftprüfung eignet sich als Rechtsbehelf, um die Persönlichkeit, die sozialen Verhältnisse, die Einstellung zum Tatvorwurf und ggf. ein Geständnis eindrucksvoll zu „demonstrieren". Für den Verteidiger wichtig: Die Möglichkeit der (wenig genutzten) sofortigen Beweisaufnahme im Termin der mündlichen Haftprüfung im Rahmen des § 118a III StPO. Hier empfiehlt es sich, den Zeugen mitzubringen, da ein Ermittlungsrichter kaum die Zeit hat, den Haftprüfungstermin zu verlängern oder fortzusetzen, nur um einen Zeugen zu laden. Dies dürfte eine Ausnahme sein. **Fristen:** Die mündliche Haftprüfung ist – solange keine Hauptverhandlung stattfindet – alle zwei Monate zulässig (§ 118 III StPO). Dies gilt nicht, wenn der Haftprüfungsantrag vor Entscheidung (weil ein negativer Beschluß erwartet wird) zurückgenommen

wurde. Wurde allerdings in einer mündlichen Haftprüfung entschieden, so muß neben der Zwei-Monats-Frist auch die U-Haftzeit von drei Monaten verstrichen sein. **Terminsfestlegung:** binnen 14 Tage (§ 118 V StPO) bezogen auf eine Fristberechnung nach Eingang des Antrags, wobei ein Fristversäumnis keine Konsequenzen in positiver wie in negativer Hinsicht hat.

30 cc) **Haftbeschwerde:** Die Beschwerde (schriftliches Verfahren) ist zulässig gemäß §§ 304, 305 Satz 2 StPO gegen jeden Haftbefehl. Der Haftbefehl ist ein richterlicher Beschluß. Bei der Erwartung an den Ausgang der Beschwerde gilt folgendes: Die schriftliche Prüfung durch das Landgericht erfolgt hinsichtlich der Tatverdachtsschwelle und etwaiger wichtiger Rechtsfragen (z. B. Abgrenzung Körperverletzung/Tötungsdelikt, oder in der Frage, ob die Verdunkelungsgefahr oder Fluchtgefahr rechtsfehlerfrei dargestellt ist). Grundlage der Entscheidung ist **nur** das vorhandene Aktenmaterial. Ein Problem liegt in der festgeschriebenen präjudiziellen Wirkung der negativen Beschwerdeentscheidung. Sollen mehr Sachverhaltsfeststellungen und ein persönlicher Eindruck gewonnen werden, empfiehlt sich die mündliche Haftprüfung.

31 **dd) Weitere Beschwerde** (§ 310 StPO): Es existiert eine unterschiedliche OLG-Rechtsprechung zur Zulässigkeit bei isolierter Anfechtung einzelner Auflagen eines Außervollzugsetzungsbeschlusses oder dessen Bestand (so Kautionshöhe, Meldeauflage u. a.); **bejahend:** *BGHSt* 25, 120 = NJW 1973, 664; *OLG Frankfurt/M.* StV 1989, 113ff. (Bestand des Haftbefehls); *OLG Celle* StV 1983, 466; *KG Berlin* NJW 79, 2626; *OLG Düsseldorf* NJW 1980, 2426; *OLG Hamburg* NJW 81, 834; *OLG Schleswig* NJW 1981, 1523; *OLG Koblenz* NStZ 1990, 102 = StV 1990, 26ff.; **ablehnend:** *OLG Karlsruhe* NStZ 1983, 41; *OLG München* MDR 1980, 74; *OLG Zweibrücken* MDR 1979, 695; *OLG Hamburg* JR 1978, 526; *OLG Stuttgart* MDR 1978, 953; *OLG Nürnberg* MDR 1980, 75. Ansonsten ist die weitere Beschwerde gegen einen Haftfortdauerbeschluß ebenso mit der Gefahr eines Präjudizes versehen wie die Beschwerde (siehe oben Rdnr. 30). Eine ablehnende Entscheidung des Strafsenats kann unter Umständen eine lange Untersuchungshaft bedeuten. Deswegen empfiehlt es sich, eine etwaige angekündigte negative Entscheidung dadurch zu umgehen, daß rechtzeitig vorher der Antrag zurückgenommen wird.

32 **ee) Im Beschwerdeverfahren** ist die **mündliche Verhandlung** – ausnahmsweise – möglich (siehe § 118 II StPO), jedoch ist Argumentationskunst gefordert, den Richter von dieser sehr spärlich genutzten Möglichkeit zu überzeugen.

e) Überprüfung der U-Haft durch das OLG

33 §§ 121, 122 StPO nach 6 monatiger U-Haft, bzw. nach dann jeweils weiteren 3 Monaten nach Aktenvorlage.

4. Beschuldigtenvernehmungen

a) Vernehmung durch die Polizei

34 Auch die bloß informatorische Befragung ist eine Zeugenvernehmung: keine Pflicht zur Aussage. Eine Pflicht zur Aussage des Zeugen besteht – soweit kein Zeugnis- (§§ 52ff. StPO) oder Auskunft- (§ 55 StPO) verweigerungsrecht besteht – nur bei der staatsanwaltlichen Vernehmung (gem. §§ 161a I, 163a III StPO). **Beschuldigtenvernehmung:** (siehe oben Rdnrn. 16ff.) §§ 163a IV, 136 I StPO: Aussagefreiheit und Hinweis darauf, daß keiner gegen sich selbst aussa-

gen muß (*BGHSt* 14, 358, 364). Hinweis auf Verteidigerkonsultation (siehe oben Rdnr. 18). Recht auf Entlastungsbeweisanträge (siehe oben Rdnr. 19), Möglichkeit der schriftlichen Äußerung (§ 136 I 4 StPO), diese Möglichkeit ist aus vielerlei Gründen empfehlenswert und beliebt. **Personalien:** Gemäß § 111 OWiG Verpflichtung zu Angaben über die Person (Vor-, Familien-, Geburtsname, Ort und Tag der Geburt, Familienstand, Beruf, Wohnort, Wohnung, Staatsangehörigkeit). **Kein Anwesenheitsrecht** des Verteidigers, aber keine **Pflicht** ihn auszuschließen, weshalb es sich in der Regel empfiehlt, die Bereitschaft auszusagen dann davon abhängig zu machen, daß dem Verteidiger die Anwesenheit gestattet wird. **Vernehmungsprotokoll:** Muß die gesetzlich vorgeschriebenen Belehrungen, Inhalt und Gang der Vernehmung bis ins Detail, möglichst in direkter Rede wiedergeben (*Kleinknecht/Meyer* Rdnr. 29ff. zu § 163a StPO; s. auch RiStBV 45). § 168b I, II StPO gelten entsprechend, eine Abschrift erhält der Verteidiger über § 147 III StPO.

b) Vernehmung durch die Staatsanwaltschaft

Verpflichtung zu erscheinen – auf Ladung – (siehe §§ 161a I, 163a III StPO). 35
Vor der **ersten** Vernehmung gemäß § 136 StPO müssen die in dieser Vorschrift aufgezählten Hinweise (welche Tat, Aussagefreiheit, Verteidigerkonsultation, Beweiserhebungsrecht, siehe oben Rdnr. 17ff.) gegeben werden. Bei Ausbleiben des Beschuldigten: **zwangsweise Vorführung** (§ 163a III 2 i. V. m. § 133 StPO; RiStBV 44, I 1, 2) Ein Vorführungsbefehl ist nur zulässig nach vorheriger Androhung der Vorführung in der Ladung (§ 163a III 2 i. V. m. §§ 133 II, 134 II StPO). **Anwesenheitsrecht** des Verteidigers (§ 163a III 2 i. V. m. § 168c I StPO). Kein Anwesenheitsrecht des Verteidigers des Beschuldigten bei staatsanwaltlicher Zeugenvernehmung und Sachverständigenvernehmung (§ 161a StPO). Der Verteidiger hat **Fragerecht** (*Kleinknecht/Meyer* Rdnr. 9 zu § 168c StPO), der Verteidiger ist zu verständigen, wenn keine Untersuchungserfolgsgefährdung vorliegt (§ 163a III 2 i. V. m. § 168c V 1, 2 StPO). Kein Anspruch auf Terminsverlegung (§ 163a III 2 i. V. m. § 168c V 3 StPO). Keine Verpflichtung zur Aussage (siehe § 163a III i. V. m. § 136 I StPO; ausgenommen Personalien gemäß § 111 OWiG – siehe oben Rdnr. 17 polizeiliche Beschuldigtenvernehmung –) **Protokoll:** (§ 168b StPO) Hierbei ist wichtig, daß der Staatsanwalt auch berechtigt ist, nur einen Aktenvermerk über die Vernehmung anzufertigen, der sehr verkürzend und entstellend sein kann. Eine Abschrift erhält der Verteidiger gemäß § 147 III StPO.

c) Richterliche Vernehmung

Grundsätzlich hat allein die Strafverfolgungsbehörde zu entscheiden, wer den 36
Beschuldigten vernimmt. Ausnahmsweise ersucht die Staatsanwaltschaft gemäß § 162 I StPO den zuständigen Ermittlungsrichter zur Beschuldigtenvernehmung. Dem Verteidiger sollte eine richterliche Vernehmung durchaus willkommen sein, da der Richter nicht unbedingt den Standpunkt des ermittelnden Staatsanwalts teilen muß, obwohl eine intensive Befragung durch den Ermittlungsrichter meistens an Zeitmangel und Ausgestaltung dieser richterlichen Tätigkeit scheitert. Die richterliche Vernehmung des Beschuldigten wird wohl dann beantragt und durchgeführt, wenn es darum geht, ein Geständnis zur späteren Verlesung (§ 254 StPO) zu gewinnen (Beweissicherung). Damit kann nach Verurteilung dieses Beschuldigten seine spätere Zeugenaussage im Verfahren gegen etwaige Mitbeschuldigte festgeschrieben sein (bei Abweichungen:

Gefahr der eidlichen/uneidlichen Falschaussage, die durch die richterliche Vernehmung als Beschuldigter bewiesen wird). **Anwesenheitsrecht des Verteidigers:** § 168c I StPO, uneingeschränktes **Fragerecht** des Verteidigers (*Kleinknecht/Meyer* Rdnr. 1 zu § 168c StPO). Bei richterlicher Zeugen- und Sachverständigenvernehmung ist anders als bei der Staatsanwaltschaft dem Verteidiger und dem Beschuldigten (wenn kein Ausschlußgrund vorliegt) die Anwesenheit gestattet. Die Ausschließung des Beschuldigten erfolgt bei Gefährdung des Untersuchungszwecks (§ 168c III StPO). Das Anwesenheitsrecht des Beschuldigten entfällt, wenn er an einem anderen Ort als dem Gerichtsort in Haft ist (§ 168c IV StPO). Benachrichtigungspflicht und Grenzen für Gefährdung des Untersuchungszwecks (§ 168c V StPO).

5. Beweisantrag und Beweismittel

37 Die gesamte Tätigkeit des Verteidigers in den drei Verfahrensabschnitten (Ermittlungs-, Zwischen- und Hauptverfahren) ist geprägt durch Beweismittel und deren Benennung mittels Beweisantrag. Im strengen Beweisverfahren hat die Strafprozeßordnung einen abschließenden Katalog festgesetzt (*RGSt* 53, 348 [349]; *BGHSt* 14, 339 [341]; *Alsberg/Nüse/Meyer* S. 168):

Personalbeweis	Zeugen (§§ 48ff. StPO)
	Sachverständige (§§ 72ff. StPO)
Sachbeweis	Augenschein (§ 86, 244 V StPO)
	Urkundenbeweis (§ 249 StPO)

a) Beweisantrag, Beweisanregung, Beweisverbote

Der Verteidiger wird daher bei seinen Bemühungen immer vorhandene Beweisergebnisse prüfen und entscheiden, inwieweit zu welchem Verfahrenszeitpunkt auf die Verwendung anderer Beweismittel hinzuarbeiten ist. Da spätestens in der Hauptverhandlung ein formell gültiger **Beweisantrag** erforderlich ist, empfiehlt es sich, zur kritischen Selbstkontrolle und zur Erleichterung der späteren Verwendung und zur Bezugnahme grundsätzlich diese Form in **jedem** Verfahrenszeitpunkt zu wählen (siehe zum Problem: „Hilfsbeweisantrag – Eventualbeweisantrag – Bedingter Beweisantrag“ den grundlegenden Aufsatz von *Schlothauer* StV 1988, 542ff.; *BGH* StV 1990, 149; mit Anm. *Michalke* StV 1990, 184ff.; *Rückel,* aaO Rdnrn. 40ff.). Sicherlich kann auch mündlich oder als bloßer schriftlicher Hinweis eine solche Benennung in besonderen, insbes. eilbedürftigen Fällen erfolgen (s. Rdnr. 41).

aa) Beweisantrag (Definition): Ein Beweisantrag ist gestellt, wenn ein Verfahrensbeteiligter verlangt, daß zum Nachweis einer bestimmten Tatsache durch Gebrauch eines bestimmten Beweismittels Beweis erhoben wird und die Beweisbehauptung die Tatsachenbasis eines in der Sache entscheidenden Urteils betrifft (*BGH* NStZ 1981, 309, 310; 1985, 466, 468; *BGH* StV 1983, 185; insbesondere KK-*Herdegen* Rdnr. 42 zu § 244 StPO). Dabei kann der Verteidiger solche Tatsachen unter Beweis stellen, die er lediglich für möglich hält. Deshalb handelt es sich noch nicht um einen Beweisermittlungsantrag (*BGH* NStZ 1989, 334f.; *BGH* bei Miesbach NStZ 1990, 26). Der Verteidiger muß allerdings eine genau Risikoprüfung vornehmen, da ein so unsicherer Beweisantrag geeignet ist, u. U. seinem Mandanten zu schaden (siehe unten Rdnr. 109).

bb) Anbringung und Verwendung von Beweisanträgen: 38

gesamtes Ermittlungsverfahren:	§ 160 II StPO
Haftprüfungsverfahren:	§§ 117 III, 118a III, 122 II i. V. m. 118a StPO
richterliche Vernehmung:	§ 166 I StPO
Zwischenverfahren:	§§ 201, 202, 219 I StPO
Hauptverhandlung:	§ 244 II, III StPO
Revisionsrüge: Verletzung der Aufklärungspflicht:	§§ 344 II, 244 II StPO

cc) Beweisantrag und Akteneinsicht: Gerade die – häufig unzulängliche – 39
Praxis der Versagung von Akteneinsicht begünstigt frühzeitige Beweisanträge, um entweder Akteneinsicht zu erhalten oder Informationen zu gewinnen oder Informationen bei der Anwesenheit (§ 168c StPO z. B.) von Beweiserhebungen zu erhalten.

dd) Beweisantrag und Verfahrensablauf: Frühzeitige Beweiserhebung und 40
dadurch erweiterter Akteninhalt bilden eine breitere Entscheidungsgrundlage und helfen, öffentliche Hauptverhandlungen zu vermeiden (so durch Verfahrenseinstellungen, Strafbefehlsverfahren).

ee) Beweisanregung: Wird teilweise als Oberbegriff für Prozeßhandlungen 41
verstanden, mit denen ein Prozeßbeteiligter außerhalb des ordentlichen Beweisantrages das Gericht durch Informationen, Bekundungen und Hinweise zu Beweiserhebungen bringen will, die der Sachaufklärungspflicht entspringen (*BGHSt* 6, 128, 129; KK-*Herdegen* Rdnr. 55 zu § 244 StPO). Die Beweisanregung ist kein echter Antrag (*BGH* StV 1982, 55), es sind Anstöße zur Sachaufklärung, vage Andeutungen, bis hin zu bestimmten Umschreibungen von Beweisthema und Beweismittel. Die Beweisanregung („es sollte der Nachbar des Beschuldigten vernommen werden, was er in der Tatnacht gesehen hat") wird dem gerecht, was an Mitwirkungsmöglichkeiten für das Ermittlungsverfahren in den §§ 136 I 3, 115 III 2, 128 I 2 i. V. m. §§ 115 III 2, 118a III 2, 163a IV 2 StPO ohne Bindung an Form vorgesehen ist. Gefahr besteht aber, daß das Ergebnis auch dem Mandanten schaden kann. Ein Verteidiger wird keine Beweisanregung geben, wenn er in der Lage ist, einen formellen Beweisantrag zu stellen und sich über die etwaige Aussage eines Zeugen durch ein informatorisches Gespräch vorab informieren kann. Dann kann mit dieser Information auch ein Beweisantrag gestellt werden, der ernster genommen wird.

ff) Beweisermittlungsantrag: Eine klare, unmißverständliche Definition gibt 42
es nicht. Auf jeden Fall ist er ein echter Antrag, weil Sachverhaltsaufklärung gewollt ist und nicht nur angeregt und dem Gericht anheim gestellt wird (KK-*Herdegen* Rdnr. 52 zu § 244 StPO). Er steht wohl dem eigentlichen Beweisantrag sehr nahe, er wird auch als bedingter Beweisantrag bezeichnet. Es wird bereits ein Beweis erstrebt, doch ist der Antragsteller aus tatsächlichen Gründen nicht in der Lage eine bestimmte Behauptung aufzustellen oder ein bestimmtes Beweismittel zu nennen (*BGH* StV, 1989, 287ff.; *Alsberg/Nüse/Meyer* S. 66; so auch KK-*Herdegen* Rdnr. 52 zu § 244 StPO).

gg) Beweisverbote: Hindern die Erhebung und Verwertung von Beweisen, 43
sie schränken die von amtswegen gebotene Aufklärungspflicht (§ 244 II StPO) ein. Die StPO zwingt nicht zur Wahrheitserforschung um jeden Preis (*BGHSt* 14, 358, 365; 31, 304, 308); (siehe hierzu die Checkliste von *Tondorf* in: Beck'-

sches Formularbuch für den Strafverteidiger, S. 186). Die Beweisverbote gliedern sich in **Beweiserhebungsverbote** (z. B. § 51 I BZRG, Zeugnisverweigerungsrechte in §§ 52ff. StPO; Wahlgeheimnis Art. 38 I GG) und **Beweisverwertungsverbote** (z. B. Tagebuchaufzeichnungen, *BGHSt* 19, 325; geschützter Bereich der Vertraulichkeit des Wortes [s. *Kleinknecht/Meyer* Rdnrn. 51ff. Einl.; siehe unten Rdnr. 48]).

b) Zeugenbeweis

44 Dieses Beweismittel hat zentrale Bedeutung (siehe *Rückel,* aaO Rdnrn. 32ff.). Der Zeuge beobachtet etwas und wird hierzu später gefragt. Er wußte bei der Beobachtung nichts von seiner späteren Zeugenrolle – er war auftragslos (anders der Sachverständige, der aufgrund eines Auftrages erst beobachtet **und** wertet). Der Zeuge kann im späteren Verfahren zu jedem möglichen Detail auch aus der Vergangenheit befragt werden. Antworten wird er nur, wenn er etwas **beobachtet** hat und sich **erinnert. Gegenstand des Zeugenbeweises: Tatsachen** (*Löwe/Rosenberg/Dahs* Rdnrn. 2; 3; 9 vor § 48 StPO); **Werturteile** nur soweit es um den darin enthaltenen Tatsachenkern geht (*BGH* StV 1984, 451); **Rechtsverhältnisse** nicht als rechtliche Würdigung, sondern nur als Beschreibung eines Vertragsverhältnisses oder Darstellung rechtlicher Beziehungen (*BGH* NJW 1968, 1293).

45 **aa) Rechte des Zeugen: Beistand** (*Löwe/Rosenberg/Dahs* Rdnr. 80 vor § 48 StPO) in sämtlichen Stadien des Strafverfahrens, Beistandsfunktion übernimmt der Rechtsanwalt als Zeugenbeistand (siehe *BVerfGE* 38, 105, 115 hat das Recht des Zeugen auf einen Beistand anerkannt; nach *BGH* NStZ 1990, 192 beinhaltet dieses Recht aber nicht die Befugnis des Zeugen dem Vernehmungstermin fernzubleiben, wenn sein Vertrauensanwalt verhindert ist. *Dahs* NJW 1984, 1922; *Hammerstein* NStZ 1981, 125; *Rückel* aaO Rdnr. 62); **Aussageverweigerung** (§§ 52ff. StPO zum Umfang des Zeugnisverweigerungsrechts des Journalisten siehe *BGH* StV 1990, 4ff.); **Auskunftsverweigerung** (§ 55 StPO) hinsichtlich der Beantwortung einzelner Fragen, wenn durch deren wahrheitsgemäße Beantwortung der Zeuge sich selbst oder einen Angehörigen der Gefahr einer Verfolgung wegen einer bereits begangenen Straftat oder Ordnungswidrigkeit aussetzen würde. **Zusammenhängende Aussage:** § 69 I 1 StPO. Der Zeuge ist berechtigt, zunächst vor Befragung im Zusammenhang aussagen zu dürfen. **Zeugenentschädigung** erhält er nach dem ZSEG in der Fassung vom 1. 10. 1969 BGBl I 1757 i. V. m. § 71 StPO. Der Verteidiger wird immer auf eine zunächst zusammenhängende Aussage des Zeugen drängen, wenn er so die Glaubwürdigkeit und dabei die Erinnerungsfähigkeit des Zeugen prüfen will. **Zeugenschutz:** § 68a I StPO Beschränkung bei desavouierenden Fragen, §§ 406d ff. StPO insbesondere das Recht, Fragen zu beanstanden gemäß § 406f II StPO, sog. Opferschutzregelungen (s. auch Rdnrn. 166ff. und B IX Rdnr. 50).

46 **bb) Pflichten des Zeugen: Erscheinen** bei ordnungsgemäßer Ladung zur Staatsanwaltschaft, Gericht, insbesondere zur Hauptverhandlung (§§ 48, 51 StPO). Keine Ladungsfrist vom Gesetz vorgeschrieben, doch ist ausreichend angemessener zeitlicher Abstand erforderlich, sonst gemäß § 51 II StPO rechtzeitiger Entschuldigung, sonst Kostenauferlegung gemäß § 51 I 1 StPO. **Vorführung** (§ 70 I StPO): Neben Ordnungsmitteln kann das Gericht die Vorführung anordnen, wenn die Besorgnis besteht, er werde nicht erscheinen. So kann

der Zeuge bereits am Abend vor der Vernehmung festgenommen werden. **Wahrheitsgemäße Aussage** (§§ 153ff. StGB, 257 StGB). Bei Aussageverweigerung **ohne** Auskunft oder Zeugnisverweigerungsrecht treten Folgen des § 70 StPO ein (Ordnungsgeld, Ordnungshaft). **Eidespflicht:** § 65 StPO im vorbereitenden Verfahren, § 59 StPO in der Hauptverhandlung, **Ausnahmen von Vereidigungen:** § 60 StPO (Vereidigungsverbot), § 63 StPO (Eidesverweigerungsrecht von Angehörigen im Sinne von § 52 I StPO). **Ermessen:** §§ 61, 62 StPO (Privatklageverfahren) insbesondere § 61 Ziff. 5 StPO bei allseitigem Verzicht, der ständige Brauch in der Hauptverhandlung. Der Verteidiger sollte aber nicht grundsätzlich auf die Vereidigung verzichten, sondern dies im Einzelfall entscheiden.

c) Sachverständigenbeweis

Wie der Zeuge ist der Sachverständige ein „persönliches Beweismittel", er ist **47**
„Gehilfe des Richters" (KK-*Pelchen* Rdnr. 1 vor § 72 StPO). Der Sachverständige entlastet den Richter nicht von der Verantwortung, die Tatsachengrundlage des Urteils zu finden. Dies gilt für Anknüpfungs- und Befundtatsachen (*BGHSt* 7, 238). Anknüpfungstatsachen werden vom Gericht mitgeteilt, aber unter Beachtung des § 80 StPO ermittelt. Befundtatsachen werden durch den Gutachter in der Hauptverhandlung eingeführt, nachdem sie bei Erstellung des Gutachtens aufgrund der besonderen Sachkunde festgestellt wurden. Vom Zeugen unterscheidet den Sachverständigen, daß er auswechselbar ist. Der **sachverständige Zeuge (§ 85 StPO)** ist und bleibt Zeuge, aber mit besonderer Sachkunde.
Ablehnung wegen Besorgnis der Befangenheit: § 74 StPO. **Auswahl im Ermittlungsverfahren** (§ 73 StPO, Nr. 70 RiStBV): Staatsanwaltschaft gibt Verteidigung Gelegenheit zur Stellungnahme **vor** Auswahl, es sei denn ständig gleicher Sachverhalt wie BAK-Gutachten. **Auswahl im gerichtlichen Verfahren** (§ 73 StPO): Anhörung der Verfahrensbeteiligten ist nicht erforderlich, bei Beweisantrag (z.B. des Verteidigers) muß kein bestimmter Sachverständiger genannt werden oder der genannte auch beauftragt werden (siehe hierzu KK-*Pelchen* Rdnr. 3 § 73 StPO). Bei Bestellung einer Fachbehörde als Gutachter (§ 83 III StPO) bedarf es keiner weiteren Bezeichnung der Person des Sachverständigen. **Begutachtungspflicht** (§ 75 I, II StPO): bei öffentlicher Bestellung (Gerichtsärzte, Universitätsprofessoren) des Sachverständigen oder einer Bereiterklärung in einer bestimmten Strafsache. **Gutachtensverweigerungsrecht** (§ 76 StPO): aus Gründen der §§ 52–53a StPO. Wichtig: ärztliche Sachverständige haben kein Schweigerecht nach § 53 I Nr. 3 StPO, da der als Sachverständige tätig werdende Arzt die Mitteilungen des Beschuldigten in der für diesen erkennbaren Absicht der Verwertung in dem vor Gericht zu erstattenden Gutachten entgegennimmt (*Löwe/Rosenberg/Dahs* Rdnr. 2 zu § 76 StPO). **Ausbleiben und Weigerung:** Kostentragung und Ordnungsgeld (§ 77 StPO). **Vereidigung** (§ 79 StPO): Ermessen des Gerichts, wenn Verfahrensbeteiligte keinen Antrag stellen. Bei allgemeiner Vereidigung kann sich der Sachverständige auf diesen Eid berufen. **Informatorische Befragung** (Vernehmung) von Zeugen und Beschuldigten ist nur ausnahmsweise dem Sachverständigen gemäß § 80 StPO gestattet. Er ist aber nicht zu einer eigenen **Vernehmung** im förmlichen Sinne befugt, er ist nicht berechtigt, Beschuldigte und Zeugen über deren Rechte (z.B. Aussageverweigerung) zu belehren. **Akteneinsicht** (§ 80 II StPO) ist regelmäßig gestattet (*Kleinknecht/Meyer* Rdnr. 3 zu § 80 StPO). **Fragerecht:** § 80 II StPO gestattet keine eigentliche Vernehmung in der Hauptverhandlung,

es gehört zur Gutachtensvorbereitung. Ob er vor oder nach dem Verteidiger Fragen stellt, liegt im Ermessen des Gerichts (*BGH* NJW 1969, 427).

d) Urkundenbeweis

48 **Urkunde** im Sinne der §§ 249ff. StPO ist jeder in einer natürlichen Sprache ausgedrückter, in Schriftzeichen, auch in Kurzschrift festgehaltener, aus sich heraus verständliche Gedankeninhalt, der geeignet ist, Beweis über Tatsachen zu erbringen (*BGHSt* 27, 135, 136). Der Richter darf aus **allen** schriftlichen Erkenntnisquellen, auch aus allen Arten von Niederschriften, ohne Bestätigung durch Auskunftspersonen jeden denkgesetzlichen Schluß ziehen (KK-*Mayr* Rdnr. 5 zu § 249 StPO). **Grenzen** ergeben sich nur aus den allgemeinen Beweis- und Verwertungsverboten (so auch § 136a III 2 StPO; heimliche Tonbandaufzeichnungen und deren schriftliche Aufzeichnung – *BGHSt* 14, 358 – intime Tagebuchaufzeichnungen siehe hierzu Rdnr. 123, siehe hierzu KK-*Pelchen* Rdnr. 20 vor § 48 StPO, *BGHSt* 19, 325, KK-*Laufhütte* Rdnrn. 7ff. vor § 94 StPO; Rdnrn. 7ff. zu § 97 StPO; Rdnrn. 17ff., 25ff. zu § 100a StPO; KK-*Boujong* Rdnrn. 26ff. zu § 146 StPO; Rdnrn. 38ff. zu § 136a StPO). Unverwertbar und nicht verlesbar sind Niederschriften über widerrechtlich (§ 201 I und III StGB) ohne richterliche Anordnung zustandegekommene Aufzeichnungen von Ferngesprächen (*BGH* NStZ 1983, 466). Bei der Verwertung früherer Urteile sind die Verwertungsverbote des § 49 BZRG zu beachten. Strafregisterauszüge (Bundeszentralregisterauszüge gemäß § 39 I 1 BZRG, Verkehrszentralregister § 30 StVG) werden, wenn keine Tilgungsreife vorliegt, am Ende der Beweisaufnahme (*BGHSt* 27, 216, 218) nicht aber vor Vernehmung des Angeklagten zur Sache verlesen, soweit deren Feststellung für die Entscheidung von Bedeutung ist (§ 243 IV 3 StPO).

Die Einführung einer Urkunde in den Strafprozeß erfolgt durch **vollständige Verlesung.** Das StVÄG 1979 hat im Hinblick auf Großverfahren des sog. **Selbstleseverfahren** nach § 249 II StPO geschaffen (siehe hierzu: KK-*Mayr* Rdnr. 31 zu § 249 StPO); bei Widerspruch gegen dessen Anordnung entscheidet das Gericht. Urkunden können Gegenstand des **Vorhalts** sein. Der Vorhalt ist Vernehmungsbehelf, nicht aber Urkundenbeweis (*BGHSt* 6, 141, 143 = NJW 1954, 1497). Grundlage der tatsächlichen Feststellung ist nicht die Urkunde, sondern die daraufhin erfolgte Erklärung der Auskunftsperson. Unter eingeschränkten Voraussetzungen läßt die StPO eine **Verlesung von Vernehmungsprotokollen** zu. Dabei sind folgende Vorschriften zu beachten:

§ 250: Grundsatz der persönlichen Vernehmung
§ 251: Zulässigkeit der Verlesung von Protokollen unter bestimmten Voraussetzungen, um Beweisverluste zu vermeiden.
§ 252: Verbot der Protokollverlesung nach erfolgter Zeugnisverweigerung
§ 253: Protokollverlesung zur Gedächtnisunterstützung
§ 254: Verlesung von Geständnissen bei Widersprüchen
§ 256: Verlesung von Zeugnissen oder Gutachten öffentlicher Behörden mit Ausnahme von Leumundszeugnissen

e) Augenscheinsbeweis (§§ 86, 244 V StPO)

49 Ein Beweisantrag, der auf die Durchführung eines Augenscheins abzielt, muß eine bestimmte Tatsache enthalten und nicht nur allgemeine Vermutungen (Beweisermittlungsantrag), wie die Beleuchtungs- oder Sichtverhältnisse am Tatort. Es muß durch die Augenscheinseinnahme ein besonderer Aufklärungseffekt

eintreten, dieser muß im Beweisantrag bezeichnet werden und dieser muß den Effekt übersteigen, der durch die Augenscheinseinnahme von Lichtbildtafeln sowieso geboten wird. Die Aufklärungspflicht muß daher diese Form des Augenscheins (z. B. Besichtigung des Tatortes) geradezu nahelegen. In der Praxis (z. B. bei Verkehrsunfallsachen) genügt die Augenscheinseinnahme der von der Polizei gefertigten Lichtbildtafeln (siehe hierzu: KK-*Herdegen* Rdnr. 101 zu § 244 StPO m. w. N.). Häufig empfiehlt es sich, eine eigene Besichtigung des Tatortes durchzuführen, um abzuwägen, ob im Interesse des Mandanten nicht die bloße Betrachtung der Lichtbilder vorzuziehen ist.

6. Durchsuchung und Beschlagnahme

a) Begriffe

Die **Durchsuchung** (§§ 102ff. StPO) ist zulässig zur Ergreifung des Verdächtigen/Beschuldigten oder zur Auffindung von Beweismitteln. Sinn der Durchsuchung ist es, Gegenstände, die für die Untersuchung von Bedeutung sein können, in Verwahrung zu nehmen oder in anderer Weise sicherzustellen. Die **Beschlagnahme** gemäß § 94 II StPO erfolgt, wenn die Gegenstände nicht freiwillig herausgegeben werden. Die Anordnung von Durchsuchung und Beschlagnahme erfolgt in **schriftlicher Form** (siehe *BVerfGE* 1981, 971) durch den Richter, ausgenommen sind Fälle, der „Gefahr in Verzug", wichtig ist die Bezeichnung der Straftat, die Grund für die Durchsuchung ist und die zu durchsuchenden Räume (Privatwohnung, Geschäftsräume, Garage, Pkw, Kellerräume, Ferienwohnung u. ä.). Bei den Anträgen auf Durchsuchung und Beschlagnahme ist der Ermittlungsrichter nicht an die Rechtsauffassung der StA gebunden (*BGH* NStZ 1989, 333; *OLG Düsseldorf* NStZ 1990, 145). **50**

b) Anwesende bei einer Durchsuchung

aa) Verteidiger: Die Kontrollbefugnis des Verteidigers im Durchsuchungsverfahren (§§ 102ff. StPO) ist stark eingeengt (*Dahs,* Taschenbuch, Rdnr. 260). Ist der Gewahrsamsinhaber zugleich der Beschuldigte, hat der Verteidiger ein Anwesenheitsrecht (siehe Beck'sches Formularbuch für den Strafverteidiger, *Dankert* S. 64ff. m. w. N. und einer übersichtlichen Darstellung). Er kann dann nur unter den Voraussetzungen des § 164 StPO entfernt werden. Ansonsten hat der Verteidiger kein Anwesenheitsrecht. Macht allerdings der Beschuldigte seine Kooperationsbereitschaft von der Gestaltung der Anwesenheit des Verteidigers abhängig, so wird diese in der Regel gewährt. So kann der anwesende Verteidiger sich einen Überblick vom sichergestellten Material verschaffen, er kann die Genauigkeit des Sicherstellungsverzeichnisses (§ 107 StPO) überprüfen und dabei schon auf Entlastungsmaterial achten sowie von wichtigen Schriftstücken Fotokopien fertigen lassen. **51**

bb) Wohnungsinhaber: Anwesenheitsrecht gemäß § 106 I StPO, jedoch kein Verwertungsverbot hinsichtlich solcher Unterlagen, die unter Verletzung des Anwesenheitsrechts erlangt wurden (*BGH* NStZ 1983, 375). **52**

cc) Zeugen: Gemäß § 105 II StPO ist bei der Durchsuchung – wenn möglich – (es kann aber darauf verzichtet werden) ein Gemeindebeamter oder zwei Mitglieder der Gemeinde, die nicht Polizeibeamte oder Hilfsbeamte der Staatsanwaltschaft sein dürfen, beizuziehen. Der Beschuldigte hat daran meistens kein Interesse, weil er die unangenehme Durchsuchung auch nicht noch dritten Per- **53**

sonen bekanntwerden lassen will. Andererseits kann man hierauf bestehen, was im Einzelfall effektvoll sein kann.

c) Durchsicht von Papieren

54 Dieses Recht steht ohne Einwilligung des Betroffenen nur dem Staatsanwalt zu (§ 110 I StPO). So kann auch die Anwesenheit, wenn sie z. B. bei Durchsuchungen bei einem Dritten nicht gewährt wird, „ausgehandelt" werden. Es besteht die Möglichkeit der Sicherung von Papieren vor einer Auswertung durch Polizei – Versiegelung – (§ 110 III StPO). Ansonsten muß der Verteidiger auf die Teilnahme des Beschuldigten an der späteren Durchsicht drängen unter Hinweis auf seine Anwesenheit gemäß §§ 169a III 2, 168c I StPO. Diese „gemeinsame" Durchsicht der Papiere schafft frühzeitige Informationsmöglichkeiten vor einer Akteneinsicht gemäß § 147 II StPO.

d) Zufallsfunde

55 Bei rechtsfehlerhaften Durchsuchungen kann die Beschlagnahme von Zufallsfunden rechtlich unzulässig sein (*KG* StV 1985, 404). Andererseits gestattet § 108 StPO die einstweilige Beschlagnahme von Zufallsfunden, um der Staatsanwaltschaft die Prüfung zu ermöglichen, ob ein neues Ermittlungsverfahren gegen den von der Durchsuchung Betroffenen oder einen Dritten einzuleiten und der Gegenstand zu beschlagnahmen oder die Beschlagnahme in einem bereits anhängigen Verfahren geboten ist, das die Durchsuchenden nicht oder nicht näher kennen (*Kleinknecht/Meyer* Rdnr. 1 zu § 108 StPO). Gegen Maßnahmen nach § 108 kann entsprechend § 98 II 2 StPO die richterliche Entscheidung beantragt werden, gegen die – ausgenommen in den Fällen des § 304 IV und V StPO (*BGHSt* 28, 349) – die Beschwerde zulässig ist, sofern nicht inzwischen die Beschlagnahme nach § 94 StPO angeordnet worden ist. Gegen die Beschlagnahme muß sich die Beschwerde richten (siehe KK-*Laufhütte* Rdnr. 9 zu § 108 StPO). Andererseits darf eine Durchsuchung als bloßer Vorwand nicht dafür benutzt werden, systematisch nach Gegenständen zu suchen, auf die sich die Durchsuchungsanordnung nicht bezieht (*OLG Karlsruhe* StV 1986, 10; *Krekeler* NJW 1977, 1423; KK-*Laufhütte* Rdnr. 1 zu § 108 StPO).

e) Anfechtung und Kosten

56 Erfährt der Verteidiger vor oder bis Abschluß der Vollziehung der Durchsuchung von dem entsprechenden Beschluß, was fast nie der Fall ist, so sollte er gemäß § 304 StPO Beschwerde (KK-*Laufhütte* Rdnr. 11 zu § 105 StPO) einlegen und gemäß § 307 II StPO Vollzugshemmung (aufschiebende Wirkung) beantragen, was bei entsprechendem Erfolg sicher eine Aussage über die Aussichten der Beschwerde enthält. **Nach** beendeter Durchsuchung – was der Regelfall ist – ist die Beschwerde nicht mehr zulässig, dann kann die Rechtmäßigkeit der Durchsuchung in analoger Anwendung des § 98 II 2 StPO überprüft werden wenn ein berechtigtes Interesse an der Feststellung der Rechtswidrigkeit besteht (*Dahs,* Taschenbuch, Rdnr. 262a). Auch dann ist die Verfassungsbeschwerde zulässig (*BVerfG* NJW 1976, 1735). **Kosten des Anwalts:** Die Kosten eines Anwalts, der hinzugezogen wurde, fallen im Falle der Einstellung des Verfahrens nach § 2 I und II Nr. 4 StrEG der Staatskasse zur Last (*LG Karlsruhe* AnwBl 1985, 185).

f) Beschlagnahme

57 Die Beschlagnahme dient der Kontrolle der Durchsuchung. Die Beschlagnahmeanordnung ist dem Richter vorbehalten, es ist noch keine zulässige Beschlag-

nahme im Rahmen einer angeordneten Durchsuchung, Gegenstände von Beweisbedeutung zu „beschlagnahmen". Eine richterliche Entscheidung über die Beschlagnahme oder die Herausgabe **konkreter Gegenstände** ist erforderlich (§§ 99, 100, 111c StPO). Durchsuchungsanordnungen ersetzen nicht die Beschlagnahme konkreter Gegenstände.

Postbeschlagnahme: (§ 99 StPO): Hierzu befugt ist der Richter, bei Gefahr in **58**
Verzug auch der Staatsanwalt, niemals die Polizei (§ 100 StPO). Eine staatsanwaltliche Beschlagnahmeanordnung tritt nach 3 Tagen ohne richterliche Bestätigung außer Kraft (§ 100 II StPO). Die Staatsanwaltschaft muß alle Postsendungen ungeöffnet dem Richter vorlegen (§ 100 I StPO).

Beschlagnahmeverbote: (§ 97 StPO) Damit sollen Zeugnisverweigerungs- **59**
rechte nicht umgangen werden, zulässig ist die Sicherstellung aber bei freiwilliger Herausgabe, die insoweit nie erklärt werden sollte (siehe hierzu: KK-*Laufhütte* Rdnr. 3 zu § 97 StPO). Die **Rechtsanwaltshandakte** ist mit Ausnahme des § 97 II StPO beschlagnahmefrei (Tatverdacht gegen Rechtsanwalt wegen Strafvereitelung u. a.). Beweisgegenstände, die entgegen § 97 StPO beschlagnahmt werden, sind nicht verwertbar (*BGHSt* 18, 227 = NJW 1963, 870).

7. Vorläufige Maßnahmen gegen den Beschuldigten

a) Untersuchungshaft (§§ 112ff. StPO)

Von der vorläufigen Festnahme im Sinne des § 127 StPO ist die Untersu- **60**
chungshaft zu unterscheiden. Ihre **Anordnung** erfolgt durch schriftlichen Haftbefehl gemäß §§ 112ff. StPO (§ 114 StPO).

Haftvoraussetzungen sind **dringender Tatverdacht,** wenn nach dem bisheri- **61**
gen Ermittlungsergebnis in seiner Gesamtheit eine große Wahrscheinlichkeit dafür besteht, daß der Beschuldigte als Täter oder Teilnehmer eine Straftat begangen hat (KK-*Boujong* Rdnr. 3 zu § 112 StPO) und **Haftgründe** aufgrund **bestimmter** Tatsachen (§ 112 II StPO):

- **Flucht,** wenn der Beschuldigte flüchtig ist oder sich verborgen hält (§ 112 II **62**
  Nr. 1 StPO).
- **Fluchtgefahr,** wenn aufgrund bestimmter Tatsachen bei Würdigung der Umstände des Einzelfalles eine höhere Wahrscheinlichkeit (Abs. 2 Ziff. 2) für die Annahme spricht, der Beschuldigte werde sich dem Verfahren entziehen, als für die Erwartung, er werde am Verfahren teilnehmen (*Kleinknecht/Meyer* Rdnr. 17 zu § 112 StPO). Fluchtgefahr wurde auch schon angenommen, wenn der Angeklagte seine Verhandlungsfähigkeit verschuldet herbeigeführt hat (so *OLG Oldenburg* StV 1990, 165ff. mit Anm. *Wendisch*).
- **Verdunkelungsgefahr,** wenn aufgrund bestimmter Tatsachen das Verhalten des Beschuldigten den dringenden Verdacht begründet, er werde eine der in § 112 II Ziff. 3 StPO abschließend aufgeführten Verdunkelungshandlungen begehen, wobei die bloße Möglichkeit nicht ausreicht (KK-*Boujong* Rdnrn. 23–26 zu § 112 StPO).
- **Schwerkriminalität** – besondere Straftaten (wie Mord, Bildung terroristischer Vereinigungen – in § 113 III StPO abschließend aufgezählt) erlauben Erlaß des Haftbefehls ohne daß ein Haftgrund im technischen Sinne entsprechend § 112 II StPO vorliegt.
- **Wiederholungsgefahr** (§ 112a StPO): Katalog bestimmter Straftaten

Verhältnismäßigkeitsgrundsatz (Übermaßverbot) gemäß § 112 I 2 StPO: Die- **63**
ser verfassungsrechtliche Grundsatz hat in dieser Vorschrift eine besondere ge-

setzliche Ausformung, Untersuchungshaft darf **nicht** verhängt werden, wenn sie von der Bedeutung der Sache und der zu erwartenden Maßregelung der Besserung und Sicherung außer Verhältnis steht. Daraus folgt das Subsidiaritätsprinzip, danach darf ein Beschuldigter nur inhaftiert werden, wenn der Zweck der Untersuchungshaft nicht auf andere, für den Beschuldigten schonendere Art und Weise erreicht werden kann. (So die Regelung des § 116 StPO: Weniger einschneidende Maßnahmen, wie Meldeauflage, Kaution, Beschränkung der Aufenthaltsmöglichkeit u. a.) **Jugendliche:** (§ 72 I JGG): Einschränkungen der Untersuchungshaftanordnung und besonderes Beschleunigungsgebot.

64 **Haftunfähigkeit:** hindert nur den **Vollzug,** nicht den Erlaß des Haftbefehls, ärztliche Betreuung, Nr. 57 UVollzO. Insgesamt enthalten sind die Regelungen für den **Vollzug** der Untersuchungshaft in der Untersuchungshaftvollzugsordnung (UVollzO).

65 **Rechtsmittel, Kontrolle und Aufhebung des Haftbefehls**

mündliche Haftprüfung	(§§ 118, 118a StPO)
Beschwerde	(§ 304 StPO)
Weitere Beschwerde	(§ 310 I StPO)
6-Monats-Prüfung der Haftvoraussetzung von amtswegen	(§§ 121ff. StPO)
Aufhebung des Haftbefehls	(§ 120 I, III StPO auf Antrag der Staatsanwaltschaft)

b) Fahrerlaubnisentziehung (§ 111a StPO)

66 **Voraussetzung** für die Entziehung sind dringende Gründe, die die Annahme rechtfertigen, daß die Fahrerlaubnis nach § 69 StGB entzogen werden wird, die Annahme muß im Zeitpunkt der Entscheidung noch gerechtfertigt sein, eine ursprünglich gesehene Ungeeignetheit kann bei Zeitablauf entfallen (*OLG Hamburg* StV 1984, 251). **Kannbestimmung:** Liegen die Voraussetzungen des § 111a I 1 StPO vor, so wird es regelmäßig ermessens**fehlerhaft** sein, die Anordnung nicht zu treffen, doch kann die Anordnung auf bestimmte Arten von Kraftfahrzeugen beschränkt werden (so darf der Bauer den Traktor, nicht aber Pkws fahren – siehe auch *Janiszweski* NStZ 1983, 256; siehe auch *Müller,* Verteidigung in Straßenverkehrssachen, 4. Aufl. 1990, Rdnrn. 53ff.; *Hentschel,* Die vorläufige Entziehung der Fahrerlaubnis, DAR 1980, 168ff.; *Himmelreich/Hentschel,* Fahrverbot, Führerscheinentzug, 4. Aufl. 1984 siehe auch B IX Rdnr. 31ff.). **Aufhebung:** Wenn keine dringenden Gründe für die Annahme vorhanden sind, daß die Fahrerlaubnis endgültig entzogen werden wird (KK-*Laufhütte,* Rdnr. 9 zu § 111a StPO). Das **Berufungsgericht** verstößt nicht gegen das Verbot der reformatio in peius, wenn es trotz zwischenzeitlichem Zeitablauf ohne Anrechnung der Sperrfrist das Urteil des Amtsgerichts bestätigt (*OLG Hamm* JZ 1978, 656 m. w. N.; KK-*Laufhütte* Rdnr. 10 zu § 111a StPO; *Kleinknecht/Meyer* Rdnr. 11 zu § 111a StPO). Der Angeklagte muß daher im Berufungsverfahren mit einer gewissen Verlängerung der **tatsächlichen** Sperrzeit rechnen. Während des **Revisionsverfahrens** ist die vorläufige Entziehung nach der herrschenden Meinung (*OLG Koblenz* MDR 1986, 871; *OLG München* NJW 1980, 1860; *Himmelreich/Hentschel* aaO, S. 241ff.) nicht deshalb aufzuheben, weil die Verfahrensdauer die Dauer der Sperre übersteigt. Allein der Ablauf der Sperre gibt dem

Angeklagten keinen Rechtsanspruch auf Teilnahme am Kraftfahrzeugverkehr (*Kleinknecht/Meyer* Rdnr. 12 zu § 111a StPO). **Führerscheinbeschlagnahme:** (§ 111a III, IV StPO) Auf Antrag des Beschuldigten nach § 98 II 2 StPO entscheidet das nach § 98 II 3, 4 StPO zuständige Gericht (siehe auch *Himmelreich/Hentschel* aaO, S. 220). **Ausländische Führerscheine** (§ 111a IV StPO) werden mit der Wirkung eines Fahrverbots (§ 44 StGB) entzogen. **Rechtsmittel:** Beschwerde (§ 304 StPO). Hat das LG auf Beschwerde gegen die vorläufige Entziehung der Fahrerlaubnis durch das AG entschieden, so ist die weitere Beschwerde unzulässig (*OLG Stuttgart* NStZ 1990, 141). Nach der h. M. ist eine Beschwerdeentscheidung des Berufungsgerichts dann beschwerdefähig, wenn diese Entscheidung erst nach Aktenvorlage gem. § 321 S. 2 StPO getroffen wurde (*OLG Karlsruhe* MDR 1974, 159; *OLG Hamm* VRS 49, 111; *OLG Düsseldorf* VRS 72, 370; *OLG Celle* NJW 1961, 1417; *Kleinknecht/Meyer,* 39. Aufl. Rdnr. 19 zu § 111a StPO; *Jagusch/Hentschel,* StraßenverkehrsR, 30. Aufl., Rdnr. 7 zu § 111a StPO).

c) Unterbringung zur Untersuchung (§ 81 StPO)

Diese Unterbringung ist zu unterscheiden von der infolge eines Unterbringungsbefehls gemäß § 126a I StPO, der einen Haftbefehl dann ersetzt, wenn davon ausgegangen werden muß, daß die rechtswidrige Tat im Zustand der Schuldunfähigkeit oder der verminderten Schuldfähigkeit begangen wurde. Der Beschuldigte (dann Betroffener) wird statt in der JVA in einem psychiatrischen Krankenhaus gemäß § 126a StPO einstweilig untergebracht (siehe *Kleinknecht/Meyer* Rdnrn. 1ff. zu § 126a StPO). **67**

Die Unterbringung zur Untersuchung gemäß § 81 StPO erfolgt zur Vorbereitung eines psychiatrischen und/oder psychologischen Gutachtens, insbesondere zur Prüfung der Schuldfähigkeit (§§ 20, 21 StGB) nicht zur Prüfung der Glaubwürdigkeit. Es kann diese Unterbringung erfolgen durch gerichtliche Anordnung für höchstens sechs Wochen (§ 81 V StPO). Der Beschuldigte wird in einem öffentlichen psychiatrischen Krankenhaus für diese Zeit untergebracht. Die Folge kann Annahme der Schuldunfähigkeit und damit der Erlaß eines Unterbringungsbefehles sein. Genausogut kann Folge die Bejahung einer erheblich verminderten Schuldfähigkeit mit der entsprechenden Strafmilderung (§ 21 StGB) sein. Bei einmaliger Schuldunfähigkeit ist denkbar, daß es zur Einstellung des Verfahrens oder zum Sicherungsverfahren (§§ 413ff. StPO) kommt. Dieses kann mit der Freisprechung oder der Unterbringung enden. Es kann aber auch zur Anklage und zur Entscheidung in der Hauptverhandlung **ohne** Sicherungsverfahren kommen. Diese Möglichkeit der Unterbringung zur Untersuchung besteht im Vorverfahren (siehe § 80a StPO), sie besteht auch im Sicherungsverfahren (§§ 413ff. StPO), nicht im Privatklageverfahren. **68**

Dringender Tatverdacht (siehe oben Rdnr. 61) ist Voraussetzung wie im Falle des § 112 I 1 StPO, der Verhältnismäßigkeitsgrundsatz muß beachtet werden, die Unterbringung darf nur angeordnet werden, wenn sie unerläßlich ist (*BVerfGE* 17, 108, 117 = NJW 1963, 2368, 2370). Vorher ist die Anhörung eines Sachverständigen nötig. Der **Verteidiger** muß angehört werden, seine Mitwirkung ist nach § 140 I Nr. 6 StPO notwendig. **69**

Rechtsmittel: sofortige Beschwerde (§ 311 StPO), hat entgegen § 307 I StPO aufschiebende Wirkung (§ 81 IV StPO). Der die Unterbringung ablehnende Beschluß ist unanfechtbar (*Kleinknecht/Meyer* Rdnr. 31 zu § 81a StPO). **70**

c) Körperliche Untersuchung des Beschuldigten

71 Diese Vorschrift gestattet die zwangsweise körperliche Untersuchung des Beschuldigten. Sein Körper wird zum Augenscheinsobjekt. Seine Einwilligung macht die Anordnung nach § 81a StPO entbehrlich. So können einfache körperliche Untersuchungen erfolgen (z. B. für die Verhandlungsfähigkeit: *OLG Düsseldorf* StV 1989, 195ff. m. Anm. *Welp*) Blutproben entnommen werden (z. B. für die Feststellung des BAK) oder auch die Computer Tomographie: Neuerdings zählt auch der sog. **„genetische Fingerabdruck"** oder „genetischer Fingerprint" dazu. § 81a StPO bildet eine ausreichende Grundlage zur Durchführung einer solchen Genanalyse (siehe hierzu *LG Heilbronn* NStZ 1990, 353; vgl. auch *Kimmich/Spyra/Skinke* NStZ 1990, 318; *Rademacher* StV 1989, 546ff.; *LG Darmstadt* NJW 1989, 2338). **Rechtsmittel:** Beschwerde (§ 304 I StPO) wenn Anordnung noch nicht vollzogen.

8. Der Abschluß des Ermittlungsverfahrens

a) Einstellung mangels Tatverdacht (§ 170 II StPO)

72 Eine Einstellung gem. § 170 II StPO erfolgt:
- wenn ein nichtbehebbares Verfahrenshindernis vorliegt
- wenn der Beschuldigte der Tat nicht **hinreichend verdächtig** erscheint, d. h. die Täterschaft ist nicht beweisbar. Hierbei entscheidet die Staatsanwaltschaft sobald diese Bewertung sich aufdrängt. Bei mehreren Tatkomplexen kann für jeden eine gesonderte Entscheidung ergeben, also Einstellung in einem, Anklageerhebung in einem anderen Tatkomplex.

Bei dauernder oder längerer **Abwesenheit** erfolgt eine vorübergehende Einstellung gemäß **§ 205 StPO.** In **Steuerstrafsachen** entscheidet die zuständige Finanzbehörde, wenn sie anstelle der Staatsanwaltschaft das Verfahren selbständig geführt hat (§§ 386, 399 AO). **Form und Inhalt:** Die Entscheidung erfolgt durch eine Verfügung, die zu begründen ist (RiStBV Nr. 88, 89 Abs. 2).

73 Durch diese Einstellung tritt **kein Strafklageverbrauch** ein, das Verfahren kann bei neuen Verdachtsmomenten (wie auch immer diese der Staatsanwaltschaft bekanntgegeben werden) wieder aufgenommen werden. Dies gilt nur nicht bei § 153a StPO (siehe Rdnr. 80). Deshalb sollte ein Angebot oder eine mögliche Einstellung nach § 153a StPO gegen eine Geldbuße das Verfahren einzustellen, nicht von vorneherein ausgeschlagen werden. Gerade die Rechtskraftwirkung ist häufig ein nicht zu unterschätzender Vorteil. Allein im Falle der vorausgegangenen Anzeigeerstattung durch einen Dritten kann dieser gegen eine Einstellung nach § 170 II StPO zu Lasten des Beschuldigten Beschwerde einlegen (§§ 171, 172 StPO). Nicht selten führen in einfach gelagerten Fällen diese Beschwerden danach zum Strafbefehlsantrag durch den sachbearbeitenden Staatsanwalt, allein weil damit die Zuständigkeit für das weitere Verfahren auf den Amtsrichter, der in der Regel den Strafbefehl erläßt, übergeht. Der Staatsanwalt hat die Sache vom Tisch!

b) Einstellung nach Ermessensvorschriften (§§ 153, 153a ff. StPO)

74 Wegen einer möglichen geringen Schuld kann das Verfahren eingestellt werden. Es muß bei § 153 StPO zwischen § 153 I StPO (Einstellung durch die Staatsanwaltschaft) und § 153 II StPO (Einstellung durch das Gericht) unterschieden werden sowie § 153a (Einstellung gegen Geldbuße). Voraussetzungen einer Einstellung nach § 153 StPO sind: (1) geringe Schuld und (2) Fehlen eines

öffentlichen Interesses an der Verfolgung des **Vergehens** (§ 12 II StGB), ferner (3) Zustimmung des Gerichts (nicht in den Fällen des § 153 I 2 StPO) sowie schließlich (4) Zustimmung des Beschuldigten.

aa) Gemeinsame Prüfungskriterien für eine Einstellung wegen geringer Schuld (sowohl nach § 153 StPO als auch nach § 153a StPO): 75
- Ausmaß der kriminellen Aktivität
- Schadenswiedergutmachung
- zu erwartende Strafe im Falle einer Verurteilung
- eigene Folgen der Tat für den Beschuldigten
- nachteilige wirtschaftliche Folgen einer Bestrafung für den Beschuldigten, wie Verlust der Arbeitsstelle, drohende disziplinarrechtliche oder standesrechtliche Maßnahmen
- finanzielle Belastung durch das Ermittlungsverfahren
- das Gesamtbündel der Tatmotivation und der Einstellung des Beschuldigten zur Tat insbesondere unter Berücksichtigung seines bisherigen Vorlebens
- Ausschluß einer Wiederholung wegen der Persönlichkeit und der Einstellung des Beschuldigten. Insbesondere empfiehlt sich eine Orientierung an den **Kriterien der Strafzumessung nach § 46 II StGB** (siehe hierzu besonders die ausführliche Darstellung bei *Weihrauch* aaO Rdnrn. 180ff.)
- kein Nachweis der Schuld. Es reicht die Annahme aus, daß im Falle einer Entscheidung die Schuld gering **wäre.**
- Überlange Verfahrensdauer (z. B. 16 Jahre zurückliegende Tat, 12 Jahre seit Anklageerhebung; *BGH* NStZ 1990, 94, 95).

Diese Schuldfeststellung, die mit dem Ergebnis gering endet, erfolgt auch angelehnt an die Kriterien des § 46 II StGB (Gesinnung, Maß der Pflichtwidrigkeit, geringer Schaden, Schadensausgleich, zivilrechtliche Regelungen, positive Einstellung zum Vorwurf, keine wesentlichen einschlägigen Vorstrafen).

Anzeigeerstatter: Der Verletzte kann vorher angehört werden, muß es aber nicht (KK-*Schoreit* Rdnr. 36 zu § 153 StPO). Beschwerden des Verletzten sind Dienstaufsichtsbeschwerden, so daß eine „Anhörung" vorher zu empfehlen ist, unzulässig wäre ein Klageerzwingungsantrag, ebenso eine Privatklage. 76

Strafklageverbrauch: Eine Einstellung nach § 153 I StPO hat keinen Strafklageverbrauch zur Folge (*Löwe/Rosenberg/Rieß* Rdnr. 54 zu § 153 StPO). 77

Bei einer Einstellung nach **§ 153a II StPO** (Einstellung durch das Gericht) gibt es eine beschränkte Rechtskraft, **die erneute Strafverfolgung** soll zulässig sein (siehe KK-*Schoreit* Rdnr. 63 zu § 153a StPO), falls (1) **neue Tatsachen** bekannt oder **Beweismittel** vorgelegt werden, (2) sich nachträglich der **Verbrechenscharakter** der Tat herausstellt, (3) sich die **Tat als Teil einer fortgesetzten** umfangreicheren **Tat** erweist (siehe *BGH* NJW 1963, 549) und (4) neue Tatsachen oder Beweismittel eine erhöhte Strafbarkeit begründen (s. Rdnr. 81 u. 82). 78

Steuerstrafsachen: siehe § 398 AO. **Folgen der Einstellung:** siehe unten Rdnr. 82. **Kosten:** Eine Verfügung des Staatsanwalts gemäß § 153 I StPO hat keine Kostenfolge, § 467a StPO sieht die Auferlegung der notwendigen Auslagen an die Staatskasse nur für den Fall vor, daß die Anklage vor Entscheidung gemäß § 153 I StPO entsprechend § 156 StPO zurückgenommen wurde. Eine Verfügung des Gerichts gemäß § 153 II StPO hat eine Kostenentscheidung gemäß § 464 II StPO zur Folge. Es wird über die notwendigen Auslagen entschieden, wobei dann gemäß § 467 StPO davon abgesehen werden **kann** (was in der Regel geschieht), die notwendigen Auslagen der Staatskasse aufzuerlegen. 79

80 **bb) Besonderheiten der Einstellung gemäß § 153a StPO:** Voraussetzungen wie oben Rdnr. 75). Zusätzlich: **Weisungen/Auflagen:** ein abschließender Katalog ist in § 153a I StPO aufgezählt. **Zustimmung:** Gericht und Beschuldigter. **Schuldfrage:** wie § 153 StPO, nur ist nach dem Wortlaut dieser Vorschrift (was in der Praxis selten an Bedeutung gewinnt) ein erhöhtes öffentliches Interesse an der Strafverfolgung – durch Geldbuße – zu beseitigen. **Geldbuße:** Zugunsten gemeinnütziger Einrichtungen, Staatskasse (leider sehr beliebt wegen des besonderen Umfangs in Ermittlungsverfahren). Unzulässig ist die Auflage, unverzüglich ein Arbeitsverhältnis zu begründen (*BVerfG* DRiZ 1982, 74). **Leistung:** in maximal 6 Monaten bzw. § 153a Satz 1 Nr. 1–3; in den Fällen des Satzes 1 Nr. 4 (Unterhaltsleistungen) höchstens 1 Jahr. **Anzeigeerstatter:** kann lediglich Gegenvorstellungen oder Dienstaufsichtsbeschwerde erheben, Klageerzwingung ist gemäß § 172 II 3 StPO ausgeschlossen.

81 **Unerfüllbarkeit oder Nichterfüllung der Auflage und Weisungen** (gemäß § 153a I 3 StPO): Möglichkeit der nachträglichen Änderung und Fristverlängerung von höchstens 3 Monaten. So kann aufgrund nachträglicher Änderung der Verhältnisse (Einkommen) eine Änderung oder Fristverlängerung angezeigt sein. Bei nicht vollständiger Erfüllung der Auflage ohne Abänderung muß das Verfahren fortgesetzt werden, es ist strittig, ob ein eigener Wiederaufnahmebeschluß nötig ist (siehe KK-*Schoreit* Rdnr. 57 zu § 153a StPO) (s. Rdnr. 78).

82 **Folgen der Einstellung:** keine BZRG-Eintragung; bei einigen Staatsanwaltschaften werden interne Aufzeichnungen geführt oder Akten früherer eingestellter Verfahren (so bei Ladendiebstahl) herangezogen, was zur Verweigerung der Zustimmung führen kann. Vollständige Erfüllung der Auflagen: Prozeßhindernis, allerdings bleibt die Verfolgung als Verbrechen nicht ausgeschlossen (s. § 153a II S. 2 iVm I S. 4 StPO).

83 **Kosten:** gemäß § 467 I StPO trägt die Verfahrenskosten die Staatskasse, die notwendigen Auslagen werden nicht erstattet (§ 467 V StPO). **Rechtsmittel:** Endgültige Einstellung ist unanfechtbar, ebenso die Kostenentscheidung (*Kleinknecht/Meyer* Rdnr. 58 zu § 153a StPO) nicht aber die etwaige Entscheidung über die Entschädigung nach § 8 III S. 1 StrEG (Strafentschädigung).

84 **cc) Einstellung des Verfahrens nach sonstigen Ermessensvorschriften:** möglich ist die Einstellung auch gemäß §§ 153b ff. StPO, 154ff. (im Hinblick auf eine andere Straftat, §§ 154b ff. StPO).

c) Anklageerhebung

85 Sie erfolgt nach Abschluß der Ermittlungen (§§ 169a, 170 I StPO) – wenn keine Einstellung erfolgt ist. Dies ist zugleich der späteste Zeitpunkt für die Gewährung vollständiger Akteneinsicht (§ 147 II StPO). **Der Anklagesatz:** (notwendiger Inhalt § 200 StPO) enthält Person, Bezeichnung der Tat (historischer Vorgang – strafbare Handlung), rechtliche Einordnung der Tat (gesetzliche Merkmale), Strafvorschriften, daran anschließend das wesentliche Ergebnis der Ermittlungen, das Beweismittelverzeichnis, das Gericht und die Anträge der Staatsanwaltschaft, ggf. auch bezüglich einer Haftentscheidung. Mitteilung der Anklageschrift erfolgt durch das Gericht (§ 201 StPO). **Zuständigkeit des Gerichts:** §§ 74ff., 24, 28, 120 GVG.

II. Das Zwischenverfahren

Im alltäglichen anwaltlichen Bewußtsein genießt das Zwischenverfahren eine zu geringe Beachtung, obwohl der Anwalt dort folgende realwirkende Handlungsspielräume hat. 86

1. Zuständiges Gericht

Die Staatsanwaltschaft erhebt Anklage zur – allgemeinen – Strafkammer, zuständig wäre aber die Wirtschafts-, Schwurgerichts-, Jugendkammer oder Staatsschutzkammer (§§ 209, 209a StPO). Danach kann z.B. das Schwurgericht vor der Wirtschaftsstrafkammer oder der allgemeinen Strafkammer eröffnen, die Staatsschutzstrafkammer kann zwar vor der allgemeinen Strafkammer des OLG-Bezirkes eröffnen (§ 74a IV GVG), nicht aber vor der Jugendkammer, die nach Nr. 2a des § 209 StPO als Gericht höherer Ordnung gilt. In der Praxis bedeutend ist die Eröffnung der Strafkammer mit bindender Wirkung vor dem Schöffengericht, weil dessen Strafgewalt (max. 3 Jahre) der Kammer als ausreichend erscheint (§ 209 I StPO i.V.m. § 74 I GVG). Dies kann Folge eines gutbegründeten Verteidigerantrages sein. Auch sollte der Verteidiger in diesem Stadium die **Besetzungs**überprüfung (soweit schon bekannt) vorbereiten. Zur Vorbereitung des Besetzungseinwandes siehe § 222b StPO. 87

2. Möglichkeit der Beweiserhebung

Ergänzende Ermittlungen – eine Anhörung des Angeschuldigten selbst ist nicht notwendig (KK-*Treier* Rdnr. 6 zu § 202 StPO) – sind zwar gemäß § 202 StPO möglich, doch betreffen sie nur die Klärung von Prozeßvoraussetzungen oder Feststellungen, ob hinreichender Tatverdacht für die anstehende Eröffnungsentscheidung (§ 203 StPO) besteht. Der Übergang der Zuständigkeit für richterliche Untersuchungshandlungen auf das Gericht, bei dem Anklage erhoben ist, schließt nicht die weitere – ergänzende – Tätigkeit der Staatsanwaltschaft aus, auch nicht auf Bitte des Vorsitzenden. Häufig läßt das Gericht so notwendige **Nachermittlungen** durchführen. Hierauf können sich auch Verteidigungsanträge in diesem Verfahrensstadium richten. Allerdings besteht keine Ermittlungs**pflicht** der Staatsanwaltschaft (*Kleinknecht/Meyer* Rdnr. 3 zu § 202 StPO). **Beschwerde:** Trotz § 202 Satz 2 StPO ist bei unzulässigen Maßnahmen die einfache Beschwerde gemäß § 304 StPO zulässig (*OLG Hamm* NJW 1974, 713; *Löwe/Rosenberg/Rieß* Rdnr. 7 zu § 202 StPO). 88

3. Zulassung oder Nichtzulassung der Anklageschrift

Zunächst weiß der Verteidiger, daß weit über 90% der Anklageschriften auch zur Hauptverhandlung zugelassen werden. Das Verteidigerverhalten wird sich an folgenden **Kriterien** orientieren. 89

- Wie wirkt sich die Entscheidung für den Mandanten aus?
- Was ergibt die Beschwerde der Staatsanwaltschaft gegen die Nichtzulassung, zementiert der Beschluß des Beschwerdegerichts negative Positionen gegen den Angeklagten, wird gar eine Prognose zur Strafhöhe das erkennende Gericht in seiner Milde „bremsen"?
- Ist nicht eine rasche Hauptverhandlung mit Ausnutzung des Beweisantragsrechts erstrebenswerter?

- Kann die Nichtzulassung der Anklage (etwa wegen definitiv fehlender verwertbarer Beweisergebnisse) zur endgültigen Einstellung des Verfahrens gemäß § 211 StPO führen?
- Führt die Eröffnung vor dem Amtsgericht anstelle der Verhandlung vor dem Landgericht zu einem besseren Ergebnis für den Mandanten oder empfiehlt sich bereits eine Verständigung oder Vereinbarung über das Verfahrensergebnis (siehe unten Rdnr. 132).
- Eröffnungsbeschluß: nach herrschender Meinung unanfechtbar, d. h. ein vorhandener Eröffnungsbeschluß kann nicht rückgängig gemacht werden (*Löwe/Rosenberg/Rieß* Rdnr. 36 zu § 207 StPO).

III. Das Hauptverfahren

1. Vorbereitung der Hauptverhandlung

90 Die Vorbereitung der Hauptverhandlung beginnt in der Vorstellungswelt des Verteidigers mit der Mandatsübernahme, nicht erst wenige Tage vor Beginn der Hauptverhandlung. Der Verteidiger muß sein Verteidigerhandeln ab dem frühest möglichen Zeitpunkt auf eine etwaige Hauptverhandlung einstellen, auch wenn er sie letztendlich vermeiden will. Auch wenn der Verteidiger dieses Ziel vor Augen hat, müssen etwaige Auswirkungen einer Hauptverhandlung schon zu Beginn des Ermittlungsverfahrens berücksichtigt werden.

a) Vereinbarungen und Verständigungen mit Staatsanwaltschaft und Gericht können jetzt vorbereitet oder getroffen werden (siehe Rdnrn. 132ff.). Insbesondere sollte die Terminierung der Hauptverhandlung, der Umfang der Beweismittel, die von gerichtswegen geladen werden und etwaige Selbstladungen des Verteidigers (§§ 38, 220a, 245 II StPO) erörtert und vorbereitet werden (siehe unten Rdnr. 107).

91 **b) Akteneinsicht** sollte am besten noch einmal kurz vor Beginn der Hauptverhandlung durchgeführt werden, so können Mitteilungen von Zeugen, warum sie nicht erscheinen wollen, ebenso interessant sein, wie Unterstreichungen von Staatsanwaltschaft oder Gericht. Auch dient die Akteneinsicht zur letzten Überprüfung des aktuellen BZRG-Auszuges, der möglicherweise erst kurz zuvor zu den Akten gelangt ist, Überprüfung des eigenen Aktenauszuges auf Vollständigkeit (Zeugenaussagen, Sachverständigengutachten, Urkunden). Lichtbildmappen und Skizzen sind noch im Original mit dem Mandanten durchzusprechen.

92 **c) Verhältnis Verteidiger – Mandant:** Überprüfung und Festlegung des Aussageverhaltens (Schweigen, spätere Aussage, Bestreiten – ganz oder teilweise – Gestehen). Durcharbeiten der eigenen Aussage, Herausarbeitung der Widersprüche, Auflösung und Erläuterung der Widersprüche, Erläuterung der jetzigen Aussage, Vorbereitung einer Verteidigungsschrift. (Siehe hierzu insgesamt: Literatur *Tondorf* aaO, S. 183; *Weihrauch* a. a. O. S. 139; *Schmidt-Leichner* NJW 1966, 189ff.; siehe unten Rdn. 106.) Erörterung des Auftretens und der Wirkung in der Hauptverhandlung.

93 – **Grundsatz für Aussageverhalten:** Strafzumessungsgründe (§ 46 StGB) leben vom Bild, das der Angeklagte selbst abgibt, ebenso verhält es sich bei einem

Geständnis, das mit einer Erklärung des Verteidigers (Verteidigungsschrift) vorher oder einer Stellungnahme nachher begleitet werden kann.

- **Grundsatz für Schweigen:** Wenn die Straftat nur durch die Bewertung der eigenen Aussage angelastet werden kann, wenn das Gericht wegen des Schweigens in Beweisnot zugunsten des Angeklagten kommen wird und Risiken weitestgehend ausgeschlossen werden können. **94**
- **Grundsatz für ein Abwarten** (ggf. Aussage im späteren Verfahrenszeitpunkt oder Beibehalten des Schweigens): Wenn eine anfängliche, schädliche unwahre Aussage des Angeklagten vermieden werden kann, er durch die teilweise Beweisaufnahme von einer Aussage/Geständnis überzeugt werden kann und dieses Zuwarten nicht erheblich schadet – insbesondere die (u. U. geständige) Aussage abwertet. **95**
- **Grundsatz für eine ausschließliche Verteidigererklärung** (siehe unten Rdn. 106): Wenn nur so ein komplexer Sachverhalt präzise erläutert und bewertet werden kann und es **deswegen** auf einen persönlichen Eindruck des Angeklagten nicht ankommt. Die Verteidigungslinie ist dann alleine durch das Auftreten des Verteidigers und die grundlegende Verteidigungsschrift umrissen, die u. a. zur Person des Angeklagten, zum Tatvorwurf, der rechtlichen Problematik und dem Ziel der Verteidigung Stellung nehmen kann. **96**

d) Verhältnis zum Geschädigten: Rechtzeitige Klärung dieses Verhältnisses, auch zu etwaigen Angehörigen und zum Anzeigeerstatter. Alle strafzumessungserforderlichen Handlungen (Schadenswiedergutmachung, Entschuldigung, Aussöhnung, zivilrechtliche Vereinbarungen wie Schuldanerkenntnisse u. a.) müssen so rechtzeitig erfolgt sein, daß Belege in der Hauptverhandlung vorgelegt werden können. **97**

e) Technische Vorbereitungen: Vollständige und geordnete Kopien der Gerichtsakten, Bezifferung der Zeugenliste (auf welchem Blatt ist die Aussage des Zeugen in den Gerichtsakten zu finden, wo sind weitere, für die Befragung des Zeugen wichtige Fundstellen), wichtige Entscheidungen sind zu kopieren, alle notwendigen Gesetzestexte (immer StPO und StGB-Kurzkommentar) sind mitzunehmen, sonstige Verteidigungsunterlagen zusammenzustellen, zu ordnen und so aufzubereiten, daß in der Hauptverhandlung sofort mittels Übersicht, Gliederung oder eingelegten Merkzetteln der Zugriff möglich ist. **98**

2. Beginn der Hauptverhandlung

Es erfolgt der **Aufruf der Sache** (§ 243 I 1 StPO), die **Präsenzfeststellung** (§ 243 I 2 StPO), die **Mitteilung der Gerichtsbesetzung** nach § 222a StPO für die dort erwähnten Fälle (also nicht im amtsgerichtlichen Verfahren oder im Berufungsverfahren), falls dies nicht schon vor der Hauptverhandlung geschehen ist, die (nicht unwichtige) Entlassung der Zeugen aus dem Sitzungssaal (§ 243 II 1 StPO), damit sie den Gang der Hauptverhandlung nicht vor ihrer Aussage verfolgen können. **99**

Sachverständige fallen nicht unter § 243 II 1 StPO, je nach Inhalt ihres Sachverständigenauftrages verfolgen sie die Hauptverhandlung mit, der Vorsitzende bestimmt nach seinem Ermessen, bei welchen Abschnitten der Hauptverhandlung, insbesondere der Beweisaufnahme, der Sachverständige anwesend sein muß. Der Verteidiger sollte sich hier immer einschalten, wenn zu befürchten ist, der Sachverständige werde zu wenig von der Hauptverhandlung mitbekom- **100**

men, denn er muß sein Gutachten aufgrund der mündlichen **Hauptverhandlung** erstellen und nicht nur ein etwaiges vorbereitetes schriftliches Gutachten verlesen.

101 **Vernehmung des Angeklagten über seine persönlichen Verhältnisse** (§ 243 II 2 StPO): Die Vorschrift dient der Feststellung der Personenidentität, der Angeklagte hat die Daten anzugeben, die in § 11 I OWiG (siehe oben Rdnr. 34: Personalien) aufgeführt sind. Dazu gehören: Frage zu **Prozeßvoraussetzungen** wie **Verhandlungsfähigkeit** (hier können und sollten entsprechende Einwendungen und ggf. entsprechende Sachverständigenbeweisanträge eingebracht werden) und die Prüfung der **Fähigkeit, sich selbst verteidigen** zu können (§ 140 II StPO). Hierzu gehören auch (siehe *BGH* MDR 1975, 368; KK-*Treier* Rdnr. 22 zu § 243 StPO), Lebenslauf, berufliche Entwicklung, familiäre Situation, wirtschaftliche Verhältnisse. Entscheidend ist nur die Frage, inwieweit sich der Angeklagte hierzu äußern muß bzw. wann das Gericht ihn entsprechend belehrt (gem. § 243 IV StPO). Wohl regelmäßig durchsetzbar ist die Auffassung (*Kleinknecht/Meyer* Rdnr. 12 zu § 243 StPO), daß alles, was nur irgendwie Bezug zur **Schuld- und Rechtsfolgenfrage** hat, nicht beantwortet werden muß. Auf jeden Fall ist es (mit Ausnahme z. B. in Jugendstrafsachen) naheliegend, diese intensiveren biographischen Erörterungen nach Verlesung der Anklage vorzunehmen.

102 **Die Hinweispflicht** des § 243 IV StPO bezieht sich auf alle Angaben, die sich auf die Sache beziehen, also sowohl auf die **innere** als auch **äußere** Tatseite und insbesondere bezüglich der Tatsachen, die die Rechtsfolgen bestimmen.

3. Verlesung der Anklage und Stellungnahme des Angeklagten

103 Verlesen wird der **Anklagesatz** (§ 200 I StPO), der den Schöffen überlassen werden darf (und bei besonders umfangreichen Sachen, Wirtschaftsstrafsachen mit großem Zahlenwerk, auch überlassen werden sollte), allerdings darf nicht das wesentliche Ergebnis der Ermittlungen den Schöffen zur Verfügung gestellt werden. Dies kann die Grundlage für einen Befangenheitsantrag bilden, da somit den Schöffen die Wertungen des Staatsanwalts und Details bekannt werden, die der Beweisaufnahme vorbehalten sind.

104 **Geänderte Anklage:** In den Fällen des § 207 II Nr. 1 und 2 StPO ist aus der nach § 207 III StPO eingereichten neuen Anklageschrift der Anklagesatz zu verlesen. Eine andere – abweichende – rechtliche Begründung des Gerichts aus dem Eröffnungsbeschluß wird dargelegt, § 243 III StPO, Verfolgungsbeschränkungen werden berücksichtigt. **Mängel des Anklagesatzes** können noch in der Hauptverhandlung behoben werden. **Eröffnungsbeschluß:** dessen Verlesung ist zulässig, aber nicht nötig; doch wird seine Existenz unter Datumsangabe festgestellt. **Verteidigerverhalten:** Die Verlesung des Anklagesatzes kann nicht verhindert werden, sie sollte nur kommentiert werden, wenn dies zur Richtungsbestimmung und zur Verfahrensbeeinflussung im Interesse des Angeklagten nutzt.

105 **Stellungnahme und Vernehmung des Angeklagten:** Die Vernehmung des Angeklagten gehört nicht zur Beweisaufnahme im eigentlichen Sinn. Der Angeklagte ist ein Beweismittel im weiteren Sinne, wenn er aussagt. (*BGHSt* 28, 196, 198). Gefordert ist die Grundentscheidung, ob eine Aussage des Angeklagten erfolgt oder nicht. Das Verteidiger- und Angeklagtenverhalten soll nie starr geplant sein. Die Situation des konkreten Erlebens in der Hauptverhandlung, die Besetzung des Gerichts, die Person der Staatsanwältin oder des Staatsanwalts

können noch nach Verlesung der Anklageschrift eine Änderung des geplanten Aussage- und Verteidigerverhaltens begründen. Häufig ist ein entsprechender Hinweis des Gerichts sorgsam zu prüfen und in einer Pause im vertraulichen Gespräch mit dem Mandanten abzuwägen. Vor einer etwaigen Aussage des Angeklagten bietet sich eine brillante Gelegenheit, die Situation des Prozesses und einen etwaigen Prozeßausgang im Gespräch der Verfahrensbeteiligten, welches gerade in der öffentlichen Hauptverhandlung stattfinden sollte, auszuloten. Häufig empfiehlt es sich nach Verlesung des Anklagesatzes in einer Verteidigererklärung darzulegen (schriftlich oder mündlich), was das Ziel des Angeklagten ist. Allein diese Klarstellung (mein Mandant will eine Bewährungsstrafe erreichen) ermöglicht einen besseren Prozeßausgang als die Verteidigungsstrategie, die alle Verfahrensbeteiligten über das eigentliche Ziel im Unklaren läßt. Dies kann in besonders aussichtslosen Fällen ausnahmsweise mal geboten sein. Im übrigen siehe hierzu Rdnrn. 90ff., Vorbereitung der Hauptverhandlung, mit den dortigen Richtlinien für das Aussageverhalten.

Die Verteidigungsschrift: Es wird vertreten, daß der Angeklagte zur Anklageschrift eine Verteidigungsschrift (nicht Schutzschrift) oder eine Gegenschrift zur Anklageschrift vorbereiten und verlesen läßt. Eine schriftliche Verteidigungsschrift muß sehr wohl mit dem Mandanten vorbereitet und abgesprochen sein. Ihre Verlesung erfolgt entsprechend der §§ 243 IV, 137 I StPO. Der Angeklagte kann sich in jeder Lage des Verfahrens von seinem Verteidiger vertreten lassen. Es empfiehlt sich hierbei, die Verteidigungsschrift mit folgender Bemerkung einzuleiten: „Gemäß §§ 243 IV, 137 I erklärt die Verteidigung zunächst folgendes ... Im Anschluß hieran wird sich der Angeklagte weiter bzw. ergänzend zur Sache einlassen." **106**

Die Verteidigungsschrift, die unmittelbar nach Verlesung der Anklageschrift verlesen wird, hat folgende **Vorteile:** Nach Verlesung der Anklageschrift steht ein wohlformulierter Vorwurf (Anklagesatz) im Raum, der häufig (insbesondere in Wirtschaftsstrafsachen) von seinem ausgearbeiteten Zahlenwerk und den darin enthaltenen Dimensionen zum Nachteil des Angeklagten beeindruckt. Die Verteidigungsschrift setzt dem sofort eine Position entgegen und wird auch, da sie schriftlich vorliegt, Gericht und Staatsanwaltschaft und auch Mitverteidigern übergeben. Damit ist eine Position bestimmt und es wird offensichtlicher, daß das Gericht nunmehr über diese kontroversen Positionen entscheiden muß. Flankiert werden sollte eine solche Verteidigungsschrift immer mit einer Aussage des Angeklagten, es sei denn, das besondere Gründe dagegen sprechen. Wichtig ist, daß eine Verteidigungsschrift nicht nur als eine Äußerung im Raum steht, sondern eine schriftlich beschriebene Position darstellt, die nicht mehr zurückgenommen werden kann. Die Verteidigungsschrift eignet sich auch, der interessierten Öffentlichkeit die Position der Verteidigung besser zu beschreiben, es ist in besonderen Fällen denkbar, diese Verteidigungsschrift auch zur Wahrnehmung der berechtigten Interessen des Angeklagten (angeklagter Unternehmer) der Presse zur Verfügung zu stellen. Die Presse, die sowieso über den Prozeß berichten wird, hat damit eine sachliche Grundlage, an der sie sich orientieren kann. Die Verteidigungsschrift sollte aber nie eine abschließende Wertung der noch nicht durchgeführten Beweisaufnahme enthalten, sondern vielmehr sich mit dem Zustandekommen der Anklageschrift und des darin enthaltenen Vorwurfs und der Beschreibung der Verteidigungsposition auseinandersetzen.

4. Die Beweisaufnahme

107 Zunächst erstreckt sich die Beweisaufnahme auf alle vom Gericht vorgeladenen und auch erschienenen Zeugen und Sachverständigen sowie auf die sonstigen, nach § 214 IV StPO vom Gericht oder der Staatsanwaltschaft herbeigeschafften Beweismittel (§ 245 I StPO). Die Beweisaufnahme in der Hauptverhandlung erstreckt sich auf **Zeugen** (§§ 48ff. StPO) **Sachverständige** (§§ 72ff. StPO) **Urkunden** (§§ 249ff. StPO) und **Augenschein** (§§ 86, 244 V StPO). Diese Beweismittel verwendet das Gericht von selbst (Amtsaufklärung gemäß § 244 II StPO) oder nach vorangegangenen Beweisanträgen der Prozeßbeteiligten. Im übrigen muß der Verteidiger die Zeugen und Sachverständigen selbst laden oder Beweisanträge stellen.

a) Selbstgeladene Zeugen und Sachverständige (§ 245 II i. V. m. § 220 II i. V. m. § 38 StPO). Der selbstgeladene Zeuge und Sachverständige muß vom Verteidiger durch den Gerichtsvollzieher geladen sein, der Ladungsnachweis muß vorliegen und dem Gericht übergeben werden, der selbstgeladene Zeuge und Sachverständige muß anwesend sein. Der Verteidiger muß gemäß § 245 II StPO einen Beweisantrag stellen. Dieser Zeuge oder Sachverständige hat die gleichen Rechte und Pflichten wie der gemäß § 245 I StPO vom Gericht vorgeladene und zu vernehmende Zeuge und Sachverständige. Selbstverständlich kann der Verteidiger in der Vorbereitungsphase der Hauptverhandlung im Gespräch mit dem Vorsitzenden darauf hinweisen, welche Zeugen er unbedingt benötigt. Die Erfahrung lehrt, daß in der Regel ein Vorsitzender dankbar ist, wenn er **rechtzeitig** vom Verteidiger dessen Beweiserhebungswünsche erfährt. Er kommt diesen in der Regel bei der Vorbereitung der Hauptverhandlung und Erstellung der Ladungsliste und der Ladung nach. Ansonsten muß der Verteidiger Beweisanträge stellen, über die das Gericht zu entscheiden hat (s. *Dahs,* Taschenbuch, Rdnrn. 328ff.)

108 **b) Beweisanträge** (siehe oben Rdnrn. 37ff.) werden in der Hauptverhandlung vom Verteidiger immer dann gestellt, wenn die Beweiserhebungssituation eine Ergänzung, eine Erweiterung durch weitere Zeugeneinvernahmen, Sachverständigenvernehmungen, Urkundenverlesungen und Augenscheinseinnahmen erforderlich macht. Dies ist eine punktuelle und graduell situationsabhängige Bewertung. Dem Verteidiger steht auch der **Überraschungseffekt** zu, der aber seine Grenzen hat (*Rückel* aaO Rdnrn. 137–138, Rdnr. 139, Tabelle zur Zeitpunktauswahl bei Beweisanträgen). Der Verteidiger kann, um eine Überraschungswirkung zur erzielen, Beweisanträge bis zum Beginn der Urteilsverkündung stellen (*BGHSt* 16, 389 [391]; 21, 118 [123, 124]; *BGHSt* NStZ 82, 41; *Alsberg/Nüse/Meyer* S. 387, 645, s. a. die Vorschrift des § 246 II StPO). Das Gericht kann dem Verteidiger nicht den Zeitpunkt zur Anbringung von Beweisanträgen vorschreiben (*Dahs,* Taschenbuch, Rdnrn. 326ff., 457ff.; *BGHSt* 21, 118 [123]). Beweisanträge mit Überraschungswirkung belegen keine Verschleppungsabsicht im Sinne von § 244 II 2 StPO. Beweisanträge mit Überraschungswirkung wollen durch die Auswahl des Zeitpunktes eine besondere Kontrastwirkung als Inhalt sinnvoller Verteidigungsstrategie erzielen. **Zeitpunktbestimmung:** Wert des Beweismittels, bereits erfolgte Anbringung in früheren Verfahrenszeitpunkten, Grad der Abhängigkeit von anderen Beweiserhebungen. Es behält selbstverständlich Gültigkeit, daß eine Beweiserhebung möglichst frühzeitig zu beantragen ist, wenn es der Verteidigungsplan auch nur

zuläßt. Weitere **Kriterien** für die Auswahl des richtigen Zeitpunktes: Prozeßsituation, Plausibilität, vorangegangene Beschlüsse des Gerichts, erfolgte Zeugenvernehmungen und Bewertung der Ergebnisse, Notwendigkeit der Beweiserhebung zu Strafzumessungstatsachen, Beweiserhebung zu später eingetretenen Glaubwürdigkeitsfragen.

Überprüfung von Beweisanträgen: Vor Anbringung eines Beweisantrages **109** muß der Verteidiger die Erfolgsaussichen prüfen. Unter Umständen muß er den Zeugen informatorisch befragen (siehe *Rückel* aaO Rdnrn. 8ff.). Er muß mit dem Mandanten Vor- und Nachteile der beabsichtigten Beweiserhebung erörtern und er darf kein Risiko eingehen. Eine der wichtigsten Selbstkontrollen ist die exakte Formulierung des Beweisantrages und seine Begründung. Der Beweisantrag ist schriftlich zu fassen, er wird nicht in das Protokoll diktiert. Er wird vielmehr verlesen und dem Gericht übergeben, welches den Beweisantrag als Anlage zu Protokoll nimmt (*Löwe/Rosenberg/Gollwitzer* Rdnr. 103 zu § 144 StPO). Es erleichtert das „procedere", Kopien des Beweisantrages, Staatsanwaltschaft, Nebenklägervertreter und Mitverteidigern sowie den berufsrichterlichen Mitgliedern des Gerichts in je einem Exemplar zu übergeben.

Begründung des Beweisantrages: Durch die Begründung des Beweisantra- **110** ges erläutert der Verteidiger, was das Ziel des Beweisantrages ist und welche Situation bei der Tat- und Schuldbewertung eintritt, wenn die behauptete Beweistatsache bewiesen wird. Diese vorausschauende Prüfung führt häufig dazu, daß bei kritischer Selbstkontrolle die Anbringung des Beweisantrages im Interesse des Mandanten und eines guten Prozeßergebnisses unterlassen wird.

Hilfsbeweisanträge sollen grundsätzlich vermieden werden (zum Begriff: **111** *Alsberg/Nüse/Meyer* S. 59ff.; KK-*Herdegen* Rdnr. 54 zu § 244 StPO). Es kann ein Beweisantrag unter der Bedingung gestellt werden, daß die beantragte Beweiserhebung erst bei Eintritt einer bestimmten Prozeßlage bzw. bei einer bestimmten Auffassung des Gerichts stattfinden soll. Anträge im Schlußvortrag sind im Zweifel als Hilfsbeweisanträge zu werten (*Löwe/Rosenberg/Gollwitzer* Rdnrn. 160ff. zu § 240 StPO; *Kleinknecht/Meyer* Rdnr. 22 zu § 244 StPO). Zum Hilfsbeweisantrag siehe insbesondere *Schlothauer* StV 1988, 542ff. und *Scheffler* NStZ 1989, 158ff. **Nachteil des Hilfsbeweisantrags:** Der Verteidiger erhält keinen ihm sonst Informationen gebenden Gerichtsbeschluß entsprechend § 244 VI StPO. Deshalb ist in der Regel der ordentliche Beweisantrag vorzuziehen. Der Verteidiger wird sich für einen Hilfsbeweisantrag nur dann entscheiden, wenn er eine Verbescheidung erst im Zusammenhang mit der Urteilsverkündung anstrebt und auch dabei die Möglichkeit der späteren revisionsrechtlichen Rüge in Betracht zieht.

c) Ablehnung von Beweisanträgen: Jeder Beweisantrag, der vom Verteidi- **112** ger gestellt wird, hat sich an den Gründen für die Ablehnung eines Beweisantrags gemäß § 244 III StPO zu orientieren. So hat der Verteidiger auch zu Beweisanträgen des Staatsanwalts zu argumentieren. Der Inhalt der Ablehnung eines Beweisantrages enthält meistens einen wichtigen „Fingerzeig" über die Bewertung des Gerichts.

aa) Unzulässiger Beweisantrag. (*BGHSt* 27, 355–359; NStZ 87, 137ff.) Die **113** Unzulässigkeit betrifft die Erhebung von Beweisen, durch die Beweisverbote verletzt würden, sie bezieht sich auf die Beweiserhebung, nicht auf den Beweisantrag als solchen (*Alsberg/Nüse/Meyer,* S. 425). Unzulässiges Beweismittel wäre die Vernehmung des Mitangeklagten als Zeugen. Ebenso wäre eine Beweiserhebung unzulässig, wenn entgegen der Regelung in § 52 StPO ein Zeuge vernommen werden soll, der aufgrund seiner Angehörigeneigenschaft gegenüber dem Angeklagten zur Verweigerung des Zeugnisses berechtigt ist und hiervon endgültig Gebrauch gemacht hat. Unzulässig ist auch ein Beweisantrag, der verfahrensfremde Zwecke verfolgt, wie die Verwertung von Ergebnissen der Überwachung des Fernmeldeverkehrs, welche unter Verstoß gegen die Vorschrift des § 100a StPO erlangt wurden, die Verwendung eines Lügendetektors (*BGH* NJW 68, 1293) oder Inhalt und Auslegung des geltenden inländischen Rechts, die nicht Gegenstand eines Beweisantrags sein können (*BGHSt* 25, 207).

114 **bb) Ablehnung wegen Offenkundigkeit.** (*BGHSt* 6, 292–297; *OLG Düsseldorf* MDR 80, 868.) Wegen Offenkundigkeit wird ein Beweisantrag abgelehnt, wenn in dem Ablehnungsbeschluß zum Ausdruck kommt, daß das Gericht die Beweistatsache bzw. den unter Beweis gestellten Erfahrungssatz für allgemeinkundig oder für gerichtskundig erachtet (KK-*Herdegen* Rdnrn. 67ff. zu § 244 StPO). Hierzu gehören auch die gerichtskundigen Tatsachen, von denen der Richter im Zusammenhang mit seiner amtlichen Tätigkeit zuverlässige Kenntnis erlangt hat. Hierunter fallen auch Erfahrungsgrundsätze oder sog. Hintergrundtatsachen (*BGHSt* 6, 292, 295). Dies sind prozeßual erhebliche Tatsachen wie der Stand eines Verfahrens, die Rechtshängigkeit einer Sache.

115 **cc) Bedeutungslosigkeit der Beweistatsache für die Entscheidung.** (*BGHSt* 16, 374, 378–380; *BGH* NStE 1988, Nr. 16 zu § 244 StPO; KK-*Herdegen* Rdnrn. 71ff. zu § 244 StPO; *BGH* StV 1990, 246.) Unerheblich ist eine Tatsache dann, wenn sie keine Beziehung zum Prozeßgegenstand hat oder trotz einer solchen Beziehung auch bei erfolgreicher Beweisführung für die Entscheidung des Gerichts letztendlich ohne Einfluß ist (*BGHSt* 2, 286; *BGH* NStZ 1982, 16). Beweisbehauptungen können aus rechtlichen und aus tatsächlichen Gründen bedeutungslos sein, ein entsprechender Ablehnungsbeschluß muß erkennen lassen, ob er auf rechtlichen oder tatsächlichen Überlegungen beruht. Es darf nicht verkannt werden, daß eine Beweistatsache dann nicht als bedeutungslos angesehen werden darf, wenn sie die Bewertung eines Beweismittels beeinflussen kann (KK-*Herdegen* Rdnr. 73 zu § 244 StPO).

116 **dd) Bereits erwiesene Tatsache.** (KK-*Herdegen* Rdnr. 74 zu § 244 StPO.) Schon erwiesene Tatsachen müssen nicht durch Beweismittel bewiesen werden. Jeder so formulierte Ablehnungsgrund stützt sich auf das bisher gewonnene Beweisergebnis und gibt dem Verteidiger einen Fingerzeig, wie das Gericht die Beweissituation sieht. Die Ablehnung wegen Erwiesenseins der Beweistatsache ist eine Wissenserklärung, hierbei spricht das Gericht aus, was es zu wissen glaubt, wovon es überzeugt ist (KK-*Herdegen* Rdnr. 74 zu § 244 StPO).

117 **ee) Völlig ungeeignetes Beweismittel.** (*BGHSt* 14, 339–343; *BGH* NStZ 83, 311; KK-*Herdegen* Rdnr. 75 zu § 244 StPO.) Völlig ungeeignet ist ein Beweismittel dann, wenn es zur Verwendung bei der Sachaufklärung nichts ausrichten kann, somit die Beweiserhebung in dieser beantragten Form zu einer Verfahrensverzögerung führen würde (*BGHSt* 14, 339, 342 = NJW 1960, 1582). Bei der Ablehnung kann das Gericht auch bei nur geringer Wahrscheinlichkeit der Beweisbehauptung den Beweisantrag nicht wegen „völliger" Ungeeignetheit zurückweisen (*BGH* bei Miebach NStZ 1990, 227). Damit vermag das Beweis-

mittel zur Sachaufklärung nichts beizutragen. Problematisch sind sicherlich die Fälle, in denen im Beweisantrag bereits benannten Zeugen wegen Unglaubwürdigkeit jeglicher Beweiswert abgesprochen wird. Hier nimmt das Gericht sicherlich eine unzulässige antizipierende Würdigung vor und es kann gegen den Grundsatz verstoßen, daß über den Wert eines Beweismittels erst nach völligem Abschluß der Beweisaufnahme entschieden werden darf (siehe hierzu KK-*Herdegen* Rdnr. 76 zu § 244 StPO). Beim Sachverständigen kann nicht schon dann die Voraussetzung eines völlig ungeeigneten Beweismittels angenommen werden, wenn er zwar keine sicheren und eindeutigen Schlüsse aus dem ihm zur Verfügung stehenden Material ziehen kann, aber unter Umständen zu Schlußfolgerungen befähigt ist, welche etwas zur Beantwortung der Frage beitragen, ob die Beweisbehauptung möglicherweise oder gar wahrscheinlich zutrifft.

ff) Unerreichbares Beweismittel. (*BGHSt* 22, 118–122; NStZ 1987, 518; *BGH* StV 1989, 190ff.; KK-*Herdegen* Rdnr. 79 zu § 244 StPO.) Die Bekanntgabe dieses Ablehnungsgrundes kann die Verteidigung veranlassen, die Erreichbarkeit des Zeugen in einem erneuten Beweisantrag zu behaupten und unter Beweis zu stellen. So kann der Verteidiger ein Schreiben des Zeugen im Wege des Urkundsbeweises zum Beweis dafür anbieten, daß dieser Zeuge bereits seine Bereitschaft mitgeteilt hat, zur Hauptverhandlung zu kommen. Das Gericht hat bei der Frage der Unerreichbarkeit den Aufwand abzuwägen, der erforderlich ist, um in den Besitz des Beweismittels zu gelangen und gleichzeitig zu gewichten, welche Bedeutung diese Beweiserhebung für das Verfahrensergebnis hat (*BGH* JR 1962, 149; StV 1984, 60). Bei der Unerreichbarkeit muß insbesondere geprüft werden, ist der Aufenthalt des Zeugen im Ausland bekannt, kann eine Vernehmung im Rechtshilfewege stattfinden, welche Verzögerungen hat die Ladung für die Hauptverhandlung, besteht eine Unerreichbarkeit aus Rechtsgründen. **118**

gg) Verschleppungsabsicht. Grundsätzlich ist es nicht zulässig, einen Beweisantrag als verspätet abzulehnen (*BGH* NStZ 1981, 311; *BGH* NStZ 1989, 36ff.; *Rückel* aaO Rdnrn. 49, 154). Unzulässig wird gemäß § 244 III StPO der Beweisantrag erst dann, wenn er zum Zweck der Prozeßverschleppung gestellt wird. Verschleppungsabsicht in diesem Sinne liegt nur dann vor, wenn der Antragsteller mit seinem scheinbar auf erhebliche Beweiserhebung gerichteten Antrag eigentlich nur eine Verzögerung des Verfahrens, also keine Sachaufklärung will. Dies ist nur dann der Fall, wenn durch die beantragte Beweiserhebung eine nicht nur unerhebliche Verzögerung des Verfahrens eintreten wurde und sich der Antragsteller nur in diesem Bewußtsein zu diesem Beweisantrag entschlossen hat (*Kleinknecht/Meyer* § 244 Rdnr. 67, 68 mit Rspr. Nachw.). Dies dem Antragsteller nachzuweisen dürfte in der Regel für das Gericht sehr schwierig sein, da die Verschleppungsabsicht eine innere Tatsache ist, die nur auf Grund äußerer Beweisanzeichen nachgewiesen werden kann (*BGH* NStZ 1990, 350 mit Anm. *Wendisch*). Der Verteidiger sollte daher immer deutlich machen, warum es ihm durch diesen Beweisantrag ernsthaft um die Sachaufklärung geht und auch sachliche Erwägungen die Wahl des Zeitpunktes zur Anbringung dieses Beweisantrages bestimmt haben (s. Rdnr. 108). Bei einer entsprechenden Darstellung ist eine rechtsfehlerhafte Ablehnung wegen Verschleppungsabsicht kaum zu befürchten. Es ist erfreulich, daß der BGH wiederholt Urteile aufgehoben hat, weil in Hauptverhandlungen Beweisanträge entweder als rechtsmißbräuchlich zurückgewiesen oder von vornherein nicht entgegengenommen **119**

wurden, ohne daß eine gesetzliche Vorschrift dies zugelassen hätte (*Dahs/Dahs* Rdnr. 265).

120 **hh) Wahrunterstellung.** (*BGHSt* 1, 137–139; *BGH* NStE 1988, Nr. 15 zu § 244 StPO.) Ebenso wie die Ablehnung eines Beweisantrages mit der Begründung, die Tatsache sei bereits erwiesen, bedarf die Ablehnung aufgrund einer Wahrunterstellung (siehe *Herdegen* NStZ 1984, 340) keiner weiteren Begründung. Die Wahrunterstellung ist nur bei entlastenden Tatsachen zulässig (*Alsberg/Nüse/Meyer* S. 654). Der Verteidiger sollte allerdings die Wahrunterstellung als Warnsignal auffassen (*Hamm,* Peters-Festschrift II, S. 169 (175); *Rückel* aaO Rdnr. 155), ein Freispruch ist dann mit Sicherheit nicht mehr zu erwarten, es sei denn, daß die unter Beweis gestellte Tatsache nur den Strafausspruch beträfe. Verteidiger freuen sich zu schnell über Wahrunterstellungen. Grundsatz ist, eine Wahrunterstellung bedeutet die Ablehnung einer Beweiserhebung. Von einer Wahrunterstellung darf das Gericht nur Gebrauch machen, wenn dies ohne Verletzung der Aufklärungspflicht (§ 244 II StPO) geschehen kann (*BGH* bei Miebach NStZ 1990, 227), es besteht das Verbot der Beweisantizipation (*BGHSt* 23, 176, 182–194).

ii) Weiterer Sachverständiger. Bei zweifelhafter Sachkunde (*BGH* StV 1989, 331 ff. m. Anm. *Wasserburg*) des Sachverständigen kann die Hinzuziehung eines weiteren Sachverständigen geboten sein. Wenn die Rspr. (LR-*Jollwitzer,* § 244 Rdnr. 311) enge Grenzen sieht (siehe aber zur Selbstladung oben Rdnr. 107) ist er bei umstrittenen wissenschaftlichen Annahmen zulässig (*BGH* bei Miebach NStZ 90, 27 = StV 1989, 335 ff. mit Anm. *Schlothauer*).

jj) Die Ablehnung eines Beweisantrags muß durch einen **Beweisbeschluß** erfolgen (§ 244 VI StPO).

5. Ablehnungsanträge

121 Wenn ein Richter nicht Kraft Gesetzes (§§ 22, 23 StPO) von der Mitwirkung an der Hauptverhandlung ausgeschlossen ist oder er sich nicht selbst ablehnt (§ 30 StPO), kann eine Ablehnung eines Richters wegen **Besorgnis** der Befangenheit in Betracht kommen (§ 24 StPO). Die Ablehnung eines Richters erfolgt nicht wegen feststehender Befangenheit, sondern weil der Angeklagte aufgrund eines ihm bekannt gewordenen Sachverhalts bei verständiger Würdigung der Sache Grund zu der Annahme hat, der abgelehnte Richter nehme ihm gegenüber eine innere Haltung ein, die dessen Unparteilichkeit und Unvoreingenommenheit störend beeinflussen **könne** (KK-*Pfeiffer* Rdnr. 3 zu § 24 StPO). Der Angeklagte muß vernünftige Gründe für sein Ablehnungsbegehren vorbringen, die jedem unbeteiligten Dritten einleuchten. Hierbei kommt es auf den Standpunkt des vernünftigen Angeklagten an (*BGHSt* 21, 334, 341). Es geht also immer um die **Besorgnis der Befangenheit.**

Verfahren der Ablehnung:

- Ablehnungszeitpunkt (§ 25 StPO) in der Hauptverhandlung **bis** zum Beginn der Vernehmung des **ersten** Angeklagten über seine persönlichen Verhältnisse. Danach können Ablehnungsgründe nur angebracht werden, wenn sie später eingetreten oder später bekannt geworden sind (§ 25 II StPO).
- Das Anbringen von Ablehnungsanträgen erfolgt in einem schriftlichen Antrag entweder zum Zeitpunkt des § 25 I StPO oder wenn der Ablehnungs-

grund im Laufe der Hauptverhandlung bekannt wird, **unmittelbar** nach Entstehung des Ablehnungsgrundes. Ansonsten wird die Ablehnung gemäß § 26a StPO wegen Verspätung unzulässig. Wenn also z. B. eine desavouierende Bemerkung eines Richters erfolgt, muß der Verteidiger **sofort** reagieren, Unterbrechung der Hauptverhandlung beantragen und seinen Ablehnungsantrag formulieren (siehe Beck'sches Formularbuch für den Strafverteidigers S. 203ff.). Die Ablehnung muß **glaubhaft** gemacht werden (durch anwaltliche Versicherung, durch Vorlage einer dienstlichen Stellungnahme des abgelehnten Richters oder weiterer richterlicher Mitglieder des Gerichts oder des Sitzungsstaatsanwalts oder Vorlage des Protokolls). Ansonsten wäre der Ablehnungsantrag unzulässig (§ 26a I).
- Entscheidung über die Ablehnung: (§ 27 StPO)
- Rechtsmittel: (§ 28 StPO, § 28 II iVm. § 338 Nr. 3 StPO)
- Selbstablehnung: (§ 30 StPO)

6. Erklärungsrechte des Angeklagten

Der Angeklagte äußert sich durch die Verteidigungsschrift (oben Rdnr. 106) **122**
oder durch eigene Erklärungen, insbesondere gem. § 257 I StPO. Nach jeder Vernehmung eines Mitangeklagten und nach jeder einzelnen Beweiserhebung (Zeugenvernehmung, Sachverständigen-Gutachtenserstattung, Urkundenbeweis, Augenscheinseinnahme) soll der Angeklagte befragt werden, ob er dazu etwas zu erklären habe. Der Angeklagte kann auf diese Beweiserhebung selbst reagieren, er sollte dies nie ohne Absprache mit dem Verteidiger tun, und in der Regel sollte der Verteidiger gemäß § 257 II StPO sich dann – wenn es nötig ist – zu dieser Beweiserhebung äußern. Die Grenzen des Erklärungsrechts liegen in § 257 III StPO, d. h. der Verteidiger oder Angeklagte dürfen die Schlußvorträge nicht vorwegnehmen. § 257 I StPO ist durch das StVÄG 1987 geändert worden, es wurde klargestellt, daß auch nach jeder Augenscheinseinnahme und Erhebung eines Urkundenbeweises in der Form des § 249 II StPO der Angeklagte zu befragen ist, ebenso wie die Nebenbeteiligten und Vertreter von Personenvereinigungen und juristischen Personen gemäß §§ 433 II 1, 442, 444 II 2 StPO.

7. Verlesungen (§§ 249ff. StPO)

Grundsätzlich sollte ein Verteidiger darauf achten, daß nur das zur Verlesung **123**
kommt, was nicht in besserer, klarer und überzeugenderer Weise von persönlichen Beweismitteln (Zeugen, Sachverständigen) in die Hauptverhandlung eingeführt werden kann. Der Grundsatz der persönlichen Vernehmung (§ 250 StPO) ist ständig zu beachten, da das Ablesen von Urkunden häufig sehr wenig beeindruckend ist. Bei Verlesung von Protokollen sollte der Verteidger darauf achten, ob er sein Einverständnis gemäß § 251 I Ziff. 4 StPO erklärt oder ob er nicht einen Beweisantrag stellt, sei es nur auf Vernehmung der Vernehmungsperson, die zumindest persönliche Eindrücke des damals Aussagenden widergeben kann. Auch tagebuchartige Aufzeichnungen des Angeklagten können zur Verlesung gelangen. Das BVerfG hält alle Aufzeichnungen für verwertbar, die in einem unmittelbaren Bezug zur konkreten Straftat stehen, weil sie dann nicht mehr zum Bereich unantastbarer privater Lebensgestaltung gehören (*BVerfG* NStZ 1990, 89ff.; wobei allerdings die Hälfte der Mitglieder des Senats der Auffassung waren, daß derartige Aufzeichnungen zum absolut geschützten Be-

reich privater Lebensgestaltung gehören; siehe hierzu auch die Besprechung von *Wolter,* StV 1990, 175ff.).

Grenzen der Verlesung: §§ 252ff. StPO.

8. Verfahrenseinstellung

124 Die Hauptverhandlung eignet sich nur zu Einstellungen von Verfahrensteilen gemäß §§ 154ff. StPO oder nach einer Beweisaufnahme und einer Klärung des – geringen – Schuldvorwurfs gemäß §§ 153, 153a StPO (siehe Prüfungskriterien oben, Rdnrn. 75, 80).

Bei der Verfahrenseinstellung in der Hauptverhandlung sollte der Verteidiger immer wissen, daß diese am einfachsten in einem frühen Hauptverhandlungsstadium durchsetzbar ist. Wenn in der ersten Instanz eine Verurteilung stattgefunden hat, ist in einer Berufungsverhandlung eine Einstellung gemäß § 153a in der Regel besonders schwierig. Einstellungen gemäß §§ 154ff. StPO können bereits **vor** Beginn der Hauptverhandlung vorbereitet werden, in dem die Akten der Bezugsverfahren beigezogen werden. Allerdings kann sich eine teilweise Durchführung der Hauptverhandlung empfehlen, damit klar wird, daß eine etwaige Bestrafung nicht mehr **beträchtlich** entsprechend §§ 154ff. StPO ins Gewicht fällt.

Bei Beteiligung von Verletzten kann gerade ein Schuldausgleich, eine Schadenswiedergutmachung, eine persönliche Geste in der Hauptverhandlung eine Verfahrenseinstellung gemäß § 153a StPO dann ermöglichen, wenn auch der Geschädigte (unter Umständen in der Befragung als Zeuge) erklärt, daß er an der Bestrafung des Angeklagten kein Interesse habe.

9. Schlußvortrag (Plädoyer) und Urteil

125 Im Schlußvortrag sollte sich der Verteidiger an folgende Gliederung halten wobei nur das jeweils Wesentliche anzusprechen ist:

(1) Vorbemerkung (Art des Verfahrens, Besonderheiten des Verfahrens).

(2) die Person des Angeklagten (Lebensweg, beruflicher Werdegang, familiäre Situation, wirtschaftliche Situation, persönliche Reife, Art des Delikts im Verhältnis zur Person des Angeklagten).

(3) Vorwurf der Anklageschrift und Bewertung dieses Vorwurfs nach Durchführung der Hauptverhandlung (Bewertung der Zeugen, Sachverständigen, Urkunden, Augenscheinseinnahme), welchen Sachverhalt sieht der Verteidiger nach der Hauptverhandlung als erwiesen an.

(4) Rechtliches (der Verteidiger sollte in keiner Weise rechtlich belehrend sein, sondern ein Resumee ziehen, wie rechtlich der Vorwurf einzustufen ist, den er nach dieser Beweisaufnahme sieht oder im Falle des Freispruches, warum dieser begründet ist.

(5) Strafbemessung:
   - Welcher Strafrahmen trifft zu (Strafrahmenmilderungen, §§ 21ff., 49 StGB)?
   - Wie ist dieser Strafrahmen auszufüllen (Kriterien des § 46 StGB)? – Hauptargumentationsfeld in der Regel –
   - Antrag (konkrete Formulierung eines Strafantrags, konkrete Formulierung etwaiger Bewährungsauflagen, Aufhebung oder Außervollzugsetzung des Haftbefehls, Stellungnahme zu etwaiger Strafentschädigung, Äußerung auch zu den Urteilsgründen, was in den Urteilsgründen unbe-

dingt mit erscheinen muß, insbesondere im Hinblick auf abgekürzte Urteilsgründe gemäß § 267 IV StPO).

Bei der Abfassung der Urteilsgründe kann unter Umständen ein Schriftsatz („für eine Erwähnung folgender Tatsachen aus der mündlichen Urteilsbegründung in den Schriftlichen Urteilsgründen wäre ich dankbar ...") der nach der Urteilsverkündung bei Gericht eingeht, von großer Wichtigkeit sein.

IV. Rechtsmittel

1. Berufung

a) Zulässigkeit, Form, Frist: Die Berufung ist zulässig gegen Urteile des Amtsgerichts (= Einzelrichter, Schöffengericht [§ 312 StGB]), bei **Ordnungswidrigkeiten** gelten die §§ 79, 80 OWiG, danach ist die **Rechtsbeschwerde** gegeben (*Kleinknecht/Meyer* Rdnr. 4 zu § 312 StGB). Die Berufung muß bei dem **Amtsgericht** eingelegt (§ 314 I StPO) werden. 126
Form: schriftlich oder zu Protokoll der Geschäftsstelle, die Niederschrift in das Sitzungsprotokoll genügt nicht. Fernmündliche Erklärung genügt nicht; Telebrief **(Telefax)** genügt der Schriftform (*BGH* NJW 1983, 1498; *BGH* StV 1989, 469; *OLG Frankfurt/M.* StV 1990, 202; KK-*Ruß* Rdnr. 15 zu § 314 StPO), **telegrafische** Einlegung ist ebenso zulässig.
Frist: binnen 1 Woche muß die Berufungseinlegung bei dem Amtsgericht erfolgt sein (§ 314 I StPO). Eine Fristverlängerung ist nicht möglich. **Ausnahme von der Wochenfrist:** Hat die Verkündung des Urteils nicht in Anwesenheit des Angeklagten stattgefunden, so beginnt für diesen die Frist erst mit der Zustellung (§ 314 II StPO), auch wenn der Verteidiger den Angeklagten vertreten hat (*BGHSt* 25, 234). Entfernt sich der Angeklagte bei Urteilsverlesung bevor die Urteilsformel komplett verlesen ist, beginnt die Wochenfrist erst mit der Zustellung zu laufen (*BGH* NStZ 1986, 520).
Berufungsgericht: Urteile des Einzelrichters: Kleine Strafkammer (§§ 74 III, 76 II GVG); bei Urteilen des Schöffengerichts: die Große Strafkammer beim Landgericht (§§ 24, 28 GVG); bei Urteilen des Jugendrichters (§ 39 JGG) und des Jugendschöffengerichts (§ 40 JGG) die Jugendkammer des Landgerichts (§ 41 II JGG).

b) Änderung der Bezeichnung und Rücknahme des Rechtsmittels: Häufig kann erst nach Vorliegen des schriftlichen amtsgerichtlichen Urteils entschieden werden, ob die Berufung durchgeführt werden soll, oder eine Revision (Sprungrevision § 335 I StPO) erwogen wird. Häufig geschieht die Rücknahme in Absprache mit der Staatsanwaltschaft, wenn auch diese Berufung eingelegt hat und das Verbot der reformatio in peius nicht gilt. Soll aber eine Sprungrevision durchgeführt werden, empfiehlt sich, das Rechtsmittel zunächst als Berufung (nicht wie häufig der Fall bloß als unbestimmtes „Rechtsmittel") zu bezeichnen. Der Richter stellt sich dann nicht unbedingt bei Urteilsabfassung auf eine spätere Revision ein. Es ist zulässig, nach der Berufungseinlegung zur Revision überzugehen (*BGHSt* 5, 338; 25, 321, 324), oder die Revision als Berufung zu bezeichnen (*BGHSt* 17, 44; 25, 321, 324). Eine **Berufungsbegründung** ist nicht vorgeschrieben, sie empfiehlt sich aber ähnlich den Fällen der Verteidigungsschrift (siehe oben Rdnr. 106). 127

128 c) **Beschränkung der Berufung** (§ 318 StPO): möglich auf
- den Strafausspruch (Rechtsfolgenausspruch), dabei auf die Höhe des Tagessatzes, nicht auf die Zahl der Tagessätze,
- die Strafaussetzung zur Bewährung, sofern nicht eine innere Abhängigkeit von der gesamten Straffrage besteht (*BGHSt* 24, 164)
- Nebenstrafen und Nebenfolgen, nicht auf die Verhängung des Fahrverbots (§ 44 StGB), da diese Rechtsfolge mit der Hauptstrafe untrennbar verknüpft ist
- die Entziehung der Fahrerlaubnis nach § 69 StGB durch Beschränkung ist nicht immer unproblematisch (siehe hierzu KK-*Ruß* Rdnr. 8), sie sollte zumindest in einer allgemeinen Strafmaßberufung erfolgen (siehe hierzu i. ü. *Michalke,* in: Beck'sches Formularbuch für den Strafverteidiger, S. 314ff.). Eine beschränkte Berufung nur hinsichtlich der Verhängung eines Fahrverbots wird wegen ihrer engen Verknüpfung mit der Hauptstrafe als unzulässig erachtet (*Kleinknecht/Meyer* Rdn. 22 zu § 318 StPO).
- einzelne Taten bei Verurteilung wegen mehrerer Taten im Sinne des § 53 StGB, die auch gemäß § 264 StPO verfahrensrechtlich verschiedene Taten darstellen
- einzelne Straftaten bei Verurteilung wegen sachlich-rechtlicher selbständiger Straftaten, die verfahrensrechtlich (§ 264 StPO) eine einheitliche Tat bilden, (siehe hierzu *Kleinknecht/Meyer* Rdnrn. 10, 11 zu § 318 StPO).

Bei unwirksamer Berufungsbeschränkung gilt das Rechtsmittel als in vollem Umfang eingelegt (*BGHSt* 6, 229, 230; 21, 256, 258). Der Verteidiger sollte die Berufungsbeschränkung nie vorschnell vornehmen. Ggf. erfolgt sie erst in der Hauptverhandlung (aber dann: § 303 StPO).

2. Revision

a) Vorprüfung:

129 Der Verteidiger muß zunächst prüfen ob das Rechtsmittel der Revision überhaupt eingelegt werden soll. So kann ein Vorteil im Verzicht auf eine Revision schon darin liegen, daß so mit das Gericht abgekürzte Urteilsgründe gemäß § 267 IV StPO absetzt, wenn auch die StA keine Revision einlegt. Auch kann ein Verhandeln mit der StA über einen beiderseitigen Revisionsverzicht angezeigt sein. (Zur Vorbereitung und weiteren Tätigkeit im Revisionsverfahren siehe *Dahs,* Taschenbuch Rdnrn. 627ff.)

b) Einlegung der Revision:

Die Revision wird schriftlich oder zu Protokoll bei dem Gericht eingelegt, dessen Urteil angefochten wird (§ 341 I StPO). Angefochten werden Urteile der Strafkammern oder der OLGe (§ 333 StPO) oder das Urteil des AG mit der Sprungrevision (§ 335 I StPO). **Frist:** 1 Woche ab Urteilsverkündung (§ 341 I StPO), bei Abwesenheit des Angeklagten bei Urteilsverkündung beginnt diese Wochenfrist ab Zustellung des Urteils (§ 341 II StPO). Gerichtet ist der Schriftsatz mit der Revisionseinlegung an das Gericht der Tatsacheninstanz.

c) Begründung

Gemäß § 344 I, II StPO muß die Revisionsbegründung enthalten: (1) einen konkreten **Antrag,** das Urteil aufzuheben (inwieweit) und (2) eine **Begründung** dieses Antrags. Die Begründung hängt davon ab, ob Verstöße gegen das **sachliche Recht** (genügend: „Ich rüge die Verletzung sachlichen Rechts") und/oder das **Verfahrensrecht** (hier ist es **zwingend,** eine den Anforderungen des § 344 II StPO genügende schriftliche Revisionsbegründung abzugeben) vorgetragen werden. Erfolgsaussichten hat in der Regel eine Revisionsbegründung, die in materiellrechtlicher Hinsicht nur das Urteil angreift, wenn sie mehr enthält als die bloß allgemein erhobene Rüge der Verletzung materiellen Rechts. Die Revisionsbegründung kann gemäß § 345 II StPO nur durch eine von dem Verteidiger oder einem Rechtsanwalt unterzeichneten Schrift oder zu Protokoll der Geschäftsstelle erfolgen.

3. Beschwerde

- unbefristete einfache: **Frist:** keine, **Abhilfe** (§ 306 II StPO), insbesondere in Haftsachen **130**
- befristete sofortige: (§ 311 StPO), **Frist:** 1 Woche, **Abhilfeverbot** (§ 311 III StPO)

V. Besonderheiten im Strafbefehlsverfahren

Zulässigkeit (§ 407 StPO): **131**
- bei Einzelrichter **und** Schöffengerichtssachen
- bei Rechtsfolgen, Geldstrafe, Verwarnung mit Strafvorbehalt, Fahrverbot, Verfall, Einziehung, Vernichtung, Unbrauchbarmachung; Bekanntgabe der Verurteilung und Geldbuße gegen eine juristische Person oder Personenvereinigung,
- Entziehung der Fahrerlaubnis mit Sperre bis maximal 2 Jahre.

Folge des Strafbefehlsantrages:
- § 408 StPO Entscheidungsmöglichkeiten des Richters, insbesondere Anberaumung der Hauptverhandlung gemäß § 408 III StPO, wenn Bedenken gegen den Erlaß bestehen und § 408 II nicht vorliegt.
- **Einspruch** nach Erlaß binnen 2 Wochen nach Zustellung (§ 410 StPO) mit der Möglichkeit der Beschränkung auf bestimmte Beschwerdepunkte (§ 410 II StPO). Rücknahme des Einspruchs bis zum Beginn der Hauptverhandlung ohne Zustimmung der Staatsanwaltschaft, danach nur mit Zustimmung möglich (§ 411 III StPO).
- **Einspruchsverwerfung** bei verspäteter oder unzulässiger Einlegung und Ausbleiben des Angeklagten (§§ 411, 412 StPO).
- Nach Einspruchseinlegung gilt **nicht** das Verbot der reformatio in peius in der Hauptverhandlung.

VI. Der gesetzlich nicht geregelte Verfahrensabschluß durch Verständigung und Vereinbarung

Die in der Praxis verbreiteten Vereinbarungen über das Verfahrensergebnis **132** umfassen auch den Bereich der Verständigung allgemein (s. hierzu *Rückel,* Verteidigungstaktik bei Verständigungen und Vereinbarungen im Strafverfahren, NStZ 1987, 303, m. zahlr. Nachw.; s. auch *Schünemann,* Absprachen im Strafverfahren? Grundlagen, Gegenstände und Grenzen, DJT Gutachten B, München 1990). Im übrigen ist auf die Entscheidung des *BVerfG (3. Kammer des 2. Senats),* NStZ 1987, 419, hinzuweisen, wo zum Ausdruck kommt, daß in bestimmten Grenzen Vereinbarungen über das Verfahrensergebnis zulässig sind. Alle Verständigungen und Vereinbarungen muß der Verteidiger **vorher** unbedingt mit dem Mandanten hinsichtlich aller möglichen Konsequenzen erörtern. Hierbei ist es unerläßlich, darüber zu sprechen, daß bei fehlgeschlagenen Vereinbarungen so gut wie keine sicheren Lösungsmöglichkeiten existieren. Denkbar sind Befangenheitsanträge in besonders extremen Ausnahmefällen, da das Beginnen derartiger Gespräche voraussetzt, daß man daraus keine Besorgnis der Befangenheit ableiten wird. (Gründe für eine Besorgnis der Befangenheit sah das *Hans. OLG Bremen,* StV 1989, 145ff.) Denkbar ist nur die Anfechtung des Urteils mit der Revision. Mittlerweile hat der *BGH* (NStZ 1989, 438ff. mit Anm. *Strate*) entschieden, daß bei Zusicherungen des Vorsitzenden zum Strafmaß aus dem Gebot des fairen Verfahrens die Verpflichtung entsteht, den Verteidiger darauf hinzuweisen, wenn ein Abweichen von dieser Zusicherung in Betracht kommt. Die Befangenheit des Richters kann in der Revision nur gerügt werden, wenn die Ablehnung bereits in der Hauptverhandlung erfolgt ist (§ 338 Nr. 3 StPO). Als Revisionsrügen sind darüberhinaus vorstellbar: Die nicht vorschriftsmäßige Gerichtsbesetzung (§ 338 Nr. 1 StPO); die Hauptverhandlung in Abwesenheit des Angeklagten (§ 338 Nr. 5 StPO); die Verletzung der Vorschriften über die Öffentlichkeit (§ 338 Nr. 6 StPO) oder als relativer Revisionsgrund die Verletzung der Aufklärungspflicht gem. § 244 II StPO, oder Berufung oder eine Verfassungsbeschwerde. Nach der Rechtskraft verbleiben vollzugsrechtliche Lösungen (vgl. für das Halbstrafenverfahren *LG Koblenz* NStZ 1988, 311) und der Gnadenweg. Mögliche Handlungsabläufe für Verständigungen und Vereinbarungen in den einzelnen Abschnitten des Strafverfahrens sind enthalten in der folgenden (aus NStZ 1987, 303 entnommenen) Checkliste:

1. Ermittlungsverfahren

a) Einstellung gem. § 170 II StPO

133 – Verständigung über Art und Umfang von Beweiserhebungen, da keine Bindung der Staatsanwaltschaft an Beweisanträge im Ermittlungsverfahren besteht.
– Abgabe einer Einlassung/Durchführung von Vernehmungen – Verzicht auf Schweigerecht.
– Schadenswiedergutmachung – Strafantragsrücknahme – Reduzierung des öffentlichen Interesses an der Strafverfolgung.

b) Einstellung gem. §§ 153ff. StPO

134 – Darstellung geringer Schuld (Ergebnis von Verteidigerargumentation), dafür sind Prüfungskriterien und Verständigungskriterien: Aussöhnung mit dem Geschädigten, Darstellung von erheblichen weiteren Ermittlungsschwierigkeiten durch gewünschte Aufklärungsbemühungen der Verteidigung.
– Grundsätzliche Erwähnung der Kompromißbereitschaft wie Verzicht auf Strafentschädigung, wie Verzicht auf § 170 II StPO, wie Verzicht auf weitere Ermittlungen.
– Darstellung von Motiven und Gesinnung des Beschuldigten.
– Vergleichbare Fälle zur Abgrenzung von kriminell erheblicher oder weniger erheblicher Intensität.
– Mitverschulden des Geschädigten/Betroffenen (was sind die Folgen der Tat, was sind die verschuldeten Folgen der Tat?).

- Vorsicht bei Erörterungen über zu erwartende Strafen (Gefahr der Festlegung!).
- Verständigung über Formulierung der Einstellungsverfügung.
- Verständigung über Höhe der Geldbuße oder Art der Auflage.
- Verständigung über Ratenzahlungen.
- Verständigung über Mischverhältnisse von Einstellungen, die Teileinstellung nach § 170 II StPO, Teileinstellung nach § 154 StPO, Teileinstellung nach § 153 oder § 153a StPO.

c) Einstellung gemäß §§ 154ff. StPO

- Bereitschaft zu Geständnis, um anderen Verfahrensteil einzustellen.
- Verzicht auf Rechtsmittel, um anderen Verfahrensteil einzustellen.
- Im übrigen Kriterien wie oben Nr. 6 zu §§ 153ff. StPO.

d) Haftverfahren

- Vereinbarung, daß Zeuge zunächst unter Verteidigeranwesenheit (§ 168c StPO) vernommen wird, um dann Aufhebung des Haftbefehls (§ 120 III StPO) oder Außervollzugsetzung (§ 116 I StPO) ohne mündliche Haftprüfung zu erreichen. Angaben zur Sache, ggf. Geständnis mit der Zusage, daß Staatsanwaltschaft mit Außervollzugsetzung einverstanden ist (s. insb. § 31 BtmG) **135**
- Sachdarstellung des Beschuldigten, um Tatverdachtsschwelle niedriger zu setzen.
- Verständigung über schnelle, sofortige Akteneinsicht bei Verzicht auf Haftprüfung, um nach Akteneinsicht Beschuldigtenvernehmung durchzuführen, um **dann** Haftentscheidung zu ermöglichen.
- Schadenswiedergutmachung (Wirtschafts-/Steuerdelikte) gegen Zusage der Außervollzugsetzung.
- Geständnis – Haftentlassung.
- Geständnis – Verzicht auf weitere Ermittlungen.
- Geständnis – Zusage schneller Anklageerhebung, rasche Hauptverhandlung durchzuführen.
- Geständnis – schnelle Anklage, schnelle Hauptverhandlung, schnelle Haftentlassung in Hauptverhandlung (insoweit Vereinbarung).
- Zustellung eines Strafbefehls – damit verbunden Aufhebung des Haftbefehls.

e) Abschluß des Ermittlungsverfahrens

- Geständnis, um Einzelrichter, Schöffenanklage, zu erreichen; schnelle Anklage verbunden mit Zusage über maximalen Strafantrag der Staatsanwaltschaft. **136**
- schnelle Anklageerhebung verbunden mit Verfahrensbeschränkungen, verbunden mit Verständigung über Umfang der Beweisaufnahme, mit Vereinbarung des Verfahrensergebnisses.
- Geständnis oder Einlassung (auch Teileinlassung), um Tatkomplexe auszuschließen.
- Geständnis oder Einlassung, um positivere Darstellung in der Anklageschrift zu erreichen.
- Angaben zu persönlichen Verhältnissen, um Voraussetzungen für Tagessatzhöhe im Strafbefehlsverfahren oder Formulierungen im Strafbefehl zu erreichen.

f) Begutachtung

137 – Auswahl des Sachverständigen, Bestimmung des Zeitpunktes der Begutachtung.
– Mitwirkung von dritten Personen (Angehörige berichten dem Sachverständigen) bei der Begutachtung.
– Alternative Vereinbarung bei bestimmten Ergebnis durch Gutachter der Staatsanwaltschaft, wird weiterer Gutachter, der schon festgelegt ist, eingeschaltet, um zwei Gutachten zur Verfügung zu haben (vorbeugendes Handeln im Hinblick auf rechtliche Schwierigkeiten wegen § 244 IV StPO – weiterer Sachverständiger).
– Mandant macht bei Gutachter nur Angaben zu persönlichen Verhältnissen, umfassende Angaben erst nach Akteneinsicht.

g) Akteneinsicht

138 – Gewährung frühzeitiger Akteneinsicht, um jegliche Form der Kooperation zu begründen, wie: Angaben zur Person, Angaben zur Sache, Benennung von Beweismitteln.
– Verzicht auf Haftanträge, um rasche Akteneinsicht oder im Anschluß daran zunächst Anklageerhebung und Terminierung der Hauptverhandlung zu erreichen (Haftprüfungsverzicht gegen schnelles Prozedieren).

h) Anklageerhebung

139 – Verbindung verschiedener Verfahren mit verschiedenen Beschuldigten, um Auswahl des gesetzlichen Richters zu beeinflussen.
– Verständigung über teilweise Einstellung und teilweise Anklageerhebung, um Verfahrensergebnis abzuwarten.

2. Zwischenverfahren

a) Zuständigkeit

140 – Verständigung über Verzicht auf Haftprüfung und Zulassung der Anklage vor dem Schöffengericht (§ 209 StPO) anstelle vor dem Landgericht
– Verzicht auf Einwendungen gegen die Anklage gegen schnelle Terminierung der Hauptverhandlung.

b) Verfahrensergebnis

– siehe unten 3. Hauptverfahren

3. Hauptverfahren

141 – Verständigungen und Vereinbarungen im Hauptverfahren betreffen Verfahrensabläufe oder Verfahrensergebnisse. Bei beiden Bereichen ist zwischen Inhalt und Form der Gespräche zu unterscheiden. Die Form der Gespräche betrifft gleichermaßen Verfahrensabläufe und Verfahrensergebnisse, sie wird deshalb zuletzt dargestellt.

a) Verfahrensabläufe

142 Verständigung über
– Beweisaufnahme (Umfang, Art [Verwendung welcher Beweismittel], insbesondere Sachverständige).
– Selbstladung

- Zeitpunkt.
- Fragen (Art, Reihenfolge, Protokollierung, Unterlassen bestimmter Fragen, um Geschädigte zu schonen – Effekt).
- Verfahrensdauer, Festlegung der Hauptverhandlungstage, Verfahrensrhythmus,
- Haftentscheidung (Zurückstellung bis zum Ende der Hauptverhandlung, um positives Ergebnis zu erzielen; Kautionsleistung, Art und Umfang).
- Teilgeständnis (§§ 153ff. StPO).
- Gesamtstrafenbildung vor dem erkennenden Gericht als Vorteil oder Verzicht, wenn Nachteil.
- Späterer Rechtsmittelverzicht oder Beschränkung (Strafmaß).

b) Verfahrensergebnisse

- Günstiges Ergebnis wie Bewährungsstrafe/Geständnis. **143**
- Geständnis/§§ 153ff. StPO/günstiges Ergebnis.
- Geständnis/günstiges Ergebnis/Abtrennung/spätere Zeugenrolle.
- kein Geständnis/Beweisaufnahme (ganz oder teilweise)/§§ 153ff. StPO, dann/Teilgeständnis dann/günstiges Ergebnis
- bei Nebenklagedelikten Geständnis des Angeklagten gegen Rücknahme der Nebenklage, Rechtsmittelverzicht und/oder zivilrechtliche Vergleichsregelungen.
- Verständigung über Formulierungen im Urteil für spätere nicht vollzugsbezogene Entscheidungen (Disziplinarverfahren, Zuleitung an Dienstherrn) oder Rechtsmittelverzicht gegen gekürzte Urteilsfassung (§ 267 IV StPO).

c) Form von Verständigungen und Absprachen

- Gespräch zu Dritt (Verteidigung/Gericht/Staatsanwaltschaft). **144**
- Gespräch zu Zweit (Verteidigung/Staatsanwalt; Verteidigung/Gericht, Staatsanwalt/Gericht).
- Stillschweigender Konsens durch eigenen Verstoß ohne Verständigung oder Absprache (Effekt wie Geschädigten schonen aus Kenntnis der Reaktion des Gerichts); offenes Gespräch im Gerichtssaal gerade als Folge einer Verteidigungsschrift oder bei informatorischer Zeugen- oder Sachverständigenbefragung/offenes Vorkalkulieren des Urteils, klare Vereinbarung.

VII. Beteiligung des Verletzten am Verfahren

1. Tätigkeiten außerhalb der §§ 374ff. StPO

Tätigkeitsbereiche des Rechtsanwalts für den Verletzten eröffnen sich nicht nur im Rahmen der §§ 374ff. StPO, sondern bereits in früheren Verfahrensstadien (so insbesondere beim Zeugenbeistand, s. Rdnr. 45; bei allen Versuchen des zivilrechtlichen Schadensausgleiches/Vergleichsgespräche und bei der etwaigen Strafantragsrücknahme im Zusammenhang mit der Einstellung des Ermittlungsverfahrens gegen den Beschuldigten, s. Rdnrn. 132, 133). Für das **Privat- und Nebenklageverfahren** ist die Kenntnis des Strafverfahrens allgemein unerläßlich (siehe i. ü. hierzu die ausführliche Darstellung im Beck'schen Formularbuch für den Strafverteidiger, S. 722ff., S. 735ff.; vgl. auch B IX Rdnrn. 48ff. zur Nebenklage bei Verkehrsstrafsachen). **145**

2. Privatklage (§§ 374 ff. StPO)

a) Beratung des Mandanten

146 Privatklagen sollten dem Mandanten in aller Regel ausgeredet werden (s. *Dahs,* Rdnr. 681). Gerade hier bietet sich das Tätigkeitsgeld für außergerichtliche Einigungen, da häufig die Privatklage die gewünschte Provokation des Beleidigers darstellt. In Anbetracht der regelmäßig langen Verfahrensdauer, einem hohen Zeitaufwand und einem gewissen Desinteresse der Justiz derartige Verfahren zügig zu betreiben, sollten vorab alle anderen Lösungswege erörtert werden. (Unterlassungserklärungen, Widerrufserklärungen, Vergleiche, Ehrenerklärungen, Gegendarstellungen nach den Pressegesetzen u. a.).

b) Zulässigkeitsvoraussetzungen

147 – **Privatklagedelikt.** § 374 I StPO: Katalog, der Privatkläger muß Verletzter eine dieser Straftatbestände sein: §§ 123; 185 bis 187 a und 189; 202, 223, 223 a, 230, 241, 303 StGB; §§ 4, 6 c, 12, 15, 17, 18, 20 UWG und Verletzungen des Patent- und Urheberrechtes gem. § 374 I Ziff. 8 StGB.
– **Prozeßfähigkeit des Privatklägers.**

148 – **Antragsdelikte.** Auch wenn Privatklage ohne vorherige Anrufung der Staatsanwaltschaft erhoben werden kann (allerdings innerhalb der Strafantragsfrist, s. *Kleinknecht/Meyer* Rdnr. 1 zu § 374 StPO) sollte der Sachverhalt zunächst der Staatsanwaltschaft mitgeteilt werden (Strafanzeige verbunden mit einem Strafantrag).
Andererseits kann gem. § 377 II StPO die StA jederzeit das Verfahren übernehmen oder der Richter es der StA vorlegen (§ 377 I StPO). Erhebt die StA von sich aus öffentliche Klage, kann sich der Verletzte dann als **Nebenkläger** anschließen. Es empfiehlt sich daher immer, die Staatsanwaltschaft frühestmöglich einzubeziehen, da sie gegebenenfalls ein **Offizialdelikt** oder das **Öffentliche Interesse** (§ 376 StPO) für gegeben erachtet.
– **Mehrere Klageberechtigter.** § 375 StPO.
– **Jugendliche.** Gegen zur Tatzeit noch Jugendliche ist gemäß § 80 I S. 1 JGG die Privatklage unzulässig.

c) Das Privatklageverfahren

149 – **Beistand und Vertreter** in der Hauptverhandlung kann nur ein RA sein oder dessen Vertreter (§§ 387 I, II, 139 StPO: Referendar, OLG bestellter Vertreter **und** Assessor, s. KK-*Pelchen* Rdnr. 2 zu § 378 StPO).
– **Sühneversuch.** § 380 StPO (siehe die Zuständigkeitsübersicht der jeweiligen Vergleichsbehörde nach Landesrecht in KK-*Pelchen* Rdnr. 2 zu § 380 StPO) ist Prozeß(Klage-)Voraussetzung, er ist noch kein eigentliches Strafverfahren; er ist i. d. R. entbehrlich wenn die Parteien in verschiedenen Gemeindebezirken wohnen, eine Widerklage (§ 388 StPO) erhoben wird, wenn der Vorgesetzte bei Beleidigung oder Körperverletzung eines Amtsträgers befugt ist, Strafantrag zu stellen, wenn Privatklagedelikte nach § 374 I Nr. 7 oder 8 in Betracht kommen.

150 – **Klageerhebung.** Durch eine dem § 200 I StPO genügende Anklageschrift oder zu Protokoll der Geschäftsstelle (§ 381 StPO). Der RA sollte die Privatklage – wenn er sie denn erheben muß – mit einer plausiblen Beweisführung versehen ähnlich einem überzeugenden Ermittlungsergebnis in der staatsanwaltlichen Anklageschrift. Der RA sollte entsprechend § 203 StPO einen hinreichenden Tatverdacht belegen oder wenn er den Privatbeklagten ver-

tritt, einen solchen entkräften. Die Privatklage wird dem Privatbeklagten zur Stellungnahme durch das Gericht mitgeteilt (§ 382 StPO).

- **Eröffnung, Zurückweisung, Einstellung des Verfahrens.** Eröffnungsbeschluß ergeht bei hinreichendem Tatverdacht (§ 203 StPO) ansonsten ergeht eine Zurückweisung oder weil der Verdacht eines Offizialdeliktes besteht. 151
  Dem Privatkläger steht im Falle der Zurückweisung die **sofortige Beschwerde** gemäß § 390 Abs. 1 S. 1 i. V. m. § 210 Abs. 2 zu (KK-*Pelcher,* Rdnr. 8 zu § 383 StPO).
  Bei geringer Schuld des Täters stellt das Gericht wegen Geringfügigkeit (§ 383 II StPO) ein, dies ist in jeder Lage des Verfahrens möglich. Die Möglichkeiten des § 153a StPO (s. Rdnrn. 74ff.) bieten sich im Privatklageverfahren durch einen regelmäßig anzustrebenden gerichtlichen **Vergleich.** Dieser ist sicher die häufigste Form der Zurücknahme, obwohl er nicht gesetzlich vorgesehen ist aber die Praxis der Privatklageverfahren bestimmt. Sein vollstreckbarer Inhalt ist ein Vollstreckungstitel gemäß § 794 I, Nr. 1 ZPO. Ein außergerichtlicher Vergleich ist zu beachten, insbesondere kann er eine wirksame Erklärung auf den Verzicht des Klägerrechtes oder eine Rücknahme des Strafantrages enthalten. Der Beschuldigte ist durch die Einstellung nicht beschwert, ihm steht kein Rechtsmittel zu, dem Privatkläger bleibt nach § 383 II S. 3 StPO die sofortige Beschwerde gegen den Beschluß des Gerichts. 152
- **Die Hauptverhandlung** 153
  Das Verfahren richtet sich nach den Vorschriften der StPO für das Verfahren nach Erhebung der öffentlichen Klage mit Ausnahmen. Die Privatklage kann in jeder Lage des Verfahrens zurück genommen werden (§ 391 StPO) Wirkung: § 392 StPO, die zurückgenommene Privatklage kann nicht von neuem erhoben werden.
- **Beweisaufnahme.** Das Gericht bestimmt den Umfang unbeschadet des § 244 II StPO. Doch ist der Ermessensspielraum des Gerichts größer, da es nicht an die Ablehnungsgründe des § 244 III, und § 245 StPO nicht gebunden ist.
  Allerdings kann die Verletzung der Aufklärungspflicht mit der Revision gerügt werden (§ 244 II StPO).
- **Haftbefehl** ist ausgeschlossen, allerdings kann der Angeklagte vorgeführt werden (§ 387 III StPO).
- **Weiteres Verfahren.** §§ 384, 385, 386 StPO.
- **Widerklage.** § 388 StPO, sie ist bei losem Zusammenhang (BGHSt 17, 194, 197) zulässig, bei Antragsdelikten ist auf den fristgerechten Strafantrag zu achten.
- **Rechtsmittel des Privatklägers.** (§ 390 StPO) Berufung, Revision und sofortige Beschwerde gegen die Ablehnung des Hauptverfahrens (§§ 210 Abs. 2, 383 Abs. 1 StPO). 154

3. Nebenklage (§§ 395ff. StPO)

Die Nebenklage ist für den Verletzten und seinen Anwalt sicher ein bedeutenderes Instrument als die Privatklage. Nebenklage setzt die Tätigkeit des Staatsanwalts voraus, die nun noch unterstützt wird (*Dahs,* Rdnr. 688). Im **Vorverfahren** gilt § 406 StPO (s. Rdnr. 160). 155

- **Anschlußbefugnis.** § 395 StPO. Bei den im § 395 I Nr. 1 , 2 und 3 und III StPO aufgezählten rechtswidrigen Taten sind der Verletzte und der Perso- 156 nenkreis des § 395 II StPO gemäß § 395 IV StPO in jeder Lage des Verfahrens anschlußberechtigt. Dies gilt nicht **vor** Erhebung der öffentlichen Klage. **Anschlußerklärung.** § 396 StPO.

- **Antragsdelikte.** Der notwendige Strafantrag ist Prozeßvoraussetzung, also ist für die Nebenklage ein rechtzeitiger und wirksamer Strafantrag erforderlich.
- **Offizialdelikte.** Für die Zulassung der Nebenklage genügt die rechtliche Möglichkeit der Verurteilung wegen eines Nebenklagedeliktes, wobei es bei qualifizierten Tatbeständen auf das Grunddelikt ankommt (BGHSt 33, 114, 115). Bei Tateinheit von Offizial- und Nebenklagedelikt ist auch dann der Anschluß möglich, wenn die Anklage das Nebenklagedelikt nicht umfaßt (KK-*Pelcher* Rdnr. 14 zu § 395 StPO).
- **Jugendliche.** Gegen einen zur Tatzeit Jugendlichen ist die Nebenklage unzulässig (§ 80 III JGG), nicht gegen Heranwachsende.
- **Beistand.** Wenn auch der Anschluß erst nach Erhebung der öffentlichen Klage zulässig ist, kann der RA für den Nebenklageberechtigten tätig werden auch wenn er sich später nicht anschließt (§ 406g I StPO), der RA kann für den Verletzten auch als Beistand im Vorverfahren bestellt werden (§ 406g IV StPO).
- **Prozeßkostenhilfe.** § 397a StPO.

157 – **Rechte und Möglichkeiten des Nebenklägers** (§ 397 StPO). Der RA sollte immer dem Nebenkläger raten, an der Hauptverhandlung als Prozeßbeteiligter erst dann teilzunehmen, wenn er bereits als Zeuge vernommen ist. Besteht der Nebenkläger auf seinem Recht der sofortigen Teilnahme an der Hauptverhandlung (§ 397 I S. 1 StPO) reduziert er unter Umständen seine Glaubwürdigkeit oder erschwert den Angeklagten ein Geständnis oder läßt frühzeitig unnötige Konfrontationen aufkommen. Wichtig ist spätestens dann das Gespräch der RA'e untereinander (Beistand und Verteidiger) über vernünftige Verfahrenslösungen (s. Rdnrn. 132ff., 143).

158 – **Rechtsmittel des Nebenklägers.** (§§ 400, 401 StPO) keine Anfechtung im bloßen Rechtsfolgenanspruch, nicht wegen einer nicht zum Anschluß berechtigenden Gesetzesverletzung, Möglichkeit der sofortigen Beschwerde gegen den die Eröffnung des Hauptverfahrens ablehnenden Beschluß, Unabhängigkeit des Rechtsmittels von dem der Staatsanwaltschaft, Berufung, Revision. Erforderlich ist eine Beschwer (KK-*Pelcher* Rdnr. 3 zu § 401 StPO).
Das Rechtsmittel der **Revision** muß sich hinsichtlich der erhobenen Verfahrens- und Sachzüge auf die Anschlußerklärung oder die rechtliche Beurteilung des Nebenklagedelikts stützen. Unzulässig ist das Rechtsmittel, das sich auf die anderen – nicht nebenklagenfähigen – Delikte stützt. Bei der **Berufung** stellt sich dieses Problem nicht, da sie nicht begründet werden muß.

159 **4. Entschädigung des Verletzten.** §§ 403ff. StPO.

5. Verletztenbefugnisse nach dem Opferschutzgesetz (§§ 406d ff. StPO)

160 Unabhängig von der Nebenklage hat der Verletzte Beteiligungsmöglichkeiten und damit Informationsrechte schon im Vorverfahren (§ 406 StPO). Diese Rechte stehen **allen** durch Straftaten **Verletzten** zu. Insoweit besteht eine Hinweispflicht.

- **Mitteilung über den Verfahrensausgang** (§ 406h StPO) auf Antrag: § 406d StPO.

- **Akteneinsicht** (§ 406e StPO), die der Verletzte nur durch einen RA ausüben kann. Soweit nicht sowieso eine Nebenklagebefugnis besteht, ist die Darlegung des berechtigten Interesses erforderlich. **Anfechtung:** § 406 IV StPO.
- **Beistand und Vertreter des Verlezten** (§ 406f. StPO). Damit wird das Anwesenheitsrecht bei allen Vernehmungen begründet.
  Damit verbunden ist das Recht, Fragen zu beanstanden oder den Ausschluß der Öffentlichkeit gemäß § 171b GVG zu beantragen.
  Anwesend sein kann gemäß § 406f StPO auch eine **Vertrauensperson,** die nicht RA sein muß. Dies ist häufig, bei Opfer von Sexual- und anderen Gewaltdelikten nützlich aus psychologischen Gründen.
- Beistand des nebenklageberechtigten Verletzten vor Erhebung der öffentlichen Klage (§ 406g StPO) (s. Rdnrn. 158ff.).
  Ob die Voraussetzungen eines Anschlusses nach § 395 StPO vorlägen, bestimmt sich nach einer Beurteilung des Anfangsverdachtes (*Kleinknecht/Meyer,* Rdnr. 2 zu § 406g StPO). Dieser **Verletztenbeistand** kann auf Antrag des Verletzten unter den Voraussetzungen der § 406g IV StPO **bestellt** werden. **Prozeßkostenhilfe** kann gewährt werden.

C V. Der Finanzgerichtsprozeß

Dr. Michael Streck/Alexandra Mack

Übersicht

Literatur: *Gräber,* FGO, 2. Aufl. 1987; *Hübschmann/Hepp/Spitaler,* AO/FGO (Loseblatt); *Klein/Ruban,* Der Zugang zum BFH, 1986; *Kühn/Kutter/Hofmann,* AO/FGO, 15. Aufl. 1987; *Leise/Paleit/Bittner,* FGO (Loseblatt); *Streck,* Der Steuerstreit, 1986; *Tipke/Kruse,* AO/FGO (Loseblatt); *Ziemer/Birkholz,* FGO, 3. Aufl. 1978; *Ziemer/Haarmann/Lohse/Beermann,* Rechtsschutz in Steuersachen (Loseblatt).

I. Das Prozeßrecht

1 Den Ablauf des Verfahrens vor den Finanzgerichten und dem BFH regelt die **FGO.** Hinzu treten das Gesetz zur Entlastung der Gerichte der Verwaltungs- und Finanzgerichtsbarkeit (FGEntlG) und das Gesetz zur Entlastung des Bundesfinanzhofs (BFHEntlG) sowie ergänzend ZPO und GVG, § 155 FGO.

2 Es existiert der **Entwurf** eines Gesetzes zur Änderung der Finanzgerichtsordnung und anderer Gesetze **(FGO-Änderungsgesetz)** vor (BT-Drucksache 11/2386). Vorgesehen ist darin ua. im wesentlichen die Übernahme der Regelungen der (zeitlich befristeten) Entlastungsgesetze in die FGO, teilweise sogar noch darüber hinausgehende Fristsetzungs- und Zurückweisungsmöglichkeiten für die Finanzgerichte (vgl. z. B. §§ 65 II, § 79b FGO in der Fassung des Änderungsgesetzes). Im Augenblick sind diese Regelungen jedoch noch nicht geltendes Gesetz. In die nachfolgende Darstellung können sie deshalb nicht miteinbezogen werden.

II. Gerichte und Instanzen

Die Gerichte der Finanzgerichtsbarkeit sind die **Finanzgerichte** (FG) und der **Bundesfinanzhof** in München (BFH). Die Finanzgerichte entscheiden in 1. Instanz, der BFH ist zuständig für Revisionen und Beschwerden, §§ 35, 36 FGO. 3

Ein **Berufungsverfahren gibt es nicht.** Urteile der Finanzgerichte können nur mit der **Revision** angegriffen werden, § 155 I FGO. **Voraussetzung** (Ausnahme: § 116 FGO) ist, daß das Finanzgericht oder auf Beschwerde (Nichtzulassungsbeschwerde) der BFH die Revision zugelassen hat. Die in § 115 I FGO noch zugelassene Streitwertrevision ist mit Wirkung vom 15. 7. 1985 durch Art. 1 Nr. 5 BFHEntlG insgesamt suspendiert worden (zum Revisions- und Nichtzulassungsbeschwerdeverfahren vgl. Rdnrn. 38ff.). 4

III. Überlegungen vor der Klageerhebung

1. Motive für die Klageerhebung

Das Klageverfahren bezweckt grundsätzlich die **rechtliche Überprüfung** eines Steuerbescheids bzw. eines anderen steuerlichen Verwaltungsakts. 5

Dieser Zweck kann durch andere Zwecke (z. B. Hintergrund Steuerstrafverfahren) überlagert werden. Insbesondere kann alleine die **Zeitnot,** in die die Klagefrist (vgl. Rdnr. 7) führt, es gebieten, zunächst Klage zu erheben. Gleichzeitig wird gebeten, Klagebegründungsfrist bis zum ... einzuräumen. Die Klage hindert den Eintritt der Bestandskraft, so daß nunmehr ohne zeitliche Bedrängnis geprüft werden kann, ob das Klageverfahren durchgeführt werden soll. Das **Kostenrecht** kommt dem Bürger hier entgegen: Bei einer Klagerücknahme entstehen keine Gerichtskosten, solange keines der in Nr. 1301 Anlage 1 GKG aufgeführten Ereignisse eingetreten ist. Unserer Erfahrung entspricht es, daß zumindest innerhalb von 6 Monaten derartige Maßnahmen regelmäßig nicht erfolgen. 6

2. Zulässigkeitsvoraussetzungen

Soll – so die Regel – ein Steuerbescheid angegriffen oder der Erlaß eines begünstigenden Bescheids erkämpft werden, d. h. geht es um eine Anfechtungs- oder Verpflichtungsklage, muß das **Einspruchsverfahren** durchgeführt sein (Ausnahme: Sprungklage, § 45 FGO). Mit der Klage ist der Steuer- oder Ablehnungsbescheid in Gestalt der Einspruchsentscheidung anzugreifen (zum Klageantrag vgl. Rdnrn. 19f.). Die **Klagefrist** – 1 Monat ab Bekanntgabe der Einspruchsentscheidung, § 47 FGO – darf noch nicht abgelaufen sein. Bei unverschuldetem Fristversäumnis: **Wiedereinsetzungsantrag,** § 56 FGO. Der Antrag muß innerhalb von 2 Wochen nach Wegfall des Hindernisses gestellt und begründet werden. Hier verbirgt sich eine ausgesprochene **Fristenfalle,** da die Antragsfrist für Wiedereinsetzungsanträge nach der AO 1 Monat beträgt. 7

Klagebefugt ist nur, wer geltend macht, durch einen Verwaltungsakt oder dessen Unterlassung beschwert zu sein. Soweit Personengesellschaften (auch BGB-Gesellschaften) selbst Steuerschuldner sind, sind sie unmittelbar klagebefugt. Regel: Wem eine Einspruchsentscheidung zugestellt wird, ist in der Eigenschaft, in der sie ihm zugestellt wird, auch klagebefugt. 8

9 Im übrigen müssen die **allgemeinen Zulässigkeitsvoraussetzungen** (vgl. hierzu *Gräber,* FGO, vor § 31 Anm. 4) erfüllt sein. Für das Verfahren vor den Finanzgerichten besteht **kein Vertretungszwang,** § 62 FGO. Jeder Anwalt kann bei jedem Finanzgericht auftreten (zu Verfahren beim BFH vgl. Rdnr. 40).

IV. Klageerhebung

1. Notwendiger Mindestinhalt der Klage

10 Der notwendige Mindestinhalt der Klage umfaßt bei einer Anfechtungsklage Kläger, Beklagten und angefochtene Entscheidung. Umstritten ist, ob zu dem notwendigen Mindestinhalt auch ein Hinweis auf den **Streitgegenstand** gehört (vgl. den Wortlaut des § 65 I FGO). Die Praxis ist großzügig. Empfehlenswert ist jedoch, in der Klageschrift zumindest mit einem Satz bereits den streitigen Bereich zu bezeichnen (Beispiel: Die vom Finanzamt vorgenommene Schätzung wird angegriffen).

11 Die Klage soll einen bestimmten **Antrag** enthalten und die zur **Begründung** dienenden Tatsachen und Beweismittel angeben (§ 65 I FGO). Antrag und Begründung gehören nicht zu dem Mindestinhalt. Sie können außerhalb der Klagefrist nachgereicht und ergänzt werden.

2. Klageeinlegung

12 Die Klage ist bei dem **örtlich zuständigen Finanzgericht** zu erheben. Dies ist das Finanzgericht, in dessen Bezirk die Behörde, gegen die die Klage gerichtet ist, ihren Sitz hat (§ 38 I FGO).

13 Gem. § 47 II FGO kann die Klage zwar auch **beim Finanzamt** „angebracht" werden. Diese Vorschrift ist jedoch in der Praxis **gefährlich.** „Angebracht" bedeutet nämlich, daß das Finanzamt von der Klage Kenntnis nehmen muß. Nicht angebracht ist die Klage, wenn die an das Finanzgericht gerichtete Klage in einem an das Finanzgericht adressierten Umschlag in den Briefkasten des Finanzamts geworfen wird. Derartige Post leitet das Finanzamt unmittelbar an das Finanzgericht weiter. Für die Fristwahrung gilt erst der Zugang bei dem Finanzgericht, nicht der Zugang bei dem Finanzamt. Nach Weiterleitung kann die Klagefrist bereits verstrichen sein. Soll von der Möglichkeit des § 47 II FGO Gebrauch gemacht werden, so muß der Briefumschlag an das **Finanzamt** adressiert werden.

3. Vollmacht

14 Die Vollmacht muß **vorgelegt** werden. Es genügt nicht, sich auf eine Vollmacht zu beziehen, die sich in den Steuerakten befindet. Die Vollmacht kann **nachgereicht** werden; sie muß nicht vor oder mit der Klageerhebung vorgelegt werden (vgl. § 62 III 2 FGO). Das Gericht kann eine **Frist zur Vollmachtsvorlegung** bestimmen (§ 62 II 2 FGO). Hierbei handelt es sich nicht um eine Ausschlußfrist. Art. 3 § 1 FGEntlG hat jedoch dem Gericht die Möglichkeit eingeräumt, eine „unstreitige" **Ausschlußfrist** für die **Vorlage der Vollmacht** zu bestimmen. Wird diese Frist versäumt, liegt eine Vollmacht nicht vor. Eine Klage durch den Bevollmächtigten gilt als ohne Vollmacht erhoben und ist mithin unzulässig.

Die Vollmacht muß innerhalb der nach Art. 3 § 1 FGEntlG bestimmten Frist beim **Finanzgericht eingehen.** Eingang beim Finanzamt ist nicht ausreichend. Wird die Vollmacht nicht fristgemäß vorgelegt, kann sie auch nach Fristablauf nicht mehr berücksichtigt werden. Die Klage bleibt unzulässig. **Wiedereinsetzung in den vorigen Stand** kann jedoch auch bzgl. dieser Frist gewährt werden. 15

Wird die Vollmacht nicht rechtzeitig vorgelegt, trägt der Prozeßvertreter die **Kosten,** und zwar auch dann, wenn er nach Fristablauf die Vollmacht vorlegt. **Hinweis** für die **Praxis:** Der Fristsetzung nach Art. 3 § 1 FGEntlG durch das Gericht sollte man dadurch ausweichen, daß man dem Gericht ankündigt, innerhalb einer bestimmten Frist die Vollmacht einzureichen. Kann auch diese Frist nicht eingehalten werden, muß sie verlängert werden; wird eine ungewöhnlich lange Fristverlängerung erbeten, so sollten die Gründe dem Gericht vorgetragen werden. 16

V. Klagebegründung und Klageantrag

1. Akteneinsicht

Bereits vor der **Klagebegründung** sollte der Berater prüfen, ob er Akteneinsicht begehrt. Häufig können aus Vermerken und Notizen der Steuerakten Begründungsansätze für das Klageziel gewonnen werden. Soweit es um Förmlichkeiten geht, ist ebenfalls häufig der Blick in die Originalurkunden in der Akte sinnvoll. 17

Das Recht zur Akteneinsicht, § 78 FGO, bezieht sich auf alle „den Streitfall betreffenden" Akten. Ein Anspruch auf **Zusendung der Akten in** das Büro des Prozeßbevollmächtigten besteht jedoch nicht und erfolgt auch nur in krassen Ausnahmefällen. Ist der Gerichtsort weiter entfernt, werden die Akten in der Regel an ein nahegelegenes Finanzgericht, Amtsgericht oder Finanzamt zur Einsicht gesandt. Die Beteiligten können sich auf ihre Kosten durch die Geschäftsstelle **Abschriften** erteilen lassen, § 78 I 1 FGO. Problematisch kann allerdings die Bitte sein, ganze Akten zu kopieren. 18

2. Klageantrag

Der Klageantrag muß das **Begehren** des Klägers deutlich kennzeichnen. Eine **Bezifferung** ist nicht erforderlich. Der Antrag muß mithin nicht die Steuer nennen, die nach dem Klageziel des Klägers geschuldet wird. Hinreichend ist, wenn sich das Begehren auf die Berücksichtigung oder Außerachtlassung bestimmter Besteuerungsgrundlagen bezieht. 19

Beispiel für einen **Anfechtungsantrag:** „Wir beantragen, unter Änderung des Einkommensteuerbescheids 1984 vom . . ., in Gestalt der Einspruchsentscheidung vom . . ., ergangen zu Steuernummer . . ., RbL-Nr. . . ., die Einkommensteuer 1984 neu festzusetzen unter Berücksichtigung der in Tz. . . . des Betriebsprüfungsberichts vom . . . aufgelisteten Zahlungen als Werbungskosten." 20

3. Klagebegründung

Zur Klagebegründung erwähnt das Gesetz nur die „zur Begründung dienenden Tatsachen und Beweismittel" (§ 65 I 3 FGO). Tatsächlich stehen der Sachverhaltsvortrag und die Angabe von Beweismitteln regelmäßig im Mittelpunkt der guten Klagebegründung. 21

22 Der Berater sollte sorgfältig prüfen, ob der in der Einspruchsentscheidung wiedergegebene **Sachverhalt** zutreffend ist. Allzu leicht werden im Bp.-Bericht, in der Einspruchsentscheidung festgeschriebene Sachverhalte unkontrolliert tradiert. „Das Gericht erforscht den Sachverhalt **von Amts wegen**" (§ 76 I 1 FGO). Die Inquisitionsmaxime darf jedoch nicht dazu verführen, die Hände in den Schoß zu legen und die Sachaufklärung voller Vertrauen dem Gericht zu überlassen.

23 Die **Pflichten** des **Gerichts** werden durch die **Mitwirkung** des **Klägers** bestimmt. Die notwendigen Ermittlungen des Gerichts müssen sich aus dem Vorbringen des Klägers ergeben. Die Erfahrung lehrt, daß die Finanzgerichte Sachverhaltsermittlungen scheuen. Sachvortrag und Beweisantritten sollte daher nicht weniger Sorgfalt als im Zivilprozeß gewidmet werden.

24 In der Klagebegründung sollte erklärt werden, ob auf die **mündliche Verhandlung** verzichtet wird (vgl. § 90 II FGO). Wir selbst verzichten grundsätzlich nicht. Die mündliche Verhandlung im FG-Prozeß ist keine bloße Formalität (zum Ablauf vgl. unten Rdnrn. 32ff.). Hier wird tatsächlich verhandelt, der Streitfall mit dem Gericht erörtert. Auf diese Chance sollte gerade angesichts der engen Überprüfungsmöglichkeiten finanzgerichtlicher Urteile (vgl. oben Rdnr. 4) nicht ohne Not verzichtet werden.

VI. Einzelfragen des weiteren Verfahrensablaufs

1. Berichtigungsbescheid während des Klageverfahrens

25 Entspricht der geänderte Bescheid nicht in vollem Umfang dem Klagebegehren, kann der Kläger durch (nicht fristgebundenen) Antrag gem. **§ 68 FGO** den Bescheid zum Gegenstand des Verfahrens machen. Gegen den Änderungsbescheid kann auch – ganz „normal" – **Einspruch** eingelegt werden. Das schwebende Gerichtsverfahren muß dann nach § 74 FGO ausgesetzt werden. Wird die **Erklärung nach § 68 FGO** abgegeben, nachdem bereits Einspruch eingelegt worden ist, gilt die Erklärung gleichzeitig als **Einspruchsrücknahme.** In der **Praxis** ist regelmäßig zu empfehlen, den Antrag nach § 68 FGO zu stellen, falls der geänderte Bescheid nicht in vollem Umfang dem Klagebegehren entspricht.

2. Vorbescheid

26 Wird nicht auf mündliche Verhandlung verzichtet, verfügen die Finanzgerichte (wie der BFH) gleichwohl über ein Instrument, der mündlichen Verhandlung aus dem Weg zu gehen. Das Gericht kann ohne mündliche Verhandlung durch Vorbescheid entscheiden, § 90 III FGO. In diesem Fall kann jeder der Beteiligten innerhalb eines Monats nach Zustellung des Vorbescheids **mündliche Verhandlung** beantragen (§ 90 III 2 FGO). Wird dieser Antrag rechtzeitig gestellt, so gilt der Vorbescheid als nicht ergangen, ansonsten wirkt er als Urteil (§ 90 III 3 FGO).

27 Der **Antrag** auf **mündliche Verhandlung** kann auch mit einem Verzicht auf mündliche Verhandlung verbunden werden (BFH/NV 1986, 33). Dies kann sinnvoll sein, wenn man glaubt, allein durch den schriftlichen Vortrag zum Vorbescheid Stellung nehmen zu können. Wird mündliche Verhandlung beantragt, erwartet das Gericht eine **Stellungnahme** zum **Vorbescheid.** Es besteht keine Pflicht. Das Gericht wird jedoch unwillig, wenn es im unklaren gelassen wird, warum der Vorbescheid angefochten wird.

VII. Die mündliche Verhandlung

1. Vorbereitung des Beraters

Angesichts dessen, daß zwischen Klagebegründung und mündlicher Verhandlung nicht selten Jahre liegen, sollten aktuell vor dem Termin noch einmal **Rechtsprechungs- und Literaturtendenzen** überprüft werden. 28

Zu prüfen ist ebenfalls, ob **Sachvortrag oder Beweismittel** noch ergänzt werden können (zu ihrer Bedeutung oben Rdnrn. 21ff.). Verfahrensrechtlich ist dies – wenn auch nicht immer ohne Unmutsäußerungen des Gerichts – uneingeschränkt bis zum **Ende der mündlichen Verhandlung** möglich. Etwas anderes kann allenfalls gelten, wenn das Gericht zuvor **Ausschlußfristen** nach Art. 3 § 3 FGEntlG gesetzt hat. Danach kann weiteres Vorbringen als verspätet zurückgewiesen werden (einschränkend allerdings *BFH* BStBl. 1986 II, 753). 29

Der Berater sollte noch einmal genau prüfen, welche **Beweisanträge** er bisher gestellt bzw. welche **Beweismittel** er benannt hat. Erhebt das Gericht diese Beweise in der mündlichen Verhandlung nicht, ist es wichtig, daß zu Protokoll erklärt wird, daß alle unerledigten **Beweisanträge aufrechterhalten** bleiben. Außerdem muß vorsorglich die **Übergehung** der Anträge **als Verfahrensfehler gerügt** werden. Versäumt der Berater diese Erklärungen, wird sein Schweigen (so die Rspr. des *BFH,* vgl. jüngst *BFH,* BStBl. 1989 II, 372) als **Verzicht** gewertet; der vom Gericht begangene Verfahrensverstoß kann nicht die Revision oder Revisionszulassung begründen (vgl. *BVerwG* StRK FGO § 115 R. 202). Nach unserer Erfahrung ist es zweckmäßig, bei der Vorbereitung exakt zu notieren, in **welchen Schriftsätzen** (auf welchen Seiten) die **Beweisanträge** gestellt wurden, da das Gericht – erklärt der Kläger in der Verhandlung ausdrücklich die Aufrechterhaltung aller Anträge zur Sachverhaltsermittlung, denen das Gericht nicht nachgekommen ist – häufig die Angabe wünscht, welche Anträge dies im einzelnen sind. 30

Vorbereitet sein sollte der Berater schließlich auch auf **Fragen** des **Vorsitzenden** in der mündlichen Verhandlung nach den Anträgen. 31

2. Ablauf

Zu Beginn der Sitzung trägt der Vorsitzende oder der Berichterstatter (Zusammensetzung des Senats: Drei Richter und zwei ehrenamtliche Richter) den **wesentlichen Inhalt der Akten** vor (§ 92 II FGO). Hier lassen sich ab und zu schon Tendenzen heraushören. Sodann können die Beteiligten ihre **Anträge begründen** (§ 92 III FGO). Der Vorsitzende kann mit den Beteiligten die **Streitsache** tatsächlich und rechtlich erörtern (§ 93 I FGO). Hierbei hat jedes Mitglied des Gerichts ein Fragerecht (§ 93 II FGO). 32

Das **Plädoyer** zur Begründung der Anträge sollte nicht verlesen werden. Unsinnig ist es, die bereits dem Gericht vorliegenden Schriftsätze (oder BFH-Urteile) zu verlesen. 33

Wird in der mündlichen Verhandlung eine **Beweisaufnahme** durchgeführt, wird die Anhörung der Beteiligten zunächst zurückgestellt und mit der notwendigen Stellungnahme zum Ergebnis der Beweisaufnahme (§ 96 II FGO) verbunden. In der Regel erfolgt die Beweisaufnahme allerdings in einem **gesonderten Termin** vor der mündlichen Verhandlung vor dem Berichterstatter (vgl. § 81 II FGO). Anders als die Beweisaufnahme im Rahmen der mündlichen Verhandlung ist die vorbereitende Beweiserhebung durch den Berichterstatter nicht öf- 34 fentlich (*Tipke/Kruse,* AO/FGO, § 52 FGO Anm. 1). Nach Erörterung der Streitsache, nach dem Stellen und Begründen der Anträge erklärt der Vorsitzende die **mündliche Verhandlung** für **geschlossen** (§ 93 III FGO).

3. Hinweise

35 Ist das Gericht nicht allen Beweisanträgen nachgekommen, darf nicht versäumt werden, in der mündlichen Verhandlung zu **Protokoll** zu geben, daß alle **Beweisanträge aufrechterhalten** bleiben und vorsorglich die Übergehung der Anträge als Verfahrensfehler gerügt wird (vgl. hierzu auch Rdnr. 30). Schweigen würde **Antragsverzicht** und damit den Verlust der Verfahrensrüge bedeuten, das FG sei seiner Pflicht zur Sachverhaltsermittlung (§ 76 FGO) nicht nachgekommen (vgl. § 155 FGO i. V. m. § 295 ZPO). Bezüglich der **Protokollierungsvorschriften** gilt die ZPO (§§ 94, 155 FGO).

36 Etwas problematisch ist die Situation für den Berater, wenn in der mündlichen Verhandlung das **Finanzamt** den **Erlaß** des begehrten **Änderungs-/Aufhebungsbescheids** zusagt und sodann den Rechtsstreit für in der Hauptsache erledigt erklärt. Die Gerichte bedrängen in dieser Situation meist den Berater, ebenfalls sofort die Erledigung zu erklären. Wir raten jedoch (trotz der *BFH*-Entscheidung BStBl. 1988 II, 121), prozeßbeendigende **Erledigungserklärungen** erst abzugeben, wenn entsprechende **Steuerbescheide** tatsächlich **vorliegen** (vgl. hierzu *Streck/Rainer,* Stbg. 1988, 120).

VIII. Das Urteil

37 Vgl. hierzu §§ 95ff. FGO. Ob gegen das Urteil Revision eingelegt werden kann, hängt davon ab, ob das FG die **Revision** zugelassen hat (vgl. Rdnr. 4). Schweigen zu dieser Frage im Urteil bedeutet Nichtzulassung. Der Weg zur Revision muß in diesem Fall (Ausnahme: § 116 FGO) erst mit der **Nichtzulassungsbeschwerde** (§ 115 III FGO) erkämpft werden.

IX. Nichtzulassungsbeschwerde

38 Die Nichtzulassungsbeschwerde stellt an den Berater formell (Frist) und materiell (Begründung) **höhere Anforderungen als** eine **Revision.** Schon der erschreckend hohe Anteil unzulässiger, d. h. zumeist formal fehlerhafter Nichtzulassungsbeschwerden sollte bedenklich stimmen.

1. Frist und Einlegung

39 § 115 III FGO zwingt den Berater, die Nichtzulassungsbeschwerde **innerhalb eines Monats** einzulegen und zu begründen. Innerhalb dieser Frist, die nicht verlängerbar ist, sind alle **Rügen** zu erheben. Ein Nachschieben von Zulassungsgründen nach Fristablauf ist regelmäßig (zur Ausnahme vgl. Rdnr. 48) nicht möglich (BFH/NV 1987, 787). Einzulegen ist die Beschwerde **beim Finanzgericht.** Hier müssen Beschwerde und Begründung innerhalb der Monatsfrist eingehen.

40 Während vor dem Finanzgericht (erste Instanz) grundsätzlich kein **Vertretungszwang** besteht, muß sich vor dem BFH – und auch schon bei Einlegung

der Beschwerde beim FG – jeder Beteiligte vertreten lassen von einem Rechtsanwalt, Steuerberater oder Wirtschaftsprüfer (vgl. Art. 1 Nr. 1 BFHEntlG). Beschränkungen innerhalb dieses Personenkreises bestehen nicht. Jeder Rechtsanwalt kann damit beim BFH auftreten.

Hat das FG Revision nicht zugelassen, kann es erforderlich sein, **Revision und Nichtzulassungsbeschwerde nebeneinander** einzulegen. Hintergrund: Liegt einer der in § 116 I FGO abschließend aufgeführten **wesentlichen Verfahrensfehler** vor, kann dieser nur mit der Revision gerügt werden. Häufig ist jedoch für den Berater gerade nicht mit letzter Sicherheit vorherzusagen, ob nach Ansicht des BFH ein Verfahrensfehler in den Bereich des § 116 I FGO fällt, oder es liegen neben angenommenen Verstößen im Sinne dieser Vorschrift noch andere (einfache) Verfahrensmängel vor, die nur mit der Nichtzulassungsbeschwerde gerügt werden können. In dieser Situation sollte der Berater **Revision und Nichtzulassungsbeschwerde** einlegen, da andernfalls die Gefahr besteht, daß das falsche Rechtsmittel angebracht wird, während das richtige Rechtsmittel wegen Fristüberschreitung inzwischen verfällt. Erfolg kann allerdings notwendigerweise nur eines der Rechtsmittel haben (vgl. *BFH*-Beschluß vom 10. 11. 1987, KFR F. 2 FGO § 115, 1/88, S. 93 mit Anm. *Clausnitzer*). 41

Es ist darauf zu achten, daß beide Rechtsmittel **„unbedingt“** eingelegt werden. Eine Revision, die nur hilfsweise, dh. nur für den Fall ihrer Zulassung eingelegt wird, ist unzulässig; das gleiche gilt für eine „hilfsweise“ eingelegte Nichtzulassungsbeschwerde (vgl. *Streck,* Der Steuerstreit 1986, Rdnr. 1080). 42

2. Die Zulassungsgründe

Die Zulassungsgründe zählt § 115 II FGO **abschließend** auf. Die Revision ist nur zuzulassen, wenn 43

- die Rechtssache grundsätzliche Bedeutung hat oder
- das Urteil von einer Entscheidung des BFH abweicht und auf dieser Abweichung beruht oder
- bei einem geltend gemachten Verfahrensmangel die angefochtene Entscheidung auf dem Verfahrensmangel beruhen kann.

Hat das Finanzgericht seine Entscheidung kumulativ auf **mehrere selbständige tragende Gründe** gestützt, ist in der Beschwerdebegründung bezüglich jeder dieser Begründungen zumindest **ein** Zulassungsgrund vorzutragen (BFH/NV 1987, 784, 787). 44

Wichtig ist, daß in der Nichtzulassungsbeschwerde neben den Zulassungsgründen selbst stets dargetan wird, daß das FG-Urteil auf diesen **beruht** bzw. **beruhen kann.** Für die Zulassungsgründe „Divergenz“ und „Verfahrensmangel“ fordern dies § 115 II Nr. 2 und 3 FGO ausdrücklich. Obwohl § 115 II Nr. 1 FGO dies für den Zulassungsgrund „grundsätzliche Bedeutung“ nicht ausdrücklich fordert, sollte auch hier immer die Bedeutung der streitigen Rechtsfragen für die Entscheidung des Rechtsstreits aufgezeigt werden. 45

Der Zulassungsgrund der **grundsätzlichen Bedeutung** sollte idR angeführt werden. Er hat die größten **Erfolgsaussichten.** Die maßgebliche **Rechtsfrage** ist abstrakt zu formulieren. Der Berater muß der Versuchung widerstehen, über die Darstellung des Rechtsproblems die konkrete Darlegung der grundsätzlichen Bedeutung zu vergessen. Denn hier und nicht bei der Erörterung der Rechtsfrage muß stets der Schwerpunkt der Nichtzulassungsbeschwerde liegen. 46

47 Ein **allgemeines Interesse** an der Klärung einer vom BFH noch nicht entschiedenen Rechtsfrage und damit auch die grundsätzliche Bedeutung lassen sich im allgemeinen durch substantiierte Ausführungen dazu darlegen, daß der Rechtssatz eine **Vielzahl vergleichbarer Fälle** betrifft. Rechtssätze sind ihrer Funktion nach allgemeingültig und nicht auf den Einzelfall beschränkt (vgl. weiter zur „grundsätzlichen Bedeutung" *Tipke/Kruse* § 115 FGO Anm. 54–56; *Streck,* Rdnrn. 1006–1030). Bedauerlich ist, daß der BFH für die grundsätzliche Bedeutung weder **wesentliche finanzielle Interessen** noch offensichtliche und grobe **Fehlerhaftigkeit des Urteils** genügen läßt. Zum Erfordernis des „Beruhens" vgl. Rdnr. 45.

48 Zulassung wegen **Divergenz:** Die Entscheidung kann von einem Urteil, Beschluß eines BFH-Senats oder des Großen Senats des BFH abweichen; die Divergenzrevision ist auch zuzulassen, wenn die Entscheidung nicht mit einer Entscheidung des gemeinsamen Senats der obersten Gerichtshöfe des Bundes in Übereinstimmung steht. Keine Divergenzrevision ist möglich bezüglich Entscheidungen des Bundesverfassungsgerichts. Die divergierende Rechtsprechung kann zu einem **anderen Gesetz** ergangen sein, wenn die gesetzlichen Tatbestände gleich und gleich interpretierbar sind. Wird erst **nach Einlegung und Begründung** der Nichtzulassungsbeschwerde ein BFH-Urteil veröffentlicht, zu dem das angegriffene FG-Urteil in Widerspruch steht, kann die entsprechende Divergenz-Rüge ausnahmsweise noch nachgeschoben werden.

49 Der Urteil **„beruht" auf der Divergenz,** wenn zumindest die Möglichkeit besteht, daß das FG auf der Grundlage der Rechtsansicht des BFH zu einem anderen Ergebnis gelangt wäre (vgl. BFH/NV 1988, 161).

50 Zulassung wegen **Verfahrensmängeln:** Beispiele von Verfahrensmängeln im Sinne von § 115 FGO bei *Tipke/Kruse* § 115 FGO Anm. 66ff. In Betracht kommt hier insbesondere der Vorwurf ungenügender Sachverhaltsaufklärung (Verletzung von § 76 FGO). Hinweis hierzu allerdings auf Rdnrn. 30 und 35. Mängel sind nur solche des finanzgerichtlichen Verfahrens, nicht des **Vorverfahrens.** Verfahrensmängel im Sinne von § 115 II 3 FGO sind auch nicht die in § 116 FGO erwähnten, da diese zwingend zur (zulassungsfreien) Revision führen. Für das **„Beruhen-können" auf** dem **Verfahrensfehler** ist erforderlich, daß die Möglichkeit besteht, daß das FG ohne den Rechtsverstoß zu einem für den Beschwerdeführer sachlich günstigeren Ergebnis hätte gelangen können.

3. Entscheidung

51 Hilft das Finanzgericht der Beschwerde nicht ab, entscheidet (durch **Beschluß**) der BFH. Gegen die Ablehnung der Beschwerde sind **weitere Rechtsmittel** nicht gegeben.

52 Bei Stattgabe beginnt mit der Zustellung der Beschwerdeentscheidung der Lauf der Revisionsfrist (§ 115 II 4 FGO) und damit der Revisionsbegründungsfrist (§ 120 I FGO). Es gilt sodann allgemeines Revisionsrecht. Die Revision ist infolgedessen beim **Finanzgericht** einzulegen (§ 120 I FGO). Die Zulassung eröffnet – selbst wenn sie nur wegen eines Einzelkomplexes ausgesprochen worden ist – die volle **revisionsrechtliche Überprüfbarkeit** des gesamten Urteils.

X. Die Revision

1. Zulässigkeit, Frist und Einlegung

Zur Zulässigkeit **(Revisionszulassung)** vgl. Rdnrn. 4 und 38ff. Die Revision ist **innerhalb eines Monats** nach Zustellung des vollständigen Urteils oder nach Zustellung des Beschlusses über die Zulassung der Revision schriftlich einzulegen, § 120 I 1 FGO. Die Frist ist nicht verlängerbar. Wichtig ist, daß die Revision **beim Finanzgericht** einzulegen ist. Die **förmlichen Anforderungen** an die Revisionsschrift sind gering. „Die Revision muß das angefochtene Urteil angeben" (§ 120 II 1 FGO). Zum **Vertretungszwang** vgl. Rdnr. 40. **53**

2. Revisionsbegründung

Innerhalb von **zwei Monaten** nach Zustellung des Urteils bzw. des Zulassungsbeschlusses ist die Revision zu begründen, § 120 I 1 FGO. Die Frist ist verlängerbar. Mit der Revisionsbegründung ist auch der Antrag für das Revisionsverfahren zu stellen. Zur Revisionsbegründung vgl. i. E. § 118 FGO sowie die Kommentierungen zu § 118 FGO z. B. bei *Tipke/Kruse* und *Gräber* FGO (vgl. Rdnrn. 34 und 9). **54**

3. Abschluß des Revisionsverfahrens

Im Revisionsverfahren gelten grundsätzlich die Verfahrensregeln, die auch für die erste Instanz gelten (vgl. § 121 FGO). Folglich endet das Revisionsverfahren grundsätzlich mit einer **mündlichen Verhandlung** und sich anschließender gerichtlicher Entscheidung. In Revisionssachen sind mündliche Verhandlungen nicht die Regel. Der BFH bereitet dies durch die Anfrage an die Beteiligten vor, ob auf mündliche Verhandlung verzichtet werde. Wird verzichtet, so entscheidet der BFH durch Urteil, ohne die Parteien in einer mündlichen Verhandlung angehört zu haben. **55**

Hält der BFH die Revision **einstimmig** für **unbegründet,** so kann er auch ohne mündliche Verhandlung und ohne weitere Begründung über die Revision in der Besetzung von fünf Richtern durch Beschluß entscheiden (Art. 1 Nr. 7 BFHEntlG). Voraussetzung ist, daß der Beschluß einstimmig erfolgt. Die Beteiligten sind auf diese Möglichkeit hinzuweisen und hierzu zu hören. **56**

XI. Hinweise zum Gebühren- und Kostenerstattungsrecht

1. Gerichtskosten bei Klagerücknahme

Bei einer Klagerücknahme entstehen **keine Gerichtskosten,** solange weder eine Anordnung oder Ladung nach § 79 FGO noch ein Beweisbeschluß, noch ein Vorbescheid verfügt ist, noch der Tag begonnen hat, der für die mündliche Verhandlung vorgesehen war, vgl. Nr. 1301 Anlage 1 des GKG. **57**

2. Kostenerstattung für das Vorverfahren

Gem. **§ 139 III FGO** gehören zu den erstattungsfähigen Kosten auch die Kosten des Vorverfahrens (d. h. i. d. R. des Einspruchsverfahrens). **Voraussetzung** ist, daß das Gericht die Zuziehung eines Bevollmächtigten für das Vorverfahren **58** für notwendig erklärt. Dieser Antrag kann im Rahmen des Kostenfestsetzungsantrags gestellt werden, dh. mit dem Antrag auf Kostenerstattung auch für das Vorverfahren verbunden werden. War der **Berater** bereits im **Veranlagungsverfahren** tätig, ist von den Gebühren gem. § 118 BRAGO nur die Hälfte erstattungsfähig. Argument: § 119 I BRAGO.

3. Verhandlungsgebühr

59 Gem. **§ 117 BRAGO** erhält der Rechtsanwalt, auch wenn ohne mündliche Verhandlung entschieden worden ist, die gleichen Gebühren wie in einem Verfahren mit mündlicher Verhandlung.

4. Gebühren für Nichtzulassungsbeschwerden und Revisionen

60 Die Nichtzulassungsbeschwerde bleibt **erfolglos:**
- **Gerichtskosten:** Eine zusätzliche Gerichtsgebühr (GKG-Kostenverzeichnis Nr. 1371).
- **Anwaltsgebühren:** Es gilt § 114 III BRAGO: Die Hälfte der Gebühren gem. § 31 BRAGO nach den Sätzen des § 11 I 4 BRAGO (Erhöhung um 3/10).

Die Beschwerde ist **erfolgreich,** die Revision wird zugelassen: D**61**
- Das Revisionsverfahren wird **gewonnen. Gerichtskosten:** Keine. Auch die Kostenentscheidung des erstinstanzlichen Urteils zu Lasten des Klägers wird aufgehoben. **Anwaltsgebühren:** Es fallen zusätzlich 2 Gebühren an (§ 114 BRAGO). Prozeß- und Verhandlungsgebühr, §§ 31 I, II BRAGO (erhöht um jeweils 3/10, §§ 114 I, 11 I 4 BRAGO). Die Verhandlungsgebühr fällt auch an, wenn ohne mündliche Verhandlung entschieden worden ist, § 117 BRAGO. Zum Kostenerstattungsanspruch des Klägers gegen das Finanzamt, vgl. § 139 FGO.
- Das Revisionsverfahren wird **verloren.** Es fallen 4 Gerichtsgebühren an (2 Gebühren nach Nr. 1312 GKG-Kostenverzeichnis: Verfahren im allgemeinen + 2 Gebühren Nr. 1314 GKG-Kostenverzeichnis: Instanzabschließendes Urteil ohne Vorbescheid). Für das **gewonnene Beschwerdeverfahren** fallen auch bei **verlorenem Revisionsverfahren** beim Kläger keine Gerichtskosten an. Gem. Nr. 1371 des GKG-Kostenverzeichnisses fällt die Gebühr für die Beschwerde nur an, wenn die Beschwerde verworfen oder zurückgewiesen worden ist. Bezüglich des **erstinstanzlichen Verfahrens** vor dem FG bleibt es bei der Kostentragungspflicht des Klägers. **Anwaltsgebühren:** Wie bei erfolgreichem Ausgang des Revisionsverfahrens.

C VI. Vollstreckungsmaßnahmen einschließlich Zwangsversteigerung und Zwangsverwaltung

Peter David

Übersicht

Literatur: *Baumbach/Lauterbach/Albers/Hartmann,* ZPO, 48. Aufl. 1990; *Boewer/Bommermann,* Lohnpfändung und Lohnabtretung, 1987; *Brox/Walker,* Zwangsvollstreckungsrecht, 3. Aufl. 1990; *David,* Ratgeber Lohnpfändung, 1990 (zit. *David,* Lohnpfändung); *David,* Über den Umgang mit Schuldnern, 12. Aufl. 1989; *Heussen,* Zwangsvollstreckung für Anfänger, 3. Aufl. 1989; *Stöber,* Forderungspfändung, 9. Aufl. 1990; *ders.,* Zwangsvollstreckung in das unbewegliche Vermögen (zit. *Stöber,* ZVG – Handbuch); *Storz,* Praxis des Zwangsversteigerungsverfahrens, 5. Aufl. 1988; *Thomas/Putzo,* ZPO, 16. Aufl. 1990; *Zöller,* ZPO, 16. Aufl. 1990 (zit. *Zöller/Stöber*).

I. Die Zwangsvollstreckung wegen Geldforderungen

1. Die Vorbereitung der Zwangsvollstreckung

Bevor Vollstreckungsmaßnahmen eingeleitet werden, empfiehlt es sich, mit **1**
dem Gläubiger ein Gespräch darüber zu führen, ob er Informationen über die **Einkommens- und Vermögensverhältnisse des Schuldners** besitzt.

- Wovon lebt der Schuldner? Wo arbeitet er? Bezieht er Renten?
- Sind Kapitaleinkünfte bekannt? Hat er Wertpapierdepots?
- Welche Banken oder Sparkassen sucht er auf? Sind Konten bekannt?
- Hat er Wohn- oder Hauseigentum? Sonstiger Grundbesitz?
- Zieht er Miet- oder Pachteinkünfte?
- Ergeben sich aus der Korrespondenz zwischen Gläubiger und Schuldner Anhaltspunkte für die finanziellen Verhältnisse? (Bankverbindungen)
- Besitzt der Schuldner Sammlungen? (Münz-, Uhren-, Briefmarkensammlung)
- Gehört ihm ein Rassetier? (Hund, Katze, Pferd, Zuchtvieh). Seit 1. 9. 1990 allerdings erhebliche Einschränkung der Pfändbarkeit, vgl. § 811c ZPO (BGBl. 1990 I S. 1762).

- Gehört ihm ein Boot, Flugzeug, Hängegleiter, Auto, Motorrad, Wohnmobil, Wohnwagen, Fallschirm, Wochenendhaus, Ferienwohnung?
- Hat er einen Tresor, ein Bankstahlfach, Kunstgegenstände, Teppiche?
- Ist der Schuldner an einer GmbH, KG oder OHG beteiligt?

2 Guten Einblick in die wirtschaftlichen Verhältnisse haben in der Regel **Ehegatten und Lebensgefährten.** Sind diese Gläubiger, kann die Entscheidung über ein wirksames Vorgehen bei der Vollstreckung meist rasch getroffen werden.

3 Einiges kann der **Anwalt** auch selbst feststellen, z. B. ob der Schuldner **Postgirokonten** besitzt. Dies geschieht durch schriftliche oder telefonische Anfrage an das nächste Postgiroamt – Kontenauskunft – (näheres bei *David,* Rdnrn. 420–421). Ob der Schuldner **Grundbesitz** hat, kann durch Einsicht ins Grundbuch geklärt werden (§ 12 GBO).

4 **Beteiligungen an GmbH, OHG und KG** können durch Auskunft aus dem Handelsregister A und B in Erfahrung gebracht werden (§ 9 HGB). Hierbei empfiehlt sich bei der GmbH die Anforderung sämtlicher Anmeldeunterlagen in unbeglaubigter Ablichtung (§§ 8, 40 GmbHG, § 9 II 1, 3 HGB). Seit Oktober 1988 kann auch die **Bilanz der GmbH** beim Handelsregister B angefordert werden, da durch das BilanzrichtlinienG erstmals für 1987 die Pflicht zur Erstellung und Einreichung der Bilanz festgelegt wurde (§§ 264, 325 HGB). Zwangsmaßnahmen – auch auf Antrag des Gläubigers – sind nach § 335 HGB möglich.

5 Im Hinblick auf § 13 II GmbHG und die selten mögliche Durchgriffshaftung (vgl. *BGH* NJW 1986, 188) sollte bei der GmbH als Schuldnerin in zweifelhaften Fällen nach Möglichkeiten zur **Erweiterung der Haftungsgrundlage** gesucht werden (vgl. dazu *David,* Rdnr. 1k), denn 68% aller Pleiten werden von GmbHs verursacht.

6 Durch Anfrage beim Amtsgericht – Vollstreckungsgericht – **Schuldnerverzeichnis,** in dessen Bezirk der Schuldner wohnt, kann man erfahren, ob er in den letzten drei Jahren die eidesstattliche Offenbarungsversicherung (s. Rdnr. 86) geleistet hat oder gegen ihn Haft nach § 901 ZPO angeordnet wurde. Ist er eingetragen, kann man vor Einleitung von Vollstreckungsmaßnahmen eine Abschrift des Vermögensverzeichnisses anfordern (Kosten: 25 DM, Nr. 1153 KV).

7 Bei den Industrie- und Handelskammern kann man **„Vertrauliche Mitteilungen über Schuldnerverzeichnisse der Amtsgerichte“,** die zweimal monatlich erscheinen, abonnieren (z. B. Halbjahresabonnement Gesamtausgabe Bayern für 170 DM, für Oberbayern 70 DM etc. bei der IHK für München und Oberbayern). Diese Schuldnerlisten enthalten nicht nur alle Schuldner, die die eidesstattliche Offenbarungsversicherung abgegeben haben, sondern auch diejenigen Fälle, in denen der Antrag auf Konkurseröffnung mangels Masse vom Gericht abgewiesen wurde sowie alle beantragten und eröffneten Konkurs- und Vergleichsverfahren.

I. ü. s. *David,* Rdnr. 16d „Informationen über Schuldner“.

2. Die Wahl der Vollstreckungsart

8 Hat der Schuldner Grundvermögen, so wird der Gläubiger als erstes unabhängig von anderen Zwangsvollstreckungsmaßnahmen den **Antrag auf** Eintragung einer **Zwangssicherungshypothek** stellen (näher Rdnr. 144). Dies läßt sich bei guten Kontakten mit dem Schuldner dadurch vermeiden, daß dieser sein Grundstück freiwillig zugunsten des Gläubigers belastet (kosten- und bonitätsgünstiger).

Vor der Entscheidung für eine Vollstreckungsart sollte man sich die **Vor- und Nachteile der Sach- und Forderungspfändung** vor Augen führen: Die Sachpfändung wird durch zwei Faktoren erschwert, 9

- der **Geschäftsgang beim Gerichtsvollzieher** ist grundsätzlich durch den Gläubiger nicht beeinflußbar. Die Zeit vom Auftrag bis zur Pfändung kann (entgegen § 64 GVGA = erste Vollstreckungshandlung innerhalb eines Monats; *David,* Anh. S. 409) bis zu einem Vierteljahr dauern, da die Gerichtsvollzieher überlastet sind;
- zunehmend wird die **Durchsuchung** von Wohn- und Geschäftsräumen durch Schuldner verweigert (näher dazu Rdnr. 65) und in der Folge pfändbare Habe verlagert.

Andererseits setzt der Antrag auf Abgabe der **eidesstattlichen Vermögensoffenbarung** in der Regel (s. aber *OLG Köln* DGVZ 1990, 22) einen ganz oder teilweise erfolglos geblieben Pfändungsversuch in körperliche Sachen voraus (§ 807 ZPO; Vorlage einer **Unpfändbarkeitsbescheinigung** nach § 63 Nr. 1 GVGA). Ein Teil der Rspr. läßt es genügen, wenn der Schuldner dem Gerichtsvollzieher den Eintritt in die Wohn- oder Geschäftsräume versagt (*LG Traunstein* RPfleger 1989, 115; *LG Paderborn* JurBüro 1989, 273; *LG Hannover* JurBüro 1990, 536). Die im Vordringen begriffene Gegenmeinung dürfte richtig sein (*LG München I* DGVZ 1985, 77; *LG Düsseldorf* DGVZ 1990, 26; *LG Frankfurt* DGVZ 1990, 27; *LG Köln* DGVZ 1990, 82; *Zöller/Stöber* Rdnr. 14 zu § 807). Kennt der Gläubiger die Einkommens- und Vermögensverhältnisse des Schuldners nicht, so ist aber die eidesstattliche Vermögensoffenbarung für ihn die einzige Quelle, sich über Zugriffsmöglichkeiten zu orientieren.

Die **Forderungspfändung,** unterstützt durch eine Vorpfändung (Rdnr. 98), ist dagegen ein rascher und schwerwiegender Eingriff, gegen den sich der Schuldner weniger schützen kann. Handelt es sich um Pfändung von Arbeitseinkommen (was für die Lohnabteilung des Arbeitgebers erhebliche Mehrarbeit bedeutet), so führt dies zu einem Ansehensverlust, in extremen Fällen sogar zum Verlust des Arbeitsplatzes (*BAG* NJW 1982, 1062; *Stöber,* Forderungspfändung, Rdnr. 934).

Der Gläubiger kann auch zwei- und dreispurig vorgehen: So kann er unter Vorlage des Vollstreckungstitels beim Vollstreckungsgericht die Forderungspfändung betreiben und gleichzeitig Sachpfändungsantrag beim zuständigen Gerichtsvollzieher stellen und ihm ankündigen, daß eine Übersendung des Titels durch das Vollstreckungsgericht nach Erlaß des Pfändungs- und Überweisungsbeschlusses erfolgen wird. Der Gerichtsvollzieher kann die Sache dann schon in seinen Terminplan aufnehmen. 10

Daneben kann der Gläubiger (evtl. mit einer weiteren vollstreckbaren Ausfertigung des Titels nach § 733 ZPO, vgl. *KG* FamRZ 1985, 628; *OLG Düsseldorf* DNotZ 1977, 571) die **Simultanvollstreckung** in die Immobilien des Schuldners betreiben (Wohnsitz des Schuldners in Köln, Grundbesitz in München).

Wird dem Schuldner vom Gläubiger Kredit in Form eines Zahlungsaufschubs unter Zahlung von Verzugszinsen gewährt, sind Form und erforderliche Angaben des Kreditvertrages nach dem Verbraucher-Kreditgesetz (§ 4 VerbrKrG) zu berücksichtigen. 11

3. Die Prüfung der allgemeinen und besonderen Vollstreckungsvoraussetzungen

a) Die allgemeinen Zwangsvollstreckungsvoraussetzungen

12 Jede Zwangsvollstreckung setzt zunächst einen **Vollstreckungstitel** voraus. Die Rechtsmäßigkeit einer Forderung wird durch ihre Titulierung in einer öffentlichen Urkunde bescheinigt.

Die Titulierung bewirkt:
- das Entstehen eines Vollstreckungstitels, der die zwangsweise Durchsetzung der Forderung ermöglicht,
- die **Verjährung der Forderung** wird auf 30 Jahre ausgedehnt (§ 218 I BGB). Anders für **Zinsen:** Sie verjähren bereits in 4 Jahren (§ 218 II i. V. m. § 197 BGB), wobei für den Verjährungsbeginn § 201 BGB gilt; daher Verjährung rechtzeitig unterbrechen! Vollstreckungsauftrag genügt (*BGH* KTS 1985, 586; vgl. auch Rdnr. 55).
  Die **Verjährung titulierter Zinsansprüche** hat der Gerichtsvollzieher nicht von Amts wegen zu beachten (*LG Koblenz* DGVZ 1985, 62 unter Hinweis auf § 222 I BGB).

13 Die Vollstreckung aus dem Titel (er muß **vollstreckungsfähig** sein, d. h. der Inhalt der Leistung muß sich aus ihm ergeben – anderenfalls Feststellung erstreiten, die Inhalt des Titels feststellt, *BGH* NJW 1972, 2268) findet nur für und gegen die **Parteien** statt, die im Titel genau bezeichnet sind. Bei Vollstreckung von Rechtsnachfolgern und gegen solche ist Umschreibung des Titels erforderlich (s. Rdnr. 19); so muß der Titel gegen den Erblasser zur Zwangsvollstrekkung in den Nachlaß auf alle Miterben umgeschrieben werden (§ 727 ZPO). Auch Titel über **Minimalforderungen** können ohne Begrenzung nach unten vollstreckt werden. Hier hat es auch ein in bedrängten Verhältnissen befindlicher Schuldner in der Hand, durch Zahlung des Bagatellbetrages die mit der Vollstreckung verbundenen Härten abzuwenden (grundlegend *OLG Düsseldorf* NJW 1980, 1171; und zur Vollstreckung von 0,11 DM *LG Aachen* DGVZ 1987, 139; zusammenfassend *Sibben* in DGVZ 1988, 180).

14 Die **wichtigsten Vollstreckungstitel** sind:
- das Endurteil eines Zivilgerichts (§§ 704, 300 ZPO; ist es noch nicht rechtskräftig, § 717 II ZPO beachten!),
- der Vollstreckungsbescheid (§§ 699, 794 I Nr. 1 ZPO),
- der Prozeßvergleich (§ 794 I Nr. 1 ZPO; der außergerichtliche Vergleich gibt nur ein Klagerecht auf Erfüllung),
- die vollstreckbare Urkunde (§ 794 I Nr. 5 ZPO),
- der Kostenfestsetzungsbeschluß (§§ 103, 794 I Nr. 2 ZPO),
- die einstweilige Anordnung (§§ 620, 794 I Nr. 3a ZPO)
- der Anwaltsvergleich (§§ 1044b, 794 I Nr. 4a ZPO).

Weitere Vollstreckungstitel s. die Zusammenstellung bei *Zöller/Stöber* § 794 Rdnr. 35.

15 Außer dem Vollstreckungstitel setzt die Zwangsvollstreckung grundsätzlich eine **Vollstreckungsklausel** (§§ 724ff., 795 ZPO) voraus. Sie stellt eine amtliche Bescheinigung der Vollstreckbarkeit von Vollstreckungstiteln dar und wird als Vermerk (Wortlaut: § 725 ZPO) auf die Ausfertigung des Titels gesetzt.

16 Ausnahmsweise bedarf **keiner** (einfachen) Vollstreckungsklausel:
- der Vollstreckungsbescheid (§ 796 I ZPO),

- der Kostenfestsetzungsbeschluß, der nach § 105 ZPO auf die Ausfertigung des Titels gesetzt wird (§ 795a ZPO),
- der Arrestbefehl (§ 929 I ZPO),
- die einstweilige Verfügung (§§ 936, 929 I ZPO),
- der Haftbefehl bei der eidesstattlichen Offenbarungsversicherung (§ 908 ZPO),
- der Pfändungsbeschluß als Titel für die Wegnahme des Hypothekenbriefs (§ 830 I 2 ZPO),
- der Überweisungsbeschluß als Titel für die Wegnahme einer Urkunde über die gepfändete Forderung (§ 836 III 2 ZPO).

Aber: Bei **Rechtsnachfolge** auf Gläubiger- oder Schuldnerseite sieht § 727 I ZPO auch in diesen Fällen eine **titelübertragende Klausel** vor.

Die sog. **einfache Vollstreckungsklausel** wird vom Urkundsbeamten der Geschäftsstelle des erstinstanzlichen Gerichts erteilt (§ 724 II, § 795 ZPO). **17**

Sofortige Vollstreckungsklausel: Bei Verkündung eines Urteils kann bereits vor oder unmittelbar nach dem Verkündungstermin die sofortige Erteilung einer vollstreckbaren abgekürzten Ausfertigung (§ 317 II 2 ZPO) beantragt werden. Ein erheblicher Zeitgewinn wird weiter dadurch erzielt, daß gleichzeitiger Zustellungs- und Vollstreckungsauftrag an den Gerichtsvollzieher erteilt wird. **18**

Für die Erteilung der sog. **qualifizierten Vollstreckungsklausel,** – das ist die titelergänzende Klausel des § 726 ZPO (z. B. bei vormundschaftsgerichtlicher Genehmigung, die für die Wirksamkeit eines Prozeßvergleichs erforderlich ist. Im übrigen ist diese Klausel wegen der vielen Ausnahmen – s. dazu *Zöller/Stöber* § 726 Rdnrn. 9–17 – selten. Kein Fall des § 726 I ZPO z. B. bei Verfallklausel eines Prozeßvergleichs) und die titelübertragende der §§ 727–729 ZPO (z. B. Umschreibung des Titels gegen die Erben des Schuldners – sie erfordert Vorlage eines **Erbscheins,** den sich der Gläubiger nach **§ 792 ZPO,** § 85 FGG beschaffen kann –), ist der Rechtspfleger des erstinstanzlichen Gerichts zuständig (§ 20 Nr. 12 RPflegerG). **19**

Zum Schutz des Schuldners wird grds. nur eine vollstreckbare Ausfertigung des Titels erteilt. Eine **weitere vollstreckbare Ausfertigung** (§ 733 ZPO; zuständig Rechtspfleger gem. § 20 Nr. 12 RPflegerG; bei notariellen Urkunden muß RPfleger zustimmen, § 20 Nr. 13 RPflegerG) nur, wenn dafür ein Rechtsschutzbedürfnis vom Gläubiger nachgewiesen oder zumindest glaubhaft gemacht wird. Es ist in folgenden Fällen zu bejahen: **20**

- bei Verlust der ersten Ausfertigung,
- bei Rückgabe der beschädigten Ausfertigung,
- bei Notwendigkeit der **Simultanvollstreckung** (Doppelvollstreckung an verschiedenen Orten oder durch verschiedene Vollstreckungsorgane – s. Rdnrn. 10, 11 – oder gegen Gesamtschuldner oder bei notwendiger Sach- und Rechtspfändung in Fällen von **Eigentumsvorbehalt** – s. dazu *David,* Rdnrn. 238–248),
- bei unrechtmäßiger oder versehentlicher Aushändigung der Erstausfertigung an den Schuldner,

nicht aber, wenn der Gläubiger die Erstausfertigung im Offenbarungsverfahren eingereicht hat (*OLG Karlsruhe* RPfleger 1977, 453; str.).

Rechtsbehelfe im Klauselverfahren sind:

für Gläubiger: Bei Versagung durch Urkundsbeamten die Erinnerung nach § 576 I ZPO (gegen die negative Entscheidung des Richters gibt es die **einfache** **21**

Beschwerde nach § 576 II, § 567ff. ZPO), durch Rechtspfleger sog. Rechtspflegererinnerung nach § 11 RpflegerG (sie wird bei Nichtabhilfe durch den Richter zur sog. Durchgriffserinnerung nach § 11 II 5 RpflegerG und geht an die Beschwerdekammer des Landgerichts), durch Notar Beschwerde zur Zivilkammer des Landgerichts, in dessen Bezirk der Notar seinen Sitz hat (§ 54 BeurkG, §§ 19ff. FGG).

22 **Klage** auf **Erteilung der Vollstreckungsklausel** (§ 731 ZPO) kann der Gläubiger ausschließlich (§ 802 ZPO) bei Prozeßgericht des ersten Rechtszugs erheben, wenn er im Fall der titelergänzenden oder titelübertragenden Klausel den erforderlichen Nachweis durch öffentliche oder öffentlich beglaubigte Urkunden (s. § 727 ZPO) nicht führen kann.

23 **für Schuldner:** Gegen die **Erteilung der Vollstreckungsklausel** ist **Erinnerung** nach § 732 I ZPO (Spezialregelung, die Rpfleger- und Durchgriffserinnerung ausschließt!) beim Gericht, dessen Urkundsbeamter oder Rechtspfleger die Klausel erteilt hat, statthaft. Gegen den zurückweisenden Beschluß kann einfache Beschwerde (§ 567 ZPO) zum Landgericht eingelegt werden (gegen stattgebenden einfache Beschwerde durch Gläubiger). Das Gericht hat die Möglichkeit, **einstweilige Anordnungen** (§ 732 II ZPO) zu erlassen, da die Erinnerung keine aufschiebende Wirkung hat.

24 Gegen die Erteilung der **qualifizierten Vollstreckungsklausel** steht dem Schuldner zur Wahl neben der obengenannten Klauselerinnerung noch die **Klage nach § 768 ZPO** bei Bestreiten der sachlichen Voraussetzungen (z. B. Nichtigkeit der Abtretung, die der Erteilung der titelübertragenden Klausel zugrunde lag) zur Verfügung. Sie ist beim Prozeßgericht erster Instanz (§ 767 I ZPO) zu erheben. Auch hier besteht die Möglichkeit, einstweilige Anordnungen zu erlassen (§ 769 ZPO).

25 Weitere Voraussetzung für den Beginn jeder Zwangsvollstreckung ist grundsätzlich, daß der Vollstreckungstitel zugestellt ist oder gleichzeitig mit der Vollstreckung zugestellt wird (§ 750 I ZPO). Ausgenommen hiervon sind lediglich der **Arrestbefehl** (§ 929 ZPO; aber Vollziehungsfrist des Abs. 2 beachten!) und die **einstweilige Unterhaltsverfügung** (§§ 936, 929 ZPO). Auch die **Vorpfändung** bedarf keiner Titelzustellung (s. Rdnr. 100). Dabei genügt die für gerichtliche Entscheidungen, insbesondere Urteile und Vollstreckungsbescheide vorgeschriebene **Amtszustellung** (§§ 317 I, 270 I, 699 IV 1 ZPO). Zustellungsbescheinigung auf Antrag durch die Geschäftsstelle (§ 213a ZPO).

26 Zügiger geht es über die **Parteizustellung** (s. Rdnr. 18). Sie ist ohnehin erforderlich bei Prozeßvergleichen, notariellen Urkunden, Pfändungs- und Überweisungsbeschlüssen (§ 829 II ZPO), Vorpfändungsbenachrichtigungen (§ 845 I 1 ZPO), qualifizierten Klauseln (§§ 726, 727, 750 II ZPO), Gläubigernachweisen über erbrachte Sicherheitsleistung (§ 751 II ZPO), Arrestbeschlüssen (Vollzugszustellung nach § 929 II ZPO), einstweiligen Verfügungen in Beschlußform (§ 936 ZPO wie bei Arresten). Die Parteizustellung erfolgt über den Gerichtsvollzieher und von Anwalt zu Anwalt (§ 176 ZPO), wenn beide Parteien durch Anwälte vertreten sind (§ 198 ZPO).

27 Ausnahmsweise ist eine **fristgebundene vorherige Zustellung** erforderlich:
- mindestens eine Woche vor Beginn der Zwangsvollstreckung in den Fällen des § 798 ZPO (z. B. bei notariellen Urkunden),
- mindestens zwei Wochen vor Beginn der Sicherungsvollstreckung (s. Rdnr. 36; hierbei zusammen mit Vollstreckungsklausel!),

– mindestens ein Monat vor Beginn bei Änderungsbeschlüssen zu Unterhaltstiteln (§ 798a ZPO).

In den Fällen des § 750 II und III ZPO muß neben dem Vollstreckungstitel auch die Vollstreckungsklausel zugestellt werden (häufigstes Beispiel: titelübertragende Klausel, Rdnr. 19). 28

b) Die besonderen Zwangsvollstreckungsvoraussetzungen

aa) Der Eintritt eines Kalendertages (§ 751 I ZPO). Diese Voraussetzung ist praktisch wichtig insbesondere bei Renten- und Unterhaltsansprüchen sowie bei vollstreckbaren Urkunden und Prozeßvergleichen, in denen die Fälligkeit an bestimmten Kalendertagen vereinbart ist und bei gerichtlichen Entscheidungen mit Räumungsfrist bei Wohnraum (§ 721 ZPO). 29

Ausnahmeregelung: Die rangwahrende **Vorratspfändung** in das Arbeitseinkommen des Schuldners (§ 850d III ZPO) wegen künftig fällig werdender gesetzlicher **Unterhaltsansprüche** oder **Rentenansprüche** aus Anlaß der Verletzung des Körpers bzw. der Gesundheit (§ 850b Nr. 1 ZPO), wenn wenigstens wegen einer fälligen Rate vollstreckt wird (gilt nicht bei Mietzins- und Leibrentenansprüchen) fällt nicht unter § 751 I ZPO. 30

bb) Nachweis der Sicherheitsleistung durch den Gläubiger (§ 751 II ZPO)' 31
Fälle: Gegen Sicherheitsleistung vorläufig vollstreckbare Urteile nach §§ 709, 711, 712 II ZPO. Die Sicherheit durch Hinterlegung von Geld, geeigneten Wertpapieren (§ 234 BGB) oder Erbringung einer selbstschuldnerischen Bürgschaft – letztere nur nach Zulassung durch das Gericht, § 108 I 2 ZPO – muß vom Gläubiger erbracht und durch öffentliche oder öffentlich beglaubigte Urkunden nachgewiesen sein. Die **Nachweisurkunde** (Hinterlegungsschein, Bürgschaftserklärung) ist dem Schuldner spätestens bei Beginn der Zwangsvollstreckung zuzustellen.

cc) Nachweis des Gläubigers bei Zug-um-Zug-Leistung (§ 726 II ZPO). 32
Hängt die Zwangsvollstreckung von einer Zug-um-Zug zu bewirkenden Leistung des Gläubigers ab, wird die Vollstreckungsklausel ohne Nachweis, daß die Leistung erbracht ist, erteilt (§ 726 II ZPO). **Ausnahme:** wenn der Schuldner zur Abgabe einer Willenserklärung Zug um Zug gegen eine Leistung des Gläubigers verurteilt wurde (§§ 726 II, 894 I 2 ZPO).

Das Vollstreckungsorgan prüft stets, ob der Gläubiger die Gegenleistung erbracht hat. So darf der Gerichtsvollzieher mit der Zwangsvollstreckung erst beginnen, wenn er dem Schuldner die ihm gebührende Leistung in einer den Annahmeverzug begründenden Weise angeboten hat (§ 756 ZPO, §§ 294, 295 BGB). Er muß hierzu ggf. unter Zuziehung eines Sachverständigen (*LG Heidelberg* DGVZ 1977, 91) prüfen, ob die angebotene Gegenleistung richtig und vollständig ist (§ 84 GVGA).

Ohne Angebot der Gegenleistung vollstreckt der Gerichtsvollzieher, wenn ihm vom Gläubiger die Befriedigung oder der Annahmeverzug durch öffentliche oder öffentlich beglaubigte Urkunden, die in Abschrift dem Schuldner bereits zugestellt sein müssen, nachgewiesen wird (§ 756 a. E. ZPO). 33

Anderen Vollstreckungsorganen ist die Befriedigung oder der Annahmeverzug des Schuldners ebenso nachzuweisen. Als Beweis können eine notariell beglaubigte Quittung und ein schriftliches Empfangsbekenntnis bei Zustellung von Anwalt zu Anwalt dienen. 34

4. Die Sicherungsvollstreckung

35 Die arrestähnlich (vgl. § 930 ZPO) ausgestaltete Sicherungsvollstreckung (§ 720a ZPO) wirkt **rangwahrend** und ermöglicht eine rasche **Beschlagnahme** verwertbarer Vermögensbestandteile des Schuldners.

Sie hilft dem Gläubiger vor allem gegen solche Berufungen, die der Schuldner einlegt, um Zeit zu gewinnen. Sie erlaubt dem Gläubiger, der ein nur gegen Sicherheitsleistung für vorläufig erklärtes Urteil in Händen hat, **ohne Sicherheitsleistung eine Zwangsvollstreckung** einzuleiten, die allerdings nur zur **Sicherung** (nicht auch zur Befriedigung) seines Anspruchs führt: Bei den Zwangsvollstreckungsmaßnahmen fehlt jeweils der Verwertungsakt (ausführlicher *David,* Rdnrn. 168, 168a).

36 Die **Voraussetzungen:**
- Zahlungsurteil, das nur gegen Sicherheitsleistung vorläufig vollstreckbar ist,
- Urteil und Vollstreckungsklausel (auch einfache! *KG* JurBüro 1988, 790; *OLG Schleswig* RR 1988, 700; str.) müssen mindestens zwei Wochen vorher zugestellt sein (§ 750 III ZPO) = eine nach § 170 II ZPO begl. Abschrift der vollstreckbaren Ausfertigung (§ 725 ZPO) muß zwei Wochen vor Beginn der Sicherungsvollstreckung übergeben worden sein (§ 170 I ZPO).
  Grund: Schuldnerschutz. Gelegenheit zur Abwendung des Sicherungszugriffs nach § 720a III ZPO.
- der Schuldner hat nicht wirksam von der Abwendungsbefugnis nach § 720a III ZPO Gebrauch gemacht.

37 Die zu beantragenden **Maßnahmen:**
- Pfändungsauftrag an Gerichtsvollzieher unter Hinweis darauf, daß nur eine Sicherungsvollstreckung (§§ 83, 78 Nr. 3 GVGA) erfolgen soll,
- Antrag auf (isolierten) Pfändungsbeschluß hinsichtlich von Forderungen und anderen Vermögensrechten (§§ 829ff., 857 ZPO) des Schuldners (Wort „Überweisung" im Formular streichen!),
- Antrag auf Eintragung einer Sicherungshypothek (§§ 866, 867 ZPO) oder Schiffshypothek (§ 870a I ZPO),
- Antrag auf eidesstattliche Offenbarungsversicherung nach fruchtloser Pfändung (§ 807 ZPO; str., wie hier *OLG Hamm* MDR 1982, 416; *OLG Düsseldorf* NJW 1980, 2717; *OLG Stuttgart* NJW 1980, 1698).

38 Die **Vorpfändung** (Rdnr. 98) ist auch im Rahmen der Sicherungsvollstreckung zulässig. Die zweiwöchige Wartefrist des § 750 III ZPO braucht nicht eingehalten zu werden (*BGHZ* 93, 74; *KG* MDR 1981, 412).

39 **Befriedigung aus** den **gepfändeten Gegenständen** ist dem Gläubiger erst möglich, wenn er entweder
- die ihm laut Vollstreckungstitel obliegende Sicherheit (§ 720a I 2 ZPO) geleistet und nach § 751 ZPO nachgewiesen hat oder
- wenn das Urteil, aus dem vollstreckt wird, rechtskräftig oder sonst vorläufig ohne Sicherheitsleistung vollstreckbar geworden ist.

5. Die Mobiliarzwangsvollstreckung

40 Sie ist die am häufigsten vorkommende Art der Zwangsvollstreckung wegen Geldforderungen und betrifft das bewegliche Vermögen des Schuldners. Zu ihm gehören körperliche Sachen (Sachpfändung), Forderungen und andere Vermögensrechte (Forderungspfändung).

Zur Erhaltung des wirtschaftlichen Zusammenhangs zwischen einem Grundstück, **mithaftenden Gegenständen** – also solchen, auf die sich eine Hypothek erstreckt – (s. dazu Rdnr. 142) und dem **Zubehör** unterliegen letztere nicht der Mobiliarzwangsvollstreckung, und zwar Zubehör in keinem Fall (§ 865 II 1 ZPO), die anderen Gegenstände ab Beschlagnahme des Grundstücks im Wege der Immobiliarvollstreckung (§ 765 II 2 ZPO). **41**

a) Die Sachpfändung und ihre Gegenstände

Die Sachpfändung erfolgt durch den örtlich zuständigen (keine freie Wahl!) Gerichtsvollzieher (§ 753 ZPO, § 20 I GVO). Anknüpfungspunkt für die Pfändung ist der **Gewahrsam des Schuldners** an der zu pfändenden Sache (§ 808 I ZPO). Auch Sachen des Schuldners, die der Vollstreckungsgläubiger oder **herausgabebereite Dritte** in (Mit-) Gewahrsam haben (§ 809 ZPO) können vom Gerichtsvollzieher gepfändet werden. **42**

Ist der Dritte zur Herausgabe nicht bereit, kann der Gläubiger grundsätzlich nicht pfänden lassen. Handelt es sich um den einzigen verwertbaren Vermögensgegenstand des Schuldners, muß der Gläubiger zunächst den **Herausgabeanspruch des Schuldners gegen den Dritten pfänden** lassen (§ 846 ZPO) und bei neuerlicher Verweigerung der Herausgabe durch den Dritten, gegen diesen **auf Herausgabe klagen** (Vollstreckung nach Rdnrn. 171ff.). Ausnahmsweise kann jedoch beim Dritten gepfändet werden, wenn er im Einvernehmen mit dem Schuldner die Sache in Gewahrsam genommen hat, um sie der Vollstrekkung zu entziehen (*Zöller/Stöber* Rdnr. 5 zu § 809). **43**

Die **Zwangsvollstreckung gegen verheiratete Schuldner,** die im gesetzlichen Güterstand der Zugewinngemeinschaft oder in Gütertrennung leben, ist in doppelter Hinsicht erleichtert: Es wird grundsätzlich (widerlegbar) vermutet, daß der schuldnerische Ehegatte Eigentümer der zu pfändenden Sache ist (§ 1362 BGB) und grundsätzlich (unwiderlegbar) fingiert, daß er den alleinigen Gewahrsam an der Sache hat (§ 739 ZPO). Ausnahmen gelten für den Fall, daß die Eheleute getrennt leben oder wenn es sich um zum persönlichen Gebrauch des anderen Ehegatten dienende Gegenstände (Kleider, Schmuck, persönliches Arbeitsgerät) handelt. **44**

Nach seinem klaren Wortlaut ist § 739 ZPO unanwendbar auf **nichteheliche Lebensgemeinschaften.** **45**

Zur Rechtslage bei der selten vorkommenden Gütergemeinschaft s. §§ 740–745 ZPO und § 1416 BGB, ferner ausführlich bei *David* Rdnrn. 445, 489 und 493.

Materiellrechtliche Einwände des Schuldners hat der Gerichtsvollzieher grds. nicht zu beachten. Richten sie sich gegen den Titel (z. B. Verjährung), so muß der Schuldner sie über die Vollstreckungsabwehrklage (§ 767 ZPO) geltend machen. Behauptet der Schuldner, die Sache stehe nicht in seinem Eigentum, so muß sich der Eigentümer der (Dritt-)Widerspruchsklage (§ 771 ZPO) bedienen. Nur wenn Gegenstände offensichtlich **zum Vermögen eines Dritten** gehören (Pelzmantel in Reinigung des Schuldners), pfändet der Gerichtsvollzieher sie nicht oder nur auf ausdrückliches Verlangen des Gläubigers (§ 119 Nr. 2 GVGA; *David,* Anh. S. 412). **46**

Gegenstand der Pfändung sind **bewegliche Sachen** (auch Schiffe und Luftfahrzeuge, §§ 870a, 931 ZPO; §§ 134, 134a GVGA), **Wertpapiere** i. e. S. („Recht aus dem Papier folgt Recht am Papier"; §§ 821, 831 ZPO) und periodisch geerntete **Früchte, die vom Boden noch nicht getrennt sind** (§ 810 ZPO, **47**

§§ 151–153 GVGA). Darunter fallen Getreide, Kartoffeln, Obst, Gemüse und Weintrauben, nicht aber Holz. **Aber:** Pfändung ausgeschlossen bei bereits **erfolgter Beschlagnahme** zur Zwangsversteigerung oder Zwangsverwaltung (§§ 20, 21, 148 ZVG). Ausnahme: beim **Pächter,** dessen Recht auf Fruchtgenuß von der Beschlagnahme nicht berührt wird (§ 21 III ZVG, § 956 ZPO).

Pfändungsverbote nach § 811 Nr. 2–4 ZPO beachten!

48 Erfolgt die **Beschlagnahme** erst nach der Pfändung, bleibt das Pfandrecht unberührt (jedoch Anmeldepflicht der Pfändungsgläubiger nach § 37 Nr. 4 ZVG).

Zu beachten ist jedoch stets die **Widerspruchsklagemöglichkeit** (§ 771 ZPO) rangbesserer **Realgläubiger** (§§ 10–12 ZVG) nach § 810 II ZPO, die auch nach Ernte der gepfändeten Früchte und auch dann noch gegeben ist, wenn die Beschlagnahme (§§ 20, 21, 148 ZVG) der Pfändung nachfolgt.

49 **Zubehör** (§§ 97, 98, 1120 BGB; z. B. Maschinen in Fabrik, Hotelinventar) kann nicht im Wege der Sachpfändung gepfändet werden, sondern unterliegt der Immobiliarvollstreckung (§ 865 II ZPO).

50 Bei **Legitimationspapieren,** die für den Bestand des Rechts selbst von Bedeutung sind (z. B. Sparbuch), erfolgt eine sog. **Hilfspfändung** (§ 156 GVGA; *David,* Anh. S. 419). Sie wahrt keinen Pfändungsrang und ist zeitlich eingeschränkt: Der Gerichtsvollzieher gibt die Papiere an den Schuldner zurück, wenn nicht innerhalb zweier Wochen ein Pfändungsbeschluß über die Forderung vorgelegt wird, die dem Papier zugrunde liegt (= unterstützender Charakter der Hilfspfändung).

Geld, Kostbarkeiten (z. B. Schmuck, wertvolle Sammlungen) und **Wertpapiere** nimmt der Gerichtsvollzieher sogleich an sich. Andere Sachen beläßt er – in der Regel unter Pfandsiegelanbringung (§ 808 II 2 ZPO) im Gewahrsam des Schuldners, sofern nicht hierdurch die Befriedigung des Gläubigers gefährdet wird (§ 808 II 1 ZPO; §§ 131 ff. GVGA; *David,* Anh. S. 415).

Bei Pfändung von **Kraftfahrzeugen** ist eine solche Gefährdung regelmäßig anzunehmen (§ 157 GVGA; Unfallgefahr!).

51 Erhält der Gerichtsvollzieher anläßlich der Zwangsvollstreckung durch Befragung des Schuldners oder durch Einsicht in Schriftstücke Kenntnis von Geldforderungen des Schuldners gegen Dritte und konnte eine Pfändung nicht bewirkt werden oder wird eine bewirkte Pfändung voraussichtlich nicht zur vollständigen Befriedigung des Gläubigers führen, so teilt er Namen und Anschriften der Drittschuldner sowie den Grund der Forderungen und für diese bestehende Sicherheiten dem Gläubiger mit (§ 806a I ZPO). Nach § 806a II darf der Gerichtsvollzieher erwachsene Mitglieder des Hausstands des Schuldners nach dessen Arbeitgeber befragen, muß sie aber auf der Freiwilligkeit ihrer Angaben hinweisen. Auch hierbei gewonnene Erkenntnisse sind dem Gläubiger mitzuteilen.

52 **aa) Der Vollstreckungsauftrag an den Gerichtsvollzieher.** Eine **direkte Beauftragung des** zuständigen Gerichtsvollziehers – das ist derjenige, in dessen Bezirk der Schuldner wohnt oder Geschäftsräume unterhält (§ 753 I, § 764 II ZPO) – bringt Zeitgewinn (Ablichtung des Verteilungsplans von der Gerichtsvollzieherverteilungsstelle anfordern!).

53 Der Sachpfändungsauftrag, dem stets eine vollstreckbare Ausfertigung des Titels beizufügen ist (§ 754 ZPO), muß eine **detaillierte Forderungsaufstellung** enthalten. Wird der Auftrag nur auf einen **Teilbetrag** der titulierten Forderung

beschränkt – wegen der oft geringen Aussichten der Sachpfändung em[,] sich dies aus Kostengründen – (nur halbe Gerichtsvollziehergebühr bei erf sem Vollstreckungsversuch, § 17 IV GVKostG) – braucht keine vollstär Forderungsaufstellung vorgelegt werden, es sei denn, es bestünden Anh punkte dafür, daß wegen geleisteter Zahlungen eine Forderung in Höhe (verlangten Teilbetrags nicht mehr besteht (*LG Frankfurt* DGVZ 1988, 95).

Die Vorlage einer Berechnung der Gesamtforderung ist jedoch dann erforderlich, wenn der Gläubiger dem Pfändungsauftrag den in diesem Fall zweckmäßigen Zusatz anfügt: „Zahlt der Schuldner die Gesamtforderung einschließlich der aufgelaufenen Zinsen, kann ihm der Vollstreckungstitel ausgehändigt werden."

Dem Pfändungsauftrag an den Gerichtsvollzieher, der zweckmäßigerweise **55** unter Benutzung eines der üblichen Formblätter erteilt wird, können folgende **Zusätze,** die die Effektivität steigern und von Kenntnis der GVGA zeugen, angefügt werden:

- Bitte um **Ermittlung des Arbeitgebers** bei (teilweise) fruchtlosem Pfändungsversuch. Sodann sofortiger Anruf beim angegebenen Arbeitgeber, ob der Schuldner dort noch tätig ist (manche Schuldner geben den früheren Arbeitgeber an!),
- Erteilung selbständiger **Vorpfändungsermächtigung** an den Gerichtsvollzieher durch ausdrücklichen Auftrag (s. Rdnr. 101). Sie erlaubt ihm Ermittlungen zum Aufspüren pfändbarer Forderungen (z. B. Durchsuchung einer Dokumentenmappe, Suchen nach Bankbelegen oder Unterlagen über Arbeitsverhältnis),
- Anweisung an den Gerichtsvollzieher, keine Pfändung von Gegenständen durchzuführen, an denen der Gläubiger **Sicherungseigentum** besitzt (§ 111 Nr. 1 GVGA; *David,* Anhang S. 412),
- Erklärung der Bereitschaft zur **Einräumung von Ratenzahlungen** mit Verfallklausel verteilt auf ein Jahr, wenn möglich mit gleich zu zahlendem Abschlag (s. § 141 Nr. 2 III u. IV GVGA, § 813a IV ZPO),
- Bitte um vorläufige **Wegnahme von Papieren** i. S. des § 836 III ZPO (Sparbücher, Schuldscheine, Pfandscheine, Depotscheine etc.) im Wege der **Hilfspfändung** (§ 156 GVGA; *David,* Anh. S. 419),
- Auftrag zur **Pfändung** auch **angeblich sicherungsübereigneter** (näher dazu: *David,* Rdnrn. 249–252) oder nach Angaben des Schuldners sonst Dritten gehörender oder unter **Eigentumsvorbehalt** (zu deren Pfändung s. *David,* Rdnrn. 238–248) gelieferter **Gegenstände** (§ 119 Nr. 2 GVGA; *David,* Anh. S. 412). Anderenfalls fragt der Gerichtsvollzieher beim Gläubiger an, ob er solche Gegenstände pfänden soll (bei Pfändung doppelte Gebühr, § 17 I GVKostG),
- Bitte, für den Fall, daß der Gerichtsvollzieher vom Schuldner nicht eingelassen wird, daß er den beiliegenden Antrag auf **Durchsuchungsanordnung** (Muster dafür s. *David,* Rdnr. 209 a) bei zuständigen Vollstreckungsgericht einreicht und nach Erlaß der Durchsuchungsanordnung erneut die Sachpfändung versucht,
- Bitte, die **nichtgepfändeten Gegenstände** so genau zu bezeichnen, daß überprüft werden kann, ob die Pfändung zu Recht unterblieben ist (§ 135 Nr. 6 GVGA; *David,* Anh. S. 418; *OLG Bremen* JurBüro 1989, 263; *OLG Oldenburg* JurBüro 1989, 263; *LG Hannover* u. *LG Hamburg* JurBüro 1989, 703),
- Verlangen, daß **Anschlußprüfung** auch für von anderen Gläubigern bereits **vorgepfändete Gegenstände,** wenn der Wert der Gegenstände für die Befrie-

,ung beider Forderungen nicht auszureichen scheint, durchgeführt wird 167 Nr. 5 Satz 2 GVGA). Bei Befriedigung des erstpfändenden Gläubigers urch Zahlung Möglichkeit des Aufrückens!

rklärung, daß einer **Einstellung der Vollstreckung** nach § 63 GVGA (Rücksendung des Vollstreckungstitels ohne Vollstreckungsversuch wegen begründeter Anhaltspunkte für Fruchtlosigkeit und Betrachtung des Vollstreckungsauftrags als zurückgenommen) widersprochen und auf der Ausführung des Auftrags (z. B. zur Verjährungsunterbrechung insbes. bei rückständigen Zinsen, §§ 197, 218 II BGB) bestanden werde,

– Hinweis darauf, daß besonders **§ 107 Nr. 2 GVGA** (vgl. dazu Rdnr. 69) **bei Nichtgestattung der Durchsuchung** beachtet werden solle.

56 Es können ferner Hinweise auf das Vorhandensein bestimmter Wertgegenstände (Sammlungen, Weinkeller, Videorecorder, Computer etc) und auf eine günstige Vollstreckungszeit (z. B. bei Geschäftsschluß um 18.30 Uhr) angefügt werden. Auch ein Hinweis auf Austausch- und Taschenpfändung (s. Rdnrn. 61, 78) ist angebracht.

57 **bb) Anschlußpfändung/Unpfändbarkeit/Austauschpfändung/Vorwegpfändung.** Eine bereits beim Schuldner gepfändete bewegliche Sache kann durch Anschlußpfändung für einen anderen Gläubiger oder auch für denselben Gläubiger wegen einer anderen vollstreckbaren Forderung nochmals gepfändet werden. Wurde die Sache gegen den Ehemann gepfändet und richtet sich die neue Pfändung der Sache gegen die Ehefrau, so kann die Pfändung nur in Form der Erstpfändung, nicht aber der Anschlußpfändung erfolgen (sog. Doppelpfändung, vgl. § 167 Nr. 1 GVGA).

58 Die Anschlußpfändung kann sowohl in Form einer Erstpfändung als auch in der vereinfachten Form des § 826 ZPO erfolgen. Sie ist von der **gleichzeitigen Pfändung für mehrere Gläubiger** zu unterscheiden, bei der der Versteigerungserlös nach dem Verhältnis der beizutreibenden Forderungen verteilt wird, wenn er zur Deckung der Forderungen aller Gläubiger nicht ausreicht (§ 168 Nr. 5 GVGA, *David,* Anh. S. 420). Bei der Anschlußpfändung richtet sich hingegen der **Rang** nach § 804 III ZPO, d. h. der Abschlußpfändungsgläubiger geht leer aus, wenn der erstpfändende Gläubiger den vollen Erlös erhält. Wird aber die vorgehende Pfändung aufgehoben, rückt die Anschlußpfändung an ihre Stelle (s. Rdnr. 55).

59 Zur Anschlußpfändung beim Zusammentreffen mit Durchsuchungsanordnung versehener Gläubiger mit solchen ohne Durchsuchungsanordnung vgl. Rdnr. 71. Eine Anschlußpfändung nach § 826 ZPO ist auch nach einer **Verwaltungsvollstreckung** und letztere als Anschlußpfändung nach einer Gerichtsvollziehervollstreckung möglich (vgl. § 307 II AO).

60 Von den zum Schutz des Schuldners aus sozialen Gründen im öffentlichen Interesse in § 811 ZPO – der nur für die Geldvollstreckung, nicht aber bei der Herausgabevollstreckung Schutz gewährt – für **unpfändbar erklärten Sachen** sind in der Praxis die in den Nr. 1, 5 und 6 (persönliche Sachen, Haushaltsgegenstände, insbesondere Kleider, Wäsche, die einer bescheidenen Lebensführung dienen, sowie Gartenhäuser und Gegenstände zur Fortsetzung geistiger oder körperlicher Arbeit des Schuldners, seiner Witwe oder seiner Erben) genannten am wichtigsten (zur nahezu unüberschaubaren Rspr. s. *Zöller/Stöber* Rdnrn. 11–38). Zu weiteren **Sachpfändungsverboten in anderen Gesetzen** vgl. *Zöller/Stöber* Rdnr. 45 zu § 811.

Da bei den unpfändbaren Sachgruppen des § 811 Nr. 1, 5 und 6 ZPO der Schutzzweck auch durch Bereitstellen geringwertiger Ersatzsachen erfüllt werden kann, kann dem Gläubiger in diesen Fällen – eine analoge Anwendung auf die anderen Fälle des § 811 ZPO ist ausgeschlossen – auf Antrag eine **Austauschpfändung** durch Beschluß des Vollstreckungsgerichts gestattet werden (§ 811a ZPO). Von dieser Möglichkeit wird aber in der Praxis viel zu wenig Gebrauch gemacht (vgl. zur Austauschpfändung bei Hausrat *Pardey* DGVZ 1989, 54). 61

Voraussetzungen für die Austauschpfändung: 62

- der Gläubiger muß dem Schuldner für den unpfändbaren Gegenstand entweder ein **brauchbares Ersatzstück** (z. B. alter funktionstüchtiger Farbfernseher gegen neues Modell, einfache Einbauküche gegen wertvolle, schlichtes Bett gegen Messing- oder Wasserbett) übereignen oder den zur Beschaffung eines Ersatzstücks erforderlichen Geldbetrag zur Verfügung stellen (unter bestimmten Voraussetzungen, s. § 811a I 2. Halbsatz ZPO, ist es zulässig, daß der zur Ersatzbeschaffung erforderliche Geldbetrag dem Schuldner erst aus dem Versteigerungserlös überlassen wird),
- die Austauschpfändung muß **angemessen** sein; insbesondere muß zu erwarten sein, daß der voraussichtliche Versteigerungserlös den Wert des Ersatzstücks wesentlich übersteigt (§ 811a II 2 ZPO).

Zum Vorgehen des Gerichtsvollziehers nach Zulassung der Austauschpfändung vgl. § 123 GVGA (*David,* Anh. S. 413).

Eine **vorläufige Austauschpfändung** (§ 811b ZPO) ohne vorherige Entscheidung des Vollstreckungsgerichts ist zulässig, wenn eine Zulassung durch das Gericht zu erwarten ist. Diese Möglichkeit wird vom Gerichtsvollzieher selbständig geprüft und wahrgenommen (§ 124 GVGA; *David,* Anh. S. 414). Auf die Nachricht des Gerichtsvollziehers über die vorläufige Austauschpfändung muß der Gläubiger binnen 2 Wochen nach Eingang der Nachricht die Zulassung der Austauschpfändung beim Vollstreckungsgericht beantragen, da der Gerichtsvollzieher die Pfändung sonst aufheben muß (§ 811b II ZPO). Zum weiteren Vorgehen des Gerichtsvollziehers vgl. § 124 Nr. 3 GVGA. 63

Ist zu erwarten, daß eine unpfändbare Sache demnächst pfändbar wird (z. B. infolge Berufswechsels des Schuldners), so kann der Gerichtsvollzieher sie pfänden (**Vorwegpfändung,** § 811c ZPO), er muß sie aber im Gewahrsam des Schuldners belassen. Eine Fortsetzung der Vollstreckung darf erfolgen, wenn die Sache (innerhalb eines Jahres) pfändbar geworden ist (§ 811c I 2 und II ZPO). 64

cc) Schuldner erlaubt Wohnungsdurchsuchung nicht. Wird dem Gerichtsvollzieher vom Schuldner nicht gestattet, die Wohnung nach pfändbaren Gegenständen zu durchsuchen – inzwischen verweigert in Großstädten jeder dritte Schuldner den Einlaß – so ist für die Durchsuchung der Wohnung grds. eine Anordnung des Vollstreckungsgerichts (Richter) erforderlich (Art. 13 II GG; *BVerfG* NJW 1979, 1540). Der Nichtgestattung steht es gleich, wenn der Gerichtsvollzieher mindestens zweimal, davon einmal zu einer Zeit, in der sich auch Berufstätige zu Hause aufhalten können, erfolglos versucht hat, Zutritt zur Wohnung des Schuldners zu erlangen (*LG Berlin* DGVZ 1988, 74). 65

Den **Antrag auf Durchsuchungsanordnung** kann nur der Gläubiger stellen. Zuständig zur Entscheidung ist der Richter am Amtsgericht – Vollstreckungsgericht –, in dessen Bezirk die Durchsuchung erfolgen soll (§ 761 ZPO analog). Er ist auch bei Vollstreckung einer Bagatellforderung zulässig (siehe Rdnr. 13). 66

67 Als Wohnung i. S. des Art. 13 GG gelten auch **Geschäfts-, Arbeits- und Betriebsräume** (*BVerfGE* 44, 353, 371).

68 Bei **Gefahr im Verzug** darf der Gerichtsvollzieher die Durchsuchung auch ohne richterliche Anordnung durchführen. Sie ist anzunehmen bei der Vollstreckung von einstweiligen Verfügungen und Arresten oder bei konkreten Anhaltspunkten für eine Vollstreckungsvereitelung (sie sind im Protokoll des Gerichtsvollziehers zu bezeichnen).

69 Vor Erlaß der Durchsuchungsanordnung hat entgegen der Ansicht einiger Gerichte zur Sicherung gefährdeter Gläubigerinteressen eine **Anhörung des Schuldners** zu unterbleiben. Die Ansicht, es sei grundsätzlich dem Schuldner gesondert rechtliches Gehör vor Erlaß der Durchsuchungsanordnung zu gewähren (*LG Darmstadt* DGVZ 1987, 86) und der Antrag des Gläubigers dem Schuldner förmlich zuzustellen (*LG Hannover* JurBüro 1987, 1568) ist als die Zwangsvollstreckung unangemessen verzögernd und erschwerend abzulehnen. Sie stellt eine indirekte Aufforderung an den Schuldner, pfändbare Habe zu verstecken und verlagern, dar. Entscheidungsgrundlage für den Vollstreckungsrichter ist vor allem das **Protokoll des Gerichtsvollziehers** (näher dazu *Mager* DGVZ 1989, 182), aus dem hervorgeht, daß dieser nicht eingelassen wurde. Der Gläubiger sollte besonders auf Beachtung des § 107 Nr. 2 GVGA (*David,* Anh. S. 410) dringen, wonach der die Durchsuchung nicht gestattende Schuldner nach den Gründen zu befragen ist, die er gegen die Durchsuchung geltend machen will. Seine Erklärungen sind im Protokoll festzuhalten. Damit ist ihm rechtliches Gehör gewährt.

70 Ein **vorsorglicher Durchsuchungsbeschluß** vor Vollstreckungsbeginn ist unzulässig, da dem Schuldner zunächst Gelegenheit gegeben werden muß, die Durchsuchung seiner Wohnung zu gestatten. Zulässig ist dagegen ein vom Gläubiger hergestellter **Durchsuchungsantrag für den Fall,** daß der Gerichtsvollzieher nicht eingelassen wird. Ihn kann er dem Gerichtsvollzieher mit der Bitte um Vorlage beim Vollstreckungsgericht zusammen mit dem Vollstreckungsauftrag übergeben (näher *David,* Rdnr. 209a).

71 Lange Zeit wurde angenommen, es genüge zur **Mitvollstreckung** aller weiteren Aufträge, wenn nur eine Durchsuchungsanordnung gegen den Schuldner vorliegt (vgl. § 107 Nr. 8 III GVGA; *David,* Anh. S. 411). Dem steht nunmehr die Entscheidung des *BVerfG* DGVZ 1987, 155 entgegen, in der ausgeführt wird, daß eine längere Verweildauer infolge Durchsuchung und Pfändung für andere, nicht mit einer Durchsuchungsanordnung versehene Gläubiger gegen Art. 13 II GG verstößt. Gleichzeitige Mitvollstreckung ist daher nur noch erlaubt, wenn

- die Vollstreckung insgesamt erfolglos bleibt oder
- nur ein einziger wertvoller Pfandgegenstand vorhanden ist, oder
- wenn der pfändbare Gegenstand erst am Ende der Durchsuchung vorgefunden wird, also keine längere Verweildauer notwendig wird.

In allen anderen Fällen, insbesondere wenn der Schuldner die Forderung des mit Durchsuchungsanordnung ausgestatteten Gläubigers erfüllt, muß der Gerichtsvollzieher die Räume des Schuldners verlassen (*BVerfG* oben). Das bedeutet, daß der nicht mit einer Durchsuchungsanordnung ausgestattete Gläubiger auf die unvorteilhaftere **Anschlußpfändung** (s. Rdnr. 58) verwiesen wird.

72 Gegen die Versagung bzw. Erteilung der Durchsuchungserlaubnis steht dem Gläubiger bzw. dem Schuldner die **sofortige Beschwerde** (§ 793 ZPO) zu (*OLG Hamm* NJW 1984, 1792; *OLG Koblenz* MDR 1986, 64; str. s. *Zöller/*

Stöber Rdnr. 25 zu § 758 ZPO). Gegen die richterliche Durchsuchungsanordnung ist nach erfolgter Durchsuchung kein Rechtsmittel gegeben, da eine nochmalige Durchsuchung auf Grund derselben Anordnung nicht zulässig ist (*LG Baden-Baden* DGVZ 1988, 42).

Lebensgefährten und Mitbewohner haben gegenüber der Durchsuchungsanordnung kein Abwehrrecht, da sich die Durchsuchung nicht gegen sie richtet (*LG München I* DGVZ 1984, 117; *LG Koblenz* DGVZ 1982, 40). **73**

dd) Nachtbeschluß. In manchen Fällen ist es dem Gerichtsvollzieher zur normalen Vollstreckungszeit nicht möglich oder es erscheint nicht zweckmäßig (leere Kasse) Zwangsvollstreckungshandlungen (Sachpfändung, Herausgabevollstreckung, Verhaftung) vorzunehmen. Es empfiehlt sich dann, einen sog. Nachtbeschluß herbeizuführen, der Vollstreckungshandlungen zur Nachtzeit (§ 188 I ZPO), sowie an Sonn- und allgemeinen Feiertagen (maßgeblich Landesrecht) erlaubt (§ 761 ZPO). **74**

Der Nachtbeschluß ist auch erforderlich, wenn die Zwangsvollstreckungshandlung in der geschützten Zeit fortgesetzt werden soll (§ 65 Nr. 6 GVGA; *David,* Anh. S. 409). In Betracht kommen vor allem Pfändungsversuche in Gaststätten, Restaurants, Discos und Nachtbars am Ende der Öffnungszeit, ferner bei (Wochenend-)Veranstaltungen und bei Schuldnern, die keiner geregelten Arbeit nachgehen, z. B. aber abends in einer bestimmten Gaststätte anzutreffen sind (s. Taschenpfändung Rdnr. 78). **75**

Der **Antrag** des Gläubigers lautet auf Ermächtigung des Gerichtsvollziehers bestimmte Vollstreckungshandlungen in einem bestimmten Zeitraum (z. B. 6 Monate) ab Erlaß des Beschlusses zur Nachtzeit und an Sonn- und Feiertagen vorzunehmen. Ein Vollstreckungsversuch verbraucht die Erlaubnis nicht. Anders als bei der Durchsuchungsanordnung kann der Gerichtsvollzieher die Erlaubnis selbst einholen (§ 65 Nr. 3 GVGA; *David,* Anh. S. 409). **Antragsvoraussetzung** ist nicht das Vorliegen der allgemeinen Vollstreckungsvoraussetzungen – mit Ausnahme des Vollstreckungstitels, der vorliegen muß. Voraussetzung ist aber, daß die Vollstreckung zur ungewöhnlichen Zeit erforderlich ist, weil der Schuldner innerhalb und außerhalb der normalen Arbeitszeit nicht angetroffen wurde oder die Zwangsvollstreckung in der geschützten Zeit größere Erfolgsaussicht bietet (Darlegen! Muster *David,* Rdnrn. 212, 213). **76**

Ausschließlich **zuständig** (§ 802 ZPO) zum Erlaß des Beschlusses ist der **Richter am Amtsgericht** (anders bei Zustellungen zur Nachtzeit: § 188 ZPO i. V. m. § 20 Nr. 9 RpflegerG = Rechtspfleger; s. aber § 8 Abs. 1 RPflegerG), in dessen Bezirk die Vollstreckungshandlung vorgenommen werden soll. **77**

Rechtsbehelfe: Gegen Versagung und Erteilung ist die sofortige Beschwerde (§ 793 ZPO) statthaft (Grund: Baldige Schaffung klarer Verhältnisse. Str. Zum Streitstand *Wieser* DGVZ 1988, 293, 296). Der Nachtbeschluß enthält ohne besonderen Ausspruch nicht zugleich eine Wohnungsdurchsuchungsanordnung (s. Rdnr. 65) und umgekehrt.

ee) Taschenpfändung. Eine Taschenpfändung, d. h. eine Pfändung von Sachen, die der Schuldner mit sich führt, ist **außerhalb seiner Wohn- und Geschäftsräume** (z. B. auf der Straße, im Gasthaus oder Hotel) ohne richterliche Durchsuchungsanordnung zulässig (str., wenn sie in Räumen Dritter stattfinden soll, *Zöller/Stöber* Rdnr. 6 zu § 758). Muß dagegen der Gerichtsvollzieher auf der Suche nach dem Schuldner gewaltsam in dessen Wohnung eindringen oder soll die Durchsuchung der Kleider und Taschen des Schuldners gegen dessen **78**

Willen in seiner Wohnung erfolgen, so braucht er eine **Durchsuchungsanordnung** (§ 107 Nr. 9 GVGA, *David,* Anhang S. 410; s. auch *OLG Köln* NJW 1980, 1531).

79 Gezielte Hinweise des Gläubigers auf mitgeführte Wertsachen (Schmuck, Gebrauchsgegenstände wie Uhren, Bargeld) und Orte, an denen der Schuldner anzutreffen ist (Stammlokal), sind für den Gerichtsvollzieher nützlich. Bei der Taschenpfändung fordert der Gerichtsvollzieher den Schuldner auf, seine Taschen zu leeren und nimmt z. B. gefundenes Geld an sich (§ 808 II ZPO) und liefert es dem Gläubiger ab (§ 815 I ZPO).

80 **ff) Die Verwertung der gepfändeten Gegenstände.** Sie erfolgt nach §§ 813a bis 825, 827 ZPO. Keine Verwertung bei bloßer Sicherungsvollstreckung (Rdnr. 35) und bei Vollziehung eines Arrests in bewegliches Vermögen (§ 930 ZPO; vgl. B XVI Rdnr. 41).

Gestaltungsmöglichkeiten:

- Antrag des Gläubigers an den Gerichtsvollzieher auf **Aussetzung der Verwertung** (vgl. § 141 Nr. 2 GVGA), wenn Schuldner Ratenzahlung anbietet oder Zahlung zu bestimmtem Termin zusagt,
- Antrag des Schuldners an das Vollstreckungsgericht (Rechtspfleger, § 20 Nr. 17 RPflegerG) auf **Verwertungsaufschub** (§ 813a ZPO), wenn Aussetzung nach der Person und den wirtschaftlichen Verhältnissen des Schuldners sowie nach der Schuld angemessen erscheint und nicht überwiegende Belange des Gläubigers entgegenstehen (Ausnahme gem. § 813a VI ZPO für Wechselsachen). Aussetzung mehrmals möglich, allerdings nicht länger als für insgesamt ein Jahr nach Pfändung,
- gegen Entscheidung des Rechtspflegers **befristete Erinnerung** nach § 11 I 2 RPflegerG, über die Richter unanfechtbar entscheidet (§ 813a V 4 ZPO), aber nur soweit die Ermessensentscheidung gerügt wird; bei anderen Beanstandungen (z. B. Unzuständigkeit) ist **sofortige Beschwerde** gegeben,
- wenn keine Aussetzung der Verwertung erfolgt, dann öff. Versteigerung nicht vor Ablauf einer Woche (§ 816 I ZPO), aber auch – zur Vermeidung der Wertminderung der gepfändeten Sache – nicht später als ein Monat (§ 142 III GVGA). Zur Versteigerung s. §§ 817ff. ZPO u. §§ 141ff. GVGA,
- auf Antrag des Gläubigers oder Schuldners kann das Vollstreckungsgericht eine **anderweitige Verwertung** anordnen als in den §§ 814–824 ZPO bestimmt ist (§ 825 ZPO). Dabei kann zur Erzielung eines höheren Erlöses an einem anderen Ort und durch eine andere Person als den Gerichtsvollzieher (z. B. einen Kunsthändler oder anerkannten Auktionator) versteigert werden. Auch freihändiger Verkauf kann angeordnet werden. Stets ist das Mindestgebot (mindestens die Hälfte des gewöhnlichen Verkaufswertes, § 817a ZPO) zu beachten.

81 **gg) Rechtsbehelfe bei der Sachpfändung.** Gläubiger und Schuldner sowie Dritte, die durch die Zwangsvollstreckungsmaßnahme in ihren Rechten beeinträchtigt sind (z. B. Gewahrsamsinhaber, die der Pfändung widersprachen, § 809 ZPO oder Ehegatten, wenn die Voraussetzungen des § 739 ZPO fehlen), können **Erinnerung nach § 766 ZPO** einlegen. In den Fällen des § 766 II Abs. 2 ZPO kann der Gerichtsvollzieher abhelfen. Über die Erinnerung entscheidet der Richter des Vollstreckungsgerichts, in dessen Bezirk das Zwangsvollstreckungsverfahren stattfindet. Gegen die Entscheidung des Vollstreckungsgerichts, die von diesem dann nicht mehr geändert werden kann (§ 577 III ZPO)

ist innerhalb von 2 Wochen sofortige Beschwerde (§ 793 ZPO) statthaft. Bei Kosten ist § 567 II ZPO zu beachten.

Verstöße des Gerichtsvollziehers gegen die GVGA können für sich nicht mit **82**
Erinnerung beanstandet werden, es sei denn sie stellten zugleich einen Verstoß gegen ZPO-Vorschriften dar. Da die Beachtung der GVGA aber zu den Amtspflichten des Gerichtsvollziehers gehört (§ 1 III GVGA; *David,* Anhang S. 407) kann **Amtspflichtverletzung** (vgl. B VII Rdnrn. 48 u. 50) in Betracht kommen.

Materiell-rechtliche Einwendungen des Schuldners oder Dritter können mit **83**
den Rechtsbehelfen des Zwangsvollstreckungsverfahrens nicht geltend gemacht werden.

Der Dritte (z. B. der Ehegatte), der nicht Schuldner ist, kann **Drittwider-** **84**
spruchsklage (§ 771 ZPO) gegen die Zwangsvollstreckung – auch neben der Erinnerung nach § 766 ZPO – beim Streitgericht, in dessen Bezirk die Zwangsvollstreckung erfolgt, erheben.

Dienstaufsichtsbeschwerde gegen den Gerichtsvollzieher kann nicht wegen **85**
seiner Tätigkeit bei der Zwangsvollstreckung eingelegt werden, sondern nur seine Geschäftsführung betreffend, etwa weil er einen Auftrag ungebührlich verzögert (vgl. § 64 GVGA; *David,* Anh. S. 409) – wobei die Monatsfrist für die Bearbeitung im Großstadtbereich nicht eingehalten werden kann – oder gar nicht bearbeitet.

b) Die eidesstattliche Offenbarungsversicherung

Durch sie bekommt der Gläubiger Einblick in die **Vermögens- und Einkom-** **86**
mensverhältnisse des Schuldners, der ein Vermögensverzeichnis zu erstellen hat, und kann damit klären, welche Vollstreckungsmöglichkeiten bestehen.

Voraussetzungen für die Abgabe der Offenbarungsversicherung:

- Vorliegen eines bereits zugestellten vollstreckbaren Titels,
- erfolgloser Sachpfändungsversuch (Nachweis durch begl. Abschrift des Gerichtsvollzieherprotokolls) oder Glaubhaftmachung, daß die Sachpfändung voraussichtlich ohne Erfolg sein werde (§ 807 I ZPO; dazu *David,* Rdnr. 664).

Niederschrift über Weigerung des Schuldners, seine Wohnung durchsuchen zu lassen, ersetzt nicht den Nachweis über die Erfolglosigkeit (Rechtsprechung dazu s. Rdnr. 9).

Das Verfahren wird auf Antrag des Gläubigers eingeleitet. Beizufügen sind **87**
die Nachweise über die obigen Voraussetzungen und ggf. Nachweis der Sicherheit (§ 751 II ZPO; Rdnr. 31) und der Zug-um-Zug-Leistung (§ 765 ZPO; Rdnr. 32). Zum Verfahren s. § 900 ZPO u. näher *David,* Rdnr. 665 ff.

Wendet der Schuldner **Krankheit** ein, kann Gläubiger Abnahme der e. V. in **88**
der Wohnung des Schuldners oder im Krankenhaus beantragen. Gesundheitsgefährdung schließt Pflicht zur Abgabe der e. V. nicht aus (*KG* MDR 1965, 53). Anwesenheit des Gläubigers im (nicht öffentlichen) OV-Termin möglich und vielfach zweckmäßig. Zusatzfragen zum amtlichen Vermögensverzeichnis können gestellt werden, z. B. zur Aufdeckung von **Tarnkonten** (dazu *David,* „Schuldnertricks" S. 390).

Vertagung des OV-Termins auf Antrag des Schuldners (Schutzwürdigkeit **89**
streng prüfen!), wenn er glaubhaft macht (§ 294 ZPO), daß er die Forderung des Gläubigers binnen 3 Monaten tilgen werde. Vertagung hat auf konkreten Termin zu erfolgen. Bei Nachweis der ⅔-Tilgung durch den Schuldner im neuen Termin kann das Gericht nochmals bis zu 6 Wochen vertagen (§ 900 IV 2 ZPO).

Gegen Vertagungsbeschluß hat Gläubiger die sof. Beschwerde (§ 900 IV 3 ZPO).

90 Erscheint der Schuldner im Termin nicht oder verweigert er grundlos die eidesstattliche Versicherung, ordnet das Gericht (Richter, § 4 III RPflegerG) auf Antrag des Gläubigers **Haft** zur Erzwingung der eidesstattliche Versicherung an (§ 901 ZPO).

91 Schuldner, die die OV abgegeben haben oder gegen die Haft angeordnet wurde, werden von Amts wegen ins **Schuldnerverzeichnis** eingetragen (§ 915 I ZPO) und auf ihren Antrag nach 3 Jahren, im Falle der Haft nach 5 Jahren oder bei Nachweis der vollständigen Befriedigung des Gläubigers gelöscht (§§ 914 II, 915 II ZPO). Gegen die Zurückweisung eines Löschungs- oder Auskunftsantrags durch den Rechtspfleger kann unbefristete Erinnerung eingelegt werden (*Wieser* RPfleger 1990, 97).

92 Eine weitere Versicherungsabgabepflicht besteht grundsätzlich erst nach 3 Jahren (§ 903 ZPO). **Ausnahmen** (die vom Gläubiger glaubhaft zu machen sind, s. *David,* Rdnr. 686):
- entweder der Schuldner hat später pfändbares Vermögen erworben
- oder ein bisheriges Arbeitsverhältnis mit dem Schuldner ist aufgelöst.

93 Eine **Vermögensverzeichnisergänzung** kann beim Amtsgericht, in dessen Bezirk der Schuldner im Zeitpunkt des Ergänzungsantrags seinen Wohnsitz hat, vom Gläubiger verlangt werden, wenn begründete Anhaltspunkte dafür vorliegen, daß der Schuldner im Vermögensverzeichnis unvollständige, ungenaue oder widersprüchliche Angaben gemacht hat (s. *David,* Rdnr. 688).

c) Die Forderungspfändung und ihre Gegenstände

94 Die Forderungspfändung – sie erfaßt Geldforderungen und Herausgabe- und Leistungsansprüche des Schuldners gegen Dritte (Drittschuldner) sowie andere Vermögensrechte (§§ 828–863 ZPO) – ist weitaus wirksamer als die Sachpfändung, da hier die Möglichkeiten des Schuldners, die Vollstreckung zu vereiteln, deutlich geringer sind. § 834 ZPO verbietet – zur Sicherung des Vollstreckungserfolgs – die Anhörung des Schuldners zum Pfändungsgesuch. Ausnahme: Seit 1. 1. 1989 ist der Schuldner zum Pfändungsantrag, der die Billigkeitspfändung einer Sozialgeldleistung betrifft (dazu Rdnrn. 109ff.) zu hören (§ 54 V SGB I).

95 Beim Pfändungsantrag ist besonders auf die **genaue Bezeichnung der zu pfändenden Forderung** zu achten. Es wird nur dasjenige Recht gepfändet, dessen Pfändung beantragt wird. Soll sich die Pfändung z. B. auf zukünftige Forderungen erstrecken, muß dies ausdrücklich beantragt werden, ansonsten erstreckt sich die Pfändung nur auf die im Zeitpunkt ihres Wirksamwerdens dem Schuldner zustehenden Ansprüche. Bei der Pfändung von Lebensversicherungen kann die Pfändung auf den Anspruch des Schuldners auf Auszahlung der Versicherungssumme beschränkt werden oder es können alle Forderungen und Rechte aus dem Versicherungsverhältnis, u. a. das Recht auf Widerruf der Bezugsberechtigung (§ 166 VVG), gepfändet werden (s. Pfändungsmuster bei *David,* Rdnr. 391).

96 Stets ist darauf zu achten, daß eine sog. **Vollpfändung** durchgeführt wird, d. h. daß die zu pfändende Forderung voll, und zwar auch soweit ihr Nennbetrag den der zu vollstreckenden Forderung übersteigt, gepfändet wird (Pfändung einer 5000 DM-Forderung des Schuldners gegen den Drittschuldner für eine titulierte Forderung des Gläubigers über nur 1000 DM). Eine Beschränkung der Pfändung „auf die Höhe der zu vollstreckenden Forderung", wie man sie in bestimmten Formblättern vorfindet, kann für den Gläubiger unvorteilhaft sein (näher *David,* Rdnr. 263).

Da die Forderungspfändung erst mit der Zustellung an den Drittschuldner **97**
wirksam wird (§ 829 III ZPO) ist insbesondere im Hinblick auf die Rangwahrung (§ 804 III ZPO) stets darauf zu achten, daß der **richtige Drittschuldner** bezeichnet wird. Wichtig ist dies z. B. bei der Pfändung von Sozialgeldleistungen wegen der Vielfalt der Leistungsträger (vgl. § 148 AFG).

aa) Die Vorpfändung, ein wirksames Vollstreckungsinstrument. Die Vor- **98**
pfändung (§ 845 ZPO) ist eine privatschriftliche Mitteilung des Gläubigers an Drittschuldner und Schuldner, daß die Pfändung einer bestimmten Forderung (z. B. Lohnanspruch) bevorsteht. Sie wird durch den Gerichtsvollzieher als Eilsache zugestellt (Muster bei *David,* Anlage 5).

Vorteile: **99**

- sie erfolgt ohne Einschaltung eines Gerichts, d. h. es gibt keine Abhängigkeit von etwaigen Verzögerungen im Geschäftsgang des Vollstreckungsgerichts,
- ab Zugang der Vorpfändung darf der Drittschuldner **für die Dauer von einem Monat** (daher sog. vorläufiges Zahlungsverbot) nicht mehr an den Schuldner leisten, der Schuldner darf nicht mehr über die Forderung verfügen, sie insbesondere nicht einziehen,
- der Gläubiger wahrt durch die Zustellung seinen **Vollstreckungsrang,** d. h. später pfändende Gläubiger gehen im Rang nach (§ 804 III ZPO),
- sie kann zur **Rangwahrung** und um Manipulationen des Schuldners mit der Forderung vorzubeugen, unmittelbar nach Urteilsverkündung vorgenommen werden.

Voraussetzungen: **100**

- Vorliegen eines **Vollstreckungstitels** (Vollstreckungsklausel und Zustellung sowie Sicherheitsleistung können fehlen),
- **Zustellung der Vorpfändung** durch den Gerichtsvollzieher (private „Zustellung" ist unwirksam und auch nicht heilbar, *OLG Koblenz* DGVZ 1984, 58) vorrangig als sog. eilbedürftige Sache (§ 6 GVGA), wobei die Zustellung wegen der Rangwirkung nach Tag, Stunde und Minute durch den Gerichtsvollzieher oder Postbediensteten (§ 38 Nr. 2, § 178 Nr. 2 GVGA) festgestellt wird.

Zu beachten: **101**

- innerhalb von einem Monat muß ein **Pfändungs- und Überweisungsbeschluß** bezüglich der zu pfändenden Forderung nachgebracht werden (auf Antrag vermerken: Eilt! Vorpfändung läuft seit . . .; Fristberechnung nach § 222, 187 BGB),
- eine **Wiederholung der Vorpfändung** ist (auch mehrmals) möglich und empfehlenswert, wenn abzusehen ist, daß die Monatsfrist nicht eingehalten werden kann. **Aber:** Die Wirkung der Vorpfändung wird jedesmal neu ausgelöst (keine Rückwirkung!). Daher haben dazwischenpfändende und vorpfändende andere Gläubiger Vorrang,
- bei der **Lohnpfändung** erfaßt die wiederholte Vorpfändung auch Beträge, die vom Arbeitgeber aufgrund der ersten Vorpfändung einbehalten wurden (*Stöber,* Forderungspfändung; Rdnr. 808 Fußn. 52),
- bei **Vorpfändung in Konten** ist zu beachten, daß das wirksam vereinbarte Pfandrecht der Bank (s. Nr. 19 II AGB der Banken) dem Pfandrecht des Gläubigers vorgeht (*BGHZ* 86, 71 ff.),

- eine Vorpfändung gibt es auch bei der **Sicherungsvollstreckung** (Rdnr. 38). Die 2-Wochenfrist des § 750 III ZPO braucht dabei nicht eingehalten zu werden,
- bereits beim **Vollstreckungsauftrag** an den Gerichtsvollzieher (s. Rdnr. 55) kann dieser beauftragt werden, bei verwertbaren Forderungen des Schuldners die Vorpfändung selbständig (§ 845 I 2 ZPO, § 178 Nr. 3 GVGA) vorzunehmen (gilt nicht bei Vermögensrechten i. S. von § 857 ZPO; vgl. § 857 VII ZPO).

102 **Rechtsbehelfe:** Gegen Vorpfändung als Zwangsvollstreckungsmaßnahme (bis zum Ablauf der 3-Wochenfrist, danach nur bei Darlegung bes. Interesses, z. B. Beseitigung der Rangsicherung der Vorpfändung) **Erinnerung** (§ 766 durch Schuldner und Drittschuldner beim Vollstreckungsgericht des Schuldnerwohnsitzes (§ 828 II ZPO). **Gegen Weigerung des Gerichtsvollziehers,** Vorpfändung auf Antrag anzufertigen (§ 845 I 2 ZPO) oder zuzustellen ebenfalls Erinnerung nach § 766 ZPO.

Gegen den Aufhebungsbeschluß steht dem Gläubiger, gegen den Ablehnungsbeschluß dem Erinnerungsführer **sofortige Beschwerde** (§ 793 ZPO) zu.

103 **bb) Die Lohnpfändung.** Sie ist die wichtigste und erfolgversprechendste Forderungspfändung, da die meisten Schuldner Arbeitseinkommen beziehen, auch wenn sie keine sonstigen pfändbaren Vermögenswerte haben. Zu beachten sind die **Pfändungsgrenzen** des § 850c, da das **Arbeitseinkommen** (zum Begriff s. § 850 II ZPO u. *David,* Lohnpfändung, S. 12) im Regelfall dem Unterhalt des Schuldners und seiner Familie dient.

104 Weiterer **Pfändungsschutz** besteht für bestimmte Nebenbezüge wie Mehrarbeitsvergütungen, Urlaubs- und Weihnachtsgelder etc. (§ 850a ZPO und dazu *David,* Lohnpfändung, S. 13), die ganz oder teilweise unpfändbar sind. Bedingt pfändbar sind die in § 850b I ZPO genannten Bezüge, vor allem Unterhaltsrenten, die wie Arbeitseinkommen – also unter Beachtung des § 850c ZPO – unter zwei Voraussetzungen gepfändet werden können:

- die Vollstreckung in das sonstige bewegliche Vermögen (Sach-, Forderungs- und Rechtspfändung) hat nicht zur vollständigen Befriedigung des Gläubigers geführt oder wird voraussichtlich nicht dazu führen **und**
- die Pfändung entspricht nach den Umständen des Falles, insbesondere nach der Art des beizutreibenden Anspruchs und der Höhe der Bezüge der Billigkeit.

Das Vorliegen dieser Voraussetzungen hat der Gläubiger glaubhaft zu machen (§ 294 ZPO).

105 Der **Umfang der Pfändung** und der **Pfändungsschutz** nach § 850c ZPO kann durch Anträge an das Vollstreckungsgericht wesentlich beeinflußt werden:

- **Antrag des Gläubigers nach § 850c IV ZPO** anzuordnen, daß z. B. die Ehefrau des Schuldners bei der Berechnung des unpfändbaren Betrags nicht (oder nur zu einem Bruchteil) als unterhaltsberechtigte Person berücksichtigt wird, da sie über eigenes Einkommen verfügt. Angesichts der vielen mitarbeitenden Ehefrauen ergibt sich dadurch eine Möglichkeit auch für den **nachrangigen Gläubiger** zu seinem Geld zu kommen, denn der Beschluß des Gerichts wirkt nach dem Grundsatz der Einzelvollstreckung nur zugunsten des Gläubigers, der ihn beantragt hat (*BAG* Betrieb 1984, 2466; *David,* Lohnpfändung, S. 37f.).

Ähnlich kann bezüglich der Kinder als Unterhaltsberechtigter des Schuldners verfahren werden, wenn sie eigenes Einkommen haben oder wenn Barunterhaltspflicht des Ehegatten des Schuldners ihnen gegenüber besteht (instruktiv *LG Paderborn* JurBüro 1984, 787). Vom Gläubiger darzulegen sind das Verwandschaftsverhältnis zum Schuldner und die Eigeneinkünfte des Unterhaltsberechtigten,

- der **Antrag des Gläubigers nach § 850f III ZPO** (erweiterter Pfändungszugriff), die Pfändung der 2340,– DM übersteigenden Beträge des Monatseinkommens des Schuldners ohne die Beschränkung des § 850c ZPO zuzulassen (s. Muster, Darlegung und Berechnungsbeispiel bei *David,* Lohnpfändung, S. 29).

  Für die **Ermessensentscheidung** des Vollstreckungsgerichts muß der Gläubiger Tatsachen vortragen, aufgrund deren die Belange des Gläubigers und des Schuldners abzuwägen sind, z. B. daß sich der Schuldner seit langem dem Pfändungszugriff entzieht und daß der Gläubiger das Geld dringend benötigt,
- der **Antrag des Gläubigers nach § 850e Nr. 4 ZPO** anzuordnen, daß die an die Unterhaltsgläubiger abzuführenden laufenden Unterhaltsleistungen von monatlich ... DM in erster Linie aus dem gemäß § 850d I ZPO in erweitertem Umfang der Pfändung unterliegenden Teil des Arbeitseinkommens zu entnehmen sind. Dieser Antrag empfiehlt sich, wenn bevorrechtigte Gläubiger vor dem normalen Gläubiger gepfändet haben (näher dazu *David,* Lohnpfändung, S. 38),
- der **Antrag des Schuldners nach § 850f I ZPO** auf Erhöhung des nach den §§ 850c, d und i ZPO unpfändbaren Betrags wegen besonderer Bedürfnisse aus persönlichen (erhebliche Mehraufwendungen für Krankendiät oder Ausbildung) oder beruflichen (besonders weite Anfahrt zur Arbeitsstelle) Gründen oder wegen besonderen Umfangs der gesetzlichen Unterhaltspflichten des Schuldners, insbesondere die Zahl der Unterhaltsberechtigten (dazu zählt mangels gesetzlicher Verpflichtung nicht die Lebensgefährtin, *LG Schweinfurt* NJW 1984, 374).

Zur Pfändung von Arbeitseinkommen bei **Vorschuß-, Abschlags- und Nachzahlungen,** Darlehensgewährung durch den Arbeitgeber und bei Lohnrückständen siehe *David,* Lohnpfändung, S. 84f. 106

Sog. **bevorrechtigte Gläubiger,** das sind Gläubiger, die wegen eines gesetzlichen Unterhaltsanspruchs pfänden (§ 850d ZPO), können das Arbeitseinkommen des Schuldners grundsätzlich in wesentlich höherem Maße in Anspruch nehmen als ein normaler Gläubiger. Sie sind durch die Pfändungsgrenzen des § 850c ZPO nicht beschränkt. Dem Schuldner wird, wenn sie pfänden, nur der **notwendige Unterhalt** (§ 850d I 2, II ZPO) belassen. Dieser wird vom Vollstreckungsgericht im Pfändungsbeschluß festgesetzt (s. *David,* Lohnpfändung, S. 28). Wegen der Ansprüche bevorrechtigter Gläubiger ist die sog. **Vorratspfändung** nach § 850d III ZPO zulässig: auch künftig erst fällig werdendes Arbeitseinkommen kann wegen künftig fällig werdender Ansprüche gleich mitgepfändet und überwiesen werden. Ansonsten ist Vorratspfändung für die Zukunft im Hinblick auf § 751 I ZPO ausgeschlossen. 107

Der Drittschuldner wird in der Regel im Pfändungs- und Überweisungsbeschluß auf Antrag des Gläubigers zur Abgabe der sog. **Drittschuldnererklärung** gem. § 840 I ZPO binnen 2 Wochen aufgefordert. Der Gläubiger hat zwar keinen einklagbaren Anspruch auf Abgabe der für das weitere Vorgehen zur Durchsetzung seiner Forderung wichtigen Drittschuldnererklärung. Er kann jedoch ohne Kostenrisiko gegen den Drittschuldner auf Zahlung klagen, falls 108 dieser die in § 840 I ZPO geforderten Angaben unterläßt (*BGH* NJW 1984, 1901). Bei Nichterfüllung der Auskunftspflicht haftet der Drittschuldner dem Gläubiger für den entstehenden Schaden (§ 840 II 2 ZPO). Die Haftung setzt Verschulden voraus (*BGH* NJW 1981, 990). **Schadensersatz** kann auch bei unvollständiger oder verspäteter Auskunft (*OLG Stuttgart* u. LG Stuttgart RPfleger 1990, 265) und vom schweigenden Arbeitgeber als Drittschuldner sogar trotz § 12a ArbGG verlangt werden (*LG Rottweil* RPfleger 1990, 265).

109 **cc) Pfändung in Sozialgeldleistungen. Rechtsgrundlagen:** §§ 54, 55 SGB I und § 850e Nr. 2a ZPO in der ab 27. 7. 1988, bzw. 1. 1. 1989 geltenden Fassung (BGBl. 1988 I 1046–1048). Zu unterscheiden ist zwischen **einmaligen Sozialgeldleistungen** (z. B. Sterbegeld) und **laufenden Sozialgeldleistungen** mit Lohnersatzfunktion (z. B. Rente, Arbeitslosengeld) und ohne solche (z. B. Wohngeld).

110 Ausführliche Darlegungen zur **Billigkeit der Pfändung** sind bei einmaligen Sozialgeldleistungen und laufenden ohne Lohnersatzfunktion erforderlich. Hierbei sind vom Gläubiger – soweit möglich – darzulegen:

- die Einkommens- und Vermögensverhältnisse des Leistungsberechtigten,
- die Art des beizutreibenden Anspruchs (ergibt sich aus Titel),
- und vor allem die Zweckbestimmung der Geldleistung (Wird die Sozialgeldleistung durch die Pfändung ihrer Zweckbestimmung zugeführt? Bei Wohngeld ist z. B. die Pfändung i. d. R. nur für Renovierungskosten und Mietzins pfändbar).

111 Bei **Sozialgeldleistungen mit Lohnersatzfunktion** ist nach h. M. davon auszugehen, daß die Pfändung der Billigkeit entspricht, denn hier bietet § 850c ZPO (§ 54 III SGB I: „wie Arbeitseinkommen pfändbar“!) ausreichenden Pfändungsschutz, zumal der Sozialgeldempfänger keine berufsbedingten Aufwendungen mehr hat. Daher ist kein besonderer Billigkeitsvortrag des Gläubigers erforderlich (*BGH* NJW 1985, 976).

112 Ab 1. 1. 1989 besteht gem. § 54 V SGB I die Pflicht, bei Pfändung von Sozialgeldleistungen durch normale Gläubiger den Schuldner anzuhören (keine Anhörung bei Pfändung wegen Unterhaltsansprüchen!). Trägt der leistungsberechtigte Schuldner innerhalb bestimmter Frist keine Tatsachen vor, so kann davon ausgegangen werden, daß die Pfändung der Billigkeit entspricht (*LG Köln* JurBüro 1989, 1609; *LG Bielefeld* JurBüro 1990, 120). Verfügungen des Schuldners über den Anspruch sind von seiner Benachrichtigung über den Pfändungsantrag bis zur Unanfechtbarkeit der Pfändung dem Gläubiger gegenüber unwirksam (§ 54 V 3 SGB I).

113 Nicht mehr pfändbar für normale Gläubiger ist seit 27. 7. 1988 das **Kindergeld** (§ 54 IV SGB I) und absolut unpfändbar das **Erziehungsgeld** (§ 54 IVa SGB I).

114 Wird eine Sozialgeldleistung auf das Konto des Schuldners überwiesen, so ist der Pfändungsschutz nach § 55 SGB I (7-tägige Unpfändbarkeit) zu beachten (näher dazu *David,* Rdnr. 540).

115 **dd) Die Kontenpfändung. Girokontenpfändung.** Sie ist die dritthäufigste Art der Forderungspfändung. Zu beachten:

- wegen des Bestimmheitsgrundsatzes ist hier vor allem auf eine sorgfältige Formulierung des **Pfändungsantrags** zu achten (vgl. *David,* Muster 55 Rdnr. 308), insbesondere müssen für die **Globalpfändung** (*BGHZ* 84, 326 u.

BGH NJW 1982, 2193) auch alle Ansprüche aus dem Girovertrag gepfändet werden;
- nicht nötig ist die Angabe der **Kontonummer** im Pfändungsantrag (*BGH* NJW 1982, 2193, 2195 re. Spalte, NJW 1988, 2543);
- trotz wirksamer Vorpfändung (s. Rdnr. 98) geht meist das zwischen Kontoinhaber (Schuldner) und Bank vereinbarte Pfandrecht im **Range** vor (s. Nr. 19 II AGB der Banken = Nr. 21 AGB der Sparkassen u. *BGHZ* 86, 71 ff.);
- kein für den Gläubiger pfändbarer Kreditanspruch des Schuldners bei bloßer **Duldung der Kontoüberziehung** seitens der Bank (*BGH* RPfleger 1985, 201);
- Anspruch aus **Kreditzusage an Schuldner** (bei zweckgebundenem Kredit nur für Forderungen, die der Zweckbestimmung dienen) ist pfändbar (*OLG Köln* WM 1983, 1049 und zuletzt *LG Itzehoe* NJW-RR 1987, 819, str., vgl. *Haegele/David,* Rdnr. 307 b zum Meinungsstand). Wegen Widerrufsrecht der Bank gem. Nr. 17 AGB der Banken – basierend auf § 610 BGB – jedoch meist wirkungslos. Trotzdem ist Pfändung (Muster Nr. 55 d bei *David,* Rdnr. 308) zu empfehlen (kostet nicht mehr);
- keine rechtsmißbräuchliche **Ausforschungspfändung** bei Formularpfändung angeblicher Konten bei allen ortsansässigen Kreditinstituten (entgegen *LG Hannover* DGVZ 1985, 43 vgl. zutreffend *Schulz* DGVZ 1985, 105). Zweckmäßig aber statt eines Formulars für alle Pfändungen mehrere Formulare zu benutzen; s. aber *OLG München* ZIP 1990, 1128;
- Bank oder Sparkasse hat bei Schuldnern, die natürliche Personen sind, **befristete Leistungssperre** (2 Wochen) gem. § 835 III 2 ZPO zu beachten (Antrag des Schuldners auf Vollstreckungsschutz nach § 850k ZPO möglich! Siehe unten);
- Besonderheit bei **Postgirokonten:** Leichter aufzufinden über Kontenauskunft gem. § 4 III PostgiroO (s. *David,* Muster 67 a, Rdnr. 421); seit 1. 8. 1990 aber weitgehende Auskunftssperre;
- bei auf das Konto überwiesenem **Arbeitseinkommen** des Schuldners eigenständiger **Pfändungsschutz** nach § 850k ZPO (Berechnungsbeispiele bei *Haegele/David,* Rdnr. 613). § 850k ZPO gilt auch für **debitorisch geführte Konten** (s. *Stöber,* Forderungspfändung, Rdnr. 1284 a).

Sparkontenpfändung. Zwei Wege: 116
- Pfändender **Gerichtsvollzieher** findet Sparbuch beim Schuldner, nimmt es im Wege der sog. Hilfspfändung (s. Rdnr. 55) an sich und verständigt den Gläubiger hiervon. Der Gerichtsvollzieher hat das Sparbuch an den Schuldner zurückzugeben, wenn der Gläubiger nicht innerhalb von zwei Wochen einen Pfändungsbeschluß über das Sparguthaben vorlegt (§ 156 GVGA),
- **Gläubiger läßt Sparguthaben pfänden** und sich zur Einziehung überweisen. Damit erlangt er einen Herausgabeanspruch nach § 836 III ZPO gegen den Schuldner. Bei nicht freiwilliger Herausgabe durch den Schuldner kann er den Gerichtsvollzieher mit der Herausgabevollstreckung (Titel ist der Pfändungs- und Überweisungsbeschluß) beauftragen.
- Rasche Beschaffung des Sparbuchs wegen der **Gefahren des freizügigen** 117 **Sparverkehrs** notwendig!

Findet der Gerichtsvollzieher das Sparbuch beim Schuldner nicht, Antrag des Gläubigers nach § 883 II ZPO auf eidesstattliche Versicherung.

– Grundsätzlich benötigt der Gläubiger das Sparbuch (Legitimationspapier, § 802 II BGB), wenn er das Guthaben ausgezahlt haben möchte. Ausnahme: Ungültigerklärung durch Sparkasse oder Bank (näher dazu *David,* Rdnr. 296).

118 – **Pfändung eines sog. Oder-Kontos:** Ist für Ehegatten oder Lebensgefährten ein gemeinsames Sparkonto mit beiderseitiger Verfügungsmacht errichtet, so sind die Inhaber Gesamtgläubiger i. S. von § 428 BGB. Da jeder von ihnen das Guthaben in voller Höhe abheben kann, können auch ihre Gläubiger voll in das Guthaben vollstrecken. Aber Gläubiger muß auf Verlangen des nichtschuldnerischen Kontoinhabers die Hälfte herausgeben (§ 430 BGB). Hat der andere Gesamtgläubiger die volle Einlage abgehoben, hat gegen ihn der Schuldner als anderer Gesamtgläubiger einen pfändbaren Anspruch auf Erstattung seines Anteils (vgl. *Stöber,* Forderungspfändung, Rdnr. 341).

119 – Besonderheit bei **Postsparguthaben:** Die Pfändung erfolgt nach § 831 ZPO durch den Gerichtsvollzieher, indem er das Postsparbuch in Besitz nimmt (§ 23 IV PostG). Zur Verwertung erläßt das Vollstreckungsgericht auf Antrag des Gläubigers, dem dieser das Pfändungsprotokoll des Gerichtsvollziehers beigefügt hat, einen isolierten Überweisungsbeschluß (§ 835 ZPO). Nach Zustellung des Beschlusses an das kontoführende Postsparkassenamt übersendet der Gerichtsvollzieher das Sparbuch an dieses, das dann den gepfändeten Betrag dem Gläubiger auszahlt (näher *David,* Rdnr. 426– 432),

120 – auch bei Sparguthaben aller Art gilt die befristete Leistungssperre des § 835 II 2 ZPO (vgl. Rdnr. 115).

121 – Bei **Sparkonten über vermögenswirksame Leistungen** kann der Gläubiger nach Pfändung ohne Einhaltung der gesetzlich vorgeschriebenen Sperrfrist (prämienschädlich = Prämie wird nicht ausbezahlt oder Gutschrift rückgängig gemacht) über die Spareinlage verfügen (näher *Haegele/David,* Rdnrn. 302ff.). Der Anspruch auf vermögenswirksame Leistung selbst kann vom Schuldner nicht übertragen werden; er ist damit auch nicht pfändbar (*David,* Rdnr. 582).

122 – Die **Arbeitnehmersparzulage,** die nicht zum Arbeitseinkommen des Schuldners zählt, kann gesondert uneingeschränkt gepfändet werden. Drittschuldner war bis 31. 12. 1989 der Arbeitgeber des Schuldners (*David,* Rdnr. 304; *Stöber,* Forderungspfändung, Rdnrn. 919ff.). Ab 1. 1. 1990 ist Drittschuldner das zuständige Finanzamt. Die Pfändung darf jetzt erst nach Ablauf des Kalenderjahres erfolgen, in dem die vermögenswirksame Leistung angelegt wurde (§ 13 II 1 des 5. Vermögensbildungsgesetzes i. V. m. § 46 VI 1 AO; näher dazu *Ottersbach* RPfleger 1990, 57).

123 – Beim **Bausparkonto** ist der Anspruch auf Auszahlung der Bausparsumme nach Zuteilung des Bausparvertrags, der Auszahlung der Sparbeiträge einschließlich Zinsen eines nicht zugeteilten Vertrags, sobald die volle Bausparsumme erreicht ist und der Rückzahlung des Sparguthabens für den Fall der Kündigung pfändbar (*Stöber,* Forderungspfändung, Rdnrn. 86ff.).

124 **ee) Die Pfändung des Lohnsteuerjahresausgleichsanspruchs.** Pfändungsmöglichkeit nach § 46 I AO ohne Begrenzung durch Pfändungsschutz nach § 850c ZPO mit steuerrechtlichen Besonderheiten. Drittschuldner ist das Finanzamt (§ 46 VII AO), das mit anderweitigen Steuerschulden gegen den Erstattungsanspruch wirksam aufrechnen kann (§ 47 AO, § 392 BGB).

Zu unterscheiden ist: **125**

- Führt der **Arbeitgeber** des Schuldners den LStJA durch (vgl. dazu *David,* Lohnpfändung, S. 55), so kann der Erstattungsanspruch bereits vor seiner Entstehung und als künftiger Anspruch auch für kommende Jahre gepfändet werden (h. M., a. A. *LG Aachen* RPfleger 1988, 418).
- Führt das **Finanzamt** den LStJA durch (dazu *David,* Lohnpfändung, S. 53), so ist eine Pfändung des Erstattungsanspruchs erst nach Ablauf des Kalenderjahres, für das eine Erstattung erfolgen soll, möglich (Anspruch entsteht für Kalenderjahr 1989 erst am 1. 1. 1990 um 0,00 Uhr, § 46 VI 1 AO, §§ 36 I, 38 EStG).

  Daher **frühestmöglicher Zeitpunkt für Zustellung** an Drittschuldner 2. Januar um 6.00 Uhr (§ 188 I ZPO). Im Hinblick auf Rangvorteil (§ 804 III ZPO) empfiehlt sich **Vorpfändung** (s. Rdnr. 98) am 2. Januar oder noch besser **Übergabe einer Abtretungsanzeige** (persönlich oder durch Boten) auf amtlich vorgeschriebenem Formblatt (bei Lohnsteuerstelle des Finanzamtes erhältlich, Vordruck BStBl 1975 I S. 1071) in der Lohnsteuerstelle des zuständigen Finanzamts am Morgen des 2. Januar.

Die Pfändung des **Einkommensteuererstattungsanspruchs** hat entsprechend **126** zu erfolgen (s. *David,* Lohnpfändung, S. 59, Muster Pfändungsantrag *David,* Rdnr. 406).

Ein **gemeinsamer Lohnsteuerjahresausgleich** des Schuldners und seines Ehe- **127** gatten hindert die Pfändung nicht; in diesem Fall ist das Finanzamt verpflichtet, den zu erstattenden Gesamtbetrag auf die Ehegatten aufzuteilen und den für den Schuldner errechneten Betrag an den Gläubiger abzuführen.

Hat der Schuldner selbst noch keinen Ausgleichsantrag gestellt, so kann auch **128** der Gläubiger diesen stellen. Dazu beantragt er zusätzlich im Rahmen der **Hilfspfändung** (§ 836 III ZPO; § 156 GVGA; s. Rdnr. 55) die Herausgabe der **Lohnsteuerkarte** an den Gerichtsvollzieher anzuordnen. Befindet sich die Lohnsteuerkarte beim Arbeitgeber des Schuldners und verweigert dieser die Herausgabe, so kann der Herausgabeanspruch des Schuldners (§ 39b EStG) gepfändet werden.

ff) Pfändung des Taschengeldanspruchs der Ehefrau und des sog. Haus- 129 mannes. Der Taschengeldanspruch – er beträgt 5–7% des Nettoeinkommens des alleinverdienenden Ehepartners – ist nach h. M. als **Teil des Unterhaltsanspruchs** eingeschränkt nach § 850b II ZPO pfändbar (s. *BVerfG* FamRZ 1986, 733; instruktiv *OLG Hamm* FamRZ 1985, 407 und zuletzt *OLG München* FamRZ 1988, 1161; a. A. *Smid* JurBüro 1988, 1105).

Die **Voraussetzungen:** **130**

- die Sachpfändung und sonstige Forderungspfändung muß gegen den Schuldner (teilweise) erfolglos versucht worden sein oder voraussichtlich keinen Erfolg haben,
- die Pfändung muß der Billigkeit entsprechen (unbillig bei geringem Familieneinkommen; im übrigen Art der beizutreibenden Forderung beachten),
- das Einkommen des Drittschuldners (Ehegatte) – man erfährt es letztlich bei der eidesstattlichen Offenbarungsversicherung oder bei ihrer Ergänzung (*LG Oldenburg* JurBüro 1989, 1611) – muß so hoch sein, daß der Gesamtunterhaltsanspruch der Ehefrau (Naturalunterhalt + Taschengeld, zusammenzu-

rechnen nach § 850e Nr. 3 ZPO) einen Umfang erreicht, der die Freigrenzen der §§ 850c und d ZPO überschreitet,

– die Ehefrau darf nicht selbst Geld verdienen.

Alle Voraussetzungen gelten sinngemäß für den sog. Hausmann.

131 Hat das Vollstreckungsgericht die Pfändung des Taschengeldanspruchs ausgesprochen, so ist dies für das Prozeßgericht in einem etwaigen Einziehungsprozeß gegen den Drittschuldner (**Familiengericht,** da Familiensache gem. § 23b I 2 Nr. 6 GVG) bindend (*OLG Hamm* a. a. O gegen *OLG Stuttgart* RPfleger 1987, 466). Es entscheidet dann – erforderlichenfalls – nur noch über die Höhe des Taschengeldanspruchs.

132 Es gibt **keine Vorpfändung,** da die Pfändbarkeit konstitutiv erst durch den Pfändungs- und Überweisungsbeschluß nach § 850b II ZPO begründet wird.

133 **gg) Auswahl sonstiger Forderungspfändungsmöglichkeiten. Aktiendepot** s. *Stöber,* Forderungspfändung, Rdnr. 1787; **Anwartschaftsrecht** bei Eigentumsvorbehalt s. *David,* Rdnrn. 239ff., des Nacherben s. *David,* Rdnrn. 320ff.; **Erbansprüche** s. *David,* Rdnrn. 310ff.; **Gesellschaftsrechtliche Ansprüche** s. *David,* Rdnrn. 332ff.; **Grundpfandrechte** u. a. grundbuchliche Rechte s. *David,* Rdnrn. 348ff.; **Kfz-Haftpflichtversicherung** s. *AG Sinzig* NJW-RR 1986, 967 (dort aber verfehlte Annahme der Pfändung des Kündigungsrechts); **Leasing** s. *OLG Düsseldorf* Betrieb 1988, 955; *LG Dortmund* BB 1986, 1538; *Stöber,* Forderungspfändung, Rdnr. 292a; **Lebensversicherungen** s. *David,* Rdnrn. 382ff.; **Miet- und Pachtzinsansprüche** s. Rdnr. 142 und *David,* Rdnrn. 407ff.; **Pflichtteilsansprüche** s. *David,* Rdnrn. 326ff.; **Rentenansprüche, künftige, s.** *David,* Rdnr. 697, *Stöber,* Forderungspfändung Rdnr. 1359b, str.; zuletzt bejahend *LG Wuppertal* RPfleger 1990, 129; zuletzt verneinend *LG Düsseldorf* JurBüro 1990, 266; **Schmerzensgeldanspruch** s. *David,* Rdnr. 453; *LG Kassel* RPfleger 1990, 83; **Treuhänderische Ansprüche** s. *Stöber* Rdnrn. 400ff.; **Urlaubsentschädigungsansprüche** s. *Stöber,* Forderungspfändung, Rdnr. 292a und *Müller* JurBüro 1986, 1459; **Vermögensrechte i. S. von § 857 ZPO** s. *Stöber,* Forderungspfändung, Rdnrn. 1461f.; **Zugewinnausgleichsanspruch** s. *Stöber,* Forderungspfändung, Rdnrn. 430ff.; Sonstige Forderungen s. Pfändungs-Abc bei *Stöber,* Forderungspfändung, Rdnrn. 65ff. und *Haegele/David,* Rdnrn. 433ff. I. ü. s. *David,* Rdnrn. 697ff. „Exquisite Vollstreckungen".

134 **hh) Rechtsbehelfe bei der Forderungspfändung.** Zu den Rechtsbehelfen bei der Vorpfändung s. Rdnr. 102.

135 Wird ein **Antrag des Gläubigers** auf Erlaß eines Pfändungsbeschlusses (teilweise) abgelehnt oder der Pfändungsbeschluß (z. B. nach Erinnerung durch den Schuldner) wieder aufgehoben, steht dem Gläubiger die befristete (sofortige) Rechtspflegererinnerung (§ 11 I 2 RPflG) zu, über die der Richter des Vollstreckungsgerichts entscheidet (vgl. *OLG Koblenz* JurBüro 1989, 1179). Gegen dessen Entscheidung findet **sofortige Beschwerde** (Notfrist: 2 Wochen) zum Landgericht statt (§ 793 ZPO). Entscheidet der Richter des Vollstreckungsgerichts nicht – er hält z. B. die Erinnerung für unzulässig oder unbegründet – so legt er die befristete Erinnerung vor Ablauf einer Woche dem Landgericht vor (§ 571 ZPO, § 11 IV RPflegerG). Der Beschluß des Beschwerdegerichts ist – wenn er einen neuen selbständigen Beschwerdegrund enthält – mit **weiterer Beschwerde** zum Oberlandesgericht anfechtbar (§ 568 II ZPO). Dies führt zu erheblichen regionalen Unterschieden in der vollstreckungsrechtlichen Rspr. Gegen die Ent-

scheidung des Oberlandesgerichts ist eine weitere Beschwerde nicht zulässig (§ 567 III ZPO).

Wird ein **Pfändungsbeschluß** erlassen, steht dem Schuldner, dem Drittschuldner oder den nachpfändenden Gläubiger die **Erinnerung nach § 766 I ZPO** zu. Über sie entscheidet der Richter des Vollstreckungsgerichts (§ 20 Nr. 17a RPflegerG). Daneben kann das Gericht auf Antrag oder von Amts wegen die **einstweilige Einstellung der Zwangsvollstreckung** gegen oder ohne Sicherheitsleistung anordnen (§§ 766 I 2, 732 II ZPO) oder verfügen, daß die Zwangsvollstreckung nur gegen Sicherheitsleistung fortzusetzen sei. Gegen die Entscheidung des Richters findet **sofortige Beschwerde** (§ 793 ZPO) statt. Über sie entscheidet das Landgericht, gegen dessen Entscheidung gibt es unter den oben Rdnr. 135 geschilderten Voraussetzungen **weitere sofortige** Beschwerde. 136

Lehnt der **Gerichtsvollzieher** es **ab,** den Pfändungsbeschluß zuzustellen, kann der Gläubiger dagegen **Erinnerung nach § 766 II ZPO** einlegen. Über sie entscheidet der Richter des Vollstreckungsgerichts. Gegen seine Entscheidung gibt es wieder die sofortige Beschwerde (§ 793 ZPO). 137

6. Die Immobiliarzwangsvollstreckung

a) Arten, Gegenstände und Umfang

Hat der Schuldner Grundbesitz, so bietet das Vollstreckungsrecht (§ 866 ZPO) dem Gläubiger **eine Sicherungsmöglichkeit,** nämlich die Zwangssicherungshypothek und **zwei Befriedigungsmöglichkeiten,** nämlich die Zwangsversteigerung (Substanz) und die Zwangsverwaltung (Erträge). Der Gläubiger kann wählen, ob er eine der drei Maßregeln allein oder zusammen mit den übrigen ausführen läßt (§ 866 II ZPO). 138

Will der Gläubiger auf den Erlös des Grundstücks zurückgreifen, aber auch auf die bis zur Versteigerung zu zahlenden Mieten nicht verzichten und außerdem bei der Zwangsversteigerung einen besseren Rang haben, so wird er alle drei Maßregeln ergreifen. Die **Eintragung einer Zwangssicherungshypothek** empfiehlt sich aber in jedem Falle, da sie den gesetzlichen Löschungsanspruch mit Vormerkungswirkungen (§ 1179a BGB) gegenüber vorrangigen Eigentümergrundpfandrechten begründet und zudem dem Gläubiger bei Verhandlungen mit dem Schuldner über die Bezahlung seiner Schulden eine günstigere Verhandlungsposition verschafft. 139

Gegenstände der Immobiliarzwangsvollstreckung sind neben Grundstücken auch **Wohnungseigentumsrechte** (§§ 1, 2 WEG), ferner grundstücksgleiche Rechte (§ 864 I 1. Alt. ZPO) wie Erbbaurechte (§ 11 ErbbaurechtsVO), Wohnungserbbau- und Teilerbbaurechte (§ 30 WEG), Bergwerkseigentum (§ 9 BundesbergG), Jagd- und Fischereirechte (Art. 69 EGBGB), sowie **Schiffe** und Schiffsbauwerke, die im Schiffs-, bzw. Schiffsbauregister eingetragen sind und ferner **Luftfahrzeuge,** die in der Luftfahrzeugrolle eingetragen sind. 140

Bruchteilsberechtigungen an den genannten Gegenständen unterliegen ebenfalls der Immobiliarzwangsvollstreckung, wenn sie in dem **Anteil eines Miteigentümers** bestehen (§ 864 II ZPO; § 1008 BGB) oder sich der Anspruch des Gläubigers auf ein Recht richtet, mit dem der Bruchteil noch belastet ist (vgl. dazu *Stöber,* ZVG-Handbuch, Rdnr. 6). 141

Ferner unterliegen der Immobiliarzwangsvollstreckung aber auch **Bestandteile des Grundstücks** und mithaftende **Gegenstände, auf die sich** bei Grund- 142 stücken und Berechtigungen die **Hypothek** (§§ 1120ff. BGB) und bei Schiffen und Schiffsbauwerken die **Schiffshypothek** (§§ 31f. SchiffsrechtsG) erstreckt, also auf **Erzeugnisse** (§§ 1120–1122 BGB), **Zubehör** (§§ 97, 98 BGB), **Miet- und Pachtzinsforderungen** (§§ 1123–1125 BGB) und **Versicherungsforderungen** (§§ 1127–1130 BGB). **Aber:** Mit Ausnahme des Zubehörs unterliegen die bei einer Hypothek mithaftenden Gegenstände, solange nicht ihre Beschlagnahme im Wege der Immobiliarvollstreckung erfolgt ist, der **Mobiliarvollstreckung** (§ 865 II ZPO und Rdnr. 133).

143 **Dauerwohn- und Dauernutzungsrechte** (§§ 31–42 WEG) unterliegen als veräußerliche Vermögensrechte der Rechtspfändung nach § 857 ZPO (s. *David,* Rdnr. 380).

b) Die Zwangssicherungshypothek

144 Sie sollte eine der ersten Zwangsmaßnahmen des Gläubigers gegen den Schuldner, der Grundbesitz hat, sein. Sobald sie im Grundbuch steht, kann der Gläubiger in Ruhe bessere Zeiten beim Schuldner abwarten. Jedenfalls beeinträchtigen ihn später eingetragene und damit nachrangige Rechte nicht (§ 879 BGB).

145 Grundbuchrechtliche und vollstreckungsrechtliche **Voraussetzungen** für die Eintragung:

- nach § 867 I 1 ZPO **Antrag** des Gläubigers beim Grundbuchamt, in dessen Bezirk das oder die zu belastenden Grundstücke liegen. Gehören dem Schuldner mehrere Grundstücke, in die vollstreckt werden soll, so ist der Forderungsbetrag auf die einzelnen Grundstücke zu verteilen, § 867 II ZPO (vgl. *David,* Muster 83 Rdnr. 481). Besonderer Kostenantrag nicht erforderlich, da gesetzliche Haftung des Grundstücks für Eintragungskosten (§ 867 I 3 ZPO).
- **Vollstreckungstitel** muß auf Geldzahlung, die 500 DM (ohne Zinsen als Nebenforderung) übersteigt, lauten (§ 866 III 1 ZPO). Aufgrund **mehrerer Schuldtitel** eines Gläubigers kann eine **einheitliche Sicherungshypothek** eingetragen werden (§ 866 III 2 ZPO),
- **Voreintragung** des Schuldners (§ 39 GBO). Nicht erforderlich, wenn Gläubiger mit Hilfe von § 792 ZPO nachweist, daß der Schuldner Erbe des im Grundbuch eingetragenen Eigentümers ist (§ 40 GBO); richtet sich der Titel gegen den Erben als Schuldner, so gilt wiederum der Grundsatz der Voreintragung;
- die **allgemeinen Vollstreckungsvoraussetzungen** müssen gegeben sein (s. dazu Rdnr. 12).
- **Rechtsschutzbedürfnis** für Eintragung zu verneinen, wenn Zwangshypothek an Grundstück begehrt wird, an dem für dieselbe Forderung bereits ein rechtsgeschäftlich bestelltes Grundpfandrecht besteht.

146 **Vorteile für den Gläubiger:**

- raschere Entscheidung und Eintragung als bei anderen Vollstreckungsmaßnahmen in das unbewegliche Vermögen,
- **Rangsicherung** gegenüber Zugriffen anderer Gläubiger,
- bei künftiger Zwangsversteigerung und -verwaltung genießt er den **Vorrang des Realgläubigers** nach § 10 I Nr. 4 ZVG,
- als Hypothekengläubiger ist er befugt, vom Grundstückseigentümer die **Aufhebung eines** gleich- und vorrangigen **Grundpfandrechts** zu verlan-

gen, wenn dessen Vereinigung mit dem Eigentum eingetreten ist (§ 1179a BGB),
- die Zwangshypothek dient als **Druckmittel** zur Zahlung bei Verhandlungen mit dem Schuldner.
- **Sicherungsvollstreckung** ermöglicht die Eintragung aus einem nur gegen Sicherheitsleistung vorläufig vollstreckbaren Urteil ohne Sicherheitsleistung erbringen zu müssen (§ 720a ZPO; Rdnrn. 35–37).

Bleibt die Zahlung aus, kann der Gläubiger seinen Anspruch aus der Hypo- **147**
thek (§ 1147 BGB) verfolgen. Dazu genügen allerdings der Zahlungstitel und die eingetragene Hypothek nach h. M. nicht; der Gläubiger muß vielmehr – wie bei jeder normalen Hypothek – auf **Duldung der Zwangsvollstreckung** klagen (*BGH* NJW 1966, 2009; *Zöller/Stöber* Rdnr. 6 zu § 866 ZPO).

Vor Erhebung der Duldungsklage muß der Gläubiger den Schuldner (er- **148**
folglos) zur Errichtung einer **vollstreckbaren Urkunde** nach § 794 I Nr. 5 ZPO auffordern, denn sonst hat der Schuldner keine Veranlassung zur Klageerhebung gegeben (*OLG München* RPfleger 1984, 325).

Wenn der Gläubiger einer Zwangssicherungshypothek den Antrag auf **149**
Zwangsversteigerung **ohne Duldungstitel** stellt, kann er in diesem Verfahren nicht den Rang der Zwangshypothek beanspruchen.

Die **Zwangsversteigerung** wird der Gläubiger nur dann betreiben, wenn er **150**
hoffen kann, aufgrund des Ranges seiner Zwangshypothek durch das Meistgebot noch gedeckt zu werden.

Bei der **Arrest-Zwangssicherungshypothek** muß der Gläubiger darauf ach- **151**
ten, daß er innerhalb eines Monats nach Verkündung oder Zustellung des Arrestbefehls die Eintragung der Arresthypothek beim zuständigen Grundbuchamt beantragt haben muß (§§ 929 II, 932 III ZPO; § 13 GBO).

Rechtsbehelfe bei Eintragung oder Ablehnung der Zwangssicherungshypo- **152**
thek Rechtspflegererinnerung (§ 11 I 1 RPflegerG) und gegen die Entscheidung des Richters Beschwerde (§ 71 GBO, § 76 Schiffsregisterordnung), gegen die Eintragung auch Widerspruch und Löschungsbegehren (§ 71 II GBO).

c) Die Zwangsversteigerung

Die **Voraussetzungen:** **153**
- Antrag des Gläubigers an das Amtsgericht – Vollstreckungsgericht –, in dessen Bezirk das Grundstück des Schuldners liegt (§ 1 I ZVG) unter genauer Bezeichnung des Grundstücks, des Eigentümers und des vollstreckbaren Titels (§ 16 I ZVG),
- Beifügung des Vollstreckungstitels und des Zustellungsnachweises (§ 16 II ZVG), sowie etwaiger Belege zur Glaubhaftmachung bisheriger Zwangsvollstreckungskosten,
- das **Rechtsschutzbedürfnis,** das fehlen kann, wenn der Gläubiger kein schutzwürdiges Interesse an der Zwangsversteigerung hat (s. dazu *Stöber,* ZVG-Handbuch, Rdnr. 111). Es liegt aber grundsätzlich bei **Bagatellforderungen** vor, da auch ein Schuldner in bedrängten Verhältnissen eine Bagatellforderung begleichen kann und er es daher in der Hand hat, die mit einer Zwangsversteigerung verbundenen Härten und Kosten abzuwenden (vgl. *OLG Düsseldorf* NJW 1980, 1171),
  bei geringen Forderungen hat das Vollstreckungsgericht allerdings gem. § 139 ZPO darauf hinzuweisen, daß er einen Vollstreckungsschutzantrag nach § 765a ZPO stellen kann,

– der **Schuldner** muß als **Eigentümer des Grundstücks** eingetragen oder Erbe des eingetragenen Eigentümers sein (§ 17 I ZVG). Wenn das Vollstreckungsgericht und das Grundbuchamt demselben Amtsgericht angehören, ist die Voreintragung des Schuldners durch Bezugnahme auf das Grundbuch nachzuweisen (§ 17 II ZVG).

154 Ordnet das Vollstreckungsgericht die Zwangsversteigerung des Grundstücks an – darin liegt die **Beschlagnahme** (§ 20 I ZVG), die das Grundstück und die Gegenstände, auf die sich bei einem Grundstück die Hypothek erstreckt (§ 20 II ZVG), nicht aber die Erträge des Grundstücks erfaßt – so wird der Beschluß von Amts wegen dem Schuldner zugleich mit dem Hinweis auf sein **Recht zur Stellung eines Einstellungsantrags** (§ 30 b I 3 ZVG) zugestellt (§§ 3, 8, 22 I 1 ZVG). Dem Gläubiger wird der Beschluß formlos mitgeteilt, es sei denn, seinem Antrag sei nicht (voll) entsprochen worden. Die Beschlagnahme hat die Wirkung eines zugunsten des Gläubigers ergangenen Veräußerungsverbots und verschafft ihm ein **Recht auf Befriedigung** aus dem Versteigerungserlös nach Maßgabe des § 10 Nr. 5 ZVG.

155 Nach § 19 ZVG erfolgt die **Eintragung eines Zwangsversteigerungsvermerks** im Grundbuch.

156 Zur **Aufhebung** der Versteigerung und zur **einstweiligen Einstellung** des Verfahrens s. *Brox/Walker,* Rdnrn. 870–883.

157 In dem von Amts wegen zu bestimmenden **Versteigerungstermin** wird nur ein solches Gebot zugelassen, durch das die Verfahrenskosten und die dem Anspruch des betreibenden Gläubigers oder eines besser berechtigten beitretenden Gläubigers vorgehenden Rechte gemäß der Rangordnung in § 10 ZVG gedeckt werden (sog. geringstes Gebot). Beachte: Nicht grundbuchersichtliche Rechtsverfolgungskosten rechtzeitig zum Termin anmelden (§ 37 Nr. 4, §§ 110, 10 II ZVG).

158 Der RA, der einen Dritten als **Zubehöreigentümer** vertritt, muß darauf achten, daß das Dritteigentum rechtzeitig, d. h. vor Erteilung des Zuschlags, geltend gemacht wird (§ 37 Nr. 5, § 55 II ZVG; näher dazu *Stöber* ZVG-Handbuch Rdnr. 284; *Storz* B 252).

159 Die Entscheidung über den Zuschlag – er ist dem Meistbietenden zu erteilen, sofern das geringste Gebot erreicht ist – ergeht nach Anhörung der Beteiligten durch Beschluß. Er darf nur in bestimmten Fällen versagt werden (s. §§ 83, 85 a ZVG). Zum sog. Mindestgebot (7/10 bzw. 1/2 des Grundstückswerts) vgl. §§ 74 a, b, 85 a ZVG (näher dazu *David,* Rdnrn. 523–526).

160 Die **Entscheidung über** den **Zuschlag** unterliegt der **sofortigen Beschwerde** (§§ 96 ff. ZVG, § 577 ZPO). Wenn er rechtskräftig geworden ist, kommt es nicht mehr darauf an, ob die Voraussetzungen für seine Erteilung vorgelegen haben oder nicht.

161 Die **Erlösverteilung** erfolgt in einem besonderen Verteilungstermin aufgrund eines vom Gericht unter Berücksichtigung der gesetzlichen Rangordnung des § 10 ZVG aufgestellten Teilungsplans (§§ 105 ff. ZVG). Im Termin muß der Ersteher das Bargebot nebst 4% Zinsen vom Zuschlag an bezahlen.

162 **Nach Rechtskraft** des Zuschlags und Ausführung des Teilungsplans ersucht das Vollstreckungsgericht von Amts wegen das Grundbuchamt um Eintragung des Erstehers als Eigentümer und um Löschung der erloschenen Rechte im Grundbuch (§ 130 ZVG).

(Eine Fülle **taktischer Hinweise** zum Zwangsversteigerungsverfahren findet sich bei *Storz,* Praxis des Zwangsversteigerungsverfahrens.)

Die **Rechtsbehelfe:** 163

- gegen die **Versteigerungsanordnung ohne Schuldneranhörung** Erinnerung nach § 766 ZPO und gegen die Entscheidung des Richters sofortige Beschwerde nach § 793 ZPO sowie evtl. weitere sofortige Beschwerde (§ 568 II ZPO); nach Schuldneranhörung sofortige Rechtspflegererinnerung (§ 11 I 2 RPflG) bzw. sofortige Beschwerde nach § 793 ZPO,
- gegen den die **Versteigerung aufhebenden Beschluß** sofortige Rechtspflegererinnerung (§ 95 ZVG, § 11 I 2 RPflG), sofern eine Anhörung erfolgte oder die Aufhebung abgelehnt wurde, ansonsten Vollstreckungserinnerung nach § 766 ZPO,
- gegen den **den Versteigerungsantrag zurückweisenden** Beschluß sofortige Rechtspflegererinnerung (§ 11 I 2 RPflG) bzw. sofortige Beschwerde nach § 793 ZPO,
- gegen den **Beschluß über den Zuschlag** oder die Versagung des Zuschlags sofortige Rechtspflegererinnerung (§ 11 I 2 RPflG) bzw. sofortige Beschwerde (§ 96 ZVG, § 793 ZPO). Weitere sofortige Beschwerde möglich (§ 568 II ZPO) mit erweitertem Kreis der Beschwerdeberechtigten (§ 102 ZVG),
- gegen **Teilungsplan** verfahrensrechtliche Rüge mit sofortiger Rechtspflegererinnerung (§ 11 I 2 RPflG) bzw. sofortiger Beschwerde (§ 793 ZPO); bei materiell-rechtlichen Fehlern Widerspruch und Widerspruchsklage. Die §§ 876–882 ZPO gelten entsprechend (§ 115 I 2 ZVG),
- gegen die **Feststellung des geringsten Gebots** gibt es keine Rechtsbehelfe (§ 95 ZVG). Möglich ist aber die Anfechtung des Zuschlags wegen unrichtiger Feststellung des geringsten Gebots (§ 83 Nr. 1 ZVG).

d) Die Zwangsverwaltung

Für die Zwangsverwaltung (Antragmuster bei *David,* Muster 82, Rdnr. 476), bei der der Gläubiger aus den laufenden Erträgnissen des Grundstücks befriedigt wird, gelten im wesentlichen die gleichen **Voraussetzungen wie bei der Zwangsversteigerung** (s. Rdnr. 153). 164

Der Gläubiger eines eingetragenen Rechts kann die Zwangsverwaltung auch dann beantragen, wenn sich das Grundstück im **Eigenbesitz des Vollstreckungsschuldners** befindet, ohne daß dieser als Eigentümer im Grundbuch eingetragen ist (§ 147 I ZVG). Der Eigenbesitz (§ 872 BGB) ist durch Urkunden glaubhaft zu machen, sofern er nicht bei Gericht offenkundig ist (§ 147 II ZVG), wobei Glaubhaftmachung durch eidesstattliche Versicherung nicht ausreicht. 165

Die Zwangsverwaltung wird durch Beschluß des Vollstreckungsgerichts angeordnet (= **Beschlagnahme**). Das Grundbuchamt ist zu ersuchen, die Anordnung der Zwangsverwaltung im Grundbuch einzutragen (§ 19 I i. V. m. § 146 I ZVG). Der **Umfang der Beschlagnahme** geht weiter als bei der Zwangsversteigerung, denn zusätzlich werden erfaßt: 166

- Miet- und Pachtzinsforderungen sowie
- land- und forstwirtschaftliche Erzeugnisse des Grundstücks, auch wenn sie nicht mit dem Boden verbunden und nicht Zubehör sind,
- die Forderung aus einer Versicherung solcher Erzeugnisse (§ 148 I 1, § 21 I ZVG).

167 Die **Beschlagnahme wird wirksam:**
- durch Zustellung des Anordnungsbeschlusses,
- durch Eingang des Eintragungsersuchens beim Grundbuchamt,
- dadurch, daß der Zwangsverwalter auf dem dafür bestimmten Weg (§ 150 ZVG), den Besitz des Grundstücks erlangt (§ 151 ZVG).

Die Wirkung der Beschlagnahme besteht darin, daß dem Schuldner die Verwaltung und Benutzung des Grundstücks entzogen wird (§ 148 II ZVG).

168 Zur Durchführung der Zwangsverwaltung bestellt das Vollstreckungsgericht einen **Zwangsverwalter** (§ 150 ZVG), der die Befugnis erhält, anstelle des Schuldners das Grundstück zu verwalten und zu nutzen. Er muß alle zur Bestanderhaltung und ordnungsgemäßen Nutzung erforderlichen Handlungen vornehmen (§ 152 I 1. Halbsatz ZVG). Er ist zur jährlichen Rechnungslegung verpflichtet. Zur Verteilung der Einnahmen wird vom Vollstreckungsgericht ein **Teilungsplan** aufgestellt. Nach diesem Plan zahlt der Verwalter aus.

169 Die zu berücksichtigenden Ansprüche werden in **Rangklassen** eingeteilt (zu diesen näher *Stöber,* ZVG-Handbuch, Rdnrn. 631–635). In die letzte Rangklasse kommt der vollstreckende Gläubiger mit seinem Anspruch, soweit er nicht – z. B. wegen laufender wiederkehrender Leistungsansprüche – in eine bessere Rangklasse fällt. Ansprüche der Rangklassen 6–8 des § 10 I ZVG bleiben völlig außer Betracht, weil **nach Gläubigerbefriedigung** das **Verfahren aufzuheben** ist (§ 161 II ZVG).

Eine Verfahrensaufhebung kommt ferner in Betracht, wenn seine Fortsetzung besondere Aufwendungen erfordert und der Gläubiger den nötigen Geldbetrag nicht vorschießt (§ 161 ZVG).

170 Die **Rechtsbehelfe:**
- gegen Maßnahme des Zwangsverwalters Erinnerung nach § 766 ZPO; außerdem Möglichkeit der Anregung von Weisungen an den Zwangsverwalter über das Vollstreckungsgericht (§ 153 I 1. Halbsatz ZVG),
- gegen den Teilungsplan **sofortige Rechtspflegererinnerung** (§ 11 I 2 RPflG) bzw. **sofortige Beschwerde** (§ 793 ZPO) bei Verfahrensmängeln; bei materiell-rechtlichen Fehlern **Widerspruch** und **Widerspruchsklage** (§§ 156 II 4, 115 ZVG), wobei die §§ 876–882 ZPO entsprechend anzuwenden sind (§ 115 I 2 ZVG),
- **Klage auf Abänderung des Teilungsplans** (wegen der Zukunftswirkung des Plans!) nach § 159 I ZVG. Hier keine Anwendung der §§ 878ff. ZPO,
- einstweilige Einstellung des Verfahrens nach §§ 765a, 769, 771, 775, 776 ZPO zulässig.

II. Die Herausgabevollstreckung

1. Bei beweglichen Sachen

171 Der Titel muß auf die **Herausgabe einer Sache** (Stück-, Vorrats- oder Gattungsschuld) oder die **Übereignung einer Sache** lauten. In allen Fällen besteht die Vollstreckung, für die der Gerichtsvollzieher, in dessen Bezirk die Herausgabevollstreckung betrieben werden soll, zuständig ist (§§ 883 I, 885 I ZPO), darin, daß der Gerichtsvollzieher die Sache wegnimmt und sie dem Gläubiger übergibt.

172 Ist der Schuldner zur **Herausgabe einer bestimmten Urkunde** gemäß § 836 III ZPO (z. B. Sparbuch) verpflichtet, so ist **Herausgabetitel** der **Pfän-**

dungs- und Überweisungsbeschluß bezüglich der Forderung, deren Bestehen durch die Urkunde dokumentiert wird (s. Rdnr. 50). Die Urkunde muß im Überweisungsbeschluß genau bezeichnet sein (vgl. *Zöller/Stöber* Rdnr. 9 zu § 836), ggf. hat dies in einem Ergänzungsbeschluß des Vollstreckungsgerichts zu erfolgen. Der Gerichtsvollzieher nimmt sie dem Schuldner im Wege der sog. Hilfspfändung (s. Rdnrn. 50, 55) weg.

Nicht nach § 883 ZPO wird der **Anspruch auf Herausgabe eines Kindes** 173
vollstreckt, sondern vielmehr nach § 33 FGG (*BGH* FamRZ 1983, 1008, 1010; *OLG Bremen* FamRZ 1982, 92).

Die **Unpfändbarkeitsbestimmungen des § 811 ZPO** gelten nur bei der Voll- 174
streckung wegen Geldforderungen, nicht bei der Herausgabevollstreckung.

Teilnahme des Gläubigers an der Vollstreckung durch den Gerichtsvollzie- 175
her ist möglich (§ 62 Nr. 5 GVGA) und empfiehlt sich unter Umständen zur Identifizierung des herauszugebenden Gegenstands. Ein selbständiges Eingreifen des Gläubigers in den Gang der Vollstreckung darf der Gerichtsvollzieher nicht dulden. Gestattet der Schuldner dem Gerichtsvollzieher das **Betreten der Wohnung** nicht, so ist nach h. M. eine richterliche Durchsuchungsanordnung erforderlich (Rdnr. 65; a. M. *Thomas/Putzo* Anm. 2d zu § 758).

Wird die **Sache** vom Gerichtsvollzieher **nicht vorgefunden,** so ist der Schuld- 176
ner verpflichtet, auf Antrag des Gläubigers zu Protokoll an Eides Statt zu versichern:

- daß er die Sache nicht besitze und
- daß er auch nicht wisse, wo die Sache sich befinde (Verfahren vor dem Rechtspfleger, § 883 I i. V. m. §§ 478–480, 483 ZPO).

2. Bei Grundstücken und Schiffen

Hier kann der Titel auf **Herausgabe, Überlassung, Räumung oder Übereig-** 177
nung lauten. In allen Fällen wird in der Weise vollstreckt, daß der Gerichtsvollzieher den Schuldner aus dem Besitz setzt und den Gläubiger in den Besitz einweist (§ 885 I ZPO).

Lautet der Titel auf **Grundstücksübereignung,** muß das Grundstück aufge- 178
lassen und der Gläubiger als Eigentümer im Grundbuch eingetragen werden (§§ 925, 873 BGB). Die Auflassung durch den Schuldner gilt mit der Rechtskraft des Urteils als erklärt (§ 894 BGB).

Bei der **Räumungsvollstreckung** ist der besondere Vollstreckungsschutz für 179
Wohnräume (§§ 721, 794a ZPO) zu beachten, wonach dem Schuldner eine Räumungsfrist bewilligt oder auch verlängert werden kann.

Der Gläubiger kann – wenn die Herausgabe nicht zu verwirklichen ist – auch 180
Schadensersatz vom Schuldner verlangen, statt seinen titulierten Herausgabeanspruch durchzusetzen (§ 893 ZPO). Die materiell-rechtlichen Voraussetzungen sind in den §§ 280, 283, 325, 326 BGB geregelt.

3. Bei Gewahrsam eines Dritten

Befindet sich die herauszugebende (bewegliche oder unbewegliche) Sache im 181
Gewahrsam eines Dritten, so vollstreckt der Gerichtsvollzieher gem. § 883 ZPO, wenn der Dritte zur Herausgabe bereit ist (§ 809 ZPO analog). Anderenfalls kann der Gläubiger den Herausgabeanspruch, den der Schuldner gegen den Dritten hat, pfänden und sich zur Einziehung überweisen lassen (§ 886 ZPO).

Die Sache ist dann **an den Gläubiger direkt** herauszugeben. Wird die Herausgabe weiterhin verweigert, kann der Gläubiger den gepfändeten und ihm überwiesenen Anspruch gegen den Dritten einklagen (§ 836 ZPO) und aus dem dann erlangten Herausgabetitel gem. § 883 ZPO vollstrecken.

4. Rechtsbehelfe

182 **Erinnerung** (§ 766 I ZPO) gegen das Verfahren des Gerichtsvollziehers, wenn er z. B. vollstreckt, obwohl der Dritte nicht herausgabebereit ist und auch kein vollstreckbarer Herausgabetitel gegen ihn vorliegt. Der Dritte kann auch **Drittwiderspruchsklage** nach § 771 ZPO erheben. Zur Möglichkeit des Gläubigers, Schadensersatz zu verlangen s. oben Rdnr. 180.

III. Die Vollstreckung zur Erwirkung von Handlungen, Duldungen und Unterlassungen sowie zur Abgabe von Willenserklärungen

1. Bei vertretbaren Handlungen

183 Eine vertretbare Handlung, d. h. eine Handlung, die auch ein Dritter mit dem gleichen wirtschaftlichen Erfolg vornehmen, bei der er also den Schuldner „vertreten" könnte, wird dadurch erzwungen, daß das Gericht den Gläubiger ermächtigt, die Handlung auf Kosten des Schuldners durch einen Dritten vornehmen zu lassen oder selbst vorzunehmen (**Ersatzvornahme,** § 887 ZPO).

184 Die **Voraussetzungen:**

- **Titel,** der auf Vornahme einer vertretbaren Handlung, die weder in einer Geldzahlung noch in der Herausgabe von Sachen (§ 887 III) oder in der Abgabe einer Willenserklärung (§ 894 ZPO) besteht, also z. B. auf Beseitigung von Baumängeln, aber auch auf Befreiung von Geldschulden (s. *BGHZ* 25, 1, 7) gerichtet ist,
- **Antrag** des Gläubigers unter genauer Bezeichnung der zur Herbeiführung der geschuldeten Handlung verlangten Maßnahmen („Beseitigung folgender Baumängel . . ."),
- Vorliegen der allgemeinen Zwangsvollstreckungsvoraussetzungen (s. Rdnr. 12. ff.).

185 Zu beachten: Es entscheidet das **Prozeßgericht 1. Instanz** (§ 887 I ZPO) durch Beschluß (Titel nach § 794 I Nr. 3 ZPO), auch wenn der Rechtsstreit noch in höherer Instanz anhängig ist, wobei nicht anzugeben ist, wer mit der Ersatzvornahme beauftragt werden kann. Der Schuldner hat die Vornahme der Handlung zu dulden. Zur Beseitigung etwaigen **Widerstands des Schuldners** kann sich der Gläubiger der Hilfe des Gerichtsvollziehers bedienen (§ 892 ZPO).

186 Zur **Vorauszahlung von Kosten** (die Höhe bestimmt das Gericht nach billigem Ermessen), die voraussichtlich durch die Ersatzvornahme entstehen werden, kann der Schuldner auf Antrag des Gläubigers mit dem Ermächtigungsbeschluß (§ 887 II ZPO), aber auch noch nach dessen Erlaß gesondert verurteilt werden.

187 **Rechtsbehelfe:** Ermächtigungsbeschluß nach § 887 ZPO und Kostenvorschußbeschluß nach § 887 II ZPO (letzterer nur bei Beschwerdewert über 100 DM, § 567 II ZPO) sind mit sofortiger Beschwerde (§ 793 ZPO) anfechtbar. Der **Erfüllungseinwand** ist vom Schuldner mit Vollstreckungsabwehrklage (§ 767 ZPO) geltend zu machen (str. s. *Thomas/Putzo* 4c zu § 887).

2. Bei unvertretbaren Handlungen

Zur Vornahme einer unvertretbaren Handlung, d. h. einer Handlung, die nur vom Schuldner, nicht aber von einem Dritten anstelle des Schuldners, vorgenommen werden kann, wird der Schuldner durch Zwangsgeld (5–50000 DM) ersatzweise Zwangshaft oder durch Zwangshaft (1 Tag – 6 Monate) angehalten (Beugezwang, § 888 I 1 ZPO). **188**

Die **Voraussetzungen:** **189**
- **Titel,** der den Schuldner zu einer unvertretbaren Handlung (z. B. Auskunftserteilung, Rechnungslegung) verpflichtet,
- **ausschließliche Abhängigkeit** der Handlung vom Willen des Schuldners (Einzelfälle und Abgrenzung zur vertretbaren Handlung alphabetisch bei *Zöller/Stöber* Rdnr. 3 zu § 888). Nicht gegeben, wenn Schuldner die Handlung dauernd – subjektiv oder objektiv, z. B. bei Krankheit – unmöglich ist oder wenn die Handlung besondere wissenschaftliche oder künstlerische Fähigkeiten voraussetzt,
- **Gläubigerantrag,** der allerdings weder das Zwangsmittel, noch seine Höhe bezeichnen muß (*OLG Köln* MDR 1982, 580),
- Vorliegen der allgemeinen Zwangsvollstreckungsvoraussetzungen (Rdnrn. 12ff.).

Zu beachten: Das **Zwangsmittel,** das vom Prozeßgericht 1. Instanz zu verhängen ist (§ 888 I 1 ZPO), **kann** (muß aber nicht) zuerst unter Fristsetzung für den Fall fruchtlosen Fristablaufs **angedroht** werden. Der Zwangsgeldbeschluß ist Vollstreckungstitel nach § 794 I Nr. 3 ZPO, dessen Vollstreckung auf Antrag des Gläubigers zugunsten der Staatskasse erfolgt. **190**

§ 888 ZPO ist nicht anwendbar bei **191**
- Verurteilung zur Eingehung einer Ehe (§ 888 II),
- Verurteilung zur **Herstellung des ehel. Lebens** (Ausnahme: soweit in den räumlich-gegenständlichen Bereich der Ehe durch Ehegatten oder Dritte eingegriffen wird, *BGH* NJW 1952, 975; *OLG Karlsruhe* FamRZ 1980, 139),
- bei Verurteilung zu einer Leistung **unvertretbarer** Dienste aus einem Dienstvertrag (§ 888 II ZPO),
- wenn zwangsweise Durchsetzung des Anspruchs den Schuldner in seinen **Grundrechten verletzen** würde (*OLG Köln* MDR 1973, 768; *OLG Frankfurt* RPfleger 1980, 117).

Rechtsbehelfe: Gegen Beschluß der Antrag zurückweist oder Zwangsgeld verhängt (nicht nur androht; dagegen kein Rechtsmittel s. *OLG Hamm* FamRZ 1986, 828) sofortige Beschwerde (§ 793 ZPO) und evtl. weitere Beschwerde nach § 568 II ZPO. Bei Einwand rechtzeitiger **Erfüllung** durch den Schuldner Vollstreckungsabwehrklage nach § 767 ZPO. **192**

3. Die Erzwingung von Duldungen und Unterlassungen

Die **Voraussetzungen:** **193**
- **Titel,** der nach seinem Wortlaut auf eine Duldung oder Unterlassung gerichtet ist (Hauptgebiete: Nachbarschaftsrecht, §§ 906, 912 BGB; Schutz absoluter Rechte wie z. B. der Ehre, §§ 823, 1004 BGB; Urheber- und Wettbewerbsrecht, § 97 UrhG, §§ 1ff. UWG; Namens- und Firmenrecht, § 12 BGB, § 37 II HGB),
- Vorliegen der allgemeinen Vollstreckungsvoraussetzungen (s. Rdnr. 12ff.).

- **Vorausgehende Androhung** von Ordnungsgeld (5–500000 DM), ersatzweise Ordnungshaft oder Ordnungshaft (1 Tag – 6 Monate) nach § 890 II ZPO,
- **schuldhafte** (vorsätzliche oder fahrlässige) **Zuwiderhandlung** des Schuldners gegen das im Titel ausgesprochene Verbot (darunter fallen alle Handlungen, die im Kern mit der Verletzungshandlung übereinstimmen, s. *BGHZ* 5, 189, 193).

194 Die Rechtsbehelfe: Gegen den selbständigen Androhungs-, Verhängungs- oder Kautionsbeschluß (§ 890 III ZPO) oder die Zurückweisung des vom Gläubiger gestellten Antrag sofortige Beschwerde nach § 793 ZPO. Erinnerung nach § 766 ZPO gegen Art und Weise der Durchführung. Wegen der Möglichkeit für den Gläubiger Schadensersatz zu verlangen s. § 893 I ZPO und Rdnr. 180. Werden die Ordnungsmittel im Urteil oder einer einstweiligen Verfügung angedroht oder ausgesprochen, dann können sie nur zusammen mit dem Urteil oder der einstweiligen Verfügung angefochten werden.

4. Bei Verurteilung zur Abgabe einer Willenserklärung

195 Bei der Verurteilung zur Abgabe einer Willenserklärung erfolgt die **Befriedigung des Gläubigers durch Fiktion:** Die Willenserklärung gilt mit der Rechtskraft des Urteils als abgegeben (§ 894 I ZPO).

Die **Voraussetzungen:**

- **Rechtskräftiger Titel,** der Verurteilung zur Abgabe einer Willenserklärung enthält;
- ist die Willenserklärung **von einer Gegenleistung abhängig** gemacht worden, tritt die Fiktionswirkung erst ein, wenn eine vollstreckbare Ausfertigung erteilt worden ist (§ 894 I 2, §§ 726, 730 ZPO; s. Rdnr. 32).

196 Zu beachten: Lautet das Urteil auf Abgabe einer Willenserklärung, aufgrund deren die **Eintragung im Grundbuch,** Schiffs- oder Schiffsbauregister erfolgen soll, so kann sich der Gläubiger durch Eintragung einer **Vormerkung** (§ 883 BGB) bzw. eines **Widerspruchs** (§ 892 BGB) in der Zeit ab Erlaß des Urteils – vor Eintritt der Rechtskraft – gegen Verfügungen des Schuldners schützen. Die nach § 19 GBO erforderliche **Eintragungsbewilligung** des Schuldners wird durch § 895 ZPO fingiert. Zur Eintragung der genannten Sicherungsmittel hat der Gläubiger eine – nicht notwendigerweise vollstreckbare, *BGH* RPfleger 1969, 425 – Ausfertigung des Urteils dem Grundbuchamt vorzulegen.

197 Bei Verurteilung zur **Übereignung einer Sache** ist außer der Rechtskraft des Urteils die Eintragung im Grundbuch oder die Übergabe an den Gläubiger notwendig. Bis diese erfolgt ist, ist die Zwangsvollstreckung noch nicht beendet, so daß auch nach Rechtskraft des Urteils **in diesen Fällen** noch Vollstrekkungsabwehrklage (§ 787 ZPO) und Drittwiderspruchsklage (§ 771 ZPO) zulässig sind.

IV. Besonderheiten in den neuen Bundesländern

198 In den Ländern der ehemaligen DDR können seit 3. 10. 1990 alle Vollstrekkungstitel nach der ZPO vollstreckt werden (Art. 8 Einigungsvertrag i. V. m. Anl. I Kap. III Nr. 5k).Eine vor dem Wirksamwerden des Beitritts – also vor dem 30. 10. 1990 begonnene Maßnahme der Zwangsvollstreckung ist nach dem bis dahin geltenden Recht der DDR zu erledigen (s. dazu *Vultejus,* DGVZ 90,

102). Werden weitere selbständige Maßnahmen zur Fortsetzung der bereits begonnenen Zwangsvollstreckung nach dem Beitritt des ehemaligen DDR-Gebiets eingeleitet, gelten die Vorschriften der ZPO, wobei die Verwertung des gepfändeten Gegenstands als selbständige Maßnahme gilt.

Bei der Mobiliarvollstreckung können noch Schwierigkeiten insbesondere bei der Sachpfändung auftreten, solange die Gerichtsvollzieherorganisation noch nicht voll aufgebaut ist.

Die Aufgaben der **Vollstreckungsgerichte** und **Grundbuchämter** bei der Vollstreckung haben die **Kreisgerichte** übernommen (Anl. I Kap. III Nr. 1e EVertr.).

Die Geschäfte der Rechtspfleger – solche gab es in der DDR nicht – werden zunächst von Richtern, Notaren und Gerichtssekretären wahrgenommen, solange und soweit Rechtspfleger mit der entsprechenden Ausbildung nicht in der erforderlichen Zahl vorhanden sind (Anl. I Kap. III Nr. 3 EVertr.).

C VII. Verfassungsbeschwerde und Menschenrechtsbeschwerde

Prof. Dr. Rüdiger Zuck

Übersicht

Literatur: Zu Kap. I: *Pestalozza,* Verfassungsprozeßrecht, 3. Aufl. 1991; *Stern,* in: BK, *Stand* 1982 Anm. zu Art. 93 GG; *Schmidt-Bleibtreu,* in: Maunz/Schmidt-Bleibtreu/Klein/Ulsamer, BVerfGG, Anm. zu § 90; *Schlaich,* Das Bundesverfassungsgericht, 1985; *Gusy,* Die Verfassungsbeschwerde, 1988: *Zuck,* Das Recht der Verfassungsbeschwerde, 2. Aufl. 1988 (zit.: Verfassungsbeschwerde); *Dörr,* Die Verfassungsbeschwerde in der Prozeßpraxis, 1990. – **Zu Kap. II:** *Frowein/Peukert,* EMRK 1985; *Zuck,* in: Beck'sches Formularhandbuch für den Strafverteidiger, S. 836ff; *v. Stackelberg/v. Stackelberg;* Die Verfahren der deutschen Verfassungsbeschwerde und der europäischen Menschenrechtsbeschwerde, 1988.

I. Die Verfassungsbeschwerde

1. § 90 I BVerfGG

1 Die Verfassungsbeschwerde (Vb.) kann von jedermann gegenüber dem BVerfG mit der Behauptung erhoben werden, durch die öffentliche Gewalt in einem seiner Grundrechte oder grundrechtsähnlichen Recht verletzt zu sein (§ 90 I BVerfGG).

2. Wesen der Verfassungsbeschwerde

2 Die Vb. ist ein **außerordentlicher Rechtsbehelf** (*Zuck,* Verfassungsbeschwerde, Rdnrn. 8ff.) Das bedeutet zweierlei:

3 **a)** Die Vb. ist grundsätzlich nur zulässig, wenn der **Rechtsweg** erschöpft ist (§ 90 II 1 BVerfGG). Das ist der Fall, wenn der Beschwerdeführer (Bf.) keinen gesetzlich zugelassenen Rechtsbehelf (z. B. Widerspruch, Klage, Berufung, Revision, Beschwerde) unterlassen oder (etwa wegen Fristablaufs) versäumt hat.

Eine Ausnahme von dieser Regel ist in § 90 II 2 BVerfGG enthalten. Sie wird vom Gericht sehr eng verstanden. Probleme: **(1) Rechtsweg gegen Gesetze.** Das Normenkontrollverfahren nach § 47 VwGO ist, soweit es landesgesetzlich eingeführt ist, als Rechtsweg zu betrachten. Nicht zum Rechtsweg gehört dagegen die Grundrechtsklage vor einem Landesverfassungsgericht, soweit diese einem anderen Prüfungsmaßstab unterliegt (*BVerfGE* 32, 162). **(2) Sekundäransprüche.** Diese (wie z. B. Amtshaftungsansprüche) gehören nicht zum Rechtsweg, wenn mit der Verfassungsbeschwerde der Primäranspruch weiterverfolgt wird (BVerfGE 20, 163). **(3) Aussichtslose Rechtsmittel.** Die Einlegung völlig aussichtsloser Rechtsmittel ist dem Bf. nicht zuzumuten und daher nicht erforderlich (*BVerfGE* 64, 260). **(4) Vb. gegen Entscheidung im Verfahren vorläufigen Rechtsschutzes.** Hier (z. B. nach § 123 VwGO) ist der Rechtsweg nur erschöpft, wenn ein Hauptsacheverfahren nicht geeignet wäre, die Grundrechtsverletzung auszuräumen (*BVerfGE* 62, 143). **(5) Vorabentscheidung.** In den Fällen allgemeiner Bedeutung oder schwerer und unabwendbarer Nachteile kann das BVerfG auf das Erfordernis vorheriger Rechtswegerschöpfung verzichten. Dies suspendiert aber nicht von den Grundvoraussetzungen nach § 90 II 1 BVerfGG, so daß nach Versäumung einer Rechtsmittelfrist kein Raum mehr für eine Vorabentscheidung ist (*BVerfGE* 13, 289).

b) Weitergehende Pflichten des Bf. ergeben sich aus der **Subsidiarität** der Verfassungsbeschwerde. Sie besagt, die Vb. müsse „erforderlich sein, um eine Grundrechtsverletzung auszuräumen"; dies ist nicht der Fall, wenn eine anderweitige Möglichkeit besteht, die Grundrechtsverletzung zu beseitigen oder ohne Inanspruchnahme des BVerfG in praktischem Ergebnis dasselbe zu erreichen (*BVerfGE* 51, 139f.). Das bedeutet (= Grundsatz der **formellen Subsidiarität**), daß die gerügte Grundrechtsbeeinträchtigung im jeweils sachnächsten Verfahren geltend zu machen ist. Dazu gehören u. U. auch Gegenvorstellungen (*BVerfGE* 15, 218). Primär müssen deshalb die Fachgerichte im Rahmen ihrer Zuständigkeit die Grundrechte des Bf. wahren und durchsetzen (*BVerfGE* 49, 258). Infolgedessen ist der Bf. gehalten, soweit möglich, Grundrechtsverstöße auch schon vor den Fachgerichten zu rügen (= Grundsatz der **materiellen Subsidiarität**) (*Bender* AöR 112, 169ff.). **4**

3. Die Grundrechtsrüge

Der Bf. kann sich nur auf die in § 90 BVerfGG genannten Rechte berufen. Art. 1 I GG kann deshalb nur als unselbständige Grundrechtsrüge eine Rolle spielen (*BVerfGE* 67, 248 – Allgemeines Persönlichkeitsrecht; 67, 142 – Informationelle Selbstbestimmung); die Rüge der Verletzung des Art. 19 IV GG ist zulässig (*Schmidt-Bleibtreu,* BVerfGG, § 90 Rdnr. 49. Ein Verstoß gegen einen sonstigen Satz des objektiven Verfassungsrechts (z. B. Art. 80 I 2 oder Art. 20 GG) kann der Bf. aber über Art. 2 I GG rügen (*Zuck,* Verfassungsbeschwerde, Rdnr. 319). **5**

Dies gilt uneingeschränkt aber nur für die Vb. gegen ein Gesetz (oder einen Exekutivakt), hingegen nicht für die Urteilsvb.: da auch jede falsche Anwendung des einfachen Rechts durch die Fachgerichte nicht zur verfassungsmäßigen Ordnung gehört (*Schenke,* Verfassungsgerichtsbarkeit und Fachgerichtsbarkeit 1987, S. 27ff.), das BVerfG sich selbst aber nicht als Superrevisionsgericht ansieht, genügt die Rüge der Verletzung des Art. 2 I GG durch die Verletzung einfachen Rechts nicht. **6**

4. Öffentliche Gewalt

Nach § 90 I BVerfGG ist die Vb. nur zulässig bei Verletzung der bezeichneten Rechte durch die (ergänze: deutsche, vgl. *BVerfGE* 1, 11) öffentliche Gewalt. In **7**

Betracht (vgl. Art. 20, II 2 GG) kommt somit die Vb. gegen Akte der Legislative (z. B. gegen Gesetze), gegen Akte der Exekutive sowie gegen Rechtsprechungsakte. Da ein Teil der Zulässigkeitsvoraussetzungen vom Beschwerdegegenstand abhängt, ist dieser auch zu bezeichnen. Problematisch sind:

- **Akte des Rates und der Kommission der EG.** Eine Vb. hiergegen ist trotz der innerstaatlichen Wirkung unzulässig (*BVerfGE* 22, 295ff.).
- **Akte der Exekutive.** Hierzu gehören auch Fiskalakte, nicht aber justizfreie Hoheitsakte.
- **Akte der Legislative.** Als Beschwerdegegenstand kommen nicht nur alle Gesetze im formellen Sinn, sondern auch Rechtsverordnungen, Satzungen und sonstige materielle Rechtssätze der Verwaltung in Betracht.
- **Akte der rechtsprechenden Gewalt.** Häufig richtet sich eine Vb. gegen eine Entscheidung, die zwar „richtig“ ist, aber auf einer für verfassungswidrig gehaltenen Norm basiert. Dann handelt es sich um eine Vb. gegen ein Urteil und mittelbar gegen ein Gesetz (vgl. *BVerfGE* 74, 33).

5. Angegriffene Maßnahme

8 Die angegriffene Maßnahme der öffentlichen Gewalt muß Rechtswirkungen äußern und geeignet sein, Rechtspositionen des Bf. zu seinem Nachteil zu verändern (*BVerfGE* 60, 371). Probleme:

9 **a) Faktische Grundrechtsverletzung.** Eine solche genügt grundsätzlich; finale Eingriffe müssen nicht vorliegen (*BVerfGE* 38, 303f.; 46, 137).

10 **b)** Verletzung durch **Unterlassen** des Gesetzgebers. Eingriffsqualität wird vom BVerfG nur in Ausnahmefällen angenommen. Voraussetzungen sind ein ausdrücklicher Auftrag im GG, der Inhalt und Umfang der Gesetzgebungspflicht umreißt und das völlige Untätigbleiben des Gesetzgebers (vgl. *Stern,* in: BK, Art. 93 Rdnrn. 634ff.).

11 **c) Grundrechtsverletzung durch privaten Dritten.** Diese kann einmal zugleich eine faktische Grundrechtsverletzung durch den Staat bedeuten, wenn diesen eine (aus Art. 2 I GG herzuleitende) Schutzpflicht trifft. Denkbar ist aber auch die Rüge unmittelbar der Grundrechtsverletzung durch den Dritten. Dabei handelt es sich nicht um ein Problem der mittelbaren Drittwirkung der Grundrechte, sondern um die Frage des Vorliegens eines Aktes der öffentlichen Gewalt. Dieser ist regelmäßig erst mit der gerichtlichen Entscheidung des Privatrechtsstreits gegeben; es genügt sodann der bloße Hinweis auf die Möglichkeit der Wirkung der Grundrechte im Privatrecht (*Schlaich,* Das BVerfG, S. 113).

12 **d)** Nicht jede **Verletzungshandlung** reicht aus. Im Rahmen der Urteilsvb. muß der Bf. vielmehr geltend machen, daß der Richter bei der Auslegung und Anwendung des einfachen Rechts den Einfluß der Grundrechte gänzlich oder doch grundsätzlich verkannt hat, oder daß die Entscheidung grob und offensichtlich willkürlich sei, oder daß der Richter die Grenzen der richterlichen Fortbildung überschritten habe. Erforderlich ist bei der Urteilsvb. somit immer die behauptete **Verletzung sog. spezifischen Verfassungsrechts.** Maßgebend ist dabei eine Stufentheorie (vgl. *Weber* JuS 1985, 408). „Die Schwelle eines Verstoßes gegen objektives Verfassungsrecht, den das BVerfG zu korrigieren hat, ist erreicht, wenn die Entscheidung der Zivilgerichte Auslegungsfehler erkennen läßt, die auf einer grundsätzlich unrichtigen Auffassung von der Be-

deutung eines Grundrechts, insbesondere vom Umfang seines Schutzbereichs beruhen und auch in ihrer materiellen Bedeutung für den konkreten Rechtsfall von einigem Gewicht sind." (*BVerfGE* 42, 149). Man kann dies als erste Prüfungsstufe bezeichnen. „Je nachhaltiger ferner eine zivilgerichtliche Entscheidung grundrechtsgeschützte Voraussetzungen freiheitlicher Existenz und Betätigung verkürzt, desto eingehender muß die verfassungsrechtliche Prüfung sein, ob eine solche Verkürzung verfassungsrechtlich gerechtfertigt ist" (*BVerfGE* 54, 215). In diesem Rahmen kann es zunächst zu einer zweiten Prüfungsstufe kommen, bei der die fachgerichtliche Entscheidung auf „einzelne Auslegungsfehler" hingeprüft wird (*BVerfGE* 42, 149). Bei stärkster Eingriffsintensität, in der dritten Stufe also, hält sich das Gericht für befugt, die von den Gerichten vorgenommene Wertung durch seine eigene zu ersetzen (*BVerfGE* 42, 149).

6. Jedermann

13 Nach § 90 I BVerfGG kann unter bestimmten Voraussetzungen jedermann die Vb. erheben. Insoweit spricht man von der Beschwerdefähigkeit. Beschwerdefähig ist, wer Träger der angeblich verletzten Grundrechte oder grundrechtsähnlichen Rechte sein kann. Probleme:

14 **a) Ausländer.** Nicht alle Grundrechte stehen jedermann zu; einige sind nur als Deutschen- oder Bürgerrechte gewährleistet (Art. 8, 9, 11, 12, 16 II GG; s. auch Art. 20 IV, 33, I, 2 GG). Ausländer sind demnach nur beschwerdefähig, sobald sie sich auf ein Grundrecht berufen können, das auch Ausländern zukommt (*BVerfGE* 63, 205) (s. aber auch Art. 116 GG).

15 **b) Juristische Personen des Privatrechts.** Die Antragsberechtigung beurteilt sich anhand Art. 19 III GG. Abzulehnen ist danach die Antragsberechtigung ausländ. juristischer Personen, soweit sie sich nicht auf die Justizgrundrechte (Art. 101 I, 103 I GG) berufen können.

16 **c) Nicht rechtsfähige Vereinigungen.** Die Entstehungsgeschichte des Art. 19 III GG spricht zwar für die enge Auslegung des Begriffs der juristischen Personen. Ihrem Wesen nach anwendbar sind die Grundrechte auf OHG, KG und den eingetragenen Verein, da diese Vereinigungen den natürlichen Grundrechtsträgern wesentlich näher stehen als die juristischen Personen i. e. S. Art. 19 III GG ist somit nur eine ungenaue Sammelbezeichnung. Die Grenzen der jeweiligen Rechtsfähigkeit sind allerdings auch die Grenzen der Grundrechtsträgerschaft. Wichtig ist dies auch für politische Parteien und Stiftungen.

17 **d) Juristische Personen des öffentlichen Rechts.** Grundsätzlich gilt folgende Regel: die Befugnis juristischer Personen des öffentlichen Rechts zur Erhebung einer Vb. hängt von der Funktion ab, in der sie von dem beanstandeten Akt der öffentlichen Gewalt betroffen sind. Besteht dieser in der Wahrnehmung gesetzlich ausgewiesener und geregelter öffentlicher Aufgaben, so kann eine juristische Person sich insoweit nicht auf Grundrechte berufen. Das gleiche gilt für einen Zusammenschluß derartiger juristischer Personen, selbst wenn dieser privatrechtlich organisiert ist (*BVerfGE* 61, 100f.). Den Gemeinden hat das BVerfG in der Sasbach-Entscheidung die allgemeine Grundrechtsfähigkeit grundsätzlich abgesprochen. Anerkannt ist dagegen die partielle Antragsberechtigung der Universitäten und Fakultäten (Art. 5 III 1 GG) (*BVerfGE* 39, 314), der öffentlich-rechtlichen Rundfunkanstalten (Art. 5 I 2 GG) (*BVerfGE* 64, 259)

und unbeschränkt die der Kirchen (Sonderstellung gem. Art. 140 GG i. V. m. Art. 137 V WRV) (*BVerfGE* 53, 387). Generell offen steht aber auch den juristischen Personen des öffentlichen Rechts die Berufung auf die Justizgrundrechte (*BVerfGE* 13, 139ff.).

18 **e) Politische Parteien und Abgeordnete** sind nur beschwerdefähig, soweit sie wie ein „Jedermann" die Verletzung der im § 90 I BVerfGE genannten Rechte rügen. Soweit sie dagegen ihren verfassungsrechtlichen Status gegenüber einem anderen Verfassungsorgan geltend machen, steht ihnen das Organstreitverfahren offen (st. Rspr.).

7. Verfahrensfähigkeit

19 Unter Verfahrensfähigkeit versteht man die Fähigkeit, die Verletzung der in § 90 BVerfGG genannten Rechte durch die öffentliche Gewalt rügen zu können, also im verfassungsprozeßualen Sinn handlungsfähig zu sein. Probleme sind hierbei:

- **Minderjährige.** Sie sind grundsätzlich nicht verfahrensfähig. Entscheidend ist, ob effektiver Grundrechtschutz nur durch Zubilligung der Verfahrensfähigkeit gewährleistet werden kann. Das BVerfG hat sich dafür bisher auf keine Altersgrenze festgelegt (*BVerfGE* 72, 135).
- Für **Entmündigte und andere Prozeßunfähige** gelten die allgemeinen Regeln.

8. Beschwerdefähigkeit

20 Die **Beschwerdebefugnis** sagt uns, ob jemand als Bf. zur Durchführung des Vb.verfahrens befugt ist. Beschwerde- und Verfahrensfähigkeit sind rechtliche geregelte Eigenschaften einer Person; sie bestimmen sich nach deren persönlichen Fähigkeiten und Verhältnissen. Die Beschwerdebefugnis ist dagegen keine persönliche Eigenschaft einer Person. Sie gibt vielmehr darüber Auskunft, ob ein Bf. zur Erhebung der Vb. gegen einen bestimmten Akt der öffentlichen Gewalt legitimiert ist. Probleme:

21 **a)** Eine **Prozeßstandschaft** ist im Vb.verfahren grundsätzlich unzulässig (*BVerfGE* 56, 297). Konkursverwalter oder Testamentsvollstrecker handeln dagegen aus eigenem Recht (*BVerfGE* 65, 190). Ausgeschlossen ist es dagegen, daß Vereine oder Verbände die Rechte ihrer Mitglieder im Vb.verfahren wahrnehmen, selbst wenn das in ihren Satzungen so vorgesehen ist (*BVerfGE* 2, 294).

22 **b)** § 90 I BVerfGG verlangt die **„Behauptung ... verletzt zu sein".** Die Problematik ist mit der der verwaltungsrechtlichen Klagebefugnis (§ 42 II VWGO) vergleichbar. Die Grundrechtsverletzung muß infolgedessen hinreichend (deutlich) dargetan sein; sie muß nach dem Tatsachenvortrag des Bf. zumindest möglich erscheinen (*BVerfGE* 64, 375). Nach § 92 BVerfGG ist das als verletzt behauptete Recht zu bezeichnen; eine ausdrückliche Angabe des Artikels ist nicht erforderlich.

9. Rechtsschutzbedürfnis

23 Das Rechtschutzbedürfnis ist für die Vb. zwar nirgends geregelt. Wie in anderen Prozeßordnungen auch wird aber ein schutzwürdiges Interesse an der

gerichtlichen Klärung der streitigen Frage vorausgesetzt (siehe dazu *Gusy,* Die Verfassungsbeschwerde, Rdnrn. 130ff.). Wegen des weitgehenden Verbrauchs durch Beschwerdebefugnis, Betroffenheit und dem Erfordernis der Rechtswegerschöpfung ist dieser Punkt aber nur dann von Bedeutung, wenn sich die beanstandete Maßnahme zum Zeitpunkt der Entscheidung (etwa durch Aufhebung) erledigt hat.

Der Bf. muß nach der ständigen Rechtsprechung des BVerfG behaupten, durch die angegriffene Maßnahme selbst, gegenwärtig und unmittelbar betroffen zu sein (*BVerfGE* 1, 790). Dies gilt nicht nur für die Vb. gegen ein Gesetz, sondern (mit Einschränkungen beim Unmittelbarkeitserfordernis) auch für die Urteilsvb.

a) Selbstbetroffenheit. Problem: Drittwirkung eines Akts. Ist der Bf. nicht Adressat des angegriffenen Akts, verlangt das BVerfG „rechtliche" Betroffenheit – bloß wirtschaftliche oder mittelbar faktische Beeinträchtigungen genügen nicht. 24

b) Gegenwärtige Betroffenheit. Der Bf. muß aktuell betroffen sein, und er muß noch betroffen sein. Daß er irgendwann einmal in der Zukunft betroffen sein könnte, genügt nicht. Problem: Verstreichen der Jahresfrist nach § 93 BVerfGG. Sie ist hinzunehmen, die Nichtbetroffenheit schützt nicht vor Fristablauf. Im übrigen ist die Prüfung des Gesetzes auch nach Fristablauf noch im Rahmen der Urteilsvb. möglich. **Ausnahme:** Das BVerfG läßt die Vb. trotz fehlender aktueller Betroffenheit zu, wenn ein Gesetz schon vor Gesetzesvollzug zu später nicht mehr korrigierbaren Entscheidungen oder zu Dispositionen zwingt, die nach Gesetzesvollzug zu spät kämen. (*BVerfGE* 65, 730). In ganz besonderen Fällen soll auch schon eine ernsthaft zu gesorgende Grundrechtsgefährdung genügen, wenn sie verletzungsgleiche Beeinträchtigungen hervorruft (*BVerfGE* 49, 141). 25

c) Der Bf. ist **unmittelbar** betroffen, wenn das Gesetz eingreift, ohne zu seiner Durchführung notwendig oder nach der Verwaltungspraxis einen besonderen, vom Willen der vollziehenden Gewalt beeinflußten Vollziehungsakt zu bedürfen (*BVerfGE* 1, 790). Das BVerfG läßt die Vb. trotz fehlender unmittelbarer Betroffenheit **ausnahmsweise** zu, wenn das Gesetz schon vor Erlaß des Verwaltungsakts zu entscheidenden Dispositionen veranlaßt (*BVerfGE* 71, 35) oder wenn der Behörde jeglicher Prüfungs- und Entscheidungsspielraum fehlt (*BVerfGE* 59, 17) sowie im Fall der Unzumutbarkeit vorherigen Begehens einer Straftat oder Ordnungswidrigkeit (*BVerfGE* 68, 215). Da das Unmittelbarkeitserfordernis auch den Zweck hat, dem BVerfG die Fallanschauung der Fachgerichte zu vermitteln, ist eine Vb. ausnahmsweise auch schon vor Vollzug zulässig, wenn der den Fachgerichten bis zur gesetzlichen Durchführung eines Gesetzes zur Verfügung stehende Zeitraum für eine wesentliche Vorklärung zu kurz ist (*BVerfGE* 65, 36f.). 26

10. Fristen

Die Vb. ist nur innerhalb der Fristen des § 93 BVerfGG zulässig. Je nach Art der angegriffenen Maßnahme handelt es sich dabei um eine Jahresfrist (§ 93 II 2 BVerfGG) oder um eine Monatsfrist (§ I 1 BVerfGG). 27

a) Vb. gegen Gesetz und nicht justitiablen Hoheitsakt. Hier ist die Jahresfrist gemäß § 93 II BVerfGG einzuhalten. Probleme: **(1) Rückwirkendes In-** 28

krafttreten eines Gesetzes. Für die Berechnung der Frist ist der Zeitpunkt der Verkündung maßgeblich (*BVerfGE* 62, 382). **(2) Gesetzeswiederholender Vollziehungsakt.** § 93 II BVerfGG steht der Zulässigkeit auch dann nicht entgegen, wenn die Vg. gegen den Vollziehungsakt nur mit der Grundrechtsverletzung durch die Norm selbst begründet wird (*BVerfGE* 9, 342). **(3) Unterlassen.** Vb. sind zulässig, solange die Unterlassung fortdauert (*BVerfGE* 64, 350).

29 **b) Verfassungsbeschwerde gegen Urteile.** Nach § 93 I 1 BVerfGG ist nur die Urteilsvb. innerhalb eines Monats zu erheben. (Fristbeginn: § 93 I 2, 3 BVerfGG). Probleme: **(1) Völlig aussichtslose Prozeßmittel.** Die Einlegung eines völlig aussichtslosen Prozeßmittels würde dem Bf. immer wieder die Vb. gegen die ablehnende Entscheidung über das Prozeßmittel eröffnen – hier beginnt die Frist also schon mit der Entscheidung über das letzte zulässige Rechtsmittel zu laufen (*BVerfGE* 63, 85). **(2) Vb. gegen Urteil und mittelbar gegen Gesetz.** Der Fristablauf nach § 93 II BVerfGG macht die innerhalb der Frist des § 93 I 1 BVerfGG erhobene Urteilsvb. nicht unzulässig. Dies gilt selbst dann, wenn die Urteilsvb. nur mit der Grundrechtsverletzung durch die Norm begründet wird, auf die das Urteil basiert (*BVerfGE* 74, 33).

30 **c)** Zu beachten ist, daß es im Vb.verfahren keine Wiedereinsetzung in den vorigen Stand gibt (*Zuck,* Verfassungsbeschwerde, Rdnrn. 287 ff.). Kontrolle des Zugangs (gegebenenfalls Zustellung durch Boten!) ist deshalb nötig.

11. Antragserfordernisse

31 **a)** Die Vb. muß **schriftlich** eingelegt werden (zweckmäßig: 3-fach). Telegramm/Telex/Telefax genügen. Vor dem BVerfG gibt es keinen Anwaltszwang außerhalb der mündlichen Verhandlung.

32 **b) Förmliche Anträge** müssen nicht gestellt werden. Es muß aber deutlich werden, welche der in § 90 BVerfGG genannten Rechte als verletzt gerügt werden. Liegt insoweit eine zulässige Vb. vor, kann das BVerfG auch nicht gerügte Grundrechte in seine Prüfung einbeziehen.

33 **c)** Innerhalb der Beschwerdefrist muß die Vb. auch begründet werden (*BVerfGE* 18, 89). Das **Nachschieben von Gründen** ist zulässig, darf aber nicht dazu führen, daß ein neuer Sachverhalt zum Gegenstand der Vb. gemacht wird.

34 **d)** Eine auf das Vb.verfahren bezogene **Vollmacht** ist erforderlich. Sie muß aber weder innerhalb der Ausschlußfristen des § 93 BVerfGG erteilt, noch vorgelegt werden, immer aber innerhalb der Frist, die das BVerfG selbst setzt (*BVerfGE* 62, 200).

35 **e)** Die antraglichen Voraussetzungen für eine Vb. finden sich in den **Verfahrensmustern** bei *Zuck,* in: Beck'sches Prozeßformularbuch 5. Auflage 1989 S. 1287 ff.; *ders.,* Beck'sches Formularbuch für den Strafverteidiger, 1988, S. 809 ff.

12. Verfahrenskosten

36 **a)** Das Vb.verfahren ist grundsätzlich **gerichtskostenfrei** (§ 34 I BVerfGG). Das Gericht kann aber eine **Unterliegensgebühr** bis 1000 DM erheben und diese bei mißbräuchlicher Anrufung des Gerichts auf 5000 DM anheben (siehe *Zuck,* Verfassungsbeschwerde, Rdnrn. 965 ff.). Auf die Unterliegensgebühr kann vom

Berichterstatter ein Vorschuß gefordert werden (§ 34 VI BVerfGG). Die angemessene Reaktion des Bf. auf die Vorschußanforderung ist die Beschwerderücknahme (sie ist jederzeit zulässig).

b) Für die **Anwaltsgebühren** gilt § 113 BRAGO. Im Regelfall ist danach eine $^{13}/_{10}$ Gebühr (da die mündliche Verhandlung seltene Ausnahme ist) bei einem Gegenstandswert von 6000 DM zugrunde zu legen. **37**

c) Fordert das BVerfG die Vorlage einer bestimmten Zahl von Abschriften, so sind die Kopiekosten dafür erstattungsfähig. **38**

d) Auch im Vb.verfahren gibt es das Institut der PKH; praktisch spielt dies keine Rolle. **39**

e) Die Auslagenerstattung richtet sich nach § 34a BVerfGG. **40**

13. Verfahren

a) Die Vb. erhält nach Zugang ein Aktenzeichen. Dann befaßt sich die Kammer mit ihr (§§ 93a ff. BVerfGG). Lehnt sie die Annahme der Vb. zur Entscheidung nicht ab, kann sie u. U. selbst zur Sache entscheiden. Tut sie das nicht, entscheidet der Senat über die Annahme und dann in der Sache selbst. **41**

b) Die Ablehnung von Bundesverfassungsrichtern folgt eigenen Grundsätzen (*Zuck,* Verfassungsbeschwerde, Rdnrn. 809ff.). **42**

c) Entscheidungen aufgrund mündlicher Verhandlungen werden öffentlich verkündet, alle nicht verkündeten Entscheidungen werden zugestellt (§ 30 BVerfGG). **43**

d) Die Vb. hat **keine aufschiebende Wirkung!** **44**

14. Kommunalverfassungsbeschwerde

(Vgl. § 91 BVerfGG.) **45**

15. Vorläufiger Rechtsschutz

Ihn kann das BVerfG im Rahmen des § 32 BVerfGG gewähren (vgl. ausführlich *Zuck,* Verfassungsbeschwerde, Rdnrn. 872ff.), „wenn dies zur Abwehr schwerer Nachteile, zur Verhinderung drohender Gewalt oder aus einem anderen wichtigen Grund zum Gemeinwohl dringend geboten ist". Es gelten strenge Maßstäbe. Danach muß das BVerfG die Folgen abwägen, die eintreten würden, wenn die einstweilige Anordnung nicht erginge, die Vb. aber Erfolg hätte, gegenüber den Nachteilen, die eintreten, wenn die begehrte einstweilige Anordnung erlassen würde, der Vb. aber Erfolg zu versagen wäre (*BVerfGE* 72, 301). Im Regelfall ist deshalb ein Antrag auf Erlaß einer einstweiligen Anordnung aussichtslos. **46**

II. Die Menschenrechtsbeschwerde

1. Die Menschenrechtsbeschwerde (MRB) ist in **Artikel 25 EMRK** geregelt. Die danach zulässige Anrufung der Europäischen Menschenrechtskommission in Straßburg (zum Formular vgl. *Zuck,* in: Beck'sches Formularbuch für den **47**

Strafverteidiger, 1988, S. 836ff.) setzt die Verletzung von (Menschen) Rechten voraus, die in der Europäischen Menschenrechtskonvention anerkannt worden sind.

48 **2.** Die MRB kann erst erhoben werden, wenn der **innerstaatliche Rechtszug erschöpft** ist. Dazu gehört auch die Vb. (*Frowein/Peukert* EMRK Art. 26 Rdnr. 18). Die MRB ist innerhalb von 6 Monaten nach Zustellung (str.) der endgültigen innerstaatlichen Entscheidung **einzulegen** (Art. 26 EMRK). Als Datum der Beschwerdeeinlegung gilt das Absendedatum der ersten schriftlichen Eingabe (Art. 38 III VerfO Kom). Die MRB hat keine aufschiebende Wirkung.

49 **3.** Die MRB ist nicht von bestimmten **Anträgen** abhängig. Wohl aber ist es erforderlich, „die Bestimmung der Konvention, deren Verletzung behauptet wird" aufzuführen (Art. 38 Id VerfO Kom.). Der Bf. muß „soweit möglich den **Gegenstand der Beschwerde**" angeben (Art. 38 Id VerfO Kom.). Dazu gehört auch eine Sachverhaltsdarstellung (Art. 38 Ie VerfO Kom.). Anzugeben ist weiter der Staat, dem die hoheitliche Maßnahme oder Unterlassung anzulasten ist (§ 38 Ic VerfO Kom.). Die wesentlichen **Schriftstücke,** die sich auf den Gegenstand der Beschwerde beziehen, sind vorzulegen (*Frowein/Peukert,* EMRK Art. 25 Rdnr. 33).

50 **4.** Es gibt keinen Anwaltszwang. **Anwaltliche Vertretung** ist aber zulässig (und auch zweckmäßig). Es genügt die – normale – Prozeßvollmacht.

5. Der **Verfahrensgang** ist vielschichtig (vgl. *Murswiek* JuS 1986, 6ff.)

51 **a)** Zunächst prüft das **Sekretariat** die Beschwerde vor; es weist in einem Belehrungsschreiben auf Umstände hin, die gegen die Erfolgsaussichten der Beschwerde sprechen, und deshalb schon die Registrierung nicht angeraten erscheinen läßt. Auf eine solche Belehrung hin sollte die Beschwerde in der Regel zurückgenommen werden. Besteht der Bf. auf **Weiterbehandlung** oder gibt es sonst keine offenkundigen Einwände gegen die Beschwerde, so erhält er ein Formular, das er ausfüllen muß. Nach Eingang des ordnungsgemäß ausgefüllten Formulars wird die Beschwerde registriert.

52 Nach Registrierung wird ein **Berichterstatter** ernannt. Ist die Beschwerde eindeutig unzulässig, wird sie im summarischen Verfahren abgewiesen. Hält die **Kommission** die Beschwerde für zulässig, wird sie der Bundesrepublik zu Stellungnahme über die Zulässigkeit zugeleitet. Der Bf. erhält die Möglichkeit zur Gegenäußerung. Wird die **Beschwerde** nunmehr als **unzulässig** zurückgewiesen, gibt es dagegen kein Rechtsmittel.

53 In der **Begründetheitsstufe** wird einerseits die Begründetheit der Beschwerde überprüft, andererseits hält sich die Kommission zur Verfügung der beteiligten Parteien, um eine gütliche Regelung zu erreichen (Art. 28 ERMK). Hält die Kommission den **Sachverhalt** für hinreichend aufgeklärt, bildet sie sich eine provisorische Meinung (Art. 47 VerfO Komm.). Diese wird mündlich und vertraulich den Parteien übermitetlt, um eine gütliche Einigung zu erzielen. Kommt es zu einer **gütlichen Einigung,** so bedarf diese der Genehmigung der Kommission. Kommt es zu keiner Einigung, so erstattet die Kommission einen ausführlichen **Bericht an das Ministerkomitee** gem. Art. 31 EMRK. Damit ist das Verfahren vor der Kommission beendet.

Entweder wird die Sache nunmehr innerhalb von 3 Monaten an den Gerichtshof vorgelegt (Art. 48 EMRK); sonst entscheidet das Ministerkomitee (Art. 32 I EMRK). An diesem Verfahren ist der Bf. nicht beteiligt.

Im **Verfahren vor dem Gerichtshof** hat der Bf. die Stellung eines Verfahrens- **54**
beteiligten. Der EGMR entscheidet durch eine aus 7 Richtern bestehende, ad hoc gebildete Kammer. Es findet eine mündliche Verhandlung statt, selten ein Beweisverfahren (vgl. ausführlich *Murswiek* JuS 1986, 175 ff.).

b) Die **Verfahrensdauer** liegt bei durchschnittlich 6 Jahren (*Murswiek* JuS **55**
1986, 179).

c) Einstweiligen Rechtschutz gibt es nur sehr eingeschränkt. Die Kommis- **56**
sion hat lediglich die Möglichkeit, den beklagten Staat zu ersuchen, während des Verfahrens die vom Beschwerdeführer angegriffene Entscheidung nicht zu vollziehen (Art. 36 VerfO Kom.). Dies geschieht selten. Daneben gibt es einen Antrag auf vorrangige Entscheidung (Art. 27 S. 2 VerfO Kom). (Vgl. *Rogge* NJW 1977, 1569.)

6. Vertretungskosten des Bf. können im Verfahren nach Art. 50 EMRK er- **57**
stattet werden. Voraussetzung ist, „daß die verletzte Partei das Verfahren eingeleitet hat, um auf dem innerstaatlichen Rechtsweg eine Rechtsverletzung zu verhindern oder aufheben zu lassen, um die Verletzung durch die Kommission und den Gerichtshof feststellen zu lassen und um Wiedergutmachung zu erlangen. Es wird auch verlangt, daß die Forderung erwiesen, begründet und angemessen ist“, (*EGMR* NJW 1984, 2751).

7. Verfahrenskosten (Gerichtskosten) entstehen dem Bf. im Verfahren vor **58**
dem Konventionsorgan nicht (vgl. *Murswiek* JuS 1986, 179).

C VIII. Rechtsschutz im Europarecht

Jochim Sedemund

Übersicht

Literatur: *Bebr,* Judical Control of the European Communities, 1962; *Daig,* Nichtigkeits- und Untätigkeitsklagen im Recht der Europäischen Gemeinschaften, 1985; *Dauses,* Das Vorabentscheidungsverfahren nach Artikel 177 EWG-Vertrag. Ein Leitfaden für die Praxis, 1985; *Deringer,* Das Gericht I. Instanz der Europäischen Gemeinschaften, RIW 1989, 122; *Grabitz,* Kommentar zum EWG-Vertrag, (Loseblatt) Stand 1989; *Groeben/Boeckh/Thiesing/Ehlermann,* Kommentar zum EWG-Vertrag, 1983; *Lasok,* The European Court of Justice. Practice and Procedure, 1984; *Naye,* Das neue europäische Gericht erster Instanz, DB 1988, 2393; *Rabe,* Das Gericht erster Instanz der Europäischen Gemeinschaften, NJW 1989, 3041; *Schermers,* Judicial Protection in the European Communities, 3. Auflage 1983; *Schermers,* The European Court of First Instance, CMLRev. 1988, 541; *Tomuschat,* Die gerichtliche Vorabentscheidung nach den Verträgen über die Europäischen Gemeinschaften, 1964; *Vandersanden/Barav,* Contentieux communautaire, 1977.

Vorbemerkung

1 Dem Europäischen Gemeinschaftsrecht kommt nicht zuletzt wegen der Einrichtung des Binnenmarkts bis 1992 eine wachsende Bedeutung nicht nur für die Mitgliedstaaten, sondern auch für Unternehmen und Einzelpersonen zu. Infolgedessen stellt sich immer häufiger die Frage nach Rechtsschutzmöglichkeiten gegenüber Handlungen der Gemeinschaftsorgane. Die Klagemöglichkeiten und das Verfahren vor dem Europäischen Gerichtshof in Luxemburg (EuGH) sind in den Gründungsverträgen, in den Protokollen über die Satzung des EuGH (vom 18. 4. 1951 und vom 17. 5. 1957) und in der Verfahrensordnung vom 4. 12. 1974 (ABl. 1974 L 350/1, zuletzt geändert am 7. 6. 1989, ABl. 1989 L 241/1) geregelt. Nachfolgend wird ein Überblick über die wichtigsten Klagearten sowie über den Verfahrensablauf im allgemeinen gegeben.

I. Klagearten

1. Nichtigkeitsklage

2 An erster Stelle ist die – für natürliche und juristische Personen praktisch wichtigste – Nichtigkeitsklage zu nennen (Art. 173 EWGV, Art. 148 EAGV, Art. 33 und 38 EGKSV), die die **Anfechtung von Handlungen der Organe der**

Gemeinschaften vor dem EuGH zum Gegenstand hat. Während Art. 173 EWGV und Art. 148 EAGV insoweit übereinstimmen, ergeben sich im Hinblick auf den Montan-Vertrag eine Reihe von Besonderheiten, die jeweils kurz anzusprechen sind.

3 **Aktiv legitimiert** sind grundsätzlich die Organe der Gemeinschaften, die Mitgliedstaaten sowie natürliche und juristische Personen; soweit „Private" betroffen sind, können im Montan-Bereich allerdings nur Unternehmen und Unternehmensverbände klagen, und dies auch nur gegen Maßnahmen der Kommission. Eine Maßnahme ist nur anfechtbar, soweit sie Rechtswirkungen erzeugt, d. h. es darf sich nicht um eine unverbindliche Stellungnahme oder eine Empfehlung handeln; auch eine Anfechtung von lediglich vorbereitenden Rechtsakten scheidet wie im deutschen Verwaltungsrecht aus. Im Montan-Bereich müssen die angegriffenen Handlungen der Kommission allgemeine oder individuelle Entscheidungen oder „Empfehlungen" darstellen, was den Verordnungen, Entscheidungen und Richtlinien nach dem EWGV oder EAGV entspricht.

4 Als **Klagegründe** kommen Unzuständigkeit, Verletzung wesentlicher Formvorschriften, Verletzung des Vertrages (EWGV und EAGV) oder einer bei dessen Durchführung anzuwendenden Rechtsnorm sowie Ermessensmißbrauch in Betracht. Bei Klagen gegen den Rat nach dem Montan-Vertrag, die allerdings nicht von Privaten erhoben werden können, ist jedoch nur die Berufung auf Unzuständigkeit bzw. auf die Verletzung wesentlicher Formvorschriften zulässig. Ferner gilt im Montanbereich die Besonderheit, daß Private, d. h. Unternehmen und Unternehmensverbände, gegenüber „allgemeinen Entscheidungen" der Kommission, die einer Verordnung im Sinne des EWGV bzw. EAGV entsprechen, nur den Einwand des Ermessensmißbrauchs erheben können.

5 Die Klage ist gegen das Organ zu richten, welches die angegriffene Maßnahme getroffen hat. Der **Antrag** muß auf die Nichtigerklärung dieser Maßnahme gerichtet sein. Die **Klagefrist** beträgt nach Art. 173 EWGV, 146 EAGV zwei Monate ab Bekanntgabe der Maßnahme, ihrer Mitteilung an den Kläger oder, mangels dieser Voraussetzungen, ab Kenntniserlangung durch den Kläger. Nach Art. 33 EGKSV beträgt die Klagefrist einen Monat.

6 Bei Klagen natürlicher oder juristischer Personen sind weitere Einschränkungen der Klagemöglichkeit zu beachten. Nach EWGV und EAGV müssen natürliche und juristische Personen klagebefugt sein. Die **Klagebefugnis** ist gegeben, wenn sie durch einen Rechtsakt „unmittelbar und individuell" betroffen ist. Dies ist bei an den Kläger gerichteten Entscheidungen grundsätzlich unproblematisch. Zweifelhaft können diese Voraussetzungen bei Individualklagen gegen an Staaten gerichtete Entscheidungen oder gegen eine Verordnung sein.

7 Die **individuelle Betroffenheit** ist zu bejahen, wenn die angegriffene Verordnung den Einzelnen „wegen bestimmter persönlicher Eigenschaften oder besonderer, ihn aus dem Kreis aller übrigen Personen heraushebender Umstände berührt und ihn daher in ähnlicher Weise individualisiert wie den Adressaten" einer Entscheidung (*EuGH* vom 15. 7. 1963, Rs 25/62, Plaumann, Slg. 1963, 213). Das Erfordernis der individuellen Betroffenheit wird vom EuGH in der Regel restriktiv ausgeleget. Allerdings hat er im Falle von mittels Verordnung festgesetzten Antidumping-Zöllen die individuelle Betroffenheit produzierender und exportierender Unternehmen aus Drittstaaten (nicht aber des Importeurs) bejaht, sofern sie von den vorangegangenen Untersuchungen erfaßt waren (*EuGH* vom 21. 2. 1984, Rs 239 u. 275/82, Allied Corporation, Slg. 1984,

1005 und *EuGH* vom 23. 5. 1985, Rs 53/83, Allied Corporation, Slg. 1985, 1621). Die individuelle Betroffenheit wird vom EuGH in zunehmendem Maße dann bejaht – und zwar unabhängig davon, ob sich die Klage auf eine Verordnung oder auf eine an einen Dritten („Privaten" oder Staat) gerichtete Entscheidung bezieht – wenn der Kläger auf irgendeine Weise am vorangegangenen Verwaltungsverfahren beteiligt war und durch die Maßnahme in seiner wirtschaftlichen Tätigkeit erheblich beeinträchtigt wird (vgl. zum Kartellrecht *EuGH* vom 25. 10. 1977, Rs 26/76, Metro, Slg. 1977, 1875 und *EuGH* vom 11. 10. 1983, Rs 210/81, Schmidt, Slg. 1983, 3045; zum Antisubventionsrecht *EuGH* vom 4. 10. 1983, Rs 191/82, FEDIOL, Slg. 1983, 2913 und *EuGH* vom 20. 3. 1985, Rs 264/82, Timex, Slg. 1985, 849; zum Beihilferecht *EuGH* vom 28. 1. 1986, Rs 169/84, Cofaz, Slg. 1986, 391).

8 Weiterhin muß der Kläger unmittelbar von der fraglichen Maßnahme betroffen sein. Dies wird dahin verstanden, daß es feststehen muß, daß die Entscheidung die Interessen des Klägers beeinträchtigt. Allein die Tatsache etwa, daß eine Maßnahme geeignet ist, die auf dem betreffenden Markt stehenden Wettbewerbsverhältnisse für den Kläger nachteilig zu beeinflussen, reicht daher nicht aus (*EuGH* vom 10. 12. 1969, Rs 10 u. 18/68, Slg. 1969, 482). Soweit es sich bei der angefochtenen Maßnahme um an Staaten gerichtete Entscheidungen oder Verordnungen handelt, die von diesen durchzuführen sind, wird man für die Frage der **unmittelbaren Betroffenheit** durch eine Maßnahme der Gemeinschaft darauf abzustellen haben, ob den innerstaatlichen Behörden bei der Durchführung ein Ermessensspielraum verbleibt oder nicht (vgl. *EuGH* vom 11. 7. 1984, Rs 222/83, Differdange, Slg. 1984, 2889, 2896; *EuGH* vom 17. 1. 1985, Rs 11/72, Piraiki Patraiki, Slg. 1985, 207).

9 Im **Montanbereich** gilt die bereits erwähnte Besonderheit, daß generell nur Unternehmen und Unternehmensverbände Klage erheben können. Soweit sich die „individuelle Entscheidung" des EGKS-Rechts, die der Entscheidung im Sinne des EWGV und des EAGV entspricht, an eine andere Person als den Kläger richtet, reicht es aus, daß er dadurch irgendwie in seinen Rechten oder Interessen beeinträchtigt werden kann, ohne daß das Erfordernis der unmittelbaren und individuellen Betroffenheit im o. g. Sinne zu prüfen ist. „Allgemeine Entscheidungen" des EGKSV, die der Verordnung nach EWGV oder EAGV entsprechen, können von Privaten nur insoweit angefochten werden, als sie ihnen gegenüber einen – nach Gemeinschaftsrecht restriktiv zu verstehenden – Ermessensmißbrauch darstellen (*EuGH* vom 16. 7. 1956, Rs 8/55, Fédération Charbonnière ./. Hohe Behörde, Slg. 1955/56, 226).

2. Untätigkeitsklage

10 Die Nichtigkeitsklage wird durch die Untätigkeitsklage (Art. 175 EWGV, 148 EAGV, 35 EGKSV) ergänzt. Diese eröffnet die Möglichkeit, durch den EuGH feststellen zu lassen, daß ein **Organ es unter Mißachtung des Vertrages unterlassen** hat, einen Beschluß (i. w. S.) zu fassen. **Klagebefugt** sind die Organe der Gemeinschaften, die Mitgliedstaaten sowie natürliche und juristische Personen. Letztere können indessen nur dann eine Untätigkeitsklage erheben, wenn sie den Erlaß eines an sie gerichteten Rechtsaktes begehren. Soweit ersichtlich, ist die Frage noch nicht geklärt, ob eine Einzelperson den Erlaß einer Maßnahme begehren kann, die an einen Dritten zu richten ist, den Kläger aber individuell und unmittelbar betreffen würde.

Die **Zulässigkeit** der Klage setzt voraus, daß das betreffende Organ vor Klageerhebung zum Tätigwerden aufgefordert worden ist. Diese **Aufforderung** dient zur Bestimmung des Streitgegenstandes der späteren Klage, welche in tatsächlicher und rechtlicher Hinsicht nicht weigergehen darf als das Aufforderungsschreiben. Aus dieser Funktion folgt auch, daß die Aufforderung bestimmten Formalien und inhaltlichen Anforderungen genügen muß. Zum einen muß sie – schon aus Beweisgründen – schriftlich erfolgen. Inhaltlich muß das Schreiben unter Hinweis auf eine eventuelle Klageerhebung bei Untätigkeit klarstellen, welche Maßnahmen ergriffen werden soll. **11**

Zulässigkeitsvoraussetzung ist weiterhin, daß das betreffende Organ innerhalb von zwei Monaten nach Eingang der Aufforderung **keine Stellungnahme** abgegeben hat. Dies ist einmal der Fall, wenn es überhaupt nicht reagiert hat; aber auch im übrigen kann von einer Stellungnahme im Sinne des Art. 175 EWGV nur dann ausgegangen werden, wenn eine verbindliche Entscheidung (z. B. Erlaß oder Ablehnung der begehrten Maßnahme) erfolgt ist, nicht aber – beispielsweise – bei lediglich vertröstenden Zwischenbescheiden u. ä. Sofern eine Stellungnahme erfolgt ist, kommt nicht die Untätigkeitsklage sondern grundsätzlich nur eine Nichtigkeitsklage in Betracht. Die Klagefrist beginnt mit Ablauf der vorherigen zweimonatigen **Befassungsfrist** und beträgt gleichfalls zwei Monate (anders im Montanbereich, s. u.). **12**

Da es sich um eine **Feststellungsklage** handelt, wird der **Klageantrag** auf Feststellung durch den EuGH lauten, das beklagte Organ habe es unter Verletzung des Vertrages (oder des zu seiner Durchführung erlassenen Gemeinschaftsrechts) unterlassen, eine (oder mehrere) bestimmte Maßnahme zu ergreifen. Die Untätigkeitsklage ist begründet, wenn eine konkrete Rechtspflicht zum Handeln besteht, aus der sich die objektive Rechtswidrigkeit der – tatsächlichen – Untätigkeit ergibt. **13**

Im **Montanbereich** sind bei der Untätigkeitsklage einige Besonderheiten zu beachten. Nach Art. 35 EGKSV kann grundsätzlich nur eine Unterlassung der Kommission gerügt werden. Hat diese nach ihrer **Befassung** innerhalb von zwei Monaten keine Entscheidung oder Empfehlung erlassen, wird diesem Schweigen eine ablehnende Entscheidung entnommen. Gibt der EuGH der hiergegen gerichteten – innerhalb eines weiteren Monats zu erhebenden – Klage statt, erklärt er diese ablehnende „Entscheidung" für nichtig. **14**

3. Schadensersatzklage

Als weitere Klageart ist die **Schadensersatzklage** nach Art. 178, 215 EWGV, 151, 188 EAGV und 34 II, 40 EGKSV zu nennen, mit der der Ersatz von Schäden aus außervertraglicher Haftung der Gemeinschaft begehrt werden kann. Diese Klageart weist Ähnlichkeiten mit der **Amtshaftungsklage** des deutschen Rechts auf. Der EuGH ist ausschließlich zuständig, da innerstaatliche Gerichte nicht über eine Haftung der Gemeinschaften befinden dürfen (*EuGH* vom 13. 2. 1979, Rs 101/78, Granaria, Slg. 1979, 623). Es handelt sich hierbei um einen eigenständigen Rechtsbehelf, der nicht gegenüber der Nichtigkeits- und Untätigkeitsklage subsidiär ist (*EuGH* vom 28. 4. 1971, Rs 4/69, Lütticke ./. Kommission, Slg. 1971, 323; *EuGH* vom 2. 12. 1971, Rs 5/71, Schöppenstedt, ./. Rat, Slg. 1971, 975). Sie ist gegen die Gemeinschaft, vertreten durch das Organ, dem das haftungsbegründende Verhalten zuzurechnen ist, zu richten (*EuGH* vom 13. 11. 1973, Rs 63-69/72, Werhahn, Slg. 1973, 1229). Die Scha- **15** densersatzansprüche verjähren innerhalb von fünf Jahren nach Eintritt des Ereignisses, das dem Anspruch zugrunde liegt; die **Verjährung** wird durch Einreichen der Klageschrift oder durch das Geltendmachen der Ansprüche gegenüber dem zuständigen Organ unterbrochen.

16 **Aktiv legitimiert** ist grundsätzlich derjenige, der schlüssig vorträgt, er habe durch ein Organ oder einen Bediensteten der Gemeinschaft einen Schaden erlitten. Die Klage ist **begründet,** wenn der geltend gemachte Schaden durch die Ausübung einer den Gemeinschaften zuzurechnenden Amtstätigkeit verursacht wurde. Voraussetzung einer Haftung ist dabei grundsätzlich die rechtswidrige Verletzung einer Schutznorm, die nicht lediglich im allgemeinen Interesse bestehen darf. Auf ein etwaiges Verschulden hingegen kommt es nicht an. Als Ersatzleistung kommt dabei grundsätzlich nur die Zahlung von Geld in Betracht, da Naturalrestitution im Regelfall schon aus praktischen Gründen nicht erfolgen kann. Anders als im Bereich des EWGV und des EAGV ist im EGKSV (Art. 40 I) von vornherein nur Geldersatz vorgesehen. Der mit der Klage begehrte Schadensersatz sollte genau beziffert werden; eine Klage kann aber auch erhoben werden, wenn dies noch nicht möglich ist oder wenn der Schaden mit hinreichender Sicherheit unmittelbar bevorsteht. Allerdings wird gefordert, daß keine Möglichkeit besteht oder bestanden hat, den Schaden – etwa durch die Einlegung von Rechtsmitteln – zu verhindern oder zu mindern bzw. daß der staatliche Rechtsweg, soweit gegeben, ausgeschöpft wurde.

17 Wird **Schadensersatz wegen normativen Handelns** in einem Bereich, in dem der Gemeinschaft ein Ermessen zusteht, begehrt, sind die Voraussetzungen strenger. Hier wird die „hinreichend qualifizierte Verletzung einer höherrangigen, dem Schutz des Einzelnen dienenden Rechtsnorm" gefordert (*EuGH* vom 2. 12. 1971, Rs 5/71, Schöppenstedt ./. Rat, Slg. 1971, 975); diese Voraussetzung wurde bislang nur in den seltensten Fällen vom EuGH als gegeben angesehen.

4. Vorabentscheidungsverfahren

18 Besondere Bedeutung kommt ferner dem Vorabentscheidungsverfahren nach Art. 177 EWGV, 150 EAGV, 41 EGKSV zu. Im Rahmen des Vorabentscheidungsverfahrens kann der EuGH mit dem Ziel angerufen werden, die Gültigkeit eines Gemeinschaftsrechtsaktes zu überprüfen oder über die Auslegung einer Gemeinschaftsnorm Klarheit zu erhalten. Dieses Verfahren ähnelt stark der **konkreten Normkontrolle** nach Art. 100 GG. Spielt eine gemeinschaftsrechtsrelevante Frage vor einem nationalen Gericht eine Rolle, kann die Aussetzung des Verfahrens sowie Vorlage zum EuGH beantragt werden. Erstinstanzliche Gerichte können, letztinstanzliche Gerichte müssen diesem Antrag bei Auslegungs- und Gültigkeitsfragen nachkommen; die Entscheidung des EuGH ist für das vorlegende Gericht verbindlich. Die Weigerung des Gerichts, dem Antrag nachzukommen, kann eine Verletzung der **Garantie des gesetzlichen Richters** (Art. 101 I GG) zur Folge haben (vgl. nur *BVerfGE* 73, 339). Zum Verfahren vor dem EuGH ist zu erwähnen, daß die Parteien des Rechtsstreits zwar keine Anträge stellen können, da es sich nicht um ein streitiges Verfahren handelt, sie jedoch Gelegenheit erhalten, ihren Standpunkt darzulegen.

5. Vertragsverletzungsverfahren

19 Als weitere Verfahrensart ist das Vertragsverletzungsverfahren nach Art. 169, 170 EWGV, 141, 142 EAGV, 88, 89 EGKSV zu erwähnen, das von der Kom-

mission oder einem anderen Mitgliedstaat gegenüber einem vertragsbrüchigen Staat eingeleitet wird. Zur Erörterung von Einzelfragen wird insoweit auf die einschlägige Literatur verwiesen. Erwähnt sei nur, daß Private die Möglichkeit haben, ein solches Verfahren durch – formlose – Beschwerde bei der Kommission in die Wege zu leiten; ein Anspruch auf Verfahrenseinleitung besteht indessen nicht.

6. Besondere Verfahrensarten

20 Eine Besonderheit stellen auch das **Verfahren der einstweiligen Anordnung** (Art. 186 EWGV, 158 EAGV, 39 III EGKSV) sowie die Möglichkeit dar, einen Antrag auf **Aussetzung der Vollziehung** von Maßnahmen eines Organs zu stellen (Art. 185 EWGV, 157 EAGV, 39 II EGKSV). Insoweit ist darauf hinzuweisen, daß Klagen vor dem EuGH grundsätzlich keine **aufschiebende Wirkung** haben (Art. 83ff. VerfO). Auf weitere Besonderheiten (Streithilfe, Versäumnisurteil, Zwischenstreit, Drittwiderspruchsklage) kann an dieser Stelle nicht weiter eingegangen werden.

II. Verfahren im allgemeinen

21 Das Verfahren vor dem EuGH gliedert sich in einen schriftlichen Teil, gegebenenfalls eine Beweisaufnahme sowie in einen mündlichen Teil.

1. Schriftliches Verfahren

22 Im Regelfall beginnt das Verfahren vor dem EuGH mit der Klageerhebung (Art. 19 Satzung EWG, 19 Satzung EAG, 22 Satzung EGKS, 38 VerfO). Die **Klageschrift** muß beim Kanzler des Gerichtshofs eingereicht werden. Sie muß Namen und Wohnsitz des Klägers, die Stellung des Unterzeichnenden, die Bezeichnung des Klagegegners, gegebenenfalls die Beweismittel und jedenfalls die Anträge und eine Darstellung der **Klagegründe** enthalten. Zu beachten ist insbesondere, daß – anders als im deutschen Recht – die Klagegründe bereits in der Klageschrift vollständig enthalten sein müssen. Neue **Angriffs- oder Verteidigungsmittel** werden im Laufe des Verfahrens grundsätzlich nicht mehr zugelassen (Art. 42 VerfO). Der Klage ist gegebenenfalls die angefochtene Entscheidung im Wortlaut beizufügen.

23 Für das Verfahren vor dem EuGH besteht für Private **Anwaltszwang** (Art. 17 Satzung EWG und EAG, 20 EKGS). Der Anwalt muß in einem Mitgliedstaat zugelassen sein, was durch Hinterlegung einer entsprechenden Bescheinigung beim Kanzler des EuGH nachzuweisen ist (Art. 38 § 3 VerfO). Für die Zwecke des Verfahrens ist ferner ein **Zustellungsbevollmächtigter** in Luxemburg (im Regelfall ein dort zugelassener Rechtsanwalt) anzugeben (Art. 38 § 3 VerfO). Juristische Personen des Privatrechts müssen mit der Klage ihre Satzung sowie einen Nachweis darüber einreichen, daß die – gleichfalls vorzulegende – Prozeßvollmacht ihres Anwalts von einer hierzu berechtigten Person ausgestellt ist. Die Nichtbeachtung der Formvorschriften (Art. 38 §§ 2–6 VerfO) kann – nach Fristsetzung durch den Kanzler des EuGH – die Unzulässigkeit der Klage zur Folge haben.

24 Der Beklagte hat innerhalb eines Monats nach der vom Kanzler des EuGH veranlaßten Zustellung der Klageschrift eine **Klagebeantwortung** einzureichen.

Diese muß ihrerseits Namen und Wohnsitz des Beklagten, die tatsächliche und rechtliche Begründung sowie die Anträge des Beklagten enthalten; die Vorschriften für die Klageschrift gelten im übrigen entsprechend (Vorlage der Satzung, Benennung eines Zustellungsbevollmächtigten, Beweismittel usw.). Auch hier ist zu beachten, daß die Begründung wegen des grundsätzlichen Ausschlusses neuer Angriffs- und Verteidigungsmittel vollständig sein muß. Anders als im deutschen Recht ist es nicht möglich, zunächst nur die Anträge zu stellen und die Begründung später nachzuholen. Die Frist zur Klagebeantwortung kann auf begründeten Antrag gegebenenfalls durch den Präsidenten des EuGH verlängert werden. Weiterhin können Klageschrift und Klagebeantwortung durch eine **Erwiderung** des Klägers sowie nachfolgend durch eine **Gegenerwiderung** des Beklagten ergänzt werden; die Fristen für die Einreichung der Schriftsätze werden vom Präsidenten bestimmt.

25 Für die **Form der Schriftsätze** gilt (Art. 37 VerfO), daß sie vom Bevollmächtigten oder vom Anwalt der Partei zu unterzeichnen sind. Einzureichen sind weiterhin fünf beglaubigte Abschriften für den Gerichtshof sowie beglaubigte Abschriften für jede andere Partei, die am Rechtsstreit beteiligt ist. Dem Schriftsatz ist gegebenenfalls eine Urkundenakte sowie ein Verzeichnis der darin enthaltenen Urkunden beizufügen.

26 **Verfahrenssprache** kann grundsätzlich jede der Sprachen der Gemeinschaft sein; der Kläger hat insoweit ein Wahlrecht (Art. 29 VerfO). Handelt es sich allerdings um ein Verfahren gegen einen Mitgliedstaat oder gegen eine natürliche oder juristische Person, die einem Mitgliedstaat angehört, ist jeweils deren Sprache maßgebend. Beim Vorlageverfahren ist Verfahrenssprache die Sprache des vorlegenden Gerichts; für Übersetzungen wird im übrigen gesorgt (Art. 29ff. VerfO).

2. Beweisaufnahme

27 Sehr selten findet im Anschluß an das schriftliche Verfahren eine Beweisaufnahme statt. Hierüber entscheidet der Gerichtshof auf Vorschlag des von ihm bestimmten Berichterstatters nach Anhörung des Generalanwalts. Im Regelfall verzichtet der EuGH allerdings auf Beweisaufnahmen und begnügt sich gegebenenfalls damit, vor der mündlichen Verhandlung schriftlich Fragen an die Parteien zu stellen.

3. Mündliche Verhandlung

28 Im Anschluß an das schriftliche Verfahren setzt der Präsident den Termin für die mündliche Verhandlung fest. Einige Wochen vor der mündlichen Verhandlung wird den Parteien der **Sitzungsbericht** des Berichterstatters übersandt, der einem auf der Grundlage des Akteninhalts erarbeiteten Sachbericht entspricht und der Unterrichtung der übrigen Richter dient. In der mündlichen Verhandlung vor dem Gerichtshof (Art. 55ff. VerfO) steht den Vertretern der Parteien jeweils nur eine begrenzte Zeit für ihre **Plädoyers** (gegenwärtig 20 Min.; die Frist kann auf Antrag verlängert werden) und erforderlichenfalls eine weitere Zeitspanne, um auf den Vortrag der Gegenseite einzugehen, zur Verfügung. Es ist empfehlenswert, frei und langsam zu plädieren, damit die Simultandolmetscher das Plädoyer fehlerfrei und verständlich für die nicht der Verfahrenssprache mächtigen Richter übersetzen können. Entweder unmittelbar im Anschluß an die mündliche Verhandlung oder bei schwierigeren Fällen in einem neu anzuberaumenden Termin, der unter Umständen mehrere Monate nach der mündlichen Verhandlung liegt, gibt der **Generalanwalt** seine Stellungnahme ab. Danach ergeht das Urteil, wobei zwischen Plädoyer des Generalanwalts und Urteil wiederum bis zu sechs Monate liegen können.

4. Allgemeines

Hinsichtlich der mehrfach genannten **Verfahrensfristen** (Klagefrist, Frist zur **29**
Klagebeantwortung, usw.) ist auf Art. 80 bis 82 der VerfO des Gerichtshofs (ABl. 1974 L 350/1, 1979 L 238/1, 1981 L 199/1) und die Anlage II zur Verfahrensordnung zu verweisen, wonach sich die Fristen für Verfahrensbeteiligte, die ihren gewöhnlichen Aufenthalt nicht in Luxemburg haben, um bis zu einem Monat verlängern können (für Parteien in der Bundesrepublik Deutschland 6 Tage). Fällt der letzte Tag der Frist auf einen Sonntag oder gesetzlichen Feiertag (letztere sind in Anlage I zur VerfO aufgezählt), endet die Frist mit Ablauf des darauf folgenden Werktages; in diesem Zusammenhang ist zu beachten, daß der Samstag als Werktag angesehen wird. Maßgebend für die Einhaltung der Fristen ist der Eingang des jeweiligen Schriftsatzes beim EuGH.

Der **Gerichtshof** tagt entweder im Plenum (13 Richter) oder in von ihm **30**
gebildeten Kammern (drei oder sechs Richter); hierauf haben die privaten Parteien im jeweiligen Rechtsstreit keinen Einfluß (Art. 95 VerfO). Er wird in seiner Entscheidungsfindung vom **Generalanwalt** unterstützt, dessen Amt mit der des Vertreters des öffentlichen Interesses im Verwaltungsrecht vergleichbar ist.

Hinsichtlich der **Verfahrenskosten** gilt, daß das Verfahren vor dem EuGH **31**
grundsätzlich gerichtskostenfrei ist (Art. 72 VerfO); die sonstigen außergerichtlichen Kosten werden – auf Antrag – der unterliegenden Partei durch den EuGH auferlegt oder gegeneinander aufgehoben (Art. 69ff. VerfO). Eine Ausnahme gilt insoweit beim Vorabentscheidungsverfahren; hier entscheidet nicht der EuGH über die Kosten, sondern das vorlegende Gericht.

5. Gericht Erster Instanz

Im Oktober 1988 hat der Rat beschlossen, auf der Grundlage des durch die **32**
Einheitliche Europäische Akte eingefügten Artikel 168a EWGV ein dem Gerichtshof beigeordnetes **Gericht Erster Instanz** zu errichten (ABl. 1988 L 319, 1989 L 241), das sich im September 1989 konstituiert und seine Arbeit aufgenommen hat. Das neue Gericht Erster Instanz ist in wichtigen Bereichen Tatsacheninstanz und dient damit der Entlastung des EuGH sowie der besseren Sachverhaltsaufbereitung und soll zu einer Verkürzung der Verfahrensdauer führen. Die Verfahrensordnung des Gerichts liegt bisher nur im Entwurf vor (ABl. 1990 C 136/1). Bis zu ihrem Inkrafttreten gilt die Verfahrensordnung des Gerichtshofs entsprechend.

Das Gericht Erster Instanz ist im ersten Rechtszug zuständig für **Beamtenkla-** **33**
gen, Wettbewerbssachen, bestimmte Verfahren nach dem **EGKS-Vertrag** sowie Schadensersatzklagen im Zusammenhang mit diesen Verfahren. Die vielfach geforderte Einbeziehung von Antidumpingsachen in die Zuständigkeit des Gerichts Erster Instanz scheiterte vor allem am Widerstand der Kommission. Nicht zuständig ist das Gericht auch für von den Mitgliedstaaten oder Gemein-

schaftsorganen unterbreitete Rechtssachen und für Vorabentscheidungsverfahren nach Art. 177 EWGV (Art. 168a Abs. 1 Satz 2 EWGV). Damit bleibt der Gerichtshof insbesondere allein zuständig für Entscheidungen auf dem Gebiete des Wettbewerbsrechts, die ihm von einem nationalen Gericht nach Art. 177 EWGV vorgelegt werden.

34 Das aus 12 Richtern bestehende Gericht Erster Instanz tagt in 5 Kammern mit je 3 oder 5 Richtern, in bestimmten Fällen in Vollsitzungen. Die Verfahrensordnung orientiert sich in wesentlichen Punkten an der Verfahrensordnung des Gerichtshofes. Hervorzuheben sind folgende Unterschiede: Das Gericht Erster Instanz kann ohne mündliche Verhandlung entscheiden, wenn alle Schriftsätze eingereicht worden sind. Eine mündliche Verhandlung kann allerdings von jeder Partei mit Hinweis darauf erzwungen werden, sie habe im schriftlichen Verfahren keine hinreichende Gelegenheit zur Darstellung ihres Standpunktes gehabt. Der Generalanwalt soll die Möglichkeit haben, seine Schlußanträge in schriftlicher Form zu überreichen.

35 Entscheidungen des Gerichts Erster Instanz werden grundsätzlich mit Verkündung, bei Nichtigerklärung einer Verordnung mit Ablauf der Rechtsmittelfrist bzw. mit Zurückweisung des Rechtsmittels wirksam. Gegen Entscheidungen des Gerichts kann die unterlegene Partei innerhalb von 2 Monaten ein **Rechtsmittel** beim Gerichtshof einlegen, das auf Rechtsfragen beschränkt ist und nur auf Unzuständigkeit des Gerichts, wesentliche Verfahrensfehler und Verletzungen des Gemeinschaftsrechts gestützt werden kann. Auch Gemeinschaftsorgane und Mitgliedstaaten, die der unterlegenen Partei als Streithelfer beigetreten waren, können das Rechtsmittel einlegen. Im Rechtsmittelverfahren kann auch der Gerichtshof ohne mündliche Verhandlung entscheiden. Dabei kann er Entscheidungen des Gerichts Erster Instanz aufheben, den Rechtsstreit endgültig entscheiden oder an das Gericht zurückverweisen.

D. Außergerichtliche Beratung und Vertretung

D I. Beratung des Unternehmens

Dr. Winfried Klöpper

Übersicht

Literatur: – **Zu Kap. I:** *Bokelmann,* Das Recht der Firmen- und Geschäftsbezeichnungen, 3. Aufl. 1986; *Buchwald/Tiefenkucher/Bernbach,* Die zweckmäßige Gesellschaftsform, 5. Aufl. 1981; *Hesselmann,* Handbuch der GmbH & Co., 16. Aufl. 1980; *Gloy,* Handbuch des Wettbewerbsrechts, 1986 mit Nachtrag 1987 und 1989; *Heidenhain/Meister,* Münchener Vertragshandbuch, Band I Gesellschaftsrecht 1990; *Krüger,* Zweckmäßige Wahl der Unternehmensform, 4. Aufl. 1988; *Küstner/v. Manteuffel,* Handbuch des gesamten Außendienstrechts, Band 1, 1979 und Band 3, 1985; *Schütze/Weipert,* Münchener Vertragshandbuch, Band 3 Wirtschaftsrecht, 2. Auflage 1987; *Stumpf/Hesse,* Der Lizenzvertrag, 5. Aufl. 1984; *Stumpf,* Der Vertragshändlervertrag, 2. Aufl. 1979, 3. Aufl. 1990 in Vorb.; – **Zu Kap. II:** *Großfeld,* Unternehmens- und Anteilsbewertung im Gesellschaftsrecht, 2. Aufl. 1988; *Hölters,* Handbuch des Unternehmens- und Beteiligungskaufs, 2. Aufl. 1989; *Holzapfel/Pöllath,* Recht und Praxis des Unternehmenskaufs, 4. Aufl. 1989; *Reithmann/Martiny,* Internationales Vertragsrecht, 4. Aufl. 1988; *Schmidt,* Gesellschaftsrecht, 1986; *Sudhoff,* Handbuch der Unternehmensnachfolge, 3. Aufl. 1984; *Wessel,* Die Firmengründung, 5. Aufl. 1987; – **Zu Kap. III:** *Groß,* Sanierung durch Fortführungsgesellschaften, 2. Aufl. 1988; *Uhlenbruck,* Gläubigerberatung in der Insolvenz, 1983.

Vorbemerkung

Beratung des Unternehmens meint hier wirtschaftsrechtliche Beratung von **1**
insbesondere mittelständischen Unternehmen (Einzelkaufleuten und Handelsgesellschaften) – außerhalb prozessualer Verfahren und unter Aussparung der unten in Kapitel D II (Gesellschaftsrechtliche Beratung) und III (Erbrechtliche

Beratung) näher behandelten Themenkreise. Dem natürlichen Lebenslauf von Unternehmen (Gründung, Wachstum, Beendigung) folgend werden schwerpunktmäßig Problembereiche aufgezeigt und zum Teil kurz näher ausgeführt, die in der Praxis besonders häufig zu bearbeiten sind. In einem Exkurs wird eine immer wieder vorkommende Fallkonstellation knapp näher behandelt (Gründung einer Konkurrenzfirma durch ausscheidenden Mitarbeiter, unten Rdnr. 40).

Generell ist zur Beratung des Unternehmens durch den Anwalt zu bemerken: Der Umfang der außerprozessualen Beratung hat in den letzten Jahrzehnten, ausgelöst durch eine Vielzahl neuer wirtschaftslenkender Gesetze, das allgemeine Wirtschaftswachstum, die internationale Verflechtung und die zunehmende Komplexität von Entscheidungen und ihrer Folgen erheblich zugenommen. Verstärkt beziehen deshalb insbesondere mittelständische Unternehmer in Entscheidungsprozesse die Angehörigen der wirtschaftsberatenden Berufe mit ein. Damit gestaltet auch der so einbezogene Rechtsanwalt die Zukunft von Unternehmen als Partner der Geschäftsleitung maßgeblich mit. Ferner ist von ihm zu fordern, daß er den Unternehmer im Rahmen laufender Beratung ungefragt auf zukünftige Probleme aufmerksam macht, die dieser vielleicht nicht sieht. Beispiel für grundlegende Zukunftsentscheidung, die mit Hilfe des Rechtsanwalts zu erarbeiten ist: Wahl der Unternehmensform. Beispiel für Hinweis, den der Anwalt aus eigener Initiative geben muß: Hinweis darauf, daß vor Ingebrauchnahme eines Warenzeichens, einer Ausstattung, eines sonstigen Unternehmenskennzeichens, in dessen Durchsetzung auf dem Markt der Unternehmer Geld investieren will, zunächst zu überprüfen ist, ob es mit älteren Kennzeichen Dritter auf dem Markt kollidiert.

I. Gründungsphase des Unternehmens

1. Wahl der Unternehmensform

a) Rechtsform des Unternehmens

2 Der Unternehmer, der **nicht gemeinsam mit Mitgesellschaftern** seine Ziele verfolgen will (zur gesellschaftsrechtlichen Beratung vgl. D II Rdnr. 11), muß entscheiden, ob er als Einzelkaufmann oder durch eine Gesellschaft mit beschränkter Haftung oder eine GmbH & Co. KG seine Ziele verfolgen will (Einzelfirma: § 17 HGB; „Ein-Mann-GmbH“: § 1 GmbHG; GmbH & Co. KG bestehend aus der „Ein-Mann-GmbH“ des Gesellschafters und ihm selbst als einzigem Kommanditisten: jetzt anerkannt durch §§ 172a, 177a HGB; die Aktiengesellschaft bleibt außer Betracht). Aus der Vielzahl der Entscheidungsgesichtspunkte seien folgende hervorgehoben:

3 **aa)** Unbeschränkte **persönliche Haftung des Einzelunternehmers** im Gegensatz zur beschränkten persönlichen Haftung des Unternehmers als Gesellschafter einer GmbH mit eventuell zusätzlicher beschränkter Haftung als Kommanditist im Rahmen einer GmbH & Co. KG. Der Gesichtspunkt der Haftungsbeschränkung gewinnt insbesondere angesichts der bevorstehenden Ausweitung der Produkthaftpflicht verstärkt Bedeutung. Wichtige ständige Geschäftspartner (Großlieferanten oder -kunden, Banken, Leasinggesellschaften etc.) verlangen jedoch häufig die zusätzliche persönliche Haftung des Gesellschafters, wenn seine Gesellschaft nur beschränkt haftet. Ferner ist zu erinnern an die persönliche

Haftung auch eines GmbH-Gesellschafters oder -Geschäftsführers (s. unten Rdnrn. 12, 15; sog. Durchgriffshaftung).

bb) Inhaber aller Vermögensgegenstände, Verpflichteter aus allen Schulden und Partei aller Vertragsverhältnisse ist entweder der Kaufmann selber oder die GmbH bzw. die GmbH & Co. KG. Dies hat u.a. Folgen für die Art der **Übertragung der Vermögensgegenstände, Schulden und Vertragsverhältnisse** unter Lebenden oder von Todes wegen, für die Frage, über wessen Vermögen im Falle der Überschuldung oder Illiquidität **Konkurs** oder **Vergleich** anzumelden ist und wer sodann Verfügungsbeschränkungen unterliegt, für die unmittelbare Berechtigung aus Konzessionen und Erlaubnissen (Konzessionär), die technische Durchführung der Neuaufnahme von Partnern in das Unternehmen. Der Einzelkaufmann kann Vermögensgegenstände nur einzeln (Singularzession) und die einzelnen Schulden und Vertragsverhältnisse nur mit Zustimmung jedes einzelnen Gläubigers, bzw. Vertragspartners übertragen, einen **Partner nur durch Gesellschaftsgründung aufnehmen** (Haftung im Rahmen der §§ 25, 26, 28 HGB). Ist dagegen eine GmbH Inhaberin der Vermögensgegenstände und Schulden und Vertragspartei, so kann dieser Vermögens- und Schuldinbegriff einfach als Gesamtorganismus im ganzen durch Übertragung der GmbH-Geschäftsanteile übertragen werden; auch ein Partner wird durch einfache Übertragung von Geschäftsanteilen in die Gesellschaft aufgenommen. Ähnlich verhält es sich im Falle der GmbH & Co. KG, da auch die KG selber Inhaberin von Rechten und Pflichten (Vermögen, Schulden, Stellung als Vertragspartei) ist (§§ 124, 161 II HGB); bei einem **Gesellschafterwechsel** ist allerdings § 172 I HGB und die Rechtsprechung zur Eintragung des Rechtsnachfolgevermerkes im Handelsregister zu beachten. Auch die Vererbung von GmbH-Anteilen oder Kommanditanteilen ist für den Erben unproblematischer als die Übernahme der einzelnen Vermögensgegenstände eines Einzelkaufmannes im Wege der Universalsukzession (§ 1922 I BGB). Aber §§ 27, 139 HGB beachten! 4

cc) Steuerrechtliche Aspekte der Unternehmensform. Bei **Veräußerung/ Erwerb** ist insbesondere zu beachten: Im Falle der Veräußerung des Gewerbebetriebes des Einzelkaufmannes oder der übrigen in § 16 EStG genannten Gesellschaftsanteile kann der Veräußerer in den Genuß der **Freibeträge des § 16 IV EStG** und des ermäßigten Steuersatzes des § 34 EStG kommen. § 34 EStG ist neu gefaßt und staffelt nunmehr die Steuerermäßigung für §§ 16, 17 EStG. Außerordentliche Einkünfte bis DM 30 Mio. sind nur mit dem halben Steuersatz zu versteuern, darüberhinaus fällt volle Steuer an. Die Veräußerung von nicht wesentlichen Anteilen an Kapitalgesellschaften dagegen (derzeit bis 25%) kann sogar steuerfrei bleiben (§ 17 EStG), wenn sie nicht im Betriebsvermögen gehalten werden (und der Vorgang nicht steuerpflichtig gem. § 23 I Nr. 1b EStG ist). Der Erwerber hat andererseits im Falle des § 16, nicht im Fall des § 17 EStG, die Möglichkeit, einen den Buchwert der Wirtschaftsgüter übersteigenden Kaufpreisanteil einzelnen abschreibbaren Vermögensgütern (soweit vorhanden und soweit stille Reserven darin enthalten sind) zuzuordnen und abzuschreiben; dies gilt nunmehr sogar für den Geschäfts- oder Firmenwert (§§ 255 IV HGB, 7 I 3 EStG). Dies mindert seine Steuerlast, er finanziert den Kauf insoweit aus Steuerersparnissen. Der Erwerber von GmbH-Geschäftsanteilen kann dies nicht, da er die stillen Reserven im Vermögen der GmbH nicht aufdecken kann. 5

Für die **laufende Versteuerung:** Der Einzelkaufmann und der Kommanditist zahlen die jährliche **Einkommenssteuer,** entsprechend ihrem persönlichen Steuersatz, der unter dem Spitzensteuersatz von 53% liegen mag. Die **Körperschaftssteuerbelastung** auf nicht ausgeschüttete Gewinne bei der GmbH dagegen beträgt dagegen ab 1. 1. 1990 regelmäßig 50%. Diese Belastung kann allerdings durch das Schütt-aus-hol-zurück-Verfahren umgangen und auf den persönlichen Steuersatz reduziert werden. Im Gegensatz zu früher ist also die Körperschaft vom Steuersatz her begünstigt; es bleibt allerdings bei der Ausschüttungsbelastung von 36% und bei der Kapitalertragssteuer von 25% auf den Ausschüttungsbetrag. Ferner: Bei Betrieb des Unternehmens im Rahmen einer Kapitalgesellschaft fällt zweimal **Vermögenssteuer** an; einmal für die GmbH auf ihr Vermögen, und zusätzlich bei dem Gesellschafter für den Wert der Anteile an der GmbH. Andererseits kann nur der GmbH-Gesellschafter sein Geschäftsführergehalt als steuermindernde Betriebsausgabe bei der GmbH berücksichtigen, hat allerdings sein Gehalt als Einkünfte aus nichtselbständiger Tätigkeit zu versteuern. Gemindert wird auf diese Weise die Gewerbesteuer der GmbH. Auch kann nur der GmbH-Gesellschafter sich in seiner Rolle als gleichzeitiger Geschäftsführer eine Pensionszusage so gewähren, daß die dafür zu bildenden bilanziellen Rückstellungen gewinn- und steuermindernd sind. Der Einzelkaufmann also finanziert diesen Teil seiner Altersvorsorge (über die Sonderfreibeträge nach § 10 I 2b, II EStG hinaus) aus versteuertem Einkommen in Zeiten meist hoher Steuerprogression. Der GmbH-Gesellschafter, der steuermindernde Pensionsrückstellungen in seiner GmbH bilden kann, mindert in Zeiten hoher Progression die Steuerbelastung und verschiebt sie in die Zeit des Zuflusses der Altersbezüge, in der der Steuersatz in aller Regel geringer sein wird. Schließlich: **Kapitalverkehrsteuer** fällt nur bei Kapitalgesellschaften sowie bei der GmbH & Co. KG, nicht beim Einzelkaufmann sowie bei der konventionellen KG und den übrigen Personengesellschaften an. **Gewerbesteuer** fällt bei Kapitalgesellschaften und der GmbH & Co. KG stets an, bei natürlichen Personen nur dann, wenn sie ein Gewerbe im steuerrechtlichen Sinne betreiben (persönlicher Gewerbesteuerfreibetrag von DM 36000,–, § 11 I GewStG; vgl. ferner D II Rdnrn. 16ff.).

6 **dd)** Für die GmbH ist ein **Mindeststammkapital** von 50000 DM vorgeschrieben, § 5 GmbHG, auf das auch Mindesteinzahlungen zu erbringen sind (§ 7 II GmbHG). Kapitalherabsetzungen (etwa zum Zwecke der Kapitalrückzahlung) unterliegen strengen Beschränkungen (§ 58 GmbHG). Bei der KG ist § 172 IV HGB zu beachten.

7 **ee)** Für die GmbH gelten strenge Vorschriften für **Aufstellung,** größenabhängige **Prüfung** und in jedem Fall (größenabhängig erleichterte) **Offenlegung des Jahresabschlusses** und Lageberichtes (§§ 264ff., 325ff. HGB). Die Offenlegung allerdings ist kaum ernstlich durchsetzbar (§ 335 S. 1 Nr. 6 und S. 2 HGB, § 2 II LöschG). Für den Einzelkaufmann und (noch) die GmbH & Co. KG gelten dagegen erleichterte Aufstellungsvorschriften mit erheblicher Flexibilität, zum Beispiel der weitergehenden Möglichkeit, stille Reserven zu bilden (§ 253 IV HGB im Gegensatz zu § 279 I 1 HGB). Unterhalb der Größenkriterien des Publizitätsgesetzes müssen weder der Einzelkaufmann noch die GmbH & Co. KG ihre Jahresabschlüsse prüfen lassen oder offenlegen.

8 **ff)** Im Einzelunternehmen gibt es keine **unternehmerische Mitbestimmung.** Die GmbH dagegen hat einen mitbestimmten Aufsichtsrat bei Überschreitung

bestimmter Arbeitnehmerzahlen (500 nach BetrVG, 1000 nach Montan-MitbestG, 2000 nach MitbestG).

gg) Ausländische Unternehmen können im Inland durch Einkleidung ihrer geschäftlichen Aktivitäten in eine GmbH Probleme der **Betriebsstättenbesteuerung** vermeiden (allerdings sind die Regelungen der Einkunftsabgrenzung bei international verbundenen Unternehmen zu beachten, BMF vom 23. 2. 1983, BStBl 1983 I S. 218, sowie ergänzend DB 1987, 662 und DB 1988, 370) und einen inländischen aktiven Geschäftsführer neben dem (nicht aktiv im Inland tätigen) ausländischen Mitgeschäftsführer bestellen. Ein Ausländer kann auch alleiniger Geschäftsführer sein. 9

Bei Gründung von Tochtergesellschaften ausländischer Muttergesellschaften, insbesondere amerikanischer Gesellschaften, durch einen deutschen Anwalt aufgrund Vollmacht der Muttergesellschaften ändert sich die bisherige Handhabung bei den Registergerichten derzeit in der Praxis. Bislang genügte die Bestätigung der Vertretungsmacht des vollmachterteilenden Mitgliedes der Geschäftsführung der amerikanischen Muttergesellschaft durch den Company Secretary. Neuerdings verstärkt sich die Tendenz der Registerrichter, auch das Certificate of Incorporation und die By-Laws (Original und beglaubigte Übersetzung) zu fordern. Möglicherweise verlangt das Registergericht sogar zusätzliche Unterlagen. Es empfiehlt sich deshalb, die Anforderungen **vorher** zu klären. Im Falle von Muttergesellschaften aus EG-Staaten genügt offenbar die Bestätigung der Gesellschaft selbst – z. B. bei englischen Muttergesellschaften durch den Company Secretary. Unterschiedliche Anforderungen stellen die Registergerichte bei der Eintragung von Geschäftsführern ausländischer Unternehmen (vgl. ferner D. II Rdnr. 12).

hh) Generell ist zu prüfen, ob eine neue geschäftliche Aktivität im Rahmen einer eigens dafür gegründeten GmbH oder GmbH & Co. KG aufgebaut werden soll, um, nachdem das Geschäft „in die Gewinnzone gebracht" ist, diese **geschäftliche Aktivität gesondert** und durch einfache Geschäftsanteilsübertragung **veräußern** zu können (ggf. mit steuerfreiem Veräußerungsgewinn gem. § 17 EStG – s. Rdnr. 5). 10

ii) Zu beachten ist aber auch die spätere **Umwandlungsmöglichkeit** eines Einzelunternehmens in eine GmbH (§§ 56a ff. UmwG), falls sich dies erst später als zweckmäßig herausstellen sollte – vgl. dazu unten D II Rdnr. 95ff. 11

jj) Für die GmbH gelten die strengen Normen des HGB (§ 6 HGB) und des GmbHG (insbesondere **Kapitalaufbringungsvorschriften** wie §§ 5 IV, 7 II, III, 8, 9, 9a, 11, 16 III, 19 II, V, 21–24 GmbHG sowie die **Kapitalerhaltungsvorschriften** wie Rückzahlungsverbot von Stammkapital, § 30 GmbHG mit Haftungsnorm § 31 und die Vorschriften für kapitalersetzende Darlehen, §§ 32a, 32b GmbHG; Haftung des Geschäftsführers für die Sorgfalt eines ordentlichen Geschäftsmannes, § 43 GmbHG; fristgebundene **Konkursantragspflicht** bei Zahlungsunfähigkeit oder Überschuldung, § 64 GmbHG mit Strafvorschrift des § 84 GmbHG sowie § 82 GmbHG bei Verletzung bestimmter Pflichten), vgl. auch Rdnr. 15. Auch für die GmbH & Co. KG gelten ähnliche Vorschriften (§§ 171, 172, 172a, 177a HGB) hinsichtlich der Kapitalaufbringung, -erhaltung und der Rückgewähr kapitalersetzender Darlehen und der Konkursantragspflicht. Für den Einzelkaufmann gelten keine derartigen formalen strafrechtlich bewehrten Vorschriften, er haftet aber auch immer mit seinem gesamten Ver- 12 mögen. Ferner unterliegt nur der Einzelkaufmann, dessen Gewerbebetrieb nach Art oder Umfang einen in kaufmännischer Weise eingerichteten Geschäftsbetrieb erfordert (Vollkaufmann), sämtlichen Vorschriften des HGB. Auf den Minderkaufmann dagegen finden die Vorschriften des HGB über die Firmen, die Handelsbücher und die Prokura sowie verschiedene andere Vorschriften keine Anwendung (§§ 4, 351 HGB). Der Kaufmann kann also eventuell sein Gewerbe zunächst als Einzel-(Minder-)kaufmann beginnen, um es dann später in eine GmbH umzuwandeln (s. oben Rdnr. 11).

13 **kk)** Bei der Ein-Mann-GmbH darf die **Befreiung** des Gesellschafters/Geschäftsführers **vom Verbot des § 181 BGB** in der Satzung nicht übersehen werden (siehe § 35 IV GmbHG). Andernfalls kann zum Beispiel die steuerliche Anerkennung von Verträgen zwischen GmbH und ihrem Gesellschafter/Geschäftsführer schon aus diesem Grund gefährdet sein.

14 **ll)** Bei der GmbH & Co. KG ist speziell auf die exakte **Synchronisation von GmbH-Satzung und Gesellschaftsvertrag der Kommanditgesellschaft** zu achten. Es geschieht immer wieder, daß später plötzlich und übereilt ein Gesellschafter aufgenommen wird, ohne daß dann erneut Satzung und Gesellschaftsvertrag hinreichend überdacht und neu formuliert werden. Sind beide Vertragswerke dann nicht exakt koordiniert, so kann es später zu erheblichen Problemen kommen.

b) Persönliche Haftung des Unternehmers

15 Entscheidet sich der Unternehmer für die Gründung einer GmbH oder GmbH & Co. KG, so ist in der Gründungsphase außerordentlich sorgfältig darauf zu achten, daß die persönliche Haftung **infolge Nichtbeachtung von Kapitalaufbringungsvorschriften** für die GmbH (vgl. Rdnr. 12) vermieden wird. Hier sind insbesondere folgende Gesichtspunkte zu beachten:

16 **aa)** Bei **Sacheinlagen** sind die §§ 5 IV, 9, 9a und 19 V GmbHG zu beachten. Sacheinlagen müssen ferner vor der Anmeldung zur Eintragung voll erbracht sein (§ 7 III GmbHG);

17 **bb)** Zur Erbringung von Geldeinlagen vor Anmeldung vgl. § 7 II GmbHG: Einzahlung von einem Viertel, mindestens 25 000 DM. Verbot der einseitigen **Aufrechnung** durch den Gesellschafter **gegen Einlageverpflichtungen** (§ 19 II GmbHG).

18 **cc)** Seit *BGHZ* 80, 129 = NJW 1981, 1373 steht fest, daß die GmbH mit Entstehung (durch Eintragung in das Handelsregister, § 11 I GmbHG) in die Rechte und Pflichten eintritt, die in ihrem Namen mit Vertretungsmacht in der Zeit zwischen Abschluß des notariellen Gründungsvertrages und der Eintragung (sogenannte **Vorgesellschaft**) begründet wurden. Die Lehre vom sogenannten „Vorbelastungsverbot" ist aufgegeben. Um jedoch zu gewährleisten, daß trotz Übergang der Rechte und Pflichten der Vorgesellschaft auf die GmbH per Saldo das Stammkapital der GmbH bei Eintragung in das Handelsregister noch ungeschmälert vorhanden ist, hat der BGH in der gleichen Entscheidung die persönliche Haftung der Gründer für die Differenz (Fehlbetrag) zwischen dem bei Eintragung tatsächlich vorhandenem Eigenkapital und dem satzungsgemäßen Stammkapital statuiert (sogenannte **Differenzhaftung**). Also Vorsicht bei Aufnahme der Unternehmenstätigkeit vor Eintragung! Von der Vorgesell-

schaft zu unterscheiden ist die **Vorgründungsgesellschaft,** die entweder durch Abschluß eines notariell beurkundeten Vorvertrages, gerichtet auf den Abschluß eines GmbH-Gesellschaftsvertrages, entsteht oder ohne solchen Vorvertrag aufgrund bloßer gemeinschaftlicher unternehmerischer Betätigung. Die Vorgründungsgesellschaft setzt aber das Zusammenwirken mehrerer Gesellschafter voraus. Die **Handelnden-Haftung** nach § 11 II GmbHG (desjenigen, der vor Eintragung der Gesellschaft im Namen der Gesellschaft handelt) erlischt nach neuerer Rechtsprechung des BGH mit Eintragung der GmbH in das Handelsregister (*BGHZ* 80, 129 und 182) – sie erlischt also nicht, wenn die GmbH überhaupt nicht entsteht. Neben dem Handelnden wird auch die Vorgesellschaft selber (also alle Gesellschafter) durch den Handelnden verpflichtet, wenn die Voraussetzungen wirksamer Vertretung vorliegen (vgl. zur Wahl der Rechtsform *Hennekes/May* DB 1988, 483ff.).

2. Genehmigungserfordernisse

Grundsätzlich gewähren Art. 12 GG Berufsfreiheit und § 1 GewO **Gewerbefreiheit.** Beide Normen enthalten allerdings einen Beschränkungsvorbehalt. Beschränkungen sind in einer Vielzahl von gesetzlichen Bestimmungen enthalten, z.B. im Lebensmittelrecht, Landwirtschaftsrecht, Umweltschutzrecht und in der GewO selber, die hier aufzuzählen und näher darzulegen den Rahmen dieser Ausführungen überschreiten würde. Besonders wichtig geworden ist das Bundes-Immissionsschutzgesetz vom 15. 3. 1974, das laufend einschließlich der zu seiner Ausführung ergangenen Verordnungen novelliert wird. Eine Zusammenstellung (allerdings Stand 1980) findet sich bei *Salewski* in: *Landmann/Rohmer,* GewO, Band I § 1 Rdnr. 51. Daneben ist die Handwerksordnung (Anlage A) zu beachten. § 34 GewO i.V. mit der Makler- und Bauträgerverordnung dazu regelt Erlaubnisse für diese Berufsgruppen. **Genehmigungserfordernisse** sind allerdings meist den Mandanten selbst als Kennern der Branche bekannt. 19

3. Firmenname, Warenzeichen und Dienstleistungsmarken, gewerbliche Schutzrechte

a) Unverwechselbarer Firmenname

Die Firma ist der Name, unter dem der Kaufmann im Handel seine Geschäfte betreibt und die Unterschrift abgibt (§ 17 I HGB). §§ 18ff. HGB, § 4 GmbHG enthalten Vorschriften für die Firmenbildung als solche. Der Schutz des Firmennamens, von Kennzeichen oder Schlagworten ist in den §§ 12 BGB und 16 UWG geregelt. Er entsteht durch Ingebrauchnahme. Wichtig ist darüber hinaus die hinreichende Unterscheidung der Firma von verwechselbaren Firmen und anderen Geschäftskennzeichen im Geschäftsverkehr. Der eventuell erst nach Jahren vom Konkurrenten durchgesetzte Zwang, die mit hohem Werbeaufwand eingeführte Firma (Warenzeichen etc.) nicht mehr zu benutzen, kann sehr einschneidend sein. Also: bereits bei Benutzungsaufnahme sachkundig beraten! Folgende Normen sind in diesem Zusammenhang zu beachten: 20

aa) Jede neue Firma muß sich von anderen, an dem selben Ort oder in der selben Gemeinde bereits bestehenden und in das Handelsregister eingetragenen Firmen deutlich unterscheiden, § 30 HGB. Vor der Firmenwahl ist deshalb die zuständige **Industrie- und Handelskammer** nicht nur unter dem Gesichtspunkt der Zulässigkeit der Firmenbildung (§§ 18ff. HGB, § 4 GmbHG) zu befragen, 21 sofern man Verzögerungen und unliebsame Überraschungen bei der Eintragung vermeiden will, sondern auch das Firmenregister der IHK zur Vermeidung von Verwechslungen (§ 30 HGB) einzusehen.

22 **bb)** Jede Firma ist zugleich auch der Name des Unternehmens im Sinne des § 12 BGB und Firmenkennzeichens im Sinne von § 16 UWG. Betreibt jemand unter gleicher oder **verwechselbarer** und **unterscheidungskräftiger Firma** bereits sein Gewerbe, so kann er Unterlassung der Firmenführung von demjenigen verlangen, der die Firma später in der gleichen oder einer verwandten Branche in Benutzung nimmt. Oft genügt in solchen **Kollisionsfällen** schon die Hinzufügung eines unterscheidungskräftigen Zusatzes. Anspruchsgrundlage ist in der Regel § 16 UWG, daneben ist § 12 BGB dann anwendbar, wenn ein Wettbewerbsverhältnis zwischen den beteiligten Unternehmen besteht oder ein ausländisches Unternehmen sich nicht auf die Pariser Verbandsübereinkunft berufen kann. § 12 BGB und § 16 UWG greifen über denselben Ort, dieselbe Gemeinde oder den gleichen Bezirk hinaus, haben also einen weiteren, **räumlichen Schutzumfang** als § 30 HGB. Sie schützen auch den räumlichen Bereich, in dem eine Firma oder **Geschäftsbezeichnung** zwar derzeit noch nicht benutzt wird, jedoch bei organischer Weiterentwicklung des Unternehmens in nicht so ferner Zukunft benutzt werden könnte (Ausdehnungsbereich) gegen später in Benutzung genommene verwechselbare Firmenbezeichnung. So kann es geschehen, daß eine in München neu gegründete Firma von einer Konkurrentin aus Hamburg aufgefordert wird, ihre Firma nicht mehr zu führen oder einen unterscheidungskräftigen Zusatz hinzuzufügen, unter Hinweis darauf, daß das Hamburger Unternehmen bereits vorher eine verwechselbare Firmenbezeichnung geführt habe (vgl. dazu *Schultz-Süchting,* Handbuch des Wettbewerbsrechts, §§ 56f.). Denn es gilt bundesweit allein der Grundsatz der Erstbenutzung (Priorität). Da es immer noch kein bundesweites Firmenregister gibt, hilft hier nur genaue Branchenkenntnis und vorherige Prüfung einschlägiger Branchen-Firmenregister oder der Firmenverzeichnisse der Industrie- und Handelskammern der größeren Städte sowie des Warenzeichen- und Dienstleistungsmarkenregisters (vgl. Rdnr. 23). Ferner gilt allgemein der Grundsatz: je näher einander die sachlichen Geschäftsbereiche der betroffenen Unternehmen kommen, um so weiter sind der Verwechslungsbereich und der geschützte räumliche Bereich der älteren der kollidierenden Firmenbezeichnungen zu ziehen. Ähnliche Grundsätze gelten im Ausland. Will also eine Firma schwerpunktmäßig in bestimmten Ländern tätig werden, ist zumindest die Rechts- und Benutzungslage dort zu prüfen. Zum Schutz im Ausland vgl. die Pariser Verbandsübereinkunft, abgedruckt in *Baumbach/Hefermehl,* Warenzeichenrecht, 12. Aufl. S. 1043ff. und die zweiseitigen Abkommen der Bundesrepublik Deutschland mit einer Reihe von Ländern, *Baumbach/Hefermehl* aaO, S. 1192ff.

b) Warenzeichen, Dienstleistungsmarken, Ausstattungen

23 Ähnliches gilt für die Benutzung von Warenzeichen und Dienstleistungsmarken sowie Ausstattungen. Hier sind die einschlägigen Verbotsnormen gegen spätere verwechselbare Kennzeichen §§ 15 und 24 sowie 25 WZG. Dabei ist zu unterscheiden zwischen Warenzeichen einerseits und Ausstattung andererseits. Das Warenzeichen ist ein streng formalisiertes Recht, dessen Eintragung in dem **Warenzeichenregister** des Deutschen Patentamtes rechtsbegründend wirkt. Die Ausstattung dagegen entsteht nicht durch Eintragung in ein Register, sondern

durch Verkehrsgeltung. Das Warenzeichen ist mit seiner Eintragung im Warenzeichenregister für das Gebiet der Bundesrepublik Deutschland geschützt, die Ausstattung nur für den räumlichen Bereich, in dem sie Verkehrsgeltung genießt, also auch (nur) zum Beispiel im Wirtschaftsgebiet einer Großstadt. Alles, was Warenzeichen oder Dienstleistungsmarke sein kann, kann auch Ausstattung sein. Während aber eine Marke nur als Flächengebilde eingetragen werden kann, umfaßt der Schutzbereich der Ausstattung auch dreidimensionale Gestaltungen, wie z. B. die eigentümliche Art einer Flasche (z. B. Coca-Cola) oder Verpakkung, Farben und Farbkombinationen und überhaupt jedes auf die Herkunft der Ware oder Dienstleistung aus einem bestimmten Betrieb hinweisende Kennzeichnungsmittel (*Baumbach/Hefermehl* aaO, zu § 25 WzG Rdnr. 2). Bevor Wort- oder Bildzeichen als Warenzeichen oder Dienstleistungsmarke oder Ausstattung in Benutzung genommen werden, kann das Warenzeichen- und Dienstleistungsregister bei dem Deutschen Patentamt und der Markt auf das Vorhandensein ähnlicher Ausstattungen hin überprüft werden. Dies kann durch eigene Einsichtnahme in das Register des Deutschen Patentamtes, Winzererstraße 12, 8000 München 2, geschehen oder auch durch Beauftragung eines darauf spezialisierten Serviceunternehmens. Warenzeichenrecherchen führen zum Beispiel auch die Firma Compu-Mark, St. Pietersvliet 7, B 2000 Antwerpen, Belgien, oder der Schutz Marken Dienst, Manhagener Allee 76, 2070 Ahrensburg, durch. Erfolgt die Anmeldung des Zeichens dagegen zunächst ohne sofortige Nutzung „auf Vorrat", um gegebenenfalls später auf das Warenzeichen zurückgreifen zu können (wegen der Schutzfrist von 5 Jahren, vgl. § 5 VII WZG), so kann u. U. auf eine Recherche verzichtet werden, da das Patentamt alle zur Eintragung zugelassenen Warenzeichen und Dienstleistungsmarken von Amts wegen im Warenzeichenblatt veröffentlicht, um Inhabern bereits eingetragener verwechselbarer Zeichen für gleiche oder gleichartige Waren oder Dienstleistungen Gelegenheit zum Widerspruch binnen drei Monaten zu geben. Allerdings besteht keine Verpflichtung zum Widerspruch, so daß auch bei Ausbleiben eines Widerspruches der Warenzeichenbenutzer nicht endgültig dagegen gefeit ist, daß ein Dritter sich auf ein eigenes, älteres Warenzeichen oder – außerhalb des Verfahrens vor dem Patentamt – auf ein Ausstattungsrecht oder eine ältere Firmenbezeichnung, also die §§ 12 BGB, 16 UWG beruft. Denn alle diese Kennzeichnungsrechte untereinander unterliegen den gleichen Verbietungsgrundsätzen (Priorität und Verwechselbarkeit).

c) Warenzeichen und Dienstleistungsmarke im Ausland

Soll ein Warenzeichen oder eine Dienstleistungsmarke auch im Ausland be- **24**
nutzt werden, so muß sie dort gesondert geschützt werden. Es gilt das **Nationalitätsprinzip** (zur EG-Gemeinschaftsmarke vgl. Rdnr. 25). Das heißt, es muß eine gesonderte Anmeldung in jedem Land erfolgen, in dem das Zeichen geschützt werden soll. International einheitlich schreiben die Warenzeichenregelungen aller Länder außerdem vor, daß man sich nur eines im jeweiligen Land zugelassenen Anwaltes, Patentanwaltes oder Agenten zu diesem Zweck bedienen kann. Das macht Warenzeichen, wenn sie weltweit angemeldet und geschützt sind, wertvoll – weil nämlich ihre Eintragung mit einem erheblichen Aufwand an Zeit und Kosten verbunden ist. Für einige Länder ist im Rahmen der **Pariser Verbandsübereinkunft** vom 20. 3. 1883 zum Schutze des gewerblichen Eigentums, in der Stockholmer Fassung vom 14. 7. 1967 (PVU), i. V. m. dem **Madrider Markenabkommen** vom 14. 4. 1891 über die internationale Re-

gistrierung von Fabrik- oder Handelsmarken in der Stockholmer Fassung vom 14. 7. 1967 (MMA) eine einheitliche Anmeldung möglich. Das Madrider Markenabkommen gibt dem Inhaber einer in einem der Länder eingetragenen Marke die Möglichkeit, durch eine einzige Registrierung bei der zentralen Behörde des Abkommens in Genf (**OMPI = Organisation Mondiale de la Propriété Intellectuelle,** 34, Chemin des Colombettes, 1211 Genève) eine Vielzahl nationaler Markenrechte zu erwerben, die sog. **IR-Marke.** Dies führt zu einer erheblichen Kostenersparnis. Die Anmeldung der IR-Marke ist über das Deutsche Patentamt vorzunehmen, das die Eintragung bei der OMPI vermittelt. Das Deutsche Patentamt hat ein Merkblatt über die internationale Registrierung deutscher Warenzeichen und Dienstleistungsmarken sowie über international registrierte, ausländische Marken herausgegeben, das dort angefordert werden kann, aber auch bei *Baumbach/Hefermehl,* aaO nach Art. 3 MMA abgedruckt ist. Die internationale Marke hat eine Schutzdauer von 20 Jahren. Folgende Länder sind der Organisation angeschlossen: Algerien, Österreich, Benelux-Staaten, Bulgarien, Ägypten, Spanien, Frankreich, Ungarn, Italien, Liechtenstein, Marokko, Monaco, Mongolei, Portugal, DDR, Volksrepublik Korea, Rumänien, San Marino, Sudan, Schweiz, CSSR, UdSSR, Vietnam, Jugoslawien (Stand April 1988). Die Erfahrung zeigt, daß insbesondere die UdSSR und Spanien mit Markenanmeldungen äußerst kleinlich verfahren und häufig für ihr Territorium einer Anmeldung widersprechen. Will man dann nicht die Kosten für die Einschaltung eines in jenem Lande ansässigen Vertreters aufwenden, so verzichtet man auf den Schutz in diesen Ländern – eine Entscheidung, die sich später als nachteilig erweisen kann, insbesondere angesichts der sich jetzt wohl abzeichnenden wirtschaftlichen Öffnung der UdSSR. Hier sollte daher in Zukunft mehr Konsequenz gezeigt werden.

d) Markenrecht der EG

25 In Vorbereitung befindet sich eine gesetzliche Regelung für ein einheitliches Markenrecht der Europäischen Gemeinschaften, wonach eine **Gemeinschaftsmarke** geschaffen werden soll. Durch eine einzige Anmeldung und Registrierung bei dem neu zu schaffenden europäischen Markenamt wird die Gemeinschaftsmarke in allen Mitgliedsstaaten geschützt sein. Es liegt ein ausformulierter Vorschlag der EG-Kommission aus dem August 1984 vor, der aber noch nicht Gesetz geworden ist, abgedruckt in *Baumbach/Hefermehl,* aaO, S. 1335.

e) Markenrecht der DDR

25a Seit dem 1. April 1985 gilt in der ehemaligen DDR das „Gesetz über Warenkennzeichen" (WKG). Neben der Anmeldung von Marken über die OMPI (Rdnr. 24) und deren Erstreckung auf das Gebiet der ehemaligen DDR ist also auch eine Schutzanmeldung beschränkt auf das Gebiet der ehemaligen DDR möglich. Dies soll bis auf weiteres auch nach der Eingliederung der ehemaligen DDR in die BRD so bleiben, obgleich die rechtlichen Prinzipien des WZG (BRD) und des WKG (DDR) recht unterschiedlich sind.

So kennt das WKG eine Prüfung auf kollidierende ältere Rechte, die von Amts wegen im Anmeldeverfahren erfolgt (aber neben das auch in der BRD mögliche Löschungsverfahren auf Antrag des Inhabers eines älteren Rechts tritt). Dem internationalen Trend entsprechend wird die freie Übertragbarkeit eingetragener Marken zugelassen. Gänzlich neu ist die Einführung eines staatlichen Registers für Herkunftsangaben. Die Schutzdauer einer eingetragenen

Marke beträgt 10 Jahre. Im Gegensatz zur BRD gibt es keinen Benutzungszwang. Anwendbar sind in der ehemaligen DDR die Pariser Verbandsübereinkunft, das Madrider Markenabkommen und das Madrider Herkunftsabkommen.

f) Sonstige gewerbliche Schutzrechte

Die Begründung weiterer sog. gewerblicher Schutzrechte wie **Patente, Geschmacksmuster, Gebrauchsmuster** und deren Aufrechterhaltung und ggf. Verteidigung kann im Rahmen dieser Abhandlung nicht näher behandelt werden, da insbesondere Patent- und Gebrauchsmustersachen (im Unterschied zu Warenzeichen- und Geschmacksmustersachen) von Patentanwälten bearbeitet werden. Aber auch die Behandlung der Angelegenheiten dieser gewerblichen Schutzrechte, die von Rechtsanwälten bearbeitet werden (Nutzungsrechte an Patenten etc., Urheberrechte) würde den Rahmen dieser Abhandlung sprengen. Auf diesem Gebiet spezialisierte Anwälte sind in der Deutschen Vereinigung für gewerblichen Rechtsschutz und Urheberrecht, Theodor-Heuss-Ring 19–21, 5000 Köln, zusammengeschlossen, der ggf. auch Mitgliederlisten übersendet. 26

g) Prozessuale Durchsetzung wettbewerbsrechtlicher Ansprüche

(Vgl. dazu B XII.)

4. Vertriebssysteme, Kooperationsmöglichkeiten mit anderen Unternehmen

a) Vertriebssysteme als in der Regel vertikale Wettbewerbsbeschränkungen

Unternehmen, die Waren herstellen oder vertreiben, bauen sich ein **Vertriebssystem** auf oder sind in ein Vertriebssystem eingebunden. Dienstleistungsunternehmen führen ihre Dienstleistungen meist selber aus, obgleich auch Dienstleistungen im Rahmen von Franchise-Systemen „vermarktet" werden. 27

Vertriebssysteme wären aus der Sicht dessen, der sie schafft (z. B. des Herstellers eines Produktes) dann optimal angelegt, wenn sie voll auf seine Bedürfnisse zugeschnitten sind, wenn also insbesondere Konkurrenzprodukte Dritter nicht im gleichen Vertriebssystem vertrieben werden, wenn ferner die Konkurrenz und „Querlieferungen" zwischen den Wiederverkäufern im Vertriebssystem ausgeschlossen sind, wenn die Vertriebsbedingungen (Preise, Konditionen etc.) bis zum Letztabnehmer straff und einheitlich geregelt sind und er sich jederzeit nach Belieben und ohne finanzielle Einbußen von den Geschäftspartnern im **Vertriebssystem** lösen könnte. Indessen gibt es eine Vielzahl von rechtlichen Regelungen, die die Gestaltungsfreiheit im Vertriebssystem beschränken. 28

aa) Das deutsche Gesetz gegen Wettbewerbsbeschränkungen (GWB). Vertriebssysteme als vertikale Bindungen sind **„sonstige Verträge"** im Sinne der §§ 15ff. GWB (vgl. die Überschrift des 2. Abschnittes des Gesetzes), im Gegensatz zu den „Kartellverträgen und Kartellbeschlüssen" des 1. Abschnittes des GWB. § 15 verbietet grundsätzlich die Bindung von Preisen und Geschäftsbedingungen für Geschäfte eines Vertriebsvertragspartners mit Dritten. § 18 regelt die **Mißbrauchsaufsicht für Bezugs- und Absatzbindungen** des Vertriebspartners, **Beschränkungen in der Verwendung** von Waren und Leistungen und sog. Koppelungsverträge. §§ 20 und 21 enthalten einen Erlaubnisvorbehalt für Beschränkungen eines Erwerbers gewerblicher Schutzrechte, von **Know-how** 29 oder **eines Lizenznehmers,** die über den Inhalt des geschützten Rechtes hinausgehen.

30 – § 15 GWB ordnet **Nichtigkeit** für solche Verträge an, die einen Vertragsbeteiligten in der Gestaltungsfreiheit des Vertragsabschlusses mit Dritten beschränken. Beispiele: Vereinbarung von Beschränkungen zwischen Brauerei und Automaten-Großhändler hinsichtlich dessen Verträgen mit Gastwirten; Bindung eines Händlers, bezogene Ware in bestimmter Weise für den Weiterverkauf zu kalkulieren sowie Markenartikel zu kostendeckenden Preisen zu verkaufen; Verpflichtung, hinsichtlich der Weiterveräußerung sich bei der Kalkulation an Handelsspannen zu orientieren, die üblich sind.

31 – § 18 GWB sieht nur eine **Mißbrauchskontrolle** vor, falls der Vertragspartner selber in seiner Wettbewerbsfreiheit hinsichtlich der bezogenen Waren/Leistungen oder hinsichtlich der von Dritten zu beziehenden Waren oder Leistungen gebunden wird und soweit dadurch eine erhebliche Wettbewerbseinschränkung bewirkt wird. Unter die Verwendungsbeschränkung des § 18 I Nr. 1 fällt jede Verwendung der gelieferten Waren, anderer Waren oder gewerblicher Leistungen – außer Bezug und Absatz, die in Nr. 2 und 3. geregelt sind. Unter die **Ausschließlichkeitsbindung** des § 18 I Nr. 2 fallen wirtschaftliche Vergünstigungen oder wirtschaftliche Nachteile, z. B. Treuerabattvereinbarungen, die in Aussicht gestellt werden, ferner z. B. Ausschließlichkeitsverträge wie Getränkelieferungsverträge als Alleinbezugsvereinbarungen. Die nach § 18 I Nr. 3 verbotene Vertriebsbindung kann sachlicher oder zeitlicher Art sein. Zu den weiteren Eingriffsvoraussetzungen (Erheblichkeit der Wettbewerbsbeschränkung) vgl. § 18 I a bis c. Die Kartellbehörde kann eine Mißbrauchsverfügung erlassen. Im Zusammenhang mit § 18 ist wichtig das **Schriftformerfordernis des § 34 GWB,** das unabhängig davon gilt, ob auch die Eingriffsvoraussetzungen des § 18 I a bis c erfüllt sind. Insbesondere für Dauerschuldverhältnisse, z. B. Bierlieferungsverträge, kann § 34 von Bedeutung werden, da z. B. nach dem Grundsatz der „Urkundeneinheit" **alle** mit der Bezugsbindung gleichzeitig vereinbarten Abreden der Schriftform bedürfen (*BGH* DB 1984, 2503).

32 – Unternehmen, die ihre Ware nicht selbst, sondern ganz oder teilweise über selbständige Handelsunternehmen vertreiben wollen, müssen, sofern sie unter den Normadressatenkreis des § 26 II GWB fallen, gleichartige andere Unternehmen hinsichtlich der Belieferung gleichbehandeln. Nur unter besonderen Umständen kann ein sog. **selektives Vertriebssystem** errichtet werden, das nach qualitativen oder quantitativen Gesichtspunkten nur ganz bestimmte Händler als „authorisierte Händler" zuläßt und andere Händler vom Bezug ausschließt (häufig mit dem wahren Ziel eine indirekte Preiskontrolle ausüben zu können). Die sogenannte Fachhandelsbindung, nämlich die (wirklich) erforderliche Selektion nach der Qualifikation fachbezogener Leistungen (wie qualifizierte Beratung, Serviceleistungen, Vorhaltung von Ersatzteillagern etc.), ist in der Regel zulässig. Die Voraussetzungen dafür werden aber streng geprüft (*Markert* in Immenga/Mestmäcker, GWB, § 26 Rdnr. 224). Die Mißachtung der vertraglichen Ausschließlichkeitsbindung innerhalb des Systems kann nicht nur gegenüber dem ungetreuen Händler selber, sondern nach deutscher Rechtsprechung gem. § 1 UWG auch gegen einen sog. Außenseiter, der dabei mitwirkt, Ansprüche auf Unterlassung und Schadensersatz begründen, da das selektive Vertriebssystem an sich im Rahmen des § 1 UWG besonders schützenswert sein soll (abzulehnen mit Entscheidung des

Schweizerischen Oberlandesgerichtes vom 24. 3. 1988 – C 487/1987/em, unter 4. der Gründe – nicht veröffentlicht) vgl. *Baumbach/Hefermehl,* Wettbewerbsrecht, § 1 UWG Rdnrn. 741 ff.

bb) Artikel 85 EWGV 33

- Art. 85 EWGV macht keinen Unterschied zwischen horizontalen und vertikalen Wettbewerbsbeschränkungen und gilt insbesondere auch für Vertriebsbeschränkungen. Seit dem 1. 7. 1983 sind für **Alleinvertriebsvereinbarungen** und **Alleinbezugsvereinbarungen** die VO 1983/83 und die VO 1984/83 der EG-Kommission zu beachten. Durch diese auf Art. 85 III gestützten Verordnungen sind ganz bestimmte Vereinbarungen im Wege der **Gruppenfreistellung** vom Nichtigkeitsverbot des Art. 85 I freigestellt, andere ihm eindeutig unterstellt. Beide Verordnungen enthalten einen sog. weißen und schwarzen Katalog.
- Die Gruppenfreistellung von **Alleinvertriebsvereinbarungen** (1983/83) betrifft Vereinbarungen, an denen nur zwei Unternehmen beteiligt sind und in denen sich der eine Vertragspartner dem anderen gegenüber verpflichtet, zum Zwecke des Weiterverkaufs **im Gesamtgebiet oder in einem abgegrenzten Teilgebiet der Gemeinschaft** bestimmte Waren nur an ihn zu liefern. Dem Lieferanten dürfen außer dieser Verpflichtung keine anderen Wettbewerbsbeschränkungen auferlegt werden, als die Verpflichtung, im Vertragsgebiet Endverbraucher nicht mit Vertragswaren zu beliefern. Insbesondere müssen Parallelimporte aus anderen Teilgebieten der Gemeinschaft möglich bleiben. Zulässig ist aber, dem Alleinvertriebshändler die Verpflichtung aufzuerlegen, außerhalb seines Vertragsgebietes für die Vertragswaren nicht aktiv Kunden zu werben, keine Niederlassungen einzurichten und keine Auslieferungslager zu unterhalten (Erwägungsgrund 11 sowie Artikel 1 und 2 der VO, WuW 9/1983 S. 695 ff.), sog. **aktives Marketing.** Dies bewirkt letztlich eine Vertriebsbeschränkung des Händlers. Wichtig sind dazu die Erläuterungen der EG-Kommission, abgedruckt in WuW 3/1984 S. 207 ff. III. Internationales.
- Die Gruppenfreistellung von **Alleinbezugsvereinbarungen** (1984/83) betrifft Vereinbarungen, an denen nur zwei Unternehmen beteiligt sind und in denen sich ein Vertragspartner, der Wiederverkäufer, gegenüber dem anderen Vertragspartner, dem Lieferanten, ohne Gebietsbeschränkung verpflichtet, zum Zwecke des Weiterverkaufs bestimmte im Vertrag genannte Waren nur von ihm, von einem mit ihm verbundenen Unternehmen oder einem sonstigen Unternehmen zu beziehen, das er mit dem Vertrieb seiner Waren betraut hat. Derartige Vereinbarungen dürfen nur bestimmte Wettbewerbsbeschränkungen enthalten (Art. 2 der VO) und für einen Zeitraum von nicht mehr als fünf Jahren geschlossen sein, u. a. für **Bierlieferungsverträge** gelten Sonderregeln (Titel 2 der VO). Übergangsregeln dazu laufen am 31. 12. 1988 ab (Art. 15 der VO). Die sog. Bagatellbekanntmachung der EG-Kommission gilt hier nicht, vgl. *Bunte/Sauter* VO (EWG) Nr. 1984/83 Rdnr. 10, hier Rdnr. 34, 36.
- Zu diesen und weiteren zwischenzeitlichen FreistellungsVOen vgl. *Bunte/* 34
Sauter, **EG-GruppenfreistellungsVOen,** 1988 (betreffend Patentlizenzvereinbarungen, Vertriebs- und Kundendienstvereinbarungen über Kfz, Spezialisierungsvereinbarungen, Vereinbarungen über Forschung und Entwicklung, Know-how-Vereinbarungen, Franchisevereinbarungen). Generell ist zu beachten, daß damit nur die EG-Kommission ihre Auffassung darlegt, die vom EuGH überprüft wird und auch von den nationalen Gerichten keineswegs

immer geteilt wird. Die Mehrzahl der deutschen Gerichte, die bislang in konkreten Fällen z. B. zu Bierlieferungsverträgen Stellung zu nehmen hatten, die die Vorschriften der VO 1984/83 Titel II nicht einhielten, hielt die Verträge gleichwohl für wirksam, weil die von der Kommission in der VO angenommene, EG-weite wettbewerbsbeschränkende Wirkung auch eines Einzelvertrages (als Teil eines Bindungssystems einer ganzen Branche) nicht nachgewiesen sei. Der *EuGH* hat noch keinen derartigen Fall entschieden.

35 – **Selektive Vertriebssysteme** nach objektiven, qualitativen Kriterien ohne Diskriminierung sind auch nach Auffassung der EG-Kommission möglich. Quantitative Selektion der Abnehmer ist dagegen verboten. Insbesondere Fachhändlerbindungen sind danach zulässig. Gebietsbeschränkungen, Exportverbote oder Parallelimportverbote sind dagegen grundsätzlich unzulässig.

36 **cc)** Immer zu prüfen aber ist die Aufgreif-Voraussetzung der **„Spürbarkeit"**. Nach der **Bagatellbekanntmachung des Bundeskartellamtes** vom 8. 7. 1980 (DB 1980, 1634) werden Wettbewerbsbeschränkungen von der Verfolgung durch das Bundeskartellamt in aller Regel ausgenommen, wenn sie mit einer leistungssteigernden, zwischenbetrieblichen Zusammenarbeit durch Koordinierung von Unternehmensfunktionen verbunden sind, nur ein kleiner Kreis rechtlich und wirtschaftlich selbständiger, kleiner und mittlerer Unternehmen beteiligt ist und der Marktanteil dieser Unternehmen insgesamt 5% nicht überschreitet. Preis-, Quoten- und Gebietsabsprachen sind als solche kein Mittel der leistungssteigernden zwischenbetrieblichen Zusammenarbeit, daher nicht freigestellt. Die **EG-Kommission** hat in ihrer Bekanntmachung vom 3. 9. 1986 (GRUR Int 1986, 713) erklärt, Wettbewerbsbeschränkungen fielen regelmäßig nicht unter das Verbot des Art. 85 I, wenn nicht mehr als 5% des Marktes betroffen seien und der Gesamtumsatz der beteiligten Unternehmen innerhalb eines Geschäftsjahres 200 Mio. Ecu nicht überschreite.

b) Kooperationen und Kartelle als horizontale Wettbewerbsbeschränkungen

37 **aa)** Hinsichtlich dieser in §§ 1ff. GWB geregelten **horizontalen Wettbewerbsbeschränkungen** durch Kartellverträge und Kartellbeschlüsse sind zunächst die nach §§ 2 bis 8 GWB zulässigen besonderen Kartellformen zu beachten. Ferner hat der Bundesminister für Wirtschaft zu den Kooperationserleichterungen für kleine und mittlere Unternehmen im Rahmen des § 5 b GWB ein Merkblatt herausgegeben (15. 4. 1975, abgedruckt in Textanhang 5 *Immenga/Mestmäcker,* GWB), in dem die zulässigen Kooperationsformen aufgeführt sind.

38 **bb)** Art. 85 I EWGV erfaßt grundsätzlich alle horizontalen Kooperationen, die den Wettbewerb im gemeinsamen Markt beeinträchtigen, soweit sie nicht unterhalb der Spürbarkeitsgrenze liegen (vgl. oben Rdnr. 36) oder unter eine der GruppenfreistellungsVOen (vgl. oben Rdnrn. 33, 34) fallen.

c) Ausgleichsansprüche bei Vertragsbeendigung

39 Zu entscheiden ist, ob das Vertriebssystem mit **Handelsvertretern, Eigenhändlern oder eigenen Angestellten (Reisenden)** aufgebaut werden soll. Handelsvertreter haben bei Vertragsbeendigung Ausgleichsansprüche nach § 89b HGB. Dies gilt auch für Eigenhändler, die eine dem Handelsvertreter ähnliche Stellung haben (insbesondere ihre Kunden dem Prinzipal benennen müssen),

vgl. *Stumpf,* Der Vertragshändlervertrag, 1979, Rdnr. 120. Gegenüber Handelsvertretern gelten andererseits die einschränkenden gesetzlichen Bestimmungen des GWB und des Art. 85 EWGV nicht (§ 86 I HGB – umstritten, vgl. *Langen/ Niederleithinger/Ritter/Schmidt* GWB, § 18 Rdnrn. 67ff.) Zum Handelsvertreterprozeß vgl. B XIII.

5. Exkurs: Gründung einer Konkurrenzfirma durch ausscheidende Mitarbeiter

Die Beratungspraxis zeigt, daß diese Fallgruppe bei Unternehmensneugrün- **40** dungen besonders häufig ist. Sie ist auch besonders problematisch. Folgende Gesichtspunkte sind zu beachten.

a) Aufnahme der Konkurrenztätigkeit

Der ausscheidende Mitarbeiter macht sich im Geschäftszweig des Prinzipals **41** selbständig, er macht ihm Konkurrenz. Die Aufnahme der Konkurrenztätigkeit kann unzulässig sein, weil sie gegen ein **vertraglich vereinbartes Wettbewerbsverbot** gem. § 74 HGB verstößt: ein ausdrückliches, nachvertragliches Wettbewerbsverbot ist nur verbindlich, wenn sich der Prinzipal verpflichtet, für die Dauer des Verbots eine Entschädigung zu zahlen, die für jedes Jahr des Verbots mindestens die Hälfte der von dem Handlungsgehilfen zuletzt bezogenen vertragsmäßigen Leistungen erreicht. Zur Zahlung, Berechnung, Anrechnung anderweitigen Erwerbs, zum Unwirksamwerden nach Kündigung etc. vgl. die §§ 74ff. HGB.

b) Grenzen der nachvertraglichen Wettbewerbsfreiheit

Ohne ein ausdrückliches vertragliches Wettbewerbsverbot ist der ausschei- **42** dende Arbeitnehmer in unserer auf freien Wettbewerb ausgerichteten Wirtschaftsordnung grundsätzlich frei, auch seinem ehemaligen Prinzipal nach Vertragsende Wettbewerb zu machen. Es gibt jedoch auch die folgenden gesetzlichen Grenzen der nachvertraglichen Wettbewerbsfreiheit.

aa) §§ 60, 61 HGB: Vor Beendigung des Anstellungsverhältnisses darf der **43** Arbeitnehmer zwar seine zukünftige selbständige Existenz nach Vertragsende vorbereiten – jedoch nur insoweit, als er nicht durch Vorbereitungshandlungen seinem Arbeitgeber bereits während des bestehenden Anstellungsverhältnisses Konkurrenz macht. Andernfalls verletzt er die §§ 60, 61 HGB, seine **vertragliche Treueverpflichtung,** § 823 I BGB (Eingriff in den ausgeübten und eingerichteten Gewerbebetrieb), bei besonders grober Vorgehensweise § 826 BGB, ferner § 1 UWG. Abgrenzung: Zulässig ist die Gründung der zukünftigen eigenen GmbH des Arbeitnehmers, die Anmeldung eines Warenzeichens, das Betreiben der Berufszulassung, die Anmietung von Geschäftsräumen und das Anwerben von unternehmensfremden Arbeitskräften, der Abschluß eines Franchise-Vertrages, die Anmeldung zum Handelsregister. Nicht zulässig dagegen ist das **Ansprechen der Kunden und sonstigen Geschäftspartner des Prinzipals,** insbesondere das Werben um zukünftige Aufträge im Kundenkreis des Geschäftsherrn, die Abwerbung anderer Arbeitnehmer oder Mitarbeiter der Vertriebsorganisation des Prinzipals. Folgen bei Verstoß: **Unterlassungsansprüche und Schadensersatzansprüche,** vgl. § 61 HGB. Kurze Verjährung von drei Monaten beachten, die auch für konkurrierende Anspruchsgrundlagen gilt, § 61 II HGB!

44 **bb)** Unzulässig ist ferner der Verrat von **Geschäfts- oder Betriebsgeheimnissen** des Prinzipals während der Dauer des Anstellungsvertrages (§ 17 I UWG), das heißt von Kundenlisten, Kalkulationsgrundlagen, speziellen Abwicklungsmodalitäten etc. Wer in einem gewerblichen Betrieb beschäftigt war, ist jedoch grundsätzlich nicht verpflichtet, seine im Rahmen dieser Tätigkeit auf redliche Weise gewonnenen Kenntnisse und Erfahrungen auch nach Beendigung des Dienstverhältnisses geheimzuhalten oder von einer Verwertung zu eigenem Nutzen abzusehen (*Baumbach/Hefermehl,* Wettbewerbsrecht, § 17 UWG Rdnr. 13). Darüber hinaus ist nach Beendigung des Anstellungsvertrages gem. § 17 Abs. 2 UWG nur die Verwertung solcher Kenntnisse untersagt, die der Arbeitnehmer während der Dauer des Anstellungsvertrages (oder später) auf unredliche Weise erlangt hat (*Baumbach/Hefermehl* aaO, Rdnr. 14). Besondere Umstände aber, wie z. B. der Mißbrauch einer Vertrauensstellung oder das schlagartige **Abwerben des ganzen (wohl auch des überwiegenden) Kundenstammes** des Prinzipals nach dem Ausscheiden können trotz redlichen Verhaltens während der Vertragszeit die nachträgliche Konkurrenztätigkeit unzulässig machen (*BGH* GRUR 1965, 215 – Milchfahrer und *BGH* GRUR 1970, 182 – Bierfahrer, *BAG* BB 1970, 1095, *Baumbach/Hefermehl* aaO, Rdnrn. 56ff.).

45 **cc) Vorlagenfreibeuterei,** unbefugte Verwertung oder Weitergabe von im geschäftlichen Verkehr anvertrauten Vorlagen oder Vorschriften technischer Art, insbesondere Zeichnungen, Modelle, Schablonen, Schnitte, Rezepte, sind ebenfalls unzulässig (§ 18 UWG). Verboten sind auch selbst erfolgloses **Verleiten** oder die **Annahme der Erbietens** eines anderen zu Taten im Sinne der §§ 17, 18 UWG (§ 20 UWG). Ein Verstoß gegen die §§ 16, 18 UWG ist strafbar, wird jedoch nur auf Antrag verfolgt (§ 22 UWG). Der Prinzipal befindet sich häufig in **Beweisschwierigkeiten.** Daher empfiehlt sich die **Einschaltung des Staatsanwaltes** (§§ 17, 18 UWG, 226 StGB). Beschlagnahmt er Unterlagen und gestattet er dem Prinzipal Einsicht, so ist die Beweislage für den Prinzipal unproblematisch.

46 **dd)** Unzulässig ist schließlich auch die sog. **sklavische Nachahmung** der Produkte des ehemaligen Prinzipals, das Nachahmen fremder Leistung, die vermeidbare Herkunftstäuschung etc., vgl. dazu *Baumbach/Hefermehl,* Wettbewerbsrecht, § 1 UWG Rdnrn. 407ff.

47 **ee)** In allen diesen Fällen kann es zu Unterlassungsverfügungen und Schadensersatzpflichten kommen, häufig sogar zu strafrechtlichen Folgen.

c) Nachvertragliche Wettbewerbsfreiheit für Gesellschafter

48 Ist der Unternehmer, der sich selbständig macht, vorher nicht Arbeitnehmer, sondern **OHG-Gesellschafter oder Komplementär einer KG** gewesen, so gilt § 112 HGB (iVm § 161 II HGB). Ein nachvertragliches Wettbewerbsverbot kann auch in diesen Fällen nur vertraglich vereinbart werden, wobei allerdings die §§ 74ff. auch nicht entsprechend anwendbar sind, eine Karenzentschädigung also nicht gezahlt werden muß. Gewisse Beschränkungen können sich aber aus der **Treuepflicht des ehemaligen Gesellschafters** ergeben (*Baumbach/Duden/Hopt,* HGB, 27. Auflage, § 112 1. C.) sowie aus § 138 BGB, § 1 GWB. Diese Grundsätze gelten entsprechend für den ehemaligen Gesellschafter einer GmbH, der sich selbständig macht. Der ehemalige weisungsabhängige Geschäftsführer mit Minderheitsbeteiligung, der am satzungsmäßigen nachwirkenden Wettbewerbsverbot ohne Karenzentschädigung nach Ausscheiden festgehalten werden

soll und auch keine Karenzentschädigung im Rahmen eines anstellungsvertraglich vereinbarten nachvertraglichen Wettbewerbsverbotes erhält, kann sich ebenfalls nur auf § 138 BGB und § 1 GWB berufen. Für den ehemaligen Kommanditisten gilt § 112 HGB nicht (§ 165 HGB).

II. Wachstumsphase des Unternehmens

1. Finanzierung

Das Unternehmen kann von innen heraus wachsen. Es kann sich im Wege der **49**
sog. **Innenfinanzierung** offen aus im Unternehmen belassenen Jahresüberschüssen und den aus Umsatzerlösen verdienten Abschreibungen finanzieren, ferner aus sogleich steuermindernden Rückstellungen, die erst später zu einem Abfluß von Zahlungsmitteln führen (z. B. **Pensionsrückstellungen**), ferner verdeckt durch Ausübung von Ansatz- und Bewertungswahlrechten im Jahresabschluß. Rechtlich treten Probleme erst auf, wenn im Wege der **Außenfinanzierung** von außen Finanzmittel zugeführt werden, sei es im Wege der Fremdfinanzierung durch Aufnahme von Mitteln bei fremden Dritten (Gläubigern), sei es im Wege der **Eigenfinanzierung = Beteiligungsfinanzierung,** zum Beispiel durch Kapitalerhöhung mit oder ohne Neuaufnahme von Gesellschaftern. Wirtschaftlich unterscheiden sich Eigenfinanzierung und Fremdfinanzierung wesentlich insbesondere wie folgt: Fremdfinanzierung kostet Zinsen, die steuerlich als Betriebsausgaben absetzbar sind; Gewinnanteile oder Dividenden an die Eigenkapitalgeber sind es nicht. Eigenkapital wird im Konkurs oder Vergleich erst nach den Gläubigern bedacht. Deshalb wählt mancher Gesellschafter einer GmbH oder GmbH & Co. KG in Krisenzeiten den Kapitaleinschuß durch Darlehen oder stille Beteiligung, statt durch Einlage von bilanziell so ausgewiesenem Eigenkapital (§ 266 III A HGB). Es hilft aber dem Gesellschafter nicht, wenn er in Zeiten, in denen ein ordentlicher Kaufmann Eigenkapital zur Verfügung stellen oder absetzen würde, Kapital in Formen der Fremdfinanzierung (z. B. Darlehen) gewährt oder nicht abzieht (Problem der **eigenkapitalersetzenden Darlehen,** §§ 32a, 32b GmbHG, 129a, 130a, 130b, 172a, 177a HGB, § 32a KO, § 3b AnfG). Ferner ist bei Bemessung des Zinssatzes das Problem der verdeckten Gewinnausschüttung zu beachten; Zinszahlungen an eine der Gesellschaft nahestehende Person sind keine Betriebsausgaben, falls sie überhöht sind.

Im folgenden werden kurz einige weitere rechtliche Probleme der Außenfinanzierung als Fremdfinanzierung und der Außenfinanzierung als Eigenfinanzierung (Beteiligungsfinanzierung) angesprochen vgl. zur Finanzierung ferner D II Rdnr. 25.

a) Fremdfinanzierung

aa) Lieferantenfinanzierung als Finanzierung des Umlaufvermögens. Sie ist **50**
in der Regel verbunden mit dem Sicherungsmittel des verlängerten Eigentumsvorbehaltes, auf den hier nicht näher eingegangen wird. Da sich Banken andererseits ebensohäufig Warenlager und die sich aus dem Verkauf der Waren ergebenden Forderungen im Wege der Globalzession abtreten lassen, kommt es in derartigen Fällen zu einem **Konflikt zwischen Globalzession und verlängertem Eigentumsvorbehalt.** Hierbei ist zunächst vom Grundsatz der Priorität auszugehen. Der BGH geht aber seit *BGHZ* 30, 152 grundsätzlich davon aus,

daß die Globalzession im Konfliktfall nichtig ist. Die Banken haben daraufhin in ihre Kreditverträge Klauseln aufgenommen, die dem verlängerten Eigentumsvorbehalt der Warenlieferanten (mit im einzelnen verschiedenen Formulierungen) den Vorrang einräumen. Es ist jeweils im Einzelfall zu prüfen, ob die Vorrangeinräumung die Nichtigkeit ausräumt (vgl. die Übersicht in: *Palandt/ Heinrichs* § 398 Anm. 6. c). Zu einzelnen Finanzierungsformen vgl. unten Rdnr. 57a ff.

51 **bb) Leasing.** Die Leasingfinanzierung betrifft nicht das Umlaufvermögen, sondern üblicherweise nur das Anlagevermögen der Unternehmung. *Palandt/ Putzo* Einführung vor § 535 Anm. 4a formuliert: „Ein Leasingvertrag liegt vor, wenn der Leasinggeber eine Sache oder Sachgesamtheit dem Leasingnehmer gegen ein in Raten gezahltes Entgelt zum Gebrauch überläßt, wobei Gefahr oder Haftung für Instandhaltung, Sachmängel, Untergang und Beschädigung der Sache allein den Leasingnehmer trifft, der Leasinggeber dafür seine Ansprüche hieraus gegen Dritte (insbesondere den Lieferanten) dem Leasingnehmer überträgt." Auf die Vielzahl der vertragsrechtlichen Fragen kann hier nicht eingegangen werden. In der Praxis ist nach Auslieferung des Leasinggegenstandes besonders häufig die Frage von Bedeutung, ob der Leasingnehmer auch im Falle von Sachmängeln und nach erklärter Wandlung die Leasingraten weiterzahlen muß, bis die Frage der Berechtigung der Wandlung vom Gericht geklärt ist. Der BGH hat dies verneint (*BGHZ* 97, 135). Bis zur gerichtlichen Entscheidung über die Wandlungserklärung erhält daher die Leasinggeberin keine Raten. Wird die Wandlungsklage abgewiesen, muß nachgezahlt werden, andernfalls wird der Vertrag rückabgewickelt.

52 **cc) Bankkredit.** Die Formen, Laufzeiten, Zwecke, Sicherheitsmodalitäten etc. sind vielfältig. Sie darzustellen würde ebenfalls den Rahmen der vorliegenden Abhandlung sprengen. Hinzuweisen ist nur auf folgende Gesichtspunkte: Häufig sind Sicherungsvereinbarungen, insbesondere bei der Sicherheitenstellung in Form von Warenlagern, der Globalzession von Forderungen aus Verkäufen von Warenlagern u. ä., nicht wirksam, z. B. wegen Kollision mit dem verlängerten Eigentumsvorbehalt der Warenlieferanten (vgl. oben Rdnr. 50), oder weil die **sachenrechtlichen Bestimmtheitsgrundsätze** nicht beachtet sind (etwa im Falle der **Sicherungsübereignung von Warenlagern** mit wechselndem Bestand) oder auch weil die Bank übersichert ist (*BGHZ* 98, 308). Wichtig ist, **Sicherungsabreden** (insbesondere aus der Zeit der Unternehmensgründung), die oft zusätzlich die persönliche Haftung des Inhabers und seines Ehegatten und die umfassende Stellung sonstiger Sicherheiten vorsehen, turnusmäßig auf ihre wirtschaftliche Veranlassung und Rechtfertigung zu überprüfen. Sicherungen und Haftungen müssen abgebaut werden, sobald dies wirtschaftlich möglich ist.

b) Eigenfinanzierung als Beteiligungsfinanzierung

Beteiligungsfinanzierung ist ebenfalls in vielerlei Formen denkbar. Im folgenden sind einige der häufigsten Formen aufgeführt, die vertraglich sorgfältig gestaltet werden müssen.

53 **aa) Typische und atypische Stille Gesellschaft.** Wer sich nicht in offen nach außen erkennbarer Form an einem Unternehmen beteiligen will (offene Handelsgesellschaft, Kommanditgesellschaft) kann dies als sog. typischer oder atypischer Stiller Gesellschafter. Das Gesetz regelt nur die typische Stille Gesell-

schaft (§§ 230 bis 237 HGB), bei der der Stille Gesellschafter, anders als der atypische Stille Gesellschafter, nicht an den **Stillen Reserven und dem Firmenwert** des Unternehmens, sondern nur am laufenden Gewinn und Verlust beteiligt ist. Steuerrechtlich ist der typische Stille Gesellschafter nicht Mitunternehmer im Sinne des § 15 EStG, sondern erzielt Einkünfte aus Kapitalvermögen (§ 20 I Nr. 4 EStG). Nur der atypische Stille Gesellschafter kommt deshalb als Mitunternehmer im steuerlichen Sinne bei Veräußerung oder Aufgabe des Betriebs oder Teilbetriebs in den Genuß der Steuervergünstigungen der §§ 16, 34 II 1 EStG (derzeit noch halber Steuersatz), vgl. oben Rdnr. 5. Da der typische Stille Gesellschafter an Stillen Reserven und am Firmenwert des Unternehmens nicht beteiligt wird, muß er bei seinem Eintreten die vorhandenen Stillen Reserven und den vorhandenen Firmenwert nicht durch Zahlung eines Agio abgelten. Anders der atypische Stille Gesellschafter; man kann zwar vorsehen, daß er nur an den von seinem Eintritt ab entstehenden Stillen Reserven und dem neu gebildeten Firmenwert partizipiert. Eine solche Abgrenzung wird aber in der Regel nicht möglich sein, daher muß der eintretende atypische Stille Gesellschafter bei seinem Eintritt ein Agio zahlen, das dem bisherigen Einzelunternehmer außerhalb der Gesellschaft zufließt oder in der Gesellschaft verbleibt, jedoch in der Beteiligungsquote keinen Niederschlag findet. Wichtig ist die Sperrwirkung des § 15a EStG für die Behandlung der Verluste an atypisch Stiller Gesellschaft bei der laufenden Besteuerung.

bb) Übernahme eines Kapitalanteils an der GmbH, der im Wege der Kapitalerhöhung gebildet wird. Diese Beteiligungsform hat im Gegensatz zur Beteiligung als Stiller Gesellschafter an einer GmbH den Vorteil, daß die spätere Veräußerung der Anteile an der Kapitalgesellschaft von höchstens 25% gem. § 17 EStG steuerfrei ist (sofern im Privatvermögen gehalten und nicht als Spekulationsgeschäft nach § 23 Ib EStG steuerpflichtig), vgl. Rdnr. 5. **54**

Für die Kapitalerhöhung sind die Vorschriften der §§ 55 bis 57b GmbHG zu beachten, die ebensostreng wie im Falle der Gründung der GmbH die tatsächliche Kapitalaufbringung, die Werthaltigkeit von Sacheinlagen, die Haftung der Geschäftsführer und die Differenzhaftung der Gesellschafter regeln.

Hinsichtlich der Abfindung der bereits im Unternehmen gebildeten Stillen Reserven und des vorhandenen Firmenwertes durch den neu eintretenden Gesellschafter ergibt sich die gleiche Problematik wie vorstehend in Rdnr. 53.

cc) Neueintritt als Kommanditist in eine GmbH & Co. KG im Wege der „Kapitalerhöhung". Die Ausführungen in vorstehend Rdnr. 54 gelten entsprechend. Der Terminus „Kapitalerhöhung" ist eigentlich Kapitalgesellschaften vorbehalten. Der Vorgang ist aber wirtschaftlich der gleiche. Für die Anwendung des halben Steuersatzes auf Einkünfte aus späterer Veräußerung des Anteiles sowie die Sperrwirkung des § 15a EStG siehe oben die Ausführungen zur atypischen Stillen Gesellschaft, Rdnr. 53. **55**

dd) Finanzierung durch den Gang an die Börse. Dieser Weg wird neuerdings immer häufiger beschritten. Er setzt allerdings nach noch geltendem Recht voraus, daß der Einzelunternehmer, die Personengesellschaft oder GmbH zunächst in eine AG umgewandelt wird (§§ 40 bis 45 und 50 bis 56 UmwG). Das „Going Public" setzt genaue Überprüfung der wirtschaftlichen und rechtlichen Gegebenheiten voraus und erfordert die enge Zusammenarbeit mit einer Bank, die das Geschäft des sog. **Investment Banking** betreibt. Zum Schutze des **56**

Publikums müssen ein **Einführungsprospekt** mit genauen Angaben, für deren Richtigkeit ein weiter Personenkreis haftet, aufgelegt werden und auch in der Folgezeit eine Vielzahl von Informationen für die Öffentlichkeit bereitgestellt werden (§§ 45ff. Börsengesetz). Eine Gesellschaft, deren Aktien an einer Börse in einem Mitgliedstaat der Europäischen Gemeinschaft zum amtlichen Handel oder zum geregelten Markt zugelassen oder in den geregelten Freiverkehr einbezogen sind oder deren Zulassung zum amtlichen Handel oder zum geregelten Markt beantragt ist, ist allein deshalb immer eine sog. große Gesellschaft im Sinne der Rechnungslegungsvorschriften des dritten Abschnittes des HGB (§ 267 III 2 HGB), unterliegt also der strengsten Form der Aufstellungs-, Prüfungs- und Publizitätspflichten des Bilanzrichtliniengesetzes.

c) Finanzierungshilfen der öffentlichen Hand, Hermesbürgschaft

57 Hierauf kann der Rechtsanwalt aufmerksam machen. Die Vielzahl der Förderungsmittel ist fast unübersehbar. Eine Zusammenfassung findet sich z. B. in Bayern in der Loseblattsammlung der Bayerischen Staatsregierung „Finanzhilfen – Wie und Wo?", Boorberg-Verlag. In diesem Zusammenhang sind interessant insbesondere die bayerischen regionalen Förderungsprogramme für die gewerbliche Wirtschaft, die Kreditprogramme für die Förderung des gewerblichen Mittelstandes und die **Finanzierungshilfen des Bundes,** dort insbesondere für kleine und mittlere Unternehmen (**ERP-Darlehen**). Ferner gibt es eine Vielzahl spezieller Förderungshilfen, wie für den Umweltschutz, die Entwicklungshilfe und Exportfinanzierung, Technologieprogramme, Gewährung von Investitionszulagen für Energieforschung und -technologien, Umweltforschung etc. Die öffentliche Hand leistet auch Bürgschaften. Auch gibt es **Förderungsprogramme der Europäischen Gemeinschaft.**

d) Ausgewählte Finanzierungsformen und -verfahren

57a **aa) Wechsel.** §§ 602ff., 605a und 703a ZPO sehen vor, daß Ansprüche aus Schecks und Wechseln in den besonders schnellen und für den Gläubiger einfacher zu handhabenden Verfahren des Urkundenprozesses bzw. Urkundenmahnverfahren geltend gemacht werden können.

Anspruchsschema:

- Ergibt sich der Anspruch als Geldanspruch (§§ 592, 688 ZPO) allein aus der Urkunde (Art. 1 WG, § 592 II ZPO) oder einer möglichen Parteivernehmung (§ 595 VI ZPO)? wenn ja, Klage im Urkunds- bzw. Scheck- oder Wechselprozeß oder -mahnverfahren, der/das als solches zu bezeichnen ist (§§ 593 I, 604 I, 703a II Nr. 1 ZPO); kurze Einlassungs- und Ladungsfristen (§§ 274 III; 604 II, III ZPO).
- Ist der Beklagte Annehmer, Aussteller, Indossant oder Wechselbürge und hat er auf dem Wechsel unterzeichnet (Art. 1 Nr. 8, Art. 9, 15, 28, 32 WG). Die Haftung gemäß § 128 HGB setzt keine eigene Unterschrift voraus (*BGH* WM 60, 374).
- Bei Streitigkeiten zwischen Arbeitgeber und Arbeitnehmer ist das Arbeitsgericht zuständig (§ 2 I Nr. 3 ArbGG), sonst die Kammer für Handelssachen, wenn das Landgericht zuständig ist (§ 95 I Nr. 2, 3 GVG).
- Örtlich zuständig für die Wechselklage ist das Gericht des Zahlungsanspruches (Art. 1 Nr. 5 WG) oder der allgemeine Gerichtsstand des Beklagten (§ 603 ZPO).
- Beweismittelbeschränkungen: siehe vorstehend. Sachverständigengutachten sind im Wechselprozeß nicht verwendbar (*BGHZ* 1, 218, 220). Kann der Kläger seinen Vortrag nicht alleine anhand der Urkunde oder einer Parteivernehmung beweisen, so ist die Klage als in der gewählten Prozeßart unstatthaft abzuweisen, § 597 II ZPO; § 331 I ZPO ersetzt das Fehlen dieser Voraussetzung nicht, auch wenn der Beklagte säumig ist.

Der Kläger kann auch ohne Einwilligung des Beklagten bis zum Schluß der mündlichen Verhandlung vom Wechselprozeß Abstand nehmen mit der Folge, daß der Rechtsstreit im ordentlichen Verfahren anhängig bleibt (*Baumbach/Hefermehl,* Wechsel- und Scheckgesetz, 14. Aufl., Einleitung WG Rdnr. 78).
Das verurteilende Urteil ergeht gem. § 599 I ZPO unter Vorbehalt gegen den Beklagten, ist Endurteil hinsichtlich Rechtsmittel und Vollstreckung (§§ 599 III, 602 ZPO) und ist vorläufig vollstreckbar (§ 708 Nr. 4 ZPO), soweit nicht die Vollstreckung einstweilen eingestellt wird (§ 707 ZPO).

– Nachverfahren: Hier kann der Beklagte mit allen, auch den im Urkundsverfahren ausgeschlossenen Beweismitteln den Anspruch bestreiten, soweit seine Einwendungen oder Einreden nicht bereits im Vorverfahren geprüft und als sachlich unbegründet zurückgewiesen wurden. Sind die Einwendungen begründet, so ist das Vorbehaltsurteil aufzuheben und die Klage abzuweisen, sonst das Vorbehaltsurteil aufrecht zu erhalten.

bb) Scheck. Auch Ansprüche aus einem Scheck (Art. 1 ScheckG) können nach den in Rdnr. 57a beschriebenen Grundsätzen geltend gemacht werden, sofern die Scheckform gewahrt ist. **57b**

cc) Bürgschaft. Liegt eine schriftliche (§ 766 BGB) Erklärung vor, durch die sich der Bürge vertraglich dem Gläubiger gegenüber verpflichtet hat, für eine fremde Schuld einzustehen (§ 765 BGB)? Nicht der Schriftform bedürfen die Schuldmitübernahme und der Garantievertrag. Schuldmitübernahme liegt vor, wenn nicht nur für eine fremde sondern auch für eine eigene Verpflichtung eingestanden werden soll. Im Zweifel liegt Bürgschaft vor (*BGH* NJW 68, 2332, BB 76, 1431; *Palandt-Heinrichs,* Anm. 2 vor § 414 BGB); dies gilt auch für das Verhältnis Bürgschaft/Garantievertrag, *BGH* WM 85, 1417). **57c**

Die Bürgschaft ist von Bestand und Höhe der Hauptschuld abhängig (akzessorisch), § 767 BGB, wichtig in der Praxis insbesondere für die vom Bürgen gegenüber der Bank des Hauptschuldners übernommene (Kontokorrent-)Bürgschaft. Ratsam ist in jedem Fall die Begrenzung auf einen Höchstbetrag, sonst ist es Auslegungsfrage, ob und inwieweit sich eine Bürgschaft auch auf künftige und bedingte Verbindlichkeiten erstreckt (*BGH* WM 57, 876, *BGHZ* 25, 318).

Der Gläubiger muß, sofern der Bürge nicht auf die Einrede der Vorausklage verzichtet hat (773 BGB) zunächst gegen den Schuldner erfolglos vollstrecken, bevor er den Bürgen in Anspruch nehmen kann (§ 772 BGB). Der Bürge kann eine auf unbestimmte Zeit abgeschlossene Bürgschaft für künftige Forderungen des Gläubigers gegen den Schuldner außerordentlich kündigen (*BGH* NJW 85, 3007), ferner dann, wenn sich im Falle einer auf bestimmte Zeit abgeschlossenen Bürgschaft die Vermögenslage des Schuldners verschlechtert (*BGH* BB 59, 866). Er kann die dem Hauptschuldner zustehenden Einreden und Einwendungen geltend machen (§ 768 BGB), sich ferner auf vom Schuldner nicht ausgeübte Gestaltungsrechte berufen (§ 770 BGB).

Der Bürge hat die Einrede der Vorausklage (§§ 771 bis 773 BGB), sofern nicht der Bürge darauf verzichtet hat (sog. selbstschuldnerische Bürgschaft). Ein Vollkaufmann haftet selbstschuldnerisch, wenn die Bürgschaft für ihn ein Handelsgeschäft ist (§§ 349, 351 HGB). Bei Erschwerung der Rechtsverfolgung, Konkurs des Hauptschuldners und bei voraussichtlichem Fehlschlag hat der Bürge die Einrede der Vorausklage nicht (vgl. § 773 BGB).

Da der Bürge nur sichert, kann er Ersatz seiner Leistung vom Hauptschuldner verlangen; sichernde Nebenrechte gehen auf ihn über. Unabhängig davon hat er

Ansprüche aus dem Innenverhältnis dem Hauptschuldner gegenüber, z. B. aus Auftrag.

Besondere Formen der Bürgschaft sind die Nachbürgschaft (Bürgschaft dem Gläubiger gegenüber dafür, daß der Bürge seine Bürgschaftsschuld erfüllt, *BGH* NJW 79, 415) und die Rückbürgschaft (Bürgschaft gegenüber dem Bürgen, daß der Schuldner die Rückgriffsforderung, § 774 BGB, erfüllt, *BGH* NJW 79, 415).

57d **dd) Sicherungsabrede.** Sie verbindet ein zu sicherndes Geschäft (z. B. Darlehen, gestundeter Kaufpreisanspruch, gesellschaftsrechtliche Einlageverpflichtung) mit einer gestellten Sicherung (Pfandrecht an unbeweglichen oder beweglichen Sachen oder Rechten, Bürgschaft, Wechsel etc.) und definiert Umfang und Inhalt der Haftung der Sicherung für das zu sichernde Rechtsgeschäft. Die Sicherungsabrede spielt insbesondere in der Bankenpraxis eine erhebliche Rolle (sog. Zweckabrede bei der abstrakten Grundschuldgestellung als Sicherheit für einen Kredit).

Häufiges Problem ist die Störung eines der drei Rechtsgeschäfte und die Frage, wie sich diese Störung auf die anderen Rechtsgeschäfte auswirkt. Ist die Sicherungsabrede selber fehlerhaft (z. B. wegen Knebelung des Sicherungsgebers oder Benachteiligung anderer Gläubiger nichtig, *BGHZ* 20, 43), so hat der Sicherungsnehmer die ihm eingeräumte Sicherung zurückzuübertragen (§ 812 I 1 1. Alt. BGB). Dagegen hat der Sicherungsgeber einen vertraglichen Anspruch auf Rückgewähr der gestellten Sicherheit, wenn das zu sichernde Geschäft nichtig (oder auch erfüllt) ist. Ist die gewährte Sicherheit selbst fehlerhaft gewährt (z. B. der Bürgschaftsvertrag unwirksam), so ergibt sich aus der Sicherungsabrede gegebenenfalls der Anspruch auf nochmalige Stellung der Sicherheit oder Gestellung einer anderen Sicherheit.

Wichtig ist: Der Sicherungsnehmer hat grundsätzlich Befriedigung zunächst aus dem zu sichernden Anspruch und erst dann aus der Sicherung zu suchen.

2. Tätigkeit im und mit dem Ausland

Die Tätigkeit im und mit dem Ausland gewinnt mehr und mehr Bedeutung. **Die Vereinheitlichung des Gemeinsamen Marktes** im Jahre 1992 wird diesen Trend erneut verstärken.

a) Zu beachtende Rechtsnormen

58 Zunächst hat auch der deutsche Anwalt bei der Gestaltung von Verträgen mit Auslandsbezug (insbesondere Vertriebsverträgen) die Rechtsnormen zu beachten, die für ihn greifbar Rechtsbeziehungen in den Ländern regeln, auf die sich die zu gestaltende Rechtsbeziehung bezieht. So hat er insbesondere selber zu beachten und zu berücksichtigen das EG-Recht, soweit es einheitlich oder weitgehend einheitlich gilt (GruppenfreistellungsVOen der EG-Kommission, vgl. oben Rdnr. 34 oder auch das zukünftig weitgehend einheitliche Produkthaftpflichtrecht, unten Rdnr. 61). Ferner hat er zwischenstaatliche Abkommen zu beachten, wie z. B. auf dem Gebiet des Wettbewerbsrechts und des internationalen gewerblichen Rechtsschutzes (oben Rdnrn. 22, 24) oder die hier nachfolgend besprochenen Regelungen.

b) Schuldrechtliche Normen

59 Die Parteien können inzwischen auch auf materiell-rechtliche Regelungen auf dem Gebiete des Schuldrechts zurückgreifen, die in **internationalen Abkom-**

men getroffen worden sind – statt sich für die Anwendung des materiellen Rechtes eines der vom Vertrag berührten Staaten entscheiden zu müssen. Denn dies hat den Nachteil, daß meist nur einer der Beteiligten das Recht dieses Staates kennt. Häufig wird deshalb sogar das Recht eines dritten Staates als anwendbares Recht gewählt oder es wird auf eine Schiedsvertragsregelung ausgewichen (s. unten Rdnr. 61); vgl. dazu B I.

c) Internationale Verträge

Verträge (wie zum Beispiel Vertriebsverträge) mit Geschäftspartnern **im Ausland** müssen ferner, will man nicht Risiken eingehen, von einem Kollegen im Ausland geprüft werden. Es gibt internationale Verzeichnisse von Anwälten im Buchhandel, auf die in solchen Fällen zurückgegriffen werden kann. *Reithmann/Martiny* (aaO) geben für eine Reihe von Vertragstypen (z. B. Arbeitsvertrag, Alleinvertriebsvertrag, Kooperationsvertrag etc.) Hinweise zu den bei internationalen Verträgen dieser Art zu beachtenden Gesichtspunkten (Schuldstatut, anwendbares Recht, aber auch zusätzliche Hinweise zu speziellen Problemen, die mit dem jeweiligen Vertragstyp verbunden sind, etwa zum Ausgleichsanspruch des **Handelsvertretervertrages** oder den kartellrechtlichen Regelungen beim **Joint Venture, Kooperationsvertrag**). Ferner enthält das Werk Ausführungen zu anderen wichtigen Gesichtspunkten, etwa zur gesetzlichen Vertretung von Handelsgesellschaften, Vollmachten etc. in verschiedenen Staaten. **60**

d) Vertragliche Vereinbarung des materiellen Rechts

Soweit nicht im Rahmen der vorstehenden Ausführungen ein allen Parteien bekanntes Recht gewählt werden kann empfiehlt es sich, die Ermittlung des anwendbaren materiellen Rechtes nicht den Regeln des internationalen Privatrechtes der berührten Staaten zu überlassen, sondern ausdrücklich zu regeln, welches materielle Recht anwendbar sein soll (zu internationalem Kaufrecht vgl. B I). **61**

So ist zum Beispiel bereits jetzt absehbar, daß die gesetzliche Regelung der Produkthaftpflicht in einer EG-Richtlinie in den einzelnen Staaten der EG in Ausübung von Wahlrechten unterschiedliche Folgen haben wird (wie auch im Falle des Bilanzrichtliniengesetzes). Es wird EG-Staaten mit schärferer Haftung und EG-Staaten mit weniger scharfer Haftung geben (in der Bundesrepublik Deutschland voraussichtlich Beschränkung auf Haftungssumme). Wie auf dem Gebiete des internationalen Steuerrechtes bei der Ausnutzung von Doppelbesteuerungsabkommen („Treaty Shopping"), wird es im zivilen Vertragsrecht in Zukunft verstärkt zum **„Forum Shopping"** kommen. Das neue deutsche Produkthaftungsgesetz wird voraussichtlich in der zweiten Jahreshälfte 1989 in Kraft treten.

e) Schiedsgerichtsklauseln

Schiedsgerichtsklauseln sind im Verkehr mit dem Ausland relativ häufig. Anerkannte Schiedsgerichte sind z. B. für Verträge im anglo-amerikanischen Bereich die American Arbitration Association, für Verträge im europäischen Bereich (und weltweit) die Internationale Handelskammer in Paris, für Verträge mit Ostblockländern die Handelskammern Zürich oder Wien.

Dabei ist aber sorgfältig darauf zu achten, daß die beteiligten Länder Schiedssprüche dieser **Schiedsgerichte** auch **anerkennen und** bereit sind durchzusetzen (zu **vollstrecken**). Häufig ist es günstig, um Schwierigkeiten in dieser Hinsicht auszuweichen, der eigenen Partei die Möglichkeit der Rechtswahl und der Wahl des Gerichtes (im eigenen Land oder im Lande des Vertragsgegners) einzuräumen. Doch wird dies nicht immer durchsetzbar sein (vgl. zu dieser Problematik *Schütze,* Rechtsverfolgung im Ausland). Es gibt verschiedene multilaterale und bilaterale internationale Regelungen für die Schiedsgerichtsbarkeit, insbesondere das UN-Übereinkommen über die Anerkennung und Vollstreckung ausländischer Schiedssprüche vom 10. 6. 1958 (BGBl. 1961 II, S. 222) und das Europäische Abkommen über die internationale Handelsschiedsgerichtsbarkeit vom 21. 4. 1961 (BGBl. 1964 II, S. 426), das das UN-Übereinkommen ergänzt. Näheres dazu findet sich bei *Reithmann/Martiny,* Internationales Vertragsrecht, 4. Auflage Rdnrn. 1295ff. (vgl. zur Schiedsrichterlichen Tätigkeit D V.).

3. Zukauf von Unternehmen, Veräußerung des Eigenunternehmens

62 Der **Erwerb von Unternehmen** wirft zivilrechtliche, steuerrechtliche und kartellrechtliche Probleme auf. Die wirtschaftlichen Probleme (insbesondere die Frage der **Unternehmensbewertung** und der Festlegung des Preises) können hier nicht behandelt werden, vgl. dazu zum Beispiel die Grundsätze zur Durchführung von Unternehmensbewertungen des Hauptfachausschusses des Instituts der Wirtschaftsprüfer, HFA 2, 1983 und *Großfeld,* Unternehmens- und Anteilsbewertung im Gesellschaftsrecht, 1987. Im übrigen sind die zivilrechtlichen, kartellrechtlichen und steuerrechtlichen Probleme sowohl im Falle des Zukaufes eines Unternehmens wie auch im Falle der Veräußerung des eigenen Unternehmens gleich. Zu unterscheiden ist aber zwischen zwei ganz grundsätzlich unterschiedlichen Wegen. Denkbar ist zum einen der Erwerb (die Veräußerung) eines Unternehmens im Wege des **Erwerbes/der Veräußerung der einzelnen Vermögensgegenstände** des Unternehmens und der **Übernahme seiner Schulden.** Dies ist die Vorgehensweise bei dem Erwerb des Unternehmens eines Einzelkaufmannes und kann die Vorgehensweise bei dem Erwerb des Unternehmens auch von Personen- und Kapitalgesellschaften sein. Davon zu unterscheiden ist der **Erwerb der Anteile an Personengesellschaften oder der Kapitalanteile an Kapitalgesellschaften.** Die gleichzeitige Übertragung aller Anteile an einer OHG oder KG durch die Gesellschafter auf Dritte oder einen Dritten (wobei dann allerdings die Gesellschaft erlischt) ist möglich, *BGHZ* 13, 187; 44, 229; *Baumbach/Duden/Hopt,* HGB § 124 Anm. 2B.; nur bei einer GmbH & Co. KG kann ein übernehmender Gesellschafter allein Inhaber der Geschäftsanteile an der GmbH und gleichzeitiger alleiniger Kommanditist sein, ohne daß die GmbH & Co. KG deshalb erlischt.

a) Zivilrechtliche Fragen

63 Der Erwerb von **Geschäftsanteilen** und **Kommanditanteilen** an der GmbH und der KG einer GmbH & Co. KG oder von Geschäftsanteilen an einer GmbH sind rechtssystematisch weniger problematisch als der Erwerb einer Vielzahl von einzelnen Vermögensgegenständen, Übernahme von Schulden und Eintritt in Einzelverträge (jeweils mit Zustimmung des Gläubigers und Vertragspartners!). Auch der Anteilserwerb ist aber in seiner Ausgestaltung im einzelnen kompliziert, kann daher hier nicht näher dargestellt werden. (vgl. dazu z. B. die Musterformularverträge von *Günther,* in: Münchener Vertragshandbuch, Band II, S. 153 und weitere Spezialliteratur z. B. *Holzapfel/Pöllath,* Recht und Praxis des Unternehmenskaufs, 1988).

b) Steuerrechtliche Fragen

aa) Mehrfach ist in den vorstehenden Ausführungen auf die unterschiedlichen steuerlichen Folgen bei der Veräußerung des Gewerbebetriebes eines Einzelkaufmannes oder einer Personengesellschaft (§§ 15, 16, 34 II Nr. 1 EStG) sowie der Übertragung nichtwesentlicher Beteiligungen an Kapitalgesellschaften im Privatvermögen (§ 17 EStG; § 34 II Nr. 1 EStG, soweit nicht Spekulationssteuer anfällt, § 23 Ib EStG) hingewiesen worden. Auf diese Ausführungen darf verwiesen werden, vgl. oben Rdnrn. 5, 53, 54). **64**

bb) Der Erwerb der einzelnen Vermögensgegenstände und Schulden einer Kapitalgesellschaft von dieser statt des Erwerbes der Anteile an der **Kapitalgesellschaft** ist der direkte Weg, um die **Buchwerte der Wirtschaftsgüter** anzuheben (das heißt die Stillen Reserven aufdecken) und damit eine für die Zukunft höhere und somit steuermindernde Abschreibungsbasis zu gewinnen sowie den **Goodwill** mit steuerrechtlicher Wirkung abzuschreiben (§ 7 I S. 3 EStG): Indirekt kann man auch im Falle des Erwerbes von Anteilen an einer Kapitalgesellschaft eine Buchwertaufstockung erreichen, wenn die zunächst die Anteile erwerbende Gesellschaft anschließend die Einzelvermögensgegenstände an eine (meist dem gleichen Gesellschafter gehörende) Gesellschaft veräußert. Vgl. dazu *Herzig,* Steuerorientierte Grundmodelle des Unternehmenskaufs, DB 1990, 133, 134; *Otto,* Fremdfinanzierte Übernahmen – Gesellschafts- und steuerrechtliche Kriterien des leveraged Buy-Out, DB 1989, 1389, 1393. Anders dagegen in den vorstehend geschilderten Fällen der Übernahme der Vermögensgüter und Schulden eines Einzelkaufmannes oder Anteile an einer Personengesellschaft. Hier kommt es zumindest über steuerliche Ergänzungsbilanzen zu einer **Buchwertaufstockung** mit zukünftigen Abschreibungsmöglichkeiten. **65**

c) Kartellrechtliche Fragen

aa) Kartellgesetz (GWB). Bei dem Zusammenschluß von Unternehmen besteht unter den Voraussetzungen des § 23 GWB eine **Anzeigepflicht,** die die **Zusammenschlußkontrolle** des § 24 GWB auslöst. Bereits das Vorhaben eines Zusammenschlusses kann nach § 24a I 1 GWB angemeldet werden, und muß dies bei Vorliegen der Voraussetzungen des § 24a I 2 GWB. **Aufgreifkriterien** der Fusionskontrolle sind die in § 24 VIII GWB festgelegten Voraussetzungen. Danach greift die Zusammenschlußkontrolle nicht ein, **66**

- wenn die Beteiligten Unternehmen insgesamt im letzten abgeschlossenen Geschäftsjahr Umsatzerlöse von weniger als 500 Mio. DM hatten, oder
- wenn sich ein Unternehmen, das nicht abhängig ist und im letzten abgeschlossenen Geschäftsjahr Umsatzerlöse von nicht mehr als 50 Mio. DM hatte, einem anderen Unternehmen anschließt, es sei denn, das eine Unternehmen hatte Umsatzerlöse von mindestens 4 Mio. DM und das andere Unternehmen Umsatzerlöse von mindestens 1 Mrd. DM, oder
- soweit ein Markt betroffen ist, auf dem seit mindestens 5 Jahren Waren oder gewerbliche Leistungen angeboten werden und auf dem im letzten Kalenderjahr weniger als 10 Mio. DM umgesetzt wurden.

Im übrigen können die §§ 22ff. GWB hier nicht näher behandelt werden.

bb) Art. 86 EWG-Vertrag. Im Gegensatz zum GWB regeln weder Art. 85 noch Art. 86 ausdrücklich den Fall der **Zusammenschlußkontrolle.** Seit dem Urteil des *EuGH*-Continental Can, Slg 1973, 215, steht allerdings fest, daß ein Zusammenschluß mißbräuchlich im Sinne des Art. 86 EG-Vertrag sein kann, **67**

wenn ein Unternehmen durch den Zusammenschluß seine beherrschende Stellung so verstärkt, daß die auf dem Markt noch vorhandenen Unternehmen in ihrem Marktverhalten von dem beherrschenden Unternehmen abhängen (Continental Can, S. 246). Art. 86 enthält jedoch nicht – anders als §§ 23ff. GWB – Aufgreif- oder Verbotskriterien. Vielmehr ist zu fragen, ob durch den Zusammenschluß eine „beherrschende Stellung auf dem gemeinsamen Markt oder auf einem wesentlichen Teil desselben" entsteht, ob diese Stellung **„mißbräuchlich ausgenutzt"** wird und ob dadurch „der Handel zwischen Mitgliedstaaten beeinträchtigt" werden kann. Siehe dazu *Gleiss/Hirsch,* Kommentar zum EWG-Kartellrecht, Art. 86 EWGV, Rdnrn. 103ff. Neuerdings wendet der EuGH auf Zusammenschlüsse aber auch Art. 85 EWGV an, Urteil *EuGH* vom 17. 11. 1987 – Morris/Rothmanns, WUW 1988, 979 (EWG/MUV 815) besprochen von *Satzky* DB 1988, 379.

4. Auftreten des Unternehmens auf dem Markt

68 Das Auftreten des Unternehmens auf dem Markt wird durch eine Vielzahl öffentlich-rechtlicher Vorschriften geregelt, die nicht nur bereits die Aufnahme der Unternehmenstätigkeit als solche, sondern auch ihre Durchführung regeln (vgl. oben Rdnr. 19). Der Unternehmer wird die einschlägigen Bestimmungen in der Regel selber kennen und nur in Problemfällen die Hilfe seines Anwaltes benötigen, der sich kurzfristig in das konkrete Problem und die einschlägigen Normen einarbeiten kann.

Neben den angesprochenen öffentlich-rechtlichen Vorschriften gibt es jedoch auch noch **Wettbewerbsrecht,** das unmittelbar zwischen Konkurrenten gilt und Ansprüche erzeugt sowie bestimmten Dritten die Möglichkeit zum Eingreifen gegen das Unternehmen einräumt. Hier ist in erster Linie an das **Gesetz gegen den Unlauteren Wettbewerb** und dessen Nebengesetze gedacht (UWG). Im Vordergrund stehen dabei die §§ 1 und 3 UWG, die Unterlassungs- und Schadensersatzansprüche für Wettbewerber und bestimmte Verbände begründen (§ 13 UWG), falls das Unternehmen im geschäftlichen Verkehr zu Zwecken des Wettbewerbs Handlungen vornimmt, die gegen die guten Sitten verstoßen oder im geschäftlichen Verkehr zu Zwecken des Wettbewerbs über geschäftliche Verhältnisse irreführende Angaben macht. Verstöße gegen die oben genannten öffentlich-rechtlichen Normen begründen dabei nach allgemeiner Meinung ebenfalls unmittelbare Ansprüche von Konkurrenten gegen das zuwiderhandelnde Unternehmen auf Unterlassung, da sich das zuwiderhandelnde Unternehmen durch die Zuwiderhandlung in sittenwidriger Weise einen Rechtsvorsprung vor Mitbewerbern verschafft. Das Gebiet des Wettbewerbsrechts kann hier nicht näher dargestellt werden. Es weist erhebliche Besonderheiten auch in verfahrensmäßiger Hinsicht auf (Rechtsinstitute der Abmahnung und Unterlassungserklärung). Gesamtdarstellungen finden sich bei *Gloy,* Handbuch des Wettbewerbsrechts, und bei *Baumbach/Hefermehl,* Wettbewerbsrecht, ferner bei *von Gamm,* Wettbewerbsrechtliche Nebengesetze.

5. Das Unternehmertestament

69 Wie das **Unternehmen vererbt** wird – ob nämlich sämtliche Vermögensgegenstände und Schulden, Verträge und Rechtsbeziehungen zwar im Wege der Gesamtrechtsnachfolge aber im einzelnen auf den/die Erben übergehen oder ob

Anteile an Personen- oder Kapitelgesellschaften als solche vererbt werden (Kommanditgesellschaft, GmbH und GmbH & Co. KG) – ist von erheblicher Bedeutung, da jeweils unterschiedliche Rechtsfolgen eintreten (siehe schon oben Rdnr. 4). Weder aber kann das Unternehmen vom Erben aus der Erbschaft herausgelöst und gesondert angenommen oder ausgeschlagen werden noch kann sich der Erbe aus dem Unternehmen „die Rosinen herauspicken". Es gibt nur Annahme oder Ablehnung (Ausschlagung) der Erbschaft im ganzen. § 139 HGB gibt außerdem dem Erben eines OHG-Gesellschafters die Möglichkeit, eine Haftungsbeschränkung herbeizuführen – indem er ihm das Recht der Umwandlung der Gesellschafterstellung in einen Kommanditanteil einräumt. Im übrigen besteht die Schwierigkeit der Unternehmer-Erbfolgeregelung darin, daß sich zwei Rechtskreise überschneiden: Erbrecht des BGB und dessen Gestaltungsmöglichkeiten einerseits und Gesellschaftsrecht (HGB) und Gesellschaftsvertrag mit den Mitgesellschaftern andererseits. Daraus ergeben sich Konflikte, die gelöst werden müssen. Die unter Lebenden gestaltete Sonderrechtsbeziehung der Gesellschafter (Gesellschaftsvertrag) überlagert das Erbrecht und geht ihm, beschränkt auf die Gesellschaft, grundsätzlich vor. Das geht so weit, daß die Erben gesellschaftsvertraglich vom Eintritt in das Unternehmen ausgeschlossen werden können, und zwar ohne Abfindung (*BGHZ* 68, 225, *Baumbach/Duden/Hopt,* HGB § 138 Anm. 2 C., 5 H.). Andererseits kann auch der Erbe/können die Erben ohne weiteres in die Gesellschafterstellung eintreten. Daneben gibt es eine Vielzahl von unterschiedlichen Gestaltungsmöglichkeiten. Zweckmäßigerweise regelt der **Unternehmer** seine Nachfolge durch **Testament.** Vgl. zu erbrechtlicher Beratung und Testamentsvollstreckung auch D III.

a) Tod eines Gesellschafters

Nur die **OHG** wird durch den Tod eines Gesellschafters aufgelöst, sofern **70**
nicht aus dem Gesellschaftsvertrage sich ein anderes ergibt (§ 131 Nr. 4 HGB). Der **Tod eines Kommanditisten** hat dagegen die Auflösung der Gesellschaft nicht zur Folge (§ 177 HGB), auch nicht im Falle einer GmbH & Co. KG.

aa) Erbrechtliche Nachfolgeklausel. Ist im **Gesellschaftsvertrag der OHG** **71**
die Fortsetzung vereinbart (sog. erbrechtliche Nachfolgeklausel), so wird der Erbe automatisch Gesellschafter, mehrere Erben werden Gesellschafter nicht als Erbengemeinschaft, sondern jeder einzeln im Wege der Sondererbfolge (*BGHZ* 22, 192; 68, 237). Es können auch einer von mehreren Erben oder nur einige von mehreren Erben als Gesellschaftsnachfolger mit oder ohne Abfindungspflicht gegenüber den weichenden Erben berufen werden (*Karsten Schmidt,* Gesellschaftsrecht, § 45 V 4c), sog. qualifizierte Nachfolgeklausel.

bb) Ausschluß der Erben, sog. Fortsetzungsklausel. Der Gesellschaftsver- **72**
trag kann andererseits den oder die Erben schlechthin und sogar ohne Abfindung und Ausgleichspflicht ausschließen, vgl. oben Rdnr. 69. Dies gilt auch für den Kommanditisten. Fällt der Anteil an den persönlich haftenden Gesellschafter als einzigen Mitgesellschafter, so wird dieser Alleininhaber, gegebenenfalls ohne Pflicht zur Abfindung der Erben (*Baumbach/Duden/Hopt* § 177 HGB Anm. 1). Dies gilt ebenso für GmbH-Geschäftsanteile.

cc) Pflichtteil und gesetzlicher Zugewinnausgleich. In den Fällen der qualifizierten Nachfolgeklausel wie auch der Fortsetzungsklausel haben Pflichtteilsberechtigte und hat der überlebende Ehegatte Ansprüche auf Pflichtteil, Pflichtteilsergänzung und gesetzlichen Zugewinnausgleich (§§ 1931, 2301 ff., 2325 BGB) – und zwar grundsätzlich zum vollen Wert des Gesellschaftsanteils trotz Buchwertklausel und mit einer Zahlungserstreckung auf höchstens 10 Jahre (vgl. Rdnr. 75).

73 **dd) Gesellschaftsrechtliches Eintrittsrecht.** Ist im Gesellschaftsvertrag dagegen vorgesehen, daß der Unternehmer letztwillig bestimmen kann, daß und wer als sein Nachfolger in die Gesellschaft eintritt, so ist damit für den so in der letztwilligen Verfügung Benannten ein gesellschaftsrechtliches Eintrittsrecht begründet (*BGHZ* 22, 193; 68, 231; *BGH* NJW 1978, 264). Ob und inwieweit die weichenden Erben dann erbrechtliche Ansprüche gegen den Eintretenden haben, richtet sich nach allgemeinem Erbrecht. So kann dem Eintretenden das Unternehmen oder die **Unternehmensbeteiligung als Vorausvermächtnis** ohne Anrechnung auf den Erbteil zugewandt worden sein (§ 2150 BGB) oder es ist ihm eine Erbquote zugewiesen, die dem Wert der Mitgliedschaft im Verhältnis zum gesamten Nachlaß entspricht. Für den Fall des Vorausvermächtnisses ist § 2306 I 1 BGB zu beachten (Wegfall der Belastung zugunsten des beschwerten Miterben insoweit, als diesem ohne die auf ihn entfallende Beschwerung nicht mehr als der Pflichtteil hinterlassen worden ist). Übersteigt diese so errechnete Erbquote aber den Pflichtteil, so hat der Miterbe ein Wahlrecht (§ 2306 I 2 BGB). Er kann den Pflichtteil verlangen und den Erbteil ausschlagen; dann ist der bevorrechtigte Erbe Pflichtteilsansprüchen ausgesetzt, die die Liquidität des Unternehmens gefährden können, wenn sie daraus zu befriedigen sind.

b) Erbrechtliche Vorsorge

74 **aa) Überleitung des Unternehmens zu Lebzeiten (Familienpersonengesellschaft).** Häufig bietet es sich an, das Unternehmen bereits zu Lebzeiten teilweise auf Kinder zu übertragen. Damit werden Einkommensteile auf Kinder verlagert, eine angesichts der Progressionsbesteuerung ertragssteuerlich vorteilhafte Verfahrensweise. Soweit die Beteiligung an einer Gesellschaft geschenkt wird, kann dies unter Ausnutzung der 10 Jahres-Grenze des § 14 ErbStG Erbschaftssteuer sparen. Allerdings setzt die Anerkennung eines Gesellschaftsverhältnisses zwischen nahen Angehörigen voraus, daß die Gesellschaft grundsätzlich wie unter fremden Dritten gestaltet wird. Ungewöhnliche Verfügungsbeschränkungen der Kinder/Gesellschafter und ungewöhnlich weitreichende Befugnisse der Eltern/Gesellschafter gefährden daher die steuerliche Anerkennung der Gesellschaft. Für die Gründung der Gesellschaft mit Minderjährigen bzw. deren Aufnahme in eine Gesellschaft muß ein Pfleger bestellt werden, ebenso für Gesellschaftsvertragsänderungen (§§ 1909, 1822 Nr. 3 BGB). Grundlegend zum häufigen Falle der Aufnahme von Kindern in das Unternehmen des Vaters mit schenkweiser Übertragung von Gesellschaftsvermögen (vgl. *BFH (GS)* v. 29. 5. 1972 BStBl. 1973 II S. 5; ferner *BFH* BStBl. 1970 II S. 114, BStBl. 1976 II S. 678, BStBl. 1980 II, S. 779, BStBl. 1973 II S. 307). Angemessen muß auch die Gewinnverteilung sein, nicht zu beanstanden ist in der Regel eine Rendite von nicht mehr als 15% des Wertes der Beteiligung bei nicht mitarbeitenden Kindern – anderenfalls ist eine steuerlich angemessene Gewinnverteilung zugrunde zu legen (*BFH* BStBl. 1973 II S. 650).

Eine Dauerergänzungspflegschaft für die Dauer der Mitgliedschaft und der Minderjährigkeit von Kindern ist nicht erforderlich (*BFH* BStBl. 1976 II S. 328).

bb) Erb- und Pflichtteilsverzicht, Zugewinnausgleichsverzicht. Eine umfassende Vorsorge muß nach Möglichkeit auch spätere Pflichtteilsansprüche weichender Erben (Rdn. 72), oder Pflichtteilsergänzungsansprüche (Rdnr. 74) übergangener Erben berücksichtigen (§§ 2301, 2311, 2325 BGB), ferner erbrechtliche Zugewinnausgleichsansprüche (§ 1931 BGB). Die Erben können hohen Ausgleichsansprüchen ausgesetzt sein, da sog. Buchwertklauseln in Gesellschaftsverträgen bei erheblichen Mißverhältnissen zwischen Buchwert und wahrem Wert nicht helfen (*BGH* NJW 85, 192; DB 1989, 1399; *Engel,* NJW 86, 345, 347; *Heymann/Emmerich,* Kommentar zum HGB, § 138 Rdnr. 41; *Hennerkes/May,* NJW 88, 2761, 2766; *Karsten Schmidt,* Gesellschaftsrecht, 1986, S. 1098). Zugrundezulegen ist in der Regel der Ertragswert des Unternehmens (*BGH* NJW 1985, 192). Die Auszahlung kann nur auf 10 Jahre erstreckt werden (*BGH* DB 1989, 1399), nicht länger. Der Unternehmer sollte also bereits zu Lebzeiten versuchen, das Unternehmen unter Übergehung seines Ehegatten direkt auf seine Kinder zu übertragen – und damit auch Erbschaftssteuer zu sparen. Der Ehegatte erhält für seinen dann erforderlichen Zugewinnausgleichs-, Erb- und Pflichtteilsverzicht einen Ausgleich (aus dem sonstigen Vermögen oder als Nießbrauch hinsichtlich der Unternehmensgewinne oder ähnliches), ebenso weichende pflichtteilsberechtigte Kinder. 75

cc) Stiftung. Beabsichtigt der Unternehmer eine Perpetuierung seines Lebenswerkes etwa durch Berufung der Belegschaft insgesamt als begünstigtem Personenkreis mit gleichzeitiger Zuwendung der Unternehmenserträge, ohne einzelnen Personen die **Unternehmenssubstanz** zuzuwenden, so läßt sich dies langfristig nur über eine Stiftung erreichen, deren Vermögen im Unternehmen besteht und deren Destinatäre alle oder bestimmte Belegschaftsangehörige sind – auszuwählen nach dem Erblasser vorgegebenen Regelungen. 76

Nur so auch kann der Unternehmer voll seinen eigenen Willen für die zukünftige rechtliche Regelung des Unternehmens zur Geltung bringen. Denn nur die Satzung der Stiftung kann später nicht mehr durch die Destinatäre geändert werden – anders als Gesellschaftsvertrag oder Satzung durch die Gesellschafter. Allerdings wird auch die Stiftung beim Erbgang und sodann jeweils nach 30 Jahren besteuert (§ 1 I Nr. 4 ErbStG). 77

III. Beendigung der Unternehmenstätigkeit, Auflösung, Liquidation

Vgl. hierzu auch die Ausführungen unten D II Rdnr. 100, und D IV für den Fall der Beendigung der Unternehmenstätigkeit bei Insolvenz. Diese Thematik wird deshalb hier nicht weiter besprochen. Hinzuweisen ist nur auf folgende wichtige gesetzliche Bestimmungen, die der Unternehmer nicht übersehen darf, wenn das Unternehmen in die Krise gerät: 78

Nach §§ 130a, 177a HGB sind für die OHG, bei der kein Gesellschafter eine natürliche Person ist, sowie die GmbH & Co. KG im Falle der **Zahlungsunfähigkeit** oder **Überschuldung** ohne schuldhaftes Zögern, spätestens aber drei Wochen nach Eintritt der Zahlungsunfähigkeit oder Überschuldung die Eröffnung des **Konkursverfahrens** oder des gerichtlichen **Vergleichsverfahrens** zu beantragen. Die Verletzung dieser Pflichten ist mit Freiheitsstrafe bis zu drei Jahren oder mit Geldstrafe bedroht (§§ 130d, 177a HGB). Pflichten und Rechtsfolgen sind die gleichen für den Vorstand der AG (§§ 92 II, 401 AktG, 64, 84 GmbHG). Der Vorstand der Aktiengesellschaft und der Geschäftsführer der 79

GmbH haben ferner nach § 92 I AktG und § 49 III GmbHG unverzüglich eine Hauptversammlung/Gesellschafterversammlung einzuberufen, wenn sich (unter im einzelnen bei beiden Bestimmungen unterschiedlichen Voraussetzungen) ergibt, daß die Hälfte des Grundkapitals/Stammkapitals verloren ist. Zahlungen dürfen nach Eintritt der Zahlungsunfähigkeit oder Überschuldung nicht mehr geleistet werden (§ 92 III AktG, 64 II GmbHG), andernfalls sind der Vorstand/die Geschäftsführer persönlich zum Ersatz verpflichtet. Kapitalersetzende Darlehen sind in der Krise wie Eigenkapital zu behandeln (§ 32a GmbHG). §§ 32a KO und 3b AnfG knüpfen Anfechtungsfolgen an die Rückgewährung kapitalersetzender Darlehen. Im übrigen sind folgende Gesichtspunkte zu beachten.

80 – Neben der Auflösung nach einem Insolvenzverfahren (das in der Regel Auflösung und Löschung gem. Gesetz über die Auflösung und Löschung von Gesellschaften und Genossenschaften nach sich zieht, Abdruck bei *Roth,* GmbHG, § 75 Anm. 8) und neben der Auflösung **als Folge einer Umwandlung** (oben Rdnrn. 71, 72) kommt die Auflösung als Folge eines Entschlusses eines Einzelaufmannes oder **Beschlusses** der Gesellschafter einer Personen- oder Kapitalgesellschaft in Betracht, die Geschäfte einzustellen. Der Einzelkaufmann hat in einem solchen Fall die Vermögensgegenstände zu veräußern, seine Verpflichtungen zu erfüllen und alle Vertragsverhältnisse abzuwickeln. Er **haftet** nach den allgemeinen Bestimmungen innerhalb der Verjährungsfristen für Verbindlichkeiten **weiter.**

OHG und KG werden durch Eintritt eines der **Auflösungsgründe des § 131 HGB** aufgelöst (die KG allerdings nicht durch den Tod eines Kommanditisten, § 177 HGB), sofern nicht, wie in der Regel, bei Eintritt der Gründe des § 131 Nr. 4, 5 und 6 Alternative 1 die Fortsetzung unter den übrigen Gesellschaftern vereinbart ist. Die Auflösung kommt daher insbesondere in Betracht durch Ablauf der Zeit, für welche die Gesellschaft eingegangen ist, durch Beschluß der Gesellschafter und durch gerichtliche Entscheidung (§ 131 Nr. 1, 2 und 6 Alternative 2).

– Es findet dann die **Liquidation der Gesellschaft** gemäß §§ 145ff. HGB statt, an deren Ende Verteilung des Gesellschaftersvermögens nach Berichtigung der Schulden steht (§ 155 HGB). Die Liquidation und Auflösung wirft als solche keine besonderen Probleme auf, soll deshalb hier nicht näher behandelt werden.

IV. Rechtslage in den neuen Bundesländern

1. Einführung

81 Es versteht sich beinahe von selbst, daß die Wiedervereinigung Deutschlands auch dem wirtschaftsberatenden Rechtsanwalt ein weites Betätigungsfeld eröffnet. Dem Juristen kommt hierbei allerdings entgegen, daß er als Westdeutscher im Rechtsverkehr in der ehemaligen DDR nunmehr weitestgehend auf das ihm bereits seit je her vertraute Instrumentarium zur Berufsausübung zurückgreifen kann. Mit dem Einigungsvertrag vom 31. 8. 1990, d. h. also mit Rechtswirkung zum 3. 10. 1990, wurde die grundsätzliche Geltung des bisher nur westdeutschen Rechts auch für das gesamte Beitrittsgebiet festgeschrieben. Dieser Grundsatz findet im Einzelfall zwar einige Durchbrechungen, wobei diese sich ausgehend von der völlig anders gelagerten sozialen und persönlichen Situation der Bürger in der ehemaligen DDR – im wesentlichen auf Rechtsgebiete beschränken, die in engem Zusammenhang mit der gesellschaftlichen Wirklichkeit eines ehemals sozialistischen Staates zu sehen sind, etwa auf das Arbeitsrecht, das Recht der sozialen Sicherheit sowie das Wohnraummietrecht. Hier sieht der Einigungsvertrag verschieden lange Übergangs- und Auslauffristen vor, die eine völlige Rechtsangleichung erst für die Mitte der 90er Jahre erwarten lassen.

Im orginär wirtschaftsrechtlichen Bereich hingegen findet die juristische Tä- **82**
tigkeit vor demselben rechtlichen Hintergrund statt, wie ihn ein in dem Westen der Bundesrepublik Deutschland praktizierender Rechtsanwalt seit jeher kennt. Bis zur Wiedervereinigung mit der damaligen DDR hatte unterschiedliches Handels- und Gesellschaftsrecht (auch etwa Kartellrecht) gegolten. Dies ist seit dem 3. Oktober 1990 nicht mehr der Fall.

Die „Besonderheit" der rechtlichen Unternehmensberatung im Osten **83**
Deutschlands besteht angesichts der Probleme, vor denen das dortige Wirtschaftsleben steht, weniger noch als sonst in der Praxis in der Lösung abstrakter Problemstellungen; es kommt vielmehr entscheidend auf typische Managementqualitäten wie Entscheidungsfreudigkeit durch Durchsetzungsvermögen zusammen mit schneller Analyse einer komplexen Problemstellung an, sowie auf die Fähigkeit, besonders pragmatisch und mit wirtschaftlicher Vernunft zu arbeiten. Der zum Teil vollständige Neuaufbau im Bereich der allgemeinen, insbesondere auch der Justizverwaltung, hat zur Folge, daß augenblicklich nur die wenigsten Behörden, Dienststellen und Gerichte bereits voll funktionsfähig sind. Vor diesem Hintergrund verlieren beispielsweise verfassungsrechtliche Rechtsschutzgarantien in der Praxis erheblich an Wert; andererseits jedoch öffnet dieser Umstand dem praktisch denkenden Juristen im Wirtschaftsleben Möglichkeiten, welche er im mitunter nur allzu reglementierten nicht unbedingt innovativen Wirtschaftsleben der bisherigen Bundesrepublik nur noch selten angetroffen hat. Daß bei allem notwendigen „Pioniergeist" freilich jede derartige Tätigkeit – schon aus haftungsrechtlichen Gründen – von höchstem Verantwortungsgefühl und strikter Seriosität geprägt sein sollte, dürfte sich gleichwohl von selbst verstehen.

Abgesehen von diesen durch die Besonderheit der äußeren Umstände hervorgerufenen speziellen Anforderungen und Aufgabenstellungen ist vor allem die Tätigkeit der mit der Abwicklung und Privatisierung des ehemaligen Staatsvermögens (insbesondere der ehemaligen volkseigenen Betriebe) betrauten Treuhandanstalt näher zu erörtern.

2. Stellung und Aufgaben der Treuhandanstalt

Der völlige Zusammenbruch der alten Strukturen in der DDR gebot bereits **84**
früh dringend eine vollständige Neustrukturierung der DDR-Wirtschaft. Nur durch einen zumindest teilweisen Rückzug des Staates aus dem planwirtschaftlich gelenkten Wirtschaftsleben glaubte noch die letzte SED geführte Regierung Modrow wenigstens ein Minimum der „Errungenschaften" des bisherigen Staatswesen in die neue Zeit retten zu können. Es schien demgemäß vordringlich die Umwandlung der bisherigen volkseigenen Betriebe in Kapitalgesellschaften (vornehmlich Gesellschaften mit beschränkter Haftung) geboten zu sein, insbesondere auch um potentiell investitionskräftigen Partnern aus dem kapitalistischen Ausland (zu dem nach damaligen Verständnis auch die Bundesrepublik zählte) das ihnen bereits aus dem eigenen Wirtschaftsleben bekannte Instrumentarium des Gesellschaftsrechts zur Verfügung stellen zu können. Des-

halb wurden die „Verordnung zur Umwandlung von volkseigenen Kombinaten, Betrieben und Einrichtungen in Kapitalgesellschaften vom 1. März 1990" und gleichzeitig der „Beschluß zur Gründung der Anstalt zur treuhänderischen Verwaltung des Volkseigentums (Treuhandanstalt)" erlassen.

Die §§ 2, 3 der genannten Verordnung schrieben dabei lapidar vor, daß praktisch alle bisher als „Volkseigen" geführten Betriebe der DDR in eine GmbH oder AG umzuwandeln seien, deren Geschäftsanteile bzw. Aktien die Treuhandanstalt zu übernehmen hatte. Deren vorrangiges Ziel wiederum war zum damaligen Zeitpunkt, so Ziff. 1 des genannten Beschlusses, noch ausdrücklich die „Wahrung des Volkseigentums".

85 In der Folgezeit stellte sich bald heraus, daß die meisten Betriebe und sonstigen vom Anwendungsbereich der Umwandlungsvorschriften umfaßten Einrichtungen außerstande waren, ihren sich hieraus ergebenden Verpflichtungen nachzukommen. Breite Unkenntnis auch nur elementarer Regelungen des Handels- und Gesellschaftsrecht, unzulängliche Bilanzierungsvorschriften und zahllose Regelungslücken erschwerten die Errichtung von Kapitalgesellschaften aus den bisherigen VEB bzw. Kombinaten. Als sich **mit Fortschreiten** des Einigungsprozesses daher das dringende Erfordernis einer Beschleunigung des Umwandlungsverfahrens ergab, um den mit der Wirtschafts-, Währungs- und Sozialunion am 1. 7. 1990 auf die DDR-Wirtschaft zukommenden Herausforderungen gerecht zu werden, wurden auch Ziele und Aufgabenstellung der Treuhandanstalt neu definiert. Dies geschah im „Gesetz zur Privatisierung und Reorganisation des Volkseigenen Vermögens – Treuhandgesetz –" vom 17. Juni 1990, dessen § 11 I alle juristischen selbständigen Wirtschaftseinheiten, die bis zum 1. 7. 1990 noch nicht in Kapitalgesellschaften umgewandelt worden waren (also die weitaus meisten), in Kapitalgesellschaften umwandelte. Oberstes Ziel war in der Folgezeit nicht mehr die Schaffung neuer Strukturen zur zuvor noch angestrebten Wahrung des Volksvermögens, sondern die vollständige Reorganisation des Wirtschaftslebens im Wege der Privatisierung entweder mittels Verkaufs oder aber der Rückgabe an ehemalige Eigentümer bzw. deren Erben.

86 Die Umsetzung dieses Gesetzesauftrags in der Praxis gestaltete sich gleichwohl in der Folgezeit schwierig; ein Umstand, der durch mangelhafte Personal- und Sachausstattung der Treuhandanstalt und den weitgendendem Verzicht auf wirtschaftsleitende Politik in den letzten Tagen der Existenz der DDR nur begünstigt wurde. Obwohl daher bis zu diesem Zeitpunkt noch keine Rede davon sein konnte, daß sich das Treuhandmodell in der Praxis bewährt hätte, wurde es dennoch im Einigungsvertrag übernommen. Dessen Art. 25 I stellte demgemäß auch bestärkend fest, daß die Treuhandanstalt auch künftig damit beauftragt sei, die früheren volkseigenen Betriebe wettbewerblich zu strukturieren und zu privatisieren. Dieser Auftrag ist somit fortgeltendes Bundesrecht.

Zugleich wurde die Treuhandanstalt in die Rechtsform einer rechtsfähigen bundesunmittelbaren Anstalt des öffentlichen Rechts übergeführt, deren Fach- und Rechtsaufsicht dem Bundesfinanzminister obliegt. Organisatorisch gliedert sich die Treuhandanstalt in die Zentrale in Berlin und die Niederlassungen in den 15 ehemaligen Bezirkshauptstädten der früheren DDR. Das Zusammenwirken der Zentrale und der Außenstellen war in der Vergangenheit häufig durch Strategie- und Kompetenzkonflikte behindert. Inzwischen hat sich die Situation konsolidiert; die Aufgabenbereiche sind nunmehr zumindest vom Grundsatz her gegeneinander abgegrenzt. Die Zentrale in Berlin ist inzwischen nur noch für die Sanierung und Privatisierung von Unternehmen mit mehr als 1500 Beschäftigten zuständig, ferner für die Unternehmen des Verkehrswesens, der Energiewirtschaft sowie für das Geld- und Kreditwesen. Der weitaus größere Rest der Betriebe – insgesamt mehr als 5000 produzierende Unternehmen – ist den Außenstellen der Treuhandanstalt zugeordnet, denen darüber hinaus die Privatisierung kleinerer Betriebe des Handels und der Gastronomie obliegt.

Bereits nach einer kurzen Zeit wurde dadurch die Effektivität der Sanierungs- und Privatisierungsbemühungen erheblich gesteigert. Es hat sich – internen Richtlinien folgend – bereits eine erste Struktur des Vorgehens bei Privatisierungsvorhaben entwickelt. Da hier das derzeit mit Abstand wichtigste Betätigungsfeld eines wirtschaftsberatenden Juristen liegt, auf dem sämtliche derzeit aktuellen Probleme der spezifischen Situation Ostdeutschlands aktuell werden, seien im folgenden einige der typischen Probleme beim Erwerb eines Unternehmens durch einen westdeutschen Interessenten unter Einschaltung der Treuhandanstalt dargestellt.

3. Rechtlicher Status der Unternehmen in den neuen Bundesländern, Probleme der Unternehmensbewertung

Wie bereits aufgezeigt, handelt es sich bei der großen Masse der Betriebe in **87**
den neuen Bundesländern um Gesellschaften mit beschränkter Haftung, welche im Wege der „Zwangsumwandlung" zum 1. 7. 1990 in die Rechtsform einer GmbH übergeführt wurden. Vorrangig maßgeblich für die Regelungen des Innen- bzw. Außenverhältnisses im Rechtsverkehr mit den Betrieben sind daher die Vorschriften des GmbH-Gesetzes in der auch sonst in der Bundesrepublik geltenden Fassung. (Im Vergleich hierzu stellte die Umwandlung in eine Aktiengesellschaft – so bei großen Kombinaten – eine Ausnahme dar, die im folgenden nicht weiter behandelt wird). Allerdings hat die auf den Stichtag der Wirtschaftsunion bezogene Umwandlung den betroffenen Betrieben eine dem deutschen Gesellschaftsrecht eine neue Rechtsform beschert, nämlich die der „Gesellschaft mit beschränkter Haftung im Aufbau" (GmbH i. A.), vgl. § 14 des Treuhandgesetzes.Diese Benennung ist schon deshalb von Bedeutung, da die genannte Regelung weiter vorsieht, daß es sich bei diesen Gesellschaften bereits vom Zeitpunkt der Umwandlung kraft Gesetzes um Kapitalgesellschaften handelt. Hierin liegt ein erheblicher Unterschied zur Regelung des GmbHG, wonach nämlich die Kapitalgesellschaft erst mit Eintragung in das Handelsregister entsteht, vgl. § 11 I GmbHG. Besonders augenfällig wird dieser Unterschied, wenn man sich vor Augen hält, daß der weit überwiegende Teil der GmbH i. A. in den neuen Bundesländern noch nicht in einer dem West-Juristen vertrauten Form in das Handelsregister eingetragen ist. So fehlt es beispielsweise insbesondere noch am ordnungsgemäßen Ausweis des endgültigen Stammkapitals; darüber hinaus sind im Regelfall auch die Geschäftsführer nur zu „vorläufigen Geschäftsführern" ernannt, aber nicht eingetragen.

Der gleichwohl verliehene Status einer Kapitalgesellschaft wirft auch gravie- **88**
rende haftungsrechtliche Probleme auf. So haftet einem Gläubiger der Gesellschaft nicht – wie im Fall einer „normalen" GmbH in Gründung bis zur Eintragung – die Treuhandanstalt als einzige (sog. „Handelndenhaftung") Gesellschafterin, sondern ausschließlich die Gesellschaft selbst. Angesichts der Tatsache, daß im Regelfall weder die Gesellschaft noch ihr haftendes Kapitel ordnungsgemäß in das Handelsregister eingetragen sind, ist die Problematik einer derartigen Regelung evident. In Ermangelung von Literatur und Rechtsprechung zu

den hier aufgeworfenen Fragestellungen, welche charakteristisch für die derzeitige Umbruchsituation sind, kann jedem Betroffenen nur geraten werden, im Rechtsverkehr mit einer GmbH i. A. größte Vorsicht walten zu lassen und beispielsweise Darlehen oder Material- und Warenlieferungen stets durch klassische Kreditsicherungsmittel wie Bankbürgschaften, Eigentumsvorbehalt und ähnliches absichern zu lassen.

89 Eine Bereinigung dieses teilweise rechtlosen Zustandes, insbesondere die endgültige Eintragung in das Handelsregister mit einem ordnungsgemäßen Kapitalausweis, läßt sich erst nach abgeschlossener Feststellung der für nahezu alle Betriebe zwingend vorgeschriebenen DM-Eröffnungsbilanz erwarten. Die Einzelheiten zu deren Erstellung durch die Treuhandanstalt regelt das als Bestandteil des Einigungsvertrages verabschiedete „Gesetz über die Eröffnungsbilanz in DM und die Kapitalneufestsetzung", durch das insbesondere eine zuverlässige Bestandsermittlung sowie die Angleichung der Rechnungslegung an den im Westen der BRD üblichen Standard bewirkt werden soll.

Zumindest die vorläufigen Eröffnungsbilanzen liegen in der Zwischenzeit für den weit überwiegenden Teil der Betriebe vor. Dennoch bereitet im Regelfall für einen erwerbswilligen Interessenten die zuverlässige Ermittlung eines Betriebswertes derzeit noch erhebliche Schwierigkeiten. Für diese Probleme bei der Preisfindung sind mehrere Faktoren verantwortlich:

90 Es bereitet bereits die Ermittlung der Substanzwerte der Betriebe erhebliche Probleme. Selbst wenn unter Anwendung westlicher Bewertungskriterien die ohnehin angesichts eines noch nicht funktionsfähigen Immobilienmarktes denkbar schwierige Ermittlung des Aktivvermögens noch gelingen sollte, so bereitet eine halbwegs realistische Einschätzung der Verbindlichkeiten und der wirtschaftlichen Situation der Betriebe im Markt weitere enorme Schwierigkeiten. Anhaltende Ungewißheiten über die zukünftige wirtschaftliche Entwicklung, über die Berechtigung angemeldeter Rückübertragungsansprüche und deren Erledigung sowie beispielsweise die Abwicklung umweltbedingter Altlastgefahren machen bei seriöser Bilanzierung auf der Passivseite der DM-Eröffnungsbilanz im Regelfall Rückstellungen für Sozialpläne, Erfüllung von Rückübereignungsansprüchen sowie Altlastbeseitigungen in für westliche Verhältnisse großer Höhe erforderlich. Eine zuverlässige Substanzwertermittlung würde für einen kaufwilligen Interessenten vorauszusetzen, daß er zumindest einen annähernden Überblick darüber hat, in welcher Höhe derartige Rückstellungen in Zukunft in Anspruch genommen werden müssen. Angesichts anhaltender Ungewißheiten sind die Erwägungen dazu jedoch weitgehend spekulativ.

Vollends scheitern muß vor diesem Hintergrund die Ermittlung eines Ertragswertes, wie er sich bei vergleichbaren Transaktionen im Westen bereits seit Jahren als eigentlicher Bewertungsmaßstab bei Unternehmensveräußerungen durchgesetzt hat. Aufgrund der in ihrer Zäsurwirkung kaum zu überschätzenden Wirtschafts- und Währungsunion am 1. Juli 1990 sind herkömmliche Ertragsberechnungen, welche im Regelfall auf Fortschreibung und Weiterentwicklung des relevanten Zahlenmaterials der vergangenen Jahre basieren, praktisch unmöglich. Einen Lösungsansatz bilden hier allenfalls überschlägige Break-Even-Kalkulationen, die jedoch ebenfalls weitgehend spekulativ sind.

91 Diese Unsicherheitsfaktoren sind nicht geeignet, einem potentiellen Investor in den neuen Bundesländern den Erwerb eines ehemaligen DDR-Betriebes schmackhaft zu machen. Auch die Treuhandanstalt, die als bundesunmittelbare Anstalt immerhin auch fiskalischem Denken verpflichtet ist und darüber hinaus

der Rechnungsprüfung untersteht, sieht sich vor diesem Hintergrund teilweise gehindert, ihrem Privatisierungsauftrag mit der erforderlichen Konsequenz nachzugehen. Schließlich soll in späteren Jahren der Eindruck vermieden werden, es sei wertvolles Bundesvermögen zu Spottpreisen an abenteuerlustige Spekulanten veräußert worden.
Der Lösungsansatz in diesem Konflikt liegt ausschließlich in der Gestaltung der Unternehmenskaufverträge. Hier liegt die Aufgabe des wirtschaftsberatenden Juristen darin, durch angemessene Anpassungsklauseln einerseits die Risiken des investitionswilligen Erwerbsinteressenten zu minimieren, andererseits aber auch – der fiskalischen Verpflichtung der Treuhandanstalt Rechnung tragend – das Abschöpfen reiner Spekulationsgewinne zu verhindern. Wie demnach ein typischer Unternehmenskaufvertrag aussieht und welche Lösungsmöglichkeiten sich für die typischerweise jeweils auftretenden Fragestellungen anbieten, wird im folgenden kurz dargestellt.

4. Typische Vertragsgestaltung beim Kauf eines Betriebes in der ehemaligen DDR

a) Kaufgegenstand

Im Regelfall wird es sich bei dem zu erwerbenden Betrieb um einen ehemals **92** volkseigenen Betrieb oder aber jedenfalls um einen hieraus durch Betriebsaufspaltung hervorgegangenen ehemaligen, nunmehr selbständigen Betriebsteil handeln. Die Aufteilung der ehemaligen VEB in ein Stammwerk und ein bis zwei, ggf. sogar mehr Zweigbetriebe ist geradezu ein Charakteristikum der ehemaligen DDR-Wirtschaft und hauptsächlich aus den verschiedenen „Enteignungswellen“ bis ins Jahr 1972 zu erklären, in deren Verlauf enteignete Betriebe klein- oder mittelständiger Privatunternehmer einem branchenverwandten VEB in der näheren Umgebung hinzugeschlagen wurden. Bei derartigen Betriebsteilen sind daher mit einer gewissen Wahrscheinlichkeit Reprivatisierungsansprüche durch die ehemaligen Eigentümer zu erwarten. Sofern diese bereits bekannt sind und der betreffende Teilbetrieb in der Unternehmenskonzeption des Kaufinteressenten keine maßgebliche Rolle spielt, ist es dringend angeraten, diesen Betriebsteil noch vor dem eigentlichen Unternehmenserwerb auszugliedern. Dies erfolgt im Regelfall durch die Veräußerung der betreffenden Vermögenswerte, also einen beinahe klassischen „Asset-Verkauf“, entweder direkt an die Treuhandanstalt oder aber eine der von dieser zu diesem Zweck eigens eingerichteten Auffanggesellschaften. Diese Lösung bietet den Vorteil, daß hiernach die Abwicklung des Rückübertragungsanspruches weiterhin der hierfür originär zuständigen Treuhandanstalt obliegt; nachteilig ist sie allenfalls insofern, als die Preisfindung durch die gesonderte Wertermittlung für den auszugliedernden Betriebsteil (dessen Abspaltung sich selbstverständlich im Regelfall kaufpreismindernd auswirken wird) die Wertermittlung für das verbleibende Gesamtunternehmen zusätzlich verkompliziert. Gleichwohl sollte der hier beschriebene Lösungsweg im Regelfall begangen werden, da hierdurch für den übernahmewilligen Investor zeitraubende und in ihrem Ausgang ungewisse Auseinandersetzungen mit ehemals enteigneten Anspruchstellern bzw. deren Erben vermieden werden können.

b) Behandlung von Reprivatisierungsansprüchen

Ein wesentlich größeres Problem hingegen stellt die Behandlung anderer als **93** der eben genannten begrenzten Rückübertragungsansprüche dar. Solche liegen etwa dann vor, wenn der Anspruch sich nicht auf einen vergleichsweise unbedeutenden Zweigbetrieb beschränkt, sondern das unternehmerische Herz des Betriebes oder aber betriebsnotwendige Fabrikations- und Vorhaltegrundstücke betrifft. Erschwert wird diese Situation dadurch, daß derartige Ansprüche nach dem Willen des Gesetzgebers keiner Ausschlußfrist unterliegen, was zur Folge hat, daß letzlich kein derzeit investitionswilliger Interessent davor gefeit ist, daß derartige Ansprüche noch in Jahren auf den von ihm von der Treuhandanstalt erworbenen Betrieb geltend gemacht werden.

94 Die rechtspolitische Zielsetzung bezüglich der Regelung derartiger Ansprüche ist klar und findet auch Eingang in die üblichen Unternehmenskaufverträge der Treuhandanstalt: Hiernach soll die Naturalrestitution, also die Erfüllung bereits bekannter geltend gemachter Rückübertragungsansprüche, dann ausscheiden, wenn das Unternehmen volkswirtschaftlich förderungswürdig ist, insbesondere indem es Arbeitsplätze schafft oder sichert (vgl. Art. 41 II EVertr.). In diesem Fall sind die Anspruchsteller auf eine Entschädigung in Geld zu verweisen, welche aus einem eigens hierfür einzurichtenden Entschädigungsfonds des Bundesvermögens zu leisten ist. Im Einzelfall, insbesondere bei einer besonders ungeklärten Rechtslage, kann auch eine Beteiligung des Unternehmenserwerbers an einer später zu leistenden Entschädigung vereinbart werden, welche bis zu diesem Zeitpunkt etwa durch Stellung einer banküblichen Sicherheit abzusichern ist. Die gleiche Regelung gilt im übrigen sinngemäß für im Augenblick des Unternehmenskaufs noch nicht bekannte, sondern erst später bekanntwerdende Ansprüche berechtigter Anspruchsteller.

95 Noch vollkommen ungeklärt ist allerdings die Rechtslage, falls auch ein berechtigter Anspruchsteller (bzw. dessen Erben) bereit und in der Lage wäre, das Unternehmen unter volkswirtschaftlich sinnvollen Perspektiven fortzuführen. In diesem Fall entfiele das Argument für die Weiterveräußerung des Unternehmens an einen betriebsfremden Dritten, nämlich dessen förderungswürdige Investitionsentscheidung, Es empfiehlt sich, für derartige Fälle in den Unternehmenskaufvertrag ein außerordentliches (Teil-) Rücktrittsrecht aufzunehmen. Ob sich dies als ausreichend erweisen wird, kann erst die Zukunft zeigen. Mit Sicherheit liegt hier ein wesentlicher Konfliktstoff für gerichtliche Auseinandersetzungen.

c) Altlastenbeseitigung

96 Die Lebens- und Arbeitswirklichkeit in der ehemaligen DDR war geprägt durch einen jahrzehntelangen, für westliche Maßstäbe erschreckend sorglosen Umgang mit der Umwelt sowie den natürlichen Ressourcen. Beinahe zwangsläufig stellt sich das Problem der daraus herrührenden Umwelt-Altlasten auch anläßlich praktisch jedes geplanten Unternehmenskaufs. Hierzu gibt es zwei unterschiedliche Lösungsansätze:

aa) Das noch in der ehemaligen DDR verabschiedete und durch den Einigungsvertrag teilweise übernommene „Umweltrahmengesetz“ sieht vor, daß aufgrund eines bis spätestens 31. 12. 1991 zu stellenden Antrages die Eintrittspflicht des Staates für die von der ehemaligen Staatswirtschaft in den einzelnen Betrieben verursachten Umweltschäden, soweit diese aus der Zeit vor dem 30. 6. 1990 herrühren, festgestellt wird. Sofern diese Feststellung ergeht, besteht für den Übernehmer eines Betriebs die Möglichkeit des zumindest teilweisen Regresses gegenüber der Staatskasse, sofern Aufwendungen für die Sanierung von Altlasten aus dem fraglichen Zeitraum erforderlich werden.

bb) Da diese Lösung jedoch im Einzelfall nicht weit genug gehen wird, empfiehlt sich zusätzlich die vertragliche Festschreibung eines angemessen erscheinenden und in der Bilanz des Unternehmens rückzustellenden Betrages, der in einem jeweils auszuhandelnden Zeitraum für die Sanierung der Altlasten durch den Betrieb selbst verwendet werden muß. Sollte innerhalb der gesetzten Frist nicht die gesamte hier rückgestellte Summe in Anspruch genommen werden, ist die Differenz zwischen dem rückgestellten und dem tatsächlich benötigten Betrag als Nachzahlung auf den Kaufpreis an die Treuhandanstalt zu entrichten. In diesem Fall wird der zunächst rückgestellte Betrag von einem ins Auge gefaßten Kaufpreis in Abzug zu bringen sein, da nur so die Entsorgung des Unternehmens auf Kosten des Übernehmers vermieden werden kann.

d) Nachbewertung von Grundstücken

Auch nach mittlerweile bald 1½ Jahren des Umbruchs ist die Situation auf **97**
dem Grundstücksmarkt im Gebiet der ehemaligen DDR nach wie vor nicht überschaubar; ein funktionsfähiger Markt existiert nicht. Da aber die Frage eines möglichen Unternehmenserwerbs ganz maßgeblich an die Frage des Eigentums und des Preises des dazugehörigen Grundstücks geknüpft ist, andererseits die Treuhandanstalt die besonders hier evidente Gefahr von Spekulationsgeschäften nach Möglichkeit unterbinden muß, wird versucht, dieses Problem über Nachbewertungsklauseln zu umgehen. Diese sehen im Regelfall vor, daß die Grundstücke zu vorläufigen Wertansätzen, wie sie sich aus der DM-Eröffnungsbilanz oder anderen vertraglichen Festschreibungen ergeben, an den Erwerber veräußert werden. Nach Ablauf einer Frist von im Regelfall drei Jahren ist sodann von den Parteien die Nachbewertung dieser Grundstücke durch einen Sachverständigen zu veranlassen und eine sich hiernach ergebende Differenz zwischen dem vorläufig angesetzten und dem später festgestellten Wert als Nachzahlung auf den Kaufpreis an die Treuhandanstalt abzuführen. Innerhalb dieser Differenz bleibt freilich eine gewisse, jeweils verhandelbare Freigrenze zugunsten des Erwerbers außer Betracht, desgleichen werterhöhende Maßnahmen durch den Übernehmer, wie z. B. die Grundstückserschließung und anderweitige Verbesserungen der Infrastruktur.

e) Arbeitsplatz- und Investitionsgarantien

Dem selben Ziel, nämlich der Verhinderung von Spekulationsgewinnen **98**
durch gewerbsmäßige „Unternehmensausschlachter", dient ein weiterer typischer Bestandteil von Vereinbarungen über den Erwerb eines Unternehmens bei derTreuhandanstalt: Es ist dies die vertraglich festgeschriebene Verpflichtung des Erwerbers zur Leistung von Investitionen in jeweils näher spezifizierter Höhe sowie zur Beibehaltung eines jeweils stichtagbezogenen Arbeitsplatzbestandes in dem zu übernehmenden Betrieb. Für den Fall des Verstoßes gegen diese Verpflichtung werden im Regelfall spürbare Vertragsstrafen vereinbart. Gleichwohl sind die hier maßgeblichen Rahmendaten frei verhandelbar und sollten für einen ernsthaften Übernahmeinteressenten, der in den neuen Bundesländern echte wirtschaftliche Perspektiven erkennt, kein Investitionshindernis darstellen.

f) Auflösung weiterer Rückstellungen

Wie bereits aufgezeigt, weist angesichts der von zahlreichen Ungewißheiten **99**
geprägten wirtschaftlichen Zukunft die typische DM-Eröffnungsbilanz einer GmbH i. A. auf ihrer Passivseite Rückstellungen in für westliche Maßstäbe

ungewöhnlicher Höhe auf. Diese Rückstellungen gelten nicht nur den bereits genannten Fallgestaltungen, wie etwa der Abfindung von Rückübertragungsansprüchen sowie der Altlastenbeseitigung, sondern insbesondere auch der Nachholung von in der Vergangenheit unterlassenen Instandsetzungen an den Betriebsgebäuden, der Abfederung von Sozialplänen etc.. Da hier das Risikopotential im Einzelfall nur äußerst schwer abzuschätzen ist, gleichwohl auch hier spekulativ motivierte Unternehmensakquisitionen nach Möglichkeit unterbunden werden sollen, sehen typische Kaufverträge der Treuhandanstalt eine fristgebundene Abrechnung des Erwerbers über die Verwendung der rückgestellten Beträge vor. Sofern sich hier Differenzen zugunsten des Unternehmens ergeben sollten, sind diese, ggf. anteilig, ebenfalls als Nachzahlung auf den Kaufpreis an die Treuhandanstalt zu entrichten. Sinngemäße Regelungen gelten im übrigen auch für verwandte Sachverhalte, so etwa das nachträgliche Bekanntwerden von Ausgleichsforderungen der Staatskasse gegen den übernommenen Betrieb, wobei der hier zugrunde liegende Sachverhalt oft einer eingehenden Prüfung schon deshalb entzogen sein wird, wie es sich um die Verschiebung von Rechnungsposten zwischen verschiedenen ehemals zu einem Kombinat zusammengeschlossenen Betrieben aus der mittlerweile oft näheren Einblicken entzogenen planwirtschaftlichen Vergangenheit der Unternehmen handelt. Die Berechtigung der von der Treuhandanstalt häufig erwünschten Preisanpassungsklauseln kann sich daher im Zweifelsfall als einigermaßen zweifelhaft erweisen. Sofern nicht gewichtige Gründe, wie etwa die oben aufgezeigten, dafür sprechen, sollte im Interesse einer zügigen Vertragsabwicklung und eines kalkulierbaren Unternehmerrisikos, welches auch maßgeblich von der Preisgestaltung bestimmt wird, ein Verzicht auf allzu umfängliche „Nachschlagsklauseln" erzielt werden. Hier werden freilich stets einzelfallorientierte Lösungen auf dem Verhandlungswege erreicht werden müssen.

g) Zusammenfassung zur Vertragsgestaltung, Ausblick

100 Die oben dargestellten typischen Regelungsvarianten zum Unternehmenserwerb in den neuen Bundesländern geben einen kurzen Überblick über derzeit aktuelle Problemstellungen und die Möglichkeiten, ihnen bei der Vertragsgestaltung Rechnung zu tragen. Auffällig sind insbesondere die vielfältigen Möglichkeiten einer nachträglichen Vertragsanpassung, welche einen ursprünglich vereinbarten Kaufpreis im Einzelfall noch erheblich beeinflussen können.

101 Es wird sich erst noch herausstellen müssen, ob die hier beschriebenen derzeit maßgeblichen Denkansätze tatsächlich geeignet sind, alle aus der Umstellung eines ehemals planwirtschaftlichen Systems auf das der sozialen Marktwirtschaft auftretenden Probleme beim Unternehmenskauf durch Vertragsgestaltung befriedigend zu regeln. Es darf auch nicht verkannt werden, daß die letztlich maßgebenden Entscheidungen zu zahllosen derzeit noch ungelösten Fragen auf der politischen Ebene fallen müssen. Gleichwohl ist bereits jetzt abzusehen, daß sich dem wirtschaftsberatenden Juristen im Zusammenhang mit der Umstellung der ehemaligen DDR-Wirtschaft generell ein weites Betätigungsfeld öffnet, wobei im Augenblick noch längst nicht alle hier einmal aktuell werdenden Fragestellungen auch nun ansatzweise erkennbar sind.

D II. Gesellschaftsrechtliche Beratung

Dr. Ulrich Koch

Gliederung

Literatur: *Adler/Düring/Schmaltz,* Rechnungslegung und Prüfung der Unternehmen, 1987; *Albach* u. a., Deregulierung des Aktienrechts – Das 3-Stufen-Modell, 1988; *Axster,* Handbuch des Aufsichtsrats, 1972; *Baranowski,* Besteuerung von Auslandsbeziehungen, 1978; *Baumbach/Hueck,* Kommentar zum HGB, 28. Aufl. 1989; *dies.,* Kommentar zum GmbHG, 15. Aufl. 1989; *dies.,* Kommentar zum Aktiengesetz, 13. Aufl. 1969; Beck'scher Bilanzkommentar, 2. Aufl. 1990; *Bellstedt,* Die Besteuerung international verflochtener Gesellschaften, 3. Aufl. 1973; *Bierich* u. a., Rechnungslegung nach neuem Recht, 1980; *Blaurock,* Unterbeteiligung und Treuhand an Gesellschaftsanteilen, 1981; *Bockelmann,* Das Recht der Firmen- und Geschäftsbezeichnungen, 3. Aufl. 1986; *Böttcher/Zartmann/Faut,* Stille Gesellschaft und Unterbeteiligung, 3. Aufl. 1978; *Böttcher/Zartmann/Kandler,* Wechsel der Unternehmensform, 4. Aufl. 1982; *Brandmüller,* Die Betriebsaufspaltung nach Handels- und Steuerrecht, 5. Aufl., 1985; *ders.,* Gewerbliche Stiftungen, 1988; *Brönner,* Die Besteuerung der Gesellschaften, 16. Aufl. 1988; *ders./Kamprad,* Kommentar zum Kapitalverkehrsteuergesetz, 4. Aufl. 1986; *Centrale für GmbH,* Der GmbH-Konzern, 1976; *Centrale für GmbH,* Das neue GmbH-Recht in der Diskussion, 1980; *Dehmer,* Die Betriebsaufspaltung, 1983; *Deutler,* Das neue GmbH-Recht – GmbH-Novelle 1980, 1979; *Döllerer,* Verdeckte Gewinnausschüttungen und Einlagen bei Kapitalgesellschaften, 2. Aufl. 1989; *Fischer/Lutter/Hommelhoff,* Kommentar zum GmbHG, 12. Aufl. 1987; *Fitting/Wlotzke/Wißmann,* Kommentar zum Mitbestimmungsgesetz, 2. Aufl. 1978; *Fleck,* Kapitalaufbringung, Kapitalerhaltung und Insolvenzprobleme der GmbH, 2. Aufl. 1982; *Flume,* Die Personengesellschaft, 1977; Formularkommentar, Band II 2, „Unternehmensverbindungen, Verschmelzung u. a.", 21. Aufl. 1982; Band II 1, „Einzelkaufmann und Gesellschaften", 21. Aufl. 1973; Band „Aktienrecht", 22. Aufl. 1988; *Frommel/Thompsen,* Company Law in Europe, 1975; *Ganske,* Das Recht der Europäischen Wirtschaftlichen Interessenvereinigung, 1989; *v. Gerkan/Hommelhoff,* Kapitalerhaltung im Gesellschafts- und Insolvenzrecht, 2. Aufl. 1988; *Gessler/Hefermehl/Eckardt/Kropff,* Kommentar zum Aktiengesetz, 1973; *Glade/Steinfeld,* Kommentar zum Umwandlungsteuergesetz, 2. Aufl. 1978; *Gross,* Sanierung durch Fortführungsgesellschaften, 2. Aufl. 1988; *Grossfeld,* Unternehmens- und Anteilsbewertung im Gesellschaftsrecht, 2. Aufl. 1987; Großkommentar zum Aktiengesetz, 1974/75; Großkommentar zum HGB, 3./4. Aufl. 1973–1988; *Guski/Schneider,* Mitarbeiter-Beteiligung, 1987; *Hachenburg,* Großkommentar zum GmbHG, 7. Aufl. 1975–1988; *Hahn/Schindler,* Die Besteuerung der Stiftungen, 2. Aufl. 1977; *Hanau/Ulmer,* Kommentar zum MitbestG, 1981; *Heckschen,* Verschmelzung von Kapitalgesellschaften, 1989; *Heerdt/Padberg/Walther,* Der Gang an die Börse, Handbuch für Neuemissionen, 3. Aufl. 1988; *Henn,* Handbuch des Aktienrechts, 4. Aufl. 1990; *Hennerkes/Binz,* Die GmbH & Co., 7. Aufl. 1984; *Hermann/Heuer,* Kommentar zum EStG und KStG, 19. Aufl. 1982ff.; *Heubeck/Heitmann,* Die Altersversorgung der Geschäftsführer bei GmbH und GmbH & Co., 2. Aufl. 1983; *Heymann,* Kommentar zum Handelsgesetzbuch, 1989; *Hoffmann,* Der Aufsichtsrat, 2. Aufl. 1985; *ders./Lehmann/Weinmann,* Kommentar zum Mitbestimmungsgesetz, 1978; *Hommelhoff/Priester,* Bilanzrichtliniengesetz und GmbH, 1985; *Hueck,* Das Recht der OHG, 4. Aufl. 1971; *Hölters,* Der Beirat der GmbH und GmbH & Co. KG, 1979; *Jacobs,* Internationale Unternehmensbesteuerung, 1983; Jura Europae, Gesellschaftsrecht und Steuerrecht, 1988; *Kinnebrook/Meulenbergh,* Kommentar zum Kapitalverkehrsteuergesetz, 5. Aufl. 1983; *Knobbe-Keuk,* Bilanz- und Unternehmensteuerrecht, 7. Aufl. 1989; *U. Koch,* Die Entwicklung des Gesellschaftsrechts in den Jahren 1984/85 (NJW 1986, 1651); im Jahr 1986 (NJW 1987, 2483); in den Jahren 1987/88 (NJW 1989, 2662; NJW 1989, 3130; NJW 1990, 158); Kölner Kommentar zum Aktiengesetz, 2. Aufl. 1985ff.; *Küting/Weber,* Handbuch der Konzern-Rechnungslegung, 1989; *dies.,* Handbuch der Rechnungslegung, 1986; *Lang/Weidmüller,* Kommentar zum Genossenschaftsgesetz, 32. Aufl. 1988; *Lange,* Verdeckte Gewinnausschüttungen, 4. Aufl. 1973; *Langenfeld/Gail,* Handbuch der Familienunternehmen, 7. Aufl. 1987ff.; *Lawlor,* Crossborder Transactions between realated Companies, 1985; *Leffson,* Die Grundsätze ordnungsmäßiger Buchführung, 7. Aufl. 1987; *Littmann/Bitz/Meincke,* Das Einkommensteuerrecht, 14. Aufl. 1985; *Loos,* Kommentar zum Umwandlungsteuergesetz, 2. Aufl. 1970ff.; *Lutter,* Information und Vertraulichkeit im Aufsichtsrat, 2. Aufl. 1984; *ders.,* Die Gründung einer Tochtergesellschaft im Ausland, 2. Aufl. 1988; *ders.,* Europäisches Gesellschaftsrecht, 2. Aufl. 1984; *ders./G. Krieger,* Rechte und Pflichten des Aufsichtsrats, 1981; *Mertens,* Das Recht der GmbH-Geschäftsführer, 1979; *A. Meyer-Landrut,* Die Europäische Wirtschaftliche Interessenvereinigung, 1989; *Meyer-Landrut/Miller/Niehus,* Kommentar zum GmbH-Gesetz, 1987; *Meyer/Meulenbergh/Beuthien,* Kommentar zum Genossenschaftsgesetz, 12. Aufl. 1983; *Möhring/Nirk/Tank,* Handbuch der Aktiengesellschaft, 2. Aufl. 1982ff.; *Müller,* Kommentar zum Genossenschaftsgesetz, 1986; Münchener Kommentar zum Bürgerlichen Gesetzbuch, 2. Aufl. 1984, §§ 705ff. (Bearbeiter: *Ulmer*); Münchener Handbuch des Gesellschaftsrechts, Band 4 Aktiengesellschaft; Münchener Vertrags-Handbuch, Band 1 Gesellschaftsrecht, 2. Aufl. 1987; *Obermüller/Werner/Winden,* Die Hauptversammlung der AG, 3. Aufl. 1967; *Paulick/Blaurock,* Handbuch der stillen Gesellschaft, 4. Aufl. 1988; *Piltz,* Die Unternehmensbewertung in der Rechtsprechung, 2. Aufl. 1989; *Post/Hoffmann,* Die stille Beteiligung am Unternehmen der Kapitalgesellschaft –

GmbH & Still, 2. Aufl. 1984; *Pougin,* Genußrechte, 1987; *Raiser,* Kommentar zum Mitbestimmungsgesetz, 2. Aufl. 1984; *Rowedder u.a.,* Kommentar zum GmbH-Gesetz, 1985; *Sauer,* Die Publikumskommanditgesellschaft, 2. Aufl. 1989; *Scheidel,* Steuerreform 1990, 1988; *Schick/Rüd,* Stiftung und Verein als Unternehmensträger, 1988; *Schlegelberger/Quassowski,* Kommentar zum Aktiengesetz, 2. Aufl. 1937; *Schlegelberger/Gessler* u. a., Kommentar zum HGB, 5. Aufl. 1973; *K. Schmidt,* Welche Änderungen oder Ergänzungen sind im Recht der BGB-Gesellschaft geboten? Gutachten und Vorschläge zur Überarbeitung des Schuldrechts, Band III, 1983; *ders.,* Gesellschaftsrecht 1986; *L. Schmidt,* Kommentar zum EStG, 9. Aufl. 1990; *Schmidt/Steppert,* Die Organschaft, 3. Aufl. 1978; *Scholz,* Kommentar zum GmbHG, 7. Aufl. 1986; *Schwark,* Kommentar zum Börsengesetz, 1976; *Schwedhelm,* Die GmbH & Still als Mitunternehmerschaft, 1986; *Siegwart/Mahari* u. a., Restrukturierungen & Turnarounds, 1990; *Sonnenschein,* Organschaft und Konzerngesellschaftsrecht, 1970; *Sudhoff,* Der Gesellschaftsvertrag der GmbH & Co., 4. Aufl. 1979; *ders.,* Der Gesellschaftsvertrag der Personengesellschaft, 6. Aufl. 1985; *ders.,* Der Gesellschaftsvertrag der GmbH, 7. Aufl. 1987; *ders.,* Das Familienunternehmen, 1980; *ders.,* Unternehmensnachfolge, 3. Aufl. 1984; *Söffing,* Die Besteuerung der Mitunternehmer, Kommentar zum BdF-Schreiben vom 20. 12. 1977, 1988; *Tillmann,* Der Geschäftsführer der GmbH und GmbH & Co., 5. Aufl. 1989; *Troll,* Bewertung der GmbH-, oHG- und KG-Anteile bei der Vermögensteuer, 4. Aufl. 1983; *Uhlenbruck,* Die GmbH & Co. KG in Krise, Konkurs und Vergleich, 2. Aufl. 1988; *Ulmer,* Richterliche Entscheidungen im Gesellschaftsrecht 1973–1985, 1986; *Vogel,* Kommentar zu den Doppelbesteuerungsabkommen, 1983; *Weber,* Handausgabe der Doppelbesteuerungsabkommen, 1982; *Westermann* u. a., Handbuch der Personengesellschaft, 3. Aufl. 1989ff.; *Widmann/Mayer,* Umwandlungsrecht, 1988; *Wiedemann,* Gesellschaftsrecht, Band 1 Grundlagen, 1980; *Wiesner,* Die Gesellschaft bürgerlichen Rechts, 1981; Wirtschaftsprüferhandbuch, Handbuch für Rechnungslegung, Prüfung und Bewertung, 9. Aufl. 1985/86; *Wöhe,* Bilanzierung und Bilanzpolitik, 7. Aufl. 1987; *Würdinger,* Aktien- und Konzernrecht, 4. Aufl. 1981; *Zartmann/Litfin,* Unternehmensform nach Maß, 2. Aufl. 1977; ZGR, Bibliographie zum Unternehmens- und Gesellschaftsrecht 1950–1985, 1989; ZHR, Probleme des Konzernrechts, 1989.

I. Gesellschaftsrechtliche Beratung im Überblick

Gesellschaftsrechtliche Beratung ist die Beratung des Unternehmensträgers, **1** seiner Organe, seiner Anteilseigner und seiner Gläubiger zu allen Fragen des Gesellschaftsrechts. Sie erstreckt sich auf die gesellschaftsrechtlichen Regelungen in BGB (§§ 21ff., 80ff., 705ff., 741ff.) und HGB (§§ 105ff., 161ff., 230ff.), in Sondergesetzen zu einzelnen Gesellschaftsformen (AktG, GmbHG, GenG), in rechtformübergreifenden Gesetzen zu Sonderfragen (Fragen des Mitbestimmungsrechts nach MitbestG, §§ 76f. BetrVG und Montan-Mitbestimmungsgesetzen oder Publizität in §§ 238ff. HGB und PublG) und zu Umgestaltungsmöglichkeiten (UmwG, KapErhG, §§ 339ff. AktG) u. a. m. Als Beratung des Unternehmensträgers und seiner Anteilseigner dient gesellschaftsrechtliche Beratung dem Ziel, den Anteilseignern und ihrem Unternehmen einen Rechtsträger mit solchen rechtlichen Strukturen zur Verfügung zu stellen, die es erlauben, unternehmerische Geschäftsführungs-, Aufsichts- und Grundlagenentscheidungen – unter Aufrechterhaltung unternehmerischer Beweglichkeit – auf rechtlich verläßlicher Grundlage zu treffen. Die Bandbreite der Beratungssituationen und gesellschaftsrechtlichen Problemstellungen ist unerschöpflich. Die Bedeutung der gesellschaftsrechtlichen Fragen für das Unternehmen kann nicht hoch genug eingeschätzt werden; sie bilden die Grundlage für ein funktionierendes Zusammenwirken von Unternehmensträger und dahinter stehenden Anteilseignern, für das Zusammenwirken der verschiedenen Gesellschaftsorgane, für das Erreichen steuerlicher Zielsetzungen und damit eine wichtige Voraussetzung für den wirtschaftlichen Erfolg des Unternehmens.

1. Die Beratung von Klein- und Mittelbetrieben, die Beratung von Großunternehmen

2 Gesellschaftsrechtliche Beratung durch den Anwalt erstreckt sich von den Problemen des **Einzelunternehmers,** der aus Gründen etwa der Haftungsbeschränkung sein Handelsgeschäft in eine Gesellschaft einbringen möchte, bis hin zur Beratung großer Industrieunternehmen, die als **Publikums-AG** organisiert sind und über eigene Steuer- und Rechtsabteilungen verfügen. Entsprechend unterschiedlich ausgerichtet ist die Erwartung des Mandanten, von seinem gesellschaftsrechtlichen Berater auch zu außergesellschaftsrechtlichen Fragen anwaltlichen Rat zu erhalten und über Einzelheiten der rechtlichen Fragestellung bzw. komplizierende Alternativen unterrichtet zu werden.

3 Bei der **Beratung von Klein- und Mittelbetrieben** ist der gesellschaftsrechtlich beratende Anwalt regelmäßig umfassend gefordert. Grundlagenentscheidungen, etwa die Wahl der Rechtsform oder die Gestaltung des Gesellschaftsvertrages gehören ebenso dazu wie gesellschaftsrechtliche Zweifelsfragen des Tagesgeschäfts. Die Realisierung etwaiger Gestaltungsvorhaben liegt ganz in Händen des gesellschaftsrechtlichen Beraters. Auch wird der kleine und mittlere Betriebe beratende Anwalt oft die im Rahmen der gesellschaftsrechtlichen Probleme berührten Rand- und außerrechtlichen Fragen mitklären müssen, z. B. auch bei steuerrechtlichen oder Finanzierungentscheidungen hinzugezogen. Der gesellschaftsrechtlich beratende Anwalt ist hier häufig auch der allgemeine Berater des Anteilseigners und seiner Familie. Der mittelständische Unternehmer ist an rechtlichen Einzelheiten, die einer bestimmten Empfehlung zu Grunde liegen, regelmäßig nicht interessiert; für ihn stehen der wirtschaftliche (steuerliche) Erfolg der Maßnahme, die rechtliche Realisierbarkeit und die damit verbundenen Kosten im Vordergrund.

4 **Großunternehmen** mit eigenen Steuer- und Rechtsabteilungen bearbeiten, je nach Größe und Qualifikation dieser Abteilungen, die meisten der im Bereich der gesellschaftsrechtlichen Beratung anfallenden Fragen selbst. Der externe Anwalt als gesellschaftsrechtlicher Berater wird zu Spezialfragen, komplizierten Gestaltungsvorhaben und – zum Zweck der Überprüfung eigener Überlegungen der Unternehmensjuristen – zu Fragen von erheblichem wirtschaftlichem Gewicht hinzugezogen. Hier stehen Spezialkenntnisse und die Beantwortung von ungeklärten, in Kommentaren nicht erörterten Rechtsfragen im Vordergrund. Soweit in diesem Zusammenhang auch zu Steuer- und sonstigen nichtgesellschaftsrechtlichen Fragen externer Beratungsbedarf besteht, stehen die Empfehlungen des gesellschaftsrechtlichen Beraters neben denen anderer externer Berater (Unternehmensmakler, Banken, Wirtschaftsprüfer, Finanzierungsgesellschaften, Rentenberater etc.).

4a Über die Justitiare des Unternehmens unterliegen die Empfehlungen des Anwalts insoweit auch einer fachlichen Kontrolle. Die Beschränkung dieser Beratungstätigkeit auf Spezialfragen machen auf seiten des gesellschaftsrechtlich beratenden Anwalts umfassende Kenntnisse von Rechtsprechung und Schrifttum sowie Fähigkeiten erforderlich, namentlich ungeklärte, in Kommentaren nicht erörterte Fragestellungen verläßlich beurteilen zu können. Vom gesellschaftsrechtlich beratenden Anwalt erwartet werden hier – neben der abschließenden Empfehlung – auch eine eingehende Sichtung von Rechtsprechung und Schrifttum. Die gegenüber Großunternehmen abzugebenden Rechtsgutachten sind denn auch regelmäßig in juristischer Fachsprache gehalten, rechtliche Selbstverständlichkeiten müssen hier – anders als beim mittelständischen Mandanten – nicht erörtert werden. Berät der Anwalt in gesellschaftsrechtlichen Fragen direkt die Geschäftsleitung, nähert die Art der Beratung sich wieder dem Stil einer Beratung mittelständischer Unternehmen an.

2. Die Beratung von Einzelunternehmen und von Unternehmensgruppen

Gesellschaftsrechtliche Beratung hat einen unterschiedlichen **Inhalt,** je nachdem, ob ein einzelner Unternehmensträger oder aber eine Unternehmensgruppe mit einer Vielzahl in- und ausländischer Tochter- und Beteiligungsgesellschaften Gegenstand der gesellschaftsrechtlichen Beratung ist. 5

Bei der Beratung einer **einzelnen Gesellschaft** und ihrer Anteilseigner wird regelmäßig das Verhältnis Gesellschaft/Gesellschafter und das Verhältnis der Anteilseigner untereinander sowie der Einfluß der Anteilseigner auf Geschäftsführungs- und Grundlagenentscheidungen des Unternehmens im Vordergrund stehen. Bei der Beratung von **Unternehmensgruppen** treten – abgesehen davon, daß der Beratungsbedarf meist schon durch die größere wirtschaftliche Stellung der Unternehmensgruppe anders gelagert sein wird – konzernrechtliche Organisations- und Haftungsfragen, Streitfragen im Verhältnis Mutter- und Tochtergesellschaft sowie ertragsteuerliche Fragen der Ergebnisweiterleitung hinzu. Weitere Komplizierungen ergeben sich bei Unternehmensgruppen aus einer etwaigen Beteiligung Dritter an konzernzugehörigen Gesellschaften, durch die Frage nach der konzern- und steuerrechtlichen Zweckmäßigkeit von Zwischenholdinggesellschaften und durch die Frage, in welchem Maße die grundlegenden Geschicke von Tochter- und Enkelgesellschaften von der Geschäftsleitung der Muttergesellschaft oder aber von deren Anteilseignern zu bestimmen sind. 6

3. Die Beratung des Unternehmensträgers und seiner Anteilseigner

Der Anwalt kann als Berater der Gesellschaft und/oder (einzelner) ihrer Anteilseigner auftreten. Solange unter den Gesellschaftern Einigkeit besteht, liegt, gerade bei kleinen und mittleren Unternehmen, die Beratung meist in Händen ein und desselben Beraters, und zwar sowohl die Beratung des Unternehmens als auch die Beratung seiner Anteilseigner. Erst bei einem **Streit der Anteilseigner** untereinander oder absehbaren Interessenkonflikten stehen sich gesellschaftsrechtliche Berater der Gesellschaft und der Anteilseigner gegenüber. Ein Mandat der Gesellschaft wird den gesellschaftsrechtlich beratenden Anwalt regelmäßig mit den aus Sicht der Geschäftsführung relevanten Fragen beschäftigen: Das Verhältnis der Unternehmensorgane zueinander, die Gestaltung der Rechtsverhältnisse von Tochtergesellschaften und Beteiligungen u. a. m. Ein Mandat der Anteilseigner wird den gesellschaftsrechtlichen Berater meist mit Fragen des Verhältnisses der Gesellschafter zueinander und ihrem Einfluß auf das Unternehmen konfrontieren. 7

4. Die Beratung von Personen- und Kapitalgesellschaften

8 Schon im Hinblick auf die unterschiedliche steuerliche Behandlung stellen sich bei der Beratung von Personen- und Kapitalgesellschaften und ihrer Anteilseigner unterschiedliche Fragen. Dies gilt zunächst für die **steuerrechtlichen Konsequenzen,** die mit der Entscheidung für die Personen- oder Kapitalgesellschaft als Unternehmensträger verbunden sind (Verlustverrechnung mit anderweitigen Einkünften des Anteilseigners, gewerbesteuerliche Berücksichtigung von Geschäftsführergehältern, Rückstellungsfähigkeit der Versorgungsansprüche von geschäftsführenden Gesellschaftern, doppelte Vermögenssteuerpflicht, Beteiligung von Steuerausländern, etc.). Aber auch für die Gestaltung der rechtlichen Verhältnisse des Unternehmensträgers ist die Entscheidung zwischen Personen- und Kapitalgesellschaft weichenstellend.

9 Der **Vorteil der beschränkten Haftung** für sämtliche Anteilseigner führt – wenn man von der GmbH & Co. KG also Doppelgesellschaft absieht – oft zur Rechtsform der Kapitalgesellschaft; für den gesellschaftsrechtlichen Berater stehen dann meist Fragen der Kapitalaufbringung und -erhaltung sowie Fragen zur kapitalersetzenden Funktion von Gesellschafterdarlehen im Mittelpunkt. Nur bei Gesellschaften in der Rechtsform der AG und KGaA kommt derzeit eine Börsenzulassung in Betracht.

10 Der Grundsatz der Selbstorganschaft bei **Personengesellschaften** und die enge, persönliche Verbundenheiten ihrer Anteilseigner begründen zusätzliche, vom Berater zu beachtende Besonderheiten (das Fehlen fester Kapitalanteile, Regelungsbedarf bei der Einrichtung von Gesellschafterkonten, bei der Übertragbarkeit von Gesellschaftsanteilen unter Lebenden und von Todes wegen und bei der Einrichtung eines Verfahrens zur Berufung neuer persönlich haftender Gesellschafter, etc.).

5. Die Beratung in der Gründungsphase, bei Neuordnungsmaßnahmen und in der Liquidationsphase

11 Je nach dem „Lebensstadium" eines Unternehmens, zwischen Aufnahme und Beendigung der Geschäftstätigkeit, wird der gesellschaftsrechtliche Berater mit ganz unterschiedlichen Fragestellungen konfrontiert. In der Gründungsphase stehen die Frage der Rechtsform, der Inhalt des Gesellschaftsvertrages und die organisatorische Anbindung von Tochtergesellschaften im Vordergrund. Später werden regelmäßig gesellschaftsrechtliche Neuordnungen erforderlich, meist durch Unternehmenszu- oder -verkäufe, den Wechsel von Anteilseignern oder aber durch steuerliche Überlegungen ausgelöst; hier stehen die Umwandlung des Unternehmensträgers in eine andere Rechtsform, die Verschmelzung mehrerer Rechtsträger, konzernrechtliche Umstrukturierungen sowie die Neuordnung des Einflusses der Anteilseigner im Vordergrund. In der Liquidationsphase ist der gesellschaftsrechtliche Berater meist damit betraut, die Beseitigung der Gesellschaft möglichst geräuschlos und ohne zusätzlichen Aufwand durchzuführen, soweit die Einleitung des Liquidations- oder Vergleichsverfahrens nicht aktiv dazu eingesetzt wird, um Bereinigungen auf Anteilseigner- oder Gläubigerseite herbeizuführen und anschließend die Gesellschaft fortzuführen. Die mit der Liquidation verbundenen Kosten sind zu minimieren, ein Vergleichs- oder gar Konkursverfahren tunlichst zu vermeiden. Im Liquidations- wie auch im Insolvenzverfahren wird die Tätigkeit des gesellschaftsrechtlich beratenden An-

walts meist auf die Beantwortung der durch die Insolvenz ausgelösten gesellschaftsrechtlichen Fragen beschränkt sein.

6. Die Beratung ausländischer Gesellschaften bei gesellschaftsrechtlichen Gestaltungsvorhaben im Inland, die Beratung inländischer Gesellschaften in bezug auf ausländische Tochtergesellschaften

Der deutsche Anwalt wird als gesellschaftsrechtlicher Berater in erster Linie **12** mit inländischen Gesellschaften und deren Rechtsproblemen im Inland konfrontiert. Die zunehmende weltwirtschaftliche Verflechtung hat aber dazu geführt, daß nahezu jeder gesellschaftsrechtliche Berater auch in Fällen mit Auslandsberührung tätig ist, sei es, daß ausländische Anteilseigner sich an Inlandsunternehmen beteiligen, ausländische Investoren in der Bundesrepublik Tochtergesellschaften gründen oder Niederlassungen errichten, sei es, daß inländische Gesellschaften ihr Auslandsgeschäft mit eigenen Tochtergesellschaften im Ausland unterstützen.

Die Beratung ausländischer Mandanten über Probleme des deutschen Gesell- **13** schaftsrechts besteht zu einem wesentlichen Teil darin, dem ausländischen Investor die **deutschen Rechtsprobleme und Zusammenhänge** zu erläutern, oft in dessen Landessprache. Kenntnisse des Rechts des Heimatstaats des Investors erleichtern es dem beratenden Anwalt, die Gestaltung der deutschen Tochtergesellschaft an das Recht der ausländischen Muttergesellschaft anzupassen und auf Abweichungen des deutschen gegenüber dem ausländischen Recht hinzuweisen, die dem ausländischen Investor nicht bewußt sind. Erhebliche Bedeutung kommt bei der Gestaltung der Tatsache zu, daß der ausländische Anteilseigner in der Bundesrepublik nur beschränkt steuerpflichtig ist (Belastungsvergleiche von Betriebsstätte und Tochtergesellschaft, Körperschaftsteuergutschriften, Quellensteuern, etc.).

Bei **Auslandsinvestitionen** deutscher Unternehmen, die hierbei ihren ständi- **14** gen gesellschaftsrechtlichen Berater hinzuziehen, stehen zunächst Fragen des ausländischen Rechts im Vordergrund. Auch bei guten Kenntnissen des ausländischen Rechts wird der deutsche Anwalt kaum vollständig und verläßlich beurteilen können, ob bei der beabsichtigten Maßnahme allen sich aus dem ausländischen Recht ergebenden Risiken hinreichend Rechnung getragen ist oder nicht. Schon aus Gründen der Vorsicht werden zu solchen Fragen regelmäßig ausländische Anwälte hinzugezogen, sei es, daß der ausländische Anwalt für die nach fremdem Recht zu beurteilenden Fragen vom Mandanten beauftragt wird, sei es, daß der deutsche Anwalt sich im Innenverhältnis durch ausländische Kollegen beraten läßt. Die sich nach deutschem Recht aus der internationalen Verflechtung ergebenden Fragen, insbesondere Fragen des Konzern- und des Außensteuerrechts sind vom deutschen Anwalt zu beurteilen.

7. Die Beratung im Streit der Gesellschafter

Einen großen Tätigkeitsbereich findet der gesellschaftsrechtliche Berater bei **15** Streitigkeiten der Anteilseigner untereinander. Hier steht die Durchsetzung einseitiger Interessen ganz im Vordergrund der anwaltlichen Tätigkeit, aber zugleich das Bemühen, durch entsprechende Verhandlungen einen Ausgleich der Interessen herbeizuführen, um eine Schädigung des Unternehmens zu vermeiden. Kommt es zu gerichtlichen Auseinandersetzungen, wird der gesellschaftsrechtlich beratende Anwalt die von ihm vertretenen Anteilseigner oder Unternehmensorgane auch vor Gericht vertreten. Gesellschaftsverträge, aber auch andere Vereinbarungen gesellschaftsrechtlichen Inhalts, enthalten oft **Schiedsgerichtsklauseln,** welche die Zuständigkeit staatlicher Gerichte zur Entscheidung solcher Streitigkeiten ausschließen und zur Einrichtung besonderer Schiedsgerichte führen. Die Prozeßführung vor Schiedsgerichten, aber auch die Tätigkeit als Schiedsrichter bilden deshalb regelmäßig einen festen Bestandteil der Tätigkeit des gesellschaftsrechtlich beratenden Anwalts.

II. Randbereiche gesellschaftsrechtlicher Beratung

16 Der gesellschaftsrechtliche Berater muß, wie jeder Anwalt auf seinem Fachgebiet, über gute Rechtskenntnisse, möglichst in Form präsenten Wissens, verfügen. Die gesellschaftsrechtliche Beratung verlangt dabei mehr als reine Rechtskenntnisse, wie sie bei der Führung gesellschaftsrechtlicher Prozesse im Vordergrund stehen. Gesellschaftsrechtliche Fragen sind regelmäßig eng mit dem **Steuerrecht** verknüpft, oft von steuerlichen Vorgaben abhängig. Die Lage des Unternehmens und die Notwendigkeit, mit gesellschaftsrechtlichen Maßnahmen gestaltend einzugreifen, lassen sich meist nur aus der Rechnungslegung des Unternehmens ablesen. Auch sind gesellschaftsrechtliche Gestaltungen oft mit Rechtsfragen anderer Rechtsgebiete verknüpft, die der gesellschaftsrechtliche Berater in gleicher Weise übersehen muß. In diesem Sinne ist der gesellschaftsrechtlich beratende Anwalt, trotz aller Spezialisierung auf Fragen z. B. des Aktien- und Umwandlungsrechts, als Generalist auf zahlreichen Rechtsgebieten tätig.

1. Steuerrecht

17 Dem Steuerrecht kommt zentrale und wegweisende Bedeutung für die gesellschaftsrechtliche Beratung zu (vgl. Steuerberatung, D. II.). Dies gilt für die Ertragsteuern (Einkommen-, Körperschaft- und Gewerbeertragsteuer) und ihren Einfluß auf den Ertrag von Unternehmen und das Einkommen der Anteilseigner, sei es bei der Standort- und Rechtsformwahl, sei es bei der laufenden gesellschaftsrechtlichen Beratung. Dies gilt aber auch für die anderen Steuerarten (GewStG, KVStG, GrEStG, ErbStG, VStG, u. a. m.), die bei der Wahl unter verschiedenen gesellschaftsrechtlichen Gestaltungsmöglichkeiten als Kosten zu berücksichtigen sind. Bei **Umstrukturierungen und Neuordnungsvorhaben** entscheiden – wegen der Gefahr der unbeabsichtigten Realisierung stiller Reserven – regelmäßig das UmwStG und die einschlägigen Erlasse der Finanzverwaltung über den einzuschlagenden Weg. Die gesellschaftsrechtliche Beratung in Fällen mit Auslandsberührung wird stark durch das Außensteuerrecht und die bestehenden DBAs geprägt. Wegen der finanziellen Bedeutung der steuerlichen Zusammenhänge entscheiden diese oft über die Auswahl unter verschiedenen gesellschaftsrechtlichen Gestaltungsmöglichkeiten.

18 Der Unterscheidung zwischen Privat- und Betriebsvermögen (einschl. gewillkürtem und notwendigem Betriebsvermögen) kommt in der gesellschaftsrechtlichen Beratung eine ebenso große Bedeutung zu wie der zivilrechtlichen Unterscheidung nach Eigentum der Anteilseigner und Eigentum der Gesellschaft. Bei jedem gesellschaftsrechtlichen Gestaltungsvorhaben, selbst bei der Abstimmung von Gesellschaftsvertragsklauseln zur Gesellschafternachfolge von Todes wegen und von letztwilligen Verfügungen, besteht die Gefahr, daß es zu

nur schwer zu finanzierenden Steuerlasten oder gar zu einer unbeabsichtigten Realisierung stiller Reserven kommt. Unternehmen in der Rechtsform der **Betriebsaufspaltung,** der **GmbH & Still** oder der doppelstöckigen **GmbH & Co. KG** stehen schon von ihrer Gründung an unter der Dominanz des Steuerrechts. Einige gesellschaftsrechtliche Instrumente, etwa der Abschluß von Beherrschungs- und Gewinnabführungsverträgen, haben in der gesellschaftsrechtlichen Praxis vor allem steuerrechtliche Bedeutung, andere gesellschaftsrechtliche Gestaltungen (Beteiligungen von Familiengehörigen durch Nießbrauch oder Unterbeteiligung) hängen in ihrem wirtschaftlichen Erfolg ganz wesentlich von der Beachtung der steuerrechtlichen Vorgaben ab. Die eigentlichen Probleme gesellschaftsrechtlicher Gestaltung liegen deshalb oft in der rechtlichen Absicherung steuerrechtlicher Ziele, die dann ihrerseits die gesellschaftsrechtliche Gestaltung weitgehend präjudizieren.

Auch dann, wenn – wie in den meisten Fällen – die steuerliche Beratung in den Händen einer Wirtschaftsprüfungsgesellschaft, eines Steuerberaters oder eines spezialisierten Steueranwalts liegt, genügt es für den gesellschaftsrechtlichen Berater in der Regel nicht, steuerliche Vorgaben nur zu beachten und die gesellschaftsrechtlichen Empfehlungen hieran auszurichten. Erst ein hohes Maß eigener steuerrechtlicher Kenntnisse versetzt den gesellschaftsrechtlichen Berater in die Lage, wirtschaftlich (weil auch steuerlich) sinnvolle Gestaltungsmöglichkeiten und -empfehlungen zu unterbreiten und steuerlich nachteilige Gestaltungen zu vermeiden. Die Fähigkeit, bilanz- und ertragsteuerliche Zusammenhänge zu beachten, ist dabei ebenso unerläßlich wie Kenntnisse des körperschaftsteuerrechtlichen Anrechnungsverfahrens und der Eigenkapitalgliederung, ohne die die Ertragssituation der Anteilseigner von Kapitalgesellschaften und Ausschüttungsentscheidungen nicht verläßlich beurteilt werden können. **19**

Zahlreiche **Beratungsfehler** resultieren aus der ungenügenden Berücksichtigung steuerrechtlicher Zusammenhänge. Vorschläge zu gesellschaftsrechtlichen Gestaltungsvorhaben, die ohne Berücksichtigung steuerrechtlicher Zusammenhänge abgegeben werden, enthalten oft auch noch Alternativen, die aus steuerlichen und damit finanziellen Gründen nicht verfolgt werden sollten; solche Vorschläge sind aus Sicht des Mandanten wertlos, sie gefährden auch die Stellung des gesellschaftsrechtlich beratenden Anwalts gegenüber dem Mandanten. Denn gerade wegen des starken Einflusses der steuerrechtlichen Fragen auf die gesellschaftsrechtliche Beratung bilden die mittleren und großen Wirtschaftsprüfungs- und Steuerberatungsgesellschaften wichtige Konkurrenten für den Rechtsanwalt als gesellschaftsrechtlichen Berater. **20**

2. Rechnungslegung, Bilanzrecht und -politik

Gesellschaftsrechtliche Beratung wird meist nicht ohne Kenntnis der finanziellen Verfassung der Gesellschaft möglich sein. Ein eigenkapitalschwaches Unternehmen kann nicht in der Rechtsform der Betriebsaufspaltung geführt werden; Verschmelzungsmaßnahmen sollten so vorgenommen werden, daß steuerliche Verlustvorträge nicht ungenutzt untergehen; der Katalog zustimmungspflichtiger Geschäfte, für deren Vornahme die Geschäftsführung die Zustimmung des Aufsichtsorgans benötigt, wird oft danach restriktiv oder großzügig ausgestaltet, ob die Geschäftsführung erfolgreich tätig ist oder nicht. Der gesellschaftsrechtliche Berater wird dabei regelmäßig auf die Jahresabschlüsse der Gesellschaft und deren laufendes Rechnungswerk zurückgreifen. Nur die Fähigkeit, Einzel- und Konzernabschlüsse und betriebliche Monatsabrechnun- **21** gen lesen und ihnen die entsprechenden Warnsignale entnehmen zu können, ermöglicht es dem gesellschaftsrechtlichen Berater, rechtzeitig die richtigen Gestaltungsvorschläge zu unterbreiten.

22 Entsprechende Kenntnisse der Buchführung und Bilanzierung sind für den gesellschaftsrechtlichen Berater wichtig, das Nebeneinander von Handels- und Steuerbilanz – in kleineren Unternehmen wird regelmäßig von vornherein nur eine Steuerbilanz erstellt – schafft die Verbindung zum Steuerrecht. Nur vor dem Hintergrund der Besonderheiten der Steuerbilanz sind z. B. Klauseln in Gesellschaftsverträgen von Personenhandelsgesellschaften verständlich, daß Tätigkeitsvergütungen und Miet- oder Zinszahlungen der Gesellschaft an ihren Anteilseigner handelsrechtlich als Aufwand zu verbuchen sind.

23 Die Fähigkeit, wichtige **Bilanzkennzahlen** (Umsatzrendite, Deckung des Anlagevermögens durch Eigenkapital, Eigenkapitalquote, Verhältnis von Investitionsaufwand und AfA etc.) beurteilen zu können, bildet die Grundlage für entsprechende Empfehlungen des gesellschaftsrechtlichen Beraters. Daneben werden dem gesellschaftsrechtlichen Berater aber auch in diesem Bereich konkrete Rechtsfragen vorgelegt: Etwa Rechtsfragen zur Bilanzierung (Betriebsausgabe oder Aktivierungspflicht, Abgrenzung der Umsatzrealisierung, etc.), in verstärktem Maße aber auch Publizitätsfragen, seit die Umsetzung der 4. und 7. gesellschaftsrechtlichen EG-Richtlinie auch mittelständische Unternehmen zur Veröffentlichung ihrer Jahresabschlüsse zwingt.

24 Die Beschäftigung mit dem **Jahresabschluß** der Gesellschaft wird regelmäßig dazu führen, daß der gesellschaftsrechtliche Berater auch in die finanziellen Planungen des Unternehmens eingebunden wird; hierzu gehören zunächst die Bilanzplanung einschließlich der Planung von Investitionen und Personalstand, im Zusammenhang mit der Kapitalausstattung des Unternehmens aber auch Fragen der Eigenkapitalbeschaffung und der Fremdfinanzierung. Schließlich wird der gesellschaftsrechtliche Berater oft bei Fragen der Bilanzpolitik (Bewertungsfragen, Ausübung von bilanziellen Wahlrechten etc.) hinzugezogen.

3. Finanzierung des Unternehmens

25 Der gesellschaftrechtlich beratende Anwalt wird bei länger bestehenden Mandatsverhältnissen oft auch zu grundsätzlichen Finanzierungsentscheidungen konsultiert. Die Innenfinanzierung des Unternehmens wird meist schon Gegenstand von Bilanzbesprechungen und -planungen sein. Aber auch Fragen der **externen Finanzierung** können eine Beteiligung des gesellschaftsrechtlich beratenden Anwalts erforderlich machen (Verstärkung der Eigenkapital-Basis durch Aufnahme von Mittelstandsförderungs- und Venture-Capital-Gesellschaften, Börsenzugang, Ausgabe von Genußscheinen und Wandel-Anleihen etc.). Schließlich besteht ein Beratungsbedarf beim Zugang des Unternehmens zu den verschiedenen Fremdkapitalmärkten (Inlands- und Auslandsfinanzierung, Zugang zum Euro-Dollarmarkt, Gründung einer eigenen Finanzierungsgesellschaft zur Vermeidung des Anfalls von Quellensteuern bei der Begebung von Anleihen und zur zentralen Finanzierung der Unternehmensgruppe mit Hilfe von Cash-Management-Systemen, u. a. m.).

4. Übernahme von Mitgliedschaften in Unternehmensorganen

26 Ständige gesellschaftsrechtliche Berater von Anteilseignern sind häufig Mitglied in Aufsichtsorganen des Unternehmensträgers (Beirat, Verwaltungsrat,

Aufsichtsrat). In dieser Stellung vertreten sie regelmäßig Interessen einzelner Anteilseigner, insbesondere gegenüber dem geschäftsführenden Unternehmensorgan und dem Einfluß anderer Anteilseigner. Die Mitgliedschaft in Aufsichtsorganen bietet weite **Einsicht in Interna des Unternehmens** und verschafft dem gesellschaftsrechtlichen Berater einen engen Kontakt zur Geschäftsführung. Der damit verbundene Informationsfluß ermöglicht es dem gesellschaftsrechtlichen Berater, wirtschaftlich gut fundierte Empfehlungen auszusprechen.

Insbesondere dann, wenn der gesellschaftsrechtliche Berater zugleich Vorsit- 27
zender des Aufsichtsgremiums zur Bestellung der Mitglieder der Geschäftsführung ist, treffen den gesellschaftsrechtlichen Berater zusätzliche Aufgaben: Er ist dann **Ansprechpartner der Geschäftsführung** im Aufsichtsorgan, weitgehend in seiner Hand liegt dann die Ausgestaltung der Anstellungsverhältnisse mit den Geschäftsführungsmitgliedern einschließlich deren regelmäßiger Anpassung; Suche von geeigneten Nachfolgern für ausscheidende Geschäftsführungsmitglieder, Entscheidung von Streitigkeiten in der Geschäftsführung, Vorabklärung wichtiger Geschäftsführungsmaßnahmen, die der Zustimmung des Aufsichtsorgans bedürfen, etc.

5. Familien- und erbrechtliche Beratung, allgemeine Vermögensfragen

Bei der gesellschaftsrechtlichen Beratung von Anteilseignern, insbesondere 28
bei Mitunternehmerstellungen in Personengesellschaften, muß der gesellschaftsrechtliche Berater über den güterrechtlichen Status und über die erbrechtlichen Verfügungen seiner Mandanten unterrichtet sein. Die Regelungen des Gesellschaftsvertrages zum Übergang von Anteilsrechten von Todes wegen und die letztwilligen Verfügungen der Anteilseigner müssen aufeinander abgestimmt sein (einfache und qualifizierte Nachfolgeklausel bei Personengesellschaften; Mitwirkung von Testamentsvollstreckern; Gestaltung der Vermögensnachfolge, die verhindert, daß Unternehmensbeteiligungen und deren Bewertung zum Gegenstand von Scheidungsverfahren und Pflichtteilsauseinandersetzungen werden, etc.). Durch den Abschluß entsprechender güterrechtlicher Verträge sollte sichergestellt sein, daß Anteilsrechte an mittelständischen Unternehmen und deren Bewertung nicht Gegenstand von Ehescheidungsverfahren werden. Deshalb wird der gesellschaftsrechtliche Berater regelmäßig auch zur Überprüfung und Neugestaltung der güterrechtlichen und erbrechtlichen Situation von Anteilseignern hinzugebeten (vgl. Kap. D III.). Diese Tätigkeit des gesellschaftsrechtlich beratenden Anwalts, weit in der persönlichen Sphäre des Anteilseigners, veranlaßt Mandanten häufig, den Anwalt auch in allgemeinen Vermögensfragen als Berater hinzuzuziehen.

6. Arbeits- und Sozialrecht

Mit arbeits- und sozialrechtlichen Fragen wird der gesellschaftsrechtliche Be- 29
rater vor allem im Zusammenhang mit den Anstellungsverträgen der Geschäftsführungsmitglieder von Kapitalgesellschaften sowie im Zusammenhang mit Unternehmenszu- und -verkäufen konfrontiert.

Anstellungsverträge von Geschäftsführern und Vorstandsmitgliedern kön- 30
nen nur vor dem Hintergrund ihrer besonderen arbeits- und sozialrechtlichen Stellung inhaltlich gestaltet werden; bei Streitigkeiten im Zusammenhang mit

der Abberufung von Geschäftsführungsmitgliedern oder sonstigen Fällen ihres Ausscheidens sind neben der organschaftlichen Stellung gerade auch die dienstvertraglichen Regelungen des Anstellungsverhältnisses zu beachten. Die Grundsätze für den **Übergang von Arbeitsverhältnissen** nach § 613a BGB müssen dem gesellschaftsrechtlichen Berater im Zusammenhang mit Unternehmenskäufen ebenso bekannt sein wie Vermeidungsstrategien, mit denen ein Übergang von Arbeitsverhältnissen ausgeschlossen werden soll, und die mit ihnen verbundenen Risiken.

III. Allgemeine Hinweise

1. Wirtschaftliches Verständnis des gesellschaftsrechtlichen Beraters

31 Gesellschaftsrechtliche Beratung setzt, in weit höherem Maß als die Tätigkeit des Anwalts in anderen Rechtsgebieten, ein hohes Maß an wirtschaftlichem Verständnis voraus. Die rechtliche Beratung des Unternehmensträgers,
- die Festlegung der von seiten der Anteilseigner zur Verfügung gestellten Eigenmittel (Festkapital, Nachschußverpflichtungen, nur langfristig kündbare Gesellschafterdarlehen, etc.),
- die zugunsten der Anteilseigner eingerichteten Gesellschafterkonten (Kapitalkonto I und II, Verlustvortragskonto, Darlehens- und Verrechnungskonten),
- die innere Ordnung des Geschäftsführungs- und Vertretungsorgans,
- die Kompetenzabgrenzung zwischen Geschäftsführungs- und Aufsichtsorganen,
- die Regelung der Mehrheitserfordernisse für tagespolitische und Grundlagenentscheidungen,
- die rechtliche Organisation eines divisionalisierten Unternehmens, u. a. m.

berühren in starkem Maße das Unternehmen, seine Organe und die Funktionsfähigkeit der Entscheidungsabläufe. Um einem Unternehmen einen Rechtsträger mit angemessenen rechtlichen Strukturen geben zu können, bedarf es entsprechender wirtschaftlicher Kenntnisse über die Entscheidungsbildung in Unternehmen und über die Zusammenhänge, die zwischen dem Unternehmen, seinem Gesellschaftsvertrag und anderen Verträgen bestehen. Erst die Berücksichtigung der Besonderheiten des einzelnen Unternehmens ermöglicht es dem gesellschaftsrechtlichen Berater, seine Empfehlungen individuell auf das einzelne Unternehmen auszurichten.

2. Gestaltungsfreiheit

32 Das deutsche Gesellschaftsrecht läßt dem gesellschaftsrechtlichen Berater, von dem engeren Aktienrecht einmal abgesehen, ein erhebliches Maß an Gestaltungsfreiheit, um für einen Unternehmensträger und seine Anteilseigner einen angemessenen rechtlichen Rahmen zu schaffen. An die **Phantasie und den Einfallsreichtum** des gesellschaftsrechtlichen Beraters werden damit hohe Anforderungen gestellt. Zwischen dem gesetzlichen Leitbild und den gesetzlichen Schranken für die Gestaltbarkeit der Rechtsbeziehungen besteht eine erhebliche Bandbreite von Gestaltungsmöglichkeiten, sowohl bei der Rechtsform des Unternehmensträgers und der individuellen Abfassung von Gesellschafts- und sonstigen Unternehmensverträgen, als auch bei der Gestaltung von Unternehmensgruppen und ihrer Finanzierung (mit und ohne Zwischenholding, Anordnung der Gesellschaften im Abhängigkeits- oder Gleichordnungsverhältnis, Börsenzugang, Ausgabe von Vorzugsaktien oder Genußscheinen etc.). Die Ausschöpfung dieses breiten Rahmens an Gestaltungsfreiheit ermöglicht es dem gesellschaftsrechtlichen Berater, dem einzelnen Unternehmen einen für ihn zugeschnittenen rechtlichen Rahmen zur Verfügung zu stellen.

3. Individuelle Beratung, Abfassung individueller Verträge

Gesellschaftsrechtliche Beratung muß stets auf die individuelle Situation des 33
Unternehmens, seiner Organe und seiner Anteilseigner zugeschnitten sein. Allerdings werden heute zu zahlreichen gesellschaftsrechtlichen Beratungssituationen in **Formularbüchern** Muster für Gesellschafts- und Unternehmensverträge sowie für Beschlüsse von Unternehmensorganen zur Verfügung gestellt. In zunehmenden Maße ist festzustellen, daß für Gesellschaftsverträge, aber auch für Umwandlungsvorhaben und -beteiligungen auf Musterempfehlungen zurückgegriffen wird und Mustervertragsentwürfe in mehr oder weniger unveränderter Fassung verwandt werden. Vor einer solchen Handhabung von Formularbüchern und anderen Mustertexten kann nur gewarnt werden.

Auch wenn gewisse typische Beratungssituationen in ähnlicher Weise wieder- 34
kehren, müssen doch gerade die vorhandenen Unterschiede und Besonderheiten meist dazu führen, die **Rechtsverhältnisse individuell zu gestalten** und die vertraglichen Regelungen auf das einzelne Unternehmen zuzuschneiden. Das Nebeneinander von Anteilseignern und Unternehmensorganen sowie ihr konkretes Verhältnis zueinander, die steuerliche und bilanzielle Situation der Gesellschaft u. a. m. führen oft dazu, daß Gestaltungen und Regelungen, die sich in einem Fall bewährt und als sinnvoll erwiesen haben, in anderen Fällen überflüssig, hinderlich oder gar schädlich sind. Gestaltungsempfehlungen aus Handbüchern können die Besonderheiten des einzelnen Unternehmens und seiner Anteilseigner von vornherein nicht berücksichtigen, sondern müssen sich auf Standardsituationen und allgemeine Grundregeln beschränken. Publizierte Mustervertragsentwürfe und eigene Verträge (aus anderen Mandaten) können deshalb nur am Anfang der Tätigkeit des gesellschaftsrechtlichen Beraters stehen, dessen Hauptaufgabe darin liegt, den Standardinhalt eines Vertragsmusters so auf das Einzelunternehmen und seine Organe zuzuschneiden und zu ergänzen, daß deren Besonderheiten in bestmöglicher Weise Rechnung getragen wird.

4. Klare und präzise Vertragsgestaltung, Vermeidung komplizierter Unternehmensstrukturen

Gesellschafts- und sonstige Unternehmensverträge, aber auch der Aufbau 35
von Unternehmensgruppen sollten möglichst einfach und überschaubar gefaßt und strukturiert sein. Die **Kompetenzen der einzelnen Organe** müssen klar gegeneinander abgegrenzt sein, der Ablauf der Entscheidungsbildung im Unternehmensträger muß auch für Kaufleute verständlich und handhabbar sein. Streitfragen sollten in möglichst weitgehendem Umfang regelmäßig durch einen Blick in die Verträge geklärt werden können.

Hierzu gehört zunächst, daß die Verträge und Beschlüsse in einer **Sprache** 36
abgefaßt sind, die dem Kaufmann klar und verständlich ist. Wegen der wirtschaftlichen und finanziellen Zusammenhänge kommt dem Gebot, Verträge einfach, aber doch erschöpfend und präzise zu gestalten und zu formulieren, bei

Gesellschaftsverträgen und anderen gesellschaftsrechtlich bedeutsamen Vereinbarungen – mehr noch als in anderen Bereichen anwaltlicher Tätigkeit – besondere Bedeutung zu.

37 Im Interesse der guten Verständlichkeit sollten Gesellschafts- und Unternehmensverträge auch ein gewisses Maß an **Vollständigkeit** anstreben und ein in sich geschlossenes Regelungswerk darstellen. Bei Gesellschafts- und Unternehmensverträgen ist zuweilen ein Bestreben anzutreffen, die Vertragsbestimmungen auf das Unumgängliche zu beschränken, insbesondere auf die vom Gesetz abweichenden Regelungen. Mit einem Fragment, dessen Regelungsinhalt sich erst aus dem Nebeneinander von Gesetz und Vertrag erschließt, ist Anteilseignern und Unternehmensorganen in ihrer täglichen Arbeit aber meist nur wenig gedient. Diese legen regelmäßig Wert darauf, durch einen Blick in „ihren" Vertrag Zweifelsfragen möglichst abschließend klären zu können. Die deklaratorische Wiederholung von gesetzlichen Regelungen ist deshalb in Gesellschafts- und sonstigen Unternehmensverträgen nicht ungewöhnlich. Eine Ausnahme gilt für das Aktienrecht mit seinen detaillierten gesetzlichen Regelungen. Im Aktienrecht würde jede Wiederholung der gesetzlichen Regelung, gar in Abweichung vom Gesetzeswortlaut, die Frage aufwerfen, ob eine vom Gesetz abweichende Regelung beabsichtigt ist. Der Inhalt von AG-Satzungen wird deshalb üblicherweise auf das Unumgängliche beschränkt.

38 Steuerliche Überlegungen, aber auch der Wunsch einzelner Anteilseigner, die rechtliche Gestaltung des Unternehmensträgers auf lange Zeit, auch über den Tod der heutigen Anteilseigner hinaus, abzusichern, sind oft Anlaß für **komplizierte Verschachtelungen und Unternehmensstrukturen.** Mit derartigen Gestaltungen sind oft erhebliche Nachteile verbunden: Die Kompetenzabgrenzung der einzelnen Unternehmensorgane zueinander droht unübersichtlich zu werden, die Entscheidungsabläufe innerhalb des Unternehmensträgers werden belastet. Es empfiehlt sich deshalb, die unmittelbar angestrebten Vorteile gegen die Nachteile abzuwägen, die für die Übersichtlichkeit und Handhabbarkeit der rechtlichen Regelungen im übrigen eintreten. In jedem Fall aber sollten die Überlegungen, die zur Abfassung und Begründung komplizierter Regelungen und Gestaltungen geführt haben, dokumentiert werden. Bei späteren Änderungen und Ergänzungen besteht stets die Gefahr, daß, wenn die Motive für komplizierte Gestaltungen nicht berücksichtigt werden, Änderungen an einzelnen Vertragsbestimmungen nachteilige Rechtsfolgen an anderer Stelle auslösen. Komplizierte Gestaltungen und Verschachtelungen bergen deshalb immer die Gefahr in sich, daß bei späteren Änderungen der Vertragsregelungen zu wenig berücksichtigt wird, welche vertraglichen Regelungen miteinander in engem inneren Zusammenhang stehen.

39 Zu komplizierten Gestaltungen und Verschachtelungen ist in den letzten Jahren auch gegriffen worden, um das Eingreifen bestimmter gesetzlicher Regelungen zu vermeiden (Mitbestimmungsgesetz 1976, Konzernrechnungslegungspflicht 1990). Mit der Zwischenschaltung ausländischer Gesellschaften und dem Ausweichen auf Rechtsformen, die vom **Mitbestimmungs- oder Publizitätsrecht** nicht erfaßt werden (Verein, Stiftung und Co. KG), werden aber die mit solchen Komplizierungen verbundenen Nachteile erkauft. Aufgabe des gesellschaftsrechtlichen Beraters ist es hier, übertriebene Befürchtungen der Anteilseigner und Unternehmen zurechtzurücken und auf eine Abwägung von Vor- und Nachteilen zu dringen, die mit einer solchen Komplizierung des Aufbaus der Unternehmensgruppe und der Verwendung solcher – für eine Unterneh-

mensträgerschaft wenig geeigneten – Rechtsformen notwendigerweise verbunden sind.

5. Das Nebeneinander von gesellschaftsrechtlich beratendem Anwalt und sonstigen Beratern

Ebenso wie zahlreiche Unternehmen und deren Anteilseigner einem ständigen gesellschaftsrechtlichen Berater vertrauen oder zu speziellen gesellschaftsrechtlichen Fragen einen gesellschaftsrechtlich ausgerichteten Anwalt hinzuziehen, konsultieren diese auch andere ständige oder im Einzelfall hinzugezogene Berater. Zu den ständigen Beratern von Unternehmen und deren Anteilseignern können gehören: Der Abschlußprüfer, der steuerliche Berater, Finanzierungs- und Vermögensberater, Berater zur betrieblichen Altersversorgung u. a. m. In besonderen Situationen können hinzutreten: Insolvenzberater, Subventionsberater, Unternehmensmakler und Finanzierungsgesellschaften (bei Unternehmenszu- oder -verkäufen), Unternehmensberater (bei Sanierungs- und Neuordnungsvorhaben), ausländische Anwälte und Wirtschaftsprüfungsgesellschaften, u. a. m. **40**

Schon im Interesse des Mandanten ist eine **enge Zusammenarbeit** und regelmäßige Abstimmung zwischen dem gesellschaftsrechtlichen Berater, dem Abschlußprüfer und dem steuerlichen Berater erforderlich. Darüber hinaus wird der beratende Anwalt regelmäßig über Kontakte zu Unternehmensmaklern, Unternehmensberatern und Finanzierungsgesellschaften verfügen, die er bei entsprechendem Bedarf dem Mandanten empfehlen und vermitteln kann und mit denen er bereits erfolgreich zusammengearbeitet hat. Hierher gehört auch die Zusammenarbeit des gesellschaftsrechtlichen Beraters mit dem Notar (soweit der Anwalt nicht selbst über eine Notarszulassung verfügt). Die Notwendigkeit der notariellen Beurkundung und Beglaubigung von Verträgen und Vereinbarungen macht die Mitwirkung eines Notars erforderlich, deren Umfang mit dem gesellschaftsrechtlich beratenden Anwalt abgestimmt werden muß. Bei wirtschaftlich bedeutsameren Vereinbarungen, die der notariellen Beurkundung bedürfen, können die Kostenvorteile einer **Beurkundung im Ausland** derart erheblich sein, daß hierauf hingewiesen werden sollte. Jeder gesellschaftsrechtlich beratende Anwalt wird über entsprechende Erfahrungen mit Auslandsbeurkundungen, namentlich in der Schweiz, verfügen. **41**

IV. Ausgewählte Beratungssituationen

1. Gesellschaftsgründung

Bei der Gesellschaftsgründung stehen die Wahl der Rechtsform, die anfängliche Kapitalausstattung, die Abfassung des Gesellschaftsvertrages und die Art der Beteiligung der Anteilseigner an der Gesellschaft im Vordergrund. **42**

a) Rechtsformwahl

Bei der Wahl der richtigen Rechtsform für den Unternehmensträger reicht die Auswahl von der Gesellschaft bürgerlichen Rechts, etwa für Gelegenheitsgesellschaften oder Freiberufler, bis hin zur AG, auf die wegen ihrer Schwerfälligkeit nur bei prestigeträchtigen Neugründungen und bei Gründungsvorgängen unter Einbringung bestehender, größerer Unternehmen zurückgegriffen wird. Neben **43** den im Gesetz geregelten sind auch die aus der gesellschaftsrechtlichen Gestaltungfreiheit geborenen Rechtsformen zu beachten (Betriebsaufspaltung, GmbH & Still, doppelstöckige GmbH & Co. KG, Einheitsgesellschaft, u. a. m.). Für einzelne Branchen besteht keine Gestaltungsfreiheit (z. B. Banken, Versicherungen, Unternehmensbeteiligungs- und Kapitalanlagegesellschaften).

44 Neben **steuerlichen Gründen** ist für die Rechtsformwahl regelmäßig die Frage ausschlaggebend, ob die Anteilseigner für Gesellschaftsverbindlichkeiten eine **persönliche Haftung** übernehmen und inwieweit sie unmittelbar Einfluß auf Geschäftsführungsentscheidungen nehmen wollen. Auf Gesellschaftsformen mit notwendig persönlicher Haftung (eines Teils) der Anteilseigner (OHG, KG, KGaA) wird heute seltener zurückgegriffen. GmbH und GmbH & Co. KG stehen als einfach zu handhabende Gesellschaftsformen mit begrenzter Haftung, aber unmittelbarem Durchgriff der Anteilseigner auf Geschäftsführungsentscheidungen im Mittelpunkt des Interesses.

45 Mit der GmbH & Co. KG verbindet sich in der Gründungsphase insbesondere der Vorteil, Anlaufverluste mit anderen Einkünften der Anteilseigner verrechnen zu können. Im übrigen heben die steuerlichen Belastungsunterschiede einander teilweise auf; dies gilt etwa für die einkommen- und gewerbesteuerlichen Vorteile im Rahmen der Bildung von Pensionsrückstellungen für Gesellschafter-Geschäftsführer und der Abzugsfähigkeit von Vergütungen für Gesellschafter-Geschäftsführer bei der Kapitalgesellschaft, denen eine doppelte Vermögenssteuerlast gegenübersteht, wie sie – anders als bei Personengesellschaften – mit der Kapitalgesellschaft verbunden ist. Die steuerlichen Belastungsunterschiede zwischen GmbH, GmbH & Co. KG und Betriebsaufspaltung sind deshalb meist marginal und nur im konkreten Belastungsvergleich verläßlich zu ermitteln.

b) Stellung der Anteilseigner

46 Im Verhältnis Anteilseigner/Gesellschaft ist zu klären, auf welche Weise die Anteilseigner sich beteiligen wollen: Durch unmittelbare Anteilsübernahme oder mittelbar im Wege der Treuhandschaft, durch typische oder atypische stille Beteiligungen, durch die Aufspaltung in Gesellschaftsanteil und Darlehensfinanzierung, Unterbeteiligung etc. Auch hier spielen, etwa bei ausländischen Anteilseignern, **steuerliche Überlegungen** eine maßgebliche Rolle.

47 Namentlich bei Gesellschaftern von Kapitalgesellschaften und bei Kommanditisten spielt auch die Frage der Aufbringung der **Kapitaleinlagen** durch die Anteilseigner eine wichtige Rolle. Die besonderen Sachgründungsvorschriften und deren Umgehung im Fall der verschleierten Sachgründung sowie die Grundsätze der verdeckten Gewinnausschüttung und der verdeckten Einlage verdienen sorgfältige Beachtung; ein Gleiches gilt für die Besonderheiten der (ggf. wiederauflebenden) Kommanditistenhaftung.

48 Befinden sich **betriebsnotwendige Vermögensgegenstände** in der Hand von Anteilseignern, etwa Grundstücke, aber auch andere Gegenstände des Anlagevermögens, so kommt sowohl deren Einbringung in das Gesellschaftsvermögen – gegen Verrechnung mit der Einlageverpflichtung – als auch eine Verpachtung durch den Anteilseigner in Betracht.

c) Die Gestaltung des Gesellschaftsvertrages

49 Bei der Gestaltung des Gesellschaftsvertrages kommt folgenden Regelungsbereichen besondere Bedeutung zu:

- Begrenzung des Unternehmensgegenstandes, Berechtigung zur Ausgründung von Tochtergesellschaften, zum Erwerb von Beteiligungen und zur Errichtung von Niederlassungen;
- die Kapitalausstattung der Gesellschaft und ihre Aufbringung durch die Anteilseigner; Finanzierung durch Gesellschafterdarlehen; Nachschußverpflichtungen;
- die Schaffung verschiedener Unternehmensorgane (Geschäftsführungs- und Aufsichtsorgan, Anteilseignerorgan), die Rechte und Pflichten der einzelnen Unternehmensorgane und ihr Zusammenspiel;
- die Rechtsstellung und die Einflußmöglichkeiten des einzelnen Anteilseigners gegenüber seinen Mitgesellschaftern und der Gesellschaft;
- die Tätigkeitsvergütung der geschäftsführenden Gesellschafter und etwaiger Fremdgeschäftsführer;
- die Übertragbarkeit von Anteilsrechten unter Lebenden und von Todes wegen;
- Kündigung und sonstige Fälle des Ausscheidens von Anteilseignern;
- die Abfindung ausscheidender Gesellschafter (Verkehrswert, Vermögenssteuerwert oder Buchwert, jeweils unter Abzug oder Hinzurechnung besonderer Einzelposten).
- zusätzlich bei Personengesellschaften: Einrichtung von Gesellschafterkonten für feste und bewegliche Kapitalanteile, Gewinn- und Verlustverteilung, Entnahmerechte.

d) Geschäftsführung

Besonderer Regelungen bedarf es zwischen der Gesellschaft und den Mitglie- 50
dern des Geschäftsführungsorgans, nämlich neben den Regelungen zu ihrer organschaftlichen Stellung auch dienstvertraglicher Regelungen zur Aufgabenstellung, Vergütung etc.

Bei Gesellschaften in der Rechtsform der **Personengesellschaft** bilden derarti- 51
ge Regelungen zur Tätigkeitsvergütung einen Bestandteil der Gewinnverteilung und des Gesellschaftsvertrags, was detaillierte Regelungen zur Vergütung, Tantieme und Versorgung geschäftsführender Gesellschafter nicht ausschließt. Bei **Kapitalgesellschaften** sind besondere Antellungsverträge mit Geschäftsführern und Vorstandsmitgliedern zu schließen, in denen eine feste Tätigkeitsvergütung, ggf. eine umsatz- oder ertragsabhängige Tantieme (einschließlich Mindest- und Höchstgrenze) sowie Regelungen zur Alters-, Invaliden- und Hinterbliebenenversorgung enthalten sein werden. Soweit solche Verträge mit Gesellschaftern oder deren nahen Angehörigen geschlossen werden, ist aus steuerlichen Gründen auf die Angemessenheit der Bezüge zu achten.

2. Die finanzielle Verfassung und steuerliche Ordnung von Personen- und Kapitalgesellschaften

Die gesetzlichen Regelungen zur finanziellen Ordnung der Personengesell- 52
schaft gelten allgemein als unzulänglich und als für die unternehmerische Praxis wenig geeignet. Nach gesetzlichem Leitbild wird in der Personengesellschaft nach Köpfen abgestimmt (§ 709 BGB, § 119 II HGB), ohne Rücksicht auf das vom einzelnen Gesellschafter investierte Kapital. Für jeden Gesellschafter wird nur ein einheitliches Eigenkapitalkonto geführt, auf dem alle Geldbewegungen im Verhältnis zwischen Gesellschaft und Gesellschafter verbucht werden (Einla-

gen, Gewinne, Zinszahlungen, etc.). In der gesellschaftsrechtlichen Praxis wird dieses gesetzliche Leitbild regelmäßig durch abweichende gesellschaftsvertragliche Regelungen ersetzt, welche die Personengesellschaft weitgehend an das Recht der GmbH annähern.

a) Gesellschafterkonten in der Personengesellschaft

53 Üblicherweise werden die Mitwirkungsrechte der Gesellschafter auch in der Personengesellschaft – vorbehaltlich der Sonderstellung persönlich haftender Gesellschafter – unmittelbar an die Höhe der Kapitaleinlage geknüpft. Hierzu wird das Eigenkapital der Gesellschaft in Kapitaleinlagen und sonstige den Gesellschaftern zustehende Eigenkapitalanteile aufgeteilt und auf einem differenzierten Kontensystem verbucht:

- Auf einem **Kapitalkonto I** werden die nur durch Gesellschaftsvertragsänderung veränderlichen Kapitaleinlagen verbucht, nach deren relativer Höhe sich die Mitwirkungsrechte des Gesellschafters bestimmen;
- auf einem **Darlehens- oder Kapitalkonto II** die nur langfristig kündbaren Gesellschafterdarlehen und nicht entnahmefähigen Gewinnanteile;
- auf einem **Privat- oder Verrechnungskonto** der übrige Zahlungsverkehr zwischen Gesellschaft und Gesellschafter (sonstige Einlagen und Entnahmen, Zinsbelastungen und -gutschriften, entnahmefähige Gewinnanteile, etc.);
- der auf den einzelnen Gesellschafter entfallende Verlustanteil wird auf einem besonderen **Verlustvortragskonto** verbucht, das – im Sinne einer Haftung des Gesellschafters – zwar nicht wieder aufgefüllt werden muß, dem aber künftige Gewinne gutgebracht werden, bevor wieder dem Privatkonto entnahmefähige Gewinnanteile zugeführt werden.

b) Gewinnverteilung in der Personengesellschaft

53a Hintergrund dieser Kontenaufteilung ist die – im Vergleich zur GmbH – abweichende Gewinnausschüttung in der Personengesellschaft. Denn bei der Personengesellschaft wird die Gewinnausschüttung über die **gesellschaftsvertraglichen Entnahmeregelungen** gesteuert.

Der von der Personengesellschaft ermittelte Jahresüberschuß steht den Gesellschaftern unmittelbar zu und kann, – nach Maßgabe der gesellschaftsvertraglichen Entnahmeregelung – ohne zusätzlichen Ausschüttungsbeschluß der Gesellschafter, entnommen werden. Auch hier erweisen die gesetzlichen Regelungen (§§ 121, 122 HGB) sich als wenig praxisgerecht. Statt einer Verteilung nach Köpfen (§ 121 III HGB) sieht der Gesellschaftsvertrag regelmäßig vor, daß der Gewinn der Personengesellschaft nach Kapitalanteilen verteilt wird. Der entnahmefähige Gewinnanteil – meist 70–80% des Jahresüberschusses (60% werden regelmäßig allein dazu benötigt, um die nach Höchststeuersatz auf den Gesellschafts- und Gewinnanteil zu bezahlenden Einkommen-, Kirchen- und Vermögensteuer zu bezahlen) – wird dem Privatkonto, der Rest dem Darlehenskonto gutgeschrieben.

c) Gewinnverteilung in der Kapitalgesellschaft

53b Bei der Kapitalgesellschaft, etwa der GmbH, bedarf es solcher Regelungen nicht. Die Stimmrechtsverteilung richtet sich hier schon nach gesetzlichem Leitbild nach der Höhe seiner Kapitalbeteiligung (§ 47 II GmbHG). Die Gewinnausschüttung wird über **Ausschüttungsbeschlüsse der Gesellschafterversammlung** gesteuert.

Der von der GmbH ermittelte Jahresüberschuß steht den Gesellschaftern erst und nur insoweit zu, als er durch Beschluß der Gesellschafter ausgeschüttet wird. Überschießende Beträge verbleiben der GmbH und werden in „andere Gewinnrücklagen“ eingestellt oder auf neue Rechnung vorgetragen; diese verlassen die Sphäre der GmbH ebensowenig wie Verluste der Gesellschaft, die entweder auf neue Rechnung vorgetragen oder mit Rücklagen der GmbH verrechnet werden. Insoweit bedarf es weder der Einrichtung besonderer Gesellschafterkonten noch detaillierter Regelungen zur Entnahme von Gewinnanteilen. In der Bilanz der GmbH werden finanzielle Leistungen zwischen Gesellschaft und Gesellschaftern unter „Forderungen/Verbindlichkeiten gegenüber Gesellschaftern“ verbucht. **53c**

d) Steuerrechtliche Unterschiede

Die unterschiedliche Art der Gewinnausschüttung bei Personen- und Kapitalgesellschaft hat ihre Entsprechung im Steuerrecht: **53d**

Die **Personengesellschaft** ist Gewerbe- und Umsatzsteuersubjekt. Der Gewinn der Personengesellschaft aber wird den Gesellschaftern anteilig unmittelbar zugerechnet und ist nicht von der Gesellschaft, sondern von den Gesellschaftern zusammen mit ihren sonstigen Einkünften zu versteuern, unabhängig davon, ob die Gesellschafter den auf sie entfallenden Gewinnanteil nach den gesellschaftsvertraglichen Regelungen entnehmen können oder nicht. Auch Verluste werden den Gesellschaftern anteilig direkt zugerechnet und mit ihren sonstigen Einkünften verrechnet, – ein Grund dafür, daß Unternehmensgründungen oft in der Rechtsform der GmbH & Co. KG und nicht in der Rechtsform der GmbH erfolgen. Vergütungen, welche die Gesellschaft an Gesellschafter zur Abgeltung von Geschäftsführungstätigkeit oder für das Zurverfügungstellen von Kapital oder Anlagevermögen bezahlt, sind handelsrechtlich als Aufwand zu behandeln, steuerlich werden sie dem betreffenden Gesellschafter als gewerbliche Einkünfte wieder hinzugerechnet, so daß der einkommen- und gewerbesteuerliche Gewinn bei der Personengesellschaft höher als der handelsrechtlich ermittelte ist.

Die **GmbH** ist demgegenüber nicht nur gewerbe- und umsatzsteuerlich, sondern auch einkommensteuerlich eigenständiges Rechtssubjekt. Handelsrechtlicher und steuerlicher Gewinn stimmen insoweit überein, als Geschäftsführervergütung für Gesellschafter und Zinszahlungen an Gesellschafter etc. auch steuerlich Aufwand bilden und Pensionrückstellungen für geschäftsführende Gesellschafter im Grundsatz anerkannt werden. **53e**

Der damit verbundene einkommensteuerliche und gewerbesteuerliche Vorteil wird zumindest teilweise durch die doppelte – nicht abzugsfähige – Vermögensteuer aufgezehrt, welche die GmbH auf das von ihr gehaltene Betriebsvermögen und die Gesellschafter auf ihre Geschäftsanteile nebeneinander bezahlen. Bei der Personengesellschaft bezahlen nur die Gesellschafter Vermögensteuer (auf ihren Anteil am Einheitswert des Betriebsvermögens). **53f**

3. GmbH & Co. KG, Betriebsaufspaltung, GmbH & Still

Die Gesellschaftsrechtspraxis hat die ihr zur Verfügung stehende Gestaltungsfreiheit genutzt, um sich durch besondere Gestaltungen zusätzliche, abgewandelte Rechtsformen zu erschließen. **53g**

a) **GmbH & Co. KG**

53h Bei der Kapitalgesellschaft & Co. KG übernimmt eine beschränkt haftende Gesellschaft (AG, GmbH oder GmbH & Co. KG) die Stellung des persönlich haftenden Gesellschafters, deren Anteilsrechte werden von den Kommanditisten der KG gehalten. Die GmbH & Co. KG bietet – wie die GmbH – eine nur beschränkte Haftung der Gesellschafter, die Rechtsverhältnisse der GmbH & Co. können auch im übrigen wie bei einer Kapitalgesellschaft ausgestaltet werden. Vor allem können Anlaufverluste der GmbH & Co. – weil steuerlich Personengesellschaft – mit anderweitigen Einkünften der Gesellschafter verrechnet werden, während sie bei der GmbH steuerlich ungenutzt jeweils auf neue Rechnung vorgetragen werden müßten. Publizitätsrechtlich bietet die GmbH & Co. (noch) den Vorteil, daß sie den erweiterten Publizitätsregelungen der vierten und siebten EG-Richtlinie, wie sie durch das Bilanzrichtliniengesetz in das HGB, vor allem §§ 264ff., §§ 290ff. und §§ 316ff., Eingang gefunden haben, nicht unterliegt; dieser Vorteil wird allerdings dadurch relativiert, daß einerseits auf EG-Ebene Überlegungen, auch die GmbH & Co. KG diesen Vorschriften zu unterwerfen und sie insoweit als Kapitalgesellschaft zu behandeln, jetzt konkrete Form angenommen haben und andererseits die meisten bundesdeutschen GmbHs sich bislang nicht an die Pflicht zur Veröffentlichung ihres Jahresabschlusses halten.

53i Die GmbH & Co. KG ist eine **Doppelgesellschaft.** Unentbehrlich sind im Gesellschaftsvertrag deshalb Regelungen zur Verzahnung der Gesellschaftsbeteiligungen: Stets sollten an beiden Gesellschaften nur dieselben Gesellschafter in demselben Beteiligungsverhältnis beteiligt sein. Solche Regelungen sind sowohl im Hinblick auf die Anteilsübertragung unter Lebenden als auch für die Anteilsvererbung sowie für Kündigungs- und Ausschließungsfälle erforderlich. Steuerlich gehören die Geschäftsanteile der Kommanditisten an der Komplementär-GmbH zum Betriebsvermögen der Kommanditisten. Einer Verzahnung beider Gesellschaften bedarf es nicht, wenn die Geschäftsanteile der GmbH direkt von der Kommanditgesellschaft gehalten werden („Einheitsgesellschaft"); in einer solchen Einheitsgesellschaft wird die GmbH über einen Beirat der KG gesteuert, der nicht nur die Aufsicht der Kommanditisten über die Geschäftsführung der Komplementär-GmbH ausübt, sondern auch die Anteilseignerrechte der KG bei der GmbH ausübt.

b) **Betriebsaufspaltung**

53k Versuche von Anteilseignern, nicht nur ihr Privatvermögen, sondern auch wichtige Teile des betrieblichen Anlagevermögens aus der Haftung gegenüber Gesellschaftsgläubigern auszuklammern, haben in der Betriebsaufspaltung ihren Niederschlag gefunden. Hier werden das vom Unternehmen genutzte Grundvermögen, aber auch Patente und ähnlich wichtige Gegenstände des Anlagevermögens nicht in die das Unternehmen tragende Gesellschaft eingebracht, sondern verbleiben beim Anteilseigner oder einer Schwestergesellschaft **(„Besitzgesellschaft"),** die ihrerseits diese Gegenstände dem Unternehmensträger **(„Betriebsgesellschaft")** pachtweise zur Verfügung stellen. Kommt es zum Zusammenbruch der Betriebsgesellschaft, kann – so die Zielvorstellung – das Vermögen der Besitzgesellschaft gerettet werden. Um die einkommen- und gewerbesteuerlichen Vorteile der Kapitalgesellschaft zu nutzen, wird die Betriebsgesellschaft üblicherweise in der Rechtsform der GmbH geführt (Vergütungen an Gesellschafter-Geschäftsführer, Pensionsrückstellungen), die Besitzgesellschaft regelmäßig in der Rechtsform der Personengesellschaft (keine doppelte Vermögensteuer auf das Anlagevermögen). Es handelt sich wieder um eine Doppelgesellschaft, bei der die Gesellschaftsbeteiligungen verzahnt werden müssen.

Die Ziele der Betriebsaufspaltung werden oft nicht erreicht. Im Grundsatz muß es sich um ein eigenkapitalstarkes Unternehmen handeln, da das Anlagevermögen nicht zur Finanzierung der Betriebsgesellschaft beiträgt. Fremdkapital zur Finanzierung der Betriebsgesellschaft aber stellen die Banken meist nur zur Verfügung, wenn ausreichend Eigenkapital auch in der Betriebsgesellschaft vorhanden ist oder aber das Anlagevermögen der Besitzgesellschaft beliehen wird. Gerade auf die letztere Finanzierungsmöglichkeit, Beleihung des Anlagevermögens auch für Zwecke der Betriebsgesellschaft, müssen die Anteilseigner zumindest in wirtschaftlich schlechteren Zeiten regelmäßig zurückgreifen. Die Ziele der Betriebsaufspaltung werden so aufgegeben. **53l**

Zur Rechtsform der Betriebsaufspaltung kann deshalb nur in folgenden Fällen geraten werden: **53m**
- die Betriebsgesellschaft ist mit hohen Haftungsrisiken belastet, die eine erhebliche, die Lebensfähigkeit der Betriebsgesellschaft überschreitende Höhe erreichen und von heute auf morgen zum Konkurs der Betriebsgesellschaft führen können („Contergan“-Problematik), oder
- bei einem hochprofitablen Unternehmen soll ein Teil des Ertrags (durch Pachtzahlungen an die Besitzgesellschaft) vor der Belegschaft der Betriebsgesellschaft verschleiert werden.

Die steuerlichen Voraussetzungen, unter denen eine Betriebsaufspaltung anerkannt wird, sind kompliziert und derzeit im Wandel begriffen (vgl. *L. Schmidt,* EStG, 9. Aufl. 1990, § 15 Rdnr. 140ff. – „sachliche und personelle Verflechtung“). Die steuerliche Anerkennung als Betriebsaufspaltung führt dazu, daß auch das Vermögen der Besitzgesellschaft steuerlich zu Betriebsvermögen wird und die Einkünfte der Besitzgesellschaft nicht mehr als Einkünfte aus Vermietung und Verpachtung, sondern als gewerbliche Einkünfte unter Anfall von Gewerbesteuer zu versteuern sind. Entfallen die tatbestandlichen Voraussetzungen der Betriebsaufspaltung, kann es bei der Besitzgesellschaft zugleich zu gefährlichen Entnahmevorgängen kommen. In der laufenden Besteuerung können mit der Rechtsform der Betriebsaufspaltung Steuervorteile verbunden sein, diese sind nur im konkreten Belastungsvergleich zu ermitteln. **53n**

Gesellschaftsrechtlich stellt sich vor allem das Problem, ob das pachtweise zur Verfügung gestellte Anlagevermögen in der Krise als **„kapitalersetzendes Gesellschafterdarlehen“** zu qualifizieren ist und damit – trotz der vermögensmäßigen Separierung – doch entsprechenden Haftungsrisiken unterliegt. In seiner Grundsatzentscheidung vom 16. 10. 1989 hat der BGH bislang nur entschieden, daß entsprechende Pachtzahlungen einer Betriebsgesellschaft den Grundsätzen für kapitalersetzende Gesellschafterdarlehen unterfallen können (BGH DB 1989, 2470); die Frage, ob auch der Pachtgegenstand selbst Rückforderungsbeschränkungen unterfallen kann, blieb offen. **53o**

c) GmbH & Still

Namentlich für beschränkt steuerpflichtige Gesellschafter ist in den letzten Jahren auf die Rechtsform der GmbH & Still zurückgegriffen worden. Bei der GmbH & Still beteiligt der Haupt- oder Alleingesellschafter der GmbH sich zugleich als **typischer stiller Gesellschafter** an seiner GmbH, so daß für ihn neben etwaigen Gewinnausschüttungen auch Einkünfte aus Kapitalvermögen **53p** anfallen; die Zahlungen der GmbH an den stillen Gesellschafter bilden dabei Betriebsausgaben. Besonders bei Einmann-Gesellschaften ist sorgfältig darauf zu achten, daß die stille Einlage nicht als atypisch stille Gesellschaft zu qualifizieren ist; denn dann wären die Zahlungen auf die stille Einlage als Gewinn der Mitunternehmerschaft zu versteuern.

53q Beschränkt steuerpflichtige Gesellschafter führen – wegen entsprechender steuerlicher Vorgaben in den Doppelbesteuerungsabkommen – ihre bundesdeutschen Tochtergesellschaften regelmäßig in der Rechtsform der Kapitalgesellschaft. Das körperschaftsteuerliche Anrechnungsguthaben aber, immerhin ⅓ der Dividende, erhalten beschränkt steuerpflichtige Gesellschafter nicht erstattet. Deshalb sind in der Vergangenheit Tochtergesellschaften ausländischer Anteilseigner üblicherweise über Gesellschafterdarlehen und stille Einlagen finanziert worden; Körperschaftsteuer fällt dann nur in geringem Umfang an, die von der Tochtergesellschaft auf Gesellschafterdarlehen und stille Einlagen zu bezahlenden Zinsen sind nach DBA-Regelung regelmäßig nur im Ausland zu versteuern (vorbehaltlich der bundesdeutschen Kapitalertragsteuer).

53r Dieser Entwicklung versucht die Finanzverwaltung einen Riegel vorzusetzen: Ein unausgewogenes Verhältnis von Stammkapital und Darlehensfinanzierung sollen einen Teil der Gesellschafter-Darlehen zu „verdecktem Nennkapital" umqualifizieren, die hierauf erfolgenden Zinszahlungen der GmbH an ihre Gesellschafter sollen deshalb als körperschaftsteuerpflichtige Gewinnausschüttungen anzusehen sein (*BMF*-Schreiben vom 16. 3. 1987). Die Rechtmäßigkeit dieser Auffassung der Finanzverwaltung ist umstritten.

4. Personalistisch strukturierte Gesellschaften, Familiengesellschaften

54 Bei der gesellschaftsrechtlichen Beratung kleinerer und mittlerer Unternehmen liegen die Anteilseignerrechte regelmäßig in Händen eines oder einiger weniger Unternehmensgründer und deren Nachfolgern. Bei derartigen personalistisch strukturierten Gesellschaften steht die langfristige Absicherung des Einflusses der Unternehmensgründer und ihrer Nachfolger auf das Unternehmen im Vordergrund der Beratung. Sind die Anteilseignerrechte innerhalb einer Familie, etwa infolge eines Anteilsübergangs von Todes wegen, breiter gestreut, besteht regelmäßig jedenfalls ein Interesse an der Absicherung des gebündelten Einflusses der Familie auf die Gesellschaft, insbesondere gegenüber anderen, nicht familienzugehörigen Anteilseignern.

a) Die Ausrichtung des Gesellschaftsvertrages auf Unternehmensgründer und Anteilseigner-Familien

55 Die Absicherung des **Einflusses des Unternehmensgründers** oder ganzer Anteilseigner-**Familien** auf das Unternehmen und seine Organe erfolgt im Gesellschaftsvertrag:

- Festlegung von Sonderrechten der Unternehmensgründer in Geschäftsführung, Aufsichtsorganen und Anteilseignerversammlung;
- Festschreibung der gegenwärtigen Unternehmensstrukturen, auch über das Ableben der Unternehmensgründer hinaus, durch Festlegung langer Laufzeiten für den Gesellschaftsvertrag und hoher Quoten für Anteilseignerbeschlüsse zur Änderung des Gesellschaftsvertrages; weitgehende Beschränkung von Kündigungsrechten;

- Verankerung einer Stammesverfassung, die den gewichteten Einfluß der Gründerfamilie auf das Unternehmen festschreibt;
- Einrichtung besonderer Aufsichtsorgane (Beirat, Verwaltungsrat) mit Vorschlags- oder Entsendungsrechten einzelner Gesellschafter oder Gesellschaftergruppen;
- Erschwerung der Übertragbarkeit von Anteilsrechten an familienfremde Dritte, Vereinbarung von Andienungspflichten und Vorkaufsrechten;
- Vorschlags- und Ablehnungsrechte für die Bestellung von Geschäftsführern in vielfältigster Ausgestaltung, von der unverbindlichen Empfehlung bis hin zum Recht, daß der von einem Gesellschafter oder einer Familie Benannte auch von der Anteilseignerversammlung bestellt wird;
- Verpflichtung eines jeden Gesellschafters, ehevertraglich Gütertrennung oder eine entsprechend modifizierte Zugewinngemeinschaft zu vereinbaren, um Verfügungsrechte des Ehegatten (§ 1365 BGB) über die Anteilsrechte und familienrechtliche Streitigkeiten über die Bewertung der Beteiligung auszuschließen;
- Absicherung des Familiencharakters der Gesellschaft durch Ausschließungs- und Einziehungsrechte bei Anfall von Anteilsrechten bei familienfremden Dritten.

b) Einrichtung einer Stammesverfassung

Die **Festschreibung des Familiencharakters** einer Gesellschaft durch Einrichtung einer Stammesverfassung macht insbesondere folgende gesellschaftsvertragliche Regelungen erforderlich: 56
- Zuordnung von Gesellschaftern und Kapitalanteilen zu Gesellschafterstämmen;
- Sonderrechte für die einzelnen Gesellschafterstämme (unabhängig von Kapitalanteilen, über Sonderrechte einzelner Gesellschafter hinaus);
- Anteilsübertragungen unter Lebenden und von Todes wegen: Unterschiedliche Regelungen zur Anteilsübertragung innerhalb und außerhalb des Familienstammes;
- Zweistufigkeit der Willensbildung auf Anteilseignerebene: Abstimmung der Familienstämme in der Anteilseignerversammlung und deren Vorbereitung innerhalb des Familienstammes.

c) Stimmrechtsbindungs- und Poolverträge

Soweit nicht bereits der Gesellschaftsvertrag vorsieht, daß die dem einzelnen Familienstamm zugehörigen Gesellschafter ihr Stimmrecht durch einen gemeinsamen Stammesbevollmächtigten oder aber nach Maßgabe der vorherigen familieninternen Willensbildung auszuüben haben, können außerhalb des Gesellschaftsvertrages zusätzliche Stimmrechtsbindungs- oder Poolverträge der Stammesmitglieder untereinander abgeschlossen werden. In ihnen verpflichten sich die stammeszugehörigen Gesellschafter, ihre **Anteilsrechte so auszuüben,** wie dies von den Angehörigen des Familienstammes zuvor mehrheitlich beschlossen wurde. Hierzu bedarf es der Festlegung eines Verfahrens, mit dem das Abstimmungsverhalten des Familienstammes jeweils rechtzeitig vor den Anteilseignerversammlungen ermittelt wird. Gegebenenfalls werden die Anteilseignerrechte des Stammes von einem Stammesvertreter ausgeübt. 57

Soweit die Anteilseignerrechte, wie etwa Inhaberaktien, frei veräußerlich sind, sieht der Poolvertrag regelmäßig ergänzende Regelungen zur Absicherung 58 des Vorkaufsrechts der Familie und des Abstimmungsverhaltens des einzelnen stammeszugehörigen Gesellschafters vor: Vertragsstrafe, treuhänderische Übertragung der Aktien auf den Poolführer oder Hinterlegung der Aktien in einem gemeinsamen Depot unter Verwaltung des Poolführers.

d) Mittelbare Beteiligung weiterer Familienangehöriger an der Gesellschaft

59 In der Familiengesellschaft kommt der Beteiligung weiterer Familienmitglieder am Kapital der Gesellschaft, insbesondere der frühzeitigen Beteiligung von Kindern und Enkeln der Unternehmensgründer, besondere Bedeutung zu; aber auch in anderen Gesellschaften ist die Beteiligung von Abkömmlingen am Gesellschaftsanteil und dessen Erträgnissen meist eine vorteilhafte Gestaltungsform. Die Beteiligung erfolgt häufig aus steuerlichen Gründen, um **Unterhaltsleistungen** des Gesellschafters durch eigene Einkünfte seiner Kinder zu ersetzen und damit Unterhaltsleistungen teilweise aus ersparten Steuern bestreiten zu können. Daneben aber steht in Familiengesellschaften zusätzlich die Überlegung, Kinder, die zur unternehmerischen Nachfolge geeignet erscheinen, frühzeitig an das Unternehmen heranzuführen. Eine solche Beteiligung soll zunächst regelmäßig nicht mit nennenswertem Einfluß auf Geschäftsführungs- und Grundlagenentscheidungen der Gesellschaft verbunden sein.

60 Die **Beteiligung** kann im Wege der Unterbeteiligung, der Nießbrauchs- oder einer Treugeberschaft erfolgen; soweit unmittelbare Anteilsrechte eingeräumt werden, behält der bisherige Gesellschafter sich häufig Nießbrauchsrechte o. ä. vor oder aber der Einfluß der aufgenommenen Familienangehörigen wird durch Anordnung einer „obligatorischen Gruppenvertretung" beschränkt.

61 Im Hinblick auf die **steuerliche Zielsetzung** solcher Anteilsübertragungen gilt es, darauf zu achten, daß – bei Personengesellschaften – die für die steuerliche Ergebniszurechnung erforderliche Stellung der weiteren Anteilseigner als Mitunternehmer gewahrt bleibt, zugleich aber die zur Unternehmensführung ausersehenen Familienmitglieder die Geschäfte der Gesellschaft weitgehend ungehindert fortführen können; exzessive Regelungen zum Nachteil eintretender Kinder sollten nicht ohne Abstimmung mit den Finanzbehörden vereinbart werden.

62 Bei der Aufnahme von Kindern, Ehegatten und sonstigen Familienangehörigen muß auch die Frage geregelt werden, wie die Einlage auf die neugeschaffenen **Anteilsrechte** erbracht werden soll. Abgesehen von der Möglichkeit, von vornherein voll einbezahlte Einlagen zu übertragen, können mit den Anteilsrechten entsprechende Barmittel schenkweise zur Verfügung gestellt werden, verbunden mit der Auflage, diese zur Einlageleistung zu verwenden, oder aber die Einlagen werden von den neuen Anteilseignern erbracht, sei es aus eigenen Mitteln, sei es sukzessive aus Erträgen der Gesellschaft. Soweit die zu beteiligenden **Kinder minderjährig** sind, bedarf es der Mitwirkung von Pflegern und der vormundschaftsgerichtlichen Genehmigung.

3. AG, große GmbH, Publikumspersonengesellschaft

63 Bei diesen Gesellschaftsformen ist, teils gesetzlich vorgegeben, teils aufgrund freiwilliger Übernahme, zwischen das geschäftsführende Organ und die Anteilseignerversammlung ein besonderes Aufsichtsorgan zwischengeschaltet. Die Geschäftsführung ist weitgehend unabhängig tätig und dabei besonderen Wei-

sungen der Anteilseigner, zumindest im Tagesgeschäft, nicht ausgesetzt. Bei Gesellschaften dieser Rechtsform werden deshalb an den gesellschaftsrechtlichen Berater häufig Konflikte zwischen Aufsichts- und Geschäftsführungsorganen herangetragen. Auch Fragen des Mitbestimmungsrechts haben hier ihre Bedeutung.

Ein gewisser Schwerpunkt der gesellschaftsrechtlichen Beratung von AG und GmbH bildet sich bei der Durchführung von **Kapitalveränderungen** (Kapitalerhöhung und -herabsetzung; Ausgabe von Genußscheinen, Wandelanleihen etc.). Auch die Möglichkeit der Umwandlung in die Rechtsform der AG und des anschließenden Zutritts zum geregelten Kapitalmarkt hat bei zahlreichen mittelständischen Unternehmen einen erheblichen gesellschaftsrechtlichen Beratungsbedarf entstehen lassen. **64**

Die Besetzung des Aufsichtsorgans mit Arbeitnehmervertretern hat, namentlich seit Einführung der paritätischen Mitbestimmung durch das Mitbestimmungsgesetz 1976, auch im Bereich des Aufsichtsorgans zusätzlichen gesellschaftsrechtlichen Beratungsbedarf entstehen lassen. Fragen der Vermeidung der paritätischen Mitbestimmung, namentlich bei Unternehmen mit Beschäftigten von nur wenig mehr als 2000 Arbeitnehmern, aber auch Satzungsregelungen zu den Rechtsverhältnissen des mitbestimmten Aufsichtsrats, Fragen zu seinen Organkompetenzen, der Besetzung und Tätigkeit von Aufsichtsratsausschüssen, den zulässigen Maßnahmen des Aufsichtsratsvorsitzenden etc., gehören zum Tätigkeitsbereich des gesellschaftsrechtlich beratenden Anwalts. **64a**

Bei Publikumspersonengesellschaften steht das **Regelungsproblem** im Vordergrund, die Regelungen des Aktienrechts zum Nebeneinander von Anteilseignerversammlung, Aufsichtsorgan und Geschäftsführung in das Recht einer BGB- oder Kommanditgesellschaft zu übertragen, ohne die steuerliche Zielsetzung des Projektes zu gefährden. Die beteiligten Anteilseigner sollen als steuerliche Mitunternehmer Verlustzuweisungen erhalten, sind aber – mangels echtem unternehmerischen Engagement – in der Mitwirkung allenfalls an der Besetzung und Tätigkeit des Aufsichtsorgans der Publikumspersonengesellschaft interessiert. Gesellschaftsrechtlicher Beratungsbedarf besteht hier sowohl bei dem Anleger, der über die ihm im Gesellschaftsvertrag eingeräumte Stellung Rechte in der Gesellschaft ausüben möchte; meist wird die Beratung aber ihren Schwerpunkt in der Prüfung von Schadensersatz- und anderen Ansprüchen gegenüber Inhabern und Initiatoren solcher Gesellschaften haben. Beratungsbedarf besteht schließlich auch auf seiten der Gesellschaft, sei es bei der Klärung von Rechten der einzelnen Anleger und Gesellschaftsorgane, sei es bei der Bewältigung von Krisensituationen, wie sie mit Publikumspersonengesellschaften der sog. Abschreibungsbranche in der jüngsten Vergangenheit wiederholt verbunden waren. Die Einfügung des § 15a in das EStG im Jahre 1980 hat den Möglichkeiten zur steuerwirksamen Verlustverrechnung durch die Bildung negativer Kapitalkonten von Kommanditisten enge Grenzen gezogen und damit die Bedeutung der Verlustzuweisungsgesellschaften deutlich reduziert. **65**

4. Verein und Stiftung

Mit Fragen aus dem Vereins- und Stiftungsrecht wird der gesellschaftsrechtliche Berater seltener konfrontiert. Als Unternehmensträger sind diese Rechtsformen wenig gebräuchlich, als Beteiligungsträger schon verbreiteter. Auch bei den Strategien zur Vermeidung des Eingreifens mitbestimmungsrechtlicher Re- **66** gelungen und zur Vermeidung von Publizitätspflichten sind Stiftung und Verein als Rechtsträger schon empfohlen worden. In der gesellschaftsrechtlichen Beratungspraxis herrschen Mandate rechtsfähiger Idealvereine und die Beratung bei der Errichtung von gemeinnützigen und Familien-Stiftungen vor; bei den letzteren stehen **Steuerfragen** ganz im Vordergrund.

67 Bei Errichtung und Auswahl der Vereins- und Stiftungsform sollte ein Überblick über alle Gestaltungsmöglichkeiten bestehen: Wirtschaftlicher und Idealverein, gemeinnützige und nicht-gemeinnützige Stiftung bzw. Verein, rechtsfähiger und nicht-rechtsfähiger Verein, selbständige und unselbständige Stiftung, Familienverein und -stiftung und etc. Die Verwendungsmöglichkeiten dieser Rechtsformen sind vielgestaltig.

68 Im **Stiftungsrecht** steht die Beratung vermögender Einzelpersonen und Familien bei der Errichtung von Stiftungen im Vordergrund der Beratungspraxis, bei den Idealvereinen meist Satzungsfragen, Kompetenzabgrenzungen zwischen Vereinsorganen und vor allem Fragen des Vereinsausschlusses und der allgemeinen Strafgewalt des Vereins. Auch im Vereinsrecht wird das Mandatsverhältnis maßgeblich davon geprägt, ob Gegenstand der Beratung ein Großverein oder ein Kreis eng verbundener Vereinsmitglieder ist und das Mandatsverhältnis zu einem Mitglied im Großverein, zum Mitglied eines Organs etc. besteht.

69 Für die Beratung der größten nicht-rechtsfähigen Vereine, der **Gewerkschaften,** werden nur selten gesellschaftsrechtlich ausgerichtete Anwälte hinzugezogen, die als gesellschaftsrechtliche Berater regelmäßig Unternehmen und deren Anteilseigner als Mandanten betreuen. Ein Gleiches, wenn auch aus anderen Gründen, gilt für die Unternehmerverbände und ihre Dachorganisationen, die in der Rechtsform des Vereinsverbandes oder des Gesamtvereins organisiert sind; der gesellschaftsrechtlich beratende Anwalt wird hier regelmäßig nur zu Gestaltungsvorhaben und Streitfragen hinzugezogen, die nicht bereits durch die Verbands- und Unternehmensjuristen geklärt werden können.

70 Bei Gestaltungen unter Verwendung von Stiftungen empfiehlt sich eine Abstimmung mit der behördlichen Stiftungsaufsicht, bei schwierigeren Problemen des Rechts eingetragener Vereine die Abstimmung mit dem Registergericht.

5. Bildung und Strukturierung einer Unternehmensgruppe

71 Bei Mandaten zu konzernverbundenen Gesellschaften oder Gesellschaften mit einer Vielzahl von Beteiligungsgesellschaften besteht ein zusätzlicher Bedarf an gesellschaftsrechtlicher Beratung vor allem bei folgenden Fragen:
- dem Aufbau und der Struktur der Unternehmensgruppe;
- Rechtsfragen im Verhältnis Mutter-/Tochtergesellschaft;
- dem Abschluß von Unternehmensverträgen zwischen den gruppenzugehörigen Gesellschaften;
- konzernrechtlichen Haftungsfragen.

a) Grundsätzliches

71a Bei jeder neuen geschäftlichen Aktivität steht das Unternehmen vor der Frage, ob es das hinzutretende unternehmerische Risiko im Rahmen des bisherigen Unternehmensträgers verfolgen oder in einer eigenständigen Gesellschaft mit ihrerseits beschränkter Haftung rechtlich verselbständigen will. Wird ein rechtlich selbständiges Unternehmen hinzuerworben, stellt sich die Frage in der umgekehrten Weise, ob die hinzuerworbene Gesellschaft fortgeführt oder mit dem vorhandenen Unternehmensträger verschmolzen werden soll.

Für die rechtliche Verselbständigung des geschäftlichen Risikos spricht meist: **71b**

- die Begrenzung des Haftungsrisikos auf das Vermögen der Tochtergesellschaft;
- durch die Bezeichnung „Geschäftsführer" oder „Vorstandsmitglied" (statt Bereichsleiter im Einheitsunternehmen) bessere Möglichkeiten, geeignete Fremdmanager zu finden;
- eigenständiges Rechnungswesen mit eigenständiger Erfolgskontrolle für die neue geschäftliche Aktivität.

Gegen eine rechtliche Verselbständigung sprechen regelmäßig:

- die Komplizierung des Berichts- und Rechnungswesens; die aus Kontrollgründen erwünschte Separierung des Rechnungswesens läßt sich auch im Einheitsunternehmen realisieren;
- unerwünschte Transparenz durch veröffentlichte Jahresabschlüsse der Einzelgesellschaften und damit Einsichtsmöglichkeiten der Wettbewerber in einzelne Geschäftsbereiche.

Mit der Entscheidung des Unternehmens für die rechtliche Verselbständigung mit eigenem Haftungskreis sind steuerliche Komplizierungen verbunden, dies zumindest dann, wenn die Tochtergesellschaft in Rechtsform der Kapitalgesellschaft geführt wird: **71c**

- Gewinne und Verluste der verschiedenen Gesellschaften können nicht miteinander verrechnet werden; einzelne Gesellschaften müssen Einkommens- und Gewerbeertragsteuer bezahlen, auch wenn andere Gesellschaften Verluste erwirtschaftet oder gar die Gruppe insgesamt keinen steuerpflichtigen Ertrag erreicht.
- doppelte Vermögensteuerpflicht der Mutter- und Tochtergesellschaft für das Vermögen der Tochtergesellschaft;
- auch beim Lieferungs- und Leistungsverkehr der Gesellschaften untereinander fällt Umsatzsteuer an (vorbehaltlich des Ausgleichs der Versteuerung);
- bei ausländischen Tochtergesellschaften stellen sich Sonderprobleme.

Das Steuerrecht stellt zur Vermeidung solcher steuerlicher Doppelbelastungen das Institut der „Organschaft" zur Verfügung, – die steuerliche Zusammenfassung mehrerer juristischer Personen, wenn diese (Organgesellschaften) finanziell, wirtschaftlich und organisatorisch in einen Organträger eingegliedert sind. **71d**

Der **körperschaftsteuerrechtlichen Organschaft** (§§ 14–19 KStG 1977) kam im früheren Körperschaftsteuerrecht (bis 1976: Doppelbelastung der von einer Kapitalgesellschaft erwirtschafteten und ausgeschütteten Gewinne mit Körperschaftsteuer und Einkommensteuer des Anteilseigners) erhebliche Bedeutung zu; auch außerhalb des Schachtelprivilegs (§ 9 KStG a. F.) vermied sie die Doppelbesteuerung. Im KStG 1977 kommt der Organschaft vor allem die Funktion zu, die Verrechnung von Gewinnen und Verlusten zwischen verschiedenen Kapitalgesellschaften zu ermöglichen. Hergestellt wird die Organschaft regelmäßig durch den Abschluß von Beherrschungs- und Ergebnisabführungsverträgen, die allerdings neben den gesellschaftsrechtlichen auch den steuerrechtlichen Erfordernissen der §§ 14ff. KStG genügen müssen. **71e**

Die **gewerbesteuerrechtliche Organschaft** (§§ 2 Abs. 2 Ziff. 2 GewStG) bewirkt, daß eine eingegliederte Kapitalgesellschaft gewerbesteuerrechtlich als Betriebstätte des Organträgers gilt. Sie vermeidet die doppelte Erfassung von Gewerbeertrag und Gewerbekapital. Die Organgesellschaft ist nicht mehr gewerbesteuerpflichtig, steuerpflichtig ist allein der Organträger. Gewerbekapital und -ertrag werden weiterhin für alle Gesellschaften getrennt ermittelt. Dabei werden aber Hinzurechnungen (§§ 8, 12 Abs. 2 GewStG) insoweit nicht vorge- **71f** nommen, als diese gewerbesteuerlich bereits berücksichtigt sind und ihre Berücksichtigung zur doppelten Erfassung führen würde.

71g Die **umsatzsteuerliche Organschaft** (§ 2 Abs. 2 Ziff. 2 UStG 1973) macht Organgesellschaften zu unselbständigen Teilen des Organträgers und beendet die Umsatzsteuerpflicht der Organgesellschaft. Auch die umsatzsteuerliche Organschaft hat mit Einführung des Mehrwertsteuersystems viel von ihrer Bedeutung verloren. Eine Steuerersparnis durch die Organschaft ergibt sich nicht mehr. Sie wurde aus steuersystematischen Gründen aufrechterhalten; auch führt sie zu einer nicht unerheblichen Erleichterungen bei den betroffenen Unternehmen, da Umsatzsteuerberechnungen innerhalb des Organkreises unterbleiben können und für den gesamten Organkreis nur eine Umsatzsteuererklärung abzugeben ist.

71h Die doppelte Vermögensteuer entfällt, wenn die Voraussetzungen des **Schachtelprivilegs** (§ 102 BewG) erfüllt sind.

b) Strukturierung der Unternehmensgruppe

72 In den selteneren Fällen wird der gesellschaftsrechtliche Berater von Anfang an bei der Bildung einer Unternehmensgruppe beteiligt sein. Meist erfolgt seine Einschaltung später, namentlich dann, wenn die Unternehmensgruppe unübersichtlich und schwer handhabbar geworden ist, so daß seine Tätigkeit dann meist in der Durchführung von Umstrukturierungs- und **Neuordnungsmaßnahmen** liegen wird. In ständigen Beratungsmandaten wird der beratende Anwalt auch in den Gründungs- oder Erwerbsvorgang eingeschaltet sein; er hat dann auch Einfluß darauf, wo eine neue Beteiligungsgesellschaft in der Unternehmensgruppe sinnvollerweise angesiedelt wird. Aufgabe des gesellschaftsrechtlichen Beraters ist es, die verschiedenen gruppenzugehörigen Gesellschaften so anzuordnen und zu strukturieren, daß einerseits die steuerrechtlichen Vorgaben, auch außensteuerrechtlicher Art, gewahrt bleiben, andererseits die unternehmensinternen Berichtswege übersichtlich und managbar bleiben und schließlich konzernrechtliche Haftungrisiken nicht begründet werden.

73 Gesellschaften können im Gleichordnungsverhältnis als Schwestergesellschaften nebeneinander angeordnet werden oder als Mutter- und Tochtergesellschaft in einem vertikalen Verhältnis zueinander stehen. Die Anteilsrechte an abhängigen Gesellschaften können in den Händen einer Obergesellschaft liegen oder sich auf mehrere verteilen; auch können außenstehende Gesellschafter an abhängigen Gesellschaften beteiligt sein.

74 Die Frage, ob im Aufbau der Unternehmensgruppe eine oder gar mehrere **Zwischenholdings** erforderlich sind, in welchem Land eine solche Holding ihren Sitz haben sollte, welche Anteilsrechte diesen Gesellschaften im einzelnen zugeordnet sind etc., wird regelmäßig durch das Außensteuerrecht der berührten Staaten vorgegeben. Eine solche Dominanz des Steuerrechts besteht bei rein inländischen Unternehmensgruppen nicht; allerdings werden auch hier Unternehmensverträge (Organschaft) vor allem aus den unter a) genannten steuerlichen Gründen abgeschlossen. Veränderungen im Aufbau der Unternehmensgruppe, insbesondere grundlegende Neuordnungsvorhaben, sind – bei wirtschaftlich bedeutsameren Gesellschaften – nur auf Grundlage einer Buchwertverknüpfung denkbar. Die Mitwirkung des gesellschaftsrechtlichen Beraters erstreckt sich hier vor allem auf die vertragliche Absicherung der angestrebten Gruppenstruktur.

c) Das Verhältnis zwischen herrschendem Unternehmen und Beteiligungsgesellschaften

Für die Beurteilung von Rechtsfragen im Verhältnis Mutter-/Tochtergesellschaft ist wegweisend, ob die betroffenen Gesellschaften nur faktisch durch eine entsprechende Beteiligung miteinander verbunden sind oder ob ein entsprechender Unternehmensvertrag abgeschlossen ist (faktischer oder Vertragskonzern). Die Unterscheidung ist weichenstellend für den rechtlichen Ausgleich der Interessen von herrschendem und abhängigen Unternehmen sowie außenstehenden Minderheitsgesellschaftern. Das AktG hat mit §§ 308ff., 311ff. für Unternehmensgruppen mit abhängiger AG detaillierte, wenn auch nicht erschöpfende konzernrechtliche Regelungen geschaffen. Teilweise gelten die Regelungen des Aktiengesetzes auch als wenig geglückt und als für den Schutz der Minderheitsaktionäre nicht ausreichend. Im GmbH-Recht – für Unternehmensgruppen mit abhängiger GmbH – fehlen entsprechende gesetzliche Regelungen. Die höchstrichterliche Rechtsprechung aber hat zunehmend Grundsätze für den Abschluß von Unternehmensverträgen mit abhängiger GmbH und für faktische Unternehmensverbindungen mit abhängiger GmbH geschaffen. **75**

- Haftung im „qualifizierten faktischen GmbH-Konzern“: **75a**
  Bei Vermögenslosigkeit einer abhängigen GmbH kommt eine Ausfallhaftung des herrschenden Konzernunternehmens in entsprechender Anwendung der §§ 303, 322 Abs. 2 und 3 AktG in Betracht, wenn dieses die Geschäfte der abhängigen GmbH dauernd und umfassend selbst geführt hat (*BGHZ* 95, 330/42f.).
- Haftung im GmbH-Vertragskonzern: **75b**
  Wird ein Beherrschungsvertrag mit abhängiger GmbH, obwohl nichtig, gleichwohl durchgeführt, ist das herrschende Unternehmen zum Ausgleich des Verlusts (§ 302 AktG) verpflichtet, bis eine der Vertragsparteien sich auf die Nichtigkeit des Vertrags beruft (*BGH* NJW 1988, 1326).
- Abschluß von Beherrschungs- und Ergebnisabführungsverträgen mit abhängiger GmbH: **75c**
  Ein zwischen zwei GmbHs abgeschlossener Unternehmensvertrag wird nur wirksam, wenn die Gesellschafterversammlung der beherrschten und der herrschenden Gesellschaft dem Vertrag zustimmen und seine Eintragung in das Handelsregister der beherrschten Gesellschaft erfolgt. Der Zustimmungsbeschluß der herrschenden Gesellschaft bedarf mindestens ¾ der bei der Beschlußfassung abgegebenen Stimmen; welche Mehrheit bei der beherrschten Gesellschaft erforderlich ist, bleibt offen. Der Zustimmungsbeschluß der Gesellschafterversammlung der beherrschten Gesellschaft bedarf der notariellen Beurkundung, nicht hingegen der Unternehmensvertrag und der Zustimmungsbeschluß der Gesellschafterversammlung der herrschenden Gesellschaft. Aus der Eintragung im Handelsregister sollen sich Abschluß, Abschlußdatum und Art des Unternehmensvertrags sowie die Tatsache der Zustimmung der Gesellschafterversammlung der beherrschten Gesellschaft ergeben; wegen des weiteren Inhalts kann auf den Unternehmensvertrag und die zustimmenden Gesellschafterbeschlüsse verwiesen werden, die sämtlich in Abschrift der Anmeldung zum Handelsregister beizufügen sind (*BGH* DB 1988, 2623).

In **faktischen Konzernverhältnissen** wird – seit der grundlegenden Entscheidung *BGHZ* 95, 330 zum faktischen GmbH-Konzern – zunehmend die Frage aufgeworfen, ob die Ausübung der Anteilseignerrechte durch das herrschende Unternehmen sich in den Grenzen zulässiger faktischer Konzernherrschaft hält. Praktische Bedeutung kommt dieser Frage aber nur zu, wenn Gläubiger oder außenstehende Gesellschafter sich übervorteilt fühlen. Im Recht des **Vertrags-** **76**

konzerns sind Streitfragen zwischen herrschendem und beherrschtem Unternehmen selten. Allenfalls in Fällen einer Mehrmütterorganschaft durften Grenzen des Weisungsrechts beherrschender Unternehmen einmal geprüft werden.

d) Der Abschluß von Unternehmensverträgen

77 Der Abschluß von Unternehmensverträgen mit abhängigen Aktiengesellschaften ist im Aktiengesetz nach Form und Inhalt umfassend geregelt. Entsprechende Regelungen zum Recht des GmbH-Konzerns und des Konzerns mit abhängiger Personengesellschaft fehlen. Allerdings hat der *BGH* mit seiner Grundsatzentscheidung vom 24. 10. 1988 (DB 1988, 2623) zahlreiche Zweifelsfragen zum GmbH-Vertragskonzern beseitigt.

78 Der gesellschaftsrechtlich beratende Anwalt wird in diesem Zusammenhang eingeschaltet z. B. für
- den wirksamen Abschluß von Unternehmensverträgen einschließlich deren Änderungen und Beendigung;
- die Gewährung eines angemessenen Ausgleichs bzw. Abfindung für außenstehende Gesellschafter einschließlich der damit verbundenen Streitigkeiten;
- die Vertretung der Gesellschaft oder etwaiger Aktionäre im Verfahren nach §§ 306ff. AktG;
- die Klärung des Umfangs der Haftung, welches das herrschende Unternehmen mit dem Abschluß von Unternehmensverträgen eingeht;
- die Prüfung der Zulässigkeit von Einzelmaßnahmen, insbesondere Weisungen, auf Grundlage eines abgeschlossenen Unternehmensvertrages.

e) Haftung in Konzernverhältnissen

79 Gesellschaftsrechtlicher Beratungsbedarf besteht schließlich im Zusammenhang mit der Haftung, welche durch den Abschluß und bei Beendigung von Unternehmensverbindungen und -verträgen begründet wird.

80 Im **Vertragskonzern** steht dabei der Umfang der Verlustübernahme nach § 302 AktG im Vordergrund. Streitigkeiten um die Ermittlung des auszugleichenden Fehlbetrages ergeben sich insbesondere dann, wenn die abhängige Gesellschaft in engem zeitlichem Zusammenhang mit der Beendigung des Unternehmensvertrages insolvent wurde und dementsprechend Streit um die Bewertung des Vermögens der abhängigen Gesellschaft bei Beendigung des Unternehmensvertrages besteht.

81 Haftungsfragen im **faktischen Konzern** sind erst in jüngster Vergangenheit in den Mittelpunkt des rechtlichen Interesses gerückt. Eine grundlegende BGH-Entscheidung (*BGHZ* 93, 330) zum Recht des GmbH-Konzerns hat, insbesondere auch für den faktischen aktienrechtlichen Konzern, dessen gesetzliche Regelung in §§ 311ff. AktG allgemein als unzureichend angesehen wird, zahlreiche ungeklärte Rechtsfragen aufgeworfen, die für deutsche Unternehmensgruppen weitgehende Bedeutung haben und einen entsprechenden Beratungsbedarf bei externen anwaltlichen Beratern ausgelöst haben.

6. Gerichtliche Verfahren, Beratung von Anteilseignern im Gesellschafterstreit

82 Eine Reihe von gesellschaftsrechtlichen Gestaltungsvorgängen, namentlich auf Anteilseignerebene, müssen im Rahmen gerichtlicher Verfahren durchgeführt werden. Diesen Verfahren liegt häufig ein Streit der Gesellschafter zugrunde. Auch unabhängig von solchen gerichtlichen Verfahren bildet die Beratung

von Anteilseignern bei Streitigkeiten untereinander, sei es über die Auslegung des Gesellschaftsvertrages, sei es über etwaige Geschäftsführungsmaßnahmen oder bestimmte Gesellschafterbeschlüsse etc. für den gesellschaftsrechtlichen Berater regelmäßig einen Schwerpunkt seiner Tätigkeit. Die Möglichkeit, durch einseitige Gestaltungsmaßnahmen, auch durch die Einleitung gerichtlicher Verfahren, Einfluß auf die rechtliche Struktur der Gesellschaften und das Verhältnis der Gesellschafter zueinander nehmen zu können, bilden wichtige Instrumente des gesellschaftsrechtlichen Beraters, die von ihm angestrebten Ziele auch gegen den Widerstand von Mitgesellschaftern durchsetzen zu können.

a) Gerichtliche Verfahren

Im Falle gerichtlicher Auseinandersetzungen ist zwischen den Verfahren vor der ordentlichen Gerichtsbarkeit und entsprechenden Schiedsgerichtsverfahren zu unterscheiden. **83**

Bei den staatlichen Gerichten besteht für Streitigkeiten der Mitglieder einer Handelsgesellschaft untereinander oder zwischen dieser und ihren Mitgliedern (einschließlich stillem Gesellschafter) eine Zuständigkeit der **Kammern für Handelssachen** (§ 95 I Ziff. 4a GVG). In dritter Instanz ist die Zuständigkeit für gesellschaftsrechtliche Streitfragen beim II. Zivilsenat des BGH konzentriert. Hinzu treten Registerstreitigkeiten, sonstige FGG-Verfahren und gerichtliche Verfahren mit besonderer gesetzlicher Ausgestaltung. **84**

Folgende gesellschaftsrechtliche Gestaltungsvorhaben können nur im Rahmen eines gerichtlichen Verfahrens durchgeführt werden, meist unabdingbar vor den **ordentlichen Gerichten:** **85**
- Auflösungs-, Ausschluß- und Übernahmeklage nach §§ 133, 140 und 142 HGB sowie nach den Regelungen des GmbH-Rechts,
- Entziehung der Geschäftsführungs- und Vertretungsbefugnis nach §§ 117, 127 HGB,
- Anfechtungs- und Nichtigkeitsklagen gegen Anteilseignerbeschlüsse nach §§ 246ff. AktG und entsprechend im GmbH-Recht.

Durch den Abschluß von **Schiedsgerichtsvereinbarungen** werden gesellschaftsrechtliche Streitfragen den ordentlichen Gerichten entzogen. Solche Schiedsgerichtsvereinbarungen sind regelmäßig genau daraufhin zu überprüfen, ob sie wirklich den konkreten Streitstoff erfassen. Insbesondere im Recht der Kapitalgesellschaften ist darauf zu achten, ob die Schiedsgerichtsvereinbarung auch von der Kapitalgesellschaft abgeschlosssen ist oder ob es für Rechtsstreitigkeiten im Verhältnis Gesellschafter/Gesellschaft trotz Schiedsgerichtsklausel bei der Zuständigkeit der ordentlichen Gerichte bleibt. Für einzelne Streitfragen, etwa für Anfechtungs- und Nichtigkeitsklagen gegen Beschlüsse von Gesellschafterversammlungen, Ausschlußklagen etc. kann die Zuständigkeit eines Schiedsgerichts nicht vereinbart werden. In solchen Fällen kann es zum Nebeneinander von ordentlichem Gerichtsverfahren und, für die Klärung anderer Fragen, von Schiedsgerichtsverfahren kommen. **86**

b) Berater der Gesellschaft oder Berater des Anteilseigners?

Im **Streit der Anteilseigner** macht der Unterschied sich bemerkbar, ob der beratende Anwalt für den Anteilseigner oder für die Gesellschaft tätig ist: Der gesellschaftsrechtliche Berater der Gesellschaft, der gar den Gesellschaftsvertrag für alle Beteiligten entworfen hat, kann – aus standesrechtlichen Gründen – im Streit der Gesellschafter untereinander nicht einzelne Anteilseigner vertreten. **87**

Bei Übernahme von Mandaten, in denen ein Gesellschafterstreit absehbar ist, sollten geschäftsführende Gesellschafter deshalb gut bedenken, ob der gesellschaftsrechtliche Berater sich für die Gesellschaft oder für den Anteilseigner legitimieren soll. Eine Reihe gesellschaftsrechtlicher Streitfragen sind notwendig von den Anteilseignern untereinander – ohne Beteiligung der Gesellschaft – auszutragen. Die auf seiten der geschäftsführenden Anteilseigner bestehende Möglichkeit, ein Beratungsmandat, mit denen Rechte und Pflichten von Anteilseignern geklärt werden sollen, aus Kostengründen im Namen der Gesellschaft zu erteilen, geht dann ins Leere.

88 Aber auch bei der Vertretung anderer Anteilseigner ist darauf zu achten, ob nicht ein versteckter **Interessenkonflikt** dieser Anteilseigner untereinander die gemeinsame Vertretung durch denselben gesellschaftsrechtlichen Berater ausschließt.

c) Die Wahrnehmung von Anteilseignerinteressen

89 Gesellschaftsrechtliche Beratung im Gesellschafterstreit beschränkt sich oft auf die Vertretung einzelner Anteilseigner bei Verhandlungen der Anteilseigner untereinander oder gar auf die interne, der Gegenseite nicht offengelegte Beratung einzelner Gesellschafter. Zahlreiche gesellschaftsrechtliche Auseinandersetzungen werden aber auch gerichtlich ausgetragen.

90 Zahlreiche Beispiele belegen, daß ein Gesellschafterstreit das Unternehmen in Mitleidenschaft zieht, seine Geschäftsführung beeinträchtigt oder gar lähmt und sogar das Unternehmen zugrunde richten kann. Dies gilt insbesondere dann, wenn die Streitparteien zu je 50 % am Kapital der Gesellschaft oder aber unmittelbar an der Geschäftsführung beteiligt sind und dann durch die Blockierung der Vorschläge der jeweils anderen Partei den Fortgang der Geschäfte fast vollständig stillegen.

91 Gesellschaftsrechtliche Beratung im Gesellschafterstreit ist indes **Interessenvertretung.** Der gesellschaftsrechtlich beratende Anwalt kann, etwa unter Hinweis auf die nachteiligen Folgen für das Unternehmen, mäßigend auf seine Mandanten einwirken und einvernehmliche Regelungen vorschlagen. Eine solche ausgleichende Tätigkeit des gesellschaftsrechtlichen Beraters findet seine Grenze aber in der Interessenvertretung der von ihm vertretenen Anteilseigner. Einvernehmliche Regelungen werden deshalb – wie auch in anderen Rechtsstreitigkeiten – regelmäßig nur möglich sein, wenn allseits die Sorge um eine Schädigung des Unternehmers zu Abstrichen bei der Durchsetzung einseitiger Positionen führt.

d) Verhandlungsgeschick und Taktik

92 Im Gesellschafterstreit werden an das Verhandlungsgeschick und das taktische Gestaltungsvermögen des gesellschaftsrechtlichen Beraters hohe Anforderungen gestellt. Durch die dem einzelnen Anteilseigner zur Verfügung stehenden gesellschaftsrechtlichen Gestaltungsmittel, neben der Möglichkeit zur Anrufung der Gerichte (einschließlich einstweiliger Verfügungen), stehen jeweils verschiedene **Handlungsalternativen** zur Verfügung, um die Verhandlungsposition des einzelnen Gesellschafters zu verbessern. Diese können bis hin zu solchen Überlegungen reichen, das Gesellschaftsverhältnis zu kündigen oder es zu einem Konkurs der Gesellschaft kommen zu lassen, um dann das Unternehmen – ohne lästige Mitgesellschafter – aus der Liquidations- oder Konkursmasse heraus zu erwerben.

7. Umstrukturierung und Neuordnung

Ziel einer Umstrukturierung und Neuordnung von Einzelgesellschaften und Unternehmensgruppen ist es regelmäßig, **93**

- durch Änderung des Gesellschaftsvertrages den inneren Aufbau des Unternehmensträgers neu zu ordnen, sei es durch Neuordnung der Entscheidungszuständigkeiten der verschiedenen Gesellschaftsorgane, sei es durch die Anpassung des Gesellschaftsvertrages an veränderte Verhältnisse auf Anteilseignerebene u. a. m.
- die Rechtsform des Unternehmensträgers zu ändern,
- durch Ausgründung von Tochtergesellschaften einzelne Geschäftsbereiche rechtlich zu verselbständigen oder
- Aufbau und Struktur einer Unternehmensgruppe zu ändern.

a) Der Anlaß für Umstrukturierungen

Die Anlässe für solche Umstrukturierung und Neuordnung können vielfältig sein: **94**

- Rechtsformwechsel zur Schaffung einer Haftungsbegrenzung für die Anteilseigner;
- Rechtsformwechsel in die AG oder KGaA, um der wachsenden Größe eines Unternehmens Rechnung zu tragen und diesem den Zugang zum organisierten Kapitalmarkt zu eröffnen;
- Neuordnungsvorhaben im Interesse einer steuerlichen Entlastung oder bei Änderung der steuerlichen Rechtslage;
- Eingliederung neu erworbener Unternehmen und Unternehmensteile;
- Straffung unternehmensinterner Abläufe;
- Kostenentlastung und Verbesserung der Übersichtlichkeit bei stark verschachtelten Unternehmensgruppen;
- Einführung einer Unternehmensstruktur, die gesetzlichen Verpflichtungen zur Einrichtung mitbestimmter Aufsichtsräte bei inländischen Gesellschaften oder einer Anwendung der Konzernrechnungslegungsvorschriften (§§ 290ff. HGB) ausweicht.

b) Instrumente

Als Instrument für eine Umstrukturierung und Neuordnung stellt das Gesetz die Verschmelzung durch Aufnahme und durch Neubildung, die errichtende und verschmelzende Umwandlung, die Eingliederung, die Vermögensübertragung u. a. m. zur Verfügung. Hinzu kommen die Einbringung von Unternehmen und Anteilsrechten, meist im Rahmen von Gesellschaftsgründungen und Kapitalerhöhungen als Sacheinlage gegen Gewährung vor Gesellschafterrechten. **95**

aa) Verschmelzung. Die Verschmelzung von Kapitalgesellschaften ist im Aktiengesetz (§ 339ff. – Verschmelzung von AGs, §§ 355ff. – Verschmelzung von GmbH und AG, etc.) und im Kapitalerhaltungsgesetz (§§ 19ff. – Verschmelzung von GmbHs) detailliert geregelt. Zu unterscheiden sind vor allem die Verschmelzung durch Aufnahme (§§ 340ff. AktG, § 19 I 1 KapErhG), bei der die übernehmende Gesellschaft das Vermögen der übertragenden Gesellschaft fortführt, und die Verschmelzung durch Neubildung (§ 353 AktG, § 19 I 2 KapErhG), bei der die sich vereinigenden Gesellschaften untergehen und deren Vermögen durch einen neuen Rechtsträger fortgeführt wird. **95a**

Die **Verschmelzung durch Aufnahme** nach dem KapErhG hat den Nachteil, daß jeweils nur zwei Gesellschaften miteinander verschmolzen werden können und die Verschmelzung einer Vielzahl von Gesellschaften nur durch ein sternförmiges Nebeneinander einer Vielzahl von Verschmelzungsverträgen möglich **95b** ist. Bei der **Verschmelzung durch Neubildung** können beliebig viele Gesellschaften unmittelbar verschmolzen werden; gleichwohl wird auf die Verschmelzung durch Neubildung selten zurückgegriffen, weil sie mit ungleich höheren verkehrsteuerlichen Belastungen verbunden ist.

95c Bei der Verschmelzung durch Aufnahme ist sorgfältig zu prüfen, welche Gesellschaft untergehen und welche fortgeführt werden soll. Maßgeblich für die Entscheidung ist regelmäßig:
- Ein steuerlicher Verlustvortrag der übertragenden Gesellschaft geht durch die Verschmelzung verloren;
- Grundbesitz der übertragenden Gesellschaft löst Grunderwerbsteuer aus;
- Bilanzsumme und Höhe des Eigenkapitals der übertragenden Gesellschaft sind für die verkehrsteuerliche Belastung der Verschmelzung maßgebend.

95d **bb) Umwandlung.** Während Verschmelzungen dazu dienen, die Zahl selbständiger Rechtsträger zu verringern, wird durch die Umwandlung lediglich die Rechtsform des Unternehmensträgers gewandelt. Zu unterscheiden sind die „verschmelzende", die „formwechselnde" und die „errichtende Umwandlung":

95e Bei der **verschmelzenden** und **errichtenden Umwandlung** wechselt der Träger der Vermögensrechte, von der Kapital- auf die Personengesellschaft oder den Einzelkaufmann oder umgekehrt von der Personengesellschaft oder den Einzelkaufmann auf die Kapitalgesellschaft. Diese Form der Umwandlung ist vor allem im UmwG geregelt. Demgegenüber regelt das AktG vor allem die Fälle der **formwechselnden Umwandlung,** bei ihr bleibt das Rechtssubjekt als Unternehmensträger erhalten und wechselt mit der Rechtsform lediglich seine Organisation.

95f Unter Vernachlässigung von Umwandlungsmöglichkeiten für bergrechtliche Gewerkschaften und Versicherungsvereine auf Gegenseitigkeit bestehen sich folgende Rechtsgrundlagen:

- **Verschmelzende Umwandlung**

AG auf oHG	§§ 3 bis 14 UmwG
AG auf KG	§§ 20, 3ff. UmwG
AG auf Gesellschafter	§ 15 UmwG
KGaA auf oHG	§§ 23, 3ff. UmwG
KGaA auf KG	§§ 23, 20, 3ff. UmwG
KGaA auf Gesellschafter	§§ 23, 15 UmwG
GmbH auf oHG	§§ 24, 3ff. UmwG
GmbH auf KG	§§ 24, 20, 3ff. UmwG
GmbH auf Gesellschafter	§§ 24, 15 UmwG

Die verschmelzende Umwandlung in eine Personengesellschaft ist nicht zulässig, wenn an der übernehmenden Gesellschaft eine Kapitalgesellschaft beteiligt ist (§ 1 Abs. 2 Satz 1 UmwG).

- **Errichtende Umwandlung:**

AG in oHG	§§ 16ff. UmwG
AG in KG	§§ 20, 16ff. UmwG
AG in GbR	§§ 21f. UmwG
KGaA in oHG	§§ 23, 16ff. UmwG
KGaA in KG	§§ 23, 20 UmwG
KGaA in GbR	§§ 23, 21f. UmwG
GmbH in oHG	§§ 24, 16ff. UmwG
GmbH in KG	§§ 24, 20 UmwG
GmbH in GbR	§§ 24, 21f.UmwG

- **Formwechselnde Umwandlung:**

AG in KGaA	§§ 362ff. AktG
AG in GmbH	§§ 369ff. AktG
KGaA in AG	§§ 366ff. AktG
KGaA in GmbH	§§ 386ff. AktG
GmbH in AG	§§ 376ff. AktG
GmbH in KGaA	§§ 389ff. AktG
Gen in AG	§§ 385ff. AktG

Im **Personengesellschaftsrecht** sind gleichfalls Umwandlungen anzutreffen: **95g** der Eintritt eines Partners in das einzelkaufmännische Handelsgeschäft wandelt dieses in eine oHG um; die Beschränkung der Haftung für einen Gesellschafter wandelt die oHG in eine KG; betreibt die oHG/KG kein Handelsgewerbe mehr, so wandelt sie sich in eine Gesellschaft bürgerlichen Rechts; bringen die Kommanditisten einer GmbH & Co. ihre sämtlichen Kommanditanteile in die GmbH ein, wächst das Unternehmen der KG der GmbH zu; übernimmt ein Gesellschafter nach Ausscheiden des vorletzten Gesellschafters das Handelsgeschäft der oHG/KG mit allen Aktiven und Passiven, so wandelt die Gesellschaft sich wieder in ein einzelkaufmännisches Unternehmen.

cc) Spaltung. Mit der Spaltung sollen – entgegengesetzt zur Verschmelzung – **95h** aus einem Rechtsträger mehrere entstehen, das bisherige Einheitsunternehmen wird in zwei oder mehrere rechtlich selbständige Gesellschaften aufgespalten. Gesetzliche Regelungen zur Spaltung von Unternehmensträgern bestehen bislang nicht. Zu unterscheiden ist in grundsätzlicher Hinsicht danach, ob das zu spaltende Unternehmen eine Personen- oder Kapitalgesellschaft ist:

Bei der **Spaltung von Personengesellschaften** wird üblicherweise zwischen **95i** „Gründungsspaltung" und „Fusionsspaltung" unterschieden: Bei der Gründungsspaltung wird das Vermögen der zu spaltenden Personengesellschaft ganz oder teilweise auf mehrere Gesellschaften übertragen, an denen die Gesellschafter der Ausgangsgesellschaft untereinander beteiligt sind. Bei der Fusionsspaltung wird das Gesellschaftsvermögen in schon bestehende Personengesellschaften eingebracht, wobei die Gesellschafter der Ausgangsgesellschaft in diese Nachfolgegesellschaften aufgenommen werden. In beiden Fällen wird die Ausgangsgesellschaft aufgelöst und ein Liquidationsverfahren – abweichend von § 145ff. HGB, 730ff. BGB – die anteilige Übertragung des Gesellschaftsvermögens auf die Gesellschafter beschlossen. Zugleich werden in die Nachfolgegesellschaften – die im Falle der Gründungsspaltung erst gegründet werden müssen – als Sacheinlage die aus der Abwicklung der Ausgangsgesellschaft entstehenden Ansprüche auf Übertragung von Gesellschaftsvermögen eingebracht. Das Gesellschaftsvermögen kann dann direkt von der Ausgangs- auf die Nachfolgegesellschaften übertragen werden.

Bei der **Spaltung von Kapitalgesellschaften** stehen zwei mögliche Spaltungs- **95k** formen zur Verfügung:

- beim **„Liquidationsmodell"** bringt die Ausgangskapitalgesellschaft ihr gesamtes Vermögen in mehrere Nachfolgegesellschaften ein; anschließend wird die Ausgangsgesellschaft liquidiert, im Rahmen der Liquidation werden die Anteilsrechte an den ausgegliederten Gesellschaften real an die Gesellschafter der Ausgangsgesellschaft übertragen;
- beim **„Abspaltungsmodell"**, das auch im Fall der Realteilung der Varta AG und der Löwenbräu AG Anwendung fand, gliedert die Ausgangskapitalgesellschaft einen Teil ihres Vermögens, meist einen Betrieb oder Teilbetrieb in eine rechtlich selbständige Tochtergesellschaft aus, so daß beide Gesellschaften zunächst im Verhältnis Mutter-

Tochter-Gesellschaft stehen. Anschließend führt die Mutter-Gesellschaft eine Kapitalherabsetzung durch, bei der nicht Barmittel, sondern die Anteilseignerrechte an der Tochtergesellschaft an die Gesellschafter der AG/GmbH ausgeschüttet werden. Bei einer Gesellschaft in der Rechtsform der GmbH kann die Spaltung auch im Weg des Anteilstausches herbeigeführt werden, indem nämlich die Gesellschafter der Ausgangsgesellschaft ihrer GmbH Teile ihrer Beteiligung übertragen gegen Übertragung der Anteilseignerrechte an den ausgegliederten Gesellschaften.

Im Ergebnis stehen die Gesellschaften als Schwestergesellschaften nebeneinander. Das Hauptproblem einer Spaltung von Kapitalgesellschaften liegt meist darin, die Kapitalherabsetzung mit der Ausschüttung der Anteilseignerrechte ertragsteuerneutral zu halten.

96 **dd) Ausnutzung des Anwachsungsprinzips.** Eine besondere Bedeutung bei Umstrukturierungs- und Neuordnungsvorgängen kommt auch dem **Anwachsungsprinzip der gesamthänderischen Personengesellschaft** zu. Es bildet bei Personengesellschaften oft das einfachste Instrument, um Unternehmensträger aufzulösen und deren Vermögen ohne aufwendiges Liquidationsverfahren anderen Gesellschaften zuzuschlagen. Dies gilt insbesondere für solche Umwandlungsvorhaben, für die es an der erforderlichen gesetzlichen Grundlage fehlt. In solchen Fällen hilft die gestaltende Gesellschaftsrechtspraxis sich mit dem Anwachsungsprinzip, das dem letzten Gesellschafter einer Personengesellschaft deren Vermögen im ganzen zufallen läßt. In gleicher Weise wird häufig auch die Liquidation von Personengesellschaften durchgeführt.

c) Komplizierte Rechtsfragen, sorgfältige Realisierung von Ablaufplänen

97 Die mit derartigen Neuordnungsvorhaben, mit Umwandlungen, Verschmelzungen und Einbringungsvorgängen verbundenen Rechtsfragen sind außerordentlich vielschichtig und kompliziert. Schon bei der Umwandlung in eine andere Rechtsform können sich Fragen nach der Kontinuität einzelner Unternehmensorgane ergeben, es sind aber bei Verschmelzung und Einbringung auch die vertraglichen **Beziehungen der Unternehmen zu Dritten** auf etwaige unbeabsichtigte Auswirkungen hin zu untersuchen. Ohne verläßliche Klärung dieser Rechtsfragen sollten umfangreichere Neuordnungsvorhaben deshalb nicht begonnen werden.

98 Meist müssen die einer Umstrukturierung zugrundeliegenden **Jahresabschlüsse** auf einen konkreten oder aber einen bestimmten Stichtag erstellt sein, der nur wenige Monate vor den entscheidenden Eintragungen im Handelsregister aufgestellt sein muß. Flüchtigkeiten und Ungenauigkeiten bei Gesellschafterbeschlüssen und Vereinbarungen, die zu Verzögerungen oder gar Eintragungsablehnungen beim Registergericht führen, können deshalb das gesamte Neuordnungsvorhaben gefährden. Größere Neuordnungsvorhaben, namentlich die Umstrukturierung größerer Unternehmen wird der gesellschaftsrechtlich beratende Anwalt deshalb regelmäßig nur unter Hinzuziehung mehrerer Mitarbeiter durchführen können.

98a Bei der Beratung börsennotierter Publikumsgesellschaften kommt seit einigen Jahren das Problem der sogenannten **„räuberischen Aktionäre“** hinzu, Aktionäre, die ihre – wenigen – Aktien erst wenige Tage vor der Hauptversammlung erwerben, um gegen zustimmende Hauptversammlungsbeschlüsse, die Neuordnungsmaßnahmen, insbesondere Verschmelzungs- oder Umwandlungsbeschlüsse sowie den Abschluß von Beherrschungsverträgen zum Gegenstand haben, Widerspruch und Anfechtungsklage zu erheben und sich diese von der Gesellschaft abkaufen zu lassen. Bei börsennotierten Publikumsgesellschaften ist heute mit solchen Versuchen, gleichgültig ob gegen den Inhalt der Hauptversammlungsbeschlüsse ernstzunehmende Einwände bestehen oder nicht, stets zu rechnen, wenn nur die zeitliche Verzögerung, die sich aus entsprechenden Widersprüchen ergibt, das Unternehmen in Verlegenheit bringt und den „räuberischen Aktionären" einen entsprechend hohen Preis für den Verzicht auf eine Anfechtungsklage verspricht.

d) Steuerrechtliche Fragen

Bei allen derartigen Gestaltungsvorhaben ist auf die steuerrechtlichen Auswirkungen großes Gewicht zu legen. Mit derartigen Neuordnungsvorhaben sind regelmäßig erhebliche Vermögensbewegungen verbunden. Entsprechend große Bedeutung kommt damit dem Gebot zu, **stille Reserven** nicht ungewollt zu realisieren (soweit dies im Einzelfall, namentlich zur Ausnutzung steuerlicher Verlustvorträge oder zur steuerlichen Entstrickung von Anteilsrechten, nicht beabsichtigt ist). Steuerliche Belastungen im Zusammenhang mit Neuordnungsvorhaben sind aber – schon wegen der anfallenden Verkehrsteuern – nicht ganz vermeidbar. Über die insoweit anfallenden steuerlichen Kosten muß von Anfang an Klarheit bestehen. Das Neuordnungsvorhaben wird oft, namentlich bei Verschmelzungs- und Einbringungsvorgängen, zu einem neuen Bilanzbild bei einzelnen Gesellschaften führen. Auch über die insoweit eintretenden Veränderungen muß vor Durchführung der Neuordnung Klarheit bestehen. **99**

8. Gesellschaftsrechtliche Beratung in Krise und Insolvenz

Die gesellschaftsrechtliche Beratung im Zusammenhang mit insolvenzrechtlichen Problemen beginnt bei ersten finanziellen **Krisenanzeichen,** wenn die Anteilseigner weitere Eigenmittel einbringen oder zugunsten von Gesellschaftsgläubigern Sicherheiten bestellen sollen, und reicht bis zur Beratung in einem etwaigen Konkursverfahren oder Zwangsvergleich. Gesellschaftsrechtliche Beratung kann sowohl auf seiten der Gläubiger wie auf seiten der bisherigen Anteilseigner erforderlich werden. **100**

a) Zusätzliche Anteilseignerleistungen bei ersten Krisenanzeichen

Bei finanziellen Krisenanzeichen wird von Gläubigerseite meist die Begründung einer persönlichen Haftung der Anteilseigner für Gesellschaftsverbindlichkeiten, die Einbringung privaten Vermögens in die Gesellschaft oder Umstrukturierungen im Unternehmen gefordert, die das Finanzierungs- und Haftungsrisiko der Anteilseigner wesentlich erhöhen würden. Anteilseigner und Gläubiger müssen Klarheit über die rechtlichen Auswirkungen etwaiger **Sanierungsmaßnahmen** haben. Oft setzt sich das Interesse der Anteilseigner am Überleben des Unternehmens gegenüber dem ursprünglichen Bestreben durch, das Finanzierungsrisiko auf das eingesetzte Kapital zu begrenzen und jedenfalls eine persönliche Haftung auszuschließen. **101**

Bevor Moratorien, Forderungsverzichte u.a.m. beschlossen werden, sollte der gesellschaftsrechtliche Berater darauf dringen, daß die Zukunftsaussichten des Unternehmens und die Erfolgsaussichten einer etwaigen Sanierung geprüft werden. Finanzielle Leistungen sollten nur erfolgen, wenn zugleich die Ursachen für die Schieflage des Unternehmens beseitigt werden. Soweit diese eine **102**

Umstrukturierung, etwa die Verschmelzung verschiedener Gesellschaften, deren Einbringung in andere Unternehmen o.ä. erfordern, gilt es, die damit verbundenen Rechtsfolgen für Gläubiger und Anteilseigner zu ermitteln.

b) Kapitalersetzende Gesellschafterdarlehen

102a Seit Anfang der siebziger Jahre hat die Rechtsprechung Grundsätze für die Behandlung sogenannter „kapitalersetzender Gesellschafterdarlehen" entwickelt, mit der GmbH-Novelle 1980 wurden ergänzend die §§ 32a, 32b GmbHG, 172a HGB u.a.m. in das Gesetz eingefügt. Sie haben das Recht der Unternehmensfinanzierung grundlegend neu geordnet und für den gesellschaftsrechtlich beratenden Anwalt einen erheblichen Beratungsbedarf ausgelöst.

102b Die Voraussetzungen, unter denen Finanzierungsleistungen der Anteilseigner außerhalb des Kapitals als kapitalersetzend angesehen werden und bestimmten Rückforderungsbeschränkungen unterliegen, sind durch eine Fülle höchstrichterlicher Entscheidungen in einer Vielzahl von Zweifelsfragen, jedoch nicht abschließend geklärt worden. Bei jeder Rückzahlung von Gesellschafterdarlehen, vor jeder Umwandlung von Gesellschafterdarlehen in Kapital ist zu prüfen, ob das Gesellschafterdarlehen gegebenenfalls entsprechenden Rückzahlungsbeschränkungen unterliegt. Entsprechend kompliziert geworden sind die Finanzierungsmöglichkeiten für Anteilseigner und die Möglichkeiten für sanierungswillige Banken, sich im Rahmen einer Krisenfinanzierung z.B. Anteilseignerrechte sicherungsweise übertragen zu lassen.

c) Überschuldungsprüfung

103 Für den gesellschaftsrechtlichen Berater der Anteilseigner kommt – bei den Kapitalgesellschaften und der GmbH & Co. KG in der Krise – der regelmäßigen Prüfung der Überschuldungssituation besondere Bedeutung zu. Anhand einer Vermögensaufstellung ist eine Überschuldungsbilanz aufzustellen und regelmäßig fortzuschreiben und zu prüfen, ob die Aktiva noch die Passiva decken oder Überschuldung eingetreten ist (s. Beispiel einer Überschuldungsbilanz D IV Rdnr. 5). Die Behandlung kapitalersetzender Gesellschafterdarlehen in der Vermögensaufstellung ist umstritten. Auf die mit einer **Versäumung der rechtzeitigen Konkursantragstellung** verbunden zivil- und strafrechtlichen Risiken muß hingewiesen werden.

d) Beteiligung an einer Unternehmenssanierung

104 In einem späteren Stadium des Niedergangs des Unternehmens sind regelmäßig **weitgehende Eingriffe** in die bisherige Unternehmensstruktur erforderlich, über deren Auswirkungen dann auf Gläubiger- wie auf Anteilseignerseite Klarheit bestehen muß. Die gesellschaftsrechtlichen Berater sind oft an den Verhandlungen zwischen Anteilseignern, Banken, Lieferanten und anderen Gläubigern, etwaigen neuen Kapitalgebern, Vertretern der – an einer Sanierung ggf. beteiligten – öffentlichen Hand und einem etwaigen Sequester oder vorläufigen Vergleichsverwalter unmittelbar beteiligt.

105 Mit den zur Unternehmensrettung zur Auswahl stehenden Maßnahmen:
- der Gewährung kurzfristiger Überbrückungsdarlehen durch Hausbanken;
- der Gewährung von Forderungsverzichten und Sanierungsdarlehen durch Anteilseigner und Dritte;
- Maßnahmen der Kapitalherabsetzung und -erhöhung, unter Ausschluß etwaiger Bezugsrechte und unter Eintritt neuer Anteilseigner;

– der „übertragenden Sanierung“ durch Gründung einer Auffang- oder Fortführungsgesellschaft, unter Ein- oder Ausschluß der bisherigen Anteilseigner,

verbinden sich komplizierteste **gesellschaftsrechtliche Fragen,** von denen oft Erfolg oder Mißerfolg der einzelnen Sanierungsmaßnahme abhängt: Bindung weiterer Einlageversprechen an den Sanierungserfolg? Vollwertigkeit von Einlageleistungen, insbesondere beim Versuch, Gesellschafterdarlehen und andere Anteilseigner-Forderungen gegen die Gesellschaft zur Kapitalerhöhung zu verwenden? Aufklärungspflichten des Geschäftsführers gegenüber Geschäftspartnern des Unternehmens, die Krise des Unternehmensträgers offenzulegen? Übergang von Verbindlichkeiten und Arbeitsverhältnissen auf Fortführungsgesellschaften? Auch die mit diesen Fragen verbundenen steuerlichen Rechtsfolgen sind kompliziert, haben aber weitreichende wirtschaftliche Bedeutung und dementsprechend großen Einfluß auf die konkreten Empfehlungen des gesellschaftsrechtlichen Beraters.

e) Beratung im Konkurs

Im Konkurs des Unternehmens stehen Anteilseigner und Gläubiger dem Konkursverwalter gegenüber. Gesellschaftsrechtliche Probleme stellen sich hier nur noch am Rande: **106**

- Anmeldung von Gesellschafterdarlehen zur Konkurstabelle;
- Auswirkung der Konkurseröffnung auf Unternehmensverträge (Beendigung von Beherrschungs- und Gewinnabführungsverträgen) und auf Unternehmensverbindungen im faktischen Konzern;
- Einfluß des Konkurses auf Organstellung und Anstellungsverhältnis der Geschäftsführer;
- Nachforderungen des Konkursverwalters auf Einlageleistungen der Anteilseigner;
- Kommanditistenhaftung im Konkurs.

D III. Erbrechtliche Beratung und Testamentsvollstreckung

Dr. Herbert Sernetz

Übersicht

Literatur: *Dittmann/Reimann/Bengel,* Testament und Erbvertrag, 2. Aufl. 1986; *Esch/Schulze zur Wiesche,* Handbuch der Vermögensnachfolge, 3. Aufl. 1989; *Firsching,* Nachlaßrecht, 6. Aufl. 1986; *Haegele/Winkler,* Der Testamentsvollstrecker, 9. Aufl. 1987; *Harder/Müller-Freienfels,* Grundzüge der Erbenhaftung, JuS 1980, 876ff.; *Herrmann,* Erbrecht und Nachlaßverfahren in der DDR, 1989; *Keim,* Testamente und Erbverträge, Diktat und Arbeitsbuch für Notare und Rechtsanwälte, 1985; *Kipp/Coing,* Erbrecht, 14. Aufl. 1990; *Lange/Kuchinke,* Lehrbuch des Erbrechts, 3. Aufl. 1989; *Nieder,* Münchner Vertragshandbuch, Bd. 4, 2. Hbd., Kap. VIII Erbrecht, 2. Aufl. 1986; *Schlüter,* Erbrecht, 12. Aufl. 1986.

Vorbemerkung

Aufgabe des Anwalts bei der erbrechtlichen Beratung ist es, das aus verschiedenen historischen Quellen abgeleitete, sehr subtil geregelte, aber überwiegend unpopuläre, objektive deutsche Erbrecht mit den davon oft erheblich abweichenden Vorstellungen des Ratsuchenden in Einklang zu bringen. Dabei geht es nicht nur um die Beachtung der Bestimmungen des Fünften Buches des BGB, sondern auch um die Berücksichtigung zahlreicher erbrechtlich relevanter Regelungen auf anderen Rechtsgebieten, wie etwa dem Familienrecht oder dem Handels- und Gesellschaftsrecht (vgl. die Beispiele bei *Schlüter* § 2 III) und vor allem dem Erbschaftssteuerrecht. Der im Rahmen eines Anwaltshandbuchs zur Verfügung stehende Raum erlaubt angesichts der Fülle des Stoffs nur eine Übersicht und Hinweise auf besondere Problemzusammenhänge. Zur Vertiefung muß auf die Spezialliteratur verwiesen werden, wie etwa die sehr instruktiven Anmerkungen von *Nieder* zu den Mustervorschlägen „Erbrecht" im Münchner Vertragshandbuch (Band 4, 2. Halbb.). **1**

Die **DDR** hatte mit Wirkung ab 1. 1. 1976 das bis dahin auch dort geltende BGB durch das Zivilgesetzbuch (ZGB) vom 19. 6. 1975 (GBl. I Nr. 27 S. 465) ersetzt. Damit sollte u. a. das Erbrecht (§§ 362–427 ZGB) vereinfacht und der **2**

„sozialistischen Eigentumsordnung" (§§ 17ff., 22ff. ZGB) angepaßt werden. Für Erbfälle, die vor Inkrafttreten des ZGB eingetreten waren, und für letztwillige Verfügungen, die vorher errichtet waren, blieb es beim alten Recht (§ 8 EGZGB). Mit Wirksamwerden des Beitritts der DDR zur Bundesrepublik Deutschland am 3. 10. 1990 trat das BGB auch für das Gebiet der DDR in Kraft (Art. 8 des **Einigungsvertrages** vom 31. 8. 1990 mit Art. 230 II EGBGB in der Fassung der Anlage I zum Einigungsvertrag), jedoch mit folgenden, in der Formulierung den Artikeln 213 und 214 EGBGB nachgebildeten (vgl. die Kommentierung hierzu) **Einschränkungen:**

3 – Bei Todesfällen vor dem 3. 10. 1990 bleibt für die erbrechtlichen Verhältnisse das bisherige Erbrecht der DDR maßgebend (Art. 235 § 1 I EGBGB). Der Begriff **„erbrechtliche Verhältnisse"** ist im weitesten Sinn auszulegen; hierunter fällt nicht nur das materielle Recht, sondern auch das Verfahrensrecht (*Staudinger/Winkler,* Art. 213 EGBGB, Rdnr. 3 m. w. N.). Unberührt bleiben jedoch Zuständigkeitsänderungen (Kreisgericht als Nachlaßgericht anstelle des staatlichen Notariats).
– Die Regelungen des BGB über den Erbersatzanspruch **nichtehelicher Kinder** (§§ 1934a–e, 2338a BGB) gelten nicht für Kinder, die vor dem Beitritt geboren sind; sie sind vielmehr entsprechend den Regeln des ZGB ehelichen Kindern vollkommen gleichgestellt (Art. 235 § 1 II EGBGB). Die Frage, welchen Kindern diese Regelung zugute kommen soll, wird nach den Regeln des IPR bzw. des interlokalen Privatrechts, wie es vor der Wiedervereinigung von beiden Staaten angewandt wurde, zu entscheiden sein. Im Ergebnis wird es auf das Erbstatut, nämlich die Staatsangehörigkeit des Erblassers ankommen.
– Die Errichtung oder Aufhebung von letztwilligen Verfügungen vor dem Beitritt der DDR sind nach dem alten Recht zu beurteilen, auch wenn der Erblasser nach dem 2. 10. 1990 stirbt (Art. 235 § 2 S. 1 EGBGB). Der Inhalt und die Wirksamkeit der Verfügung sind dagegen nach den Regelungen des BGB zu prüfen. Bei der Auslegung allerdings führt die Ermittlung des wirklichen Willens u. U. zur Berücksichtigung des alten Rechts (vgl. *Staudinger/Winkler,* Art. 214, Rdnr. 8, 31ff., 36).
– Auch die Bindungswirkung eines gemeinschaftlichen Testaments, welches vor dem 3. 10. 1990 errichtet worden ist, wird nach altem Recht beurteilt (Art. 235 § 2 S. 2 EGBGB). Bindung im Sinne dieser Vorschrift umfaßt nicht bloß die Widerruflichkeit einer getroffenen Verfügung, sondern auch die Art, wie ein Widerruf zu erklären ist (*Staudinger/Winkler,* Art. 214, Rdnr. 27).

4 Das bisherige Recht der DDR wird zukünftig in erster Linie bei der Beratung der Hinterbliebenen eine Rolle spielen; für die Beratung des Erblassers wird im allgemeinen die Kenntnis derjenigen Bestimmungen des früheren Erbrechts genügen, die auf Todesfälle nach dem 2. 10. 1990 zur Anwendung kommen können. Daneben wird man übergeleitete Bestimmungen des DDR-Rechts auf anderen Rechtsgebieten (z. B. dem **Sachenrecht, Familienrecht** etc.) beachten müssen. In der folgenden Darstellung wird das Recht der DDR, soweit von Bedeutung, unabhängig von seiner Relevanz für Erblasser oder Hinterbliebene wegen der größeren Anschaulichkeit dort behandelt, wo sich Ausführungen zum entsprechenden Recht der Bundesrepublik Deutschland finden. Hierauf wird, soweit notwendig, verwiesen werden.

1. Teil. Beratung des Erblassers

I. Feststellungen

1. Zur Person des Erblassers

a) Die Staatsangehörigkeit

Ein Berater kann sich darauf, daß er mit seinen Kenntnissen des deutschen Erbrechts auskommt, nur dann verlassen, wenn es sich bei dem Erblasser und den Erben um Deutsche mit Aufenthalt in der Bundesrepublik Deutschland handelt, sich das zu vererbende Vermögen in der Bundesrepublik Deutschland befindet und nicht zu erwarten ist, daß sich bis zum Erbfall an diesen Umständen etwas ändert. Liegen jedoch auch nur in einem der vorgenannten Punkte andere Verhältnisse vor, oder soll die letztwillige Verfügung im Ausland errichtet werden, ist ein **Fall mit Auslandsberührung** gegeben. Von dem beratenden Anwalt kann ebensowenig wie von einem Notar verlangt werden, daß er fremde Rechtsordnungen kennt und zuverlässig anwenden kann. Es wird aber von ihm erwartet, daß er das Vorliegen eines Falls des internationalen Testaments- oder Erbvertragsrechts erkennt. Zumindest müssen also dem Berater die inländischen Kollisionsnormen geläufig sein, die darüber Auskunft geben, inwieweit fremdes Recht zur Anwendung kommen kann (*Lichtenberger* in *Dittmann/Reimann/Bengel* Teil B, Rdnr. 50). 5

Bedeutsam sind dabei insbesondere die folgenden Bestimmungen des **deutschen IPR** in der durch die Neuregelung seit 1. 9. 1986 geltenden Fassung (BGBl I, 1142): 6

- Nach Artikel 25 I EGBGB unterliegt die Rechtsnachfolge von Todes wegen dem Recht des Staates, dem der Erblasser im Zeitpunkt seines Todes angehört hat **(Erbstatut).**
- Nach Art. 25 II EGBGB kann ein ausländischer Erblasser für im Inland gelegenes **unbewegliches Vermögen** das deutsche Recht wählen und zwar durch eine formgültige Verfügung von Todes wegen.
- Hat eine Person **mehrere Staatsangehörigkeiten,** dann soll nach Art. 5 I EGBGB das Recht desjenigen Staates angewandt werden, mit dem die Person am engsten verbunden ist **(effektive Staatsangehörigkeit).** Hat die Person jedoch auch die deutsche Staatsangehörigkeit, so geht diese Rechtstellung vor.
- Bei **Staatenlosen** kommt es nach Art. 5 II EGBGB auf das Recht des Staates an, in dem die Person ihren gewöhnlichen Aufenthalt hat, oder wenn ein solcher nicht feststellbar ist, in dem sie sich aufhält.
- Durch Art. 26 I EGBGB wurde der wesentliche kollisionsrechtliche Inhalt des für die Bundesrepublik Deutschland am 1. 1. 1966 in Kraft getretenen **Haager Übereinkommens** über das auf die Form letztwilliger Verfügungen anzuwendende Recht vom 5. 10. 1961 übernommen. Nach den dadurch in Betracht kommenden Alternativen des **Formstatuts** hat der Berater insoweit die relativ größte Sicherheit, daß er bei Anwendung des eigenen Rechts, wenn die Verfügung bei ihm getroffen wird, keinen Fehler macht.

Der materielle Inhalt einer letztwilligen Verfügung, seine Wirksamkeit und Realisierbarkeit sind jedoch auch bei Beachtung der deutschen Kollisionsnor- 7 men nicht gesichert. Nur ein Anwalt mit besonderen Spezialkenntnissen wird sich zutrauen können, die **materielle Gültigkeit** einer letztwilligen Verfügung aus der Sicht eines fremden Rechts abschließend zu prüfen. Es wird deswegen in den meisten Fällen anzuraten sein, daß der Anwalt die Prüfung in Zusammenarbeit mit einem ausländischen Kollegen vornimmt oder das Gutachten eines deutschen Instituts für ausländisches und internationales Privatrecht einholt (*Nieder* Kap. VIII 48 Anm. 2; *Lichtenberger* in *Dittmann/Reimann/Bengel* B 50). Die in Betracht kommenden Institute sind in DNotZ 1974, 133 aufgeführt.

8 Davon abgesehen sollte der Berater unbedingt darauf hinweisen, daß er nur hinsichtlich des deutschen Rechts zuverlässig beraten und Vorschläge machen kann, und daß er hinsichtlich des ausländischen Rechts keine Haftung übernehmen kann. Es empfiehlt sich, hierüber eine ausdrückliche schriftliche **Haftungsfreistellung** zu vereinbaren (vgl. dazu *Lichtenberger* aaO B 51; *Nieder* aaO).

9 Nach § 25 I des **Rechtsanwendungsgesetzes** der **DDR** (RAnwG) vom 5. 12. 1975 (GBl. I 1975, 748) bestimmten sich die erbrechtlichen Verhältnisse nach dem Recht des Staates, dessen Bürger der Erblasser im Zeitpunkt seines Todes war. Die erbrechtlichen Verhältnisse in bezug auf das Eigentum und andere Rechte an Grundstücken und Gebäuden auf dem Territorium der DDR richteten sich jedoch nach deren Recht (**Nachlaßspaltung;** § 25 II RAnwG). Hinsichtlich der Testierfähigkeit, der Arten letztwilliger Verfügungen und der Rechtsfolgen von Willensmängeln bei ihrer Errichtung knüpfte das Recht der DDR an das Recht des Staates an, in dem der Erblasser bei der Errichtung der Verfügung seinen Wohnsitz hatte (§ 26 RAnwG).

10 Der **innerdeutsche Erbrechtsfall** wurde seitens der DDR nach reinen IPR-Regeln abgewickelt (*Herrmann* Rdnr. 1.71.), während man in der Bundesrepublik wegen der Anerkennung der Bürger der DDR als Deutsche im Sinne des Grundgesetzes das **interlokale Privatrecht,** aber in Anlehnung an das eigene IPR anwandte (*KG* OLGZ 1966, 592; 1972, 435; *OLG Hamm* OLGZ 1973, 289; *Lange/Kuchinke,* § 3 V). Dies führte zur regelmäßigen Anknüpfung an den letzten gewöhnlichen Aufenthaltsort des Erblassers.

11 Nachdem in Zukunft innerhalb des wiedervereinigten Deutschlands zumindest teilweise unterschiedliche Rechtsordnungen gelten werden, wird die jeweils **maßgebliche Teilrechtsordnung** durch die Kollisionsnormen des interlokalen Privatrechts bestimmt werden müssen. Mangels einer gesetzlichen Regelung wird dies analog den Regeln des allgemeinen IPR geschehen (vgl. z. B. Rdnr. 3). Für Erbfälle bis zum 2. 10. 1990 wird beim ehemaligen Bundesbürger die Staatsangehörigkeit und beim ehemaligen Bürger der DDR der gewöhnliche Aufenthaltsort maßgeblich sein. Bei einem Todesfall ab 3. 10. 1990 wird es für alle Deutsche auf den letzten **gewöhnlichen Aufenthaltsort** des Erblassers ankommen.

b) Testierfähigkeit

12 Die Testierfähigkeit knüpft nicht direkt an die allgemeinen Abgrenzungen von Geschäftsunfähigkeit und beschränkter Geschäftsfähigkeit an, sondern ist selbständig geregelt, §§ 2229, 2230 BGB (Errichtung eines Testaments), § 2253 BGB (Widerruf). Sie beginnt mit Vollendung des 16. Lebensjahres des **Minderjährigen** (§ 2229 I BGB). Dieser bedarf keiner Zustimmung seines gesetzlichen Vertreters (§ 2229 II BGB). Er kann sich aber nur des öffentlichen Testaments durch mündliche Erklärung oder durch Übergabe einer offenen Schrift bedienen (§§ 2233 I, 2247 IV BGB). Der beschränkt geschäftsfähige **Verlobte oder Ehe-**

gatte kann darüber hinaus mit Zustimmung seines gesetzlichen Vertreters auch einen Erbvertrag als Erblasser schließen (§ 2275 II und III BGB).

13 **Geschäftsunfähige** (§ 104 BGB) und der **Entmündigte,** und zwar ab Antrag auf Entmündigung (§ 2229 III, § 6 BGB), können nicht testieren, auch nicht in Form des Erbvertrags. Der beschränkt geschäftsfähige Entmündigte kann aber ebenso wie der minderjährige Ehegatte und Verlobte Partner eines Erbvertrages sein, wenn er dabei nicht Erblasser ist.

14 Wer wegen **krankhafter Störung der Geistestätigkeit,** wegen **Geistesschwäche** oder wegen **Bewußtseinsstörung** (z. B. Trunkenheit) nicht in der Lage ist, die Bedeutung einer von ihm abgegebenen Willenserklärung einzusehen und nach dieser Einsicht zu handeln, ist nicht testierfähig (§ 2229 IV BGB). Im Gegensatz zum Fall der Entmündigung muß dieses Testierhindernis nicht permanent bestehen. In lichten Momenten ist Testierfähigkeit gegeben.

15 Insbesondere die letztgenannten Fälle können bei der Beratung eine Rolle spielen, weil der Anwalt mit beurteilen muß, ob der Beratene überhaupt wirksam testieren kann bzw. ob das Testament späteren Angriffen standhält. Der Anwalt muß neben dem hier meist hinzuzuziehenden Notar etwa bei kranken und alten, evtl. sterbenden Personen erkennen, ob sie noch wahrnehmen, daß sie letztwillig verfügen, und ob sie sich dabei frei entscheiden können. Besonders problematisch ist dies beim Fall der sog. **senilen Demenz,** die der Betroffene oft durch eine vorgetäuschte Fassade freundlicher Kooperationsbereitschaft zu überspielen versucht. Ein Anhaltspunkt dafür, ob von seniler Demenz auszugehen ist, wird im allgemeinen die Frage sein, ob der Betroffene noch „nein" zu sagen in der Lage ist oder nicht. Das kann der erfahrene Berater möglicherweise durch bestimmte, evtl. wechselnde Fragestellungen offenlegen. Letztlich klären kann die Testierfähigkeit in solchen Fällen nur der Arzt. Der Berater wird darum unter solchen Umständen gut daran tun, wenn möglich für eine ärztliche Stellungnahme zu sorgen. Es erfordert einiges Fingerspitzengefühl, den Betroffenen selbst für entsprechende Initiativen zu gewinnen.

16 Nach dem Recht der **DDR** (§ 370 I ZGB) setzte die Testierfähigkeit **Volljährigkeit** (Vollendung des 18. Lebensjahres, § 49 ZGB) voraus und zugleich **Handlungsfähigkeit,** d. h. es durfte keine Entmündigung vorliegen (§ 52 II ZGB).

2. Zu den Familienverhältnissen

17 **a)** Bei der Beratung des Erblassers wird es regelmäßig nicht auf die Ermittlung aller in Betracht kommender **gesetzlicher Erben** ankommen. Sinnvoll ist es aber, die unmittelbaren gesetzlichen Erben festzustellen (nicht alle gesetzlichen Folgen müssen unbedingt testamentarisch geregelt werden). Darüber hinaus sollten jedoch immer die **Pflichtteilsberechtigten** und die **Erbersatzberechtigten** festgestellt werden, weil ihre Ansprüche eine gewillkürte Erbfolge berühren, beeinträchtigen und möglicherweise sogar wirtschaftlich verhindern können.

18 Beim verheirateten Erblasser ist von besonderer Bedeutung die Frage nach seinem **Güterstand.** Dieser bestimmt in zwei Fällen die Erbquote mit, nämlich

– beim gesetzlichen Güterstand der **Zugewinngemeinschaft;** hier erhöht sich die gesetzliche Erbquote des Ehegatten (unabhängig von der Zahl der Kinder) um ¼ (§ 1371 I BGB);

– bei der **Gütertrennung;** hier erbt der Ehegatte neben einem Kind zu ½, neben 2 Kindern zu ⅓ (§ 1931 IV BGB).

Steuerliche Besonderheiten: Der Zugewinnausgleich ist gem. § 5 II ErbStG erbschafts- und schenkungssteuerfrei. Bei der erbrechtlichen Lösung nach § 1371 I BGB muß, soweit nicht Freibeträge den Nachlaß aufwiegen, die fiktive Ausgleichsforderung (nach Verkehrswerten) errechnet werden (§ 5 I 1 ErbStG).

b) Besonderheiten in der ehemaligen DDR

19 Das Familienrecht der **DDR** kannte nur einen Güterstand, nämlich den der **Eigentums- und Vermögensgemeinschaft,** §§ 13–16 und 39–41 des Familiengesetzbuchs der DDR (FGB). Nach diesem Güterstand werden die von einem oder beiden Ehegatten während der Ehe durch Arbeit oder aus Arbeitseinkünften erworbenen Sachen (auch Grundstücke und Gebäude, § 299 I ZGB), Vermögensrechte und Ersparnisse **gemeinschaftliches Eigentum** (§ 13 I FGB); als Arbeitseinkünfte gelten auch Renten, Stipendien und ähnliche wiederkehrende Leistungen. Hinsichtlich aller übrigen Sachen und Vermögensrechte gilt quasi Gütertrennung. Die zur Befriedigung persönlicher Bedürfnisse oder zur Berufsausübung genutzten Sachen werden Alleineigentum jedes Ehegatten, auch wenn sie mit Mitteln aus Arbeitseinkünften erworben wurden, es sei denn, ihr Wert wäre gemessen am gemeinschaftlichen Einkommen und Vermögen unverhältnismäßig groß (§ 13 II FGB). Von alledem konnten die Ehegatten während der Ehe **abweichende Vereinbarungen** treffen, ausgenommen allerdings bezüglich solcher Sachen, die der gemeinsamen Lebensführung dienen (§ 14 I FGB). Am gemeinschaftlichen Vermögen sind die Ehegatten grundsätzlich zu je ½ beteiligt (§§ 39 I, 40 FGB). Beim Tode eines Ehegatten fällt dessen Anteil am gemeinschaftlichen Eigentum in den Nachlaß (§ 365 III 1 ZGB).

20 Diese Regelungen wurden bei **Einführung des FGB** – soweit nicht ausdrücklich abbedungen (§ 14 FGB) – auch auf das vor dessen Inkrafttreten (1. 4. 1966) erworbene Vermögen der Ehegatten ausgedehnt (§ 4 EGFGB). Die Grundbücher der DDR geben wegen der von Gesetzes wegen eingetretenen Änderungen möglicherweise nicht die wahre Rechtslage wieder; Anhaltspunkt dafür kann der Umstand sein, daß seit dem 1. 4. 1966 keine Änderungen eingetragen worden sind (*Herrmann,* Rdnr. 1.17).

21 Nach Art. 234 § 4 I EGBGB leben Ehegatten, sofern sie nichts anderes vereinbart hatten, vom 3. 10. 1990 an statt im Güterstand der Eigentums- und Vermögensgemeinschaft nunmehr im **gesetzlichen Güterstand** der Zugewinngemeinschaft. Bei späteren Auseinandersetzungen bleibt § 39 FGB weiterhin anwendbar. Jeder Ehegatte kann aber bis zum Ablauf von zwei Jahren nach Wirksamwerden des Beitritts der DDR dem Kreisgericht gegenüber erklären, daß für die Ehe der bisherige gesetzliche Güterstand fortgelten solle. In diesem Fall gilt die **Überleitung** des bisherigen gesetzlichen Güterstandes als nicht erfolgt (§ 4 II FGB).

3. Das zu vererbende Vermögen

22 Welcher Art das zu vererbende Vermögen ist, ist vor allem aus drei Gründen von Bedeutung:
– wegen besonderer Bewertung bei der Erbschaftssteuer;
– wegen möglicher Sonderrechtsnachfolge (Ausnahme vom Grundsatz der Gesamtnachfolge);
– wegen besonderer Bewertung in der erbrechtlichen Auseinandersetzung.

a) Steuerliche Bewertung

Im Prinzip soll der erbrechtliche Erwerb danach besteuert werden, welche **Bereicherung** beim Erben eingetreten ist (§ 10 I ErbStG); d.h. es kommt grundsätzlich auf den Verkehrswert an (§ 12 I ErbStG, § 9 BewG). Davon nehmen die Absätze II bis V von § 12 ErbStG jedoch den Grundbesitz, die Mineralgewinnungsrechte und das Betriebsvermögen aus. **23**

aa) Der **Grundbesitz,** also die bebauten und unbebauten Grundstücke (inkl. der Betriebsgrundstücke), das Erbbaurecht, das Wohnungseigentum und die sonstigen dinglichen Berechtigungen sind nach § 12 II ErbStG zu bewerten mit dem Einheitswert (derzeit 1964) zzgl. 40% (§§ 70, 99 I 1 BewG). Ausgenommen hiervon ist der Auslandsgrundbesitz, der nach § 12 VI ErbStG, § 31 BewG mit dem gemeinen Wert anzusetzen ist. (Belastungen können mit dem Nennwert der Valuta den steuerlichen Grundstückswert vollständig aufzehren; vgl. Rdnr. 24.)

bb) Bei den **Mineralgewinnungsrechten** handelt es sich um Rechte zum Abbau und zur Gewinnung von Bodenschätzen. Sie sind nach § 12 II ErbStG mit dem Einheitswert zu besteuern.

cc) Bei **Betriebsvermögen** sind die Betriebsgrundstücke nach § 12 V ErbStG mit dem Einheitswert anzusetzen. Der Geschäftswert bleibt in der Regel außer Ansatz. Im übrigen ist der **„Reinwert"** festzustellen. Es handelt sich dabei um den Unterschiedsbetrag zwischen dem Gesamtbetrag der Steuerwerte der Besitzposten und dem Gesamtbetrag der Steuerwerte der Schuldposten (*Meincke/Michel* ErbStG § 12, Rdnr. 150). Entsprechendes gilt für die Bewertung von Beteiligungen.

dd) Einige **weitere Bewertungsbeispiele:** **24**
- **Aktien:** Börsenkurs, ggf. zzgl. Paketzuschlag,
- **GmbH-Anteile** und **nicht börsennotierte Aktien:** Gemeiner Wert nach „Stuttgarter Verfahren", soweit nicht im Jahr vor dem Stichtag Verkaufserlöse festzustellen sind (VermStRiLi Ziff. 76ff.),
- **Hausrat, Kunstgegenstände, Sammlungen:** Verkehrswert nach Berücksichtigung des besonderen Freibetrags gem. § 13 I 1a ErbStG,
- **Land- und forstwirtschaftliche Betriebe:** der letzte festgestellte Einheitswert ohne Zuschlag von 40% beim Grundbesitz (§ 34 BewG),
- **Nutzungen, Renten, Erbbauzins:** der Kapitalwert auf der Grundlage des Jahreswerts (mit Modifikationen, § 15 BewG),
- **Vermächtnisse:** Geldvermächtnisse zum Nennwert, andere Vermächtnisse zum Steuerwert,
- **Verbindlichkeiten:** Nennwert, vom steuerpflichtigen Erwerb abzuziehen (§ 10 V und I ErbStG).

b) Sonderrechtsnachfolge

Entgegen der sonst geltenden Generalsukzession gibt es in bestimmten Fällen die Möglichkeit der Sonderrechtsnachfolge in einzelne Gegenstände. **25**

aa) Anerbenrecht/Höferecht. Mit Ausnahme von Bayern und dem Saarland gibt es in allen Bundesländern entsprechend dem Vorbehalt in Art. 64 EGBGB Anerbengesetze, die allerdings untereinander nicht gleich sind. Das territorial weitreichendste ist die in den Bundesländern Nordrhein-Westfalen, Niedersachsen, Hamburg und Schleswig-Holstein geltende **Höfeordnung** in der Fassung vom 1. 7. 1976. Wesentlicher Inhalt aller Anerbengesetze (vgl. die Zusammenstellung bei *Palandt/Edenhofer* Art. 64 EGBGB Anm. 1b, 2 und 3), deren Anwendung allerdings vom Erblasser ausgeschlossen werden kann, ist die Regelung, daß der Hof kraft Gesetzes im Wege der Sonderrechtsnachfolge nur einem Erben (dem **Hoferben**) zufällt (§ 4 Höfeordnung). Es gibt also im Bezug auf den Hof keine Erbengemeinschaft und keine Erbauseinandersetzung. Voraussetzung für die Anwendung des Höferechts ist regelmäßig eine bestimmte Mindestgröße des Hofs (z. B. nach Höfeordnung: Einheitswert ohne Wohnwert mind. 20000 DM). Kleinere Betriebe können durch Eintrag in die Höferolle der Höfeordnung unterworfen werden. Das Höferecht enthält auch Regelungen, wer bei Fehlen einer Bestimmung Hoferbe wird. Schließlich bestimmt es, wie etwaige Miterben abzufinden sind u. ä.

26 **bb) Heimstättenrecht.** Bestimmte Grundstücke (Erbbaurechte, Wohnungseigentum) können nach dem Reichsheimstättengesetz (vom 25. 11. 1937, BGBl III 2 Nr. 2332-1 mit AVO vom 19. 7. 1940, BGBl III 2 Nr. 2332-1-1) als **Heimstätte** ausgegeben sein. Bei einer Heimstätte ist in § 24 RHeimstG, § 25f. AVO Sondererbfolge zur Vermeidung einer Eigenheimzersplitterung vorgesehen. Der Nachfolger wird bestimmt entweder durch Verfügung von Todes wegen oder durch Einigung der Miterben oder durch das Nachlaßgericht unter Zugrundelegung eines ⅔-Mehrheitsbeschlusses der Miterben (§ 26 AVO). Bei der Auseinandersetzung wird der Wert der Heimstätte dem Nachlaß hinzugerechnet (§ 31 AVO).

27 **cc) Mietverhältnis.** Nach der zwingenden Regel des § 569a BGB gehen Mietverhältnisse über Wohnraum auf den Ehegatten des Mieters und/oder auf seine Familienangehörigen über, soweit diese Personen mit ihm in einem gemeinsamen Hausstand lebten, und zwar unabhängig davon, wer Erbe wird. Der Ehegatte und die Familienangehörigen können diese Sonderrechtsnachfolge verhindern, wenn sie innerhalb eines Monats seit Kenntnis des Todes dem Vermieter gegenüber erklären, das Mietverhältnis nicht fortsetzen zu wollen. Dann tritt insoweit die reguläre Erbfolge ein (§ 569a V BGB). Die Sonderrechtsnachfolge des Ehegatten gilt auch bei Vorliegen eines gemeinsamen Mietvertrages (§ 569b BGB). Für Verbindlichkeiten aus dem Mietverhältnis bis zum Tod haften nach außen der Ehegatte und die Familienangehörigen mit den Erben als Gesamtschuldner, im Innenverhältnis der Erbe allein (§ 569a III BGB). Vorausleistungen auf den Mietzins für die Zeit nach dem Tode sind den Erben gegenüber auszugleichen (§ 569a IV BGB). Eine analoge Anwendung der §§ 569a und 569b BGB auf Partner einer nichtehelichen Lebensgemeinschaft begegnet keinen verfassungsrechtlichen Bedenken (*BVerfG* NJW 1990, 1593).

28 **dd) Gesellschaftsbeteiligungen.** Während Beteiligungen an GmbHs und an AGs, gleichgültig ob diese verbrieft sind oder nicht, der Gesamtrechtsnachfolge unterliegen und gesellschaftsrechtliche Bestimmungen nur im Weg der Erbauseinandersetzung verwirklicht werden können und ggf. müssen, tritt bei den Anteilen persönlich haftender Gesellschafter an Personengesellschaften (OHG, KG, BGB-Gesellschaft), wenn der Gesellschaftsvertrag die Fortsetzung der Gesellschaft mit einem oder mehreren Erben vorsieht, Sondererbfolge ein (h. M. *Palandt/Edenhofer* § 1922 Anm. 3c bb mit weiteren Nachweisen; a. A. *Karsten Schmidt,* Gesellschaftsrecht, § 45 V 3). Der oder die gesellschaftsvertraglichen

Nachfolger werden Gesellschafter mit einem ihrem Erbanteil entsprechenden Anteil (vgl. Rdnr. 110).

ee) Nach dem Erbrecht der **DDR** (§ 365 I 3 ZGB) erwirbt der Ehegatte die zum ehelichen Haushalt gehörenden Gegenstände (*Herrmann,* Rdnr. 1.31.) im Wege der **Sondererbfolge** (*Herrmann,* Rdnr. 1.31.; *Lange/Kuchinke,* § 12 IV 1; *Mampel* NJW 1976, 593, 595). Der **Voraus** des BGB (§ 1932) wird demgegenüber als gesetzliches Vermächtnis angesehen (*Lange/Kuchinke* aaO). 29

c) Sonderbewertung in der Erbauseinandersetzung/bei der Pflichtteilsberechnung

aa) Landgut. Hat ein Erblasser angeordnet, daß ein Miterbe das Recht haben soll, ein zum Nachlaß gehörendes Landgut zu übernehmen, so ist dieses im Rahmen der Erbauseinandersetzung im Zweifel zum **Ertragswert** anzusetzen (§ 2049 I BGB). Der Ertragswert ist gem. Art. 137 EGBGB landesgesetzlich geregelt. Er entspricht jeweils einem mehrfachen des kapitalisierten jährlichen Reinertrags (bzw. 150% des Einheitswerts, Schleswig-Holstein; zu den Landesgesetzen vgl. *Palandt/Edenhofer* Art. 137 EGBGB Anm. 2). Ein **niedrigerer Verkaufswert** geht dem Ertragswert vor (MünchKomm-*Dütz* § 2049 Rdnr. 4). Der so ermittelte Ertragswert ist auch für die Pflichtteilsberechnung maßgeblich (§ 2312 I 1 BGB) unter der Voraussetzung, daß der übernahmeberechtigte Erbe selbst pflichtteilsberechtigt ist (§ 2312 III BGB). Die Bewertung nach Pflichtteilsregeln gilt auch für den **Erbersatzanspruch** (§ 2338a) und für das **Übernahmerecht** eines Abkömmlings oder Ehegatten bei fortgesetzter Gütergemeinschaft (§ 1515 II und III BGB). 30

Nach Anerbenrecht (Höfeordnung) ist das 1½-fache des Einheitswerts (**Hofwert)** anzusetzen abzüglich der Schulden bis max. ⅔ des Hofwerts, d. h. es muß mindestens die Hälfte des Einheitswerts der Auseinandersetzung unter mehreren Erben zugrunde gelegt werden. 31

bb) Gesellschaftsanteile an Personengesellschaften. Gesellschaftsverträge sehen mitunter, auch wenn die Mitgliedschaft vererblich ist, für den Fall des Ausscheidens des Erben eine **Abfindung** seines Anteils nur unter dem wahren Wert einer Beteiligung vor (z. B. zum **Buchwert**). Diese Regelung ist grundsätzlich wirksam. Höchst umstritten ist jedoch die Frage, welcher Wert des Anteils der Pflichtteilsberechnung zugrunde zu legen ist. Zum Teil wird dies davon abhängig gemacht, ob der Erbe wegen seiner Verpflichtungen (z. B. wegen des Pflichtteilsanspruchs) zum Ausscheiden gezwungen ist oder nicht. Im ersten Fall soll der Klauselwert gelten, im zweiten Fall der wahre Wert (vgl. zum Stand der Diskussion MünchKomm-*Frank* § 2311 Rdnr. 26). 32

cc) Voraus. Nach § 2311 I 2 BGB bleibt bei der Berechnung des Pflichtteils eines Abkömmlings und der Eltern des Erblassers der Voraus des überlebenden Ehegatten außer Ansatz. Voraussetzung ist, daß ihm der Voraus auch tatsächlich gebührt. Das ist z. B. nicht der Fall, wenn der Ehegatte enterbt ist oder ihm der Voraus entzogen ist (§ 1932 I BGB), regelmäßig aber auch, wenn der Ehegatte eingesetzter Erbe ist (*BGHZ* 73, 29, 33). Als Erbe neben Abkömmlingen hat der Ehegatte Anspruch auf den zur Führung eines angemessenen Haushalts benötigten Voraus (§ 1932 I 2 BGB), als Erbe neben den Eltern auf den ganzen Voraus (§ 1932 I 1 BGB). Ist der Ehegatte Alleinerbe, gilt die Regelung nicht (*BGHZ* 73, 29; a. A. mit beachtlichen Gründen MünchKomm-*Frank* § 2311 Rdnr. 28). Beim Pflichtteil des Ehegatten wird der Voraus nicht abgezogen. 33

Nach dem Recht der **DDR** wird der Wert des Voraus nicht in die Berechnung des Pflichtteils eines Abkömmlings einbezogen, wenn der Ehegatte insoweit Sonderrechtsnachfolger geworden ist. Ansonsten, insbesondere bei der Pflichtteilsberechnung der Eltern und des Ehegatten selbst wird der Wert des Voraus jedoch mitangesetzt (*Herrmann* Rdnr. 1.57).

d) Besonderheiten nach dem Recht der ehemaligen DDR

34 Das zu vererbende Vermögen auf dem Gebiet der DDR ist auch nach deren Beitritt zur Bundesrepublik Deutschland von folgenden Besonderheiten geprägt:

aa) Es gibt selbständiges **Eigentum an Gebäuden und Anlagen** unabhängig vom Eigentum am Boden (§§ 288 IV, 292 III, 295 II 1, 459 I ZGB). Nach Art. 233 § 4 I u. III, § 8 S. 2 EGBGB bleibt das Gebäudeeigentum auch nach dem Beitritt der DDR bestehen; hierauf sind die sich auf Grundstücke beziehenden Vorschriften des BGB mit Ausnahme der §§ 927 (Aufgebotsverfahren) und 928 BGB (Dereliktion) entsprechend anzuwenden.

35 **bb)** Bürgern der DDR verliehene **Nutzungsrechte** an volkseigenen oder genossenschaftlichen Grundstücken, welche zur Errichtung von Gebäuden berechtigen, bleiben über den Beitritt der DDR hinaus bestehen und werden, selbst wenn sie nicht im Grundbuch eingetragen sind, wenn in ihrer Ausübung ein Gebäude ganz oder teilweise errichtet ist, durch die Vorschriften des BGB über den gutgläubigen Erwerb nicht beeinträchtigt. Allerdings kann ein Erwerber des Grundeigentums u. U. die Aufhebung des Nutzungsrechts gegen eine Ablösung verlangen (Art. 233 § 4 II EGBGB). Auch sog. **Mitbenutzungsrechte** an Grundstücken (Dienstbarkeiten vergleichbar) gem. §§ 321, 322 ZGB überdauern den Beitritt der DDR, sind gegenüber dem öffentlichen Glauben des Grundbuchs geschützt und können nunmehr eingetragen werden (Art. 233 § 5 EGBGB).

36 **cc) Wochenendhäuser** („Datschen") und ähnliche der Freizeitgestaltung dienende Baulichkeiten, die aufgrund eines vertraglichen Nutzungsrechts errichtet wurden, stehen, soweit nichts anderes vereinbart wurde, im Eigentum des Nutzungsberechtigten und unterliegen dem Recht der beweglichen Sachen (§ 296 I ZGB). Diese Eigentumsverhältnisse gelten über den Beitritt der DDR hinaus fort und können auch danach in Ausübung eines zuvor begründenten Nutzungsrechts neu entstehen (Art. 231 § 5 EGBGB).

37 **dd)** An land- und forstwirtschaftlich nicht genutzten Bodenflächen konnten vererbliche **Nutzungsrechte** zur kleingärtnerischen Nutzung, Erholung und Freizeitgestaltung eingeräumt werden (§§ 312–315 ZGB). Auf diese Nutzungsverhältnisse sind auch nach dem Beitritt der DDR die genannten Vorschriften des ZGB bis zum Erlaß einer neuen gesetzlichen Regelung anzuwenden. Die Nutzungsentgelte können durch Rechtsverordnung angemessen geändert werden (Art. 232 § 4 EGBGB). U. U. kommt das Bundeskleingartengesetz vom 28. 2. 1983 in der durch Anlage 1, Kap. XIV Ziff. 4 des Einigungsvertrages geschaffenen Fassung zur Anwendung.

38 **ee)** Der **Grundstücksverkehr,** insbesondere die Verfügung über Grundstücke und Gebäude, unterliegen einer staatlichen **Genehmigung** (§ 2 der Grundstücksverkehrsverordnung vom 15. 12. 1977). Die Grundstücksverkehrsverordnung bleibt auch nach dem Beitritt der DDR mit gewissen Änderungen in Kraft

(Anlage 2, Kap. III, Sachbereich B, Abschnitt II des Einigungsvertrages). Die Genehmigung ist zu erteilen, wenn das Landratsamt oder die Stadtverwaltung einen **besonderen Investitionszweck** bescheinigt (§ 2 des Gesetzes über besondere Investitionen, Anlage II, Kap. III, Sachgebiet B, Abschnitt I des Einigungsvertrages).

4. Bereits vorhandene letztwillige Verfügungen und ihr Widerruf

Der Ratsuchende kann nur letztwillig verfügen, wenn dies seine etwaigen **39** bisherigen Verfügungen zulassen. Darum ist festzustellen, ob und ggf. welche Verfügungen bereits existieren. Es ist zugleich zu prüfen, welchen Inhalt sie haben, ob sie also mit dem, was der Erblasser will, inhaltlich ganz oder teilweise im Gegensatz stehen, und welchen Bindungen sie unterliegen, ob der Erblasser demnach von ihnen abweichen kann. Soweit ein oder mehrere Einzeltestamente vorliegen, bietet das keine besonderen Schwierigkeiten, weil diese durch jede neue letztwillige Verfügung abgeändert, ergänzt oder aufgehoben werden können. Bei gemeinschaftlichen Testamenten und bei Erbverträgen kommt es dagegen darauf an, ob die gewollte Verfügung in den Bereich fällt, der einseitig geändert werden kann, oder ob ein **Widerruf** der bisherigen Verfügung notwendig und möglich ist.

a) Testamente

Sie sind jederzeit widerruflich (§ 2253 I BGB), und zwar durch Testament **40** (§ 2254 I BGB), durch Vernichtung oder Veränderung (§ 2255 BGB, Vermutung), durch Rücknahme aus amtlicher Verwahrung (§ 2256 BGB, Fiktion) und durch inhaltlich andere Verfügung (§ 2258 I BGB). Die Anfechtung eines Testaments durch den Erblasser kommt wegen seines Widerrufsrechts nicht in Betracht. Die Regelung des Widerrufs in § 387 ZGB der **DDR** stimmte im wesentlichen mit der in den §§ 2253ff. BGB überein (vgl. auch Art. 235 § 2 S. 1 EGBGB u. o. Rdnr. 3).

b) Gemeinschaftliche Testamente

aa) Es ist zu unterscheiden: **41**

- **Zu Lebzeiten** beider Ehegatten können alle Verfügungen einseitig widerrufen werden, und zwar nicht wechselbezügliche wie beim Einzeltestament (§§ 2254 bis 2258 BGB), wechselbezügliche durch notariell beurkundeten Widerruf, der dem anderen Ehegatten nach § 130f. BGB zugehen oder ihm in Ausfertigung zugestellt werden muß (§§ 2271, 2296 BGB). Durch den Widerruf wechselbezüglicher Verfügungen werden auch die wechselbezüglichen Verfügungen des anderen Teils unwirksam. Gemeinschaftlicher Widerruf ist immer möglich.
- **Mit dem Tod eines Ehegatten** erlischt das Recht des anderen zum Widerruf **42** wechselbezüglicher Verfügungen (§ 2271 II BGB). Er kann jedoch seine Verfügung aufheben, wenn er das ihm Zugewendete ausschlägt. Sonst nur, wenn der Bedachte sich einer Verfehlung schuldig macht, die im allgemeinen eine Pflichtteilsentziehung rechtfertigen würde (§§ 2294, 2236 BGB). Anordnungen nach § 2338 BGB kann der Überlebende treffen, auch soweit sie mit wechselbezüglichen Verfügungen in Widerspruch stehen. Ein Widerruf ist aber auch dort möglich, wo er ausdrücklich vorbehalten wurde. Nicht wechselbezügliche Verfügungen können auch nach dem Tod des anderen Ehegatten widerrufen werden (§§ 2254 bis 2258 BGB).

43 – Eine **Anfechtung** gemeinschaftlicher Testamente kommt zu Lebzeiten beider Ehegatten wegen deren Widerrufsrecht nicht in Betracht (*Palandt/Edenhofer* § 2271 Anm. 4). Nach dem Tod eines Ehegatten kann der Überlebende sowohl die Verfügungen des erstverstorbenen als auch seine eigenen wechselbezüglichen Verfügungen nach den §§ 2078f. BGB bzw. in analoger Anwendung von § 2281 BGB anfechten. Die **Anfechtungserklärung** bedarf in entsprechender Anwendung von § 2282 III BGB der notariellen Beurkundung (*OLG Düsseldorf* DNotZ 1972, 42; *OLG Celle* RdL 1968, 72; *Palandt/Edenhofer* § 2271 Anm. 4 aa). Die **Anfechtungsfrist** beginnt mit dem Zeitpunkt, in dem der überlebende Ehegatte von dem Anfechtungsgrund Kenntnis erlangt hat (*RGZ 132, 4;* JW 1935, 2716; *Palandt/Edenhofer* aaO) aber nicht vor dem Tod des Erstverstorbenen. **Anfechtungsgegner:** Nachlaßgericht (analog § 2281 II 1 BGB); **Wirkung:** i. d. R. gesetzliche Erbfolge (*Palandt/Edenhofer* § 2271 Anm. 4c aa).

44 **bb)** Der Widerruf und die Aufhebung eines gemeinschaftlichen Testaments nach dem Recht der **DDR** ist in den §§ 392 und 393 ZGB geregelt. Der einseitige Widerruf **zu Lebzeiten** beider Ehegatten erfolgt ausschließlich durch notariell beurkundete Erklärung gegenüber dem anderen Ehegatten. Die Auflösung der Ehe macht das Testament immer insgesamt unwirksam (§ 392 III ZGB; anders § 2268 II BGB, wenn anzunehmen ist, daß die Verfügung auch für diesen Fall getroffen sein würde). **Nach dem Tod** eines Ehegatten kann der Überlebende seine eigenen Verfügungen widerrufen, wenn er die Erbschaft ausschlägt (§ 392 IV 1 ZGB; **Frist:** § 402 I ZGB); ihm bleibt dann sein Pflichtteilsanspruch (§ 392 IV 2 ZGB; im Gegensatz dazu tritt nach §§ 2271 II 1, 1948 I BGB gesetzliche Erbfolge ein). Hat der überlebende Ehegatte die Erbschaft bereits angenommen, kann er dennoch seine eigenen Verfügungen widerrufen, wenn er das aus der Erbschaft Erlangte, soweit es seinen gesetzlichen Erbteil übersteigt, an die testamentarischen Erben herausgibt, oder wenn diese darauf verzichten (§ 393 ZGB; gem. § 2271 II 2 BGB bestehen nach Annahme der Erbschaft dagegen nur die Rechte aus §§ 2294 und 2336 BGB). Die **Widerrufserklärungen** waren nach dem Tod eines Ehegatten gegenüber dem staatlichen Notariat abzugeben (§§ 392 IV, 393 ZGB); nunmehr ist dafür das Kreisgericht als Nachlaßgericht zuständig. Die vorstehenden Regelungen gelten für Testamente, die vor dem 3. 10. 1990 errichtet wurden, fort (vgl. Art. 235 § 2 S. 2 EGBGB u. o. Rdnr. 3).

c) Erbverträge

45 Erbverträge können durch **Aufhebungsvertrag** von den Vertragspartnern in der gleichen Form wie bei der Errichtung wieder aufgehoben werden (§§ 2290 I und IV, 2276 BGB). Die Aufhebung kann auch durch gemeinschaftliches Testament erfolgen (§ 2292 BGB). Die Anordnung eines vertraglichen Vermächtnisses oder einer Auflage kann der Erblasser schließlich durch Testament aufheben, wenn der andere Vertragsschließende in notariell beurkundeter Erklärung zustimmt (§ 2291 BGB).

46 Ein einseitiger **Rücktritt** des Erblassers vom Erbvertrag ist auch nach dem Tod des anderen Teils möglich, wenn dies so ausdrücklich im Vertrag vorbehalten wurde (§§ 2293, 2298 III BGB). Ansonsten endet ein Vorbehalt eines Rücktrittsrechts mit dem Tod des anderen Teils (§ 2298 II 2 BGB). Daneben besteht ein Rücktrittsrecht bei schweren Verfehlungen des Bedachten, die einen Pflicht-

teilsentzug rechtfertigen würden (§ 2294 BGB), und wenn die Verfügung mit Rücksicht auf eine rechtsgeschäftliche Verpflichtung getroffen ist, und diese vor dem Tod des Erblassers endet (§ 2295 BGB). Schließlich kann der Überlebende seine eigene Verfügung durch Testament aufheben, wenn er das ihm durch den Vertrag Zugewendete ausschlägt (§ 2298 II 3 BGB). Der Rücktritt erfolgt zu Lebzeiten des anderen Teils diesem gegenüber durch notariell beurkundete Erklärung (§ 2296 II BGB), danach durch Testament (§ 2297 BGB). Durch den Rücktritt eines Vertragsschließenden wird der ganze Vertrag aufgehoben.

Einseitige Verfügungen im Erbvertrag, die nach § 2299 I BGB möglich sind, **47** können wie ein Einzeltestament widerrufen werden (§ 2253f. BGB). Sie sind daher vom Erblasser nicht **anfechtbar.** Vertragsmäßige Verfügungen dagegen kann der Erblasser unter den Voraussetzungen der §§ 2078, 2079 BGB anfechten. **Anfechtungsgegner** ist bis zu seinem Tod der Vertragspartner (§§ 143 II, 130–132 BGB), danach ist die Erklärung dem Nachlaßgericht gegenüber abzugeben (§ 2281 II BGB). Sie bedarf der notariellen Beurkundung (§ 2282 III BGB) und kann nur binnen **Jahresfrist** erfolgen (§ 2283 I BGB). **Wirkung:** Nichtigkeit ganz oder teilweise des Erbvertrags (§ 2298 I BGB).

Das ZGB der **DDR** kannte den Erbvertrag nicht mehr; Erbverträge sind in **48** der DDR darum allenfalls relevant, wenn sie aus der Zeit **vor Inkrafttreten** des ZGB am 1. 1. 1976 stammen (§ 8 II EGZGB). Für ihren Widerruf galt und gilt das alte Recht weiter (Art. 235 § 2 S. 2 EGBGB analog; s. o. Rdnr. 45–47).

II. Ermittlung des letztwilligen Ziels und seine Realisierung

1. Feststellung und Koordinierung der Wünsche des Erblassers

Der Ratsuchende hat nicht immer sichere Vorstellungen von dem, was er **49** letztwillig bestimmen will. Aber auch derjenige, der mit einem relativ klaren Konzept zu seinem Anwalt kommt, hat selten einen Begriff davon, was nach dem Gesetz erforderlich ist, um seine Gedanken optimal und wirksam zu realisieren.

Es ist darum zunächst Aufgabe des Anwalts sorgfältig zu erfragen, welches **50** **letztwillige Ziel** der Mandant verfolgt. Dabei geht es nicht allein darum zu hören, wer etwas bekommen soll, und warum gerade er dafür ausgewählt wurde, sondern auch darum, welche weiteren **(sekundären) Zwecke** (z. B. Versorgung von Angehörigen, Erhaltung des Familienvermögens u. ä.) der Erblasser verwirklichen will. Der Anwalt muß dem Mandanten u. U. sogar Hilfestellung bei der richtigen Willensbildung leisten. So ist es immer geraten, die **Motive** für die beabsichtigte Lösung mit dem Mandanten zu diskutieren. Dieser ist möglicherweise dankbar, wenn z. B. Grund und Folgen einer evtl. beabsichtigten Ungleichbehandlung in Frage gestellt werden. Andererseits geht die Aufgabe des Anwalts nicht dahin, dem Mandanten einen fremden Willen zu suggerieren oder ihn zu einem anderen Menschen erziehen zu wollen. Hat der Anwalt einmal festgestellt, daß der Mandant nach vorsichtigem Vorhalt von Alternativen unbeirrt ein bestimmtes Ziel verfolgt, hat er ihm die rechtlichen Mittel anhand zu geben, es so gut als möglich zu verwirklichen. Dabei muß er bestrebt sein, die sekundären Ziele des Erblassers mit zu realisieren, wie etwa die Versorgung von Ehegatten und Kindern, die Berücksichtigung des emotionellen Werts bestimmter Gegenstände, die Erhaltung des Familienvermögens u. ä.

51 Bei alledem ist aber auch im Auge zu behalten und der Erblasser darüber zu beraten, daß auf den Bedachten mit der Zuwendung regelmäßig **Verpflichtungen** zukommen können, die zu bewältigen er mit dem zugewandten oder mit seinem eigenen Vermögen in der Lage sein muß. Zumindest muß der Bedachte mit der Erbschaftssteuer rechnen (näheres darüber s. u. Rdnr. 54), darüber hinaus aber auch evtl. mit Ausgleichs-, Pflichtteils-, Erbersatzansprüchen. Dies kann nicht einfach der Regelung im Erbfall überlassen werden, sondern sollte schon bei der Gestaltung der letztwilligen Verfügung bedacht werden. Eine unzulängliche Gestaltung kann unnötige **Erbschaftssteuer** auslösen, u. U. aber auch **Einkommensteuer.** Unzureichende Liquidität kann zur Zerschlagung von Vermögensgegenständen führen. Schließlich kann eine zu hohe Belastung des Erben zur Folge haben, daß der Bedachte das Zugewandte ausschlägt und damit die letztwillige Verfügung zunichte macht. Der Erblasser wird deswegen zu bedenken haben, ob er nicht schon zu Lebzeiten vorbereitende Maßnahmen trifft, die die eine oder andere unerwünschte Folge mildern wenn nicht ausschließen.

2. Beratung über mögliche spätere Veränderungen

52 Eine wohlüberlegte letztwillige Verfügung kann nicht lediglich von den Gegebenheiten ausgehen, die bei ihrer Errichtung feststehen. Sie sollte vielmehr von vornherein berücksichtigen, daß sich nach ihrer Errichtung in der Zeit bis zum Erbfall, aber auch in der Zeit danach Veränderungen ergeben können.

Dazu gehören beispielsweise folgende Umstände:

53 – Die **Nachgeburt** von Kindern, Enkeln etc.; besteht diese Möglichkeit, sollte die Verfügung die bedachten Kinder nicht namentlich aufführen, weil dann die Auslegung auch zur Berücksichtigung nachgeborener Kinder führen kann (§§ 2066f. BGB). Eine ausdrückliche Berücksichtigung möglicher Nachgeburten erspart die Anfechtung nach § 2079 BGB.
– Die **Scheidung;** Zwar ist eine letztwillige Verfügung zugunsten des Ehegatten im Zweifel unwirksam, wenn die Ehe aufgelöst ist (§ 2077 I BGB). Da jedoch ein Gegenbeweis möglich ist (§ 2077 III BGB), sollte – wenn eine derartige Entwicklung möglich erscheint – eine ausdrückliche Regelung getroffen werden.
– Die **Wiederverheiratung** des Ehegatten nach dem Tod des Erblassers mit der Möglichkeit der Anfechtung der letztwilligen Verfügung und der Konsequenz der gesetzlichen Erbfolge (*Staudinger/Kanzleiter* § 2271 BGB Rdnrn. 69ff.).
– Die Wiederverheiratung des verwitweten/geschiedenen Erblassers.
– Die **Veränderung des** zu vererbenden **Vermögens,** seines Werts; es geht etwa um die Frage, was gelten soll, wenn ein bestimmter vermachter Gegenstand im Erbfall nicht mehr vorhanden wäre, oder wenn der Wert von Vermögensgegenständen (z. B. Wertpapieren) sich so verändert, daß er für vorgesehene Ausgleichszahlungen nicht ausreicht.
– Die Möglichkeit der **Weitervererbung** an unerwünschte Personen (geschiedener Ehegatte als Erbe oder Pflichtteilsberechtigter von gemeinsamen Kindern).
– Der **Wegfall der Bedachten;** hier geht es um die Bestimmung von Ersatzerben, Ersatzvermächtnisnehmern, Nacherben und Nachvermächtnisnehmern.

- Die Entstehung von **Interessengegensätzen** bei den Bedachten und damit von unerwünschten Streitigkeiten in der Familie.
- Auftreten bisher unbekannter **Erbersatzberechtigter.** Die Vaterschaftsfeststellung ist noch nach dem Tod des Erblassers möglich (§§ 1600n II, 1600o II BGB). Erbersatzansprüche als Geldforderungen können die Nachlaßregelung enorm belasten.
- Evtl. **Änderung von Gesellschaftsverträgen.**

Die Aufstellung ist naturgemäß nicht vollständig. Zum Teil hilft das Gesetz mit Auslegungsregeln. Bei einem durch Anwälte entworfenen Testament sollten aber zumindest sich bereits abzeichnende Entwicklungen so geregelt werden, daß spätere Zweifel ausgeschlossen sind.

3. Steuerliche Konsequenzen

a) Die Tatsache, daß das **Erbschaftsteuergesetz** Nachlaßgegenstände für die Berechnung der Erbschaftssteuer unterschiedlich bewertet (s. o. Rdnr. 23f.), kann dazu führen, daß erbrechtliche Lösungen zu ungewollten Konsequenzen führen. Besonders deutlich wird dies, wenn z. B. ein Erblasser sein in einem Hausgrundstück bestehendes Vermögen seinen beiden Kindern (wertmäßig) zu gleichen Teilen zukommen lassen will. Setzt er eines von ihnen als Alleinerben ein und belastet er es mit einem Geldvermächtnis zugunsten des anderen in Höhe des halben Nachlaßwerts, zahlt der Vermächtnisnehmer möglicherweise ein Vielfaches der Erbschaftssteuer, die dann anfallen würde, wenn beide je zu ½ Erben wären mit entsprechender Teilungsanordnung und Ausgleichspflicht. 54

Das Beispiel zeigt, wie wichtig die Beachtung des Erbschaftsteuerrechts bei der erbrechtlichen Beratung ist. Hier kann nur auf die wichtigsten Regelungen hingewiesen werden: 55

- **steuerpflichtige Erwerbsvorgänge** §§ 3f., 6 ErbStG,
- **Steuerwert** §§ 10f., 12 ErbStG,
- gegenständliche **Steuerbefreiungen** § 13 ErbStG,
- persönliche **Freibeträge** (Ehegatte 250000 DM; Kinder je 90000 DM) § 16 ErbStG,
- besonderer **Versorgungsfreibetrag** (Ehegatte 250000 DM; Kinder nach Alter gestaffelt von 50000 DM bis 10000 DM) § 17 ErbStG,
- **Steuerklassen** (Ehegatte und Kinder Steuerklasse I) § 15 ErbStG,
- **Steuersätze** § 19 ErbStG.

b) Die spätere Erbauseinandersetzung kann **einkommensteuerliche Folgen** haben, die möglichst schon bei Errichtung der letztwilligen Verfügung bedacht werden sollten. So kann etwa der Liquiditätsbedarf für die Befriedigung von Ausgleichs-, Pflichtteils-, Erbersatzansprüchen und von Erbschaftssteuerschulden zu **steuerpflichtigen Gewinnen** führen, wenn deswegen Betriebsvermögen veräußert werden muß. Plötzlich notwendig werdende Veräußerungen können bei kurzfristig angeschafften Vermögensgegenständen des Privatvermögens **Spekulationsgewinne** auslösen. Ein Erblasser ist daher gut beraten, wenn er diese Fragen bedenkt und in günstiger Situation (etwa bei Ausnützungsmöglichkeit anderweitiger steuerlicher Verluste) die notwendige Liquidität schafft. 56

Der Große Senat des BFH hat in zwei Beschlüssen vom 5. 7. 1990 auf Vorlagen des VIII. und des IX. Senats abweichend von der bisherigen Rechtsprechung entschieden, daß im Einkommensteuerrecht die Erbauseinandersetzung als ein vom Erbfall zu trennender, unter Umständen entgeltlicher Vorgang 57 anzusehen ist (BFH GrS BB 1990, Beilage 36). Dies wirkt sich auch auf entsprechende Maßnahmen der vorweggenommenen Erbfolge aus. Die Erbauseinandersetzung hinsichtlich eines Betriebsvermögens etwa im Wege des Anteilserwerbs oder des Ausscheidens gegen Abfindung wird wie der entsprechende Vorgang bei einer Personengesellschaft angesehen; der Erwerber von zusätzlichem Betriebsvermögen hat Anschaffungskosten, der Ausscheidende/Veräußerer realisiert u. U. einen Veräußerungsgewinn. Auch bei der Auseinandersetzung von Privatvermögen können bei dem Erwerber Anschaffungskosten entstehen (so schon die bisherige Rechtsprechung); der Veräußerungsgewinn der veräußernden Miterben ist aber regelmäßig nicht steuerbar (Ausnahmen: wesentliche Beteiligung § 17 EStG, einbringungsgeborene Anteile i. S. v. § 21 UmwStG, Spekulationsgeschäft i. S. v. § 23 EStG). Bei der vorweggenommenen Erbfolge sind lediglich dem Schenker zugesagte Versorgungsleistungen weder als Veräußerungsentgelt noch als Anschaffungskosten anzusehen. Abstandszahlungen an den Schenker, die Übernahme von (nicht zu einem Betrieb gehörigen) Verbindlichkeiten und Gleichstellungsgelder an Dritte führen dagegen beim Übergeber zu einem Veräußerungsentgelt, beim Übernehmer zu Anschaffungskosten

Soweit diese Folgen unerwünscht sind, wird man darüber nachdenken müssen, ob Ausgleichsleistungen nicht vom Zuwender/Erblasser direkt erbracht werden können (u. U. durch Inanspruchnahme von Barentnahmen aus einem Unternehmen).

58 **c)** Im Gebiet der ehemaligen DDR gilt ab 1. 1. 1991 das Erbschaftsteuerrecht der Bundesrepublik (Anlage I, Kap. IV, Abschnitt II, Ziff. 14 des Einigungsvertrages). Nach dem neu geschaffenen § 37a ErbStG ist das Erbschaftsteuergesetz erstmals auf Erwerbe anzuwenden für die die Steuer nach dem 31. 12. 1990 entstanden ist oder entsteht. Für den **Entstehungszeitpunkt** gilt § 9 I Ziff. 1 ErbStG auch dann, wenn der Erblasser vor dem 1. 1. 1991 verstorben ist, es sei denn, daß die Steuer nach dem Erbschaftsteuergesetz der DDR vor dem 1. 1. 1991 entstanden ist. Bei der **Bewertung von Grundbesitz** gem. § 12 ErbStG ist die neue Regelung in den §§ 125–130 des Bewertungsgesetzes zu beachten.

59 Für Erbfälle, auf die das Erbschaftsteuerrecht der Bundesrepublik nicht zur Anwendung kommt, gilt weiterhin das **Erbschaftsteuergesetz der DDR** in der Fassung vom 18. 9. 1970 in Verbindung mit der Anordnung zur Vermögens- und Erbschaftsteuer vom 2. 12. 1987 (GBl. I 1987 Nr. 29 S. 282). Es gibt zwei Steuerklassen (**Klasse I:** der Ehegatte und die Kinder beider Ehegatten; **Klasse II:** alle übrigen Erben). Der Erbe mit ständigem Wohnsitz auf dem Gebiet der DDR ist durch Steuerbefreiungen und Freibeträge gegenüber anderen Erben erheblich begünstigt.

III. Das erbrechtliche Instrumentarium

1. Testament

60 **a) Formen**

aa) Ordentliche, § 2231 BGB, nämlich das notarielle, § 2232 BGB, das Konsulartestament (KonsularG v. 11. 9. 1974, BGBl I 2317) und das eigenhändige, § 2247 BGB. Zu den ordentlichen gehören auch die Testamente der Behinderten gem. § 2233 BGB.

bb) Außerordentliche, mit begrenzter Gültigkeit § 2254 BGB; das sind Nottestamente, nämlich das Testament vor dem Bürgermeister, §§ 2249, 2250 I BGB, das Dreizeugentestament, § 2250 II und III BGB, und das Seetestament, § 2251 BGB.

b) Inhalt. Außer Erbeinsetzung, Enterbung, Vermächtnisanordnung, Auflagenbestimmung, §§ 1937–1940 BGB, jede andere erbrechtlich zulässige Anordnung, wie Bestimmung eines Testamentsvollstreckers, Pflichtteilsentziehung, etc. sowie diverse familienrechtliche Anordnungen mit erbrechtlicher Auswirkung (z. B. §§ 1638, 1639, 1803 BGB; s. *Palandt/Edenhofer* § 1937 Anm. 3b).

c) Bindung. Ein Widerruf ist jederzeit unbeschränkt durch den Erblasser möglich (s. o. Rdnr. 40). Daneben besteht die Anfechtungsmöglichkeit derjenigen, denen eine Aufhebung der letztwilligen Verfügung zustatten kommen würde nach den §§ 2078f. BGB.

d) Das ZGB der **DDR** (§§ 383–386) kannte das notarielle, das eigenhändige (schriftliche) Testament und das Nottestament (mündliche Erklärung gegenüber zwei Zeugen). **Inhalt:** § 371 ZGB; **Bindung:** § 387 ZGB (Widerruf); **Überleitung:** Art. 235 § 2 S. 1 EGBGB (s. o. Rdnr. 3).

2. Gemeinschaftliches Testament

a) Formen. Wie 1. a. 61

b) Beteiligte. Nur Ehegatten, § 2265 BGB.

c) Inhalt. Wie 1. b, aber möglicherweise (relative) Abhängigkeit von den Erklärungen des Ehegatten bei gleichzeitigem Testament, gegenseitigem Testament und wechselbezüglichem Testament (s. *Palandt/Edenhofer* Einf. v. § 2265 Anm. 3).

d) Bindung. Bei wechselbezüglichen Verfügungen, § 2270 I und II BGB, formalisierter Widerruf zu Lebzeiten der Ehegatten (s. o. Rdnr. 41); nach dem Tod eines Ehegatten Widerruf im Prinzip ausgeschlossen (s. o. Rdnr. 42).

e) Schutz eines bedachten Dritten. Wie beim Erbvertrag (s. u. Rdnr. 62).

f) Das ZGB der **DDR** regelt das gemeinschaftliche Testament in den §§ 388–393 ähnlich. **Form:** § 391 ZGB; **Inhalt:** § 389 ZGB; **Bindung:** §§ 390, 392, 393 ZGB; **Überleitung:** Art. 235 § 2 S. 2 EGBGB (s. o. Rdnr. 44).

3. Erbvertrag

a) Form. Nur notarielle Beurkundung, § 2276 I BGB, bzw. Beurkundung 62
durch Konsularbeamten (s. o. Rdnr. 60).

b) Beteiligte. Jeder unbeschränkt Geschäftsfähige, § 2275 I BGB, sowie beschränkt geschäftsfähige Ehegatten und Verlobte, § 2275 II und III BGB. Nicht jeder Partner eines Erbvertrages muß auch selbst Erblasser sein.

c) Inhalt. Einseitige Verfügungen (wie Testament) und vertragsmäßige Verfügungen, § 2278 I BGB. Als vertragsmäßige Verfügungen sind nur Erbeinsetzungen, Vermächtnisse und Auflagen möglich, § 2278 II BGB.

d) Bindung. Rücktritt von Ausnahmefällen abgesehen, z. B. bei Ausschlagung des Zugewendeten, nur wenn ausdrücklich vorbehalten (s. o. Rdnr. 46).

e) Schutz des Vertragserben, bzw. vertragsmäßigen Vermächtnisnehmers vor Beeinträchtigungen, insbesondere Schenkungen §§ 2287f. BGB.

f) Das ZGB der **DDR** kannte keinen Erbvertrag. Erbverträge aus der Zeit vor dem 1. 1. 1976 galten und gelten weiter (s. o. Rdnr. 48).

4. Erbeinsetzung, Ersatzerbeinsetzung, Enterbung

63 Soweit nicht ausnahmsweise Sonderrechtsnachfolge in bestimmte Gegenstände (z. B. Landgut s. o. Rdnr. 25) möglich ist, ist eine Erbeinsetzung auf bestimmte einzelne Gegenstände – entgegen dem landläufigen Verständnis – ausgeschlossen. Ersatz bietet die Teilungsanordnung gem. § 2048 BGB oder das Vermächtnis gem. § 1939 BGB aber ohne dingliche Wirkung. Der Erblasser kann einen Ersatzerben einsetzen, § 2096 BGB. Er kann durch Testament einen gesetzlichen Erben von der Erbfolge ausschließen, § 1938 BGB. Das Testament sollte aber unbedingt eine Erbeinsetzung enthalten. Entsprechendes galt nach dem ZGB der **DDR** (§§ 371 I, 378 ZGB).

5. Vermächtnis, Ersatzvermächtnis, Vorausvermächtnis

64 Gegenstand des Vermächtnisses als eines schuldrechtlichen Anspruchs (§ 2174 BGB) kann jeder Vermögensvorteil sein, der Leistung eines Schuldverhältnisses sein könnte (*Palandt/Edenhofer* Einf. v. § 2147 Anm. 4). Beschwert werden können Erben und Vermächtnisnehmer (§ 2147 BGB). Der Unterschied von Geld- und Sachvermächtnissen ist insbesondere bei der Erbschaftsteuer wegen unterschiedlicher Bewertungen von Bedeutung (s. o. Rdnr. 24); das gilt vor allem für das Vorausvermächtnis unter Miterben (§ 2150 BGB). Ein Vermächtnis kann unwirksam werden (§ 2160 BGB), wenn nicht ein Ersatzvermächtnisnehmer bestimmt ist (§ 2190 BGB).

ZGB der **DDR:** §§ 380, 381 ZGB; Vorausvermächtnis: § 381 II ZGB; Ersatzvermächtnis: § 381 III 2 ZGB.

6. Auflagen

65 Die Auflage ist keine Zuwendung, sondern die Auferlegung einer Verpflichtung, ohne daß der durch die Auflage Begünstigte einen Erfüllungsanspruch erhält (§ 1940 BGB). Dennoch ist sie einklagbar (§ 2194 BGB). Erbschaftsteuerlich können unter Miterben die gleichen Probleme entstehen wie beim Vorausvermächtnis. Die Auflage wird häufig bei vorbereitenden Schenkungen unter Lebenden gegen Ausgleichs- bzw. Gleichstellungszahlungen angeordnet.

ZGB der **DDR:** § 382.

7. Bedingte Erbeinsetzung, Vor- und Nacherbschaft, Berliner Testament

66 Die Erbeinsetzung kann aufschiebend und auflösend bedingt bzw. befristet erfolgen.

a) Davon wird bei der sog. **Wiederverheiratungsklausel** Gebrauch gemacht. Mit der Erbeinsetzung des Ehegatten wird eine bedingte Nacherbschaft für den

Fall der Wiederverheiratung angeordnet oder die Nacherbeinsetzung erfolgt unbedingt, wobei ihr Anfall abhängig ist von der Wiederverheiratung oder dem Tod des Ehegatten (vgl. *Palandt/Edenhofer* § 2269 Anm. 5a). Bei einer lediglich bedingten Nacherbschaft ist der Ehegatte keinerlei Beschränkungen unterworfen, die sonst für Vor- und Nacherbschaft gelten (so MünchKomm-*Musielak* § 2269 Rdnrn. 52f., 55 gegen die h. M.); das muß jedenfalls gelten, wenn dies vom Erblasser ausdrücklich so gewollt ist.

b) Eine **Befristung** liegt vor beim Normalfall der **Vor- und Nacherbschaft.** 67
Der Vorerbe wird auf die Dauer seiner Lebenszeit Erbe, der Nacherbe vom Tod des Vorerben an. Möglich ist aber auch die Anknüpfung der Nacherbschaft an jede andere **Frist oder Bedingung.** Die Vorerbschaft ist dann befristet oder auflösend bedingt, die Nacherbschaft betagt oder aufschiebend bedingt. Auf diese Weise kann der Nachlaß durch den Erblasser vom Eintritt diverser Umstände unabhängig gestaltet werden. Die Vorerbschaft ist mit **Beschränkungen** zum Schutz des Nacherben verbunden (§§ 2113–2115 BGB), von denen nur z. T. Befreiung erteilt werden kann (§ 2136 BGB).

Der Erblasser kann seine Erben **mehrfach** nacheinander als Vorerben einsetzen; dem setzt allerdings die 30jährige Befristung einer Nacherbfolgebestimmung des § 2109 BGB Grenzen (mit Ausnahmen). **Erbschaftsteuerrechtlich** gilt der Vorerbe als Erbe (§ 6 I ErbStG) und der Nacherbe als Erbe des Vorerben; auf Antrag kann jedoch der Versteuerung das Verhältnis des Nacherben zum Erblasser zugrunde gelegt werden (§ 6 II ErbStG). Tritt die Nacherbfolge nicht durch den Tod des Vorerben ein, so geht das Gesetz von bedingten Erbfolgen aus (§ 6 III ErbStG).

c) Das sog. **„Berliner Testament"** (§ 2269 I BGB) stellt eine Auslegungsregel 68
gegen die Annahme einer Nacherbeinsetzung dar. Danach setzen sich die Ehegatten gegenseitig als Vollerben ein und einen Dritten als Erstatzerben für den Fall, daß der andere Ehegatte zuerst stirbt. Der Erstatzerbe wird somit sog. **Schlußerbe** des Nachlasses beider Ehegatten. Bei dieser Lösung hat der überlebende Ehegatte die größtmögliche Freiheit in der Verfügung über den Nachlaß. Er ist lediglich – was oft übersehen wird –, weil ein gemeinschaftliches Testament vorliegt, den analog anzuwendenden Bestimmungen über beeinträchtigende Schenkungen gem. §§ 2287f. BGB ausgesetzt.

d) Das ZGB der **DDR** kannte keine bedingte oder befristete Erbeinsetzung, 69
also auch keine Vor- und Nacherbschaft (außer bei vor Inkrafttreten des ZGB errichteten Testamenten, § 8 II EGZGB); in einem gemeinschaftlichen Testament konnten sich aber die Ehegatten gegenseitig als Erben einsetzen und einen Dritten als Erben des zuletzt Versterbenden (§ 389 I ZGB; das entspricht dem Berliner Testament).

8. Teilungsanordnung/Teilungsausschluß

Der Erblasser trifft mit solchen Anordnungen eine Bestimmung für die Erb- 70
auseinandersetzung unter den Miterben.

a) Mit der **Teilungsanordnung** (§ 2048 BGB) bestimmt der Erblasser nicht nur, wer sein Vermögen erhält, sondern auch wie die einzelnen Vermögensgegenstände aufzuteilen sind. Die Erben können sich einvernehmlich darüber hinwegsetzen, es sei denn die Anordnung ist als Auflage zu verstehen. Selbst dann ist aber die anderweitige Aufteilung dinglich wirksam (*BGHZ* 40, 115). Der einzelne Miterbe muß sich, wenn nichts anderes bestimmt ist, den Wert des zugeteilten Gegenstands anrechnen lassen. Anders ist dies im Fall des sog. **Vorausvermächtnisses.** Liegt dieses vor, soll der Erbe den Gegenstand ohne Anrechnung und ggf. über den Wert seiner Quote hinaus erhalten (*Palandt/Edenhofer* § 2048 Anm. 4). Erbschaftsteuerlich bleibt die reine Teilungsanordnung außer Betracht, während beim Vorausvermächtnis der zugewiesene Gegenstand zu bewerten ist.

71 **b)** Ein **Teilungsausschluß** nach § 2044 I BGB kann sich auf den ganzen Nachlaß, auf Teile davon oder auf einzelne Gegenstände beziehen. Er unterliegt zeitlichen Grenzen (§ 2044 II BGB). Seine Wirkung ist begrenzt, da selbst wenn er als Auflage gemeint ist, eine von allen Erben dennoch vorgenommene Teilung dinglich wirksam ist (*BGHZ* 40, 115; *Palandt/Edenhofer* § 2044 Anm. 1a).

c) ZGB der **DDR:** Teilungsanordnung §§ 371 I, 389 I 3 ZGB.

9. Testamentsvollstreckung (im einzelnen s. Teil 3, Rdnr. 245–272)

72 **a)** Die Einsetzung des Testamentsvollstreckers gibt dem Erblasser die Möglichkeit, über seinen Tod hinaus durch eine Person seines Vertrauens auf den Nachlaß und sein Geschick Einfluß zu nehmen. Der Testamentsvollstrecker ist **Treuhänder kraft eines privaten Amts,** welches er gem. dem letzten Willen des Erblassers in Übereinstimmung mit dem Gesetz auszuüben hat. Dem Testamentsvollstrecker können entsprechend dem weiten Rahmen der §§ 2203f. BGB sehr unterschiedliche Aufgaben einzeln aber auch kumulativ zugewiesen sein, nämlich

73 **aa)** Die **Willensvollstreckung,** insbesondere beim Alleinerben, d. i. die Ausführung der letztwilligen Verfügungen, soweit sie über die reine Erbeinsetzung hinaus gehen, § 2203 BGB;

bb) Die **Auseinandersetzungsvollstreckung;** ihre Aufgabe ist die Auseinandersetzung des Nachlasses und kommt deshalb nur bei mehreren Erben in Betracht. Sie wird regelmäßig mit einer Willensvollstreckung verbunden sein, § 2204 BGB;

cc) Die **Verwaltungsvollstreckung.** Sie dient der Verwaltung des Nachlasses entweder bis zur Erledigung der erteilten Weisungen oder für eine bestimmte oder unbestimmte Zeit (längstens 30 Jahre oder bis zum Tod des Erben oder des Testamentsvollstreckers, § 2210 BGB). Man spricht hier auch von Dauertestamentsvollstreckung (§§ 2205, 2209 BGB);

dd) Die **Testamentsvollstreckung mit beschränkten Aufgaben,** § 2208 BGB. Der Erblasser kann den Testamentsvollstrecker auch nur mit der Durchführung einzelner Aufgaben (in Abweichung von §§ 2203–2206 BGB) betrauen oder seiner Verwaltung nur einzelne Gegenstände oder einen Erbteil unterwerfen. Auf diesem Wege kann die Erfüllung von Auflagen gegen den Willen der Erbengemeinschaft durchgesetzt werden;

ee) Die Nacherbenvollstreckung. Sie dient der Aufgabe bis zum Nacherbfall die Rechte des Nacherben auszuüben und dessen Pflichten zu erfüllen (§ 2222 BGB);

ff) Die **Vermächtnisvollstreckung.** Sie dient schließlich dem Zweck, die einem Vermächtnisnehmer auferlegten Beschwerungen auszuführen.

b) Von der Testamentsvollstreckung wird häufig Gebrauch gemacht bei komplizierten Teilungsanordnungen auch unbedeutender Vermögen, von Erblassern ohne nahe Angehörige, wegen der Verwaltung großer Vermögen, insbesondere von Firmen- und Gesellschaftsvermögen. Dabei sind aber die Probleme zu beachten, die sich hinsichtlich der Verwaltung eines **Einzelhandelsunternehmens** und von **Beteiligungen an Personengesellschaften** ergeben. **74**

aa) Nach h. M. kann der Testamentsvollstrecker das **Handelsgeschäft** nach außen im eigenen Namen, mit eigener Haftung und Verantwortung, im Innenverhältnis aber als **Treuhänder** fortführen (*BGHZ* 12, 100; 35, 13). Er wird persönlich als Inhaber des Geschäfts eingetragen, ist aber nicht Eigentümer. Gegenüber dem Erben hat er Anspruch auf Befreiung von seiner unbeschränkten Haftung für alte und neue Geschäftsverbindlichkeiten (§§ 2218, 670 BGB; *Haegele/Winkler* Rdnr. 291). **75**

Im Einvernehmen und mit Vollmacht aller Erben kann der Testamentsvollstrecker das Handelsgeschäft auch **im Namen der Erben** fortführen. In diesem Fall sind die Erben einzutragen. Zu dieser Lösung kann der Erblasser die Erben durch eine Bedingung oder Auflage zwingen, § 2208 II BGB (*BGHZ* 12, 103; *BayObLGZ* 69, 138). Für die Beschränkung der Haftung des Erben gelten die §§ 25, 27 HGB.

bb) Aufgrund der angenommenen Sonderrechtsnachfolge (s. o. Rdnr. 28) in Beteiligungen an **Personengesellschaften** geht die Rechtsprechung ständig davon aus, daß der Testamentsvollstrecker die Mitgliedschaftsrechte der persönlich haftenden Gesellschafter in OHG, KG und BGB-Gesellschaft nicht ausüben kann (*RGZ* 170, 392; 172, 199; *BGHZ* 24, 106; 68, 225; NJW 1981, 749; *BayObLGZ* 83, 176; 84, 225). Wenn dies der Gesellschaftsvertrag zuläßt oder die Gesellschafter zustimmen, kann der Erblasser anordnen, daß der Testamentsvollstrecker die Mitgliedsrechte als **Treuhänder mit persönlicher Haftung** ausübt (*Palandt/Edenhofer* § 2205 Anm. 2c). Auf der gleichen Basis kann der Testamentsvollstrecker als **Bevollmächtigter** der Erben oder aufgrund einer über den Tod hinaus wirkenden widerruflichen Vollmacht des Erblassers die Mitgliedsrechte ausüben (*Palandt/Edenhofer* aaO). Druckmittel für den Erben, die Vollmacht zu erteilen, können eine Bedingung oder Auflage sein. Zu ihrer Durchsetzung s. o. Rdnr. 53. **76**

c) Umstritten war bisher die Frage, ob die Testamentsvollstreckung die **Kommanditbeteiligung** erfaßt (*Palandt/Edenhofer* § 2205 Anm. 2d). Der *BGH* läßt nunmehr die Dauertestamentsvollstreckung für einen Kommanditanteil zu, wenn dies der Gesellschaftsvertrag vorsieht oder die Gesellschafter einwilligen und der Kommanditist nicht geschäftsführungs- oder vertretungsbefugt ist (*BGH* NJW 1989, 3152ff.; *Ulmer* NJW 1990, 73ff.). **77**

d) Auch nach dem ZGB der **DDR** konnte ein Testamentsvollstrecker eingesetzt werden (§ 371 III ZGB). Ihm konnten die gleichen **Aufgaben** erteilt werden, wie dem Testamentsvollstrecker des BGB. Er ist aber seiner Stellung nach ein vom Erblasser **bevollmächtigter Vertreter** der Erben, auf den die Regeln über die rechtsgeschäftliche Vertretung (§§ 53f. ZGB) zur Anwendung kommen. Die Verfügungsbefugnis der Erben wird durch seine Bestellung nicht **78**

eingeschränkt; die Vertretungsbefugnis kann ihm von den Erben jederzeit entzogen werden (*Herrmann* Rdnr. 1.45). **Überleitung:** Art. 235 § 1 I EGBGB.

10. Pflichtteilsentzug, Pflichtteilsbeschränkung

79 Die Gründe für eine Entziehung des Pflichtteils sind in den §§ 2333 BGB (Abkömmlinge), 2334 BGB (Eltern) und 2335 BGB (Ehegatten) abschließend geregelt. Da es sich nur um sehr schwerwiegende Umstände, z. T. um Straftatbestände, handelt, kommt diese Möglichkeit nur relativ selten in Betracht.

80 Wenig bekannt, aber von erheblicher Konsequenz ist die **Pflichtteilsbeschränkung** gegenüber Abkömmlingen **in guter Absicht** gem. § 2338 BGB. Voraussetzung sind Verschwendungssucht und **Überschuldung** in einem Maße, daß ein späterer Erwerb erheblich gefährdet wird. Der Erblasser kann in diesem Fall anordnen, daß die gesetzlichen Erben des Abkömmlings das diesem Hinterlassene bzw. den ihm gebührenden Pflichtteil als Nacherben oder als Nachvermächtnisnehmer erhalten sollen. Er kann darüber hinaus für die Lebenszeit des Abkömmlings die Verwaltung des Hinterlassenen einem Testamentsvollstrecker übertragen. Der Abkömmling hat dann nur Anspruch auf den jährlichen Reinertrag. Das Hinterlassene ist damit nicht nur vor Selbstschädigung durch den Abkömmling geschützt, sondern auch vor dem Zugriff seiner Gläubiger (§§ 2115 BGB, 863 I ZPO).

81 Einen Pflichtteilsentzug oder eine Pflichtteilsbeschränkung durch den Erblasser gab es nach dem ZGB der **DDR** nicht. Es blieb und bleibt nur die **Erbunwürdigerklärung** nach dem Erbfall durch jeden rechtlich Interessierten (§ 408 II ZGB; Gründe: § 406 ZGB; Verfahren: § 407 ZGB; Überleitung: Art. 235 § 1 I EGBGB).

11. Abfindung von Erbersatzansprüchen

82 Während das nichteheliche Kind von seinem Vater gem. § 1934d I BGB einen **vorzeitigen Erbausgleich** in Geld verlangen kann, hat der Vater nur die Möglichkeit das Kind zu einem **Erbverzicht** gem. § 2346 BGB zu bewegen. Der Erfolg eines solchen Verlangens wird im allgemeinen von der Höhe des Angebots abhängen. Wegen der rechtlichen Voraussetzungen s. u. Rdnr. 83ff.

Das nichteheliche Kind ist nach dem Erbrecht der **DDR** dem ehelichen vollkommen gleichgestellt (§ 365 I ZGB). Daran hat sich für Kinder, die vor dem 3. 10. 1990 geboren sind, nach dem Einigungsvertrag nichts geändert (Art. 235 § 1 II EGBGB).

12. Erb- und Pflichtteilsverzicht

83 **a)** Von dem in § 2346 BGB geregelten Erb- und Pflichtteilsverzicht hat der Verzicht auf den **Pflichtteil** die weitaus größere Bedeutung, da die Wirkung des Erbverzichts auch einseitig durch Enterbung herbeigeführt werden kann, während ein Pflichtteilsentzug nur unter extremen Voraussetzungen möglich ist (s. o. Rdnr. 79). Erbverzicht und Pflichtteilsverzicht können nebeneinander aber auch einzeln und unabhängig voneinander und schließlich auch beschränkt z. B. auf Bruchteile des Erbrechts oder des Pflichtteils erklärt werden (*Palandt/Edenhofer* § 2346 Anm. 3). Der Verzicht eines Abkömmlings oder eines Seitenverwandten des Erblassers erstreckt sich im Zweifel auch auf seine Abkömmlinge (§ 2349 BGB). Der Verzichtvertrag bedarf der notariellen Beurkundung (§ 2348

BGB). Er bezieht sich normalerweise auf das gesetzliche Erbrecht. Es kann aber auch ein Verzicht auf eine bereits bestehende **letztwillige Zuwendung** vereinbart werden (§ 2352 BGB). Zukünftige Zuwendungen sind in dem einen wie im anderen Fall nicht ausgeschlossen. Erb- und Pflichtteilsverzicht sind neben dem vorzeitigen Erbausgleich (s. o. Rdnr. 82) auch zwischen dem nichtehelichen Kind und seinem Vater zulässig (*Palandt/Edenhofer* Überbl. v. § 2346 Anm. 2e).

b) Die **Bedeutung des Verzichts** auf das gesetzliche Erb- und Pflichtteilsrecht **84** liegt in der dadurch für den Erblasser geschaffenen Möglichkeit ohne Rücksicht auf das Risiko zukünftiger Pflichtteilsansprüche über seinen zukünftigen Nachlaß frei verfügen zu können. Dies kann besonders bei der Unternehmensnachfolge bzw. Nachfolge in Beteiligungen erwünscht sein. Selbstverständlich wird der Erblasser den erstrebten Verzicht nur durch attraktive andere Zugeständnisse (Abfindungen, Unterbeteiligungen u. ä.) erreichen können. Daneben liegt die Bedeutung des Erb- und Pflichtteilsverzichts und auch des Zuwendungsverzichts in der Möglichkeit der Abänderung bereits unwiderruflich gewordener letztwilliger Verfügungen (*Nieder* Kap. VIII 52 Anm. 3).

c) Zu beachten ist immer, daß der Erbverzicht gem. § 2310 S. 2 BGB die **85** Erbquote und damit die Höhe des Pflichtteils anderer Berechtigter erhöht. Das ist meist nicht gewollt, weswegen in der Regel der Pflichtteilsverzicht genügt (*Nieder* Kap. VIII 52 Anm. 3 [4]). Falsche Beratung kann erhebliche Haftung auslösen (vgl. *BGH* WM 1990, 1169).

d) Der Erb- und/oder Pflichtteilsverzicht unterliegt nicht der **Erbschaftsteuer.** Dagegen ist die Abfindung als Schenkung unter Lebenden gem. § 7 I Nr. 5 ErbStG zu versteuern.

e) Das Erbrecht der **DDR** kannte den Erb- und Pflichtteilsverzicht vor dem **86** Erbfall nicht. Der Erbe konnte nur ausschlagen. Erb- und Pflichtteilsverzichtsverträge aus der Zeit vor Inkrafttreten des ZGB galten fort (§ 8 I EGZGB).

13. Verzicht auf Anfechtungsrechte

Bei Erbverträgen kann der Erblasser vertragsmäßige Verfügungen nach **87** §§ 2281 I, 2078, 2079 BGB anfechten. Das gleiche Recht hat in analoger Anwendung vorstehender Bestimmungen der überlebende Ehegatte bei einem gemeinschaftlichen Testament (*BGH* FamRZ 1970, 71; *BGHZ* 37, 333). Da im Gegensatz zu § 119 II BGB nach § 2078 BGB jeder **Motivirrtum** erheblich ist, kann es für die Berechtigung einer Anfechtung auf spätere Entwicklungen nach der Errichtung der letztwilligen Verfügung ankommen. So kann etwa auch die spätere Wiederverheiratung Anfechtungsgrund sein. Dies stellt ein erhebliches Risiko für den Bestand erbvertraglicher Verfügungen und gemeinschaftlicher Testamente dar. Deswegen wird ein Verzicht des Erblassers auf etwaige Anfechtungsrechte zugelassen mit der Folge, daß die Anfechtung wegen solcher Tatsachen, auf die sich der Verzicht bezieht, für die Zukunft ausgeschlossen ist (*BGH* NJW 1983, 2247; *OLG Celle* NJW 1963, 353). Bei entsprechender Belehrung kann der Anfechtungsausschluß jedoch sehr weitgehende Wirkungen haben (*Nieder* Kap. VIII 46 Anm. 4 Ziff. 6 d dd).

Das ZGB der **DDR** hat einen Verzichts- oder Erlaßvertrag generell nicht geregelt. Verzichte auf Anfechtungsrechte dürften in gemeinschaftlichen Testamenten, die nach dem Recht des ZGB errichtet worden sind, nicht vorkommen.

14. Verzicht auf Zugewinnausgleich

88 Der Erbverzicht eines Ehegatten bezieht sich nicht auf den Zugewinnausgleichsanspruch (§§ 1371 II, 1372f. BGB). Auch hierauf kann der Ehegatte jedoch verzichten, ohne daß damit Gütertrennung eintritt (MünchKomm-*Kanzleiter* § 1408 Rdnr. 14 m. w. Nachw.). Damit wird für den Erblasser eine weitere Unsicherheit für die spätere Erbauseinandersetzung ausgeräumt. Allerdings stellt sich die Frage, ob unter diesen Umständen nicht überhaupt der Güterstand geändert werden sollte.

Das Recht der **DDR** kannte keinen Zugewinnausgleich. Nach Art. 234 § 4 I EGBGB kommt der Verzicht aber in Zukunft bei Überleitungsfällen in Betracht.

15. Erbvertragliche Verfügungsbeschränkungen unter Lebenden

89 Mit einem Erbvertrag können schuldrechtliche Verpflichtungen unter Lebenden verbunden sein, die nur eingegangen werden, weil gleichzeitig eine Erbeinsetzung erfolgt und die Erwartung besteht, daß das Vermögen des Erblassers im Todeszeitpunkt in gewissem Umfang noch vorhanden ist. Dies gilt etwa, wenn ein zukünftiger Erbe oder dessen Ehegatte Unterhaltsverpflichtungen gegenüber dem Erblasser übernimmt, oder wenn diese Personen die Finanzierung der Instandhaltung oder Renovierung eines Anwesens übernehmen. Selbst wenn der Vertragserbe – von dem Anfechtungsrisiko abgesehen – relativ sicher sein kann, Erbe zu werden, kann er sich nicht darauf verlassen, daß bestimmte Gegenstände, auf die er bei seinen Überlegungen gebaut hat, beim Erbfall noch vorhanden sind. Mit dem Schutz vor beeinträchtigenden Schenkungen (§ 2287 BGB) allein ist ihm dabei nicht gedient. Der Erblasser ist frei, über sein Vermögen zu verfügen (§ 2286 BGB) und demnach einen Erlös auch zu verbrauchen. Unter diesen Umständen empfiehlt sich eine Vereinbarung zwischen dem Erblasser und dem Bedachten, durch die sich der Erblasser verpflichtet, über bestimmte Gegenstände seines Vermögens unter Lebenden nicht zu verfügen. Ein solcher Anspruch kann zwar nicht durch eine Vormerkung im Grundbuch abgesichert werden (*BGHZ* 12, 122f.; MünchKomm-*Musielak* § 2286 Rdnr. 12 m. w. Nachw.). Bei Gefährdung des Unterlassungsanspruchs kann aber u. U. ein Verfügungsverbot im Wege der einstweiligen Verfügung eingetragen werden (*BGH* DNotZ 1962, 499). Über weitere Absicherungen vgl. *Nieder* Kap. VIII 49 Anm. 6 Ziff. 3. Diese Problematik stellte sich nach dem Recht der **DDR** nicht, da es dort den Erbvertrag nicht gab.

16. Vorweggenommene Erbfolge

90 Bei großem Firmen- und Beteiligungsvermögen sowie bei komplizierten Familienverhältnissen empfiehlt es sich, Regelungen unter Lebenden zu treffen, die die gewollte Erbfolge zumindest teilweise vorwegnehmen. Dazu können gehören die Errichtung und Änderung von Familiengesellschaften, Schenkungen nach den §§ 516f., 2301 BGB, die Hofübergabe, Ausstattungen gem. §§ 1624, 2050 BGB. Die Möglichkeiten können hier nicht erschöpfend aufgezählt werden; es muß auf die Spezialliteratur verwiesen werden (Nachweise bei *Palandt/Edenhofer* § 1937 Anm. 1b). Anrechnungs- und Ausgleichsbestimmungen (§§ 2315 I, 2050ff. BGB) sind zu beachten.

Die Schenkung war nach dem Recht der **DDR** in § 282 ZGB geregelt. Anrechnung oder Ausgleich von Zuwendungen unter Lebenden sah das ZGB weder beim Erbrecht noch beim Pflichtteilsrecht vor.

17. Änderung des Güterstands

Die Änderung des Güterstands kann dann, wenn der Ehegatte (z. B. als Erbe neben Kindern aus einer anderen Ehe) besonders bevorzugt werden soll, vorteilhaft sein. Nach der Aufhebung des gesetzlichen Güterstands und dem Ausgleich des Zugewinns unter Lebenden hat der Ehegatte je nach Anzahl der Kinder möglicherweise noch eine Erbquote von ½ oder ⅓. Umgekehrt kann wiederum je nach Anzahl der Kinder die nachträgliche Vereinbarung des gesetzlichen Güterstands nach § 1371 BGB die Erbquote des Ehegatten auf die Hälfte erhöhen, die ihm nach § 1931 I BGB nicht zustehen würde. Daneben kann die Tatsache ausgenutzt werden, daß der Zugewinnausgleich nicht der Erbschaftssteuer unterliegt (s. o. Rdnr. 18). Der gesetzliche Güterstand kann mit erbschaftssteuerrechtlicher Wirkung rückwirkend ab dem Tag der Eheschließung vereinbart werden (frühestens ab 1. 7. 1958; *BFH* NJW 1989, 2911). **91**

Eine Änderung des Güterstands ist in Zukunft nachträglich auch möglich, soweit frühere **DDR**-Bürger nach dem Beitritt ihren bisherigen Güterstand der Eigentums- und Vermögensgemeinschaft durch Erklärung gegenüber dem Kreisgericht aufrechterhalten haben (Art. 234 § 4 II EGBGB).

18. Vollmacht über den Tod hinaus

Die Vollmacht kann gem. § 164 BGB von vornherein über den Tod hinaus erteilt werden; der Tod des Vollmachtgebers wird aber ohnehin in der Regel nicht zum Erlöschen der Vollmacht führen (*Palandt/Heinrichs* § 167 Anm. 2c). Die Vollmacht kann auch auf den Todesfall erteilt werden (*RGZ* 114, 354). Die Erben können die Vollmacht jeder für sich widerrufen (*BGH* NJW 1975, 382). So hilfreich die Vollmacht für alte und kranke Menschen sein kann, birgt sie dennoch nicht unerhebliche Gefahren in sich. So kann etwa die Erteilung der üblichen formularmäßigen **Bankvollmacht** für den Vollzug einer behaupteten formlosen Schenkung ausreichen (*OLG Hamburg* NJW 1963, 449; *BGH* NJW 1986, 2107). **92**

Auch das ZGB der **DDR** ließ eine Vollmacht über den Tod hinaus zu (§§ 53 III, 58 I ZGB).

19. Stiftung

Ein Erblasser kann auch durch die Errichtung einer Stiftung zu Lebzeiten die Verwendung seines Vermögens nach dem Tode regeln. Ihm steht als Rechtsform die rechtsfähige BGB-Stiftung (§§ 80–88 BGB) und die nicht rechtsfähige Stiftung zur Verfügung. Die letztgenannte Stiftung ist gesetzlich nicht geregelt, hat sich jedoch in der Praxis durchgesetzt (*Reimann* in *Dittmann/Reimann/Bengel* Teil D Rdnr. 260). Die Stiftung kann nach § 83 BGB von Todes wegen durch letztwillige Verfügung errichtet werden (vgl. *Neuhoff,* Münchner Vertragshandbuch, Bd. 4, 2. Halbb. VIII 43). Soweit die Stiftung einem gemeinnützigen Zweck gewidmet wird, ist sie auch in Zukunft unproblematisch. Die als Alternativform im Erbrecht früher als interessant angesehene **Familienstiftung** hat **93** jedoch durch die Einführung der Ersatz-Erbschaftssteuer seit 1. 1. 1984 (§ 1 I 4 ErbStG) an Bedeutung verloren (vgl. *Sorg* BB 1983, 1620f.).

Die privatrechtliche Errichtung von Stiftungen sah das Recht der **DDR** nicht vor.

IV. Gestaltungsvorschläge

1. Besondere Berücksichtigung des Ehegatten

a) Beweggründe

94 – keine gemeinsamen Kinder der Ehegatten;
- sehr kleine Kinder; unabsehbare charakterliche Entwicklung der Kinder;
- Kinder aus anderer Ehe des Ehegatten;
- gemeinsamer Aufbau des Vermögens durch die Ehegatten;
- Gefahr des Entzugs der Existenzgrundlage des überlebenden Ehegatten (z. B. Wohnhaus, Wohnung) durch die Kinder (Teilungsversteigerung).

b) Ziel

- Sicherung der Existenz und der Altersversorgung des Ehegatten; Erhaltung des Vermögens in einer Hand; vernünftige Verwaltung des Vermögens bis zur Überlassung an die Kinder;
- gelegentlich: Selbstbindung eines Ehegatten (Erbvertrag, Schenkung) als Sicherheit vor eigenem unvernünftigen Handeln.

c) Bedenken

- möglicherweise doppelter Erbschaftssteuervorgang;
- hohe Pflichtteilsansprüche, fehlende Liquidität, Zwang zum Verkauf;
- Übergang von Vermögen der Familie eines Ehegatten in die fremde Familie des anderen Ehegatten (bei Kinderlosen).

d) Lösung

95 **aa)** (gegenseitige) Einsetzung der Ehegatten zu Alleinerben; Bindung durch gemeinschaftliches Testament oder Erbvertrag.

bb) Wie aa, aber Bestimmung von Schlußerben (Berliner Testament); Abwehr von Pflichtteilsrechten durch eine „Strafbestimmung": Derjenige, der seinen Pflichtteil beim ersten Erbfall in Anspruch nimmt, wird auch für den zweiten Erbfall auf den Pflichtteil gesetzt.

cc) Einsetzung des Ehegatten zum Allein-Vorerben mit größtmöglicher Befreiung von gesetzlichen Einschränkungen, d. h. ausgenommen von der freien Verfügungsbefugnis sind nur Schenkungen, mit denen nicht einer sittlichen Pflicht oder dem Anstand entsprochen wird (§§ 2112f., 2136 BGB). Problematisch: lange Dauer bei geringem Altersunterschied zwischen Vor- und Nacherben.

dd) Einsetzung zum Allein-Vorerben ohne Befreiung.

ee) Einsetzung zum Miterben (mit gesetzlicher oder größerer oder kleinerer Quote) aber Teilungsausschluß, Teilungsanordnung.

ff) Bestimmung des Ehegatten zum Verwaltungstestamentsvollstrecker bei gesetzlicher Erbfolge mit Strafklausel.

gg) Verschaffung von Wohnung und Einkommen durch Vermächtnis zu Eigentum bzw. zur Nutzung durch Einräumung von Nießbrauch u. ä. Nutzungsrechten.

hh) Zuwendungen unter Lebenden evtl. mit Nießbrauchs- oder sonstigem Nutzungsvorbehalt für den Schenker. Aber: Ausgleichspflicht nach §§ 2325 I und III, 2329 BGB. Deswegen zu überlegen: Entgeltliche Zuwendung zu mäßigem Preis.

ii) Änderung des Güterstands je nach Anzahl der Kinder von der Zugewinngemeinschaft zur Gütertrennung und umgekehrt (wegen der Folgen s. o. Rdnr. 91).

jj) Pflichtteilsverzicht der Kinder aus erster Ehe gegen Abfindung.

2. Besondere Berücksichtigung der Kinder

a) Beweggründe

- Vorversterben des Ehegatten, Trennung vom Ehegatten, Scheidung, **96**
- hohes eigenes Vermögen und ausreichende Versorgung des Ehegatten,
- zweite oder spätere Ehe des Erblassers,
- fehlendes Vertrauen zum Ehegatten,
- Erwartung einer späteren Wiederverheiratung des Ehegatten.

b) Ziel

- Erhaltung des Vermögens in der eigenen Familie,
- Versorgung der Kinder.

c) Bedenken

- Pflichtteilsanspruch des Ehegatten, fehlende Liquidität, Notwendigkeit zu Verkäufen,
- Streit zwischen Kindern und überlebendem Ehegatten.

d) Lösung

aa) Einsetzung des Kindes/der Kinder zum/zu Alleinerben, d. h. Enterbung **97**
des Ehegatten.

bb) Erbeinsetzung der Kinder neben dem Ehegatten aber mit Wiederverheiratungsklausel (s. o. Rdnr. 66).

cc) Wie bb, aber Anordnung der Testamentsvollstreckung/Dauertestamentsvollstreckung.

dd) Einsetzung des Ehegatten neben den Kindern aber nur als Vorerben ohne Befreiung; Verzicht auf Anfechtung für den Fall der Wiederverheiratung (sonst: gesetzliche Erbfolge!).

ee) Erb- und Pflichtteilsverzicht zwischen den Ehegatten, insbesondere bei zweiter oder späterer Ehe.

ff) Geschiedenentestament/Erbvertrag zugunsten gemeinschaftlicher Kinder.

3. Besondere Berücksichtigung einzelner Kinder

a) Beweggründe

98 – besondere Bedürftigkeit, z. B. Behinderung des Kindes (**Behindertentestament;** vgl. *Bengel* in *Dittmann-Reimann-Bengel* Teil D VI),
– besondere Leistungen des Kindes für den Erblasser, z. B. Pflege,
– Zwang zur Einsetzung eines Kindes bei Sonderrechtsnachfolge im Höferecht, bei Personengesellschaften, bei Vorliegen einer Reichsheimstätte.

b) Ziel

– Versorgung eines Kindes, Belohnung eines Kindes,
– Erfüllung sonderrechtlicher Gegebenheiten.

c) Bedenken

Entfremdung, Streitigkeiten der Kinder; bei behinderten Erben ist das sozialrechtliche Nachrangprinzip zu beachten (§ 2 I BSHG) mit Zugriffsmöglichkeiten des Trägers der Sozialhilfe.

d) Lösung

99 **aa)** Alleinerbeinsetzung eines Kindes, Enterbung der übrigen. Die Pflichtteilsansprüche der anderen Kinder sind zu beachten, diese können das angestrebte Ziel zunichte machen. Darum zu überlegen: Zuwendung an die übrigen Kinder so attraktiv, daß eine Ausschlagung unwahrscheinlich wird (§ 2306 BGB), oder (Erb- und) Pflichtteilsverzicht der übrigen Kinder gegen Abfindung (s. o. Rdnr. 83).

bb) Zuwendung eines Landguts nach § 2049 I BGB bzw. nach Höferecht; Vorteil: Ansatz des niedrigen Ertragswerts bei der Auseinandersetzung.

cc) Gesellschaftsvertragliche Nachfolgeklauseln (Übersicht bei *Nieder* Kap. VIII 26).

dd) Ausstattung des Kindes zu Lebzeiten gem. § 1624 I BGB unter Ausschluß der Ausgleichspflicht nach § 2050 I BGB.

ee) Bei schwer behinderten Erben kann das Zugriffsrecht des Sozialhilfeträgers durch Zuwendung höchstpersönlicher Leistungen und besondere Gestaltungen der Vor- und Nacherbschaft mit weitgehenden Rechten eines Dauertestamentsvollstreckers umgangen werden (vgl. *Bengel* o. Rdnr. 98). Dies wird jedenfalls bei bescheidenen Nachlässen (DM 30000.–) nicht als sittenwidrig angesehen (*BGH* NJW 1990, 2055).

4. Zuwendungen an Dritte

a) Beweggründe

100 – besonders geeigneter Firmennachfolger,
– Lebensgefährte,
– Entschädigung für besondere Leistungen des Dritten zugunsten des Erblassers,
– Unterstützung gemeinnütziger Institute.

b) Probleme

Ungünstige Steuerklasse (Ausnahme: gemeinnützige Institute).

c) Lösungen

aa) Zuwendung steuergünstiger (Bewertung) Nachlaßgegenstände (s. o. Rdnr. 23), **101**

bb) Adoption nach § 1754 BGB.

cc) Gesellschaftsvertragliche Anwachsung gem. § 738 I BGB durch Ausscheiden des Gesellschafters ohne Nachfolger. Dies bewirkt Übergang des Gesellschaftsanteils auf die übrigen Gesellschafter, ohne daß Einzelübertragungen nötig oder möglich wären (*BGHZ* 32, 317; 50, 309).

5. Erhaltung des Familienvermögens

a) Beweggründe/Ziel

- Verhinderung der Veräußerung bzw. Vererbung von Famlienvermögen/Gegenständen an Dritte insbesondere Familienfremde, **102**
- Erhaltung ungeteilter Gegenstände und von Ertragsquellen für spätere Generationen,
- Erhaltung lebensfähiger Betriebe.

b) Lösung

aa) Bedingte Erbeinsetzung von Familienangehörigen, Vor- und Nacherbschaft über mehrere Generationen. **103**

bb) Gründung einer Familienstiftung, einer Familiengesellschaft.

cc) Veräußerungs-, Verfügungsverbot, Auflage, Teilungsverbot, Vorkaufsrecht.

dd) Regelung der Sondererbfolge nach Höferecht und Gesellschaftsrecht.

ee) Verwaltungstestamentsvollstreckung des Ehegatten/eines Dritten am Kindesvermögen.

c) Probleme

Notwendigkeit der Verschaffung ausreichender Liquidität für die Erfüllung von Verbindlichkeiten, insbesondere Steuern, Abfindungen, Pflichtteilsrechten.

6. Kontinuierung des Erblasserwillens

a) Beweggründe

Zweifel des Erblassers an der Fähigkeit seiner Erben, den Nachlaß optimal bzw. in seinem Sinne zu verwalten, insbesondere bei großen Vermögen, differenziertem Vermögen, Gesellschaftsvermögen. **104**

b) Ziel

Auseinandersetzung und Verwaltung des Vermögens nach den Weisungen bzw. dem anzunehmenden Willen des Erblassers, ohne daß sich die Erben darüber hinwegsetzen können.

c) Lösung

aa) Einsetzung eines Willens-, Auseinandersetzungs-, Verwaltungstestamentsvollstreckers. **105**

bb) Erbeinsetzung unter Auflagen und Bedingungen, die die Testamentsvollstreckung, insbesondere bei der Verwaltung von Anteilen an Personengesellschaften, absichern (s. o. Rdnr. 75).

cc) Stimmrechtsregelungen in Gesellschaftsverträgen, insbesondere Einsetzung von Aufsichts- und Beschlußorganen wie Aufsichtsrat, Beirat u. ä. und Besetzung dieser Organe durch Personen, die das Vertrauen des Erblassers haben.

7. Rigoroser Ausschluß bestimmter Personen

a) Beweggründe

106 – Verfeindung mit bestimmten direkt oder indirekt Erbberechtigten,
– Möglichkeit des Auftretens unbekannter unehelicher Abkömmlinge.

b) Ziel

Totaler Ausschluß von jedem erbrechtlichen Vorteil.

c) Lösung

107 **aa)** Ausdrückliche Enterbung gesetzlicher Erben, auch soweit sie nicht sofort zur Erbfolge berufen sind, einschließlich derzeit nicht bekannter Erbersatzberechtigter.

bb) Pflichtteilsentzug bei Vorliegen der erschwerten Voraussetzungen der §§ 2333f. BGB.

cc) Entzug des Erbersatzanspruchs gem. § 2338a BGB (der Pflichtteilsanspruch bleibt hiervon unberührt).

dd) Bei Dritten (z. B. geschiedenem Ehegatten): Zuwendung an (gemeinsame) Kinder auflösend bedingt mit deren Tod, wenn keine Abkömmlinge da sind, oder Anwachsung zugunsten der Geschwister, Vor- und Nacherbschaft mit ausdrücklichem Ausschluß des Dritten als Nacherben, Ausschluß des Ehegatten von der Verwaltung gem. § 1638 BGB (Beispiele bei *Nieder* Kap. VIII 31 und 32).

ee) Pflichtteilsverzicht zur Ausschaltung entfernterer Pflichtteilsberechtigter aber unter Vermeidung einer Erhöhung der Erbquote Gleichberechtigter (§ 2310 BGB).

8. Vererbung von Firmenvermögen (Unternehmertestament)

a) Beweggründe

108 Gefahr der Zerstückelung eines Unternehmens, Liquiditätsentzug, Notwendigkeit der Veräußerung.

b) Ziel

Unternehmensfortführung, Sicherung der Familie, Beschränkung von Erbenbelastungen.

c) Lösung (vgl. *Reimann* in *Dittmann-Reimann-Bengel* Teil D III; *Nieder* Kap. VIII 23, 28, 38)

109 **aa)** Vorbereitende Maßnahmen: Gründung einer Familiengesellschaft mit allen vorgesehenen Erben, starke Bindungen gegen das Ausscheiden, Begrenzung

von Abfindungsforderungen, professionelle Leitung durch Firmen-GmbH, Vereinheitlichung der Willensbildung durch besondere Gesellschaftsorgane (Aufsichtsrat, Beirat), Auswahl und Eingliederung des geeigneten Firmennachfolgers.

bb) Anordnung der Testamentsvollstreckung.

cc) Wahl des richtigen Güterstands.

dd) Erb- und Pflichtteilsverzicht gegen Abfindung.

ee) Familienstiftung.

9. Vererbung von Gesellschaftsvermögen

a) Beweggründe/Ziel

Ähnlich wie beim Firmenvermögen. **110**

b) Lösung

aa) Harmonisierung von Gesellschaftsvertrag und erbrechtlichem Vorhaben durch Nachfolgeklauseln, Abfindungsregelung und Testamentsvollstreckung. Bei Personengesellschaften ist auf die besonderen Probleme der Testamentsvollstreckung hinzuweisen (s. o. Rdnrn. 76f.).

bb) Übertragung des Anteils auf eine Familiengesellschaft.

cc) Zuwendung von stillen Beteiligungen oder Unterbeteiligungen als Abfindung eines Erb- und Pflichtteilsrechts.

10. Zuwendung von Gegenständen

a) Beweggründe/Ziel

- Die gesetzliche Quotenregelung entspricht nicht dem individuellen Willen, **111**
- Verwirklichung der Idee des Erblassers über die bestgeeignete Verteilung und über die optimale (wirtschaftlich/emotionell) Empfangszuständigkeit einer Person für einen Gegenstand (Bedürftigkeit, Würdigkeit, Fähigkeit den Gegenstand zu schätzen, zu nutzen, zu pflegen, zu erhalten etc.).

b) Lösung

aa) Auch bei Zuwendung aller Vermögensgegenstände an einzelne Bedachte **112**
durch Vermächtnisse oder durch Teilungsanordnung sollten unbedingt ein oder mehrere Erben eingesetzt werden, die für übersehene Vermögensgegenstände oder spätere Vermögensgegenstände in Betracht kommen. Sonst ergeben sich schwierige Auslegungsprobleme und im schlimmsten Fall ein Erbrecht des Fiskus.

bb) Regelung von Ausgleichspflichten oder Anordnung von Vorausvermächtnissen.

cc) Bestimmung, ob und wie später vorhandene Gegenstände zu verteilen sind.

dd) Bestimmung, wie späterer Wegfall von Gegenständen zu behandeln ist.

11. Überschuldung von Abkömmlingen/Ehegatten

a) Beweggründe

113 Das Risiko, daß der Bedachte/gesetzliche Erbe von dem Zugewandten nichts hat, weil seine Gläubiger dieses mit Beschlag belegen.

b) Ziel

Erhaltung des Nachlasses im Familienstamm (Abkömmlinge des Überschuldeten) und Versorgung des Überschuldeten ohne Zugriff seiner Gläubiger.

c) Lösung

114 **aa)** Beschränkung des Pflichtteils eines Abkömmlings in guter Absicht gem. § 2338 BGB
- durch Testamentsvollstreckung. Folge: Der Erbe hat nur Anspruch auf den Reinertrag. Vor Gläubigern ist er durch § 863 ZPO geschützt;
- durch Einsetzung seiner gesetzlichen Erben als Mitnacherben oder Nachvermächtnisnehmer. Hier tritt ein Schutz durch § 2115 BGB ein.

bb) Eine dem § 2338 BGB vergleichbare gesetzliche Bestimmung besteht für den Ehegatten nicht. Es bleibt darum nur seine Einsetzung als befreiter Vorerbe mit den Kindern als Nacherben und Dauertestamentsvollstreckung für die Zeit der Vorerbschaft. Der Schutz vor Gläubigern ist durch § 2115 BGB gewährleistet. Der Testamentsvollstrecker kann Nutzungen nach billigem Ermessen überlassen und auf Naturalleistungen (Verpflegung, Wohnung) beschränken. Dies ist wichtig, weil der Vorerbe den Pfändungsschutz nach § 850b Nr. 3 ZPO bei Nutzungen nicht genießt; diese gebühren ihm nach § 2111 I BGB.

cc) Im einen wie im anderen Fall sollte in der letztwilligen Verfügung das Motiv angegeben werden, damit bei Wegfall der Zwangslage das Testament ggf. angefochten werden kann.

12. Vorbehalt von Änderungsmöglichkeiten

a) Beweggründe

115 Veränderung der Zahl der als Erben in Betracht kommenden, Veränderung der Eignung der in Betracht kommenden Personen, Veränderung des zuwendbaren Vermögens und seines Werts.

b) Ziel

Anpassung der letztwilligen Regelung an veränderte Umstände.

c) Lösung

116 **aa)** Beim Einzeltestament problemlos durch Änderung, Ergänzung, Widerruf, Neuerrichtung und Angabe von Motiven für eine evtl. Anfechtung durch Erben.

bb) Beim gemeinschaftlichen Testament ist die Bindungswirkung zu beachten (s. o. Rdnr. 61). Darum muß festgelegt werden, welche Verfügungen nicht wechselbezüglich sein sollen und/oder welche Abänderungsmöglichkeiten vorbehalten sein sollen. Darüber hinaus sollten ebenfalls die Motive angegeben werden.

cc) Wegen der Bindungswirkung des Erbvertrags s. o. Rdnr. 62. Es ist darum festzulegen, welche Verfügungen einseitig getroffen werden (§ 2299 BGB) und ob und ggf. wie weit ein Rücktritt vorbehalten ist (§§ 2293f. BGB). Darüber hinaus können Bedingungen festgelegt und sollten Motive angegeben werden.

13. Berücksichtigung von steuerlichen Belastungen

a) Beweggründe/Ziel

Es kann nicht nur darauf ankommen, die geringstmögliche Steuerbelastung zu erreichen; es muß vielmehr der Erbe auch in die Lage versetzt werden, seine Steuern und sonstigen Verpflichtungen bezahlen zu können (einkommensteuerfreie Schaffung von Liquidität). **117**

b) Lösung

aa) Mehrfache Zuwendungen unter Lebenden unter Ausnutzung der Freibeträge. **118**

bb) Anschaffung von Vermögensgegenständen mit günstigen Erbschaftssteuerwerten (s. o. Rdnr. 23).

cc) Vermeidung von Entnahmegewinnen durch frühzeitige Überführung von Betriebsvermögen in Privatvermögen. Dadurch wird der Entnahmegewinn absehbar. Er kann möglicherweise kompensiert werden mit Betriebs- oder anderen Verlusten oder gemildert werden in Jahren mit geringer Steuerschuld. Möglich sind solche Lösungen nur bei nicht notwendigem Betriebsvermögen.

dd) Ausgleich des Zugewinns statt erbrechtlicher Lösung.

2. Teil. Beratung der Hinterbliebenen

I. Feststellung der gesetzlich Begünstigten

Das gesetzliche Erb- und Pflichtteilsrecht ist für den ratsuchenden Hinterbliebenen nicht nur dann von Interesse, wenn keine letztwillige Verfügung vorliegt, sondern auch dann, wenn eine letztwillige Verfügung über einen Nachlaß nicht restlos verfügt hat, wenn sie Enterbungen enthält, wenn sie einen zu geringen Erbteil zuwendet oder wenn sie einen gesetzlichen Erben beschränkt oder beschwert. Die Ermittlung der gesetzlichen als Erben, Erbersatz- und Pflichtteilsberechtigte Begünstigten bzw. ihrer Ansprüche läßt sich nach dem folgenden **Prüfungsschema** anstellen. **119**

Vorab ist allerdings zu klären, ob ein in Betracht kommender Erbe durch **Enterbung** (§ 1938 BGB), durch **Erbverzicht** (§ 2346 I BGB) oder durch **Erbunwürdigerklärung** (§§ 2339f. BGB) von der Erbschaft ausgeschlossen bzw. ob einem Enterbten der **Pflichtteil** entzogen worden ist (§§ 2333f. BGB) oder dieser darauf verzichtet hat (§ 2346 II BGB). **120**

1. Das Erbrecht der ehelichen Verwandten und ihre Erbquote

a) Welcher Erbordnung gehört der Verwandte an?

Die Erbordnungen ergeben sich aus den §§ 1924–1929 BGB. Verwandte einer späteren Erbordnung werden durch auch nur einen Verwandten der vorhergehenden Ordnung ausgeschlossen (§ 1930 BGB). **121**

b) Welchem Stamm/welcher Linie gehört der Verwandte an?

122 Jeder Stammelternteil einer Erbordnung (Linie) schließt seine Abkömmlinge (seinen Stamm) aus; der dem Erblasser bzw. den Stammeltern einer Erbordnung nächststehende Abkömmling schließt seine Abkömmlinge (seinen Stamm) aus (§§ 1924 III, 1925 III BGB). Der Ausschluß erfolgt nicht, auch wenn der Abkömmling lebt, wenn er ausschlägt (§ 1953 BGB), wenn er persönlich aber nicht stammesmäßig enterbt ist (gilt im Zweifel, *BGH* FamRZ 1959, 149; Auslegungsfrage *BayObLGZ* 65, 176), für erbunwürdig erklärt ist (§ 2344 BGB) oder wenn er nur für sich auf das gesetzliche Erbrecht verzichtet hat (§§ 2346 I, 2349 BGB).

c) Wieviel Kinder (Geschwister) haben die gleiche Nähe zu einem Erblasser, zu einem Stammelternteil?

123 Mehrere Kinder erben zu gleichen Teilen (= Köpfen, = Stämmen; §§ 1924 IV, 1925 III BGB). Diese Regel gilt auch innerhalb der Stämme, also auch unter den nachrückenden Abkömmlingen eines weggefallenen Kindes. Danach bestimmt sich letztlich die **Erbquote** überhaupt (also neben Kind A ⅓ und Kind B ⅓ erben zwei Kinder von Kind C je ⅙). Dieses System setzt sich in den Erbordnungen 2 und 3 entsprechend fort.

d) Bei entfernten Verwandten: **Welche Nähe nach Verwandtschaftsgraden (§ 1589 BGB) besteht zum Erblasser?**

124 Ab der vierten Erbordnung erbt ohne Rücksicht auf Stamm und Linie derjenige, der mit dem Erblasser dem Grad nach (§ 1589 S. 3 BGB) am nächsten verwandt ist, mehrere gleich nah Verwandte zu gleichen Teilen (§§ 1928 II, III, 1229 II BGB).

e) Ist vom Erblasser oder unter den als Erben in Betracht kommenden Verwandten adoptiert worden?

125 **aa)** Nach der seit der Neuregelung des Adoptionsrechts ab 1. 1. 1977 geltenden Fassung von § 1754 I BGB (AdoptG v. 2. 7. 1976, BGBl I 1749; zum Übergangsrecht s. Art. 12 AdoptG) erhält ein **adoptierter Minderjähriger** die volle rechtliche Stellung eines ehelichen Kindes. Es tritt die uneingeschränkte Erbberechtigung im Verhältnis zum Annehmenden und seinen Verwandten ein. Die verwandtschaftliche und erbrechtliche Beziehung zu den leiblichen Verwandten endet mit der Adoption (§ 1755 I BGB).

bb) Bei **Adoption eines Volljährigen** entsteht grundsätzlich Verwandtschaft und Erbrecht nur im Verhältnis zum Annehmenden, nicht zu seinen Verwandten (§ 1770 I 1 BGB). Das Erbrecht zu den leiblichen Verwandten bleibt bestehen (Ausnahmen: § 1772 BGB).

f) Gibt es nichteheliche Kinder, die nachträglich legitimiert worden sind?

126 Diese haben durch die Legitimation aufgrund Eheschließung der Eltern (§ 1719 BGB), auf Antrag des Vaters (§ 1723 BGB) oder auf eigenen Antrag (§ 1740a I BGB) die Stellung eines ehelichen und damit voll erbberechtigten Kindes (§§ 1719, 1736, 1740f. BGB).

g) Besonderheiten nach DDR-Erbrecht?

127 Zur ersten **Erbfolgeordnung** nach dem ZGB der **DDR** gehören die Kinder (ersatzweise deren Abkömmlinge) und im Gegensatz zum BGB auch der Ehe-

gatte (§ 365 I 1 ZGB). Im übrigen stimmen die ersten drei Erbfolgeordnungen des ZGB mit den entsprechenden Erbordnungen des BGB überein (§§ 365 I 1, 367 I, 368 I ZGB). Anstelle einer vierten Erbfolgeordnung ist jedoch gesetzlicher **Erbe der Staat** (§ 369 I ZGB). Diese Regelung wurde, auch wenn sie enteignenden Charakter haben könnte, durch den Einigungsvertrag für Erbfälle vor dem 3. 10. 1990 nicht geändert.

Innerhalb der Erbordnungen weicht die Regelung des ZGB insofern von der des BGB ab, als auch nur ein Stammelternteil die beiderseitigen Abkömmlinge ausschließt (§§ 367 II 2, 368 III 1 ZGB).

Ausschlagung und **Erbunwürdigerklärung** werden so behandelt, als hätte **128**
der Betreffende zur Zeit des Erbfalls nicht mehr gelebt (§§ 404, 408 I ZGB). Ehelichen Kindern erbrechtlich völlig gleichgestellt sind die außerehelichen (§ 55–57 FGB) und die an Kindes statt angenommenen (§ 66 FGB). Mit der **Adoption** endet jede erbrechtliche Beziehung zu den leiblichen Verwandten (§ 73 I FGB; Ausnahme: Adoption durch Ehegatten eines Elternteils § 73 II FGB). Für Erbfälle vor dem Inkrafttreten des ZGB am 1. 1. 1976 galten Sonderregelungen (*Herrmann* Rdnr. 2.21 und 2.22 und unten Rdnr. 136).

Diese Regelungen sind für Erbfälle vor dem 3. 10. 1990 weiterhin maßgeblich.

2. Das Erbrecht/die Erbquote des Ehegatten

a) Ist ein Scheidungs- oder ein Aufhebungsverfahren anhängig?

Hat der Erblasser Scheidungsantrag gestellt oder einem solchen zugestimmt **129**
oder hat er Eheaufhebungsklage erhoben, und waren die materiellen Voraussetzungen für diese Verfahren gegeben, ist das Erbrecht des Ehegatten und sein Recht auf den Voraus ausgeschlossen (§ 1933 BGB). Die materielle Begründetheit von Scheidungsantrag und Aufhebungsklage sind ggf. im Erbscheinsverfahren vom Nachlaßgericht zu prüfen.

b) Welchen Güterstand hatte der Erblasser mit seinem Ehegatten vereinbart?

aa) Beim gesetzlichen Güterstand der **Zugewinngemeinschaft** erhält der **130**
Ehegatte zu seinem gesetzlichen Erbteil ein weiteres Viertel (§ 1371 I BGB; sog. **großer Erbteil**). Der Ehegatte kann daneben aber die Erbschaft gem. § 1371 III BGB ausschlagen und den Zugewinn nach der güterrechtlichen Lösung verlangen (§§ 1372f. BGB). Neben der Zugewinnausgleichsforderung hat er dann nach § 2303 I BGB einen Pflichtteilsanspruch, der sich nach dem normalen, nicht erhöhten gesetzlichen Erbteil bemißt (§ 1931 I BGB; sog. **kleiner Pflichtteil).**

bb) Bei der **Gütertrennung** kommt es auf die Zahl der Kinder an. Nach § 1931 IV BGB erbt der Ehegatte neben einem oder zwei Kindern mit diesen zu gleichen Teilen.

cc) Im übrigen gilt § 1931 I BGB. Es kommt demnach darauf an, wer neben **131**
dem Ehegatten Erbe wird. Die Quote des Ehegatten beträgt
- neben Verwandten der ersten Ordnung ¼,
- neben Verwandten der zweiten Ordnung ½,
- neben Großeltern allein ½,
- neben Abkömmlingen der Großeltern allein ⅟₁,

– neben einem Großelternteil und Abkömmlingen eines anderen Großelternteils ½ zzgl. Anteil des Abkömmlings,
– neben Verwandten der vierten und der weiteren Ordnungen erhält der Ehegatte den ganzen Nachlaß.

Ist der Ehegatte mit dem Erblasser verwandt, gilt § 1934 BGB.

c) Besonderheiten nach dem Recht der DDR:

132 Nach dem ZGB der **DDR** erbt der Ehegatte mit Kindern des Erblassers zu gleichen Teilen, mindestens jedoch ¼ des Nachlasses (§ 365 I 2 ZGB), und im Wege der **Sondererbfolge** den Voraus (§ 365 I 3 ZGB). Der Ehegatte erbt allein, wenn Nachkommen des Erblassers nicht vorhanden sind (§ 366 ZGB). Zum Nachlaß eines Ehegatten gehört auch sein **Anteil am gemeinschaftlichen Eigentum** der Eheleute (§ 365 III 1 ZGB; s. o. Rdnr. 19). Das Erbrecht des Ehegatten endet mit rechtskräftiger Beendigung der Ehe. Diese Regelungen sind für Erbfälle vor dem 3. 10. 1990 weiterhin maßgeblich (Art. 235 § 1 I ZGB).

3. Das Erbrecht/die Erbquote unter nichtehelichen Verwandten

133 **a)** Zwischen einem nichtehelichen Kind und seinen Abkömmlingen einerseits und seiner **Mutter** und deren Verwandten andrerseits besteht kein Unterschied zum Erbrecht ehelicher Verwandter.

134 **b)** Zwischen dem nichtehelichen Kind und seinen Abkömmlingen einerseits und seinem **Vater** und dessen Verwandten andrerseits kommt es darauf an, ob nächste Angehörige des Erblassers mit nichtehelichen Verwandten zusammentreffen oder nicht:

aa) Ist Erblasser der nichteheliche Vater oder einer seiner Verwandten und hinterläßt dieser neben dem nichtehelichen Kind oder seinen Abkömmlingen eheliche Abkömmlinge oder einen Ehegatten, dann hat der berufene nichteheliche Erbe nur einen Erbersatzanspruch (§ 1934a I BGB).

bb) Ist Erblasser das nichteheliche Kind und hinterläßt es neben seinem Vater oder dessen Abkömmlingen seine Mutter oder deren eheliche Abkömmlinge, dann hat der berufene nichteheliche väterliche Erbe nur den Erbersatzanspruch (§ 1934a II BGB).

cc) Ist Erblasser das nichteheliche Kind oder dessen Kind und hinterläßt es neben seinem Vater oder dessen Verwandten seinen eigenen Ehegatten, dann haben die berufenen väterlichen Erben nur den Erbersatzanspruch (§ 1934a III BGB).

135 Die Regelung des **Erbersatzanspruchs** ist zum Teil lückenhaft. Sie erreicht das beabsichtigte Ziel, Erbengemeinschaften zwischen nahen Verwandten bzw. Ehegatten des Erblassers und nichtehelichen Verwandten zu vermeiden, nicht in jedem Fall. Die Rechtsprechung und die herrschende Meinung schließen die Regelungslücke durch Gesetzesanalogien zu obigen Alternativen (*OLG Stuttgart* OLGZ 79, 405 und *Palandt/Edenhofer* § 1934a Anm. 2b u. c m. w. Nachw.). Der Erbersatzanspruch ist ein **Geldanspruch,** dessen Höhe dem Wert des gesetzlichen Erbteils entspricht, den der nichteheliche Erbe erhalten hätte, wenn er nicht mit dem Erbersatzanspruch abzufinden wäre.

In allen anderen Fällen erhält der nichteheliche Erbe den Erbteil, der ihm nach den allgemeinen Regeln zukommt.

c) Das nichteheliche Kind war nach dem Recht der **DDR** dem ehelichen vollkommen gleichgestellt; dies gilt für nichteheliche Kinder, die vor dem Beitritt geboren wurden, nach dem Einigungsvertrag auch in Zukunft fort (Art. 235 § 1 II EGBGB), d.h. die Rechte des Kindes sind nicht auf den Erbersatzanspruch beschränkt. Gegenüber dem Vater war lediglich die Anerkennung der Vaterschaft (§§ 54 I, 55 FGB) oder deren gerichtliche Feststellung erforderlich (§§ 54 I, 56 FGB). Nach § 8 I EGZGB galt jedoch für Erbfälle vor dem 1. 4. 1966 (Inkrafttreten des FGB) noch das frühere Recht des BGB, d.h. das nichteheliche Kind war mit dem Vater nicht verwandt und gehörte nicht zu seinen gesetzlichen Erben. Bei Erbfällen zwischen dem 1. 4. 1966 und dem 31. 12. 1975 gab es ein gestuftes Erbrecht des nichtehelichen Kindes nach dem Vater bzw. den Großeltern väterlicherseits, je nach dem, ob das Kind älter oder jünger war als 18 Jahre, ob es unterhaltsbedürftig war, bei wem es lebte etc. (§ 9 EGFGB; vgl. *Herrmann* Rdnr. 2.21). Dieses bisherige Recht ist für Erbfälle vor dem 3. 10. 1990 weiterhin maßgeblich (s.o. Rdnr. 3). **136**

4. Die Pflichtteilsberechtigten

a) Pflichtteilsberechtigt sind, wenn sie an sich zur gesetzlichen Erbfolge berufen wären, aber enterbt wurden **137**
- die Kinder, und zwar gleichgültig ob ehelich, nichtehelich, legitimiert oder adoptiert, und deren Abkömmlinge,
- der Ehegatte und die Eltern (§ 2303 BGB).

Entferntere Abkömmlinge und die Eltern sind jedoch nach § 2309 BGB insoweit nicht pflichtteilsberechtigt, als ein Abkömmling, der sie im Fall gesetzlicher Erbfolge ausschließen würde, den Pflichtteil verlangen kann oder das Hinterlassene annimmt. Die **Höhe des Pflichtteilsanspruchs** entspricht der Hälfte des Werts des gesetzlichen Erbteils (§ 2303 I 2 BGB).

b) Durch das ZGB der **DDR** wurde das Pflichtteilsrecht zum Teil eingeschränkt, der Pflichtteilsanspruch aber erhöht (⅔ s.u. Rdnr. 241). **138**

Pflichtteilsberechtigt sind
- der Ehegatte (§ 396 I 1 ZGB),
- Kinder, wenn sie im Erbfall gegenüber dem Erblasser unterhaltsberechtigt waren (§ 396 I 2 ZGB),
- Enkel und Eltern des Erblassers, wenn sie ohne Testament gesetzliche Erben geworden wären, d.h. wenn sie nicht durch ein Kind des Erblassers von der gesetzlichen Erbfolge ausgeschlossen sind, und wenn sie gegenüber dem Erblasser zur Zeit des Erbfalls unterhaltsberechtigt waren (§ 396 I 2 ZGB).

Auch diese Regeln bleiben für Erbfälle vor dem 3. 10. 1990 weiterhin maßgeblich.

II. Feststellung des Inhalts der letztwilligen Verfügung

Der Anwalt ist nicht nur gehalten, sich selbst und seinem Mandanten ein richtiges und zuverlässiges Bild vom Inhalt einer letztwilligen Verfügung zu verschaffen; er muß vielmehr auch in der Lage sein, seine Auslegung einer letztwilligen Verfügung dem Prozeßgericht im Erbschaftsstreit oder dem Nachlaßgericht im Erbscheinsverfahren zu vermitteln. Dies erfordert Kenntnis und Anwendung der relevanten **Auslegungsgrundsätze** und der gesetzlichen **Ausle-** **139**

gungsregeln. Dazu folgende Hinweise (nähere Einzelheiten s. *Staudinger/Otte* Vorbem. 23f. zu §§ 2064 bis 2086; MünchKomm-*Leipold* § 2084 Rdnrn. 1f.):

1. Auslegungsgrundsätze

140 **a)** Auszugehen ist vom **Wortlaut** der Urkunde, da alle letztwilligen Verfügungen formbedürftig sind, und sich somit bei jedem Auslegungsfaktor außerhalb des Textes die Frage der **Formgültigkeit** stellt (*BGH* LM § 2084 Nr. 7).

141 **b) Ziel der Auslegung** ist die Ermittlung des rechtlich maßgeblichen Sinnes der Erklärung (*Staudinger/Otte* aaO; MünchKomm-*Leipold* aaO). D. h., es gelten die allgemeinen Regeln über die Auslegung von Willenserklärungen, aber mit der Einschränkung, daß es bei allen einseitigen Verfügungen (also insbesondere Einzeltestamenten) allein auf den **Erblasserwillen** (§ 133 BGB) ankommt und nicht auf den sog. „Empfängerhorizont", da es hier weder einen „Empfänger" der Erklärung noch ein zu schützendes Vertrauen gibt. Die Verständnismöglichkeit eines Empfängers nach § 157 BGB kann jedoch gefragt sein bei wechselbezüglichen bzw. vertragsmäßigen Verfügungen in gemeinschaftlichen Testamenten und Erbverträgen (*Staudinger/Leipold* § 2084 Rdnr. 22).

142 **c)** Zur Ermittlung des Erblasserwillens können auch **Umstände außerhalb der Urkunde** herangezogen werden, wenn das Gewollte in ihr zumindest andeutungsweise zum Ausdruck gekommen ist (**„Andeutungstheorie"**; *BGHZ* 80, 242; 80, 246; 86, 41, 47).

d) Die letztwillige Verfügung ist bei Auslegungsbedürftigkeit, also Mehrdeutigkeit **wohlwollend** auszulegen mit dem Ziel, die Wirksamkeit der letztwilligen Verfügung auf der Basis des vom Erblasser Gewollten (angestrebter Erfolg § 2084 BGB) zu erhalten (favor testamenti, benigna interpretatio).

143 **e) Ergänzende** Auslegung zur Lückenschließung ist im Rahmen der vorgenannten Grundsätze in bestimmten Grenzen zulässig (*BGH* LM § 2084 Nr. 5; LM § 2078 Nr. 3).

f) Die Frage der **Umdeutung** (§ 140 BGB) nichtiger Verfügungen (z. B. bei Formmängeln) in andere (weniger formstrenge) oder in Rechtsgeschäfte unter Lebenden ist zu prüfen (*Staudinger/Leipold* § 2084 Rdnrn. 60f.).

144 **g)** Das ZGB der **DDR** enthielt in § 372 den Grundsatz, daß im Zweifel das Testament so auszulegen sei, daß dem wirklichen oder mutmaßlichen Willen des Erblassers Geltung verschafft wird. Dies entspricht dem Ziel der Auslegung auch nach dem BGB (vgl. o. Rdnr. 141).

2. Auslegungsregeln

145 Das Gesetz enthält zahlreiche Auslegungsregeln, die dann gelten sollen, wenn sich der Wille des Erblassers nicht mit Sicherheit feststellen läßt. Auslegungsregeln sind **widerlegliche gesetzliche Vermutungen.** Wer einen davon abweichenden Erblasserwillen behauptet, trägt dafür die Beweislast. Die Kenntnis der Auslegungsregeln und der Möglichkeiten ihrer Widerlegung sind bei der Beratung der Hinterbliebenen von großer Bedeutung. Gesetzliche Auslegungsregeln enthalten etwa die §§ 2066 bis 2077, 2084 bis 2087, 2089 bis 2093 BGB. Zahlreiche weitere kommen hinzu. Ihr Abdruck ist hier aus Platzgründen nicht mög-

lich. Es wird auf die Zusammenstellung verwiesen bei *Staudinger/Otte* Vorbem. 111 zu §§ 2064 bis 2086; *Nieder* Kap. VIII 17.

Auslegungsregeln enthielt das ZGB der **DDR** in den §§ 375, 376, 377, 379 ZGB. Nach der Formulierung von Art. 235 § 2 S. 1 EGBGB umfaßt die Beurteilung der **„Errichtung oder Aufhebung"** eines Testaments nicht auch dessen Inhalt und seine Wirksamkeit. Die Ermittlung des wirklichen Willens des Erblassers kann aber u. U. zur Berücksichtigung des alten Rechts führen (vgl. *Staudinger/Winkler* Art. 214 Rdnr. 8, 31 ff., 36). **146**

3. Anfechtung der letztwilligen Verfügung

Während die Auslegung den wahren letzten Willen des Erblassers zutage und zur Geltung bringen soll auch dort, wo er sich unvollkommen artikuliert, vernichtet die Anfechtung eine letztwillige Verfügung und damit das vom Erblasser angestrebte Ziel. Die Auslegung geht darum der Anfechtung vor. **147**

a) Voraussetzungen. Die erbrechtlichen Anfechtungsbestimmungen in den §§ 2078 f. BGB erweitern die allgemeinen Regeln über die Anfechtung wegen Irrtums, Täuschung oder Drohung der §§ 119, 123 BGB im wesentlichen durch eine verstärkte Berücksichtigung des **Motivirrtums** (§§ 2078 II, 2079 BGB). Anfechtbar ist nach § 2078 II BGB eine letztwillige Verfügung, zu der der Erblasser durch die **irrige Annahme** oder **Erwartung** eines Umstandes bestimmt worden ist. Die Annahme bezieht sich dabei auf Umstände in der Vergangenheit und der Gegenwart, die Erwartung auf Umstände in der Zukunft. Die irrtümlichen Vorstellungen können sich auf tatsächliche oder rechtliche Verhältnisse beziehen, und zwar auch auf solche Umstände die der Erblasser selbst herbeiführen kann (z. B. seine Heirat). Entscheidend bleibt aber, daß es sich um Vorstellungen oder Erwägungen handeln muß, die der Erblasser **im Zeitpunkt der Errichtung** der letztwilligen Verfügung gehabt hat (*BGHZ* 42, 327). Die Anfechtung kann demnach nicht darauf gestützt werden, der Erblasser habe vergessen, eine Verfügung zu widerrufen, weil dieser Willensmangel erst nach der Errichtung auftrat. **148**

Unklar ist, ob neben der positiven irrigen Vorstellung auch das **Fehlen der richtigen Vorstellung** für eine Anfechtung ausreicht. Die Rechtsprechung hat dies zwar bisher verneint, sich dieser Auffassung aber dennoch angenähert, indem sie Umstände für relevant erklärt hat, die der Erblasser zwar nicht ausdrücklich erwogen hat, aber für sich als selbstverständlich ansah (*BGH* LM § 2078 Nr. 3, 4, 8; FamRZ 1962, 256). **149**

Als relevanter Anfechtungsgrund anerkannt ist demgegenüber das unbewußte Fehlen einer Vorstellung bei dem **Übergehen eines Pflichtteilsberechtigten** in § 2079 BGB, ein besonderer Fall des Motivirrtums. Hier wird der ursächliche Zusammenhang zwischen Irrtum des Erblassers und seiner Verfügung vermutet (*BGH* LM § 2079 Nr. 1). In allen anderen Fällen muß der Anfechtende den **Kausalzusammenhang** dartun und beweisen. **150**

Im Gegensatz zu § 119 I BGB kommt es bei der Anfechtung nach den §§ 2078 f. BGB nur auf den **subjektiven Standpunkt** des Erblassers an (*KG* FamRZ 1977, 271, 273 f.), nicht auf das objektive Merkmal „verständige Würdigung eines Dritten". Es besteht kein Vertrauensschutz (*BGH* NJW 1952, 420). **151**

b) Wirkung. Die Anfechtung vernichtet nur die Verfügung auf die sich der Irrtum bezieht (§ 2085 BGB). Das gilt bei allen letztwilligen Verfügungen. **An-** **152**

fechtungsberechtigt ist jeder, welchem die Aufhebung der letztwilligen Verfügung unmittelbar zustatten kommen würde (§ 2080 I BGB), daneben bestimmte Personen, wenn sich der Irrtum nur auf sie bezieht (§ 2080 II BGB) oder wenn sie als Pflichtteilsberechtigte übergangen sind (§ 2080 III BGB). Die **Anfechtungserklärung** nach den §§ 2078f. BGB erfolgt formlos. **Anfechtungsgegner** ist in den Fällen, in denen eine Erbeinsetzung, Enterbung, Ernennung eines Testamentsvollstreckers oder der Widerruf solcher Verfügungen angefochten werden soll, das Nachlaßgericht (§ 2080 I BGB). Dasselbe gilt, wenn eine Auflage oder eine familienrechtliche Anordnung angefochten werden soll (§ 2081 III BGB). In allen anderen Fällen bestimmt sich der Anfechtungsgegner nach § 143 I, IV 1 BGB. **Frist:** Das Anfechtungsrecht erlischt mit dem Ablauf eines Jahres seit Kenntnis des Anfechtungsgrundes (§ 2082 I, II BGB), ohne Rücksicht auf die Kenntnis mit dem Ablauf von 30 Jahren seit dem Erbfall (§ 2082 III BGB). Wegen der **Selbstanfechtung** beim gemeinschaftlichen Testament und beim Erbvertrag s. o. Rdnr. 43 u. 47.

c) Besonderheiten nach DDR-Erbrecht

153 Nach dem ZGB der **DDR** ist die Anfechtung einer letztwilligen Verfügung zulässig, wenn sich der Erblasser über den Inhalt seiner Erklärung im Irrtum befand und er bei Kenntnis der Sachlage die Erklärung nicht abgegeben hätte, oder wenn die testamentarische Verfügung durch arglistige Täuschung oder widerrechtliche Drohung zustande gekommen war (§ 374 I ZGB). Die Anfechtung hat **durch Klage** vor dem ordentlichen Gericht zu erfolgen, und zwar innerhalb eines Jahres ab Kenntnis des Anfechtungsgrundes, spätestens zehn Jahre nach dem Erbfall (§ 374 II ZGB). Die Klage ist von dem, der durch die Unwirksamkeit der Verfügung begünstigt wäre, gegen den zu erheben, dem die Wirksamkeit der Verfügung zugute kommt. Dies gilt für Erbfälle vor dem 3. 10. 1990 weiter (Art. 235 § 1 I EGBGB).

III. Annahme/Ausschlagung der Erbschaft

1. Annahme

154 Die Erbschaft geht nach deutschem Recht ipso iure auf den berufenen Erben über, ohne daß es irgendeines Zutuns von seiner Seite bedarf (§ 1942 I BGB). Er kann sich dieser Rechtsfolge erwehren, indem er die Erbschaft gem. §§ 1942 I, 1944f. BGB ausschlägt. Obwohl das Gesetz eine **Annahmeerklärung** kennt (§ 1943 BGB), kann man in der Praxis von Ausnahmen abgesehen nur davon abraten, eine Annahmeerklärung, sei es ausdrücklich oder schlüssig, durch entsprechende Betätigung des Annahmewillens abzugeben. Die Annahmeerklärung führt zum Verlust des Ausschlagungsrechts. Sie nimmt damit dem berufenen Erben die Möglichkeit, innerhalb der ohnehin zu kurz bemessenen Ausschlagungsfrist (§ 1944 I BGB) zu überlegen, ob es nicht besser ist, die Erbschaft auszuschlagen. Tut der Erbe dagegen gar nichts, tritt das, was mit einer Annahmeerklärung erreicht werden kann, auch durch reinen Zeitablauf ein (§ 1943 BGB).

155 Ist die Erbschaft einmal angenommen, kann der Erbschaftserwerb wegen nachträglicher Willensänderungen nicht mehr rückgängig gemacht werden. Wegen ursprünglicher Willensmängel besteht dagegen die Möglichkeit, die Erbschaftsannahme **anzufechten** (§ 119 BGB). **Ursprüngliche Willensmängel**

wird man dort, wo eine anwaltschaftliche Beratung vorlag, möglicherweise aber nur sehr begrenzt nachweisen können. Es besteht daher aller Grund, dem häufigen Drängen der Nachlaßgerichte auf Abgabe einer Annahmeerklärung zu widerstehen und auch zu der in den Formblättern der Nachlaßgerichte enthaltenen Frage, ob die Erbschaft angenommen werde, keine Erklärung abzugeben. Nachdem allerdings die Annahmeerklärung auch **schlüssig** erfolgen kann und keiner bestimmten Person gegenüber abzugeben ist (nicht empfangsbedürftiges Rechtsgeschäft) gilt es vorsichtig zu sein mit allen Handlungen, die auf einen Annahmewillen schließen lassen (z. B. Erbscheinsantrag).

2. Ausschlagung

a) Es kann sehr verschiedene Gründe geben, eine angefallene Erbschaft auszu- **156**
schlagen. So etwa
- weil der Nachlaß überschuldet ist,
- weil die güterrechtliche Lösung der erbrechtlichen beim Zugewinnausgleich vorgezogen wird,
- weil dadurch ein doppelter erbschaftssteuerpflichtiger Vorgang vermieden wird,
- weil auf denjenigen, der durch die Ausschlagung nachrückt, günstigere Freibeträge und ein günstigerer Steuersatz bei der Erbschaftssteuer zur Anwendung gelangen,
- weil sich der zunächst Berufene den Problemen der Verwaltung und Auseinandersetzung einer möglicherweise komplizierten Erbschaft entziehen will,
- weil der hinterlassene Erbteil beschränkt oder beschwert im Sinne von § 2306 I BGB ist und der Erbe statt dessen den Pflichtteil verlangen will.

Die Ausschlagung kann durch Vereinbarung zwischen dem Ausschlagenden **157**
und dem durch die Ausschlagung Begünstigten mit einer **Abfindung** zugunsten des Ausschlagenden verbunden sein. Der Vertrag fällt nicht unter § 2385 I BGB (*OLG München* OLGZ 26, 288) und bedarf somit nicht der notariellen Beurkundung gemäß § 2371 BGB. Diese kann aber aus anderen Gründen (Gegenstand der Abfindung, Zwangsvollstreckungsunterwerfung) notwendig oder zweckmäßig sein. Die Ausschlagung selbst stellt keinen **erbschaftssteuerlich** relevanten Vorgang dar. Ein Ausschlagungsentgelt unterliegt dagegen der Erbschaftssteuer gem. § 3 II 4 ErbStG; für den nachrückenden Erben ist das als Abfindung Geleistete eine Nachlaßverbindlichkeit im Sinne von § 10 V 3 ErbStG.

Die Beratung über die Möglichkeit der Erbschaftsausschlagung ist zumindest **158**
unter bestimmten Umständen (z. B. hohes Alter des Erben) eine den Anwalt aus dem **Anwaltsvertrag** obliegende Pflicht (*LG Köln* NJW 1981, 351).

b) Ausschlagungsfrist: 6 Wochen ab Kenntniserlangung von dem Anfall und **159**
dem Grund der Berufung; bei Verfügungen frühestens ab Verkündung der Verfügung. 6 Monate bei Wohnsitz des Erblassers oder Aufenthalt des Erben im Ausland (§ 1944 BGB). **Form:** Erklärung zur Niederschrift des Nachlaßgerichts oder öffentlich beglaubigt (§§ 1945 I, 129 BGB). Ein Bevollmächtigter bedarf einer öffentlich beglaubigten Vollmacht, die innerhalb der Frist dem Nachlaßgericht zugehen muß (§ 1945 III BGB). **Erklärungsempfänger:** Ausschließlich das Nachlaßgericht (= Amtsgericht, § 72 FGG; in Baden-Württemberg staatliches Notariat, LFGG I, II, 38), und zwar am letzten Wohnsitz oder Aufenthaltsort des Erblassers (§ 73 FGG). **Wirkung:** Der Erbanfall an den Ausschlagenden gilt als niemals erfolgt (§ 1953 I BGB); die Erbschaft fällt demjenigen an, der beru-

fen war für den Fall, daß der Ausschlagende nicht gelebt hätte (§ 1953 II BGB). Der Ausschlagende als sog. „vorläufiger Erbe" wie auch der angefallene Nachlaß sind in der Zwischenzeit weitgehend geschützt (§§ 1958f. BGB); von bleibender Dauer sind lediglich die einseitig empfangsbedürftigen Rechtsgeschäfte, die dem vorläufigen Erben gegenüber vorgenommen worden sind (§ 1959 III BGB). Wegen der Besonderheiten einer Ausschlagung durch die **Pflichtteilsberechtigten** gem. § 2306 I BGB bzw. des **Ehegatten** in der Zugewinngemeinschaft (§ 1371 III BGB) s. u. Rdnrn. 224ff. u. 229ff.

3. Besonderheiten nach dem DDR-Erbrecht

160 Auch das ZGB der **DDR** geht vom ipso-iure-Erwerb der Erbschaft durch den Erben aus (§ 399 I 1 ZGB). Die **Ausschlagungsfrist** beträgt zwei Monate (bei Erben mit Wohnsitz außerhalb des Gebiets der DDR sechs Monate). Sie beginnt mit Kenntnis des Erbfalls, jedoch nicht vor Eröffnung des Testaments, welches die Einsetzung enthält (§§ 402 I 1, 403 I ZGB). Die Erklärung bedarf der **notariellen Beglaubigung** und war bisher gegenüber dem staatlichen Notariat der DDR zu erklären (§ 403 II ZGB); nunmehr ist das Kreisgericht als Nachlaßgericht zuständig. Die Annahme und die Ausschlagung der Erbschaft sowie das Versäumnis der Ausschlagungsfrist können binnen zwei Monaten ab Kenntnis des Anfechtungsgrundes, jedoch nicht später als vier Jahre nach Annahme oder Ausschlagung der Erbschaft angefochten werden (§§ 405 I und III, 70 I ZGB). Die **Anfechtung** muß gegenüber dem staatlichen Notariat erfolgen (§ 405 I 1 ZGB); nunmehr ist das Kreisgericht zuständig. Dies gilt für Erbfälle vor dem 3. 10. 1990 weiter (Art. 235 § 1 I EGBGB).

IV. Die gerichtliche Feststellung der Erben und des Erbrechts

1. Testamentseröffnung

161 Die Testamentseröffnung durch das Nachlaßgericht (§ 72 FGG; in Baden-Württemberg: Notariat) nach den §§ 2260ff. BGB soll Klarheit darüber schaffen, welche letztwilligen Verfügungen existieren und wer begünstigt ist. Die Anwesenheit irgendwelcher Beteiligter ist dabei nicht erforderlich; sie werden jedenfalls nachträglich von einem sie betreffenden Inhalt in Kenntnis gesetzt (§ 2260 BGB).

162 Mit der Eröffnung des Testaments beginnt für den durch Verfügung von Todes wegen berufenen Erben frühestens die **Ausschlagungsfrist** (§ 1944 II BGB). Die **Niederschrift** über die Eröffnung des Testaments in Verbindung mit einem öffentlichen Testament oder einem Erbvertrag ersetzt im Grundbuch- und Schiffsregisterverkehr für den **Nachweis der Erbfolge** den Erbschein (§§ 35 I 2 GBO; 41 I 2 SchiffsRegO). Nach Ziffer 24 I der AGB der Banken können diese die Vorlage eines Erbscheins verlangen. Sie können aber auch denjenigen, der in einer Ausfertigung oder einer beglaubigten Abschrift einer Verfügung von Todes wegen nebst Protokoll über die Eröffnungsverhandlung als Erbe oder Testamentsvollstrecker bezeichnet ist, verfügen lassen oder mit befreiender Wirkung an ihn leisten. Von der letztgenannten Alternative machen die Banken im allgemeinen Gebrauch. Bei gemeinschaftlichen Testamenten und Erbverträgen werden in der Eröffnungsverhandlung Verfügungen des Überlebenden, soweit sie sich sondern lassen, weder verkündet noch sonst zur Kenntnis der Beteiligten gebracht (§ 2273 I BGB).

2. Nachlaßpflegschaft

Bis zur Feststellung, wer Erbe ist und ob er die Erbschaft annimmt, hat das **163** Nachlaßgericht für die Sicherung des Nachlasses, soweit ein Bedürfnis besteht, zu sorgen (§ 1960 I BGB). Es kann in diesem Zusammenhang für den unbekannten Erben einen Nachlaßpfleger bestellen (§ 1960 II BGB). Geschieht dies, dann obliegt dem Nachlaßpfleger u. a. auch die **Ermittlung des** oder der **unbekannten Erben** (*OLG Köln* FamRZ 1967, 58, 59; *KG* OLGZ 8, 269, 270). Der Nachlaßpfleger ist gesetzlicher Vertreter des zukünftigen endgültigen Erben.

Die Ermittlungsarbeit des Nachlaßpflegers hinsichtlich der unbekannten Erben **164** ist **tatsächlicher** Art. Der Nachlaßpfleger ist nicht befugt, über das Erbrecht zu streiten (*RGZ* 106, 46 f.) oder einen Erbscheinsantrag zu stellen (*KG* OLGZ 26, 288). Er hat auch nicht die Aufgabe zu klären, wer von mehreren Erbanwärtern der wirkliche Erbe ist (*BGH* NJW 1983, 226). Er kann aber passiv legitimiert für eine Klage des Erben sein, wenn er dessen Erbrecht bestreitet.

Die **Ermittlungsarbeit** des Nachlaßpflegers, zu welchem Amt regelmäßig **165** auch immer wieder Anwälte berufen werden, besteht darin, den Nachlaß daraufhin zu sichten, ob sich letztwillige Verfügungen finden oder sonstige Schriftstücke oder andere Anhaltspunkte, aus denen sich ergibt, wer der gesetzliche oder letztwillig berufene Erbe ist und wo er sich befindet bzw. wie etwa eine unklare letztwillige Verfügung auszulegen ist. Hinweise kann er auch durch Befragung der Beteiligten erlangen; er kann in internationalen Fällen das maßgebliche ausländische Recht ermitteln und dem Nachlaßgericht entsprechende Hinweise geben. Sobald der oder die Erben durch ein rechtskräftiges Urteil des Prozeßgerichts oder nach Auffassung des Nachlaßgerichts feststehen, ist die Tätigkeit des Nachlaßpflegers insoweit erledigt. Die Vergütung wird durch das Nachlaßgericht bewilligt §§ 1962, 1915, 1838 I 1 BGB (vgl. *Gerold/Schmidt/Madert* § 1 Rdnr. 24).

3. Erbscheinsverfahren

a) Der Erbschein ist das **amtliche Zeugnis** des Nachlaßgerichts über die Per- **166** son des Erben, sein Erbrecht und die Freiheit dieses Erbrechts von Beschränkungen durch Nacherbfolge oder Nachersatzerbfolge und Testamentsvollstreckung. Er wird nicht in jedem Erbfall und nicht für jeden Nachlaß benötigt. Dort, wo sich der Nachlaß bereits im Besitz der Erben befindet (z. B. bei Hausrat, Schmuck, Kunst- und sonstigen beweglichen Gegenständen) oder wo die Inbesitznahme über eine Vollmacht, die über den Tod hinaus wirkt, bewerkstelligt werden kann, bedarf es keines Erbscheins. Zum Teil kann der Erbschein auch durch das öffentliche Testament zusammen mit dem Protokoll der Eröffnungsverhandlung ersetzt werden (s. o. Rdnr. 162). Der Erbschein ist schließlich dort entbehrlich, wo ein Testamentsvollstrecker aufgrund eines Testamentsvollstreckerzeugnisses handelt (§§ 2365, 2368 III BGB).

b) Das Verfahren im einzelnen

Die Erteilung erfolgt nur auf **Antrag** (§ 2353 BGB). Der Antrag muß den **167** Inhalt des begehrten Erbscheins so genau angeben, daß das Nachlaßgericht den

Erbschein ohne Ergänzung oder Einschränkung dem Antrag entsprechend erteilen kann. Ein Erbschein mit vom Antrag abweichendem Inhalt ist unzulässig und führt zur Einziehung (*BayObLGZ* 70, 106). Der Antrag muß die Angaben des gesetzlichen Erben lt. § 2354 BGB bzw. des eingesetzten Erben lt. § 2355 BGB enthalten. Die Richtigkeit der Angaben muß nach § 2356 BGB nachgewiesen werden. Der Antrag muß auch bezeichnen, **welche Art** Erbschein begehrt wird, nämlich ein Alleinerbschein, ein Teilerbschein, ein gemeinschaftlicher Erbschein etc. (vgl. *Palandt/Edenhofer* Überbl. v. § 2353 Anm. 1a). **Zuständig** ist das Nachlaßgericht gem. §§ 72, 73 FGG bzw. § 38 LFGG Baden-Württemberg.

168 **Antragsberechtigt** sind die Erben, der Testamentsvollstrecker, der Nachlaß- und der Nachlaßkonkursverwalter, der Abwesenheits- und Gebrechlichkeitspfleger des Erben, der verwaltungsberechtigte Ehegatte bei der Gütergemeinschaft, nicht jedoch der Nachlaßpfleger. Nachlaßgläubiger können einen Erbschein beantragen, soweit sie diesen zur Zwangsvollstreckung benötigen. Rechtsnachfolger des Erben (Erbteilserwerber, Erbschaftskäufer) können den Erbschein auf den Namen des Erben beantragen. Der **Inhalt** des Erbscheins ergibt sich aus den §§ 2352, 2363, 2364, 2369 BGB.

169 **Rechtsmittel** gegen die Entscheidung des Nachlaßgerichts sind die **Erinnerung** gem. § 11 RPflG gegen Entscheidungen des Rechtspflegers, die **Beschwerde** gem. § 19 FGG und die weitere Beschwerde gem. § 27 FGG. Die Beschwerde ist statthaft gegen die Antragsablehnung, gegen einen Bewilligungsbeschluß, solange der Erbschein noch nicht erteilt ist, und gegen die erfolgte Erteilung nur mit dem Ziel der Einziehung. Zu den Einzelheiten vgl. *Palandt/Edenhofer* § 2353 Anm. 7.

170 Ein **unrichtiger Erbschein** ist von Amts wegen einzuziehen (§ 2361 I BGB) bzw., wenn er nicht sofort erlangt werden kann, durch Beschluß für kraftlos zu erklären (§ 2361 II BGB). Der wirkliche Erbe kann von dem Besitzer eines unrichtigen Erbscheins die Herausgabe an das Nachlaßgericht verlangen (§ 2362 I BGB).

171 Die Erteilung des Erbscheins durch das Nachlaßgericht schafft **keine materielle Rechtskraft** für den Bestand des bezeugten Erbrechts (*RGZ* 124, 322, 324; *KG* JFG 14, 286; 20, 203). Das Nachlaßgericht ist vielmehr an rechtskräftige Urteile des **Prozeßgerichts** gebunden. Probleme ergeben sich allerdings dort, wo das Prozeßgericht nur über das Erbrecht einzelner Erbanwärter entschieden hat. Das Nachlaßgericht kann jedoch auch in diesem Fall keinen Erbschein ausstellen, welcher der Entscheidung des Prozeßgerichts widersprechen würde.

4. Klage auf Feststellung des Erbrechts

172 Erbanwärter können neben dem Erbscheinsverfahren und anstatt eines solchen ihr Erbrecht auch durch einen Zivilprozeß klären lassen. Es handelt sich dabei um eine **Feststellungsklage** gem. § 256 ZPO. Das Urteil des Prozeßgerichts hat den Vorteil, daß es im Gegensatz zum Erbscheinsverfahren in **materielle Rechtskraft** erwächst. Ein bereits erteilter Erbschein hat im Zivilprozeß keine bindende Wirkung (*BGHZ* 86, 41; WM 1987, 564; NJW 1983, 277).

173 Das Erbscheinsverfahren ist für den Zivilprozeß nicht **vorgreiflich** und führt deswegen auch nicht zu seiner Aussetzung (*KG* OLGZ 75, 355). Dagegen kann das Erbscheinsverfahren bei gleichzeitiger Anhängigkeit eines Zivilprozesses ausgesetzt werden. Der Obsiegende hat die Rechte aus § 2362 BGB.

5. Besonderheiten im Gebiet der ehemaligen DDR

Die Aufgaben des **Nachlaßgerichts** nahm bis zum Beitritt der **DDR** das staatliche Notariat wahr (§ 395 ZGB mit § 10 I 1 des Notariatsgesetzes vom 5. 2. 1976). Nunmehr ist zuständig das Kreisgericht am Wohnsitz des Erblassers als Nachlaßgericht entsprechend den Änderungen, die das Gerichtsverfassungsgesetz durch den Einigungsvertrag erhalten hat (Anlage I, Sachgebiet A, Abschnitt III, Ziff. 1). **174**

V. Die Feststellung und Auseinandersetzung des Nachlasses

1. Auskunftsanspruch

Um sich ein Bild davon zu machen, was alles zum Nachlaß gehört, stehen dem Erben (Vorerben) die folgenden Auskunftsansprüche zur Verfügung: **175**

a) Gegen jeden **Erbschaftsbesitzer,** das ist derjenige, der aufgrund eines ihm in Wirklichkeit nicht zustehenden Erbrechts oder Miterbenrechts etwas aus der Erbschaft erlangt hat, gem. §§ 2018, 260 I BGB der Anspruch auf Vorlegung eines **Bestandsverzeichnisses** und ggf. auf Abgabe der eidesstattlichen Versicherung gem. § 260 II BGB.

b) Der Anspruch aus § 2027 I BGB gegen den Erbschaftsbesitzer auf Auskunft über den Bestand der Erbschaft und den **Verbleib der Erbschaftsgegenstände.** Das bedeutet, daß der Erbschaftsbesitzer neben einem Bestandsverzeichnis über den gegenwärtigen Bestand der Erbschaft auch Angaben über den Verbleib derjenigen Gegenstände machen muß, die zur Erbschaft gehört haben, aber nicht mehr vorhanden sind oder von denen nicht bekannt ist, wo sie sich befinden. Der Erbschaftsbesitzer muß Ausführungen darüber machen, was er über die Schicksale solcher Erbschaftsgegenstände weiß, und über das aus der Erbschaft Erlangte. Mit Verbleib der Gegenstände ist nicht nur der örtliche, sondern auch der wirtschaftliche Verbleib gemeint (*Staudinger/Gursky* § 2027 Rdnrn. 6f.). **176**

c) Aus § 2027 II BGB die gleichen Ansprüche gegen jeden, der Besitz an einer Sache aus dem Nachlaß vor dem Erben erlangt hat.

d) Gegen die **Hausgenossen** des Erblassers gem. § 2028 I BGB und zwar darüber, **177**
- welche erbschaftlichen Geschäfte der Hausgenosse geführt hat, und
- was ihm über den Verbleib der Erbschaftsgegenstände bekannt ist.

Die Ansprüche stehen auch den Miterben gegeneinander zu, darüber hinaus dem Nachlaßpfleger, dem Nachlaßverwalter, dem Testamentsvollstrecker und dem Erbschaftserwerber. Die Klage auf Auskunftserteilung kann im **Gerichtsstand** des § 27 ZPO erhoben werden. Sie kann als **Stufenklage** gem. § 254 ZPO mit dem Antrag auf Herausgabe bestimmter Erbschaftsgegenstände verbunden sein. Die Vollstreckung erfolgt gem. § 888 ZPO. Bei unvollständiger Auskunft kann der Erbe die Klage auf Abgabe der eidesstattlichen Versicherung richten. **178**

Das Auskunftsrecht des Nacherben richtet sich allein gegen den Vorerben und besteht nur bei Gefährdung seiner Rechte (§ 2127 BGB).

179 **e)** Nach § 399 II ZGB der **DDR** kann der Erbe von jedem Besitzer von Nachlaßgegenständen Auskunft über deren Umfang und Verbleib verlangen. Überleitung: Art. 235 § 1 I EGBGB.

2. Der Erbschaftsanspruch

180 Aufgrund der Generalsukzession erwirbt der Erbe alle diejenigen Herausgabeansprüche, die schon dem Erblasser zustanden, etwa aufgrund seines Eigentums, aufgrund übergegangener Schuldverhältnisse oder aus Bereicherung. Daneben gibt das Gesetz dem Erben einen besonderen Erbschaftsanspruch durch die §§ 2018f. BGB. Es handelt sich dabei um einen **Gesamtanspruch,** der dem Erben die Sache leichter machen soll, als er sie nur aus dem allgemeinen Eigentümer/Besitzerverhältnis hätte. Voraussetzung ist dabei, daß sich der Anspruch gegen einen Erbschaftsbesitzer richtet bzw. gegen den ihm gleichgestellten vertraglichen Erbschaftserwerber (§§ 2018, 2030 BGB). Erbschaftsbesitzer ist derjenige, der Nachlaßgegenstände aufgrund einer **Erbanmaßung,** z. B. aufgrund eines unrichtigen Erbscheins (§ 2362 II BGB) erlangt hat.

181 Der Erbschaftsanspruch geht auf Herausgabe des vom Erbschaftsbesitzer erlangten als Gesamtheit. Der Erbe muß dabei nicht **nachweisen,** welches Recht der Erblasser auf die einzelnen zum Nachlaß gehörigen Gegenstände hatte. Er kann alles herausverlangen, was im Augenblick des Todes des Erblassers tatsächlich zu dessen Nachlaß gehörte. Darüber hinaus muß der Erbe nur nachweisen, daß der Beklagte einmal Besitz an Erbschaftsgegenständen erlangt hatte, nicht aber, daß er noch Besitzer dieser Gegenstände ist (*Staudinger/Gursky* aaO). Der Anspruch erstreckt sich auf alle Nutzungen (§ 2020 BGB) und Surrogate (§ 2019 BGB). Der Erbschaftsbesitzer haftet andererseits bei Unvermögen zur Herausgabe nur nach Bereicherungsrecht (§ 2021 BGB), er kann Ersatz seiner Verwendungen gem. § 2022 BGB verlangen. Haftungserschwerungen treten erst ein bei Rechtshängigkeit, Bösgläubigkeit und bei Besitzerlangung durch eine Straftat oder verbotene Eigenmacht (§§ 2023f. BGB).

182 Der Kläger muß die herauszugebenden Gegenstände in der Klage einzeln benennen. Um ihn dazu instand zu setzen, dient die Auskunftsklage (s. o. Rdnr. 175ff.). Die Vervollständigung der herauszugebenden Gegenstände im Klageantrag während des Verfahrens stellt weder eine Klagehäufung noch eine Klageänderung dar, sondern eine nach § 268 Ziff. 2 ZPO zulässige Klageerweiterung (*Staudinger/Gursky* Vorbem. zu §§ 2018–2031 Rdnr. 16).

183 Die gleichen Personen, die den Auskunftsanspruch gem. § 2027 BGB haben, können auch den Erbschaftsanspruch nach § 2018 BGB geltend machen (s. o. Rdnr. 178). Schuldner kann auch ein Miterbe als Erbschaftsbesitzer sein.

184 Das ZGB der **DDR** kennt keinen eigenen Erbschaftsanspruch. Nachdem der Erbe in jeder Hinsicht Nachfolger des Erblassers wird (§ 399 I 1 ZGB), kann er die im Besitz eines Dritten befindlichen Nachlaßgegenstände nach den allgemeinen Vorschriften herausverlangen (§ 33 II 1 ZGB Herausgabeanspruch des Eigentümers; § 356 I 1 ZGB Bereicherungsanspruch; Ansprüche aus übergegangenen Schuldverhältnissen). Überleitung: Art. 235 § 1 I EGBGB.

3. Die Auseinandersetzung

185 Sofern der Erblasser nicht von einem Erben allein beerbt wird und nicht ausnahmsweise eine Sondererbfolge Platz greift, entsteht eine **Miterbengemeinschaft.** Bezüglich ihrer Besonderheiten als Gesamthandsgemeinschaft muß

auf die Spezialliteratur verwiesen werden. Im Auge behalten werden muß, daß nach den Intentionen des BGB-Gesetzgebers die Erbengemeinschaft grundsätzlich auf **sofortige Auseinandersetzung** angelegt ist (*Schlüter* § 39 I, II). Der Erblasser kann jedoch die Auseinandersetzung des Nachlasses insgesamt oder einzelner Nachlaßgegenstände auf Dauer ausschließen (§ 2044 I BGB). Das gleiche können die Erben selbst durch Vertrag vereinbaren (*BGH* BB 1968, 1219). Sie können aber auch schlicht die Auseinandersetzung auf lange Dauer unterlassen, ohne diesbezüglich eine Vereinbarung getroffen zu haben. Ein derartiges Verhalten bzw. derartige Vereinbarungen und Anordnungen haben vor allem dann besondere Konsequenzen, wenn zu dem Nachlaß ein **Handelsunternehmen** gehört. In diesem Fall haften die Erben für neue Geschäftsschulden persönlich unbeschränkt als Gesamtschuldner (§§ 427, 431 BGB). Gehören zu den Erben Minderjährige, dann ist dieses Ergebnis umstritten (vgl. *BVerfG* WM 1986, 828; *BGHZ* 92, 259; *Karsten Schmidt,* Handelsrecht, S. 97). Bezüglich Geschäftsschulden des Erblassers gilt § 27 HGB.

Von diesen Sonderentwicklungen abgesehen, setzen sich Miterbengemein- 186
schaften in aller Regel entweder durch Vertrag oder aufgrund Urteils auseinander.

a) Materiellrechtlich sind die Erben zunächst einander verpflichtet, die **Nachlaßverbindlichkeiten** zu **berichtigen** (§ 2046 I 1 BGB). Soweit dazu das Geldvermögen des Nachlasses nicht ausreicht, ist der Nachlaß bzw. sind Nachlaßgegenstände zu versilbern (§ 2046 III BGB). Die danach übrig bleibenden Gegenstände sind, soweit dies möglich ist, unter den Miterben **aufzuteilen** (§ 752 BGB; *BGH* NJW 1963, 1610). Unteilbare bewegliche Sachen sind ebenfalls zu versilbern; ihr Erlös zu teilen (§§ 753, 2047 I BGB).

Soweit Abkömmlinge zu den Miterben gehören, haben diese mangels ander- 187
weitiger Bestimmung das, was sie als Ausstattung bzw. als Zuschuß erhalten haben, bei der Verteilung des Überschusses auszugleichen (§§ 2050f. BGB). Ebenfalls auszugleichen ist die besondere Mitarbeit oder Pflegetätigkeit eines Abkömmlings nach § 2057a BGB. Die Ausgleichung erfolgt dadurch, daß jedem Miterben bei der Auseinandersetzung der Wert der Zuwendung, die auszugleichen ist, auf seinen Erbteil angerechnet wird. Soweit eine Ausgleichungspflicht nach § 2057a BGB besteht, ist der Ausgleichsbetrag dem Erbteil des Ausgleichsberechtigten hinzuzurechnen (§§ 2055 I, 2057a IV BGB). Für die Bewertung ist der Zeitpunkt der Zuwendung maßgeblich (§ 2055 II BGB).

b) Sind sich die Miterben über die Durchführung der Auseinandersetzung 188
einig, so erfolgt diese durch **Auseinandersetzungsvertrag.** Der Vertrag bedarf grundsätzlich, soweit keine Vereinbarungen enthalten sind, die aus anderen Gründen formbedürftig sind, keiner Form. Formbedürftig ist er z. B. dann, wenn zum Nachlaß Grundstücke gehören (§ 313 BGB). Der Auseinandersetzungsvertrag ist ein Verpflichtungsgeschäft, das dinglich nach den für die Übereignung der einzelnen Nachlaßgegenstände einschlägigen Bestimmungen zu vollziehen ist.

Den **Inhalt** der Auseinandersetzungsregelung bestimmen die Erben, wenn sie 189
sich einig sind, selbst. Es liegt nahe, wenn dies möglich ist, Nachlaßgegenstände den einzelnen Miterben zu Alleineigentum zuzuteilen und einen entsprechenden Wertausgleich durch Geldzahlung vorzunehmen. Wenn dies die Zusammensetzung des Nachlasses nicht anders erlaubt, wird aber auch unter Umständen die Veräußerung des Nachlasses oder einzelner Nachlaßgegenstände an Dritte notwendig sein, um dann den Erlös teilen zu können.

190 **Erbschaftssteuerlich** ist die Erbauseinandersetzung, solange einer der Miterben nicht unentgeltlich mehr erhält, als seinem Erbteil entspricht, nicht relevant (*BFH* BStBl III 60, 348; II 83, 329). Einkommensteuerrechtlich ist die Erbauseinandersetzung nach zwei Beschlüssen des Großen Senats des BFH vom 5. 7. 1990 (BFH GrS BB 1990, Beilage 36) als ein vom Erbfall zu trennender, u. U. entgeltlicher Vorgang anzusehen (s. o. Rdnr. 57).

191 **c)** Bei einem teilungsreifen Nachlaß (Ausnahme § 2043 BGB) kann jeder Miterbe **Klage auf Auseinandersetzung** erheben. Dafür steht der besondere Gerichtsstand des § 27 ZPO zur Verfügung. Der Klageantrag richtet sich auf Abschluß eines Auseinandersetzungsvertrages, für den er einen entsprechenden Plan vorzulegen hat (Muster: Beck'sches Prozeßformularbuch II I 11, *Böhmer*). Um eine unnötige Klageabweisung wegen unangemessener Vorschläge zu vermeiden, wird er gut daran tun, entsprechende Hilfsanträge vorzubereiten. Die Klage kann zugleich auf die Verurteilung zur Zustimmung zu den dinglichen Erklärungen für die Ausführung des Teilungsplans gerichtet werden. Durch das rechtskräftige Urteil wird die Zustimmungserklärung ersetzt (§ 894 ZPO; näheres s. bei *Johannsen* WM 1970, 744).

192 **d)** Weder einer Vereinbarung noch einer Klage bedarf es dort, wo der **Testamentsvollstrecker** mit der Auseinandersetzung betraut ist und diese durchführt (§§ 2204, 2042 bis 2056 BGB). Auf Antrag eines Miterben oder seines Pfandgläubigers wird auch das **Nachlaßgericht** vermittelnd aber nicht gestaltend tätig (§§ 86f. FGG).

193 **e)** Eine gegenständlich beschränkte Auseinandersetzung kann von einem Miterben auch gegen den Willen der anderen erzwungen werden durch die **Teilungsversteigerung** eines Grundstücks nach den §§ 180ff. ZVG (vgl. MünchKomm-*Dütz* § 2042 Rdnr. 25 u. 65; *Palandt/Edenhofer* § 2042 Anm. 7). Daneben kann der **Verkauf des Erbteils** gemäß §§ 2033, 2371, 2385 BGB die Auseinandersetzung für den einzelnen Miterben entbehrlich machen bzw. auf einen emotionell unbeteiligten Dritten verlagern.

194 **f)** Mehrere Erben bilden nach dem Recht der **DDR** bis zur Auseinandersetzung eine Erbengemeinschaft (§ 400 I ZGB); ihnen gehört der Nachlaß als Gesamteigentümer (§§ 400 I 1, 34 II, 42 II ZGB). Der einzelne Miterbe unterliegt ähnlichen Beschränkungen wie in der Erbengemeinschaft des BGB (§§ 400, 401, 412 ZGB). Jeder Miterbe kann die Aufhebung der Erbengemeinschaft verlangen (§ 423 I ZGB). Nach Begleichung bzw. Abzug der Nachlaßverbindlichkeiten ist der Nachlaß unter den Erben nach dem Verhältnis ihrer Erbteile zu verteilen (§ 423 I 1 ZGB). Die **Aufteilung** soll grundsätzlich durch die Erben selbst im gegenseitigen Einvernehmen erfolgen (§ 423 III 2 ZGB). Das staatliche Notariat konnte auf Antrag bei der Teilung des Nachlasses vermitteln (§ 425 ZGB) und bei Erfolglosigkeit der **Vermittlung** selbst aufteilen (§ 427 I ZGB). Inwieweit diese Aufgaben in Zukunft auf die Notare in eigener Praxis übergehen, bestimmt sich nach landesrechtlichen Vorschriften (Anlage II, Kap. III, Sachgebiet A, Abschnitt III, Ziff. 2 des Einigungsvertrages). Seit 3. 10. 1990 ist das Kreisgericht als Nachlaßgericht zuständig. Die Zwangsversteigerung zur Aufhebung des gemeinschaftlichen Eigentums richtet sich seit dem Beitritt der DDR nach den §§ 180f. ZVG. Über seinen Erbteil kann der Erbe auch vor einer Teilung verfügen (§ 401 I ZGB).

VI. Die Erbenhaftung und ihre Beschränkung

1. Allgemeines

Nach § 1967 I BGB haftet der Erbe für die **Nachlaßverbindlichkeiten.** Zu den Nachlaßverbindlichkeiten gehören einerseits diejenigen Schulden, die schon vom Erblasser herrühren, die also bereits ihm gegenüber entstanden waren oder deren Entstehungstatbestand ihm noch zuzurechnen ist **(Erblasserschulden),** sowie diejenigen Schulden, die erst vom Zeitpunkt des Erbfalls an entstanden sind; das sind die den Erben als solchen treffenden Verbindlichkeiten (**Erbfallschulden,** § 1967 II BGB). Zu den letztgenannten gehören vor allem die Verbindlichkeiten aus Pflichtteilsrechten, Vermächtnissen und Auflagen. Daneben spricht man von **Nachlaßerbenschulden;** das sind solche Verbindlichkeiten, die sowohl den Nachlaß betreffen als auch eine Eigenschuld des Erben auslösen, wie vor allem die aus der Verwaltung des Nachlasses herrührenden Verbindlichkeiten bezüglich deren der Erbe nicht deutlich gemacht hat, daß er nur im Namen oder für den Nachlaß handelt. Zu den Besonderheiten dieser letztgenannten Verbindlichkeiten, insbesondere auch zu den Möglichkeiten einer Haftungsbeschränkung und Haftungssonderung verweisen wir auf *Palandt/Edenhofer* § 1967 Anm. 4 und *Schlüter* § 50 VI. **195**

Der Erbe haftet im Prinzip gem. § 1967 I BGB **unbeschränkt** mit seinem gesamten Vermögen, also sowohl dem Nachlaß wie auch seinem Eigenvermögen; seine Haftung ist aber **beschränkbar.** Die Notwendigkeit der Haftungsbeschränkung ergibt sich erst dann, wenn der Nachlaß überschuldet ist und der Erbe die Erbschaft angenommen hat, sei es, weil er die Ausschlagungsfrist versäumt hat und die darin liegende Annahme nicht mehr anfechten kann (§ 1956 BGB), sei es, weil er die Erbschaft bewußt angenommen hat, um für eine ordnungsgemäße Abwicklung zu sorgen und anderen diese Probleme zu ersparen. Die Möglichkeit der Haftungsbeschränkung kann in Zukunft an Aktualität gewinnen, wenn nach Annahme der Erbschaft plötzlich unerwartete, eventuell sehr hohe Verbindlichkeiten aus **Produkthaftung** oder aus **Umweltbeeinträchtigungen** erhoben werden. Die Haftung und die Möglichkeiten ihrer Beschränkung sind verschieden geregelt je nachdem, ob es sich um einen Alleinerben handelt, einen Miterben, den Erben eines Einzelkaufmanns oder den Erben eines persönlich haftenden Gesellschafters. **196**

2. Prozessuales

Die für den Anwalt aus der Sicht seiner Haftung wichtigsten Bestimmungen finden sich in den §§ 780ff. ZPO. Nach § 780 I ZPO kann der als Erbe eines Schuldners verurteilte Beklagte die Beschränkung seiner Haftung nur geltend machen, wenn sie ihm im Urteil vorbehalten ist. Das bedeutet, daß der Erbe, wenn ein Gläubiger des Erblassers gegen ihn Klage führt, im Prozeß die **Einrede der beschränkten Erbenhaftung** geltend machen muß, wenn er nicht uneingeschränkt und vorbehaltlos verurteilt werden will und damit sein Recht auf Haftungsbeschränkung gegenüber dem klagenden Nachlaßgläubiger mit der Rechtskraft des Urteils verwirkt (*RGZ* 69, 283, 291; *BGH* NJW 1954, 635; *BVerwG* NJW 1956, 805). Die Einrede wird nicht von Amts wegen berücksichtigt; sie muß bis zum Schluß der letzten Tatsachenverhandlung erhoben werden, in der Revisionsinstanz nur, wenn der Erbe erst dann in das Verfahren eintritt (*BGHZ* 17, 69). **197**

198 Das Prozeßgericht kann über die Haftungsbeschränkung bei Entscheidungsreife selbst entscheiden (*BGH* NJW 1983, 2377) oder sich mit dem allgemeinen **Beschränkungsvorbehalt** nach den §§ 780 I, 305 I ZPO begnügen. Durch den Vorbehalt wird die Vollstreckung in den Nachlaß und das Eigenvermögen des Erben nicht gehindert (§ 781 ZPO); der Erbe kann aber die Aufhebung der Vollstreckungsmaßnahmen durch eine besondere **Vollstreckungsabwehrklage** nach den §§ 785, 767 ZPO betreiben und die Anträge nach den §§ 769, 770 ZPO stellen. Ein Vorbehalt im Urteil ist nicht erforderlich, wenn es wegen einer Nachlaßverbindlichkeit gegen einen Nachlaßverwalter, Nachlaßpfleger oder gegen einen Verwaltungstestamentsvollstrecker ergeht (§ 780 II ZPO).

3. Inventar

199 Die **Inventarerrichtung** ist zwar keine Voraussetzung für die Haftungsbeschränkung des Erben, das Fehlen eines Inventars bzw. seine Unzulänglichkeit können aber zur unbeschränkten Haftung des Erben führen (§ 2005 I BGB). Bei problematischen Nachlässen ist darum dem Erben von vornherein zur Aufnahme eines Inventars zu raten. Die Aufnahme erfolgt nach den §§ 2002, 2003 BGB.

4. Haftungsbeschränkung des Alleinerben

200 **a)** Der **vorläufige Erbe** ist, solange er die Erbschaft noch ausschlagen kann, durch die §§ 1958 BGB, 778 I, 779 I ZPO geschützt. **Nach der Annahme** hat der Erbe zwei Möglichkeiten, einen **Aufschub** zu erlangen, um sich über die Notwendigkeit der Haftungsbeschränkung klar werden zu können, und zwar

- durch die **Dreimonatseinrede** (§ 2014 BGB), nach welcher der Erbe berechtigt ist, die Berichtigung einer Nachlaßverbindlichkeit bis zum Ablauf von 3 Monaten nach Annahme der Erbschaft, jedoch nicht über die Errichtung des Inventars hinaus, zu verweigern, und
- durch die **Einrede des Aufgebotsverfahrens** (§ 2015 BGB). Danach kann der Erbe, wenn er innerhalb eines Jahres nach Annahme der Erbschaft das Aufgebot der Nachlaßgläubiger beantragt hat, bis zur Beendigung des Aufgebotsverfahrens die Berichtigung einer Nachlaßverbindlichkeit verweigern. Während dieser Fristen kann der Erbe nur unter dem Vorbehalt der beschränkten Erbenhaftung verurteilt werden (§ 305 I ZPO). Gegen die Zwangsvollstrekkung aus einem ergangenen Vorbehaltsurteil kann der Erbe Vollstreckungsgegenklage nach den §§ 782, 780 I, 785, 767 ZPO erheben mit dem Ziel, daß die Vollstreckung auf die bei einem Arrest zulässigen Maßnahmen beschränkt wird (Pfändung oder Eintragung einer Sicherungshypothek §§ 930 bis 932 ZPO).

201 **b)** Eine **endgültige Haftungsbeschränkung** gegenüber einzelnen Nachlaßgläubigern erreicht der Erbe durch **Ausschließung** im Aufgebotsverfahren (§ 1973 I BGB) und durch **Verschweigung** (§ 1974 I BGB). Nach § 1970 BGB kann der Erbe die Nachlaßgläubiger zur Anmeldung ihrer Forderungen im Wege des Aufgebotsverfahrens auffordern. Das Verfahren richtet sich nach den §§ 989f. ZPO. Das Ausschlußurteil bewirkt, daß der Erbe den ausgeschlossenen Gläubigern gegenüber, also denjenigen gegenüber, die ihre Forderung im Verfahren nicht angemeldet haben, die **Ausschlußeinrede** gem. § 1973 BGB entgegenhalten kann. Die Forderung des ausgeschlossenen Gläubigers geht dadurch nicht unter, aber der Gläubiger muß sich entgegenhalten lassen, daß der Nachlaß bereits durch andere Nachlaßgläubiger erschöpft ist oder erschöpft werden wird. Diese Einrede hat der Erbe in einem etwaigen Erkenntnisverfahren gegen sich vorzutragen und zu beweisen.

Ein Nachlaßgläubiger, der seine Forderung erst später als fünf Jahre nach dem **202**
Erbfall geltend macht, steht einem ausgeschlossenen Gläubiger gleich, es sei denn, die Forderung wäre dem Erben innerhalb der fünf Jahre bekannt geworden oder in einem Aufgebotsverfahren angemeldet worden (§ 1974 I BGB).

c) Eine endgültige Haftungsbeschränkung gegenüber allen Nachlaßgläubi- **203**
gern erreicht der Erbe durch Nachlaßverwaltung, Nachlaßkonkurs und Nachlaßvergleich.

aa) Die **Nachlaßverwaltung** gem. § 1975 BGB ist eine Nachlaßpflegschaft zum Zweck der Befriedigung der Nachlaßgläubiger. Sie wird auf Antrag des Erben angeordnet (§ 1981 I BGB) mit dem Ziel, die Nachlaßverbindlichkeiten durch den Nachlaßverwalter berichtigen zu lassen (§ 1985 I BGB). Die Nachlaßverwaltung kommt nur in Betracht, wenn der Nachlaß nicht überschuldet ist, da der Erbe bei Kenntnis der Überschuldung unverzüglich den Nachlaßkonkurs zu beantragen hat (§ 1980 I BGB).

bb) Der **Nachlaßkonkurs** dient bei Überschuldung dem Ziel, die Nachlaß- **204**
gläubiger gleichmäßig zu befriedigen (§ 1980 I BGB). Das Verfahren richtet sich nach den §§ 214 bis 235 KO.

cc) Reicht der Nachlaß aus, den Nachlaßgläubigern eine Quote von 35% ihrer **205**
Forderungen zu bieten (§ 7 VerglO), kann der Erbe anstelle des Nachlaßkonkurses das **Nachlaßvergleichsverfahren** beantragen (§§ 1980 I BGB, 113 VerglO).

dd) Wird ein Nachlaßkonkursverfahren mangels Masse des Nachlasses nicht **206**
eröffnet bzw. eine Nachlaßverwaltung aus dem gleichen Grund nicht angeordnet oder nachträglich eingestellt, dann bleibt dem Erben die **Dürftigkeitseinrede** der §§ 1990 I, 1992 BGB. Diese kann der Erbe geltend machen, indem er gem. § 780 I ZPO den Vorbehalt der beschränkten Erbenhaftung beantragt oder indem er den Nachlaß vollständig nachweist. Im ersten Fall kann er sich mit der Vollstreckungsgegenklage gegen die Zwangsvollstreckung in eigenes Vermögen wehren, im anderen Fall wird er nur zur Duldung der Zwangsvollstreckung in die einzeln zu bezeichnenden Nachlaßgegenstände verurteilt.

5. Haftung und Haftungsbeschränkung der Miterben

a) Bis zur Teilung haften die Miterben für Nachlaßverbindlichkeiten als **Ge- 207**
samtschuldner (§ 2058 BGB). Der in Anspruch genommene Miterbe kann aber gem. § 780 I ZPO beantragen, daß in ein gegen ihn erlassenes Urteil der Vorbehalt der beschränkten Erbenhaftung aufgenommen wird mit dem Ergebnis, daß seine Haftung auf seinen Erbteil beschränkt wird (§ 2059 I 1 BGB). Der Vorbehalt kann durch den Erben wiederum durch Vollstreckungsgegenklage in der Zwangsvollstreckung geltend gemacht werden (§§ 781, 785, 767 ZPO).

b) Neben der **Gesamtschuldklage** nach § 2058 BGB kann der Gläubiger auch **208**
die **Gesamthandklage** gem. § 2059 II BGB erheben mit dem Ziel, die Befriedigung aus dem ungeteilten Nachlaß zu erlangen. Mit einem Urteil in diesem

Verfahren kann der Gläubiger gem. § 747 ZPO in den gesamten Nachlaß vollstrecken. Die Zwangsvollstreckung in das Eigenvermögen des Erben ist ausgeschlossen.

209 **c)** Der Miterbe sollte aus eigenem Interesse darauf achten, daß alle Nachlaßverbindlichkeiten vor der Teilung gem. § 2046 I BGB getilgt sind. Ist dies nicht geschehen und geht ein Nachlaßgäubiger gem. § 2058 BGB mit der Gesamtschuldklage gegen den Erben vor (die Gesamthandklage ist nunmehr ausgeschlossen), dann kann der Miterbe aufschiebend die Dreimonatseinrede gem. § 2014 BGB und die Einrede des Aufgebotsverfahrens gem. § 2015 BGB geltend machen, Nachlaßkonkurs beantragen (§ 216 II KO), sich auf die Dürftigkeit des Nachlasses berufen (§§ 1990f. BGB) sowie die Ausschlußeinrede (§ 1973 I BGB) und die Verschweigung gem. § 1974 I BGB geltend machen. Nachlaßverwaltung und Nachlaßvergleich sind **nach der Teilung** ausgeschlossen (§§ 2062 BGB, 113 Nr. 3 VerglO). Unter den besonderen Voraussetzungen der §§ 2060, 2061 BGB (Ausschluß im Aufgebotsverfahren, verspätete Geltendmachung, Beendigung des Nachlaßkonkurses) haftet der Miterbe nur für den seinem Erbteil entsprechenden Teil einer Nachlaßverbindlichkeit. (Vgl. zu Rdnrn. 157–171 *Harder/Müller-Freienfels* JuS 1980, 876ff.).

6. Haftung und Haftungsbeschränkung des Erben eines Einzelkaufmanns

210 **a)** Durch § 27 HGB wird die Haftung des Erben für den Fall modifiziert, daß zum Nachlaß ein **Handelsgeschäft** gehört. Führt der Erbe dieses Geschäft unter der bisherigen Firma mit oder ohne einen das Nachfolgeverhältnis andeutenden Zusatz fort, dann haftet er unbeschränkt und unbeschränkbar für die vom Erblasser stammenden Verbindlichkeiten (§§ 27 I, 25 I 1 HGB). Dieser Haftung kann der Erbe nur entgehen, wenn er den Betrieb des Unternehmens vor dem Ablauf von drei Monaten seit Kenntnis des Erbfalls einstellt. In einem solchen Fall bleibt es bei der Erbenhaftung nach BGB mit den dortigen Beschränkungsmöglichkeiten. Die **Dreimonatsfrist** wird bis zum Ablauf der Ausschlagungsfrist verlängert, wenn diese erst nach Ablauf der drei Monate endet.

211 **b)** Nach herrschender Meinung soll der Erbe auch bei **Fortführung** eines Einzelunternehmens unter der bisherigen Firma über die Frist des § 27 II HGB hinaus die Möglichkeit haben, die Haftung zu beschränken, wenn er in entsprechender Anwendung von § 25 II HGB erklärt, daß er die unbeschränkte handelsrechtliche Haftung ablehne, und wenn er diese Erklärung vor Ablauf der Frist des § 27 II HGB in das **Handelsregister** eintragen läßt und bekanntmacht oder sie dem Gläubiger sonst mitteilt (*KG* DR 1940, 2007; MünchKomm-*Siegmann*, § 1967 Rdnr. 62; a. A. *Karsten Schmidt,* Handelsrecht, S. 242f.).

7. Haftung und Haftungsbeschränkung des Erben eines persönlich haftenden Gesellschafters bei OHG und KG

212 **a)** Wird die Gesellschaft durch den Tod eines Gesellschafters nicht aufgelöst, sondern mit seinem Erben **fortgesetzt,** haftet dieser für alle vor und nach dem Erbfall entstandenen Gesellschaftsverbindlichkeiten persönlich, unbeschränkt und unbeschränkbar (§§ 130 I, 128 HGB; *BGHZ* 55, 267). Dieser Haftung kann der Erbe nur entgehen, wenn er innerhalb der Frist des § 139 III HGB aus der

Gesellschaft **ausscheidet** oder die Stellung eines **Kommanditisten** erlangt oder wenn die Gesellschaft innerhalb dieser Frist **aufgelöst** wird (§ 139 IV HGB). Dann gelten für seine Haftung und ihre Beschränkung die allgemeinen erbrechtlichen Bestimmungen. Das Ausscheiden des Erben muß allerdings unverzüglich im Handelsregister eingetragen werden.

b) Nur nebenbei sei darauf hingewiesen, daß der Erbe eines **Kommanditisten,** wenn er in die Gesellschafterstellung nachrückt, für die im Zeitpunkt des Erbfalls bestehenden Geschäftsschulden mit seinem Kommanditanteil haftet, aber auch mit dem Nachlaß und persönlich, soweit die Haftsumme rückständig ist (§ 171 I HGB). Umstritten ist die Frage der Haftung des Kommanditisten für Neuverbindlichkeiten, wenn er sich nicht unverzüglich im Handelsregister als Rechtsnachfolger eintragen läßt (zum Meinungsstand vgl. MünchKomm-*Siegmann* § 1967 Rdnr. 71). 213

8. Besonderheiten nach dem DDR-Erbrecht

Die Erbenhaftung wurde im ZGB der **DDR** sehr vereinfacht. Grundsätzlich hat der Erbe Nachlaßverbindlichkeiten **nur mit dem Nachlaß** zu erfüllen (§ 409 ZGB); mehrere Erben haften als Gesamtschuldner (§ 412 I 1 ZGB). Ausgenommen sind lediglich die Bestattungskosten, die Kosten des Nachlaßverfahrens und die Zinsen für Kredite von Kreditinstituten (§§ 411 II u. III, 241 ZGB). Insofern haftet der Erbe auch mit seinem sonstigen Vermögen. Er haftet jedoch unbeschränkt und unbeschränkbar, wenn er die Pflicht zur Errichtung eines **Nachlaßverzeichnisses** schuldhaft verletzt (§§ 411 IV, 416, 418 ZGB). Reicht das Nachlaßverzeichnis nicht aus, um die berechtigten Interessen der Gläubiger (auch des Staates oder der Erben) zu schützen, konnte das staatliche Notariat die **Nachlaßverwaltung** anordnen und einen Nachlaßverwalter bestellen (§ 420 I ZGB). Diese Aufgabe obliegt jetzt dem Kreisgericht als Nachlaßgericht. Der Erbe verliert dadurch die Verwaltungs- und Verfügungsbefugnis über den Nachlaß (§ 420 III ZGB). Der Nachlaßverwalter hat im Rahmen seines Wirkungskreises die Stellung eines **gesetzlichen Vertreters der Erben** (§ 421 II 2 ZGB). Der Nachlaßverwalter hat die Nachlaßverbindlichkeiten zu erfüllen, soweit der Nachlaß dafür ausreicht (§ 421 I ZGB). Für Ansprüche gegen den Nachlaß ist nur der Nachlaßverwalter passiv legitimiert (§ 421 III ZGB). Für die Erfüllung von Nachlaßverbindlichkeiten besteht eine gesetzliche Rangfolge (§ 410 ZGB). Diese Regelungen gelten für Erbfälle vor dem 3. 10. 1990 weiter (Art. 235 § 1 I EGBGB). 214

VII. Pflichtteilsrecht/Pflichtteilsanspruch

1. Die Pflichtteilsberechtigten

a) Pflichtteilsberechtigt sind die Kinder des Erblassers und deren Abkömmlinge, sein Ehegatte und seine Eltern (§ 2303 BGB; s. o. Rdnr. 137). Festzuhalten ist, daß hierzu auch gehören die **Erbersatzberechtigten** und die **Adoptivkinder,** wobei sich je nach Art der Adoption die Pflichtteilsrechte sowohl in der leiblichen Beziehung als auch in der Adoptions-Beziehung ergeben können (§§ 1756, 1770 BGB). Erbschaftssteuerlich besteht eine Privilegierung auch bei „erloschenen" Verwandtschaftsverhältnissen (§ 15 I a ErbStG). 215

216 **b)** Auch wenn zum Kreis der Pflichtteilsberechtigten gehörig, hat dennoch **kein Pflichtteilsrecht,**
- wer darauf verzichtet hat (§ 2346 BGB),
- auf wen sich ein Verzicht auswirkt (§ 2349 BGB),
- wer für erbunwürdig erklärt ist (§§ 2344f. BGB),
- wem der Pflichtteil wirksam entzogen ist (§§ 2333f. BGB) und
- wer einen vorzeitigen Erbausgleich vereinbart hat (§§ 1934d und e BGB).

217 **c)** Der Pflichtteilsberechtigte muß **enterbt** sein (§ 2303 I BGB). Diese Voraussetzung ist nicht gegeben, wenn ein berufener Erbe die Erbschaft **ausschlägt.** Ausnahmen: §§ 1371 III, 2306 I 2 BGB.

2. Die Höhe des Pflichtteilsanspruchs

218 Sie wird von zwei Faktoren bestimmt, nämlich
- dem gesetzlichen Erbteil (von diesem beträgt sie ½),
- dem Geldwert des Nachlasses.

a) Der **gesetzliche Erbteil** hängt ab von der Zahl der Miterben. Mitgezählt werden auch die Enterbten (§ 1938 BGB), die für erbunwürdig erklärten (§§ 2339f. BGB) und diejenigen, die ausgeschlagen haben. Nicht mitgezählt werden dagegen diejenigen, die vorverstorben sind, und die, welche auf ihren Erbteil verzichtet haben (§ 2310 BGB).

219 **b)** Der **Geldwert des Nachlasses** ist wie folgt zu ermitteln:

aa) Maßgeblich ist der gemeine Wert der Nachlaßgegenstände im Zeitpunkt des Erbfalls (§ 2311 I 1 BGB). Dazu gehört auch der Firmen- bzw. Geschäftswert eines Handelsunternehmens (*BGH* NJW 1973, 509; NJW 1982, 575). Bestimmungen des Erblassers sind insoweit unverbindlich (§ 2311 II 2 BGB). Bezüglich eines Landguts kommt es auf den Ertragswert an (§ 2312 I BGB; s.o. Rdnrn. 30f.). Beim Pflichtteil der Abkömmlinge und Eltern bleibt der **Voraus** außer Ansatz (§ 2311 I 2 BGB; das gilt nur bei gesetzlicher Erbfolge, *BGH* FamRZ 1979, 115).

220 **bb)** Von dem so ermittelten **Aktivnachlaß** sind die **Passiva** abzuziehen, das sind alle Erblasserschulden und die Erbschaftsverwaltungsschulden, deren Rechtsgrund und Notwendigkeit auf den Erbfall zurückgehen (Kosten der Beerdigung, der Inventaraufnahme, der Feststellung und Sicherung des Nachlasses, der Nachlaßpflegschaft). Nicht abgezogen werden können andere Pflichtteilsrechte, Vermächtnisse und Auflagen.

221 **cc)** Aufschiebend **bedingte Rechte und Verbindlichkeiten** bleiben unberücksichtigt (§ 2313 I 1 BGB); auflösend bedingte dagegen kommen voll zum Ansatz (§ 2313 I 2 BGB). Nach Bedingungseintritt sich ergebende Differenzen sind später auszugleichen (§ 2313 I 3 BGB).

222 **dd) Rechnerische Veränderungen** des Nachlaßwerts ergeben sich durch
- Zurechnung **anzurechnender Zuwendungen** (§§ 2315 II 1, 1624 BGB). Sie sind anzusetzen mit dem Wert zur Zeit des Empfangs (§ 2315 II 2 BGB); Korrektur entsprechend einer Geldwertveränderung nach Zugewinnregeln (*BGHZ* 61, 385; *BGH* FamRZ 1975, 485),
- Zurechnung **auszugleichender** (§ 2055 BGB) **Zuwendungen** (§ 2316 I 1 BGB),

- Abzug **ausgleichspflichtiger Leistungen** (§§ 2057a, 2316 I 1 BGB),
- Zurechnung von **Geschenken** an Dritte (§ 2325 I BGB) und an den Pflichtteilsberechtigten selbst (§ 2327 I 1 BGB). Bei Wertunterschied zwischen dem Schenkungszeitpunkt und dem Erbfall gilt der geringere Wert (§ 2325 II BGB). Eine Kaufkraftveränderung findet nach der Rechtsprechung Berücksichtigung (*BGHZ* 85, 274; NJW 1975, 1831f.). Es sind die Fristen nach § 2325 III BGB zu beachten.

3. Korrekturmöglichkeit unzureichender Zuwendungen an Pflichtteilsberechtigte

Im Grundsatz hat einen Pflichtteilsanspruch nur der enterbte Pflichtteilsberechtigte (§ 2303 I BGB). Das Gesetz macht jedoch hiervon, um Mißbräuchen vorzubeugen, eine Ausnahme, wenn der Pflichtteilsberechtigte zwar als Erbe eingesetzt, der **Wert des Zugewandten** aber geringer ist als der des Pflichtteils, oder wenn der Pflichtteilsberechtigte mit einem Vermächtnis bedacht ist. Dem Pflichtteilsberechtigten soll wenigsten soviel gesichert sein, wie wertmäßig seinem Pflichtteil entspricht. Die gesetzliche Regelung ist nicht ganz leicht zu verstehen. Wenn in den §§ 2305, 2306 BGB von Erbteil gesprochen wird, kann darunter die Quote oder der Wert des Erbteils gemeint sein (s. MünchKomm-*Frank* § 2306 Rdnrn. 2f.). 223

a) Klarzustellen ist zunächst: Ist der **hinterlassene Erbteil** des unbeschränkten und unbeschwerten Pflichtteilsberechtigten (nach Quote oder Wert) **mindestens so groß** wie sein halber gesetzlicher Erbteil (= Pflichtteil), hat er keinen Pflichtteilsanspruch, auch wenn er ausschlägt. 224

b) Ist der hinterlassene Erbteil des unbeschränkten und unbeschwerten Pflichtteilsberechtigten (nach Quote oder Wert) **geringer** als der Pflichtteil, hat er neben seinem Erbteil einen **Pflichtteilsrestanspruch** in Geld in Höhe der wertmäßigen Differenz zwischen seinem Erbteil und dem Pflichtteil (§ 2305 BGB). Schlägt er in diesem Fall aus, so verbessert sich seine Position nicht. Er verliert den Erbteil, behält aber nur den Pflichtteilsrestanspruch. Ob er wegen Irrtums über diese Folge seine Ausschlagung anfechten kann, ist sehr fraglich (*Schlüter* § 46 IV 1b). 225

c) Ist der pflichtteilsberechtigte Miterbe mit **Beschränkungen** (Nacherbschaft, Testamentsvollstreckung, Teilungsanordnung) oder mit **Beschwerungen** (Vermächtnis, Auflage) belastet und 226

aa) ist der hinterlassene Erbteil (nach Quote oder Wert) **dem Pflichtteil gleich,** gelten die Beschränkungen und/oder Beschwerungen als nicht angeordnet (§ 2306 I 1 BGB). Der Pflichtteilsberechtigte hat keine Möglichkeit, seine Position zu verbessern.

bb) Ist der hinterlassene Erbteil (nach Quote oder Wert) **geringer als der Pflichtteil,** gilt das gleiche wie in aa (§ 2306 I 1 BGB); der Pflichtteilsberechtigte hat aber außerdem noch den Pflichtteilsrestanspruch gem. § 2305 BGB.

cc) Ist der hinterlassene Erbteil **größer als der Pflichtteil,** kann der Pflichtteilsberechtigte
- die Erbschaft wie zugewandt annehmen oder
- ausschlagen und nach § 2306 I 2 BGB den vollen Pflichtteil verlangen. Dies soll auch für den Alleinerben gelten (*BayObLG* NJW 1959, 1734; a. A. *OLG*

Stuttgart NJW 1959, 1735). Für die **Ausschlagungsfrist** gilt die allgemeine Regel des § 1944 BGB, modifiziert durch § 2306 I 2 BGB (Kenntnis der Beschränkungen und Beschwerungen sowie der Auswirkung von anzurechnenden bzw. auszugleichenden Vorempfängen, *BayObLG* MDR 1968, 762).

227 **d)** Ist der pflichtteilsberechtigte Miterbe zum **Nacherben** eingesetzt, wird die Vorerbeneinsetzung wie eine Beschränkung behandelt (§ 2306 II BGB). Es gilt das gleiche wie unter c).

228 **e)** Ist der Pflichtteilsberechtigte nur mit einem **Vermächtnis** bedacht, kann er
- ausschlagen gem. § 2180 BGB und den Pflichtteil verlangen (§ 2307 I 1 BGB) oder
- das Vermächtnis annehmen und einen Pflichtteilsrestanspruch verlangen in Höhe der Differenz zwischen dem Wert des Vermächtnisses und dem des Pflichtteils (§ 2307 I 2 BGB). Bei der Bewertung des Vermächtnisses bleiben dieses betreffende Beschränkungen und Beschwerungen außer Betracht (§ 2307 I 2 BGB; nachteilig!).

4. Die Wahlmöglichkeiten des Ehegatten in der Zugewinngemeinschaft

229 **a)** Tritt **gesetzliche Erfolge** ein, so wird infolge der erbrechtlichen Lösung des Zugewinnausgleichs gem. § 1371 I BGB der gesetzliche Erbteil des überlebenden Ehegatten um ¼ erhöht. Dabei bleibt es, wenn der Ehegatte die Erbschaft annimmt.

230 **b)** Ist der überlebende Ehegatte **enterbt** und steht ihm auch **kein Vermächtnis** zu, kann er von dem güterrechtlichen Zugewinnausgleich Gebrauch machen und daneben den Pflichtteil aus dem nicht erhöhten gesetzlichen Erbteil verlangen (§ 1371 I BGB; sog. **kleiner Pflichtteil**).

231 **c)** Ist der Ehegatte gesetzlicher oder eingesetzter Erbe oder Vermächtnisnehmer, kann er die Erbschaft bzw. das Vermächtnis **ausschlagen,** den güterrechtlichen Ausgleich des Zugewinns und (auch entgegen den erbrechtlichen Bestimmungen) daneben den kleinen Pflichtteil (s. o. Rdnr. 230) verlangen (§ 1371 III BGB).

232 **d)** Ist der Ehegatte als Erbe eingesetzt, der hinterlassene Erbteil aber (nach Quote oder Wert) **geringer** als der Pflichtteil, so kann er annehmen und daneben den Pflichtteilsrestanspruch gem. § 2305 BGB bzw. den Pflichtteilsergänzungsanspruch nach den §§ 2325 f. BGB geltend machen. Diese Ansprüche sind aus dem erhöhten Erbteil (§ 1371 I BGB) zu errechnen (**großer Pflichtteil**). Der güterrechtliche Zugewinnausgleich kommt bei dieser Alternative nicht in Betracht.

233 **e)** Ist dem Ehegatten nur ein **Vermächtnis** zugewandt und erreicht dessen Wert nicht den seines (großen) Pflichtteils (s. o. Rdnr. 232), kann er annehmen und gem. § 2307 I BGB die Differenz als Pflichtteilsrestanspruch geltend machen. Ein Zugewinnausgleich kann daneben nicht durchgeführt werden.

5. Der Pflichtteilsanspruch

234 **a) Allgemeines.** Der Anspruch **entsteht** mit dem Erbfall (§ 2317 I BGB); in den Fällen der §§ 2306, 2307 BGB mit der Ausschlagung aber quasi rückwirkend (§ 2332 III BGB). Er wird gleichzeitig zur Zahlung **fällig.** Auch durch

unbezifferte und hilfsweise Mahnung kann **Verzug** eintreten (*BGH* NJW 1981, 1729, 1731). Er **verjährt** in drei Jahren ab Kenntnis des Erbfalls und der den Pflichtteilsberechtigten beeinträchtigenden Verfügung, spätestens jedoch in 30 Jahren (§ 2332 I BGB). Nach § 2331 a BGB kann auf Antrag unter bestimmten Umständen eine **Stundung** erreicht werden.

b) Nach den §§ 2314, 260 BGB steht dem Pflichtteilsberechtigten ein umfassender **Auskunftsanspruch** auf Kosten des Nachlasses zu. Dieser richtet sich u. a. auf Vorlage eines amtlichen Verzeichnisses (§ 2314 I 3 BGB), bei Unternehmen oder Beteiligungen auf Vorlage von Jahresabschlüssen, Geschäftsbüchern und Belegen (*BGH* NJW 1975, 1774) und auf Beibringung des **Wertgutachtens** eines Sachverständigen (§ 2314 II BGB). Der Anspruch umfaßt auch Zuwendungen und Schenkungen des Erblassers (*BGH* NJW 1964, 1414). Zwar steht der Auskunftsanspruch nach dem Wortlaut von § 2314 BGB dem **Miterben** nicht zu; aufgrund von § 242 BGB wird man ihn den Miterben in analoger Anwendung von § 2314 I BGB aber dennoch gewähren müssen (*BGHZ* 61, 180; WM 1976, 1089; *Palandt/Edenhofer* § 2314 Anm. 1 c). Ebenfalls in entsprechender Anwendung richtet sich der Auskunftsanspruch auch **gegen den Beschenkten** (*BGH* NJW 1971, 842). Für das Auskunftsverlangen genügt es, wenn eine Schenkung des Erblassers naheliegt (*BGH* FamRZ 1965, 136; WM 1975, 28, 31). 235

c) Der Pflichtteilsanspruch richtet sich gegen den Alleinerben oder die Miterben als Gesamtschuldner (§§ 2303 I 1, 2058 BGB). Grundsätzlich tragen die Miterben die **Pflichtteilslast** im Verhältnis ihrer Erbteile zueinander. Der Erblasser kann jedoch etwas abweichendes anordnen (§ 2324 BGB). Wer anstelle eines Pflichtteilsberechtigten Erbe wird, hat im Verhältnis zu seinen Miterben die Pflichtteilslast allein (§ 2320 BGB). Wer als Pflichtteilsschuldner vorgeleistet hat, kann von den Miterben, Vermächtnisnehmern und Auflagenbegünstigten **Ausgleich** verlangen (§§ 2320 bis 2324 BGB). 236

Einen **Pflichtteilsergänzungsanspruch** kann der Pflichtteilsberechtigte, soweit der Erbe zur Ergänzung nicht verpflichtet ist, auch gegen den Beschenkten nach den Regeln über die Herausgabe einer ungerechtfertigten Bereicherung geltend machen (§ 2329 I BGB). 237

d) Ist der Pflichtteilsberechtigte selbst beschenkt, und hat der Erblasser nach § 2315 BGB bestimmt, daß das Geschenk anzurechnen sei, dann ist der Wert des Geschenks auf den gesamten Betrag des Pflichtteils und der Ergänzung anzurechnen. Fehlt eine solche Bestimmung des Erblassers, dann erfolgt die **Anrechnung** nur auf die Pflichtteilsergänzung (§ 2327 I BGB). Dem pflichtteilsberechtigten Empfänger einer auszugleichenden Zuwendung wird ihr Wert von seinem rechnerischen Erbteil abgezogen. 238

e) Die Regeln des Pflichtteilsanspruchs gelten nicht nur auch für den Pflichtteil des nichtehelichen Kindes, sondern in Gesetzesanalogie (§ 1934 b II BGB) für den **Erbersatzanspruch,** der als Geldanspruch dem Pflichtteil weitgehend nachgebildet ist (*Schlüter* § 9 II 3 b cc). 239

6. Das Pflichtteilsrecht der DDR

a) Pflichtteilsberechtigt sind nach § 396 I ZGB der Ehegatte des Erblassers und, wenn sie zur Zeit des Erbfalls gegenüber dem Erblasser unterhaltsberech- 240 tigt waren, die Kinder und, sofern keine Kinder vorhanden sind, auch die Enkel und Eltern des Erblassers. Wer für **erbunwürdig** erklärt wurde, hat **kein Pflichtteilsrecht.** Einen Pflichtteilsanspruch kann grundsätzlich nur geltend machen, wer enterbt wurde (§ 396 I ZGB); Ausnahmen: §§ 392 IV, 397 II 2 ZGB, s. u. Rdnrn. 242f.

241 **b)** Der **Pflichtteilsanspruch** beträgt ⅔ des Werts des gesetzlichen Erbteils (§ 396 II 2 ZGB). Maßgeblich ist der Wert des Nachlasses zur Zeit des Erbfalls (§ 396 II 3 ZGB; Sonderbewertungen bestehen nicht). Vom Wert des Aktivnachlasses abzusetzen sind alle Nachlaßverbindlichkeiten mit Ausnahme der Verpflichtungen aus Vermächtnissen und Auflagen, weil diese dem Pflichtteilsanspruch rangmäßig nachgehen (§ 410 I ZGB, *Herrmann* Rdnr. 1.56), und konsequenterweise mit Ausnahme anderer Pflichtteilsrechte. Der Wert des **Voraus** wird bei der Berechnung des Pflichtteilsanspruchs eines Kindes, wenn der Erblasser bei seinem Tod verheiratet war, nicht zum Wert des Nachlasses gerechnet. Der Pflichtteilsanspruch von Enkeln und Eltern setzt voraus, daß keine Erben erster Ordnung vorhanden sind; also wird bei ihnen der Wert des Voraus zum Nachlaß gerechnet. Bei der Berechnung des Pflichtteils des Ehegatten gilt gleiches (*Herrmann* Rdnr. 1.57). Ausgleichs- oder Anrechnungspflichten bestehen nicht.

242 **c) Unzureichende testamentarische Zuwendungen** können vom Bedachten wie folgt korrigiert werden:
- Ist der **zugewandte Erbteil geringer** als der Pflichtteil, besteht ein Pflichtteilsrestanspruch in Höhe der Differenz gegen die Miterben (§ 397 I ZGB).
- Ist der Wert des zugewandten Erbteils oder eines zugewandten Vermächtnisses nicht größer als der Pflichtteil und ist der Erbteil mit Vermächtnissen oder Auflagen **beschwert,** gelten diese als nicht angeordnet (§ 397 II 1, III ZGB).
- Ist der Wert des zugewandten Erbteils oder eines zugewandten Vermächtnisses **größer als der Pflichtteil** und ist der Erbteil mit Vermächtnissen oder Auflagen beschwert, kann der Bedachte entweder den Erbteil oder das Vermächtnis mit den Beschwerungen annehmen oder den Erbteil **ausschlagen** und den vollen Pflichtteil verlangen (§ 397 II 2, III ZGB).

243 **d)** Der **überlebende Ehegatte** hat trotz Erbeinsetzung in einem gemeinschaftlichen Testament die Möglichkeit, den Pflichtteil zu verlangen, wenn er die Erbschaft ausschlägt (§ 392 IV ZGB); er ist dann an seine eigenen Verfügungen nicht mehr gebunden (s. o. Rdnr. 44).

244 **e) Der Pflichtteilsanspruch** entsteht mit dem Erbfall. Er verjährt in zwei Jahren nach Kenntnis vom Erbfall und vom Inhalt des Testaments, spätestens jedoch zehn Jahre nach dem Erbfall (§ 396 III ZGB). Der Pflichtteilsberechtigte kann vom Erben **Auskunft** über den Nachlaß verlangen und hierauf Klage erheben sowie beim staatlichen Notariat (jetzt Kreisgericht als Nachlaßgericht) beantragen, daß es den Erben zur Aufstellung eines **Nachlaßverzeichnisses** verpflichtet (§ 416 I ZGB; *Herrmann* Rdnr. 1.56). Für die Erfüllung der Pflichtteilsansprüche haften die Miterben als Gesamtschuldner (§ 412 I 1 ZGB); sie sind untereinander entsprechend ihren Erbteilen zum Ausgleich verpflichtet (§ 412 II ZGB).

f) Diese Regelungen sind für Erbfälle vor dem 3. 10. 1990 weiterhin maßgeblich.

3. Teil. Der Anwalt als Testamentsvollstrecker

Der Anwalt wird nicht selten bei der Beratung des Erblassers vor die Frage gestellt, ob er bereit sei, das Amt des Testamentsvollstreckers zu übernehmen. Er sollte die Antwort hierauf nicht vorschnell geben. Eine Testamentsvollstrekkung kann mit sehr viel Arbeit (umfangreicher, schwieriger Nachlaß; komplizierte, individuelle Weisungen des Erblassers), mit sehr viel Ärger (zerstrittene, mißtrauische, feindselige Erben) und unangemessener Honorierung verbunden sein. Es wäre aber ein **Vertrauensbruch,** würde der Anwalt aus solchen Gründen das Amt nicht annehmen, nachdem er einmal dem Erblasser die Übernahme versprochen hat. Das Nachlaßgericht wäre in diesem Fall, wenn der Erblasser nicht für Ersatz gesorgt hat, vor die Frage gestellt, ob es nicht durch die letztwillige Verfügung (evtl. konkludente oder ergänzende Auslegung) ersucht ist, einen Dritten als Testamentsvollstrecker zu ernennen (*Palandt/Edenhofer* § 2200 Anm. 1 m. w. Nachw.). Hat sich der Anwalt jedoch zur Übernahme des Amts verpflichtet, haftet er bei einer Ablehnung unter Umständen auf Schadensersatz (*Schlüter* § 42 II 2). **245**

I. Allgemeines

1. Zum Wesen und zu den Arten der Testamentsvollstreckung, zu den Aufgaben des Testamentsvollstreckers und zur Problematik der Testamentsvollstrekkung bei Handelsgeschäften und Gesellschaftsbeteiligungen vgl. o. Rdnrn. 74ff. **246**

Der Testamentsvollstrecker hat die letztwilligen Verfügungen des Erblassers, soweit sie rechtsgültig sind, gleich welchen Inhalts, zur Ausführung zu bringen. Maßgeblich für ihn ist also in erster Linie der vom **Erblasser** zum Ausdruck gebrachte **Wille** (*Haegele/Winkler* Rdnr. 120). Damit wird der Testamentsvollstrecker beinahe im Regelfall einem Konflikt unterschiedlichster Interessen ausgesetzt (Miterben untereinander; Erben/sonstige Bedachte; Erben/Nachlaßgläubiger; Erben/Nachlaßunternehmen). Der Interessengegensatz verschärft sich noch mehr, wenn der Testamentsvollstrecker selbst bedacht ist. Die Bewältigung solch kollidierender Interessen ist gerade bei der Dauertestamentsvollstreckung oft der eigentliche Sinn ihrer Anordnung. Dem Testamentsvollstrekker ist darum ein Handeln im **Interessenkonflikt** grundsätzlich erlaubt. Das gilt auch dann, wenn er Anwalt ist. Soweit der Interessengegensatz vom Erblasser gewollt ist, ist er weder ein wichtiger Grund zur Entlassung des Testamentsvollstreckers (*BayObLGZ* 16, 70; *OLG Hamburg* OLGZ 26, 357), noch begründet er einen Parteiverrat (*EGH* 14, 93; *Dreher/Tröndle,* StGB, § 356 Rdnr. 2), noch bewirkt er ein Standesvergehen. Das gilt, obwohl nach dem bisher geltenden Standesrecht die Wahrnehmung von Testamentsvollstreckeraufgaben zum Berufsbild des Rechtsanwalts gehört und darum Pflichtverletzungen unter Umständen standesrechtlich zu ahnden sind (*Isele,* BRAO, S. 518). **247**

2. Die **Anordnung** der Testamentsvollstreckung ist nur durch Testament möglich (§ 2197 I BGB); sie kann nicht als vertragsmäßige oder wechselbezügliche Regelung im Erbvertrag oder gemeinschaftlichen Testament erfolgen (§§ 2278 II, 2270 III BGB). Die **Ernennung** des Testamentsvollstreckers kann der Erblasser selbst im Testament vornehmen (§ 2197 I BGB); er kann aber auch **248**

einen Dritten oder das Nachlaßgericht ersuchen, den Testamentsvollstrecker zu ernennen (§§ 2198 bis 2200 BGB). Die Testamentsvollstreckung **beginnt** mit der formlosen Annahme des Amtes gegenüber dem Nachlaßgericht (§ 2202 I BGB). Sie **endet**

- mit dem **Tod** des Testamentsvollstreckers und mit dem **Verlust** der vollen Geschäftsfähigkeit bzw. der Anordnung einer Gebrechlichkeitspflegschaft (§§ 2225, 2201 BGB);
- mit der **Kündigung** des Testamentsvollstreckers gegenüber dem Nachlaßgericht (§ 2226);
- mit seiner **Entlassung** aus wichtigem Grund durch das Nachlaßgericht auf Antrag (§ 2227 I BGB);
- mit **Erledigung** der letzten ihm gestellten Aufgabe (*BGHZ* 41, 23);
- mit **Ablauf der Zeit,** für die sie angeordnet wurde bzw. spätestens gem. § 2210 BGB;
- partiell für einzelne Gegenstände durch **Überlassung** an den Erben (§ 2217 I 2 BGB).

II. Die Befugnisse des Testamentsvollstreckers

249 Die Rechte und Pflichten des Testamentsvollstreckers ergeben sich im Rahmen der gesetzlichen Grenzen aus der Aufgabenstellung des Erblassers. Da die dem Testamentsvollstrecker zugewiesenen Aufgaben sehr mannigfaltig sein können (Arten der Testamentsvollstreckung, s. Rdnrn. 73ff.), ist es nicht möglich, seine Rechte und Pflichten generell festzustellen. Nach dem Gesetz kann der Testamentsvollstrecker, je nachdem was der Erblasser anordnet, folgende Befugnisse haben:

250 **1.** Die **Verfügungsberechtigung** im eigenen Namen als Testamentsvollstrekker über alle Nachlaßgegenstände ohne Rücksicht auf die Grenzen ordnungsmäßiger Verwaltung (§ 2205 S. 2 BGB). Ausnahme: unentgeltliche Verfügungen (§§ 2205 S. 3 BGB).

251 **2. Die Verpflichtungsbefugnis. a) allgemein** im Rahmen ordnungsgemäßiger Verwaltung des Nachlasses (§ 2206 I 1 BGB). Die Wirksamkeit des Verpflichtungsgeschäfts ist gegeben, wenn der Gegner ohne Fahrlässigkeit annimmt, daß das Geschäft zur ordnungsmäßigen Verwaltung gehört (*BGH* NJW 1983, 40).

b) erweitert über den Rahmen ordnungsmäßiger Verwaltung hinaus

- bei Ermächtigung durch den Erblasser, insbesondere (im Zweifel) bei Verwaltungstestamentsvollstreckung (§§ 2207, 2209 S. 2 BGB);
- bei Zustimmung der Erben;
- soweit der Testamentsvollstrecker über Nachlaßgegenstände verfügen kann (§§ 2205 S. 1, 2206 I 2 BGB).

252 **3. Das Insichgeschäft.** Da der Testamentsvollstrecker nicht Vertreter ist, gelten die Beschränkungen des § 181 BGB für ihn nicht direkt, nach der Rechtsprechung aber entsprechend (*BGHZ* 30, 67). Ein Insichgeschäft ist zulässig,

- wenn es in der letztwilligen Verfügung gestattet wurde (*BayObLG* RPfleger

1982, 344). Dies ist zu unterstellen, wenn der Testamentsvollstrecker selbst eingesetzt oder sonst begünstigt ist (*BGHZ* 30, 67);
- und wenn es der ordnungsmäßigen Verwaltung dienlich ist (§ 2216 BGB; *KG* JW 1935, 2755).

4. Beschränkungen der allgemeinen Befugnisse durch den Erblasser sind sowohl hinsichtlich der Verfügungsbefugnis als auch hinsichtlich der Verwaltungsbefugnis möglich; dann hat der Testamentsvollstrecker weder ein Besitzrecht, noch eine Verfügungs- oder eine Verpflichtungsbefugnis (§§ 2208 I, 2206 I 2 BGB). **253**

5. Die Prozeßführungsbefugnis. a) Für den Nachlaß **(Aktivprozeß)** kann nur der Testamentsvollstrecker Prozesse führen (§ 2212 BGB). In diesem Prozeß können auch Einwendungen beachtlich sein, soweit sie gegen den Erben begründet sind (*Schlüter* § 42 XI 1.). Das Urteil wirkt für und gegen den Erben (§ 327 I ZPO). **254**

b) Ein Anspruch, der sich gegen den Nachlaß richtet (**Passivprozeß;** auch wenn es sich um eine negative Feststellungsklage handelt), kann geltend gemacht werden (§ 2213 I BGB) **255**
- gegen den Testamentsvollstrecker, wenn dieser den ganzen Nachlaß verwaltet (§ 2213 I 2 BGB)
- und gegen den Erben (nach Annahme der Erbschaft §§ 2213 I 1, II, 1958 BGB).

Das Urteil gegen den Testamentsvollstrecker ist vollstreckbar in den Nachlaß (§ 748 I ZPO) aber auch gegen den Erben nach Umschreibung (§ 728 II ZPO). Die Vollstreckung eines Urteils gegen den Erben wird nur erreicht über einen zusätzlichen **Duldungstitel** gegen den Testamentsvollstrecker gem. § 2213 III BGB.

c) Pflichtteilsansprüche können nur gegen den Erben geltend gemacht werden (§ 2213 I 3 BGB). Bei der Zwangsvollstreckung ist ein Duldungstitel gegen den Testamentsvollstrecker nötig (§ 748 III ZPO). **256**

III. Durchführung der Testamentsvollstreckung

1. Der berufene Testamentsvollstrecker, der das Amt annehmen will, sollte die **Annahme** unverzüglich nach Kenntnis des Erbfalls dem Nachlaßgericht gegenüber formlos erklären (§ 2202 II BGB). Damit beginnt das Amt des Testamentsvollstreckers. Auf die Testamentseröffnung kommt es nicht an. Der Testamentsvollstrecker erhält auf Antrag ein **Testamentsvollstreckerzeugnis,** dessen Wirkungen im wesentlichen dem des Erbscheins entsprechen (§ 2368 I, III BGB). Ein Erbschein ist darum bei Anordnung der Testamentsvollstreckung meist nicht erforderlich. Vor Erteilung des Testamentsvollstreckerzeugnisses kann sich der Testamentsvollstrecker auch durch das Protokoll über die Testamentseröffnung mit einer Ausfertigung des öffentlichen Testaments ausweisen. Bei Eintragung des Erben im Grundbuch wird die Testamentsvollstreckung mit eingetragen (§ 52 GBO). Bei beabsichtigter baldiger Veräußerung sind diese Eintragungen oft nicht erforderlich. Wegen des Handelsregistereintrags s.o. Rdnr. 75. **257**

258 **2.** Ungeachtet des automatischen Besitzübergangs auf den Erben gem. § 857 BGB ist der Testamentsvollstrecker berechtigt, den Nachlaß **in Besitz zu nehmen** und nötigenfalls beim Erben herauszuklagen (§ 2205 S. 2 BGB).

259 **3.** Der Testamentsvollstrecker hat unverzüglich nach Annahme seines Amtes ein **Nachlaßverzeichnis** über alle seiner Verwaltung unterliegenden Nachlaßgegenstände und die Nachlaßverbindlichkeiten zu erstellen, dieses dem Erben mitzuteilen und ihm ggf. bei Aufnahme eines Inventars behilflich zu sein (§ 2215 I BGB). Daran sollte dem Testamentsvollstrecker auch aus eigenem Interesse wegen seiner Rechenschaftspflicht gelegen sein. Das Nachlaßverzeichnis hat nicht die Bedeutung eines Inventars (*Palandt/Edenhofer* § 2215 Anm. 2). Der Testamentsvollstrecker hat aber die Möglichkeit, das Nachlaßverzeichnis als **Inventar** unter Zuziehung eines Notars gem. § 2002 BGB zu errichten. Bei der Aufnahme des Inventars muß der Notar nicht zugegen sein. Es genügt, wenn der Notar unter entsprechender Belehrung Beistand geleistet hat (Münch-Komm-*Siegmann* § 2002 Rdnr. 2). Der Erbe hat dann die Möglichkeit, sich wegen seiner Haftungsbeschränkung auf das vom Testamentsvollstrecker eingereichte Inventar gem. § 2004 BGB zu berufen.

260 **4.** Der Testamentsvollstrecker hat, soweit ihm **Einzelverfügungen** aufgetragen sind (z. B. die Erfüllung von Vermächtnissen und Auflagen), diese auszuführen (§§ 2203, 2279 I BGB).

261 **5.** Der Testamentsvollstrecker hat, auch wenn er nicht Verwaltungstestamentsvollstrecker ist, den Nachlaß ordnungsgemäß zu **verwalten** (§ 2216 I BGB).

262 **6.** Er hat, soweit ihm die Auseinandersetzung aufgetragen ist, den Erben einen **Auseinandersetzungsplan** vorzulegen und sie dazu anzuhören (§ 2204 II BGB). Das Ergebnis der Anhörung sollte er festhalten. Auf eine Zustimmung der Erben kommt es nicht an (*BayObLGZ* 67, 240). Danach hat er die Nachlaßverbindlichkeiten zu berichtigen (§ 2046 I BGB) und die Auseinandersetzung und Teilung nach den §§ 2042 bis 2056 BGB durchzuführen.

263 **7.** Soweit **Prozesse** anhängig oder nötig sind, hat er diese aufzunehmen bzw. einzuleiten (§§ 2212, 2213 BGB).

264 **8.** Bei Anordnung einer **Verwaltungs-Dauervollstreckung** (§ 2209 BGB) hat der Testamentsvollstrecker den Nachlaß bzw. die der Verwaltung unterworfenen Nachlaßgegenstände auf die vorgesehene Dauer zu verwalten, wobei ihm die Befugnisse der §§ 2205 f. BGB mit der Erweiterung in § 2207 zustehen. Bei der Verwaltung von **Unternehmen** sollte der Testamentsvollstrecker seine Aufgaben jedoch nicht verkennen. Im Zweifel hat nicht er selbst die Geschäftsführung zu übernehmen, er hat vielmehr für eine kompetente Geschäftsführung zu sorgen.

265 **9.** Nach § 2218 I BGB hat der Testamentsvollstrecker nach Abwicklung seiner Aufgaben **Rechnung zu legen;** bei länger dauernder Verwaltung kann dies der Erbe jährlich verlangen (§ 2218 II BGB). Der Testamentsvollstrecker wird dieser Rechenschaftspflicht nur nachkommen können, wenn er für den Nachlaß

getrennte Konten unterhält (Anderkonto; fortgeführtes Erblasserkonto) und **gesondert Buch führt.**

10. Mit **Beendigung** der Testamentsvollstreckung ist das Testamentsvollstreckerzeugnis an das Nachlaßgericht zurückzugeben und der Nachlaß dem Erben auszuhändigen. **266**

IV. Das Rechtsverhältnis zwischen Testamentsvollstrecker und Erben

1. Es handelt sich um ein **gesetzliches Schuldverhältnis,** auf welches gewisse Vorschriften des Auftragsrechts entsprechend anzuwenden sind (§ 2218 BGB); der Testamentsvollstrecker ist allerdings an Weisungen der Erben nicht gebunden (*BGHZ* 25, 275; *Schlüter* § 42 XII). Aufgrund dessen **schuldet der Testamentsvollstrecker** die Durchführung der Testamentsvollstreckung je nach Anordnung durch den Erblasser dem Erben gegenüber entsprechend Ziffer III. Er hat dabei in eigener Person zu handeln. Nur wenn die Befolgung einer letztwilligen Anordnung den Nachlaß erheblich gefährden würde, kann das Nachlaßgericht auf Antrag des Testamentsvollstreckers oder eines anderen Beteiligten eine Anordnung außer Kraft setzen (§ 2216 II 2 BGB). Verletzt der Testamentsvollstrecker seine Verpflichtungen schuldhaft, dann ist er dem Erben gegenüber zum Schadensersatz verpflichtet (§ 2219 I BGB). **267**

2. Der **Erbe schuldet** dem Testamentsvollstrecker den Ersatz seiner Verwendungen (§§ 2218 I, 670 BGB) und eine angemessene Vergütung (§ 2221 BGB). Diese ist nicht immer leicht zu bestimmen. Es gibt keine gesetzlichen Gebühren; die BRAGO ist nicht anwendbar. Im einzelnen gilt folgendes (vgl. *Gerold/Schmidt/Madert* § 1 Rdnr. 25): **268**

a) Hat der Erblasser eine Vergütung letztwillig bestimmt, dann ist diese maßgeblich (§ 2221 BGB). Ist diese unzureichend, dann ändert dies nichts. Dem Testamentsvollstrecker bleibt nur, das Amt abzulehnen.

b) Fehlt es an einer Bestimmung des Erblassers, empfiehlt es sich, eine angemessene Vergütung mit allen Erben oder allen sonstigen Begünstigten, wenn diese prozentual am Nachlaßwert beteiligt sind, zu vereinbaren.

c) Fehlt es an einer Bestimmung des Erblassers und kommt eine Vereinbarung mit den Erben nicht zustande, dann kann der Testamentsvollstrecker selbst die angemessene Vergütung ermitteln und dem Nachlaß entnehmen (*BGH* NJW 1957, 947).

d) Im Streitfall hat über die angemessene Vergütung das Prozeßgericht zu entscheiden (*BGH* WM 1972, 101; *BayObLG* BB 1973, 114).

3. Nach der Rechtsprechung hängt die **Höhe der angemessenen Vergütung** von den Verhältnissen im Einzelfall ab (*BGH* NJW 1963, 487). Folgende Regeln haben sich für die Feststellung der angemessenen Vergütung herausgebildet: **269**

a) Es ist vom **Bruttonachlaßwert** als Berechnungsgrundlage auszugehen, d. h. von der Summe aller Aktiven des Nachlasses (*Hägele/Winkler* Rdnr. 593).

b) Die Vergütung ist abhängig von bestimmten Abschnitten der Tätigkeit des Testamentsvollstreckers. Es wird unterschieden:

– Die **Konstituierung des Nachlasses:** das ist die Ermittlung und Inbesitznahme, die Aufstellung des Nachlaßverzeichnisses, die Regulierung der Schul- **270** den, die Bezahlung der Beerdigung und des Grabsteins und der Ausgleich der Erbschaftsteuer (*Hägele/Winkler* Rdnr. 577). Die **Konstituierungsgebühr** wird regelmäßig degressiv gestaffelt in bestimmten Prozentsätzen vom Nachlaßwert angesetzt (Einzelheiten vgl. *Hägele/Winkler* Rdnr. 580f.).

271 – Die **Auseinandersetzungstätigkeit** ist zusätzlich zu honorieren; in der Regel geschieht dies durch eine Erhöhung der Konstituierungsgebühr (vgl. *Hägele/Winkler* Rdnr. 592).

272 – Bei Dauerverwaltung kommt eine **Verwaltungsgebühr** hinzu, für die die §§ 315, 316 BGB entsprechend anzuwenden sind (*BGH* NJW 1963, 1615). Die Angemessenheit hängt von den Umständen des Einzelfalls ab. Meist wird eine laufende, nach dem Jahresbetrag der Einkünfte zu berechnende, jährlich zu zahlende Vergütung von 2 bis 4% oder eine solche in Höhe von etwa ⅓ bis ½% des Nachlaßbruttowerts im Jahr in Betracht kommen (*Hägele/Winkler* Rdnr. 595).

V. Der Testamentsvollstrecker nach DDR-Recht

273 **1.** Wegen der rechtlichen Stellung und der erteilbaren Aufgaben vgl. oben Rdnr. 78. Nachdem der Testamentsvollstrecker nur als bevollmächtigter Vertreter der Erben anzusehen ist, richtet sich die **Dauer seiner Tätigkeit** nach der Dauer seiner Vollmacht (§ 58 I ZGB). Der Erblasser kann einen Ersatztestamentsvollstrecker bestimmen; die Erben können aber auch selbst gem. §§ 53, 54 ZGB einen Nachfolger bevollmächtigen. Als Vertreter der Erben hat der Testamentsvollstrecker keine Befugnisse, im eigenen Namen zu handeln. Die Erben bleiben also aktiv- und passivlegitimiert.

274 **2.** Zur Durchführung seiner Aufgaben wird dem Testamentsvollstrecker auf Antrag vom staatlichen Notariat (jetzt Kreisgericht als Nachlaßgericht), das in der Erbsache zuständig ist, ein **Testamentsvollstreckerzeugnis** ausgestellt (§ 32 I des Notariatsgesetzes vom 5. 2. 1976). Das Verfahren entspricht dem zur Erteilung des Erbscheins. Auch die Legitimationswirkung stimmt damit überein.

Der **Umfang der Aufgaben** hängt von den Bestimmungen des Erblassers ab (§ 371 III ZGB). Vom Auftrag zu Einzelverfügungen abgesehen, wird der Testamentsvollstrecker meist den Nachlaß zu verwalten, ggf. auseinanderzusetzen und über Nachlaßgegenstände zu verfügen haben. Er hat insoweit auch die Pflichten des Erben wahrzunehmen (Nachlaßverzeichnis).

275 **3. Abrechnung** und **Rechenschaftslegung** überläßt das Recht der ehem. DDR ebenso wie die Frage der **Vergütung,** wenn der Erblasser insoweit nichts bestimmt hat, einer Regelung zwischen dem Testamentsvollstrecker und den Erben (§ 199 I ZGB). In Zukunft werden hier auch für Testamentsvollstrecker, die vor dem Beitritt der DDR ihr Amt übernommen haben, die Regelungen des Rechts der Bundesrepublik Deutschland **analog** herangezogen werden (s. o. Rdnrn. 265 u. 268ff.).

276 **4.** Diese Regelungen bleiben für Erbfälle vor dem 3. 10. 1990 weiterhin maßgeblich (Art. 235 § 1 I EGBGB).

D IV. Insolvenzberatung

Dr. Joseph Füchsl

Übersicht

Literatur: *Bley/Mohrbutter,* VerglO, 4. Aufl. 1979; *Böhle-Stamschräder/Kilger,* VerglO, 11. Aufl. 1986; *Henckel,* Aktuelle Probleme der Warenlieferanten beim Kundenkonkurs, 2. Aufl. 1984; *Jaeger,* KO, 8. Aufl. 1957 (9. Aufl. in Teillieferungen verfügbar); *Kilger,* KO, 15. Aufl. 1987; *Kuhn-Uhlenbruck,* KO, 10. Aufl. 1986; *Uhlenbruck,* Die GmbH + Co. KG in Krise, Konkurs und Vergleich, 2. Aufl. 1988; *Schmidt-Ränsch,* Das Insolvenzrecht nach dem Einigungsvertrag, DtZ 1990, 344; *Uhlenbruck,* Die anwaltliche Beratung bei Konkurs- und Vergleichsantrag, 1988; Insolvenzrechts-Handbuch, herausgegeben von Peter Gottwald, 1990 – **Fachzeitschriften:** Konkurs, Treuhand, Sanierung (KTS); Zeitschrift für Wirtschaftsrecht (ZIP); Entscheidungen zum Wirtschaftsrecht (EWiR).

I. Der Anwalt als Berater des insolventen Unternehmers

1. Prüfung der Insolvenz und Antragspflicht

Bei natürlichen Personen und echten Personenhandelsgesellschaften (OHG, KG) setzt die Eröffnung des Konkursverfahrens Zahlungsunfähigkeit des Gemeinschuldners voraus (§§ 102, 209 KO). Dieser Konkursgrund ist verhältnismäßig leicht feststellbar. Will man als Berater eines insolventen Unternehmers die Eröffnung des Verfahrens verzögern, spricht man zunächst von einer Zahlungsstockung. Die Risiken einer Verzögerung sind nicht allzu hoch, da bei den genannten Personen/Personenhandelsgesellschaften eine Konkursantragspflicht des Inhabers/persönlich haftenden Gesellschafters nicht besteht. **1**

2 Am meisten Schwierigkeiten macht die Überprüfung der GmbH's und GmbH & Co. KG's zum Konkursgrund der Überschuldung (§§ 209 Abs. 1 Satz 3 KO, 63 GmbHG). – Die Aktiengesellschaften, KG's auf Aktien und Genossenschaften spielen in der insolvenzrechtlichen Praxis keine Rolle. –

Bei den GmbH's und GmbH & Co. KG's wird die Situation deshalb brisant, weil der Geschäftsführer binnen drei Wochen ab Kenntnis von der Überschuldung Konkursantrag stellen muß, will er sich nicht strafbar machen (§§ 130a HGB, 64 GmbHG).

2. Die Überschuldungsbilanz

3 Nach ständiger Rechtsprechung der Strafgerichte muß der Geschäftsführer einen sog. Überschuldungsstatus aufstellen, sobald er Anhaltspunkte dafür hat, daß „das Vermögen der Gesellschaft nicht mehr die Schulden deckt" (§ 64 Abs. 1 Satz 2 GmbHG). Bei der Erstellung eines solchen Überschuldungsstatus ergeben sich zahlreiche Fragen, die anhand eines **Beispieles** beantwortet werden sollen.

4 Zunächst empfiehlt es sich, einen „Status" unter Fortführung der bisherigen Bilanzansätze aufzustellen.

X – GmbH

Status per 31. 8. 1990

AKTIVA	DM	PASSIVA	
A. Ausstehende Einlagen	20000	A. Stammkapital	100000
B. Anlagevermögen		B. Verbindlichkeiten	
1. Grundstücke und Gebäude	1000000	1. langfr. Bankverbindl.	1200000
2. Betriebs- und Geschäftsausst.	80000	2. kurzfr. Bankverbindl.	380000
3. Kfz	40000	3. Verbindl. gg. Lieferanten	280000
C. Umlaufvermögen		4. Sozialbereich	40000
1. Roh-, Hilfs- u. Betriebsstoffe	120000	5. Fiskus	120000
2. Halbfabrikate	60000	6. sonstige Verbindl.	20000
3. Warenvorräte	200000	7. gegen Mitgesellschafter	200000
4. Fdg. aus Lieferungen u. Leistungen	140000	C. Rückstellungen	100000
5. flüssige Mittel	20000		
D. Verlustvortrag per 31. 12. 1989	500000		
Fehlbetrag lfd. Periode	260000		
	2440000		2440000

5 Hieraus ist dann der Überschuldungsstatus zu entwickeln, für den folgende Grundsätze gelten:

- Alle Werte sind unter dem Gesichtspunkt des „going concern" zu ermitteln. Zerschlagungswerte sind nur dann anzusetzen, wenn die Insolvenz des Unternehmens bereits feststeht und der Geschäftsbetrieb eingestellt ist.
- Alle Positionen sind ohne Rücksicht auf steuerliche Gesichtspunkte zu Verkehrswerten in Ansatz zu bringen, Außenstände auf ihre Einbringlichkeit zu überprüfen.

- Aus- und Absonderungsrechte sowie Aufrechnungsmöglichkeiten von Gläubigern sind zu beachten.
- Ein „good will“ kann nur in Ausnahmefällen in Ansatz gebracht werden, in der Regel nur zusammen mit Patenten, Warenzeichen oder Dienstleistungsmarken.
- Kapitalersetzende Gesellschafterdarlehen bleiben bei den Passiva außer Ansatz.
- Verbindlichkeiten aus einem evtl. abzuschließenden Sozialplan sind beim Überschuldungsstatus nicht zu berücksichtigen, es sei denn, daß Insolvenz bereits feststeht und der Betrieb eingestellt ist.
- Rückstellungen sind nur in Höhe der tatsächlichen Inanspruchnahme auszuweisen.

X – GmbH

Überschuldungsstatus per 31. 8. 1990

AKTIVA		DM				PASSIVA
A. Ausstehende Einlage	20000		A. Stammkapital		100000	
uneinbringlich	./.20000	–	kapitalersetzende			
			Darlehen		200000	
B. Anlagevermögen			B. Verbindlichkeiten			
1. Grundstücke + Gebäude			1. langfr. Bankverb.:			
Verkehrswert	1400000		durch Aktiva B 1 erl.			
langfr. Bankverb.	./. 1200000	200000	2. kurzfr. Bankverb.			380000
2. Betriebs- u. Gesch.			3. Verb. gegen			
Ausstattung	80000		Lieferanten		280000	
EV der Lieferanten	./. 20000	60000	./. AktivaB2	20000		
3. Kfz.	40000		./. AktivaB3	10000		
EV-Lieferanten	./. 10000	30000	./. AktivaC1–3	100000	./. 130000	
C. Umlaufvermögen						150000
			4. Sozialbereich			40000
1.–3. Waren	380000					
			5. Fiskus			120000
Verb. Lieferanten	./. 100000	280000				
			6. Sonstige			20000
4. Fdg. aus Lieferungen						
u. Leistungen	140000		C. Rückstellungen		100000	
nicht realisierbar	./. 30000	110000	Berichtigung		./. 20000	80000
5. flüssige Mittel		20000				
D. Überschuldung		90000				
		790000				790000

6 Unter Beachtung der vorstehend dargestellten Gesichtspunkte ergibt sich in unserem Musterfall eine Überschuldung von DM 90000, die aber noch durch das Stammkapital in Höhe von DM 100000 aufgefangen wird. Der Geschäftsführer dieser GmbH muß daher (noch) keinen Konkursantrag stellen. Nur der Vollständigkeit halber sei erwähnt, daß bei den juristischen Personen und den unechten Personenhandelsgesellschaften auch die Zahlungsunfähigkeit Konkursgrund ist, beim Nachlaß verständlicherweise nur die Überschuldung. (Zu Einzelheiten siehe *Uhlenbruck,* Die GmbH & Co. KG in Krise, Konkurs und Vergleich, 2. Aufl. 1988.)

II. Der Anwalt als Berater eines Gläubigers

Schwerpunkt dieses Hauptteils ist die Beratung der **Warenkreditgläubiger.** Hier stellt sich vor allem die Frage der Aus- und Absonderungsrechte. In zweiter Linie geht es um die Beratung der **Banken,** die meist besser abgesichert sind. Die Probleme der **Arbeitnehmer** des insolventen Betriebes werden in Abschnitt III (Rdbr. 44ff.) gesondert behandelt.

1. Moratorium und außergerichtlicher Vergleich

7 Ein kurzer Fall: Durch Kostenüberschreitungen beim Umbau des Hotels tritt bei der *H*-GmbH Zahlungsunfähigkeit ein. Daher **Moratorium** mit allen Gläubigern (Bauhandwerkern): Zahlung aller Forderungen in 24-Monatsraten ohne Zinsen. Damit ist die Zahlungsunfähigkeit beseitigt. Eine Überschuldung liegt nicht vor, da der Wert der Umbaumaßnahmen aktiviert ist. Aus- und Absonderungsrechte können nicht geltend gemacht werden, da die Gläubiger Bauhandwerker sind. Andererseits braucht die *H*-GmbH keine Bauhandwerker-Sicherungshypotheken (§ 648 BGB) zu befürchten, da sie nicht Eigentümer des Hotels ist.
Problem: Gleichbehandlung aller Gläubiger. Wenn ein oder einige Bauhandwerker nicht mitmachen, muß das ganze Moratorium scheitern. Hier gibt es nur eine Notlösung: befreundete Unternehmen, die Ehefrau u.a. könnten die Forderungen dieser widerspenstigen Gläubiger zu pari und gegen Barzahlung aufkaufen und sich dann am Moratorium beteiligen.
Übrigens: In der Praxis machen häufig Gläubiger mit verhältnismäßig kleinen Forderungen die größten Schwierigkeiten! Bei **Moratorium (Tilgungsstreckung)** und **außergerichtlichem Vergleich (Zahlung einer Quote)** gibt es keine Vorschriften über die Höhe der Quote und die Laufzeit der Sanierungsphase.
Empfehlung: Im Zweifel einem Moratorium bzw. außergerichtlichem Vergleich zustimmen, falls keine oder keine ausreichenden Sicherheiten vorhanden sind. Es kann nur schlechter werden.

2. Der gerichtliche Vergleich

a) Liquidations- oder Fortführungsvergleich

8 Der gerichtliche Vergleich einer Kapitalgesellschaft (einschl. der GmbH & Co. KG) ist wirtschaftlich gesehen nur sinnvoll in der Form des **Fortführungsvergleiches,** bei dem der Geschäftsbetrieb im Kern erhalten werden soll. Zwischen **Liquidationsvergleich** und Konkurs besteht letztlich nur bei natürlichen Personen und echten Personen-Handelsgesellschaften ein essentieller Unterschied, nämlich soweit es um die **Restschuldbefreiung** des Geschäftsinhabers bzw. des persönlich haftenden Gesellschafters geht. In der Praxis wird diese meist über den **(Anschluß-) Konkurs** und den **Zwangsvergleich** erreicht.

b) Voraussetzungen, äußerer Ablauf

9 **aa)** Erfolgreich durchgeführte gerichtliche Vergleiche lassen sich bei den zuständigen Amtsgerichten meist an einer Hand abzählen. Dies liegt an den übersteigerten Voraussetzungen, die unsere geltende Vergleichsordnung aufstellt:
- alle Forderungen, die im Konkurs als **Masseverbindlichkeiten** (Massekosten und Masseschulden) i. S. der §§ 58ff. KO gelten müssen auch im Vergleichsverfahren in voller Höhe bezahlt werden,
- alle **Forderungen, die im Konkurs bevorrechtigt sind** (§ 61 I Nr. 1–5 KO) müssen im Vergleich voll bezahlt werden,
- den nicht bevorrechtigten Gläubigern = **„Vergleichsgläubigern"** müssen entweder 35% in 12 Monaten oder 40% in 18 Monaten geboten werden, gerechnet jeweils ab Rechtskraft der gerichtlichen Bestätigung des Vergleiches,

– beim Fortführungsvergleich kommt erschwerend hinzu, daß die betriebsnotwendigen Gegenstände des Anlagevermögens meist nicht verkauft werden können, um die Erhaltung des Betriebes nicht zu gefährden.

bb) Stellt beispielsweise die *X*-GmbH am 1. 4. 1990 Vergleichsantrag, so wird der zuständige Richter nach einigen Tagen Rechtsanwalt *R* zum Gutachter bestellen mit der Bitte mitzuteilen, ob ein **allgemeines Veräußerungsverbot** gem. §§ 59ff. VerglO erlassen werden soll. Bejaht *R* dies, so muß er sich sofort um den Geschäftsbetrieb der *X*-GmbH kümmern und deren Außenstände über ein RA-Anderkonto einziehen. Auf *R's* Anregung kann das Gericht auch eine **Sequestration** auf der Grundlage des § 59 VerglO und in entsprechender Anwendung des § 106 KO anordnen. Hält *R* den Vergleichsantrag nicht für völlig aussichtlos, wird das Amtsgericht ein **„vorläufiges Vergleichsverfahren"** eröffnen und *R* zum **„vorläufigen Vergleichsverwalter"** bestellen. Dann ist ein schneller Steuerberater/Wirtschaftsprüfer Gold wert. **10**

Neben den Bilanzen der letzten 3 Geschäftsjahre benötigt die *X*-GmbH vor allem einen Status per 31. 3. 1990, ferner eine rechnerische Darstellung aller zu leistender Zahlungen und deren Finanzierung aus den verfügbaren Aktiva. Der **Vergleichsvorschlag** muß von einer Gleichbehandlung aller Vergleichsgläubiger ausgehen. Lediglich sogenannte **Klein-Gläubiger,** in der Regel Gläubiger mit Forderungen zwischen 1000 DM und 2000 DM dürfen in voller Höhe bedient werden, falls der Vergleich zustande kommt. Erscheint alles plausibel, ist die zuständige Berufsvertretung, meist die Industrie- und Handelskammer zu hören. Stimmt auch diese zu, eröffnet der Richter am 1. 7. 1990 das Vergleichsverfahren, bestimmt Termin für die Gläubigerversammlung auf den 15. 8. 1990 und gibt das Verfahren an den zuständigen Rechtspfleger ab. Gem. § 44 VerglO könnte das Gericht auch noch einen **Gläubigerbeirat** bestellen, was jedoch in Süddeutschland nur selten vorkommt. **11**

Unverzüglich nach Eröffnung des Vergleichsverfahrens werden die Vergleichsgläubiger vom Gericht aufgefordert, ihre Forderungen zur Vergleichstabelle anzumelden. Wichtigste Aufgabe der *X*-GmbH und ihres **Vergleichsverwalters** ist es, die Gläubiger um Zustimmung zum Vergleichsvorschlag zu bitten. **12**

Eine schriftliche Zustimmung reicht aus. Erforderlich sind zwei Mehrheiten:
- eine **Summen-Mehrheit** von 80%, bezogen auf alle anerkannten Vergleichsforderungen – werden 50% Quote oder mehr geboten, genügen 75% – und
- eine **Kopfzahl-Mehrheit** von 51%, bezogen auf alle stimmberechtigten Vergleichsgläubiger.

Gläubiger, die sich passiv verhalten, zählen damit faktisch als Nein-Stimmen. Wird eine der beiden Mehrheiten in der Gläubigerversammlung vom 15. 8. 1990 nicht erreicht, kann die Vergleichsschuldnerin einmal Vertagung verlangen. Wichtig ist daher, daß die Gläubiger ihre (schriftliche) Zustimmung nicht auf die erste Gläubigerversammlung beschränken.

Kommt der Vergleich am 15. 8. 1990 zustande, wird ihn der Rechtspfleger auf Antrag sofort bestätigen. Außerdem wird der Rechtspfleger in Süddeutschland das Vergleichsverfahren aufheben und den *R* zum **„Sachwalter"** bestellen mit dem Auftrag, die Erfüllung des Vergleiches zu überwachen, eine in der Praxis sehr schwierige Aufgabe. Gelingt es der Schuldnerin die versprochenen Raten pünktlich zu bezahlen, ist das Amt des Sachwalters nach 12 oder 18 Monaten erledigt. In Nord- und Westdeutschland werden die Vergleichsverfah- **13** ren vielfach bis zur vollständigen Erfüllung des Vergleiches fortgeführt und erst dann aufgehoben. Die Einflußmöglichkeit des Vergleichsverwalters ist natürlich größer als die des Sachwalters. Dafür muß die Schuldnerin aber weitere 12 oder 18 Monate als im Vergleich befindlich firmieren, was den Geschäften meist nicht sehr zuträglich ist.

c) Mitwirkungsrechte des Gläubigers, insbesondere Forderungsanmeldung

14 **aa)** Die Mitwirkung der Vergleichsgläubiger im gerichtlichen Verfahren beschränkt sich im wesentlichen auf die Entscheidung, dem Vergleichsvorschlag zuzustimmen oder diesen abzulehnen. Eine qualifizierte Mehrheit ist aber durchaus in der Lage, eine Verbesserung des bestehenden Vergleichsvorschlages zu erreichen, sei es durch eine Erhöhung der Quote, eine Verkürzung der Laufzeit oder durch die Zusicherung eines sogenannten **Besserungsscheines.**

Während ein Eingriff in das erarbeitete Rechenwerk Vergleichsvorschlag zugunsten der Gläubiger leicht den ganzen Vergleich gefährden kann, bietet ein Besserungsschein für beide Teile sinnvolle Alternativen. So kann hier z. B. vereinbart werden, daß die Schuldnerin ihren Vergleichsgläubigern 1–2 Jahre nach Erfüllung des Vergleiches eine weitere Quote von 5%–10% zur Verfügung stellt, falls dann bestimmte Jahresumsätze oder bestimmte Erträge vor Steuern erwirtschaftet werden.

In einem solchen Fall muß das Amt des Sachwalters allerdings bis zur Erfüllung des Besserungsscheines fortgeführt werden.

15 **bb)** Von wenigen Großverfahren abgesehen, ist die Bestellung eines **Gläubigerbeirates** gem. § 44 VerglO jedenfalls in Süddeutschland selten. Ist ein Vergleichsgläubiger Mitglied in diesem Gremium, so hat er die Interessen aller Gläubiger, nicht in erster Linie seine eigenen, zu vertreten. Die Bezahlung ist schlecht. Die Vergleichsgerichte bewilligen in aller Regel nach dem ZSEG maximal 60 DM pro Stunde zuzügl. MWSt und Spesen. Das gute Beispiel einzelner Gerichte, den Mitgliedern des Gläubigerbeirates eine Vergütung in Höhe eines Prozentsatzes der Vergütung des Vergleichsverwalters zuzubilligen, hat offensichtlich noch nicht Schule gemacht.

16 **cc)** Vergleichsforderungen sind möglichst zweifach nebst Anlagen (Rechnungskopien u. a.) zur **Vergleichstabelle** bei dem zuständigen Amtsgericht anzumelden, nicht beim Vergleichsverwalter. Die Beweislast für Grund und Höhe seiner Forderungen trägt der Gläubiger. Bevollmächtigte müssen eine schriftliche Vollmacht vorlegen, in der ausdrücklich bestätigt ist, daß sich die Vollmacht auch auf die Vertretung in einem Vergleichsverfahren erstreckt. **Zinsen** dürfen nur bis zum Tage der Eröffnung des Vergleichsverfahrens geltend gemacht werden (§ 29 Nr. 1 VerglO), Verzugszinsen müssen belegt werden.

Die bis zur Vergleichseröffnung angefallenen **Kosten** der Rechtsverfolgung können als Vergleichsforderungen geltend gemacht werden, auch angemessene Kosten nach § 118 BRAGO. Das Anwaltshonorar für die Forderungsanmeldung selbst ist nicht anmeldbar, § 29 Nr. 2 VerglO. Bei **Wechsel- und Scheckforderungen** müssen die Urkunden im Original vorgelegt werden.

Muß ein Gläubiger mit **Aus- oder Absonderungsrechten** befürchten, daß seine Forderungen nicht voll befriedigt werden können, kann er diese „für den Ausfall" zur Vergleichstabelle anmelden. Ist eine Einigung über die **Höhe des**

Ausfalls und damit über das **Stimmrecht** nicht zu erreichen, entscheidet der Rechtspfleger.

d) Einzelzwangsvollstreckung, insbesondere die „Rückschlagsperre" der §§ 28, 104 VerglO

aa) Die sogenannte **Rückschlagsperre** der §§ 28, 104 VerglO ist für den insolventen Schuldner häufig der Grund, erst einmal Vergleichsantrag zu stellen. Damit werden alle Vollstreckungsmaßnahmen unwirksam, die während eines Zeitraumes von 30 Tagen vor dem Vergleichsantrag durchgeführt worden sind. Dies gilt sowohl für die Eröffnung des Vergleichsverfahrens als auch eines Anschlußkonkurses. Die Konkursordnung kennt eine derartige Automatik nicht. Sie muß sich mit der Anfechtung gem. §§ 29ff. KO behelfen, die wiederum im Vergleichsverfahren nicht verfügbar ist. **17**

bb) Vergleichsgläubiger, die innerhalb der 30-Tages-Frist des § 28 VerglO gepfändet haben, können die Zwangsvollstreckung auch nach Eröffnung eines vorläufigen Vergleichsverfahrens fortsetzen. Die Anordnung eines allgemeinen Veräußerungsverbotes hindert dies ebenfalls nicht. Gem. § 13 VerglO kann der vorläufige Vergleichsverwalter jedoch die **einstweilige Einstellung von Vollstreckungsmaßnahmen** beantragen. Die dort normierte 6-Wochen-Frist macht in der Praxis große Probleme. Erst die Eröffnung des Vergleichsverfahrens bringt dann das **Vollstreckungsverbot,** § 47 VerglO. **18**

cc) Vergleichsgläubiger können also zwischen Vergleichsantrag und Eröffnung des Vergleichsverfahrens vollstrecken, was allerdings wegen § 13 VerglO weder im Vergleich noch im Anschlußkonkurs etwas bringt. Sollte jedoch der Vergleich abgelehnt und der Anschlußkonkurs mangels Masse abgewiesen werden, könnte die Vollstreckung für den Vergleichsgläubiger doch noch vorteilhaft sein. Zur Klarstellung: die dargestellten Einschränkungen, vor allem die Rückschlagsperre und die einstweilige Einstellung der Vollstreckung gelten nur für Vergleichsgläubiger, nicht für solche Gläubiger, deren Forderungen im Vergleichsverfahren in voller Höhe zu befriedigen sind, wie z. B. die (bevorrechtigten) Forderungen des Fiskus. **19**

e) Realisierung von Aus- und Absonderungsrechten

Die Realisierung von **Aus- und Absonderungsrechten** erfolgt außerhalb der Vorschriften der Vergleichsordnung, §§ 26, 27 VerglO. Auf die Möglichkeit, **Forderungen für den Ausfall** als Vergleichsforderungen geltend zu machen wurde bereits hingewiesen. Der Komplex ist für das Verfahren von grundsätzlicher Bedeutung. Falls bei einem Fortführungsvergleich alle aus- und absonderungsberechtigten Gläubiger ihre Rechte geltend machen, ist der Vergleich in aller Regel nicht mehr durchführbar. Hier liegt eine große Aufgabe für den Vergleichsverwalter, das Vertrauen dieser Gläubiger in den Geschäftsbetrieb der Vergleichsschuldnerin wieder herzustellen und darauf hinzuwirken, daß neue, für beide Teile akzeptable Vereinbarungen abgeschlossen werden. Auf die besondere Problematik **„Sicherungspool"** wird in Rdnrn. 17ff. näher eingegangen. **20**

f) Durchsetzung bestritten gebliebener Vergleichsforderungen

Bestreiten in der Gläubigerversammlung Vergleichsverwalter oder Schuldner eine Vergleichsforderung ganz oder teilweise, so entscheidet zunächst der **21**

Rechtspfleger über das **Stimmrecht,** § 71 VerglO. Anschließend hat dann das Gericht auf Antrag des Schuldners oder des Gläubigers „die mutmaßliche Höhe der bestrittenen Forderung" mit der Wirkung festzustellen, daß sich der Schuldner bis zur endgültigen Feststellung bei der Quotenzahlung hieran halten kann und nicht etwa gem. § 9 I VerglO in Verzug gerät, § 97 VerglO. Dem Vergleichsverwalter muß allerdings dringend geraten werden, für strittige Forderungen ein Sicherheitspolster einzubauen, um den Vergleich nicht zu gefährden. Die endgültige Klärung der strittigen Vergleichsforderung erfolgt im Zivilrechtsweg.

3. Die Sequestration, insbesondere: persönliche Haftung des Sequesters?

22 Bei Zusammenbrüchen größerer Firmen war es jedenfalls im Norden und Westen Deutschlands lange Zeit üblich, zunächst gem. § 106 KO eine **Sequestration** anzuordnen. Der Geschäftsbetrieb wurde möglichst so lange fortgeführt, bis das Konkursverfahren eröffnet werden konnte nach dem Motto: **‚Umwandlung von Masseverbindlichkeiten in Konkursforderungen':**

- die 3 Monate **Konkursausfallgeld** wurden meist voll ausgenützt,
- durch **Verkauf beweglichen Anlage- und Umlaufvermögens** (z. B. Betriebs- und Geschäftsausstattung, Maschinen, Kfz, Warenvorräte etc.) und **Verwertung sicherungsübereigneter Gegenstände** vor Konkurseröffnung fiel die MwSt als (bevorrechtigte) Konkursforderung an.

Entscheidend war aber die Frage, ob sich Verbindlichkeiten, die der nachmalige Gemeinschuldner zusammen mit dem Sequester im Rahmen der Betriebsfortführung einging, im eröffneten Konkurs als Masseschulden oder als (nicht bevorrechtigte) Konkursforderungen darstellen. Der *BGH* hat sich in einem „obiter dictum" mit guten Gründen für letztere Alternative entschieden. (*BGH* ZIP 1986, 448 ff., 450). Damit taucht aber sofort die Frage nach der **persönlichen Haftung des Sequesters** auf, die hier jedoch nicht abschließend beantwortet werden kann. Der Lieferant hat natürlich nur im Vertrauen auf die Existenz des Sequesters weitergeliefert und will nun sein Geld. Zahlt der Konkursverwalter diese Forderung als „quasi-Masseschuld", so macht er sich den dadurch benachteiligten Konkursgläubigern gegenüber haftbar. Über ein **„Massedarlehen"** läßt sich der Fall nur dann lösen, wenn der Bank im Stadium der Sequestration werthaltige Sicherheiten angeboten werden können. Aus diesen Gründen ist man in letzter Zeit mit der Anordnung einer Sequestration im Zusammenhang mit einer Betriebsfortführung sehr zurückhaltend geworden. Die Haftungsrisiken für den Sequester sind in aller Regel nicht mehr vertretbar.

4. Die Geltendmachung von Aus- und Absonderungsrechten im Konkursantragsverfahren, insbesondere: der Sicherungspool

23 Das Konkursantragsverfahren ist die große Zeit der **Aus- und Absonderungsrechte.** Alles stürzt sich auf den Schuldner, der – fälschlicherweise – entweder auf ein allgemeines Veräußerungsverbot oder auf den Gutachter/Sequester verweist. Relativ problemlos sind die Ansprüche der Lieferanten aus **unmittelbarem Eigentumsvorbehalt.** Nur bei Ausländern ist Vorsicht geboten, da in einigen Ländern der Eigentumsvorbehalt nicht oder nur unvollständig ausgebildet ist. Haben Gläubiger und Schuldner **Scheck-** bzw. **Wechselregulierungen** vorgenommen, ist zu prüfen, ob der Eigentumsvorbehalt des Lieferanten bereits mit der Hingabe des Schecks untergegangen ist; nach den allgemei-

nen Geschäftsbedingungen der meisten Lieferanten in der Regel erst dann, wenn der Wechsel eingelöst wurde.

Im Konkursantragsverfahren sind die Ansprüche aus dem **erweiterten und verlängerten Eigentumsvorbehalt** meist nicht mehr realisierbar. Im ersteren Fall muß geprüft werden, ob stets ein offener Saldo bestand, im letzteren Fall wird eine Kollision mit der Hausbank des Schuldners nicht zu vermeiden sein, der in aller Regel die Außenstände – mindestens A bis T – abgetreten sind. Im übrigen ist es schwer nachzuvollziehen, in welcher Kundenforderung des Gemeinschuldners welche Waren welcher Lieferanten stecken. Soweit sich sicherungsübereignete Gegenstände noch im Besitz des nachmaligen Gemeinschuldners befinden, können sie grundsätzlich an den Sicherungsnehmer – meist die Hausbank – herausgegeben werden. Häufig ist diese jedoch nicht in der Lage, eine optimale Verwertung selbst durchzuführen. Damit stellt sich hier, wie auch bei der Herausgabe unter Eigentumsvorbehalt gelieferter Ware, die Frage der Bearbeitungskosten. Die große Reformkommission für das Insolvenzrecht hat für die Konkursmasse eine bestimmte Gebühr vorgesehen, die jedoch in dieser Form nicht Gesetz werden wird. In der Praxis verlangen heute viele Konkursverwalter dennoch eine **Bearbeitungsgebühr** zwischen 5% und 10% des Erlöses, ferner bei der Verwertung von Sicherungsgut **Erstattung der MwSt,** die seit der Entscheidung des *BFH* vom 4. 6. 87 (ZIP 1987, 1134ff.) zu den Massekosten gehört.

Einer besonderen Erwähnung bedarf in diesem Zusammenhang der **„Sicherungspool".** Unter Pool-Verträgen sind Vereinbarungen von Sicherungsnehmern zu verstehen, mit denen diese ihre Sicherungsrechte in eine BGB-Gesellschaft, den Pool einbringen, um diese Rechte sodann gemeinsam geltend zu machen. Die Einstellung der Konkursverwalter zu solchen Pool-Vereinbarungen ist zwiespältig. Auf der einen Seite kann der Pool oft Ansprüche zu Lasten der Konkursmasse durchsetzen, die von einzelnen Pool-Gesellschaftern nicht durchgesetzt werden könnten. Andererseits ist die Zusammenarbeit mit dem Treuhänder des Pools, meist dem Mitarbeiter eines großen Warenkreditversicherers durchaus positiv, so daß sich Vor- und Nachteile einer Pool-Bildung die Waage halten. Wegen der zahlreichen Einzelprobleme muß auf die Spezialliteratur verwiesen werden (statt vieler, *Henckel,* Aktuelle Probleme der Warenlieferanten beim Kundenkonkurs, 1984, S. 75ff.). 24

5. Der Konkurs

a) Äußerer Ablauf; der Anschlußkonkurs

aa) Daß heute die Mehrzahl der Konkursanträge gem. § 107 KO **mangels Masse** abgewiesen wird ist schon juristisches Allgemeingut geworden. Gelingt die Eröffnung, wird die Masse ganz überwiegend für die Masseverbindlichkeiten der §§ 57ff. KO und die Vorrechtsforderungen des § 61 I Nr. 1–5 KO verbraucht. Die nicht bevorrechtigten Gläubiger des § 61 I Nr. 6 KO gehen in aller Regel leer aus oder müssen sich mit einer Mini-Quote begnügen. Aus der Sicht der gewöhnlichen Konkursgläubiger hat das Konkursverfahren daher eher eine **Ordnungsfunktion** denn eine **Befriedigungsfunktion.** 25

bb) Der wichtigste Termin ist die **Gläubigerversammlung,** etwa 4–6 Wochen nach Eröffnung des Konkursverfahrens mit folgenden Themen: 26
– Sachstandsbericht des Konkursverwalters,

- Beibehaltung des Konkursverwalters oder Wahl eines anderen Konkursverwalters,
- Wahl eines Gläubigerausschusses,
- Fortführung oder Schließung des Geschäftsbetriebes,
- Eröffnung eines Konkurskontos,
- freihändiger Verkauf von Immobilien.

Die Abwahl des vom Gericht bestellten **Konkursverwalters** ist höchst selten. Außerdem hat das Gericht ein Vetorecht, § 80 KO. Bei der Bestellung eines **Gläubigerausschusses** ist man in Süddeutschland zurückhaltender als in anderen Landesteilen. Die Verantwortung des Gläubigerausschusses im Konkurs wird deutlich höher eingestuft als im Vergleich, die Bezahlung ist allerdings gleich schlecht. In der Mehrzahl aller Fälle ist der Geschäftsbetrieb des gemeinschuldnerischen Unternehmens schon vor Konkurseröffnung eingestellt. Die Fortführung des Unternehmens im Konkurs kommt grundsätzlich nur in Betracht bei Fertigstellung einer Produktion, oder wenn sich abzeichnet, daß ein Verkauf des Unternehmens im Ganzen oder einzelner Unternehmensteile möglich erscheint.

27 **cc)** Etwa 3–5 Monate nach der Konkurseröffnung werden die Konkursforderungen geprüft. Die Ausführungen zum Vergleich gelten entsprechend. Bestreitet der Konkursverwalter eine Forderung ist es zweckmäßig, sich erst mit ihm in Verbindung zu setzen. Ein nachträgliches Anerkenntnis ist jederzeit möglich.

28 **dd)** Dann kommt die lange Zeit der Konkursabwicklung. Eine Verfahrensdauer von 5–10 Jahren ist bei größeren Konkursen nicht ungewöhnlich. Üblicherweise erhalten die nicht bevorrechtigten Gläubiger ihre **Quoten** – wenn überhaupt – erst bei Abschluß des Konkursverfahrens. Ist ausnahmsweise Masse vorhanden soll der Konkursverwalter sobald und so oft wie möglich eine Abschlagsverteilung durchführen.

29 **ee)** Scheitert ein gerichtliches Vergleichsverfahren, so kommt es zur Eröffnung eines **Anschlußkonkurses.** Auch hier gilt die Rückschlagsperre § 104 VerglO. Wird das Verfahren aufgehoben und ein Sachwalter bestellt und kann dann eine Quote nicht mehr bezahlt werden, so kommt es gegebenenfalls zur Eröffnung eines neuen, selbständigen Konkursverfahrens.

b) Mitwirkungsrechte des Gläubigers

30 Die Mitwirkung der Gläubiger im Konkurs ihres Schuldners beschränkt sich im wesentlichen auf die Abstimmung in der Gläubigerversammlung bzw. auf ein Mandat als Mitglied des Gläubigerausschusses. Für die Forderungsanmeldung gilt das zum Vergleich Gesagte entsprechend. Bis zum Abschluß des Konkursverfahrens können Forderungen jederzeit nachträglich geltend gemacht werden.

c) Grundsätzlich keine Einzelzwangsvollstreckung

31 **Einzelzwangsvollstreckungen** sind im Konkursverfahren ausgeschlossen, § 14 KO. Es besteht jedoch die Möglichkeit, gegen den Gemeinschuldner persönlich bei der Einzelfirma oder den persönlich haftenden Gesellschafter bei der echten Personenhandelsgesellschaft wegen **Zinsen ab dem Tage der Konkurseröffnung** vorzugehen, und zwar durch Zwangsvollstreckung in sein Neuvermögen, soweit vorhanden.

Gem. § 63 Nr. 1 KO können „die seit der Eröffnung des Verfahrens laufenden Zinsen" im Konkursverfahren nicht geltend gemacht werden. Hieraus zieht die ganz herrschende Meinung den Schluß, daß Zinsen ab Konkurseröffnung gegen den Gemeinschuldner persönlich vollstreckt werden können. Wenn das Konkursverfahren mehrere Jahre dauert und der Gemeinschuldner wieder gut verdient, kommt ihn das ziemlich teuer zu stehen. Allerdings wissen es die wenigsten Gläubiger.

d) Feststellung bestrittener Konkursforderungen

Können sich Gläubiger und Konkursverwalter über die Höhe einer Konkurs- 32
forderung nicht einigen, bleibt nur die **Feststellungsklage** gegen den Konkursverwalter gem. § 146 KO, die wegen des meist geringen Streitwertes – entscheidend ist die voraussichtliche Konkursquote – häufig am Amtsgericht, Streitgericht, beginnt. Zu beachten ist die Ausschlußfrist des § 152 KO. War gegen den Gemeinschuldner bereits vorher ein Rechtsstreit anhängig, wird dieser zunächst durch die Konkurseröffnung unterbrochen, § 240 ZPO. Bestreitet dann der Konkursverwalter die zur Tabelle angemeldete Forderung, kann dieser Gläubiger den unterbrochenen Rechtsstreit aufnehmen, jedoch mit der Maßgabe, daß Beklagter nunmehr der Konkursverwalter ist und nicht mehr Zahlung, sondern Feststellung der strittigen Forderung zur Konkurstabelle begehrt wird, § 12 KO.

e) Anfechtungsprozesse

Ein besonderer Konfliktstoff zwischen Konkursverwalter und Gläubiger liegt 33
in dem Komplex **„Konkursanfechtung"**, §§ 29ff. KO. Grundgedanke dieser Vorschrift ist der Wunsch, Rechtsgeschäfte zwischen dem nachmaligen Gemeinschuldner und bestimmten Gläubigern anfechten zu können, die nach dem Eintritt der Krise – Zahlungseinstellung oder Konkursantrag – einzelne Gläubiger begünstigt haben, falls diesen Gläubigern eine Kenntnis von der Krise nachgewiesen oder unterstellt werden kann. Der Umfang der Beweislast des Konkursverwalters hinsichtlich der subjektiven Tatbestandsmerkmale des Anfechtungsgegners hängt nach der wichtigen Vorschrift des § 30 KO davon ab, ob es sich bei dem anzufechtenden Rechtsgeschäft um eine **kongruente** (§ 30 Nr. 1 KO) oder eine **inkongruente** (§ 30 Nr. 2 KO) **Deckung** gehandelt hat.

Bei den Anfechtungsprozessen scheiden sich die Geister. Ein zunächst von allen Gläubigern gelobter Konkursverwalter schafft sich rasch Feinde, sobald er anfängt, sich mit dem Thema Anfechtung zu befassen. In der Praxis bleiben leider viele Tatbestände unaufgeklärt, zumal der Geschäftsführer der Gemeinschuldnerin – der in einem Anfechtungsprozeß als Zeuge fungiert – häufig kein Interesse an der Aufklärung anfechtungsverdächtiger Tatbestände hat. Nicht selten hat er sich bei der Hausbank oder bei besonderen Lieferanten verbürgt! Die Anfechtung einer Globalzession etwa kurz vor dem Ende – von dem die Bank natürlich keine Ahnung hatte – würde den Ausfall der Bank und damit das Obligo des Geschäftsführers und Bürgen erhöhen. Auf die besondere Problematik **kapitalersetzender Gesellschafterdarlehen,** § 32a GmbHG i. V. m. § 32a KO kann hier nicht näher eingegangen werden.

Wichtig: Nach Ablauf eines Jahres, gerechnet ab dem Tage der Konkurseröffnung, erlischt das Anfechtungsrecht des Konkursverwalters. Eine Verlängerung dieser Frist ist nicht möglich.

6. Der Zwangsvergleich

Natürliche Personen oder Gesellschafter einer echten Personen-Handelsge- 34
sellschaft, die ein gerichtliches Vergleichsverfahren nicht geschafft haben, versu-

chen häufig eine **Restschuldbefreiung** im Rahmen eines Zwangsvergleiches am Ende des Konkursverfahrens (§§ 173ff. KO). Vorschriften über die Höhe einer Quote für die nicht bevorrechtigten Gläubiger gibt es nicht. Man geht jedoch davon aus, daß die bevorrechtigten Gläubiger grundsätzlich voll bedient werden müssen. Zumindest die Finanzverwaltung ist gelegentlich bereit, einen Verfahrensbeitrag zu leisten. Sehr fraglich ist, ob die ohnehin vorhandene Konkursmasse ausreicht oder ob sie von dritter Seite – z. B. aus dem Neuvermögen des Gemeinschuldners – angereichert oder ob den Gläubigern wenigstens in der Form eines Besserungsscheines oder einer Beteiligung an dem neuen Unternehmen des Gemeinschuldners ein zusätzlicher Vorteil gewährt werden muß. Schließlich haben es aber die Gläubiger in der Hand, einen nicht zufriedenstellenden **Vergleichsvorschlag** mit den in § 182 KO vorgeschriebenen Mehrheiten abzulehnen.

Wichtig: Falls der Gemeinschuldner zwischenzeitlich wegen einschlägiger **Konkursdelikte** bestraft wurde, scheidet ein Zwangsvergleich aus, § 175 KO.

7. Die Haftung des Konkursverwalters, des Gläubigerausschusses oder des Richters/Rechtspflegers

a) Haftung des Konkursverwalters, § 82 KO

35 Literatur und Rechtsprechung zur Haftung des Konkursverwalters, § 82 KO sind Legion. Bis vor kurzem war man der Auffassung, daß der Konkursverwalter für jegliches Fehlverhalten innerhalb einer **Verjährungsfrist** von 30 Jahren persönlich einzustehen habe. In seiner Entscheidung vom 17. 1. 1985 (NJW 1985, 1161 = ZIP 1985, 359) hat der *BGH* die Verjährungsfrist auf 3 Jahre verkürzt. Außerdem hat dann der *BGH* in der weiteren Entscheidung vom 4. 12. 1986 (ZIP 1987, 115ff.) ausgesprochen, daß der Konkursverwalter einer GmbH jeweils nur in dem Umfang zur Haftung herangezogen werden kann, in dem sich auch der Geschäftsführer einer nicht insolventen GmbH persönlich haftbar gemacht hätte. In dem entschiedenen Fall ging es um die Fortführung einer Produktionsgesellschaft im Konkurs. Trotz aller betriebswirtschaftlicher Planungen ergaben sich Verluste, so daß Masseverbindlichkeiten, vor allem Steuern und Sozialversicherungsbeiträge nicht mehr bezahlt werden konnten. Der BGH lehnte eine persönliche Haftung des Konkursverwalters für diese Beträge ab.

Beachte: ergibt sich noch vor Abschluß des Konkursverfahrens, daß der Konkursverwalter gegen seine Pflichten verstoßen hat, so ist vom zuständigen Konkursgericht ein **Sonder-Konkursverwalter** zu bestellen (vgl. hierzu *BGH* ZIP 1989, 1407).

Nach Aufhebung des Konkursverfahrens kann jeder Gläubiger Schadenersatzansprüche gegen den (früheren) Konkursverwalter selbst geltend machen, falls er im **Schlußtermin** entsprechende Einwendungen gegen die **Schlußrechnung** vorgebracht hat. Andernfalls gilt die Schlußrechnung als anerkannt, § 86 KO, letzter Satz. Der Konkursverwalter ist insoweit entlastet und seiner Verantwortung nach § 82 KO enthoben, es sei denn, er hat über den fraglichen Punkt überhaupt nicht Rechnung gelegt.

Daß Konkursverwalter in größeren Verfahren eine **Vermögensschaden-Haftpflicht-Versicherung** abschließen ist für geschädigte Gläubiger oft nur ein kleiner Trost. Der Weg bis zum BGH ist weit.

b) Haftung des Gläubigerausschusses, § 89 KO

Prozesse über die persönliche Haftung eines Mitgliedes des **Gläubigerausschusses,** § 89 KO, sind vergleichweise selten. Die einschränkende Rechtsprechung des BGH über Haftungsumfang und Verjährungsfrist beim Konkursverwalter gilt auch hier. Probleme könnten sich im Einzelfall aus der Pflicht zur **Kassenprüfung** ergeben, § 88 II 2 KO. 36

c) Haftung des Richters/Rechtspflegers?

Schadenersatzansprüche gegen den für das Konkursverfahren zuständigen **Richter/Rechtspfleger** wegen Verletzung ihrer Überwachungspflichten sind trotz der gewaltigen Zahl von Verfahren gegen Konkursverwalter so gut wie unbekannt. Im übrigen darf auf die umfangreiche Rechtsprechung zu § 839 BGB verwiesen werden. 37

8. Ansprüche gegen den GmbH-Geschäftsführer persönlich

Sieht man von den Konkursdelikten der §§ 283ff. StGB ab, so ergeben sich in fast jedem Konkursverfahren mögliche Ansprüche der Gläubiger gegen den verantwortlichen GmbH-Geschäftsführer und zwar: 38
- wegen verspäteter Bilanzierung, insbesondere aber wegen verspäteter Konkurs- oder Vergleichsanmeldung (a), und
- wegen verspäteter Einstellung des Geschäftsbetriebes und damit verbundener Betrugstatbestände (b).

a) Verspätete Konkurs-/Vergleichsanmeldung

Daß der GmbH-Geschäftsführer ebenso wie der Vorstand einer Aktiengesellschaft spätestens binnen 6 Monaten nach Ablauf des Geschäftsjahres die **Bilanz nebst Gewinn- und Verlustrechnung** vorlegen muß, § 264 HGB, wird gerade bei den insolvenzgefährdeten kleineren und mittleren Gesellschaften kaum ernst genommen. Mehr Respekt besteht schon vor der 3-Wochenfrist des § 64 GmbHG (bei der GmbH & Co. KG § 177a HGB in Verbindung mit § 130a HGB, bei der AG § 92 AktG). Der Eintritt der **Zahlungsunfähigkeit** ist meist leicht feststellbar. Entweder es hagelt schon Mahnbescheide, oder die Hausbank hat den Kredit gekündigt. 39

Die Abhandlungen über den Konkursgrund der **Überschuldung** sind kaum mehr überschaubar (sehr lesenswert: *Uhlenbruck,* Die GmbH & Co. KG in Krise, Konkurs und Vergleich). Nach der ständigen Rechtsprechung des BGH hat der Geschäftsführer eine **„Überschuldungsbilanz"** aufzustellen, sobald er weiß oder wissen muß, daß eine Überschuldung seiner Gesellschaft in Betracht kommt. Entscheidend ist nun die Bewertung der einzelnen Positionen der Aktiva. Nach heute ganz herrschender Meinung sind die Aktiva mit den effektiven Verkehrswerten jeweils unter Fortführungsgesichtspunkten – **„going-concern"** – anzusetzen. Stille Reserven dürfen also aufgedeckt werden. Ein etwaiges Know-how kann nur höchst vorsichtig bewertet werden. Erstellt der Geschäftsführer diese Überschuldungsbilanz zu spät oder läßt er dann mehr als 3 Wochen verstreichen, bis er Konkurs oder Vergleich beantragt, so macht er sich strafbar, § 84 GmbHG (für die GmbH & Co. KG gilt § 177a HGB in Verbindung mit § 130b HGB, für die AG gilt § 401 AktG). Im übrigen darf auf Abschnitt I (Rdnr. 1ff.) verwiesen werden.

b) Betrug

40 Die Situation ist stets dann problematisch, wenn der Geschäftsführer nach Eintritt der Krise ums Überleben kämpft. Stellt er jetzt den Geschäftsbetrieb ein, ist alles zu Ende. Arbeitet er weiter und kommt es dann doch zum Konkurs, so macht er sich solchen Gläubigern gegenüber des Betruges (§ 264 StGB) schuldig, die im Vertrauen auf seine Zahlungsfähigkeit nach dem Eintritt der Krise noch Lieferungen und Leistungen erbracht haben und nunmehr mit ihren Forderungen ganz oder teilweise ausfallen. Daß den betroffenen Gläubigern im letzteren Falle Schadenersatzansprüche gegen den Geschäftsführer der GmbH bzw. den Vorstand der AG zustehen liegt auf der Hand. Im Falle a) läßt sich jedoch eine Kausalität zwischen der verspäteten Konkurs-/Vergleichsanmeldung und dem Schaden des Gläubigers nicht immer herleiten.

Sehr streitig ist, ob sich der GmbH-Geschäftsführer, der mit Zustimmung seiner Mitgesellschafter Stammkapital oder kapitalersetzende Darlehen entnimmt, wegen Untreue gegen seine Gesellschaft strafbar macht, § 266 StGB. Am „Vorenthalten oder Veruntreuen von Arbeitsentgelt", § 266a StGB, kommt in der Insolvenz fast kein Geschäftsführer vorbei. I. ü. darf auf die breite Palette der §§ 283ff. StGB verwiesen werden.

9. Ansprüche gegen die Hausbank des Gemeinschuldners?

41 **a)** Nicht selten müssen Konkursgläubiger aus dem Bericht des Konkursverwalters in der Gläubigerversammlung zur Kenntnis nehmen, daß die Gemeinschuldnerin faktisch ihr gesamtes Vermögen ihrer Hausbank übertragen hat:

- diese ist als Grundpfandgläubiger wirtschaftlicher Eigentümer der Grundstücke nebst allem Zubehör,
- das Warenlager wurde ihr sicherungsübereignet, und
- alle Außenstände A–T abgetreten.

Liegt hier eine **sittenwidrige Knebelung** der Gemeinschuldnerin im Sinne des § 138 BGB vor? Wenn die Belastungen das Gesamtvermögen oder wesentliche Teile erfassen, ja. Lassen allerdings die Belastungen dem Betroffenen noch Raum für eigene geschäftliche Dispositionen, so ist kein Sittenverstoß anzunehmen (*BGH* NJW 1958, 457f.). Liegt jedoch ein Fall sittenwidriger Knebelung vor, ist es Aufgabe des Konkursverwalters, von der Bank Freigabe der Sicherheiten zu verlangen.

42 **b)** Anders ist es mit dem **Konflikt Warengläubiger – Kreditgläubiger.** Die Ansprüche der Lieferanten aus dem verlängerten Eigentumsvorbehalt gehen der Sicherungszession zugunsten der Bank unstreitig vor. Das praktische Problem besteht für die Lieferanten darin nachzuweisen, in welchen Lieferungen des Gemeinschuldners an seine Kunden ihre Waren stecken. Der Konkursverwalter ist verpflichtet, den Lieferanten entsprechende **Auskünfte zu erteilen** (*BGHZ* 70, 86). Bis zu dieser Entscheidung war man überwiegend der Meinung, daß nur der Gemeinschuldner selbst auskunftspflichtig sei.

Andererseits besteht kein Rechtsanspruch, die Geschäftsunterlagen beim Konkursverwalter einzusehen, es sei denn, der Konkursverwalter bietet von sich aus **Einsicht in die Unterlagen** an Stelle der Auskunftserteilung an (*BGHZ* 70, 86). Ob ein Auskunftsanspruch des absonderungsberechtigten Warengläubigers auch gegen die Bank besteht, die (fast) alle Außenstände einzieht, ist strittig. Da ein solcher Anspruch als Nebenverpflichtung der Durchsetzung des Hauptanspruches dienen soll, erscheint er nach § 242 BGB begründet. Schließlich muß die Hausbank ab Kenntnis von der Krise bzw. ab Kreditkündigung alle Eingänge aus Zessionen auf ein Sicherheitenverwertungskonto nehmen, um den Lieferanten die Realisierung ihrer Ansprüche aus verlängertem Eigentumsvorbehalt zu ermöglichen.

10. Das Gläubigeranfechtungsgesetz

Das „Gesetz, betreffend die Anfechtung von Rechtshandlungen eines Schuldners außerhalb des Konkursverfahrens" hat in der Praxis kaum Bedeutung. In Fällen, in denen es nicht zur Konkurseröffnung gekommen ist, kann der Gläubiger anstelle des Konkursverwalters Anfechtungstatbestände realisieren, die jedoch für einen Dritten kaum nachvollziehbar und beweisbar sind. 43

III. Der Anwalt als Berater eines Arbeitnehmers

1. Im gerichtlichen Vergleichsverfahren seines Arbeitgebers

Im Vergleich bleibt die Verfügungsbefugnis und damit die Kompetenz, Kündigungen auszusprechen, grundsätzlich beim insolventen Unternehmer.

a) Fortführungsvergleiche sind in aller Regel nur realistisch, wenn die Belegschaft spürbar abgebaut werden kann. Derartige Kündigungen sind aber erst nach Durchführung eines **Interessenausgleiches** und Abschluß eines **Sozialplanes** (§§ 111/112 BetrVG) nach Maßgabe des Gesetzes über den Sozialplan im Konkurs- und Vergleichsverfahren vom 20. 2. 1985 (abgedruckt u. a. bei *Kilger* KO, Anhang 10) möglich, falls ein Betriebsrat vorhanden ist. Soweit sich die Sozialpläne an die im Gesetz aufgestellten Begrenzungen halten, sind die entsprechenden Beträge in voller Höhe an die Arbeitnehmer auszuzahlen. Darüber hinaus müssen die gesetzlichen und tariflichen Kündigungsfristen eingehalten werden. Das genannte Gesetz war zunächst bis zum 31. 12. 1988 befristet. Es wurde dann zweimal verlängert, erst durch Änderungsgesetz vom 20. 12. 1988 bis zum 31. 12. 1989 (BGBl. I 2450), dann durch Änderungsgesetz vom 22. 12. 1989 bis zum 31. 12. 1991 (BGBl. I 2405). 44

b) Im **Liquidationsvergleich** gilt das Sozialplangesetz in gleicher Weise. In einem Verfahren mit einer größeren Zahl von Arbeitnehmern wird es der Schuldnerin kaum gelingen, die erheblichen Beträge vorab aus der Masse zu bezahlen. 45

2. Im Konkursverfahren

Im Konkursverfahren stellt die Abwicklung der Arbeitsverhältnisse eine der wesentlichen und zeitraubenden Aufgaben des Konkursverwalters und seiner Mitarbeiter dar.

a) Die Kündigung der Arbeitsverhältnisse 46

Gehen wir von dem einfachen Fall aus, daß der Geschäftsbetrieb der Gemeinschuldnerin am Tage der Konkurseröffnung bereits eingestellt war oder vom Konkursverwalter sofort eingestellt wird.

Der Konkursverwalter wird zunächst alle Arbeitsverhältnisse kündigen. Nach § 22 I 2 KO kann er dies ohne Rücksicht auf (längere) **vertragliche Fristen.** Gemäß *BAG* ZIP 1984, 1517 sind jedoch auch **tarifvertragliche Kündi-**

gungsfristen wie gesetzliche Fristen zu behandeln. **Achtung:** Seit der Entscheidung des *Bundesverfassungsgerichts* vom 30. 5. 1990 (ZIP 1990, 1015ff.) sind die kürzeren Kündigungsfristen **für Arbeiter,** § 622 Abs. 2 BGB nicht mehr anwendbar.

Außerdem müssen folgende Sonderfälle beachtet werden:

- **Schwerbehinderte** sind nur nach vorheriger Zustimmung durch die zuständige Hauptfürsorgestelle kündbar,
- **Schwangere** erst zum Ablauf der Mutterschutzfrist,
- Mitglieder des **Betriebsrates** können nach ganz herrschender Meinung erst zu dem Zeitpunkt gekündigt werden, zu dem die ordnungsgemäß kündbaren Arbeitnehmer mit den längsten Kündigungsfristen ausscheiden.
- Gleiches gilt für **ältere Arbeitnehmer,** die nach dem Tarifvertrag einiger Gewerkschaften, vor allem der IG-Metall als unkündbar gelten.
- Ob **Ausbildungsverträge** vorzeitig kündbar sind, ist sehr streitig. Ein fürsorglicher Konkursverwalter wird sich bemühen, den Auszubildenden einem anderen Arbeitgeber zu vermitteln.

Wichtig: Der Konkursverwalter muß auch die **Anzeigepflichten** nach § 17 KSchG und § 8 AFG erfüllen. **Massenentlassungen** vor Ablauf eines Monates nach Eingang der Anzeige beim Arbeitsamt sind nur mit Zustimmung des Landesarbeitsamtes wirksam, § 18 KSchG.

b) Die Ansprüche des gekündigten Arbeitnehmers

47 **aa)** Gem. § 59 I Nr. 3a KO sind die Ansprüche der Arbeitnehmer für die letzten 6 Monate vor Konkurseröffnung **Masseschulden** und damit in bar aus der Masse zu bezahlen. Hier tritt nun das **Gesetz über Konkursausfallgeld** vom 17. 7. 1974 ein und gibt den Arbeitnehmern für die letzten 3 Monate vor Konkurseröffnung einen Anspruch auf volle Bezahlung der bestehenden Rückstände (§§ 141aff. AFG, abgedruckt bei *Kilger* KO Anhang 8). Dieser Anspruch umfaßt Nettolohn/Gehalt, Krankenkasse, Rentenversicherung und Arbeitslosenversicherung, auch vertraglich vereinbarte Provisionen, Spesen und sonstige Kosten, nicht jedoch Lohn- und Kirchensteuer, da Konkursausfallgeld nicht lohnsteuerpflichtig ist. Ob der Arbeitnehmer gegen die Konkursmasse einen (Masse-)Anspruch auf Erstattung der beim Lohnsteuerjahresausgleich fehlenden Lohnsteuer hat, ist bisher noch nicht entschieden. Gesellschafter-Geschäftsführer einer GmbH mit beherrschendem Einfluß (wohl mehr als 25% Anteile, je nach Ausgestaltung der GmbH-Satzung) erhalten kein Konkursausfallgeld.

Gleiches gilt für alle freiberuflichen Mitarbeiter der Gemeinschuldnerin, vor allem für Handelsvertreter.

Zuständige Behörde für das Konkursausfallgeld ist das Arbeitsamt. Dort muß der Arbeitnehmer binnen 2 Monaten nach Konkurseröffnung einen Antrag stellen. Die arbeitsaufwendigen Lohnnachweise hat der Konkursverwalter zu erstellen und einzureichen. Kommt es zur Ablehnung des Konkursantrages mangels Masse, ist dieser Beschluß des Gerichtes maßgeblich für die Berechnung des 3-Monats-Zeitraumes. Sind Arbeitnehmer schon vor dem Stichtag (Konkurseröffnung-Ablehnung mangels Masse) ausgeschieden, wird bis zum Tag des Ausscheidens für maximal 3 Monate Konkursausfallgeld bezahlt.

48 **bb)** Soweit der Konkursverwalter die Arbeitnehmer nicht mehr benötigt, wird er sie von Arbeit **freistellen** mit dem Hinweis, daß zunächst noch offene Urlaubs- und Überstundenansprüche einzubringen sind. Reicht die Masse vor-

aussichtlich nicht aus, alle Masseverbindlichkeiten zu bezahlen, wird er die Arbeitnehmer bitten, beim Arbeitsamt sofort **Arbeitslosengeld** zu beantragen. Das Arbeitsamt macht dann das gezahlte Arbeitslosengeld (wie das Konkursausfallgeld lohnsteuerfrei) beim Konkursverwalter als Masseschuld geltend, der verbleibende Differenzlohn zwischen dem regulären Gehalt und dem Arbeitslosengeld ist vom Konkursverwalter abzurechnen und an die Arbeitnehmer, die Sozialversicherungsträger und das Finanzamt auszuzahlen. Bei massearmen Konkursen mit verhältnismäßig vielen Arbeitnehmern kann gelegentlich eine Einstellung mangels Masse dadurch vermieden werden, daß das Arbeitsamt bzw. Landesarbeitsamt hinsichtlich des Arbeitslosengeldes einen Rangrücktritt hinter alle übrigen Masseverbindlichkeiten erklärt, so daß eine Bezahlung an das Arbeitsamt nur dann noch in Betracht kommt, wenn schließlich doch noch ausreichend Masse erwirtschaftet werden kann.

cc) Eine interessante Variante bietet in diesem Zusammenhang die Möglich- **49**
keit, den Arbeitsvertrag per Konkurseröffnung einvernehmlich aufzuheben und dem Arbeitnehmer in analoger Anwendung der §§ 9, 10 KSchG für den vorzeitigen Verlust des Arbeitsplatzes eine **Sozialabfindung** zu bezahlen. Eine solche Abfindung ist nicht krankenkassen- und sozialversicherungspflichtig und bis 24000 DM lohn- und kirchensteuerfrei, bei Arbeitnehmern, die das 50. Lebensjahr vollendet haben und 15 Dienstjahre aufweisen bis 30000 DM, nach Vollendung des 55. Lebensjahres und nach 20 Dienstjahren sogar bis 36000 DM, § 3 Ziffer 9 EStG. Hat z. B. der Arbeitnehmer *A*, Brutto-Monatsgehalt 5000 DM ab Konkurseröffnung 4 Monate Kündigungsfrist, so kann die Vereinbarung einer Abfindung in Höhe von 10000 DM brutto für netto für beide Teile vorteilhaft sein, für *A* vor allem dann, wenn er bereits einen neuen Job in Aussicht hat. *A* sollte sich aber vor der Unterschrift an das Arbeitsamt wenden, weil ihm ein Teil der Sozialabfindung auf das Arbeitslosengeld angerechnet wird.

c) Die Mitwirkung des Betriebsrates

Ist ein Betriebsrat vorhanden, muß der Konkursverwalter mit dem Betriebs- **50**
rat einen **Sozialplan** nach Maßgabe des bereits besprochenen Sozialplangesetzes abschließen. Die hieraus resultierenden Ansprüche der einzelnen Arbeitnehmer sind bevorrechtigte Konkursforderungen gem. § 61 I Nr. 1 KO. Über den gleichzeitig abzuschließenden **Interessenausgleich** wurde bereits berichtet. Können sich Konkursverwalter und Betriebsrat nicht einigen muß die **„Einigungsstelle"** angerufen werden, § 112 II BetrVG.

d) Die Fortführung des Geschäftsbetriebs durch den Konkursverwalter

Es kommt nicht selten vor, daß der Konkursverwalter den Geschäftsbetrieb **51**
der Gemeinschuldnerin noch einen gewissen Zeitraum, meist einige Monate fortführen will, sei es, um noch vorhandene **Aufträge abzuwickeln** (sog. Ausproduktion), sei es, um einen Übernehmer zu finden, der natürlich nur an einem laufenden Geschäftsbetrieb Interesse hat. Häufig fallen beide Motive zusammen.

Wie bereits dargestellt, ist die aus Gründen des Betriebsablaufes erforderliche stufenweise Beendigung des Geschäftsbetriebes im Rahmen eines Interessenausgleiches gem. § 112 BetrVG mit dem Betriebsrat zu regeln. Die Problematik dieser – zeitlich begrenzten – Betriebsfortführung liegt meist auf einer anderen Ebene. Gerade die guten Arbeitnehmer suchen sich unverzüglich nach Konkurseröffnung einen neuen Job und **kündigen fristlos** gem. § 626 BGB. Falls mehrere wichtige Posten unbesetzt sind, ist eine geordnete Produktion nicht mehr möglich. Das Recht des Arbeitnehmers, nach Konkurseröffnung gem. § 626 BGB fristlos zu kündigen ist fraglich. Die Rechtsprechung ist darin einig, daß die Konkurseröffnung als solche kein Recht zur fristlosen Kündigung darstellt (Zitate bei *Kilger* Anm. 8 zu § 22 KO). Andererseits ist ebenso unstreitig, daß § 622 BGB durch § 22 KO nicht ausgeschlossen wird. In der Praxis bringt die theoretische Diskussion dieses Problems nicht allzuviel. Es gibt wohl nur zwei Möglichkeiten, den sofortigen Zusammenbruch des Geschäftsbetriebes zu vermeiden. Zum einen wird der Konkursverwalter in einer Betriebsversammlung darauf hinweisen, daß **Zahlungen aus dem Sozialplan** nur möglich sind, wenn die Produktion erfolgreich abgewickelt wird. Reicht dies nicht aus, müssen den Arbeitnehmern **Treueprämien** in Aussicht gestellt werden.

Soll der Personalbestand reduziert werden, stellt sich das weitere Problem der **Sozialauswahl** des § 1 KSchG. Das Bundesarbeitsgericht hat entschieden, daß diese Bestimmung auch für den Konkursverwalter gilt (*BAG* ZIP 1983, 205 ff.).

Um den lädierten Betrieb der Gemeinschuldnerin für einen potentiellen Übernehmer herauszuputzen, möchte der Konkursverwalter gerne alle Arbeitnehmer entlassen, die keine erstklassige Leistung mehr erbringen oder die überdurchschnittlich hohe soziale Anwartschaftsrechte (lange Kündigungsfristen, langer Urlaub u. a.) haben. Das Kündigungsschutzgesetz gebietet meist gerade das Gegenteil. Nur ein sehr kompromißfähiger Betriebsrat und die Abwägung zwischen den Interessen einzelner Arbeitnehmer und denen des Betriebes im Ganzen können diesen Gordischen Knoten lösen.

e) § 613a BGB: Betriebsübergang

52 Das *BAG* hat in seiner Grundsatzentscheidung NJW 1984, 627 = ZIP 1983, 1377 ausgesprochen, daß die in **§ 613a BGB** normierte cessio legis auch bei Betriebsveräußerungen im Konkurs (und im Liquidationsvergleich) gilt. Verkauft daher der Konkursverwalter einen Betrieb oder Betriebsteil, gehen alle Arbeitsverhältnisse der dort zum Zeitpunkt der Konkurseröffnung beschäftigten Arbeitnehmer auf den Erwerber über. Es empfiehlt sich daher für alle Arbeitnehmer, die vom Konkursverwalter gekündigt werden, vorsorglich **Kündigungsschutzklage** (Frist: 3 Wochen) zu erheben mit der Behauptung, eine Betriebsübernahme gem. § 613a BGB sei nicht auszuschließen. Kommt es dann tatsächlich zu einer Betriebsübernahme, können diese Arbeitnehmer vom Erwerber Weiterbeschäftigung verlangen.

Im Rahmen des § 613a BGB gehen auch die Ansprüche der Arbeitnehmer aus einer **betrieblichen Altersversorgung** bei der Gemeinschuldnerin auf den Erwerber über. Ansprüche der Arbeitnehmer gegen die Gemeinschuldnerin, die zum Zeitpunkt der Konkurseröffnung bereits entstanden waren, bleiben allerdings bei der Konkursmasse. Sie gehen auf Grund des **„Gesetzes zur Verbesserung der betrieblichen Altersversorgung“**, kurz **„Betriebsrentengesetz“** genannt, auf den Pensions-Sicherungs-Verein a. G., Köln über (abgedruckt Anhang 9 bei *Kilger* KO).

Hat der Konkursverwalter den Betrieb fortgeführt und die Löhne/Gehälter ab Konkurseröffnung nicht bezahlt, so haftet der Erwerber auch für diese Masseschulden (*BAG* NJW 1987, 1966). Viele Konkursverwalter halten § 613a BGB in der Lesart des BAG für einen Arbeitsplatzvernichter, da potentielle Erwerber unter diesen Umständen häufig nicht bereit sind einzusteigen, so daß auch nicht wenigstens ein Teil der ursprünglichen Arbeitsplätze erhalten werden kann.

Dies führt in der Praxis zu dem Bestreben, die Anwendung des § 613a BGB zu umgehen. Ein häufig praktizierter Versuch besteht darin, den einheitlichen Betrieb der Gemeinschuldnerin wie folgt aufzuspalten:
- Grundstück, Gebäude und Maschinen werden an eine Besitzgesellschaft verkauft,
- das bewegliche Umlaufvermögen wird von einer Betriebs-GmbH erworben,
- Warenzeichen und know how der Gemeinschuldnerin werden zusammen mit einem Schreibtisch (§ 8 WZG!) an eine Marketing GmbH verkauft,
- allen Arbeitnehmern wird vom Konkursverwalter gekündigt.

Die „Auserwählten" erhalten von der Betriebs-GmbH ein Angebot zum Abschluß eines neuen Arbeitsvertrages. Das BAG wird bei seiner extensiven Anwendung wohl auch diesen Beispielfall unter § 613a BGB subsumieren.

IV. Der Anwalt als Berater eines Betriebsübernehmers

1. Betriebsübernahme ohne eröffnetes Insolvenzverfahren

Bei so manchem insolvent werdenden Unternehmen stellt sich die Gretchenfrage, wie denn die noch vorhandenen positiven Elemente **53**
- interessantes Produkt, guter Name, Kundenstamm, Know-how etc.
- unter Zurücklassung der Schulden und des zu hohen Personalbestandes gerettet werden könnten.

In aller Regel denkt man zunächst an eine neu zu gründende Gesellschaft, die entweder vom bisherigen Geschäftsinhaber und dessen Familie oder von fremden Dritten beherrscht werden soll. Sehr rasch stellt man aber fest, daß alle Lösungsansätze an **§ 419 BGB, § 25 HGB und an § 613a BGB** scheitern.

2. Der Konkurs- oder Vergleichsverwalter als Vertragspartner des Übernehmers

Ist das Konkursverfahren eröffnet, wird jeder Verwalter zunächst darüber **54** nachdenken, ob und wie er den Geschäftsbetrieb der Gemeinschuldnerin – oder wenigstens Teile davon – „verkaufen" kann. Hierbei geht es nicht nur um Konkursmasse, sondern auch um die Erhaltung von Arbeitsplätzen. Gerade darin liegt aber das Problem.

Wie bereits dargestellt, gilt § 613a BGB nach der ständigen Rechtsprechung des BAG auch im Konkurs. Da in fast allen Insolvenzen ein zu hoher Personalbestand (mit-)ursächlich für den Zusammenbruch war, sind fremde Dritte nur dann zum Einsteigen bereit, wenn sie nur einen Teil der bisherigen Mitarbeiter übernehmen müssen. Läßt sich dies, wie meist, nicht realisieren, wird lieber auf das Geschäft verzichtet. Damit verlieren dann alle Arbeitnehmer ihren Job.

Viele Konkursverwalter versuchen nun den Geschäftsbetrieb der Gemeinschuldnerin so lange fortzuführen, bis sich der Personalbestand von selbst auf ein vernünftiges Maß reduziert und damit § 613a BGB kein Problem mehr macht. Falls nicht Banken bereit sind ausreichend hohe **Massekredite** zu geben, scheitert dieser Plan meist schon an den notwendigen flüssigen Mitteln, häufig auch daran, daß es für den Konkursverwalter mittel- und langfristig sehr schwer möglich ist, ohne Verluste zu produzieren. Ein noch größeres Problem liegt aber darin, daß auch der Konkursverwalter nach der ständigen Rechtsprechung des BAG verpflichtet ist, sich an die Kriterien der Sozialauswahl des Kündigungsschutzgesetzes zu halten.

55 **Personalabbau im Konkurs** bedeutet also, daß gerade die jüngeren Arbeitnehmer zuerst entlassen werden müssen. Bedenkt man auch, daß nach Konkurseröffnung viele qualifizierte Mitarbeiter von sich aus kündigen, so kann man sich die Personalliste nach 6 Monaten Konkurs gut vorstellen. Potentielle Betriebsübernehmer werden dankend ablehnen.

56 **§ 419 BGB und § 25 HGB** machen im Konkursverfahren keine Probleme. Die neue Gesellschaft kann vom Konkursverwalter alle Aktiva der Gemeinschuldnerin erwerben, ohne sich der Gefahr einer Haftungsübernahme auszusetzen. Sieht man vom Verkauf einzelner Betriebsteile ab, kommt eine **Betriebsübernahme** im gerichtlichen Vergleichsverfahren begrifflich nur beim Liquidationsvergleich in Betracht. Vertragspartner sind hier auf der Verkäuferseite sowohl das schuldnerische Unternehmen als auch der Vergleichsverwalter oder Sachwalter, der seine Zustimmung geben muß. Der Abschluß eines derartigen Vertrages ist nach richtiger Ansicht erst dann möglich, wenn die Gläubigerversammlung den Vergleichsvorschlag mit den erforderlichen Mehrheiten angenommen hat und die Bestätigung des Vergleiches rechtskräftig geworden ist. Andernfalls käme es zum Anschlußkonkurs. Im übrigen gilt das zum Konkursverfahren Gesagte analog: § 613a BGB ist in jeder Phase der Vergleichsabwicklung zu beachten, nicht jedoch § 419 BGB.

V. Ausblick: Die Reform des Insolvenzrechtes

57 Die 1978 von Justizminister *Dr. Vogel* eingesetzte **Kommission für Insolvenzrecht** hat 1985/86 zwei umfangreiche Berichte vorgelegt. Hiernach soll es künftig nur noch ein einheitliches Insolvenzverfahren geben mit den Varianten „Reorganisation" und „Liquidation". Außerdem soll ein große Zahl formeller und materieller Vorschriften geändert werden, nicht nur in der Konkursordnung, sondern quer durch viele Rechtsgebiete, vor allem im Zivil-, Handels- und Arbeitsrecht. Vor dem Hintergrund dieser Vorschläge ließ das Bundesjustizministerium einen **Diskussionsentwurf** erarbeiten, der im September 1988 der Öffentlichkeit zugänglich gemacht wurde. Im November 1989 folgte dann ein **Referentenentwurf,** der die Stellungnahmen der beteiligten Kreise, vor allem der Insolvenzverwalter leider nur teilweise berücksichtigt.

Angesicht der vielfältigen Schwierigkeiten und Interessengegensätze, nicht zuletzt auch wegen der Priorität der Wiedervereinigung konnte das große Reformwerk in der Ende 1990 endenden Legislaturperiode nicht mehr verwirklicht werden. Aus den Reihen der Konkursverwalter – Arbeitskreis für Insolvenzrecht im DAV, Gravenbrucher Kreis u. a. – wurde deshalb seit einiger Zeit versucht, **Vorabmaßnahmen** durchzusetzen. So soll vor allem § 60 KO dahingehend geändert werden, daß erst die Massekosten und dann die Masseschulden zu befriedigen sind. Dies würde zur Vermeidung der vielen Abweisungen mangels Masse führen. Auch eine **Änderung des § 613a BGB** ist geplant. Die Vorschrift soll im Konkurs und Vergleich entschärft werden. Wichtig wäre vor allem auch noch eine Änderung des Umsatzsteuergesetzes dahingehend, daß bei der Verwertung von Sicherungseigentum im Konkurs die Umsatzsteuer nicht mehr, wie jetzt der Konkursmasse zur Last fällt, sondern dem Sicherungsnehmer. Ob dieses Bemühen erfolgreich sein wird, erscheint sehr fraglich. Der seit

Anfang 1991 amtierende Justizminister *Dr. Klaus Kinkel* hat bisher noch nicht zu erkennen gegeben, was er zur Reform des Insolvenzrechtes denkt.

VI. Rechtslage in den neuen Bundesländern

Besondere Schwierigkeiten ergeben sich im Hinblick auf die Wiedervereinigung. **58**

Insolvenzverfahren waren dem System der früheren DDR unbekannt. Erst ab 1. 7. 1990 trat eine „Verordnung über die Gesamtvollstreckung – Gesamtvollstreckungsverordnung –" in Kraft, die in 24 Paragraphen Teilbereiche der Konkursordnung regelt (Gesetzblatt der DDR, Teil I Nr. 32 vom 19. 6. 1990).

Die durch den Einigungsvertrag geschaffene Rechtslage hat die Bundesregierung durch die „Erläuterungen zu den Anlagen des Einigungsvertrages" (BR Drucksache 605/90 vom 11. 9. 1990) begründet. Die bereinigte, ab 3. 10. 1990 geltende Fassung und das „Gesetz über die Unterbrechung von Gesamtvollstreckungsverfahren" sind u. a. abgedruckt in ZIP 1990, S. 1231 ff. und in der RWS Dokumentation 2, das Zivil- und Wirtschaftsrecht in den neuen Bundesländern ab 3. Oktober 1990.

Es sollte nunmehr ein gemeinsames Anliegen sein, die Materie „Insolvenzrecht" so rasch wie möglich einer allseits klaren, überschaubaren und einheitlichen Regelung zuzuführen.

D V. Schiedsrichterliche Tätigkeit

Prof. Dr. Rolf A. Schütze

Übersicht

Literatur: *Glossner/Bredow/Bühler,* Das Schiedsgericht in der Praxis, 3. Aufl. 1990; *Henn,* Schiedsverfahrensrecht, 1986; *Maier,* Handbuch der Schiedsgerichtsbarkeit, 1979; *Schlosser,* Das Recht der internationalen privaten Schiedsgerichtsbarkeit, 2. Aufl., 1989; *Schütze/Tscherning/Wais,* Handbuch des Schiedsverfahrens, 2. Aufl., 1990; *Schwab/Walter,* Schiedsgerichtsbarkeit, 4. Aufl., 1990.

I. Schiedsvereinbarung

1. Zweckmäßigkeit einer Schiedsvereinbarung

1 Die Schiedsgerichtsbarkeit ist in einzelnen Fällen der ordentlichen Gerichtsbarkeit konzeptionell überlegen (vgl. *Schütze,* in: *Gilles,* Effiziente Rechtsverfolgung, 1987 S. 65ff.). Das ist jedoch nicht immer der Fall, insbesondere ist die Schiedsgerichtsbarkeit nicht unbedingt kostengünstiger und schneller. Vor- und Nachteile gilt es im einzelnen abzuwägen (dazu im einzelnen *Schütze/Tscherning/Wais,* Handbuch des Schiedsverfahrens, Rdnrn. 1ff.).

a) Sachkunde

2 Schiedsgerichte empfehlen sich dort, wo die Materie besondere Sachkunde in technischer (Schiffahrt, Bauwesen pp.), juristischer (Versicherungsrecht, ausländisches Recht pp.) oder sprachlicher Hinsicht (Beweismittel in fremder Sprache, fremdsprachige Zeugen und Parteien) erfordert.

b) Kosten

3 Die Kostenvorteile der Schiedsgerichtsbarkeit werden häufig überschätzt. Schiedsverfahren sind – insbesondere bei kleinen Streitwerten – oft teurer als Verfahren vor staatlichen Gerichten (vgl. für Beispiele *Schütze/Tscherning/Wais* aaO, Rdnr. 10), obwohl die Schiedsgerichtsbarkeit konzeptionell wegen der Einstufigkeit billiger zu sein scheint. Es ist aber zu berücksichtigen, daß das Vollstreckbarerklärungsverfahren durch den Instanzenzug mit entsprechender Kostenfolge gehen kann.

c) Verfahrensdauer

Trotz der grundsätzlichen Einstufigkeit sind Schiedsverfahren nicht unbedingt schneller als ordentliche Prozesse. Die notwendigen Abstimmungen mit Parteien, Anwälten, Zeugen und Sachverständigen und der Mangel von prozessualen Zwangsmitteln verzögern Schiedsverfahren – insbesondere bei böswilligen Parteien – häufig. Auch hier ist zu berücksichtigen, daß das auch bei inländischen Schiedssprüchen notwendige Vollstreckbarerklärungsverfahren (§ 1042 I ZPO) über den vollen Instanzenzug gehen kann. 4

d) Vertraulichkeit

Die Nicht-Öffentlichkeit des Schiedsverfahrens ist insbesondere bei gesellschaftsrechtlichen Streitigkeiten (dazu *Roth,* in: Festschr. f. Nagel, 1987, S. 318ff.) ein Vorteil des Schiedsverfahrens. 5

e) Mangelnde Präzedenzwirkung

Wenn eine Präzedenzwirkung der Entscheidung gewünscht wird, ist ein Schiedsverfahren ungeeignet. 6

f) Freizügigkeit

Schiedssprüche werden international weitergehend anerkannt und für vollstreckbar erklärt als dies bei gerichtlichen Entscheidungen der Fall ist. Das gilt nicht nur für den staatsvertraglichen Bereich (z. B. UN-Übereinkommen über die Anerkennung und Vollstreckung ausländischer Schiedssprüche vom 10. 6. 1958), sondern auch für das autonome Recht. So sind die Schranken der Wirkungserstreckung im deutschen Recht in § 1044 ZPO für ausländische Schiedssprüche viel niedriger angesetzt als für ausländische Zivilurteile in §§ 328, 722f. ZPO, insbesondere weil die verbürgte Gegenseitigkeit nicht Erfordernis der Wirkungserstreckung für ausländische Schiedssprüche ist. Vielfach bietet nur eine Schiedsvereinbarung die einzige Möglichkeit, einen international durchsetzbaren Spruch zu erhalten. 7

2. Institutionelles oder ad hoc Schiedsgericht

a) Überlegungen für die Wahl

aa) Verfahrensordnung. Ad hoc Schiedsgerichte bieten den Parteien große Flexibilität. Sie ermöglichen ein „maßgeschneidertes" Schiedsverfahren. Die Redaktion einer Schiedsvereinbarung eines ad hoc Schiedsgerichts erfordert aber viel Erfahrung und Sorgfalt. Institutionelle Schiedsgerichte machen es den Parteien leichter. Sie haben den Vorteil, daß auch ungeübte Anwälte durch die bloße Vereinbarung der Zuständigkeit des institutionellen Schiedsgerichts Fehler vermeiden können. Dieser Vorteil kann bei ad hoc Schiedsgerichten zumindest teilweise dadurch ausgeglichen werden, daß die Parteien hinsichtlich des Verfahrens auf eine Musterschiedsordnung zurückgreifen können (z. B. die UNCITRAL-Schiedsgerichtsordnung; Schiedsgerichtsordnung des Deutschen Ausschusses für Schiedsgerichtswesen, abgedruckt bei *Schütze/Tscherning/Wais* aaO, S. 574ff.; 530ff.). 8

bb) Organisation. Institutionelle Schiedsgerichte stellen regelmäßig ein Sekretariat, Sitzungsräume pp. zur Verfügung und überwachen die Durchführung des Verfahrens in organisatorischer Hinsicht. Damit ist – cum grano salis – eine 9

Garantie für die Zügigkeit und Ordnungsgemäßheit des Ablaufs des Verfahrens gegeben.

10 **cc) Kosten.** Die Hilfe der institutionellen Schiedsgerichte hat jedoch ihren Preis. Die Verwaltungsgebühren sind z. T. relativ hoch. Die Verwaltungskosten sind neben den Schiedsrichterhonoraren zu zahlen.

11 **dd) Durchsetzbarkeit.** Obwohl Schiedssprüche von institutionellen und ad hoc Schiedsgerichten rechtlich gleiche Qualität haben, ist nicht zu verkennen, daß Sprüche unter der Schiedsordnung eines renommierten internationalen Schiedsgerichts – nicht zuletzt durch die Hilfe der Institution – praktische Vorteile im Exequaturverfahren haben. So ist die Internationale Handelskammer Paris bemüht, eine Durchsetzung „ihrer" Sprüche zu sichern.

b) Institutionelle Schiedsgerichte

12 Als wesentliche institutionelle Schiedsgerichte kommen in Europa in Betracht:

aa) Internationale Handelskammer Paris. (38, Cours Albert 1er, F-75008 Paris, Deutsche Gruppe Kolumbastraße 5, D-5000 Köln 1). Die Verfahrungsordnung ist mit Wirkung vom 1. 1. 1988 neu gefaßt (vgl. dazu *Aden,* Internationale Handelsschiedsgerichtsbarkeit, 1988, S. 135 ff.; *Bredow/Bühler* IPRax 1988, 69 ff.; im übrigen *Schütze* WM 1986, 345 ff.).

13 **bb) Schiedsgericht der Bundeskammer der gewerblichen Wirtschaft Wien.** (Wiedner Hauptstraße 63, P. O. Box 190, A-1045 Wien) (vgl. dazu *Aden* aaO, S. 146 ff.; *Schütze/Tscherning/Wais* aaO, Rdnr. 872 ff.; *Schütze* WM 1987, 609 ff.).

14 **cc) Schiedsgericht der Zürcher Handelskammer.** (Bleicherweg 5, CH-8022 Zürich) (dazu *Glattfelder,* Die internationale Schiedsgerichtsbarkeit der Züricher Handelskammer, 1979; *Schütze/Tscherning/Wais* aaO, S. 848 ff.).

15 **dd) Schiedsgericht der Stockholmer Handelskammer.** (Postfach 16050, S-10322 Stockholm 16) (vgl. dazu *Aden* aaO, S. 184 ff. *Stockholm Chamber of Commerce,* (Hrsg.) Arbitration in Sweden, 2. Auflage 1984).

16 **ee) Schiedsgericht des London Court of International Arbitration.** (International Arbitration Centre, 75 Cannon Street, London EC4 N5BG) (vgl. dazu *Schütze/Tscherning/Wais* aaO, Rdnr. 882).

17 **ff) Außenhandelsarbitrage der sozialistischen Staaten.** Die sozialistischen Staaten haben bei den Außenhandelskammern – jeweils in den Hauptstädten – Schiedsgerichte nach dem Vorbild des Außenhandelsschiedsgerichts der Allunionskammer Moskau eingerichtet (vgl. dazu *Pfaff,* Die Außenhandelsschiedsgerichtsbarkeit der sozialistischen Länder im Handel mit der Bundesrepublik Deutschland 1973). Durch das Listensystem ist es regelmäßig nur möglich, Schiedsrichter, die dem jeweiligen Staat (und Regime) als Universitätsprofessor, Syndikus etc. besonders verbunden sind, zu wählen. Hieraus kann aber nach der Rechtsprechung des *BGH* nicht auf Parteilichkeit geschlossen werden (vgl. *BGHZ* 52, 184; dazu *Mezger* NJW 1970, 368 ff.; *Pfaff* AWD 1970, 55 ff.).

3. Erfordernisse der Schiedsvereinbarung

a) Subjektive Schiedsfähigkeit der Parteien

Die Parteien müssen in der Lage sein, sich durch Vertrag zu verpflichten. Bei Ausländern beurteilt sich die Geschäftsfähigkeit nach ihrem Personalstatut (vgl. Art. 7 I EGBGB). Die subjektive Schiedsfähigkeit fehlt z. B. nicht börsentermingeschäftsfähigen Personen für Ansprüche aus Börsentermingeschäften (vgl. *Schütze* Jahrbuch für die Praxis der Schiedsgerichtsbarkeit I [1987], S. 94ff.). **18**

b) Objektive Vergleichsfähigkeit des Schiedsgegenstandes

Nur wenn die Parteien über einen Gegenstand eine Regelung durch Vergleich treffen können, ist eine Schiedsvereinbarung zulässig. Schiedsunfähig sind z. B. Ehesachen (§§ 606ff. ZPO), Kindschaftssachen (§§ 640ff. ZPO), Entmündigungssachen (§§ 645ff. ZPO). Nicht oder nur beschränkt schiedsfähig sind u. a. aktienrechtliche Anfechtungsklagen (*BGH* MDR 1951, 674), Klagen über die generelle Wirksamkeit von AGB (§§ 13, 14 AGBG), Kartellstreitigkeiten (§ 91 GWB), Streitigkeiten über die Wirksamkeit von Mietverhältnissen (§ 1025a ZPO). **19**

c) Formerfordernisse

aa) Schriftform. Die Schiedsvereinbarung bedarf der Schriftform. Die Vereinbarung darf keine sonstigen Regelungen enthalten (§ 1027 I ZPO) und wird deshalb regelmäßig in gesonderter Urkunde vereinbart, obwohl dies nicht notwendig ist (vgl. *Schütze/Tscherning/Wais* aaO, Rdnr. 70). Die notarielle Beurkundung ersetzt die Schriftform (§ 126 I BGB). Ist die Schiedsvereinbarung aber in einer Anlage zu einem notariellen Protokoll enthalten, so genügt die Verlesung der Anlage nicht. Die Parteien müssen auch die Anlage unterschreiben (vgl. *BGHZ* 38, 155). **20**

bb) Ausnahmen vom Formzwang. Eine Ausnahme vom Formzwang besteht für eine Schiedsvereinbarung unter Vollkaufleuten, soweit sie für beide Parteien ein Handelsgeschäft ist (§ 1027 III ZPO). Rügelose Einlassung zur Hauptsache heilt den Formmangel (§ 1027 II ZPO). **21**

4. Inhalt der Schiedsvereinbarung

a) Notwendiger Inhalt

Die Schiedsvereinbarung muß die Entscheidung einer Rechtsstreitigkeit durch ein echtes Schiedsgericht (ein oder mehrere Schiedsrichter) zum Gegenstand haben (§ 1025 I ZPO). **22**

b) Gebotener Inhalt

aa) Umfang der Entscheidungskompetenz des Schiedsgerichts. Die Schiedsvereinbarung sollte den Umfang der Entscheidungskompetenz des Schiedsgerichts genau umschreiben, insbesondere bestimmen, ob das Schiedsgericht selbst auch über die Wirksamkeit der Schiedsvereinbarung entscheiden kann (Kompetenz/Kompetenz). (Zur Zulässigkeit vgl. *BGH* BB 1955, 552; *BGHZ* 68, 356; *BGH* WM 1988, 1430; zur Formulierung *Schütze/Tscherning/Wais* aaO Rdnr. 118.) **23**

bb) Bestellung des Schiedsgerichts. Die Parteien können den oder die Schiedsrichter in der Schiedsvereinbarung bereits bezeichnen. Wenn die **24**

Schiedsrichter namentlich bezeichnet sind, so ist für Ersatzschiedsrichter Sorge zu tragen, da sonst die Schiedsvereinbarung bei Wegfall eines Schiedsrichters außer Kraft tritt (§ 1033 Nr. 1 ZPO). Die Vereinbarung, daß ein Einzelschiedsrichter, der von einer Partei ernannt ist, entscheiden soll, verstößt bei deutschen Schiedsgerichten gegen den ordre public (vgl. *BGHZ* 54, 392), bei ausländischen Schiedsgerichten nicht unbedingt (vgl. *BGH* NJW 1986, 3027 mit ablehnender Anm. *Schütze* EWiR Art. 5 UNÜ 1/86, 835).

25 **cc) Schiedsrichterbenennung durch Dritte.** Soll ein Dritter (Präsident der IHK, OLG-Präsident etc.) für den Fall, daß eine Partei ihren Schiedsrichter nicht fristgemäß benennt oder die Schiedsrichter sich nicht auf einen Obmann einigen, die Ernennung vornehmen, so ist zweckmäßigerweise **vorher** das Einverständnis des Dritten einzuholen, die Ernennung vorzunehmen (vgl. für ein Muster *Schütze/Tscherning/Wais* aaO, Rdnr. 571). Sonst kann es passieren, daß der Dritte die Ernennung ablehnt – was verschiedentlich vorgekommen ist (vgl. z. B. *Mann* in: Liber Amicorum Schnitzer, 1979, S. 325ff. [327f.]) – und die Schiedsvereinbarung damit hinfällig wird.

26 **dd) Verfahren.** Die Schiedsvereinbarung sollte dem Schiedsgericht Hinweise über das anwendbare Verfahren geben, z. B. durch die Bestimmung der Anwendbarkeit einer Musterschiedsordnung oder die entsprechende Anwendbarkeit der Regeln über das Verfahren des ersten Rechtszuges ZPO und den Schiedsort festlegen. Bei internationalen Schiedsverfahren ist das anwendbare Schiedsverfahrensrecht zu bestimmen. Dies ist für die Nationalität des Schiedsspruchs maßgebend (vgl. *BGHZ* 21, 365; *Wieczorek/Schütze* ZPO, 2. Aufl., § 1025 Anm. F Ia 1; a. A. *Schwab/Walter* a. a. O. S. 250ff. m. w. N. für den Meinungsstand).

27 **ee) Kosten.** Zweckmäßig ist die Regelung der Honorierung der Schiedsrichter und der Kostentragungsverpflichtung der Parteien. Wenn die Honorierung der Schiedsrichter der Schiedsvereinbarung nicht geregelt wird – was die Regel ist – dann kann eine böswillige Partei das Verfahren verzögern, indem sie den Abschluß des Schiedsrichtervertrages durch Verhandlungen über die Höhe des Honorars blockiert.

28 **ff) Anwendbares Recht.** Ist das auf das Rechtsverhältnis, für dessen Streitigkeit die Schiedsvereinbarung getroffen wird, anwendbare materielle Recht nicht eindeutig, so sollte die Schiedsvereinbarung selbst eine Bestimmung hierüber enthalten. Die Parteien können die Schiedsrichter auch von der Anwendung eines bestimmten Rechtes entbinden (amiable compositeur) und es ihnen freistellen, ex aequo et bono oder nach der lex mercatoria zu entscheiden. Hiervon ist abzuraten (vgl. *Triebel/Petzold* RIW/AWD 1988, S. 245ff.).

II. Schiedsverfahren

1. Schiedsverfahren als Schiedsrichter

a) Annahme des Amtes

29 Bevor der von einer Partei oder einem Dritten benannte Schiedsrichter sein Amt annimmt, sollte er sich vergewissern, ob er hieran nicht aus rechtlichen oder tatsächlichen Gründen gehindert ist.

aa) Befangenheit. Befangenheit ist ebenso wie beim staatlichen Richter ein Ablehnungsgrund (§ 1032 I ZPO). Hierzu sollte ein als Schiedsrichter Benannter es nicht kommen lassen und das Amt bereits bei Benennung ablehnen. 30

bb) Besondere persönliche oder fachliche Voraussetzungen. Schreibt die Schiedsvereinbarung besondere Erfordernisse vor (z. B. Befähigung zum Richteramt, Bestellung als Sachverständiger für das Bauwesen pp.), so muß die Ernennung abgelehnt werden, wenn diese besondere Qualifikation fehlt, es sei denn, die Parteien verzichten im Einzelfall hierauf, was eine Änderung der Schiedsvereinbarung bedeutet. 31

cc) Besondere Genehmigung. Richter und Beamte bedürfen einer Genehmigung der Schiedsrichtertätigkeit als Nebentätigkeit (vgl. § 65 I Nr. 2 BBG, § 46 DRiG). Für Richter ist darüber hinaus § 40 I DRiG zu beachten. 32

b) Schiedsrichtervertrag

Die rechtlichen Beziehungen der Schiedsrichter zu den Parteien werden durch den – von der Schiedsvereinbarung zu unterscheidenden – Schiedsrichtervertrag geregelt. Dieser sollte – was leider in der Praxis häufig nicht geschieht – schriftlich abgeschlossen werden (vgl. für ein Muster *Schütze/Tscherning/Wais* aaO, Rdnrn. 252, 253, 579) und insbesondere Regelungen über 33
- die Honorierung der Schiedsrichter (z. B. 3 $^{16}/_{10}$ Gebühren für den Vorsitzenden und 3 $^{13}/_{10}$ Gebühren für die Schiedsrichter) und
- die Haftung der Schiedsrichter (Haftungsbegrenzung auf den Haftungsmaßstab für staatliche Richter)

enthalten. Ist die Schiedsvereinbarung hinsichtlich des Verfahrens lückenhaft, so können auch Einzelheiten des Verfahrens noch im Schiedsrichtervertrag geregelt werden.

c) Verfahren

Das Schiedsgericht ist zunächst und in erster Linie an das Verfahren gebunden, das die Parteien vorgegeben haben, sei es in der Schiedsvereinbarung, sei es im Schiedsrichtervertrag, sei es durch die Vereinbarung der Anwendbarkeit einer Schiedsordnung (institutionelles Schiedsgericht oder Musterschiedsordnung). Fehlt eine solche Bestimmung, sind die Schiedsrichter in der Verfahrensgestaltung frei (§ 1034 II ZPO). Sie müssen jedoch die Grundsätze eines rechtsstaatlichen Verfahrens unter Beachtung der Schranken des § 1034 I ZPO beachten. Insbesondere muß rechtliches Gehör gewährt werden. Die Pflicht zur Gewährung rechtlichen Gehörs ist im Schiedsverfahren nicht anders als im Prozeß vor den staatlichen Gerichten. Zu beachten ist, daß dem Schiedsgericht keine Zwangsmittel zur Verfügung stehen. Soweit Zeugen oder Sachverständige nicht freiwillig erscheinen, müssen die Parteien die Hilfe der staatlichen Gerichte in Anspruch nehmen (§§ 1035 I, 1036 ZPO). Für die Zuständigkeit gilt § 1045 ZPO. 34

d) Entscheidung

aa) Schiedsvergleich. Das Schiedsgericht sollte ebenso wie das staatliche Gericht auf den Abschluß eines Vergleichs hinwirken. Der Schiedsvergleich mit Unterwerfungsklausel ist nach § 794 I Nr. 4a ZPO Vollstreckungstitel (§ 1044a I 1 ZPO). Jedoch ist zu beachten, daß zahlreiche Rechtsordnungen die Vollstreckbarerklärung eines Schiedsvergleichs nicht zulassen. Soll der Schiedsver- 35 gleich im Ausland durchgesetzt werden, so empfiehlt es sich, ihn in die Form eines Schiedsspruchs zu kleiden – wie es z. B. auch in der Schiedsordnung der internationalen Handelskammer Paris (vgl. Art. 17 SchO) vorgesehen ist.

36 **bb) Schiedsspruch.** Der Schiedsspruch wird mit Stimmenmehrheit erlassen (§ 1038 ZPO), was bei der gesetzlichen Regelung des Zweierschiedsgerichts (§ 1028 ZPO) problematisch ist. Es handelt sich jedoch angesichts des in der Praxis üblichen Dreierschiedsgerichts nur um ein theoretisches Problem. Der Schiedsspruch muß datiert und von den Schiedsrichtern unterschrieben werden. Weigert sich bei einem Schiedsgericht aus drei oder mehr Mitgliedern ein Schiedsrichter zu unterschreiben oder ist seine Unterschrift aus sonstigen Gründen nicht zu erlangen, so reicht die Unterschrift der übrigen Schiedsrichter aus (§ 1039 I 2 ZPO). Der Schiedsspruch ist den Parteien zuzustellen (§ 1039 II ZPO) und bei dem zuständigen Gericht zu hinterlegen (§ 1039 III ZPO).

2. Schiedsverfahren als Partei

a) Auswahl und Bestellung der Schiedsrichter

37 Die Qualifikation der Schiedsrichter und die Formen und Fristen für ihre Benennung sind regelmäßig in der Schiedsvereinbarung enthalten. Fehlt eine Regelung, so ernennt jede Partei einen Schiedsrichter (§ 1028 ZPO). Die betreibende Partei teilt dem Gegner den von ihr benannten Schiedsrichter mit der Aufforderung mit, binnen einer einwöchigen Frist ihren Schiedsrichter zu benennen (§ 1029 I ZPO). Nach fruchtlosem Fristablauf wird die Ernennung durch das Gericht vorgenommen (§ 1029 II ZPO). Eine Bestimmung in der Schiedsvereinbarung, wonach bei Versäumung der Schiedsrichterbenennung durch den Gegner der von der betreibenden Partei benannte Schiedsrichter als Einzelschiedsrichter tätig sein soll, ist im inländischen Schiedsverfahren unzulässig (*BGHZ* 54, 392), im ausländischen Prozeß nicht unbedingt ordre publicwidrig (vgl. *BGH* NJW 1986, 3027 mit ablehnender Anm. *Schütze* EWiR Art. 5 UNÜ 1/86, 835).

Die Parteien neigen dazu, „ihren" Schiedsrichter danach auszuwählen, daß er „die Gewähr" für eine ihnen günstige Entscheidung bietet. Das führt in der Praxis dazu, daß häufig allein der Obmann den Rechtsstreit entscheidet. Die Parteien sollten hier Zurückhaltung üben. Insbesondere ist darauf Bedacht zu nehmen, daß bei dem ernannten Schiedsrichter kein Befangenheitsgrund vorliegt, der zur Ablehnung führen kann.

b) Einleitung des Schiedsverfahrens

38 Das Schiedsverfahren wird durch die Benennung des Schiedsrichters und die Erhebung der Schiedsklage eingeleitet. Die Form der Schiedsklage ist im Gesetz nicht geregelt. Sie muß dem Schiedsgericht in irgendeiner Weise zugehen und das rechtliche Begehren enthalten (vgl. im einzelnen *Schütze/Tscherning/Wais* aaO, Rdnr. 373ff.). Die Schiedsklageerwiderung und das weitere Verfahren bestimmen sich nach dem anwendbaren Schiedsverfahrensrecht und werden mangels einer ausdrücklichen Regelung nach § 1034 III ZPO vom Schiedsgericht bestimmt, regelmäßig durch verfahrensleitende Verfügungen des Obmanns.

c) Vertretung durch Rechtsanwälte

39 Rechtsanwälte dürfen – unabhängig von den Vereinbarungen der Parteien – als Prozeßbevollmächtigte nicht zurückgewiesen werden (§ 1034 I 2 ZPO).

III. Vollstreckung von Schiedssprüchen

1. Inländische Schiedssprüche

Inländische Schiedssprüche bedürfen der Vollstreckbarerklärung (§§ 1042ff. ZPO). Auch Schiedssprüche ohne vollstreckbaren Inhalt sind der Vollstreckbarerklärung fähig, da sich die Bedeutung der Vollstreckbarerklärung nicht in der Ermöglichung der Zwangsvollstreckung im engeren Sinne erschöpft. Der Vollstreckbarerklärung fähig sind deshalb auch feststellende Schiedssprüche (vgl. *OLG Hamburg* MDR 1964, 853), klageabweisende Schiedssprüche (*BGH* BB 1960, 302) und gestaltende Schiedssprüche (*Schütze/Tscherning/Wais* aaO, Rdnr. 531). **40**

Der Antrag auf Vollstreckbarerklärung ist nicht fristgebunden. Die gerichtliche Zuständigkeit ist in §§ 1045–1047 ZPO geregelt. Der Antrag kann beim Amtsgericht schriftlich oder zu Protokoll der Geschäftsstelle angebracht werden, beim Landgericht besteht Anwaltszwang. Der für vollstreckbar erklärte Schiedsspruch ist Vollstreckungstitel (§ 794 I Nr. 4a ZPO). Die Vollstreckbarerklärung kann nur versagt werden, wenn ein Aufhebungsgrund i. S. § 1041 ZPO vorliegt (§ 1042 II ZPO). Eine sachliche Nachprüfung ist ausgeschlossen.

2. Ausländische Schiedssprüche

Ausländische Schiedssprüche bedürfen der Vollstreckbarerklärung. Die Nationalität des Schiedsspruchs bestimmt sich nach dem anwendbaren Schiedsverfahrensrecht (*BGHZ* 21, 365). Nach der Rechtsprechung des Bundesgerichtshofs hat der Gläubiger eines ausländischen Schiedsspruchs, der im Ausland für vollstreckbar erklärt worden ist – soweit diese Vollstreckbarerklärung einen „merger" zum Gegenstand hat – ein Wahlrecht, ob er die Anerkennung und Vollstreckbarerklärung des Schiedsspruchs nach § 1044 ZPO (oder den Bestimmungen eines etwa anwendbaren Staatsvertrages) oder die Wirkungserstreckung des ausländischen Exequaturturteils nach §§ 328, 722f. ZPO betreiben will (*BGH* RIW/AWD 1984, 557 mit Anmerkung *Dielmann* und Anmerkung *Schütze* RIW/AWD 1984, 734; *BGH* RIW/AWD 1984, 644 mit Anmerkung *Mezger*). **41**

a) Staatsverträge

Die Anerkennung und Vollstreckbarerklärung ausländischer Schiedssprüche ist weitgehend staatsvertraglich geregelt (dazu *Schütze/Tscherning/Wais* aaO, Rdnrn. 618ff.). Bedeutsam ist insbesondere das UN-Übereinkommen über die Anerkennung und Vollstreckung ausländischer Schiedssprüche vom 10. 6. 1958 (vgl. dazu *Maier,* Europäisches Übereinkommen über die internationale Handelsschiedsgerichtsbarkeit und UN-Übereinkommen über die Anerkennung und Vollstreckbarerklärung ausländischer Schiedssprüche, 1966; *Schlosser,* Das Recht der internationalen privaten Schiedsgerichtsbarkeit, 2. Aufl., 1989, S. 44ff.). Die Erfordernisse der Wirkungserstreckung sind im UN-Übereinkommen von 1958 abschließend geregelt. Ein besonderes Verfahren für die Wirkungserstreckung besteht nicht. Es gilt das Verfahren des § 1044 ZPO. **42**

b) Autonomes Recht

Soweit nicht ein multilateraler oder bilateraler Staatsvertrag die Anerkennung und Vollstreckbarerklärung regelt oder das autonome Recht anerkennungsfreundlicher ist, gilt § 1044 ZPO. Die Erfordernisse der Wirkungserstreckung sind in § 1044 II abschließend geregelt. Zu berücksichtigen ist, daß nach der Rechtsprechung des Bundesgerichtshofs der Versagungsgrund des § 1044 II Nr. 1 ZPO des Fehlens einer gültigen Schiedsvereinbarung dann nicht mehr im Vollstreckbarerklärungsverfahren geltend gemacht werden kann, wenn der Schuldner des Schiedsspruchs von einem nach den anwendbaren ausländischen Verfahrensrecht möglichen befristeten Rechtsbehelf keinen Gebrauch gemacht hat (vgl. *BGHZ* 52, 184; 55, 162; 57, 153). Es ist deshalb im Zweifelsfalle notwendig, ausländische Schiedssprüche im Erststaat anzufechten, wenn man das Fehlen einer Schiedsvereinbarung geltend machen will und das ausländische Recht hierfür eine befristete Anfechtungsmöglichkeit vorsieht.

IV. Aufhebung von Schiedssprüchen

1. Inländische Schiedssprüche

43 Inländische Schiedssprüche können bei schwerwiegenden Mängeln aufgehoben werden. Die Aufhebungsgründe sind in § 1041 ZPO abschließend normiert.

Die Aufhebung erfolgt in einem ordentlichen Prozeß, der durch Klage eingeleitet wird. Zuständig ist das in § 1045 I ZPO bezeichnete Gericht (§ 1046 ZPO).

2. Ausländische Schiedssprüche

44 Eine Aufhebung eines ausländischen Schiedsspruchs durch ein inländisches Gericht ist nicht zulässig. An die Stelle der Aufhebung des ausländischen Schiedsspruchs tritt die Feststellung, daß er im Inland nicht anzuerkennen ist (§ 1044 III ZPO).

D VI. Steuerberatung

Dr. Michael Streck

Übersicht

Literatur: Beck'sches Steuerberater-Handbuch 1990; Steuerberater-Handbuch 1990 (Stollfuß).

I. Rechtliche und wirtschaftliche Bedeutung

„Die GmbH in **Steuer und Recht**" ist ein typischer Titel für Fortbildungsseminare. Er suggeriert, daß die „GmbH im Recht" ein anderes Thema ist als „die GmbH in der Besteuerung", obwohl doch beides unzweifelhaft Rechtsberatung ist. 1

Der **Rechtsanwalt** ist allgemein zur Rechtsberatung befugt (§ 3 BRAO). 2 Gleichwohl wird im Steuerberatungsgesetz (StBerG) noch einmal ausdrücklich gesagt, daß der Rechtsanwalt Steuerberatung betreiben dürfe (§ 3 Nr. 2 StBerG). Auch hier wieder die Vorstellung, wonach Steuerberatung etwas anderes sei als Rechtsberatung. Die **berufsständische Gliederung** der beratenden Berufe unterstreicht diese Aufteilung wiederum. Die Steuerberater sind, so scheint es, für die umfassende Steuerberatung tätig. Es ist ein eigener Berufsstand mit eigenem Selbstverständnis und eigenem Selbstbewußtsein. Dem gegenüber ist es eher zufällig, wenn sich auch Rechtsanwälte mit dem Steuerrecht befassen. Die **Wurzeln** dieser Aufgliederung lassen sich deutlich bis in die 20er und 30er Jahre verfolgen. Steuerberatung war damals etwas Handwerkliches, das dem Anwalt nicht angemessen schien. Hinzu kam die Wirkungskraft des römischen Spruches „judex non calculat". Die fortlaufende Befassung mit Zahlen schien dem Anwalt einfach nicht standesgemäß.

3 Die **Teilung** in **Steuerberatung** und **Rechtsberatung** hatte für die Anwaltschaft verheerende Folgen. Die Steuerberatung ist – vom **Honoraraufkommen** her gesehen – einer der wichtigsten Teile der Rechtsberatung. Die Anwälte haben sich einen Marktanteil entgehen lassen, der ihnen heute wie eine kaum einnehmbare Trutzburg der Steuerberater erscheint. Hinzu kommt, daß viele Anwälte insoweit von Steuerberatern abhängig sind, als die Steuerberater **„Verteilungsfunktionen“** haben. Sie werden gefragt, ob ein Anwalt einzuschalten ist und wen man beauftragen soll.

4 Schließlich verfügt die Steuerberatung über **Dauermandate,** die bei Anwälten in dieser Dichte nicht so häufig zu finden sind. Steuerberater haben gegen Ende ihres Berufslebens etwas zu verkaufen oder zu vererben. Der Mandantenstamm eines Steuerberaters ist weit mehr zu kommerzialisieren als der Mandantenstamm eines Anwalts.

5 In jüngster Zeit bemüht sich die **Anwaltschaft,** hier wieder Terrain zu gewinnen. Der Weg ist lang und mühevoll. Es wäre irrig anzunehmen, man könne das Rad der Geschichte umdrehen und durch anwaltliche Steuerberatung den Beruf des Steuerberaters überflüssig machen. Richtig ist vielmehr zu erkennen, daß die Kooperation und die Zusammenarbeit zwischen Rechtsanwälten und Steuerberatern zur optimalen Steuerberatung führen.

6 Entsprechend diesem Ziel stelle ich hier die möglichen **Tätigkeitsfelder** eines steuerberatenden Anwalts vor. Aufgabe der Darstellung in diesem Buch kann es nicht sein, die Steuerberatung inhaltlich darzustellen. Einen Überblick über das materielle Steuerrecht oder das steuerliche Verfahrensrecht gebe ich nicht. Der zur Verfügung stehende Platz ist zu kurz. Jede Verkürzung auf diesem Raum führt zu inhaltlichen Fehlern.

II. Befugnis zur Steuerberatung

1. Rechtsanwalt

7 Der Rechtsanwalt ist nach § 3 Nr. 2 StBerG zur Steuerberatung berechtigt. § 1 StBerG umschreibt im einzelnen das, was unter Steuerberatung zu verstehen ist. Da die **Steuerberatung Rechtsberatung** ist, hätte es dieser Regelung im Steuerberatungsgesetz nicht bedurft. Der Rechtsanwalt ist bereits nach § 3 BRAO zur Steuerberatung berechtigt.

2. Fachanwalt für Steuerrecht

8 Anwälte mit bestimmter steuerlicher Qualifikation können sich Fachanwalt für Steuerrecht nennen. Die Berechtigung gewährt die zuständige Rechtsanwaltskammer. Die Bezeichnung „Fachanwalt für Steuerrecht“ ist in erster Linie dem **Standesrecht** zuzuordnen. Es geht darum, ob der Rechtsanwalt auf bestimmte Qualifikationen hinweisen darf. Zur Problematik s. H I Rdnr. 181ff.

9 Der „Fachanwalt für Steuerrecht“ stellt **keine besondere Berechtigung** dar, Steuerberatung zu betreiben. Inhaltlich gewährt sie keine größere Berechtigung als die des Anwaltsberufs als solchem. In der tatsächlichen Auswirkung wird durch den Fachanwalt für Steuerrecht natürlich signalisiert, daß der, der diesen Titel trägt, insbesondere zur Steuerberatung qualifiziert ist.

3. Steuerberatungsgesellschaft

Die Steuerberatungsgesellschaft ist in §§ 49ff. StBerG geregelt. Steuerberatungsgesellschaften können **Kapitalgesellschaften** und **Personengesellschaften** sein. Die Befugnis wird der Gesellschaft von der „obersten Landesbehörde" verliehen (§ 49 III StBerG). § 50a StBerG normiert Beschränkungen für die **kapitalmäßig Beteiligten;** so können nur Steuerberater, Rechtsanwälte, Wirtschaftsprüfer, vereidigte Buchprüfer, Steuerbevollmächtigte oder Personen nach § 50 III StBerG Gesellschafter sein. Nur diese Personen können auch persönlich haftende Gesellschafter oder **Geschäftsführer** bzw. Vorstände sein. 10

Für **Anwälte** kennt § 50 IV StBerG die **Einschränkung,** daß die Anzahl der Anwälte, die persönlich haftende Gesellschafter oder Geschäftsführer bzw. Vorstände sind, die Zahl der Steuerberater mit der gleichen Funktion nicht übersteigen darf. Von Anwaltsseite ist diese Beschränkung zu **kritisieren.** Es gibt keinen rechtfertigenden Grund, wonach bei Steuerberatungsgesellschaften die Anwälte schlechter dastehen als die Steuerberater. 11

III. Verhältnis zu anderen Beraterberufen

1. Steuerberater und Steuerbevollmächtigte

Der steuerberatend tätige Rechtsanwalt steht im **Wettbewerb** zu den Steuerberatern und Steuerbevollmächtigten. Steuerbevollmächtigte gehören einem zeitlich auslaufenden Berufsstand an. In Zukunft wird es nur noch Steuerberater geben. Hinsichtlich der sog. **„laufenden Steuerberatung"** (s. Rdnrn. 23, 24ff.) hat der Steuerberater schon deshalb einen Wettbewerbsvorteil, weil in der Regel jeder Ratsuchende davon ausgeht, daß der Steuerberater genau für diese Beratung da ist. Er wird sich in der Regel nicht an einen Anwalt wenden. 12

Tritt der Anwalt nicht in den direkten Wettbewerb mit dem Steuerberater, sollte er die **Kooperation** suchen. Dies gilt dann, wenn er sich für bestimmte Steuerfragen spezialisiert hat (vgl. unten Rdnrn. 27ff.). Hier kann die Zusammenarbeit mit einem Steuerberater für den Mandanten, den Steuerberater und den Anwalt fruchtbar sein. 13

2. Wirtschaftsprüfer und vereidigter Buchprüfer

Wirtschaftsprüfer und vereidigte Buchprüfer haben die Befugnis zur Steuerberatung (§ 3 Nr. 2 StBerG). Soweit sie überwiegend steuerberatend tätig sind, gilt das zum Steuerberater Gesagte entsprechend (Rdnrn. 12ff.). Im übrigen steht beim wirtschaftsprüfenden Beruf die **Rechtsberatung,** auch die Steuerberatung, nicht im Mittelpunkt. Zwischen Wirtschaftsprüfern und Rechtsanwälten gibt es zumeist keine direkte Wettbewerbssituation. 14

3. Hochschullehrer

Hochschullehrer können sich als Steuerberater bestellen lassen, wenn sie an einer deutschen wissenschaftlichen Hochschule oder Fachhochschule mindestens fünf Jahre auf dem **Gebiet des Steuerrechts** gelehrt haben (vgl. §§ 35, 38 I Nr. 1 StBerG). Der Hochschullehrer kann im Einzelfall, zumal wenn er die Steuerberatung in größerem Umfang betreibt, in Wettbewerb zum steuerberatenden Rechtsanwalt treten. Die Erleichterung zur Bestellung als Steuerberater, 15 die das Gesetz dem Hochschullehrer gibt, hält einer Kritik nicht stand; es gibt keine hinreichenden Gründe, dem Hochschullehrer die Befugnis, die typischen freien Berufen vorbehalten ist, mit erleichterten Voraussetzungen zu geben.

4. Standesrecht

16 Der Rechtsanwalt unterliegt, auch wenn er Steuerberatung betreibt, der **standesrechtlichen Kontrolle** durch die zuständige Rechtsanwaltskammer. Für **Sozietäten** gilt: Eine Sozietät zwischen Rechtsanwalt und Steuerberater sowie zwischen Rechtsanwalt und Wirtschaftsprüfer ist möglich. Eine Sozietät zwischen Rechtsanwalt und Steuerbevollmächtigten ist nicht möglich. Allerdings gebe ich hier den Standesrechtszustand vor den Entscheidungen des *BVerfG* (NJW 1988, 191, 194, 196) wieder, wonach das Standesrecht keine hinreichende gesetzliche Grundlage hat. Möglicherweise bringt das zukünftige Standesrecht weitere Möglichkeiten, Sozietäten einzugehen. Zum Standesrecht siehe auch Kap. H.

IV. Steuerberatung als Dienstleistung

17 Der steuerberatend tätige Anwalt ist, zumal wenn er die Erklärungsberatung übernimmt (Rdnrn. 23, 24ff.), in der Regel der **ständige Berater** des Mandanten. Dies setzt eine hohe Flexibilität voraus, auf den Mandanten einzugehen.

18 Einer der Gründe dafür, daß sich die Anwälte die Steuerberatung haben aus den Händen nehmen lassen, ist die **Fehleinschätzung des „Service-Betriebs“.** In der Steuerberatung geht man zum Mandanten hin; in der Steuerberatung ist man von bestimmten Dienstzeiten unabhängig. In der Steuerberatung hat man auch Mut zur Beratung, soweit die engen Steuerberatungsgrenzen überschritten werden. Der Mandant fühlt sich schlecht beraten, wenn er allzu schnell hört, für diesen und jenen Rat sei man nicht zuständig.

19 Dies ist die eine Seite. Die andere: Wer sich voll in das steuerberatende Geschäft begeben hat, verliert die Sachkompetenz für andere Rechtsberatung. Der steuerberatend tätige Anwalt muß auch wissen, wann er selbst Sachen nicht mehr bearbeiten kann, die ihm der Mandant anträgt. Mit einer einfachen Ablehnung ist dem Mandant hier jedoch nicht geholfen. Sie muß mit der Empfehlung eines kompetenten Beraters verbunden sein.

V. Das materielle und formelle Steuerrecht

20 Hier ist nicht der richtige Ort, das materielle und formelle Steuerrecht darzustellen. Es versteht sich von selbst, daß seine Kenntnis Bedingung der Steuerberatung ist. Da die juristische Ausbildung hier versagt, muß sich der **steuerberatend tätige Anwalt** das Steuerrecht selbst aneignen, sei es im Selbststudium, sei es durch Mitarbeit in einer steuerberatend tätigen Praxis.

21 Das **Steuerrecht** ist schwierig und chaotisch. Dies als Anlaß zu nehmen, das Steuerrecht für nicht lernbar zu halten, ist nicht akzeptabel. Auch andere Rechtsgebiete sind schwierig und chaotisch, ohne daß ihnen der fast lähmende Ruf vorauseilt, davon könne man jetzt und in Zukunft nichts verstehen (Beispiel: Sozialrecht).

22 Wer sich mit dem Steuerrecht befaßt, wird schnell zur Erkenntnis und zur Erfahrung gelangen, daß der Reiz dieses chaotischen Rechts darin liegt, daß es

den Berater in **alle Lebenssachverhalte,** die denkbar sind, einführt. Da es kaum einen Lebensbereich gibt, der der Steuer verborgen ist, gibt es keinen solchen Bereich, der nicht Eingang in die steuerberatende Praxis findet. Dies ist der Grund, warum man dem Steuerrecht geradezu „verfallen" kann.

VI. Steuerberatung: Erklärungsberatung

Die Erklärungsberatung ist der häufigste Fall der Steuerberatung. Der Berater 23 bereitet die **Jahreserklärungen** vor (ua. Einkommensteuererklärung, Körperschaftsteuererklärung, Feststellungserklärung, Vermögensteuererklärung, Umsatzsteuererklärung, Gewerbesteuererklärung). Daneben treten die Vorbereitung der **jahresunabhängigen Anmeldungen** (Lohnsteueranmeldungen, Umsatzsteuervoranmeldungen, Kapitalverkehrsteueranmeldungen usw.) und sonstiger Erklärungen (ua. Grunderwerbsteuererklärung, Erbschaftsteuererklärung).

VII. Steuerberatung: Buchführung und Bilanzierung

Buchführung, Bilanzierung und Fertigung der Jahresabschlüsse sind Herz- 24 stücke der steuerberatenden Tätigkeit. Das Bundesverfassungsgericht (*BVerfGE* 54, 301; 59, 302) hat hier insoweit eingegriffen, als es erkannt hat, daß die rein buchführenden Tätigkeit nicht die Befugnis zur Steuerberatung voraussetzt. Gleichwohl bleibt auch noch heute die Übernahme der Buchführung für den Mandanten ein wesentlicher Teilbereich der steuerberatenden Arbeit.

Das Mandat kann einen unterschiedlichen Inhalt haben. Übernimmt der Be- 25 rater die **Buchführung,** so schließt dies in der Regel auch die Fertigung der Jahresabschlüsse ein. Außerdem bereitet dieser Berater auch die Lohnsteuer- und Umsatzsteuervoranmeldungen vor. Wird die Buchführung im Unternehmen durchgeführt, obliegt dem Berater in der Regel die Fertigung des **Jahresabschlusses,** dh. die Bilanzerstellung. In solchen Fällen werden die Umsatzsteuer- und Lohnsteuervoranmeldungen regelmäßig vom Unternehmen selbst gefertigt und abgegeben. Nur die Abgabe der Jahreserklärungen liegt in der Hand des Steuerberaters.

Zumindest die Übernahme der Buchführung setzt heute voraus, daß diese mit 26 einer **EDV-Anlage** durchgeführt werden kann. In seltenen Fällen verfügt der Berater selbst über eine solche Anlage. In der Regel bedient er sich Dritter, die die EDV-mäßige Verarbeitung von Buchführungsinformationen übernehmen. Die bedeutendste Organisation ist die DATEV, ein genossenschaftlicher Zusammenschluß von Steuerberatern, die jedoch auch den Anwälten offensteht.

VIII. Steuerberatung: Einzelfallberatung

Der Steuerberater ist häufig angesichts der von ihm geforderten „Rundumbe- 27 ratung" überfordert, wenn die Behandlung **steuerlicher Einzelfragen** ansteht. Hier können **Anwälte** ihre Spezialleistungen anbieten. Das Verhältnis zum Steuerberater entspricht dem der Fachklinik zum Hausarzt. Kommt im Einzelfall der Steuerberater (Hausarzt) mit einem Problem nicht weiter, bittet er einen Steueranwalt (Fachklinik), ihm bezüglich dieses Problems zur Seite zu stehen.

28 Dieser Steueranwalt kann auf diese Weise z. B. übernehmen:
- Fertigung von **Gutachten** und Stellungnahmen für den internen, für den externen Gebrauch;
- **Einspruchsverfahren;**
- **FG-Verfahren;**
- **BFH-Verfahren;**
- Vertretung in **Betriebsprüfungen** und anderen Außenprüfungen.

29 Der Anwalt, der auf diese Weise tätig ist, sollte keine **„laufende Steuerberatung“** betreiben. Geschieht dies gleichwohl, wird er nur dann zur Spezialberatung herangezogen werden, wenn der ihn vermittelnde Steuerberater sicher ist, daß er das laufende Mandat nicht an den Anwalt verliert. Hier ist eine hohe Sensibilität für den Bestandsschutz, den der Steuerberater erwartet, angebracht.

IX. Steuerberatung: Vertragsberatung

30 Die Notwendigkeit für eine Vielzahl von Verträgen entsteht nicht nur aus der zivilrechtlichen Notwendigkeit, Verträge abzuschließen, sondern auch aus **steuerlichen Bedingungen.** Bestimmte Unternehmensformen werden um bestimmter Steuervorteile willen gewährt. Bestimmte Testamentsgestaltungen sollen bestimmte Steuerfolgen berücksichtigen. Zwischen beherrschendem Gesellschafter und beherrschter Gesellschaft sind aus Steuergründen klare und eindeutige Verträge notwendig.

31 Steuerberater sind nicht befugt, Rechtsberatung im allgemeinen zu betreiben. Die **Vertragsgestaltung** muß in der Hand eines **Anwalts** liegen. Dieser Anwalt wird der besonderen Aufgabe jedoch nur dann gerecht, wenn er die steuerrechtlichen Bedingungen kennt. Keinem Mandanten ist geholfen, wenn er in einer bestimmten steuerlichen Bedarfssituation einen zivilrechtlich zwar excellenten, bezüglich der steuerlichen Anforderung jedoch untauglichen Vertrag erhält. Dies bringt dem Anwalt kein Honorar, sondern allenfalls einen Haftpflichtanspruch. Ist allerdings der Anwalt in den steuerlichen Bedingungen stand- und sattelfest, kann sich eine vorzügliche Zusammenarbeit zwischen laufender Steuerberatung und Anwalt entwickeln.

X. Steuerberatung: Steuerstrafverteidigung

32 Der **Rechtsanwalt** ist in Steuerstrafsachen zur vollen, der Steuerberater im Hinblick auf § 392 AO nur zur eingeschränkten Verteidigung in Steuerstrafsachen berechtigt.

33 Die **optimale Steuerstrafverteidigung** wird „über den objektiven Tatbestand“ geführt. Auf der subjektiven Tatseite ist kaum Verteidigungsterrain zu gewinnen. Die für die Verteidigung entscheidende Frage in Steuerstrafsachen muß dahingehen, ob das Finanzamt tatsächlich die hinterzogene Steuer dem Grund und der Höhe nach richtig ermittelt hat. Zwar ist der Steuerberater in der Regel für die materielle Beurteilung des objektiven Tatbestands hinreichend gerüstet, nicht jedoch für spezifische Verteidigerüberlegungen. Auf der anderen Seite fehlt es dem „typischen“ Strafverteidiger an Kenntnissen des materiellen Steuerrechts, um die Verteidigung in Steuerstrafsachen wirkungsvoll führen zu können.

34 Der Anwalt, der sich im **materiellen Steuerrecht** sicher bewegt und auf dieser Basis die Steuerstrafverteidigung übernimmt, ist der berufene und damit excellente Verteidiger des Steuerstrafverfolgten. **Voraussetzung** ist allerdings die sichere Beherrschung des materiellen Steuerrechts. Die bei Strafverteidigern häufig anzutreffende Tendenz, die effektive Verteidigung in die **Hauptverhandlung** zu verlegen, ist im Bereich der Steuerstrafverteidigung ein gravierender Kunstfehler. Nach meiner Schätzung werden 80% der Steuerstraffälle bei guter Verteidigung im Wege einer Einigung geschäftsmäßig erledigt. Dies setzt jedoch voraus, daß der die Steuerstrafverfolgung so verunsichernde Vortrag, der Steueranspruch werde bestritten, wirkungsvoll eingesetzt werden kann. Wer auf dieser Basis Steuerstrafverteidigung betreibt und Kontakte zu Steuerberatern legt, kann eine noch häufig **vernachlässigte Funktion** übernehmen.

XI. Honorarfragen

35 Die **BRAGO** ist auf die Steuerberatung nicht zugeschnitten. Zwar gibt es besondere Vorschriften für den Steuerprozeß (§§ 114, 117 BRAGO). Der Steuerprozeß ist in der steuerberatenden Praxis jedoch die Ausnahme, nicht die Regel.

36 Für die sog. **laufende Steuerberatung** einschließlich Buchführung und Bilanzierung (Rdnrn. 23, 24ff.) ist die BRAGO untauglich. Die Steuerberatergebührenverordnung (StBGebV) ist unmittelbar für den Anwalt nicht, allenfalls durch eine Gebührenvereinbarung, anwendbar. Ohne eine solche Vereinbarung, gleichgültig was ihr Inhalt ist, sollte ein Anwalt nicht tätig werden. Gute Einführung: *Schall,* Die Gebühren der Rechtsanwälte in der nichtstreitigen Steuerberatung, BB 1988, 1363.

37 Die **Einzelfallberatung** (Rdnrn. 27ff.), die Vertragsberatung (Rdnrn. 30f.) und die Steuerstrafverteidigung (Rdnrn. 32ff.) können nach den Regeln der BRAGO abgerechnet werden. Gleichwohl werden diese Beratungsbereiche in der Regel auf der Grundlage einer Honorarvereinbarung durchgeführt.

38 Dies gilt insbesondere für die **Steuerstrafverteidigung.** Diese arbeitet insbesondere im Vorfeld, nämlich vor der Hauptverhandlung. Der hier von der BRAGO vorgegebene Gebührenrahmen (§ 84 BRAGO) ist völlig unzureichend, so daß kein anerkannter Steuerstrafverteidiger auf dieser Grundlage tätig wird. Die Honorarvereinbarung ist hier die Regel.

39 Der Anwalt sollte an die **steuerliche Behandlung** seiner **Honorare** denken. Auch dies gehört zu seinem Service-Verhalten. Die Honorare für die **steuerberatende Tätigkeit** sind als Betriebsausgaben, Werbungskosten oder zumindest als Sonderausgaben, § 10 I Nr. 6 EStG, abzugsfähig. Die Honorare für die **Vertragsberatung** (Rdnrn. 30f.) sind abzugsfähig, wenn es sich um beruflich oder betrieblich bedingte Verträge handelt. Für die Honorare in **Steuerstrafsachen** gilt: Betrieblich oder beruflich bedingte Honorare sind als Werbungskosten oder Betriebsausgaben abzugsfähig (was z. B. für die Verteidigung in Umsatzsteuer- und Lohnsteuersachen gilt); Verteidigungskosten in Steuerstrafsachen sind allerdings nicht als Sonderausgaben nach § 10 I Nr. 6 EStG abzugsfähig.

40 Auf jeden Fall sollte der Anwalt seine Gebühren nach Möglichkeit entsprechend der steuerlichen Behandlung **aufteilen.** Seine Aufteilung ist für die Finanzämter, sofern sie vertretbar ist, maßgebend (*BFH* BStBl. 1965 III, 410).

Unterläßt er die Aufteilung, was ich in der Praxis häufig feststelle, so erfolgt die Aufteilung durch den Betriebsprüfer, sicher eher zum Nachteil des Mandanten als zum Nachteil des Finanzamts.

XII. Organisation der Praxis

1. Die funktionsgerechte Organisation

41 Die steuerberatend tätige Anwaltspraxis setzt eine andere Organisation voraus als die typische, forensisch tätige Anwaltspraxis.

2. Erklärungsberatung; Buchführung und Bilanzierung

42 Übernimmt der Anwalt die Erklärungsberatung, so ist die **Zahl** der **Mitarbeiter** größer. Im Bereich der Steuerberatung wird mehr „zugearbeitet". Die Einzelvorbereitung einer Steuererklärung liegt in der Regel nicht in der Hand des Steuerberaters oder des Rechtsanwalts, sondern in der Hand des Steuerberatungsgehilfen. Also wird auch der Anwalt hier in der Regel Steuerberatergehilfen (oder -gehilfinnen) beschäftigen. Übernimmt er die **Buchführung,** so ist die Installierung einer EDV-Anlage oder der Anschluß an eine EDV-Anlage notwendig.

3. Sonstige Funktionen

43 Die **Einzelfallberatung,** die Vertragsberatung und die Steuerstrafverteidigung setzen eine vorzügliche Bibliothek voraus. Das Schrifttum im Steuerrecht wuchert. Dies kann aber dem steuerberatend tätigen Anwalt nicht als Entschuldigung dienen, keine Bücher anzuschaffen. Hier gelten statistische Gesetze. Auch wenn man weiß, daß ⅔ des Schrifttums überflüssig sind, weiß man nicht mit Sicherheit, ob das Buch, auf dessen Erwerb man verzichtet, zu den überflüssigen gehört. Zu den **Büchern** und **Zeitschriften** siehe außerdem Rdnrn. 47ff.

4. Fristenorganisation

44 Kein freier Beruf ist so „geschlagen" mit Fristen wie der steuerberatende. Jeder Bescheid löst die Einspruchsfrist aus. Kaum ein Schreiben des Finanzamts endet nicht mit der Aufforderung, innerhalb einer Frist Stellung zu nehmen.

45 Erleidet der Mandant wegen einer Fristversäumung einen Schaden, so läßt sich der **Haftpflichtanspruch** gegen den Berater leicht beweisen. Die Fristversäumnis führt häufig zu Haftpflichtansprüchen. Zwar gibt es das Institut der **„Wiedereinsetzung in den vorigen Stand"** (§ 110 AO, § 56 FGO). Die Wiedereinsetzung erhält der Anwalt jedoch nur dann, wenn der Fehler auf ein Büroversehen, nicht aber dann, wenn der Fehler auf einen Organisationsmangel zurückzuführen ist.

46 Daraus folgt: Wer Steuerberatung betreibt, muß eine **sichere Fristenorganisation** und -kontrolle haben. Fristenbuch, Fristennotierung, Fristenkontrolle und Fristenerledigung müssen in sicherer Hand liegen.

5. Bücher und Zeitschriften; Zitierweisen

47 Die **Zahl** der im Steuerrecht erscheinenden Bücher und Zeitschriften ist sehr – im Verhältnis zu streitigen Rechtsgebieten außerordentlich – **hoch.** Eine Arro-

ganz, man brauche sich der Papierflut nicht stellen, ist fehl am Platz, da sich in ihr nicht nur die kommerzialisierte Schreiblust, sondern auch die Hektik des Steuerrechts ausdrückt. Auf die Teilnahme an dieser Hektik, die Gesesetzgeber, Finanzverwaltung und periodisch wiederkehrende Veranlagungen vorgeben, kann der Anwalt nicht verzichten.

Das Steuerrecht kennt besondere **Zitierweisen,** die jeder im Steuerrecht Täti- **48** ge befolgen sollte, will er sich als jemand zu erkennen geben, der vom Steuerrecht etwas versteht. Die **Entscheidungen** des **BFH** werden in erster Linie nach dem Bundessteuerblatt (nicht nach BFHE, nicht nach BB, nicht nach DB) zitiert. Alle steuerrechtlichen Entscheidungen werden mit **Datum** und **Aktenzeichen** zitiert. Hiervon machen nur – durchaus bewußt – Kurzkommentare eine Ausnahme. Wer in einem Aufsatz den BFH nach „DB" ohne Angabe von Datum und Aktenzeichen zitiert, zeigt, daß er noch ein sehr junger Jünger des Steuerrechts ist. **Entscheidungen** der **Finanzgerichte** werden nach „EFG" zitiert.

Schließlich noch eines: Wer im Steuerrecht tätig ist, muß eine **orthographi- 49 sche Regel** beherrschen und anwenden: Vor Steuer steht kein Binde-s. Es heißt nicht Einkommen**s**steuer, auch nicht Vermögen**s**steuer, sondern Einkommensteuer, Vermögensteuer. Daß die andere Schreibweise (mit Bindungs-s) weitgehend gebräuchlich ist, auch z. B. in den internationalen Verträgen verwandt wird, die in der Hand des Außenministeriums liegen, entschuldigt den Steuerrechtler nie.

6. Hinweis zur Akquisition

Die nachfolgenden Anregungen zur Akquisition beziehen sich auf den **50** Rechtsanwalt, der die **Einzelfall-Steuerberatung** (Rdnrn. 27ff., 30f., 32ff.) – durchaus auch immer wiederkehrend bei bestimmten Mandanten und insoweit auch als Dauermandat – betreibt, nicht auf den „Steuerberater-Rechtsanwalt".

Der Anwalt muß seine **Kompetenz,** Spezialisierung und Leistungsbereit- **51** schaft **am Markt anbieten. Zielgruppe** kann unmittelbar der Mandant sein

- durch Veröffentlichungen in Unternehmer- und Branchenpublikation,
- Vortragstätigkeiten bei Unternehmer- und Steuerzahlerseminaren,
- durch diskussionsfreudige Teilnahme an solchen Seminaren,
- durch auffallend gute Leistungserfüllung bei Einzelmandaten des Gebiets, auf dem man sich spezialisieren will,
- durch sogenannte Randberatung im gesuchten Spezialgebiet, wenn das Hauptmandat nicht in diesem Bereich liegt.

Wirkungsvoller kann aber auch sein, auf **indirektem Weg** den Mandanten über **52** den **vermittelnden Steuerberater** anzusprechen. Dann sind Verbindungen zu Steuerberatern notwendig.

Diese können **geknüpft** werden

- durch Fachvorträge,
- durch Fachpublikation in Rechtszeitschriften,
- durch Schreiben von Kommentaren, Monographien etc.,
- durch diskussionsfreudige Teilnahme an Steuerberaterseminaren,
- durch sorgsam gepflegte **Kontakte** mit **Steuerberatern** auf lokaler Ebene.

Hier ist **Kooperation** mit Steuerberatern notwendig, nicht Abgrenzung.

D VII. Sonstige vereinbare Tätigkeiten

Dr. Winfried Klöpper

Übersicht

Literatur: *Bender,* Restriktive Tendenzen bei der Rechtsanwaltszulassung, NJW 1986, 409; *Borgmann/Haug,* Anwaltshaftung, 1986; *Clausnitzer,* Niederlassungs- und Dienstleistungsfreiheit der Anwälte in der EG, BRAK-Mitt. 1989, S. 59; *Feuerich,* Bundesrechtsanwaltsordnung, 1987; *Gerold/Schmidt/v. Eicken/Madert,* BRAGO 10. Aufl. 1989; *Hartung,* Anwaltliches Standesrecht, Anwaltsblatt 1988, 374; *Jessnitzer,* Bundesrechtsanwaltsordnung, 5. Aufl. 1990; 1985; *Kornblum,* Die anwaltlichen Werbeverbote, Anwaltsblatt 1988, 361; *Möhring,* Vermögensverwaltung in Vormundschafts- und Nachlaßsachen, 1981; *Rabe,* Auf dem Wege zum neuen anwaltlichen Berufsrecht, NJW 1989, 1113;*Riedel/Sußbauer,* BRAGO 1988; *Zuck,* Das Gesetz zur Änderung des Berufsrechts der Rechtsanwälte und der Patentanwälte, NJW 1990, 1025; *ders.* Die Rechtsprechung des Bundesgerichtshofs in Anwaltssachen im Jahre 1988. BRAK-Mitt 1989, S. 122.

I. Grundsätzliches

1 Der Rechtsanwalt ist ein unabhängiges Organ der Rechtspflege (§ 1 BRAO). Er übt einen freien Beruf aus. Seine Tätigkeit ist kein Gewerbe (§ 2 BRAO). Er ist der berufene, unabhängige Berater und Vertreter in allen Rechtsangelegenheiten (§ 3 BRAO). Zum herkömmlichen Tätigkeitsbild des Rechtsanwaltes gehören die Tätigkeiten als Vormund, Pfleger, Testamentsvollstrecker, Konkursverwalter, Vergleichsverwalter, Mitglied des Gläubigerausschusses oder Gläubigerbeirats, Nachlaßverwalter, Zwangsverwalter, Treuhänder, Schiedsrichter (§ 1 II BRAGO). Das herkömmliche Bild des überwiegend forensisch tätigen Rechtsanwaltes (§ 1 BRAO) hat sich indessen gewandelt (vgl. Kap. H). Seit der Entscheidung des *BVerfG* vom 4. 7. 1987 (BRAK-Mitt 1988, 54ff.), die nur die Kernregelungen der Grundsätze des anwaltlichen Standesrechts aufrecht erhielt, der voraussichtlichen Einführung der allgemeinen Niederlassungsfreiheit in der EG verbunden mit der Zulassung überörtlicher Sozietäten und möglicherweise der Abschaffung der Singularzulassung sind weitere erhebliche Veränderungen absehbar. Dabei ist grundsätzlich der wirtschaftlichen Öffnung und der Abschaffung räumlicher Begrenzungen der Tätigkeit zuzustimmen. Gleichzeitig ist aber auch angesichts der unaufhaltsam steigenden Zahl der Anwälte auf hohe berufliche Qualifikation und die Einbindung in ein an die Integrität und Unabhängigkeit strenge Anforderungen stellendes Standesrecht entscheidender

Wert zu legen. Andernfalls wird der Berufsstand den hohen Anforderungen als wirtschaftsberatender Beruf, der der Wirtschaft auch im zunehmenden internationalen Wettbewerb der Unternehmen qualitativ exzellenten Rat erteilen muß nicht gerecht und sinkt vom unabhängigen und selbstbewußten Ratgeber zum bloßen Gehilfen des Mandanten herab.

Das Wort „unabhängig" war dem Gesetzgeber so wichtig, daß er es gleich zweimal herausgestellt hat (§ 1 und § 3 I BRAO). Dem ist auch für die Zukunft zuzustimmen. Darin liegt die Stärke des Rechtsanwaltes gegenüber etwa dem angestellten Mitarbeiter des Mandanten. Die Rechtsprechung zu §§ 7 Nr. 8, 14 Nr. 9 BRAO (unten Rdnr. 2ff.) zieht daraus die Konsequenzen. Der Rechtsanwalt ist **Organ der Rechtspflege,** er ist der berufene Berater und Vertreter in allen **Rechtsangelegenheiten.** Andere Tätigkeiten gehören also weder zu seinem Berufsbild (siehe ebenfalls §§ 7 Nr. 8, 14 Nr. 9 BRAO), noch sind sie – und das ist wichtig – von der Berufshaftpflichtversicherung gedeckt (*Borgmann/Haug,* Anwaltshaftung, § 6 I). § 2 BRAO legt ferner fest, daß der Rechtsanwalt einen freien Beruf und kein Gewerbe ausübt. Auch dies schlägt sich in der Rechtsprechung zu § 7 Nr. 8 BRAO nieder.

II. Die in § 1 II BRAGO aufgeführten vereinbaren Tätigkeiten

Aus § 1 II BRAGO ist indirekt zu entnehmen, daß die dort aufgeführten 2
Tätigkeiten mit den Grundsätzen der §§ 1 bis 3 BRAO vereinbar sind (allerdings nicht den Gebührenregelungen der BRAGO unterliegen). Zu achten ist auch darauf, daß diese Tätigkeiten durch gesonderte Vereinbarungen in den **Berufshaftpflichtversicherungsschutz** einbezogen werden (*Borgmann/Haug* aaO, Fußn. 6), wie dies allerdings üblicherweise durch die Besonderen Bedingungen der Berufshaftpflicht für Rechtsanwälte geschieht. Sie decken allerdings nicht unternehmerische und kaufmännische Risiken und genügen von der Höhe her häufig nicht.

1. Vormund, Pfleger

Vgl. dazu §§ 1915, 1835, 1836 BGB. Grundsätzlich hat der Vormund oder 3
Pfleger die Tätigkeit unentgeltlich auszuüben. Das **Vormundschaftsgericht** kann jedoch eine angemessene Vergütung bewilligen (*Möhring,* Vermögensverwaltung in Vormundschafts- und Nachlaßsachen, 243ff., dort insbesondere Fußnote 32b sowie *BVerfG* NJW 1980, 2179). Bei der Vergütungsregelung ist nach § 1836 I 3 BGB auf das Vermögen einerseits sowie Umfang und Bedeutung der Geschäfte andererseits abzustellen (vgl. im einzelnen: *Gerold/Schmidt/v. Eicken/Madert,* BRAGO § 1 Rdnrn. 21ff.; vgl. generell zu Vormundschaft und Pflegschaft B XI).

2. Testamentsvollstrecker

Testamentsvollstrecker sind **Treuhänder privaten Amtes** (*BGH* NJW 1983, 4
40). Sie sind testamentarisch zur Verwirklichung des letzten Willens des Erblassers eingesetzt. Zur Vergütung vgl. § 2218 und § 2221 BGB, im einzelnen *Madert* aaO, Rdnrn. 25ff.; *Möhring* aaO, S. 212, 269 und *Haegele/Winkler,* Der Testamentsvollstrecker, 9. Aufl. 1987, ferner D III Rdnr. 202.

3. Konkursverwalter, Vergleichsverwalter

5 Vgl. dazu zunächst *Füchsl*, oben D IV. Die Gebührenregelung des Konkursverwalters findet sich in § 85 KO. Sie wird durch das Konkursgericht festgesetzt, vgl. *Madert* aaO, Rdnr. 26. Die Gebührenregelung für den Vergleichsverwalter findet sich in § 43 VerglO. Sie wird ebenfalls vom Gericht festgesetzt, vgl. dazu *Madert* aaO, Rdnr. 27. Konkurs- und Vergleichsverwalter unterliegen strengeren Haftungen (§§ 82 KO, 42 VerglO). Erst die Anerkennung der Schlußrechnung nach § 86 Satz 4 KO entlastet den Konkursverwalter. Zu Haftungsgesichtspunkten vgl. *Borgmann/Haug* aaO, § 6 (5) c d; vgl. ferner D IV Rdnrn. 19ff., 28ff.

4. Mitglied des Gläubigerausschusses, Mitglied des Gläubigerbeirates

6 Der Gläubigerausschuß hat den Konkursverwalter bei seiner Geschäftsführung zu unterstützen und zu überwachen (§ 88 I KO). Die Vergütung ist in § 91 KO geregelt, die Verpflichtungen, aus denen sich Haftungen ergeben, in § 89 KO. Für Mitglieder des Gläubigerbeirates gilt hinsichtlich der Vergütung § 45 VerglO. Vgl. ferner D IV Rdnr. 29.

5. Nachlaßverwalter

7 Die Stellung des Nachlaßverwalters ist in § 1985 BGB geregelt. Gem. § 1987 BGB hat er einen Anspruch auf eine angemessene Vergütung. Es gelten die Grundsätze für den Vormund (oben Rdnr. 3).

6. Zwangsverwalter

8 Siehe die Regelungen in §§ 152ff. ZVG.

7. Treuhänder

9 Der Begriff ist gesetzlich nicht definiert und unscharf. Rechtlich liegt der Tätigkeit als Treuhänder ein **Geschäftsbesorgungsvertrag** im Sinne der §§ 611 und 675 BGB zugrunde. Der Anspruch auf Vergütung ergibt sich ggf. aus § 612 BGB. Üblich ist die Bezeichnung Treuhänder im letzten Jahrzehnt insbesondere für denjenigen geworden, der im Rahmen von Bauherrenmodellen die von den Bauherren zur Verfügung getellten Gelder auf **Treuhandkonten** verwahrt und sie nur unter bestimmten Voraussetzungen zur Zahlung freigibt. Wegen des besonderen Vertrauens, das Rechtsanwälte genießen, werden für solche Funktionen (neben Wirtschaftsprüfern und Steuerberatern) häufig Rechtsanwälte herangezogen. Ihre Aufgaben und Befugnisse sind zunächst in den zugrundeliegenden vertraglichen Vereinbarungen geregelt. Inzwischen hat sich ferner zu diesen Pflichten bereits eine umfangreiche Rechtsprechung entwickelt.

8. Schiedsrichter

10 Die Tätigkeit als Schiedsrichter ist nicht gesetzlich geregelt. Es gibt auch keine gesetzliche Honorarregelung. Zur Vergütung vgl. *Madert* aaO, Rdnr. 31, ferner D V Rdnrn. 3, 27 sowie die Übersicht im Jahrbuch für die Praxis der Schiedsgerichtsbarkeit Band I 1987 über die Gebührenregelung in einer Reihe von Schiedsgerichtsordnungen, die von der BRAGO abweichen. Zur schiedsrichterlichen Tätigkeit generell vgl. D V.

9. Ähnliche Stellungen

Hierunter fallen z. B. die Tätigkeit als Aufsichtsratsmitglied oder als Syndikus eines Wirtschaftsunternehmens (*Madert* aaO Rdnr. 32), § 46 BRAO, siehe dazu unten Rdnr. 14. **11**

III. Sonstige Tätigkeiten

Jenseits der in § 1 II BRAGO genannten Tätigkeiten beginnt das Feld jener Tätigkeiten, die von Fall zu Fall daraufhin zu überprüfen sind, ob sie „mit Anwaltsberuf oder Ansehen der Anwaltschaft nicht vereinbar" sind (§§ 7 Nr. 8, 14 Nr. 9 BRAO). Nach *Jessnitzer* BRAO, 1990, Rdnr. 20 hat die Prüfung dieses Versagungsgrundes praktische Bedeutung vor allem für folgende Fälle: **12**
- der Anwaltsbewerber steht in einem ständigen **Dienst- oder Angestelltenverhältnis** zu einem privatrechtlich organisierten Unternehmen oder Verband (Syndikusanwalt)
- der Anwaltsbewerber ist **Angestellter im öffentlichen Dienst**
- der Anwaltsbewerber übt bereits einen **selbständigen Beruf aus.**

Darüber hinaus gibt es eine Vielzahl von Urteilen zu Einzelfällen, von denen einige nachfolgend aufgeführt sind.

1. Wirtschaftsprüfer, Steuerberater

Die Ausübung des Berufes als Wirtschaftsprüfer oder Steuerberater ist zulässig (§§ 43 IV Nr. 2 WPO und § 57 III Nr. 2 StGB, ferner *Jessnitzer,* aaO, Rdnr. 29). Zulässig ist auch die geschäftsführende Tätigkeit eines Rechtsanwaltes in einer Steuerberatungs-GmbH (*EGH Stuttgart* BRAK-Mitt 1987, 45 sowie Richtlinienausschuß zur Zusammenarbeit eines RA mit einer Steuerberatungsgesellschaft (GmbH oder KG) BRAK-Mitt 1987, 21 und *Weigel* BRAK-Mitt 1987, 7ff.). Mit Beschluß vom 4. 3. 1985 hat der *BGH* ferner entschieden, mit dem Beruf des Rechtsanwaltes sei die Tätigkeit als Geschäftsführer, Gesellschafter in einer Wirtschaftsprüfungs- und Steuerberatungsgesellschaft, welche die Rechtsform einer OHG habe, vereinbar (*BGH* NJW 1985, 1844). Aber: **Verbot** der Sozietät zwischen Anwaltsnotar und Wirtschaftsprüfer, *BVerfG* NJW 1980, 2123; *BGH* BRAK-Mitt. 1989, S. 163. Zur Tätigkeit auf dem Gebiet der Steuerberatung vgl. D VI. **13**

2. Syndikusanwalt

Hier ist § 46 BRAO zu beachten, der voraussetzt, daß die Tätigkeit als Syndikusanwalt mit dem Berufsbild der § 1 bis § 3 BRAO vereinbar ist. Im Zulassungsverfahren wird der Anstellungsvertrag kritisch darauf überprüft, ob genügend **Zeit und Ungebundenheit** für freie anwaltliche Arbeit verbleibt und die Tätigkeit nach Art und Umfang des Unternehmens, Rang der innerbetrieblichen Position, Gehaltshöhe, Kündigungsfrist und ähnlichen bei der Gesamtwürdigung zu berücksichtigenden Punkten mit dem Ansehen der Rechtsanwaltschaft vereinbar ist (*Jessnitzer* aaO, Rdnr. 24). *Jessnitzer* macht ferner auf die instruktive Entscheidung des *BGH* zum Syndikusanwalt vom 25. 4. 1977 (EGE XIV, 48, 50) aufmerksam (Kernsätze abgedruckt bei *Jessnitzer* aaO, Rdnr. 25). **14**

3. Weitere Tätigkeiten

a) Immobilienmakler

15 Die Tätigkeit des Immobilienmaklers ist mit dem Beruf des Rechtsanwaltes **nicht vereinbar** (*BGH* BRAK-Mitt 1988, 49). Dies gilt auch für die Stellung als Alleingesellschafter einer Immobilien-GmbH.

b) Versicherungsjustitiar mit Handlungsvollmacht

16 Hierzu hat der *BGH* (BRAK-Mitt 1987, 207) entschieden, einem Zulassungsbewerber mit Handlungsvollmacht, der fachlich einem Vorgesetzten unterstellt sei, fehle die Eigenverantwortlichkeit, die eine mit dem Anwaltsberuf vereinbare „gehobene Stellung" auszeichne. Der *BGH* führt aus, es sei grundsätzlich von Bedeutung, daß eine Position mit Handlungsvollmacht ausgestattet sei, denn dies sei ein Zeichen für eine gehobene Position. Dies gelte jedoch nicht, wenn der Zulassungsbewerber einen fachlichen Vorgesetzten habe. Da der Versicherungsjustitiar wie andere Schadensreferenten für die Bearbeitung von Schadensfällen, in denen Haftpflichtansprüche von 15000 DM und mehr geltend gemacht werden, der Zustimmung eines Vorreferenten, der fachlich sein Vorgesetzter war, unterlag, fehlte es an der Eigenverantwortlichkeit. Der *BGH* prüft im einzelnen auch weitere Merkmale der arbeitsrechtlichen Stellung des Justitiars und kommt dann zu dem oben mitgeteilten Ergebnis.

c) Wissenschaftlich Beschäftigte an Hochschulen

17 *Bender* NJW 1986, 409, 410 stellt die Rechtsprechung dazu zusammen: Mit dem **Professorenamt** sei die Zulassung eines Rechtsanwaltes wegen § 7 Nr. 11 BRAO unvereinbar. **Universitätsassistenten** im Beamtenverhältnis auf Widerruf können nicht Rechtsanwälte sein. Dies gilt auch für wissenschaftliche Mitarbeiter, denen die für das Berufsbild des Rechtsanwaltes erforderliche „gehobene Stellung" fehle, ebenso wie der wissenschaftlichen Hilfskraft, dem Korrekturassistenten, nicht dagegen für eine **Referentin** am Max-Planck-Institut für Ausländisches und Internationales Strafrecht, da sie eine gehobene Stellung in einem international bedeutenden Institut innehabe und rein wissenschaftliche Tätigkeiten völlig selbständig ausübe.

d) Tätigkeit im öffentlichen Dienst

18 In den Leitsätzen der *BGH*-Entscheidung vom 23. 2. 1987 (NJW 1987, 3011) heißt es, eine Tätigkeit im öffentlichen Dienst stehe der Zulassung zur Rechtsanwaltschaft entgegen, wenn bei Rechtsuchenden die Vorstellung entstehen könne, die dienstliche Stellung könne zur Förderung privater Interessen genützt werden. Einem Angestellten fehle die rechtliche Möglichkeit, den Anwaltsberuf auszuüben, wenn sein Dienstherr die Nebentätigkeitsgenehmigung zeitlich eingrenze. Hier ging es um eine Sachbearbeiterin mit Zeichnungsbefugnis, die dem Vertreter des Kanzlers der Universität mit abgegrenztem Aufgabenbereich zugeordnet war. Die Antragstellerin war Dauerangestellte im öffentlichen Dienst, sie nehme damit anders als ein Syndikusanwalt hoheitliche Aufgaben wahr und repräsentiere staatliche Einrichtungen nach außen. Damit könne, wäre sie außerdem Rechtanwältin, bei Rechtssuchenden der Eindruck entstehen, daß sie größere und weitergehende **Möglichkeiten bei der Wahrnehmung von Interessen eines Mandanten** habe als ein Rechtsanwalt, der keine derartig bedeutsamen Aufgaben im öffentlichen Dienst wahrnehme. Umgekehrt könne eine Partei, die sie als Rechtsanwältin zur Gegnerin hätte, den Eindruck der Benachteili-

gung gewinnen. Auch sei das Dienstverhältnis nicht so ausgestaltet, daß die Bewerberin in der Lage sei, ihren Pflichten als Rechtsanwältin in der erforderlichen Weise nachzukommen. Sie sei nicht ausreichend unabhängig.

e) Bundestagsabgeordneter, Mitarbeiter eines Bundestagesabgeordneten

Die Ausübung des Mandats eines Abgeordneten ist mit dem Beruf eines **19**
Rechtsanwaltes vereinbar (*BGH* NJW 1978, 2098). Dagegen ist die Tätigkeit als wissenschaftlicher Mitarbeiter eines Bundestagsabgeordneten unvereinbar mit dem Anwaltsberuf (*BGH* NJW 1987, 329).

f) Geschäftsführer einer erwerbswirtschaftlich tätigen GmbH

Nach ständiger Rechtsprechung ist „zwar nicht jede außerjuristische, auch **20**
nicht jede kaufmännische, insbesondere eine verwaltende Tätigkeit mit dem Berufsbild des Rechtsanwaltes unvereinbar, wohl aber eine solche **kaufmännische Tätigkeit,** durch welche der betreffende erwerbswirtschaftlich mit dem Streben nach Gewinnerzielung nach außen in Erscheinung tritt“ (*BGH* NJW 1979, 430). Der Senat stellt ausdrücklich fest, er sehe keinen Anlaß, von seiner bisherigen Rechtsprechung zur Unvereinbarkeit einer kaufmännisch-erwerbswirtschaftlichen Tätigkeit mit dem Anwaltsberuf abzugehen (*BGH* NJW 1979, 431; BRAK-Mitt. 1990, 50f.; NJW 1990, 1373).

g) Rechtsanwalt als Angestellter einer Studentenschaft

Eine Tätigkeit als Angestellter der Studentenschaft einer Universität mit der **21**
Verpflichtung, eingeschriebenen Studenten Rechtsrat in studentischen Belangen zu erteilen ist mit der Stellung eines Rechtsanwaltes unvereinbar und kann Anlaß zur Zurücknahme der Zulassung sein (*BGH* NJW 1986, 2499).

h) Geschäftsführer einer Industrie- und Handelskammer

Die Zulassung eines **Angestellten bei einer IHK** als Rechtsanwalt hat der **22**
BGH mit Beschluß vom 17. 1. 1977 (NJW 1977, 807) abgelehnt. Er sei bei einer Körperschaft des öffentlichen Rechts als Dauerangestellter angestellt. Bei in dieser Funktion zu erstattenden Gutachten und zu erteilenden Auskünften könne er befangen sein, wenn er in der Angelegenheit eines Kammerangehörigen tätig werden müsse, den er vorher als Rechtsanwalt vertreten oder beraten habe. Umgekehrt fehle ihm bei einer Tätigkeit als Anwalt in Angelegenheiten, die er bereits als Geschäftsführer bearbeitet habe, die notwendige Sachlichkeit und Unbefangenheit.

i) Weitere Fälle

Zu weiteren Tätigkeiten vgl. ausführlich: *Feuerich,* BRAO § 7 Rdnrn. 128ff.

D VIII. Der Grundstücks- und Firmenenteignungsfall in der ehemaligen DDR

Jörg Tischendorf

Übersicht

Literatur: *Hebing,* Enteignung und Rückerwerb von DDR-Vermögen, BB Beil. 21/1990; *Maaß/Hartmann/Mutschmann,* Staatliche Treuhandverwaltung in der DDR, AnwBl 1990, 135; *Rohde u. a.,* Bodenrecht, Staatsverlag der DDR, 1989; *Vogel,* Zur Ermittlung von Grundstückswerten (Bodenpreisen) in der DDR, BB Beil. 33/1990. – **Zeitschriften:** BB, Beil DDR-Rechtsentwicklungen; DB, Beil. DDR-Report; NJW, Beil. Deutsch-Deutsche Rechtszeitschrift; NWB, Infodienst DDR-Spezial.

Vorbemerkungen

1 Die Beschlagnahme und/oder der Entzug des Eigentums an Sachwerten, Firmen- und Grundvermögen wird üblicherweise unter dem Begriff „Enteignung" zusammengefaßt. Während dieser Begriff in Art. 14 GG und der dazu ergangenen Rechtsprechung klar herausgearbeitet ist, verbergen sich hinter ihm auf dem Gebiet der ehemaligen DDR eine **Vielzahl rechtlicher und tatsächlicher Beschränkungen,** die zum Teil auch auf völkerrechtlichen Maßnahmen (Besatzungsrecht) beruhen. Wesentlich ist dabei vor allem, daß nicht alle diese Eingriffe in Gesetzen, Verordnungen oder Verwaltungsakten eine hinreichende Grundlage haben, da der im GG selbstverständliche Gesetzesvorbehalt aufgrund der vollkommen unterschiedlichen Verfassungslage in der DDR fehlte und manche

Eingriffe von Behörden de facto ohne nähere Begründung oder im erzwungenen Einverständnis der Betroffenen erfolgten.

Ob und in welchem Umfang Eingriffe in das Eigentum rückabgewickelt werden können, wie sie ggf. zu entschädigen sind und wie im Zuge des Lastenausgleichs gezahlte Entschädigungen dabei berücksichtigt werden müssen, ist durch die beiden Staatsverträge noch nicht hinreichend und abschließend geklärt. Ob die bisherigen und später zu erwartenden Regelungen (Art. 41 des Einigungsvertrages) verfassungsrechtlichen Kriterien standhalten, ist ebenfalls noch ungewiß. Die Darstellung konzentriert sich daher auf die systematische Unterscheidung der einzelnen **Eingriffstatbestände** und gibt dann eine Übersicht über die bestehenden Regelungen.

Soweit nachfolgend keine Quellen zitiert werden, liegt das daran, daß die entsprechenden Entscheidungen der Besatzungsmächte zwar bekanntgemacht, aber nicht alle in allgemein zugänglicher Form veröffentlicht wurden – sie sind auch in den Bibliotheken nur vereinzelt zugänglich.

I. Die Rechtslage zwischen 1945 und der Staatsgründung der DDR am 7. 10. 1949

1. Vereinbarungen und Entscheidungen alliierten Rechts

Mit der Kapitulation des OKW am 8. 5. 1945 ging die Regierungsgewalt in 2
Deutschland aufgrund der Vereinbarungen der Alliierten auf der Krimkonferenz vom 3.–11. 2. 1945 über die Bildung der Besatzungszonen in die Hände der Alliierten über (Erklärung in Anbetracht der Niederlage Deutschlands durch die Regierungen des Vereinigten Königreiches, der USA, UdSSR und durch die provisorische Regierung der französischen Republik, Präambel, Art. 13).

Die oberste Regierungsgewalt wurde nach einer Feststellung über das Kontrollverfahren in Deutschland vom **Alliierten Kontrollrat** (AKR), bestehend aus den 4 Oberbefehlshabern der Siegermächte, ausgeübt (Feststellung über das Kontrollverfahren in Deutschland vom 5. 6. 1945).

In der Mitteilung der Dreimächtekonferenz von Berlin vom 2. 8. 1945 legten 3
die Alliierten ihre wirtschaftlichen Grundsätze für die Verwaltung Deutschlands offen, die in erster Linie auf eine Entnazifizierung und im wirtschaftlichen Bereich auf eine Entmonopolisierung gerichtet waren. Zu diesem Zweck ergriffen die Alliierten Maßnahmen zur Registrierung von natürlichen und juristischen Personen und von deutschem Eigentum und Vermögen im In- und Ausland (Proklamation Nr. 2 des AKR, Abschnitt V; Gesetz Nr. 5 des AKR, Übernahme und Erfassung des deutschen Vermögens im Ausland). Gemäß der Vereinbarung der Alliierten wurden die NSDAP und die damit verbundenen Organisationen entschädigungslos enteignet, sowie durch rechtliche Regelungen ermöglicht, das Vermögen der **als Nazis und Kriegsverbrecher eingestuften Personen** einzuziehen (Mitteilung über die Dreimächtekonferenz, Kap. A 3 III; Proklamation Nr. 2 des AKR, Abschnitt I; Gesetz Nr. 10 des AKR, Ziff. 3d; Direktive 38 des AKR vom 12. 10. 1946).

Hinsichtlich der Enteignungsproblematik ist besonders auf die **Sühnemaßnahmen** hinzuweisen, die die Alliierten in der **Direktive Nr. 38** gegen Hauptschuldige, Belastete und Minderbelastete vereinbarten. Gegen diese Personengruppen war bei Zugehörigkeit zu bestimmten nationalsozialistischen Organisationen, Verbänden oder Vereinigungen oder bei einem bestimmten Verhalten die Einziehung des Vermögens ganz oder teilweise zulässig. Es lag dabei im Ermessen der alliierten Behörden sowie der eingesetzten deutschen Verwaltungsbehörden und Gerichte, diese Sühnemaßnahmen im Einzelfall anzuwenden.

2. Befehle und Entscheidungen der sowjetischen Militäradministration in Deutschland (SMAD) sowie Gesetze und Verordnungen der deutschen Verwaltungsorgane auf dem Territorium der sowjetischen Besatzungszone (SBZ)

a) Enteignungen auf der Grundlage alliierten Rechts

4 Mit dem **Befehl Nr. 124** des Obersten Chefs der SMAD in Deutschland über die Beschlagnahme und die Übernahme einiger Eigentumskategorien vom 30. 10. 1945 sowie dem **Befehl Nr. 126** der SMAD zur Konfiskation des Eigentums der NSDAP, ihrer Organe und der ihr angeschlossenen Organisationen vom 31. 10. 1945 wurden die entscheidenden **alliierten Rechtsgrundlagen** für die Enteignungen in der SBZ bis zur DDR-Staatsgründung geschaffen.

Auf der Grundlage dieser Befehle wurde das gesamte ehemalige staatliche Eigentum, das Eigentum sämtlicher nationalsozialistischen Organisationen sowie das Eigentum von führenden NSDAP-Mitgliedern und Anhängern sowie Personen, die durch besondere Listen bezeichnet wurden, beschlagnahmt. Es wurde zunächst in die Verwaltung der SMAD oder im Fall nationalsozialistischen Eigentums der Verwaltung der Provinzen und Länder übertragen.

5 Mit dem Befehl Nr. 154/181 der SMAD vom 21. 5. 1946 wurde das sequestrierte und beschlagnahmte Vermögen den deutschen Verwaltungsorganen in den Provinzen und Ländern übergeben. Damit wurden etwa 8% aller meldepflichtigen Industriebetriebe, die zusammen etwa **40% der Industrieproduktion der SBZ** erzeugten, enteignet und in Volkseigentum überführt. In den Ländern der SBZ (ohne Berlin) wurden ca. 7336 Betriebe sequestriert, von denen im Laufe des Überprüfungsverfahrens 2509 entweder an den alten Besitzer zurückgegeben oder an Privatpersonen veräußert wurden. Die übrigen Betriebe wurden in das **Eigentum der Länder** überführt. Dabei arbeitete die SMAD eng mit den zentralen Behörden in der SBZ, insbesondere der Deutschen Wirtschaftskommission, aber auch den Länderbehörden, zusammen. Mit dem Befehl der SMAD Nr. 64 vom 17. 4. 1948 bestätigte der Oberste Chef der SMAD die von der **Deutschen Wirtschaftskommission vorgelegten Listen** der zu enteignenden Betriebe und Personen, die gemäß den Beschlüssen der Länderregierungen enteignet wurden, legte die Rückgabe all der Betriebe, die ohne genügenden Grund sequestriert wurden, an die früheren Besitzer bis 30. 4. 1949 fest und setzte den Befehl Nr. 124 wieder außer Kraft. Eine besondere Bedeutung für die Durchführung der Enteignungen besaßen dabei die Zentrale Kommission für Sequestrierung der SMAD sowie die im Jahre 1947 an den Sitzen der zentralen Verwaltung der Länder und Kreise und in den kreisfreien Städten gebildeten **Entnazifizierungskommissionen,** die unter Aufsicht der Innenminister der Länder der SBZ tätig waren und Tätigkeitsverbote für private Betriebsinhaber aussprechen konnten (Ausführungsbestimmungen zum Befehl Nr. 201 der SMAD, ZVOBl. 1947, S. 185ff.).

b) Enteignungen im Wege der Bodenreform

6 Die Durchführung der Bodenreform in der SBZ geht auf wesentliche Forderungen der KPD aus dem Aufruf an das deutsche Volk vom 11. 6. 1945 zurück. Am 3. 9. 1945 wurde durch die Provinzialverwaltung von Sachsen die

1. Verordnung zur Durchführung der Bodenreform erlassen, die in den weiteren Ländern der Besatzungszone als Vorbild diente. Damit wurde sämtlicher **Grundbesitz über 100 ha** von insgesamt ca. 9800 Personen enteignet. Das enteignete Land wurde einem **staatlichen Bodenfonds** zugeführt, der rund 3,3 Mio. ha umfaßte, davon 2,5 Mio. aus ehemaligem Großgrundbesitz über 100 ha. Das Land wurde an 200000 Landarbeiter, Umsiedler und ca. 125000 landarme Bauern und Kleinpächter in der Regel schuldenfrei übergeben, daneben gelangte 1/3 des Bodenfonds in die Hände staatlicher, kommunaler oder gesellschaftlicher Organe, darunter ca. 500 volkseigener Güter (VEG) (vgl. Verordnung über die demokratische Bodenreform in der Provinz Sachsen vom 3. 9. 1945).

Praktisch erfolgte dies durch Kommissionen in den Provinzen, Kreisen und Gemeinden. Dabei ist aufschlußreich, daß von den insgesamt 52546 Mitgliedern der Bodenreformkommissionen in Sachsen, Sachsen-Anhalt, Thüringen, Brandenburg und Mecklenburg 20509 Mitglieder der SED waren (vgl. Ulbricht, Zur Geschichte der neuesten Zeit, Band 1, Berlin 1955, S. 415). Allein die große Zahl der Begünstigten aus der Bodenreform erklärt das soziale Konfliktpotential, welches eine Änderung der bis zur Staatsgründung der DDR entstandenen Bodenrechtsverhältnisse mit sich bringen würde und damit das Verhalten der deutschen Regierungen bei Abgabe der gemeinsamen Erklärung vom 15. 6. 1990.

II. Enteignungen während des Bestehens der DDR

1. Enteignungsbegriff in der Verfassung

a) Im Zusammenhang mit der Staatsgründung der DDR wurde am 7. 10. **7**
1949 nach der Bestätigung des Deutschen Volksrates vom 19. 3. 1949 die **erste Verfassung** der DDR in Kraft gesetzt und verkündet (GBl. I Nr. 1). Dabei sollte zu den Grundlagen der Wirtschaftsordnung gehören, daß eine sozial gerechte und dem Wohle des ganzen Volkes dienende Wirtschaft errichtet wird, die „die wirtschaftliche Freiheit des Einzelnen und des Eigentums gewährleistet" (Art. 19 III, Art. 22 I der Verfassung vom 7. 10. 1949). Gesetzlich zulässige Ausnahmen waren bei „Enteignungen zum Wohle der Allgemeinheit" möglich (Art. 23 I der Verfassung vom 7. 10. 1949).

Das waren **kraft Verfassung** die Fälle **8**

- der entschädigungslosen Enteignung von Kriegsverbrechern und Nationalsozialisten,
- der entschädigungslosen Enteignung von privaten Unternehmungen, die sich in den Dienst einer Kriegspolitik stellen,
- der entschädigungslosen Enteignung bei Mißbrauch des Eigentums zur Begründung einer wirtschaftlichen Machtstellung,
- der entschädigungslosen Enteignung des Großgrundbesitzes,
- der entschädigungslosen Enteignung von privaten Monopolorganisationen, wie Kartellen und Syndikaten, Konzernen, Trusts und ähnlichen **auf Gewinnsteigerung** durch Produktions-, Preis- und Absatzregelung **gerichtete private Organisationen.** Diese wurden **verboten** (Art. 24 der Verfassung vom 7. 10. 1949).

Daneben wurden in der Verfassung alle Betriebe des Bergbaus, der Eisen- **9**
und Stahlerzeugung und der Energiewirtschaft enteignet und in Volkseigentum überführt (Art. 25 der Verfassung vom 7. 10. 1949).

Art. 27 der Verfassung ermöglichte es auch, **alle** weiteren **privaten Betriebe,** „die **für die Vergesellschaftung geeignet** sind", durch Gesetz in Gemeineigentum zu überführen. Die Befugnisse dazu konnten auf Länder, Kreise und Gemeinden übertragen werden. In diesen Fällen war es lediglich vorgesehen, daß eine angemessene Entschädigung erfolgte, deren Höhe im ordentlichen Gerichtsweg nachprüfbar sein sollte, soweit Gesetze nichts anderes bestimmen (Art. 23 II und III der Verfassung vom 7. 10. 1949).

10 **b)** Die **zweite** und nach Selbstverständnis ihrer Schöpfer **sozialistische Verfassung** der DDR wurde 1968 im Ergebnis einer Volksabstimmung verabschiedet, bei der am 6. 4. 1968 über 11,5 Mio. DDR-Bürger, d. h. ca. 94,5% der Wahlbeteiligten, zustimmten. In dieser Verfassung spiegelten sich die politischen und gesellschaftlichen Veränderungen wider, die sich in der DDR seit 1949 vollzogen hatten, insbesondere die Verstaatlichung der Schlüsselindustrie und deren wachsende **Zentralisierung** (Bildung der Kombinate), die Entwicklung der LPG auf dem Land und die wachsende Rolle der Ideologie der SED und ihres Führungsanspruchs bei Gleichschaltung der Blockparteien. Staat und Bürger waren verfassungsmäßig verpflichtet, „das sozialistische Eigentum zu schützen und zu mehren" (Art. 10 II der Verfassung vom 6. 4. 1968, GBl. I Nr. 8).

11 In der Industrie genoß das Staatseigentum, in der Landwirtschaft das genossenschaftliche Eigentum oberste Priorität (vgl. auch Art. 13). Das persönliche und private Eigentum der Bürger war zwar nicht verboten, die Nutzung privater Wirtschaftsunternehmen zu Erwerbszwecken war jedoch nur zulässig, um den „gesellschaftlichen Bedürfnissen" zu dienen und „gesellschaftlichen Reichtum" zu schaffen (Art. 14 I). Insbesondere war die Begründung wirtschaftlicher Macht gem. Art. 14 III der Verfassung in der DDR verboten.

12 Enteignungen nach dem 6. 4. 1968 waren zulässig, wenn ein **gemeinnütziger Zweck** vorlag (z. B. Städtebau), wenn eine **gesetzliche Grundlage** dafür vorlag, wenn der Zweck der Enteignung **anders nicht realisierbar war** (z. B. Nutzungsrecht statt Eigentumsübertragung) und gegen eine **angemessene Entschädigung.**

Das Hauptproblem der Enteignung bestand jedoch darin, daß zwar ein verwaltungsrechtliches Nachprüfungsverfahren existierte, die gerichtliche Nachprüfung einer solchen Entscheidung jedoch praktisch nicht möglich war, da die herrschende Staats- und Rechtslehre und die politische Auffassung in der DDR gegen die Tätigkeit eines Verfassungsgerichtes gerichtet war.

13 **c)** Die nächste Enteignungswelle folgte **1972,** als – ohne jede verfassungsrechtliche Änderung – praktisch die gesamte **mittelständische private Wirtschaft** in der DDR gezielt entmachtet und aufgelöst wurde. Im Jahre 1971 befanden sich noch etwa 77% aller Industrieunternehmen im Privatbesitz, wenn auch bei den meisten privaten Betrieben eine staatliche Kommanditeinlage über die Industrie- und Handelsbank vorlag. Diese Betriebe lieferten 1971 noch 14,3% des DDR-Sozialproduktes, in der Bauwirtschaft sogar 19,3%. Im Jahre 1972 wurden auf der Grundlage des Beschlusses des Präsidiums des Ministerrates vom 9. 2. 1972 die privaten Industriebetriebe und mittelständischen Handwerksunternehmen zerschlagen, indem die Komplementäre oder Inhaber der Betriebe ihren Anteil an den Staat **veräußern mußten.** Dabei erhielten sie in der Regel nur ihren privaten Anteil an der Einlage der Kommanditgesellschaft in Raten ausgezahlt und versteuert, demgegenüber ging das gesamte Betriebsvermögen in staatliches Eigentum bzw. in das Eigentum des zukünftigen volkseigenen Betriebes über.

Eine Anpassung der Verfassung vom 6. 4. 1968 erfolgte erst am 7. 10. 1974 durch das Gesetz zur Ergänzung und Änderung der Verfassung der DDR (GBl. I Nr. 47). Danach waren nur „kleine Handwerksbetriebe und andere Gewerbetreibende ... auf gesetzlicher Grundlage tätig."

d) Im Zuge der veränderten politischen und gesellschaftlichen Verhältnisse in der DDR **ab November 1989** ist es mehrfach zu Änderungen und Ergänzungen der Verfassung auf der Grundlage der Art. 63 und 106 gekommen. Dabei wurden die sozialistische Zielsetzung der Staatsentwicklung in der DDR geändert, die führende Rolle der SED aus der Verfassung gestrichen, die Beschränkungen für das Privateigentum wieder aufgehoben und die Gründung privater Betriebe und Unternehmen sowie die Tätigkeit ausländischer Unternehmen in der DDR ermöglicht (z. B. Gesetze zur Änderung und Ergänzung der Verfassung der DDR vom 12. 1. 1990, GBl. I S. 15, 20. 2. 1990, GBl. I S. 59, 6. 3. 1990, GBl. I S. 109, 5. 4. 1990, GBl. I S. 221, und 12. 4. 1990, GBl. I S. 229). 14

2. Förmliche Enteignungen nach öffentlichem Recht

a) Einzelne Enteignungsregelungen

Das öffentliche Recht in der DDR stellte sich in der Regel als Verwaltungsrecht im Sinne von vollziehend-verfügender Tätigkeit der Staatsorgane bzw. Verwaltungsorgane der DDR dar, war teils jedoch auch in anderen Rechtsgebieten, wie im Landeskulturrecht, Agrarrecht usw. geregelt. 15

Reprivatisierungsansprüche beziehen sich dabei in erster Linie auf

- **ausländisches Vermögen,** das in der DDR nach der Verordnung über die Verwaltung und den Schutz ausländischen Vermögens vom 6. 9. 1951 **unter Verwaltung gestellt** wurde (GBl. I Nr. 111 S. 839),
- **beschlagnahmtes Eigentum** von Personen, die das Gebiet der DDR zwischen dem 18. 7. 1952 und 9. 6. 1953 verlassen haben, nach der Verordnung zur Sicherung von Vermögenswerten vom 17. 7. 1952 (GBl. I S. 615),
- **treuhänderisch verwaltetes Eigentum** von Personen, die die DDR nach dem 10. 6. 1953 verlassen haben und das in der Regel durch einen vom Rat des Kreises eingesetzten staatlichen Treuhänder gemäß der Anordnung über die Behandlung des Vermögens von Personen, die die DDR nach dem 10. 6. 1953 verlassen haben, verwaltet wird (GBl. I Nr. 130 S. 1231; Anordnung Nr. 2 vom 20. 8. 1958, GBl. I S. 664).

Dabei wurde hinsichtlich der eigentumsrechtlichen Befugnisse von Personen, die die DDR verlassen haben, unterschiedlich verfahren. 16

- Beschlagnahmtes **landwirtschaftliches Vermögen** wurde z. B. nach den Vorschriften über die Bodenreform behandelt und in der Regel an Landwirtschaftliche Produktionsgenossenschaften (LPG) oder Volkseigene Güter (VEG) zur **unentgeltlichen Nutzung** übertragen. Nach der Anordnung vom 1. 12. 1953 wurde ein staatlicher Treuhänder auch zunächst nur in den Fällen eingesetzt, in denen der Eigentümer **keine eigenen Bevollmächtigten** benannt hatte. Für einen Teil des persönlichen Eigentums, wie Möbel, Hausrat, Wertsachen und kleinere Grundstücke wurde die Verwaltung über einen notariell bestimmten **Abwesenheitspfleger** wahrgenommen.
- **Mietwohngrundstücke** wurden dagegen in der Regel in die **Treuhandschaft** der örtlich zuständigen **volkseigenen Grundstücksverwaltung** übertragen.
- **Beteiligungen** wurden der treuhänderischen Verwaltung der **Deutschen Investitionsbank** übergeben. Der Treuhänder war jedoch in jedem Fall ver-

pflichtet, nach Übernahme der Treuhandschaft eine **Treuhanderöffnungsbilanz** aufzustellen und alle Maßnahmen zu ergreifen, die zur Sicherung der Nutzung des Treuhandvermögens erforderlich sind (AO vom 1. 12. 1953, § 8 I).

17 Nur wenn die Weiterführung eines Unternehmens volkswirtschaftlich nicht gerechtfertigt war, war der Treuhänder mit Zustimmung des Rates des Kreises berechtigt, das Unternehmen zu liquidieren bzw. im Fall der Überschuldung Antrag auf Eröffnung eines Konkursverfahrens zu stellen. Darüber hinaus war bei Beendigung des Treuhandverhältnisses eine Abschlußbilanz aufzustellen, wenn der Eigentümer in die DDR zurückkehrte oder einen Bevollmächtigten benannte (AO vom 1. 12. 1953, § 10). Erst mit der Anordnung Nr. 2 vom 20. 8. 1958 wurde die staatliche Treuhandverwaltung in allen Fällen durchgesetzt. Verfügungen über das Eigentum durch die Privateigentümer wurden für unzulässig erklärt, und dem Eigentümer standen keine Erträge aus der Treuhandverwaltung mehr zu (GBl. I S. 664).

b) Enteignungen zu gemeinnützigen Zwecken

18 Außerhalb der besonderen Enteignungstatbestände, die ohne Kenntnis des politischen Hintergrundes der DDR nicht verständlich sind, war eine Enteignung zu **gemeinnützigen Zwecken** zulässig. Dabei kam ein Entzug des Eigentumsrechts an Grundstücken bzw. eine Enteignung im Regelfall nur dann in Frage, wenn eine dauernde und umfassende Grundstücksnutzung notwendig war, die nicht im Rahmen des Nutzungsrechtes oder Mitbenutzungsrechtes ausgestaltbar war. Diese Fälle stehen den Enteignungsmöglichkeiten nach Art. 14 Abs. 1 GG relativ nahe.

19 Im einzelnen war der Entzug des Eigentumsrechts vorgesehen:
- für städtebauliche und bauliche Maßnahmen auf der Grundlage des Baulandgesetzes vom 15. 6. 1984 (GBl. I Nr. 17);
- für Zwecke des Bergbaues auf der Grundlage des Berggesetzes vom 12. 5. 1969 (GBl. I Nr. 5);
- für Zwecke der Wasserwirtschaft auf der Grundlage des Wassergesetzes vom 2. 7. 1982 (GBl. I Nr. 26);
- für Zwecke der Atomenergie auf der Grundlage des Atomenergiegesetzes vom 8. 12. 1983 (GBl. I Nr. 34);
- für Zwecke der Energiewirtschaft auf der Grundlage der Energieversorgung vom 1. 6. 1988 (GBl. I Nr. 10);
- für Zwecke der Verteidigung auf der Grundlage des Verteidigungsgesetzes vom 13. 10. 1978 (GBl. I Nr. 35);
- für landeskulturelle Maßnahmen auf der Grundlage des Landeskulturgesetzes vom 14. 5. 1970 (GBl. I Nr. 12);
- für Zwecke der Denkmalpflege auf der Grundlage des Denkmalpflegegesetzes vom 19. 6. 1975 (GBl. I Nr. 26);
- für Zwecke des Post- und Fernmeldewesens auf der Grundlage des Gesetzes über Post- und Fernmeldewesen vom 19. 11. 1985 (GBl. I Nr. 31).

20 Die Verfahren zum Entzug des Eigentumsrechtes und deren jeweilige Voraussetzungen waren abhängig vom Zweck der angeordneten Enteignung, weisen jedoch bestimmte **Gemeinsamkeiten** auf. Der Entzug des Eigentumsrechtes war **nur dann zulässig,** wenn
- die **gesetzlich festgelegten Voraussetzungen** des gemeinnützigen Zweckes der Enteignung erfüllt waren;
- dieser Zweck **auf andere Art und Weise nicht erreicht** werden konnte;

- **keine Vereinbarung** mit dem bisherigen Eigentümer über den Erwerb des Grundstücks möglich war und
- ein **anderes Grundstück** angeboten **oder/und** eine **Entschädigung** für den Entzug des Eigentumsrechtes gezahlt wurde.

3. Enteignungsgleiche Eingriffe

a) Ein weder rechtlich noch tatsächlich aufgeklärter Bereich ist die **gerichtlich ausgesprochene Vermögenseinziehung im Strafverfahren** (§ 57 StGB der DDR vom 12. 1. 1968). In der Regel war diesen Vermögenseinziehungen eine Beschlagnahme des Vermögens nach § 116 StPO der DDR vom 12. 1. 1968 oder die Sicherung des Vermögens durch Arrestbefehl gem. § 120 StPO vorausgegangen. Sprach das Gericht im Urteil die Vermögenseinziehung aus, so wurde diese durch den Rat des Kreises, Abteilung Finanzen, durchgeführt, indem das örtliche Organ das gesamte Vermögen über die im Urteil bestimmten Vermögenswerte zusammenfaßte, als Volkseigentum deklarierte oder den Verwertungserlös dem Staatshaushalt zuführte. Dabei wurden sowohl alle beweglichen als auch unbeweglichen Vermögenswerte sowie Rechte und Forderungen des Verurteilten einbezogen. In nicht wenigen Fällen war dabei auch das gemeinschaftliche Eigentum von Ehegatten betroffen, das durch den Rat des Kreises teilweise mit eingezogen werden konnte (§ 48 der 1. Durchführungsbestimmung zur StPO). 21

Waren berechtigte Ansprüche Dritter betroffen, wurde nach den Bestimmungen der Verordnung zur Sicherung von Vermögenswerten oder aufgrund gerichtlicher Urteile in das Eigentum des Volkes übergegangenen Ansprüche (Gesetz vom 2. 11. 1956, GBl. I S. 1207) verfahren.

Insbesondere wurde bei der Bewertung von Grundstücken und Gebäuden nur der Einheitswert zum Zeitpunkt der Entschädigung nach dem Entschädigungsgesetz vom 25. 4. 1960 bzw. 15. 6. 1984 herangezogen.

b) Durch die ökonomisch diskriminierende Situation der Grundstückseigentümer ist es in vielen Fällen zu einer Überschuldung der Grundstücke und damit zum ökonomischen Zwang gegenüber Grundstückseigentümern gekommen, die daraufhin auf ihr Eigentum an Grundstücken und Gebäuden gem. § 310 Zivilgesetzbuch der DDR vom 19. 12. 1975 – ZGB – (GBl. I S. 465) **verzichtet** haben. Diese Verzichtserklärungen wurden gegenüber dem Rat des Kreises in beglaubigter Form oder zu Protokoll erklärt und mußten gem. § 8 I der Grundstücksverkehrsverordnung vom 15. 12. 1977 – GVVO – (GBl. I/1978 S. 73) durch einen Beschluß des Rates des Kreises genehmigt werden. Mit der staatlichen Genehmigung, der Verzichtserklärung und der Eintragung im Grundbuch entstand Volkseigentum, das in der Regel durch Erfüllung von Gläubigerforderungen bis zur Höhe des Grundstückswertes auch lastenfrei wurde. 22

c) Ein weiteres wichtiges Rechtsinstitut bei der Durchsetzung der Enteignungen bestand in der Ausübung des **staatlichen Vorerwerbsrechtes** durch die Räte der Kreise auf der Grundlage von § 306 II ZGB i. V. m. § 11 ff. der GVVO. Die DDR besaß mit diesem Rechtsinstrument die Möglichkeit, bei allen Verträgen, die die Übertragung des Eigentumsrechtes an einem Grundstück zum Inhalt hatten, und im Fall der Anordnung des gerichtlichen Verkaufs eines Grundstücks das Grundstück unabhängig von den bestehenden Vorkaufsrechten zu erwerben. Dieses Recht wurde in der Regel durch Beschluß des Rates des Kreises ausgeübt und im Wege des Genehmigungsverfahrens für die Grundstücks- 23 verträge realisiert. Allerdings ist für die rechtsstaatliche Beurteilung der Fälle des staatlichen Vorerwerbsrechtes zu berücksichtigen, daß gem. § 16 der GVVO ein verwaltungsrechtlicher Beschwerdeweg vorgesehen war, so daß unter Umständen für die Beurteilung der rechtlichen Interessen der betroffenen Eigentümer die Ausübung dieses Rechtes zu berücksichtigen sein wird.

III. Die Situation nach den Staatsverträgen

24 Die im Zusammenhang mit Enteignungen auftauchenden Rechtsprobleme werden insbesondere geregelt

- in der **Gemeinsamen Erklärung** der Regierungen der BRD und der DDR zur Regelung offener Vermögensfragen vom 15. 6. 1990;
- im **Vertrag über die Schaffung einer Währungs-, Wirtschafts- und Sozialunion** vom 18. 5. 1990 (BGBl. II S. 537);
- im **Einigungsvertrag** vom 31. 8. 1990 (BGBl. II S. 889) und hier insbesondere im **Gesetz zur Regelung offener Vermögensfragen** (VermögensfragenG), EVertr. Anl. II Kap. III Sachgeb. B Abschn. I Nr. 2 (BGBl. II S. 1159) sowie im **Gesetz über besondere Investitionen in dem in Artikel 3 des Einigungsvertrages genannten Gebiet,** EVertr. Anl. II Kap. III Sachgeb. B Abschn. I Nr. 1 (BGBl. II S. 1157);
- im **Rehabilitierungsgesetz** vom 6. 9. 1990 (GBl. I S. 1459);
- in der **Verordnung über die Anmeldung vermögensrechtlicher Ansprüche** (AnmeldeVO) i. d. F. vom 11. 10. 1990 (BGBl. I S. 2162), der ihre ursprüngliche Fassung vom 11. 7. 1990 (GBl. I S. 718), die 2. VO vom 21. 8. 1990 (GBl. I S. 1260) sowie die 3. VO vom 11. 10. 1990 (BGBl. I S. 2150) vorausgegangen waren.
- im „Entwurf eines Gesetzes zur Beseitigung von Hemmnissen bei der Privatisierung von Unternehmen und zur Förderung von Investitionen" der Bundesregierung, der bei Drucklegung im Bundestag eingebracht, aber noch nicht verabschiedet war.

Dieser Gesetzentwurf sieht u. a. folgendes vor: vorläufige Einweisung des Berechtigten (Enteigneten) in den Besitz, wenn die Berechtigung unzweifelhaft ist und kein anderer Berechtigter Vorrang hat; Entflechtung der früher zusammengefaßten mittelständischen Betriebe zur einfacheren Rückgabe; Änderung des InvestitionsG, der GrundstücksverkehrsVO, des DM-BilG und weiterer Vorschriften; Veräußerung eines Unternehmens trotz Vorliegens eines Rückgabeantrags, wenn ein dringender Investitionsbedarf vorliegt; Vorrang einvernehmlicher Regelungen zwischen Verfügungsberechtigtem und Antragsteller vor hoheitlicher Entscheidung; Möglichkeit einer Schiedsgerichtsvereinbarung zwischen Behörde und Antragsteller, wonach ein Schiedsgericht die Behördenentscheidung ersetzen kann.

Danach ist die Rechtslage im wesentlichen zugunsten der Eigentumsrechtsansprüche korrigiert worden. Dies trifft auf die alliierten Enteignungen jedoch nur im Rahmen des Rehabilitierungsgesetzes vom 6. 9. 1990 zu. In allen anderen Fällen der Enteignung sind nunmehr grundsätzliche Regelungen zur Rückführung des Vermögens an die Privateigentümer erfolgt. Es gibt jedoch dennoch eine Reihe von Fragen, die noch der gesetzlichen Regelung bedürfen, wie z. B. die Grundstücksbelastungen und die Errichtung der Entschädigungsfonds (vgl. § 9 III, § 18 IV, § 22 II VermögensfragenG). Auch die verfassungsrechtliche Haltbarkeit bestimmter bereits geregelter Tatbestände, beispielsweise von § 10 VermögensfragenG, muß sich zukünftig herausstellen.

IV. Die einzelnen Entschädigungsansprüche, Einwendungen und Rechtsfolgen

1. Anspruch auf Rückgabe des Eigentumsobjektes

a) Identifizierung der Vermögensgegenstände

Sowohl bei Grundstücken wie bei Firmen ist eines der wesentlichen praktischen Probleme die Identifizierung dessen, was zurückgewährt werden soll: 25

- Bei **Firmen** erhebt sich die Frage, was – insbesondere bei beweglichen Gegenständen – zu damals enteigneten Firmen gehört und wie enteigneter „goodwill" zu bewerten ist. Insbesondere war der Gesetzgeber hier gezwungen, Regelungen für den Fall von wesentlichen Verschlechterungen, Verbesserungen oder **Änderungen in der Vermögens- und Ertragslage** der Firmen zu treffen (§ 6 VermögensfragenG).
- Bei **Grundstücken** kann man sich zwar in vielen Fällen noch auf alte Grundbucheintragungen stützen, oft ist aber schwierig nachzuweisen, wer Rechtsnachfolger derjenigen Personen ist, die im Grundbuch als Eigentümer eingetragen sind. Aus der praktischen anwaltlichen Tätigkeit sind auch Fälle bekannt, wo die Grundbücher in staatlichen Archiven verschwunden sind oder bei Eintragungen selbst gegen gesetzliche Bestimmungen der DDR verstoßen wurde.

Weitere Probleme entstehen aus der Überbauung von Grundstücksgrenzen, die in vielen Fällen eine Rückgabe bebauter Grundstücksteile verhindern. Zur Abgrenzung und zur Frage der Duldung des Überbaus wird man sich im wesentlichen an die Regelungen des BGB anlehnen müssen.

Vermögenswerte, die im Rahmen der Enteignungen zurückübertragen werden, sind neben bebauten und unbebauten **Grundstücken** sowie rechtlich selbständigen **Gebäuden** und Baulichkeiten auch **Nutzungsrechte** und **dingliche Rechte** an Grundstücken und Gebäuden, **bewegliche Sach- und Vermögenswerte, Kontoguthaben** und **sonstige auf Geldzahlungen gerichtete Forderungen** sowie **Eigentum und Beteiligungen** an Unternehmen oder an Betriebsstätten von Zweigniederlassungen von Unternehmen mit Sitz **außerhalb der ehemaligen DDR.** 26

Der **Primäranspruch auf Rückgabe der Eigentumsobjekte** ergibt sich 27

- bei Vermögenswerten im Sinne des VermögensfragenG bzw. der AnmeldeVO aus § 3 I VermögensfragenG,
- in den Fällen entzogener Vermögenswerte im Strafverfahren gem. § 6 I und II RehabilitierungsG vom 6. 9. 1990,
- in den Fällen der Rehabilitierung von Personen, die durch alliierte Besatzungsmächte enteignet wurden, ausschließlich auf der Grundlage des § 18 I ff. RehabilitierungsG,
- in den Fällen der verwaltungsrechtlichen sonstigen Enteignungen auf der Grundlage von § 23 I und II RehabilitierungsG.

b) Inhalt des Anspruchs; Einwendungen

Der Anspruch auf Rückgabe des Eigentumsobjekts ist der stärkste Anspruch des Privateigentümers bzw. Enteigneten, da dieser Anspruch unmittelbar Besitz-, Nutzungs- und Verfügungsrechte ermöglicht. Dies stützt sich unter Berücksichtigung des erfolgten Beitritts der DDR zum Grundgesetz auf Art. 14 des Grundgesetzes – in der Rangfolge danach auch auf die in den bisherigen 28

DDR-Verfassungen geregelten Rechte der Privateigentümer sowie die zivilrechtlichen Eigentumsrechtsregelungen.

Denkbare Einwendungen gegen die Wiederherstellung der Eigentumsrechte werden in der Regel von dem zwischenzeitlich Nutzungsberechtigten der Grundstücke bzw. solchen Personen erhoben werden, die im Wege des Weiterverkaufs aus dem Volkseigentum auch zum Teil **gutgläubig Grundstücke erworben** haben, daran Investitionen vorgenommen haben und meinen, ihrerseits in ihren Eigentumsrechten beeinträchtigt zu sein. In den Fällen, in denen gutgläubiger Erwerb tatsächlich nicht in Frage gestellt werden kann, muß zum Teil auch damit gerechnet werden, daß sich der Anspruch auf Rückübertragung des Eigentumsrechtes nicht mehr durchsetzen läßt, sondern daß statt dessen mit einem Entschädigungsanspruch oder einem Austausch von Grundstücken mit vergleichbarem Wert Ansprüche befriedigt werden. Dies ist im einzelnen der Fall, wenn:

29 – mit **erheblichem baulichen Aufwand die Nutzungsart oder Zweckbestimmung** von Grundstücken oder Gebäuden **verändert** wurde und ein öffentliches Interesse an dieser Nutzung besteht,
– Grundstücke und Gebäude dem **Gemeingebrauch gewidmet** wurden,
– im **komplexen Wohnungs- oder Siedlungsbau** Grundstücke oder Gebäude verwendet wurden,
– die Grundstücke oder Gebäude **der gewerblichen Nutzung zugeführt** oder in eine Unternehmenseinheit einbezogen wurden und **nicht ohne erhebliche Beeinträchtigung des Unternehmens zurückgegeben** werden können (§ 5 VermögensfragenG),
– die **enteignete Firma nicht** mehr mit der bestehenden Firma unter Berücksichtigung des Produkt- und Leistungsangebotes **vergleichbar** ist (§ 6 I VermögensfragenG),
– die Rückübertragung von Eigentumsrechten **durch die Natur der Sache her nicht mehr möglich** ist, z. B. beim Aufbau eines Neubaugebietes auf ein enteignetes Grundstück (§ 4 I VermögensfragenG),
– natürliche Personen, Religionsgemeinschaften oder gemeinnützige Stiftungen **vor dem 18. 10. 1989 gutgläubig** Eigentum oder dingliche Nutzungsrechte erworben haben (§ 4 II VermögensfragenG).

2. Antrag auf Entschädigung

30 Im Falle einer nicht mehr möglichen Rückübertragung des Eigentumsrechtes durch den enteigneten Eigentümer ist der Entschädigungsanspruch der nächststärkere Anspruch, der im verwaltungsgerichtlichen Verfahren durchgesetzt werden kann. Zur Höhe der Entschädigung ist jedoch zum gegenwärtigen Zeitpunkt noch keine Regelung erfolgt. Nach dem bisherigen in der DDR geltenden öffentlichen Recht wäre die Entschädigungshöhe für den Ausgleich der erlittenen materiellen Nachteile der Enteigneten unzureichend, da die Höhe der Entschädigungen nach geltenden Preisvorschriften festzusetzen war und den zulässigen Höchstpreis (insbesondere den Einheitswert bei Grundstücken) nicht überschreiten durfte (§ 4 EntschädigungsG vom 15. 6. 1984, GBl. I S. 209). Gegen den Entschädigungsanspruch wird von Seiten des Staatshaushaltes damit zu rechnen sein, daß Zahlungen aus dem Lastenausgleichsgesetz angerechnet werden. Dies stellt jedoch kein tatsächliches Problem dar, da die Berechnung

des Lastenausgleichs weit unter dem tatsächlichen Wert einer notwendigen Entschädigung für den Eigentümer erfolgte.

Der Entschädigungsanspruch ergibt sich in all den gesetzlichen Fällen, bei denen eine Rückübertragung der Eigentumsansprüche nicht mehr möglich ist, 31
- bei Unternehmen aus § 6 VII VermögensfragenG in Höhe des **Wertes des Unternehmens** zum Zeitpunkt der Übernahme in Volkseigentum **abzüglich des erhaltenen Kaufpreises oder Ablösebetrages im Verhältnis 2:1;**
- in Fällen des Wahlrechts der Berechtigten auf Rückübertragung oder Entschädigung auf der Grundlage von § 8 des Vermögensfragenregelungsgesetzes. Davon **ausgenommen** sind Berechtigte, deren Grundstücke durch Eigentumsverzicht, Schenkung oder Erbausschlagung in Volkseigentum übernommen wurden;
- bei beweglichen Sachen in Höhe des **erzielten Verkaufserlöses, abzüglich** der bereits **geleisteten Beträge** gem. § 10 VermögensfragenG.

3. Nebenforderungen und Zinsen

Nebenforderungen, die sich aus den Enteignungen neben einem noch zu regelnden Zinsanspruch ergeben, sind insbesondere: 32
- **Schadenersatzansprüche** gegen den staatlichen Verwalter (§ 13 VermögensfragenG),
- **Ansprüche auf Eintragung** der Eigentumsrechtsverhältnisse, einschließlich den Grundstücksbelastungen **im Grundbuch** (§ 18 VermögensfragenG),
- **Ansprüche auf Wertausgleich** hinsichtlich von Werterhöhungen oder -minderungen auf der Grundlage bewertungsrechtlicher Vorschriften (§ 7 VermögensfragenG),
- **Mietansprüche** in Fällen unredlicher Mietverträge (§ 17 VermögensfragenG),
- **Ansprüche auf Übereignung von Grundstücken** mit vergleichbarem Wert (§ 9 II VermögensfragenG),
- **Ansprüche auf soziale Ausgleichsleistungen** für die entstandenen gesundheitlichen, materiellen oder anderen Nachteile bei strafrechtlichem Vermögensentzug (§ 7 RehabilitierungsG) sowie verwaltungsrechtlichem Vermögensentzug (§ 24 RehabilitierungsG).

Soweit der Gesetzgeber nach der zukünftigen Regelung **Zinsansprüche** auf den Entschädigungsanspruch zuläßt, scheint es sozial verträglich zu sein, wenn die Berechnung der Zinsen ab dem Zeitpunkt der Zuerkennung des Entschädigungsanspruches erfolgt. Dabei sollte berücksichtigt werden, daß mittels einer materiellen Entschädigung die langjährigen ideellen Nachteile einer Enteignung ohnehin nicht aufgewogen werden können. Im übrigen wäre die Belastung für den Staatshaushalt bei einer Zinszahlung ab dem Zeitpunkt der Enteignung außerordentlich hoch, so daß die Entschädigungszahlung letztlich zu Lasten aller Steuerzahler erfolgen müßte, die ihrerseits für die Durchführung der Enteignungen in der DDR nicht verantwortlich gemacht werden können. Soweit Zinsforderungen zuerkannt werden können, ist die Höhe der Zinsen in verschiedenen Varianten denkbar. Zum einen könnte der allgemeine Zinssatz bei Enteignungen bzw. Entzug des Eigentumsrechtes in der DDR und darauffolgenden Entschädigungsansprüchen in Höhe von 4% gem. § 3 II des Entschädigungsgesetzes vom 15. 6. 1984 analog zur Anwendung kommen. Zum anderen könnte sich die Zinshöhe auch an einem darüberliegenden Zinssatz der Banken oder der Bundesbank orientieren. 33

V. Die außergerichtliche Geltendmachung der Ansprüche (Zuständigkeit/Verfahren)

1. Ansprüche aus allgemeinen Enteignungen und aus enteignungsgleichen Eingriffen

34 Bei der Anmeldung sind als Voraussetzungen nach der AnmeldeVO (BGBl. I S. 2162) sowie nach dem VermögensfragenG (BGBl. II S. 1159) zu beachten:

- Die Anmeldung hat **schriftlich** zu erfolgen.
- Sie hat beim **örtlich zuständigen** Landratsamt des Kreises oder bei der Stadtverwaltung einer kreisfreien Stadt zu erfolgen, wo der Berechtigte seinen letzten Wohnsitz in der DDR einschließlich Berlin-Ost hatte. Besaß der Berechtigte keinen solchen Wohnsitz, ist die Anmeldung bei dem Landratsamt oder der Stadtverwaltung einzureichen, wo der Vermögenswert gelegen ist (Grundstückslage). Bestehen Ansprüche in mehreren Kreisen, so hat die Anmeldung aus Sicherheitsgründen in jedem Kreis getrennt zu erfolgen. In Erbfällen gilt der letzte Wohnsitz des Erblassers in der DDR, auch dann, wenn der Erblasser zwischenzeitlich aus der DDR verzogen war und sich im Ausland aufhielt. Sofern der Anspruchsteller seinen Sitz oder Wohnsitz außerhalb der Bundesrepublik hat, kann die Anmeldung auch beim Bundesminister der Justiz, Heinemannstr. 6, 5300 Bonn 2 eingereicht werden.
- In der Anmeldung sind **genaue Angaben über den betreffenden Vermögenswert** zu machen, soweit dies noch möglich ist. Bei Grundstücken also die genaue Grundbuchbezeichnung, wenigstens aber die genaue Anschrift, im Regelfall die Angabe des Grundbuches, des Grundbuchblattes, der Flurnummer, der Flurstücknummer und der Liegenschaft. In Fällen der Firmenenteignung sollten möglichst auch der Gesellschaftsvertrag sowie Handelsregisterauszüge eingereicht und andere Nachweismöglichkeiten ausgeschöpft werden.
- Bei **mehreren Miteigentümern** muß die Anmeldung von sämtlichen Berechtigten **gemeinschaftlich** erfolgen. Bei Erbengemeinschaften ist jeder Miterbe für sich allein berechtigt, den Anspruch für alle Miterben geltend zu machen. Darauf sollte bei der Anmeldung hingewiesen werden und sie dahingehend formuliert werden. Bei Erbfällen sollte prinzipiell eine Kopie des Erbscheines beigelegt werden.
- Im Falle einer **Vertretung** durch einen Bevollmächtigten (z. B. einen Rechtsanwalt) muß eine **schriftliche Vollmacht** mit eingereicht werden.
- **Anträge** vor dem 15. 7. 1990 sind gegenstandslos. Sie mußten nach der AnmeldeVO erneut gestellt werden. In der Anmeldung der Ansprüche sollte auf die Anmeldeverordnung Bezug genommen werden und auf diese verwiesen werden, die Wiederherstellung der früheren Eigentumsrechte (die Rückübereignung) beantragt bzw. die Aufhebung der staatlichen Verwaltung beantragt werden. Sofern keine genaue Kenntnis über die Rechtslage am Eigentum besteht, sollte vorsorglich ein Antrag auf beide Ansprüche nebeneinander gestellt werden. Darüberhinaus sollte auch bereits zu diesem Zeitpunkt ein Antrag gegen möglicherweise nach dem 18. 10. 1989 vorgenommene Enteignungen gestellt werden. Anträge nach § 30 VermögensfragenG gelten gem. § 2 III AnmeldeVO als Anmeldungen i. S. der Verordnung.

- Darüberhinaus kann nach der AnmeldeVO das **Genehmigungsverfahren nach der Grundstücksverkehrsverordnung** wieder aufgegriffen werden, wenn Rechtsgeschäfte nach dem 18. 10. 1989 über das Eigentum abgeschlossen wurden oder danach eine vorläufige staatliche oder treuhänderische Verwaltung angeordnet wurde. In diesem Fall ist es bei der Wiederaufgreifung des Genehmigungsverfahrens nach der Grundstücksverkehrsordnung für den Erwerber des Grundstücks möglich, Beschwerde gem. § 8 AnmeldeVO einzulegen. Diese kann gerichtlich nachgeprüft werden.
- Bei Hausgrundstücken, die auf Grund nicht kostendeckender Mieten und infolgedessen eingetretener Überschuldung durch Enteignung, Eigentumsverzicht, Schenkung oder Erbausschlagung in Volkseigentum übernommen wurden, ist das Antragsverfahren identisch geregelt (§ 1 II Buchst. c AnmeldeVO). Dies trifft jedoch nicht auf ein denkbares Wahlrecht hinsichtlich des Entschädigungsanspruches zu.
- Wurde die Anmeldefrist zum 13. 10. 1990 bzw. zum 31. 3. 1991 versäumt, kann der Verfügungsberechtigte über das Eigentum verfügen und kann schuldrechtliche oder dingliche Verpflichtungen eingehen (§ 3 IV VermögensfragenG). Dies gilt jedoch grundsätzlich nur bis zu dem Zeitpunkt, an dem eine nachträgliche Anmeldung erfolgt. Dies ist von grundsätzlicher Bedeutung, da die Versäumung der Anmeldefrist nicht automatisch zum Untergang des Restitutionsanspruches führt. – Im Falle der Verfügung über das Eigentum wandelt sich der Restitutionsanspruch lediglich in einen Anspruch auf den Erlös (§ 3 IV 3 VermögensfragenG).
- Die **Anmeldefrist** ist grundsätzlich am **13. 10. 1990** ausgelaufen. Für die Fälle des Vermögensverlusts während der nationalsozialistischen Herrschaft (§ 1 II Buchst. a AnmeldeVO; vgl. hierzu Rdnr. 40) und der Einziehung von Vermögenswerten im Zusammenhang mit rechtsstaatswidrigen Strafverfahren (§ 1 II Buchst. a AnmeldeVO) wurde die Frist jedoch bis zum **31. 3. 1990** verlängert (§ 3 AnmeldeVO).

Die Durchführung der Regelung der offenen Vermögensfragen obliegt den in 35
jedem Landkreis, jeder kreisfreien Stadt und in Berlin geschaffenen **Ämtern zur Regelung offener Vermögensfragen.** Diese werden auch in jedem der neuen Bundesländer als obere Landesbehörden gebildet. Gleichzeitig wurden bei jedem Landesamt **Widerspruchsausschüsse** geschaffen, bei denen gegen die Entscheidung des Amtes zur Regelung offener Vermögensfragen innerhalb eines Monats nach Zustellung der Entscheidung schriftlich Widerspruch eingelegt werden kann. Die Anmeldung nach der Anmeldeverordnung gilt dabei als Antrag auf Rückübertragung oder Aufhebung der staatlichen Verwaltung.

Die zuständige Behörde ist verpflichtet, den **Sachverhalt von Amts wegen aufzuklären** und zu ermitteln. Sie besitzt dazu das Recht, unentgeltliche Amts- und Rechtshilfe von allen Behörden und Gerichten beizuziehen.

Der Antragsteller hat **Anspruch auf Auskunft** durch die Behörde über alle Informationen, die zur Durchsetzung seines Anspruches erforderlich sind. Hierzu genügt unter Umständen bei Mängeln in der Anmeldung die Glaubhaftmachung des Anspruchs selbst (§ 31 III des Vermögensfragenregelungsgesetzes).

Die Behörde hat dem Antragsteller die beabsichtigte Entscheidung schriftlich mitzuteilen und ihm Gelegenheit zur Stellungnahme binnen eines Monats zu geben. Dabei hat sie auf das Wahlrecht hinsichtlich des Entschädigungsanspruchs hinzuweisen. Entscheidungen und Mitteilungen, die Fristen in Lauf setzen, sind dem Betroffenen bzw. deren Vertretern zuzustellen. Über die Entscheidung ist ein schriftlicher Bescheid zu erteilen und zuzustellen, der zu begründen ist und mit einer Rechtsbehelfsbelehrung zu versehen ist. Gleichzeitig ist dem Beteiligten ein Übergabeprotokoll mit Angaben zum festgestellten Eigentums- und Vermögensstatus zu übersenden.

Die Entscheidung wird **einen Monat nach Zustellung** bestandskräftig, wenn kein Widerspruch beim Widerspruchsausschuß eingelegt wird. Die Berichtigung der Grundbücher wird durch die Behörde selbst gebührenfrei veranlaßt.

2. Enteignungen im Rahmen der Verstaatlichungen 1972

36 Das Verfahren auf Rückübertragung von zwangsverstaatlichten Firmen und mit diesen Firmen verbundenen Grundstücken ist ausführlich im Gesetz über die Gründung und Tätigkeit privater Unternehmen und über Unternehmensbeteiligungen vom 7. 3. 1990 (GBl. I S. 141; §§ 17, 21); sowie der 1. DVO vom 8. 3. 1990, GBl. I S. 144) und der 2. DVO vom 13. 6. 1990 (GBl. I S. 363) geregelt. Es ist jedoch zu beachten, daß die §§ 17–21 des genannten Gesetzes durch § 39 VermögensfragenG wieder **außer Kraft** gesetzt wurden, so daß hinsichtlich der weiterführenden Verfahren ausschließlich das VermögensfragenG gilt.

Dies kann jedoch nicht auf die Antragstellung und deren Voraussetzungen nach den genannten Vorschriften zutreffen, da an deren Stelle keine anderen gesetzlichen Regelungen getreten sind. Danach waren die ehemaligen privaten Gesellschafter oder Inhaber bzw. deren Erben berechtigt, einen Antrag auf Umwandlung der ehemaligen Betriebe mit staatlicher Beteiligung und der Betriebe, die in Volkseigentum übergeleitet wurden, zu stellen. Dieser Antrag umfaßte sowohl die enteignete Firma bzw. den entsprechenden Firmenanteil, als auch den enteigneten Grund und Boden, der in den volkseigenen Betrieb mit übergeleitet wurde. Eine Umwandlung der Firma kann sowohl in eine Personengesellschaft als auch in eine Kapitalgesellschaft erfolgen, wobei diese auf Verlangen des Berechtigten in die frühere oder eine andere Rechtsform zu erfolgen hat (§ 6 VermögensfragenG).

37 Im einzelnen waren bei der Antragstellung folgende **Voraussetzungen** zu beachten:

- Der Antrag war formlos bis spätestens **16. 9. 1990** zu stellen.
- Der Antrag war beim zuständigen Rat des Bezirkes **(Bezirksverwaltungsbehörde)** zu stellen. Bei der Antragstellung war darauf zu achten, daß enteigneter Grund und Boden vom Antrag mit umfaßt wurde.
- Der Antrag sollte insbesondere auch beinhalten, daß er keine Veränderungen der Eigentumsrechtsform und keine Rechtshandlungen zur Aufnahme von Kapitalbeteiligung ohne Zustimmung des Antragsberechtigten umfaßt. Das gleiche gilt für die Entnahme von Grund- und Arbeitsmitteln aus den betrieblichen Beständen.

38 Für das **Antragsverfahren bis zum 3. 10. 1990** galt:

- Die Umwandlung des Betriebes erfolgte gegen die **Rückzahlung des Ablösungsbetrages** für die früheren Kapitaleinlagen **oder Rückerstattung des Kaufpreises** und zwar grundsätzlich in der Höhe und in der Art und Weise wie bei der Auszahlung des Kapitalanteils an die privaten Gesellschafter bei der Enteignung 1972. Eine sofortige vorzeitige Rückzahlung des Ablösungsbetrages war und ist jederzeit zulässig.
- Mit dem Antrag konnte darüberhinaus der **staatliche Anteil** bei Kommanditeinlagen der Industrie- und Handelsbank **miterworben** werden. Bei übergeleiteten Betrieben, die nicht mehr vorhanden sind, beispielsweise weil sie durch Strukturveränderungen in der Wirtschaft aufgelöst wurden, war auf Antrag durch die Bezirksverwaltungsbehörde eine Beteiligung an einem anderen volkseigenen Betrieb oder anderen Betrieb anzubieten. Der Vollzug der Umwandlung erfolgte durch **Umwandlungserklärung,** die

vom volkseigenen Betrieb und dem Antragsteller abzugeben war. Sie bedurfte der **notariellen Beurkundung** und bot die Grundlage für die **Eintragung in das Handelsregister.**

- Problematisch ist der häufig aufgetretene Fall, daß gegenüber den Kapitaleinlagen der Gesellschafter oder dem Kaufpreis zum Zeitpunkt der Umwandlung eine **Werterhöhung** eingetreten ist, die als Kapitaleinlage, Rücklage oder Erhöhung der staatlichen Einlage oder Forderung des Staates auszuweisen ist. Diese Werterhöhung ergibt sich aus der **Differenz** zwischen den **Kapitaleinlagen** der Gesellschafter bzw. dem von den privaten Inhabern zurückzuzahlenden Kaufpreis und den in der **Schlußbilanz des volkseigenen Betriebes zum Zeitpunkt der Umwandlung ausgewiesenen Grundmittel- und Investitionsfonds, abzüglich der noch zu tilgenden Grundmittelkredite sowie des Umlaufmittelfonds.** Nettowerte der nicht übernommenen Grund- und Umlaufmittel sind dabei abzusetzen. Unter Umständen führt dies zu einer Werterhöhung der Kapitaleinlagen der Gesellschafter bis zur Höhe des unteilbaren Fonds bei Betrieben mit staatlicher Beteiligung oder bis zur Höhe der Differenz zwischen dem Nettowert der Grundmittel des ehemaligen Privatbetriebes, der dem Kaufvertrag 1972 zugrundegelegt worden ist und dem ausgewiesenen Nettowert in der Eröffnungsbilanz des volkseigenen Betriebes bei früheren Privatbetrieben. Soweit die Werterhöhung zum Zeitpunkt der Umwandlung die mögliche Erhöhung der Kapitaleinlagen und die mögliche Bildung einer Rücklage überstieg, erfolgte eine entsprechende Erhöhung der staatlichen Beteiligung oder eine Forderung des Staates, die mit 3,5% verzinst wird. Kam eine einvernehmliche Regelung über die Übernahme von Fonds, Verbindlichkeiten, Forderungen und Vertragsverhältnissen zwischen dem Eigentümer und dem volkseigenen Betrieb nicht zustande, die ihrerseits Voraussetzung für die Abgabe der Umwandlungserklärung war, konnte ein **Schiedsgericht** entsprechend der Verordnung vom 18. 12. 1975 über das schiedsgerichtliche Verfahren (GBl. I Nr. 1 S. 8) entscheiden.

  Gegen die Entscheidungen der Bezirksverwaltungsbehörde auf Umwandlung des Betriebes war das Rechtsmittel der verwaltungsrechtlichen **Beschwerde** zulässig. Diese war innerhalb einer Frist von vier Wochen nach Zugang der Entscheidung schriftlich bei dem Rat des Bezirkes bzw. der Bezirksverwaltungsbehörde, die die Entscheidung getroffen hat, einzulegen. Über die Beschwerde war innerhalb einer Frist von zwei Wochen nach ihrem Eingang zu entscheiden. Wurde ihr nicht stattgegeben, war sie innerhalb dieser Frist dem zuständigen Ministerium zur Entscheidung zuzuleiten, das innerhalb von drei Wochen abschließend zu entscheiden hatte. Diese Entscheidung mußte schriftlich erfolgen und war sachlich und rechtlich zu begründen.

Nach dem 3. 10. 1990 gilt: 39

- Das Unternehmen ist dem Berechtigten zurückzugeben, wenn es unter Berücksichtigung des technischen Fortschritts und der allgemeinen wirtschaftlichen Entwicklung mit dem enteigneten Unternehmen unter Berücksichtigung des Produkt- und Leistungsangebotes **vergleichbar** ist. War das Unternehmen mit einem oder mehreren anderen Unternehmen zusammengefaßt worden, kommt es für die Vergleichbarkeit nur auf diesen Unternehmensteil an.
- **Wesentliche** Verschlechterungen oder Verbesserungen der Vermögens- und Ertragslage sind wie folgt **auszugleichen:**

  (a) bei einer Verschlechterung der Vermögenslage nach der Aufstellung der Eröffnungsbilanz zum 1. 7. 1990 nach §§ 24, 26 III, 28 DM-Bilanzgesetz (EVertr. Anl. II Kap. III Sachgeb. D Abschn. I Nr. 1, BGBl. II S. 889/1169)

  (b) bei wesentlicher **Verbesserung der Vermögenslage** im Sinne einer Ausgleichsverbindlichkeit nach § 26 DM-Bilanzgesetz nach den bewertungsrechtlichen Vorschriften,

  (c) bei einer wesentlichen **Veränderung der Ertragslage** durch einen **Erstat-**

tungsanspruch in Höhe der notwendigen Entwicklungskosten, es sei denn, das Unternehmen ist nicht sanierungsfähig, oder in Höhe der bisher erfolgten notwendigen Entwicklungskosten in Form einer **Ausgleichsverbindlichkeit,** wenn diese im Fall ihrer Aktivierung noch nicht abgeschrieben sind (§ 6 IV VermögensfragenG).

- Ist das zurückzugebende Unternehmen mit einem oder mehreren anderen Unternehmen zu einer neuen Unternehmenseinheit zusammengefaßt worden (z. B. im Rahmen der Kombinatsbildung), so sind, wenn das Unternehmen nicht entflochten wird, **Anteile** in dem Wert auf den Berechtigten **zu übertragen,** der in entsprechender Anwendung der vorgenannten Ausgleichsregelungen im Falle einer Entflechtung dem **Verhältnis des Buchwertes** des zurückgegebenen Unternehmens zum Buchwert des Gesamtunternehmens entspricht. Dabei kann die Entflechtung dann nicht verlangt werden, wenn diese wirtschaftlich **nicht** vertretbar ist. Verbleiben Anteile bei der Treuhandanstalt, insbesondere zum Ausgleich wesentlicher Werterhöhungen, können diese von den Anteilseignern vorrangig erworben werden.
- Hat kein Berechtigter den Antrag auf Rückgabe des Unternehmens gestellt, kann der Entschädigungsanspruch geltend gemacht werden.
- Ist die Rückgabe des Unternehmens bereits vor dem 3. 10. 1990 erfolgt, kann der Berechtigte verlangen, daß die Rückgabe nach den Vorschriften des VermögensfragenG überprüft wird.
- Im übrigen gelten alle vorgenannten Regelungen des VermögensfragenG, insbesondere hinsichtlich der behördlichen Zuständigkeit und des Verfahrens.

3. Eigentumsverlust in der Zeit von 1933–1945

40 – Die Dritte Verordnung über die Anmeldung vermögensrechtlicher Ansprüche vom 5. 10. 1990 (BGBl. I S. 2150) hat auch die Vermögenswerte in den Anwendungsbereich der AnmeldeVO mit einbezogen, die in der Zeit der nationalsozialistischen Gewaltherrschaft, also vom 31. 1. 1933 bis zum 8. 5. 1945 den ursprünglichen Eigentümern verlorengegangen sind. Erfaßt werden die Vermögenswerte von Personen, die aus rassischen, politischen, religiösen oder weltanschaulichen Gründen verfolgt wurden und deshalb ihr Vermögen infolge von Zwangsverkäufen, Enteignungen oder auf andere Weise verloren (§ 1 II Buchst. a AnmeldeVO).

- Für derartige Ansprüche gilt gem. § 3 AnmeldeVO i. d. F. vom 11. 10. 1990 eine verlängerte Anmeldefrist, die am 31. 3. 1991 endet.
- Auch hier kann die Anmeldung beim Bundesjustizministerium erfolgen, sofern der Anspruchsteller seinen Sitz oder Wohnsitz außerhalb der Bundesrepublik hat.

VI. Die gerichtliche Durchsetzung der Ansprüche (Zuständigkeit/Verfahren)

1. Eintragung eines Widerspruchs im Grundbuch

41 Das Grundbuch ist nicht in allen Fällen staatlicher Eingriffe geändert worden und zeigt dann die ursprüngliche Rechtslage an. In den meisten Fällen ist jedoch der staatliche Eingriff im Grundbuch dokumentiert, so daß neben den übrigen Maßnahmen auch ein **Grundbuchberichtigungsanspruch** besteht. Dieser An-

spruch darf deshalb nicht übersehen werden, weil der im Grundbuch Eingetragene an einen gutgläubigen Dritten weiterveräußern kann und es sehr unklar ist, ob durch die allgemeinen Veröffentlichungen im Westen vor dem 18. 10. 1989 über die mögliche Unzulässigkeit staatlicher Eingriffe dieser gute Glaube zustört werden kann.

Die materiell-rechtliche Basis des Grundbuchberichtigungsanspruches nach dem Beitritt der DDR zur Bundesrepublik Deutschland ist nunmehr **§ 894 BGB.**

Da die Durchsetzung dieses Anspruchs Zeit benötigt, kann ein **Widerspruch** in das Grundbuch eingetragen werden. Dieser Anspruch stützt sich auf § 899 I BGB. Zunächst muß die im Grundbuch eingetragene oder verwaltende Person oder amtliche Stelle außergerichtlich aufgefordert werden, der Eintragung des Widerspruchs zuzustimmen. Wird die Eintragung des Widerspruchs nicht freiwillig bewilligt, kann er im Wege **einstweiliger Verfügung** eingetragen werden (§ 899 II BGB). Insbesondere muß nicht eine drohende Veräußerung des Grundstücks durch den im Grundbuch Eingetragenen glaubhaft gemacht werden. Dies galt auch vor dem Beitritt der DDR zum Grundgesetz (Bezirksgericht Potsdam, Beschluß vom 28. 5. 1990, Aktenzeichen 1 BZR 147/90, unveröffentlicht).

Nach Artikel 233, § 7 des EGBGB (EVertr. Anl. I Kap. III Sachgeb. B **42**
Abschn. II Nr. 1, BGBl. II S. 889/941) richtet sich die Übertragung des Eigentums an Grundstücken nach den Vorschriften des BGB nach den am Tag vor dem Wirksamwerden des Beitritts geltenden Vorschriften, wenn der **Antrag** auf Eintragung in das Grundbuch **vor dem Wirksamwerden des Beitritts** gestellt worden ist. Dies gilt entsprechend für das Gebäudeeigentum. Ein Recht nach den am Tag vor dem Wirksamwerden des Beitritts geltenden Vorschriften kann nach diesem Tag gemäß diesen Vorschriften noch begründet werden, wenn hierzu die Eintragung in das Grundbuch erforderlich ist und diese beim Grundbuchamt vor dem Wirksamwerden des Beitritts beantragt worden ist. Dies gilt auch bei Verfügungen über entsprechende Grundstücksrechte. Dies sollte beachtet werden, da die Bearbeitungszeiten der Grundbuchämter in der ehemaligen DDR außerordentlich lang sind.

Besonders dringlich ist die vorgenannte Frage durch das **Gesetz über beson- 43**
dere Investitionen in den in Artikel 3 des Einigungsvertrages genannten Gebieten (EVertr. Anl. II Kap. III Sachgeb. B Abschn. I Nr. 1, BGBl. II S. 889/1157) geworden. Danach können für die Sicherung oder Schaffung von Arbeitsplätzen, insbesondere bei der Errichtung von gewerblichen Betriebsstätten oder von Dienstleistungsunternehmen, bei der Deckung eines erheblichen Wohnbedarfs der Bevölkerung oder bei Infrastrukturmaßnahmen Grundstücke oder Gebäude in Anspruch genommen werden, obwohl Anträge nach der AnmeldeVO vorliegen. Obwohl das Grundbuchamt im Falle von Genehmigungsbescheiden durch das Landratsamt oder die Stadtverwaltung verpflichtet ist, entsprechende Grundstückskaufverträge einzutragen, wenn der Antrag vor dem 31. 12. 1992 gestellt wird, und obwohl dieses Verfahren einen rechtsbehelfsfähigen Genehmigungsbescheid der Behörde und hilfsweise einen Entschädigungsanspruch in Höhe des Verkehrswertes des Grundstückes kennt sowie der Antragsberechtigte im Verfahren gehört werden soll, scheint die Eintragung eines Widerspruchs im Grundbuch eine zum Zeitpunkt des Standortplanungsverfahrens geeignete Maßnahme zu sein, den erkennbaren Willen des enteigneten Grundstückseigentümers nach außen zu dokumentieren.

2. Einzelheiten des Verfahrens

a) Rechtslage bis zum 3. 10. 1990

44 Bei den im Verwaltungsrechtsweg beschwerdefähigen Entscheidungen wegen der Reprivatisierung der 1972 zwangsverstaatlichten Betriebe und Grundstücke konnte innerhalb von 2 Wochen nach Zugang der abschlägigen Entscheidung ein Antrag auf gerichtliche Nachprüfung durch das Gericht gestellt werden. Das Gericht konnte in der Sache selbst entscheiden (§ 21 über die Gründung und Tätigkeit privater Unternehmen und über Unternehmensbeteiligungen vom 8. 3. 1990, GBl. I S. 144). Für die Durchführung des Verfahrens in I. Instanz waren dabei die Kreisgerichte der Bezirksstädte, in Berlin das Stadtbezirksgericht Berlin-Mitte, zuständig. War ein Verfahren zum Zeitpunkt des 1. 7. 1990 bereits gerichtlich anhängig, so wurde es auf der Grundlage des Gesetzes zur Nachprüfung von Verwaltungsentscheidungen vom 14. 12. 1988 (GBl. I S. 327) weitergeführt.

In allen übrigen Fällen der Enteignungen lag keine Einzelregelung über die Zulässigkeit des Gerichtsweges und des verwaltungsgerichtlichen Verfahrens vor. Es kann jedoch davon ausgegangen werden, daß hier gleichermaßen der Gerichtsweg nach § 2 Buchst. a des Gesetzes über die Nachprüfung von Verwaltungsentscheidungen vom 29. 6. 1990 gegeben war. Voraussetzung für die gerichtliche Nachprüfung und die Geltendmachung auf dem Gerichtsweg war generell, daß zunächst gegen die Verwaltungsentscheidung das vorgesehene **verwaltungsrechtliche Rechtsmittel** eingelegt wurde und daß darüber im Verwaltungsweg endgültig entschieden wurde. Nur wenn in den Rechtsvorschriften kein Rechtsmittel vorgesehen war, konnte die gerichtliche Nachprüfung der Verwaltungsentscheidung bereits nach der ersten Entscheidung erfolgen. Der Gerichtsweg war auch gegeben, wenn die Behörde die Entgegennahme des Antrags verweigerte oder einen Antrag oder die Beschwerde innerhalb von zwei Monaten nicht bearbeitete. Das Verfahren zur gerichtlichen Nachprüfung wurde durch **Klage** eingeleitet, die schriftlich **innerhalb eines Monats nach Zugang der abschließenden Entscheidung** bei dem erstinstanzlichen zuständigen Gericht eingereicht werden mußte, zu begründen und zu unterschreiben war. Dabei war es notwendig, die Entscheidung der Verwaltungsbehörde beizufügen und bei anwaltlicher Vertretung eine schriftliche Vollmacht beizulegen. Gegen die ergangenen gerichtlichen Urteile und Beschlüsse war das Rechtsmittel der Berufung oder Beschwerde und gegen Rechtsmittelentscheidungen die Revision nach den Bestimmungen der Zivilprozeßordnung zulässig (Gesetz über die Zuständigkeit der Verfahren der Gerichte zur Nachprüfung von Verwaltungsentscheidungen vom 29. 6. 1990 GBl. I S. 595).

b) Rechtslage nach dem 3. 10. 1990

45 Nach dem 3. 10. 1990 ist nach § 37 VermögensfragenG gegen den Widerspruchsbescheid, der nach dem Widerspruch gegen die Entscheidungen des Amtes zur Regelung offener Vermögensfragen endgültig durch den Widerspruchsausschuß getroffen wird, der Gerichtsweg zulässig.

Ansonsten ist insbesondere zu beachten, daß nach den die Verwaltungsgerichtsbarkeit betreffenden Maßgaben zum GVG im Einigungsvertrag (Anl. I Kap. III Sachgeb. A Abschn. III Nr. 1, BGBl. II S. 889/921) die **Kreisgerichte** zuständig sind, in deren Bezirk das Bezirksgericht seinen Sitz hat. Dies kann dazu führen, daß unterschiedliche örtliche Zuständigkeiten im Verwaltungsverfahren (Sitz des Landesamtes gem. § 26 des Vermögensfragenregelungsgesetzes) und im gerichtlichen Verfahren (Bezirksgericht des Regierungsbezirkes, in dem der Vermögenswert gelegen ist) vorhanden sind. Für Rechtssachen, für die nach dem Recht der Bundesrepublik Deutschland im gerichtlichen Verfahren die Oberverwaltungsgerichte zuständig sind, werden bei den Bezirksgerichten, in deren Bezirk die Landesregierung ihren Sitz hat, Senate für Verwaltungssachen eingerichtet, die im gerichtlichen Berufungsverfahren zuständig sind. Die Landesregierungen können jedoch durch Rechtsverordnung die örtliche Zuständigkeit von anderen Kreis- oder Bezirksgerichten begründen. Daher empfiehlt es sich, in allen diesbezüglichen Fragen dringend die **örtliche Zuständigkeit der Gerichte genau zu prüfen.** – Ansonsten gilt im wesentlichen die VwGO.

VII. Besonderheiten bei der Miete von Wohnungen und gewerblichen Objekten

1. Vertragspflichten aus bestehenden Mietrechtsverhältnissen

Nach Art. 232 § 2 I EGBGB (EVertr. Anl. I Kap. III Sachgeb. B Abschn. II **46**
Nr. 1, BGBl. II S. 889/941) richten sich Mietrechtsverhältnisse aufgrund von Verträgen, die vor dem 3. 10. 1990 abgeschlossen worden sind, nach den Vorschriften des Bürgerlichen Gesetzbuches, soweit im Einigungsvertrag keine anderen Regelungen getroffen worden sind. Diese anderweitigen Regelungen beziehen sich insbesondere auf die Höhe des Mietpreises und auf die Möglichkeit, bestehende Mietrechtsverhältnisse zu beenden und Eigenbedarf im Sinne von § 564b II Nr. 2 S. 1 BGB geltend zu machen.

Mietrechtsverhältnisse wurden bis zum 3. 10. 1990 durch **§§ 94ff. des Zivilgesetzbuches** vom 19. 6. 1975 geregelt. Dabei war die freie Mieterwahl durch den Vermieter durch die staatliche Wohnraumlenkung und Zuweisung von Wohnraum (§§ 96, 99 ZGB) durch die bis dahin geltende Mietpreisbindung und durch die nur im begrenztem Umfang mögliche Kündigung des Vermieters mit notwendiger gerichtlicher Entscheidung begrenzt. Somit entstand durch den Abschluß eines schriftlichen Vertrages zwischen Vermieter und Mieter ein Mietrechtsverhältnis, dessen Inhalt gegebenenfalls durch das Wohnraumlenkungsorgan festgesetzt werden konnte, wenn sich die Vertragspartner über die gegenseitigen Rechte und Pflichten nicht einigen konnten oder zum Abschluß eines Mietvertrages nicht bereit waren. Ansonsten galten die Rechte und Pflichten aus dem Zivilgesetzbuch der DDR automatisch, wobei die **Hauptpflicht des Vermieters** darin bestand, dem Mieter die Wohnung in einem zum vertragsgemäßen Gebrauch geeigneten Zustand zu überlassen und diese in diesem Zustand während der Mietzeit zu erhalten (Gebrauchsüberlassungs- und Instandhaltungspflicht). Diese Pflicht umfaßte alle notwendigen Voraussetzungen, damit der Mieter die Wohnung nicht nur betreten und beziehen, sondern auch hinsichtlich qualitativer Wohnmindestbedingungen nutzen konnte, das heißt, es mußten u. a. die funktionsfähigen Wasser-, Gas- und Elektroanschlüsse vorhanden sein, Heizung und Kochgelegenheit zur Verfügung stehen und die Wohnung im wesentlichen mangelfrei sein.

Die **Hauptpflicht des Mieters** bestand dagegen darin, den vereinbarten Mietpreis regelmäßig und pünktlich zu zahlen, wobei die Mietpreise mit einer Mietpreiserhöhung von zwischen 0,85 und 1,35 DM pro Quadratmeter monatlich nicht kostendeckend waren. Daneben war der Mieter verpflichtet, während des Mietrechtsverhältnisses die Wohnung malermäßig instandzuhalten, Mängel, die während der Mietzeit an der Wohnung auftraten, anzuzeigen und zu beseitigen, soweit die Pflicht hierzu nicht beim Vermieter selbst lag, sowie die Wohnung bzw. dem Haus gehörende Gemeinschaftseinrichtungen vertragsgemäß zu nutzen.

Somit ist also zu prüfen, ob das von der anderen Vertragspartei geforderte Verhalten von seiner lokalen und zeitlichen Natur her nach dem ZGB und dem abgeschlossenen Mietvertrag oder nach dem BGB zu beurteilen ist.

2. Kündigungsschutz und Beendigung von Mietrechtsverhältnissen

a) Für die Geltendmachung von **Eigenbedarfsansprüchen,** wenn der Vermie- **47**
ter die Räume als Wohnung für sich oder zu seinem Hausstand gehörende

Personen oder Familienangehörige benötigt, gilt gem. Art. 232 § 2 III EGBGB (BGBl. II S. 941; vgl. Rdnr. 46) eine besondere Geltendmachungsfrist, so daß derartige Ansprüche erst nach dem 31. 12. 1992 gestellt werden können.

Dies gilt nicht, wenn der Ausschluß des Kündigungsrechts für den Vermieter angesichts seines hohen Bedarfs und seiner sonstigen berechtigten Interessen eine Härte bedeuten würde, die auch unter Würdigung der Interessen des Mieters nicht zu rechtfertigen wäre. Dies kann beispielsweise der Fall sein, wenn der Vermieter im Bundesgebiet über keinen eigenen Wohnraum verfügt und wenn der Mieter in den neuen Bundesländern über mehrere eigenständige Wohnungen verfügt oder beispielsweise dann, wenn der Vermieter am Ort der Wohnung einer beruflichen Tätigkeit nachgeht, der Mieter der Wohnung jedoch einer solchen im alten Bundesgebiet.

48 **b)** Auf berechtigte Interessen im Sinne des **§ 564b II Nr. 3 BGB** können sich Vermieter im Gebiet der ehemaligen DDR nicht berufen (Art. 232 § 2 II EGBGB). Dies hängt mit den sozialen Auswirkungen einer danach zu erwartenden massenhaften Kündigung von Wohnraum zusammen.

c) Die Kündigungsfrist nach **§ 565 I Nr. 3 BGB** verlängert sich für Kündigungen, die vor dem 1. 1. 1994 erklärt werden, um drei Monate (Art. 232 § 2 VII EGBGB).

3. Die Miete von gewerblichen Objekten

a) Rechtslage vor dem 3. 10. 1990

49 Vor dem 3. 10. 1990 war die Vermietung und Nutzung von Gewerberäumlichkeiten zuletzt durch die Verordnung über Gewerberaum vom 16. 5. 1990 (GBl. I S. 247) geregelt. Danach war der Abschluß eines Gewerberaumnutzungsvertrages innerhalb von 10 Tagen dem örtlich zuständigen Gewerbeamt anzuzeigen, darüberhinaus war es auch erforderlich, freien oder freiwerdenden, nicht oder nicht ständig bzw. umfassend genutzten Gewerberaum oder für gewerbliche Zwecke geeigneten Gewerberaum dem örtlichen Gewerbeamt anzuzeigen und dabei Mitteilungen über Name und Anschrift des Eigentümers, Rechtsträgers oder Verfügungsberechtigten, Ortsbezeichnung und Lage des Gewerberaumes, Anzahl und Größe der Räume, überdachter und abgegrenzter Freiflächen sowie zur bisherigen und möglichen Zweckbestimmung der Räume zu machen.

50 Die Höhe der Mietpreise und Nutzungsentgelte für Gewerberäume und Objekte ergab sich aus der Anordnung vom 23. 8. 1990 (GBl. I S. 1424). Danach wurden Richtwerte für die Ermittlung der Mietpreise und Nutzungsentgelte festgelegt, die Höchstpreise in der Vereinbarung zwischen Vermieter und Mieter waren. Allerdings ist nach § 4 der Anordnung geregelt, daß diese Höchstpreise nur auf vereinbarte Mietpreise und Nutzungsentgelte nach dem 1. 7. 1990 anzuwenden sind. Zu beachten ist des weiteren, daß mit den Mietpreisen die Bewirtschaftungskosten in Form von beispielsweise Sammelheizungen, Warmwasser, Müllabfuhr, Be- und Entwässerung, Beleuchtung, sonstige Energiekosten, Schornsteinreinigung u. a. nicht abgegolten sind.

b) Rechtslage nach dem 3. 10. 1990

51 Nach dem 3. 10. 1990 gilt für die Miete von gewerblichen Objekten grundsätzlich zunächst das Bundesrecht. Für bereits genutzte Gewerberäume können Mieter bis zum 31. 12. 1992 einer erklärten Kündigung über Geschäftsräume oder gewerbliche genutzte unbebaute Grundstücke widersprechen und vom Vermieter die Fortsetzung der Mietverhältnisse verlangen, wenn die Kündigung für sie eine erhebliche Gefährdung ihrer wirtschaftlichen Lebensgrundlage mit sich bringt. Dies gilt jedoch nicht, wenn

- ein Grund vorliegt, aus dem der Vermieter zur Kündigung ohne Einhaltung einer Kündigungsfrist berechtigt ist (§ 554a BGB),
- wenn der Vermieter bei anderweitiger Vermietung eine höhere als die bisherige Miete erzielen könnte, diese ortsüblich ist und der Mieter sich weigert, in eine angemessene Mieterhöhung von dem Zeitpunkt an einzuwilligen, an dem die Kündigung wirksam war,
- wenn der Mieter sich weigert, in eine Umlegung der Betriebskosten einzuwilligen,
- wenn dem Vermieter die Fortsetzung des Mietverhältnisses aus anderen Gründen nicht zugemutet werden kann.

Bei der Kündigung werden nur die im Kündigungsschreiben angegebenen Gründe berücksichtigt, im übrigen gelten die Bestimmungen des BGB sowie § 93b, 308, 708 der Zivilprozeßordnung.

E. Beziehung zum Mandanten

E I. Der Anwaltsvertrag

Dr. Reiner Ponschab

Übersicht

I. Wesen des Anwaltsvertrages

1. Geschäftsbesorgungsvertrag/Dienstvertrag/Werkvertrag

1 Der Anwaltsvertrag ist im **Regelfall** ein Geschäftsbesorgungsvertrag mit Dienstvertragscharakter (RGRK-*Steffen* Rdnr. 57 zu § 675 BGB m. w. N.). In **Sonderfällen,** z. B. bei der Erstellung eines Gutachtens, Anpassung eines Vertrages an ausländisches Recht u. ä. findet Werkvertragsrecht Anwendung (RGRK-*Steffen* aaO). Nähere Vorschriften über die Regelung des Anwaltsvertragsverhältnisses ergeben sich aus den §§ 43–45, 48–55 BRAO. Über § 675 BGB finden teilweise Auftragsvorschriften des BGB Anwendung: §§ 663 (vgl. §§ 44 BRAO), 665 (zum Weisungsrecht des Mandanten Rdnr. 23), 666, 667 (vgl. § 50 BRAO sowie wegen des Zurückbehaltungsrechtes an den Handakten Rdnr. 24), 668 (zum Problem der Untreue an Mandantengeldern vgl. E III Rdnr. 64ff.), 669 (vgl. hierzu § 17 BRAGO), 670 (i. V. m. §§ 25ff. BRAGO), 671 (i. V. m. §§ 627, 628 BGB), 672, 673 (vgl. §§ 54, 55 BRAO), 674 BGB.

2. Gegenstand der anwaltlichen Geschäftsbesorgung

2 Ein Anwaltsvertrag kommt nur dann zustande, falls es sich bei der vereinbarten Tätigkeit nicht um eine **berufsfremde** Tätigkeit handelt. Die Klärung dieser Frage hat für folgende Bereiche Bedeutung:

- Auf berufsfremde Tätigkeit (vgl. hierzu auch D VII) findet die **BRAGO keine Anwendung** (fraglich bleibt, ob die von § 1 II BRAGO ausgeschlossenen Gebiete eo ipso berufsfremd sind; die Aufzählung in Abs. 2 dürfte vor allem darauf beruhen, daß es sich bei den dort genannten Fällen nicht um Mandate handelt, die auf einer Vertrauensbeziehung mit einem bestimmten Mandanten beruhen);
- die kurze **Verjährung** gemäß § 51 BRAO (*BGH* VersR 1972, 1052);

- Einschränkung des **Versicherungsschutzes** (allerdings schließen die Haftpflichtversicherer im Regelfall auch die in § 1 II BRAGO erwähnten oder ähnliche Tätigkeiten in den Versicherungsschutz ein, teilweise auch durch gesonderte Vereinbarung, z. B. Tätigkeit als Konkursverwalter, Vergleichsverwalter, Testamentsvollstrecker, Praxisabwickler, Treuhänder etc., vgl. hierzu J Rdnr. 6, 7; D VII Rdnr. 1).
- Maßstab der erforderlichen Sorgfalt.

Eine berufsfremde Tätigkeit wird nur dann anzunehmen sein, wenn die 3
rechtsberatende Tätigkeit völlig in den Hintergrund tritt und keine in Betracht kommende Rolle mehr spielt (*BGHZ* 18, 340; *Borgmann/Haug,* S. 19). Wird ein Anwalt mit einem Geschäft betraut, das im Regelfall (auch) von Angehörigen anderer Berufe durchgeführt wird (z. B. Tätigkeit als Makler oder Vermögensverwalter), so ist im Zweifel davon auszugehen, daß der Anwalt gerade wegen **der Betreuung rechtlicher Interessen** zugezogen wird und somit ein Anwaltsvertrag vorliegt (*BGH* AnwBl 1987, 141/142; *BGH* LM § 675 Nr. 114). Gerade im Hinblick darauf, daß das neue Berufsverständnis die Profession des Anwalts als umfassende Dienstleistung ansieht, kann der Rahmen zur Bestimmung der beruflichen Tätigkeit des Anwalts nicht zu eng gezogen werden.

Bisher wurden, soweit nicht gleichzeitig Rechtsberatung erbracht wurde, fol- 4
gende Tätigkeiten als berufsfremd angesehen:

- Makler (vgl. zur Vermittlung eines Bankkredits *OLG Frankfurt* AnwBl 1981, 152);
- Aufkauf von Forderungen;
- Ausarbeitung von Finanzierungsplänen;
- Treuhänder;
- Hausverwalter;
- Geschäftsführer.

Die Beweislast für das Vorliegen eines Anwaltsvertrages trägt bei einem Honorarprozeß der Anwalt (*OLG Frankfurt* AnwBl 1981, 152/153).

Zur Vereinbarkeit berufsfremder Tätigkeiten mit dem anwaltlichen Standesrecht vgl. D VII Rdnr. 12ff.

II. Zustandekommen des Anwaltsvertrages

1. Allgemeine Regeln

Für das Zustandekommen des Anwaltsvertrages gelten die allgemeinen Re- 5
geln, insbesondere kann der Anwalt den Antrag auf Mandatsübernahme konkludent durch Aufnahme anwaltsspezifischer Tätigkeit annehmen. Da die anwaltliche Dienstleistung von der Natur her nur **gegen Entgelt** erbracht wird, muß der Anwalt im Rahmen eines Honorarprozesses nicht darlegen, daß er bei Annahme des Auftrages über die Frage der Honorierung gesprochen hat. Ist dagegen streitig, ob überhaupt ein Anwaltsauftrag erteilt worden ist, trägt der Anwalt die **Beweislast** für das Zustandekommen des Vertrages (*OLG Düsseldorf* AnwBl 1986, 400).

2. Kein Kontrahierungszwang

Ein Kontrahierungszwang zur Annahme eines Mandates besteht für Anwälte 6
nicht (*Borgmann/Haug,* S. 52). In besonderen, gesetzlich geregelten Fällen, ist

jedoch der (beigeordnete) Anwalt verpflichtet, zum Schutze einer benachteiligten Partei ein Mandat zu übernehmen (vgl. § 48 BRAO). Andererseits ist der Anwalt jedoch unter gewissen Umständen verpflichtet, ein Mandat abzulehnen (vgl. hierzu § 45 BRAO).

7 Mit **Rechtsschutzversicherungen** kommt kein Mandatsverhältnis zustande, selbst wenn der Versicherer als Vertreter des Mandanten gemäß § 16 II ARB das Mandat erteilt hat. Demgemäß stehen dem Anwalt gegen den Versicherer keine Zahlungsansprüche zu; umgekehrt haftet der Anwalt nicht dem Rechtsschutzversicherer, wohl aber muß sich der Mandant das Verhalten des Anwalts bei der Erfüllung versicherungsrechtlicher Obliegenheiten zurechnen lassen (*OLG München* VersR 1974, 279).

III. Beendigung des Anwaltsvertrages

Neben der Auftragserledigung durch Zweckerreichung wird der Anwaltsvertrag vor allem durch Kündigung beendet.

1. Kündigung

8 Da es sich bei dem Anwaltsvertrag um Dienste höherer Art handelt, ist die Kündigung des Anwaltsvertrages von beiden Seiten auch ohne wichtigen Grund **jederzeit möglich** (§§ 671 I, 627 BGB, Ausnahme § 48 BRAO – hier muß Aufhebung der Beiordnung beantragt werden). Kündigt jedoch der Anwalt ohne wichtigen Grund zur Unzeit, so macht er sich schadensersatzpflichtig (§§ 627 II 2, 671 II 2 BGB). Liegt dagegen für den Anwalt ein wichtiger Grund vor, so z. B. bei

- Nichtzahlung von Vorschüssen trotz Mahnung,
- nachträgliches Bekanntwerden von Gründen des § 45 BRAO,
- Aussichtslosigkeit der Rechtssache,

so hat der Mandant die aus der Kündigung resultierenden Nachteile selbst verschuldet.

Trotz Beendigung des Anwaltsvertrages können sich für den Rechtsanwalt jedoch umfangreiche nachvertragliche Pflichten ergeben (Sicherstellung der Übernahme des Mandates durch Berufungsanwalt, Information über laufende Fristen etc.).

2. Gebührenrechtliche Auswirkungen

9 Die Auswirkungen der Kündigung haben vor allem gebührenrechtliche Bedeutung:

a) Endet das Vertragsverhältnis **vor** Auftragserledigung, so ist dies auf das **Entstehen der Gebühr** gemäß § 13 Abs. 4 BRAGO ohne Einfluß. Der Anwalt hat also einen Anspruch auf volle gesetzliche Vergütung; bei Pauschalhonoraren kann sich die Verpflichtung zur Ermäßigung aus § 628 I 1 BGB ergeben (*BGH* NJW 1987, 315) oder – subsidiär – aus § 3 III BRAGO.

10 **b)** Hat jedoch der Anwalt **ohne Vorliegen eines wichtigen Grundes** gekündigt, so kann er gemäß § 628 I 2 BGB die Gebühren insoweit nicht verlangen, als sie der Mandant wegen der Kündigung durch Beauftragung eines anderen Anwalts nochmals aufwenden muß.

c) Bei Kündigung aus **wichtigem Grunde** gilt:

- Hat der **Mandant** den Anwaltsvertrag aus wichtigem Grunde gekündigt, so gilt die Regelung wie vorstehend Rdnr. 10. Will sich der Mandant auf den Untergang des Vergütungsanspruchs aus vorstehenden Gründen berufen, so muß er diese Einwendung (vertragswidriges Verhalten des Anwalts) darlegen und beweisen (*BGH* AnwBl 1982, 67/68). 11
- Hat der **Anwalt** aus wichtigem Grunde gekündigt, so ist der Mandant seinerseits zum Schadensersatz verpflichtet (§ 628 II BGB). Diese Bestimmung ist im Regelfall ohne größere Auswirkung. Denn für erbrachte (Teil)Leistungen besteht bereits ein Gebührenanspruch des Anwalts gemäß § 13 IV BRAGO. Bei Gebühren für noch nicht erbrachte Leistungen kann der Anwalt im Hinblick auf die freie Kündbarkeit durch den Mandanten (§ 627 BGB) mangels adäquater Schadensverursachung keinen Schadensersatz verlangen. Die Vorschrift bleibt jedoch insoweit von Bedeutung, als der Anwalt im Hinblick auf das erteilte Mandat besondere Aufwendungen getätigt hat (z. B. Anschaffung einer sonst nicht einsetzbaren EDV-Anlage) oder ein Zeithonorar vereinbart ist. 12

IV. Vertragspflichten des Anwalts

Die Rechtsprechung hat den Pflichtenkreis des Anwalts überaus weit gesteckt: Der Anwalt hat den Mandanten allgemein, umfassend und möglichst erschöpfend zu beraten. Dabei muß der Anwalt die geeigneten Schritte zur Erreichung des Ziels vorschlagen, voraussehbare rechtliche Nachteile für den Auftraggeber vermeiden und den Mandanten über mögliche wirtschaftliche Gefahren belehren (st. Rspr. vgl. *BGH* NJW 1988, 486). Unter dem Diktat dieser Anforderungen gibt es angesichts der unbeschränkten persönlichen Haftung des Anwalts für einen Mandanten keine bessere Absicherung für schwierige rechtliche Transaktionen als die Beauftragung eines Rechtsanwalts. 13

Aus der vorstehenden Generalklausel der Sorgfaltspflichten lassen sich verschiedene Einzelpflichten ableiten (vgl. hierzu im einzelnen *Borgmann/Haug,* S. 81 ff. und E II Rdnr. 17 ff.): 14

- Pflicht zur **Aufklärung von Tatsachen.** Der Anwalt muß durch Befragung seines Auftraggebers alle Punkte klären, auf die es für die rechtliche Beurteilung ankommen kann. Hiermit korrespondiert die Verpflichtung des Mandanten, auf entsprechende Bitte des Anwalts um Information seinerseits die notwendige Aufklärung zu geben (*BGH* AnwBl 1982, 67). Die Tatsachenauswahl für den Anwalt ergibt sich aus der gleichzeitig zu erfüllenden
- Pflicht zur **Rechtsprüfung und -beratung.** Der Anwalt hat den ermittelten (oder noch zu ermittelnden) Tatsachenstoff umfassend und sorgfältig rechtlich zu prüfen und die dabei festgestellten Ansprüche in jeder Richtung zu sichern. Von wenigen Ausnahmen abgesehen hat der Anwalt (im Gegensatz zum Gericht) jeden Rechtsirrtum zu vertreten. Insbesondere werden detaillierte Kenntnisse von Gesetz und Judikatur verlangt; 15
- Pflicht zur **Belehrung über die Prozeßaussichten.** Eine Prozeßführung bei mangelnder Beratung über die geringen oder fehlenden Prozeßaussichten stellt eine Pflichtverletzung dar (*BGH* VersR 1963, 387, 388; *OLG Celle* AnwBl 1987, 491); 16

17 – Pflicht zur **Belehrung über Kosten**. Nur in Ausnahmefällen hat der Anwalt die Pflicht, den Mandanten ungefragt über entstehende Kosten zu informieren, so z.B. bei Anfall unvermutbarer besonders hoher Kosten. Wohl hat aber der Anwalt die Pflicht,
- den Mandanten vor nutzlosen Anwaltskosten zu bewahren (*AG Düsseldorf* AnwBl 1986, 353),
- den Mandanten über die Möglichkeiten zu beraten, Prozeßkostenhilfe in Anspruch zu nehmen (*OLG Düsseldorf* AnwBl 1984, 444; AnwBl 1987, 147),
- keine wirtschaftlich unnötigen Kostenrisiken einzugehen (*OLG Düsseldorf* AnwBl 1987, 283),
- den Mandanten in geeigneten Fällen über die Möglichkeiten der Inanspruchnahme von Beratungshilfe aufzuklären (*AG Neuss* AnwBl 1987, 284);

18 – Pflicht zum **Gehen des „sichersten Weges“.** Der Anwalt hat bei mehreren möglichen Wegen denjenigen zu wählen, der für den Auftraggeber der sicherere oder weniger gefährliche ist (st. Rspr. vgl. *Borgmann/Haug,* S. 116ff.);

19 – Pflicht zur **Verschwiegenheit.** Gemäß dem besonderen Treueverhältnis zum Mandanten ist der Anwalt verpflichtet, über alle Angelegenheiten Stillschweigen zu bewahren, die er in Ausübung seines Berufes (also nicht bei „privaten“ Anlässen) erfährt. Diese Pflicht besteht nur gegenüber dem Mandanten und betrifft nur vertrauliche, nicht allgemein bekannte Tatsachen.

Diese standesrechtlich (§ 42 RichtlRA) und strafrechtlich (§§ 203 I 3, 204 StGB) sanktionierte Pflicht des Anwaltes hat entsprechende Rechte zur Folge, nämlich das **Recht zur Zeugnis- und Auskunftsverweigerung** (§ 383 I 6 ZPO, § 53 I 3 StPO, § 102 I 3. lit. a, b AO) und dementsprechend die Herausgabe- und Beschlagnahmefreiheit an Gegenständen, auf die sich das Zeugnisverweigerungsrecht des Anwalts bezieht (z.B. §§ 95 II, 97 I StPO, 97, 104 I AO).

Die Verschwiegenheitspflicht entfällt nur unter besonderen Voraussetzungen, so z.B. bei Befreiung durch den Mandanten oder überwiegenden eigenen Interessen des Anwalts (so z.B. bei straf- oder ehrengerichtlichen Verfahren gegen den Anwalt oder in Gebühren- oder Regreßstreitigkeiten).

Die Verschwiegenheitspflicht dauert auch über den Tod des Mandanten hinaus, was in solchen Fällen oft genaue Prüfung durch den Anwalt erfordert (vgl. hierzu *Borgmann/Haug,* S. 138/139; *Kümmelmann* AnwBl 1984, 535; *Brieske* AnwBl 1985, 135).

V. Interessenkollision

20 Durch die Strafvorschrift des § 356 StGB (Parteiverrat – vgl. hierzu E III Rdnrn. 22ff. –) und das Verbot der Tätigkeit im Bereiche widerstreitender Interessen (§ 46 RichtlRA; § 45 Ziff. 2 BRAO) wird der Klient eines Anwalts anders als bei der Beratung durch Berufsfremde davor geschützt, daß der Anwalt nicht ausschließlich die Interessen des Mandanten vertritt. Diese Grundlage anwaltlicher Tätigkeit kann nicht hoch genug geschätzt werden; sie macht den Anwalt als verantwortlichen Berater unentbehrlich. Dieses rechtliche Gebot verhindert nicht, daß der Anwalt in Interessenkollisionen kommt, es soll aber verhindern, daß er im Kollisionsbereich tätig wird (wie z.B. ein von einer Bank

in ein illiquides Unternehmen entsandter Unternehmensberater oder ein an einem Bauauftrag interessierter Architekt, der zum Kauf eines Grundstücks rät etc.).

Besonders häufige Fälle von Interessenkollisionen sind:

- **Einverständliche Ehescheidung.** Das erklärte Einverständnis von Eheleuten zur Scheidung befreit den Anwalt in keinem Falle von seiner Pflicht, von vornherein klarzustellen, welchen der beiden Ehegatten er vertritt. Die klare Parteinahme empfiehlt sich auch aus haftungsrechtlichen Gründen, weil sich ansonsten der Anwalt der Gefahr der Haftung aus culpa in contrahendo gegenüber dem anderen Vertragsteil aus dem Gedanken des Vertreterverschuldens oder der Sachwalterhaftung aussetzt; 21
- **Vorherige Tätigkeit** als Konkurs-, Nachlaß- oder Vergleichsverwalter (§§ 46 II RiLi);
- **Gesellschaftsrecht.** Hat eine Gesellschaft mehrere Gesellschafter, so muß sich der Anwalt von vornherein entscheiden, ob er die Gesellschaft oder einen oder mehrere Gesellschafter vertritt. Tut er dies nicht und hat er sowohl die Gesellschaft als auch Gesellschafter beraten und kommt es dann zu einer Auseinandersetzung zwischen den Gesellschaftern, so ist er in der Regel sowohl von der Vertretung der Gesellschafter als auch der Gesellschaft ausgeschlossen; 22
- **Mehrfachverteidigung** im Strafrecht (§ 146 StPO). Das Verbot der Wahrnehmung widerstreitender Interessen gilt nicht nur für den jeweils beratenden Anwalt, sondern für alle **Anwälte einer Sozietät,** auch für freie Mitarbeiter, vgl. hierzu § 46 RichtlRA (zur strafrechtlichen Würdigung vgl E III Rdnrn. 28, 31). Ob das Verbot auch für **Bürogemeinschaften** gilt, hängt von deren konkreten Ausgestaltung ab; stellt sich die Bürogemeinschaft nach außen als einheitliche Kanzlei dar oder besteht Zugang der Gemeinschaften zu den Akten, so ergibt sich auf jeden Fall der Anschein widerstreitender Interessen (so auch *Lingenberg/Hummel/Zuck/Eich* § 46 Rz. 25; einschränkend strafrechtlich E III Rdnr. 30).

Aus diesem Grunde ist es für größere Kanzleien unabdingbar, neben einem Mandanten- auch ein **Gegnerregister** zu führen, wobei in beide Register bei den juristischen Personen nicht nur diese selbst, sondern auch deren Organe und Gesellschafter zu erfassen sind. Hierfür bietet sich natürlich besonders eine Erfassung durch EDV an.

Zu dem Verbot der Vertretung widerstreitender Interessen im einzelnen *Lingenberg/Hummel/Zuck/Eich,* § 46 Richtl. RA.

VI. Weisungsrecht des Mandanten

Aus der Natur des Anwaltsvertrages als Geschäftsbesorgungsvertrag wird geschlossen, daß der Anwalt den Weisungen des Mandanten zu folgen hat, soweit nicht ein Fall des § 665 BGB oder einer unredlichen oder rechtswidrigen Weisung vorliegt (vgl. *Lingenberg/Hummel/Zuck/Eich* § 8 Rdnrn. 2ff. m. w. N.; *Borgmann/Haug,* S. 122, 123). Diese rein an der zivilrechtlichen Vertretung orientierte Meinung übersieht jedoch, daß die überwiegende Meinung zu Recht für die **Tätigkeit des Verteidigers** eine solche Weisungsgebundenheit verneint (vgl. *Hamm* NJW 1988, 1820, 1821 m. w. N.). Entstehen bei der Befolgung von 23

Weisungen Risiken für den Mandanten, muß der Anwalt auf solche Risiken und ggf. auf Alternativen hinweisen (*BGH* NJW 1985, 42; VersR 1985, 83).

VII. Zurückbehaltungsrecht an Handakten

24 Der Anwalt hat die gewohnheitsrechtliche Pflicht, für jeden Mandanten eine Handakte (zum Begriff vgl. § 50 III BRAO) anzulegen und gemäß § 50 II BRAO bis zu 5 Jahren nach dem Mandatsende aufzubewahren. Der Mandant kann seinerseits nach § 667 BGB die Herausgabe der Handakte verlangen. Auf dieses Recht ist vor allem der „schlampige" Mandant, der sich von den Unterlagen des Anwalts keine Kopien gefertigt oder diese nicht aufbewahrt hat, angewiesen. Die Frage der Herausgabe von Handakten spielt vor allem bei **Anwaltswechsel** eine Rolle.

25 Eine **Einrede des Anwalts** ergibt sich aus § 50 I 1 BRAO (Zurückbehaltungsrecht wegen Gebühren in derselben Sache) und aus § 273 BGB (Zurückbehaltung wegen Gebührenschulden auch in einer anderen Sache). In beiden Fällen ist jedoch zu beachten, daß das Zurückbehaltungsrecht dort endet, wo dem Mandanten durch die Zurückbehaltung ein nicht zu vertretender **Schaden** zugefügt wird (für § 273 BGB ergibt sich das aus der Formulierung: „sofern nicht aus dem Schuldverhältnis sich ein anderes ergibt ...", für § 50 BRAO aus Abs. 1 Satz 2, wonach die Vorenthaltung unzulässig ist, soweit sie gegen Treu und Glauben verstößt).

26 Allerdings darf diese **Begrenzung des Zurückbehaltungsrechts** nicht zu seiner Eliminierung führen, denn die Nichtzahlung des Honorars bedeutet eine maßgebliche Pflichtverletzung des Anwaltsvertrages durch den Mandanten, die durchaus unangenehme Folgen aus der Zurückbehaltung nach sich ziehen darf. Es gibt auch keine Kollegialitätspflicht gegenüber dem nachfolgenden Anwalt, diesem die Handakten zur Verfügung zu stellen, wenn die Gebühren nicht bezahlt sind. Dies würde das Zurückbehaltungsrecht völlig unterlaufen.

27 Die **Grenzen des Zurückbehaltungsrechts** liegen dort, wo der Schaden des Mandanten und das Interesse des Anwalts an seinen Gebühren außer Verhältnis stehen, so z. B.

- bei **drohender Verjährung** der Forderung des Mandanten gegenüber einem Dritten, wenn dieser Anspruch ohne Zuziehung der Handakte nicht geltend gemacht werden kann. Hier genügt allerdings die gezielte Aushändigung von Unterlagen;
- wenn der **Inhalt der Handakte** (z. B. Titel, Sparbücher etc.) erst die Bezahlung der Forderung ermöglicht;
- wenn die Zurückbehaltung von Titeln (z. B. Unterhaltstitel) **akute Not des Mandanten** herbeiführt.

Es ist aber zu beachten, daß durch das Zurückbehaltungsrecht des Anwalts das **Einsichtsrecht** des Mandanten in die Handakten gem. §§ 810, 811 BGB nicht ausgeschlossen ist (*Borgmann/Haug,* S. 136).

E II. Haftung gegenüber dem Mandanten

Dr. Brigitte Borgmann

Übersicht

Literatur: *Borgmann/Haug,* Anwaltshaftung, 2. Aufl. 1986; *Rinsche,* Die Haftung des Rechtsanwalts und des Notars, 3. Auflage 1989; *Vollkommer,* Anwaltshaftungsrecht, 1989.

I. Allgemeines

1. Haftungsgrundlagen

Grundlage für die Haftung des Anwalts ist in der Regel der **Anwaltsvertrag,** das Mandat. Daneben enthält § 44 BRAO eine gesetzliche **c.i.c.**-Haftung für den Anwalt, der ein ihm angetragenes Mandat ablehnt und dies nicht unverzüglich tut. Meist treten anwaltliche Pflichtverletzungen als positive Vertragsverletzung **(p.V.V.)** auf; dabei sind Fristversäumnisse die prozentual häufigsten Fehler. Der Anwalt ist deshalb gehalten, vorzusorgen und die für die Wahrung von Fristen nötige Organisation zu schaffen (s. dazu unten K II). 1

Ein Prozeßverlust indiziert noch keine anwaltliche Pflichtverletzung, weil der Prozeß auch durch ungünstige Rechtslage und sonstige Umstände beeinflußt werden konnte. Der Anwalt ist nur verpflichtet, möglichst gute Dienste zu leisten, jedoch nicht, einen Prozeß auch zu gewinnen. Die **anwaltlichen Pflichten** bestimmen sich für jedes Mandat **individuell.** Eine Pflichtverletzung kann man nur am konkret geschuldeten Pflichtenumfang messen. Die Rechtsprechung hat zu den Pflichten des Anwalts formelhafte Sätze entwickelt, so vor allem die Verpflichtung, den Mandanten umfassend und möglichst erschöpfend zu beraten (s. oben E I Rdnr. 15) und zugleich über die sachliche Durchführung 2 des Rates und die Gefahren, die das beabsichtigte Geschäft in sich birgt, zu belehren (*RG* JW 1932, 2854), oder auch: Immer den sichersten Weg zu wählen (*BGH* NJW 1983, 1665 u. a.), neuerdings als Haftungsbegründung wieder stark betont (*BGH* NJW 1988, 486; NJW 1988, 1079; NJW 1988, 1291; NJW 1988, 3013; NJW-RR 1990, 1241). In dieser unerfüllbaren Verallgemeinerung wird der Grundsatz zu einer ständigen Haftungsgefahr für den Anwalt (*Borgmann/Haug,* S. 116ff).

3 Die umfassenden Pflichten beruhen auf einer als vertragsimmanent gedachten **Schutzpflicht des Anwalts** für die ihm anvertrauten Vermögensinteressen seines Mandanten, sobald sie sein Mandat berühren. Beispiel: Denkbare Rückgriffsansprüche gegen eine Versicherung sollten auch bei einem reinen Prozeßmandat aufrechterhalten werden, weil sie den Mandanten für einen auch in nächster Instanz möglichen Prozeßverlust entschädigen können (*BGH* VersR 1971, 1119).

2. Zurechenbarkeit des Schadens

4 Dem Anwalt können nur schuldhafte, in der Praxis vor allem **fahrlässige Pflichtverletzungen** zugerechnet werden. Das sind Verstöße gegen die im Verkehr erforderliche Sorgfalt, die nach einem objektiv typisierten Maßstab bemessen werden. Das für den Anwalt geltende Maß ist hoch: Fast stets wird ein Optimum verlangt: Blitzschnelle Reaktion in der mündlichen Verhandlung (*OLG Düsseldorf* AnwBl 1987, 283); umfassende Rechtsprüfung ohne Rechtsirrtum (*BGH* NJW 1972, 1044); Beschreiten des sichersten und gefahrlosesten Weges (*BGH* st. Rspr., vgl. NJW 1961, 601; NJW 1988, 486; NJW 1988, 3013).

5 Grundsätzlich ist die subjektive Seite, also die **Fahrlässigkeit, aus der Sicht ex ante** zu beurteilen, während die objektive Pflichtwidrigkeit ex post festgestellt wird. In der Praxis ist der Schluß ex post auf das Verschulden üblich, zumal Fahrlässigkeit als Vorhersehbarkeit definiert wird und dem Anwalt kraft seiner annehmbar umfassenden Rechtskenntnisse hier viel Vorausschau angesonnen wird. Für einen objektiven Betrachter ist der später eingetretene Schaden meist vorhersehbar.

6 **Entschuldigungen** für den Anwalt sind selten: Etwa bei gleichzeitigem Rechtsirrtum mehrerer gängiger Kommentare (*BGH* NJW 1985, 495); in der Regel nicht bei Fehlern des Gerichts: Diese muß der Anwalt verhindern (*BGH* NJW 1974, 1865; NJW 1988, 3013). Erst wenn auch das Gericht unbelehrbar war und gehäuft selbst Fehler gemacht hat, haftet der Anwalt unter Umständen nicht mehr: *BGH* NJW 1988, 486.

7 Adäquate Kausalität eines Anwaltsfehlers für einen Schaden ist Grundvoraussetzung für die **Zurechenbarkeit,** modifiziert durch den Schutzzweck der Norm. Der Haftungsumfang wird auch im Vertragsrecht durch den Schutzzweck der Norm begrenzt (*BGH* NJW 1990, 2057). Problematisch bei unterlassenem Rat: Wie hätte sich der Mandant bei richtiger Beratung verhalten? Dies muß ggf. aus tatsächlichen Anhaltspunkten erschlossen werden (*Borgmann/Haug,* S. 167). Allerdings trägt der Anwalt dann die Beweislast dafür, daß sich der Mandant bei pflichtgemäßer Belehrung nicht anders verhalten hätte, als er sich ohne Belehrung verhalten hat (*BGH* NJW 1990, 2127f.). Der Kausalzusammenhang kann durch **Verhalten eines Dritten** unterbrochen sein, z. B. durch eine falsche und vom Anwalt nicht abwendbare Gerichtsentscheidung (*RGZ* 142, 394; *BGH* NJW 1988, 486). Doch darf das schädliche Verhalten des Dritten

nicht herausgefordert worden sein (*BGH* NJW 1986, 1329; NJW 1988, 1262). Ungenügender Prozeßvortrag des erstinstanzlichen Prozeßbevollmächtigten erfordert beispielsweise eine Entschuldigung des Prozeßbevollmächtigten zweiter Instanz. Unterlaufen letzterem dabei Fehler, so gelten diese als durch das vorangegangene Verhalten des erstinstanzlichen Anwalts herausgefordert, sofern sie nicht außerhalb aller Wahrscheinlichkeit lagen (*BGH* NJW-RR 1990, 1241; s. dazu *Borgmann* EWiR § 675 BGB 7/90, 1193). Eine Schadenminderungspflicht des Geschädigten wird diskutiert (§ 254 BGB).

3. Funktionen der Haftung

Primäre Funktion ist der **Schadensersatz.** Spezial- und Generalprävention sind sicherlich daneben für die Rechtsprechung Anlaß, den Maßstab für die Anwaltspflichten sehr hoch anzusetzen; die geforderte hohe berufliche Standardisierung schafft für den Anwalt ein hohes Sozialprestige. Haftung sichert damit auch die Kompetenz des Anwalts. Aus der Haftungsrechtsprechung lassen sich schließlich allgemeine Erkenntnisse über die geschuldeten Leistungen des Anwalts gewinnen, die hier weitgehend verwertet worden sind. 8

II. Haftung der Anwaltssozietät

1. Gesamtschuldnerisch

Sozien aller Art haften nach ständiger Rechtsprechung des *BGH* gesamtschuldnerisch (*BGH* seit NJW 1971, 1801), es sei denn, ein Mandat wurde ausdrücklich als Einzelmandat angenommen und geführt. Hierzu bedarf es besonderer Vorkehrungen. Für den Mandanten ist das äußere Erscheinungsbild der Kanzlei, das sich ihm bietet, maßgebend (*BGH* VersR 1978, 996), also vor allem der verwendete Briefkopf, auch Türschilder und Vollmachten. 9

Auf das **Innenverhältnis,** ob Bürogemeinschaft, Anstellungsverhältnis oder freie Mitarbeit vereinbart sind, kommt es nicht an.

2. Zeitlich

In der Regel haften die zum Zeitpunkt einer anwaltlichen Pflichtverletzung zusammengeschlossenen Sozien gesamtschuldnerisch (*BGH* NJW 1982, 1866). Unwesentlich ist, wann der Mandant den fehlerhaften Rat befolgt hat. Wer ausgeschieden ist, aber duldet, daß sein Name auf dem Briefkopf weitergeführt wird, haftet auch weiterhin mit (*BGH* NJW-RR 1988, 1299). Wird dem Mandanten das Ausscheiden eines Sozius mitgeteilt, so kann dies als Mandatsbeendigung interpretiert werden (*BGH* NJW 1982, 1866). 10

Einzelmandate erstrecken sich nicht automatisch auf neu eintretende Sozien. Ob diese als stillschweigend in das Mandat und seine Pflichten einbezogen gelten können, hängt von den jeweils entwickelten Aktivitäten ab. Korrespondenz mit neuem, den Sozius mitaufweisendem Briefkopf kann schon genügen (*BGH* NJW 1990, 827). Ohne besonderen Anlaß braucht ein neu eintretender Sozius alte und längst abgelegte Akten seines (unter Umständen schon verstorbenen) Sozius nicht auf alte Versäumnisse hin durchzusehen (*BGH* NJW 1988, 1973). 11

III. Haftung bei Zusammenarbeit mit Dritten

1. Eigenes Büro

12 Für **Büroangestellte** haftet der Anwalt nach § 278 BGB. Das gilt für juristische und für nicht juristische Angestellte. Überwacht er sein Personal nicht richtig, oder duldet er beispielsweise Rechtsberatungen durch nicht juristisches Kanzleipersonal, so haftet er ohnehin aus eigenem Verschulden (*BGH* NJW 1981, 2741).

2. Korrespondenzanwalt und Prozeßanwalt

13 Der bei einem Prozeßgericht nicht zugelassene Anwalt, der ein Mandat zur Prozeßführung erteilt, tut dies im Rahmen seiner Vollmacht namens und im Auftrag seines Mandanten. Beide Anwälte haben **selbständige Mandate** mit unterschiedlichem Pflichtenkreis. Der **Prozeßanwalt** ist selbst Vertragspartner des Mandanten, er ist ihm selbst verantwortlich und haftet für die Erfüllung der übernommenen Pflichten, d.h. die Ausführungen vor Gericht und die Prozeßvertretung (*BGH* NJW 1988, 1079; NJW 1988, 3013; s. dazu *Borgmann* EWiR § 675 BGB 6/88, 571, 573; *OLG Düsseldorf* VersR 1989, 850; *BGH* NJW-RR 1990, 1241). Das gilt auch dann, wenn der Korrespondenzanwalt es intern – gegen Gebührenteilung – übernommen hatte, die Schriftsätze zu fertigen. Auch der **Korrespondenzanwalt** (Verkehrsanwalt) ist selbst Vertragspartner des Mandanten. Er hat grundsätzlich keine Überwachungspflicht gegenüber dem Prozeßanwalt; er muß allerdings nachprüfen und auf Abhilfe dringen, wenn sich ihm aufgrund besonderer Umstände aufdrängt, daß dieser seine Pflichten nicht erfüllt (*BGH* NJW 1988, 1079). Im übrigen ist er wesentlich für die Aufklärung des Sachverhaltes und die Feststellung der zugrunde liegenden Tatsachen sowie für die Weitergabe dieser Informationen verantwortlich (s. dazu *Borgmann/Haug,* S. 224; *Borgmann,* AnwBl. 1988, 477ff.). Die Gebührenteilung und die mit ihr getroffenen Vereinbarungen haben für die Haftung nach außen gegenüber dem Mandanten keine Bedeutung.

3. Unterbevollmächtigte

14 Auch beim Unterbevollmächtigten wird man von selbständigem Mandat und damit eigener Verantwortung gegenüber dem Mandanten ausgehen können. Die Vollmacht ermächtigt den Anwalt, im Namen des Mandanten auch Untervollmacht zu erteilen (*Borgmann/Haug,* S. 223). Zweifel sind angebracht bei Vertretung im Kartell, d.h. im eigenen Gerichtsbezirk des Anwalts, wo er selbst auftreten könnte. Hier kommt gesamtschuldnerische Haftung in Frage.

4. Notare

15 Notare haften als Amtsträger nur wegen **Amtspflichtverletzungen.** Als unabhängige Amtsträger sind sie zu strenger Unparteilichkeit verpflichtet. Die rechtliche Beratung und Vertretung der Partei obliegt daher im Verhältnis zum Notar dem Anwalt der Partei. Der Notar haftet als beurkundender Notar ohnehin nur subsidiär, § 19 I 2 BNotO i.V.m. § 839 I 2 BGB (s. dazu *Borgmann/Haug,* S. 32ff.; *BGH* BB 1990, 1511).

5. Andere eingeschaltete Personen

Werden vom Anwalt andere Personen, wie etwa Gutachter, Makler, Patentanwälte, Steuerberater, ausländische Anwälte (letztere ggf. mit Prüfung von Fragen des ausländischen Rechts) beauftragt, so haftet der Anwalt für deren Fehler nur insoweit nach § 278 BGB, als sie die ihm als Anwalt übertragene Aufgabe miterfüllen. Das kommt in Frage für den Steuerberater, der Steuerrechtsrat erteilt, da Rechtskenntnisse, auch solche des Steuerrechts, grundsätzlich vom Anwalt selbst geschuldet werden. Der Steuerberater und ggf. auch der ausländische Anwalt helfen ihm also nur bei der Erfüllung seiner eigenen anwaltlichen Rechtsprüfungspflicht. 16

Beauftragt der Mandant diese Personen selbst, so haben sie ein eigenes Mandat; dies und die Abgrenzung der Aufgaben des Anwalts ist im Haftungsinteresse vorzuziehen (vgl. *BGH* NJW 1972, 1044; *Borgmann/Haug,* S. 220ff.). Die Haftung des Anwalts beschränkt sich dann allenfalls auf Verschulden bei der Auswahl, § 664 BGB.

IV. Nachweis verletzter Hauptpflichten

1. Umfang des Mandats

Wer aus einer anwaltlichen Pflichtverletzung Ansprüche herleitet, muß zunächst substantiiert behaupten, welche vertraglichen Pflichten der Anwalt verletzt hat. Die von der Rechtsprechung formulierte „umfassende Beratungs- und Belehrungspflicht" läßt noch nicht auf den jeweiligen Mandatsumfang schließen. Dieser ergibt sich vielmehr aus dem **konkreten Auftrag** (vgl. *Borgmann/Haug,* S. 242), wobei die erweiternden Schutzpflichten zu beachten sind (s. oben Rdnr. 3). Geht der Anwalt von einem eingeschränkten Mandat aus, so muß der Mandant das Gegenteil nachweisen. Beschränkte Mandate sind denkbar und nicht ungewöhnlich (*OLG München* NJW 1986, 726). Den Haftungstatbestand – also die objektive Pflichtwidrigkeit – muß der Mandant in jedem Fall behaupten und, falls der Anwalt sie bestreitet, nachweisen. 17

2. Die Aufklärung des Sachverhaltes

War die Aufklärung des Sachverhaltes nicht gründlich genug, so ist unzureichende Beratung und Vertretung des Mandanten praktisch vorprogrammiert. Da hier jedoch die primäre **Informationspflicht des Mandanten** und die ergänzende Aufklärungspflicht des Anwalts ineinandergreifen, muß der Mandant nachweisen, daß der Anwalt ihn nicht hinreichend zur Information aufgefordert hat (*BGH* NJW 1982, 437). Jedenfalls muß er ausschließen, daß der Fehler in seinem Bereich lag. Die Aufklärung muß im übrigen bis zu den **Tatsachen** zurückgehen, bei rechtlichen Würdigungen darf der Anwalt nicht stehenbleiben (*BGH* NJW 1985, 1154; NJW 1961, 601). 18

Auf **tatsächliche Angaben** seines Mandanten kann sich der Anwalt in der Regel verlassen (*BGH* NJW 1985, 1154). In Ausnahmefällen können jedoch Nachfragen bei Dritten nötig sein, so etwa beim Arbeitgeber des Mandanten, wenn die Anwendbarkeit tariflicher Ausschlußfristen anders nicht geklärt werden kann (*BGH* NJW 1983, 1665). Ortsbesichtigungen sind unnötig (*BGH* 19

NJW 1981, 2741), aber trotzdem empfehlenswert (vgl. *Commichau,* Die anwaltliche Praxis in Zivilsachen, 2. Auflage, S. 5).

20 Damit der Anwalt seiner entsprechenden Behauptungslast, wann, wie und mit welchem Ergebnis er den Mandanten zu weiteren Informationen aufgefordert habe, auch später noch nachkommen kann, empfehlen sich **datierte Aktenvermerke** über Besprechungen und Telefonate sowie Briefe an den Mandanten. Übersendungszettel, in denen um Stellungnahme gebeten wird, reichen ggf. nicht aus.

3. Fehler bei der Rechtsprüfung

21 Rechtsfehler werden die Gerichte in der Regel aus eigener Kenntnis feststellen. Neue Gesetze und neue Rechtsprechung muß der Anwalt innerhalb kurzer Frist zur Kenntnis nehmen. Unkenntnis neuer Rechtsprechung über mehr als 14 Tage hat der BGH gelegentlich gerade noch entschuldigt (*BGH* NJW 1979, 877). Alle veröffentlichten Entscheidungen eines bearbeiteten Rechtsgebietes wären in die Prüfung einzubeziehen (*BGH* NJW 1983, 1665). Gelegentlich wird dem Anwalt vorgeworfen, die **Fachliteratur** nicht genügend überprüft zu haben. Das wirkt sich vor allem dann ungünstig aus, wenn die Rechtsprechung zur Zeit eines Haftpflichtprozesses der in der Literatur schon vorher veröffentlichten herrschenden Meinung inzwischen gefolgt war.

4. Rechtliche Beratung

22 Bei der rechtlichen Beratung muß vom Mandanten dargelegt und bei Bestreiten bewiesen werden, daß er fehlerhaft oder unvollständig beraten wurde (*BGH* st. Rspr.; NJW 1985, 264).

23 Diese Verteilung der Behauptungs- und Beweislast gilt auch für **Negativa.** Eine Umkehr der Beweislast findet nicht statt (*BGH* NJW 1987, 1322). Allerdings muß der Anwalt in einem solchen Fall die Behauptung substantiiert bestreiten und im einzelnen darlegen, wann er beraten, was er gesagt, und wie der Mandant darauf reagiert hat. Erst dann hat der Mandant zu beweisen, daß es sich anders verhielt.

24 Aus einer unterbliebenen Handlung des Mandanten kann jedoch nicht auf diesbezüglich unterlassenen anwaltlichen Rat geschlossen werden. Man kann auch nicht unterstellen, daß der anwaltliche Rat dann eben nicht ausdrücklich genug gewesen sei, denn es gibt keine sachgerechten Unterschiede für den Grad des Einwirkens auf den Mandanten (*BGH* NJW 1987, 1322). Allenfalls kann angenommen werden, daß ein Mandant eindeutig gutem Rat auch gefolgt wäre. Hierfür hat der *BGH* schon manchmal eine tatsächliche **Vermutung** sprechen lassen (*BGH* WM 1990, 695; NJW 1990, 2127 und 2128). Eine solche scheidet aber aus, wenn der Mandant ein Risiko hätte eingehen müssen, etwa das, einen langwierigen Prozeß zu führen (*BGH* VersR 1980, 925).

Ist für den Anwalt erkennbar, daß der Mandant anwaltlichen Rat benötigt, so muß er ihn darauf bei einer Mandatsniederlegung hinweisen (*BGH* WM 1990, 695). Wird der ohne solchen Hinweis entlassene Mandant anderweitig von einem Nicht-Anwalt fehlerhaft beraten, so rechnet der *BGH* den erlittenen Schaden ohne weiteres dem Anwalt zu, der den abschließenden Rat unterließ (*BGH* aaO, kritisch *Borgmann,* AnwBl 1990, 319).

5. Kausalität

Schließlich ist auch die Kausalität der fehlerhaften anwaltlichen Tätigkeit für den Schaden vom Mandanten nachzuweisen (*BGH* NJW 1988, 200; NJW 1988, 706). Er muß beweisen, daß er mit an Sicherheit grenzender Wahrscheinlichkeit einen Prozeß gewonnen hätte, wenn der Anwalt bestimmten Prozeßvortrag rechtzeitig vorgebracht oder eine Frist nicht versäumt hätte. **25**

Der **hypothetische Prozeßverlauf** wird dabei abstrakt nach der Rechtsauffassung und der objektiven (wenn auch inzwischen vielleicht veränderten) Rechtslage zur Zeit des Regreßprozesses entschieden. Dabei können auch Zeugen gehört werden, die im Vorprozeß wegen ihrer Parteistellung nicht zur Verfügung gestanden hätten. Die Parteistellung ist ein rein formales Kriterium (*BGH* NJW 1979, 819; NJW 1984, 1240; NJW 1987, 3255). **26**

Beweiserleichterungen für den Mandanten sind denkbar, wenn die anwaltliche Pflichtverletzung vorher festgestellt ist. Dem Mandanten kann § 252 S. 2 BGB und § 287 ZPO zur Hilfe kommen. Die Tatsachen, aus denen heraus sich die Wahrscheinlichkeit der nach § 252 Satz 2 BGB zu vermutenden Gewinnerzielung ergeben soll, muß der Mandant jedoch beweisen. **27**

6. Vergleich

Wurde ein Vergleich abgeschlossen, der sich nachträglich als nicht sach- und interessengerecht erweist, so konnte der Anwalt ohnehin nur die Situation im Zeitpunkt des Vergleichsschlusses beachten. Vor- und Nachteile sind aus damaliger Sicht sorgfältig abzuwägen (*Borgmann/Haug,* S. 112). Eindeutig schlechter stellen darf der Vergleich den Mandanten nicht, ggf. muß der Anwalt vom Vergleich abraten (*BGH* Nichtannahmebeschluß vom 22. 10. 1987 – IX ZR 211/86). **28**

Ein **gerichtlicher Vergleichsvorschlag** entlastet den Anwalt nicht stets, er darf ihm jedenfalls nicht unbesehen folgen (*OLG Stuttgart* VersR 1984, 450). Der Anwalt hat die Pflicht, die Rechtslage und ihre Vereinbarkeit mit dem gerichtlichen Vorschlag zu prüfen (vgl. *BGH* VersR 1959, 638). Mathematische Genauigkeit wird dabei aber nicht verlangt (*OLG Frankfurt* NJW 1988, 3269). **29**

Über den Vergleichsabschluß entscheidet der Mandant selbst. Anwaltspflicht ist es jedoch, die **Entscheidungsspielräume des Mandanten** durch umfassende Beratung soweit zu öffnen, daß der Mandant die Folgen seiner Entscheidung bedenken kann. Macht der Mandant geltend, bei richtiger Beratung hätte er den Vergleich nicht oder nicht so geschlossen, so muß der Anwalt nachweisen, daß der Mandant dies ggf. doch getan hätte. Dem Mandanten obliegt aber der Beweis dafür, daß er anders – ggf. durch ein Urteil – besser stünde. Hätte sich die Gegenseite nachweislich nicht auf einen anderen Vergleich eingelassen, so kommt es auf die Rechtslage an. **30**

Bietet die Rechtslage keine genügenden Prozeßaussichten, so kann auch der Rat, einen von der Gegenseite vorgeschlagenen Vergleich abzulehnen, fehlerhaft und haftungsbegründend sein (*OLG Stuttgart* Urt. v. 31. 8. 1989 – 13 U 285/87, bestätigt durch Nichtannahmebeschluß des *BGH* v. 28. 6. 1990 – IX ZR 241/89). Ob das immer gilt, oder nur in dem Grenzfall, daß Rechtsansprüche nicht bestehen, muß offen bleiben.

V. Verjährung von Regreßansprüchen

1. § 51 BRAO als Spezialnorm

31 Ansprüche aus dem Anwaltsvertrag verjähren nach § 51 BRAO in drei Jahren seit Entstehung des Schadens (§ 51, 1. Alt. BRAO). § 51 BRAO gilt auch für Ansprüche aus p.V.V. und aus c.i.c. (*BGH* NJW 1965, 106; VersR 1977, 617).

32 **a)** Ansprüche aus **berufsfremder Tätigkeit des Anwalts** unterliegen dieser Verjährungsregelung nicht. Sofern nicht Sonderregeln gelten, gilt die Regelverjährung. Gelegentlich hat die Rechtsprechung andere Vorschriften analog angewandt, z.B. § 852 BGB für Konkursverwalter (*BGH* NJW 1985, 1161). Bei Treuhändertätigkeit kann sich der Anwalt möglicherweise ebenso wie der Wirtschaftsprüfer oder Steuerberater auf die Leitbildfunktion der für sein Berufsbild geltenden Verjährungsregelung berufen (*BGH* NJW 1986, 1171; NJW 1987, 3135; NJW 1988, 1663).

33 **b)** § 51, 1. Alt. BRAO Für den **Verjährungsbeginn** nach der 1. Alternative des § 51 BRAO ist der Zeitpunkt maßgeblich, in dem sich die Vermögenslage des Mandanten verschlechtert hat (std. Rspr. *BGH* und *RG* seit *RGZ* 90, 82). Entstehen aufgrund einer Vertragsverletzung einzelne Schäden in zeitlichen Abständen nach und nach, so beginnt die Verjährung einheitlich mit dem Eintritt des ersten Schadens, soweit die späteren dabei voraussehbar waren (*BGH* NJW-RR 1990, 459 im Anschluß an *BGH* NJW 1979, 264). Auf die Kenntnis des Mandanten kommt es nicht an. Für Steuerberater hat die Rechtsprechung des *BGH* als besonderen Zeitpunkt der Schadensentstehung die Schlußbesprechung nach einer steuerlichen Außenprüfung festgelegt (NJW 1986, 1162). Sind Rechtsanwälte mit Steuerberatern und/oder Wirtschaftsprüfern assoziert, so kommen für die Verjährung unterschiedliche Normen in Betracht (§ 51 BRAO, § 68 StGB, § 51a WPO). Bei Mehrfachberuflern entscheidet der Schwerpunkt der vertraglichen Tätigkeit nach dem Parteiwillen, im Zweifel die höhere Qualifikation (*BGH* NJW 1988, 308).

34 **c)** § 51, 2. Alt BRAO. Die **Verjährung ab Mandatsende** nach der 2. Alternative des § 51 BRAO soll den Verjährungsablauf durch einen festen Zeitpunkt begrenzen. Sie verkürzt vor allem die nachfolgend behandelten Sekundäransprüche, vorausgesetzt solche sind überhaupt entstanden.

2. Sekundäransprüche aus verletzter Hinweis- und Sicherungspflicht

35 Nach der Rechtsprechung (*BGH* seit VersR 1967, 979) muß der Anwalt seinen Mandanten auf eine eigene Pflichtverletzung und den daraus möglicherweise entstandenen Regreßanspruch gegen sich selbst hinweisen. Dieser **Hinweis** muß so deutlich sein, daß der Mandant, erforderlichenfalls unter Inanspruchnahme anderweitigen Rechtsrats, seine Belange sicher wahren kann (*BGH* NJW 1975, 1655). Die Hinweispflicht setzt voraus, daß der Anwalt einen begründeten Anlaß hatte, den Mandanten aufmerksam zu machen, z.B., wenn er seinen Fehler bemerkt (*BGH* NJW 1985, 2250). Zu einer vollständigen Überprüfung seiner Leistungen ist er aber auch bei Mandatsende nicht verpflichtet (*BGH* NJW-RR 1990, 459ff.). Verletzt der Anwalt die Hinweispflicht schuldhaft und entsteht daraus ein Schaden, so wird er schadensersatzpflichtig. Den entstandenen Schadensersatzanspruch erfüllt er dadurch, daß er sich auf die

eingetretene Verjährung nicht berufen kann. Dieser sog. **sekundäre Schadensersatzanspruch** entsteht mit Ablauf der Primärverjährung. Auch der Sekundäranspruch verjährt, und zwar nach Maßgabe des § 51, 1. Alt. BRAO. Maximal wird dadurch der Verjährungsablauf um 3 Jahre ab Schadensentstehung auf insgesamt 6 Jahre erstreckt.

Die **Hinweispflicht** besteht allerdings nur, so lange der Mandant den An- **36**
spruch nicht anderweitig erkannt hat (*BGH* NJW 1988, 2245). Hat er einen neuen Anwalt beauftragt, so entfällt die Hinweispflicht des ersten Anwaltes ersatzlos (*BGH* NJW 1982, 1288; NJW 1985, 2941). Geschah dies vor Ablauf der Primärverjährung, so endet die Regreßpflicht des ersten Anwaltes mit deren Ablauf, also 3 Jahre nach der Schadensentstehung.

Wurde der neue Anwalt nach Ablauf der Primärverjährung beauftragt, so **37**
kann der sekundäre Anspruch schon entstanden sein: Er verjährt dann aber spätestens in 3 Jahren vom Mandatsende an gemäß § 51, 2. Alt. BRAO. Diese Vorschrift kürzt die entstandenen Sekundäransprüche ab.

Der Anwalt wäre nur bis zum Mandatsende und nur bis zum Ablauf der **38**
Primärverjährung hinweispflichtig gewesen. Hatte er innerhalb der Primärfrist ein **neues Mandat** in derselben Sache übernommen, so kann die Hinweispflicht erneut entstehen (*BGH* VersR 1984, 162; NJW 1986, 581; NJW 1988, 2245). Eine nachvertragliche Hinweispflicht wird vom *BGH* abgelehnt (*BGH* NJW-RR 1990, 459). Im übrigen gilt in beschränktem Umfang auch die **Arglisteinrede,** wenn bis zum Fristablauf verhandelt wurde. Bloßes Schweigen des Anwalts auf Regreßansprüche erlaubt die Arglisteinrede noch nicht, selbst wenn der Anwalt den Mandanten vorher getäuscht hat (*BGH* NJW 1988, 265). Der *BGH* gewährt die Einrede nur bei einem wirklich groben Verstoß gegen Treu und Glauben (*BGH* NJW 1988, 2245; ZIP 1988, 1570). Verhandlungen hemmen die Verjährung nach § 51 BRAO nicht, § 852 Abs. 2 BGB ist nicht entsprechend anwendbar (*BGH* NJW 1990, 326). Ausführlich zu dem Gesamtproblemkreis: *Borgmann/Haug,* Kapitel X, S. 260 ff.

VI. Umgang mit der Berufshaftpflichtversicherung des Anwalts

Die privatrechtliche Haftung des Anwalts wird durch seine Berufshaftpflichtversicherung (s. dazu unten J Rdnr. 5 ff.) im Rahmen der vereinbarten Versicherungsbedingungen abgedeckt.

1. Voraussetzungen der Eintrittspflicht des Versicherers sind kumulativ:

a) Der Fehler ist bei einer Tätigkeit im Rahmen des eingeschlossenen **Risikos:** **39**
anwaltliche Berufstätigkeit unterlaufen. Dazu kommen Risiken aus Sonderzusagen wie Konkursverwalter, Testamentsvollstrecker u. a. (unten J II).

b) Zeitliche Deckung nach Vertragsabschluß. Es gilt das Verstoßprinzip. Das heißt: nur Fehler, die nach Versicherungsbeginn unterlaufen, unterliegen dem Versicherungsschutz. Nur **im Zweifel** gilt bei fahrlässigen Unterlassungen der Tag, an dem die Handlung spätestens hätte vorgenommen werden müssen, um den Schaden abzuwenden, als Verstoßzeitpunkt. Bei Wechsel des Versicherers in der kritischen Zeit sollte der Fall allen Versicherern rechtzeitig gemeldet werden. Vertragsbeendigung (Storno) nach dem Verstoß schließt Versicherungsschutz nach dem in Deutschland üblichen Deckungskonzept nicht aus.

c) Deckungshöhe

Die **Versicherungssumme** begrenzt ggf. Ansprüche nach oben. Sie steht bei einem Verstoß bezüglich sämtlicher Folgen oder bei mehreren Verstößen mit einem einheitlichen Schaden nur einmal zur Verfügung. Mehrfaches auf gleicher oder gleichartiger Fehlerquelle beruhendes Tun oder Unterlassen gilt u. U. als einheitlicher Verstoß. Kosten eines Haftpflichtprozesses werden auch über die Deckungssumme hinaus erstattet, jedoch nur nach deren Streitwert.

Nicht versichert ist der sogenannte **Selbstbehalt.** Er kann unterschiedlich vereinbart werden, meist besteht er in einem prozentualen Anteil des Schadens (begrenzt auf in der Regel höchstens 5000 DM). Die in der Sache erhaltenen Gebühren kommen hinzu; insgesamt werden neuerdings höchstens 5000 DM angerechnet. Nach Aufgabe des Anwaltsberufs oder Tod des Versicherungsnehmers entfällt der Selbstbehalt, dessen Zweck vor allem in der Spezialprävention liegt.

d) Nichtvorliegen von Ausschlüssen

40 Ausschlüsse sind vor allem: Haftungszusagen über die gesetzliche Haftung hinaus; wissentliche oder vorsätzliche Pflichtverletzungen; Ansprüche von Sozien; Ansprüche von Angehörigen (dieser Ausschluß kann modifiziert sein bei anwaltlicher Tätigkeit vor Gerichten oder vor Behörden) und von juristischen Personen, deren Majorität dem Versicherungsnehmer gehört (unterschiedliche Regelungen bei sonstigen Gesellschaften); Verletzung außereuropäischen Rechts.

e) Einhaltung von Obliegenheiten

Die vorsätzliche Verletzung nachvertraglicher Obliegenheiten macht den Versicherer leistungsfrei. Bei grobfahrlässiger Obliegenheitsverletzung ist maßgeblich, inwieweit sie den Schaden oder seinen Umfang beeinflußt hat. Kenntnis der Obliegenheiten setzt die Rechtsprechung bei einem Anwalt voraus.

Die Obliegenheit zur Schadenmeldung besteht schon dann, wenn dem Anwalt bekannt wird, daß er einen Fehler begangen hat, der Haftpflichtansprüche zur Folge haben könnte. Das soll den Versicherer in die Lage setzen, den Schaden gering zu halten oder ganz zu beseitigen, beispielsweise bei Versäumung von Notfristen durch Wiedereinsetzung in den vorigen Stand. Die Pflicht des Versicherers zur Schadensabwehr umfaßt auch die erforderlichen Hinweise für ein erfolgreiches Wiedereinsetzungsgesuch. Wer einen Schadensfall erst nach dessen Einreichung oder gar dessen Ablehnung meldet, wird sich oft dem Vorwurf verspäteter Schadensmeldung ausgesetzt sehen.

Weitere Obliegenheiten zur unverzüglichen Anzeige an den Versicherer entstehen bei Bekanntwerden eines Mahnbescheids, eines Straf- oder Ermittlungsverfahrens, bei Erhebung von Schadensersatzansprüchen, bei Prozeßkostenhilfegesuchen oder gerichtlicher Geltendmachung des Anspruchs gegen den Anwalt, ebenso bei Arresten, einstweiligen Verfügungen oder Beweissicherungsverfahren und auch bei einer Streitverkündung.

Schließlich besteht die Obliegenheit, den Schaden nach Möglichkeit zu mindern, alles zu tun, was zur Klarstellung dient, den Versicherer ausführlich zu informieren, auch durch Übersendung von Handakten, und ihn bei der Abwehr des Schadens zu unterstützen.

Das **Anerkenntnisverbot** gilt auch hier. Ein Hinweis des Anwalts an seinen Mandanten wegen des ihm unterlaufenen Fehlers kann ihm vom Versicherer jedoch nicht untersagt werden, sofern er damit nicht seine Schadensersatzpflicht anerkennt, die Prüfung der Kausalitätsfrage also offenläßt.

2. Verjährung des Versicherungsanspruchs

Hat der Mandant Schadensersatzansprüche erhoben, so **verjährt** der **Deckungsanspruch** des Anwalts gegen seinen Versicherer in **zwei Jahren,** gerechnet vom Jahresende nach der ersten Inanspruchnahme an (§ 12 Abs. 1 VVG). Anmeldung beim Versicherer hemmt die Frist bis zu dessen schriftlicher Entscheidung (§ 12 Abs. 2 VVG). **41**

3. Versicherungsschutz bei Sozietäten

Der Versicherer tritt bei sogenannten Außensozietäten (s.o. Rdn. 9–11) nur mit einer einheitlichen Durchschnittsleistung ein. Diese berechnet sich nach der Anzahl der Sozien im Verstoßzeitpunkt. Waren von 8 Sozien nur 5 bei ihm versichert, so tritt er nur für 5/8 des Schadens ein, sofern bei jedem Sozius die Deckungssumme für den Gesamtschaden ausreicht. Deckungslücken können auch entstehen, wenn juristische Mitarbeiter (Referendare, Assessoren oder Rechtsanwälte) dem Versicherer nicht gemeldet werden. Sie sind eine Erweiterung des versicherten Risikos und – außer Stationsreferendaren – zuschlagspflichtig. Nicht gemeldete Mitarbeiter schränken den Deckungsschutz ebenso ein, wie nicht versicherte Sozien. **42**

VII. Praktische Hinweise

1. Haftungsbeschränkungen

Die strenge Rechtsprechung zur Anwaltshaftung und das allgegenwärtige, oft existenzbedrohende Risiko legen es nahe, Haftungsbeschränkungen zu vereinbaren. **43**

a) AGB. Allerdings kann nach § 11 Nr. 7 AGBG die Haftung für grob fahrlässige Pflichtverletzungen in vorformulierten Bedingungen nicht mehr ausgeschlossen werden. Da der Anwalt auch für seine Sozien und das Büropersonal haftet, ist die Entlastungswirkung insoweit recht unsicher. Auch eine betragsmäßige Haftungsbeschränkung kann an dieser Klausel scheitern (*Borgmann/Haug,* S. 231). Zu bedenken ist auch, daß schon ein **leichtes Versehen** des Anwalts als grobe Fahrlässigkeit bewertet werden kann, also kaum ein Raum für die Haftungsbeschränkung bei leichter Fahrlässigkeit verbleibt. Die auf manchen Briefbögen ausgeschlossene Haftung für **telefonische Auskünfte** unterfällt im Zweifel derselben Bestimmung, abgesehen davon, daß dieser Vermerk dem Mandanten vor der Auskunft bekannt sein müßte, um überhaupt wirksam zu sein. **44**

Bei Berufen mit **Monopolcharakter,** deren Angehörige gegen Vergütung Individualleistungen erbringen, wird in der Literatur gelegentlich die Meinung vertreten, Haftungsbeschränkungen seien generell unangemessen, wenn nicht unzulässig (u.a. *Bunte* NJW 1981, 2658).

b) Einzelvereinbarungen. Für besondere Fälle (etwa Auslandsrecht, besondere Eile u.ä.) können Einzelvereinbarungen mit Haftungsbeschränkungen ge- **45**

schlossen werden. Ein Haftungsausschluß muß auch hier im Rahmen von Treu und Glauben bleiben. (s. im Einzelnen *Vollkommer,* Rdnr 427f.).

46 **2. Beginn der Aufklärung und Rechtsprüfung mit Fristenprüfung**

Prüfung laufender Fristen sollte für den Anwalt bei jedem **Mandatsbeginn** das Erste sein. Nur so kann er die nötigen Arbeiten sinnvoll planen und koordinieren. Es gibt viele versteckte Fristen, aber auch bei gängigen Verjährungsfristen empfiehlt sich ein Blick in das Gesetz. Dort könnten Hinweise abgedruckt sein, etwa auf die kurzen Fristen des Nato-Truppenstatuts bei § 852 BGB.

Checkliste

47 **a) Fristen**

- Sicherster Weg: **Kürzeste Frist** berechnen, z. B. 6 Monate bei Mangelfolgeschäden aus Werkvertrag, nicht 30 Jahre;
- Nach deren Ablauf: Chancen der noch offenen Fristen prüfen (z. B. Rechtsprechung zum entfernten Mangelfolgeschaden einschlägig?);
- **Frist notieren:** In Akte (möglichst in jeder Akte am selben Platz, d. h. im Vorblatt oder auf dem Aktendeckel); Im Kalender mit weiträumigen Vorfristen;
- Frist dem Mandanten mitteilen (auch wenn der nur eine Beratung wollte);
- Ihm Frist für Arbeitsvorlauf setzen: Diese nach Bedarf festlegen (Recherchen, Korrespondenz, Fristsetzung mit Ablehnungsandrohung, PKH-Unterlagen, Postnachfrage für Zeugen- und Gegneranschriften, Gesellschaftsform);
- Mandantenbelehrung über Folgen der Fristversäumung (besonders wichtig bei laufenden Prozeß- und richterlichen Fristen s. dazu A I Rdnr. 12);
- auch bei Mandatsende, besonders bei Mandatsniederlegung auf noch laufende Fristen hinweisen (nachweisbar!).
- Eingetragene **Fristen** ggf. **fortschreiben** (bei Verlängerung durch Gericht im Prozeß; bei unterbrechendem Anerkenntnis; bei Prozeßstillstand nach § 211 II BGB etc.). Wiedervorlagen auch hierzu benutzen.

48 **b) Zielvorstellungen des Mandanten**

Genau sondieren und berücksichtigen:
- Zur Aufklärung s. Rdnrn. 18–20;
- Mandat umfassend genug sehen (auch Randgebiete beachten);
- Klarstellen, ob mit Rechtsschutzversicherung korrespondiert werden soll und ob Mandat nur für den Fall der Rechtsschutzdeckung gilt (*OLG Nürnberg* NJW-RR 1989, 1370);
- Rückgriffsmöglichkeiten bei Prozeßverlust im Auge behalten: Dem Mandanten mitteilen; Fristen dafür wahren;
- Für und Wider erörtern: Auch Rechtsprechungslage; Auch Beweislage;
- Für **schriftliche** (datierte) **Nachweise** in Handakte sorgen: Telefonnotizen; Briefe (auf Eingang beim Mandanten achten, ggf. knappe Wiedervorlage, dabei prüfen, ob Mandant antwortet);
- Entscheidung des Mandanten einholen;
- Mandanten ständig über Verlauf informieren;
- Dessen Einverständnis kontrollieren;
- Bei veränderter Sach- (Prozeß-)Lage neue Weisung einholen; der Mandant ist Prozeßherr!
- Vertrauensbasis festigen;
- Bei Vertrauenskrise Klärung herbeiführen;
- Absolut aussichtslose Klagebegehren des Mandanten nicht vertretbar. Mandat ggf. niederlegen, wenn Mandant unbelehrbar bleibt. Auf laufende Fristen hinweisen!

3. Im Schadensfall

a) Unverzügliche Schadenmeldung an eigenen Haftpflicht-Vermögensschaden-Versicherer

- ist Obliegenheit, **49**
- wahrt den Deckungsschutz,
- bringt Beratung und Hilfe: durch objektive Prüfung von Kausalität und Schaden; durch Aufzeigung von Rettungsmöglichkeiten.

b) Rettungsmöglichkeit bei Versäumung von Prozeßfristen: Wiedereinsetzung in den vorigen Stand

- Voraussetzungen, § 233 ZPO; **50**
- Kein Anwaltsverschulden, § 85 II ZPO;
- Rechtzeitiger (§ 234 ZPO: Frist 14 Tage) und
- Vollständiger (§ 236 ZPO) Antrag;
- Glaubhaftmachung (meist eidesstattliche Versicherung und anwaltliche Versicherung des gesamten Geschehens, das zur Fristversäumung geführt hat);
- Nachholung der versäumten Prozeßhandlung (§ 236 ZPO);
- Antragsmuster bei *Borgmann/Haug,* im Anhang S. 373ff.

4. Bei Anspruchserhebung gegenüber Anwaltskollegen

- Frist beachten (Sekundäranspruch scheidet oft aus, s. Rdnr. 36); **51**
- Schlüssigkeit prüfen, BGH-Formel zur umfassenden Beratungspflicht reicht nicht, auch Kausalität, Schaden, Verschulden maßgeblich;
- Kollegen nach Standesrecht zuerst informieren, vertraulich (sofern Zeit!) und um Stellungnahme bitten. Objektive Rechtslage ist zu beachten. Information durch eigenen Mandanten manchmal einseitig.

E III. Strafrechtliche Risiken des Anwaltsberufes

Dr. Imme Roxin

Übersicht

Literatur: *Beulke,* Der Verteidiger im Strafverfahren, 1980; *Beulke,* Die Strafbarkeit des Verteidigers, 1989; *Bottke,* Wahrheitspflicht des Verteidigers, ZStW, Bd. 93 (1981), 726; *Dahs,* Handbuch des Strafverteidigers, 5. Aufl. 1983; *Feuerich,* Die Pflicht des Rechtsanwalts zur unverzüglichen Weiterleitung fremder Gelder, BRAK-Mitt. 1988, 167; *Friedrich/Dingfelder,* Parteiverrat und Standesrecht, 1987; *Gatzweiler,* Möglichkeiten und Risiken einer effizienten Strafverteidigung, StV 1985, 248; *Krekeler,* Strafrechtliche Grenzen der Verteidigung, NStZ 1989, 146; *Mallison,* Rechtsauskunft als strafbare Teilnahme, 1979; *Müller-Gugenberger,* Wirtschaftsstrafrecht 1987; *Ostendorf,* Strafvereitelung durch Strafverteidigung NJW 1978, 1345; *Peters,* Strafprozeß, 4. Aufl. 1985; *Pfeiffer,* Zulässiges und unzulässiges Verteidigerhandeln, DRiZ 1984, 341; *Roxin, Claus,* Strafverfahrensrecht, 21. Aufl. 1989; *Rückel,* Strafverteidigung und Zeugenbeweis, 1988; *Volk,* Zum Strafbarkeitsrisiko des Rechtsanwalts bei Rechtsrat und Vertragsgestaltung, BB 1987, 139.

I. Einleitung

Zahlreiche Gerichtsentscheidungen geben Zeugnis davon, daß das Risiko, mit den Strafgesetzen in Konflikt zu kommen, nicht nur für den Strafverteidiger besteht, sondern auch für den auf dem Gebiet des Zivilrechts tätigen Rechtsanwalt. Im folgenden werden daher die für den Anwalt wichtigsten Straftatbestände dargestellt.

II. Strafvereitelung, § 258 StGB

1. Abgrenzung zum Standesrecht

1 Es ist bislang nicht gelungen, allgemeingültige Abgrenzungskriterien zwischen strafrechtlich zulässigem und unzulässigem Verhalten eines Verteidigers

(oder sonstigen einen Straftäter beratenden Anwalts) zu finden. Eine gewisse kasuistische Aufzählung von verbotenen und erlaubten Anwaltshandlungen ist daher nicht zu vermeiden. Vorwegzunehmen ist, daß standesrechtlich unzulässige Handlungen nicht ohne weiteres den Tatbestand der Strafvereitelung erfüllen.

2. Grenzziehung zwischen strafrechtlich zulässigem und unzulässigem Verhalten des Anwalts

a) Doppelstellung des Strafverteidigers

Auszugehen ist bei der Grenzziehung von der Stellung des Verteidigers im Rechtspflegesystem. Der Rechtsanwalt als Verteidiger hat eine doppelte Funktion zu erfüllen (h. L.: *BGHSt* 12, 367/369): Er ist selbständiger **Beistand** des Beschuldigten (§ 137 I 1 StPO) und unabhängiges **Organ der Rechtspflege** (§ 1 BRAO). Er ist also nicht einseitiger Interessenvertreter des Beschuldigten, sondern nimmt auch eine öffentliche Aufgabe wahr. Als unabhängiges Organ der Rechtspflege ist er den Prinzipien der **Wahrheit** und **Gerechtigkeit** verpflichtet (*BVerfGE* 38, 105/119). Als Beistand des Beschuldigten obliegt ihm die **Fürsprachepflicht** und unterliegt er der strafbewehrten **Schweigepflicht** (§ 203 Nr. 3 StGB). (Abweichend *Löwe/Rosenberg/Lüderssen* Vorbemerkung vor § 137 StPO Rdnr. 33ff., der für die Stellung des Verteidigers eine andere Konzeption, das **Vertragsprinzip**, vertritt und deshalb zu teilweise anderen Ergebnissen kommt.) 2

b) Die wichtigsten Fallgruppen

Unter Zugrundelegung dieser 4 Prinzipien ergibt sich bei den wichtigsten Fallgruppen folgende Unterscheidung zwischen zulässigem und unzulässigem Verteidigerverhalten: 3

aa) Eigene Ermittlungshandlungen des Verteidigers sind zulässig (z. B. Untersuchung des Tatortes, Bemühungen um Entlastungszeugen und Sachverständigengutachten). Den staatlichen Ermittlungsorganen steht keinesfalls ein Erstvernehmungsrecht zu. Ein krasser Verstoß gegen die Wahrheitspflicht wäre es jedoch, wenn der Verteidiger selber Beweisquellen trüben bzw. Verdunkelungsmaßnahmen des Beschuldigten ermöglichen oder fördern würde (*C. Roxin,* Strafverfahrensrecht, 1989, § 19 E II). 4

bb) Das Verhalten des Verteidigers gegenüber dem Beschuldigten. Es lassen sich zwei Bereiche unterscheiden: 5
- **Auskünfte zur Rechts- und Sachlage;**
- **Ratschläge** für das Verhalten des Beschuldigten.

Rechtsauskünfte sind unbeschränkt zulässig (z. B. Unterschied zwischen Mord und Totschlag, Vorsatz und Fahrlässigkeit; Aufklärung über das Schweigerecht des Beschuldigten und über die sanktionslose Möglichkeit des Lügens, Leugnens oder der Flucht). Sie sind eine Pflicht des Verteidigers (*C. Roxin,* § 19 E I). Zudem hat jedermann das Recht auf Rechtskenntnis (*Mallison,* Rechtsauskunft als strafbare Teilnahme, S. 95, 136). Es ist daher z. B. auch zulässig, dem Beschuldigten auf seine diesbezügliche Frage die Länder zu nennen, mit denen Rechtshilfeabkommen bestehen und jene, bei denen das nicht der Fall ist (*Dahs,* Handbuch des Strafverteidigers, Rdnr. 1023; *Beulke,* Die Strafbarkeit des Ver- 6 teidigers, RN 233). Denn Rechtskenntnisse darf der Verteidiger dem Beschuldigten selbst dann vermitteln, wenn der Beschuldigte sie dazu benutzen kann, sich der Bestrafung zu entziehen (*C. Roxin,* § 19 E I). Die abstrakte Aufklärung über die Rechtslage verstößt niemals gegen die Wahrheitspflicht des Rechtsanwaltes.

7 **Auskünfte zur Sachlage und Akteneinsicht.** Ebensowenig verstößt der Rechtsanwalt gegen die ihm obliegende Wahrheitspflicht, wenn er den Beschuldigten über die Sachlage aufklärt, wie er sie nach genehmigter Akteneinsicht aus den Akten entnommen hat. In gleichem Umfang ist der Rechtsanwalt berechtigt, dem Beschuldigten Kopien des Akteninhalts zu überlassen (*BGHSt* 29, 99/102). Das Informationsrecht besteht allerdings dann nicht, wenn der Verteidiger konkrete Anhaltspunkte dafür hat, daß der Beschuldigte aufgrund der Kenntnis des Akteninhaltes Straftaten begehen wird (z. B. Nötigung oder Körperverletzung von Zeugen). Hier kann sich der Verteidiger nicht nur wegen Strafvereitelung strafbar machen, sondern auch wegen Beteiligung an der Straftat des Mandanten (*Krekeler,* NStZ 1989, 149). Von der Befugnis zur Weitergabe der aus dem Akteninhalt gewonnenen Fakten macht die Rechtsprechung (*BGHSt* 29, 99/103; ebenso *KG* NStZ 1983, 556) hinsichtlich solcher Aktenstücke eine Ausnahme, die rechtmäßige prozessuale Zwangsmaßnahmen ankündigen (Untersuchungshaft, Durchsuchung, Beschlagnahme; a. A. *Dahs,* Rdnr. 50).

8 **Objektive Beweiswürdigung.** Der Rechtsanwalt ist auch befugt, den **Sachverhalt** einer objektiven Beweiswürdigung zu unterziehen. Das gilt selbst dann, wenn infolge der Aufklärung der geständnisbereite Beschuldigte sich zum Leugnen entschließt (*Peters,* Strafprozeß, § 29 V 1b).

9 **Ratschläge.** Bei Ratschlägen an den Beschuldigten ist zu unterscheiden: Der Rat, von **prozessualen Rechten** Gebrauch zu machen, ist zulässig (z. B. der Rat, keine Aussage zur Sache zu machen, *BGHSt* 10, 393/394; sich nicht selber zu bezichtigen, *BGHSt* 2, 375/378).

10 Hingegen sind Ratschläge, die ihre Grundlage nicht in prozessualen Rechten des Beschuldigten haben, dann nicht erlaubt, wenn sie dazu dienen können, daß sich der Beschuldigte **der gerechten Strafe entzieht.** Dem Rechtsanwalt als Organ der Rechtspflege ist es nicht gestattet, dem Beschuldigten den Rat zur Lüge oder zum Leugnen zu geben (*Dahs,* Rdnr. 48; a. A. *Krekeler,* NStZ 1989, 147).

11 Ebensowenig darf er dem Beschuldigten anraten, zu fliehen, ein wahres Geständnis zu widerrufen (*BGHSt* 2, 375/378; a. A. *Krekeler,* NStZ 1989, 147, 148) oder ihm gar eine wahrheitswidrige Einlassung oder Schutzbehauptung erfinden (*Roxin,* § 19 E I). Eine derartige Verdunkelung der Sachlage verstößt gegen die Bindung des Rechtsanwaltes an die Prinzipien von Wahrheit und Gerechtigkeit. Es ist dem Verteidiger ebenfalls untersagt, die Flucht des Beschuldigten durch Überweisung von treuhänderisch verwalteten Geldern ins Ausland zu unterstützen (*BGHSt* 33, 347).

12 **cc) Das Verhalten des Verteidigers gegenüber Dritten** (Zeugen, Mitbeschuldigten, Strafantragsberechtigten, potentiellen Anzeigeerstattern). **Aussageverweigerungsberechtigte Zeugen** dürfen veranlaßt werden, nicht auszusagen (*BGHSt* 10, 393/394), weil der Verteidiger nur anrät, von einem prozessualen Recht Gebrauch zu machen. Allerdings darf der Verteidiger sich hierbei keiner unlauteren Mittel bedienen, wie sie aus § 136a StPO zu entnehmen sind (*BGHSt* 10, 393/394).

Zumindest der Versuch einer Strafvereitelung liegt vor, wenn der Verteidiger auf Zeugen zwecks entlastender Falschaussage einwirkt und sie dann benennt (*BGH* NStZ 1983, 503). Auch macht sich der Verteidiger strafbar, wenn er einen Freispruch dadurch erreicht, daß er einen Zeugen absichtlich in einer vorsätzlichen Falschaussage bestärkt (*BGHSt* 29, 99/107)). Wenn ein Zeuge – unbeeinflußt durch den Verteidiger – aus freien Stücken die Unwahrheit sagen will, darf der Rechtsanwalt, der dies weiß, ihn nicht benennen (*RGSt* 66, 316/323f.), weil er damit der ihm obliegenden Wahrheitspflicht zuwiderhandeln würde. Es widerstreitet auch der Wahrheitspflicht, wenn der Verteidiger Zeugen, die wahrheitsgemäß aussagen, wider besseres Wissen als unglaubwürdig hinstellt (*BGHSt* 29, 99/107). Andererseits ist der Verteidiger nicht verpflichtet, die falsche Aussage eines Zeugen zu verhindern, deren Unwahrheit er erst während der gerichtlichen Vernehmung erkennt (*BGHSt* 4, 327ff.). **13**

Gegenüber **Mitbeschuldigten** darf der Verteidiger genauso vorgehen, wie gegenüber seinem eigenen Mandanten (Hinweis auf Schweigerecht, Auskunft über Rechts- und Sachlage, Rat, vom Schweigerecht Gebrauch zu machen). Zulässig ist es auch, wenn der Anwalt die den Strafverfolgungsbehörden noch unbekannte Einlasssung seines Mandanten dem Verteidiger eines Mitbeschuldigten übersendet mit der Bitte um Erörterung mit dem Mitbeschuldigten (*OLG Frankfurt* NStZ 1981, 145). Der Zweck der Übersendung darf nur nicht der einer wahrheitswidrigen Absprache der Aussagen zwischen den Mitbeschuldigten sein. **14**

Der Verteidiger kann sich mit dem **Strafantragsberechtigten** in Verbindung setzen und ihn veranlassen, den gestellten Strafantrag zurückzunehmen oder von einem Strafantrag abzusehen (*Pfeiffer* DRiZ 1984, 341/346). Er darf gegebenenfalls auch Geld als Wiedergutmachung für den erlittenen Schaden anbieten (*Schönke/Schröder/Stree* StGB, 23. Aufl. 1988, § 258 Rdnr. 20). Den potentiellen **Erstatter einer Strafanzeige** darf der Verteidiger bitten, die Anzeige zu unterlassen. Auch Vorteilszusagen sind erlaubt, sofern es sich nicht um strafbare Mittel handelt oder der Anzeigeerstatter zur Anzeige verpflichtet ist (Polizist) (*Beulke,* Die Strafbarkeit des Verteidiger, Rdnr. 52f.). Der Bundesgerichtshof sieht als unzulässig die Beeinflussung mit den Mitteln des § 136a StPO an (a. A. *Beulke,* Rdnr. 51ff., hinsichtlich einer Geldzahlung). **15**

dd) Das Verhalten des Verteidigers gegenüber den Strafverfolgungsorganen. Aus der Verschwiegenheitspflicht des Rechtsanwalts gegenüber seinem Mandanten folgt, daß er nur einseitig **zugunsten** des Beschuldigten wirken darf (*Pfeiffer* aaO, S. 343). Er muß alle Umstände vorbringen, die geeignet sind, den Beschuldigten zu entlasten. Niemals darf der Anwalt freilich in diesem Zusammenhang unwahre Tatsachen behaupten, weil er damit gegen seine Wahrheitspflicht verstoßen würde. Es ist ihm aber erlaubt, eine Rechtsmeinung vorzutragen, auch wenn er sie selber für unrichtig hält (*Pfeiffer* aaO). Denn die Wahrheitspflicht bezieht sich nur auf den tatsächlichen Sachverhalt und nicht auf die rechtliche Würdigung. **16**

Der Verteidiger kann auch in Kenntnis der Schuld seines Mandanten auf Freispruch plädieren (*BGHSt* 29, 99/107). Das Gesetz verlangt eine Verurteilung nur, wenn der Beschuldigte mit prozeßordnungsgemäßen Mitteln überführt werden kann (*C. Roxin,* § 19 A I 3d). Erbringt die Beweisaufnahme nicht den Nachweis der Schuld, dann vereitelt der Verteidiger die Bestrafung seines Mandanten nicht in strafbarer Weise, wenn er unter Hinweis darauf Freispruch **17** beantragt. Allerdings darf der Rechtsanwalt sich nicht die unwahre Einlassung des Mandanten zu eigen machen oder gar wider besseres Wissen die Unschuld seines Mandanten behaupten.

18 Prozessual zulässiges Verteidigerverhalten läßt bereits den objektiven Tatbestand des § 258 StGB entfallen (*Dreher/Tröndle* StGB, 44. Aufl. 1988, § 258 Rdnr. 7).

3. Der subjektive Tatbestand

19 Er verlangt hinsichtlich der Verfolgungsvereitelung Absicht oder Wissentlichkeit. Maßgeblich ist insoweit beim Verteidiger, welchem Ziel sein Tun in Wirklichkeit dient und ob es noch vom Verteidigungszweck getragen wird (*BGHSt* 29, 99/107).

4. Täterschaft – Teilnahme

20 Die Rechtsprechung nimmt bei strafrechtlich relevantem Verteidigerverhalten regelmäßig **Täterschaft** an, und zwar auch dann, wenn der Verteidiger einen Dritten zu einer Falschaussage bestimmt (*BGHSt* 31, 10; *BGH* NStZ 1983, 503).

5. Versuch

21 **Versuchte Strafvereitelung** und nicht nur straflose Vorbereitung liegt vor, wenn der Verteidiger Zeugen zur Falschaussage bestimmt und sie benennt, es zur Aussage aber nicht kommt (*BGH* NStZ 1983, 503; a. A. noch *BGHSt* 31, 10; s. auch *BGH* StV 1988, 325: Falsche Zeugenaussage vor der Staatsanwaltschaft als versuchte Strafvereitelung).

III. Parteiverrat, § 356 StGB

1. Geschütztes Rechtsgut

22 Die Vorschrift bezweckt nicht nur den Schutz der vertretenen Parteien. Vielmehr dient sie in erster Linie dem Vertrauen in die Rechtspflege (h. L. *BGHSt* 15, 332/336f.; *BGH* NStZ 1985, 74).

2. Täterkreis

a) Taugliche Täter

23 Taugliche Täter des § 356 StGB sind Anwälte und andere Rechtsbeistände. Unter den Begriff des Anwalts i. S. von § 356 StGB fallen die **Rechtsanwälte** (§§ 4ff. BRAO), und zwar auch die im Inland zugelassenen ausländischen Anwälte. Erfaßt werden zudem der Anwaltsnotar und Notaranwalt (*Schönke/Schröder/Cramer,* § 356 Rdnr. 5). Zu der Gruppe der Anwälte i. S. von § 356 StGB gehören auch der Patentanwalt (§ 13ff. PatAnwO); der Syndikusanwalt (§ 46 BRAO); der Justitiaranwalt (§ 46 BRAO, *BGHSt* 22, 335); der Patentanwaltssyndikus (*BGHZ* 62, 154).

24 Beim Syndikusanwalt bzw. Justitiar spielt es für die Anwendbarkeit von § 356 StGB keine Rolle, ob sie in privatem oder öffentlichem Dienst stehen. Sie unterfallen allerdings nur dann § 356 StGB, wenn sie in ihrer Eigenschaft als unabhängiges Organ der Rechtspflege (§ 1 BRAO) tätig werden. Leisten sie nur weisungsgebundene Dienste, scheidet § 356 StGB aus (*BGHSt* 24, 192).

b) Nicht unter § 356 StGB fallende Anwaltsaufgaben

Nicht zum Täterkreis des § 356 StGB gehören Anwälte, die als **Konkursverwalter** (*BGHSt* 13, 231), **Testamentsvollstrecker** oder **Vormund** tätig sind (*BGHSt* 24, 192). Sie üben diese Funktion nicht als unabhängiger Rechtsanwalt aus, sondern stehen unter der Kontrolle des jeweiligen Richters (h. L.; *Schönke/Schröder/Cramer,* § 356 Rdnr. 6). 25

c) § 356 StGB – Ein Berufsvergehen

Da § 356 StGB ein Berufsvergehen ist (*Dreher/Tröndle,* § 356 Rdnr. 1), fällt private Beratung nicht unter § 356 StGB (*BGHSt* 20, 41). 26

d) Mehrheit von Anwälten

Bei einer Mehrheit von Anwälten innerhalb eines Büros ist zu unterscheiden zwischen Sozietät, Bürogemeinschaft und freien Mitarbeitern. 27

aa) Sozien. Eine Rechtssache ist allen Sozien auch dann anvertraut, wenn der Mandant nur einen beauftragt hat (*Schönke/Schröder/Cramer,* § 356 StGB Rdnr. 9 m. w. N.; a. A. *Dahs* JR 1986, 349, 350). Das gilt allerdings dann nicht, wenn ein Anwalt erst später in die Sozietät eintritt und nicht mit der Sache befaßt wird (*OLG Stuttgart* NStZ 1986, 412). 28

bb) In Strafsachen ist die Verteidigung von mehreren Mitbeschuldigten durch verschiedene Sozien erlaubt (*BVerfGE* 43, 79). 29

cc) Bürogemeinschaft. Bei bloßer Bürogemeinschaft ist das Mandat auf den beauftragten Anwalt beschränkt, da es nicht einmal nach außen einer Mehrheit von Anwälten erteilt ist (*Dahs* JR 1986, 349). 30

dd) Freie Mitarbeiter. Bei freien Mitarbeitern einer Anwaltssozietät dürfte zu unterscheiden sein: Ist das Mandat der Sozietät anvertraut und bleibt es der internen Mandatsverteilung überlassen, welchem Mitarbeiter die Sache zur Bearbeitung übergeben wird, ist die Angelegenheit der Sozietät und dem freien Mitarbeiter anvertraut. Hat der Mandant hingegen von Anfang an nur den freien Mitarbeiter beauftragt, ist die Rechtssache nicht den Sozien anvertraut (vgl. i. e. *Dahs* JR 1986, 349). 31

3. Tatbestandsvoraussetzungen

a) Dieselbe Rechtssache

Sie liegt vor, wenn das ursprünglich vor dem Anwalt ausgebreitete Lebensverhältnis in seinem Tatsachen- und materiellen Rechtsgehalt mit dem Streitstoff der neuen Sache – sei es auch nur teilweise – identisch ist (Leipziger Kommentar (LK) – *Hübner* StGB, 10. Aufl. 1980, § 356 Rdnr. 124). 32

b) Der Parteibegriff

Partei i. S. von § 356 StGB sind alle an derselben Rechtssache beteiligten natürlichen oder juristischen Personen. Formelle Prozeßgegnerschaft ist nicht erforderlich. 33

c) Anvertraute Angelegenheit

Anvertraut ist eine Angelegenheit dann, wenn der Mandant einen Sachverhalt zum Zwecke der Interessenwahrnehmung mitteilt (*BGHSt* 15, 332/334). Das alte Mandat bleibt auch noch nach Beendigung des Auftrages anvertraut 34

(*BGHSt* 18, 192/193). Der Gegensatz der beiderseitigen Interessen erlischt erst mit den Rechtsbeziehungen selbst (LK-*Hübner,* § 356 Rdnr. 95).

d) Pflichtwidriges Dienen, Interessengegensatz

Der Anwalt muß beiden Parteien pflichtwidrig dienen.

35 **aa) Dienen** kann der Anwalt sowohl durch Tun wie durch Unterlassen (z. B. Verstreichenlassen einer Einspruchs- oder Rechtsmittelfrist). Da das Unterlassen nur dann tatbestandsmäßig ist, wenn damit die Gegenpartei unterstützt werden soll, fällt eine schlechte Prozeßführung als solche nicht unter § 356 StGB (Systematischer Kommentar [SK]-*Rudolphi,* Stand Febr. 1988, § 356 Rdnr. 23).

36 Aus der Tatsache, daß das alte Mandat auch über seine Erledigung hinaus anvertraut bleibt, ergibt sich, daß das beiden Parteien Dienen nicht notwendig gleichzeitig erfolgen muß (*BGH* NJW 1986, 948).

37 **bb)** Die **Pflichtwidrigkeit** ist ein **normatives Tatbestandsmerkmal** (*BGHSt* 15, 332/338), das den **Interessengegensatz** zwischen den beiden Parteien charakterisiert. Pflichtwidrig dienen bedeutet soviel wie gegensätzliche Interessen vertreten (*BGHSt* 5, 284/285; 7, 17/22; 15, 332/340). Nimmt der Rechtsanwalt bei seinem zweiten Auftrag nur gleichgerichtete Belange der beiden Beteiligten wahr, so ist eine Pflichtwidrigkeit nicht gegeben (*BGHSt* 18, 192/198; *BGH* NStZ 1982, 465). Gegensätzliche Interessen vertritt der Anwalt freilich auch dann, wenn er im Rahmen beider Mandate zwar denselben Rechtsstandpunkt vorträgt, dies aber nunmehr den Interessen des ersten Mandanten zuwider läuft (*BGH* NJW 1987, 335).

38 Der Interessenwiderstreit kann sich auch erst im Laufe der Beratungstätigkeit entwickeln. Dann muß das Mandat niedergelegt werden.

39 **cc) Bestimmung des Interessengegensatzes.** Es ist zunächst zu ermitteln, ob die Parteiinteressen objektiv, d. h. unabhängig vom Standpunkt der Parteien zu bestimmen sind oder subjektiv nach der parteibestimmten Zielrichtung. Es ist zu unterscheiden:

40 In **bürgerlich-rechtlichen** Angelegenheiten, wo der Streitstoff der Verfügung der Parteien unterliegt, ist der Interessengegensatz nach den Zielen der Parteien zu bestimmen, nicht danach, wohin aufgrund des wahren Sachverhalts und der wirklichen Rechtslage ihr Interesse gehen müßte (*BGHSt* 7, 17/20f.).

41 In **Strafsachen** und grundsätzlich auch in den **Statusprozessen** (§§ 606ff. ZPO), wo das Gericht die Wahrheit von Amts wegen ermitteln muß, sind hingegen der wahre Sachverhalt und die wirkliche Rechtslage zugrundezulegen. Im einzelnen gilt folgendes:

42 – In **Ehescheidungssachen** kann der Interessengegensatz der Ehepartner fehlen, wenn beide Parteien einvernehmlich die Scheidung beantragen (*BGHSt* 18, 192/199) und auch über die Folgesachen eine Einigung erzielt haben (*BayObLG* NJW 1981, 833).

43 – Bei **Vergleichsbemühungen** handelt der Anwalt tatbestandslos, und zwar unabhängig davon, ob ihm der Auftrag von beiden Parteien oder nur von einer Seite erteilt worden ist (*BGHSt* 4, 80/82). Kommt der Vergleich nicht zustande, ist der Anwalt allerdings gehindert, eine Partei gegen die andere zu vertreten, wenn ihm der Vergleichsauftrag von beiden Parteien erteilt worden ist (*BGHSt* 18, 192/198), weil er zwangsläufig gegen das Interesse einer Partei handeln müßte.

– **In bürgerlich-rechtlichen Vermögensangelegenheiten,** in denen die Parteien über den Prozeßstoff disponieren können, besagt nicht einmal ein Rechtsstreit, daß gegensätzliche Interessen bestehen. Das ist z. B. dann nicht der Fall, wenn ein Titel im Einvernehmen zwischen Gläubiger und Schuldner nur zu dem Zweck erwirkt wird, im anschließenden Zwangsversteigerungsverfahren sowohl den Schuldner wie den Gläubiger gegenüber dem Vorgehen anderer Gläubiger zu schützen (*BGHSt* 15, 332/337). Oder wenn ein Gläubiger einen Gesamtschuldner verklagt, nachdem beide dahingehend überein gekommen sind, daß der Gläubiger nur die anderen Gesamtschuldner in Anspruch nehmen werde (*RGSt* 71, 231/234f.). **44**

– Keine gegensätzlichen Interessen bestehen regelmäßig zwischen dem **Pfändungsgläubiger** und dem **Drittschuldner,** so daß der Rechtsanwalt namens eines Mandanten eine gegen einen anderen Mandanten gerichtete Forderung pfänden und überweisen lassen kann, auch wenn er den letzteren Mandanten gegen den Pfändungsschuldner vertreten hat und vertritt (*BayObLG* NJW 1959, 2223). Im weiteren Vollstreckungsverfahren darf der Anwalt freilich nicht mehr tätig sein. **45**

– Vertritt der Rechtsanwalt in **Haftpflichtprozessen** Versicherung und Versicherungsnehmer, die als Gesamtschuldner verklagt sind, und verteidigt er außerdem den Versicherungsnehmer im Strafverfahren, kann es zu einem Interessengegensatz kommen, wenn der Anwalt aus den Strafakten von einer Obliegenheitsverletzung des Versicherungsnehmers erfährt (§ 62 VVG; LK-*Hübner,* § 356 Rdnr. 88). **46**

Auch wenn der Anwalt als Vertreter des **Unfallgeschädigten** der Bitte der gegnerischen Versicherung nach Aushändigung eines Auszugs aus der Strafakte nachkommt, kann das zu einem Interessengegensatz führen. Aus dem Auszug können sich Umstände ergeben, die die Entschließung der Versicherung zum Nachteil des Geschädigten beeinflussen (*Dahs,* Rdnr. 73). **47**

e) Der subjektive Tatbestand

Der **Vorsatz** muß insbesondere die normativen Tatbestandsmerkmale „dieselbe Rechtssache" und „Pflichtwidrigkeit" umfassen. Ausreichend ist bedingter Vorsatz. Der Rechtsanwalt muß nicht nur die tatsächlichen Umstände kennen, die den Interessengegensatz und „dieselbe Rechtssache" ausmachen. Erforderlich ist vielmehr außerdem eine Wertung der äußeren Gegebenheiten, die dazu führt, daß er den Bedeutungsgehalt der normativen Tatbestandsmerkmale erfaßt (*BGHSt* 7, 261/263f.; 15, 332/338). **48**

f) Die Irrtumsproblematik

Für die Behandlung eines **Irrtums** ergeben sich daraus folgende Konsequenzen: **49**

aa) Tatbestandsirrtum liegt vor, wenn der Täter nicht erkennt, daß es sich bei der alten und neuen Angelegenheit um „dieselbe Rechtssache" handelt (*BGHSt* 7, 261/262; 18, 192/195). Entsprechend ist Tatbestandsirrtum anzunehmen, wenn der Interessengegensatz nicht gesehen wird (*BGHSt* 3, 400/402f.; 4, 80; 5, 284/288; 7, 17/22, 261/263; 15, 332/338). **50**

bb) Verbotsirrtum. Ein nach § 17 StGB zu behandelnder Verbotsirrtum ist hingegen gegeben, wenn der Anwalt annimmt, es liege nicht dieselbe Rechtssache vor, weil er den Begriff falsch interpretiert (*BGHSt* 7, 261/263), oder der **51**

Interessenwiderstreit zwar gesehen, aber ein Handeln trotzdem nicht für „pflichtwidrig" erachtet wird (*BGHSt* 3, 400; 7, 17/22; 15, 332/340).

52 Der Verbotsirrtum wird von der Rechtsprechung nur in Ausnahmefällen als **unvermeidbar** angesehen (*BGHSt* 15, 341).

g) Einwilligung, Einverständnis

53 Da das Verbot der Doppelvertretung bei bestehendem Interessengegensatz nicht der Verfügungsmacht der Parteien unterliegt (*BGHSt* 15, 332), hat eine Einwilligung oder ein Einverständnis der Partei grundsätzlich keine rechtfertigende Wirkung (*Schönke/Schröder/Cramer,* § 356 Rdnr. 20). Es kann aber gegebenenfalls der Interessengegensatz dadurch beseitigt werden (o. Rdnrn. 39ff.).

IV. Beihilfe zu Straftaten des Mandanten

1. Problemstellung

54 In diesem Abschnitt geht es um das Problem, ob sich ein Rechtsanwalt durch Beratung eines Mandanten, die zu einem Verstoß gegen Strafvorschriften führt, der Beihilfe gem. § 27 StGB schuldig machen kann. Zu denken ist hier insbesondere an den Bereich des Wirtschaftsrechts, wo strafrechtliche Vorschriften nicht selten die Klärung diffiziler wirtschaftsrechtlicher Zusammenhänge erfordern (z. B. §§ 399ff. AktG; 82ff. GmbHG; 36 KapErhG; 283ff. StGB; aber auch 324ff. StGB).

55 Unter **Beratung** sind dabei sowohl die Rechtsauskunft wie der Rechtsrat und unterstützende Handlungen, z. B. die Vertragsgestaltung bzw. -durchführung zu verstehen.

2. Fallgestaltungen

56 Eine abschließende **Klärung nachstehender Probleme** ist bislang in Rechtsprechung und Literatur nicht erfolgt.

57 **a) Die richtige Rechtsauskunft,** bei der sich der Anwalt auf die Darlegung der Rechtslage beschränkt, ohne darüber hinaus mit Rat oder Tat tätig zu werden, ist selbstverständlich auch dann keine Beihilfe gem. § 27 StGB, wenn der Mandant daraufhin eine rechtswidrige Tat begeht (s. o. Rdnr. 6).

58 **b)** Ergibt die Rechtsauskunft eine **Rechtswidrigkeit des geplanten Vorhabens,** so muß sich der Rechtsanwalt ebenso selbstverständlich jeder weiteren Tätigkeit enthalten. Denn wenn er sicher um die **Rechtswidrigkeit weiß** und trotzdem den Mandanten weiter mit Rat oder Tat unterstützt, liegt eine Beihilfe zu der rechtswidrigen Tat des Mandanten vor (*RGSt* 60, 6/8; *Volk* BB 1987, 139/143).

59 **c)** Gibt der Rechtsanwalt **irrtümlich** eine **falsche Rechtsauskunft** und berät den Mandanten auf der Grundlage dieser Auskunft, so liegt nach der Rechtsprechung des Reichsgerichts keine Beihilfe vor, wenn die Folge eine strafbare Handlung des Mandanten ist (*RGSt* 37, 321/322ff.). Es fehle der Beihilfevorsatz. Vorsätzlich leiste der Rechtsanwalt nur dann Beihilfe, wenn sein Wille dahin gehe, die Vollbringung der vom Täter beabsichtigten Tat zu fördern (*OLG Düsseldorf* NStZ 1984, 29 unter Hinweis auf *RGSt* 60, 6/8).

d) Hat der Rechtsanwalt **Zweifel an der Rechtmäßigkeit** des vom Mandanten geplanten Vorhabens, so wird er in seiner Rechtsberatung auf das Risiko der möglichen Strafbarkeit hinweisen. Bleibt es bei dieser **Rechtsauskunft,** und enthält sich der Rechtsanwalt weiterer Tätigkeit in dieser Sache, so liegt keine Beihilfe vor (o. Rdnr. 57). 60

Entscheidet sich der Mandant trotz des Strafbarkeitsrisikos für die Durchführung seines Vorhabens und bittet den Rechtsanwalt, Verträge zu gestalten oder Anmeldungen zum Handelsregister vorzunehmen, so unterstützt dieser objektiv eine Handlung des Mandanten, die er als möglicherweise strafbar qualifiziert hat. 61

Für den **subjektiven Tatbestand der Beihilfe** genügt bedingter Vorsatz (*Schönke/Schröder/Cramer,* § 27 Rdnr. 19). Er liegt vor, wenn der Gehilfe die Erfüllung eines Straftatbestandes für möglich hält und nach den ihm bekannten Umständen nicht mehr auf ein Ausbleiben der Tatverwirklichung vertrauen konnte (*BGH* StV 1985, 100). Nimmt der Rechtsanwalt das Strafbarkeitsrisiko ernst und fertigt er dennoch notwendige Verträge oder bewirkt erforderliche Anmeldungen zum Handelsregister, so liegt es nahe, einen bedingten Beihilfevorsatz und eine Strafbarkeit des Anwalts anzunehmen (*Müller-Gugenberger,* Wirtschaftsstrafrecht, § 81 Rdnr. 11). 62

Unter Hinweis auf die anwaltlichen Berufsrechte und den im Strafrecht vertretenen Gedanken der objektiven Zurechnung wird demgegenüber teilweise angenommen, bei Zweifeln an der Rechtmäßigkeit des Vorhabens brauche der Anwalt auch bei bedingtem Vorsatz seine Mitwirkung nicht zu verweigern (*Volk* BB 1987, 144; *Tiedemann* Jura 1981, 24/31); eine Strafbarkeit wegen Beihilfe komme nicht in Betracht. 63

V. Untreue, § 266 StGB

Die Erfüllung des Untreuetatbestandes stellt an sich kein spezielles strafrechtliches Risiko des Anwaltsberufes dar. Im folgenden soll daher nur auf die Fragen eingegangen werden, die sich in Rechtsprechung und Literatur im Bezug auf den Rechtsanwalt als wichtig erwiesen haben. 64

1. Das Anwalt-Mandant-Verhältnis

a) Mißbrauchs- oder Treubruchstatbestand?

Die Rechtsprechung läßt die Frage offen, ob die Beziehungen des Rechtsanwalts zum Mandanten ggf. den Mißbrauchstatbestand erfüllen können und geht vom Treubruchstatbestand aus (*BGH* NJW 1983, 461). 65

Das Anwalt-Mandant-Verhältnis wird keineswegs immer als Treueverhältnis angesehen. Vielmehr muß im Einzelfall festgestellt werden, ob die von der Rechtsprechung für das Vorliegen eines Treueverhältnisses entwickelten Kriterien gegeben sind.

b) Kriterien für das Vorliegen eines Treueverhältnisses

Folgende Gesichtspunkte werden für wichtig erachtet: 66

- Es muß das Merkmal der fremdnützigen Vermögensfürsorge gegeben sein (*BGH* NJW 1983, 461).

- Die Vermögensfürsorgepflicht muß wesentlicher Inhalt des Vertragsverhältnisses sein (*BGH* NStZ 83, 455).
- Es darf sich nicht um eine ganz untergeordnete Tätigkeit handeln. Maßgebend ist insoweit der Grad der Selbständigkeit, der Bewegungsfreiheit und der Verantwortlichkeit des Verpflichteten (*BGH* NStZ 1983, 455).

67 Auch wenn die angeführten Kriterien zur Bejahung eines Treueverhältnisses zwischen Rechtsanwalt und Mandant führen, ist damit nicht ohne weiteres gesagt, daß gerade die **verletzte Pflicht** eine **Treuepflicht** war. Denn auch eine vertragliche Beziehung, die sich insgesamt als Treueverhältnis darstellt, kann Verpflichtungen enthalten, deren Verletzungen nicht vom Untreuetatbestand geschützt sind (*BGH* NStZ 1986, 361/362). Sie bezeichnet der Bundesgerichtshof als bloße Schuldnerpflichten (z. B. reine Herausgabe- und Rückerstattungspflichten: Keine Untreue, wenn Rechtsanwalt das ihm zum Zwecke einer Vermögensanlage überlassene Geld, ohne es anzutasten, nach Kündigung seines Auftrages lediglich nicht zurückzahlt (*BGH* NStZ 1986, 361/362).

2. Verletzung der Treuepflicht

68 Als Verletzung der Treuepflicht eines Rechtsanwalts kommen nach der Rechtsprechung in Betracht:

- Verjährenlassen einer begründeten Forderung, die im Klagewege durchgesetzt werden sollte (*BGH* NJW 1983, 461);
- Verbrauch von Anderkontogeldern in erheblicher Höhe (*BGHSt* 15, 372/375f.);
- vertragswidrige Nichtrückzahlung von Anwaltsgebühren, die die Versicherung erstattet hatte (*BGH* wistra 1987, 65);
- Überweisung von Anderkontogeldern auf das Geschäftskonto (*BGH* wistra 1984, 71);
- Unterbleiben der Zuführung von Fremdgeldern zum Anderkonto (*BGH* NStZ 1982, 331).
- Unterlassene umgehende Weiterleitung von empfangenen Zahlungen an den Mandanten (*OLG Karlsruhe* NStZ 1990, 82).

3. Vermögensnachteil

69 Der zur Erfüllung des objektiven Tatbestandes ferner erforderliche Vermögensnachteil umfaßt entsprechend dem Vermögensschaden beim Betrug bereits die **konkrete Vermögensgefährdung.** Eine Vermögensgefährdung liegt dann nicht vor, wenn der Rechtsanwalt uneingeschränkt fähig und bereit ist, die verbrauchten Mandantengelder aus eigenen flüssigen Mitteln jederzeit vollständig auszukehren (*BGHSt* 15, 342/344). Die Möglichkeit, sich das Geld bei Bedarf von anderen, z. B. durch Kreditaufnahme, zu beschaffen, genügt nicht (*BGHSt* 15, 372/376).

VI. Schuldnerbegünstigung, § 283d StGB

70 Der Rechtsanwalt, der nach Eintritt der Zahlungsunfähigkeit mit der Wahrnehmung betrieblicher Interessen beauftragt wird, macht sich nicht wegen Schuldnerbegünstigung gem. § 283d I StGB strafbar, wenn er sich zur Siche-

rung seines Anspruchs auf Vorschußzahlung vom Schuldner Vermögensgegenstände gewähren läßt (*BGH* NStZ 1989, 179f.).

VII. Teilnahme an einer Gläubigerbegünstigung, § 283c StGB

Es liegt in einem solchen Fall mangels einer strafbaren Haupttat auch keine **71**
Teilnahme an einer Gläubigerbegünstigung vor, denn die Tätigkeit des Anwalts liegt im wohlverstandenen Interesse der Gläubiger. Auch der in wirtschaftlichen Schwierigkeiten befindliche Schuldner hat grundsätzlich einen Anspruch darauf, den Anwalt seines Vertrauens hinzuzuziehen (*BGH* NStZ 1989, 179f.).

VIII. Teilnahme an der Falschaussage eines Zeugen

Wirkt der Verteidiger zwecks Herbeiführung einer Falschaussage auf einen **72**
Zeugen ein, so ist er wegen Anstiftung zu falscher uneidlicher Aussage bzw. zum Meineid strafbar, wenn der Zeuge in der Hauptverhandlung falsch aussagt.

Kommt es nicht zur Aussage des Zeugen, so liegt eine versuchte Anstiftung zur Falschaussage vor, die gem. §§ 159, 30 StGB strafbar ist, bzw. versuchte Anstiftung zum Meineid (§§ 30, 154 StGB).

Wegen Beihilfe zum Aussagedelikt kann der Verteidiger belangt werden, der einen falsch aussagenden Zeugen bewußt ermuntert (*Dahs,* Handbuch des Strafverteidigers, Rdnr. 164).

F. Prozeßkostenhilfe und Beratungshilfe

Rembert Brieske

Übersicht

Literatur: *Brieske,* Erstattung von Anwaltsgebühren durch Gegner und Dritte, 1987; *Dörndorfer,* Prozeßkostenhilfe für Anfänger, 1986; *Lindemann/Trenk-Hinterberger,* Beratungshilfegestz; *Kalthoener/Büttner,* Prozeßkostenhilfe und Beratungshilfe, 1988; *Schoreit/Dehn,* Beratungshilfegesetz, 3. Aufl. 1987.

I. Gemeinsames

Nachfolgend wird das Beratungshilfe- und Prozeßkostenhilferecht der BRD behandelt. Das Recht der DDR sah in § 28 GVG (DDR) vor, daß die Bürger bei den Kreisgerichten unentgeltlich Auskünfte über das sozialistische Recht und über die Möglichkeiten zur Wahrnehmung ihrer gesetzlich geschützten Rechte und Interessen erhielten; dazu gehörte es auch, die Bürger bei der Aufnahme von Anträgen oder Klageschriften zu unterstützen, § 28 Abs. 2 GVG (DDR). Gem. § 2 IV RAGO sind mündliche Rechtsauskünfte unentgeltlich zu erteilen. Eine der Prozeßkostenhilfe wirtschaftlich gleichstehende Regelung enthält § 170 ZPO (DDR) mit einem den gesetzlichen Gebühren entsprechenden Gebührenanspruch des Rechtsanwalts gegen die Staatskasse, § 7 JKOStO (DDR) und § 19 RAGO (DDR). – Nach Maßgabe von Anl. I Kap. III Sachgeb. A Abschn. III Nr. 10 EVertr. v. 31. 8. 1990 (BGBl. II S. 889/932) gilt nunmehr das Beratungshilfegesetz auch in den Ländern der bisherigen DDR und dort auch für Arbeits- und Sozialrecht.

1 Beratungshilfe und Prozeßkostenhilfe sollen den Bürgern den Zugang zu den Gerichten/den Zugang zu anwaltlicher Beratung ermöglichen, auch wenn ihre wirtschaftlichen Verhältnisse es nicht zulassen, diese Leistungen ganz oder teilweise selber zu bezahlen. Der Umgang mit diesen staatlichen Leistungen setzt voraus, daß der RA weiß,
- welcher Personenkreis,
- für welches Rechtsgebiet,
- unter welchen weiteren Voraussetzungen, und
- zu welchem Anwaltshonorar

diese Leistungen in Anspruch nehmen kann.

1. Der in Betracht kommende Personenkreis

Der nach seinen wirtschaftlichen Verhältnissen für Beratungshilfe/Prozeßkostenhilfe in Betracht kommende Personenkreis; Beratungshilfe wird Personen gewährt, denen Prozeßkostenhilfe ohne Ratenzahlung zu gewähren wäre. Prozeßkostenhilfe ohne Ratenzahlungsbestimmung wird Personen gewährt mit einem nach Abzug von bestimmten Belastungen verbleibenden Einkommen von 2
mtl. netto 850 DM für den Antragsteller allein,
mtl. 1300 DM bei einer Unterhaltsverpflichtung,
mtl. 1575 DM bei zwei Unterhaltsverpflichtungen,
mtl. 1850 DM bei drei Unterhaltsverpflichtungen,
mtl. 2125 DM bei vier Unterhaltsverpflichtungen,
mtl. 2400 DM bei fünf Unterhaltsverpflichtungen,
und dann je weiterem Unterhaltsverpflichteten einem um jeweils 275 DM gesteigerten Einkommen, wenn die Unterhaltspflicht durch Naturalunterhalt erbracht wird. Wird dagegen die Unterhaltspflicht durch Zahlungen erbracht und liegen diese Unterhaltszahlungen bei einer Unterhaltspflicht über 450 DM, bei zwei Unterhaltsverpflichtungen über 725 DM etc., so ist auch dann PKH ohne Ratenzahlungsbestimmung zu gewähren, § 115 III ZPO. Prozeßkostenhilfe mit Ratenzahlungsbestimmung wird gewährt bis zu einem bereinigten Einkommen von netto 3950 DM bei Unterhaltsverpflichtungen gegenüber fünf Personen. Tatsächlich kann das mtl. Nettoeinkommen im Sinne des Steuerrechts sehr viel höher liegen.

2. Rechtsgebiete

a) Beratungshilfe kraft Bundesrecht

- Zivilrecht außer Angelegenheiten, für die die Arbeitsgerichte ausschließlich zuständig sind, 3
- Verwaltungsrecht,
- Verfassungsrecht,
- Strafrecht,
- Ordnungswidrigkeitenrecht,
- Ausländisches Recht, sofern der Sachverhalt eine Beziehung zum Inland aufweist;
- in den Ländern im Bereich der bisherigen DDR auch für Arbeits- und Sozialrecht, vgl. oben Rdnr. 1.

b) Beratungshilfe kraft Landesrecht

- Sozialrecht,
- Arbeitsrecht,

in Niedersachsen, Bayern, Rheinland-Pfalz und Saarland.

c) Übersicht über die einzelnen Prozeßkostenhilfe-Regelungen

- PKH nach §§ 114ff. ZPO; 4
- PKH nach § 14 FGG i. V. m. § 121 II ZPO;
- PKH nach GBO i. V. m. § 14 FGG i. V. m. § 114 ZPO;
- PKH im Konkursverfahren für Antragsteller, § 71 KO i. V. m. §§ 114ff. ZPO;

- PKH für Anerkennung ausländischer Titel nach Europäischem Übereinkommen, Art. 44;
- PKH im Arbeitsrecht gem. §§ 114ff. ZPO, 11a III ArbGG sowie § 11a I ArbGG;
- PKH nach § 13 Hausratsverordnung i. V. m. § 14 FGG i. V. m. § 121 II ZPO;
- PKH nach § 29 EGGVG;
- PKH nach § 9 LWVG i. V. m. § 14 FGG;
- PKH im WEG-Verfahren, § 43 WEG i. V. m. § 14 FGG;
- PKH für Nebenkläger gem. § 397a StPO;
- PKH für Verletztenbeistand gem. § 406g III StPO i. V. m. § 397a StPO;
- PKH bei einstweiliger Beiordnung eines RA als Verletztenbeistand gem. § 406g IV StPO i. V. m. § 397 StPO;
- PKH für den Verletzten im Adhäsionsverfahren gem. § 404 V StPO;
- PKH für den Angeschuldigten im Adhäsionsverfahren gem. § 404 V StPO;
- PKH für den Privatkläger gem. § 379 III StPO;
- PKH für Klageerzwingungsverfahren;
- PKH bei Beiordnung eines RA für einen Zeugen;
- PKH im verwaltungsgerichtlichen Verfahren gem. § 166 VwGO i. V. m. § 114ff. ZPO;
- PKH im sozialgerichtlichen Verfahren gem. § 73a SGG i. V. m. § 114ff. ZPO, soweit nicht gem. § 73a II SGG die Vertretung durch einen Verbandsvertreter möglich ist;
- PKH im finanzgerichtlichen Verfahren gem. § 142 FGO i. V. m. § 114ff. ZPO;
- PKH im Verfahren vor dem BVerfG vgl. C VII Rdnr. 62;
- Armenrecht im Verfahren vor der Europäischen Kommission für Menschenrechte;
- Armenrecht im Verfahren vor dem Europäischen Gerichtshof gem. Art. 76 der Verfahrensordnung des Europäischen Gerichtshofes;
- Verfahrenskostenhilfe gem. §§ 130, 131 Patentgesetz.

5 Zur Abrundung der Übersicht über die staatlichen Leistungen gehört die Pflichtverteidigerbestellung
- gem. § 140 I StPO;
- gem. § 140 II StPO;
- im OWiG-Verfahren unter denselben Voraussetzungen;
- nach den LänderPsychKG-Gesetzen;
- nach dem Freiheitsentziehungsgesetz;
- nach dem Unterbringungsgesetz.

II. Beratungshilfe

1. Der Berechtigungsschein

6 **a)** Der mit einem Berechtigungsschein zum RA kommende Rechtsuchende: Der Rechtsanwalt kann beraten in dem aus dem Berechtigungsschein ersichtlichen Umfang. Weitere Prüfungen sind nicht notwendig.

7 **b)** Der ohne Berechtigungsschein kommende Rechtsuchende, dessen wirtschaftlichen Verhältnisse die Gewährung von Beratungshilfe nahelegen:

aa) Ergeben die dem RA angesichts seiner Tätigkeit in der Hauptsache bekanntwerdenden Daten über die wirtschaftlichen Verhältnisse des Mandanten ohne weiteres, daß diesem Beratungshilfe zu gewähren ist, so hat der **RA** den Mandanten darauf hinzuweisen. Wünscht der **Mandant** von sich aus, daß der RA im Rahmen der Beratungshilfe für ihn tätig wird, so hat der RA darauf hinzuwirken, daß der Mandant sich zunächst einen Berechtigungsschein besorgt, da nur dann sichergestellt ist, daß dem Mandanten tatsächlich im Rahmen der Beratungshilfe Rechtsrat zu gewähren ist.

Problematisch ist, wieweit der RA Fragen stellen muß, um die wirtschaftlichen Verhältnisse des Mandanten zu erforschen, wenn sich zwar Anhaltspunkte dafür ergeben, daß dem Mandanten PKH mit Ratenzahlung zu bewilligen wäre, nach intensiver Befragung aber auch die Voraussetzungen sich ergäben, unter denen PKH ohne Ratenzahlung zu bewilligen wäre, also auch Beratungshilfe zu bewilligen wäre. In jedem Fall muß der RA zunächst die **Voraussetzungen** kennen, unter denen nach dem Gesetz PKH ohne Ratenzahlungsanordnung zu gewähren ist, dazu s. Rdnr. 2 und Rdnrn. 39ff.

bb) Der **Antrag** für Beratungshilfe muß beim zuständigen Amtsgericht bzw. **8**
Kreisgericht eingereicht werden. Gem. § 7 BerHG ist das Gericht zuständig, in dessen Bezirk der Bedarf für Beratungshilfe entsteht. In Betracht kommen:
- Der Wohnsitz des Mandanten,
- der Kanzleisitz des RA,
- der Ort, an dem sich ein bestimmter Beratungsbedarf auslösender Vorfall ereignet.

Die Kenntnis des zuständigen Gerichts ist aus folgenden Gründen notwendig:
- Wegen der Tätigkeit im Grenzbereich zwischen Hamburg, Bremen, Nieder- **9**
sachsen und Schleswig-Holstein, da auch Hamburger und Bremer Anwälte Tätigkeiten nach dem Beratungshilfegesetz erbringen können und diese Tätigkeiten bezahlt werden, soweit für die Bewilligung von Beratungshilfe Gerichte in Schleswig-Holstein oder Niedersachsen zuständig sind,
- für das Honorarfestsetzungsverfahren, damit das Honorar möglichst schnell festgesetzt wird und nicht darüber gestritten wird, ob das Gericht, das Beratungshilfe bewilligt hat, auch für die Festsetzung des Honorars zuständig ist,
- für das Honorarfestsetzungsverfahren, soweit zwischen den Gerichten zur Höhe der Gebühren Kontroversen herrschen.

c) Das Bewilligungsverfahren. Aufgrund eines bei dem zuständigen Amts- **10**
gericht gem. § 4 BerHG mündlich oder schriftlich gestellten Antrages stellt der Rechtspfleger dem Rechtsuchenden einen **Berechtigungsschein** unter genauer Bezeichnung der Angelegenheit für Beratungshilfe durch einen Rechtsanwalt seiner Wahl aus, § 6 I BerHG. In dem Antrag sind die persönlichen und wirtschaftlichen Verhältnisse des Rechtsuchenden glaubhaft zu machen. Wegen der wirtschaftlichen Verhältnisse des Rechtsuchenden wird auf die Ausführungen zur PKH verwiesen, s. Rdnrn. 35ff.

Der Rechtsuchende kann auch unmittelbar einen **RA** aufsuchen, § 7 BerHG. **11**
Er hat dort seine persönlichen und wirtschaftlichen Verhältnisse glaubhaft zu machen; er hat zu versichern, daß ihm in derselben Angelegenheit weder bisher Beratungshilfe gewährt worden sei noch sie vom Amtsgericht versagt worden sei, § 7 BerHG. Gegen die **Versagung** der Beratungshilfe ist gem. § 6 II BerHG die Erinnerung zulässig.

2. Das Honorar des RA

a) Grundlagen

12 Das Honorar setzt sich zusammen aus:
- Zahlungen des **Mandanten:** 20 DM gem. § 8 Beratungshilfegesetz incl. Mehrwertsteuer (*Schoreit/Dehn* Rdnr. 4 zu § 8 BerHG), soweit nicht der RA dem Mandanten diese Zahlung erläßt, § 8 I BerHG.
- Zahlung der **Staatskasse** gem. § 132 I 1 BRAGO in Höhe von 35 DM für einen Rat oder eine Auskunft gem. § 20 BRAGO.
- Zahlung der Staatskasse in Höhe von 90 DM gem. § 132 II 1 BRAGO für eine außergerichtliche Tätigkeit im Sinne des § 118 BRAGO, unabhängig davon, welche Tätigkeiten im Sinne des § 118 I BRAGO erbracht werden, umfaßt also Geschäftsgebühr und Besprechungsgebühr auslösende Tätigkeiten.
- Weitere Zahlung der Staatskasse bei Tätigkeiten im Sinne des § 118 BRAGO, wenn es zu einem Vergleich oder einer Erledigung kommt, in Höhe von 110 DM, § 132 III BRAGO.
- Hinzukommt eine Auslagenpauschale gem. § 133 S. 2 BRAGO, die sich im Falle des § 132 I BRAGO bemißt auf 15% von 35 DM, also 5,30 DM, für die Tätigkeit im Sinne des § 132 II BRAGO auf 13,50 DM und für die Tätigkeit im Sinne des § 132 III BRAGO auf 16,50 DM.

13 Im Gebiet der ehemaligen DDR ermäßigen sich die Gebühren gem. § 132 BRAGO um 20% (Anl. I Kap. III Sachgeb. A Abschn. III Nr. 26 EVertr. v. 31. 8. 1990, BGBl. II S. 889/936); dies gilt aber nicht für den Anspruch aus § 8 BerHG. Die Gebühr gem. § 132 I 1 BRAGO beträgt also 28,– DM, die Gebühr gem. § 132 II 1 BRAGO 72,– DM und die Gebühr gem. § 132 III BRAGO 88,– DM.

14 – **§ 9 BerHG:** Soweit der Rechtsuchende einen materiell-rechtlichen Kostenerstattungsanspruch gegen den Gegner hat, geht dieser Erstattungsanspruch auf den RA über. Zahlungen aufgrund dieses Erstattungsanspruchs sind auf die Vergütung der Landeskasse anzurechnen. Gemäß § 133 S. 1 i. V. m. § 130 I BRAGO gehen diese Ansprüche auf die Bundes- oder Landeskasse über, soweit diese Zahlung geleistet hat. Ein Erstattungsanspruch gegen den Gegner kann sich nicht nur materiell-rechtlich ergeben, sondern im Nachhinein auch verfahrensrechtlich, und zwar

im Strafrecht, wenn mit einer Auslagenentscheidung zu Gunsten des Beschuldigten das Ermittlungsverfahren oder Strafverfahren zu Ende geht;

im Verwaltungsrecht, wenn aufgrund einer gerichtlichen Entscheidung festgestellt wird, daß die Hinzuziehung eines RA im Vorverfahren notwendig war.

b) Höhe der Gebühren in Einzelfällen

15 Berät der RA Eheleute nach deren Trennung, so ist sehr umstritten, wie er abzurechnen hat. Dabei sind verschiedene Konstellationen auseinanderzuhalten:
- Vertretung eines Ehegatten während der Trennung, aber vor dem Auftrag, die Scheidung zu beantragen, in verschiedenen mit der Trennung verbundenen Fragen;
- Vertretung eines Ehegatten wie vorstehend geschildert einschließlich des Unterhaltsanspruchs der bei ihm lebenden Kinder;
- Vertretung eines Ehegatten während der Trennung und nach Rechtshängigkeit des Scheidungsantrages einschließlich des Getrenntlebenunterhalts.

Die Rechtsprechung beantwortet die Frage, ob es sich um eine Angelegenheit handelt, sehr unterschiedlich (mehrere Angelegenheiten: *LG Hannover* JurBüro 1987, 250; *AG Köln* AnwBl 1986, 414; *LG Tübingen* Rpfl 1986, 239; *OLG Braunschweig* AnwBl 1984, 514; *OLG Düsseldorf* AnwBl 1986, 162). Andere Gerichte halten dies für eine Angelegenheit (*LG Berlin* Rpfl 1984, 162; *LG Dortmund* AnwBl 1985, 334; *LG Berlin* JurBüro 1985, 1665; *LG Aurich* JurBüro 1986, 239; *LG Göttingen* NdsRpfl 1986, 196; *LG Kleve* JurBüro 1986, 734; *LG Braunschweig* NdsRpfl 1986, 102; *OLG München* MDR 1988, 330; *LG Hannover* NdsRpfl 1987, 256; *LG Bad Kreuznach* KostRsp BRAGO § 132 Nr. 86). In der zweiten Variante erhöhen einige Gerichte die Gebühr analog § 6 BRAGO; soweit es sich um eine Angelegenheit handelt (*AG Hannover* JurBüro 1988, 606; *AG Rahden* JurBüro 1987, 1353; *AG Marburg* JurBüro 1986, 238; *AG Bochum* AnwBl 1986, 46; *LG Göttingen* AnwBl 1984, 516; *LG Berlin* JurBüro 1985, 894; a. A. *LG Dortmund* Rpfl 1986, 407; *AG Aachen* JurBüro 1989, 374).

Soweit die Gerichte aus § 13 i. V. m. § 7 III BRAGO ableiten, daß bereits die Tätigkeiten vor Anhängigkeit der Scheidung wegen § 8 I 2 BRAGO eine Angelegenheit sein sollen, ist ihnen entgegenzutreten. Es ist zu unterscheiden, ob der Auftrag des Mandanten, der den Umfang des Mandates bestimmt, sich auf die unmittelbar bevorstehende oder bereits eingereichte Scheidung und deren verfahrensrechtlich denkbare Folgesache bezieht, oder ob es sich um die Tätigkeit im Rahmen des bloßen Getrenntlebens handelt, dann kann von Folgesachen noch nicht die Rede sein. In den Begriff der „einen Angelegenheit" kann nur einbezogen werden, was verfahrensrechtlich vor dem Gericht als Folgesache behandelt werden kann. So kann der Getrenntlebenunterhalt nicht Gegenstand einer Folgesache sein, deshalb auch nicht mit der Scheidung oder dem Getrenntleben im Sinne des § 7 III BRAGO eine Angelegenheit bilden. Solange der Scheidungsantrag nicht anhängig ist, sind die Verfahren wegen elterlicher Sorge und Unterhalt oder vorzeitigen Zugewinnausgleichs jeweils isolierte Verfahren, einen Verfahrensverbund gibt es nicht. Deshalb handelt es sich hierbei um verschiedene Angelegenheiten.

Soweit es um den Kindesunterhalt geht, wird § 6 BRAGO zu Recht analog angewandt (vgl. hierzu auch die Ausführungen in *BGHZ* 81, 40 = NJW 1981, 2757).

Eine ähnliche Kontroverse gibt es zur Beratung mehrerer Personen, meistens **16**
Familienangehöriger, in Asylverfahren (mehrere Angelegenheiten: *AG Lüdenscheid* AnwBl 1987, 342; *AG Aachen* AnwBl 1986, 345; *LG Berlin* AnwBl 1984, 105; eine Angelegenheit: AG Kulmbach JurBüro 1986, 1215). Problematisch ist der Begriff der Angelegenheit auch bei der Schuldenregulierung (eine Angelegenheit: *LG Wuppertal* JurBüro 1986, 1358; mehrere Angelegenheiten, wenn die Korrespondenz mit den Gläubigern unterschiedlich verläuft: *AG Stuttgart* AnwBl 1986, 415).

Obwohl mehrere Berechtigungsscheine erteilt worden sind, soll es unter Umständen im Honorarfestsetzungsverfahren möglich sein, festzustellen, daß es sich um eine Angelegenheit handle (*LG Stuttgart* JurBüro 1986, 1519; *LG Tübingen* Rpfl 1986, 239; *LG Wuppertal* JurBüro 1985, 1426; a. A. *LG Köln* MDR 1985, 944; *LG Münster* JurBüro 1983, 1893).

Daß die Gebühr des § 132 III BRAGO neben der Gebühr des § 132 II BRAGO entsteht, ist in Rechtsprechung und Literatur mittlerweile weitestgehend unstreitig (vgl. Nachweise bei *Schoreit/Dehn* Rdnr. 35 zu § 10 BerhG; *Lindemann/Trenk-Hinterberger* Rdnr. 18 zu § 10 BerhG; *Riedel/Sußbauer/Chemnitz*

Rdnr. 25 zu § 132 BRAGO; *Hartmann* Anm 5 zu § 132 BRAGO, *Gerold/Schmidt/Madert* Rdnr. 10 zu § 132 BRAGO; Herget mit Rechtsprechungsnachweisen in KostRsp Anm. zu *AG Goslar* § 132 BRAGO Nr. 80).

17 Unter Umständen können die Gebühren gem. § 132 BRAGO höher sein als die gesetzlichen Gebühren. **Gebühren nach dem Beratungshilfegesetz** verhalten sich zu Gebühren des späteren gerichtlichen Verfahrens:

- die Gebühr von 20 DM ist nicht anzurechnen,
- die Gebühr von 90 DM ist gem. § 132 II 2 BRAGO auf die Gebühren für ein anschließendes gerichtliches Verfahren zur Hälfte, also in Höhe von 45 DM anzurechnen,
- gem. § 132 II 2 BRAGO ist diese Gebühr auch in Höhe von 45 DM auf ein anschließendes behördliches Verfahren anzurechen, tatsächlich wird aber diese Gebühr schon für ein behördliches Verfahren gezahlt, so daß das weitergehende behördliche Verfahren wegen § 119 I BRAGO ohnehin damit abgegolten ist.
- Soweit wie oben dargestellt mehrere Auseinandersetzungen als eine Angelegenheit behandelt werden, ist wiederum problematisch, in welchem Umfang die sich ja auf mehrere Auseinandersetzungen beziehende Gebühr in einem anschließenden gerichtlichen Verfahren angerechnet wird, das sich auf diese Teilauseinandersetzung beschränkt (in vollem Umfang: *AG Aschaffenburg* JurBüro 1988, 1351).

Die vorgenannten Beträge ermäßigen sich für den Bereich der bisherigen DDR um jeweils 20%.

c) Das Honorarfestsetzungsverfahren

18 Beim Amtsgericht, §§ 133, 128 BRAGO verläuft es wie bei der Festsetzung von PKH-Gebühren. Zuständig ist das den Berechtigungsschein ausstellende Gericht in den Fällen des § 4 BerHG, und das Amtsgericht, in dessen Bezirk der RA seine Kanzlei hat, beim Direktzugang des Mandanten zum RA.

19 **Rechtsmittelverfahren:** Gegen eine vom RA beanstandete Festsetzung des Honorars ist die Erinnerung gem. § 104 II ZPO zulässig, §§ 133, 128 III BRAGO, gegen den Beschluß des Gerichts ist u. U. die Beschwerde gem. § 128 IV BRAGO zulässig.

20 **Rückforderung des Honorars** kommt in Betracht, wenn die Beratungshilfebewilligung nachträglich aufgehoben wird. Dann entfällt im Prinzip der Vergütungsanspruch gegen die Staatskasse. Ist allerdings der Rechtsuchende mit einem Berechtigungsschein zum RA gekommen, kann der RA wegen des von ihm im Vertrauen auf diesen Beratungsschein erteilten Rechtsrates und/oder die im Hinblick auf diesen Berechtigungsschein entwickelte Tätigkeit wegen seines Gebührenanspruchs Vertrauensschutz in Anspruch nehmen (*Lindemann/Trenk-Hinterberger* § 5 Rdnr. 19). Ist der Rechtsuchende direkt zum RA gekommen, § 7 BerHG, so kann der RA keinen Vertrauensschutz für sich in Anspruch nehmen, wenn er den Rechtsrat erteilt hat, bevor der Berechtigungsschein ausgestellt worden ist (*LG Paderborn* JurBüro 1986, 1211; *LG Frankenthal* JurBüro 1986, 1379).

Die Rückforderung des Honorars durch die Staatskasse soll nur möglich sein bis zum Ablauf von einem Jahr, das dem Kalenderjahr folgt, in dem Beratungshilfe erteilt worden ist (*Lindemann/Trenk-Hinterberger* Rdnr. 22 zu § 5 BerHG; vgl. zur Analogie zu § 7 GKG bei PKH ebenso *OLG Düsseldorf* JurBüro 1987,

694; *OLG Celle* JurBüro 1983, 1324; *KG* JurBüro 1976, 212; *OLG Stuttgart* JurBüro 1979, 383; *OLG Frankfurt* JurBüro 1982, 1689).

III. Prozeßkostenhilferecht

1. RA-Pflichten

Der Umgang des RA mit dem Mandanten, der nach seinen wirtschaftlichen Verhältnissen PKH beantragen könnte, ist geprägt von 21

- Hinweispflichten: Der RA hat, sobald die wirtschaftlichen Verhältnisse des Mandanten dazu Anlaß bieten, den Mandanten auf die Möglichkeit der Prozeßkostenhilfe hinzuweisen.
- Minimierung der Kostenbelastung des Mandanten: Ermittlung aller berücksichtigungsfähigen Belastungen des Mandanten, um die Höhe der von ihm zu zahlenden Raten möglichst gering zu halten.
- Minimierung des Kostenrisikos des Mandanten: Im PKH-Verfahren wird die Erfolgsaussicht der Rechtverfolgung oder Rechtsverteidigung geprüft mit häufig für den Hauptprozeß präjudiziellem Ergebnis. Wird erst über die Prozeßkostenhilfe entschieden, so kann der Mandant nach Beendigung des PKH-Prüfungsverfahrens entscheiden, ob er ein Kostenrisiko eingehen will.

§§ 114ff. ZPO regeln Prozeßkostenhilfe unabhängig von der Staatsangehörigkeit (entgegen *LSG Hessen* L 2/S-222/87 vom 16. 12. 1987). Der zur Zeit des Armenrechts geltende § 114 II ZPO stellte noch auf Gegenseitigkeit ab und ist durch Gesetz vom 13. 6. 1980 (BGBl. I S. 677) ersatzlos gestrichen worden. Soweit § 115 ZPO auf § 76 I BSHG und § 88 BSHG verweist, ist § 120 BSHG nicht anzuwenden. Nur bei den juristischen Personen verweist § 116 I Nr. 2 ZPO auf einen Sitz im Inland. Im übrigen sind BSHG und PKH-Recht nicht identisch (*BVerfG* NJW 1988, 2231).

2. Fristwahrung durch PKH-Antrag

Soweit Fristen ohne Übernahme eines Prozeßrisikos durch den PKH-Antrag gewahrt werden können, ist dieser Weg zu wählen. 22

a) PKH-Antrag für nach PKH-Gewährung einzureichende **Klage.** Wird zunächst der PKH-Antrag eingereicht und über das PKH-Gesuch entschieden, so riskiert der Mandant zunächst die gesetzlichen Gebühren seines RA für den PKH-Antrag (5/10 Gebühr § 51 BRAGO nach dem Hauptsachestreitwert). Die Gebühren des Antragsgegners braucht der Mandant nicht zu bezahlen, § 118 IV ZPO. Das gilt auch für die Beschwerdeinstanz. Dieses PKH-Gesuch ist geeignet, bestimmte Fristen zu wahren (dazu s. Rdnr. 32). Wird das PKH-Gesuch abgelehnt, weil nach den wirtschaftlichen Verhältnissen des Mandanten diesem nicht PKH zu gewähren ist, so ist ein derartiger PKH-Antrag nur fristwahrend, wenn der Mandant damit rechnen durfte, daß ihm PKH bewilligt würde, etwa, weil in der ersten Instanz oder in einem anderen Verfahren bei gleichen wirtschaftlichen Daten PKH bewilligt worden ist. 23

b) Klage mit PKH-Antrag, die nach PKH-Gewährung zugestellt wird: Der Mandant hat für eine derartige Klage die 10/10-Prozeßgebühr nach dem Hauptsachestreitwert berechnet nach gesetzlichen Gebühren, nicht berechnet nach den PKH-Gebühren, an seinen RA zu zahlen. Dem Gegner schuldet er die Erstat- 24 tung von RA-Gebühren erst dann, wenn die Klage zugestellt worden ist, wenn ihm also PKH bewilligt worden ist. Diese Klage mit PKH-Antrag wahrt bestimmte Fristen, wie unten im einzelnen darzustellen ist, wenn der Mandant damit rechnen durfte, daß ihm PKH bewilligt werden würde.

25 **c)** Klage mit **Antrag gem. § 65 GKG.** Der Mandant schuldet dem Anwalt die 10/10 Prozeßgebühr nach den gesetzlichen Gebühren. Die Klage wahrt Fristen, wenn das Gericht dem Antrag gem. § 65 GKG entspricht. Lehnt das Gericht den Antrag ab und ist die Klage mit einem PKH-Gesuch verbunden, so kann mit der Klage eine Frist gewahrt werden, wenn das Gericht anschließend dem PKH-Antrag stattgibt, oder der Mandant damit rechnen durfte, daß das Gericht dem PKH-Antrag stattgeben würde. Das gilt auch dann, wenn erst auf Beschwerde dem PKH-Antrag stattgegeben wurde. Wird die Klage gem. § 65 GKG ohne Zahlung eines Gerichtskostenvorschusses zugestellt, entsteht natürlich die Gefahr, daß der unterlegene Kläger dem Kläger die Prozeßkosten erstatten muß.

26 **d) PKH-Antrag für den Beklagten.** Der Beklagte schuldet seinem RA zunächst eine 5/10 Gebühr nach den gesetzlichen Gebührensätzen nach dem Hauptsachestreitwert. Da ihm eine Klage zugestellt worden ist, ist er ohnehin dem Risiko ausgesetzt, dem Gegner Gebühren erstatten zu müssen. Vom Beklagten zu wahrende Fristen können schon mit einem derartigen Schriftsatz gewahrt werden (z. B. Unterbrechung der Verjährung durch Aufrechnung).

27 **e) PKH-Antrag für Berufungskläger** mit gleichzeitiger Berufung. Der Mandant schuldet dem RA die gesetzlichen Gebühren für den Berufungsschriftsatz. Darin enthalten sind die Gebühren für den PKH-Antrag, § 37 Nr. 3 BRAGO. Nach Bewilligung von PKH werden die weiteren Gebühren nur nach den Gebührensätzen für PKH geschuldet. Das Risiko des Berufungsverfahrens entsteht voll für den Mandanten, wenn die Berufung erfolglos bleibt. Der RA hat hier die gesamten Fristen zur Verfügung, um die Berufung ordnungsgemäß zu begründen.

28 **f)** PKH-Antrag für Berufungskläger für einzulegende Berufung und **erfolgreicher Antrag** und Wiedereinsetzungsantrag. Um das Kostenrisiko des Berufungsklägers zu minieren, kann von vornherein ein PKH-Antrag gestellt werden. Mit diesem Antrag müssen bereits die Gründe vorgetragen werden, auf die die Berufung gestützt werden soll. Der Antrag muß innerhalb der Berufungsfrist bei Gericht eingehen. Damit verkürzt sich der dem RA zur Verfügung stehende Zeitraum, innerhalb dessen die Berufung praktisch begründet werden muß. Der Gebührenanspruch beläuft sich auf eine 13/20 Gebühr nach den gesetzlichen Gebührensätzen, § 51 BRAGO. Wird PKH bewilligt, ist innerhalb von 2 Wochen nach Zugang des Bescheides Wiedereinsetzung zu beantragen, soweit nicht das Gericht über den PKH-Antrag vor Ablauf der Berufungsfrist oder vor Ablauf der Berufungsbegründungsfrist entschieden hat, § 234 I ZPO. Der Wiedereinsetzungsantrag ist mit dem Berufungsantrag und der Berufungsbegründung zu verbinden.

29 **g)** PKH für Berufungskläger für einzulegende Berufung und **Abweisung des Antrags** mangels Erfolg; Wiedereinsetzungsantrag. Wird dem Berufungskläger PKH versagt, weil seine Berufung keine Aussicht auf Erfolg hat, so kann er gleichwohl in der Hauptsache noch das Berufungsverfahren betreiben und einen

Wiedereinsetzungsantrag stellen. Er schuldet dann aber seinem RA die vollen Gebühren.

h) PKH-Antrag für Berufungskläger und Abweisung mangels **Armut;** Grenzen des Wiedereinsetzungsantrages. Wird der PKH-Antrag für den Berufungskläger mangels Armut abgewiesen, so kann Wiedereinsetzung nur beantragt werden, wenn der Berufungskläger damit rechnen durfte, daß ihm PKH bewilligt würde. (*BGH* VersR 84, 660; *BGH* BGHR § 233 ZPO; PKH 3 Ablehnung; aber auch *BGH* BGHR ZPO § 233; PKH 2 Verweigerung trotz erstinstanzlicher Annahme der Bedürftigkeit). Ändern sich die wirtschaftlichen Verhältnisse während des PKH-Verfahrens, so beginnt die Frist für den Wiedereinsetzungsantrag nicht erst mit einer ablehnenden Entscheidung des OLG, sondern bereits mit der Änderung der wirtschaftlichen Verhältnisse, weil von diesem Zeitpunkt an der Mandant nicht mehr durch Armut gehindert ist, die Frist zu wahren (*OLG Frankfurt* NJW-RR 1988, 255; *OLG Schleswig* FamRZ 1988, 961/963). Dies ist in der Wiedereinsetzungsantragsschrift darzulegen. **30**

i) PKH-Antrag für den **Berufungsbeklagten,** Zeitpunkt und § 119 ZPO. Dem Berufungsbeklagten ist grundsätzlich PKH ohne Prüfung der Erfolgsaussichten zu gewähren, § 119 ZPO; allerdings erst dann, wenn feststeht, daß der Berufungskläger seine Berufung tatsächlich durchführen will und sie begründet hat. Denn erst dann steht fest, in welchem Umfang der Berufungskläger sich gegen das Urteil wehren will. Die wirtschaftlichen Verhältnisse des Berufungsbeklagten sind allerdings erneut darzulegen und zu prüfen. **31**

Übersicht über die zu wahrenden Fristen: **32**

Frist	**PKH-Antrag** ja oder nein	**Klage** mit PKH-Antrag ja oder nein
Verjährungsfrist	ja, im Rahmen § 203 BGB	ja, § 270 ZPO
§ 12 VVG	ja	ja
§ 323 ZPO bei Urteil	nein	nein, wegen erforderlicher Zustellung
Maßgeblicher Zeitpunkt für Berechnung des Unterhaltsrückstandes bei Unterhaltsklage, § 17 IV GKG	umstritten	ja
Frist, § 926 ZPO	nein	ja
Frist, § 111 II ArbGG	umstritten	ja
§ 4 KSchG	problematisch mangels Anwaltszwang	ja
§ 13 I S. 3 GWB	zweifelhaft	ja
§ 561 II S. 1 BGB	zweifelhaft	ja
§ 9 StrEG	nein, mangels RA-Zwang	ja
§ 586 I ZPO	nein	ja
Klagfrist Art. 12 NTS-AG § 1002 BGB	nein	ja
Ehelichkeitsanfechtung	nein	ja
Anfechtung des Vaterschaftsanerkenntnisses	nein	ja

Frist	**PKH-Antrag** ja oder nein	**Klage** mit PKH-Antrag ja oder nein
Jahresfrist für Unterhalt für die Vergangenheit, § 1585 b BGB,	nein	ja
§ 64 Ehegesetz	nein	ja
Jahresfrist für Sonderbedarf	ja	ja
Fristwahrung nach dem Anfechtungsgesetz	nein	ja
Anfechtungsfrist nach der Konkursordnung	nein	ja
Tarifliche Ausschlußfristen	nein	ja
Berufungsfrist ZPO	ja	ja
Berufungsbegründungsfrist ZPO	ja	ja
Revisionsfrist ZPO	ja	ja
Revisionsbegründungsfrist ZPO	ja	ja
Berufungsfrist ArbGG	ja	ja
Berufungsbegründungsfrist ArbGG	ja	ja
Revisionsfrist ArbGG	ja	ja
Revisionsbegründungsfrist ArbGG	ja	ja
Nichtzulassungsbeschwerde ArbGG	ja	ja
Beschwerde, ZPO allgemein	ja	ja
Sofortige Beschwerde ZPO	ja, bei RA-Zwang	ja
Beschwerde in Familiensachen, ZPO	ja	ja
Beschwerde in Familiensachen, FGG	ja	ja
Beschwerde in FGG-Sachen	ja, bei RA-Zwang	ja
Beschwerde in ArbGG-Sachen	ja, bei RA-Zwang	ja
Beschwerdeverfahren WEG	Erstbeschwerde nein, weitere Beschwerde zweifelhaft	ja

3. Der notwendige Inhalt des PKH-Antrages

Er umfaßt Ausführungen zu den Erfolgsaussichten:

a) Ausführungen zur Hauptsache

33 – Die Darlegung der strittigen oder unstrittigen Tatsachen;
– Ausführungen zur Darlegungs- und Beweislast, soweit es darauf ankommt;
– Vorweggenommene **Beweiswürdigung** für den Fall, daß bereits in anderen Verfahren Zeugen vernommen worden sind (*OLG München* JurBüro 1986, 606; *OLG Nürnberg* JurBüro 1986, 286; vgl. auch *BVerfG* NVwZ 1987, 786). Grundsätzlich ist aber im PKH-Verfahren eine vorweggenommene Beweiswürdigung nicht zulässig (*BGH* LM § 118a ZPO a. F. Nr. 1; *OLG Hamburg* DAVorm 1984, 708).

– Soweit **Rechtsfragen** umstritten sind, ist nach einer Auffassung PKH zu gewähren, wenn die Auffassung nur vertretbar ist (*BGH* FamRZ 1982, 367). Nach anderer Auffassung kommt es auf die Rechtsmeinung des Gerichts an, das über den PKH-Antrag zu entscheiden hat (*OLG Stuttgart* BauR 1987, 462; *KG* NJW 1970, 476). Da in PKH-Verfahren Rechtsfragen regelmäßig nicht mündlich erörtert werden und dem Antragsteller des PKH-Verfahrens die Möglichkeit eröffnet werden muß, das Gericht in mündlicher Verhandlung von seiner Rechtsauffassung zu überzeugen, gebührt hier wohl der Auffassung des BGH der Vorzug. Von Verfassungs wegen ist PKH zu gewähren, wenn schwierige, noch nicht geklärte Rechtsfragen geklärt werden müssen, selbst wenn das Gericht zum Nachteil der Antragsteller in der Hauptsache zu entscheiden beabsichtigt (so entschieden und praktiziert von *BVerfG* 2 BvR 94/88 u. a. vom 13. 3. 1990). **34**

b) Ausführungen zur Armut

Wesentlicher Inhalt sind Angaben zu den wirtschaftlichen Verhältnissen des Mandanten, und zwar auch in der Rechtsmittelinstanz; selbst dann, wenn in erster Instanz bereits PKH gewährt worden war. Die Verwendung des amtlichen Vordruckes soll aber nicht Zulässigkeitsvoraussetzung für einen PKH-Antrag sein (*BGH* BGHR ZPO § 117 IV Vordruck 1 Entbehrlichkeit; demgegenüber grundsätzlich notwendige Verwendung des Vordrucks *BGH* BGHR StPO § 397a I Prozeßkostenhilfe 2 Revisionsinstanz). **35**

aa) PKH und Zahlungspflichten Dritter. Auf PKH kann nicht zurückgreifen, wer die Kosten des Prozesses aus eigenem Vermögen, aus Einkünften oder dank **Zahlungen Dritter** bestreiten kann. Zu den Zahlungen Dritter gehören insbesondere: **36**

– **Rechtsschutzversicherung.** Es ist anzugeben, weshalb die Rechtsschutzversicherung nicht eintritt, um Zeit zu sparen. Die Versicherung kann aus verschiedenen Gründen nicht eintreten: das versicherte Risiko ist nicht einschlägig, die Versicherung verneint die Erfolgsaussichten, das Versicherungsverhältnis ist krank. Soweit es um die **Erfolgsaussichten** geht, muß der RA zunächst den Stichentscheid gem. § 17 ARB treffen, bevor sein Mandant PKH in Anspruch nehmen kann. In allen **anderen Fällen** kann grundsätzlich dem Versicherungsnehmer nicht zugemutet werden, zunächst die Auseinandersetzung mit der Rechtsschutzversicherung zu führen und bis dahin seine Rechtsverfolgung in der Hauptsache zurückzustellen. **37**

– **Prozeßkostenvorschuß.** Ein Prozeßkostenvorschuß verdrängt einen PKH-Anspruch. Ein Prozeßkostenvorschußanspruch setzt voraus: **38**
Einen dem Prozeßkostenvorschuß zugänglichen Rechtsstreit. Dazu siehe Übersicht Rdnr. 155ff. Einen nach seinen wirtschaftlichen Verhältnissen zur Zahlung eines Prozeßkostenvorschusses in Betracht kommenden Unterhaltspflichtigen mit entsprechender Leistungsfähigkeit unter Berücksichtigung sonstiger Unterhaltsverpflichtungen. Daß die Bezahlung eines Prozeßkostenvorschusses der Billigkeit entspricht.
Daß der Prozeßkostenvorschußanspruch zweifelsfrei und kurzfristig durchgesetzt werden kann.
Unter diesem Gesichtspunkt kommt es auch auf die Einkünfte eines **Ehegatten** an. Unter diesem Gesichtspunkt soll es auch auf die Einkünfte eines Partners einer **nichtehelichen Lebensgemeinschaft** ankommen, sei es durch Zurechnung des Einkommens des Partners nach den Grundsätzen des BSHG,

sei es durch eine Analogie zum Prozeßkostenvorschußanspruch oder sei es durch die Zurechnung eines fiktiven Einkommens aus der Versorgung des Partners der nichtehelichen Lebensgemeinschaft. Der RA hat vorsorglich darzustellen, ob der Partner einer nichtehelichen Lebensgemeinschaft nach seinen wirtschaftlichen Verhältnissen in der Lage ist, die Kosten eines Prozesses ganz oder teilweise zu tragen (vgl. hierzu *OLG Hamm* FamRZ 1981, 493; *OLG Koblenz* FamRZ 1987, 612; *OLG Düsseldorf* FamRZ 1987, 398; *OLG Köln* FamRZ 1988, 306).

39 **bb) PKH und Vermögen und Einkünfte.** Es sind alle Einkünfte aus selbständiger, nichtselbständiger Tätigkeit, aus Vermietung und Verpachtung, aus Kapital anzugeben. **Nach dem BSHG zu schonendes Vermögen** ist nicht einzusetzen. § 88 II Nr. 8 BSHG bestimmt, daß kleinere Barbeträge oder sonstige Geldwerte nach Maßgabe einer Verordnung des Bundesministers für Jugend, Familie und Gesundheit anrechnungsfrei bleiben, § 88 IV BSHG. Die dazu ergangene Durchführungsverordnung (DVO) vom 11. 2. 1988 (BGBl 1988, I 150) bestimmt bei Hilfe in besonderen Lebenslagen einen Freibetrag von 4500 DM, § 1 I Nr. 1b der DVO zzgl. eines Betrages von 500 DM für jede Person, die vom Hilfesuchenden überwiegend unterhalten wird, und wenn die Sozialhilfe vom Vermögen des Hilfesuchenden und seines nicht getrenntlebenden Ehegatten abhängig ist, eines weiteren Betrages von 1500 DM für den Ehegatten und eines Betrages von 500 DM für jede Person, die vom Hilfesuchenden oder seinem Ehegatten überwiegend unterhalten wird, § 1 II BSHG.

40 Schließlich bei **minderjährigen** unverheirateten Hilfesuchenden und Abhängigkeit von deren Vermögen und Vermögen der Eltern, Freibetrag gem. § 1 I Nr. 1b der DVO zzgl. eines Betrages von 1200 DM für einen Elternteil und eines Betrages von 500 DM für den Hilfesuchenden und für jede Person, die von den Eltern oder vom Hilfesuchenden überwiegend unterhalten wird; sollte allerdings nur das Vermögen eines Elternteils zu berücksichtigen sein, so ist der Betrag von 1200 DM nicht anzusetzen, sondern nur das Vermögen des Elternteils, bei dem der Hilfesuchende lebt. Diese Regelung bedeutet:

- PKH-Antrag eines alleinlebenden, 2 Kindern unterhaltspflichtigen Ehemannes, Freibetrag 5500 DM (§ 1 I Nr. 1b der DVO).
- PKH-Antrag eines nicht getrenntlebenden Ehemannes, der 2 Kindern unterhaltspflichtig ist, 6700 DM (4500 DM gem. § 1 Nr. 1b der DVO, 1200 DM gem. § 1 Nr. 2 und 1000 DM (2 × 500 DM) gem. § 1 I Nr. 2 BSHG.
- PKH-Antrag eines bei den Eltern lebenden Minderjährigen, der noch einen Bruder hat, Freibetrag 6700 DM (4500 DM gem. § 1 I Nr. 1b, 1200 DM gem. § 1 I Nr. 3 und 2 × 500 DM gem. § 1 I Nr. 3 BSHG).

41 Weiterhin ist bestimmtes **Vermögen** nicht einzusetzen, z. B. **Schmerzensgeld** (*OLG Celle* JurBüro 1988, 224; *OLG Köln* FamRZ 1988, 95; im Einzelfall *KG* VRS 57, 338; a. A. *OLG Hamm* FamRZ 1987, 1283); **Abfindungen** für den Verlust des Arbeitsplatzes, soweit diese Einkommenseinbußen ausgleichen sollen, nur nach Maßgabe des Betrages, der auf den Monat umzulegen dem Einkommen entspricht; **Unterhaltsabfindungszahlungen** nicht (*OLG Koblenz* FamRZ 1987, 1284).

42 Weiterhin ist **Vermögen** nur in dem Maße einzusetzen, in dem es ohne unvertretbare Nachteile für den Antragsteller **verfügbar** ist:

- nicht kündbares Bausparguthaben;
- nicht kündbares Sparguthaben;

- nur gegen steuerliche Nachteile kündbare Guthaben;
- Kredite können nur aufgenommen werden, wenn das Einkommen ausreicht, um die laufenden Zins- und Tilgungszahlungen aufzubringen, auch wenn für Kredite Sicherheiten in Gestalten von Grundbesitz vorhanden sind;
- Vermögen kann durch Verkauf nur verwertet werden, wenn dadurch nicht unvertretbare Nachteile eintreten, etwa bei schlechter Konjunktur auf dem Grundstücksmarkt.

Öffentlich-rechtliche Leistungen, insbesondere Kindergeld und Sozialhilfe und Wohngeld. Der Einsatz öffentlich-rechtlicher Leistungen als Einkommen oder Vermögen ist umstritten. Bei Leistungen nach dem BSHG wird dies bejaht von *OLG Celle* NdsRpfl 1985, 311; abgelehnt von *LSG Niedersachsen* NdsRpfl 1984, 24. Hinsichtlich des Einsatzes von Kindergeld ist die Rechtsprechung völlig kontrovers (ablehnend *LAG Bremen* MDR 1986, 434; *LSG Bremen* MDR 1984, 613; *OLG Bremen* FamRZ 1984, 411; *OLG Frankfurt* FamRZ 1982, 418; *OLG Düsseldorf* FamRZ 1982, 513; *OLG Schleswig* SchlHA 1983, 139; bejahend: *KG* FamRZ 1982, 625; *OLG Nürnberg* FamRZ 1984, 408; *OLG Bamberg* FamRZ 1984, 606; JurBüro 1987, 1414; *OVG Münster* FamRZ 1984, 603; *OLG Bremen* JurBüro 1987, 767; *OLG Düsseldorf* NJW 1981, 1791; *LAG Baden-Württemberg* JurBüro 1988, 365). 43

Vorläufig vollstreckbar **titulierte Forderungen** sind nicht einzusetzen (*OLG Zweibrücken* JurBüro 1987, 1714). Soweit in einer Zeit, in der der künftige Prozeß vorauszusehen war, **Vermögen gemindert** worden ist, ist umstritten, wieweit diese Vermögensminderungen als fiktives Vermögen zugerechnet werden. Jedenfalls bei absichtlichen Vermögensminderungen wird ein fiktiver Betrag hinzugerechnet (*OLG Köln* FamRZ 1983, 635). Andere Gerichte rechnen fiktives Vermögen schon bei grobfahrlässigen Vermögensminderungen hinzu (*OLG Karlsruhe* JurBüro 1986, 126). Fiktive Zurechnungen werden auch diskutiert hinsichtlich des Einsatzes der eigenen Arbeitskraft des Antragstellers (bei mangelndem Einsatz *OLG Koblenz* FamRZ 1986, 1014; nur wenn besondere Umstände vorliegen, *OLG Karlsruhe* AnwBl 1986, 161; *OLG Hamm* FamRZ 1986, 1013; *KG* NJW 1982, 112; *OLG Bamberg* JurBüro 1987, 130; nur in Mißbrauchsfällen *OLG Karlsruhe* FamRZ 1987, 613; völlig ablehnend *OLG Düsseldorf* FamRZ 1987, 398). Im Hinblick auf diese Rechtsprechung ist über den Inhalt des amtlichen Vordruckes hinaus zu den wirtschaftlichen Verhältnissen vorzutragen. 44

cc) Belastungen und Schulden. Gegenüber dem Einkommen und dem Vermögen sind dann insbesondere die Belastungen darzustellen, und zwar vollständig. Das gilt für sämtliche monatlichen Verpflichtungen, insbesondere für die **Miete.** Der 156 DM übersteigende oder 18% des Nettoeinkommens übersteigende Betrag der Kaltmiete ist eine abzugsfähige Belastung (*OLG Celle* NdsRpfl 1985, 311; *KG* FamRZ 1983, 1265; *OLG Düsseldorf* NJW 1981, 1791; *OLG Frankfurt* MDR 1984, 409; *OLG Köln* FamRZ 1983, 633; *LAG Düsseldorf* LAGE § 115 ZPO Nr. 18; *OLG Bamberg* FamRZ 1987, 1282; unterstützt von *BVerfG* 1 BvL 84/86); zurückhaltend haben sich bisher geäußert *OLG Düsseldorf* MDR 1984, 150; *LAG Freiburg* NJW 1982, 847). Zu berücksichtigen sind auch die **PKH-Raten aus einem Vorprozeß** (*OLG Karlsruhe* FamRZ 1988, 202, 400). 45

Soweit **Verbindlichkeiten nach Rechtshängigkeit** eingegangen worden sind, ist im einzelnen darzulegen, weshalb dies notwendig war, sonst sind diese Verbindlichkeiten nicht einkommensmindernd zu berücksichtigen (*OLG Zweibrük-* 46 *ken* Rpfl 1981, 366; insoweit restriktiv auch *OLG Bamberg* NJW-RR 1986, 5; FamRZ 1986, 484). Ratenzahlungsverpflichtungen aus Anschaffungen zur allgemeinen Lebensführung sind einkommensmindernd zu berücksichtigen, wenn die Verpflichtung zum Zeitpunkt des PKH-Antrages bestand (*KG* FamRZ 1984, 412). Die Anforderungen an die **Darstellung** der wirtschaftlichen Verhältnisse sind gerade bei unübersichtlichen wirtschaftlichen Verhältnissen sehr hoch.

c) Besonderheiten bei Gesellschaften

47 **aa)** In **wirtschaftlicher Hinsicht:** Es ist nicht nur darzustellen, daß die Gesellschaft nach ihren wirtschaftlichen Verhältnissen die Rechtsverfolgung oder Rechtsverteidigung selber nicht bezahlen kann. Es ist auch darzustellen, daß die Gesellschafter oder sonst an der Rechtsverfolgung oder Rechtsverteidigung wirtschaftlich Interessierten die Prozeßkosten nicht aufbringen können, § 116 ZPO. Im übrigen gilt § 116 II ZPO.

48 **bb) Im übrigen gilt § 116 I Nr. 2 ZPO;** es ist darzustellen, daß es allgemeinen Interessen zuwiderläuft, die Rechtsverfolgung oder Rechtsverteidigung zu unterlassen (Einzelfälle *BGH* WM 1986, 405; *BGHZ* 25, 185; *BGH* NJW 1965, 585; BGH VIII ZR 87/90 v. 24. 10. 1990; *OLG Köln* JMBl NRW 1965, 114; *OLG Köln* JurBüro 1985, 1259; *OLG Bamberg* JurBüro 1982, 1733; *OLG Celle* NJW-RR 1986, 741; zur verfassungsrechtlichen Unbedenklichkeit *BVerfGE* 35, 348). Das gilt auch, wenn Ansprüche von Personen im Sinne des § 116 I Nr. 2 ZPO an natürliche Personen abgetreten werden.

49 **cc)** Soweit es um die Tätigkeit des Konkursverwalters geht, sind die Voraussetzungen des § 116 I Nr. 1 ZPO zunächst grundsätzlich zu berücksichtigen; zu den wirtschaftlich Beteiligten soll auch der Konkursverwalter gehören, wenn der Prozeß dazu dient, seinen Vergütungsanspruch zu realisieren (*OLG Celle* ZIP 1988, 792). Den Konkursgläubigern ist die Finanzierung nicht zumutbar, wenn wegen vorhergehender Berechtigter nur eine ganz geringe oder gar keine Quote zu erwarten ist (*OLG Hamm* ZIP 1990, 595; vgl. auch *OLG Celle* ZIP 1987, 729).

Im Konkurs einer juristischen Person müssen darüberhinaus die Voraussetzungen des § 116 I Nr. 2 ZPO nicht vom Konkursverwalter (BGH NJW 1991, 40; a. A. OLG Frankfurt NJW 1988, 2053) erfüllt werden.

d) Besonderheiten bei Prozeßstandschaft

50 Umstritten ist, ob es bei der Prozeßstandschaft, insbesondere einer solchen nach § 1629 III BGB auf die **Bedürftigkeit des** Klägers oder des letztlich **Interessierten** (Kindes) ankommt (*OLG Karlsruhe* (2. Zivilsenat) FamRZ 1987, 1062 stellt auf die Bedürftigkeit des Kindes ab; *OLG Karlsruhe* (16. Zivilsenat) FamRZ 1988, 636; *OLG Koblenz* FamRZ 1988, 637; *OLG Köln* FamRZ 1984, 304 stellen auf die Bedürftigkeit des klagenden Elternteils ab). Hat der materiell Berechtigte kein Interesse an der Rechtsverfolgung, dafür aber der Kläger ein berechtigtes Interesse an der Rechtsverfolgung, so ist auf seine wirtschaftlichen Verhältnisse abzustellen (*OLG Celle* NJW 1987, 783). Wird die Forderung einer GmbH an eine natürliche Person abgetreten, so hat die natürliche Person auch die Voraussetzungen des § 116 I Nr. 2 ZPO darzulegen (*OLG Hamburg* MDR 1988, 782).

e) Ausführungen zur Beiordnung eines RA

- In Verfahren nach der **ZPO** braucht der Antrag regelmäßig keine weitere Begründung enthalten, weshalb ein RA beizuordnen ist. Für die Prozesse mit Anwaltszwang ergibt sich dies aus § 121 I ZPO. In den übrigen Prozessen ist häufig auf der Gegenseite ein RA tätig, so daß gem. § 121 II 1 ZPO ein RA beizuordnen ist, und im übrigen sind die meisten Parteien nicht in der Lage, ihren Prozeß ohne RA zu führen, § 121 II 1, 1. Alternative ZPO. 51
- Im **arbeitsgerichtlichen Verfahren** ist gem. § 11a III ArbGG PKH zu bewilligen wie in ZPO-Verfahren. 52
- In arbeitsgerichtlichen Verfahren ist ohne Prüfung der Erfolgsaussichten unter den Voraussetzungen des § 11a I ArbGG ein RA beizuordnen. Der PKH-Antrag enthält stets auch den Antrag nach § 11a I ArbGG. 53
- In **FGG-Sachen** ist näher vorzutragen, weshalb der Mandant nicht in der Lage ist, den Prozeß selber zu führen und ein RA beizuordnen ist. Insbesondere kommt es darauf an, ob auf der Gegenseite ein RA oder sonstiger Rechtskundiger tätig ist, in welchem Umfang sich die Parteien streiten und inwieweit der Mandant nach seinen intellektuellen Fähigkeiten selber in der Lage ist, seine Rechte wahrzunehmen. Andererseits auch, wie kompliziert die Sach- oder Rechtslage ist, insbesondere wenn es um Gutachten geht. Entsprechendes gilt in **WEG-Sachen.** Das gilt entsprechend im Verwaltungsgerichts-, im Sozialgerichts- und im Finanzgerichtsverfahren; dort wird immer wieder wegen des Amtsermittlungsprinzips PKH nicht gewährt. 54

4. Der Honoraranspruch des RA im PKH-Verfahren und nach PKH-Gewährung

a) Der RA hat gegen den Mandanten für den **PKH-Antrag,** soweit er nicht im Rahmen der Beratungshilfe tätig wird, einen Gebührenanspruch in Höhe von 5/10 der gesetzlichen Gebühren gem. § 51 I BRAGO, nicht der PKH-Gebühren. Plausibel wird dies, wenn man an den mangels Armut abgelehnten PKH-Antrag denkt. 55

b) Es gibt keine PKH für das **PKH-Prüfungsverfahren** (*BGH* NJW 1984, 2106), auch nicht für das Beschwerdeverfahren (*BayObLG* FamRZ 1988, 210). Wird jedoch im PKH-Prüfungsverfahren im Erörterungstermin ein **Vergleich** abgeschlossen, so kann PKH bewilligt werden (*OLG Bamberg* JurBüro 1985, 602; *OLG Köln* MDR 1983, 324; *OLG Schleswig* SchlHA 1984, 149; *OLG Frankfurt* FamRZ 1982, 1225; *OLG Stuttgart* AnwBl 1986, 414; *OLG Zweibrükken* JurBüro 1988, 221). Nach einer Auffassung unter Beschränkung der Beiordnung auf den Abschluß des Vergleichs (*OLG München* MDR 1987, 239) mit der Folge, daß neben einer 5/10 Prozeßgebühr gem. § 32 BRAGO eine 10/10 Vergleichsgebühr gem. § 23 BRAGO aus der Staatskasse zu erstatten sind, während nach anderer Auffassung (*OLG Stuttgart* JurBüro 1986, 1576; *OLG Hamm* FamRZ 1987, 1061; *OLG Bamberg* JurBüro 1987, 1373) PKH für das gesamte Prüfungsverfahren bewilligt werden kann mit der Folge, daß aus der Staatskasse eine 5/10 Prozeßgebühr gem. § 51 BRAGO, eine 5/10 Erörterungsgebühr gem. § 51 BRAGO und eine 10/10 Vergleichsgebühr gem. § 23 BRAGO zu erstatten sind. 56

57 c) Für die Tätigkeit im **PKH-Beschwerdeverfahren** hat der RA einen Gebührenanspruch gegen den Mandanten in Höhe von 5/10 der gesetzlichen Gebühren gem. §§ 61, 51 BRAGO. Bei erfolgreicher Beschwerde des Antragstellers gegen die das PKH-Gesuch ablehnende Entscheidung des Erstgerichts, ist ein Erstattungsanspruch gegen die Staatskasse in der Rechtsprechung diskutiert worden. § 127 IV ZPO in der ab 1. 4. 1991 gültigen Fassung schließt dies aus.

58 d) Soweit Prozeßkostenhilfe bewilligt worden ist, kann der RA aus der Staatskasse die **Gebühren aus § 123 BRAGO** verlangen. Soweit PKH versagt worden ist, ist nach einer Meinung nach § 13 III BRAGO zu verfahren (*OLG München* JurBüro 1969, 514). Nach a. M. sind PKH-Gebühren nach dem Bewilligungsstreitwert gegenüber der Staatskasse und gesetzliche Gebühren gegenüber dem Mandanten zu berechnen in Höhe der Differenz der gesetzlichen Gebühren nach dem Gesamtstreitwert und der gesetzlichen Gebühren nach dem Bewilligungsstreitwert (*BGHZ* 13, 373; *KG* AnwBl 1989, 174).

59 e) Der RA erhält eine **weitere Vergütung gem. § 124 BRAGO** bis zur Höhe der gesetzlichen Gebühren aus der Staatskasse, soweit die von dem Mandanten an die Staatskasse zu zahlenden PKH-Raten die Summe der in § 122 I Nr. 1 ZPO aufgeführten Gerichtskosten, Gerichtsvollzieherkosten und der auf die Staatskasse übergegangenen RA-Kosten übersteigen, siehe Rdnr. 64.

60 f) Der RA erhält Gebühren bis zur **Höhe der gesetzlichen Gebühren,** soweit die Differenz zwischen den Gebühren gem. § 123 BRAGO und den gesetzlichen Gebühren aus Vorschüssen gedeckt sind, § 129 BRAGO.

61 g) Der RA erhält die Differenz zwischen den Gebühren gem. § 123 BRAGO und den gesetzlichen Gebühren, ggf. aus einem **Kostenerstattungsanspruch** seines Mandanten aufgrund der gerichtlichen Kostenentscheidung im Prozeß; gem. § 130 BRAGO, § 126 I ZPO kann der RA den Kostenerstattungsanspruch im eigenen Namen geltend machen. Der Gegner kann gegenüber diesem Anspruch aus § 126 I ZPO nur mit einem Kostenerstattungsanspruch aus demselben Prozeß gem. § 126 II ZPO aufrechnen.

62 h) Der RA kann gem. § 127 BRAGO für die gem. § 123 BRAGO entstandenen Gebühren und voraussichtlich entstehenden Auslagen einen **Vorschuß** verlangen.

63 i) Soweit der RA einen der vorstehenden bezeichneten Ansprüche gegen die Staatskasse geltend machen kann, hat er den **Antrag bei Gericht** einzureichen, § 128 ZPO, und zwar: grundsätzlich bei dem Gericht des Rechtzuges, das ihn beigeordnet hat, § 128 I S. 1 BRAGO; nach rechtskräftiger Entscheidung oder Beendigung in sonstiger Weise beim Gericht des ersten Rechtszugs, § 128 I 2. Halbsatz BRAGO.

64 Wegen des die PKH-Gebühren aus § 123 BRAGO übersteigenden **Gebührenanspruchs gem. § 124 BRAGO** empfiehlt es sich, bereits mit dem Antrag auf Erstattung der PKH-Gebühren gem. § 123 BRAGO die gesetzlichen Gebühren gem. § 124 BRAGO zu berechnen und die Berechnung dem Gericht einzureichen. Umstritten ist allerdings, ob das Gericht verpflichtet ist, Raten für die die Kosten gem. § 122 I Nr. 1 ZPO übersteigenden RA-Gebühren einzuziehen (bejahend *OLG München* AnwBl 1984, 105; *OLG Schleswig* AnwBl 1984, 457; *OLG Hamm* MDR 1985, 149; *OLG Köln* AnwBl 1987, 101; *OLG Stuttgart* AnwBl 1985, 49; *OLG Koblenz* Beschluß vom 9. 10. 1984, 11 WF 802/84; *OLG*

Frankfurt Beschluß vom 2. 7. 1984, 2 WF 22/84; *OLG Zweibrücken* Beschluß vom 7. 10. 1986, 6 WF 70/86; ablehnend *LAG Hamm* MDR 1976, 258; *LAG Frankfurt* MDR 1986, 1054). **Beachte:** Der Erstattungsanspruch nach § 124 BRAGO kann auch dann entstehen, wenn zunächst der Partei keine Ratenzahlung aufgegeben worden war und die wirtschaftlichen Verhältnisse sich innerhalb der 4-Jahresfrist des § 120 IV ZPO so verändern, daß **nachträglich Ratenzahlung** angeordnet wird.

k) Bei Abrechnung eines **familienrechtlichen Mandates** ist zu beachten, daß **65** ohne ausdrückliche Beiordnung sich die Beiordnung in einer Ehesache gem. § 122 III BRAGO automatisch auf den Abschluß einer Vereinbarung über den Unterhalt der Ehegatten, den Unterhalt der Kinder im Verhältnis zu den Ehegatten, die Sorge für die Person der gemeinschaftlichen minderjährigen Kinder, die Rechtsverhältnisse an der Ehewohnung und am Hausrat sowie die Ansprüche aus dem ehelichen Güterrecht erstreckt.

5. Pflichten nach PKH-Beiordnung im laufenden Verfahren

Ist der RA beigeordnet, so hat er den Umfang seiner Beiordnung im Verhältnis **66** zum Prozeßumfang stets zu beachten. Gem. § 122 III S. 3 Nr. 4 BRAGO erstreckt sich die Beiordnung nicht auf eine Widerklage. Wird die Klage erweitert, so ist auch zu beantragen, die PKH-Bewilligung zu erweitern. Wird nach Beendigung der Instanz oder während der Instanz ein außergerichtlicher Vergleich geschlossen, so wird auch die dadurch dem RA entstandene Vergleichsgebühr von der PKH erfaßt (*BGH* NJW 1988, 494).

G. Gebühren, Honorare, Erstattungsansprüche

Rembert Brieske

Übersicht

Literatur: *Becker/Eberhardt,* Grundlagen der Kostenerstattung bei der Verfolgung zivilrechtlicher Ansprüche, Bielefeld 1985; *Brieske,* Erstattung von Anwaltsgebühren durch Gegner und Dritte, 1987: *Dörndorfer,* Der Streitwert für Anfänger, 1988; *von Eicken/Lappe/Madert,* Die Kostenfestsetzung 1987; *Enders,* Die BRAGO für Anfänger, 6. Aufl. 1990; *Gerold/Schmidt/von Eicken/Madert,* BRAGO, 10. Aufl. 1989; *Göttlich/Mümmler,* BRAGO, 17. Aufl. 1989; *Hartmann,* Kostengesetze, 23. Aufl. 1989; *Madert,* Gebühren des Strafverteidigers, 1987; *Madert,* Anwaltsgebühren in Zivilsachen, 1990; *Riedel/Sußbauer,* BRAGO, 6. Aufl. 1988; *Schmidt/Baldus,* Gebühren und Kostenerstattung in Straf- und Bußgeldsachen, 1989; *Schneider,* Streitwertkommentar für den Zivilprozeß, 8. Aufl. 1989; *Swolana/Hansens,* BRAGO, 7. Aufl. 1991.

I. Allgemeines

1 Das anwaltliche Gebührenrecht setzt sich zusammen aus **Streitwertrecht, Gebührentatbeständen,** und **Gebührenerstattungsrecht.** Der RA muß diese Aspekte nicht nur bei seiner Tätigkeit berücksichtigen, um möglichst viel Honorar berechnen und erhalten zu können, sondern auch, um als Vertreter des

Unterlegenen diesem zu ersparen, unnötig dem Gegner Kosten erstatten zu müssen, sei es wegen fehlerhafter Ermittlung des Streitwertes, wegen fehlerhafter Berechnung der Gebühren oder wegen fehlerhafter Annahme eines Gebührenerstattungstatbestandes.

II. Anwendungsbereich der BRAGO

Wer nach der BRAGO seine Tätigkeit abrechnen will, muß sicher sein, daß 2
die BRAGO anwendbar ist, Art 27 bis 29 EGBGB. Wer als Anwalt seine Dienstleistung gegenüber einem nicht beruflich oder gewerblich Tätigen im Ausland erbringt, muß damit rechnen, daß derartige Verträge gem. § 29 I und II EGBGB dem ausländischen Recht unterliegen, wenn nicht die Ausnahme des § 29 IV Nr. 2 EGBGB eingreift. Soweit es nicht um Verbraucherverträge geht, unterliegt der Vertrag mit dem in Deutschland residierenden und niedergelassenen RA, der in der BRD seine Leistung erbringt, deutschem Recht (*MK-Martiny* Rdnr. 149 zu Art. 28 EGBGB; *Palandt-Heldrich* Rdnr. 13 zu Art. 28 EGBGB).

Innerhalb Deutschlands gilt nicht nur die BRAGO (West), sondern zum Teil die BRAGO (Ost) und zum Teil die RAGO-DDR (DDR-Schönfelder Nr. 336) in der Fassung der Änderungsanordnung vom 15. 8. 1990, zum Teil in der Fassung vom 1. 2. 1982 (vgl. *Hansens* AnwBl 1991, 24); im einzelnen:

- Die BRAGO (Ost) ist die BRAGO in der Fassung der Anl. I Kap. III Sachgeb. A Abschn. III Nr. 26 i. V. m. Nr. 27 zum Einigungsvertrag; sie gilt nicht nur für Mandate eines RA, der seine Kanzlei im Bereich der früheren DDR hatte. Sie gilt in bestimmten Fällen auch für einen RA mit Kanzlei im Bereich der früheren BRD. Nach dem Einigungsvertrag sind die Gebühren der BRAGO in diesen Fällen um 20% ermäßigt; der Bundesminister der Justiz ist gem. Nr. 27 ermächtigt, durch Rechtsverordnung mit Zustimmung des Bundesrates den Ermäßigungsatz den wirtschaftlichen Verhältnissen anzupassen oder aufzuheben.
- Die BRAGO (Ost) gilt gem. § 134 BRAGO für Mandate, die nach Inkrafttreten des Vertrages erteilt worden sind und in vor diesem Zeitpunkt erteilten Mandaten für die Verfahren in Rechtsmitteln, die nach Inkrafttreten des Vertrages eingelegt worden sind.
- Die BRAGO (Ost) gilt unabhängig vom Sitz des Mandanten für einen RA, der seine Kanzlei im Bereich der bisherigen DDR einschließlich Berlin (Ost) eingerichtet hat (bei Westmandaten vor Westbehörden oder -Gerichten ist allerdings der Normzweck verfehlt).
- Die BRAGO (Ost) gilt für einen RA unabhängig von dem Sitz seiner Kanzlei, wenn er einen Beteiligten mit Sitz oder Wohnsitz im Bereich der früheren DDR einschließlich Berlin (Ost) vor Gerichten oder Behörden vertritt, die ihren Sitz in Brandenburg, Mecklenburg-Vorpommern, Sachsen, Sachsen-Anhalt oder Thüringen haben, nicht jedoch vor Gerichten oder Behörden in Berlin (Ost oder West); die im Bereich der früheren DDR einschließlich Berlin (Ost) anzuwendende BRAGO gilt also analog Art. 27ff EGBGB auch für RAe mit Kanzleisitz im Bereich der früheren BRD.
- Für Mandate an RAe aus dem Bereich der früheren DDR einschließlich Berlin (Ost) gilt die bisherige RAGO-DDR, und zwar für bis zum 14. 8. 1990 entstandene und fällig gewordene Gebühren und Auslagen in der Fassung

vom 1. 2. 1982 und für ab 15. 8. 1990 entstandene und fällig gewordene Gebühren und Auslagen in der Fassung der Änderungsanordnung vom 15. 8. 1990 (wegen des Inhalts der RAGO vgl. Rdnr. 163ff.).

- Anwälte mit Zweitbüro im Bereich der bisherigen DDR haben ebenfalls nach der RAGO für Altmandate abzurechnen, § 1 RAGO. Dies gilt gem. AO-RA (DDR-Schönfelder Nr. 327) auch für Rechtsanwälte der BRD ohne Niederlassung im Bereich der bisherigen DDR, da diese gem. § 2 AO-RA die Rechte und Pflichten eines zugelassenen Rechtsanwalts haben.

3 **§ 1 BRAGO:** Zunächst muß der RA prüfen, ob seine Tätigkeit eine der BRAGO nach zu vergütende Tätigkeit ist. Nicht oder nicht unmittelbar nach der BRAGO werden gem. § 1 II BRAGO abgerechnet:

Tätigkeit	Vergütungsgrundlage
Vormund	§ 1836 BGB Vergütung; § 1835 BGB Aufwandsersatz; beachte ab 1. 1. 1992 BtG Art. 1 Nr. 38–40 (BGBl. 1990 I 2002, 2004)
Pfleger	gem. § 1915 BGB i. V. m. §§ 1835 und 1836 BGB; beachte ab 1. 1. 1992 BtG Art. 1 Nr. 38–40 (BGBl. 1990 I 2002, 2004)
Testamentsvollstrecker	§ 2221 BGB angemessene Vergütung (vgl. D VII Rdnr. 4)
Konkursverwalter	Vergütungsverordnung (BGBl 1960, I S. 29); verfassungsrechtlich unbedenklich BVerfG ZIP 89, 382
Vergleichsverwalter	Vergütungsverordnung wie vor gem. § 43 VglO
Gläubigerausschußmitglied	Vergütungsverordnung wie vor gem. § 91 KO
Gläubigerbeiratsmitglied	Vergütungsverordnung wie vor gem. § 45 VglO
Sequester im Konkurs-/Vergleichseröffnungsverfahren	entweder §§ 675, 612, 632 BGB oder analog §§ 1835, 1836, 1987, 2221 BGB oder analog der Vergütungsverordnung für Konkursverwalter
Nachlaßverwalter	§ 1987 BGB
Zwangsverwalter	gem. § 153 ZVG Vergütungsverordnung (BGBl 1970 I S. 185) (vgl. dazu aber die verfassungsrechtlichen Bedenken von *LG Hamburg,* Rpfl 1988, 200; nach *OLG Hamburg* v. 7. 12. 1987 – 6 W 128/87 – ist die Rechtsprechung des *LG Hamburg* zur Verfassungswidrigkeit der Vergütungsverordnung nicht greifbar gesetzeswidrig) ab 1. 4. 1991 vgl. § 152a ZVG
Schiedsrichter	Vergütung gemäß Schiedsgerichtsordnung, Schiedsgerichtsvertrag oder Vereinbarung oder „übliche Vergütung" (vgl. D VII Rdnr. 10)
Treuhänder	analog § 1835 BGB
Sequester nach ZPO	analog Zwangsverwaltervergütung

Tätigkeit	**Vergütungsgrundlage**
Vertreter gem. § 306 IV AktG	BRAGO analog
Vertreter gem. § 779 S. 2 ZPO	§ 57 BRAGO analog
Verwalter im Rahmen der Gesamtvollstreckung	Vergütungsordnung für Konkursverwalter etc.

Unklarheiten über die Anwendung der BRAGO können durch Honorarvereinbarungen beseitigt werden.

Soweit mit einer der vorgenannten Aufgaben Tätigkeiten verbunden sind, für 4 die ein Dritter einen RA beauftragen würde, kann der RA diese Tätigkeiten gesondert nach der BRAGO abrechnen.

III. Grundsätze der Streitwertberechnung

Diese Übersicht dient dazu, das gesetzliche Streitwertsystem darzustellen und den Einstieg in die Streitwertermittlung zu ermöglichen. Dieses System setzt sich zusammen aus
- Sonderregeln aus der BRAGO und außerhalb der BRAGO
- der Verweisung in § 8 I 1 BRAGO für das gerichtliche Verfahren
- der Verweisung in § 8 I 2 BRAGO für sonstige Mandate mit streitigem Inhalt
- der Verweisung in § 8 II BRAGO für sonstige Mandate

1. §§ 7, 8 BRAGO

Die Höhe der Gebühren bemißt sich nach dem Gegenstandswert, § 7 I BRAGO, der sich nach § 8 BRAGO ermittelt, und zwar nach folgendem System: 5

a) § 8 I 1 BRAGO verweist für **gerichtliche Verfahren** auf den Gegenstandswert für Gerichtsgebühren, also weitestgehend für bürgerliche Rechtsstreitigkeiten auf § 12ff. GKG, soweit es nicht gesetzliche Sonderregelungen gibt. 6

aa) BRAGO-Sonderregelungen sind: **§ 8 II 3** BRAGO für einstweilige Anordnungen gem. § 620 1 Nr. 1, 2 oder 3 ZPO Wert 1000 DM; **§ 51 II** BRAGO für das PKH-Verfahren einschließlich des Beschwerdeverfahrens (Wert der Hauptsache), während sich die Gerichtskosten für das Beschwerdeverfahren nach § 3 ZPO richten (Kosteninteresse); **§ 57 II** BRAGO. Für Pfändungen im Rahmen der Zwangsvollstreckung sind grundsätzlich Hauptsachebetrag, Kostenbetrag und Zinsen zu addieren; § 58 III Nr. 11 BRAGO für Verfahren nach § 807 ZPO mit Obergrenze von 2400,– DM, die auch in der Beschwerdeinstanz gilt (*Göttlich/Mümmler Stichwort* Eidesstattliche Versicherung Nr. 1.9; a. A. *Hartmann* Anm. 5 B i i zu § 58 BRAGO; der Hinweis auf KV 1181 zum GKG ist aber unzutreffend, da es dort eben eine Sonderregelung gibt, in der BRAGO aber nicht); **§ 60 II** BRAGO für das Verteilungsverfahren im Rahmen der Zwangsvollstreckung; § 64 II BRAGO für das Vertragshilfeverfahren; **§ 69 III** BRAGO für das Zwangsversteigerungsverfahren; **§ 71** BRAGO für das besondere Verteilungsverfahren im Rahmen der Zwangsversteigerung; **§ 77** BRAGO für das Konkursverfahren; **§ 81** BRAGO für das Vergleichsverfahren; **§ 113 II** BRAGO für das Verfahren vor den Verfassungsgerichten (mindestens 6000 DM); **§ 116 II** BRAGO für die dort benannten sozialgerichtlichen Verfahren.

7 In Verfahren außerhalb der ZPO und des ArbGG ist der Streitwert ausgehend von folgenden Vorschriften zu ermitteln:

– FGG-Sachen	§§ 18ff KostO
– isolierte Verfahren betreffend Ehewohnung und Hausrat	§ 21 Abs. 2 HausratsVO
– WEG-Sachen	§ 48 II WEG (nach dem Interesse der Beteiligten, nicht nach dem Interesse des Antragstellers oder eines Antragsgegners oder wie früher begrenzt auf die Jahresmiete) zur verfassungsrechtlichen Problematik vgl. *LG Köln* NJW-RR 1989, 202 vgl. aber auch *KG* MDR 88, 56; *BayObLG* NJW-RR 89, 79
– Landwirtschaftssachen	§ 18ff KostO, § 38 LandwVerfG
– VWGO-Verfahren	§ 13 GKG (vgl. Streitwertkatalog des *BVerwG*, NVWZ 1989, 1042)

In Verfahren nach dem ArbGG gilt § 12 ArbGG (vgl. C I Rdnr. 142ff). Für einzelne Streitwerte im Arbeitsrecht gilt:

Kündigungsschutzstreitigkeiten	Generell 3 Monatsbezüge § 12 VII 1 ArbGG (vgl. C I, XII Rdnr. 144)
Weiterbeschäftigungsanspruch neben Kündigungsschutzklage	Zusätzlicher selbständiger Streitwert (umstritten vgl. C 1 XII Rdnr. 147)
Mehrere Kündigungsschutzanträge	Streitwerterhöhung für jede weitere Kündigung um die Bezüge zwischen den ersten und dem weiteren Beendigungsdatum, max. jeweils 3 Monatsgehälter *LAG Hamm* AnwBl 1985, 98 und 535: *LAG München* AnwBl 1985, 96; *LAG Baden-Württemberg* AnwBl 1985, 99; *LAG Niedersachsen* AnwBl 1985, 99; *LAG Hamburg* AnwBl 1985, 98; *LAG Düsseldorf* EZA § 12 ArbGG Nr. 2; *LAG Köln* EZA § 12 ArbGG Nr. 29; a. A.: BAG EZA § 12 ArbGG Nr. 34; *LAG Frankfurt* AR Blattei 1973; Kündigungsschutz Nr. 130; *LAG Rheinland-Pfalz* vom 18. 4. 1986 – 1 Ta 63 und 64/86; *LAG München* EZA § 12 ArbGG Nr. 24
Änderungskündigung, die vorbehaltlos abgelehnt wird wegen Sozialwidrigkeit	wie Vollkündigung
Änderungskündigung, die angenommen unter Vorbehalt der Sozialwidrigkeit	Streitwert nach Differenz der Bezüge vor und nach der Änderung für 3 Monate (*LAG Frankfurt* NZA 1986, 35; *LAG Hamburg* vom 27. 1. 1986 – 1 Ta 15/86; *LAG Berlin* DB 1978, 528; *LAG Baden-Württemberg* AR Blattei ArbGG XIII Nr. 132); gem. § 12 VII 2 ArbGG 36facher Differenzbetrag max. 3 Monatsgehälter gem. § 12 VII 1 ArbGG; *LAG München* AnwBl 1985, 96; *LAG Köln* EZA § 12 ArbGG Nr. 13; zwei Monatsgehälter *LAG Düsseldorf* JurBüro 1985, 121

Kündigungsschutzantrag mit Zahlungsanträgen	vgl. C 1 XII Rdnr. 148
Abmahnung	ein Monatsgehalt, *LAG Hamm* AnwBl 1985. 104; *LAG Bremen* KostRsp ArbGG § 12 Nr. 73; ein halbes Monatsgehalt *LAG Rheinland-Pfalz* LAGE § 12 ArbGG Streitwert Nr. 60
Zeugnisstreit	ein Monatsbezug
Streitigkeiten nach dem BetrVG	Grundwert 4000,– DM, *LAG Düsseldorf* JurBüro 1985, 712 nach Erhöhung des Hilfswertes in § 8 II BRAGO jetzt DM 6000,–
Streit um Errichtung eines Wirtschaftsausschusses	8000,– DM, *LAG Bremen* AnwBl 1985, 101 (vor Erhöhung des Grundwertes)
Zustimmungsersetzung für tarifliche Eingruppierung	3facher Jahresbetrag abzgl. 20%, abzgl. weitere 25%, *LAG Düsseldorf* EZA § 8 BRAGO Nr. 3; vgl. auch *LAG Hamm* KostRsp § 8 BRAGO Nr. 23; *LAG Stuttgart* KostRsp § 8 BRAGO Nr. 20
Zustimmungsersetzung gemäß § 99 BetrVG	In Anlehnung an § 12 VII 1 ArbGG, *LAG Hamm* MDR 1986, 787

bb) GKG-Regelungen. **§ 12 II** GKG regelt in nichtvermögensrechtlichen Streitigkeiten den Wert nach den Einzelfallumständen zwischen 600 DM und 2 Mio. DM: in Ehesachen zwischen 4000 DM und 2 Mio. DM unter Berücksichtigung des Umfangs der Sache der Vermögens- und Einkommensverhältnisse der Parteien (in der Praxis häufig: dreifaches Monatsnettoeinkommen der Eheleute), vgl. dazu *BVerfGE* 80, 103, in Kindschaftssachen 4000,– DM; in Scheidungsfolgensachen nach §§ 623 I 4, § 621 I 1, 2 oder 3 ZPO, die angemessene Gebühr ausgehend von 1500,– DM. – Beachte in den neuen Bundesländern Anl. I Kap. III Sachgeb. A Abschn. III Nr. 19 Buchst. b EVertr. (Reduzierung des Streitwertes um bis zu ⅓ bei gesetzlichem Mindestwert oder bei fiktivem Wert mangels genügender tatsächlicher Anhaltspunkte). 8

§ 16 GKG regelt den Streitwert für bestimmte Streitigkeiten aus Miet-, Pacht- 9 und ähnliche Nutzungsverhältnissen, nicht aber für Zahlungsansprüche. **§ 17 I** GKG den Jahresbetrag der gesetzlichen Unterhaltspflicht ggf. zzgl. Rückständen gem. § 17 IV GKG; **§ 17 II** GKG regelt Geldrentenzahlung nach Tötung oder Verletzung eines Menschen, 5-Jahresbetrag, max. geforderte Leistung; **§ 17 III** GKG Ansprüche auf Bezüge aus einem öffentlich-rechtlichen Dienst- oder Amtsverhältnis, dreifacher Jahresbetrag, max. geforderte Leistung; **§ 17a** GKG regelt den Versorgungsausgleich, mindestens 1000 DM, **§ 19a** GKG den Gebührenverbund in Scheidungssachen und Folgesachen, zu behandeln unter Berücksichtigung von § 7 und § 13 BRAGO; **§ 20 I** GKG regelt das Arrest- oder einstweiliges Verfügungsverfahren, Wertbestimmung gem. § 3 ZPO; **§ 20 II** GKG regelt Verfahren nach § 620 1 Nr. 4, 6 oder § 641 d ZPO: 6-Monatsbezug; **§ 20 II 2** GKG regelt Verfahren nach § 620 1 Nr. 7 ZPO, dreimonatiger Mietwert der Ehewohnung oder bei Benutzung des Hausrates § 3 ZPO.

§ 12 I GKG verweist ergänzend auf §§ 3–9 ZPO, nämlich § 3 ZPO Wertfest- 10 setzung nach Ermessen; § 6 ZPO Wertbestimmung bei Sicherstellung, Besitz und Pfandrecht; § 7 ZPO Wert einer Grunddienstbarkeit; § 8 ZPO Pacht- oder

Mietverhältnis (Vorrang § 16 GKG); § 9 ZPO wiederkehrende Nutzungen oder Leistungen (aber Vorrang §§ 16, 17, 17a GKG).

11 **cc)** Schließlich sind zu beachten die Streitwertbestimmungen aus § 23a UWG, § 23b UWG (siehe B XII Rdnrn. 170ff.), § 247 I AktG, § 144 PatG, § 148 KO.

12 **dd)** Gibt es keinen Wert für die Gerichtsgebühren, so richten sich die Anwaltsgebühren im gerichtlichen Verfahren gemäß § 8 I 3 BRAGO nach § 8 II BRAGO. Die Vorschrift § 8 II BRAGO verweist auf §§ 18 II, 19–23, 24 I, II, IV, V, VI, 25, 39 II **KostO:**

- § 19 KostO Bewertung von Sachen einschließlich Grundbesitz
- § 20 KostO Bewertung von Kauf-, Vorkaufs- oder Wiederkaufsrecht
- § 21 KostO Bewertung eines Erbbaurechts, eines Wohnungseigentums oder eines Wohnungserbbaurechts
- § 22 KostO Bewertung von Grunddienstbarkeiten (Vorrang § 7 ZPO)
- § 23 KostO Bewertung von Pfandrechten und sonstigen Sicherheiten sowie Rangänderungen (Vorrang § 6 ZPO)
- § 24 I KostO Bewertung von wiederkehrenden oder dauernden Nutzungen oder Leistungen mit Beschränkungen aus § 24 II KostO (Vorrang §§ 16, 17, 17a GKG, § 9 ZPO)
- § 24 IV KostO Bewertung des Unterhaltsrechts des nichtehelichen Kindes gegenüber dem Vater (Vorrang § 17 GKG)
- § 24 V KostO Bewertung von Nutzungen
- § 25 KostO Miet-, Pacht-, Dienstverträge (Vorrang § 16 GKG, § 8 ZPO)
- § 39 II KostO Bewertung von Austauschverträgen
- ersatzweise – in § 8 II 2 BRAGO auf eine Wertermittlung nach billigem Ermessen zwischen 300 DM und 1 Mio. DM
- mangels genügender Anhaltspunkte für eine Schätzung und bei nichtvermögensrechtlichen Gegenständen auf 6000 DM (Vorrang §§ 12, 13 GKG)

13 **b)** Die im einzelnen nicht erwähnten Vorschriften des GKG der ZPO oder der KostO befassen sich mit dem **Zeitpunkt der Bewertung** (§ 15 GKG, §§ 18 I und 39 VI KostO, § 4 I ZPO), mit dem Verhältnis verschiedener Ansprüche zueinander (§ 7 II BRAGO, §§ 12 III, 18, 19 GKG, § 5 ZPO), mit der Bewertung von Zinsen, Früchten oder sonstigen Nutzungen neben der Hauptsache (§ 22 GKG, § 18 II KostO, § 4 I ZPO). Widerklage und Hilfsaufrechnung können den Streitwert erhöhen, § 19 GKG. Bei der Widerklage ist entscheidend, ob Klage und Widerklage denselben Streitgegenstand betreffen, § 19 I 2 GKG. Davon zu unterscheiden ist die Hilfswiderklage, deren streitwertmäßige Behandlung umstritten ist (vgl. im einzelnen *Göttlich/Mümmler* Stichwort Widerklage 1.13 sowie *Schneider* Rn. 2489). Eine Aufrechnung erhöht den Streitwert nur, wenn sie hilfsweise geltend gemacht wird und wenn über die zur Aufrechnung gestellte Forderung eine der Rechtskraft fähige Entscheidung ergeht oder ein Vergleich geschlossen wird, § 19 III GKG. Wird die Aufrechnung als unzulässig behandelt, erhöht sich der Streitwert mithin nicht. Bei mehrfacher Hilfsaufrechnung erhöht sich der Streitwert ggf. mehrfach, wenn über mehrere zur Aufrechnung gestellte Forderungen entschieden wird.

2. Festsetzung des Gegenstandswertes

14 Die Festsetzung des Gegenstandswertes erfolgt im gerichtlichen Verfahren aufgrund eines Antrags gem. § 9 II BRAGO oder aufgrund eines Antrags gem.

§ 10 BRAGO, §§ 24 und 25 GKG. Die Wertfestsetzung im Urteil des Arbeitsgerichts gem. § 61 I ArbGG ist für die Berechnung der Anwaltsgebühren nicht maßgeblich.

3. Außergerichtliche Tätigkeit

Für die außergerichtliche Tätigkeit verweist § 8 I 2 BRAGO auf die Gebührenregelung für ein gerichtliches Verfahren, soweit diese Tätigkeit einem gerichtlichen Verfahren vorausgeht oder vorausgehen kann, auch wenn sich die Sache vorher erledigt. Dies gilt insbesondere für Kündigungen, Mahnungen und Einigungsversuche. 15

4. Beratung, Entwurf, Verhandlungen zur Begründung von Rechtsverhältnissen

Geht die Angelegenheit nicht einem gerichtlichen Verfahren üblicherweise voraus – Beratung, Entwurf eines Vertrages –, so richten sich die Gebühren nach § 8 II Satz 1, ersatzweise § 8 II 2 BRAGO. Dann gelten nicht vorrangig die Regeln des GKG oder der ZPO, sondern die Bestimmungen der KostO (§§ 18 II, 19 bis 23, 24 I, II, IV–VI, 25, 39 II). 16

Soweit mehrere Gegenstände in derselben Angelegenheit zu behandeln sind, werden die Werte addiert, §§ 7 II, 13 BRAGO.

5. Scheidungssachen und Folgesachen

Für Scheidungssachen und Folgesachen bestimmt § 7 III BRAGO die Streitwertaddition. Dies gilt für die Folge-Hauptsachen, während für die in Folge-Hauptsachen folgenden einstweiligen Anordnungen § 41 BRAGO bestimmt, daß es sich um gesonderte Angelegenheiten handelt (siehe Rdnr. 61). 17

IV. Prüfschema zu den Gebühren

Die Frage nach den Gebührentatbeständen stellt sich dem RA entsprechend und während der Entwicklung des Mandats, die Frage der **Gebührenalternativen** stellt sich bereits bei Beginn eines Mandates. 18

Nach folgendem **Prüfschema** läßt sich ermitteln, welche Gebühren in einer Sache anfallen werden oder angefallen sind:

1. Erste Stufe: Ziel des Mandats

- Beratung oder Auskunft: $\frac{1}{10}$ bis $\frac{10}{10}$ Gebühr gem. § 20 BRAGO 19
- außergerichtliche Tätigkeit, die über Beratung oder Auskunft hinausgeht, auch Entwurf von Verträgen: Gebühren gem. § 118 BRAGO, siehe dazu unten Rdnr. 79
- außergerichtliche Tätigkeit, die sich vom Auftragsinhalt von vornherein beschränkt auf ein einfaches Schreiben: $\frac{2}{10}$ Gebühr gemäß § 120 BRAGO; nicht auf den Umfang der Tätigkeit, sondern auf den Inhalt des Auftrages kommt es an
- Tätigkeit in einem gerichtlichen Verfahren 1. Instanz, Gebühren gem. §§ 31 bis 82 BRAGO oder § 118 BRAGO, siehe dazu im einzelnen nachfolgend Rdnr. 23ff.

- Tätigkeit in einem gerichtlichen Verfahren in der Rechtsmittel- oder Rechtsbehelfsinstanz, Gebühren gem. §§ 31 bis 82 BRAGO, insbesondere § 61 BRAGO oder § 118 BRAGO, siehe dazu im einzelnen unten Rdnr. 57 und 73ff.
- anwaltliche Tätigkeit in der Zwangsvollstreckung, Zwangsversteigerung oder ähnlichem, Gebühren nach §§ 37, 46, 47, 49, 50, 57 bis 60, 68 bis 82 BRAGO, siehe dazu im einzelnen unten Rdnr. 71f.

2. Zweite Stufe: Zahl der Mandanten

20 Gem. § 6 BRAGO erhöhen sich Geschäfts- und Prozeßgebühr für den 2. bis max. 8. Auftraggeber um je 3/10, max. 2 volle Gebühren, soweit die Auftraggeber an dem Gegenstand gemeinschaftlich beteiligt sind. Sind die Auftraggeber nicht an dem Gegenstand gemeinschaftlich beteiligt, so werden die einzelnen Streitwerte addiert. Wird demgegenüber für einen Auftraggeber gegen mehrere Gegner wegen derselben Angelegenheit prozessiert, so entsteht im Erkenntnisverfahren keine Erhöhungsgebühr; wird anschließend gegen mehrere Gegner aus demselben Titel vollstreckt, so ist die Vollstreckung gegen jeden einzelnen Gegner eine eigene Angelegenheit, vgl. Rdnr. 72 am Ende.

21 Bei Rahmengebühren, etwa der §§ 83, 84 BRAGO oder § 116 BRAGO erhöhen sich Mindest- und Höchstbetrag um 3/10 auf max. das Dreifache des Mindest- und Höchstbetrages.

22 **Damit ergeben sich folgende Betragsgebühren:**

Ausgangs-gebühr	2	3	4	5	6	7	8
10/10	13/10	16/10	19/10	22/10	25/10	28/10	3
13/10	169/100	208/100	247/100	286/100	325/100	364/100	39/10
7,5/10	9,75/10	12/10	14,25/10	16,5/10	18,75/10	21/10	22,5/10
5/10	13/20	8/10	19/20	11/10	2 5/10	14/10	1,5
3/10	39/100	48/100	57/100	66/100	7,5/10	84/100	9/10
13/20	169/200	104/100	247/200	286/200	325/200	364/200	39/20

23 **Die Gebührenrahmen der § 83 I Nr. 2 und 3 und II sowie § 84 BRAGO verändern sich wie folgt:**

		2	3	4	5	6	7	8	
min.	100	130	160	190	220	250	280	300	
Mittel	670	871	1072	1273	1474	1675	1876	2010	§ 83 I Nr.2
max.	1240	1612	1984	2356	2728	3100	3472	3720	
min.	80	104	128	152	176	200	224	240	
Mittel	570	741	912	1083	1254	1425	1596	1710	§ 83 I Nr.3
max.	1060	1378	1696	2014	2332	2650	2968	3180	
min.	100	130	160	190	220	250	280	300	
Mittel	360	468	576	684	792	900	1008	1080	§ 83 II, I Nr. 2
max.	620	806	992	1178	1364	1550	1736	1860	
min.	80	104	128	152	176	200	224	240	
Mittel	305	396,5	488	579,5	671	762,5	854	915	§ 83 II, I Nr. 3
max.	530	689	848	1007	1166	1325	1484	1590	

		2	3	4	5	6	7	8	
min.	50	65	80	95	110	125	140	150	§§ 84, 83 I
Mittel	335	435,50	536	636,50	737	837,50	938	1005	Nr. 2
max.	620	806	992	1178	1364	1550	1736	1860	
min.	40	52	64	76	88	100	112	120	§§ 84, 83 I
Mittel	285	370,50	456	541,50	627	712,50	798	855	Nr. 3
max.	530	689	848	1007	1166	1325	1484	1590	

Tabelle zu § 116 n.F. BRAGO für Mandate ab 1. 9. 1990 24
(für vor dem 1. 9. 1990 erteilte Mandate (§ 134 BRAGO) vgl. die Vorauflage)

		2	3	4	5	6	7	8	
min.	80	104	128	152	176	200	224	240	§ 116 I
Mittel	570	741	912	1083	1254	1425	1596	1710	Nr. 1
max.	1060	1378	1696	2014	2332	2650	2968	3180	
min.	100	130	160	190	220	250	280	300	§ 116 I
Mittel	670	871	1072	1273	1474	1675	1876	2010	Nr. 2
max.	1240	1612	1984	2356	2728	3100	3472	3720	
min.	140	182	224	266	308	350	392	420	§ 116 I
Mittel	1100	1430	1760	2090	2420	2750	3080	3300	Nr. 3
max.	2060	2678	3296	3914	4532	5150	5768	6180	

In einzelnen Fällen ist umstritten, ob trotz Mehrheit natürlicher Auftraggeber 25
die Erhöhungsgebühr gem. § 6 BRAGO anfällt oder erstattungsfähig ist, nämlich:

Tatbestand	**Rechtsprechungsnachweise**
Gebührenklage einer Rechtsanwaltssozietät	bejahend *OLG Frankfurt* JurBüro 1980, 1509: *OLG Stuttgart* JurBüro 1980, 1176; *OLG München* JurBüro 1981, 542; *OLG Hamm* JurBüro 1987, 377; ablehnend *OLG Schleswig* JurBüro 1985, 216; *OLG München* JurBüro 1977, 1556 und 1978/1647; *OLG Saarbrücken* JurBüro 1980, 63; *OLG Hamm* JurBüro 1981, 696; *OLG Düsseldorf* JurBüro 1981, 1514; *OLG Nürnberg* JurBüro 1980, 1174
Anwaltssozietät wird verklagt	bejahend *OLG Hamm* JurBüro 1987, 377; *OLG Bamberg* JurBüro 1986, 1516; ablehnend *OLG Köln* MDR 1987, 594
Wohnungseigentümergemeinschaft	bejahend *BGH* JurBüro 1984, 374; NJW 1987, 2240; *OLG Zweibrücken* JurBüro 1987, 380; a. A. *OLG Koblenz* JurBüro 1985, 711
Erbengemeinschaft als Kläger	bejahend *OLG München* JurBüro 1985, 1651
Erbengemeinschaft nimmt einen vom Erblasser begonnenen Streit auf	ablehnend *LAG Hamm* KostRsp BRAGO § 6 Nr. 127; *OLG Frankfurt* KostRsp BRAGO § 6 Nr. 99; *OLG Düsseldorf* KostRsp

Tatbestand	**Rechtsprechungsnachweise**
	BRAGO § 6 Nr. 115; *OLG Schleswig* KostRsp BRAGO § 6 Nr. 29
Kommanditgesellschaft und Komplementär (natürliche Person)	bejahend *OLG Köln* JurBüro 1982, 1508
GmbH & Co. KG neben GmbH	bejahend *OLG Frankfurt* Rpfl 1982, 441; *OLG Koblenz* Rpfl 1985, 253; *OLG Hamm* Rpfl 1979, 472; *OLG Stuttgart* AnwBl 1979, 274; *KG* MDR 1979, 682; ablehnend *OLG Köln* JurBüro 1978, 1170
Arbeitsgemeinschaftmitglieder	bejahend *OLG Schleswig* JurBüro 1987, 1838
BGB-Gesellschaft	bejahend *OLG Schleswig* JurBüro 1987, 379
Klägerwechsel	bejahend auf Seiten des klägerischen RA, *OLG Koblenz* JurBüro 1982, 1348
Beklagtenwechsel	bejahend für Beklagten-RA, *OLG Zweibrücken* JurBüro 1982, 1730; *OLG Koblenz* MDR 1985, 942; ablehnend *OLG Düsseldorf* JurBüro 1980, 855; *OLG Schleswig* JurBüro 1980, 1504; *OLG Frankfurt* JurBüro 1980. 1016

Gem. § 6 II BRAGO n. F. (BGBl. 1990 I 2819) werden ab 11. Auftraggeber Schreibauslagen für Abschriften und Ablichtungen gesondert berechnet gem. § 27 BRAGO iVm Nr. 1900 Anlage 1 zum GKG.

3. Dritte Stufe: Art des Verfahrens

26 Es ist zu prüfen, welchem Rechtsgebiet das Verfahren zuzuordnen ist, da die BRAGO für bestimmte Verfahrensarten Sonderregelungen enthält und die Vorschriften der §§ 31 ff. BRAGO nicht in jedem Verfahren uneingeschränkt anzuwenden sind.

27 **a)** In **Familiensachen** sind verschiedene Sondervorschriften zu beachten, insbesondere die §§ 36, 36a, 43a, 43b, 61a, 63 BRAGO, in isolierten FGG-Sachen des Familienrechts der § 118 BRAGO, siehe dazu Rdnr. 61.

28 **b)** In **Entmündigungsverfahren** richten sich die Gebühren bis zum 31. 12. 1991 nach § 44 BRAGO, nämlich
- Prozeßgebühr gem. § 44 I Nr. 1 BRAGO
- Terminsgebühr gem. § 44 I Nr. 2 BRAGO
- Gebühr für die Mitwirkung bei der mündlichen Vernehmung von Zeugen oder Sachverständigen, § 44 I Nr. 3 BRAGO

Ab 1. 1. 1992 gilt § 112 V BRAGO i. d. F. des BetreuungsG (BGBl. 1990 I 2002, 2022) und § 44 BRAGO entfällt.

29 **c)** In **Aufgebotsverfahren** richten sich die Gebühren des den Antragsteller vertretenden RA nach § 45 BRAGO. Es gibt vier Gebührentatbestände:
- Prozeßgebühr § 45 I Nr. 1 BRAGO
- Antragsgebühr § 45 I Nr. 2 BRAGO

– Gebühr für den Antrag auf Anordnung einer Zahlungssperre, der vor dem Antrag auf Erlaß des Aufgebots gestellt wird, § 45 I Nr. 3 BRAGO
– Terminsgebühr für die Wahrnehmung der Aufgebotstermine, § 45 I Nr. 4 BRAGO

Der Vertreter anderer Verfahrensbeteiligter als des Antragstellers erhält eine 5/10 Gebühr für das gesamte Verfahren.

d) In **Individualarbeitssachen** gelten die Vorschriften der §§ 31 ff. BRAGO gem. § 62 I BRAGO sinngemäß. Auf deren Erläuterung kann verwiesen werden mit dem Hinweis, daß im Bezirk des LAG Hamm für die Güteverhandlung eine Erörterungsgebühr nicht anfällt. Im individualarbeitsrechtlichen **Verfahren gem. § 111 II ArbGG** erhält der RA eine 10/10 Gebühr gem. § 65 I Nr. 2 BRAGO. Einigen sich die Parteien in diesem Verfahren, erhält der RA eine weitere Gebühr gem. § 65 II BRAGO, also keine Vergleichsgebühr gem. § 23 BRAGO und keine Anwendung des § 118 BRAGO, ebenso wenig Anwendung des § 31 I Nr. 2 BRAGO. Im Verfahren gem. **§ 102 III ArbGG** erhält der RA Prozeß-Verhandlungs-/Erörterungs- oder Beweisgebühr aus § 31 BRAGO in Höhe von 5/10 gem. § 62 III BRAGO. 30

Im Verfahren wegen der **Ablehnung eines Schiedsrichters** gem. § 103 III ArbGG gilt entsprechendes. Das gilt auch bei der Vornahme einer Beweisaufnahme durch das Arbeitsgericht für das Schiedsgericht gem. § 106 II BRAGO. 31

e) Im arbeitsrechtlichen **Beschlußverfahren 1. Instanz** gelten gem. § 62 I BRAGO die Vorschriften der §§ 31 ff. BRAGO. 32

Im **arbeitsgerichtlichen Beschlußverfahren in 2. oder 3. Instanz** erhält der RA die um 3/10 erhöhten vollen Gebühren, also nicht die Gebühren des Beschwerdeverfahrens gem. § 61 BRAGO. Im Verfahren vor der **Einigungsstelle** des Betriebsverfassungsrechts erhält der RA eine Gebühr gem. § 65 I Nr. 4 BRAGO und eine weitere Gebühr für den Fall einer Einigung der Parteien, an der er mitgewirkt hat, gem. § 65 II BRAGO.

f) Für das Verfahren nach dem **WEG** verweist § 63 I Nr. 2 BRAGO auf die Vorschriften der §§ 31 ff. BRAGO. Für das Beschwerdeverfahren enthält § 62 II BRAGO eine Sonderregelung gem. § 61 BRAGO. Hier gibt es die gleichen Gebühren wie in 1. Instanz. 34

g) Für das Verfahren nach dem Gesetz über das gerichtliche Verfahren in **Landwirtschaftssachen** gelten die Vorschriften der § 63 I Nr. 3 und IV BRAGO. 35

h) Hier zu vernachlässigende **Sonderregelungen** gibt es gem. § 63 I Nr. 4 und § 64 BRAGO in Verfahren wegen Auslandsschulden etc. 36

i) Wird um Vorschriften aus dem **GWB** gestritten, so gilt folgendes: Im gerichtlichen Verfahren gegen Verwaltungsakte der Kartellbehörden richten sich die Gebühren nach § 65 a BRAGO (Kartellverwaltungsrecht): In bürgerlich-rechtlichen Streitigkeiten, die sich aus der Anwendung der GWB ergeben, gelten die Vorschriften der §§ 31 ff. BRAGO unmittelbar, im Berufungs- und Revisionsverfahren gelten deshalb die nach § 11 I 4 BRAGO erhöhten Gebühren, nicht die Gebühren des § 65 a BRAGO. 37

k) Für Verfahren nach **§ 15 UrhG** gilt § 65 b BRAGO. 38

39 **l)** In Verfahren vor dem **Patentgericht** erhält der RA die Gebühren des § 66 I BRAGO, der auf § 31 ff. BRAGO verweist,
im Berufungsverfahren gegen Entscheidungen des Patentgerichts erhält der RA gem. § 66 I BRAGO die Gebühren in Höhe von $^{13}/_{10}$,
im Rechtsbeschwerdeverfahren und Beschwerdeverfahren vor dem BGH erhält der RA abweichend von § 61 BRAGO $^{13}/_{10}$ Gebühren gem. § 66 III BRAGO,
im Beschwerdeverfahren vor dem Patentgericht über bestimmte Beschwerden erhält der RA die in § 31 BRAGO bestimmten Gebühren nur in $^{3}/_{10}$ Höhe gem. § 66 II BRAGO.

40 **m)** In Verfahren nach **§§ 23–30 EGGVG** erhält der RA die in § 31 ff. BRAGO geregelten Gebühren gem. § 66a I BRAGO, ebenso in Verfahren nach § 109 StVollzG; im Rechtsbeschwerdeverfahren nach § 116 StVollzG erhält der RA Gebühren gem. § 66a II BRAGO in Höhe von $^{13}/_{10}$.

41 **n)** Für die anwaltliche Tätigkeit **schiedsrichterlicher Verfahren** verweist § 67 BRAGO auf die §§ 31 ff. BRAGO. Die Verhandlungsgebühr fällt gem. § 67 II BRAGO auch dann an, wenn der Schiedsspruch ohne mündliche Verhandlung erlassen wird, wie auch in § 35 BRAGO geregelt, beim anwaltlichen vollstreckbaren Vergleich gem. § 1044b ZPO gelten §§ 118, 23 BRAGO.

42 **o)** Für die Tätigkeit in einem **Konkursverfahren** zur Durchsetzung einer Forderung oder zur Abwehr einer Forderung enthält § 62 ff. BRAGO Sonderregelungen.

43 **p)** Gleiches gilt für die Tätigkeit in einem **Vergleichsverfahren.**

44 **q)** Gleiches gilt gem. § 81a BRAGO für das **Seerechtliche Verteilungsverfahren.**

45 **r)** In sonstigen nicht in den §§ 31 bis 82 BRAGO geregelten Verfahren, die dem **FGG** unterliegen, gilt § 118 BRAGO für die Gebühren des RA mit der Maßgabe, daß auch in der Beschwerdeinstanz die Gebühren des § 118 BRAGO und nicht des § 61 BRAGO anzuwenden sind.

4. Vierte Stufe: Inhalt des Auftrags

46 **a)** Soweit nicht, wie vorstehend dargestellt, für bestimmte gerichtliche Verfahren in der BRAGO Sonderregelungen enthalten sind, richten sich die Gebühren des RA nach dem **Inhalt des Auftrages** an den RA und nach der Art seiner Tätigkeit nach verschiedenen Vorschriften.

47 – Beginnt das Verfahren mit einer Klage, so erhält der RA, bis die Klage bei Gericht eingereicht worden ist, die Gebühr des § 32 I BRAGO.
– Ist die Klage bei Gericht eingegangen oder ist der Klagabweisungsantrag bei Gericht eingegangen, verdient der RA die Prozeßgebühr des § 31 I Nr. 1 BRAGO.
– Hat der RA ein PKH-Gesuch mit dem Entwurf einer Klage eingereicht, erhält der RA eine $^{5}/_{10}$ Prozeßgebühr gem. § 51 I S. 1 BRAGO i. V. m. § 31 I Nr. 1 BRAGO.
– Hat der RA stattdessen einen Mahnbescheid beantragt, so erhält er gem. § 43 I Nr. 1 BRAGO eine $^{10}/_{10}$ Gebühr.
– Wird der RA nur als Korrespondenzanwalt tätig, so verdient er gem. § 52 I BRAGO eine $^{10}/_{10}$ Gebühr.

- Wird der RA als Unterbevollmächtigter beauftragt, erhält er eine 5/10 Prozeßgebühr gem. § 53 S. 1 BRAGO.
- Erhält der RA den Auftrag, eine Partei in der Beweisaufnahme zu vertreten, so erhält er eine 5/10 Prozeßgebühr gem. § 54 BRAGO.
- Wird der RA beauftragt, einzelne Schriftsätze einzureichen, anzufertigen oder zu unterzeichnen oder andere als Termine zur mündlichen Verhandlung oder Beweisaufnahme wahrzunehmen, so erhält der RA eine 5/10 Gebühr gem. § 56 I BRAGO; bei Beendigung des Mandats vor Aushändigung des Schriftsatzes oder Einreichung des Schriftsatzes oder Beginn des Termins eine 3/10 Gebühr gem. § 56 II BRAGO.

Das gerichtliche Verfahren kann also mit sehr **unterschiedlichen Gebührentatbeständen** beginnen. Ob eine volle Prozeßgebühr oder eine 1/2 Prozeßgebühr anfällt, hängt sowohl beim Klagauftrag wie auch beim Mahnbescheidsauftrag davon ab, ob die Anträge bei Gericht eingereicht sind oder das Mandat endet, bevor die Anträge dort eingehen.

Sowohl die 5/10 Prozeßgebühr des § 51 BRAGO wie auch die 10/10 Prozeßge- 48
bühr des § 43 I Nr. 1 BRAGO gehen in der Prozeßgebühr des § 31 I Nr. 1 BRAGO auf, § 37 Nr. 3 BRAGO einerseits und § 43 II BRAGO andererseits.

b) Für den **Zivilprozeß** gilt folgende **gebührenrechtliche Entwicklungs-** 49
übersicht:

Klagauftrag bis Einreichung bei Gericht	5/10 Prozeßgebühr § 32 BRAGO
Klagauftrag ab Einreichung bei Gericht	10/10 Prozeßgebühr § 31 I Nr. 1 BRAGO
Klagabweisungsantrag eingereicht bei Gericht	10/10 Prozeßgebühr § 31 I Nr. 1 BRAGO
Wahrnehmung der **mündlichen Verhandlung,** in der Klag- und Klagabweisungsantrag streitig gestellt werden	10/10 Verhandlungsgebühr § 31 I Nr. 2 BRAGO
Wahrnehmung des Termins zur mündlichen Verhandlung mit einseitiger Antragstellung und Entscheidung nach Lage der Akte	10/10 Verhandlungsgebühr § 33 I Nr. 1 BRAGO
Wahrnehmung mündlicher Verhandlung mit einseitiger Antragstellung in Ehesachen sowie in Abstammungsverfahren oder in Entmündigungssachen vor den Landgerichten (Entmündigungssachen entfallen ab 1. 1. 1992 gem. Art. 7 § 28 BtG BGBl 1990 I 2002, 2022)	10/10 Verhandlungsgebühr § 33 I Nr. 3 BRAGO.
Entscheidung des Gerichts **ohne mündliche Verhandlung** im Einverständnis der Parteien	10/10 Verhandlungsgebühr §§ 35, 31 I Nr. 2 BRAGO
Entscheidung des Gerichts im schriftlichen Vorverfahren	5/10 Verhandlungsgebühr § 35 BRAGO
Einseitige Verhandlung und Antragstellung **in sonstigen Fällen** in 1. Instanz	5/10 Verhandlungsgebühr § 33 I BRAGO
Einseitige Antragstellung in **sonstigen Fällen in der 2. Instanz** in mündlicher Verhandlung durch Rechtsmittelkläger	13/10 Verhandlungsgebühr § 33 I Nr. 2 BRAGO

Einseitige Antragstellung in mündlicher Verhandlung in der Rechtsmittelinstanz durch **Rechtsmittelbeklagten**	13/20 Verhandlungsgebühr § 33 I BRAGO
Verhandlungsgebühr des **Hauptbevollmächtigten** bei Tätigkeit eines Unterbevollmächtigten	5/10 der Verhandlungsgebühr des Unterbevollmächtigten, mindestens 3/10 § 33 III BRAGO
Verhandlungsgebühr des Unterbevollmächtigten	wie oben bei Prozeßauftrag
Mündliche Verhandlung zur Hauptsache nach **Einspruch gegen Versäumnisurteil**	10/10 Verhandlungsgebühr § 31 I Nr. 2 BRAGO zzgl. 5/10 Verhandlungsgebühr § 38 II BRAGO
Rücknahme des Einspruchs gegen Versäumnisurteil	die bis VU verdienten Gebühren zzgl. der ab Einspruch entstandenen weiteren Gebühren unter Anrechnung der vor dem Erlaß des VU ergangenen Prozeßgebühr, aber ohne Anrechnung der vor dem Erlaß des VU sonst entstandenen Gebühren § 38 I BRAGO
Verwerfung des Einspruchs gegen ein Versäumnisurteil	wie bei Rücknahme des Einspruchs gegen VU
Mündlicher Verhandlung mit Antragstellung nach **Abstandnahme vom Urkunden- oder Wechselprozeß**	Neue Gebühren zzgl. der im Urkunden- oder Wechselprozeß entstandenen Gebühren, jedoch unter Anrechnung der Prozeßgebühr des Urkunden- oder Wechselprozesses § 39 BRAGO
Mündliche Verhandlung **nach** Erlaß eines **Vorbehaltsurteils**	wie bei Abstandsnahme vom Urkunden- oder Wechselprozeß § 39 BRAGO
Werden in der mündlichen Verhandlung nicht die Anträge gestellt, wird aber die Sache erörtert	10/10 Erörterungsgebühr § 31 I Nr. 4 BRAGO, auf Verhandlungsgebühr denselben Gegenstand betreffend und im selben Rechtszug entstehend, anzurechnen § 31 II BRAGO

50 **c)** Die **Erörterungsgebühr** entsteht nur bei Erörterung rechtshängiger Ansprüche in mündlicher Verhandlung, nicht bei Erörterung außerhalb des Gerichtssaales. Die Erörterungsgebühr entsteht jedenfalls, wenn beide Parteien mit dem Gericht die Sach- und Rechtslage argumentativ diskutieren. Die Erörterungsgebühr entsteht auch, wenn das Gericht mit einer Partei die Sache erörtert und der Parteivertreter der anderen Partei aufmerksam dem Gespräch folgt, um jederzeit eingreifen zu können, wenn es ihm sachgerecht erscheint; problematisch ist die der Darstellung der Sach- und Rechtslage durch das Gericht prompt folgende Klagrücknahme (vgl. zum eingreifbereiten Zuhören *OLG Düsseldorf* JurBüro 1977, 1505; *OLG Frankfurt* JurBüro 1977, 1095; AnwBl 1982, 487; *OLG Hamburg* JurBüro 1977, 205; 1980, 1851; *OLG Hamm* JurBüro 1979, 1322; *KG* AnwBl 1976, 297; zur prompten Klagrücknahme vgl. *KG* AnwBl 1980, 265; AnwBl 1986, 109; *OLG Bamberg* JurBüro 1981, 1526; *OLG Zweibrücken* JurBüro 1981, 1525).

51 **d)** Die nächste unter Umständen anfallende Gebühr ist die **Beweisgebühr.** Sie entsteht, wenn der RA in der Beweisaufnahme tätig wird. Die Beweisaufnahme

beginnt mit der Beweisanordnung. Die Tätigkeit des RA beginnt mit der Entgegennahme der Beweisanordung und der Weiterleitung an den Mandanten ohne Rücksicht darauf, ob der RA an der Vernehmung eines Zeugen, an der Einnahme eines Augenscheins oder bis zum Eingang eines Sachverständigengutachtens weiter tätig war.

Zum **Begriff der Beweisanordnung:** 52

Maßnahme des Gerichts	**Beweisgebühr**
Vorbereitende Ladung von Zeugen § 273 II Nr. 4 ZPO	nein
Beweisbeschluß vor mündlicher Verhandlung, § 358a ZPO	ja
Beweisbeschluß, § 358 ZPO	ja
Informatorische Anhörung von Zeugen mit Erklärung des Zeugen, er könne zur Sache nichts sagen	nein
Informatorische Anhörung von Zeugen mit Erklärungen des Zeugen zur Sache	ja
Verwertung von Urkunden oder Erklärungen der Parteien zu Beweiszwecken ausweislich des Urteils ohne Beweisbeschluß	ja
Beweisbeschluß des Gerichts im Beweissicherungsverfahren während anhängigen Hauptverfahrens	ja

Der **Urkundenbeweis** ist in § 34 BRAGO besonders geregelt worden. Insbesondere reicht hier nicht ein Beweisbeschluß, um die Beweisgebühr entstehen zu lassen. Keine Beweisgebühr entsteht bei einer auf die Vorlegung von Urkunden, die sich in den Händen des Beweisführers oder des Gegners befinden, beschränkten Beweisaufnahme, § 34 I BRAGO. Eine Beweisgebühr entsteht aber bei Anträgen nach §§ 426 ZPO und 432 I ZPO, Vernehmung eines Sachverständigen über die Echtheit einer Urkunde. 53

Eine Beweisgebühr entsteht bei der Beiziehung von Akten oder Urkunden durch Beweisbeschluß, bei der sonst erkennbar zum Beweise erfolgten Beiziehung von Akten oder Urkunden, bei der erkennbaren Verwertung von Akten oder Urkunden zum Beweis, § 34 II BRAGO. Die Einholung einer Zeugenaussage gem. § 377 ZPO ist Beweisaufnahme durch Zeugenvernehmung. Die Einholung einer **Lohn- oder Verdienstauskunft** ohne die Formalitäten des § 377 III ZPO ist in ihrer Einordnung umstritten (bejahend *OLG Celle* AnwBl 1979, 439; *OLG Hamm* AnwBl 1979, 439; *OLG Frankfurt* AnwBl 1979, 32; *OLG Düsseldorf* JurBüro 1983, 142; *OLG Bremen* KostRsp § 31 Ziff. 3 BRAGO Nr. 36; *OLG Zweibrücken* Rpfl 1982, 486; *OLG Schleswig* AnwBl 1985, 544; verneinend *OLG Stuttgart* JurBüro 1982, 55; *OLG Zweibrücken* JurBüro 1982, 1197; *OLG Düsseldorf* JurBüro 1984, 1530; 1986, 881). 54

Eine Beweisgebühr kann in Mandaten, die vor dem 1. 4. 1991 erteilt worden sind, nach Maßgabe des § 134 BRAGO nicht nur im streitigen Prozeßverfahren anfallen, sondern auch im **Beweissicherungsverfahren.** Bereits dargestellt worden ist die in einem Hauptsacheverfahren aufgrund eines Beweissicherungsbeschlusses anfallende Beweisgebühr. Ist ein Hauptsacheverfahren nicht anhängig, so entstehen in einem Beweissicherungsverfahren gem. § 48 BRAGO mit dem Auftrag, einen Beweissicherungsantrag zu stellen, eine 5/10 Prozeßgebühr, mit der Entgegennahme des Beweissicherungsbeschlusses und der Weiterleitung an die Partei eine 5/10 Beweisgebühr gem. §§ 48, 31 I Nr. 3 BRAGO. Bei mündlicher Verhandlung, etwa über die Zulässigkeit des Beweissicherungsantrages, 55 entsteht eine Verhandlungs- oder Erörterungsgebühr in Höhe von $^{5}/_{10}$ gem. §§ 48, 31 I Nr. 2 oder 4 BRAGO. Nach Maßgabe des § 134 BRAGO ist ab 1. 4. 1991 § 48 BRAGO n. F. (BGBl 1990 I 2860) i. V. m. § 37 Nr. 3 BRAGO anzuwenden. § 48 BRAGO n. F. verweist auf die ungekürzten Gebühren des § 31 BRAGO. Gem. § 37 Nr. 3 BRAGO n. F. umfaßt der Rechtszug das gesamte selbständige Beweissicherungsverfahren, auch wenn die Hauptsache erst nach dem Beweissicherungsverfahren anhängig wird (BT-Drucksache 11/3261 S. 62).

56 **e)** In einer zivilrechtlichen Auseinandersetzung kann als weitere Gebühr eine **Vergleichsgebühr** gem. § 23 BRAGO anfallen. Es ist bis zum 31. 3. 1991 in der 1. Instanz eine $^{10}/_{10}$ Gebühr, in der 2. Instanz eine $^{13}/_{10}$ Gebühr. Die Vergleichsgebühr fällt nur an, wenn der Vergleich endgültig bestehen bleibt. Wird ein Vergleich aufgrund eines Vorbehaltes widerrufen oder wird durch Fortsetzung des Prozesses festgestellt, daß der Vergleich unwirksam ist, so fällt die Vergleichsgebühr nicht an oder wieder weg. Ein Rücktritt vom Vergleich läßt die einmal entstandene Vergleichsgebühr unberührt. Der RA muß beim Zustandekommen des Vergleichs mitgewirkt haben. Ein Vergleich kann auch ein **Zwischen- oder Teilvergleich** sein. Nach Maßgabe des § 134 BRAGO ist ab 1. 4. 1991 § 23 I 3 BRAGO n. F. anzuwenden. Ist die Hauptsache nicht anhängig, so erhöht sich beim Vergleich gem. § 1044b ZPO die Gebühr auf $^{15}/_{10}$.

57 **f) Der Rechtszug- oder Rechtswegwechsel.** Grundsätzlich fallen in **jedem
Rechtszug** neue Gebühren an, § 13 II 2 BRAGO. In der Berufungsinstanz erhö-
hen sich die Gebühren um $^{3}/_{10}$, § 11 I 4 BRAGO, im Revisionsverfahren vor
58 dem BGH erhöht sich die Prozeßgebühr um $^{10}/_{10}$, § 11 I 5 BRAGO. Bei **Verwei-
sung** eines Rechtsstreits von einem erstinstanzlichen **an ein anderes erstinstanz-
liches Gericht** des gleichen oder eines anderen Rechtsweges, handelt es sich um
einen Rechtszug, so daß derselbe RA dieselben Gebühren nur einmal fordern
59 kann, § 14 1 BRAGO. Bei **Verweisung** eines Rechtsstreits von einem zweit-
oder drittinstanzlichen Gericht innerhalb derselben Gerichtsbarkeit oder in eine
andere Gerichtsbarkeit fallen alle Gebühren neu an, § 14 2 BRAGO. Bei **Rück-
verweisung** innerhalb derselben Gerichtsbarkeit an ein bereits mit der Sache
befaßtes Gericht können mit Ausnahme der Prozeßgebühren alle Gebühren neu
entstehen. Bei Rückverweisung innerhalb desselben Rechtszuges an ein bisher
mit der Sache nicht befaßtes Gericht können alle Gebühren neu entstehen. Für
den Sonderfall des **§ 629b ZPO** entstehen keine neuen Gebühren, § 15 III BRA-
GO.

V. Einzelne gesetzliche Gebührentatbestände

60 (Vgl. zum Verkehrsunfallrecht B IX Rdnr. 217, zum Arbeitsrecht C I Rdnr. 140, zum Sozialgerichtsprozeß C II Rdnr. 93ff.)

1. Streitwerte und Gebühren in Scheidungs- und Folgesachen

61 **a)** Das auf S. 1162ff. abgedruckte **Formular** ermöglicht die leichte Ermittlung des Streitwertes in der Ehesache sowie den Folgesachen, den isolierten Familiensachen und den einstweiligen Anordnungen. Weiterhin ermöglicht die Übersicht leicht in der Akte zu vermerken, wann welche Gebührentatbestände der BRAGO verwirklicht worden sind.

b) Schwierigkeiten bereitet es allerdings, den **Verfahrensverbund** einerseits und den **Gebührenverbund** andererseits auseinanderzuhalten, §§ 7 III, 13 I, 41 BRAGO: 62

1. Grundregel:
Die Scheidungssache und die Folge-Hauptsachen bilden einen Gebührenverbund, § 7 III BRAGO.

2. Grundregel:
Die im Scheidungsverbund abgehandelten einstweiligen Anordnungen bilden einen Gebührenverbund unter sich. Sie umfassen auch die den nachehelichen Unterhalt umfassende einstweilige Anordnung wegen Ehegattenunterhalt.

3. Grundregel:
Die Hauptsache wegen des Getrenntlebenunterhalts der Ehegatten ist nie im Gebührenverbund.

4. Grundregel:
Die einstweilige Anordnung wegen eines Prozeßkostenvorschusses in einer isolierten Unterhaltssache (auch Getrenntlebenunterhalt von Ehegatten) ist eine gesonderte Sache, § 41 lit. a BRAGO.

5. Grundregel:
Die einstweiligen Anordnungen wegen eines Prozeßkostenvorschusses in einer Familiensache nach § 621 I Ziff. 1–3 sowie 6–9 ZPO bilden zusammenhängend eine besondere Angelegenheit gem. § 41 I lit. c BRAGO. Das isolierte Unterhaltsverfahren ist ausgenommen. Es ist geregelt in § 127a ZPO.

6. Grundregel:
Die einstweiligen Anordnungen in den Verfahren nach §§ 641 d, 641 e II und III ZPO sind besondere Angelegenheiten gem. § 41 I lit. d BRAGO.

7. Grundregel:
Einstweilige Verfügungsverfahren sind immer besondere Angelegenheiten gem. § 40 BRAGO, s. Rdnr. 66.

c) Besonderheiten beim Kindesunterhalt. Neben den vorstehend erwähnten Verfahren wegen Kindesunterhalts (isolierte Hauptsache, Hauptsache im Scheidungsverbund und einstweilige Anordnungen sowie einstweilige Verfügungen) gibt es vereinfachte Verfahren zur Abänderung, Festsetzung oder Neufestsetzung von Unterhaltsansprüchen ehelicher, § 641 l ff. ZPO, oder nichtehelicher Kinder, § 642 a ff. ZPO. 63

Übersicht über die Gebühren beim Kindesunterhalt

aa) Vereinfachte Abänderung von **Unterhaltstiteln ehelicher Kinder.** 64

Prozeßmaßnahme	**Gebührentatbestand**
Auftrag zum Abänderungsantrag endet vor Einreichung des Antrags bei Gericht	5/20 Gebühr §§ 43 III, 32 BRAGO
Abänderungsantrag mündliche Verhandlung im Abänderungsverfahren	5/10 Gebühr gem. § 43 a I BRAGO abgegolten mit vorstehender Gebühr
Beweisaufnahme im Abänderungsverfahren	abgegolten mit vorstehender Gebühr
Erinnerung	abgegolten mit vorstehender Gebühr gem. § 37 Nr. 5 BRAGO
Beschwerde	5/10 § 61 I Nr. 5 BRAGO
Abänderungsklage gem. § 641 q ZPO nach vereinfachtem Verfahren	10/10 Prozeßgebühr unter Anrechnung der 5/10 Gebühr, § 43 II BRAGO
Spätere Abänderungsklage gem. § 323 ZPO	Gebühren gem. § 31 ff. BRAGO

65 **bb)** Verfahren wegen des Unterhalts **nichtehelicher Kinder**

Prozeßmaßnahme	**Gebührentatbestand**
Verfahren über den Unterhaltsanspruch dem Grunde nach, nicht der Höhe	§ 31 ff. BRAGO
Erstfestsetzung des Unterhaltsbetrages gem. § 642a, d ZPO nach vorangegangenem Urteil oder gerichtlichem Vergleich über den Unterhaltsgrund	abgegolten mit vorstehender Prozeßgebühr, § 37 Nr. 6 BRAGO
Erstfestsetzung des Regelunterhalts aufgrund eines vor einer Gütestelle abge-	5/10 Gebühr § 43b I Nr. 1 BRAGO

(Forts. S. 1163 oben)

System für die Übersicht

Die Familiensache	Berechnungsbetrag	Faktor	Sonderzuschlag oder Abzug Besonderheit	Streitwert	§ 31 I 1 § 118 I 1
Verbund Hauptsache					
Ehesache		3	+ Vermögen %		
elterl. Sorge	1500	—			
Umgangsrecht		—			
Kindesunterhalt		12	+ Rückstand		
Geschiedenenunterhalt		12	+ Rückstand		
Versorgungsausgleich		12	min. 1000		
Ehewohnung		—			
Hausrat		—			
Zugewinn etc.		—			
eAO-Verbund					
elterl. Sorge		—			
Umgangsrecht		—			
Kindesunterhalt		6			
Ehegattenunterhalt		6			
Ehewohnung		—			
Hausrat		—			
PKV		—			

Prozeßmaßnahme	**Gebührentatbestand**
schlossenen Vergleichs oder aufgrund einer Urkunde nach § 642c Nr. 2 ZPO	
Neufestsetzung gem. § 642b I 1, 2 ZPO	5/10 Gebühr § 43b I Nr. 2 BRAGO
Stundung rückständigen Unterhalts nach § 643a IV ZPO	5/10 Gebühr § 43b I Nr. 3 BRAGO
Stundung i. V. m. Abänderungsklage	abgegolten mit Prozeßgebühr
Aufhebung und Änderung der Stundung nach § 642f. ZPO	5/10 Gebühr § 43b I Nr. 4 BRAGO

der in Familiensachen anfallenden Gebühren

§ 118 I 2	§ 31 I 2 § 31 I 4	§ 31 I 3	§ 23 § 36	§ 38	§ 26	§ 27	Gebühren-summe	Bezahlt	Offen

System für die Übersicht der in Familiensachen

Die Familiensache	Berechnungsbetrag	Faktor	Sonderzuschlag oder Abzug Besonderheit	Streitwert	§ 31 I 1 § 118 I 1
Isoliertes Verfahren					
elterl. Sorge		—			
Umgangsrecht		—			
Kindesunterhalt		12	+ Rückstand		
Ehegattenunterhalt		12	+ Rückstand		
Geschiedenen-unterhalt		12	+ Rückstand		
Zugewinn		—	§ 63 I 1 BRAGO		
Hausrat		—	§ 63 I 1 BRAGO		
einstw. Verfügung					
Unterhalt Kind		§ 3 ZPO			
Unterhalt Ehegatte		§ 3 ZPO			
Sicherung d. Zugewinns		—			

2. Einstweilige Verfügung und Arrest

66 § 40 BRAGO bestimmt, daß die Verfahren auf Erlaß einer einstweiligen Verfügung oder eines Arrestes gegenüber dem Hauptsachestreit gebührenrechtlich gesonderte Angelegenheiten sind. Grundsätzlich können die Gebühren der §§ 31 ff. BRAGO anfallen. Der Verfahrensablauf führt aber zu **verschiedenen Besonderheiten** gegenüber dem Hauptsacheverfahren.

a) Die folgende **Übersicht** zeigt, welche Gebühren entsprechend dem Verfahrensablauf anfallen können:

67

Verfahrensschritt	Gebühren Antragsteller-RA	Gebühren Antragsgegner-RA
Schutzschrift	–	5/10 Prozeßgebühr § 32 BRAGO
Antrag außerhalb des Hauptsacherechtsstreits	10/10 Gebühr § 31 I 1 BRAGO	–
Antrag bei Gericht der Hauptsache 1. Instanz	10/10 Gebühr § 31 I 1 BRAGO	–
Antrag bei zweitinstanzlichem Gericht der Hauptsache	10/10 Gebühr § 31 I 1 BRAGO § 41 III BRAGO	–

anfallenden Gebühren *(Fortsetzung v. S. 1162/1163)*

§ 118 I 2	§ 31 I 2 § 31 I 4	§ 31 I 3	§ 23 § 36	§ 38	§ 26	§ 27	Gebühren-summe	Bezahlt	Offen

Verfahrensschritt	**Gebühren Antragsteller-RA**	**Gebühren Antragsgegner-RA**
Ablehnung des Antrags durch Beschluß	–	–
Beschwerde gegen ablehnenden Beschluß	5/10 Gebühr § 61 I Nr. 1 BRAGO	
Rechtsmittelerwiderung	–	5/10 Gebühr § 61 I Nr. 1 BRAGO
Mündliche Verhandlung in der Rechtsmittelinstanz nach Beschlußentscheidung 1. Instanz	siehe unten Rdnr. 68	siehe unten Rdnr. 68
Verfügung erlassender Beschluß 1. Instanz	–	–
Widerspruch gegen Verfügung	–	10/10 Gebühr § 31 I 1 BRAGO
Beratung über Widerspruch und Beschränkung auf Kostenwiderspruch	–	5/10 Gebühr § 32 BRAGO nach Hauptsachewert und 10/10 Prozeßgebühr § 31 I 1 BRAGO nach Kostenwert (s. unten Rdnr. 69)

Verfahrensschritt	Gebühren Antragsteller-RA	Gebühren Antragsgegner-RA
Mündliche Verhandlung nach Antrag auf Erlaß einer einstweiligen Verfügung oder nach Widerspruch	$^{10}/_{10}$ Gebühr § 31 I 2 oder 4 BRAGO	$^{10}/_{10}$ Gebühr § 31 I 2 oder 4 BRAGO
Verwertung einer schriftlich vorgelegten **eidesstattlichen Versicherung**	siehe unten Rdnr. 70	siehe unten Rdnr. 70
Entgegennahme einer eidesstattlichen Versicherung in mündlicher Verhandlung	siehe unten Rdnr. 70	siehe unten Rdnr. 70
Urteil	–	–
Vollziehung der einstweiligen Verfügung	$^{3}/_{10}$ Gebühr § 57, 59 BRAGO	–
Berufungsinstanz	wie in bürgerlichen Rechtsstreitigkeiten	wie in bürgerlichen Rechtsstreitigkeiten
Antrag auf Fristsetzung gem. § 926 ZPO	–	$^{10}/_{10}$ Gebühr § 31 I Nr. 1 BRAGO
Antrag gem. § 927 ZPO	§ 40 II BRAGO	

68 **b)** Die erste Besonderheit gegenüber dem normalen zivilprozessualen Verfahren entsteht dann, wenn in erster Instanz der Antrag auf Erlaß einer einstweiligen Verfügung durch Beschluß abgelehnt worden ist und gegen diesen Beschluß **Beschwerde** eingelegt worden ist. Erläßt dann das Beschwerdegericht die einstweilige Verfügung durch Beschluß, so würde das Verfahren nach Widerspruch des Antragsgegners vor dem erstinstanzlichen Gericht weitergehen. Dieses Verfahren löst eine Beschwerdegebühr aus, § 61 I Nr. 1 BRAGO. Ordnet das Beschwerdegericht mündliche Verhandlung an, so entsteht nach überwiegender Auffassung zunächst die Prozeßgebühr. Denn mit dieser Anordnung geht das Beschwerdeverfahren ins Urteilsverfahren über. In der mündlichen Verhandlung entsteht dann die volle Verhandlungsgebühr des § 31 I Nr. 2 BRAGO (vgl. *Riedel/Sußbauer* Rdnr. 13 zu § 40 BRAGO; *Gerold/Schmidt/v. Eicken* Rdnr. 16 zu § 40 BRAGO; *Hartmann* Anm. 2 A zu § 61 BRAGO). Es fällt eine $^{10}/_{10}$ **Prozeßgebühr,** nicht eine $^{13}/_{10}$ Gebühr an (*KG* MDR 1975, 237; *OLG Saarbrücken* JurBüro 1975, 1474).

69 **c)** Ist die einstweilige Verfügung erlassen, kann der Antragsgegner nach anwaltlicher Beratung seinen **Widerspruch** auf die **Kostenentscheidung** beschränken. Unstreitig ist dann, daß sich der Gegenstandswert für die Berechnung der Prozeßgebühr des den Antragsgegner vertretenden RA auf den Kostenwert beschränkt. Da sich die Beratung aber auf die Hauptsache selber erstreckt, fällt eine $^{5}/_{10}$ Prozeßgebühr gem. § 32 BRAGO nach dem Hauptsachestreitwert daneben an (vgl. *Göttlich/Mümmler,* Einstweilige Verfügung, Anm. 1.11 lit. e unter Hinweis auf *KG* Rpfl 1973, 410; Rpfl 1985, 39; vgl. auch *Gerold/Schmidt/v. Eicken* Rdnr. 15 zu § 32 BRAGO; einschränkend – das Problem allerdings nicht erwähnend – *Riedel/Sußbauer/Keller* Rdnr. 8 zu § 40 BRAGO. Entscheidend ist, ob der Auftrag des RA dahinging, die Aussichten eines Widerspruchs zur Hauptsache zu prüfen. Dann ist § 32 BRAGO anzuwenden.

70 **d)** Besondere gebührenrechtliche Aufmerksamkeit verdient die **Verwertung eidesstattlicher Versicherungen** im einstweiligen Verfügungsverfahren oder

im Arrestverfahren. Fällt eine Beweisgebühr an? In Betracht kommt: die Verwertung einer schriftlich vorgelegten eidesstattlichen Versicherung, die Entgegennahme einer eidesstattlichen Versicherung durch einen sistierten Zeugen in mündlicher Verhandlung, die Verwertung des Protokolls einer Zeugenvernehmung aus einem anderen Verfahren. Die Verwertung einer **schriftlich** vorgelegten eidesstattlichen Versicherung ist wegen § 34 I BRAGO keine die Beweisgebühr auslösende Tätigkeit (Nachweise bei *Riedel/Sußbauer/Keller* Rdnr. 104 zu § 31 BRAGO; *Gerold/Schmidt/v. Eicken* Rdnr. 6 zu § 40 BRAGO). Die Entgegennahme einer eidesstattlichen Versicherung **in mündlicher Verhandlung** kann grundsätzlich eine Beweisgebühr auslösen (siehe die Fundstellen wie vor). Die Verwertung von **Zeugenaussagen aus Parallelverfahren** löst keine Beweisgebühr aus (*OLG Hamm* AnwBl 1974, 278; *KG* JurBüro 1981, 867).

3. Die Gebühren in der Zwangsvollstreckung

Der Rechtsanwalt wird in der Zwangsvollstreckung tätig entweder im **Anschluß an eine vorhergehende Prozeßtätigkeit** oder unabhängig von einer vorhergehenden Prozeßtätigkeit. Soweit der RA den der Vollstreckung zugrundeliegenden Titel erstritten hat, sind verschiedene Tätigkeiten der Zwangsvollstreckung mit der Prozeßgebühr abgegolten, § 37 BRAGO. In der nachstehenden Aufstellung sind diese Tätigkeiten aufgeführt. War der RA nicht beauftragt, den der Zwangsvollstreckung zugrundeliegenden Titel zu erstreiten, so erhält er für diese Tätigkeiten eine Gebühr gem. § 57 BRAGO. Von der Gebühr gem. § 57 BRAGO sind bestimmte in § 58 II BRAGO aufgeführte Tätigkeiten automatisch umfaßt. Auch diese Tätigkeiten sind in der nachstehenden Aufstellung unter Hinweis auf § 58 II BRAGO aufgeführt. Schließlich gibt es in der Zwangsvollstreckung verschiedene Tätigkeiten, die unabhängig von sonstiger Tätigkeit in der Zwangsvollstreckung als gesonderte gebührenpflichtige Tätigkeiten zu beurteilen sind, § 58 III BRAGO. 71

Die nachstehende **Übersicht** ordnet einzelne Maßnahmen der Zwangsvollstreckung nach den vorstehenden Kriterien den §§ 37, 58 I, II oder III BRAGO zu oder den sonst gültigen Vorschriften. 72

Art der Vollstreckungsmaßnahmen	BRAGO-Vorschriften
Notfristattest einholen	§§ 37 Nr. 7, 58 II Nr. 1
Rechtskraftzeugnis einholen	§§ 37 Nr. 7, 58 II Nr. 1
Antrag, Vollstreckungsklausel zu erteilen	§§ 37 Nr. 7, 58 II Nr. 2
Klage auf Erteilung der Vollstreckungsklausel	§ 31
Einwendungen gegen Erteilung der Vollstreckungsklausel	§ 58 III Nr. 1
Antrag, die Zwangsvollstreckung vorläufig einzustellen	§§ 37 Nr. 3, 58 I
Mündliche Verhandlung über Einstellungsantrag	§§ 49 I, 31
Zustellung einer Bürgschaft zur Abwehr der Zwangsvollstreckung	§§ 37 Nr. 3, 58 I und II Nr. 2 analog
Zustellung einer Vollstreckungsbürgschaft	§§ 37 Nr. 3, 58 I, II Nr. 2
§ 753 ZPO Vollstreckungsantrag an Gerichtsvollzieher	§ 58 I

Art der Vollstreckungsmaßnahmen	BRAGO-Vorschriften
§ 761 ZPO Antrag, die Vollstreckung zur Nachtzeit und an Sonn- und Feiertagen zu erlauben	§ 58 II Nr. 3
Antrag auf Gestattung der Durchsuchung der Räume des Schuldners	§ 58 II Nr. 3 analog
Erneuter Vollstreckungsantrag § 765a ZPO, Vollstreckungsschutzantrag	§ 58 I § 58 III Nr. 3
§ 766 I ZPO, Erinnerung gegen Art u. Weise der ZV	§ 58 I
§ 767 ZPO, Vollstreckungsabwehrklage	§ 31
§ 768 ZPO, Klage gegen Vollstreckungsklausel	§ 31
§ 769 ZPO	§§ 37, 49 I
§ 771 ZPO, Widerspruchsklage	§ 31
§ 772 ZPO, Widerspruchsklage bei Veräußerungsverbot	§ 31
§ 773 ZPO, Widerspruchsklage des Nacherben	§ 31
§ 774 ZPO, Widerspruchsklage des Ehegatten	§ 31
§ 777 ZPO, Erinnerung bei genügender Sicherung des Gläubigers	§ 58 I
§§ 781, 767 ZPO, beschränkte Erbenhaftung in der ZV	§ 31
§ 788 ZPO, Festsetzung der Kosten der ZV	§§ 58 I, 37 Nr. 7
§ 793 ZPO, sofortige Beschwerde	§ 61
§ 805 ZPO, Klage auf vorzugsweise Befriedigung eines Dritten	§ 31
§ 807 ZPO, Antrag auf Abgabe der eidesstattlichen Versicherung	§ 58 III Nr. 11
§§ 807, 900 ZPO, Widerspruch des Schuldners gegen Anordnung, eidesstattliche Versicherung abzugeben in mündlicher Verhandlung	§§ 58 III Nr. 11, 31 I Nr. 2
§§ 807, 900 V ZPO, Beschwerde des Schuldners	§ 61 BRAGO
§ 807, 901 ZPO, Antrag auf Erlaß eines Haftbefehls in mündlicher Verhandlung	§§ 58 III Nr. 1, 31 I Nr. 2
§ 811a ZPO, Antrag auf Austauschpfändung	§ 58 III Nr. 4
§ 811b ZPO, vorläufige Austauschpfändung	§ 58 I, III Nr. 4
§ 813a ZPO, Antrag auf Aussetzung der Verwertung	§ 58 III Nr. 3
§ 825 ZPO, Antrag auf anderweitige Verwertungsart	§ 58 III Nr. 4a
§ 827 ZPO, Antrag auf Bestimmung eines bestimmten Gerichtsvollziehers bei mehrfacher Pfändung	§ 58 II Nr. 4
§ 829 ZPO, Antrag auf Pfändung von Geldforderungen	§ 58 I
§ 840 ZPO, Erklärung des Drittschuldners (für von Drittschuldner beauftragten RA)	§ 58 I
§ 844 ZPO, Antrag auf andere Art der Verwertung	analog § 58 III Nr. 4a
§ 845 ZPO, Vorpfändung	§ 58 I
§ 850c IV ZPO, Änderung der Berechnung des unpfändbaren Teils des Arbeitseinkommens	§ 58 I
§ 850f ZPO, Antrag auf Änderung des unpfändbaren Betrages	§ 58 I

Art der Vollstreckungsmaßnahmen	BRAGO-Vorschriften
§ 850g ZPO, Antrag auf Änderung der Unpfändbarkeitsvoraussetzungen	§ 58 I
§ 850i ZPO, Antrag auf Pfändungsschutz in Sonderfällen	§ 58 I
§ 850k ZPO, Antrag auf Pfändungsschutz für Bankguthaben	§ 58 I
§ 851a ZPO, Antrag auf Pfändungsschutz für Landwirte	§ 58 III Nr. 3
§ 851b ZPO, Antrag auf Pfändungsschutz bei Miet- und Pachtzins	§ 58 III Nr. 3
§ 856 ZPO, Klage bei mehrfacher Pfändung auf Erfüllung der Pflichten aus §§ 853 bis 855 ZPO	§ 31
§ 857 ZPO, Antrag auf besondere Anordnungen bei Vollstreckung in andere Vermögensrechte	§ 58 I
§ 866 ZPO, Antrag auf Eintragung einer Sicherungshypothek	§ 58 III Nr. 5
§ 869 ZPO, Zwangsversteigerung, Zwangsverwaltung	§§ 68, 69
§ 872 ZPO, Verteilungsverfahren mit Termin	§ 60 I, $^{5}/_{10}$
§ 872 ZPO, Verteilungsverfahren ohne Termin	§ 60 I, $^{3}/_{10}$
§ 878 ZPO, Widerspruchs- und Bereicherungsklage	§ 31
§ 882a ZPO, Ankündigung der ZV gegen juristische Person des öffentlichen Rechts	§ 58 II Nr. 5
§ 887 ZPO, Antrag auf Vollstreckung wegen vertretbarer Handlungen	§ 58 III Nr. 7
§ 887 II ZPO, Antrag aus Vorauszahlungsbeschluß	§ 58 III Nr. 5
§ 888 ZPO, Antrag auf Vollstreckung wegen unvertretbarer Handlung	§ 58 III Nr. 8
§ 888 I ZPO, Vollstreckung des Zwangsgeldes	§ 58 III Nr. 8
§ 889 ZPO, Antrag auf Abgabe der eidesstattlichen Versicherung nach BGB	§ 58 I
§ 890 II ZPO, Antrag auf Androhung einer Verurteilung zu Ordnungsgeld	§ 58 II Nr. 6
§ 893 ZPO, Klage auf Leistung des Interesses	§ 31
§ 909 ZPO, Antrag auf Verhaftung des Schuldners	§ 58 I
§ 915 II ZPO, Löschung im Schuldnerverzeichnis	§ 58 II Nr. 12

Betreibt der RA die Zwangsvollstreckung für einen Gläubiger gegen mehrere Schuldner, so ist die Vollstreckung gegen jeden einzelnen Schuldner eine gesonderte Angelegenheit. Wird gegen zwei Mieter die Räumungsvollstreckung betrieben, so fallen also zwei $^{3}/_{10}$ Gebühren und zwei Auslagenpauschalen an, jeweils zzgl. Mehrwertsteuer.

Jeder Schuldner haftet prozessual nur für die in der Vollstreckung gegen ihn entstandenen Gebühren.

Nach Maßgabe der Übersicht in Rdnr. 72 handelt es sich bei vielerlei Vollstreckungsmaßnahmen um gegenüber vorangegangenen Vollstreckungsmaßnahmen und nachfolgenden Vollstreckungsmaßnahmen gesonderte Angelegenheiten. Das hat zur Folge, daß bei jeder Angelegenheit die Gebühren entstehen können, auf die § 57 BRAGO verweist, insbesondere also die $\frac{3}{10}$ Prozeßgebühr des § 31 I Nr. 1 BRAGO, aber auch die Vergleichsgebühr des § 23 BRAGO. Wird in der ersten selbständigen Vollstreckungsmaßnahme ein Vergleich abgeschlossen, den der Schuldner nicht einhält, und vollstreckt der Gläubiger dann erneut aufgrund einer Verfallklausel und wird dann ein neuer Vergleich abgeschlossen, so fällt in der neuen Vollstreckungssache erneut eine Vergleichsgebühr an. Der Gegenstandswert der zweiten Vollstreckungsmaßnahme unterscheidet sich vom Gegenstandswert der ersten Vollstreckungsmaßnahme aufgrund der in der Zwischenzeit angefallenen weiteren Kosten und Zinsen und aufgrund evtl. vom Schuldner geleisteter Zahlungen, § 57 II BRAGO.

Ob allerdings eine Vergleichsgebühr in Rechnung gestellt werden darf, hängt davon ab, ob tatsächlich ein Vergleich im Sinne des § 779 BGB zwischen Gläubiger und Schuldner geschlossen worden ist; ein einseitiges Nachgeben des Gläubigers reicht dafür nicht aus. Auch der Schuldner muß über die dem Schuldtitel nur genügende Erklärung, zahlen zu wollen, nachgeben (vgl. zu den Anforderungen *Gerold/Schmidt/von Eicken* Rdnr. 27 zu § 57 BRAGO). Ob diese Vergleichsgebühr prozessual erstattungsfähig ist, ist umstritten (bejahend *Gerold/Schmidt/von Eicken* Rdnr. 27 am Ende mit Darstellung der kontroversen Rechtsprechung).

Der typische Ablauf der Zwangsvollstreckung enthält schließlich noch gebührenrechtliche Schwierigkeiten, wenn der Schuldner ständig verzieht oder aus sonstigen Gründen vom Gerichtsvollzieher nicht angetroffen wird. Dabei können folgende Hinweise helfen, die gebührenrechtlichen Fragen zu beantworten:

Vollstreckungsmaßnahme	**Gebührentatbestand zusätzlicher**	**Streitwert (Veränderungen)**
Zustellung gem. § 720a ZPO	keiner	–
Vollstreckungsauftrag gem. § 753 ZPO	$\frac{3}{10}$ § 58 I BRAGO	bisherige Hauptforderung, Zinsen, Kosten
Antrag, die Vollstreckung zur Nachtzeit und an Sonn- u. Feiertagen zu erlauben, § 761 ZPO	keiner, § 58 II Nr. 3 BRAGO	–
Antrag auf Gestattung der Durchsuchung der Räume des Schuldners gem. Art. 13 GG	keiner, § 58 II Nr. 3 analog	–
Auftrag an den Gerichtsvollzieher mit den beiden Gerichtsbeschlüssen	keiner	–
Auftrag an anderen Gerichtsvollzieher, nachdem Schuldner nun verzogen ist	umstritten (überwiegende Meinung wohl ablehnend, vgl. Gerold/Schmidt/von Eicken Rdnr. 7 zu § 58 BRAGO	–
Gerichtsvollzieher hat unter Anschrift A Unpfändbarkeit bescheinigt, Gläubiger erfährt neue Anschrift B und beauftragt dort erneut einen Gerichtsvollzieher	weitere Gebühr, § 58 I BRAGO	zzgl. weiterer Kosten und Zinsen

Vollstreckungsmaßnahme	Gebührentatbestand zusätzlicher	Streitwert (Veränderungen)
Antrag auf Abgabe der eidesstattlichen Versicherung, § 807 ZPO	weitere Gebühr, § 58 III Nr. 11 BRAGO	max. 2400,– DM
Widerspruch des Schuldners im Termin und Antrag des Gläubigervertreters, Widerspruch zurückzuweisen	weitere Gebühr, § 58 III Nr. 11, § 31 I Nr. 2 BRAGO	unverändert
Beschwerde des Schuldners, §§ 807, 900 V ZPO	5/10, § 61 BRAGO	max. 2400,– DM
Antrag auf Erlaß eines Haftbefehls in neuer mündlicher Verhandlung	keiner (Verhandlungsgebühr bereits angefallen)	–
Antrag auf Verhaftung des Schuldners	keiner	–
Schuldner wird verhaftet, im Termin zur eidesstattlichen Versicherung übergibt der Schuldner eine Bürgschaft einer dritten Person, der Gläubiger bewilligt Ratenzahlung und nimmt den Antrag auf Abgabe der eidesstattlichen Versicherung zurück	§ 23 BRAGO	unverändert
Schuldner hält Zahlungsversprechen nicht ein, Gläubiger nimmt Bürgin in Anspruch	§ 118 oder § 31 BRAGO	Hauptforderung
Erneuter Antrag auf Abgabe der eidesstattlichen Versicherung	3/10, § 58 III Nr. 11 BRAGO	zzgl. bisheriger Kosten und Zinsen, aber ohne Kosten, die nur gegen Bürgern entstanden sind und umstritten wegen Vergleichsgebühr (s. oben), aber max. 2400,– DM, § 58 III Nr. 11 BRAGO
Schuldner gibt eidesstattliche Versicherung in Anwesenheit des Gläubigervertreters ab	3/10, § 58 III Nr. 11, § 31 I Nr. 2 BRAGO	unverändert
Antrag auf Lohnpfändung, § 829 ZPO	3/10, § 58 I BRAGO	zzgl. weiterer Kosten und Zinsen
Mahnung des Drittschuldners zur Abgabe der Erklärung gem. § 845 ZPO	§§ 118, 32, 120 BRAGO	Hauptforderung
Antrag auf Eintragung einer Sicherungshypothek	3/10, § 58 III Nr. 5 BRAGO	zzgl. weiterer Kosten und Zinsen
Antrag auf Zwangsversteigerung	Gebühren, § 68 BRAGO	s. § 68 III BRAGO

Bei der Abrechnung der Abrechnung der Zwangsvollstreckungstätigkeit kommt es besonders darauf an, festzustellen:

- welchen Auftrag der Mandant erteilt hat
- welche Gebühren im Verhältnis zum Mandanten angefallen sind
- welche Gebühren der Schuldner zu erstatten hat (prozessual oder materiell-rechtlich)

– ob Gebühren hätten vermieden werden können; nur die notwendigen Kosten der Zwangsvollstreckung hat der Schuldner zu erstatten

4. Die Beschwerde

73 Unter den Begriff der Beschwerde fallen die verschiedensten Arten der Beschwerde, die auch gebührenrechtlich durchaus unterschiedlich behandelt werden. Es gibt keine zusätzliche Gebührentatbestände auslösenden Beschwerden, Gebühren gem. § 61 BRAGO auslösende Beschwerden, sonstigen Gebührentatbestände auslösenden Beschwerden.

74 a) **Keine Gebührentatbestände auslösenden Beschwerden** sind die Beschwerden im Strafverfahren und Ordnungswidrigkeitenverfahren mit Ausnahme der Rechtsbeschwerde und mit Ausnahme der Erinnerung/Beschwerde im Kostenfestsetzungsverfahren und gegen den Kostenansatz, § 61 I Nr. 2 BRAGO. Derartige, von den Gebühren der §§ 83 und 84 BRAGO umfaßten Beschwerden sind

- Beschwerden in Haftsachen einschließlich Haftprüfungsverfahren,
- Beschwerden gegen Entscheidungen über die vorläufige Entziehung der Fahrerlaubnis,
- Beschwerden gegen Entscheidungen wegen vorläufigen Berufsverbots,
- Beschwerden gegen die Entscheidung über die Beiordnung eines Pflichtverteidigers,
- Beschwerden gegen vorläufige Entscheidungen über die Unterbringung,
- Beschwerden gegen Entscheidungen wegen Beschlagnahmen und Durchsuchungen,
- Beschwerden im Wiedereinsetzungsverfahren.

Soweit diese Tätigkeiten keine gesonderten Gebührentatbestände darstellen, sind sie doch bei der Ermittlung der angemessenen Gebühr, innerhalb des jeweiligen Gebührenrahmens zu berücksichtigen (zur Bemessung der Gebühren im Rahmen des § 12 BRAGO vgl. Rdnr. 138).

75 Was für das Strafverfahren gilt, gilt auch für Verfahren nach dem Gesetz über die innerdeutsche Rechts- und Amtshilfe in Strafsachen, § 105a BRAGO, für Verfahren nach dem Gesetz über die internationale Rechtshilfe in Strafsachen, § 106ff. BRAGO, in Disziplinarverfahren, § 109 BRAGO, in Wehrbeschwerdeverfahren, § 109a BRAGO, in ehren- und berufsgerichtlichen Verfahren, § 110 BRAGO, in Verfahren wegen der Untersuchung von Seeunfällen, § 111 BRAGO, und in Verfahren über die Freiheitsentziehung, § 112 BRAGO, die jeweils auf die Vorschriften der §§ 83ff. BRAGO verweisen.

76 b) Von der **Pauschgebühr** für das Verfahren umfaßt sind auch die Beschwerden mit Ausnahme der Nichtzulassungsbeschwerde im sozialgerichtlichen Verfahren des § 116 I BRAGO, nicht aber in den Beschwerdeverfahren des § 116 II BRAGO.

77 c) Nachdem wir vorstehend die Fälle dargestellt haben, in denen eine besondere Beschwerdegebühr nicht anfällt, wenden wir uns nun den Verfahren zu, in denen die Beschwerdegebühr des **§ 61 BRAGO nicht anwendbar** ist, so daß schließlich noch die Fälle übrig bleiben, in denen § 61 BRAGO einschlägig ist:

§ 47 II BRAGO	Beschwerde im Verfahren wegen der Vollstreckbarerklärung ausländischer Schuldtitel, im Gegensatz zum Verfahren zur Vollstreckbarerklärung von Schiedssprüchen, § 46 BRAGO, erhält der RA hier $^{10}/_{10}$ Gebühren
§ 61 a BRAGO	Beschwerde in Scheidungsfolgesachen, Gebühren gem. § 11 I 4, 5 BRAGO
§ 62 II BRAGO	Beschwerde im arbeitsgerichtlichen Beschlußverfahren, Gebühren gem. § 11 I 4 BRAGO
§§ 62, 114 III BRAGO	Nichtzulassungsbeschwerde im arbeitsgerichtlichen Verfahren (str., Nachweise bei *Gerold/Schmidt/v. Eicken,* Rdnr. 4a zu § 62 BRAGO)
§ 63 II BRAGO	Beschwerde im Verfahren nach der HausratsVO, § 43 WEG, nach dem LWVG, nach § 76 des Auslandsschuldengesetzes, Gebühren wie im ersten Rechtszug
§ 65 a BRAGO	Beschwerde- und Rechtsbeschwerdeverfahren nach dem GWB, Gebühren nach § 11 I 4 BRAGO
§ 65 b BRAGO	Verfahren nach dem Gesetz über die Wahrnehmung von Urheberrechten und Verwandten Schutzrechten, Gebühren nach § 11 I 4 BRAGO
§ 66 II BRAGO	Beschwerdeverfahren vor dem Patentgericht in bestimmten Angelegenheiten
§ 66 III BRAGO	Verfahren vor dem BGH im Rechtsbeschwerde- und Beschwerdeverfahren in Patentsachen etc., Gebühren nach § 11 I 4 BRAGO
§ 66 a II BRAGO	Rechtsbeschwerde nach § 116 StVollzG, Gebühren nach § 11 I 4 BRAGO
§ 70 I BRAGO	Rechtsmittelverfahren in Zwangsversteigerungs- und Zwangsverwaltungsverfahren
§ 80 II BRAGO	Beschwerde im Vergleichsverfahren
§ 81 a II BRAGO	Beschwerde im Seerechtlichen Verteilungsverfahren, $^{3}/_{10}$ Gebühr
§ 118 BRAGO	Beschwerde in FGG-Verfahren

d) In den **übrigen Beschwerdeverfahren** entstehen die Gebühren gem. § 31 BRAGO in halber Höhe, also in Höhe von $^{5}/_{10}$. Hierzu gehören: 78

- Beschwerde in Beweissicherungsverfahren, wenn der Beweissicherungsantrag abgelehnt worden ist,
- Beschwerde in PKH-Verfahren, wenn PKH versagt worden ist,
- Beschwerde wegen der vorläufigen Einstellung, Beschränkung oder Aufhebung der Zwangsvollstreckung,
- Beschwerde im Verfahren wegen der Rückgabe einer Sicherheit, §§ 109, 715 ZPO,
- Bestellung von Vertretern durch das Prozeß- oder Vollstreckungsgericht,
- Beschwerde im Ablehnungsverfahren von Richtern, Rechtspflegern, Urkundsbeamten der Geschäftsstelle oder Sachverständigen,
- Beschwerde in Zwangsvollstreckungsverfahren,
- Beschwerde im Verfahren wegen der Festsetzung des Streitwertes,
- Beschwerde im Verfahren wegen der Änderung einer Entscheidung des beauftragten oder ersuchten Richters,

- Beschwerde im Verfahren wegen der Änderung von Entscheidungen des Urkundsbeamten der Geschäftsstelle oder des Rechtspflegers,
- Beschwerde gegen Berichtigungsbeschluß, § 319 III ZPO,
- Beschwerde im vereinfachten Abänderungsverfahren von Unterhaltstiteln, § 641 p III ZPO,
- Beschwerde im Verfahren gem. § 642 a III ZPO wegen der Festsetzung von Regelunterhalt,
- Beschwerde gegen Kostenentscheidung gem. § 91 a II ZPO,
- Beschwerde gegen Kostenentscheidung gem. § 93 ZPO, § 99 II 1 ZPO,
- Erinnerung, Beschwerde im Kostenfestsetzungsverfahren, § 104 III ZPO.

5. Außergerichtliche Tätigkeit

79 Wie oben (Rdnr. 19) dargestellt, kann die anwaltliche außergerichtliche Tätigkeit sich darstellen als **Beratung oder Auskunft** gem. § 20 BRAGO; außergerichtliche Tätigkeit gem. § 118 BRAGO oder außergerichtliche Tätigkeit gem. § 120 BRAGO.

Welche der drei Normen anzuwenden ist, richtet sich nicht nach der vom RA entfalteten Tätigkeit, sondern nach der in Auftrag gegebenen Tätigkeit (*BGH* AnwBl 1983, 512). Soweit sich allerdings eine in Auftrag gegebene Tätigkeit auf einen Umfang beschränkt, der etwa unter § 120 BRAGO zu subsumieren wäre, ist dieser Umstand bei der Bemessung der Gebühr im Rahmen des § 20 BRAGO oder des § 118 BRAGO zu berücksichtigen.

80 Bei Beginn einer außergerichtlichen Tätigkeit wird der RA zunächst den **Auftragsinhalt** genau feststellen. Nach den vorstehend genannten Kriterien ist die Abgrenzung zwischen § 120 BRAGO einerseits sowie § 118 oder § 20 BRAGO andererseits einfach. Einfach ist auch noch die Abgrenzung zwischen **§ 118 und § 20 BRAGO,** soweit der Auftrag dahingeht, gegenüber Dritten außergerichtlich tätig zu sein: hier wird § 118 BRAGO angewendet. Der Übergang von § 20 zu § 118 BRAGO ist dort, wo die Beratung in den Entwurf von Schreiben oder Urkunden übergeht oder wo bei der Gestaltung von Gesellschaftsverträgen mitgewirkt wird, § 118 I Nr. 1 und § 118 I Nr. 2, 2. Halbsatz BRAGO.

81 Im übrigen enthält § 118 BRAGO die **Alternativen** (1) Geschäftsgebühr § 118 I Nr. 1 BRAGO; (2) Besprechungsgebühr § 118 I Nr. 2 BRAGO; (3) Beweisaufnahmegebühr § 118 I Nr. 3 BRAGO. – § 118 dient für das gesamte einem Rechtsstreit vorausgehende Verwaltungsvorverfahren einschließlich eines Einspruchs-, Beschwerde- oder Abhilfeverfahrens, § 119 I BRAGO (zum Verwaltungsverfahren siehe im übrigen unten Rdnr. 91).

6. Anwaltsgebühren im Strafverfahren

a) Verteidiger

82 Ist der RA als Verteidiger beauftragt, so kommt wieder in Betracht, daß er beratend tätig sein soll, einzelne Tätigkeiten ausüben soll, insgesamt verteidigen soll. In der nachstehenden **Übersicht** sind für einzelne anwaltliche Tätigkeiten die jeweiligen Gebührengrundlagen der BRAGO aufgeführt.

83

Verfahrensabschnitt	Rat	Gesamtverteidigung	Einzelauftrag
Ermittlungsverfahren	§ 20	§ 84, 1. Alt.	–
staatsanwaltliche Vernehmung	§ 20	§ 84, 1. Alt.	§ 91 Nr. 2

Verfahrensabschnitt	Rat	Gesamtverteidigung	Einzelauftrag
richterl. Vernehmung	§ 20	§ 84, 1. Alt.	§ 91 Nr. 2
Anträge	§ 20	§ 84, 1. Alt.	§ 91 Nr. 1
Klagerzwingungsverfahren	§ 20	§ 84, 2. Alt.	§ 91 Nr. 2
Stellungnahme zur Anklage gegenüber dem Gericht	§ 20	§ 84, 2. Alt.	§ 91 Nr. 1
Hauptverfahren	§ 20	§ 84, 2. Alt.	–
Richterlicher Augenschein außerhalb der Hauptverhandl.	§ 20	§ 84, 2. Alt.	§ 91 Nr. 2
1. Hauptverhandlungstag	§ 20	§ 83 I	–
Fortsetzung der Hauptverhandl.	§ 20	§ 83 II	–
Beweisanträge	§ 20	§ 83	§ 91 Nr. 1
Ablehnungsanträge	§ 20	§ 83	§ 91 Nr. 1
Berufungseinlegung	§ 20	§§ 83, 84, 2. Alt. § 87	§§ 91 Nr. 1, 92
Berufungsbegründung	§ 20	§ 85 III	§§ 91 Nr. 2, 92
Erwiderung auf gegn. Berufung	§ 20	§ 85 III	§ 91 Nr. 2
Berufungshauptverhandlung 1. Tag	§ 20	§ 85 I	–
Berufungshauptverhandlung 2. Tag	§ 20	§ 85 II	–
Revisionseinlegung	§ 20	§§ 85 I, 2, 87	§§ 91 Nr. 2, 92
Revisionsbegründ.	§ 20	§ 86 III	§§ 91 Nr. 3, 92
Revisionserwider.	§ 20	§ 86 III	§ 91 Nr. 3
Erklärung gem. § 349 III StPO	§ 20	§ 86 III	§ 91 Nr. 3
Revisionshauptverhandlung 1. Tag	§ 20	§ 86 I	–
Revisionshauptverhandlung 2. Tag	§ 20	§ 86 II	–
Gnadengesuch	§ 20	§ 93	§ 93
Kostenfestsetzungsantrag	§ 20	§§ 83, 84	§ 91 Nr. 1
Erinnerung im Kostenfestsetzungsverf.	§ 20	§ 96 I Nr. 1	§ 91 Nr. 1
Wiederaufnahmeverfahren	§ 20	§ 90	–
Strafvollzug			
Antrag gem. § 109 StrVollzG	§ 20	§ 66a Abs. 1	§ 66a Abs. 1
Rechtsbeschwerde, § 116 StrVollzG	§ 20	§ 66a	§ 66a
Antrag gem. § 23ff EGGVG	§ 20	§ 66a Abs. 1	§ 66a Abs. 1

Soweit vorstehend in der Spalte „Rat“ § 20 BRAGO erwähnt worden ist, fällt diese Gebühr nur einmal an, unabhängig davon, in welchem Verfahrensstadium der RA um Rat gebeten wird. Der Umfang der Beratung wirkt sich natürlich auf die Höhe der Gebühren im Rahmen des § 12 BRAGO aus. Der nur mit **Einzeltätigkeiten** beauftragte RA erhält je Rechtszug auch aus mehreren Einzeltätigkeiten insgesamt nicht mehr, als er als Wahlverteidiger für die gesamte Tätigkeit als Verteidiger erhalten hätte. Für die die Verteidigung im eigentlichen Sinne betreffenden Gebührentatbestände kommt es auf folgende **Abgrenzungsmerkmale** an:

84 *1. Gebührentatbestand:*
Tätigkeit im Ermittlungsverfahren bis zu dem Zeitpunkt, wo die Anklage beim Gericht erhoben wird: eine in keiner anderen Gebühr aufgehende Gebühr gem. § 84, 1. Alternative BRAGO (vorbereitendes Verfahren) fällt an.

85 *2. Gebührentatbestand:*
Sobald die Anklage bei Gericht erhoben ist, beginnt das gerichtlich anhängige Verfahren, in dem der RA zunächst eine neue Gebühr gem. § 84 I, 2. Alternative BRAGO verdient.

86 *3. Gebührentatbestand:*
Mit dem Aufruf der Sache gem. § 243 I 1 StPO beginnt die die Gebühr aus § 83 I BRAGO auslösende Hauptverhandlung. Die aus dem 2. Gebührentatbestand entstandene Gebühr wächst in eine Gebühr gem. § 83 BRAGO hinein, weil sich nunmehr in dem gerichtlichen Verfahren eine Hauptverhandlung abspielt.

87 *4. Gebührentatbestand:*
Mit jedem neuen Hauptverhandlungstag entsteht eine neue Gebühr, und zwar aus § 83 I BRAGO oder aus § 83 II BRAGO. Ob an folgenden Hauptverhandlungstagen der Gebührentatbestand des § 83 I oder des § 83 II BRAGO erreicht wird, hängt vom Verlauf des Verfahrens entsprechend den strafprozessualen Vorschriften ab. Die Gebühr für den letzten Hauptverhandlungstag umfaßt auch die Einlegung des Rechtsmittels, der Berufung oder der Revision, § 87 BRAGO.

Wird eine Hauptverhandlung ausgesetzt und endet das Verfahren erstinstanzlich außerhalb einer nachfolgenden Hauptverhandlung, so soll eine Gebühr gem. § 84 2. Alt. zusätzlich anfallen (*LG Bremen* StrV 90, 173: der Gesetzgeber habe, indem er bei Aussetzung der Hauptverhandlung eine weitere Gebühr gem. § 83 Abs. 1 BRAGO zugebilligt habe, mit dem Ende der ersten Hauptverhandlung einen gebührenrechtlichen Einschnitt geschaffen; § 83 Abs. 2 S. 2 BRAGO sei eingeführt worden, um die vorbereitende Tätigkeit außerhalb der nachfolgenden Hauptverhandlung höher zu bewerten; das erfordere in den Fällen, in denen es zur weiteren Hauptverhandlung nicht komme, die Bewilligung einer Zusatzgebühr gem. § 84 s. Alt. BRAGO).

88 *5. Gebührentatbestand:*
Ist **Berufung** eingelegt und befindet sich die Akte beim Berufungsgericht, so beginnt das Berufungsverfahren mit den Gebührentatbeständen des § 85 BRAGO, die sich an die Gebührentatbestände des § 84 und 83 BRAGO anlehnen, also zunächst Tätigkeit außerhalb der Hauptverhandlung mit Gebühr gem. § 85 III BRAGO, sodann Gebühr für Tätigkeit einschließlich Hauptverhandlung gem. § 85 I BRAGO, und schließlich Gebühr für Fortsetzungsverhandlung gem. § 85 II BRAGO.

Im **Revisionsverfahren** berechnen sich die Gebühren nach dem gleichen Muster gem. § 86 BRAGO. Der Gebührenrahmen ergibt sich in allen Instanzen aus den §§ 83 bis 86 BRAGO, jedoch unter Berücksichtigung des § 88 BRAGO, nämlich die Tätigkeit wegen eines **Fahrverbotes** oder der Entziehung der Fahrerlaubnis ist gem. § 88 S. 3 BRAGO gebührenerhöhend. Zu berücksichtigen ggfs. ist der Rahmen um 25% zu überschreiten; die Tätigkeit bezogen auf die Einziehung oder den Verfall, die Vernichtung, die Unbrauchbarmachung, die Abführung des **Mehrerlöses** oder auf eine dementsprechende

Beschlagnahme ist unter Berücksichtigung des Gegenstandswertes der betroffenen Sache angemessen zu berücksichtigen, ggf. den Rahmen erhöhend gem. § 88 S. 1 und 2 BRAGO.

b) Anwaltsgebühren als Vertreter des Geschädigten bestimmen sich 89

für den Beistand des Privatklägers, § 378 S. 1, 1. Alt. StPO	§§ 94, 83 bis 93 BRAGO
für den Vertreter des Privatklägers, § 378 S. 1, 2. Alt. StPO	§§ 94, 83 bis 93 BRAGO
für den Beistand des Nebenklägers und für den Vertreter des Nebenklägers, § 397 I 1, § 378 StPO	§§ 95, 83 bis 93 BRAGO
für den Beistand oder Vertreter des Verletzten, der nicht Nebenkläger ist, § 406f. StPO	§§ 95, 2. Halbsatz, 83 bis 93 BRAGO
für den Beistand des Zeugen *BVerfGE* 38, 105	§§ 95, 83 bis 93 BRAGO

c) Vermögensrechtliche Ansprüche im Strafverfahren. Derartige Ansprüche können im Adhäsionsverfahren geltend gemacht werden. Für diesen Fall enthält § 89 BRAGO Sonderregelungen über die Gebühren des RA neben den Gebühren eines Verteidigers, nämlich: 90

Rechtszug	**Gebührentatbestand**
1. Instanz	15/10 Gebühr gem. § 89 I 1 BRAGO
2. Berufungsinstanz	20/10 Gebühr gem. § 89 I 1 BRAGO
Berufungsinstanz mit erstmals geltend gemachtem zivilrechtlichen Anspruch	15/10 Gebühr gem. § 89 I 2 BRAGO
Revisionsverfahren	20/10 Gebühr gem. § 89 I 1 BRAGO
Fortsetzung der zivilrechtlichen Auseinandersetzung im Zivilprozeß	Gebühren gem. § 31ff. BRAGO abzgl. 2/3 der Gebühren gem. § 89 I BRAGO, mindestens aber 2/3 der Gebühren gem. § 31ff. BRAGO, § 89 I BRAGO
Vergleich über zivilrechtliche Ansprüche im Strafverfahren	Gebühr gem. § 89 IV i. V. m. § 23 BRAGO

7. Gebühren im verwaltungsrechtlichen Mandat

Im verwaltungsrechtlichen Mandat fallen die Gebühren nach Verfahrensabschnitten wie folgt an: 91

Verfahrensabschnitt:	**Gebührentatbestand:**
Verfahren **vor Erlaß** eines Verwaltungsaktes	§ 118 i. V. m. § 119 I BRAGO
Vorverfahren **nach Erlaß des Verwaltungsaktes**	§ 118 i. V. m. § 119 I BRAGO
Gerichtliches Verfahren	§ 114 I i. V. m. § 31 I Nr. 1 BRAGO
Mündliche Verhandlung § 101 I VwGO	Verhandlungsgebühr § 31 I Nr. 2 BRAGO
Entscheidung ohne mündliche Verhandlung im Einverständnis der Parteien, § 101 II VwGO	Verhandlungsgebühr § 31 I Nr. 1, § 35 BRAGO

Verfahrensabschnitt:	**Gebührentatbestand:**
Anhörung vor Gerichtsbescheid gem. § 84 I 2 VwGO	5/10 Verhandlungsgebühr § 114 III BRAGO
Berufungsinstanz	13/10 Prozeßgebühr
Entscheidung gem. § 125, § 101 I VwGO	13/10 Verhandlungsgebühr § 31 I Nr. 2 BRAGO
Entscheidung gem. § 125, § 101 II VwGO	13/10 Verhandlungsgebühr § 35, 31 I Nr. 2 BRAGO
Entscheidung gem. § 125 II 3 VwGO	keine Gebühr
Anhörung vor Entscheidung gem. § 130a S. 2 iVm § 125 II 3 VwGO	13/20 Verhandlungsgebühr § 114 III BRAGO
Nichtzulassungsbeschwerde	13/20 Gebühr gem. § 114 IV BRAGO
Revisionsinstanz	13/10 Prozeßgebühr im übrigen wie Berufungsverfahren
Antrag auf Erlaß einer **einstweiligen Anordnung**	§§ 114 IV, 40, 31 ff. BRAGO
Antrag auf **Aussetzung der Vollziehung** vor der Verwaltungsbehörde	keine Gebühr, § 119 III BRAGO
Antrag auf Aussetzung der Vollziehung beim Verwaltungsgericht	§§ 114 V, 40, 31 ff. BRAGO
Antrag auf **Wiederherstellung der aufschiebenden Wirkung** vor Verwaltungsbehörde gem. § 80 IV VwGO	keine Gebühr, § 119 III BRAGO
Antrag auf Wiederherstellung der aufschiebenden Wirkung vor Verwaltungsgericht	Gebühr gem. §§ 114 V, 40, 31 ff. BRAGO

8. Gebühren im sozialrechtlichen Verfahren

92 Zu unterscheiden sind die Verfahren gem. § 116 II BRAGO sowohl in der Altfassung als auch in der Fassung des Gesetzes vom 20. 8. 1990 (BGBl 1990 I 1765). Die Neufassung des Gesetzes gilt gem. § 134 BRAGO i. V. m. Art. 4 des genannten Gesetzes für alle Mandate, in denen der Auftrag ab dem 1. 9. 1990 erteilt wurde oder wenn ein Rechtsmittel seit dem 1. 9. 1990 eingelegt wurde. Der Katalog der Verfahren gem. § 116 II BRAGO sieht in der Alt- und Neufassung wie folgt aus:

Aufgrund der Beziehungen zwischen Ärzten, Zahnärzten und Krankenkassen	§ 116 II Nr. 1 a. F. § 116 II Nr. 1 n. F.
Aufgrund der Beziehungen zwischen Ärzten, Zahnärzten und der Vereinigung der Krankenkassen	§ 116 II Nr. 1 n. F.
Aufgrund der Beziehungen zwischen Krankenhäusern und Krankenkassen	§ 116 II Nr. 1 n. F.
Aufgrund der Beziehungen zwischen Krankenhäusern und der Vereinigungen der Krankenkassen	§ 116 II Nr. 1 BRAGO
Verfahren öffentlich-rechtlicher Versicherungsträger untereinander	§ 116 II Nr. 1 a. F. § 116 II Nr. 2 n. F.
Streitigkeiten zwischen Arbeitgebern und der Bundesanstalt für Arbeit	§ 116 II Nr. 2 a. F. § 116 II Nr. 3 n. F.
Streitigkeiten zwischen Arbeitgebern und einer Berufsgenossenschaft	§ 116 II Nr. 2 a. F. § 116 II Nr. 3 a. F.

Streitigkeiten zwischen Arbeitgebern und sonstigen juristischen Personen des öffentlichen Rechts	§ 116 II Nr. 3 n. F.
Streitigkeiten aus Entscheidungen der gemeinsamen Gremien von Ärzten, Zahnärzten, Krankenhäusern oder anderen Leistungserbringern und Krankenkassen sowie des Großgeräteausschusses oder aufgrund von Entscheidungen oder Verträgen der Krankenkassen oder ihrer Verbände nach Maßgabe des § 51 Abs. 2 Nr. 2 und 3 SGG	§ 116 II Nr. 1 n. F.
Streitigkeiten aus Entscheidungen einer obersten Bundes- oder Landesbehörde in Angelegenheiten nach dem SGB V sowie gegen Entscheidungen einer Landesbehörde nach § 122 Abs. 4 S. 2 SGB V	§ 116 II Nr. 4 n. F.

In den Verfahren des § 116 II BRAGO sind die §§ 31ff BRAGO und §§ 23, 24 BRAGO anwendbar.

In den Verfahren des § 116 I BRAGO sind die Rahmengebühren des § 116 I BRAGO anzusetzen, und zwar in der Altfassung für Altmandate und in der Neufassung für Neumandate (wegen der Beträge vgl. Rdnr. 20).

Altes und neues Gebührenrecht unterscheiden sich aber auch darin, daß bei Vergleichen nach altem Gebührenrecht die §§ 23 und 24 nicht gelten, § 116 III a. F., während nach neuem Gebührenrecht sich die Höchstbeträge des § 116 I statt einer Vergleichs- oder Erledigungsgebühr um 50% erhöhen, § 116 III 2 n. F. BRAGO.

In den Verfahren des § 116 I BRAGO ist im außergerichtlichen Bereich eine Gebühr zu ermitteln aus § 118 i. V. m. § 116 Abs. 1 BRAGO (*BSG* AnwBl. 1984, 565; vgl. auch die Nachweise bei *Gerold/Schmidt/Madert* Rdnr. 16 zu § 116 BRAGO).

Im einstweiligen Anordnungsverfahren entstehen gesonderte Gebühren analog § 40 BRAGO (*Gerold/Schmidt/Madert* Rdnr. 6 zu § 116 BRAGO; *Hartmann* Anm. 2 zu § 116 BRAGO; jedenfalls soweit dieses Verfahren vor der Klagerhebung durchgeführt wird bejahend *Göttlich/Mümmler,* Stichwort Sozialgerichtsbarkeit 1.2).

Höhe der Anwaltsgebühren

Die Höhe der Anwaltsgebühren richtet sich nach § 116 I i. V. m. § 12 BRAGO (vgl. auch Rdnr. 140). Gemäß § 12 BRAGO ist insbesondere auf die Bedeutung der Angelegenheit für den Kläger, den Umfang sowie die Schwierigkeit der anwaltlichen Tätigkeit abzustellen (Auswertung medizinischer Unterlagen, schwierige Rechtsfragen, ergänzende Sachverhaltsaufklärung) sowie die Vermögens- und Einkommensverhältnisse des Mandanten. Auszugehen ist von der Mittelgebühr, die für Sachen gilt, deren Umfang, Bedeutung, Schwierigkeit sich im Bereich des Durchschnitts bewegt. Wann allerdings eine Verfahrensdauer „durchschnittlich" ist, ist nach den jeweiligen örtlichen Verhältnissen unterschiedlich zu beurteilen.

In Rentensachen ist schon wegen der meist existentiellen Bedeutung der Sache, aber auch wegen der keineswegs einfachen Auswertung der medizinischen Unterlagen und der zusätzlichen Probleme berufskundlicher Art zumeist eine höhere Gebühr gerechtfertigt (*SG Itzehoe* AnwBl. 1988, 360; *SG Düsseldorf* AnwBl. 1984, 517; AG Hannover AnwBl. 1986, 413) ebenso in Impfschadenssachen (*SG Saarbrücken* AnwBl. 1986, 211). Unter Umständen kann auch Berücksichtigung finden, daß wegen des Gesundheitszustandes der Partei die Besprechungen mit ihr mit besonderem Aufwand verbunden gewesen sind. Die Gebühren sind zu verzinsen.

9. Gebühren bei Herstellung des Einvernehmens gemäß § 4 RADG

93 Soweit ein RA ermöglicht, daß ein ausländischer Kollege im Rahmen der EG-Richtlinie vom 22. 3. 1977 sein Einvernehmen herstellt, kommt ein Vertrag mangels anderweitiger Vereinbarung nur zwischen ihm und dem ausländischen Kollegen zustande, § 4 I RADG. Gemäß § 24a BRAGO erhält der RA eine Gebühr in Höhe der Prozeß- oder Geschäftsgebühr, die er als Bevollmächtigter beanspruchen könnte. In Strafverfahren erhält der RA eine Gebühr in Höhe der Hälfte der Gebühr eines Verteidigers, § 24a II BRAGO. Prüft der RA den Auftrag, das Einvernehmen herzustellen, und lehnt er das Einvernehmen ab, so steht ihm eine Gebühr von $\frac{1}{10}$ bis $\frac{10}{10}$ der vollen Gebühr, als Verteidiger die Mindestgebühr zu, § 24a III BRAGO.

10. Honorarvereinbarungen

94 Gem. § 3 BRAGO und § 14 RAGO-DDR müssen Honorarvereinbarungen **schriftlich** gefaßt werden. Der **Sinn** der Honorarvereinbarung kann darin bestehen,

- Streitfragen über das anzuwendende Gebührenrecht zu umgehen,
- Streitfragen zum Gebührenanspruch dem Grunde nach zu beheben,
- Streitfragen zur Gebührenhöhe zu vermeiden,
- ein höheres als das gesetzliche Honorar zu vereinbaren,
- eine andere Berechnungsgrundlage als beim gesetzlichen Honorar zu vereinbaren,
- ein Zeithonorar zu vereinbaren,
- eine Gebührenteilungsabrede unter Rechtsanwälten zu treffen.

Da eine vorformulierte Honorarvereinbarung dem **AGB-Gesetz** unterliegt, sollte möglichst im Einzelfall eine Honorarvereinbarung individuell ausgehandelt werden, um die Hürden und Klippen des AGB-Gesetzes zu vermeiden.

Wegen der oben angeschnittenen **AGB-Problematik** läßt sich kein allgemein verbindliches Muster einer Honorarvereinbarung aufstellen. Vielmehr seien im folgenden nur die Punkte aufgeführt, die in einer Honorarvereinbarung geregelt sein sollten:

Für die Tätigkeit im Verfahren bis zur Anklageerhebung ein Grundhonorar von ... DM.
Für eine ... Monate übersteigende Dauer des Vorverfahrens bis zur Anklageerhebung ...
Für die Tätigkeit bis zur Entscheidung des erstinstanzlichen Gerichts über die Zulassung der Anklage ...
Für die Tätigkeit in einem evtl. Verfahren über die Beschwerde der StA gegen die Nichteröffnung des Hauptverfahrens ...
Für eine Beweisaufnahme im Eröffnungsverfahren ...
Für die Tätigkeit nach Eröffnung des Hauptverfahrens bis vor der ersten Hauptverhandlung ...
Für den ersten Hauptverhandlungstag ...
Für jeden weiteren Tag der Hauptverhandlung bei einer Verhandlungsdauer von ... Stunden ein Honorar von ... DM, bei einer Verhandlungsdauer von ... Stunden ein Honorar von ... DM.

Für die Tätigkeit außerhalb der Hauptverhandlung seit dem 1. Hauptverhandlungstag einschließlich der Vorbereitung auf das Plädoyer ...
Für die Tätigkeit nach Erlaß der erstinstanzlichen Entscheidung bis zur Rechtskraft, falls kein Rechtsmittel eingelegt wird, oder bis zur Einlegung eines Rechtsmittels ...
Für jede weitere Instanz ...
Für Verfahren wegen Beschlagnahmen ...
Für Verfahrensteile betreffend die Verhaftung ...
Für Verfahrensteile betreffend die Durchsuchung ...
Für Verfahren betreffend die Einziehung ...

Wer grundsätzlich nicht befürchten muß, sich mit Mandanten oder Dritten über die Höhe einer Honorarvereinbarung auseinandersetzen zu müssen, und wer nicht befürchtet, daß sich eine Honorarvereinbarung mit einem einmaligen Festbetrag im Nachhinein als zu hoch oder zu niedrig erweist und wer den Ablauf eines Verfahrens immer richtig prognostiziert, und wer schließlich nie befürchten muß, daß ein Mandant vorzeitig das Mandat beendet, kann eine die vorgenannten Einzelfragen umfassende Pauschalregelung treffen.

VI. Bezahlung des Honorars durch den Mandanten

1. Vorschuß und Rechnung

Der Mandant hat das Honorar zu bezahlen als Vorschuß gem. § 17 BRAGO 95
oder aufgrund einer endgültigen Rechnung gem. § 16 BRAGO i. V. m. § 18 BRAGO. Beide Berechnungen, sowohl die Vorschußrechnung als auch die endgültige Berechnung sind vom RA zu unterzeichnen. Die einzelnen Gebühren und Auslagen, Vorschüsse und angewandte Gebührenvorschriften sowie der Gegenstandswert sind anzugeben, § 18 II BRAGO. Solange der RA dem Mandanten keine ordnungsgemäß ausgestellte und unterzeichnete Rechnung zugesandt hat, ist der Gebührenanspruch nicht fällig, verjährt aber bereits.

2. Verjährung

Der Gebührenanspruch verjährt mit Beginn der Fälligkeit und dann in der 96
Frist von 2 Jahren gem. § 196 I Nr. 15 BGB. Die Verjährungsfälligkeit ist unabhängig von der Berechnungsfälligkeit des § 18 BRAGO, § 18 I 2 BRAGO. Die Verjährungsfälligkeit **beginnt** alternativ,
wenn der Auftrag erledigt ist, wenn die Angelegenheit beendigt ist, in einem gerichtlichen Verfahren, nachdem eine Kostenentscheidung ergangen ist, in einem gerichtlichen Verfahren nach Beendigung des Rechtszuges, oder wenn das Verfahren länger als 3 Monate ruht.

3. Verfahren gem. § 19 BRAGO

Zahlt der Mandant das Honorar nicht, kann der RA im gerichtlichen Verfah- 97
ren alle Gebühren gem. § 19 BRAGO vereinfacht festsetzen lassen, die nicht Rahmengebühren sind. Unter gerichtlichem Verfahren sind sowohl die Erkenntnisverfahren wie auch die Zwangsvollstreckungsverfahren zu verstehen. Soweit in einem gerichtlichen Verfahren zum Teil Rahmengebühren, zum Teil Festgebühren anfallen (vgl. etwa im FGG-Verfahren die Gebühren nach § 118 BRAGO einerseits und die Vergleichsgebühr des §§ 23 BRAGO andererseits), kann zum Teil das vereinfachte Verfahren des § 19 BRAGO betrieben werden.

Zum Teil muß das Honorar eingeklagt werden. Vom RA verauslagte Gerichtskosten können nach Auffassung vieler Gerichte nicht im Verfahren gem. § 19 BRAGO festgesetzt werden. Deshalb sollten Gerichtskosten und Sachverständigenkosten vom RA nicht verauslagt werden.

Der **Antrag gem. § 19 BRAGO** ist gem. § 19 II 2 BRAGO beim Gericht des ersten Rechtszuges einzubringen. Der Antrag ist abzulehnen gem. § 19 IV BRAGO bei Einwendungen, die nicht im Gebührenrecht ihren Grund haben. Der Antrag wirkt gem. § 19 VI BRAGO verjährungsunterbrechend. Die **Honorarklage** kann eingereicht werden bei gerichtlicher Tätigkeit beim Gericht des Hauptprozesses, § 34 ZPO.

Wenn der Mandant eine vom Gesetz abweichende Honorarvereinbarung behauptet, liegt die Beweislast bei ihm (*OLG München* NJW 1984, 2537.)

4. Eigene Ansprüche des RA

98 **§ 9 BerHG** begründet einen Anspruchsübergang wegen der materiell-rechtlichen Erstattungsansprüche des Mandanten gegen Dritte. Er umfaßt u. U. auch prozessuale Erstattungsansprüche, soweit diese sich auf außergerichtliche Tätigkeit beziehen. **§ 130 BRAGO** gibt dem RA einen eigenen Gebührenanspruch hinsichtlich der Gebühren, die dem Mandanten aufgrund einer gerichtlichen Kostenentscheidung gegen den Gegner zustehen. **§ 126 ZPO** begründet ein eigenes Kostenfestsetzungsrecht in den Fällen der Prozeßkostenhilfe (vgl. F Rdnr. 61). **Abtretung** des Erstattungsanspruchs kann vorgenommen werden. Soweit die Abtretung des Erstattungsanspruchs allerdings in einem vorformulierten Auftragsformular erfolgt, ist eine Abtretung nach Auffassung einiger Gerichte in AGB unwirksam, soweit sie über den Rahmen des § 96a BRAGO hinausgehen.

5. Rechtsschutzversicherung

99 Wird der RA gegenüber einem rechtsschutzversicherten Mandanten tätig, muß er zunächst mit diesem klären, ob er auch tätig sein soll, wenn die Rechtsschutzversicherung nicht eintritt.

Nachfolgend werden einige Grundregeln dargestellt, die der RA beim rechtsschutzversicherten Mandat beachten muß. Da die Rechtsschutzversicherer ihren Verträgen nicht nur die ARB, sondern Zusatzklauseln, Ergänzungsklauseln etc. zugrundelegen und da die ARB der Rechtsschutzversicherer nicht übereinstimmen und da die Rechtsschutzversicherer im Augenblick Neufassungen der ARB diskutieren, können die nachfolgenden Ausführungen nur Anregungen geben (vgl. die Klauseln bei *Harbauer,* Rechtsschutzversicherung 4. Auflage S. 25ff. und Teil C S. 685ff).

100 **a) Erste Grundregel:** Kein unmittelbarer **Zahlungsanspruch** des RA gegen die Rechtsschutzversicherung. Vielmehr kann der Mandant nur von der Rechtsschutzversicherung verlangen, daß diese den Mandanten von Gebühren freihält. Der Mandant kann aber jederzeit die Rechtsschutzversicherung anweisen, nicht an den RA zu zahlen. Nur der von der Rechtsschutzversicherung an den RA gezahlte Betrag ist also für den RA etwas wert. Die Kostendeckungszusage ist keine Schuldübernahme. Einzelne Rechtsschutzversicherer erklären ausdrücklich die Schuldübernahme bis auf Widerruf. Hier begründet die Erklärung einen eigenen Zahlungsanspruch des RA. Wird die Schuld nicht mitübernommen und

nur gebeten, z. B. Gerichtskosten etc. zu verauslagen, so begründet dies noch keinen Zahlungsanspruch des RA.

b) Zweite Grundregel: Wird der RA für den Mandanten gegenüber der Rechtsschutzversicherung tätig, holt er eine Kostendeckungszusage ein oder gibt er Erklärungen gegenüber der Rechtsschutzversicherung ab, so wird er für den Mandanten als **Repräsentant** tätig. Fehler des RA werden dem Mandanten zugerechnet. Die Rechtsprechung nimmt regelmäßig an, daß der RA in dem Verhältnis zwischen Mandant und Rechtsschutzversicherung Fehler vorsätzlich begeht. Vorsätzliche Pflichtverstöße im Verhältnis zwischen Mandant oder Rechtsschutzversicherung – insbesondere solche begangen durch einen RA – führen zum Anspruchsverlust gem. § 6 VVG. 101

c) Dritte Grundregel: Der RA muß, wenn er für den Mandanten tätig wird, prüfen, ob das **maßgebliche Risiko** versichert ist, insbesondere unter Berücksichtigung der Ausschlüsse des § 4 ARB und unter Beachtung der jeweils versicherten Risiken der §§ 21 bis 29 ARB nebst Zusatzklauseln. Die Ermittlung des Inhalts des Versicherungsvertrages ist also besonders wichtig. Dabei ist insbesondere darauf zu achten, in welcher Fassung für den Versicherungsvertrag die ARB gelten. Es gibt heute noch Verträge mit den ARB von 1969. Nicht für jede Versicherung gelten alle Regeln der §§ 1–29 ARB. Einzelne Versicherungen haben einzelne Regelungen ausgenommen. Nicht bei jeder Versicherung stimmt der Wortlaut der ARB mit dem Wortlaut der bei Harbauer kommentierten ARB überein. 102

Die nachstehende **Übersicht** soll die Arbeit erleichtern. Soweit in der nachfolgenden Übersicht das Wort „nein" steht, bedeutet es, daß Versicherungsschutz nicht bestehen kann, soweit das Wort „ja" dort steht, daß unter den Voraussetzungen der einzelnen Versicherungsverträge Versicherungsschutz bestehen kann, soweit das Wort „möglich" steht, heißt es, daß unter besonderen Umständen Versicherungsschutz bestehen kann. Insbesondere in den Fällen, in denen es „ja" heißt, ist der RA aufgerufen, näher zu prüfen, ob tatsächlich im Einzelfall Versicherungsschutz besteht. Im Hinblick auf die vielerlei Zusatzbedingungen, die voneinander abweichenden ARB und die Neufassung der ARB ist die nachfolgende Übersicht mit **größter Vorsicht** zu verwenden. 103

104

Rechtsgebiet/Gericht	**außergerichtlich**	**gerichtl.**
Zivilgerichte		
BGB-Verträge		
Kaufleute/Unternehmen, Vertragsrecht	nein	möglich
Privatleute		
Kaufrecht		
Grundstückskauf (ohne Hausbau)	ja	ja
Kauf beweglicher Sachen	ja	ja
Hauskauf (wenn nicht Werkvertrag)	ja	ja
Leasingverträge		
Leasinggeber	nein	nein
Leasingnehmer	ja	ja
Mietrecht	ja	ja
Pacht		
Leihe	ja	ja

Rechtsgebiet/Gericht	**außer-gerichtlich**	**gerichtl.**
Darlehen	ja	ja
Dienstvertrag		
Steuerberatervertrag	ja	ja
Anwaltsvertrag	ja	ja
Arztvertrag	ja	ja
Geschäftsführer	ja	ja
Werkvertrag		
allgemein	ja	ja
genehmigungspflichtiges Bauwerk		
Bauherr	nein	nein
Bauunternehmer	ja	ja
Reiseverträge		
Vermittler	nein	nein
Kunde	ja	ja
Mäklervertrag	ja	ja
Bürgschaft	nein	nein
Gesellschaft	ja	ja
Spiel, Wette	nein	nein
Bereicherungsrecht	nein	nein
unerlaubte Handlung, Anspruchsteller	ja	ja
Verkehrsunfall		
Anspruchsteller	ja	ja
Anspruchsgegner	nein	nein
Sportunfall, Anspruchsteller	ja	ja
Arztfehler, Anspruchsteller	ja	ja
dingliche Rechte		
Grundstücke, Eigentümer	ja	ja
bewegliche Sache	ja	ja
Familienrecht*	Rat	nein
Erbrecht*	Rat	nein
Wettbewerbsrecht		
Unterlassungsanspruch/Anspruchsteller	nein	nein
Unterlassungsanspruch/Anspruchsgegner	nein	nein
Schadensersatzanspruch/Anspruchsteller	ja	ja
Schadensersatzanspruch/Anspruchsgegner	nein	nein
Patentrecht	nein	nein
Warenzeichenrecht	nein	nein
Urheberrecht	nein	nein
Geschmacksmuster	nein	nein
Gebrauchsmuster	nein	nein
Kartellrecht	nein	nein
Rabattrecht		
Unterlassungsanspruch/Anspruchsteller	nein	nein
Unterlassungsanspruch/Anspruchsgegner	nein	nein

* Einzelne Versicherungen bieten Rechtsschutz für über Rat hinausgehende Tätigkeit bis zu einem bestimmten Höchstbetrag an Gebühren an.

Rechtsgebiet/Gericht	außergerichtlich	gerichtl.
Schadensersatzanspruch/Anspruchsteller	ja	ja
Schadensersatzanspruch/Anspruchsgegner	nein	nein
Handelsvertreterrecht	nein	nein
Eigenhändler	ja	ja
OHG KG Gen GmbH AG	nein	nein
Versicherungsvertragsrecht	ja	ja
Arbeitsgericht		
Arbeitsrecht, individual	ja	ja
Arbeitsrecht, kollektiv	umstr.	umstr.
Wohnungseigentumsrecht		
Wohnungseigentümer	ja	ja
FGG-Verfahren	u. U. Rat	nein
Konkursverfahren		
Vertretung des Gemeinschuldners	nein	
Vertretung des Gläubigers	ja	
Vergleichsverfahren		
Vertretung des Gemeinschuldners	nein	
Vertretung des Gläubigers	ja	

d) Besondere Aufmerksamkeit muß der RA dann der Frage zuwenden, ob der **Versicherungsfall** eingetreten ist und ob dieser Versicherungsfall innerhalb versicherter Zeit eingetreten ist, § 14 ARB. 105

Prüfschema 106

Versicherte Person

Versichertes Risiko § 21–29 ARB
örtlicher Geltungsbereich § 5 ARB
Versicherungsfall § 14 ARB

Versicherter Zeitpunkt des Versicherungsfalles § 14 ARB

Ausschlußkatalog § 4 I ARB

Einschlüsse durch Zusatzklauseln

Ausschluß wegen Vorsatz § 4 II und III ARB

Erfolgsaussichten § 17 ARB (Ausnahme Strafrecht und OWi-Verfahren in den Tatsacheninstanzen)

Mutwilligkeit

Obliegenheiten und deren Verletzung

Gefahrerhöhung § 9 ARB

6. Erstattungsansprüche des Mandanten

a) Für **außergerichtliche Tätigkeit im Zivilrecht** und außerhalb des Strafverfahrens, Verwaltungsverfahrens oder sozialrechtlichen Verfahrens werden Anwaltsgebühren nur erstattet aufgrund materiell-rechtlicher Grundlage. Solche Anspruchsgrundlagen können sich ergeben 107

– im Verhältnis zwischen dem Mandanten als Anspruchsteller und dem An-

spruchsgegner, sei es aus Verzug, gesetzlicher Schadensersatzverpflichtung, insbesondere positive Vertragsverletzung;
- im Verhältnis zwischen dem Anspruchsteller und einem Dritten, der dem Anspruchsteller verpflichtet ist, aus einem der vorgenannten Gesichtspunkte die Anwaltsgebühren zu erstatten;
- im Verhältnis zwischen dem Anspruchsgegner und dem Anspruchsteller, soweit die Erhebung des Anspruchs eine Vertragsverletzung darstellt, insbesondere aus positiver Vertragsverletzung;
- im Verhältnis zwischen dem Anspruchsgegner und einem Dritten, soweit dieser Dritte dem Anspruchsgegner verpflichtet ist, die Anwaltsgebühren für die Abwehr von Ansprüchen zu bezahlen.

108 Es ist insbesondere sorgfältig zu prüfen, ob entweder dem Anspruchsteller oder dem Anspruchsgegner ein Dritter einen Schaden zugefügt hat, zu dessen Ausgleich, Minderung oder Behebung der Anspruchsgegner oder Anspruchsteller verpflichtet sind, die maßgebliche Auseinandersetzung zu führen (Beispiele bei *Brieske,* Erstattung von Anwaltsgebühren durch Gegner und Dritte, S. 118ff.).

b) Prozeßkostenvorschußanspruch

109 **aa)** Bei **Beteiligung von Ausländern** ist über IPR zu prüfen, welches Nationalrecht anzuwenden ist und ob dieses einen Prozeßkostenvorschuß (PKV) vorsieht:
- Bei Fragen um Prozeßkostenvorschußanspruch im **einstweiligen Anordnungsverfahren** soll deutsches Recht gelten (*OLG Karlsruhe* MDR 1986, 242; *OLG Stuttgart* Justiz 1979, 229).
- PKV zwischen **Ehegatten mit teils nicht deutscher Staatsangehörigkeit** nach deutschem Recht nur, wenn nach IPR deutsches Recht anwendbar ist.

110 – Zwischen **polnischen Staatsangehörigen,** wenn die Ehe tatsächlich nur in Polen geführt worden ist und der Unterhaltsbegehrende immer noch in Polen lebt, deutsches Recht anwendbar nach Art. 18 IV EGBGB (*OLG Karlsruhe* NJW-RR 1988, 392). Demgegenüber Trennungsunterhaltsanspruch – dazu auch Prozeßkostenvorschußanspruch – einer in Polen lebenden polnischen Ehefrau nach polnischem Recht (*OLG Koblenz* NJW 1987, 2167).

111 – Zwischen **Türken** bei gewöhnlichem Aufenthalt in der Bundesrepublik nach deutschem Recht (*OLG Oldenburg* FamRZ 1988, 170).

112 – Zwischen in **Italien** lebenden Ehegatten, von denen einer die deutsche und der andere die italienische Staatsangehörigkeit besitzt, nach dem am gewöhnlichen Aufenthaltsort des Unterhaltsberechtigten geltenden italienischen Recht, das keinen Prozeßvorschußanspruch kennt (*KG* FamRZ 1988, 167; *OLG München* FamRZ 1987, 448).

113 – Zwischen **Niederländern** kein PKV-Anspruch (*OLG Stuttgart* FamRZ 1988, Heft 7).

114 **bb)** Für den **Prozeßkostenvorschuß nach BGB** gilt folgendes Prüfschema:
- In Betracht kommende **Vorschußpflichtige** bzw. Grenzen dieses Personenkreises: (1) während bestehender ehelicher Lebensgemeinschaft die Ehegatten; (2) während des Getrenntlebens die Ehegatten; (3) Eltern gegenüber ihren minderjährigen Kindern; (4) Eltern gegenüber ihren volljährigen Kindern (mittlerweile sehr umstritten, insbesondere, soweit die Kinder schon eine eigene unabhängige wirtschaftliche Stellung erreicht haben); (5) volljährige Kinder gegenüber ihren Eltern;
- **Bedürftigkeit** auf seiten des Berechtigten;

- **Leistungsfähigkeit** auf seiten des Zahlungspflichtigen; nach Abzug sonstiger Unterhaltsverpflichtungen muß der Zahlungspflichtige in der Lage sein, ohne Beeinträchtigung seines angemessenen Lebensunterhaltes den Vorschuß zu zahlen;
- **Billigkeit** des Anspruchs;
- Anspruch auf PKV bei **Prozeß persönlicher Natur:** **115**

Für **Erbschafts**rechtsstreit ablehnend *OLG Bremen* 1 W 136/63, vom 14. 2. 1964.
Für Pflichtteilsansprüche bejahend *OLG Celle* FamRZ 1978, 823.
Für Prozeß gem. § 1934b BGB ablehnend *OLG Köln* FamRZ 1979, 178.
Für Ansprüche aus **Altenteils**stammrecht ablehnend *KG* J 37 A 10 Nr. 3. **116**
Für Ansprüche aus Altenteilsverträgen und Leibrentenversprechen, bejahend *Göppinger* Rdnr. 535.
Für **Ehelichkeit**anfechtung bejaht *BGHZ* 57, 234. Aber nicht für ein die Ehelichkeit anfechtendes Kind gegen den Vater, weil das Kind sich dann auf eine Unterhaltspflicht berufen müßte, deren Beseitigung es mit der zu finanzierenden Klage anstrebt (*OLG Frankfurt* FamRZ 1983, 827; *OLG Koblenz* FamRZ 1976, 359). Einen Prozeßkostenvorschußanspruch bejaht trotz dieses argumentativen Widerspruchs (*KG* FamRZ 1987, 303; *OLG Hamm* DAVorm 1982, 380. **117**
Für die **Ehescheidung von Kindern** bejahend *OLG Düsseldorf* FamRZ 1975, 45; *OLG Hamm* FamRZ 1982, 1073; *KG* NJW 1982, 112; *OLG Köln* FamRZ 1986, 1031 bejaht einen PKV, obwohl die Tochter eine Ausbildung als Krankenschwester abgeschlossen hatte. Wegen der wirtschaftlichen Selbständigkeit ablehnend *OLG Frankfurt* FamRZ 1986, 926; *OLG Düsseldorf* FamRZ 1986, 698. **118**
Für einen Streit um einen **Schenkungswiderruf** ablehnend *OLG Hamburg* NJW 1968, 1336. **119**
Für Prozeß um **Mietzins**forderung, die dem Lebensunterhalt dient bejahend *OLG Köln* MDR 1961, 851.
Für Schadensersatzprozesse wegen fehlerhafter **ärztlicher Behandlung** bejahend *OLG Frankfurt* FamRZ 1967, 43.
Für **Unfallschaden,** insbesondere Schmerzensgeld, bejahend *LG Hagen* NJW 1969, 48 und 1279 mit ablehnender Anmerkung von RA. Dr. Pohlmann; *OLG Bremen* 2 W 98/85, vom 20. 12. 1985 (Tierunfall).
Für Anspruch auf Zahlung eines Auseinandersetzungsguthabens bei Ausscheiden aus einer **Gesellschaft** ablehnend *BGH,* VII ZR 5/63, vom 30. 1. 1964.
Für den Fall, daß Ehefrau vom Ehemann Aufstellung einer Auseinandersetzungsbilanz über das während der Ehe gemeinsam erworbene **Vermögen der Ehegatten** verlangt, bejahend *BGHZ* 31, 384. **120**
Für Prozeß um Baumängel der **ehelichen Wohnung** bejahend *OLG Hamburg* FamRZ 1986, 187.
Besonders umstritten ist immer, ob der **zweite Ehegatte** die Kosten des Prozesses gegen den ersten Ehegatten zu finanzieren hat, etwa für einen Prozeß wegen vermögensrechtlicher Ansprüche aus erster Ehe, ablehnend *OLG Düsseldorf* FamRZ 1984, 388; *OLG Nürnberg* FamRZ 1986, 697.
Für den Zugewinnausgleich allerdings bejahend *OLG Koblenz* FamRZ 1986, 466; *OLG Düsseldorf* FamRZ 1975, 102.
Für eine Vollstreckungsabwehrklage gegen den früheren Ehepartner im Zusammenhang mit der Rückgewähr von Leistungen, die seinerzeit zur Schaffung einer gemeinsamen Ehewohnung erbracht worden sind, bejahend *OLG Frankfurt* FamRZ 1983, 588; ablehnend *OLG Nürnberg* FamRZ 1986, 697.
Für die Abwehr einer Klage der Mutter des Ehemannes der Beklagten auf Herausgabe angeblich leihweise für die eheliche Wohnung überlassener Einrichtungsgegenstände *OLG Frankfurt* FamRZ 1982, 606.
Für Aktivprozesse wegen Verletzung von Persönlichkeitsrecht einschließlich vorbeugender Unterlassungsklage bejahend *Göppinger* Rdnr. 532. **121**

122 Für Ansprüche gegen eine **betriebliche Pensionskasse** bejahend *Göppinger* Rdnr. 536. Zweifelhaft erscheint dies, da Ansprüche aus Arbeitsrecht entgegen *Göppinger* Rdnr. 544, nicht in jedem Fall persönliche Angelegenheiten sind; für Zahlungsansprüche ablehnend *LAG Hamm* MDR 1982, 436.

Für **Kündigungsschutzprozesse** ablehnend *LAG Baden-Württemberg* BB 1984, 1810; NZA 1986, 140; *LAG Köln* LAGE § 115 ZPO Nr. 15; *LAG Düsseldorf* LAGE § 115 ZPO Nr. 18.

c) Erstattung der Anwaltsgebühren im gerichtlichen Verfahren

123 **aa)** nach **ZPO-Regeln**

- nach Maßgabe der Kostenentscheidung des Gerichts,
- gem. §§ 91, 92 ZPO,
- gem. § 93a, b oder c ZPO – u. U. Kosten gegeneinander aufgehoben,
- gem. § 269 ZPO bei Klagrücknahme,
- gem. § 281 ZPO wegen des örtlich unzuständige Gerichts,
- gem. § 494a II ZPO gegen den Antragsteller im selbständigen Beweissicherungsverfahren, das nach dem 31. 3. 1991 begonnen hat,
- nach §§ 515, 269 ZPO bei Rücknahme des Einspruchs gegen ein Versäumnisurteil, bei Rücknahme eines Rechtsmittels,
- gem. § 788 ZPO wegen der Kosten der Zwangsvollstreckung,
- gem. § 98 ZPO bei Abschluß eines Vergleichs ohne Kostenregelung,
- gem. § 620g ZPO wegen der einstweiligen Anordnungen,
- § 118 IV ZPO schließt Kostenerstattung im PKH-Prüfungs- und Beschwerdeverfahren aus,
- Beschwerde in Ablehnungsverfahren (Sachverständigen- oder Richterablehnung): Hier ist die Erstattung der notwendigen Auslagen des Verfahrensgegners umstritten (ablehnend *OLG München* KostRsp § 91 ZPO Nr. 75; *OLG Celle* Rpfl 1983, 173; *OLG Hamm* MDR 1975, 235; *KG* Rpfl 1962, 156; *OLG Düsseldorf* JMBl NRW 1975, 167; bejahend *OLG Frankfurt* Rpfl 1981, 408; *OLG Hamm* JurBüro 1979, 117; *OLG Nürnberg* MDR 1980, 1026; *OLG Stuttgart* AnwBl 1979, 22).

bb) nach FGG, § 13 FGG.

cc) nach WEG, § 47 WEG (vgl. B V Rdnrn. 132ff.). Im Mahnverfahren nach § 46a WEG ab 1. 4. 1991 gilt § 47 WEG nicht sondern §§ 692 I Nr. 3, 699 III ZPO.

dd) nach ArbGG: In 1. Instanz grundsätzlich nicht, wegen § 12a ArbGG, in 2. und 3. Instanz nach Maßgabe der Kostenentscheidung des Gerichts. In 1. Instanz aber in Höhe ersparter Reisekosten.

Das *BAG* hat nun in der Entscheidung EZA § 840 ZPO Nr. 3 den Grundsatz aufgeweicht, wonach § 12a ArbGG auch materiell-rechtlichen Erstattungsansprüchen im Wege steht und dem Gläubiger die Erstattung der Anwaltsgebühren materiell-rechtlich zugesprochen, die dadurch entstanden sind, daß der Drittschuldner eine Auskunft nicht erteilt hat.

d) Erstattung im Strafverfahren

Vertretung des Beschuldigten/Angeschuldigten/ Angeklagten	**Erstattung**	**124**
Das **Ermittlungsverfahren** endet, ohne daß Anklage erhoben wird und ohne daß Maßnahmen ergriffen werden, die nach dem StREG entschädigungspflichtig wären		
– bei Offizialdelikten	grundsätzlich negativ, es sei denn zumindest leichtfertig erstattete unwahre Anzeige, § 469 I StPO	
– bei Antragsdelikten	u. U. Erstattung durch Antragsteller § 469 I oder § 470 StPO (vgl. aber *BVerfG* MDR 1987, 640).	
Das Ermittlungsverfahren endet ohne Anklageerhebung, umfaßt aber nach dem StREG entschädigungspflichtige Maßnahmen	§ 7 StREG	
Das Ermittlungsverfahren mündet in eine Anklage, über die aber nicht rechtskräftig entschieden wird vor dem Tod des Angeklagten	negativ, *BGH* vom 3. 10. 1986 – 2 StR 193/86	
Das Ermittlungsverfahren mündet in eine **Anklage.** Diese wird durch Beschluß des Gerichts nicht zugelassen oder zurückgenommen und das Verfahren eingestellt	positiv, § 467 oder § 467 a StPO	**125**
Die Anklage wird zugelassen, die Hauptverhandlung findet statt, es ergeht ein freisprechendes Urteil	positiv, § 467 I StPO	
Bei **Freispruch** durch schuldhafte Säumnis des Angeschuldigten entstandene Auslagen	negativ, § 467 II StPO	**126**
Durch **Selbstanzeige** verursachte unbegründete Anklage	negativ, § 467 III 1 StPO	
Durch wahrheitswidrige belastende Erklärungen verursachte Anklage	u. U. negativ, § 467 III Nr. 1 StPO, 1. Alt.	
Durch widersprüchliche Erklärung sich selbstbelastend die Anklage verursacht	u. U. negativ, § 467 III Nr. 1 StPO, 1. Alt.	
Verschweigen entlastender Umstände, trotz Äußerung zur Sache	u. U. negativ, § 467 III Nr. 1, 3. Alt. StPO	
Freispruch nur wegen Verfahrenshindernis	u. U. negativ, § 467 II Nr. 2 StPO, vgl. nun aber *BVerfG* StV 1988, 31	
Einstellung des Verfahrens nach Anklageerhebung nach Ermessen des Gerichts	u. U. negativ, § 467 IV StPO	**127**
Endgültige Einstellung des Verfahrens gem. § 153 a StPO	negativ, § 467 V StPO, vgl. jetzt aber *BVerfG* StV 1988, 31	

Mit **Schuldzuweisung** verbundene Überbürdung der notwendigen Auslagen **128**
des Nebenklägers auf den Angeklagten ist mit Unschuldsvermutung nicht vereinbar (*BVerfG* StV 1988, 31), verstößt gegen Unschuldsvermutung des Art. 6 II EMRK (*EUMRK* StV 1988, 30).

129 Notwendig ist jeweils eine Kostenentscheidung des Gerichts, die zu **Lebzeiten des Angeklagten** rechtskräftig geworden sein muß, vgl. *BGH* vom 3. 10. 1986 – 2 StR S. 193/86 (kritisch dazu *Laubenthal/Mitsch* NStZ 1988, 108).

130 Wenn bei gerichtlicher Entscheidung die Kosten der Staatskasse auferlegt werden, die Auslagen des Angeschuldigten, Beschuldigten, Angeklagten jedoch nicht ausdrücklich erwähnt sind, ist Frage, ob **Interpretation des Kostenausspruchs** möglich ist, in Richtung, daß auch notwendige Auslagen des Verfolgten gezahlt werden, vgl. im einzelnen (*OLG München* JurBüro 1986, 1537 mit weiteren Nachweisen).

131 Bei **Teilfreispruch** Ermittlung der mit der Verurteilung verbundenen Verteidigerkosten; Erstattungsfähigkeit bezieht sich auf die Differenz zwischen Gesamtkosten und mit der Verurteilung verbundenen Kosten (*OLG Düsseldorf* AnwBl 1987, 151; *OLG Bremen* WS 116/87, vom 9. 9. 1987; *BGH* StV 1987, 449; *OLG Celle* JurBüro 1987, 1689). Kritisch bei Zahlung einer Pauschgebühr an Pflichtverteidiger einerseits und Verhältnis zu Wahlverteidigergebühren andererseits (*OLG Karlsruhe* JurBüro 1987, 724). Kritisch insgesamt *Chemnitz* AnwBl 1987, 135.

e) Pflichtverteidigerhonorar

132 Unter den Voraussetzungen des § 140 StPO wird ein RA als Pflichtverteidiger beigeordnet. Seine Gebühren als Pflichtverteidiger werden ihm aus der Staatskasse bezahlt. Daneben hat er einen Gebührenanspruch gegen den Mandanten gem. § 100 StPO. Die Voraussetzungen der Beiordnung des **§ 140 I StPO** ergeben sich weitestgehend aus dem **Gesetz.** Dem Landgericht in § 140 Abs. 1 Nr. 1 StPO entspricht das Bezirksgericht im Bereich der bisherigen DDR (BGBl 1990 II 923 unter lit. i).

133 Zu den **Voraussetzungen der Beiordnung des RA gem. § 140 II StPO** entwickeln sich zunehmend **Fallgruppen,** die die Generalklauseln des § 140 II StPO handhabbar machen:

134 **aa) Die Schwere der Tat** zeigt sich regelmäßig in der zu erwartenden Freiheitsstrafe, deren Schwere an der Strafgewalt des Amtsgerichts zu messen ist (*OLG Hamm* JMBL NRW 1978, 113; *OLG Köln* VRS 44, 109; *OLG Stuttgart* NStZ 1981, 490). Schwere der Tat enthält prognostisches Element, das durch den Antrag der StA konkretisiert wird (*LG Freiburg* StV 1988, 102). Zu unterscheiden ist nun zwischen Strafverfahren **mit besonderen Umständen** und Strafverfahren **ohne besondere Umstände.** Bei Strafverfahren **ohne besondere Umstände** soll die Beiordnung eines Verteidigers jedenfalls geboten sein bei drohenden Strafen von 2 Jahren oder mehr (*OLG Düsseldorf* AnwBl 1978, 335; *BGH* St 6, 199; *OLG Köln* NJW 1972, 1432; *OLG Hamm* NStZ 1982, 298; *OLG Frankfurt* StV 1983, 497; *OLG Stuttgart* NStZ 1981, 490; *OLG Celle* StV 1985, 184). Von anderen Gerichten wird bereits bei einer zu erwartenden Freiheitsstrafe von einem Jahr ohne Bewährung ein Pflichtverteidiger bestellt (*KG* StV 1982, 412; *LG Oldenburg* StV 1983, 236). Eine Tat, derentwegen der Angeklagte in **erster Instanz** zu einer Freiheitsstrafe von einem Jahr und 6 Monaten verurteilt worden ist, ist schwer (*OLG Celle* StV 1986, 142). Eine zu erwartende Freiheitsstrafe von mehr als einem Jahr kann die Beiordnung eines Pflichtverteidigers erforderlich machen (*BayObLG* StV 1985, 447).

Besondere Umstände, die eine Pflichtverteidigung erforderlich machen – unabhängig von der Strafdrohung – können sein: **Erstinstanzliche Verurteilung** zu einer sich aus 6 Monaten übersteigenden Einzelstrafen zusammensetzenden

Gesamtfreiheitsstrafe von einem Jahr und 3 Monaten (*KG* StV 1985, 448). Ist zu erwarten, daß wegen **Vorverurteilungen** eine Freiheitsstrafe von deutlich mehr als 6 Monaten ohne Bewährung verhängt wird, ist ein Pflichtverteidiger beizuordnen (*OLG Köln* StV 1986, 238). Droht bei einer Verurteilung zu einer Freiheitsstrafe von mehr als einem Jahr der **Verlust der Beamteneigenschaft,** so ist ein Pflichtverteidiger beizuordnen (*KG* StV 1983, 186. Differenzierend *OLG Hamburg* NStZ 1984, 281). Bei Antrag der StA von 1 Jahr und 1 Monat nicht zur Bewährung ausgesetzte Strafvollstreckung und Sperrfrist für die Erteilung einer Fahrerlaubnis von 1 Jahr ist Pflichtverteidigung notwendig (*LG Bremen* StV 1988, 101). Die Gefahr der **Ausweisung** bei einem Ausländer begründet die Schwere der Tat (*LG Darmstadt* StV 1981, 351). Bei **fahrlässiger Tötung** ist grundsätzlich Pflichtverteidigung notwendig (*OLG Hamm* NJW 1957, 1530). Bei Gesamtfreiheitsstrafe von 6 Monaten ohne Bewährung und lebenslanger Sperrfrist ist die Pflichtverteidigung notwendig (*OLG Köln* 1 Ss 184/70 vom 17. 11. 1970). Wird ein 19-jähriger Angeklagter wegen fahrlässiger Tötung in Tateinheit mit Straßenverkehrsgefährdung zu einer mehrmonatigen Freiheitsstrafe nach **Erwachsenenstrafrecht** verurteilt, ist Pflichtverteidigung geboten (*OLG Hamm* NJW 1957, 1530; *OLG Hamm* MDR 1977, 599). Bei Verurteilung zu einer Freiheitsstrafe von mehr als 2 Jahren und Verhängung einer Sperrfrist von 5 Jahren wegen zahlreicher Vergehen teils im Zusammenhang mit Teilnahme am öffentlichen Straßenverkehr, ist Pflichtverteidigung notwendig (*OLG Oldenburg* vom 19. 7. 1977 – 1 Ss 335/77).

bb) Die Rechtsprechung hat für die Alternative **„Schwierigkeit der Sach-** **135**
oder Rechtslage“ ebenfalls **Fallgruppen** entwickelt: Pflichtverteidigung ist geboten bei Anklage vor dem erweiterten Schöffengericht (*OLG Düsseldorf* AnwBl 1984, 262; *OLG Bremen* NJW 1955, 1529; einschränkend *KG* vom 15. 9. 1980 – 2 Ws 146/80; im Einzelfall zweifelnd *OLG Hamm* vom 21. 12. 1977 – 4 Ss 768/77). Wenn sachgerechte Verteidigung Kenntnis des **Akteninhalts** voraussetzt, ist Pflichtverteidigung geboten (*OLG Köln* JR 1974, 255; *LG Verden* StRV 1982, 164; *OLG Hamm* StRV 1985, 447; 1987, 192; *OLG Karlsruhe* StRV 1987, 518). Wenn **Zeugen** wechselnde Angaben machen und dies nur im Wege der Akteneinsicht festgestellt werden kann, ist ein Pflichtverteidiger beizuordnen (*OLG Hamm* StRV 1985, 447; *OLG Zweibrücken* StRV 1986, 240; 1 WS 301 und 302/81 vom 7. 10. 1981; *OLG Celle* StRV 1983, 186; *OLG Stuttgart* vom 1. 9. 1976 – 4 Ws 236/76). Wird der Angeklagte von einem **Mitangeklagten** belastet, bedarf er zur Verteidigung eines Rechtsanwalts (*LG Verden* StRV 1982, 164; *KG* vom 15. 9. 1980 – 2 Ws 146/80; *BGH* vom 17. 12. 1954 – 5 StR 413/54.

Wenn Glaubwürdigkeitsgutachten eingeholt werden, ist Pflichtverteidigung geboten (*OLG Koblenz* MDR 1976, 776; *OLG Celle* vom 13. 3. 1974 – 1 Ss 247/74. Wenn mehrere Sachverständige tätig sind, ist Pflichtverteidigung geboten (*OLG Koblenz* VRS 50, 294). Bei unterschiedlicher Bedeutung der Rechtslage durch StA und Gericht ist Pflichtverteidigung geboten (*LG Bonn* StRV 1986, 246; *OLG Bremen* NJW 1957, 151). Bei **Berufung** der StA mit dem Ziel **abweichender Beweiswürdigung** ist Pflichtverteidigung geboten (*OLG Bremen* Rpfl 1960, 62). Soll die Frage alkoholbedingter Schuldunfähigkeit geprüft werden, ist Pflichtverteidigung notwendig (*LG Hamburg* StRV 1983, 99).

Bei **umfangreichem Verfahrensstoff** ist Pflichtverteidigung geboten, etwa bei mehreren Verhandlungstagen oder mehreren hundert Seiten Vernehmungsprotokollen und umfangreichen Beiakten (*KG* vom 15. 9. 1980 – 2 Ws 146/80;

OLG Zweibrücken vom 12. 12. 1978 – 1 Ws 528/78; *OLG Bremen* Rpfl 1960, 62); bei Schwierigkeiten in der Beweiswürdigung (13 Zeugen an zwei Verhandlungstagen) (*OLG Bremen* Rpfl 1960, 62); wenn keiner von mehreren Belastungszeugen den Gesamtvorgang beobachtet hat, sondern nur Phasen beobachtet hat (*OLG Celle* vom 7. 6. 1974– 1 Ss 298/74); bei Prüfung des § 64 StGB (*OLG Düsseldorf* AnwBl 1978, 355; *LG Verden* StRV 1982, 164); wenn fachlich qualifizierte Fragen an Sachverständigen zu sinnvoller Verteidigung notwendig sind (*OLG Oldenburg* StRV 1983, 236); bei Prüfung der Glaubwürdigkeit von Zeugen und Hinzuziehung eines Sachverständigen (*OLG Celle* vom 13. 3. 1974 – 1 Ss 247/74); bei Tätigkeit eines Schriftsachverständigen (*OLG Celle* GA 72, 84; *OLG Oldenburg* vom 19. 7. 1977– 1 Ss 335/77); wenn fünf Hauptverhandlungstage wegen Anklage wegen zahlreicher Vergehen nötig sind (*OLG Oldenburg* vom 6. 4. 1977 – 1 Ss 372/76); bei Ladung von 12 Zeugen und einem Sachverständigen und erhebliche Vorstrafen (*OLG Koblenz* vom 26. 10. 1978 – 2 Ss 375/78). Bei mehr als 10-stündiger Hauptverhandlung ist ebenfalls Pflichtverteidiger geboten (*OLG Koblenz* vom 26. 10. 1978 – 2 Ss 375/78; a. A. *OLG Saarbrücken* vom 29. 7. 1976 – 1 Ss 54/76); wie auch bei Berufungshauptverhandlung für 9 Sitzungstage, an denen 168 Zeugen gehört werden sollen (*OLG Stuttgart* StRV 1987, 8) und im BTM-Verfahren, in dem unterschiedliche Analyseverfahren zu verschiedenen Wirkstoffkonzentrationen kommen, von deren Ergebnis das Vorliegen einer nicht geringen Menge abhängig ist (*OLG Celle* StRV 1987, 239).

136 **cc)** Die weitere Alternative für die Pflichtverteidigerbestellung ist, wenn der **Beschuldigte sich nicht selber verteidigen kann.** Ob der Beschuldigte sich selber verteidigen kann, hängt zum einen von seinen Fähigkeiten und zum anderen von den von dem einzelnen Strafverfahren bestimmten Anforderungen an die Verteidigungsfähigkeit ab.

Der Angeklagte kann sich nicht selbst verteidigen bei **intellektuellen und körperlichen Defiziten** z. B. Lese- oder Schreibschwäche oder Analphabetismus (*OLG Celle* StRV 1983, 187; *OLG Zweibrücken* vom 14. 1. 1980 – 11 Ws 148/80); schwere **körperliche Leiden** und Behinderungen sowie ein zerrüttetes Nervensystem (*RGSt* 74, 304); erhebliche Minderbegabung (*OLG Köln* MDR 1981, 245); relativ erfolgloser Besuch einer Sonderschule (*OLG Zweibrücken* vom 29. 5. 1980 – 1 Ws 187/80); Entwicklungsstop auf der Stufe eines 6–7jährigen Kindes (*RGSt* 68, 35; *LG Berlin* StRV 1983, 99); Schwerhörigkeit (*OLG Hamm* (JMBL NRW 1954, 205; NJW 1952, 1190); Gebrechlichkeit, die Pflegschaft erforderte (*KG* vom 29. 5. 1967 – 1 Ss 77/67). Schwere TBC-Erkrankung zu Beginn der Hauptverhandlung festgestellt (*BGH* vom 17. 12. 1954 – 5 StR 413/54). Ist die Angeklagte im 7. Monat **schwanger,** ist ihr ein Pflichtverteidiger beizuordnen (*OLG Düsseldorf* NJW 1964, 877). Ist der Angeklagte nach dem PsychKG in eine Anstalt eingewiesen, so ist Pflichtverteidigung notwendig (*LG Oldenburg* StRV 1983, 236). Zur Verteidigungsfähigkeit im **Diagnose- und Prognosebereich** vgl. *BVerfGE* 1970, 297; *HansOLG Bremen* StRV 1986, 256.

Unabhängig von derartigen Defiziten ist ein Pflichtverteidiger beizuordnen, wenn sich zeigt, daß der Angeklagte den **Anforderungen** des jeweiligen **Strafverfahrens** nicht gewachsen ist; etwa wenn er in der Berufungsinstanz eine Herabsetzung der Strafe oder eine Strafaussetzung zur Bewährung erreichen will und zu den persönlichen u. a. entlastenden Verhältnissen schweigt (*OLG Zweibrücken* MDR 1986, 163; GA 85, 425). Etwa bei ungeschickter Einlassung des Angeklagten (*OLG Frankfurt* StRV 1984, 370). Wenn die Berufungshauptverhandlung strafprozessuale Kenntnisse voraussetzt (*OLG Zweibrücken* StRV 1982, 128). Wenn die StA ein erstinstanzliches Urteil angefochten hat mit dem Ziel, eine Bewährungsstrafe abändern zu lassen in eine Strafe, deren Vollstrekkung nicht zur Bewährung ausgesetzt wird (*OLG Bremen* vom 17. 3. 1961 – Ss 19/61). Bei Berufung der StA gegen Urteil mit Geldbuße mit dem Ziel einer Verurteilung zu einer Strafe (*OLG Stuttgart* StRV 1987, 240). Bei zahlreichen **Vorstrafen** wegen kriminologisch gleichartiger Straftaten ist Pflichtverteidigung geboten (*BGH* AnwBl 1963, 194). Die **dritte Gruppe** in dieser Alternative des § 140 StPO sind die Angeklagten, die infolge **Unkenntnis der deutschen Sprache** oder des Kulturkreises dem Verfahren oder dem Rechtswesen fremd gegenüberstehen, so daß nicht gewährleistet ist, daß sie in der Lage sind, der Verhandlung zu folgen (*BGHSt* 30, 182; *BVerfG* NJW 1983, 2263; *LG Berlin* und *LG Osnabrück* StRV 1984, 237 und 506; *OLG Hamm* AnwBl 1980, 31; *LG Darmstadt* StRV 1981, 351; *LG Baden-Baden* StRV 1983, 236; *LG Itzehoe* StRV 1983, 545; *OLG Hamburg* vom 13. 5. 70 – 1 Ss 26/70).

Wird der **Pflichtverteidiger als Zeuge** vernommen, ist ein weiterer Pflichtverteidiger zu bestellen (*BGH* StRV 1985, 442).

Selbstverständlich ist für die **Revisionsbegründung** ein Verteidiger beizuordnen und auch für die Revisionshauptverhandlung (*OLG Düsseldorf* StRV 1986, 143; EUGMR StRV 1983, 265; NStZ 1983, 373). **137**

7. Die Ermittlung der angemessenen Gebühr gem. § 12 BRAGO

a) Allgemeines

Die Ermittlung der angemessenen Gebühr bei Rahmengebühren gem. § 12 I BRAGO bereitet in der Praxis und mit der Rechtsprechung die größten Schwierigkeiten. Grundsätzlich hat der RA die Gebühren im Einzelfall nach **billigem Ermessen** zu bestimmen. **138**

Bei seiner Ermessensentscheidung hat der RA **alle Umstände** zu berücksichtigen. Die Aufzählung der nachstehenden Kriterien ist nicht abschließend. § 12 I 1 BRAGO erwähnt ausdrücklich: Bedeutung der Angelegenheit, Umfang der Tätigkeit, Schwierigkeit der Tätigkeit, Vermögens- und Einkommensverhältnisse des Mandanten.

Die ordnungsgemäße **Dokumentation anwaltlicher Tätigkeit** ist die Grundlage für die Ermittlung der angemessenen Gebühr. Zu dieser Tätigkeit gehört nicht nur, aber auch

- Schriftsätze an das Gericht, die Behörde oder einen Gegner,
- Korrespondenz mit dem Mandanten, deren Umfang sich nicht nur an den Notwendigkeiten eines Verfahrens orientiert, sondern auch an der Betroffenheit eines Mandanten,
- Umfang und Dauer von Gesprächen mit dem Mandanten,
- Umfang und Dauer von Vorbereitungen für Gespräche mit dem Mandanten für Verhandlungen mit Gericht, Behörde oder Gegner,
- Umfang und Dauer gewisser Ermittlungstätigkeiten auch von Nachfragen beim Mandanten,
- Umfang und Dauer von rechtlichen Überlegungen und der Durchsicht von Rechtsprechung; der RA ist kein Justizcomputer, der jede Entscheidung mit Mehrfachfundstellen auf Knopfdruck ausdrucken muß,
- die mit dem Mandat verbundenen Abwesenheitszeiten,
- die mit dem Mandat verbundenen Übersetzungstätigkeiten, wobei unter Übersetzung zum einen tatsächlich die Übersetzung in eine Fremdsprache ggf. unter Hilfe eines

Dolmetschers zu verstehen ist, auf der anderen Seite aber auch die Übersetzung juristischer Termini in die dem jeweiligen Mandanten verständliche Sprache oder auch die Übersetzung von Sachverständigengutachten in die dem Mandanten verständliche Sprache.

Bestimmte **Mindestgebühren aus der BRAGO** erleichtern die Ermittlung der angemessenen Gebühr, nämlich

- die Mindestgebühr aus § 120 I BRAGO von 2/10 für Schreiben ohne schwierige rechtliche Ausführungen und ohne größere sachliche Auseinandersetzungen,
- bei umfangreicher Beratungstätigkeit der Vergleichsmaßstab des § 118 BRAGO,
- in geeigneten Fällen der Gebührentatbestand des § 56 BRAGO.

b) Die angemessene Gebühr aus § 83ff. BRAGO

139 Zusätzliche **Kriterien** für die Ermittlung der angemessenen Gebühr in § 83ff. BRAGO sind:

- die Kriterien aus § 88 BRAGO (Tätigkeit bezogen auf Einziehung, Verfall, Vernichtung, Unbrauchbarmachung, Abführung des Mehrerlöses und entsprechende Beschlagnahme sowie Tätigkeit betreffend Fahrverbot oder Fahrerlaubnis,
- die Einzeltätigkeiten und deren Bewertung in § 91 BRAGO,
  Rechtsmitteleinlegung, Anfertigung oder Unterzeichnung von Anträgen, Gesuchen, Erklärungen oder andere Beistandsleistung (20,– DM bis 280,– DM)
  Rechtfertigungsschrift für Berufung oder Berufungserwiderung, Korrespondenzanwaltstätigkeit, Beistandsleistung bei richterlicher oder staatsanwaltschaftlicher Vernehmung, bei mündlicher Verhandlung oder Augenscheinseinnahme außerhalb der Hauptverhandlung oder im Verfahren gem. § 172 Abs. 2 bis 4, § 173 StPO (40,– DM bis 520,– DM).
  Revisionsbegründung oder Revisionsgegenerklärung (60,– DM bis 820,– DM).
- Tätigkeiten im Beschwerdeverfahren, die gem. § 87 BRAGO mit der Verfahrensgebühr abgegolten sind,
- Teilnahme an Haftprüfungsterminen,
- Ermittlungstätigkeiten des Verteidigers,
- drohende wirtschaftliche Auswirkungen und berufliche Auswirkungen des Verfahrens und des Verfahrensergebnisses für den Mandanten,
- Wahrnehmung von Terminen zur Vernehmung von Zeugen durch einen beauftragten Richter,
- Wahrnehmung von Terminen zur Vernehmung von Zeugen im Ermittlungsverfahren,
- Besuche in der Haftanstalt und der damit verbundene Zeitaufwand,
- die Vorbereitung der Hauptverhandlungstermine,
- die Nachbereitung von Verhandlungstagen,
- die Lektüre von Sachverständigengutachten,
- die Erarbeitung von Beweisanträgen,
- die wirtschaftlichen Verhältnisse des Mandanten,
- die Dauer des Verfahrens insgesamt und die tägliche Dauer des Verfahrens.

c) Die angemessene Gebühr gem. § 116 I Nr. 1 BRAGO

140 Sie ist nach den vorgenannten **Kriterien** zu ermitteln. Regelmäßig kann der Mittelwert des Gebührenrahmens angesetzt werden. Die Bedeutung der Angelegenheit für den Mandanten ergibt sich danach, ob es sich

- um Leistungen für einen in der Vergangenheit abgeschlossenen Zeitraum handelt,
- um Leistungen für einen voraussichtlich in der Zukunft endenden Zeitraum,
- um Dauerleistungen, bei denen ein Ende des Leistungszeitraums nicht abzusehen ist.

Bei der **Schwierigkeit** sind zu berücksichtigen ständig wechselnde und sich ändernde Gesetzesvorschriften, die Durchsicht medizinischer Gutachten sowie deren Erörterung mit dem Mandanten, der Umfang einer Beweisaufnahme, insbesondere bei Anträgen gem. § 109 SGG und wenn aufgrund von Anträgen weitere Gutachten eingeholt werden sowie die Vernehmung von Zeugen.

8. Der Gebührenanspruch des amtlich bestellten Vertreters oder des Praxisabwicklers

Der amtlich bestellte Vertreter hat gem. § 53 Abs. 10 Satz 4 BRAO vom Vertretenen eine angemessene Vergütung zu beanspruchen, erforderlichenfalls ist Sicherheit zu leisten. Bei Streit entscheidet der Vorstand der Rechtsanwaltskammer. Der Vertreter ist befugt, Vorschüsse zu entnehmen. Die RAK haftet für die festgesetzte Vergütung wie ein Bürge, § 53 Abs. 10 BRAO. Der Abwickler einer Praxis hat einen entsprechenden Gebührenanspruch gem. § 55 Abs. 3 i. V. m. § 53 Abs. 10 BRAO. 141

VII. Kostenentscheidungen und Rechtsmittel gegen Kostenentscheidungen

Hier geht es nun um die weitere Frage, in welcher Form diese Kostenentscheidung ergeht und inwieweit diese u. U. durch ein Rechtsmittel zu korrigieren ist. 142

1. Übersicht

Nachstehend werden die gesetzlichen Vorschriften aufgeführt, in denen Kostenentscheidungen vorgesehen sind, daneben wird aufgeführt, inwieweit diese Entscheidungen anfechtbar sind, ggf. mit welcher Frist und welchem Rechtsmittel/Rechtsbehelf und schließlich in welchem Umfang das Rechtsmittel-/Rechtsbehelfsgericht die Kostenentscheidung überprüft.

Kostenentscheidung		**Rechtsbehelf**
Zivilrecht		
§ 91 ZPO	Urteil	Anfechtbar nur mit Rechtsmittel gegen Urteil
§ 91 a ZPO	Beschluß	Beschwerde binnen 14 Tagen; entscheidet das Gericht über die Kosten gem. § 91 a ZPO fehlerhaft durch Urteil, so ist nach dem Meistbegünstigungsgrundsatz sowohl das Rechtsmittel der Berufung wie auch der Rechtsbehelf der sofortigen Beschwerde gegeben.
§ 91 a ZPO. Bei teilweiser Erledigung nach beidseitiger Erledigungserklärung	Urteil	Beschwerde wg. der Kosten des für erledigt erklärten Teils oder Anfechtung mit der Hauptsache innerhalb 14 Tagesfrist
§ 93 ZPO	Urteil	Sofortige Beschwerde innerhalb 14 Tagen, § 99 II ZPO
§ 93 b III ZPO	Räumungsurteil	Sofortige Beschwerde, § 99 II ZPO

143

Kostenentscheidung		Rechtsbehelf
§ 104 ZPO	Kostenfestsetzungsbeschluß	Erinnerung innerhalb 14 Tagen, § 104 III ZPO
§ 104, 107 II BRAGO	Kostenfestsetzungsbeschluß	Abänderungsantrag wegen Streitwertänderung binnen einem Monat, § 107 II BRAGO
§ 281 III ZPO	Urteil	Unterlassene Kostenentscheidung gem. § 281 III ZPO nicht anfechtbar
§ 269 ZPO	Beschluß	Kostenbeschluß bei sofortige Beschwerde Klagrücknahme, § 269 III 5 ZPO
§ 346, 515 III ZPO	Beschluß	Kostenbeschluß bei Rücknahme des Einspruchs, § 346, § 515 III ZPO nicht anfechtbar, § 515 III ZPO
§ 494a II ZPO	Beschluß	sofortige Beschwerde
§ 515 III ZPO	Beschluß	Kostenbeschluß bei Berufungsrücknahme, § 515 III ZPO nicht anfechtbar
§ 566, § 515 III ZPO	Beschluß	Kostenentscheidung bei Rücknahme der Revision, § 566, § 515 III ZPO nicht anfechtbar
§ 89 ZPO	Beschluß	Kostenentscheidung gem. § 89 ZPO bei vollmachtsloser einstweilen zugelassener Prozeßführung sofortige Beschwerde
144 **Arbeitsrecht**		
Arbeitsgerichtliches Verfahren	Urteile und Beschlüsse	Anfechtbar wie im Zivilprozeß
145 **Freiwillige Gerichtsbarkeit**		
§ 13a FGG	Beschluß	Bei Entscheidung zur Hauptsache nicht anfechtbar, § 20a FGG Ohne Entscheidung zur Hauptsache sofortige Beschwerde, § 20a II FGG aber § 27 II FGG
§ 29, 25, 26 FGG	Beschwerdebeschluß	u. U. sofortige weitere Beschwerde, § 29 FGG aber § 27 II FGG
146 **Strafrecht**		
§ 464 III StPO	Urteil oder Beschluß	Sofortige Beschwerde mit Bindung des Beschwerdegerichts an die tatsächlichen Vorgaben des Vorgerichts, wenn die Hauptentscheidung anfechtbar wäre, sonst unanfechtbar
§ 464b StPO	Beschluß	Anfechtbar gem. § 464b S. 3 i. V. m. § 104 ZPO
§ 469 StPO	Beschluß	Unanfechtbar
147 **Ordnungswidrigkeitenrecht**		
§ 105 OWiG	Bescheid der Verwaltungsbehörde	Antrag auf gerichtliche Entscheidung gem. § 108 I Nr. 1 OWiG
§ 108 I 2 OWiG	Kostengrundbeschluß	Unter den Voraussetzungen des § 108 I 2 OWiG ist der aufgrund des Antrags auf ge-

Kostenentscheidung		Rechtsbehelf
		richtliche Entscheidung über einen Kostenbescheid der Verwaltungsbehörde im Ordnungswidrigkeitenverfahren ergehende gerichtliche Beschluß anfechtbar
§ 105, § 106 OWiG	Kostenfestsetzungsbescheid	Unter den Voraussetzungen des § 108 I 2 OWiG ist dieser Kostenfestsetzungsbescheid anfechtbar
§ 108a OWiG	Kostengrundbescheid der StA	Antrag auf gerichtliche Entscheidung binnen 2 Wochen gem. § 108a II OWiG
§ 108a OWiG	Kostenfestsetzungsbescheid der StA	Erinnerung an das zuständige Gericht, § 108a III, 68 OWiG
Verwaltungsrecht		148
§ 154 VwGO	Urteil oder Beschluß	Grundsätzlich unanfechtbar § 158 VWGO
§ 80 VwVFG, § 73 VwGO	Kostengrundbescheid	Widerspruch und nachfolgendes Klagverfahren
§ 156 VwGO	Urteil oder Beschluß	Anfechtbar mit Beschwerde binnen 14 Tagen gem. § 158 II, § 146, § 147 VWGO. Umfaßt u. U. die vorgerichtlich entstandenen RA-Gebühren. Ist vergessen worden, über die vorgerichtlich angefallenen notwendigen Auslagen im Urteil oder Kostenbeschluß zu entscheiden, so kann die Ergänzung des Beschlusses beantragt werden.
§ 161 II VwGO	Beschluß	Unanfechtbar. Umfaßt u. U. die vorgerichtlich entstandenen RA-Gebühren. Ist vergessen worden, über die vorgerichtlich angefallenen notwendigen Auslagen im Urteil oder Kostenbeschluß zu entscheiden, so kann die Ergänzung des Beschlusses beantragt werden.
§ 162, 164 VwGO	Kostenfestsetzungsbeschluß	Anfechtbar, § 165 VWGO
Sozialrecht		149
§ 63 I, II SGB X	Kostengrundbescheid	Widerspruch und Klage
§ 193 SGG	Im Urteil Beschluß	nicht anfechtbar anfechtbar durch Beschwerde § 172 SGG unanfechtbar, wenn Beschluß des LSG, § 177 SGG Der Kostenausspruch umfaßt u. U. die vorgerichtlich angefallenen notwendigen Auslagen des Klägers. Umfaßt der Kostenausspruch diese Auslagen nicht, kann er u. U. ergänzt werden.
§ 197 SGG	Kostenfestsetzungsbeschluß	anfechtbar binnen Monatsfrist, § 197 II SGG

Kostenentscheidung			Rechtsbehelf
150	**Steuerrecht**		
	§ 143 FGO	Urteil	unanfechtbar, § 145 I FGO Der Kostenausspruch umfaßt u. U. die vorgerichtlich angefallenen notwendigen Auslagen.
		Beschluß	anfechtbar, § 145 II FGO; Beschluß des BFH aber unanfechtbar Der Kostenausspruch umfaßt u. U. die vorgerichtlich angefallenen notwendigen Auslagen.
	§ 149 FGO	Kostenfestsetzungsbeschluß	Erinnerung an das FG unter den Voraussetzungen des § 149 IV, 115 II Nr. 1 bis 3 FGO dagegen keine Beschwerde
		Streitwertfestsetzungsbeschluß im FGOverfahren	unanfechtbar gem. Art. 1 Nr. 4 BFH-Entlastungsgesetz
151	**Streitwertbeschwerde**		
	§ 9 BRAGO	Streitwertbeschluß	Beschwerde innerhalb der Frist des § 25 II 3 GKG
	§ 10 BRAGO	Streitwertbeschluß	Beschwerde binnen 14 Tagen gem. § 10 III BRAGO

In der vorstehenden Aufstellung sind drei verschiedene die Gebühren des RA berührende Entscheidungen des Gerichts aufgeführt, die Kostengrundentscheidung im Urteil oder im Beschluß, der Kostenfestsetzungsbeschluß, der Streitwertfestsetzungsbeschluß.

2. Das zuständige Gericht

152 Daß für die Kostengrundentscheidung das **erkennende Gericht** zuständig ist, erleichtert die Suche nach dem für die Kostengrundentscheidung zuständigen Gericht. Das Rechtsmittelgericht entscheidet entweder nur über die in seiner Instanz angefallenen Kosten oder über die Kosten des gesamten Rechtsstreits. Verweisen Berufungs- oder Revisionsgericht oder das Beschwerdegericht im Beschlußverfahren den Rechtsstreit an die Vorinstanz zurück, so überlassen sie unter Umständen die Entscheidung über die Kosten des Rechtsstreits dem abschließend entscheidenden Gericht.

153 Für den Antrag, die **Kosten gegen den Gegner** festzusetzen, ist das erstinstanzliche Gericht zuständig, § 103 II ZPO, § 464b StPO, § 164 VwGO, § 197 I SGG, § 149 I FGO.

154 Für die **Festsetzung** der Vergütung der im Wege der **PKH** beigeordneten RAe ist gem. § 128 I BRAGO zunächst das Gericht des Rechtszuges zuständig, in dem PKH gewährt worden ist, nach rechtskräftiger Entscheidung oder sonstiger Beendigung des Verfahrens allerdings das Gericht des ersten Rechtszuges. Dies gilt für alle Verfahrensordnungen, in denen PKH gewährt wird.

155 Für die Festsetzung der **Pflichtverteidigervergütung** gem. § 97 BRAGO ist das Gericht erster Instanz zuständig, § 98 I BRAGO. Ein Antrag auf Gewäh-

rung einer **Pauschvergütung** gem. § 99 BRAGO ist bei dem erstinstanzlichen Gericht einzureichen, das mit einer Stellungnahme des Vorsitzenden den Antrag an die Generalstaatsanwaltschaft weitergibt, die ihn an das Oberlandesgericht weitergibt, das dann gem. § 99 II BRAGO entscheidet.

Die Gebühren für die **Beratungshilfe** sind zu beantragen bei dem Amtsgericht, das den Berechtigungsschein ausgestellt hat, in den Fällen des § 7 Beratungshilfegesetz bei dem Gericht, in dessen Bezirk der RA seine Kanzlei hat, § 133 BRAGO. 156

Im **Ordnungswidrigkeitenverfahren,** das nicht mit einer Kostenentscheidung des Gerichts endet, sondern mit einer Kostenentscheidung der Verwaltungsbehörde, § 105 OWiG, ist der Kostenfestsetzungsantrag gem. § 106 I 1 OWiG an die Verwaltungsbehörde zu richten. Gemäß § 108 BRAGO ist gegen den Kostenfestsetzungsbescheid Antrag auf gerichtliche Entscheidung innerhalb von 2 Wochen zulässig; gegen die Entscheidung des Gerichts ist sofortige Beschwerde unter den Voraussetzungen des § 108 I OWiG zulässig. Beendet die **StA** das Ordnungswidrigkeitenverfahren, so entscheidet sie über Kosten und notwendige Auslagen gem. § 108a OWiG. Der Kostenfestsetzungsantrag ist zu richten an die StA. Über eine Erinnerung gegen den Kostenfestsetzungsantrag entscheidet das nach § 68 OWiG zuständige Gericht, § 108a III OWiG. 157

Ist die Kostengrundentscheidung im **Verwaltungsverfahren** nach dem Verwaltungsverfahrensgesetz des Bundes oder den Verwaltungsverfahrensgesetzen der Länder ergangen, so werden auf Antrag die zu erstattenden notwendigen Auslagen durch die Verwaltungsbehörde festgesetzt. Die Festsetzung erfolgt durch Verwaltungsakt, der seinerseits nach den Vorschriften des Verwaltungsverfahrensgesetzes und der VwGO anfechtbar ist. In dem sozialgerichtlichen Verfahren zuzuordnenden Sozialrecht wird der Kostengrundbescheid von der zuständigen Sozialbehörde erlassen. Auf Antrag werden die zu erstattenden notwendigen Auslagen durch Verwaltungsakt festgesetzt, der seinerseits nach den Regeln des SGB und des SGG anfechtbar ist. 158

Ist eine **isolierte Kostengrundentscheidung** im Verwaltungsverfahren ergangen – dies ist möglich im allgemeinen Verwaltungsrecht und im Sozialrecht –, erfolgt die Festsetzung der zu erstattenden Anwaltsgebühren im Verhältnis zum Mandanten durch die Verwaltungsbehörde. Die Verwaltungsbehörde hat dabei inzident einen Streitwert der Berechnung der Gebühren zugrundezulegen. Die Entscheidung der Verwaltungsbehörde ist durch den RA nicht anfechtbar, wohl aber durch den Mandanten. Der RA ist an dem Festsetzungsverfahren nicht beteiligt. 159

Im **steuerlichen Verfahren** kommt die Erstattung der RA-Gebühren im vorgerichtlichen Verfahren nach Bundesrecht nicht in Betracht. Soweit nach Landesrecht die Verwaltungsverfahrensgesetze anwendbar sind, kommt eine Erstattung in Betracht, die dann nach dem oben beschriebenen Verfahren nach den Verwaltungsverfahrensgesetzen durchgeführt wird. 160

Ist es zu einem gerichtlichen **Verfahren in der Hauptsache** gekommen, so entscheidet das Gericht im Rahmen seiner Kostenentscheidung auch darüber, ob die Hinzuziehung eines RA im Vorverfahren notwendig war, § 139 III FGO, § 162 I VwGO, § 193 SGG. Dies entspricht trotz des offenen Wortlautes der Rechtsprechung zu § 193 SGG (vgl. die Nachweise bei *Meier-Ladeweg,* SGG Rdnr. 5 zu § 193 SGG). 161

In diesen Fällen erfolgt die Festsetzung der notwendigen Auslagen durch das erstinstanzliche Prozeßgericht. Für die Festsetzung der Kosten der **Zwangsvoll-** 162

streckung gem. § 788, § 104 BRAGO ist das erstinstanzliche Prozeßgericht zuständig (*BGH* AnwBl 1982, 232; jetzt auch *OLG Hamm* AnwBl 1988, 66). Bei **Vollstreckung** aus einem Vollstreckungsbescheid ist das für das Streitverfahren zuständige Gericht anzurufen (*BGH* NJW-RR 1988, 186).

VIII. Anhang: Die Gebührenansprüche nach der RAGO

1. Zivil-, Familiengericht- und Arbeitsrechtssachen

163 Gebührentatbestände sind:
- die Bearbeitungsgebühr, § 6 RAGO
- die Verhandlungsgebühr, § 7 RAGO
- die Beweisgebühr, § 7a RAGO

164 **Die Bearbeitungsgebühr** fällt in verschiedener Höhe an:
- Entwurf einer zu beurkundenden Erklärung: bis zur Höhe der Gebühren des staatlichen Notariats, § 6 Abs. 5 RAGO
- Für Tätigkeit ohne Vertretung zwischen $\frac{5}{10}$ und $\frac{10}{10}$ der Gebühr, § 6 Abs. 4 RAGO
- Für die Bearbeitung der Angelegenheit bei Vertretung, eine Gebühr, § 6 Abs. 1 i. V. m. § 5 Abs. 4 Nr. 1 RAGO
- Wenn der RA an Bemühungen der Beteiligten um Beilegung eines Konflikts mitgewirkt hat und außerhalb eines gerichtlichen Verfahrens eine Einigung erreicht hat: doppelte Bearbeitungsgebühr, § 6 Abs. 2 RAGO
- Wenn der RA an Bemühungen der Beteiligten um Beilegung eines Konflikts mitgewirkt hat und eine Einigung im gerichtlichen Verfahren erreicht wird, Erhöhung der Bearbeitungsgebühr um 50%, § 6 Abs. 2 RAGO
- Bei Tätigkeit für mehrere Auftraggeber wird die Gebühr nicht erhöht, § 5 Abs. 3 RAGO

165 **Die Verhandlungsgebühr** beträgt eine volle Gebühr, § 7 RAGO i. V. m. § 5 Abs. 4 Nr. 2 RAGO; sie entsteht bei Vertretung in der mündlichen Verhandlung; die Verhandlung beginnt mit der Erörterung der Sach- und Rechtslage durch das Gericht. Eine der Besprechungsgebühr entsprechende Gebühr gibt es nicht. Diese Tätigkeit ist vielmehr mit der Bearbeitungsgebühr abgegolten.

166 **Die Beweisgebühr** gibt es seit dem 15. 8. 1990 gem. § 5 Abs. 5 i. V. m. § 7a RAGO für die Teilnahme an der gerichtlichen Beweisaufnahme und für die Mitwirkung an der Aufklärung des Sachverhaltes, nicht aber für die bloße Vorlage von Urkunden.

167 *Einstweilige Anordnungen* stellen, wenn sie weder während eines gerichtlichen Verfahrens beantragt werden noch ihnen ein gerichtliches Verfahren folgt, eine gesonderte Angelegenheit dar, § 8 RAGO. Bearbeitungs- und Verhandlungsgebühr entstehen nur zur Hälfte. Die Beweisgebühr ist in § 8 Abs. 1 RAGO nicht erwähnt; dies kann ein redaktionelles Versehen sein, da auch § 7 RAGO anläßlich der Änderungsanordnung vom 15. 8. 1990 nicht geändert worden ist und sein Wortlaut mit § 7a RAGO kollidiert.

Folgt dem Anordnungsverfahren ein Klagverfahren, so sind die Gebühren des Anordnungsverfahrens auf die des Klagverfahrens anzurechnen.

168 **Vollstreckungsverfahren:**
Im Vollstreckungsverfahren entsteht grundsätzlich eine halbe Bearbeitungsgebühr, und zwar für die gesamte Tätigkeit während der Dauer der Vollstreckung. Darüberhinaus gewährt § 10 Abs. 2 RAGO eine halbe Verhandlungsgebühr für die Vertretung im Verkaufs- oder Verteilungstermin beim gerichtlichen Verkauf eines Grundstücksgebäudes, Schiffs- oder Schiffsbauwerks sowie in den in § 10 Abs. 3 RAGO erwähnten Verfahren betreffend die Haftung eines Reeders und in bestimmten Entschädigungsverfahren.

§ 10 Abs. 4 RAGO gewährt eine, allerdings auf die Gebühr des § 10 Abs. 1 RAGO anzurechnende Bearbeitungsgebühr sowie eine Verhandlungsgebühr in bestimmten Verfahren über die Unzulässigkeit der Vollstreckung.

Gegenstandswert und Gebührenhöhe: 169

Gem. § 5 RAGO erfolgt die Wertberechnung nach den Bestimmungen der ZPO (DDR), insbesondere § 172 ZPO (DDR); in Verfahren des Staatlichen Notariats bestimmt sich der Wert nach den Bestimmungen der Notariatskostenordnung. Die Gebühren werden auch in sonstigen nicht durch § 5 Abs. 1 RAGO oder in Strafsachen anfallenden Mandaten nach dem Gegenstandswert berechnet, § 5 Abs. 2 S. 1 RAGO. Mangels Gegenstandswert ist eine Gebühr zwischen 20,– DM und 1000,– DM zu berechnen, § 5 Abs. 2 S. 2 RAGO.

In der **Rechtsmittelinstanz** entstehen die Gebühren erneut, § 9 Abs. 1 RAGO. Bei Zurückverweisung entsteht keine neue Bearbeitungsgebühr, § 9 Abs. 2 RAGO.

2. Strafsachen

§ 11 RAGO gewährt Gebühren, bei denen zwischen der Art der Tätigkeit und dem zuständigen Gericht differenziert wird. Soweit der RA im Ermittlungsverfahren oder im gerichtlichen Verfahren nur außerhalb der Hauptverhandlung oder im Strafbefehlsverfahren oder in Verfahren über den Einspruch gegen die Entscheidung eines gesellschaftlichen Gerichts und nachfolgend in der Hauptverhandlung tätig war, steht ihm nur eine einheitliche Gebühr zu aus § 11 Abs. 1 Nr. 1 bis 3 RAGO. 170

In den vorgenannten Tätigkeiten des § 11 Abs. 2 RAGO erhält der RA eine Gebühr von 50,– DM bis 400,– DM.

Im Verfahren vor dem Kreisgericht beträgt die Gebühr 100,– DM bis 800,– DM und bei einer Hauptverhandlung über mehrere Tage für jeden weiteren Hauptverhandlungstag 100,– DM bis 350,– DM.

Im Verfahren vor dem Bezirksgericht belaufen sich die Gebühren auf 100,– DM bis 1000,– DM bzw. 100,– DM bis 500,– DM.

Im Verfahren vor dem Obersten Gericht belaufen sich die Gebühren auf 200,– DM bis 1200,– DM bzw. auf 100,– DM bis 600,– DM.

Gemäß § 11 Abs. 5 RAGO können die Gebühren in Strafsachen bei außergewöhnlichem Arbeitsaufwand wegen des Umfangs oder der Schwierigkeit erhöht werden. Über einen entsprechenden Antrag befindet im Verfahren vor dem Kreisgericht oder dem Bezirksgericht der Minister der Justiz, im Verfahren vor dem Obersten Gericht der Präsident des Obersten Gerichts. Wird in Strafsachen die Kassation angeregt oder die Wiederaufnahme beantragt, so beträgt die Gebühr des RA gem. § 12 Abs. 1 RAGO 50,– DM bis 500,– DM. Sie ist auf ein nachfolgendes Kassationsverfahren und im wiederaufgenommenen Verfahren anzurechnen.

Für Gnadengesuch, Anregung zur Strafaussetzung zur Bewährung und für andere Anträge und Anregungen im Strafvollzug, für Anträge auf Entschädigung für Untersuchungshaft oder auf Entschädigung wegen Strafen mit Freiheitsentzug beläuft sich die Gebühr auf 30,– DM bis 300,– DM, § 12 Abs. 2 RAGO. 171

Für bloße Anträge oder Gesuche beträgt die Gebühr 20,– DM bis 100,– DM, § 12 Abs. 3 RAGO. 172

Für eine Tätigkeit wegen zivilrechtlicher Ansprüche im Strafverfahren erhält der RA keine gesonderte Gebühr; die Tätigkeit ist bei der Bemessung der Gebühr angemessen zu berücksichtigen, § 13 Abs. 1 RAGO. 173

Wird über den Schadensersatzanspruch vor dem Zivilgericht weiterverhandelt, so fällt dort für den Verteidiger eine Verhandlungsgebühr nur noch an, § 13 Abs. 2 RAGO.

Wird im Rechtsmittelverfahren nur noch über den Schadensersatzanspruch verhandelt, so fallen Gebühren gem. § 9 an, § 13 Abs. 4 RAGO.

Vertritt der RA den Geschädigten im Strafverfahren wegen zivilrechtlicher Ansprüche einschließlich des Verfahren vor dem Zivilgericht nach Verweisung, so stehen dem RA die Gebühren der §§ 5–7 (wohl richtig; § 5–7 a) RAGO zu, § 13 Abs. 3 RAGO.

3. Sozialrechtliche Verfahren vor Kammer und Senaten für Sozialrecht

Gem. § 13 a RAGO fallen Gebühren an vor dem Kreisgericht von 50,– DM bis 600,– DM, vor dem Bezirksgericht von 100,– DM bis 900,– DM und vor dem obersten Gericht 174 von 140,– DM bis 1500,– DM; die Bearbeitungsgebühr erhöht sich nicht bei einer Beilegung des Konflikts, § 13a Abs. 2 RAGO.

175 **Fälligkeit, Vorschuß:**

Die Gebühren sind nach Beendigung der Tätigkeit oder der Instanz fällig, § 16 Abs. 1 RAGO. Es muß eine ordnungsgemäße Rechnung unter Angabe der Gebühr und der Vorschrift der Gebührenordnung vom Rechtsanwalt unterschrieben werden und dem Mandanten übergeben werden, § 16 Abs. 2 RAGO.

In Strafsachen kann ein angemessener Kostenvorschuß, in anderen Sachen ein Kostenvorschuß bis zur Höhe der Bearbeitungsgebühr gefordert werden, und zwar für jede Instanz neu, § 16 Abs. 3 RAGO.

176 **Auslagen:**

Gem. § 17 RAGO können Auslagen geltend gemacht werden einschließlich der Umsatzsteuer gem. § 17 Abs. 4 RAGO. Die Hebegebühr wird in § 17a geregelt, Schreibauslagen werden in § 17b geregelt. Sie betragen pro Seite 1,– DM.

177 **Festsetzung der Gebühren:**

Gem. § 18 RAGO werden die Gebühren vom Sekretär des Gerichts erster Instanz auf Antrag des RA festgesetzt. In Strafsachen entscheidet der Vorsitzende des Gerichts erster Instanz. In außergerichtlichen Verfahren entstandene Gebühren sind durch gerichtliche Zahlungsaufforderung oder Klage geltend zu machen, § 18 Abs. 5 RAGO.

178 **Honorarvereinbarungen:**

Sie sind gem. § 14 RAGO zulässig. Sie muß schriftlich erfolgen, § 14 Abs. 3 S. 1 RAGO. Sie muß Umfang und Schwierigkeit der Sache angemessen berücksichtigen, § 14 Abs. 1 S. 2 RAGO. Wer eine mündliche Gebührenvereinbarung vorbehaltlos erfüllt hat, kann das Geld nicht zurückverlangen, § 14 Abs. 3 RAGO.

H. Anwaltliches Berufsrecht

H I. Zulassungs- und Berufsordnungsrecht, Europäisches Anwaltsrecht

Dr. Michael Kleine-Cosack

Übersicht

Literatur: *Feuerich,* BRAO, 1988; *Hartstang,* Der deutsche Rechtsanwalt, 1986. – Zur Rechtslage nach der Grundsatzentscheidung des BVerfG v. 17. 7. 1987: *Hartung,* AnwBl. 1988, 37, u. 374; *Jähnke,* NJW 1988, 1888; *Kleine-Cosack,* NJW 1988, 164; *Pietzcker,* NJW 1988, 515. – **Zur Reform des Berufsrechts:** *Koch,* Referat zum 58. DJT, 1990. – **Zur Rechtlsage in den neuen Bundesländern:** *Koch/Bach,* AnwBl. 1990, 596; *Lange,* AnwBl. 1990, 106; *U.-H. Müller,* JuS 1990, 333; *F. Wolff,* DtZ 1990, 113; *Treffkorn,* NJW 1990, 2116; *ders.,* DtZ 1990, 72; *Maiwald,* DtZ 1990, 68; *Wasmuth,* BRAK-Mitt 1990, 196. – **Zum europäischen Recht:** *Everling,* Gutachten C zum 58. DJT, 1990; *Rabe,* NJW 1987, 2185ff.; *Clausnitzer,* BRAK.-Mitt. 1989, 59; *Willandsen,* NJW 1989, 1128; vgl. auch *Henninger,* BB, 1990, 73; *Seidel,* JURA 1990, 281; *A. Weber,* NVwZ 1990, 1; *Gornig,* NJW 1989, 1120; *Rabe/v. Falkenhausen,* ZRP 1990, 343.

I. Zulassungsrecht

1. Verfassungsrecht

Die berufsrechtlichen Regelungen der BRAO stehen im Spannungsverhältnis **1**
zweier verfassungsrechtlich relevanter Grundsätze, einerseits des Allgemeininteresses an einer **funktionsfähigen Rechtspflege** und andererseits des Grundsatzes der **Freiheit der Advokatur** (*BVerfGE* 63, 266 [288]).

a) Berufswahlfreiheit

2 Anknüpfend an das in Art. 12 I GG garantierte Grundrecht der Berufswahl (*BVerfGE* 63, 266, 286; 66, 337), geht die BRAO von dem **Recht des Bewerbers auf Zulassung** aus. Dieser darf nur aus den in der BRAO bezeichneten Gründen abgelehnt werden, § 6 II BRAO. Einschränkungen sind – ungeachtet der problematischen Berufsbildkompetenzen des Gesetzgebers (dazu neuerdings *BVerfG* NJW 1988, 545f. – Rechtsbeistand) – nur zulässig zum Schutze besonders wichtiger Gemeinschaftsgüter, vor allem der Funktionsfähigkeit der Rechtspflege (*BVerfGE* 71, 171, 189) und unter strikter Wahrung und Beachtung des Grundsatzes der Verhältnismäßigkeit (*BVerfG* NJW 1983, 1535; NJW 1986, 1802; NJW 1984, 2341). Die Einschränkungen der Zulassung ergeben sich – entsprechend dem verfassungsrechtlichen Vorbehaltsprinzip – abschließend aus dem Gesetz, § 6 II BRAO. Im Gegensatz zum **Notariatsrecht** findet bei der Zulassung zum Rechtsanwalt eine Bedürfnisprüfung nicht statt; sie wäre mit Art. 12 GG nicht zu vereinbaren und würde dem Prinzip der freien Advokatur wie dem Berufsbild des freiberuflich tätigen, nicht staatlich gebundenen Rechtsanwalts widersprechen; damit ist auch der verfassungswidrige (so überzeugend *Brangsch,* Fs. f. Oppenhoff, 1985, S. 25ff. u. *Redeker,* DVBl 1987, 200) Anwaltseid in § 26 BRAO nicht zu vereinbaren.

b) Gebot verfassungskonformer Auslegung

4 Bei der Auslegung der Zulassungsbestimmungen ist dem Europarecht, hier vor allem den Art. 52ff. EWGV sowie insbesondere dem **Verfassungsrecht** Rechnung zu tragen. Die Kammern und die Berufs-(Ehren-)Gerichte sowie die ordentlichen Gerichte (in Wettbewerbsstreitigkeiten) versäumen jedoch immer wieder diese unumgängliche Prüfung des Berufsrechts am höherrangigen Recht. Von einer Verwirklichung der Verfassung im Anwaltsrecht konnte bisher kaum die Rede sein. Viel zu oft bedarf es verfassungsgerichtlicher Korrekturen, um den Grundrechten auch im anwaltlichen Berufsrecht Geltung zu verschaffen!

c) Problematischer Rekurs auf die Berufsbildbestimmungen der §§ 1–3 BRAO

5 Bei der Auslegung der Zulassungsregelungen – wie z. B. des § 7 Nr. 8 BRAO – sowie der Generalklausel des § 43 BRAO – z. B. beim Werbeverbot – rekurriert die Judikatur vielfach in fragwürdiger Weise auf die Berufsbildbestimmungen der §§ 1–3 BRAO zur Rechtfertigung von Zulassungsbeschränkungen. Sie legt dabei oftmals ein mehr als antiquiertes verfassungswidriges Berufsbild zugrunde.

6 **aa) Notwendigkeit einer verfassungskonformen Interpretation.** Die Berufsbildbestimmungen sind grundsätzlich im Lichte des höherrangigen Verfassungsrechts zu interpretieren. Dabei wird meist verkannt, daß im Hinblick auf die verfassungsrechtliche Gewährleistung der Freiheit der Berufswahl durch Art. 12 GG vorrangig davon auszugehen ist, daß der Rechtsanwalt einen freien Beruf (§ 2 I BRAO) ausübt (paradigmatisch BGH ZIP 1990, 739 m. Anm. *Kleine-Cosack;* Rechtswidriger Fachanwalt; vgl. auch BVerfGE 63, 266, 282ff., 76, 171, 192) im Rahmen (oder als „Organ") der Rechtspflege. Er ist gem. § 3 I BRAO unabhängig und hat keine amtsähnliche, dem öffentlichen Dienst vergleichbare Stellung trotz der mißverständlichen Formulierung in § 1 BRAO.

bb) Berufsbildfiktionen. In nicht vertretbarer Weise werden die §§ 1–3 BRAO zudem einseitig ausgelegt, indem auf Regelungen abgestellt wird, welche mehr Fiktion denn Realität sind. 7

Dies gilt für die überholte Regelung in § 2 II, wonach der Anwaltsberuf „kein Gewerbe" ist, obwohl er alle Kriterien des Begriffs erfüllt (dazu insoweit zutreffend kritisch, *Fuhrmann,* Der angestellte Rechtsanwalt, 1989, S. 51 f.). Auch § 3 I BRAO steht zum Teil nur „auf dem Papier", da es schlicht abwegig ist, den Rechtsanwalt als den berufenen Vertreter in allen Rechtsangelegenheiten zu bezeichnen; korrekterweise kann allenfalls der Rechtsanwaltschaft insgesamt eine derartige Kompetenz attestiert werden.

Gleiches gilt bei der grundsätzlich zwar zu fordernden Unabhängigkeit des 8 Rechtsanwalts i. S. d. § 3 I BRAO: Hier sind in der Praxis erhebliche Einschränkungen zu machen angesichts der großen Zahl von Rechtsanwälten in (nichtanwaltlichen wie auch anwaltlichen) Anstellungsverhältnissen oder als freie Mitarbeiter einschließlich der bedeutenden Gruppe der Syndikusanwälte. Das Gesetz schweigt sich zu dieser Problematik aus (s. dazu *Fuhrmann,* Der angestellte Rechtsanwalt, 1989; *Berghahn,* Der Rechtsanwalt als freier Mitarbeiter, 1989).

cc) Fragwürdiges Richterrecht. Die Judikatur hat versucht, das normative 9 Defizit auszugleichen. Ein Mangel an Realitätsinn sowie an Ehrlichkeit sowie ein verkrampftes und verängstigtes Festhalten an einem antiquierten Anwaltsbild führen in der Berufsgerichts- wie Kammerpraxis jedoch dabei immer wieder dazu, auf Kosten der vorrangig garantierten Freiheit des Berufs des Rechtsanwalts Einschränkungen vorzunehmen durch Rekurs auf die weniger bedeutsamen Berufsbildfiktionen.

Die Folge ist eine mehr als fragwürdige Judikatur zur Zulassung von Rechts- 10 anwälten in Anstellungsverhältnissen bzw. mit Zweitberufen. Diese entnimmt unter Mißachtung der sich aus dem Verfassungsprinzip des in Art. 20 III GG vorausgesetzten Vorbehalt des Gesetzes (dazu u. a. BVerfG 33, 125 u. 76, 171) sowie des Bestimmtheitsgebots aus den diffusen und widersprüchlichen Berufsbildbestimmungen in oft willkürlicher Weise – so auch beim Werbeverbot oder bei der Fachanwaltsverleihung – Beschränkungen der anwaltlichen Berufsfreiheit. Der Hebel für diesen Rekurs sind andere unbestimmte Vorschriften wie die Generalklausel des § 43 BRAO oder § 7 Nr. 8 BRAO.

dd) Notwendigkeit einer funktionsgemäßen Berufsbildbestimmung. Die 11 Judikatur versäumt zudem vielfach, bei der Auslegung der BRAO und vor allem der Berufsbildbestimmungen in den §§ 1–3 BRAO die veränderten sozialen und ökonomischen Bedingungen zu berücksichtigten. Auch wenn die Tätigkeit des Rechtsanwalts nach der – problematischen – Vorschrift des § 2 II BRAO kein Gewerbe darstellen soll, so darf nicht außer acht gelassen werden, daß es sich um einen Dienstleistungsberuf handelt, der für den rechtschutzsuchenden Bürger ausgeübt werden soll im Rahmen der Dienstleistungsgesellschaft (dazu K IX). Den Anschluß daran hat der Anwalt – so das Gutachten von Prognos und Infratest (Inanspruchnahme anwaltlicher Dienstleistungen, AnwBl. Sonderheft März 1987, S. 53) bisher verpaßt. – Das *BVerfG* (NJW 1990, 2121 f.) hat in seiner jüngsten Werbeentscheidung erstmals die Dienstleistungsfunktion des Rechtsanwalts betont, ohne noch Passagen aus früheren Entscheidungen aufzunehmen, in denen die angeblich nichtgewerbliche Tätigkeit des Rechtsanwalts in wenig überzeugender Weise noch herausgestellt worden war (*BVerfGE* 76, 196/208)! Auch hier scheint sich eine nüchternere Betrachtungsweise durchzusetzen, welche für das Zulassungsrecht – z. B. § 7 Nr. 8 BRAO (angeblich unvereinbare gewerbliche Tätigkeit im Zweitberuf) – oder das Werbeverbot bedeutsam ist, ohne daß sie bei der Ehrengerichtsbarkeit bisher erkennbar ist.

12 **ee) Ungeklärtes Verhältnis BRAO-BGB, Arbeitsrecht, Wettbewerbsrecht.** Für das Zulassungsrecht wie auch vor allem das Berufsordnungsrecht bedeutsam ist die Frage nach dem Verhältnis der BRAO – insbesondere der Berufsbildbestimmungen – zum zivilen Vertragsrecht des BGB bzw. dem Arbeitsrecht oder auch dem HGB sowie dem UWG. Als Beispiel für die Problematik der Abstimmung des Berufsrechts mit anderen Teilrechtsordnungen sei auf den Problemkreis der in Anwaltskanzleien angestellten Rechtsanwälte hingewiesen. Diese verfügen nicht immer über die nach den §§ 1–3 BRAO erforderliche Unabhängigkeit und Freiheit. – Stets ist sorgfältig zu prüfen, welche Bedeutung einzelnen Bestimmungen der BRAO über Regelungen wie § 134 BGB (dazu *T. Becker,* Zulässigkeit und Wirksamkeit von Konkurrenzklauseln zwischen Rechtsanwälten, 1990) oder in Ausnahmefällen § 138 BGB (vgl. *KG* NJW 1989, 2193) für die Rechtswirksamkeit zivilrechtlicher Verhältnisse, wie z. B. freie Mitarbeiter- bzw. Anstellungsverträge mit Anwaltskanzleien zukommt (vgl. zur Problematik auch *Hanna,* Anwaltliches Standesrecht im Konflikt mit zivilrechtlichen Ansprüchen des Mandanten, 1988).

13 Keinesfalls kann aus den diffusen, widersprüchlichen und z. T. realitätsfremden Berufsbildbestimmungen ohne weiteres auf eine Unwirksamkeit vertraglicher Vereinbarungen geschlossen werden; so aber z. T. *Fuhrmann,* Der angestellte Rechtsanwalt, 1989, mit der nicht überzeugenden These – S. 112f. – der Unzulässigkeit der Anstellung von mehr als 7 Rechtsanwälten in einer Kanzlei. Ebensowenig überzeugend das Zahlenspiel bei *Lingenberg/Hummel/Zuck/Eich,* Grundsätze des anwaltlichen Standesrechts, 2. Aufl. 1988, § 28 Rdnr. 60, mit 20 bis 30 jur. Mitarbeitern als Obergrenze. Die rechtswissenschaftliche Begründung für eine solche These fehlt, wie dies meist in diesem Kommentar der Fall ist; nicht überzeugend auch *T. Becker* aaO. sowie angesichts öffentlich-rechtlicher, insbesondere verfassungsrechtlicher Defizite *L. Michalski,* Das Gesellschafts- und Kartellrecht der rechtlich gebundenen freien Berufe, 1989 und *G. Ring,* Wettbewerbsrecht der freien Berufe, 1989). – Überzeugend hat hingegen der *BGH* (BRAK-Mitt 1990, 55) die für Mitglieder verbindliche Anwaltsauswahl in den Aufnahmebedingungen eines Mietervereins wegen unzumutbarer Beschränkung (§ 242 BGB) des Rechts des Einzelnen auf freie Anwaltswahl (§ 3 III BRAO) als sittenwidrig i. S. d. § 1 UWG eingestuft.

Es wird immer wieder aufgrund einer einseitigen – zivilrechtlichen – Perspektive versäumt, vor der Heranziehung berufsrechtlicher Primärnormen über „Transportnormen" wie § 1 UWG oder § 134 BGB deren Reichweite und wie auch ihre Verfassungsmäßigkeit zu prüfen. Dies galt z. B. auch für die Standesrichtlinien. Zwar wurde stereotyp ihr Rechtssatzcharakter nach dem Motto bestritten, was nicht sein darf, kann auch nicht sein; faktisch wurden sie jedoch in unzulässiger Weise (*BVerfGE* 76, 171 ff.) wie Normen behandelt und sogar noch nach ihrer Verabschiedung durch das *BVerfG* in einem umfangreichen Kommentar wie Rechtssätze erörtert (*Lingenberg/Hummel/Zuck/Eich,* aaO.). – Nichtrechtssätze können jedoch ebensowenig wie rechts- bzw. verfassungswidrige Rechtsnormen zur Sittenwidrigkeit unter dem Aspekt des Vorsprungs durch Rechtsbruch führen (so aber *G. Ring,* aaO.; oder *ders.,* Werberecht der Rechtsanwälte, 1990).

Bedauerlich ist auch, daß die wettbewerbsrechtliche Literatur zum Teil von den neueren Entwicklungen im freiberuflichen Berufsrecht – insbesondere der weitgehenden Bedeutungslosigkeit der Standesrichtlinien – keine Notiz nimmt (so z. B.: *Baumbach-Hefermehl,* Wettbewerbsrecht, 16. Aufl. 1990, UWG, § 1 Rdnr. 273). Schließlich wählen die Kammern zur Unterbindung angeblicher Verstöße gegen das Berufsrecht vermehrt den – wenn auch problematischen (dazu unten Rdnr. 225) – Weg über das UWG, da sie nach der Judikatur des *BGH* (NJW 1987, 2087 u. BRAK-Mitt 1990, 55) aktivlegitimiert sind gem. § 13 UWG.

Unter Berücksichtigung von Eigenart und Funktion des Wettbewerbsrechts einerseits und des Berufsrechts andererseits ist in Zukunft genauer zu untersuchen, welche Primärnormen des Berufsrechts überhaupt über die Schiene des § 1 UWG den Vorwurf der Sittenwidrigkeit rechtfertigen können, ob dies für alle Rechtsnormen gilt, oder nur für Primärnormen mit wettbewerbsrechtlichem Bezug wie z. B. beim Werbeverbot, was der Funktion des § 1 UWG entspricht. – Die Judikatur unterscheidet bekanntlich in nicht überzeugender Weise zwischen außerwettbewerblichen Normen, die eine sittlich-fundierte Wertung enthalten und anderen, denen die Wertbezogenheit fehlt (vgl. nur die Nachw. bei *Tilmann,* WRP 1987, 293). Erstere – zu denen das Berufsrecht mit dem Schutzzweck der Rechtspflege zählt – stellen danach per se einen Wettbewerbsverstoß dar. – Bei wertneutralen Normen wird hingegen gefordert für die Anwendbarkeit des § 1 UWG, daß „besondere wettbewerbliche Merkmale" (OLG Hamm, NJW 1988, 466) vorliegen, was z. B. bei einer bewußten und planmäßigen Normverletzung zur Verschaffung eines Wettbewerbsvorsprungs angenommen wird. – Diese Differenzierung vermag nicht zu überzeugen.

2. Allgemeine Zulassungsvoraussetzungen

Das Zulassungsrecht der Rechtsanwälte ist abschließend in den §§ 4–42 **14**
BRAO normiert. Darin sind die Zulassungsvoraussetzungen, das Verfahren der Zulassung wie auch deren Zurücknahme geregelt.

Gemäß § 4 BRAO kann zur Rechtsanwaltschaft nur zugelassen werden, wer **15**
die **Befähigung zum Richteramt** (§ 5 DRiG) besitzt (§§ 5–7, 109, 112 DRiG). Diese wird gem. § 5 DRiG durch Ablegung der juristischen Staatsexamina erlangt. Nach § 7 DRiG sind auch ordentliche Professoren der Rechte an einer Universität der BRD einschließlich des Landes Berlin zum Richteramt befähigt. Nach § 5 BRAO gilt für den zugelassenen Rechtsanwalt die **vorbehaltlose Freizügigkeit.** Wer in einem deutschen Land die Fähigkeit zum Richteramt erlangt hat, kann auch in jedem anderen deutschen Land die Zulassung zur Rechtsanwaltschaft beantragen. Die **Versagung** der grundsätzlichen Zulassung zur Rechtsanwaltschaft ist obligatorisch bei Vorliegen von schwerwiegenden Gründen. Die lokale Zulassung kann – fakultativ – aufgrund einzelner, in der BRAO geregelter Vorschriften erfolgen (zum Ganzen *Hartstang,* S. 99f.).

3. Obligatorische Versagungsgründe der Zulassung

§ 7 BRAO nennt zehn Gründe, die die Zulassung eines Bewerbers unmöglich **16**
machen. Sie betreffen die charakterliche Eignung, äußere mit dem Beruf und der Stellung des Rechtsanwalts nicht zu vereinbarende Umstände und die für die Berufsausübung notwendige Leistungsfähigkeit.

a) Persönliche, charakterliche Eignung

17 Die Versagungsgründe in § 7 Nr. 1–6 BRAO haben gemeinsam, daß sie auf die Persönlichkeit und die charakterliche Eignung der Zulassungsbewerber abstellen. Diese bieten wegen der aus den einzelnen Tatbeständen sich ergebenden **Unzuverlässigkeit** nicht die Gewähr für die ordnungsgemäße Erfüllung der anwaltlichen Pflichten. Zu einzelnen umstrittenen Vorschriften sei angemerkt:

18 – **§ 7 Nr. 2 BRAO** (Verlust der Fähigkeit für öff. Ämter). Wer wegen eines **Verbrechens** (§ 12 I StGB) zu einer Freiheitsstrafe von mindestens einem Jahr verurteilt wird, verliert für die Dauer von 5 Jahren die Fähigkeit, öffentliche Ämter zu bekleiden und Rechte aus öffentlichen Wahlen zu erlangen, § 45 I StGB. Er kann nach Nr. 2 in dieser Zeit nicht zur Rechtsanwaltschaft zugelassen werden. Nach § 45 II StGB kann das Gericht auch in anderen Fällen dem Verurteilten diese Fähigkeit absprechen, wenn das im Gesetz besonders vorgesehen ist (vgl. z. B. §§ 92a, 101, 102 II, 108c, 109i, 129a VI, 264 V, 358 StGB, 375 I AO).

19 – **§ 7 Nr. 3 BRAO** (Ausschluß aus der Rechtsanwaltschaft durch Urteil). Ein ehrengerichtliches Urteil nach § 114 I Nr. 5 BRAO auf Ausschließung aus der Rechtsanwaltschaft ist Voraussetzung für den Ausschluß. Eine Wiederzulassung ist möglich nach der durch Entscheidungen des *BVerfG* (NJW 1984, 2341; BRAK-Mitt 1986, 173) notwendig gewordenen neuen Fassung, da der lebenslange ausnahmslose Ausschluß ohne die Möglichkeit der Wiederzulassung nicht mit Art. 12 GG zu vereinbaren war. Nach Ablauf der – verfassungsrechtlich im Hinblick auf Art. 12 GG problematischen (vgl. auch § 70 StGB) – Sperrfrist von 8 Jahren richtet sich der Anspruch auf Wiederzulassung nach den sonstigen Kriterien des § 7, insbesondere des § 7 Nr. 5 BRAO. Im Einzelfall sind die Schwere und Auswirkung der Pflichtverletzung, welche die Ausschließung zur Folge hatten, gegen eine etwaige Bewährung und die Wahrscheinlichkeit künftiger korrekter Berufsausübung abzuwägen (BT.-Drucks. 11/3253; vgl. auch *BGH* BRAK-Mitt 1988, 146, 147 und NJW 1988, 1793; *Cornelius* BRAK-Mitt 1988, 104).

20 – **§ 7 Nr. 5 BRAO** (Unwürdigkeit). Der Bewerber ist nach dieser generalklauselartigen Bestimmung unwürdig zur Ausübung des Anwaltsberufs, wenn er im Zeitpunkt der Entscheidung über die Zulassung bei Abwägung seines schuldhaften Verhaltens und aller erheblichen Umstände wie Zeitablauf und zwischenzeitlicher Führung nach seiner Gesamtpersönlichkeit für den Anwaltsberuf nicht tragbar ist (*BVerfG* NJW 1983, 1535 u. 1986, 1802; *BGH* BRAK-Mitt 1987, 150 u. 1988, 271; *Feuerich,* AnwBl. 1989, 133). Wegen der Unzuverlässigkeit müssen durch die Zulassung Belange der Rechtspflege, insbes. der Rechtsuchenden gefährdet sein. Unwürdigkeit wird in der Judikatur vor allem bei **strafrechtlicher Verurteilung** eines Rechtsanwalts wegen gravierender Delikte angenommen; so z. B. bei Aussagendelikten, schwerer Steuerunehrlichkeit, falschen eidesstattlichen Versicherungen und dienstlichen Äußerungen, Betrug, Veruntreuung u. ä. (vgl. *Hartstang,* S. 111). Gleiches soll gelten bei unehrenhaftem und unsittlichem Lebenswandel, wie auch bei einem Geschäftsgebahren, das zu einem Vermögensverfall des betreffenden Rechtsanwalts führte; (vgl. *Feuerich* BRAO § 7 Rdnrn. 62ff.; zur Handhabung des § 7 Nr. 5 BRAO in der Rechtsprechung, vgl. *Cornelius* BRAK-Mitt 1988, 104). Durch Wohlverhalten nach der Tat kann jedoch (*BGH* BRAK-Mitt 1986, 165) ein schwerwiegendes berufsunwürdiges Verhalten

nach mehreren Jahren so viel an Bedeutung verlieren, daß es der Zulassung zur Rechtsanwaltschaft nicht mehr im Wege steht (vgl. auch die überzeugende Entscheidung des *BGH* BRAK-Mitt 1988, 147 im Fall Mahler).

– **§ 7 Nr. 6 BRAO** (Strafbares Bekämpfen der freiheitlich demokratischen Grundordnung). Das *BVerfG* (NJW 1983, 1535) hat entschieden, daß ein lediglich aktives Eintreten des Zulassungsbewerbers für eine als verfassungsfeindlich angesehene Partei eine Versagung der Zulassung nicht rechtfertigt, wenn der Bewerber die freiheitliche Grundordnung nicht in strafbarer Weise bekämpft. Vom Zulassungsbewerber wird anders als beim Beamtenbewerber (vgl. § 7 I 2 BBG) nur das Unterlassen des Bekämpfens dieser Ordnung, aber nicht ein **positives Handeln** verlangt. Strafbarer Kampf im Sinne von § 7 Nr. 6 BRAO ist demnach alles, was vor allem nach den §§ 80ff. StGB verboten ist; damit ist die eigentlich untragbare, politisch motivierte Versagungsklausel nur unzureichend entschärft (vgl. auch *Hartstang,* S. 113). 21

Schon wegen Art. 21 II G reicht im übrigen auch nicht ein lediglich aktives Eintreten für eine als verfassungsfeindlich angesehene Partei (einschließlich der früheren SED oder der NPD). Die politische – auch kommunistische oder sozialistische und (leider) auch faschistische – Gesinnung stellt angesichts der Freiheit des Anwaltsberufs keinen ausreichenden Versagungsgrund dar (vgl. auch *BGHZ* 77, 331, 337; *BGH* BRAK-Mitt 1986, 47). 22

b) § 7 Nr. 7 BRAO (Leistungsfähigkeit)

Die Zulassung zur Anwaltschaft ist danach zu versagen, wenn der Bewerber infolge eines körperlichen Gebrechens oder wegen Schwäche seiner geistigen Kräfte sowie bei Sucht **dauernd unfähig** ist, den Beruf des Rechtsanwalts ordnungsgemäß auszuüben. 23

Nicht erforderlich ist das Vorliegen der Voraussetzungen des § 6 BGB oder § 20 StGB (Geistesschwäche bzw. Schuldunfähigkeit). Es kommt darauf an, ob körperliche oder geistige Mängel des Bewerbers in ihrer Gesamtheit so stark sind, daß er deswegen dauernd unfähig ist, den Beruf eines Rechtsanwalts ordnungsgemäß auszuüben (*BGH* EGE XI, 19/20) und die Gefahr begründet ist, die Rechtsuchenden würden bei einer anwaltlichen Beratung oder Vertretung durch ihn nicht mit einer sachgemäßen und sorgfältigen Wahrnehmung ihrer Interessen rechnen können (vgl. *BGH* bei: *Zuck* BRAK-Mitt 1988, 166).

Ob dauernde Unfähigkeit zur Ausübung des Anwaltsberufs vorliegt, muß nach **Anhörung** des Bewerbers und entsprechender **Begutachtung** durch Ärzte entschieden werden, § 8a BRAO. Eine Identität der Unfähigkeit i. S. d. § 7 Nr. 7 BRAO mit der Dienstunfähigkeit wird verneint (vgl. *BGH* EGE XIV, 66 sowie *Hartstang,* S. 116f.). 24

c) Äußere Umstände allgemein

Dazu sind Regelungen enthalten in § 7 Nr. 11 BRAO (Stellung als Richter und Beamter, dazu unten Rdnrn. 76ff.) und § 7 Nr. 9 (Vermögensverfall; dazu *BGH* BRAK-Mitt 1984, 140 u. 1987, 38) sowie § 7 Nr. 10 (gerichtlich angeordnete Beschränkung in der Verfügung über das Vermögen; z. B. vorläufige Vormundschaft, Konkurseröffnung, allgemeines Veräußerungsverbot im Vergleichsverfahren oder Vermögensbeschlagnahme nach der StPO). 25

4. Obligatorischer Versagungsgrund des § 7 Nr. 8 BRAO

a) Grundsätzliche Zulässigkeit eines Zweitberufs

26 Grundsätzlich ist ein Rechtsanwalt nicht gehindert, eine zweite berufliche Tätigkeit auszuüben. Das Grundrecht der Berufsfreiheit in Art. 12 GG schützt – zwar mit Einschränkungen – auch die parallele oder sukzessive Betätigung in Zweitberufen (*BVerfGE* 21, 173/181; *BVerfG* JZ 1984, 1042). Die nicht-anwaltliche Tätigkeit kann im Hinblick auf Art. 12 GG nur **ausnahmsweise als unvereinbar** angesehen werden, soweit dies für die Funktionsfähigkeit der Rechtspflege unerläßlich ist.

b) Alternativen des § 7 Nr. 8 BRAO

27 Diesen verfassungsrechtlichen Kriterien wird die ehrengerichtliche Judikatur zu § 7 Nr. 8 BRAO nicht immer gerecht. Dieser erfaßt zwei voneinander zu unterscheidende Versagungsmöglichkeiten: Vereinbarkeit mit dem
- Beruf des Rechtsanwalts (1. Alt.),
- Ansehen der Rechtsanwaltschaft (2. Alt.).

c) § 7 Nr. 8, 2. Alt. BRAO (Ansehen der Rechtsanwaltschaft)

28 Weniger relevant als die 1. Alt. (dazu unten Rdnrn. 32ff.) ist die 2. Alt. betreffend eine Tätigkeit, die mit dem Ansehen der Rechtsanwaltschaft völlig unvereinbar ist und daher den Anwaltsberuf auch beeinträchtigt und schädigt. Genannt werden Tätigkeiten, die im **Widerspruch zur geltenden Rechts- und Sittenordnung** stehen oder wenig seriöser Natur sind, z. B. Leitung eines Bordells, Buchmacher, Pfandleihe, professioneller Geldverleih, Gastwirt (vgl. *BGH* NJW 1976, 628 sowie *Hartstang,* S. 118).

Die – unzeitgemäße – 2. Alt. des § 7 Nr. 8 BRAO ist auf jeden Fall im Hinblick auf Art. 12 GG **restriktiv** zu interpretieren, zumal es nach dem *BVerfG* (NJW 1984, 2321 u. 1988, 193) bei Einschränkungen der Berufsfreiheit auf das Ansehen der Rechtsanwaltschaft allein nicht ankommen kann. Die Gründe müssen vielmehr über bloße berufsständische Belange hinausgehen. Dies ist nur der Fall, wenn die Nichtzulassung unerläßlich für die Funktionsfähigkeit der Rechtspflege ist.

d) § 7 Nr. 8, 1. Alt. BRAO (Vereinbarkeit mit Anwaltsberuf)

29 Anders als die 1. Alt. des § 7 Nr. 8 BRAO ist die 2. Alt. „Vereinbarkeit mit dem Beruf des Rechtsanwalts“ von erheblicher Bedeutung (vgl. zum ganzen *Hartstang,* S. 117ff.).

Es handelt sich um eine ausfüllungsbedürftige und wertungsabhängige Bestimmung (vgl. *Bender* NJW 1986 1986, 409, 411). Maßgeblich sind die **Gesamtumstände** des konkreten Einzelfalls unter Berücksichtigung der konkreten Ausgestaltung des Rechtsverhältnisses und nicht eine abstrakte Bewertung (*BGH* NJW 1986, 435).

Sinn der Vorschrift ist die **Wahrung des Berufsbildes** des Rechtsanwalts, der nach den §§ 1–3 BRAO einen freien Beruf ausübt als unabhängiger Berater und Vertreter in allen Rechtsangelegenheiten. Abhängigkeit und Weisungsgebundenheit seiner nicht-anwaltlichen Tätigkeit rechtfertigen jedoch schon wegen der §§ 46, 47 BRAO allein nicht die Versagung der Zulassung. Maßgeblich ist vielmehr die konkrete Art der Beschäftigung sowie ihre rechtliche Ausgestaltung (vgl. *Bender* NJW 1986, 409).

e) Kriterien des § 7 Nr. 8, 1. Alt. BRAO

Kriterien zur Auslegung der Tatbestandsmerkmale in § 7 Nr. 8 BRAO „unvereinbar mit dem Beruf des Rechtsanwalts" sind nach der Judikatur u. a.: 30

aa) Art der nichtanwaltlichen Tätigkeit: Kein Gewerbe, § 2 II BRAO:

- **Zulässige Paralleltätigkeiten:** Unproblematisch ist eine nicht-anwaltliche Tätigkeit, soweit diese nach ihrer Art eine echte **Verwandtschaft** mit der anwaltlichen Betätigung aufweist. 31
  Dementsprechend wird für zulässig erachtet die Tätigkeit als Rechtsanwalt und Wirtschaftsprüfer oder Steuerberater. Hingegen wird eine Inkompatibilität bejaht zwischen dem Anwaltsberuf und demjenigen des Steuerhelfers und Steuerbevollmächtigten (*BGH* NJW 1964, 2063 und AnwBl 1978, 373), was nicht haltbar ist. Zur Unvereinbarkeit der Maklertätigkeit vgl. *BGH* NJW 1976, 628 und BRAK-Mitt 1988, 49; offengelassen wurde, ob eine nur gelegentlich ausgeübte Maklertätigkeit die Versagung der Zulassung rechtfertigt, *BGH* EGE XIII, 67, 71 f.; vgl. auch *BGH* BRAK-Mitt 1986, 48 sowie zur Abgrenzung des Anwalts-Dienstvertrags zum Maklervertrag *BGH* NJW 1985, 2642.
- **Unzulässige Paralleltätigkeit:** Gewerbe. Zwar ist nicht jede außerjuristische, auch nicht jede kaufmännische Tätigkeit, durch welche der Bewerber erwerbswirtschaftlich mit dem Streben nach Gewinnerzielung nach außen in Erscheinung tritt, unvereinbar mit dem Anwaltsberuf (*BGH* BRAK-Mitt 1990, 50; NJW 1979, 430; BRAK-Mitt 1983, 189). 32
  Unvereinbar soll nur eine solche **kaufmännische Tätigkeit** sein, die maßgebend vom Gewinnstreben bestimmt ist, die acquisitorischen Charakter hat und die dazu führt, daß der Bewerber nach außen erwerbswirtschaftlich **als Kaufmann** mit dem Streben nach Gewinn in Erscheinung tritt (vgl. *BGHZ* 40, 194; *BGH* BRAK-Mitt 1987, 89; *BGH* BRAK-Mitt 1990, 50: Zulässige Geschäftsführertätigkeit eines Rechtsanwalts in einem Verein, der für seine Mitglieder ohne Gewinnabsicht Bürgschaften für Bankkredite übernimmt). Dabei ist unerheblich, ob die kaufmännisch-erwerbswirtschaftliche Tätigkeit in untergeordneter bzw. herausgehobener Stellung oder selbständig ausgeübt wird (vgl. auch *BGH* NJW 1979, 430; Beispiele bei *Feuerich* BRAO § 7 Rdnrn. 146–177; zur Kritik vgl. u. Rdnr. 50).

bb) Bei Tätigkeit im Angestelltenverhältnis: Die Zulassung zum Rechtsanwalt kann hier gemäß § 7 Nr. 8 BRAO nicht nur wegen der Art der Tätigkeit versagt werden, sondern auch weil dem Bewerber die nach der Judikatur zur Sicherung seiner Unabhängigkeit (§ 3 BRAO) und Freiheit (§ 2 I BRAO) erforderliche **gehobene Stellung** (dazu *BGH* NJW 1979, 430) oder (rechtlich bzw. tatsächlich) die **Ausübungsmöglichkeit** für den Anwaltsberuf fehlt. 33

- **Gehobene Stellung:** Das nicht ausdrücklich im Gesetz fixierte Merkmal der gehobenen Stellung wird von der Judikatur in problematischer Weise normgleich angewandt (*M. Bender* NJW 1986, 409, 411). Im Einzelfall maßgebliche **Kriterien** sind u. a.: Vorliegen einer Handlungsvollmacht, Fehlen eines fachlichen Vorgesetzten, Zeichnungsbefugnis, selbständige und eigenverantwortliche Tätigkeit, hohes Gehalt, hohe Stellung in der Hierarchie des Dienstherrn, lange Kündigungsfrist, fehlende Bindung an Dienststunden und Freiheit in der Einteilung der Arbeitszeit (vgl. *Feuerich* BRAO § 7 Rdnr. 201 mit Beispielen unter 204–221). 34

35 – **Ausübungsmöglichkeit.** Der Bewerber kann nach der *BGH*-Rechtsprechung nur zugelassen werden, wenn er **„rechtlich und tatsächlich in der Lage** ist, den Anwaltsberuf in einem, wenn auch beschränkten, so doch nennenswerten Umfang und jedenfalls mehr als gelegentlich auszuüben" (*BGH* BRAK-Mitt 1982, 72), wobei „eine nur geringfügige Möglichkeit, sich als Rechtsanwalt zu betätigen" (*BGHZ* 71, 138, 140 m. w. N.) nicht ausreicht (vgl. *Feuerich* BRAO § 7 Rdnrn. 222–243).

Die tatsächliche Möglichkeit zur Ausübung des Anwaltsberufs hat auch ein Angestellter mit Vollzeitbeschäftigung, je nach den näheren Umständen des Einzelfalles, wenn er über seine Zeit hinreichend verfügen kann und er während seiner Dienststunden nicht nur in Ausnahmefällen erreichbar ist.

36 Unter **tatsächlichen** Aspekten wird die Ausübungsmöglichkeit in fragwürdiger Weise dann verneint, wenn eine zu große Entfernung zwischen Dienst- und Praxisort besteht (*BGH* BRAK-Mitt 1983, 189; vgl. auch *EGH Koblenz,* BRAK-Mitt 1990, 113; keine Zulassung bei 80 km-Entfernung); in nicht haltbarer Weise versucht man, diese Einschränkung damit zu begründen, daß ein Rechtsanwalt jederzeit für ein Eilverfahren an einem Gericht seines Zulassungsortes zur Verfügung stehen müsse. Diese Argumentation verkennt jedoch die ausreichende und flächendeckende Anwaltsdichte; sie ist auch deshalb zu eng, da sie zu sehr vom Berufsbild des forensisch tätigen Rechtsanwalts ausgeht. Viele Rechtsanwälte – wie z. B. Konkursverwalter – sind nur selten in ihrer Kanzlei anzutreffen. Zudem steht diese Judikatur in merkwürdigem Widerspruch zu § 29a BRAO; von dem im Ausland Tätigen kann nur gefordert werden, daß ihn Telephongespräche und Post in angemessener Zeit erreichen.

Diese in tatsächlicher Hinsicht maßgeblichen Kriterien sind im übrigen fast ebensowenig kontrollierbar wie die teilweise zusätzlich aufgestellte Forderung, wonach der Bewerber den ernstlichen Willen haben müsse, den Anwaltsberuf in nicht geringem Umfang und nicht nur gelegentlich auszuüben. Hier wird zudem verkannt, daß der Rechtsanwalt schon nach Art. 12 GG frei bestimmen kann, in welchem Umfang er arbeiten will; es besteht keine Arbeitspflicht (auch hier nicht überzeugend *Jessnitzer,* BRAO, 5. Aufl. 1990, § 7 Rdnr. 18).

37 In **rechtlicher** Hinsicht fehlt die Ausübungsmöglichkeit, falls der jeweilige Dienstherr dem Antragsteller in nicht eindeutiger Weise die Zustimmung zur Aufnahme einer anwaltlichen Tätigkeit gegeben hatte. So im Fall (*BGH* EGE XII, 34f.) eines Kirchenoberrechtsrates, dem der Dienstherr die Zustimmung zur Ausübung des Anwaltsberufs nur unter dem Vorbehalt jederzeitigen **Widerrufs** erteilt hatte. Gleiches galt im Falle eines wissenschaftlichen Hochschulassistenten (*BGH* EGE XIII, 30ff.), dem der Dienstherr jederzeit einseitig die Zustimmung zur Ausübung der Anwaltstätigkeit **widerrufen** konnte und im Falle eines angestellten Universitätsassistenten, dem der Dienstherr eine Genehmigung lediglich auf die Mithilfe in einer Anwaltspraxis mit einer Beschränkung auf acht Wochenstunden erteilte (*BGH* BRAK-Mitt 1982, 72, 73).

Nach *BGHZ* 100, 87 fehlt einem Angestellten die rechtliche Möglichkeit, den Anwaltsberuf auszuüben, wenn sein Dienstherr die Nebentätigkeitsgenehmigung zeitlich eingrenzt (hier auf 28 Wochenstunden und zudem nur außerhalb der regelmäßigen Arbeitszeit).

38 Die Bedeutung dieser Kriterien ist unterschiedlich je nach **Fallgruppe:** (1) Der Bewerber übt einen **selbständigen Beruf** aus (dazu unter Rdnrn. 39ff.). – (2) Der Bewerber ist **Angestellter** (Rdnr. 43) und zwar entweder im öffentlichen Dienst (dazu u. Rdnr. 44 vgl. auch Rdnrn. 74ff. betr. Hochschullehrer,

Richter und Beamte), oder in einem privatrechtlich organisierten Unternehmen oder Verband; hier stellt sich das Problem des Syndikusanwalts (dazu u. Rdnrn. 58ff.).

f) Selbständige Berufe

Bei selbständigen Berufen stellt sich am Maßstab des § 7 Nr. 8 BRAO im Hinblick auf die oben genannten Kriterien wegen der erforderlichen Vereinbarkeit der **Art der nicht-anwaltlichen Tätigkeit** mit dem Beruf des Rechtsanwalts allein die Frage, ob sie wegen des **gewerblichen Charakters** angesichts des § 2 II BRAO unzulässig ist. Verboten ist eine kaufmännische, von Gewinnstreben geprägte Tätigkeit (vgl. o. Rdnr. 32). **39**

aa) Juristische Personen. Umstritten ist die Vereinbarkeit bei gesetzlichen Vertretern juristischer Personen oder von organschaftlichen Vertretern ohne Rechtspersönlichkeit, wenn die Unternehmen ein Gewerbe betreiben und nur durch die Vertreter handeln können. Grundsätzlich gilt das Verbot einer kaufmännischen, von Gewinnstreben geprägten Tätigkeit **auch für gesetzliche Vertreter** von juristischen Personen oder für **Organe** von Handelsgesellschaften, wenn diese ein Gewerbe betreiben (vgl. auch *BGH* AnwBl. 1990, 160). **40**

Ist der Anwalt gesetzlicher Vertreter einer juristischen Person, so kommt es nach der – nicht überzeugenden – Rspr. „auf die Tätigkeit des Unternehmens" an. Betreibt das Unternehmen ein Gewerbe, läßt es sich also unter kaufmännischen Gesichtspunkten maßgeblich vom Streben nach Gewinn leiten, so wird zwangsläufig die Tätigkeit der handelnden gesetzlichen Vertreter kaufmännisch-erwerbswirtschaftlich geprägt. Denn ihre Tätigkeit ist mit der Tätigkeit des Unternehmens identisch" (*BGH* bei: *Zuck* BRAK-Mitt 1988, 165). **41**

Bei **alleiniger Vertretung** wurde die Vereinbarkeit verneint (*BGH* BRAK-Mitt 1987, 89; *BGHZ* 68, 399 für AG und GmbH, *BGH* EGE XI 56 für OHG, KG) und bei Gesellschaftern bejaht, falls sie sich praktisch jeder Tätigkeit für das Unternehmen **enthalten** (*BGH* EGE XIII 78, 80), eine kaum praktikable und kontrollierbare sowie praxisfremde Form der Selbstbeschränkung (vgl. auch *Zuck* BRAK-Mitt 1987, 109).

bb) Kritik. Die kasuistische Judikatur zur unzulässigen kaufmännischen Tätigkeit (s. o. Rdnrn. 32, 40f.) ist in vieler Hinsicht **wirklichkeitsfremd.** Der novellierungsbedürftige (oder abzuschaffende?) § 2 II BRAO (die angeblich fehlende Gewerblichkeit ist kein eigenständiges Wesensmerkmal eines freien Berufs; vgl. *Fuhrmann,* Der angestellte Rechtsanwalt, 1989, S. 51ff.) wird nicht wie erforderlich und bereits de lege lata möglich entsprechend der Rechtspflegefunktion des Rechtsanwalts in der modernen Dienstleistungsgesellschaft interpretiert. Allein konkret zu prüfende **Gemeinwohlaspekte** und nicht das Festhalten an antiquierten Berufsbildern rechtfertigen Einschränkungen der in Art. 12 GG garantierten Berufswahl – und Zulassungsfreiheit. Ein großer Teil der Anwälte ist kaufmännisch und wirtschaftlich tätig. Die Inkompatibilitätsgrenzen zwischen dem allein forensisch ausgerichteten und auf die rechtsprechende Gewalt fixierten Rechtsanwalt und dem modernen, alle – d. h. auch die nicht forensischen – Beratungsbereiche abdeckenden Rechtsanwalt sind in Bewegung geraten. Die Anwaltschaft muß sich von elitären und unzeitgemäßen Berufsbildern lösen (kritisch auch *Zuck* BRAK-Mitt 1988, 165, Fn. 28 u. BRAK-Mitt 1987, 108, 109f.; vgl. auch BVerfG NJW 1990, 285). **42**

g) Angestellter allgemein

43 Von erheblicher Bedeutung ist in der Praxis die Frage, wann bei einer Angestelltentätigkeit die Zulassung zur Anwaltschaft versagt werden kann. Dabei ist zu unterscheiden (vgl. auch § 47 BRAO) zwischen einer Tätigkeit im öffentlichen Dienst und in einem privatrechtlich-organisierten Unternehmen; bei letzteren stellt sich die Problematik der Syndikusanwälte (dazu unten unter Rdnrn. 72ff.).

Die in der Judikatur zur Auslegung des § 7 Nr. 8 BRAO (nicht-anwaltliche Tätigkeit, welche nicht vereinbar ist mit dem Beruf des Rechtsanwalts) verwandten Kriterien sind jedoch weitgehend identisch.

h) Angestellter im öffentlichen Dienst

44 Dadurch, daß ein Anwaltsbewerber im öffentlichen Dienst angestellt ist, ist noch nicht ohne weiteres die Inkompatibilität einer solchen Betätigung mit der Tätigkeit eines Rechtsanwalts begründet. Voraussetzung ist jedoch, daß die **Rechtspflege** nicht durch die gleichzeitige Ausübung der verschiedenen Berufe gefährdet wird und der Bewerber neben der **Ausübungsmöglichkeit** (vgl. oben Rdnr. 35) über eine **gehobene Stellung** (s. o. Rdnrn. 34f.) verfügt.

45 **aa) Gefährdung der Rechtspflege.** Nur dann, wenn – vgl. § 47 BRAO – die Tätigkeiten, die als Angestellter im öffentlichen Dienst ausgeübt werden, die Tätigkeit eines Rechtsanwalts so sehr beeinträchtigen, daß durch die gleichzeitige Ausübung der beiden Berufe die Ausübung des Anwaltsberufs sowie – so *BGHZ* 49, 238, 240; vgl. *BGH* NJW 1976, 1689 – die Interessen der Rechtspflege gefährdet werden – muß von einer Inkompatibilität ausgegangen werden (vgl. auch *BGHZ* 49, 295, 298; *BGH* BRAK-Mitt 1982, 125). Ob die Möglichkeit der Gefährdung der Belange der Rechtspflege besteht, ist im Einzelfall aufgrund der **Gestaltung des Angestelltenverhältnisses** und der **ausgeübten Tätigkeit** zu prüfen (*BGH* BRAK-Mitt 1982, 125).

46 2Dies ist u.a. der Fall, wenn bei Rechtsuchenden die Vorstellung entstehen kann, die dienstliche Stellung könne zur Förderung privater Interessen genutzt werden (vgl. *BGHZ* 100, 87). Der *BGH* (BRAK-Mitt 1982, 125) hat den Beruf des Hauptgeschäftsführers einer Berufsgenossenschaft (Körperschaft des öffentlichen Rechts) als mit dem Rechtsanwaltsberuf unvereinbar eingestuft, und zwar wegen der Gefahr, daß eine Rechtsanwaltstätigkeit wegen der mannigfachen Möglichkeiten von Pflichtenkollisionen und eines möglichen falschen Eindrucks der Rechtsuchenden in die Objektivität solchermaßen ausgeübter Anwaltstätigkeit des Antragstellers die Interessen der Rechtspflege gefährden könne.

47 **bb) Gehobene Stellung im öffentlichen Dienst.** Auch bei einer Tätigkeit im öffentlichen Dienst muß der Bewerber nach der Judikatur über eine gehobene Stellung verfügen (vgl. *Bender* NJW 1986, 410).

Der *BGH* (EGE XIV 151, 152) hat im Fall einer Angestellten im öffentlichen Dienst, die als **Referentin** eine ausschließlich wissenschaftliche Tätigkeit an einem international bedeutenden Institut (Max-Planck-Institut) völlig selbständig ausübte, die Kriterien der gehobenen Stellung und der rechtlichen und tatsächlichen Möglichkeit bejaht, den Anwaltsberuf in einem nennenswerten Umfang auszuüben. Eine gehobene Stellung wurde verneint bei wissenschaftlichen **Hilfskräften** wegen Mangel an Unabhängigkeit; nicht relevant war dabei, ob das Dienstverhältnis zeitlich unbegrenzt (*BGH* NJW 1986, 435) oder begrenzt war (*BGH* JZ 1982, 570, 571).

cc) Kritik. Die restriktive, widersprüchliche Zulassungsjudikatur wird von *Bender* (NJW 1986, 409; vgl. auch *Rapsch* ZRP 1985, 272 zur Zulassungszurücknahme nach § 15 Nr. 2 BRAO) zutreffend verfassungsrechtlich kritisiert. 48

Es ist nicht verständlich, daß der *BGH* (BRAK-Mitt 1984, 192) sogar die Versagung der Zulassung auch bei einer monatlich **nur 10stündigen (!) Hilfstätigkeit** an einer Universität als Korrekturassistent unter Berufung auf § 7 Nr. 8 BRAO für gerechtfertigt hielt. Eine Verfassungsbeschwerde ist vor dem *BVerfG* (1 BVR 79/85) anhängig.

Diese Judikatur beruht nicht nur auf einer unzulässigen **normgleichen** Heranziehung des Merkmals der „gehobenen Stellung" unter Außerachtlassung seiner ursprünglichen Funktion (Sicherung der Unabhängigkeit und Freiheit des Anwaltsberufs, §§ 2 I, 3 BRAO). Bei **geringfügigen Nebentätigkeiten** kann – das prinzipiell fragwürdige – Merkmal der gehobenen Stellung keine Rolle spielen, da die Freiheit und Unabhängigkeit des Rechtsanwalts in einem solchen Falle nicht gefährdet werden können. 49

Bei Nebentätigkeiten kann angesichts der Art und Dauer i. d. R. niemals – insbesondere nicht von Berufsanfängern – eine „gehobene Stellung" erreicht werden.

Die restriktive Judikatur des *BGH* ist im Hinblick auf Art. 12 GG, der auch die Betätigung in Zweit- und Nebenberufen schützt (*BVerfGE* 21, 173, 181; JZ 1984, 1042), abzulehnen. Die Judikatur des *BGH* ist auch deshalb untragbar, da sie Berufsanfängern, welche noch nicht ein ausreichendes Einkommen aus ihrer Anwaltstätigkeit erzielen können und die auf eine nebenberufliche Betätigung unbedingt angewiesen sind, die Zulassung praktisch unmöglich macht. Die Nebentätigkeit ist oft zur Existenzsicherung unumgänglich oder dient – wie z. B. eine wissenschaftliche Hilfstätigkeit – der anwaltlichen Berufsausübung, was der *BGH* verkennt. 50

Letztlich muß es Sache des Gesetzgebers sein, entsprechend seiner aus dem Vorbehalt des Gesetzes resultierenden Regelungsverpflichtung im Bereich des Berufswahl- und Zulassungsrechts die Kriterien zu fixieren, nach denen Zweit- und Nebenberufe neben der Anwaltstätigkeit ausgeübt werden dürfen. Der Rekurs der Judikatur auf die diffusen und widersprüchlichen Berufsbildbestimmungen vermag nicht zu überzeugen. Er hat letztlich eine auch von *BGH* nicht mehr überblickte, willkürliche, im übrigen durch Anpassung der Verträge leicht zu umgehende Zulassungspraxis zur Folge, welche nicht hinnehmbar ist. 51

dd) Sonderfall: Vorübergehende Tätigkeit im öffentlichen Dienst, § 47 BRAO – **Prinzipielle Unerheblichkeit der Dauer.** Die für die Unvereinbarkeit der Tätigkeit eines Angestellten im öffentlichen Dienst und der Berufsausübung des Rechtsanwalts von der höchstrichterlichen Rechtsprechung entwickelten Grundsätze gelten nicht nur für die Dauerangestellten im öffentlichen Dienst (dazu *BGH* BRAK-Mitt 1987, 150: Keine Zulassung für Universitätsangestellte mit zeitlich eingeschränkter Nebentätigkeitserlaubnis), sondern auch für nur vorübergehend Beschäftigte (so *BGHZ* JZ 1982, 570, 571 für eine Hochschulassistentin; vgl. auch *BGH* BRAK-Mitt 1983, 190/191). Maßgeblich ist in beiden Fällen § 7 Nr. 11 bzw. Nr. 8 BRAO. 52

Treten bei einem bereits zugelassenen Rechtsanwalt die Voraussetzungen des § 14 II Nr. 5 BRAO ein, so ist seine Zulassung zur Rechtsanwaltschaft nach dieser Vorschrift zu widerrufen.

53 Wird ein bereits zugelassener Rechtsanwalt Dauerangestellter im öffentlichen Dienst, so ist die Frage des Widerrufs der Zulassung zur Rechtsanwaltschaft nach § 14 II Nr. 9 BRAO zu beurteilen. – Bei nur vorübergehender Tätigkeit im öffentlichen Dienst scheidet ein Widerruf nach § 14 II Nr. 9 BRAO aus, auch wenn die LJV von den Befugnissen des § 47 I S. 2 BRAO keinen Gebrauch macht (vgl. auch *BGH* BRAK-Mitt 1986, 49).

54 – **Inhalt des § 47 BRAO.** Für den Fall der Aufnahme einer vorübergehenden Tätigkeit im öffentlichen Dienst nach der Zulassung ist der in engem Zusammenhang mit § 7 Nr. 8 BRAO stehende § 47 I BRAO bedeutsam. Dieser ist für den vorübergehend im öffentlichen Dienst beschäftigten Angestellten im Zulassungsverfahren entsprechend anwendbar (vgl. *Feuerich* BRAO § 7 Rdnrn. 184f.). Für die Zuordnung des Angestelltenverhältnisses zum öffentlichen Dienst ist es **unerheblich,** ob der Rechtsanwalt eine Tätigkeit öffentlich-rechtlicher Art ausübt. Entscheidend ist allein die Anstellung bei einer juristischen Person des öffentlichen Rechts.

55 – **Weitere Ausübung.** § 47 I BRAO sieht vor, daß die Landesjustizverwaltung auf Antrag gestatten kann, den Beruf als Rechtsanwalt weiter auszuüben. Voraussetzung ist, daß die **Interessen der Rechtspflege** nicht durch eine Verquickung von öffentlicher und anwaltlicher Tätigkeit gefährdet werden. Interessenkollisionen und irreführende Eindrücke beim rechtsuchenden Publikum wegen der vorübergehenden Tätigkeit des Anwalts im öffentlichen Dienst sind zu vermeiden (vgl. *BGHZ* 66, 283; 49, 295). Beurteilungskriterien sind die Dauer des Zwischenzustandes, die Entfernung zwischen Tätigkeitsort und Zulassungsort und besonders die Art der Tätigkeit. Beispiel: Der *EGH* München (BRAK-Mitt 1986, 228ff.) hat dazu entschieden, daß die Interessen der Rechtspflege bei der unbeschränkten Bestellung eines Vertreters gemäß § 47 I BRAO für einen hauptamtlich zum ersten **Bürgermeister** gewählten Rechtsanwalt bereits gefährdet sind, wenn der Anschein einer Verquickung öffentlicher und anwaltlicher Tätigkeit besteht.

56 – **Kriterien für eine „vorübergehende Tätigkeit".** Nach dem *BGH* (vgl. *BGHZ* 49, 138) sind bei der Auslegung dieses Tatbestandsmerkmals in § 47 BRAO „nicht die für das Arbeitsrecht bedeutsamen Begriffe der Kündigung oder Unkündbarkeit" maßgeblich. „Eine vorübergehende Tätigkeit im öffentlichen Dienst muß ... angenommen werden, wenn das Anstellungsverhältnis entweder **von vornherein auf begrenzte Zeit** oder unter Bedingungen abgeschlossen worden ist, die **in absehbarer Zeit sein Ende zur Folge** haben werden. Es kann jedoch offen bleiben, ob von einer nur vorübergehenden Tätigkeit im öffentlichen Dienst auch gesprochen werden kann, wenn die vorbezeichneten Voraussetzungen nicht vorliegen, aber irgendwelche Umstände darauf hindeuten, daß das Anstellungsverhältnis in absehbarer Zeit aufgelöst werden wird. Hat sich aber ein Rechtsanwalt den Beruf eines Angestellten im öffentlichen Dienst für die **Dauer** erwählt und deutet nichts darauf hin, daß der Dienstherr das Anstellungsverhältnis in absehbarer Zeit lösen wolle, so kann von einer nur vorübergehenden Tätigkeit im öffentlichen Dienst nicht mehr die Rede sein." – Nicht als nur vorübergehend i. S. d. § 47 BRAO kann ein Angestelltenverhältnis bezeichnet werden, das mit dem Ziel ein Dauerdienstverhältnis zu schließen, mehrmals vor Ablauf der Befristung **verlängert** worden ist (*BGH* BRAK-Mitt 1986, 228ff.).

57 – **Vertreter.** Nach § 46 II BRAO kann auf Antrag die Landesjustizverwaltung unter bestimmten Voraussetzungen auch einen Vertreter bestellen. – Falls der

Betroffene nicht nur vorübergehend im öffentlichen Dienst tätig ist, ist eine bereits erteilte Zulassung nach § 14 II Nr. 9 BRAO zu widerrufen bzw. bei Bewerbern zu versagen.

i) Angestellte in privaten Organisationen (Syndikusanwälte)

Eine Zulassung ist auch möglich, falls der Bewerber Angestellter eines priva- 58
ten Arbeitgebers ist. Es stellt sich hier die Problematik der sog. Syndikusanwälte, also von freien Rechtsanwälten im Nebenberuf, welche in ständigen Dienst- oder ähnlichen Beschäftigungsverhältnissen stehen und die ihre Arbeitszeit und -kraft überwiegend einem Auftraggeber zur Verfügung stellen als angestellter Rechtsanwalt.

aa) Maßgebliche gesetzliche Bestimmungen. Die BRAO enthält keine aus- 59
drückliche Regelung dieser Zulassungsproblematik. Durch § 46 BRAO ist lediglich klargestellt, daß auch jemand Rechtsanwalt sein kann, der Angestellter eines privaten Arbeitgebers ist (*BGHZ* 33, 266). Aus § 46 BRAO darf daher nicht gefolgert werden, daß jeder Volljurist in einem abhängigen Beschäftigungsverhältnis zur Rechtsanwaltschaft zugelassen werden muß. Es gelten vielmehr – so der BGH – die **allgemeinen Zulassungsbestimmungen,** insbesondere **§ 7 Nr. 8 BRAO** und es stellt sich im wesentlichen die gleiche Problematik wie bei Angestellten im öffentlichen Dienst (dazu oben unter Rdnrn. 44ff.).

bb) Fehlen einer speziellen gesetzlichen Regelung. Dabei wird auch überse- 60
hen, daß § 7 Nr. 8 BRAO unmittelbar überhaupt nicht anwendbar ist, da es nicht um die Frage der Zulassung als freier Rechtsanwalt wegen nichtanwaltlicher zweitberuflicher Tätigkeit geht, sondern um die Zulassung als (Syndikus-) Rechtsanwalt im ständigen Dienstverhältnis i. S. d. § 46 BRAO, der zweitberuflich als freier Rechtsanwalt arbeiten will. Da auch die §§ 1–3 BRAO nicht auf den Syndikusanwalt passen, fehlt es in diesen Fällen eigentlich für eine Versagung der Zulassung an der nach dem Vorbehaltsprinzip erforderlichen gesetzlichen Grundlage.

cc) Kriterien. Ob ein im Hauptberuf angestellter Volljurist (Inhaber der Be- 61
fähigung zum Richteramt) als Syndikusanwalt zugelassen werden kann, hängt von einer **Prüfung aller Umstände des Einzelfalles** ab. Maßgeblich sind die allgemeinen, bei der Rechtsprechung zu § 7 Nr. 8 BRAO entwickelten Kriterien (vgl. o. Rdnrn. 30ff.); allerdings kommt dem Aspekt der Art des nicht-anwaltlichen Berufs eine starke Bedeutung zu.

- **Art des Berufs** (kein Gewerbe, s. o. Rdnrn. 31f.). Der Hauptberuf darf nicht 62
so stark **kaufmännisch** und **erwerbswirtschaftlich geprägt** sein, daß er mit dem Berufsbild des Rechtsanwalts überhaupt nicht mehr in Einklang zu bringen ist.
- **Gehobene Position** (s. o. Rdnr. 34). Der Hauptberuf darf selbständiges und 63
weitgehend eigenverantwortliches Handeln nicht verbieten. Dafür ist zwar weder eine Spitzenstellung noch eine sonstige Position als Führungskraft erforderlich. Es genügt aber **nicht** eine Tätigkeit, die nach Bedeutung und Verantwortung noch als **untergeordnet** zu bezeichnen ist (z. B. juristischer Sachbearbeiter in der verhältnismäßig kleinen Rechtsabteilung einer Sparkasse wegen Fehlens „einer gewissen Eigenverantwortlichkeit" (vgl. *BGH* BRAK-Mitt 1988, 51). Angestellte, die weisungsgebunden Dritten Rechtsrat

erteilen, werden nicht zur Anwaltschaft zugelassen; so Angestellte bei Arbeitgeber- und Arbeitnehmerverbänden.

64 – **Ausübungsmöglichkeit** (s. o. Rdnr. 35) in tatsächlicher (zeitlicher und organisatorischer) sowie rechtlicher Hinsicht. Rechtlich ist erforderlich die **uneingeschränkte Erlaubnis** des Arbeitgebers zur Wahrnehmung der eigenverantwortlichen, vom Arbeitgeber nicht beeinflußbaren Nebentätigkeit des Rechtsanwalts.

65 **dd) Einzelfallentscheidung.** Grundsätzlich kommt es für die Beurteilung auf eine Gesamtwürdigung der Position des Betroffenen in dem Unternehmen sowie auf dessen Art und Umfang an (*BGH* BRAK-Mitt 1988, 51). Da fast jeder Einzelfall andere berufsspezifische oder auch persönliche Facetten hat, ist außer den vorgenannten Grundsätzen eine feste, z. B. enumerative Auflistung der Voraussetzungen für die Zulassung zum Syndikusanwalt nicht möglich. Das erklärt auch die Vielzahl der sich oft noch widersprechenden Entscheidungen über die Zulassung von Anwaltssyndici. Unbefriedigend ist bei der Zulassungspraxis schließlich, daß durch geschickt formulierte Anstellungsverträge und Erläuterungen häufig Fehlentscheidungen gefällt werden und die Praxis der einzelnen Kammern sehr unterschiedlich ist.

66 **ee) Widersprüchliche Kasuistik und Kammerpraxis.** Es besteht letztlich eine schillernde, uneinheitliche und widersprüchliche Kammerpraxis und Kasuistik, welche allein verdeutlicht, daß eine Reform mit einer klaren Regelung unumgänglich ist.

67 – Beispiele für **Inkompatibilität.** Für inkompatibel mit dem Beruf des Rechtsanwalts sind nachstehende Berufe und Tätigkeiten von der Rechtsprechung bezeichnet worden (vgl. Nachweise bei *Hartstang,* S. 125; *Feuerich,* BRAO, § 7 Nr. 8 Rdnrn. 146–177, 203–221): Angestellter in einer Beratungs-GmbH für Altersversorgung, Leiter der Unterabteilung einer Feuerversicherungs-AG, Syndikus eines Arbeitgeber- oder Arbeitnehmerverbandes, Syndikus des Verbandes der Bergbaugeschädigten, Prokurist bei den Stadtwerken, Geschäftsführer einer privatärztlichen Verrechnungsstelle, Geschäftsführer einer Ferienclub-GmbH, kaufmännischer Prokurist, Versicherungs-, Prozeßreferent, Bankangestellter, Bankassessor, geschäftsführender Vorstand einer Energiegesellschaft, Leiter der Rechtsabteilung einer Verbraucherzentrale, juristischer Mitarbeiter eines Verbraucherschutzvereins, Versicherungsjurist in einer Geschäftsstelle, kaufmännischer Direktor bei den Stadtwerken, Hauptgeschäftsführer einer Berufsgenossenschaft, Mitarbeiter der Rechtsabteilung eines genossenschaftlichen Zentralverbandes.

68 – Beispiele für **Verneinung der Inkompatibilität:** Eine Inkompatibilität einer Tätigkeit als Anwalt mit einer sonstigen hauptberuflichen Tätigkeit wurde verneint bei: Bankprokurist, stellvertretender Leiter der Rechtsabteilung einer Bausparkasse, Geschäftsführender Vorstand einer Energiegesellschaft, Tätigkeit eines Volljuristen in einer achtköpfigen Rechtsabteilung, angestellter Rechtsreferent ohne Prokura, Referent mit der Funktion „Recht – Steuern" neben vier weiteren gleichrangigen Referenten im großen Wirtschaftsunternehmen, Leiter der Rechts- und Versicherungsabteilung einer GmbH in der Baubranche, die etwa 700 Mitarbeiter beschäftigt, mit Handlungsvollmacht.

ff) Kritik. Grundsätzlich besteht eine **Ungereimtheit,** einerseits restriktiv die Zulassungen einzuschränken bei Angestellten im öffentlichen Dienst und zwar selbst bei geringfügiger Nebenbeschäftigung, andererseits jedoch Rechtsanwälte mit einer Vollzeitbeschäftigung im privaten Unternehmen (als Syndikusanwälte), zuzulassen; den Berufsbildkriterien der Freiheit und Unabhängigkeit in den §§ 2 I, 3 I BRAO wird im erstgenannten Fall sicherlich eher als bei einem Syndikusanwalt Rechnung getragen. 69

Aber auch die Judikatur des *BGH* zur Zulassung der Syndikusanwälte vermag nicht zu überzeugen: Sie ist widersprüchlich und rational i. d. R. nicht nachvollziehbar. Sie ist nicht zu vereinbaren mit der Berufsfreiheit des Art. 12 GG und den §§ 7 Nr. 8, 46 BRAO, welche grundsätzlich die Zulassung (im öffentlichen Dienst oder privat angestellter) Rechtsanwälte erlauben bzw. voraussetzen, ebenso wie Anstellungsverhältnisse in Anwaltskanzleien selbst. Die Versagung der Zulassung unter Rekurs auf die diffusen und widersprüchlichen, vielfach ohnehin nur auf dem Papier stehenden Berufsbildbestimmungen der §§ 1–3 BRAO ist zudem mit dem verfassungsrechtlichen Vorbehalt des Gesetzes nicht zu vereinbaren angesichts der Wesentlichkeit der Berufswahlfrage wie der Zulassung zum Anwaltsberuf. Rechtspolitisch ist eine Gleichstellung der angestellten Rechtsanwälte ohne diskriminierende Regelung geboten. Die Zulassung hängt vom Zufall, insbesondere der regional sehr unterschiedlichen Kammerpraxis ab wie auch von der Geschicktheit bei der Formulierung des Anstellungsvertrages und der (Un-)Ehrlichkeit des Bewerbers, der sich vor Antragstellung stets erkundigen sollte, unter welchen Voraussetzungen und mit welcher Vertragsgestaltung in seinem Kammerbezirk eine Zulassung als Anwalt – z. B. als sog. freier Mitarbeiter – in Betracht kommt. Verfassungsrechtlich ist eine eindeutige Regelung des Gesetzgebers geboten. 70

gg) Besondere Berufspflichten für Syndikusanwälte. § 46 BRAO bestimmt, daß diese Anwälte für ihren Auftraggeber nicht vor Gerichten oder Schiedsgerichten in ihrer Eigenschaft als Rechtsanwalt tätig werden dürfen (vgl. *Feuerich* BRAO § 46 Rdnrn. 3ff.; *Hartstang,* S. 126). Es handelt sich um ein **umfassendes Verbot** für Tätigkeiten aller Art. So darf ein zur Rechtsanwaltschaft zugelassener Verbandssyndikus nicht Mitglieder seines Verbands vor Gericht vertreten (*BGH* BRAK-Mitt 1987, 94; zur Verfassungswidrigkeit dieser diskriminierenden Regel vgl. *Skouris* BB 1975, 1230; s. auch *Kolvenbach* JZ 1979, 458). 71

Für eine außergerichtliche Betätigung in Anwaltseigenschaft (wie z. B. Zahlungsaufforderungen, Mahnungen, Besprechungen und Verhandlungen etc.) gilt § 46 BRAO schon nach dem klaren Wortlaut nicht. – § 46 BRAO gilt nicht bei Sozietäten oder in anderer Weise zu gemeinschaftlicher Berufsausübung verbundenen Rechtsanwälten, auch nicht für die Partner des Syndikusanwalts; dies sah zwar § 40 II S 2 RiLi vor. Der Wortlaut des § 46 BRAO mit seiner eindeutigen personellen Beschränkung wie auch Art. 12 GG stehen jedoch einer derartigen Einschränkung der Berufsfreiheit entgegen. – Ebensowenig kann § 46 BRAO ohne weiteres herangezogen werden bei verbundenen Unternehmen, wie dies § 40 II 2 RiLi vorsah, da das Verbot nur für eine gerichtliche Tätigkeit für den „Auftraggeber“ gilt. 72

§ 40 II 2 RiLi untersagte dem in abhängiger Stellung tätigen Rechtsanwalt bisher, im Schriftverkehr seines Dienstherrn die Berufsbezeichnung Rechtsanwalt, die Bezeichnung Syndikusanwalt oder eine ähnliche auf seine Anwaltsei- 73 genschaft hinweisende Bezeichnung zu gebrauchen. Das gleiche galt für Aufträge eines seinem Dienstherrn verbundenen Unternehmens. Nach der Grundsatzentscheidung des *BVerfG* (NJW 1988, 191) kann jedoch nicht mehr von der Fortgeltung dieser entsprechenden Verpflichtungen ausgegangen werden, da sie **nicht unerläßlich** sind für die Aufrechterhaltung der Funktionsfähigkeit der Rechtspflege. Dies ergibt sich bereits daraus, daß insoweit nach dem Gesetzentwurf der Bundesregierung v. 24. 5. 1985 (BR-Ds 256/85) eine entsprechende Änderung herbeigeführt werden sollte (so auch *Feuerich* AnwBl. 1988, 510).

j) Hochschullehrer, Richter und Beamte

74 Die Zulassung zur Rechtsanwaltschaft ist zu versagen, wenn der Bewerber die Rechtstellung eines im **aktiven Dienst** stehenden Beamten oder Richters hat, es sei denn, daß er die ihm übertragenen Aufgaben ehrenamtlich wahrnimmt oder daß seine Rechte aufgrund der §§ 5, 6, 8 und 36 AbgeordG bzw. entsprechender Rechtsvorschriften ruhen (bei vorübergehender Tätigkeit im öffentlichen Dienst vgl. § 47 BRAO und o. Rdnr. 52).

Unerheblich ist, ob der Beamte **beurlaubt** ist, seine Versetzung in den einstweiligen Ruhestand eingeleitet oder schon ausgesprochen, aber noch nicht bestandskräftig ist, ob er nur im Beamtenverhältnis auf Widerruf steht und aus welchen Gründen er eine entsprechende dienstliche Tätigkeit ausübt (vgl. *Feuerich* BRAO § 7 Rdnrn. 251ff.).

75 **aa) Hochschullehrer.** Nach § 7 DRiG sind zwar ordentliche Professoren der Rechte an einer deutschen Universität zum Richteramt befähigt und hätten sie eo ipso – wenn keine Inkompatibilität dem entgegenstünde – gemäß § 4 BRAO die Berechtigung, zur Rechtsanwaltschaft zugelassen zu werden. **Zulassungshindernisse** für Hochschullehrer (darunter können auch Privatdozenten – vgl. *BAG* NVwZ 1986, 424 – nicht jedoch Lehrbeauftragte fallen) ergeben sich jedoch aus den §§ 7 Nr. 10, 14 I 6 BRAO (dazu *BGH* NJW 1984, 2877; *BVerfG* JZ 1984, 1042). Aufgrund einer Reihe von spezialgesetzlichen Bestimmungen wie §§ 2 I 1 BVerfGG, 138 I StPO, 46 I OWiG i. V. m. 138 I StPO, 392 AO und 67 VwGO können Hochschullehrer jedoch in gerichtlichen Verfahren anstelle von Rechtsanwälten oder neben diesen auftreten, soweit sie Professoren sind (vgl. auch *Hartstang,* S. 127).

76 **bb) Richter, Beamter.** Nach ständiger Rechtsprechung ist der Begriff des Beamten im Sinne des § 7 Nr. 10, 14 I 6 BRAO „nicht rein formal zu verstehen, sondern durch Auslegung zu ermitteln" (*BGH* NJW 1973, 657, 658, s. auch *Hartstang,* S. 127f.). Es ist daher auch von Fall zu Fall zu entscheiden, ob bei der Vielgestaltigkeit des Beamtenbegriffs in concreto Inkompatibilität zum Anwaltsberuf zu bejahen ist. Dabei sind immer die Kriterien des öffentlich-rechtlichen Treueverhältnisses, das den Beamten besondere Pflichten auferlegt, die nicht im Einklang mit der persönlichen und sachlichen Unabhängigkeit und Weisungsfreiheit des Anwaltsberufs stehen, zu beachten, insbesondere (vgl. *BGH* NJW 1984, 2877) Dienstpflicht, Abhängigkeit, Weisungsgebundenheit.

77 – **Möglichkeit einer Interessenkollision.** Daß unter Beachtung dieser Kriterien der **Ehrenbeamte** keine mit dem Anwaltsberuf im Sinne von § 7 Nr. 10 BRAO unvereinbare Tätigkeit ausübt, versteht sich ebenso von selbst wie die Tatsache, daß dem nur auf Zeit verwendeten Beamten, der vor dieser Zeit bereits als Rechtsanwalt zugelassen war, prinzipiell die weitere Ausübung

seines Anwaltsberufs gem. § 7 I BRAO (dazu *BGHZ* 57, 237, 238) zu gestatten ist. Wesentlich ist also, daß niemals der Inhalt des Beamtenverhältnisses mit der persönlichen und sachlichen Unabhängigkeit und Weisungsfreiheit des Anwaltsberufs **kollidieren** darf. Abzuheben ist darauf, ob die Tätigkeit als Beamter zu Interessenkollisionen mit den Aufgaben des Rechtsanwalts führt (*BGH* BRAK-Mitt 1983, 86).

- **Maßgeblichkeit der Rechtsstellung im öffentlichen Dienst.** Dabei kommt es nicht darauf an, ob sich in Einzelfällen der Beruf des Rechtsanwalts mit dem des Beamten vereinbaren läßt, ohne daß das öffentlich-rechtliche Dienstverhältnis einerseits und die Aufgabe des Rechtsanwalts als Organ der Rechtspflege andererseits Schaden nimmt. Allein entscheidend ist nach dem *BGH*, „ob der Bewerber die Rechtstellung eines im aktiven Dienst stehenden Beamten hat". Gleich bleibe, „ob er aus welchen Gründen auch immer im Einzelfall eine entsprechende dienstliche Tätigkeit ausübe" (vgl. auch *Broß*, VerwArch 1988, 499ff.). 78
- **Unerhebliche Aspekte.** Deshalb ist es auch unerheblich (*BGH* BRAK-Mitt 1983, 86, *BGHZ* 52, 236 238), ob seine Versetzung in den Ruhestand eingeleitet wurde oder ob diese zwar schon ausgesprochen, aber noch nicht bestandskräftig wurde. So hat denn auch der *BGH* den Antrag eines Landtagsabgeordneten (NJW 1971, 1180f.), der von seinem Dienst als Staatsanwalt beurlaubt war, auf Zulassung zur Anwaltschaft gem. § 7 Nr. 10 BRAO zurückgewiesen, da der Gesetzgeber den Versagungsgrund nach dieser Vorschrift nicht daran geknüpft hat, „ob der Bewerber im Einzelfall als Beamter oder Richter tätig ist, sondern lediglich daran, ob er Richter oder Beamter ist". 79

cc) Ehemalige Beamte. Bei ehemaligen Beamten kann **nur im Einzelfall** Inkompatibilität bestehen. Sie wurde unter Hinweis auf die §§ 43, 45 Nr. 3 BRAO bejaht bei einem früheren Finanzbeamten, der die Steuererklärung einer GmbH geprüft hatte, als er den Geschäftsführer dieser GmbH in einem Strafverfahren wegen dieser Erklärung verteidigte. Die inkompatible Strafverteidigung des betreffenden Anwalts wurde als Erfüllung des Tatbestandes einer schuldhaften – ehrengerichtlich zu ahndenden – Pflichtverletzung gewürdigt (*EGH Koblenz* BRAK-Mitt 1983, 141); zur Anwaltszulassung vormaliger Beamter an wissenschaftlichen Hochschulen, vgl. *Pohl* ZRP 1986, 245. 80

dd) Ruhestandsbeamte. Nach einhelliger Meinung besteht zwischen dem Ruhestandsbeamten und dem Beruf des Rechtsanwalts **keine Inkompatibilität,** da durch den Eintritt in den Ruhestand das Beamtenverhältnis endet (vgl. *Tettinger* JZ 1984, 1042, *BGHZ* 49, 295, NJW 1973, 657 und NJW 1971, 1181; NJW 1984, 2877; kritisch *Hartstang,* Der deutsche Rechtsanwalt, 1986, S. 43 und *Winters* AnwBl. 1985, 338, 341); die Wahrnehmung bestimmter Mandate kann jedoch unzulässig sein (vgl. auch *BGH* NJW 1988, 1406). Auch einem entpflichteten Professor, der gemäß § 7 DRiG die Fähigkeit zum Richteramt besitzt, kann die Zulassung zur Rechtsanwaltschaft nicht aus dem Grunde des § 7 Nr. 10 BRAO versagt werden (*BGH* NJW 1973, 657ff.). 81

k) (Kommunal-)Politiker

aa) Spezialregelungen. Eine politische Tätigkeit eines Rechtsanwalts kann unvereinbar sein mit den typischen Funktionen des Anwalts als eines selbständigen, unabhängigen Rechtspflegeorgans. Inkompatibilitätsregelungen finden 82 sich in Art. 55 II, 66 GG für bestimmte Politiker (vgl. auch zur Möglichkeit der Vertreterbestellung § 47 II BRAO).

83 **bb) Abgeordnete.** Eine die Anwaltszulassung ausschließende Tätigkeit – Inkompatibilität – im Sinne von § 7 Nr. 8 BRAO kann nicht aus dem Abgeordnetenmandat hergeleitet werden (*BGH* NJW 1978, 2098), wohl aber aus der normalen hauptberuflichen Tätigkeit, die ein antragstellender Abgeordneter neben seiner Abgeordnetentätigkeit noch zusätzlich bei seiner Arbeitgeber-AG ableisten muß (*BGH* BRAK-Mitt 1983, 39).

84 **cc) Kommunale Vertretungsverbote.** Auch auf der Ebene der Gemeindeparlamente bestehen keine Unvereinbarkeitsregelungen. Es gibt jedoch zahlreiche kommunale Vertretungsverbote, z. B. §§ 17 GOBW, 24, 20 GONW u. 22 KrONW, welche insbesondere die Geltendmachung von Ansprüchen Dritter gegen Gemeinde oder Kreis durch Rechtsanwälte einschränken, die zugleich Gemeinderäte sind (dazu *BVerfG* NJW 1980, 34 und DVBl 1988, 54; *Schoch* JuS 1989, 532; *Feuerich* BRAO § 3 Rdnrn. 12–15 u. § 45 Rdnrn. 2, 3), um eine Kollision zwischen Amts- und Mandatspflichten zu vermeiden.

Das kommunalrechtliche Vertretungsverbot gilt nur **für den Rechtsanwalt selbst,** der Mitglied des Gemeinderates oder des Ortschaftsrates (dazu *BVerwG* NJW 1988, 1994) ist, nicht aber für andere, mit ihm in einer Bürogemeinschaft oder Sozietät verbundene Rechtsanwälte (*BVerfG* NJW 1981, 1599 u. NJW 1982, 2177).

Das Vertretungsverbot erstreckt sich auf die Geltendmachung aller Ansprüche (und Interessen, vgl. § 17 III GO BW) Dritter, sowohl privat- wie öffentlich-rechtlicher Art. Es gilt im weisungsfreien- wie im weisungsgebundenen Wirkungskreis der Kommunen (*BVerwG* NJW 1984, 377). Die Vertretung im Bußgeldverfahren unterliegt hingegen nicht dem Vertretungsverbot (*VGH BW* NJW 1979, 872). – Rechtshandlungen bleiben auch bei Verstoß gegen das Vertretungsverbot wirksam. Strittig ist, ob der Adressat der Rechtshandlung, z. B. ein Gericht, berechtigt oder verpflichtet ist, einen unter das Verbot fallenden Vertreter zurückzuweisen. Das *BVerfG* (NJW 1980, 33) bejaht die Geltung im Außenverhältnis und läßt im Gerichtsverfahren die Zurückweisung zu.

Die Regelungen über die Vertretungsverbote wurden vom *BVerfG* trotz Art. 74 Ziff. 1, 72 I GG, § 3 II BRAO sowie § 67 VwGO für verfassungskonform erklärt (*BVerfG* NJW 1980, 34; vgl. auch *BVerfGE* 41, 231; 52, 42; *BVerfG* NJW 1981, 1599, NJW 1982, 2177 u. *BVerwG* NJW 1984, 377). Sie verletzen weder die Berufsausübungsfreiheit des Art. 12 I GG (*BVerfG* DVBl 1988, 54) noch den Art. 3 I GG (trotz Ungleichbehandlung mit Parlamentsabgeordneten) oder Art. 33 II GG, da der faktische Ausschluß von der Wählbarkeit zu einem kommunalen Ehrenamt für bestimmte Berufsgruppen wie vor allem Rechtsanwälte als eine mit dem Grundsatz der Wahlgleichheit vereinbare Folge anzuerkennen ist, da ansonsten der Gefahr von Interessenkollisionen nicht wirksam begegnet werden kann.

5. Lokale Zulassungsbeschränkungen

85 Die BRAO enthält im Zweiten Teil 2. Abschnitt eine Reihe von Bestimmungen, die aus **Zweckmäßigkeitsgründen** eine schrankenlose lokale Zulassung verhindern. Bestimmte – im Gesetz genau bezeichnete – Tatbestände und Fakten engen den Zulassungsanspruch ein oder eliminieren ihn. Beschränkungen

obligatorischer Art enthalten die Regelungen über die Lokalisierung, die Singularzulassung und das Zweigstellenverbot; solche **fakultativer** Art finden sich in § 20 BRAO. Nach dem Prinzip der BRAO ist eine – **allgemeine** – Zulassung zur Rechtsanwaltschaft im Sinne von § 4 BRAO ohne gleichzeitige örtliche Zulassung zu einem bestimmten Gericht gemäß § 18 BRAO nicht möglich. Dieses Lokalisierungsgebot steht in engem Zusammenhang mit der Regelung über die Singularzulassung nach § 25 BRAO betreffend das OLG und dem in § 28 BRAO geregelten Zweigstellenverbot (zum ganzen *Hartstang,* S. 103ff.).

Für Kanzleien in anderen Staaten sieht der neu eingefügte § 29a BRAO Befreiungen von der Residenz- und Kanzleipflicht sowie dem Zweigstellenverbot vor (dazu unten unter IV); diese Verbote gelten letztlich nur innerhalb der BRD.

a) § 18 BRAO (Lokalisierungsgebot)

Nach dem an § 78 ZPO anknüpfenden § 18 BRAO muß jeder Rechtsanwalt **86**
bei einem bestimmten Gericht der ordentlichen Gerichtsbarkeit (AG und ggf. LG, § 23 BRAO; vgl. auch § 22 BRAO betr. Kammer f. Handelssachen) zugelassen sein. Möglich ist nur eine (Singular-)Zulassung bei einem Gericht und nicht eine gleichzeitige (Simultan-)Zulassung bei anderen Gerichten (vgl. die Ausnahmen in den §§ 23, 24, 226, 227, 227a, 227b BRAO; zu den Voraussetzungen einer Zweitzulassung bei einem LG und deren Verlängerung vgl. *EGH Hamm* BRAK-Mitt 1988, 275ff.; die Zweitzulassung soll nach *EGH Bremen,* BRAK-Mitt 1988, 277 keinen Anspruch auf Zulassung zum übergeordneten OLG geben, wenn die landgerichtliche Hauptzulassung im Bereich der Singularzulassung besteht). Die erste Zulassung bei einem Gericht wird zugleich mit der Zulassung zur Rechtsanwaltschaft erteilt.

Nach § 27 BRAO besteht für den Rechtsanwalt **Residenz- und Kanzlei- 87**
pflicht; letztere wurde von dem *BVerfG* (NJW 1986, 1801; vgl. auch *BGH* BRAK-Mitt 1987, 152) grundsätzlich als mit Art. 12 GG vereinbar angesehen, ist aber insbesondere unter EG-rechtlichen Aspekten (vgl. *EuGH* NJW 1975, 1095 zur Kanzleipflicht u. NJW 1985, 1275 zur Frage des Wohnsitzes) ebenso wie das Zweigstellenverbot des § 28 BRAO zumindest berufspolitisch auf Dauer kaum haltbar (vgl. *Rabe* NJW 1987, 2191; s.a. *Feuerich* BRAO, § 27 Rdnrn. 20-28) und durch § 29a BRAO teilweise aufgehoben.

Der *BGH* fordert zur Erfüllung der Residenz- und Kanzleipflicht, daß die Entfernung zwischen dem Wohnsitz oder – bei einem angestellten Anwalt – dem Dienstsitz nicht unangemessen groß ist. Dies wird bereits bejaht bei einer Entfernung von 45-55 km zur Kanzlei und 55-60 km zu den zuständigen Gerichten, die je nach Verkehrsdichte und Witterungsverhältnissen nur in 35 bis 55 Minuten überwunden werden könne (*BGH* BRAK-Mitt 1984, 195). – Diese Judikatur erscheint abwegig und mit Art. 12 GG mangels sachlicher Gründe nicht zu vereinbaren. Die Rechtfertigung der Einschränkung damit, daß ein Rechtsanwalt jederzeit für ein Eilverfahren an einem Gericht seines Zulassungsortes zur Verfügung stehen müsse, ist unhaltbar. Sie verkennt die ausreichende und flächendeckende Anwaltsversorgung und ist auch deshalb zu eng, da sie zu sehr vom überholten Berufsbild des primär forensisch tätigen (Einzel- und Universal-)Anwalts ausgeht.

Gemäß § 18 III BRAO ist der **Verzicht** auf die Rechte aus der Zulassung bei **88**
einem Gericht allgemein nicht möglich. Das Gesetz will es keinem Rechtsanwalt ermöglichen, die lokale Zulassung aufzugeben, um dann lediglich „nur noch" zur Rechtsanwaltschaft zugelassen zu sein. Gibt der Rechtsanwalt seine Zulas-

sung bei dem „einen Gericht" auf, bei dem er zugelassen wurde, ohne gleichzeitig die Zulassung bei einem anderen Gericht zu beantragen, so folgt aus § 18 I und II BRAO, daß ein solches Aufgeben als ein Verzicht auf die Zulassung zur Rechtsanwaltschaft schlechthin auszulegen ist, der zur Zurücknahme der Zulassung (§ 14 I 5 BRAO) und damit zum Erlöschen der Zulassung bei einem Gericht (§ 34 Ziff. 2 BRAO) sowie zur Löschung in der Anwaltsliste (§ 36 I 1 BRAO) führt.

b) §§ 25, 226 BRAO (Singularzulassung für OLG)

89 In engem Zusammenhang mit dem Lokalisationsprinzip steht das Verbot der gleichzeitigen Zulassung eines Rechtsanwalts beim LG und bei dem übergeordneten OLG, § 25 BRAO (zur Voraussetzung der Zulassung zum OLG vgl. § 20 I 4 BRAO = 5 Jahre Tätigkeit als RA bei LG od. AG); zur Ausnahme vgl. *BGH* BRAK-Mitt 1988, 273.

Hinter den Regelungen für diese Singularzulassung steht der Gedanke, daß ein Wechsel des Anwalts zwischen dem Verfahren vor dem LG und dem OLG der **Rechtspflege förderlich** ist (vgl. auch *BGH* BRAK-Mitt 1987, 37 u. BRAK-Mitt 1986, 225).

90 Nach § 226 I BRAO gilt die Singularzulassung jedoch nur in Niedersachsen, Nordrhein-Westfalen, Hessen, Schleswig-Holstein und Rheinland-Pfalz. Eine wenig überzeugende, der Funktionsfähigkeit der Rechtspflege kaum dienliche **Ausnahmeregelung** und damit die Zulässigkeit einer Simultanzulassung nach § 226 II BRAO besteht in den Ländern Baden-Württemberg, Bayern, Berlin, Bremen, Hamburg und im Saarland. Diese **„Simultanzulassung"** entspricht der historischen Entwicklung in diesen Ländern und verletzt nicht den Art. 3 I GG (vgl. auch *BGH* BRAK-Mitt 1987, 37) sowie die Art. 52ff. EWGV (soweit sich nicht durch das Dienstleistungsurteil *EuGH* NJW 1988, 878ff. etwas anderes ergibt). Der Funktionsfähigkeit der Rechtspflege wäre jedoch eher mit einer instanziellen Singularzulassung gedient. Zur Problematik von Sozietäten und Bürogemeinschaften zwischen OLG und LG-Anwälten, vgl. *Feuerich* BRAO; § 25 Rdnr. 8ff.

c) § 28 BRAO (Zweigstellenverbot)

91 Die Berufsausübung des Rechtsanwalts wird auch durch das Zweigstellenverbot des § 28 BRAO bestimmt. Danach darf ein Rechtsanwalt weder eine Zweigstelle einrichten noch auswärtige Sprechtage abhalten. Ausnahmegestattungen sind möglich nach § 28 BRAO (vgl. auch §§ 29, 30 BRAO, sowie nunmehr § 29a BRAO).

Dieses Verbot steht – ebensowenig wie die Residenzpflicht (§ 27 BRAO) – keinesfalls mehr einer Niederlassung eines deutschen Anwalts in einem anderen EG-Staat entgegen wie umgekehrt eines Angehörigen eines anderen EG-Staates in der Bundesrepublik (vgl. § 29a BRAO; Klopp-Urteil *EuGH* AnwBl. 1984, 608; vgl. dazu unten Rdnrn. 256). Das Verbot der Zweigniederlassung erstreckt sich letztlich **nur auf das Gebiet der Bundesrepublik Deutschland** (vgl. auch *Rabe* NJW 1987, 2190).

d) Umstrittenheit der Regelungen

92 Die mit der Lokalisierungsgebot sowie dem Verbot der Simultanzulassung und der Zweigstelle verbundenen Beschränkungen sind europa- und verfassungsrechtlich, vor allem aber politisch fragwürdig. De lege ferenda ist eine Neuregelung gefordert (kritisch auch *Everling,* C 63ff. u. *E. Schumann,* NJW 1990, 2089).

Das *BVerfG* hat die Regelungen (vgl. neuerdings Anwbl. 1989, 669) zwar als mit Art. 12 GG vereinbar angesehen. Von einer sorgfältigen Prüfung am Maßstab des GG kann jedoch nicht einmal ansatzweise gesprochen werden. *Pietzcker* (Der anwaltliche Lokalisationsgrundsatz, 1990) hat überzeugend dargelegt, daß das Europarecht zwar diese rein innerstaatliche Diskriminierung nicht verbietet.

Langfristig verpflichtet jedoch nicht nur der Art. 3 I GG den Gesetzgeber, **93**
bestimmte nicht hinzunehmende Benachteiligungen angesichts der Gefahr einer umgekehrten Diskriminierung zu beseitigen. Sie steht auf jeden Fall im Widerspruch zum nationalen Verfassungsrecht: Wenn auch derzeit Art. 3 I GG trotz der Diskriminierung deutscher Rechtsanwälte im Vergleich zu EG-Anwälten nicht verletzt ist, so liegt ein rechtswidriger Eingriff in die Berufsausübungsfreiheit des Anwalts in Art. 12 I GG wie auch die allgemeine Handlungsfreiheit des Mandanten in Art. 2 I GG vor. Die mit dem Grundsatz (angeblich) verfolgten prozessualen und wirtschaftlichen Ziele sind nur zum Teil legitim; vielfach sind sie – wie der letztlich bezweckte Konkurrenzschutz – verfassungsrechtlich problematisch. Auf jeden Fall werden sie durch den in die Postkutschenzeit gehörenden Lokalisationsgrundsatz kaum gefördert, ja sogar behindert. Im Hinblick auf die hohe Anwaltsdichte ist die Lokalisation keinesfalls mehr erforderlich, um die verfolgten Ziele zu erreichen.

Letztlich ist es nicht plausibel zu erklären, warum ausländische Rechtsanwälte in der BRD ohne lokale Bindung tätig sein sollen, warum deutsche Anwälte zwar in Paris oder London, aber nicht im nächsten Landgerichtsbezirk auftreten können, warum die lokale Beschränkung nur das Zivilrecht erfaßt und nur bei forensischer Tätigkeit und nicht auch bei Beratungen die Einschränkung gelten soll. Schließlich wird durch den Anwaltszwang vor dem Zulassungsgericht auch erheblich in die Handlungsfreiheit des Mandanten eingegriffen, der damit in seinen Rechten aus Art. 2 I GG unverhältnismäßig eingeschränkt wird.

e) Zulässige überörtliche Sozietät in der BRD

Zwar hatte der *BGH* noch 1981 (NJW 1981, 2477) unter unkritischem Rekurs **94**
auf eine aus dem Dritten Reich stammende Entscheidung (*EGH* JW 1934, 3134) sich gegen die Zulässigkeit einer überörtlichen Sozietät zwischen Anwaltskanzleien innerhalb der BRD ausgesprochen. In einem ausführlichen obiter dictum in einem Beschluß vom 18. 9. 1989 (NJW 1989, 2890; s. a. NJW 1991, 49) hat er jedoch nunmehr zutreffend die Rechtswidrigkeit im Prinzip verneint. Sie verstößt weder gegen das Lokalisationsgebot des § 18 BRAO noch die Residenzpflicht des § 27 BRAO und das Zweigstellenverbot des § 28 BRAO (*Prütting,* JZ 1989, 705ff. s.a. *Schumann,* Die überörtliche Anwaltssozietät, 1990). Wettbewerbsrechtlich kann sie daher nicht gem. § 1 UWG als sittenwidrig unter dem Aspekt des Vorsprungs durch Rechtsbruch beanstandet werden (vgl. auch Schumann, NJW 1990, 2094f.). Nur im Einzelfall sind Sachverhaltsgestaltungen denkbar, welche unvereinbar mit der BRAO sind. Stets ist darüberhinaus zu prüfen, ob das Auftreten in der Öffentlichkeit (Briefbögen, Kanzleischilder) nicht dem Verbot der irreführenden Werbung des § 3 UWG unterfällt, indem z. B. der Eindruck erweckt wird, daß alle Sozien an allen Orten der überörtlichen Sozietät zugelassen und präsent seien.

95 Nach dem OLG München (Anwbl. 1990, 262; dazu auch *U. Engels,* BB 1990, 1083 vgl. auch BGH NJW 1991, 49) ist notwendige Voraussetzung für eine – auch durch mündlich getroffene Absprache gem. den §§ 705ff. BGB errichtbare – Gesellschaft in Form einer überörtlichen Sozietät nur, daß sich mindestens zwei Personen gegenseitig verpflichten, die Erreichung eines gemeinsamen Zweckes – wie eine wechselseitige Mandatsbetreuung – zu fördern mit der Folge einer gewissen Zusammenarbeit. Im übrigen sind die an eine überörtliche Sozietät zu stellenden Anforderungen nicht höher anzusetzen als bei einer örtlichen Sozietät, zumal die grundsätzlich anwendbaren §§ 705ff. BGB ohnehin abdingbar sind und im übrigen auch bei den örtlichen Sozietäten alle Schattierungen (bis zur reinen Briefkopfsozietät) denkbar sind. Nach dem OLG reicht es aus, daß die eingehenden Mandate als solche der überörtlichen Sozietät behandelt werden, die eingehenden Honorare auf gemeinsamen Kanzleikonten verbucht werden, also die gemeinschaftliche Entgegennahme von Aufträgen und Entgelten sowie eine Kollisionsüberwachung erfolgt und Prozeßmandate von den am jeweiligen Gerichtsstand zugelassenen Anwälten bearbeitet werden.

Im übrigen sind selbst bei einer unzulässigen „unechten" überörtlichen Sozietät alle wahrheitsgemäßen Kooperationshinweise auf Briefbögen etc. erlaubt (vgl. *U. Engels,* BB, 1990, 1083, 1085). Schranken ergeben sich allein aus dem Werbeverbot (dazu unten Rdnrn. 152ff.).

6. Persönliche Zulassungsversagungsgründe, § 20 BRAO

96 Fakultativ besteht eine Zulassungsversagungsmöglichkeit aus persönlichen Gründen nach § 20 BRAO. Danach kann die Zulassung versagt werden für Bewerber, welche **besondere Beziehungen** zu dem (ordentlichen) Zulassungsgericht, zu bestimmten Richtern oder welche nicht die anwaltliche Berufserfahrung für die Zulassung zu Obergerichten wie dem OLG besitzen (vgl. zum ganzen auch *Hartstang,* S. 119f.).

a) § 20 Nr. 1 BRAO (früherer Richter oder Beamter)

97 Von dieser Regelung erfaßt werden alle Richter der ordentlichen Gerichtsbarkeit oder Beamte auf Lebenszeit. Zu prüfen ist, ob – abstrakt – eine **Gefährdung der Rechtspflege** gegeben ist (*EGH Hamm* BRAK-Mitt 1984, 38 u. 1983, 193; vgl. zum Ganzen *Feuerich* BRAO § 20 Rdnrn. 10, 32). Nach dem *BGH* (AnwBl. 1972, 139; vgl. auch EGE X, 65) ist in den Fällen des § 20 Nr. 1 BRAO die **Versagung die Regel,** von der nur abgewichen werden kann, wenn ganz besondere Umstände eine Ausnahme rechtfertigen. Verwandtschaft zwischen Richter und Rechtsanwalt verhindert regelmäßig nicht nur ein weiteres Tätigwerden des Richters, sondern auch die Zulassung des Anwalts bei dem Gericht, an das der verwandte Richter berufen würde (so *Hartstang,* S. 119).

b) § 20 Nr. 2 BRAO (am Gericht tätiger – früherer – Ehegatte)

98 Die Vorschrift des § 20 Nr. 2 BRAO ist nicht nur anwendbar, wenn der Ehegatte Richter, sondern auch wenn er Beamter oder Angestellter an dem betreffenden Gericht ist. Zweck der Vorschrift ist die Vermeidung auch nur des **Anscheins** fehlender Objektivität der Rechtspflege (*EGH Hamm* AnwBl. 1977, 270). Der *EGH Frankfurt* (BRAK-Mitt 1981, 31) hat dazu entschieden, daß dem Antrag eine Rechtsanwalts, der nur bei einem Landgericht zugelassen werden wollte, zu entsprechen war, obwohl seine Ehefrau bei einem Amtsgericht, das

im Bezirk dieses Landgerichts lag, tätig war (vgl. auch *Feuerich* BRAO, § 20 Rdnrn. 33-39).

c) § 20 Nr. 3 BRAO (Verwandtschaft oder Schwägerschaft mit einem Richter des Gerichts)

Nach § 20 Nr. 3 BRAO kann die Zulassung bei Verwandtschaft oder Schwägerschaft (vgl. §§ 1589, 1590 BGB) versagt werden. Bei der Ermessensentscheidung der LJV ist zu prüfen, ob sich daraus eine **abstrakte Gefährdung für die Rechtspflege** ergibt. Dabei sind die tatsächliche Nähe der Beziehungen ebenso zu berücksichtigen wie die effektive Möglichkeit, diese Beziehungen auszunutzen, oder den entsprechenden Anschein zu erwecken (vgl. auch *Feuerich* BRAO § 20 Rdnrn. 40-43). Auch die Arbeitsbereiche und die Größe des Gerichts sind zu beachten. Der *BGH* (BRAK-Mitt 1981, 29) hat auch auf die zeitliche Nähe der Pensionierung eines Richters z. B. abgesellt. Trotz Verschwägerung des Zulassungsbewerbers mit einem Richter ist die Zulassung erteilt worden, weil das Gericht eine beachtliche Größe aufwies und der betreffende Richter nur noch kurze Zeit im Amt war (*EGH Hamm* BRAK-Mitt 1983, 193). Der *EGH Stuttgart* (BRAK-Mitt 1986, 191) hat entschieden, daß die Tochter des Vorsitzenden Richters einer Strafkammer in einem kleinen LG bei diesem Gericht nicht als Rechtsanwältin zugelassen werden konnte (zum fakultativen Zulassungsversagungsgrund des § 20 Nr. 4 BRAO s. *Feuerich* BRAO § 20 Rdnrn. 44-50). 99

7. Verfahren

a) Zulassung

aa) Landesjustizverwaltung. Über die – auf Antrag (vgl. § 6 I BRAO) zu erteilende – Zulassung zur Rechtsanwaltschaft entscheidet nicht – wie in Österreich oder Frankreich – die anwaltliche Selbstverwaltung, sondern der **Staat** und zwar gemäß § 8 BRAO die Landesjustizverwaltung. Den Rechtsanwalt trifft dabei eine Auskunftspflicht, § 36a II BRAO (vgl. auch §§ 56 II, 57 I BRAO). Die Verwaltung holt ein **Gutachten** des Vorstandes der örtlich zuständigen Rechtsanwaltskammer ein gem. den §§ 8, 9 BRAO wegen evtl. Versagung der Zulassung nach Nr. 5-8 BRAO. Ein Zulassungsantrag nach Zurücknahme der Zulassung ist nur mit der Behauptung statthaft, daß sich die aus der materiellen Rechtskraft ergebende Bindungswirkung erledigt hat (*BGH* BRAK-Mitt 1988, 207). 100

bb) Ehrengerichtshof. Bei Versagung der Zulassung zur Rechtsanwaltschaft kann innerhalb einer Frist von 1 Monat gemäß den §§ 9, 11 BRAO bei dem jeweiligen EGH ein **Antrag auf gerichtliche Entscheidung** gestellt werden. Ebenso kann ein entsprechender Antrag gestellt werden bei Untätigkeit, falls die Landesjustizverwaltung einen Bescheid nicht innerhalb von drei Monaten ohne zureichenden Grund bescheidet (§§ 11 III, 21 III, 29 V BRAO). 101

Antragsgegner können die Rechtsanwaltskammer (§ 38 BRAO) oder die Landesjustizverwaltung sein (§ 39 BRAO). Der EGH entscheidet durch **Beschluß** (§ 41 BRAO) über den Antrag nach mündlicher Verhandlung, falls nicht darauf verzichtet wird, § 40 II BRAO. Nach den §§ 40 IV, 42 VI BRAO gilt das **FGG** mit dem Grundsatz der **Amtsprüfung** in diesem Verfahren entsprechend (vgl. auch *Feuerich* BRAO § 40 Rdnr. 13). Für das Ablehnungsverfahren gilt die ZPO. Gegen die abschlägige Entscheidung des EGH ist eine sofortige Beschwerde nach § 42 BRAO möglich.

b) Zulassung zu einem bestimmten Gericht (z.B. OLG)

102 Auch hier wird ein Antrag gestellt bei der Landesjustizverwaltung. Bei Versagung einer Entscheidung (§§ 19, 20, 21 BRAO) wie auch bei Untätigkeit kann **Antrag auf gerichtliche Entscheidung nach § 21 BRAO gestellt** werden. Zuständig ist der Ehrengerichtshof. Gegen dessen ablehnende Entscheidung ist sofortige Beschwerde beim BGH möglich, § 42 BRAO. Im übrigen ist der Bundesminister der Justiz zuständig für Entscheidungen nach § 170 BRAO; dagegen kann bei Versagung ein Antrag gestellt werden auf gerichtliche Entscheidung beim BGH.

c) Erlöschen der Zulassung

103 Der Zulassung kann ein Rechtsanwalt verlustig gehen durch Zurücknahme oder Erlöschen (zum Ruhen der anwaltlichen Tätigkeit vgl. §§ 14 I Nr. 6, 47 BRAO u. oben Rdnrn. 52f.). Das **Erlöschen** der Zulassung erfolgt gemäß § 13 BRAO, wenn der Rechtsanwalt gemäß ehrengerichtlichem Urteil rechtskräftig zu einer Strafe mit der Folge des Ausschlusses aus der Rechtsanwaltschaft (§ 114 I Nr. 5 BRAO) verurteilt ist. Das Erlöschen tritt **ex lege** ohne weiteren Verwaltungsakt mit der Rechtskraft des Ausschließungsurteils ein (§ 13 BRAO i. V. m. § 204 I BRAO), während die Aufhebung der Zulassung eines besonderen Verwaltungsaktes, nämlich der Verfügung der Landesjustizverwaltung (§ 16 BRAO) bedarf. Der Ausschluß zieht sowohl das Erlöschen der Zulassung zur Rechtsanwaltschaft (§ 13 BRAO) als auch das Erlöschen der Zulassung bei einem Gericht (§ 34 Nr. 1 BRAO) sowie die Löschung in der Anwaltsliste (§ 36 I 1 BRAO) nach sich.

Nach Eintritt der Rechtskraft des auf Ausschließung aus der Rechtsanwaltschaft lautenden Urteils vorgenommene Prozeßhandlungen im Zivilprozeß sind unwirksam (*BGH* NJW 1984, 1559; in anhängigen Anwaltsprozessen tritt durch den Ausschluß des Prozeßbevollmächtigten aus der Rechtsanwaltschaft gem. § 244 I ZPO eine Unterbrechung des Verfahrens ein, *BGH* NJW 1987, 327 m. w. N.).

d) Rücknahme und Widerruf der Zulassung

104 Eine Aufhebung der Zulassungsentscheidung – eines Verwaltungsakts i. S. d. § 35 VwfG – durch Rücknahme oder Widerruf ist nach der – im Vergleich zu den §§ 48ff. VwfG – speziellen Regelung des § 14 BRAO möglich.

Sie kommt in Betracht, wenn nach der Zulassung zur Rechtsanwaltschaft Umstände sich herausstellen, die das Verbleiben des Rechtsanwalts in der Rechtspflege untragbar erscheinen lassen, ohne daß insoweit die Ausschließung aus der Rechtsanwaltschaft möglich ist.

Dem Verfassungsrecht ist – wie den Art 52ff. EWGV – auch bei der Aufhebung der Zulassung Rechnung zu tragen. Der damit verbundene schwerwiegende Eingriff in die gemäß Art 12 GG garantierte Freiheit der Berufswahl ist nur bei strikter Beachtung des Verhältnismäßigkeitsgrundsatzes zulässig.

Das *BVerfG* NJW 1986, 1801) hat unter Aufhebung einer unverständlichen Entscheidung des *BGH* im Hinblick auf § 35 Nr. 2-5 BRAO betreffend die Nichterfüllung der Pflichten bezüglich Wohnsitz und Kanzlei entschieden: „In die Berufsfreiheit wird übermäßig eingegriffen, wenn einem Rechtsanwalt ohne vorherige Verhängung milderer Maßnahmen die Zulassung entzogen wird, weil er kein Praxisschild angebracht hat."

aa) Verfahren. Der Rechtsanwalt kann in einem gerichtlichen Verfahren über den Ehrengerichtshof und Bundesgerichtshof die Berechtigung der Rücknahmeverfügung der Landesjustizverwaltung nachprüfen lassen. Der innerhalb eines Monats nach der Rücknahme oder dem Widerruf der Zulassung zu stellende Antrag auf gerichtliche Entscheidung hat gem. § 16 V I BRAO aufschiebende Wirkung; die sofortige Vollziehung kann jedoch angeordnet werden. **105**

bb) Rücknahme, § 14 I, III BRAO. § 14 I BRAO betrifft solche Fälle, in denen schon zu der Zeit, als die Zulassung zur Rechtsanwaltschaft erteilt wurde – damals indessen unbekannt gebliebene – zwingende Gründe für eine Zulassungsversagung nach § 7 Nr. 7-11 BRAO vorlagen, die erst nach der Zulassung bekannt wurden (vgl. zu den einzelnen Gründen Feuerich, BRAO, § 14 Rdnr. 19-66). **106**

Nach § 14 III BRAO kann teilweise von der Rücknahme der Zulassung nach § 14 I 1 BRAO abgesehen werden, wenn die Gründe des § 7 BRAO in dem Zeitpunkt, in dem der Sachverhalt bekannt wird, nicht mehr bestehen. Insoweit handelt es sich um eine Milderung vom grundsätzlich zwingenden in einen fakultativen Rücknahmegrund (vgl. *Feuerich,* BRAO, § 14 Rdnr. 14-18). Es handelt sich um eine Ermessensentscheidung nach § 39 III BRAO (vgl. auch *BGH* BRAK-Mitt 1982, 25). Diese ist nur beschränkt gerichtlich überprüfbar (vgl. *BGH* BRAK-Mitt 1982, 25 – Rücknahme einer Zulassung wegen nachträglich bekannt gewordener schwerwiegender Täuschungsmanöver im Zusammenhang mit der zweiten juristichen Staatsprüfung). Bei der gerichtlichen Ermessenskontrolle ist auf den Zeitpunkt des Erlasses der angefochtenen Verfügung abzustellen. Ein späterer Beurteilungszeitpunkt ist nur dann maßgebend, wenn aufgrund der Entwicklung nach Erlaß der Rücknahmeverfügung der Rücknahmegrund zweifelsfrei weggefallen ist (*BGHZ* 75, 356/357; BGHZ AnwZ (B) 20/87, 8). So reichen bei einem Vermögensverfall erhebliche Tilgungen oder geringe Verbindlichkeiten nicht, solange es noch zu Vollstreckungsmaßnahmen kommt. **107**

cc) Widerruf. Ein Widerruf der Zulassung ist auszusprechen nach § 14 II Nr. 1-9 als Folge von Umständen, die erst nach der Zulassung eintreten. Die Widerrufsgründe entsprechen im wesentlichen den Vorschriften für die Versagung der Zulassung: **108**

- § 14 II Nr. 1 BRAO dem § 7 Nr. 1 BRAO.
- § 14 II Nr. 2 BRAO dem § 7 Nr. 2 BRAO (vgl. dazu *BGH* BRAK-Mitt 1988, 208).
- § 14 II Nr. 3 BRAO dem § 7 Nr. 7 BRAO (dazu *BGH* BRAK-Mitt 1986, 165 u. AnwZ(B) 2/86 v. 8. 12. 1986, vgl. *Zuck,* BRAK-Mitt 1987, 109).
- § 14 II Nr. 5 ergänzt § 7 Nr. 11 BRAO.
- § 14 II Nr. 7 entspricht § 7 Nr. 10 BRAO.
- § 14 II Nr. 8 entspricht § 7 Nr. 9 BRAO.
- § 14 II Nr. 9 entspricht § 7 Nr. 8 BRAO.

Bezüglich der vorgenannten Normen wird daher auf das oben Ausgeführte verwiesen (Rdnrn. 14ff.). Ergänzend sei zu einzelnen Gründen hier jedoch angemerkt:

- § 14 II Nr. 1 BRAO (Vermögensverfall).

In der Praxis (leider) von erheblicher Bedeutung ist der fakultative Zurücknahmegrund wegen Vermögensverfall. Dieser liegt vor, „wenn der Rechtsanwalt in ungeordnete schlechte finanzielle Verhältnisse geraten ist, er sie in abseh- **109** barer Zeit nicht ordnen kann und außerstande ist, seinen Verpflichtungen nachzukommen. Beweisanzeichen hierfür sind die Erwirkung von Schuldtiteln, und Vollstreckungsmaßnahmen gegen ihn, insbesondere die Ladung zur Abgabe der eidesstattlichen Versicherung nach § 807 ZPO sowie der Erlaß des Haftbefehls in einem solchen Verfahren" (so st. Rspr. des *BGH;* vgl. u. a. *BGH* BRAK-Mitt 1988, 50 u. 1987, 208). Auf die Ursachen des Vermögensverfalls kommt es nicht an.

110 Zu dem Vermögensverfall muß als selbständiges und zusätzliches Merkmal die konkrete Gefährdung der Interessen der Rechtsuchenden hinzukommen (vgl. *Feuerich,* BRAO, § 15 Rdnrn. 5-29); dies wird häufig nicht beachtet oder formularmäßig bejaht. In der Judikatur – auch der *BGH* – wird die konkrete Gefährdung in bedenklicher Weise oft als Regelfall angenommen und nur in Ausnahmefällen verneint. Erforderlich ist jedoch eine konkrete Gefährdung der Interessen der Rechtsuchenden insbesondere durch die Vollstreckung in Mandantengelder; ein allgemeiner Vermögensverfall reicht nicht.

Die Entscheidung der LJV erfordert bei § 14 II Nr. 1 BRAO die eingehende Überprüfung aller Umstände. Der Vermögensverfall ist ein objektives Merkmal. Der Rechtsanwalt kann von sich aus nachweisen, daß sich seine finanzielle Situation in absehbarer Zeit bessert.

– § 14 Nr. 9 BRAO (Unvereinbare Tätigkeit).

111 Die Zulassung ist danach zu widerrufen, wenn der Rechtsanwalt eine Tätigkeit ausübt, die mit dem Beruf eines Rechtsanwalts oder mit dem Ansehen der Rechtsanwaltschaft nicht vereinbar ist. § 14 II Nr. 9 entspricht insoweit dem bereits erörterten § 7 Nr. 8 BRAO (vgl. auch *BVerfG* BRAK-Mitt 1985, 234 u. 1986, 167; kritisch *Rapsch,* ZRP 1985, 272; siehe *Feuerich,* BRAO § 15 Rdnrn. 30-32.

Der Widerruf hat zu unterbleiben bei Vorliegen einer unzumutbaren Härte; es handelt sich bei diesem Begriff um einen gerichtlich voll nachprüfbaren unbestimmten Rechtsbegriff ohne behördlichen Beurteilungsspielraum.

112 Der Grundsatz der Verhältnismäßigkeit gebietet, daß die Zulassung erst widerrufen wird, wenn Belehrungen (vgl. § 73 II Nr. 1 BRAO) und Hinweise mit dem Ziel der Beseitigung des rechtswidrigen Zustandes erfolglos geblieben sind. Erfüllt der Rechtsanwalt seine Pflicht zur Anzeige der Eingehung oder wesentlichen Änderung eines bestehenden Beschäftigungsverhältnisses bzw. zur Vorlage von Unterlagen hierüber (vgl. auch § 56 II S. 1 Nr. 1 u. S. 2 BRAO), was in der Praxis die Ausnahme sein dürfte, dann darf er darauf vertrauen, daß die LJV alsbald die Frage des Widerrufs der Zulassung zur Rechtsanwaltschaft prüfen und entscheiden werde; ein Widerruf nach Ablauf einer unverhältnismäßigen langen Zeit stellt eine „unzumutbare Härte" i. S. v. Nr. 9 Hs. 2 dar (vgl. auch *EGH Celle,* Beschl. v. 2. 12. 1985 – EGH 10/85 (II 5).

Die vorübergehende Beschäftigung im öffentlichen Dienst i. S. d. § 47 I Nr. 1 stellt keinen Widerrufsgrund nach § 14 II Nr. 9 BRAO dar (vgl. *BGH* BRAK-Mitt 1986, 49).

– § 35 BRAO (Widerruf der Zulassung bei einem Gericht).

113 Weitere nur fakultative, weniger bedeutsame Widerrufsgründe enthält § 35 BRAO (dazu *Feuerich,* BRAO, § 35, Rdnr. 39).

– Verzicht, § 14 II Nr. 4 BRAO.

114 Nach § 14 II Nr. 4 BRAO ist die Zulassung zur Rechtsanwaltschaft zurückzunehmen, wenn der Rechtsanwalt auf die Rechte aus der Zulassung zur Rechtsanwaltschaft freiwillig schriftlich gegenüber der LJV verzichtet (= mitwirkungsbedürftiger Verwaltungsakt). Dieser – befristungs- und bedingungsfeindliche – Verzicht kann bis zur Zulassungsrücknahme seitens der LJV widerrufen werden kann. Danach ist indessen nur eine Anfechtung entsprechend den §§ 119ff. BGB wegen Irrtums, Drohung oder Täuschung möglich (*BGH* Anwbl. 1971, 216; BRAK-Mitt 1982, 73; vgl. auch *BGH* BRAK-Mitt 1987, 207, Verzicht aufgrund unrichtiger Rechtsbelehrung).

e) Rechtsmittel in Zulassungssachen

aa) Keine einfache Beschwerde. Gegen Entscheidungen des EGH in Zulas- **115**
sungssachen kommt **nur eine sofortige Beschwerde** zum BGH in Betracht. Eine einfache Beschwerde (§ 19 FGG) gibt es im gerichtlichen Verfahren nach der BRAO nicht; Verfügungen, die mit ihr angegriffen werden könnten, stehen denen des OLG gleich; sie sind daher nicht anfechtbar (vgl. *Feuerich* BRAO § 40 Rdnrn. 64, 65).

bb) Beschränkte Zulässigkeit der sofortigen Beschwerde, § 42 BRAO. Be- **116**
schwerdeführer bei der allein zulässigen sofortigen Beschwerde gem. § 42 I BRAO können sein der Antragsteller, § 42 I BRAO, die Landesjustizverwaltung, § 42 II BRAO, und die Rechtsanwaltskammer, § 42 III BRAO. Das Rechtsmittel ist binnen einer Frist von zwei Wochen einzulegen, § 42 IV BRAO und hat aufschiebende Wirkung, § 42 V BRAO soweit nicht die sofortige Vollziehung angeordnet worden ist. Zulässig ist das Rechtsmittel nur in den Fällen, welche der **Beschwerdekatalog des § 42 BRAO** ausdrücklich bezeichnet. Eine analoge Anwendung kommt nicht in Betracht (*BGH* BRAK-Mitt 1987, 152). Zahlreiche Entscheidungen – z. B. im Hinblick auf Anträge nach den §§ 27-29 BRAO oder wegen der Zurückweisung von Fachanwaltschaftsanträgen – sind daher nicht rechtsmittelfähig (vgl. aber § 223 III BRAO).

cc) Sofortige Beschwerde in den Fällen des § 223 BRAO. Während Ent- **117**
scheidungen in den eigentlichen Zulassungssachen immer beschwerdefähig sind (§ 42 BRAO), sind Entscheidungen des EGH, die aufgrund einer Anfechtung nach der Auffangvorschrift des § 223 BRAO in sonstigen Zulassungssachen ergehen, mit der sofortigen Beschwerde nur anfechtbar, wenn – so die Neufassung des § 223 III BRAO – der EGH sie in der Entscheidung zugelassen hat, was wiederum nur möglich ist, wenn über Rechtsfragen von grundsätzlicher Bedeutung zu entscheiden ist.

Vor der Neuregelung des § 223 BRAO hatte der *BGH* die sofortige Be- **118**
schwerde nur als zulässig erachtet, „wenn es sich um Angelegenheiten handelt, wie in den in § 42 I Nr. 1-5 BRAO genannten Fällen, mithin nur dann, wenn endgültig und unmittelbar die Existenzgrundlage des Antragstellers in seiner Eigenschaft als Rechtsanwalt oder Anwaltsbewerber berührt wird (*BGH* BRAK-Mitt 1988, 52), wie beim Streit um die Feststellung, ob ein Antragsteller auch ohne ausdrückliche Zulassung zur Ausübung des Rechtsanwaltsberufs befugt ist (*BGH* NJW 1970, 199; *BGH* EGE XIV 138). Dies ist nicht der Fall bei der Aussetzung des Zulassungsverfahrens nach §§ 9 I, 10 I BRAO (dazu *BGH* BRAK-Mitt 1986, 49). – Nach der Neufassung ist in größerem Umfang die sofortige Beschwerde zulässig, so z. B. auch bei der Ablehnung von Fachanwaltsbezeichnungen, zumindest falls eine Divergenz in der Judikatur besteht (so *BGH* ZIP 1990, 740), im übrigen müssen hier ähnliche Grundsätze gelten wie bei §§ 131, 132 VwGO und den vergleichbaren Bestimmungen der ZPO oder der VwGO.

f) Gebühren in Zulassungssachen

119 Die Gebühren für die Zulassung wie für die Versagung und die Rücknahme richten sich nach den §§ 192-194 BRAO.

120 **aa) Gerichtskosten.** Die Gerichtskosten des Verfahrens bei Anträgen auf gerichtliche Entscheidung in Zulassungssachen sind geregelt in den §§ 200-203 BRAO.

Der Regelwert des § 30 II KostO von DM 5000 wird bei Verfahren über Anträge auf gerichtliche Entscheidung in Zulassungssachen erheblich überschritten und liegt i. d. R. bei DM 100000.– (vgl. nur *BGH* BRAK-Mitt 1987, 154). Dieser Betrag, der nach § 8 I BRAO auch für die Berechnung der Anwaltsgebühren maßgebend ist, ist bei dem naheliegenden Vergleich mit Verwaltungsgerichtsprozessen (Regelstreitwert DM 6000) wie auch angesichts der tatsächlichen Einkünfte vieler Antragsteller unsozial (kritisch auch *Zuck,* BRAK-Mitt 1988, 164, Fn. 19).

121 Zu berücksichtigen ist allerdings, daß die gem. § 202 BRAO zu erhebende Gebühr sich nach der zur Zeit geltenden Kostentabelle der Anlage zu § 32 KostO bestimmt, da nach § 200 BRAO die Gebühren sich nach der Kostenordnung richten in der Fassung der Anlage 2 zu dem Art. XI § 7 des Gesetzes zur Änderung kostenrechtlicher Vorschriften vom 26. 7. 1957 (BGBl. I, 861, 960); eine Anpassung des § 200 BRAO an spätere Kostenänderungen erfolgte nicht (vgl. *Feuerich,* BRAO, § 200 Rdnr. 4; *EGH Hamm* EGE XIV 234).

122 **bb) Außergerichtliche Kosten.** Die außergerichtlichen Kosten richten sich nach § 40 IV BRAO i. V. m. § 13a FGG. Danach kann das Gericht anordnen, daß diese Kosten einem am Verfahren Beteiligten ganz oder teilweise zu erstatten sind, wenn sie zur zweckentsprechenden Erledigung der Angelegenheit notwendig waren und die Anordnung der Billigkeit entspricht. Fehlt eine derartige gerichtliche Anordnung, so ist nach dem FGG von dem Grundsatz auszugehen, daß jeder Verfahrensbeteiligte seine außergerichtlichen Kosten selbst zu tragen hat. Die Anwaltsgebühren berechnen sich im ersten Rechtszug vor dem EGH gem. § 110 II BRAGO nach § 114 BRAGO; im Beschwerdeverfahren nach den §§ 40, 42 BRAO; vor dem BGH entsteht die 13/10 Gebühr nach den §§ 31, 11 I S4 BRAGO. – Der im Zulassungsverfahren sich selbst vertretende Anwalt kann nach h. A. nicht die Gebühren und Auslagen verlangen, die ihm für einen bevollmächtigten Rechtsanwalt zu erstatten wären, da § 13a FGG nur auf § 91 I S. 2 ZPO, nicht aber auch auf § 91 II S. 4 ZPO verweist.

II. Berufsordnungsrecht, Berufsaufsicht, Berufsgerichtsbarkeit

123 Das Berufsordnungsrecht der Rechtsanwälte wurde bisher unter der nicht mehr zeitgemäßen Bezeichnung „Standesrecht“ zusammengefaßt. Es umfaßt die beruflichen Rechte und vor allem Pflichten des Anwalts, der insoweit einem besonderen Disziplinarrecht unterliegt.

1. Rechtsunsicherheit in der Übergangszeit

a) Beschluß des BVerfG

124 Durch die Grundsatzentscheidung des *BVerfG* vom 14. 7. 1987 (E 76, 171 ff.) ist Bewegung in das weitgehend erstarrte System des anwaltlichen Berufsrechts

gekommen. Das *BVerfG* hatte die Kritik an den undemokratisch im Arkanum der BRAK beschlossenen, in unzulässiger Weise normgleich angewandten, elementaren rechtsstaatlichen **Bestimmtheitserfordernissen nicht entsprechenden** Standesrichtlinien aufgegriffen (vgl. *Kleine-Cosack* AnwBl. 1986, 505ff.).

Die Übergangszeit bis zu der erforderlichen Reform mit der Ersetzung der Richtlinien durch Gesetzes- und Satzungsrecht der anwaltlichen Selbstverwaltung Anfang der 90er Jahre ist durch eine erhebliche Rechtsunsicherheit gekennzeichnet. Sie hat zu einer längst überfälligen Einschränkung der Tätigkeit der Berufsgerichte geführt, ohne daß die Funktionsfähigkeit der Rechtspflege auch nur ansatzweise gefährdet wurde. **125**

b) Beschränkte Bedeutung der Richtlinien

Umstritten ist die Fortgeltung von Berufspflichten, welche nicht gesetzlich, sondern nur in den „Standesrichtlinien" „normiert" waren (vgl. die Nachweise bei *Feuerich* AnwBl. 1988, 502ff.). Wegen der Unvereinbarkeit mit dem vom *BVerfG* für die Übergangszeit genannten Maßstab der „Unerläßlichkeit für die Funktionsfähigkeit der Rechtspflege" kann zahlreichen Richtlinien keine Bedeutung mehr zukommen. Viele von ihnen hatten in der Praxis ohnehin keine Relevanz und waren schon bis zur Entscheidung des *BVerfG* umstritten und regional sehr unterschiedlich als „verbindlich" angesehen worden. Zahlreichen Bestimmungen kommt mehr die Funktion von Anstandsregeln zu, die – wie das Pünktlichkeitsgebot des § 22 RiLi – eher in einen Knigge und nicht in eine Berufsordnung gehören (a. A. *Feuerich* AnwBl. 1988, 507, 508). Ihre rechtliche Fixierung war ebenso überflüssig wie die Wiederholung gesetzlicher Vorschriften in den Richtlinien. **126**

In der Übergangszeit sollte und darf gemäß dem auch im ehrengerichtlichen Verfahren geltenden in dubio pro reo-Grundsatz **in Zweifelsfällen eine ehrengerichtliche Ahndung nicht erfolgen.** Angesichts der bestehenden Rechtsunsicherheit dürfte der Nachweis des unstreitig erforderlichen Verschuldens für eine Berufspflichtverletzung i. S. d. § 113 BRAO in den umstrittenen Fällen in der Regel nicht zu führen sein. **127**

2. Verfassungsrecht

Dem höherrangigen Recht ist auch bei der Ausübung des Anwaltsberufs Rechnung zu tragen. Dies gilt nicht nur für **internationalrechtliche Bestimmungen** wie die Art. 52, 59f. EWGV und die EMRK, dessen Art. 10 Meinungsfreiheit garantiert (vgl. auch *EGMR* EuGRZ 1987, 170 u. *BVerfGE* 76, 196, 209 betr. das Werbeverbot). **128**

a) Berufsfreiheit als vorrangige Maßstabsnorm

Insbesondere dem Verfassungsrecht ist bei der Anwendung und Auslegung des Berufsordnungsrechts der Rechtsanwälte Geltung zu verschaffen. Vorrangige Maßstabsnorm ist das Grundrecht der Berufsfreiheit des Art. 12 GG. Betroffen ist im Gegensatz zum Zulassungsrecht nicht die Berufswahl, sondern die **Berufsausübung** (*BVerfG* NJW 1990, 21, 22). Konkurrierend oder ausschließlich können im Einzelfall andere Grundrechte wie insbesondere die Meinungsfreiheit des Art. 5 I GG (vgl. *BVerfGE* 71, 171, 192) einschlägig sein. **129**

b) Vorbehalt des Gesetzes

130 Grundrechtseingriffe sind nur zulässig – formell – unter Beachtung des Prinzips vom Vorbehalt des Gesetzes, das in Art. 20 III GG vorausgesetzt wird und sich im übrigen aus den Grundrechten i. V. m. dem Demokratie- und dem Rechtsstaatsprinzip ergibt (vgl. u. a. *BVerfGE* 33, 125, 157ff.; 57, 121, 132; 76, 171, 184ff.). Der parlamentarische Gesetzgeber ist entsprechend der sog. **Wesentlichkeitstheorie** im Bereich des Art. 12 GG zur Regelung nicht nur der Berufswahl sondern auch der Berufsausübung verpflichtet, soweit es sich um statusbildende Normen handelt (zum ganzen neuerdings *Ossenbühl,* in: Handbuch des Staatsrechts, III, 1988, § 62 u. § 66, Rdnrn. 26ff. u. *Kleine-Cosack,* Anwbl. 1989, 536ff.).

131 Die – darüber hinausgehende – vom Anwaltssenat des *BGH* in der Entscheidung zur Unzulässigkeit einer Verleihung von Fachanwaltsbezeichnungen in der Übergangszeit ohne spezialgesetzliche Ermächtigung (NJW 1990, 1719) vertretene Ansicht, der Gesetzgeber müsse alles – und damit auch schlichte Berufsausübungsregelungen – selbst normieren, was sich als Abweichung vom herkömmlichen – von ihm mehr als konservativ und äußerst statisch interpretierten – Berufsbild darstellt, ist verfassungsrechtlich nicht haltbar. Sie verkennt die unmittelbare – auch von den Gerichten in der Übergangzeit zu beachtende – Geltung der Verfassung einschließlich der Grundrechte (Art. 20 III, 1 III GG) und ist Ausdruck eines letzten – vergeblichen – Versuchs, an einem unhaltbaren Anwaltsbild festzuhalten (vgl. Anm. *Kleine-Cosack,* ZIP 1990, 742).

c) Verhältnismäßigkeitsgrundsatz

132 Materiell sind Eingriffe in die Berufsausübungsfreiheit nur zulässig unter strikter Beachtung des Grundsatzes der Verhältnismäßigkeit. Sie müssen **unerläßlich** bzw. **erforderlich** und **geeignet** sein zum Schutz der Funktionsfähigkeit der **Rechtspflege** (vgl. u. a. *BVerfGE* 76, 171, 189; 66, 337, 354 NJW 1990, 2122).

Stets ist, was von den Ehrengerichten bis hin zum *BGH* in der Vergangenheit oftmals versäumt wurde, sorgfältig zu prüfen, ob die Berufspflicht wie die konkrete Sanktion dem Verhältnismäßigkeitsgrundsatz entsprechen.

d) Relevanzschwelle

133 Aus verfassungsrechtlichen Gründen sind Sanktionen nur bei wesentlichen Berufspflichten und bei Überschreitung einer gewissen Erheblichkeitsschwelle zulässig und nicht mehr wie in der Vergangenheit nicht selten bei **trivialen Vorgängen** von bagatellartigem Charakter, wie dies insbesondere bei angeblichen Verstößen gegen das Sachlichkeitsgebot oder das Werbeverbot der Fall war. Inbesondere unzulässig ist die perspektivische Beschränkung durch **Überbewertung von Randaspekten.** So darf nicht mehr isoliert auf Werbenebeneffekte abgestellt werden, sondern ist eine Gesamtbetrachtung erforderlich, wie dies das *BVerfG* (E 76, 196, 208f.) im Anschluß an den *EGMR* (*EuGRZ* 1985, 170) in der Werbeentscheidung (vgl. auch *BVerfG* NJW 1990, 2122), aber auch beim Sachlichkeitsgebot (*BVerfGE* 76, 171, 192f.) betont hat. Dementsprechend hat der *BGH* zutreffend in seiner Entscheidung v. 8. 2. 1988 (BRAK-Mitt 1988, 148) geprüft, ob einzelne „unsachliche" Äußerungen wegen des Verfahrenszusammenhangs gerechtfertigt waren, was im übrigen schon im Hinblick auf § 193 StGB geboten war.

3. Rechtsgrundlagen

Die Berufspflichten der Rechtsanwälte ergeben sich aus verschiedenen, teilweise umstrittenen Bestimmungen. 134

a) Gesetze

aa) Spezialgesetze. Die Berufspflichten sind zum Teil in gesetzlichen Spezialbestimmungen geregelt. Sie finden sich vor allem in der BRAO wie in den §§ 44–59, 165 BRAO sowie den §§ 203, 352, 356 StGB oder im Strafvollzugsgesetz. Eine berufsgerichtliche Ahndung kann in diesen Fällen nur erfolgen, wenn **in objektiver und subjektiver Hinsicht** der Tatbetand der spezialgesetzlichen Bestimmungen in vollem Umfang erfüllt ist. 135

bb) Allgemeine Gesetze. Berufspflichten können sich jedoch über die Generalklausel des § 43 BRAO auch aus nicht-anwaltsspezifischen Bestimmungen wie dem StGB ergeben bei Bestehen eines berufsspezifischen Überhangs: Fraglich ist dabei in der Praxis, inwieweit eine berufsrechtliche Sanktion auch erfolgen kann, wenn einzelne Tatbestandsmerkmale der gesetzlichen Bestimmung (ggf. wegen Berücksichtigung des in dubio pro reo-Grundsatz) nicht erfüllt sind. 136

Nach herrschender Ansicht (vgl. *Feuerich* AnwBl. 1988, 503) gilt der Grundsatz, daß **auch fahrlässiges Fehlverhalten** eines Rechtsanwalts berufsordnungsrechtlich geahndet werden kann. Erfüllt ein Rechtsanwalt daher vom objektiven Tatbestand eine Strafnorm, handelt er aber nicht vorsätzlich oder – soweit erforderlich – wider besseres Wissen, aber doch immerhin fahrlässig, dann soll er gemäß § 43 BRAO berufsordnungswidrig handeln (*EGH Hamburg* BRAK-Mitt 1988, 151). Die Anforderungen an die innere Tatseite eines Berufsordnungsverstoßes seien im § 113 I BRAO eigenständig geregelt (vgl. auch *Jähnke* NJW 1988, 1888, 1891). 137

b) Generalklausel

aa) Grundsätzliche Anwendbarkeit. Als Rechtsgrundlage kommt weiterhin vor allem entgegen teilweise in der Literatur vertretener Ansicht die Generalklausel des § 43 BRAO in Betracht. Im Hinblick darauf, daß eine abschließende Normierung aller Berufspflichten nicht möglich ist, ist eine solche Generalklausel auch in der Zukunft als Auffangtatbestand unverzichtbar. Das *BVerfG* hat weder grundsätzlich (E 66, 237ff.) noch in der Entscheidung vom 14. 7. 1987 (*BVerfGE* 76, 171) Bedenken an der Verfassungsmäßigkeit der Generalklausel geäußert (was *Zuck* NJW 1988, 175f. verkennt; vgl. *Kleine-Cosack,* NJW 1988, NJW 1988, 170f. u. nunmehr auch *BVerfG* NJW 1990, 2122). Aus rechtsstaatlichen und vor allem demokratischen Gründen müssen nur die bisher zu ihrer Konkretisierung dienenden Standesrichtlinien durch Gesetze oder Satzungen ersetzt werden. Berufspflichten können sich daher auch ergeben aus der somit fortgeltenden, wenn auch im Hinblick auf das Kriterium „würdig" reformbedürftigen Generalklausel und zwar unmittelbar oder durch ergänzende Heranziehung anderer Rechtsgrundlagen. 138

bb) Allgemeine Voraussetzung der Heranziehung. Soweit § 43 BRAO durch rechtliche Bestimmungen ausgefüllt wird, können als Berufspflichtverstöße nur solche Normverletzungen berufsgerichtlich verfolgt werden, die mit der **gewissenhaften Berufsausübung des Rechtsanwalts unvereinbar sind und** 139

die Achtung und das Vertrauen beeinträchtigen, welche die Stellung des Rechtsanwalts erfordern (vgl. *Feuerich* AnwBl. 1988, 502).

Dabei ist zu beachten, daß die Generalklausel als Auffangtatbestand nicht herangezogen werden kann, soweit andere spezialgesetzliche Regelungen eingreifen. So hat der *BGH* (Urt. v. 4. 12. 1989 – AnwSt(R) 9/89) eine berufsordnungsrechtliche Überprüfung für unzulässig erachtet, soweit es um die Frage der Vereinbarkeit einer kaufmännischen Tätigkeit mit dem Beruf eines Rechtsanwalts ging angesichts der abschließenden Regelung in den §§ 7 Nr. 8, 15 Nr. 2 BRAO.

140 **cc) Unzulässigkeit einer Inhaltskontrolle der Anwaltstätigkeit.** Im Hinblick darauf – wie auch wegen der unabhängigen Stellung des Rechtsanwalts als Berater und Vertreter in allen Rechtsangelegenheiten (§ 3 I BRAO) – ist es grundsätzlich ausgeschlossen, Handlungen des Rechtsanwalts auf ihre inhaltliche Richtigkeit und Zweckmäßigkeit hin zu überprüfen. Nur Verstöße, die die **äußere Seite** der Anwaltstätigkeit betreffen, wie z. B. Untätigkeit, Bummelei, Täuschung des Mandanten und anderer Beteiligter, deren Beurteilung ohne Nachprüfung der sachlichen Richtigkeit und Zweckmäßigkeit des anwaltlichen Vorgehens möglich ist, sind berufsgerichtlich verfolgbare Berufspflichtverfehlungen. Dementsprechend ist dem Rechtsanwalt auch eine heftige Kritik an dem Verhalten anderer Justizorgane gestattet; eine Verletzung des Sachlichkeitsgebots (dazu unten Rdnrn. 148ff.) kommt nur noch in engen Grenzen in Betracht (vgl. *BVerfGE* 76, 171, 19f ff.; AnwBl. 1989, 339 u. 519 sowie 1991, 45ff.; Beschl. v. 19. 4. 1990, 1 BvR 40/86 u. 1 BvR 42/86).

141 Ebenso können dies schuldhafte Handlungen sein, sie der Rechtsanwalt vornimmt, indem er sich völlig von seiner Funktion als Vertreter und Berater seines Mandanten löst, er den Rahmen des ihm übertragenen Mandats verläßt und er z. B. seinen Mandanten vorsätzlich schädigt, indem er vereinnahmte Mandantengelder für eigene Zwecke verbraucht (*Jähnke* NJW 1988, 1888, 1891).

c) Standesrichtlinien

142 **aa) Anwendbarkeit** nur bei Unerläßlichkeit für die Funktionsfähigkeit der Rechtspflege. Die Standesrichtlinien können zur Auslegung des § 43 BRAO in der Übergangszeit nur noch in beschränktem Umfang nach dem *BVerfG* herangezogen werden, soweit dem **rechtsstaatlichen Bestimmtheitsgebot** Rechnung getragen wird und die Berufspflicht **materiell grundrechtskonform,** insbesondere mit Art. 12 GG zu vereinbaren ist. Dies ist nur der Fall, falls sie unerläßlich ist für die Funktionsfähigkeit der Rechtspflege – (*BVerfG* 76, 171, 192ff.; NJW 1990, 2122; AnwBl. 1991, 45). – Schon aus diesem Grunde war es schlicht unverständlich, noch nach der Verabschiedung der Standesrichtlinien durch das *BVerfG* am 14. 7. 1987 diese noch in einem fast 1000seitigen Kommentar quasi posthum zu „ehren" (So *Lingenberg-Hummel-Zuck-Eich,* aaO., Rdnr. 13). Deutlicher konnte die Berechtigung der vor 130 Jahren aufgestellten These *v. Kirchmanns* von der „Wertlosigkeit der Jurisprudenz als Wissenschaft" (vgl. die Neuaufl. 1988) nicht vor Augen geführt werden. – Diese Schranke übersehen auch andere mehr an der Tradition denn an geltendem Recht orientierte Kommentierungen (wie z. B. *Jessnitzer* aaO., Rdnr. 37) wie auch vielfach die – vor allem ehrengerichtliche – Judikatur.

Die grundrechtliche Beschränkung der Standesrichtlinien ist im übrigen auch bedeutsam für die Auslegung anderer Bestimmungen wie des § 138 BGB oder vor allem des § 1 UWG, falls ein wettbewerbswidriges Verhalten unter Aspekt der Sittenwidrigkeit wegen „Vorsprungs durch Rechtsbruch" in Betracht kommen soll (das verkennen vielfach die Darstellungen von *G. Ring* und *Michalski,* aaO., Rdnr. 11)!

bb) Rechtsstaatswidrigkiet der Anscheinstatbestände. Keinesfalls kann in der Zukunft nach der Grundsatzentscheidung des BVerfG noch auf die in den Richtlinien vorhandenen, dem rechtsstaatlichen Bestimmtheitsgebot eklatant zuwiderlaufenden Anscheinstatbestände zurückgegriffen werden (*Kleine-Cosack* NJW 1988, 164; *Feuerich* AnwBl. 1988, 503ff.). Alle Regeln, die dem Rechtsanwalt die Verpflichtung auferlegen, schon den „Anschein" eines Handelns gegen das Berufsrecht zu vermeiden (so z.B. §§ 1 IV, 2 II, 3 I, 46 III, 47, 65 RiLi), dürfen nicht mehr zur Auslegung und Konkretisierung des § 43 BRAO herangezogen werden. Nur durch das Hervorrufen des Anscheins eines berufswidrigen Verhaltens wird die Funktionsfähigkeit der Rechtspflege nicht entscheidend tangiert. Der Anschein der Unsachlichkeit oder einer berufswidrigen Werbung (vgl. *BVerfGE* 76, 196, 206) rechtfertigt daher keine Sanktion. 143

d) Vorkonstitutionelles Gewohnheitsrecht

Als weitere Rechtsgrundlage nennt das *BVerfG* vorkonstitutionelles Gewohnheitsrecht (*BVerfGE* 76, 171, 189; AnwBl. 1991, 45; zur Amtstracht: *BVerfGE* 28, 21; nicht erwähnt in *BVerfG,* NJW 1990, 2122). Dessen Anerkennung ist jedoch wegen der Weite der Generalklausel entbehrlich und auch prinzipiell verfassungsrechtlich problematisch; dies haben die untauglichen – von der Judikatur zu recht nicht akzeptierten – Versuche von *Braun* und *Hartstang* zu einer Rettung der Fachanwaltsrichtlinien gezeigt (vgl. *Kleine-Cosack,* Anwbl. 1989, 539). Im Einzelfall dürfte der erforderliche Nachweis einer längeren, allgemeinen, gleichmäßigen und tatsächlichen – im Bewußtsein der Rechtsverbindlichkeit praktizierten – Übung nur schwer zu führen sein. Im übrigen wäre stets die materielle Grundrechtskonformität einer gewohnheitsrechtlichen Verpflichtung zu prüfen (*BVerfGE* 76, 171; vgl. auch BGH NJW 1991, 57). 144

e) Dienstvertrag

Abzulehnen ist schließlich die Ansicht, nach der als Rechtsgrundlage für öffentlich-rechtlich sanktionsbewehrte Berufspflichten – über die Generalklausel des § 43 BRAO – auch in Betracht kommen sollen Verpflichtungen aus dem anwaltlichen Dienstvertrag, §§ 611ff. BGB (so dezidiert im Hinblick auf § 57 I StBerG *Engelhardt* StB 1988, 73, 76). – Die Verletzung privater, schuldrechtlicher Verpflichtungen kann jedoch nur die dafür auch im **BGB als lex specialis geregelte Haftung** nach den Regeln über Unmöglichkeit, Verzug oder positive Forderungsverletzung auslösen und nicht über die Generalklausel auch zu berufsrechtlichen Sanktionen führen (krit. auch Verfassungsrechtsausschuß des DAV in der Stellungnahme im Verfahren 1 BvR 838/85, S. 9f.; einschränkend auch *Jähnke* NJW 1988, 1891; vgl. auch *Feuerich* AnwBl. 1988, 502). – Im Grunde stellt sich auch hier die oben (Rdnrn. 12f.) bereits angesprochene Problematik der Abstimmung des Berufsrechts mit anderen Teilrechtsordnungen. Es ist noch genauer zu prüfen, ob und welche Bedeutung den berufsrechtlichen Bestimmungen für die dienstvertragliche Haftung des Rechtsanwalts zukommt (dazu *Vollkommer,* Anwaltshaftungsrecht, 1989, 202ff., der jedoch die grundsätzliche Problematik nicht erörtert) und umgekehrt dem zivilrechtlichen Ver- 145 tragsrecht für das Berufsrecht, insbesondere die „Transportnorm" des § 43 BRAO.

4. Einzelne Berufspflichten

146 Nur einige wesentliche, in der Reichweite vielfach umstrittene Berufspflichten, welche nicht gesetzlich geregelt und die in der Übergangszeit bedeutsam sind, sollen hier näher dargestellt werden (zu den sonstigen, in der Praxis ohnehin nur selten relevanten Berufspflichten vgl. die Darstellung von *Feuerich* AnwBl. 1988, 502, 504ff.; zu den Regelungen betr. die Verteidigertätigkeit sowie die Gebühren vgl. Kap. C IV und G sowie *Feuerich,* ebenda m. w. N.).

a) Obsoletheit zahlreicher Richtlinien

147 Keine Anwendungsmöglichkeit besteht in der Übergangszeit mehr für Richtlinien, die – mehr mit Pathos behaftet – **verfassungsrechtlich irrelevanten Schutzgütern** wie – so § 3 II RiLi (vgl. *Feuerich* AnwBl. 1988, 505) – dem allein bedeutungslosen Ansehen oder Anwaltschaft (vgl. *BVerfGE* 71, 171, 189), deren vielbeschworener Würde oder insbesondere dem Konkurrenzschutz dienten und nicht dem vom *BVerfG* genannten Kriterium „Unerläßlichkeit für die Funktionsfähigkeit der Rechtspflege" entsprechen. Genannt seien hier insbesondere zahlreiche Regeln betreffend die **Kollegialität,** das Verhalten gegenüber Behörden und Gerichten einschließlich des Pünktlichkeitsgebots des § 22 RiLi. Bestehen bleiben nur Berufspflichten, die für die Tätigkeit des Anwalts als „Organ der Rechtspflege" von erheblicher Bedeutung sind.

b) Sachlichkeitsgebot, §§ 10, 9 II, 18 III, 3 I, 1 I RiLi

148 Das bisher in den Richtlinien niedergelegte Sachlichkeitsgebot, dem in der ehrengerichtlichen Judikatur bis zur Grundsatzentscheidung des *BVerfG* – wenn auch regional unterschiedlich – eine erhebliche Bedeutung zukam, kann nur noch in beschränktem Umfang herangezogen werden. Es war in der Vergangenheit häufig mißbraucht worden, um insbesondere oftmals berechtigte (vgl. *EGH Baden-Württemberg* NJW 1982, 661) anwaltliche Justizkritik zu unterbinden mit der Folge einer erheblichen „Gefährdung der freien Advokatur durch die freien Advokaten" (vgl. *Kleine-Cosack* AnwBl. 1988, 71). Die Anwaltschaft war z. T. stärkeren Restriktionen ausgesetzt als der öffentliche Dienst und die Justiz, was das *BVerfG* zu Recht kritisiert (E 76, 171ff., 193).

149 **aa) Verfassungsgerichtliche Kriterien.** Ehrengerichtliche Maßnahmen wegen Verletzung des in den Standesrichtlinien niedergelegten Sachlichkeitsgebots sind nach dem *BVerfG* (E 76, 171 Ls. 2) nur zulässig, soweit es sich um strafbare Beleidigung, die bewußte Verbreitung von Unwahrheiten oder solche herabsetzenden Äußerungen handelt, zu denen andere Beteiligte oder der Verfahrensverlauf keinen Anlaß gegeben haben (vgl. auch *BVerfG* AnwBl. 1988, 239; 1989, 339; 1990, 519; Beschl. v. 19. 4. 1990, – 1 BvR 40/86 u. 1 BvR 42/86).

150 **bb) Beschränkung auf §§ 185ff. StGB.** Mit seiner Formulierung beschränkt das *BVerfG* letztlich den Anwendungsbereich des Sachlichkeitsgebots auf die für jedermann geltenden allgemeinen Gesetze über den zivil- und insbesondere strafrechtlichen Ehrschutz.

Wegen Unsachlichkeit belangt werden kann daher ein Rechtsanwalt in der Übergangszeit nur, wenn er sich eines **Vergehens gegen die §§ 185ff. StGB** schuldig macht (so nunmehr auch BVerfG AnwBl. 1990, 519 u. 1991, 45f.). Die anscheinend darüber hinausgehende, vom *BVerfG* erwähnten weitere Alternative der „herabsetzenden Äußerung, zu denen andere Beteiligte oder der Verfahrensverlauf keinen Anlaß gegeben haben", hat – entgegen der von *Zuck* ohne Begründung aufgestellten Behauptung (NJW 1988, 179) – keine Bedeutung, da eine Abgrenzung zu den erwähnten strafrechtlichen Tatbeständen, insbesondere zur Formalbeleidigung i. S. d. § 192 StGB nicht möglich ist (so auch DAV-Ausschuß Neues Berufsrecht, AnwBl. 1988, 529). Auch Beleidigungen nach den §§ 185ff. StGB bestehen im wesentlichen in „herabsetzenden" Verhaltensweisen, wobei als identisches Schutzgut nur die Ehre in Betracht kommt (nicht überzeugend und unkritisch, die strafrechtliche Problematik verkennend: *Jähnke* NJW 1988, 1888, 1891 und *Feuerich* AnwBl. 1988, 502ff.).

Berufsrechtliche Beschränkungen von anwaltlichen Äußerungen dürfen daher **151** nicht strenger ausfallen, als die bestehenden, für jedermann geltenden Gesetze (vgl. auch *Jarass* NJW 1982, 1833; s. auch *Engelhardt* StB 1988, 73ff.).

cc) Geltung des § 193 StGB. Eine Verurteilung des Anwalts wegen Verstoßes **152** gegen das Gebot der Sachlichkeit hat auszuscheiden, soweit der Anwalt in **Wahrnehmung berechtigter Interessen,** also gemäß § 193 StGB handelt. Unzulässig ist im übrigen die **isolierte Bewertung** einzelner Äußerungen. Vielmehr ist stets zu prüfen, ob sie im Zusammenhang mit einem bestimmten Verfahren gefallen sind (dazu ausführlich *BGH* NJW 1988, 1099) und damit möglicherweise gemäß dem nunmehr uneingeschränkt geltenden § 193 StGB gerechtfertigt sind. Stets ist zudem zu prüfen, ob und inwieweit der Anwalt bei seiner Äußerung sich auf Art. 12 und Art. 5 GG konkurrierend oder isoliert je nach praktisch funktionalem Vorrang im konkreten Fall berufen kann.

c) Werbeverbot

Das *BVerfG* (E 76, 196ff.; NJW 1990, 2122) hat auch das in den Richtlinien **153** niedergelegte Werbeverbot als fortgeltend und aus § 43 BRAO herleitbar bezeichnet. Das Gericht hat dieses Verbot nicht grundsätzlich verabschiedet (so aber voreilig *Kornblum,* AnwBl. 1987, 150; richtig insoweit *H. Schäfer,* DStb. 1988, 301f.), sondern nur nach einer Prüfung an dem bisher negierten Maßstab des Grundgesetzes – erheblich – eingeschränkt, nachdem bisher dem Rechtsanwalt praktisch jede Werbung – von wenigen Ausnahmen abgesehen – verboten war. Eine entsprechende Tendenz zur Lockerung hat sich insbesondere auch in der wettbewerbsrechtlichen Judikatur zwischenzeitlich abgezeichnet (vgl. *Kleine-Cosack,* ZIP 1990, 1534ff. m. w. Nachw.).

aa) Rechtswissenschaftliche Defizite. Die bisher am Werbeverbot im Prin- **154** zip festhaltende Judikatur – auch des BVerfG – wies erhebliche Ermittlungs- und Abwägungsdefizite im Gegensatz zu Entscheidungen des *EGMR* (EuGRZ 1985, 170) oder des Supreme Court auf (*Bates,* Central-Hudson, RMJ; (siehe u. a. *St. Köhler,* Das Werbeverbot für Rechtsanwälte und Steuerberater, 1988; *M. Prinz,* Anwaltswerbung 1986) und neuerdings der Fall Shapiro, wo ein „direct-mailing" gestattet wird).

Die Problematik ist von den Gerichten wie auch der Anwaltschaft sowie der Rechtswissenschaft grundsätzlich empirisch und grundrechtlich noch nicht aufgearbeitet worden, zumal vielfach von einem kommunikationswissenschaftlich überholten Reklamemodell ausgegangen wird (vgl. auch *I. Sue,* Rechtsstaatliche Probleme des anwaltlichen Standesrechts, 1986).

155 **bb) Untaugliche Kriterien.** Dem Gebot sorgfältiger rechtswissenschaftlicher Prüfung wird nicht Rechnung getragen werden mit begrifflichen Spielereien wie *Zucks* (vgl. NJW 1988, S. 180) Unterscheidung zwischen angeblich (Warum?) unzulässiger „Mandats-" und angeblich (Warum?) zulässiger „Informationswerbung". Diese Distinktion versucht die gesamte Werbeproblematik auf rein semantischer Ebene ohne grundsätzliche Untersuchung der verfassungsrechtlichen und empirischen Problematik zu lösen mit Begriffen von kurzschlüssiger Eindeutigkeit. Dies ist in der Literatur einhellig auf Ablehnung gestoßen (vgl. die Nachweise bei *Hartung,* AnwBl. 1988, 518 Fn. 18). Die *Zuck*schen topoi signalisieren nur eine Wende des Zeitgeistes, ohne eine empirische und normative Hilfe im Einzelfall darzustellen.

156 **cc) Antiquiertes Anwaltsbild.** Es wird verkannt, daß auch der Rechtsanwalt – ebenso wie Gewerbetreibende – einen Beruf ausübt in dem Bestreben, seine Kosten zu decken, seinen Lebensbedarf zu bestreiten einschließlich der Vermögensbildung und damit auch Gewinne zu erzielen (vgl. auch *Löwe,* AnwBl. 1988, 547). Die Dienstleistungsfunktion des Rechtsanwalts, der insbesondere auf dem Beratungsmarkt konkurriert mit anderen, einem Werbeverbot nicht ausgesetzten Organisationen darf nicht außer acht gelassen werden. Der Anwaltsberuf zählt schließlich nicht zu den „artes liberales". Er wird nicht in einer Rechtshonoratiorengesellschaft ausgeübt, sondern in einer Dienstleistungsgesellschaft.

Entscheidend ist, daß eine weitgehende Aufhebung des Werbeverbots unumgänglich vor allem im Interesse des rechtsuchenden Publikums ist, das dringend auf Informationen über die Tätigkeiten, Schwerpunkte und Qualifikationen der einzelnen Rechtsanwälte angewiesen ist. Dies gilt um so mehr, als heute verantwortungsbewußte anwaltliche Arbeit nur noch bei einer Spezialisierung geleistet werden kann und der in § 3 BRAO unterstellte Universalanwalt nur noch auf dem Papier steht.

157 Je nach berufspolitischem Standpunkt wird vielfach in nicht überzeugender Weise auf die Berufsbildbestimmungen der §§ 1–3 BRAO rekurriert. Wer mehr das antiquierte Bild des angeblich nicht gewerblich tätigen (§ 2 II BRAO), universell fähigen (§ 3 II BRAO) Organs der Rechtspflege (§ 1 BRAO), das allein durch seinen Ruf (aber wie ?) um Mandanten wirbt, vor Augen hat, wird versucht sein, das Werbeverbot möglichst im bisherigen weiten Umfang aufrechtzuerhalten.

Dabei bleibt jedoch die in § 2 I BRAO garantierte Freiheit des Anwaltsberufs auf der Strecke. Dies ist verfassungsrechtlich unhaltbar, da sie in Art. 12 GG garantiert ist im Gegensatz zu den anderen – schon tatsächlich mehr als problematischen – Berufsbildbestimmungen der §§ 1–3 BRAO.

158 **dd) Europäische Aspekte.** Auch die im Zuge der Schaffung des europäischen Dienstleistungsmarkts 1992, nach dem Urteil des *EuGH* vom 25. 2. 1988 (NJW 1988, 887) schon jetzt verstärkt ermöglichte Tätigkeit ausländischer Rechtsanwälte in der BRD, welche wie z. B. in England, den Niederlanden und Frankreich einem Werbeverbot nicht oder nur beschränkt unterworfen sind (vgl. *Everling,* C 65f.; 69ff.), wird zu einer erheblichen Lockerung, wenn nicht Aufhebung des Werbeverbots führen müssen.

ee) Allgemeine Maßstäbe

– Zulässigkeit der Werbung als Grundsatz **159**

Angesichts des Fehlens einer gesetzlichen Regelung in der Übergangszeit mit der Folge der Ableitung des Werbeverbots nur aus der Generalklausel des § 43 BRAO ist dem Rechtsanwalt bei verfassungskonformer Interpretation des Berufs- und Wettbewerbsrechts in erheblichem Umfang Werbung gestattet (*OLG Hamm,* Urt. v. 11. 12. 1990, 4 U 113/90). Nur eine berufswidrige Werbung – so auch § 57 I StBerG – kann als Berufspflichtverletzung angesehen werden. Dabei dürfen die Berufsbildbestimmungen der §§ 1–3 BRAO nicht einseitig herangezogen werden. Sie müssen – wie oben dargelegt (Rdnrn. 155–157) – vielmehr in verfassungskonformer Weise unter Berücksichtigung der Dienstleistungsfunktion des Rechtsanwalts im Rahmen der Rechtspflege für das rechtsschutzsuchende Publikum interpretiert werden. –

– Verbot nur bei Unerläßlichkeit für die Funktionsfähigkeit der Rechtspflege

So hat das *BVerfG* in seinem neuesten Beschluß v. 4. 4. 1990 (NJW 1990, 2121) zu recht darauf hingewiesen, daß auch dem früher in den Richtlinien fixierten Werbeverbot nur noch Bedeutung zukommen kann, soweit seine Heranziehung unerläßlich ist für die Funktionsfähigkeit der Rechtspflege. Stets ist daher vor ehrengerichtlichen (über § 43 BRAO) oder wettbewerbsrechtlichen Sanktionen (über die §§ 1, 3 UWG) auch hier sorgfältig zu prüfen die Vereinbarkeit des Werbeverbots mit den Grundrechten, also vor allem der Berufsausübungsfreiheit des Art. 12 GG (oder dem Grundrecht der Meinungsfreiheit des Art. 5 I GG; vgl auch Art. 10 EMRK, was versäumt wird auch bei *Michalski* und *G. Ring* aaO. Rdnr. 13, Fn. 11; *ders.* „Das Werbeverbot der Rechtsanwälte, 1990; kritisch auch *Everling,* C 65, Fn. 159).

Angesichts des Gebots der Verhältnismäßigkeit von Grundrechtseingriffen **160** rechtfertigen darüberhinaus nur schwerwiegende und im übrigen eindeutige Verstöße in der Übergangszeit eine Sanktion wegen Verstoßes gegen das Verbot berufswidriger Werbung. Schließlich muß ein Verbot „unerläßlich“ sein für die Funktionsfähigkeit der Rechtspflege. Der bisherigen kleinkarierten, regional ohnehin sehr unterschiedlichen, oftmals schlicht willkürlichen Erbsenzählerei ist eine klare Absage zu erteilen (siehe aber die akribische Erörterung bei *Zuck* in *Lingenberg/Hummel u.a.,* aaO., Rdnr. 13, Erl. zu § 2 zu Praxiseinweihungen, Vernissagen, Konzerten, Informationsdiensten, Jubiläen, Werbegeschenken; ebenso nicht überzeugend *G. Ring,* aaO., Rdnr. 13).

Keine Bedeutung kann dem Werbeverbot im übrigen zukommen bei Maß- **161** nahmen, welche nur innerhalb des – nicht schutzbedürftigen – Anwaltskreises sich auswirken (Einladungen, Rundschreiben, Hinweise auf Veröffentlichungen unter Kollegen etc.). Anwälte sollten (?) aufgeklärt genug sein, so daß bei entsprechenden Werbemaßnahmen die Rechtspflege nicht gefährdet ist.

– Nur Verbot „gezielter“ Werbung um Praxis und irreführender Werbung

Grundsätzlich ist nach dem *BVerfG* (E 76, 196ff.) davon auszugehen, daß die **162** freiberuflich tätigen Rechtsanwälte wie alle anderen Staatsbürger befugt sind, sich mit Informationen an die Öffentlichkeit zu wenden (vgl. auch *OLG Hamm,* o. Rdnr. 159). Das *BVerfG* (NJW 1990, 2122) hat erstmals ausdrücklich betont, daß freiberuflich Tätige ganz allgemein darauf angewiesen sind, potentielle Mandanten über ihr Dienstleistungsangebot zu informieren.

Verboten ist nach dem *BVerfG* (ebenda) nur noch eine „gezielte Werbung um Praxis“ und eine „irreführende Werbung“.

163 Letzteres ist im Prinzip unproblematisch, da sich dieses Verbot auch bei § 43 BRAO von selbst versteht und es sich auch aus § 3 UWG ergibt, allerdings dürfen die Anforderungen an das Irreführungsverbot nicht überspannt werden (vgl. *Kleine-Cosack,* ZIP 1990, 1537; s.a. *BGH* NJW 1991, 49). Fraglich ist vor allem die Reichweite der ersten Alternative. Dem Anwalt ist damit auf jeden Fall untersagt, gezielt an einzelne Personen oder die Öffentlichkeit heranzutreten mit dem ausschließlichen und unmittelbaren Ziel einer Mandatserteilung, ohne daß bisher eine Geschäftsbeziehung besteht (vgl. *Löwe,* AnwBl. 1988, 552f.; *OLG München* NJW-RR 1990, 428: Werbung um potentielle Mandanten durch Telephonanruf; vgl. auch die nicht überzeugende Entscheidung des *OLG Düsseldorf* DStb. 1990, 200 zur wettbewerbswidrigen Mandatswerbung von Steuerberatern und Rechtsanwälten durch einen von diesen initiierten Verein). – Vermieden werden sollte darüberhinaus eine Qualitätsanpreisung und ein reklamehaftes Sichherausstellen; durch die Werbeaussage dürfen nicht unrichtige Erwartungen beim rechtsuchenden Publikum geweckt werden. Dies dürfte der Fall sein bei der Bezeichnung als „Experte" auf einem bestimmten Rechtsgebiet (so *EGH München* BRAK-Mitt 1988, 271).

164 Von einer unzulässigen gezielten Werbung um Praxis kann jedoch keine Rede sein, wenn der Rechtsanwalt lediglich im Geschäftsverkehr in der allgemein üblichen Weise informiert, z.B. daß er auch Architekt ist (vgl. auch *BVerfG* NJW 1990, 2122). – Diese sachlich zutreffende Information wird nicht dadurch unzulässig, daß sie – zwangsläufig – einen Werbenebeneffekt zur Folge hat (vgl. auch *BVerfG* ebenda).

165 **ff) Einzelfälle.** Zahlreiche bisher mangels kritischer empirischer und verfassungsrechtlicher Analyse als verboten geltende Werbungsmaßnahmen sind nunmehr erlaubt bei verfassungskonformer Interpretation des in § 43 BRAO verankerten Werbeverbots (vgl. auch *Löwe,* Anwbl. 1988, 54ff.; *Feuerich,* Anwbl. 1990, 184 u. *Kleine-Cosack,* ZIP 1990, 1534ff.). Sie können auch nicht mehr gem. § 1 UWG unter dem Aspekt des „Vorsprungs durch Rechtsbruch" wegen Verstoß gegen die guten Sitten geahndet werden.

– Titel und Berufsbezeichnungen.

166 Der Rechtsanwalt darf über den weitgehend obsolet gewordenen § 78 RiLi hinaus alle im In- und Ausland erworbenen akademischen Titel (auch von Fachhochschulen) führen. Gleiches gilt für ehemalige Ämter und Berufe sowie Berufsbezeichnungen für sonstige Berufe ohne Beschränkung auf Artverwandtschaft (Stb. oder Wp.) wie z.B. Architekt und zwar schon wegen des Informationsbedürfnisses der Öffentlichkeit (so nunmehr auch *BVerfG* NJW 1990, 2122).

167 Alle Angaben müssen selbstverständlich der Wahrheit entsprechen, da sonst eine verbotene irreführende Werbung vorliegt (vgl. auch § 3 UWG). Unzulässig ist daher eine ohne die gebotene förmliche Verleihung nach bloßer Selbsteinschätzung geführte Bezeichnung als „Fachanwalt" wegen irreführender – auf eine Titelverleihung hindeutender – Werbung (vgl. auch *OLG Hamm,* Urt. v. 8. 5. 1990, – 4 U 227/89; *EGH München* BRAK-Mitt 1988, 209; *EGH Celle* u. *EGH Frankfurt,* BRAK-Mitt 1989, 108).

– Praxisschild, Briefpapier.

168 Hier unterliegt der Rechtsanwalt bei der Gestaltung nicht mehr den bisherigen kleinkarierten Grenzen; die §§ 70, 72 Rili sind weitgehend obsolet (vgl. auch *Feuerich* AnwBl. 1988, 513).

– Spezialkenntnisse und Arbeitsgebiete.

Angaben über Spezialkenntnisse, Tätigkeitsschwerpunkte und besondere Erfahrung sind unter der Voraussetzung, daß sie wahrheitsgemäß und nicht als reklamehaftes Sichherausstellen erscheinen, nicht mehr berufsordnungswidrig (vgl. *Feuerich,* Anwbl. 1990, 184; *Löwe,* Anwbl. 1988, 550). Sie sind vielfach notwendig zur Information des rechtsuchenden Publikums, dessen Kenntnisdefizit durch die Fachanwaltschaften nicht ausreichend befriedigt wird (und werden kann). Daher hat der Wettbewerbssenat des *OLG Stuttgart* (Anwbl. 1989, 568) zu Recht die Angabe „Strafverteidiger" (ob auf Briefkopf oder Praxisschild) zugelassen (vgl. auch *EGH BW,* NJW 1990, 997, wonach ein Rechtsanwalt, der in nüchterner Formulierung in einer Zeitungsanzeige etc. die Spezialgebiete anführt, auf denen er sich beruflich betätigt, nicht pflichtwidrig handelt; vgl. auch *OLG Karlsruhe,* NJW 1990, 3155; *LG Düsseldorf,* Urt. v. 9. 1. 1991, 12 O 364/90). **169**

– Informationsbriefe, Praxisbroschüren, Zeitungsanzeigen.

Rundschreiben an Mandanten – z. B. mit Hinweisen auf neuere Entwicklungen in der Gesetzgebung oder Rechtsprechung – sind unbedenklich zulässig. Gleiches gilt für Praxisbroschüren (dazu *Eich* Berliner AnwBl. 1988, 211 ff.). Ebenso darf sich ein Anwalt in Rechtsanwaltslisten und Namens- und Branchenverzeichnisse über § 73 Rili hinaus (vgl. auch *Feuerich,* AnwBl. 1988, 514) eintragen lassen und Referenzen angeben. **170**

Auch bei Zeitungsanzeigen muß die bisherige kleinkarierte Praxis der Vergangenheit angehören (vgl. die Beispiele bei *Löwe,* AnwBl. 1988, 550 f.). Die bisher von den Kammern geforderte Beschränkung bzgl. Zahl und Größe (mit der einzigen Freiheit bei Todesanzeigen . . .) kann nicht mehr als „unerläßlich für die Funktionsfähigkeit der Rechtspflege" bezeichnet werden. – Bisher nach § 69 Rili untersagte allgemeine Hinweise auf Urlaubsabwesenheit, Rückkehr aus dem Urlaub und Krankheit sind ebensowenig berufswidrig (vgl. auch *EGH BW* Anwbl. 1990, 158; *Feuerich* AnwBl. 1988, 513 m. w. N.) wie Hinweise auf verbraucherfreundliche Bürozeiten (z. B. bis 20 Uhr am Dienstleistungsabend), sondern allenfalls überflüssig.

– Kollektivwerbung.

Zulässig ist selbstverständlich – innerhalb der allgemeinen – Grenzen auch eine Gemeinschaftswerbung von Rechtsanwälten allein oder in Zusammenarbeit mit anderen Dienstleistungsberufen. **171**

So können sich Rechtsanwälte mit anderen beratenden Berufen zusammenschließen, z. B. in einem Dienstleistungsservice in der Form des Vereins. Dieser kann dann auch durch Anzeigen auf seine Vermittlungstätigkeit hinweisen. Es besteht kein Informationsmonopol der Anwaltsvereine oder der Kammern, zumal diese ihre Informationspflicht ohnehin in der Vergangenheit gegenüber dem – bei der Suche nach einem qualifizierten und spezialisierten Anwalt oft hilflosen – Verbraucher nicht einmal ansatzweise erfüllt haben. – Nicht überzeugend demgegenüber *OLG Düsseldorf* DStB. 1990, 200, das mit seiner Heranziehung der Zuckschen topoi (zulässige Informationswerbung, unzulässige Mandatswerbung) deren Unhaltbarkeit mangels spezieller grund- und wettbewerbsrechtlicher Überprüfung offenbart. Es verkennt, daß der Funktionsfähigkeit der Rechtspflege mit einem derartigen Verbraucherservice eher gedient als geschadet werden kann.

Zulässig ist im übrigen auch die Einrichtung eines Anwaltssuchservice über Btx zur Information über Dienstleistungen der angeschlossenen Rechtsanwälte

(*EGH Frankfurt/M.* v. 28. 2. 1991 EGH 2/90 gegen *EG Karlsruhe,* BRAK-Mitt 1990, 175).

– Auftreten in der Öffentlichkeit.

172 Grundsätzlich darf sich der Anwalt in Presse, Funk und Fernsehen nennen und abbilden oder über sich berichten lassen (vgl auch *BVerfGE* 76, 196ff. u. *EGMR,* EUGRZ 1985, 170). So kann auch die Berufsbezeichnung „Rechtsanwalt und Notar" geführt werden als Vorsitzender eines Haus- und Grundeigentümervereins (*BGH* ZIP 1990, 537). Er kann Fortbildungsseminare veranstalten, während ihm die Mitwirkung an Briefkasten- und Telefonaktionen (dazu *OLG München,* Urt. v. 23. 11. 1989 – 29 U 3393/89) (noch) untersagt sein dürfte.

– Werbegeschenke, Empfänge und Ausstellungen.

173 Diese Maßnahmen waren – von Ausstellungen abgesehen – schon bisher weitgehend zulässig (vgl. auch *OLG Hamm,* Urt. vom 26. 10. 89, 4 U 111/89 zur Empfang mit Vernissage). Verbote waren kleinkariert und kaum kontrollierbar.

174 **gg) Notwendigkeit einer Reform.** Da bereits die in der Übergangszeit maßgeblichen Normen und Kriterien mehr als unscharf sind, die Problematik noch empirisch wie verfassungsrechtlich herausgearbeitet werden muß, bedarf die gesamte Problematik des Werbeverbots noch der Untersuchung. Es ist Sache des Gesetzgebers, hier eine – u. U. von der Anwaltschaft in Satzungen zu konkretisierende – Entscheidung zu treffen. Entscheiden sich jedoch weder Judikatur – hier sind positive Tendenzen festzustellen – noch Parlament zur dringend gebotenen Lockerung, dann ist mit einem weiteren gerichtlich verordneten Lernprozeß zu rechnen . . .

d) Kollegialität

Vielfach in der Übergangszeit nicht mehr haltbar sind zahlreiche Bestimmungen in den Standesrichtlinien, welche unter dem Stichwort „Kollegialität" zusammengefaßt werden.

175 **aa) Umgehung des Gegenanwalts, § 24 RiLi.** Für weiterhin verbindlich wird erachtet das **Verbot,** unter Umgehung des Gegenanwalts unmittelbar mit der Gegenpartei zu verhandeln (§ 24). In dieser Umgehung liegt ein Eingriff in das Mandatsverhältnis des Kollegen und eine Mißachtung des Willens der Gegenpartei zur Wahrnehmung ihres in § 3 III BRAGO verbrieften Rechts, sich vertreten zu lassen. Der Mandant wird davor geschützt, daß er vom Gegenanwalt überraschend persönlich angesprochen und in Unkenntnis der bestehenden Rechtslage zur Abgabe irgendwelcher ihn möglicherweise benachteiligender Erklärungen veranlaßt und überrumpelt wird. Bei Rechtshängigkeit kommt eine Erschwerung des Prozeßbetriebs hinzu (*Jähnke* NJW 1988, 1888, 1893; vgl. die Nachweise bei *Feuerich* AnwBl. 1988, 508).

176 **bb) Versäumnisurteil gegen Kollegen, § 23 RiLi.** Umstritten (vgl. *Feuerich* AnwBl. 1988, 508) ist die Fortgeltung der in den Richtlinien verankerten Pflicht, von der Erwirkung eines Versäumnisurteils abzusehen, wenn dies nicht rechtzeitig angedroht war. Der Richtlinienausschuß der BRAK (BRAK-Mitt 1988, 13) hat auch diese Pflicht kurzerhand als vorkonstitutionelles Gewohnheitsrecht eingestuft, was jedoch nicht zu überzeugen vermag (*Jähnke* NJW 1988, 1888, 1893). Nach *BGH* NJW 1991, 42 entfaltet § 23 keine rechtlichen Wirkungen mehr. Rechtsanwälte könnten deshalb nicht im Vertrauen auf den

Fortbestand des § 23 der Richtlinien davon ausgehen, der Prozeßbevollmächtigte der Gegenseite werde kein Versäumnisurteil beantragen. – In diesem Fall ist auch eine berufsgerichtliche Ahndung – über § 43 BRAO – ausgeschlossen (a. A. zum Teil einige uneinsichtige Rechtsanwaltskammern).

e) Pflichten gegenüber der Rechtsanwaltskammer

Nach *Jähnke* (NJW 1988, 1888, 1893) bedürfen die in § 17 III RiLi festgelegten **177** Anzeigepflichten einer normativen Grundlage. Aus dem Gedanken der notwendigen Gewährleistung der Berufsaufsicht seien sie nicht ableitbar, weil die Anwaltskammer nicht gehindert sei, periodisch entsprechende Fragebogen an ihre Mitglieder zu senden oder beim Vorliegen konkreter Anhaltspunkte von sich aus tätig zu werden. Die Verpflichtung zur Auskunft ergäbe sich alsdann aus § 56 BRAO.

f) Verschwiegenheit, § 42 RiLi

Die dort ausgesprochene Verpflichtung ergibt sich schon aus § 203 StGB **178** (sowie dem Mandatsvertrag). Die von der Rechtsprechung entwickelten Ausnahmen von der Pflicht zur Verschwiegenheit (z. B. Honorarstreitigkeiten, *BGH* NJW 1952, 151; MdR 1956, 625, bei Beschuldigung, eine Pflichtverletzung begangen zu haben) werden durch die neue Rechtsprechung des *BVerfG* nicht berührt (vgl. *Feuerich* AnwBl. 1988, 510).

g) Verbot der Wahrnehmung widerstreitender Interessen, § 46 RiLi

Soweit nur die in § 45 Nr. 2 BRAO und § 356 StPO enthaltenen Verbote in **179** § 46 wiedergegeben werden, gilt er uneingeschränkt weiter. Auch bei **Fahrlässigkeit** wird ein Verstoß gegen § 45 Nr. 2 BRAO als berufswidrig angesehen. Gleiches soll gelten bei § 356 StGB, da es zur Aufrechterhaltung der Funktionsfähigkeit der Rechtspflege unerläßlich sei, jede Wahrnehmung widerstreitender Interessen, auch wenn dies nur fahrlässig geschieht, zu unterbinden. Auch durch solche fahrlässigen Handlungen werde das Vertrauen des rechtsuchenden Publikums in die Rechtsanwälte als Organe der Rechtspflege auf das Schwerste erschüttert; dies gelte auch für Partner des Rechtsanwalts (vgl. *Feuerich* AnwBl. 1988, 510).

Die bisherige Rechtsprechung zur einverständlichen Scheidung gilt fort (vgl. **180** die Nachweise bei *Feuerich* AnwBl. 1988, 510; zum ganzen s. auch *Dingfelder/ Friedrich,* Parteiverrat und Standesrecht, 1987).

5. Fachanwälte

a) Rechtspolitische Bewertung

Die Einführung von Fachanwaltschaften ist in der Anwaltschaft seit mehr als **181** fünf Jahrzehnten bis in die heutige Zeit umstritten. An ihrer rechtspolitischen Notwendigkeit im Interesse des rechtsuchenden Publikums (Erleichterung der Suche nach einem qualifizierten Anwalt), der Anwaltschaft (zur Erhöhung der Qualifikation ihrer Arbeit und Stärkung ihrer Stellung im Konkurrenzkampf mit anderen Organisationen, insbesondere auf dem Beratungsmarkt) wie auch der Funktionstüchtigkeit der Rechtspflege kann kein Zweifel bestehen. Die Gegenargumente basieren letztlich nur auf vordergründigen Konkurrenzschutzaspekten und sind von der – unbegründeten – Befürchtung getragen, durch die Zulassung von zusätzlichen Qualifikationsbezeichnungen Marktanteile zu verlieren.

b) Geschichtliche Entwicklung

182 **aa) Ursprüngliche Beschränkung auf das Steuerrecht.** Seit dem Jahre 1937 ist mit Unterbrechungen die Möglichkeit zum Erwerb der Bezeichnung eines Fachanwalts für das Steuerrecht geschaffen worden. In der Britischen Zone war von 1949 bis 1955 der Fachanwalt für das Verwaltungsrecht wieder eingeführt worden. Die seit 1959 geltende BRAO enthielt ursprünglich keine Fachanwaltsregelung.

Die BRAK beschloß jedoch 1964 unter Berufung auf ihre Richtlinienkompetenz in § 177 II Nr. 2 BRAO Richtlinien für die Gestattung der Bezeichnung „Fachanwalt für Steuerrecht".

183 **bb) Fachanwaltsentscheidung des BVerfG.** Das *BVerfG* (E 57, 121) verneinte 1981 die Berechtigung, den Titel eines Fachanwalts ohne förmliche Verleihung nur aufgrund bloßer Selbsteinschätzung zu führen. Die Einführung weiterer Fachanwaltschaften sei aber zulässig. Der Gesetzgeber sei dabei anders als bei Facharztregelungen mangels statusbildenden Charakters nicht verpflichtet unter dem Aspekt des Vorbehalts des Gesetzes, die Fachanwaltsregelungen im parlamentarischen Gesetz zu treffen.

184 **cc) Erweiterung der Fachanwaltsbezeichnungen 1986.** Nach dem Scheitern eines entsprechenden Gesetzentwurfs der Bundesregierung beschloß die BRAK am 10. 10. 1986 (vgl. BRAK-Mitt 1986, 198ff.) in Modifikation des § 76 Rili „Richtlinien für die Gestattung der Bezeichnung Fachanwalt für Verwaltungsrecht – Steuerrecht – Arbeitsrecht – Sozialrecht." Diese Zusatzbezeichnungen können seitdem von den Rechtsanwälten (nur) nach der förmlichen Gestattung durch die Kammern geführt werden.

c) Umstrittene Zulässigkeit der Verleihung der Bezeichnungen in der Übergangszeit

185 Es bestand mangels eindeutiger rechtssatzförmiger Regelung eine erhebliche Rechtsunsicherheit, ob bis zu einer Novellierung des anwaltlichen Berufsrechts die Kammern weiterhin Fachanwaltsbezeichnungen verleihen können.

Das Dilemma wurde durch die Begründung der Neuregelung durch die BRAK im Jahre 1986 verursacht, die sich dabei auf die Stellungnahme von *Zuck* (AnwBl. 1987, 201ff.) gestützt hatte. *Zuck* hatte die Ansicht vertreten, daß die Richtlinie eine ausreichende Rechtsgrundlage für die Erweiterung der Fachanwaltsbezeichnungen bilden könne, obgleich er stets deren fehlende Rechtssatzfunktion wie ihren angeblich nur feststellenden Charakter betonte. – Dieser – nicht haltbaren (vgl. *Kleine-Cosack,* AnwBl. 1986, 505ff.) – Argumentation wurde durch die Grundsatzentscheidung des BVerfG vom 14. 7. 1987 (E 76, 171) endgültig der Boden entzogen.

d) Rechtmäßigkeit einer Verleihung trotz Fehlens einer gesetzlichen oder satzungsförmigen Regelung

186 Da die Fachanwaltsverleihung ohne gesetzliche Regelung nicht unter dem Aspekt des Vorbehalts des Gesetzes wie auch des Vorrangs des Gesetzes (Art. 20 III GG) zu beanstanden war, sie insbesondere mit § 12 III BRAO und der darin geregelten Berufsbezeichnung „Rechtsanwalt" zu vereinbaren ist (*BVerfGE* 57, 121), war eine gesetzliche Regelung – bei Zugrundelegung der noch maßgeblichen Fachanwaltsentscheidung (!) – verfassungsrechtlich nicht erforderlich (vgl. *Kleine-Cosack,* NJW 1988, 173; AnwBl. 1989, 536 m. w. N. auf die entsprechen-

de Judikatur; *EGH Hamm,* BRAK-Mitt 1988, 273f. u. *EGH Berlin,* NJW 1990, 997) und die Verleihung in der Übergangszeit rechtmäßig.

e) *BGH*-Entscheidung v. 14. 5. 1990

Desungeachtet erklärte jedoch der Anwaltssenat des *BGH* (NJW 1990, 1719 **187**
m. zust., aber nicht überzeugender Anm. v. *Kewenig* = ZIP 1990, 739 m. krit. Anm. *Kleine-Cosack* und *Prütting,* JZ 1990, 1022f.; krit. auch *Kornblum* NJW 1990, 2118) am 14. 5. 1990 kurzerhand die weitere Verleihung der Fachanwaltsbezeichnungen durch die Rechtsanwaltskammern für unzulässig, weil es hierfür an einer hinreichend bestimmten gesetzlichen Grundlage fehle. Das Gericht bejahte unter Verkennung der neueren Judikatur und Literatur zur Problematik des Vorbehalts des Gesetzes die „Wesentlichkeit" der Fachanwaltsregelung. Nach seiner Ansicht ist entgegen dem BVerfG und der h. A. in der Literatur „wesentlich" einfach alles, was von dem von ihm favorisierten traditionellen Bild des nicht werbenden, universal begabten Einzelanwalts abweicht. – Damit dokumentiert der *BGH* ein mehr an der Tradition denn am Grundgesetz orientiertes Vorverständnis, das ebenso antiquiert ist wie wie beim Werbeverbot, in das zwischenzeitlich die wettbewerbsrechtliche Judikatur schon erhebliche Schneisen geschlagen hat (z. B. *OLG Stuttgart* AnwBl. 1989, 568; *OLG Karlsruhe* NJW 1990, 3155) und das nur in dem Umfang noch gelten kann, wie der Nachweis einer „Unerläßlichkeit für die Funktionsfähigkeit der Rechtspflege" gelingt (*BVerfG* NJW 1990, 2122).

Das Gericht bedachte auch nicht die Folgen seiner Entscheidung. Schließlich **188**
gibt es (Stand April 1990) derzeit insgesamt 3633 Fachanwälte. Diese durften auch nach der Entscheidung des BGH ihre Bezeichnungen weiterführen. Eine Rücknahme der der Verleihung zugrundeliegenden begünstigenden Verwaltungsakte nach § 48 I 1 VwfG analog wäre zwar – theoretisch – möglich gewesen. Sie verbot sich jedoch schon wegen der nicht überzeugenden Rechtswidrigkeitsbegründung des BGH.

f) Gesetzliche Neuregelung

Sie scheidet erst recht aus, nachdem der Bundesgesetzgeber in der letzten **189**
Sitzung der 11. Legislaturperiode noch eine gesetzliche Regelung für die Verleihung der Fachanwaltsbezeichnungen durch die Anwaltskammern geschaffen (dazu *Kleine-Cosack,* ZIP 1990, 1534f.), welche in § 210 BRAO nunmehr die Fortgeltung der bereits verliehenen Bezeichnungen vorsieht. – Mit Ausnahme der unmittelbar nach Verkündung in Kraft tretenden Ermächtigungsgrundlage des § 42d BRAO und der Übergangsregelung für „Altverleihungen" gem. § 210 BRAO gelten die Vorschriften über die Fachanwaltsverleihungen ab Mitte 1991 – nach Ablauf von 6 Monaten nach Verkündung.

Die Kammern können nunmehr – höchstens zwei – Fachanwaltsbezeichnun- **190**
gen verleihen auf den schon bisher zugelassenen Gebieten Steuerrecht, Verwaltungsrecht, Arbeitsrecht und Sozialrecht, § 42a II BRAO. Eine Ausweitung der Gebiete (auf Strafrecht, Familienrecht, Wirtschaftsrecht etc.) ist im Gesetz nicht vorgesehen. Sie erscheint jedoch rechtspolitisch wünschenswert und dürfte spätestens mit der in der zweiten Hälfte der nunmehr angelaufenen 12. Legislaturperiode des Deutschen Bundestages zu erwartenden grundsätzlichen Reform des Berufsrechts der Rechtsanwälte (aber auch der Steuerberater und Wirtschaftsprüfer) erfolgen.

191 Etwas anderes würde nur gelten, falls das *BVerfG* schon zuvor aufgrund einer gegen die *BGH*-Entscheidung erhobenen Verfassungsbeschwerde eine Verpflichtung zur Ausweitung der Fachgebiete aussprechen sollte, was jedoch aus verschiedenen Gründen wenig wahrscheinlich erscheint, zumal die darauf hinauslaufende, vom *BGH* im Ergebnis wohl zu recht aufgehobene Entscheidung des *EGH Berlin* die mit einer solchen Verpflichtung verbundene Problematik weitgehend verkannte.

192 Auch für das zukünftige Berufsrecht bedeutsam kann die in § 42d I BRAO nunmehr ermöglichte Regelung einer Fortbildungspflicht auf dem Fachgebiet für die betroffenen Rechtsanwälte werden. Hier gilt es jedoch zunächst ein Konzept für eine derartige Fortbildung zu entwerfen, wobei die – auch negativen – Erfahrungen bei anderen freien Berufen Berücksichtigung finden sollten.

Wer die Fortbildungspflicht nicht erfüllt, muß mit einem Widerruf gem. § 42c I 2 BRAO rechnen. Bei rechtswidriger Erteilung kommt eine Rücknahme der Verleihung in Betracht, § 42c I 1 BRAO. Letztlich gelten hier – wenn auch aufgrund des nicht überzeugenden Ausschlusses der Kammern vom Anwendungsbereich der Verwaltungsverfahrensgesetze (vgl. nur § 2 III Ziff. 1 BVwfG) nur entsprechend – die für die Aufhebung begünstigender Verwaltungsakte geltenden Bestimmungen der §§ 48, 49 VwfG; dies gilt auch für die problematische Jahresfrist des § 42c I 3 BRAO.

Nur am Rande sei darauf hingewiesen, daß der *BFH* (Anwbl. 1990, 390) entschieden hat, daß ein Rechtsanwalt, der seinen Beruf drei Jahre ausgeübt hat, in der Regel zur Prüfung als Steuerberater zuzulassen ist.

g) Unzulässigkeit einer Führung der Fachanwaltsbezeichnung nach Selbsteinschätzung

193 Im Gegensatz zu sonstigen Hinweisen auf Schwerpunktgebiete ist die eigenmächtige Führung der Bezeichnung „Fachanwalt" nach Selbsteinschätzung unstreitig unzulässig. Das Verbot, die Bezeichnung „Fachanwalt für ..." ohne Genehmigung zu führen, konkretisiert das dem Rechtsanwalt auch sonst auferlegte Verbot irreführender Werbung. Dem Verbot ist jedenfalls zu entnehmen, daß sich niemand selbst zusätzliche Berufsbezeichnungen zulegen darf (*OLG Hamm* Urt. v. 8. 5. 1990, – 4 U 227/89; *EGH München* BRAK-Mitt 1988, 209; *BGH* BRAK-Mitt 1988, 146; *Jähnke,* NJW 1988, 1888 und 1892; *Feuerich,* AnwBl. 1988, 514; *Kleine-Cosack,* AnwBl. 1989, 536ff.); zulässig sind hingegen Hinweise auf Spezialkenntnisse oder Tätigkeitsgebiete wie Strafverteidigungen, Konkursverwaltungen etc. (s. o. Rdnr. 169).

h) Voraussetzungen der Verleihung

194 Über die zu erfüllenden Voraussetzungen zur Verleihung der Fachanwaltsbezeichnungen enthält das neue Bundesgesetz selbst keine Regelung. Es ermächtigt jedoch die Bundesregierung zum Erlaß einer Rechtsverordnung mit einem entsprechenden Inhalt, welche der Zustimmung des Bundesrates bedarf und dem Bundestag zuzuleiten ist, der die Möglichkeit einer Abänderung der Verordnung hat, § 42d I BRAO. – Die Rechtsanwaltskammern werden in § 42d II BRAO zugleich zum Erlaß einer Satzung zur Regelung des Verfahrens der Fachanwaltsverleihung ermächtigt. – Sollte bis 6 Monate nach Verkündung der Neuregelung noch keine die gesetzliche Regelung ergänzende Rechtsverordnung bzw. Satzung erlassen worden sein, dann sind die Kammern berechtigt, die Verleihung fortzusetzen.

Es ist zu erwarten, daß die Verleihung auch nach dem Erlaß der das Gesetz konkretisierenden untergesetzlichen Vorschriften im wesentlichen entsprechend der bisherigen Praxis erfolgen wird.

Die Voraussetzungen für die Erteilung der Erlaubnis zur Führung von Fach- **195**
anwaltsbezeichnungen entnahmen die einzelnen Kammern bisher den von der BRAK beschlossenen – wenn auch nur über Art. 3 GG wie Verwaltungsvorschriften verbindlichen – Fachanwaltsrichtlinien (FaRi; vgl. die Nachweise in BRAK-Mitt 1986, 198ff.).

In Konkretisierung dieser Kriterien wurden bundeseinheitlich Verfahrensleitlinien (Bochumer Empfehlungen v. 30. 11./1. 12. 1987 = BRAK-Mitt 1988, 34 sowie v. 9., 10. 3. 1990 = BRAK-Mitt 1990, 79) von den in den einzelnen Kammerbezirken eingerichteten Prüfungsausschüssen erarbeitet. – Folgende Voraussetzungen waren bisher erforderlich:

aa) Nachweis „besonderer Kenntnisse". Der Rechtsanwalt muß die für die **196**
Führung der Bezeichnung erforderlichen besonderen Kenntnisse auf dem Fachgebiet nachweisen (II.2 FaRi), was der Fall ist, wenn diese das üblicherweise durch die berufliche Ausbildung und praktische Erfahrung vermittelte Maß übersteigen (II.4.1 FaRi; vgl. auch *EGH NW* Beschl. v. 15. 7. 1988, 1 ZU 20/88). Die Rechtsbereiche, in denen bei den vier Fachgebieten besondere Kenntnisse nachzuweisen sind, werden in den Richtlinien (unter 4.2–4.5 FaRi) genannt.

Der Nachweis kann erbracht werden einmal durch Teilnahme an einem Lehrgang z. B. des Deutschen Anwaltsinstituts oder vergleichbarer anderer Lehrgänge, z. B. der Deutschen Anwaltsakademie. Möglich ist auch der Nachweis der eigenständigen Bearbeitung einer – jährlich zu erreichenden – Mindestzahl von Fällen in den letzten drei Jahren (Verwaltungsrecht 40, Sozialrecht 50, Steuerrecht 25, Arbeitsrecht 70) aus allen oder bestimmten Teilbereichen. Schließlich kann der Nachweis der besonderen Kenntnisse erbracht werden (z. B. durch Promotion, andere Tätigkeiten, Veröffentlichungen usw.).

bb) Praktische Kenntnisse. Gefordert wird zum Nachweis der praktischen **197**
Kenntnisse, daß der Rechtsanwalt in der Regel drei Jahre, davon ein Jahr unmittelbar vor seinem Antrag, freiberuflich, in einem Dienstverhältnis oder als Lehrer an einer deutschen wissenschaftlichen Hochschule oder einer Fachhochschule eine nach Art und Umfang nicht unerhebliche Tätigkeit auf den für den Nachweis der Kenntnisse maßgeblichen Bereichen des Fachgebiets ausgeübt hat. Er soll seit mindestens zwei Jahren als Rechtsanwalt tätig sein (II.4.6 FaRi).

Der Anwalt sollte diese Kenntnisse aufgrund praktischer Tätigkeit als Rechtsanwalt (!) nachweisen; Tätigkeiten in den entsprechenden Rechtsgebieten z. B. als Syndikus eines Unternehmens oder im Rahmen der Versicherungswirtschaft sollen nicht ausreichen, den Rechtsanwalt als „Fachanwalt" zu qualifizieren.

i) Verwaltungsverfahren

Der einzelne Bewerber muß einen Antrag bei der örtlich zuständigen Rechts- **198**
anwaltskammer (II.1) auf dem entsprechenden Formblatt stellen. Dem Antrag sind beizufügen die zum Nachweis der erforderlichen Kenntnisse dienenden Zeugnisse, Bescheinigungen oder andere geeignete Unterlagen (II.4.6 Abs. 1). Der Vorstand der RAK legt den Antrag zur Prüfung dem dafür jeweils eingerichteten Prüfungsausschuß vor.

Kann der Ausschuß der RAK seine Stellungnahme gegenüber dem Vorstand nicht allein aufgrund der von dem Rechtsanwalt vorgelegten schriftlichen Unterlagen abgeben, lädt er diesen zu einem Fachgespräch (II.4.7 Abs. 1). Bei diesem sind an den Rechtsanwalt Fragen zu richten; die Befragungszeit soll nicht weniger als 45 und nicht mehr als 60 Minuten betragen (II.4.7 Abs. 2).

Nach dem Vorliegen des Votums des Prüfungsausschusses entscheidet der Vorstand der RAK durch einen dem Rechtsanwalt zuzustellenden Bescheid (II.4.5).

j) Rechtsbehelfe

199 Bei ablehnender Entscheidung des Vorstandes steht dem Rechtsanwalt der Antrag auf gerichtliche Entscheidung beim zuständigen EGH zu gem. § 223 BRAO (vgl. auch *Feuerich,* BRAO § 223 Rdnr. 19). – Gegen eine ablehnende Entscheidung des EGH kann neuerdings sofortige Beschwerde beim EGH zum *BGH* innerhalb von zwei Wochen eingelegt werden, wenn der EGH sie in der Entscheidung zugelassen hat, was er nur darf bei Rechtsfragen von grundsätzlicher Bedeutung, § 223 III, IV BRAO

Der Geschäftswert wird auf DM 25000,00 (*EGH NW* 1 ZU 20/88 v. 15. 7. 1988) bis 50000,00 (*EGH Frankfurt* 2 EGH 17/87) festgesetzt.

6. Berufsaufsicht und Berufs-(Ehren-)gerichtsbarkeit

200 Die Überwachung der Einhaltung der Berufspflichten obliegt der repressive wie präventive Funktionen erfüllenden Berufsaufsicht der Rechtsanwaltskammern und den Berufs-(Ehren-)gerichten. (zum folgenden auch *Hartstang,* S. 158ff.).

a) Allgemeines

201 Bei Verstößen von geringerem Gewicht kommen in Betracht Maßnahmen der Rechtsanwaltskammern wie die Erteilung eines Rats bzw. einer Belehrung oder einer Rüge gemäß den §§ 73 II Ziff. 1, 74 BRAO; bei schwerwiegenden Berufspflichtverletzungen kann eine berufsgerichtliche Sanktion erfolgen, §§ 113ff. BRAO.

b) Rat, (wertneutrale) Belehrung

202 Dem Vorstand der Rechtsanwaltskammer steht nach § 73 II Nr. 1 BRAO die Befugnis zu, die Mitglieder zu beraten und zu belehren. Der Kammervorstand ist danach nicht befugt, über einen Rat oder eine Empfehlung bzw. eine Auskunft hinaus Gebote im Hinblick auf ein bestimmtes Tun oder Unterlassen zu erlassen (vgl. aber *BGH* NJW 1984, 1042, 1044 u. *EGH Stuttgart* BRAK-Mitt 1982, 129, in denen konkrete Aufforderungen an Rechtsanwälte ergangen waren).

203 Es ist fraglich, ob der Rat, eine Empfehlung oder eine Auskunft bzw. die wertneutrale Belehrung gerichtlich anfechtbar sind gem. § 223 BRAO. Dies wäre – mangels Regelung – zu verneinen, falls der darin enthaltene Begriff des „Verwaltungsakts" im herkömmlichen Sinne (vgl. § 35 VwfG) zu verstehen wäre. – In der Regel dürfte in diesen Fällen ohnehin das erforderliche Rechtsschutzbedürfnis fehlen, es sei denn, die hoheitliche Maßnahme greift ausnahmsweise in Rechte des Betroffenen ein, wie dies bei der „mißbilligenden Belehrung" (dazu unter Rdnr. 205) der Fall ist.

Unbenommen bleibt es dem Betroffenen jedoch, wenn er die Belehrungen für falsch erachtet, eine **Gegenvorstellung** zu erheben (*EGH Celle* bei *Isele* BRAO, 1986 § 73 II Dbcc 6/63).

c) Mißbilligende Belehrung

Sehr umstritten ist, ob neben einer Rüge (§ 74 BRAO) nach § 73 II Nr. 1 BRAO auch eine Belehrung mit mißbilligendem Inhalt zulässig ist (vgl. *BVerfG* NJW 1979, 1159). **204**

aa) Wesen der Belehrung. Die – unstreitig zulässige – Belehrung gem. § 73 I Nr. 2 BRAO ist im Gegensatz zu repressiven, schuldzuweisenden Rüge eine präventive Unterrichtung des Kammermitglieds darüber, ob der Kammervorstand ein bestimmtes bereits vorliegendes oder künftig ins Auge gefaßtes Verhalten eines Kammermitglieds für objektiv berufswidrig erachtet oder nicht, ohne daß bezüglich des bereits vorliegenden Geschehens der Vorwurf eines schuldhaften Verhaltens erhoben wird. Eine solche „Belehrung" belastet den Rechtsanwalt nicht mit dem Makel der Berufswidrigkeit (vgl. *Feuerich* BRAO § 74 Rdnr. 7). **205**

bb) Rechtswidrigkeit einer beanstandenden, schuldzuweisenden Belehrung. Wegen Fehlens einer gesetzlichen Grundlage, der Spezialregelung für die Rüge sowie der geringeren Rechtsschutzmöglichkeit (eigentlich nur generalklauselartiger Auffangtatbestand des § 223 BRAO) müssen hingegen schuldzuweisende, beanstandende Belehrungen auf der Grundlage des § 73 I Nr. 2 BRAO als **gesetz- und verfassungswidrig** bezeichnet werden (vgl. auch *Feuerich* BRAO § 74 Rdnrn. 11ff.; s. auch *Hartstang,* S. 158f.). **206**

cc) Rechtsschutz bei mißbilligenden Belehrungen. Hat eine Belehrung nicht lediglich präventiven Charakter ohne Bewertung eines bestimmten zurückliegenden Vorgangs und ohne Schuldvorwurf gegen den betreffenden RA, sondern ist sie vielmehr mit einem mißbilligenden Vorwurf wegen begangener anwaltlicher Pflichtverletzungen verbunden, dann **beeinträchtigt** sie den Betroffenen in seiner Berufsehre und ist durchaus geeignet, ihn in seiner grundrechtlich geschützten Freiheit zu beschränken, den Beruf prinzipiell frei von Reglementierungen eigenverantwortlich auszuüben. **207**

Eine solche mißbilligende Belehrung erzeugt auch noch **Außenwirkung** durch Eingang in die Personalakten und durch Mitteilung an Dritte, z. B. an den das Einschreiten des Kammervorstandes veranlassenden Anzeigenerstatter; insoweit ist die Kammerpraxis jedoch nicht einheitlich. **208**

Rechtsschutz ist in diesem Fall schon wegen Art. 19 IV GG geboten (*BVerfG* NJW 1979, 1159). Für zulässig wird erachtet die **Anrufung des EGH** angesichts der in einem solchen Fall gebotenen verfassungskonformen Auslegung und Anwendung des generalklauselartigen Auffangtatbestandes des **§ 223 BRAO** (vgl. *BGH* BRAK-Mitt 1985, 170). **209**

Unbefriedigend ist bei dieser Lösung, daß Mißbilligungen unterhalb der Schwelle der Rüge beim Ehrengerichtshof anfechtbar sind, während die strengere Maßnahme der Rüge einer Überprüfung durch die erstinstanzlichen Ehrengerichte unterliegt. Deshalb sind auch in der Rechtsprechung **andere Lösungsversuche** unternommen worden: So wurde teilweise die mißbilligende Belehrung wegen ihres Stils und ihres Inhalts im konkreten Fall als („verkappte") **Rüge** angesehen (*EGH Stuttgart* BRAK-Mitt 1982, 77 = Verstoß gegen Art. 12 **210**

GG mangels gesetzlicher Grundlage). Bei Umdeutung in eine Rüge i. S. d. § 74 BRAO sind dann auch nur die Rechtsbehelfe nach § 74 V, 74a BRAO gegeben (vgl. *EGH Hamm* BRAK-Mitt 1983, 141; zum ganzen auch *Hartstang*, S. 160ff.).

d) Rüge

211 Das eigentliche Kernstück bei der Durchführung der Berufsaufsicht ist das Rügerecht des Vorstandes. Nach § 74 BRAO ist der Kammervorstand befugt, das Verhalten eines RA, „durch das dieser ihm obliegende Pflichten verletzt hat, zu rügen, wenn die **Schuld des Rechtsanwalts gering** ist und ein Antrag auf Einleitung eines ehrengerichtlichen Verfahrens nicht erforderlich erscheint".

212 **aa) Wesen der Rüge.** Die Rüge ist eine **Mißbilligung,** die der Kammervorstand als Sanktion für begangene schuldhafte Pflichtwidrigkeiten aussprechen kann und die an die Stelle der ehrengerichtlichen Ahndung der Berufspflichtverletzung tritt (vgl. *Feuerich* BRAO, § 74 Rdnr. 6). Unter den Begriff der Rüge fallen alle mißbilligenden Äußerungen ohne Rücksicht darauf, ob der Vorstand den Betroffenen „ermahnt", ihm „Vorhaltungen macht", „sein Verhalten rügt" oder „sonst mißbilligt" (*BVerfG* NJW 1979, 1159). Eine Rüge ist somit unbeschadet der **Ausdrucksweise** des Vorstandes immer dann gegeben, wenn dieser in einem schriftlichen Bescheid feststellt, daß der Rechtsanwalt schuldhaft, und sei es auch nur leicht fahrlässig, gegen seine Berufspflichten verstoßen habe und der Vorstand dieses Verhalten deshalb mißbilligt (*BGH* NJW 1984, 1042).

Unabhängig von der Ausdruckweise liegt stets bereits dem Wesen nach eine Rüge vor, wenn der Kammervorstand dem Rechtsanwalt den Vorwurf macht, daß sein Verhalten berufswidrig sei, auch wenn ausdrücklich erklärt wird, man wolle keine förmliche Rüge erteilen. Eine solche Mißbilligung mit der damit verbundenen Beeinträchtigung der Berufsehre (vgl. auch *BVerfG* NJW 1979, 1159) ist nur im formalisierten Rügeverfahren nach den §§ 74, 74a BRAO zulässig (vgl. auch *Feuerich* BRAO, § 74 Rdnr. 8-10).

213 **bb) Verfahrensabschnitte.** Das Rügeverfahren hat drei unterschiedliche Verfahrensabschnitte:
- das Aufsichtsverfahren
- das Einspruchsverfahren
- das ehrengerichtliche Antragsverfahren

214 **cc) Aufsichtsverfahren.** Das Aufsichtsverfahren ist ein **Verfahren von Amts wegen.** Es beginnt, wenn der Vorstand – von wem und wie auch immer – Kenntnis davon erhält, daß ein RA durch sein Verhalten ihm obliegende Pflichten verletzt hat. In einem solchen Fall ist der Vorstand entsprechend dem geltenden Legalitätsprinzip verpflichtet, den Sachverhalt von Amts wegen zu erforschen und soweit aufzuklären, daß ihm die Bildung einer Überzeugung möglich ist (vgl. dazu *Feuerich* BRAO, § 74 Rdnrn. 23ff.).

215 Diese vollständige Sachaufklärung wird dadurch ermöglicht, daß jeder RA dem Vorstand oder einem von diesem beauftragten Mitglied nach den §§ 56, 57 BRAO **Auskunft** geben, seine Handakten vorlegen, soweit er dadurch nicht seine Verschwiegenheitspflicht verletzt, und zur **persönlichen Anhörung** erscheinen muß, wenn er dazu geladen wird. Der Vorstand kann auch dritte Personen oder im Wege der **Amtshilfe** (Art. 35 GG) Amtsstellen um Auskunft ersuchen, ohne daß diese allerdings in die Pflicht genommen werden können, eine solche Auskunft auch erteilen zu müssen.

Vor seiner Entscheidung hat der Vorstand den betroffenen Rechtsanwalt anzuhören, ihm also **rechtliches Gehör** zu gewähren, so daß dieser innerhalb angemessener Frist zu den gegen ihn erhobenen Vorwürfen Stellung nehmen kann; ein **Akteneinsichtsrecht** ergibt sich aus § 58 BRAO (vgl. auch *Feuerich* BRAO, § 74 Rdnrn. 27-29). 216

Die **Entscheidung des Vorstandes** kann vorläufig oder endgültig sein. Das Verfahren kann oder muß ausgesetzt werden (§§ 118b, 118 BRAO); es ist einzustellen, wenn der Vorwurf unbegründet ist sowie bei Verfahrenshindernissen (§§ 139 III Nr. 1, 121, 115, 118a I BRAO). 217

dd) Einspruchsverfahren § 74 V BRAO. Gegen den Rügebescheid kann der RA gemäß § 74 V BRAO binnen eines Monats seit der Zustellung bei dem Vorstand **Einspruch** erheben (vgl. auch *Feuerich* BRAO, § 74 Rdnrn. 54ff.). 218

ee) Antrag auf ehrengerichtliche Entscheidung, § 74a BRAO. Wird der Einspruch vom Vorstand zurückgewiesen, dann kann der RA innerhalb eines Monats nach der Zustellung die Entscheidung des Ehrengerichts beantragen, § 74a I BRAO. Das ehrengerichtliche Antragsverfahren setzt sodann das in § 74a BRAO geregelte förmliche Verfahren in Gang, für das die Vorschriften des dritten Buches, 2. Abschnitt der **StPO sinngemäß anzuwenden** sind, soweit nicht die speziellen Bestimmungen von § 74a II 3-8 BRAO Platz greifen. Nach § 74a II 3 BRAO i. V. m. § 308 I StPO darf das Ehrengericht den Rügebescheid nicht ändern, ohne daß diesem der Antrag nebst Begründung zur Gegenerklärung mitgeteilt worden ist. Aus § 74a II 7 u. 8 BRAO folgt, daß das Ehrengericht weder an die Formvorschriften der StPO zur Beweisaufnahme, noch an Beweisanträge der Beteiligten gebunden ist, aber von Amts wegen nach dem **Untersuchungsgrundsatz** alle Beweismittel zur Aufklärung der Angelegenheit auszuschöpfen hat. Die Entscheidungsmöglichkeiten des EG ergeben sich aus § 74a BRAO. Der Beschluß des Ehrengerichts ist mit Gründen zu versehen und den Verfahrensbeteiligten mitzuteilen. 219

ff) Keine Rechtsbehelfe. Der Beschluß des EG ist **unanfechtbar;** vgl. auch § 74a III 4 BRAO; möglich ist bei Vorliegen der entsprechenden Voraussetzungen eine Verfassungsbeschwerde gem. §§ 90ff. BVerfGG (vgl. *BVerfGE* 26, 186 u. siehe auch *BVerfGE* 76, 171). 220

gg) Kosten. Wird der betroffene RA im ehrengerichtlichen Verfahren gem. § 74a BRAO freigesprochen, können ihm Verteidigergebühren für seine eigene Person nicht erstattet werden (*EGH Stuttgart* BRAK-Mitt 1983, 138). 221

hh) Personalakteneintrag, § 205a V BRAO. Die gegenüber Rechtsanwälten ausgesprochenen Rügen werden, „in den über den Rechtsanwalt geführten Akten“ (Personalakten, die bei der Justizverwaltung und bei den RAK angelegt sind) gemäß § 205a BRAO nach 5 Jahren getilgt. Nach Ablauf der Frist gilt der betreffende Rechtsanwalt als von Rügemaßnahmen nicht betroffen. 222

e) Berufs-(Ehren-)gerichtsbarkeit

Sie ist geregelt im 5. bis 7. Teil der BRAO; sie ist eine Gerichtsbarkeit für ein besonderes Sachgebiet i. S. d. Art. 101 II GG (vgl. auch *Hartstang,* S. 175ff.). Das *BVerfG* hat ihre Verfassungsmäßigkeit grundsätzlich bejaht (*BVerfGE* 26, 186; 48, 300). Das ehrengerichtliche Verfahren hat absoluten **Vorrang vor dem Rügeverfahren** (*BVerfGE* 50, 16, NJW 1979, 1159; *BVerfG* EGE VIII, 137; *EGH München,* EGE XIII, 193; vgl. *Feuerich,* BRAO, § 114 Rdnrn. 4ff.). 223

224 **aa) Konkurrierende Rechtswege?** Fraglich ist, ob neben der Ehrengerichtsbarkeit andere Rechtswege offenstehen zur Durchsetzung des Berufsrechts bzw. zur Abwehr von Maßnahmen der Kammern. Es stellt sich hier auf der Verfahrensebene die entsprechende Problematik des Verhältnisses der BRAO zu anderen Teilrechtsordnungen (vgl. oben Rdnrn. 12f.).

225 **(1) Verwaltungsrechtsweg.** Grundsätzlich sind Maßnahmen einer RAK, durch die ein Rechtsanwalt rechtserheblich betroffen wird, nur der ehrengerichtlichen Überprüfung zugängig (*BVerwG* BRAK-Mitt 1984, 199) trotz ihres öffentlich-rechtlichen Charakters; der Verwaltungsrechtsweg gemäß § 40 VwGO ist wegen abdrängender Sonderzuweisungen in der BRAO ausgeschlossen (vgl. aber *OVG Münster* NJW 1990, 2150, wonach gegen präventive Maßnahmen der Wirtschaftsprüferkammer der Rechtsweg zu den allgemeinen Verwaltungsgerichten eröffnet ist).

226 **(2) Wettbewerbsklage?** Mehr als fragwürdig ist die Bejahung einer Klagebefugnis der Anwaltskammern in Wettbewerbssachen gem. § 13 II Ziff. 2 UWG (*BGH* BRAK-Mitt 1990, 55; u. OLG Karlsruhe BRAK-Mitt 1988, 214f.). Unter Verkennung ihrer ausschließlichen und spezialgesetzlich zugewiesenen öffentlich-rechtlichen Berufsaufsichtskompetenzen sowie der besonderen Regelungen der BRAO – z.B. des Anhörungsrechts nach § 74 III BRAO vor Erteilung einer Rüge – werden die Kammern unter Überschreitung ihres Kompetenzbereichs „Verbänden zur Förderung gewerblicher Interessen" gleichgestellt (vgl. kritisch auch *Pietzcker,* NJW 1982, 1840ff. u. *Redeker,* NJW 1982, 1266f.).

Berufspolitisch hat diese bedenkliche Praxis allerdings den Vorteil, daß angesichts der größeren juristischen Professionalität der Wettbewerbsgerichte im Vergleich zur Ehrengerichtsbarkeit die Chance besteht, daß das Berufsrecht kritischer unter die Lupe genommen und schneller mit unhaltbaren Ansichten aufgeräumt wird. Dies zeigt die große Zahl von Verfahren, in denen die Kammern mit ihren rechtlich nicht fundierten Ansichten bei den ordentlichen Gerichten unterlegen sind (so bei Entscheidungen zum Werbeverbot – *OLG Stuttgart* AnwBl. 89, 568 – oder zur überörtlichen Sozietät – *LG Essen* NJW 1990, 2137 sowie *OLG München* NJW 1990, 2135; *OLG Hamm,* Urt. v. 11. 12. 1990, 4 U 113/90, zu Kooperationen).

227 **bb) Voraussetzung einer Sanktion.** Handelt es sich bei einer schuldhaften Verletzung der beruflichen Pflichten des Rechtsanwalts nicht um einen **minderschweren Fall,** der nur mit einer Rüge nach § 74 BRAO geahndet werden kann, dann kommt die Verhängung einer ehrengerichtlichen Sanktion nach § 113 BRAO in Betracht. Der Ehrengerichtsbarkeit untersteht nur ein Rechtsanwalt (vgl. aber § 209 BRAO; siehe auch § 113 III BRAO). Materielle Voraussetzung für die Ahndung einer Tat des Rechtsanwalts im ehrengerichtlichen Verfahren ist das **Vorliegen einer Pflichtverletzung.** Dies muß **schuldhaft** begangen (vgl. *Feuerich,* BRAO, § 113 Rdnrn. 6-9) und darf nicht verjährt sein (vgl. § 115 BRAO = 5 Jahre).

228 § 113 BRAO unterscheidet zwischen **beruflichem** (§ 113 I BRAO) und **außerberuflichem** Verhalten. Im zuletzt genannten Fall kommt nach § 113 II BRAO eine ehrengerichtlich zu ahndende Verletzung nur dann in Betracht, wenn das Verhalten nach dem Umständen des Einzelfalls in besonderem Maße geeignet ist, Achtung und Vertrauen in einer für die Ausübung der Anwaltstätigkeit oder für das Ansehen der Anwaltschaft bedeutsamen Weise zu beeinträchtigen.

Die zuletzt genannte Alternative rechtfertigt allein keine ehrengerichtliche Sanktion (vgl. aber m. w. N. *Feuerich* AnwBl. 1988, 505; *BGH* NJW 1976, 526 u. NJW 1978, 836). Das *BVerfG* (E 76, 171, 189) hat ausdrücklich betont, daß es auf das **Ansehen** der Rechtsanwaltschaft nur ankommen kann, wenn es über bloße berufsständische Belange hinaus im **Allgemeininteresse** liegt. Die gleichen Bedenken bestehen daher auch im Hinblick auf § 3 II RiLi (falsch daher der Richtlinienausschuß der BRAK, BRAK-Mitt 1988, 12; vgl. auch kritisch *Feuerich* AnwBl. 1988, 505). **229**

Die Abgrenzung des beruflichen vom außerberuflichen (vgl. auch § 43 S. 2, 2. Alt. BRAO) Verhalten ist **umstritten.** **230**

Der *BGH* (*BGHSt* 28, 150f.) läßt bei den Rechtsanwälten für eine Anwendung der strengen Vorschrift des § 113 I BRAO eine materiell berufsbezogene Verhaltensweise ausreichen; dies hatte bedeutsame Konsequenzen insbesondere bei der Verletzung des Sachlichkeitsgebots. **Jede Befassung mit juristischen Fragen** soll danach der strengen Sanktion des § 113 I BRAO unterstellt werden. So ist nach der Auffassung des BGH die schriftstellerische Tätigkeit eines Anwalts, „in der er sich mit dem Recht und seiner Anwendung durch die Gerichte oder mit Organen der Rechtspflege auseinandergesetzt oder sich sonst damit befaßt, nicht ein außerhalb des Berufs liegendes Verhalten" (so auch nicht überzeugend, *Feuerich,* BRAO, § 113 Rdnr. 11, u. *EGH München,* BRAK-Mitt 1988, 277).

Diese extensive Interpretation des § 113 I BRAO und die restriktive Auslegung des § 113 II BRAO halten einer rechtlichen, insbesondere verfassungsrechtlichen Prüfung am Maßstab der Art. 12, 9 (oder 2 I) sowie Art. 5 I GG nicht stand und führen zu **unverhältnismäßigen Grundrechtsbeeinträchtigungen** des Rechtsanwalts. Verfassungskonform ist nur eine Betrachtungsweise, nach der Kammersanktionen nach § 113 I BRAO – von Mißbrauchs- und Umgehungstatbeständen einmal abgesehen – nur bei formeller, ausdrücklicher Berufsbezogenheit zulässig sind (vgl. dazu *Kleine-Cosack,* Berufsständische Autonomie und Grundgesetz, 1986, S. 169ff.). **231**

Die strenge Sanktionsregelung des § 113 I BRAO kann nur eingreifen, wenn es sich um die Ahndung eines Verhaltens handelt, das in einem **unmittelbaren Zusammenhang mit der beruflichen Tätigkeit** des Rechtsanwalts steht, soweit er vor allem bei der Wahrnehmung von Mandaten tätig geworden ist; dazu zählt auch die Tätigkeit als Konkurs- oder Nachlaßverwalter oder als Liquidationstreuhänder (vgl. die Nachweise bei *Feuerich* BRAO, § 113 Rdnr. 12).

cc) Verfahren. Das ehrengerichtliche Verfahren ist geregelt in den §§ 116–161a BRAO. Ergänzend sind das GVG und die StPO sinngemäß anzuwenden, § 116 S. 2 StPO (dazu *Feuerich* BRAO, § 116 Rdnrn. 5–375). Auf die Verteidigung ist im ehrengerichtlichen Verfahren § 140 I Nr. 1–3, 6, 7 StPO entsprechend anzuwenden, § 117a BRAO. Ein ehrengerichtliches Verfahren muß bei einem **laufenden Straf- oder Bußgeldverfahren** gem. § 118 BRAO eingestellt werden. Es ist jedoch nach § 118 I 3 BRAO unter bestimmten Voraussetzungen fortzusetzen (vgl. dazu *Feuerich,* BRAK-Mitt 1990, 62ff.; s. ü. *ders.,* NJW 1988, 181). **232**

Bei anderweitiger Ahndung ist eine ehrengerichtliche Sanktion nur zulässig unter den Voraussetzungen des § 115b BRAO, der weitgehend dem § 14 BDO entspricht. Dieser ist Ausfluß des Grundsatzes „ne bis in idem" (dazu auch *Paepcke,* Festschrift für Pfeiffer, 1988, 985ff.: *EGH Hamm,* BRAK-Mitt 1983, 96 **233** sowie *EGH Stuttgart,* EGE XIV, 252). Stets ist sorgfältig zu prüfen, ob nach der anderweitigen Ahndung eines Gesetzesverstoßes überhaupt ein sog. „disziplinarer Überhang" besteht, was vielfach in unzulässiger Weise automatisch in der Praxis bejaht wird.

Bei einem **Freispruch im gerichtlichen Verfahren** kann dennoch unter den Vorausssetzungen des § 118 II BRAO eine ehrengerichtliche Ahndung erfolgen. Die tatsächlichen Feststellungen des Urteils im Straf- und Bußgeldverfahren sind unter den Voraussetzungen des § 118 III BRAO für das ehrengerichtliche Verfahren bindend.

234 – **Einleitung des Verfahrens.** Das ehrengerichtliche Verfahren wird gemäß § 121 BRAO eingeleitet durch eine Anschuldigungsschrift der Staatsanwaltschaft bei dem in der 1. Instanz zuständigen Ehrengericht (bestehend aus drei Rechtsanwälten, §§ 92–97 BRAO). Der Staatsanwaltschaft steht somit ein **Anklagemonopol** zu. Dieses ist rechtspolitisch mehr als fragwürdig und in der Vergangenheit häufig mißbraucht worden, um Verteidiger in laufenden Verfahren einzuschüchtern oder – oftmals berechtigte (vgl. nur *EGH BW* NJW 1982, 661) – Justizkritik z. B. wegen angeblicher Verletzung des Sachlichkeitsgebots zu unterbinden (kritisch auch *Hartstang,* S. 176f.).

235 Der Vorstand der RAK wie auch der Rechtsanwalt sind nicht antragsberechtigt. Wie sich aus den §§ 122, 123 BRAO ergibt, können sie dies nur bei der **Staatsanwaltschaft** beantragen und gegen deren ablehnende Entscheidung Antrag auf gerichtliche Entscheidung stellen (§§ 122 II, III, 123 II StPO).
Auch das Ehrengericht selbst kann nicht von sich aus tätig werden gemäß dem in diesem Verfahren ebenfalls geltenden Anklageprinzip (§ 116 S. 2 i. V. m. § 151 StPO; kritisch dazu *Hartstang,* S. 178).

236 Der Verletzte hat **kein Klageerzwingungsrecht,** § 122 V BRAO (vgl. aber § 123 BRAO). Allein der Vorstand der Rechtsanwaltskammer hat unter den Voraussetzungen des § 122 BRAO ein Überprüfungs- und Erzwingungsrecht (kritisch *Hartstang,* Der Rechtsanwalt, S. 175ff.). Durch Beschluß entscheidet das Ehrengericht über die Eröffnung des Verfahrens, § 131 BRAO.

237 – **Hauptverhandlung:** §§ 134ff. BRAO. Im Gegensatz zum Strafverfahren (§ 230 I StPO) ist der Rechtsanwalt im ehrengerichtlichen Verfahren nicht zur **Anwesenheit** verpflichtet, § 134 StPO. Die Hauptverhandlung ist nicht öffentlich, § 135 StPO. Dem Ehrengericht ist unter Durchbrechung des im Strafverfahren geltenden Unmittelbarkeitsgrundsatzes (§ 250 StPO) nach § 138 BRAO weitgehend die **Verlesung von Protokollen** gestatten.

238 – **Urteil.** Das Urteil des Ehrengerichts lautet nach § 139 II BRAO auf Freispruch, Verurteilung oder Einstellung des Verfahrens.

239 **cc) Instrumentarium ehrengerichtlicher Maßnahmen,** § 114 BRAO. Die BRAO sieht folgende Sanktionsmöglichkeiten der Ehrengerichte vor:
- Warnung,
- Verweis,
- Geldbuße bis zu 20000 DM,
- Verbot auf bestimmten Rechtsgebieten als Vertreter und Beistand für die Dauer von einem Jahr bis zu fünf Jahren tätig zu werden (vgl. auch § 114a BRAO; siehe auch die Nachweise bei *Zuck,* BRAK-Mitt 1987, 111),
- Ausschließung aus der Rechtsanwaltschaft (nicht unbefristet zulässig; § 7 Nr. 3 BRAO; vgl. auch *BVerfGE* 66, 337; 72, 51; *BGH* BRAK-Mitt 1988, 53),
- Vorläufiges Berufs- und Vertretungsverbot (§§ 150ff. BRAO).

Dieses präventive Berufsverbot wird verhängt in einem rechtsstaatlich mehr als problematischen summarischen Verfahren. Nach *BVerfG* NJW 1977, 892 (vgl. auch *EGH Stuttgart* BRAK-Mitt 1987, 98) ist die Maßnahme nur zulässig, falls sie in concreto zur Abwendung akuter Gefahren für wichtige Gemeinschaftsgüter dringend geboten ist; positiv ist die Feststellung einer Gefährdung erforderlich, die ein Zuwarten bis zur Rechtskraft des Hauptverfahrens ausschließt (vgl. zum ganzen *Hartstang,* S. 181ff. *EGH Hamm,* BRAK-Mitt 1982, 371).

dd) Rechtsmittel, §§ 142ff. BRAO. Beschlüsse des Ehrengerichts können mit der Beschwerde angefochten werden, § 142 BRAO i. V. m. §§ 306ff. StPO. 240

Gegen erstinstanzliche Urteile kann binnen einer Frist von 1 Woche **Berufung** eingelegt werden, § 143 BRAO. Zuständig ist jeweils der **Ehrengerichtshof** (besetzt mit drei Rechtsanwälten, wobei einer der Anwälte den Vorsitz führt, sowie zwei Berufsrichtern, vgl. auch §§ 100–105 BRAO). 241

Gegen Urteile des *EGH* ist unter den Voraussetzungen des § 145 I BRAO die – binnen einer Woche einzulegende (§ 146 BRAO) – **Revision an den BGH** (Anwaltssenat unter dem Vorsitz des Präsidenten des Bundesgerichtshofs mit drei Berufsrichtern und drei Rechtsanwälten als Beisitzern, vgl. §§ 106-112 BRAO) möglich. Der *EGH* kann bei grundsätzlicher Bedeutung die **Revision** zulassen, § 145 II BRAO. Im Falle der Nichtzulassung kann Beschwerde innerhalb eines Monats eingelegt werden, § 145 III BRAO. 242

ee) Kosten. Die Kosten in dem ehrengerichtlichen Verfahren und in dem Verfahren bei Anträgen auf ehrengerichtliche Entscheidungen gegen die Androhung oder die Festsetzung eines Zwangsgeldes oder über die Rüge sind geregelt in den §§ 195ff. BRAO. Ergänzend finden sinngemäß die entsprechenden Vorschriften des StPO Anwendung, § 116 S. 2 BRAO (vgl. auch *Feuerich,* BRAO, § 195 Rdnrn. 3ff.). 243

ff) Fragwürdige Selbstvertretung. Rechtsanwälte sollten im übrigen in berufsrechtlichen Verfahren nicht sich selbst vertreten unter Mißachtung des Sprichwortes: Ein Anwalt der sich selbst vertritt, hat einen Narren zum Mandanten. Die Unsitte der Selbstvertretung hat in der Vergangenheit mit dazu geführt, daß die Verteidigung oft unzureichend war und über die Artikulation einer Empörung nicht hinauskam. Die mangelhafte Verteidigung ist neben oft fehlenden Rechtskenntnissen im Bereich des Berufsrechts bei einem Teil der Richter auch mit ein Grund dafür, daß die Ehrengerichtsbarkeit bis hin zum *BGH* **gravierende (vor allem verfassungs-)rechtliche Defizite** aufwies, welche in der Judikatur des *BVerfG* in den letzten Jahren mehrfach deutlich geworden sind. 244

gg) Rechtspolitische Kritik. Die Regelungen über die Ehrengerichtsbarkeit müssen neu überdacht werden. Nicht nur ist die Terminologie zu ändern. Die Bezeichnung als „Ehrengerichtsbarkeit" ließ in der Vergangenheit oftmals in Vergessenheit geraten, daß es sich um eine **Berufsgerichtsbarkeit** handelte, welche die Funktionsfähigkeit der Rechtspflege und nicht den Ehrschutz zur Aufgabe hatte. – Problematisch ist allein schon im Hinblick auf die Mißbräuche in der Vergangenheit das Anklagemonopol der Staatsanwaltschaft (vgl. auch *Hartstang,* S. 176ff.). – Zu überdenken ist auch – allerdings am Maßstab der nach den Art. 92ff. GG erforderlichen Staatlichkeit – die Zusammensetzung der Gerichte. 245

246 Schließlich sind Überlegungen anzustellen, wie die **Professionalität der Berufsgerichte** – im übrigen jedweder Art – verbessert werden kann. Die – teilweise – Ausgliederung aus der allgemeinen Gerichtsbarkeit und die Besetzung mit nebenamtlich fungierenden, oftmals nicht ausreichend geschulten Richtern sind mit ein Grund dafür, daß über dem Berufsrecht eine eigentümliche „wissenschaftliche Nacht" *(Paul)* lag und es sich um ein „Stiefkind der Rechtswissenschaft" handelte.

III. Anwaltsrecht in den neuen Bundesländern

247 Durch die Wiedervereinigung ergibt sich für Rechtsanwälte aus beiden Teilen Deutschlands nunmehr die Möglichkeit, sich im westlichen oder östlichen Teil niederzulassen bzw. dienstleistend sei es beratend oder forensisch tätig zu werden. In der Übergangszeit gelten jedoch teilweise voneinander abweichende Regelungen. Während im Westen die BRAO maßgeblich ist, gilt im Bereich der neuen Bundesländer vorrangig das Rechtsanwaltsgesetz vom 13. 9. 1990 (GBl. I Nr. 61 S. 1504 = i. F.: RAG). Dieses auch nach dem Einigungsvertrag vom 31. 8. 90 (BGBl II, 889) vorerst in Kraft bleibende Gesetz (vgl. Anl. II Kap. III Sachgeb. A Abschn. III Nr. 1 EVertr.) lehnt sich stark an die BRAO an. Es berücksichtigt jedoch schon z. T. dessen Novellierungsbedürftigkeit, ohne allerdings zentrale Probleme zu lösen. Seine Regelungen sind verbindlich, soweit sie mit dem Grundgesetz, insbesondere der Berufsfreiheit des Art. 12 GG (s. dazu oben Rdnrn. 128ff.) sowie dem Gleichheitssatz des Art. 3 I GG bzw. der Gleichstellungsklausel im Einigungsvertrag (Anl. I Kap. III Sachgeb. A Abschn. II Nr. 2 EVertr) vereinbar sind.

1. Zulassungsrecht

248 Grundsätzlich richtet sich die Zulassung in den neuen Bundesländern nach dem RAG (dazu *Treffkorn,* DtZ 1990, 310; *Bach/Koch* NJ 1990, 490).

a) allgemein, §§ 4ff. RAG

249 Nach dem RAG besteht bei Vorhandensein der gesetzlich eindeutig geregelten Zulassungsvoraussetzungen ein Rechtsanspruch auf Zulassung, der auch über ein Berufsgericht durchgesetzt werden kann. § 4 RAG fordert nicht die Befähigung zum Richteramt nach dem DRiG. Es reicht für die Zulassung das Vorhandensein eines umfassenden juristischen Hochschulstudiums in den neuen Bundesländern mit dem Abschluß als Diplom-Jurist sowie von zwei Jahren juristischer Praxis in der Rechtspflege oder in einem rechtsberatenden Beruf, § 4 I RAG. Diese für Juristen aus den neuen Bundesländern im Vergleich zu Juristen aus den Altländern günstigeren Zulassungsvoraussetzungen bleiben noch für eine Übergangszeit in Kraft. – Nach § 4 II RAG besteht auch dann ein Zulassungsanspruch, falls dem Antragsteller die Lehrbefähigung an einer Hochschule oder Universität der neuen Bundesländer verliehen wurde.

Nach dem zwischenzeitlich erfolgten Beitritt kann in den neuen Bundesländern aber auch zur Rechtsanwaltschaft zugelassen werden, wer die Befähigung zum Richteramt nach den §§ 5ff. DRiG hat oder die Eignungsprüfung nach dem Gesetz über die Eignungsprüfung für die Zulassung zur Rechtsanwaltschaft vom 6. 7. 90 (BGBl I, S. 1349) bestanden hat. – Soweit Zulassungsvoraussetzung das Bestehen einer solchen Eignungsprüfung ist, handelt es sich beim RAG um die Umsetzung der EG-Richtlinie „Hochschuldiplome". Danach erhalten Staatsangehörige der EG-Mitgliedsstaaten, die in einem Mitgliedsstaat befähigt sind, Rechtsanwalt zu werden, grundsätzlich einen Anspruch auf Zulassung zur Rechtsanwaltschaft (vgl. dazu unten unter III; s. a. *Bach/Koch,* NJ 1990, 492). Aus diesen Regelungen des RAG folgt im übrigen, daß auch künftig kein Jurist nur mit dem Ersten juristischen Staatsexamen in den neuen Bundesländern zur Rechtsanwaltschaft zugelassen werden kann. – Zu Übergangsregelungen im Hinblick auf vor Inkrafttreten des Gesetzes bereits erteilte Zulassung vgl. §§ 189, 190 RAG und für die früheren freiberuflichen Justitiare, die mit Inkraftreten des Gesetzes zur Rechtsanwaltschaft zugelassen sind, vgl. § 192 RAG.

b) Versagungsgründe, § 7 RAG

Wer die genannten Zulassungsvoraussetzungen erfüllt, kann in allen fünf neuen Bundesländern zugelassen werden. Es besteht grundsätzlich ein Anspruch auf Zulassung, vgl. auch § 6 II RAG. Eine Ablehnung darf nur bei Vorliegen der in § 7 RAG genannten Versagungsgründe, die denen der BRAO weitgehend entsprechen (vgl. dazu oben Rdnrn. 16ff.), erfolgen. **250**

c) Berufshaftpflichtversicherung, § 52 RAG

Im Gegensatz zur BRAO ist im RAG auch ausdrücklich geregelt die Pflicht jedes Rechtsanwalts, eine Berufshaftpflichtversicherung abzuschließen. Sie dient der Deckung der sich aus einer Berufstätigkeit ergebenden Haftpflichtgefahren und ist während der Dauer der Zulassung zwingend aufrechtzuerhalten. Die Mindestversicherungssumme beträgt DM 500000 je Versicherungsfall. Der Abschluß ist Voraussetzung für die Aushändigung der Zulassung, § 14 IV RAG. Nach § 16 III Nr. 8 RAG ist eine erteilte Zulassung zu widerrufen, wenn der Rechtsanwalt nicht den Abschluß der vorgeschriebenen Haftpflichtversicherung nachweist oder wenn er aus dieser ausgeschieden ist und nicht unverzüglich die Fortsetzung oder den Abschluß eines neuen Versicherungsvertrags nachweist. **251**

d) Lokale Zulassungsbeschränkungen, §§ 21ff. RAG

Im RAG wird auf die Einführung der Lokalisation der Zulassung auf bestimmte Bezirks- oder Kreisgerichte verzichtet (zu den Einschränkungen vgl. aber unten Rdnrn. 263ff.); schon nach dem bisher geltenden Rechtsanwaltsrecht war jeder in den neuen Bundesländern zugelassene Rechtsanwalt befugt, vor allen Gerichten aufzutreten. **252**

Alle Anwälte unterliegen jedoch einer Kanzleipflicht gem. § 24 RAG und einer Registrierungspflicht beim Bezirksgericht, § 21 RAG (vgl. auch § 189 II RAG). Mit der Registrierung ist auch die Voraussetzung für eine effektive Berufsaufsicht wie auch zur Durchsetzung der i. d. R. bestehenden Wohnsitz- und Kanzleipflicht gegeben. Nach § 22 RAG kann die Registrierung abgelehnt werden, wenn der Rechtsanwalt keine Kanzlei im Zuständigkeitsbereich des Bezirksgerichts unterhält und er nicht ausdrücklich von der Kanzleipflicht befreit ist.

Der zugelassene Rechtsanwalt kann gem. § 26 RAG die Genehmigung zur Abhaltung von auswärtigen Sprechtagen außerhalb seines Sitzes erhalten. Eine Zweigstelle darf er jedoch überhaupt nicht errichten, demgegenüber enthält § 28 BRAO nur ein Verbot mit Erlaubnisvorbehalt; diese Ungleichbehandlung dürfte mit der Gleichstellungsklausel bzw. Art. 3 I GG nicht zu vereinbaren sein.

2. Formen anwaltlicher Tätigkeit, §§ 39ff. RAG

253 Abweichend von der BRAO wurden im fünften Abschnitt des RAG Formen anwaltlicher Zusammenarbeit geregelt, ohne daß sich dabei wesentliche Unterschiede zum Recht der BRAO ergeben, die praktisch nur den Einzelanwalt kennt. Nach § 39 RAG kann der Rechtsanwalt seine Tätigkeit ausüben in eigener Praxis, in einer Bürogemeinschaft, in einer Sozietät oder als bei einem anderen Rechtsanwalt angestellter Anwalt.

Die in § 39 IV RAG getroffenen Regelung, daß Sozietäten auch überörtlich organisiert sein können, ist mit dem Wirksamwerden des Einigungsvertrages zwar entfallen (Anl. II Kap. III Sachgeb. A Abschn. III Nr. 1f. EVertr.). Den Erläuterungen zum Einigungsvertrag ist zu entnehmen, daß präjudizielle Wirkungen auf die Reformdiskussion des Berufsrechts vermieden werden sollten. Daraus kann jedoch nicht auf ein Verbot der überörtlichen Sozietät im Beitrittsgebiet geschlossen werden; dem würde die Gleichstellungsklausel wie Art. 3 GG entgegenstehen. Auf der Grundlage der vom BGH entwickelten Rechtsprechung sind daher auch überörtliche Sozietäten zwischen Rechtsanwälten im Beitrittsgebiet mit Anwälten aus den Altländern möglich.

Unklar ist im übrigen, inwieweit die DDR-Anordnungen vom 17. 4. 1900 und 8. 6. 1990 zur Zweitbüro- und Niederlassungsgenehmigung (dazu *Treffkorn,* DtZ 1990, 72) noch Geltung beanspruchen können (bejahend – ohne Begründung – *RAK München* in einem Rundschreiben); Art 19 des Einigungsvertrages bestimmt nur, daß vor dem 3. 10. 1990 erteilte Genehmigungen wirksam bleiben bis zu einem Widerruf.

Geregelt wurde auch die mögliche Zusammenarbeit mit anderen rechtsberatenden Berufen, so mit Wirtschaftsprüfern, vereidigten Buchprüfern, Steuerberatern oder mit Patentanwälten. Auch mit Vertretern dieser freien Berufe ist eine Sozietät möglich. Gleiches kann mit einem Anwaltsnotar erfolgen. Dagegen verbietet das notarielle Berufsrecht die Sozietät mit einem Nur-Notar.

Ausdrücklich ist im Anwaltsrecht der neuen Bundesländer im Gegensatz zur BRAO auch die Möglichkeit eröffnet, als Syndikusanwalt tätig zu werden, § 41 RAG. Abweichend von der BRAO wurde jedoch die Verpflichtung aufgenommen, daß der Syndikusanwalt eine Kanzlei unterhalten muß und daß sich diese in örtlicher bzw. räumlichr Trennung vom Dienstherrn befinden muß. Der Syndikusanwalt darf im übrigen für einen Auftraggeber, dem er aufgrund eines ständigen Dienst- oder ähnlichen Beschäftigungsverhältnisses seine Arbeitszeit und -kraft überwiegend zur Verfügung stellen muß, nicht vor Gerichten oder Schiedsgerichten in seiner Eigenschaft als Rechtsanwalt auftreten.

3. Verfahren

254 Die Anwaltszulassung wird auf Antrag durch die zuständige Landesjustizverwaltung erteilt (§ 8 RAG).

Vor der Entscheidung zieht die Landesjustizverwaltung eine Stellungnahme der zuständigen Rechtsanwaltskammer bei. Im Falle einer Ablehnung ist diese mit Gründen zu versehen und dem Bewerber zuzustellen. Dagegen kann der Berufsgerichtshof für Rechtsanwaltssachen beim Bezirksgericht am Sitz der Landesregierung angerufen werden, vgl. §§ 33ff. RAG.

Über die Zulassung wird eine Urkunde ausgestellt. Mit Aushändigung der Urkunde wird die Zulassung wirksam. Die Urkunde darf erst ausgehändigt werden, wenn der Abschluß der Berufshaftpflichtversicherung nachgewiesen ist (§ 13 IV RAG).

4. Rechte und Pflichten des Rechtsanwalts, §§ 42ff. RAG

Die Rechte und Pflichten des Rechtsanwalts sind im RAG weitgehend entsprechend denen der BRAO ausgestaltet. Hier gelten jedoch angesichts der Berufsausübungsfreiheit des Art. 12 I GG sowie Art. 3 I GG und der Gleichstellungsklausel des Einigungsvertrages die gleichen Vorbehalte wie für die entsprechenden Bestimmungen der BRAO. Alle Bestimmungen sind verfassungskonform auszulegen. Freiheitsbeschränkungen müssen notwendig sein für die Funktionsfähigkeit der Rechtspflege! – Entsprechend restriktiv zu interpretieren ist daher die Generalklausel des § 42 RAG, wonach der Rechtsanwalt seinen Beruf gewissenhaft auszuüben und er sich des Vertrauens, welches seine Stellung erfordert, würdig zu erweisen hat. Gleiches gilt für die Werbeverbotsbestimmung des § 24 II RAG; danach ist dem Rechtsanwalt ausdrücklich untersagt, unaufgefordert seine Dienste dritten Personen durch Ankündigungen aller Art anzubieten. § 43 RAG regelt die Verschwiegenheitspflicht und die §§ 44, 45 RAG die Übernahme von Aufträgen bzw. deren Ablehnung. In § 47 ist der Vertragsabschluß geregelt und festgelegt, daß für die Vertretung oder die Verteidigung eines Auftraggebers eine schriftliche Vollmacht zu erteilen ist. Die Regelungen zur Bestellung eines allgemeinen Vertreters (§ 53 RAG) sowie eines Abwicklers der Kanzlei (§ 55 RAG), und zu den besonderen Pflichten gegenüber dem Vorstand der Rechsanwaltskammer (§ 56 RAG) wurden analog der BRAO ausgestaltet. **255**

5. Fachanwälte, § 15 RAG

Auch das RAG enthält in § 15 eine Fachanwaltsregelung. Danach kann Rechtsanwälten, die mehr als 5 Jahre sich spezielle Erfahrungen und Erkenntnisse in der anwaltlichen Tätigkeit auf dem Gebiet des Arbeitsrechts, des Steuerrechts, des Verwaltungsrechts oder des Sozialrechts angeeignet haben auf Antrag für höchstens zwei der genannten Gebiete von der Rechtsanwaltskammer gestattet werden, den Titel „Fachanwalt für ..." zu führen. **256**

Es ist zu erwarten, daß der Bundesminister der Justiz die in § 15 II RAG enthaltene Ermächtigung zum Erlaß einer Rechtsverordnung über die Anforderungen und das Verfahren nutzen wird, um die Regelungen nach dem Vorbild der nunmehr geltenden §§ 42a ff. BRAO zu vervollständigen und – soweit möglich – bundeseinheitliche Voraussetzungen zu schaffen.

6. Die Rechtsanwaltskammern, §§ 60-89 RAG

Auch die Regelungen zu den Rechtsanwaltskammern orientieren sich an der BRAO. Unterschiedlich geregelt ist angesichts der abweichenden Gerichtsstruktur und der noch geringen Zahl von Rechtsanwälten, daß Kammern zunächst auf Länderebene gebildet werden. Allerdings kann jede Landesjustizverwaltung künftig weitere Kammern errichten, wenn im Land mehr als 500 Rechtsanwälte zugelassen sind, eine Zahl, die vorerst wohl nur in Sachsen in absehbarer Zeit erreicht werden kann. Die Rechtsanwaltskammern sind nach § 62 RAG Körperschaften des öffentlichen Rechts. Die Staatsaufsicht über sie wird durch die Landesjustizverwaltung ausgeübt. **257**

7. Berufsgerichtsbarkeit, §§ 90ff. RAG

258 Abweichend von der BRAO wird in dem RAG der Begriff der Ehrengerichtsbarkeit nicht verwandt. Deshalb werden das Ehrengericht als Berufsgericht, der Ehrengerichtshof als Berufsgerichtshof für Rechtsanwaltssachen beim Bezirksgericht (am Sitz der Landeshauptstädte) bezeichnet. Diese begriffliche Abweichung ist an andere freie Berufe angelehnt und trägt dem Umstand Rechnung, daß es bei diesen Gerichten vorrangig nicht um Fragen der Ehre, wohl aber um Fragen des Berufsrechts geht (so zutreff. *Treffkorn* aaO.). Ansonsten entsprechen die Regelungen zur Bildung und Besetzung dieser Gerichte im wesentlichen der BRAO (vgl. dazu oben Rdnrn. 200ff.).

8. „Grenz"überschreitende Probleme

259 Nicht ganz unproblematisch ist die Frage, welche Rechte Anwälten aus den neuen Bundesländern innerhalb des Geltungsbereichs der BRAO und umgekehrt Anwälten aus den Altländern in den neuen Bundesländern zustehen.

a) Grundsatz: Gleichstellung

260 Grundsätzlich steht ein Rechtsanwalt, der in einem Gebiet des partiell geltenden Berufsrechts zugelassen ist, einem Rechtsanwalt gleich, der in dem jeweils anderen Gebiet zugelassen ist (Anl. I Kap. III. A. Abschn. II Nr. 2 zum EinigungsV).

Durch diese Gleichstellungsklausel wird die Betätigung der Rechtsanwälte im Gebiet des vereinigten Deutschlands und die Möglichkeit des Wechsels der Zulassung zwischen den Gebieten des partiell geltenden Berufsrechts sichergestellt.

Jedoch sollen durch diese Gleichstellung Beschränkungen, die im konkreten Fall auch für die Betätigung eines in dem jeweiligen Gebiet zugelassenen Rechtsanwalts (z. B. nach § 78 ZPO) gelten würden, nicht berührt werden (BT-Ds 11/7817, S. 9).

b) Dienstleistung

261 Soweit ein Rechtsanwalt vorübergehend in einem Gebietsteil tätig wird, in dem ein anderes Anwaltsgesetz (BRAO oder RAG) als das seines Zulassungsortes gilt, ist von folgenden Regelungen auszugehen:

262 **aa) Anwaltstätigkeit in den Altländern.** Aufgrund der Gleichstellungsklausel können die im Beitrittsgebiet zugelassenen Rechtsanwälte in den Altländern grundsätzlich ohne besondere Beschränkungen anwaltlich tätig werden. Sie haben hinsichtlich der Beratung und Vertretung von Mandanten in den Altländern die gleichen Rechte und Pflichten wie ein nach der BRAO zugelassener Rechtsanwalt. Allerdings können sie nicht vor solchen bundesdeutschen Gerichten auftreten, für die das Erfordernis einer besonderen Zulassung besteht, wie etwa beim Landgericht oder OLG bzw. dem BGH in Zivilsachen. Insofern stehen sie einem westlichen Kollegen gleich, der bei dem betreffenden Gericht nicht zugelassen ist.

Ihre Rechtsstellung bleibt insoweit hinter der Position von Anwälten aus EG-Staaten zurück, da diese aufgrund des Rechtsanwalts-Dienstleistungsgesetzes i. d. F. vom 14. 3. 90 im Einvernehmen mit einem bundesdeutschen Anwalt zur Vertretung vor allen Gerichten – mit Ausnahme des BGH – befugt sind. – Diese

Einschränkung ist aber nur die logische Folge des Beitritts mit der Schaffung eines einheitlichen Staatsgebiets.

bb) Anwaltstätigkeit in den neuen Ländern. Umgekehrt kann der nach der BRAO zugelassene Rechtsanwalt, der im Beitrittsgebiet keine Kanzlei unterhält, dort uneingeschränkt anwaltlich tätig werden. 263

Der abweichende Gerichtsaufbau sowie die Maßgaben, mit denen GVG und ZPO in den fünf Ländern in Kraft gesetzt worden sind, führen zu jedoch zu Besonderheiten beim Anwaltszwang (dazu *Bergerfurth,* DtZ 1990, 315) mit der Folge des Ausschlusses von Anwälten aus den Altländern vor den Bezirksgerichten in Zivilsachen: 264

(1) Kreisgericht. Ein Anwaltszwang besteht nicht für das Kreisgericht, dem in der BRD das AG und das LG entsprechend. Es ist auch einzige Eingangsgericht für alle Gerichtszweige (auch Straf-, Verwaltungsrechts- oder Sozialrechtssachen u. a.). – Auftreten kann daher in derartigen (Partei-) Prozessen sowohl der nach dem RAG in den neuen Bundesländern zugelassene Rechtsanwalt als auch derjenige, der nach der BRAO zur Rechtsanwaltschaft zugelassen ist. Stellung und Befugnisse beider Anwälte in dem jeweils anderen Gebiet sind – wie oben dargelegt – ausdrücklich gleichgestellt (Anl. I Kap. III A. Abschn. 2 Nr. 2 zum Einigungsvertrag; hierzu BT-Drs. 11/7817, S. 8 u. 9). 265

(2) Bezirksgericht. Vor dem Bezirksgericht ist – gleich ob dieses als Zivilsenat oder Senat für Handelssachen entscheidet – die Vertretung durch einen Rechtsanwalt erforderlich, und zwar durch einen solchen, der im Beitrittsgebiet (Art. 3 EVertr.) seine Kanzlei unterhält (Anl. Kap. III Sachgeb. A Abschnitt. III Nr. 5b EVertr.). – Eine örtliche Beschränkung besteht – für die Anwälte aus dem Beitrittsgebiet – angesichts der nur allgemeinen Zulassung der Rechtsanwälte – vgl. oben Rdnr. 206 – nicht, wie dies mit dem Lokalisationsgebot im Geltungsbereich der BRAO der Fall ist. – Die Vorschriften, die die Zulassung eines Rechtsanwalts bei einem bestimmten Gericht voraussetzen (§§ 78, 78c, 91, 121, 157, 215, 271, 520, 573 ZPO) sind deshalb insoweit nicht anzuwenden. 266

Genügt hiernach einerseits die Vertretung durch einen im Beitrittsgebiet allgemein zugelassenen Anwalt, so ist andererseits ein im sonstigen Bundesgebiet zugelassener Anwalt, der im Beitrittsgebiet keine Kanzlei unterhält (vgl. § 27 II BRAO), insoweit nicht vertretungsberechtigt (so *Bergerfurth,* aaO.). Die Vertretung in Zivilprozessen vor den Bezirksgerichten ist den Rechtsanwälten mit Kanzlei im Beitrittsgebiet vorbehalten, es sei denn, daß aus allgemeinen prozessualen Erwägungen (vgl. § 78 III ZPO) eine Ausnahme vom Anwaltszwang vorliegt.

Eine exklusive Prorogationsbefugnis für Rechtsanwälte aus den neuen Ländern besteht jedoch außerhalb der Berufungszivilsachen nicht; soweit also das Bezirksgericht als besonderer Senat oder nach der FGO, der VwGo oder dem SGG entscheidet, können auch Anwälte aus den Altländern dort auftreten (vgl. aber z. T. *Bergerfurth* aaO).

Soweit *Bergerfurth* (DtZ 1990, 351f.) der Ansicht ist, „vor dem Bezirksgericht ist – gleich ob dieses als Zivilsenat, Senat für Handelssachen oder besonderer Senat entscheidet – die Vertretung durch einen Rechtsanwalt erforderlich ...", ist dem entgegenzuhalten, daß die Maßgabe b) zur ZPO unmittelbar nur für den Zivilprozeß gilt. Die Maßgaben zum ArbGG verweisen insofern, die Maßgaben zur FGO, zum SGG und zur VwGO enthalten derartiges nicht. Intention dieser differenzierenden Regelung war – wie auch vom Bundesminister für Arbeit und

Sozialordnung anerkannt –, den Rechtsanwälten in den neuen Bundesländern ein kleines Äquivalent dafür zu schaffen, daß sie vor keinem Landgericht in den alten Ländern auftreten können. Systemgerecht wurde daher den Rechtsanwälten in den neuen Ländern die exklusive Prorogationsbefugnis – nur – in Berufungszivilsachen übertragen.

267 **(3) BGH.** Vor dem BGH müssen sich die Parteien durch einen bei diesem Gericht zugelassenen Rechtsanwalt vertreten lassen (Anl. I Kap. III Sachgeb. A Abschn. III Nr. 5b EVertr.), soweit nicht auch bei Verfahren aus dem Beitrittsgebiet Ausnahmen vom Anwaltszwang (vgl. *Bergerfurth,* aaO.) zu beachten sind. So ist beispielsweise zur Einlegung der sofortigen Beschwerde gegen einen Beschluß, mit dem die Berufung als unzulässig verworfen wird, keine anwaltliche Vertretung erforderlich, wenn der Rechtsstreit im ersten Rechtszug nicht als Anwaltsprozeß zu führen war (§ 561 II S. 2, 78 III ZPO); die an den BGH gerichtete Beschwerde nach § 1519b II ZPO gegen eine Entscheidung des Bezirksgerichts ist mithin, da es einen erstinstanzlichen Anwaltszwang im Beitrittsgebiet nicht gibt, stets anwaltsfrei.

c) Niederlassungsfreiheit

268 Die Gleichstellungsklausel ist auch bedeutsam für die Niederlassungsfreiheit:

269 **aa) Niederlassung in den neuen Bundesländern.** Rechtsanwälte aus dem Bereich der BRAO können sich ohne weiteres im Beitrittsgebiet im Wege der Vollzulassung niederlassen, soweit sie die Voraussetzungen der §§ 4ff. RAG erfüllen (dazu oben Rdnrn. 203ff.). Sie sind somit keinen über die BRAO hinausgehenden Schranken unterworfen; es besteht Niederlassungsfreiheit. Soweit sie aber bereits in einem der alten Bundesländer zugelassen sind, besteht für eine Niederlassung im Geltungsbereich des RAG keine Rechtsgrundlage mehr. Auf diese Fälle dürfte auch § 186 RAG, der dem § 206 BRAO entspricht, keine Anwendung finden. Denn darin sind die – zusätzlichen – Niederlassungsrechte von EG-Anwälten geregelt, was für BRD-Anwälte nach dem Beitritt nicht mehr zutrifft (vgl. auch *Bach/Koch* NJW 1990, 483).

270 **bb) Niederlassung im bisherigen Bundesgebiet.** Rechtsanwälte aus den neuen Bundesländern wurden bisher ohne Ablegung der Prüfungen nach dem DRiG in den Altländern nicht zugelassen (vgl. BGH NJW 1990, 910; BRAK-Mitt. 1990, 107). Durch den Staatsvertrag zwischen der BRD und der DDR vom 18. 5. 90 wurden jedoch erstmals Rechtsanwälten aus den neuen Bundesländern Beratungs- und Vertretungsrechte im grenzüberschreitenden Rechtsverkehr eingeräumt. Durch Verordnung des Bundesministers der Justiz (BMJ) wurde ihnen ferner die Möglichkeit der Niederlassung in der Bundesrepublik im Rahmen von § 206 II BRAO eröffnet (dazu *Dörig,* NJW 1990, 2117). Mit dem Inkrafttreten des Einigungsvertrags ist jedoch § 206 II BRAO im Verhältnis Altländer – Beitrittsgebiet nicht mehr anwendbar und die Verordnung obsolet geworden. Auch Rechtsanwälte aus dem Beitrittsgebiet sollen grundsätzlich entsprechend der Gleichstellungsklausel einen Zulassungsanspruch haben; dementsprechend wird in den Erläuterungen ausdrücklich auch darauf hingewiesen, daß ein Wechsel der Zulassung möglich ist (str.; dagegen *Feuerich,* DtZ 1991, 38).

271 **cc) Zweigstellenerrichtung.** Zweigstellen sind – im Gegensatz zu Sprechtagen – nach § 26 RAG überhaupt unzulässig und nach § 28 BRAO nur nach besonderer Genehmigung der Landesjustizverwaltung zulässig, was verfas-

sungsrechtlich eine Ungleichbehandlung der Anwälte aus den neuen Bundesländern bedeutet, die – wie oben unter Rdnr. 265 dargelegt – unvereinbar mit der Gleichstellungsklausel bzw. Art. 3 GG sein dürfte. Falls BRD-Anwälten – durch die für sie zuständige LJV mit Zustimmung der jeweils zuständigen LJV im Beitrittsgebiet – die Errichtung von Zweigstellen in den neuen Bundesländern gestattet werden sollte, kann dies auch umgekehrt den Anwälten aus dem Beitrittsgebiet nicht verwehrt werden.

Offen bleibt, ob im Gegensatz zur bisherigen Praxis, bei der kein Bedarf bestand, in größerem Umfang die Errichtung von Zweigstellen – und vielleicht auch von Sprechtagen – gestattet wird, mit der Folge, daß auch diese Regelungen eventuell verstärkt unter berufsreformatorischen Druck geraten werden. Keinesfalls findet § 29a BRAO Anwendung, da die neuen Bundesländer nicht als „andere Staaten" anzusehen sind.

dd) Sozietäten. Sozietäten zwischen Anwälten aus der BRD und dem Bei- **272**
trittsgebiet sind ohne weiteres zulässig. Sie sind nicht nur international erlaubt, sei es innerhalb der EG oder in Drittländern sondern auch zwischen Anwälten der BRD und der neuen Bundesländern. Hier gelten die gleichen Erwägungen wie bei sonstigen überörtlichen Sozietäten innerhalb der Altländer, welche der BGH nunmehr endgültig und eindeutig für zulässig erklärt hat nach dem derzeit geltenden Recht (vgl. oben Rdnr. 94).

9. Sonderregelung für das Land Berlin

Für den Teil des Landes Berlin, in dem bis zum Inkrafttreten des Einigungs- **273**
vertrags das Grundgesetz nicht galt, kommen – zur Vermeidung unterschiedlicher Gerichtsorganisationen in ein und demselben Bundesland – Sonderregelungen zur Anwendung, die das Rechtspflegerecht der BRD bereits weitgehend einführen und für das Gesamtgebiet von Berlin eine einheitliche Rechtsanwendung sicherstellen (vgl. dazu und zum Folgenden ebenfalls *Bergerfurth* DtZ 1990, 351 f.). Kreisgericht und Bezirksgericht sind dort sofort abgeschafft. Stattdessen wird die in Westberlin vorhandene Gerichtsorganisation mit Amtsgerichten, einem Landgericht und dem Kammergericht als Oberlandesgericht auf den beigetretenen Teil Berlins erstreckt (Anl. I Kap. III Sachgeb. A Abschn. IV EVertr.). Die Rechtsanwaltschaften in beiden bisherigen Teilen der Stadt werden – anders als im übrigen Bundesgebiet – auf der Grundlage der BRAO zusammengeführt. Die Zulassung bei einem ordentlichen Gericht wird auf Antrag, der binnen drei Monaten nach dem Wirksamwerden des Beitritts zu stellen ist (sonst Widerruf der Zulassung!), ausgesprochen. Jedoch ist beachten, daß die Zulassung beim Kammergericht nur Rechtsanwälte erhalten, die fünf Jahre bei einem ordentlichen Gericht im Geltungsbereich der BRAO zugelassen waren (§ 20 I Nr. 4 BRAO; vgl. BT-Drs. 11/7817, S. 33).

Hinsichtlich des Anwaltszwangs im beigetretenen Teil des Landes Berlin gel- **274**
ten wichtige Übergangsbestimmungen: Soweit am Stichtag bei den Gerichten in Berlin (Ost) Verfahren anhängig waren, kommen bis zur Beendigung des Rechtszuges Vorschriften der ZPO, nach denen sich die Parteien bei bestimmten Gerichten und durch einen dort zugelassenen Rechtsanwalt als Prozeßbevollmächtigten vertreten lassen müssen, nicht zur Anwendung (Anl. I Kap. III Sachgeb, A Abschn. IV 3c EVertr.). D.h.: Ein als Parteiprozeß anhängiges Verfahren bleibt bis zur Beendigung des Rechtszuges Parteiprozeß, auch wenn es durch den Übergang an sich zum Anwaltsprozeß würde. Rechtsanwälte mit

Kanzlei im Beitrittsgebiet, die im übergehenden Verfahren zum Prozeßbevollmächtigten bestellt sind, bleiben also nicht zuletzt, um die mit einem Anwaltswechsel verbundenen Kosten zu vermeiden (BT-Drs. 11/7817, S. 35) bis zur Beendigung des Rechtszuges zur Fortführung der Prozeßvertretung berechtigt; ob das Verfahren nach Überleitung nunmehr beim Amtsgericht, Landgericht in erster Instanz, beim Landgericht in zweiter Instanz oder beim Kammergericht weitergeführt wird, ist hierfür ohne Bedeutung. Erst für den nächsten Rechtszug (ab Rechtsmitteleinlegung) sowie für neue Verfahren, die nach Inkrafttreten des Einigungsvertrags anhängig werden, gelten uneingeschränkt die Vorschriften der ZPO.

IV. (Internationales) Europäisches Anwaltsrecht

275 Aufgrund der Verflechtung der Bundesrepublik Deutschland innerhalb der EG stellt sich auch die Problematik der Zulässigkeit einer Betätigung deutscher Anwälte in anderen Ländern der EG wie auch umgekehrt von ausländischen Anwälten aus EG-Mitgliedstaaten in der Bundesrepublik.

1. Rechtsgrundlagen

276 Bedeutsam für das europäische Anwaltsrecht sind Bestimmungen der EG sowie dazu ergangene Vorschriften der einzelnen Mitgliedstaaten.

a) EG-Recht

277 Für das Berufsrecht des Rechtsanwalts sind im EWG-Vertrag die Vorschriften für die Freiheit der Niederlassung (Art. 52 EWGV) und des Dienstleistungsverkehrs (Art. 59f. EWGV) von Bedeutung. Die in den Art. 52 und 59 EWGV genannten Freiheiten sind grundlegend im System der Gemeinschaft. Sie verleihen den von ihnen erfaßten Personen subjektive Rechte. – Gestützt auf diese Bestimmungen können Rat und Kommission – so Art. 189 EWGV – u. a. Richtlinien erlassen, die nach Art. 189 III EWGV für jeden Mitgliedstaat hinsichtlich des Ziels verbindlich sind, ihm jedoch die Wahl der Form und der Mittel zu ihrer Durchführung überlassen.

b) Nationale Regelungen

278 Zu diesen supranationalen Regelungen treten ergänzend nationale Vorschriften wie das Gesetz zur Durchführung der Richtlinien (77/249) des Rates der Europäischen Gemeinschaften vom 22. 3. 1977 zur Erleichterung der tatsächlichen Ausübung des freien Dienstleistungsverkehrs der Rechtsanwälte – **RADG** – vom 16. 8. 1980 (BGBl. I S. 1453, zuletzt geändert durch Gesetz vom 14. 3. 1990, BGBl I, S. 479).

c) EuGH-Judikatur

279 Der EuGH hat in **grundsätzlichen Entscheidungen** durch Anwendung der Bestimmungen des EWG-Vertrags zahlreiche nationale Barrieren im Niederlassungsrecht und Dienstleistungverkehr beseitigt. Zu nennen sind: Fall Reyners, *EuGH* NJW 1975, 513ff.; Fall Thieffry, NJW 1977, 1582; Fall Binsbergen, *EuGH* NJW 1975; Fall Klopp, *EuGH* AnwBl 1984, 608; Dienstleistungs-Urteil, *EuGH* NJW 1988, 878ff.; vgl. im übrigen Fall Gullung, *EuGH* BRAK-Mitt 1988, 156.

2. Niederlassungsrecht

Die Regelung des Rechts der Niederlassung von Rechtsanwälten innerhalb der EG ist noch nicht so weit fortgeschritten wie die des Dienstleistungsrechts. **280**

a) Grundsätzliche Niederlassungsfreiheit

Gemäß dem nach Ablauf der Übergangszeit seit 1970 unmittelbar anwendbaren Art. 52 EWGV werden Beschränkungen der **freien Niederlassung von Staatsangehörigen eines Mitgliedstaates** im Hoheitsgebiet eines anderen Mitgliedstaates aufgehoben, vgl. dazu *Steindorff* EuR 1988, 19ff. Das gleiche gilt für Beschränkungen der Gründung von Zweigniederlassungen. Grundsätzlich ist es nach den – Freizügigkeit garantierenden – Art. 52ff. EWGV den Mitgliedstaaten verwehrt, einem Staatsangehörigen eines anderen Mitgliedstaates das Recht auf Zugang zum Rechtsanwaltsberuf und zur Ausübung des Berufs nur deswegen zu versagen, weil der Betroffene gleichzeitig eine Rechtsanwaltskanzlei in einem anderen Mitgliedstaat unterhält (*EuGH* NJW 1985, 1275). **281**

b) Grundsatz der Inländerbehandlung

aa) Inhalt. Die Niederlassungsfreiheit umfaßt die **Aufnahme und Ausübung selbständiger Erwerbstätigkeiten** mit der Einschränkung, daß die Niederlassung „nach den Bestimmungen des Aufnahmestaates für seine eigenen Angehörigen" erfolgt, Art. 52 II EWGV. Grundsätzlich unterliegt daher der Rechtsanwalt auf der Basis des Grundsatzes des freien Niederlassungsrechts den Vorschriften des jeweiligen Mitgliedstaates (*EuGH* NJW 1975, 513). Der in dem Halbsatz von Art. 52 II EWG (Niederlassungsfreiheit „nach den Bestimmungen des Aufnahmestaates für seine Angehörigen") zum Ausdruck kommende Grundsatz der Inländerbehandlung beinhaltet, daß der Aufnahmestaat wegen fehlender gemeinschaftsrechtlicher Vorschriften die Ausübung des Anwaltsberufs sowohl für inländische als auch für ausländische Rechtsanwälte regeln kann. **282**

Der *EuGH* hat im Fall Gullung (BRAK-Mitt 1988, 156ff.) entschieden, daß Art. 52 EWG-Vertrag dahingehend auszulegen ist, daß ein Mitgliedstaat, dessen Recht den Rechtsanwälten die Zulassung bei einer Kammer vorschreibe, dieselbe Voraussetzung auch für Rechtsanwälte anderer Mitgliedstaaten vorsehen kann, die das im EWG-Vertrag garantierte Niederlassungsrecht in Anspruch nehmen, um sich als Rechtsanwalt im Hoheitsgebiet des ersten Mitgliedstaates niederzulassen. **283**

Er bedeutet aber auch, daß diese Regelung nicht zur Folge haben darf, daß Anwälte aus anderen Mitgliedstaaten an der tatsächlichen Ausübung ihres durch den Vertrag gewährleisteten Niederlassungsrechts gehindert werden. – Der grundlegende Rechtssatz der Inländerbehandlung verbietet **jede Diskriminierung aus Gründen der Staatsangehörigkeit** (*EuGH* NJW 1975, 513, Fall Reyners). Der *EuGH* hat in grundlegenden Entscheidungen die Kriterien skizziert, welche maßgebend dafür sind, ob nationale Bestimmungen noch gerechtfertigt werden können oder nicht. **284**

Nach dem Klopp-Urteil (AnwBl. 1984, 608) gibt die am EWGV gewährleistete Niederlassungsfreiheit dem Rechtsanwalt das Recht, mehr als einen beruflichen Mittelpunkt auf dem Gebiet der Gemeinschaft zu gründen und zu unterhalten unter Beachtung der beruflichen Regeln. Eine nationale Regelung, welche dem Angehörigen eines anderen Mitgliedstaates der EG die Zulassung als Rechtsanwalt und die Ausübung dieses Berufs deshalb verweigert, weil er **285** gleichzeitig eine Kanzlei in einem anderen Mitgliedstaat unterhält, ist mit Art. 52 EWGV unvereinbar.

bb) Rechtsfolgen

– Niederlassungsmöglichkeit für deutsche Rechtsanwälte.

286 Somit können sich auch deutsche Rechtsanwälte, ohne als Rechtsanwalt nach dem Berufsrecht dieses Landes zugelassen zu sein, in einem anderen EG-Staat unter den dort geltenden Rechtsvorschriften niederlassen. Ebenso ist dem im Inland zugelassenen Anwalt gestattet, zugleich im Ausland eine Kanzlei zu unterhalten, ohne durch das – nur im Inland geltende – Zweigstellenverbot (§ 28 BRAO) oder die Residenzpflicht (§ 29 BRAO) gehindert zu sein, § 29a BRAO; vgl. auch *EuGH* NJW 1985, 1275 u. NJW 1975, 1095).

287 Er hat einen Anspruch auf Befreiung von der Wohnsitzpflicht des § 27 BRAO, wenn er in anderen Staaten Kanzleien einrichtet oder unterhält. Voraussetzung ist, daß er für Gerichte und Parteien ohne Behinderung erreichbar ist; dafür muß lediglich sichergestellt sein, daß ihn Telephongespräche und Post in angemessener Zeit erreichen. Nach § 29a II BRAO kann der deutsche Rechtsanwalt auch Kanzleien im Ausland errichten ohne deutsche Kanzlei; er ist dann von der Residenzpflicht völlig befreit.

– Niederlassungsrecht für Angehörige der EG-Staaten.

288 Umgekehrt können Anwälte aus Ländern der EG sich wegen Art. 52 EWGV im Bundesgebiet niederlassen und bedürfen sie nicht mehr einer Erlaubnis nach dem Rechtsberatungsgesetz mit der Folge einer Qualifikation als Rechtsbeistand. Maßgeblich für die Voraussetzungen der Niederlassung ist das nationale Recht der BRD.

– Sozietäten, EWiV, Kooperationen.

289 Zugleich sind damit nicht nur Sozietäten zwischen deutschen und EG-Anwälten zulässig, sondern auch zwischen EG-Anwälten und Angehörigen der wirtschafts- und steuerberatenden Berufe, mit denen auch ein deutscher Anwalt eine Sozietät eingehen kann (vgl. *Rabe,* NJW 1987, 2192). – Gleiches gilt für die Gründung einer EWiV oder sonstige Kooperationen, deren Veröffentlichung – soweit nicht irreführend (vgl. *OLG Karlsruhe,* NJW 1990, 3093) zulässig ist (vgl. *OLG Hamm,* Urt. v. 11. 12. 1990, 4 U 113/90).

c) Möglichkeit von Niederlassungsrichtlinien

290 Art. 54 II EWGV sieht generell Richtlinien zur Durchführung der Niederlassungsfreiheit vor. Für Rechtsanwälte ist bisher eine solche Bestimmung noch nicht zustande gekommen, so daß derzeit das nationale Recht gilt.

d) Anerkennungsrichtlinie

291 Der Ministerrat der EG hat am 22. 6. 1988 eine auf Art. 57 I EWGB gestützte „Richtlinie über eine allgemeine Regelung zur Anerkennung des Hochschuldiplome, die eine mindestens dreijährige Berufsbildung abschließen“ verabschiedet. Es handelt sich nicht um eine Niederlassungsrichtlinie i. S. d. Art. 57 II EWGV. Diese Richtlinie ist zwischenzeitlich verbindlich (Diplom-Anerkennungsrichtlinie Nr. 89/48/EWG vom 21. 12. 1988, Amtsblatt EG Nr. L 19/S. 16 v. 24. 1. 1983).

292 **aa) Inhalt.** Die Anerkennungsrichtlinie verzichtet auf eine **Harmonisierung der Ausbildungsbedingungen der Mitgliedstaaten.** Gestützt auf Art. 57 I EWGV geht sie vielmehr davon aus, daß ein Berufsangehöriger, der im Heimat-

oder Herkunftsland die für den Berufszugang erforderliche Ausbildung erworben hat, seinen Beruf auch in den anderen Mitgliedstaaten ausüben kann. – Ob sich für deutsche Juristen auf dem Umweg über die Zulassung bei einem EG-Land die Möglichkeit eröffnet, das mehr als fragwürdige 2. Staatsexamen zu unterlaufen (so *Friese* NJW 1988, 3073; s. a. *Everling,* C 57), sei hier dahingestellt. Auf jeden Fall wird die Kürze der Ausbildung in anderen EG-Staaten mit der Möglichkeit einer früheren Spezialisierung die Diskussion über die Juristenausbildung in der BRD neu entfachen (vgl. dazu auch die Gutachten E. u. F. zum 58. DJT 1990).

bb) Zeitliche Kompensation. Der Grundsatz der allgemeinen Anerkennung der Hochschuldiplome bei gleichzeitigem Verzicht auf eine Harmonisierung der Ausbildungsbedingungen der Mitgliedstaaten erfordert Anpassungsinstrumente. Daher enthält die Anerkennungsrichtlinie die Möglichkeit einer zeitlichen Kompensation bei **unterschiedlicher Ausbildungsdauer,** ferner die Befugnis des Aufnahmestaates, im Falle wesentlicher Unterschiede des Ausbildungsinhalts oder des Tätigkeitsbereichs einen Anpassungslehrgang von maximal 3 Jahren oder eine Eignungsprüfung vorzuschreiben. Dieser „Ausnahmetatbestand" liegt nach Auffassung des Ministerrats vor allem bei den juristischen Berufen vor. Daher räumt die Richtlinie dem Aufnahmestaat die Befugnis ein, als weitere Voraussetzung für die Anerkennung von Hochschuldiplomen der Juristen entweder einen **Anpassungslehrgang oder eine Eignungsprüfung vorzusehen.** Daneben muß der Anerkennungsbewerber über die zur Ausübung seines Berufs notwendige **Kenntnis der Sprache** des Aufnahmestaats verfügen. **293**

e) Praxis einzelner Staaten in der Übergangszeit

Die Mitgliedstaaten der EG sowie die nationalen Anwaltsorganisationen haben zwischenzeitlich damit begonnen, die nationale Niederlassungspraxis dem EG-Recht anzupassen (vgl. auch *Everling,* C 69ff.). Die Diplom-Anerkennungsrichtlinie ist jedoch bisher in keinem Staat der EG umgesetzt worden (vgl. aber *Everling,* C 69ff.). **294**

Im Vorgriff auf die Anerkennungsrichtlinie liegen inzwischen in Frankreich und Belgien nationale Regelungen zur Erleichterung der Niederlassung von ausländischen Rechtsanwälten vor.

aa) Frankreich. Das französische Dekret vom 22. 10. 1985 (vgl. auch *Everling* C 74; *H. Lang* BRAK-Mitt 1990, 13; *Gellner* BRAK-Mitt 1986, 8 u. *Niggemann* BRAK-Mitt 1986, 127; *Rabe* NJW 1987, 219f.) sieht vor, daß ein ausländischer Rechtsanwalt aus EG-Staaten die **Zulassung zur französischen Anwaltschaft,** das Recht auf Aufnahme als gleichberechtigtes Mitglied eines Barreau (einer Rechtsanwaltskammer) und die Ausübung der Tätigkeit unter der französischen Berufsbezeichnung Avocat in Frankreich erlangen kann, wenn er **295**

- Mitglied einer Rechtsanwaltskammer in seinem Heimatstaat ist,
- eine (grundsätzlich) mindestens achtjährige Berufsausübung in einem der Mitgliedstaaten der EG nachweisen kann (was mit der Anerkennungsrichtlinie in Kollision stehen dürfte),
- und eine Prüfung ablegt, die sich – neben der Kontrolle ausreichender Sprachkenntnisse – auf die französische Gerichtsverfassung, das Prozeßrecht und das Berufsrecht erstreckt.

296 **bb) Belgien.** Bei den Barreaux der Brüsseler Advokaten wird eine sog. **„Liste B"** geführt. In diese Liste kann sich ein ausländischer Rechtsanwalt eintragen, wenn er
- die Versicherung abgibt, daß er in Belgien nur ausländisches Recht oder das Recht der EG behandelt,
- die Standesrichtlinien der Brüsseler Barreaux anerkennt.

In diesem Rahmen kann er auch eine Partnerschaft (Sozietät) mit Brüsseler Kollegen eingehen.

f) Regelung in der BRD

Anwälte aus EG-Staaten können sich in der BRD niederlassen auf zweifache Art und Weise:

297 Nach § 206 I BRAO sind sie berechtigt, sich unter der heimischen Berufsbezeichnung niederzulassen, wenn sie auf Antrag in die für den Ort ihrer Niederlassung zuständige Rechtsanwaltskammer aufgenommen worden sind. Ihr Tätigkeitsbereich ist jedoch auf das ausländische und das internationale Recht beschränkt, was angesichts des EG-Rechts problematisch ist, ganz abgesehen davon, daß bei Grenzüberschreitungen eine Kontrolle ohnehin nicht möglich ist (vgl. *Everling,* C 53, Fn. 110; s. a. *ders.* BRAK-Mitt 1989, 172; krit. auch *Rabe,* NJW 1987, 2192).

298 Den deutschen Rechtsanwälten gleichgestellt sind Anwälte aus EG-Staaten bei einer Niederlassung nach dem Gesetz vom 6. 7. 1990 zur Umsetzung der Richtlinie des Rates vom 21. 12. 1988 über eine allgemeine Regelung der Anerkennung der Hochschuldiplome, die eine mindestens dreijährige Berufsausbildung abschließen, für die Berufe des Rechtsanwalts und des Patentanwalts (BGBl I, S. 1349 ff.) – Dieses Umsetzungsgesetz erlaubt Anwälten aus EG-Staaten die Niederlassung in der BRD als „Rechtsanwalt" und ohne Beschränkung des Tätigkeitsgebiets und eröffnet daher die Möglichkeit einer Beratung und Vertretung auch in deutschem Recht. Voraussetzung ist jedoch nach § 1 das Bestehen einer staatlichen Eignungsprüfung zum Nachweis der Fähigkeit, den Beruf eines Rechtsanwalts in der BRD auszuüben, § 2. Prüfungsamt ist nach § 3 das für eine zweite juristische Staatsprüfung zuständige Prüfungsamt. Prüfungsfächer sind nach § 5 das Pflichtfach Zivilrecht, zwei Wahlfächer und das Recht für das berufliche Verhalten der Rechtsanwälte. Die Prüfung besteht aus einem schriftlichen Teil mit zwei Aufsichtsarbeiten sowie einer mündlichen Prüfung mit einem Kurzvortrag und einem Prüfungsgespräch, § 6.

Es sei hier dahingestellt, ob die Neuregelung die Grenzen einhält, die ihr durch die Richtlinie und durch Art. 52 EWGV gesetzt sind (dazu *Everling,* C 48 ff.). Keinesfalls darf die Eignungsprüfung eine zweite juristische Staatsprüfung sein; auch dürfen keine übertriebenen Anforderungen an die Kenntnis der deutschen Sprache gestellt werden.

Der *BGH* (BRAK-Mitt 1990, 49) hat im übrigen dem *EuGH* die Frage zur Vorabentscheidung vorgelegt, ob es die Niederlassungsfreiheit nach Art. 52 EWGV verletzt, wenn ein Angehöriger der EG, der bereits in seinem Heimatstaat als Rechtsanwalt zugelassen und tätig und im Aufnahmestaat seit fünf Jahren als Rechtsbeistand zugelassen und in einer dort ansässigen Rechtsanwaltskanzlei ebenfalls tätig ist, nur nach den gesetzlichen Regeln des Aufnahmestaates zur Rechtsanwaltschaft im Aufnahmestaat zugelassen wird.

3. Dienstleistungsrecht

Von der Niederlassungsfreiheit ist zu unterscheiden die Freiheit des grenzüberschreitenden Dienstleistungsverkehrs Art. 59, 60 EWGV. **299**

a) Gegenstand des Dienstleistungsverkehrs

Das Dienstleistungsrecht betrifft den grenzüberschreitenden Dienstleistungsverkehr, d. h. die **vorübergehende grenzüberschreitende Tätigkeit** im Ausland (vgl. Art. 60 III EWGV) eines in einem EG-Staat niedergelassenen Rechtsanwalts. Er berührt nicht das Niederlassungsrecht des Mitgliedstaates. Der in der BRD niedergelassene deutsche Anwalt kann daher nicht die Dienstleistungsrichtlinie oder die dazu ergangene EuGH-Rechtsprechung innerhalb der BRD, in der das **Lokalisationsprinzip gilt,** für sich in Anspruch nehmen. Dabei sollte nicht verkannt werden, daß angesichts der EG-Dienstleistungs- wie Niederlassungsregeln das schon unter binnenstaatlichen Aspekten nicht zu rechtfertigende Lokalisationsprinzip noch unhaltbarer wird. **300**

Auch die Erbringung der Dienstleistung hat unter den Voraussetzungen zu erfolgen, welche der Staat für seine Angehörigen vorschreibt, Art. 60 III EWGV.

b) Abgrenzung der Dienstleistungen von der Niederlassung

Angesichts der sehr hohen Hürden für eine dauernde Niederlassung innerhalb der Mitgliedstaaten kommt der Frage nach deren Abgrenzung von der vorübergehenden Dienstleistung eine nicht unerhebliche Bedeutung zu. Fraglich ist, ob eine Umgehung der Niederlassungsbestimmungen wie auch teilweise der Bindungen des Rechts des Dienstleistungsorts (z. B. Lokalisation) zulässig ist, bedeutsam für EG-Anwälte vor allem in Grenzbereichen (Elsaß, Lothringen, Luxemburg, Belgien oder den Niederlanden) wie auch umgekehrt für deutsche Anwälte in entsprechenden Regionen. **301**

Aus dem EWG-Vertrag ergibt sich, daß mit der Niederlassung der Mittelpunkt der Erwerbstätigkeit von einem Mitgliedstaat in einen anderen verlagert oder dort eine dauerhafte sekundäre Niederlassung begründet wird. Bei den Dienstleistungen behält der Erwerbstätige nach Art. 59, 60 EWGV seinen gewerblichen Mittelpunkt in einem Mitgliedstaat bei und wird von diesem aus in einem anderen Mitgliedstaat „vorübergehend" tätig, ohne dort eine Niederlassung, etwa in Form einer Zweigniederlassung oder eine Agentur zu gründen (*Everling,* C 31). Wann eine Tätigkeit „vorübergehend" ausgeübt wird, ist abstrakt schwer zu bestimmen. Seitens des EuGH ist bisher noch keine Klärung erfolgt (vgl. *Everling,* C 32f. m. w. N.). Klare Kriterien für eine Abgrenzung fehlen. Maßgeblich ist auf jeden Fall die Art, in der der Erwerbstätige in dem Herkunftsstaat verwurzelt bleibt und sich im Aufnahmestaat einrichtet. Von wesentlicher Bedeutung ist dabei die Dauer der Tätigkeit; insoweit sieht die Richtlinie über die Einreise und den Aufenthalt vor, daß bei mehr als dreimonatiger Leistungserbringung der Mitgliedstaat, in dem die Leistung erbracht wird, zum Nachweis dieses Rechts eine Aufenthaltserlaubnis ausstellt.

Rechtsanwaltsdienstleistungen – wie einzelne Beratungs-, Besprechungs- und Verhandlungstermine – werden i. d. R. – von langwierigen Strafverfahren abgesehen – erheblich weniger als drei Monate in Anspruch nehmen. Möglich ist jedoch eine jederzeitige wiederholte und dauerhaft ausgeübte Dienstleistung ebenso wie die Wahrnehmung einer größeren Anzahl von Mandaten. Auf diese

Weise könnten die Niederlassungsbestimmungen umgangen werden, wenn auch der Anwalt sich keine eigene Kanzlei errichten oder bei einer inländischen Kanzlei als Sozius oder Mitarbeiter erscheinen dürfte auf Briefkopf oder Praxisschild mit der Folge einer unzulässigen ständigen Präsenz. Bei einer derartigen „faktischen" Niederlassung kann auf jeden Fall der im Inland geforderte Befähigungsnachweis für die Niederlassung verlangt werden.

c) EG-Richtlinie

302 Der Dienstleistungsverkehr ist anknüpfend an die Art. 57 u. 66 EWGV geregelt in der Richtlinie (77/249 EWG) des Rates der EG vom 22. 3. 1977 (AnwBl. 1977, 200ff.) zur Erleichterung der tatsächlichen Ausübung des freien Dienstleistungsverkehrs ist.

303 **aa) Maßgeblichkeit des Rechts des Dienstleistungsortes.** Danach gilt, daß für die beruflichen Tätigkeiten, die mit der Vertretung oder der Verteidigung des Mandanten im Bereich der Rechtspflege oder von Behörden zusammenhängen, sowie für das Berufsordnungsrecht, nicht nur das Recht des Sitzlandes, sondern auch des Staates zur Anwendung kommt, in dem die Dienstleistung erbracht wird. Allein das Recht des Sitzlandes, d.h. des Landes, in dem der dienstleistende Anwalt seinen Sitz hat, gilt, soweit es um Fragen geht, die mit der beruflichen Qualifikation zusammenhängen.

Die Richtlinie 77/249 ist – so der *EuGH* im Fall Gullung (BRAK-Mitt 1988, 156) – dahingehend auszulegen, daß ihre Bestimmungen von einem in einem Mitgliedstaat niedergelassenen Rechtsanwalt im Hinblick auf die Ausübung seiner Tätigkeit als Dienstleistungserbringer im Hoheitsgebiet eines anderen Mitgliedstaates nicht geltend gemacht werden können, wenn diesem der Zugang zum Rechtsanwaltsberuf im letztgenannten Mitgliedstaat aus Gründen der Würde, der Ehrbarkeit und der Rechtschaffenheit untersagt worden ist.

Das wesentliche Prinzip der Richtlinie (77/249 EWG) ist, daß alle in der Gemeinschaft tätigen Anwälte, welcher Ausbildung oder Bezeichnung auch immer, als Rechtsanwälte in der gesamten Gemeinschaft anerkannt werden (vgl. dazu *Rabe* NJW 1987, 2185ff.). Eine EG-Anwalt, der nicht die deutsche Anwaltszulassung hat, darf jedoch nicht den Titel Rechtsanwalt führen, da die Anwälte nur die **Berufsbezeichnung ihres Herkunftslandes** verwenden dürfen (vgl. § 2 I 2 RADG).

Wenn ein deutscher Rechtsanwalt auch die Berufsbezeichnung des Aufnahmestaates führen möchte, muß er die Voraussetzungen der ausländischen Kammerzulassung erfüllen (*EuGH* BRAK-Mitt 1988, 156, Fall Gullung).

304 **bb) Beschränkungen im Bereich der Rechtspflege.** Die Vertretung im Bereich der Rechtspflege oder vor Behörden ist jedem EG-Anwalt erlaubt. Sie durfte bisher nur unter den im jeweiligen Aufnahmestaat für die dort zugelassenen Rechtsanwälte vorgesehenen Bedingungen ausgeübt werden; hier haben sich Änderungen aus dem Dienstleistungsurteil des EuGH ergeben, nach dem EG-Anwälten vor allen deutschen Gerichten einschließlich der OLGe mit Ausnahme des BGH auftreten können, bei Zulassungsgerichten allerdings nur im Einvernehmen mit einem deutschen Rechtsanwalt. – Nach Art. 5 der Anwaltsrichtlinie kann ein Mitgliedstaat den in den anderen Mitgliedstaaten als Rechtsanwalt tätigen Personen für die Ausübung der Tätigkeiten, die mit der Vertretung und der Verteidigung von Mandanten im Bereich der Rechtspflege verbunden sind, als Bedingungen auferlegen, daß sie im **Einvernehmen** mit einem

„bei dem angerufenen Gericht zugelassenen Rechtsanwalt", der ggf. diesem Gericht gegenüber die Verantwortung trägt, handeln. Wegen Art. 59, 60 EWGV darf allerdings aus Gründen der Staatsangehörigkeit oder wegen des Aufenthalts in einem anderen als dem Mitgliedstaat, in dem die Leistung zu erbringen ist, **keine Diskriminierung** des Dienstleistungserbringers erfolgen; so der *EuGH* (NJW 1975, 1095) im Fall (van Binsbergen), eines niederländischen Rechtsanwalts, der seinen Wohnsitz nach Belgien verlegte und weiter vor dem niederländischen Sozialgericht, wo kein Anwaltszwang herrschte, auftreten wollte. – Für Syndikusanwälte kann die § 46 BRAO entsprechende Regelung angewendet werden.

cc) Rechtsstellung im Dienstleistungsland. Alle nationalen Durchführungs- **305**
vorschriften enthalten den Grundsatz, daß Anwälte der EG-Mitgliedstaaten bei vorübergehender Tätigkeit in anderen EG-Staaten wie **nationale Anwälte** anerkannt werden und grundsätzlich auch die gleichen Befugnisse haben; der Gastanwalt kann sich daher im EG-Bereich in gleicher Weise wie ein lokaler Anwalt auf Verschwiegenheitspflicht, Zeugnisverweigerungsrecht, Beschlagnahmeverbote usw. berufen; er unterliegt aber auch den gleichen gesetzlichen Geboten und Verboten.

d) Regelung in anderen EG-Staaten

Die EG-Richtlinie, welche kein in den Mitgliedstaaten unmittelbar geltendes **306**
Recht darstellt, ist umgesetzt worden in Durchführungsvorschriften der einzelnen EG-Staaten. Die anderen Mitgliedstaaten haben sich im wesentlichen darauf beschränkt, den Art. 5 der Richtlinie, der das Einvernehmen mit einem Rechtsanwalt des Aufnahmestaates betrifft, in das nationale Recht zu übernehmen. Sie haben aber – anders als das deutsche Durchführungsgesetz (RADG dazu unter f) – davon abgesehen, näher zu regeln, wie das Einvernehmen herzustellen ist (vgl. aber zu Spanien *Friese,* AnwBl. 1990, 87). Die Durchführungsvorschriften der anderen Staaten enthalten auch **keine Beschränkungen für das Auftreten vor Gericht,** die im deutschen Durchführungsgesetz aus dem Lokalisierungsprinzip abgeleitet worden sind. Dies dürfte darauf zurückzuführen sein, daß ein solches Prinzip in dem Recht der anderen Staaten, sofern es überhaupt gilt, nur eine untergeordnete Rolle spielt. Deutsche Rechtsanwälte, welche in anderen EG-Staaten Dienstleistungen erbringen wollen, müssen die dortigen Durchführungsbestimmungen zur EG-Richtlinie beachten. Zu den Regelungen in den EG-Staaten: *Everling,* C 69ff.; *Friese,* AnwBl. 1990, 87 u. *Dörig u.a.* AnwBl. 1990, 315 (Spanien); *A. Maier,* AnwBl. 1989, 321; s.a. AnwBl. 1990, 316 (Frankreich); *Spigt,* BRAK-Mitt 1989, 184 (Niederlande); *Triebel,* AnwBl. 1989, 578.

e) Regelung der BRD

In seiner Entscheidung vom 25. 2. 88 (NJW 1988, 878ff.) hat der *EuGH* **307**
entschieden, daß die BRD mit ihrem Rechtsanwaltsdienstleistungsgesetz (RADG v. 16. 8. 1980, BGBl I/1453) gegen ihre Pflichten aus dem EWG-Vertrag und der Richtlinie 77/249 verstoßen hat. Das deutsche Gesetz schränkte die Tätigkeit der ausländischen Dienstleistungserbringer durch eine Überstrapazierung des Einvernehmenserfordernisses mittels zahlreicher „Gouvernantenklauseln" unverhältnismäßig ein.

Die BRD hat zwischenzeitlich das RADG geändert (vgl. G v. 14. 3. 1990, BGBl. I, S. 479). Danach dürfen EG-Anwälte unter der Berufsbezeichnung des Herkunftsstaates (§ 2 I RADG) im Inland vorübergehend tätig sein.

308 **aa) Weitgehende Freiheit des EG-Anwalts.** Die Vertretungsbefugnis der EG-Anwälte ist nur vor dem BGH beschränkt, also nicht – wie z. T. in der BRD – für die OLG (vgl. § 3 III RADG). Nach der zentralen Bestimmung des § 4 RADG dürfen in gerichtlichen und bestimmten behördlichen Verfahren, in denen Anwaltszwang besteht, EG-Anwälte nur im **Einvernehmen mit einem deutschen Rechtsanwalt** handeln, der zur Vertretung bei dem Gericht oder der Behörde befugt ist. Das Einvernehmen ist **(nur) bei der ersten Handlung** gegenüber dem Gericht oder der Behörde **schriftlich** nachzuweisen. Neben dieser geringen formellen Einvernehmenspflicht unterliegt daher der EG-Anwalt keiner weiteren Einschränkung. Er kann daher beratend und vor den meisten Behörden in der ganzen BRD ohne jede Beschränkung tätig werden. Er ist im Gegensatz zu seinen deutschen Kollegen, welche dem unhaltbaren Lokalisationsgebot unterliegen (dazu oben Rdnrn. 86f.) auch berechtigt, vor allen Gerichten der BRD und zwar auch der LG und OLG ohne jede lokale Beschränkung aufzutreten, wenn er die niedrige Einvernehmenshürde (Postkarte genügt) überwunden hat.

309 **Haftungsrechtlich** bedeutsam ist die Bestimmung des § 4 I 3 RADG, wonach – vorbehaltlich einer anderen vertraglichen Vereinbarung – kein Vertragsverhältnis zwischen dem deutschen (Einvernehmens-) Rechtsanwalt und dem Mandanten zustandekommt. Letzterer muß sich daher im Schadensfall an seinen EG-Anwalt halten.

310 **bb) Berufs-(Standes-)recht bei Dienstleistungstätigkeit innerhalb der EG.** Keine Rechtssicherheit besteht bis auf weiteres im Hinblick auf die bei einer Dienstleistungstätigkeit innerhalb der EG geltenden Berufspflichten (dazu *Rabe,* NJW 1987, 2185, 2187f.).

311 **(1) Geltung des Rechts des Dienstleistungs- und des Herkunftsorts.** Aus Art. 4 EG-Dienstleistungsrichtlinie und – diesem insoweit folgend – dem RADG ergibt sich, daß für die Tätigkeit vor Gerichten und Behörden sowohl alle Standesregeln des Staates, in dem die Dienstleistung erbracht wird (des sog. Aufnahmestaates) als auch die berufsrechtlichen Verpflichtungen des Herkunftsstaates gelten. Das bedeutet, daß – so *Everling* (C 29) –, daß **der dienstleistende Anwalt den Regeln des Tätigkeitsstaates voll unterworfen ist und die des Herkunftstaates im Kollisionsfall** zurücktreten. Er darf also bei Auftreten vor Gericht, beim Umgang mit Mandanten und bei der Gebührenerhebung nicht in einer Weise handeln, die im Tätigkeitsstaat als rechts- oder standeswidrig gilt, selbst wenn es im Herkunftsstaat erlaubt ist. – Dementsprechend bestimmt § 3 I RADG, daß EG-Anwälte bei der Ausübung der Tätigkeit die Rechte und Pflichten eines deutschen Rechtsanwalts haben.

Die Verpflichtung zur Beachtung des Berufsrechts gilt jedoch nach Art. 4 EG-Dienstleistungsrichtlinie mit der Einschränkung, daß diese Regeln nur insoweit gelten, als sie von dem die Dienstleistung erbringenden Anwalt beachtet werden können und ihre Einhaltung gerechtfertigt ist, um eine ordnungsgemäße Ausübung der Tätigkeiten des Rechtsanwalts sowie die Wahrung des Ansehens (vgl. aber insoweit einschränkend BVerfGE 76, 171, 189) und des Vertrauens, welche die Stellung des Rechtsanwalts erfordert, zu gewährleisten (vgl. Art 4 EG-Dienstleistungsrichtlinie und nunmehr § 3 II RADG.).

(2) Konfliktfälle. Konflikte können dann auftreten, wenn ein im Tätigkeitsstaat vorgeschriebenens Verhalten im Herkunftsstaat verboten ist oder umgekehrt. In solchen Fällen muß – nach Everling ebenda – dem Recht am **Ort der Tätigkeit der Vorrang** eingeräumt werden, denn nach der Richtlinie soll der dienstleistende Anwalt dem inländischen Anwalt bei der Berufsausübung gleichstehen, soweit sich nicht aus dem vorübergehenden Charakter der Tätigkeit etwas anderes ergibt (vgl. auch *Willemsen,* NJW 1989, 1128). Soweit ein im Tätigkeitsstaat erlaubtes Verhalten im Herkunftsstaat verboten ist, müssen nach *Everling* (aaO.) die Regeln des ersteren angewendet werden, da sonst der Anwalt nicht wettbewerbsfähig sei. Etwas anderes könne nur gelten, wenn das Verhalten auch Auswirkungen im Herkunftsstaat habe. **312**

Daher kann ein deutscher Rechtsanwalt in England in gleichem Umfang werben wie ein Solicitor. Auch kann man für Italien ein dort zulässiges Zusatzhonorar vereinbaren, obwohl das nach deutschem Berufsrecht untersagt ist. Falls schließlich der Ort der Vereinbarung und der Tätigkeitsort auseinanderfallen, dürfte es auf den letzteren ankommen (so *Everling,* C 30).

(3) Kammerüberwachung. Nach § 6 RADG erfolgt die Überwachung der Einhaltung der Berufspflichten durch für einzelne EG-Länder zuständige inländische Rechtsanwaltskammern. Angesichts des weitgehenden Versagens zahlreicher Kammern und der von ihnen an den Tag gelegten Unsicherheit im Hinblick auf Geltung und Durchsetzung des Berufsrechts im nationalen Bereich, dürfte hier keine effiziente Kontrolle zu erwarten sein, zumal es sich nur um den – vielfach kaum faßbaren – vorübergehend tätigen (Dienstleistungs-) EG-Anwalt handelt. **313**

f) Notwendigkeit einer liberalen Harmonisierung des Berufsrechts in der EG

Zur Vermeidung einer nicht hinnehmbaren Ungleichbehandlung bzw. umgekehrten Diskriminierung deutscher Rechtsanwälte ist dringendst eine Liberalisierung des EG-Rechts auf dem vertretbarsten freiheitlichen Nenner erforderlich. Sie kann erreicht werden, wenn man bereit ist, sich von antiquierten Berufsbildern zu lösen und alle Regelungen an dem Maßstab mißt, die das deutsche Grundgesetz für Einschränkungen der Berufsausübungsfreiheit fordert: Es muß genau geprüft werden, ob die Berufspflichten **„unerläßlich sind für die Funktionsfähigkeit der Rechtspflege"** (*BVerfGE* 76, 171 ff.; NJW 1990, 2122). Dies ist – wie die Überprüfung des Kartenhauses der Standesrichtlinien zwischenzeitlich gezeigt hat – bei den meisten Berufspflichten nicht der Fall. **314**

Bei den angelaufenen Reformbestrebungen sollte man den Blick über den nationalen Tellerrand nicht verlieren. Es empfiehlt sich nicht, nationale Regelungen zu statuieren, welche wie z. B. das Sachlichkeitsgebot (so aber nicht überzeugend *Zuck,* NJW 1988, 179, Fn. 44) keine Chance haben, international – vor allem von Ländern mit größerer liberaler Tradition – akzeptiert zu werden (vgl. *Kleine-Cosack,* NJW 1988, 172).

Die Notwendigkeit europäischer bzw. internationaler Berufsregeln steht außer Frage. Die Delegationen der zwölf Mitgliedstaaten im Rat der Anwaltschaften der EG haben am 23. 10. 1988 einen Beschluß gefaßt über Standesregeln der Rechtsanwälte der Europäischen Gemeinschaft, CCBE (vgl. Beihefter zu Heft 3/89 der BRAK-Mitt; ferner AnwBl. 1989, 647; dazu *Weil,* AnwBl. 1988, 632). **315**

4. Drittländer

a) Anwälte aus Drittländern in der BRD

316 Anwälte aus (Dritt-)Ländern außerhalb der EG, welche sich weder auf den EWGV noch auf Art. 12 GG berufen können und welche nicht zur Rechtsanwaltschaft nach deutschem Recht zugelassen sind, unterliegen deutschem Recht, also dem RBerG und der BRAO.

317 **aa) Niederlassung.** Für die Niederlassung bestimmt § 206 II BRAO, daß Anwälte aus Drittländern sich **wie EG-Anwälte gem. § 206 I BRAO** niederlassen können nach Aufnahme in die für den Ort ihrer Niederlassung zuständige Rechtsanwaltskammer, falls die Gegenseitigkeit mit dem Herkunftsstaat verbürgt ist. Der BMJ ist ermächtigt, durch Rechtsverordnung die Staaten zu bestimmen, für deren Angehörige dies gilt. Die Befugnis zur Rechtsbesorgung ist jedoch beschränkt auf das Recht des Herkunftsstaates wie z. B. der USA, was wenig überzeugend ist.

318 **bb) Erlaubnis nach RBerG.** Soweit die Voraussetzungen des § 206 II BRAO nicht vorliegen, setzt die Niederlassung von Rechtsanwälten aus Drittländern weiterhin voraus, daß ihnen als Rechtskundigen in einem ausländischen Recht eine **Erlaubnis nach Art. 1 I 2 Nr. 5 RBerG** erteilt wird. Nur nach deren Erteilung dürfen sie ein Büro oder eine Zweigstelle unterhalten oder in eine bestehende Kanzlei eintreten (vgl. *Jessnitzer,* BRAK-Mitt 1985, 78, 80), welche bisher i. d. R. beschränkt ist auf europäisches Gemeinschaftsrecht und ausländisches Recht. Sie sind der Dienstaufsicht der Landgerichts- und Amtsgerichtspräsidenten unterworfen.

Um in der mündlichen Verhandlung nach den Regeln der ZPO vor Gericht auftreten zu können, bedarf der ausländische Rechtsanwalt nach dem RBerG noch der besonderen Zulassung als sog. Prozeßagent nach § 157 III ZPO, sofern er nicht Mitglied einer deutschen Rechtsanwaltskammer ist (vgl. *Feuerich,* BRAO § 3 Rdnr. 61 m. w. N.).

319 **cc) Zulässigkeit einer Sozietät mit deutschen Rechtsanwälten.** Da sie als Rechtsbeistände gelten, anders als die – bisherigen – Vollrechtsbeistände, jedoch – bisher – nicht die Möglichkeit hatten, Mitglied einer Rechtsanwaltskammer zu werden, wurde in der Vergangenheit im Hinblick auf § 30 RiLi eine Sozietät mit deutschen Rechtsanwälten für unzulässig erachtet (vgl. *Rabe,* NJW 1987, 2192). Die Fortgeltung dieser Richtlinie ist jedoch zu verneinen im Hinblick auf den für die deutschen Rechtsanwälte geltenden Art. 12 GG (vgl. auch *Feuerich,* AnwBl. 1988, 508f.). Eine **Sozietät mit deutschen Rechtsanwälten ist daher zulässig** (vgl. auch *EGH Hamburg* BRAK-Mitt 1984, 89) ebenso wie die Aufführung des Namens des ausländischen Rechtsanwalts auf dem Praxisschild bzw. dem Kanzleibrief mit der Berufsbezeichnung des Herkunftslandes.

b) Deutsche Anwälte in Drittländern

320 Grundsätzlich können auch deutsche Rechtsanwälte in Ländern außerhalb der EG tätig sein. Auch sind sie berechtigt, dort Zweitniederlassungen zu errichten (vgl. auch *Zuck,* NJW 1987, 3035), zumal das Zweigstellenverbot nur für das Territorium der BRD gilt; die entsprechende Mitteilung auf dem Briefbogen verletzt nicht das Werbeverbot.

aa) Maßgeblichkeit des Rechts des Niederlassungsstaates. Für die Niederlassung deutscher Anwälte im Ausland gelten grundsätzlich die nationalen Regelungen des Niederlassungsstaates. Die Bedingungen der Niederlassung richten sich daher nach den Vorschriften über die Tätigkeit von Anwälten (Rechtsberatern), welche nicht die Qualifikation und die Zulassung des Niederlassungsstaates besitzen. **321**

bb) Beispiele. Diese Bedingungen sind in den einzelnen Ländern sehr unterschiedlich. Sie reichen von dem generellen Verbot der Niederlassung ausländischer Anwälte (unter dieser Berufsbezeichnung) in China über neuerdings unter der Voraussetzung der Gegenseitigkeit geltende, manche Beschränkungen enthaltende Regelungen für die Tätigkeit ausländischer Rechtsanwälte in Japan bis hin zu liberalen Regelungen in den Ländern des ehemaligen britischen Commonwealth und in einigen Staaten der USA wie etwa im Staate New York, wo sich ausländische Anwälte als Legal Consultants niederlassen können und mit geringfügigen Beschränkungen Rechtsberatung betreiben können (zum ganzen *Rabe,* NJW 1987, 2188 m. w. N. sowie speziell zu den Niederlassungsmöglichkeiten deutscher Rechtsanwälte in den USA *Knapp,* BRAK-Mitt 1989, 186). **322**

H II. Sozietäten

Dr. Benno Heussen

Übersicht

Literatur: DAV Ratgeber „Praktische Hinweise für junge Anwälte", 1989; *Ahlers,* Die Rechtsanwalts-GmbH, AnwBl. 1991, 10; *Braun,* Sozietäten-Statistik, BRAK-Mitt 1988, 279; *Gleiss,* Soll ich Rechtsanwalt werden? 2. Aufl. 1987, S. 169ff.; *Grüninger,* Die deutsche Rechtsanwaltssozietät als Mitglied einer EWiR, AnwBl. 1990, 228; *Klaas,* Ausscheiden aus freiberuflichen Sozietäten unter steuerlichen Aspekten, 1988; *Kornblum* BB 1973, Seite 218; *ders.* NJW 1981, 2735; *Michalski,* Die freiberufliche Zusammenarbeit AnwBl. 1989, 65; *Oppenhoff,* Anwaltsgemeinschaften, ihr Sinn und Zweck, AnwBl. 1967, 267; *Schroeder/Teichmann,* Die überörtliche Sozietät, AnwBl. 1990, 22; *Wettlaufer,* Angestellter oder freier Mitarbeiter? – Zum Einstieg in eine Anwaltskanzlei, AnwBl. 1989, 194; *Wollny,* Unternehmens- und Praxisübertragungen 1988; *Zuck,* Der ausscheidende Sozius – Die 7 Todsünden, AnwBl. 1987, 524; *ders.,* Formen anwaltlicher Zusammenarbeit, AnwBl. 1988, 19.

I. Rechtscharakter und Vergleich mit anderen Vertragsformen

1. Gesellschaftsvertrag

1 Die verbreitetste Form der Zusammenarbeit mehrerer Rechtsanwälte ist die Sozietät. Sie wird dadurch gekennzeichnet, daß die beteiligten Anwälte

- gemeinschaftliche **Mandate** und Aufträge annehmen,
- **Honorare** und Entgelte gemeinsam vereinnahmen,
- für jedes Berufsversehen unabhängig davon, wer es verursacht hat, gemeinsam **haften,**
- und dies alles durch einen gemeinsamen **Briefkopf** zum Ausdruck bringen.

Aus all diesen Elementen ergibt sich zusammengenommen ein **gemeinsamer Zweck** und der Entschluß aller Beteiligten, ihn durch koordiniertes Vorgehen zu erreichen (§ 705 BGB; grundlegend *BGH* NJW 1963, 1302).

Es wird seit Jahren darüber diskutiert, ob man Rechtsanwälten die Rechtsform der GmbH für eine gemeinsame Berufsausübung zur Verfügung stellen sollte. Aufgrund ihrer freiberuflichen Tätigkeit ist das ohne gesetzgeberische Maßnahmen nicht möglich. Statt des wohl gescheiterten Partnerschaftsgesetzes (dazu *Kleinheisterkamp* AnwBl. 1988, 581) hat der DAV einen neuen Gesetzgebungsvorschlag erarbeitet, der die Tätigkeit der Anwälte in einer GmbH unter bestimmten Bedingungen zuläßt (Vorschlag des Vorstandes des DAV AnwBl. 1990, Beilage zu Heft 4, S. 16f.). Ob dieser Vorschlag sich durchsetzen kann, ist noch ungewiß. 2

Die außerordentlich strenge BGH-Rechtsprechung zur Anwaltshaftung (vgl. E II Rdnr. 9), die auch durch Versicherungen nur begrenzt abgefangen werden kann, und die vergleichbaren Lösungen bei Steuerberatungs- und Wirtschaftsprüfungsgesellschaften spricht für einen solchen Ansatz auch bei Rechtsanwälten. Ihm werden jedoch teils steuerliche Überlegungen entgegengehalten (*Kleinheisterkamp* aaO), teils wird darauf hingewiesen, daß die persönliche Haftung außerhalb einer Kapitalgesellschaft den Ruf der Anwaltschaft mit aufrecht erhalte (*Plaas* AnwBl. 1988, 557). Im internationalen Vergleich zeigt sich, daß trotz ausufernder Haftungsrisiken (etwa in USA) Kapitalgesellschaftslösungen sich nicht durchgesetzt haben.

Sozietäten mit Rechtsanwälten außerhalb des eigenen Gerichtsbezirks wird man jetzt sowohl im **Inland** wie im **Ausland** für zulässig halten dürfen (vgl. H I Rdnrn. 94ff., 289). 3

2. Abgrenzung zur Bürogemeinschaft

Im Gegensatz zur Bürogemeinschaft, die sich im Kern auf die gemeinsame Nutzung von **Organisationsmitteln** beschränkt, ist der Zweck der Sozietät die gemeinsame Bearbeitung der übertragenen Mandate (H III Rdnr. 3). Sozietätsverträge sind jedoch manchmal durch so viele **Sonderregelungen** durchbrochen, daß im Einzelfall durchaus die Frage gestellt werden kann, ob die „Gemeinsamkeit des Zwecks" im Vertrag noch hinreichend Rückhalt findet. Das gilt vor allem dann, wenn größere Mandatsgruppen aus der Sozietät ausgegliedert werden, so daß es nur in einzelnen Bereichen zur punktuellen Zusammenarbeit zwischen den Sozien kommt. Die Zuordnung zum einen oder anderen Vertragstypus hängt also immer von der **individuellen Vertragsgestaltung** ab. 4

Eine Bürogemeinschaft, in der sich mehrere Anwälte mit besonderen Spezialgebieten zusammenschließen und eine gemeinsame, sehr leistungsfähige Organisation aufbauen, die allen beteiligten Kanzleien zur Verfügung steht, ist eine sehr bedenkenswerte Alternative zu einer Sozietätslösung. Ob sie – vor allem im internationalen Verkehr – mit Sozietäten konkurrieren kann, wird die Erfahrung zeigen.

3. Briefkopfsozietät

Wenn mehrere Bürogemeinschafter einen gemeinsamen Briefkopf verwenden, so **haften** sie nach **außen** stets wie eine Sozietät, auch wenn im Innenverhältnis keine solche besteht (*BGHZ* 70, 247 und E II Rdnr. 9f.). Diese Grundregel ist für neuere Formen der beruflichen Zusammenarbeit möglicherweise zu unflexibel. So kennt man aus USA den „off counsel", der nicht mehr unmittelbar in der Mandatsberatung tätig ist, sondern nur seinen **Kollegen** noch mit 5 gutem Rat zur Seite steht. Daraus mag sich in der Zukunft eine Haftungsbeschränkung für diesen ausgeschiedenen, im Briefkopf aber noch genannten Rechtsanwalt ergeben, wenn sich eine solche Verkehrsanschauung einmal gebildet hat.

4. Der Name der Sozietät

6 Nach bisherigem Standesrecht bildete sich der Name der Sozietät aus einem oder mehreren Namen der beteiligten Rechtsanwälte. Wenn ein Rechtsanwalt ausgeschieden oder verstorben war, durfte der Name nur begrenzte Zeit weitergeführt werden (§ 71 RiLi). Diese Vorschrift hat auch in der Übergangszeit **keine Bedeutung** mehr (*Feuerich* AnwBl. 1988, 502/513; *Benda* AnwBl. 1988, 7/11; zum Gesamten ausführlich Kap. H I Rdnr. 94; *BGH* AnwBl. 1991, 97; *OLG Düsseldorf* NJW 1991, 46). Auch das künftige Standesrecht dürfte die Fortführung des Namens ausgeschiedener Rechtsanwälte gestatten (Empfehlungen der Arbeitsgruppe 4/5 im DAV-Ausschuß Neues Berufsrecht, Empfehlung Nr. 3a AnwBl. 1988, 569). Damit ist der Weg für Sozietätsbezeichnungen frei, wie sie im Ausland seit langem üblich und nach internationalem Maßstab sicher unerläßlich sind (*Hauschka* AnwBl. 1988, 553 (556).

7 Um Rechtsunsicherheit bei Haftungsfragen zu vermeiden, werden sich allerdings erst Kriterien bilden müssen, unter denen ausgeschiedene Rechtsanwälte vom Risiko einer Rechtsscheinshaftung befreit werden, obgleich ihr Name nach wie vor (wenn auch mit einschränkender Kennzeichnung) auf dem Briefkopf genannt wird.

5. Vorteile der Sozietät

8 Die Sozietät hat gegenüber dem Einzelanwalt und der Bürogemeinschaft folgende Vorteile:

- Über den **Sozietätsnamen** kann ein langjähriger Good-will aufgebaut werden.
- Die **Fachreferate** (z. B. Wettbewerbsrecht, Arbeitsrecht, Verwaltungsrecht etc.) können so zugeschnitten werden, daß man sie mit mindestens zwei Rechtsanwälten besetzen kann, so daß eine wirksame Vertretung im Urlaubs- oder Krankheitsfalle gewährleistet ist, ohne Qualitätseinbußen hinnehmen zu müssen.
- Es ist fächerübergreifender **Erfahrungsaustausch** möglich.
- Es kann erheblich einfacher (vor allem innerhalb einer sich bildenden Altershierarchie) **delegiert** werden.
- Die **finanziellen Risiken** verteilen sich auf größere Kopfzahlen (und Privatvermögen).
- Dadurch kann die **Ausstattung** des Büros mit Personal, Bürotechnik, Bibliothek etc. auf dem neuesten Stand gehalten werden.
- Es kann sich **Spezialwissen** auch in kleineren Gebieten ausbilden, da der Mandantenstamm erheblich breiter angelegt ist.
- Die überörtliche und internationale **Kooperation** wird erleichert.
- Es können **länderbezogene Referate** (z. B. USA, Frankreich etc.) aufgebaut werden, in denen intensivere Sprachkenntnisse gepflegt werden (auch in den Sekretariaten).
- Die **Kompetenzfrage** wird im Rahmen der Akquisition neuer Mandate nicht mehr so intensiv gestellt.
- Die **Kooperation** mit anderen Berufsgruppen ist eher möglich.

– Der **Sozietätsanteil** läßt sich im Falle des Ausscheidens einfacher und werthaltiger **kapitalisieren,** da der Good-will nicht auf eine Einzelperson bezogen ist.

6. Nachteile der Sozietät

Die Sozietät hat demgegenüber folgende Nachteile: 9
– Die bekannt hohe Neigung der Rechtsanwälte zu individuellem Verhalten wird durch die **gesellschaftsrechtliche Bindung** innerhalb der Sozietät deutlich eingeschränkt: Das beginnt bei der Frage, wer unter welchen Umständen welches Mandat annehmen darf, wie es geführt wird, ob vereinbarte Honorare angemessen sind etc. bis hin zu Einzelfragen der Arbeitszeiteinteilung einzelner Sozien.
– Die an sich gegebene Möglichkeit zu fachlicher Kooperation bedarf laufender Pflege und darf vor allem nicht durch **Hierarchiebildungen** verhindert werden.
– Die **Initiative** junger Anwälte wird vor allem in sehr traditionell ausgerichteten Büros gelegentlich unangemessen eingeschränkt.
– Sozietätsverträge können außerordentlich drückende **Abfindungs-** oder **Pensionsregelungen** enthalten.
– Sozietäten einer bestimmten Größe stehen nicht selten latent in Problemen der **Interessenkonflikte,** vor allem, wenn sie fachlich hochspezialisiert sind.
– Vor allem aber: Die **Haftungsrisiken** in der Sozietät sind praktisch unkalku- 10
lierbar, weil auch bei intensiver Zusammenarbeit kein Sozius die in der Arbeit seines Kollegen steckenden Probleme und Haftungsgefahren auch nur annähernd realistisch beurteilen kann.

7. Abwägung der Vor- und Nachteile

Wenn auch die Vorteile der Sozietät auf den ersten Blick zu überwiegen 11
scheinen, so zeigt doch die Praxis, daß vor allem die sehr großen Sozietäten sich nur dort bilden, wo bestimmte sachliche Probleme, insbesondere im internationalen Rechtsverkehr, das erfordern. Noch heute ist ein sehr hoher Anteil selbst der amerikanischen Rechtsanwälte in kleineren Büros tätig, und zwar auch in Großstädten (vgl. *Kesspohl-Willemer,* Die US-Anwaltschaft in der Statistik, AnwBl. 1988, 532). Auch im Bereich des Wirtschaftsrechts gibt es einzelne Gebiete, bei denen kleinere, hochspezialisierte Büros, erheblich ertragreicher arbeiten als eine Sozietät dies aufgrund ihres großen Verwaltungskostenanteils könnte. Darüber hinaus leiden sehr große Sozietäten an den **Verwaltungsproblemen** großer Organisationen und geraten damit in Gefahr, einen wesentlichen Vorteil der anwaltlichen Arbeit (Individualität) wieder einzubüßen. Ob Einzelkanzlei, Bürogemeinschaft oder Sozietät die richtige Form der beruflichen Arbeit ist, hängt also stets von den individuellen Gegebenheiten der Person und der Fachrichtung eines Anwalts ab.

II. Sozietät mit Angehörigen anderer Berufsgruppen

Rechtsanwälte können Sozietäten eingehen mit anderen Rechtsanwälten, Pa- 12
tentanwälten, Steuerberatern, Wirtschaftsprüfern, und mit Rechtsbeiständen; letztere aber nur, wenn sie Mitglieder einer Rechtsanwaltskammer sind. Das

galt nach altem Standesrecht und wird auch im neuen Standesrecht voraussichtlich so bleiben (§ 24 Düsseldorfer Richtlinien AnwBl. 1988, 521 (523)).

13 Eine Sozietät ist mithin nicht zulässig zwischen einem Rechtanwalt und einem Steuerbevollmächtigten (*BVerfGE* 34, 252) und ebenso nicht zwischen einem **Anwaltsnotar** und einem Steuerberater und/oder Wirtschaftsprüfer (*BGH* NJW 1981, 364). Diese, nach bisherigem Standesrecht geltende Regel kann im Bereich der Anwaltsnotariate zu unangemessenen Ergebnissen führen. Dort sollte der Anwaltsnotar jedenfalls die Möglichkeit haben, sich im Bereich seiner Anwaltstätigkeit mit einem Steuerberater/Wirtschaftsprüfer zu assoziieren, wenn er nur den Notariatsbereich entsprechend klar ausgliedert. Rechtsprechung zu dieser Frage gibt es noch nicht.

14 Eine Sozietät mit gewerblich tätigen Berufsgruppen (z. B. Unternehmensberatern, Maklern etc.) erscheint ausgeschlossen, denn die Rechtsprechung des BGH und des BVerfG hat stets darauf hingewiesen, daß die **Unabhängigkeit** der anwaltlichen Beratungstätigkeit nicht von gewerblichen Interessen gefährdet werden darf.

15 Eine Assoziierung von Anwälten mit Steuerberatern oder Wirtschaftsprüfern, die sich in einer Kapitalgesellschaft organisiert haben, ist möglich (*EGH Baden-Württemberg* AnwBl. 1988, 245; zum Gesamten: Arbeitsbericht des DAV-Ausschusses „Neues Berufsrecht" AnwBl. 1988, 568).

III. Vertragsgestaltung

1. Zweckmäßigkeit des Sozietätsvertrages

16 Die gesetzlichen Regelungen der §§ 705ff. BGB sind auf eine Vielzahl möglicher Gesellschaften zugeschnitten und für die Anwaltssozietät daher zu **unspezifisch.** Sie müssen durch einen Sozietätsvertrag näher konkretisiert werden. Dazu gibt es einen, vom Sozietätsausschuß des DAV erarbeiteten **Mustervertrag** (DAV Ratgeber „Praktische Hinweise für junge Anwälte"). Da Sozietätsverträge, die in der Praxis auch verwendet worden sind, praktisch nicht veröffentlicht werden, kann man nur vermuten, wie umfangreich die **Vielzahl** der **Vertragsgestaltungen** ist. Dies zu ermitteln wird Aufgabe des neu gegründeten Instituts für Anwaltsrecht an der Universität Köln sein. Eine gewisse Anschauung über die Breite der Vertragsgestaltung gibt das Muster im Anhang (u. Rdnrn. 45f.). Gleichwohl gibt es viele Kanzleien, die keinen schriftlichen Sozietätsvertrag haben und in manchen Sozietätsverträgen sind wichtige Punkte nicht geregelt, wie sich erst bei späteren Auseinandersetzungen herausstellt.

2. Notwendiger Regelungsinhalt

17 Der notwendige Regelungsinhalt eines Sozietätsvertrages umfaßt folgende Einzelbereiche:

a) Bezeichnung der beteiligte Rechtsanwälte.

18 **b) Umfang** der Tätigkeiten, auf die die Sozietätsabrede sich erstreckt. Es können im Einzelfall etwa ausgenommen werden die Vergütungen aus Aufsichtsratsmandaten, Testamentsvollstreckungen, Seminartätigkeit, Veröffentlichungstätigkeit oder ähnlichen abgrenzbaren Bereichen, es sind aber auch Einschränkungen bezüglich einzelner Mandate möglich. Gibt es keine besonderen

Abreden, so unterfällt im Zweifel der gesamte Tätigkeitsbereich jedes Anwalts der Sozietätsabrede. Es ist streng darauf zu achten, daß in ausgegliederten Bereichen der **Sozietätsbriefkopf nicht** benutzt wird, da sonst eine Außenhaftung eintreten kann.

c) Beschlußfassung. In der Sozietät wird ohne besondere Regelungen nach **Kopfteilen** abgestimmt, es kann aber jede individuelle Regelung vereinbart werden. Sieht der Vertrag lediglich einen prozentualen Gewinnanteil vor, billigt aber keine Stimmrechte zu (oder schränkt sie unangemessen ein), kann der gesellschaftsrechtliche Charakter der Gesamtkonstruktion in Frage stehen (*Karsten Schmidt,* Gesellschaftsrecht, 1986, S. 446f.). 19

d) Eingebrachte Mandate. Wenn eine Sozietät nicht neu gegründet wird, bringt jeder Anwalt eigene Mandate ein. Es ist zu regeln, ob diese der allgemeinen **Gewinnabrede** unterfallen oder (ggf. mit welcher Kostenbeteiligung) einzeln abgerechnet werden. Das Einbringen von Mandaten führt nicht zur Mithaftung des Sozius, wenn ein Haftpflichtfall vor dem Zeitpunkt der Sozietätsgründung lag (*BGH* BB 1988, 658, zu den hier relevanten Steuerfragen vgl. Kap. I Rdnrn. 57f.). 20

e) Neueintritt in eine bestehende Sozietät. Manche Sozietäten nehmen neue Partner (die meist vorher als Angestellte tätig waren) in die Sozietät auf, ohne Vergütung für den bis dahin entstandenen Good-will, das Bar- und Anlagevermögen und den Wert der noch ausstehenden Honorare zu verlangen. Konsequent gibt es dann meist auch keine Abfindung im Falle des Ausscheidens. Bei anderen Verträgen wird eine Vergütung für den Wert des übertragenen Gesellschaftsanteils vereinbart, dafür aber auch eine entsprechende Abfindung festgelegt. In jedem Fall müssen die Eintrittsbedingungen geregelt werden (s. das Muster Rdnrn. 46f.). Wer einem angestellten Anwalt eine Sozietätszusage macht, kann aus c.i.c. haften, wenn er sie nicht einhält (*BAG* NJW 1976, 206 [obiter dictum]). 21

f) Gewinnverteilung. Die Gewinnverteilung kann sich an vielfältigen Kriterien orientieren, und zwar 22
- an der Kopfzahl,
- an bestimmten Umsatzgrößen einzelner Sozien,
- an der Berufserfahrung,
- an der Akquisitionsleistung,
- an der Belastung einzelner Sozien durch die Organisation.

Man kann auch ganze Mandatsbereiche aus der gemeinsamen Gewinnverteilung herausnehmen, obgleich sie unter dem gemeinsamen Briefkopf (und damit auch unter der gemeinsamen Haftung) von einem einzelnen Sozius geführt worden sind. Bei größeren Sozietäten haben sich **Punktsysteme** bewährt, die in Anlehnung an Vorbilder aus den USA übernommen worden sind. Bei einem derartigen System werden die oben zitierten (und ggf. weitere) Kriterien mit einer gewissen Punktzahl versehen, die jeweils einen bestimmten Prozentsatz des im jeweiligen Jahr zu verteilenden Gewinnes entspricht. Man kann auch die Gewinnverteilung einer Gruppe von Sozien überlassen, die für oder gegen die anderen Einzelheiten der Gewinnverteilung beschließen können, sofern das nicht einen unangemessenen Eingriff in die gesellschaftsrechtliche Konstruktion bedeutet. Das Auseinanderklaffen der Bezüge zwischen dem jüngsten und dem bestverdienenden Mitglied einer Sozietät sollte über das Verhältnis 1:5 nicht hinausgehen.

23 **g) Entnahmerecht.** Unabhängig von der Gewinnverteilung ist die Frage zu regeln, unter welchen Bedingungen Sozien Geld von den gemeinsamen Konten entnehmen können. Wenn die Umsätze sich über das Jahr hinweg kontinuierlich entwickeln, kann 1/12 **des Vorjahres-Gewinns** als Anhaltspunkt dienen, jedoch nicht mehr, als Honorare tatsächlich eingegangen sind. Entnahmen sollten nicht vorfinanziert werden. Zu beachten ist, daß die anwaltlichen Konten nur dann **Negativsalden** ausweisen dürfen, wenn entweder sämtliche treuhänderisch verwalteten Gelder sich auf **Anderkonten** befinden oder feste und im Privatvermögen der Sozien besicherte **Kreditzusagen** ausgenutzt werden, die es sicherzustellen, daß sämtliche Fremdgelder zu allen Fälligkeitsterminen ohne jede Verzögerung ausgeschüttet werden können.

Ein Verstoß gegen diese Regel führt zum strafrechtlichen Risiko der **Untreue** (vgl. E III Rdnr. 68). Auch wenn die Regel beachtet wird, sollte der entnahmefähige Betrag vorsorglich um eine **Sicherheitsreserve** von 20% vermindert werden, um unvorhersehbaren Risiken und einer möglichen Minderung des Jahresergebnisses gegenüber dem Vorjahr Rechnung zu tragen.

24 **h) Urlaubsregelung – Fortbildung.** Man sollte sowohl die Dauer des Urlaubs wie die Häufigkeit der Teilnahme an Fortbildungsveranstaltungen in den Grundzügen (ggf. wiederum nach Punktsystem) regeln.

i) Krankheit. Im Krankheitsfall muß bestimmt sein,
- bis zu welchem Zeitpunkt der Kranke weiterhin am **Gewinn** teilnimmt,
- bis zu welchem Zeitpunkt er welche Beträge **entnehmen** darf,
- wann und unter welchen Bedingungen er endgültig **ausscheiden** muß.

Solche Regelungen sind um so einfacher zu treffen, als man Unfall-, Krankheits- und Berufsunfähigkeitsrisiken jeweils koordiniert zueinander versichern kann (vgl. Kap. J). Ein Sozius sollte während der ersten 6 Wochen einer Krankheit weder im Entnahme- noch im Gewinnbezugsrecht beschnitten werden. Das insoweit entstehende Risiko für die Sozietät kann durch Versicherungen relativ günstig abgedeckt werden.

25 **j) Wettbewerbsverbote/Mandatsschutzklauseln.** Bei der Frage, ob Wettbewerbsverbote und/oder Mandatsschutzklauseln zweckmäßig sind, ist zunächst zwischen der anwaltlichen Tätigkeit und anderen Tätigkeiten zu differenzieren. Das ist nicht ganz einfach, denn die Tätigkeit des Treuhänders, Konkursverwalters etc. ist nicht notwendig eine anwaltliche. Da solche Tätigkeiten aber stets auch die Ressourcen des Büros in Anspruch nehmen, sollte darüber eine ausdrückliche Absprache getroffen werden. Im Zweifel sind sie zustimmungsbedürftig. Darüber hinaus hängt die Wirksamkeit von Wettbewerbsverboten und Mandatsschutzklauseln davon ab, für **welchen Zeitraum** sie vereinbart werden. Während der Dauer des Sozietätsvertrages ist die Tätigkeit eines Sozius auf eigene Rechnung nur mit ausdrücklicher Genehmigung möglich, was sich einfach aus der gesellschaftsrechtlichen Konstruktion der Sozietät ergibt (*Karsten Schmidt,* Gesellschaftsrecht, S. 440).

Erheblich schwieriger ist es jedoch, wenn Regelungen für den Fall des **Ausscheidens** getroffen werden. Aus naheliegenden Gründen ist es für die Sozietät eine große Gefährdung, wenn ein ausscheidender Sozius für die Sozietät wichtige Mandate mitnimmt. Zwar ist es grundsätzlich Sache des Mandanten, zu entscheiden, wer das Mandat fortführt. Der ausscheidende Sozius kann darauf aber (in standesrechtlich zulässiger Weise) Einfluß nehmen, einen Einfluß, dessen es immer dann schon nicht bedarf, wenn er bestimmte Fachkenntnisse hat, über die die anderen Sozien nicht verfügen. Man kann dieses Problem auf zweierlei Art lösen: Vereinbarungen, die den Wettbewerb des ausscheidenden Sozius mit der Sozietät mittelbar oder unmittelbar einschränken, oder die Vereinbarung eines Ausgleichs für diejenigen Mandate, die in der Sozietät nicht mehr fortgeführt werden können.

Zum ersteren Bereich gibt es eine Grundsatzentscheidung des *BGH* (NJW 1986, 2944), die es als sittenwidrig ansieht, ein zeitlich und örtlich unbegrenztes Wettbewerbsverbot zu vereinbaren. Das Urteil erklärt es grundsätzlich für zulässig, **Mandatsschutzklauseln** zu vereinbaren, „wenn mit ihnen unter angemessenen Bedingungen verhindert werden soll, daß der Ausscheidende oder Übergeber Mandanten abzieht". Soweit damit ein aktives Abwerben gemeint ist, sind die Kriterien an allgemeinen wettbewerbsrechtlichen Grundsätzen ohne weiteres zu ermitteln (Übersicht *Baumbach/Hefermehl* § 1 UWG Rdnrn. 546ff.). Die bloße Tatsache, daß der Mandant dem fachkundigeren Sozius folgt, ist jedoch kein solches Abwerben. Die Rechtsprechung läßt derzeit nicht erkennen, wie ein „örtlich und zeitlich begrenztes Wettbewerbsverbot" (*BGH* aaO) auszusehen hätte. Sachlich angemessener ist es daher, davon auszugehen, daß ein ausscheidender Sozius ihm verbundene Mandanten mitnehmen wird und für diesen Fall allerdings zugunsten der Sozietät zu vereinbaren, daß die **Entschädigung** für den Good-will, den er erhält, um den Wert der mitgenommenen Mandate sinkt. Der Vertragsentwurf (unten Rdnr. 46 § 9) geht davon aus, daß der Anteil dieser Mandate demjenigen Prozentsatz entspricht, den der Sozius bisher gehalten hat: Dies um eine mühevolle Auseinandersetzung über die Frage der „Mitnahme" und ihre Wirkung im einzelnen zu vermeiden.

k) Ausscheiden aus der Sozietät. Wie beim Eintritt gibt es auch beim Aus- 26
scheiden verschiedene Modelle, die zum Teil davon abhängen, wie die Eintrittsbedingungen gestaltet worden sind. Die früher weitgehend üblichen **Pensionsverpflichtungen** (meist angelehnt an Richterbezüge), deren wirtschaftlicher Wert schwer kalkulierbar ist, werden jetzt weniger häufig verwendet. Die Regelung über das Ausscheiden sollte auch die persönliche **Altersvorsorge** der einzelnen Sozien berücksichtigen. Trotz der häufig vorkommenden Verschiedenheit der Vermögensverhältnisse einzelner Sozien ist darauf zu achten, daß jeder wenigstens eine Grundvorsorge trifft, die sich aus steuerlichen Gründen manchmal auch zweckmäßig als Betriebsausgabe gestalten läßt (vgl. J Rdnr. 18).

Wenn man die Berechnung des good will der Rechtsprechung überläßt, kann es überraschende Ergebnisse geben (etwa *OLG Frankfurt* AnwBl. 1987, 192).

Es wird häufig übersehen, die Ausscheidensregelung so zu gestalten, daß **nachvertragliche Risiken** richtig verteilt, insbesondere Zurückbehaltungsrechte geregelt werden. Der endgültige Abfindungsbetrag kann nämlich erst feststehen, wenn die Betriebsprüfungen des **Finanzamts** und der **Sozialversicherungsträger,** die oft Jahre nach dem Ausscheidenszeitpunkt stattfinden, abgeschlossen worden sind (Rechtsmittel nicht eingerechnet). Ähnlich verhält es sich mit den **Haftungsrisiken** gegenüber den Mandanten, die ebenfalls erst nach Jahren sichtbar werden können und den Wert des Gesellschaftsanteils des Ausscheidenden deutlich mindern können.

27 **l) Organisationsverantwortung.** Die Verantwortung einzelner Sozien für bestimmte Teilbereiche der Organisation (Personal, Finanzen, Versicherungen EDV etc.) muß flexibel gehalten werden und sollte daher nicht im Sozietätsvertrag sondern über Einzelbeschlüsse im **Organisationsplan** geregelt werden.

28 **m) Steuerprobleme.** Jeder **Sozietätsvertrag** sollte von einem steuerlich versierten Anwalt oder Steuerberater auf seine steuerlichen Konsequenzen sowohl bei der einheitlichen und gesonderten Gewinnfeststellung wie auch bei den privaten Steuerverhältnissen der einzelnen Sozien überprüft werden (dazu ausführlich *Korn,* Kap. I). Es hängt stets von der Vertragsgestaltung im Einzelfall ab, ob die Vergütung, die ein eintretender Sozius zahlt, für ihn als Betriebsausgabe absetzbar (und bei den anderen als Gewinn zu versteuern) ist, oder wie ein Abfindungsbetrag bei einem der beiden Parteien jeweils steuerlich relevant wird (vgl. I Rdnrn. 53ff.). Gleiches gilt für die Zuordnung der **Versicherungen** entweder als Betriebsaufwand oder als private Ausgabe.

29 **n) Schiedsvertrag.** Jeder Sozietätsvertrag sollte eine Schiedsklausel enthalten, wobei der daraus abzuleitende Schiedsvertrag grundsätzlich in einer, vom Sozietätsvertrag **getrennten Urkunde** niedergelegt werden muß (§ 1027 ZPO).

Die Empfehlung eines Schiedsvertrages beruht auf folgenden Gründen:

– Anwälte, die sich untereinander streiten, sollten diesen Streit nicht vor Richtern austragen, vor denen sie auf ihren Ruf als abgewogene Vertreter der Mandanteninteressen angewiesen sind. In eigener Sache kann man diese Gelassenheit nicht immer aufbringen.
– Ein Anwalt als Schiedsrichter kann sich in die besonderen Spannungsfelder innerhalb einer Sozietät aufgrund eigener Erfahrung meist besser hineindenken, als dies einem Richter möglich ist.
– Streitigkeiten innerhalb einer Sozietät schaden allen Beteiligten je länger sie dauern. Beim Schiedsverfahren sind die Beteiligten nicht von der jeweiligen Gerichtsbelastung abhängig und können das Verfahren im eigenen Interesse zügig betreiben.

In dem Vorschlag für einen Schiedsvertrag (unten Rdnr. 48) ist nur ein Schiedsrichter vorgesehen: Die Erfahrung zeigt, daß ein Dreiergremium nur mehr kostet, aber kein besseres Ergebnis bringt und aus Gründen der Terminskoordinierung auch langsamer arbeitet. Es ist sehr empfehlenswert, sich auf einen Kollegen aus einem anderen OLG-Bezirk zu einigen, der keinem der Beteiligten persönlich verbunden ist. Auch ein nicht mehr in der Tagespraxis stehender Anwalt, der lange Jahre Mitglied einer Sozietät war, ist eine gute Wahl.

IV. Einzelfragen der Organisation

1. Ziele der Sozietät

30 Im Gegensatz zum Einzelanwalt, der sich beliebig nach neuen Zielen und Schwerpunkten innerhalb seiner Berufstätigkeit umsehen kann, muß der „gemeinschaftliche Zweck“ innerhalb der Sozietät definiert und stets überprüft werden. Es kann ein Ziel der Sozietät sein, ein bestimmtes Rechtsgebiet herausragend zu betreuen, es mag sein, daß die Interessen der Sozien in einer Auslandstätigkeit liegen, es können auch wissenschaftliche oder private Interessen (jeweils unter Einschluß der Einkommensaspekte) sein. Es hat sich bewährt, sol-

che **Strategiediskussionen** mindestens zweimal im Jahr zu führen und im übrigen mindestens einmal monatlich eine Organisationsbesprechung abzuhalten, denn die Organisation folgt den gewählten Zwecken unmittelbar. Die Art der Sachbehandlung kann im Detail zweckmäßig in einer täglich vereinbarten **Postbesprechung** koordiniert und harmonisiert werden, bei der vor allem die jüngeren Anwälte Erfahrungen quer durch die Sachgebiete sammeln können.

2. Verteilung der Mandate

Mandate, die die Sozietät erhält, können wie folgt zugeordnet werden: **31**
- Bezogen auf die **Person** eines einzelnen Sozius, vor allem dann, wenn er eine persönliche Beziehung zum Mandanten hat;
- Bezogen auf ein bestimmtes, in der Sozietät gebildetes **Sachgebiet;**
- In einer **Mischform,** bei welcher ein Sozius eine bestimmte Zahl Mandanten betreut, deren unterschiedliche Probleme er aber bürointern von verschiedenen Referaten bearbeiten läßt.

Die persönliche Betreuung eines Mandanten auch auf Fachgebieten, bei denen man keine ausreichenden Spezialkenntnisse hat, ist aus Haftungsgründen zu riskant. Eine rein auf das eigene Sach- und Spezialgebiet bezogene Betreuung ist ebenfalls nicht immer möglich, weil der Mandant, der den Arbeitsstil eines bestimmten Sozius besonders bevorzugt, das nicht unter allen Umständen hinnimmt.

In der Regel wird man also Mischformen zwischen diesen drei Wegen finden **32** müssen. Sie gelingen nur, wenn jeder Sozius vorbehaltlos bereit ist, in seinem Spezialgebiet intern zu delegieren und an ihn delegierte Aufträge sorgfältig zu bearbeiten. Darin steckt ein erhebliches Spannungspotential, das man aber in den Griff bekommt, wenn man Arbeitsgruppen aus älteren und jüngeren Anwälten bildet.

3. Innere Organisation der Sozietät

Schon der Einzelanwalt sollte einen **Organisationsplan** haben, die Sozietät **33** braucht ihn auf alle Fälle, da neben der Mandatsbetreuung eine Fülle von Organisationsaufgaben zu erledigen sind, bei denen Kompetenz (und Verantwortung) festgelegt werden müssen. Auch dann, wenn einzelne Aufgaben von Bürovorstehern oder Sekretärinnen ausgeführt werden, muß ein Sozius für die Überwachung verantwortlich sein. Als zweckmäßige **Referatsgliederung** hat sich erwiesen:
- Personal;
- Finanzen, Controlling, Einkauf;
- Verträge, Versicherungen;
- Ausbildung, Fortbildung;
- Akten- und Fristorganisation;
- EDV, Textverarbeitung;
- Bibliothek, know-how-Verwaltung,
- Steuern, Buchhaltung.

4. Interne Kommunikation

Informelle Entscheidungen sind so lange möglich, als die Zahl der beteiligten **34** Sozien überschaubar bleibt. Schon bei kleineren Sozietäten empfiehlt es sich

gleichwohl, bestimmte Besprechungen festzulegen, die nach Inhalt und Datum rechtzeitig vereinbart werden. Es kommen in Frage:
- **Täglich:** Postbesprechung;
- **Monatlich:** Besprechung der betriebswirtschaftlichen Auswertung des Vormonats;
- **Jährlich** (oder öfter): Strategie-Besprechung.

35 In größeren Sozietäten (mehr als 15 Partner) kann es zweckmäßig sein, einen oder mehrere **geschäftsführende Sozien** zu wählen und im regelmäßigen Turnus (ohne Rücksicht auf Hierarchien!) zu wechseln. Diese Sozien koordinieren in erster Linie die einzelnen Organisationsaufgaben und entscheiden in Eilfällen allein.

5. Förderung des Nachwuchses

36 Sozietäten ziehen zwar einerseits befähigten Nachwuchs an, lassen ihn aber nicht selten mit dem Problem, wie er sich innerhalb der Gruppe zurechtfinden soll, allein. Der mit der Ausbildung betraute Sozius und jeder ältere Anwalt, dem ein jüngerer Anwalt zuarbeitet, sollte sich besonders darum bemühen, einen jüngeren Anwalt zu **motivieren.** Es ist auch zweckmäßig, einen jüngeren Anwalt erst Erfahrungen in mehreren Referaten sammeln zu lassen, bevor man ihn ausschließlich mit einer Spezialaufgabe betraut. Befähigten Nachwuchs kann man nur motivieren, wenn die überdurchschnittliche Arbeitsbelastung im Anwaltsberuf durch die Erfahrung kompensiert wird, daß man einen breiten **Entscheidungsspielraum** hat und, daß die eigene Arbeit von den anderen Partnern geschätzt wird.

6. Betriebs- und Privatausgaben

37 Ein besonderes Problem in der Sozietät ist die saubere Trennung von Betriebs- und Privatausgaben, die sich beim Einzelanwalt nicht vergleichbar stellt. (im einzelnen *Korn* I Rdnr. 24). Folgende Aufteilung ist zweckmäßig:
- Allgemeine Betriebsausgaben der Sozietät (Gehälter, Miete, Sachkosten etc.);
- Sonderbetriebsausgaben des einzelnen Sozius (z. B. Kfz-Autotelefon, wertvolle Büroeinrichtungen, Spezialliteratur, Reisen);
- Privatausgaben jedes einzelnen Sozius (private Lebenshaltungskosten).

Die Sozietät kann frei vereinbaren, welche Kosten als allgemeine Betriebsausgaben von allen gemeinsam getragen werden und welche Aufwendungen (soweit sie steuerlich echte Betriebsausgaben sind) jeder Sozius gleichwohl in voller Höhe selbst übernehmen muß, dann allerdings auch für sich allein von der Steuer absetzen kann. Die **Zuweisung** muß aber klar vereinbart werden, da sonst die Sozietät im Zweifel den Aufwand zu tragen hat.

38 Erheblich schwieriger ist die Abgrenzung der Betriebsausgaben von den privaten Bereichen. Vor allem bei Einladungen von Mandanten oder Reisen bedarf es hier klarer Regelungen, denn eine unzulässige Finanzierung privaten Aufwandes durch einen Sozius ist nicht nur **Steuerhinterziehung** sondern kann gegenüber den anderen Sozien je nach tatsächlichem Verlauf **Untreue** oder **Unterschlagung** sein. In diesen Zusammenhang gehört auch die Frage, wie die Pkw-Kosten richtig zu behandeln sind (zur Pkw-Vermietung an die Sozietät: *OFD Münster* AnwBl. 1986, 342; a. A. z. B. *OFD München*).

39 Die wirtschaftliche Dominanz eines Sozius gegenüber den anderen sollte sich nicht in **wirtschaftlichen Abhängigkeiten** der Sozietät niederschlagen (etwa:

Vermietung der Büroräume der Sozietät durch einen Sozius zu unangemessenen Bedingungen).

V. Haftung

Die Haftung aller Sozien für Berufsversehen (dazu Borgmann E II Rdnr. 1f.), die einer von ihnen zu vertreten hat, ergibt sich aus der gesellschaftsrechtlichen Konstruktion. Sie wirft gegenüber der Einzelkanzlei besondere Probleme auf, weil sie nur durch Versicherungen und zulässige Haftungsbeschränkungen begrenzbar ist (vgl. E II Rdnr. 39). Da **Haftungsbeschränkungen** im wesentlichen wohl nur rechtlich zulässig sind, wenn sie individuell ausgehandelt werden, müssen vor allem die jüngeren Rechtsanwälte immer wieder auf diese Möglichkeit hingewiesen und darin geschult werden, latente Haftungsrisiken schon bei der Mandatsübernahme zu erkennen. 40

Noch ungeklärt ist, ob bei einem Berufsversehen im Bereich der Strafverteidigung (z. B. Freiheitsentziehung) der nicht beteiligte Sozius für eine Entschädigung ebenso haftet, wie der handelnde. 41

Die **Haftpflichtversicherung** der Sozietät sollte deutlich höher sein als die des Einzelanwalts und nicht unter 1000000 DM liegen. Bei Büros mit etwa 10 Sozien sind 3–5 Millionen DM durchaus üblich. 42

Jüngere Anwälte streben es aus naheliegenden Gründen an, möglichst frühzeitig in den **Briefkopf** der Sozietät aufgenommen zu werden, auch wenn sie noch nicht Sozien sind. Das führt zur gesamtschuldnerischen Haftung mit den Sozien gegenüber dem Mandanten, dem allerdings ein Freistellungsanspruch gegenüber den Sozien in gleicher Höhe entspricht. Die Werthaltigkeit beider Ansprüche kann unterschiedlich sein. 43

VI. Sozietäten mit Rechtsanwälten in den neuen Bundesländern

Die interne Ordnung einer Sozietät folgt gesellschaftsrechtlichen Grundsätzen. Da im Einigungsvertrag das Gesellschaftsrecht der Bundesrepublik Deutschland in diesem Bereich ohne Einschränkungen übernommen wurde, sind insoweit keine Besonderheiten zu berücksichtigen. 44

Der Sozietätsvertrag wird allerdings Rücksicht darauf nehmen müssen, daß das Anwaltsrecht in den neuen Bundesländern erhebliche Unterschiede zur BRAO aufweist (ausführlich H I Rdnr. 247ff.).

VII. Anhang

1. Vertragsmuster: Sozietätsvertrag

Das nachfolgende Vertragsmuster lehnt sich an das im DAV-Ratgeber näher kommentierte an, verdeutlicht aber in den wesentlichen Klauseln, wie unterschiedlich die Vertragsgestaltung im Einzelfall jeweils sein kann, wenn die Interessenlage individuelle Lösungen erfordert. Ein Vertrag, mit dem ein älterer Rechtsanwalt nahe der Pensionsgrenze einen jüngeren Kollegen aufnimmt, sieht anders aus, als der Zusammenschluß von 6 Kollegen mit etwa gleich hohen Umsätzen, die sich etwa nach längerer Zeit der Bürogemeinschaft entschließen, eine Sozietät zu gründen. 45

46 Sozietätsvertrag

§ 1. Bezeichnung der Sozietät

Die Sozietät bezeichnet sich nach außen etc. wie folgt:

A, B, C und Partner.

A, B und C verpflichten sich, auch über den Tod hinaus, gegenüber D und weiteren Nachfolgern die Benutzung ihres Namens zu gestatten, soweit dies für die Berufsausübung der jeweils beteiligten Rechtsanwälte beruflich erforderlich und standesrechtlich zulässig ist. Diese Überlassung erfolgt ohne Entgelt. Die Sozietät hat jedoch das Recht, ihre Bezeichnung jederzeit durch Gesellschafterbeschluß (s. § 3) zu ändern.

§ 2. Annahme, Ablehnung und Zurechnung von Mandaten

1. Jeder Sozius ist berechtigt, über die Annahme und Ablehnung von Mandaten zu entscheiden.
   Bei der Entscheidung ist auf die Standesgrundsätze sowie mögliche Interessenkonflikte innerhalb der Sozietät zu achten.
2. Im Zweifelsfall ist die Entscheidung der Sozietät herbeizuführen.
3. Wird im Einzelfall ein Mandat unter dem Einzelbriefkopf eines Sozius geführt oder muß es, wie z. B. in Strafsachen, als Einzelmandat geführt werden, so gehören hieraus erzielte Einnahmen der Sozietät, auch wenn die Akten von den sonstigen Akten der Sozietät getrennt geführt werden.
4. Als Mandat gilt jede berufsbezogene Tätigkeit eines Sozius, auch soweit sie nicht unmittelbar als rechtsanwaltliche Tätigkeit anzusehen ist. Soweit im Einzelfall ein Sozius im eigenen Namen und auf eigene Rechnung berufsbezogen tätig werden will, muß er zuvor hierfür die Zustimmung der anderen Sozien einholen.

§ 3. Gesellschafterbeschlüsse

1. Soweit in diesem Vertrag nichts anderes bestimmt ist, faßt die Sozietät Beschlüsse mit einfacher Mehrheit.
2. Zur Wirksamkeit eines Sozietätsbeschlusses ist es erforderlich, daß sämtliche Sozien an der Beschlußfassung mitwirken.
3. Ist ein Sozius bei einer Beschlußfassung abwesend, so ist der Beschluß erst wirksam, wenn der abwesende Sozius über den Beschluß der übrigen Sozien informiert worden ist und hierzu seine Stimme abgegeben hat.
   Stimmt der Sozius binnen drei Tagen nach Zugang der Information nicht ab, so wird seine Stimme bei der Ermittlung der erforderlichen Mehrheit nicht berücksichtigt. Entsprechendes gilt, wenn ein Sozius bei der Abstimmung anwesend ist, aber nicht abstimmt.
4. Klagen gegen die Beschlüsse der Sozietät sind ausgeschlossen, wenn sie nicht spätestens einen Monat nach dem Zeitpunkt erhoben werden, zu welchem der Klageberechtigte Kenntnis von dem Beschluß erlangt hat.

§ 4. Verträge mit Dritten

Aus Verträgen mit Dritten, die der gemeinsamen Berufsausübung dienen, haften die Sozien gesamthänderisch im Innenverhältnis nur dann, wenn der verantwortliche Sozius diese im Rahmen seiner Geschäftsführungsbefugnis abgeschlossen hat. Diese wird im Organisationsplan im einzelnen festgelegt.

§ 5. Einsicht- und Auskunftsrechte

1. Jeder Sozius hat gegenüber den anderen Sozien Anspruch auf Auskunft über sämtliche Vorgänge, die zur Sachbehandlung oder zur Wahrung seiner Rechte als Sozius erforderlich sind.
2. Er kann hierzu persönlich in die von der Sozietät geführten Aufzeichnungen sowie in die einzelnen Akten Einsicht nehmen.
   Jeder Sozius ist berechtigt, bei der Einsichtnahme die durch einen anderen Sozius erfolgt, anwesend zu sein.
3. Hält der Auskunftsberechtigte die ihm erteilte Auskunft für unrichtig und/oder unvollständig, hat er das Recht, die Auskunft durch einen zur Berufsverschwiegenheit verpflichteten Dritten überprüfen zu lassen. Stellt sich die Auskunft als richtig dar, hat der Auskunftsberechtigte die Kosten dieses Dritten zu tragen, andernfalls trägt diese Kosten die Sozietät.
   Der überprüfende Dritte darf zu keiner der Parteien dauernde persönliche oder berufliche Beziehungen unterhalten. Es darf sich weiter um keinen im Bezirk der Anwaltskammer beim Oberlandesgericht zugelassenen Anwalt handeln.
4. Den Erben steht kein Einsichtsrecht zu, sondern lediglich ein Auskunftsrecht gemäß Ziffer 3.

§ 6. Verfügungen über Sozietätsanteile

1. Die Übertragung und Belastung von Sozietätsanteilen sowie die sonstige Verfügung über einen Sozietätsanteil ist nur zugunsten der anderen Sozien zulässig.
2. Will ein Sozius seinen Anteil an einen anderen Sozius veräußern, so hat er zunächst den anderen Sozien im Verhältnis ihrer Anteile seinen Anteil zum Kauf anzubieten. Nimmt ein Sozius ein derartiges Angebot nicht binnen vier Wochen nach Zugang an, so erlischt sein Erwerbsrecht und kann insoweit von den anderen Sozien im Verhältnis ihrer Anteile ausgeübt werden.
   Der Preis für die Übertragung des Sozietätsanteils darf den Betrag des gemäß § 9 Ziffer 1 und 2 zu berechnenden Abfindungsguthabens nicht übersteigen.
3. Im übrigen steht den anderen Sozien ein ihrem Sozietätsanteil entsprechendes Vorkaufsrecht binnen vier Wochen nach Vorlage eines Abtretungsvertrages zu.
4. Macht ein Sozius von seinem Vorkaufsrecht keinen Gebrauch, steht dieses Recht den anderen Sozien im Verhältnis ihrer Anteile zu.

§ 7. Eintritt neuer Sozien

1. Die Aufnahme eines neuen Sozius ist nur einstimmig möglich.
2. Der eintretende Sozius hat den vorhandenen Sozien den Wert des von ihm erworbenen Anteils an dem Gesellschaftsvermögen zu vergüten.
   Die Vergütung richtet sich nach:
   a) dem Wert der Sacheinrichtung,
   b) dem Wert der ausstehenden Honorare,
   c) dem Wert des Good-will der bestehenden Sozietät.
   Ihre Höhe wird im Einzelfall ausgehandelt, die einzelnen Wertansätze sind aufzuschlüsseln.

§ 8. Ausscheiden von Sozien

1. Jeder Sozius kann seine Mitgliedschaft in der Sozietät schriftlich gegenüber allen anderen Sozien unter Einhaltung einer Frist von sechs Monaten auf das Jahresende kündigen.

2. Die Sozietät kann einem Sozius mit einer Mehrheit von 75% der Stimmen ohne wichtigen Grund die Mitgliedschaft in der Sozietät mit einer Auslauffrist von sechs Monaten zum Jahresende kündigen.
3. Liegt in der Person eines Sozius ein wichtiger Grund vor, so scheidet dieser Sozius ohne Auslauffrist aus der Sozietät aus, wenn die Sozietät dies mit einer Mehrheit von 75% der Stimmen beschließt.
4. Wird von Dritten in den Anteil eines Sozius an der Sozietät oder an Teilen des Gesamthandvermögens, soweit zulässig, gepfändet, wird über das Vermögen eines Sozius Konkurs oder das gerichtliche Vergleichsverfahren beantragt, so liegt hierin ein wichtiger Grund gemäß Ziffer 3.
   Werden die vorstehend genannten Maßnahmen innerhalb von einer Frist von vier Wochen wieder aufgehoben, sind die übrigen Sozien verpflichtet, dem ausscheidenden Sozius den von ihm früher gehaltenen Anteil an der Sozietät wieder einzuräumen. Der betroffene Sozius hat keinen Ausgleichsanspruch, und muß seinerseits keine Vergütung für den Erwerb des von ihm früher gehaltenen Anteils entrichten.
   Wiederholt sich ein gleicher Fall im Zeitraum von drei Jahren, so erlischt diese Verpflichtung der Sozietät.
5. Im Falle der Krankheit scheidet ein Sozius gemäß den Bestimmungen von § 10 dieses Vertrages aus.
6. Ein Sozius scheidet in jedem Fall mit dem Zeitpunkt der Aufgabe oder des rechtskräftigen Entzugs der Zulassung sowie durch Tod aus.
7. Scheidet ein Sozius aus der Sozietät aus, so wird die Sozietät von den übrigen Sozien fortgesetzt.
   Der Anteil des ausscheidenden Sozius wächst den übrigen Sozien mit dem Zeitpunkt des Ausscheidens zu. Auch ein beruflich qualifizierter Erbe tritt nicht die gesellschaftsrechtliche Nachfolge eines verstorbenen Sozius an.
8. Im Falle des Ausscheidens eines Sozius erfolgt eine Mitteilung an die Mandanten analog § 29 der früheren Standesrichtlinien in der Fassung vom 1. 8. 1977.

§ 9. Abwicklung beim Ausscheiden von Sozien

1. Im Falle des Ausscheidens erhält der Sozius in jedem Fall als Abfindung seinen Anteil am Sachvermögen und an den ausstehenden Honoraren:
   a) Der Wert des Sachvermögens der Praxis wird unwiderleglich festgesetzt auf 15% des durchschnittlichen Jahresumsatzes der letzten drei Jahre; dem ausscheidenden Sozius gebührt hieraus der seinem Anteil entsprechende Wert.
   b) Der Wert der ausstehenden (verdienten, aber noch nicht eingegangenen) Honorare wird unwiderleglich auf 2,5 durchschnittliche Monatsumsätze des letzten Jahres festgesetzt; dem ausscheidenden Sozius gebührt hieraus der auf seinen Sozietätsanteil entfallende Wert.
   c) Soweit vorstehend für die Berechnung die Jahresumsätze maßgeblich sind, betrifft dies lediglich die vor dem Zugang der Kündigung abgeschlossenen Kalenderjahre.
2. Scheidet ein Sozius durch eigene Kündigung, durch ordentliche Kündigung der Sozietät oder durch Krankheit aus, so erhält er zusätzlich eine Vergütung für den den anderen Sozien anwachsenden Anteil am Good-will der Praxis. Die Vergütung erfolgt jedoch nur, wenn der ausscheidende Sozius während eines Zeitraums von drei Jahren ununterbrochen nicht im Bezirk des OLG als Anwalt oder in einer vergleichbaren Weise (z. B. Wirtschaftsjurist, Konkursverwalter) tätig ist.
   Der Wert des good-will wird unwiderlegbar festgesetzt auf 20% des Jahresumsatzes, berechnet nach dem Durchschnitt der letzten drei vor dem Zugang der Kündigung liegenden Kalenderjahre.
3. Scheidet ein Sozius aufgrund außerordentlicher fristloser Kündigung aus der Sozietät aus, so steht ihm kein good-will-Ausgleichsanspruch zu.
4. a) Stirbt ein Sozius, so erhalten seine Erben auf jeden Fall den anteiligen Wert von Sachvermögen und ausstehenden Honoraren gemäß vorstehender Ziffer 1.

b) Erben erster Ordnung und/oder Ehegatten erhalten den Anteil am good-will der Praxis gemäß Ziffer 2. Andere Erben erhalten keinen Anteil am good-will.

5. Zahlungen, die an einen ausscheidenden Sozius oder an dessen Erben zu entrichten sind, sind wie folgt fällig:
   a) Während der ersten sechs Monate nach dem Ausscheiden bezahlt die Sozietät an den ausscheidenden Sozius Teilbeträge in Höhe der bisherigen regelmäßigen monatlichen Entnahmen.
   b) Aus dem dann noch verbleibenden offenen Restbetrag ist ein Teilbetrag in Höhe von 70% der Restforderung in 24 Monatsraten, fällig jeweils am 25. eines jeden Monats, beginnend mit dem siebten Monat des Ausscheidens des Sozius zur Zahlung fällig.
   Dieser Betrag ist nicht zu verzinsen.
   c) Der dann noch verbleibende Restbetrag von 30% dieses Restbetrages ist ab dem 31. Monat von der Sozietät in mündelsicheren Wertpapieren so lange zu hinterlegen, bis die steuerliche Betriebsprüfung für denjenigen Zeitraum abgeschlossen ist, in welchem der ausscheidende Sozius Gesellschafter war. Die Betriebsprüfung ist abgeschlossen, wenn die aufgrund der Betriebsprüfung sich ergebenden Steuerbescheide unanfechtbar geworden sind. Entsprechendes gilt, wenn feststeht, daß eine Betriebsprüfung nicht stattfindet.
   Die Erträgnisse aus den mündelsicheren Anlagen stehen auch den Erben des Sozius zu.

6. Scheidet ein Sozius vor Ablauf von drei vollen Kalenderjahren nach seinem Eintritt in die Sozietät aus, so sind die jeweiligen Durchschnittsumsätze derjenigen Zeit maßgeblich, in welcher der Ausscheidende der Sozietät angehört hat.
   Die so errechnete Forderung ist wegen der mit dem Aus- und Eintritt verbundenen Probleme zugunsten der Sozietät um 25% zu kürzen.

7. Dem ausscheidenden Sozius steht sein Anteil am steuerlichen Gewinn der Gesellschaft und dem Jahresentnahmerecht bis zum Zeitpunkt seines Ausscheidens zu (vgl. § 8). Soweit die Entnahmen des ausscheidenden Sozius sein anteiliges Jahresentnahmerecht oder den Gewinn übersteigen, wird dies auf den Abfindungsanspruch verrechnet.

8. Ergeben sich nach dem Ausscheiden des Sozius Ansprüche gegenüber diesem oder der Sozietät, die ihren Entstehungsgrund in der Zeit vor dem Ausscheiden des Sozius haben, so haftet der ausscheidende Sozius gegenüber den verbleibenden Sozien für diese Verbindlichkeit in Höhe seines Anteils, den er zum Zeitpunkt des Entstehens des Anspruchs gehalten hat.
   Dies gilt insbesondere für Steuerschulden und für Ansprüche Dritter aus von der Haftpflichtversicherung nicht gedeckten Schadensfällen.

9. Das Abfindungsguthaben des ausscheidenden Sozius ist weiter um diejenigen Beträge zu vermindern, die die Sozietät im Zeitpunkt des Ausscheidens des Sozius an Dritte zu zahlen verpflichtet ist. Dies gilt auch für noch nicht fällige Forderungen, soweit Dritte die Gegenleistung gegenüber der Sozietät bereits erbracht haben.

10. Führt der ausscheidende Sozius Mandate, die bisher von der Sozietät geführt worden sind, weiter, so vermindert sich dessen Ausgleichsanspruch um die Gebührenansprüche aus diesen Mandaten, soweit derartige Ansprüche unabhängig von der Rechnungstellung vor dem Tag des Ausscheidens zwar angefallen, von den Mandanten aber noch nicht bezahlt worden sind.
    Das Ausfallrisiko für diese Forderung trägt der ausscheidende Sozius.

11. Änderungen des vorstehenden § 9 des Sozietätsvertrages werden erst ein Jahr nach Beschlußfassung wirksam; eine Änderung der Bestimmung des vorstehenden Halbsatzes bedarf der Einstimmigkeit.

§ 10. Gewinnverteilung und Entnahmen

1. Der steuerliche Gewinn wird unter den Sozien entsprechend ihrem Anteil an der Sozietät verteilt. Die Sozietät legt durch Beschluß fest, welcher Anteil am Gewinn entnommen werden kann (Jahresentnahmerecht).
2. Der Gewinn und das Jahresentnahmerecht werden jeweils für ein Kalenderjahr unverzüglich nach dem Ende des Kalenderjahres, spätestens aber bis zum 31. März des Folgejahres festgestellt.
   Hat ein Sozius während des vorangegangenen Kalenderjahres über sein Jahresentnahmerecht hinaus entnommen, so hat er die übersteigenden Beträge unverzüglich einzulegen; hat er zu wenig entnommen, hat er ein entsprechendes Entnahmerecht.
3. Für die Berechnung des Jahresentnahmerechts wird der steuerliche Gewinn um sämtliche Sonderbetriebsausgaben der Gesellschafter vermehrt und um sämtliche Sonderbetriebseinnahmen der Gesellschafter vermindert. Sodann wird der ermittelte Betrag weiterhin um diejenigen Beträge vermindert, die im vergangenen Kalenderjahr für Gegenstände des Betriebsvermögens von der Sozietät ausgegeben wurden, vermindert um den Betrag der steuerlich geltend gemachten Abschreibung.
   Der Anspruch eines Sozius auf Entnahme von Gewinnen verjährt am 31. Dezember des folgenden Jahres.
4. Jeder Sozius ist berechtigt, monatliche Entnahmen bis spätestens 25. eines laufenden Kalendermonats zu tätigen, deren Höhe durch Sozietätsbeschluß festgelegt wird.
5. Die Sozietät ermittelt ihren Gewinn nach den steuerlichen Grundsätzen im Wege der Einnahmen-Überschußrechnung. Jeder Sozius hat Anspruch auf Ausschüttung des vollen Gewinns, wie er in Ziffer 3 ermittelt worden ist.
6. Die Gewinnverteilung und das Entnahmerecht im Krankheitsfalle ergeben sich aus § 11.

§ 11. Krankheit eines Sozius

1. Ist ein Sozius wegen Erkrankung nicht beruflich tätig, so hat er für die Dauer von sechs Wochen vom Beginn der Krankheit an sein volles Gewinn- und Entnahmerecht.
   Nach Ablauf von sechs Wochen vom Beginn der Krankheit an vermindert sich das Entnahmerecht des Sozius auf 50%, nach Ablauf von drei Monaten auf 40% und nach Ablauf von sechs Monaten auf 30% des Jahresentnahmerechts (vgl. § 10 Ziff. 3). Die exakten Ansprüche des Sozius werden durch Umrechnung des Jahresentnahmebetrages auf 365 Tage festgestellt.
   Der Gewinnanteil des Sozius ist entsprechend im Verhältnis dessen Jahresentnahmerecht zum Jahresentnahmerecht der anderen Sozien zu mindern.
2. Ist ein Sozius innerhalb von zwölf Monaten mehr als 170 Arbeitstage erkrankt, so scheidet er aus der Sozietät aus. Arbeitstage sind alle Wochentage, außer Samstagen, Sonntagen und gesetzlichen Feiertagen.
   Dem ausgeschiedenen Sozius steht jedoch innerhalb von zwölf Monaten nach seinem Ausscheiden ein Wiedereintrittsrecht in die Sozietät unter folgenden Bedingungen zu:
   a) Vorlage eines amtsärztlichen Zeugnisses, daß die volle Arbeitsfähigkeit wieder hergestellt ist,
   b Rückzahlung des inzwischen ausgezahlten Teils des Abfindungsguthabens
3. Wiederholt sich der Sachverhalt § 11 II innerhalb von 5 Jahren ein zweites Mal, so ist damit ein Wiedereintrittsrecht nicht verbunden.

§ 12. Urlaub, Arbeitszeiten

Über den jeweiligen Jahresurlaub der Sozien beschließt die Sozietät. Dabei soll ein Jahresurlaub von 30 Werktagen nicht unterschritten werden. Als Werktage gelten solche

Tage, die für die Kanzleiangestellten arbeitspflichtig sind. Die Sozien sind an bestimmte Arbeitszeiten nicht gebunden.

§ 13. Versicherungen

1. Jeder Sozius ist verpflichtet, eine Berufshaftpflichtversicherung in der Höhe abzuschließen, wie die Sozietät dies verlangt.
2. Tritt ein Haftungsfall auf, so trägt die Sozietät auch im Innenverhältnis den Schaden, der etwa durch den Selbstbehalt oder dadurch entsteht, daß der Schaden die Versicherungssumme übersteigt, vorausgesetzt, daß der Schaden nicht durch grobe Fahrlässigkeit des betreffenden Sozius verursacht worden ist. Als solche grobe Fahrlässigkeit gilt insbesondere die Nichtvereinbarung einer individuellen Vereinbarung über die Haftungsbegrenzung, wenn eine solche Vereinbarung den Umständen entsprechend hätte abgeschlossen werden können.
3. Jeder Sozius ist verpflichtet, der Verwaltungs-Berufsgenossenschaft beizutreten.
4. Jeder Sozius ist weiter verpflichtet, eine private Unfallversicherung in der zur Zeit bestehenden Höhe, eine private Krankenversicherung mit einem Mindesterstattungsbetrag in Höhe von 60 % für die ambulante sowie mindestens 80 % für die Krankenhausbehandlung sowie eine Krankenhaustagegeldversicherung in Höhe von mindestens 100 DM vom ersten Tag des Krankenhausaufenthalts an sowie eine Krankentagegeldversicherung in Höhe von mindestens 150 DM vom 43. Tage der Krankheit an abzuschließen.
5. Die Zahlung der Prämien für die in Ziffer 3 und 4 genannten Versicherungen erfolgt (verbucht als Entnahme) über die Sozietät. Zahlt die Krankentagegeldversicherung aus Gründen, die die Sozietät zu vertreten hat, kein Tagegeld, ist dem betroffenen Sozius dieser Verlust durch Erhöhung seines Gewinnanteils entsprechend auszugleichen.

§ 14. Schlußbestimmungen

1. Soweit nichts anderes bestimmt ist, ist eine Änderung dieses Vertrages nur mit einer Mehrheit von 75 % der Stimmen möglich.
2. Eine Änderung des Sozietätsvertrages bedarf der Schriftform. Auch das Abweichen vom vorstehend geregelten Schriftformerfordernis bedarf einer schriftlichen Vereinbarung.

§ 15. Schiedsvereinbarung

Auseinandersetzungen aus diesem Vertrag sind im Wege einer schiedsgerichtlichen Entscheidung zu klären – diesbezüglich wird gesondert von diesem Vertrag ein Schiedsvertrag abgeschlossen werden (Muster s. unten Rdnr. 48).

Ort, Datum

Unterschriften

2. Vertragsmuster: Vertrag über die Übertragung eines Sozietätsanteils

Hat der Sozietätsvertrag seit längerem Bestand und wird ein Sozietätsanteil übertragen, sollte auch das detailliert schriftlich festgehalten werden, da sonst die steuerliche Behandlung unsicher ist. **47**

Vertrag über die Übertragung eines Sozietätsanteils

Zwischen den Rechtsanwälten – nachfolgend Gesellschafter – sowie – im folgenden Herr E.

wird folgender Vertrag geschlossen:

Präambel

Die Gesellschafter halten an der Gesellschaft bürgerlichen Rechts, Anwaltskanzlei A, B, C und Partner einen Gesellschaftsanteil von je 25%. Herr E. ist aus gemeinsamer Mitarbeit seit mehreren Jahren bekannt und zuletzt als freier Mitarbeiter für die Sozietät tätig gewesen.

Die Gesellschafter wollen Herrn E. mit allen Rechten und Pflichten in die Sozietät aufnehmen. Hierzu wird im einzelnen folgendes vereinbart:

1. Herr E. tritt ab 1. 1. 1989 in die Sozietät ein.
   Ab diesem Zeitpunkt gilt für das Rechtsverhältnis zwischen den Parteien ausschließlich der, Herrn E. bekannte Sozietätsvertrag der Gesellschafter, der diesem Vertrag als Anlage beigefügt ist, und zwar in der Fassung, die der Gesellschaftsvertrag durch diesen Vertrag in einzelnen Punkten erhält.
   Die Gesellschafter treten hiermit jeweils 3% aus ihrem Anteil von 25% an Herrn E. ab. Dieser nimmt die Abtretung an. Die Gegenleistung beträgt DM ...
   Die Anteile an der Gesellschaft verteilen sich danach wie folgt:

A	22%
B	22%
C	22%
D	22%
E	12%

   Mit dem Eintritt in die Sozietät erwirbt Herr E. insbesondere (jeweils 12%)
   - Miteigentum an dem gesamten, der Sozietät gehörenden Sachvermögen (Gegenwert DM ...);
   - anteilige Forderungsrechte an sämtlichen, von der Sozietät vor dem Eintrittsstichtag erarbeiteten, jedoch noch nicht in Rechnung gestellten Honorare (Gegenwert DM ...);
   - anteilige Forderungsrechte an sämtlichen, der Sozietät vor dem Eintrittsstichtag zustehenden, zwar berechneten, von den Mandanten jedoch noch nicht bezahlten Honorare (Gegenwert DM ...);
   - anteilige Anwartschaftsrechte an dem, von der Sozietät in der Vergangenheit gegenüber der Klientel geschaffenen Good-will (Gegenwert DM ...).

2. Ab dem Eintritt in die Sozietät steht Herrn E. ein Gewinnbezugsrecht in Höhe von 12% des Gewinns der Sozietät zu. In gleicher Höhe darf Herr E. den voraussichtlichen Gewinn nach Maßgabe des Sozietätsvertrags ab Januar 1989 entnehmen.

3. Im Sozietätsvertrag ist bisher bestimmt, daß die Gesellschafter nach Maßgabe der Prozentsätze abstimmen, in deren Höhe sie an der Gesellschaft beteiligt sind. Diese Bestimmung wird mit der Maßgabe geändert, daß ab 1. 1. 1989 jeder Gesellschafter eine Stimme – unabhängig vom Anteil an der Gesellschaft – hat.

4. Jeder Gesellschafter erklärt sich dazu bereit, für den Fall, daß der Übernahmepreis finanziert werden muß, eine Bürgschaft gegenüber der finanzierenden Bank für die Rückzahlung eines evtl. aufgenommenen Kredits zu übernehmen. Zur Absicherung für den Fall einer Inanspruchnahme aus der Bürgschaft tritt Herr E. seine Anteile an und seine Ansprüche gegenüber der Sozietät an Herrn D, dieser treuhänderisch für sämtliche übrigen Mitglieder der Sozietät handelnd, ab.

5. Im Falle einer Auseinandersetzung über den Inhalt dieses Vertrages ist der ordentliche Rechtsweg ausgeschlossen, es wird das im Sozietätsvertrag bestimmte Schiedsgericht zur ausschließlichen Entscheidung bestimmt (Schiedsvertrag Muster s. H IV Rdnr. 37).

Ort, Datum

Unterschriften

3. Vertragsmuster: Schiedsgerichtsvereinbarung

Schiedsgerichtsvereinbarung **48**

Zwischen

den Rechtsanwälten *(folgen Namen und Adressen der Beteiligten)*
kommt folgender Schiedsgerichtsvertrag zustande:

1. Streitigkeiten aus dem Sozietätsvertrag werden unter Ausschluß der ordentlichen Gerichtsbarkeit durch einen Schiedsrichter entschieden.
   Zu diesen Streitigkeiten gehören auch alle Auseinandersetzungen um das Zustandekommen des Sozietätsvertrages.
2. Jede Partei kann der anderen Partei einen Schiedsrichter vorschlagen. Stimmt eine Partei nicht binnen 14 Tagen dem Vorschlag der anderen Partei zu oder benennt keinen Schiedsrichter, hat die andere Partei ein alleiniges Ernennungsrecht.
3. Können die Parteien sich nicht auf die Person des Schiedsrichters einigen, so wird dieser auf Antrag einer der Parteien durch den Präsidenten der Rechtsanwaltskammer desjenigen OLG-Bezirks ernannt, in dem die Mehrzahl der in der Sozietät tätigen Anwälte zugelassen ist.
4. Einstweilige Verfügungen können bei den ordentlichen Gerichten beantragt werden.
5. Zahlt eine Partei einen, von dem Schiedsrichter angeforderten Vorschuß nicht unverzüglich ein, ist die andere Partei berechtigt, dies zu tun und hierfür Erstattung zu verlangen.
6. Der Schiedsrichter muß Rechtsanwalt sein.
7. Für die Hinterlegung des Schiedsspruchs und das weitere Verfahren ist das Landgericht des Ortes zuständig, an dem die Mehrzahl der in der Sozietät tätigen Rechtsanwälte zugelassen ist.
8. Im übrigen gelten für das Verfahren die §§ 1025ff. ZPO.

H III. Bürogemeinschaften

Dr. Gunther Braun

Übersicht

Literatur: *Lingenberg/Hummel/Zuck/Eich,* Kommentar zu den Grundsätzen des anwaltlichen Standesrechts, 2. Aufl. 1988

I. Rechtscharakter

1. Abgrenzung zur Sozietät

1 Die Rechtsnatur der Anwaltsbürogemeinschaft ist weitgehend ungeklärt. In § 28 VI der mittlerweile aufgrund der Entscheidung des *BVerfG* vom 14. 7. 1987 (*BVerfGE* 76, 171) teilweise obsolet gewordenen Grundsätze anwaltlichen Standesrechts findet sich lediglich der Hinweis, daß sich Rechtsanwälte „... auch zu einer Bürogemeinschaft zusammenschließen ..." können. Aus dem dem § 28 der Richtlinien vorangestellten Titel „gemeinschaftliche Berufsausübung und Bürogemeinschaft von Rechtsanwälten" wird wohl gemeinhin geschlossen, daß es sich bei der Bürogemeinschaft ebenso wie bei der Sozietät stets um eine **Gesellschaft des Bürgerlichen Rechts** handelt (so z. B. *Lingenberg/Hummel/Zuck/Eich* § 28 Rdnr. 52).

Diese Auffassung erscheint dem Vorstellungsbild der **gemeinschaftlichen Berufsausübung** als zu verhaftet und berücksichtigt m. E. zu wenig, daß sich gerade Bürogemeinschaften neuerer Prägung weit vom gesetzlichen Leitbild der §§ 705ff. BGB, nämlich der Erreichung eines gemeinsamen Zwecks, entfernt haben. Wenn ein Anwalt einem Kollegen einen Teil seiner Räumlichkeiten und sachlichen Einrichtungen zur zeitweiligen Nutzung überläßt und ihm darüber hinaus vielleicht auch noch einige Dienstleistungen andient, so wird er in der Regel lediglich an die bessere Auslastung seiner Kanzleikapazitäten und an seine eigene Kostenminderung denken, der Zweck der gemeinschaftlichen Berufsausübung hingegen wird hiervon gar nicht oder nur am Rande gefördert (so auch die steuerrechtliche Abgrenzung, s. Kap. I).

2 In der Mehrzahl der Fälle wird der Bürogemeinschaftervertrag daher eher den **gemischttypischen Verträgen** zuzuordnen sein, in denen Elemente des Miet-, Dienst- und Gesellschaftsrechts vereint werden. Praktische Auswirkung hat diese Frage der rechtlichen Einordnung auf die Rechtsfolgen, falls diese nicht im einzelnen vertraglich geregelt sind (hierzu weiter unten Rdnr. 7 und Vertragsmuster).

Als wesentliche **Unterschiede zur Sozietät** sind festzuhalten: 3
- Keine gemeinschaftliche Annahme von Mandaten und Aufträgen;
- keine gemeinsame Entgegennahme von Honoraren und Entgelten;
- keine wechselseitigen Haftungen bezüglich der Tätigkeiten und des Kanzleibetriebs des anderen (beachte aber § 9 des Vertragsmusters, unten Rdnr. 16);
- kein gemeinsamer Briefkopf; dies entsprach jedenfalls den Geboten des bisherigen Standesrechts (zur Haftungsfrage unten Rdnr. 14).

2. Abgrenzung zum reinen Mietverhältnis

Eine Bürogemeinschaft entsteht dann nicht, wenn der Anwalt z. B. im Wege 4
der **Untervermietung** einem anderen Kollegen einige Räume überläßt und sich das Vertragsverhältnis hiermit erschöpft. Dem Rechtsanwalt ist es unbenommen, auf diese Weise auch an berufsfremde Personen und Unternehmen unterzuvermieten, sofern keine Gefährdung der Verschwiegenheitspflicht eintritt (s. unten Rdnr. 8). Eine darüber hinausgehende Zusammenarbeit verbot sich nach der bisherigen Bestimmung des § 30 der Grundsätze des anwaltlichen Standesrechts.

II. Bürogemeinschaft mit Angehörigen anderer Berufe

Neben dem Regelfall der beruflichen Zusammenarbeit mit einem anderen 5
Rechtsanwalt waren nach bisherigem Recht (§ 30 der Grundsätze anwaltlichen Standesrechts) folgende **Bürogemeinschaften** zulässig:
- Rechtsanwalt und Patentanwalt (nicht Patentassessor);
- Rechtsanwalt und Steuerberater (nicht Steuerbevollmächtigter, *BVerfGE* 34, 252);
- Rechtsanwalt und Steuerberatungsgesellschaft;
- Rechtsanwalt und Wirtschaftsprüfer;
- Rechtsanwalt und vereidigter Buchprüfer;
- **nicht aber:** Anwaltsnotar und Steuerberater oder Wirtschaftsprüfer (*BGH* NJW 1981, 364; *BGHZ* 64, 214). Mit dieser Rechtsprechung wird möglicherweise verkannt, daß die echte Bürogemeinschaft gerade **nicht „gemeinsame"** Berufsausübung, sondern lediglich gemeinsamer Einsatz von Personal und Sachmitteln ist.

Die künftige Entwicklung wird auch Bürogemeinschaft mit anderen Personen 6
mit sich bringen, so z. B. mit ausländischen Rechtsanwälten (*Zuck* NJW 1987, 3033).

III. Vertragsgestaltung

Die Unsicherheit bei der Rechtsfolgenzuordnung läßt es als zwingend gebo- 7
ten erscheinen, dem Bürogemeinschaftsvertrag eine eindeutige **schriftliche Vereinbarung** zugrunde zu legen. Liegt ein gemischttypischer Vertrag vor, müßte ansonsten z. B. im Falle der Kündigung nach dem vertraglichen Schwerpunkt gesucht werden, was sodann zu den Kündigungsfristen des Mietvertrags oder zu den wesentlich kürzeren Fristen des Dienstvertrags führen könnte. Aber auch in dem Fall, in dem die Bürogemeinschaft aufgrund einer intensiveren gemeinschaftlichen Berufsausübung alle Kriterien einer Gesellschaft bürgerli-

chen Rechts erfüllt, sollte man es nicht den umständlichen Regelungen der §§ 723 ff. BGB überlassen, wie das Vertragsverhältnis abzuwickeln ist. Das im Anhang skizzierte Vertragsmuster soll daher Anregungen für eine eindeutige und interessengerechte Ausformung des Vertragsverhältnisses geben.

IV. Verschwiegenheitspflicht, Interessenkollision

8 Gemäß § 42 der Grundsätze des anwaltlichen Standesrechts erstreckt sich die Pflicht zur Verschwiegenheit über die gesetzliche Schweigepflicht des § 203 StGB hinaus auf alles, was dem Rechtsanwalt in Ausübung seines Berufes anvertraut worden oder ihm anläßlich seiner Berufsausübung bekannt geworden ist.

9 Diese Verschwiegenheitspflicht besteht auch im Verhältnis des Rechtsanwalts **gegenüber anderen Rechtsanwälten,** insbesondere also auch zwischen den Bürogemeinschaftern. Die Inanspruchnahme von Kanzleipersonal, die Mitbenutzung eines Wartezimmers etc. durch den Bürogemeinschafter wird zwangsläufig dazu führen, daß er gelegentlich Tatsachen erfährt, die dem anderen Anwalt anvertraut worden sind.

10 Die Vertragsparteien sollten daher darauf achten, ihre Akten und vertraulichen Unterlagen stets sorgfältig gesondert zu führen und aufzubewahren. (Hierzu Vertragsmuster: § 10.)

11 Sollten die Bürogemeinschafter eine **Computeranlage** gemeinsam nutzen, so ist erforderlich, daß der **Zugang zu den Dateien** des jeweils anderen gesperrt ist.

12 Da trotz aller Vorkehrungen eine absolute gegenseitige Geheimhaltung nicht möglich ist – man denke bloß an das gemeinsam beschäftigte Personal, an den Kommunikationsaustausch zwischen den jeweiligen Mitarbeitern usw. –, ist die Möglichkeit von Interessenkollisionen naheliegend. Insoweit dürfte das Auftreten der Bürogemeinschafter auf der jeweils anderen Seite des gleichen Prozesses so gut wie in jedem Falle standesrechtlich ausgeschlossen sein. Das gleiche gilt für außerprozessuale Vertretungen und Beratungen im selben Streitkomplex.

13 Keinen Unterschied macht es hierbei, ob sich die von den Bürogemeinschaftern in derselben Sache vertretenen Parteien im wesentlichen einig sind oder nicht. Somit sollte auch von einer Beratung/Vertretung im Rahmen einer **einverständlichen Scheidung** aus Gründen der möglichen Interessenkollision Abstand genommen werden (dies gilt auch für den sogenannten „Rechtsmittelverzicht").

V. Haftungsfragen

14 Der *BGH* hat bereits in seiner Entscheidung vom 24. 1. 1978 (BB 1978, 526) festgestellt, daß die für die Haftung eines einer **Anwaltssozietät** angehörigen Rechtsanwalts geltenden Rechtsgrundsätze auch dann anzuwenden sind, wenn die Anwälte nur nach außen hin den Anschein erweckt haben, zwischen ihnen bestehe eine Sozietät. Die entgegen den bisherigen Regelungen des Standesrechts verstoßende Führung eines **gemeinsamen Briefkopfs** unter Bürogemeinschaftern führt also dazu, daß über die Grundsätze der Anscheinsvollmacht der Anwaltsvertrag auch mit dem nicht vom Mandanten beauftragten Bürogemeinschafter zustande kommt.

Eine andere Frage betrifft die eventuelle Haftung des Anwalts bezüglich Berufsversehen des Bürogemeinschafters, die von **Kanzleimitarbeitern** verursacht werden, die dem Bürogemeinschafter zeitweilig zur Verfügung gestellt werden. (Hierzu: § 9 Vertragsmuster.) Haftungsrechtlich dürfte dies in aller Regel keine Probleme aufwerfen, da die Haftpflichtversicherung des Bürogemeinschafters auch Fehlleistungen von Mitarbeitern abdeckt, die zum Bürogemeinschafter kein direktes Vertragsverhältnis unterhalten. Die Haftung des den Kanzleimitarbeiter zur Verfügung stellenden Rechtsanwalts wird sich darauf beschränken, daß der Mitarbeiter grundsätzlich für die vorgesehene Dienstleistung geeignet ist (so der *BGH* für das Leiharbeitsverhältnis, NJW 1971, 1129). Es empfiehlt sich jedoch ein abgrenzender Hinweis wie in § 9 des Vertragsmusters vorgeschlagen. **15**

VI. Anhang: Vertragsmuster

Vertrag über eine Bürogemeinschaft **16**

zwischen

RAe . . .

– im folgenden: „Rechtsanwälte" –

und

Herrn RA . . .

– im folgenden: „Bürogemeinschafter" –

kommt folgende

Vereinbarung

zustande:

Präambel

Die Rechtsanwälte sind Hauptmieter der im Anwesen . . . befindlichen Büroräumlichkeiten. Die Rechtsanwälte sind bereit, einen Teil der Büroflächen mit Wirkung ab . . . an den Bürogemeinschafter unterzuvermieten. Daneben soll der Bürogemeinschafter berechtigt sein, Sekretariatsdienste in Anspruch zu nehmen und die sachlich-funktionalen Anlagen und Geräte der Rechtsanwälte mitbenutzen zu können. Zur Regelung der beiderseitigen Rechtsbeziehungen wird folgendes vereinbart:

§ 1. Überlassung von Räumen

1. Mietzins:

Die Rechtsanwälte vermieten an den Bürogemeinschafter als Untermieter die im Lageplan für das Anwesen . . . mit den Nummern . . . ausgewiesenen Zimmer mit einer Fläche von . . . qm.

Als Mietzins werden . . . DM/qm, also insgesamt

. . . . DM

pro Monat vereinbart.

Wird die von den Rechtsanwälten gezahlte Hauptmiete aufgrund der im Hauptmietvertrag enthaltenen Indexklausel oder aufgrund anderer Umstände angepaßt, so verändert sich der zu zahlende Mietpreis im gleichen Umfang.

2. Mietnebenkosten:

Die anteiligen Mietnebenkosten für Heizung, Strom, Gas, Wasser, Reinigung, Versicherung etc. werden mit . . . DM/qm vereinbart, mithin

. . . . DM

Die Rechtsanwälte behalten sich vor, diese Kosten im Falle von Erhöhungen ebenfalls nach qm umzulegen und nach Vorliegen der jeweiligen Jahresabrechnungen dem Bürogemeinschafter zu belasten.

3. Gemeinflächen:

Als Nutzungsentgelt für die nicht abtrennbaren Gemeinflächen, also für Flure, Empfang, Küche, Konferenzzimmer, Ablageräume etc. berechnen die Anwälte dem Bürogemeinschafter eine Pauschale von

. . . . DM

§ 2. Personelle Unterstützung

1. Dienstleistungen am Empfang, Telefon-/Postbehandlung

Für die Inanspruchnahme von Sekretariatsdiensten am Empfang der Rechtsanwälte, also insbesondere für die Annahme und Weitervermittlung von Telefonaten, die Begrüßung von Mandanten, die Eingangsbehandlung der Post, die Weitergabe von Nachrichten, die Buchung von Reisen/Hotels und damit zusammenhängenden Tätigkeiten wird eine Pauschale von

. . . . DM

vereinbart.

2. Schreibsekretariatsdienste

Die Rechtsanwälte sind grundsätzlich bereit, dem Bürogemeinschafter im Einzelfall auch Kanzleipersonal zur Erledigung von Schreibarbeiten zur Verfügung zu stellen, so vor allem im Urlaubs- oder Krankheitsfalle.

Als Vergütung belasten die Rechtsanwälte dem Bürogemeinschafter in solchen Fällen eine Pauschale von . . . DM/Stunde. Abrechnungen erfolgen aufgrund von Aufzeichnungen der im Einzelfall tätigen Schreibsekretariate, die dem Bürogemeinschafter zum jeweiligen Monatsablauf vorgelegt werden. Widerspricht der Bürogemeinschafter nicht innerhalb einer Woche, so gelten die Aufzeichnungen als bindend.

§ 3. Überlassung von Kanzleieinrichtungen

1. Telefon, Telex, Teletex, Telefax

a) Gemeinkosten

Der Bürogemeinschafter erstattet den Rechtsanwälten die anteiligen Gemeinkosten an diesen Geräten (Abschreibung, Miete, Finanzierung, Leasingrate, Wartung etc.) mit einer Pauschale von

. . . . DM

b) Verbrauchs- und Benutzungsgebühr

Die auf den Bürogemeinschafter entfallenden Telefongebühren werden mit getrenntem Gebührenzähler erfaßt und werden monatlich gesondert abgerechnet. Die Verbrauchs-/Benutzungsgebühren für Telex, Teletex und Telefaxgeräte werden mit dem tatsächlichen, durch den Bürogemeinschafter veranlaßten Aufwand an diesen weiterbelastet.

2. Kopiergeräte

Für die Benutzung der Kopiergeräte wird eine monatliche Pauschale von

. . . . DM

vereinbart. Mit abgegolten ist hierbei die Anfertigung von monatlich . . . Kopien. Für jede weitere Kopie sind 0,. . . DM zu bezahlen.

3. EDV-Anlage

er Bürogemeinschafter ist berechtigt, sich an die bestehende EDV-Anlage der Rechtsanwälte anzuschließen. Die Gegenleistung für die Unterstützung bei Hard- und Software wird gesondert vereinbart und ist im Gesamtentgelt gemäß § 6 nicht enthalten.

4. Bibliothek

Der Bürogemeinschafter ist berechtigt, die Bibliothek der Rechtsanwälte sowie sämtliche Zeitschriften mit zu benutzen.

Als Entgelt wird eine Pauschale von

.... DM

vereinbart.

§ 4. Mehrwertsteuer

Mit Rücksicht darauf, daß einzelne Leistungen aus diesem Bürogemeinschaftervertrag mehrwertsteuerpflichtig sind, wird das Gesamtentgelt der jeweils geltenden Mehrwertsteuer unterworfen.

§ 5. Kostenerhöhungen

Erhöhen sich die Aufwendungen der Rechtsanwälte in Ansehung der in diesem Vertrag erwähnten Kostenansätze, so sind sie berechtigt, auch die Pauschalbeträge um die anteiligen Veränderungen zu erhöhen.

§ 6. Gesamtentgelt

Die vom Bürogemeinschafter zu leistende Gesamtvergütung für alle Überlassungen und Dienstleistungen aus diesem Vertrage (ohne Einzelabrechnungen und Vergütungen aufgrund Sondervereinbarungen) errechnet sich mit

	.... DM
zuzüglich Mehrwertsteuer	.... DM
	.... DM

Dieser Betrag ist jeweils im voraus zum dritten Werktag eines jeden Monats auf das von den Rechtsanwälten genannte Konto zu überweisen.

§ 7. Beginn und Ende des Vertragsverhältnisses

Dieser Vertrag beginnt am ... und endet spätestens zum .... Für den Zeitraum danach verlängert sich dieses Vertragsverhältnis um je ein Jahr, falls es nicht mit dreimonatiger Frist vor dem jeweiligen ... von den Rechtsanwälten oder dem Bürogemeinschafter gekündigt wird.

Die Rechtsanwälte sind berechtigt, ohne Einhaltung einer Kündigungsfrist in folgenden Fällen außerordentlich zu kündigen:

- Bei Beendigung des Hauptmietvertrages, gleich aus welchen Gründen;
- Bei Verzug mit der Entrichtung von zwei aufeinanderfolgenden Vertragsentgelten;
- Falls der Bürogemeinschafter ungeachtet einer schriftlichen Abmahnung der Rechtsanwälte vier Wochen nach Zugang der Abmahnung einen vertragswidrigen Gebrauch der überlassenen Räume und/oder Anlagen, Geräte fortsetzt.

§ 8. Sicherheit

Als Sicherheit für alle Ansprüche der Rechtsanwälte aus diesem Vertrag leistet der Rechtsanwalt eine Kaution in Höhe von ... DM. Die Kaution kann durch Übergabe einer unbedingten, unbefristeten, unwiderruflichen und selbstschuldnerischen Bankbürgschaft einer Westdeutschen Großbank erbracht werden.

§ 9. Haftungen

Der Bürogemeinschafter wird darauf hingewiesen, daß er seine anwaltlichen Tätigkeiten in eigener Verantwortung und völlig selbständig betreibt. Insbesondere haftet er für die Einhaltung von Fristen und Terminen grundsätzlich selbst. Der Bürogemeinschafter ist berechtigt und verpflichtet, dem Kanzleipersonal einzelne, bei der Erfüllung dieses Vertrages notwendig werdende Anweisungen zu erteilen und die allgemeinen Kanzleianweisungen daraufhin zu überprüfen, ob sie seinen konkreten Überwachungspflichten genügen.

§ 10. Verschwiegenheit

Die Parteien sind sich der gegenseitigen Verschwiegenheitspflicht (§ 42 der Grundsätze des anwaltlichen Standesrechts) bewußt. Die Parteien verpflichten sich daher gegenseitig zur sorgfältig gesonderten Führung und Aufbewahrung ihrer Akten und vertraulichen Unterlagen.

§ 11. Schiedsgerichtsklausel

Alle Streitigkeiten aus diesem Vertrag und über seine Gültigkeit werden unter Ausschluß des ordentlichen Rechtswegs von einem Schiedsgericht entschieden. Die Schiedsgerichtsvereinbarung ist in einer gesonderten Urkunde diesem Vertrag beigefügt *(vgl. hierzu H II Rdnr. 48).*

I. Steuern und Buchhaltung

Klaus Korn

Übersicht

Literatur: Beck'scher Bilanz-Kommentar, 2. Aufl. 1990; *Dornbusch,* Die einkommensteuerliche Behandlung des Erwerbs einer Praxis, AnwBl. 1986, 496ff.; *Dornbusch/Jasper,* Die Besteuerung der Rechtsanwälte und Notare, 1987; *Fränznick,* Die Umsatzsteuer bei Sozietäten, INF 1985, 7ff.; *Groh,* Zur Struktur der betrieblichen Überschußrechnung, FR 1986, 393ff.; *Hebig/Schwedhelm,* Die Umsatzsteuer des Fixum-Anwalts in der Anwaltsgemeinschaft, AnwBl. 1986, 235; *Hutter,* in: Blümich, Einkommensteuergesetz, § 18 (Juni 1987); *Korn,* Besteuerung der Rechtsanwälte und Notare 1982; *ders.,* Sozietät von Steuerberatern, Wirtschaftsprüfern, Rechtsanwälten, Steuerberaterkongreß-Report 1985, 305ff.; *ders.,* Steuerschwerpunkte der Freiberufler-Sozietät und -GmbH, DStZ 1982, 507ff. sowie 1983, 16ff.; *Rasenack,* Buchführung und Bilanzrecht. Ein Grundriß, 1979; *Rose,* Die Umsatzsteuerpflicht des Fixum-Anwalts in der Anwaltsgemeinschaft, AnwBl. 1987, 3f.; *Schick,* Die Besteuerung der freien Berufe, 1973; *Schmidt,* Einkommensteuergesetz, 9. Aufl. 1990; *Tipke/Lang,* Steuerrecht, 12. Aufl. 1990; ABC der abzugsfähigen/nichtabzugsfähigen Ausgaben, NWB F 3c, 2913ff.

I. Einkommensteuer

1. Überblick und Einordnung der Einkünfte aus der Tätigkeit als Rechtsanwalt

Natürliche Personen unterliegen mit ihrem im jeweiligen Kalenderjahr erzielten zu **versteuernden Einkommen** der Einkommensteuer (§§ 2, 36 EStG). Diese wird aufgrund der einzureichenden Steuererklärungen durch den Einkommensteuerbescheid (Veranlagung) festgesetzt (§ 25 EStG). Nicht getrennt lebende Ehegatten können zwischen Zusammenveranlagung und getrennter Veranlagung wählen (§ 26 EStG). Wegen des progressiven Einkommensteuertarifs nach § 32a EStG (bei Grundtarif 5616 DM Freibetrag, bis 8153 DM 19 v.H., bis 120041 DM proportional ansteigend bis Spitzensteuersatz von 53 v.H.) ist die 1

Zusammenveranlagung in aller Regel vorteilhafter (Anwendung des Splitting-Tarifs – statt des Grundtarifs –, dessen Besonderheit die Halbierung des zu versteuernden Einkommens, Anwendung des Grundtarifs auf diese Hälfte und anschließende Verdoppelung der Steuer daraus ist). – Auf die voraussichtliche Steuerschuld werden Steuervorauszahlungen erhoben und später angerechnet bzw. erstattet; ebenso Abzugsteuern aller Art (Lohnsteuer, Kapitalertragsteuer einschließlich der im ersten Halbjahr 1989 erhobenen sog. Quellensteuer, ausländische Quellensteuer) und die in Ausschüttungen von Kapitalgesellschaften enthaltene 9/16 anrechenbare Körperschaftsteuer (§ 36 EStG).

2 Ein **Schema für die Ermittlung** des zu besteuernden Einkommens enthält Abschn. 3 EStR 1990. Grundlage bilden die im Kalenderjahr erzielten Einkünfte. Was Einkünfte sind, ist in §§ 2 I, 13 bis 23 EStG enumerativ bestimmt. Der Gesamtbetrag der Einkünfte (ist dieser negativ, so tritt nach § 10d EStG zunächst ein zweijähriger Verlustrücktrag und – falls der Verlust dadurch noch nicht verbraucht ist – ein Verlustvortrag ein) wird um ebenfalls abschließend im EStG bezeichnete Sonderausgaben (z. B. Vorsorgeaufwendungen, Kirchensteuern, Renten, Ausbildungskosten, Steuerzinsen, Steuerberatungskosten, Unterhaltszahlungen an Ehegatten), außergewöhnlichen Belastungen (z. B. Unterhalts- und Kinderausbildungskosten, Krankheits- und Pflegekosten) sowie verschiedene Freibeträge (z. B. für Kinder) gemindert (zu Restriktionen für Personen ohne Wohnsitz oder gewöhnlichen Aufenthalt in der Bundesrepublik Deutschland s. §§ 49, 50 EStG). **Beschränkt steuerpflichtige Anwälte,** die im Inland keinen Wohnsitz oder gewöhnlichen Aufenthalt (§§ 8, 9 AO) haben, sind mit unselbständiger bzw. selbständiger Tätigkeit nur steuerpflichtig, wenn diese im Inland ausgeübt oder verwertet wird (§ 49 I Nr. 3 und 4 EStG) und kein einschlägiges Doppelbesteuerungsabkommen die deutsche Besteuerung ausschließt. Doppelbesteuerungsabkommen können die deutsche Besteuerung auch bei unbeschränkt Steuerpflichtigen ausschließen, wenn die Tätigkeit im Ausland ausgeübt wird.

3 Die Einkünfte aus der **Tätigkeit eines Rechtsanwalts** können innerhalb des Einkünftekatalogs nach § 2 I EStG zu den Einkünften aus nichtselbständiger Arbeit gem. § 19 EStG gehören (s. auch H II Rdnr. 40), wenn die Tätigkeit unselbständig ausgeübt wird, oder innerhalb der Einkünfte aus selbständiger Arbeit zu den freiberuflichen Einkünften gem. § 18 I Nr. 1 EStG, wenn die Tätigkeit selbständig ausgeübt wird (einzelberuflich oder im Rahmen einer Sozietät). Anwälte können steuerlich anerkannt nebeneinander selbständig (einzelberuflich oder in Sozietät) und unselbständig tätig sein.

4 Nicht selbständig i. S. von § 19 EStG (im steuerrechtlichen Sinne Arbeitnehmer) ist nach § 1 LStDV eine tätige Person, wenn sie „in der Betätigung ihres geschäftlichen Willens unter der Leitung des Arbeitgebers steht oder im geschäftlichen Organismus des Arbeitgebers dessen Weisungen zu folgen verpflichtet ist“. Nach h. A. ist die Beurteilung nach dem Gesamtbild der Verhältnisse – nicht allein nach dem Wortlaut von Verträgen – im Einzelfall vorzunehmen. **Selbständig** ist insbesondere, wer Einkünfterisiken trägt, die Höhe seiner Einkünfte stark beeinflussen kann, Art sowie Umfang der Tätigkeit selbst bestimmen kann und keine arbeitnehmertypischen Sozialleistungen erhält. Je anspruchsvoller eine Tätigkeit ist, desto eher wird sie als selbständig qualifiziert (*BFH* BStBl. 1962 III, 37; 1968 II, 455; 1979 II, 131). Ihrer Art nach eigenverantwortliche Anwaltstätigkeit kann deshalb auch dann noch selbständig sein, wenn sich der Anwalt in die Organisation einer Kanzlei so weit einfügen muß, wie

dies zur ordnungsgemäßen Kanzleiführung unerläßlich ist. Praktische steuerliche Unterschiede zwischen Selbständigkeit und Unselbständigkeit: Arbeitslohn unterliegt dem Lohnsteuerabzug, i.d.R. auch der Sozialversicherung (Rdnr. 50). – Nur Selbständige unterliegen der Umsatzsteuer und müssen Aufzeichnungen anlegen (vgl. Rdnr. 29). – Für Arbeitnehmer gelten besondere Freibeträge und Vergünstigungen (vgl. Rdnr. 51). – Selbständiger Arbeit gewidmetes eigenes Vermögen wird „steuerverstricktes" Betriebsvermögen (vgl. Rdnr. 10). – Selbständige genießen faktisch häufig großzügigere Beurteilung in Grenzbereichen des Betriebsausgabenabzugs wie Unselbständige beim entsprechenden Werbungskostenabzug. – Sie unterliegen der steuerlichen Betriebsprüfung (Rdnr. 67).

Selbständige Rechtsanwälte sind steuerrechtlich **Freiberufler,** weil ihre Berufstätigkeit in § 18 I Nr. 1 EStG ausdrücklich für freiberuflich erklärt wird (sog. Katalogberuf). Gefordert wird für diese Einordnung formelle berufsrechtliche Qualifikation (H II Rdnr. 10). Steuerliche Vorteile: Keine Gewerbesteuerpflicht, Wahlrecht bei der Gewinnermittlung (Rdnr. 6) und der Umsatzbesteuerung (Rdnr. 31). Nebentätigkeiten, die Rechtsanwälten nicht vorbehalten und isoliert nicht freiberuflich sind (meist sonstige selbständige Tätigkeiten i. S. von § 18 I Nr. 3 EStG), welche Rechtsanwälte aber im Rahmen ihres Berufs oft ausüben, werden i.d.R. als Teil der freiberuflichen Tätigkeit anerkannt (*BFH* BStBl. 1987 II, 524). Beispiele: Testamentsvollstreckungen, Vermögensverwaltungen, Vormundschaften, Beiratsämter, Konkursverwaltungen, Buchführungsarbeiten. Erlangen derartige Tätigkeiten ausnahmsweise dominierende Bedeutung und werden sie nicht im wesentlichen durch den Rechtsanwalt persönlich, sondern unter Einsatz von Arbeitnehmern oder selbständigen Erfüllungsgehilfen erbracht, so können gewerbliche Einkünfte entstehen, z.B. umfangreiche Vermögensverwaltungen oder Treuhandtätigkeiten (vgl. z.B. *BFH* BStBl. 1984 II, 823). Treuhandtätigkeiten für Bauherrenmodelle sind gewerblich (*BFH* BStBl. 1989 II, 797 betr. Steuerberater und *BFH* BStBl. 1990 II, 534 betr. Rechtsanwalt), ebenso Vermittlungsleistungen, auch wenn sie als Beratungen „getarnt" werden (*BFH* BStBl. 1984 II, 129). Der Erwerb von Mandanten-Forderungen und deren Einklagen auf eigenes Risiko kann gewerblich sein (*BFH* BStBl. 1982 II, 345, im Urteilsfall noch freiberufliche Tätigkeit anerkannt, weil 75 v.H. des Mehrerlöses der Mandant erhielt). Die standesrechtliche Beurteilung (H II Rdnrn. 36ff.) kann Anhaltspunkte bieten, ist aber nicht entscheidend. Partielle Gewerblichkeit eines Rechtsanwalts führt zur Aufteilung der Einkünfte, notfalls – insbesondere was die Kosten anbetrifft – im Wege der Schätzung, vgl. Abschn. 135 IX EStR 1990; *BFH* BStBl. 1990 II, 534. Anders bei Sozietäten, vgl. Rdnr. 26. – Steuerfrei sind nach § 3 Nr. 26 EStG jährliche Einnahmen bis 2400 DM für Lehr- und Prüfungstätigkeit bei gemeinnützigen Vereinen und Körperschaften des öffentlichen Rechts (*BFH* BStBl. 1987 II, 783). 5

2. Einkünfteermittlung aus selbständiger Anwaltstätigkeit

a) Gewinnermittlungsarten

Nichtselbständige Rechtsanwälte ermitteln wie alle anderen Arbeitnehmer ihre Einkünfte durch Überschuß der Einnahmen (also des Arbeitslohns) über die Werbungskosten. Selbständige freiberufliche Anwälte – auch Sozietäten – können zwischen Bestandsvergleich nach § 4 I EStG (Bilanzierung) und Einnahme- 6

Überschußrechnung nach § 4 III EStG **wählen** (keine Buchführungs- und Bilanzierungspflicht). Beide Gewinnermittlungsmethoden sollen auf Dauer – wenn auch zeitverschoben – möglichst zu demselben Totalergebnis führen (sog. Gesamtgewinngleichheit, *BFH* BStBl. 1980 II, 239; 1984 II, 516). **Bestandsvergleich** setzt die Aufstellung einer Eröffnungsbilanz zu Beginn dieser Gewinnermittlungsmethode voraus und die Anlegung einer ordnungsgemäßen Vollbuchführung nach kaufmännischen Ordnungsmäßigkeitsprinzipien, Hinweis auf §§ 238 ff. HGB. Die **Einnahme-Überschußrechnung** setzt voraus, daß keine Vollbuchführung besteht und keine Bilanzen aufgestellt werden. Eine Aufzeichnungspflicht besteht bei Überschußrechnung nur für Einnahmen, nicht für die Ausgaben (*BFH* StRK AO 1977 § 162 R. 9 = 1982). Es empfiehlt sich jedoch, die Ausgaben zu Nachweiszwecken aufzuzeichnen und die Ausgabenbelege (Rechnungen, Quittungen, Eigenbelege) geordnet aufzubewahren, weil der Steuerpflichtige die objektive Beweislast für Betriebsausgaben trägt (*BFH* BStBl. 1976 II, 562) und die Finanzverwaltung nach § 160 AO den Abzug ablehnen kann, wenn die Zahlungsempfänger nicht benannt werden. Zur Umsatzsteuer s. Rdnr. 32. Zu speziellen steuerlichen Aufzeichnungsvorschriften Hinweis auf Rdnr. 73.

7 Die **Überschußrechnung** läßt sich als „Ist-Rechnung“ skizzieren, weil sie steuerrelevante berufliche Vorgänge erst erfaßt, wenn sie sich durch Vereinnahmung bzw. Verausgabung realisiert haben. Einnahmen müssen zugeflossen und Ausgaben abgeflossen sein; zu den Ausnahmen beim Anlagevermögen s. Rdnr. 14. Zu- bzw. Abfluß ist der Erwerb bzw. der Verlust der wirtschaftlichen Verfügungsmacht über Geld oder Sachwerte durch Zahlung, Verrechnung oder Gutschrift (*BFH* BStBl. 1986 II, 342). Beispiele: die Entgegennahme bzw. Hingabe eines Schecks (unabhängig vom Zeitpunkt der Einlösung, *BFH* BStBl. 1969 II, 76; 1971 II, 94; 1981 II, 305; 1986 II, 284; Abschn. 116 EStR 1990), bei Wechseln erst die Diskontierung oder Indossierung. Die Erteilung eines Überweisungsauftrags an ein Kreditinstitut führt bereits zur Verausgabung (*BFH* BStBl. 1986 II, 453; 1987 II, 673; Abschn. 116 EStR 1990), zur Vereinnahmung beim Empfänger aber erst bei Gutschrift auf dessen Konto. Schuldumwandlungen führen zur Vereinnahmung bzw. Verausgabung, allerdings nur, wenn der Schuldner zahlungsfähig ist.

8 Der bei Anwälten selten angewandte **Bestandsvergleich** ist demgegenüber eine „Soll-Rechnung“, bei der jährlich das nach den steuerlichen Bilanzierungs- und Bewertungsregeln zu ermittelnde Vermögen aus der Berufstätigkeit unter Einbeziehung aller Forderungen (insbesondere der Honoraransprüche) und Verbindlichkeiten dem Vorjahresvermögen gegenübergestellt wird, das vorhanden wäre, wenn während des Jahres keine privaten Entnahmen und Einlagen erfolgt wären.

9 **Schema** für Gewinnermittlung durch **Überschußrechnung** nach § 4 III EStG:

+ = einkünfteerhöhend; − = einkünftemindernd; × = nicht einkünftewirksam

Einnahmen	
– Honorareinnahmen	+
– Honorarvorschüsse (BStBl. 1990 II, 287)	+
– Einnahmen aus beruflichen Hilfsgeschäften (Rdnr. 18)	+
– mitvereinnahmte Umsatzsteuer auf Einnahmen	+
– Umsatzsteuererstattungen des FinA	+
– Entnahmen von Betriebsvermögen (ohne Geldentnahmen)	+

– Vereinnahmte durchlaufende Posten (Rdnr. 20)	×
– Bareinlagen	×
– Geldeingang aus Darlehnsaufnahme	×
Ausgaben	
– Laufende Betriebsausgaben (s. Rdnrn. 19, 21 ff.)	–
– Abschreibungen (Rdnr. 14)	–
– Vorsteuern auf Kosten einschließlich aus Anlagevermögen	–
– Umsatzsteuerzahlungen an das FinA	–
– Sacheinlagen (soweit nicht nur durch Abschreibungen wirksam)	–
– Barentnahmen	×
– Rückzahlung von Darlehen	×
– Ausfall von Honorarforderungen	×
– verauslagte durchlaufende Posten (Rdnr. 20)	×
– Restbuchwert veräußerten, entnommenen oder vernichteten Anlagevermögens (Rdnr. 10)	–
– Nicht abnutzbare Wirtschaftsgüter (solange noch vorhanden)	×

b) Bedeutung des steuerlichen Betriebsvermögens

„Notwendiges Betriebsvermögen“ sind sämtliche materiellen und immateriellen Wirtschaftsgüter, welche im wirtschaftlichen Eigentum des selbständig Tätigen stehen und nachhaltig der Ausübung seiner Tätigkeit dienen. Dies gilt auch für Sozien, vgl. Rdnr. 27. Bei beweglichen Wirtschaftsgütern (z. B. Pkw) und immateriellen Wirtschaftsgütern (z. B. EDV-Programm) ist Voraussetzung, daß der betriebliche Nutzungsanteil 50 v. H. übersteigt (Abschn. 14a EStR). Immobilien nebst Gebäuden gehören anteilig zum notwendigen Betriebsvermögen, soweit sie (also quotale Zuordnung) der Berufsausübung dienen (Ausnahme bislang noch nach Abschn. 14 II EStR 1990: Verkehrswert des beruflich genutzten Teils überschreitet 20000 DM nicht; Bedenken äußert *BFH* BStBl. 1990 II, 578, gewährt im Urteilsfall aber Vertrauensschutz). Die erforderliche Aufteilung gemischt genutzter Immobilien erfolgt i. d. R. (auch für den anteiligen Grund und Boden) nach dem Verhältnis der Nutzfläche der betrieblichen Räume einerseits und der übrigen andererseits (Abschn. 13b, 14 EStR; vgl. aber *BFH* BB 1990, 1100). Treppenhäuser usw. werden anteilig zugeschlagen, gleichzeitig Wohn- und Berufszwecken dienende Räume sind Privatvermögen. Schulden sind Betriebsvermögen, wenn sie für Praxiszwecke entstanden sind, d. h. Kredite zur Beschaffung tatsächlich beruflich verwendeter Geldmittel (s. zum Schuldzinsenabzug Rdnr. 23). **Folgen** der Betriebsvermögenseigenschaft: (a) Abnutzbare Wirtschaftsgüter können nach § 7 EStG abgeschrieben werden (s. Rdnr. 14). Diese Absetzung für Abnutzung ist Betriebsausgabe. (b) Wirtschaftsgüter des Betriebsvermögens sind „steuerverstrickt“, d. h. ihre Entfernung aus dem Betriebsvermögen löst einkommensteuerliche Konsequenzen aus: Für jedes Wirtschaftsgut besteht ein Buchwert (ursprüngliche Anschaffungskosten abzüglich zwischenzeitlich ergebnismindernd vorgenommene Abschreibungen). Die Differenz zwischen dem Buchwert und dem bei der Entfernung aus dem Betriebsvermögen erzielten Erlös ist Gewinn (Erlös über Buchwert) bzw. Verlust (Erlös unter Buchwert). Bei Vernichtung des Wirtschaftsguts durch einen betrieblich veranlaßten Schadensfall ist der Restbuchwert Aufwand (nicht bei privat verursachtem Schaden, z. B. Unfall mit Praxis-Pkw auf Privatfahrt, also Betriebsausgabe). Wird die Steuerverstrickung durch Beendigung der betrieblichen Nutzung (also durch Überführung in das steuerliche Privatvermö- 10 gen) beendet, so ist dies eine „Entnahme“ nach § 4 I EStG, die (auch bei Gewinnermittlung nach § 4 III EStG) nach § 6 I Nr. 4 EStG mit dem Teilwert (i. d. R. dem Verkehrswert nahe) anzusetzen ist, gewissermaßen als fiktiver Veräußerungserlös. Spätestens treten die Entstrickungsfolgen bei Veräußerung der Praxis oder der vollständigen Einstellung (Praxisaufgabe) ein (Rdnr. 54). Belastende Entstrickungsfolgen entstehen bei im Wert gestiegenen Immobilien.

11 Wird ein Wirtschaftsgut aus dem steuerlichen Privatvermögen in das steuerliche Betriebsvermögen überführt (durch Aufnahme der beruflichen Nutzung), so ist dies eine **„Einlage“** nach § 4 I EStG, die man als fiktive Anschaffung charakterisieren kann. Einlagen werden nach § 6 I Nr. 5 EStG mit dem Teilwert bewertet, wenn der Steuerpflichtige selbst oder bei unentgeltlichem Erwerb der Rechtsvorgänger im Zeitpunkt der Einlage schon länger als drei Jahre wirtschaftlicher Eigentümer des eingelegten Wirtschaftsguts war, sonst mit den tatsächlich entstandenen Herstellungs- oder Anschaffungskosten abzüglich fiktiver AfA. Der Teilwert der eingelegten Wirtschaftsgüter mindert als fiktive Betriebsausgabe den Gewinn, bei Anlagevermögen allerdings nur in Gestalt der Abschreibungen (s. Rdnr. 14).

12 Bilanzierende Anwälte können neutrale Wirtschaftsgüter, die geeignet sind, der Praxis Nutzen zu bringen (z. B. fremdvermietete Grundstücksteile) als **„gewillkürtes Betriebsvermögen“** in ihren Bilanzen auszuweisen (Folgen wie Rdnr. 10). Geldgeschäfte gehören nur ausnahmsweise zum Betriebsvermögen (vgl. zu Geldverlusten auch Rdnr. 23). Bilanzierende dürfen auf Wirtschaftsgüter des Betriebsvermögens, deren Teilwert nachweislich unter den Buchwert gesunken ist, nach § 6 I Nr. 1 und Nr. 2 EStG Teilwertabschreibungen vornehmen.

13 Nur im **wirtschaftlichen Eigentum** des Steuerpflichtigen selbst stehende Wirtschaftsgüter können Betriebsvermögen sein, nicht von Dritten entgeltlich oder unentgeltlich zur Nutzung überlassene. Das gilt auch für Wirtschaftsgüter im Eigentum von Angehörigen: Bei Praxisausübung in einem Gebäude, das dem Ehegatten gehört, entsteht kein Betriebsvermögen. Vermietung wird anerkannt (*BFH* BStBl. 1969 II, 233; 1971 II, 643; *Korn,* Steuerberaterkongreß-Report 1977, 162f.). Bei Miteigentum entsteht Betriebsvermögen bezogen auf die Miteigentumsquote des Anwalts-Ehegatten. Unentgeltliche Nutzungsüberlassung von Wirtschaftsgütern wird zwar ebenfalls steuerlich anerkannt, ist aber steuerlich unattraktiv, weil die AfA entfällt.

14 Abnutzbare Wirtschaftsgüter des Betriebsvermögens, deren betriebsgewöhnliche Nutzungsdauer ein Jahr überschreitet (Anlagevermögen), sind nach §§ 6 I Nr. 1, 7 EStG auf die voraussichtliche Nutzungsdauer verteilt als Betriebsausgaben abzuschreiben (*Absetzung für Abnutzung,* kurz **AfA**). Nicht abnutzbare Anlagegüter – z. B. Grund und Boden, Gemälde anerkannter Meister, Antiquitäten (*BFH* BStBl. 1990 II, 50) – mindern den Gewinn erst bei Entstrickung (s. Rdnr. 10). Es wird zwischen beweglichem Anlagevermögen (z. B. Büroausstattung), immateriellem (z. B. EDV-Programme, Praxiswert) und unbeweglichem (Gebäude, Einbauten) unterschieden. Bemessungsgrundlage für die AfA sind die Anschaffungs- oder Herstellungskosten (u. U. fiktiv bei Einlage, s. Rdnr. 11) für abnutzbare Wirtschaftsgüter (ohne nach § 15 UStG abziehbare Vorsteuer). Die AfA beginnt mit Fertigstellung bzw. Erwerb des wirtschaftlichen Eigentums (Verfügungsmacht und Gefahr) an den Gegenständen. Auch bei Überschußrechnung nach § 4 III EStG ist für den Beginn und die Bemessung der AfA der Zeitpunkt der Bezahlung des abnutzbaren Anlageguts irrelevant, während

die mit der Anschaffung bzw. Herstellung verbundene nach § 15 UStG abziehbare Vorsteuer (Rdnr. 37) bei Bezahlung sofort absetzbar ist.

Zur AfA auf **bewegliche Anlagegegenstände:** Wahlweise Jahresabschreibung für Zugänge im ersten Halbjahr und Halbjahresabschreibung für solche im zweiten Halbjahr anstelle nur zeitanteiliger AfA (Abschn. 44 II EStR 1990). Statt linearer (gleichmäßiger) AfA kann nach § 7 II EStG die degressive gewählt werden (gleichbleibender Prozentsatz auf den jeweiligen Restbuchwert am Jahresende), deren Obergrenze das Dreifache der linearen AfA, höchstens 30 v. H. ist (übersteigt die lineare also ab vier Jahre Nutzungsdauer). Von der degressiven AfA darf zur linearen gewechselt werden, nicht umgekehrt. Üblicherweise anerkannte Nutzungsdauern: Pkw 4 Jahre, Computer und Zubehör 3–5 Jahre, Büromaschinen und Geräte des Nachrichtenwesens 5–8 Jahre, Büromöbel 10 Jahre, wertvolle Stilmöbel allerdings 20 Jahre (*BFH* BStBl. 1986 II, 355). Neben der normalen AfA sind nach § 7 g EStG auf neue bewegliche Gegenstände bei Freiberuflern 20 v. H. wahlweise in den ersten drei Jahren abschreibbar, wenn der letzte Einheitswert für das Betriebsvermögen (Rdnr. 47) 240000 DM nicht überschreitet (Erläuterungen dazu in Abschn. 83 EStR). Selbständig nutzbare bewegliche Wirtschaftsgüter und Computerprogramme (Abschn. 31 a I EStR 1990) mit Anschaffungs- bzw. Herstellungskosten bis 800 DM netto (sog. geringwertige Wirtschaftsgüter) sind nach § 6 II EStG wahlweise im Jahr der Anschaffung oder Herstellung sofort absetzbar (mehrere technisch aufeinander zugeschnittene funktional zusammengehörige Gegenstände bilden eine Einheit, z. B. Diktiergerät mit Mikrophon), nicht aber schon Sachgesamtheiten (wie z. B. Tisch mit Stühlen, Zimmerausstattung). Fachbücher sind geringwertige Wirtschaftsgüter und bleiben es, wenn eine ganze Bibliothek erworben wird (*BFH* BStBl. 1968 II, 149); zusammengerechnet werden nur mehrbändige Werke (*BFH* BStBl. 1968 II, 149 zu Lexika), m. E. aber nicht überzeugend für Großkommentare, Loseblattwerke und gebundene Zeitschriften. 15

Zur AfA auf **Gebäude:** Es bestehen starre gesetzliche Abschreibungsprozentsätze, die nur überschritten werden dürfen, wenn die nachweislich tatsächlich zu erwartende Nutzungsdauer höhere Sätze rechtfertigt. Die lineare AfA beträgt nach § 7 IV EStG 2 v. H. (für vor 1925 fertiggestellte Gebäude 2,5 v. H.), für mit Bauantrag nach dem 31. 3. 1985 erstellte betrieblich genutzte Gebäudeteile 4 v. H. Für selbsthergestellte oder im Jahr der Fertigstellung erworbene Gebäude kann die degressive AfA gewählt werden, die nach § 7 V EStG bei Bauantrag vor dem 1. 4. 1985 in den ersten acht Jahren je 5 v. H., den folgenden 6 Jahren 2,5 v. H. und den restlichen 36 Jahren 1,25 v. H. beträgt, und bei Bauantrag nach dem 31. 3. 1985 auf den selbständiger Berufstätigkeit dienenden Gebäudeteil in den ersten 4 Jahren je 10 v. H., 3 × 5 v. H. und 18 × 2,5 v. H. Die degressive AfA kann im Jahr der Herstellung voll beansprucht werden, die lineare nur p.r.t. monatsweise. Ein Wechsel der Methode ist unzulässig. 16

Leasing wird steuerlich als normaler Mietvertrag behandelt (also Abzug der Miete als Betriebsausgabe), wenn der Leasinggeber wirtschaftlicher Eigentümer bleibt. Es haben sich Vertragsmuster für sog. Vollamortisationsverträge mit Kaufoption und Teilamortisationsverträge mit Andienungsrecht durchgesetzt, bei deren Einhaltung die Finanzverwaltung den Leasinggeber als wirtschaftlichen Eigentümer anerkennt (vgl. *BMF*-Schreiben BStBl. 1971 I, 264; 1972 I, 188; BB 1976, 72; DB 1976, 76 und 940). Ist ausnahmsweise der Leasingnehmer wirtschaftlicher Eigentümer, so wird die Vereinbarung steuerlich wie Kauf des Leasinggegenstands gegen Ratenzahlung beurteilt. 17

c) Betriebseinnahmen und Betriebsausgaben

18 **Betriebseinnahmen** sind geldwerte Vorteile aller Art, welche durch die berufliche Tätigkeit erzielt werden. Es gehören dazu nicht nur Honorare aus den beruflichen Leistungen, sondern alle anderen Vorteile, welche aus der Tätigkeit entstehen, z. B. Einnahmen aus der Veräußerung steuerverstrickten Betriebsvermögens bzw. fiktive Einnahmen durch Entnahmen (Rdnr. 10). Auch Ersatzleistungen aus beruflichen Versicherungen oder Schadensersatzleistungen Dritter gehören dazu, soweit es sich nicht um höchstpersönliche Rechtsgüter handelt, etwa Schmerzensgeld, Schadensersatz für Verletzung der Persönlichkeitsrechte oder Körperbeschädigungen (*BFH* BStBl. 1957 III, 164; 1960 III, 87; 1964 III, 12).

19 **Betriebsausgaben** nach § 4 IV EStG sind sämtliche durch die selbständige Anwaltstätigkeit veranlaßte Ausgaben. Ihnen entsprechen bei Nichtselbständigen die Werbungskosten i. S. von § 9 EStG. Der Werbungskostenbegriff ist nur geringfügig enger, z. B. weil Vermögensverluste nicht dazugehören. Einer Angemessenheitsprüfung durch die Finanzverwaltung bzw. die Steuergerichte unterliegen Betriebsausgaben nur, wenn sie „die Lebensführung des Steuerpflichtigen oder anderer Personen berühren" (absetzbar ist dann nur der angemessene Teil der Aufwendungen), § 4 V Nr. 7 EStG (keine sinngemäße Anwendung auf Werbungskosten, *BFH* BStBl. 1990 II, 423); Anwendungsfälle: In keinem Verhältnis zu dem beruflichen Effekt stehende luxuriöse Büroausstattungen, Kraftfahrzeuge, ausufernde Bewirtungen usw. Orientteppiche im Büro sind i. d. R. nicht unangemessen (*BFH* BStBl. 1986 II, 904; 1987 II, 108; *FG Saarland* EFG 1986, 276 rkr.), serienmäßige Pkw, auch der gehobenen Klasse ebenfalls nicht (*BFH* BStBl. 1987 II, 853; 1988 II, 629; BFH/NV 1988, 356); Bewirtungen nur ausnahmsweise, jedoch Unterhaltungen von Geschäftspartnern in Varietés, Striptease-Lokalen usw. regelmäßig (*BFH* BStBl. 1990 II, 575).

20 **Durchlaufende Posten** gehören nicht zu den Einnahmen und Ausgaben, § 4 III EStG, § 10 I UStG. Es handelt sich um Beträge, die im Namen und für Rechnung Dritter (z. B. der Mandanten) vereinnahmt bzw. verausgabt werden (z. B. Gerichtskosten, Gebühren). Sie sollten deshalb buchmäßig von den übrigen Einnahmen und Ausgaben getrennt werden, notfalls zunächst im Wege der Schätzung (z. B. bei Vorschüssen) mit späterer Korrektur.

21 Nach kritisierter, aber gefestigter Rechtsprechung sind sowohl beruflich als auch privat veranlaßte Aufwendungen **(gemischte Aufwendungen)** nur dann anteilig abzugsfähig, wenn objektive Kriterien für die Aufteilung (notfalls im Wege der Schätzung) vorhanden sind. In Ermangelung objektiver Aufteilungsmerkmale entfällt der Abzug völlig, wenn die außerberufliche Mitveranlassung nicht von nur ganz untergeordneter Bedeutung ist (*BFH* BStBl. 1971 II, 17 und 21; 327; 1977 II, 716; 1983 II, 723; 1984 II, 110; 1988 II, 633; 1989 II, 641; 1990 II, 49; Abschn. 117 EStR 1990). Beispiel für Aufteilbarkeit: Pkw, Telefon in der Wohnung einschließlich Grundgebühr (*BFH* BStBl. 1981 II, 131), Hauspersonal (*BFH* BStBl. 1980 II, 93). Nicht aufteilbar und deshalb nicht absetzbar z. B.: Tageszeitung (*BFH* BStBl. 1983 II, 715; 1990 II, 29), privat mitbenutztes Arbeitszimmer, Geburtstagsfeier mit Mandanten, sog. bürgerliche Kleidung, Studienreisen und Kongresse mit hohem persönlichen Bildungs- und Erlebniswert (vgl. dazu Abschn. 117a EStR 1990).

22 Zahlung von Arbeitsvergütungen, Miet- und Pachtzinsen, Darlehenszinsen usw. an **nahe Angehörige** (z. B. Ehegatten oder Abkömmlinge) sind Betriebs-

ausgaben, wenn der Aufwand beruflich veranlaßt ist, fremdvergleichbare Vereinbarungen getroffen und exakt eingehalten werden (nach ständiger Rechtsprechung strenges Klarheitsgebot, Angemessenheitsprüfung, Üblichkeitsprüfung (vgl. z. B. *BFH* BStBl. 1983 II, 663; 1984 II, 60 und 298; 1985 II, 124; 1986 II, 250; 1987 II, 121 und 557; 1988 II, 606 und 632; 1989 II, 137; 281; 354 und 453; 1990 II, 68; 160; 429; ferner Abschn. 23 EStR 1990).

Einzelfälle des Betriebsausgabenabzugs in alphabetischer Folge: **Abschreibungen:** Vgl. Rdnr. 14 und 10. **Arbeitszimmer** in der Wohnung: Sämtliche anteiligen Kosten (Miete, bei Eigentum AfA, Zinsen, Reparaturen, Grundbesitzabgaben; Berechnung nach dem Schlüssel: Fläche des Arbeitszimmers zur Wohnfläche nach §§ 42–44 der II. BerechnungsVO) sind absetzbar, wenn private Mitbenutzung nur von absolut untergeordneter Bedeutung ist, unabhängig davon, ob das Arbeitszimmer notwendig ist und oft benutzt wird (*BFH* BStBl. 1984 II, 112; 1985 II, 467; 1987 II, 500). **Berufskleidung:** Nur Robe usw., nicht auch erhöhter Verschleiß an sog. bürgerlicher Kleidung, etwa weiße Hemden oder Blusen, ständige Rechtsprechung (*BFH* BStBl. 1970 II, 7; 1981 II, 781; BFH/NV 1987, 33). **Bewirtungskosten:** Geschäftsfreundebewirtungskosten sind nach § 4 V Nr. 2 EStG nur absetzbar, wenn eine ordnungsgemäße Rechnung vorliegt und zusätzliche Angaben über sämtliche Teilnehmer und Anlaß für die Bewirtung gemacht werden. Ab 1990 sind die Kosten nur noch zu 80 v. H. absetzbar. Gesonderte Aufzeichnung (Rdnr. 73) ist unabdingbar (vgl. dazu Abschn. 20 Abs. 8 bis 11 EStR 1990). Reine Personalbewirtungen (auch Betriebsveranstaltungen) sind stets voll abzugsfähig und unterliegen nicht den Restriktionen (aber Frage, ob versteckter Arbeitslohn). **Doppelte Haushaltsführung:** Fahrt-, Unterkunfts- und Verpflegungskosten sind abzugsfähig, wenn berufliche Veranlassung glaubhaft gemacht wird (bei Selbständigen Betriebsausgaben, bei Arbeitnehmern Werbungskosten, durch Arbeitgeber an Arbeitnehmer steuerfrei ersetzbar). Verpflegungsaufwendungen sind pauschalierbar. Einzelheiten in Abschn. 20a VI EStR 1990, Abschn. 43 LStR 1990. **Geldgeschäfte:** Verluste aus Darlehen, Bürgschaften usw. sind nur ausnahmsweise absetzbar, wenn sie nachweislich ausschließlich beruflich veranlaßt sind (*BFH* BStBl. 1980 II, 571; 1990 II, 17). **Geschenke an Geschäftsfreunde:** Absetzbar nach § 4 V Nr. 1 EStG nur, wenn sie pro Jahr und Empfänger 75 DM (vor 1990 50 DM) nicht übersteigen, der Name des Empfängers vermerkt ist und gesonderte Aufzeichnung erfolgt (Rdnr. 73). **Kongresse, Seminare,** Fortbildungsreisen, Sprachkurse, Studienreisen: Kein Abzug dann, wenn außerberufliche Mitveranlassung von nicht untergeordneter Bedeutung vorliegt (vgl. dazu mit Rspr.-Nachweisen Abschn. 117a EStR 1990); zu Sprachkursus *BFH* BStBl. 1980 II, 746; Grundsatzurteil zu Studienreisen *BFH* BStBl. 1979 II, 213; *Carl*, DStR 1989, 519. **Kraftfahrzeugkosten:** Arbeitnehmer können die Kosten wahlweise einzeln nachweisen oder die dienstlich gefahrenen Strecken mit 0,42 DM geltend machen bzw. steuerfrei ersetzt erhalten. Dasselbe gilt für den gelegentlichen Einsatz eines nicht zum steuerlichen Betriebsvermögen gehörenden Pkw eines Selbständigen (Rdnr. 10; Abschn. 119 III EStR 1990). Selbständige müssen i. ü. die Kfz-Kosten nachweisen. Wegen privater Nutzungsanteile – Privatentnahme – und über 0,50 DM pro Entfernungs-km (Erhöhung auf 0,58 DM ab 1991, 0,65 DM ab 1992 geplant) liegender Kosten für Fahrten zwischen Wohnung und regelmäßiger Arbeitsstätte (dazu gehören auch Erledigungen auf dem Wege zwischen Wohnung und Kanzlei, *BFH* BStBl. 1988 II, 766) – nach § 4 V Nr. 6 EStG nichtabzugsfähige Betriebsausgabe – ist der Betriebsausgabenabzug 23 zu kürzen. Wird kein Fahrtenbuch über sämtliche Berufs- und Privatfahrten geführt, so schätzte die Finanzverwaltung den privaten Nutzungsanteil i. d. R. auf 20 bis 25 v. H. (bestätigt durch *BFH* BFH/NV 1987, 27, für vielbeschäftigten Rechtsanwalt mit Familie und ohne Zweitfahrzeug), für Jahre ab 1990 schätzt sie ihn in Abschn. 118 II EStR 1990 auf 30 bis 35 v. H. (bei geringerer Privatnutzung ist Nachweis durch Fahrtenbuch empfehlenswert), zuzüglich nichtabsetzbare Kostenanteile für Fahrten zwischen Wohnung und Arbeitsstätte. Vielfach wurde bisher die für die Bewertung der Privatfahrten von Arbeitnehmern entwickelte Pauschale von 1 v. H. des Fahrzeuglistenpreises (Abschn. 31 VII Nr. 4 LStR 1990) als Monatsbetrag angewandt; man wird diese Praxis, obwohl sie in den EStR nicht erwähnt ist, fortführen können. **Reisekosten:** Fahrtkosten, Unterkunftskosten und Verpflegungsmehraufwand für Geschäftsreisen bzw. Dienstreisen sind absetzbar bzw. an Arbeitnehmer steuerfrei ersetzbar. Zum Nachweis ist ein Eigenbeleg über die Reisen nützlich, bei Inanspruchnahme von Pauschalen wohl sogar erforderlich. Verpflegungsmehraufwendungen sind pauschalierbar, bei Auslandsreisen auch Übernachtungskosten. Bei Einzelnachweis sind die Verpflegungsaufwendungen um ⅕ Haushaltsersparnis zu kürzen und außerdem gesetzlich auf 140 v. H. der höchsten Tagesgeldbeträge des Bundesreisekostengesetzes (§§ 4 V Nr. 5; 9 IV EStG) begrenzt. Zu den Begriffen Geschäfts- und Dienstreisen bzw. -gängen, den Pauschalen und weiteren Einzelheiten wird auf Abschn. 119 I EStR 1990 und Abschn. 37 LStR 1990 hingewiesen (wichtige Änderung ab 1990: Geschäfts- und Dienstreisen erst ab 20 km Entfernung). Komprimierte Übersicht über die Pauschalen, Höchstbeträge und die herausrechenbaren Vorsteuern (Rdnr. 38) in DB 1990 Beilage Nr. 1/90 zu Heft 1. **Repräsentationskosten:** I. d. R. nicht abzugsfähig, wenn an persönliche Ereignisse angeknüpft wird, z. B. Geburtstag, persönliche Ehrungen, Habilitation, Promotion (*BFH* BStBl. 1962 III, 539; 1967 III, 723; 1969 II, 239; 1978 II, 431). Anders bei Kanzleijubiläum u. ä., Bestellung zum Notar (z. B. *Hessisches FG* DStR 1985, 641). **Schuldzinsenabzug:** Unproblematisch bei Schuldaufnahme zur Finanzierung von beruflichen Investitionen oder laufenden beruflichen Ausgaben (tatsächliche Mittelverwendung ist entscheidend). Der Betriebsausgabenabzug wird gekürzt, wenn das berufliche Kontokorrentkonto durch Privatentnahmen (einschließlich Einkommen- und Vermögensteuerzahlungen) überzogen oder der Debetsaldo vergrößert wird (*BFH* BStBl. 1983 II, 723 und 725; 1986 II, 894; bestätigt durch den *Großen Senat des BFH* BStBl. 1990 II, 817). Vermeidbar ist die Belastung u. a. durch das sog. Zwei-Konten-Modell, d. h. die gesonderte Unterhaltung eines Bankkontos, das überzogen wird und von dem ausschließlich berufliche Ausgaben getätigt werden, niemals Entnahmen (diese erfolgen von einem zweiten Konto, das nicht überzogen wird); anerkannt durch die Rechtsprechung und von der Finanzverwaltung (*BFH* BStBl. 1990 II, 817; *BFH* BFH/NV 1988, 223; Vfg. *OFD Münster* BB 1988, 1442 mit der Einschränkung, es dürfte bankintern nicht nur ein Konto geführt werden (FR 1989, 214). **Versicherungsprämien** (s. auch Kap. J): Sach- und Haftpflichtversicherungen für den Kanzleibereich und Versicherungen für Arbeitnehmer sind Betriebsausgaben. Dagegen begründen sämtliche an das Leben und die Gesundheit anknüpfende Versicherungen kein Betriebsausgabenabzug, selbst wenn sie zur finanziellen Kanzleiabsicherung dienen (z. B. Lebens-, Kranken-, Krankentagegeldversicherungen, Rentenversicherungen, Zahlungen an berufsständische Versorgungswerke, *BFH* BStBl. 1972 II, 728 und 730; 1983 II, 301; 1987 II, 710; Abschn. 88 III EStR 1990). Eine Ausnahme galt bisher für sogenannte Teilhaberversicherungen (Kapital- oder Risikolebensversicherungen, aus denen die Sozietät anspruchsberechtigt ist, vgl. J. Rdnr. 18). Zweifel sind durch *BFH* BStBl. 1989 II, 657 aufgetreten; m. E. sollte an der bisherigen Beurteilung festgehalten werden. Die nicht als Betriebsausgabe absetzbaren Vorsorgekosten sind nur als Sonderausgaben nach § 10 I Nr. 2 EStG begrenzt absetzbar. Unfallversicherungsprämien können ausnahmsweise bei äußerst starker Reisetätigkeit Betriebsausgaben sein. Freiwillige Beiträge Selbständiger zur Berufsgenossenschaft werden als Betriebsausgaben anerkannt, etwaige Versicherungsleistungen sind gleichwohl nach § 3 Nr. 1 EStG steuerfrei (*FinVerw.* aus 1967, StEK EStG § 4, BetrAusg. Nr. 88). **Vorbereitende Betriebsausgaben** im Hinblick auf konkret geplante Berufstätigkeit sind schon absetzbar, z. B. Fortbildungskurse, Bürosuche, Vorstellungen, Inserate, Literaturanschaffung, Pkw, Büroausstattung. **Literaturhinweise** zum Betriebsausgabenabzug: NWB, F 3c, 2913ff. (ABC der abzugsfähigen/nichtabzugsfähigen Ausgaben).

3. Besonderheiten bei Sozietäten

Als Sozietät wird hier die gemeinschaftliche Berufsausübung durch eine Mehrzahl von Rechtsanwälten oder angrenzenden Beraterberufen in Gesellschaft bürgerlichen Rechts verstanden (vgl. auch Kap. H III Rdnr. 1). Einkommensteuerlich liegt eine **freiberufliche Mitunternehmerschaft** vor. Zur Abgrenzung gegenüber Bürogemeinschaften s. Rdnr. 28 (vgl. Kap. H III und H IV). Die im Briefkopf usw. erscheinenden Personen werden i. d. R. steuerlich Mitunternehmer sein, können ausnahmsweise im Einzelfall m. E. aber auch verdeckte Einzelberufler mit Auftragsverhältnis zur Kanzlei oder sogar Arbeitnehmer der Kanzlei sein. 24

Für Sozietäten werden die Einkunftart und das steuerliche Ergebnis aus der Einkunftsart **selbständig ermittelt** (Sozietäten haben dieselben Gewinnermittlungswahlrechte wie Einzelberufler, s. Rdnr. 6), dem FinA erklärt und durch dieses festgestellt, letzteres mit einheitlicher und gesonderter Feststellung der Einkünfte gem. § 180 I Nr. 2 AO durch das FinA, in dessen Bezirk sich die Kanzlei befindet. Diese einheitliche und gesonderte Feststellung ist für alle FinÄ und Beteiligten verbindlich (Grundlagenbescheid) und dementsprechend selbständig anfechtbar. Einkommensteuerpflichtig ist jedoch mit dem festgestellten Ergebnisanteil der einzelne Sozius (Mitunternehmer), in dessen Einkommensteuerbescheid der Ergebnisanteil übernommen wird. 25

Sozietäten mit ausschließlich freiberuflicher Tätigkeit und ausschließlich freiberuflichen Mitgliedern erzielen **freiberufliche Einkünfte** (so auch Abschn. 136 IX EStR 1990). Vereinzelte gewerbliche Geschäfte oder die Mitunternehmerstellung einer berufsfremden Person (z. B. einer nicht als Anwalt, Wirtschaftsprüfer, Steuerberater oder eines angrenzenden Berufs zugelassenen Person oder einer Kapitalgesellschaft; s. zur Zulässigkeit H III Rdnr. 12) machen die gesamten Einkünfte der Sozietät aber zu gewerblichen (§ 15 III 1 EStG; *BFH* BStBl. 1980 II, 336; 1984 II, 152; 1987 II, 124; 1989 II, 797). 26

Einkommensteuerlich gehören auch **Tätigkeitsvergütungen, Nutzungsvergütungen und Zinsen,** die ein Sozius (Mitunternehmer) von seiner Sozietät erhält, zu seinem Ergebnisanteil aus der Sozietät, §§ 18 V, 15 I 1 Nr. 2 EStG. Dementsprechend sind Ausgaben, die ein Sozius (Mitunternehmer) im Interesse der Sozietät persönlich leistet (z. B. Fachliteratur, Autokosten, Reisekosten, 27

Zinsen für Kanzleifinanzierung), sog. Sonderbetriebsausgaben, die zu seinen Gunsten in der einheitlichen und gesonderten Gewinnfeststellung der Sozietät berücksichtigt werden müssen (kein gesonderter Abzug mehr bei der Einkommensteuerveranlagung des betroffenen Sozius). Diese Rechtslage führt dazu, daß Gegenstände, die ein Sozius (Mitunternehmer) der Sozietät gegen gesondertes Entgelt oder ohne ein solches zur Nutzung überläßt, wie bei einem Einzelberufler (s. Rdnr. 10) notwendiges Betriebsvermögen (sog. Sonderbetriebsvermögen) darstellen.

28 Von der echten Sozietät sind **Bürogemeinschaften** zu unterscheiden, die in unterschiedlichen Gestaltungsformen auftreten (vgl. Kap. H III sowie *Korn,* Steuerberaterkongreß-Report 1985, 305, 329). Ertragsteuerlich handelt es sich um Hilfstätigkeiten für die freiberuflichen Praxen der Partner. Die im Rahmen der Gemeinschaft angefallenen steuerlich absetzbaren Kosten sollten gesondert ermittelt, nach § 180 II AO gesondert als negative freiberufliche Einkünfte festgestellt und durch den Feststellungsbescheid auf die Partner verteilt werden, welche ihre Anteile in die eigene steuerliche Gewinnermittlung übernehmen können. Die Besteuerung sogenannter **überörtlicher Sozietäten** (vgl. *BGH* AnwBl. 1989, 367; *OLG München,* BB 1990, 875) hängt von deren Organisation ab, insbesondere davon, ob die zusammengeschlossenen örtlichen Kanzleien jeweils auf eigene Rechnung arbeiten (dann ist der Zusammenschluß einkommensteuerrechtlich irrelevant), ob sie eine Bürogemeinschaft für Kooperationsbereiche unterhalten oder auf gemeinschaftliche Rechnung handeln und eine „große" Mitunternehmerschaft (Rdnr. 24) bilden.

II. Umsatzsteuer

1. Überblick

29 Selbständige einzelberuflich tätige Rechtsanwälte sind **Unternehmer** i. S. von § 2 UStG (Steuersubjekte) und unterliegen mit ihren im Rahmen ihrer Berufstätigkeit im Inland („Erhebungsgebiet") erbrachten Umsätzen i. S. von § 1 UStG der Umsatzsteuer. Natürliche Personen können wie im Einkommensteuerrecht nebeneinander selbständig und unselbständig sein. Zu Sozietäten Rdnr. 40.

30 Die Umsatzsteuer wird als **Jahressteuer** erhoben (§ 18 III und IV UStG). Die Umsatzsteuer ergibt sich durch Anwendung des Umsatzsteuersatzes (z. Z. Regelsteuersatz 14 v. H.; der ermäßigte Steuersatz von 7 v. H. hat für Anwälte seit 1982 kaum noch Bedeutung) auf die Bemessungsgrundlage für die Umsätze nach § 10 UStG (s. Rdnr. 34). Abzuziehen – bzw. bei Überhang zu erstatten – sind von der Umsatzsteuer die in demselben Zeitraum angefallenen Vorsteuern i. S. von § 15 UStG (Rdnr. 37). Das Kalenderjahr zerfällt in Voranmeldungszeiträume (bei einer Vorjahressteuerschuld über 6000 DM jeder Monat, sonst Kalendervierteljahr) (§ 18 II UStG). Bis zu dem auf den Ablauf des Voranmeldungszeitraums folgenden 10. ist eine Umsatzsteuervoranmeldung für diesen abzugeben, in der die Umsatzsteuer unter Abzug der Vorsteuer für den Voranmeldungszeitraum zu deklarieren ist (§ 18 I UStG). Auf Antrag gewähren §§ 46 ff. UStDV Dauerfristverlängerung um einen Monat, bei monatlicher Abgabe aber nur, wenn jährlich 1/11 der Vorjahresschuld vorausgezahlt wird, die für den Monat Dezember verrechnet werden. Die Voranmeldungen werden durch die später abzugebende Jahreserklärung ersetzt.

Dem jeweiligen Kalenderjahr bzw. Voranmeldungszeitraum sind grundsätzlich die vereinbarten Entgelte für erbrachte (fertiggestellte) Leistungen als Umsätze zuzuordnen. Freiberufler können jedoch stattdessen auf Antrag (formlos) nach **vereinnahmten Entgelten** gem. § 20 UStG versteuern, was üblicherweise wegen Gewinnermittlung durch Überschußrechnung (Rdnr. 7) wahrgenommen wird. Vereinnahmt sind zugeflossene Entgelte (Rdnr. 7). Die Zuordnung der im Kalenderjahr bzw. Voranmeldungszeitraum abzugsfähigen Vorsteuer wird durch den Antrag nicht berührt. 31

Sowohl die Umsätze und die darauf entfallende Umsatzsteuer als auch die empfangenen Vorleistungen anderer Unternehmer und die daraus als Vorsteuer abziehbaren Umsatzsteuern sind nach § 22 UStG **aufzuzeichnen** (Rdnr. 73). 32

Kleinunternehmer unterliegen nach § 19 UStG nicht der Umsatzsteuer, wenn sie im Vorjahr nicht mehr als 20000 DM (ab 1990 25000 DM) Umsatz erzielt haben (im Erstjahr der selbständigen Berufstätigkeit kommt es auf dieses an, *BFH* BStBl. 1985 II, 114) und im laufenden Jahr voraussichtlich nicht mehr als 100000 DM Umsatz erzielen werden. Folgen: Kein Vorsteuerabzug, keine Berechtigung zum offenen Umsatzsteuerausweis nach § 14 UStG. Die Anwendung der Sonderregelung ist nach § 19 II UStG verzichtbar. Der Freibetrag von 80 v. H. nach § 19 III UStG ist mit Wirkung ab 1. 1. 1990 weggefallen. 33

2. Steuerbare Umsätze

Steuerbare Umsätze sind neben den **Honoraren** aus der selbständigen Anwaltstätigkeit (es handelt sich umsatzsteuerrechtlich um sonstige Leistungen i. S. von § 3 IX UStG) sämtliche Einnahmen aus der Berufstätigkeit zuzuordnenden sog. **Hilfsgeschäften,** z. B. Verkauf des Praxis-Pkw, Kostenweiterbelastungen (falls sie keine durchlaufenden Posten sind). Reisekostenweiterbelastungen gehören zum Entgelt, teilen also das umsatzsteuerrechtliche Schicksal der Honorare aus dem jeweiligen Mandat. Bei Versteuerung nach vereinnahmten Entgelten (Rdnr. 31) sind auch Honorarvorschüsse zu versteuern. Bemessungsgrundlage ist nach § 10 I UStG das erzielte – vereinbarte oder vereinnahmte – Entgelt (Nettobetrag ohne die Umsatzsteuer; bei Umsatzsteuerberechnung aus dem Bruttobetrag entspricht 14 v. H. 12,28 v. H. und 7 v. H. 6,54 v. H.). Durchlaufende Posten gehören (s. zum Begriff Rdnr. 20) nicht zum Entgelt, § 10 I UStG. Keine Umsätze sind echter Schadensersatz (dazu gehört z. B. das „Honorar", welches ein Anwalt in eigener Kanzleisache bei Obsiegen im Rahmen der Kostenerstattung erhält). 34

Fiktive Umsätze: (a) Unbezahlte Sachleistungen an Mitarbeiter (§ 1 I Nr. 1 lit. b UStG), die nicht nur Aufmerksamkeiten sind. Faustregel: Umsatzsteuer fällt an, wenn die Sachleistungen auch lohnsteuerpflichtig sind (s. Rdnr. 51). Bemessungsgrundlage nach § 10 IV Nr. 1 UStG: Einkaufspreis zuzüglich Nebenkosten (in Ermangelung Selbstkosten) im Zeitpunkt des Umsatzes (vor 1990 Teilwert) der Sachleistungen. – (b) Eigenverbrauch nach § 1 I Nr. 2 lit. a bis c UStG, und zwar Entnahmeeigenverbrauch (z. B. Überführung des bisherigen Praxis-Pkw in Privatnutzung), Nutzungseigenverbrauch (z. B. die private Mitbenutzung des Pkw oder des Kanzleitelefons, *BFH* BStBl. 1987 II, 42) und Leistungseigenverbrauch (z. B. unentgeltliche Beratung eines Freundes). Bemessungsgrundlage für Entnahmeeigenverbrauch ist dieselbe wie bei Sachleistungen an Mitarbeiter, für die übrigen Fälle sind es die Selbstkosten, § 10 IV Nr. 1 und Nr. 2 UStG. Aus der Bemessungsgrundlage für Nutzungseigenver- 35 brauch scheidet die AfA für Gegenstände aus, die ohne Vorsteuerabzugsmöglichkeit erworben worden sind (*BMF* BStBl. 1990 I, 35); strittig ist, ob darüber hinaus alle Kosten ausscheiden, aus denen kein Vorsteuerabzug möglich ist (vgl. *FG München* EFG 1990, 79).

36 Nur im **Inland** (umsatzsteuerlicher Inlandsbegriff nach § 1 II UStG) erzielte Umsätze sind steuerbar. Sonstige Leistungen, zu denen die Anwaltsleistungen gehören, werden zwar nach grundsätzlicher Fiktion in § 3a Abs. 1 UStG an dem Ort erbracht, an dem das Unternehmen betrieben wird (d.h. sich die Kanzlei befindet). § 3a III, IV Nr. 3 UStG bestimmen jedoch abweichend einen fiktiven, vorrangigen auftraggeberbezogenen Leistungsort für „sonstige Leistungen aus der Tätigkeit als Rechtsanwalt, Patentanwalt ...": Die Leistung gilt als an dem Ort erbracht, an dem der Mandant ansässig ist bzw. sein Unternehmen betreibt (Ausnahme: Empfängt der Mandant die Leistung nicht als Unternehmer, – z.B. Privatmann, Behörde – und ist er in einem EG-Staat ansässig, so gilt die Leistung als in der Kanzlei erbracht). Darunter fallen alle Beratungen, Prozeßführungen usw., nicht typische Notarleistungen. Weitere vorrangige Sonderregelungen gelten für Beratungen im Zusammenhang mit Grundstücken (Belegenheitsort), und wissenschaftliche Tätigkeiten (Ort der tatsächlichen Ausübung).

3. Vorsteuern

37 Vorsteuern, die von den Umsatzsteuern für Honorare und anderen Umsätzen nach § 15 UStG abziehbar sind, sind **Umsatzsteuerbeträge,** die andere Unternehmer dem selbständigen RA für Leistungen in Rechnung stellen, die sie für seine Kanzlei (für sein Unternehmen) erbracht haben, z.B. für Lieferung von Büromaterial, Fachliteratur, Benzin, von Anlagevermögen (Rdnr. 14), für Tätigkeit als selbständige Mitarbeiter, für Taxifahrten, für Hotelunterkunft. Erforderlich ist eine Rechnung nach § 14 UStG mit folgenden Angaben: Name des Ausstellers, Name des Empfängers (also des Vorsteuerabzugsberechtigten), Zeitpunkt der Leistung, Rechnungsbetrag, Umsatzsteuerbetrag in DM. Bei Rechnungbeträgen bis 200 DM (typische Fälle: Benzinrechnungen, Gaststättenrechnungen, Taxiquittungen) sind die Angabe des Empfängers, des Leistungszeitpunkts und des Umsatzsteuerbetrags entbehrlich, jedoch muß der Umsatzsteuersatz angegeben sein, § 33 UStDV.

38 **Sonderregelungen:** Fahrausweise für Personenbeförderungen (z.B. Fahrkarten der Bundesbahn und der Verkehrsbetriebe) reichen aus (Herausrechnung der Vorsteuer mit 12,28 v.H. aus dem Bruttobetrag für Tarifentfernungen über 50 km und 6,54 v.H. darunter, § 34 UStDV. – Aus einkommensteuerrechtlich anzuerkennenden Reisekostenpauschalen (Rdnr. 23) für eigene Geschäftsreisen oder nach § 3 Nr. 16 EStG lohnsteuerfrei erstatteten Dienstreisepauschalen im Inland sind pauschal 11,4 v.H. Vorsteuer herausrechenbar, § 36 I UStDV (Eigenbeleg über Reisen erforderlich). – Benutzen Arbeitnehmer ihre Pkw für Dienstfahrten und erhalten sie bis 0,42 DM pro km lohnsteuerfrei ersetzt, so sind daraus 7,6 v.H. pauschale Vorsteuer herausrechenbar. Benutzt der RA einen Privat-Pkw für Berufsfahrten und setzt er dafür pauschal 0,42 DM pro km ab (Rdnr. 23), so kann er 5,3 v.H. Vorsteuer herausrechnen. – Wahlweise kann aus den gesamten eigenen und Arbeitnehmern erstatteten steuerlich anzuerkennenden Inlandsreisekosten (Pauschalen und einzeln nachgewiesene Beträge, ohne Pkw-Kosten) für jeweils ein Jahr einheitlich 9,2 v.H. herausgerechnet wer-

den, § 37 UStDV. – Aus lohnsteuerfreien Umzugskostenrechnungen an Arbeitnehmer sind die Vorsteuern abziehbar, § 39 UStDV. – Statt des Einzelnachweises der Vorsteuern können Rechtsanwälte, Patentanwälte und Notare, die im Vorjahr nicht mehr als 100000 DM Umsatz erzielten, ihre Vorsteuern nach §§ 23 UStG, 69, 70 UStDV auf Antrag für jeweils volle Kalenderjahre ohne Einzelnachweis und Aufzeichnung **pauschalieren:** bei Rechtsanwälten und Notaren in Höhe von 1,3 v. H. der Umsätze, bei Patentanwälten in Höhe von 1,5 v. H.

Jeder Unternehmer wird nach § 14 UStG zivilrechtlich verpflichtet, seinem 39 Leistungsempfänger eine **Rechnung** mit offenem Umsatzsteuerausweis i. S. von Rdnr. 37 zu erteilen. Wer eine Rechnung mit offenem Steuerausweis erteilt, ohne dazu berechtigt zu sein, schuldet die offen ausgewiesene Umsatzsteuer nach § 14 III UStG, ohne daß dies später berichtigungsfähig ist (Korrektur u. U. aus Billigkeitsgründen) und der Rechnungsempfänger den Umsatzsteuerbetrag als Vorsteuer abziehen kann (Regelung soll ab 1990 geändert werden). In anderen Fällen zu hohen Umsatzsteuerausweises wird die Steuer ebenfalls geschuldet, jedoch ist dies nach §§ 14 II, 17 UStG berichtigungsfähig. In Vorschußrechnungen kann Umsatzsteuer offen ausgewiesen werden, darf aber in Endrechnungen nicht nochmals erscheinen.

4. Besonderheiten bei Sozietäten

Tritt eine Sozietät – was der Regelfall ist – nach außen auf, so ist sie umsatz- 40 steuerrechtlich **selbständiger Unternehmer.** Sie schuldet die Umsatzsteuer, gibt Voranmeldungen und Steuererklärungen ab und hat alle unternehmerischen Pflichten zu erfüllen. Sie muß, wenn sie Vorsteuern geltend machen will (Rdnr. 37) unmittelbar Empfänger der Leistungen dritter Unternehmer sein und Rechnungen (Rdnr. 37) erhalten, die auf ihren Namen lauten (*BFH* BStBl. 1984 II, 231; 1985 II, 21).

Die **Gesellschafter** stehen der Sozietät als Dritte gegenüber. Ihre Leistungen 41 für die Sozietät sind nicht umsatzsteuerbar, wenn sie kein besonderes Entgelt erhalten, sondern nur den Ergebnisanteil oder Organleistungen (z. B. Geschäftsführung und Vertretung, *BFH* BStBl. 1980, II, 622) erbringen. Die Gesellschafter sind insoweit bei ihrer Tätigkeit für die Sozietät nicht Unternehmer i. S. des UStG. Folglich können sie aus Sonderbetriebsausgaben (Rdnr. 27) keine Vorsteuern geltend machen. Die Sozietät kann diese Vorsteuern ebenfalls nicht abziehen, weil sie insoweit nicht Leistungsempfängerin ist. Dies gilt z. B. auch für Pkw (Anschaffungs- bzw. Betriebskosten), welche die einzelnen Partner kaufen und unterhalten. Gestaltungsmöglichkeit: Entweder die Sozietät erwirbt und unterhält die Fahrzeuge und belastet die Partner mit Privat- bzw. Überkosten oder die Partner vermieten der Sozietät die Fahrzeuge, möglichst gegen ein vom Umfang der Nutzung abhängiges Entgelt (vgl. dazu näher *FinVerw.* in Abschn. 6 X Nr. 1 UStR 1988 und StEK UStG 1980 zu § 1 I Nr. 1; Nr. 63, 73, 90, 95, 105, 109; *Korn,* Steuerberaterkongreß-Report 1985, 305, 323).

Gesellschafter von Sozietäten sind Unternehmer, soweit sie Gegenstände an 42 die Gesellschafter gegen Entgelt **zur Nutzung überlassen** (einkommensteuerrechtlich Sonderbetriebsvermögen, s. Rdnr. 27), z. B. Pkw oder andere Büroausstattungsgegenstände. Vermieten Gesellschafter der Sozietät entgeltlich Praxisräume, sind sie mit dem Mietumsatz nach § 4 Nr. 12 lit. a UStG umsatzsteuerfrei, können nach § 9 UStG auf die Steuerbefreiung aber verzichten und der

Sozietät die Umsatzsteuer offen in Rechnung stellen, die sie als Vorsteuern abziehen kann (i. d. R. ratsam – u. U. gleichzeitig Option nach § 19 II UStG, Rdnr. 2 –, weil anderenfalls für die vermieteten Räume anfallende Vorsteuern beim Gesellschafter nach § 15 II UStG nicht abziehbar sind). **Höchstpersönliche Tätigkeiten** (z. B. Strafverteidigung, Testamentsvollstreckung, Beiratsämter), die ein Gesellschafter der Sozietät für Rechnung derselben ausübt, werden umsatzsteuerrechtlich der Sozietät zugerechnet, wenn er in der Korrespondenz, bei der Honorarabrechnung usw. unter dem Namen der Sozietät tätig wird (*BFH* BStBl. 1987 II, 524; *Korn,* in Steuerberaterkongreß-Report 1985, 227).

43 Sozietäten werden z. T. **atypisch gestaltet,** etwa so, daß Rechtsanwälte auf dem Briefkopf, den Praxisschildern usw. erscheinen, die im Innenverhältnis keine echten Gesellschafter sind, sondern entweder Arbeitnehmer der Sozietät (dann sind sie mangels Selbständigkeit keine Unternehmer) oder selbständige Subunternehmer (freie Mitarbeiter). Sind Rechtsanwälte trotz Aufnahme auf den Briefkopf ausnahmsweise nur selbständige Mitarbeiter, so unterliegen ihre Leistungen der Umsatzsteuer. Sie erbringen ihre Leistungen i. d. R. an die Sozietät, können ihr also Rechnungen mit offenem Umsatzsteuerausweis erteilen. Die Sozietät erbringt die Leistungen i. d. R. gegenüber den Mandanten und unterliegt mit dem Honorar der Umsatzsteuer. Grenzfälle sind brisant, weil die Anwendung von § 14 III UStG droht (Rdnr. 39), wenn sich herausstellt, daß die vermeintlichen unechten Sozien doch Gesellschafter sind und ihre Leistungen nicht umsatzsteuerbare Gesellschafterleistungen darstellen (vgl. *Hebig/Schwedhelm* AnwBl. 1986, 235; *Rose* AnwBl. 1987, 33; *Steindorff,* in: Festschrift für Robert Fischer, 1977, 747 ff.). Ähnliche Probleme können sich bei sogenannten **überörtlichen Sozietäten** ergeben, wenn diese keine „großen", nach außen einheitlich handelnden GbR (vgl. auch Rdnr. 28) sind.

44 Eine Sozietät kann auch fiktive Umsätze in Gestalt von **Eigenverbrauch** erzielen (*BFH* BStBl. 1984 II, 169), z. B. private Benutzung von Sozietäts-Pkw durch Gesellschafter. Daneben bestimmt § 1 I Nr. 3 UStG, daß unentgeltliche Leistungen an Gesellschafter oder diesen nahestehende Personen der Umsatzsteuer unterliegen.

45 Ist ein Gesellschafter einer Sozietät persönlich **neben der Sozietät** beruflich tätig (z. B. beratend, als Testamentsvollstrecker, mit Schriftstellerei oder Vortragstätigkeit) und nimmt er die Organisation der Sozietät in Anspruch, so sind die dadurch ausgelösten Kosten i. d. R. Eigenverbrauch (Rdnr. 35). Ein Vorsteuerabzug durch den Sozius ist nicht möglich, selbst wenn er mit seiner Tätigkeit regelversteuernder Unternehmer ist. Eine 1990 eingefügte rückwirkende Gesetzesänderung (§ 14 I UStG) ermöglicht den offenen Umsatzsteuerausweis in einer Rechnung und damit den Vorsteuerabzug, wenn kein Eigenverbrauch vorliegt, aber § 1 I Nr. 3 UStG anzuwenden ist. Berechnet ihm die Sozietät ein Entgelt, so kann sie ihm dagegen dafür eine Rechnung mit offenem Umsatzsteuerausweis erteilen, so daß eine echte Umsatzsteuerbelastung vermeidbar ist. Liegt das berechnete Entgelt unter der Bemessungsgrundlage für den Eigenverbrauch (Rdnr. 35), so ist – mit Recht auf offenen Umsatzsteuerausweis nach § 14 I UStG – zumindest diese der Umsatzsteuer zu unterwerfen (§ 10 V Nr. 1 UStG); NWB F 7, 3949 (5/1990); *Schlienkamp,* UR 1990, 107.

46 Bei **Bürogemeinschaften** (s. Rdnr. 28) ist bedeutsam, ob diese Unternehmer sind, was anzunehmen ist, wenn sie nach außen in Erscheinung treten, indem sie Geräte oder Räume anmieten oder kaufen, Büromaterial einkaufen, Personal einstellen usw. und die interne Kostenverteilung auf die Partner leistungsgerecht

– z. B. nach Umsatzschlüssel – durchführen. Die Gemeinschaft hat in diesem Falle die Kostenumlagen an die Partner der Umsatzsteuer zu unterwerfen und kann den Partnern darüber Rechnungen mit offenem Steuerausweis nach § 14 UStG erteilen (vgl. auch H IV Rdnr. 28). Die Gemeinschaft kann in diesem Falle eigene Vorsteuern nach § 15 UStG abziehen. Fehlt ihr die Unternehmereigenschaft, so ist dies nicht möglich.

III. Einheitsbewertung des Betriebsvermögens

Nach §§ 19, 95, 96 BewG wird für das freiberufliche Betriebsvermögen aufgrund entsprechender Steuererklärung (Erklärungspflicht nach § 28 BewG) ein **Einheitswert** durch besonderen Feststellungsbescheid festgesetzt. Der Einheitswert ist als Grundlagenbescheid in die Vermögensteuerfestsetzung des Inhabers des Betriebsvermögens zu übernehmen (nach § 117a BewG für Betriebsvermögen aller Art aber Freibetrag von 125000 DM und 25 v. H. auf den Rest). Die Feststellung erfolgt zwingend alle drei Jahre zu den Hauptfeststellungszeitpunkten (§ 21 BewG), z. B. 1. 1. 1989, für Zwischenjahre im Wege der Fortschreibung nach § 22 BewG nur bei Überschreitung bestimmter Wertgrenzen (Steuererklärungspflicht insoweit nur bei Aufforderung durch das FinA). Für Sozietäten wird der Einheitswert einheitlich und gesondert festgestellt, § 97 BewG. Die Aufteilung auf die Partner ist für alle Beteiligten verbindlich und umfaßt auch das Sonderbetriebsvermögen (entsprechend Rdnr. 27 zur Ertragsbesteuerung). 47

Der Einheitswert umfaßt im **wirtschaftlichen Eigentum** des RA stehende Vermögenswerte, die überwiegend der selbständigen Berufsausübung dienen (Rdnr. 10) und Schulden, die damit in wirtschaftlichem Zusammenhang stehen einschließlich am Stichtag unbezahlte Kanzleikosten. Rentenverpflichtungen einer Sozietät an ausgeschiedene Sozien qualifiziert die Finanzverwaltung nicht als Betriebsschulden der Sozietät, sondern als Schulden der Partner, *BMF* BB 1990, 694. Abweichend vom einkommensteuerrechtlichen Betriebsvermögensbegriff (Rdnr. 10) gehören Grundstücke (nebst Gebäuden) nur bei überwiegend beruflicher Nutzung (hier unter Einbeziehung des Eigentums von Ehegatten) zum Betriebsvermögen, dann allerdings vollumfänglich (Feststellung soll nach § 19 III Nr. 1 lit. b BewG bereits im selbständigen Einheitswertbescheid für das Grundstück getroffen werden, *BFH* BStBl. 1987 II, 292). 48

Der Ansatz und die Bewertung des Vermögens und der Schulden erfolgen nach § 98a BewG unabhängig von der einkommensteuerlichen Gewinnermittlung mit den **Teilwerten.** Entstandene Honoraransprüche (soweit einbringlich; u. U. Pauschalabschlag für Risiken, Zinsausfall) sind anzusetzen, selbst wenn sie am Stichtag noch nicht berechnet waren. Erhaltene Vorschüsse sind Schulden, ebenso bei Versteuerung nach vereinnahmten Entgelten (Rdnr. 31) die Umsatzsteuer. Ob bis zum Stichtag angefallene Selbstkosten (ohne eigene Leistungen des Anwalts) für „unfertige Arbeiten" anzusetzen sind, ist fraglich. Das bewegliche Anlagevermögen kann nach Abschn. 52 VStR 1989 aus Vereinfachungsgründen mit dem einkommensteuerlichen Buchwert (Rdnr. 10) übernommen werden, mindestens jedoch mit 30 v. H. der ursprünglichen Anschaffungs- bzw. Herstellungskosten, für über 10 Jahre alte Wirtschaftsgüter 15 v. H. Nach § 6 II EStG sofort abgesetzte geringwertige Wirtschaftsgüter werden danach mit 40 v. H. der in den letzten fünf Jahren vor der Bewertung angefallenen Beträge 49 angesetzt. In Steuerprüfungen wird z. T. darüber hinaus ein Teilwertzuschlag für beanspruchte degressive AfA und für erhöhte Absetzungen (z. B. nach § 7g EStG) verlangt (vgl. Rdnr. 13). Die Bibliothek gehört grundsätzlich dazu, jedoch wird man sie wegen des stark aktuellen Charakters deutlich niedriger bewerten müssen als mit 40 v. H. der in den letzten Jahren angefallenen Kosten. Beruflich genutzte **Grundstücke** mit Gebäuden sind zwingend mit den dafür angesetzten Einheitswerten zuzüglich 40 v. H. zu übernehmen, §§ 99, 121a BewG.

IV. Lohnsteuer

50 Wer **Arbeitnehmer beschäftigt** (zum Begriff Rdnr. 4), muß für jeden ein Lohnkonto (§ 41 EStG) führen und die Lohnsteuer und die Sozialversicherungsbeiträge ordnungsgemäß einbehalten, monatlich bzw. vierteljährlich anmelden und abführen (§ 41a EStG). Bei Verstößen droht Haftung (§ 42d EStG). Die Lohnsteuer wird nach Maßgabe der auf der Lohnsteuerkarte (§ 39 EStG) des Arbeitnehmers eingetragenen Steuerklasse, Kinderzahl und etwaiger Steuerfreibeträge aus der einschlägigen Lohnsteuertabelle (§ 38c EStG) für den jeweiligen Lohnabrechnungszeitraum (i. d. R. Monat) abgelesen (§ 38a EStG). Lohnkontenführungen werden heute ganz überwiegend per EDV abgewickelt, was auch extern preiswert und mühelos möglich ist.

51 Der Lohnsteuer sind neben dem **Bruttobarlohn** für die Arbeitnehmertätigkeit auch geldwerte Sachbezüge zu unterwerfen, z. B. Überlassung eines Pkw zur privaten Mitbenutzung (zur Bewertung Abschn. 31 VII LStR 1990: Wahlweise Einzelnachweis nach Fahrtenbuch und Gesamtfahrzeugkosten einschließlich Abschreibung, 0,42 DM pro km lt. Fahrtenbuch, Pauschalierung mit 1 v. H. des Brutto-Listenpreises für das benutzte Fahrzeug oder 30 bis 35 v. H. der Gesamtfahrzeugkosten, jeweils zuzüglich Fahrten zwischen Wohnung und Arbeitsstätte; vgl. auch Rdnr. 23 sowie zur Lohnsteuerpauschalierungsmöglichkeit Rdnr. 52). Im Einzelfall ist bei Sachvorteilsgewährungen zu prüfen, ob es sich um bloße nicht lohnsteuerpflichtige Aufmerksamkeiten bzw. nur im eigenen betrieblichen Interesse des Arbeitgebers gewährte Vorteile oder bereits um Arbeitslohn handelt (Ausgaben für übliche Betriebsausflüge und -feiern sind z. B. nicht lohnsteuerpflichtig; Einzelheiten in Abschn. 72 LStR 1990; danach Nichtaufgriffsgrenze 60 DM pro Arbeitnehmer und Veranstaltung; nach *BFH* BFH/NV 1990, 219 Kosten von 119 DM pro Teilnehmer unbedenklich). Es bestehen zahlreiche **Steuerbefreiungen** für zugewendeten Arbeitslohn: Heirats- und Geburtsbeihilfen (§ 3 Nr. 15 EStG), Jubiläumszuwendungen (§ 3 LStDV); Zuschläge für Sonntags-, Feiertags- und Nachtarbeit (§ 3b EStG), Vermögensbeteiligungen (§ 19a EStG), Reisekostenersatz und Ersatz der Kosten für beruflich veranlaßte doppelte Haushaltsführung (§ 3 Nr. 16 EStG, ausführlich Abschn. 37 und 40 LStR 1990). Zukunftssicherungsleistungen (§ 3 Nr. 62 EStG) und Auslagenersatz (§ 3 Nr. 50 EStG). Werbungskostenersatz ist ab 1990 nur noch steuerfrei (und entsprechend sozialversicherungsfrei), falls im EStG dafür eine ausdrückliche Steuerbefreiung vorgesehen ist, etwa für Reisekostenersatz. Betroffen ist insbesondere der Ersatz von Fahrtkosten zwischen Wohnung und Arbeitsstätte, der vor 1990 steuerfrei war (vgl. zur neuen Pauschalierungsmöglichkeit aber Rdnr. 52). Telefonkostenersatz kann nach § 3 Nr. 50 EStG steuerfrei sein (vgl. Abschn. 22 LStR 1990; *BMF* DB 1990, 1309). Der Arbeitnehmer kann die steuerpflichtig ersetzten Beträge als Werbungskosten geltend machen.

Lohnsteuerpauschalierungen mit dem Ergebnis, daß der Arbeitgeber die pauschale Lohnsteuer sodann als eigene Steuer schuldet und der Arbeitnehmer die entsprechenden Bezüge nicht zu besteuern hat, sind nach §§ 40, 40a, 40b EStG möglich (Wahlrecht des Arbeitgebers), z. B. für folgende Fälle: Ausnahmsweise lohnsteuerpflichtige Betriebsveranstaltungen (25 v. H., § 40 EStG); betragsmäßig begrenzter Arbeitslohn an kurzfristig bis zu 18 Tagen Beschäftigte (ab 1990 25 v. H.) und laufend, aber in geringem Umfang Beschäftigte (ab 1990 15 v. H.); zu Einzelheiten s. § 40a EStG, § 4 II 8 LStDV und Abschn. 128 LStR 1990; Direktversicherungen bis 3000 DM jährlich (15 v. H., § 40b EStG). Im Hinblick auf die Besteuerung des Werbungskostenersatzes ab 1990 ist eine neue Pauschalierung eingeführt worden: Die Beträge, die bisher steuerfrei waren, sind ab 1990 vom Arbeitgeber mit 15 v. H. pauschalierbar (§ 40 II 2 EStG). Die sozialversicherungsrechtliche Beurteilung weicht von der lohnsteuerlichen insbesondere bei Teilzeitbeschäftigten ab. Zu der Pauschallohnsteuer wird Kirchensteuer erhoben, pauschal bundesländeruneinheitlich 6 oder 7 v. H. der Lohnsteuer; keine Kirchensteuer aber bei Nachweis der Nichtzugehörigkeit der betroffenen Arbeitnehmer zu einer steuerberechtigten Kirche, *BFH* BStBl. 1990 II, 993; Erlasse der Länder BStBl. 1990 I, 773; zum Nachweis Erlaß Rheinland-Pfalz, DB 1991, 253). 52

V. Erwerb und Veräußerung von Praxen

Entgelte für Praxisveräußerungen unterliegen der **Umsatzsteuer** (nach § 20 II UStG zwingende Besteuerung nach vereinbarten Entgelten). Der Veräußerer kann dem Erwerber eine Rechnung nach § 14 UStG ausstellen und ihm dadurch den Vorsteuerabzug nach § 15 UStG verschaffen, so daß keine echte Belastung eintritt. 53

Einkommensteuerrechtlich gehört der Gewinn (Überschuß des Erlöses abzüglich Kosten über die Buchwerte der übertragenen Wirtschaftsgüter unter Berücksichtigung etwaiger Entnahmen nicht mitveräußerter Wirtschaftsgüter) aus der Praxisveräußerung beim Veräußerer zu den freiberuflichen Einkünften, §§ 18 III, 16 EStG. Überschußrechner nach § 4 III EStG müssen im Veräußerungszeitpunkt zum Bestandsvergleich übergehen und die nach Abschn. 19 EStR 1990 erforderlichen nicht tarifbegünstigten Übergangskorrekturen vornehmen (Besteuerung der Honorarforderungen). Barkaufpreise sind sofort zu versteuern, ebenso der abgezinste Wert von Ratenzahlungen, während bei Veräußerungsrenten der Veräußerer ein Wahlrecht hat, die jeweiligen Rentenzuflüsse als laufende nachträgliche Einkünfte nach § 24 EStG zu versteuern oder den Barwert der Rente als Veräußerungsgewinn (fortlaufend sind dann nur noch die Zinsanteile Kapitaleinkünfte; vgl. zu dem Wahlrecht *Paus,* INF 1989, 10). Der Veräußerungsgewinn ist tarifbegünstigt nach § 34 I und II EStG (halber Steuersatz, für Veräußerungsgewinne über 30 Mio DM jährlich ab 1990 eingeschränkt), genießen außerdem nach §§ 18 III, 16 IV EStG einen Freibetrag von 30000 DM, wenn sie 100000 DM nicht übersteigen. Der Freibetrag beträgt 120000 DM, wenn der Gewinn 300000 DM nicht übersteigt, falls der Veräußerer mindestens 55 Jahre alt oder dauernd berufsunfähig ist. Voraussetzung für alle Tarifvergünstigungen ist, daß die gesamte freiberufliche Tätigkeit im bisherigen örtlichen Bereich völlig eingestellt wird (*BFH* BStBl. 1986 II, 335). Als Veräußerung gilt auch die Aufgabe einer Praxis innerhalb von drei bis sechs Monaten. 54

55 Der **Praxiserwerber** hat den Kaufpreis (ohne die abziehbare Vorsteuer) auf sämtliche erworbenen Wirtschaftsgüter aufzuteilen und einkommensteuerlich so zu behandeln, als hätte er sie einzeln erworben (*BFH* BStBl. 1968 II, 149; 1973 II, 295; 1978 II, 620, 625; 1979 II, 299). Der anderweitig nicht unterzubringende Kaufpreisteil ist i. d. R. Anschaffungspreis für den Praxiswert, der auf drei bis fünf Jahre abschreibbar ist (*BFH* BStBl. 1958 III, 330; 1973 II, 293; *FinVerw.* BStBl. 1979 I, 481; *Dornbusch* AnwBl. 1986, 496). Renten- oder Ratenzahlungen sind mit dem Barwert (abgezinst) als Anschaffungspreis anzusetzen (Zinsfuß ca. fünf bis sieben v. H.). Die späteren Zinsanteile sind im Jahr des Anfalls laufende Betriebsausgaben, ebenso wertsicherungsklauselbedingte Mehrzahlungen (*BFH* BStBl. 1984 II, 526).

56 Der **unentgeltliche Übergang** einer Praxis – z. B. durch Erbfolge oder zur vorweggenommenen Erbfolge – führte nach bislang h. A. einkommensteuerlich nicht zu einem Gewinn beim Übergeber; der Erwerber führt die Buchwerte des Rechtsvorgängers fort, § 7 EStDV. Versorgungsrenten, die der Praxisübernehmer im Zuge der vorweggenommenen Erbfolge zur Versorgung des Übergebers übernimmt, gelten einkommensteuerrechtlich nicht als Kaufpreis, sondern sind als Sonderausgaben nach § 10 I Nr. 1a EStG (mit dem Ertragsanteil bzw. – falls es sich um eine sog. dauernde Last handelt – vollumfänglich) abzugsfähig und beim Empfänger dementsprechend nach § 22 EStG zu versteuern, falls der Wert der Praxis (des Praxisanteils) mindestens 50 v. H. des Rentenbarwerts beträgt. Der zu diesem Fragenbereich angerufene Große Senat des BFH hat eine Rechtsprechungsänderung vollzogen (BStBl. 1990 II, 847; 837), zu der noch Verwaltungsanweisungen und Übergangsregelungen erwartet werden: Vermögensübertragungen zur vorweggenommener Erbfolge sind danach teilentgeltlich, wenn Abfindungen, Gleichstellungsgelder usw. an den Praxisübertrager oder von diesem bestimmte Personen zu leisten sind; ist nur eine Versorgungsrente zu zahlen, so bleibt es bei der bisherigen Beurteilung als unentgeltliches Geschäft. Die Erbfolge bleibt wie bisher unentgeltlich, jedoch kann die Erbauseinandersetzung nach Entstehung einer Erbengemeinschaft zu einer veräußerungsähnlichen Teilentgeltlichkeit führen. Umsatzsteuerrechtlich entsteht eine Belastung dann, wenn keine Praxisschulden übergehen und deshalb Eigenverbrauch vorliegt (*BFH* BStBl. 1987 II, 655). Gestaltungsmöglichkeit: Übernahmepflicht für Praxisschulden; anstelle sofortiger Vollübergabe Sozietätsgründung zwischen Übergeber und Übernehmer.

VI. Gründung und Beendigung von Sozietäten sowie Ein- und Austritt von Gesellschaftern

1. Einkommensteuer

57 **Sozietätsgründungen** lösen erhebliche steuerliche Konsequenzen aus, soweit die Beteiligten bisher schon Einzelpraxen betrieben, die sie als Sozietät in GbR weiterführen. Zivilrechtlich handelt es sich um Übertragung der Wirtschaftsgüter und Geschäftsbeziehungen auf eine Personengesellschaft (die Sozietät) im Wege der Einzelrechtsnachfolge gegen Gewährung von Gesellschaftsrechten und ggf. weiteren Gegenleistungen der Sozietät oder der Mitgesellschafter.

58 Es besteht für die eingebrachten Praxen einkommensteuerrechtlich nach § 24 UmwStG ein **Bewertungswahlrecht** zwischen Buchwertfortführung, Zwi-

schenwertansatz und Teilwertansatz. Ausgeübt wird dieses durch Ansatz des Vermögens in der Bilanz (wenn diese errichtet wird, der Eröffnungsbilanz) der Sozietät (*BFH* BStBl. 1980 II, 239; 1985 II, 695). Bringen mehrere Sozien Praxen ein, so kann das Wahlrecht unterschiedlich ausgeübt werden. Erfolgt ein Wertansatz über dem Buchwert, so muß der Einbringende den Mehrbetrag als freiberuflichen Veräußerungsgewinn (Rdnr. 54) versteuern, kann die Veräußerungstarifermäßigungen sowie -freibeträge dafür aber nur beanspruchen, wenn ein Teilwertansatz unter Versteuerung sämtlicher stillen Reserven einschließlich des vollen (zu schätzenden) Praxiswerts erfolgt, auch bezüglich der Beteiligungsquote des Einbringenden an der Sozietät (*BFH* BStBl. 1986 II, 335).

Bei Übernahme von über den bisherigen Buchwertansätzen liegenden Werten 59
gelten diese bei der Sozietät als **Anschaffungskosten,** so daß sie diese als Betriebsausgaben geltend machen kann, bei abnutzbarem Anlagevermögen in Gestalt der entsprechend höheren AfA (Rdnr. 14). Praxiswerte aus der Praxis eines noch entscheidenden, persönlichen Einfluß ausübenden Sozius galten bisher bei Sozietäten als nicht abnutzbar (*BFH* BStBl. 1975 II, 381; 1982 II, 620; *BMF* BStBl. 1979 I, 481). Nach Einführung einer 15jährigen Abschreibung auf gewerbliche Geschäftswerte gem. § 7 EStG ab 1987 erkennt die FinVerw. diese auch auf Sozietätspraxiswerte aus früheren Sozieneinzelpraxen an (*BMF* BStBl. 1986 I, 532), auch für Altfälle.

Unklar sind die Konsequenzen, welche sich daraus ergeben, daß der Gewinn 60
für eine eingebrachte Praxis bisher nach § 4 III EStG ermittelt wurde und die Sozietät den Gewinn ebenfalls durch **Überschußrechnung** ermittelt. § 24 UmwStG ist grundsätzlich auch dann anwendbar (*BFH* BStBl. 1984 II, 518). Ein Ansatz über den Buchwerten setzt aber die Aufstellung einer Einbringungs- bzw. Eröffnungsbilanz voraus (*BFH* BStBl. 1984 II, 518), m. E. aber nicht, daß die Sozietät fortan den Gewinn durch Bestandsvergleich ermittelt. Wertaufstokkungen lösen beim Einbringer mit Gewinnermittlung nach § 4 III EStG die nicht steuerbegünstigte Übergangsbesteuerung (Rdnr. 54), also insbesondere die Erfassung der noch nicht eingegangenen Forderungen, aus (vorzeitige Belastungen sind m. E. durch Nichteinbringung der Forderungen vermeidbar). Bei Buchwertfortführung ist die Übergangsbesteuerung m. E. entbehrlich, wenn die Sozietät die Gewinnermittlung nach § 4 III EStG fortführt (vgl. aber *Schmidt/Seeger,* EStG, 9. Aufl. 1990, § 18 Anm. 32).

Wird der Wert der eingebrachten Praxis nicht durch besondere fixierte Ent- 61
geltszahlung der **Mitsozien abgegolten,** sondern durch modifizierte Gewinnverteilung (etwa durch Vorabgewinnquote während einer Übergangszeit, auch mit Höchstbetragsfixierung oder gestaffelten, degressiven Gewinnverteilungsquoten), so ist darin kein zu kapitalisierender Kaufpreis, sondern eine steuerlich anzuerkennende Gewinnverteilung zu sehen, die im jeweiligen Jahr der Besteuerung zugrunde gelegt wird (vgl. dazu *Widmann/Mayer,* Umwandlungsrecht, 2. Aufl., Rdnr. 7863; *Korn,* DStZ 1982, 507, 509 m. w. N.). Erhält dagegen der Einbringende von den Mitgesellschaftern Zahlungen (vgl. auch Rdnr. 54), so entsteht, soweit diese die abgegebenen Buchwerte überschreiten, ein Veräußerungsgewinn (bzw. falls der Gewinn nach § 4 III EStG ermittelt wurde und Forderungen übergehen, insoweit ein Übergangsgewinn). Der Gewinn ist nicht tarifbegünstigt, wenn die dem Einbringenden selbst über seine Sozietätsbeteiligungsquote verbleibenden Teile der stillen Reserven der eingebrachten Praxis nicht gleichzeitig mitversteuert werden (*BFH* BStBl. 1984 II, 518; 1986 II, 335). Zu erwägen ist in derartigen Fällen, den Vorgang als nach § 24 UmwStG be-

günstigte Einbringung zu gestalten (Rdnr. 58) und die stillen Reserven umfassend, aber tarifbegünstigt zu besteuern. – Die Versteuerung der Ausgleichszahlungen ist durch Aufstellung sog. negativer Ergänzungsbilanzen gänzlich vermeidbar, wenn die Zahlungen an die Sozietät geleistet werden und dort verbleiben (*BMF* BStBl. 1978 I, 235; *BFH* BStBl. 1984 II, 518; weitergehend *Widmann/Mayer,* Umwandlungsrecht, Rdnr. 7877.8.1). Es ist indessen unklar, ob dies auch gilt, wenn die Sozietät den Gewinn nicht durch Bilanzierung, sondern durch Überschußrechnung nach § 4 III EStG ermittelt (vgl. *Korn* DStZ 1982, 507, 511). Besondere Probleme entstehen, wenn eine Praxis nicht vollumfänglich eingebracht wird, sei es, daß die Einzelpraxis partiell fortgeführt oder der Sozietät nicht eingebrachte Wirtschaftsgüter nur zur Nutzung überlassen werden (s. dazu *Korn* DStZ 1982, 507 m. w. N.).

62 Wird die Sozietät durch **unentgeltliche Aufnahme** eines Angehörigen dergestalt gegründet, daß dem Angehörigen der Gesellschaftsanteil unentgeltlich zugewandt wird, so ergeben sich gegenüber den dargelegten umsatz- und einkommensteuerrechtlichen Konsequenzen grundsätzlich keine Abweichungen. Umsatzsteuerrechtlich liegt ein steuerpflichtiges Tauschgeschäft vor, einkommensteuerrechtlich ein unter § 24 UmwStG fallender Einbringungsvorgang mit Gewinnrealisierungswahlrecht (vgl. *Widmann/Mayer,* Umwandlungsrecht, Rdnrn. 7818.2; 7976; 7979).

63 Wird ein **Sozius** in eine bereits **bestehende Sozietät** aufgenommen, so eröffnet dies die unter Rdnr. 57 geschilderten Wahlrechte nach § 24 UmwStG bei der gesamten Sozietät (ebenso beim neuen Partner, falls dieser eine eigene Praxis einbringt). Es treten auch die Probleme auf, die unter Rdnr. 60 skizziert sind, falls die Sozietät den Gewinn durch Überschußrechnung ermittelt. Ob die Altsozien, falls sie Entgelte von dem Eintretenden zum Ausgleich stiller Reserven erhalten, dann tarifbegünstigt nach § 34 EStG sind, falls es nicht zu einer Vollaufdeckung der bei der Sozietät vorhandenen stillen Reserven kommt, ist zweifelhaft (ablehnend Vfg. der *OFD Münster* vom 15. 6. 1989, StEK EStG § 18 Nr. 156 unter Hinweis auf *BFH* BStBl. 1986 II, 335; kritisch *Klaas,* DB 1989, 948; für Teilanteilsübertragungen bei gewerblichen Personengesellschaften dagegen anerkannt, *BFH* BStBl. 1980 II, 383; 1982 II, 62; 1984 II, 52). Zuzahlungen, die der eintretende Sozius über das ihm zuwachsende Buchkapital hinaus leistet, sind in Höhe seiner Beteiligungsquote auf die in der Sozietät vorhandenen stillen Reserven bzw. den Praxiswert zu verteilen und in einer Ergänzungsbilanz bzw. Ergänzungsrechnung nach § 4 III EStG zu berücksichtigen, wie bei Praxiskauf unter Rdnr. 55 geschildert, jedoch hier im Rahmen der einheitlichen und gesonderten Gewinnfeststellung als Sonderbetriebsausgaben (Rdnr. 27). Die steuerlich problemloseste Lösung für die Aufnahme von Sozien in bestehende Sozietäten ist die unter Rdnr. 61 angesprochene Gewinnvorabmethode, falls der Sozius eine Gegenleistung für das Hineinwachsen in die stillen Reserven erbringen soll.

64 **Scheidet ein Sozius aus** einer Sozietät aus, so erzielt er einen zu seinem letzten Gewinnanteil aus der Sozietät gehörenden Veräußerungsgewinn, wenn er eine über seinem Buchkapitalanteil liegende Abfindung erhält (wie Praxisveräußerung, Rdnr. 54, jedoch nur anteilige Freibeträge). Zur Behandlung der Abfindung bei den Verbleibenden s. Rdnr. 55). Das Ausscheiden eines Sozius bzw. die Auflösung der Sozietät vollziehen sich häufig durch **Realteilung:** Die vorhandenen Mandate bzw. das vorhandene Vermögen wird nach bestimmten Kriterien aufgeteilt und von dem Ausscheidenden bzw. – bei Vollauflösung –

von jedem Partner zum Weiterbetrieb einer getrennten beruflichen Tätigkeit übernommen. Es ist in diesem Falle eine Aufdeckung der stillen Reserven durch entsprechende Bilanzierung der Sozietät zwar möglich, aber nicht zwingend geboten (*BFH* BStBl. 1982 II, 456; *Schmidt,* EStG, 9. Aufl. 1990, § 16 Anm. 100 und 96). Werden die Buchwerte fortgeführt, so ist m. E. eine Übergangsbesteuerung entbehrlich, wenn die Sozietät den Gewinn durch Überschußrechnung ermittelt, soweit die beruflich weiterhin tätigen ausgeschiedenen Gesellschafter ihren Gewinn auf dieselbe Weise ermitteln. Aufgedeckte stille Reserven unterliegen regelmäßig nicht der Tarifermäßigung nach § 34 EStG, weil die Beteiligten ihre freiberufliche Tätigkeit fortsetzen. Zur Umsatzsteuer s. Rdnr. 66.

2. Umsatzsteuer

Der Einbringende **veräußert** seine bisherige **Einzelpraxis** umsatzsteuerbar an 65
die Sozietät (Tausch des Werts des eingebrachten Praxisvermögens gegen Gewährung von Gesellschaftsrechten zuzüglich etwaiger zusätzlicher Leistungen). Bemessungsgrundlage für die Umsatzsteuer ist unabhängig von der einkommensteuerlichen Behandlung der gemeine Wert der erhaltenen Gesellschaftsanteile zuzüglich etwaiger anderer Gegenleistungen (z. B. Übernahme von Praxisschulden). Die Sozietät tätigt in Gestalt der gewährten Gesellschaftsrechte ebenfalls einen Umsatz, der aber nach § 4 Nr. 8 UStG steuerfrei ist. Der Einbringende kann der Sozietät eine Rechnung mit offenem Umsatzsteuerausweis nach § 14 UStG erteilen, so daß diese den Vorsteuerabzug nach § 15 UStG geltend machen kann. Daher sind bei planmäßigem und korrektem Vollzug echte Steuerbelastungen vermeidbar. Im Einzelfall zu lösen ist der Übergang von Mandaten, für die der bisherige Praxisinhaber bereits Vorschüsse erhalten und der Umsatzsteuer unterworfen hat (u. U. mit offenem Ausweis in Rechnungen).

Wird ein Sozius in eine bereits **bestehende Sozietät aufgenommen** oder 66
scheidet ein Sozius aus einer Sozietät aus, so berührt dies die umsatzsteuerrechtliche Identität der Sozietät nicht. Umsatzsteuerrechtliche Konsequenzen treten nur auf, wenn der Sozius aus einem bei ihm schon vorhandenen Unternehmen (etwa einer Einzelpraxis) Werte einbringt und dafür Gegenleistungen (z. B. Gesellschaftsrechte) erhält (dieselben Auswirkungen wie vorstehend unter Rdnr. 65 geschildert) oder die Sozietät dem Ausscheidenden Sachwerte zur Abfindung überträgt (steuerpflichtige Umsätze der Sozietät an den Ausscheidenden). Sonderprobleme entstehen bei Realteilungen, wenn laufende Mandate übergehen (vgl. *Korn,* Steuerberaterkongreß-Report 1985, 305, 339).

VII. Steuerliche Außenprüfung

Wie alle selbständig Tätigen unterliegen Rechtsanwälte der steuerlichen **Be-** 67
triebsprüfung (Außenprüfung) nach §§ 193ff. AO i. V. mit der Betriebsprüfungsordnung (außerdem Lohnsteuer-Außenprüfungen und Umsatzsteuer-Sonderprüfungen). Die steuerlich relevanten, außerhalb der Anwaltstätigkeit liegenden persönlichen Verhältnisse werden mitgeprüft (*BFH* BStBl. 1986 II, 437), nicht jedoch zwangsläufig die des Ehegatten (*BFH* BStBl. 1986 II, 435; 1987 II, 664). Bei Sozietäten werden diese geprüft, die persönlichen Verhältnisse der Gesellschafter jedoch nur, falls diese für die Sozietät relevant sind oder für den Gesellschafter eine gesonderte Betriebsprüfung angeordnet ist.

68 **Großbetriebe** (freiberufliche Praxen mit Jahresumsatz über 5015 TDM oder Jahresgewinn über 721 TDM) werden lückenlos geprüft, andere Betriebe nur jeweils für die letzten drei Jahre (Ausdehnung der Prüfung ist zulässig, wenn nicht unerhebliche Steuernachforderungen zu erwarten sind, *BFH* BStBl. 1985 II, 350; 1986 II, 435). Die Durchführung einer Prüfung setzt eine schriftliche Prüfungsanordnung nach § 196 AO voraus, in welcher der Prüfungszeitraum und -gegenstand exakt bestimmt sein muß.

69 Die Mitwirkungspflicht der Steuerpflichtigen nach § 200 AO wird bei Rechtsanwälten durch das **Auskunftsverweigerungsrecht** nach § 102 I Nr. 3 lit. a bzw. b AO bezüglich dessen eingeschränkt, was ihnen bei ihrer Berufsausübung durch Mandanten anvertraut wurde. Danach dürfen Rechtsanwälte die Vorlage von Mandantenhandakten verweigern. Die FinVerw. verlangt jedoch die Vorlage der mit Honorarfragen zusammenhängenden Unterlagen. Es ist ratsam, in jedem Einzelfall zu prüfen, ob die Einsichtnahme in Akten erforderlich und zulässig ist und die für den Anwalt selbst steuerrelevanten Sachverhalte nicht auf andere Weise ermittelt werden können. § 102 AO hat auch Vorrang vor der Nachweispflicht des Namens des Treugebers, wenn behauptet wird, vorhandenes Vermögen werde nur treuhänderisch gehalten (§ 159 II AO); anders, wenn offenkundig ist, daß es sich um private eigene Geschäfte handelt (*BFH* BFH/NV 1989, 753).

VIII. Buchhaltung

70 Das Rechnungswesen für die selbständige Anwaltstätigkeit sollte dem Berufsträger eine interne Erfolgs- und Rentabilitätskontrolle ermöglichen, die **Überwachung** und Verwirklichung seiner Honorarforderungen und die prompte Erledigung seiner Verpflichtungen unterstützen, seine Finanzplanungen erleichtern und seine **steuerlichen Verpflichtungen** erfüllen. Bei Sozietäten kommt dem Rechnungswesen zusätzliche Bedeutung für die Ermittlung der Ergebnisanteile und gegenseitigen Vermögensansprüche zu, so daß zusätzliche Anforderungen auftreten.

71 **Form und Ausgestaltung** des Rechnungswesens sind von dem Umfang und der Komplexität der Berufstätigkeit abhängig. Weder handelsrechtlich noch steuerrechtlich besteht für freiberuflich tätige Rechtsanwälte eine Buchführungs- oder Bilanzierungspflicht (s. Rdnr. 6). Soll mit steuerlicher Wirkung dennoch bilanziert werden, so muß eine den Vorschriften der §§ 238 ff. HGB entsprechende Buchführung angelegt werden. Darauf einzugehen würde den Rahmen dieser Darstellung sprengen. Die folgende Darstellung unterstellt, daß nur eine Überschußrechnung nach § 4 III EStG erstellt werden soll (s. Rdnrn. 7, 8).

72 In der Vergangenheit haben Freiberufler ihre Aufzeichnung oft manuell in Gestalt eines Journals angelegt, in das zeilenweise fortlaufend mit Erläuterungstext gebucht wird und das für die eigentlichen Buchhaltungsziffern eine mehr oder weniger große Anzahl von Spalten vorsieht, die Kontenfunktion haben. Zwischenzeitlich hat sich jedoch der Einsatz externer **EDV-Systeme** (berufständisch geförderte Systeme, z. B. Soldan oder DATEV, aber auch zahlreiche unabhängige Anbieter) oder eigener Klein-Computer stark durchgesetzt und bewährt, die fast absolute Flexibilität bei der Anlegung der gewünschten Konten sicherstellen, von schematischen Rechenarbeiten befreien, bei fortlaufender Buchung einen jederzeitigen Überblick während des Jahres gewährleisten und Ne-

benarbeiten wie das ordnungsmäßige Aufzeichnen der Umsatzsteuer und Vorsteuer nach § 22 UStG und die Ermittlung der monatlichen Umsatzsteuer nebst Ausfüllen der Umsatzsteuer-Voranmeldungen, von Überweisungsträgern und Scheckvordrucken fast beiläufig übernehmen.

Steuerlich besteht für Überschußrechner nach § 4 III EStG gesetzlich ausschließlich eine aus § 22 UStG abgeleitete Verpflichtung, die **Betriebseinnahmen** fortlaufend aufzuzeichnen. Zum ordnungsmäßigen Nachweis (Rdnr. 6) und für den Vorsteuerabzug (Rdnr. 37) ist es aber notwendig, auch die Betriebsausgaben aufzuzeichnen. Außerdem müssen folgende **besonderen steuerlichen Aufzeichnungspflichten** beachtet werden: Gesonderte fortlaufend geführte (*BFH* BFH/NV 1989, 22) Buchhaltungskonten (im Journal als gesonderte Spalten) für Bewirtung von Geschäftsfreunden (mit Hilfe des gesonderten Kontos können auch jährlich die seit 1990 nicht abzugsfähigen 20 v. H. – vgl. Rdnr. 23 – ermittelt werden) und Geschenke an Geschäftsfreunde (§ 4 VII EStG); besonderes Konto oder separate Liste, falls Sofortabzug für geringwertige Wirtschaftsgüter nach § 6 II EStG beansprucht werden soll; Anlageverzeichnis, falls degressive Abschreibung beansprucht werden soll (§§ 7 II, 7a VIII EStG); Verzeichnis über nicht abnutzbare Wirtschaftsgüter des Anlagevermögens (§ 4 III 5 EStG). Nach § 22 UStG müssen die steuerpflichtigen Entgelte (getrennt von den nichtsteuerbaren und steuerfreien) aufgezeichnet werden sowie die empfangenen Leistungen anderer Unternehmer (betriebliche Aufwendungen aller Art) und die darauf entfallende Vorsteuer. 73

In der Praxis hat es sich als sinnvoll erwiesen, die die berufliche Tätigkeit betreffenden unbaren Geldtransaktionen (Gutschrift sämtlicher Honorareinnahmen, Bezahlung der Betriebsausgaben, Tätigung von Privatentnahmen, Steuerzahlungen usw.) über **spezielle Bank- oder Postgirokonten** abzuwickeln und für die beruflichen Bargeldbewegungen eine „Kasse" zu führen. Die **„Kasse"** besteht in einem für die Berufstätigkeit gesondert geführten Geldbestand, der durch etwaige Bareinnahmen, Privateinlagen oder Abhebungen von den Bank- und Postgirokonten gespeist wird und aus dem die laufenden Barausgaben geleistet werden. Darüber wird eine Kassenkladde geführt, in der fortlaufend sämtliche Bargeldbewegungen – getrennt nach Einnahmen und Ausgaben – verzeichnet werden, so daß der tatsächliche Geldbestand mit dem buchmäßigen abgestimmt werden kann. 74

Die **Tagesauszüge** der Bank- bzw. Postgirokonten und die **Kassenkladde** dienen als Grundlage für die Aufzeichnungen, aus denen die steuerliche Gewinnermittlung (Einnahme-Überschuß-Rechnung) entsteht und welche die Grundlage für die anderen Aufgaben sind, die mit dem Rechnungswesen verfolgt werden. Die in den Tagesauszügen und der Kassenkladde erscheinenden Positionen werden lückenlos in die „Buchführung" übernommen, und zwar zunächst als „Soll"-Positionen (Einnahmen) oder „Haben"-Positionen (Ausgaben) auf das jeweilige in der „Buchführung" zu führende Finanzkonto (Bankkonto, Postgirokonto, Kasse) mit einer spiegelbildlichen Gegenbuchung auf ein Einnahmekonto („Haben"-Buchung) bzw. Ausgabenkonto („Soll"-Buchung). Die zu führenden Einnahmen- und Ausgabenkonten werden nach einem Kontenplan so angelegt, wie sie zur eigenen Übersicht und zu steuerlichen Zwecken erforderlich sind (s. Rdnr. 4). Diese Handhabung bietet folgende Abstimm- und Kontrollmöglichkeiten: Das jeweilige in der Buchhaltung geführte Finanzkonto kann mit dem Bestand lt. Tagesauszügen bzw. Kassenkladde abgestimmt werden (Übereinstimmung des Buchbestandes mit dem Bestand lt. Kontoauszug 75 bzw. Kassenkladde signalisiert lückenlose, richtige Erfassung des Buchungsstoffs). Zeigt die Addition sämtlicher summierter „Soll"- und „Haben"-Buchungen auf den Finanzkonten und den Gegenkonten für die jeweilige Abrechnungsperiode Übereinstimmung, so erweist sich damit auch insoweit das Rechenwerk als vollständig und fehlerfrei.

76 Wenn die Aufzeichnungen an die Bankkonten, Kassenvorgänge, also Geldbewegungen anknüpfen, ist dadurch grundsätzlich gewährleistet, daß das Rechenwerk die für die einkommensteuerliche **Überschußrechnung** nach § 4 III EStG maßgeblichen vereinnahmten bzw. verausgabten Beträge (Rdnr. 7) ausweist. Dasselbe gilt für die Umsatzversteuerung nach vereinnahmten Entgelten (Rdnr. 31). Es sind sodann – das geschieht i. d. R. zum Jahresende – Korrekturen für die steuerrelevanten Sachverhalte vorzunehmen, die losgelöst von den Einnahmen und Ausgaben zu berücksichtigen sind, z. B. Abschreibungen auf das Anlagevermögen, Verluste von Betriebsvermögen, Buchwertabgänge veräußerten Anlagevermögens, Entnahmen und Einlagen von Sachwerten, fiktive Umsätze, Vorsteuern aus unbezahlten Rechnungen (s. Rdnr. 9, 10, 14).

77 Bei der Aufstellung des **Kontenplans** (also der Entscheidung, welche Konten geführt werden sollen) besteht grundsätzlich völlige Gestaltungsfreiheit (zu den geringfügigen steuerlichen Restriktionen s. Rdnr. 73). Es ist zwischen den „Vermögenskonten" zu unterscheiden, die für die Gewinnermittlung durch Überschußrechnung irrelevant sind und außer der internen Vermögensübersicht nur der Abstimmung dienen, und den „Erfolgskonten", deren Saldo das steuerliche Ergebnis nach § 4 III EStG ist. Zu den „Vermögenskonten" gehören neben den Finanzkonten die Anlagekonten, Verrechnungskonten, etwaige Darlehenskonten, Kapital- und Privatkonten des Praxisinhabers bzw. für jeden Sozius; ferner die gesondert zu führenden Konten für durchlaufende Posten (für Mandanten vorgelegte Beträge einschließlich Gerichtskosten, für Mandanten vereinnahmte Beträge, Rdnr. 20), soweit diese über die normalen Bank- und Postgirokonten und nicht über getrennte Anderkonten abgewickelt werden, die nicht unbedingt in das Rechnungswesen einfließen, wenn es sich um Fremdgeld handelt. „Erfolgskonten" sind die für die Einnahmen und Ausgaben eingerichteten Konten. Im Einnahmenbereich wird man nach umsatzsteuerlichen Gesichtspunkten getrennte Konten anlegen, im übrigen die Einnahmen aber nur aufgliedern, wenn dies zu internen Kontroll- und Abrechnungszwecken wünschenswert ist. Ähnliche Gesichtspunkte gelten für die Konten für die Betriebsausgaben.

78 Empfehlenswert ist die Führung eines **Anlageverzeichnisses** (auch per EDV möglich), das für jedes Anlagegut den Zeitpunkt der Anschaffung, den Anschaffungs- oder Herstellungsaufwand, die Abschreibungsmethoden und -prozentsätze, die jeweilige jährlich vorgenommene Abschreibung, den jeweiligen Restbuchwert und den Abgang durch Verkauf oder Vernichtung festhält. Dieses Verzeichnis dient der Ermittlung der jährlichen, als Betriebsausgaben abzusetzenden AfA, der Ermittlung der absetzbaren Restbuchwerte bei Verkäufen, Entnahmen und Vernichtung von Anlagegütern und ist Grundlage der Teilwertermittlung für Zwecke der Einheitsbewertung des Betriebsvermögens (vgl. Rdnr. 49). Außerdem ist es ein Hilfsmittel für die finanziellen Dispositionen und Planungen.

79 Die Überwachung der umfassenden **Honorarabrechnung und -beitreibung** unter Berücksichtigung der Vorschüsse und durchlaufenden Gelder erfolgt bei Überschußrechnern i. d. R. außerhalb der „Buchführung", sei es durch systematische Ablagesysteme (z. B. alphabetische Ablage der offenen Rechnungen) oder

besondere (auch EDV-gestützt abwickelbare) Offene-Posten-Buchhaltungen. Entsprechendes gilt für die – i. d. R. unproblematischeren Verbindlichkeitenabwicklung.

Es sollte – ohne daß dafür eine gesetzliche Verpflichtung besteht – eine ord- 80
nungsmäßige **Belegablage** erfolgen, die das Auffinden der Vorgänge und Belege ohne aufwendige Sucharbeiten ermöglicht. Es ist sinnvoll, die einzelnen Buchungen zu numerieren, diese Ziffern auch auf den Belegen anzubringen und die Belege in der Ziffernfolge abzulegen.

IX. Besteuerung in den neuen Bundesländern

Für die steuerrechtliche Beurteilung sind grundsätzlich vier Zeitphasen zu 81
unterscheiden: Die Besteuerung in der Zeit vor dem 1. 7. 1990, die Besteuerung seit Inkrafttreten der Währungsunion durch den Staatsvertrag (BGBl. 1990 II, 518) ab 1. 7. 1990 bis zum Inkrafttreten des Einigungsvertrags (BGBl. 1990 II, 889) am 3. 10. 1990, die Zeit danach bis zum 31. 12. 1990 und die Zeit ab 1. 1. 1991. Erst für die Zeit **ab 1. 1. 1991** besteht grundsätzlich **„Steuerrechtseinheit"**, abgesehen von einigen wenigen gem. Einigungsvertrag fortgeltenden Sonderregelungen (hauptsächlich Regelungen mit Subventionscharakter), so daß sich für die Zeit ab 1991 besondere Erläuterungen erübrigen (abgesehen von Hinweisen auf fortgeltende Sonderbestimmungen, vgl. Rdnr. 85, 86, 87). Für die Zeit bis zum 31. 12. 1990 wird kraft Sonderbestimmungen im Einigungsvertrag noch die gesonderte Besteuerung für das Gebiet der ehemaligen DDR einschließlich Berlin (Ost) aufrechterhalten, so daß die Zeitphase 1. 7.–3. 10. 1990 und der Rest des Jahres 1990 verschmelzen. Das Jahr 1990 zerfällt bei der aufrechterhaltenen DDR-Besteuerung in das erste und zweite Halbjahr. Für das erste Halbjahr bis zur Währungsunion gilt noch altes DDR-Steuerrecht, das allerdings durch zahlreiche Gesetzesänderungen in 1989/1990 modifiziert worden ist. Literaturhinweise zum DDR-Steuerrecht: *Schulz,* DStR 1990, 91; *Krause/Schulz,* DStR 1990, 239; *Müssener,* IWB 5 Gr. 2, 55 (1990).

Einkünfte aus selbständigen Anwaltsleistungen in der ehemaligen DDR bzw. 82
in Berlin (Ost) unterlagen auch schon in 1990 und früher ausschließlich der Einkommensbesteuerung in der Bundesrepublik, soweit die Einkünfte von einer in der **Bundesrepublik domizilierten Kanzlei** aus erzielt worden sind. Eine Steuerpflicht in der ehemaligen DDR und nach den für diese geltenden Vorschriften kam nur in Betracht, wenn dort ein **Büro** unterhalten wurde oder von der früheren DDR möglicherweise im Einzelfall eine Abzugsteuer erhoben worden ist. War dieser Ausnahmefall gegeben, so trat vor 1991 nach § 3 Nr. 63 EStG in der Bundesrepublik Einkommensteuerbefreiung ein.

Ist die selbständige Anwaltstätigkeit in 1990 in einer **Kanzlei** (einem Büro) **im** 83
Gebiet der ehemaligen DDR/Berlin (Ost) ausgeübt worden, so obliegt die Einkommensteuerbesteuerung für das gesamte Jahr **1990** – auch für die Zeit nach dem Beitritt der neuen Bundesländer – insoweit dem örtlich zuständigen FinA im neuen Bundesland (Anlage I, Kap. IV, Sachgeb. B., Abschn. II Nr. 16, 17 des Einigungsvertrags). Dieses FinA hat die Einkommensteuer nach Maßgabe der geltenden steuerlichen Vorschriften nach dem Steuerrecht der ehemaligen DDR festzusetzen. Maßgeblich für selbständige Tätigkeiten ist ab 1. 1. 1990 das DDR-EStG v. 18. 9. 1970 (GBl.-DDR v. 2. 10. 1979, Sonderdruck 670) i. d. F. des Steueränderungsgesetzes v. 6. 3. 1990 (GBl.-DDR 1990 I, 136) mit Durch-

führungsbestimmungen v. 16. 3. 1990 (GBl.-DDR 1990 I, 195) sowie des Steueranpassungsgesetzes v. 22. 6. 1990 (GBl.-DDR Sonderdruck Nr. 1427). Dabei ist zu beachten, daß für die Zeit ab 1. 7. 1990 die ehemalige DDR bereits mit Wirkung ab 1. 7. 1990 Teile des Bundes-Einkommensteuerrechts adaptiert hat, insbesondere die steuerlichen Gewinnermittlungsvorschriften (von einigen Ausnahmen abgesehen). Es müssen grundsätzlich die etwaigen in der ehemaligen DDR/Berlin (Ost) zu besteuernden Einkünfte für das erste und zweite Halbjahr getrennt ermittelt werden. Der Einkommensteuertarif ist dann einheitlich auf die Steuermerkmale für das gesamte Jahr 1990 anzuwenden. Die Höchstbelastung mit Einkommensteuer für Freiberufler beträgt danach 30 v. H. Nach einer von der DDR-Steuerverwaltung vorgesehenen Verwaltungsanweisung soll die auf das erste Halbjahr entfallende Einkommensteuer im Verhältnis 2:1 umgestellt werden, falls im ersten Halbjahr 1990 Einkünfte angefallen sind. – Für **Verluste,** die in 1990 in freiberuflichen „Betriebsstätten" in der ehemaligen DDR/Berlin (Ost) entstanden sind, bestimmt § 2a V und VI EStG i. d. F. des bundesdeutschen DDR-Investitionsgesetzes (BGBl. 1990 I, 1143), daß diese bei der Besteuerung in der Bundesrepublik für 1990 ausgleichs- und rücktragsfähig sind. Soweit mangels positiver Einkünfte in der Bundesrepublik ein Ausgleich in 1990 oder ein Rücktrag nach 1988 und 1989 nicht möglich ist, sind die Verluste nach 1991 pp. vortragsfähig (§ 57 IV EStG i. d. F. des Einigungsvertrags).

84 Die Einkommensbesteuerung der **Arbeitnehmertätigkeit** in der ehemaligen DDR/Berlin (Ost) erfolgte für das erste Halbjahr 1990 noch nach der VO v. 22. 12. 1952 (GBl.-DDR Nr. 182 S. 1413) und späteren Änderungen dazu mit maximal 20 v. H. Für die Zeit ab 1. 7. 1990 gilt – soweit die Besteuerung des Arbeitslohns in der ehemaligen DDR/Berlin (Ost) vorzunehmen war – die Steuerklasse I der modifizierten bundesdeutschen Lohnsteuertabelle. Diese Lohnsteuer hat Abgeltungswirkung für 1990 (also keine Einkommensteuerveranlagung). Literaturhinweis zur DDR-Lohnsteuer für 1990: *Beyer,* ZAP-DDR F 20, 31 (9/1990). – Durch Verwaltungsanweisung (BStBl. 1990 I, 314) ist zur Besteuerung von Arbeitnehmertätigkeiten für die Zeit ab 1. 6. 1990 bis 31. 12. 1990 folgende Sonderregelung getroffen worden: Ein in der Bundesrepublik ansässiger Arbeitnehmer wird für Tätigkeiten in der ehemaligen DDR/Berlin (Ost) nur in der Bundesrepublik besteuert, wenn er sich in der ehemaligen DDR/Berlin (Ost) 1990 nicht mehr als 183 Tage aufgehalten hat. Entsprechendes gilt für den umgekehrten **Fall** der Ansässigkeit in der ehemaligen DDR/Berlin (Ost): Besteuerung nur in der ehemaligen DDR. Bei Doppelwohnsitz gilt die Sonderregelung nicht; steht danach die Besteuerung beiden Teilen Deutschlands zu, ist der in dem Gebiet der ehemaligen DDR besteuerte Betrag nach § 3 Nr. 63 EStG einkommensteuerfrei. Literaturhinweise zu der Sonderregelung: *Wunsch,* BB 1990, Beil. 30, 15; *Keßler,* NWB F 6, 3295 (Juli 1990); ehem. *Min. d. Finanzen* BStBl. 1990 I, 546.

85 Nach § 58 EStG i. d. F. des Einigungsvertrags gelten folgende einkommensteuerrechtlichen **Sonderregelungen** des DDR-Steuerrechts – **über den 31. 12. 1990** hinaus – weiter: Bei der Gewinnermittlung für Kanzleien in der ehemaligen DDR/Berlin (Ost) in 1990 beanspruchte Sonderabschreibungen (50 v. H. im Erstjahr, 30 v. H. im Folgejahr, 20 v. H. im dritten Jahr) nach § 3 I StÄndG-DDR v. 6. 3. 1990 (GBl.-DDR I Nr. 17, 136) dürfen weitergeführt werden. – Die 1990 für in der ehemaligen DDR erzielten Gewinne gebildete steuerfreie Rücklage von 20 v. H. (maximal 50000 DM) des Gewinns in 1990 nach § 3 II

StÄndG-DDR kann weitergeführt werden und ist spätestens 1995 aufzulösen. Die bei Aufnahme einer freiberuflichen Tätigkeit in einem Büro auf dem Gebiet der ehemaligen DDR/Berlin (Ost) beanspruchbare, auf 10000 DM jährlich begrenzte Steuerbefreiung für zwei Jahre (§ 9 der Durchführungsbestimmung zum StÄndG-DDR v. 16. 3. 1990, GBl.-DDR I Nr. 21, 195) gilt auch für 1991.

Eine **Umsatzsteuer,** wie sie in der Bundesrepublik gilt, ist für das Gebiet der ehemaligen DDR/Berlin (Ost) ab 1. 7. 1990 durch den Staatsvertrag eingeführt worden. Die Bundesrepublik hat ihr UStG durch Gesetz v. 25. 6. 1990, BGBl. 1990 II, 518, daran angepaßt. Diese Rechtsänderungen bleiben nach dem Einigungsvertrag (Anlage I Kap. IV, Sachgeb. B, Abschn. II Nr. 24m) bis zum 31. 12. 1990 in Kraft. Für 1990 sind folglich DDR-Umsätze über das in dem betreffenden neuen Bundesland zuständige FinA zu versteuern. Zu beachten ist jedoch, daß § 3a II bis IV UStG nach § 26a II UStG im Verhältnis Bundesrepublik/DDR nicht gelten. Darunter fallen auch die Leistungen der Rechtsanwälte (vgl. Rdnr. 36). Die Leistungen gelten als am Kanzleiort ausgeführt, also in der Bundesrepublik, soweit sie im Gebiet der ehemaligen DDR stattfinden. Für Leistungen, die ein Zweigbüro (Betriebsstätte) in der ehemaligen DDR im eigenen Namen ausführte, ist Umsatzsteuerpflicht in der ehemaligen DDR gegeben (§ 26a UStG). Vorsteuern aus der ehemaligen DDR aus der Zeit ab 1. 7. 1990 sind in der Bundesrepublik nach § 15 UStG abziehbar (ordnungsmäßige Rechnungen i. S. von § 14 UStG vorausgesetzt). Vorsteuern sind auch aus Reisekostenpauschalen herausrechenbar. Wird die Reise vom Gebiet der Alt-Bundesrepublik aus angetreten, kann aus Vereinfachungsgründen auch die Vorsteuer aus Reisezeiten in der ehemaligen DDR stets in der Bundesrepublik abgezogen werden (BMF BStBl. 1990 I, 361). Wer auch Umsätze in der ehemaligen DDR hat, muß seine DDR-Vorsteuern in der dort abzugebenden Umsatzsteuererklärung geltend machen. – **Umsatzsteuerpräferenz für „DDR-Erzeugnisse“** mit Ursprungsnachweis bis 31. 3. 1991 nach § 26 IV UStG i. V. m. Rechtsverordnung: West-Unternehmer, die Erzeugnisse aus dem Gebiet der ehemaligen DDR/Berlin (Ost) beziehen, dürfen nicht nur die Vorsteuer geltend machen, sondern können darüber hinaus ihre Umsatzsteuerzahllast um einen bestimmten v. H.-Satz des an den auf dem Gebiet der ehemaligen DDR ansässigen Unternehmer entrichteten Netto-Entgelts kürzen. Der Satz beträgt 11 bzw. 5,5 v. H., bei Marktordnungswaren (insbesondere diverse Agrarprodukte und verarbeitete Agrarprodukte) nur 5/2,5 v. H. In der Zeit um 1. 1. bis 31. 3. 1991 ermäßigen sich die genannten v. H.-Sätze auf 6/3 und 2,7/1,4. Literaturhinweise zur Umsatzsteuer: *Birkenfeld,* Umsatzsteuer bei DDR-Geschäften, 1991, Herne/Berlin; *Hünnekens,* NWB F 7, 3973 (Juli 1990); *Schlienkamp,* UR 1990, 229; *Widmann,* DB 1990, DDR-Report Nr. 4, 3045ff. 86

Die Investitionszulageverordnung v. 4. 7. 1990 (GBl.-DDR 1990 I, Nr. 41, 621) nebst Änderung v. 13. 9. 1990 (GBl.-DDR 1990 I, 1489) gewährt **steuerfreie Investitionszulagen** für die Anschaffung oder Herstellung mindestens zu 90 v. H. für die selbständige Berufstätigkeit genutzter neuer beweglicher Wirtschaftsgüter (ausgenommen: sog. geringwertige Wirtschaftsgüter i. S. v. Rdnr. 15, Pkw und durch Sonderabschreibung begünstigte Wirtschaftsgüter), die mindestens drei Jahre in einem auf dem Gebiet der ehemaligen DDR/Berlin (Ost) betriebenen Büro („Betriebsstätte“) benutzt werden: bei Anschaffung oder Herstellung nach dem 30. 6. 1990 und vor dem 1. 7. 1991 12 v. H. der Anschaffungs- oder Herstellungskosten (Rdnr. 14) und bei Anschaffung oder Herstellung nach dem 30. 6. 1991 und vor dem 1. 7. 1992 8 v. H. Nach dem 30. 6. 1992 87 abgeschlossene Investitionen, die aber vor dem 1. 7. 1992 begonnen wurde, sind noch bis zum 31. 12. 1994 mit 8 v. H. zulageberechtigt. Der Antrag muß bis zum 30. 9. für das Vorjahr bei dem im Gebiet der ehemaligen DDR/Berlin (Ost) zuständigen FinA gestellt sein. Auch Sozietäten sind antragsberechtigt. Literaturhinweise: *Stuhrmann,* ZAP-DDR F 20, 17 (1990).

88 **Aktuelle Ergänzung durch Steueränderungsgesetz 1991:** Das Steueränderungsgesetz 1991 (Entw. in BR-Drucks. 141/91 vom 8. 8. 1991) soll ab 1991 in den neuen Bundesländern Wohnhafte und Betriebsvermögen in den neuen Bundesländern anderer Steuerpflichtiger von der Vermögensteuer freistellen. Bei der Gewinnermittlung soll ab 1991 auf in einer Betriebsstätte im Gebiet der neuen Bundesländer (z. B. dortiger Kanzlei) für mindestens ein Jahr eingesetzte neue abnutzbare bewegliche Wirtschaftsgüter, Gebäude und Baumaßnahmen im Jahr der Anschaffung oder Herstellung und den vier Folgejahren 50 v. H. Sonderabschreibung gewährt werden; die Privatmitbenutzung darf 10 v. H. nicht übersteigen. Die Frist für die Investitionszulage von 12 v. H. (Rdnr. 87) soll um sechs Monate verlängert werden.

J. Risikovorsorge und Versicherungen

Dr. Reinhard Dallmayr

Übersicht

I. Allgemeines

1 Das folgende Kapitel gibt einen Überblick über die Versicherungen, die ein Anwalt beruflich und/oder privat abschließt (zum Versicherungsrecht allgemein vgl. Kap. B XV). Der Abschluß der **Berufshaftpflichtversicherung** war nach den bisherigen Standesrichtlinien Standespflicht und dürfte es auch in der Übergangszeit bis zu einer Neuregelung sein (unten Rdnr. 5). Unverzichtbar sind ebenfalls eine ausreichend hohe **Krankenversicherung** (unten Rdnr. 25) und eine **Berufsunfähigkeitsversicherung** (unten Rdnr. 19), soweit insoweit nicht die RA-Versorgung oder BfA eintrittspflichtig ist.

Ob und in welchem Umfang darüber hinaus weitere Versicherungen abgeschlossen werden, kann man nur schwer abstrakt beantworten, weil die persönlichen Lebensverhältnisse zu stark variieren. Die **Auswahl** des richtigen Versicherers hängt im konkreten Fall von folgenden Gesichtspunkten ab:

- Leistungsbereich
- Prämienhöhe
- Regulierungspraxis
- Möglichkeit des Wechsels der Versicherung zu späteren Zeitpunkten

2 **1. Leistungshöhe.** Der Wert einer Versicherung hängt in erster Linie von den tatsächlich abgedeckten Risiken und der Leistungshöhe ab. Ihr Umfang muß daher stets in Beziehung zur Prämie gesetzt werden, um zu einem wirklichen Leistungsvergleich zwischen mehreren Versicherungen zu kommen. Der Inhalt der Verträge in den meisten Versicherungsarten ist wegen der (noch) einheitlichen Allgemeinen Versicherungsbedingungen (AVB) in der Regel gleich. In einigen Zweigen kann der Inhalt aber durch Verhandlungen erweitert werden. Sehr preisgünstige Versicherer bieten oft nur geringere Leistungen.

3 **2. Prämienvergleich.** Unter mehreren inhaltlich gleichen Versicherungsangeboten wird man in aller Regel die Versicherung mit der niedrigsten Prämie wählen. Im Bereich der Berufshaftpflicht wird man allerdings zusätzlich berücksichtigen müssen, daß es Leistungsteile gibt, die schwer zu bewerten sind, so z. B. die Fähigkeit und Bereitschaft des Versicherers zu vorsorglicher Beratung und zur Unterstützung im Krisenfall. Solche Überlegungen können auch in anderen Versicherungen eine höhere Prämie rechtfertigen. In vielen Fällen sind

Gruppentarife, die teils über den DAV, teils über den örtlichen Anwaltverein oder die Anwaltskammer in Erfahrung zu bringen sind, unter allen Aspekten die günstigsten. Größere Sozietäten können solche Gruppentarife bereits innerhalb der Sozietät (ab fünf bis sechs Personen) erreichen. Bei der **Kapitallebensversicherung** ist ein Prämienvergleich insgesamt schwer, weil die Gesamtbelastung sich erst errechnen läßt, wenn auch die Gewinnbeteiligung berücksichtigt wird. Im Bereich **Krankenversicherung** und **Lebensversicherung** ist die Auswahl besonders wichtig, da ein späterer Wechsel nur noch möglich ist, wenn der Gesundheitszustand sich nicht wesentlich verschlechtert. In diesem Bereich rechtfertigt sich auch ein möglichst früher Eintritt, da die Prämien vom **Eintrittsalter** abhängig sind, also mit fortschreitendem Alter teurer werden.

4 **3. Regulierungspraxis.** Einige Versicherer gelten als großzügige Regulierer, so daß man geneigt sein wird, eher dort abzuschließen. Diese Einschätzung muß nicht immer zutreffen, sie kann sich vor allem auch bei einer Änderung des Schadensverlaufs relativ schnell ändern. Entgegen einer landläufigen Meinung hat es auf die Regulierungspraxis nicht unbedingt einen Einfluß, wenn man alle Versicherungen bei ein und demselben Versicherer abschließt, da es für die Entscheidung des Versicherers letztlich auf das Verhältnis zwischen Prämieneinnahme und Schadenshöhe ankommt.

4. Verhandlung über den Versicherungsvertrag. In vielen Fällen, vor allem aber bei größeren Verträgen, oder bei der Einbeziehung meherer Anwälte in ein und denselben Vertrag kann man mit den meisten Versicherern über Risikoumfang und Prämienhöhe verhandeln. Das gilt vor allem, wenn man zuvor Konkurrenzangebote einholt und in die Verhandlung miteinbringt.

5. Versicherungsmakler. Es ist zu empfehlen, einen **unabhängigen** Versicherungsmakler einzuschalten. Anwälte sind für Versicherungsmakler immer interessante Kunden, weil sie sich von ihnen Empfehlungen erhoffen; diese werden sich daher besonders Mühe geben, einen guten Abschluß zu erzielen. Seine Courtage ist in der Prämie enthalten, wird also nicht gesondert berechnet.

II. Berufshaftpflichtversicherung

5 Die Berufshaftpflichtversicherung deckt lediglich die im Beruf entstehenden Risiken, nicht aber private Haftpflichtfälle. Für sie muß eine getrennte **Privathaftpflichtversicherung** abgeschlossen werden. Die meisten Berufshaftpflichtversicherer bieten allerdings automatisch Privathaftpflichtdeckung schon im Rahmen ihrer Berufshaftpflichtpolice an.

6 **1. Versicherungsumfang** (vgl. B XV Rdnr. 88). Rechtsgrundlagen des Berufshaftpflichtversicherungsvertrages sind neben dem Versicherungsschein und dem VVG die Allgemeinen Versicherungsbedingungen für die Haftpflichtversicherung (AHB), die Allgemeinen Versicherungsbedingungen zur Haftpflichtversicherung für Vermögensschäden, die Besonderen Bedingungen und Risikobeschreibungen zur Haftpflichtversicherung für Industrie, Handel und Gewerbe (BBR) sowie die Besonderen Bedingungen und Risikobeschreibungen zur Vermögensschaden-Haftpflichtversicherung für Rechtsanwälte, Anwaltsnotare und Notare.

Seit kurzem verwenden die Versicherer bei Neuabschlüssen neue AVB, nämlich die AVB für die Vermögensschaden-Haftpflichtversicherung von RAen und von Angehörigen der wirtschaftsprüfenden sowie wirtschafts- und steuerberatenden Berufe (AVB-RWB) und die Besonderen Bedingungen und Risikobeschreibungen für die Vermögensschaden-Haftpflichtversicherung von Rechtsanwälten (BBR). Wesentliche Unterschiede zu den bisherigen, für den Bestand weiterhin geltenden Bedingungen werden in Rdnr. 10 darstellt.

Versichert ist die gesetzliche Haftpflicht des Versicherungsnehmers aus der im Versicherungsdokument bezeichneten Berufstätigkeit. Die Versicherung bezieht sich insbesondere auf **Vermögensschäden,** § 1 AVB Vermögensschäden. Mitversichert ist die gesetzliche Haftpflichtversicherung des Versicherungsnehmers aus der Tätigkeit als Konkursverwalter, Vergleichsverwalter, Sachwalter gemäß § 91 Vergleichsordnung, Gläubigerausschußmitglied bei Konkursverfahren, Gläubigerbeiratsmitglied bei gerichtlichen Vergleichsverfahren, als Vormund, Gegenvormund, Pfleger, Nachlaßpfleger, Nachlaßverwalter und Testamentsvollstrecker, Zwangsverwalter, Sequester, gerichtlich bestellter Liquidator und Schiedsrichter.

2. Anwaltliche Tätigkeit. Die Versicherung tritt nur ein für Schäden bei der 7
Ausübung anwaltlicher Berufstätigkeit. Die Versicherungsverträge und -bedingungen definieren ebensowenig wie BRAO und BRAGO die Grenze zur nichtanwaltlichen Tätigkeit (vgl. hierzu auch Kap. E I). Anwaltliche Tätigkeiten sind in jedem Fall die **Rechtsberatung und Prozeßvertretung. Nicht** dazu gehört die rein **wirtschaftliche Interessenvertretung** ohne Rücksicht auf rechtliche Fragen, ebenso die Tätigkeit auf anderen Gebieten, für die keine anwaltlichen Rechtskenntnisse nötig sind (z. B. Detektivtätigkeiten). Allgemein wird man sagen können, daß Tätigkeiten, die auch von Nichtanwälten wahrgenommen werden, nicht zum typischen Aufgabengebiet des Anwalts gehören (z. B. Makler, kaufmännische, bankmäßige und werbende Tätigkeit).

3. Auslandsdeckung. § 4 Nr. 1 AVB Vermögensschäden schließt den Versi- 8
cherungsschutz aus für Haftpflichtansprüche, welche vor **ausländischen Gerichten** geltend gemacht werden, und zwar auch im Falle eines inländischen Vollstreckungsurteils i. S. von § 722 ZPO, ferner wegen **Verletzung** oder Nichtbeachtung **ausländischen Rechts** und wegen einer im Ausland vorgenommenen **Tätigkeit.** Die Versicherer bieten aber im Rahmen der Besonderen Bedingungen und Risikobeschreibungen (Ziffer 2.1) den Einschluß des Auslandsrisikos an. In diesem Fall bezieht sich der Versicherungsschutz auch auf Haftpflichtansprüche wegen einer im **Ausland vorgenommenen Tätigkeit.** Daneben gilt der Ausschluß des Auslandsrisikos nicht für das **europäische Ausland** und die Türkei mit Ausnahme der sog. Ostblockstaaten. Zu diesen zählt allerdings nicht die bisherige DDR. **EG-Recht** stellt darüberhinaus kein ausländisches Recht dar. Es bleibt abzuwarten, wie sich die Haftpflichtversicherer auf die Öffnung des Binnenmarktes 1992 einstellen. Bereits jetzt ist es aber möglich, bei manchen Versicherern ohne Mehrprämie **volle Auslandsdeckung** zu erhalten, regelmäßig aber nur bei gezielter Nachfrage!

Wie bereits erwähnt erstreckt sich der Versicherungsschutz auch auf die bisherige DDR. In **den neuen Bundesländern zugelassene Anwälte** werden von westdeutschen Versicherern regelmäßig zu gleichen Konditionen versichert.

4. Versicherungssumme. Bei Sozietäten (auch reine Außensozietäten) müs- 9
sen die Versicherungssummen für alle Sozien **gleich hoch** sein, sonst wird die Entschädigung anteilig gekürzt. Welche Versicherungssumme gewählt wird

(nach bisherigem Standesrecht Mindestsumme 100000 DM) dürfte von der Mandatstruktur abhängen. Sie sollte jedoch in der Regel zwischen 500000 und 1 Mio DM liegen. Es besteht die Möglichkeit, für einen einzelnen Fall eine sogenannte Anschlußdeckung mit erhöhter Versicherungssumme zu erhalten, was im Zweifel billiger ist, als eine dauernde Erhöhung der Versicherungssumme. In diesen Fällen muß man aber frühzeitig die Risiken erkennen. Im Schadensfall ist es wichtig, den Versicherer sofort zu verständigen und seine Weisungen zu beachten. Vor allem darf gegenüber dem Mandanten kein Schuldanerkenntnis abgegeben werden. Zulässig ist es jedoch, dem Mandanten den schadensrelevanten Sachverhalt zu bestätigen.

10 **5. Neue Versicherungsbedingungen.** Nunmehr gelten auch für RAe die Vermögensschaden-Haftpflicht-AVB der wirtschaftsprüfenden und steuerberatenden Berufe. Verbesserungen im Versicherungsschutz liegen insbesondere im Einschluß von Ansprüchen bei **wissentlicher Pflichtverletzung,** solange diese nicht vom VN selbst begangen ist, sondern z. B. einem Angestellten, § 4 Nr. 6 AVB-RWB. Wenn ferner einem **Sozius persönlich** ein Mandat angetragen wird, hat er Versicherungsschutz und zwar in Höhe seiner eigenen Versicherungssumme (§ 12 I 2 AVB-RWB). Nach den neuen Besonderen Bedingungen (BBR) beginnt der Versicherungsschutz für Mitarbeiter bereits bei Aufnahme der Tätigkeit, nicht erst bei Zahlung des Prämienzuschlags. Die **Selbstbeteiligung** kann individueller vereinbart werden. Dagegen wird der Versicherungsschutz für Tätigkeiten, die über **Niederlassungen,** Zweigniederlassungen und auswärtige Beratungsstellen **im Ausland** ausgeübt werden, ausgeschlossen. Ferner kann für das Auslandsrisiko ein **Höchstbetrag** vereinbart werden, Ziffer 4.1 BBR. § 4 Ziffer 4 AVB iVm Ziffer 5.1 BBR stellt klar, daß eine Empfehlung von Geld-, Grundstücks- und anderen **wirtschaftlichen Geschäften** nicht eine unversicherte Auskunft oder gutachtliche Äußerung ist. Klargestellt wird ferner, daß **kaufmännische** Kalkulations-, Spekulations- und Organisationstätigkeiten ausgeschlossen sind. Ferner sind **Ansprüche von Sozien** und **Angehörigen** des VN sowie von Personen, die mit ihm in häuslicher Gemeinschaft leben, ausgeschlossen, wenn diese „aus Verstößen bei der Ausübung beruflicher Tätigkeit vor Gerichten und Behörden" resultieren, Ziffer 4.7. Das gleiche für Haftpflichtansprüche von juristischen oder sonstigen Gesellschaften, wenn die Mehrheit der Anteile dem VN, einem Sozius od. Angehörigen der VN gehören, Ziffer 4.8 BBR.

11 **6. Sonderprobleme.** Bei der Berufshaftpflichtversicherung **überörtlicher Sozietäten** ist darauf zu achten, daß alle Sozien die gleiche Versicherungssumme zeichnen und der Versicherer vorsorglich um Zustimmung zur Deckung der einzelnen Sozien an den Niederlassungsorten gebeten wird. Bei **gemischten Sozietäten** zwischen Anwälten, Steuerberatern und Wirtschaftsprüfern (zu deren Zulässigkeit vgl. Kap. H II) ergeben sich nach den neuen AVB-RWB (oben Rdnr. 10) keine Probleme, da für die Angehörigen der verschiedenen Berufsgruppen nunmehr einheitliche Bedingungen gelten. Allerdings müssen z. B. Wirtschaftsprüfer eine Mindestdeckungssumme von DM 500000.– für beliebig viele Versicherungsfälle pro Jahr nachweisen. Die Erteilung einer entsprechenden Bestätigung sollte bereits bei Antragstellung vom Versicherer verlangt werden. Die **Rückgriffsmöglichkeiten** innerhalb der Sozietät, falls die Versicherung nicht zahlt, z. B. wegen nicht versicherter Tätigkeit, sollten auf jeden Fall

vertraglich geregelt werden. Iü gelten hierfür die allgemeinen Vorschriften, insbesondere §§ 705, 276 iVm 708 (vgl. zB Palandt/Thomas § 713 Anm. 2e).

7. Auswahl des Versicherers. Ein Wort noch zur Auswahl des Versicherers: 12
Im Gegensatz zu den meisten anderen Versicherungszweigen erscheint die Wahl eines besonders fachkundigen Versicherers (hiervon gibt es in Deutschland nicht sehr viele) besonders wichtig. Denn durch eine vernünftige Schadensregulierung des Versicherers kann unter Umständen der Mandant trotz des unterlaufenen Fehlers gehalten werden.

III. Alters-, Rentenversicherung

1. Rechtsanwaltsversorgungswerke. Seit 1984 gibt es landesrechtlich gere- 13
gelte Rechtsanwaltsversorgungswerke mit **Pflichtmitgliedschaft.**

a) Mitgliedschaft. Pflichtmitglieder sind alle Mitglieder der entsprechenden Rechtsanwaltskammer. Der Vollversorgung gehören selbständige Mitglieder an, sowie im Angestelltenverhältnis tätige Rechtsanwälte. Vor Inkrafttreten der entsprechenden Regelungen zur Pflichtmitgliedschaft konnten sich die Rechtsanwälte unter bestimmten Voraussetzungen befreien lassen, was nun nicht mehr möglich ist.

Ausgenommen von der Pflichtmitgliedschaft ist, wer bei Beginn der Mitgliedschaft bei einer Rechtsanwaltskammer das 45. Lebensjahr vollendet hat oder berufsunfähig ist. Pflichtmitglieder entrichten einen **Beitrag** in Höhe des jeweiligen Beitragssatzes aus dem monatlichen Berufseinkommen, höchstens jedoch aus der jeweils geltenden Beitragsbemessungsgrenze, wenigstens in Höhe von $\frac{3}{10}$ des Höchstbeitrages. Beitragssatz und Beitragsbemessungsgrenze entsprechen den jeweils in der Angestelltenpflichtversicherung geltenden Sätzen (ab 1. 4. 1991: 17,7% aus 6500 DM). Wird nicht der Höchstbeitrag gezahlt, ist das Einkommen nachzuweisen.

b) Leistungen. Die Anwaltsversorgung bietet folgende **Pflichtleistungen:** 14
Ruhegeld bei Berufsunfähigkeit, erhöhtes Ruhegeld bei Frühinvalidität in der Vollversorgung, Altersruhegeld, Kindergeld, Sterbegeld, Witwen- und Witwergeld, Waisengeld sowie eine Abfindung als einmalige Leistung. Als **freiwillige Leistung** können ferner gewährt werden Unterhaltsbeiträge an Kinder oder Waisen und an wirtschaftlich abhängige Angehörigen des verstorbenen Mitglieds sowie zusätzliche Leistungen, wenn dies im Hinblick auf das Preisgefüge der Gesamtwirtschaft unter Veränderung der Lebenshaltungskosten angezeigt und wirtschaftlich vertretbar ist.

Nach der z. B. von der Bayerischen Rechtsanwaltsversorgung herausgegebenen Tabelle zur Berechnung des Ruhegeldes ab Alter 63 ergibt sich ein Altersruhegeld für einen Rechtsanwalt, der ab dem 35. Lebensjahr ununterbrochen seine Pflichtleistungen erbracht hat, ab dem 63. Lebensjahr in Höhe von 330,21 DM monatlich pro 100 DM Monatsbeitrag. Bezogen auf den im Jahre 1988 geltenden Beitragssatz würde dies ein Altersruhegeld von immerhin 3704,96 DM im Monat erbringen.

2. Bundesversicherungsanstalt für Angestellte. Dies sind zu erwartende Lei- 15
stungen, mit denen die Bundesversicherungsanstalt für Angestellte wohl nicht konkurrieren kann. Dort sind viele Rechtsanwälte versichert, die bereits vor

Inkrafttreten der Regelung über die Anwaltsversorgung tätig waren. Ansonsten besteht für neu hinzugekommene Kollegen diese Möglichkeit schon aus wirtschaftlichen Gründen neben der Anwaltsversorgung wohl nicht mehr. Inwieweit aufgrund der Finanzierungsprobleme der BfA eine Mitgliedschaft dort überhaupt noch sinnvoll wäre, steht dahin.

IV. Lebensversicherung

16 Zu unterscheiden ist zwischen der **Risikolebensversicherung,** die nur Leistungen erbringt, wenn der Versicherte während der Vertragslaufzeit stirbt, und der **Kapitallebensversicherung,** die neben dem Todesfallrisiko bei Vertragsende das angesammelte Kapital auszahlt. Es gibt eine Vielzahl von Vertragsmodalitäten, deren Darstellung den zur Verfügung stehenden Rahmen sprengen würde.

17 **1. Vertragszweck und -inhalt** (vgl. auch B XV Rdnr. 93). Für die Erbringung der **Todesfallversicherungsleistung** ist es unerheblich, auf welche Weise der Tod verursacht wurde (im Gegensatz zur Unfallversicherung). **Sinn** der **Risikolebensversicherung** dürfte in erster Linie die Absicherung Dritter (Familie, Gläubiger) sein, während bei der **Kapitallebensversicherung** neben vorstehendem Zweck vor allem auch die Altersversorgung bzw. die Darlehenstilgung ein wesentlicher Faktor ist. Kapitallebensversicherungen sind auch vor Ablauf der vereinbarten Dauer **kündbar,** die Versicherung schuldet in diesem Fall die Rückkaufswerte, was für den Versicherten meist mit Verlusten verbunden ist. Eine andere Möglichkeit ist, den Vertrag beitragsfrei zu stellen, ohne daß die Laufzeit verkürzt wird. Dies hat eine Verringerung der Todesfallversicherungssumme sowie der zu erwartenden Kapitalauszahlung zur Folge, ist für den Versicherten aber finanziell günstiger, wenn er mit der Auszahlung des Kapitals warten kann.

18 **2. Steuerfragen.** Unter gewissen Voraussetzungen können die Lebensversicherungsprämien von Sozietäten als **Betriebsausgaben der Sozietät** angesetzt werden. Voraussetzung ist, daß es sich um einen betrieblich veranlaßten Vorgang handelt. Dies ist regelmäßig der Fall, wenn die Sozietät auf das Leben eines Gesellschafters eine Risiko- oder Kapitallebensversicherung abschließt, um den Betrieb vor der hohen finanziellen Belastung der Verpflichtung zur Auszahlung des Gesellschafteranteils zu schützen (StEK EStG § 4 Betr.Ausg. Nr. 219). An der betrieblichen Veranlassung fehlt es (*BFH* BStBl III 1962, 416), wenn Versicherungsnehmerin und Bezugsberechtigte nicht die Sozietät, sondern die Teilhaber sind, die Versicherung im Innenverhältnis auf Rechnung der Gesellschafter geht und der Versorgung der Gesellschafter oder deren Angehörigen dienen soll. Allerdings ist nur der Teil der Prämie, der dem Risiko- und Kostenanteil entspricht, im Zeitpunkt der Zahlung Betriebsausgabe, während der Sparanteil erst bei Wegfall oder Entnahme des Versicherungsanspruches als Betriebsausgabe anzusetzen ist (vgl. Kap. I). Die steuerliche Abzugsfähigkeit der Teilhaberversicherung ist aber möglicherweise durch die Entscheidung des *BFH* BStBl. 1989 II, 657 gefährdet (vgl. hierzu Kap. I Rdnr. 23).

V. Berufsunfähigkeitsversicherung

Es besteht die Möglichkeit, zusammen mit einer Lebensversicherung oder auch isoliert eine sogenannte Berufsunfähigkeitsversicherung abzuschließen. **Versicherungsfall** ist der Eintritt völliger oder teilweise Berufsunfähigkeit, wobei nicht der im Versicherungsantrag angegebene Beruf, sondern der zum Zeitpunkt der Anmeldung des Versicherungsfalles ausgeübte maßgeblich ist. Die Fähigkeit zu ähnlicher, gleichwertiger Tätigkeit (auch nach Umschulung), die nach der bisherigen Berufserfahrung und Ausbildung wahrscheinlich bewältigt werden kann, schließt Versicherungsansprüche aus. Entscheidend ist die **soziale Gleichwertigkeit** der Tätigkeit. Liegt Berufsunfähigkeit vor, wird eine tatsächliche Reduktion der Tätigkeit nicht vorausgesetzt. 19

Die Berufsunfähigkeit ist eine Rentenversicherung, deren Höhe frei vereinbart werden kann. Im Zusammenhang mit einer Kapitallebensversicherung kann sie auch auf Beitragsbefreiung für die Lebensversicherung gerichtet sein. 20

VI. Unfallversicherung

1. Berufsunfallversicherung. Schon wegen der günstigen Prämien sollte jeder Anwalt eine Berufsunfallversicherung bei der **Verwaltungs-Berufsgenossenschaft** in Hamburg abschließen. Diese gewährt Rentenleistungen, wenn der Versicherte bei Ausübung der Berufstätigkeit (wozu auch Wegeunfälle gehören) einen Unfall erleidet, bei dem er arbeitsunfähig wird. 21

2. Private Unfallversicherung. Daneben kann man bei privaten Unfallversicherern abschließen, wobei es zum Teil die Möglichkeit gibt, den Versicherungsschutz auf **Freizeitunfälle** zu begrenzen, wodurch die Prämien um rund ein Drittel günstiger werden. 22

a) Anspruchsvoraussetzungen (vgl. B XV Rdnr. 91). Ein **Unfall** liegt vor, wenn der Versicherte durch ein plötzlich von außen auf seinen Körper wirkendes Ereignis unfreiwillig eine Gesundheitsbeschädigung erleidet (§ 2 Nr. 1 Allgemeine Unfallversicherung-Bedingungen). Das äußere Ereignis braucht kein mechanisches zu sein, sondern kann auch ein technisches, thermisches oder elektrisches sein, ebenso eine sinnliche Wahrnehmung oder ein seelischer Eindruck (Schock). Versichert sind auch durch Kraftanstrengung des Versicherten hervorgerufene Verrenkungen, Zerrungen und Zerreißungen an Gliedmaßen und Wirbelsäule sowie Wundinfektionen, bei denen der Ansteckungsstoff durch eine Unfallverletzung in den Körper gelangt (hierzu gehören meist nicht Insektenstiche). **Nicht versichert** sind Berufs- und Gewerbekrankheiten, Erkrankung infolge psychischer Einwirkungen, Vergiftung, Strahlenschäden sowie Gesundheitsschäden durch Licht-, Temperatur- und Witterungseinflüsse. Wesentliche weitere Ausschlüsse sind Gesundheitsschädigungen durch Heilmaßnahmen und entsprechende Eingriffe, Unfälle infolge von Schlaganfällen, epileptischen Anfällen und Krampfanfällen. 23

b) Versicherte Leistungen. Versicherungsschutz kann erlangt werden für den **Todesfall** und/oder den **Invaliditätsfall.** Letzterer ist die dauernde, ganze oder teilweise Arbeitsunfähigkeit des Betroffenen. Bei Dauerschäden an Körperteilen wird die sogenannte Gliedertaxe bei der Bemessung der Entschädigung zugrun- 24 de gelegt. Im Rahmen der Unfallversicherung können ferner **Tagegeld, Krankenhaustagegeld, Genesungsgeld, Heilkosten und Übergangsentschädigung** mitversichert werden. Die Verträge müssen meist für eine längere Laufzeit (fünf oder zehn Jahre, ansonsten Prämienzuschlag) abgeschlossen werden.

VII. Krankenversicherung

25 **1. Gesetzliche oder Private Krankenversicherung?** Es ist eine grundsätzliche Frage, nicht nur eine Prämienfrage, ob man sich in der gesetzlichen oder privaten Krankenversicherung versichert. In **finanzieller Hinsicht** kann die Versicherung in der gesetzlichen Versicherung dann interessant sein, wenn eine größere Zahl von Familienangehörigen mitzuversichern ist, da in der GKV der Beitrag von der Zahl der Familienangehörigen im Gegensatz zur PKV unabhängig ist. Die gesetzliche Krankenversicherung hat ihre Rechtsgrundlage in der **RVO,** die private in den **Allgemeinen Versicherungsbedingungen für die Krankheitskosten- und Krankenhaustagegeldversicherung (MB/KK) und für die Krankentagegeldversicherung (MB/KT).** Die folgende Darstellung konzentriert sich auf die private Krankenversicherung.

26 **2. Versicherungsumfang** (vgl. auch B XV Rdnr. 92). In dieser besteht Versicherungsschutz für Krankheiten, Unfälle und andere im Vertrag genannten Ereignisse. Die **Krankheitskostenversicherung** gewährt Ersatz von Aufwendungen für Heilbehandlung, die Krankenhaustagegeldversicherung ein Tagegeld bei stationärer Behandlung. Versicherungsfall ist die medizinisch-notwendige Heilbehandlung wegen Krankheit oder Unfallfolgen. Üblicherweise kann der Versicherungsschutz auf einen bestimmten Prozentsatz der Behandlungskosten (z.B. 90% der ambulanten Behandlung) begrenzt und ein Selbstbehalt vereinbart werden. Die Wahl unter den approbierten Ärzten und Zahnärzten steht frei, Heilpraktiker dürfen im Gegensatz zur gesetzlichen Krankenversicherung in Anspruch genommen werden. Für medizinisch notwendige stationäre Heilbehandlungen in Krankenanstalten, die auch Kuren oder Sanatoriumsbehandlungen durchführen oder Rekonvaleszenten aufnehmen, ist die vorherige schriftliche Zusage des Versicherers nötig, sonst besteht kein Versicherungsschutz. Keine Leistungspflicht ohne vorherige Zustimmung des Versicherers besteht ferner unter anderem für Kur- und Sanatoriumsbehandlungen sowie Rehabilitationsmaßnahmen, für ambulante Heilbehandlung in einem Heilbad oder Kurort, es sei denn, der Versicherte wohnt dort. Für wissenschaftlich nicht allgemein anerkannte Untersuchungs- oder Behandlungsmethoden und Arzneimittel besteht ebenfalls kein Versicherungsschutz.

27 Der Versicherer verzichtet in § 14 MB/KK auf das ordentliche **Kündigungsrecht.** Besteht bei ihm aber lediglich eine Krankenhaustagegeldversicherung, eine Krankheitskostenteilversicherung oder beides, kann er das Versicherungsverhältnis zum Ende eines jeden der ersten drei Versicherungsjahre kündigen. Im übrigen steht ihm nur ein außerordentliches Kündigungsrecht zu, welches aber nicht gilt, wenn ihm das Risiko als zu schlecht erscheint.

28 **3. Krankentagegeldversicherung.** In der **Krankentagegeldversicherung** (einschlägige Versicherungsbedingungen: MB/KT) bietet der Versicherer Versicherungsschutz gegen **Verdienstausfall** als Folge von Krankheiten oder Unfällen, soweit dadurch Arbeitsunfähigkeit verursacht wird. Versicherungsfall ist

die medizinisch notwendige Heilbehandlung wegen Krankheit oder Unfallfolgen, in deren Verlauf Arbeitsunfähigkeit ärztlich festgestellt wird. Der Versicherungsfall beginnt mit der Heilbehandlung und endet, wenn nach medizinischem Befund keine **Arbeitsunfähigkeit** und keine **Behandlungsbedürftigkeit** mehr besteht oder **Berufsunfähigkeit** eintritt. Arbeitsunfähigkeit liegt vor, wenn die versicherte Person ihre berufliche Tätigkeit nach medizinischem Befund vorübergehend in keiner Weise ausüben kann, **sie auch nicht ausübt** und keiner anderweitigen Erwerbstätigkeit nachgeht. Ist also der Rechtsanwalt aus medizinischer Sicht krank, arbeitet er aber gleichwohl weiter, besteht kein Anspruch. Die Versicherungssumme hängt von der Vereinbarung ab. Obergrenze ist aber das aus der beruflichen Tätigkeit herrührende Nettoeinkommen.

VIII. Kanzleiversicherungen

1. Geschäftsversicherung. Die Kanzleieinrichtung kann gegen **Feuer-, Einbruchdiebstahl-, Leitungswasser-, Sturm- und Hagelschäden** einzeln oder gebündelt versichert werden. Die Versicherer bieten dies regelmäßig auf der Grundlage der AFB, AERB, AWB und AStB an (gelegentlich auch nach den etwas billigeren VGB; vgl. ferner BXV Rdnr. 79ff.). Durch gesonderte Vereinbarung können ferner Schäden durch **Vandalismus** mitversichert werden. Versicherte Gegenstände sind die Kanzleieinrichtung und Gebrauchsgegenstände der Betriebsangehörigen zum Neuwert einschließlich Fremdeigentum. Mitversicherbar sind ferner die Kosten der **Aktenwiederbeschaffung.** Getrennt oder einzeln mitversicherbar sind **Betriebsunterbrechungsschäden,** was insbesondere bei Feuerschäden wichtig sein kann. Bei Einschluß in eine gebündelte Geschäftsversicherung erhöht sich die Jahresprämie dadurch etwa um 20%. In der Betriebsunterbrechungsversicherung wird der Ertragsausfall entschädigt, der mangels Einsatzfähigkeit der verbrannten Sachen innerhalb der Haftzeit (regelmäßig ein Jahr) im versicherten Betrieb entsteht. Hierzu gehören Kosten und Gewinn, die ohne den Versicherungsfall erwirtschaftet worden wären. Der Weiteraufwand von Geschäftskosten trotz Ertragsausfall muß rechtlich notwendig (z. B. geschuldete Lohnfortzahlung) oder wirtschaftlich begründet sein. 29

2. Versicherung von EDV- und Fernmeldeanlagen. Diese Anlagen sind durch die herkömmlichen Versicherungszweige nicht oder nur unzureichend geschützt, so z. B. nicht gegen sogenannte **Betriebsschäden** in der Feuerversicherung oder gegen bloße **mechanische Beschädigungen** durch Betriebsangehörige oder Fremde. Versicherungsschutz hierfür bietet die **Schwachstromversicherung,** deren Vertragsgrundlagen die Allgemeinen Versicherungsbedingungen für Fernmelde- und sonstige elektrotechnischen Anlagen (AVFE 76) und die Klauseln hierzu sind. Versicherungsschutz besteht für versicherte Sachen bei Zerstörung oder Beschädigung durch ein unvorhergesehenes Ereignis, insbesondere durch Fahrlässigkeit, unsachgemäße Handhabung, Vorsatz Dritter, Kurzschluß, Überspannung, Induktion, Brand, Wasser, Feuchtigkeit, Einbruchdiebstahl, Diebstahl, Beraubung, Plünderung, Sabotage sowie Konstruktions-, Material- oder Ausführungsfehler. **Kein Versicherungsschutz** besteht für Vorsatz des Versicherungsnehmers und Abnutzung. Ausgeschlossen sind ferner Schäden, die an versicherten Sachen durch fehlerhafte oder unzureichende Klimatisierung entstehen. Nach Klausel 600 ausgeschlossen sind Schäden durch 30

Vorsatz oder grobe Fahrlässigkeit des Benutzers oder dessen Personals, nicht aber durch leichte Fahrlässigkeit.

31 Einige Versicherer bieten darüber hinaus eine Allgefahrendeckung für die **Datenträgerversicherung.** Danach werden die Wiederbeschaffungs- bzw. Wiederherstellungskosten für Softwareprogramme einschließlich der gespeicherten Daten erstattet. Die versicherten Gefahren entsprechen denen der Schwachstromanlagenversicherung.

IX. Tätigkeiten in den neuen Bundesländern

32 Der Bereich der ehemaligen DDR zählte aus der Sicht der bundesdeutschen Berufshaftpflichtversicherer zum Inland, dort erbrachte Tätigkeiten waren also versichert. In den neuen Bundesländern zugelassene Anwälte können von Versicherern im bisherigen Bundesgebiet regelmäßig zu gleichen Konditionen versichert werden.

K. Bürorganisation

K I. Aktenführung und Korrespondenz

Dr. Ralf Bernd Abel

Übersicht

Literatur: *Kähler/Nolte/Erlemann/Steffen/Zöller,* Fachkunde für die Rechtsanwaltspraxis; *Mähler,* Effektive Organisation und moderne Kommunikation in der Anwaltskanzlei; *Peter,* Handbuch der Organisation und Technik für das Anwaltsbüro.

I. Grundprinzipien

1 Die Führung einer einzelnen Akte für jedes einzelne übernommene Mandat und die Zuordnung aller Vorgänge zu dieser Akte ist ein Kernstück der anwaltlichen Büroorganisation. Nur eine klare Aktenführung ermöglicht es, die gesamte ein- und ausgehende Korrespondenz fallbezogen zuzuordnen, so daß ein Dritter an jeder Stelle einen Überblick über den Stand der Sache gewinnen kann. Das ist auch aus **Haftungsgründen** unerläßlich, so vor allem, wenn überraschend Vertretung erforderlich ist.

2 Eine aktuelle Untersuchung zeigt, daß das wesentliche Problem der Aktenorganisation in der **Auffindbarkeit** der Akte liegt. Der Grundsatz „Jeder Vorgang muß jederzeit sofort auffindbar sein" ist in der Praxis schwer zu erfüllen, weil sich die Akte stets an mehreren Stellen des Büros zur Bearbeitung befinden kann, also beim Anwalt, bei der Sekretärin, beim Empfang, in der Buchhaltung oder in der Zwangsvollstreckung. (Im einzelnen *Mähler* IuR 1987, 403; IuR 1988, 5; IuR 1988, 190.) Man kann absehen, daß diese Schwierigkeiten in der näheren Zukunft zu einer zunehmend aktenlosen Bearbeitung am Bildschirm führen werden, sobald nämlich die **EDV**-Kapazitäten und die Leistungsfähigkeit der Softwareprogramme das ermöglichen. Schon heute sind viele Vorgänge, vor allem im Buchhaltungs- und Vollstreckungsbereich, ohne Akten zu erledigen. Einzelne Softwareprogramme gestatten es, zu jeder Akte ein Inhaltsverzeichnis anzulegen, das auf dem Bildschirm abgerufen werden kann und einen ungefähren Überblick über den Stand der Sache erlaubt. Diese Technik wird in absehbarer Zeit noch erheblich leistungsfähiger sein. Bei der **Korre-**

spondenz ist darauf zu achten, daß abstrakte **Kanzleianweisungen** existieren, die die Postbehandlung im einzelnen betreffen.

II. Analyse der Arbeitsabläufe

3 Die Beachtung und Umsetzung dieser Grundsätze setzt eine sorgfältige Analyse aller Abläufe voraus. Keine Kanzlei ist der anderen gleich, jede weist Besonderheiten auf. Ein erstinstanzliches Anwaltsnotariat mit Schwerpunkt auf Mahn- und Vollstreckungssachen beispielsweise ist anders zu organisieren als eine auf Wettbewerbsrecht spezialisierte Beratungspraxis; ein Berufungsanwalt hat anderes zu beachten als ein Konkursverwalter.

4 Typische Mängel liegen vor, wenn
- sich Aktenberge an mehreren Stellen des Büros häufen;
- Vorgänge und Akten öfters gesucht werden müssen;
- ältere Vorgänge nur nach zeitaufwendiger Suche wieder aufgefunden werden können;
- keine schnelle Übersicht über Daten, Fristen und Termine möglich ist;
- sich die Arbeit an bestimmten Stellen staut, während gleichzeitig an anderen Arbeitsplätzen Leerlauf herrscht;
- es häufiger dazu kommt, daß die Bearbeitungsdauer ansteigt, vor allem bei kurzen und/oder dringlichen Angelegenheiten.

5 Die eigene **Kanzleistruktur** sollte nicht aufgrund mehr oder weniger subjektiver Meinungen, sondern anhand objektivierbarer Kriterien festgestellt werden, etwa nach folgendem Schema:
- Zahl der jährlich/monatlich anfallenden Akten/sonstigen Vorgängen;
- Aktenvorgänge pro Zeiteinheit (Tag/Woche/Monat ...), pro Anwalt und pro Mitarbeiter;
- durchschnittliche Bearbeitungsdauer pro Akte insgesamt;
- durchschnittliche Bearbeitungsdauer pro Einzelvorgang (z. B. Posterledigung, Repliken auf gegnerische Schriftstücke und Schriftsätze, eigene Schriftsätze, Besprechungstermine, Vertragsentwürfe usw.);
- Umfang bestimmter Büroleistungen pro Zeiteinheit (z. B. Schreibleistung pro Woche; Anteil von Standardschreiben und pseudo-individueller Texte; Anteil an Individualtexten; Zahl der ausgefüllten Formulare pro Zeiteinheit; Rechenleistung pro Zeiteinheit, z. B. Mahnbescheide, Vollstreckung, Forderungsaufstellungen, Kostenrechnungen, Zinsberechnungen, Kostenfestsetzungsanträge usw.);
- durchschnittlicher (täglicher oder wöchentlicher) Posteingang und Postausgang, darunter insbesondere die Zahl der abgesandten Schriftstücke, deren Bearbeitung mit besonderem Zeitaufwand verbunden ist wie Einschreiben, Eilsendungen etc.;
- Art und Häufigkeit von Buchungsfällen pro Zeiteinheit (z. B. Buchungen pro Akte, pro Woche, Zahl der Kontobewegungen auf Anderkonten; dies ohne bürointerne Buchhaltung);
- Umfang der Korrespondenz mit auswärtigen Gerichten und Behörden;
- Zahl, Art, Dauer und Zeitpunkt von Telefonaten.

Solche Auflistung wichtiger **Bürodaten** (Durchschnittswerte werden regelmäßig genügen) gibt erfahrungsgemäß wichtige Aufschlüsse über die konkrete Kanzleistruktur und die daraus resultierenden kanzleispezifischen Organisationsanforderungen.

III. Aktenorganisation

1. Bestandteile der Akte

Grundlage der anwaltlichen Tätigkeit ist die Akte. Systematische Aktenführung erleichtert die Übersicht. Die Mandatsakte sollte in aller Regel über zwei Abheftvorrichtungen verfügen, und zwar eine für die **Gerichtspost,** die andere für die **interne Korrespondenz** mit Verkehrsanwälten, Mandanten, Rechtsschutzversicherern usw. Ob man die jüngsten Vorgänge zuunterst oder zuoberst einsortiert, ist Geschmackssache. Allerdings wird es meist zweckmäßiger sein, die neueren Vorgänge nach oben abzuheften, denn diese dürften für die aktuelle Bearbeitung von größerer Bedeutung sein. Es erscheint nicht sehr zweckmäßig, wenn beim Aufblättern der Akte als erstes der älteste Vorgang immer wieder ins Auge fällt. 6

Auf jeden Fall sollte die Akte auf der Rückseite mit einer **Tasche** versehen sein, in welche zusätzliche Papiere lose eingeschoben werden können. Viele Anwälte schwören auch auf eine Tasche im vorderen Aktendeckel. Hier können beispielsweise das Mandantenstammblatt, Diktatkassetten oder Posteingänge griffbereit untergebracht werden. Ebenso verbreitet ist die Möglichkeit, ein **Mandantenstammblatt** mit den wichtigsten Daten innen im Aktendeckel einzuheften oder einzukleben. Eine Tasche wäre dabei hinderlich. Auf jeden Fall ist anzuraten, das Mandantenstammblatt, welches die wichtigsten Daten, Anschriften, Fristen und Termine enthält, gut sichtbar und leicht lesbar in der Akte anzubringen. 7

2. Aktenaufbewahrung

Die Art der Aktenaufbewahrung läßt sich naturgemäß nicht einheitlich beurteilen. Die häufig noch anzutreffende Form der „Aktenschwanz“registratur, d. h. das Aufeinanderstapeln von Akten in einem offenen Regal, ist veraltet und unzweckmäßig. Allenfalls in reinen Berufungspraxen, bei denen die Zahl der Vorgänge naturgemäß begrenzt ist, mag eine solche veraltete Aktenorganisation noch angehen. 8

Durchgesetzt hat sich die **Hängeregistratur,** gleich in welcher Form. Die Akten werden nach unterschiedlichen Systemen, wie der Name sagt, waagerecht oder seitlich in hängender Form aufbewahrt. Beispiele für die verschiedenen Registraturtypen lassen sich bei allen Büroausstattern und bei der Hans-Soldan-Stiftung besichtigen. Als Faustregel gilt: Je verbreiteter ein System, desto billiger sind dessen einzelne Komponenten, und desto eher lassen sich erfolgreich Preisvergleiche anstellen. Vorsicht vor Exoten! Man wird abhängig von wenigen Lieferfirmen und deren Preisgestaltung. 9

Alle in der Kanzlei vorhandenen Akten müssen systematisch erfaßt werden. Eine einfache, wenngleich in der Praxis nicht immer leicht zu handhabende Form ist die Erfassung nach Namen und Vorgängen (Müller ./. Schmitz, wegen Miete; Müller ./. Meyer, wegen Forderung usw.). Der Vorteil: Man braucht weniger zu dokumentieren. Der Nachteil: Die Zuordnung ist nicht immer eindeutig, die Bestände müssen häufiger umsortiert werden, wenn sich in der Registratur an bestimmten Stellen neue Akten häufen. 10

3. Nummernsystem und Prozeßregister

11 Sinnvoll und daher anzuraten ist das System fortlaufender Numerierung, wie sie der Eintragungsfolge im Prozeßregister und auch der Nummernfolge bei zahlreichen EDV-Systemen entspricht. Manche Anwälte scheuen ein derartiges System, um Gegnern und Kollegen keinen Hinweis auf die Zahl der von ihnen bearbeiteten Fälle zu ermöglichen. Andere verwenden bestimmte Verschlüsselungsformen. Dies ist (außer im Notariat) zulässig und möglich. Entscheidend ist, daß die interne Numerierung von allen Angehörigen des Büros mühelos verstanden und nachvollzogen werden kann.

12 Die Eintragungen ins **Prozeßregister** – chronologisch bzw. nach Nummern geordnet – ist zu ergänzen durch eine **Namenskartei** bzw. -Datei. In aller Regel wird man nach einem bestimmten Fall suchen, der sich am besten unter dem Namen des betreffenden Mandanten findet. Die meisten integrierten EDV-Systeme ermöglichen darüber hinaus auch die Suche mit Hilfe des Gegnernamens, was sich in der Praxis durchaus als zweckmäßig erweist, etwa dann, wenn man Entscheidungen zu vergleichbaren Sachverhalten sucht (z. B. Verfahren gegen Leasing- oder Vermietungsgesellschaften, gegen Abmahnvereine usw.). Dies kann aber auch wichtig sein, um die **Annahme widerstreitender Mandate** zu vermeiden. Je größer die Kanzlei, desto stärker muß Sorge dafür getragen werden, daß nicht aus Versehen ein Mandat für den Gegner in einer anderen Sache übernommen wird.

4. Abgeschlossene Mandate

13 Auch die **Ablage** wird zweckmäßigerweise fortlaufend numeriert. Die Ablage-Nummer ist im Prozeßregister, in der Namensdatei und in einem eigenen fortlaufenden Ablageregister zu verzeichnen. Auf diese Weise wird sichergestellt, daß ein abgelegter Vorgang schnell wieder auffindbar ist. Er läßt sich einerseits nach dem Namen des Mandanten über die Namenskartei, nach der fortlaufenden Aktennummer über das Prozeßregister oder chronologisch nach der Ablagekartei herausfinden. Die chronologische Ablagekartei ist im übrigen die Basis für die Aussonderung betagter Altvorgänge. Es empfiehlt sich, im Ablageverzeichnis eine Rubrik für Hinweise auf die Verwahrung von Titeln oder anderen Dokumenten in der abgelegten Akte anzubringen, um deren versehentliche Vernichtung zu verhindern. Ein solcher Vermerk gehört natürlich auch auf das Deckblatt des abgelegten Vorgangs – und zwar deutlich hervorgehoben!

5. Mandantenkartei

14 Die **Mandantendatei** sollte aufgeteilt werden in laufende und abgelegte Sachen. Die laufenden Sachen gehören in eine Handkartei, wo sie übersichtlicher sind als in einer Gesamtkartei, und wo sich die jeweils neuesten Daten der Beteiligten im Zugriff befinden. Diese vielfältige Dokumentation des vorhandenen Aktenbestandes kostet zweifellos Zeit und Mühe. Sie stellt aber sicher, daß jede Akte schnell und zuverlässig nach unterschiedlichen Kriterien aufgefunden werden kann.

IV. Mandatsorganisation

1. Jedem Mandat eine eigene Akte

Für jedes Mandat wird eine eigene Akte angelegt. Hier hinein gehört einerseits ein Mandanten-Stammblatt, welches alle für diesen Vorgang wichtigen Daten und Angaben enthält. Weiterhin wird ein **Kostenblatt** benötigt, in welchem alle kostenrelevante Vorgänge zu vermerken sind. **15**

Der Grundsatz „Jedem Vorgang eine eigene Akte" wird häufig verletzt, wenn sich ein zunächst überschaubarer Vorgang ausweitet oder kaskadenartig aufteilt in vielfache Einzelvorgänge. Beispielsweise kann sich die Beratung in einer Erbangelegenheit erweitern auf die Prozeßführung gegen Testamentsvollstrekker und Miterben, auf Grundbuchangelegenheiten, die Verwaltung ererbter Immobilien oder Gesellschaftsanteile usw. Sobald sich andeutet, daß sich ein Teilproblem verselbständigt, ist hierfür sofort eine eigene Akte anzulegen. Dies schon deshalb, weil die Sache durchweg auch gebührenrechtlich selbständig zu behandeln sein wird und daher regelmäßig einer eigenständigen Abrechnung bedarf. **16**

Wie man diese neuen Akten sortiert, ist Geschmackssache. Völlig eigenständige Fälle mögen fortlaufend numeriert und einsortiert werden. Angelegenheiten, die sachlich zusammengehören, mögen als Unterakten geführt werden (z. B. 1989/030/15). **17**

2. Behandlung dringlicher Akten

Zeigt sich eine dringende Sache, so sind zunächst vorrangig deren Fristen und Termine in Kalender und Akte einzutragen. Der Vorgang ist sofort einem Rechtsanwalt mit Akte vorzulegen, wobei die Sache optisch als dringlich gekennzeichnet und an einen eigens hierfür vorgesehenen Platz gelegt werden muß. Zur Kennzeichnung mögen beispielsweise rote Aufkleber oder Papierfahnen dienen, deren Benutzung ausschließlich Eil- und Fristsachen vorbehalten ist. Unter allen Umständen muß vermieden werden, daß **dringliche Angelegenheiten** und Fristsachen mit anderen Akten zusammengelegt werden. Dann besteht nämlich die Gefahr, daß die Fristsache zwischen den anderen Akten verschwindet und als solche nicht rechtzeitig erkannt wird. Ebenso muß natürlich vermieden werden, daß eine Fristsache einem an diesem Tage nicht anwesenden Anwalt vorgelegt wird. Auch hier lauert in verstärktem Maße die Regreßgefahr. **18**

3. Ordnung der Akten am Arbeitsplatz

Grundsätzlich sollen sich die Akten nicht irgendwo in der Kanzlei, sondern in der **Hauptablage** befinden. Auch dem Schreibtisch des Anwalts sollen nur diejenigen Akten verbleiben, die aktuell bearbeitet werden. Unbedingt anzuraten ist ein Fächersystem, durch das die ein- und ausgehenden Akten nach Inhalt und Bedeutung vorsortiert werden. Die Fächer können sich auf, hinter oder neben dem Schreibtisch befinden, z. B. in Form eines Aktenwagens (Akten liegen oder hängen). **19**

Eilsachen gehören zweckmäßigerweise an eine hierfür vorbehaltene, gekennzeichnete Stelle. Differenziert werden kann aber auch nach allgemeinen (also: nicht vorrangigen) Diktaten, allgemeinen Verfügungen (z. B.: Durchschrift an **20**

Mandant) oder Wiedervorlagen. Bestimmte, ständig wiederkehrende Verfügungen lassen sich durch Farbsignale ersetzen (z. B. mag ein grünes Farbsignal bedeuten, daß die Akte abgelegt werden kann, ein gelbes Signal könnte besagen, daß zur Zeit nicht weiteres zu veranlassen und die Akte im üblichen Turnus wieder vorzulegen ist).

21 Die vom Anwalt zurückkommenden Akten müssen im Sekretariat nach dem selben Schema sortiert und abgearbeitet werden. Priorität haben naturgemäß die Frist- und Eilsachen, aber auch die Angelegenheiten, die sich schnell und ohne großen Aufwand erledigen lassen. Die Erledigung von schriftlichen Verfügungen wird mit Datum und Handzeichen vermerkt. **Eingegangene Schriftstücke** dürfen erst dann in der Akte abgeheftet werden, wenn die dazu gehörige Verfügung oder das entsprechende Diktat erledig sind. Fehlt eine Verfügung oder ein Diktat oder bestehen Bedenken gegen deren Richtigkeit und Zweckmäßigkeit, so ist der Rechtsanwalt schriftlich oder mündlich darauf hinzuweisen.

4. Ausgehende Korrespondenz

22 Besonderes Augenmerk ist auf die ausgehende Korrespondenz zu richten. Die Unterscheidung zwischen Gerichtspost und allgemeiner Briefpost bietet sich an, ebenso auch ein getrenntes Fach für Ausgänge, die persönlich oder durch Boten übermittelt werden sollen. Bei ausgehenden Schriftstücken, durch welche eine **Frist** gewahrt werden soll, ist ein Doppel als Empfangsbestätigung beizufügen. Wer Post zum Nachtbriefkasten eines Gerichtes oder einer Behörde bringt, fertigt danach unverzüglich einen Aktenvermerk mit Datum und Uhrzeit des Einwurfs.

V. Korrespondenz

23 Der Schwerpunkt der Arbeit im Anwaltsbüro besteht in unterschiedlichen Formen der Kommunikation. Diese findet überwiegend in Schriftform statt.

1. Briefpost

Der größte Teil des Schriftverkehrs wird über die Brief-Post („gelbe Post“) abgewickelt. Dies ist oft der billigere, aber auch zeitaufwendigere und umständlichere Weg. Briefe müssen im Original gefertigt, unterschrieben, eingetütet, gewogen, frankiert, im Postausgangsbuch vermerkt und zum Briefkasten gebracht werden. Eine gewisse Erleichterung bieten Freistempler. Zeitaufwendig ist allerdings deren Nachfüllung. Neuerdings werden Geräte angeboten, die über das Telefonnetz nachgeladen werden können. Die gelbe Post ist ein relativ **langsames Kommunikationsmittel.** Die Brieflaufzeiten sollen in der Regel nur einen Tag betragen. Dies wird aber durchweg nur dann erreicht, wenn die Briefe zwischen 17.00 Uhr und 17.45 Uhr des Vortages spätestens in den Postkasten gelangt sind. Selbst innerhalb von Städten ist mit Brieflaufzeiten von zwei, manchmal sogar drei Tagen zu rechnen. Noch länger dauern Päckchen. Von daher empfiehlt sich die „gelbe Post“ nur noch bedingt.

24 Bei der **Postbearbeitung** ist folgendes zu beachten: Alle **Posteingänge** müssen umgehend und vollständig durchgesehen werden. Vor allem ist zu prüfen, ob ein Eingang eilbedürftig ist, und ob Fristen zu beachten sind. Die **Durchsicht** der Eingänge ist daher grundsätzlich einer erfahrenen und zuverlässigen Kraft zu

übertragen. Selbstredend darf diese Kraft zum Zeitpunkt des Posteingangs nicht mit anderen Aufgaben beschäftigt werden. Grundsätzlich erhält jedes Schriftstück einen **Eingangsstempel.**

Die **Verteilung** erfolgt sofort nach Durchsicht und Sortierung. Die Verteilung darf nicht schematisch erfolgen. Keine Eilsachen an Abwesende oder an Anwälte, die am gleichen Tage mehrere Termine haben. Es muß sichergestellt sein, daß alle dringlichen Vorgänge umgehend zur Bearbeitung gelangen. Dringliche Post darf nicht vermischt werden mit anderen, weniger eilbedürftigen Vorgängen. 25

Es empfiehlt sich, die **Bearbeitung** in der oben dargestellten Weise differenziert vorzunehmen. Falsch ist die häufig anzutreffende Unsitte, den Anwalt mit einem Aktenberg zu „beglücken". Richtig ist vielmehr, wenn das Sekretarität bereits vorarbeitet: 26
- Sortieren (Anschreiben, Duplikat, Anlagen usw.);
- Bearbeitungsvorschlag (z. B. nur Weiterleitung an Mandant/Gegner, Wiedervorlage etc.);
- Notieren aller erkennbaren Fristen und Termine,
- Kennzeichnung neuer Sachen oder solcher, die möglicherweise Fristen enthalten könnten.

Umgekehrt gilt der gleiche Weg. **Fertig bearbeitete Post** ist nach Dringlichkeit zu staffeln, wobei insbesondere die Postlaufzeiten zu beachten sind (im Auge zu behalten ist die letzte Briefkastenleerung, die die Zustellung am kommenden Tag ermöglicht). 27
- Gesondert zu behandeln sind Einschreiben, Eilbriefe usw. Auch hier ist auf die Öffnungszeiten der Post und darauf Rücksicht zu nehmen, daß vor allem in den letzten Minuten vor Schalterschluß die Wartezeiten am längsten sein können. Es kann daher zweckmäßig sein, Einschreiben, Eilsendungen usw. bereits in den Nachmittagsstunden gesondert zur Post zu bringen.
- Es muß unbedingt sichergestellt sein, daß ein bearbeiteter Vorgang nicht liegenbleibt, sondern tatsächlich hinausgeht. Dies läßt sich unter anderem dadurch erreichen, daß Akten nur dann weggehängt werden dürfen, wenn ein Bearbeitungsvorgang endgültig abgeschlossen und als solcher auch erkennbar ist (z. B. durch das Einheften der Durchschrift eines Briefes oder durch einen Erledigtvermerk an der anwaltlichen Verfügung mit Handzeichen und Datum). 28
- Zweckmäßig sind allgemeine **Wiedervorlage-Regeln** für solche Akten, bei denen keine spezielle Wiedervorlage verfügt worden ist. Kostenrechnungen, Kostenfestsetzungsanträge u. dgl. sollten eine regelmäßige Wiedervorlagefrist von einem Monat, Akten in laufenden Verfahren könnten z. B. alle zwei oder drei Monate turnusmäßig verfristet werden. Werden Anfragen an Mandanten oder Korrespondenzanwälte gerichtet, ist dies bei der Wiedervorlage durch das Sekretariat ebenso zu beachten wie eigene Fristsetzungen z. B. an Gegner. 29

2. Gerichtspost

In vielen Fällen wird ein Teil der schriftlichen Kommunikation mit dem Gericht und/oder mit Kollegen über die Annahmestelle bei Gericht und/oder Briefkastenanlagen im Gericht abgewickelt. Häufig ist es sinnvoll, ein Gerichtsfach zu halten, allerdings nicht in allen Fällen. **Vorteile** bietet ein Gerichtsfach 30 für die Kanzleien, die häufig und regelmäßig beim jeweiligen Gericht präsent sind und daher für regelmäßige Leerung Sorge tragen können. Eher **nachteilig** ist ein Gerichtsfach dann, wenn ein Anwalt nicht regelmäßig oder nicht häufig im Gerichtsgebäude anwesend ist.

31 Bei der **Bearbeitung** der Gerichtspost ist generell das oben Rdnrn. 18ff. Gesagte zu beachten. Darüberhinaus müssen folgende Regeln im Auge behalten werden:

- Deutliche **Kompetenzverteilung** (Wer holt und bringt wann die Post von/zu welchem Gericht, insbesondere im Hinblick auf fristwahrende und Grundbuchsachen)
- Organisatorische Sicherung zur Vermeidung von **Vergessen** oder Übersehen wichtiger Schriftstücke (es muß z.B. sichergestellt sein, daß nicht Fristsachen, Eilsachen u. dgl. von einer Sekretärin oder einem Anwalt in eine Tasche zusammen mit anderen Unterlagen gepackt und dann bei Gericht aufgrund irgendwelcher Umstände vergessen und wohlmöglich erst nach Fristablauf wiedergefunden werden; in derartigen Fällen ist mit Wiedereinsetzung nicht zu rechnen). Hier haben sich verschiedenfarbige Ausgangskörbe und Postmappen bewährt.

32 Von besonderer Wichtigkeit ist daher eine sorgfältige **Ausgangskontrolle,** etwa in der Art, daß alle wichtigen Schriftstücke nur mit Kopien der ersten Seite herausgegeben werden, die dann bei Gericht einen Eingangsstempel erhalten und zurückgegeben werden. Fristen dürfen nur dann als erledigt ausgetragen werden, wenn sich die quittierte Kopie in der Akte befindet. Findet sich bei Fristablauf in der Akte keine solche Kopie, ist vom Sekretariat unverzüglich und vordringlich aufzuklären, ob das jeweilige Schriftstück bereits bei Gericht eingegangen ist oder noch nicht.

3. Elektronische Korrespondenz

33 (Zu Telekommunikationsmitteln vgl. K III)

VI. Datenschutz

34 Bisher ungeklärt ist die **Anwendbarkeit der Datenschutzgesetze** auf Anwalts- und Notarkanzleien. Das in erster Linie in Betracht kommende Bundesdatenschutzgesetz (BDSG) ist subsidiär (§ 45 BDSG) und tritt zurück, wenn und soweit besondere Rechtsvorschriften des Bundes auf in Dateien gespeicherte personenbezogene Daten anzuwenden sind. Die Vorschriften über die Wahrung der besonderen Berufsgeheimnisse bleiben unberührt (§ 45 Satz 3 BDSG; § 1 Abs. 4 BDSG n.F.). Vorrangig ist daher vor allem § 203 StGB, der das unbefugte Offenbaren fremder Geheimnisse unter Strafe stellt. Diese Gesetzeslage legt den Schluß nahe, daß die Vorschriften des BDSG grundsätzlich nicht auf Anwalts- und Notarkanzleien anzuwenden sind, es vielmehr dem Anwalt überlassen bleiben muß, in welcher Weise und in welchem Umfang er den Schutz der ihm anvertrauten personenbezogenen Daten (und selbstverständlich auch Betriebs- und Sachdaten) gewährleistet. Freilich können die Einzelregelungen des BDSG – wo sie Anwendung finden können – nicht völlig außer Betracht bleiben. Da bisher zu diesem Fragenbereich keine gefestigte Meinung besteht, ist es unbedingt ratsam, die datenschutzrechtliche Bestimmungen zumindest als Anhaltspunkt und Sorgfaltsmaßstab heranzuziehen.

Für Notare gelten nach jüngster Rechtsprechung Ausnahmen. Mit Beschluß vom 30. 7. 1990 (NotZ 19/89 = NJW 1991, 568) hat der *BGH* die Anwendbarkeit des Nordrhein-Westfälischen Landesdatenschutzgesetzes auf Notare zumindest insoweit bejaht, als dort die Anmeldung der vom Notar geführten Dateien beim Landesbeauftragten für den Datenschutz vorgeschrieben wird. Der *BGH* hat die Notare als Träger eines öffentlichen Amtes und damit als öffentliche Stelle behandelt, es aber ausdrücklich abgelehnt, sie den Gerichten gleichzusetzen. Der *BGH* beschränkt sich ausdrücklich auf die Frage der bloßen Registrierung der notariellen Dateien in Nordrhein-Westfalen. Ausdrücklich offen gelassen ist die Frage, ob und ggf. inwieweit auch die landesrechtlichen Regelungen über die **Verarbeitung** (also über die bloße Registrierung hinaus) auf Notariate Anwendung finden. **35**

Will man sich an der materiellen Substanz der Datenschutzgesetze – auch dort, wo sie nur subsidiär gelten – zumindest mittelbar orientieren, was vor allem bei der Benutzung der EDV von Bedeutung ist, erfordern folgende datenschutzrechtliche Grundsätze Beachtung: **36**

- Bestellung eines **Datenschutzbeauftragten.** Es sollte sich in der Anwalts-/Notarkanzlei um eine Person handeln, die als zentraler Ansprechpartner für alle Fragen von Datenschutz und Datensicherung gilt und die ausdrückliche Aufgabe hat, Schwachstellen herauszufinden und auf Abhilfe zu dringen. Ein explizit Beauftragter sollte allgemein die Ordnungsmäßigkeit der Datenverarbeitung einschließlich Manipulationsschutz und Datensicherung sicherstellen.
- **Datensicherungsmaßnahmen.** Das BDSG enthält in der Anlage zu § 6 (zukünftig Anlage zu § 9 n. F.) einen Katalog der sog. „10 Gebote der Datensicherung". Die Nutzung dieses Kataloges im Sinne einer Checkliste kann erheblich dazu beitragen, die Datenverarbeitung innerhalb des Anwaltsbüros, vor allem bei Einsatz der EDV, vor Verlust, Mißbrauch und Manipulation zu schützen. Dazu zählen beispielsweise die Zugangs- und Zugriffskontrolle, die Benutzerkontrolle, die Übermittlungs- und Eingabenkontrolle sowie die allgemeine Organisationskontrolle.

Ein besonderes Problem beim EDV Einsatz ist die **Fernwartung und -pflege.** **37**
Hierbei wählt sich das Serviceunternehmen von außen her in den Computer der Kanzlei ein und nimmt an der Software Wartungs- und Pflegearbeiten vor. Wer einem EDV-Unternehmen diese Möglichkeit einräumt, eröffnet ihm damit den – in aller Regel vollen – Zugang zu allen in dem jeweiligen Computer bzw. EDV-Netz gespeicherten Kanzlei- und Mandantendaten. Es ist möglich, ganze Dateien oder Teile davon in Computer des Wartungsunternehmens zu laden und dort damit zu arbeiten. Eine Kontrolle ist für den Anwalt nicht möglich. Ein solches Verfahren setzt den Anwalt/Notar der Gefahr des Geheimnisverrats und damit der strafrechtlichen Verfolgung aus. Ferndiagnose und Fernwartung sind daher nur zulässig, wenn und soweit sichergestellt ist:

- daß ein externer Zugriff nur mit Wissen des Kanzleiinhabers erfolgen kann;
- daß Dateien mit sensiblem Inhalt vor Durchführung einer Fernwartung entfernt werden können;
- daß die näheren Umstände der Wartungsdienstleistung (Name des Wartungstechnikers, Einschaltzeit, Protokolle der durchgeführten Arbeiten usw.) zur Verfügung gestellt werden.

Ratsam kann die Zusammenarbeit mit dem betrieblichen Datenschutzbeauftragten des Wartungsunternehmens sein (vgl. *Taggeselle* NJW-CoR 1989, S. 30).

38 Bei Benutzung von Telekommunikationseinrichtungen wie z. B. von BTX muß ebenfalls die Wahrung der Verschwiegenheit gewährleistet sein, wie bei anderen Kommunikationsmitteln auch.

39 Probleme stellen sich auch bei einer **Praxisübertragung.** Im Hinblick auf die Übergabe von Patientendaten bei der Übertragung von Arztpraxen wird die Meinung vertreten, daß hierfür die Einwilligung der Patienten in jedem Falle erforderlich sei (vgl. *Roßnagel* NJW 1989, 2303). Diese Gesichtspunkte lassen sich nicht ohne weiteres auf das Mandatsverhältnis von Rechtsanwälten und Notaren übertragen. Für Notare gilt schon aus dem Gesichtspunkt des Beurkundungsrechts die Kontinuitätspflicht, d. h. die Parteien eines beurkundeten Vertrages müssen jederzeit, auch nach Jahren, in der Lage sein, auf die Beurkundungsakten zurückzugreifen. Ähnliches kann auch für abgelegte anwaltliche Akten gelten. Bei der Übertragung laufender anwaltlicher Mandate auf einen Paxisnachfolger wird üblicherweise ohnehin die Einwilligung eingeholt. Sollte ein früherer Mandant (was die Ausnahme sein wird) nicht damit einverstanden sein, daß ein Praxisnachfolger seine Alt-Akten weiterführt, sind diese im Zweifel herauszugeben. Für den Fall, daß Aufbewahrungspflichten entgegenstehen, ist ein interessengerechter Ausgleich zu schaffen.

40 Eine weitere Frage betrifft die Einsichtnahme durch die **Aufsichtsbehörden.** Diese sind gem. § 30 BDSG (§ 38 BDSG n. F.) befugt, die Einhaltung von Datenschutzvorschriften im Rahmen des BDSG zu überprüfen. Es ist z. B. denkbar, daß andere Prozeßparteien, insbesondere der Prozeßgegner, sich mit der Behauptung an Aufsichtsbehörden wendet, seine personenbezogenen Daten würden bei dem (gegnerischen) Anwalt nicht ordnungsgemäß geschützt. Wie oben dargestellt, ist die Anwendbarkeit der §§ 30 a. F./38 n. F. BDSG auf Anwalts- und Notarkanzleien äußerst zweifelhaft. Örtliche Kontrolle bedeutet einen schwerwiegenden Eingriff in die Tätigkeit des Anwalts/Notars. Die gegenwärtige und zukünftige Rechtslage ist nicht geeignet, einen solchen Eingriff zu decken. Es besteht daher keine Verpflichtung, einer Aufsichtsbehörde Zutritt zu gewähren. Allerdings ist es ratsam, bei Aufkommen ernster Zweifel an der Wahrung des Anwaltsgeheimnisses alles zu tun, um derartigen Zweifeln entgegenzutreten.

K II. Organisation von Fristen und Terminen

Dr. Brigitte Borgmann

Übersicht

Literatur: *Borgmann,* Wiedereinsetzung in den vorigen Stand bei Büroversehen, ZAP Fach 13, S. 11 ff.; *Borgmann,* Fristenwahrung und Telefaxverkehr, AnwBl 1989, 666; 1991, 38; *Borgmann/Haug,* Anwaltshaftung, 2. Aufl. 1986; *Rinsche,* Die Haftung des Rechtsanwalts und des Notars, 3. Aufl. 1989; *Wolf,* Die Verwendung eines Fernkopierers zur Datenübermittlung, NJW 1989, 2592.

I. Grundsätze

Der erste Grundsatz bei der Organisation des Anwaltsbüros zwecks Fristwahrung heißt **Sicherheit.** Nach der vor allem zur Wiedereinsetzung in den vorigen Stand ergangenen Rechtsprechung hat der Anwalt Fristsachen mit der größten Peinlichkeit und Genauigkeit zu behandeln. Dafür hat die Rechtsprechung jetzt die ausfüllungsbedürftige Formel von der „üblichen von einem ordentlichen Rechtsanwalt zu fordernden Sorgfalt bei der Behandlung von Fristen oder generell bei der Organisation seines Büros" entwickelt (*BGH* seit VersR 1979, 159). Gewöhnlich halten sich Gerichte in dieser Frage für kompetent. **Weitere Organisationsziele,** etwa: Schnelligkeit, Bequemlichkeit, Kostengünstigkeit gehen der Sicherheit stets nach. Da aber zumindest Schnelligkeit und Übersichtlichkeit zur Sicherheit nicht unerheblich beitragen, werden auch sie nicht vernachlässigt. Die Sicherheit verlangt rechtzeitige Aufgabenerfüllung: Das wiederum wirkt sich auf die Bequemlichkeit (weniger Streß) günstig aus. 1

Die Organisation des Büros obliegt dem **Anwalt** selbst. Organisationsmängel werden der Partei bei Fristversäumnissen folglich zugerechnet (§ 85 II ZPO). Fallen Fehler hingegen nur dem ausführenden Personal zur Last, so kommt bei Versäumung von Notfristen und anderen Prozeßfristen, bei denen dies vorgesehen ist, Wiedereinsetzung in den vorigen Stand in Frage. Fehler von angestellten

Anwälten können der Partei zugerechnet werden, wenn sie mit wesentlichen (Teil)Aufgaben befaßt waren.

II. Organisationspläne

1. Generelle Regelungen

2 Komplette **Anweisungen** für den gesamten Büroablauf sind selten, werden auch meist nicht benötigt. Meist würden sie zu unübersichtlich. Der Anwalt sollte deshalb wichtige, immer wieder vorkommende Punkte, wie etwa den täglichen Posteinlauf, den Postauslauf, die Notierung und Streichung von Fristen generell regeln und ansonsten Einzelweisungen erteilen.

Je mehr er generell regelt, um so weniger Einzelweisungen sind notwendig. Andererseits müssen die **generellen Regelungen** einfach und überschaubar sein, damit sie im Gedächtnis haften bleiben. Eine ständige Handhabung in einer Anwaltskanzlei kann als generelle Organisationsform gelten. Zweckmäßig ist, wenn sie dem Anwalt bekannt ist, da er nur so wissen kann, welche Einzelfragen er gegebenenfalls besonders regeln und wann er eingreifen muß.

2. Delegation von Aufgaben

3 Grundsätzlich können viele Aufgaben im Anwaltsbüro von nicht juristisch ausgebildetem Personal erledigt werden. Strikte Ausnahme: die **Rechtsberatung** (*BGH* NJW 1981, 2741). Der Anwalt sollte sich überlegen, wieviele Aufgaben er sinnvoll delegieren kann. Dies auch unter dem Gesichtspunkt, daß seine Partei für Fehler des Personals Wiedereinsetzung erhält, für eigene Fehler des Anwalts jedoch nicht.

4 Delegation bedeutet: Zuteilung von Aufgaben einschließlich der Verantwortung für deren Erledigung an eine bestimmte Person. Wenn nach der Funktion verteilt wird, muß für den Betroffenen eindeutig sein, wer gemeint ist (nicht: die Auszubildenden haben ... zu tun, ... sondern: die Auszubildende Helga hat montags, ... die Auszubildende Lore hat dienstags ...).

Dem Beauftragten ist nicht gestattet, weiterzudelegieren und damit die übernommene Verantwortung weiterzuschieben. Er kann sich allenfalls helfen lassen, muß aber die Erledigung überwachen. Wird auf diese Weise delegiert, lassen sich **Fehler** auch nachträglich einer bestimmten Person zuordnen. Dies ist ein wichtiges Indiz für eine ordnungsgemäße Büroorganisation.

5 **Abwesenheitsvertretung** muß geregelt werden (*BGH* NJW 1989, 1157). Das gilt für das Personal ebenso wie für den Anwalt. Auch in Sozietäten sollte für das Personal feststehen, wer einen plötzlich verhinderten oder lange voraussehbar urlaubsabwesenden Anwalt vertritt (*Borgmann* AnwBl. 1985, 30, Haftpflichtfragen mit Rspr). Auch darf sich der Anwalt nicht darauf verlassen, daß seine Angestellten ihre Vertretung untereinander selbst regeln (*BGH* VersR 1987, 617). Schließlich sollte der Abwesenheitsvertreter in seine Vertretungstätigkeit gut eingewiesen sein. Gegebenenfalls sind besondere Kontrollen nötig.

6 Für den Fall, daß Störungen auftreten, die nicht sogleich oder jedenfalls nicht rechtzeitig behoben werden können, muß der Anwalt benachrichtigt werden. Auch dies muß er sicherstellen.

3. Anwaltliche Weisungen

Die Ablauforganisation regelt der Anwalt durch Weisungen. Sie können generell – dann am besten als **schriftlicher Plan** – oder für den Einzelfall ergehen. Auf jeden Fall sollten sie klar und deutlich sein. Mündliche Einzelweisungen sind zulässig, wenn auch nicht völlig sicher (*BGH* NJW 1988, 1853; NJW 1989, 1158; VersR 1983, 660). Besser ist, sie mit einer (lesbaren!) **Notiz** zu verbinden, besonders bei Fristen. Einfaches Ablegen von Zetteln oder Schriftstücken auf dem Schreibtisch der Fristensekretärin genügt in keinem Fall, weil es Fehlerquellen auf dem Übermittlungsweg eröffnet (*BGH* NJW 1988, 2804). Auch Büroklammern sind gefährlich und gewährleisten keine sichere Übermittlung (*BGH* NJW-RR 1989, 125). Auf **Tonträger** sollten Weisungen möglichst nicht diktiert werden, weil sie von dort her nicht rechtzeitig wahrgenommen werden können (*BGH* VersR 1978, 537). Waren die Weisungen richtig getroffen, kann sich der Anwalt in der Regel darauf verlassen, daß sein Personal sie auch befolgt (*BGH* VersR 1986, 764; VersR 1985, 962). 7

III. Organisationsmittel

Organisationsmittel für die Fristwahrung sind vor allem Handakten, Fristenkalender und gegebenenfalls auch – mit entsprechender Software – der Computer. Computerspeicherung und Computerausdrucke sind für die Fristwahrung sicherlich geeignet. Datensicherung ist dabei notwendig. Die Anerkennung durch Rechtsprechung ist freilich noch nicht erprobt! Handakten und Fristenkalender gelten hingegen als unabdingbar.

1. Die Handakte

Sie dient dazu, alle wesentlichen Vorgänge eines Mandats wiederzugeben einschließlich der Fristen. Es gehören also auch alle erteilten Aufträge hinein. Lose Zettel sind unzulässig. Sie müssen zum Bestandteil der Handakte gemacht werden. In die Akte gehört insbesondere (z. B. bei einer Zustellung, s. u. Rdnr. 18) der **Fristanfang.** Auch das Fristende wird zweckmäßig dort notiert, da dies die vorgeschriebene anwaltliche Fristüberprüfung bei Bearbeitung der Sache erleichtert. Um die Fristen besser im Griff zu haben, trägt man sie zweckmäßigerweise nicht nur auf den jeweiligen Schriftsätzen, sondern daneben stets an einer dafür vorgesehenen und immer gleichen Stelle ein. Das kann ein besonderes Vorblatt, eine Stelle im Aktendeckel, ein eingeklebter Fristenstreifen o. ä. sein. Jede Routine erleichtert Kontrollen und vermindert damit Fehler. 8

2. Fristenkalender

Im Fristenkalender muß immer das **Fristende** stehen. Er dient dazu, unabhängig von der Akte für jeden Tag des Jahres die an ihm ablaufenden Fristen wiederzugeben. Der Anwalt darf und soll sein Gedächtnis im Interesse seiner der Rechtspflege gewidmeten Aufgaben insoweit entlasten (*BGH* VersR 1971, 131). Ein Vertreter muß sich zurechtfinden können, ohne den gesamten Aktenbestand zu überprüfen (*BGH* VersR 1983, 777). Fristen müssen, auch wenn die Sache erst am letzten Tag eingeht, immer dann eingetragen werden, wenn der Anwalt die Sache aus der Hand gibt (etwa: zum Schreiben). Sonst ist eine Fristkontrolle nicht sichergestellt. 9

10 **Vorfristen** sind nötig, wenn man Zeit für die Erledigung braucht, etwa eine Rechtsmittelbegründung, den Postverkehr. Sie sind auch in übrigen Fällen zweckmäßig. Besonders günstig ist es, wenn die Sache bei Ablauf der Vorfrist bereits erledigt werden kann. Hierfür sind gegebenenfalls zwei Vorfristen praktisch. Gefährlich ist es aber, die vorgelegten Akten auf dem Schreibtisch des Anwalts liegenzulassen. Er ist in diesem Fall selbst für die Fristenkontrolle verantwortlich und kann sich auf Erinnerung durch sein Personal nicht verlassen (st. Rspr. *BGH* NJW 1961, 1812: Grundsatzentscheidung). Besser ist, wenn der Anwalt eine neue Vorfrist auf einen Zeitpunkt anordnet, an dem er sich Zeit zur Erledigung nimmt.

11 Echte **Ablauffristen** müssen stets für den letzten Tag notiert sein, nicht am Samstag oder Sonntag vorher (*BGH* VersR 1986, 891). Sie müssen sich von gewöhnlichen Wiedervorlagen deutlich unterscheiden (*BGH* VersR 1983, 777; *BayObLG* NJW-RR 1987, 1424). Fristreiter dürfen für echte Ablauffristen nicht verwendet werden, weil sie nicht völlig sicher sind.

IV. Der Routine-Tagesablauf in der Anwaltskanzlei

Stets wiederkehrende Arbeitsgänge können und sollen durch generelle Verfügungen abgedeckt sein. Hierzu gehören:

1. Posteingang

12 Man sollte
- Personen für die Postabholung bestimmen;
- Abwesenheitsvertreter für Briefkastenleerung bestimmen (*BGH* VersR 1978, 92);
- Behandlung der Eingangspost durch Personal (Öffnen, Stempeln, Sortieren, Zuordnen zu Akten und zu Sachbearbeitern) festlegen;
- Eingangsgeräte neuer Art: Telefax und Telex sind einzubeziehen. Beim Telefon müssen Notizen gefertigt werden (z. B. in ein gebundenes Buch für alle eingehenden Gespräche, in das die Anwälte Einblick nehmen);
- Termine sind zu notieren;
- Fristen müssen berechnet und notiert werden;
- Danach Vorlage an den Anwalt, gegebenenfalls sortiert.

2. Fristberechnung

13 Es ist zweckmäßig, Fristen sogleich bei Eingang festzustellen und im Kalender festzuhalten. Seit der Entscheidung des *BGH* in BGHZ 43, 148 = NJW 1965, 1021 ist die Berechnung von einfachen, in der Kanzlei häufig vorkommenden **Routinefristen** durch gut ausgebildetes und sorgfältig ausgewähltes und überwachtes **Büropersonal** zulässig (so auch *BVerwG* NJW 1967, 2026; *BFH* NJW 1969, 1504). Zu den Routinefristen, die in der jeweiligen Kanzlei häufig vorkommen, gehören nicht: **Revisionsfristen** in verwaltungs- und sozialgerichtlichen Verfahren (*BVerwG* NJW 1982, 2458; *BSG* U. vom 13. 9. 1980 – 2 RU 1/80); Arbeitsrechtssachen. Erstere wegen der seltenen Blockfrist für Rechtsmittel und Rechtsmittelbegründung. Letztere, weil die Arbeitsgerichte sich der Rechtsprechung bisher nicht anschließen wollten. **Vorsicht** ist geboten bei gerade erst beendeter Ausbildung des Personals, *BGH* VersR 1988, 157;

auch, wenn eine Anwaltsgehilfin erst sechs Monate tätig ist (*BGH* VersR 1982, 545).

Bei Berührung mit **Gerichtsferien** muß der Anwalt in jedem Fall selbst feststellen, ob es sich um eine Feriensache handelt (st. Rspr. *BGH* VersR 1983, 32; VersR 1986, 574; NJW-RR 1987, 1287). Ist es keine Feriensache, kann er die Berechnung jedenfalls dann delegieren, wenn das Rechtsmittel in den Gerichtsferien eingelegt wurde, weil die Begründungsfrist dann einfach zu errechnen ist. **14**

In ungewöhnlichen Fällen muß der Rechtsanwalt dafür sorgen, daß er Fristen selbst kontrollieren kann, z. B. nach Rückkehr aus dem Urlaub (*BGH* NJW-RR 1987, 710). Zweckmäßig ist, wenn der Anwalt die Fristberechnung zwar umfassend delegiert, aber die berechnete Frist in jedem Fall mindestens einmal **nachrechnet.** **15**

3. Fristnotierung im Kalender

Die Kalenderführung soll nur durch zuverlässiges Personal, nicht durch Auszubildende, geschehen (*BGH* VersR 1980, 142; AnwBl 1989, 99). Am besten wird sie nur jeweils einer Person anvertraut, der die gesamte Fristeintragung, Fristsstreichung und Kalenderführung obliegt (mit Abwesenheitsvertretung). Auf Sonntage und arbeitsfreie Tage sollen keine Endfristen eingetragen werden (*BGH* VersR 1986, 469 und 891). **16**

Rechtsmittel- und Rechtsmittelbegründungsfristen sollten sich deutlich von gewöhnlichen Wiedervorlagefristen unterscheiden (*BGH* NJW 1989, 2393).

4. Erledigungsvermerk

Der Handvermerk über die eingetragene Frist ist unabdingbar. Er enthält die Bezeichnung der Frist, das berechnete Fristende und das Handzeichen der Sekretärin (*BGH* VersR 1974, 387). Der Anwalt muß einerseits bei Aktenvorlage auf den Vermerk achten, kann andererseits aber auch davon ausgehen, daß die entsprechende Kalendereintragung erfolgt ist, wenn der Vermerk angebracht wurde. **17**

5. Fristnotierung bei Zustellung gegen Empfangsbekenntnis

Bei Zustellung mit Postzustellungsurkunde verbleiben Unterlagen, die den Zeitpunkt ausweisen, so etwa das Zustellungskuvert, bei den Akten. Nicht so bei einer Zustellung gegen Empfangsbekenntnis nach § 212a ZPO. Hier läuft die Frist auch von einem anderen Zeitpunkt an. Der **Anwalt** setzt mit Kenntnisnahme und Unterzeichnung eines datierten Empfangsbekenntnisses Fristen – meist Rechtsmittelfristen – in Lauf. Den Anfangszeitpunkt der Frist kann deshalb er allein zuverlässig feststellen. Es muß nicht der Tag sein, an dem das Schriftstück in der Kanzlei eingegangen ist und dort einen Eingangsstempel erhalten hat. Das anwaltliche Empfangsbekenntnis genießt ebensolche Beweiskraft wie öffentliche Urkunden (*BGH* NJW 1990, 2125). **18**

Der Anwalt muß im **Interesse der Fristwahrung** aktenkundig machen, wann er das Empfangsbekenntnis unterschrieben hat. Zweckmäßig ist hierfür ein mit dem Personal abgestimmter anwaltlicher Handvermerk neben dem Eingangsstempel, der den Fristanfang bestätigt und dem Anwalt gleichzeitig anzeigt, daß er die Frist zu dieser Zeit wenigstens einmal nachgerechnet und richtig gefunden hat. Ein solcher Vermerk wird von der Rechtsprechung verlangt. Der Eingangsstempel kann ihn nicht ersetzen (*BGH* VersR 1987, 564). Der Klarheit dient ein daneben angebrachter Stempelaufdruck „Zustellung".

19 Der Anwalt muß außerdem dafür sorgen, daß die Frist auch im **Kalender** festgehalten wird. Eigentlich darf er ein Empfangsbekenntnis erst unterschreiben, wenn die Frist im Kalender bereits notiert ist. Das geschulte Personal kann das vorsorglich bereits bei Posteingang tun (s. o. Rdnr. 13). Aus dem Erledigungsvermerk (o. Rdnr. 17) entnimmt der Anwalt dann, daß die Kalendereintragung erfolgt ist. In diesem Fall kann er das Empfangsbekenntnis beruhigt unterzeichnen. Eine solche nachträgliche Prüfung kann besser geeignet sein, Fristversäumnisse zu vermeiden, als eine bei der Unterschrift getroffene Verfügung mit dem Zweck der Kalendereintragung. Sie belastet den Anwalt nicht übermäßig (*BGH* VersR 1978, 255 macht diesen Organisationsvorschlag). Fehlt der **Erledigungsvermerk,** so ist der Anwalt gehalten, durch sorgfältige Einzelweisung (o. Rdnr. 7) darauf zu achten, daß die Frist eingetragen wird. Jedenfalls müssen Empfangsbekenntnis und zugestelltes Schriftstück bis dahin zusammenbleiben. Das Empfangsbekenntnis darf nicht aus dem Haus gegeben werden, bevor die Frist eingetragen ist.

Es ist fehlerhaft, **Empfangsbekenntnisse** abends in der Postmappe gesondert zu unterschreiben. Der Anwalt muß prüfen können, welchen Eingang er bescheinigt und welche Frist damit beginnt (*BGH* VersR 1989, 1211). Ein nicht oder falsch datiertes Empfangsbekenntnis ist nicht unwirksam. Die Zustellung wirkt auf den Tag des Empfangs zurück, sofern der Anwalt diesen dem Gericht mitteilt, was auch in einer Berufungsschrift geschehen kann (*BGH* WM 1987, 939). Lassen sich Zweifel an dem Datum der Unterschrift nicht beseitigen, so ist der Beweiswert der Urkunde beeinträchtigt (*BGH* NJW-RR 1987, 1151). Andernfalls ist Gegenbeweis erforderlich, aber möglich. An ihn werden strenge Anforderungen gestellt (*BGH* st. Rspr., VersR 1987, 385). Empfangsbekenntnisse dürfen vom Prozeßbevollmächtigten und allen seinen Sozien unterzeichnet werden, auch vom amtlich bestellten Vertreter; nicht von sonstigem Personal.

20 Der Fristanfang muß aus der Handakte auch später noch ersichtlich sein. Da das Empfangsbekenntnis in der Regel im ganzen zurückgeschickt wird, bezeichnet nur der Vermerk auf dem zugestellten Schriftstück den Fristanfang. Wird dieses an den Mandanten herausgegeben, so sollte mindestens die erste Seite mit dem Fristanfangsvermerk kopiert werden, damit diese Notiz bei der Akte bleibt (*BGH,* st. Rspr. seit VersR 1979, 161; VersR 1981, 39; VersR 1983, 559).

6. Friststreichung

21 Fristen dürfen nicht zu früh gestrichen werden. Maßgeblich ist der jeweilige **Zweck der Frist.**

- Vorfristen können bei Vorlage an den Anwalt gestrichen werden, weil sich ihr Zweck hierin erschöpft. Aber: eine Endfrist muß darüberhinaus eingetragen sein (*BGH* NJW 1990, 2126).
- Endfristen (Ablaufsfristen) dürfen erst bei endgültiger Erledigung der Sache gestrichen werden. Das bedeutet: entweder

  nach Auslauf (Bote geht zu Gericht). Rückkehr eines Boten kann man abwarten, sofern sie am selben Tag erfolgt. Sonst wäre keine tägliche Kalenderkontrolle möglich.

  Bei Postversand erst nach Kuvertierung und Frankierung (*BGH* VersR 1982, 653; VersR 1980, 554; VersR 1986, 1205). Ein Bote muß bereitstehen. Das

Kuvert muß offen sein, um Überprüfung zu ermöglichen, welcher Schriftsatz darinsteckt.
- Bei bürofremden Boten ist sorgfältige Erkundigung über seine Zuverlässigkeit nötig. Auch bei Auszubildenden sollte man nachfragen, ob Schriftsatzeinwurf erledigt.
- Die Ablage, auf welcher der Bote seine Fristsachen findet, sollte zweckmäßig eingerichtet sein (keine Stühle, Türschwellen, Heizkörper etc., sondern: Regalfach).

Begründungsfristen sind zugleich mit dem Auslauf von Rechtsmittelschriftsätzen zu notieren (*BGH* VersR 1985, 502). Die vorsorglich notierten Fristen müssen an Hand der Eingangsmitteilung des Gerichts korrigiert werden (*BGH* VersR 1989, 645). Auf letztere allein kann man sich nicht verlassen, weil sie auch ausbleiben kann. **22**

7. Postausgangskontrolle

Postausgangskontrollen müssen wirksam sein (*BGH* VersR 1983, 401 und 589; VersR 1986, 365 und 891; VersR 1989, 715). Es genügt nicht, daß der Anwalt auf den normalen Arbeitsablauf in der Kanzlei vertraut. Er muß vielmehr dafür sorgen, daß geschriebene Post auch hinausgeht und die Fristen gewahrt werden. Es genügt nicht, wenn er dies einer oder mehreren nicht weiter kontrollierten Auszubildenden überläßt. Wer die Frist im **Kalender** zu streichen hat, darf nicht nur den geschlossenen Umschlag sehen, er muß das Schriftstück überprüfen können. Ein **Postausgangsbuch** ist nicht vorgeschrieben. Wenn es geführt wird und als Fristerledigungsnachweis dienen soll, muß es mit dem Fristenkalender übereinstimmen (*BGH* VersR 1985, 145; *BFH* DB 1989, 612; s. dazu *Borgmann* AnwBl 1984, 142 – Haftpflichtfragen). **23**

Die Ausgangskontrolle muß auch gewährleisten, daß nur **unterschriebene Schriftsätze** hinausgehen (*BGH* VersR 1986, 1211; VersR 1987, 383); auch kann angeordnet werden, zu prüfen, ob der unterschreibende Anwalt postulationsfähig ist (*BGH* NJW 1988, 211). Hat der Anwalt derartige Kontrollen angeordnet, kann er in der Regel Wiedereinsetzung erwirken, wenn trotzdem ein nicht unterschriebener Schriftsatz ausläuft. Er muß dann aber nach Möglichkeit zuverlässig verhindern, daß nach erfolgter Kontrolle noch Schriftsätze in die Postausgangsfächer gelegt werden.

8. Fristverlängerung

Die Verlängerung richterlicher Fristen (auch: Begründungsfristen) ist bei vorherigem Antrag auch noch nach Fristablauf möglich seit der Entscheidung des Großen Zivilsenats des *BGH* NJW 1982, 1651. **24**
- Ein Antrag in letzter Minute geht auf eigenes Risiko des Anwalts (*BGH* VersR 1983, 249; VersR 1984, 894), weil das Gericht nach eigenem Ermessen darüber entscheidet. Ausreichende Gründe sollten deshalb vorgetragen werden. Willkürlichen Ablehnungen hat das *Bundesverfassungsgericht* einen Riegel vorgeschoben (*BVerfG* NJW 1989, 1147). Eine strengere Praxis einzelner Senate als allgemein üblich scheidet danach praktisch aus.
- Rechtzeitige Absendung kann genügen (*BGH* NJW 1983, 1741).
- Der Antrag muß schriftlich gestellt werden (*BGH* NJW 1985, 1558).
- Bei Fristverlängerungen soll die Frist erst gestrichen werden, wenn Fristverlängerung gewährt ist; wenn der Antrag am letzten Tag gestellt wird, sollte

man die Frist nochmals auf den nächsten oder übernächsten Tag eintragen und nachfragen. Die Nachfrage ist aber kein Wirksamkeitserfordernis der Fristverlängerung mehr (so frühere Rspr.).

9. Beauftragung eines Rechtsmittelanwalts

25 Soll oder muß für die nächste Instanz ein anderer Anwalt eingeschaltet werden, so ist die Weitergabe des Mandats regelmäßig Aufgabe des erstinstanzlichen Anwalts. Er muß die Rechtsmittelfrist überwachen und bei dem beauftragten Kollegen nachfragen, ob dieser den Auftrag erhalten und auch angenommen hat (*BGH* st. Rspr., s. dazu *Borgmann* AnwBl 1985, 636 mit Rechtsprechungshinweisen).

- Friststreichung kommt deshalb erst in Frage, wenn zweitinstanzlicher Anwalt das Mandat auch angenommen hat.
- Persönliche Nachfrage von Anwalt zu Anwalt ist nötig (*BGH* VersR 1985, 962), wenn keine schriftliche Bestätigung des beauftragten Anwalts vorliegt.
- Telefonische Aufträge von Büropersonal an Büropersonal können problematisch sein. Jedenfalls ist anzuordnen, daß Parteinamen, Parteirollen und Aktenzeichen am Telefon wiederholt werden und daß zu notieren ist, wer mit wem telefoniert hat.
- Nur in Ausnahmefällen kann Nachfrage beim beauftragten Anwalt entbehrlich sein, so etwa, wenn Absprachen bestehen, daß der beauftragte Anwalt Rechtsmittelaufträge stets annimmt, prüfen und ausführen wird (*BGH* NJW 1988, 3020).
- Die Mitteilung des richtigen Zustellungsdatums durch den erstinstanzlichen (Korrespondenz-)Anwalt ist notwendig, *BGH* VersR 1980, 192, 193 und 278. Er muß Irrtümer des zweitinstanzlichen Anwalts nach Möglichkeit vermeiden (*BGH* VersR 1985, 499).
- Der zweitinstanzliche Anwalt hat eine eigene Prüfungspflicht (*BGH* NJW 1980, 1846; VersR 1985, 499).
- Beide haben die äußerste, vernünftigerweise von ihnen zu erwartende Sorgfalt zu beachten.
- Der erstinstanzliche Anwalt muß das in einem Brief mitgeteilte Zustellungsdatum persönlich überprüfen, wenn der zweitinstanzliche Anwalt keine Kontrollmöglichkeit hat (*BGH* NJW 1985, 1709; NJW 1987, 1334). Diese Prüfungspflicht kann er nicht delegieren.
- Die mit dem Fristanfangsvermerk (s. o. Rdnr. 18 und 20) versehene Urteilsausfertigung verschafft dem zweitinstanzlichen Anwalt zuverlässige Kenntnis vom Fristlauf (*BGH* VersR 1987, 1013). Sie sollte daher mitübersandt werden.
- Vor Übermittlung des Auftrags per Telefax muß der Absender sich über Störungsmöglichkeiten informieren und sie ggf. berücksichtigen (*OLG Köln* NJW 1989, 594).

10. Postlaufzeit

26 Auf den **gewöhnlichen Postlauf** kann sich der Anwalt verlassen (*BVerfG* NJW 1979, 641; NJW 1980, 769; *BGH* VersR 1984, 861). Beim Ablauf von Verjährungsfristen gibt es allerdings keine Wiedereinsetzung! Hier sollte der Anwalt den sichereren Weg gehen und für ausreichenden Vorlauf sorgen.
Will man Fristen bis zuletzt ausnutzen, so

- sind Erkundigungen nach der Postlaufzeit nötig;
- ist Vorsicht bei Sonntagen geboten (*BGH* VersR 1982, 298; *BFH* DB 1986, 1760);
- ist bei nachweislichem Ausgang aus der Anwaltskanzlei (ein **Abgangsvermerk** hilft hierzu!) eine Postverspätung ein Wiedereinsetzungsgrund.

11. Rechtsmitteleinlegung und Rechtsmittelbegründung durch Telex, Telefax und Telegramm

Rechtsmittel und Rechtsmittelbegründungen (ebenso wie Klagen) können bei Gericht auch durch Telegramm (st. Rspr. seit *RGZ* 151, 82), Fernschreiben (Telex) oder Telefax (Telekopie) eingereicht werden. Das ist nur deshalb erörterungsbedürftig, weil auf dem bei Gericht eingehenden Schriftsatz die Originalunterschrift des Anwalts notwendigerweise fehlt. Trotzdem ist die moderne Übermittlungsmethode auch dann zulässig, wenn ein Rechtsmittel auf normalem Weg noch rechtzeitig wäre (*BAG* NJW 1971, 2190; *BGH* NJW 1967, 2114; NJW 1986, 1759; NJW 1990, 188; *BVerwG* NJW 1962, 655; NVwZ 1989, 673; *BVerfG* NJW 1987, 2067). Gehen diese Telegramme, Telexe oder Telefaxe vor 24.00 Uhr bei Gericht ein, sind sie geeignet, Fristen zu wahren (*BVerfG* NJW 1976, 747 u.a.; *BGH* NJW 1987, 2586; *BVerfG* NJW 1987, 2067). Gibt das Gericht Fernschreibanschlüsse auf dem Briefpapier an, so kann man einen Schriftsatz selbst dann fristwahrend dorthin richten, wenn es der Anschluß einer anderen Behörde ist (*BVerfG* NJW 1986, 244; *BGH* NJW 1987, 2586). Fehladressierte Telefaxe gelten allerdings nur beim Adressaten als rechtzeitig zugegangen (*BGH* NJW 1990, 990), wenn sie bei einer gemeinsamen Einlaufstelle eingehen. Mit **Eingangsstau** vor Mitternacht oder am Jahresende muß man rechnen! **Telekopien** (Telefaxe) müssen direkt durch die Post übermittelt werden (*BGH* NJW 1983, 1498). Weitergabe durch Boten genügt nicht, auch nicht vom (unzuständigen) Gericht an ein anderes (*BGH* NJW-RR 1988, 893). Vom Anschluß eines Dritten aus können sie aber aufgegeben werden. Das *BAG* (NJW 1989, 1822) hat damit eine Entscheidung des *LAG Hamm* (NJW 1988, 3286) aufgehoben, die eine Rechtsmitteleinlegung des Anwalts vom Telefaxgerät des Mandanten aus nicht hatte gelten lassen. **Telefonische** Rechtsmitteleinlegung kommt in der Regel nicht in Frage; allenfalls für einen Einspruch gegen einen Bußgeldbescheid (*BGH* NJW 1980, 1290). 27

Die erforderliche **Anwaltsunterschrift** wird bei **Telegramm** und **Telex** durch Angabe des Namens der verantwortlichen natürlichen Person ersetzt (*BGH* NJW 1967, 2114; *BVerwG* NJW 1978, 2110; *BAG* BB 1985, 1655). Die Angabe der Sozietätsadresse genügt nicht. Der Name muß unter dem Schriftsatz aufgeführt werden. Bei **Telefax** muß die eigenhändige Unterschrift des Anwalts mitkopiert erscheinen, weil nur die originalgetreue Wiedergabe der eigenhändigen Unterschrift den größtmöglichen Schutz vor Fälschungen bietet (so *BGH* NJW 1990, 188; *BPatG* GRUR 1988, 31; *BSG* MDR 1985, 1053) und *BAG* DB 1986, 1184.

Telefax und Telex sind **zugegangen,** wenn sie im Empfängerapparat ausgedruckt sind (*BGH* NJW 1987, 2586). Kommen sie verstümmelt an und liegt der Fehler in der Empfangssphäre des Gerichts, so kann der Eingang unter Umständen als rechtzeitig angesehen werden, sofern sich dies nachweisen läßt (*BGH* NJW 1988, 2788). Eine wirksame Endkontrolle setzt voraus, daß die Frist erst gelöscht wird, wenn ein von dem Telefaxgerät des Absenders ausgedruckter

Einzelnachweis vorliegt, der die ordnungsgemäße Übermittlung belegt (*BGH* NJW 1990, 187).

Gibt eine zuverlässige Büroangestellte eine **falsche Telefaxnummer** ein, ist Wiedereinsetzung möglich (*BGH* NJW 1988, 2814).

12. Fristüberprüfung durch Rechtsanwalt

28 – Bei Vorlage zur Bearbeitung einer fristgebundenen Prozeßhandlung und ähnlichen Anlässen ist der **Anwalt** gehalten zu prüfen, ob die Frist überhaupt noch offen und ob sie richtig berechnet ist (*BGH* VersR 1976, 963; VersR 1987, 463 und 485; *BGH* NJW-RR 1990, 830).
– Das gilt nicht als routinemäßige Büroarbeit, sondern als gebotene Feststellung einer gesetzlichen Voraussetzung.
– Liegen Akten zur Bearbeitung auf dem Schreibtisch des Anwalts, ist er selbst für Überprüfung der Frist verantwortlich. Auf Erinnerung durch sein Personal kann er sich nicht verlassen, die Erinnerung sollte trotzdem angeordnet werden, weil sie hilft!
– Wird die Akte weisungswidrig von seinem Schreibtisch entfernt und ist dies kein Büroorganisationsmangel, so ist Wiedereinsetzung möglich (*BGH* VersR 1976, 934).
– Auf Vorlage zur Bearbeitung und zur Unterschrift kann sich der Anwalt in der Regel verlassen, *BGH* VersR 1976, 1130. Das gilt unter Umständen dann nicht, wenn späte Korrekturen (außerhalb des normalen Betriebsablaufs) erforderlich sind (*BGH* VersR 1980, 765).
– Zweckmäßig sind **Aktenvorlagen,** die bereits nach Anlaß und Wichtigkeit sortiert sind. Dabei werden Fristsachen gesondert von Wiedervorlagen und Posteingängen vorgelegt. Es gilt eine Rangfolge: stets geht die Zuordnung zu einer Fristsache der Zuordnung zu Posteingängen oder Wiedervorlagen vor. Die Zuordnung zu Posteingängen geht den Wiedervorlagen vor. Normale Wiedervorlagen können vom Anwalt auch gleich am Aktenschrank abgearbeitet werden. Das erspart Aktenbewegung und dient dem schnelleren koordinierten Arbeitsablauf.

13. Prüfung bei Unterschrift

29 Der Anwalt prüft bei seiner Unterschrift:
– Zuständigkeit des Gerichts;
– Anschrift und Bezeichnung des Gerichts;
– Bezeichnung der Parteien nach Namen, Adressen und Parteirollen;
– Richtigkeit und Vollständigkeit der Anträge;
– eigene Postulationsfähigkeit;
– eigene Unterschrift (s. dazu *Borgmann* AnwBl 1981, 100 Haftpflichtfragen und *Borgmann/Haug,* Anwaltshaftung § 58, 4 b S. 368).

Die Unterschrift muß mehr als eine Paraphe sein. Sie muß erkennen lassen, daß sie aus Buchstaben eines gängigen Alphabets bestehen soll. Lesbar zu sein braucht sie nicht.

14. Unterrichtung des Mandanten

30 Der Mandant ist über den Verfahrensstand ständig zu unterrichten, insbesondere aber

- über Fristen und mögliche Rechtsmittel (*BGH* VersR 1981, 850; NJW 1990, 189).
- Der Ausgang einer solchen Nachricht muß nachweisbar sein, auch wenn dafür keine Kalendernotiz nötig ist (*BGH* VersR 1980, 871). Empfohlen wird ein Ab-Vermerk, der jedenfalls das Personal in die Lage versetzt, zu bekunden, daß das Schreiben auch hinausgegangen ist und damit einen Wiedereinsetzungsantrag ermöglicht.
- Bei widersprüchlichen Weisungen des Mandanten hat der Anwalt eventuell eine Nachfragepflicht über dessen weitere Absichten (*BGH* VersR 1981, 80). Dies auch dann, wenn der Mandant vorher ein Rechtsmittel wünschte und jetzt schweigt oder unerreichbar bleibt (*BGH* VersR 1981, 834).

15. Kontrollen

Eine ordnungsgemäße Büroorganisation setzt voraus, daß der Anwalt von **31**
Zeit zu Zeit überprüft, ob seine Anweisungen auch befolgt werden. Die Rechtsprechung hält dabei für ausreichend:

- Stichproben ca. alle zwei Monate bei bewährtem langjährig **eingearbeitetem Personal** (*BGH* VersR 1967, 1204);
- Bei **neuem,** noch nicht erprobtem **Personal,** unter Umständen ständige Kontrollen (*BGH* VersR 1978, 139); jedoch nicht unter allen Umständen auch für alle Vorgänge (*BGH* VersR 1988, 157).
- Entdeckt der Anwalt Fehler, so muß er entsprechende Vorkehrungen dagegen treffen. Kritische Zeiten (o. Rdnr. 15) beachten.

16. Letzter Moment

Eine Frist kann bis zuletzt, das heißt bis 24.00 Uhr des Ablauftages ausge- **32**
schöpft werden. Verschiebt man die Erledigung auf diesen absolut letzten Zeitpunkt, so stellt die Rechtsprechung höhere Anforderungen an die anwaltliche Sorgfalt. Wer um 23.00 Uhr noch an einem Begründungsschriftsatz schreibt, muß sich spätestens ab diesem Zeitpunkt in kurzen Abständen einen Wecker stellen oder abwechselnd auf zwei Uhren schauen; er muß den Weg zum Nachtbriefkasten einkalkulieren; er muß bürofremde Boten gegebenenfalls anweisen, ihm noch vor Mitternacht telefonisch zu bestätigen, daß sie den Schriftsatz auch in den Nachtbriefkasten geworfen haben; er muß im Auge behalten, daß ihm zu korrigierende Schriftsätze auch nochmals vorgelegt werden (ansonsten kann er sich darauf verlassen) und ähnliches.

Nachtbriefkasten-Schließsysteme funktionieren manchenorts problematisch. Wirft der Anwalt einen Schriftsatz selbst ein und erhält dieser einen Eingangsstempel vom nächsten Tag, so scheidet ein Wiedereinsetzungsantrag aus. In Frage kommt nur der Nachweis rechtzeitiger Einreichung: hier kann ein Zeuge dienlich sein, der allerdings auch wissen muß, was für einen Schriftsatz der Anwalt in den Nachtbriefkasten geworfen hat. Es gilt das Freibeweisverfahren (*BGH* VersR 1984, 442; NJW 1987, 2875). Umfangreiche Gutachten über die Funktionsfähigkeit von Nachtbriefkästen-Schließmechanismen bereichern die Rechtsprechung (Abweichung um plus/minus einer Sekunde bei konstanter Durchschnittstemperatur von 23°C Celsius, *KG* vom 14. 11. 1985 – 2 U 714/85). – Übrigens: Besondere Glaubwürdigkeit wird dem Anwalt nicht zugebilligt, aber auch nicht weniger als anderen Personen (*BGH* VersR 1974, 1021; VersR 1979, 446).

K III. Telekommunikation

Helmut Ullrich

Übersicht

Literatur: *Institut der Anwaltschaft,* Bonn (Hrsg.), Telekommunikation in der Anwaltskanzlei – eine Gesamtdarstellung; *dass.,* Marktübersicht „Fernkopieren in der Anwaltskanzlei".

I. Einleitung

1 **Telekommunikation als Ausdruck anwaltlicher Dienstleistungskompetenz** – dieses während des 44. Deutschen Anwaltstages geprägte Schlagwort hat auch heute nichts von seiner Bedeutung für die Anwaltschaft verloren. Es bedeutet nicht mehr und nicht weniger, als daß sich der Anwalt mit seiner Telekommunikationsausstattung den Entwicklungen der Technik und – was vielfach völlig übersehen wird – den entsprechenden Möglichkeiten seiner Mandanten anpaßt. Daß gerade bei der Zurückstellung von gebotenen Investitionen in diesem Bereich, z. B. durch Unkenntnis der technischen Möglichkeiten und Details, unklare Vorstellungen über die damit verbundenen Kosten usw., vermeidbare Einbußen an Umsatz und eben Dienstleistungskompetenz eintreten können, wird durch praktische Beispiele leider immer wieder belegt. Der nachfolgende Beitrag stellt daher das gesamte **Spektrum der heutigen Telekommunikation** mit dem Ziel dar, auch dem technisch nicht so versierten Anwalt Möglichkeiten zur Verbesserung der Telekommunikationsstruktur seiner Kanzlei aufzuzeigen.

II. Telefon

2 Unbestritten ist, daß das Telefon nach wie vor das zentrale Kommunikationsmedium in der Anwaltschaft ist und in absehbarer Zeit auch bleiben wird. Dies hängt damit zusammen, daß das Telefonieren einfach, schnell und relativ kostengünstig ist und nach dem persönlichen Gespräch die direkteste Kommunikationsform darstellt. Abgesehen von sehr kleinen Kanzleien, für die – z. B. in der Aufbauphase – der Anschluß eines **Einzeltelefons** bzw. die Einrichtung eines Doppelanschlusses ausreichend sein dürfte, wird für die meisten Anwaltsbüros von vornherein die Anschaffung einer **Telefon-Nebenstellenanlage** in Betracht kommen. Diese Anlagen bieten insbesondere den Vorteil, daß alle Mitarbeiter unter einer einheitlichen Rufnummer erreicht werden können und

daß die (telefonische) Kommunikation innerhalb des Büros gebührenfrei ist. Derartige Anlagen werden von der Deutschen Bundespost wie auch privaten Firmen in unterschiedlichen Ausbaustufen und mit individuellen Leistungsmöglichkeiten angeboten; für die Auswahl der für die Kanzlei geeigneten (und finanziell tragbaren) Lösung stehen bei nahezu allen Anbietern qualifizierte Fachberater zur Verfügung. Unabhängig von der Entscheidung für ein bestimmtes Produkt oder den technischen Leistungsmerkmalen der Anlage ist demgegenüber die **Anzahl der benötigten Amtsleitungen** festzulegen. Untersuchungen der Bundespost haben hierbei folgenden Durchschnittswert für Anwaltskanzleien ergeben: Für jeden Anwalt sollte eine Amtsleitung und darüberhinaus mindestens für je 4 bis 5 weitere Mitarbeiter eine zusätzliche Amtsleitung zur Verfügung stehen. Selbstverständlich hängt die Qualität der Nebenstellenanlage auch von den Leistungsmerkmalen der angeschlossenen Telefonapparate ab; hier sind vor allem Optionen wie Gebührenerfassung, Anrufumleitung, Kurzwahl, Wahlwiederholung, Freisprechen/Lauthören, Gegen-/Wechselsprechen, Nachtschaltung u. ä. zu nennen. Die Industrie bietet darüberhinaus zahlreiche weitere Zusatzeinrichtungen an, für Anwaltskanzleien dürften hier in erster Linie **Anrufbeantworter** (möglichst mit Fernabfragemöglichkeit) und spezielle Geräte zur mandatsbezogenen **Gebührenerfassung** von Bedeutung sein.

III. Telex

Telex ist derzeit noch die national wie international am weitesten verbreitete Form der Textkommunikation (rund 180000 Anschlüsse bundesweit, ca. 1,7 Millionen Teilnehmer weltweit). Zur Erleichterung der weltweiten Kommunikation verarbeiten Fernschreiber ausschließlich das „Internationale Telegraphenalphabet Nr. 2" mit seinem auf knapp 50 Kleinbuchstaben und Zahlen eingeschränkten Zeichenvorrat. Die heute schon fast zum Standard gehörenden Möglichkeiten der „Textkosmetik" – sei es nur das Unterstreichen oder anderweitige Hervorheben einzelner Textpassagen werden mithin nicht unterstützt. Dafür ist der Telexverkehr dann allerdings überaus zuverlässig, verhältnismäßig preiswert und rund um die Uhr möglich. Die Übertragungszeit für eine vollgeschriebene DIN-A4-Seite (ca. 5 Minuten) hält dem Vergleich mit anderen Technologien (Teletex, Telefax) zwar nicht stand; dafür können derzeit jedoch bei nahezu allen bundesdeutschen Gerichten mittels Telex Schriftsätze oder Rechtsmittel auch außerhalb der normalen Bürozeiten mit **fristwahrender Wirkung** eingereicht bzw. eingelegt werden. Grundsätzlich setzt die Teilnahme am Fernschreibverkehr nicht unbedingt die Anschaffung eines speziellen Telex(end)gerätes und den Anschluß an das Telexnetz der Deutschen Bundespost voraus. So können auch **Mailbox- und BTX-Anwender** mit den für diese Techniken in Frage kommenden Datenendgeräten (Personal-Computer oder BTX-Telefon, s. u.) quasi nur „bei Bedarf" und ohne weitere Vorhaltekosten Fernschreiben absenden und empfangen. Schließlich ist auch der uneingeschränkte Nachrichtenaustausch zwischen Telex- und Teletex-Teilnehmern möglich, allerdings zu den für den Fernschreibverkehr maßgeblichen Konditionen (geringer Zeichenvorrat, langsamere Übertragungsgeschwindigkeit; zur Fristwahrung K II Rdnr. 27). 3

IV. Teletex

4 Ein Teletexgerät ist ein kommunikationsfähiges, d. h. für die Datenfernübertragung geeignetes Datenendgerät, das die Textübertragung in Schreibmaschinenqualität von Arbeitsplatz zu Arbeitsplatz ermöglicht. Ein empfangenes Teletex ist hierbei – im Gegensatz zum Fernschreiben – durch den zur Verfügung stehenden Zeichenvorrat (309 Buchstaben, Zahlen und Sonderzeichen) und die Verwendung des üblichen DIN-A4-Formats in Layout, Format und Text mit dem Original vollkommen identisch. Der Teletexverkehr funktioniert dergestalt, daß der Absender auf einem hierfür geeigneten Endgerät (dies kann eine Speicherschreibmaschine, ein Textsystem oder ein Computer sein) einen Text erstellt und diesen an das Empfangsgerät übermittelt. Dieses nimmt die Nachricht in Empfang, speichert sie und macht den Adressaten durch ein optisches Signal auf den Eingang aufmerksam. Der Empfänger hat nun die Möglichkeit, sich die Mitteilung ausdrucken zu lassen oder diese zunächst mit seiner Teilnehmeranlage weiter zu bearbeiten; im letzteren Fall könnte dann der überarbeitete Text ausgedruckt und/oder wiederum per Teletex versandt werden. Durch diese Übermittlung von Speicher zu Speicher, bei dem die Teilnehmer **keinen papierenen Dialog** führen (müssen), wird das wiederholte Abschreiben, Kopieren, Kuvertieren und Absenden umfangreicher Korrespondenz überflüssig; für Anwälte dürfte dies insbesondere im Bereich der Vertragsgestaltung von Bedeutung sein. Weitere Vorteile des Teletex-Verkehrs sind die relativ hohe Übertragungsgeschwindigkeit (ca. 10 Sekunden für eine vollbeschriebene DIN-A4-Seite) und die bereits oben dargestellte Möglichkeit, auch mit Telex-Teilnehmern Nachrichten auszutauschen. Zahlreiche Gerichte sind bereits mit Teletex-Einrichtungen ausgestattet und nehmen entsprechende Nachrichten ebenfalls mit **fristwahrender Wirkung** an (vgl. K II Rdnr. 27).

V. Telefax

5 Fernkopierer sind Geräte, die die originalgetreue Übermittlung von Schrift und Graphik über das normale Telefonnetz ermöglichen. Kurz gesagt: All das, was kopiert werden kann, kann auch per Telefax-Gerät versandt werden. Die Entfernung zwischen Absender und Empfänger hat hierbei keinen Einfluß auf die Geschwindigkeit der Textübertragung; diese ist vielmehr ausschließlich von der **Klassifizierung** der benutzten Fernkopierer abhängig: Geräte der älteren **Gruppe 2** benötigen für die Übersendung einer DIN-A4-Seite ca. 3 Minuten, bei den heute üblichen Fernkopierern der **Gruppe 3** beträgt diese Zeit nur noch etwa 50 bis 60 Sekunden (für die erste Seite, Folgeseiten ca. 40 Sekunden). Der Austausch von Fernkopien setzt zunächst grundsätzlich beim Absender wie Empfänger ein von der Bundespost zugelassenes und an das Telefonnetz angeschlossenes Telefax-Gerät voraus (s. u.). Anders verhält es sich beim **Telebriefdienst** der Bundespost, der immer dort zum Tragen kommt, wo keiner oder nur einer der beiden Korrespondenzpartner über ein eigenes Gerät verfügt und die jeweiligen „Lücken“ im Übermittlungsweg durch posteigene Fernkopierer und anschließende Briefzustellung geschlossen werden. Von den Telekommunikationsdiensten der Bundespost verzeichnet Telefax seit 1987 den stärksten Aufwärtstrend, was nicht zuletzt auch auf den enormen Preisverfall bei der benötigten „Hardware“ zurückzuführen ist: So werden Fernkopierer ohne be-

sondere Komfortmerkmale bereits für unter 1000 DM angeboten; Geräte mit zusätzlichen Leistungsmerkmalen wie Kurzwahl, Wahlwiederholung oder die Möglichkeit zum (gebührensparenden) zeitversetzten Senden sind bereits für etwa 2500 DM erhältlich. Die Attraktivität dieses Mediums gerade für die Anwaltschaft drückt sich nicht nur in den entsprechenden Zulassungszahlen aus (Mitte 1990 waren bereits mehr als 60% aller Anwälte per Telefax erreichbar) sondern insbesondere auch in dem Umstand, daß zunehmend Gerichte mit dieser Technik ausgestattet sind und Fernkopien mit **fristwahrender Wirkung** entgegennehmen (vgl. K II Rdnr. 27).

VI. Btx

Bildschirmtext (Btx) ist ein öffentlicher, bundesweiter Informations-, Kommunikations- und Datenverarbeitungsdienst, den die Bundespost seit 1983 privaten wie kommerziellen Nutzern zur Verfügung stellt. Die wesentlichsten Leistungsmerkmale für den Btx-Anwender bestehen insbesondere in der Möglichkeit, Informationsseiten zahlreicher Anbieter abzurufen und damit verbunden z. B. Bestellungen aufzugeben, das eigene Bankkonto per Btx zu führen, Nachrichten mit anderen Btx-Anwendern auszutauschen, auf das „elektronische Telefonbuch" zurückzugreifen oder via Btx am Telexverkehr teilzunehmen. Für die Inanspruchnahme dieser Dienstleistungen ist in der Regel keine aufwendige Geräteausstattung notwendig: Es genügt ein handelsüblicher Personal-Computer mit Btx-Erweiterung bzw. ein **spezielles Btx-Telefon** sowie der Anschluß an den Btx-Dienst (über das normale Telefonnetz). 6

VII. Mailbox

Bei einer Mailbox handelt es sich um einen (zentralen) Rechner, der den angeschlossenen Anwendern ein Kommunikations-, Informations- und Dienstleistungssystem zur Verfügung stellt. Hierbei muß man sich vorstellen, daß für jeden Mailbox-Teilnehmer ein „elektronischer Briefkasten" unterhalten wird, dem entsprechend „adressierte" Nachrichten zugeordnet werden bzw. über den die elektronische Korrespondenz mit anderen Anwendern erfolgt. Daneben bieten Mailbox-Systeme den relativ preiswerten Zugriff auf unterschiedliche **nationale und internationale Datenbanken** (z. B. JURIS, das elektronische Handelsregister ECODATA oder diverse Wirtschaftsdatenbanken) an sowie die Möglichkeit, ohne zusätzliche Postanschlüsse mit Telex- oder Teletex-Teilnehmern Nachrichten auszutauschen (vgl. K IV Rdnr. 28). Last but not least können über eine Mailbox weitere sinnvolle Dienstleistungen wie z. B. Übersetzungen fremdsprachlicher Texte, Datenbankrecherchen etc. in Anspruch genommen oder in Form von „Schwarzen Brettern" bereitgestellte Informationen (z. B. von Verlagen, Vereinen, Standesorganisationen etc.) abgerufen werden. Da die gesamte Abwicklung des Verkehrs mit und über die Mailbox elektronisch erfolgt, setzt die Teilnahme an einem derartigen System ein geeignetes **Datenendgerät** (z. B. einen kommunikationsfähigen Personal-Computer) und einen Anschluß an das entsprechende **Datenfernübertragungsnetz** der Bundespost voraus. An die speziell für Anwälte konzipierte Mailbox „ALexIS" (Anbieter: Hans Soldan GmbH) waren Mitte 1990 etwa 600 Anwälte und Rechtsabteilungen angeschlossen; mit der zunehmenden Installation von EDV-Systemen in 7 der Anwaltschaft dürfte auch die Zahl der Nutzer dieses vielseitigen Mediums in Zukunft deutlich ansteigen.

VIII. Autotelefon

8 Ein Autotelefonanschluß besteht aus einem privaten Funktelefon, das im Fahrzeug installiert und drahtlos an das öffentliche Fernsprechnetz angeschlossen wird. Die Bundespost wickelt diesen Dienst zur Zeit in zwei Netzen ab: dem (älteren) B-Netz und dem im weiteren dargestellten C-Netz. Im **C-Netz** erhält jeder Teilnehmer eine auf seinen Namen ausgestellte und mit seiner Funktelefonnummer versehene **Berechtigungskarte,** deren Einschub das im Fahrzeug installierte Autotelefon betriebsbereit macht. Anders als im B-Netz ist der Funktelefonanschluß damit nicht an ein bestimmtes Autotelefon, sondern lediglich an den Besitz der Berechtigungskarte gebunden. Da das Gebührenaufkommen unter dieser Karte/Anschlußnummer registriert wird, ist es mithin auch möglich, von anderen Autotelefonen, z. B. in einem Mietwagen, aus auf eigene Rechnung zu telefonieren. Ein weiterer Vorteil des C-Netzes gegenüber dem B-Netz besteht im übrigen darin, daß nunmehr für die Kontaktaufnahme mit einem Autotelefon nicht mehr der annähernde Aufenthaltsort des Teilnehmers bekannt sein muß: Die Verbindung wird vielmehr über eine **bundeseinheitliche Zugangskennzahl** (quasi „Vorwahl") aufgebaut. Den Sicherheits- und Komfortaspekten bei der Bedienung eines Autotelefons kommt die Industrie mittlerweile mit zahlreichen Ausstattungsvarianten entgegen, genannt werden sollen hier lediglich Einrichtungen zum Freisprechen und -hören, Geräte mit Rufnummernspeicher/Kurzwahl sowie speziell für den Einsatz während der Fahrt geeignete Anrufbeantworter und Diktiergeräte. Insbesondere für die auch in den neuen Bundesländern tätigen Anwälte bietet sich die Anschaffung von Funktelefon an, die mit einer fahrzeugunabhängigen Stromversorgung gleichzeitig das Telefonieren in Büroräumen etc. ermöglichen.

IX. Eurosignal/Cityruf

9 Mit Hilfe des Europäischen Funkrufdienstes (Eurosignal) ist es möglich, von jedem Telefonanschluß aus bestimmte (akustische und/oder optische) Signale zu **beweglichen Funkrufempfängern** zu senden. Die „angepiepsten" Personen können hierdurch zu bestimmten Maßnahmen, z. B. einem Rückruf in der Kanzlei, veranlaßt werden. Zu bemerken ist allerdings, daß der etwa zigarettenschachtelgroße Empfänger nur empfangen und nicht senden kann; dafür kann er allerdings an jeden beliebigen Ort mitgenommen werden. Eine auch für Anwälte interessante Leistungserweiterung stellt die **Kombination zwischen Anrufbeantworter und Eurosignalempfänger** dar: Ein Anruf in der (unbesetzten) Kanzlei wird im Anrufbeantworter gespeichert, dieser ruft dann anschließend automatisch den Funkempfänger und signalisiert den Eingang des – möglicherweise dringend erwarteten – Telefongesprächs. Der Inhalt des Telefonats kann dann per Fernabfrage vom Anrufbeantworter abgerufen werden.

Im Hinblick auf das Preis-/Leistungs-Verhältnis dürfte gerade für Anwälte die nur auf bestimmte Regionen (Großstädte/Ballungsgebiete) beschränkte Variante des Personenrufdienstes, der sog. **Cityruf,** von besonderem Interesse sein.

K IV. EDV-Einsatz

Dr. Christian Wolf

Übersicht

Literatur: *Bauer/Lichtner:* Computertechnologie im Anwaltsbüro, 1. Aufl. 1988; *Hoffmann:* PC-Praxis für Juristen, 1. Aufl. 1989; *Treysse:* Testaufgabe für integrierte Software für Rechtsanwälte und Notare (Selbstverlag, Suarezstr. 19, 1 Berlin 19); *Ullrich/Wolf:* EDV-Einführung in der Anwaltskanzlei, 3. Aufl. 1990 (Institut der Anwaltschaft für Büroorganisation und Bürotechnik); *Ullrich/Wolf:* Entwurf eines Pflichtenhefts, 1990 (Institut der Anwaltschaft für Büroorganisation und Bürotechnik); *Wolf:* Datenbanken für die Anwaltskanzlei, 2. Aufl. 1989; *Wolf:* Textverarbeitung für die Anwaltskanzlei, 3. Aufl. 1990; Marktübersicht EDV-Lösungen für Rechtsanwälte und Anwaltsnotare, 1990 (Institut der Anwaltschaft für Büroorganisation und Bürotechnik).

I. Ist der EDV-Einsatz in der Anwaltskanzlei notwendig?

Unbestritten kann der **EDV-Einsatz** zu einer wesentlichen Arbeitserleichterung im Anwaltsbüro führen, weil hierdurch eintönige, sich ständig wiederholende und zeitintensive Arbeiten abgenommen bzw. beschleunigt werden (z. B. das Erstellen von Standardschriftgut, der Formulardruck, die Adressenverwaltung, die Abwicklung der Buchhaltung, die fehlerbehaftete Berechnung umfangreicher Forderungsaufstellungen). 1

Berücksichtigt man darüber hinaus, daß einerseits der **Kostenfaktor** in den Kanzleien durchschnittlich schon bei ca. 55–70% liegt, andererseits aber die Anwaltszahlen nach Schätzungen bis zur Jahrtausendwende um weitere 40% auf ca. 80000 zunehmen, das Arbeitskräfteangebot seit 1990 sinkt, durch die allgemeinen Tendenzen in Richtung auf eine Arbeitszeitverkürzung Produktivitätssteigerungen kaum noch möglich sind, die Kosten für Büromaterial, Miete usw. ständig steigen, die Gebührensätze hingegen stagnieren, so wird deutlich, daß die „Suppe dünner wird". Dieser Entwicklung kann für die eigene Kanzlei nur durch entsprechende organisatorische Maßnahmen, rationellere Arbeitstechniken und EDV-Einsatz begegnet werden. Dabei besteht die Zielsetzung, durch eine Verringerung des zeitlichen und personellen Aufwands für die Bearbeitung der einzelnen Akte die Gesamtkostenbelastung zu reduzieren (wobei die Qualität der Arbeit selbstverständlich gehalten bzw. verbessert werden muß). 2

II. Kanzleiorganisation und EDV

1. Schwachstellen – Analyse

3 Untersuchungen in Anwaltskanzleien haben gezeigt, daß ein Großteil der Mängel im Kanzleibetrieb im rein organisatorischen Bereich liegt. Sofern diese Problematik vom Anwalt überhaupt erkannt wird, wird vielfach angenommen, derartige Friktionen hätten in der fehlenden oder unzureichenden technischen Ausstattung der Kanzlei ihre Ursache. Organisatorische Mängel werden also als technische Probleme interpretiert. Dies kann zu der verhängnisvollen Schlußfolgerung führen, die möglicherweise gar nicht erkannten organisatorischen Schwachstellen der Kanzlei würden durch ein zu installierendes EDV-System beseitigt. Das ist falsch.

4 Wenngleich **Kanzleiorganisation und EDV-Einführung** miteinander zusammenhängen, handelt es sich doch um verschiedene Komplexe: Organisation ist die sinnvolle Ordnung von Arbeitsabläufen, für die die EDV und andere Bürotechnik lediglich ein Hilfsmittel sein kann. In der Konsequenz bedeutet dies, daß vor der Einführung moderner Technologien in der Kanzlei deren Organisation zu überprüfen ist.

5 Bei entsprechenden Untersuchungen wurden schwerpunktmäßig folgende **Schwachstellen** festgestellt:
- Schlechte telefonische Erreichbarkeit von Kanzlei und Anwalt (insbesondere zu Stoßzeiten),
- Mangelnde Auskunftsfähigkeit der Mitarbeiter,
- Unnötige Belastung des Anwalts mit delegierbaren Routineaufgaben,
- Häufige Aktenbewegungen und Aktensuche (was erhebliche Unruhe in die Kanzlei bringt),
- Ungenügende Nutzung elektronischer Medien im Rahmen der internen und externen Kommunikation,
- Ineffiziente Textbe- und -verarbeitung,
- Lange Aktenlaufzeiten.

6 **Hauptursachen** für die genannten Schwachstellen sind in erster Linie die stark ausgeprägte Arbeitsteilung bei der Aufgabenerledigung, die fehlende Möglichkeit, ohne körperlichen Aktenzugriff auf darin enthaltene Informationen zugreifen zu können sowie die unzureichende Nutzung von Delegation und standardisierter Aufgabenerledigung.

2. Soll-Konzept

7 Zur Beseitigung der Schwachstellen ist ein Soll-Konzept zu erstellen, bei dem unter Eliminierung der Schwachstellen eine optimale Kanzleiorganisation erarbeitet und anschließend in der Praxis umgesetzt wird. Im Rahmen dieses Soll-Konzepts ist auch zu untersuchen, ob die EDV als sinnvolles Hilfsmittel eingesetzt werden kann.

8 Erfahrungen haben gezeigt, daß sich eine optimale Organisation durch folgende Punkte auszeichnet:
- Sachbereichsbezogene Aufgabenverteilung,
- Gutes Zeitmanagement,
- Aufgabendelegation und
- Optimale Nutzung moderner Kommunikationsformen (intern und extern).

3. Hilfsmittel zur Kanzleiorganisation

Wer glaubt, die mit der sinnvollen Kanzleiorganisation verbundenen Aufgabenstellungen nicht allein bewältigen zu können, dem sei dringend die Einschaltung einer qualifizierten **Organisationsberatung** empfohlen. Die Betonung liegt auf „qualifiziert", womit Erfahrung mit den Organisationsabläufen in Anwaltskanzleien gemeint ist. **9**

Das *Institut der Anwaltschaft für Büroorganisation und Bürotechnik GmbH & Co KG* (Adenauerallee 118, 5300 Bonn 1), eine Einrichtung des Deutschen Anwaltvereins e.V. und der *Hans Soldan GmbH,* vermittelt seit mehreren Jahren erfolgreich ein Unternehmen, das sich auf die Organisationsberatung von Rechtsanwalts- und Notarkanzleien spezialisiert und mittlerweile knapp 60 Kanzleiuntersuchungen durchgeführt hat (vgl. hierzu K VIII.) **10**

III. Vom reinen Textsystem zur anwaltspezifischen EDV-Lösung

1. Vorbemerkung

Nach der Durchführung kanzleiorganisatorischer Maßnahmen (soweit diese notwendig waren) ist zu prüfen, ob die kanzleispezifischen Arbeitsabläufe durch den Einsatz moderner EDV-Technologie unterstützt werden können. Wenngleich diese Frage vielfach spontan zu bejahen ist, soll die EDV – um nicht zum Selbstzweck zu verkümmern – nur dort eingesetzt werden, wo sie letztlich „mehr bringt als sie kostet". Das erfordert – will man Zufallsergebnisse vermeiden – eine entsprechende Analyse, also einen Vergleich von „Was kostet das?" und „Was bringt mir das?". Ergibt diese Analyse, daß sich bereits jetzt durch den EDV-Einsatz – trotz der dafür aufgewendeten Mehrkosten – unter dem Strich Geld einsparen läßt, so muß – betriebswirtschaftlich gesehen – jetzt investiert werden. **11**

Die Tatsache, daß heute aber erst ein relativ kleiner Teil der Anwaltsbüros mit EDV arbeitet, hängt nicht damit zusammen, daß die dort installierten EDV-Systeme möglicherweise nicht nutzbringend eingesetzt werden, sondern daß das Thema „EDV in der Anwaltskanzlei" relativ neu ist. Viele Anwälte haben den möglichen Nutzen der EDV noch gar nicht erkannt und stehen deshalb der Einführung neuer Technologien nicht so aufgeschlossen gegenüber, wie das in ihrem eigenen Interesse wünschenswert ist. Gründe für die Zurückhaltung bilden mangelnde Kenntnis vorhandener Möglichkeiten, emotional geprägte Schwellenängste vor der Computertechnik sowie negative Erfahrungen bei Kollegen oder im eigenen Büro. Hinzu kommt, daß der Anwalt auf dem Gebiet der Büroorganisation und Bürotechnik in der Regel Autodidakt ist. Das sollte jedoch nicht davon abhalten, möglichst unvoreingenommen und sachlich den Einsatz von EDV in der eigenen Kanzlei zu prüfen. Dies ist sicher nicht leicht, weil Angebot und Leistungsspektrum der in der Anwaltskanzlei einsetzbaren EDV ausgesprochen groß sind. Es beginnt bei Kleinrechnersystemen, die nur für einzelne, spezielle Aufgaben wie Textverarbeitung, Gebührenabrechnung, Forderungsberechnung eingesetzt werden können und endet bei komplexen mehrplatzfähigen EDV-Lösungen, deren Programmodule im folgenden beschrieben werden. **12**

2. Bestandteile einer anwaltspezifischen EDV-Lösung

13 Wenn im folgenden von EDV die Rede ist, so sind hiermit Computer gemeint, die über das Leistungsspektrum reiner Textsysteme bzw. Schreibcomputer hinausgehen, weil sie – mit entsprechender Software ausgestattet – auch z. B. eine EDV-gestützte Buchführung ermöglichen. Diese Art von EDV ist wegen ihrer Multifunktionalität und eines mittlerweile ähnlichen Preisniveaus reinen Textsystemen bzw. Schreibcomputern generell vorzuziehen.

a) Textverarbeitung

14 Die Schriftguterstellung bildet den quantitativ größten und damit auch zeitaufwendigsten Arbeitsbereich in der Kanzlei (ca. 70–80%). Gleichzeitig ist sie die „Visitenkarte" der Kanzlei und damit eine der wenigen zulässigen Möglichkeiten, sich gegenüber Korrespondenzpartnern positiv von der Konkurrenz abzuheben.

15 Mit moderner **Textsoftware** können Individual- und Standardbriefe, Schriftsätze, Manuskripte und Protokolle, Vermerke, Verträge usw. erstellt und jederzeit ohne Probleme korrigiert und geändert werden. Darüber hinaus können die am häufigsten verwendeten Formulierungen in Form von Textbausteinen oder Volltexten abgespeichert und später bei der Erstellung neuer Texte problemlos in diese eingebunden werden. Von einem Teil der Anbieter werden bereits vorbereitete Texte mitgeliefert.

16 **Textprogramme** bieten im übrigen die Möglichkeit, von der bisher üblichen **Formularverarbeitung** abzurücken. Deren Nachteil ist zum einen, daß eine große Anzahl verschiedener Formulare vorgehalten werden muß, zum anderen, daß der optische Eindruck schlecht ist, wenn z. B. in ein Formular handschriftlich oder mit der Schreibmaschine (meist andere Drucktype) Eintragungen vorgenommen werden. Mit der EDV wäre es möglich, alle notwendigen Formulare einmal am Bildschirm zu erstellen, abzuspeichern, und – wenn ein solches benötigt wird – aufzurufen und mit individuellen Daten zu füllen. Anschließend wird das komplett ausgefüllte Formular ausgedruckt.

17 Für die Korrespondenz sollte aus optischen Gründen kein Endlos- sondern nur Einzelblattpapier verarbeitet werden. Wegen der hohen Qualitätsanforderungen sollten hier nur Typenrad- oder Laser**drucker,** eventuell auch hoch auflösende Matrixdrucker zum Einsatz kommen. Hierbei kann zumeist auch dem vielfachen Wunsch entsprochen werden, aufgrund eines Doppelschachteinzugs eine erste Seite (mit Kanzleikopf) und Folgeseiten (blank) zu benutzen.

b) Stammdatenverwaltung

18 Während sich die unter a) genannten Aufgaben auch noch mit „normalen" Textprogrammen umsetzen lassen, erfolgt mit der Stammdatenverwaltung der Einstieg in anwaltspezifische Software.

19 Die Stammdaten bezeichnen die im EDV-System hinterlegten Angaben zu einzelnen Personen und Akten. Die Stammdatenverwaltung bildet eine wichtige Säule des gesamten Anwaltspakets, weil die dort erfaßten Daten mit anderen Programmodulen verknüpft und somit für viele Funktionsbereiche der EDV-Lösung herangezogen werden können (**„Integration"**). So sind dieselben Stammdaten z. B. für das Schreiben von Adressen in der Textverarbeitung, im Rahmen der Buchhaltung oder bei Gebührenabrechnungen verwendbar.

20 Das Komfortable an einer Stammdatenverwaltung ist, daß man durch Eingabe bestimmter einzelner oder mehrerer miteinander verknüpfter Suchbegriffe

(z. B. Name, PLZ, Prozeßregisternummer) blitzschnell nach den Daten suchen kann, die diesen Begriffen zugeordnet sind.

Im Bereich der Stammdaten wird bei vielen Anwaltsprogrammen zwischen den Adressen- und Aktenstammdaten unterschieden. 21

Die **Adressenstammdaten** umfassen neben der eigentlichen Adresse meist auch Angaben zum Geburtsdatum, zur Bankverbindung, Telefonnummern, Versicherungen usw. aber auch, ob es sich bei der Person um einen Mandanten, Gegner, Kollegen oder sonst eine Person handelt. Die Adressenstammdaten beinhalten damit in erster Linie Angaben, die sich an der Person orientieren. Davon zu unterscheiden sind die **Aktenstammdaten,** welche hauptsächlich Angaben zur Akte wie Prozeßregisternummer, Beteiligte, Streitwert usw. umfassen. 22

Adressen- und Aktenstammdaten sind über bestimmte Suchworte miteinander verbunden, so daß man beispielsweise über den Namen von der Adreß- in die Aktendatei verzweigen kann. 23

Bevor mit den entsprechenden Stammdaten gearbeitet werden kann, müssen diese in das System eingegeben werden. Der hierfür notwendige Erfassungsaufwand kann dem Benutzer zwar nicht abgenommen werden, dafür stehen die Daten dann aber dauerhaft zur Verfügung. 24

Zusätzliche Merkmale wie die automatische Kollisionsprüfung bei einer Aktenneuanlage, die automatische Vergabe einer Prozeßregisternummer, ein Ortsbuch mit Postleitzahlen sowie ein Gerichtsorteverzeichnis runden komfortable Stammdatenverwaltungen ab. 25

c) Mahnwesen

Das Modul Mahnwesen bietet die Möglichkeit, das außergerichtliche und gerichtliche Mahnverfahren (bis zur Erlangung des Vollstreckungstitels) rationeller abzuwickeln. 26

So wird bei der Geltendmachung einer Forderung des Mandanten gegenüber einem Dritten zunächst ein Forderungskonto angelegt (dieses beschreibt das laufende Abrechnungsverhältnis zwischen dem Mandanten als Gläubiger und dem Schuldner). In dem Forderungskonto werden sämtliche dieses Mandat betreffenden Forderungen und Zahlungsbewegungen erfaßt. 27

Für den außergerichtlichen Mahnbereich stehen zahlreiche vorformulierte Texte bzw. Textbausteine zur Verfügung, deren Verzahnung mit den entsprechenden Stammdaten eine komfortable und schnelle Sachbearbeitung ermöglicht. Im gerichtlichen Bereich wird die Erstellung eines Antrags auf Erlaß eines Mahnbescheids erheblich vereinfacht, sofern vorher bereits die Daten des Schuldners (in der Stammdatenverwaltung) und die Forderungen (in der Forderungsbuchhaltung) erfaßt worden sind. Das EDV-System ist dann nämlich in der Lage, aus den gespeicherten Daten automatisch einen Antrag auf Erlaß eines Mahnbescheids zu erstellen, wobei die mittlerweile aufgelaufenen Zinsen ebenso wie zwischenzeitlich erfolgte Zahlungen berücksichtigt werden. 28

d) Zwangsvollstreckung

Gerade im Zwangsvollstreckungsverfahren bietet die EDV gegenüber herkömmlichen Bearbeitungsmethoden erhebliche Vorteile: Da einerseits im Wettlauf der Gläubiger die Schnelligkeit ein wichtiges taktisches Hilfsmittel zur Rangwahrung ist, andererseits gerade die EDV eine extrem schnelle Sachbear- 29 beitung ermöglicht, werden Rechtsverluste auf der Gläubigerseite auf ein Minimum reduziert.

30 Hinzu kommt, daß – betriebswirtschaftlich gesehen – im Vollstreckungsbereich die geringsten Deckungsbeiträge erwirtschaftet werden, weil die Vollstreckungsaufträge zeit- und personalintensiv sind und somit auch bei hohen Streitwerten kaum kostendeckend abgewickelt werden können. Dem Rechtsanwalt bleibt somit nur, solche Mandate abzulehnen, sie – wenn er aus Gründen der Mandantenpflege zur Übernahme verpflichtet ist – meist mit Verlust abzuwickeln oder auf die Unterstützung durch die EDV zurückzugreifen.

31 Die Arbeit mit dem Zwangsvollstreckungsmodul sieht vereinfacht so aus, daß zunächst – sofern noch nicht vorhanden – ein Forderungskonto (auch Vollstreckungskonto genannt) angelegt wird, in dem sämtliche Forderungen und Zahlungsbewegungen dokumentiert werden. Häufig wird hier auch der gesonderte Ausweis von Zinsen geboten, die für jeden weiteren Tag anfallen.

32 Alle erforderlichen Maßnahmen wie z. B. der Antrag auf Erlaß eines Vollstreckungsbescheids werden durch die Verzahnung mit der Stammdatenverwaltung und Textverarbeitung erleichtert, zumal die Zwangsvollstreckungsmodule in aller Regel zahlreiche Musterschreiben bzw. Textbausteine enthalten.

e) Gebührenabrechnung (BRAGO)

33 Dieses Modul ermöglicht zunächst, mittels der im System hinterlegten BRAGO-Tabelle (meist der alten und der neuen) zu verschiedenen Gebührentatbeständen automatisch die entsprechenden Gebühren zu berechnen (auch Hebegebühren im Sinne von § 22 BRAGO). Darüberhinaus ist es auch möglich, den errechneten Gebühren die entsprechenden Auslagen nach den §§ 25 ff. BRAGO zuzuordnen, wobei in der Regel zwischen den tatsächlich entstandenen Beträgen und Pauschalen unterschieden werden kann.

34 Leistungsfähige Anwaltspakete enthalten darüberhinaus noch weitere Tabellen mit allen gängigen Kostenarten, die zur Abrechnung benötigt werden. Hierzu zählen neben den Gerichts- und Reisekostentabellen auch die Prozeßkostenhilfe sowie diverse Sondergebühren, die in der Praxis immer wieder Probleme bereiten. Beim Einsatz dieser Programmodule kann der Anwalt daher sicher sein, kein Geld mehr zu verschenken, nur weil er einen Teil der ihm zustehenden Gebühren einfach vergessen oder wegen der umständlichen Berechnung von deren Geltendmachung abgesehen hat.

f) Buchhaltung

35 Im Rahmen der Buchhaltung ist zwischen verschiedenen Einzelbestandteilen zu differenzieren, nämlich der
- Finanzbuchhaltung,
- Mandats- oder Mandantenbuchhaltung und
- Forderungsbuchhaltung.

36 Für alle Module gilt, daß der Zahlungsvorgang erfaßt und einem Konto zugeordnet wird (Kontierung). Leistungsfähig ist die Buchhaltungssoftware für den Anwalt in der Regel aber erst dann, wenn Eingaben, die in einem Buchhaltungsmodul gemacht werden, automatisch in die anderen Buchhaltungsbereiche übernommen werden können, so z. B. eine Honorarzahlung auf dem Mandatskonto gebucht und automatisch in die Finanzbuchhaltung übernommen wird. Diese Art der Verzahnung hat den großen Vorteil, daß alle Angaben nur einmal gemacht werden müssen und damit zusätzliche Fehlerquellen entfallen.

aa) Finanzbuchhaltung. Diese umfaßt Sachkonten und Journal und stellt die Gesamtabrechnung dar. Meist ist ein Kontenrahmen vorgegeben, der häufig aber nach individuellen Wünschen abgeändert werden kann. 37

Die meisten Anwaltsprogramme bieten hier lediglich die Einnahme-Überschußrechnung nach § 4 III EStG, die allerdings auch für 99% der Anwaltskanzleien ausreichend ist; bei anderen Paketen ist zusätzlich auch eine Gewinnermittlung nach § 4 I EStG möglich (Bilanzierung). 38

Umfangreiche Bearbeitungs- und Auswertungsmöglichkeiten (wie z. B. die automatische Aufbereitung der für die Umsatzsteuer-Voranmeldung erforderlichen Daten, Erstellung diverser Saldenlisten usw.) runden leistungsfähige Finanzbuchhaltungsmodule ab. 39

bb) Mandatsbuchhaltung. Diese bildet in den Einzelmandaten die Abrechnungsgrundlage zwischen dem Anwaltsbüro und dem Mandanten und gibt in der Gesamtheit der Mandate durch umfangreiche Auswertungen und Listen Aufschluß über die kompletten Verbindlichkeiten oder Forderungen in bezug auf den Mandanten. 40

Bei jeder Buchung wird das Mandatskonto auf den aktuellen Stand gebracht, das heißt, Sollstellungen werden ebenso berücksichtigt wie Zahlungseingänge. Zahlungseingänge werden automatisch auf umsatzsteuerfreie Auslagen, Honorare und Fremdgelder verbucht. Für jedes Mandatskonto kann das System die offenen Forderungen gegenüber dem Mandanten bzw. dessen Guthaben gegenüber der Kanzlei ausweisen. 41

Neben den einzelnen Mandatskonten können auch jederzeit Mandatssaldenlisten angezeigt und ausgedruckt werden; so ist es z. B. möglich, sich sehr schnell einen Überblick über die Summe von Auslagen- und Gebührenforderungen sowie über Fremdgeldbestände zu verschaffen. 42

cc) Forderungsbuchhaltung. Bei der Forderungsbuchhaltung handelt es sich um eine Abrechnung von Forderungen des Mandanten gegen den Schuldner (= Darstellung der Bearbeitung und Abwicklung des Abrechnungsverhältnisses zwischen Gläubiger und Schuldner), bei der die forderungsrelevanten steuerfreien Auslagen und Fremdgelder aus der Mandatsbuchhaltung übernommen werden. Im Gegensatz dazu ergeben sich aus der Forderungsbearbeitung Vermerke über die durch Forderungsmaßnahmen entstandenen Rechtsanwaltsgebühren. 43

Auf dem – teilweise automatisch – angelegten Forderungskonto werden neben der Hauptforderung die Zinsforderungen sowie die verzinslichen und unverzinslichen Kosten erfaßt. Das Forderungskonto wird so lange aufrecht erhalten, bis alle hierauf erfaßten Forderungspositionen getilgt sind. 44

Die Führung und Überwachung des Forderungskontos nimmt der Anwalt im Namen seines Mandanten gegenüber dem Schuldner vor. Da Kostenbelastungen und Zahlungseingänge sofort nach den §§ 366, 367 BGB verbucht werden können (Verknüpfung mit den anderen Buchhaltungsmodulen!), ist der aktuelle Forderungsbestand jederzeit ersichtlich und kann bei eventuell folgenden Zwangsvollstreckungsmaßnahmen automatisch übernommen werden. 45

g) Kanzleiinterne Datenbank. 46

Diese Art der Datenbank ist im Grunde nichts anderes als ein elektronischer Aktenschrank, in dem sich beliebige Daten wie Adressen, Gerichtsentscheidungen, Literaturfundstellen usw. archivieren lassen. Der Zusatz „kanzleiintern“ soll dabei lediglich zum Ausdruck bringen, daß sich der Datenbestand nicht in einem externen, nur über das Postnetz zugänglichen Großrechner („host"), sondern vielmehr im eigenen EDV-System befindet. Datenbankrecherchen werden demnach nicht **„on line"**, das heißt unter Kontaktaufnahme mit einem externen Großrechner sondern vielmehr **„off line"**, also systemimmanent durchgeführt.

h) Termine/Fristen/Wiedervorlage

47 Dieses Programmodul ermöglicht die Speicherung aller möglichen Termindaten, wobei man automatisch auf eventuelle Terminüberschneidungen hingewiesen wird. Mit Hilfe des eingebauten Kalenders ist dabei eine automatische Fristberechnung möglich, wobei Sonn- und Feiertage, Gerichtsferien usw. berücksichtigt werden; auch können beliebig Vorfristen gesetzt werden. Bei der Wiedervorlage kann eine Übersicht für einen beliebigen Zeitraum angezeigt werden. Dabei können zu jeder Wiedervorlage Bemerkungen hinzugefügt werden, z. B. warum eine Akte auf Wiedervorlage gelegt wurde. Hierdurch ist es dem Anwalt vielfach möglich, ohne Hinzuziehung der „körperlichen" Akte weitere Bearbeitungsschritte festzulegen. Dies trägt zu einer erheblichen Reduzierung des Aktenumlaufs bei.

48 Ein solches im EDV-System enthaltenes Modul hat für den Anwalt und sein Sekretariat den Vorteil, daß jederzeit der aktuelle Terminkalender zur Verfügung steht und damit eine optimale Terminplanung möglich ist. Dies gilt nicht zuletzt deshalb, weil im System neben Krankheits- und Urlaubsvertretungen auch private Termine erfaßt werden können.

49 Trotz dieser Vorteile ist bei der Führung des Hauptkalenders allein über das EDV-System insoweit Vorsicht geboten, als bei einem möglichen Haftpflichtfall wegen einer Fristversäumung der Nachweis, daß die Frist tatsächlich eingetragen war, erschwert sein kann: In der Regel werden die überholten Daten umgehend aus dem System gelöscht. Deshalb ist es empfehlenswert, in regelmäßigen Abständen – möglichst täglich – den **aktuellen Tageskalender auszudrucken** und auch nach Erledigung aufzuheben.

i) Kommunikationssoftware

50 EDV-Systeme sind neben der Verarbeitung eigener kanzleiinterner Daten auch zum Datenaustausch mit externen Telekommunikationseinrichtungen bzw. Computern prädestiniert. Als Beispiele für die **Datenfernübertragung** (DFÜ) sei hier nur die Anbindung an das Telex-/Teletexnetz, die DATEV sowie diverse Datenbanken (z. B. Juris, Celex, Ecodata) genannt. Aufgabe der Kommunikationssoftware ist es in diesem Fall, den Verbindungsaufbau und den Datenaustausch mit den externen Systemen zu ermöglichen.

51 In diesem Zusammenhang ist zu bemerken, daß die Anbindung an die genannten Netze/Datenbanken neben einem Einzelanschluß auch über sogenannte **Mailboxen** erfolgen kann. Ein Mailboxanschluß hat gegenüber einem Einzelanschluß den großen Vorteil, daß hier zu günstigen Preisen eine Fülle zusätzlicher Dienstleistungen angeboten wird. So kann man mit einem Mailboxanschluß beispielsweise Telexe versenden und empfangen, Übersetzungsdienste nutzen und mehrere Datenbanken benutzen.

j) Sonstiges

52 Neben den vorher beschriebenen Programmodulen bietet fast jeder Hersteller von Anwaltslösungen zusätzliche Programmteile an. Hierbei handelt es sich

beispielsweise um notarspezifische Anwendungen, Familiensachen (Texte zum Familienrecht, Berechnungsprogramme für den Versorgungsausgleich usw.), Verkehrsunfallsachen (Texte zum Verkehrsunfallrecht), Module zum Miet-, Arbeits- oder Konkursrecht, automatischer Zahlungsverkehr (Ausdruck vorausgefüllter Überweisungsträger), Ferndiagnose (Diagnose von Fehlern am EDV-System über das Telefonnetz) oder Programme zur Nutzung der Fernbuchhaltung.

IV. Entscheidungshilfen

Bei der Fülle und dem Umfang des EDV-spezifischen Leistungsangebots fällt dem Anwalt eine Orientierung schwer. Um eine Fehlinvestition zu vermeiden und den Entscheidungsprozeß optimal zu bewältigen, sollte man sich über folgende Punkte im klaren werden. **53**

1. Problemorientierung/Entscheidungskompetenz

Zwingende Voraussetzung für eine erfolgreiche EDV-Einführung ist die Bereitschaft, sich ernsthaft mit der Thematik auseinanderzusetzen. **54**

Das notwendige Engagement erfordert allerdings nicht, zum EDV-Fachmann zu werden; vielmehr reicht es aus, sich zumindest mit den Grundbegriffen der EDV und den Möglichkeiten von Branchenlösungen für Rechtsanwälte vertraut machen. Dies kann dadurch erfolgen, daß man sich anhand geeigneter Populärliteratur in die Thematik einliest oder Gespräche mit Kollegen führt, die sich schon länger mit EDV befassen bzw. eine Systemeinführung in ihrer Kanzlei erfolgreich hinter sich gebracht haben. Als gutes Informationsforum dienen hier die mittlerweile vielerorts installierten **EDV-Stammtische** (vgl. hierzu K VIII.). Dort kann man sich mit Kollegen in lockerer Form über Fragen der Kanzleiorganisation und EDV austauschen. Darüber hinaus kann man sich von Firmen und Verbänden beraten lassen. Als erste Adresse ist hier das Institut der Anwaltschaft zu nennen, dessen sehr sachkundiges Beraterteam absolut firmenneutral und produktunabhängig berät. Diese Unabhängigkeit ist gerade für den EDV-mäßig unbedarften Anwalt die beste Voraussetzung, eine eventuelle Investition in die richtige Richtung zu tätigen. **55**

2. Was braucht der Anwalt?

a) Software

Unter Rdnr. 11ff. wurden die Leistungsmerkmale von EDV-Lösungen für Rechtsanwälte dargestellt. Ob man all diese Module benötigt, wird ausschließlich von den Aufgabenstellungen in der Kanzlei bestimmt: Reine Beratungskanzleien, die möglicherweise nur auf der Basis von Honorarvereinbarungen abrechnen, werden auf Module wie Mahnwesen, Zwangsvollstreckung oder Gebührenabrechnung eher verzichten können als Allgemeinpraxen. Damit wird zugleich deutlich, daß die Frage der EDV-Ausstattung nicht primär von der Größenordnung der Kanzlei sondern vielmehr von den dort zu bearbeitenden Aufgaben bestimmt wird. Dies kann im Einzelfall dazu führen, daß auch in größeren Kanzleien die Anschaffung eines leistungsfähigen Textsystems ausreicht. **56**

b) Hardware

57 Hinsichtlich der einsetzbaren Hardware gibt es ein schier unüberschaubares Angebot: Produkte großer und kleiner Anbieter, Markenrechner und „no name"-Computer, Einplatz- und Mehrplatzsysteme. Details hierzu sind in der eingangs erwähnten Sekundärliteratur nachzulesen.

58 Auf einen Punkt soll wegen seiner großen praktischen Bedeutung jedoch an dieser Stelle eingegangen werden: Soweit der Einsatz von **Mehrplatzsystemen** geplant ist, stellt sich immer wieder die Frage, ob sogenannte echte Mehrplatz- oder Netzwerklösungen besser sind (zur Definition: Bei einer **echten Mehrplatzlösung** sind an einen Zentralrechner reine Ein- und Ausgabestationen angeschlossen; bei einer **Netzwerklösung** sind einzelne selbständige Rechner untereinander verbunden („vernetzt")). Die Erfahrungen haben gezeigt, daß beide Konzepte erfolgreich in Anwaltspraxen im Einsatz sind. Von daher sollte nur die Frage im Vordergrund stehen, ob das einzusetzende Mehrplatzsystem ein vernünftiges Antwortzeitverhalten bietet. Das bedeutet, daß das System auch bei Vollastbetrieb seine volle Leistung erbringt und nicht Systemabstürze oder längere Wartezeiten vor dem Bildschirm auftreten.

59 Im übrigen relativiert sich die Frage nach der einzusetzenden Hardware insoweit, als primär ohnehin nur die Software die Investitionsrichtung vorgeben sollte: So nützt die qualitativ beste Hardware nichts, wenn die Software für die Lösung der individuellen Problemstellungen minder geeignet ist. Ist in der Kanzlei also noch keine Hardware vorhanden, die eventuell weiterverwendet werden muß/soll, sollte man sich zunächst an der geeigneten Software orientieren. Dabei ist zu berücksichtigen, daß die Software mit dem scheinbar größten Leistungsumfang nicht zwingend die für die Kanzlei am besten geeignete sein muß.

c) Fazit

60 Für den, der nicht gleich mit einer umfangreichen EDV-Lösung in der unter Rdnr. 11ff. beschriebenen Art beginnen möchte, stellt sich die Anschaffung eines **PC mit Festplatte** sowie eines **Druckers,** der das Schriftgut in Korrespondenzqualität erstellt (24-Nadel-Drucker, Typenrad- oder Laserdrucker), als ein guter Kompromiß dar: Die Einstiegskosten sind relativ niedrig (ab ca. 3000 DM; bei Verwendung eines Laserdruckers ab ca. 6000 DM); zudem kann man mit einem einfachen Textprogramm für die tägliche Korrespondenz beginnen (ca. 200 bis 1200 DM), später andere Programme (Datenbank, Buchhaltung, integrierte Pakete) hinzunehmen oder gar auf umfangreiche Anwaltssoftware „umsteigen" (ca. 5000 bis 20000 DM). Um unnötige Reibungsverluste zu verhindern, sollte vorab geklärt werden, ob im Hinblick auf eine spätere Systemerweiterung nicht von vornherein eine Komplettlösung angeschafft werden soll.

3. Programmdemonstration

61 In jedem Fall ist es unumgänglich, sich selbst von der Leistungsfähigkeit der angebotenen Lösung und seiner Eignung für die eigene Kanzlei zu überzeugen. Dies kann z. B. im Rahmen einer Programmdemonstration erfolgen, wobei jedoch einige Punkte zu beachten sind:

- Es ist darauf zu achten, daß man eine individuelle Vorführung und keine Massendemonstration bekommt (wie sie z. B. im Rahmen von Messen, Ausstellungen stattfinden).

- Je besser informiert man zu der Vorführung geht, desto mehr wird man von der Demonstration mitbekommen. Deshalb sollte man sich vorab über die Leistungsmöglichkeiten von EDV-Lösungen für Rechtsanwälte im allgemeinen (z. B. anhand des vom Institut herausgegebenen Entwurf eines Pflichtenhefts) sowie über die besonderen Möglichkeiten der demonstrierten Lösung (z. B. anhand von Prospektmaterial des Anbieters) informieren.
- Man muß ausreichend Zeit einplanen, denn eine sorgfältige und ausführliche Programmdemonstration kann einige Stunden umfassen. Ist das Programm zu umfangreich, oder läßt die Konzentrationsfähigkeit nach, sollte man sich „Teil 2" der Lösung zu einem späteren Zeitpunkt vorführen lassen; um jedoch einen Gesamteindruck von der Lösung zu bekommen, sollte zwischen den beiden Demonstrationen nicht zuviel Zeit liegen.
- Zu dem Termin sollten unbedingt auch diejenigen Mitarbeiter mitgebracht werden, die später mit dem System arbeiten sollen. Dies verringert das Risiko einer unglücklichen Systemauswahl und vermeidet spätere Akzeptanzprobleme.
- Bei einer Programmvorführung ist darauf zu achten, daß auf individuelle Wünsche eingegangen wird. Es ist wenig hilfreich, wenn der Vorführer seinen Standardfall demonstriert, dem man möglicherweise nur schwer folgen kann oder der sich primär um Sachverhalte dreht, die in der eigenen Kanzlei von untergeordneter Bedeutung sind. Man sollte von daher den Spieß umdrehen und vorgeben, was man sehen möchte: so sollte die Vorführung zunächst eine allgemeine Beschreibung der einzelnen Programmodule beinhalten. Anschließend sollte eine typische Akte aus der eigenen Kanzlei – möglichst ein abgeschlossenes Mandat, das man gut kennt – von der Aktenanlage bis zum Abschluß durchspielen lassen (vgl. die Testaufgabe von Treysse). Gerade wenn mehrere Programme getestet werden sollen, erhöht die Bearbeitung der jeweils gleichen Musterakte die Vergleichbarkeit der Programme ganz wesentlich; dies wiederum erleichtert die Auswahl der optimal geeigneten Lösung.

Im übrigen gilt: man sollte sich die in Frage kommenden **Drucker** insbesondere in Hinblick darauf vorführen lassen, ob die gewünschte Anzahl von Durchschlägen in zufriedenstellender Qualität gedruckt wird; man darf sich auch nicht durch hohe Verarbeitungsgeschwindigkeiten blenden lassen, denn bei der Programmvorführung wird oft nur mit ganz kleinen, nicht praxisgerechten Datenmengen gearbeitet. **62**

4. Referenzkanzleien

Auf jeden Fall sollte man sich Referenzbüros benennen lassen, die bereits mit einem System in der gewünschten Konfiguration arbeiten. Zwar wird es sich hier häufig um „Jubel-Kanzleien" handeln, doch wird der Eindruck, den man beim praktischen Einsatz des Systems bekommt, zusätzliche wertvolle Erkenntnisse bringen. **63**

5. Startschwierigkeiten

Trotz der durch die EDV erzielbaren Verbesserungen muß man sich darüber im klaren sein, daß es in der Einführungsphase zu Mehrarbeit und Anlaufschwierigkeiten kommen wird. Dies hängt damit zusammen, daß erst eine Gewöhnung an das System und die vielfach EDV-spezifischen Arbeitsgänge (Sam- **64** meldruckaufträge, Datensicherung usw.) erfolgen muß. Dies bedeutet insbesondere, daß die Einführung eines EDV-Systems vom Anwender verlangt, sich mit den Arbeitsstrukturen eines Computers vertraut zu machen. Dies darf jedoch nicht in dem Sinne mißverstanden werden, daß sich der Anwender prinzipiell der EDV unterzuordnen hat. Auch hier gilt der Grundsatz, daß sich ein Computersystem der Kanzlei anzupassen hat und nicht umgekehrt.

6. Folgekosten

65 Ferner darf man nicht übersehen, daß es mit den Anschaffungskosten allein nicht getan ist. Hinzu kommen neben Installations-, Schulungs-, Wartungskosten (Soft- und Hardware) auch Aufwände für Strom, Versicherungen usw. Dies ist bei der Investitionsplanung zu berücksichtigen.

66 Pauschal kann man feststellen, daß bei einer fünfjährigen Nutzungsdauer des EDV-Systems (dies entspricht dem üblichen Abschreibungszeitraum) ca. weitere 100% der Anschaffungskosten für die Soft- und Hardware aufgewendet werden müssen („200%-Regel“).

7. Preis und Leistung

67 Man muß sich klar machen, daß die billigere Lösung keineswegs die preiswertere sein muß! Sich bei der Systemauswahl allein am Preis zu orientieren, ist nicht sachgerecht. Eine Lösung kann nur unter Betrachtung mehrerer Faktoren korrekt beurteilt werden. Zu beachten sind insbesondere Fragen nach der Zukunftssicherheit des Anbieters und damit des Systems, nach der Reaktionszeit im Störungsfall usw.

K V. Textverarbeitung

Hans Buschbell

Übersicht

Literatur: Institut der Anwaltschaft für Büroorganisation und Bürotechnik, Materialien zur Büroorganisation und Bürotechnik, Text- und Datenverarbeitung in der Anwaltskanzlei, 1986; *dass.*, Unterstützung der Anwaltschaft bei der EDV-Einführung, 1988; *dass.*, Marktübersicht EDV – Lösung für Rechtsanwälte und Anwaltsnotare, 1988; *Germ,* EDV Organisation: Handbuch für Rechtsanwälte und Notare, 1990; *Wolf,* Textverarbeitung für die Anwaltskanzlei, 1990.

I. Einführende Überlegungen

1. Textverarbeitung – „Zauberwort" und „Wunderwaffe"

Seitdem es das Medium der Datenspeicherung und hierauf gestützt die elektronische Datenverarbeitung (EDV) gibt, gilt der Begriff der Textverarbeitung – auch programmierte Textverarbeitung (PTV) genannt – als ein „Zauberwort" für die Anwaltschaft. Dies beruht einfach auf der Erkenntnis oder zumindest Ahnung, daß durch Textverarbeitung die Arbeit des Anwaltes wesentlich erleichtert und effizienter gestaltet werden kann. **Schwerpunkt der anwaltlichen Tätigkeit** ist nämlich, Gedanken in Schriftgut zu fassen und für Dritte, etwa Mandanten und Gerichte zu dokumentieren. Nach inzwischen unbestrittener Erfahrung sind mehr als die Hälfte des Schriftgutes sich wiederholende oder **sich gleichende Texte.** Aus dieser Erkenntnis heraus beschäftigt und interessiert die Anwaltschaft sich mehr als seit einem Jahrzehnt für den Begriff der Textverarbeitung gleichsam wie für eine „Wunderwaffe". Anfangs war es die Skepsis gegenüber der Technik, die den Einstieg so problematisch erscheinen ließ. Heu- 1 te ist die Technik vorhanden und wird akzeptiert. Gesucht wird vor allem nach dem richtigen Textsystem, mit dem es leicht und selbstverständlich möglich ist, sich wiederholende Texte anzuwenden.

2 **Untersuchungen** haben ergeben, daß es möglich ist, bis zu 50% des zu erstellenden Schriftgutes durch programmierte Textverarbeitung zu erledigen. Die Erkenntnis, daß etwa die Hälfte des zu erstellenden Schriftgutes im Wege programmierter Textverarbeitung erstellt werden kann, muß als eine Herausforderung begriffen werden für die Anwaltschaft, durch die Möglichkeiten der programmierten Textverarbeitung die eigene Arbeit zu rationalisieren und effizienter zu gestalten. Zum Thema „Textverarbeitung" wird verwiesen auf die ausführliche Darstellung bei *Wolf,* Textverarbeitung für die Anwaltskanzlei, mit ausführlicher Darstellung der Möglichkeiten der EDV-gestützten Textverarbeitung, den Anforderungen an Hard- und Software sowie einer Kostendarstellung mit Entscheidungshilfe (*Wolf* aaO, S. 35ff), einschließlich eines Adressenverzeichnisses der Anbieter sowie mit einem Erfahrungsbericht (*Buschbell* Textverarbeitung in der Anwaltskanzlei – ein Praxisbericht, in: *Wolf* aaO, S. 70ff.).

2. Textverarbeitung – eine Anwendungsmöglichkeit der EDV

3 Jedes Computersystem und jede Speicherschreibmaschine mit internem oder externem Speichersystem bieten die Möglichkeit der Textspeicherung und damit der Textverarbeitung. Der große Durchbruch bei der Textverarbeitung scheitert nach bisheriger Erfahrung jedoch nicht an der Technik, d.h. an der Hardware, sondern vielmehr daran, daß bis heute ein gängiges, alle wesentlichen Sachgebiete umfassendes einheitliches sowie übersichtliches Textsystem fehlt. (Wegen der Bedeutung und Problematik der Nutzung der EDV für Textverarbeitung vgl. *Andreae,* Grundkenntnisse in der EDV für die Anwaltskanzlei, in: BRAK-Mitt 1987, 16.)

3. Die bisherigen Defizite und Probleme bei der Entwicklung von Textsystemen

4 **a)** Unbestritten ist die Notwendigkeit und Nützlichkeit der Textverarbeitung für die anwaltliche Praxis. Es ist noch nicht gelungen, eine **Synthese** zu finden zwischen **EDV-Technik und anwaltlichem Know-how.** Es fehlt bei der Entwicklung eines anwaltlichen Textsystems an der Umsetzung des anwaltlichen Know-how in die technischen Nutzungsmöglichkeiten.

b) Notwendig ist die Entwicklung eines Textverarbeitungssystems aus der Praxis für die Praxis. Dies wird solange nicht gelingen, als die Entwicklung nicht getragen ist von langjähriger praktischer Erfahrung. Der in der Anwaltspraxis erfahrene und mit Arbeit überlastete Jurist findet kaum die Zeit und den Anreiz, der Technik für ein System der Textverarbeitung das notwendige Know-how und die Texte zu liefern. Hier liegt aber der Schlüssel für den notwendigen Durchbruch bei der Entwicklung eines praxisgerechten Textsystems.

5 **c)** Die vorstehenden Überlegungen sind nicht theoretisch. Vielmehr zeigt eine **Analyse** der vorkommenden und sich wiederholenden **Texte und ihrer Anwendungsmöglichkeiten,** wie vielfältig das Schriftgut ist, das täglich in sich wiederholender Zahl bewältigt werden muß. Beispielhaft seien aus einzelnen

Bereichen vorkommende Arbeitsvorgänge angesprochen, die durch Standardtexte zu bewältigen sind:
- Allgemeine Korrespondenz
- Mandatsbestätigung bei Vertretung in Untervollmacht
- Prozeßauftrag durch Versicherung
- Auftrag an Kollegen zur Vertretung des Mandanten in Untervollmacht oder in Rechtshilfesachen
- Anschreiben an Kollegen bei vorsorglichem Rechtsmittel
- Korrespondenz mit Gegenseite bei vorliegendem Kostenfestsetzungsbeschluß
- Kostenkorrespondenz, z. B. im Bereich des Straf- und OWi-Rechts
- Erledigung des Verfahrens durch
  Einstellung
  Einstellung gegen Bußzahlung
  kein Einspruch gegen Strafbefehl/Bußgeldbescheid
  Rücknahme Einspruch gegen Strafbefehl bzw. Bußgeldbescheid

Die vorgenannten Beispiele der verschiedenen Fallgestaltungen zeigen typische Beispiele, in denen in der Korrespondenz mit Kollegen oder Mandanten regelmäßig sich wiederholende Texte verfaßt und geschrieben werden müssen.

Zusätzlich ist zu denken z. B. an notwendige Belehrungen des Mandanten im Strafverfahren bei Entziehung der Fahrerlaubnis oder in Familienrechtsverfahren an notwendige Belehrungen bei der Abwicklung des Versorgungsausgleichs. Regelmäßig müßten die hierfür notwendigen Informationen diktiert und geschrieben werden, jedenfalls dann, wenn man auf Formulare verzichtet. Letztere dürften für das Bild der anwaltlichen Tätigkeit nicht positiv sein. Vielmehr ist gegenüber Formularen ein individuell erscheinendes Schriftstück vorzuziehen.

Die vorstehenden einführenden Überlegungen und Beispiele sollen zeigen wie notwendig, aber ebenso unerreicht bisher der anzustrebende Standard der Textverarbeitung ist.

Nachstehend soll daher versucht werden, Wege für die Anwendung programmierter Textverarbeitung aufzuzeigen. Hierbei werden vor allem eigene Erfahrungen bei Entwicklung und Einsatz eines komplexen Mehrplatzsystems und der zugehörigen Texthandbücher weitergegeben. (Verfasser hat in einer Allgemeinpraxis von 6 Anwälten ein Textsystem entwickelt für die Bereiche allgemeine Korrespondenz, Unfallschadenrecht, Mahn- und Vollstreckungswesen, Arbeits- und Zivilrecht, Familienrecht, Straf- und OWi-Recht sowie Korrespondenz mit Rechtsschutz. Die Textverarbeitung wird angewandt auf einem System mittlerer Datentechnik.)

II. Textverarbeitung und notwendige Technik/Hard- und Software

1. An die Stelle des ersten **Datenträgers,** nämlich Papier tritt in der modernen Bürokommunikation der magnetische Datenträger, also entweder die Magnetplatte oder Diskette, auf denen Wörter und Zahlen in der Computersprache gespeichert werden. (Vgl. hierzu einführende Überlegungen von *Heussen,* Überlegungen zum Computereinsatz in der Anwaltskanzlei, Materialien zur Büroorganisation und Bürotechnik I, Text- und Datenverarbeitung in der Anwaltskanzlei, Institut der Anwaltschaft für Büroorganisation und Bürotechnik.) Die modernen Datenträger, also die elektronische Datenverarbeitung ist die **6**

Grundlage für die programmierte Textverarbeitung. Jedes Computersystem und auch schon jede Speicherschreibmaschine mit internem oder externem Speichermedium bietet also die Möglichkeit der Textspeicherung und damit der Textverarbeitung (vgl. im einzelnen Germ, S. 97ff.).

7 **2.** Die **Textverarbeitung** selbst ist nicht Software im eigentlichen Sinne sondern **Teil der Software.** (Über die Grundbegriffe der EDV-Fachsprache vgl. *Heussen,* EDV-Lexikon in Materialien zur Büroorganisation und Bürotechnik I.) Die Möglichkeit der Textverarbeitung mittels elektronischer Datenverarbeitung ist Teil der Software.

8 **3.** Neben den später noch zu behandelnden Qualitätsanforderungen an das eigentliche Textsystem, nämlich seiner Organisation und seinem Inhalt sind die an Hard- und Software zu stellenden **Anforderungen** für die Möglichkeiten der Textverarbeitung wichtig.

Bei der Hardware ist zu beachten, daß die für die Nutzung des Textsystems erforderliche **Speicherkapazität** ausreichend vorhanden ist. Hinsichtlich der Textbe- und verarbeitung ist zunächst von entscheidender Bedeutung, ob eine **Textbaustein-Vollbriefverarbeitung** möglich ist, ob hierin Individualkorrespondenz eingebunden werden kann, ob zusätzliche Texte erstellt und eingebunden werden können oder ob automatischer Zeilenumbruch oder automatische Formatierung möglich sind. (Wegen der Einzelheiten der zu beachtenden Aspekte vgl. Unterstützung der Anwaltschaft bei der EDV-Einführung, **Überblick** über das derzeitige Leistungsangebot des Institutes der Anwaltschaft, Stand 25. 1. 1988, herausgegeben vom Institut der Anwaltschaft für Büroorganisation und Bürotechnik GmbH & Co. KG, Adenauerallee 118, 5300 Bonn 1, S. 10ff.; die vorgenannte Informationsschrift bietet ein ausführliches Pflichtenheft als Entscheidungshilfe bei der Anschaffung von EDV Hard- und Software.)

9 Anzustreben – aber in der Praxis bisher kaum realisiert – ist die sogenannte **„integrierte“ Lösung,** d.h. die Verbindung zwischen Text und Daten. Hier bedarf es noch weiterer Entwicklungen in der Praxis, um eine überzeugende funktionsfähige integrierte Lösung zu erreichen.

10 **4.** Von besonderer Wichtigkeit bei der Entscheidung für ein Textsystem ist die Frage, ob ein **Ein- oder Mehrplatzsystem** zur Anwendung kommt. Die Entscheidung hängt verständlicherweise von der Größe und Struktur der Praxis ab. Ein Mehrplatzsystem bietet jedoch die Möglichkeit, daß von mehreren Arbeitsplätzen zugleich das gleiche Textsystem bei der Erledigung der Korrespondenz genutzt werden kann. In aller Regel sollte daher die Entscheidung für ein Mehrplatzsystem getroffen werden, gleichgültig ob auf der Basis der mittleren Datentechnik oder eines mehrplatzfähigen PC-Systems.

III. Wege zum Arbeiten mit programmierter Textverarbeitung

11 **1.** Die Textverarbeitung ist wie bereits ausgeführt Bestandteil der Software. Komfortable **Softwaresysteme,** die überzeugend die Funktion der Stammdatenverwaltung und Buchhaltung etc. lösen, weisen häufig im Bereich der Textverarbeitung eine entscheidende Schwachstelle auf. Diese **Schwachstelle** ist das eigentliche Textsystem, also der Inhalt und Umfang der angebotenen Texte sowie das Organisationsmodell für die Anwendung dieser Texte. Textsysteme

bestehen häufig in der Praxis aus einer Ansammlung von zufällig zusammengestellten Textbausteinen oder Ganztextbriefen. Hierbei ist kein System der Gliederung für einzelne Rechtsgebiete oder kein die verschiedenen Rechtsgebiete umfassendes Gliederungsschema erkennbar. Der Mangel liegt nicht am einzelnen Text. Die einzelnen Texte sind vielmehr rechtlich einwandfrei und umfassend. Vielmehr liegt der Mangel darin, daß die Anwendbarkeit dieser Einzeltexte dadurch eingeschränkt wird, daß sie nicht umfassend und merkfähig gegliedert sind.

2. Der Mangel, daß ein geschlossenes, praktikables und merkfähiges Textsystem fehlt, ist erkannt. Jedoch gibt es bisher kaum überzeugende Lösungsmöglichkeiten für ein umfassendes Textsystem. Eine Beschäftigung mit dieser wichtigen Materie führt zu der Erkenntnis, daß es im wesentlichen **drei Wege** sind, auf denen versucht wird, Lösungsmöglichkeiten für diese Defizite zu finden.

a) Der erste Weg, zur programmierten Textverarbeitung zu kommen, ist die **12**
Orientierung an **Texthandbüchern.** Beispielhaft seien folgende im C. H. Beck-Verlag erschienene Texthandbücher erwähnt:
- *Keim,* Immobiliarverträge;
- *Keim,* Testamente und Erbverträge;
- *Keim,* GmbH;
- *Peter,* Verkehrsunfallrecht;
- *Peter,* Zivilprozeß und Zwangsvollstreckung;
- *Vespermann,* Familiensachen – Bd. 1: Scheidungsverbundverfahren; – Bd. 2: Unterhalt außerhalb des Verbunds.

Diese Texthandbücher haben den nicht zu verkennenden **Vorteil,** daß sie ebenso umfassend wie gründlich und juristisch sehr tiefschürfend sind. Andererseits haben sie aber den **Nachteil,** daß sie jeweils nur ein Rechtsgebiet behandeln und dies nach einem häufig schwer zu überschauenden **Gliederungsschema.** Darüber hinaus fehlt ein die einzelnen Texthandbücher bzw. Rechtsgebiete übergreifendes Gliederungsschema (zu einem solchen Meta-Index s. K VI Rdnr. 2). Eine **Übertragung** des Inhaltes der Texthandbücher auf Datenspeichermedium mit der Absicht der Nutzung als programmierte Textverarbeitung ist jedenfalls nach bisheriger Erfahrung keine überzeugende Lösungsmöglichkeit.

b) Die Anbieter von **Hard- und Software** bieten gleichzeitig in ihrem **Ange-** **13**
bot Textverarbeitung. Diese angebotene Textverarbeitung oder die angebotenen Textsysteme haben aber auch den Mangel der Unvollständigkeit. Sie umfassen kaum geschlossen und gegliedert verschiedene Rechtsgebiete, jedenfalls nicht nach einem praktikablen und merkfähigen Gliederungsschema. An diesem Mangel der mangelnden **Merkfähigkeit** scheitert der effiziente Einsatz in der Praxis.

c) Die Entwicklung eines **eigenen Textsystems** in der jeweiligen Praxis durch **14**
einen Anwalt oder ein Mitglied der Sozietät ist der häufig gesuchte aber kaum gefundene Ausweg, zu einem praktikablen Textsystem zu kommen. Dies scheitert in der Praxis häufig daran, daß diese arbeitsintensive Aufgabe kaum zu bewältigen ist. Zum anderen kann sie nur zum Erfolg führen, wenn vorher ein Gliederungsschema entwickelt und abgestimmt ist. Der **Anwalt** als „Einzel-Kämpfer" ist hierbei sicher wegen der Arbeitsüberlastung überfordert. In einer Sozietät scheitert die Entwicklung eines homogenen Textsystems meistens daran, daß jedes Mitglied der Sozietät bezogen auf seinen Arbeitsbereich eine mehr

oder weniger vollständige Textsammlung zusammenstellt. Es bedarf keiner Ausführung darüber, daß ein solcher Weg nicht zu einem einheitlich angewandten oder erst recht nicht zu einem mit der Stammdatenverwaltung integrierten System führen kann.

IV. Anforderungen an ein praxisgerechtes Textsystem

15 **1.** Ein „praxisgerechtes" Textsystem ist abhängig von der jeweiligen **Struktur** des Büros. Es kommt also darauf an, in welchem Umfang Korrespondenz anfällt, die durch Standardtexte, d. h. programmierte Textverarbeitung erledigt werden kann oder nicht. In einer **Allgemeinpraxis,** in der z. B. in großem Umfang Kraftfahrzeugschadenangelegenheiten oder auch Angelegenheiten des Familienrechts bearbeitet werden, fällt in weit größerem Umfang Standardkorrespondenz an als in einer wirtschaftsberatenden Praxis, in der naturgemäß überwiegend individuell abgefaßte Korrespondenz zu erledigen ist.

16 **2.** Ein Textsystem ist dann für die Praxis von Nutzen, wenn es die wichtigsten in der Praxis vorkommenden **Sachgebiete** umfaßt. Hierzu zählen sicherlich in einer Allgemeinpraxis Zivilrecht, evtl. speziell Mietrecht, Arbeitsrecht, Familienrecht, Straf- und OWi-Recht und schließlich insbesondere Kraftfahrzeugschadenrecht.

17 **3.** Ein einheitliches, merkfähiges und praxisgerechtes **Gliederungssystem** für alle Sachgebiete ist für die Anwendbarkeit eines Textsystems von entscheidender Wichtigkeit neben den im Textsystem angebotenen Rechtsgebieten. Die umfassendste Ansammlung von besten Textbeispielen ist ohne Nutzen für programmierte Textverarbeitung, wenn die Gliederung des Textsystems nicht so strukturiert ist, daß der Text selbstverständlich und logisch zur **Anwendung** aufgefunden wird. Das Gliederungsschema muß so strukturiert sein, daß das Argument erst gar nicht aufkommen kann, das individuelle Diktat und Schreiben des Textes sei schneller erledigt als das Suchen und Auffinden des passenden Textes.

18 **4.** Kein Textsystem oder kein Text kann so vollständig sein, daß hierdurch alle üblichen Fallgestaltungen erfaßt und in der Formulierung sachgerecht erledigt werden können. Die Texte müssen also so aufgebaut sein, daß sie sowohl hinsichtlich einzelner Schriftsatzteile – **Bausteine** – ergänzt werden können als auch durch zusätzlich neue Texte. Das gleiche gilt auch für zusätzliche Rechtsgebiete. Es muß also eine Praxis, in der z. B. in beachtlichem Umfang Speditionsrecht vorkommt, imstande sein, in das gleiche Textsystem die Korrespondenz zum genannten Rechtsgebiet einzubinden, und zwar nach dem gleichen vorgegebenen Gliederungsschema.

19 **5.** Die mögliche **Verbindung zu Stammdaten mit dem Text** ist ein zu beachtendes und anzustrebendes Ziel. In vielen Sachbereichen ist neben dem Text auch die Integration zu verarbeitender Daten wichtig für die Schnelligkeit und Qualität der Aufgabenerledigung. Dies gilt z. B. für die gesamte Kostenkorrespondenz, d. h. die Erstellung von Gebührenrechnungen in Verbindung mit der hierzu notwendigen Korrespondenz. Zu denken ist auch an den Bereich der Kraftfahrzeugunfallbearbeitung, bei der Daten, z. B. Unfalldatum und Unfallort in die Korrespondenz zu integrieren sind. Wenn dies automatisch und dar-

über hinaus praktikabel erreicht wird, kann von „integrierter" Lösung gesprochen werden.

V. Überlegungen für ein merkfähiges sowie praktikables Organisationsmodell der Textverarbeitung

1. Ein mögliches Organisationsmodell

a) Es bietet sich an, ein Textsystem zu gliedern in **Sachgebiete** und diese 20
wiederum in **Zahlengruppen** einzuteilen oder durch Buchstaben zu bezeichnen bzw. zu gliedern. Die Gliederung der in einer allgemeinen Praxis vorkommenden Sachgebiete wäre merkfähig etwa – als Vorschlag – wie folgt zu bezeichnen:

Kraftschaden	100
Mahn- und Vollstreckungswesen	200
Arbeits- und Sozialrecht	300
Zivilrecht	400
Ehe-/Familienrecht	500
Straf- und OWi-Sachen	600
Korrespondenz Rechtsschutz	700

Diese Gliederung ist beliebig und selbstverständlich ergänzbar, z. B. durch öffentliches Recht, Wettbewerbsrecht etc. Sie sollte wenn möglich auch mit der Gliederungsstruktur der Bibliothek und der Vertrags- und Formularsammlung übereinstimmen (dazu K VI Rdnrn. 6ff.).

b) Die **Merkfähigkeit** einer Gesamtgliederung eines Textsystems ist zu errei- 21
chen oder zu erhöhen dadurch, daß die einzelnen Sachgebiete systematisch in Abschnitte unterteilt werden. Hierbei erscheint es sinnvoll die Untergliederung nach Arbeitsabläufen entsprechend dem Arbeitsablauf bei der Bearbeitung eines Mandates zu gliedern, z. B. beginnend mit der Annahme des Mandates bis zum Schlußbericht. Hier bietet sich folgende **Untergliederung** nach Arbeitsabschnitten an und zwar jeweils eingeteilt in Ziffernbereiche innerhalb einer Hunderterzifferngruppe wie folgt:

Sachbearbeitung z. B. Bestellung bei Gericht	0–39
Rechtsmittel	40–49
Kosten- und Gebührenkorrespondenz	50–79
Mandantenkorrespondenz	80–99

c) Die systematische Verknüpfung zwischen Sachgebieten und den vorste- 22
hend dargestellten Abschnitten der Sachbearbeitung ergibt folgende sicherlich merkfähige Textkennung. Diese sei beispielhaft anhand einzelner Sachgebiete und Arbeitsabschnitte dargestellt:

Sachbearbeitung		Ziffernkennung
Bestellung in		
	Zivilsachen	490ff.
	Strafsachen	600ff.
Rechtsmittel		
	Berufung im Arbeitsrecht	340ff.
	Zivilrecht	440ff.

Sachbearbeitung		Ziffernkennung
Rechtsmittel	Familienrecht	540ff.
(Forts.)	Straf- und OWi-Recht	640ff.
Terminnachricht		
	Arbeitsrecht	390
	Zivilsachen	490
	Familiensachen	590
	Strafsachen	690

23 **d)** Durch weitere **Differenzierungen** in der Kennzeichnung ist es möglich, bestimmte notwendige Textinhalte erkennbar und merkfähig zu machen, so z. B. bei der Terminnachricht. Eine Terminnachricht ohne persönliches Erscheinen hat z. B. die Kennung Buchstabe „A". Bei Anordnung des persönlichen Erscheinens wird die Kennung „B" vorgegeben. Im EDV-Bereich erfolgt dies durch Ziffernkennungen, z. B. 01 oder 02. Eine **weitergehende Systematisierung** durch Ziffernkennungen ist auch möglich für einzelne Tätigkeitsbereiche, so z. B. für Untervollmacht, Strafantrag/Nebenklage und Trunkenheitsdelikt.

24 **e)** Das vorstehend vorgestellte bzw. vorgeschlagene Gliederungssystem eines Textorganisationsmodells bietet auch die Möglichkeit, weitere wichtige regelmäßig anfallende **Korrespondenz** oder **Rechtsprechung** einzubinden.

25 **aa)** Wichtig ist, die häufig vorkommende **Korrespondenz** mit der **Rechtsschutzversicherung** systemgerecht einzubinden. Dies ist dadurch zu erreichen, daß die Korrespondenz mit der Rechtsschutzversicherung als selbständiger Sachbereich betrachtet wird. Dieser wiederum wird verknüpft mit dem Gliederungssystem, wobei zur Erhöhung der Merkfähigkeit die Ziffernkombination dem Gesamtgliederungssystem angepaßt wird, so daß die Korrespondenz zu einzelnen Rechtsgebieten in der Zahlenkombination der Zahleneinteilung der Sachgebiete entspricht. Dies führt z. B. bei der Meldung eines **Rechtsschutzfalles** zu folgender möglicher Ziffernkennung:

Meldung Schadensache – Kraftschadensache	Text 701
Mahn- und Vollstreckungssache	702
Arbeitsrechtssache	703
zivilrechtliche Sache	704
Straf- und OWi-Sache	706

Z. B. bei einem Bericht über die Erteilung einer **Auskunft** führt das zu folgender Kennung:

Auskunft allgemein, Abrategebühr	710
Beratung in einer arbeitsrechtlichen Sache, z. B. Abraten von Kündigungsschutzklage	713
familien- und erbrechtliche Beratung	715
Straf- und OWi-Recht	716

26 **bb)** Auch **zusätzliche Texte,** die sich etwa aus der Erfahrung oder bei der **Programm- und Textpflege** ergeben, können systematisch eingebunden werden. Wenn sich also ergibt, daß in der Korrespondenz ein Text häufig vorkommt, kann dieser systemgerecht ohne weiteres eingebunden werden, und zwar orientiert am betreffenden Sachgebiet und Arbeitsabschnitt. So würde also

z. B. nach vorstehendem Schema eine zusätzliche Information an den Mandanten im Rahmen der Parteikorrespondenz zum Sachgebiet Zivilrecht eingebunden in die Textgruppe 480ff.

Auch ist daran zu denken, für betreute **Spezial/Großmandanten** die vorkommende Korrespondenz ebenfalls nach dem vorstehenden Gliederungsschema aufzubauen, mit der vorkommenden Spezialkorrespondenz die allgemeine Korrespondenz, etwa zum Zivilrecht anzupassen und die Texte für den jeweiligen speziellen Mandanten durch einen besonderen Buchstaben oder eine besondere Ziffer zu kennzeichnen.

cc) In das Gliederungssystem können selbstverständlich auch **Vertragsmuster** eingebunden werden. Vertragsmuster im Bereich Arbeitsrecht, z. B. Arbeitsvertrag wäre einzubinden in die Textgruppe 300, z. B. im Bereich Sachbearbeitung unter Ziffer 30ff. Das gleiche würde gelten für Ehe- und Familienrecht, z. B. für Scheidungsfolgenvereinbarung im Textbereich 500. Zu denken ist auch daran, daß eine eigene aufgebaute **Rechtsdatenbank,** also gesammelte Entscheidungen, in das System eingebaut werden, und zwar zum jeweils angesprochenen Sachbereich. Dies kann dadurch geschehen, daß z. B. bei den Sachgebietsgruppen etwa innerhalb jedes Zehnerbereichs eine Endziffer freigehalten wird für Rechtsprechungssammlungen.Dies würde z. B. bei einer Entscheidungssammlung zum Gebührenrecht im Bereich des Strafrechtes (wenn etwa die Endziffer 8 freigehalten würde) dazu führen, daß eine Entscheidung zu einer Kostenfrage, also zur Verteidigergebühr etwa die Nr. 658 hätte, weil die Ziffern 650ff. die Kostenkorrespondenz zum Bereich Strafrecht also zu den Verteidigergebühren enthalten. 27

f) In einer systematischen Darstellung würde das vorstehend entwickelte **Gliederungsschema** sich wie folgt aufbauen: 28

Arbeitsbereich:	Sachgebiet:	
	Zivilrecht	Familienrecht
Allgemeine Sachbearbeitung	400–439	500–539
Rechtsmittel	440–449	540–549
Kostenkorrespondenz	450–479	550–579
Mandantenkorrespondenz	480–499	580–599

(vgl. *Buschbell,* Neuer Weg der Organisation der Textverarbeitung – Weniger Arbeit, mehr Ertrag in AnwBl 5/87 S. 229). Diese Aufstellung ist nur beispielhaft und ließe sich hinsichtlich der Sachgebiete beliebig ergänzen. Das vorstehend entwickelte Organisationsmodell der Textverarbeitung bzw. die vorstehende Übersicht wurden in der jetzt mit sechs Anwälten betriebenen Praxis des Verfassers entwickelt und angewandt; die Veröffentlichung ist vorgesehen.

2. Möglichkeiten der EDV-gestützten Steuerung des Textprogramms

Neben der bisherigen Darstellung des Gliederungsschemas in einem Inhaltsverzeichnis ist auch daran zu denken, die Möglichkeiten der Datenverarbeitung für das Auffinden bzw. Ansteuern des Textes zu nutzen. Hierzu müßte ein **EDV-gestütztes Menü mit Bedienerführung** entwickelt werden. Die Arbeitsschritte zur Textanwendung wären dann so zu gestalten, daß das jeweilige Sachgebiet und die zu erledigende Aufgabe im Menü angesprochen und im Dialogverkehr die zu erledigende Aufgabe abgefragt wird, wobei die EDV- 29 mäßige Programmsteuerung den dann anzuwendenden Text automatisch ansteuert.

VI. Die Textgestaltung

30 **1.** Für die Praktikabilität hat sich das Ganztextsystem bewährt gegenüber dem Bausteinsystem. Das **Ganztextsystem** erfordert zwar eine größere Speicherkapazität. Dies spielt aber eine immer geringere Rolle, weil die jetzt angebotenen Systeme immer größere Speicherkapazitäten aufweisen. Das Ganztextsystem ist einmal gegenüber dem **Bausteinsystem** praktikabler, weil lediglich ein Textblock zur Anwendung kommt und nicht der Gesamttext aus verschiedenen Teilen zusammenzufügen ist, darüberhinaus ein Bausteinsystem auch Fehlerquellen bei der Textkomposition auslöst.

31 **2.** Die Texte müssen so gefaßt sein, daß sie möglichst **viele Sachverhalte** verständlich und zutreffend beschreiben. Eine wichtige zu beachtende Unterscheidung im Text ist, ob es sich um ein Anschreiben an einen Kollegen handelt oder um ein Anschreiben an eine nicht anwaltlich vertretene Partei. Es ist aber möglich, durch eine **neutral** gefaßte Formulierung den Text so zu fassen, daß er bei beiden Fallgestaltungen verwendet werden kann. Ein weiteres bekanntes Beispiel bei der Textfassung ist die Parteibezeichnung, z. B. im Zivilprozeß kann im Textsystem gesprochen werden von klagender und beklagter Partei.

VII. Text- und Programmpflege

32 **1.** Kein System kann den Anspruch erheben, zeitlos und vollständig zu sein. Aufgrund von Erfahrungen in einer Praxis müssen notwendige Ergänzungen vorgenommen werden. Diese müssen in das Textsystem integriert werden. Das Textsystem muß aber so gegliedert sein, daß zu den einzelnen Sachgebieten neue Texte selbstverständlich, unkompliziert und systemgerecht eingebaut werden können.

In der Praxis ist es zu empfehlen, nicht jeden möglichen **neuen** Text spontan **einzubauen,** sondern Texte, die in das Textsystem übernommen werden sollen, zu sammeln und nach eingehender Prüfung sorgfältig in das System einzubinden. Organisatorisch ist hierbei daran zu denken, daß alle in der Praxis vorhandenen Texthandbücher in der Gliederungsübersicht und im Textteil ergänzt werden müssen. Für die **Akzeptanz** in der Praxis ist es auch wichtig, über den jeweiligen Ausbau des Textsystems alle Anwender zu informieren.

33 **2.** Für die stetige Verbesserung der Anwendung der Textverarbeitung ist der **Erfahrungsaustausch** wichtig. Dies gilt zunächst innerhalb der eigenen Praxis und darüber hinaus sollte von den Anbietern von Textsystemen verlangt werden, daß ein Erfahrungsaustausch stattfindet, etwa schriftlich oder möglichst durch Anwendertreffen.

VIII. Akzeptanz und Einsatz programmierter Textverarbeitung in der Praxis

34 **1.** Für den **Nutzeffekt** des entwickelten oder angeschafften Textverarbeitungssystems ist es wichtig, die Textanwendung so zu organisieren, daß sie von

allen in Betracht kommenden Anwendern auch akzeptiert wird. Von der Lösung des Akzeptanzproblems hängt der Erfolg und die Effizienz der Textverarbeitung ab.

35 **a)** Die **Einführung** der Textverarbeitung ist abgestimmt auf die Organisation der Praxis genauestens zu organisieren und in die Praxisorganisation einzubinden. Die **Arbeitsabläufe im Schreibsekretariat** müssen ggf. neu durchdacht und organisiert werden. Selbstverständlich muß an jedem Arbeitsplatz ein Texthandbuch mit Gliederungsübersicht vorhanden sein. Wichtigster Punkt ist aber das Kennen des Textsystems. Um dies zu erreichen muß der Anwalt bereit sein, eine Schulung zum Textsystem zu akzpetieren und die hierfür notwendige Zeit aufzuwenden. Dies ist nur möglich bei der Einsicht, daß diese Zeitinvestition wirklich im Ergebnis lohnend ist. Zusätzlich müssen alle **Mitarbeiter,** die bei der Anwendung der Textverarbeitung eingesetzt werden, fortlaufend geschult werden.

36 **b)** Die Bestimmung eines **„Systembeauftragten"** für die Textverarbeitung ist ein empfehlenswerter Weg, die Anwendung und Fortentwicklung der Textverarbeitung zu organisieren. Der so Beauftragte hat die Aufgabe, die Organisation der Einführung und der Anwendung vorzunehmen und weiterzuentwickeln und ebenso die Anwendung und Fortentwicklung der Texte.

37 **2.** Der Einsatz der Textverarbeitung in der Praxis bereitet häufig Schwierigkeiten, weil es **Schnittpunkte** gibt zwischen individuellen Textdiktaten und programmierter Textverarbeitung. In der **Praxis** hat es sich bewährt, im Arbeitsablauf bei der Sachbearbeitung grundsätzlich zu **unterscheiden** bei den vorgelegten Akten zwischen solchen Vorgängen, bei denen ein individueller **Schriftsatz** diktiert werden muß und solchen, bei denen die zu erledigende Korrespondenz per **Textverarbeitung** erfolgen kann. Die Textverarbeitung selbst sollte durch eine entsprechende Verfügung zur Erledigung an das Schreibsekretariat erfolgen.

IX. Verbesserung der Arbeitsleistung und des Ergebnisses

38 **1.** Durch ein gutes und vollständiges Textsystem kann die **Qualität des Schriftgutes** nach Inhalt und Form verbessert werden. Die Verwendung sich wiederholender Texte durch Textverarbeitung, die individueller Korrespondenz gleicht, ist besser als das Verwenden von Formularen.

39 **2.** Die Erledigung sich wiederholender Korrespondenz durch Textverarbeitung entlastet insbesondere auch den Anwalt, was häufig verkannt wird und nicht nur den Schreibdienst. Bei programmierter Textverarbeitung läßt sich das Diktat sich wiederholender Texte vermeiden. Möglicherweise werden hierdurch auch Fehlerquellen ausgeschaltet. Man denke z. B. allein an die Punkte, die bei einem Bericht an einen Mandanten zu berücksichtigen sind, z. B. im Bereich des Strafrechts bei einer Verurteilung des Mandanten wegen Trunkenheit oder bei Verhängung eines Fahrverbotes hinsichtlich der Neuerteilung der Fahrerlaubnis unter der Rückgabe des Führerscheins und der Fristberechnung. Im übrigen denke man auch an die notwendigen **Belehrungen** der Partei im Bereich des Scheidungsrechts, z. B. zum Versorgungsausgleich. All diese Punk-

te lassen sich systematisiert erfassen und durch programmierte Textverarbeitung erledigen.

40 3. Die Textverarbeitung führt auch zu einer **Steigerung der Arbeitsleistung** im Schreibbereich. Eine Mitarbeiterin kann sicherlich viel mehr Schriftgut durch programmierte Textverarbeitung erledigen als bei individueller Schreibweise. Die Anwendung von Textverarbeitung dürfte auch die Möglichkeit der Arbeitenerledigung durch Delegation bzw. Verfügung an das Sekretariat beinhalten.

41 4. Die **Bewältigung zusätzlicher Aufgaben** und damit die Erhöhung des Gebührenertrages ist auch durch programmierte Textverarbeitung zu erreichen. Häufig werden **Routinearbeiten,** für die Gebühren zu fordern sind, nicht erledigt, weil das Diktat der notwendigen Korrespondenz verhältnismäßig aufwendig ist. Man denke z. B. an die Verurteilung des Mandanten zu einer Geldstrafe und die Möglichkeit für den Mandanten, Ratenzahlung zu beantragen. Die Belehrung des Mandanten hierüber, der Antrag und die sonstige Korrespondenz hierzu können nach Beratung des Mandanten nach entsprechender Verfügung im Wege der programmierten Textverarbeitung in wenigen Minuten erledigt werden. Dies gilt auch noch für andere Tätigkeitsbereiche. Dies zeigt, daß durch den Einsatz programmierter Textverarbeitung neben der Rationalisierung und der Arbeitsentlastung auch wegen der zusätzlichen Aufgabenerledigung mehr **Ertrag** zu erreichen ist.

X. Künftige Aufgaben für die Verbesserung des Einsatzes der Textverarbeitung

42 1. Die Auswahl des richtigen Textsystems ist die entscheidende und wichtige Voraussetzung für den zu erreichenden Effekt beim Einsatz der Textverarbeitung. Einen wichtigen Überblick über die Anforderungen an Hard- und Software für den Einsatz der Textverarbeitung gibt die Marktübersicht EDV-Lösung für Rechtsanwälte und Anwaltsnotare, *Institut der Anwaltschaft,* 1988 sowie *Wolf,* Textverarbeitung für die Anwaltskanzlei, ebenfalls *Institut der Anwaltschaft,* 1990.

43 2. Neben den Berufsorganisationen sind aber auch die Verlage angesprochen, nicht nur **Texthandbücher** anzubieten, sondern die **Integration** der Texthandbücher in die neuen Medien, nämlich **elektronische Datenverarbeitung,** zu einem praxisgerechten System voranzutreiben.

44 Schließlich ist daran zu denken, die Textsammlung nicht nur auf Papier, also in Buchform, anzubieten, sondern auf Datenträger. Die Datenträger sollen so konzipiert sein, daß sie für die verschiedensten Hard- und Softwaresysteme geeignet und eingelesen sind. Hierdurch ist zu erreichen, daß nicht der Anwalt die Texte aus den Handbüchern in seine Text- oder Bausteinverwaltung übertragen muß, sondern diese direkt mittels eines Textverarbeitungsprogramms übernommen werden können.

K VI. Bibliothek und Know-how-Sammlung

Dr. Peter Waltl

Übersicht

Literatur: *Endrös,* Die interne Datenbank einer Anwaltssozietät, NJW-CoR 1/1989, 24; *Waltl,* Der Aufbau einer kanzleiinternen Datenbank CR 1987, 550.

I. Meta-Index

1. Notwendigkeit eines einheitlichen Index

1 Aufbau und Gliederung einer Bibliothek können nicht ohne Blick auf die nachfolgende Darstellung über Zeitschriften, Vertrags- und Urteilssammlung sowie interne Datenbanken konzeptioniert werden. Alle vier Bereiche zusammen stellen den Fundus dar, aus dem der Anwalt in der täglichen Arbeit schöpft. Dabei ist es im Ergebnis gleichbedeutend, ob der Lösungshinweis aus der Bibliothek oder einer selbst angelegten Urteilssammlung entspringt. Um nun zu verhindern, daß in den verschiedenen Teilbereichen dieses Fundus unterschiedliche Gliederungen herrschen und damit eine praktische Arbeit erheblich erschweren, muß für alle vier Bereiche ein übergeordneter Meta-Index entwickelt werden. In allen vier Bereichen muß die gleiche hierarchische Ordnung herrschen, so daß das Grundprinzip nur einmal entwickelt und verstanden werden muß.

2. Aufbau des Meta-Index

2 Dieser Meta-Index ist im Hinblick auf die **Besonderheiten der EDV** zu erstellen, da diese eigenen Gesetzmäßigkeiten folgt. Auch wenn noch keine EDV installiert sein sollte, ist dies im Hinblick auf eine mögliche spätere Anschaffung unbedingt zu empfehlen. Hierzu ist es notwendig, den Meta-Index ausschließ-

lich **numerisch** aufzubauen, da nur Zahlen auch von der EDV stets in der richtigen Reihenfolge sortiert werden. Es bietet sich dabei ein vierstelliges Dezimalsystem mit folgendem Aufbau an:

1. Stelle	Rechtsgebiet
2. Stelle	Schwerpunkt
3/4. Stelle	Fundstelle

3 Die **Rechtsgebiete** gliedern sich wie folgt:

1000. Völkerrecht, Internationales Recht
2000. Öffentliches Recht
3000. Strafrecht, Strafprozeßrecht, Straßenverkehrsrecht
4000. Steuerrecht
5000. Arbeits- und Sozialrecht
6000. Bürgerliches Recht
7000. Handels- und Wirtschaftsrecht
8000. Gerichtsverfassungs- und Zivilverfahrensrecht
Die Ordnungsnummer 9000 bleibt frei für spezielle kanzleiinterne Rechtsgebiete.

Die jeweiligen **Schwerpunkte** innerhalb dieser Rechtsgebiete können frei vergeben werden, so z. B.:

4 1000. Völkerrecht, Internationales Recht
- 1000. Völkerrecht
- 1100. Recht des Auslands
- 1200. Europarecht
- 1300. Internationales Privatrecht
- 1400. Fremdsprachige Rechtswörterbücher

2000. Öffentliches Recht
- 2000. Allgemeines
- 2100. Staats- und Verfassungsrecht. Staatslehre
- 2200. Allgemeines und Besonderes Verwaltungsrecht. Verwaltungslehre
- 2300. Öffentlicher Dienst. Staatshaftungs- und Entschädigungsrecht. Kommunal- und Haushaltsrecht
- 2400. Polizei- und Sicherheitsrecht. Datenschutzrecht. Gesundheitsrecht. Lebensmittelrecht. Presserecht. Jugendhilfe
- 2500. Bau- und Planungsrecht. Luftschutzrecht. Straßen- und Wasserrecht
- 2600. Gewerberecht. Umweltschutz. Energiewirtschaftsrecht. Jagdrecht und Tierschutz. Preisrecht
- 2700. Schulrecht. Hochschulrecht. Kirchenrecht
- 2800. Wehrrecht
- 2900. Verwaltungsverfahren. Verfassungs- und Verwaltungsprozeßrecht

3000. Straf- und Strafprozeßrecht. Straßenverkehrsrecht
- 3000. Allgemeines
- 3100. Strafgesetzbuch
- 3200. Nebenstrafrecht
- 3300. Strafverfahren. Ordnungswidrigkeiten
- 3400. Jugendstrafrecht
- 3500. Strafregister. Strafvollstreckung. Strafvollzug. Gnadenwesen
- 3600. Kriminologie. Rechtsmedizin
- 3700. Straßenverkehrsrecht. Luftverkehrsrecht

4000. Steuerrecht
- 4000. Allgemeines
- 4100. Einkommensteuer (Lohnsteuer). Körperschaftsteuer
- 4200. Realsteuern (Gewerbesteuer. Grundsteuer)
- 4300. Umsatzsteuer
- 4400. Vermögensteuer. Erbschaftsteuer/Schenkungsteuer. Bewertung

4500. Verkehrsteuern (Grunderwerbsteuer. Kapitalverkehrsteuer)
4600. Internationales Steuerrecht
4700. Berufs- und Gebührenrecht
4800. Steuerverwaltungs- und -verfahrensrecht. Steuerstrafrecht

5000. Arbeits- und Sozialrecht
5000. Allgemeines. Arbeitsvertrag
5100. Arbeitsschutz. Arbeitszeit. Urlaub
5200. Lohnfortzahlung. Kündigungsschutz. Altersversorgung
5300. Jugendarbeitsschutz. Mutterschutz. Schwerbehinderte. Heimarbeit
5400. Arbeitnehmererfindungen. Arbeitnehmerüberlassung. Illegale Beschäftigung
5500. Arbeitsförderung. Berufsbildung
5600. Betriebsverfassung. Personalvertretung. Mitbestimmung
5700. Tarifvertrag. BAT
5800. Sozialrecht. Sozialversicherungsrecht
5900. Verfahrensrecht

6000. Bürgerliches Recht
6000. Allgemeines
6100. BGB – Allgemeiner Teil
6200. Allgemeines Schuldrecht
6300. Besonderes Schuldrecht
6400. Sachenrecht
6500. Familienrecht
6600. Erbrecht

7000. Handels- und Wirtschaftsrecht
7000. Allgemeines
7100. Handelsrecht des HGB
7200. Gesellschaftsrecht
7300. Wertpapierrecht
7400. Wirtschaftsrecht. Bankrecht
7500. Privatversicherungsrecht
7600. Wettbewerbsrecht. Patentrecht. Gewerblicher Rechtsschutz
7700. Urheber- und Verlagsrecht. Film- und Fernsehrecht
7800. EDV und Recht

8000. Gerichtsverfassungs- und Zivilverfahrensrecht
8000. Allgemeines. Gerichtsverfassung
8100. Zivilprozeß
8200. Zwangsvollstreckung
8300. Konkurs- und Vergleichsverfahren
8400. Grundbuchrecht. Freiwillige Gerichtsbarkeit
8500. Kostenrecht
8600. Berufs- und Standesrecht der Rechtsanwälte, Patentanwälte und Rechtsbeistände
8700. Justizverwaltungsvorschriften

Wenn ein Büro nur drei oder vier Schwerpunkte hat kann die Anzahl der Indexnummern entsprechend verkleinert oder zu anderen Sachgruppen zusammengefaßt werden (s. etwa das Beispiel K V Rdnrn. 20f.).

3. Suchstrategie

Dieser gemeinschaftliche Meta-Index für den gesamten Fundus des anwaltlichen Know-how's erlaubt es, eine einheitliche **Suchstrategie** für alle vier Teil- 5 reiche zu entwickeln. Eine solche Suchstrategie wird regelmäßig wie folgt aussehen:

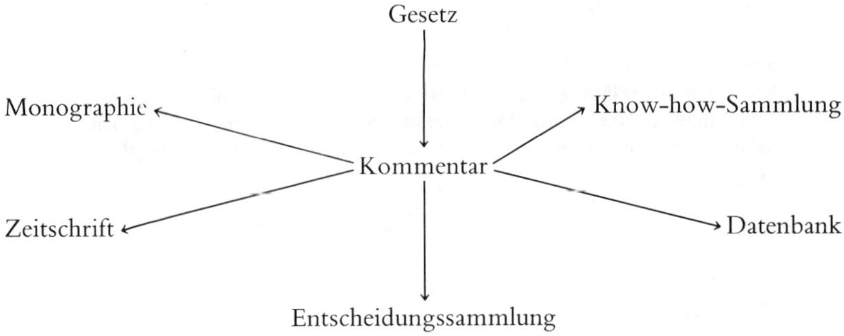

Es zeigt sich also, daß der **Kommentar** im Mittelpunkt einer sorgfältigen anwaltlichen Arbeit steht und erst von dort aus weitere Zugriffe getätigt werden. Insbesondere die Existenz einer Datenbank verleitet erfahrungsgemäß dazu, voreilig und ohne vorangehende systematische Überlegungen Einzelentscheidungen heranzuziehen. Dies aber birgt die Gefahr, im Sachverhalt und/oder der rechtlichen Würdigung ungezielt und dadurch mit zu hohem Zeitaufwand zu arbeiten.

II. Bibliothek

1. Bedeutung

6 Die kanzleiinterne Bibliothek ist für die tägliche Arbeit die **zentrale Quelle juristischen Wissens** für den Anwalt. Ihre Bedeutung für den Erfolg einer Kanzlei kann deshalb nicht hoch genug eingeschätzt werden. Dies gilt sowohl für die juristische Qualität der Arbeit, als auch für die **finanziellen Belastungen,** die aus dem Unterhalt einer Bibliothek erwachsen. Eine ständige Kostenkontrolle ist gerade in diesem Bereich unabdingbar. Dabei sollten Bücher, deren Anschaffung erwogen wird, grundsätzlich zunächst lediglich zur Ansicht bestellt werden, um in Ruhe prüfen zu können, ob tatsächlich ein Bedarf besteht.

7 **Zuschnitt und Größe** der Bibliothek richten sich ausschließlich nach den Bedürfnissen des Anwalts. Während es für einen Verteidiger in Verkehrsstrafsachen ausreichend sein kann, neben einer Gesetzessammlung wenige Kommentare zu unterhalten, nehmen gerade in zivilrechtlich orientierten Kanzleien die Bibliotheken einen erheblichen Umfang an. Unabdingbar sind stets:

- Gesetzessammlung (z. B. *Schönfelder*),
- Kommentar (z. B. *Palandt*),
- Praktikerhandbuch (z. B. *Werner/Pastor* zum Baurecht).

Der Kauf von Einzeldarstellungen sollte nicht vorschnell an Hand eines aktuellen Falles erfolgen, da zu leicht die Gefahr besteht, daß das Buch anschließend für mehrere Jahre unbenützt in der Bibliothek steht. Hier ist der Gang in eine öffentliche Bibliothek angezeigt.

2. Aufbau

Aus dem Gliederungsschema des Meta-Index ergibt sich bereits, daß die Bibliothek nicht nach formalen Gesichtspunkten (z. B. strikte Trennung zwischen Monographien, Kommentaren und Entscheidungen), sondern nach **inhaltlichen Gesichtspunkten** aufgebaut sein sollte. Dies bedeutet, daß unter der Ordnungsziffer 62 = Allgemeines Schuldrecht die gesamte einschlägige Literatur zu finden sein sollte. Die entsprechenden Bände des *Staudinger* stünden hier also ebenso wie Einzeldarstellungen. Innerhalb der vorgestellten vierstelligen Gesamtstruktur stehen für jeden Schwerpunkt 99 Ziffern für einzelne Werke zur Verfügung. Damit dürften auch größere Bibliotheken ausreichend erfaßt werden können. Selbst auf dieser Ebene ist nochmals eine Gliederung denkbar, so z. B.: 8
- 0.–20. Lehrbücher
- 30.-50. Kommentare
- 50.–99. Einzeldarstellungen

Das Lehrbuch von *Larenz,* Allgemeiner Teil des BGB, könnte also die Nummer 6101 haben, eine Dissertation zum Erbrecht die Nummer 6651.

3. Aktualität

Grundsätzlich sollten nur Bücher angeschafft werden, bei denen man sicher ist, auch nachfolgende Auflagen zu kaufen. Die Arbeit mit einem veralteten Kommentar ist keine Sparmaßnahme, sondern eine Quelle für Haftungsfälle. Die Bibliothek sollte lieber klein und **stets aktuell** als groß und veraltet sein. Dies gilt gerade auch für Rechtsgebiete, die nicht in der täglichen Arbeit angesprochen werden. Gerade dort ist das Risiko besonders groß, z. B. aufgrund einer nicht mehr gültigen Rechtsprechung fehlerhaft zu entscheiden. 9

4. Entscheidungssammlungen

Entscheidungssammlungen sollten von den **amtlichen Werken** wie BGHZ, BGHSt, BFHE, BVerwGE etc. her aufgebaut werden. Diese werden insbesondere von den Instanzgerichten besonders häufig zitiert und zeichnen sich grundsätzlich durch äußerst sorgfältige Aufbereitung aus. 10

5. Mikrofiche

Für das Bundesgesetzblatt und ggf. die Bundestagsdrucksachen bietet sich eine Ausgabe auf Mikrofiche an, die auf kleinstem Raum preisgünstig unterhalten werden kann. Es handelt sich dabei um ein phototechnisches Wiedergabesystem, bei dem die auf dünnen Plastikscheiben aufgedruckten Zeichen mit Hilfe eines speziellen Lesegerätes sichtbar gemacht werden. 11

6. Außenwirkung

Nicht zuletzt sollte noch bedacht werden, daß eine Bücherei zumeist auch einen **Repräsentationseffekt** hat, wenn sie im Wartezimmer oder am Empfang aufgebaut ist. Eine gewisse Ordnung sollte also alleine schon im Hinblick auf die Außenwirkung eingehalten werden. 12

III. Zeitschriften

1. Allgemeines

13 Der Markt der juristischen Zeitschriften ist gerade in den letzten Jahren explosionsartig gewachsen. Fast kein Monat vergeht, in dem nicht eine Neuerscheinung zu begrüßen ist. Eine gute Übersicht findet sich z. B. in Schweitzers Vademecum oder Katalogen größerer Buchhandlungen.

Angesichts dieser Fülle muß gelten, daß nur solche Zeitschriften abonniert werden, deren **Fortführung** gesichert ist. Einzelne Jahrgänge einer Zeitschrift sind zumeist deshalb wertlos, weil Verweise, z. B. in Aufsätzen, mit Vorliebe innerhalb der gleichen Zeitschrift geschehen. Aus dem gleichen Grunde sollten sowohl die bereits gebundenen als auch der noch laufende Jahrgang räumlich eng beieinander gehalten werden, um Querverweisen rasch nachgehen zu können.

2. Toncassetten

14 Als **Ergänzung** von Bibliothek und Zeitschriften können insbesondere die NJW-Cassetten angesehen werden. Es handelt sich dabei um Audio-Cassetten im herkömmlichen Format, die auf jedem Cassettenrecorder abgespielt werden können und neueste Entscheidungen sowie Hinweise auf Aufsätze in den Zeitschriften des NJW-Verbundes enthalten. (Weitere juristische Cassettenprogramme über: *H + G Verlags- und Vertriebs-GmbH,* München.)

IV. Vertrags- und Urteilssammlung

1. Zweck und Nutzen

a) Sicherung des eigenen Know-how

15 Eine kanzleiinterne Vertrags- und Urteilssammlung ist die am häufigsten verbreitete Möglichkeit für Rechtsanwälte, eigenes Know-how dauerhaft zu sichern. Die Arbeit des Rechtsanwalts ist ja dadurch geprägt, daß die Lösung rechtlicher Probleme relativ rasch in Vergessenheit gerät, d. h. Wissen ständig im Alltagsgeschäft „versickert". Abhilfe kann hier nur eine umfassende Sammlung bieten, die neben eigenen Verträgen oder Urteilen auch Schriftsätze, Aktennotizen, Allgemeine Geschäftsbedingungen, aber auch Kopien von Aufsätzen, die von besonderem Interesse sind, enthält.

b) Weitergabe des eigenen Know-how

Darüberhinaus ist es mit diesem Instrument möglich, die **juristische Zusammenarbeit** zwischen mehreren Rechtsanwälten einer Kanzlei zu intensivieren, indem das Wissen einzelner allen zugänglich gemacht wird. Schließlich können Besonderheiten örtlicher Gerichte (z. B. Mietrecht, Familienrecht) erfaßt werden, die erfahrungsgemäß aus veröffentlichten Entscheidungen nicht hervorgehen.

2. Aufbewahrung

16 Eine solche umfassende Know-how-Sammlung wird rasch unübersichtlich, wenn die Papiermengen nicht von Anfang an gemäß dem oben aufgezeigten

Meta-Index erfaßt werden. Als günstigste Form der Erfassung haben sich **Stehordner** (= Einstellmappen z. B. Leitz Nr. 2435) erwiesen, die mit **Reitern** versehen werden, auf denen sich der Meta-Index und einige Stichworte befinden. Diese Sammlung in Stehordnern hat den Vorteil, daß sie jederzeit ohne Rücksicht auf ihren Umfang erweitert werden kann. Wie bei einer Loseblattsammlung werden neue Fundstellen einfach dazwischensortiert, ohne die nachfolgenden Stehordner umsortieren zu müssen. Jede Fundstelle erhält also einen Stehordner.

3. Integration in die EDV

Soweit ein Textverarbeitungssystem vorhanden ist, empfiehlt es sich, diese **17**
Know-how-Sammlung doppelt zu führen: Zum einen in der bereits beschriebenen Papierform mit Stehordnern, zum anderen innerhalb des EDV-Systems durch Anlage entsprechender **Dateien.** Dies bedeutet, daß relevante Texte, die mit der Textverarbeitung erstellt werden, in ein spezielles Directory kopiert und dort systematisch aufbereitet und gepflegt werden. Der dadurch entstehende Speicherbedarf ist angesichts der ständig fallenden Preise für Festplatten kein Hindernis mehr. Das hier vorgestellte System des Meta-Index ist problemlos für jede Textverarbeitung anwendbar, indem die dreiteilige Gliederung (Rechtsgebiet, Spezialthema, Fundstelle) im Dateisystem in Form von Directorys angelegt wird:

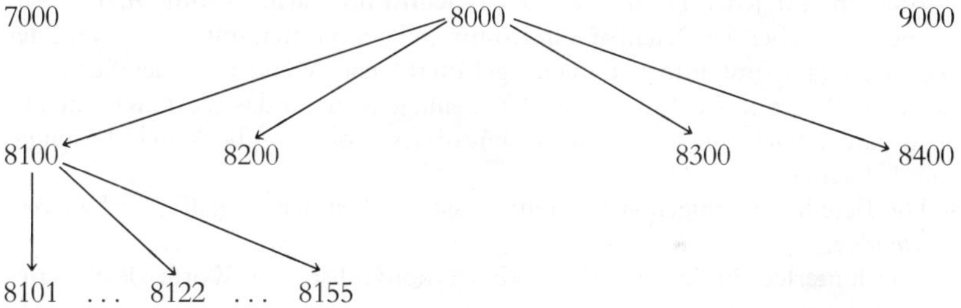

4. Mehrfacherfassung

Häufig weisen Schriftsätze oder Urteile Aussagen zu mehreren Problemen **18**
auf. In diesen Fällen sollte das entsprechende Dokument unter jedem der Teilaspekte abgelegt werden. Dies gilt sowohl für die herkömmliche Aufbewahrung in Stehsammlern als auch die Abspeicherung in der EDV. Ebenso wie in der Bibliothek über verschiedene Werke zugegriffen werden kann, um schließlich die entscheidende *BGH*-Entscheidung zu finden, muß auch im Bereich der Know-how-Sammlung ein **doppelter Zugriff** erfolgreich sein.

V. Datenbanken

1. Gefahr für die juristische Qualität

Die große Menge an Daten, die mit Hilfe der EDV verarbeitet werden kön- **19**
nen und die Geschwindigkeit, mit der Suchvorgänge abgeschlossen werden, verführen allzu leicht dazu, vorschnell und ohne **systematischen Unterbau** auf

Datenbanken zuzugreifen. Es sei deshalb nochmals darauf hingewiesen, daß es unabdingbar ist, mit Hilfe der bereits oben beschriebenen Hilfsmittel, inbesondere dem Kommentar, die Stellung des Problems innerhalb der Gesetzessystematik klar zu machen. Nur so kann verhindert werden, daß ein unpassender Leitsatz aus der Datenbank zur Grundlage einer notgedrungen fehlerhaften Entscheidung gemacht wird.

2. Inhaltliche und technische Voraussetzungen

20 Neben allgemein zugänglichen Datenbanken, die entweder über Online-Betrieb (z. B. Juris) oder über Diskette (BGH-DAT) geliefert werden, wurden bereits einige Versuche mit kanzleiinternen Datenbanken unternommen (vgl. *Waltl,* CR 1987, 550; *Endrös,* NJW-CoR 1/89, 24). Es handelt sich dabei zumeist um Datenbanken, die für eng begrenzte Rechtsgebiete, d. h. hochspezialisierte Rechtsanwälte entworfen wurden. Basis hierfür sind zumeist Datenbankprogramme aus dem MS-DOS-Bereich, wie dBASE III o. ä. Zur Erstellung einer solchen Datenbank sind **Programmierkenntnisse** erforderlich, die entweder vom Anwalt selbst oder einem beauftragten Programmierer eingebracht werden müssen.

3. Zugriffsmöglichkeiten

a) Grundproblem

21 Ansatzpunkt jeder Datenbank ist ein **Kommunikationsproblem.** Der Suchende muß über die Datenbank in Kommunikation treten mit demjenigen, der die Datenbank mit Informationen „gefüttert" hat. Wenn z. B. der Suchende nach dem Wort „PKW" sucht, die Datenbank jedoch nur das Wort „Kfz" kennt, so wird der Suchende nichts finden. Für dieses Problem gibt es zwei Lösungsmöglichkeiten:

- Die Beteiligten einigen sich darauf, ausschließlich den Begriff „Kfz" zu verwenden;
- man hinterlegt in der Datenbank eine Synonymliste, die Worte gleicher Bedeutung aufreiht.

Die letztgenannte Möglichkeit ist relativ aufwendig, da hierfür die deutsche Sprache weitgehend aufgearbeitet werden müßte. Gangbar mit vernünftigen Mitteln bleibt also zumeist nur eine Vereinheitlichung der Begriffe.

b) Zugriff über Schlagworte

22 Eine solche Beschränkung ist den Juristen etwas durchaus vertrautes, wie der Blick in das **Stichwortregister** eines Kommentars zeigt. Schlägt man z. B. im Palandt nach, so wird man weder unter dem Stichwort „PKW" noch „Personenkraftwagen" Verweise finden. Allein unter dem Stichwort „Kfz" findet sich ein Hinweis auf einschlägige Ausführungen. Für den Aufbau einer Datenbank bietet es sich an, diese bereits bestehende Sprachnormierung aus Standard-Kommentaren zu übernehmen. Für die Erstellung einer internen Datenbank im Bereich des Versicherungsrechts wäre es also sinnvoll, auf den Kommentar von *Prölss/Martin* zum VVG zurückzugreifen, im Bereich der ZPO etwa auf den *Zöller.* Diese Schlagworte, wie sie innerhalb der Datenbank verwendet werden, entsprechen auch den Reitern, die im Rahmen der Know-how-Sammlung Anwendung finden. Der einheitliche Sprachgebrauch wird so im Rahmen der gesamten Informationsrecherche gewahrt.

c) Zugriff über Meta-Index

Neben einem Zugriff über Schlagworte muß natürlich auch der Zugriff über 23
den Meta-Index möglich sein. Dabei kann die Suche analog zu einer herkömmlichen Suche innerhalb einer Bibliothek angelegt werden. Mit Hilfe der EDV ist es möglich, Suchbegriffe durch Variable zu erweitern und lediglich teilweise zu definieren. Üblicherweise werden solche Variablen **„wildcards"** genannt. Eine Suche nach dem Meta-Index „8***" würde also alle Fundstellen aus dem Rechtsgebiet 8000 „Gerichtsverfassungs- und Zivilverfahrensrecht" finden. Die Eingabe des Suchbegriffs „81**" würde diese Menge bereits auf die Fundstellen begrenzen, die im Bereich des Schwerpunktes 8100 Zivilprozeßrecht angelegt wären.

d) Zugriff über Gesetzessystematik

Neben diesen beiden Möglichkeiten (Schlagwort und Meta-Index) sollte auch 24
noch eine dritte, systematische Suchmöglichkeit vorhanden sein. Sinnvollerweise besteht diese in den Paragraphen und der Gesetzesangabe, zu der der entsprechende Leitsatz eine Aussage trifft. Insgesamt ergibt sich so eine **dreifache Zugriffsmöglichkeit,** nämlich:
- nach Schlagworten,
- nach dem internen Meta-Index,
- nach der juristischen Begriffs-Systematik.

4. Kongruenz mit Vertrags-/Urteilssammlung

Datenbanken können grundsätzlich unterschieden werden in Volltextdaten- 25
banken und solche, die lediglich einen Leitsatz wie Schlagworte und/oder einen kurzen Text enthalten. Volltextdatenbanken für den internen Kanzleigebrauch werden regelmäßig an dem Speicherbedarf scheitern. Sinnvollerweise wird also die Datenbank so anzulegen sein, daß sie ihrerseits wieder auf die Know-how-Sammlung in Papierform verweist, wo die Fundstelle (Urteil oder Aufsatz) im Volltext abgelegt ist. Auf dieser Grundlage würde sich z. B. folgender **Bildschirmaufbau** anbieten (die Zahlen in spitzen Klammern geben die jeweilige Feldlänge an):

Autor . . .:<	25 >	Aktenz . . .:<	15 >
Datum. . .:<	10 >	Meta-Index:<	4 > < 4 > < 4 >
Gesetz . . .:<	25 >	Gesetz . . .:<	25 >
Fundstelle :<	25 >	Fundstelle :<	25 >
Fundstelle :<	25 >	Fundstelle :<	25 >
Fundstelle :<	25 >	Fundstelle :<	25 >
Stichwort :<	25 >	Stichwort .:<	25 >
Stichwort :<	25 >	Stichwort .:<	25 >
Stichwort :<	25 >	Stichwort .:<	25 >
Leitsatz . .:<		60	>
<		60	>
<		60	>
<		60	>

Die Felder „Autor", „Aktenz" und „Datum" sind selbsterläuternd, die drei Felder „Meta-Index" ebenfalls. Die Felder „Fundstelle" beziehen sich auf eine veröffentlichte Fundstelle, also in einer Zeitschrift oder amtlichen Entscheidungssammlung. Die Felder „Stichwort" schließlich enthalten die Begriffe, wie sie gemäß der oben dargelegten Vereinbarung vergeben wurden. Der „Leitsatz“ wird zweckmäßigerweise selbst gebildet oder – soweit es sich um amtliche Leitsätze handelt – übernommen.

5. Suchstrategie

26 Es wurde bereits darauf hingewiesen, daß der Griff zu einer Datenbank auf keinen Fall zu früh erfolgen sollte, ohne die **systematische Stellung des Problems** ausreichend geklärt zu haben. Selbst wenn dies jedoch beachtet wird, ist auch bei der Recherche in der Datenbank selbst Zurückhaltung bei der Suchstrategie angezeigt. Der zu findende Leitsatz muß quasi eingekreist werden, nicht aber im ersten Zugriff gefunden werden. Die Gefahr, daß gerade an dem entscheidenden Leitsatz die Suche vorbeigeht, ist sonst zu groß.

Bei einem zivilprozessualen Problem (z. B. Gerichtsstand) bietet es sich also zunächst an, alle Fundstellen aus dem Bereich 8100 Zivilprozeßrecht mit dem Suchbegriff „81**“ herauszuselektieren. Ergibt die Suche nur wenige Leitsätze, so ist es ohne weiteres möglich, all diese Leitsätze kurz durchzublättern und zu lesen. Sollte die Menge der gefundenen Leitsätze bei dieser Selektionsbedingung jedoch so groß sein, daß ein schnelles Durchlesen nicht mehr möglich ist, so empfiehlt sich eine Verknüpfung zweier Suchbegriffe. Denkbar wäre, dem Suchbegriff „81**“ als weiteren Suchbegriff das Wort „Gerichtsstand“ beizugeben. Es würden dann nur solche Fundstellen herausselektiert, die beide Suchkriterien erfüllen. Sollte diese Suche fehl schlagen, so würde es sich zur Kontrolle empfehlen, nochmals mit dem Begriff „Gerichtsstand“ alleine eine Suche zu starten. Es kann ja nicht völlig ausgeschlossen werden, daß zwar dieses Schlagwort vergeben wurde, jedoch vergessen wurde, den entsprechenden Meta-Index des Rechtsgebiets 8100 zu vergeben. Angesichts der Suchgeschwindigkeiten moderner Datenbanksysteme sind solche Kontrollrecherchen ohne weiteres durchführbar.

6. Ständige Aktualisierung

27 Datenbanken leben von ihrer täglichen **Aktualität.** Es ist deshalb unerläßlich, daß sämtliche Beteiligten jeden Eingabefehler, der bemerkt wird, sofort korrigieren und neue Entscheidungen oder Fundstellen aufbereiten und eingeben. Es muß hier also ein ständiger Dialog zwischen Datenbank und Benutzern stattfinden, der das Produkt immer weiter entwickelt und vervollständigt. Nur diese tägliche Auseinandersetzung sichert langfristig den Wert einer Datenbank. Dies gilt auch für eine geregelte **„Datenentsorgung“.** Zeigt sich z. B., daß ein früherer Leitsatz durch eine neuere Entscheidung des Bundesgerichtshofs obsolet geworden ist, so ist entweder der gesamte frühere Leitsatz zu löschen oder darin ein Hinweis auf die zeitlich nachfolgende neuere Entscheidung anzubringen. Gerade der schnelle punktuelle Zugriff, den Datenbanken erlauben, erfordert eine fortlaufende Überwachung.

7. BGH-DAT auf Diskette

28 Als Einstieg und/oder Ergänzung für eine eigene Datenbank kann das Datenbanksystem BGH-DAT hilfreiche Dienste leisten. Es handelt sich dabei um ein Produkt, das maßgeblich von Richtern des Bundesgerichtshofes entworfen und gestaltet wird. In dieser Datenbank wird ausschließlich die Rechtsprechung des

Bundesgerichtshofes berücksichtigt, wobei eine lückenlose Erfassung etwa ab dem Jahre 1986 bis zur Gegenwart gewährleistet ist. Die Daten werden auf Diskette geliefert, und können so auf die Festplatte kopiert werden. Die Datenbank ist auch für das **Betriebssystem MS-DOS** erhältlich und damit für die große Mehrzahl der PC's einsetzbar.

8. Online Datenbanken

Externe Datenbanken bieten Auskünfte über Wirtschaftsdaten (ECODATA; GENIOS) oder über Rechtsprechung und Literatur (JURIS; CELEX; RDB etc.). Sie sind entweder über den eigenen Direktanschluß oder über Mailbox zu erreichen (dazu KIV Rdnr. 28). **29**

9. CD-ROM Datenbanken

Etwa seit 1989 finden sich auf dem Markt auch Datenbanken auf Compact Discs, die statt Musik eben juristische Informationen in digitaler Form abspeichern. Dieses neuartige Medium besticht vor allem durch die schier unendliche Datenmenge, die auf einer CD untergebracht werden kann. Voraussetzung zum Einsatz ist neben einem normalen PC ein spezielles Abspielgerät, das sog. CD-ROM Laufwerk (vgl. den Überblick bei Dechsling, NJW-CoR 2/90, 13). Mit einer speziellen Software können die Abfragen durchgeführt werden, wobei die Zugriffszeiten trotz der großen Datenmengen sich stets im Sekundenbereich bewegen. **30**

Die Fülle der angebotenen Datenbanken auf CD-ROM ist für den Anwalt bereits jetzt kaum mehr zu überblicken, da die Daten zum Teil identisch, zum Teil aber auch unterschiedlich sind. Derzeit finden sich folgende Produkte mit Rechtsprechung:

- NJW-Leitsatzkartei
- NJW-Volltext mit NJW-RR
- AP – Arbeitsrechtliche Praxis
- Juris Data Disc BGH (Zivil- und Strafsenate)
- Juris Data Disc Finanzgerichtsbarkeit
- Juris Data Disc Arbeitsgerichtsbarkeit
- Juris Data Disc Sozialgerichtsbarkeit
- BGHE, dh BGH-DAT vereinigt mit BGHR in Zivilsachen
- Eurolex mit allen Bereichen von Celex

Die Preise dieser CD-ROM Produkte bewegen sich für die Erstanschaffung zwischen DM 600.– und DM 4000.–, für die laufenden Nachlieferungen zwischen DM 1000.– und DM 2000.– pro Jahr. Noch läßt sich nicht endgültig abschätzen, welchen Platz Datenbanken auf CD im Handwerkszeug der Rechtsanwälte einnehmen werden. Mit der Fülle der Informationen, die per CD zur Verfügung gestellt werden, dürfte die Notwendigkeit einer strukturierten Informationsbeschaffung eher noch weiter zunehmen.

K VII. Personalwirtschaft

Dr. Eberhard Fedtke

Übersicht

Literatur: *Dornbusch,* Kosten für das Personal in der Rechtsanwaltspraxis 1991, AnwBl. 1990, 619; *Michel,* Personal-Ausbildung von Gehilfen und Referendaren, DAV-Ratgeber, 3. Aufl. 1985, S. 96.

I. Personalauswahl

1. Allgemeines

1 Die Qualität eines Anwaltsbüros wird entscheidend geprägt durch Niveau und Zuschnitt seines Personals. **Qualifiziertes Personal** ermöglicht gute Leistung, gute Leistung ist Voraussetzung für ausreichenden Umsatz, ausreichender Umsatz Grundlage für die Rentabilität des Dienstleistungsunternehmens Anwaltsbüro. Büroqualität ist die Summe aus Mitarbeiterqualifikation und Arbeitseffizienz.

2. Personalbedarf

2 Jedes Büro hat einen festliegenden Bedarf an Personal. Richtlinien hierfür bilden die Größe, die betriebsinterne Organisation, der konkrete Arbeitsanfall sowie die Palette des Leistungsangebotes schlechthin des Büros. Der konkrete
3 **Grundbedarf** ist festzuhalten sowie ständig zu aktualisieren. Zielsetzung muß stets sein, im Interesse der Funktionsfähigkeit sowie der Wirtschaftlichkeit so viel Personal wie benötigt an richtiger Stelle unter bestmöglicher Auslastung einzuplanen und einzusetzen.

4 **Personalkosten** stellen mit etwa 30% den bei weitem höchsten Anteil der Kosten eines Anwaltsbüros (Die Kostenstrukturstatistik 1983, AnwBl 1986,

191 ff.). Dieser erheblichen Kostenauswirkung muß der unternehmerisch denkende Büroinhaber (vgl. *Fedtke,* AnwBl. 1986, 114 ff.) bei der konkreten Bedarfsplanung Rechnung tragen (vgl. *Fedtke,* ZAP 1989, 29 ff.).

Zweckmäßigerweise gliedert man den Bedarf in eine feste Grundbesetzung 5
von **Vollkräften** sowie einen **variablen Teil** von Teilzeitkräften, Stunden- sowie Aushilfskräften. So läßt sich am besten den Schwankungen im Arbeitsanfall eines Anwaltsbüros durch eine weitgehend bedarfsgerechte Personalbestückung begegnen. Die variablen Einsatzmöglichkeiten von Teilzeitpersonal werden in Anwaltsbüros erkennbar noch viel zu wenig genutzt oder nicht erkannt.

3. Qualifikation

Die Qualifikation des Personals hat dem Leistungsangebot sowie -standard 6
des Büros zu entsprechen. *Winters,* Der Rechtsanwaltsmarkt, 149 ff., hat die Anforderungen an das Anwaltsbüro der Zukunft als spezifisches Dienstleistungsunternehmen sehr anschaulich und wegweisend beschrieben. Demgemäß muß jeder Mitarbeiter im Personalbereich nach dem konkreten Anforderungsprofil seiner Stelle ausgesucht werden. Auf das Beispiel einer Arbeitsplatz-/Stellenbeschreibung Rdnr. 62 wird verwiesen. Das moderne Anwaltsbüro erfordert außer juristischen Kenntnissen ebenso ausgeprägte kaufmännische, technische, organisatorische sowie führungsmäßige Fertigkeiten beim Inhaber bzw. Personal.

4. Personalsuche

Die Personalsuche richtet sich nach Angebot und Nachfrage auf dem Arbeits- 7
markt. Seine Möglichkeiten sind vielfältig. Sie umfassend zu erkennen und in der richtigen Reihenfolge auszuschöpfen, ist entscheidend für gute Resultate bei der
Personalsuche. Die **gezielte Suche** in der eigenen Branche sollte vorrangig sein. 8
Anschläge in Anwaltshallen, Anzeigen in Fachblättern, aber auch die konkrete Nachfrage im Kollegenkreis nach Reno-Kräften, Auszubildenden und Schreibkräften sind häufig bessere und schnellere Quellen als der allgemeinere Weg
über Annoncen in Tageszeitungen. Selbst Branchenfremde sind oftmals sehr 9
geeignet, beispielsweise für die Buchhaltung, allgemeine Schreibdienste, die Bibliotheksbetreuung oder den Postbereich. Gelernte Hotelfachkräfte des Empfangsbereichs mit ihrer einschlägigen Schulung im Kundenumgang und Telefondienst lassen sich, weil der Schichtdienst entfällt, für Anwaltsbüros gewinnen und stellen eine wesentliche Bereicherung für eine qualifizierte Darstellung der Kanzlei dem Mandantenkreis gegenüber dar. Die bestmögliche Personalsuche muß das Nachrücken aus den eigenen Reihen miteinbeziehen. Hier ist nicht nur die **Lehrlingsausbildung** mit späterer Volleingliederung gemeint. Langfristig gut angelegte Personalplanung sollte für praktisch jedwede Stelle die Option für einen Aufstieg oder eine sachgerechte Umbesetzung vorsehen, auch schon im Stadium der Vertragsaushandlung.

Die Personalsuche für fremdes neues Personal kann auf bestimmte zu beach- 10
tende Prinzipien nicht verzichten. Neben guter fachlicher **Leistungsfähigkeit** muß **Anpassungsfähigkeit** für dieses bestimmte Büro gefordert werden. Anwaltsbüros sind in jeder Größenordnung durch die engen persönlichen Arbeitskontakte gekennzeichnet. Das Harmonisieren innerhalb des zwischenmenschlichen Bereichs ist neben aller Anforderung an optimale fachliche Leistung eine unverzichtbare Grundprämisse guter Büroarbeit. Die negativen Auswirkungen,

sofern Störungen im Arbeitsklima vorliegen, machen sich für ein Anwaltsbüro nicht nur wegen der außerordentlichen Kostenträchtigkeit des Personalbereiches nachhaltig bemerkbar. Daher ist in Anbetracht aller notwendigen Merkmale für seine harmonische Personalzusammensetzung sowie bestmögliche Leistungseffizienz erhöhte Sorgfalt etwa bei der Auswahl externer Schreibdienste angezeigt.

11 Personalsuche erfordert Ausdauer und Sorgfalt, eingehende **Vorstellungsgespräche** und weitgehende Kenntnisse der modernen **Menschenführung.** Grundlage einer richtig angelegten Personalsuche ist die Arbeitsplatzanalyse (vgl. Rdnr. 18), wer aus fachlicher sowie persönlicher Sicht bestmöglich eine bestimmte Stelle ausfüllt. Die für Industrieunternehmen heutzutage längst gängigen Grundsätze der Personal- und Menschenführung finden in den Anwaltsbüros geeignete Grundlagen zur Anwendung. Das wiederum ist eine elementare Frage des Ausbildungsstandes der jeweiligen Führungskräfte der Kanzlei.

5. Altersstruktur

12 Eine ausgewogene Altersstruktur des Personalgefüges verdient angemessene Beachtung. Je größer ein Büro ist, desto vorteilhafter wirkt sich eine durchdachte Abstufung von älteren und jüngeren Jahrgängen aus. Insoweit ist nicht nur der unterschiedliche **Erfahrungsstand** mit der selbstverständlichen Auswirkung angesprochen, daß Fachwissen weitergegeben und Führungsverhalten von älteren gegenüber jüngeren Mitarbeitern praktiziert wird. Es geht um mehr. Führungsmechanismen und **Rollenverteilungen** bilden sich offen oder unterschwellig in einem größeren Mitarbeiterkreis heraus. Dies kann zum Wohle des Büros bestens genutzt werden. In Anwaltsbüros ist das Personal sehr häufig unter sich allein. Die juristischen Mitarbeiter sind zu Terminen oder Besprechungen auswärts. Durch entsprechende Über- und Unterstellungen läßt sich eine selbständig und eigenverantwortlich wirkende interne Führungsstruktur im Personalbereich aufbauen. Der **Bürovorsteher** althergebrachter Prägung als typische Filterstation zwischen der Ebene juristischer Mitarbeiter sowie dem Personal, zudem als Fach- und Dienstvorgesetzter, ist ohnedies vielfach nicht mehr zu finden, in neuzeitlichen strukturierten Büros vielleicht auch nicht mehr unterzubringen. Unausgewogenheiten in der Altersstruktur können bei Neueinstellungen angepaßt werden.

6. Gehaltsstruktur

13 Wichtig ist eine durchdachte Gehaltsstruktur. Zufriedenes Personal, Einsatzfreude, Verantwortungsbewußtsein, eigenverantwortliches Mitdenken sowie die Identifikation mit dem eigenen Unternehmen schlechthin, überhaupt die vielfältigen grundlegenden Anforderungen für eine erfolgreiche Büroführung, sind ebenfalls eine Frage der richtigen Besoldung. Gehaltsangelegenheiten zeigen sich bekanntermaßen zwischen Büromitarbeitern häufig transparent. Sie mögen es durchaus sein. Objektive Kriterien sollten festlegen, wer auf welcher Position was verdienen kann. Es bleibt unternehmerischem Feingespür vorbehalten, jeden nach seinen individuellen Fähigkeiten gerechtermaßen zu dotieren und zu motivieren. Ein probates Hilfsmittel, unter Wahrung einheitlicher **Gehaltsschemata** Besonderheiten zu honorieren, bieten **Prämiensysteme.** Mit
14 Prämien wird ersichtlich im Anwaltsbüro noch zu wenig gearbeitet, obgleich die Gegebenheiten dafür geeignet sind, insbesondere bei der eigenverantwortlichen Aufgabenwahrnehmung im Delegationsbereich (vgl. Rdnr. 48).

Für **Leistungsanreize** oder zur Weckung von Leistungsreserven lassen sich alle meßbaren und nachkontrollierbaren Aufgabeneinheiten mit einer **Prämienzielsetzung** versehen. Dies gilt für Zielsetzungen jedweder Art, sei es auf dem Gebiet der Aufgabenerfüllung eines vorgegebenen Bereiches, der Leistungsverbesserung hierin oder bestimmter geplanter Kosteneinsparungen. Die Prämie erfüllt nicht nur einen **Motivationsanreiz** für den Empfänger, sondern belegt in der konkreten Verwirklichung, wie die Leistungsgestimmtheit eines Mitarbeiterkreises aussieht. Prämienaufbau und Prämienhandhabung können den Regeln entlehnt werden, wie sie in Industrie und Handel gang und gäbe sind. 15

7. Personalwechsel

Bestimmte Personalfluktuationen sind unvermeidbar. Jeglicher Personalwechsel ist grundsätzlich störend für den innerbetrieblichen Gesamtarbeitsablauf. Ein neuer Mitarbeiter muß eingearbeitet werden bzw. sich selbst einfinden. Bis zu einer vollen Leistungshöhe können Monate vergehen. Sie sind nach aller belegbaren Erfahrung verbunden mit vielfältigen kostenrelevanten Reibungsverlusten aus Einordnungsfragen in ein neues eigenständiges Bürogebilde. Aufgabenstellung eines kostenbewußten Büroinhabers muß sein, häufige Personalwechsel zu vermeiden. Dies gilt selbstverständlich nicht, wenn ein Wechsel unabweisbar wird. Eine klare Personalkonzeption, verbunden mit guter Vorsorge für Aufstiegs- sowie Nachrückmöglichkeiten (vgl. Rdnr. 9), zugleich eine detaillierte Vertretungsregelung (vgl. Rdnr. 22), ist das geeignete **Führungsmittel,** um unliebsamen Schadensfolgen bei unvermeidbarem Personalwechsel entgegenzusteuern. 16

8. Arbeitsplatzanalyse

Auch eine Anwaltspraxis unterliegt Gewöhnungseffekten in Arbeitsabläufen sowie im Personalverhalten. Die Eigendynamik im Personalbereich geht eigene Wege. Es bilden sich Stärken und Schwächen der Mitarbeiter heraus. Fähigkeiten oder Interessen stellen sich verändert dar. Verantwortungsvolle Personalorganisation reagiert hierauf durch **Neubestimmung der Stellenbesetzung.** Eine gelegentliche gezielte Befragung der Mitarbeiter nach besonderen Neigungen kann verdeckte Fähigkeiten offenlegen und nutzbar machen, auch durch entsprechende Umbesetzungen. 17

Zielsetzung einer **periodischen Durchrationalisierung** des Personalbereichs sind Verbesserung der Leistungsfähigkeit sowie der Rentabilität des Büros. Das Mittel hierzu ist die **Arbeitsplatzanalyse,** basierend auf der Stellen- oder der Arbeitsplatzbeschreibung. Eine einfache Arbeitsplatzanalyse läßt sich mit dem Tageskalender erstellen, in welchem ein Soll- und Istvergleich sämtlicher Aufgabenwahrnehmungen über einen repräsentativen Zeitraum hinweg erstellt wird. Die sorgsame Auswertung solcher Arbeitsplatzanalysen einschließlich Anregungen aus dem Mitarbeiterkreis ergibt, ob das Büro fachlich und persönlich an jeder Stelle richtig besetzt ist oder Um- bzw. Neubesetzungen erfordert. 18

Anlässe zur Durchrationalisierung bieten Neuanschaffungen **technischer Hilfsmittel.** Die Rationalisierung muß gleichgewichtig im personellen Bereich vorbereitet werden. Das gilt für Fragen von Personaleinsparungen oder -umsetzungen jeweils unter Rentabilitätsgesichtspunkten. 19

9. Rationalisierung

20 Teil der richtigen Besetzung bildet auch die stetige **Anpassung an** fortschreitende **technische Entwicklungen.** Gemeint ist das Erfordernis richtiger Auswahl der Mitarbeiter wie ihrer Schulung (vgl. Rdnr. 55). Anpassung des Mitarbeiterstandards an den technischen Fortschritt ist eine permanente Aufgabenstellung in der heutigen Zeit und damit Teil der Rationalisierung. Viele Büros werden vom technologischen Fortschritt überholt oder sind neuen technischen Anforderungen nicht hinreichend gewachsen. Anpassung kann überdies nur im
21 Hinblick auf Rentabilität sinnvoll sein. Wo sie gleichbedeutend mit mehr Personal sowie höheren Personalkosten ist, liegt zu leicht Unwirtschaftlichkeit vor, wenn nicht zugleich der Dienstleistungskatalog sowie der Aufgabenrahmen mit rentablen Auswirkungen verbessert oder vergrößert werden kann. Letztlich ist es in diesem Spannungsfeld zwischen Anpassung an neuzeitliche technische Gegebenheiten sowie Erhalt der Rentabilität des Büros vorab bedeutsam, inwieweit der oder einer der Büroinhaber selbst die technische Apparatur beherrschen, um aus **eigener Sachkenntnis** innovative Vorgänge zu steuern und Investitionen zu rechtfertigen.

10. Vertretungsregelung

22 Wesentliches Markenzeichen einer durchdachten Personalorganisation ist eine gut funktionierende Vertretungsregelung. Dies gilt für alle Formen der Abwesenheit von Personal, sei es in Ferienzeiten oder bei Krankheitsfällen.

23 Jede Position ist im Besetzungsraster sozusagen doppelt aus dem vorhandenen Mitarbeiterstamm zu belegen. Der Vertreter muß ein **sachkundiger** Mitarbeiter sein, welcher eine Vertretung in der Sache selbst, nicht nur eine bloße Platzhalterschaft ausübt.

Auswahl, Einstellung, Einarbeitung, Personaleinsatzplanung (vgl. Rdnr. 44), sowie die jährliche Ferienordnung müssen auf die Anforderung der **lückenlosen qualifizierten Vertretungsregelung** abgestellt sein.

24 Für wirkungsvolle Vertretungsregelungen bietet sich an, mit **Teilzeitkräften** (vgl. Rdnr. 25) zu arbeiten bzw. für solche Fälle auf die Personalreserve (vgl. Rdnr. 30) zurückzugreifen.

11. Teilzeitkräfte

25 Ein schwankender Arbeitsanfall ist für ein Anwaltsbüro typisch. Dies gilt für die Tagesarbeit ebenso wie für monatlich oder großräumiger anfallende Aufgabenvolumen. Eine rationell sowie kostenmäßig verantwortungsvoll planende Büroführung begegnet jedweden Arbeitsspitzen mit dem Einsatz von **Aushilfs- bzw. Stundenkräften.** Alteingesessene Büros haben nachhaltig Erfahrung, wann und wodurch Mehrarbeit anfällt. Mit Teilzeitkräften halten sie sehr variabel die ordnungsgemäße Bewältigung des aktuellen Arbeitsanfalls aufrecht.

26 Der **Arbeitsmarkt** eröffnet, wenn man ihn umfassend und fortdauernd im Auge behält, ein hinlängliches Reservoir für geeignete Teilzeitkräfte. Viele Sekretärinnen, welche vorübergehend aus dem Arbeitsprozeß ausgeschieden waren, wollen wieder stundenweise oder halbtags arbeiten. Selbst mancher **Pensionär** oder **Rentner** ist für vielfältige Aufgaben im Anwaltsbüro, wie die Betreuung der Bibliothek, gewisse Kontrollangelegenheiten, Botengänge, Postangelegenheiten oder ähnliches, eine fachlich hervorragende wie preiswerte Hilfe.

Der Richter im Ruhestand als hochqualifizierter wissenschaftlicher Mitarbeiter stellt für viele Kanzleien eine vielgesuchte Teilzeitkraft dar.

Das Arbeiten mit Teilzeit- sowie Aushilfskräften bedarf einer sehr intensiven **Planung.** Es ist genaue **Vorausschau** nötig, wann Arbeitsspitzen anfallen. Hinzu kommt überdies die notwendige Kontaktpflege dieses Personalbereiches, welches abrufbereit kurzfristig zur Verfügung stehen soll. **27**

Teilzeit- und Aushilfskräfte sind bestens geeignet zum Abbau von kostspieligen **Überstunden.** Anerkannt ist die gute **Arbeitseffizienz** von Teilzeitkräften auf Grund kürzerer Belastungsdauer. **28**

Eine besondere Form des **Zeitpersonals** sind die Mitarbeiter mit **Zeitverträgen** (vgl. Rdnr. 38). Sie rechtfertigen sich beispielsweise bei der Durchführung bestimmter zeitlich begrenzter Maßnahmen ohne spätere Übernahme in den Personalstamm, z. B. bei Personalausfall durch Mutterschafts- oder Erziehungsurlaub, Wehrdienst o. ä. **29**

12. Personalreserve

Besonders umfassend vorausplanende Büroinhaber bewahren sich eine Art Personalreserve aus ehemaligen Büroangestellten. Mancher Mitarbeiter, welcher aus dem Büro ausscheidet, beispielsweise bei dem Fall der Eheschließung einer Sekretärin, möchte den beruflichen Kontakt zum Büro gerne aufrechterhalten. Diesen Wunsch sollte man frühzeitig feststellen. Solche ehemaligen Mitarbeiterinnen sind gerne bereit, bei kurzfristigem Bedarf oder ausgesprochenen Notfällen auszuhelfen. Es ist vorteilhafter, bevor bürofremdes Personal, vielleicht branchenfremden Zuschnitts aus **Personalvermittlungsinstitutionen,** zum Einsatz kommt, auf eine solche sachkundige und bürobekannte Reserve zurückzugreifen. Nur bedürfen Aufbau und Erhalt einer solchen Personalreserve gewisser gezielter Bemühungen des Büroinhabers. **30**

13. EG-Perspektiven

Personalauswahl ist in vielen Büros schon heute eine Ausrichtung auf Einzelheiten der **internationalen Betätigung.** Im Hinblick auf 1993, wenn zur Dienstleistungsfreiheit auch die Niederlassungsfreiheit tritt, wird dieses Problem noch aktueller. Auch der Anwaltssektor steht vor einem Umbruch. Personalauswahl muß dem Rechnung tragen. Aufgabenstellung sowie Zielsetzung vieler mit den Neuregelungen und Alltäglichkeiten des Binnenmarktes betroffenen Büros ist es, im Hinblick auf die Gegebenheiten spätestens ab 1993 sich gezielt durch eine entsprechende Personalbesetzung einen Vorsprung zu sichern, zugleich das multinationale Leistungsangebot auch im Personalsektor auszuweiten. Der Stellenwert sowie die Gewichtung des Binnenmarktes auf den Anwaltsbereich ab 1993 klären sich mehr und mehr ab (vgl. Kap. H I; *Winters,* Der Rechtsanwaltsmarkt, 169ff.). **31**

Völlig neue Aufgabenstellungen mit erheblichen Auswirkungen auf den Personalbestand ergeben sich durch die deutsche Wiedervereinigung. Viele Kanzleien gründen Zweigniederlassungen in den neuen Bundesländern, andere suchen Zusammenschlüsse mit Büros dort. Die umfassende Rechtsangleichung sowie die organisatorischen Freiräume bedingen jedenfalls für ganz neuartige Betätigungsfelder der Büros Anpassungsproblemstellungen. Diese fangen bei Einarbeitungs- und Schulungsfragen an und gehen bis zu Einzelfragen der wechselseitigen Abstellung und des Austausches von Mitarbeitern. **32**

II. Arbeitsverträge

1. Büropersonal

33 Für das Büropersonal, seien es Voll-, Teilzeit- oder Zeitkräfte, sind allgemeine Arbeitsverträge zu erstellen. Hierfür bieten sich der Einfachheit halber gebräuchliche Formularverträge (für Vertragsmuster siehe Münchener Vertragshandbuch Bd. 4, III) an. Das ist zudem wegen der Transparenz von arbeitsvertraglichen Regelungen zur Wahrung der Gleichbehandlung von Vorteil. Besonderheiten in der Dotierung können über Prämienregelungen (vgl. Rdnr. 14) geregelt werden.

34 **Stellenbeschreibungen** dürften in aller Regel für Personal eines Anwaltsbüros entbehrlich sein. Dagegen sollte es ausführliche **Arbeitsplatzbeschreibungen** mit klarer Darlegung von Über- sowie Unterstellungen geben. Das ermöglicht dem Mitarbeiter, Inhalt und Umfang seiner Stelle klar zu erkennen sowie im Falle einer Delegation von Aufgaben diese eigenverantwortlich wahrzunehmen sowie zu intensivieren. Dem Fach- oder Dienstvorgesetzten ist zugleich ein Kontrollkatalog an die Hand gegeben (vgl. Rdnr. 49). Letztlich dient eine ausführliche Arbeitsplatzbeschreibung als praktikabler Leitfaden für eine gründliche Einarbeitung (vgl. Rdnr. 52).

2. Anwälte

35 Für angestellte Anwälte empfehlen sich **Individualverträge.** Neben der ausführlichen Beschreibung des Tätigkeitsbereiches und bestimmter Zielsetzungen, beispielsweise eine spätere Aufnahme in die Sozietät (vgl. Kap. H II), sollten die konkreten Verantwortungsbereiche beschrieben werden. Das gilt für die fachliche Handlungsverantwortung seines Bereiches einschließlich der Erwirtschaftung eines bestimmten Umsatzes sowie die Einhaltung eines abgesteckten Kostenrahmens, gleichfalls für die Führungsverantwortung des ihm zugeordneten Mitarbeiterkreises. Zweckmäßig ist die Regelung der Haftpflichtverantwortung.

3. Freie Mitarbeiter

36 Bei freien Mitarbeitern ergeben sich keine Besonderheiten aus den allgemeinen Vertragsregelungen. Der konkrete Tätigkeitsbereich sollte auch hier umfassend formuliert sein. Das Augenmerk ist darauf zu richten, daß freie Mitarbeiter nach geltender Rechtssprechung des *BAG* in ihrer konkreten Aufgabenwahrnehmung das erforderliche Maß von Eigenständigkeit und Weisungsunabhängigkeit besitzen müssen, anderenfalls ihnen ein Angestelltenstatus mit den entsprechenden Auswirkungen für die Steuer- sowie Versicherungspflicht zukommt (vgl. *BAG* NJW 1967, 1982; *BAG* BB 1987, 1812; *LAG Baden-Württemberg* AnwBl. 1987, 142; *LAG Berlin* BB 1988, 1186 – Kanzleidolmetscher; zusammenfassend: *v. Hoyningen-Huene* BB 1987, 1730).

4. Referendare

37 Für Referendare ergibt sich die Mitarbeit im Büro zunächst in ihrer Wahlstation. Darüberhinaus lassen sie sich außerhalb dieser Zeit als Teilzeitkräfte in den Grenzen der jeweils aktuellen Pauschalversteuerung und in gesetzlich begrenzter Stundenzahl einsetzen.

5. Teilzeitbeschäftigte

Bei Teilzeitbeschäftigten muß die zeitliche Begrenzung auf z. B. einhalb oder dreiviertel vertraglich festgelegt sein. Zu den arbeits- und steuerrechtlichen Besonderheiten bei Teilzeitarbeit vgl. Langer, ZAP 1990, 749 ff. Für reine **Zeitverträge** gelten die Besonderheiten der Regelungen des Beschäftigungsförderungsgesetzes für befristete Arbeitsverträge bis 1. Januar 1995 fort (vgl. BGBl. I 1985, 710, BGBl. I 1990, 2406). 38

III. Personalführung

1. Allgemeines

Gelingen oder Scheitern eines Anwaltsbüros hängt ganz wesentlich davon ab, wie gut das Büro geführt wird. Grundlegend richtige Personalführung allein erschließt ein optimales Leistungsniveau und sichert nachhaltige Rentabilität. Die Kunst der richtigen Personalführung hat ein Bündel objektiver und subjektiver Gegebenheiten zu beachten. Erfahrungen aus der Wirtschaft lassen sich übernehmen. Der Buchmarkt zu Personalführungsfragen ist reich bestückt, ebenso das Seminarangebot. 39

2. Organisationsschema

Eine erste Anforderung bildet die richtige **funktionale Aufgliederung** in Tätigkeitsbereiche. Je nach Größe des Büros wird die Abgrenzung in einzelne Arbeitsbereiche unterschiedlich sein. Das organisatorische Grundschema, in dessen Rahmen Personalführung stattfindet, grenzt die jeweiligen Führungsbereiche ab. Funktionale Büroaufteilungen sind von dem Leistungsangebot und den konkreten Kombinationsmöglichkeiten abhängig. Ein beliebiges Beispiel verdeutlicht, welche Zuordnungen und Gliederungen von Fachbereichen in einem Büro mit 10 Juristen möglich ist: 40

I. Rechtsgebiete/Rechtsanwälte:
1. gewerblicher Rechtsschutz
   Handelsrecht
   Gesellschaftsrecht
2. EG-Recht
   Kartellrecht
   internationale Schiedsgerichtsbarkeit
3. Familienrecht
   Scheidungsrecht
   Erbrecht
4. Strafrecht
   Insolvenzrecht
   Bankrecht
5. Arztrecht
   Versicherungsrecht
   Produkthaftpflichtrecht
6. öffentliches Recht
   Medienrecht
   Energie-/Umweltschutzrecht
7. Arbeitsrecht
   Bau-/Immobilienrecht
   Wohnungseigentumsrecht
8. Ausländerrecht
   gesamtdeutsche Rechtsangleichung
   Reiserecht
   Lebensmittelrecht
9. Computerrecht, Datenschutzrecht
   Lizenzvertragsrecht
   Weltraumrecht
10. Steuerrecht
    Wirtschaftsprüfung

II. Fachabteilungen:
1. Auslandsreferate, soweit nicht direkt einzelnen Rechtsgebieten zugeordnet
2. Bauherrenverwaltung
3. Betreuung Kanzleifilialen/-zusammenschlüsse

3. Immobilienauskünfte
4. Rechtsinformationsdienst
5. Übersetzungsdienst
6. Treuhandverwaltungen
7. Wirtschaftsauskünfte
8. Vollstreckungswesen

4. EDV
5. Neuanschaffungen. Maschinen/Inventar/Literatur
6. Postein-, -ausgang, Postverteilung
7. Rechtsdatenbanken/Karteien
8. Registratur/Kundenkartei.

III. Organisationsabteilungen:

1. Bibliothek/Zeitschriften
2. Rechtsvereinheitlichung gesamtdeutsch
3. Buchhaltung

IV. Sekretariate:

1. Auslandssekretariate
2. Personalsekretariat
3. Schreibbürodienst
4. Übersetzungsdienst

41 **a)** Die Abgrenzung nach funktionalen Einzelbereichen ist zunächst **räumlich** zu begreifen. So ist es beispielsweise wesentlich, ob jedem juristischen Mitarbeiter ein eigener Sekretariatsbereich zugeordnet, ob mehrere Bereiche sich ein Sekretariat oder Schreibbüro teilen, ob ein **Großraumbüro** besteht und wie die allgemeinen **Serviceeinrichtungen,** also Schreibautomat, Telex, Telefax, Kopierer usw. plaziert und zugeordnet sind.

42 **b)** Über dieses rein räumliche Organisationsschema hinaus stellt sich die Frage nach der konkreten **führungsmäßigen Verselbständigung von Teilbereichen.** Hier muß festgelegt sein, wer wem unterstellt ist, wer wem zuarbeitet, wie die wechselbezüglichen Führungsmechanismen im horizontalen sowie vertikalen Bereich greifen. Es liegt auf der Hand, daß ein Einzelbüro mit wenigen Mitarbeitern dieses alles aus einer Hand erledigt. Anders sieht es aus, wenn das Büro größer ist und mehrere Bürobereiche in ihren Funktionen aufeinander abgestimmt sowie die Führungslinien von der untersten Stufe bis hinauf zur Bürospitze durchorganisiert sein müssen. Die Spitze ihrerseits kann auch noch mehrköpfig sein.

43 Alle funktionalen Aufgliederungsanforderungen, seien es objektive räumliche Gegebenheiten sowie personale Zuordnungen – also die Grundgegebenheiten im Aufbau und Ablauf eines Büros, wer wo sitzt, wer wem zuarbeitet oder zugeordnet ist –, dürfen keinen Zufälligkeiten überlassen bleiben. Die Herstellung kurzer Wege, die möglichst räumliche Einheit eines in sich selbständigen Bereiches sowie die Vermeidung wechselseitiger Bereichsbeeinträchtigungen durch strikte Aufgaben- und Kompetenzabgrenzungen sind wesentliche Punkte für die Bewerkstelligung einer reibungslosen **Führungskonzeption.** In seit langen Jahren gewachsenen Büros sollte dabei auch bisweilen mit überholten historischen Gegebenheiten aufgeräumt werden. Bei Anwachsen eines Büros, insbesondere wenn neue selbständig arbeitende juristische Bereiche hinzutreten, müssen räumliche und persönliche **Aufgliederungskriterien** einer kritischen Prüfung unterzogen werden, ob die erforderliche Personalführung noch umfassend funktioniert. Dies gilt insbesondere dann, wenn sich Kanzleien über mehrere Etagen oder gar auf mehrere Gebäude ausdehnen. Die Leistungsverluste aus falscher räumlicher Einteilung, nicht sachgerechter Zuordnung von Sekretariaten oder falsche Rücksichtsnahmen auf eingefahrene Hierarchien bringen in ihrer Gesamtheit unrentablen Leerlauf, Ablenkung und eine Fülle von Führungsflickwerk an den Tag. Jede Büroerweiterung ist ein passender Anlaß, sämtliche ausschlaggebenden Grundlagen für effektive Personalführung zu überdenken.

3. Personaleinsatzplanung

Der Schlüssel zum Erfolg guter Personalführung liegt in richtiger Personaleinsatzplanung. Ihre Bedeutung als aktives Steuerungsinstrument kann gar nicht hoch genug angesetzt werden, wenn ein Büro mit dem wünschenswerten Mindestbestand an Personal auskommen will bzw. aus Kostengründen muß. 44

Ein Beispiel für eine Wochenplanung einer Kanzlei mit 7 Anwälten (1–7), 6 Vollkräften (A–F), 3 Halbtagskräften (G–I) sowie 3 Stundenkräften (J–L) im Sekretariat kann unter Berücksichtigung gleitender Arbeitszeit, Freizeitausgleich für Überstunden sowie Urlaub dergestalt aussehen:

Wochenplanung 23. Woche:

Tag	Anwälte	Vollkräfte	Halbkräfte	Std.-Kräfte	Urlaub	freier Tag
Mo	1,2,3,4,5,6,7	A,B,C,D,E,F	G,H	J 4 Std.	–	I
Di	2,3,4,5,6,7	A,B,D,E,F	H,I	K, L 4 Std.	–	C, G
Mi	1,2,3,4,5,6	A,B,C,E,F	G, I	J, K 4 Std.	D	H
Do	2,3,6,7	C,E,F	H, I	J,L 6 Std.	D	A,B, G
Fr	1,2,3,4,5,6,7	A,B,C,E	G,H,I	J,K,L 4 Std.	D	F
Sa	2,4,7	–	G,I	L 3 Std.	–	–

Personaleinsatzplanung ist detaillierte Tages-, Wochen- sowie Monatsplanung, eventuell großräumiger. Sie muß alle Termine miteinbeziehen, welche von außen an das Büro herangetragen werden, wie Gerichtstermine, und sämtliche internen Planungspunkte erfassen. Die aktive Steuerung mittels einer **konkreten Planung** der Tages- oder Wochenarbeit, gegebenenfalls größerer Zeiträume, ermöglicht in objektiver Hinsicht die Aufteilung der Arbeit nach Dringlichkeit, Wichtigkeit oder Zweckmäßigkeit. In subjektiver Hinsicht hilft Personaleinsatzplanung, dem Büro viel Streßanfälligkeit zu nehmen. Letztlich ist richtig angewandte Personaleinsatzplanung im Soll- und Istvergleich eine umfassende Kontrolle für den jederzeit **richtigen Besetzungsumfang.** 45

Büro- und Personalführung durch Personaleinsatzplanung muß gelernt sein. 46
Die eigene Fähigkeit der Büroinhaber, richtig zu planen, ist wesentliche Grundvoraussetzung für eine gut funktionierende Planung und Aufgabendurchführung im Büro. Hierzu bieten Managementkurse aus der Industrie geeignete **Schulungsmöglichkeiten,** sowohl für den Büroinhaber als auch das Personal. Selbst die richtige Wahl des Organisationskalenders muß beachtet werden.

4. Führungsstil

Ein entscheidendes Charakteristikum für die Personalführung schlechthin ist 47
der praktizierte Führungsstil. Es gibt eine Fülle von gängigen Führungssystemen. Sie sind eingebettet zwischen den Extremen des patriarchalischen Durchregierens von oben nach unten bis zur modernen Delegation von Eigenverantwortung. Neuzeitliche Führungsmechanismen berücksichtigen jedenfalls den mündigen Mitarbeiter mit ausreichenden Entfaltungsmöglichkeiten und Eigeninitiative. Eine Führung durch **Delegation von Eigenverantwortung** auf nach- 48
geordnete Mitarbeiter muß vorab von denen beherrscht werden, welche führen. Das Personal muß auf diese Führungsform eingestellt und dafür aufnahmebereit sein. Gemeinsame Schulungen bzw. Unterweisungen in dem konkret praktizierten Führungsstil sind anratsam. Obenan steht die Qualifikation der Füh-

rungskräfte. Sie haben **Vorbildfunktion.** Gerade sie bestimmen entscheidend Arbeitsstil und Personalklima des Büros mit.

5. Personalkontrolle

49 Richtige Personalführung verlangt entsprechende Kontrolle. Sachlich kann sie eine Kontrolle der delegierten Aufgabenwahrnehmung oder der Ergebnisse von Einzelaufgaben sein, zeitlich beliebige Zeiträume erfassen, also Tages-, Wochen-, Monats- oder Jahreskontrollen betreffen. Ein zeitlich abgestuftes Kontrollprogramm für einen Sachbearbeitungsbereich kann nachstehendes Aussehen haben:

Kontrolle Bereich 1

Kontrollpunkt	Kontroll-zeitraum	Kontroll-ergebnis	Ergebnis Kritik-gespräch mit Stelleninhaber	weitere Veranlassung
Kontierung Bankbelege	wöchentlich	in Ordnung	Belobigung	entfällt
Beratungs-rechnungen an Klienten schreiben	monatlich	erheblicher Rückstand	bessere Monats-planung durch-führen	Nachkontrolle jeden Monat im nächsten Quartal
Maßnahmen zur Minderung von Außenständen	Quartal	beträchtliche Außenstände	ab sofort wö-chentlicher Planungspunkt	Anlage eines Ordners mit Rechnungs-durchschlägen
Vertretungs-regelung/ Urlaubsplan	halbjährlich	Sekretärin D ohne Vertre-tung, viele Spontan-urlaube	Einarbeitung einer Vertre-tung im Bereich D, Abbau von vermeidbaren Spontan-urlauben	Ausschluß-fristen für Urlaubs-anmeldungen
Aktualität der Mandanten-kartei	jährlich	viele Adressen, Telefon – sowie Telefaxnum-mern nicht nachgetragen	Sofortbearbei-tungs, falls neue Angaben bekannt werden	Nachkontrolle der Kartei in drei Monaten

50 Für jedwede laufende oder periodische Kontrollmaßnahme bedarf es eines arbeitsplatzmäßig ausgesuchten Kontrollprogramms. Kritikgespräche als Führungsmittel müssen grundsätzlich als Summe der positiven sowie negativen Bewertungen durchgeführt werden. Ihre Ergebnisse wiederum dienen als Entscheidungsgrundlage für zukünftige Zielsetzungen, Verbesserungen oder Schwachstellenabbau. Im Sinne umfassender Personalsteuerung ist Kontrolle und Ergebnisverwertung dann richtig angewandt, wenn eine bestmögliche **Rückkoppelung** zur Verbesserung der Arbeitsabläufe in dem kontrollierten Bereich oder im Gesamtbüro stattfindet.

6. Informationsverhalten

Kreative Personalführung macht es erforderlich, daß dem Personal notwendige Informationen über grundlegende Dinge des Unternehmens zukommen. Solche Informationen müssen u. a. die Mandantenstruktur, Eigenheiten der Klientel sowie das Bild des Büros allgemein nach außen hin ebenso umfassen wie intern einprägsame **wirtschaftliche Eck- und Plandaten** für Erfolge und Mißerfolge. Hier die richtige Dosierung zu finden, ist dem Geschick des Büroinhabers überlassen. Gute praktische Ergebnisse weisen Personalkonferenzen aus, also periodische – monatliche oder quartalsmäßige – Informationstreffen aller Mitglieder des Büros. Die Wahl von Sprechern auf Seiten des Büroinhabers sowie des Personals ermöglicht zwischenzeitlich eine ständige Kommunikationsbrücke. Sofern eine Kanzlei die Voraussetzungen zur Bildung eines Betriebsrates erfüllt, gelten bei seiner Einrichtung die üblichen betriebsverfassungsrechtlichen Regeln. **51**

IV. Ausbildung/Fortbildung

1. Einarbeitung

Eine sorgfältige und umfassende Einarbeitung aller Mitarbeiter im Büro ist **52**
von tragender Bedeutung. Gute Einarbeitung bewirkt, daß eine neue Kraft sich schnellstmöglich und umfassend in das Büro und dessen organisatorische wie personelle Gegebenheiten hineinfindet. Sachgeboten ist ein möglichst breiter **Einarbeitungsplan,** jedwede Vertretungsaufgaben einbegriffen. Einarbeitung soll praxisnahe Unterweisung durch schrittweises Hineinarbeiten in die übernommene Position sein. Der Einarbeitungsplan muß auch bei branchenerfahrenen Neueinstellungen ausführlich sein, vielleicht mit einer etwas stärkeren Beto- **53**
nung zu den Eigenheiten des Büros hin. Es ist kluge Personalführung, neue Mitarbeiter sich nicht selbst zu überlassen oder darauf zu vertrauen, andere Mitarbeiter würden Einarbeit hinreichend von sich aus besorgen. Einarbeitung sollte immer eine aktive Befassung der Büroleitung mit den einzuarbeitenden neuen Mitarbeitern sein, auch wenn sie einschlägige Berufserfahrung besitzen.

Die ständige **Intensivierung, Besprechung** sowie **Überwachung der Einarbeitungsphase** gibt in der Rückkoppelung den sicheren Aufschluß, ob der neue Mitarbeiter sein Aufgabengebiet erfaßt, sich seinen Aufgaben persönlich stellt und diese letztlich beherrschen wird. Zeitlich kann eine ausführliche Einarbeitung mit der Probezeit sinnvollerweise korrespondieren. Die Entscheidung letztlich, ob jemand als vollwertige Kraft fest angestellt werden kann, ist von wirtschaftlicher Tragweite, im kostenträchtigen Personalbereich (vgl. Rdnr. 4) ohnedies von ganz besonderer Auswirkung. **54**

2. Fortbildung

Ein auf Erhalt oder Verbesserung seines Leistungsstandards bedachtes Büro widmet der Fortbildung ein besonderes Augenmerk. Dies gilt auch für den Personalbereich. Abgeklärtes Führungsverhalten zeichnet sich durch ständige Verbesserung mittels punktueller oder allgemeiner Fortbildung aus, von der Führungsspitze angefangen bis zur letzten Stelle in der Personalstruktur. **55**

Die Fortbildung mag sich auf die Wiederauffrischung oder Verbesserung von **Grundkenntnissen** beziehen, wie Kostenkurse, Telefonkurse, Überholungs- **56**

kurse im Schreibmaschinenschreiben und anderes mehr. Darüberhinaus kann sie auf **Spezialkenntnisse** aus sein, etwa das Erlernen von Sprachen oder neuer
57 technischer Fähigkeiten, Grundbegriffe des Kostenwesens und ähnliches. Der Erhalt der **Wettbewerbsfähigkeit** bzw. ihre Verbesserung bedingt für den verantwortungsvollen Büroinhaber, ständig Schwachstellen des Büros oder Freiräume für zusätzliche Leistungsangebote aufzuspüren, um eben auch Ansätze für jeweilige Fortbildungen zu finden. Fragen der Fortbildung stellen sich für die jeweilige vorausschauende **Jahresplanung,** wer von den Mitarbeitern zu welchen Themen welche Fortbildungsveranstaltungen besuchen sollte.

V. Personalverwaltung

58 Für alle Mitarbeiter sind die **Personalakten** zu führen. In sie gehören alle das Arbeitsverhältnis betreffenden Unterlagen.

Zu diesen zählen:

- Bewerbungsunterlagen.
- Einstellungsfragebogen,
- Aktenvermerke über Vorstellungsgespräche,
- Vertrag, bei Auszubildenden Genehmigung der Kammer,
- Vertragsänderungen und -ergänzungen,
- Gehaltsaufzeichnungen und -fortschreibungen, Lohnkarten,
- Prämienregelungen, Gratifikationen,
- Zahlungsbelege, Bankunterlagen Daueraufträge u. s. w.,
- Meldungen an den Sozialversicherer,
- Arbeitsunfähigkeitsbescheinigungen
- Korrespondenz mit Behörden, z. B. Arbeitsamt, Ausländeramt,
- Urlaubsübersicht,
- Fortbildungsveranstaltungen,
- Fristen für Probezeit, Gehaltserhöhung, Wehrdienst, Ausscheiden, Ruhestand,
- Leistungsbewertungen, Zeugnisse,
- Dienstaufsichten, Kontrollen, Abmahnungen,
- Aufstiegsbeurteilungen
- Jubiläen, Geburtstage, Hochzeitstage

59 Mit der Einstellung hat der Arbeitgeber den Angestellten beim Sozialversicherer anzumelden. Eine Lohnkarte ist anzulegen. Die Lohnsteueranmeldung geschieht zum nächsten Anmeldetermin. Sozialversicherungsfreie Teilzeitkräfte sind neuerdings gesondert und sofort der Krankenkasse zu melden. Zweckmäßigerweise richtet der Arbeitgeber beim Sozialversicherer einen Abbuchungsauftrag sowie für das Gehalt bei der Bank einen Dauerauftrag ein. Bei Entlassungen sind umgekehrte Maßnahmen erforderlich. Der Sozialversicherer ist zu benachrichtigen, der Versicherungsnachweis auszufüllen und abzusenden, Abbuchungs- und Daueraufträge aufzulösen sowie die Lohnkarte abzuschließen, letztlich auf Wunsch ein Zeugnis oder eine Arbeitsbescheinigung zu erteilen. Empfehlenswert ist die Ausstellung und Gegenzeichnung einer Ausgleichsquittung. Freie Mitarbeiter haben alle versorgungs- und steuerrechtlichen Verpflichtungen eigenverantwortlich zu besorgen.

60 Der Büroinhaber ist gehalten, die Regeln des Datenschutzes zu beachten. Alle Personaldaten unterliegen strikter Vertraulichkeit. Sämtliche Personalakten sind unter Verschluß aufzubewahren. Für EDV-mäßige Bearbeitungen empfehlen sich verschlüsselte Kenndaten oder Zeichen, die vollständigen Schutz vor unbefugter Einblickmöglichkeit gewähren.

VI. Anhang

1. Einstellungsfragebogen

I. Persönliche Daten 61

- Name ______________________
- Geburtstag ______________________
- Familienstand ______________________
- Eltern ______________________
- Kilometerentfernung zum Arbeitsplatz ______________________
- Anreise-/Rückreisezeit täglich ______________________
- Bewerbung als ________ Vollkraft/ ________ Teilzeitkraft, Aushilfe zu ________
- Krankenversicherung ______________________
- Eintrittsdatum ______________________
- Resturlaub ______________________

II. Ausbildung

- Volksschule ______________ Jahre
- Abschluß ______________
- Berufschule ______________ Jahre
- Abschluß ______________
- Zeugnisnote ______________
- Höhere Schule ______________ Jahre
- Abschluß ______________
- andere Schulen ______________________ Jahre
- Abschluß ______________
- Zeugnisnote ______________________
- Sonderausbildungen ______________________
- Abschluß ______________________
- praktische Kenntnisse in Fremdsprachen ______________________
- Auslandsaufenthalte in ______________________
- praktische Auslandstätigkeiten ________ in ______________________
  Dauer ______________________
- technische Ausbildung in den Fächern ______________________
- praktische Tätigkeit in ______________ Dauer ______________

III. Bisherige Berufsstationen

- ______________________ bei ______________________
- ______________________ bei ______________________
- ______________________ bei ______________________
- ______________________ bei ______________________
- ______________________ bei ______________________
- einschlägige Berufserfahrung in der beworbenen Position
  von ________ bis ________ bei ______________________
  von ________ bis ________ bei ______________________

IV. Allgemeiner Gesundheitszustand

- schwerbehindert ______________________
- andere arbeitsrechtliche Sonderstellung ______________________
- durchschnittliche Fehltage in den letzten drei Jahren ______________________
- arbeitsmedizinisch festgestellte Empfindlichkeiten gegen besondere Tätigkeiten ________
  ____

V. Hobbys, Interessen

____

____

____

VI. Beurteilung der eigenen allgemeinen und speziellen beruflichen Stärken
- Morgentyp, Abendtyp ____________________
- Einzelarbeiter, Gruppentyp ____________________
- Bereitschaft zur eigenverantwortlichen, selbständigen Arbeitsweise mit Eigenverantwortung ____________________
- Erfahrung insoweit ____________________

VII. Bereitschaft zur innerbetrieblichen Fortbildung
- im Personalbereich
- im technischen Bereich
- für Spezialkenntnisse, Sprachen usw.

VIII. Gehaltsvorstellung
- Festgehalt
- Prämienregelung

IX. Allgemeines

____

____

2. Arbeitsplatz-/Stellenbeschreibung für die Chefsekretärin (Muster)

62 Die Stelleninhaberin hat nachstehende Aufgaben eigenverantwortlich durchzuführen:
- sie macht eine Tages- und Wochenplanung mit Hilfe des Terminkalenders,
- sie schreibt nicht erledigte Aufgaben täglich bzw. wöchentlich fort,
- sie führt für den sie und/oder ihren Vorgesetzten betreffenden Arbeitsbereich einen Fristenkalender,
- sie kontrolliert die betreffenden Fristen zeitgerecht,
- sie aktualisiert die Fristenmarkierungen auf oder in den Akten,
- sie stimmt ihre Fristen mit den Fristeneintragungen im Terminkalender ihres Vorgesetzten ab,
- sie kontrolliert solche Fristenabstimmungen zeitgerecht,
- sie nimmt bei Abwesenheit des Vorgesetzten vorläufige Terminvorschläge von Mandanten entgegen und führt nach seiner Rückkehr eine Entscheidung über den Terminsvorschlag herbei; sie informiert den Mandanten,
- in dringenden Fällen entscheidet sie selbst an Hand des Terminkalenders des Vorgesetzten über die Terminsvergabe,
- sie bearbeitet die Tagespost entsprechend den täglichen oder periodischen Arbeitsanweisungen,
- sie schreibt Bänder und führt alle schriftlichen oder mündlichen gegebenen Einzelanweisungen durch,
- sie nimmt Telefonate von Mandanten entgegen und vermittelt die Gespräche erforderlichenfalls an den Vorgesetzten oder weitere Stellen,
- über Telefonate, welche über reine Vermittlungstätigkeit hinaus eigene sachliche Aufgabenwahrnehmung darstellen, fertigt sie zumindest kurze handschriftliche Stichwortnotizen in die entsprechende Akte,
- sie führt im Tageskalender eine Liste der Anrufer mit dazugehörigen Telefonnummern, die bei Abwesenheit des Vorgesetzten rückgerufen werden möchten oder selbst wieder anrufen wollen,
- sie führt und aktualisiert das Telefon-, Telex- sowie Telefaxregister der Mandanten,

- sie legt täglich zweimal die zu unterschreibende Tagespost vor; dabei hat sie abends die Post so frühzeitig vorzulegen, daß einschließlich etwaiger Korrekturen der Postausgang am selben Tag rechtzeitig gewährleistet ist,
- sie gibt die Tagespost zum Postausgang,
- sie führt die Ablage für ihren Arbeitsbereich durch,
- sie räumt abends den Schreibtisch auf,
- sie notiert die Wichtigkeit der Durchführung für den nächsten Tag bei liegengebliebenen Arbeitsvorgängen,
- sie entscheidet, ob sie am nächsten Tag zur Aufarbeitung liegen gebliebener Dinge früher ins Büro kommt; dabei soll sie den Dienstvorgesetzten hierüber möglichst noch am selben Tag vor Weggang aus dem Büro informieren,
- sie führt ihre eigene Zeitausgleichsliste,
- sie überprüft vor Weggang aus dem Büro, ob alle elektrischen Anlagen, welche nicht durchlaufend in Betrieb sein müssen, z. B. Schreibmaschine, Diktiergerät, Rechenmaschine, abgeschaltet sind – Brandgefahr, Stromkosten –,
- sie stimmt täglich, wöchentlich oder nach aktuellem Bedarf die Pausen- und Abwesenheitsregelung mit ihren Vertretungspersonen ab,
- bei unvorhergesehener Verhinderung des Vorgesetzten informiert sie dessen Vertreter bzw. dessen Sekretärin und regelt alle Dinge für den Eintritt der Vertretungsregelung; sie stellt am Ende des Vertretungsvorganges fest, welche Arbeiten unerledigt geblieben sind und informiert und berät den Vorgesetzten bei dessen Rückkehr wie Nacharbeiten durchzuführen sind,
- sie informiert und berät ihren Vorgesetzten in allen ihr wichtig erscheinenden Angelegenheiten zur Verbesserung oder zum Schwachstellenabbau in der Organisation bzw. dem Funktionsablauf des sie betreffenden Bürobereiches, ferner zur Kosteneinsparung,
- sie führt die ihr speziell übertragenen Delegationsbereiche durch,
- sie führt die auf sie entfallenden Vertretungsarbeiten entsprechend der innerbetrieblichen Vertretungsregelung durch,
- sie führt und aktualisiert die Liste der Geburts- sowie Jubiläumsdaten.

K VIII. EDV- und Organisationsberatung

Regina Kohn

Übersicht

Literatur: *Institut der Anwaltschaft,* Bonn (Hrsg.), EDV-Einführung in der Anwaltskanzlei; *dass.,* Entwurf eines Pflichtenhefts; *dass.,* Marktübersicht „EDV-Lösungen für Rechtsanwälte und Anwaltsnotare"

I. Einleitung

1 Zahlreiche betriebswirtschaftliche Untersuchungen in Anwaltsbüros zeigen ernstzunehmende **Mängel im organisatorischen Bereich** auf. Wichtige Arbeitsabläufe in der Kanzlei sind häufig überhaupt nicht oder zu wenig durchdacht. „Wo ist die Akte Müller./.Meyer? Wer geht zum Gericht? Wer schreibt das? Hat Herr Müller seine Rechnung schon bezahlt?" Solche Fragen werden von vielen Anwälten tagtäglich gestellt. Schlechte Aufgabenverteilungen, der Einsatz veralteter Bürotechnik, unzureichender Einblick in die betriebswirtschaftlichen Daten der Kanzlei oder einzelner Referate und häufig fehlendes Denken in unternehmerischen Kategorien führen dazu, daß die Betriebskosten vieler Büros zu hoch sind, manchmal sogar zwei Drittel und mehr des Umsatzes ausmachen. Daß in dieser Hinsicht ein enormer **Beratungsbedarf** besteht, liegt auf der Hand.

II. Das Institut der Anwaltschaft

2 Das *Institut der Anwaltschaft für Büroorganisation und Bürotechnik* gibt es bereits seit 1983. Zielsetzung seines Gründers, des Deutschen Anwaltvereins, war und ist es, den Kolleginnen und Kollegen in allen Bereichen kanzleispezifischer Büroorganisation und -technik sachverständige und vor allem **produktneutrale Hilfestellung** zu geben. So besteht die Hauptaufgabe des Instituts der Anwaltschaft darin, für den Berufsstand relevante technologische und sonstige Informationen aufzunehmen, auszuwerten und in Form von individuellen Beratungen, Publikationen, Vortrags- und Seminarveranstaltungen, Bürofachausstellungen u. ä. weiterzugeben. In den Bereichen EDV, Telekommunikation, Datenbanken und konventioneller Bürotechnik schafft das Institut somit die benötigte **Markttransparenz** und übersetzt manches Fachlatein.

Für die Mitarbeiter des Instituts (Betriebswirte/Anwälte) steht neben der individuellen Beratung von Kanzleien die **Einflußnahme** auf Weiter- und Neuentwicklungen anwaltsgerechter Produkte im Vordergrund, wobei auch hier ein besonderes Augenmerk auf anwaltsspezifische EDV-Lösungen und juristische Datenbanken gelegt wird.

Als Ergänzung dieser Dienstleistungspalette bietet das Institut zwischenzeitlich auch ein spezielles **Beratungskonzept für anwaltliche Existenzgründer** an. Hierbei werden alle wesentlichen Aspekte der Kanzleigründung in einem mehrstündigen Gespräch anhand von Checklisten erörtert und in einem gleichzeitig als Investitionsplan dienenden Protokoll zusammengefaßt.

III. EDV-Beratung

Seit geraumer Zeit wenden sich immer mehr Kolleginnen und Kollegen im 3
Vorfeld einer EDV-Entscheidung an das Institut, um ein persönliches Beratungsgespräch in der Kanzlei zu vereinbaren. Gemeinsam mit dem/der Berater/in wird zunächst ein grobes **EDV-Anforderungsprofil** erstellt, das dann im Rahmen eines kanzleiinternen EDV-Workshops weiter konkretisiert wird. Nicht nur die Anwälte und Bürovorsteher, sondern auch andere Mitarbeiter/innen, z. B. aus dem Schreibbereich oder der Buchhaltung, sollten an diesem Gespräch teilnehmen, damit frühzeitig auf arbeitsplatzbezogene Besonderheiten und ggf. vorhandene **Akzeptanzprobleme** eingegangen werden kann. Dieses Beratungskonzept hat sich voll bewährt und fördert insgesamt die Bereitschaft der Beteiligten, sich auf den EDV-Einsatz zu freuen und an der Umstellung aktiv mitzuwirken. Das Institut wertet das Beratungsgespräch schriftlich aus und übergibt die Auswertung der Kanzlei als geeignete **Entscheidungshilfe.** Dabei ist besonders interessant, daß das Institut anhand der erhaltenen Informationen aus der Gruppe von z. Zt. über 30 Anbietern von „Anwaltslösungen" gezielt diejenigen auswählt, die dem individuellen Anforderungsprofil der Kanzlei gerecht werden könnten. Die Begutachtung der alternativ vorgeschlagenen Systeme und letztlich die Entscheidung für eine bestimmte Lösung erfolgt dann durch die Kanzlei unter Berücksichtigung der vom Institut der Anwaltschaft erarbeiteten Entscheidungskriterien.

IV. Organisationsberatung

Für Kanzleien, die sich nicht nur im Hinblick auf den geplanten EDV-Einsatz 4
fachkundig beraten lassen möchten, sondern eine grundlegende Überprüfung bzw. Änderung der Kanzleiorganisation oder -struktur in Erwägung ziehen, bietet sich die Einschaltung eines **fachlich versierten Unternehmensberaters** an. Das Institut der Anwaltschaft hat gemeinsam mit dem Fachausschuß des DAV für Büroorganisation und Bürotechnik und einer auf die Beratung von Anwälten und Notaren spezialisierten Unternehmensberatung ein entsprechendes Konzept erarbeitet, das sich bereits bei über 60 bundesweit durchgeführten Kanzleiuntersuchungen bewährt hat. Wie läuft nun eine derartige Beratung ab? Die interessierte Kanzlei erhält zunächst ein umfassendes, aber für sie noch unverbindliches Angebot. Wird das Angebot angenommen, so beginnt die eigentliche Beratung mit dem Besuch des Unternehmensberaters in der Kanzlei. Auf der Basis intensiver Einzel- und Gruppengespräche mit allen Mitarbeitern und Anwälten wird dann eine umfassende **Ist-Analyse** vorgenommen, die im allgemeinen auf folgende Aspekte eingeht:

– Aufgabenverteilung und Arbeitsabläufe

- Organisationsmitteleinsatz
- Mitarbeiterstruktur und Personalbedarf
- Kosten- und Ertragsrelationen mit Kanzleivergleich
- Allgemeine Sekretariatsorganisation einschließlich Schreibbereich
- Buchhaltung, Abrechnung und Controlling

Je nach Struktur der Kanzlei können weitere mögliche Beratungsschwerpunkte hinzutreten, z. B.:

- Ermittlung von Deckungsbeiträgen von Einzelreferaten
- Rentabilitätsanalyse für ein Inkassomandat
- Kostendeckung eines angestellten Anwalts
- Kostenplanung und kurzfristige Ergebnisrechnung
- Kostenumlage bei einer Bürogemeinschaft
- „Strategie-Entwicklung" für eine Steuer- und Wirtschaftsberatungskanzlei
- Marketingüberlegungen
- Office-Management für größere Kanzleien
- Kanzlei Informationssystem bei starker Expansion

Am Ende der Untersuchung steht die Erstellung eines **schriftlichen Gutachtens,** das dem Auftraggeber auch mündlich erläutert wird. Das Gutachten beinhaltet das Ergebnis der Untersuchung und enthält die **konkreten Änderungsvorschläge** des Organisationsberaters. Die Kosten für die Beratung lohnen sich. Fünfstellige Beträge können erwiesenermaßen eingespart werden, wenn den Empfehlungen des Beraters in vollem Umfang gefolgt wird.

V. EDV-Stammtische

5 EDV-Stammtische sind inzwischen in einigen Städten zu wichtigen Einrichtungen geworden. Sie sind mehr oder weniger „Selbsthilfegruppen" für EDV-Anwender und Anwälte, die es werden wollen. In immer mehr örtlichen Anwaltvereinen treffen sich engagierte Kolleginnen und Kollegen regelmäßig zum **Erfahrungsaustausch** über moderne Kanzleiorganisation und den praktizierten EDV-Einsatz. Einige EDV-Stammtische (z. B. in Hannover oder Berlin) greifen stets neue interessante Themen auf und bieten den Anbietern von Anwaltssoftware die Möglichkeit, sich an den Stammtischabenden mit ihrem Produkt vorzustellen. Ein Besuch dieser Veranstaltungen lohnt sich in jedem Fall, denn Ratsuchende können hier mit kollegialer Beratung und Unterstützung rechnen. In welchen **Städten** es bereits EDV-Stammtische gibt, erfährt man bei den **örtlichen Anwaltvereinen.**

VI. „Selbst-Analyse"

6 Neben den oben beschriebenen Möglichkeiten, die Kanzleiorganisation zu optimieren, gibt es natürlich auch den Weg der „Selbst-Analyse". Dieser Versuch, organisatorische Veränderungen vorzunehmen, kostet vordergründig betrachtet kein Geld und erspart die Offenbarung an Außenstehende. Auf den ersten Blick ein guter Gedanke, auf den zweiten ein schlechter! **Gravierende Nachteile** stehen der „Selbst-Analyse" entgegen:

- „Betriebsblindheit" läßt Schwachstellen teilweise gar nicht erkennen
- betriebswirtschaftliche/organisatorische Kenntnisse fehlen
- anwaltliche Organisationsschwächen und -fehler werden unbewußt geleugnet

Da die „Selbst-Analyse“ aus obigen Gründen meist dazu führt, daß mögliche Verbesserungen gerade **nicht** vorgenommen werden können, liegen die weiterhin unnötig produzierten Kosten um ein Vielfaches über den Honoraren externer Berater, wobei die Konsequenzen von **falschen Investitionsentscheidungen** noch nicht einmal berücksichtigt sind.

Informationen über die vorgestellten Beratungskonzepte gibt das **Institut der Anwaltschaft** für Büroorganisation und Bürotechnik, Adenauerallee 118, 5300 Bonn 1, Telefon (022) 218067; Telefax: (0228) 213707.

K IX. Anwaltliches Marketing

Dr. Wolfgang Schiefer

Übersicht

Literatur: *Bruhn,* Handbuch des Marketing 1989; *Kleine-Cosack,* ZIP 1990, 1534; *Normann,* Dienstleistungsunternehmen, 1987, S. 157ff.; *Paul,* Anwaltsberuf im Wandel – Rechtspflegeorgan oder Dienstleistungsgewerbe?, in Kübler (Hrsg.), Anwaltsberuf im Wandel, 1982, S. 11; *PROGNOS/INFRATEST,* Studie über die Inanspruchnahme anwaltlicher Leistungen, AnwBl. Sonderheft 3/1987; *Rabe,* in: Festschrift für Walter Oppenhoff, 1985, S. 299; *Scheuch,* Dienstleistungsmarketing, 1982; *Schiefer,* NJW 1987, 1969; *Schiefer/Hocke,* Marketing für Rechtsanwälte, 1990 (mit weiteren Literaturhinweisen zum Marketing); *Winters,* Der Rechtsanwaltsmarkt, 1990.

I. Markt anwaltlicher Dienstleistungen

1 **1.** Die Anwaltschaft erkennt anwaltliche Tätigkeit als Dienstleistung auf einem von heterogenen Anbietern umkämpften Markt. Dieser Markt wird auf der **Angebotsseite** begleitet von enorm steigenden Berufsanfängerzahlen mit der größten Steigerung bei der Anwaltschaft. Dies wird sich in absehbarer Zukunft nicht ändern.

2 **2.** Auf der **Nachfrageseite** stagniert das Volumen der gerichtsbezogenen Traditionsarbeit. Die reine Prozeßtätigkeit ist in gewisser Hinsicht das Spiegelbild der Gerichtskapazität, die durch die Zahlen der tätigen Richter und Staatsanwälte begrenzt wird. Die Gerichtskapazität steigt im Vergleich zu den Anwaltszahlen verschwindend gering mit sinkender Tendenz an. Eine Erhöhung der Richterzahlen scheitert an den begrenzten Haushalten. Die reine Prozeßarbeit bietet daher für die Anwaltschaft keine tragfähigen Wachstumschancen.

3 **3.** Diese Engpaßsituation zwingt angesichts steigender Anwaltszahlen die Anwaltschaft zur Hinwendung auf den Markt der **Rechtsberatung.** Hier trifft er mit zahlreichen anderen beruflichen und gewerblichen Anbietern zusammen, die ebenfalls Rechtsberatung als Kernleistung oder Zusatzservice anbieten. Das sind u. a.
- freiberufliche Berater wie Steuerberater, Wirtschaftsprüfer, Unternehmensberater
- große Steuerberatungs-, Wirtschaftsprüfungs-, Unternehmensberatungsgesellschaften, Consulting-Firmen
- Gewerkschaften und Unternehmerverbände
- Interessenverbände (Verbraucherverbände, Mietervereine u. a.)
- gewerbliche Dienstleistungsunternehmen wie Banken und Versicherungen.

Vor diesen Konkurrenzen hat das Rechtsberatungsgesetz die Anwaltschaft de facto nicht bewahrt.

II. Idee und Begriff des Marketing

Die Anbieter, die mit der Anwaltschaft auf dem Markt der Rechtsberatung konkurrieren, haben großenteils Marketing als strategisches Aufgabenfeld in der gegebenen Wettbewerbssituation erkannt. Die Anwaltschaft steht hier vor einem Beginn und der Aufgabe, ein anwaltsspezifisches Marketing-Konzept zu erarbeiten. **4**

1. Für dessen Ansatz ist die Erkenntnis wichtig, daß Marketing nicht nur ein **instrumentelles Fachgebiet** ist, das die Entscheidungsgrundlagen für den Einsatz von Marktinstrumenten zur Anknüpfung und Gestaltung der Beziehungen zu Klienten beschreibt. Marketing wird darüber hinaus als eine **unternehmerische Geisteshaltung** verstanden, die den Kunden und seinen Produkt- und Leistungsbedarf in den Mittelpunkt der Unternehmenstätigkeit rückt. Auf das Berufsfeld des Anwalts übertragen bedeutet das: Der Anwalt muß sein Leistungsangebot und die Art seiner Leistungserbringung nach der konkreten und individuellen Bedarfssituation des Klienten ausrichten. So verstanden, eröffnet die Marketing-Idee neue Perspektiven moderner Kanzleiführung. **5**

2. Anwaltliches Marketing unterliegt den verfassungsrechtlichen und gesetzlichen Rahmenbedingungen des Anwaltsberufs und dem **Berufsethos.** Der Rechtsanwalt hat nicht nur anwaltliche Leistungen zu verkaufen, sondern zugleich dem Recht und dem Rechtsstaat zu dienen. Es ist selbstverständlich, daß bestimmte Marketing-Instrumente, die die gewerbliche Wirtschaft nutzt, für die Anwaltschaft als unvereinbar mit ihrem Verfassungsauftrag und ihren professionellen Grundüberzeugungen auszuscheiden haben. **6**

3. Andererseits sind professionelle Werte geeignet, als **Leitbilder** spezifische Merkmale der anwaltlichen Dienstleistung erkennbar zu machen und ihr einen Vertrausensvorsprung zu verschaffen. Die von diesen Grundwerten geprägte eigene Unternehmenskultur und -philosophie der Rechtsanwälte ist in die Beziehungspflege zum Klienten und anderen Institutionen, die bei der anwaltlichen Dienstleistung zusammenwirken, einzubringen. Dabei haben Rechtsanwälte bereits auf der Grundlage ihres traditionellen Selbstverständnisses Werte anzubieten, die sie auf dem von ihnen bedienten Markt aus dem Kreis anderer gewerblicher Dienstleistungsunternehmen herausheben. Das gilt für die herkömmlichen professionellen Grundüberzeugungen wie: freier Beruf, Unabhängigkeit, Vertrauen und Vertraulichkeit, Gewissenhaftigkeit, Sachlichkeit, Kollegialität, das Verbot der Interessenkollision. **7**

Als zeitgemäße Anpassungen an die Anforderungen der Dienstleistungsgesellschaft müssen hinzutreten eine **Klientenorientierung,** die den Klienten als Menschen in den Mittelpunkt des anwaltlichen Dienstleistungskonzepts stellt sowie die **Qualitätssicherung anwaltlicher Leistung,** die den Klienten vor den Folgen fachlicher Inkompetenz oder eines aus zeitlichen Gründen bedingten Leistungsunvermögens bewahrt. **8**

4. Es ist eine zentrale Aufgabe anwaltlichen Marketings, diese Leitbilder, die das anwaltliche Selbstverständnis prägen, **9**

- zeitgemäß weiterzuentwickeln,
- in das Bewußtsein vorhandener oder potentieller Klienten zu übertragen,
- dadurch anwaltliche Dienstleistungen von den Aktivitäten anderer gewerblicher Dienstleistungsträger wirkungsvoll abzugrenzen und attraktiv zu machen,
- den Vorteil der freiberuflichen und unabhängigen Rechtsberatung des Rechtsanwalts gegenüber den institutionsgebundenen Rechtsberatungen (z. B. der Gewerkschaften, Unternehmensverbände, gewerblichen Dienstleistungsunternehmen) deutlich zu machen.

10 **5.** Rechtsanwälte stehen vor der Aufgabe, Beziehungen zu Klienten und anderen Interessenkreisen zielbewußt zu gestalten. **Klientenorientierte Praxisführung** umfaßt alle Entscheidungs- und Maßnahmenbereiche, die direkt oder indirekt marktwirksam sind – also nicht nur die Austauschbeziehungen zu potientiellen, aktuellen und früheren Klienten, sondern auch zu anderen Interessengruppen, die auf die anwaltliche Tätigkeit Einfluß haben und mit denen Austauschbeziehungen bestehen, auch wenn diese nicht direkt das Angebot von anwaltlichen Leistungen gegen Entgelt umfassen. Das sind z. B. Gerichte, Staatsanwaltschaften und Notariate, Verwaltungsbehörden und kommunale Einrichtungen, Unternehmensverbände, Gewerkschaften, Sozialeinrichtungen, Medien, Schulen und Bildungsinstitutionen, Universitäten, Vereine.

All diesen Beziehungen müssen durch die Instrumente modernen Marketings Inhalte gegeben werden, die letztlich die Dienstleistung für den Klienten fördern.

III. Marketing-Planung

11 **1.** Der konkreten Marketing-Planung vorauszugehen hat eine **Analyse des Leistungspotentials und des Umfelds** der Anwaltskanzlei. Dabei sind im einzelnen folgende Fragen zu behandeln:
- Über welche Mitarbeiter verfügen wir?
- Wie sieht das Profil dieser Mitarbeiter aus (Interessen, besondere Fähigkeiten, familiäres und gesellschaftliches Umfeld)?
- In welchen regionalen Zonen operieren wir?
- Welche Art von Dienstleistungen führen wir für welche Gebühren aus?
- Wer sind unsere Klienten und welche Art von Dienstleistungen werden für sie erbracht?

12 **2.** Dem Aufbau eines Marketing-Konzepts hat – wie auf allen anderen Märkten – eine Untersuchung des Ist-Zustandes vorauszugehen. Dies geschieht durch Marktanalyse, Marktbeobachtungen und Mandantenbefragungen, die jede Anwaltspraxis mit relativ geringen finanziellen Mitteln durchführen kann. Methoden und Fragestellungen lassen sich dem Literaturangebot für Dienstleistungsmarketing, das inzwischen auch für den Markt anwaltlicher Dienstleistung entsteht, entnehmen.

13 **3.** Auf den Ergebnissen der Analyse und Beobachtung der Marktchancen baut die Strategie der **Marktsegmentierung** auf. Der Markt für anwaltliche Dienstleistungen forensischer oder primär beratender Art besteht aus einer Vielzahl separater Teilmärkte, die untereinander oftmals kaum Berührungspunkte haben. Der Grund dafür liegt in der Vielschichtigkeit der Lebens- und Wirtschafts-

bereiche, die sich in rechtlichen Regelungen lediglich widerspiegelt. Erwartungen, Anschauungen und Rechtsberatungsbedarf der Nachfrager anwaltlicher Dienstleistungen sind in hohem Maße unterschiedlich. Der Differenziertheit der Abnehmerbedürfnisse, Wünsche, Präferenzen und dergleichen, trägt die Strategie der Marktsegmentierung in besonderem Maße Rechnung. Der Tatsache, daß sich der Markt von Kunden, Abnehmern oder Mandanten klar und sinnvoll abgrenzen und aufteilen läßt, hat die Anwaltschaft bereits dadurch Rechnung getragen, daß sie zunehmend die Voraussetzungen für Spezialisierungen in Fach- und Schwerpunktgebieten schafft. Während die anwaltliche Spezialisierung mehr auf die Differenzierung des Dienstleistungsangebots abstellt, beginnt der Leitgedanke der Marktsegmentierung mit den Bedürfnissen, Interessen und Einstellungen der vorhandenen und potentiellen Klienten. Dies ist auch der folgerichtigere Ansatzpunkt. Die Marktsegmentierung hat der Entscheidung, welche Spezialisierung angestrebt werden soll, vorauszugehen. Die Spezialisierung muß bedarfs- und zielgruppenorientiert erfolgen.

4. Die vorausgegangenen Umfeld-, Leistungs- und Marktanalysen ermöglichen es, die Stärken und Schwächen der einzelnen Kanzlei, die externen Faktoren, die den Markt für anwaltliche Dienstleistungen beeinflussen und strukturieren, sowie die Wettbewerbssituation einzuschätzen. Nunmehr muß die Kanzlei selbst erkennen, wie sie sich von ihren Wettbewerbern unterscheidet. Diese Zielsetzung wird in der Marketing-Theorie mit dem Wort **„Positionierung"** umschrieben. Dabei geht es darum zu bestimmen, wie die Praxis von ihrer gegenwärtigen und der angestrebten Mandantschaft eingeschätzt werden soll. Sie muß ein bestimmtes „Image" aufbauen. Die wesentliche Frage lautet dabei: „Welches Bild unserer Kanzlei wollen wir bei unseren derzeitigen und möglichen Klienten erzeugen?" 14

Für die Positionierung kommt es auf eine realistische und vorbehaltslose Selbsteinschätzung der Anwälte oder der Sozietät an. Dabei bieten sich folgende Fragestellungen an: 15

- Setzt sich die Praxis aus einer Gruppe von Generalisten zusammen oder sind in ihr die verschiedensten Spezialisten tätig oder ist die Kanzlei gar als solche auf allen Rechtsgebieten, ein oder mehreren Schwerpunktgebieten oder bestimmte Klienten spezialisiert?
- Ist die Kanzlei mehr im Bereich des Beratungsbedarfs kleiner und mittelständischer oder großer Unternehmen situiert oder engagiert sie sich in der Zielgruppe sog. „sozialstaatlicher Klientel" für Bürger und Bürgerinitiativen im Rahmen von Arbeits-, Sozial-, Umwelt-, Ausländer-, Miet- und Anstaltsrecht?

Die Antworten münden in die Entwicklung und Ausgestaltung verschiedener Kanzleitypen. Deren Merkmale müssen ausgerichtet sein auf den speziellen Bedarf und die Wunschvorstellungen der für sie jeweils erreichbaren Klientenkreise. Diese Merkmale müssen aber auch für die Klienten identifizierbar sein. Angesichts der immateriellen Natur der anwaltlichen Dienstleistung besteht daher eine zentrale Aufgabe der Kanzleiführung darin, eine unverwechselbare Identität der Anwaltsfirma – eine „Corporate Identity" – zu schaffen. Diese Identifizierbarkeit ist die Voraussetzung dafür, Position und Profil einer Kanzlei am Markt sichtbar zu machen und eine emotionale Bindung der Klienten an die Kanzlei herbeizuführen. 16

IV. Marketing-Instrumente

17 Die Maßnahmen, die eine Anwaltsfirma im Rahmen des Marketing ergreifen kann, stehen eng im Zusammenhang mit der eigentlichen Dienstleistung selbst. Sie beziehen sich vor allem auf die Darstellung, den Nutzen und die Verfügbarkeit dieser Leistung, die geforderte Gegenleistung und die Informationen über den Leistungsaustausch und den Leistungsträger (Anwaltskanzlei). Die Marketing-Wissenschaft hat hierfür folgende Begriffe entwickelt:
- Produktpolitik
- Distributionspolitik
- Kontrahierungspolitik
- Kommunikationspolitik.

Unter diese Begriffe lassen sich alle Aktionen, Handlungsalternativen und Mischformen **(Marketing-Mix)** erfassen, die einem Unternehmen zur Verfügung stehen, um Kundenbeziehungen anzubahnen und durchzuführen. Die diesen Marketing-Instrumenten zugrunde liegenden wissenschaftlichen Überlegungen lassen sich auch für den anwaltlichen Bereich nutzbar machen.

18 1. Die **Produktpolitik** befaßt sich im Dienstleistungsbereich mit der marktgerechten Gestaltung des von dem einzelnen Dienstleistungsanbieter angebotenen Leistungsprogramms. Sie muß stets auf der Grundlage einer permanenten zielgruppenorientierten Analyse des Klientenbedarfs erfolgen. Im anwaltlichen Bereich lassen sich folgende Aufgaben der Produktpolitik nennen:
- Bedarfsorientierte Gestaltung des Leistungsangebotes (Spezialisierungen nach Fachgebieten, Schwerpunktgebieten oder Klientengruppen)
- Definition von zusammengehörigen Leistungsbereichen (Servicelinien), die aus Klientensicht oder als „Bedarfsbündel" unterschiedlicher Zielgruppen zusammengehören (Existenzgründungen, Firmenbeteiligungen, Grundstückskauf und Hausbau, Ehescheidung und Folgesachen)
- Ausdehnung des Leistungsangebots in den Bereich der Service- und Nachsorgeleistungen (z. B. im Familien- und Unterhaltsrecht) sowie der „Wartung" (Anpassung von Vertragswerken, AGB usw. an Entwicklungen und Rechtsprechung)
- Variationen in der Reichweite des Dienstleistungsangebots – regional, überregional, international (überörtliche Sozietäten)
- zeitliche Erweiterung des Angebots (Rund-um-die-Uhr, Notdienst)
- Variationen des Leistungsprogramms durch Kooperation zwischen Anwälten und anderen Beraterberufen.

19 2. Bei der **Distributionspolitik** geht es um die Frage: Wie bringt der Anwalt das von ihm aufgebaute Dienstleistungspotential (Leistungsprogramm) in den Verfügungsbereich des Klienten? Auf welche Weise kann der unmittelbare Klientenkontakt hergestellt werden?

Die Herstellung des Klientenkontakts hängt ab von der Kanzleigestaltung und dem Kontaktverhalten der Anwälte im akquisitorischen Bereich. Dabei sind alle Eigenschaften und Maßnahmen der Kanzlei von Einfluß, die sicherstellen, daß die angebotenen Dienstleistungen für den Mandanten präsent sind, d. h. rechtzeitig und vollständig zur Verfügung stehen. Dabei sind maßgeblich:
- Standort
- Büroausstattung im kommunikativen Bereich (Telefon, Telex, Teletex, Telefax, EDV)

- Personalverhalten und -schulungen (Empfang, Telefondienst, Gesprächsführung bei Erstkontakten)
- sowie Maßnahmen der Gestaltung von Beziehungen zu Institutionen und Personen, die für potentielle Klienten „Wege zum Anwalt darstellen" (Rechtspflegeorgane, Verbände, Ärzte, andere Beraterberufe, Architekten usw.).

3. Die **Kontrahierungspolitik** umfaßt die Gesamtheit vertraglicher Vereinbarungen über Preise und Preisnachlässe, Liefer- und Zahlungsbedingungen (Mandatsbedingungen) sowie Kredite. In diesem Zusammenhang ist anzumerken, daß der Preiswettbewerb nach traditionellem Berufsverständnis für Anwälte grundsätzlich kein Marketing-Instrument ist. Hier besteht durch die BRAGO die rechtliche Rahmenbedingung einer verbindlichen Gebührenordnung. Insoweit finden aber Überlegungen statt, wie die im Bericht von *PROGNOS/INFRATEST* aus dem Jahre 1987 festgestellten Defizite (Intransparenz des Gebührensystems für den Klienten, Schwellenangst wegen hoher Gebührenerwartungen) abgebaut werden können durch die Legalisierung flexiblerer Praktiken (Legalisierung der Zeitgebühren, limitierte Gebühr für Erstberatung im außergerichtlichen Bereich). Desweiteren ist die Vereinbarung laufender Beratungsverträge mit monatlicher Beratungspauschale ein geeignetes Mittel, vertrauensvolle Zusammenarbeit zwischen Anwalt und Mandant zu intensivieren. **20**

4. Die wichtigsten Instrumente der **Kommunikationspolitik** sind Werbung, Öffentlichkeitsarbeit und Verkaufsförderung. Diese haben – gerade bei Anwaltskanzleien – eine Doppelwirkung: Sie müssen nicht nur darauf ausgerichtet werden, vorhandene und potentielle Klienten über die Anwaltskanzlei und ihre Leistungsfähigkeit zu informieren und die für die anwaltliche Dienstleistung erforderliche Vertrauensbasis abzusichern, sondern beeinflussen neben der Außenwelt auch in starkem Maße das Innenleben der Anwaltskanzlei. Wenn Mandanten eine bestimmte Anwaltskanzlei auf Dauer als sympathisch erleben, so hängt das in erster Linie damit zusammen, daß sich die Mitarbeiter und Mitarbeiterinnen einer Kanzlei zunehmend verpflichtet fühlen, aus der Werbung und Öffentlichkeitsarbeit abgeleitete Ansprüche der Klienten zu erfüllen. **21**

Öffentlichkeitsarbeit strebt danach, dauerhafte und feste Bindungen zwischen der eigenen Kanzlei und der Öffentlichkeit herzustellen. Jede Anwaltskanzlei hat ihre eigene Öffentlichkeit. Diese besteht aus ihren Mitarbeitern und deren Umfeld, ihren vorhandenen Klienten, den potentiellen Klienten sowie weitere zum individuellen Umfeld der Anwaltskanzlei gehörende meinungsbildende Kreise. „Public Relations" können dazu eingesetzt werden, um die allgemeine Reputation der Anwaltsfirma nach außen zu entwickeln und die Öffentlichkeit aufmerksam zu machen auf besondere Fachkenntnisse und Eignung. **22**

Auch die **Werbung** ist nur ein Teilausschnitt aus der Vielfalt möglicher Marketing-Aktivitäten. Werbung wendet sich als Mittel der Kommunikationspolitik überwiegend kurzfristig und direkt mit einem Dienstleistungsangebot an aktuelle und potentielle Klienten, um die Übertragung eines Mandats herbeizuführen. Marketing befaßt sich umfassend in der Planungsphase zunächst mit der Analyse der Marktsituation und in der Phase der konkreten Marketing-Planung mit der marktgerechten Gestaltung und langfristigen Darstellung des von den einzelnen Anwaltskanzleien angebotenen Leistungsprogramms. **23**

Anwaltliche Werbung steht unter dem Postulat: „Wenn Werbung, dann nur konkrete Informationen". Auf der Linie einer Marketing-Konzeption liegt aber **24**

Werbung nur, wenn sich Rechtanwälte und Rechtsanwältinnen sowie das gesamte Personal der Kanzlei verpflichtet fühlen, die aus der Werbung abgeleiteten Ansprüche zu erfüllen. Deshalb müssen sich alle **Verkaufsförderungsmaßnahmen** ganz überwiegend an die eigenen Kollegen und an das Kanzleipersonal richten und nicht nur an die Klientel.

25 Anwaltliche Dienstleistungen sind immateriell, ungreifbar und unsichtbar. Sie sind daher im Vergleich zu Sachgütern schwer zu beschreiben und noch schwerer zu erproben. Aus diesen Gründen sind die Schaffung einer Corporate Identity und Imagepflege der Kanzlei sowie der persönliche Kontakt zwischen Anwalt und Mandant die wichtigsten aller zur Verfügung stehenden Instrumente im Rahmen des Kommunikationselements. Zu deren Aufbau lassen sich folgende Maßnahmen nennen:

- Veranstaltung von Seminaren und Vorträgen
- Autorentätigkeit
- Mitgliedschaft in anwaltlichen Berufsorganisationen sowie anderen Wirtschafts- bzw. Berufsvereinigungen
- gesellschaftliche Aktivitäten
- Kanzleibroschüren
- Mandanteninformationsbriefe (newsletters)
- Vermittlung eines einheitlichen Erscheinungsbilds der Kanzlei im Wege einer Abstimmung aller visuellen Momente wie Kanzleischild, Einrichtung, Briefbogen, Stempel, Farben und Schrifttypen
- eine in sich schlüssige widerspruchsfreie Ausrichtung des Verhaltens aller Kanzleimitglieder nach innen und außen
- systematischer auf ein bestimmtes Profil kombinierter Einsatz aller Instrumente anwaltlicher Kommunikationspolitik.

V. Marketing-Idee und berufsrechtliche Neuorientierungen

26 Der Wandel des Anwaltsstandes zu einem dienstleistungs- und marktorientierten Beruf muß das professionelle Selbstverständnis in seinen traditionellen Grundwerten nicht antasten. Marketing bedeutet eine sinnvolle Ergänzung des professionellen Selbstverständnisses, weil der schrittweise Vollzug eines umfassenden anwaltsspezifischen Marketing-Konzepts gewährleistet, daß die aktuellen und speziellen Bedarfssituationen der einzelnen Klientenzielgruppen besser und gründlicher ausgelotet werden. Hier liegen Chancen zur Erschließung und Erweiterung des Marktes anwaltlicher Dienstleistungen, die gleichzeitig eine Verbesserung der Rechtsversorgung des Bürgers zur Folge haben.

27 Dabei muß auch gesehen werden, daß eine konsequente Klientenorientierung auch die Beseitigung von berufsrechtlichen Restriktionen fordert. Dies gilt vor allem für die Einschränkungen beruflicher Bewegungsfreiheit, die die Verfügbarkeit des Anwalts für den Klienten im Rahmen einer vernünftigen Distributionspolitik und die Beseitigung von Informationsbarrieren im Rahmen einer sachlich gebotenen Kommunikationspolitik hindern. Diese Überlegungen liegen auch auf der Linie der Entscheidungen des Bundesverfassungsgerichts vom 14. 7. 1987. Berufsspezifische Einschränkungen anwaltlicher Berufstätigkeit sind nur dort geboten, wo sie im Gemeinwohlinteresse und zum Schutz des Klienten erforderlich sind. Unter all diesen Aspekten wird z. Zt. die anwaltliche Berufspolitik überdacht und neu formuliert. Eine Reform des Berufsrechts

bahnt sich an, in deren Folge u. a. das Werbeverbot für Rechtsanwälte gelockert und neue Formen anwaltlicher Kooperation im In- und Ausland zulässig werden. Auch die Vereinigung Deutschlands und die zunehmende Aktualisierung des geltenden Europarechts schaffen neue Märkte und setzen neue politische und berufsrechtliche Rahmenbedingungen für Marketingaktivitäten von Rechtsanwältinnen und Rechtsanwälten.

K X. Zeit- und Selbstmanagement für Rechtsanwälte

Hans Buschbell

Übersicht

Literatur: *Buschbell/Belser,* Zeitmanagement für Rechtsanwälte – warum und wie?, AnwBl. 1990, 559f.; *Hans-Soldan-Stiftung,* Kostenstatistik; *Germ,* EDV Organisation: Handbuch für Rechtsanwälte und Notare, 1990; *Knie,* Das Preis-/Leistungsverhältnis der anwaltlichen Dienstleistung, Anwaltsblatt 1989, Seite 258ff.; *Mackenzie,* Die Zeitfalle, 8. Auflage 1988; *Materialien zur Büroorganisation und Bürotechnik,* Band 2; *Mähler,* Effektive Organisation und moderne Kommunikation in der Anwaltskanzlei; *Peter,* Handbuch der Organisation und Technik für das Anwaltsbüro; *Riebe,* Selbstmanagement für Rechtsanwälte, AnwBl. 1990, 443f.; *Seiwert,* Das 1 × 1 des Zeitmanagement, 12. Auflage 1989; *ders.,* Mehr Zeit für das Wesentliche, 10. Auflage 1989; *Seiwert/Buschbell/Mandelkow,* Zeitmanagement für Rechtsanwälte, 1991; *Seiwert/Wagner,* Management mit Zeitplanbuch/43 Zeitplanbücher im Überblick, 1990; *Winters,* Der Rechtsanwaltsmarkt 1989.

I. Die Zeit – das wertvolle Gut; Methoden und Prinzipien ihrer Nutzung

1. Die Zeit – das wertvolle Gut

1 Die Frage: **„Haben Sie Zeit genug?"** wird von weit **mehr** als **90%** der Menschen, die im Berufsleben stehen, mit **„nein"** beantwortet (vgl. *Mackenzie,* S. 11). Diese Erfahrung trifft sicherlich **in gleicher Weise** auf den **Anwalt** zu. Diese Tatsache und Erfahrung muß nachdenklich stimmen. Der Mangel an Zeit kann nicht in der „Zeit" liegen. Hier liegt das Paradoxon der Zeit: Wenige haben genug, und doch hat jeder die Zeit, die es gibt. – Paradoxon der Zeit – (vgl. *Mackenzie* a. a. O., S. 11). Hier wird deutlich, daß die **Zeit,** die kontinuierlich und **unwiderruflich verrinnt,** ein besonders wertvolles Gut ist, **wertvoller als Geld und Gold,** weil nicht vermehrbar und nicht käuflich;

– Zeit ist ein absolut knappes Gut,

- Zeit ist nicht käuflich,
- Zeit kann nicht gespart oder gelagert werden,
- Zeit kann nicht vermehrt werden,
- Zeit verrinnt kontinuierlich und unwiderruflich,
- Zeit ist Leben

(vgl. *Seiwert,* Das 1 × 1 des Zeitmanagement, S. 7).

2. Die Zeit – die besondere Resource auch für den Anwalt

Mehr aus der Zeit zu machen ist, speziell für den Anwalt eine Resource für mehr Leistung und Erfolg im Beruf. Die **Zeit** selbst ist **nicht vermehrbar.** Das Ziel muß daher sein, die zur Verfügung stehende Zeit besser zu nutzen. 2

Der wichtigste Schritt zur besseren Zeitnutzung ist eine **Analyse** des praktizierten **Arbeitsstils,** also eine **Zeitinventur.** Die **Ursachen** für **Zeitverlust** sind vielfältig. In allen Bereichen anwaltlicher Arbeit können ihre Ursachen liegen.

Eine **mangelhafte Organisation,** also z. B. falsch organisierte Akten und der uneffiziente Aktenumlauf sowie mangelnde Nutzung organisatorischer Hilfsmittel, unrationelle Postbearbeitung, mangelnde Nutzung moderner Technik können Ursachen für Zeitverluste sein. Ebenso kann im eigenen Arbeitsstil eine Quelle für Zeitverlust liegen, so z. B. im unorganisierten Arbeitsplatz. Auch kann ein falscher Terminplan Zeitverluste bringen und ebenso uneffiziente Informationsverarbeitung. Die Korrespondenzbearbeitung, z. B. ohne Nutzung von Textverarbeitung oder auch schließlich die unrationelle Durchführung von Besprechungen, Konferenzen oder Vergleichsverhandlungen sind Ursachen für Zeitverluste. Ebenso besteht die Gefahr von Zeitverlusten für den Anwalt bei mangelnder Qualifikation der Mitarbeiter oder unzureichender Aufgabendelegation an die Mitarbeiter.

Eine **Lösung des Zeitproblems** ist nur möglich durch eine **Analyse** bisheriger Zeitnutzung und gegebener Zeitverluste (zur Möglichkeit der Zeitinventur und Selbstanalyse des praktizierten Arbeitsstils vgl. *Seiwert,* Mehr Zeit für das Wesentliche, S. 23 ff.).

Eine **Verbesserung** der Zeitnutzung ist aber auch schon zu erreichen durch ein **besseres Bewußtsein** und eine Sensibilisierung für die Notwendigkeit effizienter Zeitnutzung. Dies ist Ziel der Darstellungen in diesem Kapitel. Speziell die nachfolgenden Ausführungen zu den Methoden und Prinzipien des Zeitmanagement sollen Anregung und Anleitung sein zu besserer Zeitnutzung.

3. Methoden und Prinzipien des Zeitmanagement

a) Grundgedanke und Begriff des Zeitmanagement

Grundgedanke des Zeitmanagement ist es, **aus dem Leben mehr zu machen,** es bewußter zu steuern (Selbstbestimmung) und zu vermeiden, durch die Arbeits- und Lebensverhältnisse (Fremdbestimmung) gesteuert zu werden (*Seiwert* a. a. O., S. 12). 3

Seiwert definiert den Begriff des Zeitmanagement so: „Zeitmanagement ist die konsequente und zielorientierte Anwendung bewährter Arbeitstechniken in der täglichen Praxis, um sich selbst und die eigenen Lebensbereiche so zu führen und zu organisieren (gleich „zu managen"), daß die zur Verfügung stehende Zeit sinnvoll und optimal genutzt wird."

Ein Weg zu einem besseren Zeitmanagement ist es, sich mit den hierzu entwickelten **Methoden und Prinzipien** vertraut zu machen und zu ihrer effizienten Anwendung auch in der täglichen Arbeit als Anwalt zu kommen (vgl. hierzu im einzelnen *Buschbell/Belser* AnwBl. 1990, 559f.).

b) Funktion des Zeitmanagement/Regelkreis

4 Eine **bessere** und schließlich eine **optimale Zeitnutzung** ist zu erreichen, wenn die tagtäglich zu erledigenden **Aufgaben** in kürzerer Zeit und **effizienter** erledigt werden. Hierbei ist es notwendig, sich zu vergegenwärtigen, daß bei der Bewältigung von Aufgaben und Problemen die abzuwickelnden Aktivitäten in einem bestimmten Zusammenhang stehen und in der Regel auch in einer bestimmten Reihenfolge ablaufen. Nach Seiwert (vgl. *Seiwert,* Mehr Zeit für das Wesentliche, S. 38) ist zu unterscheiden zwischen dem **Außen-Zeitmanagementregelkreis und dem Zeitmanagement Innenkreis.**

Im Außen-Zeitmanagementsregelkreis ergeben sich auch in der Reihenfolge folgende Funktionen:

- Zielsetzung
- Analyse und Formulierung der persönlichen Ziele
- Planung
- Konzipieren von Plänen und Handlungsalternativen
- Entscheidung;
  über die durchzuführenden Arbeiten sich entscheiden
- Realisation und Organisation
- Gestaltung und Organisation der zu erledigenden Arbeiten und der sich ergebenden Arbeitsabläufe zur Realisierung in der geplanten Zeitperiode (Jahr, Monat, Woche, Tag)
- Kontrolle;
  Überprüfung der Realisation von Zielsetzung, Planung und Entscheidung zur Realisation.

Der **Innen-Zeitmanagementregelkreis** beinhaltet:

- Information und Kommunikation;
  diese Funktionen sind Dreh- und Angelpunkt für die Umsetzung der Funktionen des Zeitmanagementregelkreises.
  (Vgl. hierzu *Seiwert,* Mehr Zeit für das Wesentliche, S. 38ff. mit grafischer Darstellung des Zeitmanagementregelkreises und ausführlichen Erläuterungen hierzu).

c) Methoden und Prinzipien des Zeitmanagement

5 Eine beste Zeitnutzung ist nur zu erreichen, wenn man sich mit den hierzu entwickelten **Methoden und Prinzipien** vertraut macht und versucht, sie mit fortschreitendem Erfolg umzusetzen. Der für diese Abhandlung zur Verfügung stehende Rahmen ermöglicht es nicht, dieses Prinzip ausführlich und im einzelnen zu entwickeln und darzustellen. Deshalb ist es geboten, auf die Darstellung der hierzu entwickelten Prinzipien und Methoden besseren Zeitmanagements zu verweisen. Nach *Seiwert* (Das 1 × 1 des Zeitmanagement, S. 11) sind die nachfolgend aufgeführten Prinzipien des Zeitmanagement sowie ihre Beachtung und Realisierung die sichere Methode und der beste Weg, um zu einer besseren Zeitnutzung zu kommen. Die Prinzipien des Zeitmanagement im einzelnen sind:

6 – **Sensibilisierung** und Interesse für bessere **Zeitnutzung.** Untersuchungen haben ergeben, daß der Nutzungsgrad des menschlichen Leistungspotentials nur

30–40% beträgt, weil die meiste Zeit ungenutzt vergeht, weil klare Ziele, Planung, Prioritäten und Übersichten fehlen (*Seiwert,* a. a. O., S. 8). Die Sensibilisierung für das Zeitproblem und das Suchen nach besserer Zeitnutzung sind der erste Schritt zur Verbesserung des Zeitmanagement.

- **Vermeidung von Zeitverlust.** Unbestritten ist, daß in großem Umfang Zeit verloren geht durch sogenannte „Zeitdiebe". Es ist erforderlich, die Sachverhalte und Tatbestände für Zeitverluste, z. B. fehlerhafte oder uneffiziente Organisation oder Arbeitsmethode zu analysieren sowie ihre Ursachen und Gründe herauszufinden, ebenso Maßnahmen und Lösungen zur Vermeidung von Zeitverlusten.
- **Ziele** müssen **definiert** werden. Ohne bewußte Zielsetzungen sind Erfolge nicht zu erreichen. Dies gilt sowohl für den persönlichen wie für den beruflichen Lebensweg. Zielsetzung ermöglicht die Konzentration der Kräfte auf Schwerpunkte der Aktivitäten und der Arbeit. Hier ist zu beachten das sogenannte „Pareto-Prinzip" (benannt nach dem italienischen Ökonomen *Vilfredo Pareto*). Dieses Prinzip beinhaltet die Erfahrung, daß häufig 20% der strategisch richtig eingesetzten Zeit 80% des Ergebnisses bringen, während unter Umständen 80% des Zeiteinsatzes nur den geringen Ertrag von 20% bringen (vgl. hierzu im einzelnen *Seiwert,* 1 × 1 des Zeitmanagement, S. 15f., *Mackenzie,* Die Zeitfalle, S. 68ff.).
- **Planung,** möglichst schriftliche, ist erforderlich. Hier gilt zunächst die schon von Seneca formulierte Erfahrung: „Ein Mann, der nicht weiß, in welchen Hafen er segeln will, dem ist kein Wind der richtige".
  Es ist eine Erfahrung, daß richtige und konsequente Planung Zeitgewinn bringt. Untersuchungen haben ergeben: Wer seinen Arbeitstag 8 Minuten vorbereitet und konsequent in Angriff nimmt, kann täglich eine Stunde für das Wesentliche gewinnen (*Seiwert,* Das 1 × 1 des Zeitmanagement, S. 18). Darüber hinaus ist es notwendig auch zur Kontrolle einerseits und zum anderen für das Erfolgserlebnis schriftlich zu planen.
  Jeder Tag erfordert Planung und damit die Verwendung von Tagesplänen. Der Tag als die kleinste und überschaubare Einheit muß systematisch geplant werden, und zwar nach Aufgaben, Aktivitäten und Terminen. Die hierzu entwickelte sogenannte „alte" Methode beinhaltet:
  - Aufgaben zusammenstellen,
  - Länge der Tätigkeiten schätzen,
  - Pufferzeit für Unvorhergesehenes reservieren,
  - Entscheidungen über Prioritäten, Kürzungen und Delegation treffen
  - Nachkontrolle – Unerledigtes übertragen

  (vgl. im einzelnen *Seiwert,* Mehr Zeit für das Wesentliche, S. 107ff.).

- **Prioritäten setzen** ist unerläßlich. Für jeden, insbesondere auch für den Anwalt, besteht die Gefahr, dem Versuch zu erliegen, zuviel auf einmal zu tun und sich infolgedessen zu verzetteln. Dies ist nur dadurch zu vermeiden, daß Prioritäten gesetzt werden und die Aufgaben nach den gesetzten Prioritäten erledigt werden. Hier gilt die sogenannte ABC-Methode. Diese besagt, daß die zu erledigenden Aufgaben je nach ihrer Wichtigkeit in A-, B- und C-Aufgaben eingeteilt werden. Die A-Aufgaben sind die wichtigsten und unbedingt zu erledigenden und nicht deligierbaren Aufgaben. Die B-Aufgaben sind als wichtige, aber deligierbare Aufgaben zu bewerten, während die C-Aufgaben von geringerer Wichtigkeit sind (zur ABC-Methode vgl. im einzelnen *Seiwert,* Das 1 × 1 des Zeitmanagement, S. 27 und *Seiwert,* Mehr Zeit für das Wesentliche, S. 131).

- Ein **positiver Arbeitsbeginn** ist ein wichtiger Faktor. Für den Erfolg zum richtigen Zeitmanagement gehört auch, die richtige Einstellung zum Arbeitsbeginn und zur Abwicklung der Arbeit zu finden. Die Einstellung zu positiver Lebensführung ist ein wichtiger Faktor für erfolgreiche Arbeitserledigung (vgl. *Seiwert,* Das 1 × 1 des Zeitmanagement, Seite 29ff.). Die Beachtung der persönlichen Leistungskurve ist notwendig für die effiziente Aufgabenerledigung. Hier muß jeder herausfinden, wann für ihn persönlich ein möglicher Leistungshöhepunkt oder ein biologisch bedingtes Leistungstief gegeben ist. Dies gilt auch für die Arbeitserledigung als Früh- oder Spätrhythmiker (vgl. im einzelnen *Seiwert,* Mehr Zeit für das Wesentliche, Seite 174ff.).
- Die notwendige **stille Stunde** ist wichtig für Konzentration und innovatives Denken, gerade für den Anwalt, für den neben der Korrespondenzerledigung Besprechungen mit den Klienten ein wichtiger Bestandteil der täglichen Arbeit ist. Er benötigt Ruhe und geplante Abschirmung, um anstehende Aufgaben konzentriert zu erledigen und die Möglichkeit für innovative Gedanken zu haben.
- Aufgabenerledigung durch **Delegation** ist ein wichtiger Weg zur Selbstentlastung und zu umfangreicherer Aufgabenerledigung. Hier werden gegensätzliche Standpunkte vertreten. Ein kroatische Sprichwort sagt: „Wer selbst arbeitet, verliert den Überblick". Umgekehrt wird häufig argumentiert, daß Delegation und hiermit verbundene notwendige Erklärung mehr Zeit erfordert als der mögliche Zeitgewinn bringt. Zunächst gilt, sich mit den Regeln der Relegation vertraut zu machen. Der Delegation-Check-up lautet:

  - Was soll getan werden? (Inhalt)
  - Wer soll es tun? (Person)
  - Warum soll er es tun? (Motivation, Ziel)
  - Wie soll er es tun? (Umfang, Details)
  - Bis wann soll er es tun? (Termine)

  Bei der Delegation und der Entscheidung zur Aufgabenerledigung ist vorzugehen nach Dringlichkeit und Wichtigkeit (Eisenhowerprinzip; vgl. im einzelnen *Seiwert,* Das 1 × 1 des Zeitmanagement, S. 41f. und *Seiwert,* Mehr Zeit für das Wesentliche, S. 136ff.).
- Die **Nutzung des Zeitplanbuches** ist ein Weg und Erfolgsgeheimnis effizienter Arbeitsmethode. Es ist etwas anderes als der anwaltliche Termin- und Fristenkalender (vgl. im einzelnen nachstehend Rdnr. 7).
- **Konsequenz** beim Suchen und **Umsetzen** von Zeitmanagement ist die wichtigste Voraussetzung, ohne Offensein für Zeitmanagement und ohne Konsequenz führt der Weg des Zeitmanagement nicht zum Ziel. Die Entscheidung, die Prinzipien und Methoden des Zeitmanagement anzuwenden und umzusetzen, kann nur Erfolg haben bei konsequenter Durchführung. Nur bei einer solchen Einstellung und Handhabung führt der Weg zum Erfolg.

d) Das Zeitplanbuch – auch für Rechtsanwälte

7 Die **Nutzung** des **Zeitplanbuches** ist **Prinzip** des Zeitmanagement und Methode zu effizienter Zeitnutzung (vgl. vorstehend Rdnr. 4).

Das Zeitplanbuch entspricht nicht der gewohnten Vorstellung des Anwaltes über einen Termin- und Fristenkalender. Für den Anwalt besteht die Gewohnheit, daß nach bestimmten Regeln die Termine und Fristen durch das Büro in einem Kalender vorgemerkt oder EDV-mäßig erfaßt werden. Das Zeitplanbuch ist etwas anderes und mehr als ein anwaltlicher Termin- und Fristenkalender. Es bietet neben der Erfassung von Terminen und Fristen Organisationshilfe für alle Bereiche der anwaltlichen Tätigkeit und Organisation. Es ist eine komprimierte Organisationshilfe, gleichsam ein selbstführendes Managementsystem (vgl. im einzelnen *Buschbell/Belser,* AnwBl. 1990, 559/561).

Es ist ein in Loseblattsystem gestaltetes Arbeitsmittel, das in der Regel sich aus drei Teilen zusammensetzt, nämlich

- Kalendarium
- Organisation- und Managementsystem
- Informationsteil

Der **Kalender** hat nicht nur – wie der anwaltliche Termin- und Fristenkalender – einen Tagesplan, sondern bietet zugleich **zusätzliche Übersichten** zu den verschiedenen Zeitperioden, nämlich: **8**

- Jahresübersicht,
- Monatsplan,
- Wochenplan, in Verbindung mit dem
- Tagesplan und der zusätzlichen Möglichkeit der Verbindung zu einer möglichen Aktivitätencheckliste (vgl. *Seiwert/Buschbell/Mandelkow,* Zeitmanagement für Rechtsanwälte, Kapitel 2.5).

Der Teil Organisation- und Managementsystem bietet, was im anwaltlichen Termin- und Fristenkalender nicht gegeben ist, zu allen Bereichen der anwaltlichen Büroorganisation (und auch zusätzlich des privaten Bereiches) ein **Organisations- und Managementsystem.** Ein nach dem System JUS/system by Time/system vorgeschlagenes Konzept für Organisation und Management bietet folgendes Organisationskonzept zu den nachgenannten Bereichen: **9**

– Ziele/berufliche Grundlagen	1
– Projekte/Planung	2
– Raumplanung/Arbeitsmittel	3
– Technik/EDV	4
– Kollegen/Mitarbeiter	5
– Mandanten/Sachgebiete	6
– Wirtschaftliche Abwicklung	7
– Ergebnis/Steuerung/Statistik	8
– Literatur/Fortbildung	9
– Mitgliedschaften	10
– Ideen	11
– Privat	12

Dieses System bietet die Möglichkeit, **Aktivitäten** zu allen vorgenannten Bereichen **aufzuzeichnen,** zu planen, umzusetzen und fortzuschreiben. Es besteht konzeptionell die Möglichkeit, die zu den genannten Bereichen erfaßten Aktivitäten zu übertragen zur Realisation in die Zeitplanung, also in den Kalenderteil.

Der **Infoteil,** wenn er berufsspezifisch konzipiert ist, beinhaltet Informationen zu den wichtigsten Sachgebieten anwaltlicher Tätigkeit und somit die Grundlage für präsente Informationen bei der Aufgabenabwicklung. In der Verbindung der genannten drei Teile – Kalendarium/Organisations- und Managementsystem/Infoteil – ist das Zeitplanbuch ein Instrument rationeller und damit zeitsparender anwaltlicher Arbeitsmethodik. **10**

11 Es besteht die **Möglichkeit** der **verbundenen Nutzung** von beruflichen Termin- und Fristenkalender und Zeitplanbuch. Es entspricht der Praxis der Termin- und Fristenerfassung und -überwachung, daß diese bei Verwendung eine traditionellen Termin- und Fristenkalenders oder auch ggf. EDV-mäßig durch das Büro oder Sekretariat erfaßt und vorgemerkt werden. Diese Gewohnheit und evtl. auch Notwendigkeit schließt aber nicht die Verwendung des Zeitplanbuches aus. Vielmehr ist es sinnvoll und notwendig, jedenfalls möglich, eine Verbindung zwischen dem Termin- und Fristenkalender des Büros und dem persönlichen Zeitplanbuch herzustellen. Dies kann organisatorisch so abgewikkelt werden, daß die speziellen Termine eines Anwaltes etc. aus dem allgemeinen Bürokalender in das persönliche Zeitplanbuch übertragen werden. Diese Aufgabe kann persönlich oder auch nach entsprechender Einarbeitung durch das Sekretariat erledigt werden. Hierbei bietet das Zeitplanbuch über den an Tagesübersichten orientierten anwaltlichen Termin- und Fristenkalender hinaus – Wochen- oder Monatsübersichten. Die wochen- oder monatsbezogene Übersicht über wahrzunehmende Termine und zu erledigende Fristen schafft eine bessere Möglichkeit der Zeitplanung und vermeidet somit Streß und Hektik und bietet hierdurch die Möglichkeit zu besserer und qualifizierter Sachbearbeitung.

12 **Zusätzlich** bietet das Zeitplanbuch die Möglichkeit, wie dargestellt, im Organisations- und Managementteil **Aktivitäten zu erfassen.** Die hier erfaßten Aktivitäten können zur Erledigung in die Zeitpläne oder Zeitübersichten übertragen werden. Hierdurch entsteht eine Orientierung nicht nur über wahrzunehmende Termine und zu erledigende Fristen, sondern darüberhinaus zur Erledigung geplanter oder anstehender Aktivitäten. Dies ermöglicht **bewußt** vorgegebene **Ziele** zu **planen** und sich zeitgerecht für die **Realisierung** zu entscheiden und die Umsetzung tatsächlich zu **kontrollieren.**

13 Zu beachten ist, daß die angebotenen Zeitplanbücher die Zeitpläne und Zeitübersichten anbieten. Darüberhinaus bieten in der Regel die **Aktivitätenchecklisten Erfassungs- und Kontrollmöglichkeiten** zu folgenden Bereichen:

- Datum
- Priorität (A, B, C)
- Aktivität/Aufgabe
- Delegation
- Aufgabenbeginn
- Fertigstellungstermin
- Kontrolle/OK

14 Im Vergleich zwischen dem traditionellen Termin- und Fristenkalender und dem Zeitplanbuch kann festgestellt werden:

- Der **Termin- und Fristenkalender** ist **nur Merkhilfe;**
- Das **Zeitplanbuch** stellt sich darüberhinaus als selbst-**steuerndes Managementsystem** dar. Es ist Terminkalender, Tagebuch, Notizbuch, Planungsinstrument, Erinnerungshilfe, Adressenregister, Nachschlagewerk, Ideenkartei und Kontrollwerkzeug zugleich (vgl. *Seiwert/Buschbell/Mandelkow,* Zeitmanagement für Rechtsanwälte, Kapitel 2.5).

Es werden – soweit zu übersehen – bisher 43 verschiedene Zeitplanbücher angeboten (Stand Juli 1990; vgl. hierzu im einzelnen *Seiwert/Wagner,* Management mit Zeitplanbuch/43 Zeitplanbücher im Überblick, 1990).

II. Typische Zeitfallen/Zeitverluste für den Anwalt – Instrumente gegen Zeitverlust

1. Effiziente Organisation – ein Instrument gegen Zeitverlust

Die **Organisation** der persönlichen Arbeitsabläufe ist ein **Instrument des Zeitmanagement** und erfordert zu allererst **Selbstmanagement.** „Eine der schwierigsten Aufgaben ist die Organisation der Selbstorganisation" (*Mackenzie,* Die Zeitfalle, S. 79ff.). Die Organisation selbst wiederum ist planmäßige Auswahl und sinnvoller Einsatz von Sach- und Hilfsmitteln sowie auch planmäßige Gestaltung und Ordnung eigener Arbeitsabläufe (vgl. *Peter,* Handbuch der Organisation und Technik für das Anwaltsbüro, S. 56f.). **Zeitfallen** und **Zeitverluste** für den Anwalt ergeben sich im Bereich der Organisation, weil ein einheitliches oder umfassendes Organisationskonzept fehlt, z.B. die Akte und ihr Umlauf und ihre Aufbewahrung nicht richtig organisiert sind, organisatorische Hilfsmittel nicht vorhanden sind oder jedenfalls nicht konsequent eingesetzt werden und die Postbearbeitung umständlich ist oder Leerlauf aufweist und schließlich nicht alle Möglichkeiten der Nutzung moderner Technik ausgeschöpft werden. Darüberhinaus ist häufig die eigene Tätigkeit des Anwaltes nicht richtig organisiert, beginnend mit der Organisation am eigenen Arbeitsplatz und der rationellen Terminplanung. Häufig geht Zeit verloren, weil Informationen nicht zur Verfügung stehen oder zeitaufwendig gesucht werden müssen, z.B. das Suchen nach Literatur oder Literaturfundstellen. Die Korrespondenz- und Diktaterledigung ist umständlich, weil sich wiederholende Schriftsätze diktiert werden und die Textverarbeitung nicht angewandt wird. Schließlich ergibt sich häufig eine Überlastung des Anwaltes bei Routineaufgaben, die erledigt werden, die ohne weiteres auf Mitarbeiter zu delegieren wären, z.B. die Verwaltung der Bücherei oder die Bearbeitung von Routinemandaten (vgl. auch *Germ,* S. 143ff.). 15

Die Tatbestände und Erfahrungen für die Zeitverluste in der alltäglichen anwaltlichen Arbeit sind so selbstverständlich, daß hier auf eine weitere beispielhafte Aufzählung verzichtet werden kann. Vielmehr soll Gegenstand und Ziel der nachstehenden Ausführungen sein, Ursachen für Zeitverluste in der alltäglichen anwaltlichen Arbeit zu analysieren und Möglichkeiten ihrer Vermeidung aufzuzeigen.

Wichtigstes **Instrument zur Vermeidung von Zeitverlust** ist die Schaffung einer **effizienten Organisation** anwaltlicher Arbeiten. Diese Organisation ist zu orientieren an den Funktionen im Ablauf der anwaltlichen Arbeit. Diese läßt sich in drei Funktionen einteilen, nämlich: 16
- Aufbau-/Ablauforganisation
- Juristische Sachbearbeitung
- Unterstützung durch Mitarbeiter.

In einer schlechten – anwaltlichen – Organisation verbergen sich die meisten Zeitverluste. Umgekehrt ist eine effiziente **Organisation** ein wichtiger **Faktor** für das **Zeitmanagement.** Die wichtigsten **Prinzipien** einer effizienten anwaltlichen Organisation sind:
- Organisation nach einem **Gesamtkonzept,** gegliedert in:
  Aufbau-/Ablauforganisation
- Sachbearbeitung
- Unterstützung durch Mitarbeiter.

Als Konzept für die Organisation einer Anwaltskanzlei, ihrer Arbeitsabläufe sowie der juristischen Sachbearbeitung und Unterstützung durch Mitarbeiter bietet sich das gleiche System an, wie vorgeschlagen für die Organisation eines Zeitplanbuches (vgl. vorstehend Rdnr. 9). Jedenfalls ist wichtig ein Organisationskonzept für alle Bereiche der Organisation und Arbeitsabläufe sowie der Tätigkeit zu Abhandlungen.

2. Effiziente Organisation in allen Bereichen

17 **Zu** den Einzelheiten der **Büroorganisation** ist zu verweisen auf die einzelnen Titel im Kapitel Büroorganisation

- Aktenführung und Korrespondenz (K I)
- Organisation von Fristen und Terminen (K II)
- Telekommunikation (K III)
- EDV-Einsatz (K IV)
- Textverarbeitung (K V)
- Bibliothek und Know how-Sammlung (K VI)
- Personalwirtschaft (K VII)
- Organisationsberatung (K VIII).

In den vorstehend zitierten Abhandlungen sind die einzelnen Bereiche der Büroorganisation eingehend dargestellt. Hierauf wird verwiesen, um Wiederholungen zu vermeiden.

Wichtig für eine rationelle und effiziente und damit zeitsparende Kanzleiorganisation ist ein **Organisationskonzept aufzubauen** und die Organisation selbst und die Arbeitsabläufe **zu beschreiben.** Hierdurch wird eine Fixierung der Verantwortung und darüberhinaus sicherlich eine Rationalisierung der Arbeit erreicht.

3. Effiziente Organisation der anwaltlichen Tätigkeit

a) Der „organisierte" Arbeitsplatz

18 Die richtige **Gestaltung** des **Arbeitsplatzes** ist Grundvoraussetzung für rationelles Arbeiten. Wenn auch individuelle Gewohnheiten und der persönliche Geschmack zu respektieren sind, so sind doch Grundregeln für die Arbeitsplatzgestaltung zu beachten, die Voraussetzung für rationelle und damit zeitsparende Arbeitsplätze sind. Der Arbeitsplatz sollte ergonomisch und überschaubar gestaltet sein. Wichtig ist die Aufbewahrung der Akten nach Arbeitspriorität. Die zur eiligen Erledigung oder mit der Priorität „A" zu bearbeitenden Akten sollten so plaziert sein, daß sie ins Auge fallen. Dieser Platz muß „leer gearbeitet werden".

b) „Aktive Terminplanung"

19 Die besten Aussichten rationellen Arbeitens werden häufig gestört durch uneffektive und störende **Terminbelastungen.** Hierbei ist zunächst zu denken an den **unorganisierten Besucherverkehr.** Es sollte selbstverständlich sein, daß die Zeiteinteilung für den Besucherverkehr so ist, daß zusammenhängendes Bearbeiten einerseits möglich ist und zum anderen auch die Terminplanung für Besucherverkehr ausreichend ist. Vereinbarte Termine sollten eingehalten werden und die Zeitplanung so sein, daß die zu erledigenden Aufgaben innerhalb der vorgesehenen Zeit richtig erledigt werden können. Soweit die Terminver-

gabe nicht durch den Anwalt persönlich, sondern durch das Sekretariat erfolgt, sind genaue Regeln für Terminieren und Zeitdauer abzusprechen. Sinnvoll ist es, Zeitblöcke für Besprechungen vorzusehen und andererseits auch bestimmte Zeitblöcke für die Sachbearbeitung oder Dikaterledigung freizuhalten. Wichtig und empfehlenswert ist jedenfalls, eine **„aktive" Terminplanung** zu praktizieren. Häufig werden dem Anwalt Termine durch die Gerichte vorgegeben, die unrationell sind oder nicht wahrgenommen werden können oder mit großen und umfangreichen Umdispositionen verbunden sind. Die Bemühungen um eine Terminverlegung sind häufig sehr zeitraubend. Deshalb ist es empfehlenswert, – aktive – Terminplanung zu betreiben. Hierunter ist zu verstehen, sich mit beteiligten Dritten, speziell mit dem Gericht, rechtzeitig bei anstehenden Terminierungen in Verbindung zu setzen und von vornherein Abstimmungen über in Betracht kommende Termine herbeizuführen. Hinsichtlich der Organisation von Fristen und Terminen ist im übrigen zu verweisen auf die Darlegungen in Kapitel K II.

4. Informationsverarbeitung

Ein wichtiger Aspekt rationeller und damit zeitsparender Arbeitsmethode ist die effiziente Informationsbearbeitung. Hierbei sind die verschiedenen Bereiche zu unterscheiden: **20**
- Nutzung moderner Kommunikationstechnik
- Bibliothek und Know-how-Sammlung
- Datenbanknutzung – Offline- und Online-Datenbanken, speziell CD-ROM.

Die Mittel der **modernen Telekommunikation** (vgl. K III) sind:
- Telefon, Telex, Teletex, Telefax, Btx, Mailbox, Autotelefon und Eurosignal.

Zur effizienten und damit zeitsparenden Informationsverarbeitung gehört auch der Bereich **„Bibliothek und Know-how-Sammlung".** Wichtig ist nicht nur, über eine Bibliothek und Know-how-Sammlung zu verfügen. Vielmehr ist entscheidend, diesen Bereich so zu organisieren, daß benötigte Informationen – ohne Zeitverlust – stets greifbar sind. Zur Organisation der Bibliothek und Know-how-Sammlung ist zu verweisen auf die Ausführungen zu K VI.

Die Möglichkeit **Datenbanken** zu nutzen, und zwar Offline- oder Online-Datenbanken, ist eine neue zukunftsorientierte Informationsquelle (vgl. hierzu K VI, Rdnr. 19–30).

a) Rationelles Lesen

Lesestoff in Form von Korrespondenz, Aktennotizen, Fachzeitschriften, Fachveröffentlichungen, einschließlich der Informationen über Neuerscheinungen und Neuauflagen fließen täglich zu. Dies gilt insbesondere für den Anwalt, der sich auch dieser Informationsflut nicht entziehen kann. Es ist eine Erfahrung, daß mehr als 30% der Zeit für Lesen aufgewandt werden muß. Auch für das „Lesen" sind bestimmte **Methoden** entwickelt worden, nämlich die Methode vor, während und nach dem **Lesevorgang.** **21**

Vor dem **Lesen** ist zu klären: Was muß ich, was soll ich, was will ich alles lesen? Was will ich damit anfangen? Was kann ich später lesen und was brauche ich überhaupt nicht zu lesen?

Zur Methode **während** des **Lesens** gilt, den Lesestoff nach zielorientierter Selektion zu verarbeiten nach den Methoden orientierendes, studierendes und zusammenfassendes Lesen. Es gilt nur das wichtigste zu lesen und alle Möglichkeiten der Verbesserung der Lesemethode zu nutzen und Störfaktoren beim Lesen auszuschalten.

Für die Methode **nach** dem **Lesen** ist wichtig die Nachbearbeitung des verarbeiteten Lesestoffes durch Nutzung der **Markierung** – und **Exzerpiertechniken** (vgl. hierzu im einzelnen *Seiwert/Buschbell/Mandelkow,* Zeitmanagement für Rechtsanwälte, Kapitel 6.2).

b) Rationelles Telefonieren

22 Das Telefon ist für den Anwalt das **wichtigste Informationsmedium.** Es kann der größte Störfaktor bei der Arbeit sein aber auch ein besonders nützliches Mittel zur effizienten und zeitsparenden Arbeit. Man kann auch von der Kunst sprechen, das Telefon „zu beherrschen".

Zunächst ist es wichtig, die Möglichkeiten **moderner Telefontechnik** zu nutzen, z. B. die zentrale oder dezentrale Nummernspeicherung, Kurzwahlwiederholung, Freisprecheinrichtung oder Umleitung von Gesprächen (vgl. hierzu im einzelnen K III, Rdnr. 2).

Das Telefon bietet gegenüber anderen möglichen Kommunikationsmedien, z. B. Briefkorrespondenz, Telegramm, Telex usw. **5 Vorteile,** nämlich:
- die Übermittlungsgeschwindigkeit (Zeitvorteil)
- unmittelbarer Informationsaustausch (Dialogvorteil)
- persönliche Verbindung (Kontaktvorteil)
- Vermeidung von Papierkrieg (Aufwandvorteil)
- Einsparung von Geld (Kostenvorteil).

Darüberhinaus kommt beim anwaltlichen Telefonat hinzu, daß bei Gesprächen mit Dritten außerhalb der Rechtshängigkeit eines Verfahrens die **Besprechungsgebühr** gem. § 118 BRAGO anfällt. Es ist daher zur Verbesserung der Kommunikation auch für den Anwalt zu empfehlen: Telefonieren statt korrespondieren.

23 Aber auch das **Telefonieren** muß richtig **organisiert** sein. Zur konzentrierten Arbeit kann es geboten sein, sich vor unerwünschten Telefonaten **abzuschirmen,** ein **Rückrufsystem** zu planen und zu organisieren. Jedenfalls sollen auch Telefongespräche vorbereitet werden. Vor einem Telefongespräch ist zu klären das Ziel des Gespräches, die Wahl des richtigen Zeitpunktes des Gespräches und die notwendige **Vorbereitung** auf den Inhalt des Telefongespräches. Im übrigen ist auch bei der Telefonkommunikation wichtig die Kunst der **Gesprächsführung** zu beherrschen. Die Regeln für ein konzentriertes, zielgerichtetes Telefongespräch lassen sich in **10 Regeln** zusammenfassen, nämlich:

- Fassen Sie sich kurz!
- Sagen Sie dem Gesprächspartner, worum es geht!
- Unterbrechen Sie das Telefongespräch nicht!
- Vermeiden Sie „Nebengespräche" mit Dritten!
- Machen Sie deutlich und holen Sie das Einverständnis des anderen ein, wenn Sie Gespräche auf Band aufzeichnen oder einen Mithörlautsprecher einschalten!
- Fassen Sie bei längeren Gesprächen das Ergebnis und eventuelle Maßnahmen am Ende kurz zusammen!
- Erbitten oder versprechen Sie ggf. eine kurze schriftliche Bestätigung!
- Notieren Sie während des Gespräches wichtige Einzelheiten wie Namen, Zahlen und entscheidende Informationen!
- Verfolgen Sie insbesondere bei Ferngesprächen die Dauer gleich Kosten Ihres Anrufes!
- Versuchen Sie bei jedem Telefongespräch das Gesprächsziel zu erreichen!

5. Diktaterledigung und speziell Textverarbeitung

Das Führen von **Korrespondenz** ist für den Anwalt das am häufigsten genutzte Medium zur Information und Kommunikation. Durch rationelle Korrespondenz kann die Arbeit erleichtert und verbessert und darüberhinaus Zeit gewonnen werden. Wichtig ist zunächst rationelle Aktenführung und rationelle Korrespondenz (vgl. hierzu im einzelnen K I). Zu den Möglichkeiten der **Textverarbeitung** vgl. im einzelnen K V. **24**

6. Besprechungen, Konferenzen, Vergleichsverhandlungen

Das **Führen von Besprechungen,** sei es mit der Mandantschaft oder auch mit der Gegenseite, ist typische anwaltliche Tätigkeit und macht neben der Korrespondenzbearbeitung den wichtigsten Teil der anwaltlichen Tätigkeit aus. **25**

Zu dem Bereich „Besprechungen" fällt für den Anwalt auch im weiteren Sinne das Wahrnehmen von Gerichtsterminen, weil es hierbei vergleichbar den Besprechungen auch um Kommunikation mit Personen geht, die im weitesten Sinne an der Regelung der Angelegenheit beteiligt sind.

Die Notwendigkeit rationeller Besprechungen kann sich der Anwalt am deutlichsten bewußt machen, wenn er sich den Zeit- und Kostenaufwand vergegenwärtigt, der mit der Durchführung und Wahrnehmung von Besprechungsterminen verbunden ist. Der qualitativ anspruchsvoll arbeitende Anwalt muß bei realem **Kostenbewußtsein** pro Stunde einen Kosten- oder Gebührenbetrag ansetzen von zumindest 300 DM (vgl. hierzu *Knie,* Das Preis-/Leistungsverhältnis der anwaltlichen Dienstleistung, AnwB 1989, S. 258ff.).

Wenn noch hinzugerechnet werden die Kosten der eigenen Mandantschaft und der Aufwand der ggf. beteiligten Gegenseite, wird deutlich, welcher Zeit- und Geldaufwand anfällt bei der Durchführung einer „nur" zwei- bis dreistündigen Besprechung oder bei der Wahrnehmung eines Termines, etwa einer Beweisaufnahme mit vergleichbarer Zeitdauer.

Bei der Planung und **Konzeption** einer Besprechung sind **drei Phasen** zu unterscheiden, nämlich die Aspekte vor, während und nach der Besprechung. Die **vor** der **Besprechung** liegende Vorbereitung erfordert eine klare Terminabsprache und die Festlegung des Teilnehmerkreises. Dies ist insbesondere für den Anwalt im Hinblick auf zu führende Vergleichsverhandlungen von besonderer Wichtigkeit. Darüberhinaus ist das anzustrebende Ergebnis zu fixieren, und eine gründliche Vorbereitung sollte selbstverständlich sein. **26**

Für das Verhalten **während** der **Besprechung** sind die wichtigsten Spielregeln pünktlicher Beginn, gute Vorbereitung, die Gesprächsatmosphäre, die Kunst zum Thema zu kommen und das Ergebnis anzuvisieren. Am Ende der Besprechung ist das Ergebnis zusammenzufassen, zu erläutern und festzulegen, was von wem bis wann durchzuführen ist.

Für die Tätigkeit **nach** der **Besprechung** gilt die Nachbearbeitung einer Besprechung. Das Ergebnis oder auch Teilergebnis ist zusammenzufassen in einem Protokoll oder Vermerk oder einem durch den Anwalt formulierten Vergleichstext. Jedenfalls ist festzulegen, wie Ergebnisse einer Besprechung umgesetzt werden und nicht erledigte Punkte einer Besprechung weiter verfolgt werden (vgl. im einzelnen *Seiwert/Buschbell/Mandelkow* Zeitmanagement für Rechtsanwälte, Kapitel 6.3).

7. Besuchs- und Telefonmanagement

27 Das Gespräch, und zwar speziell das **Informationsgespräch** mit dem Mandanten, ist essentieller Bestandteil anwaltlicher Tätigkeit. Die regelmäßig mündlichen Informationen des Mandanten sind das Arbeitsmaterial für den Anwalt. Das Mandantengespräch, auf das der Anwalt nicht verzichten kann, muß aber richtig **organisiert** werden. Für den Anwalt, der regelmäßig vormittags Gerichtstermine wahrnimmt, finden Mandantenbesuche regelmäßig am Nachmittag statt. Darauf zu achten ist, daß die Termine für Mandantenbesprechungen, die auch durch das Sekretariat vergeben werden, zeitlich richtig und ausreichend geplant werden, so daß die Mandantengespräche ohne Hast und Hektik stattfinden, da sie nur so effizient sein können.

Es ist sinnvoll, unangemeldete Besucher nur dann zu empfangen, abgesehen von den Fällen unaufschiebbarer Dringlichkeit, wenn das Gespräch auch sachlich richtig und ohne wesentliche Störung des übrigen Zeitplanes geführt werden kann. Wichtig ist es, dem Besucher, der aus Zeitgründen nicht empfangen werden kann, nicht nur eine ggf. unfreundliche Absage zu erteilen, sondern möglichst **positiv** zu **begegnen.** Dies kann in der Form geschehen, daß dem Mandanten erklärt wird, seine Sache sei so wichtig, daß sie nur mit ausreichender Zeit richtig besprochen werden könne.

Schließlich ist es für den Anwalt ein Problem, sich **vor unerwünschten Besuchern,** und zwar externen Besuchern oder auch den Besuchen von Kollegen und Mitarbeitern abzuschirmen. Dem Stören **interner Besuche** kann nur mit Konsequenz begegnet werden und möglichst mit der Organisation einer möglichst festen **bürointernen Besprechungszeit.** Gegenüber Kollegen und Mitarbeitern, die erfahrungsgemäß lange und ausschweifende Gespräche führen, ist es empfehlenswert, diese in ihrem Büro oder Arbeitsplatz aufzusuchen, um selbst unkompliziert den Endpunkt des Gespräches bestimmen zu können (vgl. hierzu im einzelnen *Seiwert/Buschbell/Mandelkow,* a. a. O. Kapitel 6.4).

Zu den Möglichkeiten eines effizienten **Telefonmanagement** vgl. im einzelnen vorstehend Rdnr. 23.

III. Unterstützung durch Mitarbeiter

28 Zum Bereich „Personalwirtschaft" vgl. K VII, Rdnr. 1ff. Nachstehend werden ergänzend zu den vorgenannten Themen zusätzlich besondere Aspekte des **Einsatzes** der **Mitarbeiter** behandelt.

1. Gewinnen der richtigen Mitarbeiter

29 Für das **Gewinnen** der **richtigen** und **qualifizierten Mitarbeiter** ist zunächst wichtig eine richtige **Stellenausschreibung,** orientiert an den vorgesehenen Aufgabenbereichen. Diesem Aspekt wird in der anwaltlichen Praxis zu häufig nicht die notwendige Aufmerksamkeit geschenkt, ebenso wie der notwendigen richtigen **Auswahl** des Bewerbers. Schließlich ist auch daran zu denken, daß die Auswahl der richtigen **Auszubildenden** besonders wichtig ist. Der Auszubildende von heute ist häufig der Mitarbeiter oder die Mitarbeiterin von morgen.

2. Stellenbildung

30 Durch richtige **Stellenbildung** können Mitarbeiter – und damit Personalkosten – gespart werden. Nach der Erfahrung machen die Personalkosten den

höchsten Anteil der Gesamtkosten einer Anwaltskanzlei aus. Je nach Struktur der Anwaltskanzlei liegen die Personalkosten zwischen 30 und 40% (Quelle: Kostenstatistik *Hans-Soldan-Stiftung*).

Rationalisierungsüberlegungen betreffen nicht nur den Einsatz der Technik, sondern auch das optimale **Zusammenwirken** zwischen Mensch und Technik. Voraussetzung für den effizienten Einsatz von Mitarbeitern ist die vorangehende richtige Stellenbildung. Unter Stellenbildung versteht man die **Festlegung des Funktionsbereichs** einer Person, in der Teilaufgaben zusammengefaßt sind, die sie in ihrer Arbeitszeit durch ihre Arbeitskraft bewältigen kann. Es gilt der Grundsatz: So viele Stellen wie nötig, so wenig Stellen wie möglich. Stellenbildung kann erfolgen nach

- Personen oder
- sachlichen Gesichtspunkten.

Die Stellenbildung **nach Personen** hat den Vorteil, daß der Aufgabenbereich 31
ausgerichtet ist auf Begabung, Fähigkeit und Interesse des Mitarbeiters. Die Stellenbildung nach **sachlichen Gesichtspunkten** hat den Vorteil, daß die Zuständigkeit klar abgegrenzt ist. Sicherlich ist es angezeigt, im Einzelfall nach der Aufgabenstellung oder nach der Qualität des zur Verfügung stehenden Mitarbeiters sich bei der Stellenbildung zu orientieren.

In jedem Fall ist es wichtig, über Stellen und Aufgabenbereiche Beschreibungen – sogenannte **Aufgabenbeschreibungen** – zu erstellen, um Verantwortung zu definieren und festzulegen und zugleich bei notwendiger Vertretung oder einem Mitarbeiterwechsel Kontinuität in der Aufgabenerledigung zu sichern.

3. Aufgabendelegation

Delegation ist Übertragung von Aufgaben, Kompetenzen und Verantwor- 32
tung und ist **nicht Abschieben** lästiger Arbeit auf andere. Bei anwaltlicher Tätigkeit kommt speziell die Delegation von Routineaufgaben sowie die Aufgabenerledigung zu besonderen Gebieten, etwa Gebühren- und Kostenbearbeitung, sowie zum Bereich Mahn- und Zwangsvollstreckung in Betracht. Darüberhinaus ist Aufgabendelegation auch auf Anwaltsgehilfen(-innen) möglich zur Bearbeitung von Mandaten mit einfach oder gleichgelagerten Sachverhalten.

Die Delegation kann für **Mitarbeiter Motivation** bedeuten und die **Chance** ermöglichen, Fähigkeiten zu entwickeln und zu verwirklichen sowie Verantwortung zu tragen.

Delegation erfordert jedoch die Beachtung bestimmter Regeln und Voraussetzungen sowohl auf seiten desjenigen, der Aufgaben delegiert, als auch auf seiten desjenigen, der durch Delegation Aufgaben übernimmt (vgl. auch *Germ*, S. 145).

Die eigene **Fähigkeit zur Delegation** ist von der eigenen Persönlichkeits- 33
struktur und der Bereitschaft zur Delegation abhängig. Auf seiten desjenigen, der delegiert, spielt die Persönlichkeitsstruktur eine starke Rolle. Führungskräfte, die selbst ordnen, logisch und systematisch und intensiv arbeiten, haben häufig Schwierigkeiten mit ihrer Delegationsfähigkeit. Demgegenüber ist eine Führungspersönlichkeit mit Neigung zur Improvisation und Improvisationstalent leicht bereit zu delegieren und sucht darüberhinaus auch die Möglichkeit der Delegation.

Die Technik des „**Management by Delegation**" lautet:

- Was soll getan werden?
- Wer soll es tun?
- Warum soll es getan werden – Zielsetzung?
- Wie soll es getan werden?
- Wann soll es getan werden?

34 Auf Seiten des **Mitarbeiters,** auf den delegiert werden soll, sind bestimmte **Voraussetzungen** zu erfüllen, nämlich

- Kenntnis von der Zielsetzung der Aufgabe
- Qualifikation für dic Ausführung der Arbeit
- Vorhandensein notwendiger Informationen
- Möglichkeit, Fragen zu stellen und Sachverhalte zu überprüfen
- Bereitschaft, die übertragene Aufgabe zu akzeptieren
- Fähigkeit zur Umsetzung der übertragenen Aufgabe, evtl. mit Hilfe weiterer Mitarbeiter
- Fähigkeit des Mitarbeiters, die übertragene Aufgabe zu lösen (Überforderung vermeiden).

Die wichtigste Regel der Delegation ist: Es darf **keine Rückdelegation** stattfinden oder zulässig sein.

(Zu den Regeln der Delegation vgl. ausführlich *Seiwert/Buschbell/Mandelkow,* Zeitmanagement für Rechtsanwälte Kapitel 3.5).

4. Mitarbeiterführung und -motivation

35 Mitarbeiterführung heißt **Mitarbeiter gewinnen.** Motivation ist **Führungsaufgabe.** Die richtige Motivation gibt Vorteile für Anwalt und Mitarbeiter, und zwar bessere Erledigung der Aufgaben und mehr Zufriedenheit. Demgegenüber führt mangelnde Motivation zu Unzufriedenheit der Mitarbeiter und kostet Geld.

Eine besondere Schwierigkeit bietet die **Leistungsbeurteilung** für eine Gehalts- und Leistungsmatrix. Hierbei sollte einmal nach vorhandenem Fachwissen, z. B. zu den einzelnen Bereichen Mahn- und Zwangsvollstreckung, Kostenrecht etc. beurteilt werden. Zum anderen sollten die persönlichen Eigenschaften berücksichtigt werden wie Zuverlässigkeit, Engagement, Selbständigkeit, Verantwortungsbewußtsein usw.

In Betracht kommt auch **Teamarbeit.** Dies setzt die Einbindung aller zum Team gehörenden Mitarbeiter in die Erledigung der Aufgaben voraus sowie gemeinsame oder festgelegte Verantwortung.

5. Schulung und Fortbildung der Mitarbeiter

36 Mitarbeiter sollten motiviert sein, sich persönlich und fachlich **fortzubilden.** Eine besondere Wichtigkeit hat die betriebliche **Ausbildung** und **Fortbildung** von **Auszubildenden.** Bei besonderen Aufgaben, speziell für die Betreuung der Technik oder EDV (Hard- und Software), sollte Mitarbeitern Gelegenheit gegeben werden, an Schulungen teilzunehmen. Dies gilt insbesondere für hierzu speziell Beauftragte (Systembeauftragte) (vgl. hierzu im übrigen K VII, Rdnr. 52ff.).

IV. Ertrag richtiger Zeit- und Arbeitsplanung

1. Möglichkeit der Ergebnissteuerung und Erfassung/Statistik

Nicht die Arbeitsleistung als solche ist **das Wichtigste,** sondern **das Ergebnis.** 37
Wichtig ist auch für den Anwalt, was im Unternehmensbereich selbstverständlich ist, das Ergebnis der Arbeit, d. h. die Produktivität zu erfassen und soweit möglich und notwendig zu steuern.

Ergebnissteuerung ist nur möglich bei einer funktionierenden und effizienten Organisation. Zwischen Organisation als Faktor des Zeit- und Selbstmanagement und dem Arbeitsergebnis besteht daher ein wichtiger Zusammenhang.

Ergebnissteuerung und -kontrolle ist zumindest zu den wichtigsten Bereichen erforderlich, nämlich
- Mandate,
- Mandatsstrukturen,
- Mandatslaufzeit und
- Betriebsergebnis.

Im Vordergrund beruflicher Diskussion steht mehr und mehr das Thema **Anwaltsmarketing,** also das Bestreben Klientel zu gewinnen. Hierbei wird vernachlässigt, Klarheit zu gewinnen über das Ergebnis der anwaltlichen Tätigkeit anhand der Mandate, Mandatsstrukturen und der Mandatslaufzeit.

Nicht die **Zahl der Mandate** ist entscheidend. Neben dem für den Mandanten 38
zu erzielenden optimalen Ergebnis ist auch für den Anwalt, der das Mandat bearbeitet, das **wirtschaftliche Ergebnis** entscheidend. Dies läßt sich leichter als häufig gedacht feststellen durch folgenden Vorgehensweisen:

Die Zahl der Mandate ist selbstverständlich leicht zu erfassen, entweder durch das Prozeßregister oder durch EDV-mäßig Auswertung der Stammdaten.

Die Feststellung der **Struktur der Mandate** erfordert eine differenziertere Er- 39
mittlung. Hier ist es für den Anwalt wichtig zu wissen, die bearbeiteten Mandate differenziert zu erfassen nach

- Mandanten und
- Sachgebieten.

Für den Anwalt kann es von Interesse und Bedeutung sein zu wissen, ob die von ihm, z. B. für einen Großmandanten bearbeiteten Aufträge zahlenmäßig konstant, wachsend oder rückläufig sind. Hier kann die Zahl der Mandate leicht ermittelt werden durch Auswertung des Prozeßregisters.

Die Struktur der Mandate läßt sich ermitteln unter Nutzung eines Arbeitsblattes für die Annahme eines neuen Mandates. Ein solches Arbeitsblatt ist als Durchschreibesatz zu nutzen und die Durchschrift statistisch auszuwerten, indem die Mandate **differenziert nach Sachgebieten** erfaßt und gekennzeichnet werden. So ist feststellbar, wieviel Mandate, z. B. aus dem Bereich des Zivil-, Arbeits- oder Familienrechtes etc. bearbeitet werden. Hierdurch lassen sich **Strukturen** und Entwicklungen einer Kanzlei **transparent** machen.

Die Feststellung der **Durchschnittserlöse** pro Mandat und jeweiligem Sach- 40
gebiet ist von besonderer Wichtigkeit zur Feststellung der Rentabilität der Mandate in den einzelnen Sachgebieten. Ebenso wichtig ist aber nicht nur der durchschnittliche Gebührenbetrag. Vielmehr ist auch für die wirtschaftliche Bedeutung eines Mandates der Arbeitsaufwand wichtig. Dieser ist im Grundsatz bestimmt durch die Bearbeitungsdauer eines Mandates.

Zur Feststellung des wirtschaftlichen Ergebnisses der Mandatsbearbeitung ist also wichtig festzustellen
- den durchschnittlichen **Gebührenerlös** sowie
- die durchschnittliche **Laufzeit** eines Mandates.

Die **Feststellung** der **durchschnittlich** erzielten **Gebühren** und der durchschnittlichen Bearbeitungszeit ist leichter möglich als vorgestellt. Hierzu ist folgende Vorgehensweise zu empfehlen:

Zur Ablage bestimmte Akten werden gesammelt, bis eine bestimmte Anzahl von Akten zum jeweiligen Sachgebiet zur Auswertung zur Verfügung steht. Alsdann werden die in diesen Akten insgesamt angefallenen Gebühren addiert und durch die Zahl der ausgewerteten Akten dividiert. Ebenso ist die Laufzeit der einzelnen Mandate zu ermitteln. Es wird wie bei der Ermittlung der durchschnittlichen Erlöse in einem Sachgebiet der Zeitraum in Monaten erfaßt zwischen dem Anlage- und Ablagedatum. Die Zahl der Mandate wird addiert und die Zahl der ausgewerteten Akten dividiert. So ergibt sich die durchschnittliche Laufzeit.

Der Verfasser – Stand 1988 – hat zu den genannten Mandatsmerkmalen Akten ausgewertet. Das Ergebnis der Auswertung verhält sich wie folgt:

Sachgebiete	Durchschnittl. Gebühren	Durchschnittl. Laufzeit
Unfallsachen	536,27	8 Monate
Mahnsachen	438,24	22 Monate
Arbeitsrechtssachen	722,81	13 Monate
Sozialrechtssachen	426,08	19 Monate
Zivilsachen		
– gerichtlich anhängig	588,47	23 Monate
– außergerichtlich	405,50	9 Monate
Straf-, OWi-Sachen	514,10	6 Monate
Beratungssachen	792,43	4 Monate

(Institut der Anwaltschaft für Büroorganisation und Bürotechnik, Materialien zur Büroorganisation und Bürotechnik Band 2, S. 17).

Die vorgenannten Zahlen beziehen sich auf Mandate in der Allgemeinpraxis (Zum Mengengerüst und zu Umsatzzahlen einer Rechtsanwaltskanzlei mit ca. 1100 neuen Akten pro Jahr vgl. *Mähler,* Effektive Organisation und moderne Kommunikation in der Anwaltskanzlei, S. 66–69).

41 Das **wirtschaftliche Betriebsergebnis** ist für den Anwalt neben der selbstverständlichen Qualität seiner juristischen Tätigkeit ein wichtiger, jedoch in seiner Bedeutung häufig nicht beachteter Faktor der beruflichen Tätigkeit. Es kann behauptet werden, daß die Anwälte häufig nicht die betriebswirtschaftlichen Zahlen ihrer Kanzlei kennen.

Für den betriebswirtschaftlich denkenden Anwalt stellt sich die Aufgabe, die **Kostenstruktur** seiner Praxis zu vergleichen und zu analysieren und bei ungünstigen Zahlen den Aufwand zu steuern, um zu einem geringeren Aufwand und damit einen günstigeren Ergebnis zu kommen.

Als **Kosten** in einer Anwaltspraxis sind folgende **Durchschnittswerte** ermittelt: **42**

Kostenberatung	Werte in %
Personalkosten	26,6
Raumkosten	7,4
Kfz/Reisekosten/Spesen	5,3
Anschaffungen	2,5
Kosten für wissenschaftliche Kongresse, Fachliteratur	1,4
Versicherungsprämien	1,1
Miete für EDV-Anlagen/Büromaschinen	0,8
Beiträge zur Büroorganisation	0,5
Sonstige Kosten	9,3

(vgl. hierzu *Winters,* Der Rechtsanwaltsmarkt 1989, S. 29)

Die **Gebührenerlöse** sind das Ergebnis anwaltlicher Tätigkeit. Die **tatsächlichen Zahlen** und **Sollzahlen** sind dem Anwalt häufig nicht bewußt. Nachstehend werden Erlöszahlen wiedergegeben, differenziert nach der Anzahl der in einer Kanzlei tätigen Anwälte, und zwar entnommen dem Jahresabschluß 1988, gebildet aus den Durchschnittszahlen aller Kanzleien des Rechenzentrum der *Hans-Soldan-GmbH.* Hiernach stellen sich die Erlöse je nach Kanzleigröße wie folgt dar:

Anzahl der Anwälte in der Kanzlei:	Erlöse: (ohne Mehrwertsteuer)
1	316843,54 DM
2	553567,12 DM
3	798668,87 DM
4	1157626,85 DM

Anhand vorstehender Zahlen muß jeder Anwalt ermitteln, ob er für sich und die insgesamt in der Kanzlei tätigen Anwälte Erlöse erzielt, die den **Durchschnittswerten** entsprechen, unter diesen Werten liegen oder diese übersteigen.

Ein wichtiges, bisher in der Praxis offenbar wenig genutztes Mittel, Erlöse **43**
und damit **Produktivität** zu steuern, ist die **Erfassung der Ausgangsrechnung.**

Die Ausgangsrechnungen können bei manueller Buchführung durch Kopie erfaßt und ausgewertet werden. Durch die in den meisten Kanzleien zwischenzeitlich angewandte EDV-Buchhaltung können bei Einsatz eines **Statistik-Programms** die Ausgangsrechnungen durch Protokolle erfaßt werden. So kann für jeden Anwalt und auch nichtjuristische Sachbearbeiter die Produktivität periodisch, etwa wöchentlich erfaßt und dargestellt werden. Dies ist ein geeignetes Mittel, Erlöse zu steuern und zu steigern.

Als **Ergebnis** ist festzustellen, daß effizientes Zeit- und Selbstmanagement, das eine funktionierende Organisation beinhaltet, zu einer Steuerung und Steigerung des Betriebsergebnisses führt oder zumindest führen kann.

2. Zeit schafft Raum für Innovation und Selbstverwirklichung

Zeit- und Selbstmanagement ist **nicht nur als Idee** anzuwenden. **44**

Inhalt und Ziel eines richtig verstandenen Zeit- und Selbstmanagement muß nicht nur sein, mehr Aufgaben zu übernehmen und zu erledigen, sondern auch

Freiraum zu schaffen für **neue Ideen und Innovation** in der beruflichen Tätigkeit.

Durch richtiges Zeit- und Selbstmanagement gewonnene Freizeit soll auch dazu beitragen, in der beruflichen Arbeit nicht nur gestreßt und durch den Druck der Arbeit bestimmt zu sein, sondern auch **mehr Zeit zur Selbstverwirklichung** zu haben (vgl. *Seiwert,* Das 1 × 1 des Zeitmanagement, S. 10).

Richtig verstandenes Zeit- und Selbstmanagement muß zu einer **Humanisierung der Arbeit** führen.

Sachverzeichnis

Die fetten Buchstaben und römischen Ziffern beziehen sich auf die Kapitel, die mageren Zahlen auf die Randnummern.

Buchanzeigen